DICTIONNAIRE
DES MYTHES LITTÉRAIRES

DANS LA MÊME COLLECTION

Alain et Odette Virmaux, *Dictionnaire mondial des mouvements littéraires et artistiques contemporains*

Dictionnaire du cinéma mondial, sous la direction d'Alain et Odette Virmaux

DICTIONNAIRE DES MYTHES LITTÉRAIRES

Sous la direction
du Professeur
Pierre BRUNEL

Nouvelle édition augmentée

ÉDITIONS DU ROCHER
Jean-Paul Bertrand
Éditeur

ISBN : 2-268-01825-3

Préface

L'ouvrage que nous présentons est, à ma connaissance, sans équivalent sur le marché mondial du livre. Il existe des dictionnaires des mythes, en particulier le très remarquable *Dictionnaire des Mythologies* qui fut publié chez Flammarion en 1981, sous la direction d'Yves Bonnefoy. Mais un tel ouvrage n'abordait qu'exceptionnellement, et latéralement, le devenir des mythes dans les littératures. C'est en prenant conscience de cette différence de perspective qu'il me vint à l'esprit, quelque temps après, de réunir une équipe qui pût réunir un autre ensemble, indépendant du précédent.

Il existait bien aussi, en Allemagne, les deux dictionnaires dus à Elisabeth Frenzel, *Stoffe der Weltliteratur* et *Motive der Weltliteratur.* Si le second est plutôt thématique, le premier correspond à une enquête du même type que la nôtre. Il existe toutefois des interférences : « Doppelgänger » figure parmi les *Motive,* et nous avons retenu « Double » dans la liste de nos mythes littéraires. C'est le signe, déjà, d'un flou terminologique qu'on ne parvient sans doute jamais à dissiper totalement, d'autant plus que, dans l'œuvre, le mythe se dégage difficilement du thème et qu'on pourrait même parler parfois de thèmes mythiques. Sur le plan de la réalisation, notre livre apparaîtra comme très différent de ceux d'Elisabeth Frenzel. Nous avons sans doute retenu moins de sujets, mais nous leur avons la plupart du temps consacré des études plus développées. Surtout nous avons voulu éviter d'oublier cette notion à laquelle nous revenions sans arrêt, et dont la *Stoffgeschichte* ne s'embarrasse pas, celle de mythe.

C'est donc par là que je commencerai, étant bien conscient qu'on ne peut aborder l'étude du mythe littéraire si on ne s'est d'abord penché sur le mythe proprement dit. Cela ne signifie pas pourtant que le mythe littéraire ne soit que le mythe en littérature. J'essaierai de marquer l'écart qui existe entre les deux termes et de suggérer l'étendue du domaine que l'analogie ouvre devant nous. Ce domaine, est-il besoin de le dire, il n'était pas question de l'explorer dans son entier. Nous avons dû choisir, et j'essaierai pour terminer de justifier certains de ces choix.

Dans un numéro d'*Esprit*, Michel Panoff écrivait que le mot « mythe » est devenu « irritant » : « il n'en est guère aujourd'hui, ajoutait-il, qui soient chargés de plus de résonances et de moins de sens. » Comme tous les signifiants flottants, il est employé à tout propos, en particulier dans le langage des médias, si bien qu'on pourrait certainement ajouter aux *Mythologies* de Roland Barthes un chapitre intitulé « Mythologie du mythe » ou « Le Mythe du mythe ». Le redoublement même de l'expression confirme qu'il y a eu déviation de sens : le terme s'est « chargé d'un contenu péjoratif et mesquin », comme le fait observer Henri Meschonnic, et il a pris le sens de « tromperie collective consciente ou non ».

Pour éviter cet écueil, il me semble prudent de définir le mythe par ses fonctions, et pour cela de revenir à un historien des religions qui fut aussi un morphologue du sacré, Mircea Eliade. Dans *Aspects du mythe* il propose cette définition, qu'il considère comme « la moins imparfaite, parce que la plus large » du mythe :

> « Le mythe raconte une histoire sacrée; il relate un événement qui a eu lieu dans le temps primordial, le temps fabuleux des commencements. »

Le mythe raconte. Le mythe est un récit. Dans les dialogues de Platon, il s'oppose en cela à la simple discussion. Sans doute, quand il est fait par Socrate, le récit mythique est-il épuré (et par les vertus de l'art de Platon, il est déjà mythe littéraire). Les récits recueillis de la bouche des chamans sont beaucoup moins linéaires. Et on a pu tenter de retrouver des nébuleuses mythiques dont tel récit linéaire n'est que la mise en forme. Mais dans tous les cas, le mythe est animé par un dynamisme, qui est celui du récit. D'où la définition, complète et complexe, proposée par Gilbert Durand dans *Les Structures anthropologiques de l'Imaginaire* :

> « Nous entendons par mythe un système dynamique de symboles, d'archétypes et de schèmes, système dynamique qui, sous l'impulsion d'un schème, tend à se composer en récit. »

Il arrive, sans doute, que le récit soit élidé. Il ne reste plus alors qu'une image, celle qui est peinte sur un vase grec, celle qui affleure à la surface du texte littéraire (« Andromaque, je pense à vous »). Mais il me semble que l'ensemble du récit est sous-entendu par cette illustration ou par cette nomination.

Le mythe explique. C'est la deuxième fonction. L'événement qu'André Jolles dans ses *Formes simples* considère comme le « geste verbal » du mythe est, précise Mircea Eliade, « un événement qui a eu lieu dans le temps primordial, le temps fabuleux des commencements ». Et il ajoute :

> « Autrement dit, le mythe raconte comment, grâce aux exploits des Etres surnaturels, une réalité est venue à l'existence, que ce soit la réalité totale, le Cosmos, ou seulement un fragment : une île, une espèce végétale, un comportement humain, une institution. C'est donc toujours le récit d'une « création » : on rapporte comment quelque chose a été produit, a commencé à être. »

Sur ce point, Jolles est entièrement d'accord avec Eliade. L'exemple dont il part est le récit de la Genèse, le mythe par excellence. La « forme simple » du mythe est constituée par le jeu de la question et de la réponse. La question, à peine posée, trouve sa réponse, « et cette réponse est telle qu'on ne peut plus poser d'autre question, que la question s'annule à l'instant où elle se pose; cette réponse est décisive ». D'où cette nouvelle définition, la plus étroite sans doute, mais la plus ferme :

> « Le mythe est le lieu où l'objet se crée à partir d'une question et de sa réponse (...) le mythe est le lieu où, à partir de sa nature profonde, un objet devient création. »

L'analyse mythologique suppose alors qu'on remonte vers le commencement, vers l'archétype, la création étant peut-être pour Jolles, pour Eliade, le seul archétype. Le mythe explique, il explique les causes, il est étiologique, à moins qu'il ne soit faussement étiologique, comme l'a fait observer Claude Lévi-Strauss à propos du mythe de Daphné.

Troisième fonction : le mythe révèle. Eliade emploie ce verbe dans un autre de ses livres, *Mythes, Rêves et Mystères*, et il fait observer que « toute mythologie est une ontophanie ». Le mythe révèle l'être, il révèle le dieu. C'est en cela qu'il peut être présenté comme une « histoire sacrée ». On comprend, dans ces conditions, que le récit mythique ne puisse être raconté, dans le *Phèdre*, dans *Le Banquet* que par un inspiré : Socrate qui lui-même n'est et ne veut être, dans le second de ces dialogues, que le porte-parole de la prêtresse de Mantinée.

Il y a donc une conception religieuse, et même une conception dévote du mythe. C'est celle par exemple de Milosz dans le *Cantique de la Connaissance.* Il existe, à l'inverse, une conception sceptique, quand on refuse de croire au langage des dieux, tel Claude Lévi-Strauss dans *Le Cru et le Cuit* quand il écrit :

> « Les mythes n'ont pas d'auteur : dès l'instant qu'ils sont perçus comme mythes, et quelle qu'ait été leur origine réelle, ils n'existent qu'incarnés dans une tradition. Quand un mythe est raconté, des auditeurs individuels reçoivent un message qui ne vient, à proprement parler, de nulle part ; c'est la raison pour laquelle on lui assigne une origine surnaturelle. »

Ce scepticisme va-t-il finir par rejoindre une certaine mythoclastie contemporaine ? Du moins laisse-t-il entier le caractère vivant du mythe et reconnaît-il la force d'une tradition à laquelle, à son tour, s'alimente la littérature.

Cette tradition, c'est d'abord une tradition qu'il convient d'appeler mythologique. Mais il faudrait peut-être ici réfléchir sur ce qu'implique cette notion même de mythologie. Au sens étymologique du terme, c'est le discours sur le mythe. Au sens que je dirai pratique, et d'ailleurs usuel, c'est un ensemble codifié de mythes, et plus particulièrement encore c'est l'ensemble gréco-latin. En 1801, François Noël, dans son *Dictionnaire de la Fable*, se proposait bien de traiter de « mythologies grecque, latine, égyptienne, celtique, persane, syriaque, indienne, chinoise, scandinave, africaine, américaine, iconologique, etc. », mais il affirmait dans sa préface que « la comparaison qu'on peut établir entre ces différentes mythologies est (...) tout à l'avantage de celle des Grecs ». Presque au même moment pourtant Chateaubriand lançait sa grande attaque contre la mythologie qui rapetissait la nature, ouvrant une nouvelle querelle des Anciens et des Modernes, des partisans et des détracteurs du mythe.

Cette querelle n'est probablement pas close. D'un côté nous trouvons ceux qui tendent à trouver la mythologie dévaluée et qui ironiseront, comme le Bloch d'*A la recherche du temps perdu* sur « La fille de Minos et de Pasiphaé », sans voir que ce vers contient pourtant toute la tragédie de Phèdre. D'un autre côté, nous trouvons ceux qui sont sensibles à la force vivante du mythe, à sa force magique, comme Antonin Artaud, — mais il est vrai qu'il est allé la chercher non dans des chefs-d'œuvre qu'il jugeait périmés, mais dans le théâtre balinais ou dans la pratique rituelle des Indiens Tarahumaras.

Il y a même, chez certains Modernes, l'idée vivace que la littérature est l'adversaire du mythe. Non plus parce que la surcharge mythologique l'affaiblit, mais parce que le mythe s'y dévalue. Denis de Rougemont n'est pas éloigné d'une telle position quand, dans *L'Amour et l'Occident* il distingue deux moments de profanation du mythe : la naissance à la littérature, le déclin dans la sous-littérature. Et Claude Lévi-Strauss lui-même, comme fasciné par la pureté et la force des oppositions structurales qu'il a fait apparaître dans le mythe (sa célèbre analyse du mythe d'Œdipe, celle que Marcel Détienne a faite du mythe d'Adonis), tend à dénoncer la littérature comme charpie, délayage, « dernier murmure de la structure expirante », dégradation, dislocation.

C'est se montrer injuste, me semble-t-il, à l'égard de la littérature. « Si *muthos* signifie bien "parole, récit transmis" », fait observer Régis Boyer, « tout mythe n'est-il pas littéraire, dans la mesure très grande où il a besoin d'un mode de transmission qui, en dernier ressort et surtout de notre temps, finira par aboutir à une consignation par écrit ? ». Georges Dumézil, au début de *Mythe et Epopée* est tout près de reconnaître que nous ne connaissons les mythes que par la littérature. Avouons que la littérature est le véritable conservatoire des mythes. Que saurait-on d'Ulysse sans Homère, d'Antigone sans Sophocle, d'Arjuna sans le *Mahabharata ?* Il en est de la recherche pré-littéraire comme de la recherche préhistorique : elle erre. Et comme il faut déjà faire de l'histoire pour appréhender la préhistoire, de même c'est à partir de textes ou de traditions littéraires qu'on avance des hypothèses sur ce qui les a précédés.

Il résulte de ces constatations que le mythe nous parvient tout enrobé de littérature et qu'il est déjà, qu'on le veuille ou non, littéraire. Il en résulte aussi que l'analyse littéraire rencontre inévitablement à un moment ou à un autre le mythe. Les tentatives récentes de « mythanalyse » ou de « mythocritique » ont même montré qu'il y avait là une voie féconde pour l'interprétation des textes.

Les historiens et les théoriciens de la littérature se sont pourtant intéressés aussi au mythe littéraire en tant que tel. Au lieu de le chercher dans un texte (Prométhée dans *Le Temps retrouvé*) ou chez un auteur (Orphée chez Nerval), ils l'ont, si je puis dire, abordé de front, le constituant en massif et le déroulant au fil de la diachronie. Un travail comme celui que Raymond Trousson a consacré à Prométhée donne la mesure de ce genre d'approche qui vise à la constitution d'un ensemble. Dans des dimensions plus modestes, les articles de notre dictionnaire veulent eux aussi donner une idée de la singularité de chacun des mythes littéraires, dégagé de son contexte et envisagé en tant que tel.

A ce type de recherche on a pendant longtemps donné le nom d'« étude de thème ». Et c'est probablement en effet à partir du thème qu'il convient d'abord d'essayer de définir le mythe littéraire. Dans son essai de méthodologie sur *Les Etudes de Thèmes*, en 1965, Raymond Trousson n'utilisait pas le mot mythe, mais il voyait apparaître le thème « lorsqu'un motif, qui apparaît comme un concept, une vue de l'esprit, se fixe, se limite et se définit dans un ou plusieurs personnages agissant dans une situation particulière, et lorsque ces personnages et cette situation auront donné naissance à une tradition littéraire » : Prométhée et Epiméthée, Etéocle et Polynice, Abel et Caïn, Œdipe, Médée étaient alors considérés comme des thèmes, illustrant l'opposition entre deux frères, l'amour incestueux, la femme trahie. Ce n'est pas tout à fait un hasard si le même auteur, rééditant son essai en 1981, lui donnait comme titre nouveau *Thèmes et Mythes.* Même s'il faisait la critique du mot « mythe » et de l'expression « mythe littéraire », et même s'il choisissait finalement de s'en passer, Raymond Trousson ne pouvait ni ne voulait ne pas tenir compte d'une évolution terminologique frappante dans le comparatisme contemporain.

On ne saurait surévaluer, dans cette évolution, le rôle de Pierre Albouy et de son essai remarquable, *Mythes et Mythologies dans la Littérature française* (1969).

Il proposait, en gros, d'appeler « mythe littéraire » ce que Raymond Trousson appelait « thème », mais en même temps, il entendait distinguer le « mythe littéraire » du « thème ». Le mythe littéraire, pour lui, est constitué par le récit qu'implique le mythe, récit « que l'auteur traite et modifie avec une grande liberté », et par les significations nouvelles qui y sont alors ajoutées. Si une telle signification ne s'ajoute pas aux données de la tradition, il n'y a pas de mythe littéraire, il y a seulement un thème. « Point de mythe littéraire sans palingénésie qui le ressuscite dans une époque dont il se révèle apte à exprimer au mieux les problèmes propres. »

Je suis partisan d'une semblable substitution qui n'est pas seulement, je crois, un abandon facile à la mode du jour. Mais la distinction établie par Pierre Albouy entre mythe littéraire et thème me paraît peu claire et, à la limite, peu pertinente. Peut-on imaginer, en effet, une reprise sans variation ? Et d'autre part le principe de l'étude d'un mythe littéraire n'est-il pas de faire apparaître ce que Jean Rousset appelle des « invariants », une cellule constitutive de ce mythe lui-même ?

Dans une première approche, qui restera évidemment provisoire, je réserverai donc le terme de « thème » pour un concept. Mais je reconnais qu'un mythe littéraire peut illustrer un thème : la figure mythique d'Antigone, par exemple, représente la révolte contre la loi de la *polis* quand cette loi ignore les liens du sang et les exigences du sacré. Ce mythe littéraire repose sur des données stables à l'aide desquelles on peut constituer un scénario mythique : l'opposition de l'héroïne et du tyran, l'interdiction d'ensevelir un des frères, le viol de cet interdit, les fiançailles avec le fils du tyran, la condamnation et la mort. Mais entre ces données stables, bien des variations sont possibles, et elles sont le signe même de la liberté, de la vie de la littérature.

Toutes les difficultés ne sont pas résolues pour autant. En effet, il convient aussi d'essayer de définir la notion de mythe littéraire par rapport à la notion de mythe elle-même. C'est ce qu'a fait avec beaucoup de bonheur Philippe Sellier dans un article publié en 1984 dans *Littérature*, « Qu'est-ce qu'un mythe littéraire ? ». Je reprendrai ici le fil de sa démonstration. Après avoir défini le mythe ethno-religieux comme un récit fondateur, anonyme et collectif, qui fait baigner le présent dans le passé et est tenu pour vrai, dont la logique est celle de l'imaginaire et qui fait apparaître à l'analyse de fortes oppositions structurales, il fait observer que certaines caractéristiques disparaissent, que d'autres en revanche demeurent quand on passe du mythe au mythe littéraire. Celles qui disparaissent sont les trois premières : le mythe littéraire ne fonde ni n'instaure plus rien ; les œuvres qui l'illustrent sont en principe signées ; et évidemment le mythe littéraire n'est pas tenu pour vrai. Mais « la langue — comme si souvent — a enregistré une réelle parenté, en désignant d'un même substantif le mythe religieux et le mythe littéraire ». Leurs caractères communs sont la saturation symbolique, l'organisation serrée (plus serrée qu'on ne l'a dit dans le cas du mythe littéraire), l'éclairage métaphysique.

L'autre apport du brillant article de Philippe Sellier est qu'il montre que le mythe littéraire ne se réduit pas à la survie du mythe ethno-religieux en littérature. Si les reprises de récits d'origine mythique consacrés dans le panthéon culturel occidental occupent une large place dans le corpus considéré (avec la fameuse dyade Athènes et Jérusalem, le foisonnement des variantes dans la mythologie grecque d'un côté, le texte sacré fermement délimité de l'autre), d'autres ensembles méritent d'être considérés par celui qui traite des mythes littéraires. Il y a d'abord des « mythes littéraires nouveau-nés », tels ces quelques récits littéraires prestigieux auxquels a donné naissance l'Occident moderne : Tristan et Yseult, Faust, Don Juan. On peut avoir l'impression cette fois que le mythe naît de la littérature elle-même, qu'il a fallu par exemple dans le dernier cas l'imagination du prêtre-dramaturge Tirso de Molina. Ce sont des mythes deux fois littéraires, si l'on veut. En fait on n'aura pas de peine à reconnaître dans les scénarios constitutifs de ces grands récits des éléments mythiques : le philtre, comme dans le mythe de Médée; le pacte avec le Diable; la statue de pierre.

Philippe Sellier se montre plus réservé pour les autres ensembles de « mythes littéraires » qu'il présente ensuite. Ceux qui correspondent à ce que Michel Butor a appelé « le génie du lieu », — Venise, par exemple — frappent sans doute l'imagination et permettent un jeu sur des images itératives, mais ils n'incarnent pas une situation se développant en récit. Les mythes politico-héroïques (Alexandre, César, Louis XIV, Napoléon) mettent bien en présence de récits, mais ce récit s'étire à l'infini : ici mythe renvoie à la magnification de personnalités ou de groupes selon le processus caractéristique de l'épopée. Enfin certains mythes, plus para-bibliques que proprement bibliques (Lilith, le Juif errant, le Golem) se sont moins constitués à partir du récit sacré qu'à partir de la réussite exceptionnelle d'une œuvre où le scénario était agencé avec maîtrise.

L'éventail s'est déjà, on le voit, considérablement élargi. Il s'ouvrira encore davantage si l'on admet une définition différente du mythe et du mythe littéraire. Je pense, par exemple, à celle que propose André Dabezies dans ses *Visages de Faust au XXe siècle :* « une illustration symbolique et fascinante d'une situation humaine exemplaire pour telle ou telle collectivité ». Dans une communication intitulée « Des mythes primitifs aux mythes littéraires », le même auteur, après avoir rappelé la définition d'Eliade, notait que le sociologue et le politologue relèvent, dans notre monde moderne comme dans le passé historique, des images-forces (le Progrès, la Race, la Machine, etc.) capables d'exercer une fascination collective assez comparable à celle des mythes primitifs. C'est prendre conscience d'un fait essentiel qui, il faut l'avouer, vient quelque peu brouiller les pistes. Donnons-lui son nom mythique, et mallarméen : le Démon de l'analogie. Si nous considérons, par exemple, que tel grand personnage historique est un mythe, c'est que nous le voyons comme un héros mythique, nouvel Achille, nouvel Hector. Il est arrivé que, comme César, il se cherche une ascendance parmi les dieux. Il est arrivé aussi que la littérature fasse de lui un mythe : Napoléon devenant, comme l'a montré Jean Tulard, un Ogre ou un Prométhée (*Le Mythe de Napoléon*, 1971). C'est parfois dans la conscience commune que se produit la « mythisation », et la littérature l'enregistre. Mais c'est parfois aussi la littérature qui en a l'initiative. D'où cette nouvelle grande catégorie de mythes littéraires : tout ce que la littérature a transformé en mythes.

Au point de départ de notre ouvrage se posaient donc de grandes questions théoriques. Nous avions d'abord pensé leur consacrer des articles qui auraient été regroupés dans une section distincte du dictionnaire, et nous les aurions alors multipliés. Mais nous nous sommes rendus compte que la théorie serait bien vite envahissante, et il nous a semblé préférable de n'en retenir que quelques-uns, les plus importants, en les insérant à leur place dans un ordre alphabétique unique. Un article comme « Figures historiques et figures mythiques », par exemple (entrée HISTORIQUES) se situe dans le prolongement de la suggestion qui a été faite plus haut, et il justifie la présence dans le dictionnaire de la figure de Jeanne d'Arc ou de celle de Louis XIV.

Nous avons cru devoir, dans le même ordre d'idées, faire place à des articles qui rapprochaient le mythe littéraire de « genres » voisins. C'est en quelque sorte une expérience des marges, et elle se justifie encore par le désir d'éviter des confusions qui sont trop souvent faites : je pense à « Contes et Mythes » ou à « Utopie et Mythe ».

Conscients de ne pouvoir tout traiter, nous avons également pris le parti, dans certains cas, d'envisager des ensembles : « Mythes africains », « Mythes germaniques », « Mythes japonais », etc. Il arrive que ces ensembles n'excluent pas tel sujet particulier : « Chaka » ou « Soundjata » apportent des compléments indispensables au tableau des mythes africains. Ces ensembles ne sont pas nécessairement circonscrits dans un domaine géographique ou linguistique. Des ponts s'établissent, par exemple dans l'article sur les « Femmes viriles », qui fait passer des Amazones aux Valkyries. Il arrive même qu'on soit obligé de transcender les divisions en aires culturelles, comme cela se passe pour le « Bestiaire mythique ».

Dans le plus grand nombre de cas, l'entrée se confond avec le nom d'un personnage ou d'un héros mythique. Cela ne veut pas dire que le mythe se réduise toujours à un individu. Le nom a ici valeur d'indice. Mais il est certain qu'une fixation se fait sur lui. Antigone, Œdipe, figures de la famille des Labdacides, traînent derrière eux l'histoire d'un *genos* tragique tout en posant chaque fois un problème singulier. On pourra être étonné de certaines absences. On pourra être étonné aussi de certaines présences. Nous avons cherché moins l'exhaustivité que la variété. Variété géographique, sans doute : les mythes amérindiens ont leur place à côté des mythes grecs. Variétés d'exemples surtout : on trouvera des figures mythiques, mais aussi des figures historiques ou des figures littéraires qui sont devenues des mythes littéraires.

Un dernier mot sur cette entreprise. Ce livre est le fruit des travaux d'une équipe de recherche, sur les mythes littéraires, au sein du Centre de Recherche en Littérature comparée de Paris IV. Il a fallu bien des séances de travail, mais aussi beaucoup d'amitié, de bonne entente et de bonne volonté. Il en reste sans doute quelque chose d'expérimental. C'est un « work in progress », et par conséquent il devrait pouvoir être complété et amélioré au cours des rééditions successives.

Pierre BRUNEL

Abraham

Dans la légende biblique du patriarche Abraham, un seul épisode a connu une fortune littéraire et artistique, celui dit « du sacrifice d'Isaac ». Quel sujet en effet : une divinité contraint un père à tuer son fils bien-aimé !... Encore si ce dieu apparaissait comme étranger et lointain — la Diane qui demande l'immolation d'Iphigénie — nous verserions des pleurs sur ce tendre enfant condamné, comme le firent les spectateurs du drame d'Euripide et de la tragédie de Racine ; mais celui qui ordonne le sacrifice de la Bible sert justement de pierre de touche à la foi du croyant. Au sommet du Moriyah, à cette altitude, on ne respire plus qu'un air raréfié ; on ne peut éprouver que crainte et tremblement, ou qu'horreur.

A la source du mythe : Genèse XXII, 1, 19

D'une apparence rugueuse et sèche, mais pure et dure, le récit semble à la fois simple et complexe, court et interminable, offrant le maximum de concret avec le minimum de détails ; tout y demeure inexprimé, le non-dit est indispensable pour qu'il y ait véritable lecture ; le relief et l'épaisseur des gestes et des objets signifient et signalent exactement leur contraire ; deux expressions, selon Eric Auerbach, peuvent résumer les caractères singuliers de ce texte : *« pourvu d'arrière-plan »*, et *« appelant l'interprétation »*.

Il apparaît tout d'abord, dans sa structure, comme une saga biblique, genre proche du conte populaire ; *« l'assignation d'une épreuve »* y est mise en vedette, dès le premier verset : « Et après ces événements il arriva que l'Elohim mit à l'épreuve Abraham... » Après l' *« ordre »* donné par Dieu, suivent, dans le seul verset III, *« l'obéissance », « la décision », « l'affrontement de l'épreuve »* (« Et Abraham se leva au matin et il sella son âne... ») : ainsi est mise en valeur la perfection de l'obéissance.

Si les termes habituels de *« combat »* et de *« victoire »* n'apparaissent pas formellement, leur réalité n'en est pas moins assurée, contenue dans les indices du second verset, quand il est question de *« fils que tu aimes »* à *« faire monter en holocauste »*. En omettant de mentionner *« l'affrontement »*, l'auteur aboutit à un résultat double : d'une part, il attire l'attention sur l'ordre divin et son immédiate exécution ; de l'autre, il étale la *« lutte »* sur tout le récit, invitant à la comprendre comme intérieure ; le héros se trouve devant un dilemme : ou bien il suit l'ordre d'Elohim et se renie comme père, ou bien il sauve son fils et se renie comme serviteur de son dieu — illustration parfaite de la définition du mythe proposée par Greimas : « mise en présence des contradictions, des choix également impossibles et insatisfaisants ». Le fait qu'il s'agit d'un conflit entre l'homme et la divinité ajoute encore au caractère mythique du récit, que désignent les codes topographique et chronologique.

Le voyage d'Abraham et de son fils est, en effet, un itinéraire circulaire, un aller et retour de Bersabée (demeure familiale) à Bersabée, incluant l'ascension d'une montagne sainte, la montagne de la vision, l'endroit d'une théophanie (« Et Abraham appela le nom de ce lieu : YHWH voit, dont on dit aujourd'hui : au mont de YHWH il sera vu » [verset 14]). Le sens de l'action a partie liée avec l'espace qu'elle habite ; c'est un dieu qui engendre ce voyage, il sera également au terme ; quant au héros de l'épreuve, il en reviendra transformé : la divinité saura qu'*« il craint Elohim »*. On reconnaît donc en cet itinéraire un voyage initiatique, ce que démontrent aussi les indications de temps. Tout d'abord le fait que l'ordre divin ait été communiqué *« en songe »*, puisque le héros se lève *« au matin »* : c'est ainsi que se révèle la vocation mystique ; ensuite la durée de l'expédition : « Au troisième jour, Abraham vit le lieu de loin » : on songe aux trois jours d'épreuve pendant lesquels Jonas demeure englouti dans le ventre du monstre marin, à ceux pendant lesquels Jésus est dit demeurer au tombeau.

Bref, sobrement réaliste, dépouillé au maximum de toute mythologie, ce récit de *« l'épreuve d'Abraham »* peut être dit mythique au sens le plus profond du terme, *« drame humain condensé, symbole pour une situation actuelle »*, modèle exemplaire des relations entre Dieu et l'homme — modèle qui suscitera d'innombrables imitations.

La paraphrase traditionnelle

Des *Mystères* médiévaux jusqu'aux drames lyriques de la fin du XVIIIe siècle, tout un lot d'œuvres s'inspirant de *Genèse 22* présente des caractères semblables, dont le premier est qu'il s'agit d'œuvres théâtrales. En lui-même le genre de la *saga* israélite se prêtait à la dramatisation : ce canevas très sobre, engageant deux ou trois personnages dans une action intense, invitait le lecteur à leur prêter voix et gestes. Il est donc naturel que les clercs médiévaux aient lancé sur leurs tréteaux des Abraham et des Isaac de chair et d'os ; il en est ainsi dans les « *Story of Isaac* » des divers *Mystères* anglais, dans « *Le Sacrifice d'Isaac* » recueilli dans « *Le Mystère du Viel Testament* », dans les *autos* espagnols prolongeant au XVIe et au XVIIe l'esprit du Moyen Age, qu'ils soient anonymes ou de la main d'un génie tel Calderón.

A la différence du conte biblique, le théâtre se nourrit de conflits, les accentue et les multiplie : conflit entre Dieu et Abraham, entre Abraham et son fils, entre Abraham et Sara ; conflit au cœur même des personnages, dont les monologues révèlent le tragique déchirement : en Abraham, le père s'oppose au croyant ; en Dieu lui-même, la Miséricorde combat la Justice, sous forme d'allégories personnifiées.

Autre caractère de ces œuvres : l'enrichissement de la matière primitive par le contexte, par l'*avant* et l'*après* du texte primitif. Généralement la pièce débute par un tableau de bonheur et de paix qui va accentuer, par contraste, l'horreur du drame qui s'engage ; les parents élèvent jusqu'à Dieu leurs actions de grâces pour l'enfant qui leur a été donné ; ils ressentiront plus cruellement l'annonce de sa perte inéluctable.

Enfin, dans toutes ces œuvres, il apparaît que le sacrifice d'Isaac « ... *est figure démonstrative / De la passion Jésus-Christ* », la donnée théologique étant mêlée à la dimension humaine et réaliste. Tandis que l'*auto* espagnol anonyme, par exemple, offre une partie vivante, voire triviale, celui de Calderón néglige le drame humain pour s'attacher aux seules idées ; dans un cas, le tragique du texte primitif s'évapore dans les détails concrets comiques, dans l'autre, il se dessèche dans les argumentations d'un débat théologique.

A l'époque de la Renaissance, l'art naïf des *mystères* va être enrichi par l'influence du drame antique et de la théorie aristotélicienne ; sur notre sujet, c'est toute une floraison d'œuvres, plus savantes que populaires, dans tous les pays d'Europe, dans toutes les langues, vogue qui durera au long des siècles classiques, ponctuée par des chefs-d'œuvre, de Théodore de Bèze *(Abraham sacrifiant)*, de Métastase *(Isaaco, Figura del Redentore)*, de Lavater *(Abraham und Isaak)*.

A côté des œuvres dramatiques, surgissent nombre de poèmes, tels ceux de Du Bartas, mais toutes ces œuvres des âges classiques présentent les mêmes caractères : développement de chaque verset de *Genèse 22*, exploitation minutieuse des détails, analyse psychologique complaisamment menée, insistance sur le déchirement du cœur plutôt que sur le dessein divin, en un mot : amplification, et amplification par expansion. Cette paraphrase traditionnelle vise à reproduire le texte antique, ne le réduit quasiment jamais, le complète plutôt. Elle conserve, ou vise à conserver fidèlement le message religieux de l'auteur biblique; elle relit le texte biblique dans une tradition qui, remontant aux éditeurs même du Pentateuque, est transmise par le soin des rabbins, puis jusqu'aux Pères de l'Eglise chrétienne qui ajouteront à l'interprétation juive une typologie originale, celle d'Isaac, figure du Rédempteur. De plus, au sein d'une culture chrétienne, le texte n'est pas un texte mort, mais particulièrement vivant; celui qui le reçoit peut se l'approprier, car sa foi est celle du héros, dont il revit les aventures pour son propre compte. Des clercs médiévaux au protestant Théodore de Bèze, du catholique Calderón au piétiste Lavater, ces imitateurs offrent l'exemple d'une unanimité qui ne se maintiendra pas par la suite.

Le renouvellement de la paraphrase

Une remise en question de la tradition est opérée par Kierkegaard dans son *Crainte et Tremblement* où, en quatre paraphrases successives, il veut restituer la lecture d'un homme à la foi incertaine, procédé pour heurter les conceptions courantes et exposer les pensées naturelles qui peuvent venir à l'esprit devant une action aussi extraordinaire; l'attestent, et l'excès de lyrisme, et le ton légèrement emphatique, et l'omission de l'élément religieux du conte. Mais, après ces quelques pages, le penseur danois dément les conclusions de ses quatre tableaux et offre *« l'éloge d'Abraham »* : loin d'être un monstre, ce fut un homme sensible et bon :

> « Ou bien il nous faut biffer d'un trait l'histoire d'Abraham, ou bien il nous faut apprendre l'effroi du paradoxe inouï qui fait le sens de sa vie, afin de comprendre que notre temps peut être joyeux comme tout autre, s'il a la foi. »

L'actualisation

Chez Wilfred Owen, Abraham n'est plus le père des croyants, mais l'adulte de 1914 qui sacrifie son fils sur l'autel du nationalisme, son fils : « ... la moitié des générations de l'Europe... »; l'antique récit est utilisé pour appuyer une leçon éternelle : l'homme ne doit pas tuer un innocent, même sous le prétexte d'une guerre qui n'est que l'expression d'un orgueil national; le poème étend la leçon du texte, de l'individuel au collectif, mais sans référence à la garantie divine.

Même procédé allégorique, pour la même intention, dans la chanson de Léonard Cohen : *Story of Isaac*, visant la guerre que menaient, au Viêt-nam, les Américains, en 1970; deux strophes y dénoncent, par la voix d'Isaac, les adultes qui tuent les enfants, et qui obligent ces enfants eux-mêmes, pour se défendre, à porter l'uniforme; ces adultes n'ont pas l'excuse du patriarche biblique; ils n'ont pas été tentés, ni « par un démon ni par un dieu »; l'allusion, vague, rejette le récit dans un univers mythique où l'Elohim de la Genèse ne se distingue pas nettement du Malin.

Long de plus de six cents vers, le poème de Josip Brodsky, *Isaac et Abraham*, exprime les sentiments d'un Juif russe, à la fois cabaliste expert dans la symbolique des nombres et homme qui souffre la peine de l'exil loin de sa terre natale; il ne s'occupe que de la signification de l'épisode pour un Russe, pour lui, en premier lieu, puis pour son peuple; la victime qui brûle sur le bûcher n'est autre que lui-même, dont la souffrance se révèle interminable, le buisson du Moriyah se métamorphose en autel, puis en croix. Méditation proche de celle des auteurs spirituels qui pensent que le sacrifice des origines, annonçant celui du Christ, doit être le lot de tout chrétien, voire de tout homme.

La démythisation

Thomas Mann, dans ses *Histoires de Jacob*, reconstitue en archéologue averti les us et coutumes du passé, l'horizon mental des hommes de l'époque d'Abraham, mais donne à ses héros, Jacob et Joseph, des âmes toutes modernes. Il distingue l'Abraham croyant, figure du passé, de ses successeurs, incapables de croire. L'aventure du Moriyah est vécue par un anti-héros et s'achève par la défaite de ce dernier, qui renonce à sacrifier son fils. Il n'est pas sûr d'ailleurs que, pour le romancier, il s'agisse vraiment d'une défaite; il suggère que ce fut plutôt une victoire de l'humanité devenue plus raisonnable. Proclamant le mythe, Thomas Mann le détruit en fait; ce n'est plus pour lui que « l'habit de parade du mystère vital » : si on peut y prendre un plaisir d'esthète, on ne peut y croire.

Laurence Housman, quant à lui, s'efforce d'arracher le récit d'Abraham sacrifiant à l'universel, de le *dé-mythologiser*, pour reprendre le mot de Bultman. De la pièce *(Abraham and Isaac)* qu'il a tirée de *Genèse 22*, le poète anglais élimine tout merveilleux : l'appel en songe, la voix de l'Ange; pas de miracle et donc pas de voix divine ordonnant ou suspendant l'exécution du fils bien-aimé. Le surnaturel n'est pas supprimé pour autant, mais seulement intériorisé : l'homme cherche Dieu, et Dieu lui répond, mais cet échange se déroule au fond des cœurs. Apparemment, Housman démontre que l'expédition du Moriyah provient d'une angoisse d'Abraham se punissant de chérir trop son fils, et en cela son interprétation rejoindrait celle d'un critique freudien ; en fait, le ton de la pièce est profondément religieux, d'une religion intérieure qui plutôt que la conscience privilégie l'obéissance ; si cette version est infidèle au texte primitif dans sa littéralité, elle est fidèle à l'esprit qui l'anime, à sa visée la plus haute, qui est bien d'instituer un sacrifice « en esprit et en vérité ».

La projection de l'Inconscient

Le premier sans doute avant Freud, Hegel a vu dans l'Elohim auquel Abraham a donné sa foi « l'image de sa propre nature » ; pour lui le patriarche hébreu est un être cruel, égoïste, orgueilleux et dominateur, un être de séparation, qui, dans son mépris de l'humanité, va jusqu'à rejeter le sentiment le plus profond qui puisse exister, l'amour d'une postérité. Suivant ces vues, on pourrait lire l'histoire que narre la *Genèse* comme le compte rendu d'une crise intime vécue dans l'inconscient d'un homme qui chérit trop son fils ; condamnant ces instincts (trop) naturels, son Surmoi à la faveur d'un rêve, lui commanderait de les supprimer ; au moment d'accomplir l'acte, le Surmoi, constatant que l'individu s'est rangé de son côté, se montre bienveillant et fait grâce : l'enfant ne sera pas tué ; au contraire, le Surmoi régulateur édicte le principe universel qui interdit de tuer.

Telle pourrait être l'interprétation qui commande la page dans laquelle Marcel Proust évoque l'épisode de la *Genèse* ; pour lui, le dieu n'est autre que le père, et ce père est un bourreau qui sépare le fils de sa mère :

> « Il était encore devant nous, grand, dans sa robe de nuit blanche sous le cachemire de l'Inde violet et rose qu'il nouait autour de sa tête depuis qu'il avait des névralgies, avec le geste d'Abraham dans la gravure d'après Benozzo Gozzoli que m'avait donnée M. Swann, disant à Sarah qu'elle a à se départir du côté d'Isaac. »

Derrière l'histoire biblique, le romancier voit la structure archétypale des relations entre père, mère et fils ; comme souvent, la légende juive plutôt que la fable grecque lui sert d'enveloppe pour traduire ses propres fantasmes ; elle contribue à sacraliser une aventure personnelle ; et le mythe illustre une situation qui date de la première enfance : il a donc vie et valeur exemplaire, sans toutefois exprimer rien de religieux.

La foi dans le Dieu d'Abraham

Pierre Emmanuel, dans son *Jacob*, rejette Abraham à l'arrière-plan et donne la parole à Isaac, type de la victime consentante, esclave de Dieu, être de silence et de soumission, à jamais marqué par son enfance ; son dieu, conçu comme un Tyran cruel dont le regard le transperce, son Dieu « concentré à la pointe du poignard », correspondrait assez bien au Père primitif dont Freud a esquissé les traits dans *Moïse et le Monothéisme* ; toutefois, si le blasphème affleure, c'est l'adoration qui l'emporte, le dieu biblique présentant un double visage, *« abominable »* et *« adorable »*, Justicier implacable et Bienfaiteur bienveillant.

Il en est de même dans un passage capital du roman d'Alfred Döblin, *Berlin-Alexanderplatz* : Franz Biberkopf, le héros, est préfiguré par Isaac, et, comme lui, doit assumer la souffrance volontairement et devenir ainsi un homme nouveau ; même leçon que dans la Bible : Dieu veut être obéi en tout ce qu'il demande. Cependant, après avoir entraîné son lecteur dans les affres de l'angoisse, le romancier célèbre l'acte divin et multiplie les Alleluias :

> « Alleluia ! ... Vous m'avez obéi, Alleluia ! Vous vivrez. Alleluia ! Ecoute-moi : jette le coutelas dans le gouffre. Alleluia !... »

Alfred Döblin et Pierre Emmanuel, croyants tous deux, faisaient entendre la voix d'Isaac ou celle d'Abraham, la voix humaine déchirée par l'angoisse de la mort ; un autre poète, Claude Vigée, dans *L'Acte du Bélier*, présente Abraham comme le symbole du peuple juif qui a pour tâche de faire sortir le bélier du buisson, c'est-à-dire le dieu caché du fourré de nos complexes ; le bélier est l'allégorie à la fois de la victime : le peuple juif, et de son dieu ; dans l'embrasement de l'holocauste, le poète entrevoit la lueur des fours crématoires où périrent les Juifs durant la Seconde Guerre mondiale, mais le buisson du Moriyah évoque également le Buisson ardent, le lieu de la théophanie. Leçon d'espoir : les *« larmes de sang »* seront transmuées en larmes de joie ; Dieu donnera la vie à son peuple.

Formellement le sacrifice d'Isaac ressemble à tous les sacrifices des nouveau-nés du monde paléo-oriental, coutume et rite dont la signification est parfaitement intelligible ; certains, s'en tenant à cet aspect du conte, n'y voient qu'un ensemble de caractères névrotiques (Hegel, Proust, Thomas Mann). Chez d'autres, le texte biblique, dépourvu de son caractère sacré, n'est plus qu'une forme vide, prête à accueillir un message social ou politique, comme pour Owen et Cohen, ou à recueillir les échos d'une souffrance plus personnelle, comme chez Brodsky.

Dans la paraphrase traditionnelle comme dans la plupart des écrits contemporains, apparaît une dimension d'une autre nature, celle de l'expérience religieuse : Abraham apparaît comme le champion de la foi, c'est-à-dire d'une liberté qui s'engage vis-à-vis d'une personnalité totalement distincte de lui. Dans l'Elohim de la *Genèse*, ces écrivains reconnaissent leur propre dieu ; pour eux, cette mythologie est vivante, elle comprend certes une enveloppe de merveilleux, mais l'essentiel est ce noyau le plus authentique : la foi, l'espoir. Car, si la mort rôde, terrifiante au sein de cet épisode, elle est finalement congédiée, et, comme dans un tableau célèbre de Rembrandt, la lumière céleste triomphe définitivement. En même temps qu'elle, la vie, une vie surabondante, telle que la désire le dieu biblique, *« dieu non des morts mais des vivants »*.

Robert COUFFIGNAL

BIBLIOGRAPHIE

Œuvre-source : *Genèse* 22,1-19

Œuvres constituant le mythe littéraire

XIVe siècle

Mystères anglais (Cycle d'York, Ludus Coventriae, Cycle de Chester).

XVe siècle

Le Mystère du Viel Testament.

XVIe siècle

1549 Théodore de BÈZE, *Abraham sacrifiant.*
1591 G. de SALLUSTE, sr du Bartas, « Les Pères », in *Les Semaines.*
s.d. Auto sacramentale anonyme, *Auto del sacrificio de Abraham.*

XVIIe siècle

s.d. CALDERÓN de la BARCA, *Primero y segundo Isaac.*

XVIIIe siècle

1730 Pietro MESTASTASIO, *Isaaco, Figura del Redentore.*
1776 Johann Kaspar LAVATER, *Abraham und Isaak.*

XIXe siècle

1842 S. KIERKEGAARD, *Crainte et tremblement.*

XXe siècle

1913 Marcel PROUST, *Du Côté de chez Swann.*
1918 Wilfred OWEN, *The Parable of the Old Man and the Young.*
1929 Alfred DÖBLIN, *Berlin-Alexanderplatz.*
1933 Thomas MANN, *Die Geschichten Jaakobs.*
1950 Laurence HOUSMAN (pièce), *Abraham and Isaac.*
1963 Josip BRODSKY, *Isaac et Abraham.*

1970 Pierre EMMANUEL, *Jacob.*
1970 Léonard COHEN, *Story of Isaac.*
1972 Claude VIGÉE, *L'Acte du Bélier.*

Etudes critiques

Robert COUFFIGNAL, *L'Œuvre d'Abraham, le récit de la Genèse et sa fortune littéraire,* Publications de l'Université de Toulouse-Le Mirail, 1976.
R.-M. ACHARD, *Actualité d'Abraham,* Neuchâtel, Delachaux et Niestlé, 1969.
J.-L. VESCO, « Abraham : actualisation et relectures », Paris, *Revue des sciences philosophiques et théologiques,* 1971, p. 33-80.
A. WENIN, « Abraham à la rencontre de YHWH. Une lecture de Gn. 22 », *Revue théologique de Louvain,* 1989, p. 162-177.

Adonis

Dès son introduction en Grèce, le mythe d'Adonis est lié à la poésie. Car il est inséparable d'un culte, dont le rituel consiste surtout en chants, commandés, semble-t-il, à des poètes en renom. D'ailleurs si l'histoire d'Adonis est brève, les thèmes en sont majeurs, et devaient inspirer, de l'Antiquité aux temps modernes, des écrivains de premier rang.

La légende

Voici, d'abord, cette brève histoire, d'après le récit le plus ancien connu (Panyassis d'Halicarnasse, ve siècle av. J.-C.), enrichi de quelques variantes bien intégrées à la version courante (Bion, Ovide).

Adonis est né d'un inceste entre le roi Kinyras et sa fille Myrrha. Abusé, puis détrompé, le père chasse la coupable; celle-ci, aux abois, implore les dieux qui la métamorphosent en arbre, l'arbre à myrrhe : l'aromate naît de ses larmes. Le tronc s'ouvre et met au jour un bel enfant. Aphrodite, touchée par sa grâce, l'enferme dans un coffret et le confie à Perséphone. Mais celle-ci, plus tard, refuse de le lui rendre. Zeus tranche la contestation entre les deux déesses : l'adolescent passera le tiers de l'année avec chacune d'elles ; pour le tiers restant il choisira son séjour ; il opte, naturellement, pour Aphrodite.

Malheureusement Adonis est passionné de chasse. Pendant une absence de son amante divine, il affronte un sanglier monstrueux, et meurt de sa blessure. La déesse ne revient que pour le pleurer. De son sang naît une fleur : l'anémone.

Le récit primitif devait s'arrêter là. Mais, sous l'influence du culte qui, chaque année, fêtait Adonis uni à Aphrodite et le pleurait englouti par l'Hadès, il semble que l'alternance des deux séjours — terrestre, souterrain — ait été transformée en un retour éternel.

L'esprit grec, porté à rechercher le pourquoi des choses, ne pouvait se contenter d'un simple accident. Tantôt Adonis est coupable d'avoir méprisé les avis de la déesse ; tantôt il est victime de la vengeance d'une autre divinité : Artémis, Arès, Apollon, etc.

Le récit comporte nombre de variantes, plus ou moins anciennes, plus ou moins importantes ; mais aucune n'est tout à fait négligeable : une variante isolée peut être reprise, ou réinventée, par un poète moderne : preuve qu'elle tenait au cœur du mythe de plus près qu'on aurait pu le croire.

Origines, évolution

Pour plus de précisions, nous renvoyons à la sérieuse étude de W. Atallah : *Adonis dans la Littérature et l'Art grecs* (1966). Nous insistons sur ce qui importe à la postérité littéraire du mythe.

Adonis est venu d'Orient ; la racine de son nom est sémitique (*Adon* = Seigneur). Sur ses origines on manque de certitudes. Dès l'Antiquité tardive (Origène), il a été identifié à Thammouz, dieu babylonien passé en Phénicie : légende et culte présentent de frappantes analogies. Dans les deux cas, le héros, retenu malgré lui par la déesse des enfers, est délivré par une divinité terrestre bienfaisante (ici, Ishtar). Mais s'agit-il d'identité, ou de parenté ? Dans les versions anciennes, le père d'Adonis était roi d'Assyrie, puis de Phénicie et d'Arabie ; la version courante le fixe à Chypre. Cette île sera longtemps pour les poètes le cadre de la légende ; avec un retour vers Byblos et les hauteurs du Liban, dont le prestige sera puissant sur les modernes.

Légende et culte ont dû voyager de bonne heure, par la route des îles, vers la Grèce. Ils apparaissent constitués dans des fragments attribués à Sapho de Lesbos. Dans l'Athènes du Ve et du IVe siècle, le culte, célébré surtout par des femmes, excite la verve des poètes comiques, et son aspect funèbre sera décrit par Plutarque. Après les conquêtes d'Alexandre, il se répand plus largement dans un monde hellénisé ; au IIIe siècle, il revêt un éclat particulier à Alexandrie, selon le témoignage de Théocrite. Il semble qu'il ait connu alors un reflux vers son pays d'origine ; et que ce soit un rituel réimporté d'Alexandrie que Lucien de Samosate a pu observer à Byblos *(La Déesse syrienne)*. Sous la domination romaine, le culte atteint les limites de l'Empire.

Ce culte comportait deux journées : — lamentations sur la mort du héros, chants de joie pour son retour et son union avec la déesse — dont l'ordre variait selon les lieux. On offrait au jeune dieu les fruits de la terre. Un élément du rituel a inspiré bien des commentaires, sous le nom de « Jardins d'Adonis ». Il s'agissait de vases ou de corbeilles où l'on semait, peu avant la fête, diverses plantes dont le soleil hâtait la croissance, mais aussi la flétrissure. Au terme de la journée de deuil, on les jetait à l'eau. Ce rite prêtait aux gloses symboliques, et le terme de « jardins », à des méprises, inspiratrices des poètes.

Mais aux premiers siècles de notre ère, le jeune dieu était-il encore le tendre adolescent que pleurait Sapho ? Il a peu à peu subi la contamination de personnages mythiques voisins, de divinités nouvelles ; et enfin d'un syncrétisme religieux tendant au confusionnisme. *Quel* sera l'Adonis qui séduira nos poètes ?

La famille d'Adonis

Il nous apparaît d'emblée situé à la charnière de trois familles mythiques.

La première rassemble les adolescents dont la beauté attire l'amour d'un Immortel, et *qui en meurent* ; soit par une imprudence de l'amant, soit par l'hostilité d'un autre dieu : Hyacinthe, Daphné, Sémélé... Traits communs : la condition de chasseur ou de berger ; un lien avec la vie végétale (métamorphose finale).

Seconde famille : les héros affrontés à des monstres, parmi lesquels le sanglier (Calydon, Erymanthe) tient un rôle notable.

Troisième famille : les héros descendus aux Enfers, d'où ils sont ressortis vivants. Mais le retour *périodique* d'Adonis reste exceptionnel. Tardivement, il entre dans une famille nettement diverse : celle des morts une fois pour toutes ressuscités. Mais nous en arrivons à l'époque où l'adolescent, d'abord humain, puis demi-dieu, prend le statut d'un dieu *unique*, reconnaissable sous divers visages. Selon une épigramme d'Ausone (IVe siècle), il s'appelle ici Osiris, là Dionysos, etc. Un dieu « aux nombreux noms » selon l'hymne orphique 56 à Adonis

(IIe siècle) ; et même un androgyne, ce qui permet d'intégrer en lui des figures féminines (Séléné).

Il faut noter cependant qu'Adonis garde ou recouvre, à travers les siècles, les traits distinctifs de sa personne et de son culte.

Les exégèses

Hâtons-nous de dire que parmi elles nous nous gardons de rechercher ce qui serait l'explication *véritable*; ou de croire que la plus ancienne serait la vraie. Toutes celles qui sont potentiellement contenues dans le mythe (légende et culte), sont vraies, au moins pour une époque ou une famille d'esprits.

Mais il faut remarquer la précocité des interprétations et leur constance. Dès les premiers siècles de notre ère, nous voyons se formuler un symbolisme des cycles naturels, sous deux formes d'ailleurs apparentées : cycle végétal, cycle astral. Exégèses qui se retrouvent chez presque tous les mythologues des temps modernes. Elles s'épanouissent sous l'influence, d'une part, des écoles philosophiques, d'autre part, des sectes mystiques. La plus ancienne est l'exégèse végétale : Adonis est assimilé aux fruits de la terre, surtout au blé, qui meurt, puis connaît une vie renouvelée (Porphyre; divers Pères de l'Eglise). Mais plus tard, au moment où dans l'Empire romain domine un syncrétisme solaire, Adonis devient le Soleil, retenu sous terre en hiver (Macrobe, Ve siècle).

Les poètes de la Renaissance et de l'âge baroque durent la connaissance des fables aux compilations des humanistes, mais aussi à la fréquentation directe des poètes antiques (surtout Ovide).

La spéculation sur les mythes refleurit à partir du XVIIIe siècle. Nous ne parlerons que des mythologues vivement intéressés par Adonis et inspirateurs des poètes : d'ailleurs certains de ces érudits pourraient compter aussi parmi les poètes d'Adonis. C'est déjà le cas de Frédéric Creuzer (*Symbolik*, 1810-1812, 1, IV).

Il donne les deux types d'explication, qui n'en font pour lui qu'une seule sur deux plans, astral et terrestre. Il en perçoit une troisième, sur le plan spirituel : celle des religions à mystères, qui voient dans les épreuves surmontées par leur dieu une garantie de salut. On le sent séduit surtout par la passion d'Adonis, et la sombre poésie du rite funèbre.

Cette poésie, nul ne la sent et l'exprime mieux que Renan. C'est en archéologue un peu déçu qu'il mène son enquête (*Mission de Phénicie*,1864), mais il est envoûté par une nature où la grandeur tourmentée s'unit à une grâce printanière, et surtout dominé par une épreuve personnelle qui tient d'une descente aux enfers. Un même mal frappe la sœur et le frère, mais seul celui-ci émerge d'une léthargie où, dans ses rêves, le fleuve sacré se changeait en Léthé. Henriette repose à jamais dans la terre d'Adonis ; Ernest s'éveille hanté par une nostalgie qu'il prête aux fidèles d'Adonis et qui fut du moins celle de ses poètes :

> « Un attrait dangereux où on se laisse aller et où l'on s'endort. Les émotions religieuses y flottent entre la volupté, le sommeil et les larmes. »

La magie du Liban, la fascination de la Mort, agissent aussi sur Charles Vellay *(Le Culte et les Fêtes d'Adonis Thammouz dans l'Orient antique,* 1910). Mais il cède surtout à une tendance unificatrice qui domine la fin du XIXe siècle, et ramène toutes les religions à un culte du Soleil (Mallarmé : *Les Dieux antiques,* 1880). Pour Vellay, le dieu suprême, sous divers noms, n'est autre qu'Adonis ; il en vient à fondre en lui toutes les puissances créatrices et destructrices : androgyne, il est à la fois le Soleil et la Terre, il est aussi Moloch le dévorateur. Ce livre débordant d'imagination eut un certain impact sur les écrivains, dû à sa conviction entraînante plus qu'à son poids de vérité.

Pour James G. Frazer *(Adonis, Attis, Osiris,* 1906), Adonis reprend sa place parmi plusieurs figures divines apparentées, reconnues pour des mythes de la végétation. Selon son hypothèse de base, *le rite précède et engendre la fable.* Il a pour but, en reproduisant un processus naturel, de le favoriser ; ce processus, dramatisé, devient l'histoire de deux partenaires divins, incarnant les pouvoirs de fertilité. Frazer admet, pour Adonis, diverses interprétations végétales. Il peut avoir été un arbre, l'herbe broutée, le blé moissonné. De toute façon il *devait* mourir.

Mais le grand mythologue a subi, à son tour, le double enchantement de Byblos et du verbe de Renan : il absout celui-ci d'avoir coloré le mythe de ses émotions personnelles, et il en vient à hasarder : peut-être faut-il tenir compte de ce facteur affectif dans la naissance des mythes ?

Bornons-nous enfin à signaler, pour le lecteur curieux, deux ouvrages trop récents pour avoir influé — jusqu'à ce jour ! — sur des œuvres littéraires. Nous avons déjà cité W. Attalah, dont l'œuvre offre plus que le titre ne promet : l'auteur prend le parti, rare et judicieux, de s'attacher, pour bien comprendre le mythe, non à ce qui le confond avec d'autres, mais à ce qui l'en distingue.

L'ouvrage de Marcel Detienne : *Les Jardins d'Adonis. La Mythologie des Aromates dans le Monde grec* (1972), fait de notre mythe l'application d'un schéma structuraliste — ingénieux, compliqué, systématique — qui nous semble déformer singulièrement le héros et sa légende.

ADONIS DANS LA POÉSIE ANTIQUE

En Grèce, les œuvres littéraires inspirées par Adonis sont strictement liées au culte. Des chants rituels, les textes qui nous restent nous donnent au moins les échos. Or, ils se trouvent évoquer les deux pôles de la légende, les sommets de l'intensité émotive : les noces divines, la mort.

Le premier est célébré dans l'*Idylle XV* de Théocrite. Composée à Alexandrie (274 à 270), elle fait revivre les fêtes d'Adonis, qui devaient à la reine Arsinoé une splendeur dont le poète avait été témoin. Il en détaille le faste, puis donne la parole à une artiste renommée qui nous fait entendre l'épithalame. L'atmosphère est toute de joie, de tendresse pour le jeune demi-dieu et de foi en sa protection. Une allusion à la cérémonie du lendemain, où la statue sera conduite à la mer — image de l'Hadès? — est atténuée par l'espoir du retour.

Ce second épisode est illustré par l'*Epitaphe d'Adonis*, œuvre très probable de Bion (IIIe siècle av. J.-C.). Composée certainement *d'après* le culte, elle est tissée d'appels à la déesse endormie, de lamentations coupées par les cris des pleureuses : « Il est mort, le bel Adonis ! » — refrain obsédant de valeur incantatoire — et s'élargit dans l'admirable plainte de Kypris. Tous les thèmes y sont déjà : le deuil des hôtes des forêts, l'impuissance de l'Immortelle à retenir l'aimé, comme à le suivre. Point de consolation ici : Adonis semble prisonnier de Perséphone, à jamais. Il fallait que la charge poétique de ce morceau fût puissante : Ronsard, Marino, La Fontaine, Shelley, D'Annunzio seront hantés par le poème de Bion.

Avec Ovide *(Métamorphoses*, LX, Ie siècle av. J.-C.), le ton change. Il ne s'agit plus de rituel; Ovide est un conteur d'histoires. Ce qui l'intéresse, c'est le côté romanesque de la légende : la passion coupable de Myrrha le retient plus longuement que la brève aventure d'Adonis. Quelques épisodes gracieux de ses amours ne compensent pas la disparition, non du *merveilleux*, mais des éléments vraiment *mythiques*; point de double vie, terrestre et souterraine; la mort n'est qu'un accident de chasse; le héros est bien pâle; Vénus est plus vivante, mais traitée avec une certaine irrévérence...

Un tout autre Adonis reparaît, au IIe siècle de notre ère, dans un texte grec qui est à la fois un document religieux et une œuvre littéraire : l'*Hymne orphique 56*; louange et prière adressées à un jeune dieu qui rappelle celui qu'on honorait à Alexandrie, cinq siècles plus tôt, par sa douceur, sa bonté, la tendresse qu'il inspire à ceux qui le pleurent. Mais il est moins proche de l'humain, avec des lignes mouvantes qui lui permettent d'être *à la fois* garçon et fille, *à la fois* rejeton de Kypris et de Perséphone. Sa beauté s'exprime en métaphores végétales; parent des jeunes pousses dont il stimule la croissance, il apporte aussi les fruits mûrs. Ce poème obscur a un pouvoir de fascination qui devait agir, bien plus tard, sur mythologues et poètes.

ADONIS CHEZ LES POÈTES MODERNES

Si on tente de prendre une vue d'ensemble de l'évolution du mythe, on voit se dégager une courbe qui, à travers une humanisation — je dirais une sécularisation — de la légende, le ramène — grâce aux travaux des mythologues, mais aussi à une transformation des mentalités — plus près de ses origines et de ses valeurs symboliques. En même temps on constate un regain d'intérêt pour le culte, et surtout le rite funéraire, qui sera pour la première fois restitué au théâtre par Gabriele D'Annunzio.

Naturellement, le tracé de cette courbe est un peu tremblé. Ainsi, dans la poésie anglaise, l'aura religieuse persiste en un temps où elle se dissipe ailleurs.

Si nous passons rapidement en revue les éléments du mythe, nous constatons la disparition, chez les Modernes, de la triste histoire de Myrrha (à peine une allusion chez Marino). Disparaît également la contestation entre les deux déesses, et même la présence de Perséphone. La poésie de la descente dans l'Hadès ne sera esquissée de nouveau que chez D'Annunzio. Evidemment, *Adonis aux Enfers* a souffert de la concurrence écrasante d'*Orphée.* Cependant, le séjour en un lieu non terrestre reparaît sous d'autres formes : captivité souterraine au pouvoir d'une magicienne romanesque, chez Marino ; séjour de paix, chez Spenser, Milton et Keats. Ce dernier poète est le seul à avoir retenu le retour *périodique* d'Adonis ; d'autres (Spenser, Milton, D'Annunzio), l'ont imaginé guéri, ou ressuscité à jamais.

Ce qui subsiste avec une remarquable persistance, c'est le drame de l'amour entre une immortelle et un fragile adolescent menacé par le Temps ; thème qui intègre celui de la Beauté et de ses pouvoirs redoutables.

RENAISSANCE ET BAROQUE

La nouvelle faveur d'Adonis, liée au retour des poètes antiques, l'est aussi à une contamination de la légende par la convention pastorale. Adonis y puise deux visages :

1 - Berger-poète.

2 - Enfant-des-bois (nommons-le ainsi d'après Siegfried). Rustique, passionné de chasse, lent à apprivoiser ; parfois, comme Hippolyte, fidèle à Diane et rebelle à l'amour.

A la pastorale, on doit aussi un moule nouveau, dont le premier modèle est l'*Eglogue V* de Virgile, et qui se trouve correspondre aux deux journées du culte : l'églogue funéraire à deux volets, l'un sombre, l'autre lumineux.

Mais dans les œuvres-types que nous avons choisies, l'élément surnaturel s'efface, l'histoire s'humanise, se fait romanesque plus que mythique; les affinités végétales d'Adonis ne reparaissent que pour leur grâce poétique.

Une exception : l'apparition d'Adonis dans une œuvre éminemment symbolique, le *Songe de Poliphile (Hypnerotomachia Poliphili,* Venise, 1499). L'épisode est situé à Cythère, où Vénus vient de bénir l'union des deux amants. Les nymphes emmènent ceux-ci en pèlerinage au tombeau d'Adonis, dont les bas-reliefs retracent les épreuves; il contient, avec les cendres du jeune chasseur, le sang et les larmes de la déesse. Ces reliques sont vénérées au cours d'une commémoration printanière, où un rôle est accordé aux roses rouges, teintes du sang divin. Ce gracieux épisode semble destiné à parfaire l'initiation des amants.

Ronsard (P. de), Adonis, *1563. Repris dans les* Elégies, *1567, 369 vers*

Inspirée de Bion et d'Ovide, l'histoire est très humanisée, bien qu'elle fasse intervenir la vengeance des dieux : Adonis n'est qu'une innocente victime. Ce qui frappe en lui : la fraîcheur. Non identifié à la jeune végétation, mais baignant en toutes choses printanières, matinales. Non prince, mais pastoureau; Vénus avec lui se fait pastoure — motif ovidien — et leur vie rustique est évoquée de façon très concrète. Le pauvre « bergerot » aime, chante et meurt aussi simplement qu'un oiseau, mais la véritable héroïne de l'histoire est Vénus; c'est sa passion et son désespoir qui s'épanchent dans la déploration d'une ampleur inusitée (144 vers). Mais la grande plainte harmonieuse fait place à une conclusion brutale, qui montre Vénus promptement infidèle. Pour Adonis, ni métamorphose, ni heureux retour. Il ne sera pas un dieu. L'oubli de Vénus le rejette au néant.

Lope de Vega, Adonis y Venus *(1597 à 1603) et Calderón*

Une des rares tentatives intéressantes pour porter la légende à la scène. Le sujet est amené de très loin et enrichi d'épisodes étrangers; la construction est lâche, mais l'œuvre mérite d'être retenue pour son charme réel. Atmosphère pastorale, personnages de bergers, cadre : l'Arcadie. Adonis, type même de l'Enfant-des-bois, redoute les femmes, n'aime que les forêts; il est simple, naïf, un peu vantard. Il se laisse séduire, non sans méfiance. Il est, comme ailleurs, victime des machinations des dieux : Apollon suscite contre lui Tisiphone, sous la forme d'un sanglier. Vénus, comme celle de Ronsard, sera promptement consolée.

Il y a des scènes gracieuses, de l'esprit, des stances musicales, des chansons.

On ne peut omettre — bien que le mythe y soit encore plus malmené —, une autre œuvre théâtrale d'un grand poète : Calderón de la Barca (Don Pedro), *La Purpura de la Rosa* (Zarzuela, 1659). A peu près contemporaine de l'*Adonis* de La Fontaine, mais combien différente! Représentée en l'honneur des noces « de la Sérénissime Infante Marie-Thérèse et du roi Très Chrétien Louis XIV », c'est une pièce musicale à grand spectacle, avec machines, transformations à vue, toute la magie théâtrale baroque. Interventions de paysans, de soldats, de personnages allégoriques. Musiques variées, pastorales et guerrières. Adonis est un des types les plus accentués de l'Enfant-des-bois. Chevaleresque et valeureux, il secourt une Vénus-chasseresse traquée par un sanglier, mais il lui parle rudement : « Je fuis devant la beauté, non devant les fauves. » Naturellement, il cédera à l'Amour, mais sera victime de Mars. Le drame se termine heureusement sur une apothéose. Une part importante est donnée à la Rose empourprée par le sang d'Adonis (non de Vénus comme dans la tradition). — Style « culto » bourré de métaphores, d'antithèses, de jeux d'esprit, de formules en refrain, qui a dû hérisser les spectateurs français en 1659 —, s'ils ont compris. Nous l'apprécions davantage. L'œuvre est riche d'imagination et déborde de poésie.

G. B. Marino, Adone, *Paris, 1623*

Enorme roman en vers (5 123 stances!) écrit en France, dédié à la reine-mère Marie de Médicis, cette œuvre d'abord illustre a été injustement décriée par le goût classique : elle est, en effet, un monument du génie baroque. Métamorphoses, déguisements, goût du faste et de la pompe, de l'enflure et de la parodie, virtuosité verbale — tout cela serait mieux apprécié aujourd'hui. De plus, Marino est un esprit agile, ouvert, curieux de tout, qui introduit dans son poème découvertes et problèmes de son temps. C'est aussi une oreille musicale subtile et une nature de poète.

Au premier regard, rien de plus composite que cet ouvrage : à la fois mythologique, pastoral, chevaleresque, érotique, scientifique, initiatique. On y trouve féerie, magie, combats, tournois... et même la légende d'Adonis. Le poète ne veut rien sacrifier de ses richesses; mais il ne parvient pas à ordonner tout cela en une progression cohérente, de sorte que le sens de l'œuvre ne ressort pas nettement. Il existe cependant et on peut le dégager.

L'histoire a pour cadre un Eden pastoral, l'île de Chypre. Adonis est conduit à la résidence de la déesse, où se déploie l'art du poète en matière d'architecture et de jardins. L'adolescent y reçoit, à travers les jardins des Cinq Sens, une lente initiation charnelle, jusqu'au centre de l'édifice, où l'attend la révélation suprême de l'amour.

Mais l'éducation d'Adonis se poursuit à travers un voyage planétaire, vers Mercure, astre des arts et des sciences, puis Vénus, séjour des Belles. Au retour commencent les épisodes romanesques. Adonis, menacé par la jalousie de Mars, s'enfuit dans un séjour souterrain — avatar des Enfers — où une puissante magicienne — d'ailleurs, fille des dieux d'En-Bas — essaie en vain de le détacher de Vénus, par la séduction, puis par une dure prison où il demeure tout l'hiver, comme dans la vieille légende. Mais nous avons quitté le mythe pour une sorcellerie qui surpasse Apulée. Métamorphosé en oiseau, puis déguisé en fille, Adonis entre dans un cycle de péripéties guerrières tragi-comiques, qui font pâlir le *Roland furieux*.

Enfin, voilà notre héros rendu à sa déesse. Après un fastueux couronnement à Chypre (simple prétexte à poésie), nous reprenons le fil de la légende sans être plus avancés... Absence de Vénus, entêtement du chasseur. Le monstre, séduit par sa beauté et croyant l'embrasser, le meurtrit à mort (motif alexandrin). Vénus, avertie par un songe, s'attarde dans une démarche dérisoire : les dieux mêmes n'échappent pas au Destin. Désespoir de l'amante. Mais l'amant meurt en chasseur et dans les adieux, grandit en dignité. Il aura de splendides funérailles ; mais, pour lui, point de retour.

Dans cette version, notre héros apparaît comme le jouet des dieux, et surtout d'un destin funeste inscrit dans les astres ; mais aussi de sa propre inconscience. Enfant timide, il se laisse aisément séduire, conduire. Pourtant, dans l'infortune, il se transforme en Parfait Amant selon l'éthique de l'*Astrée* ; soumis aux volontés de l'aimée, fidèle dans une série graduée d'épreuves et jusque devant la trahison. La figure mythique reparaît pourtant dans le dernier drame, et le jeune mort, imprégné des aromates maternels, semble rentrer dans le sein de la nature, avec laquelle il avait toujours gardé des liens secrets, imposés à un poète intuitif par la logique profonde du mythe.

L'*Adone* est d'abord une histoire d'amour, avec toutes les étapes que cette passion comporte. Mais c'est aussi un roman d'éducation, et peut-être d'initiation.

En dépit du libertinage de certains épisodes et de la recherche constante de la « meraviglia », Marino tenait réellement à une signification morale de son œuvre. Mercure y joue le rôle ambigu d'entremetteur, de maître d'école et de mystagogue. Il instruit Adonis de toutes les sciences de l'époque, depuis l'anatomie jusqu'à la mécanique céleste, présentées avec un optimisme où respire encore l'esprit de la Renaissance. Il y a plus : Adonis se trouve suivre tour à tour deux parcours initiatiques en sens inverse. Le premier le conduit du plus spirituel des sens, la Vue, au plus sensuel, le Toucher ; et la résidence d'Amour, si séduisante, se révèle être un piège : on n'en saurait retrouver l'issue. A son centre, les chambres d'amour sont comparées à des tombeaux. Initiation d'abord corrigée par l'exposé d'une métaphysique néo-platonicienne; puis contredite par une gradation ascendante dans la série des épreuves surmontées. Adonis en sort grandi. Mais il reste un enfant naïf, incapable de percevoir les menaces d'un horoscope funeste, et les périls d'une intimité avec les dieux. Les mises en garde ne manquent pas (histoires de Psyché et d'Actéon). Mais réuni à Vénus, rassuré, il se retrouve tel qu'au début. La portée éducative de la longue histoire est perdue pour lui — non, devait espérer Marino, pour le lecteur.

La Fontaine (Jean de), Adonis, *1658, publié en 1669*

Poème illustre, commenté par Valéry mais non dans son rapport avec le mythe. L'auteur le qualifie modestement d' « idylle » (Avertissement de 1669), mais c'est plutôt, dans sa pensée, un « poème héroïque » : l'épisode central, la chasse, est de couleur épique, avec une nuance de parodie. Mais l'ensemble est d'inspiration pastorale et s'achève en élégie.

L'auteur salue ses nombreux prédécesseurs et ne prétend pas à l'originalité. Cependant son accent est personnel : il a un souci constant de bienséance, de mesure; il se méfie du surnaturel. L'atmosphère n'est guère mythique. Vénus est moins une déesse qu'une reine, éprise d'un jeune gentilhomme campagnard; elle garde, dans l'aveu comme dans le désespoir, la dignité que son rang impose. Adonis est un héros de roman : il unit la beauté, l'amour et la vaillance. Rien sur son origine, rien sur sa destinée posthume. La Fontaine est le seul poète à l'avoir voulu vainqueur dans le combat, bien qu'il périsse de sa victoire. Cet épisode est le seul où la logique du mythe semble entraîner le poète : Adonis recouvre fugitivement sa nature solaire, affrontée à une puissance des ténèbres.

Mais le poème rejoint un autre aspect de ce mythe, qui est aussi, comme l'a vu Shakespeare, un mythe de brièveté. On décèle chez La Fontaine une conscience très personnelle du Temps : une manière de le saisir, de le goûter, de sentir qu'il s'échappe. Cette saveur du temps se concentre dans le terme : Moment, lourd de charge affective dans quelques vers incomparables.

UN ADONIS INSULAIRE

Revenons quelque peu en arrière pour ne pas disperser la famille anglaise d'Adonis ; car, de la Renaissance au romantisme et malgré la diversité des génies, le traitement de l'aventure garde un accent original.

Spenser (Edmund), Faerie Queene, *1590*

Trois apparitions du mythe, qui sont à l'origine, dans la poésie anglaise, de trois orientations différentes.

La première (*Faerie Queene*, L. III, I, st. 34-38) est la plus traditionnelle. Il s'agit de la description de tapisseries retraçant la légende. Inspirés d'Ovide, ces tableaux ont cependant plus de grâce et de poésie.

Second texte, beaucoup plus important (*Faerie Queene*, L. III, VI, st. 29 à 49) : vaste épisode connu sous le nom de « Jardin d'Adonis ». Abondamment commenté et discuté, déconcertant par ses changements de registre, de l'évocation concrète à l'allégorie philosophique ; fascinant par sa beauté et par ses énigmes.

Dans le récit mythique, il introduit un élément qui sera repris : un lieu de délices, à mi-chemin de la terre et des enfers, où Vénus jouit en paix de son Adonis à jamais soustrait à la mort. Mais au-delà du bosquet des amours, ce jardin s'élargit aux proportions des champs Elysées virgiliens (*En.* VI). Là, les substances de tous les êtres mortels viennent reprendre racine et revêtir, en mille années, des formes nouvelles. Adonis lui-même vacille, se distend, devient le dieu « aux nombreux noms » de l'hymne orphique 56 (dont Spenser avait pu trouver le texte dans un ouvrage érudit : Natalis Comitis, *Mythologiae,* sive explicationum fabularum, Libri X, 1581) ; éternel dans la mutabilité, père de toute vie, comme Vénus en est la mère.

Or, cette dimension orphique d'Adonis, confondu avec les puissances de la nature, se retrouvera dans l'*Adonais* de Shelley.

Troisième apparition du mythe : il s'agit de chanter, sous le voile de notre légende et dans le cadre de l'églogue funéraire, un autre jeune mort illustre : Philip Sidney, guerrier et poète, pleuré ici sous le nom qu'il avait choisi : *Astrophel.* Cette églogue n'est pas de la grande poésie spensérienne, mais elle est un autre jalon sur la route du chef-d'œuvre shelleyen.

W. Shakespeare, Adonis and Venus, *1593*

On a d'abord l'impression d'un poème libertin et d'une aventure purement humaine. Vénus n'a rien d'une divinité; c'est une luxurieuse effrontée qui emploie cent quarante stances à de vains efforts pour vaincre la résistance d'un adolescent farouche; lequel, à première vue, n'a rien non plus de surnaturel. Pourtant, l'histoire révèle d'autres dimensions. Adonis est le type même de l'Enfant-des-bois, figure vraiment mythique. Il y a plus : il est une incarnation de la Beauté pure, éphémère, fragile, menacée par le Temps, par la jalousie des dieux, et surtout ici par la Convoitise, puissance destructrice, opposée à l'Amour. Dans ce poème, est sous-jacente une doctrine néo-platonicienne, qui se précisera dans les *Sonnets.*

Signalons dans l'œuvre de Milton — qui évoque plusieurs fois notre mythe et s'en inspire dans l'églogue *Lycidas* — un bref épisode à la fin du *Comus* (1634), de signification probablement religieuse. Comme chez Spenser, comme plus tard chez Keats, Adonis n'est pas descendu aux Enfers, mais recueilli dans un séjour semi-paradisiaque — ici, le jardin des Hespérides — où, veillé par sa déesse, il se guérit de sa blessure; tandis que Psyché, unie à l'Amour après ses épreuves, réside déjà en Paradis.

Keats (J.), Endymion, *L. II, 1818*

Mythe inséré dans un autre mythe. Le poète n'en a gardé qu'un motif, mais capital — la double vie cyclique d'Adonis — qui fait de lui le plus proche de la tradition grecque; le fragment poétique se distribue en deux tableaux : le sommeil hivernal, le réveil printanier. Mais le thème est traité selon le génie propre du poète. Pas de mort violente, pas de descente aux Enfers : Adonis, blessé, guéri, repose dans la forêt de myrtes virgilienne, où Vénus assure à son sommeil — comme chez Spenser et Milton — un séjour de délices, mi-champêtre, mi-raffiné, d'une atmosphère quasi baudelairienne. Adonis n'est autre chose pour Keats qu'une incarnation de la Beauté même, une forme merveilleuse que Vénus vient animer. Admirable, le contraste entre les deux tableaux, le premier, tout de volupté calme, le second scintillant de lumière; mais le lent retour à la vie, d'un effort presque douloureux, trahit une préférence du poète pour la perfection saisie dans l'immobilité — et peut-être, une attirance de la Mort.

Shelley (P. B.), Adonais. Une Elégie sur la Mort de John Keats, *1821*

Ce grand poème s'insère dans la tradition, antique et renouvelée à la Renaissance, de célébrer, dans le cadre de l'églogue funéraire, un jeune mort illustre, sous la figure d'un berger-poète. Nous avons vu déjà Spenser prêter à Sidney les traits d'Adonis.

Shelley avait traduit l'élégie adonienne de Bion. Si pour chanter John Keats, il choisit la figure d'Adonis, c'est sans doute en hommage à l'épisode d'*Endymion.* Mais aussi, à cause de concordances qu'il perçoit en poète. Dans l'esprit de Shelley, la mort prématurée de Keats a eu pour cause une blessure morale : une critique anonyme et perfide. Ainsi devient-il, comme Adonis, la victime d'un monstre. Mais il y a plus.

Le moule de l'églogue est conservé, mais distendu. Tous les thèmes traditionnels y reparaissent, transfigurés : plaintes, appels ; deuil de la nature, deuil des troupeaux — mais les troupeaux du poète, ce sont ses Rêves — ; deuil des bergers — mais les bergers sont ses frères en poésie — ; deuil enfin de la déesse — mais celle-ci devient Urania, l'Aphrodite céleste de Platon, mère des chanteurs, apparition entre toutes admirable. Enfin, si l'apothéose débute, selon la tradition, par une violente négation du deuil, un arrachement à la terre, la substance en est originale.

Pour la signification, deux problèmes majeurs : la vocation poétique, le mystère de la mort. Le premier, moins étranger qu'il ne semble à Adonis. Beauté, génie, sont tous deux l'objet d'une élection divine : privilège redoutable ! Keats apparaît, comme Adonis, un combattant, comme lui vaincu ; mais peut-être victime rédemptrice ? Sa survie n'est pas celle des dieux ressuscités : Shelley nie avec force le réveil charnel qu'avait chanté Keats. Mais il imagine pour les poètes une immortalité astrale, proche du *Songe de Scipion* : chacun d'eux y donnera la note qui manque au concert céleste. Ce ciel n'est que celui de la Poésie universelle. Une autre immortalité attend Adonis : il s'intègre, corps et âme, à la Nature et rejoint ainsi l'Adonis, force végétative, des Orphiques. Son esprit s'unit à la Puissance dont l'amour soutient et enflamme le monde, impose la forme à la matière.

Rejoindre Adonis ? La dernière stance de ce suprême chef-d'œuvre, embarquement mystérieux sur la Mer des Ténèbres, fait pressentir une révélation personnelle qu'il serait presque sacrilège d'élucider.

Un Adonis « décadent »

Vers le milieu du XIXe siècle, l'intérêt pour Adonis se réveille parmi les écrivains; mais ceux-ci ont perdu leur innocence : les mythologues sont passés par là. On cède au prestige de la Source première, de l'Unité d'explication. Adonis recule vers l'Orient, Byblos l'emporte sur la Grèce. Mais, en contradiction avec le souci de la pureté originelle, Adonis rejoint le dieu « aux nombreux noms » de la basse Antiquité, perd son caractère propre, s'absorbe en d'autres figures divines; un mysticisme confus l'environne. Au demi-dieu grec, soumis à la loi d'alternance conforme à la conception cyclique du Temps, se substitue une figure souffrante, mais promise à une résurrection glorieuse. Vient s'y superposer une attirance trouble pour les chairs meurtries. Le culte l'emporte sur la légende. Nerval, Flaubert, D'Annunzio, Barrès seront tous hantés par le simulacre sanglant entouré de pleureuses. Le gracieux récit des amours perd tout caractère humain pour devenir pure hiérogamie.

Une page brève et dense de Nerval (*Le Temple d'Isis,* 1845, repris dans *Les Filles du Feu, Isis,* VII, 1854), résume déjà ce qui suivra. Nerval — comme bientôt Renan — voit dans le Liban l'origine de tous les cultes. Le dieu dont on fête la naissance, dont on vénère les plaies, dont on célèbre la Résurrection, « s'appelle ici Osiris, plus loin Adonis, plus loin Attis », et aussi le Christ. De même se confondent toutes les pleureuses divines. La page est fort belle par son accent de mystère prophétique.

Dans la *Tentation de saint Antoine* de Flaubert, le rite funèbre des Adonies devient une vision présentée à Antoine par le Tentateur, parmi d'autres cultes dont les affinités avec le christianisme, mélangées à des traits impurs, doivent troubler le pauvre ermite. Flaubert, qui n'est pas un mystique mais un artiste, reste sensible au détail original. La vision d'Adonis mort — à la fin seulement on découvre qu'il s'agissait d'une statue de cire — est d'une belle ordonnance théâtrale. Le chant des femmes respire une sensualité macabre; celui de la déesse, d'une réelle poésie, révèle le sens prêté au mythe : hymen du Soleil et de la Terre matinale.

D'Annunzio (G.), Le Martyre de saint Sébastien, *1911*

En dépit du titre, Adonis tient ici autant de place que Sébastien. Ce jeu dramatique nous fait voir sur la scène — cas unique — les fidèles du dieu célébrant les Adonies.

Le milieu : un Empire romain passé à l'état de mythe de la Décadence —

confusion des cultes, décomposition religieuse où se complaît un empereur lui-même mythique. A l'arrière-plan, une Asie conçue comme brûlée, étouffée d'aromates, patrie d'un fourmillement de rites étranges ; mystique et sensuelle inséparablement. La musique — géniale — de Debussy se fait fidèle à cette atmosphère.

Le vrai sujet : l'effort du christianisme naissant, incarné en Sébastien, pour se dégager de cette « tourbe » ; où le culte d'Adonis a ici pour tâche de le faire retomber. Mais la figure du saint, trop fascinante, prête à l'équivoque. Le César, épris de sa beauté, veut le diviniser en l'identifiant à Adonis. S'il essaie d'évoquer son Seigneur, aussitôt retentit le chant des Adoniastes : le Christ aussi... Sébastien ne leur échappera que par la mort, encore s'emparent-ils de son corps percé de flèches ; seule son âme entre en Paradis — et la musique nous délivre avec lui.

L'ambiance de l'œuvre est peut-être la plus asphyxiante qu'ait produite la Décadence européenne. Cependant, comme D'Annunzio était un véritable artiste, il a su respecter l'héritage de Bion : les chants des Adoniastes conservent une ligne très pure. Ce spectacle luxueux et surchargé nous a donné, en 1911, ce qu'on pouvait faire de plus proche des antiques Adonies.

Barrès (Maurice), Une Enquête au Pays du Levant, *1923 (sur un voyage accompli au printemps 1914)*

Dès l'abord, nous devons mettre en garde le lecteur curieux du culte d'Adonis dans sa fortune littéraire : le rite décrit par Barrès n'a rien à voir avec la vérité, historique ou même poétique. Ce texte cependant, présente en soi, de l'intérêt, pour ce qu'il révèle de la sensibilité de Barrès et de l'époque où elle prend racine.

Barrès se dit poussé à cette enquête (non archéologique mais politique), par un attrait puissant pour une Asie qu'il voit tour à tour avec les yeux de Renan, de D'Annunzio — cités par lui — et aussi de Vellay. Il y recherche (nous dit-il expressément) un remède à sa sécheresse chronique.

> « Elle m'apparaissait dans une brume de chaleur, toute bruissante de rêves et de forces non organisées. »

Il subit, à son tour, l'enchantement du Liban ; mais le jeune chasseur et sa légende ne l'intéressent pas. Ce qui le fascine, ce sont les cultes orgiaques liés en son esprit à l'Asie. Sur quelques indications prudentes du savant honnête qu'était Renan, il imagine une immense procession remontant la gorge périlleuse jusqu'au temple d'Afaka. Evocation hallucinante, mais bâtie de pièces et de morceaux empruntés à des cultes divers, et surtout aux *Bacchantes* d'Euripide : il prodigue à ces prétendus Adoniastes le titre de Bacchants, avec une parfaite désinvolture à l'égard de l'histoire. Flagellants, mutilés volontaires, prêtres se tailladant les chairs au couteau, frénétiques roulant dans les précipices : du sang, de la volupté et de la mort. Toutes choses totalement étrangères aux Adonies, mais où l'auteur de *La Colline inspirée* se complaît longuement — avant d'en tirer une leçon sur la sagesse de l'Eglise...

Cependant la magie barrésienne existe et agit, dans ce qui précède et suit cet épisode, surtout dans le retour apaisé vers la mer.

Nous nous excusons d'avoir laissé à part les littératures mal connues, ainsi que l'étude d'Adonis au théâtre musical. Le lecteur curieux cherchera. Nous espérons avoir proposé diverses pentes à son intérêt; qu'il s'agisse des métamorphoses d'Adonis selon l'atmosphère spirituelle des époques variées, ou simplement de sa relation avec la Beauté, le Temps et la Mort. Il s'agit, croyons-nous, d'un mythe ouvert. Il n'a plus parlé depuis 1911; mais il peut encore s'emparer d'une conscience de poète, par sa vitalité propre, un noyau consistant au centre de ses protubérances — comme ce Soleil auquel fut assimilé Adonis.

Hélène TUZET

BIBLIOGRAPHIE

MYTHOLOGUES ÉRUDITS

Ouvrages de référence

WAHIB ATALLAH, *Adonis dans la Littérature et l'Art grecs*, 1966.
LUCIEN de Samosate, *De Dea Syria* (IIe siècle ap. J.-C.).
MACROBE, *Saturnalia* I 21, 1-6 (Ve siècle ap. J.-C.).
NATALIS COMITIS, *Mythologiae*, sive explicationum fabularum, Libri X, 1551.
Friederich CREUZER, *Symbolik*, 1810-1812. Trad. fr. *Guigniaut. Religions de l'Antiquité*, t. I, 1825.
Ernest RENAN, voir, Œuvres littéraires.
G.W. COX, *Mythologie des Nations aryaques*. Trad. : *Les Dieux et les Héros*, contes mythologiques, 1867. Adaptation par *Mallarmé* (St.), *Les Dieux antiques*, 1880.
Charles VELLAY, *Le Culte et les Fêtes d'Adonis Tammouz dans l'Orient antique*, 1904.
James G. FRAZER, *Adonis, Attis, Osiris*, 1906.
Marcel DETIENNE, *Les Jardins d'Adonis*. La mythologie des aromates dans le monde grec, 1972.
Hélène TUZET, *Mort et Résurrection d'Adonis*, José Corti, 1987.

TEXTES LITTÉRAIRES

Antiquité

THÉOCRITE, *Idylle XV*, (274 à 270 av. J.-C.).
BION, *Epitaphe d'Adonis*, (IIIe siècle av. J.-C.).
OVIDE, *Métamorphoses*, L. X, (Ie siècle av. J.-C.).
— *Hymne orphique 56*, (IIe siècle ap. J.-C.).

Renaissance et baroque

France
P. de RONSARD, *Adonis*, (Elégies, 1567).
J. de LA FONTAINE, *Adonis*, 1658 et 1669.
Angleterre
Ed. SPENSER, *Faerie Queene*, L. III, I et VI, 1590.
— *Astrophel*, an Elegy (après 1591).
J. MILTON, *Comus*, 1634.
Espagne
LOPE DE VEGA, *Adonis y Venus*, 1597 à 1608.
P. CALDERÓN DE LA BARCA, *La Purpura de la Rosa*, 1659.
Italie
Le Songe de Poliphile. Hypnerotomachia Poliphili, Venise, 1499.
G. B. MARINO, *Adone*, Paris, 1623.

Romantisme et décadence

Angleterre
Jonh KEATS, *Endymion*, L. II, 1818.
Percy B. SHELLEY, *Adonais*, 1821.
France
G. de NERVAL, *Le Temple d'Isis*, 1845.
— *Les Filles du Feu*. Isis, 1854.
— *Le Voyage en Orient*, 1851.
Ernest RENAN, *Ma Sœur Henriette*, 1862.
— *Mission de Phénicie*, 1864.
Gustave FLAUBERT, *La Tentation de saint Antoine*, 1874. (Première rédaction : 1849. Première publication interrompue : 1857.)
Gabriel D'ANNUNZIO, *Le Martyre de saint Sébastien*, 1911.
Maurice BARRÈS, *Une Enquête au Pays du Levant*, 1923.

Mythes africains

Les travaux des ethnologues et africanistes soulignent l'importance du mythe dans les sociétés négro-africaines traditionnelles caractérisées par une liaison très étroite du social et du sacré. Le mythe définit les origines, fonde la croyance, explique et légitime les institutions sociales, donne sens aux réalités quotidiennes, constitue le fonds de connaissances utiles aux membres de la communauté ethnique. Dans les sociétés d'Afrique Noire à tradition exclusivement orale, s'est développée toute une mystique de la parole et de la connaissance au sein de laquelle le mythe appartient au domaine ésotérique réservé aux rituels et aux séances d'initiation, ce qui explique sa faible divulgation. En effet, même dans les régions fortement islamisées ou christianisées, l'initiation demeure une institution bien vivante permettant au profane en âge d'être initié, de se voir révéler le grand secret des origines à travers les cosmogonies et récits de fondation où apparaissent membres du panthéon et ancêtres mythiques.

Dans toute l'Afrique située au sud du Sahara, les mythes portent l'empreinte directe des croyances animistes. Par-delà les différenciations apparues au cours de l'Histoire et la diversification des activités des peuples en fonction du milieu écologique (pays de savane ou de forêt, peuples chasseurs, pasteurs ou agriculteurs) donnant naissance au concept « d'aire culturelle », la pensée négro-africaine a pour base d'unité spirituelle l'Animisme auquel adhèrent encore les Africains dans leur plus grande majorité. La croyance en l'existence d'un principe immatériel, d'une « âme », présent dans tous les êtres et toutes les choses de la création, se retrouve en effet dans la quasi-totalité des religions africaines traditionnelles.

Dans cette conception du monde, une notion prime : celle de force vitale, comme fondement de la métaphysique et de l'ontologie négro-africaine ; et l'idée de Dieu, d'un dieu unique, invisible et immortel, créateur du monde, se confond bien souvent avec cette notion. C'est lui qui, par la puissance de sa salive, de sa parole, a fait sortir le monde du chaos ou du vide originel. Divinité ouranienne mais parfois assimilé à la matrice primordiale, il est la première vibration représentée sous forme de spirale, qui anime le monde et donne vie (*cf.* le « tournoiement » d'Amma dans la cosmologie dogon).

Toute force émanant de l'Etre suprême, une hiérarchie s'établit entre les êtres : les plus riches en force vitale sont les génies, êtres surnaturels délégués par Dieu pour organiser l'univers ; puis viennent les ancêtres défunts, les hommes vivants, enfin les esprits inférieurs habitant les mondes animal, végétal et minéral. Le symbolisme africain définit en outre tout un système de correspondances entre les différents règnes de la création et l'homme est vu comme un microcosme dont l'existence obéit aux lois qui régissent l'univers entier.

De cette vision dynamique du monde, procède une morale où l'on considère comme bon tout ce qui peut accroître ou renforcer la force vitale, et comme mauvais tout ce qui peut l'affaiblir. Pratiques magiques et rites d'initiation découlent logiquement de ces valeurs : cultes rendus aux génies organisateurs du monde, cultes voués aux ancêtres qui continuent d'influencer les vivants... Soulignons que dans les sociétés à classes d'âge, l'homme ne devient une personne complète qu'à l'issue des épreuves d'initiation.

Chaque ethnie possède des récits cosmogoniques relatant les différentes étapes de la création de l'univers et de l'homme par Dieu et ses génies (voir « Mythe Dogon »). Ces récits constituent la base fondamentale de l'éducation conçue comme révélation progressive des mystères de la Création.

Renvoyant au temps des origines, le mythe s'impose à l'initié comme un savoir essentiel, somme de vérités premières indiscutables dont la connaissance est indispensable à l'intégration heureuse de tout membre de la communauté. Le récit cosmogonique explique, clarifie, ordonne les secrets de la vie, de la mort, du mal, dévoile les symboles, révèle les liens établis à l'origine entre l'ordre humain et l'ordre surnaturel. Ce faisant, il répond à l'angoisse existentielle, rassure l'homme en le situant à l'intérieur de l'univers.

Mettant en scène directement les génies dans leur tâche de constructeurs du monde, qui définissent le règne humain avec ses forces et ses faiblesses, initient les premiers hommes aux différentes techniques, les incitent à fonder les premières institutions sociales (rites funéraires, institution des Masques, circoncision...), les mythes d'origine décrivent tout un système métaphysique cohérent. Celui-ci établit une série d'analogies entre l'ordre cosmique et l'ordre humain, unit dans une vision à la fois dynamique et harmonique de l'univers, cosmologie et sociologie. Et c'est toujours avec une certaine nostalgie que les écrivains africains contemporains, tant dans la transcription des légendes anciennes (Birago Diop ou Bernard Dadie par exemple), qu'à l'intérieur de fables modernes (Sony Labou Tansi, par exemple), font référence au temps mythique de la genèse du monde...

Les récits initiatiques ont une valeur didactique, édifiante et exemplaire. Structurés autour du thème du voyage symbolique de l'homme en quête de connaissance et recevant celle-ci, au terme de maintes épreuves destinées à l'éprouver, de personnages surnaturels qui se manifestent à lui, ils sont le reflet des aspirations de l'homme à un mieux-être, de sa tension vers la perfection et la connaissance. L'écrivain traditionaliste malien Amadou Hampate Ba en a rapporté plusieurs qui font partie de l'enseignement traditionnel des Peuls de la boucle du Niger, et dont le plus populaire est *Kaydara* (voir aussi *Koumen*), nom de l'être surnaturel à l'appel duquel les postulants à l'initiation répondent.

Polymorphe mais apparaissant le plus souvent aux hommes sous la forme d'un petit vieux difforme ou d'un mendiant (cette apparence dérisoire servant à écarter les curieux et les superficiels qui ne méritent pas d'avoir accès aux secrets de la nature), Kaydara est dans le panthéon peul le dieu de l'or et de la connaissance. Le mythe intitulé *Kaydara* tend à démontrer que la richesse matérielle n'est rien sans la richesse morale, la sagesse. Dans le récit, trois compagnons effectuent un voyage souterrain au « pays de pénombre », dans l'espoir de rencontrer le dieu. Leur descente est un périple structuré en onze degrés, auxquels correspondent onze épreuves et onze symboles (la cosmogonie peule met en évidence onze forces, la pierre étant la première, dont procèdent les dix autres). Ils reçoivent alors de Kaydara chacun trois bœufs chargés d'or, mais seul le troisième, Hammadi, en fera un bon usage et se révélera digne d'obtenir la consécration du dieu.

En effet, tandis que le premier veut utiliser sa richesse pour acquérir le pouvoir, et le second la prospérité, Hammadi, détaché des biens matériels, vise la conquête du savoir et sacrifie son or à cette recherche. Les deux premiers périront; Hammadi poursuivra son initiation. Rentré dans son village et devenu roi, il accueillera à sa table un mendiant qui n'est autre que Kaydara. Celui-ci, touché par sa bonté, lui révélera la signification secrète des onze mystères rencontrés au pays des nains. Ayant ainsi atteint le sommet de l'initiation, Hammadi pourra, à son tour, transmettre son savoir à ses descendants. La suite de ce récit apparaît dans *Laaytere Koodal* ou *L'Eclat de la Grande Etoile*, rapporté encore par Amadou Hampate Ba, qui traite de l'initiation au pouvoir et se présente comme un véritable traité de morale politique donné au petit-fils d'Hammadi, le jeune prince Diôm-Diêri par le vieux Bâgoumâwel, silatigi (chef religieux), incarnant les forces du bien en lutte contre les forces du mal, et magicien.

Outre la valeur didactique du « conte », le récit initiatique est intéressant en tant qu'immense réservoir de symboles faisant référence à toute la cosmologie peule. On lira avec intérêt sur ce point, l'interprétation de *Kaydara* effectuée par

Werewere Liking en fonction de l'étoile à cinq branches et de la numérologie de Thot, dont la symbolique est utilisée dans certains rituels initiatiques (l'étoile représente l'initié comme un microcosme parfait scintillant de ses cinq pointes : corps, émotions, pensées, volonté, conscience).

La symbolique du nombre trois (trois voyageurs, trois pierres de sacrifice, trois charges d'or, trois conseils), fait référence à la triade peule : il y a trois sortes de pasteurs, correspondant à trois types d'élevage (celui des caprins, des ovins, des bovidés). L'enseignement ésotérique peul considère que trois est le produit de l'inceste de « lui et de sa chair », car l'unité est hermaphrodite et copule avec elle-même pour se reproduire. Onze est le nombre sacré par excellence.

Sur le plan structurel, tout récit initiatique rend compte d'une période de transition concrétisée par un voyage à l'issue duquel l'homme sort transfiguré et accède à la maturité (initiations collectives liées aux classes d'âge) ou au pouvoir, à la sagesse (initiations particulières de type individuel). L'escalier est toujours symbole de progression vers la science; le monter signifie chercher à connaître le monde apparent; le descendre comme dans *Kaydara* traduit la recherche du savoir occulte.

Le thème du voyage apparaît fréquemment dans le roman africain moderne qui peut ainsi être considéré comme un avatar du récit initiatique traditionnel. Entre 1953 et 1968, de nombreux romans dits « de formation » ont pour problématique la transformation de l'Africain mis en contact avec les valeurs occidentales par le biais d'un voyage en Europe (*L'Enfant noir* de Camara Laye, *L'Aventure ambiguë* de Cheik Hamidou Kane, *Kocoumbo l'Etudiant noir* d'Ake Loba, *Un Nègre à Paris* de Bernard Dadie, *Chemin d'Europe* de Ferdinand Oyono...) ou d'un déplacement du village à la ville (*Ville cruelle* d'Eza Boto; *Maïmouna* d'Abdoulaye Sadji, *Afrika Baa* de Rémy Medou Mvomo...). La quête poursuivie par le « héros » est celle du savoir (pénétrer les secrets de l'Occident en allant y étudier), de la prospérité ou plus simplement du modernisme; elle est motivée par le désir, la curiosité, l'ambition et surtout la fascination qu'opère sur les esprits le mythe d'une Europe savante, riche et heureuse où tout semble facile... Les périples décrits reprennent le thème de la rencontre d'initiateurs ou médiateurs mais les épreuves vécues se révèlent souvent insurmontables. L'expérience est plus celle d'une désillusion ou d'un échec douloureux que celle d'une réussite. Dans un monde étranger, l'itinéraire parfois dramatique prend l'allure d'une initiation manquée (*cf. L'Aventure ambiguë*, roman le plus représentatif du drame de l'acculturation, mais aussi *Ville cruelle, Afrika Baa, Maïmouna*), du fait de l'incompatibilité entre les valeurs traditionnelles africaines et les valeurs occidentales. Le choc des cultures donne alors lieu à l'expression d'un sentiment tragique conjuré parfois par l'humour et l'ironie comme chez Dadie ou Oyono.

Ces romans sont cependant dénués de toute allusion directe aux mythes anciens, comme le soulignait Mme le Professeur J. L. Gore lors du colloque afro-comparatiste de Limoges en mai 1977. Il s'agit d'une littérature désacralisée dont le réalisme strictement appliqué à la description du monde quotidien élude ou banalise les références au monde surnaturel qui ne donnent jamais lieu à l'évocation des cosmogonies. Il semble cependant qu'un certain « retour aux mythes » se précise à partir de 1968.

Ainsi, dans son roman *L'Etrange Destin de Wangrin*, Amadou Hampate Ba nous présente un « héros » entièrement déterminé par son alliance spirituelle avec le « dieu des contraires », Gongoloma-Sooké choisi comme génie protecteur. L'auteur commence son roman par un récit mythique relatif à l'origine du village où il fait naître son personnage. Présentes à l'ouverture du roman, les références au panthéon bambara s'estompent par la suite, le substrat mythique se diluant dans le récit bien mouvementé des aventures d'un personnage singulier, à la manière d'un contremoral.

Dans la mesure où le personnage central assume totalement ces données mythologiques sans dérision aucune, on peut cependant considérer qu'il s'agit bien d'une tentative de créer une sorte de « roman mythique » illustrant dans un cadre moderne la croyance traditionnelle en la prédestination.

De façon plus générale, c'est par la réutilisation de symboles traditionnels que les romanciers actuels tentent de renouer, sinon avec les structures et la substance, du moins avec le langage du mythe, comme en témoignent les romans d'Alioum Fantoure, Tierno Monenembo, Tchicaya U Tam'si ou Williams Sassine.

Les mythes de fondation de peuples, sous l'égide d'une personnalité hors du commun, sont particulièrement nombreux. Développant toute une mystique héroïque, ils relèvent de la tradition du culte des Ancêtres; ils tirent leur matière de l'histoire des migrations, expliquent la formation des groupes tribaux et la naissance des premiers Etats.

Le mythe de la naissance du héros se trouve largement illustré dans les récits relatifs à la création des royaumes et empires anciens (voir *Soundjata, Chaka*). Qu'il naisse infirme ou bâtard, le futur héros est un être atypique qui possède une force vitale supérieure transmise par son ascendance fabuleuse (voir *Soundjata*) ou acquise par initiation aux forces occultes (voir *Chaka*). Sa consécration par les puissances ouraniennes ou chtoniennes (ancêtres défunts), le destine à la gloire et son itinéraire ascendant est jalonné d'exploits signalant sa dimension surhumaine.

Tout à la fois épiques et héroïques, les mythes de fondation ont une valeur fortement apologétique; ils mettent en exergue de hautes qualités morales telles que le courage, le sens du sacrifice, incarnées par le héros et sont le véhicule privilégié des valeurs traditionnelles. La légende de la reine Pokou rapportée par Bernard Dadie par exemple, est un mythe relatif aux migrations, qui explique la création du peuple baoulé et son installation en Côte d'Ivoire, par le sacrifice difficile dont fut capable Abra Pokou : pour sauver son clan en fuite, de l'extermination, elle offrit au génie des eaux son fils unique, rendant ainsi possible le passage d'un fleuve en crue, la Comoé. Venue de Koumassi (royaume ashanti), Abra Pokou organisa par la suite un royaume dans la région de Bouaké...

Le mythe yoruba (Nigéria) rend compte de la déification du roi Shango désormais assimilé au tonnerre et révéré comme tel, frère aussi d'Ogun, le dieu du fer et de la guerre. Dans ce cas précis, le mythe ancré dans la légende historique explique l'institution d'un culte se traduisant par des sacrifices et des danses de possession liées au culte yoruba des Orisha : le dieu est censé venir habiter, « chevaucher » les fidèles qui l'ont invoqué. Possédé par Shango, l'adepte se comporte alors comme un archétype du dieu dont il devient l'avatar terrestre, le temps que dure la possession. Le mythe fonde alors le rite, institutionnalise la célébration du dieu-roi. Le culte de Shango encore pratiqué au Nigéria a essaimé lors de la diaspora noire et se trouve constamment pratiqué par les adeptes du culte vaudou en Haïti, à Cuba, au Brésil...

Plusieurs versions du mythe de Shango ont été rapportées par P. Verger. Shango serait ce quatrième roi des Yoruba qui mettait les ennemis en fuite grâce aux flammes qui sortaient de sa bouche. Doué de pouvoirs magiques, il aurait mis le feu à son palais en voulant attirer la foudre sur ses ennemis. Auteur de sa propre ruine, il aurait alors abdiqué et se serait pendu à un karité, tandis que son épouse Oya se jetait au fleuve... Mais dans l'esprit du peuple, Shango ne meurt pas, il s'enfonce sous la terre à l'aide d'une grande chaîne de fer et devient un orisha qui peut manifester sa colère en déclenchant de terribles orages. C'est sur les lieux de sa « disparition » que l'on institua son culte. A la fois révéré et craint, Shango est aussi perçu comme un roi tyrannique et cruel qui fut prié par les chefs et le peuple de se retirer pour cause de ses excès, et se suicida.

Dans *La Tragédie du Roi Christophe*, d'Aimé Césaire, allusion est faite au roi mythique yoruba, le souverain haïtien invoquant Shango et s'identifiant à lui. Par-delà le motif littéraire utilisé comme indice d'une quête d'authenticité caractéristique des poètes de la Négritude, cette référence permet de dévoiler les instances mystiques d'une conception du pouvoir héritée de la tradition africaine, où le politique et le sacré interfèrent constamment.

L'adaptation que nous donne de la légende yoruba le dramaturge nigérian Ola Balogun sous le titre *Shango* (1968), nous fait assister à la naissance du mythe dans l'imagination populaire : par le mystère qui entoure sa mort, le guerrier révéré, le chef redouté devient objet de culte. Rituel d'un type nouveau, le théâtre moderne célèbre les héros du passé mais en actualisant et expliquant le mythe ancien, il le désacralise par des dialogues ouverts sur une réflexion critique traitant comme chez Césaire du problème de la tyrannie.

C'est ainsi que s'est élaborée en Afrique, après les Indépendances de 1960, toute une littérature dramatique qui puise largement sa matière dans le mythe historique (*cf. Soundjata, Chaka*). Magnifiant les héros fondateurs de l'Afrique ancienne dans une entreprise de récupération de l'Histoire occultée par les colonisateurs, mais célébrant aussi les martyrs de la résistance à la pénétration coloniale (*cf. Les Derniers Jours de Lat Dior* d'Amadou Cisse Dia ; *L'Exil d'Albouri* de Cheik N'Dao ; *Les Sofas* de Bernard Zadi-Zaourou ; *Béatrice du Congo* de Bernard

Dadie...) et les artisans de la décolonisation (*Simon Kimbangou le Messie noir* de Philippe Elèbe), le jeune théâtre africain véhicule avant tout un message nationaliste incarné par des héros de stature prométhéenne dans la voie tracée par Aimé Césaire (*Et les chiens se taisaient, Une Saison au Congo...*). Parfois alourdi par un excès de didactisme, ce théâtre contribue dans une certaine mesure à la perpétuation du mythe héroïque dans des sociétés où le culte des Ancêtres demeure une obligation essentielle.

Nicole GOISBEAULT

BIBLIOGRAPHIE

Études et récits de la tradition orale :

Amadou Hampate BA, *Kaïdara, récit initiatique Peul,* Libr. Julliard 1969 et Libr. A. Colin, 1974.

— *Laaytere Koodal ou l'Eclat de la Grande Etoile,* Class. Afr., Libr. A. Colin, 1974.

Amadou Hampate BA et G. DIETERLEN, « Koumen, texte initiatique des Pasteurs Peul » in *Cahiers de l'Homme,* Nlle Série, Edit. Mouton, 1961.

B. CENDRARS, *Anthologie nègre,* Edit. Buchet-Chastel, 1947, Livre de Poche, 1972.

B. DADIE, *Légendes et Poèmes,* Edit. Seghers, 1966 et 1973.

Demba DIOUF, « Réalité du Mythe dans la Littérature orale africaine » in l'*Afrique littéraire et artistique,* N° 44, 2e trim. 1977.

R. DORSINVILLE, « Mythologie du Masque africain » in Revue *Ethiopiques,* n° 4, Dakar.

F.V. EQUILBECQ, *La Légende de Samba Guéladio-Diégui,* N.E.A., Dakar-Abidjan, 1974.

Léo FROBENIUS, *Mythes et Contes populaires des Riverains du Kasaï.* Cologne, 1928, trad. par C. Murat, Internaciones, Bonn, 1983.

— *Mythologie de l'Atlantide* (sur les Yoruba), trad. fse du Dr F. Gidon, Payot, 1949.

Werewere LIKING, *Une Vision de Kaïdara d'A. Hampate Ba,* N.E.A., Dakar, Abidjan, 1984.

J.-N. LOUCOU, « L'Exode des Baoulé » in *Annales de l'Université d'Abidjan,* série I, tome IV, 1976.

Viviana PAQUES, *Le Roi pêcheur et le Roi chasseur,* travaux de l'Institut d'Anthropologie de Strasbourg, 1977.

Alpha Ibrahima SOW, *Chroniques et Récits du Fouta Djalon,* Edit. Klincksieck, 1968.

Tchicaya U TAMSI, *Légendes africaines,* Seghers Edit., 1967-68.

Pierre VERGER, *Notes sur le culte des Orisa et Vodouns à Bahia, la Baie de Tous les Saints, et à l'ancienne Côte des Esclaves en Afrique,* I.F.A.N., Dakar, 1957.

Littérature négro-africaine écrite :

1) *Romans :*
Amadou Hampate Ba, *L'Étrange Destin de Wangrin,* U.G.E., 10/18, 1973.
Saïdou Bokoum, *Chaîne : Une Descente aux Enfers,* Denoël, 1974.
Eza Boto, *Ville cruelle,* Présence Africaine, 1954, 1971.
Bernard Dadie, *Un Nègre à Paris,* Présence Africaine, 1959.
Alioum Fantoure, *Le Cercle des Tropiques,* Présence Africaine, 1972.
— *Le Récit du Cirque,* Buchet-Chastel, 1975.
Cheik Hamidou Kane, *L'Aventure ambiguë,* U.G.E., 10/18, 1961.
Ahmadou Kourouma, *Les Soleils des Indépendances,* Le Seuil, 1968.
Sony Labou Tansi, *La Vie et demie,* Seuil, 1979.
Camara Laye, *L'Enfant noir,* Librairie Plon, 1953.
— *Le Regard du Roi,* Librairie Plon, 1954.
— *Dramouss,* Librairie Plon, 1966.
Ake Loba, *Kocoumbo l'Etudiant noir,* Flammarion, 1960.
Tierno Monemembo, *Les Crapauds-Brousse,* Seuil, 1979.
Mvomo Medou, *Afrika ba'a,* Cle, Yaoundé, 1969.
Yambo Ouologuem, *Le Devoir de Violence,* Seuil, 1967.
Ferdinand Oyono, *Chemin d'Europe,* Julliard, 1960.
Abdoulaye Sadji, *Maïmouna,* Présence Africaine, 1953.
Williams Sassine, *Le Jeune Homme de Sable,* Présence Africaine, 1979.
Tchicaya U Tam'si, *Les Cancrelats,* Albin Michel, 1980.
— *Les Méduses,* Albin Michel, 1982.
— *Les Phalènes,* Albin Michel, 1984.
2) *Théâtre :*
Ola Balogun, *Shango,* Théâtre P. J. Oswald, 1968.
Aimé Cesaire, *Et les Chiens se taisaient,* Présence Africaine, 1956.
— *La Tragédie du Roi Christophe,* Présence Africaine, 1963-70.
— *Une Saison au Congo,* Le Seuil, 1966.
Bernard Dadie, *Béatrice du Congo,* Présence Africaine, 1970.
Eugène Dervain, *Abrahapokou,* Cle, Yaoundé, 1968.
Philippe Elebe, *Simon Kimbangu le Messie noir,* Debresse, 1972.
Cheik N'Dao, *L'Exil d'Albouri,* Théâtre P.J. Oswald, 1967.
Charles Zégoua Nokan, *Abraha Pokou,* Th. P.J. Oswald, 1971.
B. Zadi-zaourou, *Les Sofas,* Théâtre P. J. Oswald, 1975.

Ouvrages de sciences humaines :

J. Delange, *Arts et Peuples de l'Afrique noire,* N.R.F. Gallimard, 1967.
E. Dammann, *Les Religions de l'Afrique,* trad. de l'allemand, Payot, 1964-1978.
G. Dieterlen, « Mythe et Organisation sociale au Soudan » in *Journal de la Société des Africanistes,* t. XXV, fasc. 1-2.
N.A. Fadipe, *The Sociology of the Yoruba,* University Press, Ibadan, 1970.
Janheinz Jahn, *Muntu : l'Homme africain et la Culture africaine,* trad. de l'allemand, Seuil, 1961.
R. Jaulin, *La Mort-Sara,* U.G.E., 10/18, Plon, 1971.

D. Kimbembo, *Fétichisme et Croyances de l'Au-delà chez les Bakongo du Congo-Brazzaville,* Collège Saint-Pierre Apôtre de Rome, 1964.
J. Laude, *Les Arts de l'Afrique noire,* Librairie Gle Fse, 1966.
C. Levi-Strauss, *La Pensée sauvage,* Plon, 1962.
J. Maquet, *Afrique : Les Civilisations noires,* Horizons de France, 1962.
J. Mbiti, *Religions et Philosophie africaines,* Cle, Yaoundé, 1974.
A. Metraux, *Le Vaudou haïtien,* Gallimard, 1958.
Alassane Ndaw, *La Pensée africaine, Recherches sur les Fondements de la Pensée négro-africaine,* N.E.A., Dakar-Abidjan, 1983.
Viviana Paques, *Les Peuples de l'Afrique,* Etudes Bordas N° 56, 1974.
E.G. Parrinder, *La Religion en Afrique occidentale,* Londres, 1942, trad. de l'anglais, Payot, 1950-1961.
P. Tempels, *Bantu Philosophy,* Présence Africaine, 1959-1969.
L.V. Thomas et R. Luneau, *La Terre africaine et les Religions,* Larousse-Université, 1975.
D. Zahan, *Religion, Spiritualité et Pensée africaines,*Payot, 1970.
Sociétés d'Initiation Bambara : *le N'domo et le Koré,* Edit. Mouton/Htes Etudes Sc. Soc., 1960.

Collectifs :

Colloque sur les Religions, Société Afric. de Culture, Abidjan, 1961. Présence Africaine, 1962.
Ethnologie générale, Dir. J. Poirier, Encyclopédie de la Pléiade, Gallimard, N.R.F., 1968.
Introduction à la Culture africaine, Colloque UNESCO 1971, U.G.E. 10/18, 1973.
Mélanges de Culture et de Linguistique africaines, publiés à la mémoire de Léo Stappers, Berlin, Edit. Reimer, 1983.
Mythes, Images, Représentations, actes du XIVe Congrès de la Société française de Littérature générale et comparée, recueillis et présentés par J.M. Grassin, Trames, Université de Limoges, 1981.

AGE D'OR

Si le mythe est un récit, relevant de la tradition orale ou écrite, apte à réveiller, dans l'esprit d'un auditeur ou d'un lecteur, des représentations collectives anciennes liées à des aspirations et à des faits contemporains, dans ce cas l'Age d'or est le plus représentatif des grands mythes de l'humanité. Présent dans plusieurs cultures, du passé lointain au temps présent, il offre, dans sa permanence, l'image du bonheur de l'homme, sous le regard des dieux ou de Dieu, comme accomplissement heureux du destin universel. Initialement accordé à sa dimension religieuse, le mythe de l'Age d'or connaît, à travers le temps, des avatars, qui font de lui un lieu commun, dans la tradition orale, et l'objet de mutations complexes dans la tradition littéraire. Loin d'être un simple thème d'imitation à visée esthétique, il revêt dans la culture occidentale une dimension philosophique et une utilisation politique qui ont favorisé sa survie. Admirable est la plasticité du mythe de l'Age d'or dont les thèmes, sans cesse repris et pliés aux nécessités d'une démonstration (philosophie) et aux aspirations d'un peuple (politique), se transforment pour offrir à l'imagination une image renouvelée du bonheur humain total.

Pour identifier sous ses travestissements divers le mythe vivant de l'Age d'or, il convient d'avoir présent à l'esprit l'archétype qui éclaire la structure de tous les récits sur quatre millénaires, d'un Orient à un Occident centrés sur la Méditerranée. Chaque fois que la paix, l'abondance et la justice se trouvent ensemble réalisées par les dieux pour les hommes dans un ordre à la fois naturel et divin, le mythe de l'Age d'or est présent à travers des images dont la quotidienne simplicité assume à la fois le lien avec l'inconscient collectif et la fidélité aux mentalités spécifiques.

Diverses appellations ont été données, dans chaque culture, au mythe de l'Age d'or qui, bien que très vieux, ne parvient que maintenant à la pleine conscience de son unité et de son importance. Il a reçu son nom — AGE D'OR — à Rome, seulement au Ier siècle avant Jésus-Christ : *tempus aureum* si l'on écoute Horace (*Epode*, 16, 64), et *aurea aetas* si l'on suit Ovide (*Métamorphoses*, 1, 89). Auparavant, le mythe de l'Age d'or, qui a sans doute vu le jour à Sumer, il y a quatre mille ans, s'est présenté comme un mythe de genèse rattaché à la geste d'un grand dieu. Il faut remarquer que ce sont les lecteurs modernes des vieilles épopées cosmogoniques qui donnent arbitrairement leur nom aux plus vieux âges d'or du monde, en choisissant soit le nom du dieu, soit celui du lieu où la divinité a manifesté sa bienveillance. Voici quelques exemples significatifs : à Sumer, c'est le « mythe de Dilmun » ; en Egypte, « mythe de Rê et Isis » ; en Israël, « mythe de l'Eden » ; en Grèce, « mythe de Cronos », bien qu'il existe aussi des « paradis » grecs (l'île des Bienheureux, la Schérie d'Homère) ; à Rome, « mythe de Saturne », en concurrence avec le *tempus aureum*. Le moment romain est capital puisqu'à partir de lui l'appellation *Age d'or* est définitivement fixée dans la tradition littéraire européenne. Malgré le succès de la IVe *Bucolique* de Virgile, durant tout le Moyen Age, comme églogue messianique annonçant « l'âge d'or » chrétien, les *Saturnia regna* n'ont pas marqué la tradition littéraire européenne. Mais la portée politique du « mythe de Cronos » et du « mythe de Saturne » n'a cessé de s'accroître de la Renaissance jusqu'à nous. C'est le mythe de l'Age d'or gréco-romain qui nourrit l'utopie de la cité idéale au XVIe siècle, la critique sociale au XVIIIe (contes de Voltaire), et la pensée révolutionnaire des XIXe et XXe siècles. En effet, les Romains, en rattachant le mythe de l'Age d'or à leur histoire, ont politisé un mythe d'essence religieuse et expérimenté du même coup les conditions d'application d'une idéologie.

Annoncer, comme le fait Virgile dans la IVe *Bucolique*, le retour des *Saturnia regna* dans un avenir proche sous l'égide du *princeps*, c'est offrir à l'attente d'un peuple l'espérance de la restauration de la paix, de l'abondance et de la justice dans des circonstances exceptionnelles.

Maints peuples sur la planète en cette fin du XXe siècle connaissent une attente semblable : cette coïncidence explique la résurgence du « mythe de l'Age d'or » dans la pensée contemporaine. A travers les variantes orientales et gréco-romaines du mythe de l'Age d'or prévalent certaines images illustrant la triade *Paix - Abondance - Justice* qui appartiennent au noyau du mythe fondamental. Elles gardent souvent la coloration du récit archétypal, source des versions littéraires ultérieures, même en changeant de contexte culturel.

Le premier élément de la triade est illustré par la représentation de la *vie commune des dieux et des hommes* dans la paix initiale. Cette conception qui se rattache au mythe de l'unité primordiale remonte à Sumer. C'est « l'Age d'or de Dilmun » qui se situe avant l'éveil à l'Histoire (où sont narrées divisions et luttes humaines). Ce mythe est l'opposé du mythe de Babel, puisqu'il affirme que du temps d'Enlil, l'humanité tout entière louait le grand dieu en une seule langue. L'inquiétude mésopotamienne explique probablement l'accent mis sur la paix globale que le texte sumérien fait régner dans une île à l'aurore des temps.

L'autre pôle du monde oriental, l'Egypte, dès le 4e millénaire, associe la paix entre les vivants à la norme de perfection de ce qui fut « la première fois ». Le règne de Rê *au ciel* et *sur la terre*, qui se termine par la rupture entre le dieu créateur et sa créature, confirme l'unité de l'ordre cosmique, divin et humain, en Maât. De même, dans la Bible, l'Eden illustre l'unité intime de Yahvé et du premier couple dans la paix d'un jardin.

La Grèce conserve le souvenir d'un temps de paix entre dieux et hommes avant la rupture consacrée par « le mythe de Prométhée » et les maux apportés par Pandore. C'est d'ailleurs à la suite de ces deux mythes qu'Hésiode affirme, dans un vers discuté des *Travaux et des jours* (v. 108) :

« Car dieux et mortels ont même origine. »

Les convictions orphico-pythagoriciennes d'Empédocle et Pindare font écho à ce grand rêve de l'unité initiale, fondement de la paix.

Le second élément de la triade — l'*abondance* — est illustré par l'image du jardin, de l'île ou de l'oasis, qui représentent la fertilité de la terre sous forme de fruits, fleurs, arbres et plantes, près d'eaux courantes. C'est Israël qui offre l'image archétypale la plus forte dans le « Jardin de Yahvé ». L'abondance de l'Eden se répète dans la nouvelle alliance du peuple avec son Dieu (*Ezéchiel* 36, 28-30) et dans le « miracle de l'oasis » (*Isaïe* 55, 1). L'abondance miraculeuse manifeste la présence de la divinité dans le monde.

En Mésopotamie et en Egypte, l'idéologie royale hérite de cette conception religieuse en faisant du souverain le garant de l'abondance pour son peuple.

Les Grecs décrivent leurs îles comme des paradis et depuis Hésiode, l'abondance spontanée de la terre est le trait caractéristique du mythe de l'Age d'or. C'est pourquoi Virgile, en faisant de l'Italie la terre d'abondance, a simplement romanisé les paradis antérieurs.

Le troisième élément de la triade — la *justice* — a été le plus long à se dégager. L'accent y est mis sur l'homme prenant la divinité pour modèle. En Mésopotamie, l'entrée du mythe dans l'idéologie royale crée un rapport idéal entre le souverain et ses sujets. En Egypte, la justice est assimilée à Maât, qui symbolise l'identité de structure du cosmos, de la nature et de la société. Le pharaon, par son identification à elle, incarne la perfection de la divinité en l'homme. De ces deux grandes civilisations provient l'image persistante d'un roi-dieu, garant du bonheur de son peuple.

Israël fait de la justice dans sa dimension religieuse, sociale et humaine, le levain de l'Histoire. Les prophètes hébreux, en orientant le peuple de Dieu vers un nouvel âge d'or placé à la fin des temps, libèrent l'humanité du temps cyclique et la placent sur la voie de la régénération.

En Grèce, depuis l'affirmation hésiodique de la racine religieuse de la justice sociale, les penseurs méditent sur les constitutions idéales capables d'assurer l'équilibre des cités. Platon revient au « mythe de Cronos » pour donner une définition du bon gouvernant. Leur conclusion est nette : la justice est d'origine divine. L'homme *divinement royal*, parfait en justice, est le symbole de l'humanité régénérée.

En fidèle héritier de la tradition grecque, Virgile place au cœur des *Saturnia regna* la justice, dont il fait l'apanage du vieux dieu Saturne et des Latins. L'Age d'or romain, *Saturno regnante*, devient alors le prototype de la royauté latiale, dont va s'inspirer la restauration augustéenne. Ainsi se confirme à Rome, comme antérieurement, en Orient et en Grèce, la vocation politique du mythe de l'Age d'or.

L'histoire de ce mythe dans les cinq cultures ici brièvement évoquées met en lumière une constante : c'est aux époques de crise, quand tout semble basculer, que le mythe resurgit, dans un contexte prophétique, très étroitement lié aux apocalypses. A Alexandrie, par exemple, dans les trois siècles qui ont précédé notre ère, le heurt des cultures, après l'effondrement de l'empire d'Alexandre, crée un milieu favorable à l'annonce de la fragilité des royaumes *(livre de Daniel)* et de l'avènement d'un *regnum* sans fin. La littérature apocalyptique apparaît dans ce contexte et offre côte à côte « fin du monde » et « Age d'or » définitif *(Oracula Sibyllina)*. De même, à Rome, au Ier siècle avant Jésus-Christ, on craint « la fin de Rome » et l'on espère le retour des *Saturnia regna. La* XVIe *Epode* d'Horace et la IVe *Bucolique* de Virgile témoignent de cette situation de crise où désespoir et espoir se côtoient. Le ton y est identique à celui des prophètes hébreux mettant sous les yeux du peuple les « Malédictions » et les « Bénédictions ». En de tels moments, des synthèses hardies se font jour. L'influence alexandrine réveille les héritages grec et italique. On se souvient de la prédication pythagoricienne liant le bonheur de la race d'or hésiodique à l'éternel retour des choses : le néopythagorisme, en particulier, répand l'idée du retour des *Saturnia regna*. Le désarroi des Romains, à l'issue d'un siècle de guerres civiles, crée l'impérieux besoin d'une réponse : c'est le mythe de l'Age d'or qui porte le message d'espérance par la voix des plus grands poètes. Penseurs et politiques viendront ensuite tenter de réaliser les promesses...

Tel est encore, en cette fin du XXe siècle, l'apport du mythe vivant de l'Age d'or : promesse ou mirage du bonheur ici-bas?

Marie-Josette BÉNÉJAM-BONTEMS

BIBLIOGRAPHIE

HORACE, *Odes et Epodes,* Paris, Les Belles Lettres, 1976.
OVIDE, *Les Métamorphoses,* Paris, Les Belles Lettres, 1961.
TIBULLE, *Élégies,* Paris, Les Belles Lettres, 1961.
VIRGILE, *Bucoliques,* Paris, Les Belles Lettres, 1983.
— *Géorgiques,* Paris, Les Belles Lettres, 1968.
— *Enéide,* Paris, Les Belles Lettres, 1977.
F. CHATELET, *Les Idéologies,* Verviers, Marabout, 1981.
G. DUMEZIL, *La Religion romaine archaïque,* Paris, Payot, 1966.
M. ELIADE, *La Nostalgie des Origines,* Paris, Gallimard, 1978.
B. GATZ, *Weltalter Goldene Zeit und Sinnverwandle,* Vorstellungen, Spudasmata, Hildesheim, 1967.
P. GRIMAL, *Le Lyrisme à Rome,* Paris, P.U.F., 1978.
A. NOVARRA, *Les Idées romaines sur le Progrès d'après les Ecrivains de la République,* Paris, Les Belles Lettres, 1983.
J. PERRET, *Daphnis pâtre et héros : perspectives sur un Age d'or,* Paris, R.E.L., 1983.

Androgynes

Trois mythes fondateurs

Innombrables sont, dans toutes les cultures, les mythes qui mettent en scène des divinités androgynes, fondent les origines du monde sur l'idée d'un chaos ou d'un œuf primordial contenant, unis, les principes du masculin et du féminin, douent de bissexualité les ancêtres de l'humanité. Je retiendrai trois mythes fondateurs entre lesquels des échanges ou des interférences ont pu s'opérer : le mythe d'un Adam androgyne, celui des androgynes de Platon, celui d'Hermaphrodite et de Salmacis tel qu'Ovide l'a fixé dans *Les Métamorphoses.* Tous trois (même si pour ce dernier cela n'apparaît pas clairement) ont un aspect cosmogonique, tous trois sont étiologiques, c'est-à-dire rendent compte de souffrances ou d'aspirations qui sans eux seraient inexplicables, tous trois ont été censurés ou déformés au cours de leur transmission comme si leur révélation trop audacieuse avait inspiré un certain effroi. Tous trois enfin ont eu dans la littérature occidentale une considérable postérité.

Un créateur et une créature androgynes : telle serait l'idée latente du premier récit de la Genèse, beaucoup moins souvent commenté et illustré que le second : « Dieu créa l'homme à son image, à l'image de Dieu il le créa — homme et femme il les créa. » Ce récit postule une bissexualité de Dieu et montre en sa double image, l'Adam et l'Eve d'avant la Chute, une cohabitation harmonieuse du masculin et du féminin. Occultée par l'exégèse judéo-chrétienne, la bissexualité de Dieu et de l'homme d'avant la faute, a été au contraire une tradition vivante dans certains commentaires rabbiniques et notamment dans le *Zohar,* qui enseigne l'existence d'un Adam Cadmon dont l'androgynie serait le reflet fidèle de la bipolarité divine. Selon Léon Hébreu, auteur de *Dialoghi d'Amore (Dialogues d'Amour,* 1536) les deux récits contradictoires sur la création de l'homme inciteraient le lecteur de la Bible à chercher un sens ésotérique qui serait le suivant : une première création aurait réalisé un androgyne parfait, puis le Péché Originel aurait entraîné la séparation des sexes.

Le mythe des androgynes tel que le raconte Platon dans *Le Banquet* en le mettant dans la bouche de son ennemi Aristophane — moyen de se démarquer d'une révélation sentie comme une transgression effrayante ? — pourrait avoir un statut tout différent de celui des mythes philosophiques qui expriment allégoriquement la pensée du disciple de Socrate. Jean Libis se fait l'écho de l'opinion de Léon Hébreu selon laquelle il aurait été emprunté au texte de la Genèse. Des spécialistes de Platon pensent que l'auteur du *Banquet* se serait référé à une tradition orphique-babylonienne : cette dernière serait alors la source commune des mythes biblique et grec de l'androgyne. Dans les deux traditions on retrouve le même schéma : perfection originelle d'une unité duelle, transgression orgueilleuse de l'homme, mutilation opérée par la divinité offensée, errance tragique des moitiés d'homme divisées, espoir de se rapprocher dans le temps et dans la souffrance de l'unité perdue. Notons que le mythe, loin de s'inspirer de l'expérience et des modèles tératologiques que peut présenter la physiologie, dit une vérité scandaleuse, opposée aux leçons de la vie : l'homme, d'un même mouvement, transgresse les différences sexuelles auxquelles l'invite la normalité sociale, et brise une relation de dépendance soumise à la divinité.

Le mythe platonicien est souvent raconté de façon partielle : on croit parler, à la suite du philosophe grec, des androgynes primitifs, alors que le texte met en scène trois sortes d'ancêtres de l'humanité : les premiers en qui se redoublent les particularités masculines, opposés à ceux en qui se redoublent les particularités féminines ; seuls les derniers unissent masculinité et féminité. On voit bien la fonction étiologique du mythe : rendre compte de la souffrance des amants séparés, qu'ils soient homosexuels ou hétérosexuels. En imaginant ces êtres primordiaux doués d'une force exceptionnelle et affectés d'une forme sphérique, Platon révèle, selon Mircea Eliade, le caractère cosmogonique du mythe, qui a une parenté avec tous les récits des origines nous présentant un Oeuf ou un Géant anthropocosmique. Le caractère cosmogonique du mythe est également avoué par la filiation des trois sortes d'êtres : les premiers, virils, sont enfants du Soleil, les seconds, féminins, descendent de la Terre, tandis que les androgynes sont les fils de la Lune, corps céleste à mi-chemin entre le Soleil et la Terre. On peut y voir un écho des conceptions d'Hésiode qui, sans présenter à proprement parler de divinité bissexuée, retrace une cosmogonie d'un incontestable contenu androgynique. Pour l'auteur de la *Théogonie,* la Terre enfante seule le Ciel puis s'unit à lui : c'est donc qu'elle contenait d'abord dans sa féminité un principe masculin dont elle se sépare, puis auquel, dans un dernier temps, elle s'unit — schéma archétypal d'une unité duelle brisée puis reconstituée.

Comment, de la notion abstraite et générale d'androgyne avec laquelle s'est familiarisée la pensée antique (confortée par l'introduction de divinités orientales comme Cybèle), en est-on arrivé, à l'époque d'Ovide, à l'existence d'un dieu, Hermaphrodite qui acquiert au cours de son histoire les deux sexes?

Une esthétique et surtout des pratiques rituelles ont préparé ce passage. L'esthétique grecque, notamment à l'époque hellénistique, a cherché à représenter en une effigie unique les beautés masculine et féminine. Mais on saisit avant tout comment des rites ont créé le mythe. A Sparte, Chypre, Cos, Argos (d'où partiront des colons pour la Carie, lieu de la métamorphose d'Hermaphrodite), des échanges intersexuels de costumes et de coutumes ont souvent constitué un prélude initiatique au mariage ou des pratiques propitiatoires chargées d'obtenir la fécondité. Aphrodite, Hermès, divinités destinées à protéger l'union sexuelle, ont été d'abord simplement associées dans le culte comme divinités parèdres à Athènes et à Halicarnasse, ville voisine de la source Salmacis.

A l'histoire utopique des androgynes se substitue donc par le récit du Livre IV des *Métamorphoses* — dont Ovide vante la nouveauté — l'histoire d'un être unique, Hermaphrodite. Elle est liée à un lieu, la Carie, à un élément, l'eau, à un être qui a lui aussi un destin personnel : Salmacis. Bien que le récit du poète ait souvent été commenté comme une simple curiosité érotique et ait été rarement pris au sérieux — peut-être parce qu'il a été partiellement occulté comme les deux mythes précédents — il mérite comme eux d'être considéré, dans sa révélation scandaleuse, en tant que modèle archétypal du comportement humain.

L'histoire d'Hermaphrodite est à peu près inséparable de celle de Salmacis. Ovide ne livre que tardivement dans son récit (IV, 383) le nom d'Hermaphrodite et l'appelle d'abord Atlantius — appellation qu'il donne ailleurs à Hermès, le père de son héros (I, 682; II, 704, 834; VIII, 627). Ovide sur ce point sera suivi par Hygin aux yeux de qui Hermaphrodite est un surnom tandis que le vrai nom est Atlantius. On peut y voir une volonté d'identifier le père et le fils, de montrer que le fils obéit aux lois de l'hérédité : la tendance à la féminisation déjà incarnée par Hermès se retrouverait chez son fils. Mais il est plus intéressant de remarquer que l'ancêtre évoqué, Atlas, appartenant à la génération divine antérieure à celle des Olympiens, nous renvoie au temps du Chaos et de la confusion bissexuelle. Le grand-père d'Hermès, Atlas, est également, selon certaines traditions, le père de Dioné et par conséquent le grand-père d'Aphrodite. Qu'Hermès et Aphrodite aient un ancêtre commun : Atlas, peut préluder à la conjonction totale qui sera le sort d'Hermaphrodite. Ainsi le nom d'Atlantius nous met-il plus obscurément mais plus profondément que celui d'Hermaphrodite sur la voie de la bissexualité et de l'inceste : il peut réunir la double ascendance paternelle et maternelle, rappeler la féminisation de la première, la masculinisation de la seconde (une Aphrodite barbue a reçu un culte à Chypre). D'autre part dans la tradition selon laquelle Dioné serait la mère d'Aphrodite, cette même Dioné, fille d'Ouranos (le Ciel), pourrait être, nous le verrons, la sœur de Salmacis. Ovide, à vrai dire, n'établit pas de généalogie, mais il reste que le nom d'Atlantius hérite de la dignité d'une cosmogonie. Ceci se retrouve dans le nom de Salmacis. Si Ovide ne nous dit rien des parents de la nymphe, Pompeius Festus la présente comme la fille du Ciel et de la Terre. Il semble en outre rattacher *Salmacis* à la racine *sal*, la mer, puisqu'il explique que Salacia est une divinité de l'eau, ainsi nommée parce qu'elle met la mer en mouvement. Quand Ovide désigne l'eau par la périphrase *Nymphae salaces*, il a sans doute en tête la même étymologie que Pompeius Festus et Salmacis est bien à ses yeux une divinité aquatique. Ainsi Salmacis pourrait-elle donner un visage aux vieilles conceptions de la *Théogonie* d'Hésiode où l'on voit la Terre, élément androgyne, engendrer le Ciel, puis s'unissant à son fils-époux, enfanter l'Océan. Le contenu des noms Atlantius-Hermaphrodite et Salmacis, nous révèle donc que la transgression des différences sexuelles peut se doubler d'une transgression des tabous de l'inceste. La toponymie nous conduit à une réflexion analogue. C'est en Carie, nous dit Ovide, que se situe la conjonction de Salmacis et d'Hermaphrodite. Mais le même poète y a placé un autre désir d'union qui est explicitement une pulsion d'inceste adelphique : c'est l'histoire de Byblis et Caunos. Vitruve, Strabon, Pompeius Festus en parlant des propriétés de la source Salmacis, rappellent tous qu'elle est voisine d'Halicarnasse : ils évoquent ainsi la ville où avait régné Mausole, époux de sa sœur Artémis.

Les mythographes ne disent rien de la jeunesse de Salmacis, mais les quelques vers consacrés par Ovide à l'enfance d'Hermaphrodite sont intéressants : « Un enfant que Mercure avait eu de la déesse de Cythère fut nourri par les Naïades dans les antres de l'Ida (...). » (IV, 289.290.) Il s'agit de l'Ida de Phrygie mais un lien d'homonymie s'est sûrement établi entre la chaîne de montagnes d'Asie Mineure et le mont Ida de Crète, lieu de la naissance de Zeus. En outre, l'éducation en montagne, la présence d'antres initiatiques, la substitution de la tutelle des nymphes à celle des parents, soulignent l'identité du destin d'Hermaphrodite et de celui du maître de l'Olympe. Sans que les raisons en soient données — ce silence est peut-être un aspect parlant du texte — il est présenté comme l'enfant rejeté, condamné à l'errance loin des siens, promis par cet exil même à un sort exceptionnel. Le bonheur paisible d'Hermès et d'Aphrodite semble avoir pour condition l'éloignement de cet enfant particulier, de même que pour Platon l'autorité de Zeus est incompatible avec une humanité androgyne dont la force serait une menace.

Avant la métamorphose, la vocation d'Hermaphrodite à la bissexualité apparaît dans sa morphologie : « A ses traits on pouvait aisément reconnaître sa mère et son père. » (IV, 290.291.) Il s'agit sûrement ici d'autre chose que de ce truisme : la ressemblance d'un enfant à ses deux parents.

Le mythème le plus important est celui de la conjonction d'Hermaphrodite et de Salmacis. L'eau, élément dissolvant par excellence, réalise ici pleinement son rôle actif d'effacement des différences. Quoiqu'Ovide parle d'un étang, donc d'une eau stagnante — à la différence de Vitruve et de Strabon pour qui Salmacis est une source — le poète écarte toute la végétation maléfique qui accompagne habituellement l'eau dormante. Le récit baigne dans une rêverie élémentaire euphorique : la nymphe démêlant ses cheveux est pour ainsi dire produite par le paysage aquatique.

Le texte d'Ovide met en pleine lumière l'initiative prise par Salmacis. Déjà avant qu'elle n'ait rencontré Hermaphrodite, toute son attitude est de transgression : elle se refuse à l'activité de la chasse pratiquée par ses compagnes. Elle proclame un « droit à la paresse » ou plutôt « éros » est pour elle la seule forme de civilisation. Ces transgressions préparent celle vers laquelle tend le récit mythique : la réunion des sexes. Sans doute plus âgée et plus expérimentée, elle tient à son partenaire de quinze ans un discours qui est la reprise de celui qu'Ulysse tient à Nausicaa. Salmacis a une triple initiative : celle de la parole, celle de l'action érotique, enfin celle de la prière qui fixe et éternise l'union des sexes. En face d'elle Hermaphrodite a une attitude de passivité que toute une tradition attribue d'habitude à la femme : il refuse l'étreinte puis l'accepte indirectement en cédant à la tentation délicieuse de se plonger dans l'eau.

Comme tout grand récit mythique, celui-ci se prête à une interprétation ambivalente car la conjonction finale est vécue différemment par Hermaphrodite et par Salmacis. Il est curieux que les commentateurs, censurant le second point de vue, n'aient en général retenu que le premier. Par le héros la métamorphose est vécue comme une insexualité, un effacement des sexes : il se sent devenu un demi-homme, il intériorise les tabous qui pèsent sur sa monstruosité, sa différence. Il ne se sauve de la honte qu'en obtenant, par une prière adressée à ses parents, que sa disgrâce soit le partage de tous ceux qui se plongeront dans l'étang. On comprend du même coup comment, à peine constitué, le mythe se dissout : Hermaphrodite laisse la place à des hermaphrodites. Mais si l'homme est frustré, la femme se sent gratifiée. Salmacis fait l'expérience d'une métamorphose qui est une victoire sur la nature et qui, lui donnant en surabondance les deux sexes, multiplie sa vitalité. Logique avec elle-même, elle va jusqu'au bout de sa transgression.

Le mythe ovidien a un contenu qui est apparemment l'inverse de celui des deux mythes d'androgynie (biblique et platonicien) qui ont été précédemment analysés : l'unité duelle est pour ceux-ci un commencement paradisiaque, pour Ovide un aboutissement malheureux (si l'on admet le point de vue d'Hermaphrodite). Il met toutefois en lumière une problématique analogue. Les trois mythes nous renvoient au temps des origines : les deux premiers clairement, le troisième indirectement par la présence de l'eau et par le souvenir des cosmogonies que connotent les noms Atlantius et Salmacis. Les trois mythes mettent en jeu à la fois l'homme et la divinité, laissant entendre que la possession des deux sexes est un redoutable reflet du divin et que ce privilège, lorsqu'il est détenu par l'homme, risque de le faire entrer en conflit avec le démiurge. Situation doublement tragique pour l'homme, en butte simultanément ou tour à tour à la guerre des sexes ou à un conflit avec Dieu. Ce dernier conflit est apparemment absent du récit ovidien : Salmacis et Hermaphrodite obtiennent chacun que des divinités réalisent leur vœu. Mais l'étrange abandon d'Hermaphrodite livré dès sa naissance aux soins des Naïades, fait de lui un frère maudit d'Œdipe et signale la difficile harmonie de Dieu et de l'homme lorsque celui-ci accède à l'androgynie divine. A l'exultation triomphante de Salmacis, au cheminement tragique d'un Adam mutilé, d'un être sphérique dédoublé, cherchant à reconquérir l'unité primordiale, il préfère souvent l'attitude sado-masochiste d'Hermaphrodite, vivant dans la morosité sa différence et souhaitant qu'elle devienne le partage d'autres monstres.

Ainsi de la Bible à Ovide en passant par Platon, on voit les mythes d'androgynie prendre les directions suivantes : l'être bissexué peut être source de scandale ou modèle de perfection (cette dernière étant soit à conquérir soit à retrouver). Entre ces deux voies on trouve l'homme de douleur ou le modèle équivoque ; le premier peut vivre dans le déchirement mais sans renier sa bipolarité sexuelle ; il peut aussi se sentir définitivement exclu de l'intégrité primordiale ; il fait en tout cas l'expérience du manque. Le second prend une initiative qu'il sait présomptueuse : conjoindre ce qui devrait être disjoint. C'est dans ces directions parfois moins divergentes qu'on ne le croirait, que nous voyons s'organiser les mythes littéraires de l'androgynie.

Du monstre scandaleux au libertin

Du demi-homme d'Ovide et des interprétations défavorables que donnent du mythe Pompeius Festus ou Strabon parlant dans sa *Géographie* (XIV, 2, 16) des vertus amollissantes de la fontaine Salmacis, toute une tradition littéraire va retenir l'idée d'un être efféminé, monstrueux, machine désirante vouée au seul plaisir. Au XIVe siècle, l'auteur de l'*Ovide moralisé* écrit en vers, tout en donnant du récit des *Métamorphoses* une traduction assez fidèle, fait de Salmacis une courtisane et la rend responsable de la corruption de l'homme qui s'unit à elle jusqu'à ne plus former qu'un seul corps avec elle. C'est l'une des trois interprétations allégoriques du mythe ovidien présentée par cet écrivain. Une autre sera analysée ultérieurement. A ce monstre Ovide n'avait pas prêté de devenir : le récit ne rendait compte que du scandale de son apparition. Cette idée de scandale va s'attacher au mot *hermaphrodite*. Pour qualifier une figure de style, l'équivoque, jugée hérétique, satanique, Boileau, théoricien d'une polémique antibaroque, commence ainsi son invective dans la *Satire XII* (1705) : « Du langage français bizarre hermaphrodite,/ De quel genre te faire, équivoque maudite,/ ou maudit ? » (le genre du mot n'était pas encore fixé par la grammaire). En France le XVIIe et le XVIIIe siècles vont supposer souvent que l'hermaphrodite est homosexuel, au point qu'à cette époque les deux mots sont parfois synonymes. Dans son *Dictionnaire historique et critique* (1697), Bayle, rappelant que pour Platon, le mot *androgyne* dans son usage courant était un opprobre, ajoute : « Il a raison, car outre que l'on dispute si les hermaphrodites sont des monstres, on donne ce nom aux plus infâmes débauchés. » C'est une telle assimilation qui avait présidé au pamphlet *L'Ile des Hermaphrodites* (1605) dirigé par Thomas Arthus contre les mignons d'Henri III. Ses multiples rééditions jusqu'en 1726 montrent qu'il a correspondu aux fantasmes et aux tabous des lecteurs du XVIIe et du XVIIIe siècles. Jaucourt dans l'*Encyclopédie* écrit un article médicalement documenté sur les hermaphrodites observés de son temps et jugés monstrueux : la fable d'Ovide lui sert encore de mythe étiologique.

Si Flaubert introduit l'hermaphrodite dans la première version de *La Tentation de saint Antoine* (1849), en le faisant parler après le cochon, avant les Pygmées et les Cynocéphales, c'est pour incarner en lui un désir pervers et insatisfait. Semblable à un célèbre modèle sculpté antique auquel Le Bernin a ajouté plus tard un matelas, l'hermaphrodite de Flaubert « à plat ventre sur son matelas » cherche peut-être ainsi à cacher sa conformation. Il s'est regardé dans l'eau et sa silhouette (sinon sa figure) lui a déplu ; comme son modèle ovidien, il souhaite voir sa disgrâce multipliée. Il veut diffuser les « félicités inconnues qui (le) tiennent en angoisse ».

Le mouvement décadent va s'emparer de cette figure perverse. L'Androgyne est présentée au féminin par Albert Samain dans *Le Chariot d'Or* (édition posthume, 1901). Avec ses « spasmes grinçants » elle devient une sorte d'antéchrist qui prêche un plaisir inhumain. Son apparence cruelle, son goût pour les bijoux sont imaginés d'après les tableaux de Gustave Moreau que révérait des Esseintes :

« Et l'Androgyne aux grands yeux verts phosphorescents,
Fleurit au charnier d'or d'un monde en pourriture. »

Si la quête du plaisir l'apparente au mouvement de la Décadence, l'orgueil qui l'oppose à Dieu réactive celui de son modèle platonicien.

La monstruosité s'euphémise en jeu libertin dans le roman de l'écrivain tchèque Milan Kundera, *Nestesitelná lehkost bytí (L'Insoutenable Légèreté de l'Etre*, traduction française : 1984) qui fait une référence explicite au mythe des androgynes de Platon. Teresa fait le rêve suivant : elle-même et son mari seraient transformés en créatures hermaphrodites. D'autres femmes, qu'elle aurait elle-même lavées, baignées, seraient leur jouet érotique commun. Ces projets libertins liés à l'eau peuvent trouver leur source dans le récit ovidien et dans l'interprétation qu'en ont faite Vitruve et Strabon. Ce texte est à mi-chemin entre les fantasmes lascifs, voire scabreux, auxquels se livrent les Décadents et une érotique surréaliste cherchant à obtenir la coïncidence des contraires par les seuls moyens de l'imagination.

Un homme de douleur

Lorsque l'hermaphrodite ne scandalise pas, il provoque la pitié. Un beau poème de Tristan L'Hermite intitulé « La Fortune de l'Hermaphrodite » (*La Lyre,* 1641), adaptation personnelle d'une épigramme du poète néo-latin Pulci (XIVe siècle), médite sur la tragédie du héros; trois oracles proférés par Jupiter, Vénus, Mercure, le rendent héritier non de deux mais de trois natures : réactualisation probable du mythe platonicien et des deux espèces primitives généralement oubliées au profit de l'androgyne. Mais c'est sa fin, prédite par Saturne, Mars et Diane, qui fait surtout rêver L'Hermite. A la triple origine s'ajoute une triple mort. Le poète reprend le décor ovidien pour en inverser le charme et le rendre maléfique; les eaux limpides deviennent « une eau trouble », « une eau noire et profonde », le décor végétal environnant se fait piège meurtrier. Diane, nommée en dernier, nous rappelle que l'androgyne platonicien est fils de la lune. « Meurtri, pendu, noyé », cet hermaphrodite est bien un homme de douleur; il annonce le personnage que Lautréamont a célébré dans le deuxième chant (strophe 7) des *Chants de Maldoror* (1869).

Ce dernier hermaphrodite a aussi un lien privilégié avec la lune : mais ici la filiation s'est faite décor mythique. Son état d'adolescent, son histoire passée (les longues années d'errance solitaire loin de ses parents, le séjour dans la montagne) le rattachent au héros d'Ovide. Mais il y a aussi en lui un « côté » de Salmacis : sa chevelure est érotisée comme l'était celle de sa compagne mythique. La rêverie matérielle sous-jacente au texte donne leur place à la terre et à l'air, c'est-à-dire qu'elle nous rappelle les ascendants de la nymphe, fille de la Terre et du Ciel. Sans doute le personnage de Lautréamont n'a-t-il pas la disgrâce d'être asexué. Il possède en plénitude une sexualité et une affectivité d'homme et de femme : en lui se joignent « énergie virile » et « grâce ». Loin d'être castré, il a une double postulation érotique; son malheur vient d'une solitude à laquelle il ne consent pas et du sentiment d'être monstrueux, non à ses propres yeux, mais vis-à-vis des autres. Plus généreux que son modèle ovidien, il ne tourne son amertume que contre lui-même, refusant toute agressivité envers ses semblables ou la providence.

Dans les hermaphrodites de Tristan L'Hermite et de Lautréamont nous remarquons donc une surhumanité qui fait sentir comme plus injuste l'inhumanité dont ils sont les victimes. Mais l'hermaphrodite est parfois montré souffrant pour une raison exactement opposée : au lieu de figurer un être ayant une surabondance affective et érotique trouvant sa source dans les virtualités des deux sexes, il peut s'éprouver comme l'être du manque. L'héroïne imaginée par Gautier dans le roman qui porte son nom, *Mademoiselle de Maupin* (1835-1836), entrevoit pourtant idéalement la possibilité d'assumer les fonctions des deux sexes : « absorber et rayonner continuellement, être tantôt la lune et tantôt le soleil, voir tout le monde et toute la création dans un seul être (...), se doubler en se donnant. » Mais cet idéal aperçu ne fait que rendre plus douloureuse l'expérience de la division que subit Mlle de Maupin déguisée en Théodore — expérience qui se diffuse sur ceux qui l'approchent intimement : Rosette et surtout d'Albert. La scission est d'abord vécue par Mlle de Maupin dans son être : « Il arrive souvent que le sexe de l'âme ne soit point pareil à celui du corps (...). » Elle doit s'accommoder d'une forme « mal assortie à l'esprit qu'elle enveloppe », et déclarer à la fin de ses aventures : « Je suis d'un troisième sexe à part qui n'a pas encore de nom : (...) j'ai le corps et l'âme d'une femme, l'esprit et la force d'un homme, et j'ai trop ou pas assez de l'un et de l'autre pour me pouvoir accoupler avec l'un d'eux. » Divisée en elle-même comme les moitiés d'être de Platon auxquelles le texte nous réfère, elle ne peut espérer rencontrer celui ou celle qui lui permettrait de refaire son unité. Des compagnons virils parmi lesquels elle s'est plu à se glisser, elle déclare qu'ils « sont propres à mille choses, excepté cependant à une seule pour laquelle ils ont été créés, qui est de servir de mâle à l'animal appelé femme, avec lequel ils n'ont pas le plus léger rapport, ni physique ni moral ». Le roman nous fait assister à son triple échec d'union : avec Rosette, d'Albert, et le petit page déguisé, Isnabel. Sans doute l'union des corps — souhaitée et ébauchée avec Rosette, une fois consommée avec d'Albert — semble-t-elle réaliser la soudure racontée par le mythe d'Hermaphrodite (quatre références, dont deux d'une certaine extension, montrent que le récit d'Ovide est ici inducteur). Mais plus cette union est totale, plus elle laisse tragiquement les âmes à l'écart. C'est ce que comprend d'Albert annonçant dans ses rapports avec Rosette la frustration vécue par l'héroïne principale : « Comme l'antique Salmacis, l'amoureuse du jeune Hermaphrodite, je tâchais de fondre son corps avec le mien ; (...). Plus nos corps s'enlaçaient et plus nos étreintes étaient intimes, moins je l'aimais. Mon âme, assise tristement, regardait d'un air de pitié ce déplorable hymen où elle n'était pas invitée (...) ». D'Albert s'était pourtant efforcé de reproduire le décor antique, d'avoir sa maîtresse au bain et de faire « le Triton de (son) mieux » : en vain. La raison de son échec est la même que celle qui est analysée en Mlle de Maupin : la lutte qu'il observe entre son âme et son corps, véritables frères ennemis, se retrouve en tout couple possible, légal ou illégal, condamné à vivre « dans un état de guerre permanente ». Devant l'impossibilité de reconstituer un androgyne, d'Albert rêve d'existences multiples, celles qu'a connues Tirésias, ou que vivent dans leurs avatars, les dieux monstrueux de l'Inde. Le théâtre se présente alors comme la réalisation dérisoire des incarnations successives : en jouant *Comme il vous plaira*, de Shakespeare le trio romanesque peut se plaire à échanger des « paroles hermaphrodites ». Rosalinde-Ganymède interprétée par Mlle de Maupin-Théodore comble à la fois Rosette et d'Albert. Mais comme l'écrit P. Albouy, l' « hermaphrodite de fantaisie » ne peut faire oublier longtemps « l'hermaphrodite malheureux ».

La mort de l'hermaphrodite sur laquelle s'apitoyait Tristan L'Hermite, peut intervenir au cours d'une vie humaine. Un être au départ comblé par la bissexualité, mais entrant tragiquement dans la virilité adulte, c'est ce qu'a voulu peindre Péladan dans *L'Androgyne* en 1890. Mais malgré ce titre prometteur, nous ne voyons que les dernières pages du roman animées par le mythe. Jusque-là le héros, Samas, n'avait été qu'un éphèbe soumis aux émois communs aux jeunes gens de son temps vivant dans une école de Jésuites. A la fin, alors qu'il entre dans la crise pubertaire, deux « gynandres » prennent, comme Salmacis, l'initiative de lui révéler la féminité. C'est alors, selon le titre de la dernière partie et de l'ultime chapitre, « la mort de l'androgyne ». Le mythe littéraire, inversant le récit ovidien pour exprimer la nostalgie de l'intégrité adamique, est chargé de dire le déchirement scandalisé de l'adolescent qui devient viril : « Ils souffrent, elle de ne pas comprendre, sinon qu'elle n'est pas aimée, et lui de sentir l'androgyne mourir, de devenir l'homme horrible et sexuel. »

La catastrophique mort de l'androgyne au moment de la puberté est aussi un thème majeur de l'œuvre romanesque de Dominique Fernandez, et notamment de *Porporino ou Les Mystères de Naples* (1974). Cet auteur ne cesse de regretter la « félicité circulaire » dont jouissaient, selon Platon, les êtres primitifs. Il rend les femmes responsables d'avoir tiré Adam du bienheureux sommeil paradisiaque de l'indifférenciation sexuelle. Sans elles, les humains « auraient les deux sexes à la fois, aucun âge précis, aucune carrière à entreprendre ». On reconnaît le droit à l'oisiveté défendu par Salmacis. Le modèle platonicien est présent mais ici encore inversé; la brutale scission ordonnée par Zeus a son équivalent dans le roman : il faut un chirurgien pour pratiquer la castration préservatrice, seul moyen d'arrêter l'évolution mutilante vers le sexe unique. D. Fernandez relie sa nostalgie aux anciennes cosmogonies du chaos originel : « œuf gigantesque, où il n'y avait ni ténèbres ni lumières, ni humide ni sec, ni chaud ni froid, ni gauche ni droite ». Seul l'opéra italien avec ses castrats, fait revivre cet archétype de la rêverie humaine mais « contrefait », « humilié », dans une « exhibition scandaleuse ».

Une des plus sombres pièces du théâtre contemporain a pour sujet la mort de l'androgyne et par suite la fin de l'espèce humaine, la rupture de l'harmonie avec le cosmos : il s'agit de *Sodome et Gomorrhe* de Giraudoux (1943). Plus cet auteur — qui depuis ses études supérieures était resté marqué par la pensée de Léon Hébreu — avait rêvé, dans ses pièces précédentes, sur la possibilité de reconstituer l'unité perdue grâce à ces ceintures de chair qu'Ondine voulait attacher à son amant, plus amère lui semble la dislocation du dernier couple. A ses yeux la perfection de l'androgyne primitif s'était perpétuée par l'amour jusqu'à notre époque. La Chute n'a pas eu lieu dans un temps lointain mais sous nos yeux. La conception qu'il se fait de la création n'est pas loin de celle qui s'exprime dans le premier récit de la Genèse : Dieu a créé « deux corps jumeaux unis par des lanières de chair » puis il a tranché ces liens, les remplaçant par la tendresse. Solidaire de toute forme de vie, le couple humain, dans son éclatement, entraîne la dislocation du monde animal : certains animaux suivront l'homme, d'autres la femme. Rien n'indique la possibilité de reconstruire ce qui vient de se briser.

La problématique de Musil dans son roman *Der Mann ohne Eigenschaften (L'Homme sans qualités,* 1930-1933 ; fragments posthumes, 1950) est un peu la même que celle de Giraudoux : le rêve de l'union homme/femme n'est là que pour masquer l'impossible union de l'androgyne et du cosmos. L'image mythique de l'androgyne correspond à une préoccupation très ancienne chez Musil. Dès 1923, il compose un poème dont le thème est l'échange d'identité et la fusion d'Isis et d'Osiris. Ce poème annonce l'amour fraternel du roman *L'Homme sans qualités.* Les retrouvailles du héros avec la sœur oubliée marquent dans cette œuvre le commencement d'une aventure qui doit répondre à la quête centrale, la quête d'une totalité impossible à appréhender dans un monde épars, de plus en plus éclaté. La rencontre du frère et de la sœur est placée sous le signe d'une reconnaissance réciproque de l'autre moitié oubliée. Agathe proclamera que leur vocation à tous deux dans le monde est seulement d'être ensemble, inactifs et plongés dans la béatitude d'être un en deux. L'androgyne est le symbole par excellence de la totalité recherchée, la fusion des contraires. Musil ne le considère donc pas seulement comme le mythe du paradoxe sexuel mais comme celui de l'impossible résolution de toutes les contradictions. La passion fraternelle de *L'Homme sans qualités* s'enracine dans le schème de l'unité originelle et de la gémellité : dissoudre le principe de séparation par cet amour correspond pour les deux héros à une protestation contre le monde. L'amour du frère et de la sœur est donc le signe de leurs difficultés dans leur rapport avec le monde. L'image mythique a aussi pour fonction de fixer ce que l'extase vécue ne fait qu'entrevoir : « une proximité sans mesure » selon l'expression du héros, dans l'ambiguïté d'un état les rendant « ni séparés ni réunis », une proximité sans synthèse.

L'utopie de l'idéal androgynique et de la plénitude sphérique ne constitue donc qu'un moment dans l'histoire incestueuse. Musil considère, en effet, que les images mythiques portent en elles une « vérité partielle sur le monde et l'expérience humaine », qu'en elles se rejoignent rationnel et irrationnel, les deux pôles qui, selon lui, ont rompu l'unité du sujet. Le mythe est donc avant tout l'expression d'un manque.

Un modèle équivoque

Entre l'épreuve du déchirement et l'appel à réaliser la plénitude, nous rencontrons une expérience qu'illustre la littérature italienne de Dante à Marino : l'androgyne est un modèle équivoque qui devient la métaphore d'une entreprise littéraire.

On trouve chez Dante une allusion au mythe qui présente un caractère très particulier : dans le dernier cercle du purgatoire, où les âmes des luxurieux accomplissent leur temps de pénitence, Dante rencontre deux troupes de pénitents qui cheminent en sens contraire. Il s'agit, d'une part des Sodomites, et d'autre part de ceux qui définissent eux-mêmes leur péché ainsi : « notre péché fut hermaphrodite » (*Purgatoire,* XXVI, 82). Du fait de l'opposition très nette entre ces pénitents et les sodomites, les commentateurs comprennent habituellement qu'il s'agit là d'une métaphore de la normalité sexuelle déréglée — ce qui reviendrait à désigner ainsi des libertins. Or cette interprétation se heurte à une incongruité : pour emblème de leur péché, ces « hermaphrodites » donnent Pasiphaé, symbole de bestialité dans l'amour, que l'on peut difficilement admettre comme figure de la normalité. Il semble beaucoup plus satisfaisant, en rattachant la métaphore de Dante à la tradition allégorique, d'y voir un symbole de l'union de l'âme et du corps — ou plus exactement de la part divine qui est en l'homme (Hermès symbolisant l'intellect et étant un dieu psychopompe ; Pasiphaé étant fille du Soleil) avec la part animale (instincts et désirs). (Le Minotaure, produit des amours de Pasiphaé avec un taureau, s'apparente à Hermaphrodite, mi-homme, mi-femme, en ceci qu'il est un monstre hybride, mi-homme, mi-animal.) D'autre part, ces âmes « hermaphrodites » sont des poètes, et ceux que Dante reconnaît pour ses maîtres — les troubadours du « dolce stil nuovo » : il semblerait que le Paradis leur soit refusé parce que les thèmes amoureux de leur poésie tentent de concilier l'amour profane et l'amour sacré, ce qui constitue envers Dieu un crime de présomption, comparable à celui de l'alchimiste. La poésie est ainsi définie, par la métaphore de l'hermaphrodite, comme un lieu de tension, de dualité, et les poètes sont ceux qui croient possible la conjonction de deux forces opposées qui devraient être disjointes, celles de l'aspiration vers le haut et de l'aspiration vers le bas. Dans une perspective analogue, l'auteur de l'*Ovide moralisé* du XIVe siècle voit dans Hermaphrodite — interprétation différente de celle qui a été relevée précédemment — le moine se détournant de la vie contemplative pour tenter de concilier la vie mondaine et l'amour de Dieu.

Ce glissement du mythe vers la métaphore se trouve singulièrement amplifié, par la suite, dans la littérature, et la fusion des sexes comme expérience mythique devient un motif romanesque fréquent, qui entre dans la catégorie thématique des travestissements et substitutions. L'exemple le plus euphorique de cet avatar désacralisé du mythe — opposé à celui que met en scène *Mademoiselle de Maupin* — nous est donné dans le chant XXV de l'*Orlando Furioso (Roland Furieux,*

1532) de l'Arioste : Bradamante, nouvelle amazone qui mène la vie des chevaliers, est toujours vêtue en homme mais n'en est pas moins femme dans son amour pour Roger ; elle a aussi un frère jumeau qui lui est parfaitement identique et avec lequel on la confond. Ce jumeau n'apparaît dans le récit que pour jouer le rôle masculin que Bradamante n'est pas en mesure de tenir avec une autre femme : Bradamante inspire une passion si violente à la jeune princesse Fleur d'Epine que celle-ci prie le ciel de la faire devenir réellement un homme. Le frère jumeau, amoureux de la princesse, saisit l'occasion pour se substituer à sa sœur et, déguisé en femme pendant le jour, remplit, la nuit, son rôle de mâle auprès de son amante. Cette histoire reprend, de manière hyperbolique, la fable d'Iphis, autre androgyne des *Métamorphoses* d'Ovide (IX) qui est réellement changée en homme le jour de ses noces ; on retrouve là, aussi, une allusion à l'aventure de Tirésias qui connut alternativement les plaisirs des deux sexes. Chez l'Arioste, cette métamorphose, fictive, est racontée par le jumeau de Bradamante à son amante émerveillée : la métamorphose mythique devient une substitution romanesque, mais le symbole est toujours présent grâce à un récit de type mythique à l'intérieur de la fiction (même si ce récit est donné comme mensonge). Le mythe informe le littéraire et, en se désacralisant, déplace la charge symbolique de la fable pour fonder un nouveau rapport dans lequel le littéraire est privilégié. Le sens de la substitution est moins ici la réunification des deux parties de l'Hermaphrodite, que le dédoublement multiplié d'une unité.

Dans la poésie mariniste, au XVIIe siècle, on retrouve la présence active mais diffuse du mythe, moins sous forme d'allusions directes (le plus souvent de type iconographique, réduisant la fusion de Salmacis et d'Hermaphrodite à une image érotique), que par un réseau de relations entre plusieurs figures mythiques. Ainsi dans l'*Adonis* de G. B. Marino (1623), Hermaphrodite joue un rôle important, bien que latent, car c'est Adonis lui-même qui apparaît comme une figure androgyne : il est décrit selon le code traditionnel du madrigal avec des attributs féminins (teint de lys et de rose) et sa beauté est celle de l'Aurore. Sa passivité érotique face à l'initiative audacieuse de Vénus, est celle d'une vierge. En outre, dans ce poème, le rôle d'Hermès comme d'Aphrodite est celui d'initiateurs (de père et de mère spirituels) ; tout le poème démontre que les principes mâle et femelle ne sont pas opposés mais confondus. Comme pour Dante, mais dans une perspective tout autre, la poésie se définit pour Marino comme une tentative de conjonction des contraires (ici par la métaphore, considérée comme un double de l'opération alchimique) et donc une activité fondamentalement équivoque.

Une voie de perfection

Dès l'Antiquité, au commentaire dépréciatif que faisaient Strabon et Pompeius Festus sur les propriétés de la fontaine Salmacis, s'opposait l'interprétation laudative de Vitruve (II, 8) insistant sur le contenu allégorique suivant : la fontaine, permettant une conjonction enrichissante du masculin et du féminin, devait, selon lui, sa renommée, aux relations qui firent pénétrer dans l'âme adoucie des barbares, les charmes de la civilisation. Au moment même où l'auteur de l'*Ovide moralisé*, écrit en vers, réprouve l'entreprise de Salmacis, tout un courant mystique marqué par les recherches alchimiques, retrouve les sources du mythe de l'Androgyne et en voit dans la fable d'Ovide la meilleure illustration. Un alchimiste comme Nicolas Valois (1475-1541) découvre une cosmologie dans les *Métamorphoses* et celle-ci lui semble une préfiguration de la recherche de la pierre philosophale : la fusion du soufre et du mercure a en effet l'ambition d'être une création microcosmique.

Dans le vase sacré où s'opère la coction, doit se recréer l'œuf du monde : nous rejoignons la bissexualité de l'œuf primordial cher aux auteurs de cosmogonies. Dom Pernety, reprenant dans son *Dictionnaire mytho-hermétique* (1758) la tradition médiévale, donne un sens alchimique à l'union de Salmacis et d'Hermaphrodite : il s'agit du soufre et du mercure des sages. Citant l'alchimiste D'Espagnet (1550-1630) pour qui « l'eau est le menstrue qui contient la semence des choses, et les porte dans la terre », Dom Pernety réactive la rêverie matérielle sur l'eau que nous avons vue à l'œuvre dans le texte d'Ovide : « l'eau mercurielle des philosophes ne fait plus qu'un des corps qu'on y baigne ». L'idée d'un inceste philosophal entre les amants royaux pourrait aussi ressusciter un mythème qui nous est apparu implicite dans la fable ovidienne.

Est-ce un tel courant qui est responsable en 1607 d'une curieuse réhabilitation de Salmacis ? Filère, dans son *Discours poétique à Messieurs de la Religion prétendue réformée,* voit dans la nymphe l'église romaine invitant les protestants à rentrer dans son sein !

Dans *Les États et Empires du Soleil* (publication posthume en 1662) Cyrano de Bergerac, délaissant la veine satirique qui avait animé *Les Etats et Empires de la Lune*, se livre aux délices d'une imagination qui va nous fournir une des plus euphoriques palingénésies du mythe d'Hermaphrodite et Salmacis. Un guide de l'Empire du Soleil montre au narrateur deux arbres jumeaux s'efforçant à l'unité. Ces arbres sont le produit de la métamorphose d'Oreste et de Pylade et leurs fruits constituent un philtre aussi magique que celui qui unit Tristan et Yseult. La manducation des fruits jumeaux fait renaître les compagnons amoureux de l'épopée ; on voit se multiplier « des Achilles et des Patrocles, des Nises et des Euriales », mais on voit aussi un couple incestueux : Cinyre et Mirra. Le suc des pommes jumelles a raison des différences les plus accusées : entre une jeune fille et un taureau, un adolescent et un platane, entre l'homme et le marbre (Pygmalion et sa statue). Il suffit que le sculpteur mange l'une des pommes et humecte son œuvre ébauchée du suc de l'autre, pour qu'il forme avec elle un couple indissoluble. C'est au milieu de toutes ces histoires qui nous racontent l'abolition des tabous et l'effacement des différences, que prend place, dans un contexte idyllique et paradisiaque, l'union d'Hermaphrodite et de Salmacis. Hermaphrodite est un berger qu'une amitié adolescente lie à une jeune fille du voisinage, Salmacis. Le premier remporte un prix de course, la seconde un prix de beauté : les pommes jumelles et magiques constituent leur récompense. Comme Eve, à qui sûrement la compare Cyrano de Bergerac, Salmacis est la plus empressée à manger le fruit qui la rend immédiatement amoureuse. Il faut alors l'intervention des parents d'Hermaphrodite qui trouvent avantageuse l'union de leur fils et de la nymphe, pour que soit distillé et bu par les deux jeunes gens le suc des fruits d'Oreste et Pylade. En imaginant le rôle actif des parents, l'auteur du XVIIe siècle s'efforce de respecter les bienséances de son temps et d'innocenter la nymphe, tout en donnant à Salmacis, comme dans les versions antérieures du mythe, un désir passionné de la fusion des sexes. Exemple rare : cette fusion est présentée comme également heureuse pour l'homme et la femme qui sont à la fois unis et féconds. « Ce double je ne sais quoi gardait pourtant son unité; il engendrait et concevait, sans être ni homme ni femme (...). »

Ce texte vérifie ce que nous avait fait supposer une réflexion sur la Carie, patrie de Salmacis et confirme la conclusion de Jean Libis pour qui « l'androgynat, l'inceste et la gémellité pourraient bien constituer des éléments réversibles d'une même famille mythogène », ajoutant : « Chacun de ces termes, d'une certaine manière, transgresse un ordre, s'oppose à ce qui est donné, s'érige en fantasmagorie. Chacun d'eux abolit une distance et gomme, dans une certaine mesure, une dualité. Chacun d'eux restitue une intimité perdue. » La gémellité est ici le fait des fruits magiques. L'inceste est non seulement le sujet d'une histoire que Cyrano associe à l'androgyne, mais il est peut-être aussi au cœur de celle de Pylade et d'Oreste : cousins, les deux héros ne se désirent-ils pas par Electre interposée? En tout cas leur désir virtuellement homosexuel et semi-incestueux est ici présenté comme la source fécondante de celui d'Hermaphrodite et de Salmacis. Le mythe romanesque est en outre sous-tendu par un chant animiste, l'idée d'une féconde intercirculation des règnes. La fusion heureuse des sexes doit être replacée dans une vision du monde où, avant Diderot et *Le Rêve de d'Alembert,* « tout animal est plus ou moins plante ».

Dans le mythe littéraire que nous présente Cyrano, le bonheur paradisiaque intervient après la fusion des êtres. L'utopie de Gabriel de Foigny, *La Terre australe connue* (1676), choisit au contraire de montrer une humanité en qui a subsisté un état primordial d'androgynie. Ce qui est à conquérir pour l'auteur des *États et Empires du Soleil*, est à défendre aux yeux de Foigny qui, situant dans une île son modèle utopique, rend accessible à la vue l'idée de repliement sur soi, d'autosuffisance accompagnant, selon J. Libis, l'idée d'androgynie. La source mythique de Cyrano est le récit d'Ovide repensé avec une sympathie pour Salmacis; celle de Foigny est plutôt le mythe platonicien fondu avec le récit de *Genèse*, I. Les androgynes australiens ont, comme ceux de Platon, une surabondance de vie et de vigueur. A leurs yeux ce sont les Européens monosexués qui sont des demi-hommes. Comme l'Hermaphrodite et la Salmacis de Cyrano, ils sont féconds et autogénètes, mais à la différence de ceux-ci, ils ne connaissent pas le désir. Ils se reproduisent par la voie de l'ovisme (voie que, trois ans après Foigny, Antoinette Bourignon décrit comme ayant été celle d'Adam avant le péché). Entre les Européens corrompus et monosexués et les Australiens bissexués, l'auteur a imaginé un intermédiaire, le narrateur Sadeur, qui est physiquement doué des deux sexes, mais ne possède pas le privilège d'une autarcie affective et sexuelle : prisonnier de ses instincts, il est seulement en marche vers la perfection; il a la mission de découvrir les androgynes d'Australie et de révéler leur idéal de vie à ses compatriotes.

L'ataraxie des Australiens est pour Foigny, auteur rationaliste, une condition de leur bonheur. La perfection de cette humanité préservée dans son intégrité est destinée à montrer que le mythe de la Chute n'est pas universel. Bayle, dans l'article « Sadeur » de son *Dictionnaire historique et critique*, montre que *La Terre australe* mime l'image biblique du Paradis terrestre. Ce conte philosophique vérifie ce que nous avons déjà constaté dans d'autres versions de ce mythe littéraire : chargé notamment de dissiper l'angoisse que fait naître la guerre des sexes, le mythe de l'androgyne ne se borne pas à réduire les oppositions entre l'homme et la femme. C'est dans trois domaines encore qu'il se présente comme réducteur de différences. Tout d'abord l'opposition chrétienne entre l'âme et le corps se résout dans l'unité d'une sorte de corps glorieux : les Australiens ne consomment pas de viande, ne produisent guère d'excrément, ignorent les menstrues. Les antagonismes que connaissent nos sociétés entre l'individu et le groupe se résolvent également dans des relations fraternelles, presque gémellaires selon P. Ronzeaud, entre chaque Australien et la communauté à laquelle il appartient. Enfin se trouve réduite la béance qui a toujours été la plus tragique pour l'homme, celle qui s'ouvre entre le temps et l'éternité : la substance ignée de chaque Australien retourne au tout dont elle est issue. Ainsi l'hermaphrodisme est-il inducteur d'autres formes de fusion que celles qu'il rend manifestes entre le masculin et le féminin.

Les intentions philosophiques de Cyrano et de Foigny s'incarnent dans une histoire. En composant *Séraphîta* (1835), Balzac pour sa part ne réussit que partiellement à écrire l'histoire d'un androgyne et il a du mal à donner vie à ses personnages, Wilfrid, Minna, Séraphîta. Toutefois un effort pour traduire les rapports de l'homme et du cosmos ainsi qu'une authentique rêverie élémentaire l'empêchent de sombrer dans l'abstraction. Ses trois héros dérivent des trois sortes d'êtres qui, selon Platon, constituaient l'humanité originelle. Avoir situé l'action en Norvège correspond d'ailleurs au désir de Balzac de recréer un climat primitif. Des êtres primordiaux tels que nous les décrit Platon, les trois héros balzaciens héritent la force : Minna et Séraphîtus (c'est le premier nom qui lui est donné) ont gravi le Falberg, exploit réputé impossible avant eux. La curieuse forme circulaire qui était, selon le philosophe grec, celle des androgynes, se retrouve transposée en Séraphîta : elle est le « centre rayonnant d'un cercle » ; « quiconque y entrait subissait le pouvoir d'un tourbillon de clartés ». Une lumière lunaire a un lien privilégié avec l'androgyne de Balzac, ici encore héritier de l'androgyne platonicien, fils de la lune. En effet, la naissance réelle de Séraphîta est moins importante que son origine fantasmatique. Elle semble « enfantée par la conjonction de la glace et du soleil ». Elle a des regards qui sont une « fluide lumière », un « corps presque phosphorique ». Moralement, elle a encore une nature lunaire puisqu'elle est un « miroir où vient se réfléchir la nature morale avec ses causes et ses effets ». Lorsqu'elle disparaît en laissant pour toute trace « une voix dans les rayons du soleil », « un esprit céleste dans les fleurs nouvelles », elle accomplit la synthèse du Soleil et de la Terre que réalisaient les androgynes platoniciens. L'androgyne balzacien a spirituellement les vertus des deux sexes. Dans son aspiration au ciel, il est au-delà du désir. Séraphîta obéit totalement à une imagination de la fusion : fusion des sexes, réunion de la terre et du ciel, réunion des deux êtres en qui elle a suscité un désir, Wilfrid et Minna. Dans cette dernière entreprise, elle apparaît comme l'inversion euphorique de Mlle de Maupin qui ne réussit jamais ni à réunir en elle les deux sexes ni à rapprocher l'homme et la femme qu'elle a rendus amoureux d'elle.

L'ataraxie heureuse atteinte par les Australiens de Foigny ou désirée par Séraphîta, est encore celle que Gide, dans son *Traité du Narcisse* (1892) imagine avoir été celle d'un Adam androgyne avant sa chute dans la différence sexuelle. L'expérience du désir, l'entrée dans le temps et l'espoir toujours déçu de recréer par la génération la perfection initiale, sont bien les signes d'une exclusion du Paradis. Dans l'heureux temps des origines, l'Adam de Gide, comme les personnages de Foigny, était intégré à un cosmos dont l'unité était représentée par l'arbre logarithmique, réunissant, comme l'œuf primordial des cosmogonies, la Terre et le Ciel dans une nuit protectrice. « Tout s'efforce vers sa forme perdue », aussi le temps paradisiaque peut-il être recréé par un poète-Narcisse qui, comme Adam avant la Chute, serait un contemplatif et refuserait le désir. En lui, dans son regard, viendraient alors se résorber les différences.

Foigny, Balzac et Gide se rejoignent donc pour exalter dans l'androgyne l'insexualité et l'autarcie affective qui en résulte.

La problématique proustienne de l'hermaphrodisme (suggérée « en abyme » par les premiers tableaux d'Elstir, proches de ceux de Gustave Moreau), amène aussi le romancier à choisir une telle direction comme voie de salut. Comme le philosophe du XVIIIe siècle Saint-Martin, avec qui sa pensée présente de curieuses analogies, Proust insiste sur les traces physiologiques de bissexualité qui témoignent de la persistance en l'homme actuel de l'âge d'or de l'hermaphrodisme : ainsi la nature est déjà temps retrouvé du monde, « commencement d'art ». Comme ce philosophe encore, l'auteur du roman *A la recherche du temps perdu* (1913-1927) s'attache à montrer que l'androgynie peut être restaurée par la création esthétique : cette dernière est présentée comme une véritable parthénogénèse et elle témoigne *a posteriori* des possibilités d'autofécondation, donc de bissexualité mentale de l'artiste.

L'autarcie de l'androgyne n'est donc pas synonyme de stérilité aux yeux de Foigny, Balzac, Gide ou Proust; elle s'accompagne au contraire d'une fécondité que ces trois derniers auteurs jugent essentiellement d'ordre spirituel.

Avec *Séraphîta* et la *Recherche* nous avons rencontré des romans initiatiques. L'œuvre de Gustav Meyrink, *Der Golem (Le Golem*, 1915) a une parenté avec ce type d'ouvrages. L'auteur s'efforce de concilier un récit-cadre vraisemblable dont le héros narrateur est un écrivain de passage à Prague, et un roman-rêve constitué par les songes de ce dernier. Le personnage essentiel du roman-rêve, Athanasius Pernath, à la recherche de son identité, en quête d'un éveil spirituel, est affronté à son double maléfique, le Golem, né selon une tradition rabbinique d'une motte de terre et se réincarnant périodiquement. Le Golem représente le démon intérieur de Pernath, les pulsions brutales du ça qui l'amènent à souhaiter la mort du mari de la tentatrice, Angelina. Lorsqu'il s'en délivre, il peut s'affranchir de la scission intérieure dont il souffre pour s'unir à la partie féminine de son âme incarnée par Mirjam, la compagne qui lui était destinée de toute éternité. A Noël, le double réapparaît : ce n'est plus le Golem mais l'hermaphrodite de lumière reconnaissable à ses attributs : le manteau blanc et la couronne. A la fin du roman celui qui dit « je » aperçoit dans la végétation exubérante d'un printemps éternel, un jardin édénique gardé par un serviteur aux vêtements surannés : c'est le Golem pacifié devenu le serviteur de l'androgyne. L'écrivain se reconnaît dans le héros onirique. Le jardin édénique fait revivre la tradition talmudique d'un Adam androgyne, tandis que la lumière blanche rappelle les origines mythiques des êtres bissexués selon Platon.

Aux yeux de Meyrink toutefois les deux partenaires ne peuvent au cours de cette vie que s'engager dans la reconstitution de l'androgyne qui fut dissocié lors de la Chute. André Breton dans *Arcane 17* (1945), juge possible, sous nos yeux, une restauration totale. Il chante un androgyne très incarné, en qui surabondent masculinité et féminité : cet être est fils de la lune comme son archétype platonicien : « L'ancien étang n'est plus. Toute l'eau a repris son ample respiration sous la crosse de la lune (...). » Breton voit s'opérer une conjonction active des deux sexes aimantés l'un vers l'autre (théorie déjà présente dans *L'Astrée*). Un androgyne leur préexiste et ils le reconstituent en vertu d'une loi qui « veut que tout être humain ait été jeté dans la vie à la recherche d'un être de l'autre sexe et d'un seul qui lui soit sous tous rapports apparié ». Pour le chef de file du surréalisme la fusion érotique a en outre un sens poétique. Marc Eigeldinger voit l'androgyne d'*Arcane 17* sous-tendu par un symbolisme alchimique : il « signifie la matière de la pierre philosophale », il « réalise la synthèse des contraires, par laquelle le monisme a vaincu la conscience déchirée du dualisme ». Le récit de Breton et celui de Cyrano précédemment analysés, témoignent d'une forme voisine d'imagination. Les deux auteurs ont recours, pour raconter la réduction des différences, à plusieurs mythes chargés de suggérer une médiation. Aux yeux de Breton, Mélusine est médiatrice entre l'homme et la nature, en Osiris et Isis les oppositions homme/femme, mort/vie se résolvent dans l'inceste adelphique, ce dernier mythe exprimant en outre une aptitude à la régénération. Enfin la femme de l'*Arcane 17* qui répand de la main droite le contenu d'une urne d'*or* tandis que la main gauche vide sur la *terre* une urne d'*argent*, est une palingénésie des mythes d'Ovide et de Platon. De Platon à cause de la présence de la terre, du soleil et de la lune, à l'origine, selon le philosophe des trois espèces d'humanité. D'Ovide, à cause du cadre aquatique et du rôle initiatique donné à la femme. Déjà Bayle avait osé, sur ce mythe, faire un seul article, « Salmacis », et il avait envisagé avec une timide sympathie l'initiative active prise par la femme dans la réunion des sexes; celle-ci est maintenant magnifiée sans réserve par le surréalisme.

Un des avatars les plus récents et les plus triomphants du mythe de l'androgyne est celui qui anime le roman de Michel Tournier, *Les Météores* (1975) : il rejoint les formes les plus anciennes du mythe dans sa double volonté de s'inspirer de cosmogonies et de décrire l'aventure d'êtres singuliers. Tournier fait sienne la tradition rabbinique selon laquelle Dieu a fait l'homme à son image « mâle et femelle à la fois, hermaphrodite ». C'est à Platon qu'il emprunte le mythème de la séparation violente, évoquant « l'arrachement, le coup de hache qui nous a séparés, l'horrible amputation ». Mais pour lui l'androgyne primitif subsiste dans la cellule gémellaire dont la forme ovale mainte fois rappelée n'est pas sans rapport avec la sphéricité des androgynes platoniciens. Apparemment pourtant la féminité n'a pas de place dans les « amours ovales » des jumeaux Paul et Jean. En réalité leur cellule contient en elle des éléments virils et des éléments féminins : l'un des jumeaux, Paul, est maternel, introverti; l'autre, Jean, est extraverti, tourné vers la conquête du monde et de la femme. L'échec final de leurs relations personnelles (Jean s'arrache à son jumeau) n'est pas le dernier mot du roman. Amputé de son frère et de la moitié de son propre corps (un bras, une jambe lui sont arrachés tandis qu'il tente de relier les moitiés jumelles et séparées de la ville de Berlin), il inscrit sur lui la dernière mutilation dont Zeus, aux yeux de Platon, avait menacé les hommes déjà coupés en deux, s'ils persistaient dans leur orgueil (« si (...) leur impudence continue (...), à nouveau je les couperai encore en deux, de façon à les faire déambuler sur une seule jambe, à cloche-pied »).

Mais à la micro-cellule gémellaire, impossible à reconstruire, se substitue la macro-cellule que Paul reforme avec l'univers et la partie aérienne, pneumatique, météorique de celui-ci. Ainsi quoi que son corps droit, paralysé, soit lié irrémédiablement à la terre (élément féminin constamment incarné par Paul), son corps gauche est « déployé sur la mer comme une grande aile sensible ». Paul devient, comme Salmacis, fils du Ciel et de la Terre. M. Tournier concilie les vieilles cosmogonies de l'œuf primordial doué de bissexualité et un troisième Testament annonçant, depuis la Pentecôte, la diffusion de l'Esprit Saint.

J'ai signalé l'idée de transgression dangereuse affleurant dans les mythes fondateurs d'androgynie. Tous trois nous disent en effet le risque qu'il y a à se lancer dans une entreprise visant à conjurer l'appréhension de l'écart sous toutes ses formes : écart entre l'homme et la femme, entre la créature et le créateur, l'homme et le cosmos, le temps et l'éternité. Si ce sentiment affleure évidemment dans les versions littéraires les plus tragiques du mythe, il n'est pas totalement absent des versions les plus euphoriques. Celles-ci s'inscrivent souvent dans un courant de pensée marginal : les recherches alchimiques sont vécues comme hétérodoxes par ceux qui s'y livrent. Il y a une hardiesse déguisée en utopie dans les fictions sans doute déistes de Foigny ou athées de Cyrano qui nient tous deux la Chute. Même à une époque où censure politique et condamnation sociale s'effacent, une certaine agressivité lyrique se retrouve chez André Breton ou chez Michel Tournier, prophète aux thèmes scatologiques. La voie de la perfection androgynique a pour prix la mutilation, la solitude, la réprobation divine ou humaine; même présentée comme exaltante, elle reste liée au péril que signalaient ses premières formes.

Marie MIGUET
avec la participation de Françoise Graziani
et d'Anne Longuet-Marx

BIBLIOGRAPHIE

TEXTES

On trouvera *Le Banquet* de Platon et *Les métamorphoses* d'Ovide dans la collection des Universités de France, Les Belles Lettres, Paris.

Hygini Fabulae, Leyden, A. Sythoff, 1963.

Le *Zohar*, six volumes, traduction et notes de Jean de Pauly, Paris, Maisonneuve et Larose, 1970.

DANTE, *La Divine Comédie*, traduction d'André Pézard, Paris, Gallimard, Bibliothèque de la Pléiade, 1965.

Ovide moralisé, t. II, Amsterdam, C. de Boer, 1920.

ARIOSTE, *Roland furieux*, traduction française Paris, Flammarion, 1982.

Gabriel de FOIGNY, *La Terre australe connue*, Genève, Slatkine reprints, 1981.

Pierre BAYLE, article « Androgyne » in *Dictionnaire historique et critique*, Amsterdam (Trévoux), Compagnie des Libraires, 1734.

Dom PERNETY, *Dictionnaire mytho-hermétique*, Paris, Denoël, 1972. Conforme à l'édition de 1787.
Honoré de BALZAC, *Séraphîta*, in *Œuvres complètes*, t. XI, Paris, Gallimard, Bibliothèque de la Pléiade, 1980.
Théophile GAUTIER, *Mademoiselle de Maupin*, Paris, Garnier-Flammarion, 1966.
Gustave FLAUBERT, *La Tentation de saint Antoine*, in *Œuvres complètes*, t. I, Paris, Le Seuil, 1964.
André GIDE, *Le Traité du Narcisse*, in *Romans*, Paris, Gallimard, Bibliothèque de la Pléiade, 1958.
Gustav MEYRINK, *Le Golem*, traduction française Paris, Stock, 1969.
Marcel PROUST, *A la Recherche du Temps perdu*, quatre volumes, Paris, Gallimard, Bibliothèque de la Pléiade, t. I 1987, t. II et III 1988, t. IV 1989.
Robert MUSIL, *L'Homme sans qualités*, traduction française Paris, Le Seuil, 1979.
André BRETON, *Arcane 17*, Paris, U.G.E., 1965.
Jean GIRAUDOUX, *Sodome et Gomorrhe*, in *Théâtre complet*, Paris, Gallimard, Bibliothèque de la Pléiade, 1982.
Michel TOURNIER, *Les Météores*, Paris, Gallimard, 1975. Réédition Folio.
Dominique FERNANDEZ, *Porporino ou les Mystères de Naples*, Paris, Grasset, 1974. Réédition Livre de Poche.

ÉTUDES

Ouvrages généraux

L'Androgyne, « Cahiers de L'Hermétisme », Paris, Albin Michel, 1986.
L'Androgyne dans la littérature, « Cahiers de l'Hermétisme », Paris, Albin Michel, 1990.
Marie DELCOURT, *Hermaphrodite*, Paris, P.U.F., 1958.
Mircea ELIADE, *Méphistophélès et l'Androgyne*, Paris, Gallimard, 1962.
Jean LIBIS, *Le Mythe de l'Androgyne*, Paris, Berg international, 1980.

Études particulières

Pierre ALBOUY, « Le mythe de l'Androgyne dans *Mademoiselle de Maupin* », in *Mythographies*, Paris, Corti, 1976.
Marc EIGELDINGER, « Structures mythiques d'*Arcane 17* », in *Lumières du Mythe*, Paris, P.U.F., 1983.
Nicole FERNANDEZ-BRAVO, « Figures et anamorphoses dans *Le Golem* de Gustav Meyrink », *Recherches germaniques*, Université des sciences humaines de Strasbourg, n° 10, 1980.
Anne LONGUET-MARX, *Proust, Musil. Partage d'écriture*, Paris, P.U.F., 1986.
Marie MIGUET-OLLAGNIER, *La Mythologie de Marcel Proust*, Paris, Les Belles Lettres, 1982.
Pierre RONZEAUD, *L'Utopie hermaphrodite, La Terre australe connue de Gabriel de Foigny (1676)*, Marseille, C.M.R., 1982.

Andromède

Les données de l'Antiquité

Devenue mythe en soi, l'histoire d'Andromède se rattache en fait au cycle d'exploits qui s'est constitué autour du héros légendaire Persée, vainqueur des Gorgones.

Persée naquit d'une des nombreuses aventures terrestres de Zeus, épris cette fois-ci de la belle Danaé. Au père de cette dernière, Acrisios, il avait été prédit qu'il serait tué par son propre petit-fils. Or, pour échapper à cette prophétie néfaste, Acrisios séquestre sa fille dans une grande pièce ouverte au ciel mais autrement inaccessible. Si cette mesure est efficace contre les mortels, le chef des dieux trouve le moyen de s'unir à Danaé sous forme de pluie d'or, et par la suite Danaé met Persée au monde.

La mythologie grecque célèbre bien des hauts faits du jeune héros, mais une prouesse surtout couronne sa réputation : il tue la redoutable Méduse, une des trois Gorgones et la seule qui soit mortelle. Porteur de la tête sanglante de sa victime, dont la laideur contraste avec la mâle beauté du vainqueur, Persée présente une saisissante image que Cellini fixa à tout jamais dans le marbre.

Un jour, en longeant la côte de Philistia, Persée aperçoit au loin une belle femme toute nue, seulement parée de quelques bijoux, enchaînée à un rocher au bord de la mer. C'est Andromède, fille de Céphée et de Cassiopé. Celle-ci avait estimé sa propre beauté et celle de sa fille au-dessus des charmes des Néréides. Ces divinités marines s'en étaient plaintes à Poséidon qui, pour punir l'orgueil de Cassiopé, envoya un monstre marin aux abords du royaume et fit savoir à Céphée, le père d'Andromède, qu'il devait donner sa propre fille en pâture à cet être altéré de chair humaine. Céphée tente désespérément d'échapper à ce devoir funeste, mais ses sujets, redoutant d'avoir à livrer leurs propres enfants, contraignent Céphée à exposer Andromède. Celle-ci va à son sort avec courage : comme son nom l'indique, il s'agit d'une femme « avec des pensées d'homme ».

Persée tombe amoureux de la belle enchaînée et s'offre comme protecteur, à condition de pouvoir l'épouser par la suite et l'emmener en Grèce. Il tue le monstre, et le mariage a lieu, malgré les réticences des parents qui avaient déjà promis Andromède à un certain Agénor. Le rival interrompt la fête et fait valoir ses droits sur la mariée. Grâce à la tête de Méduse, Persée transforme Agénor et ses alliés en pierre. Mais l'oracle est là, inexorable : bien plus tard, par un geste involontaire, Persée tuera son grand-père Acrisios.

De cette reconstitution d'une floraison de légendes qui s'enchevêtrent et se perpétuent, nous pouvons dégager les composantes du mythe d'Andromède : 1) un cadre maritime où la mer s'agite au bord d'une falaise rocheuse; 2) une belle femme nue et enchaînée, qui attend son sort avec une douloureuse résignation tout près de l'eau; 3) un monstre dont la forme menaçante brise la surface de la mer et dont l'irruption semble imminente; 4) un héros intrépide qui vole par les airs, s'attaque au monstre et le tue; 5) le mariage du héros avec le prix de sa victoire, la victime élue elle-même. D'autres variantes donnent à Persée une monture fabuleuse, Pégase, né du corps de la Méduse, ou lui font porter des ailes aux pieds — apports spectaculaires dont les adaptateurs ultérieurs vont bien tirer parti.

Cette image d'Andromède constitue comme le second volet d'un diptyque : en face du héros dans sa plénitude confiante, son trophée à la main, s'offre le tableau touchant d'une femme victime, vulnérable dans sa nudité, rivée à un sol rugueux, dont le corps admirable est vraisemblablement appelé à la déchirure. Cette troublante sensualité, l'apparente injustice d'un sacrifice atroce, immérité confèrent à l'image une curieuse ambiguïté. Pourquoi ce corps étalé sans voiles et paré pourtant de quelques bijoux? Pourquoi cette mutilation qui l'attend? C'est qu'il y a, semblerait-il, un stade plus primitif du mythe où la victime est bien coupable, où le destin est bien punition. Dans la légende palestinienne, la jeune femme est assimilée à la figure d'Aphrodite, d'Ishtar ou d'Astarté. A l'origine, donc, Andromède serait une image du désir amoureux; sa nudité alléchante appellerait l'homme à l'étreinte. Pour Persée il y a une contrepartie ancienne, Marduk, le Dieu du Soleil, qui, monté sur un cheval blanc, tue un monstre marin. Mais ce monstre, c'est une émanation maléfique de la femme. La femme elle-même, il l'attache au rocher pour limiter ses méfaits. On se dirait en face d'une image ambiguë de l'éternel féminin tel que l'imagination masculine peut le concevoir :

d'une part le tableau hypnotisant d'une beauté charnelle impudiquement étalée qui, incapable de quitter son cadre, appelle l'homme à ses côtés ; d'autre part, le revers de la médaille, la figure monstrueuse de cet empire sensuel, de la menace que risque de subir la vocation héroïque devant la séduction de la langueur nuptiale. La nudité d'Andromède et le sort atroce qui l'attend, s'expliqueraient donc par ce fonds ancien : de diablesse tentatrice elle devient la vierge soumise — mais toujours nue et portant des joyaux tentateurs — et sa faute est rejetée sur sa mère coupable d'outrecuidance.

Avant de passer aux versions modernes du mythe, il est à noter que ce schéma se répète dans d'autres histoires de l'Antiquité, telles la délivrance d'Hésione par Héraclès ; l'exemple de Jason qui tue le dragon aux cent yeux dont on menace Médée ; et l'épisode de Kadmos et d'Harmonia. Une version plus primitive du mythe du labyrinthe est surtout à retenir : Ariane se trouve à l'intérieur même du dédale, en proie au Minotaure que Thésée viendra tuer opportunément. Ces divers moments de la mythologie grecque confirment la richesse du modèle archétypique — dont il sera question plus tard — et Andromède en constitue une manifestation particulièrement suggestive.

LE MYTHE D'ANDROMÈDE : AUTOUR DE CORNEILLE

Les dramaturges de l'Antiquité profitèrent certes de ce mythe si favorable à la représentation scénique, mais il ne survit qu'un fragment d'une *Andromède* d'Euripide. C'est surtout dans *Les Métamorphoses* d'Ovide (livres IV et V) que le mythe trouve son expression la plus complète pendant la période gréco-romaine, et c'est là la source principale où puisèrent par la suite les divers adaptateurs, dont le plus connu est Pierre Corneille. Mais deux grands dramaturges espagnols traitèrent également le sujet, Lope de Vega (*El Perseo,* 1621) et Calderón (*Las Fortunas de Perseo y Andrómeda,*1653) ; ce dernier se serait inspiré de Corneille.

La « tragédie à machines » de l'auteur du *Cid,* avec la musique de d'Assouci et l'appareil scénique de Torelli, fut créée en janvier 1650, et jouit d'un énorme et durable succès. Mais cet événement qui se détache avec tant d'éclat du continuum théâtral du temps, il faut le placer dans un cadre plus large pour en apprécier pleinement la signification. D'abord cette pièce de Corneille consacrée à Andromède n'est pas la seule en français qui ait brigué les suffrages du public. Qui plus est, l'histoire d'Andromède et celle de son libérateur appartiennent déjà depuis longtemps à la tradition de l'opéra italien et continueront à inspirer des librettistes ultramontains jusqu'à la fin du XVIIIe siècle. Force nous est donc de considérer l'*Andromède* de Corneille, déjà un demi-opéra par ses nombreux chants, dans une large perspective italo-française. Dès 1587, on voit jouer en Italie un opéra nommé *Andromeda* et, plus près de Corneille, des versions du même mythe, toujours sous forme d'opéra, furent publiées à Venise, en 1637, et à Ferrare, en 1639. Le sujet, souvent orné d'épisodes de la vie de Persée, engendre d'autres opéras au XVIIe siècle, et aux annales du siècle suivant ne figurent pas moins de dix-sept opéras italiens traitant du même thème.

La plupart de ces spectacles ont sombré dans l'oubli, mais de temps à autre un grand nom surgit, tel celui de Monteverdi qui composa une *Andromeda*, en 1617 et de Michael Haydn, frère du grand Joseph et compositeur non sans importance lui-même, à qui l'on doit la musique d'un opéra *Andromeda* de 1797. En outre, le caractère international du mythe et l'empire qu'exerce sur lui la forme de l'opéra s'affirment par des traductions en hollandais (quatre entre 1699 et 1739) et par une version allemande de 1679. La pièce de Corneille elle-même fut traduite en hollandais en 1699.

La dette de Corneille envers l'Italie reste à établir. Il est possible qu'il ait connu les *Andromèdes* de 1637-39 ; et les deux opéras en vers italiens, *La Finta Pazza* et *Orfeo,* représentés à Paris en 1635 et 1647 respectivement, auraient pu lui inspirer un traitement à la façon de l'opéra, en français, du mythe d'Andromède. On sait que les décors de cet *Orfeo* furent utilisés pour la pièce de Corneille. Quoi qu'il en soit, Corneille n'est pas le premier Français à faire représenter une Andromède dans sa langue natale. D'après un témoignage de Dubuisson-Aubenay, une pièce intitulée *Andromède et Persée la délivrant* fut jouée par les comédiens du Marais en 1647-48. Cet ouvrage, resté anonyme et aujourd'hui perdu, aurait été monté pour rivaliser avec la pièce attendue de Corneille, qui était destinée aux Comédiens du Roi. En tout cas, la troupe du Marais ne put empêcher le succès de la pièce de Corneille, reprise plusieurs fois jusqu'en 1660. Même plus tard, tout à la fin de la vie du dramaturge, *Andromède* fut mise à contribution dans une rivalité théâtrale. En 1682, la vogue pleinement épanouie de l'opéra inspira à Quinault l'idée d'adapter la pièce même de Corneille comme livret, sous le titre *Persée.* Le compositeur, c'est le grand Lully, dont l'Académie Royale de Musique est installée depuis 1673 au Palais-Royal. La Comédie-Française, qui essayait de sortir d'une enfance fragile (elle avait été fondée en 1680), voulut riposter à cette dangereuse concurrence — Quinault et Lully avaient eu la témérité de faire jouer Pégase par un vrai cheval — avec une reprise de l'*Andromède* véritable, celle de Corneille. Cette mesure ne semble pas avoir entamé la popularité de *Persée* qui eut trente-trois représentations de suite sur quarante-cinq en tout — chiffre tout à fait remarquable pour l'époque.

Le mythe d'Andromède chez Corneille

Corneille puisa dans le fonds ovidien déjà signalé pour le noyau de sa tragédie, et comme d'habitude fit dans son *Examen* de 1660 le relevé des changements qu'il avait apportés à sa source. Tout d'abord, il supprime par bienséance la nudité de l'héroïne, qu'il attribue à une tradition purement picturale ; il brise ainsi, sans le savoir, bien entendu, la dernière attache au mythe érotique primitif. Persée retrouve chez Corneille sa monture fabuleuse, car Ovide le faisait voler de ses propres ailes. L'identité du héros est momentanément cachée ; le nom de ce personnage mystérieux ne sera dévoilé qu'après son arrivée, dans une épiphanie d'ailleurs caractéristique du modèle héroïque. Corneille donne à Persée un antagoniste, Phinée, dont l'antécédent mythologique est Agénor, personnage maléfique dont la mort permet aux autres de s'unir dans un dénouement harmonieux — victime expiatoire qui remplace, pour ainsi dire, Andromède elle-même. (L'on sait l'estime dont jouissait pour Corneille cette intrigue « double » où les bons sont récompensés et les méchants punis.)

La source mythologique se réduisant presque à un simple tableau — une jeune fille habillée enchaînée au bord de la mer et qui attend — Corneille se croit obligé non seulement de grossir la liste des personnages de sa pièce mais d'en étoffer l'action. Ainsi le premier acte met en scène Vénus qui exige une seule victime pour le sacrifice, plutôt qu'un nombre peut-être illimité d'expiations ; elle annonce en même temps une rivalité amoureuse entre l'étranger inconnu (Persée) et Phinée. Ce n'est qu'au deuxième acte qu'Andromède apprend qu'elle-même est la victime élue. Le noyau du mythe n'est dramatisé qu'à l'acte du milieu : Andromède, exposée (et vêtue), attend la mort avec fermeté, mais Persée, monté sur Pégase, la délivre en tuant le monstre. Pour maintenir l'intérêt du spectateur l'acte se termine par un rebondissement : Neptune, furieux qu'un fils de Jupiter (on se souvient que Persée est l'enfant de Zeus et de Danaé) le brave dans son empire marin, menace de troubler la fête.

Sur ces entrefaites, Phinée, fou de jalousie, essaie de tuer Persée qui échappe en se servant de la tête pétrifiante de Méduse. Phinée mort, l'action prend fin dans une belle apothéose étoilée : Jupiter, Junon, Persée, Neptune (réconcilié), Cassiopé et Andromède brillent au ciel pour l'éternité. Un chant joyeux célèbre cette réconciliation entre tous les dieux, comme entre le céleste et le terrestre.

Et l'*Andromède* de Corneille revue et corrigée par Quinault ? Tout en gardant la trame de la pièce, les adaptateurs ajoutent bien des éléments caractéristiques de l'opéra, comme les nombreux figurants qui grossissent la liste des personnages. Sur le plan de l'intrigue, ils équilibrent la répartition des principaux rôles en créant celui de Mérope, jeune fille promise à Persée. S'ensuit un imbroglio qui complique les rapports entre deux hommes et deux femmes : Andromède qui aime Persée et qui en est aimée ; un rival Phinée, qui courtise l'héroïne, et une rivale, Mérope, qui réclame le cœur de Persée. Dans un même souci d'étoffement, Quinault met en scène des épisodes qui appartiennent à proprement parler au passé du mythe d'Andromède : la faute de Cassiopé (I, 1), et la décapitation de Méduse dans l'antre des Gorgones (le titre *Persée* autorise Quinault, évidemment, à broder un peu sur la vie du héros). L'acte IV est la contrepartie du troisième chez Corneille : Andromède élue, exposée, menacée, est sauvée, tandis qu'une apothéose céleste en règle couronne l'acte V. Les rivaux écartés (Mérope meurt, Phinée est pétrifié), dieux et mortels sont élevés au ciel. Une joyeuse danse met fin à l'opéra.

LE MYTHE D'ANDROMÈDE REVU ET CORRIGÉ PAR JULES LAFORGUE

En dehors du théâtre, le mythe d'Andromède laisse peu de traces; pourtant, vers la fin du XIXe siècle, Jules Laforgue reprit les données du mythe pour en faire une remarquable adaptation parodique. Nous trouvons dans « Andromède et Persée », un des plus beaux textes des *Moralités légendaires* (1886-88), la même héroïne vêtue de ses seules parures, le même cadre rocheux que vient caresser la mer, un monstre sous forme de dragon, et le héros volant porteur de la célèbre tête pétrifiante. Mais si Laforgue rend hommage aux éléments constitutifs du mythe, c'est pour les railler avec un ricanement supérieur, et les orienter finalement vers une toute autre fable.

Ainsi Andromède est une frêle jeune fille qui vient tout juste d'atteindre la puberté. La mûre héroïne résignée cède la place à une adolescente névrosée qui s'agite sans cesse, soit en se tordant sur le sable, soit en parcourant fébrilement les escarpements de son île. Elle est en proie à un désir inconnu, diffus et rentré; elle implore un oiseau voyageur de venir « retirer le brûlant noyau de son bobo » (« bobo » qui remplaçait le mot « sexe » dans la version originale) — allusion évidente au mythe de Léda séduite par Zeus sous forme de cygne.

Si l'aspect physique et le caractère d'Andromède se dégradent de cette manière, le monstre, lui, est promu au rôle de sage protecteur soumis. Il se tient coi dans son antre, appelle Andromède « bébé », la traite avec le plus grand respect, lui fabrique un collier qu'elle jette avec dépit vers la mer. Malgré l'instabilité et l'égoïsme d'Andromède, ils vivent tous les deux en harmonie, et depuis toujours, semblerait-il.

Arrive le grand Persée, ravalé ici au stade de risible m'as-tu-vu, séducteur cynique au goût affreusement vulgaire : il porte au bras le tatouage d'un cœur percé d'une flèche. Décidé à s'emparer d'Andromède, il l'invite galamment : « Allez hop ! à Cythère. » Il abat le pauvre monstre qui n'offre qu'une résistance dérisoire ; s'acharnant sur le cadavre, il le perce d'innombrables coups. Excédée de ce massacre, Andromède congédie son « libérateur » qui, n'éprouvant aucune déconvenue apparente, s'envole sur son petit Pégase « [en roucoulant] un chant tyrolien ». Andromède, alors, pleure amèrement son monstre mort. Mais à sa grande surprise, le dragon renaît sous ses caresses et — deuxième miracle — se métamorphose « en un jeune homme accompli ». S'ensuit une nuit « essentiellement nuptiale » pour ce prince charmant jadis bête et pour sa belle — on débouche évidemment sur une autre légende.

Pour renforcer cette ambiance mi-fabuleuse, mi-terre à terre, Laforgue entasse des allusions explicites (Pyrame et Thisbé, Prométhée, Cythère) et des rappels à peine cachés : il a déjà été question de Léda, et Laforgue nous fait penser à Narcisse lorsqu'il montre Andromède en train de se mirer amoureusement dans une sorte de soucoupe rocheuse pleine d'eau. Mais ces mêmes évocations lyriques, Laforgue les mine à tous moments par des clichés, des banalités voulues : Persée débite les pires fadaises galantes : « Si je vous aime ? Mais je vous adore ! Mais la vie sans vous me semble insupportable et pleine de ténèbres. » Peu après, Andromède s'écrie au vainqueur des Gorgones : « Allez-vous-en ! Vous vous êtes trompé d'adresse. »

En somme, Laforgue opère une curieuse transformation mythique, où se mêlent ironie, lyrisme, et fantaisie. D'une certaine manière il anticipe ainsi les grandes irrévérences mythiques de notre siècle.

Le modèle archétypique

« Nombreux sont les mythes, les sagas, les légendes, les contes qui racontent l'exploit d'un jeune héros qui délivre une jeune fille d'un dragon. Ainsi on expose Andromède sur une côte maritime en proie à un monstre marin. Persée arrive à point nommé, tue le dragon et épouse Andromède. Ou bien un dragon assujettit tout un pays et tient la jeune fille prisonnière dans une caverne ; le héros apparaît, triomphe du dragon et libère la jeune fille. » Ce passage d'un érudit allemand, Hudo Hetzner, met en évidence le modèle général dont le mythe d'Andromède ne constitue qu'une concrétisation particulière. En effet, on peut élargir bien facilement le cadre archétypique du mythe : de dragon à géant, de monstre mi-humain à homme aux dispositions monstrueuses il n'y a qu'un pas ; que ce soit le domicile aquatique du monstre d'Andromède, la caverne du dragon, le château croulant de Dracula, la maison prosaïque du « *villain* » de mélodrame, nous sommes devant le même décor archétypique. Le mythe d'Andromède s'apparente dans le fond à toute une floraison de rites folkloriques, comme celui de saint Georges, et de légendes, celles par exemple de la tradition chevaleresque : combien de chevaliers sauvent leur dame grâce à un combat singulier contre un adversaire maléfique, dragon ou autre. Que cette construction de l'imaginaire humain soit bien féconde, le cinéma populaire en fait foi : un film récent à grande diffusion, nommé *Dragonslayer* (« Tueur de Dragon ») présente, sur le mode du conte de fées, toute la séquence que nous avons vue plus ou moins avec Andromède : le roi d'un royaume vaguement mythique sous l'empire d'un monstre volant, doit livrer un tribut périodique sous forme d'une jeune vierge que l'on choisit en tirant au sort. Or il se trouve que la propre fille du roi devient la victime élue; on voit ensuite une resplendissante beauté, la tête couronnée de guirlandes de fleurs, le corps à peine vêtu d'une légère robe blanche, enchaînée à un rocher dans une caverne infernale, tout près d'un trou béant d'où retentissent des rugissements terribles. Un jeune héros met au défi le monstre et après bien des péripéties réussit à le tuer. Le père donne sa fille au vainqueur et tout le royaume chante les merveilles de leur libérateur.

Il semblerait donc que l'on puisse broder à l'envi sur un schéma général qui sonde, sans aucun doute, les profondeurs de la psyché humaine. Le mythe d'Andromède n'en est qu'un exemple, mais un exemple particulièrement riche et suggestif, à en juger par le nombre d'adaptations conscientes dont il a fait l'objet depuis l'Antiquité.

Harold C. KNUTSON

BIBLIOGRAPHIE

Les données de l'Antiquité

P. COMMELIN, *La Mythologie grecque et romaine,* Paris, s.d.
R. GRAVES, *Les Mythes grecs,* Paris, 1967. Traduction de *Greek Myths*, London, 1958.
E. HAMILTON, *Mythology*, New York, 1940.

Autour de Corneille

S. DEIERKAUF-HOLSBOER, *Le Théâtre du Marais,* Vol. II, Paris, 1958.
C. DELMAS, Edition critique de P. Corneille : *Andromède,* Paris, 1974.
LAFFONT-BOMPIANI. *Enciclopedia dello Spettacolo*, 1945-62, 9 vol.

H. M. MARTIN, « Corneille's *Andromède* and Calderón's, *Las Fortunas de Perseo* », *Modern Phililogy* 23, 1925-26, 407-15.
— ,« The Perseus Myth in Lope and Calderón », *PMLA* 46, 1931, 450-60.

Chez Corneille

Catalogue général des imprimés, Bibliothèque Nationale, Paris.
C. DELMAS, « Andromède et les monstres », in *Cahiers de littérature du XVIIe siècle*, Toulouse, 1985, 167-73.
— Edition critique d'*Andromède.*

Le mythe d'Andromède revu et corrigé par Jules Laforgue

Jules LAFORGUE, *Moralités légendaires*, édition critique par Daniel Grojnowski, Paris, Droz, 1980, Textes Littéraires Français.

Le modèle archétypique

E. S. HARTLAND, *The Legend of Perseus.* Vol. III : *Andromeda, Medusa* London, 1896.
U. HETZNER, *Andromeda und Tarpeia* Meisenheim-am-Glan, 1963; la citation que j'ai traduite de l'allemand se trouve à la p. 7.

ANTIGONE

Bertolt Brecht a souligné que le mythe d'Antigone raconte une histoire entièrement humaine. Aucun élément merveilleux n'intervient dans l'action. Il peut donc être facilement adapté aux sensibilités et aux idéologies modernes.

Le personnage d'Antigone appartient à la légende de Thèbes. Sa mort met fin à la lignée des Labdacides, c'est-à-dire celle d'Œdipe. Les rapports de parenté, dont Aristote, dans sa *Rhétorique*, faisait grand cas pour déterminer le cadre où se déroulait une tragédie, s'inscrivent dans le schéma suivant :

```
Labdacos                                        Ménécée
   |                                               |
Laoïos = ------ Jocaste                      ______|______
            |                               |             |
      Œdipe = ------ Jocaste             Jocaste     Créon = ------ Eurydice
  ____________|________________________                        |
 |           |            |            |                     Hémon
Etéocle   Polynice     Ismène      Antigone
```

L'histoire d'Antigone nous a été transmise par quatre tragédies du Ve siècle athénien : *Les Sept contre Thèbes,* d'Eschyle (467 av. J.-C.), l'*Antigone* de Sophocle (441), *Les Phéniciennes* d'Euripide (409), *Œdipe à Colone* de Sophocle (407). Quelques siècles plus tard, le Romain Stace reprendra l'ensemble de la légende dans un grand poème épique : *La Thébaïde* (90 ap. J.-C.).

Les deux tragédies de Sophocle ont créé le mythe. Fort curieusement, elles ne suivent pas l'ordre naturel des événements. Après avoir appris qu'il avait été sans le savoir parricide et incestueux, le roi Œdipe se crève les yeux et quitte Thèbes, appuyé sur le bras de sa fille Antigone. Il mourra dans les bois de Colone. C'est là le thème de la tragédie de 407. Les fils du roi se disputent sa succession, tandis que Créon exerce provisoirement le pouvoir. A ce stade de la légende commence la tragédie de 441. Les deux frères se sont entretués. Créon refuse d'ensevelir Polynice qui avait combattu Thèbes. N'écoutant que les préceptes de la loi religieuse, Antigone rend les devoirs funèbres à son frère. Malgré les avertissements du prêtre Tirésias, Créon condamne la jeune fille à mourir de faim dans un caveau muré. Elle se donne la mort. Après elle, se tueront Hémon et Eurydice, le fils et l'épouse de Créon.

Deux tragédies, deux rôles et finalement deux Antigone. Le mythe va se construire selon deux voies différentes. La plus tardive montre en Antigone le modèle des vertus familiales. La première met en scène une résistante qui dit non au pouvoir établi et meurt plutôt que d'obéir à un ordre injuste. La postérité retint d'abord l'image de la fille d'Œdipe dévouée à la vieillesse de son père aveugle.

Antigone ou la piété

Au Moyen Age, les amateurs d'Antiquité lisent en latin *La Thébaïde* de Stace. Dans le *Roman de Thèbes* (1150), aussi bien que dans *La Divine Comédie* de Dante (1472), Antigone et Ismène ne jouent qu'un rôle effacé. Au XVIe siècle seulement le mythe commence à prendre forme, grâce à la découverte des tragédies de Sophocle. *Antigone* est traduite en italien par Alamanni (1533), en français par Baïf (1573). Dès 1580, Robert Garnier lui consacre une pièce au titre significatif : *Antigone ou la Piété.* Poème de 2 700 vers, injouable tel quel et que Thierry Maulnier montera en 1944, au prix de nombreuses coupures. Il est le seul qui ait présenté sur une scène l'histoire d'Antigone dans sa continuité. La jeune fille est le modèle même du dévouement familial. Partagée entre l'inquiétude que lui donnent ses frères qui s'entre-déchirent, l'angoisse de sa mère qui cherche à se tuer et l'assistance que lui réclame son père, elle s'efforce de donner à chacun sa présence et ses soins : figure si édifiante que tous, Jocaste, le Chœur et Créon lui-même, lui promettent une gloire immortelle. De fait, on dira longtemps « une Antigone » pour désigner une jeune fille attachée à son père infirme. En ce sens, Garnier se conforme à l'esprit d'*Œdipe à Colone.* Mais déjà il transforme le mythe, en le christianisant discrètement. Ce n'est pas le nom de Zeus qui est invoqué, mais « le grand Dieu qui le Ciel et la Terre a formé ». Le même mot recouvre la *piété* religieuse et la *piété* familiale.

Le même souci d'adapter le vocabulaire antique à une société chrétienne apparaît dans l'*Antigone* de Rotrou (1637). L'héroïne se fait une haute idée de ses devoirs familiaux. Quant à ses devoirs civiques, ils sont ordonnés selon une hiérarchie d'origine religieuse : on doit obéissance aux ordres des dieux, non à ceux des mortels. Créon est coupable de n'avoir pas respecté les arrêts du *ciel*, mot commode par lequel les dramaturges du XVIIe siècle désignent la puissance supérieure en évitant d'user d'un langage païen.

Cette tendance à christianiser le mythe, latente ou avouée, qui prévaut dans de nombreuses pièces et opéras joués au XVIIIe siècle en France et en Italie, s'épanouit dans le récit épique, nommé *Antigone*, écrit par Ballanche en 1814. L'œuvre est dédiée à la duchesse d'Angoulême, fille de Louis XVI, dont il est suggéré qu'elle a pu servir de modèle. Les intentions de Ballanche méritent qu'on s'y attarde. Car c'est très consciemment que, sans dire le mot, il transforme la fable antique en *mythe* moderne, de portée universelle. « J'ai pris mon sujet dans les temps anciens et je l'ai transporté tout entier au sein des croyances modernes ; je me le suis approprié en changeant de sphère, en lui faisant subir une sorte de palingénésie. » (Préface de 1830.) Son Antigone surmonte toutes les épreuves avec une douceur angélique. Elle est une âme religieuse, une sainte. Son père mourant lui arrache un vœu d'éternelle chasteté. « Il ne lui manque qu'un bandeau de lin pour être une vierge du Carmel », disait Barchou de Penhoen. L'auteur a soigneusement effacé tous les épisodes qui pouvaient contredire l'enseignement chrétien. Pas de « scène des lois » : l'héroïne y eût pris la figure trop peu féminine d'une révoltée. Pas de suicide, interdit par l'Église : Jocaste, Antigone, Hémon expirent sous le poids de leurs souffrances. L'homme de Ballanche ne redresse pas la tête, il ne peut que se dévouer jusqu'au sacrifice dans cette vallée de larmes. Ce dévouement a valeur d'expiation : Antigone rachète les fautes des Labdacides. Son exemple a donc une portée générale : « L'homme, ce roi détrôné, traverse son exil, toujours accompagné de l'Antigone que le ciel lui envoya. » (Epilogue, 1814.)

Les contemporains applaudirent à cette interprétation spiritualiste de la fable antique. Bien que le modèle lui parût « désespérant » de perfection, Charles Nodier nota en 1830 : « Il fallait un Dieu à l'histoire d'Antigone et M. Ballanche le lui a donné. »

En France, au cours du XIXe siècle, la plupart des hellénistes ont souscrit à cette christianisation du mythe. On a invoqué sans se lasser le vers 523 que Sophocle a mis dans la bouche de son héroïne : « Je ne suis pas venue pour apporter la haine, mais pour apporter l'amour. » On compare volontiers Antigone et Jeanne d'Arc : pour Paul de Saint-Victor, pour Charles Péguy, toutes deux ont la même vocation du sacrifice. La pièce de Sophocle est jouée jusque dans les petits séminaires, sous l'impulsion de Mgr Dupanloup, ardent diffuseur des humanités grécolatines. Au XXe siècle, les interprétations mystiques ne manquent pas. Simone

Weil avait un culte pour Antigone, à condition de la voir dans une lumière chrétienne : « La loi non écrite à laquelle elle obéit n'est pas autre chose que l'amour extrême, absurde, qui a poussé le Christ sur la Croix. » (*Écrits de Londres,* 1942.) La guerre de 1939-1945 s'empare de cette figure héroïque : le 8 mai 1945, Paul Zumthor lit dans la pièce de Sophocle à la fois une image symbolique des textes bibliques et une préfiguration de la victoire du peuple français *(Antigone et l'Espérance).*

Ainsi Antigone a successivement incarné une jeune fille pieuse et secourable, une religieuse qui se sacrifie pour les péchés du monde, une martyre comparable à Jeanne d'Arc, une émule du Christ.

La politisation du mythe

Cependant une autre ligne d'interprétation s'était peu à peu imposée au cours du XIXe siècle. Dans la scène des lois, Sophocle posait une distinction d'une très grande fécondité, puisqu'aux décrets de Créon, Antigone opposait « les lois non écrites, immuables, qui ne datent ni d'aujourd'hui, ni d'hier, qui sont éternelles et dont personne ne sait quel jour elles ont paru ». Un siècle plus tard, Aristote, cherchant à définir des lois communes à tous les peuples, se réfère précisément à ces vers de Sophocle : la loi qu'invoquait Antigone était un « droit naturel » *(Rhétorique).* Concept qui, d'Aristote passera dans le droit romain, puis à saint Thomas, à Rousseau, à Kant, aux défenseurs des droits de l'homme et, de nos jours, aux néo-thomistes inspirés par Jacques Maritain. *Antigone* devenait le lieu d'un débat politique.

Quand la littérature perçut-elle pour la première fois cette nouvelle dimension de la tragédie ? Parmi les créateurs de pièces originales, on peut citer Alfieri, dont on sait qu'il était un ardent révolutionnaire et qui fit représenter à Rome, en 1776, une *Antigone* violemment antimonarchiste, où il dénonçait l'argument suprême des tyrans, la raison d'Etat. En Allemagne et en France, le débat fut ouvert par la représentation de l'*Antigone* de Sophocle, à Potsdam, en 1841, à l'Odéon, en 1844. C'était la première fois que le public se trouvait en face de la tragédie-mère, débarrassée des bienséances classiques et des fadeurs amoureuses dont l'avait encombrée le XVIIIe siècle. La scène des lois reprenait sa place, la première. Mais pour une opinion encore pénétrée de christianisme, le droit naturel se confondait avec le droit divin ; Antigone demeurait une sainte du martyrologe païen. Seul Gérard de Nerval vit clair. En l'histoire d'Antigone, il salua un beau récit « de résistance antique ou moderne ». Il ajoute : « La scène des lois présente la lutte toujours sublime de la conscience contre la force et la sagesse contestable des puissants » (*L'Artiste,* 26 mai 1844). *Résister, contester* : Nerval se situe dans l'héritage de la Révolution française, en même temps qu'il découvre les mots clés qui s'imposeront à la jeunesse de son pays un siècle plus tard.

En Allemagne, les travaux de A.W. Schlegel avaient aussi attiré l'attention sur le texte authentique de Sophocle. Mais d'autres conclusions en avaient été tirées. Dès 1821, Hegel — un des plus grands admirateurs de la tragédie antique — soutenait que les deux personnages antagonistes revendiquaient chacun un droit égal. Il n'y a ni coupables ni innocents. « Antigone révère les liens du sang, des dieux souterrains ; Créon au contraire seulement Jupiter, c'est-à-dire la puissance qui règne dans la vie publique et qui veille au bien de l'Etat. » (*Esthétique,* 1840.) Le tort de chacun est de réclamer l'exclusivité de son droit, au lieu de chercher « par une conciliation tragique » l'harmonie des puissances morales qu'ils représentent. Dans la pièce de Sophocle, le conflit est résolu par la mort des deux adversaires qui réalise ainsi leur accord essentiel et leur égale valeur. Cette interprétation neuve aboutissait en fait à la réhabilitation de Créon. Elle fut adoptée par l'helléniste K.O. Müller et de nombreux critiques d'Outre-Rhin (sauf Goethe). D'où une controverse entre écrivains français et allemands, amplifiée par la guerre de 1870. L'Antigone de Hegel fut dite « prussienne » par Jules Girard (*Revue des Deux Mondes,* janv. 1877). En France, Antigone, héroïne de la morale universelle, prenait peu à peu place parmi les grandes figures nationales.

Aussi ne peut-on s'étonner que son nom soit invoqué quand notre pays est agité par une crise des pouvoirs. En 1893 et 1894, la Comédie-Française représente *Œdipe-Roi* et *Antigone* à Paris et à Orange. L'impression est profonde sur les intellectuels et la jeunesse des écoles. Quelques mois plus tard, l'affaire Dreyfus se met en marche. Tout naturellement, les partisans de l'erreur judiciaire prêteront à l'Etat-major les traits de Créon, et s'identifieront à Antigone, celle qui désobéit pour la justice et la vérité. Telle est la position de Péguy. Celle de Barrès est plus nuancée : il est ému, lui aussi, par l' « immortel dialogue ». Son premier mouvement est d'enrôler Antigone, « l'ensevelisseuse », dans sa croisade pour la terre et les morts. Mais devant l'Affaire, il pressent le danger : « Que je cède au prestige d'Antigone, il n'y a plus de société [...] A sa suite, chacun de nous, pour n'en faire qu'à sa tête, peut invoquer les lois non écrites. » (*Le Voyage de Sparte,* 1906.) L'héroïsme est un danger public. Pour Barrès comme pour Hegel, le conflit de Créon et d'Antigone est « immoral ». Le prophète Tirésias n'est qu'un agitateur vénal, qui maquille le cadavre de Polynice pour en tirer un profit politique. Interprétation ingénieuse et qu'il est piquant de confronter avec celle de Maurras. On aurait pu croire que ce dernier, selon la logique de son idéal politique, aurait pris le parti de Créon, le pouvoir établi. Il n'en est rien. L'anarchiste est Créon qui a « violé la tradition des Autels, des Foyers, des Tombeaux, dont nul ne sait l'origine » (*Antigone vierge-mère de l'Ordre,*1948). C'est Antigone qui représente la légitimité. En 1915 enfin, Romain Rolland tire de Sophocle une ultime leçon : il adresse un appel vibrant à l'« Antigone éternelle », qui par la voix de toutes les femmes d'Europe, doit apporter la paix vivante au milieu de la guerre (*Les Précurseurs,*1919). Le mythe antique semble ainsi intégré à toutes les options morales ou civiques de l'Occident.

Résistante ou anarchiste ?

L'après-guerre provoqua une rupture de valeurs dont Antigone reçut le contrecoup. Son prestige est assez grand pour qu'elle prête son nom aux rebelles de tous bords, aux anarchistes, voire aux amoraux. En 1922, Cocteau donne le ton (*Antigone,* L'Atelier). Comme Ballanche, un siècle plus tôt, il a conscience de rajeunir le mythe. « Je déblaye, je concentre et j'ôte à un drame immortel la matière morte qui recouvre sa matière vivante. » Sa tragédie « contractée » (il réduisait le texte de Sophocle de moitié) se voulait provocante. La mise en scène à laquelle avait collaboré l'avant-garde de l'époque, Picasso, Honegger, Dullin, Antonin Artaud, Chanel, heurta violemment le goût classique. Encore ne vit-on pas tout de suite où menait Cocteau. A la faveur de la contraction, il insufflait à Antigone son goût de l'anarchie. Il l'a avoué à Jacques Maritain : « L'instinct me pousse toujours contre la loi. C'est la raison secrète pour laquelle j'ai traduit *Antigone.* » (Lettre à Jacques Maritain, 1926.)

Cet anarchisme littéraire n'était pas dangereux pour la société, mais quand, vingt ans plus tard, il fallut que les Français choisissent pour ou contre le gouvernement « légal » imposé par les Allemands, la Résistance redonna à l'histoire d'Antigone son poids de réalité. Ce fut une occasion exemplaire de saisir combien un mythe, même aussi marqué que le sien, pouvait se révéler ambigu. Car, dans les chantiers de jeunesse du maréchal Pétain, Léon Chancerel, en 1941, joua *Antigone* pour exalter les valeurs de la « Révolution nationale », jusqu'au moment où ses jeunes auditeurs retournèrent l'exemple et comprirent que la fille d'Œdipe incarnait le juste combat contre l'envahisseur nazi. Autre paradoxe : la représentation de l'*Antigone* d'Anouilh à l'Atelier, en février 1944. Ce n'était pas une traduction, mais une création originale, la première qui ait été montée en France depuis la Révolution. Deux absences significatives : le personnage de Tirésias et la scène des lois. D'où une désacralisation du mythe et une réduction de la stature d'Antigone. Créon n'est pas un tyran, mais un homme d'Etat qui, dans le péril extrême de sa patrie, a choisi de tenir ferme la barre, quitte à se salir les mains. Pour qui lisait entre les lignes, cette réhabilitation du roi de Thèbes justifiait Pétain et le régime de Vichy, encore en place en février 1944. Et pourtant les spectateurs n'eurent d'yeux que pour Antigone. Les intentions de l'auteur furent méconnues. C'est la résistance qui fut applaudie, prouvant la force et la ténacité du mythe.

Sans que l'auteur ni les spectateurs en eussent conscience, la création d'Anouilh préfigurait un nouvel avatar de la tragédie de Sophocle. Antigone est celle qui dit « non ». Signe de courage, car il est difficile de dire non quand on est seul contre tous. Mais son *non* s'élargit au-delà du conflit dans lequel elle est engagée. C'est à la société qu'elle dit non, aux adultes, au mariage peut-être, à ce que les jeunes vont bientôt appeler le « système ». Elle exprime le conflit de générations qui secouera l'Amérique et l'Europe dans les années 60, quand les manifestants écriront sur leurs banderoles : « Non à demain. »

Outre-Rhin, c'est elle aussi qui dit non à la société bourgeoise et capitaliste dans les pièces d'inspiration socialiste ou marxiste qu'écrivirent successivement Hasenclever et Bertolt Brecht. L'*Antigone* d'Hasenclever (1916), n'est pas une anarchiste. Elle n'est pas seule non plus à mener le bon combat. A ses côtés, il y a le peuple qu'elle gagne à sa propre cause, tout en prenant la défense des plus pauvres. Celle de Brecht (1948), en partie traduite de Hölderlin, est intégrée à un schéma franchement marxiste. La guerre des Thébains contre Argos dont ils convoitent les mines de fer, entraîne le peuple à l'abîme sous la conduite d'un despote sanguinaire qui ressemble à Hitler (l'auteur ne se risque-t-il pas à remplacer le *Mein König* de Hölderlin par *Mein Führer?*). L'aristocrate Antigone ne s'en est émue que quand son frère Polynice est tombé sous les coups de Créon. Sa révolte est venue trop tard et a précipité la défaite de son peuple. Ainsi « la grande figure de la Résistance dans le drame antique ne symbolise pas les combattants de la Résistance allemande » (*Antigone Modell 1948*, 1949).

En allant à contre-courant des interprétations de son temps, Brecht souhaitait marquer, entre l'acteur et le spectateur, cette distanciation à laquelle il tenait tant. Peine perdue : pour lui, comme pour Anouilh, le public persista dans son admiration pour Antigone dont le rôle semblait si bien adapté à la tragédie des années 40.

D'ailleurs ce fut cette pièce de Brecht qui servit de texte aux animateurs du *Living Theatre*, Judith Malina et Julian Beck. Ils étaient aux Etats-Unis des adeptes du mouvement de désobéissance civile. Le livre de Brecht *Antigone Modell 1948* les enthousiasma. Ils transformèrent la lecture marxiste d'*Antigone* en une célébration de l'anarchie (Paris, 1967). Le public est sans cesse violé, mis en transe par une mise en scène agressive. Autour du cadavre de Polynice, pôle magnétique du spectacle, se déroule un rituel de violence, à la fin duquel Antigone et Hémon relèvent triomphalement le corps de la victime et le portent au-dessus de Créon tombé à la renverse. La révolte a triomphé de l'Etat ; le déserteur resplendit d'une nouvelle gloire au-dessus du vieux monde qu'il a détruit. Il semble qu'on ne puisse aller plus loin dans la négation des valeurs humanistes et la dissolution de l'Etat.

Le public français aurait peine à relever chez Antigone des signes d'anarchie religieuse, à lui reprocher l'*hybris*, qui faisait dresser les hommes contre les dieux. Creusant et recreusant le texte de Sophocle, les philosophes étrangers ont été plus sévères. A la suite de Hegel, le Danois Kierkegaard — un des plus grands admirateurs de l'héroïne thébaine — estime qu'elle est à la fois innocente et coupable, mais que cette contradiction constitue précisément le personnage tragique (*Enten-Eller*; *Ou bien... ou bien,* 1843). Hölderlin, dans ses *Remarques* de 1804 était allé encore plus loin. Il décèle dans la conduite d'Antigone une sublime présomption, une parole hardie et blasphématoire; il va jusqu'à voir en elle une figure de l'*Antithéos*, parce qu'elle ne prend conseil que d'elle-même et ainsi s'arroge le partage des Dieux. D'où son amère solitude et le profond désespoir qui émane de la scène des adieux (*Remarques sur Antigone*, 1804). Reprenant cette analyse de Hölderlin, le philosophe Heidegger la pousse jusqu'à ses dernières conséquences : Antigone donne l'exemple de la *transgression.* En cela, elle est l'image de l'homme — non pas une merveille de la nature, comme le proclamait le Chœur de Sophocle — mais un être instable, disloqué, inquiétant, toujours au bord de l'exclusion (*Introduction à la Métaphysique*, 1952).

Un mot pourrait résumer ces interprétations issues d'horizons politiques et métaphysiques si différents. Antigone est celle qui *dérange.* Elle dérange l'ordre établi. Elle perturbe les notions de bien et de mal.

Depuis la Seconde Guerre mondiale, la fortune du mythe n'a fait que grandir. Après 1944, Antigone a touché plus d'hommes qu'elle ne l'avait fait depuis que Sophocle l'avait présentée en 441 avant Jésus-Christ, sur les flancs de l'Acropole. La tragédie athénienne a été reprise par les grands théâtres nationaux, mais aussi par de petites troupes de province ou des groupes de jeunes. La pièce d'Anouilh a fait le tour du monde. On l'a jouée à Berlin, à Moscou, à New York, en Corée du Sud. L'*Antigone* du *Living Theatre* a sillonné l'Europe et l'Amérique. Le cinéma et la télévision se sont emparés du thème. Il existe plusieurs centaines de versions de la pièce et même des exemplaires en samizdat.

La scène des lois est au cœur de notre réflexion politique. Sans cesse elle remet en question les notions essentielles du droit : le fondement de la loi et la désobéissance à la loi. Aussi le nom d'Antigone sert-il de mot de passe aux journalistes occidentaux. Ils l'ont invoqué pendant la guerre d'Algérie, puis pour les Irlandais persécutés, pour les Libanais massacrés, et chaque fois que des résistants tenaient tête à la raison d'Etat ou à l'occupation étrangère. Les philosophes la prennent volontiers pour exemple : figure du droit maternel pour l'Allemand Ernst Bloch (*Droit naturel et Dignité humaine*, 1961), héroïne du droit naturel pour Jacques Maritain (*Les Droits de l'Homme et la Loi naturelle*, 1942), elle a été saluée royalement par Marguerite Yourcenar : « Le pendule du monde est le cœur d'Antigone. » (*Feux*, 1967.) Il n'est pas de héros mythique avec lequel la conscience moderne — particulièrement en France — se soit plus facilement identifiée.

Simone FRAISSE

BIBLIOGRAPHIE

Textes

Les tragédies du Ve siècle athénien ont été publiées dans la collection Guillaume Budé, Paris, Les Belles Lettres. Elles figurent dans les volumes suivants :

ESCHYLE, *Les Sept contre Thèbes*, texte établi et traduit par Paul Mazon, 1974, t. I.

SOPHOCLE, *Œdipe à Colone, Antigone*, texte établi et traduit par Alphonse Dain et Paul Mazon, 1985, t. II et III.

EURIPIDE, *Les Phéniciennes*, texte établi et traduit par Louis Médidier, 1986, t. V.

Antigone Sophokles, Euripides, Racine, Hölderlin, Hasenclever, Cocteau, Anouilh, Brecht, München, Langen-Müller, 1969.

Études

Maria CHIAIA, Giulia Paolo DI NICOLA, *Antigone, perennita di un mito*, Centro italiano femminile, Agrigente, 1990.

Simone FRAISSE, *Le Mythe d'Antigone*, Paris, A. Colin, 1974.

HÖLDERLIN, *Remarques sur Œdipe, Remarques sur Antigone*, traduction de François Fédier, préface de Jean Beaufret, Paris, 10-18, 1965.

Gerhard NEBEL, *Weltangst und Götterzorn. Eine Deutung der griechischen Tragödie*, Stuttgart, Ernst Klett, 1951.

Karl REINHARDT, *Sophocle* (1933), trad. Emmanuel Martineau, Paris, Ed. de Minuit, 1971.

Jacqueline de ROMILLY, *La Tragédie grecque*, Paris, P.U.F., 1970.

George STEINER, *Les Antigones*, Paris, Gallimard, 1986.

Aphrodite

Il existe plus d'un mythe, c'est-à-dire plus d'un récit traditionnel, auquel Aphrodite est mêlée, dans lequel elle joue un rôle de première importance. On peut évoquer, en désordre, les amours de la déesse avec Anchise, telles que les rapporte l'*Hymne* homérique, sa passion pour Adonis, son intrigue avec Arès, qu'Homère raconte au chant VIII de l'*Odyssée*, son intervention dans l'histoire de Psyché, la rivalité qui l'a opposée à Héra et Athéna dans un concours de beauté dont Pâris fut le juge et qui eut pour conséquence la guerre de Troie. Il faudrait aussi rappeler qu'on lui doit la mort d'Hippolyte d'une part, le bonheur d'Enée de l'autre.

Tous ces récits sont d'époques diverses et l'on n'est pas toujours sûr de pouvoir dater le moment de leur apparition. Ce qui est sûr, en revanche, c'est qu'il est hors de question de leur assigner un ordre dans la vie de la déesse. Il ne semble pas que, quelle que soit la passion de ces ouvrages pour la norme, aucun manuel de mythologie ait jamais prétendu établir une biographie chronologique d'Aphrodite.

Existe-t-il, au-delà de tous ces récits, une figure unique qui se retrouve en chacun d'eux? Quand on prononce, au détour d'un vers, le nom divin, perçoit-on autre chose que cet ensemble un peu confus d'épisodes divers? Il semble que la réponse, affirmative, soit immédiate : Aphrodite est la déesse de l'amour. Or cette réponse a quelque chose d'inquiétant; car elle fait disparaître tout élément mythique. Le nom propre cédant la place à une abstraction, peut s'employer comme simple métonymie. « Il connaissait l'une et l'autre Vénus », dit Ovide de Tirésias (*Métamorphoses*, livre III, v. 323). Entendons : ayant été successivement homme et femme, il connaissait l'amour tel que l'éprouve l'un et l'autre sexe. L'expression revient à supposer qu'on pourrait parler d'une Vénus masculine ; on se demande si, dans ce cas-là, la majuscule aurait encore un sens.

Il faut pourtant bien l'avouer : si forcée qu'elle paraisse, la métonymie d'Ovide n'est pas aberrante. Elle représente l'aboutissement ultime d'un processus qui a consisté à expliquer les mythes, à les allégoriser jusqu'à en faire s'évanouir tout élément concret ou visible. Aphrodite était la victime idéale pour ce genre de traitement. Car la critique des récits traditionnels s'est exercée de préférence, par nécessité, sur ceux qui paraissaient immoraux. On n'a pas voulu admettre qu'Homère ait raconté l'adultère d'une déesse ; et l'épisode de l'*Odyssée* passe pour aussi apocryphe que la scène du portier dans *Macbeth*.

Pour bannir l'immoralité, on peut rejeter certaines traditions ; on peut aussi jouer sur leurs ambiguïtés ou leurs contradictions. C'est ce que fait Pausanias dans *Le Banquet* de Platon (180 d) : Hésiode rapporte qu'Aphrodite est née de la mer où était tombée la semence d'Ouranos quand il fut châtré par son fils ; Homère ignore cette histoire et fait d'Aphrodite la fille de Zeus et de Dioné. On peut interpréter cette différence en opposant une Aphrodite Ourania, c'est-à-dire Céleste, à une Aphrodite Pandémienne, c'est-à-dire Populaire, cette traduction étant peut-être un contresens ; on admettra que, plus ancienne, l'Aphrodite Céleste est aussi la plus digne : elle enfante, ou représente, l'Amour spirituel ; l'autre, la Populaire, s'en tient à l'œuvre de chair.

L'opposition n'importe que si elle se retrouve en Eros, si l'on distingue un Eros Céleste d'un Eros populaire. Aphrodite n'aura servi que de relais pour qu'on en arrive à cette vieille et jeune divinité au nom parlant, que les Latins appelleront Amour. Il faut ne pas confondre l'Eros vital, brutal, « Eros qui s'abat sur les troupeaux », comme dit Sophocle dans un célèbre chœur d'*Antigone*, avec un Eros épuré qui conduit à la sagesse et à la connaissance. Celui-là est un emblème du rut, celui-ci est fils d'Ourania. Et Ourania (ou Uranie) est aussi, depuis Hésiode, le nom d'une Muse. Faut-il signaler que l'Eros Céleste a pour objet les beaux garçons, et que seul l'Eros populaire s'intéresse aux femmes ?

Cette fantaisie à base mythologique, même si Platon la met dans la bouche d'un de ses personnages et se donne ainsi l'air de ne pas la prendre à la lettre, plus d'un Grec est disposé à l'accepter ; et elle éveillera fort loin des échos. Elle a d'abord un aspect que, au prix d'un anachronisme douteux, on pourrait appeler « nationaliste ». Aphrodite, à tort ou à raison, passe pour une déesse orientale : dans la vulgate mythologique, les épithètes qui s'appliquent à elle font allusion à des lieux de culte un peu excentriques : Cythère ou Chypre ; la déesse est dite Cypris, Cythérée, Paphienne, Amathusienne (i.e. d'Amathonte). L'Orient est barbare et passe pour efféminé ; on y pratique des religions étranges qui, éventuellement, recommandent la prostitution sacrée. Aphrodite est une figure de la mollesse et des désirs effrénés. C'est la musique phrygienne qui lui convient, musique asiatique et relâchée.

L'allégorisation d'Aphrodite et sa subordination à un Eros de plus en plus abstrait satisfait aussi la tendance à la misogynie qui caractérise la Grèce classique. L'idéalisation de Diotima, à la fin du *Banquet*, ou celle d'Athéna dans les cultes civiques, ont pour contrepartie les sauvages discours qu'Euripide place dans la bouche de certains de ses personnages : les propos violents d'Hippolyte visent, à travers Phèdre et sa nourrice, la déesse même qui inspire l'Amour.

La tradition intellectuelle de l'Occident n'est sourde à aucun de ces trois appels. La spiritualisation de l'amour s'affirme encore davantage à partir du moment où le christianisme, répudiant Eros, tend à identifier Amor et Caritas. Par un effet attendu, l'amour concret, charnel, est tenu pour méprisable, voire dangereux : le *contemptus mundi* passe par le *contemptus feminae* et l'on n'est pas loin de tenir la femme pour un diable. Enfin le paganisme est souvent décrit en termes empruntés à la tradition grecque du discours sur les Barbares : c'est un déchaînement de tous les appétits, une licence absolue, une négation de l'effort.

Vénus serait traînée dans la boue, si les Romains n'étaient venus à son secours. Pourtant, l'assimilation entre la Vénus italienne et l'Aphrodite grecque n'a pas soulevé la moindre difficulté. Mais il faut tenir compte d'un détail : Vénus est l'ancêtre mythique des Romains en général et de la famille impériale en particulier. A ce titre elle figure, et en bonne place, dans le poème national, l'*Enéide*. Et les *Métamorphoses* d'Ovide s'achèvent sur la grandiose vision d'une apothéose : César devient dieu à la demande de l'auguste Vénus. C'est peut-être grâce à ces deux textes, particulièrement répandus, étudiés dans les écoles sans aucune interruption depuis l'Antiquité jusqu'à nos jours, que la déesse de l'amour, comme on dit trop vite, a pu rester une figure de l'imaginaire et ne pas s'anémier en figure de rhétorique.

La tradition latine, bien avant Virgile, propose un autre texte, célèbre lui aussi, le *De Rerum natura*, de Lucrèce, avec son formidable prélude où Vénus, « mère des fils d'Enée, bonheur des hommes et des dieux », est dite gouverner la nature. Sans doute n'est-on pas loin, dans ces vers, de l'allégorie; il n'est pas facile de distinguer le personnage invoqué et l'idée abstraite de nature, que reprendra toute une tradition philosophique. Au chant III du poème, c'est la Nature elle-même, personnifiée, qui s'adresse au lecteur dans une prosopopée. La rhétorique est à l'œuvre; elle poursuit son entreprise de subordination du concret aux idées abstraites, supposées plus dignes. Il n'en reste pas moins que Lucrèce, poète, sait suggérer des images qui ne sont pas de simples artifices pédagogiques.

> « Les vents fuient devant toi, déesse, les nuages du ciel
> Devant ton arrivée; la terre sous tes pieds
> Dispose de douces fleurs, et la mer te sourit. »

Ce tableau-là a été peint, avec quinze siècles de retard, par Botticelli.

Ainsi a pu vivre, même quand les études grecques sommeillaient en Occident, l'ancienne parole d'Hésiode :

> « C'est là (sc. à Chypre) que prit terre la belle et vénérée déesse qui faisait autour d'elle, sous ses pieds légers, croître le gazon. (...) Le lot qui est le sien, (...) ce sont les babils de fillettes, les sourires, les piperies ; c'est le plaisir suave, la tendresse et la douceur. » (*Théogonie,* v. 194, sq. Trad. Mazon.)

Transposée en français moderne, cette parole a quelque chose de mièvre. Elle semble à l'origine de toute une poésie qui rappelle le boudoir. On pense à des époques qui se sont voulues alexandrines, à certaine décadence d'il y a cent ans : *Aphrodite* est un roman de Pierre Louÿs qui ouvre la voie au *Monsieur Vénus* de Rachilde. Un siècle plus tôt, *Les Déguisements de Vénus,* « tableaux imités du grec », ont acquis à Parny une gloire éphémère par la grâce de leur peinture légèrement polissonne. Les arts décoratifs ne sont pas loin : trumeaux, miniatures, éventails immortalisent pour un instant de petits amours joufflus et les charmes dévoilés de leur mère.

On relit, on imite les apocryphes d'Anacréon ; la poésie de la Renaissance est pleine de ces mignardises. On les rencontre chez Scève aussi bien que chez Ronsard, chez Spenser, Gongora ou Tristan L'Hermite. Elles parsèment la poésie néolatine, qui renvoie à Ovide, à Catulle et aux élégiaques latins.

Dans toutes ces peintures d'une jolie femme, aimable et facile, on perd de vue la figure divine et ce qui pourrait faire sa singularité. Vénus semble un prétexte pour les poètes comme pour les peintres ; à cet égard, l'argument du poème de Parny est significatif : un berger rencontre des dizaines d'amantes, humaines ou immortelles, qui toutes ont pour lui des bontés ; il apprend *in extremis* que, sous cette variété, se cachait la seule Vénus, éprise de lui comme d'Adonis. C'est, somme toute, encore un jeu de rhétorique que de dire « une Vénus » pour « une belle femme ».

Ces divertissements sans conséquence pourraient amener à interpréter dans le même sens les vers d'Hésiode ou encore l'une des rares odes de Sappho qui nous aient été conservées.

> « Aphrodite, fille de Dieu,
> O tisseuse immortelle au trône étincelant. » (Trad. Brasillach.)

Mais ce serait une erreur ; ces poèmes très anciens témoignent d'une société où les femmes ne sont ni recluses ni confinées dans les tâches serviles et les futilités. L'image d'une Aphrodite puérile apparaît certes chez Homère : on voit la déesse, égratignée par Diomède au cours d'un combat, aller se plaindre à Zeus, qui lui rappelle la vérité :

« Ce n'est pas à toi, ma fille, qu'ont été données les œuvres de guerre. Consacre-toi, pour ta part, aux douces œuvres d'hyménée. » (*Iliade*, V, v. 428 sq. Trad. Mazon.)

Il y aurait pourtant toute une étude à faire sur les commentaires qu'a suscités ce passage. Le mot même « égratigner », qui se rencontre chez plus d'un auteur, ne correspond guère à la réalité du texte homérique : elle n'est pas légère, la blessure reçue par la déesse. Et pourquoi stigmatiser une fuite que, dans cette épopée sans vaine jactance, tout le monde s'accorde à juger normale en pareil cas? Aphrodite n'est pas la seule à quitter le champ de bataille après avoir reçu un mauvais coup.

La question se pose de savoir si Homère considère comme incompatibles les attitudes guerrières et les gestes de la paix. Certes Pâris, comme Aphrodite, est plus tenté par la danse que par le combat, et il se l'entendra reprocher. Mais l'idée d'un Pâris fondamentalement lâche, parce que barbare, se trouve difficilement chez Homère. Entre les « œuvres de guerre » et les « œuvres d'hyménée », pour parler comme Zeus, il y a complémentarité plus que contradiction. Le temps n'est pas encore venu où les héros seront tenus de choisir.

Pour comprendre l'Aphrodite homérique, il ne suffit pas de penser à cette malheureuse blessure ou à ce qui est dit des parures empruntées par Héra. Il faut ne pas oublier la rencontre de la déesse et d'Hélène. Aphrodite s'est déguisée en vieille femme; Hélène pourtant la reconnaît, perçoit sa beauté, et frémit. Le mot employé par Homère est un mot religieux : il désigne la terreur sacrée, émerveillement et panique, qui saisit quiconque rencontre un dieu. La beauté d'Aphrodite n'est pas de l'ordre de celles qu'assurent les cosmétiques : elle frappe, confond, terrasse.

Il n'est pas indifférent que le passage ait été suspecté par les grammairiens. On s'est demandé comment Hélène pouvait reconnaître, sous le déguisement, « la gorge merveilleuse de la déesse, sa poitrine désirable, ses yeux de lumière » (*Iliade*, III, v. 396. Trad. Mazon). C'est négliger, au profit d'un réalisme myope, l'essentiel, qui est ici la transfiguration. Aphrodite n'est pas seulement une femme merveilleusement belle; elle est d'abord celle dont la beauté se révèle soudain plus lumineuse, plus imposante encore.

On s'en persuade lorsque l'on compare les vers de l'*Iliade* à l'*Hymne* homérique où un aède inconnu raconte les amours d'Aphrodite et d'Anchise, amours d'où naîtra Enée. Le poème est extraordinairement ambigu; il commence par raconter le projet de vengeance de Zeus. Puisque dieux et mortels sont soumis à l'aiguillon d'Aphrodite, il faut que, responsable de tant de maux, elle en éprouve elle-même l'effet. Ce début doit-il s'entendre comme une revanche des jeunes dieux masculins contre une ancienne déesse de la fécondité? On le croirait à lire la suite : Aphrodite traverse les forêts et les bêtes sont prises de fureur amoureuse. Mais quand la Maîtresse des Fauves arrive près du berger Anchise, elle est déguisée en innocente fiancée. Une fois l'acte accompli, la déesse se lève, sa tête touche le plafond, et un éclat apparaît sur son visage. Alors Anchise prend peur.

Un épisode analogue, et certainement beaucoup plus illustre, se trouve au chant I de l'*Enéide*. La jeune chasseresse vient de raconter à Enée les aventures de Didon ; quand elle est au bout de son récit, elle se détourne ; un éclat brille sur son cou. « Et vera incessu patuit dea », et à sa démarche, on reconnaît la déesse.

Certes d'autres dieux se déguisent ; Athéna, par exemple, dans l'*Odyssée*, adopte les formes les plus diverses. Mais la transfiguration semble appartenir à Aphrodite de manière privilégiée. Car l'éclat divin est semblable au sourire qui illumine un visage, et Aphrodite est la déesse au sourire.

Et pourtant, terrible, elle provoque la peur. Le conte de Psyché, tel que le narrent Apulée, puis, à sa suite, Corneille, Molière et La Fontaine, met en scène une femme jalouse, qui crève de dépit et poursuit de piques féroces sa rivale en beauté.

> « Le ridicule excès d'un fol entêtement
> Va jusqu'à m'opposer une petite fille ! »

C'est Molière qui, dans *Psyché* fait ainsi parler la déesse.

La peur d'Anchise, dans l'*Hymne* homérique n'est pas provoquée par la rage d'une coquette bafouée. Aphrodite n'a pas besoin d'entrer en courroux pour terrifier les mortels : quiconque la touche risque la mort ou l'irrémédiable impuissance. Elle est comme une lumière qui foudroie. Euripide la fait déjà déchoir lorsque, dans le prologue d'*Hippolyte*, il l'oblige à avouer ses raisons : elles sont bien mesquines. Racine a eu l'extraordinaire sagesse de ne pas s'expliquer.

> « O haine de Vénus ! ô fatale colère ! »

On peut dire sans doute que cette colère est connue des mythologues : Hélios ayant révélé à Héphaïstos les incartades de son épouse, toujours dans le malheureux chant VIII de l'*Odyssée*, Aphrodite s'est vengée sur la descendance du dieu, sur Pasiphaé, sur Phèdre. Quelque plaisir qu'éprouve Racine à orner son texte d'allusions, éventuellement cryptiques, on a du mal à se persuader que celle-là est calculée. Elle ne pèse que peu devant le mot « fureur » et tout ce qu'il entraîne. La colère peut-être irraisonnée de la déesse et l'insupportable passion qui dévore sa victime ont le même nom. Et quand on songe à la culture antique que possédait Racine, on hésite à considérer comme purement métaphorique le fameux vers :

« Je reconnus Vénus et ses feux redoutables. »

Faut-il s'étonner que certains auteurs du Moyen Age aient pris Vénus pour une diablesse, qu'à l'époque de la chasse aux sorcières on ait inventé l'histoire du Tannhäuser dont Wagner a fait son drame ?

Il reste qu'en général, la poésie médiévale est plutôt favorable à la déesse. C'est qu'elle apparaît le plus souvent dans l'ombre de ce personnage presque nouveau, bien qu'il porte un nom classique : Amour. L'Amour auquel s'adressent les troubadours est une figure humaine, et non une simple idée. On suppose, pour peu qu'on ait lu Ovide, qu'il a un arc et lance ses flèches dans le cœur des jeunes gens : les flèches d'or apportent la douce douleur d'aimer ; les flèches de plomb enseignent la froideur et le dédain. Mais l'Amour archer des *Métamorphoses* (livre I, v. 456) est un enfant, dont se moque Apollon. L'Amour du *Roman de la Rose* est un jeune prince à qui on fait respectueusement hommage. Les petits Cupidons espiègles semblent presque oubliés. Du jeune dieu, le poète écrit tranquillement :

« Il semblait que ce fût un ange
qui fût tout droit venu du ciel. » (*Rose*, v. 902.)

La ressemblance de cet ange-là avec le dieu Aengus des légendes irlandaises n'est pas sans poser quelques questions : d'où viennent tous ces oiseaux qui volent autour du beau prince ? Le lumineux seigneur qui fait souffrir ses serviteurs pour les exalter, on le retrouve chez Dante :

« quand m'apparut Amour soudainement
tel que la remembrance horreur m'en donne.
Allègre me semblait Amour, tenant
mon cœur en main. » (*Vita Nuova*, III. Trad. Pézard.)

Sans le savoir peut-être, le poète florentin suggère la même illumination terrifiante que l'anonyme auteur de l'*Hymne* homérique.

La Vénus médiévale est la mère de ce prince, comme le rappelle Dante : il lui faut expliquer pourquoi le troisième ciel porte le nom de la déesse (*Banquet*, II, V). Guillaume de Lorris l'avait précédé ; il dit de Vénus :

« Ce est la mère au dieu d'Amour
Qui a secouru maint amant.
Elle tient un brandon flambant
En sa main dextre, dont la flamme
A échauffée mainte dame.
Si élégante et si parée
Que ressemble déesse ou fée. » (*Rose*, v. 3404.)

La torche est un substitut des flèches. Quant à l'élégance, à la « cointise », il ne faut pas l'entendre comme pure coquetterie : le soin qu'on prend de sa personne est une marque de qualité, de courtoisie. Vénus est Dame, comme son fils est Seigneur. Et elle protège ceux qui lui ont fait hommage.

Cette image tout empreinte de majesté, on la comprend mieux à travers la poésie allemande. Car les écrivains de France n'ont pas osé se rappeler que, pour eux, le mot « amor » était féminin ; ils ont gardé le dieu latin. Chez Walther von der Vogelweide, chez Gottfried von Strassburg, Frau Minne (« Minne » signifie « amour ») est une puissante déesse, à la fois terrible et douce. Wagner s'en souviendra :

> « Ne connais-tu pas Dame Minne?
> La puissance de sa magie?
> Reine de l'extrême audace,
> Souveraine du devenir.
> Vie et mort lui sont soumises.
> Elle les tisse de douleur et de joie. » (*Tristan*, II, 1.)

Mais déjà la présence, dans le recueil des *Carmina Burana*, de poèmes en allemand où Minne est nommée, semble avoir une influence sur les textes latins souvent inspirés d'Ovide. On aperçoit la scène de l'hommage à la suzeraine dans ces vers si simples :

> « Venus amoris dea / me tibi subicio / auxilio / egens tuo. » (*Carmina Burana*, 168).

Transformée en Dame, Vénus peut inspirer la prouesse, la vaillance, le « melhuramen », pour parler occitan. On ne s'étonne pas que Guillaume de Machaut ait interprété à sa manière l'histoire du jugement de Pâris : pour le berger troyen, Junon représente la richesse, Pallas, la clergie ou science, et Vénus, la chevalerie (*La Fontaine amoureuse*, v. 2132 sq.).

Malgré tout Vénus est trop nettement liée à la luxure et, par là, à l'image la plus détestée du paganisme pour que les jeux de clercs ne connaissent pas des limites. Si la Renaissance est un retour de l'Antiquité, c'est plus encore un retour du platonisme, qui oppose un Amour noble à Cupidon, et laisse à Vénus les gaîtés et folâtreries. Shakespeare compare Cléopâtre à Vénus, mais c'est pour la traiter immédiatement après de « royale putain » (*Antoine et Cléopâtre*, acte II, sc. II). Tout au plus la déesse est-elle conviée, parmi d'autres, à favoriser les mariages princiers ; elle a sa place dans une poésie artificielle qui accompagne les cérémonies de cour : ballets, cortèges ou opéras. Plus que jamais elle est guettée par l'allégorie.

« Regrettez-vous le temps où le ciel sur la terre
Marchait et respirait dans un peuple de dieux;
Où Vénus Astarté, fille de l'onde amère,
Secouait, vierge encor, les larmes de sa mère,
Et fécondait le monde en tordant ses cheveux? »

Cette ouverture du *Rolla* de Musset n'est sans doute pas le premier texte romantique qui restitue à Vénus sa grandeur perdue; on trouverait aisément chez Schiller, chez Foscolo, par exemple, des accents analogues. Son intérêt particulier est de mettre en évidence l'ascendance orientale de la Déesse : Astarté est une divinité d'Asie. Vraisemblablement à travers des représentations d'allure panthéiste, qui supposent une Nature généreuse, l'antique figure de la Maîtresse des Fauves tend à reparaître.

« Laisse du vieux Platon se froncer l'œil austère. »

La *Lesbos* de Baudelaire est aussi un hymne à Vénus, comme plus d'un poème de Hugo, de Banville, de Swinburne (*Laus Veneris*), de Ruben Dario... Peu enclin à transformer ses poèmes en collections d'allusions mythologiques, Mallarmé ne manque pas, dans *L'Après-Midi d'un Faune*, de faire rimer « Vénus » et « ingénus », et de laisser dire à son héros, comme à un autre Anchise :

« Je tiens la reine. O sûr châtiment! »

Et l'on sait de qui parle Rimbaud débutant, lorsqu'il intitule un poème *Credo in unam*. La déesse s'appelle, comme dans Musset, Astarté; elle reçoit aussi le nom de Cybèle.

L'Orient triomphe-t-il? C'est aussi une Vénus, visiblement, que la Tanit de Flaubert. *Salammbô* raconte la découverte, par l'héroïne, d'une Pandémienne par-delà l'Ourania.

Et c'est à quelques pas des ruines de Carthage que al-Chabbi, dans sa « Prière dans le temple de l'amour » (*Chants de la Vie*), poème écrit en 1931, demande à l'être mystérieux qui le hante à travers forêts et rochers : « Es-tu Vénus? ».

Jean-Louis Backès

BIBLIOGRAPHIE

HOMÈRE, *Hymne à Aphrodite* (voir les articles « Adonis » et « Psyché »).

Les textes antiques cités dans cet article sont publiés aux Belles Lettres, dans la collection des Universités de France.

HOMÈRE, *Iliade,* III (éd. P. Mazon), *Odyssée,* VIII (éd. V. Bérard), *Hymnes* (éd. J. Humbert) ; HÉSIODE, *Théogonie* (éd. P. Mazon) ; SAPPHO (éd. A. Puech) ; EURIPIDE, *Hippolyte* (éd. L. Méridier) ; PLATON, *Le Banquet* (éd. L. Robin) ; LUCRÈCE, *De la nature* (éd. A. Ernout) ; OVIDE, *Métamorphoses* (éd. G. Lafaye) ; *La Veillée de Vénus* (éd. R. Schilling).

Carmina Burana, Zürich-München, Artemis Verlag, 1974.

GUILLAUME de LORRIS et J. de MEUNG, *Le Roman de la rose* (éd. F. Lecoy), Champion, 1965.

DANTE, *La Divine Comédie,* traduction André Pézard, Gallimard, Bibl. de la Pléiade.

RACINE, *Phèdre.*

PARNY, *Les Déguisements de Vénus,* in *Œuvres complètes,* Paris, 1808.

Richard WAGNER, *Tannhäuser,* in *Livrets d'opéra,* Laffont, 1991.

A. SWINBURNE, *Laus Veneris,* extraits traduits in *Poèmes choisis,* Corti, 1990.

Pierre LOÜYS, *Aphrodite.*

Apocalypse *

A la question « Qu'est-ce que l'Apocalypse ? », la plupart des contemporains n'hésitent guère : c'est la fin violente du monde. D'autres, plus rares, évoquent le dernier livre du Nouveau Testament... pour revenir à cette fin du monde qu'il promet. Pourtant l'Apocalypse, c'est d'abord la Révélation.

Mais en privilégiant le contenu — même amputé et ce faisant gauchi — la conscience actuelle renoue sans le savoir avec le sens originel : en effet, le terme est d'abord employé pour décrire ou pour désigner la vision ; et ce n'est que plus tard qu'il sert de terme générique pour qualifier des livres dont le contenu est révélé par des visions. Comme titre, il n'apparaît qu'après 70 après J.-C. avec le *Livre de la Révélation de Baruch, fils de Nérias (II Baruch)*[1] ou l'*Apocalypse de Jean* (selon que l'on date ce texte des environs de 70 ou de 90)[2]. Encore rare entre 70 et 135, il devient plus fréquent par la suite et il désigne alors des œuvres juives christianisées, chrétiennes ou gnostiques. Par extension « rétroactive », le terme s'applique aujourd'hui à des livres de même nature écrits entre 200 avant J.-C. et 150 après J.-C. environ, et il va même jusqu'à caractériser des fragments d'œuvres antérieures comme l'*Apocalypse d'Isaïe* (entre le ve et le IIIe siècle avant

* Les références aux textes bibliques sont conformes à l'usage français.

1. « Révélation » traduit le syriaque « geliana ». « II Baruch » a été composé certainement entre 70 et 135 après J.-C.

2. Deux théories s'affrontent quant à la datation de l'Apocalypse de Jean.

J.-C.). Dans la conscience populaire, cependant, la vision prend le pas sur le livre et d'autant plus facilement que la plupart de ces Apocalypses sont des textes apocryphes.

Cet article tentera d'explorer la croisée des chemins : parler du mythe de l'Apocalypse ce n'est pas travailler sur l'Apocalyptique. Celle-là désigne une littérature aux caractéristiques historiques, philosophiques, théologiques et littéraires définies, dont l'étude dépasserait le cadre du présent article. Elle alimente d'ailleurs de nombreux autres mythes : mythes de création, mythe de la chute des anges, d'Adam ou de Satan... Mais parler du mythe de l'Apocalypse, ce n'est pas davantage étudier les mythes de la Fin du Monde. Car il est des morts lentes : sujet à la décrépitude, à la fatigue ou à la maladie, miné par le péché des hommes, le cosmos gèle, sèche ou se pétrifie lentement; il est des morts violentes qui mettent brutalement terme à la dégradation du monde et de l'humanité par le feu ou par l'eau[3]. Il est des morts totales et des morts limitées, uniques ou multiples, des morts suivies de renaissance ou de recréation et des morts éternelles, des morts passées et des morts à venir... Dans ce vaste panorama, le judéo-christianisme propose une version résolument nouvelle et le terme d'Apocalypse qui lui est généralement réservé témoigne pour cette nouveauté et cette singularité.

STRUCTURE ET SIGNIFICATION DU MYTHE

1. Contrairement à la prophétie qui envisage le salut au sein d'une durée continue et dans le cadre de la destinée historique du peuple élu, l'Apocalypse se fonde sur la foi en un salut futur hors de l'Histoire. Elle suppose donc *une rupture radicale* entre l'ère présente marquée par le mal, et l'âge à venir du Triomphe de Dieu. Babylone et Jérusalem sont la manifestation symbolique d'un certain *dualisme* : tout le bien à venir est à Jérusalem, et tout le mal présent à Babylone, à Ninive ou à Tyr; d'un côté la Prostituée, les Bêtes et le Dragon, de l'autre la Fiancée, la Mère et le Fils d'Homme.

Cette rupture inévitable et nécessaire entre les deux âges du monde s'exprime dramatiquement dans *une thématique de la violence et de la mort* et dans le *scénario du jugement dernier* :

— *Violences et désordres cosmiques* d'abord : le soleil devient noir et les lunes sont rouges (Is, 13_{10} - $24_{23...}$ Ap, 6_{13} - $8_{12...}$ IV Esdras, $5_{15...}$), les astres tombent comme des torches vives (Is, 34_{4} - Ap, 6_{14} - Oracles sibyllins, $1_{84.85...}$), ils

3. Cf. H. Tuzet, *Le Cosmos et l'Imagination*, Corti, 1965.

ensanglantent l'océan. La terre tremble et le ciel disparaît (Is, 24_{19} - 34_{4} - Ap, $6_{13.14...}$).

— Mais *violences humaines* aussi : les hommes s'entretuent, ils blasphèment, ils mentent ou ils se prostituent (Dn, 12_{1} - Is, 22_{3} - Ap, 16_{11} et 17 - Hénoch éthiopien, $7_{5.6}$ - Oracles sibyllins, $1_{39...}$). Leurs villes tombent et leurs vaisseaux sont engloutis (Is, 25_{2} - Ap, 16 et 18 - II Baruch, $1_{4...}$).

— La fréquence et l'ampleur des cataclysmes « naturels » — pluies de grêle ou d'insectes, sécheresse ou épidémies — ne le cèdent en rien à des malheurs plus manifestement surnaturels : « De la cuve sortit du sang qui monta jusqu'aux mors des chevaux sur une étendue de mille six cents stades. » (Ap, 14_{20})

La figure de l'*Antéchrist*, ange déchu, monstre ou dragon, rassemble symboliquement toutes ces peurs éparses; son règne représente le renversement total des valeurs sociales, morales, et religieuses, un paroxysme dans le mal.

— Après l'anéantissement du monde, *le jugement dernier* vient sceller à jamais la rupture entre deux âges et deux réalités : « Celui de l'histoire présente où les conséquences du péché se déploient et contrecarrent la réalisation du dessein de salut et celui d'un Avenir absolu où Dieu accomplira pleinement ce dessein[4]. » Il est la ligne de démarcation. Mais il est davantage : contrairement aux régénérations totales des anciennes mythologies, il affirme que le Royaume ne sera pas ouvert à tous mais à ceux-là seuls qui seront jugés dignes. Dans cet « avenir absolu » la sélection et l'exclusion demeurent comme un souvenir malheureux de la rupture dualiste entre les deux âges du monde. Satan sera vaincu, mais il ne sera pas sauvé (Is, 27_{1} - Dn, $7_{10.12}$ - Ap, $20_{10.12}$ - IV Esdras, $7_{33.37}$ - II Baruch, 4_{39} - Hénoch éthiopien, $54_{1.2}$ - $90_{20...}$).

Aux tourments éternels des « méchants », les Apocalypses opposent une éternité bienheureuse dans un monde nouveau : « Alors je vis un ciel nouveau et une terre nouvelle, car le premier ciel et la première terre ont disparu et la mer n'est plus[5]. » Au centre de ce monde le nouveau temple ou la cité nouvelle célèbre l'union de l'Homme et de Dieu dans la perfection de ses mesures ou de ses formes et dans la pureté des matériaux (Is, $48_{31.35}$ - $60_{1.2}$ - Za, $2_{5.6}$ - Ap, $21_{9.27}$ et 22...).

2. Pourtant ce paradis n'est pas entièrement nouveau; plus que de rupture il faudrait parler d'*inversion* : le paradis se définit toujours comme un renversement des réalités antérieures : les maladies et les infirmités disparaîtront, « il n'y aura plus ni deuil, ni cri, ni souffrance » (Ap 21_{1}). La mort ne sera plus (Is, 30_{19}. 35_{3}. 65_{19} - Za, 14_{11} - Hénoch éthiopien, 69_{29}...).

Mais le règne de Satan était lui-même un renversement radical des valeurs : le Paradis serait alors un rétablissement. L'arbre aux douze récoltes et le fleuve de

4. *Cf.* « Histoire et Eschatologie dans le livre de Daniel », P. Grelot, in *Apocalypses et Théologies de l'Espérance*, p. 100, Cerf, 1977.

5. Ap. 21.

vie rappellent en effet l'Eden originel (Gn, 2_{9} - 3_{22} - Ez, 47 - Za, 14_{8} - Ap, 22 - Hénoch éthiopien, 48_{1}...). Retour de l'Age d'or?

La disparition convulsive du monde n'est pas sans évoquer non plus le retour au chaos de la pensée mythique : mêmes phénomènes cosmiques aberrants, mêmes monstres et mêmes combats[6] ... Les Apocalypses proposeraient-elles *une modulation de l'Eternel Retour?*

3. La continuité des images inspirées des mythologies orientales ne saurait cependant voiler la discontinuité radicale du sens. Car « le judéo-christianisme présente une innovation capitale : *la Fin du Monde sera unique*, tout comme la cosmogonie a été unique »[7]. Les catastrophes n'auront lieu qu'une fois : ce sera la fin de l'Histoire, et l'avènement du Royaume de Dieu sera définitif. Le temps n'est plus le temps circulaire de l'Eternel Retour mais un temps linéaire, irréversible et orienté par Dieu pour « réaliser son dessein ». Contrairement aux vieilles cosmologies qui expliquent le déclin progressif et inéluctable du monde par une théorie cyclique, le judéo-christianisme proclame que *Yaveh est le seul maître de l'Histoire* : le dualisme s'infléchit... L'Histoire est réhabilitée car une telle conception permet de déchiffrer la signification eschatologique de l'ici et du maintenant. Le paroxysme des malheurs exprime un point de non retour : la fin du monde est proche et son imminence confère au temps présent marqué de conflits et d'épreuves la gravité particulière d'un *avertissement*, d'une *annonciation* et d'un *signe.* « Le temps est proche » (Ap, 1_{3}) : le message apocalyptique est urgent car il relie la Fin du Monde à l'espérance messianique. Les douleurs actuelles sont douleurs d'un enfantement (Is, 66_{5} - II Baruch, 4_{29} - IV Esdras, 4-5...).

4. Tout autant que son contenu (« ce qui doit arriver bientôt »), sa forme et sa fonction sont essentielles au sens de la Révélation. Comme il y a un scénario, *il y a un langage et un ton propres à l'Apocalypse* et nécessaires à la survie du mythe. Le prophète est un visionnaire inspiré : « Je fus saisi par l'Esprit au jour du Seigneur, et j'entendis derrière moi une puissante voix, telle une trompette, qui proclamait : Ce que tu vois, écris-le dans un livre. » (Ap $1_{10.11}$.) Les images les plus fantastiques se succèdent alors, et pour traduire ces prodiges, l'auteur manie l'analogie la plus inattendue, la comparaison, le symbole. Car la vision débouche toujours sur un ordre : « va », « écris », « raconte aux nations »... Voir et entendre Dieu, ce n'est pas seulement connaître son dessein s'agissant de l'Histoire et de la Fin des Temps ; c'est *entrer et agir dans cette Histoire* même, en suscitant « l'intelligence » et la conversion des nations. Pourtant, la compréhension des visions demeure un rare privilège : avec ses allégories, ses allusions chiffrées, ses proclamations mystérieuses ou ses explications cryptiques, le message est confidentiel.

6. *Cf.* l'étude de M. Delcor (in *Apocalypses et Théologies de l'Espérance*) intitulée : « Mythologie et Apocalyptique ».

7. Mircea Eliade, *Aspects du Mythe*, p. 83, Gallimard, 1966.

La silhouette du prophète s'en trouve démesurément grandie. Les poètes s'en souviendront...

La naissance du mythe

Ses origines judaïques et chrétiennes

Pour de nombreux commentateurs le livre d'*Ezéchiel* (c. 590-570 av. J.-C.) annonce les Apocalypses par sa puissance visionnaire, par son langage et son souci prégnant des fins dernières. Mais à lire *Isaïe* on est tenté de voir en lui le père très lointain de l'apocalyptique, l'initiateur des réflexions sur la crise ultime de l'Histoire. Lorsqu'au VIIIe siècle avant notre ère l'existence du royaume d'Israël se trouve menacée par les guerres araméennes et par l'avènement de la puissance assyrienne *Le Premier Isaïe* promet la ruine d'Israël et de Juda en punition des infidélités (Is, 5,8.30). Mais au-delà du châtiment, il réaffirme l'accomplissement des promesses de Dieu. Deux siècles après environ, *Le Second Isaïe* prolonge et modifie cette réflexion sur l'Histoire : après l'exil, la chute de Jérusalem et la disparition du royaume de Juda, la Promesse, démentie par les faits, s'oriente délibérément vers l'eschatologie. Le salut dans l'Histoire devient alors, au-delà d'elle, la rédemption définitive et l'instauration du Royaume de Dieu. Mais ce dernier passe par la rupture car le présent demeure dominé par le mal. D'où le scénario dramatique repris et développé à l'envi dans les siècles ultérieurs[8].

Joël brosse un tableau impressionnant du jugement des nations au grand jour de Yaveh (c. 400 av. J.-C.).

Zacharie (c. 520 et début du IVe siècle av. J.-C.) dresse Babylone contre Jérusalem et Satan contre Dieu. Apparaissent pour la première fois les images des cavaliers, des cornes, de la prostituée, la symbolique des couleurs, qui sont appelées à connaître une grande fortune.

Mais c'est le livre de *Daniel* (entre 167 et 164 av. J.-C.) et l'une des nombreuses sections du *Livre apocryphe d'Hénoch* qui inaugurent pleinement le genre apocalyptique en germe en *Isaïe.* Destinés à soutenir la foi et l'espérance des Juifs persécutés par Antiochus Epiphane ces livres visent à dépasser l'anéantissement et le silence d'Israël. Les visions du passé et de l'avenir se mêlent dans l'évocation extratemporelle de la destruction totale du mal et de l'avènement du Royaume.

8. A savoir le *Livre éthiopien d'Hénoch.*

Pour exprimer cette espérance en dépit de l'Histoire et contre elle, *Daniel* renoue avec le mythe. « Les traditions de la genèse sur les origines, en particulier celles de l'Age d'or et de la chute, quasiment éclipsées par l'histoire dans la tradition biblique, deviennent essentielles dans la représentation apocalyptique de l'histoire et permettent une expression originale de la théologie du salut et de la souffrance[9]. » Le mythe sauve Israël des démentis de son Histoire. Tout se développe pourtant, conformément à l'Ancien Testament, selon le plan d'un Dieu unique.

A partir de *Daniel* aucun écrit apocalyptique ne fut admis au canon juif des Ecritures[10]. Son influence est manifeste dans *Les Apocalypses de Baruch (apocalypse syriaque* ou *II Baruch* après 70 après J.-C. et *apocalypse grecque* ou *IV Baruch* c. IIe, IIIe siècles ap. J.-C.) ou dans *le quatrième livre d'Esdras* (c. 81-96 ap. J.-C.). Les événements de 587 avant J.-C. orientent la lecture de ceux de 70 : une destruction absorbe l'autre et les livres de *Baruch* et d'*Esdras* relèvent une fois de plus le défi de l'Histoire en proposant un message d'espoir.

Le christianisme est né dans l'ambiance apocalyptique de ce judaïsme tardif et l'on redécouvre aujourd'hui l'importance et la place de l'eschatologie et de l'apocalyptique dans la pensée du premier christianisme[11].

Devant le retard de la parousie et contre l'oppression dont ils étaient l'objet, les judéo-chrétiens adoptent les apocalypses apocryphes, les remanient (c'est le cas de *l'Ascension d'Isaïe* (première moitié du Ier siècle ap. J.-C.), des *Testaments des douze Patriarches*, de certains *Oracles sibyllins* issus du milieu juif d'Alexandrie, de l'*Apocalypse grecque de Baruch*), ou s'en inspirent. Dans son *Apocalypse*, Jean prétend dévoiler les secrets de la Fin des Temps dont la venue est proche. Pour exprimer ses visions, il use d'un grand nombre d'images empruntées à l'Ancien Testament, aux apocalypses apocryphes, aux mythes et aux légendes de l'Asie mineure. Pourtant l'œuvre est originale : par sa composition septénaire puissante (où l'on peut déceler un développement de la révélation septuple du *Proto-Zacharie*), par son imagination prodigieuse et par son interprétation chrétienne de l'Histoire : l'ère nouvelle, attendue dans l'apocalyptique juive a été inaugurée par la Résurrection du Christ. Pourtant on ne doit la présence du texte johannique dans le canon chrétien qu'à son attribution — très certainement erronée — au « disciple bien-aimé » de Jésus. Très vite l'Eglise officielle se méfie en effet des flambées apocalyptiques et des interprétations millénaristes que ces textes suscitent. Issues le plus

9. M. Delcor, « Bilan des études sur l'apocalyptique », in *Apocalypses et Théologies de l'Espérance*, p. 57.

10. L'hypothèse la plus fréquemment partagée, surtout depuis la découverte des textes de Qumran, consiste à voir dans la deuxième partie du livre de *Daniel* un texte hassidéen. Les apocalypses ultérieures seraient pour la plupart d'origine essénienne. Ainsi s'expliqueraient également la continuité et la discontinuité des récits.

11. *Cf.* en particulier les travaux de M. Werner, J. Moltmann ou E. Bloch.

souvent des marges (manichéennes particulièrement) du christianisme, les Apocalypses chrétiennes (de *Pierre, Paul, Thomas, Marie, Zacharie...*) demeurent apocryphes.

Commentaires et intermédiaires

A partir du IIIe siècle après J.-C., la veine apocalyptique est progressivement refoulée par les attaques d'Origène, Denys d'Alexandrie et surtout par saint Augustin dans *La Cité de Dieu*; elle ne s'alimente plus qu'aux textes existants et surtout à l'*Apocalypse de Jean.* Elle existe en marge de la religion officielle comme en ces mouvements populaires du Moyen Age bien étudiés par N. Cohn[12]. Elle hante l'esprit des opprimés, des exploités ou des déracinés, elle nourrit les hérésies cathare ou bogomile (*La Cène secrète*), mais elle excite aussi la curiosité de certains clercs[13]; trois textes eurent une fortune considérable au Moyen Age, *La Description des Derniers Temps* du Pseudo-Methodius, le traité *Sur la Naissance et l'Epoque de l'Antéchrist* de Adson de Montier en Der et l'*Oracle de la Sibylle Tiburtine.* Tous trois annoncent la venue de l'Empereur des derniers jours, la chute des tyrans, le Jugement Dernier et le triomphe de la chrétienté. Ces spéculations n'avaient rien d'abstrait : on attendait la venue de l'Antéchrist avec une fébrilité croissante et l'on guettait les signes qui, à en croire les prophètes, annonceraient et accompagneraient la fin des Temps : guerres, famines, épidémies, comètes... On vivait chaque jour à l'heure de l'Apocalypse.

Mais les textes apocalyptiques ne sont souvent à cette époque que des paraphrases ou des commentaires — parfois démesurés (*Beatus*) — de l'*Apocalypse de Jean* : on interprète, mais on ne recrée pas. L'Apocalypse se présente comme une « grille » symbolique du monde ou comme une machine de combat.

A la fin du XIIe siècle, Joachim de Flore[14] renouvelle complètement le sens de ces spéculations en tentant d'opérer la synthèse entre les deux courants opposés de l'Eglise latine, entre le discours dominant, pessimiste, qui n'aspire qu'au jugement final, et le discours millénariste, souterrain mais vivace, qu'il transpose en le spiritualisant. Sa théorie des âges du monde renoue avec l'Apocalypse. « Il ne s'agit pas seulement d'un développement historique continu, sans heurt, suscité

12. N. Cohn, *Les Fanatiques de l'Apocalypse,* Payot, 1983. Traduction française de la 3e édition anglo-américaine : *The Pursuit of the Millenium,* 1970, 1re éd. 1957.

13. J.-P. Sironneau, *La Pensée de J. de Flore et ses Dérivations historiques,* CRI, Grenoble, 1984, p. 3.

14. Son texte le plus célèbre est le *Liber introductorius in expositionem in Apocalypsim.* Le livre qui radicalisa sa pensée fut écrit par un disciple G. di Borgo san Donnino : *Liber introductorius ad Evangelium Aeternum.*

par la pédagogie divine, mais d'une inversion eschatologique des rôles historiques et sociaux : les premiers seront les derniers, le temps est hors de ses gonds, le monde est renversé; nous sommes en présence de la subversion apocalyptique et non plus du déroulement paisible de l'histoire du salut[15]. » Son influence sur les poètes et sur les philosophes, sur les réformateurs sociaux, fut profonde et durable (citons entre autres Lessing, P. Leroux, Ballanche, G. Sand ou Merejkowski...). Mais il s'agit d'une dérivation du mythe de l'Apocalypse et de la création d'un autre mythe — ou d'un sous-ensemble peut-être : celui du Millenium.

De fait, le mythe se construit à partir des *Apocalypses* et de leurs commentaires, souvent plus enthousiastes que critiques...

C'est ainsi que les « spéculations mystiques » de J. Boehme, les commentaires illuministes et les visions de Swedenborg, les interprétations des sectateurs de la Kabbale, stimulent l'imaginaire des poètes. Comme P. Benichou[16] le souligne, l'illuminisme allie la spéculation religieuse à l'interprétation des événements contemporains et à la prédiction du proche avenir. L'Apocalypse est au cœur de ces préoccupations.

De nombreux écrivains, aussi, ont emprunté au texte johannique, comme au modèle des Révélations bibliques.

On trouve dans *La Divine Comédie (La Divina Commedia)* de Dante, de nombreux vers adaptés de versets apocalyptiques, des images et des allusions.

Par son thème — la chute de Satan, la tentation de l'Homme et le combat des Anges — *Le Paradis perdu (Paradise lost)* rappelle telle apocalypse apocryphe, d'ailleurs certainement ignorée de Milton.

Mais il est difficile de soutenir que ces œuvres nourrissent un véritable mythe de l'Apocalypse; leur projet est ailleurs. L'inspiration biblique et les emprunts délibérés ne suffisent donc pas.

Les œuvres de Dante et de Milton (textes et illustrations) ont servi d'intermédiaires entre les textes sacrés et les auteurs profanes au même titre — peut-être même davantage — que tous les commentaires occultes et officiels.

15. J.-P. Sironneau, *op. cit.*, p. 6.
16. P. Bénichou, *Le Temps des Prophètes*, Gallimard, 1977.

LA POSTÉRITÉ LITTÉRAIRE DU MYTHE

Apocalypses historiques

Le cas d'Agrippa d'Aubigné mérite une mention particulière : pour lui comme pour ses prédécesseurs, l'Apocalypse est une arme ; il y trouve un accent de ferveur, des images frappantes, une conception dualiste du monde propres à soutenir sa verve et ses convictions protestantes. Mais *Les Tragiques* (1616) ne sont pas uniquement un pamphlet politico-religieux, pas plus qu'une paraphrase géniale. Ses visions sont tout à lui ; l'Apocalypse inspire le chrétien, elle libère le poète. La division septénaire de l'œuvre héritée de l'*Apocalypse de Jean* permet d'intégrer les événements historiques, les anathèmes et la satire au dessein supérieur de Dieu mais aussi à celui du poète. Le mythe est ici l'avenir de l'Histoire.

Quelques siècles plus tard, l'Histoire sera lue et « sera écoutée aux portes » de ce mythe... La période révolutionnaire est vécue dans un véritable délire d'interprétation : les événements de 1789 préfigurent le Jugement Dernier. Pour ou contre elle, chacun se plaît à voir le doigt de Dieu sur la Révolution : elle est un nécessaire châtiment de la monarchie et du christianisme déchus (saint Martin, J. de Maistre...), une épreuve à subir d'où surgiront la société nouvelle et le nouvel esprit de poésie (Ballanche), ou les premiers jalons du progrès dans la liberté... un sursaut d'énergie contre les oppressions de toute sorte.

En sous-titrant « A Prophecy » les poèmes que lui inspirent la guerre d'Amérique — *Amérique, une Prophétie (America, a Prophecy*, 1793) — et les soubresauts de l'Europe — *Europe, une Prophétie (Europe, a Prophecy*, 1794) — W. Blake se place délibérément sous le patronage de Jean : les événements sont passés, mais projetés dans le futur, ils manifestent mieux l'urgence et le sens du présent. Contre un rationalisme étroit et contre le triomphe du matérialisme, contre la tyrannie des idéologies, des religions ou des contraintes économiques, contre le sommeil et la mort, Blake célèbre les réveils douloureux, les naissances terribles, les ruptures et les bouleversements.

> « Les tigres de la colère sont plus sages que les chevaux de l'instruction[17]. »

Le projet, resté inachevé, d'une structure septénaire pour un vaste poème intitulé *La Révolution française, poème en sept livres (The French Revolution, a poem in seven books* (1791) impose une lecture apocalyptique des faits. Mais les images

17. W. Blake, « Le Mariage du Ciel et de l'Enfer. The Marriage of Heaven and Hell », in *Poetry and Prose of W. Blake*, edited by G. Keynes, London, 1956, p. 184.

suffiraient à souligner la vie du mythe : les cataclysmes qui perturbent l'univers blakien sont bien ceux de l'Apocalypse, comme le Dragon rouge-feu, les Bêtes ou la Prostituée :

> « Le soleil était noir et la lune roulait comme un globe inutile à travers l'Angleterre...
>
> Le sang surgit en volumes impétueux, se déversant en tourbillons furieux
> Hors des vannes du Ciel...
>
> Et la peste apparut en traînées rouges
> Sur les membres du Tuteur d'Albion ; la Peste noire frappa le tuteur de Bristol
>
> Et la Lèpre l'Esprit de Londres...[18]. »

Mais la Jérusalem nouvelle est là également, l'Agneau, les rachetés et le Fils d'homme :

> « Ses pieds deviennent comme de l'airain,
> Ses genoux et ses cuisses comme l'argent, sa poitrine et sa tête comme l'or[19]. »

Mêmes fulgurances d'images, mêmes litanies qui scandent l'œuvre et le déroulement des temps : « Sonnez, sonnez toujours, mes trompettes guerrières ! » ou bien : « Remarquez bien mes paroles : elles concernent votre salut éternel[20]. » Comme dans les Apocalypses, *les livres prophétiques* déploient simultanément leurs visions sur différentes scènes : sur terre et dans les cieux, dans le Temps ou l'Eternité, afin de réunir l'aventure humaine et la geste mythique dans la même compréhension d'une Histoire apocalyptique du monde. Tyr, Rome ou Babylone, Versailles, Londres ou Verulam, c'est tout un dans l'imaginaire blakien. Et ce faisant, le poète s'attribue le même rôle que saint Jean à Patmos ou qu'Ezéchiel sur les bords du Kebbar : devant l'imminence du Jour il s'érige en prophète. « A la révolution et à ses fléaux (j'ajouterai à ses espoirs aussi) doit répondre une poésie des temps d'épreuves, fille de celle des prophètes[21]. »

Dans *La Ville des Expiations* (1831), Ballanche s'écriait :

18. W. Blake, *Jerusalem, op. cit.*, p. 516. *Vala, op. cit.*, p. 349. *America, op. cit.*, p. 207.
19. W. Blake, *America, op. cit.*, p. 204.
20. W. Blake, *America* et *Milton.*
21. P. Bénichou, *op. cit.*, p. 137.

> « Je suis cela, je suis le solitaire de Patmos... »

et dans *Le Chant lyrique du Jugement dernier* (1827), Lamartine :

> « Ah ! viens ! rouvre pour moi la source des miracles
> Ange qui de Patmos inspira les oracles,
> Ange dont le regard tourné vers l'avenir
> Voit comme un jour passé le jour qui doit venir.
> [...] Il m'exauce ! et j'ai vu ! »

Quand des considérations historiques sur les gouvernements et les révolutions, leurs abus, leurs faiblesses, pourraient conduire Hugo à désespérer de l'Histoire, le mythe de l'Apocalypse soutient sa foi dans un avenir de lumière. L'épopée humanitaire dont le poète rêve avec son siècle, c'est le projet resté inachevé de la trilogie du « progressif », du « relatif », de « l'absolu » : *La Légende des Siècles, La Fin de Satan, Dieu* : mais c'est déjà, de *Nox* à *Lux*, le mouvement de *Châtiments* (1853) ou le couronnement de la première série de *La Légende des Siècles* (1859) dans *Plein Ciel* et dans cet au-delà du temps et du nombre qui s'ouvre autour de *La Trompette du Jugement.* C'est aussi le passage par les grondements de l'Histoire ou ses obscurités : les sept livres de *Châtiments* rythment comme autant de sceaux le déferlement des fléaux. Mais le septième opère une inversion ironique des signes : *« Les sauveurs se sauveront »...* Après la sonnerie des dernières trompettes et la traversée des dernières horreurs, le jour de *Lux* couronne le recueil au-delà des sept livres du Temps, au-delà de l'histoire actuelle :

> « Temps futurs ! vision sublime !
> [...]
> Et la terre est comme une épouse,
> Et l'homme est comme un fiancé ! »

Le mythe révolutionnaire, au cœur des *Misérables* (1862), est un vrai mythe de l'Apocalypse. Telle phrase en témoigne :

> « Nous ne parlons pas de l'immense exilé de Patmos qui, lui aussi, accable le monde réel d'une protestation au nom du monde idéal[22]. »

De telles références donnent au livre X (partie IV) *« Le 5 juin 1832 »* une signification qui dépasse l'évocation tout historique de l'émeute. Il s'achève d'ailleurs au-delà de l'Histoire sur cette vision : « Il y a de l'apocalypse dans la guerre civile, toutes les brumes de l'inconnu se mêlent à ces flamboiements farouches... »

22. *Les Misérables*, partie IV, livre X, ch. 2, « Le Fond de la Question », Œuvres complètes de V. Hugo, Laffont, 1985, p. 831.

Tous les événements sont réinterprétés, les personnages sont revisités : Enjolras par exemple est l'Ange de l'Apocalypse en même temps que « le lion de la tribu de Juda »[23]. Sa vision d'avenir marie la foi dans le progrès social, scientifique et politique, au déferlement de lumière, à l'harmonie de la Jérusalem nouvelle.

> « On pourrait presque dire : il n'y aura plus d'événements[24]. »

L'Eternité ?

Le mythe de l'Apocalypse donne une dimension particulière au mythe du Progrès, considéré dès lors comme une parousie.

La fin de *Germinal* (1885) et de *La Débâcle* (1892) surtout, inscrivent la grève des mineurs ou les affrontements sanglants de la Commune et de Sedan dans la perspective millénariste d'une Jérusalem à promouvoir. Après la mort et la défaite, Etienne et Jean s'en vont « marchant à l'avenir ». *La Débâcle* s'achève sur la transfiguration apocalyptique d'un coucher de soleil sur une ville en flammes...

> « Et pourtant, par-delà la fournaise, hurlante encore, la vivace espérance renaissait, au fond du grand ciel calme...[25]. »

Les mêmes espoirs ont porté les révolutionnaires russes en 1917... Mircea Eliade relève la fréquence du mythe de l'Apocalypse dans les doctrines politico-sociales les plus manifestement sécularisées : le communisme (et le nazisme) a proclamé la fin d'un monde et le début d'une ère d'abondance. Mais la lutte finale et la chanson des lendemains n'habitent plus beaucoup l'imaginaire européen : les horreurs de la guerre actuelle nourrissent la verve apocalyptique des poètes et des romanciers, et si l'Apocalypse aide encore à relire l'Histoire, elle n'aide plus à la dépasser. Avec un titre emprunté à l'*Apocalypse de Jean, Les Sept dernières Plaies* de Duhamel (1928), invite le lecteur à dépasser la relation poignante des horreurs quotidiennes. Son titre (*Les Quatre Cavaliers de l'Apocalypse* — *Los cuatros jinetes del Apocalipsis* — 1916) et son finale épique — où la guerre est symbolisée par les cavaliers qui ouvrent les derniers temps sur le règne de l'Antéchrist — apportent au roman naturaliste de Blasco-Ibañez la vision et le souffle du mythe. Mais l'avenir est noir dans les récits de guerre. L'Histoire n'y débouche plus sur l'eschatologie.

Les deux conflits mondiaux, les peurs nouvelles issues de la technique, la mort de Dieu surtout, semblent imposer un changement de mythe. Pourtant, privé de sa connotation d'espoi(r), le *terme* d'apocalypse revient obsessionnellement. Les récits de science-fiction composent ce que N. Frye appellerait certainement des

23. *Les Misérables*, partie V, livre I, ch. 5 : « Quel horizon on voit du haut de la barricade », *op. cit.*, p. 940.
24. *Id.*, p. 941.
25. *La Débâcle. Les Rougon-Macquart*, t. V, La Pléiade, Gallimard, 1967, p. 911.

« apocalypses panoramiques »[26]. A regarder, passivement. La science-fiction reflète à ses débuts la foi du XIXe siècle dans les pouvoirs de la science. L'utopie ne retient que la Jérusalem terrestre des lectures millénaristes de l'*Apocalypse de Jean*; plus de combats, un progrès continu, partant plus d'Apocalypses. Mais, en perdant l'espoir, la science-fiction « commet » l'excès inverse. Elle s'enferme dans l'angoisse et les peurs d'aujourd'hui, elle jette un regard pessimiste sur les mois à venir. Car l'urgence n'est pas étrangère à la science-fiction, mais c'est le plus souvent une urgence du désespoir. Les catastrophes épargnent fréquemment une communauté (*Malville* de Merle, ou *Ravage* de Barjavel...) : c'est la transposition profane de la société des Elus. Mais c'est aussi le sens du mythe qui bascule : contre la ville et la société technicienne, les quelques rescapés de *Ravage* (1943) recréent le paradis des origines : celui de leurs racines provençales et celui des origines pastorales, paysannes et patriarcales de l'humanité. C'est l'Eden... ce n'est pas la Jérusalem des Apocalypses. On est revenu en arrière — sur terre, et dans le Temps. Avant que la machine infernale ne fasse son apparition, on a compris que tout devra recommencer... et tout recommence en effet, l'humanité inventera d'autres machines à épargner le temps, à le bouleverser puis à le remonter. L'ironie tragique du titre de la première partie, « Les Temps nouveaux », laisse présager l'aventure cyclique et porte un coup mortel à l'optimisme messianique du siècle précédent. Cependant, tous les mythèmes apocalyptiques sont là : les cavaliers, le Dragon et la prostituée, les désordres cosmiques et la société idéale; mais le mythe est de ceux de l'Eternel retour, malgré la rose de Blanche...

C'est aussi l'un des sens des retours en arrière prévus au septième (!) chapitre du roman-poème-scénario de Cendrars : *La Fin du Monde filmée par l'ange Notre-Dame* (1919). La Fin du Monde s'identifie dans le chapitre VI au chaos primordial et peut-être au néant. « Mais un plomb saute — un ressort se casse — et le film se déroule vertigineusement à rebours. » Le monde est prisonnier d'un cercle infernal. Le scénario s'achève symboliquement sur des points de suspension et sur etc.

Mais l'attente eschatologique n'est pas toujours absente de la science-fiction. *Le Jour des Voies* d'A. Higon (1977) l'installe au cœur des personnages et la composition du roman joue de ses multiples aspects. Vaste entreprise de mystification d'abord, le jour des Voies déborde ses instigateurs, et la Fin du Monde aura lieu dans un décor d'Apocalypse : le mensonge est un signe. Franchi « le pont de fer lancé en plein ciel, peut-être au milieu du néant », les personnages semblent pressentir là, dans le bien-être et dans l'oubli, une promesse de bonheur... mais le roman s'achève quelques lignes plus loin sur la fleur carnivore et la prostituée de l'Univers-Aden « piège pour les poètes fous et les filles naïves qui errent éternellement le long des voies à la recherche de l'Eden ». Tous les signes sont faux. L'Apocalypse n'est qu'un... « mythe »!

26. N. Frye. *Le Grand Code*, Seuil, 1984 (éd. originale. *The Great Code*, Harcourt Brace Jovanovich, 1981).

Les apocalypses intérieures

Le mythe de l'Apocalypse peut être une « réponse » aux agressions du Monde et de l'Histoire. Une réponse collective, qui engage l'humanité. Mais toute une tradition « pneumatique » et mystique l'interprète en dehors de tout messianisme social ou politique, comme une illumination, une expérience intérieure. L'inspiré prend donc le pas sur le prophète : l'individu sur la société et l'intériorité contemplative sur l'engagement extérieur. La vision, extérieure et imposée d'en haut, se renverse : « Tout homme a *en lui* son Patmos[27]. » C'est le songe, ou c'est la folie...

Le romantisme allemand, en cherchant le chemin qui conduit aux régions ignorées de notre âme pour y trouver « le secret de tout ce qui dans le temps et l'espace nous prolonge au-delà de nous-mêmes et fait de notre existence actuelle un simple point sur la ligne d'une destinée infinie[28] » s'inscrit dans cette tradition. Retrouver l'unité perdue du monde et de l'individu, accéder à la vie véritable, telle est la quête de Jean-Paul ou de Novalis. La poésie puise aux sources intérieures de l'être pour s'élever vers l'Infini. « Le sens poétique est étroitement apparenté au sens prophétique et religieux, à toutes les formes de voyance[29]. » Mais la Révélation ne passe pas, pour Novalis, par la destruction, la fin des mondes et des temps : elle intègre la Mort, l'assimile et s'y convertit...

La hantise des mondes morts, des océans de sang et des catastrophes cosmiques habite au contraire l'imaginaire de Jean-Paul. Mais ses visions de mort et de résurrection sont autant de visions intérieures. Dans *Eclipse de Lune (Die Mondfinsternis)* les images des glaives flamboyants, du soleil noir ou du serpent se conjuguent au mythe néoplatonicien de la chute des âmes pour proposer une allégorie fantastique de l'éternel retour des âges de malheur. Pourtant le jugement demeure, même s'il doit s'accommoder du cycle : « Et le glaive du jugement s'agita de nouveau. » Le poète « travaille » à sauver le cosmos des anneaux du serpent. Le Songe et le Poème préparent l'œuvre ultime de la Mort. C'est du cœur de la nuit que surgit la Révélation. Les paradis inondés de lumière et peuplés d'anges bienfaisants effacent la terreur des écroulements, des pluies de feu, de grêle ou de cendres, ou les apparitions terrifiantes de la Mort (*Rêve de l'Univers - Anéantissement; Traum über das All - Die Vernichtung*). Les rêves de Jean-Paul expriment un « cri de l'être, emprisonné dans les limites temporelles, et qui souhaite l'Eternité[30]. »

27. V. Hugo, *William Shakespeare, op. cit.*, p. 331.
28. A. Béguin, *L'ame romantique et le rêve*, Corti, 1965 (1re éd. 1939).
29. Novalis, cité par A. Béguin, *op. cit.*, p. 207.
30. A. Béguin, *op. cit.*

> « Hélas! et si je meurs, c'est que tout va mourir! »

disait le Christ aux Oliviers de G. de Nerval.

Le rêve et la folie sont des apocalypses intérieures; les visions du mythe pénètrent et organisent la quête d'*Aurélia* (achevé en 1854). « Le rêve est une seconde vie », et le sommeil, comme la mort, est un passage. La Révélation de l'*Apocalypse* permet de sortir du cycle infernal d'appauvrissement ou de dégénérescence des races, des nations ou des forces cosmiques, de vaincre la mort et de pénétrer dans l'Eternité :

> « O mort! où est ta victoire? puisque le Messie vainqueur chevauchait entre nous deux!
> Sa robe était d'hyacinthe soufrée et ses poignets, ainsi que les chevilles de ses pieds, étincelaient de diamants et de rubis. Quand sa houssine légère toucha la porte de nacre de la Jérusalem nouvelle, nous fûmes tous les trois inondés de lumière. »

La hantise de la mort des mondes « n'est que » la projection fantasmatique d'une obsession très personnelle : celle de l'extinction d'un feu tout intérieur. C'est bien ainsi qu'il faut comprendre le combat symbolique des deux esprits sur la colline, le soleil noir, les lunes folles ou le charnier de l'histoire... Mais les certitudes acquises dans les rêves ou les délires apocalyptiques sont valables pour tous :

> « Révélation de Jésus-Christ :
> Dieu la lui donna pour montrer à ses serviteurs ce qui doit arriver bientôt. »
> (Ap. 1$_1$.)

Comme Jean ou comme le Christ, Nerval est « descendu parmi les hommes pour leur annoncer l'heureuse nouvelle[31]. »

C'est dire que des apocalypses intérieures s'ouvrent au monde et à l'histoire pour compléter, ou pour transfigurer les apocalypses historiques.

Ces deux types de perspective coexistent dans l'œuvre de V. Hugo mais sans réellement se conjuguer. A l'origine, le projet des *Contemplations* (1856) se mêle avec celui des *Châtiments*. Dans une note de 1852 à Hetzel, V. Hugo écrit : « *Les Contemplations* [...] se composeraient de deux volumes; premier volume : *Autrefois*, poésie pure. Deuxième volume : *Aujourd'hui*, flagellation de tous les drôles et du drôle en chef. » Mais lorsqu'il songe à couronner son recueil avec *Solitudines Coeli*, Hugo change de perspective : « D'abord des choses légères, joyeuses, lumineuses... puis de la critique, de la moquerie, puis de la gaieté! Le livre s'assombrira. Je mettrai la mort de ma fille, puis l'exil, puis *je sortirai du monde et j'entre-*

31. Nerval, *Aurélia*, Minard, 1965, p. 116.

rai dans la vie extra-humaine, le livre commencera par de l'enfantillage et s'élargira jusqu'à Dieu[32]. » La suppression de *Solitudines Coeli* laisse V. Hugo *au bord* « du gouffre monstrueux » des révélations ultimes. Le dernier livre, *Au bord de l'Infini*, est un écho du cœur silencieux de l'œuvre, où l'ombre de l'exil se mêle à l'ombre du tombeau. Mais le poète entend l'apocalypse de la Bouche d'Ombre : révélation métaphysique et non plus historique sur la chute, le mal, la fin du monde et la résurrection. L'Histoire n'est qu'un temps de l'Etre...

D'*Amérique* ou d'*Europe* à *Vala (Vala.* 1795 et 1804) ou à *Jérusalem (Jerusalem*, 1804-1820), W. Blake passe d'Apocalypses historiques à l'Apocalypse intérieure qui oriente sa compréhension de la Bible et de l'Art. Autour de 1800, le poète anglais se détache en effet de l'interprétation historique et révolutionnaire du mythe de l'apocalypse. Le millénarisme n'est plus guère pour lui qu'une modulation de l'éternel retour. Le salut n'est pas à chercher seulement dans une Histoire toujours soumise à la répétition mais dans l'Eternité, par l'œuvre d'art. L'Histoire ne promet que des Apocalypses éphémères ou des révélations inachevées. « L'Art est l'arbre de vie[33] » chargé de les transfigurer. Les images et les structures apocalyptiques nourrissent toujours les poèmes de Blake, et c'est à cette époque qu'il compose les superbes illustrations de l'*Apocalypse de Jean.* Mais l'œuvre n'invite plus à agir dans l'Histoire, elle invite à contempler, et à vivre dans l'Art :

> « Si le spectateur peut pénétrer à l'intérieur de ces Images par sa puissance d'imagination [...] alors il se lèvera de sa Tombe et rencontrera le Seigneur dans les Airs, et il sera heureux[34]. »

Le Jugement Dernier est ce temps d'illumination toujours réitérable :

> « Il y a dans chaque journée un moment que Satan ne peut trouver. Mais les travailleurs zélés le découvrent et le multiplient, et lorsqu'une fois il est trouvé, il renouvelle tous les moments de la journée[35]. »

C'est le point apocalyptique d'où l'histoire est relue, dépassée et transfigurée.

En effet, cette sensibilité apocalyptique intériorisée ne reste pas souvent à l'écart de l'Histoire : Après un temps d'isolement et de rupture, Aliocha Karamazov tente de vivre, dans le monde, cette projection de l'ultime dans le maintenant. Car pour Dostoïevski, elle est bien de ce monde la résurrection du chapitre XX de l'*Apocalypse de Jean...* et comme dans l'*Apocalypse*, son avènement ne

32. *Journal d'Adèle Hugo*, cité par B. Leuilliot dans sa présentation des *Contemplations*, in « L'Intégrale », Seuil, 1972, p. 631.

33. W. Blake, *The Laocoon Group*, *op. cit.*, p. 582.

34. W. Blake, *Une Vision du Jugement Dernier. A Vision of the Last Judgment*, *op. cit.*, p. 644.

35. W. Blake, *Milton*, *op. cit.*, p. 423.

se fera pas sans la Mort. D'où la présence, au cœur des *Frères Karamazov (Brat'ja Karamazovy,* 1879-1880), de la légende du Grand Inquisiteur, insidieuse figure de l'Antéchrist. Aliocha, cependant, ne bouleverse pas le monde : il déchiffre les signes de sa résurrection. Apocalypse et transfiguration...

Apocalypses - palimpsestes

Avec la mort de Dieu et la remise en question du progrès, le mythe de l'Apocalypse perd sa dimension eschatologique et son urgence historique. Que reste-t-il? On oublie *ce que disent* les signes de « ce qui doit arriver bientôt » pour se ressouvenir (enfin?) que toute Apocalypse est un tissu de signes autres : araméens, syriaques, grecs ou éthiopiens... : un texte. Alors s'ouvre le temps des variations sur ces signes divers.

Sous l'humour souvent noir de Cendrars, tous les signes se vident de leur sens primordial. Dans *La Fin du Monde filmée par l'ange Notre-Dame,* Dieu n'est qu'un businessman américain chargé de réaliser, pour le compte de la Grigri's communion trust Co Ltd., les prophéties apocalyptiques de Jean et d'Ezéchiel. Son grand livre est celui de ses comptes, et les églises une vaste attraction. Mais l'essentiel est dans le film sur la fin des temps. Cendrars est sensible au spectacle total et permanent des révélations johanniques :

> « Monte ici et je te montrerai...
> Alors je vis... »

ou au silence qui précède un lever de rideau après les coups traditionnels :

> « Quand il ouvrit le septième sceau il se fit dans le ciel un silence d'environ une demi-heure... »

et le spectacle suit... Le film est ce spectacle. Mais l'auteur va plus loin, puisque le scénario postule un film dans le film; et le vertige nous saisit quand ce film repasse, à rebours. Cycle pessimiste inspiré de la guerre bien sûr, mais admirable métaphore de l'emboîtement ou de l'enroulement des signes. L'Agneau déroule un parchemin scellé (Ap. 6)... Cendrars laisse la pellicule s'enrouler à nouveau.

En intitulant sa « présentation » de l'*Apocalypse de Jean Le Grand Théâtre* (1961), Giono reprend, en l'intégrant à sa méditation sur la matière et sur le temps, la même réflexion. « L'entreprise », d'ailleurs, mérite une rapide digression : lorsque Giono calligraphie sur parchemin *Le Grand Théâtre,* il participe à l'élaboration d'un livre-objet monumental à la gloire du texte johannique (sept peintres et sept écrivains y travaillent, trois ans durant). L'œuvre fut *exposée* au musée d'Art Moderne : pour exister, l'Apocalypse a besoin du regard.

Le Grand Théâtre est bien un lever de rideau. Mais que disent les signes ? La surenchère apocalyptique des premières paroles de Jean III est trompeuse :

> « Tu entendras parler de bien d'autres guerres [...] les cieux ne se replieront pas, il se recroquevilleront [...] Léviathan sera une mouche à vin et Béhémot le ciron qui craque dans la reliure des Livres...[36]. »

Oui. Mais l'Apocalypse n'est pas là. Elle est dans le pourrissement du quotidien, dans l'isolement progressif et dans l'enfermement tout intérieur d'Eugène. Par-delà tous les signes tangibles, elle est tapie dans chacun d'entre nous :

> « Il y a dans moi, dans ta mère et dans toi-même des débuts d'Apocalypse, ou tout au moins des points à partir desquels, le moment venu, elle se déploiera[37]. »

— Mais les signes sont trompeurs et toujours ambigus : l'Apocalypse est, pour Eugène, rétrécissement de son univers extérieur mais élargissement, ou creusement tout intérieur.

— Ou les signes sont morts :

> « Si à Patmos on avait pointé le doigt vers cette étoile et si on lui [à Jean] avait dit : "Qu'est-ce que c'est ?", il aurait répondu : "C'est une étoile. Alors qu'à ce moment-là ce n'était déja plus rien"[38]. »

Autrement dit, la Fin de l'Univers a peut-être eu lieu voilà des milliers d'années, car les étoiles que nous contemplons dans la nuit sont éteintes depuis des millénaires. Le futur n'existe donc pas. Tout est passé, le présent n'est qu'un point éphémère. « On ne peut nous menacer que du passé » : renversement vertigineux de l'activité prophétique.

— Ou les signes sont vides :

> « Une seule chose est sûre : le nombre est l'expression de ce qui n'existe pas[39]. »

et les signes mathématiques n'expriment que l'activité de notre intelligence, ils n'expliquent rien au-delà.

S'il n'y a rien au-delà de ce monde et du signe, que du vide ou que du passé,

36. Giono, *Le Grand Théâtre*, Œuvres complètes, La Pléiade, t. III, Gallimard, 1982 (1re éd. 1974), p. 1069.
37. *Id.*, p. 1071.
38. *Id.*, p. 1081.
39. *Id.*, p. 1078.

demeurent cependant et ce monde et le signe, comme une « invitation ». L'apocalypse est un spectacle, et les hommes ne laisseront jamais un spectacle sans spectateur, dussent-ils en mourir. « Or, s'il le(s) tue, à quoi sert le spectacle ?[40]. » La réponse est donnée comme une sorte d'apologue à la fin du récit :

> « Il a parlé sans arrêt dans le silence [...] dans le vide [...] dans la solitude totale [...]. Il a parlé, non pour transmettre sa pensée, mais simplement parce que la pensée se fait dans la parole[41]. »

L'Apocalypse est le symbole de cette œuvre et de toutes les œuvres. Eugène est un autre saint Jean, comme Jean III qui parle et Jean IV qui « essaie » de transcrire, à cinquante ans de là. Le mythe de l'Apocalypse est très paradoxalement un mythe de la *création* littéraire.

Le roman d'U. Eco, *Le Nom de la Rose (Il Nomme della Rosa.* 1980), se présente comme une enquête policière. Dans l'Europe millénariste du XIVe siècle, la coloration apocalyptique des crimes mystérieux qui frappent l'abbaye n'échappe bien sûr à personne et la structure septénaire du roman, rythmé par les sept meurtres et par les heures canoniales, semble conforter cette interprétation. Les images et les thèmes apocalyptiques foisonnent.

Mais tous les indices sont faux, conçus pour tromper et pour égarer l'enquêteur. L'Apocalypse est un prétexte, pire, une fausse piste, une structure vide ; on la croit pleine et signifiante, elle n'explique rien. L'enquête policière et le décryptage des signes de la Fin des Temps ne conduisent pas plus au meurtrier qu'à l'Apocalypse attendue.

Et pourtant, on arrive à l'Antéchrist instigateur, et l'abbaye s'écroule dans un incendie gigantesque. « Le schéma [était] faux pour interpréter la stratégie du coupable, et le coupable s'y est conformé[42]. » Le faux conduit au vrai et le signe crée l'être, ou le recrée. La clef de l'énigme et la clef de voûte de l'œuvre est la bibliothèque-labyrinthe où les signes alphabétiques se conjuguent différemment pour orienter la progression ou pour désorienter, pour susciter la réflexion et conduire à la vérité. Comme l'enquête, comme l'Apocalypse, comme le Livre enfin. « Parce que c'est là une histoire de livres, non de misères quotidiennes », comme il est dit dès l'avertissement[43]. Une histoire de signes et non d'événements, d'images et non de choses... un mythe... ou une parabole qui n'a de valeur qu'heuristique.

40. Giono, *Le Grand Théâtre*, Œuvres complètes, La Pléiade, t. III, Gallimard, 1982 (1re édition 1974), p. 1075.

41. *Id.*, p. 1083.

42. U. Eco, *Le Nom de la Rose*, Grasset, 1982, p. 475 (édition italienne : *Il Nomme della Rosa*, 1980).

43. U. Eco, *Le Nom de la Rose*, Grasset, 1982, p. 13.

« Je m'apprête à laisser sur ce vélin témoignage des événements admirables et terribles auxquels dans ma jeunesse il me fut donné d'assister, en répétant verbatim tout ce que je vis et entendis, sans me hasarder à en tirer un dessein, comme pour laisser à ceux qui viendront (si l'Antéchrist ne les devance) *des signes de signes*, afin que sur eux *s'exerce la prière du déchiffrement*[44]. »

Le rôle de saint Jean.

Le roman d'Adso se construit des pages calcinées sauvées de l'incendie, et l'auteur nourrit symboliquement son roman des notes éparses qu'il prit sur une traduction perdue de ce livre mythique... à l'image du second livre « retrouvé » et perdu à jamais, de la *Poétique* d'Aristote. Chaque livre est l'empreinte ou le signe d'un autre.

En tant que mythe du dévoilement (et non plus mythe de la fin des temps) et comme livre à décrypter, l'Apocalypse dirige le cours de cette réflexion.

« Tout bien réfléchi, elles étaient plutôt minces les raisons qui pouvaient me porter à faire imprimer ma version italienne d'une obscure version néo-gothique française d'une édition latine du XVIIe siècle d'un ouvrage écrit en latin par un moine allemand vers la fin du XIVe siècle[45]. »

Sous l'humour de cette affirmation, nous prendrons la liberté de lire *aussi* l'aventure des « mythes littéraires ».

Les *Apocalypses* sont des livres scellés, à rompre et à forcer pour que surgisse la Révélation, ouverte ainsi à l'interrogation des Hommes.

« Je l'atteste à quiconque entend les paroles prophétiques de ce livre : si quelqu'un y ajoute, Dieu lui ajoutera les fléaux décrits dans ce livre. Et si quelqu'un retranche aux paroles de ce livre prophétique, Dieu retranchera sa part de l'arbre de vie et de la cité sainte qui sont décrits dans ce livre. » (Ap. 22.18.20.)

Jean avait-il conscience, en achevant l'*Apocalypse*, d'avoir ouvert la Bible au souffle — et au risque — de l'imagination ?

Danièle CHAUVIN

44. *Id.*, p. 17. C'est nous qui soulignons.
45. *Id.*, p. 12.

BIBLIOGRAPHIE

PRINCIPAUX TEXTES DU CORPUS DE L'ARTICLE

Corpus biblique

— Apocalypse de Jean
— Daniel
— Ezéchiel
— Isaïe
— Joël
— Zacharie
Traduction œcuménique de la Bible (TOB), Paris, Cerf, 1975.

Corpus des pseudépigraphes

— Apocalypse grecque de Baruch (III Baruch)
— Apocalypse syriaque de Baruch (II Baruch)
— Ascension d'Isaïe
— Livre d'Hénoch éthiopien
— Livre des secrets d'Hénoch (II Hénoch)
— Oracles sibyllins
— Quatrième Livre d'Esdras (IV Esdras)
— Testament des Douze Patriarches
La Bible : Ecrits intertestamentaires, Paris, Gallimard, 1987 (Bibliothèque de la Pléiade).

Autres œuvres

Agrippa d'AUBIGNÉ, *Les Tragiques*, Paris, Gallimard, 1969. (Bibliothèque de la Pléiade, Œuvres complètes.)

Saint AUGUSTIN, *La Cité de Dieu*, Paris, Desclée de Brouwer, 1959-1960. (Bibliothèque augustinienne, *Œuvres de saint Augustin*, vol. 33 à 37.)

Pierre-Simon BALLANCHE, *Œuvres complètes*, Genève, Slatkine Reprints, 1967.

René BARJAVEL, *Ravage*, Paris, Livre de Poche, nombreuses rééditions.

William BLAKE, *The Complete Writings of William Blake* with all the variant readings, London, Oxford U.P., 1957. Traduction française en cours. Paris, Aubier-Flammarion, 1974-1983.

Vicente BLASCO-IBAÑEZ, *Les Quatre cavaliers de l'Apocalypse*. Paris, Calmann-Lévy, 1928.

Jakob BOEHME, *Mysterium Magnum*, Paris, Aubier, 1945.

Blaise CENDRARS, *La Fin du Monde filmée par l'ange Notre-Dame*, Paris, Denoël, 1960. (*Œuvres complètes*, t. II.)

DANTE, *La Divine Comédie*, Paris, Les Libraires associés, 1965.

Fédor Mikhaïlovitch DOSTOIEVSKI, *Les Frères Karamazov*, Paris, Garnier, 1969.

Georges DUHAMEL, *Les Sept dernières Plaies*, Paris, Mercure de France, 1928.

Umberto ECO, *Le Nom de la Rose*, Paris, Grasset, 1982.
Jean GIONO, *Le Grand Théâtre*, Paris, Gallimard, 1971 (Bibliothèque de la Pléiade, *Œuvres complètes*, tome 3).
Albert HIGON, *Le Jour des Voies*, Paris, J'ai lu, 1977.
Victor HUGO, *Œuvres complètes*, Paris, Laffont, 1985.
JOACHIM de FLORE, *L'Evangile éternel*, Paris, Rieder, 1938.
LAMARTINE, *Œuvres complètes*, Paris, Gallimard, 1963, Bibliothèque de la Pléiade.
John MILTON, *Paradise Lost*, Paris, Aubier, 1951.
— *Paradise Regained*, Paris, Aubier, 1955.
Gérard de NERVAL, *Aurélia*, Paris, Minard, 1965.
NOVALIS, *Œuvres complètes*, Paris, Gallimard, 1975, NRF.
Jean-Paul RICHTER, *Choix de Rêves*, Paris, Corti, 1964.
Emmanuel SWEDENBORG, *Du Ciel et de ses Merveilles et de l'Enfer*, Paris, M. Minot, 1872.
— *La Nouvelle Jérusalem et sa Doctrine céleste*, London, Swedenborg Society, 1938.
Emile ZOLA, *Œuvres complètes*, Paris, Gallimard, 1967, Bibliothèque de la Pléiade.

BIBLIOGRAPHIE CRITIQUE (SOMMAIRE)

L'Apocalyptisme, Cahiers de l'Université de Pau et des pays de l'Adour, Pau, 1986.
Apocalypse et Sens de l'Histoire, Paris, Berg international, 1983, Cahiers de l'université Saint-Jean de Jérusalem.
Apocalypses et Théologie de l'Espérance, actes du Congrès de Toulouse de l'A.C.F.E.B., Paris, Cerf, 1977.
Apocalypses et Voyages dans l'Au-delà, sous la direction de C. Kappler, Paris, Cerf, 1987.
Paul BENICHOU, *Le Temps des Prophètes*, Paris, Gallimard, 1977.
Danièle CHAUVIN, *Images de l'Apocalypse : William Blake et Victor Hugo*, thèse de 3e cycle, Grenoble, 1981.
— *William Blake et l'Apocalypse : le Verbe et l'Image*, thèse d'Etat, Grenoble, 1987.
Norman COHN, *Les Fanatiques de l'Apocalypse*, Paris, Payot, 1983.
Mathias DELCOR, « Mythologie et Apocalytique » in *Apocalypses et théologie de l'espérance*, Paris, Cerf, 1977.
— « L'Apocalyptique juive » in *Encyclopédie de la Mystique juive*, Paris, Berg International, 1977.
Henri DESROCHE, *Dieux d'Hommes*, Dictionnaire des Messianismes et des Millénarismes de l'ère chrétienne, Paris-La Haye, Mouton, 1969.
Mircea ELIADE, *Aspects du Mythe*, Paris, Gallimard, 1966 (Idées).
— *Traité d'Histoire des Religions*, Paris, Payot, 1983.
Encyclopédie de la Mystique juive, sous la direction de A. Abécassis et G. Nataf, Paris, Berg International, 1977.
Carl Gustav JUNG, *Métamorphoses de l'Ame et ses Symboles*, Genève, Buchet-Chastel, 1978.
Frank KERMODE, *The Sense of an Ending*, London, Oxford U.P., 1968.
Philippe SELLIER, « Lautréamont et la Bible », *R.H.L.F.*, 74 (3), 1974.
Hélène TUZET, *Le Cosmos et l'Imagination*, Paris, Corti, 1965.

Apollon, le soleil mythique

« Apollon entre tous les dieux poétiques, est le plus déguisé par fables et étymologies de son nom. » (Pontus de Tyard, 1552.) La figure mythique d'Apollon, qui apparaît dans la littérature occidentale comme une des plus conventionnelles qui soit, était considérée par les anciens mythographes comme une des plus complexes, car on lui attribuait divers noms et diverses propriétés. C'est d'abord un archétype universel du Divin, dont la littérature retient alternativement, et indifféremment semble-t-il, trois des noms principaux : Apollon - Phœbus - Soleil. L'évolution chronologique tend à isoler de plus en plus le dieu solaire, en tant que symbole, de ses aventures mythologiques — la figure prenant plus d'importance, dans son rapport à la poésie que les fables qui lui sont associées (à l'exception toutefois de Daphné).

Les noms du soleil

Dans la tradition platonicienne et jusqu'à la fin de la Renaissance, un certain nombre d'étymologies, aussi significatives les unes que les autres dans leur diversité même, ont été imaginées : elles déterminent les différentes fonctions attribuées au dieu solaire. Dans le nom d'Apollon, les interprètes lisent aussi bien une idée de destruction que de délivrance (du verbe *luô*, délier) ou de purification (du verbe *louô*, laver), par association aux effets desséchants du soleil, qui peuvent être négatifs ou positifs : sans doute faut-il y voir une survivance de l'ambivalence du dieu archaïque.

Les interprétations du *Cratyle* (voir « Apollon antique ») permettent de définir les quatre attributions principales du dieu : la médecine et la divination (comme purifications), la musique et l'art du tir à l'arc. Le nom Phœbus est associé, par Isidore de Séville, à la jeunesse éternelle de l'éphèbe (é-phœbus), et par Cartari (1556), à la lumière vitale (*phôs*, lumière, et *bios*, vie). Le nom Soleil enfin, qui signifie en grec, pour Platon, celui qui « nuance » les couleurs (*helios*, de *aïoleïn*), est assimilé en latin (sol), par tous les commentateurs ultérieurs, à l'adjectif *solus* (seul) lequel est identique dans les langues néolatines (« il est nommé soleil, comme étant le seul œil du ciel », P. de Tyard). Cartari, qui suit Plotin et Macrobe, raccroche d'ailleurs à cette étymologie le nom grec d'Apollon qu'il traduit par « qui n'est pas multiple » (*a* privatif + *polu*, beaucoup), signifiant par là l'importance toute particulière de cette identification du soleil à l'unité.

Principales attributions

Les mythographes de la Renaissance ont effectué un précieux travail de synthèse, et nous offrent dans leur état à peu près définitif les diverses interprétations du mythe, nourries des exégèses antiques et médiévales aussi bien qu'orientales. Dans ses *Images des Dieux* (1556), Cartari décompose le mythe solaire en une série de mythèmes enchaînés les uns aux autres par une interprétation de type allégorique :

— Le soleil représente d'abord, dans la diversité et l'universalité de ses effets, un archétype de la Divinité, et les Assyriens l'assimilaient à Jupiter en tant qu'âme du monde (à travers tous les autres dieux, c'est lui seul qu'on entend toujours évoquer). Ainsi, Macrobe considérait, dans ses *Saturnales* (I) que toute la théologie se ramène au culte du soleil.

— En tant que symbole d'éternelle jeunesse, comme allégorie du jour toujours neuf et renaissant, Apollon, toujours représenté imberbe (sauf chez les Assyriens), se trouve associé à Dionysos.

— A cause de sa position centrale dans l'Univers, il est appelé « cœur du ciel », par analogie avec la fonction vitale, « pulsative », du cœur dans le corps humain : le soleil, source de vie, communique aux astres leur mouvement. C'est pourquoi il est assis au milieu des neuf Muses, allégories des neuf sphères célestes, car il figure avec elles l'Harmonie et l'Univers, signe de « symétrie et concordance » (Tyard). Ainsi, la Musique des Sphères, que R. Lulle représentera par la Grande Lyre de l'Univers, est-elle à l'origine de l'attribution de la Musique et de la Poésie (laquelle était d'abord Chant) au dieu solaire.

— Les rayons du soleil, représentés par les flèches que porte Apollon (comme sa sœur Diane), ont la vertu de pénétrer le sein même de la terre. C'est pourquoi il existe une tradition archaïque selon laquelle Apollon est aussi un dieu infernal (et peut s'appeler Hécate, les divinités primitives étant asexuées).

— C'est pour la vertu desséchante et purgative de ses rayons qu'Apollon est aussi dieu de la médecine. Les mythographes rattachent aussi à cette attribution la fable du serpent Python tué par Apollon dès sa naissance, qu'ils expliquent en assimilant Python au Déluge, principe d'humidité morbide encerclant la terre.

— De même, l'attribution du laurier à Apollon, et la fable de Daphné, sont expliquées par la vertu de la plante, toujours verte et imputrescible, et que les mythographes donnent comme emblème de la Santé. Elle est liée également à la symbolique alchimique de l'humide, car c'est par l'intervention du fleuve Pénée, son père, que Daphné est métamorphosée.

— Apollon est enfin le dieu de la divination, car il est l'œil du ciel, celui qui voit tout et révèle les secrets (d'où le sens de l'épisode mythologique où Apollon dénonce les amours adultères de Vénus avec Mars). Il occupe dans l'Univers la place et la fonction de l'œil dans le corps humain, celui d' « espion de l'intellect », de « censeur » ou de « recteur », et sa position éminente est un signe d'omnipotence : Cartari décrit un hiéroglyphe égyptien qui désigne le soleil par l'image d'un sceptre surmonté d'un œil, ce qui identifie au soleil mythique le concept de royauté.

Une telle synthèse, dans laquelle sont définis et reliés entre eux les principaux mythèmes, est le modèle d'interprétation qui servira de substrat à toute la production poétique ultérieure. L'exemple de Du Bartas est significatif : dans sa *Sepmaine ou Création du Monde* (1578), le soleil, qui n'est plus un dieu, mais un simple « ornement du ciel », est toujours désigné métonymiquement, par une série de noms qui résument tous les mythèmes rattachés au dieu solaire dans sa fonction cosmique : Phœbus aux cheveux d'or, blond Titan (par référence à la divinité originelle), Flambeau latonien (en association avec Diane, comme fils de Latone), l'Archer, Apollon donne-âme, Fontaine de Chaleur, Vie de l'Univers, Donne-honneurs, Roi du Ciel, Œil du Jour et Censeur, ou encore Flambeau délien, Torche delphique (d'après les principaux sanctuaires antiques), qui « rajeunit le visage du monde ». Parallèlement, sont codifiées à partir de Cartari les différentes orientations incluses dans une figure qui sera simplifiée progressivement en celle du dieu de la Poésie, couronné de rayons comme de lauriers, siégeant avec les Muses sur le mont Parnasse, toujours accompagné de sa lyre (qui peut suffire à le représenter) et distillant l'inspiration poétique sous la forme de la source Hippocrene (jaillie du sabot de Pégase) qui sera pour Ronsard « la fontaine des vers ».

Le soleil philosophique

Symbole de l'Or philosophique dans la tradition alchimique, conciliant les oppositions fondamentales du feu et de l'eau, du sec et de l'humide, ou symbole de l'âme divine créatrice dans l'orphisme et le pythagorisme, le dieu de la Poésie est l'image même de toute création dans la littérature de tradition néoplatonicienne, dans laquelle Apollon, avec sa lyre, est toujours associé à son double mortel, Orphée. Apollon, à la Renaissance, est le dieu qui inspire la Fureur Poétique sans laquelle il ne peut y avoir production lyrique : c'est sous son influence que l'esprit « pénètre les secrets des cieux » et que l'âme « s'élève entre les dieux » (Ronsard, *Hymne de l'Automne*). C'est sous le signe d'Apollon que l'âme retrouve son origine céleste par les effets d'un enthousiasme divin (du mot grec *theos*, dieu) : telle est l'origine orphique de la poésie. Pour Ronsard et les poètes de la Pléiade, le Poète inspiré est « prophète » et « prêtre d'Apollon » (d'où la faveur poétique exceptionnelle reconnue, au XVIe siècle, aux Sibylles et aux oracles).

Cette interprétation néoplatonicienne du mythe, qui confond les deux attributions centrales du dieu, la vaticination et l'art lyrique, et à travers laquelle surtout a été transmise l'image d'Apollon, repose sur les commentaires au *Banquet* de Marsile Ficin, qui définit quatre fureurs divines associées à quatre divinités tutélaires : la première et la plus haute est la fureur poétique, qui procède des Muses; la seconde, fureur mystériale ou sacerdotale, procède de Dionysos; la troisième est la fureur prophétique et procède d'Apollon; la quatrième est l'amour et procède de Vénus. Malgré la dissociation marquée ici entre Apollon et les Muses, les poètes invoquent indifféremment le dieu (compris comme principe universel) ou ses Muses (allégories qui représentent individuellement la répartition des vertus poétiques). Il est à noter que dans le contexte néoplatonicien, Apollon ne s'oppose pas à Dionysos, mais que leurs fonctions sont complémentaires : le dieu de la divination, ou pénétration des secrets divins, fait couple avec le dieu de l'initiation aux Mystères divins, au point qu'ils sont qualifiés de « frères » par

Pontus de Tyard, lequel explique l'épithète d'Apollon Delphien par la fausse étymologie *adelphos* (frère) « pour fraternité estimée entre Denys et Apollon ». Pour les néoplatoniciens, si Apollon est un des pôles d'une dualité du monde, c'est celle qui l'oppose, en tant qu'il est l'Un, principe universel, à Diane, qui incarne la Nature, c'est-à-dire le Multiple. Selon la conception plotinienne reprise par Giordano Bruno (*Eroici Furori*, 1585), la Nature (Diane) est le miroir de Dieu (Apollon), lumière absolue dont l'essence est d'être cachée, qui rend aveugle et ne peut être perçue que dans ses reflets. Une variante développée par Léon Hébreu (1535), faisait d'Apollon le « simulacre de l'Intellect divin » tandis que la Lune, « simulacre de l'âme du Monde », servait d'intermédiaire entre le plan divin (monde intelligible) et le plan corporel (monde sensible). Cette conception est particulièrement riche du point de vue de la postérité littéraire qu'elle a suscitée. Elle induit, en effet, et de manière explicite, une extrême valorisation de la fonction du regard, la vision sensitive, celle des yeux, étant identifiée à la vision intellective, celle qui permet, grâce à la spiritualité de la lumière, de distinguer non seulement le beau du laid, mais le bien du mal. Cette suprématie de l'œil sur les autres sens sera abondamment développée, dans ses variations poétiques et métaphoriques, tout au long des XVIe et XVIIe siècles. Jusque dans les descriptions anatomiques qu'en donnent les poètes baroques, l'œil apparaît comme un intermédiaire entre le monde sensible et le monde intelligible, double du Soleil, dont la lumière éclaire les esprits autant que la matière.

Le soleil mystique

Dès la Renaissance, prend forme une interprétation qui sera singulièrement amplifiée à l'époque baroque, et qui fait du soleil un emblème royal. Cette interprétation de type iconologique se trouve d'abord associée, ponctuellement, au panégyrique (« Henry, l'Apollon qui m'inspire », Ronsard, *Elégie*, I), puis à l'emblématique, la couronne royale étant représentée par une couronne de rayons. Alors que Tyard voyait un symbole positif dans l'image du soleil « Prince et recteur du ciel », le poète baroque Drelincourt, en 1677, le compare à « un superbe Roy, qui brille dans sa Cour, Couronné de rayons... », mais c'est pour l'accuser de n'être qu'un simulacre de Dieu, une « faible peinture ». Dans la même perspective, Du Bartas substituait au faux dieu païen le vrai Dieu, en lui attribuant son nom : « Le monde est un nuage à travers qui rayonne, Non le fils tire-traits de la belle Latone, Ains ce divin Phœbus... » (« Premier Jour »,

143-146.) Il est caractéristique qu'à la cour de Louis XIV, Drelincourt cautionne une interprétation critique et désacralisante dans laquelle le soleil perd son nom et sa fonction mythiques, au moment où le roi, concrétisant idéologiquement les allégories de la littérature (en référence à la *Cité du Soleil* de Campanella et au *Songe de Polifile*), se fait représenter à Versailles « demeure du Soleil », en Apollon, signalant un renversement qui projette le soleil sur la terre. Drelincourt conclut son sonnet *Sur le Soleil*, qui n'est plus que « le portrait de la Cause Première » : « ton éclat n'est qu'une Ombre, et tu n'es plus Soleil ». Le Soleil mythique est un faux soleil. Mais il est remplacé dans le ciel métaphorique par le vrai Soleil mystique, le Christ, que les peintres de la Renaissance représentaient parfois aussi sous les traits d'Apollon. En tant que reflet du vrai Dieu, interprète et véhicule de sa lumière, le Christ est une figure solaire, dont la mort est un Occident qui provoque la venue de la nuit (c'est ainsi que les poètes métaphorisent l'éclipse sur le Calvaire). Cette identification, généralisée dans la poésie mystique baroque, est parfois poussée jusqu'à inclure, ce qui est inhabituel, certains épisodes de la fable d'Apollon (Clithie, Hyacinthe).

LE SOLEIL DE L'INTELLIGENCE

Le soleil mystique, qui dans un paradoxe déterminant toutes les interprétations poétiques est lié au déclin du soleil mythique, est cependant issu d'une vieille topique, celle du Deus Pictor : si Dieu est un peintre, et l'Univers son tableau, le Soleil (disent les poètes depuis l'époque hellénistique) n'est autre que son pinceau. A l'époque baroque, le mythe solaire, abondamment utilisé quoiqu'en termes métaphoriques plus qu'allégoriques, reconduit cette topique dans le sens d'une certaine abstraction. Ses différentes occurrences sont liées à deux mythèmes : d'une part, le Soleil comme principe divin et instrument de création devient le double mythique du poète — qui cette fois ose s'identifier non plus à Orphée, mais à Apollon lui-même. D'autre part, le parcours diurne de l'œil solaire devient la métaphore même de l'écriture. De nombreux textes baroques jouent sur l'homologation rayon/crayon pour rendre compte de la fonction picturale et scripturale du Créateur. De même, il est d'usage de ponctuer les longs poèmes de levers et de couchers de soleil, décrits de façon à instituer une analogie de type mythique entre le rythme des journées et celui du poème qui s'écrit.

Ainsi en est-il dans l'*Adone* de G. B. Marino, où, à la fin du poème, la Muse vient, sur l'appel d'Apollon « pour terminer la trame de cette longue toile », et la fin du dernier jour est décrite en termes d'inscription textuelle : « Papier est le ciel, encre les ténèbres et plume le rayon, Dont le soleil efface le jour qui s'achève pour, en lettres d'or éclatantes, Ecrire à l'Occident la fin du long parcours. » (chant XX.) Dans l'*Adone*, Apollon est présent sous diverses formes. On le retrouve aussi, métaphoriquement, dans la figure du héros, Adonis, qui n'est qu'un regard parcourant les spectacles du monde (monde céleste, monde terrestre et monde culturel) et se trouve souvent comparé, pour l'éclat de son adolescence, à Apollon. De même que le soleil est l'œil qui éclaire le monde, le révèle et lui permet d'Etre, le premier regard créateur sur le poème est celui du poète; mais il existe un autre regard, image de celui de l'œil humain, qui lit et interprète le grand Livre de la Nature. Adonis, dans le poème de Marino, joue ce rôle du lecteur, double de la créature à laquelle sont cachés les secrets de la création. Il est donc, lui aussi, un « faux soleil », et c'est pourquoi Marino nous le montre comme un héros passif qui, tout au long du poème, ne comprend rien à ce qu'il voit : c'est donc une image inversée du soleil philosophique de la Renaissance, il symbolise l'âme humaine, mais dans la mesure où celle-ci s'en tient aux apparences, et se prend pour le soleil parce qu'elle en est l'image. L'Adonis de Marino est un œil solitaire, auquel les dieux (Vénus et Hermès) révèlent des secrets, mais le seul monde qu'éclaire son regard est celui du livre, dont Apollon « celui qui éclaire les sages esprits », est le véritable scripteur. Celui qui éclaire les esprits figure le dernier avatar du dieu de la Poésie comme représentant de l'Intellect divin, c'est lui qui rend l'esprit brillant et pénétrant, c'est-à-dire capable d'invention et de divination. Le signe solaire est déplacé pour valoriser cette fois l'Intellect humain, et plus encore l'intelligence individuelle. Le dieu n' « inspire » plus, mais il fait peut-être davantage en « éclairant » l'œuvre.

Déguisé, Apollon le paraît de plus en plus, au point de perdre son nom, pour admettre des substituts lorsqu'on lui refuse le nom même de dieu. Il conserve pourtant, en tant que signe mythique, une grande cohérence : les utilisations abstraites du Soleil comme métaphore de l'œil divin contiennent bien les traces très nettes de sa nature mythique. Les connotations attachées à la figure solaire ne sont autre chose que la transposition, sur le plan métaphorique, des mythèmes associés au dieu. La fréquence même de son utilisation aux XVIe et XVIIe siècles, signale la valeur quasi rituelle qu'on lui reconnaît encore, au moment où la littérature se détache du mythe.

Il semble que, dès lors que la poésie ne se soutient plus du mythe de l'inspiration, la figure de son dieu tutélaire soit progressivement abandonnée, même si on persiste, conventionnellement ou périodiquement, à invoquer les Muses jusqu'au XIXe siècle. Les noms d'Apollon, des Muses ou de la Lyre, peuvent suffire aussi à désigner métonymiquement, à l'exclusion de tout autre mythème, le concept de poésie.

Hypérion

Avec la sensibilité romantique, Apollon redevient l'Archer : l'inspiration divine du poète n'est plus tant illumination et révélation, que choc, possession stupéfiante. Le poète, comme Hölderlin, est « frappé par Apollon » (Lettre 240, éd. Pléiade, p. 1009), et, étant confronté à la présence du dieu, il ne peut plus être compris des hommes. La vocation poétique se trouve ainsi assimilée à une malédiction et à une souffrance (passion). Chez Hölderlin, Apollon se confond à la fois avec Jupiter, celui qui frappe de l'éclair éblouissant « ébranle et vivifie » (*Hypérion, éd. cit.*, p. 209), et avec Dionysos, pour se condenser dans la figure du Christ. Il est aussi, et surtout, identifié à celui qui était, selon Hésiode, son père, le Titan Hypérion : tel Hypérion, dont il porte le nom dans le roman allégorique d'Hölderlin (*Hypérion*, 1797-99), le poète est un titan déchu et exilé, dont les actes de révolte (pré-apolliniens) sont voués à l'échec, mais qui conserve la mémoire confuse de son origine solaire et de sa mission, tout en étant, comme le soleil, voué à la solitude, laquelle comporte dans ce contexte un aspect positif, exaltant, et un aspect négatif, qui fait du poète un maudit ou un fou. Apollon et Dionysos se rejoignent encore ici, dans la conception romantique de la folie comme signe d'élection divine et ivresse mystique. L'ambiguïté fondamentale d'Apollon se retrouve dans cette dualité de la fonction poétique, perçue à la fois comme grâce et comme éviction, cette dualité étant ressentie par les Romantiques sur le plan de l'individualité, et non plus conceptuellement comme à la Renaissance.

Il faut enfin examiner une occurrence exceptionnelle de la figure d'Apollon dans la littérature, singulièrement proche de l'interprétation d'Hölderlin. Apollon n'apparaît comme *sujet* et héros principal d'une œuvre littéraire qu'au XIXe siècle, dans le poème (inachevé) de Keats qui a également pour titre *Hypérion* (1819) : cette brève épopée de type miltonien retrace la chute des Titans, évincés par les Dieux Nouveaux, et l'accession à la divinité du jeune Apollon, initié par Mnémosyne. Chez Keats, comme chez Hölderlin, Apollon est traité comme symbole de « beauté nouvelle » et comme dieu tutélaire, et incarnation, de la Nouvelle Poésie. Chez l'un comme chez l'autre, l'accent est mis sur le *devenir divin* d'Apollon : chez Keats en effet, Apollon ne devient dieu que lorsque, grâce à Mnémosyne (qui est, rappelons-le, la mère des Muses dans la tradition mythologique), il prend conscience de sa divinité; et cette accession au Savoir est douloureuse, Apollon lui-même, avant de frapper les poètes, souffre « une agonie aussi brûlante que celle de la mort est glacée », et « pousse un cri perçant » à l'instant de son épiphanie (Livre III, derniers vers). Chez Hölderlin, le nom d'Hypérion symbolise par antonomase (« ton frère, l'Hypérion du ciel, habite en toi », *éd. cit.*, p. 195), le déchirement du héros qui, tourné vers les anciens dieux dont il se sent l'interprète, est destiné à inaugurer le renouveau de l'Adolescent solaire à travers une

Nouvelle Religion Poétique. Le poète qui parle ici n'est pas encore né, et Hypérion figure la préhistoire mythique de celui qui ne deviendra divin, pur esprit solitaire (« L'Ermite de Grèce ») dégagé des tentations héroïques, qu'après les événements romanesques. De même, Keats interrompt brutalement son poème au moment de la naissance de la Poésie.

Françoise GRAZIANI

BIBLIOGRAPHIE

Œuvres citées

Giordano BRUNO, *Gli eroici furori (Des Fureurs héroïques)*, éd. et trad. P.-H. Michel, Paris, 1954.

Tomaso CAMPANELLA, *La Cità del Sole (La Cité du Soleil)*, trad. A. Zevaès, Paris, 1962.

V. CARTARI, *Le Imagini degli Dei (Les Images des Dieux)*, Venise, 1556, trad. française Du Verdier, 1606.

Guillaume DU BARTAS, *La Sepmaine*, éd. critique de Y. Bellenger, Paris, 1981.

Marsile FICIN, *De Sole (Du Soleil)* dans *Opera*, éd. Bâle, 1561, vol. II.

Léon HÉBREU (Leone Ebreo), *Dialogues d'Amour*, éd. italienne, 1535, trad. Pontus de Tyard, 1551.

F. HÖLDERLIN, *Hypérion ou l'Ermite de Grèce*, trad. P. Jaccottet, Gallimard, éd. de la Pléiade, 1967.

J. KEATS, *Hypérion*, trad. A. Laffay, dans *Poèmes choisis*, Aubier, 1968.

Etudes générales traitant en partie d'Apollon

G. DEMERSON, *La Mythologie classique dans l'Œuvre lyrique de la Pléiade*, Genève, 1972.

F. JOUKOVSKY, *Poésie et Mythologie au XVIe siècle. Quelques Mythes de l'Inspiration*, Paris, 1969.

E. KRETZULESCO, *Les Jardins du Songe* (sur le *Songe de Polifile*), Rome/Paris, 1976.

J. SEZNEC, *La Survivance des Dieux antiques*, Paris, 1980 (2e éd.).

Apollon antique : ombre et lumière

Dans sa *Nouvelle Mythologie de la Jeunesse*, destinée aux écoliers français du temps de Charles X, Mme Tardieu-Denesle raconte que Jupiter chargea Apollon de répandre la lumière dans l'univers et que chaque matin le dieu montait sur le Char du Soleil pour une course qui s'achevait avec la nuit. Pauvres écoliers amenés par leurs propres maîtres à une regrettable confusion entre Hélios et Apollon ! En réalité, Mme Tardieu-Denesle est bien excusable, car cette confusion règne depuis fort longtemps. Au jeu des associations « Apollon » suscite les mots « lumière », « harmonie », « équilibre ». On l'associe à l'Athènes de Périclès, aux rayons du soleil descendant sur l'Acropole, à la *sôphrosunè*, cette sagesse faite de modération, dont les préceptes étaient gravés sur le fronton du temple de Delphes. On oppose volontiers (et Nietzsche n'a pas peu contribué à renforcer cette antithèse) la sérénité d'Apollon à l'ivresse barbare de Dionysos. Dès l'Antiquité, cette image du dieu de lumière et d'harmonie s'était imposée. Et pourtant elle ne correspond certainement pas à la figure originelle d'un dieu qui présente beaucoup de zones d'ombre. Dieu inquiétant, complexe et contrasté, solaire et chthonien, porteur de vie et de mort.

Le problème des origines

La difficulté de cerner les origines et la personnalité d'Apollon se révèle au simple examen de ses épithètes. Le dieu est dit *Lukeios*, adjectif que les savants ont longtemps rattaché et rattachent parfois encore à *lukè*, lumière. Cette étymologie s'accorde bien au surnom le plus connu d'Apollon, *Phoibos*, le « clair », le « brillant », le « pur », qu'on rencontre dès les premiers vers d'Homère et d'Hésiode (*Iliade*, I, 43 ; *Théogonie*, 14). Elle prépare l'assimilation entre Hélios et Apollon, naissante dans une œuvre du VIIe et du VIe siècles avant J.-C., l'*Hymne homérique à Apollon* :

> « C'est là que surgit du navire Apollon, le Seigneur Archer, *sous l'apparence d'un astre qui luit en plein jour.* » (vers 440-441.)

affirmée au cours de la première moitié du Ve siècle dans les *Bassarides* d'Eschyle : Orphée y déclare que le Soleil est appelé aussi Apollon. De la même façon, dans les *Xantries* le dramaturge identifie Séléné, la Lune, et Artémis, fille de Léto et sœur d'Apollon.

Et pourtant, Apollon le clair est aussi surnommé *Loxias*, l'oblique, l'obscur. Selon un renseignement apporté par l'*Etymologicum Magnum* (642), ce qualificatif doit être mis en rapport avec le nom de Loxô, fille de Borée, qui éleva le jeune dieu. Mais, même s'il en est ainsi, et même si les oracles delphiques étaient en fait très clairs, les écrivains, plus soucieux de l'effet dramatique que de la vérité, ont contribué à répandre le bruit qu'Apollon s'exprimait de façon ambiguë et contraignait les hommes à interpréter ses prédictions, au risque de se tromper et de se précipiter dans la catastrophe :

> « Pourtant je sais parler la langue de la Grèce.
> Loxias aussi : obscurs pourtant sont ses oracles. » (Eschyle, *Agamemnon*, 1254-1255.)

Nombreux sont les récits d'Hérodote montrant le malheureux humain fourvoyé, tel Crésus incapable de comprendre que le grand empire qu'il était sur le point de détruire était le sien, ou que le mulet dont il devait se méfier était Cyrus, fils d'une Mède et d'un Perse.

L'obscurité d'Apollon, nous la retrouvons aussi dans ses relations avec le monde chthonien, qui sont ambivalentes. Il est le tueur d'un dragon femelle, *drakaina (Hymne homérique à Apollon*, 300), qui gardait à Delphes le très antique oracle de Gaia, la Terre. Une célèbre statue le représente en *sauroctone*, tueur de lézards. Il est *Smintheus*, destructeur de rats (*Iliade*, I, 39). Mais à Epidaure, dans le temple de son fils Asklépios (dont l'animal est la taupe, autre bête chthonienne), des serpents rampaient au milieu des consultants pratiquant le rite de l'incubation. Un serpent s'enroule autour de la baguette du dieu médecin, qui prend parfois l'apparence d'un serpent (Pausanias, II, 10, 3), comme un autre fils d'Apollon, Trophonios, possesseur d'un oracle souterrain à Lébadée. Mais Apollon, tueur de rats, fut peut-être originellement un dieu-rat guérisseur, comme tendraient à le prouver les étonnantes analogies qui se tissent entre le Grec Apollon et l'Indien Rudra à travers les thèmes de l'arc, la maladie, la taupe, le rat, l'obliquité et la poésie.

Traduire l'épiclèse *Lukeios* par « lumineux » est donc loin d'être satisfaisant. Les Anciens avaient proposé une autre explication. Apollon *Lukeios* serait le tueur de loups (*lukos*) :

> « Et toi, dieu qui détruis les loups, détruis l'armée de nos ennemis. » (Eschyle, *les Sept contre Thèbes*, 145-146.)
> « Voilà la Place Lycienne, vouée au dieu tueur de loups. » (Sophocle, *Electre*, 6-7.)

Cette représentation du dieu n'est pas absurde, car les liens entre Apollon et le loup sont nombreux. C'est parce que le dieu envoya un loup attaquer un troupeau que Danaos obtint la souveraineté sur Argos. Et le nouveau roi fit construire un sanctuaire d'Apollon *Lukios* (Pausanias, II, 19, 37). Dans la même cité, on offrait au dieu des sacrifices de loups. Le Lycée d'Athènes, consacré à Apollon, était ainsi nommé à cause d'un héros qui s'appelait Lukos (Pausanias, I. 19, 3). Sur des monnaies le dieu est associé à des loups. Il est maître des fauves, comme sa sœur Artémis. Destructeur de loups, protecteur de loups ou bien lui-même loup, comme le fut peut-être Zeus *Lukaios*? C'est sous la forme d'un loup qu'Apollon s'approche de la nymphe Cyrène (Servius, ad Verg., *En.*, IV, 377). Mais n'est-ce pas abuser de l'explication par le thériomorphisme, au risque de dériver vers un « polythériomorphisme »? Au nom de quel principe, en effet, devrait-on s'interdire de métamorphoser Apollon delphinien en un dieu-dauphin originel, lui qui bondit sur un vaisseau crétois « sous l'apparence d'un dauphin » (*Hymne homérique à Apollon*, 400-401, 493-496)?

Reste une troisième explication de l'épiclèse *Lukeios*, sans doute la plus convaincante. Apollon viendrait de Lycie, contrée d'Asie Mineure. C'est pourquoi on le qualifie de *Lukégenès*, « né en Lycie ». Il est vrai qu'on traduit quelquefois ce mot par « né du loup »; que, selon une tradition (Aristote, *Histoire des Animaux*, VI, 35), Léto, pour échapper à la jalousie d'Héra, l'épouse de Zeus, se serait transformée en louve. Il est vrai aussi que la traduction proposée ne s'accorde guère avec la version la plus courante du mythe, selon laquelle Apollon naquit à Délos. Soucieux de concilier les inconciliables, Antoninus Liberalis (*Métamorphoses*, XXXV) situe le séjour en Lycie après l'enfantement à Délos et déclare que le pays fut nommé Lycie par Léto parce que des loups lui avaient montré le chemin. Constatons en tout cas que les sanctuaires d'Apollon en Asie Mineure sont nombreux; que sa sœur Artémis présente aussi beaucoup de rapports avec l'Asie Mineure ; que dans l'*Iliade* le dieu combat du côté des Troyens et non du côté des Achéens ; et qu'enfin le palmier de Délos au pied duquel accouche Léto (*Hymne homérique*, 115 sqq) est un arbre oriental.

Les diverses interprétations du mot *Lukeios* sont loin d'épuiser les hypothèses formulées sur l'origine d'Apollon. Dieu indo-européen pour certains : on l'a rapproché, nous l'avons vu, du dieu indien Rudra. D'autres, partisans également d'une origine indo-européenne, le font venir du Nord et soulignent la liaison entre Apollon et les Hyperboréens. Ils rappellent que les premiers Grecs furent des nomades conducteurs de troupeaux. Or la ressemblance est frappante entre le mot *apella* (« assemblée du peuple », mais aussi « parc à moutons » chez le lexicographe Hésychius) et *Apellôn*, forme que prend le nom du dieu chez les Doriens. Le mythe se fait là aussi l'allié de l'étymologie : Apollon possédait des troupeaux et fut le berger de Laomédon et d'Admète. Dumézil retrouve les trois fonctions caractéristiques des sociétés indo-européennes dans le discours adressé par Apollon aux déesses (*Hymne homérique*, 131 sqq). La première (souveraineté magico-religieuse) transparaît dans l'allusion aux oracles et à la lyre qui accompagne les chants et les danses de la fête cultuelle ; la seconde (la guerre) dans la mention de l'arc ; la troisième (richesse, fécondité) dans la chape d'or qui recouvre Délos, promesse de la prospérité à venir.

Pour d'autres savants, le nom d'Apollon aurait été primitivement *Pelun* ; le dieu serait l'ancêtre des Pélasges. Enfin l'*Hymne homérique* nous oriente encore dans une autre direction, le monde égéen et plus précisément la Crète : Apollon delphinien confia la garde de son temple de Delphes à des Crétois de Cnossos. En outre, c'est un Crétois qui purifia Apollon et Artémis après le meurtre du dragon, et c'est un Crétois qui remporta le première victoire aux Jeux Pythiques (Pausanias, X, 7, 2).

Comme dans une description de Robbe-Grillet, en s'additionnant les interprétations successives s'effacent. On est amené à conclure qu'Apollon n'a pas une origine unique mais que sa personnalité à l'époque historique est un conglomérat de dieux venus de divers pays, une succession de strates. Ne comptons pas trop non plus sur les autres épiclèses du dieu pour nous apporter la lumière. Apollon est-il appelé *Puthios* parce qu'il laissa pourrir (*puthein*) le cadavre du dragon (*Hymne homérique*, 371 sqq) ou parce que, dieu oraculaire, il informe (*puthesthai*) ceux qui le consultent (Strabon, IX, 419) ? Les épiclèses *Paian, Paièôn, Paiôn* doivent-elles être mises en rapport avec la guérison (hypothèse traditionnelle) ou le chant de victoire ?

LE DIEU AMBIVALENT

Le mystère qui préside aux origines d'Apollon, énigme déroutante pour les savants, eut du moins l'avantage, en noyant les contours de la personnalité primitive du dieu, de laisser le champ libre à l'imagination des créateurs, qui ont pu à leur gré offrir l'image d'une divinité de lumière ou, au contraire, d'ombre et de mort. Cependant, même dans les portraits les plus tranchés, la complexité demeure. Jamais Apollon n'est un dieu entièrement juste et bon. Mais jamais non plus, il ne se range aux côtés des puissances exclusivement maléfiques.

A en juger d'après le début de l'*Iliade*, c'est l'aspect redoutable qu'a choisi Homère. Courroucé contre les troupes d'Agamemnon, Apollon frappe l'armée d'un fléau funeste (*nousos* ou *loimos*), la peste ;

> « Un son terrible jaillit de l'arc d'argent. Il s'en prend aux mulets d'abord, ainsi qu'aux chiens rapides. Après quoi, c'est sur les hommes qu'il tire ou décoche sa flèche aiguë; et les bûchers funèbres, sans relâche, brûlent par centaines. » (*Iliade*, I, 49-52.)

Ennemi acharné des Grecs, c'est lui qui lance contre le mur achéen tous les fleuves du Mont Ida (*Il.*, XII, 24 sqq) ; c'est lui qui frappe Patrocle dans le dos et le livre désarmé à la pique d'Hector (*Il.*, XVI, 788 sqq). Et pourtant ce dieu terrible est aussi celui qui apporte la mort sans souffrance : alors les flèches cruelles deviennent les « douces flèches » (*Il.*, XXIV, 759). L'envers de son hostilité contre les Achéens est constitué par la protection qu'il accorde sans relâche aux Troyens. Tour à tour Enée, Glaucos, Hector bénéficient de son aide. Sans cesse il seconde, réconforte, stimule ou sauve. Si le trait apporte la mort, il peut aussi détourner le mal. Apollon est le Préservateur (*hekaergos, Il.*, I, 439). A travers les siècles, des épiclèses variées (*alexikakos, apotropaios, epikourios*) montrent la permanence de cette caractéristique.

Inversement, l'*Hymne homérique*, tout à la gloire du dieu conquérant éternellement jeune et beau, ne cache pas néanmoins son « orgueil sans limite » (67) et le montre berné par Telphouse. Le jeune Apollon ne possède ni la mesure qu'expriment sur le fronton de son temple les préceptes de la sagesse delphique (« connais-toi toi-même », « rien de trop ») ni l'omniscience de son père Zeus.

Chez Pindare, au début de l'âge classique (Ve siècle), en revanche il a acquis l'omniscience :

> « Toi qui sais le terme fatal de toutes choses et tous les chemins qu'elles prennent; toi qui peux compter les feuilles que la terre fait pousser au printemps, et les grains de sable que, dans la mer ou dans les fleuves, roulent les vagues et les souffles des vents; toi qui vois clairement l'avenir et son origine... » (*Pythiques*, IX, 44 sqq.)

Généreux, il offre à l'humanité ses dons bienfaisants et fait régner la paix :

> « C'est lui qui octroie aux hommes comme aux femmes les remèdes qui guérissent leurs maladies cruelles ; il nous a donné la cithare ; la Muse inspire ceux qui lui plaisent ; il fait pénétrer dans les cœurs l'amour de la concorde, l'horreur de la guerre civile. Il gouverne le sanctuaire prophétique... » (*Pythiques*, V, 63 sqq.)

Fils de Zeus, il tend, comme lui, à devenir l'incarnation même du divin, l'innommé, le *theos* célébré dans la IIe *Pythique* (49 sqq). Cependant, Pindare n'est pas allé jusqu'à effacer toute trace de l'autre Apollon, le dieu cruel et destructeur. Il se venge de l'infidèle Coronis en envoyant Artémis, exécutrice implacable et aveugle, frapper d'une mort brutale la jeune femme, ainsi que de nombreux innocents, dont le seul tort fut d'habiter près de la coupable (*Pythiques*, III, 36-37).

Le dieu d'Eschyle, contemporain de Pindare, marque un coup d'arrêt dans l'évolution de la personnalité du dieu, et même une régression. Dans ses tragédies, c'est le dieu sanguinaire qui massacre de ses flèches tous les fils de Niobé. Sa haine est inflexible. Laïos a désobéi à l'oracle : à la septième porte le dieu Septime provoquera le meurtre fratricide de ses petits-fils Étéocle et Polynice (*Les Sept contre Thèbes*, 800). Cassandre n'a pas tenu ses promesses : elle sera moquée, capturée, assassinée. Mais, pas plus que la jeune fille parjure, le dieu ne tient ses promesses. Après avoir prédit à Thétis que les dieux veilleraient avec amour sur toute sa destinée, il tue son fils Achille (*Le Jugement des armes*, fr. 284 Mette). Il épouvante : *Phoibos* est rapproché de *phobos*, peur, déroute (*Les Perses*, 206), *Apollon* d'*apollôn*, celui qui détruit (*Agamemnon*, 1081). La justice qu'il offre est une justice archaïque, la *vendetta* : tuer qui a tué. Il ne s'élève pas au-dessus des Erinyes qu'il combat dans les *Euménides* : même violence, même mauvaise foi, mêmes contradictions.

Et pourtant, ce dieu redoutable est invoqué par le héraut argien en tant que sauveur et guérisseur (*Agamemnon*, 512). Ce dieu imparfait est le représentant de Zeus, comme cela est souligné à maintes reprises au début des *Euménides.* Ce dieu conquérant s'installe pacifiquement sur l'antique trône delphique : le meurtre du dragon est passé sous silence (*Euménides*, 1 sqq). Le dieu aux zones d'ombre garde certains traits du dieu lumineux.

La régression d'Apollon chez Eschyle s'expliquait par les soubresauts d'un monde en train de se faire : la cité grecque naît dans des tensions sociales et politiques qui ont leur retentissement dans la façon dont les penseurs conçoivent le cosmos. La régression d'Apollon chez Euripide s'explique par les soubresauts d'un monde en train de se défaire. Les cités se déchirent, les convictions se délitent, les dieux tombent de leur piédestal et se rabaissent au niveau des hommes. De la mort de Clytemnestre, les Dioscures absolvent Oreste. Le responsable, c'est Apollon, qui donna là un « ordre peu sage » (*Electre*, 1302). Vindicatif, il ne pardonne pas les offenses. C'est dans son propre sanctuaire, traîtreusement, en l'accablant sous les coups de milliers d'hommes, qu'il se venge de Pyrrhus, alors que celui-ci venait lui offrir réparation :

> « Voilà comment le Seigneur qui donne à autrui des oracles, l'arbitre du droit pour tout le genre humain, a traité, pendant qu'il lui offrit réparation, le fils d'Achille! Il s'est souvenu, comme un méchant homme, de vieilles querelles. Comment donc serait-il sage? » (*Andromaque*, 1161-1165.)

Peu sage encore, le dieu qui viola Créuse :

> « Ah! n'agis pas ainsi; pratique la vertu, si tu as la puissance! Car, quiconque est méchant est puni par les dieux. Comment peut-on souffrir que vous-mêmes qui faites les lois pour les humains, vous soyez convaincus de violer ces lois? » (*Ion*, 439-443.)

Et pourtant, l'Apollon euripidéen peut être aussi resplendissant de lumière que le dieu de l'*Hymne homérique* et de Pindare :

> « Qu'ils sont beaux les enfants de Léto, qu'a mis au jour la Délienne, dans les vallons féconds de l'Ile - le dieu aux cheveux d'or, docte joueur de lyre, et la déesse orgueilleuse de son adresse à tirer de l'arc! » (*Iphigénie en Tauride*, 1234-39.)

Le dieu sanguinaire est capable de prêcher la paix :

> « Allez votre chemin, et que la plus belle des divinités, la Paix, soit chez vous en honneur. » (*Oreste*, 1682-83.)

Et si critique dans *Ion* à l'égard de l'action du dieu, le poète chante néanmoins la beauté lumineuse, cosmique de Delphes, qui n'aurait pas une telle grandeur si elle n'était pas touchée par la grâce du divin :

> « Voici le char brillant du quadruple attelage : Hélios, déjà, illumine la terre. Et les astres s'enfuient de l'éther qui s'embrase dans la nuit sacrée. Les sommets inviolés du Parnasse, inondés de lumière, accueillent pour les hommes le disque du jour. » (*Ion*, 82-88.)

L'ambivalence du dieu, liée à ses origines, subsiste dans l'œuvre de ceux qui l'ont remis en question comme chez ses admirateurs respectueux.

Vers la perfection du divin

Avec Platon le regard porté sur le dieu change complètement. Car le philosophe ne voit plus dans Apollon un Olympien parmi les autres, il en fait *le* dieu. L'évolution amorcée chez Pindare est conduite jusqu'à son terme. Associé étroitement à Hélios (et de telle façon que l'association est proche de l'assimilation), Apollon devient le dieu suprême, le dieu unique, l'*essence divine* dont les autres dieux ne sont plus que des formes. A travers la figure d'Apollon s'exprime, sous une forme symbolique, la doctrine platonicienne. C'est pourquoi, en dépit de leur caractère ludique, il convient de prêter attention aux étymologies du *Cratyle*, 404e sqq (voir *infra, Apollon, le soleil mythique*, p. 129). Dieu qui lave, *Apolouon* représente la purification corporelle et spirituelle (et l'on pense au *Phédon*). *Aploun*, il met en évidence le rapport entre l'unité et la vérité (et l'on pense au *Parménide* et au *Philèbe*). *Aei ballôn* (qui atteint toujours), il est infaillibilité, perfection. *Homopolôn*, mouvement simultané, il est harmonie : harmonie musicale, mais aussi harmonie céleste, harmonie des sphères, des astres (et l'on pense au mythe d'Er à la fin de la *République*, ou au *Timée*). L'attitude respectueuse à l'égard de la religion delphique n'est pas soumission passéiste à la tradition : la piété est le support d'une métaphysique. Dans ces conditions, on comprend que Platon rejette avec véhémence l'image d'un Apollon menteur, vindicatif et sanguinaire, telle qu'elle se dessine à travers les propos de Thétis dans le fragment du *Jugement des Armes* d'Eschyle mentionné plus haut, et qui a été conservé précisément grâce à la dénonciation qu'en fait Platon (*République*, II, 383 b).

Préparée par Pindare, assurée par Platon, la grandeur du dieu, incarnation de l'unité divine, s'impose désormais définitivement. Il est loin le tueur d'Achille, Coronis ou Cassandre. La perfection morale accompagne désormais la puissance. Et l'unité a remplacé la multiplicité. C'est bien ainsi que l'entend Plutarque, lorsque, énumérant et commentant les différentes explications du mystérieux E inscrit dans le temple de Delphes, il s'arrête finalement à celle-ci : « Tu es ».

Apollon romain : politique et religion

On connaît la célèbre phrase d'Horace : « La Grèce conquise a conquis son farouche vainqueur. » (*Epîtres*, II, 1, 156.) L'histoire d'Apollon grec à Rome est une illustration de ce vers. Il faudrait, certes, tenir compte d'autres influences qui ont nuancé, filtré l'influence delphique et l'ont adaptée à la mentalité du peuple romain : sibylle de Cumes liée à une antique déesse chthonienne, Etrusques, Falisques. Il n'en reste pas moins qu'on peut suivre les étapes de la progression du dieu. Début du Ve siècle avant J.-C. : Tarquin le Superbe envoie deux de ses fils consulter l'oracle pythien. 433 : un temple est dédié à Apollon sur le Champ de Mars. 212 : on célèbre les premiers *ludi Apollinares.* 2 septembre 31 avant J.-C. : sous le regard de l'Apollon honoré au promontoire qui domine l'entrée du golfe d'Ambracie, Octave écrase dans les eaux d'Actium la flotte d'Antoine et de Cléopâtre.

A partir de ce moment commence vraiment l'entrée d'Apollon dans la littérature latine (les allusions d'un Ennius, d'un Naevius, d'un Lucilius restaient encore relativement timides). Habilement Octave, qui s'appellera bientôt Auguste, organise la propagande. On fait ainsi courir un bruit selon lequel Atia, la mère du nouveau souverain, l'aurait conçu du dieu. La victoire devient le « miracle d'Actium ». En 28, un temple est dédié sur le Palatin à Apollon Actien, tout près du palais que se fait construire le prince. Sur la cuirasse de la statue d'Auguste découverte à *Prima Porta,* Apollon chevauche son griffon tout en jouant de la lyre, tandis que sa sœur Diane lui fait face, montée sur un cerf et portant un carquois. Apollon, après avoir été l'artisan de la victoire, est ensuite associé à l'œuvre de paix, la *Pax Augusta,* car il est le dieu de l'harmonie.

Les écrivains participent à l'entreprise augustéenne. Déjà, avant Actium, en 40, dans la IVe *Bucolique,* Virgile voyait s'annoncer le règne d'Apollon (vers 10). Dans l'*Enéide* Apollon joue un rôle prépondérant : c'est lui qui ordonne à Enée et ses compagnons de gagner la terre de leurs ancêtres (III, 94 sqq). Il est le protecteur d'Enée (III, 395). Il est aussi beau que chez les poètes grecs :

> « (...) le dieu marche sur les jougs du Cynthe, la chevelure ondoyante mollement pressée de feuillage et ceinte d'un diadème d'or ; et ses flèches bruissent à son épaule » (IV, 147-149).

Il retrouve toutes ses fonctions antiques : il est prophète, musicien, archer, médecin (XII, 391 sqq). Il est « le plus grand parmi les dieux » (XI, 785).

Quant à Horace, c'est par une invocation aux deux enfants de Léto qu'il ouvre son *Carmen Saeculare* chanté le 3 juin de l'an 17 avant J.-C. pour la célébration des jeux séculaires organisés par Auguste :

> « Phébus, et toi, reine des forêts, Diane, parure lumineuse du ciel, vous, toujours adorables et toujours adorés... »

Dans l'épisode de Daphné au livre I des *Métamorphoses,* Ovide traite le dieu avec une pointe d'irrespect. Celui-ci est vaincu par l'enfant Amour, qu'il a méprisé. Pris de passion pour Daphné, il espère pouvoir s'unir à elle, « dupe de ses propres oracles ». Il tient un discours très éloquent, que la nymphe, continuant sa course éperdue n'écoute pas. Au moment où il touche au but, Daphné, métamorphosée en laurier, lui échappe définitivement. Cependant, si on examine la façon dont Ovide traite les dieux dans l'ensemble des *Métamorphoses*, on s'aperçoit qu'il a donné à Phoibos-Apollon une place prépondérante. Les autres dieux ne sont pas présentés sous l'apparence digne qui conviendrait à leur rang : ils ne s'occupent guère que de leurs amours ou leurs querelles. Au contraire, l'Apollon d'Ovide, comme celui de Virgile, retrouve toutes ses fonctions antiques, divination, médecine, musique, auxquelles s'ajoute la magie des métamorphoses, haussée au niveau d'une science. Il est le dieu de l'harmonie et de la lumière. L'identification avec le soleil, qui, à travers les siècles, tantôt s'affirmait nettement, tantôt restait sous-jacente, s'exprime sans réserve dans le discours qu'Ovide prête à Pythagore (XV, 191 sqq). De l'apollinisme augustéen la représentation du dieu glisse vers une théologie solaire, que développent les successeurs d'Auguste. Depuis longtemps, le lycien et le loup sont oubliés. Apollon est devenu la figure lumineuse, harmonieuse et parfaite, à jamais imprimée dans notre inconscient culturel.

Alain Moreau

BIBLIOGRAPHIE

Domaine grec

Homère, *Iliade*, 4 tomes, éd. et trad. Mazon, Paris, Les Belles Lettres, 6e éd., 1967 (1re éd. 1937).

Hésiode, *Théogonie*, éd. et trad. Mazon, Paris, Les Belles Lettres, 1re éd., 1928.

Hymne homérique à Apollon I, éd. et trad. Humbert, Paris, Les Belles Lettres, 1re éd., 1936.

Pindare, *Pythiques*, éd. et trad. Puech, Paris, Les Belles Lettres, 3e éd. revue et corrigée, 1955.

Eschyle, *Tragédies* (2 tomes), éd. et trad. Mazon, Paris, Les Belles Lettres, 6e éd. revue et corrigée, 1953.

Euripide, *Andromaque*, éd. et trad. Méridier, Paris, Les Belles Lettres, 2e éd. revue et corrigée, 1956.

— *Ion*, éd. et trad. Grégoire, Paris, Les Belles Lettres, 1950.

— *Iphigénie en Tauride*, éd. et trad. Grégoire, Paris, Les Belles Lettres, 1964, 1re éd., 1925.

— *Oreste*, éd. Chapouthier, trad. Méridier, Paris, Les Belles Lettres, 1968, 1re éd., 1959.

Tragicorum Graecorum Fragmenta, éd. Nauck, Hildesheim, 1964 (2e éd.).

Platon, *Cratyle*, éd. et trad. Méridier, Paris, Les Belles Lettres, 1969, 1re éd., 1931.

CALLIMAQUE, *Hymnes* (II, *à Apollon*. IV, *à Délos*), éd. et trad. Cahen, Paris, Les Belles Lettres, 1re éd., 1939.

PLUTARQUE, *Dialogues pythiques* (et notamment *Sur l'E de Delphes*), éd. et trad. Flacelière, Paris, Les Belles Lettres, 1974.

Domaine latin

VIRGILE, *Enéide*, I-VI, éd. Goelzer, trad. Bellessort, Paris, Les Belles Lettres, 10e éd., 1961 ; VII-XII, éd. Durand, trad. Bellessort, Paris, Les Belles Lettres, 7e éd., 1960. Nouvelle édition Jacques Perret, Paris, Les Belles Lettres ; I-IV, 1978, 2e tirage revu et corrigé 1981 ; V-VIII, 1978, 5e tirage revu et corrigé 1989 ; IX-XII, 1980.

HORACE, *Odes et Epodes*, éd. et trad. Villeneuve, Paris, Les Belles Lettres, 1929, 12e tirage revu et corrigé par J. Hellegouarc'h, 1990.

OVIDE, *Métamorphoses*, éd. et trad. Lafaye, Paris, Les Belles Lettres, I-IV, 3e tirage revu et corrigé, 1961 ; VI-X, 6e tirage revu et corrigé par H. Le Bonniec, 1989 ; XI-XV, 6e tirage revu et corrigé, 1988.

Eléments bibliographiques

Albert GRENIER, *Le Génie romain dans la Religion, la Pensée et l'Art*, Paris, 1969, 1re éd., 1925.

H. GRÉGOIRE, R. GOOSSENS, M. MATHIEU, *Asklépios, Apollon Smintheus et Rudra. Etudes sur le Dieu à la taupe et le Dieu au rat dans la Grèce et dans l'Inde*, Bruxelles, 1949.

Pierre AMANDRY, *La Mantique apollinienne à Delphes*, Paris, 1950.

Jean DEFRADAS, *Les Thèmes de la Propagande delphique*, Paris, 1954.

Marie DELCOURT, *L'Oracle de Delphes*, Paris, 1955, 2e éd., 1981.

Jean GAGE, *Apollon romain. Essai sur le Culte d'Apollon et le Développement du « ritus Graecus » à Rome des Origines à Auguste*, Paris, 1955.

Louis SÉCHAN - Pierre LÉVÊQUE, *Les Grandes Divinités de la Grèce*, Paris, 1966.

Anastase STEFOS, *Apollon dans Pindare*, Athènes, 1975.

Georges ROUX, *Delphes, son Oracle et ses Dieux*, Paris, 1976.

Jeannie CARLIER, « Apollon », in Yves BONNEFOY, *Dictionnaire des Mythologies*, Paris, 1981, t. I, p. 50-55.

Robert SCHILLING, *Id.*, p. 50.

Georges DUMEZIL, *Apollon sonore et autres Essais*, Paris, 1982.

André MOTTE (éd.), *Oracles et Mantique en Grèce ancienne*, Actes du colloque de Liège, mars 1990, *Kernos*, 3, 1990 (Université de Liège).

A Q / A Q ISME

A Q est le héros de *La Véridique Histoire d'A Q,* la plus longue et la plus célèbre des nouvelles de Luxun (Zhou Shuren, 1881-1936) et l'un des premiers textes littéraires de chinois moderne (« bai hua ») qui furent écrits après le triomphe de la révolution politique, idéologique, littéraire et linguistique de 1919 (« Mouvement du 4 mai »). La nouvelle parut sous forme de « feuilleton », en neuf épisodes, du 4 décembre 1921 au 12 février 1922 dans le *Supplément* du *Chenbao (Journal du matin)* à Beijing (Pékin) et sous le nom de plume de Baren. Elle a été recueillie ensuite par Luxun dans le volume intitulé *Cris d'Appel,* paru en 1923 à Beijing (Editions « Xinchaoshe »). Elle fait partie du tome I des *Œuvres complètes (Quanji),*toutes éditions.

La Véridique Histoire d'A Q, est une biographie du style traditionnel réservé aux grands personnages, mais rédigée à la façon pédante des jeunes lettrés occidentalistes, le nom de « A Q » juxtaposant de manière grotesque le préfixe bonhomme « A » du parler populaire et la lettre occidentale « Q », initiale latine d'un caractère chinois non identifié, une lettre qui n'est pas sans rappeler avec insolence la triste « queue » (la natte) imposée par les maîtres mandchous à la minorité nationale chinoise.

La nouvelle met en scène avec un humour féroce les pitoyables aventures d'un pauvre hère mi-paysan, mi-vagabond, sans toit, sans famille, sans travail et, tout compte fait, sans nom, aux alentours de la « Révolution manquée » de 1911, qui a mis fin à la dynastie mandchoue mais a laissé en place au village comme à la ville, sous le drapeau de la République, les mêmes autorités avides de pouvoir et d'argent. Séduit par le mirage de la revanche, qu'il confond avec la Révolution, A Q passe de l'ancien au nouveau régime sans qu'apparaisse d'issue possible à sa misère, bien au contraire. Il est écarté du « Parti de la Liberté » par l'alliance vigilante au sein de ce même parti des propriétaires terriens, des lettrés et des bourgeois, anciens ou nouveaux maîtres, et finit par être exécuté pour l'édification des masses comme voleur, sans avoir volé et sans comprendre ce qui lui arrive. Mis à part l'ultime minute avant sa mort, où il découvre soudain avec effroi les « yeux dévorants » de la foule qui assiste au « spectacle » de sa mort insignifiante — un spectacle raté car il n'arrive pas à chanter un air allègre d'opéra, comme c'est la tradition — il est parvenu à garder intacte la bonne opinion qu'il a de lui-même, à adhérer à l'image qu'il pense devoir donner de lui pour être reconnu, à restaurer sans échec durable sa conviction intime d'être « le premier », fût-ce dans la malchance, dans l'injustice, ou dans l'abjection.

Pour Luxun, comme le confirment bon nombre de ses analyses dans les *Essais* contemporains ou postérieurs, les humiliations nationales répétées (la dernière en date, justement, avec la signature du traité de Versailles, de 1919, qui déclenche le « Mouvement du 4 mai ») et les souffrances effroyables du petit peuple, la menace qui pèse sur son existence même, n'ont pas de raison plus contraignante que l'habitude inculquée aux Chinois depuis longtemps de « sauver la face » coûte que coûte, par le laisser-faire et l'endurance, par la dénégation souriante ou hautaine, par l'art d'arranger les apparences et de tromper les autres en commençant par se tromper soi-même. Si, cette fois encore et contre tout espoir, A Q tombe victime de la répression, une répression masquée d'une étiquette moderne et libérale, c'est qu'elle puise comme auparavant sa force essentielle, au service des maîtres et des bourreaux, dans le « consentement » (l'idéologie inconsciente) des victimes elles-mêmes, victimes dont A Q est le symbole.

Cette idéologie visée par Luxun a un nom. *La Véridique Histoire d'A Q* est écrite aux lendemains du « Mouvement du 4 mai », dont les instigateurs et les participants ont violemment attaqué « la boutique à Confucius » : ce que Luxun dénonce, en effet, en premier lieu, dans cette faculté quasi illimitée d'A Q de « retourner » les défaites et les humiliations les plus cruelles en « victoires mentales », pour le seul avantage de pouvoir continuer sans faillir à encaisser d'autres coups, c'est son adhésion intime à la morale traditionnelle, forte de ses vingt-cinq siècles d'observance et de vénération des *Classiques* confucéens, c'est la fidélité aveugle et arrogante dont il fait preuve à l'égard de ces pratiques et de ces superstitions des plus nuisibles à sa propre condition de sous-prolétaire exploité à mort.

Que tel soit le sens du « cri » lancé par Luxun en écrivant *La Véridique Histoire d'A Q*, il n'y a à cela aucun doute, puisqu'il dit lui-même quelques années plus tard, dans sa préface à la traduction russe de la nouvelle, combien il estime difficile de « réveiller l'âme obscure et silencieuse du peuple de l'antique Chine ».

Mais si forte que soit la connotation historique et nationale de cette méthode très spéciale de remporter des victoires qu'on a appelée, d'après A Q, l' « A Q isme », elle ne se limite pas pour autant à la philosophie d'un peuple, devenue à une certaine époque suicidaire, ni, comme on l'a assuré parfois, à une certaine « nature » de « l'âme chinoise » que Luxun aurait saisie sous son aspect « éternel ». Elle n'est pas non plus cette réduction caricaturale, à la fois naïve et pitoyable, odieuse et drôle, que prend la sacro-sainte pensée traditionnelle lorsqu'elle se projette, simplifiée jusqu'à l'absurde, dans les esprits les plus incultes, au plus bas de l'échelle sociale. *La Véridique Histoire d'A Q* est, en effet, une œuvre si parfaitement réussie qu'elle se dérobe à toute interprétation simplificatrice, et, de ce fait, les opinions qui se sont exprimées à son sujet présentent de grandes différences.

La Véridique Histoire d'A Q est d'abord un récit réaliste qu'on peut lire au premier degré : s'y dessine la condition du plus pauvre des paysans pauvres de Chine. La pitié de Luxun pour A Q et son indignation à l'égard de ses bourreaux n'excluent pas pour autant un regard très critique sur ce faible qui maltraite les plus faibles que lui, sur ce révolutionnaire qui rêve de revanche, une image que les critiques chinois d'après 1949 auront tendance à rectifier pour faire du personnage d'A Q un paysan honorable, un révolutionnaire authentique à qui l'occasion seule a manqué.

La Véridique Histoire d'A Q est aussi un pamphlet politique, si net que certains des lecteurs du feuilleton l'ont reçu comme l'agression d'un roman à clés. C'est un appel patriotique désespéré — mais non pas si désespéré qu'il cesse d'être un « appel » destiné à « réveiller ». C'est, au fil des réflexions de l'anti-héros A Q, un catalogue des idées reçues héritées du passé : l' « A Q isme » s'y révèle une somme d'avis et de comportements tout prêts et qui concernent tout, de la longueur à donner obligatoirement aux tiges d'échalote, jusqu'aux questions les plus graves de la vie et l'après-vie : attitude envers le pouvoir, règles des rapports sociaux, pratiques religieuses et précautions superstitieuses, devoir familial, idéal féminin, supériorité de l'homme mâle — autant d'idées marquées par leur Orient, certes, mais non pas tant qu'on n'y retrouve un air certain de ressemblance avec les « vieilleries » occidentales.

Enfin et surtout, *La Véridique Histoire d'A Q* est une sorte d'apologie philosophique assez générale pour échapper, en définitive, à tout contexte chinois et oriental, une sorte d'épure théorique à partir de l'analyse d'un cas-limite où se révèle à nu le rôle de l'idéologie dans la reproduction de l'oppression, une des lignes de force de la pensée de Luxun. Cette philosophie que s'est fabriquée A Q, et dont il est si fier, a le pouvoir de dompter les cris de détresse de sa chair et les désirs de son corps, toutes les révoltes soulevées en lui par la misère et l'injustice et qui devraient le pousser à se défendre. L'« A Q isme » est un mécanisme de mort bien huilé qui permet aux oppresseurs, quels qu'ils soient, d'économiser la violence, et qui protège l'ordre depuis longtemps établi avec une telle sûreté qu'on se demande comment il est possible de l'enrayer. *La Véridique Histoire d'A Q* est un démontage de ce mécanisme infernal qui interdit la libération de toute la société humaine. Par là, l'œuvre dépasse toutes les circonstances propres à une époque et un pays pour avoir valeur universelle. Aussi, dès sa création A Q n'a-t-il pas manqué à l'étranger comme en Chine de critiques, dramaturges, metteurs en scène, caricaturistes de la plume ou du pinceau pour donner, anachronique parfois ou plus exotique que fidèle, leur propre vision de sa personne imaginaire, leur propre conception du « modèle humain » que Luxun façonna, en 1919 et toute sa vie, dans la fureur et la pitié.

Michelle Loi

BIBLIOGRAPHIE

Traduction disponible en français de La Véridique Histoire d'A Q

Luxun, *Histoire d'A Q, véridique biographie*, traduction de Michelle Loi, Le Livre de Poche, Paris, 1989.

Étude

Michelle Loi, *Luxun : Histoire d'A Q, véridique Biographie*, P.U.F., Paris, 1990. Dans cette étude, les références au texte sont données d'après la traduction du Livre de Poche. On y trouvera la bibliographie des traductions plus anciennes en français et autres langues, des textes de Luxun concernant A Q et l'A Q isme et des matériaux divers, en chinois (pinyin) ou autres langues, de la critique, la mise en scène et l'illustration d'A Q.

Archétypes

Voilà bien l'un des termes les plus galvaudés par la critique moderne, dans la mesure surtout où elle se pique de psychanalyse. Il suffit que le dernier grimaud rebroche une affabulation facile sur l'éternel triangle meurtrier-victime-vengeur pour que l'on s'extasie devant la situation archétypique ; le plus méchant poète remonte à Orphée et la critique s'éreinte à gratter les prétendus palimpsestes que lui tend l'actualité pour en retrouver le manuscrit archétype. Ou prototype ? Si ce n'est stéréotype !

Au vrai, si, en littérature, un mythe relève bien d'une histoire exemplaire, elle-même cristallisée, à l'ordinaire, en une image prestigieuse et dynamique parce qu'elle rassemble ou résume l'esprit le plus profond d'une culture, tout récit, toute image jugés dignes d'expression littéraire peuvent toujours finir par remonter à un ou des archétypes : Eve est présente derrière toute Femme par définition fatale, il y a un rite d'initiation sous chaque roman d'aventures, un drame rituel relevant du mime sacré dans toute forme théâtrale et Kierkegaard a suffisamment, quoique sans parler d'archétypes expressis verbis, montré que la recherche puis l'affirmation de soi vers une transcendance salvatrice passait toujours par don Juan, Ahasverus ou Faust. Il n'y a pas tellement longtemps que l'on proposait à notre réflexion les « grands types universels » de la littérature mondiale. Ethnologues et anthropologues, en bonne enquête structuraliste surtout, s'entendent à prouver que, sous ce rapport, et comme eût dit Montaigne quels que soient les lieux, les époques et les circonstances, nous ne faisons que nous « entregloser ».

S'il peut y avoir quelque chose d'irritant pour la liberté créatrice dans cette prétention à retrouver, toujours et partout, les mêmes schèmes moteurs gravitant autour des mêmes pôles magnétiques (il y a toujours un Sigurd pour tuer le dragon et, par la communion à son sang, transgresser les frontières naturelles afin d'entendre le langage des mésanges ; le Père ou Patriarche dicte la Loi et veille à son Ordre, la Mère ou Grande Déesse assurant indéfiniment la fantaisie, l'absurde prolifération et le charme — *carmen* — de la Vie ; au demeurant, que situer en premier lieu de la conscience informulée ou de la langue vecteur innocent de cette conscience, dans toutes nos langues à duel (qui possèdent un seul pronom personnel exprimant l'idée de « toi et moi »), dont nous tirerons — ou que nous ferons remonter à — nos gémellarités primordiales ou bien, ce fascinant androgyne qui, jamais, n'a cessé de hanter notre rêverie amoureuse, existentielle et, finalement, métaphysique ?), si, donc il nous est loisible de déplorer, à courte vue, notre état tellement un et commun, il ne nous est pas interdit non plus de nous exalter à l'infinie diversité des colorations que nous avons su et saurons toujours lui donner. Toutes les magies de toutes les religions s'emploient depuis l'aube des temps à abolir, jusqu'à en récuser l'existence parfois, la démarcation entre vie et mort, et toute Parole — mesurée surtout, mais l'incise s'impose-t-elle ? est-elle autre chose qu'un essai moins grossièrement appareillé, plus subtilement orchestré, de restituer sa candeur à l'Un adorable à travers ses multiples émanations ?

C'est dire qu'en matière de mythes littéraires, l'archétype est toujours au terme de toute enquête. Encore convient-il de discerner les connotations d'un vocable trop souvent sollicité à mauvais escient.

J'en vois trois qui, en vérité, se recoupent parfaitement ou sont susceptibles de se superposer. Mais la variété des approches proposées ici pourrait permettre un meilleur éclairage de cette complexe notion.

a) Entendons d'abord par archétype le *prototype*, le premier exemplaire réel, comme on parle, en critique historique de textes, de manuscrit archétype, ou imaginaire, sans qu'une appréciation d'ordre qualificatif s'attache nécessairement à la chose. Il y a une première bataille fondamentale à l'origine de toute histoire mythique, mythologique, une situation complexe aux éléments naturellement adversatifs qui, sur une incitation inhérente à notre état, se déchaîne pour introduire dans l'histoire de l'humanité le Mal, ou la Temporalité, et leurs effets. Des Centaures et Lapithes à *Sa Majesté des Mouches* de William Golding en passant par la Völuspá scandinave ou, par caricature, à la guerre picrocholine de Rabelais, cette situation mérite le nom d'archétypique. Amphion fondateur de la cité par le jeu de sa lyre, ou Romus par le sillon sacré s'inscrivent dans cette perspective tout comme Chronos dévorant ses enfants : figures anciennes (proprement : archaïques), figures premières qui ne cesseront jamais, que l'on sache, de donner naissance à de nouvelles affabulations, puisque le propre de tout véritable mythe littéraire est d'être contagieux.

Sans doute est-ce ainsi qu'il est loisible également d'entendre les Idées platoniciennes que Maurois traduisait par « fictions mères de toute pensée humaine ». En tant qu'initiatrices et, en ce sens, paradigmatiques, elles sont bien archétypiques puisque sur elles se fondent toutes choses. C'est Chateaubriand qui trouve la formulation exacte, à leur propos, lorsque, parlant de la Trinité, il y voit à bon escient « l'archétype de l'univers ou, si l'on veut, sa divine charpente », pensée qu'il développe avec le même bonheur d'expression en supposant derrière « la forme extérieure et matérielle » que prend la Trinité à travers la diversité de nos cultures, une « arche intérieure et spirituelle qui la sous-tend ».

Les sensualistes, Locke, Condillac, Berkeley (« Vaine est la distinction entre le monde spirituel et le monde matériel ») ou Malebranche qui parle expressément de l'archétype comme du « modèle éternel » ont bien mis l'accent sur cette valeur originelle en même temps qu'atemporelle. Atemporelle : il entre dans la nature de l'archétype, non seulement d'avoir été le premier, mais aussi d'avoir engendré la temporalité qui rendra compte de ses avatars. C'est ce qu'avaient fort bien saisi les Hindous, c'est ce que continuent, j'imagine, de pressentir certaines langues, germaniques notamment, qui, à nos yeux de Français, paraissent si maladroites dans le maniement des temps du passé : il y a dans le célèbre préfixe germanique *ur-*(*Urheimat, Urvolk, Urgeschichte*) une prescience certainement diffuse de l'*Urbild*, l'image première, dont l'humanité passe son histoire à reconstituer les éléments.

Et si l'on cherche des expressions plus modernes, mieux circonstanciées, il suffit de solliciter les phénoménologues de la religion ou de l'anthropologie (Mircea Eliade, Van der Leeuw) pour remonter à la notion, extrêmement féconde à notre époque, de symbole fondamental qui fait, en quelque sorte, fonction de matrice pour des représentations en série : sans développer les principes archétypiques que Mauss souligne derrière le don, l'offrande, l'échange, il est clair, par exemple, que l'Arbre de Vie, Arbre de Science, Arbre de Jessé, Arbre du Monde, *Axis Mundi, Universalis Columna* — je pense en particulier à l'Yggdrasill scandinave ou au Skambha védique — résume en sa figure infiniment suggestive et toujours renouvelable au gré de nos imaginations et de nos sensibilités, comme un idéogramme inépuisable, toute *Weltanschauung*. Il faut toujours un Prométhée voleur de feu pour fonder la légitimité de notre volonté de survie ; à l'inverse, Pandora a, une bonne fois pour toutes, « expliqué » nos misères terrestres : terrestres, justement, comme est chthonien l'animal emblématique, le Serpent archétype de tout Mal.

Cassirer voit en l'homme un « animal symbolicum » : il n'est pas difficile de dire jusqu'où remontent ces symboles, c'est toujours à une image, une idée premières, archétypiques. Faut-il rappeler que le symbole, en grec (sur le verbe *sumballein* assembler) a d'abord désigné un signe de reconnaissance (re-connaissance) consistant en un objet, pièce, monnaie, médaille, *cassés* en deux parties dont, seuls, les détenteurs pouvaient assurer la réunion ? C'était postuler, par là, l'existence d'un stade originel, *in illo tempore*, où la fracture n'avait pas encore eu lieu.

b) De là à la seconde acception, celle de *modèle idéal*, déjà suggérée par la citation de Malebranche proposée plus haut, il n'y a qu'une marge mince, légitimée pourtant par le fait qu'ici, l'archétype se teinte d'un jugement de valeur, au détriment, sans doute, parfois, de sa simple qualité initiale et paradigmatique. Tout héros, tout guerrier digne de mémoire se trouve justifié par un Herakles, un Gilgamesh, un Beowulf, un Cucuchlain ou un Kullervo. Qui ont tous, par définition, un pouvoir heuristique : ils nous font découvrir, dans le domaine agonistique qui leur est propre, non seulement qu'il y a en l'homme plus de choses à admirer que de choses à mépriser, mais encore que l'on n'a jamais épuisé les ressources de notre génie propre. Robinson Crusoé ne fait que prolonger le geste (la geste) immémorial de tous les découvreurs et colonisateurs, de ceux du Pays de Chanaan aux Conquistadores en passant par les pionniers des « Livres de colonisation » islandais. La différence est qu'il est d'abord seul comme tous les dieux créateurs de nos mythologies et de nos religions et qu'à leur encontre, il est riche d'un savoir acquis, comme tous les géants primitifs. Il n'est donc pas absolument archétypique au sens premier que nous avons évoqué, c'est son comportement qui prend valeur archétypique puisqu'il est exemplaire. Il ne crée pas le monde, il le recrée à l'image de celui dont il était porteur (et donc, à la sienne seulement en seconde analyse, d'où la différence) : par là, le visage des protagonistes de tous nos romans d'anticipation ou, en certains cas, de science-fiction se trouve éclairé.

J'irai plus loin. On est fondé à se demander ce que peut bien avoir d'archétypique l'étrange « héros » dont nul témoin ne révoque en doute la valeur absolument exemplaire, que nous proposent toutes nos sources germaniques. Voilà, en effet, un « héros » qui ne fait rien d'héroïque au sens que nous nous plaisons à donner à cette épithète dans nos mentalités nourries d'Achille, d'Enée ou de Chevaliers de la Table Ronde. S'il abat bien le dragon Fáfnir, c'est sans « gloire » que Sigurdr accomplit cet exploit ; s'il parvient à franchir la muraille de flammes derrière laquelle la valkyrie dort de son sommeil magique, c'est uniquement grâce à son cheval Grani, don d'Ódinn) ; et il meurt petitement, assassiné dans un bois ou même, selon certaines versions, traîtreusement occis dans son lit ! Alors, où peut bien être le modèle idéal, au demeurant indiscuté, serait-ce au détriment de « vrais » héros comme Starkadr ou Beowulf, lui aussi vainqueur d'un et même de plusieurs dragons. Pourtant, réfléchissons : Sigurdr marche à la mort conscient de son destin, il ne fait rien pour empêcher le terme fatal parce qu'il est lié par des serments sacrés de fraternité jurée ; d'un bout à l'autre, il sera resté franc, loyal, serviable et généreux. Or ce sont là, expressément, les vertus que n'ont jamais cessées d'exalter les textes germaniques et scandinaves anciens. En foi de quoi Sigurdr-Siegfried est bien LE héros. Il rassemble en sa personne les valeurs pour lesquelles ses zélateurs acceptaient de vivre et mourir. Il est premier, non au sens d'originel, mais à celui de supérieur.

C'est, je pense, en ce sens aussi que l'on doit admettre que Rabelais présente Homenaz comme « l'archétype d'un pape » : non le premier pape (ou le premier chef d'église), mais celui qui offre à notre quête l'image la plus achevée des qualités et vertus que nous mettrions volontiers sous ces fonctions. Image modèle, antécédent qui n'a rien de nécessairement primordial mais auquel nous nous référerons implicitement, ou explicitement en cas de besoin, et selon l'optique qui, à un moment donné, appellera notre préférence. Sans entrer dans le complexe détail des attributs fonctionnels du roi sacré, il faut un parangon, un archétype qui légitime notre révérence envers le chef du moment, raj, rex, konungr, leader, führer, duce, ayatollah, tsar (c'est-à-dire césar), basileus... ou secrétaire général de parti, meneur de Trade-Union, etc. Hautement contestable ou tout à fait admirable selon l'éthique retenue, David ou Gengis Khan, Péricles ou Tamerlan, Louis XIV ou Staline, Napoléon ou Hitler, il y a quelque chose d'indéconstructible dans la structure qui les porte, ils renvoient tous, le mot m'a échappé il y a un instant, non plus à un symbole, mais à une image mère dont les versions anecdotiques, épisodiques, inscrites dans l'ici et le maintenant renvoient évidemment — retour à notre première acception — à un fond archaïque, mais sans que le sentiment de cette incitation initiale s'impose au premier plan de notre conscient. Je dirai donc qu'ici, l'Histoire, l'événementielle, la factuelle, celle qu'explore la science, joue un rôle de premier plan. L'exemple à ne pas manquer encore qu'il ressortisse par excellence aux trois acceptions confondues que je suggère, est celui du Christ : qui était, qui est et qui vient, qui, nous le dirons bientôt, assume un type suprême mais qui se trouve également archétypique parce qu'inscrit dans l'Histoire : c'est précisément son avantage sur les Adonis, Baal, Ormuzd, Baldr et autres parangons de toute perfection, qui ne nous sont point donnés pour des hommes mais, d'emblée, pour des dieux (à la rigueur, pour des hommes divinisés, jamais pour des êtres qui seraient simultanément et consubstantiellement hommes *et* dieux). L'image qu'il assume est absolument archétype justement parce qu'elle se trouve relativement vérifiable et que notre entendement peut, plus facilement qu'en tout autre cas, légitimer les élans de nos cœurs et les envolées de nos imaginations.

A contrario, on justifiera aisément que, pour la conscience moderne, Hitler retrouve, « historicisée », l'image archétypique du Satan de toutes nos religions, sous quelques-unes au moins de ses manifestations. Modèle, quel qu'en soit l'aloi, relais situé et identifiable, objet d'un transfert. Il y a toujours derrière les caprices de l'événement tel que nous le livre l'actualité un point de repère possible, en deçà ou au-delà, c'est une affaire d'optique ou de savoir qui provoque, en l'occurrence, l'archétype. Je pense encore à « notre » Viking qui, et n'importe la réalité historique pourtant aisément retraçable et bien documentée qui lui a donné le jour, depuis un millénaire, a successivement épousé toutes les courbes de la température de nos imaginations : fléau de Dieu venu punir l'Occident avachi, chevalier romantique, *Übermensch* nietzschéen, brute paillarde mais détentrice des plus subtils raffinements de la technologie de son époque, bref l'irrésistible Superman venu du Froid !

c) Pourtant, une troisième approche transcendant toutes dimensions temporelles ou éthiques, proprement métaphysique, donc, me paraît plus importante : l'archétype c'est *le type suprême*, l'absolu, la perfection, qui échappe à tout accidentel parce qu'il va droit à l'essentiel, quel que soit le domaine, religieux, mythique ou fictif, où l'on veuille le capter. Je crois qu'une des incitations les plus fécondes, les plus difficiles à cerner aussi, de toute littérature est là et j'en chercherai une des meilleures formulations chez Maître Eckhart : il posait l'existence d'un monde idéal où n'évoluent que des archétypes ; l'acte de Dieu créateur les fait passer de cet univers à celui des phénomènes où ils s'incarnent en des personnes et des réalités concrètes. De la sorte, toute créature a un double spirituel qui la rattache à Dieu créateur et, donc, fonde sa noblesse et sa dignité : je ne vois guère de système de pensée qui n'ait par quelque moyen dûment payé son tribut — serait-ce par rage de négation à cette certitude implicite que nous ne sommes ni seuls ni absurdes, qu'un idéal transcendental justifie notre présence, bref, qu'il se présente toujours un archétype pour accueillir finalement nos errances ou faire cesser enfin notre exil.

Le simple fait d'écrire, en soi, ne peut guère, il me semble, trouver d'autre raison d'être : la Parole, le Verbe n'ont de sens que dans la communication qu'ils entendent établir et par-delà, dans la communion pressentie, attendue, ardemment souhaitée qu'ils tendent à rétablir. A rétablir, non à établir, puisqu'ils supposent cette réalité transcendante que j'appelle type suprême s'il s'agit de personnes (ainsi de notre Ange, visible depuis toujours en toute femme aimée ou, pour l'admiration impérieuse de celle-ci, le héros civilisateur, culture hero, que nous ne manquons pas, n'est-ce pas, de retrouver tous), que je dirai récit parfait ou architexte pour ne retenir que la narration : en bref, ce que les Grecs appelèrent si bien poésie, poïésie, geste (re) créateur ou, plutôt, identification.

En vérité, si déshérités que nous soyons ou croyions être, nous sommes tous le Tristan d'une Iseult (ou inversement) : on se sent même tenu de dire que la qualité de notre amour ainsi cristallisé en son archétype tient certainement à la conscience lucide de notre manque à adhérer à ce double, ou à l'espoir éperdu de le rejoindre. Nul ne l'a mieux senti que Swedenborg et Seraphitus-Seraphita — car l'explorateur des *Arcanes célestes*, judicieusement, conjuguait les signes sexuels de cette inéluctable complémentarité — envoûta un Balzac ou un Nerval, certes, mais « il » était depuis longtemps pressenti par les gnostiques, en fait, il préexistait certainement à l'idée que, des Egyptiens aux moniales nystiques rhénanes comme Hildegarde de Bingen, nous nous sommes toujours faite de l'âme. Amandus et Amanda, dira Stagnelius, Byron orientant sa quête du côté des amours adelphiques : ils réinventent tous la vénérable « union du dehors et du dedans » de Jakob Boehme, dans un geste qui est exactement celui de la recherche alchimique. Et ce serait grave mutilation que de réduire à un simple registre sensoriel, toujours dans le sillage swedenborgien, l'équation baudelairienne des « Correspondances » ou rimbaldienne des « Voyelles ».

Jung, auquel il faut bien en venir, pour finir, dès que l'on parle d'archétypes, fondait sa méditation sur une aperception du couple animus-anima qui figure, peut-être, l'état actuel de la question.

Rappelons en quoi consiste ce que le penseur suisse appelle « l'imaginaire transcendental » à quoi nous avons coutume de donner le nom d'inconscient collectif : il s'agit d'une manière d'immense réservoir spirituel, accessible à tous les tenants d'une civilisation donnée — et, dans une certaine mesure, à tout être humain — où nous puisons, plus involontairement que lucidement, les rêves, les délires, les mythes, les images littéraires, les symboles dont se nourrit toute religion comme toute littérature. En un sens, et en ce qui concerne le seul domaine indo-européen dont nous sommes les héritiers, les brillantes études de Georges Dumézil peuvent passer, d'abord, pour un inventaire de notre inconscient collectif dont l'auteur de *Mythe et Epopée* s'est attaché à dégager des structures : la même image de force de vie se retrouve, d'un bout à l'autre du continent européo-asiatique sous les traits de Varuna-Zeus-Ju (piter)-Týr, dans son acception magique et souveraine, sous ceux de Mitra-Mars-Ares-Thórr dans ses colorations martiales, et dans la puissance féconde des Nasatyja-Quirinus-Freyr/Freyja. Ou bien, l'œil borgne de tout savoir ésotérique, le foudre imparable, le phallus erectus sont images archétypiques des trois fonctions que nous assignons à nos panthéons, partant à notre désir de durer.

Voltaire commentant Platon et voyant ces « idées archétypes » comme demeurant « toujours au fond des cerveaux » les intériorisait. C. G. Jung les situe hors de nous mais accessibles, sortes d'infrastructures permanentes à partir desquelles une collectivité, qu'il voyait indifférenciée mais que l'anthropologie s'est appliquée à diversifier même si c'est pour retrouver, en fin de compte, des invariants schématiques (en somme, l'Orfeo negro ne se distingue de l'amant d'Euridyce que par des détails d'affabulation, sa quête profonde et les transgressions sacrées que lui dicte son amour sont identiques en essence) organise la vision du monde dont elle vit. Il y aurait donc, sur le plan mental, tout un trésor d'a priori inhérents à la nature humaine comme il y a, sur le plan proprement vital, des a priori organiques que nous appelons instincts. Nous véhiculons collectivement des types originels de représentations auxquels s'accordent spontanément, et le plus souvent à notre insu, les inconscients individuels. On sait, sans s'attarder ici, ce que les folkloristes ou les analyses d'un Bettelheim ont pu redécouvrir derrière les plus innocents, en apparence, de nos prétendus « contes de fées ».

Evidemment, cette théorie masque mal un grave danger qui revient à rien de moins qu'à une négation de notre liberté. Jung s'est longuement attardé, par exemple, sur les archétypes du Père et de la Mère : bien au-delà des courtes thérapeutiques freudiennes relevant d'interprétations trop limitées de vieux mythes à retentissements littéraires éprouvés (Œdipe, le meurtre du Père et le viol de la Mère ; dans l'autre sens, Narcisse et l'emprisonnement en soi ou Circé et la déshumanisation, sans parler de la castration universelle de l'enfant par réflexe d'auto-défense : quelles sont les œuvres qui, finalement, échapperaient à une décryptation rapide par cette grille fruste ?) il est vrai que l'analyse jungienne court le risque de ramener tous nos comportements et le littéraire par excellence, à des situations où l'événement extérieur se trouve toujours pouvoir être mis en correspondance avec un donné psychique collectif (archétypique) connu, reconnu. Job sur son tas de fumier, c'est d'abord la déploration du Fils brimé devant le Père cruel, un pas de plus, et voici Satan qui passe du sanglot à la révolte, puis à l'usurpation (Trismégiste) et pour finir, le Zarathustra nietzschéen se nie lui-même en niant Dieu, c'est-à-dire en exultant de sa mort. Il ne resterait que des données invariantes, ou presque, que l'humanité pitoyable s'acharnerait à reformuler, de génération en génération, s'échinant à l'inverse du poète à faire, sur des pensées antiques, des vers nouveaux. Il n'est guère de mythe littéraire qui ne puisse, à partir d'un chiffre de ce genre, se décoder de manière univoque de lieu en lieu ou d'époque en époque. Est-ce pour rien que toutes nos grandes œuvres sont cycliques, tout comme il est possible d'inscrire toutes nos religions dans une mandorle ?

Mais Jung a vu l'écueil, et l'on n'y prend pas assez garde en nos temps de prétendues orgies technocratiques, déterministes et matérialistes. Le Saint Graal, la Toison d'Or, la pierre philosophale, l'anti-matière sont de nous, en nous, sans aucun doute, mais ils exigent à la fois un ressourcement et un dépassement. Tout comme Animus et sa parèdre Anima, auxquels nous voici ramenés, et dont la prétendue adversation ne saurait se résoudre en un androgyne, nous ne connaissons la plénitude de notre bonheur que dans la poursuite de ce que Teilhard de Chardin appelait le Point Omega qui les dépasse, certes, mais non comme le pôle magnétique se distingue des esquifs qu'il attire : comme un soleil ardent vers lequel s'orientent fatalement nos âmes héliotropes parce qu'elles cèlent en leurs profondeurs l'essence même de sa chaleur. C'est, une nouvelle fois, le « tu ne me chercherais pas si tu ne m'avais trouvé » de Pascal.

Archétype ou type suprême, donc. En définitive, expression de la fascination fondamentale que, de toujours, que l'on sache, l'homme pensant et écrivant a connue, redoutée ou chérie : celle de l'amor fati. En littérature, il me semble que c'est Proust qui sera allé le plus loin dans cette quête. Il est peut-être celui qui, de nos jours, a le mieux su donner des visages d'hommes et de femmes à notre irrépressible, incoercible besoin, à notre salvatrice espérance d'aimer en nous-mêmes cet archétype du Temps qui, aux deux sens du verbe, nous achève.

Régis BOYER

BIBLIOGRAPHIE

Carl Gustav JUNG, *Types psychologiques*, trad. Y. Le Lay, Genève, 1953.

Ariane

A l'origine probablement déesse crétoise dont le culte se retrouve à Cnossos, Délos, Argos..., proche d'Aphrodite, Ariane est, dans la mythologie grecque, la fille de Minos et de Pasiphaé. Au moment où Thésée arrive en Crète pour affronter le Minotaure, avec les jeunes gens livrés en tribut par les Athéniens, elle conçoit pour lui un violent amour. Aussi pour lui permettre de trouver sa voie dans le labyrinthe, lui remet-elle un peloton de fil (fourni par Dédale), ou une couronne lumineuse (ouvrage d'Héphaïstos), puis s'enfuit avec lui de façon à éviter la colère de Minos. L'on sait comment Thésée l'abandonne lors d'une escale, à Naxos. Mais, dans la plupart des versions, son histoire ne s'arrête pas là : car, à peine le vaisseau s'est-il éloigné, qu'apparaît sur son char (parfois attelé de panthères) Dionysos et son cortège. Séduit par la jeune femme, Dionysos la convainc de l'épouser, l'emmène sur l'Olympe, lui offre une couronne d'or. Cette couronne deviendra ensuite la constellation d'Ariane et la jeune femme aura, avec Dionysos, plusieurs enfants.

L'aventure d'Ariane commence pour nous au moment où elle s'éprend de Thésée. Mais il y a trois moments à cette aventure, Ariane est tour à tour : l'initiatrice du héros, l'amante abandonnée, la femme épousée par le dieu. Ces trois histoires concourent à faire d'elle une figure exemplaire de la femme et plus précisément de la femme aimante. Elle est l'Amoureuse dont le secret se referme sur un savoir inconnu, une souffrance sans nom, une divinité qui excède. Dans la féminitude radicale de sa passion d'amour, un noyau de nuit demeure qui à jamais échappe aux hommes.

Dans les textes grecs, la place d'Ariane est minime. Elle apparaît avec Dédale (et probablement le labyrinthe) dans l'*Iliade* à propos de ce « choros », de cette place de danse (?) représentée par Héphaïstos « toute pareille à celle qu'autrefois dans la vaste Cnossos, Dédale fit pour Ariane aux belles tresses » (XVIII, 590-593). Voilà une indication, capitale pour le mythologue, sur la nature première du labyrinthe et sur le rituel dont il était éventuellement le lieu. Mais dans le poème, ce n'est qu'une référence cursive à une histoire ancienne. Un peu de la même manière, Ariane figure dans l'*Odyssée* à côté de Phèdre, parmi les nombreuses princesses qu'Ulysse rencontre aux Enfers. A son propos, d'ailleurs, Homère se fait l'écho d'une version de la légende selon laquelle elle n'aurait aimé ni Thésée, ni Dionysos, lequel s'en serait vengé en l'accusant de sacrilège auprès d'Artémis, qui l'aurait alors transpercée de ses flèches (si les vers 321-325 de ce XIe chant ne sont pas interpolés). Dans la *Théogonie*, c'est une version opposée que rapporte Hésiode, puisqu'il raconte que Dionysos l'épousa et la rendit immortelle (947). Dans les textes de l'époque classique, même les références cursives sont très rares et il faut attendre les *Argonautiques* d'Apollonios de Rhodes (IIe siècle av. J.-C.) pour que le destin d'Ariane soit évoqué avec quelque ampleur (III, 1074-1108).

Si l'on ne tient pas compte de la poésie alexandrine perdue dont il a pu s'inspirer, Catulle est à Rome, avec ses « Noces de Thétis et de Pélée », le premier poète d'Ariane. Dans ce poème nuptial en l'honneur de la nymphe Thétis qui a choisi d'épouser le mortel Pélée, sont évoqués les cadeaux offerts aux époux, et en particulier une somptueuse étoffe pourpre destinée à recouvrir le lit de noces et dont la décoration retrace l'histoire d'Ariane. Comme si le moment où le vaisseau s'éloignait était insupportable, la narration se détourne vers le passé, l'avenir, l'ailleurs, sans pour autant qu'Ariane quitte le vaisseau des yeux. Dans la souffrance, l'être tente de se projeter dans l'espace, hors de son temps, mais reste rivé à la source de sa douleur. Ou encore : Ariane est immobile, comme éternelle, et cependant le temps la change. On retrouve cette image d'Ariane regardant s'éloigner la nef de Thésée dans les *Elégies* de Properce (I, 3, 1-2, c. 20 av. J.-C.). Mais c'est surtout Ovide qui, avant d'évoquer dans les *Métamorphoses* l'aventure du labyrinthe, s'attachera particulièrement à cet abandon. Alors que la quatrième lettre des *Héroïdes* (20-15 av. J.-C.) contient un aveu de Phèdre à Hippolyte, la dixième est adressée par Ariane à Thésée. Sa plainte rappelle celle imaginée par Catulle, mais avec une coloration beaucoup plus sensuelle. Cette image d'Ariane abandonnée réapparaît dans une comparaison des *Amours* (I, 15-16, c. 18 av. J.-C.). Elle est prolongée par le motif de l'enlèvement par Bacchus sur son char tiré par des tigres, ou accompagné par les Satyres (*Art d'aimer*, I av.-2 ap. J.-C.).

Si Ariane à Naxos n'est pas un mythe tout à fait personnel à Ovide, au moins est-ce une image obsédante qui va faire préférer, pendant longtemps, à l'initiatrice de Thésée, son amante éplorée.

Au Ve siècle (ap. J.-C.) enfin, dans le 47e et dernier chant de ses *Dionysiaques* (v. 265-481), Nonnos de Pannopolis nous montre, en grec, Ariane se laissant convaincre par Dionysos et le mariage se célébrant dans la joie. En développant ainsi un dénouement déjà indiqué chez Catulle et Ovide, le poème ne tend pas au vraisemblable psychologique, mais plutôt à une certaine dimension merveilleuse ou mythique. Non seulement ce chant offre la seule représentation qui ait été donnée d'Ariane en grec ancien, mais il développe avec un éclat certain, le thème, voué à un grand avenir, des noces avec Bacchus.

Mis à part quelques allusions à son sort cruel, ou quelques comparaisons des étoiles avec la constellation qui porte son nom (ainsi dans l'*Enfer* XII, 20 et dans le *Paradis* XII, 13 de Dante), on ne rencontre guère le personnage d'Ariane dans les textes médiévaux. Les aventures du « duc d'Athènes » laissent peu de place à la jeune Crétoise. Cependant, dans ce XIVe siècle italien où l'on s'accorde à voir la première Renaissance, Boccace ne manque pas une occasion de rappeler comment elle fut trompée par Thésée au profit de Phèdre (*Il Filocolo/Le Philocope* II, 17 ou *Amorosa Visione/Vision amoureuse* XXII, 4-33) et, dans ses œuvres latines, il se fait l'écho de la curieuse variante selon laquelle Thésée l'aurait abandonnée parce qu'elle était ivre et plongée dans le sommeil (*De casibus virorum illustrium/Des malheurs survenus aux hommes illustres* I, X, 14). Dans *I Triomphi/Les Triomphes* de Pétrarque (1352), elle accompagne, dans le cortège de l'amour, Thésée puni de l'avoir trahie. Chez Chaucer enfin, elle a une place importante et une bien gracieuse figure dans *The Legend of Good Women/La Légende des Femmes exemplaires* (1386). Colorant à sa manière, pittoresque et naturelle, l'histoire d'Ariane, Chaucer apporte une touche très personnelle au développement littéraire du mythe. Condamné par l'Amour à chanter la louange de neuf femmes fidèles, le poète choisit de raconter l'aventure d'Ariane, après celles de Cléopâtre, Thisbé et Didon. Sur l'île déserte Thésée laisse Ariane endormie « For that her sister fairer was than she ». Quand elle se réveille, elle voit le navire au loin sur la mer. Elle agite son mouchoir au bout d'une perche, mais rien n'y fait. Le poète-narrateur pense que Thésée est bien ingrat, mais il ne répètera pas tout ce qu'a dit Ariane à ce sujet, car ce serait long et « In her epistle Naso telleth al », dans sa lettre (des *Héroïdes*) Ovide dit tout. C'est le récit de la légende le plus attrayant du Moyen Age, la figure d'Ariane y a beaucoup de charme. Gower, l'ami de Chaucer l'imitera dans sa *Confessio Amantis* (1390), mais sans réussir à en retrouver la spontanéité juvénile.

A la Renaissance proprement dite, le thème d'Ariane abandonnée n'est à la source d'aucune réussite littéraire. Si l'on excepte les allusions cursives, il est à l'origine du poème misogyne et tout de même peu convaincant de Thomas Underdowne : *The Excellente Historye of Theseus and Ariadna* (1566), où Ariane est considérée comme coupable de s'être mêlée de ce qui ne la regardait pas et où l'on estime qu'elle mérite bien son abandon. Plus classique (elle est démarquée de Catulle et d'Ovide), mais poétiquement guère plus satisfaisante est la complainte de W. Cartwright « Ariadne deserted by Theseus » qui, au XVIIe siècle servira de livret à l'opéra de H. Lawes. De même en Espagne, le poème de Juan de la Cueva « Romance como Ariadna fué dejada en la Isla de Quios por Teseo, y lo que sucedio mas/Romance sur l'abandon d'Ariane par Thésée en l'île de Chios et ce qui s'ensuivit » (1558) paraît, de nos jours, par trop limité à l'anecdote. En revanche, le thème oublié depuis Nonnos de Pannopolis d'Ariane épousée par Bacchus réapparaît avec éclat. Composé dans le dernier tiers du XVe siècle, le *Trionfo di Bacco e Ariannr* est le plus connu des chants de carnaval de Laurent de Médicis. Il est significatif d'ailleurs que ce thème resurgisse dans la veine satyrique, ré-activé par l'euphorie carnavalesque. La chanson appelle à goûter sans tarder les plaisirs de la vie et de l'amour, invite au jeu, à la musique, à la danse ; alors que le refrain exprime le regret du temps qui s'enfuit et la crainte de la mort. L'évocation du plaisir est d'autant plus aiguë qu'elle se développe sur ce contrepoint de sourde inquiétude (les strophes du char de triomphe passent, le refrain demeure). Par son succès tant littéraire que populaire, ce canto fait passer en second plan à la Renaissance le thème d'Ariane délaissée. Mais ce sont surtout les peintres qui, par une série de chefs-d'œuvre, vont faire des noces d'Ariane et de Bacchus un des hauts lieux du rêve culturel collectif : gravure de Botticelli (?), décorations de coffres par Cima de Conegliano et par Piero da Cosima (?), tableau du Titien, fresques du Tintoret... Ce double thème d'Ariane va prendre toute son ampleur aux XVIIe et XVIIIe siècles, mais, là encore, la peinture et cet art nouveau qu'est l'opéra vont jouer un rôle décisif.

Dans l'Espagne du siècle d'or, où la poésie mythologique continue à être beaucoup pratiquée, les vers de *l'Ariadna* de Salcedo Coronel (1624) sont loués par Lope de Vega pour leur gravité et leur harmonie et, dans le recueil de *Varias Rimas* publié en 1629 par Colodrero de Villalobos, la fable de « Teseo y Ariadna » constitue un des poèmes les plus importants ; de même le « Llanto de Adriadna » dans celui de *Rimas* publié en 1636 par le marquis de San Felices. Cependant, à l'époque classique, c'est au théâtre — immédiatement prolongé par l'opéra — que le double destin d'Ariane va trouver son expression la plus forte.

Dès 1601, le grand écrivain néerlandais Pieter Cornelisz Hooft écrit un *Theseus ende Ariadne* où, pour la première fois sans doute, la scène théâtrale s'empare du thème de l'inconstance de Thésée et de l'abandon d'Ariane. Vers 1610, A. Hardy illustre à nouveau cet épisode. Dans son *Ariadne ravie*, l'acte IV se réduit à un long monologue d'Ariadne (près de 300 vers), à l'issue duquel elle se jette d'une falaise. Par chance, elle perd seulement connaissance et se réveille bientôt dans les bras de Bacchus qui lui propose l'immortalité céleste. Dans la pièce de Lope de Vega *El Laberinto de Creta* (1621), Ariane paraît fort peu éplorée et très disposée à la consolation. Cette tragi-comédie compliquée et désinvolte n'est pas une grande œuvre; l'imagination et l'esprit d'entreprise d'Ariane donnent cependant un certain attrait au jeu théâtral. Car Ariane est en train de devenir personnage de théâtre et nous en voyons le signe lorsque, dans *Two Gentlemen of Verona/Les Deux Gentilhommes de Vérone* de Shakespeare (1623), Julia raconte comment, aux Mascarades de la Pentecôte, elle a joué le rôle d'Ariane de si émouvante façon que sa malheureuse maîtresse en pleure amèrement (IV, 4, 156-170). C'est à cette époque encore qu'Ivan Gundulić, le grand poète de Raguse (Dubrovnik), fait représenter son *Ariane* (1628) et que Calderón souligne sa rivalité avec Phèdre dans le deuxième acte de *Los Tres Mayores prodigios/Les Trois plus Grands Prodiges* (1636). Le couronnement de cet intérêt peut être situé en 1672 lorsque Thomas Corneille donne son *Ariane.* Ce fut, on le sait, l'une des pièces les mieux accueillies du théâtre classique français. Si l'élégance de Thésée est un peu de commande, Ariane ne manque pas de force. Passionnément amoureuse, elle devient violente quand elle se voit trahie, promet de tuer sa rivale (sa sœur) et d'épouser Oenarus. Le départ de Phèdre et de Thésée la frustre de sa vengeance et l'enferme dans le malheur. La rivalité entre les deux sœurs était un sujet trop gênant pour n'être pas partiellement escamoté. Reste la figure d'une Ariane en plein chavirement tragique frappée au plus intime de son être, bouleversée. Cette même année 1672, l'ami de T. Corneille, Donneau de Visé donne avant même la tragédie de son aîné : *Le Mariage de Bacchus et d'Ariane.* C'est une comédie de caractère où la privation fait naître le désir que la possession, ou simplement sa perspective, fait disparaître. La jalousie naïve de Thésée est traitée sur le mode enjoué. Un soupçon de travestissement burlesque affleure. Mais l'important reste peut-être que les femmes interrompent ici le jeu tragique auquel elles étaient condamnées, qu'elles prennent l'initiative d'un renversement des rôles et mettent à profit la licence comique pour explorer, sous l'égide de « Bacchus », une possible liberté. Ces deux pièces, la tragédie et la « comédie héroyque », illustrent les deux inflexions entre lesquelles se partage l'histoire classique d'Ariane. Elle montre qu'à côté du sort tragique auquel les deux vers les plus célèbres de Racine vouent Ariane dans l'évidence de leur musique (*Phèdre,* I, 3, 253-54), la diversité et les contradictions du mythe ont été aussi retenues pour rechercher sinon la vérité, du moins une vérité de la femme.

Dans cette perspective, il est probable que l'art lyrique a été déterminant pour faire d'Ariane à l'âge classique un personnage aussi important — sinon plus — que Phèdre. On peut compter aux XVIIe et XVIIIe siècles une quarantaine d'opéras consacrés à Ariane, abandonnée ou consolée. Le premier a pour livret une courte tragédie d'Ottavio Rinuccini : *Arianna a Nasso.* L'intérêt principal de la pièce est d'avoir été mise en musique par Monteverdi pour le mariage du prince de Mantoue et de Marguerite de Savoie et d'être ainsi devenue un des premiers opéras véritables (1608). De la partie musicale de cet opéra, il ne reste que le « lamento » d'Ariane (et encore sous une forme altérée), de sorte que ce qui survit de la pièce est seulement le fameux passage « Lasciatemi Morire... ». Pure merveille, très populaire au XVIIe siècle, ce morceau est à la source de cette nouvelle naissance d'Ariane qu'est sa sublimation dans l'art lyrique. Des musiques de Lawes, Bonacossi, Benedetto viennent tour à tour donner résonance à son aventure. L'année d'après le triomphe de *l'Ariane* de T. Corneille, Robert Cambert, replié à Londres à cause de la faveur nouvelle de Lulli, fait représenter son dernier ouvrage lyrique sur un livret de l'abbé Perrin : *Ariane* (1673). Quelquefois se trouve privilégié le thème du mariage avec Bacchus. Ainsi dans le livret de H. Ch. Postel *Die schöne und getreue Ariadne/La Belle et Fidèle Ariane* (1691), mis en musique par J. G. Conradi, puis par A. R. Keiser, c'est toute l'île qui se transforme, à la fin, en décor enchanteur pour les noces d'Ariane et de Bacchus. Dans celui de Saint-Jean, mis en musique par Marais, *Ariane et Bacchus* (1696), Bacchus, couronné de pampre, incarne une allégresse bien convenue. C'est au XVIIIe siècle que les œuvres sont les plus nombreuses. Pour une raison mystérieuse le livret de P. Pariati est exploité à l'envi : mis en musique par A. Porpora (1714), L. Léo (1721), J. Abos (1748), G. Sarti (1756), G. Scarlatti (1760)... Mais l'on pourrait citer aussi, sur d'autres livrets, les musiques de Mouret (1717), Marcello (1727), Feo (1728), Händel (1733)... Pasqui (1764). A peine H. Gertenberg a-t-il composé son poème *Ariadne auf Naxos* qu'il devient cantate (1765), s'élargit en « mélodrame » sous la plume de J. Ch. Brandes (1774), et devient, avec la musique de G. Benda, un opéra (que Mozart jugeait « réellement excellent »).

La popularité du mythe est telle à la fin du XVIIIe siècle, qu'il est fréquemment parodié ou travesti ; ainsi *Theseus und Ariadne* de Schiebeler en 1767, *Die Travestierte Ariadne auf Naxos* de Satzenhofer en 1799, ou encore *Ariadne auf Naxos* de Kotzebue en 1803. Les peintres ont beaucoup contribué à la gloire du thème. Presque tous : Reni, Jordaens, Tiepolo... les liciers de Beauvais et des Flandres, ont choisi superbement le mariage avec Bacchus. Aussi la poésie sait-elle quelquefois à la fin du siècle pressentir l'approfondissement dionysiaque de l'aventure d'Ariane. Si le poème de J. G. Willamow, *Bacchus und Ariadne* (1766), qui raconte sous forme de dithyrambe le mariage d'Ariane et de Bacchus est tombé dans l'oubli, l'on se souvient des vers d'A. Chénier :

« Viens, ô divin Bacchus, ô jeune Tyonée
O Dionyse, Evan, Iacchus et Lénée (...) » *(Bucoliques).*

L'éclat des noms grecs y déploie pour Ariane un cortège cuivré d'étoiles.

La présence culturelle du thème au XIXe siècle peut encore se mesurer au fait que les noms d'Ariane, de Thésée, de Bacchus, se rencontrent facilement précédés d'un article (en France sous les plumes de J. Sandeau, Ch. Baudelaire, H. Berlioz) pour désigner l'archétype de la femme abandonnée, de l'inconstant, du consolateur. L'opéra qui a tant exploité, aux siècles précédents, cette double situation dramatique y puise encore souvent un argument suggestif : de l'*Arianna e Teseo* de N. Benvenutti sur un livret de Nicolini (1810), à l'*Abandon d'Ariane* de D. Milhaud sur un livret de H. Hoppenot (1927), en passant par l'*Ariane* (1906) de Massenet et Catulle Mendès, sans oublier bien entendu *Ariadne auf Naxos* de R. Strauss et H. von Hofmannsthal (1910). Cependant avec le romantisme, et surtout le symbolisme, un double mouvement d'approfondissement et de problématisation du personnage d'Ariane s'amorce. Le mariage avec Bacchus débouche sur une reconnaissance du Dionysiaque ; l'épisode du labyrinthe et du fil, totalement négligé, réapparaît et ouvre à une interrogation multiple autour de questions comme celles du temps, ou de la connaissance.

L'admirable groupe en marbre de J. Dennecker, si souvent reproduit, *Ariadne auf dem Panther* (1814), où l'on voit Ariane élégamment étendue sur le dos d'une panthère, marque probablement un seuil dans la conception du rapport à Bacchus-Dionysos. A la même époque, le poème de Leigh Hunt « Bacchus and Ariadne » (1819) surprend par sa fluidité heureuse et par l'évocation luxuriante des noces. On ne s'étonnera pas de ce que chez Nietzsche, dans les vers de « Klage der Ariadne/Lamentation d'Ariane » des *Dionysos Dithyramben/Dithyrambes de Dionysos* (1888-95), Dionysos, malgré les hésitations d'Ariane, ait le dernier mot : « *Je suis ton labyrinthe...* », dit-il, péremptoirement pour finir et pour ouvrir en points de suspension l'horizon dionysiaque d'Ariane. Dans les *Trophées*, le sonnet que J. M. de Hérédia consacre à Ariane (1893), se souvient surtout de la statue allemande. Attendant Iacchos-Bacchus qui s'avance, la jeune femme est nue, allongée au dos d'un grand tigre qui « En rugissant d'amour mord les fleurs de son frein ». Dans un poème des *Jeux rustiques et divins* (1897) d'H. de Régnier : « Dans une vigne vendangée », elle est, pour sa tristesse féconde, mythiquement assimilée à l'automne. Mais c'est peut-être dans la moralité en trois actes du belge André Ruyters (1901) que l'on trouve la première investigation soutenue de la relation à Bacchus. Arrivé à Naxos avec Silène dans l'intention de persuader Ariane d'accepter son infortune, Bacchus tombe amoureux d'Ariane, lui propose d'oublier Thésée et de connaître avec lui un autre amour. Ariane refuse, revendique le malheur qui la fonde et meurt à elle-même, transfigurée. Si la pièce manque de force dramatique, au moins travaille-t-elle le mythe de façon nouvelle. Dans l'admirable *Ariane* de Marina Cvetaeva (1924), Ariane, favorite d'Aphrodite, est peut-être le vrai visage de la déesse. Envoyée par elle pour remettre à Thésée « le fil et le glaive » et le convaincre de combattre en armes le Minotaure (alors qu'il devait se livrer sans arme), elle obtient gain de cause. Mais Thésée qui a cédé une première fois cédera à nouveau, à Naxos, lorsque Bacchus viendra lui affirmer qu'Ariane se trouve, de toute éternité, promise à un dieu et qu'il la lui doit laisser. Seul personnage féminin, la jeune Crétoise est le lumineux noyau de nuit de cette tragédie. Prévoyant constamment ce qui va arriver, elle ne sait cependant y échapper. Sibylle amoureuse, oblative et lucide, prêtresse d'Aphrodite qui semble tenir aussi le fuseau de la parque, elle dévide un de ces fils obscurs par où l'amour se relie à la mort. Publié seulement en 1963, mais commencé vers 1932, *Qui n'a pas son Minotaure?* de Marguerite Yourcenar, fait aussi à Ariane la part belle. Séduit par Phèdre, Thésée pendant son sommeil laisse emmener les otages dans le labyrinthe. Une seconde chance lui est alors offerte par Ariane qui lui permet d'entrer dans la demeure du Minotaure et de sauver les jeunes gens. Relié par le fil « comme le nouveau-né à sa mère », Thésée aurait pu approcher de sa vérité et renaître meilleur. Mais Ariane s'est trompée : son idéal ne vise à rien d'autre qu'à sa réussite sociale. C'est avec Phèdre, et non avec elle, qu'il trouvera son achèvement. Se refusant à devenir elle-même une Phèdre accommodante, Ariane, à Naxos, se juge « arrivée » et engage Thésée à partir. Contre le réalisme social, elle affirme le choix de la morale et la présence du spirituel. Peu de temps après, elle reçoit la visite de Bacchus qui est en même temps, comme chez Nietzsche, le Minotaure. Il lui offre « l'immortalité consciente ». Pendant qu'elle hésite et questionne, il prend la forme de la nature, puis du cosmos, vers lequel s'élève enfin l'île d'Ariane transformée en constellation.

Parallèlement, l'aventure d'Ariane est réintégrée à l'histoire du labyrinthe. Cela est déjà sensible dans le drame lyrique de Herder : *Ariadne libera*, où la séparation est rendue nécessaire par la faute envers Minos (1802). Une interrogation de plus en plus insistante se met à courir sur le sens du fil conféré par Ariane. Hugo amorce une interprétation très significative : si le fil n'est encore dans *Notre-Dame de Paris* (1831) que le symbole de la sagesse de Gringoire, il devient dans la préface à *La Légende des Siècles* (1859) : « le grand fil mystérieux du labyrinthe humain, le Progrès ». Ainsi, ce fil devient-il facilement le symbole de la raison humaine en sa progression positive. Dans le « Thésée » que G. Baissette écrit pour les *Cahiers du Sud* en 1939, le labyrinthe est le « chemin de l'Œuvre »; il s'appelle « Absolum »; le fil d'Ariane est la « pure raison ». Il peut être lié aussi au temps et à l'identité. Dans « le château du souvenir » de Théophile Gautier, la Mémoire est au bord du chemin qui conduit au château, tenant, comme Ariane « Son peloton de fil en main » (*Emaux et Camées*, 1852). A travers l'image de la fuite de Thésée, le beau poème de Vjaceslav Ivanov « Le Temps » (1917), propose aussi une méditation sur la nature du souvenir. Dans des textes qui mettent en leur centre l'épisode du labyrinthe, Ariane et son fil sont intensément reconsidérés. Fabriqué par Dédale dans une « matière inconnue », contradiction courant au plus épais du texte, le fil est, dans le *Thésée* de Gide (1946), à la fois ce qui permet de bâtir l'avenir et le « fil à la patte » qui attache et interdit d'aller de l'avant. La seule chance qu'ait Thésée de réussir est de s'attacher au fil d'Ariane, mais il lui faudra aussi savoir s'en détacher, c'est-à-dire quitter Ariane l'amoureuse envahissante et bientôt importune. La conquête de la liberté passe entre autres par le savoir-rompre affectif. Dans la très lyrique et suggestive pièce de Julio Cortàzar *Los Reyes/Les Rois* (1947), Ariane est du parti du Minotaure, son frère d'amour, condamné par Minos. Le fil qu'elle confie à Thésée est à la fois un signe de reconnaissance et un moyen qu'elle lui donne de parvenir jusqu'à elle et à la liberté. Envoyée par son père pour empêcher Thésée d'aller affronter le Minotaure dans le *Thésée* de Kazantzakis (1949), Ariane se laisse convaincre par le héros grec de l'accompagner dans le labyrinthe, avec sa flûte et « l'écheveau magique » de son cerveau. Grâce à la mélodie d'Ariane, la lutte se transforme en enlacement et en délivrance du dieu. Thésée part alors avec le nouveau dieu laissant Ariane sacrifiée avec l'ancien monde.

Mais cette réinscription dans l'histoire du labyrinthe et la possibilité de relire le monde à partir du mythe ne vont pas de soi. Ainsi dans l'*Emploi du Temps* de M. Butor (1956), parmi les mythes auxquels se réfère le narrateur, celui de Thésée et d'Ariane est évoqué sur les dix-huit panneaux d'une tapisserie du XVIIIe siècle. Quand il voit l'image d'Ariane, il songe à Ann qui lui a vendu le plan de la ville, Ann que peut-être il aime et qui sous sa plume devient bientôt Ann-Ariane. Et voilà que l'histoire précisément semble vouloir calquer le mythe, car c'est de Rose la sœur d'Ann qu'il tombe, pour de bon, amoureux. Mais il ne sait pas le lui dire, il ne sait pas conquérir Phèdre-la rose. A partir de là, la coïncidence échappe, car son ami Lucien, d'abord assimilé à Pirithoüs (avec qui dans le quinzième panneau il descendait aux enfers), a su, lui, se faire aimer de Rose. Par là, Lucien n'est pas non plus le Dionysos du douzième panneau qui consolait Ann-Ariane l'amante délaissée. Il l'est d'autant moins que celle-ci annonce ses fiançailles avec James ! Inutile d'aller plus loin : le mythe n'est pas un destin, ce n'est pas une pré-histoire dans le tapis écrite ; il ne donne directement aucune explication. Il n'est utile que de biais et provisoirement, interrogé et travaillé, reflété au miroir déformant de l'œuvre. L'interrogation est moins insistante et le miroir moins inventif dans *La Côte sauvage* de J.-R. Huguenin (1960). Un des épisodes les plus symboliques du roman est cependant celui du passage des personnages dans le labyrinthe de miroirs de la fête foraine de Brest. Le mystère et la souffrance d'Olivier sont liés à son attachement à sa sœur Anne dont même « la verte et blonde Ariane » n'arrivera pas à la distraire, tant il est sûr que sa préférence profonde va à l'ombre plutôt qu'à la proie. Dans *The Magus/Le Mage* de J. Fowles (1966), le narrateur, entraîné dans le labyrinthe disposé par le magicien-manipulateur, se croit un moment conduit par une véritable Ariane, mais la jeune femme se dédouble en jumelles diaboliques, leurs noms sont de faux noms... Rongé par la mystification, le mythe renaît en roman « baroque ».

Ainsi pratiquement absente de la littérature grecque classique, Ariane apparaît à Rome comme l'image emblématique de l'amante abandonnée. Sa figure éplorée demeure ensuite une des références mythologiques les plus sollicitées de la souffrance amoureuse féminine. A la Renaissance cependant, et à partir du canto de Laurent de Médicis, le thème de son mariage avec Bacchus se déploie largement, dans la peinture d'abord, au théâtre et à l'opéra ensuite. Aux XVIIe et XVIIIe siècles, il est une des manifestations les plus insistantes du rêve culturel collectif. Souffrante ou consolée, sacrifiée ou divinisée, Ariane hésite alors entre ses deux destins. De la confrontation approfondie de ces deux moments du mythe, plusieurs œuvres modernes tirent une interrogation passionnée sur l'engagement amoureux et sur la femme à venir. Complémentairement sans doute, protagoniste du mythe littérairement renaissant du labyrinthe, Ariane redevient celle qui donne le fil. Souvent alors on la rencontre, figure ravissante et exigeante mesure de la pensée magique.

André PEYRONIE

BIBLIOGRAPHIE

Textes

APOLLONIOS de RHODES, *Argonautiques*, éd. et trad. E. Vian et E. Delage, Paris, Belles Lettres, coll. G. Budé, 1974.

Michel BUTOR, *L'Emploi du Temps*, Paris, Editions de Minuit, 1956.

CATULLE, *Poésies*, éd. et trad. G. Lafaye, Paris, Belles Lettres, coll. G. Budé, 1966.

Goeffrey CHAUCER, *The Legend of good Women* dans *The Works of G. Chaucer*, ed. by F.N. Robinson, Oxford, Oxford University Press (1957), 1971.

Thomas CORNEILLE, *Ariane* dans *Poèmes dramatiques*, Paris, Leclerc, t. IV, 1738.

Julio CORTAZAR, *Les Rois/Los Reyes* (1947), éd. et trad. par Laure Bataillon, Le Paradou, Actes Sud, 1982.

Marina CVETAEVA, *Ariane*, traduite et commentée par R. Lafoy, Clermont-Ferrand, Faculté des Lettres et Sciences humaines, nouvelle série, fascicule II, 1981.

Jean DONNEAU DE VISÉ, *Le Mariage de Bacchus et d'Ariane*, Paris, Le Monnier, 1672.

André GIDE, *Thésée*, Paris, Gallimard, Folio, 1981.

Nikos KAZANTZAKIS, *Tragédies grecques. Mélissa; Thésée*, trad. Ch. Guillemeau, Monaco-ville, Ed. du Rocher, 1953.

Lorenzo de MEDICIS, « Il Trionfo di Bacco ed Arianna/Le Triomphe de Bacchus » (*Canti carnascialeschi/Chants pour le carnaval*) dans *La Poésie italienne* par A. Monjo, Paris, Seghers, 1964.

NONNOS DE PANOPOLIS, *Les Dionysiaques*, éd. et trad. F. Vian, Paris, Belles Lettres, coll. G. Budé, t. I, 1976.

OVIDE, *Héroides*, éd. et trad. H. Bornecque et M. Prévost, Paris, Belles Lettres, coll. G. Budé, 1928.

Marguerite YOURCENAR, *Qui n'a pas son Minotaure?* dans *Théâtre II*, Paris, Gallimard, 1971.

Études

E.S. « Ariadne » dans *Dictionnaire des Antiquités* de Darenberg et Saglio, Paris, Hachette, 1877-1919.

A.G. WARD, ed. *The Quest for Theseus*, London, Pall Mall Press, 1970.

Marguerite YOURCENAR, *Aspects d'une Légende et histoire d'une Pièce* dans *Théâtre II*, Paris, Gallimard, 1971.

ARTÉMIS

Pour l'historien des religions, la figure mythologique d'Artémis n'est pas facile à saisir : elle semble échapper, se multiplier en aspects divers et souvent contradictoires. La tradition poétique, surtout depuis que les Latins lui ont imposé un code et se sont ingéniés à confondre Artémis et Diane, pourrait donner l'impression d'une certaine simplicité : la déesse, évoquée en un vers ou deux, est aisément reconnaissable. Les arts plastiques ne sont pas sans influence sur le phénomène : un arc et des flèches, un croissant sur le front, une tunique courte, voilà qui suffit à identifier la statue ou le personnage d'un tableau.

Voilà de quoi devrait se contenter le poème ; car, il faut le reconnaître, le matériau narratif est assez pauvre. Seul peut-être l'épisode d'Actéon a quelque consistance ; encore se prête-t-il mal à des développements. Dans les légendes où elle intervient, Artémis n'a le plus souvent qu'un rôle très limité ; elle est à l'origine des malheurs d'Iphigénie ; elle provoque, en suscitant un sanglier monstrueux, la grande geste de Calydon et les infortunes de Méléagre ; c'est pour l'avoir trop exclusivement servie qu'Hippolyte connaît la mort ; et Callisto subit un destin analogue pour lui avoir été infidèle. Artémis lance une intrigue ou, parfois, la dénoue ; mais elle n'est qu'à peine mêlée à son développement. Dans *Iphigénie* comme dans *Phèdre*, Racine la nomme en passant, comme par distraction. Cette relative négligence ne déforme pas les légendes qu'il rapporte.

Figure mythologique plus que personnage mythique, Artémis devrait, comme un emblème, se contenter de quelques traits. Il n'en est rien. En feuilletant les poètes qui, depuis vingt-cinq siècles, ne font guère que citer son nom, on s'aperçoit qu'elle a plus d'un visage et que chaque mention qui est faite d'elle peut donner à rêver par le jeu des associations et des contrastes. De multiples schèmes imaginaires sont à l'œuvre et le foisonnement des identifications étend plus qu'on ne le supposerait le domaine à explorer.

Dans un *Hymne* qui pourrait être considéré comme un texte de base pour la description de la figure divine, Callimaque commence par affirmer la « polyonymie » de la déesse. Le poète alexandrin veut pourtant ignorer l'assimilation d'Artémis à Hécate ou à Séléné, dont nous parlerons plus loin. Sans faire donc la moindre allusion à la lune, il multiplie les épithètes rares, liées pour la plupart à des lieux de culte : c'est que Zeus a promis à sa fille qu'elle serait honorée exclusivement dans trente villes et, concurremment avec d'autres divinités, dans un plus grand nombre de lieux.

Les poèmes homériques mettent rarement Artémis en scène, et jamais pour un épisode important. En récompense ils lui donnent de beaux adjectifs au sens parfois obscur : « tueuse de cerfs », « qui lance au loin ses flèches », « qui lance des flèches », « qui a des flèches d'or (ou une quenouille d'or) », etc. (*elaphèbolos, hekatèbolos, iokheaira, khrusèlakatos*). Mais c'est une épithète généalogique que préfère utiliser Ulysse lorsqu'il dit à Nausicaa :

> « Déesse, chez les dieux, maîtres des champs du ciel,
> tu dois être Artémis, la fille du grand Zeus :
> la taille, la beauté et l'allure, c'est elle. » (*Odyssée*, chant VI, v. 160, trad. V. Bérard.)

La comparaison est éclairante : Nausicaa a quitté la ville avec un groupe de jeunes filles ; c'est près d'un bois, sur le bord de la mer, qu'Ulysse la rencontre. L'image pourrait être celle d'Artémis, parce qu'elle suppose un décor et des comparses : un paysage sauvage et de jeunes compagnes de jeu, que la figure divine domine de sa haute taille. On notera que, peu après, Ulysse compare Nausicaa au palmier de Délos ; c'est insister encore sur la stature du personnage ; c'est aussi dire son lien avec le monde végétal ; c'est enfin nommer l'île d'Apollon, frère d'Artémis.

Amenée par une fugitive comparaison, cette image aimable ne doit pas être négligée. La tradition poétique n'a jamais oublié qu'Artémis était aussi une gracieuse jeune fille. C'est ainsi que la peint, par exemple, Callimaque, dans son *Hymne*. Si l'on a pourtant souvenir, par ailleurs, d'une Artémis nettement moins séduisante que ne l'est Nausicaa, si l'on se rappelle de sombres histoires de sacrifices humains ou de vengeances impitoyables, on aurait tort de croire à une totale incompatibilité entre les deux peintures. Psychologiquement opposées, elles ont, dans l'imaginaire, un trait commun : Artémis est celle qui est au loin, à l'écart de la ville et des terres cultivées, en pleine nature vierge. Dans l'épithète *hekatèbolos*, il faut sans doute retenir les flèches lancées, mais aussi, et peut-être d'abord, l'idée de la distance franchie. Artémis est quelqu'un dont on n'approche pas. Et ce n'est sans doute pas par vaine politesse qu'Ulysse dit avoir peur de Nausicaa, ne pas oser la toucher. Il n'avait pas choisi sa comparaison au hasard.

Dans plus d'une anecdote attachée au nom d'Artémis, on observe justement cette distance. La déesse se venge d'un outrage qu'on lui a fait, mais en son absence. De loin, elle entend dire qu'on lui a manqué de respect. C'est Niobé qui s'est vantée de sa progéniture, c'est Agamemnon qui a tué une bête sacrée ou qui a prétendu être plus habile à la chasse que quiconque ; c'est Actéon, dans le plus ancien état de la légende (voir Euripide, *Les Bacchantes*, v. 337) qui a eu la même présomption. L'injure est cruellement punie, mais par un détour : fléau envoyé, monstre soudainement apparu. L'arc utilisé contre Niobé n'est pas une arme de corps à corps.

Certes, Artémis n'est pas la seule divinité à agir de la sorte. Elle partage avec son frère Apollon ce terrible nom d'*hekatèbolos*. Mais il semble qu'il lui convienne particulièrement ; et c'est ce trait que les poètes ont retenu, négligeant les quelques allusions à une Artémis protectrice de cités qui se trouvent chez Anacréon ou dans l'*Hymne* homérique à Aphrodite. Notons pourtant que, même dans une ville, le lieu consacré à Artémis est un bois, comme l'indique, par exemple, Callimaque.

C'est le même Callimaque qui met dans la bouche de Zeus ces paroles adressées à Artémis : « Et tu seras gardienne des routes, gardienne des ports. » Faut-il voir dans cette expression une allusion à l'identification qui se fait entre Artémis et la déesse Hécate, dont la *Théogonie* d'Hésiode faisait déjà une protectrice des voyageurs ? Dans *Les Suppliantes* d'Eschyle, c'est à titre de protectrice des femmes en couches qu'Artémis est assimilée à Hécate (v. 675). Quel rôle a pu avoir dans cette assimilation le jeu sur les mots ? Hécate veut dire « lointaine ».

Depuis Théocrite et ses *Magiciennes*, Hécate, que la *Médée* d'Euripide (v. 397) évoquait comme maîtresse et auxiliaire des opérations magiques, est mise sur le même plan que Séléné et Artémis. Ce témoignage est essentiel.

D'abord Artémis peut désormais être mêlée à des pratiques de sorcellerie. On ne s'en étonnera pas, et parce que l'on sait la déesse capable de cruauté, voire de férocité, et surtout parce que l'art sinistre se pratique dans des lieux sauvages, éloignés de la ville. Il faudrait mettre en relation le caractère exotique des magiciennes classiques, Circé ou Médée, et l'aspect étranger de certains visages d'Artémis, tel celui qui apparaît dans *Iphigénie en Tauride*.

Quant à l'assimilation avec Séléné, c'est-à-dire la Lune, on en trouve des traces dans Euripide (*Phéniciennes*, v. 175). Le phénomène est ambigu : il peut, Hécate aidant, accentuer le côté terrifiant d'Artémis, ou, tout au contraire, exalter son aspect lumineux. Les poètes jouent de plus en plus avec les explications allégoriques de la mythologie ; ils portent un certain intérêt aux interprétations astrales. Comme Apollon tend à devenir le Soleil, sa sœur est l'astre des nuits. Elle se retrouve ainsi dominer les étoiles comme, jeune fille, elle dépassait ses compagnes.

Et elle hérite alors d'une ancienne légende attachée à Séléné, et déjà attestée par Sappho : l'histoire d'Endymion. La déesse vierge, inaccessible, se trouve avoir un amant. Amant rêvé, bercé dans une lumière laiteuse, « le dormeur de Latmie » est, lui aussi, une figure plus qu'un personnage. Il faudra à Keats beaucoup d'imagination pour tirer un récit de l'anecdote.

Même si l'on s'en tient aux seules allusions trouvées chez des poètes, on doit avouer que la personnalité d'Artémis dans le monde grec est singulièrement complexe.

Les Latins ont un peu simplifié les choses : leur Diane était une déesse lunaire. Ils l'ont sans peine confondue avec Artémis, et, du même coup, avec Hécate, qui est aussi leur Trivia. Le petit poème de Catulle (poème 34) réunit tous les noms latins, sans oublier ni Latonia, ni Lucina, ni Luna ; l'allusion à Délos, lieu de naissance de la déesse, fait le lien avec la tradition grecque. Déesse des forêts et des monts, donc des lieux sauvages, Diane, en tant qu'astre, est maîtresse d'un calendrier réglé, donc protectrice des travaux agricoles.

Si Catulle semble se contenter d'une juxtaposition, d'autres, comme Virgile, fournissent des éléments pour une synthèse. Lorsque, dans l'*Enéide* (ch. IV, v. 511), Didon invoque Hécate triple, les trois visages de Diane la vierge, elle fait sans doute allusion au fait que Trivia, ou Hécate, est déesse des carrefours. Mais elle permet aussi de comprendre que Diane a trois aspects selon le lieu où elle réside : terrible et souterraine en Hécate, terrestre et sylvestre en Diane, céleste et lumineuse en Phœbé. On remarque que ce dernier nom, qui signifie justement « lumineuse », ne se rencontre pas dans ce que nous avons conservé des poètes grecs anciens. Tout se passe comme si un travail de synthèse et de rationalisation avait permis de construire un parfait parallélisme entre Artémis et son frère Apollon à qui Homère donnait déjà le nom de Phoibos, en latin Phœbus. Ainsi Artémis, devenue Diane, reçoit-elle, à côté de ses vieux noms grecs comme Dictynna, des noms qui reflètent ceux d'Apollon : Cynthia, par exemple, ou Delia.

D'un point de vue purement intellectuel, l'édifice semble solide ; un équilibre parfait a été réalisé. Mais il vaut mieux ne pas le chercher en dehors des manuels de mythologie. Chez les poètes, les choses se compliquent. Car nommer Hécate, ou faire allusion à la triple forme de Diane, c'est immédiatement conjurer les morts, les puissances souterraines et même, peut-être, le chaos. L'invocation magique est devenue un genre littéraire, auquel sacrifient Virgile, Ovide, Sénèque, mais aussi Horace et, après lui, Ronsard, Shakespeare, sans parler d'innombrables librettistes d'opéra. La figure de la Diane terrestre a beau être fixée, discrètement liée à Phœbé par le croissant du diadème, il peut subsister comme un doute sur la douceur de sa lumière. C'est que, comme le dit Ovide :

« La forme de la Diane des nuits ne peut demeurer semblable à elle-même. »

La rationalisation astrologique introduit nécessairement un trouble. Et Goethe le savait bien, quand il fait commencer par une invocation à Luna une des scènes de sa Nuit de Walpurgis classique (*Faust II*, acte II) :

« Même si dans l'horreur des nuits
Des magiciennes de Thessalie
T'ont autrefois, ô quel crime! attirée ici-bas (...)
Belle Luna, sois-nous favorable. »

La concession est une manière de rappeler que rien n'est simple. Cette lune favorable, c'est aussi celle qui joue dans les sortilèges. Et la scène se passe en Thessalie.

La Nuit de Walpurgis classique fait pendant à une autre Nuit de Walpurgis, toute médiévale, qui se place dans le premier *Faust*. Goethe rappelle que la très blanche Antiquité a aussi connu ses sorciers et ses monstres.

Il est curieux de voir que, au Moyen Age, le nom de Diane est souvent invoqué à propos des chasses sauvages ou des cortèges nocturnes de sorcières, qu'on dit conduites par Hérodiade, Dame Abonde, ou Diane. Dans l'histoire des rois de Bretagne, qu'il reprend à Geoffroy de Monmouth, Wace fait consulter par son héros :

« Diane, une divineresse :
Diables esteit, ki la gent
Deceveit par enchantement;
Semblance de feme perneit
Par quei le pople deceveit.
Diane se fesait numer
Et deuesse de bois clamer. » (*Brut*, v. 636 sq.)

Le motif sylvestre semble ici réinterprété : les lieux sauvages sont ceux où le christianisme a le moins bien pénétré. Certes, Brut est censé avoir vécu avant le Christ. Mais il n'est pas indifférent que le récit prenne comme modèle d'un culte païen un culte qui se déroule dans les bois.

Le roman de *Lancelot* appelle lac de Diane, le lac près duquel meurt le père du héros; et il ajoute que Diane était une reine de Sicile qui vivait au temps de « Virgile le bon auteur », qu'elle avait la passion de la chasse, et que les païens la tenaient pour déesse. Or, c'est justement le lac de Diane qu'habite la fée qui enlève Lancelot pour prendre soin de son éducation. On peut se demander s'il existe un rapport entre le nom de Diane et celui de Viviane, ou Niniane qui, dans certaines traditions, est celui de la Dame du Lac. Mais le plus important pourrait bien se trouver ailleurs : le clerc nourri de la tradition scolaire tend à retrouver la Diane des manuels dans les histoires de fées qu'il s'ingénie à rendre vraisemblables. C'est qu'un profond mouvement de l'imaginaire est à l'œuvre. Diane est à nouveau celle qui est au loin.

Si Diane règne sur le lac où Lancelot passe son enfance, elle ne règne pas moins sur certaines terres élues, royaumes de pureté séparés du monde, Arcadies de rêve. Dans *L'Astrée*, il est dit que le Forez où se situe l'action a été autrefois hanté par la déesse, qui a stipulé en s'éloignant que le pays serait toujours gouverné par une femme. Ainsi renaît, avec quelques accommodements, la société purement féminine qui entourait la déesse dans les bois. Il n'est sans doute pas indifférent qu'un des plus célèbres romans pastoraux du XVIe siècle, de quelques décennies antérieur à *L'Astrée*, ait pour titre *Diana*; ce nom, certes, est celui de l'héroïne, mais on peut penser que Montemayor ne l'a pas choisi au hasard.

Le succès de l'histoire d'Actéon au XVIe siècle doit peut-être quelque chose au souvenir de contes de fées. Car il arrive que la rencontre de ces êtres puisse être dangereuse, voire funeste. Les fées volent les enfants; et l'on peut se demander pourquoi Shakespeare a donné à leur reine le nom de Titania, qu'il avait pu trouver chez Ovide, appliqué à Diane. Les fées prennent des amants parmi les humains, et l'histoire d'Endymion se renouvelle chez Lily, avant d'inspirer Keats.

Si les histoires de fées n'ont pas disparu, il en va évidemment de même pour les histoires de sorcières. On est frappé, en lisant Ronsard, par le caractère vivant, contemporain, de ses évocations : Hécate n'est pas pour lui un nom trouvé dans un livre. Il ne faut sans doute pas oublier ce phénomène quand on retrouve, par exemple chez Maurice Scève, le schéma triple des Romains :

« Comme Hecate tu me feras errer
Et vif, & mort cent ans parmy les Umbres. » (*Délie.* XXII.)

A travers ce nom de Délie, qui est un nom de Diane, Scève retrouve le sentiment de la distance ou de l'impossible proximité. Il construit d'extraordinaires variations sur tous les aspects possibles d'une légende elle-même insaisissable. A celui qui aurait dit :

« Dame, ou ton Amant se oblye,
Ou de la Lune il fainct ce nom Delie
Pour te monstrer, comme elle, estre muable. »

il oppose cet aveu :

« Car je te cele en ce surnom louable,
Pour ce qu'en moy tu luys la nuict obscure. » (LIX.)

C'est justement parce que cette légende est immense et variable, quoi qu'en dise Scève, parce qu'elle se déploie comme un immense oxymore entre la cruauté d'Hécate et la suavité de Séléné, que les poètes, Ronsard comme Pétrarque, Agrippa d'Aubigné comme Desportes ou Herrera, ont pu jouer de tous les noms de la déesse. Il ne s'agit pas, il ne peut pas s'agir de déduire systématiquement des développements rhétoriques d'un savoir organisé ; tout est allusion passagère, rare, rapide. A chaque fois, s'ouvrent d'infinies perspectives.

Il est remarquable que le mythe ait résisté à toutes les doctes tentatives d'allégorisation. Certes « les travaux de Diane » signifient la chasse ; et le nom même de la déesse peut servir à désigner l'astre des nuits. Mais ces facilités pédantes n'ont empêché ni Goethe, ni D'Annunzio d'évoquer de diffuses lumières autour du nom d'Endymion (*An Luna; Sera su i colli d'Alba*) ; elles n'ont pas interdit à Hugo d'écrire :

« O nature terrible ! ô lien formidable
Du bois qui pousse avec l'idéal contemplé !
Bain de la déité dans le gouffre étoilé !
Farouche nudité de la Diane sombre
Qui, de loin regardée et vue à travers l'ombre,
Fait croître au front des rocs les arbres monstrueux !
O forêt ! » (*Le Satyre.*)

La « potnia thèrôn », la Maîtresse des Fauves dont il est question dans l'*Iliade* (ch. XXI, v. 470), revient dans les *Illuminations* :

« Là-haut, les pieds dans la cascade et les ronces, les cerfs tètent Diane. » (*Villes*, I.)

« Diane naguère et d'albâtre », comme le dit Gottfried Benn (*Achéron*), la déesse devenue statue ne s'est pas figée. Rilke la sent vivre, lointaine, dans son *Artémis crétoise*. Et Afanassi Fet, comme un prélude au mouvement symboliste, décrit une *Diane* dont on attend qu'elle s'anime ; la pointe du poème révèle qu'il s'agit d'une statue ; mais la souplesse de la syntaxe russe permet au poète de terminer le dernier vers sur le mot « inaccessible ».

Certains celtomanes romantiques croyaient avoir découvert que « Diana » est un mot breton : une étymologie qui n'est pas insensée permet de traduire : « inconnaissable ». Songeait-on à la Dana irlandaise ? Ou se proposait-on de rétablir, sous une forme masculine, la vieille divinité qu'invoquait, dans le poème médiéval, Brut, ou Brutus, ancêtre, comme on sait, des Bretons ?

Une étrange coïncidence fait que, vers le même temps, Artémis revienne entre les mains de Nerval, figure très lointaine, liée aux morts, repoussée dans l'abîme avec les dieux d'autrefois :

« La Treizième revient... C'est encor la première ;
Et c'est toujours la seule. »

Jean-Louis BACKÈS

BIBLIOGRAPHIE

Textes

Dans la collection des Universités de France, les Belles Lettres, Paris : CALLIMAQUE, *Hymnes* (éd. E. Cahen) ; HOMÈRE, *Hymnes* (éd. J. Humbert) ; EURIPIDE, *Les Bacchantes* (éd. H. Grégoire), *Hippolyte* (éd. L. Méridier), *Iphigénie en Tauride* (éd. L. Parmentier), *Médée* (éd. L. Méridier), *Les Phéniciennes* (éd. H. Grégoire et L. Méridier) ; CATULLE, *Poésies* (éd. G. Lafaye).

Lancelot (éd. A. Micha), Droz, 1978.

Maurice SCÈVE, *Délie*, Didier, 1961.

Jorge de MONTEMAYOR, *Los Siete Libros de la Diana*, Clasicos castellanos, n° 127.

Honoré d'URFÉ, *L'Astrée*, éd. H. Vaganay, Genève, Slatkine reprints, 1966.

John KEATS, *Endymion* (dans *The Complete Poems*, éd. J. Barnard, Penguin, 1973 ; fragments avec traduction dans *Poèmes choisis*, Aubier/Flammarion, 1968).

Pierre KLOSSOWSKI, *Le Bain de Diane*, Gallimard, 1980.

Études

Françoise BARDON, *Diane de Poitiers et le mythe de Diane*, P.U.F., 1963.

Guy DEMERSON, *La Mythologie classique dans l'œuvre de la Pléiade*, Droz, 1971.

Arthur

Si le roi Arthur a existé, ce qui n'est pas impossible sans être le moins du monde certain, c'était un chef breton qui combattait les envahisseurs saxons au début du VIe siècle. De fait — beaucoup plus tard — la littérature celtique n'est pas muette à son égard. Mais c'est à des auteurs de langue latine, puis, surtout, à des romanciers français qu'il doit sa gloire immense et sa présence écrasante dans les lettres et dans l'imaginaire du Moyen Age. Les romans arthuriens français ont alors été lus, traduits, imités dans l'Europe entière. C'est à un passage du *Lancelot* que Paolo et Francesca da Rimini doivent, on le sait, d'avoir été précipités dans l'enfer de Dante. A l'époque moderne, ce sont les Anglo-Saxons, les vieux ennemis du personnage historique qu'il a peut-être été, qui conservent le plus fidèlement la mémoire du roi Arthur et de ses chevaliers. Son nom même est plus usuel outre-Manche que sur le continent. Celui de Perceval, qui n'a rien de rare en anglais, ne se donne ni en France ni en Italie, où en revanche les souvenirs épiques plus vivaces autorisent à prénommer un enfant Roland. Dans les années 30, Ford avait baptisé un de ses modèles de voiture Excalibur, comme l'épée du roi Arthur. Ce nom n'aurait rien dit à personne en France, où l'on vendait des piles électriques de marque Durandal. Malgré tout, le souvenir, même pâli, du roi Arthur et des aventures de Bretagne reste partout fascinant, auprès des écrivains et des cinéastes comme dans l'imagination de chacun.

DES PREMIERS TÉMOIGNAGES À GEOFFROY DE MONMOUTH

Lorsque vers 545, Gildas écrit son *De excidio et conquestu Britanniae* et qu'il relate la victoire du mont Badon remportée par les Bretons sur les Saxons l'année même de sa naissance, nous dit-il, c'est-à-dire vers 500, il ne mentionne pas le nom d'Arthur, bien que celui-ci soit désigné par les textes ultérieurs comme le vainqueur de cette journée. L'*Historia ecclesiastica gentis Anglorum* de Bède le Vénérable, achevée en 731, ne le nomme pas davantage, bien qu'elle donne des détails inconnus de Gildas, comme le nom du roi breton Vortigern, promis à un bel avenir, ou ceux des chefs saxons Hengist et Horsa. Arthur apparaît pour la première fois dans l'*Historia Britonum* attribuée à Nennius, dont la rédaction primitive, à laquelle semblent appartenir les lignes qui le concernent, remonte aux environs de 800. Le chapitre LVI de cet ouvrage raconte comment les rois du Kent ont combattu le chef saxon Octha, fils de Hengist, qui les avait attaqués, et poursuit : « C'est alors, à cette époque, qu'Arthur combattait contre (les Saxons) avec les rois bretons, mais lui-même était un chef de guerre. » *(Tunc Arthur pugnabat contra illos in illis diebus cum regibus Brittonum, sed ipse erat dux bellorum.)* L'auteur énumère alors douze victoires remportées par Arthur. La huitième est celle du château de Guinnion, où il portait sur ses épaules l'image de la Vierge. La douzième, et la plus brillante, est celle du mont Badon, où il tue à lui seul neuf cent soixante ennemis.

Vers 950, les *Annales Cambriae* confirment avec des variantes mineures ces renseignements, en mentionnant à l'année 516 la bataille du mont Badon, « où Arthur porta la croix de Notre Seigneur Jésus-Christ pendant trois jours et trois nuits sur ses épaules, et les Bretons furent vainqueurs », et à l'année 537 la bataille de Camlann, où moururent Arthur et Medraut. C'est la première mention de ce qui deviendra plus tard l'ultime bataille entre Arthur et Mordret, sans que l'on puisse savoir si pour l'auteur des *Annales Cambriae* les deux hommes étaient adversaires et se sont entretués, comme on le racontera à partir de Geoffroy de Monmouth.

Arrêtons-nous un instant sur ces premiers témoignages et revenons sur le silence des textes antérieurs. La phrase de l'*Historia Britonum* que l'on a citée peut s'interpréter de deux façons. Ou bien l'auteur a voulu dire qu'Arthur était l'un des rois ligués contre les Saxons et que ses pairs lui avaient confié le commandement militaire. Ou bien le *sed* a une valeur restrictive, comme l'a compris l'un des manuscrits du XIe siècle qui modifie la phrase pour la rendre explicite, et il faut entendre qu'Arthur n'était pas lui-même un roi, mais un personnage de rang inférieur, un guerrier professionnel placé à la tête des troupes (*dux bellorum*). Ainsi la première mention d'Arthur laisse douter qu'il ait été le roi Arthur. Au demeurant, d'où vient ce nom, qui surgit brusquement dans l'*His-*

toria Britonum? Le plus probable est qu'il s'agit du nom latin Artorius, bien attesté d'autre part. Mais on a proposé d'y voir un dérivé de la racine indo-européenne *ar*, « labourer », ou une formation à partir du mot celtique *artos*, « ours », un composé du préfixe *ar-* et du gallois *uthr*, « effrayant », « étonnant », ou une extension du radical *art* du Mercurius Artaios gaulois. Toutefois ces spéculations n'ont jamais rien produit de sûr.

Pourquoi, d'autre part, Gildas, qui attribue une importance considérable, et certainement exagérée, à la bataille du mont Badon, n'en a-t-il pas désigné le vainqueur ? Dans son esprit, ce vainqueur était-il Arthur ? On l'a soutenu. Kenneth Hurlstone Jackson, qui est de cet avis, estime que, si Arthur n'est pas nommé, c'est que Gildas écrit un sermon contre ses contemporains plutôt qu'un véritable récit historique et qu'il évite, de façon générale, de mentionner des noms propres. Et il ajoute : « Au demeurant, quel évêque anglais flétrissant les vices de ses contemporains vers 1860 aurait été assez maladroit pour évoquer la bataille de Waterloo, *qui a été gagnée par le duc de Wellington ?* » (dans *Loomis*, 1959, p. 3. Notre traduction.) L'argument est plus amusant que convaincant. A lire le texte de Gildas, l'identité du vainqueur du mont Badon ne fait guère de doute. C'est Ambrosius Aurelianus, personnage de l'aristocratie romaine auquel les Bretons, désemparés par l'invasion saxonne, ont confié leur sort. C'est d'ailleurs bien ainsi que Bède, qui suit Gildas en cet endroit, a interprété son témoignage.

Faut-il donc renoncer à trouver trace d'Arthur avant Nennius ? On a tenté de faire parler le « silence des siècles », pour Arthur comme pour Roland. On a découvert un fait un peu analogue à la vogue des deux noms associés, Olivier et Roland, dans le siècle qui précède la *Chanson de Roland*. A la fin du VIe et au début du VIIe siècle, en effet, dans les zones de peuplement celtique des îles britanniques, on connaît quatre, et peut-être cinq, personnages qui portent le nom d'Arthur, nom inconnu auparavant et très rare par la suite. Il est tentant d'y voir une preuve de la gloire, dès cette époque, du grand Arthur. Vers la même date, aux alentours de 600, l'élégie galloise *Gododdin*, attribuée à Aneirin, déclare d'un guerrier qu'il ne le cédait en vaillance qu'au seul Arthur. L'argument serait cette fois décisif, si ce poème n'était pas truffé d'interpolations tardives. Une dernière observation, minuscule il est vrai, peut être avancée en faveur d'une tradition relative à Arthur antérieure à Nennius. Elle se fonde sur la phrase même de l'*Historia Britonum* déjà citée : *Tunc Arthur pugnabat...*, etc. Nennius ne présente pas Arthur, comme il le fait pour les autres personnages de son récit. Il lui suffit de le nommer. En revanche, il souligne fortement la concomitance (*Tunc... in illis diebus*) qui a permis à Arthur d'être mêlé aux guerres entre Bretons et Saxons, et il s'efforce de définir, en termes embarrassés, sa situation vis-à-vis des rois bretons. L'impression qui se dégage de cette phrase est que l'auteur introduit un personnage bien connu d'autre part dans une série d'événements à laquelle il n'était pas initialement associé. Au reste, on a soutenu, en se fondant sur des observations d'ordre linguistique, que Nennius a pu utiliser une source galloise. Il demeure que les efforts poursuivis pour établir l'existence historique d'Arthur n'ont jamais abouti de façon convaincante. Les fouilles effectuées à la limite du Pays de Galles et de la Cornouailles ont donné des résultats intéressants touchant la période concernée, mais rien sur Arthur lui-même. En revanche, il paraît raisonnable d'admettre que le personnage était connu dès avant l'*Historia Britonum.*

Après elle, mais surtout à partir du XIe siècle, on voit se multiplier les récits et les légendes qui le concernent. L'*Historia Britonum* elle-même — mais dans un passage qui peut être un ajout du XIe siècle — mentionne parmi les merveilles de Bretagne un *cairn* dont la pierre du sommet porte l'empreinte laissée par le chien d'Arthur, Cabal, alors qu'il chassait le porc Troit, et aussi le tombeau d'Amr, fils du guerrier Arthur *(filius Arthuri militis).* La première de ces deux merveilles doit être rapprochée du mabinogi de *Culwch et Olwen* qui raconte, entre autres, la chasse de Troit par Arthur. Dans les dernières années du XIe siècle, plusieurs vies de saints gallois écrites en latin, la Vie de saint Patern, celle de saint Cadoc, celle de saint Carantoc, font une place à Arthur, associé à Bedwir (Beduier) et à Kei. Il y joue le rôle traditionnel du roi dont l'arrogance et les mauvais penchants finissent par céder devant la puissance du saint.

Vers la même époque, semble-t-il, commence à circuler la croyance selon laquelle Arthur n'est pas mort et reviendra un jour régner sur les Bretons. Faisant le récit d'une tournée de quêtes qui a eu lieu en Angleterre au printemps 1113, Herman de Tournai écrit dans le courant d'une anecdote : « Selon la coutume des Bretons de se disputer avec les Français au sujet du roi Arthur, cet homme se prit de querelle avec un des nôtres... en prétendant qu'Arthur était encore en vie. » Mais Herman de Tournai lui-même, comme l'a montré Faral, n'a pu écrire ce passage que nettement plus tard, après la publication de l'ouvrage de Geoffroy de Monmouth. Irréfutable en revanche est le témoignage de Guillaume de Malmesbury dans la première édition des *Gesta regum Anglorum* (1125). D'une part, il raconte que le dernier Romain, Ambrosius, successeur de Vortigern, a fait appel, pour repousser les Saxons, au « vaillant guerrier Arthur », qui a été vainqueur au mont Badon. Et il ajoute : « Cet Arthur est celui dont les Bretons font aujourd'hui encore des récits absurdes. » (Traduct. Faral.) D'autre part, parlant du tombeau de Walwen, neveu d'Arthur par sa mère, il note que « le tombeau d'Arthur ne se voit nulle part et c'est la raison pour laquelle de vieilles fables racontent qu'il reviendra ». Gauvain est nommé ici pour la première fois, sans doute d'après des sources orales galloises. Notons enfin que dès 1120 ou 1130 est représentée sur une archivolte de la cathédrale de Modène la libération par Arthur et ses chevaliers (Ider, Gauvain) de Winlogee (Guenièvre) prisonnière de Melvas (le Méléagant du *Chevalier de la Charrette* de Chrétien de Troyes). Les noms des personnages sont gravés en toutes lettres, interdisant toute équivoque. Cette histoire a pu être connue en Italie grâce à l'entourage normand de la comtesse Mathilde de Toscane.

Tout est prêt désormais pour la grande entrée que Geoffroy de Monmouth fera faire à Arthur sur la scène littéraire. Il faut ajouter, avant d'en venir à lui, qu'Arthur apparaît dans plusieurs poèmes gallois dont les celtisants font remonter l'origine à une époque ancienne. Malheureusement, ces poèmes sont conservés dans des manuscrits récents (entre la fin du XIIIe et le XVIe siècle), si bien qu'il est difficile de démêler en eux le fonds ancien des modifications apportées sous l'influence des historiens latins et des romanciers français. Ils n'en constituent pas moins un témoignage important. Ils sont contenus dans le *Livre de Taliesin* (vers 1275), dans le *Livre rouge de Hergest* (vers 1400), dans le *Livre blanc de Rhydderch*, dans le *Livre noir de Camarthen.* L'un des plus anciens, semble-t-il, relate une expédition désastreuse d'Arthur contre une cité mystérieuse, qui paraît être l'autre monde. Certains *mabinogion*, comme *Culwch et Olwen* qui remontent sans doute au XIIe siècle, paraissent recueillir une tradition arthurienne originale, tandis que d'autres (*Gereint, Owein, Peredur*) sont, dans leur état actuel, partiellement redevables à Chrétien de Troyes et que le *Songe de Rhonabwy* projette le monde arthurien dans un lointain inaccessible.

En 1136 paraît l'*Historia regum Britanniae* de Geoffroy de Monmouth. Cet ouvrage, consacré à l'histoire des Bretons depuis leurs origines jusqu'au VIIIe siècle, est véritablement à la source de la fortune littéraire du roi Arthur. Né à Monmouth, breton lui-même, Geoffroy semble avoir passé la plus grande partie de sa vie auprès de Gautier, archidiacre d'Oxford. Elu évêque de Saint-Asaph, dans le sud du Pays de Galles, sa patrie, il est mort en 1151. Outre l'*Historia regum Britanniae*, Geoffroy est l'auteur de *Prophéties de Merlin* (vers 1134), qu'il inséra ensuite dans l'*Historia* elle-même, et d'une *Vita Merlini* (1148), où le personnage de Merlin apparaît assez différent de ce qu'il est dans l'*Historia* et beaucoup plus proche des textes celtiques — comme toujours postérieurs sous la forme où nous les connaissons — qui mettent en scène ses divers avatars. Geoffroy prétend avoir utilisé comme source de l'*Historia* un ancien livre gallois, ce qui n'est pas impossible, sans qu'on puisse savoir à coup sûr ce qu'il en est.

La place faite à Arthur par l'*Historia* est considérable, plus grande que celle d'aucun autre personnage. Dans les manuscrits où l'ouvrage est divisé en livres, plus de deux livres sur douze lui sont consacrés. S'il n'avait eu droit jusqu'alors qu'à quelques lignes éparses dont le contenu laissait même douter qu'il eût toujours été considéré comme un roi, il devient subitement la figure centrale de l'histoire bretonne. Sa naissance, que Geoffroy est le premier à raconter, rappelle celle d'Héraclès, le roi Uther ayant, grâce aux enchantements de Merlin, pris l'apparence du duc de Cornouailles pour approcher la duchesse Igerne. Son règne glorieux se déroule en cinq épisodes dans le récit de Geoffroy : l'unification de la Grande-Bretagne par la victoire sur les Saxons, et le mariage avec Guenièvre. La conquête des îles voisines et de la Gaule. Les fêtes du couronnement, qui marquent l'apogée du règne. Le défi de l'empereur de Rome et la guerre victorieuse qu'Arthur lui livre en Gaule. La trahison de son neveu Mordred, qui pendant ce temps s'empare du pouvoir et épouse la reine, l'ultime bataille où l'oncle tue le neveu, et le départ d'Arthur, blessé, pour l'île d'Avalon. L'univers arthurien et un grand nombre de ses acteurs sont dès lors en place. Dans le courant du siècle, les moines de Glastonbury exploiteront cette mode nouvelle en affirmant que l'emplacement de leur abbaye n'est autre que l'île d'Avalon et en y montrant le tombeau du roi Arthur.

LE ROI ARTHUR ET LES LETTRES FRANÇAISES AU MOYEN AGE

Vers 1155, l'*Historia regum Britanniae*, dont le succès est attesté par le nombre des manuscrits conservés, est adaptée en vers français par un clerc de Caen, originaire de Jersey, nommé Wace : c'est le *Roman de Brut* (Brutus), dédié à Aliénor d'Aquitaine, épouse du roi Henri II Plantagenêt, comme le révèle Layamon, auteur, à la fin du XIIe siècle, d'un *Brut* anglais. Brutus, arrière-petit-fils d'Enée, est désigné, non seulement par Geoffroy, mais déjà par l'*Historia Britonum*, comme le héros éponyme des Bretons et l'ancêtre de leurs rois. Mais, plus encore que l'*Historia*, le *Brut* est dominé par la figure d'Arthur. Le récit de son règne occupe à lui seul 4 000 vers sur les 15 000 du roman, l'histoire des trois rois Aurèle (Aurelius Ambrosianus), Uter et Arthur plus de 7 000. Wace donne à son poème une coloration pré-courtoise absente de l'ouvrage de Geoffroy mais il révèle aussi des faits inédits. Il est ainsi le premier à mentionner la Table ronde autour de laquelle se réunissent, par souci d'égalité, les chevaliers du roi Arthur. Il en parle, d'ailleurs, comme d'une légende bretonne bien connue : ... *la Reonde Table / Dont Breton dient mainte fable* (v. 9751-2).

A partir de Wace, l'histoire arthurienne se confond avec celle de la littérature française, puis européenne. Pourtant, quelque importance qu'il donne à Arthur, il n'en fait pas l'unique héros de son poème. Son ambition, comme celle de son modèle, est d'écrire l'histoire et de raconter celle, collective, des Bretons depuis l'arrivée de Brutus en Bretagne. A la demande du roi Henri II, Wace écrira d'ailleurs plus tard un *Roman de Rou* (Rollon), qui prolonge le *Brut* et retrace les origines normandes de la monarchie anglaise. Entre les années 1155 et 1170, dans l'entourage des Plantagenêts, plusieurs romans — les premiers romans français — adaptent des œuvres de l'Antiquité qui toutes se rattachent à la matière troyenne de sorte que, pris ensemble, ils poursuivent de façon régressive l'histoire, entamée avec le *Brut*, de l'origine troyenne des rois bretons : le *Roman de Thèbes*, d'après la *Thébaïde* de Stace — considéré, à travers Jason, comme la préhistoire de la matière troyenne — le *Roman d'Enéas*, d'après l'*Enéide*, le *Roman de Troie*, d'après la compilation de Darès le Phrygien. Cet ensemble, poursuivi par le *Rou* et par la *Chronique des Ducs de Normandie* de Benoît de Sainte-Maure, l'auteur du *Roman de Troie*, qui traite le même sujet, offre donc au regard une vaste fresque dynastique allant des Argonautes à Henri II Plantagenêt. Arthur n'y apparaît que comme une figure, certes particulièrement prestigieuse, au milieu de beaucoup d'autres. Pour que son destin littéraire s'accomplisse, il faudra, non seulement que les poètes concentrent leur intérêt sur lui, mais encore que leur ambition cesse d'être historique. Il faudra qu'ils visent une autre vérité que celle des faits rapportés et qu'ils s'attachent dans chaque roman à peindre une destinée individuelle et non pas une histoire collective. Le monde arthurien pouvait d'autant plus facilement devenir le lieu d'une telle évolution que personne n'avait jamais accordé beaucoup de foi à ce que Geoffroy de Monmouth en avait dit. Ses confrères historiens, comme Guillaume de Newburgh, l'avaient accusé d'affabulation, et Wace lui-même s'était montré sceptique. Ce passage de l'histoire au roman autour de la matière arthurienne sera l'œuvre de Chrétien de Troyes.

Probablement un peu avant lui, ou vers l'époque de ses débuts, la poétesse anglo-normande Marie de France compose une série de lais, c'est-à-dire de contes en vers inspirés des lais bretons, pièces chantées évoquant une aventure ou une légende. L'action d'un de ces lais, *Lanval*, se déroule à la cour d'Arthur. D'autres poèmes du même genre ont été conservés sans attribution, mais seule une minorité met en scène le roi Arthur.

Entre 1170 et 1185 environ, Chrétien de Troyes, protégé par la comtesse Marie de Champagne, puis par Philippe d'Alsace, comte de Flandres, écrit cinq romans qui tous ont pour cadre l'univers arthurien : *Erec et Enide, Cligès, Le Chevalier au Lion* (Yvain), *Le Chevalier de la Charrette* (Lancelot), *Le Conte du Graal* (Perceval). Tous ces romans suivent un schéma analogue, appelé à s'imposer bien vite à l'ensemble de la production romanesque : un jeune chevalier se révèle à lui-même comme aux autres et découvre le sens de son destin, le plus souvent au fil d'une errance emblématique de son cheminement intérieur, et à travers l'expérience de l'aventure et de l'amour. Arthur occupe dans ces romans la place qui sera désormais, à peu d'exceptions près, la sienne. Il y joue un rôle effacé et indispensable. Il est l'arbitre et le garant des valeurs courtoises et chevaleresques auxquelles le héros se mesure. En même temps, chaque roman se donne comme un fragment extrait de la totalité d'une vaste histoire arthurienne familière à tous. Le roi Arthur lui-même y gagne une sorte d'évidence, puisque son comportement, ses habitudes, les rites de sa cour et leur origine, les personnages qui la fréquentent et leur passé, sont présentés comme allant de soi, en même temps qu'ils sont entourés d'une ombre de mystère, puisque la cohérence souterraine de la vaste histoire dont le lecteur du roman découvre un épisode n'est jamais révélée. Le foisonnement des signes renvoyant à un sens énigmatique et omniprésent, l'affectation d'une familiarité qui rend les explications inutiles, la font seulement deviner et désirer en vain et sans cesse. La manière ainsi inaugurée par Chrétien sera pratiquée, mais jamais avec le même bonheur, jusqu'à la fin du XIIIe siècle par de nombreux romans arthuriens en vers.

Mais le dernier roman de Chrétien de Troyes, le *Conte du Graal*, resté inachevé, exercera une fascination telle qu'il ouvrira des voies nouvelles non seulement au monde arthurien, mais aussi, dans une certaine mesure, à la littérature française tout entière. D'une part, plusieurs poètes poursuivent l'œuvre interrompue en écrivant d'interminables continuations, tandis que deux autres, déconcertés par le début *in medias res* du roman de Chrétien, lui adjoignent un prologue. D'autre part, et surtout, la matière du Graal, remaniée et amplifiée à partir des indices donnés par Chrétien, engage la littérature arthurienne dans des formes et vers un sens nouveaux. Au tournant du XIIIe siècle, un chevalier franc-comtois, Robert de Boron, retrace l'histoire du Graal en une vaste trilogie qui remonte jusqu'au temps du Christ, dont le Graal aurait recueilli le sang. Confié aux héritiers de Joseph d'Arimathie, le vase sacré serait venu avec eux en Bretagne. Robert de Boron donne ainsi au Graal une valeur purement religieuse et à la quête de Perceval une coloration mystique. Bientôt son œuvre est mise en prose, et ce n'est peut-être pas un hasard si les premiers romans français en prose, au début du XIIIe siècle, sont ceux du Graal. La prose, sentie comme moins frivole, moins ornée, moins sinueuse, comme le disait déjà Isidore de Séville, plus vraie que le vers, la prose française, décalque de la prose latine, langage de la Bible, langage de Dieu, paraît seule digne de traiter un sujet aussi sacré. De fait, d'autres romans du Graal en prose voient le jour. Un roman indépendant, étrange et difficilement datable, le *Perlesvaus*, dont Perceval est toujours le héros, en compagnie de Gauvain et de Lancelot, et qui accrédite la légende arthurienne de Glastonbury. Et surtout, l'énorme cycle du Lancelot-Graal (vers 1225-1230), composé de l'*Estoire du Graal*, du *Merlin* — ces deux parties initiales ajoutées sans doute postérieurement et partiellement reprises de Robert de Boron — du *Lancelot*, de la *Queste del saint Graal* et de la *Mort le roi Artu*. Cet ensemble romanesque a l'originalité de donner le rôle principal, non plus à Perceval, mais à Lancelot, puis à son fils Galaad, et de montrer dans son propre déroulement le passage de l'esprit courtois à l'ascétisme mystique. Lancelot est le meilleur chevalier du monde grâce à son amour pour Guenièvre, qui accroît sa valeur, mais il échoue dans la quête du Graal parce qu'il n'est pas le meilleur chevalier du monde à cause de son amour adultère pour Guenièvre. Celui auquel les mystères du Graal sont révélés est son fils Galaad, auquel sont associés le cousin germain de Lancelot, Bohort, et Perceval.

L'importance toujours plus grande donnée à la matière du Graal place le roi Arthur lui-même sous une lumière nouvelle. Sa gloire, prédite et préparée par Merlin, est d'être celui dont le règne verra, avec le jaillissement, puis le tarissement des merveilles de Bretagne, la révélation du Graal. Pour Robert de Boron, la Table ronde est la réplique et l'emblème de celle de la dernière Cène et de celle autour de laquelle se sont assis Joseph d'Arimathie et ses douze compagnons. Le Graal apparaît en son centre au début de la *Quête du Graal*, tandis que sont nourris de façon surnaturelle les chevaliers qui y siègent. Mais en même temps, Arthur n'est plus l'aboutissement de la généalogie fondatrice, qui remonte désormais à Joseph d'Arimathie, et non plus à Brutus. Le rejeton élu, uni par les liens du sang au roi Pêcheur et à la lignée des gardiens du Graal, c'est Perceval ou Lancelot-Galaad. D'autre part, le roi Arthur du Lancelot-Graal est par moments un personnage dangereux et pitoyable, vindicatif, sensuel, aveuglé par ses passions, dans l'épisode de l'enchanteresse Camille ou dans celui de la fausse Guenièvre. Mais sa grandeur est dans sa faiblesse, et la *Mort le roi Artu*, due sans doute à un auteur particulier, peint le crépuscule arthurien sous des couleurs saisissantes. Si le grand cycle ne se clôt pas, comme on l'attendrait, avec la *Quête du Graal*, c'est que le romancier a jugé nécessaire de suivre le roi Arthur jusqu'à l'accomplissement de son destin, en retrouvant le sens de l'histoire collective qu'il incarne. La révélation des fautes cachées qui le minaient depuis longtemps provoque l'écroulement du monde arthurien. Bien que sa sœur, la fée Morgain, lui ait montré les fresques de la chambre aux images, où Lancelot avait peint ses amours, malgré les dénonciations de plus en plus insistantes, Arthur refuse longtemps de croire que Lancelot « le honnit de la reine ». Mais lorsque les amants sont pris sur le fait, la sauvagerie des passions éclate et brise les liens les plus anciens et les plus forts. Le roi veut que la reine soit brûlée vive, Lancelot la délivre, mais tue dans l'escarmouche un frère de Gauvain, d'où une haine inexpiable entre les deux anciens amis, qui finiront par s'entretuer dans un combat singulier en Gaule où s'est déplacée la guerre après que Lancelot a rendu la reine à Arthur. Mais les conséquences d'une autre faute ancienne et secrète viennent achever la catastrophe, une faute commise par le roi Arthur. Son neveu Mordret, auquel il a confié le royaume et la reine avant de passer en Gaule poursuivre Lancelot, est en réalité son fils, né de ses amours incestueuses avec sa sœur, de même que Roland selon la Vie de saint Gilles, est le fils de Charlemagne. Mordret se révolte, assiège Guenièvre réfugiée dans la Tour de Londres. Comme chez Geoffroy et chez Wace, la bataille finale a lieu dans la plaine de Salisbury et voit la mort de tous les chevaliers de la Table ronde. Le père tue le fils, mais, mortellement blessé, est emporté dans une nef par la fée Morgain, sous les yeux de son écuyer Girflet, seul survivant, qui, auparavant, a, sur l'ordre d'Arthur, jeté son épée dans un lac d'où une main est sortie pour la recevoir. Plus tard, le tombeau d'Arthur apparaît à Glastonbury, tandis que les alignements mégalithiques de Stonehenge sont le monument de la bataille de Salisbury. Ainsi, le roi Arthur trouve une fin digne de lui, qui le place, pour la première fois, au cœur de l'action romanesque. L'auteur de la *Mort le roi Artu* rejoint *in extremis* le cours des événements tels que les relataient Geoffroy de Monmouth et Wace, mais il substitue au simple enchaînement d'actions politico-militaires les ressorts d'une tragédie intime et sombre, les coups de la fatalité, les frénésies de l'amour, de la jalousie, de la vengeance, les amitiés brisées, les devoirs contradictoires, les fidélités impossibles, les secrets inavouables, l'imbrication des fautes.

Ce sommet et cette chute ne marquent pas la fin du destin littéraire du roi Arthur. Dès les années 1770-75, le poème de Béroul l'associait à la légende de Tristan pour l'épisode de la fleur de farine et surtout pour celui du serment ambigu. Vers 1226-1230, la continuation de Perceval de Gerbert montre Tristan réfugié à la cour d'Arthur, puis revenant sous un déguisement chez le roi Marc, accompagné de chevaliers de la Table ronde, ses amis. Un peu plus tard, le syncrétisme des matières arthurienne et tristanienne est poussé beaucoup plus loin par le *Tristan* en prose, et il constitue à la fin du Moyen Age le principe même des refontes de ces œuvres désormais classiques qui sont opérées à l'occasion de nouvelles copies, comme celle de Michaud Gonnot (ms. Paris Bibl. Nat. fr. 112). A cette époque, la fascination exercée par le monde arthurien se fonde sur le vertige du passé. Non seulement l'époque du roi Arthur est sentie comme très ancienne, puisque les chronologies romanesques s'accordent avec le témoignage des premiers historiens pour la placer au début du VIe siècle, mais encore la vie littéraire du roi Arthur est déjà longue, si longue que la langue et la poétique où elle s'incarne ont eu le temps d'évoluer et que les romans du XIIe siècle commencent, au XVe, à être difficilement lisibles. Le roi Arthur n'est plus que le garant de valeurs chevaleresques menacées et déjà désuètes que l'on justifie en les projetant dans le passé. Lui-même a vieilli dans certains romans qui passent aux exploits des générations suivantes, comme *Isaïe le Triste,* dont les héros sont le fils et le petit-fils de Tristan. En même temps, on multiplie dans les cours les fêtes et les tournois à thème arthurien, que la littérature célèbre à son tour avec complaisance. Il se crée ainsi un mouvement de va-et-vient entre la littérature et la vie contemporaine, chacune prétendant s'inspirer du passé alors qu'elle se regarde dans le miroir de l'autre. On peut citer comme exemple à la fois de l'exacerbation du sentiment du passé et du reflet complaisant des *realia* chevaleresques modernes le roman de *Perceforest,* qui remonte à la préhistoire arthurienne. La déperdition du sens est évidente dans le *Méliador* de Froissart, qui renoue dans les années 1380 avec la tradition du roman arthurien en vers, éteinte depuis un siècle. La « quête » que le roi Arthur y propose aux chevaliers de la Table ronde n'est rien d'autre qu'une chasse au beau parti sous la forme d'un championnat par points. Le *Chevalier du Papegau,* petit roman en prose du XVe siècle dont les ressemblances avec le roman allemand de *Wigalois* (XIIIe siècle) ont été souvent notées, relate une aventure de jeunesse du roi Arthur lui-même. Mais il se limite au récit de succès guerriers ou sportifs dont la seule raison d'être est d'ouvrir la voie aux succès amoureux, limités eux-mêmes à un éphémère repos du guerrier. Le héros des uns et des autres pourrait être n'importe qui. Son identification avec le roi Arthur a pour seule fonction d'éveiller les échos du passé pour en faire le succédané de ceux, absents, du sens. Le monde arthurien agonise avec le roman de chevalerie.

Le roi Arthur dans les littératures européennes du Moyen Age

Dès la fin du XIIe siècle, les romans arthuriens, comme toute la littérature française, sont imités dans le reste de l'Europe, et d'abord en Allemagne. Hartmann von Aue est l'auteur d'un *Erek* (vers 1190) et quelques années plus tard d'un *Iwein* adaptés, mais non sans originalité, des romans de Chrétien de Troyes, et où il manifeste son intérêt pour les problèmes de la morale chevaleresque. Entre 1200 et 1212, Wolfram von Eschenbach écrit son *Parzifal,* où, tout en reconnaissant sa dette à l'égard de Chrétien, il lui reproche d'avoir été infidèle à la vérité de l'histoire, que lui, Wolfram, rétablit en suivant la version authentique de « maître Kyot le Provençal ». On sait les discussions qu'a fait naître ce passage énigmatique. Vers la même époque, un prêtre de Thurgau, Ulrich von Zatzikhoven, écrit le *Lanzelet,* qu'il donne pour la traduction d'un livre français que lui a communiqué Hugues de Morville, l'un des otages envoyés par Richard Cœur de Lion au duc Léopold VI d'Autriche en 1194, Le *Lanzelet* offre une version des enfances de Lancelot apparentée au *Lancelot* en prose, mais est au demeurant très différent du roman français. D'autres romans arthuriens allemands sont composés au XIIIe siècle : *Wigalois,* du Franconien Wirnt von Grafenberg (vers 1210), *Diu Kröne* de l'Autrichien Heinrich von dem Türlin, *Daniel vom blühenden Tal* du Stricker (vers 1215), *Wigamur* (vers 1250). On pourrait ajouter à cette liste les romans de Tristan, dont le plus ancien, celui d'Eilhardt d'Oberg, fait intervenir, comme celui de Béroul dont il se rapproche, le monde arthurien.

Dans la péninsule ibérique, les livres I à III de Geoffroy de Monmouth sont traduits vers 1260 dans l'*Estoria General* du roi Alphonse X de Castille. En 1313, le *Joseph d'Arimathie* de Robert de Boron est traduit en portugais, et une *Storia del San Graal* catalane est datée de 1380. La fin du Moyen Age voit apparaître plusieurs traductions de romans arthuriens français, en particulier ceux du Lancelot-Graal, ainsi que du Tristan en prose. Dans les dernières années du XVe siècle et au début du XVIe, la nouvelle vague des romans de chevalerie espagnols — *Amadis, Tirant, Palmerin* — connaît un succès considérable. Don Quichotte en sera la victime.

En Italie, où on a déjà noté la précocité des sculptures de Modène, la littérature de langue française fait une place importante à la matière arthurienne, avec la compilation de Rusticien de Pise et les *Prophéties de Merlin,*dont le retentissement sera considérable. Ces deux œuvres ont été composées entre 1272 et 1279. On sait que Dante fait plusieurs fois référence au *Lancelot* et à la *Mort le roi Artu* dans la *Divine Comédie* et dans le *De vulgari eloquentia.* D'une façon générale, le monde arthurien fournit surtout des allusions aux poètes italiens, ainsi que la matière de plusieurs *cantari* du XIVe siècle.

Nombreuses aussi sont les allusions arthuriennes chez les troubadours de langue d'oc, dès la seconde moitié du XIIe siècle. Il existe un seul roman arthurien dans cette langue, *Jaufre,* qu'il est plus raisonnable de dater du XIIIe siècle que d'en faire, comme on l'a prétendu, le modèle du *Conte du Graal* de Chrétien.

Il existe beaucoup de traductions de romans arthuriens en néerlandais, qu'il s'agisse du *Joseph d'Arimathie* et du *Merlin* de Robert de Boron, du Lancelot-Graal ou de romans en vers isolés, le *Conte du Graal* de Chrétien, la *Vengeance Raguidel, Fergus.* D'autres romans, qui paraissent empruntés à des sources étrangères, ne sont connus qu'en néerlandais *(De Ridder metter Mouwen, Walewein ende Keye, Torrez).* Dans cette production, deux romans paraissent relativement originaux, ceux de *Moriaen* et de *Walewein.*

Dès le début du XIIIe siècle apparaissent des traductions norroises de textes arthuriens ; la plus ancienne est le *Merlinusspa* (Prophétie de Merlin), fondée sur le livre VII de l'*Historia regum Britanniae* de Geoffroy de Monmouth et dû au moine islandais Gunnlaug Leifsson, mort en 1218. Suivent une traduction du reste de l'*Historia,* des résumés ou des adaptations libres de l'*Yvain,* de l'*Erec* et du *Perceval* de Chrétien, une version du *Mantel mautaillé,* des traductions de *Lanval* et du *Chèvrefeuille* de Marie de France. Il existe également, en marge de la littérature arthurienne, une version norvégienne condensée et une rédaction islandaise tardive du *Tristan* de Thomas. Ce mouvement de traduction et d'adaptation s'étend jusqu'au début du XIVe siècle.

Mais, hors du domaine français, c'est naturellement la littérature anglaise (on a déjà dit un mot des textes celtiques) qui est la plus riche en récits arthuriens, depuis le *Brut* de Layamon, déjà mentionné. Entre la fin du XIIIe et le XVIe siècle, on peut en répertorier vingt-trois, en vers rimés ou en prose, depuis *Arthur and Merlin* (1250-1300) jusqu'au *Joseph of Arimathia* en prose et à *The Boy and the Mantle* (XVIe siècle), en passant par *Sir Tristrem* (vers 1300), *Libeaus Desconus, Sir Perceval of Galles, Sir Launfall* (tous trois avant 1340), la *Morthe Arthur* strophique (vers 1400), *The Carl of Carlisle* (vers 1400), le *Holy Grail* et le *Merlin* de Lovelich (vers 1430), *The Wedding of Sir Gawain* (vers 1450), *Lancelot of the Laik* (1482-1500), *King Arthur's Death* (vers 1500) etc., sans oublier un conte de Chaucer, la *Femme de Bath* (1392-1394). La plupart de ces textes sont inspirés, voire traduits des romans français. D'autre part, entre 1200 et 1400, le nord et le nord-ouest de l'Angleterre produisent des romans allitératifs non rimés, parmi lesquels un *Joseph of Arimathea,* dont il reste un fragment de 709 vers, et une *Morte Arthure,* mais dont le chef-d'œuvre est le court roman *Sir Gawain and the Green Knight* (entre 1360 et 1400).

Enfin, il faut, bien entendu, faire une place particulière à l'œuvre de sir Thomas Malory, un chevalier brigand né dans les premières années du XVe siècle et mort le 14 mars 1471, après des condamnations et des séjours en prison nombreux entre 1443 et 1460. C'est en prison qu'il semble avoir écrit *Le Morte Darthur,* vaste compilation fondée sur les romans français et anglais. Il s'inspire d'abord de la *Morte Arthure* allitérative anglaise pour *The Tale of King Arthur and the Emperor Lucius,* puis tire de la *Suite du Merlin* française *The Tale of King Arthur* et du *Lancelot* propre *The Noble Tale of Sir Lancelot du Lake.* La source de *The Book of Gareth* est inconnue. Il s'inspire ensuite du *Tristan* en prose pour *Sir Tristram de Lyones,* puis revient au cycle arthurien. La *Quête du Graal* et la *Mort le roi Artu* lui fournissent la matière de *the Tale of the Sankgreal, The Book of Sir Lancelot and Queen Guinevere* et *The Tale of the Death of King Arthur. Le Morte Darthur* est une œuvre de tout premier ordre, à laquelle les romans français de la fin du Moyen Age ne peuvent se comparer. Son succès considérable ne s'est jamais démenti et explique sans doute pour une large part la survie de la tradition arthurienne dans le monde anglo-saxon.

LE RETOUR DU ROI ARTHUR. CONCLUSION

Le roi Arthur a naturellement souffert du discrédit qui a frappé le Moyen Age pendant les siècles classiques, bien que certains romans n'aient jamais complètement cessé d'être lus. Sa redécouverte à la fin du XVIIIe siècle et à l'époque romantique paraît avoir été plus tardive que celle de la matière épique. Il lui faut attendre, d'une part le grand essor des études romanes à partir des années 1860-70, d'autre part le *Parzifal* de Wagner, qui s'inspire, on l'a dit, de Wolfram, pour qu'il revienne à la mode. Les symbolistes sont alors sensibles au mystère brumeux des aventures de Bretagne. On les tire volontiers du côté des contes de fées, et la littérature pour enfants s'en emparera bientôt, comme en témoigne, entre les deux guerres, le charmant *Quand les fées vivaient en France* d'Yvonne Ostroga, avec une préface de Paul Bourget (1923). Il est inutile de rappeler, d'autre part, l'importance des thèmes arthuriens, et particulièrement celle du personnage de Merlin, dans l'œuvre d'Apollinaire. Mais Lancelot et Guenièvre ne parviendront jamais à rivaliser avec Tristan et Iseut, malgré quelques poèmes d'Aragon, en particulier dans *Les Yeux d'Elsa,* qui témoignent d'une certaine connaissance des romans bretons. Là encore, l'univers arthurien est plus familier aux lettres anglaises. Seul un public anglo-saxon pouvait apprécier *A Connecticut Yankee at King Arthur's Court* de Mark Twain (1889). La littérature arthurienne anglaise et américaine de la première moitié du XXe siècle est abondante. Elle n'est cependant pas négligeable non plus en France pour la période tout à fait contemporaine, du *Roi Pêcheur* de Julien Gracq, dont les sources sont allemandes, *à Graal Théâtre* de Jacques Roubaud et Florence Delay, fondé sur le cycle du Lancelot-Graal. A sa manière allusive et secrète, la poésie d'Yves Bonnefoy est parcourue de réminiscences arthuriennes. Les films qui ont été consacrés à la matière arthurienne ces dernières années sont nombreux, et plus ambitieux que ne l'étaient, par exemple, *Les Chevaliers de la Table ronde* de Richard Thorpe (1955) : *Lancelot* de Robert Bresson (1974), *Perceval le Gallois* d'Eric Rohmer (1978), *Excalibur* de John Boorman (1981), sans oublier, dans un autre registre, *Sacré Graal* du groupe Mounty Python (1975).

En définitive, peu de personnages méritent autant que le roi Arthur d'être placés parmi les mythes littéraires. C'est un mythe, car lui-même et les récits qui s'organisent autour de lui ont été placés dans un passé lointain pour marquer l'origine et justifier l'existence d'un certain ordre et de certaines valeurs, ceux du monde chevaleresque. Les *merveilles* qui marquent son règne finissent par s'organiser autour des mystères du Graal, qui parachèvent la révélation christique à l'usage et pour la gloire de la chevalerie. Mais il n'est pas emprunté à la mythologie proprement dite, à peine à l'histoire, de façon douteuse au folklore. C'est une création presque complète de la littérature.

Michel ZINK

BIBLIOGRAPHIE

Leslie ALCOCK, *Arthur's Britain. History and Archeology, A.D. 367-634,* Baltimore, Penguin Books, 1973.

Richard BARBER, *The Figure of Arthur,* Londres, Longman, 1972.

Edmond FARAL, *La Légende arthurienne,* 3 vol., Paris, Champion, 1929.

Elisabeth JENKINS, *The Myth of King Arthur,* Londres, Joseph, 1975.

Roger Sherman LOOMIS, *Wales and the Arthurian Legend,* Cardiff, University of Wales Press, 1956.

Roger Sherman LOOMIS, ed. *Arthurian Literature in the Middle Ages. A Collaborative History,* Oxford, Clarendon Press, 1959.

Joseph LOTH, *Les Mabinogion. Contes bardiques gallois,* réimp. Paris, Presses d'aujourd'hui, 1979.

Jean MARKALE, *Le Roi Arthur et la société celtique,* Paris, Payot, 1976.

Pour les diverses littératures nationales, le lecteur se reportera aux ouvrages d'histoire littéraire et aux bibliographies spécialisées.

Le mythe aryen

Le mythe aryen apparut en Europe dans le courant du XIXe siècle; en Allemagne, en France et dans une moindre mesure en Angleterre, de nombreux esprits y trouvèrent un mythe des origines se substituant avantageusement, ou se superposant, aux mythes bibliques d'Adam et de Noé ainsi qu'à des mythes secondaires plus proprement nationaux. Tout se passa comme si une civilisation en proie à de profonds changements structurels y recherchait une explication plus satisfaisante de ses fondements et de ses fins.

En effet, la mythologie chrétienne s'affaiblit alors sensiblement sous la pression combinée de l'expansion européenne dans le monde, du progrès des sciences et des changements socio-économiques[1]. Depuis la découverte des Amériques jusqu'à la conquête coloniale, le mythe adamique de la fraternité des hommes issus d'un même ancêtre, égaux devant Dieu, triomphe avec peine de l'ethnocentrisme d'hommes blancs conquérants peu enclins à voir des semblables dans les peuples soumis, ce qui frapperait toute leur action d'inanité. Dès le XVIIIe siècle, l'anthropologie naissante se montre rarement capable de dissocier la recherche scientifique de préjugés racistes. Malgré leur modération, Blumenbach, fondateur de l'anthropologie physique[2], ou Christophe Meiners, parfois consi-

1. Sur tous ces points, *cf.* l'ouvrage de Léon Poliakov, *Le Mythe aryen*, Paris, Calmann-Lévy, 1972.

2. Blumenbach (1752-1840), publie *De generis humani varietate nativa* en 1803.

déré comme le précurseur de l'anthropologie culturelle[3], ne peuvent s'empêcher d'exalter la race blanche alors que certains placent à l'extrémité d'une échelle tacitement admise une race noire proche de l'animalité. Mais c'est la linguistique qui va préciser les contours de cette image collective et diffuse d'une race supérieure, seule détentrice de la Civilisation. Lorsque Jones en 1788[4] souligne la parenté du Latin ou du Grec avec le Sanscrit, plus tard confirmée et élargie aux langues germaniques par Franz Bopp, lorsque Anquetil du Peyron[5] emprunte à Hérodote le terme d'Aryens pour désigner un groupe linguistique, ils contribuent à doter les Européens d'une nouvelle origine, car on va très vite conclure une parenté raciale de la parenté linguistique. Le premier, Friedrich Schlegel[6] décrit l'irrésistible avance des hordes barbares vers l'Ouest et on en vient bientôt à évoquer leur empreinte sur une tradition étrangère à laquelle ils donneront sa dimension la plus noble : la religion chrétienne d'origine juive... L'Histoire elle-même, abandonnant le schéma providentiel, fait de la race l'un de ses moteurs[7]. Au même moment les Européens, orgueilleux de leurs conquêtes intellectuelles et géographiques subissent le choc en retour de leur développement. Les vieilles structures sociopolitiques sont désuètes : la France est révolutionnée, orpheline d'un monarque de droit divin, l'Allemagne cherche à trouver son unité politique dans une foi nationaliste qui ne doit plus grand chose au Saint Empire chrétien. On voit donc se profiler une ère où le Sens de l'Histoire tend à se substituer au Dieu chrétien comme explication dernière de l'existence humaine.

De cette conjoncture, le mythe aryen va tirer sa force et ses caractères majeurs. Des écrivains comme Th. Arnold[8] et A.R. Wallace[9] en Angleterre, F. Schlegel, Schelling, Carus, le musicien R. Wagner et son gendre H. St. Chamberlain[10] en Allemagne, Gobineau en France, en font le foyer de leur vision. Mais le mythe aryen est aussi présent à des degrés divers chez beaucoup d'autres grands esprits du temps, parmi eux Renan, Schopenhauer, Marx, Nietzsche ou Darwin.

Dans ses expressions les plus complètes, il s'appuie sur une mystique dont découlent une définition de l'Homme et de son destin historique, une morale et une utopie : race élue par une divinité peu orthodoxe, la race blanche peut seule réaliser dans l'Histoire l'essence de l'humanité qu'elle porte inscrite dans sa nature ethnique. D'une manière générale et contrairement au mythe chrétien, l'Aryen originel ne ressent aucun sentiment d'écrasante humilité face à Dieu. Schelling, en bon idéaliste allemand identifie l'Homme à l'Ame du monde ; pour

3. Christophe Meiners (1745-1810), auteur de *Untersuchungen über die Verschiedenheiten der Menschenrassen.*
4. Poète et juriste anglais, nommé juge suprême au Bengale.
5. On lui doit la traduction française du *Zend Avesta* dès 1771.
6. *Cf.* son *Essai sur La langue et la Sagesse des Indiens*, 1808.
7. *Cf.* les travaux d'A. Thierry.
8. *Cf. Introductory Lectures on modern History*, 1842.
9. Naturaliste ayant abouti de son côté aux mêmes théories que Darwin.
10. *Cf.* sa *Genèse du XIXe siècle.*

Carl Gustav Carus, il est la plus parfaite matérialisation de l'Idée. Gobineau dans l'*Essai sur l'Inégalité des Races humaines*, ou Richard Wagner, se réfèrent au vieux panthéon germanique, dont les membres, agités de passions très humaines, sont constamment menacés par le fier désir de héros soucieux de s'élever jusqu'au divin. La mystique aryenne renoue donc avec une spiritualité pré-chrétienne où les concepts de Nature, d'humanité et de divinité sont singulièrement confus. Toutefois, l'Aryen garde le privilège de la spiritualité, d'un sens moral inné, d'une sensualité faible et dominée, d'une volonté bien trempée face à une humanité de couleur superstitieuse, amorale et débauchée par nature. Certains écrivains, dont Gobineau et G. Klemm [11], recourent à la symbolique du masculin et du féminin; ainsi l'Aryen est-il la quintessence de l'humain en même temps que le révélateur des idées reçues de l'Occident. De plus cette humanité idéale, vivant à l'origine des temps dans le dur isolement des hauts plateaux de l'Asie, selon des formes sociales elles-mêmes parfaites, se répand sur le monde pour lui apporter la Civilisation. Toutes les grandes sociétés, de l'Assyrie préhistorique aux modernes Etats-Unis d'Amérique, en passant par l'Egypte et la Chine, sont l'œuvre de cette race glorieuse, mais constamment menacée de métissage, qui sécrète les formes les plus élevées de la culture et de l'organisation sociale. Enfin, le mythe associe à une définition des origines celle d'une Fin de l'Histoire toujours conçue comme la résolution d'un conflit racial. Les optimistes voient dans la domination de la race blanche sur le monde, l'apothéose d'un progrès continu du genre humain. Pour Jones, Wallace et Schelling, les races de couleur, instrument ou matière première du Destin, sont vouées à s'effacer de l'Histoire. Pour le saint-simonien Courtet de l'Isle, source probable quoique non avouée de Gobineau [12], l'avenir se présente comme une alternative : ou bien règne le métissage donc l'égalité et le désordre, ou la race blanche impose l'ordre et la limitation des libertés. Enfin pour ce dernier, le mélange des races, inéluctable, provoque une décadence continue jusqu'à la fin du monde, le retour au néant, puisqu'avec la pureté de la race disparaît le Sens. Cependant, la conceptualisation d'un sentiment diffus de supériorité dans la société européenne dont la tradition spirituelle vacille, une logique menée jusqu'au bout à partir d'une idée première, peuvent déchaîner les démons. En effet, complété par la théorie darwiniste du « struggle for existence » qui apparaît vers la même époque, le mythe débouche presque forcément sur la tentation politique de l'eugénisme et du génocide, dont l'Hitlérisme fit une monstrueuse et tragique réalité et qui manifeste le désir d'agir sur l'Histoire dans le sens du mythe.

Psychanalyse et socio-psychanalyse, qui ne sauraient en aucun cas justifier le mythe, tentent tout au moins une explication. Que l'on analyse de ce point de vue l'*Essai sur l'Inégalité des Races humaines* de Gobineau [13], l'indomanie du

11. *Cf. Allgemeine Kultur geschichte*, 1843.
12. *Cf.* Jean Boissel, *Victor Courtet*, Paris, P.U.F., 1972.
13. *Cf.* S. André, « L'Arianité », paradis perdu de Gobineau, in *Romantisme*, n° 37, 1982.

XIXe siècle[14] ou le nazisme[15], les résultats sont étrangement similaires. Il semble que dès le XIXe siècle, le subconscient individuel et collectif ait substitué au modèle parental traditionnel, porteur des valeurs d'activité, de morale, de raison, de domination des forces naturelles, de légitimité du pouvoir, une image tutélaire plus archaïque (psychiquement). Cette image, loin de lutter contre la traditionnelle imago maternelle (passivité, désir et plaisir, irrationnel, soumission à la nature, despotisme), en adopte certains aspects. Ainsi, l'Aryen champion de la loi morale se présente aussi comme seul détenteur d'une Nature le dotant d'instincts péremptoires qui peuvent justifier tous les actes. Ainsi, la fascination pour les temps originels où la Race blanche avait toute sa force et sa beauté, et qu'il faut tenter de retrouver. Ainsi la peur de la différence et la mégalomanie caractéristiques de l'immaturité, qui autorisent les pires violences et favorisent l'esprit totalitaire. Sans doute est-ce une manière de mieux comprendre ce mythe né d'une crise de la civilisation occidentale et chrétienne et qui conduisit à une apocalypse sans exemple.

Sylvie ANDRÉ

BIBLIOGRAPHIE

H. S. CHAMBERLAIN, *La Genèse du XIXe siècle*, 1913.

V. COURTET de LISLE, *La Science politique fondée sur la science de l'homme ou Etude des races humaines sous le rapport philosophique, historique et social*, Paris, Arthus Bertrand, 1836.

Hankins H. FRANK, *La Race dans la civilisation. Critique de la doctrine nordique*, Paris, Payot, 1935.

A. DE GOBINEAU, *Essai sur l'inégalité des races humaines* in *Œuvres*, t. I., Paris, N.R.F., Bibliothèque de la Pléiade, 1983.

M. GRANT, *Le Déclin de la grande race*, Paris, Payot, 1926.

G. KLEMM, *Allgemeine Kulturgeschichte der Menschheit*, Leipzig, 1842-1853.

G. VACHER DE LAPOUGE, *L'Aryen, son milieu social*, 1899.

L. POLIAKOV, *Le Mythe aryen*, Paris, Calmann-Lévy, 1971.

A. REGNARD, *Aryens et Sémites*, Paris, Dentu, 1890.

A. ROSENBERG, *Le Mythe du XXe siècle*, 1930.

L. WOLTMANN, *Die Germanen in Frankreich*, Iéna, 1907.

14. *Cf.* L. Poliakov, *op. cit.*, introduction et p. 205-206.
15. *Cf.* G. Mendel, *La Révolte contre le Père*, Paris, Petite Bibliothèque Payot, 1978.

Atlantide

Le mythe de l'Atlantide fait l'objet d'un récit indirect, que Platon rapporte d'après une ancienne tradition recueillie en Egypte par le Grec Solon autour de 600 avant J.-C. Comme personne n'a jamais retrouvé la trace du poème que celui-ci avait projeté de composer, ni celle des annales auxquelles le prêtre égyptien avait fait allusion, cette histoire relève de la transmission orale, à moins que, presque tous les exégètes le pensent, Platon n'en soit tout simplement l'auteur. Pour authentifier son information, il prend le soin de préciser qu'elle a été communiquée par Solon à l'aïeul de Critias, lequel est justement invité par le philosophe à rassembler ses souvenirs et à raconter le mythe.

Il s'agit d'un ensemble fragmenté, fait de deux volets disjoints qui constituent respectivement le préambule du *Timée* et l'intégralité du *Critias* inachevé. Le premier texte résume des faits historiques : l'invasion du bassin méditerranéen par les armées de l'Atlantide, la victoire remportée sur elles par les Athéniens, et le cataclysme qui précipita l'île sous l'océan, au large des colonnes d'Hercule. Le narrateur explique alors que ses compatriotes ont toujours ignoré ce haut fait, en rappelant les propos tenus en Egypte sur le retour cyclique des déluges qui, en Grèce du moins, n'épargnent que les illettrés incapables de consigner les événements mémorables. Le second fragment se présente comme un développement circonstancié de l'exploit héroïque mais il est limité, en raison de son inachèvement, à la description des deux puissances ennemies. C'est lui qui a cependant le plus retenu l'attention de la postérité, à cause de son étendue, et parce qu'il apporte beaucoup d'informations sur la civilisation disparue.

L'effet d'ancienneté produit par ce souvenir emboîté est encore accentué par le fait que l'ensemble du mythe, dans son déroulement chronologique, se lit curieusement « à rebours ». L'entretien qui ouvre le *Timée* se situe à l'époque de Platon lui-même, soit au IVe siècle avant J.-C., puis l'on remonte les siècles jusqu'à la préhistoire des Grecs, lesquels auraient vaincu l'Atlantide neuf mille années avant le voyage de Solon... Le *Critias* renvoie à un passé bien antérieur à cela, « in illo tempore », selon l'expression de Mircea Eliade, soit au temps où les dieux, après s'être partagé le monde, fondèrent les deux cités. A cette étrange plongée dans la nuit des âges correspond enfin un changement d'ordre narratif. Le récit de la guerre, à peine amorcé dans le premier dialogue, est en somme transposé dans le second, par le biais d'un double tableau où la topographie et les institutions respectives des deux nations soulignent la perfection politique de l'une par contraste avec la mégalomanie de l'autre. A l'ébauche d'épopée succède l'utopie inachevée.

L'Athènes archaïque du *Timée* et du *Critias* rappelle en effet le programme idéal de *La République* : l'on y retrouve la séparation des classes sociales, la mise en commun des biens, des femmes et des enfants, le rôle éminent des gardiens de l'Etat. Instruit par ses divinités tutélaires, Héphaïstos et Athéna, ce peuple vit en autarcie, méprisant l'or et le commerce. Agriculteurs ou guerriers, tous sont « autochtones », c'est-à-dire nés de leur propre sol et donc voués à la sage exploitation et à la protection de la Terre-Mère. Face à l'austère Attique, voici l'opulente Atlantide, une île immense divisée en dix royaumes regroupant eux-mêmes des milliers de districts. Le domaine échu à Poséidon est à la fois un Etat militaire et un pays de marchands, doté de nombreux ports et traversé par un vaste réseau de canaux. Evoquées dans un style véritablement hyperbolique, ses productions naturelles sont illimitées, tout comme sont variés ses paysages et innombrables ses forces armées. L'ensemble est dominé par une splendide capitale, en particulier par le sanctuaire du dieu dont les parois et les statues sont recouvertes d'ivoire, d'or et aussi de cette étrange substance aux reflets de feu, l'orichalque.

A première vue, l'auteur met en perspective la grandeur morale de la république terrienne et la grandeur toute matérielle de l'empire maritime. Ainsi l'unité, qui est un principe philosophique et politique cher à Platon, est ici figurée par l'unique rempart qui entoure l'Acropole d'Athènes, l'unique source qui alimente le pays, ou encore l'origine exclusivement divine des Grecs. En revanche, c'est la multiplicité et la bigarrure qui structurent l'espace de l'Atlantide : l'alternance entre les canalisations et les enceintes de terre, la présence de deux sources d'eau, la nature mixte d'un peuple né de l'union du dieu avec la mortelle Clito... Tous ces détails désignent l'hétérogénéité, jusqu'au rythme impair qui règle les rencontres des rois lorsque « tantôt tous les cinq, tantôt tous les six ans », ils s'aspergent mutuellement du sang d'un taureau pour sceller un serment de non-agression (*Critias,* 119d). L'Atlantide sombre, semble dire Platon, parce que ses habitants ont laissé croître en eux des aspirations relevant de la « dissemblance », soit d'un concept abstrait par lequel l'auteur du *Politique* avait déjà défini le retour de l'humanité à un état chaotique (*Politique*, 273d).

La mise en scène de l'anéantissement total d'une nation belliqueuse est en somme la version dramatisée d'un autre mythe, la Cité idéale. Il se trouve simplement que, mû par le souci de persuader, Platon fait coïncider la légende et la réalité lorsqu'il prétend puiser dans le passé méconnu de ses ancêtres les éléments de son modèle utopique. D'après la plupart des commentateurs en effet, l'épisode héroïque esquissé dans le *Timée* pourrait être une transposition des guerres médiques, où l'on vit les armées hellènes triompher des Barbares de la Perse. Mais lorsque sont composés les deux dialogues, cette gloire est bel et bien révolue, et le réformateur assiste, amer et impuissant, à l'écroulement moral, politique et économique de sa patrie. Dans son manichéisme équivoque, le mythe atteste donc l'ironie de Platon, qui s'applique à flatter ses concitoyens, tout en les humiliant, et qui fait l'éloge des Athéniens d'autrefois pour signifier à ceux d'aujourd'hui qu'ils ne diffèrent pas des habitants de l'île engloutie. Cette assimilation apparaît notamment dans un beau passage métaphorique, lorsque le narrateur compare l'Attique florissante du passé, jadis recouverte de limon, et la péninsule actuelle que les déluges ont dévastée et morcelée, au point de la rendre semblable au « squelette d'un corps décharné par la maladie » (*Critias*, 111b) : le subtil artifice qui consiste à inscrire le sort de l'Atlantide dans la Grèce idéalisée va de pair avec une peinture à certains égards « utopique » de la civilisation déchue. Il n'est pas douteux que les auditeurs de Platon furent séduits par cette île naturellement prolifique, irriguée de toutes parts et sagement gouvernée, aussi longtemps qu'Atlas, le premier roi, et ses descendants surent gérer les richesses sans se laisser dominer par elles. L'Atlantide est une contre-utopie, ce que montrent à la fois sa confrontation avec le tableau d'Athènes, sa défaite et son engloutissement, mais, paradoxe suprême, le Paradis barbare du *Critias* est situé dans l'Age d'or.

L'ambiguïté du propos fait sa richesse littéraire. L'auteur feint d'exalter les origines, car elles symbolisent le bonheur de l'humanité primitive, mais il les redoute, parce qu'elles signifient également la régression et l'oubli de la « science blanchie par le temps » (*Timée*, 22b). Ce thème préoccupe Platon, singulièrement à la fin de sa vie, lorsqu'il compose ses deux dialogues ou encore le livre III des *Lois*. Voilà pourquoi il s'appuie sur l'efficacité persuasive d'un mythe qui lui permet d'intégrer un discours moral sur les dangers de l'impérialisme à la vision dramatique des morts et des renaissances successives de l'univers. A l'origine de sa prodigieuse fortune, il y a donc un ensemble de paradoxes qui sont liés aux intentions didactiques du philosophe, mais aussi au genre littéraire qu'est le mythe platonicien. Jeu sérieux s'il en est, celui-ci s'apparente à une œuvre de fiction, parce qu'il ruse avec la vérité et le mensonge, l'ironie et le ton édifiant. Dans la mesure où elle est « très singulière », mais absolument « vraie » (*Timée*, 20d), l'histoire de l'Atlantide peut aussi bien convaincre, émouvoir ou faire sourire. Incroyable est la date des événements, suspecte la disparition de tout vestige, exorbitantes les dimensions et les merveilles de cette île... Et pourtant, comment mettre en doute la parole d'un prêtre égyptien et de son porte-parole, Solon ? Son témoignage n'est du reste pas dénué de vraisemblance, parce qu'aux aspects obscurs du mythe, se mêlent des traits réalistes qui l'authentifient. Parmi les sources les plus souvent invoquées, il faudrait aussi bien citer l'ensemble portuaire du Pirée, ou le souvenir de la puissante thalassocratie crétoise, sans oublier que le pays mythique se situe à la frontière des îles utopiques (la Scheria d'Homère) et des contrées réelles (l'Orient d'Hérodote).

Avec cet étrange récit, la postérité a simultanément hérité d'une énigme scientifique et d'un objet imaginaire. Le document sans preuves ne pouvait que lancer les géographes et les érudits à la recherche du continent disparu, et la fable inachevée offrait une trame riche, virtuellement, de symboles poétiques et d'actions épiques ou romanesques. Le mythe littéraire, des origines à nos jours, se situe sur cette lisière, entre la science et la fiction, deux domaines entre lesquels il n'y eut ni concurrence ni hétérogénéité mais au contraire complémentarité et parfois même confusion. Les représentations esthétiques de l'Atlantide sont en somme issues de l'impossible prétention à l'identifier, comme si la constante remise en cause de la « légende » au nom de la « vérité » n'avait pu engendrer que des reconstitutions et des images fictives. Celles-ci ont été en général assez éloignées de la source platonicienne. Chez les savants comme chez les écrivains, on a plutôt idéalisé l'Atlantide, lieu introuvable et par là-même merveilleux. Le *Critias*, qui traite de la décadence d'un grand empire, a laissé le souvenir confus d'une civilisation archaïque supérieure. Ce curieux renversement des données primordiales date de la découverte de l'Amérique, étape essentielle dans le processus qui conduit ensuite le pays utopique à faire rêver les réformateurs éclairés du XVIIIe siècle, quelques poètes, mais surtout d'innombrables romanciers aux XIXe et XXe siècles.

L'histoire de l'île engloutie a, en effet, suscité assez peu d'intérêt durant l'Antiquité. Strabon ou Pline l'Ancien en parlent lorsqu'ils décrivent la Terre et ses métamorphoses, mais ils se montrent sceptiques. Ceux qui l'ont prise au sérieux le firent à des fins démonstratives : Tertullien, dans son *Apologétique* chrétienne, ou encore les philosophes néoplatoniciens, Proclus en particulier, qui publia un volumineux *Commentaire sur le Timée* au Ve siècle après J.-C.

L'émergence tardive des ouvrages scientifiques ou littéraires est en réalité tributaire des progrès de la connaissance et des polémiques sur les deux textes de Platon. Celles-ci sont d'abord relancées en Italie au XVe siècle, sous l'influence de l'humaniste Marsile Ficin, puis en France, lorsque paraît la première traduction du *Timée* par Loys Le Roy en 1551. Le tournant est enfin décisif à partir du moment où les chroniqueurs décrivent une « terra incognita », longtemps mythique et désormais réelle, l'Amérique. Gomara, dans *La Historia general de las Indias occidentales* de 1552 *(Histoire générale des Indes occidentales)* estime par exemple que Christophe Colomb fut peut-être guidé par le passage où Platon dit qu'au-delà de l'île Atlantide, il y a « cette mer véritable et la terre qui l'entoure » (*Timée*, 25a). Gamboa, quant à lui, soutient en 1572 que l'Amérique est un immense reliquat du continent englouti, cependant que Montaigne, en 1580, dans son célèbre chapitre « Des Cannibales » (*Essais*, I, 31), dénie toute authenticité à la fable.

Quoi qu'il en soit, rapprocher l'Atlantide et le Nouveau Monde, c'était à la fois reposer le problème général de la vérité des légendes et conférer à l'île engloutie un prestige indéniable. Les commentateurs l'ont généralement considérée comme une « Ile Fortunée », au même titre que toutes les terres paradisiaques que les Anciens et les cosmographes du Moyen Age avaient dépeintes pour se figurer l'espace mystérieux de la mer occidentale. Il semble que dès ce moment, le mythe platonicien se révèle dans toute sa richesse, utilisable à l'infini, aussi bien dans la démonstration scientifique que dans le champ de la représentation esthétique.

Un médecin italien, Jérôme Fracastor, inaugure, en 1530, l'ère de son exploitation littéraire avec un curieux poème, *Syphilis sive morbus gallicus (La Syphilis ou le Mal français)*. Dans le décor exotique d'Haïti, les rescapés de l'Atlantide racontent aux conquérants espagnols comment, pour avoir omis d'honorer les dieux, ils furent châtiés par l'engloutissement de leur terre et la propagation de l'affreuse maladie... Embelli par l'intégration de la tradition grecque à l'évocation glorieuse de l'épopée colombienne, ce propos médical consiste surtout à révéler que le mal en question peut être guéri par les vertus curatives d'un arbre américain, le gaïac. Il faut ensuite attendre près d'un siècle pour que la légende fasse l'objet d'une véritable fiction, avec *New Atlantis (La Nouvelle Atlantide)* de Francis Bacon, utopie probablement écrite en 1621 mais publiée en 1627, soit après la mort du Grand Chancelier. Revu et corrigé par lui, le récit antique devient l'histoire des guerres entreprises par le Nouveau Monde (La « Grande Atlantide ») contre la petite île de Bensalem (La « Nouvelle Atlantide »). La trame légendaire permet ici d'opposer à l'univers barbare des Indiens un Etat idéal gouverné par une communauté de savants qui ont fondé un magnifique laboratoire de sciences expérimentales. L'accent est mis sur la mission sacrée de ces « chasseurs de lumière », jadis initiés par les Saints Apôtres et qui s'adonnent au classement systématique des diverses branches du savoir. D'un point de vue philosophique, l'ouvrage préfigure la pensée encyclopédique du XVIIIe siècle. Mais il convient aussi de souligner que *La Nouvelle Atlantide* est une adaptation intéressante, car si l'auteur transforme à son gré l'histoire initiale, il en respecte néanmoins la fonction didactique et la tonalité utopique.

La période qui s'étend du XVIe au XVIIIe siècle est en réalité une époque de transition où, sans donner lieu à beaucoup d'œuvres littéraires, le mythe, sous l'impulsion de Bacon, s'enrichit de significations nouvelles, à mesure que se multiplient les hypothèses relatives au lieu de la catastrophe. Le berceau de l'Atlantide se déplace, depuis les Açores et les Canaries, qui en seraient les vestiges, d'après la plupart des savants, jusqu'au Spitzberg, où la situe Jean-Sylvain Bailly dans un ouvrage qu'il adresse à Voltaire : *Lettres sur l'Atlantide de Platon* (1779). A cette ubiquité correspondent des interprétations toutes subjectives. Conformément aux commentateurs qui avaient retrouvé le pays mythique en Palestine, Friedrich Ch. Baër relie le sort du peuple disparu à l'histoire des Hébreux, dans son *Essai historique et critique sur les Atlantiques* de 1762. D'autres érudits proposent une lecture nationaliste du mythe, et tout se passe comme si la disparition totale de l'île autorisait quiconque à s'approprier la patrie perdue. En 1674, dans son *Atlantica*, le Suédois Olaüs Rudbeck s'appuie sur la mythologie de l'Edda pour décrire une Atlantide scandinave, tandis que plus tard, l'Italien Giovanni R. Carli fera de Janus l'un des premiers souverains de l'empire légendaire dans ses *Lettere americane (Lettres américaines)*, publiées entre 1784 et 1794.

Ces ouvrages exploitent la source ancienne à des fins idéologiques qui conduisent leurs auteurs à recomposer le récit originel, si bien qu'ils imaginent l'Atlantide plus qu'ils n'en examinent les fondements historiques. Vis-à-vis de l'évolution du mythe littéraire, ils offrent par conséquent un intérêt majeur parce qu'ils propagent une vision toujours positive de la civilisation disparue. Celle-ci incarne à leurs yeux l'Age d'or, le monde primitif, l'origine absolue des connaissances et des traditions. Les polémiques sur l'Atlantide reflètent en réalité les préoccupations philosophiques des XVIIe et XVIIIe siècles en Europe. Dans leur culte du progrès, les penseurs de l'époque recherchent le peuple éclairé qui, pour avoir échappé aux désastres naturels et aux guerres, a tout appris aux autres, les arts, les techniques et les croyances. C'est aux Hindous que Voltaire prête par exemple cette supériorité, mais depuis Bacon, nombreux sont ceux qui ont donné le nom d'« Atlantes » aux premiers guides de l'humanité. A cet effet, ils ont retrouvé ou plutôt réinventé la fable antique, préparant ainsi la voie aux innombrables œuvres littéraires des âges ultérieurs.

Le XIXe siècle est une étape importante dans l'évolution du mythe littéraire. La diffusion du récit grec, limitée jusqu'alors aux pays européens, s'étend à l'Amérique où il exerce un grand attrait. Il s'ensuit que la production d'ouvrages s'amplifie et se diversifie, d'autant plus que l'accélération des recherches archéologiques éclaire d'un jour nouveau la mystérieuse Atlantide. Le savant Kurt Benesch souligne à juste titre que les multiples remises en cause de l'hypothèse platonicienne sont tributaires des progrès de la connaissance dont l'effet majeur est un constant « recul du temps de référence » (*Les Enigmes du Passé*, 1979,

p. 11). La découverte des sites de Sumer, de Troie, et de Cnossos a probablement joué un rôle décisif, et plus on avance dans le XXe siècle, plus s'affirme la conviction que les époques archaïques n'ont pas encore livré tous leurs secrets.

Sans jamais perdre de vue l'idée d'une civilisation très avancée, les auteurs ont à leur tour adapté le mythe à leurs préoccupations esthétiques, aux idéologies du temps ou à l'actualité politique. Les uns ont privilégié ses ressources poétiques, préférant voir dans l'île engloutie un paysage symbolique plutôt qu'une énigme scientifique. Les autres, infiniment plus nombreux, ont utilisé les virtualités romanesques du *Critias* interrompu en réécrivant l'histoire de la guerre et du cataclysme.

Avant d'être représentée comme un continent authentique par les romanciers, l'Atlantide est longtemps restée un lieu purement imaginaire, pour ne pas dire merveilleux. Dans *Der Goldene Topf (Le Vase d'Or)* d'E. T. A. Hoffmann par exemple, œuvre écrite en 1814, c'est un pays féerique, peuplé d'êtres surnaturels qui arrachent l'étudiant Anselme à la réalité quotidienne pour l'initier à une vie supérieure. Transfiguré par l'union mystique avec Serpentina, il y acquiert la vraie connaissance, celle qui voue le Poète à percer les mystères de la Nature. Comme chez Novalis, qui l'avait brièvement évoquée, en 1802, dans *Heinrich von Ofterdingen (Henri d'Ofterdingen)*, l'Atlantide du *Vase d'Or* désigne une sphère supra-terrestre, une sorte de Paradis originel dont seul l'art peut faire retrouver le chemin.

Cette interprétation symbolique n'a guère inspiré les poètes eux-mêmes, ni à l'époque romantique ni plus tard. Lorsqu'ils ont exploité le mythe de Platon, ils ont été sensibles au ressort principal de son récit inachevé : l'action héroïque. Aussi trouve-t-on quelques épopées, parmi lesquelles *L'Atlantide* de Népomucène Lemercier, publiée en 1812 et *La Atlantida (L'Atlantide)* de Jacinto Verdaguer, parue à Barcelone en 1878. Le premier voulut être l'Hésiode d'une « théogonie newtonienne », selon son expression. A cet effet, il inventa un nouvel Olympe peuplé de puissances allégoriques, signifiant ainsi la supériorité d'un monde régi par les lois physiques sur l'univers aveugle de la superstition. Aux accents dogmatiques de cette pièce s'opposent les images flamboyantes de Verdaguer qui exalte, quant à lui, la renaissance du nationalisme catalan. S'il réinvente l'histoire du cataclysme en y introduisant Hercule et les Hespérides, l'auteur évoque surtout les merveilles du pays qui vit partir Christophe Colomb pour un monde nouveau. Ses vers ne manquent pas de beauté lyrique, et Manuel de Falla s'en souviendra pour composer sa cantate scénique, *Atlántida* (1928-1946).

Ces œuvres sont riches d'un point de vue littéraire mais peu représentatives quant à la popularité du mythe, sans doute parce qu'elles proposent une vision trop abstraite du continent disparu. Jules Verne, en 1870, lui prête quelque authenticité lorsqu'il fait retrouver ses vestiges aux héros de *Vingt mille Lieues sous les Mers.* Mais ce n'est là, comme dans d'autres passages des *Voyages extraordinaires,* qu'une allusion destinée à l'information générale de son jeune lecteur.

Il faut donc attendre la vogue du roman d'aventures et du récit d'anticipation pour que l'île engloutie devienne véritablement un enjeu romanesque, à la fois le décor d'une action et l'objet d'une intrigue.

Multiples sont les formes de cette quête imaginaire. Chacun garde en mémoire le succès rencontré par *l'Atlantide* de Pierre Benoit, roman publié en 1919, et dont Jacques Feyder devait dès 1921 tirer une adaptation cinématographique, la première d'une longue série. Cette histoire d'amour et de mort met aux prises des officiers français envoyés au Sahara avec l'unique descendante de Neptune, Antinéa. Replacée dans le contexte de la politique coloniale de l'époque, la prolongation du *Critias* prend ici un tour étrange mais non extravagant, d'autant que l'auteur reste assez proche de la source platonicienne qu'il éclaire grâce aux théories soutenues par Étienne Félix Berlioux (*Les Atlantes, Histoire de l'Atlantis et de l'Atlas primitif*, Lyon 1883). Antinéa est cruelle, comme le sera plus tard le tyran Nod dans le roman historique de Georges Bordonove (*Les Atlantes*, 1965), tandis qu'avec *Les Portes de Bronze* de Jean Gattefossé (1946), ou *Le Soleil enseveli* de Noëlle Roger (1928), c'est en revanche une civilisation supérieure qui est décrite, matériellement et spirituellement.

Si les auteurs de notre pays ont plutôt diversifié leurs adaptations et, pour certains d'entre eux, restitué l'histoire de la décadence de l'Atlantide, presque tous les autres l'ont idéalisée. La littérature populaire montre en tout cas que l'on a moins cherché à transposer le *Timée* et le *Critias* qu'à illustrer les vues pseudo-scientifiques de ceux qui avaient commenté les dialogues. Avec *Atlantis, the Antediluvian World (L'Atlantide, Monde antédiluvien)*, l'Américain Ignatius Donnelly a joué un grand rôle à cet égard en proposant au public de 1882 l'image d'un prodigieux pont intercontinental, berceau de toutes les ethnies, foyer de toutes les cultures. Il faut aussi considérer l'influence des théosophes, lesquels ont intégré le mythe platonicien à leurs vastes cosmologies : ainsi l'atteste *Story of Atlantis (Histoire de l'Atlantide)*, ouvrage que publia W. Scott-Elliott en 1896 à partir des écrits hermétiques d'Helena Petrovna Blavatsky, la fondatrice de la Société de théosophie (1875). Il va sans dire que l'ésotérisme a inspiré les romanciers qui ont brossé la description d'un Autre Monde, oublié mais non aboli, auquel seule la télépathie peut faire accéder. Certains d'entre eux ont mêlé l'idée de la réincarnation des Atlantes aux motifs et aux procédés favoris de la science-fiction comme le fait Alexéi Tolstoï en 1922 en proposant une Atlantide située sur Mars (*Aélita*). C'est dans les pays anglo-saxons que les sciences occultes ont en réalité rencontré le plus de succès : les récits de Charles J. Cutcliffe Hyne, *The Lost Continent* (*Le Continent perdu*, 1899) et d'Arthur Conan Doyle, *The Maracot Deep (Le Gouffre Maracot*, 1929) en témoignent, mais ce sont deux exemples parmi bien d'autres. En ce domaine empreint de spiritualité, le retour aux origines de la « mystique atlante » a pu servir toutes sortes d'idéologies, y compris les plus pernicieuses. Plusieurs Atlantides romanesques ont ainsi vu le jour dans l'Allemagne nazie de l'entre-deux-guerres, le romancier le plus prolifique étant Edmund Kiss, auteur d'une série de quatre récits publiés entre 1930 et 1939, où sont relatées les pérégrinations et les conquêtes d'un peuple de souche aryenne, les Atlantes...

A quelques exceptions près par conséquent, l'Atlantide est un peu l'utopie populaire des temps modernes. Depuis l'expédition sous-marine imaginée en 1895 par André Laurie *(Atlantis)* jusqu'aux récentes aventures interplanétaires, les auteurs ont multiplié les variations autour d'une histoire qui se résume aux migrations répétées d'un peuple qu'aucun cataclysme n'a jamais pu anéantir. Au salut des illettrés, mentionné par Platon *(Timée*, 22d), ses continuateurs ont substitué la survie des Sages.

De la première « fiction » sur l'Atlantide, que reste-t-il ? Pas grand chose apparemment, puisque la reconstitution historique de l'empire déchu n'a guère tenté les poètes ni les romanciers. Il est vrai que le texte initial se prêtait à toutes sortes de manipulations, par son inachèvement, par ses ambiguïtés, et aussi à cause de cette exhortation du philosophe : c'est une légende, mais on peut la croire. Au reste, s'ils ont remplacé la chute de la civilisation archaïque par l'évocation de son salut, les auteurs modernes ont illustré, comme Platon lui-même, l'idée que la connaissance du passé éclaire le présent.

Ecrites pour la plupart entre la grande tuerie de 1914 et l'époque de la « guerre froide », les adaptations romanesques du mythe sont d'abord des leçons de pacifisme. L'Atlantide y est toute-puissante mais c'est une utopie fragile, constamment menacée par des guerres et des catastrophes naturelles. En ce sens, elle est à la fois le reflet et l'image inversée de l'Occident. D'un côté la représentation fictive de ces désastres lui rappelle métaphoriquement sa propre violence et aussi son angoisse face au danger que représente par exemple l'arme nucléaire. D'un autre côté, contrairement à nos sociétés qui s'autodétruisent, l'Atlantide subsiste. Il n'en faut pas plus pour qu'elle devienne un modèle symbolique, tout comme dans les œuvres de Platon et de Bacon, lesquels avaient aussi reconstruit la cité idéale du passé pour guider l'humanité future.

L'immortalité de la société mythique est matérialisée par un décor, des personnages et une action qui confèrent aux romans du XXe siècle une tonalité parfois insolite. Si beaucoup d'entre eux sont passés inaperçus, certains ont retenu l'attention de la critique, en particulier celui que Gerhart Hauptmann fit paraître à Berlin en 1912, *Atlantis (L'Atlantide)*. L'on y voit un médecin malade et désabusé pour qui le souvenir du continent disparu devient obsessionnel depuis qu'il a miraculeusement échappé à un naufrage. Comme il s'agit d'une quête initiatique débouchant sur la renaissance à la « vraie vie », le lieu du cataclysme est comparable, comme chez Hoffmann ou Novalis, à un paysage intérieur, fruit du rêve et de l'imagination. Cependant, l'Atlantide désigne aussi la dérive morale d'un héros et à travers elle, le malaise d'une génération qui s'interroge devant l'asservissement au matérialisme. Cet exemple montre bien que, chaque auteur, d'une manière ou d'une autre, nous fait retrouver la trace d'ancêtres supérieurs, comme si la réminiscence d'un monde originel pouvait régénérer notre univers menacé.

Cette histoire est « singulière » dit un jour un prêtre égyptien au Grec Solon, mais il ne faut pas l'oublier car la mémoire et l'écriture prémunissent les sociétés contre la régression. Pour être exemplaires, les mythes doivent être transmis. Les adaptations littéraires de l'Atlantide miment curieusement ce processus de répétition, puisqu'elles reposent presque toutes sur un procédé auquel Platon avait eu lui-même recours : le récit indirect. Contrairement à Solon qui n'écrivit jamais rien d'après ses souvenirs (*Timée,* 21e), les romanciers transcrivent des témoignages venus du fond des âges. Ils traduisent des tablettes d'argile, publient des journaux de bord, décrivent des hallucinations. La forme du mythe littéraire est en harmonie avec son motif essentiel : l'abîme. Dans une œuvre posthume, *L'Eternel Adam* (1910), Jules Verne dramatise une telle structure lorsqu'il met en scène un savant du futur qui déchiffre un très vieux document où le dernier Atlante raconte, avant de sombrer lui-même, la décadence de sa propre civilisation. Avec d'infinies variantes, les prolongations du *Critias* ressemblent à ce message d'outre-tombe qui avait convaincu le narrateur de J. Verne de « l'éternel recommencement des choses ». Utopie paradoxale, l'Atlantide fascine parce qu'elle évoque aussi bien le chaos des origines que l'Age d'or. De Platon au XXe siècle, le mythe a pris des significations multiples : tandis qu'il exprimait la foi dans le progrès à l'époque de Bacon, il a évolué vers des interprétations plus sombres allant de la nostalgie romantique du Paradis perdu à la peur collective d'une destruction universelle.

Chantal FOUCRIER

BIBLIOGRAPHIE

Le mythe de Platon

PLATON, *Timée, Critias,* texte établi et traduit par Albert Rivaud, in *Œuvres complètes,* tome X, Paris, Les Belles Lettres, 1963 (1re éd. 1925). Edition de référence pour les citations mentionnées dans l'article.

— *Timée, Critias,* traduction, introduction et notes par Luc Brisson, Paris, Garnier-Flammarion, 1992.

Études et ouvrages critiques

Gaston BOISSIER, « Les Origines du roman grec », in *Revue des deux mondes,* tome XXXII, Paris, 1879.

Luc BRISSON, *Platon, les mots et les mythes,* Paris, Maspéro, 1982.
Ignatius DONNELLY, *Atlantis, the Antediluvian World,* London, S. Low, Marston, Scarle, Rivington, 1882 *(L'Atlantide, monde antédiluvien).*
Angelos Georges GALANOPOULOS et Edward BACON, *L'Atlantide, la vérité derrière la légende,* traduction française de Tanette Prigent, Paris, Albin Michel, 1969. (*Atlantis, the Truth behind the Legend,* London, Thomas Nelson and Sons Ltd, 1969.)
Jean GATTEFOSSÉ et Claudius ROUX, *Bibliographie de l'Atlantide et des questions connexes,* Lyon, Bosc et Riou, 1926. Un complément arrêté à 1950 a été publié dans la revue *Atlantis,* n°s 198-199.
José IMBELLONI et Armando VIVANTE, *Le Livre des Atlantides,* traduction française de F. Gidon, Paris, Payot, 1942. (*El libro de las Atlantidas,* Buenos Aires, 1935.)
J. V. LUCE, *L'Atlantide redécouverte,* traduction française d'André Ravaute, Paris, Tallandier, 1969 (*The End of Atlantis,* Thames and Hudson, English Edition, 1969.)
Thomas-Henri MARTIN, *Dissertation sur l'Atlantide,* in *Études sur le Timée de Platon,* Paris, Vrin-reprise, 1981 (édition originale 1841).
Lyon SPRAGUE DE CAMP, *Lost Continents. The Atlantis Theme in History, Science and Literature,* New York, Dover Publications, 1970 (1re éd. 1954) *[Les Continents perdus. Le Thème de l'Atlantide dans l'histoire, la science et la littérature].*
Roy STEMMAN, *L'Atlantide et les Continents disparus,* Le Livre de Paris, Hachette, 1980.
Pierre VIDAL-NAQUET, « Athènes et l'Atlantide », in *Revue des études grecques,* tome 77, 1964. Article repris et complété dans *Le Chasseur noir,* Paris, Maspéro, 1981.
— « Hérodote et l'Atlantide : entre les Grecs et les Juifs. Réflexions sur l'historiographie du siècle des Lumières », in *Quaderni di Storia,* n° 16, juillet-décembre 1982.

Bestiaire mythique

Les limites d'un bestiaire mythique ne sont pas aisées à définir, et l'ensemble, une fois circonscrit, ne peut être considéré comme une somme d'éléments ayant même degré de pertinence, d'autant que se surajoute ici le problème de leur transposition littéraire.

L'animal, en effet, peut être — premier cas de figure — l'objet même d'un mythe (étiologique ou non) dont la chaîne signifiante sera intégralement reprise par la littérature, soit de façon « émergente », soit en jouant sur sa « flexibilité » (Brunel); c'est-à-dire en ne modifiant sensiblement que les termes non fondamentaux. C'est alors par une approche syntagmatique du mythe que la littérature « récupère » l'animal. Il en est ainsi du Minotaure, par exemple, s'il est pris en charge selon l'engrènement : *Monstre* (mi-animal, mi-humain) + *dévoration* (périodique, de jeunes gens) + *labyrinthe* (en Crète). Cet enchaînement constituerait, en quelque sorte, le « syntagme du Minotaure » dont les éléments parenthétiques pourraient disparaître sans danger.

Par ailleurs, si le monstre peut parfois fonctionner de façon métonymique, rappelant par sa seule présence la séquence tout entière, il peut aussi n'être plus utilisé littérairement que comme élément syntagmatique amputé du reste de la chaîne primitive : il y a alors passage du mythe de l'animal à l'animal mythique, passage du mythe (au sens strict) à l'archétypal seul. L'animal n'est plus pensé, dans notre exemple, en tant que Minotaure à l'intérieur de son mythe éponyme, mais ramené à des considérations de symbolique générale qui font dériver le mythe (ici, dérives symboliques vers le taureau, le monstre, voire le labyrinthe).

Cette dernière configuration ressortit à un deuxième cas de figure : l'animal intégré à un mythe dont il n'est pas l'objet, mais où il est actant (même s'il est par ailleurs l'objet d'un mythe), repris par la littérature comme un empilement de fonctions mythiques croisant verticalement le discours littéraire (l'abeille, par exemple, en tant que nourricière de Zeus, compagne d'Apollon, Larme de Ré, messagère des dieux, femme désirable, etc.).

Enfin — troisième cas de figure — un animal hiérophanique ou attribut d'un dieu, n'est pas nécessairement mythique, sans qu'il se réduise pour autant au statut de simple emblème : ce n'est pas parce que le bouc fait partie de la suite de Dionysos que l'on pourra l'envisager comme mythique, mais parce qu'il est une métamorphose du dieu et parce qu'il entre, par exemple, dans la composition monstrueuse du Satyre. Il faut préciser que ceci ne suffit nullement pour que le bouc ou le Satyre se retrouvent dans les pages qui suivent : encore faut-il qu'ils aient connu un riche destin littéraire.

On le voit, le mythe de l'animal, l'animal mythique et l'animal *mythique littéraire* ne sont pas automatiquement superposables, le dernier pouvant naître de l'un des deux premiers ou de leur combinaison.

On notera, pour terminer, que nous avons toujours tenté de retrouver le mythe ou la constellation de mythes fondateurs, avant d'observer le redéploiement littéraire de ce bestiaire bien spécifique. Ceci nous autorise un certain nombre d'absences, soit parce que l'origine mythique est demeurée douteuse ou introuvée, soit parce que l'utilisation littéraire d'un animal pourtant mythique s'est avérée non pertinente, relevant de *l'ornatus.*

Abeille

Reine des dieux chez les Hittites, mère des dieux chez les Guarani, épouse du dieu des morts ches les Bushmen, Larme de Ré, compagne d'Apollon, nourricière de Zeus comme des hommes de l'Age d'or, l'abeille dispense une nourriture première, primordiale et initiatique, ouvrant à la vérité du Verbe.

C'est ce que souligne l'*Ecclesiaste* (24, 19-20), l'*Apocalypse* (10, 8-10) ou *Ezéchiel* (3, 163), comme le *Rig Veda* (4, 58), l'*Atharva Véda* (8, 7), et le *Coran* (*Sourate* XVI, 70-71). L'absorption de cette nourriture donne « une langue de miel », c'est-à-dire la possibilité d'exprimer la pureté et la sagesse. D'où le rapport établi par Origène entre le miel et la manne de l'*Exode* (16, 31).

C'est vraisemblablement cette image sacrée que Saint-John Perse déplie par trois fois, dans *Vents* (I, 3) : « l'abeille sauvage du désert », dans *Chronique* (III) : « l'abeille naine du désert », et dans *Chanté par celle qui fut là* (« Aux pamphlets de l'Histoire se joint l'abeille du désert »), après l'avoir amenée pour la première fois dans *Neiges* (III) sous la forme de « l'abeille divine » : se redessine non seulement le caractère miraculeux du stérile dont l'animal tire une quintessence nutritive, mais aussi l'aspect hiérophanique de l'insecte dont on retrouve chez le même poète l'association mythique avec le Verbe : « l'abeille du langage est sur leur front » (*Vents*, IV, 4). Eluard radicalisera l'image en l'inversant, dans *la Rose publique* : « J'ai parlé de la *glu* du désert et le désert est une abeille » (*Bonne et mauvaise langue*).

Le désir du divin que signifiait déjà mythiquement l'abeille à la recherche de la fleur (*Atharva Véda*, I, 34), Hugo le reprend dans *Quatre-vingt-treize* (III, chap. III) : « Rien ne ressemble à une âme comme une abeille. Elle va de fleur en fleur comme une âme va d'étoile en étoile, et elle rapporte du miel comme l'âme rapporte la lumière. » De la même façon l'hyménoptère aide à la perception du divin chez Bonnefoy :

> « (...) (... et tout ce bruit
> d'abeilles de l'impure et douce éternité
> sur le si proche pré si brûlant encore.) » (« L'Abeille, la Couleur » in *Pierre écrite.*)

Mais l'abeille païenne qui assistait aux amours d'Aphrodite et d'Anchise aura un destin tout aussi riche : Théocrite dans une églogue la rend phallique en instaurant une parenté osée entre l'abeille butineuse et l'acte sexuel : « Pussé-je devenir cette abeille qui bourdonne et pénétrer ton antre à travers le lierre et la fougère dont tu t'enveloppes. » C'est ce que reprend Ronsard dans les *Amours de Marie* (liv. II, XXXVIII). Chez Valéry, le spectacle de l'union sexuelle souhaitée par la belle, ou par celui qui la voit dormir, conserve son ambiguïté grâce à l'abeille dont la piqûre éveillera le désir charnel... ou la charmante dormeuse (« L'Abeille », in *Charmes*).

Reste que l'abeille érotique au sens propre du terme, celle qui transporte l'autel de plumes et de cire d'Apollon, permet par sa piqûre de rappeler la puissance divine, comme le miel en rappelait la douceur. C'est l'abeille agressive des Amorrhéens (*Deutéronome*, I, 44) ou celle de Yahweh (*Isaïe*, 7, 18). L'aiguillon du Dieu-Abeille réapparaît chez Dante, dans son *Paradis* (chants XXVIII et XXXIII), de même que chez Verlaine, dans *Sagesse* (II, IV, V). L'abeille initiatique joue également un grand rôle dans une nouvelle de Le Clézio, « Peuple du Ciel » (in *Mondo et Autres Histoires*) : une fillette, significativement nommée Petite-Croix, reçoit tous les jours la visite des abeilles qui se posent sur elle, avec lesquelles elle converse jusqu'à ce qu'elle soit piquée et commence alors à ressentir une ineffable communion avec la lumière de l'azur.

Cette piqûre est un don d'autant plus altruiste qu'il entraîne la mort de l'animal : c'est ce qui fait dire à Bataille dans son essai sur l'*Erotisme* (à propos de ce lien si extraordinairement fatal entre l'amour et la mort illustré de façon plus catégorique encore par le faux bourdon ne survivant pas à son accouplement avec la Reine abeille) que l'insecte dans son coït figure, pour le religieux tenté, l'accès à la vie divine par la mort à lui-même, en même temps que la mort morale par l'abandon à la sexualité.

L'agressivité altruiste de l'hyménoptère se dédouble aussi en scénario de cauchemar : la punition qu'il inflige prend les allures d'un fléau biblique (*cf.* Arthur Herzog, *The Swarm*), quand il ne propose pas, merveille mécanique de verre, contrepoint des abeilles véritables, une autre sagesse tout aussi métaphysique née de l'acceptation d'une parfaite superposition entre le réel et l'imaginaire qui permet de se croire inscrit dans la sécurité définitive d'un *plan* (*cf.* Ernst Jünger).

BIBLIOGRAPHIE

Georges BATAILLE, *L'Erotisme*, Paris, Minuit, 1957 ; Yves BONNEFOY, *Pierre écrite*, 1965, in *Poèmes*, Paris, Mercure de France, 1978 ; DANTE, *Paradiso*, 1316-1321, *Le Paradis*, Paris, Gallimard (Pléiade), 1965, trad. A. Pézard ; Paul ELUARD, *La Rose publique*, 1935, rééd. Paris, Gallimard (poésie), 1966 ; Arthur HERZOG, *The Swarm*, Londres-Sydney, Pan Book, 1976 ; Victor HUGO, *Quatre-vingt-treize*, 1874, in *Œuvres complètes. Roman. III*, Paris, Laffont, 1985, prés. Y. Gohin ; Ernst JÜNGER, *Gläzerne Bienen*, 1957, *Abeilles de verre*, Paris, C. Bourgois, 1971, trad. H. Plard ; Jean-Marie-Gustave LE CLÉZIO, *Mondo et autres histoires*, Paris, Gallimard, 1978 ; Pierre de RONSARD, *Les Amours de Marie*, 1555-1556, in *Œuvres complètes I*, Paris, Gallimard (Pléiade), 1972 ; SAINT-JOHN PERSE, *Neiges*, 1944, *Vents*, 1946, *Chronique*, 1960, *Chanté par celle qui fut là*, 1969, in *Œuvres complètes*, Paris, Gallimard (Pléiade), 1972 ; Paul VALÉRY, *Charmes*, 1929, in *Œuvres I*, Paris, Gallimard (Pléiade), 1972 ; Paul VERLAINE, *Sagesse*, 1881, in *Œuvres poétiques complètes*, Paris, Gallimard (Pléiade), 1962.

AIGLE

L'oiseau royal et divin distingué dès l'Antiquité grecque, l'oiseau de Zeus, céleste et solaire, qui affronte sans ciller la lumière de l'astre comme celle du savoir, l'oiseau augural par excellence (*Iliade*, XXIV, 308-321), est aussi l'une des quatre faces des Vivants du char divin dans *Ezéchiel* (I, 10) comme dans l'*Apocalypse* (4, 7-8). La puissance et la sagesse de l'animal permettent à Dante de développer une vision du Paradis terrestre dans laquelle l'aigle impériale parle comme un seul être, alors qu'elle est formée de milliers d'âmes, s'assemblant pour montrer la conciliation parfaite des vertus individuelles dans l'empire providentiel (*Paradis*, XIX).

De la même façon, Blake décrit un « fantasme mémorable » influencé sans doute par l'animal mythique : dans une imprimerie de l'Enfer, la première chambre est habitée par un homme-Dragon, la deuxième par une vipère, et

> « dans la troisième était un Aigle aux ailes et aux plumes d'air : il rendait l'intérieur de la caverne infini ; alentour nombre d'Hommes à l'apparence d'Aigles bâtissaient des palais dans les immenses falaises. » (*Le Mariage du Ciel et de l'Enfer, « Un fantasme mémorable. »)*

L'ange à face d'aigle n'a pas seulement inspiré Dante et Blake, mais aussi Saint-John Perse, qui en fait une image de la quête spirituelle :

> « Toi que j'ai vu grandir au-delà de ma hanche, comme guetteur penché sur le bord des falaises, tu ne sais point, tu n'as point vu, ta face d'aigle pérégrin. L'oiseau taillé dans ton visage percera-t-il le masque de l'amant ? » (*Amers, Strophe*, IX, VI, 1).

Mais l'aigle est aussi celui qui annonce les trois *Malheurs* terribles envoyés par Dieu (*Apocalypse*, 8, 13), et il peut être invoqué lui-même comme instrument d'une nécessaire cruauté. Dans *Les Visions des Filles d'Albion*, Oothon s'écrie ainsi :

> « J'appelle d'une voix sainte ! Roi des airs sonores
> Déchirez ce sein pollué... » (*Visions*, 3, 7.)

C'est pourquoi *l'Aigle du casque* punit Tiphaine d'une mort affreuse, prenant l'Univers à témoin de la méchanceté du meurtrier :

> « Il lui creva les yeux ; il lui broya les dents,
> Il lui pétrit le crâne en ses ongles ardents... » (*La Légende des Siècles*, XVII, IV.)

Lautréamont ira plus loin encore, dans son combat de l'aigle et du dragon (*Les Chants de Maldoror*, III, 3) : l'acharnement de l'oiseau, qui pénètre tout entier dans le ventre du monstre pour en retirer le cœur, révèle le sadisme de Maldoror, lequel, dans un autre chant, vide au couteau, comme un poulet, une jeune fille qu'il vient de violer.

Le caractère implacable de l'oiseau devenu signe de guerre, s'affirme comme isomorphe, chez Saint-John Perse, de la lumière crue qui défie le savoir :

> « Les cavaliers au fil des caps, assaillis d'aigles lumineuses et nourrissant à bout de lances les catastrophes pures du beau temps... » (*Anabase*, VI.)

D'où l'association de l'aigle au métal et au végétal impitoyables, ronces et barbelés :

> « O Manieurs d'aigles par leurs angles et Nourrisseurs
> des filles les plus aigres sous la plume de fer! »
>
> « Il neige (...) sur les hordes d'abiès noirs empêtrés d'aigles barbelés
> comme des trophées de guerre... » (*Neiges*, III.)

« Avertissement du dieu! Aversion du dieu! (l') Aigle sur la tête du dormeur » est aussi celle de la possession par le dieu (*Amers, Strophe*, III, 7) ou celle de l'angoisse métaphysique (*Amers, Strophe*, IX, IV, 2).

La falaise que l'aigle habite est sans doute un chemin vers la Rédemption, qu'il s'agisse de sauver les « mots d'en bas » pour Hugo « Redressez-vous, planez et mêlez-vous sans règles / Dans la caverne immense et farouche des aigles. » (*Les Contemplations*, XXXVI), ou la vérité de l'être pour Saint-John Perse, chez qui la falaise devient en quelque sorte le flanc de Prométhée, dans une extraordinaire vision où se mêlent la souffrance, la mort, et l'amour sexuel ou spirituel :

> « Et qui donc sur ton aile, t'a mise encore à vif, et
> renversée, comme l'aigle femelle sur son fagot d'épines
> et de l'ongle appuyée au flanc du Questionneur?... O très
> puissante ronce de guerre adossée à sa roche, tu tiens
> plus haut que mer ton invective contre la mort » (*Amers, Strophe*, IX, IV, 2).

BIBLIOGRAPHIE

William BLAKE, *The Marriage of Heaven and Hell*, 1790-1793, *Visions of the daugthers of Albion*, 1793, *Le Mariage du Ciel et de l'Enfer, Les Visions des filles d'Albion*, Paris, Aubier-Flammarion, 1980, trad. P. Leyris; DANTE, *Paradiso, op. cit.*; Victor HUGO, *La Légende des siècles, 1859*, Paris, Garnier, 1974, *Les Contemplations*, 1856, Paris, Le Livre de Poche, 1972 ; Lautréamont, *Les Chants de Maldoror*, 1869, Paris, Corti, 1946 ; Saint-John Perse, *Anabase*, 1924, *Neiges*, 1944, *Amers*, 1957, in *Œuvres complètes, op. cit.*

Ane

Les oreilles d'âne que le roi Midas se voit attribuer par Apollon témoignent d'une recherche du sensible plutôt que du spirituel. L'âne dionysiaque réitère et amplifie le sens de ces attributs jusqu'à la lubricité, la grossièreté entachée de ridicule ; mais le titre d'*onos*, réservé aux fidèles initiés jusqu'à un certain degré, semble montrer l'animal comme l'état initiatique d'une bestialité passagère.

Certes, Dante insistera, dans son *Banquet* (II, VII, 4) sur le premier aspect : « (...) qui de la raison s'écarte et use seulement de la partie sensitive, il ne vit pas homme, mais il vit bête : Ane vit-il. » Et La Fontaine reprendra plus tard les traits peu flatteurs de l'âne stupide (*L'Ane chargé d'éponges..., L'Ane portant des reliques*), égoïste (*L'Ane et le Chien, Le Vieillard et l'Ane*), hypocrite (*L'Ane vêtu de la peau de lion*) ; mais le pseudo-Lucien dans *Loukios ou l'Ane* et Apulée avec *L'Ane d'Or*, avaient montré à quel point la bestialité pouvait s'entendre comme une étape vers une meilleure compréhension de la spiritualité : Loukios et Lucius (les deux auteurs s'inspirant d'un même modèle antérieur non identifié) doivent manger des roses pour retrouver leur état premier, ce qui leur permet, après l'abandon à l'amour monstrueux, de franchir un pas vers la perception de la vie. Si Apulée s'appesantit sur l'union hors nature (X, 22), c'est pour mettre en relief l'adorable déesse lunaire qui dicte à Lucius sa nouvelle métamorphose, son retour parmi les humains signé par la réapparition de la pudeur (XI, 14) grâce à la décoration d'une guirlande de roses mystiques, premier degré sur le chemin du culte d'Isis.

Machiavel, s'inspirant en partie de cette antique narration, s'est essayé lui aussi à un *Ane d'Or* dans lequel le poète, sous la forme de l'animal, peut tenter une espèce de descente aux enfers qui l'instruit sur la condition humaine ; et Shakespeare renouera avec la tradition en faisant de Titania l'amante de Bottom le Tisserand à tête d'âne, réutilisant même — ici par dérision — la couronne de roses que dévorait Lucius :

> « Titania : Sur ce tertre fleuri vient t'asseoir (...) sur ta tête lisse et veloutée, je planterai des roses muscates... » (Acte IV, sc. I.)

La folie passagère qui s'empare magiquement d'une grande partie des protagonistes, liée à la fête de la Saint-Jean et à la lune, l'est tout autant à l'âne mis à l'honneur pour la fête des fous, renouvelant ici le rôle initiatique de l'animal.

C'est vraisemblablement sur ce double aspect de l'abandon à la chair et de la victoire sur l'ombre que le *Bottom* de Rimbaud met l'accent :

> « Tout se fit ombre et aquarium ardent. Au matin — aube de juin batailleuse —, je courus aux champs, âne, claironnant et brandissant mon grief... »

BIBLIOGRAPHIE

APULÉE, *Apulei Metamorphoseon*, IIe s., *L'Ane d'or ou les métamorphoses*, trad. P. Grimal, 1958, rééd. Paris, Gallimard (Folio), 1975; DANTE, *Convivio*, 1304-1307?, *Le Banquet*, in *Œuvres complètes, op. cit.*; Jean de LA FONTAINE, *Fables*, 1668, Paris, Garnier, 1959; MACHIAVEL, *L'Asino d'oro*, 1515?, *L'Ane d'or*, in *Œuvres complètes*, Paris, Gallimard (Pléiade), 1958, trad. E. Barincou; Arthur RIMBAUD, *Les Illuminations*, 1886, in *Œuvres complètes*, Paris, Gallimard (Pléiade), 1972, prés. A. Adam; William SHAKESPEARE, *A Midsummer Night's Dream*, 1600, *Le Songe d'une nuit d'été*, Paris, Aubier-Flammarion, 1968, trad. M. Castelain.

ARAIGNÉE

Le mythe d'Arachné insiste à l'évidence sur l'acte de tissage, de création, qui comporte, en contrepartie, la mort, voire la damnation de celle qui voulut s'égaler aux dieux. (On retrouve bien des traits de ce mythe dans d'autres mythologies : chez les Muisca de Colombie, l'araignée aide à transporter les morts en Enfer, chez les Aztèques, elle accompagne le Maître de la Mort, chez les Ashantis, elle aide à la création du monde, elle crée les astres au Mali, elle est à l'origine du premier arbre qui portera les ancêtres des hommes à Bornéo.)

C'est l'aspect particulièrement ambivalent d'Arachné que privilégient V. Hugo comme, plus tard, Odysseas Elytis : dans la *Légende des Siècles*, l'animal vil méprisé d'Athéna, ici d'origine satanique, se transforme par la volonté divine en extraordinaire soleil; rédemption de la matière que l'on retrouve puissamment exprimée dans *To Axion Esti* :

« L'insecte effroyable de * la mémoire dans la terre
S'agita comme le sperme * dans les matrices obscures
Et comme mord l'araignée * soudain mordit le rayon
De lumière et les rivages resplen*dirent et toute l'étendue des eaux. » (*La Genèse*, ps. II, d.)

S'égaler à Dieu, telle est aussi la prétention de l'*Inconnu noir* hugolien de *L'Epopée du Ver* :

« J'ai comme l'araignée une toile tendue (...)
Le fil imperceptible et noir que je dévide
Ferait l'aurore veuve et l'immensité vide
S'il allait jusqu'à Dieu. » (str. VIII.)

Chez Lautréamont, la tarentule apparaît comme un instrument de vengeance divine, forme prise par les deux frères trompés, qui ne cesseront leurs succions nocturnes sur leur victime que sur un ordre « d'en Haut » (*Les Chants de Maldoror*, V, 7).

Dérisoire et fatale à la fois, telle est bien l'Arachné qui resurgit sous les traits de Clarimonde dans la nouvelle de Hans Heinz Ewers, « L'Araignée » : tout comme la jeune fille du mythe, le jeune homme mourra d'avoir voulu imiter les gestes du tissage, mécanique divine ou démoniaque — c'est ici tout un — qui le précipitera vers le suicide par pendaison, comme la jeune lydienne.

Aussi bien, cet animal exprime-t-il, de façon métonymique, la puissance divine, la cruauté céleste : celle du destin (les Parques filaient aussi). Nous serons finalement avalés par l'azur, comme le crie Lorca :

« Le seul banquet minuscule de l'araignée
suffit à rompre l'équilibre de tout le ciel. » (*Poète à New York,* III.)

C'est elle qui tue pour connaître, après s'être tuée de trop connaître (*cf.* H. Michaux, « La Vie de l'Araignée royale », in *La Vie remue*), qui, portant son propre deuil, perd toute innocence et dévorera le mâle :

« ... de quel deuil s'orne la chevelure
dont le peigne haut-croisé rappelle
l'emblème de l'épeire. » (Jean Joubert, *Les Familiers.*)

Vision inquiétante, que l'on peut poursuivre avec celle, terrifiante, de M. Béalu, dans *L'Araignée d'Eau*. Une jeune fille s'y métamorphose pour « étouffer (son amant) entre huit pattes griffues » dans une chute infinie :

« Alors s'ouvraient autour de nous des cercles de ténèbres traversés de lueurs, et j'entendais une face hideuse collé à mes lèvres, claironner pour l'Eternité le temps de l'épouvante. »

La seule possibilité qui nous reste alors d'échapper à notre destin est peut-être de prendre soi-même la place de l'araignée, pour parvenir à la paix de *L'Exact* selon J.M.G. Le Clézio :

« Nous habiterons dans le dessin, au centre du rébus, au cœur même de l'énigme, et toute la question s'effacera d'elle-même. » (*L'Extase matérielle.*)

BIBLIOGRAPHIE

Marcel BÉALU, *L'Araignée d'eau*, 1964 ; Odysseus ELYTIS, « To Axion Esti », in *Les Analogies de lumière*, Marseille, *Sud* (domaine étranger), 1983, trad. J. Phytilis, A. Helmis ; Hans Heinz EWERS, *Die Spinne*, 1907, *L'Araignée*, Verviers, Marabout, 1969, trad. W. Michel ; Federico GARCIA LORCA, *Poeta em Nueva-York*, 1940, *Poète à New York*, Paris, Gallimard (Poésie), 1954, trad. A. Bélamich ; Raymond JEAN, *Un Fantasme de Bella B.*, Arles, Actes Sud, 1983 ; Victor HUGO, « Puissance égale Bonté », in *La Légende des siècles, op. cit.* ; Jean JOUBERT, « Les Familiers », in *Saison d'appel, Les Poèmes 1955-1975*, Paris, Grasset, 1977 ; LAUTRÉAMONT, *Les Chants de Maldoror*, in *Œuvres complètes*, Paris, Gallimard (Pléiade), 1970 ; Jean-Marie-Gustave LE CLÉZIO, *L'Extase matérielle*, Paris, Gallimard, 1967 ; Henri MICHAUX, *La Nuit remue*, 1934, rééd. Paris, Gallimard, 1967.

CHAT

De la déesse-chatte égyptienne Bastêt supposée protéger Rê des serpents, au chat éternué par le lion sur l'Arche, selon la tradition islamique, on retiendra surtout les liens ambigus de l'animal avec *l'autre côté* lui donnant toute l'allure d'une *bête du seuil*, mi-bénéfique, mi-maléfique, dont il vaut mieux se concilier les bonnes grâces.

Dans *Roméo et Juliette* (II, 1), Tibert demande significativement à Mercutio : « Que diable me veux-tu ? » et ce dernier de répondre : « Bon roi des chats, rien qu'une de tes neuf vies. » Au reste, lorsqu'on prête au chat des sentiments humains, il demeure toujours inquiétant sur le plan moral, qu'il s'agisse du Chat botté des frères Grimm, ou du chat Murr d'Hoffmann, noble descendant du premier, comme le remarque Kreisler : « Que chacun cherche ses têtes de hareng et n'aille point au-devant de l'habileté des autres : lorsqu'un véritable appétit les conduira, ils sauront bien s'en tirer seuls ! » telle est la philosophie de Murr.

Même danger dans la séduction opérée par le félin (Bastêt était une chatte et non un chat !). C'est ce que souligne La Fontaine (*La Chatte métamorphosée en femme*), et que reprend Baudelaire :

« Lorsque mes doigts caressent à loisir
Ta tête et ton dos élastique (...)
Je vois ma femme en esprit. Son regard,
Comme le tien, aimable bête,
Profond et froid, coupe et fend comme un dard. » (*Les Fleurs du Mal*, XXXIV.)

C'est dans cette même veine que Verlaine s'écrie :

« L'autre aussi faisait la sucrée
Et rentrait sa griffe acérée,
mais le diable n'y perdait rien... » (*Poèmes saturniens, Caprices*, 1.)

La chatte inspirera à G. Apollinaire le même difficile rêve de sécurité (*Le Bestiaire*), la possession de la chatte-femme pouvant déboucher sur le tragique (qui ne connaît le dénouement de *La Chatte* de Colette ?). Sous un aspect chrétien, Bastêt réapparaît d'ailleurs avec Jean Follain : on la tue comme on a crucifié le Sauveur, et

« Tout près, en sarrau bleu
avec sa médaille mate sur la poitrine étroite
l'enfant cherche tout seul la parousie. » (*Comme jamais.*)

Esprit familier du lieu », les chats aux « prunelles mystiques » flirtent avec l'Audelà, incarnant l'énigme même de l'existence (Baudelaire, *Les Fleurs du Mal*, LI et LXVI) : la chatte Kitty d'Alice est peut-être passée *De l'autre Côté du Miroir*...

Les « coursiers funèbres » de l'Erèbe baudelairien peuvent tout aussi bien devenir proprement sataniques. C'est le cas du gros chat noir que rencontre Polichinelle, dont la queue est celle du diable (O. Feuillet, *Les Aventures de Polichinelle*), c'est aussi celui de ce félin prémonitoire, qui pousse au crime le plus atroce, pour dénoncer ensuite l'assassin, dans *Le Chat noir* d'E. Poe, celui de P. Gascar supposant, quant à lui, l'omniprésence de l'étrange et de la mort.

BIBLIOGRAPHIE

Guillaume APOLLINAIRE, *Le Bestiaire ou Cortège d'Orphée*, 1911, *in Œuvres complètes. III*, Paris, Balland, 1966; Charles BAUDELAIRE, *Les Fleurs du Mal*, 1857, in *Œuvres complètes*, Paris, Gallimard (Pléiade), 1975; Lewis CARROLL, *Through the Looking-glass*, 1871, *De l'autre côté du Miroir*, Paris, Aubier, 1971, trad. H. Parisot; COLETTE, *La Chatte*, in *Œuvres complètes*, Paris, Gallimard (Pléiade), 1984, prés. J. Pichois; Jean FOLLAIN, *Comme jamais*, 1976; Pierre GASCAR, *Les Bêtes*, Paris, Gallimard (L'Imaginaire), 1953; Jacob et Wilhelm GRIMM, *Kinder und Hausmärchen*, 1812, *Contes*, Paris, Flammarion, 1967, prés. A. Guerne; Ernst Theodor Amadeus HOFFMANN, *Die Lebensansichten des Katers Murr*, 1821, *Le Chat Murr*, Paris, Gallimard (L'Imaginaire), 1976, trad. A. Béguin; Jean de LA FONTAINE, *Fables, op. cit.*; Edgar A. POE, *The Black Cat*, 1843, *Le Chat noir*, trad. C. Baudelaire, 1853, rééd. *Œuvres en prose*, Paris, Gallimard (Pléiade), 1956, dir. Y. Le Dantec; William SHAKESPEARE, *Romeo and Juliet*, 1597?, *Romeo et Juliette*, Paris, Aubier, 1961, trad. M. Pollet.

CHEVAL

Poséidon métamorphosé en étalon féconde Déméter cachée sous l'apparence d'une jument qui donnera naissance au cheval sauvage Aerion, ou, selon une autre version, à deux démons de la mort. Quant aux juments de Glaucos, elles dévorent leur maître vivant, sous l'influence d'Aphrodite : une force chthonienne, voire infernale, est née, que rien ne peut arrêter, comme en témoigne l'*Apocalypse* où apparaissent successivement les chevaux de la guerre, l'un blanc, l'autre rouge, le cheval noir de la famine et le cheval verdâtre (ou blafard selon les traductions) de la mort (*Apocalypse*, 6, 2-8).

Cette image d'une force fatale surgie des ténèbres se retrouve dans « l'Aigle du Casque » :

> « Ainsi dans le sommeil notre âme d'effroi pleine
> Parfois s'évade et sent derrière elle l'haleine
> De quelque noir cheval de l'ombre et de la nuit... »

L'animal se fait même psychopompe chez Saint-John Perse :

> « Les chevaux sont passés qui couraient à l'ossuaire, la bouche encore fraîche des sauges de la terre. » (*Chronique*, II),

voire monture initiatique, au même titre que le cheval kirghiz Tchal-Kouirouk :

> « C'est en ce point de ta rêverie que la chose survint :
> l'éclair soudain comme un Croisé! - le Balafré sur ton chemin, en travers de la route,
> comme l'Inconnu surgi hors du fossé qui fait cabrer la bête du Voyageur. » (*Vents*, IV, 3.)

Pour ce cheminement toujours dangereux, le poète renoue avec les plus anciennes traditions, avec « (...) les grandes cérémonies majeures où coule le sang d'un cheval noir... (pour) S'en aller! S'en aller! Parole de vivant. » (*Vents*, I, 7.)

Devenu fantastique et associé au rouge infernal comme le cheval apocalyptique, la monture du conte de « Metzengerstein » imaginée par E. Poe, concrétisation d'une étrange tapisserie, curieuse et puissante bête sans nom aucun, emporte son maître perversement attaché à elle dans les flammes de son propre château.

Les mêmes chevaux rouges, de l'angoisse cette fois, réapparaissent chez J. Joubert de façon obsessionnelle, associés au sang, à la mort et l'amour :

> « Les chevaux rouges sont entrés dans les terres crayeuses
> les places dévastées qu'ils paissent dans le jour,
> dormant la nuit sous l'ordre de nos murs
> et la fatigue des paupières. » (*Saison d'appel*.)

> « — Chevaux de rêve, où menez-vous
> Mon amour en robe rouge? » (*Poèmes d'absence*.)

Lui aussi est hanté par « leur sombre galop » (*Oniriques*) comme par le temps qui nous emporte dans une tragique épopée (« Parfois un cavalier », in *Campagnes secrètes*). Cette force qui va, de capture impossible (H. Michaux, *La Vie dans les Plis*) prend chez M. Butor les traits même de l'interrogation sur l'Etre, apparition de cauchemar :

> « ... sur un cheval dont transparaissaient à demi les os noirs semblables à d'humides ramures de hêtre se carbonisant, à travers ses chairs flottantes, ses fibres détachées, ses lanières de peau claquantes qui s'ouvraient et se refermaient... » (*La Modification*, chap. IV.)

C'est pourquoi sans doute la Pythie que le narrateur rencontre dans son rêve, émettait déjà, chez Valéry de furieux hennissements (*La Pythie*).

Mais l'étalon est aussi le géniteur premier, et Saint-John Perse s'en souvient, pour qui la mer tient du cheval domestique (*Amers, st.*, IX, V, I) ou traduit dans sa très grande pureté l'omniprésence de l'instinct sexuel :

« Quel hennissement d'étalons blancs a fait courir avec la brise,
ce très grand frémissement d'amante sur la robe des eaux ? » (*Amers, Strophe*, IX, VI, 2.)

C'est sous cet aspect d'emportement sexuel que se manifeste le monstre composite mi-cheval, mi-homme. Plus que le centaure Chiron parfaitement civilisé qu'évoquent pour nous les Houyhnhnms de Swift, c'est le centaure Nessos, sauvage et impulsif, que retiendra la littérature : M. Jacob lui trouve « ... les yeux concupiscents et sa croupe est plutôt la queue d'un serpent que le corps d'un cheval » ; un centaure-Cecrops, en somme, toujours prêt au coït.

A cet égard, Moacyr Scliar nous offre une résurgence très significative de l'animal mythique, avec *Le Centaure dans le Jardin.* L'auteur y montre le permanent combat que se livrent les deux parties antagonistes du Centaure. Le héros de ce récit qui se veut fantastique, oscille, en effet, entre la plus profonde adhésion à son animalité (en ce qu'elle est la paix des sens et l'oblitération du doute métaphysique) et le refus catégorique d'une vie en quelque sorte dominée par son arrière-train (source de la plus grande honte). A l'animalité mal assumée de ses amours avec une dompteuse de cirque, répondra plus tard le désir revendiqué de son expression, lors d'une aventure avec une femme-sphinx, dans la clinique où il retourne pour tenter de retrouver sa monstruosité naturelle. L'hypothétique réalité du dernier chapitre laisse le champ libre à la conception d'un bonheur tout entier tourné vers l'abandon à l'instinct vital, à l'expression du ça. Le Centaure a gagné la partie, notamment contre Pégase, vision récurrente d'un autre type de bonheur, infiniment plus spirituel, mais inquiétant et inaccessible : Pégase avait déjà frappé ainsi P. Louÿs :

« ... son vierge poitrail qu'homme ni dieu n'attelle
S'éploie en un vivace et mystérieux vol.
(...)
Les poètes en deuil de leurs cultes perdus
Imaginent encore sous leurs mains approchées
L'étalon blanc bondir dans les cieux défendus. » (*Astarté.*)

C'est lui qui emportera l'homme vers des sommets poétiques, pulsion créatrice que l'esprit doit maîtriser :

« ... mon beau cheval sauvage
(...)
ne piaffe pas si fort dans l'ombre intérieure :
une nuit blanche et or se lève à l'orient. » (P. de La Tour du Pin, *Une Somme de Poésie.*)

BIBLIOGRAPHIE

Michel BUTOR, *La Modification*, Paris, Minuit, 1957; Victor HUGO, « L'Aigle du casque », in *La Légende des siècles, op. cit.*; Max JACOB, *Le Cornet à dés*, 1917, rééd. Paris, Gallimard, 1945; Jean JOUBERT, *Les Poèmes, op. cit.*; Patrice de LA TOUR DU PIN, *Une somme de poésie*, Paris, Gallimard, 1946; Pierre LOUŸS, *Astarté*, 1893, in *Poèmes*, Paris, Albin Michel, 1945, éd. Y. Le Dantec; Henri MICHAUX, *La Vie dans les plis*, Paris, Gallimard, 1949; Edgar A. POE, « Mentzengerstein » (*The Hungarian myth*, 1832), in *Histoires extraordinaires*, trad. C. Baudelaire, 1856, *op. cit.*; SAINT-JOHN PERSE, *Vents*, 1946, *Amers*, 1957, *Chronique*, 1959, in *Œuvres complètes, op. cit.*; Jonathan SWIFT, *Gulliver's Travels*, 1735, Oxford-New York, Oxford University Press, 1988, éd. P. Turner, *Les Voyages...*, Paris, Gallimard (Pléiade), 1965, prés. E. Pons; Moacyr SCLIAR, *O Centauro no jardim*, Rio de Janeiro, 1980, *Le Centaure dans le jardin*, Paris, A. M. Métailié, 1985, trad. R. Uziel, S. Rotolo; Paul VALÉRY, *Charmes*, 1929, *op. cit.*.

CIGALE

Si l'on en croit Socrate, dans le *Phèdre* de Platon (*Phèdre*, 259), la cigale est née de l'homme qui, lorsqu'il connut les Muses, se mit à chanter comme elles, jusqu'à en perdre le besoin de subsistance.

Mythe transparent, que reprendra E. Quinet en désignant l'insecte comme le « patriarche du chant », mais ce chant de vie, associé à « la joie/adorable/de la paix/solaire » (Apollinaire, *Aussi bien que les cigales*), comparable à celui du poète en tant que seule victoire possible sur la mort (Miguel Torga, « Cega-Rega », in *Bichos*), peut devenir chant d'absence de soi comme chez Valéry (« l'insecte net gratte la sécheresse », *Le Cimetière marin*), voire chant de mort.

La Fontaine, dans sa célèbre fable, mettait en effet déjà l'accent sur l'aboutissement inéluctable de ce chant, exaltation du jour qui ne peut déboucher sur autre chose que sur la nuit, ce que l'on trouve chez Hugo :

> « L'ombre entend par moments leur cri rauque et profond
> Comme on entend le soir la plainte des cigales. » (*Les Contemplations*, III, XII.)

La comparaison se fait métaphore de la fatalité chez Saint-John Perse :
« Entends vivre la mort et son cri de cigale. » (*Amers, Strophe*, IX, IV, 1.).
Patrice Cauda, ne nommant même plus ce chant, tant il semble un dérisoire et pathétique effort de conjuration :

« Tout l'été la cigale
Scelle la mort
Dans une olive. » (*Peut-être.*)

BIBLIOGRAPHIE

Guillaume APOLLINAIRE, *Calligrammes*, 1918, in *op. cit.*; Patrice CAUDA, « Peut-être », *Poésie 1*, Paris, A. Colin, 1964; Victor HUGO, *Les Contemplations*, 1856, *Œuvres poétiques*, Paris, Gallimard (Pléiade), 1964, éd. P. Albouy; Jean de LA FONTAINE, *Fables*, 1668, *op. cit.*; PLATON, *Phèdre*, in *Œuvres complètes*, Paris, Gallimard (Pléiade), 1950, éd. L. Robin; Edgar QUINET, *La Création*, Paris, Librairie Internationale, 1870; SAINT-JOHN PERSE, *Amers*, 1957, *op. cit.*; Miguel TORGA, *Bichos*, Coimbra, 1940; Paul VALÉRY, *Charmes*, 1992, *op. cit.*.

DAUPHIN

On sait que le dauphin est d'origine humaine dans la mythologie grecque (Dionysos métamorphosant les pirates qui en voulaient à sa personne), comme dans la mythologie australienne, néo-zélandaise ou amazonienne. C'est ce que rappelle Lucien de Samosate dans ses *Dialogues marins* (IX, 8), image optimiste de la vertu du cétacé reprise par Plutarque (*Œuvres morales*, LVIII, 36), que le dauphin mythique sauvant Arion ou Enalos justifiait pleinement.

Aussi, lorsque Esope écrivit *Le Singe et le Dauphin*, il s'agissait déjà à l'époque d'un véritable cliché :

« Un dauphin l'aperçut, et le prenant pour un homme, il se glissa sous lui, le soutint, et le transporta vers la terre ferme. »

La Fontaine reprendra à sa manière ce cliché dans le livre IV de ses *Fables* (l'animal est bon pour l'homme et seulement pour lui), comme l'avait fait Shakespeare dans *Le Songe d'une Nuit d'Eté* (acte II, sc. I), et comme le fera ensuite R. Maria Rilke, qui rappelle dans *Les Dauphins* la constellation du même nom : par l'évocation du cétacé le navigateur se fait peut-être Navigateur :

« ... (il) accueillit cet ami
nouveau en ses solitaires périls
et, dans sa gratitude, imagina pour lui
un univers : il tint pour vrai
qu'il aimait les jardins, les dieux et la musique
et le profond silence de l'année sidérale. » (*Nouveaux Poèmes*, IIe partie.)

Chez Odysseas Elytis (*Soleil premier*, XI), l'apparition de trois dauphins qui suivent une « Sainte Vierge de l'Annonciation » devenue sirène, découle de l'intense désir d'une dissolution dans la grande Mère qui permettrait la découverte du secret de l'Etre.

De ce point de vue, le roman de Nikos Athanassiadis, *Une Jeune Fille nue*, représente une très profonde réactivation de l'animal mythique. Aussi érotique et puissamment sexuel que dans le mythe (où il s'unit avec Amyon), il séduit sur les côtes de Lesbos une jeune femme née dans la mer au cours d'un naufrage, laquelle entretiendra avec lui et avec un amant humain des relations sexuelles traduisant une soif absolue d'absorption dans le Grand Tout, que sa métamorphose finale en cétacé ne fait que confirmer :

> « On dirait qu'elle n'a jamais quitté la mer. Je crois sentir sur son dos la finesse de l'aileron (...). Ainsi dut naître le premier mythe qui enseigna à l'homme qu'il n'est qu'illusion, que la seule vérité est celle de l'imagination, des figures de rêve, des visions de vertige. »

Si l'on inverse le schéma dramatique et le sexe des personnages, on obtient *Dauphin mon Ami* de D.R. Sherman, probablement inspiré tout autant par les découvertes scientifiques de ces deux dernières décennies que par la sensualité de l'animal mythique. Léo Szilard, quant à lui, projette le cétacé dans un récit de science-fiction (*La Voix des Dauphins*) qui montre les espoirs de l'homme enfin réalisés : l'animal communique avec nous par le langage articulé et nous permet, par sa sagesse, d'éviter une guerre nucléaire, tout comme il s'obligera à devenir agressif dans *La Révolte des Dauphins*, de W. J. Watkins, pour détruire un sous-marin atomique et soustraire l'humanité à une éradication définitive. C'est aussi par le biais de deux dauphins gouailleurs et bavards que R. Merle pose un regard aussi critique sur notre société que celui des Persans de Montesquieu : Fa et Bi (modernisation de l'antique cliché) nous sauveront, eux aussi, d'une troisième guerre mondiale. Tout donne à penser que le roman de H. Verlomme, *Mermère*, retisse une même trame symbolique, révélant de façon particulièrement sensible la parenté montrée par Apollon delphinios entre dauphin (*delphis*) et matrice (*delphos*) : le cétacé semble avoir réalisé notre impossible quête et s'affirme comme le Médiateur.

BIBLIOGRAPHIE

Nikos ATHANASSIADIS, *Une Jeune Fille nue*, 1964, Paris, Albin Michel, 1966, trad. C. Notton; Odysseas ELYTIS, *Soleil premier*, 1943, in *op. cit.*; ESOPE, *Fables*, Paris, Les Belles Lettres, 1960, trad. E. Chambry; LUCIEN DE SAMOSATE, *Dialogues marins*, in *Œuvres complètes*, Paris, Hachette, 1857, trad. E. Talbot; Robert MERLE, *Un animal doué de raison*, Paris, Gallimard, 1967; Rainer Maria RILKE, *Neue Gedichte*, 1907-1908, *Nouveaux Poèmes*, Paris, Seuil, 1972, trad. L. Gaspar; D.R. SHERMAN, *Brothers of the sea, Dauphin mon ami*, Paris, Presses de la Cité, 1972, trad. N. Nidermiller; Léo SZILARD, *La Voix des dauphins*, Paris, Denoël, 1962; Hugo VERLOMME, *Mermère*, Paris, Editions Maritimes et d'Outre-Mer, 1978; William J. WATKINS *Clickwistle*, 1973, *La Révolte des dauphins*, Paris, Presses de la Renaissance, 1978, trad. F. Lasquin.

MONSTRE

Il faudrait ici un volume tout entier pour recenser les formes animales composites que les mythes ont léguées à la littérature, la plus universelle demeurant sans doute celle du dragon, qu'il soit ou non marin, le plus souvent ailé.

Jason doit le combattre, comme Yahweh, qui « sévira (...) contre Léviathan, le Serpent fuyard (...) tuera le dragon qui est dans la mer. » (*Isaïe*, 27, 1.)

Associé aux forces du Mal, il devient même l'incarnation de Satan dans l'*Apocalypse* (12,3; 12,7) doté de sept têtes représentant les sept péchés capitaux. Puisant à cette source, Dante (*Purgatoire*, XXXII) montre le char divin métamorphosé par la piqûre du dragon en une bête à sept têtes portant la luxure (s'y manifeste d'ailleurs la surdétermination symbolique de la guêpe démoniaque) :

> « Lors me parut que la terre s'ouvrît
> entre les roues, d'où un dragon issant
> planta dedans le char sa queue en l'air;
> puis, comme guêpe enlève son aiguille,
> ôtant sa mâle queue il arracha
> du fond grand pièce, et fila ondoyant. » (130-135.)

Les visions de saint Antoine imaginées par Flaubert font appel au même type de fantasmes, car les sept péchés, lascivement présentés par la reine de Saba, sont liés au monstre :

« Veux-tu le bouclier de Dgian-ben-Dgian, celui qui a bâti les pyramides ? (...) Il est composé de sept peaux de Dragons mises l'une sur l'autre, jointes par des vis de diamants, et qui ont été tannées dans de la bile de parricide. » (*La Tentation de saint Antoine*, II.)

L'amère dérision de Lautréamont ne signifie pas autre chose, qui, renversant tout exprès les termes symboliques habituels (dans le monde occidental), nous montre l'horrible combat de l'aigle et du dragon dans lequel ce dernier représente l'Espérance vaincue (Chant III, str. 3).

Les *Poèmes tragiques* de Leconte de Lisle emploient, quant à eux, l'imagerie devenue classique de la Bête marquée au front du sceau satanique auquel répond le sceau de la Croix :

« Et, dans un bâillement, chaque gueule profonde
Vomissait sur la terre, en épais tourbillons,
Des hommes revêtus de pourpre ou de haillons,
(...)
Et tous ayant, gravé au front, l'image atroce
Des deux poutres en croix... »

Les *Poèmes barbares* mettaient déjà d'ailleurs en évidence le dragon du Mal victorieux de la Création :

« Et le dragon, du haut d'un roc inébranlable,
Tout joyeux de son œuvre et du crime accompli
Maudit l'univers mort et l'homme enseveli,
Disant : — Hors moi, l'Avank, qui suis impérissable
Les heureux sont couchés dans l'éternel oubli. »

Rien d'étonnant, dès lors, à ce que le dragon du remords, tenant de la nuit informelle et de l'eau maléfique, atteigne mortellement le héros de *La Chute de la Maison Usher*. E. Poe y montre comment l'apparition progressive du dragon (dans un roman que lit l'un des protagonistes) et sa mort violente dans un cri d'une horrible puissance, trouvent leur parallèle dans l'apparition de celle qu'on croyait morte et que l'on avait trop vite enterrée, la maison elle-même s'apparentant bientôt au monstre : « Les vastes et antiques panneaux que désignait Usher entrouvrirent lentement leurs lourdes mâchoires d'ébène. »

Le monstre de Verlaine s'apparente bien au même motif mythique cauchemardesque, surdéterminé par la dévoration de victimes humaines dans une « nuit sans étoiles et sans lune » :

« La peau flasque était jaune et sale, et de longtemps
Je n'oublierai l'horreur du mufle, comparable

Au mufle du mammouth le plus considérable
(...) la gueule vaste et ceinte de crins roux
(...)
A l'instar d'un homard qui serait gigantesque,
Et, visqueux, le menton... »

Plus neutre, en quelque sorte, est le Meidosem de Michaux, qui image peut-être notre vigilance sans espoir beaucoup plus que le Monstre démoniaque, fatal et dévastateur, « supplicié », tendu, inquiet et ne trouvant rien d'important à prendre, surveillant, surveillant sans cesse, « la tête constellée de ventouses » (*La Vie dans les Plis*).

Reste que le dragon peut aussi bien s'assimiler à des forces qui ne demandent qu'à être maîtrisées, parfois même à des horreurs qui ne sont horribles que parce que nous ne leur donnons rien de nous-mêmes : vaincre le dragon peut relever d'un « indispensable moment du drame eschatologique » (G. Durand) ou amoureux, schéma mythique sur lequel se penche Rilke :

« Comment oublier les mythes antiques que l'on trouve au début de l'histoire de tous les peuples; les mythes de ces dragons qui, à la minute suprême, se changent en princesses? Tous les dragons de notre vie sont peut-être des princesses qui attendent de nous voir beaux et courageux. Toutes les choses terrifiantes ne sont peut-être que des choses sans secours, qui attendent que nous les secourions. » (*Lettres à un jeune poète*, VIII.)

De telle sorte que le dragon caché en nous peut se concevoir comme les pulsions incontrôlées d'une animalité positive :

« Beaux monstres de la nuit, palpitant de ténèbres,
Vous montrez un museau humide d'outre-ciel,
Vous approchez de moi, vous me tendez la patte
Et vous la retirez comme pris d'un soupçon.
Pourtant je suis l'ami de vos gestes obscurs,
Mes yeux touchent le fond de vos sourdes fourrures. » (Jules Supervielle, *La Fable du Monde*.)

Une autre forme composite qui paraît avoir fait flores est le Behemoth (*Job*, 40, 15-23) tenant du bœuf et de l'hippopotame, et doué d'une force incommensurable. Le chameau-léopard d'Héliodore déclenche la même terreur panique par son étrange apparence (*Ethiopiques*, X, 27) née d'un cou grêle emmanché d'un côté sur la tête d'un chameau aux yeux terribles, et de l'autre sur le corps difforme d'un lion au pelage de léopard. N'est-ce pas directement de lui que se sont inspirés E. Poe pour son caméléopard et Flaubert pour son Catoblépas?

Dans *Quatre Bêtes en une*, Poe met en scène un roi Antiochus Epiphanes du plus parfait fantastique, très proche du monstre d'Héliodore, à ceci près que les yeux protubérants saillent d'une face humaine. Le massacre d'un millier de Juifs justifie pour le narrateur cette apparition animale, laquelle excite joyeusement la cruauté et la bêtise de ses admirateurs. Paradoxale ironie, seuls les animaux effrayés et rendus agressifs par cette apparition voudront mettre le roi-caméléopard à mort.

Le Catoblépas, lui, se manifeste dans le cortège terrifiant des monstres rêvés par saint Antoine : il s'agit d'un « buffle noir, avec une tête de porc tombant jusqu'à terre et rattachée à ses épaules par un cou mince long et flasque comme un boyau vidé », doté du regard mortel de Méduse. Il est accompagné, entre autres, du Martichoras, « gigantesque lion rouge à figure humaine avec trois rangées de dents », du Griffon, « lion à bec de vautour avec des ailes blanches, les pattes rouges et le cou bleu » ; la dernière vision étant celle de la Licorne, précédée d'une horrible ménagerie : le Tragelaphus « moitié cerf et moitié bœuf » côtoie le myrmécoléo, lion par devant, fourmi par derrière, le Sénad, « ours à trois têtes qui déchire ses petits »... etc. La Chimère et le Sphinx avaient auparavant tenté un abominable *coït* devant le saint éperdu. (*La Tentation de saint Antoine*, VII), que n'est pas sans rappeler celui qui aura lieu à la fin du poème de Jorge de Séna, *La Dame à la Licorne* : les Centaures sont des créations de poètes tout juste bonnes à alimenter une conversation de salon, et la Licorne-poète, sous la forme de D. Gil, se voit ramenée à la réalité par l'ardeur sexuelle de la maîtresse de maison, mettant ainsi en correspondance l'irrationnalité poétique et celle d'une animalité débridée.

BIBLIOGRAPHIE

Jorge Luis BORGES, *Manuel de zoologie fantastique*, 1957, Paris, Bourgois, 1980, trad. G. Estrada, Y. Péneau ; DANTE, *Purgatorio*, 1308-1312, in *op. cit.* ; Gustave FLAUBERT, *La Tentation de saint Antoine*, 1874, Paris, Gallimard (Folio), 1983, prés. C. Gothot-Musch ; HÉLIODORE, *Les Ethiopiques*, IIIe s., in *Romans grecs et latins*, Paris, Gallimard (Pléiade), 1958, trad. P. Grimal ; LAUTRÉAMONT, *Les Chants de Maldoror*, 1869, *op. cit.* ; LECONTE DE LISLE, *Poèmes barbares*, 1862, *Poèmes tragiques*, 1884, Paris, Belles Lettres, 1976, éd. E. Pich ; Henri MICHAUX, *La Vie dans les plis*, Paris, Gallimard, 1949 ; Edgar A. POE, *Epimanes (four beasts in one), The Fall of the House of Usher*, 1839, trad. C. Baudelaire, *op. cit.* ; Rainer Maria RILKE, *Briefe an einen jungen Dichter*, 1929, *Lettre à un jeune poète*, Paris, Grasset, 1984, trad. B. Grasset, R. Biemel ; Jorge de SENA, *Estados Unidos da America*, Lisbonne, 1967 ; Paul VERLAINE, « Le Monstre », in *Œuvres oubliées I, Œuvres complètes, op. cit.*

Mouche

De tout temps démoniaque, elle est l'apparence prise par Eurynomos, démon de la putréfaction et de la mort chez les Perses, qui réapparaît en tant que Baal-Zeboub, le « Prince des mouches » dans la Bible (*Matthieu*, 12, 24 ; *Marc*, 3, 22).

Les sorcières elles-mêmes, selon Apulée s'attaquent à l'homme sous cette forme (*Les Métamorphoses*, II, 22), et c'est bien du côté des forces infernales que se situe le diptère dans le théâtre shakespearien : image de l'abjection morale (« je vous crois honnête (...) comme à l'abattoir les mouches de l'été / Qui prennent vie dans les pustules », *Othello*, IV, 2), instrument de malédiction dans la bouche de Iago ou de Caliban (*Othello*, I, 1, 71 ; *La Tempête*, I, 2, 339-340), les mouches peuvent aussi figurer l'homme jouet d'un cruel destin :

> « Des mouches aux mains d'enfants espiègles, voilà ce que nous sommes pour les dieux : ils nous tuent pour le plaisir. » (*Le Roi Lear*, IV, 1.)

C'est avec ce double sens d'un insecte fatal et infernal que l'on retrouve une véritable conjuration de la mouche dans la pièce de Sartre, puisque Jupiter « Dieu des mouches et la mort » inaugure une opposition continue entre le blanc et le rouge, puis le rouge et le noir, couleurs ici du meurtre tragique aussi bien que des mouches :

> « Elles sont douze sur son œil, comme sur une tartine, et lui, cependant, il sourit aux anges, il a l'air d'aimer qu'on lui tète les yeux. Et par le fait, il vous sort de ces mirettes-là un suint blanc qui ressemble à du lait caillé. » (*Les Mouches*, I, 1.)

Au noir des mouches se joint le rouge de la volupté sexuelle dans le meurtre : Jupiter évoque la fête rouge où la mouche, en l'occurrence une vieille femme, jouit sexuellement de l'assassinat d'Agamemnon. Les diptères apparaissent bientôt comme l'instrument du châtiment divin : « Piquez, creusez, forez, mouches vengeresses, fouillez ma chair jusqu'à mon cœur ordurier. » (*Id.*, II, 2), comme signes du crime passé ou à venir. Doubles antithétiques de l'abeille, elles incarnent les Erinyes qui promettent de faire, à partir de la sanie, un beau miel d'un vert de pus...

C'est cette opposition d'une abeille christique à une mouche satanique qu'exprimaient Rimbaud dans son célèbre sonnet de *Voyelles*, associant le diptère à la couleur de Saturne et à la lettre A, et Verlaine qui donnait, dans *Sagesse*, un sens divin à l'abeille posée (II, IV, IV).

Ces mouches de la mort sans espoir, dont la contrainte archétypale pesait aussi sur Baudelaire : « Les mouches bourdonnaient sur ce ventre putride

D'où sortaient de noirs bataillons... » *Une Charogne, Les Fleurs du Mal*, XXIX)

sont aussi l'image d'une guerre psychologique et spirituelle : chez Hoffmann, « le sombre roi des gnomes » qui oscille entre le bourdon et « la grosse mouche aux yeux étincelants » menace la paix des protagonistes de *L'Enfant étranger.*

Cette guerre intérieure peut d'ailleurs prendre un tour beaucoup plus subtil, lorsque la mouche remet en question notre perception du temps, dans une sorte d'*imaginaire immédiat* au moment précis où l'on va la tuer :

> « Le monde était plat et silencieux, et la mouche était posée en cet endroit. C'était comme si elle avait été là depuis des années, dans cette chambre, devant moi, à cette heure précise et calme. Jamais tuée, à n'en plus finir » (J. M. G. Le Clézio, « Assassinat d'une Mouche » in *L'Extase matérielle.)*

Terrible leçon sur « l'idée du bonheur (...) type même du malentendu ». *(Id.)*

La mouche écrasée peut aussi bien se métamorphoser, soit en un dieu de pacotille vêtu de peau de mouche, comme chez Garcia Lorca (« La Poule » in *Poèmes en prose*), soit en cancrelat, puis en hanneton, puis en souris, comme chez M. Béalu : la guerre est en nous et hors de nous, de par notre agressivité foncière doublée de l'impossible communication entre les êtres *(Mémoires de l'Ombre).* De ce fait, la mouche fait même partie des mots de la guerre dénoncés par Le Clézio (*La Guerre,* chap. I), menace omniprésente que J. Spitz traduit en termes horriblement apocalyptiques : les diptères, répandant peste et choléra, se rendent maître de l'humanité, malgré l'utilisation quasi suicidaire du feu pour se débarrasser de ce fléau. L'allégorie socio-politique de W. Golding, *Le Seigneur des Mouches,* ne se débarrasse pas de cette obsession du péché originel entérinée par la cruauté d'un chef : sur cette île imaginaire, dictature et *lebensraum* sont une double et mortelle nécessité pour ces enfants-mouches d'une nouvelle espèce.

BIBLIOGRAPHIE

Charles BAUDELAIRE, *Les Fleurs du Mal,* 1857, *op. cit.*; Marcel BÉALU, *Mémoires de l'ombre,* Paris, 1959; Ernst Theodor Amadeus HOFFMANN, *L'Enfant étranger,* in *Aux Enfants,* Paris, E. Renduel, 1832, trad. Loëwe-Weima; Federico GARCIA LORCA, « La Gallina », 1928, « La Poule », in *Poésies III,* Paris, Gallimard, 1954, trad. A. Bélamich; William GOLDING, *The Lord of Flies,* 1954, *Sa Majesté des mouches,* Paris, Gallimard (Folio), 1993, trad. L. Tranec; Jean-Marie-Gustave LE CLÉZIO, *L'Extase matérielle,* Paris, Gallimard, 1967, *La Guerre,* Paris, Gallimard, 1970; Arthur RIMBAUD, « Voyelles », 1871, in *Œuvres complètes,* Paris, Gallimard (Pléiade), 1972; Jean-Paul SARTRE, *Les Mouches,* Paris, Gallimard, 1943; William SHAKESPEARE, *King Lear,* 1605, *Le Roi Lear,* Paris, Aubier, 1871, trad. P. Leyris, E. Holland, *Othello,* 1622, Paris, Aubier, 1971, trad. M. Castelain,

The Tempest, 1623, *La Tempête*, Paris, Aubier, 1971, trad. J.-J. Mayoux; Paul Verlaine, *Sagesse*, 1881, in *op. cit.*

Scarabée

Le *Livre des Morts* égyptien, le *Traité de la Fleur d'or du Suprême Un* chinois, ou les ouvrages d'art hermétique ensuite, mettent tous en relation le scarabée avec le monde en mouvement ou en gestation, comme avec la vie dans l'Au-delà et le passage d'un monde à l'autre. Associé à la course du soleil, au Zodiaque (il y remplace parfois le signe du Scorpion), à la fleur de lotus et au symbole chimique de Mercure, il ne peut pas ne pas apparaître comme détenteur de l'éternité (le « Jupiter-Scarabée » des Anciens auquel fait référence E. Quinet dans sa *Création*, ou Rilke dans ses *Nouveaux Poèmes*) et comme Justicier.

C'est à cette sagesse que fait allusion Le Clézio lorsqu'il rappelle le scarabée égyptien du dieu Khépri *(Mondo et autres Histoires)* : dans *Hazaran*, le coléoptère enseigne à Petite Trèfle les réponses à fournir à un inconnu pour partir avec lui dans un pays fabuleux. La psychopompie se transforme ici en initiation suprême.

E. Poe, lui, avait repris le thème funéraire du scarabée antique en le déformant. Le *Scarabée d'or* représente une tête de mort stylisée qui, passée au bout d'un fil dans l'orbite d'un crâne humain, désigne les lieux du trésor. (Clin d'œil de l'auteur, le serviteur s'appelle... Jupiter). Mais la valeur mythique du scarabée est pervertie, puisqu'il aide à découvrir l'or d'ici-bas et non la paix de l'Au-delà.

Le scarabée, cependant, peut faire montre d'une extrême rigidité, voire d'une obstination cruelle dans son application de la justice : La Fontaine, reprenant Esope, insiste sur le caractère inéluctable de la vengeance « escarbote », rendant stérile toute tentative de l'aigle à se reproduire (*L'Aigle et l'Escarbot*, II, VIII); et Lautréamont dépeint l'horrible châtiment réservé par l'insecte (il est vrai devenu ici d'une taille monstrueuse) à celle qui l'a trompé dans son amour : réduite à l'état de boule de chair, elle est roulée sans cesse comme une pilule de fiente. Seul le scarabée, au contraire des trois autres amants (eux aussi métamorphosés) semble détenir l'Enigme, tout comme Maldoror; à moins qu'il ne soit victime d'une illusion suprême, attaché à sa vengeance comme au seul sens possible de l'existence, révélant, par l'automaticité de sa révolte contre la Magicienne (Eve?) une soif de revendication pour un « monde d'En-bas » enfin cohérent (*Les Chants de Maldoror*, V, 2).

Ceci n'est pas sans évoquer une autre métamorphose *noire*, par moments scarabéiforme, celle du Grégoire de la nouvelle de Kafka, qui témoigne elle aussi d'une révolte inutile, puisque les transformations jusqu'à la dessiccation complète et la mort, ne le déchargent pas de ses responsabilités, tout en le rendant totalement inadéquat au monde et à ses lois les plus élémentaires.

Cette « horrible imagerie d'une éthique de la lucidité » (Camus) se trouve confirmée par *1984* de G. Orwell, récit d'anticipation dans lequel on assiste à la transfiguration progressive (et métaphorique) de Winston en scarabée : prise de conscience, révolte, et enfin acceptation profonde d'une autre vérité que celle de la logique, sont les trois stades qui permettent au héros de se vider de lui, devenant l'homme-coquille que la société va remplir d'elle-même pour son parfait fonctionnement. Si parfait qu'il nie jusqu'à l'idée de la mort par le rattachement de chaque cellule ainsi créée au gigantesque corps social.

Plus récemment, C. Lispector a retrouvé, avec *La Passion selon G. H.*, la même veine du scarabée initiatique, qu'elle explore de façon complémentaire, et en apparence seulement, contradictoire. Lorsque le cafard qu'elle contemple après en avoir tenté l'assassinat se sera vidé complètement, lorsqu'elle se sera pleinement identifiée à lui comme parcelle de présent pur qu'elle appelle *le Neutre*, au point de porter à sa bouche une partie de ses entrailles, la narratrice constatera que le cafard s'est transformé en scarabée :

> « La seule destinée pour laquelle nous sommes nés est celle de servir le rituel [de la vie] [...] nous aurions dû mettre des masques de rituel pour nous aimer. Les scarabées ont déjà en naissant le masque avec lequel ils s'accompliront. Par le péché originel nous avons perdu notre masque. J'ai regardé : le cafard était un scarabée. Tout entier il n'était que son propre masque. » (chap. 19.)

L'homme joue ainsi au scarabée pour conjurer son destin, en saisir tout le tragique, ou encore le fuir en s'intégrant à un mécanisme plus vaste que sa propre individualité.

C'est vraisemblablement de ce « complexe du scarabée » que procède ce besoin éperdu d'une métamorphose, ouvrant sur la maîtrise d'un univers présent aussi chez Le Clézio :

> « Alors on est au centre, bien au cœur de la nuit. Et on vibre, comme si on avait des râpes ou des élytres, et qu'on lançait le son qui remplace la vue. » (*L'Inconnu sur la Terre*, p. 163.)

Le monstre absurde scarabée-cafard s'est trouvé plus récemment encore mis en évidence par deux nouvelles, l'une de B. Blagojević, l'autre d'A. Amprimoz. Dans la première (« Le Cafard »), une femme, avant même de tuer, rejoint le monde des insectes pour s'insérer dans la vie, à la manière de G. H. : « Moi, corps neutre de cafard, moi avec une vie qui finalement ne m'échappe pas, car enfin je la vois hors de moi. » (*La Passion selon G. H.*, chap. 8.) Dans la seconde s'exprime le même souci d'un suicide intérieur pour répondre à l'absurde : trouver la paix, c'est perdre son identité dans un perpétuel changement de masque (*Vouloir être insecte*).

BIBLIOGRAPHIE

Alexandre AMPRIMOZ, « Vouloir être insecte », Paris, *N.R.F.*, avril 1981 ; Boba BLAGOJEVIC, *Sve Zveri Sto Su S Tobom, L'Arche de Boba*, Zürich-Paris, De Fallois-l'Age d'Homme, 1979, trad. H. et F. Wybrands ; Franz KAFKA, *Die Verwandlung*, 1915, *La Métamorphose*, Paris, Gallimard (Folio), 1955, trad. A. Vialatte ; LAUTRÉAMONT, *Les Chants de Maldoror*, 1869, *op. cit.* ; Jean-Marie-Gustave LE CLÉZIO, *Mondo et autres histoires*, Paris, Gallimard, 1978, *L'Inconnu sur la terre*, Paris, Gallimard, 1978 ; Clarice LISPECTOR, *A Paixao segundo G.H.*, Rio de Janeiro, 1964, *La Passion selon G.H.*, Paris, Ed. Des Femmes, 1978, trad. C. Farny ; George ORWELL, *Nineteen Eighty Four*, Londres, 1949, *1984*, Paris, Gallimard (Folio), 1977, trad. J. Audiberti ; Edgar A. POE, *The Gold Bug*, Philadelphie, 1843, in *Histoires extraordinaires op. cit.* ; Edgar QUINET, *La Création*, 1870, *op. cit.* ; Rainer Maria RILKE, *Neue Gedichte, op. cit.*

SERPENT

Il est impossible de recenser, ne serait-ce que dans le monde occidental, les occurrences mythiques du serpent apparenté à l'incréé, au ver, au dragon, porteur de toutes les latences. Il est l'Atoum égyptien à l'origine de toute création, il est l'Ouroboros grec, matrice du Zodiaque, le serpent à plumes de la plupart des mythologies amérindiennes. On se souvient que les jumeaux Cassandre et Hélénos sont inspirés par deux serpents à leur naissance, comme Mélampos a les oreilles purifiées par les reptiles. Ce serpent positif n'est qu'en apparence contradictoire avec celui que tue Apollon : la mort de Python laisse libre cours à l'oracle delphique. De même, la folie dionysiaque puisant ses forces dans l'*hubris*, peut être envisagée comme la manifestation d'un serpent thérapeutique, visant à rétablir l'équilibre que rappelle le reptile du Caducée.

Un animal mythique particulièrement ambivalent, donc, que la Bible ne retiendra pourtant, on le sait, que comme l'image du Mal, du Séducteur, du Tentateur (quand il ne s'agit pas, plus banalement, d'un moyen divin pour châtier les pécheurs (*Nombres*, 21,6). C'est ce que rappelle Dante dans son *Purgatoire*

(XXXII, 32) : « Celle qui jadis crut au serpent », c'est ce sur quoi Flaubert insiste dans une terrible évocation du Blasphème : le python

> « passe lentement sur le bord du pain (...), les Fidèles
> collant leur bouche contre sa peau, s'arrachent le pain qu'il a mordu »

et s'écrient :

> « C'est toi! C'est toi! (...) Il t'avait bu dans les ondes du baptême; mais tu l'as quitté au jardin des Olives, et il sentit alors toute sa faiblesse. Tordu à la barre de la Croix et plus haut que sa tête, en bavant sur la couronne d'épines, tu le regardais mourir. — Car tu n'es pas Jésus, toi; tu es le Verbe! tu es le Christ! » (*La Tentation de saint Antoine*, IV.)

Chez W. Blake, le serpent habite l'enfer où il est adoré (*Le Mariage du Ciel et de l'Enfer*, 3e « fantasme mémorable »), il est associé au poison et aux forces terribles de l'incréé (*Le Livre d'Ahania*, II, str. 3-5), s'apparentant à la fatalité de la Chute. Enitharmon accouchera ainsi d'Orc, apparemment méchant parce que condamné dès sa naissance par ses rapports étranges avec la chair maternelle :

> « le Ver gisait tout le jour sur son sein;
> Toute la nuit dans ses entrailles,
> Tant et si bien qu'il devint un serpent
> Qui, sifflant de douleur, s'enroula avec ses poisons
> Autour des lombes d'Enitharmon. » (*Le Premier Livre d'Urizen*, chap. VI, str. 5.)

Ceci n'est pas sans rappeler les propos sadiques que Maldoror tient au python-Basilic :

> « Va laver ton incommensurable honte dans le sang d'un enfant qui vient de naître. » (*Les Chants de Maldoror*, V, 4.)

Toutefois, le serpent conserve toute son ambiguïté chez Blake (voir *Ver*, p. 239), et s'il se pose en véritable rival de Dieu chez Valéry comme le fait le ver chez Hugo, il n'en apparaît pas moins, dans *L'Ebauche d'un Serpent*, malgré la dérision, comme une figure possible de l'initiateur à la perfection divine : « ... l'univers n'est qu'un défaut/Dans la pureté du Non-être », quelle que soit l'hypocrisie dont le reptile fait preuve (*L'Insinuant*). Dans *La Pythie*, qui « vocifère entre les ruades/D'un trépied qu'étrangle un serpent », l'animal apparaît comme une conjugaison du python apollinien et du serpent dionysiaque. La « gorge qui halète/Sous les ornements vipérins » (Str. 12), recevra les « présents surhumains » (str. 15), l' « Honneur des Hommes, Saint LANGAGE » : le serpent séduit, mais aussi inspire, image de la damnation comme celle de l'aspiration à la rédemption.

C'est peut-être pour cela que la couleuvre de la chair et du sexe que Titania voisine dans ses ébats (Le *Songe d'une Nuit d'Eté*, I, 1, v. 253-255) et dont Hermina rêve significativement dans sa nuit d'amour, a quelque chose de l'effrayant et pitoyable Geryon que Dante et Virgile rencontrent aux enfers (*Enfer*, XVII, 1-15) : l'hypocrisie de toute création sous-tendue par la mort se résolvant alors en luxure. Par ce biais, le serpent tient du chat ou plus exactement de la chatte, dangereuse et perverse séductrice, dont le regard équivaut chez Baudelaire à la langue fourchue (comparer, par exemple, la 5e str. du *Serpent qui danse* et la 3e du *Chat*, respectivement pièces XXIX et XXXIV des *Fleurs du Mal*).

D'une façon toute privilégiée, enfin, Saint-John Perse retrouve bien des aspects du serpent primordial, dont la couleur restitue pleinement la bissexualité originelle de l'animal mythique, quelque peu teintée de l'effroi que causait Typhon :

> « La Mer mouvante et qui chemine au glissement de ses grands muscles errants, la Mer gluante au glissement de plèvre, et toute à son afflux de mer, s'en vint à nous sur ses anneaux de python noir. » (*Amers, Invocation*, 6.)

BIBLIOGRAPHIE

Charles Baudelaire, *Les Fleurs du Mal*, 1857, *op. cit.*; William Blake, *The Marriage of Heaven and Hell*, 1790-1793, *The Book of Ahania*, 1795, *The First Book of Urizen*, 1794, *op. cit.*; Dante, *Purgatoire, Inferno, op. cit.*; Gustave Flaubert, *la Tentation de saint Antoine*, 1874, *op. cit.*; Lautréamont, *Les Chants de Maldoror*, 1869, *op. cit.*; Saint-John-Perse, *Amers*, 1957, *op. cit.*; William Shakespeare, *A Midsummer Night's Dream*, 1600, *op. cit.*; Paul Valéry, *Charmes*, 1929, *op. cit.*

Taureau

Force vitale, puissance de reproduction, épiphanie tellurique, le taureau védique, égyptien ou grec s'affirme, entre autres, comme le symbole du sang premier des choses. L'exemple le plus significatif en est le taurobole, importé d'Asie Mineure en Italie au début de l'ère chrétienne, rite qui consistait à faire couler sur le myste, placé dans une fosse, le sang encore chaud d'un taureau égorgé, pour une renaissance à la vie éternelle.

Héliodore rappelle, dans ses *Ethiopiques* (28-30) qu'il est l'animal royal sacrifié à la lune, comme le cheval blanc l'était au soleil, et sa puissance mythique sert à forger, chez Dante, une maxime sur l'aveuglement (*Paradis*, XVI, 70-71).

C'est surtout à travers la tauromachie, envisagée comme une communion avec les forces telluriques et leur composante mortelle, ou comme une fête solaire (voir *Les Bestiaires* de Montherlant) que la littérature contemporaine réitère bien des aspects du taureau mythique : la mise à mort s'avère une espèce de « mise à vie », de coït, où le sang s'échange avec le sperme, c'est le taureau mithraïque d'Alain Borne :

« Le sang blanc se mêlera
au sang rouge de la bête
de sa mort morte encore ce soir. » (*Vive la mort.*)

Chez Pierre Gamarra, on retrouve même l'association égyptienne du taureau au Verbe et à l'abeille, « à l'heure scintillante de l'épée » :

« Géante parole, miel sage
la raison habille ton vol,
Tu deviens, coursier sans licol,
la pérennité du passage. » (*Taureau.*)

Ou encore, chez Saint-John Perse, dans un contexte directement mythologique cette fois, (l'enlèvement d'Europe), le taureau se combine à l'infinie fertilité marine :

« L'amour est sur la mer où sont les vignes les plus vertes et les dieux courent au raisin vert, les taureaux aux yeux verts chargés des plus belles filles de la terre. » (*Amers, Strophe*, VI, 2.)

Mais c'est sans doute sous sa forme composite de Minotaure que le taureau fait preuve de la plus grande richesse littéraire.

Si des auteurs se contentent de rappeler la cruauté du monstre, comme Lucien (*Histoire véritable*, fin du liv. II) ou sa bestialité violente comme Dante (*Enfer*, XII, 11-25), d'autres, nos contemporains en particulier, se livrent à une exploitation approfondie du mythe, selon le syntagme que nous évoquions dans l'introduction.

Ainsi, J. L. Borges, recreusant l'association du taureau et du Verbe en la doublant du mythe de Dédale, nous donne-t-il à entendre, dans *L'Aleph*, que nous sommes tous des Minotaures enfermés dans le labyrinthe de la signification, dont

Dieu seul peut nous libérer. Ce labyrinthe, extensible au monde (*La Demeure d'Astérion*), est celui du langage qui met l'homme aux prises avec lui-même, puisqu'il n'a pas résolu l'énigme de l'animalité qui le meut.

Certes, il est possible de pactiser avec elle, pour une paix du sens, comme le dit Camus :

> « ... il y a dans chaque homme un instinct profond qui n'est ni celui de la destruction ni celui de la création. Il s'agit seulement de ne ressembler à rien. (...) Oui, consentons à la pierre quand il le faut. (...) Pour être épargné, il faut dire oui au Minotaure. » (*Le Minotaure.*)

C'est exactement ce que souhaitera plus tard J. de Sena :

> « En Crète, avec le Minotaure
> sans vers et sans vie
> sans patries et sans esprit
> sans rien ni personne
> (...)
> j'ai mon café à prendre en paix. » (*En Crète avec le Minotaure*, trad. personnelle.)

Apprivoiser le monstre n'est plus s'assurer la maîtrise de la puissance animale, non plus que faire taire l'emportement sexuel, mais réconcilier l'irréconciliable (l'esprit et la matière) pour se réfugier, épuisé mais sauf « au centre du rébus » (Le Clézio).

BIBLIOGRAPHIE

J. L. BORGES, « La Casa de Asterion », in *El Aleph*, 1947, *L'Aleph*, Paris, Gallimard (L'Imaginaire), 1983, trad. R. Caillois, « Laberinto », « El Laberinto » in *Elogio de la sombra*, 1969, « Asterion » in *La Rosa profunda*, 1975, in *Obras completas*, Barcelone, Emece Editores, 1989, *El Libro de arena*, 1975, *Le Livre de sable*, Paris, Gallimard (Folio), 1978; Alain BORNE, « Vivre la mort », 1969; Albert CAMUS, *Le Minotaure ou la Halte d'Oran*, 1939, in *Essais*, Paris, Gallimard (Pléiade), 1965; Julio CORTAZAR, *Los Reyes*, Buenos Aires, 1947, *Les Rois*, Arles, Actes Sud, 1982, trad. L. G. Bataillon; DANTE, *Paradiso*, 1316-1321, *op. cit.*; Pierre GAMARRA, « Taureau », in *Corps écrit*, n° 8, Paris, Presses universitaires de France, 1983; HÉLIODORE, *Ethiopiques*, IIIe s., *op. cit.*; Henri de MONTHERLANT, *Les Bestiaires*, 1926, Paris, Gallimard (Pléiade), 1962; Jean PEROL, « Qui ne veut pas sacrifier le taureau », in *Ruines Mères*, Paris, La Différence, 1994; SAINT-JOHN PERSE, *Amers*, 1957, *op. cit.*; Jorge de SENA, *Poesia III*, Lisbonne, 1967.

Ver

Le ver se manifeste en général comme isomorphe du serpent, à cette différence près que ses liens avec la mort sont plus fortement exprimés. Toujours consubstantiel au cadavre, c'est de lui que renaît le Phénix, parfois envisagé comme image du Christ, et si le Ver Shamir a aidé à construire le Temple (comme le répète Apollinaire dans la troisième partie de son *Brasier* après l'interprétation de F.-C. Lesser du livre I de *Rois* (6, 7), ses congénères sont à notre image, de même qu'ils nous dévoreront (*Isaïe*, 14, 11).

Le pendant du serpent paradisiaque est aussi le ver infernal, comme le souligne Dante dans l'horrible vision d'un reptile à six pattes s'accouplant à un damné pour échanger avec lui sa forme monstrueuse (*Enfer*, XXV, 46-78). C'est contre elle que l'homme se révolte chez W. Blake (*Tiriel*, 8), et la vierge du *Livre de Thel* se voit annoncer le ver-enfant après celui de la putréfaction (*Le Livre de Thel*, II).

Aussi le ver prend-il une double dimension temporelle chez V. Hugo : à la brièveté de la vie humaine s'oppose l'infini de la destruction :

> « Et Cheops répéta : je suis l'éternité (...)
> Alors le ver du sépulcre chanta. » (*La Légende des Siècles, Les Sept Merveilles du Monde*, VII).

C'est pourquoi on assiste, dans *L'Epopée du Ver*, à l'incessante manducation de l'animal, à la messe noire qu'il offre au cataclysme imminent dont il sera l'auteur (les trente premières strophes). La Bible et le Coran ne constituent que de misérables tentatives pour répondre à un ver monstrueux organisant le cycle universel qu'il anéantira aussi, quand bon lui plaira. Finalement, le Ver représente également l'effort de l'âme pour s'affranchir de la matière et le doute profond d'y réussir :

> « L'homme sent à la fois, âme pure et chair sombre,
> La morsure du ver de terre au fond de l'ombre
> Et le baiser de Dieu. » (*Les Contemplations, Au Bord de l'Infini*, VI, 2).

Baudelaire avait d'ailleurs déjà utilisé le ver pour illustrer l'aspect irréparable de l'acte qui ne peut se reprendre : l'homme est prisonnier de sa chronologie, sujet à la souffrance du remords qui porte en sa racine l'angoisse métaphysique :

> « Pouvons-nous étouffer le vieux, le long Remords,
> Qui vit s'agit et se tortille
> Et se nourrit de nous comme le ver des morts. » (*Les Fleurs du Mal*, LIV, st. I.)

Cliché auquel avait aussi sacrifié Shakespeare : Puck évoque ainsi le « lit grouillant de vers des esprits damnés » (*Le Songe*, III, 3, v. 382-384).

Tout commence et finit par le ver :

> « Le ver est parmi les mangeurs le monarque suprême. Nous engraissons toutes les créatures pour qu'elles nous engraissent et nous nous engraissons pour le ver : (...) Voilà la fin de tout. » (*Hamlet*, IV, V.)

Lieu commun que Poe retravaille selon son génie propre dans *Le Ver vainqueur* (qu'il réutilisera dans *Ligeia*) :

> « ... les séraphins sanglotent en voyant les dents du ver
> mâcher des caillots de sang humain (...)
> Ce drame est une tragédie qui s'appelle l'Homme
> et dont le héros est le ver conquérant. »

Pourtant, on peut aussi considérer le ver, avec Le Clézio, comme une métamorphose possible de l'homme pour un retour à une vie organique élémentaire, et de ce fait sécurisante. C'est l'un des fantasmes d'Adam Pollo dans *Le Procès-verbal* :

> « Il avançait ses yeux (...) doucement, avec mille précautions, dans l'attente d'une sorte de choc électrique qui contracterait sa peau, commotionnerait ses ganglions moteurs, et précipiteraient les anneaux de son corps les uns contre les autres (...) quand il serait souterrain, replié, gélatineux, oui, le seul, le vrai, le ténébreux ver de vase. »

Plus récemment encore, Boba Blagojević rêve sur cette régression de façon plus ambiguë, puisque le vieillard dévoré par le ver, vivant sa lente putréfaction, montre que ce qui nous dévore et nous sauve en même temps est la conscience réflexive :

> « Par quoi vais-je commencer ? Merci. Merci. Je suis immobile. Froid. Rien que la peau et les os. Mais à l'intérieur il y a de tout. La viande est vieille et elle pue comme il faut. (...) du mou, du mou. L'important c'est que la pensée continue encore, une petite pensée, et que dans la nuit elle grignote. » (*Le Ver*.)

Le ver s'affirme ainsi comme l'éternelle présence d'une chronologie sans déroulement où l'Un se confond avec le multiple :

> « ils étaient trente-deux et ne disaient pas *nous*, ces terribles moignons pensants qui défiaient et la mort et le moi ! Un seul Ver en trente-deux personnes. (...) Qui aurait dit, qui aurait cru qu'un jour j'affronterais l'énigme de la mort, et la

voie et les voix de l'immortalité par la chair — indigne et profane — d'un Ver? » (Jacques Lacarrière, *Le Pays sous l'Ecorce*, II.)

Rien de surprenant, dès lors, que même un récit d'anticipation comme *Dune*, de F. Herbert, mette en scène comme principaux protagonistes sur une planète essentiellement constituée de désert, des vers gigantesques (pouvant atteindre quatre cents mètres de longueur) détenteurs de l'*épice*, substance qui permet d'atteindre un âge extrêmement avancé. Tous portent le nom de *Shai-Hulud*, « le vieux père éternité ».

André SIGANOS

BIBLIOGRAPHIE

Guillaume APOLLINAIRE, *Alcools*, 1913, *op. cit.*; Charles BAUDELAIRE, *Les Fleurs du Mal*, 1857, *op. cit.*; Boba BLAGOJEVIC, *L'Arche de Boba*, 1979, *op. cit.*; William BLAKE, *Tiriel, The Book of Thel*, 1789, *Tiriel, Le Livre de Thel, op. cit.*; DANTE, *Inferno, op. cit.*; Frank HERBERT, *Dune*, 1965, Paris, Laffont, 1970, trad. M. Demuth; Victor HUGO, *La Légende des Siècles*, 1859, *Les Contemplations*, 1856, *op. cit.*; Jacques LACARRIÈRE, *Le Pays sous l'écorce*, Paris, Seuil (Fiction et Cie), 1980; Jean-Marie-Gustave LE CLÉZIO, *Le Procès-Verbal*, Paris, Gallimard, 1963; Edgar A. POE, *Ligeia*, 1838, *op. cit.*; William SHAKESPEARE, *Hamlet*, 1600, Paris, Aubier, 1968, trad. E. Morand, M. Schwob, *A Midsummer night's Dream, op. cit.*

INDICATIONS BIBLIOGRAPHIQUES GÉNÉRALES

Collectifs : « L'Animal fabuleux », *Corps écrit*, n° 6, Paris, Presses Universitaires de France, 1983; « L'Animalité », *Critique*, n° 375-376, août-sept. 1978; « Le Monstre », *Circé*, Cahiers de recherches sur l'Imaginaire de l'université de Chambéry, n° 4, 1975; « Le Monstre », *R S H*, Revue des sciences humaines de l'université de Lille III, n° 188, 1982-1984; Gilbert DURAND, *Les Structures anthropologiques de l'Imaginaire*, Paris, Bordas, 1969, rééd. 1979; Marcel MOREAU, « Esquisse d'une théologie du Monstre », *L'Infini*, n° 8, automne 1984; André SIGANOS, *Les Mythologies de l'Insecte*, Paris, Librairie des Méridiens – Klincksieck, 1985; *Le Minotaure et son mythe*, Paris, Presses Universitaires de France (Ecriture), 1993.

Le bouddha dans les littératures occidentales

De l'histoire à la légende

Grâce aux recherches des philologues et des archéologues, la réalité historique du Bouddha n'est plus objet de doute aujourd'hui. Toutefois, peu d'éléments de sa vie sont avérés. Si l'on s'en tient à ceux-ci, on peut seulement dire qu'il vécut au VIe ou plus probablement au Ve siècle av. J.-C. environ, dans une région du Nord-Est de l'Inde proche du Népal ; qu'il naquit dans la famille d'un dirigeant de la petite république des Sakya (d'où son surnom de Sakyamuni, « sage [du clan] des Sakya ») et, comme cela se pratiquait assez couramment à l'époque, qu'il quitta sa famille pour mener une vie de *samana* ou philosophe errant ; enfin, qu'il rassembla autour de lui des disciples et fonda une nouvelle communauté religieuse. Aussitôt après la mort du Maître, les disciples ont commencé de consigner ses paroles dans les *Sutra* (« Discours » du Bouddha) et les *Vinaya* (la discipline monastique), qui constituent l'essentiel de son enseignement et où l'on trouve ici et là des éléments biographiques. Mais ce n'est qu'entre le IIe siècle av. J.-C. et le IIe siècle ap. J.-C. que furent mis par écrit, en marge du Canon pâli, les premiers récits continus de sa vie. Les plus importantes de ces « biographies » sont le *Lalitavistara* ou « Développement des jeux » rédigé en sanscrit, le *Buddhacarita* (les « Faits du Bouddha »), poème sanscrit d'Asvaghosa, et le *Nidânakathâ* (Introduction aux *Jâtaka*, en pâli), tous textes qui ont ensuite été traduits dans d'autres langues comme le tibétain, le chinois, etc. Fondées en partie sur des faits historiques transmis oralement, elles sont plus ou moins riches en éléments merveilleux, empruntés à des légendes et mythes anciens, en grossissements épiques et en embellissements de toutes sortes ; par ailleurs, elles ne concernent pas seulement la dernière existence du Bouddha mais aussi ses « vies antérieures » (*Jâtaka*). Pour suivre les « états successifs de la légende » au cours des dix siècles qu'elle a pris pour se constituer dans tout le monde asiatique, on pourra se reporter à l'important article d'Étienne Lamotte, « la Légende du Buddha » (*Revue de l'histoire des religions*, CXXXIV, 1947-1948). Bien que tous les textes relatifs à la vie du Bouddha présentent chacun des caractéristiques propres et divergent les uns des autres sur des points de détail, tous s'accordent cependant dans les grandes lignes, si bien qu'il est possible d'en dégager un schéma commun.

Après avoir vécu de multiples vies et atteint le ciel des dieux *Tushita*, Gautama, qui n'est pas encore « le Bouddha », est conçu miraculeusement à la suite d'un songe de sa mère et naît avec tous les signes de distinction possibles. Il reçoit de son père Souddhodana, le roi des Sakya, le nom de Siddhartha (« Celui qui a atteint son but »), et se voit prédire un destin exceptionnel de Cakravartin (« Souverain universel ») par les astrologues de la cour, tandis qu'un sage, Asita, annonce qu'il deviendra le Sauveur de tous les êtres. C'est pour empêcher cette prédiction de se réaliser que le roi, qui veut voir son fils lui succéder, l'enferme dans un palais somptueux puis le marie à la belle Yasodhara (ou Gopa). Un jour, alors qu'il est âgé de vingt-neuf ans, Siddhartha obtient de son père la permission de sortir de son palais, mais, malgré les précautions prises par le roi pour dérober à sa vue tout spectacle déplaisant, il fait la rencontre fatidique d'un homme décrépit, puis d'un homme malade, enfin d'un homme mort. La quatrième rencontre, celle d'un ascète, lui montre la voie à suivre pour trouver un remède à la souffrance dont il vient d'avoir la brusque révélation, et une nuit, après avoir contemplé le spectacle de ses femmes endormies ainsi que de la mère (ou future mère) de son enfant, il s'enfuit du palais sur son blanc coursier. Puis, à quelque distance de là, il abandonne ses parures, ses vêtements, coupe sa chevelure et renvoie écuyer et cheval. Siddhartha commence alors sa quête en se mettant successivement à l'école de deux maîtres, puis en menant seul durant six années une vie des plus ascétiques qui le conduit aux portes de la mort. S'étant rendu compte qu'elle ne saurait lui apporter la solution qu'il cherche, il abandonne la voie des macérations et, après s'être restauré et vêtu de nouveau, il entre en méditation sous un arbre. C'est alors qu'intervient Mâra, divinité maligne incarnant le désir et la mort, qui tente de le détourner du chemin de la délivrance en lui envoyant ses armées de démons puis les plus belles de ses filles. Les assauts sont finalement repoussés et, après avoir parcouru tous les états de méditation, Gautama atteint l'Illumination parfaite et devient le Bouddha, c'est-à-dire l' « Éveillé ». Il renonce cependant à gagner immédiatement le *Nirvâna* (« Extinction »), pour enseigner aux hommes la voie qui mène à la suppression de la douleur. Le « Sermon de

Bénarès », qui lui attire ses premiers disciples, est suivi de quarante-cinq années de prédication au cours desquelles les conversions se multiplient et la communauté bouddhique *(Sangha)* se forme et s'agrandit. A quatre-vingts ans, le Bouddha tombe gravement malade et entre définitivement dans le *Nirvâna.* (La meilleure mise au point biographique reste *La Vie du Bouddha d'après les monuments de l'Inde* d'A. Foucher, Payot, 1949.)

VERSIONS CHRÉTIENNES DE LA LÉGENDE À L'ÉPOQUE MÉDIÉVALE

Un des préceptes fondamentaux du Bouddha enjoignant de faire connaître la Loi *(Dharma)*, les moines bouddhistes indiens n'ont pas hésité à quitter leur pays pour diffuser leur doctrine. Mais si celle-ci s'est aisément répandue dans toute l'Asie, elle n'a en revanche été adoptée par aucun pays d'Occident. Seule la légende de la vie du Bouddha s'est répandue vers l'Ouest de l'Inde, en s'adaptant toutefois aux religions autochtones : c'est ainsi qu'elle a fourni un certain nombre d'éléments à la vie légendaire du fondateur du mazdéisme, Zoroastre (ce qui autorisera Nietzsche à faire de son Zarathoustra « un Éveillé »), ainsi qu'à celle de Mani, appelé parfois « le Bouddha de lumière ». Mais surtout elle a donné naissance, dans les pays christianisés, à une figure de saint, Josaphat. La légende de saint Josaphat et de son maître saint Barlaam qui lui est toujours associé n'est plus guère connue de nos jours qu'à travers *La Légende dorée* de Voragine. Elle a pourtant joui d'une immense faveur au Moyen Age, où elle a circulé sous forme d'innombrables versions manuscrites rédigées dans à peu près toutes les langues d'Europe, et même en éthiopien et en hébreu. Mais les ressemblances avec la légende du Bouddha, déjà signalées au XVIe siècle par le voyageur portugais Diogo do Couto, n'ont commencé à retenir l'attention des savants qu'à la suite de la parution en 1859 dans le *Journal des Débats* d'un article de Laboulaye intitué « Le *Barlaam* et le *Lalita Vistara* ». Elles ont dès lors suscité d'abondants commentaires, et l'on est aujourd'hui assez bien renseigné sur les voies suivies par la légende du Bouddha depuis l'Inde des premiers siècles de notre ère jusque dans l'Occident médiéval. La version de la légende des saints Barlaam et Josaphat, longtemps attribuée à saint Jean Damascène, qui a donné naissance à toutes les versions occidentales, est en fait l'amplification d'une traduction grecque d'un texte en géorgien, *La Sagesse de Balahvar*, lui-même adapté d'un roman arabe, *Bilawhar et Busdasf.* Entre ce dernier et la légende indienne, il faut encore placer un récit en pehlvi d'inspiration manichéenne pour reconstituer tous les maillons de la chaîne. Comme le Bouddha, Josaphat ou Joasaph (dont le nom dérive de Bodhisattva — une des appellations du Bouddha — par l'intermédiaire de l'arabe Busdasf) est fils de roi et tenu éloigné du monde et de ses misères par son père Avennir; mais la prédiction qu'il s'agit de déjouer est de voir Josaphat embrasser la religion chrétienne que le roi persécute. Devenu jeune homme, Josaphat va lui aussi rencontrer la vieillesse, la maladie et la mort, mais c'est au sein même de son palais qu'un saint homme, Barlaam, va lui délivrer l'enseignement de la religion chrétienne et le convertir à l'ascèse. Avennir ayant essayé en vain de détourner son fils de ses devoirs religieux en le tentant avec de jolies filles et en montant tout un stratagème pour discréditer à ses yeux Barlaam, Josaphat parviendra à convertir toute sa famille et finira par quitter son royaume pour rejoindre son maître dans le désert et y mourir. La légende chrétienne est en fait une apologie de la vie monastique, et les différences qu'elle présente par rapport à la légende bouddhique s'expliquent aisément par le fait que Josaphat ne pouvait parvenir seul à trouver un remède à la douleur du monde, puisque ce remède avait déjà été apporté par Jésus-Christ.

Au chapitre des adaptations chrétiennes de la légende du Bouddha, il conviendrait sans doute d'ajouter aussi la tentation de saint Antoine qui, dans ses versions iconographiques médiévales, plus encore que dans la version écrite attribuée traditionnellement à l'archevêque d'Alexandrie Athanase, doit beaucoup à la tentation du Bouddha par Mâra telle qu'elle est décrite par exemple, de manière fort pittoresque, dans le *Lalitavistara.* Ici et là, ce sont les mêmes monstres, les mêmes armées de démons, les mêmes femmes séductrices qui viennent assaillir le solitaire sous son arbre (voir Jurgis Baltrusaitis, *Le Moyen Age fantastique*). Le saint Antoine de Flaubert soulignera cette parenté remarquable en ponctuant le récit que le Bouddha lui fera de sa vie et plus particulièrement de ses tentations d'un : « Ah ! lui aussi ? »

La formation du mythe en Occident

Jusqu'au milieu du XIXe siècle, les emprunts faits à la légende du Bouddha par l'Europe médiévale restent ignorés, et la figure du Bouddha elle-même demeure très mal connue. Marco Polo, qui avait fait escale à Ceylan lors de son voyage de retour, s'était pourtant fait raconter les principaux épisodes de la vie de « Sagamoni Burcan » (voir le chap. CLXXIX du *Livre des Merveilles*), mais ce récit n'a guère retenu l'attention de ses lecteurs, et il faut attendre le XVIe siècle et les lettres de François-Xavier pour voir de nouveau apparaître sous la plume d'un écrivain occidental des informations concernant le Bouddha. Celles-ci sont cependant incomplètes, voire erronées, et feront dire à Guillaume Postel dans son ouvrage *Des Merveilles du monde* (1552) : « Ledit Xaca en leur langue [le Bouddha en japonais], c'est Jésus. » La plupart des jésuites qui séjourneront en Chine aux XVIIe et XVIIIe siècles ne seront guère mieux renseignés sur celui que les Chinois appellent Fô, et ne verront aussi en lui qu'un travestissement diabolique du Christ. Ce manque de connaissances sérieuses jusqu'au début du XIXe siècle explique que le fondateur du bouddhisme n'ait guère suscité l'enthousiasme des romantiques comme l'ont fait d'autres grandes figures religieuses. Il faut attendre en fait les années 1840 pour voir apparaître, grâce aux progrès réalisés par l'orientalisme dans les décennies précédentes, les premières traductions des textes du Canon bouddhiste.

Pour nous limiter aux plus importantes des traductions où est relaté tout au partie de la vie du Bouddha, et à celles qui exerceront une influence notoire sur les écrivains, signalons : *L'Introduction à l'histoire du bouddhisme indien* d'Eugène Burnouf (1844), traduction et commentaire de fragments de la « collection des livres du Népal » ; *Le Lalita, Vistara ou Développement des jeux*, biographie romancée du Bouddha traduite par Philippe-Edouard de Foucaux de la version tibétaine d'abord (1847-1848) puis de la version sanscrite (Annales du musée Guimet, vol. VI, 1884, vol. XIX, 1892) ; *The Life or Legend of Gaudama the Buddha of the Burmese*, traduction par le père Bigandet (1858) de l'adaptation birmane d'une biographie tardive rédigée en pâli, qui sera donnée en version française par Victor Gauvain en 1878 ; *The Romantic Legend of Çakya-Buddha*, traduction par le révérend Samuel Beal de la version chinoise d'un ouvrage sanscrit, le « Livre du Grand Renoncement » (1875). Ces diverses traductions, auxquelles on peut ajouter quelques études sur le bouddhisme dans lesquelles est relatée la légende du Bouddha, telles que *Die Religion des Buddhas und ihre Entsschaung* de Carl Friedrich Koeppen (1857) ou encore *Le Bouddha et sa religion* de Jules Barthélémy Saint-Hilaire (1860), se fondent toutes sur des textes relevant du bouddhisme du Grand Véhicule ou *Mahâyâna*. C'est à partir des années 1860 que commencent à apparaître les premières traductions de textes du Canon pâli appartenant au *Hinayâna* ou Petit Véhicule, jugés plus proches de la réalité historique parce que plus anciens. Leur audience ne dépasse guère le cercle des spécialistes, mais les ouvrages de vulgarisation qu'elles inspirent à leurs auteurs connaissent, eux, une large diffusion ; ainsi les études de T. W. Rhys-Davids dont nous ne citerons que *Buddhism. Being a Sketch of the Life and Teaching of Gautama the Buddha* (1978) ou encore l'ouvrage fondamental de Hermann Oldenberg, *Buddha, sein Leben, seine Lehre, seine Gemeinde*, publié en 1881 et bientôt traduit en anglais puis en français, qui fera pendant longtemps autorité. Toutes ces publications et les recensions qui en sont faites dans les grandes revues européennes familiarisent peu à peu le public occidental avec la figure du Bouddha, d'autant plus que celle-ci suscite des débats qui ne restent pas confinés au monde des savants. Très vite en effet la question se pose du statut de ce personnage, dont on mesure soudain toute l'importance dans l'histoire de l'humanité. Fondateur d'une religion vieille de presque deux millénaires et demi et qui compte encore des centaines de millions d'adeptes, le Bouddha ne mérite-t-il pas d'être placé sur le même rang que d'autres grandes figures telles que Socrate, Zoroastre, Jésus-Christ, Mahomet, etc. ? Ainsi Hugo dans son *William Shakespeare* (1862) le compte-t-il au nombre des génies qui dissipent les ténèbres; et, si Edouard Schuré ne lui accorde aucune place dans sa galerie des *Grands Initiés* (1889), dans *L'Evolution divine : du Sphinx au Christ* (1912) il évoquera sa vie comme une étape de « l'évolution humaine à travers l'action des puissances cosmiques ».

L'importance de la figure du Bouddha ne fait donc aucun doute, mais faut-il voir en lui un héros mythique? un dieu fait homme? un personnage historique? Les controverses à son sujet ont été nombreuses; pour simplifier les choses, disons que les avis se sont partagés en trois grandes tendances. Les partisans de la première, que nous appellerons « christianisante », reconnaissaient en lui un homme ayant réellement existé et fondé la religion bouddhiste, mais lui accordaient aussi, sur la foi des textes du Grand Véhicule, une dimension suprahumaine, quasi divine. Le parallèle, souvent établi par les spécialistes du bouddhisme, entre le Bouddha et Jésus-Christ, dont la vie et l'enseignement ne sont pas sans analogies troublantes, commandait bien sûr cette attitude : dénier au Bouddha, vénéré par des millions de disciples, ou toute existence historique ou tout caratère divin, n'eût-ce pas été menacer d'un pareil traitement la figure de Jésus-Christ? Par ailleurs, jusque vers la fin du XIXe siècle, on voit encore paraître des livres inspirés de l'ancienne théorie des jésuites selon laquelle le bouddhisme ne serait qu'une déformation du christianisme (voir par exemple l'ouvrage anonyme *Jésus-Bouddha,* 1881). La seconde tendance interprétative, de type « mythologique », s'est développée dans la lignée de ce vaste mouvement d'intérêt pour les mythologies qui a traversé toute la seconde moitié du XIXe siècle et donné naissance en Allemagne à l'école de mythologie comparée de Max Müller. Après que celui-ci eut montré que nombre de mythes indo-européens trouvaient leur origine dans des phénomènes de la nature, on a appliqué parfois systématiquement cette grille de lecture à l'ensemble des mythes et légendes connus, et le Bouddha n'a pas échappé à cette mode. Cette tendance a été représentée en France par Émile Senart qui a démontré, avec force preuves à l'appui, dans son *Essai sur la légende du Bouddha, son caractère et ses origines* (première publication dans le *Journal asiatique,* 1873-1875), que le Bouddha était un héros solaire — sa naissance miraculeuse, les péripéties de sa vie, ses combats avec les démons, son Illumination et finalement son extinction sur un bûcher funèbre ne faisant que reproduire les étapes de la carrière du soleil dans le ciel. La thèse de Senart a très vite été battue en brèche voire tournée en ridicule par les tenants de la troisième tendance, à caractère évhémériste. Selon celle-ci, qui fut défendue essentiellement par Oldenberg et Rhys-Davids, l'existence historique du Bouddha, en tant qu'homme et non dieu, ne pouvait être mise en doute, mais il fallait, pour reconstituer sa vie et son enseignement, débarrasser la littérature bouddhique de tous ses éléments mythiques et légendaires, et accorder plus de foi aux textes pâlis du bouddhisme du Sud (*Hinayâna*), alors réputés les plus proches de la tradition primitive, qu'aux textes du bouddhisme du Nord (*Mahâyâna*) tout empreints de merveilleux et d'idolâtrie. Vers la fin du XIXe siècle, et surtout au lendemain de la Première Guerre mondiale, le Bouddha est par ailleurs intégré à un débat plus large concernant le « déclin de l'Occident » et ses rapports avec l'Orient : aux partisans d'une régénération de l'Occident par l'Orient, il apparaît comme un modèle de spiritualité, de paix et d'amour plus efficace que le modèle christique; les défenseurs des valeurs occidentales traditionnelles ne voient en lui en revanche qu'un exemple dangereux d'inertie, de pessimisme et d'indifférence. Conséquence des travaux des orientalistes, de la faillite des modèles occidentaux traditionnels et d'une certaine mode de l'Orient aussi : à partir des années 1870 la figure du Bouddha va hanter l'imagination des écrivains, qui exprimeront à travers elle leurs doutes, leurs souffrances ou leur idéal.

Les adaptations du mythe

La vitalité du mythe, surtout dans la période qui va du dernier quart du XIXe siècle au premier quart du XXe siècle, se mesure à la fréquence des occurrences du seul nom de Bouddha dans les textes les plus divers (articles de journaux, essais, correspondances, journaux intimes, œuvres de fiction, etc.), à l'importance du nombre de poèmes (surtout symbolistes) évoquant sa silhouette de personnage méditant (voir en particulier le recueil de Jean Lahor, *L'Illusion*), au fait que peintres (voir Odilon Redon, entre autres) et musiciens (voir par exemple le drame inachevé de Richard Wagner *Die Sieger*) ont aussi tenté de le représenter. L'image est le plus souvent idéale, même s'il est des écrivains comme Claudel ou, pour des raisons différentes, Ezra Pound, à qui le Bouddha fait horreur. Faute de place, nous nous limiterons ici à la présentation des œuvres où est adaptée, en totalité ou en partie, la vie du Bouddha. Elles peuvent être regroupées en deux grandes catégories selon le type d'adaptation auquel elles recourent : les reconstitutions de la vie du Bouddha d'une part, les transpositions ou imitations d'autre part.

Les premières ont en commun avec les traductions des biographies orientales de mettre en scène directement le personnage du Bouddha et de lui faire vivre tout ou partie des événements constitutifs de sa vie. La diversité des formes que peut prendre la reconstitution dépend de plusieurs facteurs parmi lesquels : les traductions de vies légendaires utilisées (elles orienteront différemment la perception du mythe selon qu'elles appartiennent au Petit ou au Grand Véhicule) ; l'interprétation qui est donnée, volontairement ou non, du personnage (christianisante, mythologique ou historique) ; le genre littéraire (poème, récit, drame) et le point de vue adoptés (récit fait par le Bouddha lui-même, ou par un disciple, ou par un narrateur extra-diégétique) ; enfin la ou les périodes de la vie du Bouddha qui sont privilégiées et l'importance qui leur est respectivement accordée. (Les « vies antérieures », plus difficiles à accepter pour un lecteur occidental, sont généralement négligées, ou alors elles servent d'apologues au sein d'un récit comme dans *Kim* de Kipling.) La première reconstitution importante est *The Light of Asia* (1879) d'Edwin Arnold, long poème narratif en huit livres, qui s'inspire surtout de sources mahayanistes auxquelles le poète a emprunté nombre d'éléments merveilleux. Dès sa préface, il met l'accent sur le rôle historique et religieux du Bouddha, initiateur d'une religion nouvelle qui a supplanté en son temps l'hindouisme comme le christianisme est venu relayer le judaïsme en Occident. Le parallèle avec la figure du Christ est en effet sous-jacent à l'ensemble de l'œuvre, et se révèle à de multiples signes comme le vocabulaire à connotation fortement chrétienne qui est constamment mêlé au vocabulaire « hindouïsant », mais aussi et surtout le choix des éléments mythiques et leur interprétation. C'est ainsi que tous les épisodes de la vie du Bouddha qui, dans la littérature de l'époque, ont fait l'objet de rapprochements avec la vie de Jésus-Christ, ont été retenus et particulièrement développés : la conception miraculeuse, les prodiges qui accompagnent la nativité et les prédictions du sage Asita comparables à celles du vieillard Siméon selon saint Luc, la tentation par le démon, les conversions. Par ailleurs nombre d'éléments ont été infléchis en fonction de la morale chrétienne, en particulier les rapports du héros avec sa famille. Edwin Arnold a donc fortement christianisé le mythe du Bouddha, pour le rendre plus accessible à ses lecteurs sans aucun doute, mais aussi parce qu'il attendait de sa diffusion en Occident une sorte de *revival* du christianisme lui-même. En réalité, l'effet de *The Light of Asia,* qui a eu un énorme retentissement en son temps, a plutôt été, par l'amalgame des figures du Bouddha et du Christ qu'il offrait, sinon de lui donner naissance, du moins d'encourager le développement du syncrétisme de la Société théosophique (fondée à New York en 1875).

L'œuvre *Siddhartha* que Victor Segalen a conçue durant son escale à Ceylan en 1905, à laquelle il a travaillé dans les années suivantes en collaboration avec Debussy, prié d'en écrire la musique (le musicien finira par renoncer au projet), et dont la version la plus achevée date de 1907, se distingue en tout point de la précédente dans la mesure où elle se présente sous la forme d'un drame lyrique, s'inspire de sources hinayanistes et propose une interprétation purement historique du personnage du Bouddha. Initialement, Segalen avait fait le projet d'écrire une biographie du Bouddha qui fût l'équivalent de ce qu'avait fait Renan pour le Christ, c'est-à-dire une reconstitution vraisemblable de la vie du personnage dans son cadre historique et géographique. Ses discussions avec des moines cinghalais à Colombo et ses lectures de textes hinayanistes, ou d'ouvrages sur le bouddhisme inspirés par les sources en pâli, l'avaient amené à rejeter toute divinisation du Bouddha et à ne voir en lui qu'un homme. Bien plus qu'à la dimension historique du Bouddha fondateur d'une religion, Segalen a été sensible à la dimension humaine du drame qu'il a vécu, et c'est pourquoi très vite il a renoncé à écrire le « Roman de Siddartha » pour adopter la forme du « dialogue dramatique ». Le drame comporte un prologue et cinq actes qui sont autant de tableaux correspondant aux principales étapes de la vie du Bouddha : la naissance et la prédiction de l'ascète (prologue) ; la première sortie hors du palais — qui coïncide ici avec la naissance du fils de Siddhartha (acte I) ; le Grand Départ (acte II) ; l'obtention des pouvoirs à la suite des années d'ascèse (acte III) ; le renoncement à l'acèse (acte IV) ; la Tentation de Mara et l'Illumination (acte V et épilogue). Le choix qu'a fait Segalen de terminer son drame avec l'Illumination est représentatif de son intérêt exclusif pour l'homme qui a mené une quête exemplaire au détriment du prédicateur et du fondateur du bouddhisme. Mais ce qui nous renseigne plus que tout sur l'orientation donnée au mythe par l'écrivain, c'est la création du personnage de Krisha, figure double, à la fois médiatrice et tentatrice, qui a permis à Segalen de représenter le conflit intérieur de Siddhartha partagé entre ses aspirations spirituelles et son goût pour les plaisirs de la vie. La crise se résout au terme d'un processus de sublimation de l'amour humain en amour mystique qui doit bien plus au drame wagnérien qu'au bouddhisme.

Le récit poétique d'Emilio Ribas intitulé *Bouddha* retrace quant à lui l'ensemble de la vie du Bouddha puisqu'il se compose de six chapitres respectivement intitulés : « L'Aube » (= de la naissance jusqu'au Grand Départ) ; « Soleil naissant » (= du Grand Départ jusqu'à l'Illumination) ; « Midi » (= le Sermon de Bénarès) ; « L'Après-Midi » (= les années de prédication) ; « Le Crépuscule » (= la maladie) ; « La Nuit » (= la mort). La métaphore filée du soleil rappelle l'essai de Senart, mais il suffit de lire ses « Notes pour une préface », présentées sous forme d'aphorismes, pour comprendre qu'Emilio Ribas, à la différence du savant français, ne prétend pas expliquer la légende du Bouddha par un mythe solaire. En fait, il recourt à celui-ci comme à un archétype lui permettant d'exprimer symboliquement sa propre vision de la figure du Bouddha, à savoir un homme soumis, au même titre que tous les hommes, à la loi inéluctable du temps qui fait traverser tous les âges de la vie depuis la naissance jusqu'à la mort, mais un homme exemplaire, « parfait », parce qu'il a su transfigurer, illuminer au sens propre du terme, la misère de la condition humaine par sa conduite et son message tout d'amour et de compassion pour les autres êtres. Dans sa *Merveilleuse Légende de Siddhartha Sakya-Mouni Bouddha* (1927), pour citer un dernier exemple de reconstitution, Claude Aveline affiche quant à lui, bien plus que de l'admiration, de la vénération pour son personnage en racontant sa vie du point de vue d'un fervent disciple.

Quelles que soient les différences d'approche, de contenu, de forme, d'interprétation que manifestent leurs œuvres, la visée des auteurs qui choisissent de reconstituer la vie du Bouddha est toujours de faire connaître à l'Occident un personnage extraordinaire de l'Asie. Ils supposent méconnue ou mal connue cette vie exemplaire, et c'est bien pourquoi ils en proposent leur version personnelle. Toute différente est l'utilisation qui en est faite dans la seconde catégorie d'œuvres que nous regroupons sous le terme générique de *transpositions.* Parmi celles-ci, nous distinguerons entre deux types, selon que la figure du Bouddha y est directement représentée ou non. Lorsqu'elle est représentée, elle joue le rôle de modèle à imiter, mais ce n'est pas elle qui est au centre de l'œuvre. Le rôle du protagoniste est tenu par un autre personnage qui va passer, consciemment ou non, par les mêmes étapes que le Bouddha. Tel est le cas du récit intitulé *Siddhartha* (1922) de Hermann Hesse où il y a distribution des éléments du mythe sur deux figures : d'une part le Bouddha lui-même, qui apparaît dans son rôle de chef religieux et de modèle, et qui est représenté à un âge correspondant à sa période de prédication, et d'autre part Siddhartha (le rapport avec le mythe est clairement souligné par son nom) dont l'itinéraire reproduit celui du Bouddha : insatisfaction, sinon découverte brutale de la douleur du monde — départ — quête. Au cours de la quête, les deux personnages se rencontrent et même s'affrontent, et à travers cet affrontement, ce sont deux conceptions du mythe qui sont exposées : pour le Bouddha comme pour Govinda, le compagnon de Siddhartha, et pour tous ses autres disciples, seul importe le résultat de la quête (les Quatre Nobles Vérités), et c'est l'enseignement qui en dérive qu'il faut suivre ; pour Siddhartha au contraire, seul importe le mouvement même de la quête, lui seul est exemplaire, et c'est pourquoi, à partir de cette rencontre, le schéma du scénario mythique se trouve de nouveau reproduit, relançant le récit. Siddhartha commence une vie mondaine où il connaît le luxe et l'amour en compagnie de Kamala ; mais un beau jour il découvre l'inanité de cette existence toute de plaisirs et il s'enfuit, abandonnant ses richesses et renonçant à l'amour ; il entre alors dans une nouvelle période de sa vie marquée par le dénuement, au terme de laquelle il obtient enfin la sagesse. Dans *Bouddha vivant* (1927) de Paul Morand, les éléments du mythe sont aussi répartis sur deux figures : le Bouddha lui-même qui apparaît comme le fondateur de la religion bouddhiste, celui auquel il est rendu un culte dans le royaume de Karastra ; et le personnage de Jâli, qui vit presque deux millénaires et demi après lui, dans le monde contemporain de l'auteur, et qui va reproduire les étapes de la vie du Bouddha, d'abord inconsciemment, puis volontairement. Dans cet exemple, la transposition des éléments du mythe sur un personnage autre que le Bouddha se double donc d'une transposition dans le monde moderne, mais aussi d'une transposition au niveau de la symbolique de l'espace. En effet, l'opposition que l'on trouve dans le mythe traditionnel entre le monde dans lequel évolue le Bouddha jusqu'au Grand Départ et celui dans lequel il entre sitôt franchies les murailles du royaume devient dans *Bouddha vivant* opposition entre l'Orient et l'Occident. Mais, alors que le Bouddha atteint la Délivrance en renonçant au monde des plaisirs et du luxe, c'est en retournant dans son royaume d'Orient et en renonçant à être pour l'Occident le Bouddha des temps modernes que Jâli trouve finalement, sinon le Salut, du moins la paix du cœur.

Dans le deuxième type de transposition ou imitation, le rapport au mythe est plus subtil (et donc moins facilement reconnaissable), puisque la figure du Bouddha n'apparaît pas et que les éléments constitutifs du scénario mythique sont repris sans même que soit cité le nom du Bouddha ou du bouddhisme. L'auteur prend soin cependant de multiplier les signes afin que soit reconnu le modèle mythique. Tel est le cas d'André Beaunier dans son roman *Le Roi-Tobol*, paru en 1905, où manifestement il s'inspire à la fois des vies légendaires du Bouddha mais aussi de la légende chrétienne des saints Barlaam et Josaphat dont la parenté avait fait couler beaucoup d'encre vers la fin du XIXe siècle. Signalons rapidement les caractéristiques les plus notables de cette double transposition qui est aussi parodie : ce n'est pas pour empêcher la réalisation d'une prédiction que le roi Tobol enferme son fils Eudémôn dans une prison dorée (le « château de la lande »), mais parce que, ayant lui-même souffert de la tromperie de son épouse, il veut essayer de préparer à son fils un bonheur parfait, d'où toute souffrance, et surtout celle causée par l'infidélité de l'être aimé, serait absente. Mais la curiosité du monde, instillée dans l'esprit du jeune homme par une femme (Lillith!) à laquelle il s'attache de façon exclusive malgré toutes les précautions prises par le roi, finit par le gagner et il s'enfuit une nuit avec celle-ci en abandonnant tout derrière lui. C'est alors qu'il fait la découverte de la maladie, de la vieillesse et de la mort, laquelle le conduit à abandonner sa compagne pour chercher remède à son angoisse dans un couvent où il est initié au christianisme. Mais, toujours insatisfait, bientôt il s'enfuit aussi du couvent et finit par rejoindre le « château de la lande ». L'intention parodique est très claire, mais sous ses couverts de fable humoristique le roman de Beaunier, même s'il semble renvoyer dos à dos toutes les doctrines et conclure à leur commun échec, pose bien la question fondamentale qui est à la racine même du mythe du Bouddha et qui justifie le recours à celui-ci : comment supprimer la souffrance?

Signalons un dernier type de textes qui présentent une forme particulière d'« imitation » du Bouddha. Il s'agit d'écrits à caractère intime (correspondance, journaux, mémoires, autobiographies, etc.) où l'auteur lui-même s'identifie avec le personnage du Bouddha. L'expérience que retracent ces écrits est généralement comparable à celle qui nous est narrée dans le roman de Paul Morand. Un beau jour, l'écrivain, souvent à la suite de la lecture d'un ouvrage sur le bouddhisme, se rend compte que la vie qu'il a menée jusqu'alors n'est pas sans analogies avec celle du Bouddha; lui aussi a vécu protégé et heureux jusqu'au jour où il a découvert l'existence de la douleur; il décide alors de calquer le reste de sa vie sur celle du Bouddha ou du moins de suivre son enseignement. Mais ce dont font état aussi toutes ces confessions, ce sont les difficultés rencontrées pour réaliser cette « imitation », les obstacles qui s'y opposent : la vie moderne, le manque de volonté et de courage, le poids des attachements familiaux ou amoureux, etc. Plus que les journaux intimes de Tolstoï et d'Amiel, où ce type d'« imitation » ne fait qu'affleurer, l'autobiographie spirituelle de Maurice Magre, *Pourquoi je suis bouddhiste* (1928), est particulièrement représentative de ce type d'écrits.

Le mythe du Bouddha atteint son apogée dans les années vingt, au moment où l'Occident se tourne le plus vers l'Orient pour trouver des solutions à la crise des valeurs morales et religieuses qu'il traverse. Après la Seconde Guerre mondiale, si l'on continue de demander à l'Orient des leçons de sagesse, les spéculations philosophiques et les techniques de méditation du bouddhisme — surtout sous la forme du *chan* chinois (ou *zen* japonais) et du tantrisme tibétain — séduisent davantage, en particulier aux États-Unis (voir par exemple les écrivains de la « beat generation »), que la figure du Bouddha elle-même, qui cesse d'être un modèle d'action pour devenir un simple symbole de sagesse. La tragédie en trois actes de Kazantzakis intitulée *Bouddha* (1956), où l'on voit encore les éléments du mythe distribués sur deux figures, comme dans le récit de Hesse (d'une part le Bouddha lui-même dont la vie est représentée sur une scène à l'intérieur de la pièce par un montreur de marionnettes, d'autre part le personnage du vieux Tchang dont l'évolution spirituelle d'un acte à l'autre reproduit les étapes de l'ascèse — qui est dépouillement de toutes les illusions — du premier), n'est une exception qu'en apparence puisqu'elle a en fait été conçue à Berlin en 1922. À voir cependant le succès du dernier film de Bertolucci (1993), *Little Buddha*, où la fiction du voyage au Népal d'un jeune Américain reconnu comme une réincarnation d'un lama tibétain se double du récit des principaux épisodes de la vie du Bouddha, on peut se demander si le mythe n'est pas en passe de connaître un regain de fortune.

Muriel DÉTRIE

BIBLIOGRAPHIE

Adaptations occidentales de la vie du Bouddha

Edwin ARNOLD, *The Light of Asia or the Great Renunciation*, Londres, Routledge & Kegan Paul, 1879 ; trad. fr. *La Lumière de l'Asie*, Paris, Adyar, 1981.

Claude AVELINE, *la Merveilleuse Légende de Siddhartha Sakya-Mouni Bouddha*, 1re éd. 1927 ; nouv. éd. corrigée Eguilles, Claire Lumière, 1987.

André BEAUNIER, *Le Roi Tobol*, Paris, Eugène Fasquelle, 1905.

Vicente Blasco Ibañez, *L'Eveil du Bouddha,* in *Les Œuvres libres,* n° 88, 1929.
Maurice Bouchor, *La Naissance du Bouddha,* pièce en un acte, *La Revue,* 1er mai 1907.
Gustave Flaubert, *La Tentation de saint Antoine,* 3e version, Paris, Charpentier, 1874.
Sadakichi Hartmann, *Buddha, a Drama in twelve scenes,* New York, 1897.
A. Ferdinand Hérold, *La Vie du Bouddha d'après les textes de l'Inde ancienne,* Paris, Ed. d'Art H. Piazza, 1922.
Hermann Hesse, *Siddhartha,* Berlin, S. Fisher, 1922; trad. fr. Paris, Grasset, 1925.
Nikos Kazantzakis, *Théâtre II, Bouddha* (1956), Paris, Plon, 1982.
Maurice Magre, *Pourquoi je suis bouddhiste,* Paris, Ed. de France, 1928.
Annie et Jean-Pierre Mahé (traduit du géorgien par), *La Sagesse de Balahvar, une vie christianisée du Bouddha,* Paris, Gallimard, Connaissance de l'Orient, 1993.
Paul Morand, *Bouddha vivant,* Paris, Grasset, 1927.
Emilio Ribas, *Bouddha,* Genève-Paris, Ed. des Trois Collines, 1947.
Victor Segalen, *Siddharta,* Limoges, Rougerie, 1974.
Jean Sonet, *Le Roman de Barlaam et Josaphat,* 2 tomes, Paris, Vrin, 1949.
Luigi Suali, *Il Illuminato,* Pavie, 1924; trad. fr. Paris, Denoël & Steele, 1933.
Mary Summer (ép. Foucaux), *Histoire du Bouddha Sakya-Mouni depuis sa naissance jusqu'à sa mort,* Paris, Ernest Leroux, 1874.
Jacques de Voragine, *La Légende dorée,* Paris, Garnier-Flammarion, 1967, 2 tomes (T. II, pp. 410-423, « Saints Barlaam et Josaphat »).

Caïn

Les récits d'origine qui ont servi de mythes à la culture judéo-chrétienne brodent sur deux thèmes centraux : la grandeur de la Création, la révolte narcissique de l'homme. De même que la cosmogonie y fait l'objet de trois versions, dont la troisième, le Déluge, frappe plus vivement l'imagination, de même la Révolte et la Chute se présentent sous trois formes ; et l'histoire de Caïn, souvent mise en rapport avec celle de la Tour de Babel, symbolise infiniment mieux le désastre de la transgression que ne le fait l'anodin vol d'une pomme. La haine d'un frère, l'épanchement du sang, l'angoisse et l'errance du coupable, la prolifération de la violence ont constitué une saisissante parabole, qui n'a cessé de hanter les littératures occidentales.

Pulsion de mort et civilisation

L'histoire de Caïn et de ses descendants se trouve tout entière contenue dans les vingt-six versets du chapitre IV, au *Livre de la Genèse*. Elle prend place au sein d'un ensemble de récits d'origine qui occupe les onze premiers chapitres de l'ouvrage, avant que commence la saga des patriarches (Abraham, Isaac, Jacob et Joseph). L'auteur en est communément désigné sous l'appellation « le Yahviste », parce qu'il nomme Dieu « Yahvé »; et la rédaction dut avoir lieu à Jérusalem, probablement sous le règne de Salomon (vers 970-931 av. J.-C.). La présence d'un « moule généalogique », fugitive dans la première partie du chapitre, consacrée à Caïn lui-même (versets 1 à 16), devient nette dans la présentation des caïnides (versets 17 à 24).

Contrairement à ce qui s'est passé pour les récits de la Création ou du Déluge, il n'a pas encore été possible de découvrir les sources sur lesquelles le rédacteur a pu travailler. D'après le texte biblique, Eve aurait choisi le nom de « Caïn » (hébreu *Qayin*) à la faveur d'un de ces jeux de langage qui abondent dans la *Genèse* : « j'ai acquis (qanîtî) un homme grâce à Yahvé. » Mais il importe de signaler qu'en arabe ce mot signifie « forgeron », ce qui projette quelque lumière sur le fait que l'un des caïnides, Tubal-Caïn, sera présenté comme « celui qui aiguise tout tranchant de cuivre et de fer » (verset 22). On a aussi formé l'hypothèse que Caïn serait l'ancêtre éponyme du clan des Qénites, entré finalement dans la tribu de Juda; le « *signe* » que Dieu met sur le protagoniste (verset 15) ne correspondrait-il pas alors à un tatouage par lequel ce groupe affichait sa singularité? Le nom d'Abel, lui, a été rapproché de l'hébreu *Hébél*, « souffle, chose vaine »; mais on l'a également rattaché à la racine *ybl* (meneur de troupeaux, en syriaque), ce qui soulignerait l'opposition développée par le texte entre la vie nomade des pasteurs et la sédentarité des agriculteurs, si fréquente dans les récits archaïques.

On ignore où peut se trouver « le pays de Nod, à l'orient d'Eden », lieu où le récit fait séjourner Caïn après le meurtre d'Abel (verset 16). Serait-il issu de la simple recherche d'une paronomase : Caïn en fuite (*nâd*) au pays de Nod? En tout cas, l'arrière-plan culturel du chapitre est constitué par les découvertes de l'époque néolithique : l'agriculture et la vie urbaine apparaissent en Palestine vers la fin du huitième millénaire; le cuivre et le bronze ancien y étaient largement utilisés dès 2600 avant notre ère. Nous avons affaire à une représentation populaire et imagée des origines de la civilisation, juste après les deux cosmogonies qui ouvrent la *Genèse*. L'onomastique se révèle très parlante à cet égard : Hénoch signifie *Inauguration* (d'une ville); Lamech, initiateur de la polygamie, pourrait bien emprunter son nom à *Lamga*, dieu charpentier des Sumériens. Quant aux trois fils de Lamech, ils participent, eux aussi, à ce petit *Discours sur les sciences et les arts* : Yabal, le « conducteur de bétail »; Youbal, le « joueur de trompe (*yôbel*) »; Toubal, qui désigne un site métallurgique d'Asie mineure.

L'une des richesses de l'histoire des caïnides réside dans le fait qu'elle esquisse une théologie de la culture, une méditation religieuse sur *l'ambiguïté* des sciences et des techniques : d'un côté les armes, inventées par la descendance d'un meurtrier, Caïn, et d'un théoricien des représailles illimitées, Lamech; de l'autre les outils, et surtout les instruments de musique. Néanmoins, le soupçon prédomine : la technique est une réalité d'après la Chute ; sa nécessité n'apparaissait pas dans l'Eden, où régnaient l'harmonie et l'abondance. La ville, elle aussi, suscite la méfiance de la communauté israélite, qui n'a jamais complètement oublié que le temps de ses fiançailles avec le Dieu unique fut celui de son long séjour au Désert.

Mais le message le plus connu du récit se trouve énoncé dans la première partie, celle qui présente le meurtre d'Abel. Tout homme vit sous le regard d'un Dieu exigeant (qui interdit l'homicide) et miséricordieux (qui n'abandonne pas le meurtrier). Le mal résulte d'une décision libre, et la tentation de nuire peut toujours être vaincue : au verset 7, Caïn, menacé par une Force hostile — le Péché, personnifié — s'entend inviter à la résistance et à la victoire. A choisir la violence, on entre dans la spirale infernale des représailles : à la frénésie sanglante de Lamech s'oppose diamétralement l'appel du Christ à pardonner « soixante-dix-sept fois sept fois » (*Matthieu*, XVIII, 22).

Un récit troué

L'écriture du chapitre IV court avec une extrême rapidité. Le rédacteur, tout à sa visée religieuse, ne se soucie même pas d'incohérences qui pourtant ne pouvaient lui échapper. Caïn entraîne Abel « aux champs », et il a peur d'être tué par ceux qu'il rencontrera : mais qui eût-il pu croiser, lui le fils d'Adam ? Qui habitera sa ville ?

Capital pour comprendre les myriades de reprises du récit s'avère le silence du texte sur des points importants. Quatre de ces « trous » ont favorisé l'essor de l'imagination, tout au long des millénaires qui ont suivi.

Pourquoi Dieu agrée-t-il l'offrande d'Abel, et pas celle de Caïn ? Les conjectures peuvent se donner libre cours. Au nom d'une perception globale de l'univers biblique, il est aisé d'évoquer le thème si fréquent de la libre préférence de Dieu pour les cadets (Jacob, Joseph) et pour les faibles (David) ; ou le *leitmotiv* des prophètes : Dieu regarde le cœur de ceux qui offrent, non la matérialité du sacrifice. C'est cette interprétation prophétique qui affleure dans le *Nouveau Testament* : « Par la foi Abel offrit à Dieu un sacrifice de plus grande valeur que celui de Caïn : aussi fut-il proclamé juste. » (*Lettre aux Hébreux*, XI, 4.) La « *voie de Caïn* » (*Première Lettre de Jean*, III, 2 ; *Jude*, 11) est dénoncée comme un contre-Evangile (*Matthieu*, XXIII, 35 ; *Jean*, VIII, 44).

Non moins énigmatique, le déroulement du meurtre. Le récit se borne à évoquer « la voix du sang qui crie du sol » (verset 10), conformément à la croyance juive que le sang humain répandu et non recouvert de terre crie vers le ciel (*Isaïe*, XXVI, 21 ; *Job*, XVI, 18, etc.). L'apôtre Jean voit en Abel un égorgé, sans doute parce qu'il annonce le Christ, le véritable agneau pascal. Mais le *Zohar*, œuvre maîtresse de la Kabbale juive, où se rencontrent des commentaires mystiques sur le *Pentateuque* et qui voit en Caïn le fils d'Eve et du Serpent, assure que l'assassin mordit Abel à la façon d'un reptile. D'autres ont imaginé un meurtre à coups de massue (Gessner, 1758) ou le recours à une panoplie symbolique, qui annonce le règne universel de la Guerre, du Gibet et de la Prison, triade sinistre qui organise un vaste poème (Hugo, *La Fin de Satan*) :

« Lorsque Caïn, l'aïeul des noires créatures,
Eut terrassé son frère, Abel au front serein,
Il le frappa d'abord avec un clou d'airain,
Puis avec un bâton, puis avec une pierre. »

Le *signe* dont Dieu pourvoit Caïn pour le protéger a souvent été interprété — à tort — comme un sceau de malédiction. Les rabbins ont multiplié les hypothèses : cette marque leur apparaît comme une sorte de rictus permanent, ou un tremblement perpétuel, ou un tatouage, ou même comme une corne (Caïn licorne). Moins hardis les mythologues ont fait remarquer que de nombreux forgerons mythiques se trouvent affligés d'une marque corporelle : Odin est borgne, les cyclopes ne possèdent qu'un œil, Héphaïstos boite...

Enfin l'errance de Caïn — mentionnée par la Bible dans une simple paronomase, « fugitif et fuyard » (*nâ' wâ-nâd*) — a donné l'essor à bien des rêves, et à des œuvres comme le poème de Coleridge *The Wanderings of Cain* (1798) ou l'épopée de R. Hamerling, *Ahasver in Rom* (1867).

Caïn le paria

De la rédaction même du récit biblique à la publication du *Caïn* de Byron (1821) la réprobation est demeurée quasi unanime à l'égard du premier meurtrier. Le premier des faits divers semblait contenir l'horreur de tous les autres; Caïn apparaissait naturellement comme farouche, sans repentir, muré.

Les commentaires juifs ont hésité à envisager, en faveur d'un tel personnage, le pardon. Si certains le lui accordent, ils semblent vouloir s'en excuser en le faisant périr sous les décombres de sa propre maison, ou abattu par Lamech qui l'aurait pris pour une bête sauvage. Mais pour beaucoup Caïn reste le pur réprouvé, et la méchanceté de sa descendance a rendu nécessaire le Déluge : tel est en particulier le jugement porté par Philon d'Alexandrie († 45 ap. J.-C.), dont huit traités portent sur Caïn, et par Flavius Josèphe (*Les Antiquités juives*, 94).

A la réprobation juive les écrivains chrétiens ont surimposé une herméneutique christocentrique : Abel, pasteur et sacrificateur, innocent et persécuté, mis à mort injustement, devient la figure des justes, et du Juste par excellence, le Christ. Un océan de commentaires et de paraphrases roule de siècle en siècle, qu'il s'agisse de théologiens célèbres ou de modestes prêtres de village. La plupart ressassent appel à la vertu, au vrai sacrifice et au repentir, comme le *De Cain et Abel* d'Ambroise de Milan (vers 375). Mais le millénaire qui sépare Origène de saint Bernard — l'âge patristique au sens large — est dominé par la vision grandiose de saint Augustin dans *La Cité de Dieu* (413-427). La méchanceté de Caïn et la sainteté d'Abel constituent une parabole du cheminement de tout être humain : chacun commence par Caïn, mais il s'agit de devenir et de rester Abel. L'opposition des deux frères illustre toute la théologie de l'histoire : « Deux amours ont fait deux cités, l'amour de soi jusqu'au mépris de Dieu a fait la cité terrestre, tandis que l'amour de Dieu jusqu'au mépris de soi a fait la cité céleste. » (*De civitate Dei*, XIV, 28.) Caïn contre Abel. Deux cités invisibles se partagent les hommes : Babylone, qui signifie « ville de trouble », et Jérusalem, « la cité de paix ». La plupart des cités visibles ont vécu sous l'ombre de Caïn, le fondateur de villes : la Babel historique, Sodome et Gomorrhe, et surtout Rome, cette cité de loups, dont les fondations furent arrosées du sang d'un frère, hommage compulsif de Romulus à son vrai père, Caïn. La vision augustinienne va marquer toute la culture occidentale, et son éclat esthétique fascinera même un romancier agnostique comme Michel Butor, à qui elle inspirera une splendide méditation « caïnique », *L'Emploi du Temps* (1956).

A partir du XIIIe siècle se multiplient les orchestrations dramatiques ou épiques du chapitre IV de la *Genèse*. L'*Historia scolastica* de Petrus Comestor (1172-1173) reprend la matière caïnique dans un exposé dont beaucoup d'œuvres médiévales s'inspireront. Les productions germaniques demeurent toutes proches de leurs sources, se limitent à imaginer un Caïn particulièrement fourbe (*Altsächsische Genesis, Wiener Genesis*), ou inspiré par le diable (Lutwins, *Adam und Eva*, XIIIe siècle), tandis qu'Arnold Immessens met en scène un réprouvé avare qui offre à Dieu des épis abîmés (*Sündenfall*, vers 1460). En France, deux œuvres plus originales dominent cette période : *Le Mystère d'Adam* (*Ordo representacionis Adae*, fin du XIIe siècle), qui consacre 154 vers au meurtre d'Abel, et le *Mystère du Vieil Testament* (XVe siècle), ensemble composite de 50 000 vers, dont environ 3 000 amplifient le chapitre IV de la *Genèse* (vers 1883-4969), inventant aux deux frères des sœurs-épouses, Calmana et Delbora. En Angleterre aussi le matériau biblique s'enrichit (*Story of Genesis and Exodus, Cursor Mundi*), au point que Caïn se trouve doté de traits comiques (*Towneley Plays*).

Au XVIe siècle s'esquisse une émancipation du scénario par rapport à l'univers religieux, en dépit des controverses suscitées par les Réformes protestantes :

Luther lui-même voyait en Caïn un homme à qui la foi avait fait défaut ; et bientôt catholiques et protestants vont s'assimiler mutuellement à Caïn, comme l'attestent la pièce d'A. Quitting, *Kinderzucht* (1591) et *Les Tragiques* (publiés en 1616, mais élaborés à partir de 1577) d'Agrippa d'Aubigné, qui insiste, avant Hugo, sur la fuite interminable et les remords du réprouvé. Caractéristiques de cette relative prise d'autonomie, les vers splendides d'un autre calviniste français, Du Bartas, qui dans sa *Seconde Semaine* (1584) campe un Caïn étonnant, occupé à dresser un cheval sauvage, et un Tubal contemplant le ruissellement du métal en fusion, tandis que Jubal — rêvant sur le bruit des marteaux — invente le luth.

Une évolution comparable se dessine dans la littérature des pays germaniques. A côté de pièces encore toutes religieuses (Valten Voith, *Ein schön lieblich Spiel...*, 1538 ; *Luzerner Osterspiel*, 1571 ; *Freiburger Fronleichnamsspiel*, 1599) surgissent les premiers drames où la figure du paria s'estompe au profit d'un Caïn hésitant et travaillé par le doute (Macropedius, *Adamus*, 1552 ; J. Stricker, *Ein geistlich Spiel...*, 1570). D'autre part, diverses recherches s'efforcent de remédier à la minceur du récit biblique, de J. Ruof (*Adam und Eva*, 1550) à Z. Zahn (*Tragedia Fratericidii*, 1590), ou de H. Knaust (*Tragedia von Verordnung der Stende*, 1539) à H. Sachs (*Comedie von den ungleichen Kindern Evä*, 1553).

Le XVIIe siècle — floraison du baroque — souligne violemment les contrastes, comme l'avait déjà fait H. Zieglers dans une pièce de 1559, *Abel justus*. La Force brutale triomphe de la faiblesse, le prototype du Tyran torture le premier martyr. Tel est le cas dans les drames de Lope de Vega (*La Creación del mundo*, 1624), M. Johansen (*Von Kain dem Brudermörder*, 1652), C. Dedekind (*Erster Märterer Abel*, 1676), Ch. Postel (*Cain und Abel*, 1689), Ch. Weises (*Cains Brudermord an dem unschuldigen Abel*, 1704), et jusque dans la pièce néo-latine du jésuite A. Claus en plein milieu du XVIIIe siècle (*Caedes Abelis*, 1750).

La laïcisation de Caïn s'affirme à mesure qu'on approche du romantisme, avec *La Mort d'Abel* (*Der Tod Abels*, 1732), oratorio composé par Métastase pour l'empereur Charles VI, ou *La Mort d'Adam* (*Der Tod Adams*, 1756) de Klopstock. L'une des œuvres les plus célèbres de cette époque est *La Mort d'Abel* (*Der Tod Abels*, 1758) du Suisse Salomon Gessner, poème en prose en cinq chants : dans une atmosphère idyllique, les premiers hommes célèbrent Dieu ; Caïn ne tue Abel que dans un moment de colère et à la suite d'un cauchemar ; avant de s'abandonner aux larmes du repentir. Cette évocation à l'eau de rose fit beaucoup pleurer l'Europe et devint au XIXe siècle une lecture favorite des pensionnats. Patzke en 1771 (*Der Tod Abels*), Alfieri en 1790 (*Abele*) et Legouvé en 1792 (*La Mort d'Abel*) demeurent arrosés de cette eau bénite.

Le *Sturm und Drang* se passionne surtout pour l'âme troublée du meurtrier, aussi bien en poésie (F. Graf zu Stolberg, *Kain am Ufer des Meeres*, 1774) qu'au théâtre (J. Ch. Zabuesnig, *Kain und Abel*, 1779). Le poète Maler Müller, auteur de fragments d'une *Vie de Faust* (1776-1778), a consacré deux œuvres à Caïn : *Der erschlagene Abel* (1775), où le protagoniste se révolte contre son père plutôt qu'il n'en veut à son frère, et *Adams erstes Erwachen...* (1778).

Le triomphe des Caïnites

Avec le XIXe siècle s'affirme chez quelques créateurs une « transvaluation » radicale : « On nommera l'histoire *sainte* du nom qu'elle mérite, étant l'histoire *maudite* » (Nietzsche, *Loi contre le Christianisme.*) Caïn devient un héros, étonnante résurgence d'une obscure secte gnostique du IIe siècle, les Caïnites. Selon ceux-ci, le cruel Yahvé de l'*Ancien Testament* n'était qu'un Démiurge en révolte contre le Dieu suprême, bon et ami des hommes. Ils admiraient donc tous ceux qui s'étaient opposés à l'usurpateur : les Sodomites, Esaü, Coré, Judas, et surtout Caïn, détenteur d'un savoir secret dès les origines du monde.

La réhabilitation du révolté fut inaugurée en 1821 par Byron, dans un « mystère » traduit en prose française par Amédée Pichot dès l'année suivante, avant d'être traduit en vers et réfuté par Fabre d'Olivet (1823). S'inspirant de maints passages du *Dictionnaire* de Bayle, Byron faisait prononcer par Satan et par Caïn de terribles accusations contre Dieu : c'était lui l'auteur du mal, du guet-apens d'Eden. Caïn déplorait qu'Eve n'eût pas cueilli aussi le fruit de l'Arbre de vie; il dénonçait les sacrifices sanglants d'Abel et le tuait pour lui arracher leur sœur Aclinia, dont lui, Caïn, était aimé.

Avec les bons anges le romantisme a produit souvent une mauvaise littérature. Le mal, en revanche, lui a plutôt réussi. Capable d'assumer les richesses de Prométhée et celles de Satan, Caïn va parcourir en un siècle une prodigieuse carrière. Poèmes, romans et drames en son honneur se multiplient; souvent aussi l'ombre du Réprouvé sublime plane sur des œuvres entières, comme le *Conrad Wallenrod* de Mickiewicz (1827), *Les Chants de Maldoror* de Lautréamont (1869) ou *Le Désespéré* de L. Bloy (1886), dont le protagoniste s'appelle Caïn Marchenoir.

Mais la floraison caïnique des années 1820-1920 est dominée par six illustrations éclatantes. Après le cortège des révoltés byroniens s'impose l'admirable *Voyage en Orient* (1851), de Nerval : sa partie la plus connue, « L'Histoire de la reine du matin et de Soliman prince des génies » célèbre Adoniram et ses ancêtres Kaïn et Tubal-Kaïn. Nerval puise à la fois dans les livres bibliques, dans les textes arabes et dans les doctrines ésotériques, en particulier maçonniques. Il reprend les traditions occultes selon lesquelles Kaïn est issu de l'union d'Eve et d'Eblis (Satan) : lui-même et ses descendants sont fils de la lumière, fils du feu, par opposition aux hommes ordinaires, pétris de limon.

Composé dès 1846, le « Qaïn » de Leconte de Lisle ne paraîtra qu'en 1869 dans *Le Parnasse contemporain*, avant d'être placé en tête des *Poèmes barbares* (1872). Le héros, conduisant à son paroxysme le procès intenté au Tout-Puissant dans *Le Livre de Job*, refuse de se soumettre à un Dieu sadique qui ne reconnaît pour vertu que la lâcheté :

« Mon souffle, ô Pétrisseur de l'antique limon,
Un jour redressera ta victime vivace.
Tu lui diras : Adore! Elle répondra : Non! »

Plus ambitieux, Sacher-Masoch et Hugo ont inscrit sous le nom de Caïn un vaste panorama de l'humanité, entreprise qui chez l'un comme chez l'autre demeura inachevée. Le romancier autrichien conçut vers 1866 le projet d'un vaste ensemble de récits, *Le Legs de Caïn*, dans lequel auraient été mis en scène l'Amour (la lutte impitoyable des sexes), la Propriété, l'Etat, la Guerre, le Travail et la Mort. Le prologue, « L'Errant », énonce les théorèmes : « L'homme est une bête féroce », « le monde est défectueux ». L'épilogue eût célébré l'homme de Nazareth, sans amour sexuel, sans biens, sans patrie, sans armes, sans travail. Le texte le plus fameux du *Legs de Caïn*, « La Vénus à la fourrure » (*Venus im Pelz*, 1870), a malheureusement réduit la complexité de l'œuvre masochienne au « masochisme ».

Dans *La Fin de Satan*, Hugo fait alterner les épisodes « Hors de la terre », sous le signe de Satan, et ceux qui se déroulent dans le monde humain, dans la pénombre de Caïn, lui-même né du mot « Mort » hurlé par l'archange révolté pendant sa chute interminable. La figure du Réprouvé domine en fait toute la production hugolienne, dont le foyer pourrait bien être le poème « La Conscience » (1852-1855), publié dans *La Légende des Siècles*, avec les obsessions du front mutilé et de la tour en ruines (Caïn et Babel), de la poursuite infernale et de l'exil, mais aussi avec la rédemption finale de Caïn. Peut-être ne s'appelle-t-on pas impunément « Victor », le vainqueur, avec un frère prénommé Abel!

Jamais sans doute la conception romantique, enrichie d'apports nietzschéens, de l'homme supérieur isolé au sein d'une société grégaire, n'a été incarnée aussi fortement que dans un roman d'Hermann Hesse, *Demian* (1919). Selon le protagoniste, toute l'histoire de Caïn est née du « signe » : il existait une race hardie, dont le visage brillait d'une intelligence qui faisait peur aux médiocres; ceux-ci se sont garantis contre leur inquiétude en inventant le récit de la *Genèse*. Aujourd'hui les fils de Caïn existent toujours : ils ne paissent pas longtemps avec le troupeau; au terme d'une errance solitaire, ils accèdent au cercle restreint des initiés : Moïse, Bouddha, César, Jésus, Loyola, Napoléon, Nietzsche... Eux seuls sont les véritables « éveillés ».

La rivalité fraternelle

Au cours du XXe siècle s'effacent peu à peu la légende noire de Caïn (le paria) et sa légende blanche (le titan glorieusement révolté), en dépit de réussites comme *Demian* ou comme *L'Emploi du Temps* (1956) de Butor, qui s'inspire à la fois de saint Augustin et de Nerval pour réfléchir sur les cités maudites et la pollution industrielle : Manchester devient *Bleston, Babelstown*, la cité de Caïn.

Le scénario de la *Genèse* s'humanise et se charge de psychologie. La psychanalyse s'intéresse aux deux frères, soit pour isoler un « complexe de Caïn » (Charles Baudouin), soit beaucoup plus souvent pour interpréter le caractère angoissant et terrible du récit en fonction du complexe nucléaire de la personnalité, l'Œdipe. Rank, dans *Le Motif de l'Inceste* (1912), évoque la pièce d'Otto Borngräber, *Die ersten Menschen* (*Les Premiers Hommes*, 1908), où Abel et Caïn luttent pour l'amour de leur mère.

Mais le plus souvent la rivalité fraternelle surgit de conflits moins profonds, comme la passion pour une même jeune fille. Le thème n'est pas nouveau, mais il devient central dans les *Kain* de G. Kastropp (épopée, 1880), de L. Weber (drame, 1896), de P. Heyse (« Mystère », 1904). Il inspirera aussi le roman de John Steinbeck, *East of Eden* (*A l'est d'Eden*, 1952), porté à l'écran en 1955 par Elia Kazan, avec James Dean dans le rôle de Cal, l'adolescent mal aimé. En 1980 encore, cette psychologisation a marqué les romans de José-André Lacour, *Le Rire de Caïn*, et de Vladimir Volkoff, *Les Humeurs de la Mer I. Olduvaï*.

Depuis la Seconde Guerre mondiale, le scénario caïnique a évidemment attiré ceux que hantait la prolifération du mal ou l'approche de l'apocalypse : Alexandre Trocchi, aux Etats-Unis, avec *Le Livre de Caïn*, « manuel pour camés et autres polypes » ; Pierre Emmanuel en France, avec *Babel* ou *Le Grand Œuvre-Cosmogonie* (1984), qui comporte un « Livre de Caïn ».

Les genres et les rêves

Le scénario de Caïn a séduit nombre d'écrivains de théâtre. Mais il a suscité surtout des drames ou des « mystères ». Si, en effet, le huis clos familial paraissait le destiner à la tragédie — la *Poétique* d'Aristote a souligné les affinités entre la famille et le tragique — la liberté de choix de Caïn, sa responsabilité s'opposaient à la fatalité. Porter sur la scène un récit rédigé au pas de charge, et par conséquent peu développé, demandait tout un travail d'amplification, qui explique l'invention d'autres personnages, comme les sœurs. En dépit de ces efforts, les *Abel* et les *Caïn* du théâtre se présentent le plus souvent comme des œuvres statiques, où poème et musique suppléent au manque de mouvement du récit. De là l'abondance des oratorios aux XVIIIe et XIXe siècles (G. Stolzel, W. Sutor, F. Morlacchi, G. Perry, F. Spindler, F. Weingärtner, etc.), et l'existence d'opéras, comme *La Mort d'Abel* de Rodolph Kreutzner (1766-1831) ou *Abel* d'Enrico Sansone (né en 1905).

La présence d'un « moule généalogique » dans l'ensemble du texte biblique semblait le prédisposer aux successions d'épisodes qui caractérisent l'épopée. Et de fait, un saint Augustin a bien ébauché une sorte d'*Anti-Légende des Siècles.* Chez Hugo lui-même, l'ascension humaine s'accommode de vastes pentes vers le crime, avec les Caïn, les Nemrod, les Kanut... La figure surhumaine du meurtrier a fait rêver maintes têtes épiques, dont celles de Du Bartas et d'Agrippa d'Aubigné. De par la psychologisation des personnages, l'épopée s'affaiblit en roman (Steinbeck), avec évidemment la possibilité du roman policier (Butor).

Comme inducteur de rêverie, le scénario caïnique se révèle d'une richesse déconcertante : révolte contre le Père, rivalité des frères ennemis, désir pour la mère (comme l'illustre ce chapiteau du XIIIe siècle, dans la cathédrale de Tarragone, où Caïn arrache Abel des bras d'Eve qui l'allaitait); imprécision du meurtre; mystère du signe; vague de l'errance, qui selon René Girard (*La Violence et le Sacré*, 1972) fait de Caïn un *pharmakos*, l'équivalent d'Œdipe qui, chassé de la cité, devient une source de bénédictions (l'Œdipe juif dote l'humanité de ses techniques). D'abord homme du végétal, Caïn se trouve voué par son châtiment à la froideur minérale : il devient l'homme de la pierre et du métal, l'ancêtre de tant de « forgerons mythiques » que l'imagination grandit en géants prestigieux, parfois ennemis des dieux, ou l'un des représentants de la race de bronze évoquée par Hésiode dans *Les Travaux et les Jours.* Homme du feu frappé au front par la foudre, ou héros souvent mis en relation avec la lune, Caïn brille aussi comme le père des artistes (Nerval, Butor). Son histoire a inspiré d'innombrables peintres, sculpteurs, maîtres-verriers, enlumineurs... et un romancier comme Butor a tiré un parti étonnant des possibilités du vitrail dans la littérature. Avec Hugo, il faut peut-être beaucoup pardonner au premier meurtrier : son Nom n'était-il pas difficile à porter, comme l'a suggéré Michel Leiris dans *Biffures* (1948) ?

« Un malheur ne vient jamais seul : la faute des parents fut bientôt suivie de celle de leur fils aîné Caïn, au nom prédestiné, puisqu'il semble que toute sa méchanceté, son caractère haineux, sa dureté agressive de silex, opposée à la bénignité du bel et bon Abel, soit contenue dans ce " Caïn " plus abrupt qu'un caillou, dont la terminaison *a-ïn* grince hostilement — frottement d'un solide pourvu de pointes et d'arêtes contre un autre solide pourvu lui aussi de pointes et d'arêtes — alors que le mot " caillou ", pour rugueux qu'il puisse paraître à l'origine, se résout finalement en quelque chose de mouillé, de poli, de presque doux, comme le galet longuement travaillé et retravaillé par les eaux du ruisseau qui le roule.

Dans “ Caïn ”, le tréma qui marque l’*i* correspond à une sorte de rictus, retroussis de babines découvrant deux canines pointues qui saillent sur les autres dents. »

Philippe Sellier

BIBLIOGRAPHIE

Sur le texte biblique

B. Strade, « Das Kainzeichen » in la *Zeitschrift für A. Test. Wissenschaft*, 1894, p. 250-318.

Cahiers Evangile, n° 4 et n° 16, Paris, Cerf, 1973 et 1976.

G. von Rad, *La Genèse*, Genève, Labor et Fides, 1968.

C. Westermann, *Genesis. Biblischer Kommentar*, I, 5-6, Neukirchen, 1971.

Sur le mythe littéraire et les arts

P. Albouy, *Mythes et mythologies dans la littérature française*, Paris, Colin, 1969.

C. Baudouin, *Psychanalyse de Victor Hugo*, Paris, Colin, 1972.

A. Brieger, *Kain und Abel in der deutschen Dichtung*, Berlin, 1934.

M. Eliade, *Forgerons et Alchimistes*, Paris, Flammarion, 1956.

E. Frenzel, « Kain und Abel », dans *Stoffe der Weltliteratur*, 2e éd., Stuttgart, 1962.

Lexicon der christlichen Iconographie, 4 vol., Freiburg, Herder, 1968-1972 : « Abel und Kain », « Kain », « Lamech ».

J. Richer, *Nerval. Expérience et création*, Paris, Hachette, 1970.

G. Schaeffer, *Le Voyage en Orient de Nerval*, Neuchâtel, La Baconnière, 1967.

Ph. Sellier, « La Ville maudite chez Michel Butor » et « Fonction du mythe dans *L’Emploi du Temps* » in la revue canadienne *Mosaïc*, VIII, 2 et IX, 1 (1975).

M. Tresch, *Prométhée et sa race : Satan, Caïn et Faust dans la poésie*, Luxembourg, 1909.

Carmen

Nombreux sont les exemples d'une féminité redoutable et nocturne dans la plupart des mythologies. C'est par exemple, le cas d'Artémis, de Circé, dans la mythologie gréco-latine : elles personnifient une fatalité inquiétante et exercent un pouvoir maléfique sur l'homme[1]. Au XIXe siècle, l'image de la femme mi-ange mi-démon se multiplie : elle est tantôt « Mère Terrible », sorcière ou mégère, tantôt fille du diable sous des aspects charmants[2]. L'interdit sexuel et la misogynie de l'époque contribuent à la popularité de la femme terrible et séductrice.

Dans la nouvelle de Prosper Mérimée, *Carmen*, le personnage féminin a été imaginé selon les attributs de la femme fatale. Il fallait que Carmen soit une bohémienne de mœurs légères, qu'elle séduise et cause la perte d'un honnête homme respectueux des valeurs sociales, qu'elle déchaîne la passion en lui et le pousse au crime. Carmen constitue un parfait bouc émissaire et elle paiera de sa vie. Elle sera sacrifiée au nom de la morale et de la bienséance, victime de la passion de Don José. Cependant, grâce aux versions artistiques récentes[3], l'image de Carmen en femme fatale se dynamise, se libère des connotations négatives que le

1. Se reporter à l'étude de la femme fatale dans *Les Structures anthropologiques de l'Imaginaire*, de G. Durand, p. 103-122.

2. *Cf.* l'image de la mégère dans *Les Misérables* de V. Hugo, ou *Les Mystères de Paris* d'E. Sue; celle de la femme dépravée dans *Manon Lescaut* de l'abbé Prévost, ou *La Dame aux Camélias* d'A. Dumas.

3. Choix de certaines versions de *Carmen* signalées dans la bibliographie.

contexte socio-culturel du XIXe siècle lui attribuait. On redécouvre la femme dans son aspect synthétique et polyvalent.

L'ARCHÉTYPE DE LA FEMME FATALE

Pour la littérature de l'époque, Carmen ne supposait donc qu'une variante de l'archétype de la femme fatale. De par son physique, elle réunit tous les symboles nyctomorphes selon une perspective diurne : belle chevelure noire « à reflets bleus comme l'aile d'un corbeau », regard noir et perçant « œil de loup », peau cuivrée comme celle d'un Maure[4]. Ce noir dominant renvoie à la nuit associée aux ténèbres et à l'obscurité. Carmen vit dans un monde opposé à la lumière. Dans la nouvelle de Mérimée, lors de la première rencontre entre le narrateur et Carmen, celle-ci surgit de la pénombre, revient d'un monde interdit et convoité par les hommes, la rivière, cet espace où les femmes se livrent aux plaisirs de la baignade. Elle apparaît « à l'obscure clarté qui tombe des étoiles[5] ». Sa beauté et sa grâce fascinent et intriguent à la fois, excluent toute pureté. Tout semble accabler Carmen : impureté, malhonnêteté. L'atmosphère nocturne se prête à l'interdit. C'est au cours de la nuit que Carmen passe à l'action : elle vit de pratiques illicites, contrebandes, vols, use de ses charmes, a recours à la magie et à la sorcellerie. Elle met en péril l'homme dans le sens où elle noue et dénoue son destin, sans que l'homme puisse maîtriser la situation. Dans *La Tragédie de Carmen*, de Peter Brook, Carmen cachée sous une couverture, à même le sol, telle une vieille diseuse de bonne aventure, décide du sort de Don José. Elle brandit la carte de tarot des Gémeaux, de l'amour solaire. Puis à terre, elle dispose en cercle autour de la carte, une corde double, symbole de lien et de destinée humaine ainsi que d'autres objets magiques tels qu'une plume ou un morceau de plomb. Elle lie et ensorcelle par des procédés maléfiques. L'amour naît sous de mauvais augures. Il est question à maintes reprises de la noirceur de l'âme de Carmen. Traitée de diable, elle se dit elle-même le diable. Elle représente la femme maudite, la sorcière porte-malheur, version femelle du bouc émissaire. Le noir comme la mort l'enveloppe et l'habite. Carmen est jeteuse de sorts et de mort.

A cette noirceur qui caractérise Carmen, vient s'ajouter l'agitation, le bruit. Carmen est sans cesse en mouvement, mi-femme, mi-animal, « suivant l'usage des femmes et des chats », « elle roulait les yeux comme un caméléon », « un de ses éclats de rire de crocodile », « jamais singe ne fit plus de gambades, de diable-

4. *Carmen*, de Mérimée, p. 197.
5. *Id.*, p. 195.

ries[6] ». Féminité et animalité s'accordent. Dans le film-opéra de Francesco Rosi, à l'acte IV, dans la perspective du sacrifice final, Carmen et le taureau dans l'arène sont judicieusement mis en parallèle, associés à Kronos et Thanatos, à la fuite du temps et à la mort.

Lié au noir, le rouge a son importance dans l'iconographie de la femme fatale. Il symbolise l'extraversion tendant à l'agression et à la provocation. C'est un rouge flamboyant, carmin, diurne, conquérant : « Elle avait un jupon rouge fort court... des souliers mignons de maroquin rouge attachés avec des rubans couleur de feu[7]. »

Il existe une autre variante du rouge, celle du rouge impur, sanglant. Il sera versé à cause de Carmen. Don José tuera le mari, les amants de Carmen, et fatalement Carmen. « Je suis las de tuer tous tes amants; c'est toi que je tuerai[8]. »

Le schème de la chute

La chute de Don José est confondue avec la « possession par le mal ». Carmen déchaîne en lui la passion, la jalousie, la violence. Elle incarne la faute, le péché. La chute morale se féminise. « Une jolie fille vous fait perdre la tête. On se bat pour elle, un malheur arrive... on devient voleur avant d'avoir réfléchi[9]. » La chute est évoquée lors du premier rendez-vous de Carmen et Don José, rue du Candilejo. La profusion de la nourriture voulue par Carmen, sa gourmandise allant jusqu'à l'avidité font l'objet d'un jugement sévère de la part de Don José. « Quand elle eut mangé des bonbons comme une enfant de six ans, elle en fourra des poignées... Il n'y a pas de tour ni de bêtises qu'elle ne fît[10]. » Le ventre sous son double aspect digestif et sexuel est une chute en miniature, un élément prémonitoire de la chute finale.

Le départ pour la montagne sera le début d'une descente aux enfers pour Don José. Son approche du monde se fait par l'arme tranchante, « la maquila » dans l'intention de rétablir le bien et dans l'illusion de maîtriser sa destinée et d'éviter la mort qui le guette.

A plusieurs reprises, Don José veut croire à la conversion de Carmen en bonne et sage fille, à la victoire finale sur le mal. « C'était la première fois qu'elle se

6. *Carmen*, de P. Mérimée, p. 195, 197, 230.
7. *Id.*, p. 204.
8. *Id.*, p. 236.
9. *Id.*, p. 225-226.
10. *Id.*, p. 215.

montrait à moi avec la réserve d'une honnête femme et j'étais assez simple pour croire qu'elle s'était corrigée de ses façons d'autrefois[11]. »

Cependant, Carmen se démarque des autres femmes fatales dans le sens où elle ne conçoit pas comme Manon la fidélité dans l'inconstance. Aucune rédemption n'est à envisager par l'amour[12].

LE MYTHÈME DE LA MÈRE, ANTIPHRASE DE LA FEMME FATALE

Don José, dans sa démarche conflictuelle, dans son besoin de se distinguer des autres rivaux, de se mesurer à eux, correspond à la structure héroïque de l'image. Dans l'opéra de Bizet, la création du personnage de Michaëla renforce la vision antithétique de la femme.

Contre la noirceur de Carmen, Don José loue la pureté, la blancheur, la douceur de Michaëla, compagne idéale comparable à la vierge-mère. Elle invite au repos et à l'intimité, rappelle le pays natal, la Terre-Mère. Elle représente la femme bienfaitrice selon les constellations mystiques et nocturnes. Elle porte la couleur bleue qui éloigne de l'excitation[13]. Don José, grâce à la présence de Michaëla, est emporté dans la vision onirique de la Terre Natale auréolée de lumière. Michaëla sert de bouclier contre les charmes de Carmen.

Dans *La Tragédie de Carmen*, Peter Brook choisit d'emblée d'opposer dès la première scène, les deux femmes qui s'engagent dans une lutte. Dans sa compréhension de la femme, Don José a toujours comme point de référence la femme idéale associée à la mère, modèle qui exclut toute autre image de la femme.

11. *Carmen*, de P. Mérimée, p. 222.

12. *Le Mythe de Manon et les Romantiques français*, article de Léon Cellier. Actes du colloque sur l'abbé Prévost. Aix-en-Provence, 1979, p. 263.

13. *Carmen*, opéra. Livret dans la revue « Avant-Scène », n° 26. Duo entre Michaëla et Don José, Acte I, p. 36.

Le mythème de l'altérité

La nouvelle de Mérimée opposait deux cultures : d'une part, Don José, représentant de l'ordre militaire, même religieux puisqu'on sait qu'il a été séminariste. Ce qui le définirait, ce serait *l'attachement* à des valeurs établies, reconnues par la société : l'honneur, le respect de la hiérarchie. D'autre part, Carmen, bohémienne, membre d'un groupe social marginal, transgresse l'ordre établi et agit selon son *bon vouloir.* L'Espagne constitue un cadre idéal pour les scènes d'affrontement, de passion et de violence. Mais fallait-il que Carmen soit espagnole? Mantille et castagnettes ne sont pas nécessaires. Dans les versions artistiques postérieures à la nouvelle littéraire et à l'opéra, la couleur locale est reléguée à un second plan. Jean-Luc Godard intitule son film *Prénom Carmen,* prénom symbolique qui ne renvoie pas à des origines précises mais plutôt à un type de femme. Otto Preminger met en scène une Carmen noire, et c'est toujours « la Carmen ». Dans les versions modernes de *Carmen,* le décor sobre et épuré sert à mettre en valeur l'intériorité des personnages principaux.

Don José et l'amour selon « l'être » Pour Don José, Carmen restera toujours l'étrangère, l'inconnue, c'est-à-dire une irréductible part d'ombre refoulée en lui. De là, la première réaction sera la phobie du mal chez l'autre. « D'ailleurs, les Andalouses me faisaient peur toujours à railler[14]. » Don José est fasciné par l'animus de Carmen mais le regard jeté sur le monde de l'érotique accuse sa méconnaissance de l'Autre et de lui-même et engendre la peur. Cette force obscure, cette passion qui s'empare et dévore tout son être, ne serait-elle pas la révélation de la peur du changement, du chaos? La sorcière qu'incarnait Carmen devient une créature de son inconscient. Dans l'incapacité de dominer son anima et par ailleurs de renoncer à un ordre rationnel qu'il avait défendu jusqu'à présent, la deuxième réaction de Don José sera de s'approprier l'autre. Son désir est un désir de conquête. Don José se propose paradoxalement de contrôler l'incontrôlable Carmen. Il veut se prouver qu'il est capable de soumettre la traîtresse féminine. La puissance virile s'obtient par le combat. Par exemple, dans le duel avec le mari de Carmen, Garcia, il se sent animé d'une force invincible et retrouve la grandeur de sa race. « Moi, je me mis à la navarraise... je me sentais plus fort qu'un géant[15]. »

Il en arrive à vouloir non seulement thésauriser mais aussi hiérarchiser sa relation amoureuse. « Contrebandiers montés sur un cheval, espingole au poing, leur maîtresse en croupe... Je me voyais déjà trottant par monts et par vaux avec la gentille bohémienne derrière moi. »

14. *Carmen,* de P. Mérimée, p. 204.
15. *Id.*, p. 231-232.

« Si je te tiens dans la montagne, je serai sûr de toi[16]. »

Alors que faut-il comprendre par passion fatale? Le désir de conquête de Don José conduit à la destruction et à l'auto-destruction. Son attitude conflictive et dualiste ne peut aboutir qu'à l'échec. Il n'est pas victime de la passion fatale mais de son « orgueil d'être ».

Carmen et l'amour selon l'avoir : pour Carmen, l'amour suppose le refus de tout attachement, de toute contrainte et le droit de disposer d'elle-même. Elle méprise Don José pour son asservissement, son obéissance à un règlement. « Au quartier, dit-elle, tu es donc un nègre pour te laisser mener à la baguette? Tu es un vrai canari d'habit et de caractère[17]. » Le refus de la bague, signe d'union et de fidélité, jetée aux pieds de Don José provoquera la mort de Carmen. Contrairement à Don José, Carmen reste toujours maîtresse d'elle-même, inébranlable dans sa détermination. Son rire dévastateur est bien le signe de l'affirmation de soi envers et contre tout[18]. Une réplique symbolique revient dans toutes les versions de *Carmen* : « Je ne veux pas être tourmentée ni surtout commandée. Ce que je veux, c'est être libre et faire ce qu'il me plaît[19]. » Elle tient à sauvegarder sa liberté coûte que coûte. Elle échappe à la prison. Et si Don José y est envoyé à sa place, elle lui donne les moyens de s'évader. Elle revendique la liberté jusque dans la mort : « Tu veux me tuer, je le vois bien, dit-elle, c'est écrit mais tu ne me feras pas céder... Carmen sera toujours libre[20]. » On retrouve son désir de liberté dans l'évocation de la montagne, son « là-bas » nocturne invitant au repos et à l'intimité, espace privilégié affranchi de toute loi et de tout pouvoir. La montagne est pour Carmen ce que le village basque ou le pays natal est pour Don José. « Le ciel ouvert, la vie errante... et surtout la chose enivrante : la liberté! la liberté![21]. » En aucun cas, Carmen n'est un personnage rebelle, contre l'ordre social. Femme libre en amour, on l'a prise à tort pour un emblème féministe. Elle a été jugée immorale, femme légère et frivole, mais elle se montre amorale et ne tient qu'à préserver son individualité. J. Michelet dans son œuvre *La Sorcière*, analyse l'image de la Sorcière et fait observer que si la femme est crainte et haïe, c'est parce qu'elle montre un esprit d'individualisme et de liberté allant à l'encontre de la religion traditionnelle. Il en va de même pour Carmen. Elle semble plus proche que l'homme de la nature primitive. Elle prend la vie dans sa forme la plus immédiate, la plus éphémère. De nature instinctive, « non policée », à mi-chemin entre l'enfant et l'animal, Carmen répond aux besoins de l'instant. Elle se

16. *Carmen*, de P. Mérimée, p. 221.
17. *Id.*, p. 215.
18. Le rire dévastateur de Carmen rappelle le rire de Vendredi capable d'ébranler l'ordre rationnel de Robinson dans *Vendredi ou Les Limbes du Pacifique*, de M. Tournier.
19. *Carmen*, de P. Mérimée, p. 233.
20. *Id.*, p. 239.
21. *Carmen*, de Bizet, livret; acte II, n° 18, final, p. 66.

rassasie de petits plaisirs épicuriens et place l'argent, le plaisir et l'amour sous le signe de l'échange et du jeu[22].

Le mythème de la femme nocturne

Carmen apparaît dans la scène de séduction, la Habanera, se balançant sur les hanches, sur un rythme constant de va-et-vient envoûtant, symbole érotique de l'union, du feu sexuel. Chez Carmen, musique et sexualité vont de pair dans une perspective entièrement synthétique. Dans le jeu de la séduction, l'approche est subtile, progressive. Le corps de Carmen a la souplesse ondulatoire du serpent, vibre de sensualité. Elle accompagne sa danse d'un tambourin, symbole de fécondité et de création. Un air fredonné, un roulement de castagnettes, ont un pouvoir de suggestion plus fort que la parole. Carmen sait faire parler son corps. Un sens du vivant et du charnel anime sa personne. La sensualité est considérée comme une loi de grand savoir. Carmen vit pleinement sa féminité et possède une parfaite maîtrise d'elle-même. On retrouve dans la personnalité de Carmen certains traits d'Hermès. Elle développe une politique de stratégie, de médiation ayant recours à la ruse et au maniement des langues. Avec quel brio, Carmen mène la danse dans la scène de duperie avec le milord anglais[23]. Femme d'affaires et d'action, elle se rend indispensable à l'homme. Elle se meut avec aisance dans le monde souterrain de la contrebande, se métamorphose à sa guise. Elle est le lien entre un monde visible et invisible. Par la pratique de la magie et des cartes, elle retrouve le contact avec les forces sensibles du monde. Grâce à son pouvoir de voyance, elle sait que la mort l'attend. Cependant, avant le coup de grâce, elle gardera sang-froid et quiétude. Dans *La Tragédie de Carmen* de Peter Brook, Carmen et Escamillo, le toréador sont rivés au même sort tragique. La mort survient brutalement aussi intense et violente que la vie qui les anime. Tous deux symbolisent les énergies créatrices non disciplinées qui se déchaînent dans un espace ludique tel que la fête ou les arènes. Au début de l'acte IV de l'opéra, Carmen apparaît dans un costume rutilant et luxueux à l'image du toréador. En femme dionysiaque, elle aspire au renouveau et s'apprête à vivre la mort plutôt que de banaliser sa vie. Elle choisit la mort de préférence à la médiocrité. « Je te suis à la mort, oui, mais je ne vivrai plus avec toi[24]. » Seule la mort peut arrêter Carmen dans sa course.

22. *Carmen*, de Bizet, livret; acte II, n° 18, final, p. 66.
23. *Carmen*, de P. Mérimée, p. 228.
24. *Id.*, p. 238.

Les versions artistiques récentes de *Carmen* ont revalorisé l'aspect polyvalent de la figure mythique de Carmen. Elle reste la femme du paradoxe, « de l'obscure clarté[25]. » Femme solaire, elle fascine et irradie de sa présence; femme lunaire, elle se régénère dans un amour cyclique. Si on l'accuse de mensonge, de vol et de duperie, elle peut être capable de bienfaits : elle protège l'homme du danger, le guérit et va même jusqu'à le faire vivre. Tel un soleil noir, Carmen brille d'un feu vital assombri par la méconnaissance de l'homme. De nos jours, la fortune de Carmen a permis de réhabiliter la femme dans toute sa sensualité et son individualité et faire prendre conscience que l'on continue à sacrifier du vivant.

Corinne BOOKER-MESANA

BIBLIOGRAPHIE

Prosper MÉRIMÉE, *Carmen*, Livre de Poche n°1480, tome 2, 1973.
BIZET, *Carmen*, livret original intégral, « Avant-Scène » opéra, revue n° 26.
Spécial Preminger, « Avant-Scène » cinéma, n° 211/212, juillet-sept. 1978, article d'Olivier EYQUEM sur *Carmen Jones*, p. 67.
Films : *Carmen. La Tragédie de Carmen. Prénom Carmen*, « Ciné-pratique », numéro spécial 15-16, sept. 83-janv. 84.
Léon CELLIER, *Le Mythe de Manon et les Romantiques français*, article, actes du colloque sur L'abbé Prévost, Aix-en-Provence, 1979.
Gilbert DURAND, *Les Structures anthropologiques de l'Imaginaire*, Dunod-Bordas, Paris, 1979.
— *Figures mythiques et visages de l'œuvre*, Berg international, 1979.

Versions choisies de Carmen

Au cinéma
Otto PREMINGER, *Carmen Jones*, 1955.
Carlos SAURA, *Carmen*,1983.
Jean-Luc GODARD, *Prénom Carmen*, 1983.
Francesco ROSI, *Carmen*, film-opéra, 1983.
Au théâtre
Peter BROOK, *La Tragédie de Carmen*, 1981.
A l'opéra
Carmen, sous la direction de Claudio Abbado, avec Teresa Berganza et Placido Domingo, 1977.

25. *Carmen*, de P. Mérimée, p. 195.

Mythes celtes

Un mythe étant toujours objet religieux, étudier ceux qui sous-tendaient la civilisation celtique revient à étudier la religion de peuples qui vivaient sur la totalité du continent européen entre les VIIe-VIe siècles avant notre ère et les VIe-VIIe siècles après Jésus-Christ; en fait, la religion celte ne disparaît quasi totalement, comme système organisationnel de pensée et de société, qu'autour du XIIIe siècle. On ne peut s'empêcher de penser que le rôle essentiel dans cette disparition a été tenu par l'Eglise catholique depuis le VIe siècle à peu près [1]. Mais ce n'est qu'au XIIIe siècle, avec Bernard de Clairvaux, que la forme de pensée chrétienne triomphe partout dans le domaine celtique, même dans les campagnes jusque-là tenues par le paganisme (la racine étymologique de ce mot étant celle de « pagus » qui a aussi donné « paysan »...). La conquête du monde des campagnes, jusque-là très hostile à la pénétration d'une idée religieuse considérée comme d'importation et apportée par le colonisateur romain, n'a guère été possible que par l'utilisation systématique du principe du *syncrétisme entre les religions.*

Tout ce qui, dans une religion en passe d'être dominée, peut aider une religion « conquérante » à prendre une position dominante, est récupéré théologiquement et idéologiquement pour être « matériel de réemploi ». Ainsi les adeptes de l'ancienne Eglise seront moins dépaysés par les exigences du nouveau culte : c'est ce que nous appelons « syncrétisme ». Ce phénomène de syncrétisme est parti-

1. Notamment avec l'organisation du culte marial, de l'année rituelle, etc.

culièrement sensible dans l'utilisation des mythes religieux. Que ces mythes soient liés à l'écriture ou non. Normalement, un mythe est lié à l'oralité et refuse souvent l'écrit. Ce fut le cas pour les mythes celtes, plus sans doute que pour les mythes chrétiens; mais leur vivacité dans l'esprit de la société a fait qu'il a fallu que les chrétiens les utilisent et les transforment à leur profit. Cette transformation a dû être la moins importante possible pour que les peuples celtes continuent de se retrouver dans une tradition vivante.

L'étude des mythes celtes oblige à définir une sorte de géographie du monde celte, selon l'extension qu'ils ont prise au fil de l'histoire : cela définit alors une notion *d'aire culturelle* inhérente à la notion même de religion et de société; et à la limite, le mythe, organisateur de la société politique autant que religieuse, doit être défini par rapport à l'espace et au temps.

Parce que les mythes forment la trame de toute société humaine, ou mieux, parce qu'une communauté se définit à travers ses mythes, il est certain que les mythes fondamentaux se retrouvent ensuite sous la forme de :

— mythes politiques,
— mythes littéraires.

Pour ce qui concerne les mythes celtes, c'est grâce à leur expression syncrétique, d'une part, et d'autre part à leurs expressions politique et littéraire, qu'ils ont prises au XIIIe siècle notamment, qu'ils nous sont connus. Une autre forme du mythe est cependant capitale pour la connaissance que nous en avons, c'est le *conte populaire*.

Le conte populaire est un récit d'expression orale, normalement étranger à l'écrit. Pour nous, un conte n'est rien d'autre que le système utilisé dans toute religion initiatique pour laisser diffuser dans la masse des fidèles non initiés le contenu des mythes religieux que ces fidèles n'ont pas le droit de connaître. Dire un conte, c'est donc, par définition, faire du « catéchisme » et diffuser des connaissances théologiques minimales pour la vie spirituelle de la population. Il est donc possible de remonter à la connaissance du mythe par le décryptage des contes populaires qui nous sont parvenus.

Le corpus obligé de textes des contes permettant de remonter ainsi aux mythes originels est très important en Europe; mais il ne peut se définir, évidemment, que par la notion d'aire culturelle que nous avons mentionnée précédemment, de façon, par exemple, à trier dans le matériau d'étude, ce qui ressortit à la civilisation celte et ce qui ne peut appartenir qu'à la civilisation germanique, par exemple. Il s'agit là, pour le chercheur, d'aborder aux rives d'une forme d'archéologie des religions qui n'est pas sans intérêt... Il n'en demeure pas moins que, le tri ainsi fait, il reste encore un corpus d'étude très important.

Le conte, comme le mythe auquel on doit le raccrocher si on veut en retenir la valeur « anthropologique », est un récit toujours composite : il est fabriqué de la coordination ou de la subordination d'un certain nombre d'*éléments de récits* plus premiers (appelés selon les auteurs « fonction » ou « thème », etc.) qui en font une *structure* relativement figée dans laquelle l'imagination n'a guère d'intervention possible que sur un épiphénomène du récit comme peut l'être la langue utilisée... C'est un récit à forme fixe.

Il est cependant particulièrement difficile de parler des mythes celtes de façon exhaustive. Ce qui va en être dit ici ne peut se comprendre que par rapport à la façon que nous avons de recueillir le matériau d'étude : nous n'avons pas de mythes celtes qui nous soient parvenus dans une relation de première main; ce fut la volonté constamment affirmée des prêtres de cette religion, des druides donc, de refuser de confier à l'écriture quelque relation que ce soit de leur foi. L'écriture était considérée par eux comme une technique et une commodité, mais elle leur semblait impropre à relater toute forme de commerce de l'homme et du divin ou de l'homme avec le savoir. Les versions des mythes que nous possédons, par recoupements avec les sources que nous venons d'évoquer, sont tardives pour cette raison; ce n'est, en effet, qu'au XIIIe siècle surtout que nous trouvons un matériau relativement abondant. Et si celui-ci nous est disponible, c'est uniquement parce que la religion chrétienne était alors en concurrence directe avec l'antique religion de nos pères : c'est grâce au syncrétisme religieux qui a été évoqué. Nos sources de connaissances sont donc essentiellement les suivantes :

— *La légende « arthurienne »*, soit sous sa forme courtoise, dans les romans de Chrétien de Troyes, soit sous les autres formes que nous lui connaissons, celle du *Roman du Graal* de Robert de Boron, ou celles qui sont chronologiquement antérieures aux œuvres que nous venons de citer et dont les premières formes attestées datent des VIIIe-IXe siècles principalement (Geoffroy de Monmouth, Wace, Nennius, etc.). La grande floraison de cette légende date évidemment des XIIe-XIIIe siècles.

— *La Légende dorée* est aussi une source capitale de renseignements, soit dans sa forme littéraire affirmée dont l'auteur, J. de Voragine, se réfère constamment à la pensée de saint Bernard, soit dans les formes plus populaires des innombrables *Vies de Saints*.

— Les *pénitenciels*, recueils des péchés et des pénitences qu'on doit leur attribuer quand ils sont dénoncés en confession par des pénitents, présentent aussi des états successifs de la religion officielle et du paganisme dans les lieux où ils ont été proposés aux prêtres en réponse à leurs questions.

— *Les contes populaires*, enfin, ainsi qu'il vient d'être dit.

De la comparaison de ces différentes sources, il est loisible de proposer ce qui suit comme schéma religieux général des Celtes : il existe un *grand mythe fondamental* dans cette religion sur lequel la religion chrétienne a cherché à se modeler le plus possible. Résumons-en les grands traits.

Éléments du grand mythe celte

> « Le dieu qu'ils honorent le plus est Mercure. Ses statues sont les plus nombreuses. Ils le regardent comme l'inventeur de tous les arts, comme le guide des voyageurs sur les routes, comme le plus capable de faire gagner de l'argent et prospérer le commerce. Après lui, ils adorent Apollon, Mars, Jupiter et Minerve. Ils ont de ces divinités à peu près la même idée que les autres nations : Apollon chasse les maladies, Minerve enseigne les éléments des travaux et des métiers, Jupiter exerce son empire sur les hôtes des cieux, Mars gouverne les guerres. »

Il faut apparemment prendre au pied de la lettre, comme toujours, cette information remarquable de précision que nous donne César au chapitre XVII du VIe livre de la *Guerre des Gaules.* Ce passage a été très souvent cité et on s'est interrogé sur la validité de l'information. Pour ce qui nous concerne, nous la confirmons dans son intégralité. L'ordre de préséance des grands dieux celtes dans le Panthéon est bien celui qui est donné ici. Mercure, Apollon et Mars sont les dieux du royaume d'En-deçà ; Jupiter est le dieu principal du royaume d'Au-delà ; Minerve est la déesse-mère. Et, comme dans les mythologies gréco-romaines, Apollon et Mars sont frères ; on peut même parfois se demander s'ils ne sont pas jumeaux, mais il semble en définitive qu'ils ne le soient pas. Cependant, ils apparaissent comme les Dioscures, dont ils semblent être la forme celtique. Quant à « Jupiter », il semble être le fameux « Dispater » cité par ailleurs et il est, en tout cas, la divinité suprême du royaume d'Au-delà. De plus, il est également le maître de tous les autres dieux qui tirent de lui leur empire, qu'ils soient d'En-deçà ou qu'ils soient d'Au-delà. Tout ceci signifie que le Panthéon est remarquablement restreint chez les Celtes... La Grande Déesse, quant à elle, se trouve alternativement dans un royaume et dans l'autre ; et elle y exerce la royauté avec son parèdre.

1. De ce qui vient d'être dit, il faut d'emblée tirer la conclusion que le monde des Celtes est composé de deux royaumes complémentaires et souvent concurrents : les humains n'en connaissent qu'un seul, celui d'En-deçà où ils vivent, mais ils doivent également subir les diverses interactions du royaume d'Au-delà sur l'En-deçà, de même qu'il savent bien que les actes produits en En-deçà ont forcément une résonance dans l'Au-delà. Ce dernier royaume n'est pas, comme on le croit depuis le christianisme, le monde des Morts ; il est le siège d'une autre vie, différente de celle d'ici ; et parmi toutes les activités que l'on y rencontre, il est aussi possible de trouver un territoire spécifique réservé aux morts et à leur séjour éternel. Ce territoire spécifique est, comme pour les Egyptiens, à l'extrême ouest du monde ; aussi est-ce la raison pour laquelle les contes populaires des Finistères européens sont tellement orientés vers la mort et les revenants ; mais il

convient de rappeler à ce sujet que si ce thème est présent dans le folklore de ces lieux, c'est surtout parce que la limite entre la mer et la terre est la zone frontière entre les deux royaumes : les morts s'embarquent vers l'Au-delà qui leur est réservé précisément à ce littoral ; et les revenants du pays d'Au-delà abordent ce monde d'En-deçà également en cette zone frontière. Les humains font en cela exactement le même voyage que celui qu'accomplit au cours de sa vie leur grand dieu...

2. C'est la première caractéristique que nous avancerons : les dieux sont soumis au cycle naturel général de la vie et de la mort. De telle sorte que s'ils naissent, ils vieillissent et meurent tout comme les hommes : les mythes qui exposent pour chacun des dieux leurs aventures vont donc les présenter à divers stades de leur vie. On aura ainsi l'impression d'avoir affaire à beaucoup plus de personnages divins qu'en réalité ; et plutôt que d'avoir des récits narrant la continuité d'une vie divine, on rencontre surtout une série d'aventures des trois dieux masculins et de la Grande Déesse selon des instants de leurs vies : telle aventure a lieu à la prime jeunesse des héros, telle autre au moment où ils sont nubiles, telle autre enfin au moment où ils vont perdre le pouvoir et la vie. Les dieux possèdent une forme tout à fait intéressante d'éternité : ils ne meurent que pour se régénérer et revivre un cycle de vie semblable au précédent, ou en tout cas identique. Ce qui caractérise le grand mythe fondamental celte, c'est la théorie de l'Eternel Retour. Cycliquement, dans l'éternité du Temps et de l'Espace des deux mondes, il revient des temps où les conditions sont exactement semblables à celles qui ont présidé aux origines : alors l'aventure divine et la vie humaine recommencent exactement comme la première fois où elles se sont produites... Dans la *Légende dorée*, ce cycle de l'Eternel Retour semble être de 372 ou de 377 ans ; si telle est bien la périodicité du Retour de la situation originelle, pour les Celtes, alors il faudra en tirer conséquence pour le calendrier du rituel. Nous reviendrons ultérieurement sur ces notions calendaires importantes et toujours sujettes à controverses entre spécialistes en ce moment...

3. Des deux premiers points que nous venons de souligner, on tire une autre conséquence ; les mythes sont ainsi « orientés » selon les points cardinaux et l'espace qu'ils définissent, le « templum » celte, pour ainsi dire, est le suivant : les hommes du monde d'En-deçà sont immuablement attirés vers l'Occident où ils doivent s'embarquer pour une région du monde mystérieux d'Au-delà. Ils ont soif de percer la mort, un des mystères de la vie. Et ils souhaitent également connaître par quels chemins mystérieux leur grand dieu disparaît dans l'Au-delà, y vit une Passion qui le régénérera ; ils aspirent encore à connaître les grands moments de l'Eternel Retour, et peut-être, à quel moment reviendra ce que les Romains ont appelé sous Auguste l'*Age d'or* ; on pourrait, du reste, s'interroger sur la date d'apparition ou de réapparition de cette « doctrine » de l'Age d'or au

temps d'Auguste. Les penseurs politiques et religieux du nouvel Empire, à Rome, n'auraient-ils pas été fortement influencés par la mystique celte? Ceci n'aurait rien d'invraisemblable puisque les troupes romaines et leur chef César avaient été en contact plus que direct avec les réalités celtes quelques décennies seulement auparavant. Et la théorie de l'Eternel Retour ne pouvait qu'avoir un grand écho parmi les populations... C'est à tel point vrai qu'on reverra surgir la même idée, sous la forme d'un véritable article de foi, dans les premiers temps chrétiens en Gaule, dans la croyance au *Millénarisme.* Voici, à notre avis, deux résurgences d'un système de foi dans des cultures parallèles...

Pour les Celtes orientaux, le seul fait de partir pour un long voyage vers l'Occident marin signifie que le voyageur entame un voyage vers l'Au-delà qui le mènera à la rencontre des sujets mystérieux de l'autre royaume. Peut-être cela a-t-il été un des moteurs, secret pour nous, des grandes invasions depuis l'époque du Magdalénien et peut-être même d'avant cette période...? On notera, à ce sujet, que les héros de l'*Odyssée* qui accompagnent Ulysse ne font pas un autre voyage que celui qui est ici mentionné...

Il semble cependant que la direction initiale vers l'Occident marin s'est, pour certains dieux, infléchie vers le nord-ouest à partir de la péninsule italienne, sous des influences que nous cernons mal : c'est ainsi que ceux que, pour simplifier, nous avons appelé « les Dioscures », se sont séparés dans leur voyage vers l'Occident : le Grand dieu solaire, que les chrétiens ont plus tard appelé saint Michel, ayant pris terre en Italie au Monte Gargano, a poursuivi sa route occidentale vers le nord-ouest et s'est installé au Mont Saint-Michel et à Stonehenge, entre autres... Alors que son frère, que César a appelé Mars à cause de ses caractéristiques et de son culte, arrivé en Italie à peu près au pied du Vésuve, sans doute à proximité d'Amalfi, a continué son chemin plus directement vers l'Occident pour aboutir alors à l'autre grand Finistère religieux européen : les Chrétiens ont fait de ce dieu caractérisé par le culte du taureau (que l'on peut encore reconnaître dans nos corridas), le saint Jacques tant célébré à Compostelle...

Quant à la déesse, elle est également venue s'incarner en Occident, prenant pied sur cette terre à peu près à Marseille, en fait aux Saintes-Maries-de-la-Mer, puis elle a pris une direction plus septentrionale que ses compagnons, et, par la vallée du Rhône, est allée s'installer dans un territoire sacré entre le Rhône à son confluent avec la Saône, les sources de la Seine et la Meuse où elle subsiste toujours dans notre folklore... Mais les Chrétiens en ont fait également une « divinité » fort révérée dont le sanctuaire se trouvait à Vézelay et qu'ils ont, entre autres, appelée sainte Marie-Magdeleine...

Lorsque les dieux furent véritablement implantés en Occident, aux frontières des deux mondes celtes, il put leur venir envie de retourner se ressourcer à leurs origines orientales : l'Orient devint alors, pour les populations extrême-occidentales, le lieu où l'on trouvait l'autre frontière entre les deux mondes celtes; le royaume d'En-deçà s'était en quelque sorte déplacé avec ses sujets... Ce qui ne contribue guère à simplifier évidemment la vision religieuse et le paysage du mythe...

Nous venons de donner là un exemple de cette géographie sacrée en évolution dont nous avions précédemment parlé...

Dans notre monde extrême-occidental, les mythes seraient ainsi orientés selon les points cardinaux et chacun des dieux serait en quelque sorte « propriétaire » de la « ligne de force » qu'il a choisie à un moment de son histoire terrestre. Ainsi, la Grande Déesse se déplace sur une série de lignes parallèles — sur une série de parallèles aussi...! — Nord/Sud; nous en avons cité une à l'instant; une autre est à relever : elle part des Orcades à l'extrême nord celte pour aboutir à Lourdes et sans doute descendre encore plus au sud... Et sur ce chemin, se rencontre, bien entendu, son avatar le plus célèbre dans le folklore qui est la Mélusine... Quant à Apollon, le Grand dieu solaire mais aussi guérisseur, on le retrouve dans tout le nord/ouest de notre Europe, du moins lorsque les invasions ultérieures n'ont pas trop effacé ses traces profondes... Mais s'il est une région très sacrée de cette divinité, c'est bien autour de ses deux points extrêmes de manifestation, que nous avons nommés précédemment, le Mont Saint-Michel et Stonehenge. Autour du premier lieu se retrouvent encore en ce moment beaucoup de ses lieux d'apparition comme divinité guérisseuse (le célèbre Apollon Borvo), notamment dans la péninsule du Cotentin... On peut également penser que le sanctuaire et la source sacrée que l'on a célébrés bien avant que ne soit construite la cathédrale de Chartres étaient eux aussi dédiés à ce grand dieu...

Il semble que ce soit, par contre, au Midi celte-ibère et celto-ligure qu'appartient plus spécialement le culte du dieu-frère : on en retrouve trace de la Vallée des Merveilles au mont Bégo jusqu'à Compostelle déjà cité et sans doute aussi dans les grands sanctuaires pyrénéens...

Dans une religion où le Grand dieu d'En-deçà a comme avatar le Soleil, il est évident que les deux points cardinaux par lesquels cet astre apparaît et disparaît chaque jour de notre monde ne peuvent qu'être sacralisés...

4. De telles hypothèses géographiques sur une religion devront être prouvées par l'archéologie, autant que par l'étude comparatiste des religions et toutes autres disciplines. Ce qui pourrait en découler, c'est évidemment qu'une telle pensée religieuse n'est pas le fait des seuls Celtes; il s'agit, si l'hypothèse est avérée — ce qui est encore loin d'être le cas — des linéaments d'une religion indo-européenne qui se serait modifiée au cours des âges et de l'histoire des hommes et dont les Celtes, quelle que soit leur origine géographique, auraient hérité. Ils en ont apparemment, de plus, assumé l'héritage, réutilisant par un syncrétisme réussi même le mobilier religieux de leurs prédécesseurs; ils n'ont pas été les constructeurs des mégalithes de l'Homme de Cro-Magnon; ils les ont cependant réutilisés systématiquement pour leurs pratiques religieuses. Peut-être y avait-il à cela une raison majeure : étant largement minoritaires dans la population de l'Occident, peut-

être leur a-t-il fallu composer avec une réalité religieuse qu'ils ne pouvaient pas contourner. Ils se seraient, en somme, trouvés dans les conditions mêmes de leurs successeurs entre les VIe et XIIIe siècles de notre ère : ne pouvant imposer leur religion en convertissant les autochtones, il leur fallut pratiquer le syncrétisme du mieux qu'ils le purent... C'est ainsi qu'ont pratiqué les chrétiens d'Occident.

5. Le temps du mythe, celui des contes également, est le Temps des origines. Ce qui est narré est l'histoire même du dieu, celle qui sert de modèle aux fidèles dans les actes religieux qui se répètent. Cette histoire sainte n'a pu se produire qu'au moment premier où le dieu pour la première fois a vécu ses aventures. Ce temps marque le point zéro de l'Histoire. Pour la pensée celte, nous l'avons dit (le temps étant cyclique, en dehors des représentations humaines de l'aventure divine, ce qui est traduit dans un rituel), l'Histoire Sainte se renouvelle à travers un nouvel avatar du dieu. Ce qui implique une extrême sacralisation du temps humain, car à chaque instant de la vie des hommes, le dieu peut magnifier l'Histoire en s'incarnant de nouveau... Il n'y a pas de séparation entre les deux mondes qui forment le réel; les dieux vivent avec les hommes de façon imprévisible et soudaine et permettent aux sociétés de transmuer les vies humaines en actes d'essence exclusivement religieuse... L'être humain baigne dans le divin et tire la justification de sa vie et de sa continuité historique de l'essence même de ses dieux. L'espace historique est ainsi constamment régénéré et ramené à la pureté des Origines : c'est ce qui marque certainement le caractère unique de la civilisation celte en Occident, puisqu'elle vit au milieu de ses dieux, par eux, mais aussi pour eux... La foi devait être omniprésente dans les actes collectifs, individuels, mais aussi journaliers autant qu' « historiques ». C'est certainement à nos yeux ce qui explique l'apparente incapacité du monde celte à s'organiser en empires du type de celui de Rome : rien ne devait pouvoir arriver à cette société, puisqu'elle était toute entre les mains de dieu; aucun pouvoir ne pouvait non plus être donné au roi humain que l'on se choisit, puisqu'il ne peut obtenir ses réels pouvoirs que du Dieu même dont il est l'image. Si le roi de chair a un jour des pouvoirs, c'est qu'il sera l'avatar, miraculeux pour les hommes, du Grand dieu qui sera ainsi revenu en lui. Il est possible alors, par rapport à ce qui vient d'être dit, que si Vercingétorix a effectivement échoué dans sa tentative de créer à son profit cette forme de royauté suprême qui lui aurait peut-être permis de résister victorieusement à César, c'est autant pour des raisons religieuses que pour de sombres rivalités politiciennes : il n'aurait pas été reconnu pour l'incarnation du Grand dieu Roi qu'il voulait être, et les signes de son élection divine ne sont sans doute pas venus à la conscience de ses contemporains... On voit, dans la littérature, l'immense espoir que peut soulever l'élection divine du Roi : dans les légendes arthuriennes, peu importe ce que fut l'aventure individuelle d'Arthur; ce qui compte, c'est que ce personnage a sur lui, mythiquement, la double investiture que rechercheront plus tard les rois de la France à travers leur sacre; il a d'abord

été appelé par le divin et il est ensuite choisi par la société des hommes ; ainsi est-il ce Dieu-Roi dont on attend le retour de la société idéale ; on sait que l'aventure d'Arthur est un acte manqué, que le héros ne réussit pas la transformation des hommes et du monde social que l'on attendait de lui. Il est bien d'essence divine, mais il a *d'abord* succombé dans le conflit sans merci qui oppose les divinités d'En-deçà et d'Au-delà.

6. C'est que l'essentiel du mythe fondamental réside dans un vaste conflit qui oppose toujours et partout les royautés des deux mondes. Devenir Roi d'En-deçà ne peut se produire que par l'intervention de l'impétrant dans le monde d'Au-delà ; devenir Roi d'Au-delà revient seulement au frère du Grand dieu d'En-deçà qui conquiert par la force et par la ruse cette royauté. Le *conflit* constant est le moteur même de la théologie des deux royaumes. Le conflit et la violence ; c'est une véritable Passion que vivent les trois divinités masculines lorsqu'elles sont devenues Rois de l'un et de l'autre royaumes. En fait, il revient au Dieu, aîné des « Dioscures », de devenir le Roi d'En-deçà ; et au dieu cadet de devenir plus tard le dieu d'Au-delà. Mais ils ne prennent l'un et l'autre leur royauté qu'en arrachant les symboles au précédent titulaire. Ce dernier perd la vie et la royauté parce qu'il est usé, épuisé par son règne : c'est qu'un Roi, humain autant que divin, doit apporter la prospérité et la fertilité au groupe dont il est le chef religieux. Ce don épuise peu à peu l'énergie qu'il possède et qu'il distribue dans l'acte même de régner ; tout se passe comme pour le Soleil qu'épuise apparemment la fertilisation de la Terre qu'il accomplit dans la jeunesse de son printemps : lorsque vient la fin de l'été, la Terre-mère fécondée a porté fruit et est devenue stérile et le Dieu mâle est incapable également de la féconder de nouveau : le cycle des saisons est ainsi la représentation visible de la grande aventure divine. Mais si, du point de vue astronomique, le cycle solaire est annuel, il semble bien qu'il n'en soit pas de même du cycle religieux.

7. Voici, en effet, une autre hypothèse qui méritera une confirmation par une démonstration que nous ne pouvons pas encore donner : le cycle rituel celte n'était peut-être pas annuel, comme il l'est pour les chrétiens. On sait que ceux-ci ont pratiqué une réduction du temps divin pour inscrire le rituel dans le temps exact d'une année solaire : le Christ naît au solstice d'hiver chaque année et meurt à peu près à l'équinoxe de printemps. Ce qui a une conséquence tout à fait bizarre : toute la chronologie annuelle de sa vie est bousculée. En effet, non seulement on réduit les trente-trois années de sa Vie historique pour les faire entrer dans un espace de douze mois qui constituent l'espace temporel du rituel, mais de plus on bouscule totalement l'organisation rationnelle de toute vie : tout l'accent est porté sur la naissance et sur la mort du Dieu, rassemblées sur un trimestre sacré, et l'espace de temps qui sépare la naissance de la mort est essentiellement retenu pour le récit de la Passion qui précède cette Mort. C'est-à-dire qu'il

faut repousser hors du « temps sacré » les récits qui traitent du reste de la Vie du Dieu, notamment tout ce qui concerne sa « Vie publique » et son enseignement... Les chrétiens ont ainsi apparemment refusé de mettre l'accent sur l'humanité du dieu, au profit quasi exclusif de la doctrine de la Rédemption par la Passion, celle-ci ayant été rendue possible par l'unique événement de l'Incarnation. Mais si la Vie du Christ est un modèle pour celles de tous les hommes, sa « banalité » ne semble pas concerner la théologie.

Chez les Celtes, par contre, c'est toute la vie du Dieu qui intéresse la théologie, parce qu'elle est effectivement le modèle de toutes les autres vies individuelles ; ou mieux, l'individu n'ayant pratiquement aucune valeur en soi, c'est la vie du groupe social dans son ensemble qui sera intégralement vivifiée, de l'intérieur, par la Vie du Dieu : le Dieu ne peut être que le Chef spirituel et matériel du groupe humain ; le chef, s'il a bien été choisi, ne peut qu'être l'un des avatars du dieu. De sorte que le groupe social vivait dans l'éternelle espérance que le prochain chef qu'elle se choisirait serait sans doute celui qui lui apporterait la constatation du retour effectif du Dieu, sa réincarnation, car il était impensable que le Divin puisse abandonner à eux-mêmes les humains qu'il avait engendrés et qui n'étaient rien sans lui...

On sait que nous possédons une curieuse pièce du IIe siècle de notre ère, appelé *Le Calendrier de Coligny*, du nom de la localité du Jura géographique où elle fut trouvée au début de ce siècle. Ce calendrier, d'origine indiscutablement celtique, a un certain nombre de particularités. Nous n'avons pas l'intention de l'étudier ici, ce qui, de surcroît, serait impossible dans le cadre restreint d'un tel article. Le Calendrier est fait de la succession de soixante-deux mois. Aucune mention n'est faite d'un cycle annuel, ce qui interdit a priori qu'on puisse parler d'un calendrier sur cinq *ans* ; l'espace de temps concerné est donc de soixante mois, ce qui équivaut à peu près à cinq de nos années ; mais c'est apparemment aussi un calendrier lunaire qui pourrait ne pas se préoccuper de rattraper simplement le décalage temporel avec un calendrier solaire — que les Celtes de cette époque connaissaient forcément puisqu'ils étaient confrontés durement avec la réalité coloniale des Romains depuis déjà un certain temps... Aux soixante mois dont nous venons de parler sont ajoutés deux mois intercalaires portant dans la gravure que nous en avons des noms particuliers. Le premier de ces intercalaires est en début de Calendrier et le second se trouve trente mois après ; cette rupture voulue transforme le cycle calendaire en un ensemble composé de deux moitiés temporelles égales de trente et un mois chacune. Le système que l'on obtient est parfaitement cyclique. A chaque début de période, on devait trouver les fêtes propres à chaque solstice, l'un, le solstice d'hiver, étant réservé à la célébration de la naissance en Au-delà, au milieu des dangers d'un monde qui lui est hostile, du nouveau Dieu d'En-deçà. L'autre mois intercalaire était réservé, selon toute vraisemblance, à la célébration de la prise du pouvoir en En-deçà par ce même Dieu alors qu'il est arrivé à sa maturité (c'est-à-dire, pour les Celtes, à l'âge de quinze ans, moment où l'individu est devenu adulte et peut, par exemple, se marier...), au solstice d'été...

On constate que, si cette vision est exacte, la réduction du temps réel pour le concentrer dans le rituel n'est pas du tout du même ordre que chez les chrétiens : cette réduction temporelle respecte le déroulement chronologique de la vie.

Cependant, il faudrait alors en conclure que le temps rituel celte était fondé sur une période sacrée de cinq années au bout desquelles, rituellement, tout recommençait ; et cela, bien que très partiellement exact seulement si on ne le présente que sous cette forme, est de grande conséquence.

Ainsi, le temps des divers éléments du mythe que nous avons relevés jusqu'à maintenant a une base de cinq ans dans la plupart des cas. Si l'on veut bien regarder la durée des trois éléments de l'histoire du *Roman du Graal*, de Robert de Boron, on constatera qu'elle est surtout de cinq ans ou d'un multiple de cinq ans... : il en va ainsi pour le récit de la naissance de Merlin, de sa conception jusqu'à la date à laquelle il commence sa vie « active » ; c'est aussi la durée nécessaire à la conception et à la naissance d'Arthur par son père Uterpandragon et sa mère Ygerne, etc. Mais la durée totale du mythe est bien supérieure à ces cinq années, car généralement l'histoire présente l'aventure divine sur plusieurs « générations » : il y apparaît ainsi, avec *quatre générations*, l'archétype de ce que fut la famille indo-européenne... On pourra se reporter, pour une illustration de ce qui est dit ici, outre la légende arthurienne transcrite par Robert de Boron dans le *Roman du Graal* déjà cité, aux *Légendes sur les Nartes*, recueillies chez les Ossètes par G. Dumézil. Mais cette durée quinquennale semble ne valoir que pour les divinités masculines ; pour ce qui est de la Grande Déesse, il en va différemment : elle se régénère de génération en génération et la déesse-mère engendre habituellement une triple descendance féminine ; c'est elle qu'on appelle la Triple Déesse, ou la Triple Brigit, par exemple encore chez les Gallois et les Irlandais. Les trois filles de la Déesse naissent en Au-delà, semblent être, parfois, des triplées dont elles ont dans tous les cas les caractéristiques ; l'une, l'aînée, sera la Vierge-mère qui prendra la succession de sa mère, la seconde sera la Prostituée sacrée et elle deviendra ultérieurement la Reine de l'Au-delà ; la dernière, enfin, sera l'éternelle Vierge inféconde chargée de garder et de protéger les immenses trésors de la famille au fond de la terre. Lorsqu'une des filles de la déesse engendre seulement des garçons, c'est qu'elle a perdu alors ses pouvoirs divins : elle a bien pu épouser un homme qui est arrivé ainsi à la royauté, mais cet être n'est qu'un homme et il ne peut en aucun cas accéder à la royauté divine. On trouvera un exemple de cette « déchéance de la déesse », en tout cas de sa « dégénérescence », dans la *Mélusine* de Jehan d'Arras. La mythe s'est alors en quelque sorte désacralisé et a pris la forme d'un récit de fondation... Le pouvoir divin de la déesse s'est alors incarné dans un autre avatar de celle-ci, peut-être parce que celle qui en était normalement bénéficiaire — Mélusine dans l'exemple cité — n'en a plus été digne à la suite d'une de ses aventures...

Esquisses du grand mythe

Résumons très rapidement quelques traits de la théologie des divers dieux que nous avons cités.

Les aventures du temps de jeunesse

Mercure

Celui que César dénomme Mercure est le dieu qui a effectivement laissé le plus de traces visibles ; voici quelques noms sous lesquels ses avatars nous exposent encore les aventures divines : Merlin, le Petit Poucet, Cernunnos, Cûchulainn et Connor, Riquet à la houppe ; et dans le monde chrétien, saint André, saint Christophe, etc. Cette liste n'est pas du tout exhaustive et sa longueur déjà indique bien l'importance multiforme du personnage divin...

C'est une divinité qui utilise la magie et qui est surtout le Multiple Artisan. Dans ses diverses aventures, il n'est pas rare de voir apparaître le chamanisme ; c'est la technique qu'il utilise dans sa jeunesse pour réussir son voyage initiatique dans l'Au-delà. S'il part vers l'Au-delà à Samain pour achever son initiation, comme le fait le Petit Poucet, il n'y va pas pour se trouver une femme qui le portera à la royauté, mais bien pour maîtriser la totalité des pouvoirs magiques qui lui sont a priori dévolus ; c'est lui le premier druide qui ait existé et il est chargé de la protection du grand dieu solaire et de son frère lorsque ceux-ci arrivent en En-deçà pour conquérir leur royaume.

Comme nous l'apprend le texte de Robert de Boron, par exemple, ce dieu est le fils du dieu d'Au-delà et d'une jeune fille d'En-deçà qu'il a forcée. Il a été conçu pour apporter aide à son père dans le conflit de celui-ci avec le dieu d'En-deçà, mais sa mère le place avant sa naissance sous la protection du grand dieu d'En-deçà. D'autres versions du même mythe laissent penser qu'il s'agit en fait de l'adultère de la parèdre du dieu d'En-deçà avec le dieu d'Au-delà. Il est difficile de savoir si cet adultère a été subi à travers un viol par la femme ou si celle-ci était plus que consentante : les deux versions sont présentes dans la tradition. Ce qui est sûr, c'est que la mère passe sa grossesse enfermée dans une île, souvent représentée par une tour, dont elle ne peut sortir. L'enfant est tellement extraordinaire que la gestation dure très longtemps et lorsque l'enfant naît enfin, il se fait remarquer par sa laideur ainsi que par ses capacités extraordinaires. C'est, en effet, un « voyant » qui peut deviner autant le passé que l'avenir. Il manifeste son appartenance chthonienne — qu'il tient de sa mère — en maîtrisant les dragons. Mais il est aussi la divinité que l'on révère spécialement au temps du Carnaval et, parce qu'il est autant du royaume d'En-deçà que de celui d'Au-delà, il reçoit un culte de ses fidèles qui inverse les valeurs habituelles de ce monde. C'est qu'il est déjà le dieu-passeur et qu'il va lui revenir de favoriser le passage en En-deçà du Grand dieu...

Apollon

C'est le dernier enfant d'une famille de trois garçons. Dans le conte, il est toujours présenté comme celui qui a le moins de chances d'obtenir la royauté suprême : on pourra le constater dans le conte de Perrault *Le Chat botté*, qui narre précisément l'aspect du mythe dont nous traitons maintenant. C'est la même situation que l'on retrouvera au départ de l'action de *Mélusine*, et de celle d'Uterpandragon dans la légende arthurienne. Le troisième des garçons se mariera alors avec la première des filles de la déesse-mère.

Le début de la vie du jeune dieu se passe dans l'Au-delà, et il ne revient en En-deçà qu'accompagné de son frère qui l'aide à conquérir son royaume. Cependant, l'élément le plus important de cette partie de sa geste est son mariage. Celui-ci ne se produit qu'à partir du moment où le héros *est choisi* par sa parèdre ; dans cette partie de l'aventure, le héros masculin n'a aucune activité dynamique ; il est le jouet de forces qui lui sont extérieures et qui ont leur siège dans la personne de la divinité féminine. Le mariage ne sera possible qu'après que le jeune dieu aura subi le plus haut degré de l'initiation par le moyen d'un voyage initiatique ; c'est la raison pour laquelle son adjuvant normal est alors le dieu-passeur dont nous avons précédemment parlé, car celui-ci l'a précédé dans la voie de la conquête du pouvoir magique en Au-delà et c'est lui le maître de ces « techniques chamanistes ».

Le héros est poussé au voyage initiatique par la déesse qui l'a choisi depuis l'Au-delà ; et cela se fait au moyen d'une chasse magique, où le chasseur devient en fait le gibier de celui qu'il chasse... Cet événement se produit au samain et le héros vit alors un dédoublement de personnalité fort intéressant, dont on découvre d'autres exemples chez les peuples réputés pour leur « chamanisme », dans la Sibérie par exemple... La chasse s'accompagne pour notre héros d'une transe qui va jusqu'à l'épuisement et la maladie. Dans l'Au-delà, la Grande Déesse régénérée se laisse apercevoir de celui qu'elle a choisi et celui-ci en devient malade d'amour. Il est ainsi contraint de choisir sa parèdre par celle-ci même ; en retour, elle lui donne la possibilité d'accéder à la Souveraineté et d'en être, avec elle, le dépositaire... Il a l'impression de choisir sa parèdre en organisant un concours dont tous les éléments, en fait, sont truqués par le pouvoir de la Grande Déesse. Le mariage fait du jeune couple les Dieux-Rois du royaume d'En-deçà : et la cérémonie ouvre pour les êtres qui vivent en ce royaume une ère de prospérité et de bonheur appelée par ailleurs « Age d'or »...

Mars

Il s'agit là du frère du dieu précédent ; alors que pour les chrétiens, Apollon était représenté par saint Jean et saint Michel entre autres, mais aussi par le Christ, « Mars » est représenté par saint Jacques. C'est le second des Dioscures, même si cette appellation est quelque peu approximative...

Ce dieu arrive le premier en En-deçà pour ouvrir la voie à son frère ; dans la geste arthurienne, il est représenté par le roi Pandragon dont le règne est bref... Il serait donc l'aîné d'« Apollon ». Il contribue à conquérir le royaume d'En-deçà et quand son frère en a pris possession, avant le mariage donc, il quitte le monde d'En-deçà pour des aventures importantes en Au-delà. C'est qu'il va devenir à son tour le Grand dieu d'Au-delà et il lui revient de conquérir son royaume sur celui qui le tient et qui est vieillissant...

Pour qu'il y arrive, il faudra encore l'intervention de son frère, juste après le mariage de celui-ci ; « Apollon » fera alors une courte expédition en Au-delà et en reviendra triomphant ; on pourra en trouver un récit succinct dans la *Belle au bois dormant*, par exemple, bien que le récit dans ce conte soit essentiellement considéré sous l'angle des aventures de la Grande Déesse et non pas sous celui de son parèdre. Mars n'obtiendra la souveraineté à laquelle il prétend que par son mariage avec une autre fille de la Grande Déesse : en fait, il s'agit d'un rapt violent de la femme du roi en place dans l'Au-delà et c'est à cause de cet adultère qu'Apollon sera contraint de venir aider son frère...

Les aventures de la fin du règne

Jupiter

Il s'agit là, pour nous, de l'autre figuration du dieu « Mars » ; c'est le grand dieu d'Au-delà alors qu'il règne sans conteste sur son royaume. Parce qu'il est le frère aîné du dieu d'En-deçà et qu'il a donné son royaume à ce dernier, il est effectivement plus important que lui et apparaît comme le maître des dieux ; il est le maître de l'eau, surtout de la mer où il séjourne fort souvent, parcourant son royaume humide du pas rapide de ses chevaux...

A son âge mûr, par conséquent, il tombe amoureux de sa belle-sœur, la reine d'En-deçà et il l'enlève. Comme il s'agit d'un rapt et d'un viol auxquels la victime ne consent pas, il l'enferme sur une île-tour de son royaume. Le viol se produit-il alors que la déesse est enceinte, ou la grossesse est-elle la conséquence du viol, c'est un point qu'il conviendra d'éclaircir. Ce qui est certain, c'est que la femme passe sa grossesse enfermée et prisonnière ; le rapt en Au-delà a eu lieu au temps du Carnaval et la naissance de l'enfant-dieu a lieu au moment du solstice d'hiver.

Peu avant cette aventure, le même Jupiter a conçu, à la suite d'un triple viol dont un seul est fécond, le nouveau dieu-passeur dont il a été question plus haut. Le viol des trois jeunes sœurs, toutes vierges, eut lieu, lui, au moment de l'équinoxe d'automne ; et la naissance du nouveau dieu-passeur a lieu autour de la mi-juillet, cette fois sans doute en En-deçà. On sait que la mère et l'enfant ont été également retenus prisonniers dans une île-tour, sans doute celle que l'on connaît par les Gallois et les Irlandais sous le nom de l'île des femmes... Ce dernier triple viol n'a pas été commis parce que le dieu était amoureux des trois vierges, mais bien parce qu'il voulait ainsi faire pièce aux entreprises envahissantes et dangereuses pour le roi d'Au-delà, du dieu d'En-deçà... Il cherche ainsi à empêcher que la nouvelle génération le dépossède de son trône, mais ce sera peine perdue ; après la période du début du règne où la plus grande concorde régnait entre les deux rois et les deux royaumes, il est arrivé un temps d'intense conflit sans aucun doute provoqué par l'adultère et le rapt commis par le dieu d'Au-delà sur sa belle-sœur.

Apollon vieillissant

Lorsque sa femme l'a quitté, le roi d'En-deçà, en effet, devient en quelque sorte fou de douleur. Cette période de la folie du dieu-soleil se situe à la fin de l'été et le dieu se met à brûler toute la terre d'En-deçà. Il est dépossédé de sa Souveraineté, puisque la reine n'est plus avec lui et il est devenu stérile. C'est alors qu'il essaie, pour retrouver cette Souveraineté qui lui échappe, de se remarier avec une déesse-mère, jeune et donc nubile : il n'envisage qu'une seule possibilité de cette sorte, c'est avec sa fille. Et il va commettre alors l'inceste ; parvient-il ou non à ses fins, il y a doute. Mais son entreprise provoque en tout cas le départ pour le royaume d'Au-delà de la jeune déesse régénérée ; c'est de là-bas qu'elle attirera auprès d'elle le futur roi d'En-deçà ; on trouve l'intégralité de cette aventure dans le conte de *Peau d'Ane*. A la suite donc de cette folie, le roi d'En-deçà va être dépossédé de son royaume et le cycle des aventures divines va reprendre. On voit que le moteur essentiel en est le conflit qui oppose, à propos d'une déesse, les deux royaumes...

La Grande Déesse

C'est elle que César appelle « Minerve » ; cette appellation, même si elle ne rend pas compte de la complexité du personnage, n'est pas tout à fait erronée, car il s'agit bien d'une affaire de famille entre tous les personnages de la Geste divine dans les deux royaumes. Et la déesse manifeste effectivement cette sagesse remarquable qui est aussi l'apanage de Minerve, par ailleurs « fille de Jupiter-Dispater »...

La Grande Déesse apparaît tantôt sous l'apparence d'une Triple divinité, tantôt sous celle d'une divinité unique, selon « l'emploi » qu'elle doit tenir dans la Geste. Quand elle va être mère du dieu « Mercure », elle est sous l'apparence de la Triple Brigitte. *La Légende dorée* la présente alors sous la triple appellation de Marguerite, Marie-Madeleine et Marthe et les fêtes celtes de cette divinité triple devaient être célébrées à la fin du mois de juillet, comme pour leurs avatars chrétiens. Lorsque la déesse sera l'épouse qui donne la Souveraineté au Grand dieu d'En-deçà, elle apparaît sous l'aspect de la fille unique d'un couple. Elle est alors soumise à l'inceste avec son père, mais se régénère dans la monde d'Au-delà d'où elle ne reviendra que lorsqu'elle aura décidé de prendre pour époux celui qu'elle a choisi pour futur roi d'En-deçà.

Victime du rapt du dieu d'Au-delà, elle est autant la reine du royaume d'En-deçà dans sa jeunesse que reine du royaume d'Au-delà dans son âge mûr. C'est elle qui apparaît malgré tout comme le personnage central de cette théologie, sinon comme le personnage le plus important. Elle est encore certainement la divinité la plus ancienne du panthéon ; dans sa Geste, il y a plus que des traces de matriarcat, notamment dans la façon dont elle seule se choisit le parèdre auquel elle va attribuer la Souveraineté. Car c'est elle qui est la véritable détentrice du pouvoir et de la puissance divine : les dieux masculins ont non seulement besoin d'elle pour se régénérer, mais ils ne sauraient accéder à leurs fonctions divines si elle ne leur en donne pas la possibilité par le choix qu'elle fait d'eux. Seul semble échapper à cette règle le dieu-passeur qui, nous l'avons vu, n'entame pas son voyage initiatique pour conquérir une parèdre, mais seulement pour atteindre au plus haut sommet de la connaissance. Sa vie divine ne paraît que peu concernée par la puissance féminine : seule vraisemblablement sa fin est conditionnée par l'intervention de la Grande Déesse contre laquelle il est aussi en conflit...

Nous avons une preuve peu réfutable de l'omniprésence de la grande déesse dans la théologie celte et dans la foi populaire : pratiquement tous les grands contes de nos folklores européens traitent des aventures de la Grande Déesse ; nous en avons cité un certain nombre au courant de ces lignes : il aurait pu être ajouté à cette liste *Le Petit Chaperon rouge, Blanche-Neige, Grisélidis* ou *Barbe Bleue*; on a là, dans ces quelques titres, le récit des aventures de la Terre-mère avec le dieu d'Au-delà, surtout bien sûr dans *Le Petit Chaperon rouge*, dans *Blanche-Neige* et dans *Barbe Bleue.*

Non seulement la grande déesse est une divinité chthonienne, liée à la source-eau courante qui vient d'Au-delà par les entrailles de la terre, mais elle est aussi représentée par la Pleine Lune ; dans ce cas, la Triple déesse, dont il a également été question, est représentée par les diverses autres phases de l'astre des nuits... Il nous paraît que cette divinité est d'une origine extrêmement ancienne et qu'elle a été maintenue dans le Panthéon par l'importance de son culte et de la foi qu'elle suscitait dans tous les âges de la population européenne. Divinité lunaire, elle est encore la maîtresse des dragons chtoniens et également la parèdre du Maître des Animaux...

Le mythe celte et son réemploi

Il convient d'aborder, très succinctement encore, l'aspect protéiforme du réemploi du mythe celte dans notre société. Nous avons déjà vu qu'il était la source de la littérature orale de nos ancêtres, dans les contes populaires qu'il nous semble difficile, voire impossible, d'envisager comme des produits de l'imagination, mais qu'il convient de prendre comme le moyen très efficace de diffuser dans une société — où tout est acte de religion — le contenu des textes sacrés que, par ailleurs, la caste presbytérale devait tenir secret. Précisément parce qu'ils sont d'essence religieuse uniquement, ils ne pouvaient qu'être pris très au sérieux par une nouvelle religion qui venait se superposer à l'ancienne. Ils devenaient ainsi objet du syncrétisme dont nous avons parlé.

1. Il est patent que la religion chrétienne a peu généré de contes populaires. Bien sûr, il en existe quelques formes : les *Fioretti* de saint François en sont une des formes les plus élaborées; les *Vies* de saints en sont une autre forme; mais nous ne possédons, sous forme écrite ou sous forme orale, que peu de textes destinés à la diffusion d'un savoir à une collectivité. C'est que la religion chrétienne n'a jamais été une religion initiatique, au sens strict de ce mot, car le mythe qui en forme l'ossature est disponible à tous : la Bible n'est fermée qu'aux analphabètes et les prêtres doivent diffuser le texte même du mythe dans leur enseignement. Ce fut, du reste, une des préoccupations essentielles de l'Eglise médiévale que de diffuser à tous son message; remplaçant l'écriture, l'image sculptée du chapiteau ou l'image lumineuse du vitrail sont une autre possibilité d'accès à la connaissance...

2. Si le christianisme a relativement peu engendré de contes populaires, il a, par contre, énormément réutilisé à son profit le matériau oral qui préexistait. Il semble que cette utilisation du conte soit due à l'inspiration de saint Bernard de Clairvaux. On sait que c'est sous son influence que la religion chrétienne s'enrichit de la « doctrine » de l'amour courtois appliqué d'abord aux rapports du fidèle et de la Vierge Marie, avant que d'être laïcisée dans la littérature du XIIIe siècle; il nous semble que cette « doctrine » ne peut se comprendre pleinement que par rapport au culte païen de la Grande Déesse dans les campagnes européennes :

si telle est la vérité, alors cela signifierait qu'il s'agit ici d'un nouvel exemple de ce syncrétisme appliqué aux deux religions qui se succèdent sur le territoire celtique. Cette aventure n'aurait du reste pas commencé seulement avec saint Bernard, puisque nous suggérerions volontiers de voir dans l'introduction en Occident du culte de la Vierge à partir du VIe siècle, la prise en compte quasi forcée de l'importance du culte de la Grande Mère en Celtie... Ce qui nous semble être l'œuvre exclusive de saint Bernard, c'est la systématisation du procédé du syncrétisme pour venir définitivement à bout du paganisme. L'exemple de ce que nous voulons dire ainsi peut être trouvé dans quelques œuvres contemporaines du saint : *La Légende dorée* d'une part, la *Quête du Graal* ensuite, le *Roman du Graal*, d'autre part.

L'œuvre de J. de Voragine, archevêque de Gênes, tire sa justification des prémices mêmes de la pensée de saint Bernard; bien que l'auteur n'appartienne pas à l'ordre de Cîteaux, il affirme sa parenté avec cette pensée durant tout le livre. Et le fait que, sur les 365 jours de l'année, seuls ne soient utilisés que 197 jours dans cette œuvre, pose d'emblée une grande question : pourquoi l'auteur n'a-t-il pas utilisé la totalité des jours ouvrables d'une année pour présenter le martyrologe romain? Une réponse à cette question pourrait bien être qu'il n'a utilisé 197 possibilités que parce qu'elles correspondaient essentiellement aux grandes fêtes de la nouvelle religion et aux fêtes de l'ancienne... C'est ce principe simple que nous avons cherché à exploiter pour retrouver le calendrier rituel celte... Pour ce qui concerne la *Quête du Graal* et le *Roman du Graal*, il nous semble aussi qu'il s'agit là de la réutilisation d'un matériau plus ancien à des fins de justification de la nouvelle religion.

Quant aux romans de Chrétien, il semble bien que cette possibilité ne puisse pas être non plus écartée pour en donner une explication. De toute façon, avec ces œuvres, en plus de cette possible justification de type « théologique », il convient de prendre en compte une justification laïque du matériau traditionnel : de religieux et organisateur d'une ancienne société, le mythe devient alors moyen de justification politique d'un nouvel ordre social autant que d'une nouvelle famille régnante; on pourrait alors l'envisager sous forme d'un « récit de fondation » traditionnel...

3. En dehors du XIIIe siècle, la vogue du retour à nos sources « nationales » ne s'est pas démentie dans la littérature française.

Une étude spéciale devrait être conduite sur toute l'œuvre de Rabelais, puisqu'elle fait revivre quelques éléments du mythe à travers certains personnages du panthéon celte[2]. Mais l'inspiration traditionnelle éclate dès le siècle suivant; il est piquant de constater du reste qu'avec Perrault le conte populaire celte apparaît en première ligne dans le conflit de type politique et littéraire qui prendra le nom de la « Querelle des Anciens et des Modernes »... Et les Celtes ont été réutilisés

2. *Cf.* le *Gargantua* de Cl. Gaignebet.

cette fois par le clan des Modernes... Cette tendance ne se démentira plus guère dans notre littérature dans la suite de l'Histoire : Mme d'Aulnoye et Mme de Beaumont recueillent et publient des contes populaires comme d'autres personnes de leur rang s'adonnent au plaisir des « Bergeries », et elles passent à la postérité par quelques textes qu'elles ont contribué à fixer dans l'écrit...

Au XIXe siècle, Charles Nodier y puise encore son inspiration, autant que Grimm et Andersen : c'est cependant l'époque où on commence à mélanger des œuvres personnelles aux textes que l'on recueille de la conscience populaire; ainsi, dans les *Contes* d'Andersen, se trouvent mélangés des textes personnels de l'auteur à des transcriptions de la littérature germanique et à d'autres que l'on rencontre également dans la civilisation celtique. Plus avant encore dans ce XIXe siècle, marqué par la découverte essentielle des textes ossianiques par Mac Pherson qui provoquèrent en bonne partie la naissance de l'esprit « romantique », le monde celte trouve son prolongement dans la « littérature régionaliste », notamment avec George Sand dont presque toute l'œuvre romanesque « régionaliste » est parcourue des souvenirs du folklore celte. Il en va de même pour les recueils de contes bretons qui, depuis celui de De la Villemarqué, parcourent le champ littéraire français pour aboutir au mouvement séparatiste du début du XXe siècle; on sait le destin de ce mouvement extrémiste et le triste apogée qu'il connut au cours de la Seconde Guerre mondiale, alors qu'il aidait au dessein paneuropéen du Reich d'Hitler...

Dans le cours du XXe siècle, l'élan traditionaliste ne se tarit pas, au contraire : les études celtiques sont à la mode depuis la seconde moitié du XIXe siècle et nous avons déjà dit que le monde celte a soutenu pour partie l'élan premier du Romantisme européen. Mais la littérature folklorique étant plus que jamais en tête de nos productions littéraires, surtout dans la seconde moitié de notre siècle, il ne saurait être question d'esquisser un panorama complet des publications sur ce sujet; textes folkloriques de valeur inégale, revues scientifiques de très grand prestige intellectuel (*Les Etudes celtiques, Gallia* par exemple...) voisinent dans les librairies. Tandis que le conte populaire se laïcisait, perdait sa valeur collective d'expression de la foi d'une société et que beaucoup d'auteurs en faisaient des textes pour enfants, ce qu'ils n'étaient pas normalement... Parallèlement à ce mouvement de dégradation inexorable, la civilisation celte continue de nourrir quelques œuvres, capitales à nos yeux; citons surtout le Marcel Aymé de *La Vouivre,* bien entendu aussi les œuvres de Vincenot et surtout le monumental ouvrage d'Henri Pourrat avec ses *Contes*... Et la liste des influences n'est certes pas close; non plus qu'elle est exhaustive...

Le fait, enfin, que la religion celte se soit appuyée sur une vision « scientifique » de l'Univers et qu'elle ait été également une explication « rationnelle » et cohérente de la nature qui nous entoure a favorisé l'éclosion des doctrines ésotériques qui se veulent fondées sur le rationalisme. La religion des druides était fondée sur d'importantes connaissances astronomiques : cela signifie, bien sûr aussi, sur d'importantes croyances astrologiques... Comme, de plus, elle faisait du mystère et du secret une nécessité interne, il est certain qu'elle a engendré encore dans notre monde un certain nombre de phantasmes qui poursuivent une brillante carrière, ne serait-ce qu'en astrologie : après tout, ne serait-ce pas aussi une explication « scientifique » de la totalité de notre Univers?

Paul VERDIER

BIBLIOGRAPHIE

Généralités

P. DELARUE, M.-L. TÉNÈZE, *Le Conte populaire français*, Paris, Maisonneuve et Larose, 4 tomes, 1976 à 1985.
A. AARNE'S et S. THOMPSON, *The Types of the folktale, a classification and bibliography*, 2e édition, Helsinki, 1964.
H. HUBERT, *Les Celtes et la civilisation celtique; Les Celtes et l'expansion celtique*, Paris, Albin Michel, 1974.
V. PROPP, *Morphologie du Conte*, Paris, Points, 1970.
A.-J. GREIMAS, *Sémantique structurale*, Paris, Larousse, 1966.
C. GAIGNEBET, *Le Carnaval.*

Etudes celtiques

Gallia, revue du C.N.R.S.
Ogam.

Textes

CHRÉTIEN de TROYES, collection des Classiques Français du Moyen Age ou textes de la collection « Folio ».
ROBERT de BORON, *Roman du Graal*, Paris, textes français du Moyen Age, 1983, ou collection 10-18, 1981.
J. de VORAGINE, *La Légende dorée*, Paris, Garnier-Flammarion, 2 tomes, 1967.
J. LOTH, *Les Mabinogion*, Paris, L'Arbre double, les Presses d'Aujourd'hui, 1979.
G. DOTTIN, *L'Epopée irlandaise*, Paris, L'Arbre double, 1980.
OSSIAN, *La Saga des hautes terres*, Paris, Ed. Libres, Hallier, 1980.
CÉSAR, *De Bello Gallico*, collection Budé; ou *La Guerre des Gaules*, Paris, collection Garnier-Flammarion, 1964.
G. DUMÉZIL, *Légendes sur les Nartes, Le Livre des Héros*, Paris, Gallimard, 1965.

J. d'ARRAS, *Mélusine*, Classiques Français du Moyen Age.
C. PERRAULT, *Contes*, Paris, collection 10-18, 1964.
François d'ASSISE, *Fioretti*.
M. AYMÉ, *La Vouivre*, Gallimard, N.R.F.
H. POURRAT, *Le Trésor des Contes*, Paris, Gallimard, 13 tomes, 1948 à 1962.
R. I. BEST, *Bibliography of Irish Philology and Printed Irish Literature*, Dublin, 1913.
— ... *and Manuscript Literature*, Dublin, 1942.
DE VRIES, *La Religion des Celtes*, Payot, 1963.
P.-M. DUVAL, *Les Dieux de la Gaule*, Payot, 1976.
P. MAC CANA, *Celtic Mythology*, Feltham, 1970.
J. A. MACCULLOCH, *Celtic Mythology*, Boston, 1918.
A. ROSS, *Pagan Celtic Britain*, Londres, 1967.
M.-L. SJOESTEDT-JONVAL, *Dieux et Héros des Celtes*, P.U.F., coll. « Mythes et Religions » n° 7, 1940.
J. TOUTAIN, *Les Cultes païens dans l'Empire romain*, 3 vol., Paris, 1905-1920.
A. G. VAN HAMEL, *Aspects of Celtic Mythology*, Londres, 1935.
J. VENDRYES, *La Religion des Celtes*, coll. « Mana », 1948.
R. GRAVES, *Les Mythes celtes*, La Déesse Blanche, Le Rocher, 1979.

Centaures

Sur les métopes du Parthénon, au fronton d'Olympie, le touriste ou le pèlerin pouvait admirer, entre autres choses, la représentation du combat des Centaures et des Lapithes. Athènes, Olympie : l'éclat de ces noms, le lustre de ces temples indiquent assez l'importance des Centaures dans les représentations figurées en Grèce. Et de fait, on les trouve très souvent dans l'art antique en général, non seulement dans la grande sculpture, mais aussi dans les statuettes, la céramique, la peinture (à Pompéi apparaissent plusieurs fois Nessus et Déjanire). Il faut conclure d'une telle abondance que le Centaure est familier aux Anciens, qu'il est bien présent dans leur imaginaire. Et naturellement, on s'attend à retrouver les fils de la Nuée dans les œuvres littéraires.

Or, il n'en est rien. Voilà le paradoxe que l'on découvre en recherchant des Centaures dans la littérature gréco-romaine. Ici et là se rencontre bien une allusion à la fable, aux différentes péripéties de l'histoire des Centaures (la plus célèbre étant celle des noces de Pirithoos ; voir par exemple Homère, *Odyssée*, XXI, 295-304, Hésiode, *Bouclier*, 178-190, Virgile, *Géorgiques*, II, 454-457), et aussi à leur psychologie ambivalente (goût de la violence, brutalité du désir, ou au contraire sagesse d'un Chiron ou d'un Pholos). Mais font défaut les textes où le Centaure serait investi d'un rôle de plein droit. Par exemple, l'*Odyssée* montre Ulysse aux prises avec des êtres monstrueux (Lestrygons, Cyclopes, Sirènes) qui pénètrent sans effort dans le récit et y occupent une fonction indispensable. Mais ni dans la littérature de fiction ni ailleurs, le Centaure ne se voit confier ce genre de rôles. Ces rôles, pourtant, il les tiendra, mais plus tard, hors de l'immense domaine littéraire qui correspond au monde qui lui a donné naissance. Par réinterprétations et réapparitions successives, il ne cessera de se présenter aux lecteurs et spectateurs à venir. L'homme du XXe siècle sait que Picasso l'a intégré à son bestiaire imaginaire, et qu'en hommage à ce même Picasso, César vient d'en sculpter une statue monumentale.

Philippe HEUZÉ

LE CENTAURE : FIGURE MODERNE ET « MODERNISTE »

La fortune littéraire que connut en France, au XIXe siècle, la figure mythique du Centaure, grâce à Maurice de Guérin puis au Parnasse, eut son égale en Amérique hispanique avec la génération moderniste, formée de jeunes poètes qui cherchèrent à se construire un monde intérieur, fermé, lointain, personnel où ils pouvaient se réfugier en fuyant la réalité d'un monde peu propice à la création. Désireux de s'émanciper littérairement de l'Espagne, ils se tournèrent vers les littératures des pays étrangers et principalement de la France. Sans cesser d'être les admirateurs de Victor Hugo, ils éprouvèrent une prédilection pour Baudelaire et Verlaine, furent sensibles à l'écriture artiste des Goncourt, s'intéressèrent à la critique de Renan mais aussi aux romans de J.-K. Huysmans ou de Villiers de l'Isle Adam et furent séduits par la pureté de la forme des poèmes de Leconte de Lisle ou de José Maria de Heredia. En quête d'un « ailleurs » ainsi que d'un passé qu'ils n'avaient pas, ils trouvèrent à satisfaire leur besoin d'évasion dans la lecture des poètes français du XIXe siècle qui remirent à l'honneur l'Antiquité grecque à laquelle, par ailleurs, leur vaste culture leur permettait d'accéder ; à leur tour, ils utilisèrent les mythes anciens qui, loin de constituer de simples motifs décoratifs, furent des éléments fécondants de leur poésie et qu'ils traitèrent, le plus souvent, d'une façon personnelle. Le Centaure fut de ceux-là.

Que les Modernistes aient choisi, à côté d'autres mythes éternels et de valeur universelle, celui du Centaure, doublement importé — en raison de son appartenance au monde antique et de sa référence au cheval, introduit en Amérique par les « conquistadores » — semble, à première vue, ajouter à leur désir de s'éloigner de tout ce qui était spécifiquement leur. C'est, cependant, bien souvent leur propre nature qu'exprimèrent, à travers la figure mythique du Centaure présente, tout au long du Modernismo, dans des compositions diverses et dans des proportions variables, les représentants de ce mouvement littéraire hispano-américain.

Le Centaure apparaît d'abord dans l'œuvre de Rubén Darío qui en fit sa figure préférée parmi les mythes anciens et lui consacra, entre 1887 et 1908, à des moments significatifs de sa production littéraire, quatre pièces, en vers ou en prose, dont la plus importante et la plus connue est le *Colloque des Centaures* (*Coloquio de los Centauros*). Il appartient, sous la forme de sonnets, à la poésie moderniste sud-américaine, orientée vers l'esthétisme, représentée ici par le jeune José Juan Tablada (*Le Centaure*, *El Centauro*, 1894) et par son compatriote à la plume plus sobre, Luis Urbina (*Le Bain du Centaure*, *El Bano del Centauro*, 1905). Il occupe une large place dans le long poème philosophique du Colombien Guillermo Valencia (*Saint Antoine et le Centaure*, *San Antonio y el Centauro*, 1898). Il est l'un des thèmes helléniques de l'Argentin Leopoldo Díaz dont l'art commence et finit avec le Parnasse. Il fait partie des *Cantilènes* du Péruvien Ventura Garcia Calderón, d'un Modernisme tardif mais qui a préservé ses traits fondamentaux.

Les sources auxquelles les Modernistes, lecteurs inlassables des Anciens et des Modernes, dans la langue originale ou en traduction, purent puiser, appartiennent, en dehors des textes grecs et latins, à la littérature mystique et, en particulier, aux « Vies de saints » racontées par saint Jérôme, où le Centaure, sous les traits d'un monstre, figure le paganisme face au christianisme. La littérature moderne leur fournit une autre interprétation de cette figure mythique. *Le Centaure* de Maurice de Guérin représenté, à côté du sage Chiron dans sa vieillesse sereine, par le jeune Macarée, avec sa double nature, voué aux galops sans frein, incliné à la méditation, exprime les problèmes et les agitations de la vie intérieure de l'auteur. Après lui, Leconte de Lisle atténue aussi l'aspect bestial et farouche du Centaure. Son « Khiron » des *Poèmes antiques* combine les caractères des deux centaures de Guérin, la sagesse et la science de l'un, la force déchaînée de l'autre. Chez les deux poètes, le Centaure est la figure mythique qui exprime la rencontre, le conflit, la synthèse de la puissance vitale qui se veut sans limite et de la sagesse méditative, recueillie et sereine.

Enfin José Maria de Heredia met en évidence, dans *Hercule et les Centaures*, la dualité homme-animal. Le Centaure des *Trophées* est l'image d'un état intermédiaire, celui du passage de l'animal à l'homme et l'avènement de ce dernier, symbolisé par Hercule, consacre sa disparition. « Nessus » pose le problème, dans un même être, de l'ardeur génésique purement bestiale et d'une aspiration supérieure qui l'élève à l'humanité, l'amour, sentiment lié à l'inquiétude dont prend également conscience « la Centauresse ». Dans leur affrontement avec la race humaine, les Centaures révèlent leur appartenance préférentielle au règne animal (« Centaures et Lapithes ») et à la veille de leur disparition, ils ne possèdent plus de leur double nature que la bestialité (« Fuite des Centaures »).

De cette richesse de sources littéraires, auxquelles il faut ajouter les sources graphiques illustrant les dictionnaires de mythologie, les Modernistes ont tiré différemment parti. Dans leurs poèmes, le Centaure apparaît un et divers : représentant de l'espèce, investi alors d'une valeur exemplaire, ils le désignent par son nom spécifique précédé de l'article défini qui le détermine, mais ils lui font aussi porter le nom d'Hippofos, « fils de la Grèce » (G. Valencia) ou lui donnent l'identité de « Neso », « Quirón », « Folo », « Hipea », « Rito », « Abantes », etc., noms qui disent assez leur origine latine. Ils le situent « près des myrtes, sous les lauriers », dans *L'Ile d'Or* que R. Darío crée avec sa propre richesse intérieure, dans la « nuptiale et noire alcôve » (J. J. Tablada), à travers le désert brûlant de l'Egypte (G. Valencia) en bordure de la mer, dans une nature sauvage (L. Díaz) ou au milieu des eaux d'un lac mexicain (L. Urbina). Ils le font évoluer au milieu de ses semblables, rencontrer nymphes et satyres, ou le confrontent à saint Antoine. Ils décrivent son étrange silhouette en obtenant de brillants effets plastiques et/ou lui attribuent une fonction symbolique. Présentés en groupe, les Centaures modernistes se fondent dans l'harmonie d'une grande cavalcade (R. Darío, *Palimpseste, Palimpsesto*) ou se détachent d'une masse anonyme (*Colloque des Centaures*) ; décrits individuellement, ils surgissent dans leur diversité sous la plume du poète comme sous le ciseau du sculpteur :

L'un s'avance d'un pas rythmique,
L'autre dresse gaillardement le cou,
Comme sur un élégant bas-relief
Que Scopas eût taillé de son ciseau magique.
Un autre élève dans l'air ses blanches mains,
Tandis que la chaude lumière du soleil
Dore sa fine croupe.
Un autre, franchissant rocs et troncs d'arbres,
Allègre, lance ses cris sonores
Comme le bruit d'une conque marine.
(R. Darío, *Palimpseste*, traduit par M.J. Faurie dans *Le Modernisme hispano-américain et ses sources françaises*, Paris, centre de Recherches de l'Institut d'Etudes hispaniques, 1966).

La double nature du Centaure est suggérée d'une manière sculpturale dans ce vers du *Colloque* :

Ses pieds le rivent au sol ; sa tête se dresse, libre, dans le ciel

par l'emploi des verbes antithétiques qui donnent à la silhouette sa valeur à la fois plastique et symbolique. Le Centaure n'est plus le monstre fixé au sol par les pattes : il dresse sa tête vers le ciel dans un élan de liberté. Le même symbole se trouvait dans les paroles de Macarée : « Une moitié de moi-même, cachée dans les eaux, s'agitait pour les surmonter, tandis que l'autre s'élevait, tranquille, et que je portais mes bras oisifs bien au-dessus des flots », et resurgira dans l'attitude du

Centaure de Luis Urbina qui ne laisse émerger que la tête et le tronc du cavalier (*Le bain du Centaure*).

Évocation des plaisirs juvéniles dans un cas, d'un souvenir autobiographique dans l'autre, où l'auteur transpose la scène du bain des nymphes dans la luxuriante nature du Mexique et où, à l'habituel rapt, il substitue la montée du désir charnel chez l'indigène lascive qui se baigne dans les eaux du Chapala.

> Une riante nymphe à la chair rouge et dure, cheveux lisses et visage primitif, se baigne ; les eaux, comme un cordon, lui ceignent la ceinture ; et elle va sans pudeur... et son sein palpite du désir de se donner, voluptueuse et farouche, aux rudes caresses du brun Centaure.

Le Centaure, objet du désir féminin qui ne correspond ici qu'à une simple impulsion sexuelle, était déjà apparu dans l'un des premiers contes de R. Darío, *La nymphe* (*La Ninfa*) mais avec une signification différente. Dans ce conte « parisien » hérité de Catulle Mendès et d'Armand Silvestre où le poète laisse percevoir sa « palpitation sensuelle », c'est le plaisir de tromper de la Femme Fatale qui conduit l'homme à sa perte, thème cher aux Décadents, que R. Darío mettait alors en évidence.

Si la force, pulsion élémentaire, est la principale caractéristique des Centaures modernistes, elle se manifeste de diverses manières. Liée à l'agilité, elle permet au Neso de L. Díaz d'emporter Déjanire sur ses épaules et au jeune Centaure de *Palimpseste*, qui est peut-être Pholos, d'enlever prestement la compagne de Diane. Brutale, elle anime les combats de Centaures entre eux (L. Díaz, *Combat de Centaures, Combate de Centauros*) ou ceux que livrent l'animal et l'homme « en attitudes héroïques et simples » au sein de la nature (L. Urbina). A l'intérieur de lui-même, le Centaure ressent deux forces qui s'opposent :

« En moi combattent deux forces contraires et profondes, un dieu en moi s'exalte et d'autres fois gémit », monologue le Chiron de L. Díaz, qui finit par succomber à la tentation du combat (*Soliloque du Centaure, Soliloquio del Centauro*). « Force joyeuse » enfin chez le vieil Hippofos dont « le bras puissant sait peigner la nymphe et étrangler l'ours », et qui voit dans sa double nature un étrange symbole (*Saint Antoine et le Centaure*).

Cependant, cette force n'est pas invincible et, soit par les héros et les dieux, soit par le christianisme, le Centaure peut être vaincu. Sans donner d'aussi belles images que celles de Henri de Régnier dans *Le Centaure blessé*, et sans atteindre à l'émotion que provoque l'expression plastique de Bourdelle, les Modernistes disent avec sobriété la blessure mortelle, autant que la douleur, provoquées par la flèche vengeresse de Diane ou d'Hercule (*Palimpseste*, L. Díaz, « Déjanire », « Deyanira »). Quant à la « force joyeuse » du « dernier des Centaures », elle ne résiste pas au discours de saint Antoine louant le Christ : le Centaure disparaît ; ainsi le souvenir du vieux paganisme s'effacera de la mémoire des hommes (*Saint Antoine et le Centaure*).

Puissance d'action physique, la force, incarnée par les Centaures, peut être maîtrisée. Dans le *Colloque des Centaures*, ils sont maîtres de leur fougue et ne se laissent pas aller à l'impétuosité de leur nature comme il arrive de le faire au Khiron de Leconte de Lisle ou au Macarée de Maurice de Guérin. Ils ne sont plus des êtres instinctifs, jouets des forces obscures qui les habitent, ils sont libres, conscients de leur vigueur.

C'est là que réside l'originalité de Rubén Darío qui, tout en reprenant les données mythologiques, a su donner aux Centaures du *Colloque* figure humaine, non seulement en les rendant capables de réfléchir, méditer et penser (rappelons qu'il s'agit d'un dialogue entre sages sur des sujets philosophiques : le principe du Monde, le problème du Mal, la Femme, la Mort), mais aussi d'asservir leur force aux lois de l'harmonie. La force vitale qu'ils portent en eux, ils l'exercent à chanter « le terrible mystère des choses », à louer la Nature, sacrée, élevée au rang de dignité, dans une ardente profession de foi panthéiste.

Ils évoquent la lutte menée par les poètes dont la voix n'a cessé de s'élever en faveur de « l'âme des choses » contre les philosophes, les matérialistes, les positivistes, âme que vient de découvrir ce XIXe siècle finissant.

Ils trouvent l'harmonie dans un monde fait de formes, de couleurs, de jeux d'ombre et de lumière et ils mettent leur puissance créatrice au service de l'Art. Ainsi, en se donnant entièrement à l'Art, le « monstre » est sauvé par la beauté.

D'autre part, doués de sensibilité, les Centaures du *Colloque* éprouvent aussi des sentiments humains. La Centauresse Hipea ressent avec violence une profonde jalousie à l'égard de la Femme, sa rivale. Neso rappelle avec nostalgie l'instant pendant lequel il a tenu dans ses bras la belle Déjanire et ne peut l'oublier.

D'autres, après Darío, entretinrent chez les Centaures ce même sentiment : nostalgie d'un « ailleurs » chez les jeunes Centaures de L. Díaz ; nostalgie d'une jeunesse à laquelle a succédé une vie errante pour Ventura Garcia Calderón, porteur de deux cultures, et qui, amoureux de Versailles, a toujours ressenti la tyrannie de ses atavismes. Au Centaure, son frère, compagnon de sa solitude, il confie :

> (...) (à toi) qui passes par la terrestre vallée, sous la fête de l'aurore embrasée : je veux dire la triste douceur du venin et l'anxiété errante qu'aura été ma vie.
> (« J'ai dit au jeune centaure », « Dije al centauro joven »).

Etre mythologique à la double nature, le Centaure qui a sollicité, en dehors de Rubén Darío, bien des Modernistes aujourd'hui oubliés, figure, de façons diverses, les élans vitaux de ces jeunes poètes qui, à l'occasion, créèrent des images d'une plastique très pure appliquée pour la première fois à la poésie érotique ; tel ce sonnet de José Juan Tablada :

Le Centaure

Désenlacée l'obscure chevelure
en son ondulation dorsale de reptile

— ébène palpitant — qui s'effile
en cascade funèbre de luxure.

Telle se brise en un marbre poli
la lumière sur sa hanche galbée
par l'éclat crépusculaire dorée
telle la croupe d'un zèbre rebondie.

Elle dérobe aux juments d'Arabie
la blancheur et le feu en son désir :
ainsi en sa nuptiale et noire alcôve,

où se meurt de Phébus un ultime rayon
brodant d'or l'acajou de la couche,
il est Centaure le fougueux hyménée !

(Traduit par B. Graciet.)

Le Centaure représente aussi, pour ces esprits qui ont foi en l'éternelle Poésie, la rencontre de la force et de la pensée, des impulsions et de la raison, de l'instinct et des sentiments ainsi que des conflits qui peuvent en naître.

La présence de la figure mythique du Centaure dans la poésie moderniste ne peut s'expliquer uniquement par le désir de suivre une mode littéraire. Le Centaure, représentant d'une espèce hybride, est la figure à travers laquelle, nous semble-t-il, ces jeunes poètes pouvaient le mieux illustrer leur dualité et les contradictions qu'elle entraînait, et qu'ils vécurent parfois douloureusement ; dualité liée à leurs origines, à leur fonction d'écrivain d'Amérique puisant leur inspiration aux sources de l'Europe, à leur appétit sensuel et à leur besoin de spiritualité. Le cas de Rubén Darío est, à cet égard, exemplaire. Le *Colloque des Centaures* montre bien, par son exaltation « de l'ascension perpétuelle de Psyché », combien l'aspiration spirituelle fut familière à Darío. Mais sa voix fut presque toujours assourdie par les exigences de sa sensualité dominante. Cependant entre « les monstres du Désir, les monstres de la Chair », dont parlait Henri de Régnier et que nous retrouvons sous les traits des Centaures de *Palimpseste* qui, poussés par leur impulsion érotique, se précipitent sur les Nymphes pour satisfaire leur besoin de possession, et le Quiron du *Colloque* qui caresse du regard les courbes des Nymphes et chez lequel l'instinct animal s'humanise, il y a toute l'évolution de la symbolique du Désir darien.

Dualité enfin chez ces poètes, ainsi que chez presque tous les Modernistes, partagés entre le christianisme hérité d'Espagne et l'amour de la vie païenne à laquelle la nature vierge du Nouveau Continent sert de cadre, une nature où le mythe du Centaure, homme-cheval, irréel du point de vue physiologique, devient, du point de vue psychologique, une réalité.

Christiane SÉRIS

LES CENTAURES AMÉRICAINS, DES SANTIAGOS EN SANTIAGUES

Si nous, nous analysons les mythes comme le fonctionnement du sacré au niveau social, eux, les anciens Mexicains, les interprétaient comme l'Histoire du monde, et ils *savaient* que cette histoire était *vraie.* Si vraie que lorsqu'en 1519 débarqua au Mexique une poignée d'aventuriers, le belliqueux peuple aztèque, jusqu'alors conquérant, en quelques mois perdit tout contrôle sur les autres et sur lui-même, parce que les augures annonçaient le possible retour de Quetzalcoatl, le Serpent-enveloppé-de-plumes, prêtre-dieu civilisateur, le fabuleux souverain de Tula, pour l'année 1519... Le mythe ne mentait pas en promettant, pour quelque jour, le retour de la paix et du progrès, mais les hommes se trompaient en identifiant le progrès avec Cortès et ses soldats. Fatale erreur, aux répercussions incalculables, tant pour le Nouveau Monde que pour l'Ancien.

Les arrivants avaient aussi leurs mythes, et une confortable cohorte de diables, plus ou moins incarnés, si l'on en croit Fray Bartolomé de Las Casas, un connaisseur, en ceux-là mêmes que le baptême et le sang du Christ auraient dû mettre à l'abri du démon. Ils avaient surtout un dieu, unique et jaloux. Débarquant avec armes et bagages, avec, on ne le sait que trop, plus d'armes que de bagages, peut-être n'avaient-ils en fin de compte, pour tout bagage, que leur cheval et leur épée, car les deux étaient une arme, surtout le cheval, toujours d'après Las Casas, arme terrible pour les Indiens. Le cacao, la tomate, le haricot, le tabac, parmi bien d'autres, sont des cadeaux du Nouveau Monde à l'Ancien, mais pas le « mustang », avec qui d'aucuns confondent pourtant la terre sauvage américaine. Le cheval, domestiqué, civilisé, n'a découvert l'Amérique qu'au XVIe siècle, avec les Espagnols. Ceux-ci, levant les yeux au ciel, (« au fond de l'océan », selon le poète), trouvèrent la Constellation du Centaure, brillant avec la « Croix du Sud ». Les Indiens, eux, n'en croyant pas leurs yeux humains, ont vu, à terre, incarnée, la figure mythique rêvée par d'autres hommes dont ils ne soupçonnaient même pas l'existence : les Grecs avaient inventé le Centaure, les Indiens d'Amérique l'ont vécu. On se prend à imaginer laquelle des deux moitiés, animale ou humaine, déconcertait le plus des gens dont les caractéristiques ethniques les éloignaient des nouveaux venus. A tout prendre, les quatre pattes étaient, nous le verrons, moins insolites que la barbe, noire ou rousse, et la peau blanche de ces formes inconnues.

Une page était tournée. Les Indes occidentales entraient dans l'horreur de l'organisation coloniale, et les mythes, longtemps garants du Cosmos, ne servaient plus dans un monde dévasté dont ils ne contrôlaient pas le chaos. Condamnés par la religion chrétienne, marginalisés par la culture du conquérant, ils s'adaptent pourtant à un système linguistique et narratif étranger pour émerger dans les littératures nationales dès la libération du continent, au XIXe siècle : la

Coatlicue, Tezcatlipoca, Quetzalcoatl, trouvent dans les fictions contemporaines une opulente terre d'asile. Par métissage culturel, d'autres mythes sont nés sur le sol américain : l'Eldorado, El Dorado, Le Doré, homme ou pays que les conquérants ont follement cherché depuis les lacs péruviens jusqu'aux Andes Vertes, quête inséparable de la figure du dément Aguirre. D'autres mythes enfin, proprement européens, trouvaient une vocation nouvelle et originale dans le Nouveau Monde, tel le Centaure.

Quand le Centaure investit le Nouveau Monde pour la deuxième fois, c'est dans la littérature, porteur du rêve « américain » des Modernistes. Le XIXe siècle tire à sa fin. Que s'était-il donc passé depuis qu'en 1519 avaient débarqué dans le Golfe du Mexique Cortés et ses hommes à cheval ? Rien. Les Centaures de Veracruz n'étaient pas mythiques, nous le savons bien, mais même pour les Indiens qui ne le savaient pas, et en l'absence d'un récit organisateur (par exemple, les mythes qui annonçaient et partant régissaient les modalités du retour de Quetzalcoatl), la forme nouvelle ne relevait pas non plus du fabuleux, mais simplement de l'inouï... Il aurait fallu du temps, beaucoup de temps pour qu'on la « parlât ». Et du temps, il n'y en avait pas, puisque déjà, c'était inévitable, un Espagnol mettait pied à terre, abolissant le Centaure (qui en était finalement un sans qu'on le sût) au profit de deux formes nouvelles, individuelles et tout aussi énigmatiques pour les Indiens. Or le geste, si banal pour un cavalier, de se séparer de sa monture, et parce qu'il constituait un déni de l'homme-cheval, allait devenir fondateur d'un autre mythe, spécifiquement américain, celui de l'Homme-à-cheval, dont la raison d'être n'est ni d'homme ni de cheval et cependant d'être les deux. En lui offrant une double vocation, ravisseur génital parfois et parfois éducateur hautement cérébralisé, le mythe qui, dans sa première étape, soulignait l'instabilité caractérielle de cette figure complexe, manifeste son incontournable unité par la nécessité du choix entre tendre vers le haut ou tendre vers le bas mais tendre, paradoxalement, tout entier, à chaque fois, du même côté. Un Espagnol, alors, met pied à terre, et ce geste dramatise le trait-d'union, qu'il efface tout en le promouvant comme lieu d'investissement libidinal, tragique d'être à la fois soulagement devant ce qui a cessé d'être, et désir d'y revenir à jamais. Ainsi naît le mythe. Je m'explique. Passé l'étonnement premier devant l'étrangeté de la forme (il n'y avait pas en Amérique d'animal de grande taille, le lama péruvien lui-même pouvant difficilement rivaliser avec le cheval, et quant aux différences ethniques des humains, nous les avons déjà évoquées), le bimorphisme combinatoire de l'homme-cheval n'avait rien qui pût bouleverser l'imaginaire indien, qui avait peuplé son univers de divinités duelles (par exemple Ometeotl, Dieux-Deux, féminin et masculin, ou Quetzalcoatl et son jumeau Xolotl, etc.), et dotait chaque individu d'un *nahuatl*, double animal qui était un autre lui-même au point que les deux formes, humaine et animale, s'interchangeaient (on sait le parti narratif que dans *Hommes de Maïs* en tire Miguel Angel Asturias). Mais très vite apparu que non seulement il n'y avait nulle réciprocité essentielle entre l'homme et le cheval mais que la bestialité était, en fait, dans la partie spatialement supérieure (« bestial », « bestialité » se répètent, à propos des Espagnols, dans *Très brève relation de la destruction des Indes* de Bartolomé de Las Casas), telle qu'en elle-même l'ignorance, la cupidité, la cruauté la transformaient. Alors, inévitablement, la partie spatialement inférieure fut l'objet d'une valorisation d'autant plus spontanée qu'elle répondait profondément aux pratiques culturelles des sociétés mésoaméricaines dans lesquelles la majesté, humaine ou divine, se représentait par le haussement dans l'espace, celui-ci fût-il rendu par la pyramide que surplombait le temple et l'autel du sacrifice, par un socle ou par un simple tapis, indifféremment, le problème n'étant pas à la hiérarchisation des supports mais à l'expression d'une fonction, *surélever.* Or le cheval répondait doublement, c'est-à-dire pleinement, à ce pantocratique investissement de l'espace, puisqu'il y répondait en verticalité et en horizontalité, dans la mesure où non seulement il surélevait, telles la pyramide, l'échasse (l'Arbre), mais qu'en plus il se déplaçait avec vélocité. Cette dernière circonstance n'est certainement pas la moins intéressante à considérer chez des peuples qui avaient une divinité, double du dieu solaire Huitzilopochtl, Paynal, Celui-qui-est-transporté-vélocement, et qui appelaient leur temps présent « Soleil (ère) du Mouvement », incarné en Xolotl, Seigneur du Mouvement. Xolotl, dont j'ai dit qu'il était le double de Quetzalcoatl, prend dans les codex la figure du coyotte, le chien sauvage américain, un des signes du calendrier nahua. L'identification entre cheval et chien encore une fois n'a rien de surprenant : au Pérou, la fonction apotropaïque, dans les rituels de fondation d'une maison, d'une propriété, etc., est dévolue à des figurines en terre cuite remplies de chicha, censées représenter un taureau, d'importation espagnole, mais fortement évocatrices du jaguar, animal emblématique préincasique. Le Centaure, selon Dumézil, correspond à des thèmes de rapt, de feu, de descente au monde des morts, de travestissement carnavalesque : Xolotl, Seigneur du Mouvement, participe à la création du Cinquième Soleil, réalisée par la mort d'une victime sur un bûcher, il descend avec Quetzalcoatl chez le dieu des morts et l'aide à voler les ossements qui serviront à fabriquer une nouvelle humanité, il fuit le sacrifice en se travestissant, d'abord en maïs à deux têtes, et on l'appelle *xolotl,* puis en maguey, et on l'appelle maxolotl, enfin en poisson, et on l'appelle axolotl. Image du dynamisme vital et de la quotidienne résurrection de la lumière au sortir du monde nocturne, figure du retour (pour toutes ces raisons le coyote est dans le roman *Hommes de Maïs* le double du facteur), compagnon et double de Quetzalcoatl, Xolotl ne pouvait que conférer son prestige à l'animal véloce qui servait de socle au dieu barbu un instant identifié avec Quetzalcoatl (au musée d'Anthropologie de Mexico se trouve une statue de Quetzalcoatl, portant dans son dos le jeune soleil son double, son jumeau Xolotl, en forme de tête d'enfant). J'ai parlé du trait-d'union (homme-cheval) comme lieu d'investissement du désir. Il est sûr que si l'homme blanc, sur le cheval divin, accédait au rang de divinité, l'indigène *pouvait* y accéder aussi. Nous ignorons combien de temps a demandé l'élaboration des mythes indo-européens, aujourd'hui familiers; nous sommes gênés, en ce qui concerne l'Amérique, par le fait que nous avons assisté à leur procès, depuis le moment, si proche, où un Espagnol à cheval a foulé la terre américaine jusqu'au jour où le premier Indien, sans selle et l'arc à la main, s'est instauré sagittaire. Si nous acceptons que les mythes indo-européens puissent dire à leur manière le refoulé d'une civilisation, pourquoi en serait-il autrement pour d'autres cultures? Depuis qu'un premier Espagnol est descendu de cheval, un Indien a eu le désir de monter pour devenir ce qui venait de cesser d'être; et tout un continent, métis, a vu dans l'Homme-à-cheval l'image de la gloire, du pouvoir, de la revanche. Le mythe étant narration, c'est dans les lettres latino-américaines que nous trouverons trace des étapes d'un processus si profondément libidinal. Il y a d'abord, en ce qui concerne la déification du socle, la tradition légendaire (recueillie par Miguel Angel Asturias dans *Le Cheval du Tonnerre*, œuvre inachevée et malheureusement inédite) du cheval que Cortès, partant en expédition vers le Honduras, avait confié aux indigènes d'un village parce que la bête, blessée à la patte, boitait. Les pires représailles attendent le village si au retour de Cortès le cheval n'a pas recouvré la santé. Point besoin de menaces pour que les indigènes traitent la bête comme ils traitent leurs divinités : abondantes offrandes lui sont faites de riches mets, en jade et pierres précieuses, en or et en argent, mais que le cheval boude, désespérant les Indiens. Quand il meurt d'inanition, et autant pour échapper à la colère du conquérant en essayant de le duper que par croyance profonde en la consubstantialité de la divinité vivante et de sa représentation, on sculpte un cheval en pierre que l'on offrira en toute bonne foi à Cortès.

Dans un continent où l'indigène, mis au travail par le conquérant, s'appelle génériquement « péon », celui-qui-va-à-pied, pion qui doit respecter les cases face au déplacement privilégié du cavalier, le cheval, je l'ai dit, devient un obscur objet du désir. Ceux qui sont à cheval sont ceux qui commandent, les maîtres, les militaires. La génitalité du centaure indo-européen se trouve dans le *macho* dès lors que le cheval est, si je puis dire, le signe extérieur de sa virilité. Aussi, significativement, les femmes vont-elles à pied, comme le montrent les admirables images du film mexicain *Enamorada*, de Fernandez, avec l'Homme, le Héros de la Révolution, partant à cheval à la guerre, la femme suivant à pied. Alors surgissent les figures littéraires des centauresses rebelles à la loi des hommes, dona Bárbara, dans le roman du même nom du Vénézuélien Romulo Gallegos, dona Flora, dans *Le Pape vert* de Miguel Angel Asturias. L'une et l'autre revendiquent, par la pratique équestre qui leur fait « ouvrir les jambes comme un homme », la promotion sociale par l'exercice du pouvoir. A l'inverse, quand le peintre Diego Rivera évoque Emiliano Zapata, champion de la réforme agraire qui doit rendre égaux patrons et péons, il le place au premier plan de la foule des paysans, avec son légendaire cheval blanc, mais le tenant par la bride, debout près de lui. Dans les pays d'élevage, comme le Venezuela ou l'Argentine, où le cheval s'est longtemps reproduit en liberté sur d'immenses espaces vierges, la capture et le dressage d'un étalon acquièrent la valeur de rite initiatique, une épreuve de virilité. Ainsi, dans *Dona Barbara*, un jeune propriétaire arrive de Caracas, où il fait des études de droit. En tant qu'intellectuel, il est l'objet de la méfiance de ses péons, jusqu'à ce qu'il réussisse à monter un poulain réfractaire au moindre dressage, et qu'à l'issue d'une folle course à travers la savane, il le ramène, enfin soumis. La devise du *llanero* vénézuélien est « en amour, mon cheval d'abord ». Mais s'il existe une tradition, légendaire, qui trouve une place de choix dans les lettres, de la vie du *llanero* à travers ses rites, c'est-à-dire ses travaux et ses jeux (dressage, marcage, rodéos, etc.), c'est le *gaucho* des pays de la Plata qui se constitue en figure mythique, et ce d'autant plus facilement que l'évolution des structures économiques à la fin du XIXe siècle a entraîné la disparition du référent réel... Le gaucho, qui le contesterait, représente la meilleure image de l'homme-à-cheval, et le gaucho argentin est désormais, tout aussi incontestablement, un mythe. A en croire Faustino Domingo Sarmiento, ce Centaure américain tirerait du côté de la brute barbare. Mais l'admirable *Martín Fierro* de José Hernandez restitue la dualité des origines, et de même qu'il y avait de bons et de mauvais centaures, il y a les gauchos « buenos » et les « malos ».

Ce serait injustement amputer la centauresque figure de l'homme-à-cheval américain que d'oublier son avatar hollywoodien. Les mythes cinématographiques ont ressuscité les Centaures classiques en leur double vocation, soit Indiens tireurs à l'arc, ravisseurs de femmes, mangeurs de viande crue, barbares indiens en un mot, soit piaffants yanquis sanglés dans leurs uniformes, leur culture biblique et leur puritanisme civilisé. Mais dans ce Nouveau Monde qui n'en finit pas de nous agacer, nous, gens d'un monde qui peut-être se fait vieux, intervient l'ultime modalité du Centaure, modalité dont nous pouvons dénier qu'elle soit déjà un mythe mais en aucun cas nier sa qualité de rite : si le Centaure était une image d'inclusion, dans le rodéo, rite d'exclusion, cavalier et monture savent que leur finalité est la séparation. Condition nécessaire au rite, qui est répétition : à chaque chute correspond une remontée, aussi le rodéo est-il l'incarnation la plus réussie du Cinquième Soleil que les peuples précolombiens avaient appelé Mouvement.

Dorita NOUHAUD

BIBLIOGRAPHIE

LE CENTAURE, UNE FIGURE MYTHIQUE MODERNISTE

Textes

Rubén DARIO, « Palimpsesto », « Coloquio de los Centauros » in *Poesías completas*, Madrid, Aguilar, 1975.

Leopold DIAZ, *L'ombre de Hellas*; *Las sombras de Hellas* », traduction française de F. Raisin, Genève, 1902.

Maurice de GUÉRIN, « Le Centaure » in *Œuvres complètes*, Paris, Boudé, 1947.

José Maria de HEREDIA, « Hercule et les Centaures » in *Les Trophées*, Paris, Gallimard, 1981.

Ch. M. R. LECONTE DE LISLE, « Khirôn » in *Poèmes antiques*, Paris, Les Belles-Lettres, 1977.

Guillermo VALENCIA, « San Antonio y el Centauro » in *Obras poéticas completas*, Madrid, Aguilar, 1955.

Etudes

Marie-Josèphe FAURIE, *Le Modernisme hispano-américain et ses sources françaises*, Paris, Centre de recherches de l'Institut d'études hispaniques, 1966.

María Teresa MAIORANA, *Rubén Darío et le mythe du Centaure*, Toulouse, L'Amitié Guérinienne, 1958.

LES CENTAURES AMÉRICAINS, DES SANTIAGOS EN SANTIAGUES

Textes

Miguel Angel ASTURIAS, *Hommes de maïs; Hombres de maïz*, traduction française de F. de Miomandre, Paris, Albin Michel, 1967;

— *Le Pape Vert; El Papa Verde*, traduction française de F. de Miomandre, Paris, Albin Michel, 1956.

Rómulo GALLEGOS, *Dona Bárbara*, Madrid, Espasa-Calpe, col. Austral, 1975 (33e édit.).

Inca GARCILASO, « Comentarios reales de los Incas » in *Obras completas*, Madrid, Biblioteca de Autores Espanoles, t. CXXXIII, vol. II.

José HERNANDEZ, *Martin Fierro*, Madrid, Losada, 1971 (13e édit.).

Bartolomé de LAS CASAS, *Brevisima relación de la destruccíon de las Indias*, Edition de André Saint-Lu, Madrid, Cátedra, 1982.

Etudes

Miguel LEON-PORTILLA, *Los antiguos Mexicanos*, Mexico, Fondo de Cultura Económica, 1974.

Bernardino de SAHAGUN, *Historia general de las cosas de Nueva Espana*, Mexico, Porrúa, 1975.

Mireille SIMONI-ABBAT, *Les Aztèques*, Paris, Le Temps qui court, col. Microcosme, 1976.

Chaka le zoulou, un mythe bantou

Chaka (1786-1828), fondateur de l'Empire zoulou, fut à l'origine d'un grand bouleversement de la carte ethnique de l'Afrique australe dans le premier quart du XIXe siècle, sous l'effet d'un double mouvement : de rassemblement de tribus vivant en petites communautés indépendantes, et de dispersion des populations fuyant son hégémonie.

L'histoire de son ascension et de son règne (1816-1828) nous a été transmise par l'épopée en prose que l'instituteur bassouto Thomas Mofolo a rédigée en langue souto à partir de récits de la tradition orale. Traduite en anglais, en allemand et en français dès 1939[1], elle s'intègre dans le vaste ensemble des mythes historiques de fondation de peuples sous l'égide d'une personnalité hors du commun.

Entre légende et histoire

Né en pays cafre (Natal actuel) de l'union illégitime de Senza 'Ngakona, chef du petit clan Iféniléja vassal des Abatêtoas, et de la jeune Nandi, Chaka connut

1. Thomas Mofolo, *Chaka, une Epopée bantoue*, traduite de la langue souto en français par Ellenberger, Gallimard, 1940-1981 (le pays souto correspond au Lesotho actuel).

l'exil, sa mère ayant été répudiée par suite de la jalousie des co-épouses de son père.

Les prédictions d'une féticheuse annoncent cependant pour ce « bâtard » un destin glorieux. Soutenu par une mère aimante, Chaka prend bientôt sa revanche sur un sort injuste, en s'affirmant par sa force physique. De l'adolescence datent ses premiers exploits (il tue seul un lion puis une hyène) ; poursuivi par la jalousie de ses demi-frères, il doit pourtant fuir dans la forêt. C'est là qu'initié aux forces occultes par Issanoussi, voyant et féticheur, il connaît une métamorphose décisive qui lui permet de s'affirmer comme guerrier de grande valeur au service de Ding'iswayo, suzerain de son père et chef des Abatêtoas, qui le prend sous sa protection. Ayant acquis la maîtrise des armes en combattant un voisin agressif, Zwidé, Chaka peut songer à épouser Noliwé, sœur de Ding'iswayo. La mort de son père le distrait cependant de ce projet. Il combat victorieusement contre son demi-frère M'fokazana désigné comme successeur, et s'installe à la tête de son clan d'origine. Son prestige s'accroît encore lorsqu'à la mort de Ding'iswayo tombé victime de Zwidé, il est reconnu seul chef des Abatêtoas. Il venge son ancien maître en forçant Zwidé à s'exiler... Son peuple le presse alors de se marier, mais le sorcier Issanoussi l'en dissuade et lui propose une plus grande gloire. Chaka acquiesce et accepte même de sacrifier Noliwé à son ambition.

Une nouvelle phase commence pour Chaka. Ayant bâti sa capitale, il réforme complètement les institutions du royaume, et se présentant comme l'envoyé du Dieu tout-puissant[2] il instaure une théocratie militaire fondée sur la formation sévère des guerriers auxquels il interdit même de se marier.

Chaka engage alors ses armées dans de multiples expéditions de conquête, élargissant considérablement son Empire vers le sud et vers le nord[3]. Ces campagnes se révèlent destructrices, Chaka razziant les troupeaux des tribus vaincues et ne laissant la vie sauve qu'aux jeunes gens qu'il intègre à son armée. Un épisode particulièrement dramatique, « le massacre des couards », au cours duquel Chaka fit exécuter plusieurs de ses régiments coupables d'avoir fui devant l'ennemi ou d'avoir abandonné leurs armes, signale le début des excès du conquérant qui ne maîtrise plus sa soif de puissance. Certains généraux le quittent pour installer ailleurs leur propre royaume ; le meurtre de sa mère accusée d'avoir, malgré son interdiction, laissé la vie sauve à l'un de ses enfants, finit de le discréditer... Le peuple murmure contre le tyran ; ses demi-frères Di'ngana et Mahla'ngana exploitent ces mécontentements pour organiser son assassinat.

2. Sur l'incitation d'Issanoussi, Chaka choisit un nouveau nom pour son peuple ; entendant le bruit du tonnerre, il s'écria : « Zoulou ! Amazoulou ! (le Ciel ! le clan du Ciel) », à la suite de quoi Chaka s'identifie lui-même au nuage symbole de liberté (in *Chaka* de Mofolo, *op. cit.*, p. 171).

3. A partir d'un noyau initial d'une quarantaine de villages, Chaka étendit son hégémonie à quarante mille villages environ en douze années de règne.

Approche mythocritique

La morphologie du récit de Mofolo, retraçant les étapes de la formation du héros mais aussi son enfoncement dans la tyrannie qui lui valut d'être assassiné, répond à la structure cyclique, selon la nomenclature établie par V. Propp et reprise par D. Paulme[4].

A partir d'une situation de manque (Chaka privé de ses droits à la succession), l'intrigue s'organise autour de la quête du pouvoir assimilée à une lutte contre les ténèbres et l'oubli, contre les forces hostiles que constituent le mauvais père qui l'a rejeté et les demi-frères ennemis. L'aspiration à la souveraineté est ainsi liée au thème de la bâtardise et de l'enfant persécuté appelé à de hautes destinées, constante universelle des mythes héroïques[5].

Cette quête jalonnée d'épreuves s'effectue tout entière sur un fond de croyances animistes et de pratiques magiques. Le thème des épreuves qualifiantes est développé en relation avec le culte des Ancêtres : sur le lieu de ses ablutions rituelles (rivière aux eaux sombres), Chaka adolescent reçoit la consécration des « Forces d'En-Bas » par l'intermédiaire du « Seigneur des Eaux profondes ». Ce génie apparaît sous la forme d'un serpent monstrueux considéré comme le délégué des ancêtres et parle à Chaka en leur nom :

> « Tu seras grand, ta domination s'étendra sur les nations et sur leurs princes...[6] ».

Ayant dominé sa peur face au dragon symbole d'immortalité, Chaka fait figure d'initié, le thème de la « naissance magique » dans l'eau, véritable renaissance, jaillissant de cette séquence[7].

Divers adjuvants magiques accompagnent le héros et favorisent son ascension. Dès son enfance, Chaka est confié par sa mère protectrice aux soins d'une féticheuse qui procède à divers rites de purification, astreint Chaka à des ablutions rituelles lors de chaque dernier quartier de lune, pratique sur lui incisions, fric-

4. Vladimir Propp, *Morphologie du Conte*, traduit du russe par Claude Ligny, NRF Gallimard, 1970 et Denise Paulme, *La Mère dévorante*, Essai sur la morphologie des contes africains, NRF Gallimard, 1976.

5. Cf. Otto Rank, *Le Mythe de la Naissance du Héros*, Edition critique Payot, 1983.

6. Mofolo signale que « les serpents d'eau sont particulièrement révérés en pays cafre, ceux des rivières principalement » in *Chaka*, *op. cit.*, p. 46.

Cf. aussi ce qu'en dit Denise Paulme, « Le serpent, en Afrique, est toujours symbole d'immortalité : avatar d'ancêtre ou divinité souterraine, son image reste liée à celle des Enfers et au monde des morts. » in *La Mère dévorante*, *op. cit.*, p. 112.

7. *Cf.* Otto Rank, *op. cit.*, p. 102 et sq.

tions, scarifications destinées à conjurer le mauvais sort, et lui prédit un destin grandiose[8].

Les exploits valorisants accomplis par Chaka (il tue seul un lion et devient ainsi son égal ; il tue une hyène symbole de couardise et abolit ainsi la peur...) sont le signe de l'efficacité de ces pratiques magiques qui ont renforcé son énergie vitale, le haussant à un degré supérieur d'humanité.

Le relais est pris par le devin-féticheur Issanoussi, rencontré par hasard dans la forêt lors de la fuite de Chaka, et ses auxiliaires Ndlebe et Malounga qui combattront aux côtés du héros. Issanoussi joue auprès de Chaka le rôle de « pourvoyeur » : il compose les « médecines » destinées à assurer l'invulnérabilité du héros et de ses guerriers, il lui fabrique une sagaie à hampe courte... (thème des armes magiques), grâce à quoi Chaka accomplira de nombreux exploits guerriers conçus comme autant d'épreuves de virilité (il tuera un fou qui semait la terreur chez les Abatêtoas, vaincra le terrible Zwidé...). La répétition du thème de la rencontre du féticheur, qui apparaît chaque fois que le héros se trouve en difficulté, signale l'importance du personnage d'Issanoussi, agent essentiel de la métamorphose héroïque.

L'inversion de la situation initiale (manque comblé) est marquée par l'intronisation de Chaka, confirmée sur la tombe de son père, le défunt faisant entendre sa voix pour le désigner comme son successeur légitime. Lors de cette « épiphanie », le héros reçoit en même temps que le pouvoir la fiancée promise par Ding'iswayo, jouant le rôle de substitut paternel.

Le mythe héroïque ainsi accompli fait fonction de rite de purification, de conjuration d'un destin funeste, rite aussi de compensation collective par l'identification au héros qui, vainqueur des forces adverses, actualise les désirs inconscients de souveraineté, de célébrité et d'immortalité que chacun porte en soi[9].

Le second mouvement du récit de Mofolo se dessine comme un retour à la situation initiale de manque (perte du pouvoir), la dégradation ayant pour cause l'insatiabilité du héros qui utilise son pouvoir de façon destructrice et outrepasse ses droits de souverain.

Inaugurée par le meurtre de Noliwé la fiancée gravide, une série d'actes cruels et pervers signale la chute du héros dans le mal, avec pour point culminant le matricide.

A la différence de Soundjata, héros épique entièrement positif qui a triomphé de la sorcellerie incarnée par son ennemi Soumaoro, Chaka utilise les pouvoirs occultes du sorcier Issanoussi pour accéder à une puissance illimitée, le dernier stade de son initiation lui accordant le droit de tuer. L'archétype du héros « lié »

8. « Parmi les ingrédients composant ces médecines, il entrait du cœur de lion, du cœur de panthère, et du cœur d'un homme connu de son vivant pour son extrême courage » in *Chaka* de Mofolo, *op. cit.*, p. 30-31.

9. *Cf.* Otto Rank, *op. cit.*, p. 135.

au sens d'ensorcelé[10] prend forme à partir du terrible « pacte du sang » : pour inoculer à Chaka la « médecine du sang », Issanoussi a exigé le sacrifice de l'être le plus cher au héros, Noliwé. Mais en contrepartie de la célébrité promise, Chaka se trouve condamné à tuer et massacrer sans répit :

« La médecine que je t'ai inoculée, c'est celle du sang ; si donc tu ne répands pas le sang en abondance, elle se retournera contre toi, et c'est toi qu'elle fera mourir...[11] »

Après le meurtre de Noliwé, Chaka connaît l'épiphanie de la peur et la chute dans l'angoisse se développe simultanément à l'enfoncement dans le mal. Symboles catamorphes (vertige, pesanteur), et nyctomorphes (cécité, insomnies, cauchemars, visions de spectres et hallucinations) accompagnent la folie sanguinaire du héros[12].

C'est à un véritable rite de possession magique que nous assistons : Mofolo nous décrit un Chaka « poussé en avant par une force intérieure inconnue de lui et qui ne lui laissait aucun répit »[13].

Le thème de la trahison (sécession de plusieurs généraux, abandon de ses auxiliaires Ndlebe et Malounga), annonce la solitude finale du héros jusqu'à son assassinat perçu comme juste châtiment de ses excès.

Le mythe de Chaka se lit donc aussi comme un mythe initiatique exprimant l'inquiétude collective très répandue dans les sociétés animistes, face aux pratiques magiques à des fins de conquête du pouvoir.

Transcrit par Mofolo en pays souto où l'on eut à souffrir des visées conquérantes de Chaka, le mythe tend en outre à fournir l'explication de ce que l'auteur appelle les « lifaqanés », calamités diverses dont Chaka est rendu responsable[14].

10. Mircea ELIADE établit une corrélation étymologique entre « lier » et « ensorceler », cité par Gilbert DURAND in *Les Structures Anthropologiques de l'Imaginaire*, Etudes Bordas, 1969, 9e édit., 1982, p. 118.

11. Paroles du féticheur Issanoussi in *Chaka* de MOFOLO, *op. cit.*, p. 80.

12. *Id.*, chap. XXIV intitulé « Visions et cauchemars » ; *cf.* aussi ce que dit G. DURAND in *op. cit.*, p. 122 : « La chute apparaît comme la quintessence des ténèbres. »

13. « Ses pensées perdirent leur lucidité » (...) « Une envie frénétique le prit alors de voir mourir encore et mourir par sa main ; il avait soif de sang, une soif inextinguible » in *Chaka* de MOFOLO, *op. cit.*, p. 249 : *cf.* aussi p. 286.

14. « Lifaqanés » : guerres incessantes, déportations, famine, régression et même anthropophagie dont furent victimes les populations pourchassées par les armées de Chaka, in *Chaka* de MOFOLO, *op. cit.*, p. 15, 218 et 247.

Fortune littéraire du mythe de Chaka

A partir de 1956, le mythe rapporté par Mofolo s'est trouvé constamment réutilisé par les dramaturges africains, dans une double perspective de réhabilitation des héros du passé et d'éducation des jeunes nations issues des indépendances. De là un théâtre fortement didactique.

Le passage du mythe au théâtre s'accompagne de simplification, de condensation des faits proposés par le récit originel, tandis que le dialogue est utilisé comme véhicule du message nationaliste par le verbe du héros ou de ses partisans, conçu comme une réplique au discours colonial, dans la voie tracée par la Négritude militante[15].

L'identification de l'auteur à son héros joue parfois pleinement comme dans le *Chaka* de Senghor[16] — le poète prêtant au fondateur de la nation zouloue son propre idéal d'humanisme universaliste — ou celui de Badian[17] projetant sur la personnalité de Chaka son projet politique : édification d'une nation au pouvoir fortement centralisé où la Raison d'Etat doit s'imposer à tous les citoyens.

L'actualisation du mythe ancien s'effectue dès lors au détriment des éléments du merveilleux traditionnel. Eludant le problème des rapports entre le pouvoir et la magie, Senghor, Badian, mais aussi Nenekhaly Camara[18] transfigurent l'image du souverain dans une perspective apologétique et voient en Chaka le prototype exemplaire du « leader » moderne.

Poésie chez Senghor, rhétorique chez Badian, réalisme et modernisme du langage chez Nenekhaly Camara, telles sont les armes littéraires dont se servent les auteurs pour glorifier l'entreprise inédite du rassembleur de peuples que fut Chaka — un Chaka auquel ils prêtent l'intuition géniale du péril colonial imminent pour justifier l'imposition de son pouvoir aux tribus dispersées du pays cafre :

> « Notre terre sera bouleversée bientôt. Quelque chose va arriver. Il y aura de l'orage, nous allons connaître une vie sans lumière, une vie de tortures, d'humiliations...[19]. »

15. Le drame se déroule fréquemment sous forme de procès, le héros étant amené à se justifier devant des détracteurs ou devant le tribunal de l'Histoire : *cf.* Chaka chez L.S. Senghor, S. Badian et A. Anta Ka.

16. Léopold Sedar Senghor, *Chaka*, poème dramatique en deux Chants, in *Ethiopiques*, 1956, *Poèmes*, Seuil, 1964 et 1973, p. 116 à 131.

17. Seydou Badian (Mali), *La Mort de Chaka*, pièce en cinq Tableaux, Présence Africaine, 1961 et 1972.

18. Condetto Nenekhaly Camara (Guinée), *Amazoulou*, pièce en trois Tableaux, Théâtre P.J. Oswald, 1970.

19. Seydou Badian, *op. cit.*, Tableau V.

Le charisme du héros se trouve ainsi célébré à travers différentes métaphores fulgurantes chez Senghor dont le poème en deux chants d'une superbe poésie dramatique dresse l'image solaire d'un Chaka « ni guerrier ni boucher », « cavale du zambèze courant et ruant aux étoiles », homme total, poète-splendide-tacticien du verbe autant qu'homme d'action.

L'euphémisation constante[20] aboutit à une réversion du mythe développé par Mofolo, la violence agressive du héros se transmuant en audace bonne, utile à la réalisation d'un projet grandiose d'unification exigeant l'élimination des faibles et des lâches. Etre de désir et d'idéal chez Senghor, habile tacticien chez Badian, homme d'action responsable et intègre chez N. Camara, Chaka est absous de tous ses crimes et salué par son peuple comme digne représentant d'une Afrique en révolution. La tradition n'est invoquée que pour illustrer l'adhésion collective à travers des chants de louanges assimilant Chaka au lion ou à l'éléphant, symboles de force et de souveraineté.

Si modernisation et récupération du mythe à des fins nationalistes semblent aller de pair, deux générations s'affrontent cependant dans la résurrection du mythe zoulou.

Les écrivains de la première décennie des indépendances créent des œuvres de glorification dans une perspective épique rénovée, où le mythe héroïque de la grandeur absolue joue le rôle de rite de purification visant à redonner confiance aux peuples africains, rite de réenracinement dans la mémoire collective destiné à entretenir le culte des héros ancestraux oblitérés par l'histoire coloniale.

Les écrivains africains de la seconde décennie se montrent plus critiques vis-à-vis du héros zoulou, et l'on assiste au glissement d'un théâtre purement nationaliste à un théâtre de réflexion sur le pouvoir, allant parfois jusqu'à la démystification de Chaka et au procès de la tyrannie comme chez D.T. Niane ou T. U-Tam'Si[21].

Dès 1968, A. Anta Ka[22], dans une « tragédie négro-africaine » d'esthétique baroque, nous donne une vision synthétique du destin de Chaka où alternent séquences épiques célébrant le stratège digne d'intégrer la « Pyramide des Héros » et contrepoint parodique illustrant la dégradation du pouvoir d'un « Prince-Bourreau » qui préfigure l'image du Macbeth nègre que proposera plus tard

20. Le meurtre de Noliwé est présenté comme un sacrifice librement consenti, chez SENGHOR, N. CAMARA, ANTA KA, où se trouve tout simplement éludé comme chez S. BADIAN.

21. Djibril Tamsir NIANE (Guinée), *Chaka*, pièce en deux Tableaux, Théâtre P.J. Oswald, 1971.

Tchicaya U TAM'SI (Congo), *Le Zulu*, pièce en trois actes, Editions Nubia, 1977. (Ce drame a été présenté au Festival d'Avignon 1976, dans une mise en scène de Jules-Benjamin Rosette.) *Cf.* aussi le *Chaka* d'Eugène DERVAIN, inédit.

22. Abdou ANTA KA (Sénégal), *Les Amazoulous*, tragédie négro-africaine en trois Actes, créée en 1968, Présence Africaine 1972.

T.U. Tam'Si. Comme chez D.T. Niane, le point de vue du peuple est introduit pour traduire l'atmosphère oppressante de la tyrannie.

Eludant totalement les exploits du guerrier et les victoires du conquérant, Niane structure son drame en deux tableaux antithétiques : enfance malheureuse du héros, rêve compensatoire de gloire avec recours aux forces occultes, et image d'un peuple exsangue las de subir les excès du tyran. Le thème pathétique final de la solitude du héros transmue le drame en tragédie politique :

> « Je l'ai voulu le pouvoir. Mais mon cœur n'a plus de repos. Une sagaie toujours dégoulinant de sang, un peuple épouvanté, la voilà ma gloire. (...) Je ne suis pas aimé[23]. »

Cette déperdition du mythe héroïque procède d'un réexamen de la légende transmise par Mofolo. Même démarche chez U Tam'Si dont *Le Zulu* illustre parfaitement les composantes psychologiques et merveilleuses d'une tragédie de l'ambition précisées dès le prologue :

> « Il est damné... Il a le virus. Cet œil vif, cette rigidité du corps, c'est signe qu'il est damné[24]. »

Ce drame d'une grande originalité rénove totalement le mythe dans une atmosphère de mystère poétique mêlant les thèmes traditionnels de la révélation, des armes magiques remises au héros, et les données de la psychologie moderne par une plongée dans l'univers onirique du héros nous révélant ses aspirations secrètes à la toute-puissance.

Procédant par ellipses, allusions et métaphores, U Tam'Si crée toute une mystique du pouvoir commandée par le schème du liage :

> CHAKA : « C'est comme si je n'étais pas libre... Ce rêve me lie...[25]. »

Consacré « génie de la chair » tandis que ses auxiliaires Ndlebé et Malounga sont respectivement « génie des airs » et « génie de la terre », Chaka se sent investi par Umzikulu le Tout-puissant de la mission d'unifier la terre.

Deux symboles illustrent les dangers qui risquent d'entraver son entreprise :

— la tache de sang trouvée sur le bouclier magique, signe d'une trahison possible des siens[26] ;

— l'écume de la mer, signe annonciateur de la violence étrangère sous forme de menace d'invasion[27].

23. D.T. DIANE, *op. cit.*, Deuxième Tableau, sc. 7, p. 88-89.
24. Tchicaya U TAM'SI, *Le Zulu, op. cit.*, Prologue, p. 18 : paroles de Ndlebe.
25. *Id.*, Acte I, sc. 3, p. 30.
26. Tchicaya U Tam'Si, *Le Zulu*, Acte I, sc. 1, p. 22 et sc. 2, p. 26.
27. *Id.*, Acte I, sc. 4, p. 32 et Acte III, sc. 14, p. 128.

Le Chaka de U Tam'Si s'enfonce dans la méfiance qui le conduit à trahir son protecteur Ding'iswayo et à refuser toute descendance, de là le meurtre de Noliwé son épouse gravide. Mais il échoue car le danger viendra d'ailleurs : de sa propre mère Nandi qui, effrayée par ses excès, complotera contre son propre fils; de ses demi-frères enfin qui l'assassineront avec l'aide d'hommes blancs apportés par la mer.

S'écartant des données du mythe originel, U Tam'Si projette dans son drame un fantasme personnel, celui de la « mère traîtresse » qui châtie son fils et fait échec à son rêve démesuré. Le thème du « mauvais sang », thème obsédant de la poésie de U Tam'Si relevant de sa mythologie personnelle, se substitue ainsi à toute la mystique collective développée dans le mythe originel autour du « pacte de sang » relatif aux croyances magiques, qui se trouvent reléguées désormais au second plan. Le mythe ancien modernisé reflète désormais non plus seulement les hantises collectives mais aussi la personnalité profonde du poète.

Nicole GOISBEAULT

BIBLIOGRAPHIE

A. ANTA KA, (Sénégal), *Les Amazoulous*, Présence Africaine, Paris, 1972.

G. BACHELARD, *L'Eau et les Rêves : Essai sur l'Imagination de la Matière*, Librairie José Corti, Paris, 1942, Nlle Edition 1981.

— *L'Air et les Songes*, 1943-1962. Librairie José Corti.

S. BADIAN, (Mali), *La Mort de Chaka*, Présence Africaine, Paris, 1961-1972.

G. BALANDIER, *La Vie Quotidienne au Royaume de Kongo du XVIe au XVIIIe siècle*, Hachette, Paris, 1965.

R. CAILLOIS, *Le Mythe et l'Homme*, NRF Gallimard 1938, Coll. Idées 1972.

— *L'Homme et le Sacré*, NRF Gallimard 1950, Coll. Idées 1976.

R. et M. CORNEVIN, *Histoire de l'Afrique des Origines à la Seconde Guerre Mondiale*, Payot 1964, 3e édition revue et mise à jour, 1970.

H. DESCHAMPS, *Histoire Générale de l'Afrique Noire*
— tome 1 : des origines à 1900
— tome 2 : de 1800 à nos jours
Paris, PUF, 1970.

G. DURAND, *Les Structures Anthropologiques de l'Imaginaire*, Introduction à l'Archétypologie générale, Etudes Bordas 1969, 9e édition 1982.

M. ELIADE, *Aspects du Mythe*, NRF Gallimard 1963, Coll. Idées, 1975.

J.G. FRAZER, *Les Origines Magiques de la Royauté*, 1913, trad. par Paul Hyacinthe Loyson, Librairie Paul Geuthner, Paris, 1920.

J. KI-ZERBO, *Histoire de l'Afrique Noire*, Présence Africaine, Paris, 1972.

A.H. KRAPPE, *Mythologie Universelle*, Payot, Paris, 1930.

— *La Genèse des Mythes*, Payot, Paris, 1952.
C. LEVI-STRAUSS, *Anthropologie Structurale*, Plon, 1958, 1974.
— *Anthropologie Structurale II*, Plon, 1973.
Th. MOFOLO, (Afrique du Sud), *Chaka, une Epopée bantoue*, trad. de la langue souto en français par V. Ellenberger, Gallimard, 1940-1981.
C. NENEKHALY-CAMARA, (Guinée), *Amazoulou*, Théâtre P.J. Oswald, 1970.
Dj. T. NIANE, (Guinée), *Chaka*, Théâtre P.J. Oswald, 1971.
D. PAULME, *La Mère Dévorante*, Essai sur la Morphologie des Contes africains, NRF Gallimard, 1976.
V. PROPP, *Morphologie du Conte*, trad. du russe par Claude Ligny, NRF Gallimard, 1970.
O. RANK, *Le Mythe de la Naissance du Héros*, Édition critique, Payot, 1983.
L.S. SENGHOR, *Chaka*, in *Ethiopiques*, 1956, Seghers, *Poèmes*, Seuil, 1964 et 1973.
Tch. U TAM'SI (Congo), *Le Zulu*, Editions Nubia, 1977.

Collectifs

Ethnologie générale, Encyclopédie de la Pléiade, sous la direction de Jean Poirier, NRF Gallimard, 1968.
Mythes, Images, Représentations, Actes du XIVe Congrès de la Société Française de Littérature Générale et Comparée, recueillis et présentés par Jean-Marie Grassin, Limoges, 1977, publié par Trames, Université de Limoges, 1981.

Articles

G. BALANDIER, « Un Chef : Chaka », in *Le Monde Noir*, N° spécial 8-9 de la Revue Présence Africaine, Paris.
J.M. GRASSIN (sous la direction de), *« Mythe et Littérature Africaine »*, Colloque afro-comparatiste de Limoges in *L'Afrique Littéraire et Artistique*, N°s 54-55, 4e trim. 1979, 1re trim. 1980, Paris.
A.J. GREIMAS, « Eléments pour une interprétation du Récit Mythique », in Revue *Communications*, N° 8, 1966, Editions du Seuil 1981, pp. 34 à 65.

Mythologie et légendes chinoises

Comme toutes les ethnies du monde, les Chinois de la haute Antiquité, à l'ère des communautés primitives, créèrent de magnifiques légendes. Tout au long de la société esclavagiste (XXIe siècle - Ve siècle av. J.-C.), ces mythes, constamment modifiés et enrichis, furent transmis oralement sans avoir jamais de version écrite. On ne trouve les premières traces de telles versions qu'à partir de la période féodale, soit après le IVe siècle avant J.-C., dans des ouvrages philosophiques comme le *Zhuangzi* et le *Huainanzi*, soit dans des relations de voyages, telles que le *Livre des Monts et des Mers* (le *Shanhaijing*). Il nous est donc impossible, aujourd'hui, de les connaître sous leur forme intégrale (en admettant qu'il y ait jamais eu une version originale complète).

On peut voir dans les mythes un phénomène naturel ou social repétri par l'imagination humaine sous une forme artistique. La mythologie est, par son origine, une interprétation naïve que nos ancêtres donnaient des forces de la nature — imprévisibles pour eux — et le signe du désir qu'ils manifestaient de les vaincre. Plus tard, elle refléta des phénomènes et des conflits sociaux, les guerres tribales, par exemple. Mais le plus souvent, elle concerne à la fois le nature et la société. Apparemment fantaisistes, voire saugrenues, les légendes n'ont été nullement inventées de toutes pièces mais sont nées du travail et des luttes de nos aïeux de la haute Antiquité.

Bien des légendes expliquent miraculeusement les origines du ciel, de la terre, de l'homme, ou du soleil, de la lune, des étoiles, des paysages et de la végétation.

Voici trois légendes chinoises relativement complètes, sur Nüwa qui répara la voûte céleste, Houyi qui détruisit les fléaux et Yu qui maîtrisa le déluge.

Nüwa

Nüwa était une déesse à tête humaine mais au corps de serpent ou de dragon. Elle mélangea de la terre et de l'eau pour en faire des êtres humains. Ce furent les premiers hommes. Après avoir longtemps travaillé, elle se sentit fatiguée et eut l'idée de se servir d'une corde, pour aller plus vite en besogne et créer des hommes en plus grand nombre. Les riches et les nobles naquirent des figurines pétries de terre jaune, les roturiers et les pauvres furent fabriqués à la corde.

L'épisode le plus intéressant de la légende est la restauration de la voûte céleste. Voici ce qu'en dit le *Huainanzi :*

> « Dans les temps très anciens, les piliers qui soutenaient le ciel aux quatre points cardinaux se rompirent et la terre se fissura. Le ciel ne couvrait plus entièrement la terre, et la terre ne portait plus entièrement le ciel. Le feu ne cessait de s'étendre ; les eaux débordaient de partout. Les fauves dévoraient les honnêtes gens, et les oiseaux de proie enlevaient vieillards et enfants. Aussi Nüwa fit-elle fondre des pierres de cinq couleurs et avec la pâte qu'elle en obtint, elle répara le ciel azuré ; elle trancha les quatre pattes d'une grande tortue de mer pour en faire des piliers supportant le ciel aux quatre points cardinaux, terrassa un dragon noir qui tourmentait les Chinois ; de plus, elle mit le feu à des roseaux et avec la cendre elle jugula les crues. La voûte céleste était restaurée et à nouveau supportée par quatre solides piliers, les eaux étaient domptées, la Chine apaisée, les bêtes nuisibles exterminées, et le peuple put enfin vivre en paix. »

Houyi

Houyi était un héros herculéen de la Chine antique. Le *Huainanzi* en dit ceci :

> « A l'époque primitive, sous le règne de Yao, un chef tribal, dix soleils se levaient en même temps, brûlant les moissons et desséchant les herbes et les

arbres. La disette sévissait dans le pays. Toutes sortes de monstres firent leur apparition pour nuire au peuple : Yayu le centaure, Zuochi l'ogre aux longues dents, Qiuying le monstre qui tue par l'eau et par le feu, Dafeng l'oiseau géant qui déchaîne le vent, Fengxi le gros sanglier et Xisushe le grand serpent. Sur l'ordre de Yao, Houyi, le parfait archer, tua l'ogre Zuochi dans la plaine sauvage du sud, tua le monstre Qiuying au bord du fleuve Xiongshui, dans le nord, transperça d'une flèche Dafeng, l'oiseau géant, au-dessus d'un lac de l'est, abattit neuf soleils pour n'en laisser qu'un, tua de même Yagu le centaure et coupa en deux le grand serpent au bord du lac Dongting, et captura enfin le gros sanglier à Shuanglin. Le peuple, débordant de joie, proclama Yao empereur universel. Et en même temps, ces exploits contribuèrent largement à une meilleure connaissance de la géographie et de tous les chemins du pays. »

Dans cette légende, Houyi accomplit en tout sept exploits. L'un de ceux-ci fut celui où il abattit neuf soleils. D'après le folklore antique, il existait auparavant dix soleils, tous perchés en haut d'un gros arbre, appelé *fusang*, à Yanggu. Chacun de ces soleils était porté par un corbeau, et tous les jours, Xihe, le dieu du soleil, les attelait à tour de rôle au char qu'il conduisait. Mais, en ce temps-là, les dix soleils se levaient ensemble, brûlant si vivement la terre que les êtres vivants n'en pouvaient plus. Alors, Houyi fut obligé de sévir. Il abattit Dafeng l'oiseau géant pour punir le dieu du vent, qui était selon la légende un oiseau ou un oiseau à tête de cerf. Houyi élimina encore d'autres fléaux, monstres cannibales, mi-hommes, mi-animaux. Ces quelques exemples nous montrent combien de difficultés et d'épreuves Houyi dut surmonter pour débarrasser le monde de ces fléaux.

Yu

D'après le *Livre des Monts et des Mers*, un déluge ravageait toute la terre, menaçant la survie même du peuple. Gun, pour sauver le monde, vola à l'Empereur Céleste une sorte de terre magique, capable de se multiplier à l'infini, afin d'endiguer les crues. L'Empereur Céleste, furieux, le tua. Intacte durant trois années, sa dépouille fut laissée en plein air et donna naissance à Yu le Grand, lequel poursuivit la lutte contre l'inondation. Il parcourut tout le pays, fendit des montagnes, creusa la terre, dragua les cours d'eau et aménagea les fleuves pour les mener à la mer. Il se fit aider d'un dragon ailé, qui indiquait de sa queue la direction que les eaux devaient suivre. Pendant ces travaux, il se mua en ours pour fendre le mont Huanyuan qui barrait le fleuve Jaune, et il était convenu avec son épouse, dame Tushan, que dès qu'elle entendrait le tambour, elle lui apporterait le repas. Mais dans ses sauts et bonds au-dessus de la montagne, Yu entraîna des pierres qui roulèrent dans la vallée pour frapper, par hasard, sur le tambour. A son arrivée, dame Tushan vit son époux en train de se métamorphoser en ours, et s'en retourna avec honte. Parvenue au pied de la montagne Songgas, elle se transforma en roc. Yu lui cria alors : « Rends-moi mon fils ! » Le roc se fendit et donna naissance à Qi, fils de Yu.

D'après d'autres données traditionnelles, à la naissance de Qi, Yu, s'il entendait bien les sanglots du bébé, n'en partit pas moins hâtivement pour dompter les crues, et ne trouva pas le temps d'aller caresser son nouveau-né. Voilà autant de témoignages de la diligence et du dévouement de Yu le Grand.

Grâce à ces exploits, Yu fut proclamé empereur et, à sa mort, son fils fut nommé pour lui succéder. Yu devint donc le premier empereur de la dynastie des Xia. Toujours d'après la mythologie, il aurait vécu au XXIe siècle avant J.-C.

Des légendes moins complètes traduisent autant la formidable volonté de nos ancêtres en lutte contre les forces de la nature. Le *Livre des Monts et des Mers*, par exemple, relate comment, au cours d'une promenade, la fille de l'empereur dit Flamboyant (Yandi) périt noyée dans la mer Orientale. Elle se mua en un oiseau, le *Jingwei*, qui ne cessait d'aller dans les monts de l'ouest chercher des pierres et des branches d'arbre pour combler la mer. Une autre légende évoque comment le géant Kuafu s'était mis à la poursuite du soleil et finit par le capturer à Yugu, aux confins de l'Occident. Mais, après cette course, il eut tellement soif que toute l'eau du fleuve Jaune et du fleuve Weihe ne parvint pas à le désaltérer. Il se dirigea alors vers un lac du nord, mais mourut de soif, laissant une canne qui se transforma en un bois de pêchers verdoyants.

D'autres mythes reflètent les luttes sociales. Miroirs des réalités historiques, ils sont devenus, au long des siècles, de magnifiques contes ou légendes riches en images. Citons pour exemple les aventures de l'Empereur Jaune et de Gonggong.

Du légendaire Empereur Jaune, l'un des plus extraordinaires hauts faits est la guerre qu'il livra contre le cruel et féroce Chiyou.

Chiyou et ses quatre-vingt-un frères avaient une tête d'airain et un corps d'animal, parlaient le langage des hommes mais se nourrissaient de sable et de pierres. Avec toutes sortes d'armes, dont ils connaissaient parfaitement les secrets de fabrication, ils massacraient délibérément la population. Tout un temps, subordonnés à l'Empereur Flamboyant, ils déclenchèrent néanmoins une guerre contre lui et le poursuivirent jusqu'à Zhuolu, au fond d'une vallée. Au moment critique du combat, l'Empereur Flamboyant sollicita le secours de l'Empereur Jaune, qui lui expédia en renfort une bande d'ours, de tigres et autres fauves. Chiyou, qui avait pris son temps pour forger un grand nombre d'armes, lança alors ses hommes contre l'Empereur Jaune. Celui-ci convoqua Ying-le-dragon, capable d'amonceler des nuages pour soulever des tempêtes, et lui enjoignit d'aller combattre Chiyou sur la plaine du Hebei. Chiyou, de son côté, convoqua Oncle le Vent et Maître la Pluie, dont les pouvoirs magiques eurent raison de Ying-le-dragon. L'Empereur Jaune fit alors appel à la déesse de la sécheresse, qui sema si largement son mal, que Maître la Pluie dut s'avouer vaincu. La tempête s'apaisa. Contre Chiyou qui répandait un épais brouillard, l'Empereur Jaune inventa un chariot à boussole, qui pouvait s'orienter même dans les pires conditions. L'Empereur Jaune remporta alors la victoire.

Comparable à cette lutte que relatent un grand nombre d'ouvrages classiques, est celle qui se déroulait, toujours d'après la mythologie, entre Gonggong et Chuanxu.

Le *Huainanzi* nous raconte :

> « Jadis, Gonggong et Chuanxu se disputaient le trône; dans sa fureur, Gonggong donna de la tête contre le mont Buzhou. Or, le mont Buzhou était l'un des piliers qui soutenaient le ciel. Il se brisa, et la corde qui retenait la terre se rompit de même. Le ciel fut plus élevé au nord-ouest : le soleil, la lune et les étoiles se déplacèrent alors dans cette direction. La terre s'enfonça dans sa partie sud-est : les eaux se dirigèrent de ce côté-là. »

Cette lutte pour le trône que raconte la légende reflète probablement une guerre entre tribus. Grâce à une imagination hardie, la légende tente aussi d'apporter une explication à la configuration de la Chine, où les cours d'eau sont le plus souvent orientés vers le sud-est, vers les régions les plus basses du pays.

Encore plus fantaisiste est la légende de Xingtian, héros qui osait persévérer dans sa lutte contre l'Empereur Céleste. Le *Livre des Monts et des Mers* veut qu'une querelle éclatât entre eux. Furieux, l'Epereur Céleste coupa la tête de Xingtian et l'enterra sous le mont Changyang. Bien que sans tête, Xingtian fit de ses mamelons ses yeux et de son nombril sa bouche. Tenant son bouclier d'une main et brandissant une hache de l'autre, il proclama sa détermination de poursuivre le combat. C'est là le reflet de la lutte inflexible menée par nos ancêtres contre les propriétaires d'esclaves.

D'après les fragments de légendes trouvés dans des œuvres classiques, la mythologie de la Chine antique est très riche et haute en couleurs. La société esclavagiste nous a laissé très peu de documents, sauf des oracles inscrits sur des écailles de tortue.

Les légendes de la Chine antique n'en gardent pas moins leurs particularités spécifiques. Bien des personnages mythologiques sont des héros inflexibles. Loin de rester passifs devant des calamités naturelles ou devant des ennemis redoutables, ils faisaient preuve d'une énergie extraordinaire pour les vaincre. Les exemples de Nüwa, de Houyi, de Gun, de Yu et l'Empereur Jaune le prouvent. Ce n'est pas l'Empereur Céleste, mais leur propre volonté, qui a décidé de leur destin. Au lieu d'obéir servilement à la force divine, ils se trouvaient précisément à l'opposé.

La mythologie de la Chine antique a exercé une grande influence sur l'art et la littérature des époques postérieures. Des objets de bronze exhumés, datant de l'époque allant du XVIe au IXe siècle avant J.-C., portent des motifs dits « *taotie* » ou dragon *gui*, lesquels s'inspirent directement de certaines légendes. Celles-ci trouvent leur écho dans des peintures ou des sculptures du Ve au IIIe avant J.-C. La peinture sur soie exhumée en 1972 d'une tombe des Han, à Mawandui, près de Changsha, province du Hunan, est inspirée, quant à son motif, d'un mythe intitulé *Les Dix soleils*. En 1969, on a découvert dans une tombe du IIe siècle avant J.-C., dans le district de Jiyuan, province du Henan, un arbre en argile, qui représente exactement le *Fusang* de la mythologie et exprime la joie générale après que Houyi eut abattu les neuf superflus.

Les poèmes et les essais postérieurs au Ve siècle avant J.-C. s'inspirent souvent des mythes. Qu Yuan, le grand poète du IVe siècle avant J.-C., fit largement appel à la mythologie. Son imagination audacieuse lui a permis de composer des pièces magnifiques. D'autres poètes, tel Li Bai (701-762) et Li He (790-816), ont l'un et l'autre eu recours à la mythologie pour rehausser les couleurs de leurs créations. Le roman chinois a pour origine la mythologie antique. Les *Voyages de l'Empereur Mu*, du IIIe siècle avant J.-C., est l'une des premières narrations de ce genre. Les romans fabuleux de la période allant du IIIe siècle au début du Ve siècle contiennent des légendes. Le célèbre roman *Le Pèlerinage vers l'Ouest*, qui date du XVe siècle, retrace la lutte entre le roi des Singes et les génies malfaisants, et est inspiré à bien des égards par la mythologie.

On peut trouver également l'influence de la mythologie dans nos œuvres artistiques et littéraires contemporaines. Lu Xun (1881-1936), Guo Moruo (1892-1978) et beaucoup d'autres écrivains contemporains s'inspirent souvent des mythes. Avec ses *Contes anciens à notre manière*, Lu Xun a créé dans la littérature chinoise contemporaine le genre du récit historique. Ses huit contes, y compris Nüwa, Houyi et Yu le Grand, riches de couleurs, permettent au lecteur de se familiariser de manière attrayante avec la mythologie, l'histoire et la pensée chinoises.

La mythologie est l'une des plus anciennes sources de la littérature et de l'art chinois. Le style et les particularités des arts chinois ont été ébauchés déjà dans les légendes anciennes.

Li SHENGHENG

BIBLIOGRAPHIE

Jean-Pierre DIENY, *Le Symbolisme du dragon dans la Chine antique*, Paris, Bibliothèque de l'Institut des Hautes Etudes Chinoises, vol. XXVII, 1987.

George W. HUANG, Raymond TANG & Julia TUNG, « Chinese Mythology : A Bibliography », *Chinese Librarians Association Newslette*, III, 4, December 1977.

LU XUN, *Contes anciens à notre manière*, trad. par Li Tchehoua, Paris, Gallimard, 1959.

Rémi MATHIEU, *Etude sur la mythologie et l'ethnologie de la Chine ancienne*, Paris, Institut des Hautes Etudes Chinoises, 1983.

E.T.C. WERNER, *A Dictionary of Chinese Mythology*, New York, The Julian Press, 1961.

C.A.S. WILLIAM, *Outlines of Chinese Symbolism*, Peiping, Customs College Press, 1931.

Cid

Des grands mythes littéraires espagnols, seul celui du Cid s'appuie sur un personnage historique; encore est-il bien difficile d'accéder, sous la mythologie qui, du XIIe au XVIIe siècle, prolifère, aux réalités attestées, ou même vraisemblables. Rodrigue (Ruy) Díaz est né vers 1040 à Vivar, près de Burgos, dans une famille de petits aristocrates de sang. Dans les années 1066-1071, son nom apparaît au bas des documents signés par le roi de Castille, Sanche II. Celui-ci, violant le testament de Ferdinand Ier, son père, s'empare de l'héritage de son frère Garcie, la Galice, puis envahit le León, royaume de son frère Alphonse : il est tué au cours du siège de Zamora en 1072. Sanche ne laissant pas de descendant, Alphonse — qui se garde de restaurer Garcie — réunit les trois couronnes. Tout porte à croire que Rodrigue avait été impliqué — du mauvais côté, désormais — dans le différend fraternel; son nom, pourtant, continue de figurer au bas des actes royaux entre 1072 et 1079. En 1074 il épouse même une nièce d'Alphonse VI, Chimène Díaz. Première éclipse de 1076 à 1079 : Rodrigue semble séjourner sur ses terres, à l'écart de la cour : en 1080, il confirme un document royal à Burgos. Nouvelle et longue éclipse de 1080 à 1087. Plusieurs chroniques concordent ici sur un fait, sinon sur ses causes, demeurées obscures : Rodrigue est banni du royaume par Alphonse. Elles le montrent guerroyant à la solde du roi musulman de Saragosse contre Aragonais et Catalans. Les années 1087-1088 marquent un retour en grâce : l'arrivée des puissantes armées almoravides en Espagne, la retentissante défaite des Castillans à Sagrajas, portent le souverain à choisir la réconciliation.

Rodrigue est alors chargé de maintenir le royaume musulman de Valence dans la dépendance de la Castille. Contre la convoitise des principautés environnantes, chrétienne et musulmane, il impose, dans cette zone tampon qui sépare la Castille de l'envahisseur almoravide, une sorte de protectorat. En 1089, Rodrigue ne peut se porter au secours d'Aledo assiégée, où l'appelle Alphonse. C'est à nouveau la rupture. Ses possessions castillanes sont confisquées, sa femme et ses enfants retenus prisonniers. Livré à lui-même, le chevalier déshérité entreprend pour son propre compte la pacification d'un Levant agité par les succès almoravides. Contre les aspirants à la domination valencienne, anciens et nouveaux — le comte de Barcelone, qu'il défait à Tévar en 1090, le roi de Saragosse, les Almoravides — Rodrigue maintient solidement sa présence dans Valence, rançonnant la ville et ses environs.

Lorsqu'en 1092 le roi de Castille tente à son tour de la conquérir, Ruy Díaz se retire, laisse faire. L'échec d'Alphonse, puis la constitution d'un clan pro-almoravide qui prend le pouvoir dans la ville, l'incitent à se rendre maître, définitivement, de celle-ci. Assiégée, Valence se rend à Rodrigue en 1904. Les conditions de la capitulation, initialement clémentes, sont révoquées à la suite d'une révolte inspirée par l'espoir d'une rescousse almoravide. Alors que les armées castillanes, battues à Consuegra et à Cuenca (1097), reculent partout devant l'Islam, Rodrigue consolide et étend son domaine, notamment par la prise de Murviedro (Sagonte) en 1098. Le Cid s'est-il concilié définitivement la grâce du roi avec la conquête de Valence? les documents attestent la présence de Chimène dans la ville, aux côtés de son époux. Celui-ci meurt, prince incontesté de Valence, en 1099. En 1102, malgré l'aide d'Alphonse VI, Chimène doit abandonner la ville aux Almoravides. L'unique fils de Rodrigue avait été tué à Consuegra; du mariage de l'aînée de ses filles, Christine, avec un descendant illégitime de la dynastie navarraise, naîtra un roi, Garcie Ramirez; la cadette, Marie, avait épousé le comte de Barcelone, Raymond Bérenger III. Au hasard des mariages, le sang de Ruy Díaz affluera bientôt à toutes les dynasties péninsulaires, ainsi qu'aux familles de la plus haute noblesse. Autant que sa prodigieuse — quoiqu'éphémère — aventure personnelle, la grandeur de la descendance du Cid contribuera à susciter et à conformer sa mythologie.

La première littérature cidienne est musulmane. Il s'agit d'œuvres historiographiques fort bien informées — datant des environs de 1110, elles sont nourries de témoignages directs — dont le récit, malheureusement, se limite en règle générale aux affaires valenciennes. Rodrigue y apparaît tel, sans doute, que son bannissement le fit être : chef de guerre marginal, confronté aux réticences des princes chrétiens et aux arrière-pensées de ses alliés musulmans, jouant d'audace et d'ingéniosité pour tirer le meilleur parti de ses forces et exploiter au mieux les dissensions de l'ennemi; puis tyran habile et rigoureux de Valence, parfois impitoyable. Ces chroniqueurs, pourtant si proches de l'histoire cidienne, la tirent déjà vers le mythe : forçant à plaisir la rouerie et la cruauté de Rodrigue, ils s'emploient à illustrer les déconvenues des princes musulmans d'Espagne qui cherchent, auprès des chrétiens, la garantie militaire de leur indépendance. Sous couvert de consigner des événements révolus, ils prônent, pour le présent, une politique de soumission aux Almoravides.

En dépit du destin oriental de Ruy Díaz, confirmé par sa politique matrimoniale, c'est sans doute en Castille que la chrétienté produit son premier récit cidien. Dès la deuxième ou troisième décennie du XIIe siècle, à la faveur du retour des parents et des familiers de Rodrigue — Chimène, Jérôme, l'évêque de Valence, quelques lieutenants — la royauté castillane trouva intérêt à s'annexer un héros dont les princes de l'Est, parents du Cid, et eux-mêmes entourés de plusieurs de ses anciens compagnons, se flattaient d'être les continuateurs. Les dissensions de Rodrigue et d'Alphonse VI, mort en 1109, n'étaient que trop connues; on s'efforça d'en écarter le souvenir, de les distinguer, en tout cas, d'un différend avec la Couronne de Castille. La légende fit du Cid le plus proche collaborateur du prédécesseur d'Alphonse, Sanche II. Combats singuliers, exploits personnels sur les champs de bataille, Rodrigue œuvre à l'hégémonie péninsulaire de la Castille aux côtés d'un roi qui le porte à la tête de ses armées. C'est précisément cette réussite, fondée sur un exemplaire dévouement, qui vaut à Rodrigue l'inimitié d'Alphonse, fruit d'une insurmontable défiance à l'égard de celui qui avait été l'homme de son frère ennemi. La royauté castillane récupérait ainsi un héros qu'elle avait rejeté de son vivant, tressait ses premiers lauriers à sa couronne, démentait une vocation orientale en l'interprétant comme l'effet pervers d'une jeunesse entièrement consacrée à son service.

Ce premier récit castillan, sur quoi s'édifiera la *Légende du Siège de Zamora*, est commun aux productions qui, autour de 1140, témoignent d'une première grande expansion du mythe cidien. Celle-ci tient sans doute beaucoup à la redéfinition de l'espace politique espagnol provoquée, à la mort d'Alphonse Ier le Batailleur, par le démembrement, et l'aliénation transitoire de la Couronne d'Aragon. Sécession de la Navarre, invasion du territoire de Saragosse par la Castille, abandon de la souveraineté au comté de Barcelone : ces nouveaux pouvoirs vont solliciter, auprès de la figure cidienne, une légitimité de recours. En Navarre, la noblesse porte sur le trône un descendant abâtardi de la vieille dynastie royale, Garcie Ramirez. Condamné par le Pape, menacé de déposition par les princes voisins, le *Restaurateur* forge de toutes pièces une généalogie de Ruy Díaz, son grand-père maternel, à travers qui il fait remonter ses origines au Juge élu, Laín Calvo, dont le compagnon, Nuno Rasura, aurait été le fondateur génétique de la dynastie castillane : ses droits à régner valaient bien ceux d'Alphonse VII de Castille, ou ceux de Raymond Bérenger IV, comte de Barcelone et prince d'Aragon, fils du second gendre de Ruy Díaz. La *Légende des Juges* fondait, au compte de la restauration dynastique navarraise, une généalogie cidienne imaginaire qui traverserait les siècles sans changement. Au même moment, en Catalogne, un poème latin, le *Carmen Campidoctoris*, dont il ne nous reste malheureusement qu'un assez court fragment, centre son récit sur les relations du Cid et du comte de Barcelone, annonçant avec emphase leur premier affrontement militaire. Ces relations furent en effet longtemps conflictuelles ; gageons cependant que le *Carmen* concluait sur l'apothéose d'une réconciliation scellée par un mariage. Dans ce cas, Raymond Bérenger IV aurait mis à son tour l'aura de son illustre parent — le Cid n'était pas son ancêtre, le comte étant né d'un second mariage de Raymond Bérenger III — au service de sa souveraineté en Aragon — combattue, précisément, par Garcie Ramirez — et de la réservation du Levant à l'influence catalane, à quoi il consacre, à partir de 1140, l'essentiel de son activité diplomatique et militaire. Vers 1145, l'*Historia Roderici* renvoie dos à dos les thèses navarraise et catalane. Malgré quelques erreurs, et surtout quelques lacunes importantes, cette chronique latine traduit un effort indéniable pour revenir aux sources historiographiques et documentaires de l'histoire cidienne. Son Rodrigue ressemble fort à celui des écrits musulmans : guerrier aventureux, vivant de services mercenaires, de rapines et de rançonnements, habile à se rendre maître d'un jeu politique complexe et changeant. Mais c'est sur les relations de Ruy Díaz avec les princes chrétiens qu'elle centre son éclairage. Le comté de Barcelone, au premier chef, en fait les frais : Raymond Bérenger II, puis Raymond Bérenger III, font de ridicules personnages dont la jactance n'a d'égale que la lâcheté. Les Navarrais ne sont guère mieux lotis : leurs représentants apparaissent comme les adversaires héréditaires, et toujours malheureux, des chevaliers de Vivar ; surtout, la construction généalogique favorable à Garcie Ramirez est anéantie par l'éviction du double de Laín Calvo, l'ancêtre des rois de Castille, Nuno Rasura, et le silence fait sur la judicature légendaire. En revanche, la royauté castillane (et dans une moindre mesure, la lignée des rois aragonais antérieurs à l'alliance catalane) sont évoquées avec bienveillance : les dissensions du Cid et d'Alphonse VI sont présentées comme l'effet d'un malentendu que le premier, toute sa vie durant, s'acharne à débrouiller ; de son côté, Alphonse évite avec soin de se compromettre dans les ligues qui s'organisent contre Rodrigue, secourt Chimène après la mort de son époux, emporte finalement le corps de son vassal pour l'enterrer en Castille. Sur le lieu de rédaction de l'*Historia Roderici*, les opinions divergent ; son orientation générale fait pourtant de la localisation castillane l'hypothèse la plus vraisemblable. Face à l'héritage génétique d'un héros indépendant, revendiqué par les pouvoirs voisins, la Couronne de Castille se réclame, plus adroitement, de l'héritage politique d'un vassal fidèle, au moment où, Alphonse VII, l'*Empereur* s'efforce d'imposer sa suzeraineté à l'ensemble des royaumes chrétiens d'Espagne en exigeant notamment l'allégeance du roi de Navarre et, pour la possession de Saragosse, du comte catalan.

La première moitié du XIIe siècle marque la soumission de la figure héroïque cidienne à la légitimation des souverainetés espagnoles. Ces récits sont-ils pour autant constitutifs d'un mythe ? Oui, si l'on en juge par le caractère largement imaginaire de leur inspiration, l'unicité de leur référence héroïque, leur intention de fonder sur des événements passés un ordre pour le présent ; non, si l'on considère la disparité des messages qui s'y expriment et, surtout, le caractère superficiel des enjeux dont ils se font l'écho. La défense d'un droit de souveraineté suscite des légendes, le mythe œuvre à fonder un ordre social profond. Dans ce sens, c'est le *Poème du Cid* qui inaugure véritablement la mythologie cidienne.

Composé entre les décennies centrales du XIIe siècle et l'aube du XIIIe, en vers castillans, le *Poème* s'ouvre sur le bannissement de Ruy Díaz, la confiscation de ses biens, la mainmise de la Couronne sur sa famille. Un prêt obtenu plus ou moins frauduleusement auprès de Juifs burgalais, le pillage ou le rançonnement de quelques bourgades musulmanes, une victoire sur le comte de Barcelone à Tévar, assurent l'entretien d'une mesnie nombreuse et bien équipée qui domine bientôt le Levant. La prise de Valence transforme le capitaine de routiers en riche seigneur, éveillant les convoitises castillanes : le Cid obtient la libération de sa famille et le pardon du roi mais, sur les instances de celui-ci, doit également accepter de la part d'une famille comtale bien en cour, une demande en mariage intéressée. Fortune faite sans coup férir, les gendres, se jugeant mésalliés, maltraitent et abandonnent leurs épouses. Le Cid en appelle alors à la justice royale. Devant une assemblée judiciaire solennellement réunie par Alphonse, le Cid obtient réparation et, comble d'honneur, se voit présenter une seconde demande en mariage de ses filles par les Infants des dynasties royales de Navarre et d'Aragon.

Ménageant quelques points d'ancrage dans le souvenir historique de Ruy Díaz, le *Poème* fait surtout la part belle à l'invention. Il fonde probablement le surnom destiné à l'emporter sur l'identification nominale, *Cid* (de l'arabe *sidi*, seigneur), l'alliant inséparablement à celui, traditionnel, de *Campidoctor* (devenu *Campeador*) ; au plan de la narration, il synthétise et souligne les étapes marquantes d'un parcours qu'il enrichit d'une abondante et nouvelle matière dramatique. Le récit s'en trouve porté au degré de signification symbolique — connotative, et plurielle — propre à la création artistique. L'œuvre articule deux grands moments : une exclusion, suivie d'une réintégration. Or, de ces opposés, la somme n'est point nulle : le rétablissement progressif du héros, l'organisation des micro-sociétés que constituent sa mesnie puis la seigneurie valencienne, ses discours édifiants, les termes dans lesquels ses ennemis sont dénoncés — tout ce qui prépare, et en vertu de quoi sera scellée sa réintégration triomphale — illustrent les valeurs morales — travail, mérite —, institutionnelles — franchises, mobilité sociale — et surtout économiques — ordre monétaire — qui sont celles des villes médiévales. Apparent paradoxe : l'orientation politique du *Poème* est plutôt d'inspiration féodale. L'usage de l'hommage vassalique par le Cid, sa famille et sa mesnie, constitue une signification centrale du *Poème* : à la définition, fondamentalement territoriale, du pouvoir royal, qui est celle de la tradition romano-gothique, Rodrigue semble opposer l'idéal d'une dépendance personnelle qui garantit mieux la jouissance du patrimoine ; à un monarque entouré d'une cour restreinte aux potentats, modèle politique de l'empire léonais, le système plus juste et plus dynamique des liens contractuels fondés sur l'échange de services. Cette double inspiration idéologique est-elle le fruit d'une composition en deux grands temps, comme le suggèrent certains indices philologiques ? Il n'en faudrait pas moins rendre compte de l'imbrication profonde et constante des deux messages dans l'œuvre. L'essentiel reste donc que le XIIe siècle voit la mise en place simultanée des deux systèmes de relations et de valeurs en Castille. La redéfinition juridique de l'espace urbain, dont la négociation donne lieu à la multiplication des *conjurations* communales et des contrats de franchise, les *fueros*, s'accompagne de l'exploitation, par une couronne confrontée à l'éclatement politique de l'Espagne chrétienne, d'un nouveau contrat d'alliance permettant une meilleure résistance à la pression almoravide puis almohade. La profonde mutation économique et sociale qui germe dans les villes se double ainsi de la constitution d'une superstructure politique de type féodal. Les avancées de la chrétienté prendront alors la forme de coalitions féodales secondées par la puissance grandissante des milices municipales : l'appétit aristocratique de terres, la volonté bourgeoise d'ouvrir des routes, le souci de la royauté d'unir derrière elle les forces sociales et politiques, présentaient une profonde communauté d'intérêts. Aux uns et aux autres, le contrat noué par le serment devait apparaître comme le système d'organisation le plus flexible et le plus efficace, comme la meilleure façon, aussi, d'assurer l'équilibre des pouvoirs. Le premier grand mythe cidien, fondé sur le *Poème du Cid*, œuvrerait ainsi en faveur d'une rénovation sociale et politique : le chaos initial sanctionnerait l'effondrement de l'ordre seigneurial de l'empire, le rétablissement saluant l'émergence d'une monarchie féodale assise sur le nouvel ordre féodo-bourgeois.

Parallèlement à la tradition cidienne dominante, centrée sur le règne d'Alphonse VI, l'annexion légendaire de Ruy Díaz à l'histoire du prédécesseur d'Alphonse, Sanche II, connaît au long des XIIe et XIIIe siècles des développements importants. Le cœur de ces récits reste le drame d'un roi ambitieux et emporté qui, après la partition du royaume de Léon-Castille par Ferdinand Ier, dépossède ses frères de leurs trônes avant de périr assassiné sous les murs de Zamora ; le Cid y remplit cependant un rôle grandissant dont la signification, ici encore, varie en fonction du contexte historique. Conseiller soucieux de ramener son roi à la raison lorsque, confronté à la nouvelle partition du royaume par Alphonse VII (1157), le rédacteur clunisien de la *Chronique « Najerense »* (1160) entend mettre en garde les nouveaux souverains contre les périls d'un affrontement fratricide, le compagnon de Sanche de Castille illustre, lorsque, l'union définitivement acquise, les ateliers d'Alphonse X *le Sage* entreprennent de composer, à partir de 1260, la *Première Chronique générale d'Espagne*, les fondements de l'ordre politique de la monarchie : l'harmonie nécessaire de la royauté et de la noblesse dans la conduite des affaires, mais surtout la fidélité indéfectible que doit la seconde à la première même en l'absence de consensus, même en cas d'égarement. La soumission du mythe cidien à l'idéologie monarchique — même le *Poème du Cid* fait l'objet, dans la *Chronique générale*, d'une révision pieuse et docile —, était patente : elle provoque l'émergence d'une mythologie de réaction. A l'extrême fin du XIIIe siècle éclôt un récit d'inspiration chevaleresque, fondateur d'un second grand mythe cidien destiné à dominer la fin du Moyen Age et la période classique. Les règnes d'Alphonse VI et de Sanche II étaient saturés : on remonte en deçà, au règne de leur père Ferdinand Ier (1035-1065), fondateur de la royauté castillane, pour imaginer *les Enfances de Rodrigue.*

Au cours d'un combat judiciaire, Rodrigue tue le comte don Gómez de Gormaz. Chimène, fille du comte, implore la justice du roi. L'union des jeunes gens tient lieu de réparation, mais Rodrigue fait serment de ne consommer le mariage qu'après avoir remporté cinq batailles. Successivement, il met en déroute une troupe de pillards musulmans, sort vainqueur d'un combat singulier dont l'enjeu est l'attribution à la Castille de la ville de Calahorra, écrase les armées de cinq rois maures, étouffe dans l'œuf une conspiration ourdie par des comtes castillans, et, chargé du commandement des armées royales, affronte victorieusement l'Empire, affranchissant la Castille du tribut abusif que celui-ci prétend lui imposer. Au vrai, cette grande articulation narrative donne lieu, dans les textes, à des traitements discursifs divergents. L'historiographie d'Etat — la *Chronique de Castille* (1300), la *Chronique générale de 1344*, portugaise, démarquée de la première — rapporte la brillante carrière d'un jeune noble exemplairement dévoué à la royauté. La *Chronique rimée,* texte poétique dont l'unique rédaction connue est datée, avec réserves, de la deuxième moitié du XIVe siècle, fait de Rodrigue un chevalier irascible, défenseur exalté de la chevalerie et de ses valeurs, furieux contestataire de toute souveraineté qui n'ait fait preuve de son mérite, mais ultime recours d'un roi affaibli par l'incompétence ou l'infidélité de sa haute noblesse. Ces deux versions partagent pourtant certains signes, derrière lesquels on peut entrevoir le contenu d'une source commune. Une révision de la généalogie cidienne proposée par la *Légende des Juges* fait de Laín Calvo l'ancêtre des grandes et vieilles familles de Haro et de Castro, mais aussi, étrangement, de la petite Maison des chevaliers de Mendoza; ici, Rodrigue n'est rattaché à son aïeul que par une branche cadette. Rapportés à cet emblème, des faits secondaires — le choix fait par le jeune héros d'un méchant poulain comme destrier, la condition de puînés des acteurs principaux, la bâtardise des collatéraux de Rodrigue, le conditionnement par l'exploit de l'accès au nom du père — ou des articulations fondamentales du récit — le serment des cinq victoires préalable à l'union avec la fille d'un comte, par exemple — constituent un système de représentations qu'il faut bien attribuer à une aristocratie de second rang. Les chroniques princières ne font qu'atténuer la véhémence de ses aspirations, tandis que la *Chronique rimée,* accumulant au cours d'une longue transmission orale les motions de groupes élitaires marginaux, accentue les marques d'un handicap en élargissant l'identification sociale de ses personnages aux confins de l'oligarchie urbaine. Une fois de plus, c'est dans l'histoire qu'il faut chercher le substrat du mythe littéraire cidien. Les luttes dynastiques et les minorités royales qui agitent la haute noblesse castillane dans la première moitié du XIVe siècle font prospérer, à l'ombre de la couronne, une petite aristocratie sur quoi s'appuie la continuité du pouvoir. Dans la deuxième moitié du siècle, l'extinction naturelle ou sanglante de la noblesse traditionnelle, la bifurcation dynastique provoquée par la victoire sur Pierre Ier de son frère bâtard Henri de Trastamare, derrière lequel ils se sont progressivement regroupés, créent la conjoncture favorable qui fait accéder ces chevaliers, ou ces cadets de grandes familles un temps menacés de déclin, au sommet de l'aristocratie. Instruits par l'histoire, les Trastamare ne confieront pas le pouvoir à cette nouvelle noblesse, préférant s'environner à leur tour d'une chevalerie fidèle et dévouée : le mythe continuera de s'y nourrir. Fantasme d'une ascension, symbolisée par celle, éclatante, des Mendoza, les *Enfances* ménagent en Rodrigue la « case blanche » où le parvenu peut contempler sa réussite, l'aspirant fonder son espoir. Le *Mythe du Cid* conçu par le *Poème* au nom d'une profonde rénovation sociale et politique, se voyait déplacé par l'ambition d'une relève de l'élite que le *Mythe de Rodrigue* se borne à magnifier.

La révision chevaleresque dont la plupart des thèmes héroïques castillans font l'objet au XIVe siècle inspire une nouvelle veine poétique destinée à dominer, à partir du XVe, et pour plusieurs siècles, l'histoire mythologique de la Castille : le *romancero.* La rupture avec les lois et les ambitions traditionnelles du récit historique est consommée : courts poèmes chantés, les *romances* fractionnent le cours des événements, isolent de ses tenants et aboutissants telle scène, brève et forte, susceptible de symboliser les conflits les plus divers. A un roi et une cour incertains de leurs critères, le Cid du *romancero* oppose fièrement des valeurs et des codes où toutes les élites laïques peuvent se reconnaître : indépendance, honneur, sentiment national. La mythologie cidienne cesse d'interpréter l'histoire pour se constituer en un arsenal poétique disponible pour tous les combats. Lorsqu'autour de 1520 les villes castillanes, conduites par les chevaliers et soutenues, dans un premier temps, par la noblesse, se soulevèrent contre Charles de Gand, souverain étranger, irrespectueux des traditions nationales, nul doute qu'elles trouvèrent, dans les *romances,* un écho à leurs aspirations. Le Cid sévère et altier qui, au nom de la Castille, exige d'Alphonse qu'il jure de n'être pas impliqué dans le meurtre de son prédécesseur avant d'accepter sa légitimité, devait faire songer aux pénibles serments que le futur Charles Quint avait dû lui-même prêter aux *Cortes* espagnoles; la scène du mariage avec Chimène, transformée en une violente rupture entre Rodrigue et le roi au nom des traditions aristocratiques nationales, constituait sans doute un véritable appel à la révolte. Les poètes impériaux ne s'y trompèrent pas qui, le soulèvement écrasé, forgèrent un contre-*romancero,* remettant à l'ordre du jour le Rodrigue docile de la *Première Chronique générale.* Mais ces écrits didactiques, alourdis par la prose dont ils étaient tirés, dépourvus de la force symbolique de leurs rivaux, ne purent venir à bout de la tradition orale. Le *romancero* primitif se perpétue au XVIe siècle, inspirant des imitations nombreuses où s'illustrent désormais les mérites ancestraux et l'indépendance politique d'une haute noblesse écartée du pouvoir par Charles Quint et Philippe II. Parvenue à ses fins sous Philippe III, celle-ci préférera se reconnaître dans un *romancero* de cour, dont le Cid amoureux et policé incarnera l'idéal courtisan. La mythologie littéraire du Cid offre ainsi, à l'aube du XVIIe siècle, l'image d'un irréductible morcellement. Celui-ci ne semble pas avoir gêné les compilateurs : le *Romancero général* (1600), le *Romancero du Cid* (1605) d'Escobar, font coexister chevalier révolté, fidèle serviteur du roi, seigneur hautain et courtisan maniéré en un chaos apparent qui devait, au bout du compte, assez bien illustrer la diversité — les contradictions, même — des valeurs de l'élite du temps. Ce corpus monstrueux constitue l'apogée du mythe cidien dans la littérature espagnole ; sa première version théâtrale en marque l'épuisement.

Vers 1618, Guillén de Castro achève une *comedia* qui doit aux traditions cidiennes son titre et son canevas narratif, démarqués des *Enfances de Rodrigue*; ses personnages sont issus en partie des *Enfances*, en partie de la *Légende du Siège de Zamora*, quelques tirades reproduisent ou adaptent des *romances* connus. Mais les *romances* choisis sont les plus récents ; les acteurs traditionnels, typifiés à outrance, se banalisent, tirés aux normes, aux discours, du présent ; l'enjeu du récit est déplacé de l'héroïsme aux passions : la structure narrative, ses accentuations, s'en trouvent bouleversées. Non que Guillén, inaugurant, comme on l'a souvent dit, le drame de l'amour confronté à l'honneur, ravale le mythe à une nouvelle manière de discours amoureux ; l'essentiel est que le contenu, traditionnellement politique, du mythe trouve là sa plus réductive manipulation. Ayant longtemps illustré les valeurs d'acteurs sociaux ascendants, avant de se morceler en reflets d'une classe dominante, l'image de Rodrigue, en une période où la déroute d'une nation et de ses élites devient patente, entre au service d'un clan de favoris. Mythe, non plus de conquête, mais de compensation ; non plus social, ni véritablement politique : presque politicien. La pièce s'ouvre sur le soufflet donné par le comte au vieux Diego Laínez, et se referme sur le mariage de Rodrigue et de Chimène. Exceptés les exploits guerriers de Rodrigue — une bataille contre les Maures, le combat singulier pour Calahorra — l'action se déroule tout entière au Palais : autour d'un roi respecté malgré sa faiblesse, la grande noblesse des conseillers exhibe les valeurs qui sont censées triompher : honneur lignager, service de l'Etat, dévotion. Et par-dessus tout, fierté de caste. Nulle contestation, nulle prétention à modifier l'ordre dominant : une aristocratie chargée de l'essentiel du pouvoir, liée à la royauté par les méandres du sang, assurée de sa permanence, admirant d'un seul cœur, en Rodrigue, le parangon de ses grandeurs. Théâtre pour la cour de Philippe III, théâtre de tous les privilèges : des Grands, des aînés, des favoris. Les thèmes tressés de l'amour et de l'honneur transcrivent d'abord cette profonde harmonie des maîtres de l'Espagne. Même si la véhémence avec laquelle s'exprime le second dit l'angoisse d'une décadence réelle, et vraisemblablement exalte le sursaut national appelé de ses vœux par l'arrogant Duc d'Osuna, protecteur de Guillén, rival du duc de Lerma dont il dénigre la diplomatie pacifiste au nom du rétablissement militaire en Flandres, en Italie, et en Savoie. L'année 1618 est celle de la chute de Lerma ; elle marque aussi, dans les combats douteux pour l'hégémonie des partis et des familles, l'exténuation littéraire du mythe cidien en Espagne. L'époque est aux anti-héros : l'étoile du Cid décline devant le soleil noir de Don Quichotte, et de Don Juan.

Inspiré peut-être par la colonie espagnole de Rouen, et, en particulier, par un certain Rodrigue de Chalon, Corneille introduisit le Cid en France. Il indiqua dans son édition de 1648 les sources auxquelles il avait recouru : l'*Historia de Espana* de Mariana, l'*Histoire générale d'Espagne* de Loys de Mayerne Turquet, et surtout la *Comedia* de Guillén de Castro. Le scénario de l'œuvre de Corneille suit assez fidèlement le scénario de l'œuvre de Castro. Mais bien des éléments ont été supprimés par le poète français : la haine que don Sanche, fils aîné du roi, porte à sa sœur et à ses frères, car un astrologue lui a prédit que l'un des siens l'assassinerait ; l'épisode du lépreux, qui dans la pièce de Castro, était accueilli par Rodrigue à son retour de Saint-Jacques-de-Compostelle.

Désireux de respecter, autant que possible, les unités, et surtout celle de temps, Corneille a évidemment simplifié et écourté l'action. A la diversité et à la vivacité de l'œuvre espagnole succède souvent une démarche plus linéaire et plus froidement logique. Mais le mythe est ainsi transformé, et il prend une signification tout à fait différente.

Rodrigue n'apparaît plus comme un chevalier chrétien. Peut-être simplement par pudeur, pour ne pas étaler le sacré sur un théâtre profane, Corneille a gommé de son œuvre toute référence religieuse. La politique est également transformée. La vie de cour, avec ses divisions et même ses haines, est presque absente du *Cid* de Corneille. L'Infante a un rôle plus effacé : sa signification est plutôt d'ordre idéologique et poétique (elle est comme la sœur, ou l'épouse idéale, du héros) que proprement dramatique : n'a-t-on pas fréquemment représenté la pièce en supprimant ce personnage ? En revanche, le roi, faible et peu actif dans la comédie espagnole, a, malgré sa discrétion, une efficacité et une majesté certaines. De l'univers des favoris querelleurs et présomptueux, nous passons à la civilisation française des années 1630-1660. La mort du comte est la mort de l'antique féodalité. Rodrigue se doit à son père, mais se doit encore davantage à son roi, et son père même, en l'envoyant contre les Maures, favorise cette métamorphose : le jeune homme qui a fait ses preuves et qui par son duel est devenu l'égal du comte, s'élève à une tout autre grandeur en vainquant les Maures et en sauvant l'Espagne. *Le Cid* est donc le miroir d'une mutation sociale. La noblesse doit renoncer aux fanfaronnades et à l'altier individualisme des ligueurs et des contemporains de Marie de Médicis. Le service du roi et de la nation constituent sa plus haute mission. C'est ainsi que la mort du comte, marque évidente de la jeune valeur de Rodrigue, est, malgré tout, un crime. Crime que seule peut effacer la fuite des Maures.

Nous aboutissons à un véritable renversement éthique. Apparemment déchristianisé (ou on lui supposera la foi française classique, et non celle des croisés espagnols), Rodrigue parcourt d'un acte à l'autre toute l'histoire de la noblesse. Parce qu'il n'a pas peur de la mort et parce qu'il tue, il devient un héros, mais cet héroïsme est insuffisant, et même fautif, au regard de la véritable morale, qui est exigée par la monarchie absolue et par l'état de guerre. Richelieu impose aux nobles l'obéissance, et la guerre contre l'Espagne fait du salut de l'Etat la loi suprême, ce qui permet d'oublier le crime de Rodrigue — et plus tard, d'acquitter Horace.

Mais le Cid n'est pas devenu un mythe en France à cause de la signification politique que Corneille a donnée à sa pièce. Le poète lui-même a indiqué dans son *Examen* que, lorsque Rodrigue paraissait devant Chimène, « il s'élevait un certain frémissement dans l'assemblée, qui marquait une curiosité merveilleuse, et un redoublement d'attention pour ce qu'ils avaient à se dire en un état si pitoyable ». Corneille n'a pas inventé l'amour de la fille du comte et du fils de don Diègue, mais il a donné à ce thème, que lui offrait la *Comedia* de Guillén de Castro, un développement beaucoup plus riche et plus impressionnant.

L'amour a sa place dans la dialectique morale. Rodrigue immole sa passion pour venger son père, mais ce sacrifice ne fait que servir son amour, et lui permet de ne pas démériter de Chimène. Dans le service du roi, il retrouve à la fois la gloire et l'amour. Il est digne à la fois de son père et de sa maîtresse.

Un jeune homme vertueux, vaillant et amoureux : voilà ce qu'est devenu Rodrigue. Il nous émeut parce qu'il veut concilier ce qu'il doit à son père et ce qu'il doit à sa maîtresse. Il est beau que Chimène ait les mêmes qualités et les mêmes sentiments. Il est pathétique de voir ces jeunes gens s'avouer à la fois qu'ils n'ont jamais cessé de s'aimer, et qu'ils doivent agir comme s'ils se haïssaient... En les unissant au dénouement, le roi ne nous montre pas seulement que l'autorité monarchique peut résoudre des contradictions apparemment inextricables; il signifie que celui qui fait son devoir et est prêt à sacrifier son cœur finit par conquérir à la fois la gloire et le bonheur. Bref, que « qui perd sa vie, la gagne », que les sacrifices les plus douloureux sont toujours récompensés, et qu'on retrouve, à la fin des épreuves, ce qu'on avait d'abord immolé.

La « querelle du Cid » se développa surtout autour de la notion de « bienséance ». L'amour de Chimène et de Rodrigue, leur mariage envisagé au dénouement, la visite du jeune homme chez la jeune fille, pouvaient évidemment choquer. En fait, ce sont ces situations paradoxales qui assurèrent le succès et la gloire de l'œuvre. Le public rapprocha *Le Cid* de *Roméo et Juliette* ou de *Tristan et Yseult,* de tous ces couples parfaits, que des conflits sociaux séparent, à moins que par des promesses presque surhumaines ils parviennent à se retrouver et à transcender tout ce qui pouvait leur nuire.

Au XVIIe siècle, Chevreau avec *La Suite et le Mariage du Cid* (1638), Desfontaines avec *La Vraie Suite du Cid* (1638), Thymothée de Chillac avec

L'Ombre du Comte de Gomès et la Mort du Cid (1639), tentèrent d'exploiter le succès de la pièce de Corneille. Ces trois œuvres n'eurent que peu d'échos : que ces poètes aient imaginé un Rodrigue persécuté par l'Infante, emprisonné par le roi et sauvé par le peuple, ou une Chimène dont le roi Fernand tombe amoureux, ou le fils de don Gomès qui venge son père et tue le Cid, aucune de ces inventions ne put altérer le rayonnement ni la signification du héros cornélien.

Sur les scènes du XIXe siècle, *Le Cid d'Andalousie* de Le Brun (1825), *La Fille du Cid* de Casimir Delavigne (1840), marquèrent un certain effort pour revenir à l'atmosphère et aux sources ibériques. En revanche, dans *Le Nouveau Cid*, Gabriel Hugelmann imagine l'amour impossible d'un officier français et d'une jeune Autrichienne au temps de Magenta et de Solferino, et nous montre qu'au fond le mythe n'a guère changé, encore que le héros moderne immole sa passion à l'humanité, et non à l'honneur de son père... *Le Cid* de Massenet se veut fidèle au drame de Corneille.

Les poètes sont plus intéressants que les dramaturges. Ils tentent d'ordinaire de revenir à la tradition espagnole. Théophile Gautier évoque dans *Espana* le monastère où dort le héros, et, selon la légende, il nous montre sa statue funéraire qui s'éveille pour épouvanter un Juif qui osait la narguer. Barbey d'Aurevilly nous peint, comme dans le *Romancero*, un Cid compatissant qui se penche sur un lépreux. Victor Hugo imagine Rodrigue devant le calife de Grenade, recevant le petit roi don Sanche, souffrant de l'ingratitude du monarque et de l'exil ; à vrai dire, il sacrifie le héros à une fresque historique et même philosophique. Leconte de Lisle et José Maria de Heredia tentent, par-delà le classicisme cornélien, de ranimer l'antique sauvagerie du mythe espagnol. Ils n'hésitent pas à décrire la tête sanglante du comte, que le jeune homme vient offrir à son père offensé... Dans *Le Soulier de Satin*, où le souvenir de Lope de Vega et de Calderón (et de Shakespeare) est assurément bien plus visible que celui de Corneille, le héros est, malgré tout, baptisé Rodrigue.

La France du XIXe et même du XXe siècle s'est donc souvent attachée à retrouver le Cid des légendes et des églises espagnoles. Mais les méditations de Victor Hugo sur l'histoire, les féroces évocations de Heredia ou de Leconte de Lisle, n'ont, au fond, rien changé. *Le Cid* de Corneille, indéfiniment expliqué et récité dans les écoles, indéfiniment joué à la Comédie-Française et à l'Odéon, est resté aisément vainqueur. Rodrigue est demeuré pour nous ce bon fils et cet amoureux exemplaire, qui sauve l'Espagne et mérite ainsi d'épouser celle qu'il aime. Le romantisme de Gérard Philipe apportait, il y a trente ans, une nouvelle poésie à ce visage, mais sans en modifier réellement la signification dans la conscience collective des Français.

Dans son essence, le mythe littéraire cidien est historique. Expression, en Espagne et aussi en France, d'enjeux sociaux et politiques, il n'a servi que très rarement à fonder l'ordre présent par le récit des origines ; sa signification dominante a été celle d'une mutation de l'ordre dans le temps. Des deux grands moments qui font sa structure, le premier, le chaos, ne marque pas un désordre primordial, mais l'échec de l'ordre préexistant à l'action cidienne ; le second exalte l'aube d'un ordre nouveau. De l'un à l'autre, le régime politique traditionnel reste inchangé ; ce qui varie, ce sont les élites et les valeurs élitaires sur lesquelles s'appuie successivement un même pouvoir central. L'élite nouvelle peut être constituée d'une classe en expansion ; elle peut aussi ne représenter que des hommes nouveaux, des parvenus d'une strate inférieure au groupe dominant traditionnel. Le mythe cidien n'a jamais été révolutionnaire, mais toujours plus ou moins profondément réformateur.

G. Martin et A. Niderst

BIBLIOGRAPHIE

Textes

Chanson du Cid : Ramón Menéndez Pidal, *Cantar de mio Cid. Texto, gramática y vocabulario*, 3 vol., Madrid, Bailly-Baillière, 1908-1911 ; C. Smith, *Poema de mio Cid*, Madrid, Cátedra, 1978 ; Alberto Montaner, *Cantar de mio Cid*, Barcelone, Crítica, 1993. *Chanson des Enfances de Rodrigue* : Alan D. Deyermond, *Epic poetry and the clergy. Studies on the « Mocedades de Rodrigo »*, Londres, Tamesis Books, 1968 (p. 221-277). Guillén de Castro, *Les Enfances du Cid* : Luciano Garcia Lorenzo (éd.), *Guillén de Castro. Las Mocedades del Cid*, Madrid, Cátedra, 1978. *Romancero* : Michelle Débax, *Romancero*, Madrid, Alhambra, 1982. Pierre Corneille, *Le Cid* : Georges Couton (éd.), *Pierre Corneille. Œuvres complètes*, Paris, Gallimard, I, 1980 ; Alain Niderst, *Pierre Corneille. Théâtre complet*, Publications de l'université de Rouen, I, 1984 ; M. R. Margitic (éd.), *Pierre Corneille. Le Cid*, Amsterdam/Philadelphie, John Benjamain Publishing Company, 1989.

Traductions des textes espagnols

Georges Martin, *Chanson de mon Cid*, Paris, Aubier, 1995.
— *Chanson des Enfances de Rodrigue*, Paris, Aubier, 1996.

Études

Louis Chalon, *L'Histoire et l'Epopée castillane du Moyen Age*, Paris, H. Champion, 1976.
Mikel de Epalza et Suzanne Guellouz, *Le Cid, personnage historique et littéraire*, Paris, Maisonneuve et Larose, 1983.
Georges Martin, *Les Juges de Castille. Mentalités et discours historique dans l'Espagne*

médiévale, Paris, Klincksieck (Annexes des *Cahiers de linguistique hispanique médiévale*, 6), 1992.
Ramón MENÉNDEZ PIDAL, *La España del Cid*, 2 vol., Madrid, Espasa-Calpe, 1929.
— *L'Epopée castillane à travers la littérature espagnole*, Paris, A. Colin, 1910.
Colin SMITH, *The Making of the Poema de mio Cid*, Cambridge University Press, 1983.

Coatlicué, la déesse-mère

Dans son *Histoire générale des Choses de la Nouvelle Espagne* fray Bernardino de Sahagun (ce Franciscain espagnol du XVIe siècle qui peut être justement considéré comme le premier américaniste) cite le mythe, à lui rapporté par ses « informateurs » indigènes, de la femme nommée Coatlicué (de *coatl* = serpent et *cueitl* = jupe) qui un jour, occupée qu'elle était à balayer (plus qu'une tâche ménagère, le balayage, dans les cultures mésoaméricaines, était un acte rituel), sentit tomber sur elle une boule de plumes. Pour ne pas interrompre une besogne en fin de compte dévote, Coatlicué glissa la boule de plumes sous ses vêtements, contre son ventre. Mais quand elle voulut, son travail terminé, examiner le curieux objet, il avait disparu tandis qu'elle-même se retrouvait miraculeusement enceinte. Les fils de Coatlicué, les Centzon-huitznahua (de *centzon* = 400, c'est-à-dire innombrables, et *huitznahua* = divinités du Sud qui cosmogoniquement représentent les constellations visibles sur le haut plateau mexicain) et leur sœur, Coyaulxauhqui (de *coyaulli* = grelots, et *xauhqui* = peint, orné), irrités par cette grossesse clandestine qui leur semble un affront à l'honneur familial, trament la mort de leur mère. Mais l'enfant que celle-ci porte la conforte et la préserve contre les dangers extérieurs jusqu'au moment où il naît, écu en main, « tenant le dard et la verge bleue, le visage peint, la jambe gauche fine et emplumée, les cuisses peintes en bleu, ainsi que les bras ». Un des vocables du dieu Huitzilopochtli est précisément Celui-qui-est-né-sur-l'écu ou bien Guerrier-du-Sud parce que son premier acte fut de combattre ses frères et de les reléguer « dans la région du sud » (à sa sœur il tranche la tête et dépèce le corps). Huitzilopochtli (de *huitzilin* = colibri et *opochtli* = de gauche, ou peut-être du Sud), dieu tribal des Aztèques, était à la fois le soleil ascendant et le soleil zénithal qui incarnait alors la civilisation nahua à son apogée. Analysant le mythe, Laurette Séjourné explique que pour mettre au monde l'être lumineux qui l'habitait, l'obscure Coatlicué devait disparaître. Mort dialectique que l'iconographie rappelle en ces statues de la déesse toujours décapitée, circonstance que le mythe complexifie en des variantes où la fille, sœur du dieu, se confond avec la mère qui devient la première victime de Huitzilopochtli : « Il commença par elle quand il la tua là-bas (...) là-bas il lui mangea le cœur. » Cœur-de-la-Terre est du reste un des nombreux vocables de Coatlicué qui reçoit aussi ceux de Papillon d'Obsidienne, ou de Fleur Blanche et de Fleur Jaune dans ses dévolutions de déesse de la végétation et des récoltes. Mais la Mère-des-dieux, Notre-Aïeule, est aussi la Guerrière parce que la terre, comme le soleil, s'alimente de sang et demande les cœurs des guerriers sacrifiés en son honneur. En tant que Guerrière elle est naturellement déesse de la chasse et apparaît sous forme de cerf comme dans le *Mythe du Cerf à Deux Têtes* dont les protagonistes sont Mimix et Xiuhniel, de la lignée du dieu du nord Mixcoatl, Serpent-de-Nuages. Au cours d'une chasse, Mimix et Xiuhniel aperçoivent un cerf à deux têtes qui se transforme en deux femmes. « Venez boire, venez manger », crient ces dernières aux chasseurs d'abord perplexes puis enthousiastes. « Et voici que Xiuhniel boit le sang et avec elle se couche et quand il l'eut couchée par terre voici que sur elle il se met, et voici qu'il la mord, et la perfore, puis il dit à Mimix : "Je m'écarte, j'ai mangé ce qui me revenait." Et l'autre femme se redresse alors pour l'appeler (...) et Mimix ne l'appelle pas mais voici qu'il fait jaillir du feu de deux morceaux de bois puis il dresse le feu et quand il l'a dressé il s'y précipite et la femme derrière lui. Toute une nuit elle lui tient compagnie et encore la moitié du jour suivant. » Alors, continue le mythe, du ciel descendit le chaudron divin dans lequel tomba la femme dont le corps éclata en morceaux, d'abord jaillit le silex vert, puis le blanc, puis le jaune, puis le rouge. Et Mixcoatl saisit le silex blanc, l'enveloppe et l'adore comme dieu, et l'emportant avec lui il part à la conquête de nouveaux territoires. La psychanalyse peut trouver son compte dans les signifiés sans équivoque sexuels de boire et de manger (ce dernier verbe a conservé dans la langue argotique de certains pays latino-américains ce même signifié) qui ouvrent d'étranges voies de pénétration à la connaissance des terribles divinités aztèques toujours assoiffées et affamées. Le corps dépecé de la sœur de Huitzilopochtli et le corps éclaté de la compagne de Mimix ressortissent à la même signification comme le laisse entendre « Chant à la mère des dieux » entre le premier vers « Ah, la fleur jaune a ouvert sa corolle » et les deux derniers ; « ah, convertie en cerf t'ont vue dans le désert Xiuhniel et Mimich ». De nombreux et très beaux poèmes précortésiens glosent le sens de tous les vocables de la déesse-mère entre lesquels on doit privilégier celui de Cihuacoatl, Femme-Serpent, dont la base « coatl » est commune à Coatlicué = Celle-à-la-jupe-de-serpents, têtes de mort et serpents étant les attributs de la déesse-mère. La grande spécialiste des cultures mésoaméricaines qu'est Laurette Séjourné a été frappée par l'omniprésence du serpent dans tous les sites archéologiques, à travers de multiples variantes qui vont de la grecque scalaire au motif en forme de S à l'entrelacs de deux corps. Un particulier intérêt de ces derniers est qu'ils reprennent la forme du glyphe « Mouvement », signe de notre ère, le Cinquième Soleil que le mythe condamne à disparaître dans des cataclysmes sismiques. Le serpent représente la matière (le « monstre de la terre » est un serpent à la gueule grande ouverte au fond de laquelle pointe une tête humaine), la matière créatrice, se renouvelant sans cesse à travers les formes.

Puis la Coatlicué, comme le grand Pan, mourut un jour. Du moins le bruit s'en répandit-il sur les terres que les Espagnols, nouveaux venus, avaient baptisées Nouvelle Espagne. Mais avec eux arrivait l'imprimerie, c'est-à-dire le livre, c'est-à-dire les fictions, nos mythes modernes. Déesse des cultures mésoaméricaines, c'est dans les littératures des pays d'Amérique Centrale que la Coatlicué est décelable en des avatars multiples. Le Guatemala de Miguel Angel Asturias, le Mexique de Carlos Fuentes la convoquent à travers des fictions où s'incarnent successivement tous ses vocables, tous les symboles que véhiculent les mythes.

Ainsi, dans la troisième partie de *Hommes de Maïs* de Miguel Angel Asturias, intitulée « Le Cerf aux Sept Brûlis », maman Tecun, la « nana » bien-aimée des fils Tecun, souffre d'un malin hoquet. Certes, le Guérisseur a été consulté. Mais comment pourrait-il pronostiquer un remède dans l'ignorance où il se trouve sur la *cause* du mal. La cause, bien sûr, car sur la nature de celui-ci, nul mystère, de toute évidence la pauvre dame a un grillon dans le ventre. Du reste, observez le Guérisseur : méditatif et augural sur le seuil de la chambre où la malade hoquète, une oreille pour elle, l'autre pour l'obscurité du dehors, il identifie sans erreur possible les hip-hip de sa patiente comme autant de réponses aux mille petits hoquets des grillons dans la nuit. Le vrai problème est de déterminer sans erreur l'origine du mauvais vouloir qui a réussi à introduire le grillon dans le nombril de la maman Tecun, provoquant des spasmes mortels. Dans l'univers des hommes de maïs où nous transporte la fiction, la pathologie s'inscrit dans le rapport conflictuel qu'entretiennent sans trêve des volontés et des intérêts adverses, conflit dans lequel la maladie manifeste, au plus, une prise de pouvoir momentanée et partielle, la victoire transitoire d'une des parties sur l'autre, maladie/signe de quelque interférence étrangère à un système qu'elle cherche à investir pour des raisons et par des moyens jamais accidentels, encore moins objectifs et, pour nous, parfaitement irrationnels. Accueillie dans une fiction mais parfaitement anthropologique, cette survivance d'une mentalité primitive chez l'Indien d'aujourd'hui cautionne l'action romanesque, histoire infiniment séculaire des démêlés qui dressent, au Guatemala, le paysan dépossédé de sa terre contre l'arbitraire du pouvoir local associé à la cupidité trafiquante. Alors, dira-t-on, point n'est besoin de Guérisseur pour en savoir davantage, car la logique de la lecture, passant outre l'asservissement narratif, peut dès le départ désigner les coupables, ces Zacaton dont on dit qu'ils ont partie liée avec les maïciers et les « ladinos » de Pisigüilito, ce qui, par voie de conséquence, entraîne leur inimitié avec les Tecun, ennemis narrativement naturels, qui se sont faits guerilleros aux côtés du cacique indien Gaspar Ilom (la même situation se reproduit dans *Le Pape vert*, où l'association de dona Flora et de Geo Maker Thompson fait dire à Mayari : « Je ne peux plus voir ma mère parce qu'elle ressemble à la Malinche. » Dona Flora ignore qui est la Malinche mais son partenaire est en mesure de le lui expliquer : « La Malinche a aidé Cortés contre les Indiens pendant la conquête du Mexique comme vous, vous êtes en train de m'aider... »). Drame politico-rural, règlement de comptes entre familles ethniquement rivales, voilà qui paraît simple et logique. Outre que simplicité et logique sont des bibles peu sûres pour interpréter le texte asturien, ce serait faire fi de l'idéologie que d'ainsi privilégier la logique romanesque d'entrée de jeu, d'asseoir la prééminence du narratif comme degré premier de signification. Il est vrai que la splendeur métaphorique de l'écriture, somptueuse parfois jusqu'au délire, occulte, quel paradoxe, ce qu'elle veut démontrer, l'importance idéologique de l'écrit. Paradoxe, en effet, que la pratique signifiante de M. A. Asturias soit difficilement reconnue pour ce qu'elle a cependant toujours et délibérément voulu être : une *intertextualité* dans laquelle le discours contemporain, le texte asturien, accueille un discours ancien, les mythes, le discours culturel du peuple maya aliéné, et le promeut. Plus qu'un plaisir esthétique, c'est un devoir pour l'écriture d'aller vers la brillance pour obtenir l'efficacité, car la Parole, si elle se veut « sonore », doit, pour être entendue, se parer d'inattendu. Sans entrer ici dans l'exposé du système intertextuel asturien, rappelons que *Hommes de Maïs* s'inaugure, passé le titre, par une épigraphe empruntée à un poème précolombien, deux vers qui sont les derniers du poème et génèrent la matière textuelle dans sa totalité :

« Ici, la femme. Moi, le dormant.
Dormant, dormant, il dort. »

En français, le participe passé du verbe dormir ne fonctionne pas comme adjectif et encore moins comme substantif; « endormi » supplée la carence mais son usage substantif « l'endormi » a de fâcheuses connotations. C'est donc au participe présent qu'on demandera, faute de mieux, de traduire la force passive de « dormido », force qui tient, insistons bien, tout autant au fonctionnement spécifique du texte asturien qu'à celui du système linguistique espagnol. Le poème dit exactement (nous soulignons la partie reprise en épigraphe) :

« *Dormido, dormido, duerme.* Con la mano he arrollado *aqui a la mujer, yo el dormido* (Canto del Atamal-cualoyan). »

Le générateur « dormido » nous ramène près du Guérisseur qui s'apprête à faire avaler une potion, magique évidemment, non pas à la maman pourtant toujours hoquetante mais à son fils aîné, Calistro. Cette relation dialectique mère/fils soulignée par le mythe de Huitzilopochtli/Coatlicué est une des constances de la figure maternelle asturienne et justifie l'équivoque du personnage de dona Flora, dans *Le Pape vert*, équivoque dissipée dès lors qu'on accepte de considérer la relation dialectique mère/fille, dona Flora/Mayari. Calistro s'endort profondément et depuis l'autre rive, celle du sommeil, il dialogue avec le Guérisseur :

> « A la demande du Guérisseur Calistro parla, il parla endormi :
> — Ma petite mère a été malmenée par les Zacaton et pour la guérir il faut leur couper la tête, à tous. »

Donc, il s'agissait bien d'un règlement de comptes entre les Tecun et les Zacaton, non ? Non, ou de si loin que Maria Zacaton, échappant au massacre, deviendra protagoniste sous le patronyme innocemment usurpé de Maria Tecun sans particulières conséquences dans la fiction. Alors, à quel jeu joue-t-on ? Il s'agit de préparer le cadre à l'arrivée de la Parole, la parole « vraie », épiphanie d'un « savoir su » sur lequel repose un acte de justice qui va bien au-delà d'un épisode de guérilla, aussi justifiable que soit politiquement cette dernière. L'important n'est pas que les coupables désignés s'appellent Zacaton (simple circonstance narrative) mais que, par-dessus une *vox populi* quoi qu'on en dise toujours faillible, se fasse entendre la *vox dei* par la bouche du fou Calistro et que cette voix ordonne de trancher des têtes. Alors, basculant soudain dans le mythe, la fiction convoque implicitement des situations exemplaires, comme celle de ce bas-relief du terrain de Jeu de Pelote de Palenque où de la tête tranchée du joueur vaincu jaillissent sept jets de sang terminés en têtes de serpents, animal emblématique de la terre. Car le Jeu de Pelote était un rite cosmogonique, commémoratif de la marche du soleil dans le ciel entre les deux équinoxes et de sa quotidienne décapitation à l'horizon, modèle du processus agraire dans lequel le maïs s'élève jusqu'au zénith de sa maturité avant de redescendre sous forme de grain germer en terre comme le soleil pendant la nuit. Dans le premier chapitre, le cacique Gaspar Ilom, affectivement enveloppé par « un serpent de six cent mille anneaux de boue, de lune, de forêt, de pluies, de montagnes, d'oiseaux et de grondements », sent sous l'effet de l'ivresse — une autre voie qui mène au « savoir su » — sa tête qui tombe à terre au moment même où sa semence virile, « poignée de graines de tournesol », féconde sa femme. De fiction en fiction, c'est l'œuvre asturienne au complet qui livre son tribut de têtes coupées, celles, mythiques et intertextuelles, des 7-Aphu du *Popol-Vuh*, celle du Premier Soleil dans *Trois des Quatre Soleils*, celle de saint Jean-Baptiste dans *Une Certaine Mulâtresse*, celle du directeur du cirque dans *La Flaque du Mendiant*, celle de Cuculcan dans *Légendes du Guatemala* et pour finir celle de Calistro puisque le pauvre garçon, instrument de la Parole vraie, devait laisser sa raison dans la quête, ce qui constitue une manière exemplaire, on en conviendra, de perdre la tête. Des têtes, il croit en posséder neuf, la sienne et celle des huit Zacaton. Mais est-ce folie que de savoir la valeur rituelle du nombre neuf, spécifique des choses nocturnes, mystérieuses, germinatrices et utérines (comme le 7 et le 5 introduisent le nom et la geste des divinités agraires, protectrices de la fécondité de la terre et des humains, 7 que l'on retrouve dans le nom du Guérisseur, c'est-à-dire dans celui de son « nahual », son double, le Cerf des 7 Brûlis).

Le personnage de maman Tecun fonctionne intertextuellement par référence à la figure popolvuhique de Ixmucané dont le texte quiché donne à lire le rôle de mère de divinités solaires à vocations contraires et complémentaires, soleil nocturne et génital dans l'aventure des 7-Ahpu décapités à Xibalba, soleil diurne et créateur à travers ses fils, les jumeaux Hunahpu et Ixbalanqué, musiciens, danseurs, lanceurs de sarbacane, faiseurs de prodiges, artistes en un mot et archétypes de l'homme civilisé de l'éthique maya. Ixmucané règne, en tant que « mama grande », sur un monde familial masculin à sa dévotion, empire que sa belle-fille Ixquic ne songe pas à lui contester. Il en va de même chez les Tecun : maman Tecun qui a mis au monde douze enfants mâles, régente pour ses fils mariés l'univers domestique, univers intérieur où la femme trouve sa place et sa dimension :

> « Un marmot dans le dos, les unes. D'autres pansues, en espoir de famille. Leurs tresses comme un grouillement de serpents sur la tête. »

La valeur graphique de l'image des tresses-serpents souligne le symbolisme féminin du serpent, emblématique de la déesse-mère : Cihuacoatl, qui signifie femme-serpent, est le nom qu'elle reçoit lorsqu'on l'associe à la fécondité de la terre. L'adjectif « pansues » participe de cette signification mythique par le rappel de la grossesse de la jeune Ixquic, chassée par son père de Xibalba lorsqu'au volume de son ventre aucun doute ne fut plus permis sur son état, recueillie par sa belle-mère, elle avait pour tâche de balayer et d'aller quérir l'eau à la fontaine, deux occupations à fortes connotations culturelles (outre la valeur rituelle que nous indiquions pour balayer), à cause de l'assimilation littéraire et iconographique que l'on constate constamment dans les cultures mésoaméricaines entre la femme et la lune comme dispensatrices d'eau, l'une de l'eau domestique, l'autre des pluies indispensables au Maïs (le ventre de la cruche que la lune déverse sur la terre se vide comme le disque lunaire s'amenuise jusqu'à devenir croissant et comme le ventre arrondi de la femme enceinte s'aplatit après l'accouchement). Asturias parle donc de femmes « pansues » comme dans *Légendes* il évoque les « nuages pansus » porteurs des pluies printanières, occurrences qui d'un texte à l'autre mettent en évidence le fonctionnement d'un modèle mythique. Qui sont-elles, ces femmes Tecun ? Les épouses des fils, selon toute logique, logique de la fiction car la narration, quant à elle, limite l'espace où elles interviennent, collectives et anonymes, au syntagme « les femmes de la famille ». Une étude du fonctionnement sémiologique du couple asturien nous éloignerait de notre propos initial, l'étude littéraire de la déesse-mère. Acceptons donc comme proposition de travail que la dyade homme/femme reproduit dans toutes les circonstances narratives l'archétype soleil/lune à partir des prémisses (ou sont-ce plutôt des conséquences ?) qu'il n'y a pas de différence entre l'homme et la femme, l'homme étant la femme avec, en plus, « les activités du jour » (*Légendes*). L'erreur serait de nous situer à un niveau de lecture, oublieux du mythe, qui accorderait le statut « d'activités du jour » aux tâches ménagères féminines, rendant ainsi l'énoncé de *Légendes* parfaitement absurde. Si la condition sociale de la femme, charmante perruche à la langue aussi agile que les mains pour colporter les ragots quotidiens tout en façonnant les « tortillas », se circonscrit à « tortear periqueando », sa nature profonde, essentielle, lui assigne un rôle d'une autre dimension puisque la femme, c'est *Une Certaine Mulâtresse* qui le formule, est la chemise de rêves que la terre revêt. Activité fondamentalement et paradoxalement passive pour la femme, onirique, germinatrice, nocturne, lunaire en un mot face à l'homme solaire, c'est-à-dire diurne et actif. A dire vrai, et au risque de côtoyer le calembour le plus exécrable, nous affirmerons que la seule activité spécifiquement masculine, dans la perspective mythique où nous nous situons, est de se dresser. Mais pourquoi éluder les périls de la formulation puisque le mythe du Serpent-à-plumes, qui sous-tend tous les récits américains de création du maïs, est un mythe phallique, comme sont phalliques le schème ascensionnel, de la plante et la geste zénithale du soleil, les uns et les autres figurant en leur verticalité le processus de cérébralisation qui est en fin de compte la plus exaltante aventure humaine. Dans cette séquence du chapitre VI de *Hommes de Maïs*, si l'activité des fils Tecun s'accomplit nocturnement alors que sa signification profonde est celle d'une de ces activités du jour où s'accomplit la vocation phallique de l'homme, c'est qu'il y a substitution du principe de mort au principe de plaisir, par la faute des maïciers, responsables de cette situation de guérilla : l'arme, machette ou fusil, donne la mort quand la main qui la manie a délaissé sa vraie fonction de semeuse de maïs, quand le sexe ne sert plus à donner la vie. En somme, à l'inverse de Flots d'Horizons qui dans *Légendes du Guatemala* « se dévêt de ses ornements de guerre pour revêtir son sexe », les fils Tecun sont contraints de se dévêtir de leur sexe pour revêtir leurs ornements de guerre. C'est la raison pour laquelle, dans cette séquence, la femme, témoin de ce que Lacan appelle « la Vérité de l'homme », n'intervient pas narrativement, si ce n'est par le personnage de maman Tecun comme déesse-mère et déesse de la terre, la guerrière, celle qui en donnant la vie a le droit de gérer la mort. Maman Tecun vit donc avec ses brus selon le modèle familial établi, dans le *Popol-Vuh*, par Ixmucané et Ixquic. Comme Ixmucané, mère de morts (les 7 Ahpu décapités) et de vivants (leurs frères jumeaux Hun Batz et Hun Chuen, leurs fils jumeaux Hunahpu et Ixbalanqué), Maman Tecun a elle aussi cinq fils vivants et sept autres au cimetière. Elle peut donc revendiquer une place « des deux côtés », autant par fidélité à son personnage romanesque de mère aimante que par conformité avec sa vocation de personnage mythique de déesse-mère puisque « c'est le poids des morts qui fait tourner la terre la nuit et, le jour, c'est le poids des vivants » (*Monsieur le Président*). Et voici que s'ajoute au modèle popolvuhique la dimension tragique de l'iconographie de la Coatlicué : dès que la bouche de Calistro a proféré la sentence contre les Zacaton, ses frères, sans y réfléchir à deux fois, partent accomplir leur devoir et s'en reviennent présenter à leur mère le tribut, sinistre bouquet, de huit têtes fraîchement coupées. Ce dégoûtant témoignage de piété filiale convoque pour le lecteur la Coatlicué « carrée, décapitée, avec sa guirlande de têtes de mort, sa jupe de serpents, ses mains ouvertes et lacérées, (qui) veut être impénétrable : monolithique (...) la Coatlicué n'admet aucune fissure : c'est le monolithe parfait, une totalité de l'intensité, autocontenue et omnicontenante. Elle manque significativement de tête, elle renonce à l'anthropomorphisme, c'est une déesse, pas une personne, et une divinité coupée des tentations, des hésitations, des besoins, des libertés humaines ». Carlos Fuentes, à qui est empruntée cette citation, décrit là une célèbre statue du Musée National d'Anthropologie de Mexico. L'écrivain mexicain médite sur les circonstances iconographiques faisant de la statue un signifiant qui fonctionne comme exacte image de son signifié. Bien que fort éloignée des préoccupations de Fuentes, notre réflexion sur le texte asturien aborde cependant celui-ci par ce même concept d'imperméabilité : en introduisant un grillon dans le corps de maman Tecun, autrement dit un grain dans la terre, intempestivement, les Zacaton l'ont violenté, fissurée. Leur acte est un simulacre de l'acte de fécondation, il est contre nature puisque la bonne dame a largement dépassé l'âge d'enfanter et que ce geste reproduit l'action coupable des maïciers qui, saison après saison, poussés par l'esprit de lucre, épuisent la terre d'Ilom en l'ensemençant intensivement sans lui laisser le temps de « dormir » pour se reposer. On voit bien maintenant que tout se jouait en effet de tête à tête : celle, absente, de la Coatlicué contre celle, absente, de Calistro, celle de Calistro contre celle des Zacaton, celle du Cerf des 7 Brûlis contre celle de Calistro et en fin de compte celle du Guérisseur contre celle de Coatlicué/maman Tecun puisque le Guérisseur est le double du Cerf. Il est à remarquer qu'aussi bien le mythe (les 7-Ahpu décapités et dont la tête accrochée à un arbre allait féconder Ixquic) que la fiction (Gaspar Ilom sentant tomber sa tête au moment où il féconde sa femme) laisse entendre que le mort engendre le vif, ce qui entraîne la circonstance narrative, aussi bien dans le mythe d'Ixmucané que dans la fiction (maman Tecun, dona Flora) de ces mères qui sont des « veuves ». Et pourquoi l'image du grillon-hoquet? A cause d'une identique signification asturienne pour le cri et pour le grain. L'explication met en chantier une longue histoire dont le premier épisode se joue dans *Légendes*, lorsque Peau d'Or, seul dans la forêt, sans compagne, donc sans sexe, danse sur un pied en essayant de se partager en deux au rythme des voyelles a-e-i-o-u/u-o-i-e-a, cri souligné par le cri-cri des grillons. Asturias résidait en France lorsqu'il écrivait *Légendes du Guatemala*; il faut s'en souvenir pour comprendre la présence de la langue française dans cette élaboration d'une image acoustique en théorie littéraire. Le chant du grillon, répétition d'une onomatopée, c'est déjà une syllabe mais aussi un mot dont le signifié est l'exacte image de son signifiant : cri. En 1962 Asturias revient, avec *Claireveillée de Printemps*, à cette heureuse circonstance linguistique et parle des « syllabes et onomatopées, graine du cri infini, la poésie ». Comme le grain engendre l'épi, la syllabe engendre le mot et le mot le poème. La double oralité, celle de la langue et celle de la nourriture, l'identité entre l'oralité et la génitalité, la dépendance entre le développement de l'agriculture et celui de la démographie, permettent de comprendre que dans le texte asturien le cri d'un grillon ou une poignée de graines de tournesol ont la même signification, que manger c'est parler, et parler, c'est écrire, c'est-à-dire, toujours, créer. Un autre texte de *Légendes* précise cette idée :

> « Cinq fois le ventre de ma mère s'est ouvert (...) et avec moi le ventre de ma mère s'est fermé pour toujours.
> — (...) En s'ouvrant pour la dernière fois, le ventre de ta mère a été une conche à deux lèvres qui a laissé échapper une parole à destin de mollusque. »

Quant au nombril, chacun sait, après avoir lu *Une Certaine Mulâtresse*, qu'il est une voie de pénétration naturelle dans les mythes et les fictions puisque c'est par le nombril que le diable Tazol s'est introduit dans le ventre de Catalina Zabala et l'a fécondée, comme la boule de plumes avec Coatlicué.

L'origine divine et solaire du maïs, relation que les mythes métaphorisent en appelant le soleil « dent de maïs » et « œil de colibri », maintient présent, dans le processus agricole, le modèle latent de Coatlicué portant en son sein le feu du dieu solaire Huitzilopochtli et disparaissant, tuée par lui, dès qu'il vient au monde. En relation identique mais inverse Calistro, qui se sacrifie pour sa mère, en tant qu'homme de maïs contient le feu du soleil :

> « Le rire de Calistro interrompit les allées et venues du Guérisseur. Il crépitait entre ses dents et il le cracha comme du feu qui l'aurait brûlé de l'intérieur. »

Cette relation mère/fils/feu cite, une fois de plus, le mythe de la terre-mère dont le corps éclate en morceaux sous l'action du feu qui chauffe le chaudron céleste.

Et pour ce qui est du remède, demandera-t-on, l'efficacité d'une tête fraîchement coupée contre le hoquet ? Que l'on en juge : lorsqu'elle vit entrer ses fils avec les têtes sanguinolentes, en même temps que le souffle maman Tecun en perdit pour toujours le hoquet. Excellent remède, n'est-il pas vrai ?

La figure de maman Tecun-donneuse de vie, même à travers la mort, se détache avec d'autant plus de relief que la fiction lui donne un repoussoir en la personne de Vache Manuèle, la femme stérile, celle que la nature prive à juste titre du pouvoir de se reproduire : selon le mythe, les enfants sont la vraie richesse, le luxe des couples et Vache Manuèle, elle, a préféré la fallacieuse possession de l'or. En s'associant aux ladinos et aux Blancs, elle accepte de tirer profit du maïs, ce qui revient à dire qu'elle a vendu ses enfants aux exploitants, ses enfants de maïs. Dans *Le Pape vert*, ce rôle pernicieux des maïciers est tenu par le représentant de la compagnie bananière yanquie, Geo Maker Thompson. Pourtant, bien que complice des Américains qui spolient les paysans indiens de leurs terres pour agrandir les plantations de bananes, dona Flora ne peut être confondue avec Vache Manuèle parce qu'elle croit, mi-sincère, mi-roublarde, « que le progrès l'exige » et que Geo Maker, « sans être un Cortés, a le devoir d'apporter la civilisation » en tant que « blond prêtre du progrès » comme elle aime appeler son futur gendre. Elle comprend, ou croit comprendre, que les temps ont changé, que « le feu, qui entre les mains de l'Espagnol avait consumé les bois peints des indiens, leurs manuscrits en écorces d'amate, leurs idoles et leurs insignes, dévorait à présent, quatre cents ans après, les réduisant en fumée et en étincelles, christs, viergesmaries, saintantoines, saintescroix, livres de prières et de neuvaines, chapelets, reliques et médailles (...) Un autre dieu arrivait : le Dollar, et une autre religion, celle du *big stick* ». Malgré son erreur, le personnage, complexe, est troublant par son ambiguïté. On y décèle plus d'un trait spécifique de la déesse-mère (dona Flora est deux fois mère) dont le moins intéressant n'est certes pas la relation mère/fille qui fonctionne un peu à la manière de la relation maman Tecun/Calistro dans *Homme de Maïs*, mais qui trouve surtout une dimension mythique dans les deux figures, substituables l'une à l'autre, de Coatlicué et de sa fille, victimes propitiatoires de la naissance de Huitzilopochtli et modèles de la dyade dona Flora/Mayari.

Parmi les vocables de la déesse-mère, le nom même de Flore cite évidemment ceux de Fleur Jaune et Fleur Blanche, la déesse en ses dévolutions végétales, à qui l'on offrait tous les ans les prémices des fleurs. Fleur tropicale, ardente et « encore désirable » avec ses seins bronzés prêts à jaillir de sa blouse au moindre profond soupir, mais aussi Guerrière, celle qui a « échangé son poudrier contre un revolver » et qui monte à cheval comme un homme, les jambes écartées, « rêveuse avec le hachoir en mains ». La véhémence de son désir pour Geo Maker alimente le fantasme de la proie poursuivie par le chasseur et qui, loin de le fuir, le provoque (« quel délice de se sentir poursuivie »), pulsion libidinale où se réactualise l'aventure amoureuse du chasseur Xiuhniel (« qu'il me rattrape, qu'il me prenne par la taille, qu'il me fasse mettre pied à terre, qu'il me renverse, qu'il me possède »). Il est Mixcoatl, conquérant dieu du nord, « dynamique, en métal, cruel » devant qui « les diverses femmes qui étaient éparses en elle — mère, associée, belle-mère — devaient se fondre en la femme que cet homme espérait trouver en elle ». Mayari, contrairement à ce que croit sa mère, est la digne fille de cette guerrière, puisqu'elle se bat à la tête des paysans révoltés par les injustices de la compagnie bananière. Elle n'accepte pas comme dona Flora d'être le silex éclaté au feu de Geo Maker, c'est-à-dire l'instrument de sa puissance (après la mort de dona Flora, Geo Maker, son mari et légitime héritier, agrandira les possessions de la

Compagnie avec les terres de sa femme). Son suicide, ses noces avec le fleuve Motagua ont pour objet, en rendant impossible son mariage avec Geo Maker, de supprimer les conséquences condamnables d'un tel mariage : la naissance d'enfants. Son personnage lunaire rappelle Yaï, dans *Légendes*, qui après sa nuit passée près de Cuculcan est arrachée de la couche nuptiale « par les mains des fleuves » pour qu'il n'y ait pas de descendants car il ne peut y avoir de descendance pour le couple Soleil/Lune. Il ne saurait non plus y avoir de descendance pour les exploitants de la terre maya ; Mayari se sacrifie donc pour ne pas être mère et c'est à travers Bobby, né de la seconde fille de dona Flora et de Geo Maker, que celui-ci recevra son châtiment : Bobby, l'héritier de l'empire bananier, meurt au moment où son grand-père agonise d'un cancer à la gorge, qui ne lui permet même plus de dicter des ordres pour contrôler les cours de Wall Street, alors qu'éclate enfin la grève générale des travailleurs de la Compagnie (*Les Yeux des Enterrés*).

Bien qu'apparemment très éloigné des fictions asturiennes par l'écriture, le système narratif, le cadre géographique où se déroule l'action et toute la tradition culturelle, le roman du Vénézuélien Romulo Gallegos, *Dona Bárbara*, permet de retrouver la figure d'une divinité dont nous avons appris à reconnaître les deux attributions fondamentales, être terre et être mère, à travers une emblématique désormais familière, le serpent, jusque dans sa relation dialectique avec l'être qu'elle enfante : relation d'exclusion comme pour Coatlicué/Coyolcauhqui, dona Barbara/Marisela diffère en ce que c'est la mère qui hait la fille et projette de la tuer. Comme pour dona Flora/Mayari, mère et fille se confondent, conformément au mythe, dans leur pulsion vers le même homme, avec une fois encore une solution inverse qui assure le triomphe de la fille sur la mère. Le texte se plaît à insister sur l'identité femme/terre en jouant sur la signification du nom de la protagoniste, Barbara, qui en fonction adjectivale, « barbare », qualifie indistinctement la terre vénézuélienne et dona Barbara : « barbare mais belle » est la plaine ; « sauvage, belle et terrible à la fois », la femme, les deux femmes, car Marisela, « simple comme la nature » est « par moments inquiétante aussi comme les monstruosités de la nature », exactement comme sa mère, « mélange de choses agréables et de choses atroces, intéressante, sans aucun doute, comme le sont toutes les monstruosités de la nature ». Dévoratrice, dona Barbara l'est puisqu'elle est désignée comme « la dévoratrice d'hommes ». Une séquence souligne en particulier sa dimension tragique de Coatlicué, celle où le simple d'esprit Jean Primito a la vision d'oiseaux fantastiques « matérialisation des mauvais instincts de dona Barbara », oiseaux qu'il désaltère, dit-il, en plaçant sur le toit des récipients pleins de sang. Mais la séquence la plus significative est bien celle, anthologique, où dona Barbara, méditative, assiste à la mort d'une génisse qu'un anaconda aspire dans sa gueule pour l'entraîner au fond du marécage. Symbole de la terre et de l'eau, le serpent rappelle que « la dévoratrice d'hommes » est aussi « la fille des fleuves » : « fruit engendré par la violence du blanc aventurier avec la sombre sensualité de l'indienne, son origine se perdait dans le dramatique mystère des terres vierges ». Le fleuve qui l'avait amenée est celui sur lequel elle s'embarque pour disparaître, cédant à « la fascination du paysage fluvial, l'intempestive attraction des fleuves mystérieux où avait commencé son histoire ». Les eaux arrivent à se mélanger avant d'atteindre l'océan, le jaune Orénoque, le rouge Atabapo, le noir Guainia, comme dans ses veines de métisse se mélangent deux sangs. Sa dimension tragique tient autant à son difficile métissage qu'à la circonstance d'avoir elle-même été violée, à peine adolescente, terre violentée, fissurée, agressée dans son hermétisme sacré. Mais l'idéologie de Romulo Gallegos l'amène à faire percevoir, peut-être involontairement, métissage et viol comme des situations dégradantes qui marquent d'une empreinte indélébile et infamante le corps et l'âme, eu égard aux critères d'une certaine morale et d'une certaine société. En revanche, le métissage tel que les Mexicains le vivent, collectivement (même s'ils sont blancs), culturellement, tire son contenu dramatique non du fait qu'à l'origine une femme ait été souillée, avilie (dans une certaine mesure leur mythologie apportait avec la déesse Tlazolteotl, protectrice de toutes les souillures et de l'amour charnel, une réponse à ce problème), mais de ce que cette femme avait trahi, qu'elle avait préféré des intérêts étrangers aux intérêts de sa race. Et désormais tout métis, tout Mexicain, est un rappel vivant de la trahison. Le poète mexicain Octavio Paz analyse parfaitement dans *Le Labyrinthe de la Solitude* ce que représente le fait d'être inexorablement le fils de la Malinche, mais c'est Carlos Fuentes qui dans une pièce de théâtre, *Tous les chats sont gris*, expose avec le plus de nuances et de force la douleur et la grandeur d'une rencontre, qui fut un choc à partir de la triple figure de Malinche, Marine ou Malintzin, déesse, concubine et mère du premier métis. Avant *Tous les chats sont gris*, la déesse-mère occupait une place prépondérante dans *La plus limpide Région*, la première grande fiction de Fuentes. Teodula Moctezuma y est la sombre divinité assoiffée de victimes, que son fils Ixca Cienfuegos, dont le symbolisme solaire du nom se passe de commentaires, dépeint comme un être « fait de pierre, de serpents », qui le condamne à « un jeu effrayant, rien de plus, un jeu de rites oubliés et de paroles mortes ». Déesse-mère aussi, illuminée par les *sunlights* que mérite une idole de l'écran, Claudia Nervo (personnage inspiré à Fuentes par la mythique actrice mexicaine Maria Felix) célèbre dans *Zone sacrée* un culte perpétuel à sa gloire et à sa beauté, culte dont la première victime est son fils Mito, diminutif du diminutif Guillermito, mais qui n'en résonne pas moins comme nom commun « mythe ». Mère-phallique, mère castatrice, telle est Claudia, et la psychanalyse déploie ses fastes autour de la relation entre un fils de trente ans, « rabaissé vis-à-vis de lui-même à l'état de reflet » et une mère qui, elle, a depuis toujours et pour toujours « vingt-cinq ans d'éclat », comme sur les nombreux portraits d'elle qui immortalisent « son visage célèbre » et savent « convertir son corps en une perpétuelle métamorphose d'oiseau et de cendre, de flamme et de dragon ». Pourtant, de toutes ces Coatlicué, dévoratrices ou généreusement fécondes, qui hantent l'œuvre de Fuentes, aucune n'atteint la perfection du personnage de dona Marina, dans *Tous les chats sont gris.* Obsédé depuis toujours par le thème du double, du jumeau, de l'Autre, Fuentes a trouvé dans l'Histoire un sujet à la mesure de ses fantasmes avec le face-à-face, par-delà les plus invraisemblables obstacles, de deux hommes que tout sépare, la langue, la position sociale, l'éducation, la religion, l'espace : l'aventurier espagnol Hernán Cortés et Moctezuma, le dernier tlatoani aztèque. Relation de fascination et de rejet, longtemps avant de se voir ils ne pensent l'un qu'à l'autre, l'Espagnol avec le désir implacable d'atteindre Moctezuma, celui-ci plein de l'angoisse du doute quant à la signification de la rencontre. Entre les deux, une femme, dona Marina. Elle appartient à l'un puisqu'elle est sa concubine, et à l'autre puisqu'elle est de sa race et qu'il est le maître ; mais, par l'un, elle échappe nécessairement à l'autre. Pourtant, c'est par elle qu'ils communiquent, nécessairement, puisqu'elle est l'interprète, parlant la langue de l'un et de l'autre. D'elle on peut vraiment dire après Lacan qu'elle est le lieu de la Vérité de l'homme, témoin de la vérité de Moctezuma comme de celle de Cortés. Deux scènes dramatisent cette double fonction : dès le début de la pièce, Marina définit, intemporelle, son rôle « d'accoucheuse de l'histoire » parce qu'elle l'a vécue sous trois noms qui sont les clefs de son destin, « déesse, Malintzin ; putain, Marina ; mère, Malinche ». Alors la scène se transporte dans une salle du palais de Moctezuma où « un homme, avec pour seul vêtement un cache-sexe, balaye lentement ; c'est Moctezuma ». Nous avons dit la signification rituelle du balayage, et sa signification particulière dans le personnage de Coatlicué, toute douceur, toute humilité, toute dévotion, ce qu'est Marina, ce qu'est Moctezuma. Tout est donc prêt pour l'intervention du dieu, mais encore faudrait-il comprendre dans quel sens le dieu veut intervenir ; or pas plus que Coatlicué avec sa boule de plumes, Moctezuma ne sait s'il a affaire à Huitzilopochtli ou à Quetzalcoatl. Marine, « l'accoucheuse de l'histoire », lui donnera la réponse, valable pour elle-même, valable pour Coatlicué : pour que l'être lumineux qu'ils enfantent vienne au monde, ils doivent disparaître. Ce sera fait par la grâce de Cortés, Moctezuma sera tué et Marina laissée pour compte à un des soldats du conquérant. Qui est Cortés ? Il aurait pu être Quetzalcoatl le civilisateur, les augures l'annonçaient. Il fut Huitzilopochtli le Guerrier. Enfanté par dona Marina. C'est le sens de la seconde scène annoncée, quand Marina demande à Cortés : « Et toi, seigneur, qui es-tu ? » Il ne s'agit pas de faire connaissance, de faire des présentations, elle est sa concubine depuis des semaines, elle attend un enfant de lui, elle n'ignore donc plus de lui un certain nombre de choses. Elle ne veut rien savoir de plus, elle veut qu'il sache tout de lui. Sa deuxième question : « N'es-tu pas prince dans ton pays ? » n'exprime pas un fantasme de midinette, elle marque à peine l'étonnement qu'il ne soit pas ailleurs ce qu'il peut, ce qu'il doit devenir ici. Accouchement difficile, car il résiste, entre des pitreries verbales sur son passé tumultueux d'étudiant pauvre et de nostalgiques évocations d'un pays lointain qu'on ne peut oublier. Mais peu à peu, sous la plaisanterie des réponses prend corps la certitude d'une naissance prédestinée (« lorsque je suis né, il y eut une éclipse de soleil et ce fut une année d'épidémies et de pluies torrentielles »). Et quand à son tour il questionne : « Crois-tu que si j'avais cent mille ducats, un hôtel particulier à Madrid (...) je me serais fourré dans cette affaire ? », la réponse sereine et ferme, qui le bouleverse au point de la faire répéter, est : « Oui, je crois que malgré tout tu serais ici. » Elle croit, elle croit en lui. Il comprend et accepte le « Credo » puisque le dialogue se termine par une autre déclaration de foi : « Je suis venu multiplier les promesses du nouveau monde pour un homme nouveau. » En somme, la vraie trahison de Marina n'est pas, en tant que mère, d'avoir enfanté un fils, un métis mais, en tant que déesse, d'avoir accouché du père, le premier, le plus authentique « hijo de la chingada » que le Mexique ait connu. « Fils de pute » est désormais une amère et culturelle expression mexicaine.

Dorita NOUHAUD

BIBLIOGRAPHIE

Textes :

Miguel Angel ASTURIAS, *Trois des quatre Soleils (Tres de cuatro Soles,* trad. française de C. Couffon), Genève, Skira, col. Sentiers de la création, 1971.
— *Hommes de maïs (Hombres de maíz,* traduction française de F. de Miomandre), Paris, Albin Michel, 1967.
— *Une certaine mulâtresse (Mulata de tal,* traduction française de Claude Couffon), Paris, Albin Michel, 1965.
— *La Flaque du mendiant (El Alhajadito,* trad. française de D. Eluard et A. Foppa), Paris, Albin Michel, 1966.
— *Légendes du Guatemala (Leyendas de Guatemala,* traduction française de F. de Miomandre), Paris, Gallimard, 1953.
— *Claireveillée de printemps (Clarivigilia primaveral,* trad. française de R. Durand), Paris, Gallimard, 1965.
— *Le Pape Vert (El papa Verde,* trad. française de F. de Miomandre), Paris, Albin Michel, 1956.
— *Les Yeux des enterrés (Los Ojos de los enterrados,* trad. française de Marie Castelan), Paris, Albin Michel, 1962.
Carlos FUENTES, *Todos los gatos son pardos,* México, ed. Siglo XXI, 1971.
— *La Región más transparente,* México, Fondo de Cultura Económica, 1958.
— *Zona sagrada,* México, ed. Siglo XXI, 1967.
Rómulo GALLEGOS, *Dona Bárbara,* Madrid, Espasa-Calpe, col. Austral, n° 168.

Etudes :

Mitos indígenas, México, UNAM, 1956.

Popol-Vuh, traduction espagnole de M.-A. Asturias et J.-M. González de Mendoza de la trad. française de G. Raynaud du texte maya-quiché, *Les Dieux, les Héros et les Hommes du Guatemala ancien*, Paris, Maisonneuve, 1975.

Bernardino DE SAHAGÚN, *Historia general de las cosas de Nueva Espana*, México, Porrúa, 1975.

Laurette SÉJOURNÉ, *América latina*, 1 - *Antiguas culturas precolombinas*, Madrid, Siglo XXI de Espana, 1978.

Octavio PAZ, *El Laberinto de la soledad*, México, Fondo de Cultura Económica, 1950.

COMPORTEMENT MYTHICO-POÉTIQUE

La difficulté que l'on éprouve à définir le mythe n'a d'égale que celle qui attend toute tentative de trouver quelque définition à la littérature. C'est donc, faute de mieux, par le biais des fonctions de l'un et de l'autre que l'on essaie d'établir quelque rapport. Or, les oppositions sont plus nombreuses que les similitudes.

Le récit romanesque est plus ou moins fictif, le récit mythique s'impose comme vrai (Lévy-Brühl, Maurice Leenhart, Mauss, Eliade, Sellier) ; le poème est intraduisible, alors que le récit mythique peut l'être dans toutes les langues (Lévi-Strauss) ; le texte littéraire est structuré en ses parties, alors que le récit mythique est un assemblage de symboles et même peut se réduire à une structure permanente (Gusdorf, Lévi-Strauss) ; le récit littéraire a pour référence un moment historique, alors que le récit mythique suppose un temps réversible, qui caractérise le temps sacré (Eliade) ; l'individualité et la rationalité du récit littéraire sont en opposition avec le caractère collectif et la surnaturalité du récit mythique (Sellier, Lévi-Strauss) ; le récit littéraire conduit logiquement à une solution dialectique des conflits, alors que le récit mythique initie à une métamorphose radicale de statut (Eliade) ou constitue un équilibre médiateur entre deux affirmations incompatibles (Lévi-Strauss) ; le récit littéraire est intimement vécu, le récit mythique l'est socialement (Sellier) ; le récit littéraire remplit une fonction socio-historique profane, le récit mythique une fonction socio-religieuse sacrée (M. M. Münch) ; le récit littéraire a une vérité relative, le récit mythique a une vérité absolue et éternelle : c'est un récit fondateur (Eliade) ; le récit littéraire donne une analyse psychologique partielle du héros, le récit mythique investit l'homme dans sa totalité (M. M. Münch) ; le récit littéraire raconte le déroulement d'une action, alors que le récit mythique révèle quelque chose de mystérieux et d'ineffable ; le sens, dans le récit littéraire, est plus ou moins évident, alors que celui du récit mythique est caché, appelle une exégèse. Ajoutons enfin, pour l'opposer au récit littéraire, que le récit mythique a, le plus souvent, un caractère initiatique et transcendant.

Il est remarquable, dans cette confrontation du littéraire et du mythique, que le mythe est, presque toujours, associé au mot « récit ». Si on considère, cependant, que le récit mythique n'est pas une fiction mais exige la croyance quant à la vérité de ce qui est raconté, on pourrait ajouter, au mot « récit », celui de « comportement », qui met l'accent sur l'aspect subjectif du mythe.

L'homme n'attend pas seulement du mythe qu'il lui fournisse une explication du monde ou une manière d'y vivre. Il espère également trouver, dans le récit mythique vécu, une occasion de concevoir la possibilité d'une condition autre que la condition de finitude à laquelle il est soumis. La mort, le conditionnement à l'espace et au temps, le morcellement et la fragmentarité du monde sont autant d'épreuves quotidiennes qui nient la chance d'une autonomie dont l'homme porte l'exigence en lui. Car l'insatisfaction fondamentale de l'homme relève moins d'un manque que de la nostalgie d'un état qui lui est inconnu, mais dont il a une étrange divination. Nul n'a vu l'infini, nul ne sait ce que serait une liberté absolue, non plus ce que pourrait être la négation des catégories spatio-temporelles. Pourtant, de tout temps, l'homme a entretenu en lui la croyance en un état totalement différent du sien, qu'il a voulu rendre aussi réel que le monde dont il fait partie, par le moyen des récits mythiques et des productions artistiques, qui ont toujours nourri l'espérance d'une possible expérience de l'infini, de la liberté absolue, de l'intemporalité, de l'universalité et de l'unité.

Le comportement mythico-poétique pourrait être défini comme un état à la faveur duquel un individu (en l'occurrence le poète, ou, plus exactement l'artiste) tente d'accéder, par les voies de l'imaginaire, à une métamorphose de statut qui lui permettrait de s'affranchir de toute détermination et de vivre dans un temps devenu réversible.

Etat qui se dérobe à la représentation, qu'on voudrait perpétuel, sorte d'envoûtement qui nous est familier, l'espace d'un instant, pendant la lecture d'un poème, au cours de l'audition d'une pièce de musique ou de la contemplation d'une œuvre d'art plastique en lesquels « on s'oublie », de même que l'on est abîmé dans la prière ou perdu dans le ravissement amoureux. Ce qui a été élaboré longuement paraît spontané, la vie et le mouvement surgissent de ce qui est figé, l'unité se révèle dans ce qui est fragmentaire et le comportement que l'on a en face de ces phénomènes apparaît comme un accomplissement.

C'est ce comportement qui donne à l'auteur d'une œuvre d'art le sentiment de révéler l'ineffable, le secret, le caché ; de transcender la condition humaine ; de remonter à une parole originelle. Langage où l'ordonnance des mots, des sons, des couleurs apparaît comme fondatrice d'un ordre à la fois clos et ouvert, singulier et universel, daté et échappant au temps, bref « poétique », mais, aussi, « mythique » : lieu de ralliement, espace de la communication intersubjective, point de rencontre permanent d'êtres singuliers et contingents.

La parole est pourtant commune, les objets évoqués sont familiers, les situations suggérées sont habituelles : il n'empêche que le message se trouve ailleurs : dans un affranchissement des contingences, dans une autonomie absolue rendue possible. La lecture d'un poème, l'audition d'une pièce de musique, la contemplation d'une œuvre plastique ne sont pas qu'une occasion d'évasion : quelquefois, et plus souvent qu'on ne le croit, elles sont l'occasion de vivre le sentiment d'une liberté impossible, celle-là même éprouvée par l'artiste dans les moments de production de l'œuvre, l'espace où nous allons le rejoindre, lorsque, affranchi des contingences en faisant un détournement du langage à son compte, il a eu l'impression très nette d'avoir atteint à l'intemporel. C'est cet état inouï de liberté, ce ravissement devant un univers transformé que l'on doit pouvoir lire dans une œuvre, à travers les situations, les images, les idées et les sentiments suggérés. Peut-être est-ce dans cette vision que se trouve le secret du sentiment mystérieux de « beauté » dont chacun est en attente.

La lecture du texte second

L'expérience créatrice dispose donc, à vivre un comportement particulier, par lequel s'exprime l'exigence qu'a chacun de devenir « autre », c'est-à-dire d'atteindre, ne fût-ce que par instants, à un état de déconditionnement et d'autonomie. On est, alors, en droit de supposer que le texte produit à la faveur de cet état singulier n'est pas un simple jeu de l'imaginaire ou l'expression d'une émotion réelle, mais, plutôt, le témoignage d'une expérience existentielle (comme est éprouvé le mythe), dont le dessein est d'initier à un changement possible de statut. Autrement dit, l'universalité, l'intemporalité, l'unité, l'autonomie dont témoigne un poème ne sont pas uniquement dues à une technique habile ou à un bricolage savant, à une sensibilité ou à une faculté de représentation hors du commun, mais sont, avant tout, *éprouvés, vécus.* Et c'est, sans doute, parce qu'ils l'ont été qu'ils ont pu être dits en filigrane dans le texte et donc, communiqués.

En fait, dans le cas d'un texte poétique exemplaire (c'est-à-dire un texte qui permet une référence ininterrompue à tous les textes du même auteur), on se trouve, en général, en présence de thèmes tels que la révélation de l'ineffable, l'aspiration à une métamorphose de condition, l'affranchissement des déterminations spatio-temporelles, l'espoir d'atteindre à une autonomie qui irait jusqu'à l'autogénération. Or, ces aspirations, figurées par des métaphores ou par des situations singulières, évoquent la remontée à l'origine, la descente aux enfers, la nostalgie du paradis, le passage d'un mode d'être à un autre, thèmes mythiques par excellence.

On prête, généralement, à un poète, l'intention de produire un effet déterminé. Pourtant, les témoignages des écrivains laissent supposer qu'ils ont l'impression de se faire de toutes pièces et d'accéder, le long de leur expérience, à une réalité autre que la réalité commune, qu'ils appellent soit « monde poétique », soit « vision d'univers », soit « autre vie », ou, encore, « vraie vie »... On peut, également, supposer que l'intemporalité, l'universalité, l'unité, etc. dont est dotée une œuvre d'art ne correspondent pas du tout à des représentations imaginaires et ne sont pas le résultat d'une habileté particulière de l'auteur, mais sont bien *des états affectifs dont il a vécu l'expérience.*

Dans le poème « Aube » de Rimbaud, par exemple, au-delà de la métaphore de l'éveil du jour sur un monde ténébreux de mouvance silencieuse, on peut aisément relever, à travers des thèmes de solarité, de retour, de nomination, de dévoilement et de réveil, les thèmes mythiques relatifs à une quête de l'absolu — la remontée à l'origine, la nostalgie du paradis, le passage (inversé, cette fois), d'un statut sacré à un statut profane, la descente aux enfers — et un itinéraire effectué selon une démarche initiatique rendue évidente par la dépersonnalisation (que figurent ombres et silences), par la nouvelle naissance (réalisée à partir de l'apparition de la déesse) et par le monde recréé (à partir du geste d'amour et de la parole qui dénonce l'événement).

Dans le texte mythique comme dans le texte littéraire, la métaphore a valeur de métamorphose. A la limite, les images, dans un poème, n'ont pas un sens symbolique : elles sont réelles, comme dans un texte mythique. Et, même, c'est dans la mesure où elles sont susceptibles de communiquer une telle « réalité » que ces images nous affectent. Mais le crédit de réalité et de vérité que nous leur accordons n'est pas avouable, la communion avec une œuvre reste un jeu, la source d'un plaisir plus ou moins fugitif : quand bien même l'expérience et l'aspiration seraient les mêmes, l'accueil fait au mythe n'est guère réservé au poème. Qui prendrait à la lettre la folie d'Artaud lorsqu'il invite, dans le texte intitulé « A Table », les hommes à quitter leur logis, à aspirer, au prix d'expériences épouvantables (descente aux enfers), à une éternité surréelle, et leur annonce la possibilité d'inventer une nouvelle langue et la découverte d'une réalité autre qui s'ouvre à l'amour nostalgique des « rêves qui sont vrais » ? Artaud ne leur promet pas moins que la conquête de l'autonomie à la faveur d'une autocréation, d'une libération des phénomènes et d'une destruction du MOI...

C'est à travers des épreuves et des rites de passage que s'effectue le cheminement du poète, dans le sonnet de Mallarmé qui débute par le fameux « Le vierge, le vivace et le bel aujourd'hui... ».

1. Impuissance du « stérile hiver », séparation, rupture (« lac dur oublié »), anonymat d' « un » cygne, aliénation des « vols qui n'ont pas fui » et du « plumage pris », néant (« ennui »), détresse du « sans espoir », solitude qu'évoquent « le givre » et le « transparent glacier ».

2. Le poète subit ces épreuves parce qu'il est à la recherche d'une « région où vivre » (nostalgie du paradis) qui ne fut pas chantée (c'est-à-dire vécue) lorsqu'il l'eût fallu, car il s'est obstiné à « nier l'espace ». C'est dire que ces épreuves attestent le besoin de se recréer, de transcender la condition humaine, afin de retrouver le langage originel, unique et fondateur.

3. Refus du monde, enfin, de celui qui fut « assigné à ce lieu » à cause de son « pur éclat » et qui oppose, dans un « exil inutile », le « songe froid du mépris » à ce sort; opposition, également, de celui qui n'est plus que « fantôme » à la « blanche agonie » et à « l'horreur du sol ».

On ne peut s'empêcher d'évoquer, à ce propos, l'image du « seigneur latent qui n'a pu devenir », image par laquelle Mallarmé désigne Hamlet, mythe auquel il est resté fidèle sa vie durant.

Comme on peut le voir, les thèmes mythiques (dispersés dans le poème et sans aller dans le sens de la progression ou se développer selon une démarche dialectique) disent un itinéraire qui comporte la ségrégation, la révélation et la métamorphose. Etapes qui sont celles de la crise de Besançon, qu'il décrit ainsi à Cazalis : « Mon cerveau, envahi par le Rêve, se refusant à ses fonctions extérieures qui ne le sollicitaient plus (ségrégation), allait périr dans son insomnie permanente, j'ai imploré la grande Nuit qui m'a exaucé et étendu ses ténèbres (mort et éternité, temps des gestations). La première phase de ma vie a été finie. La conscience excédée d'ombres se réveille lentement (éveil à une nouvelle naissance, passage à la lumière), *formant un homme nouveau* (métamorphose). Cela durera plusieurs années, pendant lesquelles j'ai à revivre la vie de l'humanité depuis son enfance et prenant conscience d'elle-même » (temps rendu réversible et universalisation de l'expérience).

L'intérêt de cette mise en évidence des thèmes mythiques dans un texte est double : d'une part elle permet de voir que cette lecture se fonde sur des thèmes permanents tout au long de l'œuvre de l'auteur, d'autre part, elle permet de constater que le comportement mythique qui préside à l'édification de cette œuvre est *vécu.*

Il n'y a là, certes, rien d'étonnant quand on songe que la poésie a, de tout temps, été à l'écoute de ce qui, en nous, exige infini, transparence, intemporalité, c'est-à-dire à l'écoute de ce qui s'oppose à notre finitude, à l'opacité de la multitude des êtres et des choses, à notre clôture dans le temps. Comme si nous avions le sentiment qu'entrer, fût-ce par la seule lecture, en art ou en littérature, conduit, nécessairement, à un changement de statut, autrement dit, comme s'il s'agissait de découvrir ce qu'il y a de mythique dans la création littéraire.

Etre à l'écoute d'une œuvre d'art, c'est toujours opérer, plus ou moins profondément, selon la disposition et le degré d'accueil où l'on se trouve, le passage par lequel on renaît autre, nanti d'attributs étrangers à la condition dite « réelle », puisque, affranchi de toute détermination, on accède à la communication avec un autrui anonyme et universel bien qu'absent.

Cette expérience subjective, vécue profondément et avec tous les risques qu'elle comporte par le poète, fugitivement et quasi inconsciemment par le lecteur, se retrouve dans l'expérience vécue du récit mythique. En effet, le désir, démentiel, de se créer par ses propres moyens, d'assumer une différence essentielle, d'accéder à une condition affranchie des déterminations spatio-temporelles, se retrouve dans les aventures épiques du poète et du héros mythique, qui dit ce même cheminement éprouvant et qui le rend donc possible pour un homme dans la mesure où celui qui lit ou écoute ce récit y porte foi.

Récit mythique cosmogonique et poème ont, donc, une même fonction : permettre à l'homme de vivre une condition invivable. Cette condition, figurée par des dieux, des héros et des poètes, assumée à la faveur d'une expérience initiatique singulière, est une manifestation de l'aspiration de l'homme vers une liberté qui sous-entend le désir de s'autocréer, c'est-à-dire de renaître selon ses vœux.

C'est en cela que, sous-jacente au discours du texte, se raconte une aventure vécue comme une grâce porteuse de salut. C'est dans la lisibilité de cette aventure que se trouve la vraie lecture. Le plus souvent, thèmes et termes religieux abondent, comme s'il n'y a qu'eux pour dire une telle expérience, comme s'il n'y a qu'eux pour la communiquer.

Ce qu'il y a de plus curieux, c'est de découvrir, dans le texte littéraire, la triple séquence : écart, ravissement, renaissance, qui marquait les récits mythiques, séquences qui, de nos jours, désignent l'itinéraire suivi dans la création de l'œuvre d'art, ce mot de « création » prenant tout son sens, puisqu'il se rapporte moins à la production de l'œuvre qu'à son auteur devenu autre, *changé*.

Max BILEN

BIBLIOGRAPHIE

Claude ABASTADO, *Mythes et rituels de l'écriture*, Ed. Complexe, 1979.
Roland BARTHES, *Le Mythe, aujourd'hui*, in *Mythologies*, Seuil, 1957.
Max BILEN, *Ecriture et Initiation*, Librairie Honoré Champion, 1977.
Hermann BROCH, *L'Héritage mythique de la littérature*, in « Littérature et Connaissance », Gallimard, 1966.
Pierre BRUNEL, *Le Mythe de la métamorphose*, Armand Colin, 1974.

Ernst CASSIRER, *La Philosophie des formes symboliques*, vol. II : La pensée mythique, Editions de Minuit, 1972.
Eric DARDEL, *Le Mythique*, Revue « Diogène » n° 7 (1954).
Georges DUMÉZIL, *Du Mythe au roman*, Presses Universitaires de France, 1970.
Gilbert DURAND, *Figures mythiques et visages de l'œuvre*, Berg International, 1979.
Mircea ELIADE, *Prestiges du mythe cosmogonique*, Revue « Diogène » n° 23 (1958).
Northrop FRYE, *Littérature et mythe*, Revue « Poétique » n° 8 (1971).
A.-J. GREIMAS, *Eléments pour une interprétation du récit mythique*, Revue « Communications » n° 8 (1966).
Georges GUSDORF, *Mythe et métaphysique*, Flammarion, 1953.
Luc DE HEUSCH, *Vers une mytho-logique ?*, Revue « Critique » n° 219-220, août-sept. 1965.
— *Mythologie et littérature*, Revue « L'Homme », avr.-sept. 1977, XVII (2-3).
Wassili KANDINSKY, *Du Spirituel dans l'art*, Denoël/Gonthier, 1969.
Maurice LEENHARDT, *Do Komo*, Gallimard, col. Tel, 1971.
Claude LÉVI-STRAUSS, *Du Mythe au roman*, in « L'Origine des manières de table », Plon, 1968.
J.-G. MERQUIOR, *Analyse structurale des mythes et analyse des œuvres d'art*, Revue d'Esthétique, 3-4 (1970).
Jean PERROT, *Mythe et littérature*, Presses Universitaires de France, 1976.
Paul RICŒUR, *Le Conflit des Interprétations*, Seuil, 1969.
Marthe ROBERT, *Roman des origines et origine du roman*, Grasset, 1972 et Gallimard, 1977.
Philippe SELLIER, *Le Mythe du Héros*, Bordas, 1970.
Pierre SMITH, *La Nature du mythe*, Revue « Diogène » n° 82 (1973).
Simone VIERNE, *Rite, roman, initiation*, PUG, Grenoble, 1973.
— *Le Voyage initiatique*, Revue « Romantisme » n° 4 (1972).
Harald WEINRICH, *Structures narratives du mythe*, Revue « Poétique » n° 1 (1970).

Conte et mythe*

« La voix sonne — ou se tait — au cœur — au chœur — du drame. »

Paul Zumthor

Dans les friches du silence s'écrit l'histoire des hommes. Tissu de mots bruissants, de gestes singuliers que le conteur ordonne en des récits uniques. Sur le sol saupoudré de farine d'orge grillée autour duquel se sont assemblés les auditeurs, le sabot d'un cheval résonne. S'élève entre le rêve et nous, comme une poussière dorée. Le héros est passé, il a laissé sa trace dans le sable de nos mémoires où celle-ci lui survivra.

Mythe ou conte ? Il peut sembler vain de vouloir baliser ainsi les territoires de l'imaginaire. Le cordeau reste inadapté à des récits qui empruntent à la parole humaine sa mouvance, sa fluidité. Notre approche visera donc moins à fixer le conte et le mythe en les enfermant dans des définitions univoques qu'à montrer en quoi ces deux termes entretiennent l'un à l'autre un rapport vivant, en retra-

* Au sein de l'Équipe de recherche sur le conte traditionnel français, cet article a bénéficié des conseils et des suggestions d'André Philip. Qu'il en soit ici remercié.

çant les circonstances dans lesquelles ce rapport surgit puis la manière dont il s'est historiquement modulé. Tâche aussi difficile que celle de l'orfèvre du conte auquel un caprice de femme impose de servir des gouttes d'eau. Ambigus, équivoques, parfois contradictoires, conte et mythe subvertissent les cadres théoriques qui visent à les articuler.

PAROLES

« Lorsqu'on fait un conte, c'est à quelqu'un qui l'écoute », écrit Diderot dans la préface de *Ceci n'est pas un conte* en 1773. Si dans les sociétés traditionnelles le public rassemble souvent, et de manière indistincte, des adultes et des enfants auditeurs de récits qui ne leur sont pas spécifiquement destinés, aujourd'hui dans notre expérience quotidienne, le conte est perçu plus souvent comme un objet transitionnel entre l'adulte narrateur et l'enfant qui en suçant son pouce, aux portes mêmes du sommeil, joue à se faire peur. Mais, quelles que soient les institutions de transfert et l'horizon d'attente dans lequel le conte s'inscrit, celui-ci reste inséparable d'un corps et d'une voix, de l'intonation et du rythme, de la mimique et du regard, du geste qui prolonge la parole et parfois l'anticipe. Le conte se tisse des rires et des chuchotements, des exclamations d'un auditoire qui peut à tout moment commenter, interrompre, moduler le récit, qui protège sa conformité à un canevas connu d'avance. Dans cette parole partagée, les silences prennent une brillance particulière : miroirs où le conteur entrevoit le pouvoir des mots dans l'image inversée que l'autre lui renvoie et dans la qualité de son écoute.

On mesure la fragilité de cette transmission de la bouche à l'oreille, de ce *ouïdire* que Gaston Paris rêvait de substituer au mot *folklore* qu'il trouvait trop anglais. On mesure aussi les difficultés inhérentes à la transcription du texte oral qui, dans le temps même où elle cherche à fixer son objet pour l'inscrire quelque part et de façon durable, risque de le figer et de l'anéantir.

Le fait que les mythes — et d'abord ceux de la Grèce antique — nous soient parvenus sous la forme de textes écrits ne saurait occulter leur caractère oral et même incantatoire. Il ne suffit pas en effet de connaître les mythes pour en acquérir la maîtrise, encore faut-il savoir les *réciter.* Ce terme de *récitation* qu'utilise Mircea Eliade ne recouvre pas une redite, mais l'inscription ritualisée dans une voix et dans un corps d'un récit emprunté à la mémoire collective mais qui se trouve, à l'instant de la narration, régénéré. Ni usure ni usurpation dans cette création nouvelle et pourtant familière. C'est par elle en effet que les auditeurs entrent de plain-pied dans les événements relatés, qu'ils quittent le champ de l'expérience quotidienne pour pénétrer dans l'autre monde, qu'ils s'arrachent au temps profane, au temps relatif et mortel pour accéder à l'éternel.

Car si mythe et conte se donnent comme des récits à caractère rétrospectif, échos du mémorable qui par eux nous atteint, le passé qu'ils présentent n'est pas de même nature. Au passé indéfini du conte merveilleux (le « il était une fois » fonctionnant comme un signal textuel qui nous installe au cœur de la fiction), on opposera le temps mythique (« in illo tempore »), celui de la genèse et de la création, radicalement coupé du nôtre. Il n'appartient pas à l'histoire.

Les voix antérieures

Comme le mythe, le conte est issu de la mémoire collective et parlé par un grand locuteur anonyme aux contours indécis. Comme le mythe, il s'inscrit dans une tradition. C'est en elle que le conteur puise, sinon les motifs du récit, du moins la trame qui les ordonne et leur confère un sens, une direction. Si le concept de *conte-type*, défini par Aarne et Thompson comme une organisation de motifs suffisamment stable pour s'être répétée dans des récits divers, reste surtout un instrument commode de classification des contes, il ne nous en conduit pas moins, en dépit de son abstraction, à saisir une vérité fondamentale de la tradition orale : la liberté du conteur est une liberté surveillée. Cet art de l'improvisation qui fait du conteur doué un véritable créateur et un artiste à part entière s'accommode d'étroites contraintes. Le conteur n'est pas prisonnier du modèle que lui fixe la tradition orale. Il s'en réclame. De même que le musicien qui, soucieux de servir une partition et d'y rester fidèle, peut atteindre cependant lors de son interprétation le vertige d'un instant unique, de même le conteur se veut caisse de résonance que traverse une parole anonyme, venue d'ailleurs et de plus loin, ensevelie dans notre souvenir, connue déjà mais qui affleure à l'instant de la narration comme une parole nouvelle. Comme le mythe, pourrait-on dire en reprenant la formule de Lévi-Strauss, « le conte ne se définit que par l'ensemble de ses variantes ». Seule l'analyse comparative de toutes les versions recensées permettra comme en un kaléidoscope d'appréhender le conte dans sa bigarrure, peut-être aussi de rechercher dans une perspective diachronique les modifications qu'il a connues. Cet itinéraire balisé n'est pas exempt de surprises. Ainsi, pour prendre l'exemple d'un des contes les plus connus de notre répertoire, le Petit

Chaperon rouge, rendu célèbre par la version de Perrault (1697), perd dans la tradition orale son chaperon mais y gagne un habit de fer, emprunte de singuliers chemins parsemés d'aiguilles et d'épingles, mange la chair et boit le sang de sa grand-mère, accomplit devant le loup un strip-tease avec beaucoup de complaisance avant de lui échapper in extremis par une ruse scatologique. L'étude minutieuse des variantes existantes fait clairement apparaître que les motifs, permutables d'une version à l'autre, ne sont ni accidentels ni arbitraires et que, selon le mot de Lévi-Strauss, dans le mythe comme dans le conte, « même les substitutions sont astreintes à des lois ».

Entre nos deux genres, on le voit, les points de convergence abondent. On pourrait ainsi définir mythes et contes comme des récits oraux à caractère rétrospectif qui puisent dans la tradition collective une relative stabilité, dans les aléas de la mémoire et les fluctuations de la parole humaine leur capacité de mouvance. Ces ressemblances sont si fortes qu'elles pourraient nous inciter à analyser leurs rapports en termes de parenté.

Une affaire de famille?

Pour les frères Grimm, c'est assurément le mythe qui constitue le soubassement de la plus ancienne poésie par sa façon d'interpréter « les choses suprasensibles ». Les contes en auraient conservé des fragments, des débris sous une forme elliptique, volontiers allusive. Qu'on se réfère à la postface de l'édition de 1850 :

> « Ces éléments mythiques ressemblent aux petits morceaux d'une pierre précieuse éclatée qui seraient éparpillés sur le sol recouvert d'herbes et de fleurs et que seul un regard plus perçant que les autres peut découvrir. »

« L'herbe et les fleurs » : peut-être l'élément narratif, l'action du Conte qui, dans le temps-même où elle capte notre attention, oblitère les significations secrètes, les véritables enjeux du récit. Ainsi a-t-on pu dire que le conte était pour les frères Grimm un mythe désacralisé et tombé du ciel sur la terre. Selon Albert Wesselski, « le conte est l'enfant du mythe, mais engendré par lui au moment où il meurt ou après sa mort ». A cette théorie de la naissance posthume, on objectera que contes et mythes peuvent parfaitement coexister au sein de certaines sociétés sans s'exclure. Les analyses de Claude Lévi-Strauss sont parfaitement éclairantes à cet égard.

Wilhelm Wundt, tout en conservant cette thèse de la filiation d'un genre à l'autre, inverse curieusement les deux termes de la proposition de Wesselski : pour lui le conte précède le mythe, l'annonce et l'anticipe. Les *Urmärchen* seraient des récits explicatifs, entre mythologie et histoire, à partir desquels se sont constitués les légendes, les mythes et toutes les autres formes de récits. Il est vrai qu'à ces *Urmärchen* Wundt réserve le terme ambigu de *Mythenmärchen (contes-mythes)*, associant ainsi nos deux genres.

Curieusement Vladimir Propp retrouvera plus tard cette appellation de *contes mythiques* qu'il propose de rétablir, du moins pour les contes merveilleux. Si la *Morphologie du Conte* parue en 1928 s'attache à démontrer par une analyse de récit alors tout à fait novatrice l'homogénéité formelle de tous les contes, elle aboutit aussi à la conclusion que conte et mythe ne peuvent être différenciés d'un point de vue morphologique.

Ce qui, aux yeux de Propp, fonde la distinction entre les deux genres, ce n'est donc pas leur forme mais leur fonction sociale. Alors que le mythe se définit pour lui en tant que récit porteur de vérités religieuses admises et reconnues par tous à l'intérieur d'une société, le conte semble naître d'une faille, lorsque cette harmonie se trouve menacée. Il surgit en effet dès lors que les mythes, les rites qui les inspirent ou qui leur font écho et la croyance qu'on leur accorde se lézardent.

Une telle vision n'établit pas nécessairement d'un genre à l'autre un lien de parenté. Les contes peuvent certes emprunter, en les transposant, tel ou tel de leurs motifs à des mythes encore vivaces, mais ils peuvent aussi être seuls à garder la trace de rites tombés en désuétude, apparaissant par là comme plus archaïques que les mythes eux-mêmes. En s'inscrivant dans une société dont Vladimir Propp présente l'évolution comme inéluctable, le conte garde la trace d'époques successives « tel un paysage où les couches les plus anciennes affleurent aux côtés de plus récentes comme après un plissement géologique ». Cette belle comparaison, utilisée par Jean-Claude Schmitt et Daniel Fabre, illustre les difficultés inhérentes à l'exploration de ce qu'on pourrait appeler l'épaisseur « stratifiée » du conte. Tel est bien le projet de Propp lorsqu'il s'attache à déceler dans *Les Racines historiques du Conte merveilleux* les transformations complexes qui ont pu l'affecter.

La clarté perdue

Pour Claude Lévi-Strauss, la relation entre mythe et conte ne se pose point en termes historiques mais logiques : les deux genres ne sont pas affiliés l'un à l'autre, ils sont complémentaires et peuvent coexister comme les deux pôles d'un espace qui inclut des récits hybrides et des « formes intermédiaires ». La différence entre eux n'est donc pas de nature mais de degré. Ils présentent en effet, quant à leur structure, de telles similitudes qu'on a pu utiliser à leur endroit les mêmes instruments. A l'intérieur d'une société donnée, ils brassent inlassablement le même matériau, articulent les mêmes motifs, réemploient les mêmes séquences mais ils le font sur une échelle différente. Aux « oppositions cosmologiques, métaphysiques ou naturelles » qui fondent le récit mythique, le conte substitue de façon presque mimétique des « oppositions locales, sociales ou morales ». Dans le miroir du conte, se dessine ainsi comme un reflet voilé, « une transposition affaiblie de thèmes dont la réalisation amplifiée est le propre du mythe ». La cohésion du conte, son adéquation au contexte dans lequel il se transmet s'en trouvent compromises ou du moins menacées. Parce que la logique du récit, l'empreinte du sacré et l'emprise de la société y sont moins prégnantes qu'elles ne le sont dans le mythe, le conte est susceptible de jeu, de flottement et cette mouvance relative favorise son accaparement par d'autres formes, son entrée en littérature.

A l'inverse, la force des mythes tient-elle, comme le suggère Mircea Eliade, au fait qu'en eux le monde se laisse appréhender en tant que cosmos cohérent et parfaitement intelligible? En nous installant d'emblée dans le temps de la création, de l'événement primordial, en faisant revivre une « pensée originelle », en réactualisant des gestes exemplaires, les mythes proposent des modèles pour toutes les conduites humaines. Leur langage symbolique nous éveille sans cesse à la conscience du divin et donne à nos yeux dessillés la faculté de contempler l'univers dans sa transparence.

Si les contes reprennent et prolongent les scénarios initiatiques qui sont à l'œuvre dans les mythes, il ne semble point douteux pour Mircea Eliade qu'ils le fassent sur un autre plan. Non qu'ils se situent dans un monde dont le sacré a disparu (même fourbus, les dieux arpentent encore les territoires du conte), mais parce que trop souvent, en eux, la vocation initiatique du récit a cessé d'être perceptible : le conte n'a-t-il pas commencé sa carrière de simple histoire merveilleuse lorsqu'avec le déclin de rites traditionnels, on s'est mis à « *raconter* impunément ce qui exigeait autrefois le plus grand secret »? Si l'initiation se poursuit au niveau de l'imaginaire, c'est alors de façon diffuse, sous le manteau de la fiction, sous l'apparence trompeuse du divertissement. A nos esprits inattentifs, à nos consciences banalisées d'hommes modernes, elle n'apparaît plus dans sa lumière.

COMME UNE FUMÉE IMPALPABLE

Du mythe au conte, la transparence que Mircea Eliade qualifiait d'originelle s'est perdue. Cet obscurcissement progressif a conduit les chercheurs à ouvrir, dans le champ des études pluridisciplinaires, des interrogations nouvelles dont on notera qu'elles s'appuient de plus en plus sur des études précises de corpus. Trop longtemps, en effet, les définitions abstraites du conte, du mythe et de leurs rapports ont précédé la lecture de textes-prétextes qui confortaient les a priori au lieu de subvertir des catégories existantes. Parmi ces approches récentes, on retiendra les travaux de Nicole Belmont qui font apparaître l'existence d'un *schéma mythique* que le conte reprend en même temps qu'il le travestit. Ainsi, dans les très nombreuses versions du conte-type 313, ne trouve-t-on pas comme un reflet, une image à la fois symétrique et inverse du mythe d'Orphée dont l'affleurement dans notre conte susciterait comme une circulation nouvelle du sens ? La descente aux Enfers d'Orphée, parti à la recherche d'une épouse perdue — cette part de lui-même dont il ne peut faire le deuil — est à bien des égards symétrique de la quête périlleuse qui conduit le héros du Type 313 dans l'autre monde — non aux Enfers mais chez le diable — à trouver femme, partant à se trouver lui-même. Pourtant, entre les deux récits, les distorsions sont nombreuses. Là où Orphée perd l'aimée en se retournant pour la voir — elle se dissout dans les ténèbres « comme une fumée impalpable » — le héros du Type 313 ne parvient à enlever la fille du diable qu'en se retournant sans cesse, à la demande de celle-ci, pour observer le nuage noir qui signale comme une menace la poursuite du père ennemi. Là où Orphée conserve en lui la mémoire de l'épouse disparue en se retirant dans les solitudes glacées de la Thrace, le héros du conte s'empresse d'oublier son amour en faisant des conquêtes dans son propre pays. Là où Orphée meurt dépecé par les Bacchantes, le garçon ne doit le succès de sa quête qu'au sacrifice de la jeune fille qui demande à être tuée, disséquée et bouillie pour lui faire une échelle de ses ossements blancs. A l'eau de mort qui emporte dans les flots de l'Hèbre la tête d'Orphée continuant à appeler Eurydice, s'oppose le chant d'une eau de vie qui après avoir décapé la jeune fille de sa chair, la fera renaître. Ainsi donc, le conte merveilleux reprend en le déguisant le mythe — ce qui fut peut-être une manière de le protéger historiquement, sous le couvert de la fiction, contre les censures de l'Eglise. Le resurgissement de ce schéma mythique confère aujourd'hui au Type 313 une dimension eschatologique qu'on ne percevait plus. Conte et mythe fonctionneraient donc « l'un par rapport à l'autre, conclut Nicole Belmont, comme les deux textes d'un palimpseste ».

Des genres insaisissables

Quelles que soient les divergences entre les diverses approches que nous venons d'évoquer, toutes reposent sur une hypothèse implicite : l'existence du conte et du mythe en tant que genres autonomes. Or, cette autonomie apparaît bien fragile, dès lors que nos deux genres entrent en littérature. On perçoit alors nettement leur étonnante capacité à s'insérer dans d'autres formes.

La chose a été fortement soulignée pour le conte par Claude Lévi-Strauss à propos de sociétés comme la nôtre où, le mythe ayant disparu, le conte seul perdure. L'équilibre initial se trouve ainsi brisé :

> « Comme un satellite sans planète, le conte tend à sortir de son orbite, à se laisser capter par d'autres pôles d'attraction. »

L'attraction joue d'abord entre les contes eux-mêmes, capables de s'agglutiner, d'entrecroiser leurs motifs et d'associer leurs séquences. Ces mariages qui dérangent un peu la rigueur de la classification Aarne-Thompson ont été placés souvent sous le signe de la contamination : « les épisodes s'accrochent, s'emmêlent et il en naît des monstres presque sans nombre, pareils à la bête pharamine », écrit Henri Pourrat. En fait, ces unions témoignent le plus souvent d'affinités électives entre certains contes-types dont les lois sont encore présentement mal connues mais que l'école hongroise s'attache à mettre au jour.

L'entrée en littérature du conte crée d'autres relations à l'architecture de l'œuvre qui l'accueille. Tantôt une histoire-cadre met en place une société conteuse où des narrateurs multiples exercent tour à tour le pouvoir de la parole, comme dans le *Décaméron.* Tantôt une structure en abîme donne à voir par un procédé d'enchâssement des histoires qui s'emboîtent les unes dans les autres comme des poupées russes : le conte-gigogne ouvre sur d'autres contes, la première nuit de Chahrazade inaugure mille et une nuits de récits. La complexité de cette forme, comme l'a bien montré Tzvetan Todorov, vient du fait que chaque « *homme-récit* » révèle et dissimule un autre narrateur qui tire de lui son existence et l'autorité de sa parole. Ainsi, pour le *Manuscrit trouvé à Saragosse (Avadoro III)* :

> « Alphonse raconte que
> Avadoro raconte que
> Don Lopé raconte que
> Busqueros raconte que
> Frasquetta raconte que... »

Ce procédé sera repris dans le domaine romanesque par Selma Lagerlöf, ordonnant en une mosaïque aussi bigarrée que les paysages survolés par les oies sauvages un immense tissu de contes que Nils recueille ou réalise au cours de son itinéraire, avant de les livrer à une narratrice qui tentera de raconter le *Merveilleux Voyage.* Dans le *Gaspard des Montagnes* d'Henri Pourrat, l'organisation narrative est plus complexe encore : un conte s'élargit aux dimensions d'un univers et donne sa trame au roman, enchâssant d'autres contes que le récit ordonne en veillées et en pauses comme dans la tradition orale. Le livre se mesure ainsi à l'aune de la parole conteuse, qui fait surgir de l'ombre « l'histoire à cent histoires ».

Le conte ne se cantonne donc pas dans une solitude orgueilleuse : il entretient à la légende, à la nouvelle, au roman des relations complexes. Ses frontières mouvantes définissent un territoire multiforme que les chercheurs s'efforcent de baliser.

Dira-t-on que les frontières du mythe sont plus rigides et son espace plus nettement défini ? Rien n'est moins sûr. Non seulement à cause de la trame qui unit les mythes entre eux au point que chacun d'eux dans une ethnie donnée renvoie à tous les autres (« La terre de la mythologie est ronde », écrivait Claude Lévi-Strauss) mais à cause de l'infinie plasticité du genre. Genre malléable et multiforme que l'épopée, la poésie lyrique, la tragédie et les dialogues philosophiques se sont approprié tour à tour, plante vivace qui semble s'accommoder lors de son entrée en écriture de tant de greffes qu'il devient difficile, voire périlleux de l'isoler.

Car, si l'on admet que le vocable *mythe* renvoie d'abord au domaine grec, force nous est de reconnaître avec Mircea Eliade que les mythes nous sont parvenus à l'état de « documents littéraires et artistiques, et non pas en tant que sources ou expressions d'une expérience religieuse solidaire d'un rite ». Or, la mise en écriture du mythe obéit à des lois complexes, car sa souplesse lui permet de se couler dans des formes différentes sans s'y laisser emprisonner. Ainsi retrouvons-nous dans l'utilisation des mythes par les dialogues platoniciens des procédés d'emboîtement tout à fait analogues à ceux qu'autorisait le conte. Dans cette mise en abîme qui a retenu l'attention d'André Philip, le narrateur se dédouble en plusieurs personnages qui rapportent en écho un récit reçu d'un autre comme dans le *Timée* (20d-21d) « où Critias prétend raconter un récit recueilli par son grand-père qui l'entendit de la bouche de Solon qui lui-même le ramena d'Egypte à la suite d'un entretien avec un prêtre de Saïs... ». Chacun de ces narrateurs fictifs est à la fois dépositaire et colporteur d'une histoire qui se propage de l'un à l'autre par ricochets en se remodelant sans cesse. La pérennité du mythe semble ici comme suspendue — jusque dans son inscription même — au fil des voix humaines. N'en va-t-il pas de même lors de sa transmission orale ? On a pu présenter le mythe, à la suite de Jean-Pierre Vernant, comme un « fourre-tout », une poubelle pleine de discours résiduels, recueil de « on-dit », chambre d'échos qui se nourrit — parfois implicitement — de la parole de l'autre. Le mythe n'est-il pas toujours citation ?

Le jeu des perles de verre

Opposera-t-on, à la suite de Jan de Vries, le sérieux du mythe et sa rigueur au jeu de la fiction à l'œuvre dans le conte ? Cette distinction souvent reprise mérite d'être interrogée. Elle tend en effet à présenter le conte comme une *Spielform*, une forme ludique du mythe. La stylisation du récit, la perfection de l'enchaînement narratif parfaitement lisse et clos sur lui-même, l'absence d'épaisseur des personnages et la transparence de l'univers présenté, ont même incité Max Lüthi, en référence au roman de Herman Hesse, à définir le conte comme « un jeu des perles de verre » (*Glasperlen Spiel*). Georges Jean parle, lui, de mécano du conte, André Jolles d'une « machine de rêve parfaitement huilée où le tragique est en même temps posé et aboli ».

Cette dimension ludique est encore présente, quoique de manière implicite, dans les locutions figées des dictionnaires qui tendent à faire du conte un simple passe-temps à l'usage des femmes et des petits-enfants : contes de vieilles, contes de servantes, contes de nourrices, contes de Ma Mère l'Oye, contes de la cigogne, contes à dormir debout, contes de bonnes femmes, etc. On ne saurait trop mettre en garde contre ces visions réductrices et dépréciatives qui placent sous le signe du jeu, de la récréation, des textes dont la signification aujourd'hui nous échappe. Dans les sociétés traditionnelles, le conte était investi pourtant d'autres fonctions. Inscrit dans cette dimension temporelle que les historiens, à la suite de Fernand Braudel, ont appelée la longue durée, il était le vecteur d'une mémoire comme dans le théâtre d'ombres indonésien, où, lorsque le conteur s'exprime, ce sont bien les ancêtres, les ombres du passé qui parlent par sa bouche. Cet héritage tutélaire assigne aussi au conte une fonction morale qui dans les contes d'avertissement prend la forme d'une mise en garde, dans les facéties celle d'un scénario malicieux dénonçant des comportements jugés répréhensibles. Enfin, la dimension étiologique n'est pas l'apanage du mythe puisqu'elle est présente notamment dans ces contes d'animaux que les folkloristes du siècle dernier ont appelés des *Pourquoi*. Ces fictions poétiques qui rendent compte de faits présentement observables viennent combler un vide de l'univers, une faille, une incohérence. Elles fournissent aussi des réponses simples aux questions que l'enfant se pose et nous pose : pourquoi les rossignols ne chantent que la nuit, pourquoi les chiens et les chats se disputent, pourquoi les ours n'ont pas de queue.

Loin donc de s'inscrire seulement dans une perspective ludique, le conte obéit à des nécessités gnomiques et heuristiques. Le jeu de la fiction est soumis à des lois et balisé par des repères qui jalonnent souvent les étapes d'un parcours initiatique. Même lorsqu'il se pare des couleurs du divertissement ou de la menterie, les enjeux symboliques à l'œuvre dans le récit ne doivent pas être minimisés. Lorsque le loup de la tradition orale propose au Petit Chaperon rouge de choisir entre deux chemins — celui des aiguilles et celui des épingles — pour faire la course avec lui, il suggère une compétition en même temps qu'une devinette — double jeu. Mais la question posée par ce Sphinx velu à la croisée des vies résonne aussi comme une menace : l'ignorance de la bonne réponse peut conduire à la mort.

Aussi ne s'étonnera-t-on pas que certaines ethnies établissent du conte au mythe une sorte de continuité en assignant au conte une vocation propédeutique. Geneviève Calame-Griaule a bien montré comment les Dogon utilisent les contes pour introduire à la connaissance des mythes, dont ils seraient comme une « *traduction* dans un langage plus facilement accessible ». La familiarité étroite entre mythe et conte, leur communauté de fonction sont ici parfaitement perceptibles.

Une parole en clair-obscur

On voit donc combien est ténue la distinction si souvent opérée entre les contes présentés comme jeux de l'imaginaire et les mythes placés par maints commentateurs sous le signe du sérieux, du sacré, expression solennelle, parfois oraculaire d'une vérité incontournable. Si l'on se réfère là encore au domaine grec et au témoignage de Platon dont l'autorité n'est pas contestée, comment ne pas être sensible à ce qu'il faut bien appeler dans ses dialogues la part du jeu ? Jeu très subtil d'écho et de dédoublement entre les instances narratives. Jeu dialectique où chaque partenaire est libre d'utiliser le mythe comme une arme, un « coup » rhétorique dans cette partie que constitue tout dialogue comme *agon*, comme « mise en scène d'un affrontement minutieusement réglé », selon le mot d'André Philip. Jeu savant dont le déroulement n'exclut pas les surprises, s'il ne laisse rien au hasard. Jeu d'ombre et de lumière aussi car le mythe est toujours dévoilement et revoilement, à la fois naïf et complexe, transparent et énigmatique, donnant à explorer en une lecture plurielle le sens et les marges du sens. Du reste, sa position stratégique dans les dialogues platoniciens le place aux lisières du texte : « situés souvent dans le prologue ou à l'épilogue, comme le souligne André Philip, les mythes apparaissent aussi à certains moments décisifs de la confrontation ».

André Jolles voyait dans le mythe une forme parfaitement close : on pose une question aux astres et les astres répondent. Si le mythe se joue de nous, c'est qu'entre question et réponse il y a toujours place en lui pour le silence : de *mythos* à *mutus*, la distance est infime. Le mythe déborde les frontières où je voudrais le cantonner. Comme l'Esprit planant sur les eaux à l'instant de la création, il vagabonde.

Ce que dit l'oiseau

Sera-t-on enclin à penser avec Alan Dundes que la vocation du conte est individuelle, celle du mythe collective? La première partie de cette proposition nous paraît infirmée par quelques études récentes. Loin de se réduire à une pure fonction esthétique que l'on a trop tendance à privilégier aujourd'hui, le conte était, comme on l'a vu dans les communautés traditionnelles, le vecteur privilégié d'une mémoire, d'une morale, d'une formation. C'est dire que le destin du héros, même s'il prend la forme d'une quête solitaire, déborde largement le cadre de l'aventure individuelle et tisse entre les auditeurs d'autres liens. Si le Petit Chaperon rouge me semble avoir utilisé des gestes et des outils de femme, jouant d'un code technique — celui de la dentelle — pour dire le destin des filles, ce parcours initiatique l'inscrit bien dans une trame collective : celle par exemple de ces assemblées, appelées en Bourgogne *écraignes*, où les femmes se réunissaient pour coudre, pour broder, pour tisser les mots et les choses, nouant le fil de laine au fil de la parole dans un espace réservé échappant à tous les contrôles. De même, le printemps des oiseaux, qui trouve son expression dans plusieurs contes-types, apparaît étroitement lié, dans l'analyse si éclairante que lui consacre Daniel Fabre, à des rites de passage masculins. La maîtrise du langage des oiseaux marque en effet pour le garçon l'acquisition d'une double compétence, à la fois linguistique et érotique — apprivoisement du corps et de la métaphore. Cette quête du langage et de ce qu'il y a de l'autre côté du langage est universelle, même si d'une culture à l'autre les chemins de l'initiation diffèrent : elle sous-tend un réseau de sens qui concerne tous les garçons, sans exception.

S'il est vrai que les mythes constituent un langage du monde dont les hommes se sont attachés à décrypter, pour l'ordonner en des récits, le grand livre silencieux, peut-on dire que nous tenions là ce qui fonderait leur spécificité? « Dans le mythe, les manques sont cosmiques », affirme Evguéni Mélétinski. Sans nul doute. Mais lorsque le héros du Type 302 s'en va chercher le Corps sans Ame, tapi au fond des eaux ou entre ciel et terre, loin de l'œuf où palpite une vie qui de lui s'exila, lorsque la jeune femme partie à la recherche de l'époux disparu (Type 425) interroge le vent, la lune, les étoiles après avoir rempli un vase de ses larmes, lorsque les ossements du fils assassiné par la mère et mangé par le père (Type 720), s'élèvent dans le ciel pour faire entendre au monde dans le corps d'un oiseau un chant de vérité, dira-t-on que les manques ne sont pas cosmiques et que la mise en mots du conte ne s'attache pas à faire entendre les voix de l'univers? « Ni arbre ne suis, mais j'ai tout plein de feuilles », disait le livre.

Ainsi donc, jusqu'au bout, conte et mythe échappent à toutes les tentatives visant à enfermer dans des catégories logiques des termes dont la richesse et la complexité nous font peur. La frontière demeure indécise entre leurs territoires ou plutôt, comme l'ombre, elle change sans cesse. Mais la résistance-même que mythe et conte opposent à toutes les définitions atteste leur vitalité. Leurs possibilités infinies de jeu et de mise en abîme — pastiche, parodie, palimpseste — les rapports privilégiés qu'ils entretiennent à l'imaginaire, au symbolique, leur plasticité, leur mouvance, leur capacité de variation que laisse oublier trop souvent la pérennité des structures, en font des genres protéiformes, opérateurs de création, inducteurs de métamorphose, de liberté, de subversion et, dans l'espace ouvert à la création littéraire, des transfuges.

Bernadette BRICOUT

BIBLIOGRAPHIE

Antti AARNE et Stith THOMPSON, *The Types of the Folktale.* Folklore Fellows Communication, Suomalainen Tiedeakatemia, Helsinki, 1973.

Nicole BELMONT, « Orphée dans le miroir du conte merveilleux », *L'Homme*, n° 93, janvier-mars 1985, XXV (1), pp. 59-82.

Bernadette BRICOUT, « Les Deux chemins du Petit Chaperon rouge » in *Frontières du conte*, Paris, Editions du C.N.R.S., 1982, pp. 47-54.

Geneviève CALAME-GRIAULE, « Pour une étude ethno-linguistique des littératures orales africaines », *Langages*, n° 18, 1970, pp. 22-47.

Paul DELARUE et Marie-Louise TENEZE, *Le Conte populaire français*, Tomes I et II, Paris, G.P. Maisonneuve et Larose, 1976 et 1977.

Alan DUNDES, *The Morphology of North American Indian Folktales* (Folklore Fellows Communication), volume 81, n° 195, Helsinki, 1964.

Mircea ELIADE, *Aspects du Mythe*, Paris, N.R.F., 1963 (Idées n° 32).

— Cahier de l'Herne, Paris, Le Livre de Poche, 1985 (Biblio Essais n° 4033).

Daniel FABRE, « Le Langage des oiseaux ». *Actes du Colloque de Toulouse* (30-31 janvier 1985) sur la réception du conte et son identification littéraire depuis le Moyen Age. A paraître.

— Article *Mythe de La Nouvelle Histoire.* Sous la direction de Jacques Le Goff et Roger Chartier, Jacques Revel, Paris, CEPL, Les Encyclopédies du Savoir Moderne, 1983, pp. 430-437.

Antoine FAIVRE, *Les Contes de Grimm, Mythe et initiation*, Cahiers de Recherche sur l'Imaginaire, n° 10-11, Paris, Circé, 1978.

Georges JEAN, *Le Pouvoir des Contes*, Paris, Casterman, 1980.

André JOLLES, *Formes simples*, Traduction française, Paris, Seuil, 1972 (Poétique).

Claude LÉVI-STRAUSS, *Anthropologie structurale deux*, Paris, Plon, 1973.

Max LÜTHI, *Once upon a time. On the Nature of Fairy Tales*, traduction américaine, Bloomington, Indiana University Press, 1976.

Evguéni MELETINSKI, « L'Etude structurale et typologique du conte », article paru dans l'édition française de la *Morphologie du conte* de Vladimir Propp, Paris, Seuil, 1970, pp. 201-254 (Points 12).

Myth. A symposium. Edited by Thomas A. Sebeok, Bloomington, Indiana University Press, 1965 (A Midland Book / MB 83).

André PHILIP, « Lecture de Luc Brisson, *Platon, les mots et les mythes* », Paris, Maspero, 1982. A paraître.

Henri POURRAT, *Le Trésor des Contes*, Paris, Gallimard, 1948-1963. 13 volumes. Voir en particulier les notes des tomes I, III et V du *Trésor.*

Vladimir PROPP, *Morphologie du conte*, traduction française, Paris, Seuil, 1970 (Points 12).

— *Les Racines historiques du conte merveilleux*, Paris, Gallimard, 1983 (Bibliothèque des Sciences Humaines), Préface de Daniel Fabre et Jean-Claude Schmitt.

G.S. SIRK, *Myth. Its Meaning and Functions in ancient and other cultures.* Berkeley and Los Angeles, Cambridge University Press, 1970 (Sather classical lectures. Volume forty).

Marie-Louise TENEZE, « Du Conte merveilleux comme genre », *Arts et Traditions populaires*, n° 18, 1970, pp. 11-65.

— « Introduction à l'étude de la littérature orale : le conte », *Annales*, n° 5, 1969, pp. 1104-1120.

Tzvetan TODOROV, *Poétique de la prose* (choix) suivi de *Nouvelles recherches sur le récit*, Paris, Seuil, 1980 (Points).

Jean-Pierre VERNANT, *Mythe et pensée chez les Grecs*, Paris, F. Maspéro, 1965.

Jan de VRIES, *Forschungsgeschichte der Mythologie*, Fribourg-Münich, Karl Albert Verlag, 1961.

Paul ZUMTHOR, *Introduction à la poésie orale*, Paris, Seuil, 1983 (Poétique).

DES MYTHES COSMOGONIQUES

Nombre d'explications anciennes de l'univers et de son fonctionnement reposent sur l'exploitation des mythes cosmogoniques. Ils sont présents, en abondance, dès la plus haute Antiquité, dans des textes littéraires de caractère philosophique, scientifique, religieux et ésotérique. Ce n'est pas une surprise ; le contraire eût été étonnant puisque de tels mythes sont, par nature, liés à la science, au sacré et à l'idée d'une révélation touchant à la formation du monde. La création de l'univers, sujet inimaginable et extraordinaire, échappant aux normes humaines de l'appréhension intellectuelle, s'accompagne d'une problématique de l'imaginaire dont la principale fonction consiste à rationaliser et visualiser par des images, des récits, des mythes, ce qui est ressenti comme inconcevable, à clarifier ce qui est supposé avoir été l'impetus, la force ou la puissance divine provoquant la naissance et l'ordonnance du cosmos. En ce sens, les mythes cosmogoniques constituent une imagerie des origines.

Aussi est-on en droit, dans le cadre limité de cette présentation, de prendre en compte et de cerner quelques-uns des mythes fondateurs issus de cosmogonies mères. Ce n'est qu'ensuite qu'une étude chronologique de quelques manifestations littéraires majeures de cette *imagerie des origines* sera abordée, étude complexe, car le mythe fondateur est la source de multiples représentations. Il convient de souligner en effet, combien les mythes cosmogoniques sont féconds ; ils fournissent des explications de l'ordre du monde qui parfois s'interpénètrent et deviennent elles-mêmes prétexte à une nouvelle élaboration mythique qui se perpétue et se ramifie, qui se pérennise tout en se transformant.

* * *

I. Dans la perspective d'une approche littéraire, il paraît souhaitable de limiter le champ de l'enquête afin de n'envisager que le cas de discours cosmogoniques essentiels pour la civilisation occidentale : celui des écrits védiques, celui de l'apport grec, celui de la tradition hébraïque.

Les *Védas,* dont certains, comme le *Rig Veda* remontent au IIe millénaire avant Jésus-Christ, accordent aux mythes considérés une place de choix. Les textes des *Védas,* des *Upanishads* et plus tard des *Purâna,* où la qualité poétique sous-tend la profondeur philosophique, développent une « mythologie » dont le but est de permettre la compréhension de l'univers. Si, dans les *Védas,* la corrélation entre le cosmos d'une part, l'homme de l'autre, aboutit en définitive à proclamer l'identité de l'âme universelle (brahma) et de l'âme individuelle (âtman), elle a néanmoins pour fonction première de montrer combien la machine du macrocosme résulte d'un projet, d'une organisation, d'une volonté démiurgique. Les écrits védiques expriment une tradition qui a recours au mythe pour l'explication des mystères de la formation du monde, en même temps qu'elle propose une description des voies que l'âme doit emprunter pour atteindre le salut, la délivrance, le kharma.

Parmi les nombreux mythes cosmogoniques védiques, celui de la montagne sacrée et celui de l'œuf du monde méritent plus particulièrement qu'on s'y arrête. Le premier atteste le rôle capital du Mont Meru, séjour des dieux créateurs et axe du monde, autour duquel tournent planètes et cieux (*Padmaporâna,* Ire partie, III, 26-48 ou IIIe partie, III, 26-48). Le second, évoqué en de multiples occasions, est un jalon significatif de la fortune littéraire de l'œuf cosmique, œuf de Brahma, c'est-à-dire le monde. L'un des textes védiques précise :

> « Au commencement cet univers était eau, n'était qu'une onde. L'eau exprima ce désir : comment pourrai-je me reproduire? Elle se mortifia, elle chauffa la chaleur ascétique. Quand elle eut chauffé la chaleur ascétique, un œuf d'or apparut. Il n'y avait pas encore d'année en ce temps. L'œuf d'or flotta pour autant que mesure la durée d'une année.
> Au terme de l'année un être mâle apparut, c'était Prajâpati (...). Il brisa l'œuf d'or, mais il n'y avait aucun point d'appui : donc l'œuf d'or, le portant, flotta pour autant que mesure la durée d'une année. » (*atapathabrâhmana,* XI.I, 6, I-II).

Mythe de l'eau mère, mythe suprême de fécondité, qui ne cessera d'être présent au fil des siècles et des civilisations (que l'on songe à l'Egypte et au poème babylonien *Enuma Elish*) pour tenir une place prépondérante dans la typologie des mythes cosmogoniques.

Venus d'un autre domaine, les mythes cosmogoniques grecs ont été un apport décisif à la culture et à la littérature occidentales. La création du monde par les dieux, sujet noble par excellence, était un sujet de prédilection auquel poètes et philosophes se devaient de consacrer qui un hymne, qui un traité, qui un discours pseudo-scientifique ou allégorique. Les textes contenant des mythes cosmogoniques foisonnent, car, en plus de ceux qui interrogent directement le mystère de la création du monde, on observe l'extraordinaire développement d'un corpus de commentaires allégoriques à partir d'œuvres littéraires — généralement des poèmes — qui ne sont pas a priori marquées du sceau de la cosmogonie. C'est ainsi que Theagines de Rhegium présentait la querelle des dieux du chant XX de l'*Iliade* comme une leçon de physique et que Porphyre, parmi d'autres, a cultivé les interprétations allégoriques de type cosmogonique. Dans ce domaine, c'est la *Théogonie* d'Hésiode qui constitue le texte majeur, le « premier » véritable poème à composante cosmogonique mythique. Toutefois cela ne va pas sans ambiguïtés, puisque le poète grec, dressant la généalogie des générations divines, n'abordait qu'incidemment, et de façon assez obscure, les questions relatives à la création proprement dite : naissance de la terre (vers 117), du ciel (vers 126), de la mer (vers 131), des fleuves (vers 337) et des astres (vers 382). Selon Hésiode, à l'origine furent les enfants d'Abîme : Erèbe et Nuit. De Nuit naissent Ether et Lumière du Jour (vers 125). De la terre, découlent le ciel, la mer, et à la suite d'une série de combinaisons et d'unions, sont évoqués les enfants de la terre et du ciel (vers 133-153) et ceux de la terre et de la mer (vers 233-236). Par ailleurs, l'aspect cosmogonique s'estompe pour laisser place à la veine épique : combats et luttes des dieux dont Zeus sort vainqueur. Parallèlement, il importe de rappeler le rôle des hymnes homériques ou orphiques, et, à leur suite, les leçons du platonisme et du néo-platonisme, qui établissaient un lien fondamental entre architecture du monde et principes mathématiques (*Le Timée*), mais aussi entre l'eau et la génération des êtres. Ce n'est pas un hasard si Platon dans le *Cratyle* et le *Théétète*, se souvenait d'Homère et citait ce vers de l'*Iliade* (XIV, 201) :

> « Océan, origine des Dieux et Thétys, leur mère... »

Ces diverses facettes du discours et de l'imagerie des origines, ont été régulièrement reprises au cours des âges, et singulièrement pendant le Moyen Age et la Renaissance où ne cesseront de fleurir le genre littéraire de la généalogie des dieux — celle de G. Boccacio, vers 1350-1375, puis celles de L.G. Giraldi (*Historia de deis Gentium*, 1548), de N. Conti (*Mythologia*, 1551), de V. Cartari (*Le Imagini de i dei de gli antichi*, 1556) — et les lectures allégoriques des textes platoniciens ou platonisants. Il est vrai aussi que les écrivains, poètes et philosophes latins se sont plus à reprendre et à développer le message venu de l'Attique. Qu'on se reporte à Lucrèce (*De la Nature*, II, 596-641) ou à Ovide (*Les Métamorphoses*, I, 5-75 et 313-415), on remarque que le pouvoir et la fascination du mythe cosmogonique se manifeste et se perpétue, même si le poète philosophe n'est pas dupe de la fable qu'il emploie.

Avec la culture hébraïque se trouve contesté le mythe du couple cosmogonique originel au profit d'une conception du verbe unique. Le récit de la *Genèse*, récit mère, offre un remarquable modèle de ce pouvoir conféré à la parole créatrice qui a marqué si profondément des esprits comme Philon ou Clément d'Alexandrie et dont, plus tard, les auteurs du *Talmud* et du *Zohar* ne sauront ni ne voudront s'affranchir complètement. Ainsi, Philon d'Alexandrie, dans ses commentaires consacrés à la création du monde, glose sur la *Genèse* en s'inspirant des théories platoniciennes et de la numérologie chères aux Anciens. En procédant de cette manière, il cherche à exposer les sens cachés du texte sacré dont il interprète allégoriquement chaque détail (*Legum Allegoriae*). Pour Philon, proche en cela d'une idée platonicienne, le monde créé par Dieu provient d'un modèle, le monde intelligible formé par Dieu en son esprit (*De la Création du monde*, 4). Il est donc naturel que pour lui, comme pour les auteurs du *Talmud*, Dieu soit le grand artisan, l'architecte, le suprême géomètre de l'univers.

Au-delà du récit archétype et de l'explication qu'il donne du cosmos, il y a aussi dans la tradition hébraïque un mystère des mots et de la langue. C'est ainsi que le récit de la création commence par la lettre *beth* (initiale de Berakha = Bénédiction) et non par *aleph* (initiale d'Arina = malédiction). Le ciel, lui, chamayim en hébreu, serait un mot né d'une combinaison croisée : cham/mayim signifiant emplacement des eaux, et ech/mayim désignant l'eau et le feu. Tout aussi digne d'intérêt la tradition qui rapporte qu'au sein du temple du monde existe une *pierre fondamentale* (à rapprocher du mythe védique de la montagne Meru axe du monde), ainsi nommée parce que le monde repose sur elle et qu'elle indique l'omphalos autour duquel la terre fut créée. De surcroît, la tradition hébraïque, confortée par le judéo-christianisme a donné un rayonnement incomparable à l'angélologie : les hiérarchies angéliques, supports divins des planètes, assurent la naissance, le maintien et le renouvellement de toute vie. Il s'agit là d'une thématique que le Moyen Age et le XVIe siècle ont privilégié de saint Thomas d'Aquin à Henri Corneille Agrippa (*La Philosophie occulte*, Livre 3, chap. XIV et XV), de Dante (*Divine Comédie, Paradis* XXVIII, vers 98-135) à Jean-Edouard du Monin (*Le Quaresme (...)*, 1584, p. 41) ou Thomas Heywood (*The Hierarchie of the blessed Angells, their Names, Orders, and Offices*, 1635). Cette veine est également illustrée par le développement singulier aux XVe, XVIe et XVIIe siècles des astrologies chrétiennes ou christianisées (Georges de Venise : *de harmonia mundi*, I, Lib. VIII, C. 18 ; Du Bartas : *Seconde Semaine, Second Jour, Quatrième Partie, Les Colonnes*, vers 499-528 ; Valentin Weigel : *Astrologia Theologizata*, (1580 ?) ; Drexel : *Zodiacus Christianus* (1632) ; William Lilly : *Christian Astrology* (1647) ; R.P. Carlo Giaconia : *Zodiaco Eucaristico* (1655) ; J.-B. Morin de Villefranche : *Astrologia Gallica* (1661) ; William Derham : *Astro-Theology* (1715)). Les mythes cosmogoniques rattachés aux traditions religieuses, philosophiques et littéraires, de l'Antiquité à l'épanouissement du christianisme, s'ils n'ont pas été, dès leur apparition des moteurs de l'inspiration poétique, sont devenus par la suite un indispensable matériau, une irremplaçable machine à engendrer la connaissance et la beauté. Le mythe cosmogonique, parce qu'il était frappé du sceau du sacré, a, semble-t-il, provoqué une attention esthétique plus grande, une élévation dans le traitement, en un mot a exigé de la noblesse dans son exploitation ultérieure.

II. Le recours aux mythes cosmogoniques, d'observation courante dans l'histoire littéraire, traduit une liaison entre vision du monde et écriture chargée de la restituer. Aussi est-il légitime de s'attacher à quelques étapes et auteurs, particulièrement représentatifs de l'exploitation littéraire de ces mythes.

Au Moyen Age, l'héritage gréco-latin est déterminant : Homère, Hésiode, Ovide, Virgile sont, avec la Bible, directement ou indirectement à l'origine de l'emploi littéraire et philosophique des mythes concernant le monde, sa création et son fonctionnement. *L'Enéide* interprétée par Fulgence Planciade et le rôle que Virgile tient parmi les « autorités » — qu'on revienne à *La Divine Comédie* — attestent l'importance de l'héritage antique et la lecture interprétative dont il a fait l'objet. Si l'école de Chartres a magnifié les pouvoirs de la lumière créatrice, Albert le Grand, puis saint Thomas d'Aquin ont maintenu la prépondérance du Logos, du Verbe. En même temps que les mythes sont interprétés, parfois déformés, ils perdent aussi leur qualité de mythe, témoin les textes médiévaux traitant de « l'œuf cosmique » où le mythe se réduit trop souvent à n'être qu'un topo :

> « Ainsi en misent les anchiens example et disent que li mondes est autretel comme un œuf. L'escaille de l'œuf par dehors segnefie le firmament. Apres l'escaille est une petite pel blanche, en menniere de toie, qui est froide et seque et senefie la terre, car le terre de sa nature si est froide et seche. Et dessous celle pel si est l'aubun, qui est frois et moistes, qui segnefie l'iaue qui est sur le terre, si est froide et moiste. Et après l'aubun si est une petite pel et ilec sont transposés a le raison du monde ycelle autre pel et le moyeus, car le moyeus segnefie l'air, qui est cauls, clers et moistes — et aussi li airs si est cauls, clerc et moistes — et y celle pel segnefie le fu, qui est au dessus de tout, qui est cauls et ses — Et dedens l'œuf est le germeilon. Aussi sont les creatures vivans dedens les elemenz et des IV elemenz prendent toutes les coses vivans substentacions » (*Placides et Timeo ou Li secrés as philosophes*, paragraphe 118).

Le mythe s'est dégradé : il n'illustre plus l'imagerie des origines, il rend simplement compte de l'organisation du monde. Il a fallu tout le génie de Dante pour élaborer à partir de ce qui est senti comme totalité, une peinture théologique et poétique de l'univers. Au chant XXVIII du *Paradis*, le Point et les cercles lumineux servent à figurer à la fois le mystère de la Divinité, celui du fondement de la hiérarchie des intelligences célestes assurant l'ordre du monde et, de manière plus littérale (vers 16-45), à décrire l'univers et ses limites. Au cours du même chant, Béatrice, répondant à Dante, fournit de précieuses explications, tirées de Grégoire le Grand et du pseudo-Denys, sur la symbolique et le rôle des hiérarchies célestes (vers 97-139). La perspective théologique de Dante développe, en l'adaptant, la leçon gréco-latine selon laquelle les intelligences célestes régissent les planètes et rythment les cycles de la nature.

Les membres de l'Académie platonicienne de Florence, créée en 1462, et le néo-platonisme du quattrocento ont contribué à pérenniser les mythes cosmogoniques, en témoignent notamment Ficin et Politien. C'est grâce à leur enthousiasme pour Platon et le corpus attribué à Hermès Trismegiste que la Renaissance européenne a bénéficié d'une nouvelle floraison de la cosmogonie. Ce fait est particulièrement sensible dans les œuvres de poésie scientifique, didascalique ou métaphysique. A des degrés divers, s'inspirant des Anciens, les poètes « disciples » et « secrétaires » d'Uranie, ont décrit le monde et son fonctionnement à l'aide des mythes antiques, en espérant retrouver en eux une vérité originelle, celle du premier âge du cosmos. Guy Le Fèvre de la Boderie (*L'Encyclie des Secrets de l'Eternité*, 1570) et Jean-Edouard du Monin (*L'Uranologie, ou le ciel*, 1583) pour ne citer qu'eux, ont essayé de forger une poésie où le mythe fait corps avec l'expression intégrante de sa signification la plus haute. Du Bartas dans sa *Sepmaine, ou Création du Monde* (1578) s'il a utilisé les clichés cosmogoniques, en particulier celui de « l'œuf » :

> « Car les Cieux ne sont point ensemble entrelassez, /Ains estans les plus bas des plus hauts embrassez, /Ils vont estrecissant la rondeur de leur ventre, /Selon que plus ou moins ils approchent du centre : /Comme la peau des œufs sous la coque, et de rang, /Le blanc dessous la peau, le moyeu sous le blanc » (*Première Semaine, Quatrième Jour*, vers 297-302),

a recherché une expression plus propre à mener aux sources signifiantes du mythe, comme dans ces vers caractérisant le thème de l'harmonia mundi :

> « Tout ce grand univers, semble estre un instrument/Bien monté, bien d'accord, pinceté doctement, / Et dont la symphonie admirablement douce/ Sonne le los de Dieu, qui le bat de son pouce. (...) Mais l'homme comme estant la principale corde/ Du Luth de l'Univers, trop tendu desacorde/ Tout le reste des nerfs : et fait qu'ores il rend/Pour un air enchanteur un murmure si grand,/qu'Enyon s'en estonne, Enyon qui cruelle/Les antiques debats du chaos renouvelle » (*Seconde Semaine, Premier Jour, Troisième Partie, Les Furies*, vers 19-22 et 45-50).

Le prince des poètes, Ronsard, avec plus d'élégance que Du Bartas, avait déjà cultivé cette poésie noble dans *Les Hymnes* (1555 et 1556) dont le dessein est de dévoiler les « secrets » de l'univers. Il ne s'agit donc plus seulement de poétiser le mythe : il convient de l'interroger, de l'enrichir pour mieux en pénétrer les significations. Si le projet de « L'Hercule Chrestien » (*Second Livre des Hymnes*, 1556) implique une dominante théologique, les hymnes traitant des saisons ont favorisé l'emploi de mythes proprement cosmogoniques. A ce titre, l'un des textes les plus représentatifs se trouve dans « L'Hymne de l'Automne » lorsque Ronsard dépeint le palais de Nature et l'activité qui y règne (*Second Livre des Hymnes*, 1556, « Hymne de l'Automne », vers 327-356). Dans un registre inattendu, Ronsard a lui aussi repris le mythe de l'œuf cosmique en lui imposant un traitement qui n'a rien de commun avec la cosmogonie des *Hymnes* :

> « Je vous donne des œufs. L'œuf en sa forme ronde/Semble au Ciel, qui peut tout en ses bras enfermer, /Le feu, l'air et la terre, et l'humeur de la mer,/Et sans estre comprins comprend tout en ce monde./La taye semble à l'air, et la glere feconde /Semble à la mer qui fait toutes choses germer ; /L'aubin ressemble au feu qui peut tout animer,/La coque en pesanteur comme la terre abonde./Et le Ciel et les œufs de blancheur sont couvers./ Je vous donne, en donnant un œuf, tout l'Univers : /Divin est le présent, s'il vous est agréable./ Mais bien qu'il soit parfait, il ne peut égaler/ Vostre perfection qui n'a point de semblable,/Dont les Dieux seulement sont dignes de parler » (Sonnet des *Amours diverses*, 1578).

On pourrait multiplier les exemples et les références en ayant recours aux poètes métaphysiques, qui de J. Donne à H. Vaughan ou R. Crashaw, ont contemplé, éblouis ou effrayés, l'univers et ses spectacles infinis. Vaughan dans « Monde » (II, 466-472) a « vu l'Eternité la nuit dernière/Immense et pur Anneau de lumière infinie,/Calme autant que brillant ;/Et, en dessous, le Temps, heures, jours, années/Entraîné par les sphères,/Tournoyait, ombre vaste, emportant dans sa course,/Le monde et son cortège ». C'est avec d'autres accents et un souci très secondaire de l'expression poétique que maints auteurs d'ouvrages de « haute philosophie » — R. Fludd, M. Maier, A. Kircher et même J. Kepler (*Harmonices Mundi*, 1619) — ont eu recours aux mythes de la création pour les adapter, en les dégradant, au besoin de leur démonstration. Il est remarquable qu'en dépit des découvertes et des théories de Copernic, Galilée, Tycho Brahé et Kepler, se soit maintenu le genre de l'épopée cosmogonique, avec les successeurs, imitateurs proches ou lointains de Du Bartas, comme Il Tasso (*Il Mondo Creato*, 1607), G. Murtola (*Della Creazione del Mondo, poemo sacro*, 1608), J. Saulnier (*Cosmologie du monde tant céleste que terrestre*, 1618), Milton (*Paradise Lost*, 1667), Sir Richard Blackmore (*Creation*, 1712), Henry Brooke (*Universal Beauty*, 1735), Moses Browne (*Essay on the Universe*, 1739), voire, mais dans un tout autre registre E. Quinet (*La Création*, 1870), et même R. Queneau (*Petite Cosmogonie portative*, 1950). Parallèlement l'abandon de l'anthropocentrisme a ruiné, jusqu'à un certain point, la faveur des mythes cosmogoniques, car ils ne suffisent plus à rendre compte du mystère des origines. Le poète, plus détaché des sources d'une culture scientifique périmée, peut se livrer aux délices de son imagination qui lui fait engendrer rêveries, mondes et mythologies. William Blake le savait mieux que quiconque :

> « Voir un Monde dans un grain de sable
> Un Ciel en une fleur sauvage
> Tenir l'Infini dans la paume de ta main
> Et l'Eternité en une heure » (« Auguries of Innocence », v. 1-4),

et ses fresques poétiques comme *The Book of Thel* (1789), *Urizen* (1794), *The Book of Los, The Book of Ahania, The Song of Los* (1795) sont là pour attester l'élaboration d'une cosmogonie personnelle.

Plus proche de nous, Swedenborg, Saint-Martin, Ballanche, A. Soumet (*La Divine Epopée*, 1842) ont maintenu la vitalité des mythes cosmogoniques et leur rayonnement philosophique autant que littéraire. A côté de V. Hugo (*Les Contemplations, La Fin de Satan*) ou de Nerval (*Aurélia, Le Voyage en Orient*), comment ne pas aussi mentionner l'extraordinaire floraison des mythes étudiés dans la littérature allemande, de Brentano à Wagner, de Hölderlin à Novalis. Ainsi dans *Henri d'Ofterdingen*, par le biais d'un conte symbolique (chap. IX), Novalis a su renouer avec « cette *fabuleuse épopée des origines* où chaque germe sommeillait encore concentré sur soi et, dans sa solitude inviolée, aspirait en vain à épanouir la secrète plénitude de son être inépuisable » (chap. V). Quant à la nature, « ville magique pétrifiée » du royaume d'Arcturus, elle ne sera ranimée que lorsque Freya, la force galvanique, aura revu Eros ; le monde connaîtra une nouvelle espérance, une communion, « le jet d'eau tout gelé et rigide au milieu des parterres de fleurs » sera « devenu vivant ».

Au XXe siècle, la veine n'est pas tarie. Ce pourrait être une surprise, mais les mythes cosmogoniques n'ont-ils pas récupéré une partie de leur pouvoir de séduction ? Qu'ils proviennent des civilisations de l'Amérique latine (D.H. Lawrence, *Le Serpent à Plumes*, 1926 ou O. Paz, *Pierre de Soleil*, 1957) ou qu'ils soient une constante dérivée de l'Antiquité classique ou judéo-chrétienne (R.M. Rilke : *Elégies de Duino* et *Sonnets à Orphée*, 1923 ; O.V. Milosz : *Ars Magna*, 1924 et *Les Arcanes*, 1926 ; J. Supervielle : *Gravitations*, 1925, et *La Fable du Monde*, 1938, et plus récemment E. Jabes : *Le Livre des Questions*, 1963-1965), ils contribuent à faire renaître une exigence poétique ayant un but précis et en lui-même absolu : vaincre le piège des mots pour dominer celui du cosmos et de ses miroirs. Le poète n'a plus l'ambition de dévoiler des secrets, de révéler des arcanes, de couler dans des vers somptueux une théorie scientifique ; son projet à la fois humble et ambitieux, revient à suivre l'enseignement des poètes antiques pour qui le monde était un livre, le ciel étoilé un alphabet.

Ainsi compris, les mythes cosmogoniques demeurent un moteur puissant de l'évasion poétique, une constante de ce que serait une structure de l'imaginaire appliquée à la compréhension du mystère des origines, à moins qu'ils ne soient l'expression la plus achevée d'une foi et d'un credo comme dans les *Cinq Grandes Odes* de P. Claudel (1904-1908).

* * *

Les mythes cosmogoniques se concentrent au sein de textes littéraires dont la portée, liée à une haute inspiration, est de l'ordre du sacré. Une union s'opère donc entre la quête esthétique et la profondeur de la pensée. C'est à cause de leur contenu (explication de la formation du cosmos et de son fonctionnement) que ces mythes apparaissent comme les éléments toujours réactivés d'une démarche intellectuelle et d'une imagerie des origines qui, au-delà de leurs aspects les plus traditionnels, ne cessent de rendre compte de l'harmonie du monde. Ce n'est pas un hasard si le *de harmonia mundi* de Georges de Venise fut traduit par le philosophe et poète Guy Le Fèvre de La Boderie et s'il influença de manière durable et profonde les poètes scientifiques. Les mythes cosmogoniques vont naturellement au-delà de leur expression littéraire en tant qu'ils interrogent le réel, le passé, le point de départ; mais littéraires ils le restent pourtant, car leur écriture est source perpétuelle d'un questionnement sur la parole, la beauté, la connaissance aussi. Ce qu'il y a de plus sacré ne doit-il pas être ce qu'il y a aussi de plus beau sous la plume du poète inspiré par le mystère des origines et la toute-puissance du Créateur, ou qu'éclairent les sombres rayons du soleil noir des créations imaginaires.

James Dauphiné

BIBLIOGRAPHIE

P. Albouy, *Mythes et mythologies dans la littérature française*, Paris, A. Colin, 1981 (1969), pp. 232-258.

M. Ambacher, *Cosmologie et Philosophie*, Paris, Aubier-Montaigne, 1967.

R. Aron, *Histoire de Dieu. Le Dieu des Origines*, Paris, Perrin, 1964.

R. Caillois, *L'Homme et le Sacré*, Paris, Gallimard, 3e édition, 1963.

Dictionnaire des Mythologies, Paris, Flammarion, 1981, 2 tomes, sous la direction de Y. Bonnefoy (t. 1, pp. 219-266).

B.-C. Dietrich, *The Origins of Greek Religion*, Berlin, New York, De Gruyter, 1974.

W. Dilthey, *Théorie des conceptions du monde*, Paris, PUF, 1946.

P. Dronke, *Fabula exploratio into the uses of myth in Medieval Platonism*, Leiden et Köln, E.-J. Brill, 1974.

G. Dumezil, *Apollon sonore et autres essais : vingt-cinq esquisses de mythologie*, Paris, Gallimard, 1982.

— *Les Dieux souverains des Indo-Européens*, Paris, Gallimard, 1977.

— *Mythe et épopée*, Paris, Gallimard, 1968-1971.
M. ELIADE, *Aspects du mythe*, Paris, Gallimard, 1963.
— *Histoire des croyances et des idées religieuses*, tome 1, Paris, Payot, 1976.
— *La Nostalgie des origines*, Paris, Gallimard, 1970.
— *Traité d'histoire des Religions*, Paris, Payot, 1975 (1949).
Sir J.-G. FRAZER, *The Golden Bough, A Study in magic and religion*, New York, Mac Millan, St. Martin Press, 1966 (3e édition).
G. GAMOV, *La Création de l'univers*, Paris, Dunod, 1956.
P. GRIMAL, *Dictionnaire de la mythologie grecque et romaine*, Paris, Les Belles Lettres, 1969.
— *Mythologies de la Méditerranée au Gange*, Paris, Larousse, 1963.
— *Mythologies des steppes, des forêts et des îles*, Paris, Larousse, 1963.
S.-H. HOOKE, *Middle Eastern Mythology*, Londres, Penguin Book, 1963.
S. LEMAITRE, *Textes mystiques d'Orient et d'Occident*, Paris, Plon, 1955, 3 t.
A. MÉTRAUX, *Religions et magies indiennes d'Amérique du Sud*, Paris, Gallimard, 1967.
— *Mythology of All Races*, New York, Cooper Square Publishers, Inc., 13 volumes, 1964.
J. RICHER, *Iconologie et tradition, symboles cosmiques dans l'art chrétien*, Paris, G. Trédaniel, 1984.
J. RUDHART, *Le Thème de l'eau primordiale dans la mythologie grecque*, Berne, Ed. Francke, 1971.
Theories of the Universe sous la responsabilité de M.-K. Munitz, Glencoe, The Free Press, 1957.
R. TURCAN, « L'Œuf orphique et les quatre éléments », *Revue de l'Histoire des Religions*, t. CLX, 1961, pp. 11-23.
A. de VRIES, *Dictionary of symbols and imagery*, Amsterdam-Londres, North-Holland, Publishing Company, 1974.
H. ZIMMER, *Mythes et symboles dans l'art et la civilisation de l'Inde*, Paris, Payot, 1951.

Cronos

Le propre d'un mythe littéraire est de faire revivre pour un temps à travers la fragile enveloppe d'un style les éléments d'un archétype dont la structure générale se maintient, même si l'une des données se trouve privilégiée par les circonstances qui ramènent l'attention sur le mythe fondamental. Ce nouvel éclairage, en ravivant les couleurs de l'image archétypale retenue au détriment des autres, infléchit le sens du récit sans compromettre son unité. Ainsi se produisent à travers le temps les métamorphoses qui permettent la survie du mythe.

Le mythe de Cronos, hérité de l'Orient, entre grâce à Hésiode, dans la littérature grecque où il illustre ce phénomène. En quelques siècles, la geste de ce dieu ancien se déploie successivement dans la cosmogonie et l'eschatologie, avant d'être soumis à l'analyse philosophique, où toutes ses virtualités sont exploitées. Ses métamorphoses sont d'autant plus spectaculaires qu'il s'inscrit dans le lyrisme grec avec Hésiode et Pindare, puis dans la prose philosophique avec Platon.

Le mythe de Cronos est le mythe de la royauté divine. Lorsque Hésiode fait de Cronos dans la *Théogonie* le premier roi des dieux, il s'inspire probablement d'un mythe hourrite intitulé « La royauté au ciel », qui raconte les luttes que les dieux anciens se livrent pour la souveraineté. Ce caractère violent et sombre marque définitivement le dieu. En effet, au prototype hourrite de Cronos, Kumarbi, remonte l'essentiel du drame mythique : le dieu du ciel détrôné par son fils, l'émasculation de la divinité céleste par le jeune vainqueur, l'utilisation de la « faucille des temps anciens », enfin la mise à l'écart du dernier champion par un de ses descendants. Au moment où Kumarbi-Cronos est vaincu par Teshub-Zeus, un nouvel ordre apparaît dans le monde, qui relègue dans l'oubli les dieux anciens. Ces derniers, même quand ils sont évincés par des dieux plus jeunes, gardent leur place dans les mythes, parce qu'ils ont un rôle primordial dans les cosmogonies. Cronos, fils d'Ouranos et père de Zeus, est à la charnière de deux ères : celle qui a commencé avec Chaos et celle qu'inaugure Zeus.

Cette situation remarquable incite Hésiode à faire de son règne la date d'apparition sur terre de la « race d'or ». Or la première « race » créée par les Immortels appartient à un autre mythe de source orientale, qui présente les diverses tentatives des dieux pour obtenir une humanité non sujette à la dégradation. En mettant sous la protection d'un DIEU ANCIEN la première race — la plus parfaite — Hésiode amorce un rapprochement qui donne ultérieurement au dieu de la « race d'or » une fonction pacifique. En effet, de la synthèse hésiodique sort un Cronos au double visage : redoutable, dans la *Théogonie*, qui narre les luttes dynastiques, rassurant, dans les *Travaux et les Jours*, où il veille du ciel sur la « race d'or ».

C'est le second caractère que va souligner la tradition orphico-pythagoricienne : elle offre une version du mythe de Cronos, inconnue d'Hésiode, selon laquelle le DIEU ANCIEN, pardonné par Zeus, est retiré du Tartare et placé comme souverain des Bienheureux, aux îles Fortunées. La 11e *Olympique* de Pindare, au Ve siècle, va consacrer la « royauté au ciel » de Cronos, en infléchissant le sens du mythe qui, de cosmogonique devient eschatologique. Le mythe central de la 11e *Olympique* peint les trois séjours des âmes *post mortem* : le premier, où l'on ignore la peine, est réservé aux « bons »; le second, tout de misère, est réservé aux « méchants »; le troisième, de béatitude définitive, est ouvert aux âmes libérées des réincarnations : c'est le « château de Cronos ». Il se situe dans les Iles Fortunées, au bord des flots d'Océan, là même où Hésiode plaçait déjà les héros aux destins exceptionnels. Dans ce paradis où la fraîcheur et la lumière favorisent une végétation merveilleuse, les Bienheureux vivent la vie divine, totalement à l'écart des cycles du devenir. Le « château » est le symbole de la royauté de Cronos. Comme roi des Bienheureux, il occupe une place privilégiée conforme à son statut de DIEU ANCIEN, avec comme assesseur Rhadamante, juge des morts. Son autorité, prestigieuse, à cause de son ancienneté, n'est pas concurrente de celle de Zeus. Les paradis homériques et hésiodiques, réinterprétés en « ciel » orphico-phytogoricien se spiritualisent autant que faire se peut. Le mythe est prêt pour la dernière métamorphose, que va lui faire subir Platon.

La fidélité du philosophe à Hésiode est totale. Son mérite, dans *Le Politique* est d'avoir augmenté la cohérence du mythe en resserrant le lien entre la « race d'or » et Cronos. Le mythe de l'âge d'or ainsi mis en œuvre est la peinture du mode de vie idéal des êtres vivants sous le gouvernement direct du dieu (*Le Politique*, 271d-272d). L'étape pythagoricienne qui a définitivement effacé l'aspect sombre de Cronos en le plaçant au terme de l'évolution spirituelle des « purs », permet à

Platon de concevoir ce dieu ancien comme garant de la norme de perfection initiale du monde. La présence du dieu parmi les êtres est la source et l'explication de leur bonheur (§ Age d'Or).

Dans *Les Lois*, où Platon propose une version utopique du mythe du *Politique*, Cronos est présenté comme un législateur prudent qui, pour éviter le despotisme inhérent aux hommes de pouvoir, décide de confier la gestion des cités à des « êtres d'une race supérieure et plus divine, les démons » (*Lois* 4, 713, c-d).

Les résultats de cette gestion divine sont la paix, la justice et l'abondance.

Le « mythe de Cronos » est, au terme de l'analyse platonicienne, le mythe du gouvernement divin, conçu comme gouvernement de la sagesse, apte à réaliser « le bonheur de l'espèce humaine » (*Lois* 4, 713 e).

L'histoire du grand mythe du dieu ancien s'arrête là. La théorie d'Evhémère, qui réduit les dieux à n'être que d'anciens rois bienfaiteurs de l'humanité que la gratitude des hommes a portés sur les autels, ramène l'histoire de Cronos aux luttes dynastiques initiales. C'est malheureusement cette version appauvrie, très appréciée à l'époque hellénistique, qui a été retenue par les mythographes et adoptée par Ennius, à Rome. Seules les *Cronia*, fêtes de Cronos, maintiennent dans la tradition populaire, le souvenir d'un dieu archaïque, ayant régné au ciel et sur la terre, dans l'abondance et la joie, avant l'ère de l'ordre social et des hiérarchies. En effet, pour le fêter, il fallait abolir les différences de classe, suspendre l'activité des tribunaux, bannir querelles et batailles, faire cesser tout travail, comme si l'âge d'or oublié revenait... Ces fêtes, en servant de modèle à la réforme des *Saturnales*, à Rome, en 217 avant Jésus-Christ (§ Saturne), ont assuré, mieux que la littérature, la survie de mythe de Cronos.

Marie-Josette Bénéjam-Bontems

BIBLIOGRAPHIE

Hésiode, *Théogonie. Travaux et Jours*, Paris, Les Belles Lettres, 1979.
Pindare, *Olympiques*, Paris, Les Belles Lettres, 1962.
Platon, *Le Politique*, Paris, Les Belles Lettres, 1960.
— *Les Lois*, Paris, Les Belles Lettres, 1956.
H.-G. Güterbock, *Kumarbi Mythem vom Churristischen Kronos*, New York, 1946.
P.-M. Schuhl, *La Fabulation platonicienne*, Paris, Vrin, 1968.
J.-P. Vernant, *Les Origines de la pensée grecque*, Paris, 1962, « Le mythe hésiodique des âges », *Revue d'Histoire des Religions*, 1960.
P. Vidal Naquet, « Temps des Dieux et Temps des Hommes », *R.H.R.*, n° 157, 1960.
P. Walcot, *Hesiod and the Near East*, Cardiff, 1966.

Daphné

Les diverses versions de la fable de Daphné présentent en fonds commun une séquence narrative très cohérente, de construction « dramatique » (un nœud et une tension conduisant à la catastrophe), progressant logiquement vers un dénouement « exemplaire » et que l'on pourrait schématiser ainsi : une jeune nymphe s'est consacrée à Diane, faisant vœu de renoncer à l'amour et au mariage ; Apollon en devient amoureux et cherche en vain à la convaincre de lui céder. Elle s'enfuit : il la poursuit et la menace. Elle est alors métamorphosée en laurier. Consterné et repentant, le dieu consacre le végétal à son culte.

On voit qu'il s'agit là d'une donnée remarquable par sa simplicité, l'équilibre de son développement (que n'altèreront pas les éléments épisodiques ou accessoires qui s'y rattacheront dans divers cas) ainsi que par sa « plasticité » permettant une riche variété d'interprétations du mythe.

La légende mythologique, que les arts plastiques illustreront très fréquemment, connaîtra également une grande diffusion dans le domaine littéraire. Avec le mythe d'Orphée (qui, jusqu'à un certain point, lui est apparenté), l'histoire de Daphné représente le grand mythe antique de l'amour tragique et transcendé.

La fable de Daphné est apparue en Grèce dans la seconde moitié du IIIe siècle av. J.-C., mais son origine est probablement orientale (indo-européenne) et beaucoup plus ancienne. Parmi les mythes solaires de l'Orient, se place en effet l'histoire de *Dahânâ* (en sanscrit : « la brûlante »), l'Aurore qui fuit devant le soleil levant et s'épanouit à l'instant où il l'atteint. Le nom grec du laurier (Δάφνη), présentant une analogie avec le mot sanscrit désignant l'aurore, a pu provoquer la modification des données et expliquer le résultat de la métamorphose en la rattachant au culte des arbres si répandu autour de la Méditerranée. On connaît quatre variantes locales du récit mythique :

1. La version arcadienne, la plus ancienne, présente Daphné comme fille de la Terre et du fleuve Ladon, métamorphosée sur les bords du fleuve par le pouvoir de sa mère. Insistant sur l'union des éléments terrestre et liquide nécessaires à la croissance du laurier, plante du bord des eaux, cette version suggère une interprétation de type naturaliste. On la trouve chez Paléphate, dans les scolies de l'*Iliade*, puis dans des textes plus tardifs (Pausanias, IIe siècle après J.-C., Aphtonios et Libanius, IVe siècle).

2. La version laconienne fait de Daphné la fille du roi de Sparte Amyclas et la sœur de cet Hyacinthe également aimé d'Apollon. Consacrée à Diane, Daphné est aimée par le prince Leucippe. Sur les bords de l'Eurotas, Leucippe se déguise en femme pour pouvoir approcher Daphné ; démasqué, il est mis à mort par les compagnes de la princesse. Apollon, rival de Leucippe, cherche à faire violence à la jeune fille, qui est métamorphosée par Jupiter. L'explication de la légende semble ici de type evhémériste. Cette version a été moins répandue que les autres (Parthénios de Nicée, Ier siècle avant J.-C., Plutarque, Ier siècle après J.-C.).

3. La plus célèbre est la version thessalienne, appelée à constituer la « vulgate » du mythe. Elle voit en Daphné la fille du fleuve Pénée (entre Ossa et Olympe, dans la vallée de Tempé), pourchassée par Apollon et métamorphosée par son père. Toute cette région était consacrée à Apollon (Delphes) et le laurier formait la couronne du vainqueur des Jeux Pythiques. Le mythe se serait donc constitué pour fournir une explication étiologique, pour justifier le culte apollinien. On le trouve illustré par divers auteurs, de Nicandre de Colophon (fin IIIe-début IIe siècle avant J.-C.) au plus notable d'entre eux, Ovide.

4. Enfin, une version syrienne, plus tardive, localise la fable sur les bords de l'Oronte, à côté d'Antioche : c'est une « légende de fondation », liée à la création de la ville et du temple de Daphné. On la voit illustrée dans la *Vie d'Apollonios de Tyane* de Philostrate (Ier siècle après J.-C.), dans *Ismène et Isminé* d'Eumathios ainsi que dans les *Dionysiaques* de Nonnos de Panopolis (vers 450).

Dans tous les cas, on le voit, la fable est liée à un fleuve (peut-être aussi à un type particulier de végétation, les forêts de lauriers) et à un lieu de culte apollinien, qui a pu se substituer à un culte des arbres plus ancien (croyances à une vie cachée sous l'écorce). En fait, il y a peu de différence entre les différentes versions, mais au contraire une notable cohérence (qui n'existe pas, par exemple, pour la tradition orphique) et même une filiation (transmission successive).

Pendant l'Antiquité, le mythe sera très souvent exploité par les écrivains, même si aucune œuvre n'en fait son argument principal : il s'agit plutôt d'allusions ou de mentions occasionnelles, suggérées par le contexte. Parmi les plus significatives, on relèvera celles qui apparaissent dans l'œuvre de Virgile (*Enéide*, II, III ;

Bucoliques, III, IV, VII) ou de Stace (*Silves*, 1, 2; *Thébaïde*, I, III, IV, VI), ou encore chez Lucien (*Histoire véritable*). On en remarque aussi chez les scoliastes (Servius), les mythographes (Hygin, Libanius, Fulgence, Lactance), ainsi que chez les romanciers (Nonnos, Achille Tatius).

Mais c'est à Ovide que Daphné doit toute sa renommée. Ses *Métamorphoses* (rédigées dans les premières années de l'ère chrétienne) offrent en effet le récit le plus développé (I, v. 417-567) et le plus achevé. Artiste, Ovide se plaît à ciseler des récits émouvants, étranges et fascinants, et son recueil d'histoires fabuleuses reflète la vision d'un monde mouvant, où tout change, se transforme, subit l'influence de forces surnaturelles partout agissantes. La catégorie des métamorphoses végétales est particulièrement fournie : rapides, atteignant des êtres en pleine jeunesse, elles marquent le passage d'une forme belle à une autre, tout aussi belle. Le sort de Daphné a quelque chose de touchant et de grave. Empédocle pensait qu'il n'y avait, pour un homme de grande vertu, que deux destins heureux après la mort : être transformé en laurier ou en lion.

Ovide a fixé la vulgate du mythe : une séquence narrative qui organise l'action suivant quelques temps forts. *Prologue* : Apollon est victorieux du monstrueux serpent Python (l'épilogue montrera sa défaite devant la pureté et la beauté). *Premier « Acte »* : Apollon lance un défi moqueur à l'Amour, qui décide de se venger. Apollon sera frappé d'une flèche d'or, qui éveille l'amour, et Daphné sera blessée d'une flèche de plomb, qui rend insensible et indifférent. Ainsi est introduit un élément tragique, avec cette « prédestination » des protagonistes. L'opposition de l'or et du plomb (chaud/froid; désir/indifférence; Soleil/Saturne) se prêtera en outre à maintes exégèses, de l'idéalisme platonicien à l'alchimie. *Deuxième Acte* : présentation de Daphné, son vœu à Diane, ses occupations de chasseresse farouche, sa beauté. Apollon la voit et en devient éperdument amoureux. Il lui adresse une longue harangue et joue pour elle de sa lyre, mais sans résultat. *Troisième Acte* : comme Daphné se dérobe, Apollon se lance à sa poursuite. Cet épisode, qui a de nombreux analogues dans les *Métamorphoses* (Io, Syrinx, Callisto, Dryope, Aréthuse, Lotis), constitue un mode de représentation des rapports affectifs en même temps que le moment dramatique de la fable, bientôt suivi de l'instant pathétique de la métamorphose. Sur le point d'être rejointe et violée, Daphné implore la protection et l'intervention des divinités protectrices. Elle est transformée en laurier et Apollon laisse éclater sa douleur. *Epilogue* : Apollon consacre le laurier à sa personne divine et à son culte. C'est l'« apothéose » de Daphné. Ce dénouement présente deux victimes victorieuses : Daphné perd son apparence humaine et préserve sa pureté, Apollon malheureux dans son amour parvient à transcender celui-ci. Ainsi la toute-puissance de l'amour n'est-elle point absolue. Et donc le mythe se prête aussi bien à une vision tragique qu'à une interprétation optimiste (Ovide, v. 458 : les fleuves se demandent s'ils doivent féliciter ou consoler le père de Daphné).

Mesurons ce qu'Ovide a apporté à la fable : en premier lieu, une dramatisation et un sens de la composition qui profiteront évidemment à tous ses successeurs. Il la place au début de son œuvre, aux premiers âges de l'univers (fables précédentes : le chaos, les quatre âges du monde, les géants, Lycaon, le déluge, Deucalion et Pyrrha, Python). C'est la première fable qui présente une peinture du sentiment amoureux. Ovide la rattache à la fois à l'épisode de Python (opposition du monstre et de la nymphe, de la victoire et de la défaite) et il « motive » le drame par le défi lancé à la toute-puissance de l'Amour (v. 453 : « Sa passion naquit non d'un aveugle hasard, mais d'une violente rancune de l'Amour »). Il l'insère dans une série : le destin des nymphes aimées par des dieux (la fable suivante sera celle d'Io aimée par Jupiter). Il développe complaisamment le long plaidoyer *pro domo* d'Apollon, glisse quelques touches voluptueuses dans le portrait de la nymphe (le vent soulève ses habits dans sa fuite, comme pour mieux dévoiler ses charmes à son poursuivant) et fait de sa description (le terme est ici plus approprié que celui de récit) de la métamorphose le tableau le plus parfait de ce passage fantastique : aucune autre page similaire des *Métamorphoses* n'atteindra cette densité suggestive ni cette émotion vibrante. Remarquons encore qu'Ovide trouvait là un moyen de flatter Auguste, qui avait une vénération particulière pour le laurier.

L'Antiquité (et spécialement la Basse-Antiquité), sans chercher à rivaliser avec Ovide sur le plan de la narration mythique, a proposé d'assez timides interprétations de la fable (Ovide n'en suggérait aucune) : tantôt selon le système d'Evhémère (déformation d'événements historiques), tantôt dans une perspective philosophique (Daphné, maîtresse de ses passions et de ses désirs, incarne Sophrosyne, la vraie Sagesse), et surtout pour illustrer les propriétés physiques du laurier (absence de fruits sur certaines espèces, crépitement de la feuille brûlée...) ou ses divers usages (daphnémancie : divination à l'aide du laurier ; mastication de feuilles ; onirologie : des feuilles de laurier placées sous le chevet rendent les songes véritables). La théogonie n'intervient pratiquement pas dans ces commentaires, qui évoquent sans trop y insister une lecture psychologique (incomplétude de la passion amoureuse, qui n'arrive jamais à la possession totale, insatisfaction et malheur d'aimer).

Le succès du mythe de Daphné au Moyen Age est lié à la diffusion de l'œuvre d'Ovide pendant cette période (dès le XIe s., il fait partie des neuf écrivains anciens formant la base des *studia liberalia*), mais il s'explique d'abord et surtout par la « récupération » chrétienne qui en a été faite très tôt par les Pères de l'Eglise, qui va conditionner l'interprétation en modifiant profondément la nature même et la portée du mythe. Il s'agit de retrouver l'*integumentum*, le sens caché, que recèle un récit fabuleux de ce type. Au sens allégorique (qui « décrypte » dans les récits mythologiques des épisodes bibliques ou des points de doctrine obscurément exposés) s'ajoute le sens tropologique (qui y trouve une dimension éthique) et le sens anagogique (qui en dégage une portée spirituelle et mystique). A côté d'un Fulgence (*Mythologiae*, I, 13-14 ; fin du Ve s.), Lactance

(*Divinae Institutiones*, II, 9 ; fin du IIIe s.), Eusèbe de Césarée (+ 340 ; *Préparation évangélique*) ou Cyrille (+ 444 ; *Contre Julien*), dans leurs efforts pour réduire le paganisme en l'intégrant à la doctrine chrétienne, proposent une « moralisation » de la fable de Daphné (l'une de celles qui s'y prêtaient le mieux !) qui va exalter et valoriser la figure de cette jeune fille qui, par un effort de vertu, a réussi à préserver sa virginité au prix de sa vie ; vierge, martyre et presque sainte, la fille de Pénée peut être proposée en modèle à la jeune chrétienne.

Désormais et jusqu'au XVIe siècle l'élément narratif cédera le pas à la moralisation, souvent amplement développée de façon de plus en plus subtile. Arnoul d'Orléans (fin du XIIe s., *Allegoriae super Metamorphosin*) fait de Daphné le symbole de la virginité, vertu chrétienne. Pour Jean de Garlande (*Integumenta*, vers 1234), elle est le symbole virginal de la Gloire que le sage aime et poursuit. Le texte le plus célèbre de cette catégorie est sans conteste l'*Ovide moralisé* (fin XIIIe-début XIVe s.) attribué à Chrétien Legouais de Sainte-More : plus de sept cents vers y sont consacrés à notre fable, d'abord rapportée d'après Ovide, non sans amplifications, puis moralisée de diverses manières, naturaliste, evhémériste (jeune fille chaste morte d'épuisement après avoir été poursuivie par un homme plein d'un désir brutal), morale (éloge de la chasteté) et chrétienne. Finalement, Daphné s'identifie à la Vierge Marie, aimée par Dieu, soleil du monde. Si Apollon se couronne de laurier, c'est que Dieu a pris chair de la Vierge, s'enveloppant du corps de celle-ci. Le remaniement abrégé que présente l'*Ovide moralisé en prose* (v. 1466-67) montre la persistance de telles lectures, dont se moqueront, non sans indignation, Erasme, Luther ou Rabelais. La plus « luxuriante » de ces moralisations se trouve dans le *Reductorium morale* de Pierre Bersuire (v. 1337-1340), somme qui contient au livre XV un *De reductione fabularum*, dit aussi *Ovidius moralizatus*, adapté en français sous le titre de *Bible des Poetes de Metamorphose* (éd. en 1484 et 1493). Daphné est l'âme pure et chrétienne menacée par Apollon, le démon qui vient la tenter et qui échoue. Ou encore Daphné est la nature humaine, qu'Apollon (représentant cette fois le Christ, dieu de Sagesse) désire attirer à lui ; elle le fuit tout d'abord, et le repousse ; mais, atteinte par lui, elle se transforme pour s'unir à lui. Autres interprétations : Apollon est l'image de ceux qui recherchent la vaine gloire du monde, et non la vraie sagesse. Daphné est l'image de la Synagogue qui repousse le Messie. Le laurier est l'arbre qui sert à fabriquer le bois de la croix. Daphné est encore Marie aimée par Dieu et restée vierge. Les autres commentateurs auront de la peine à trouver de nouvelles moralisations : pour Giovanni del Virgilio (1322-23), Daphné représente la pudicité ; selon Giovanni dei Buonsignori (*Allegorie*, v. 1370-75), elle est la Vertu que recherchent les vrais sages, la Prudence qui attire la « personne pudique et chaste » d'Apollon. Avec Boccace (*Généalogie des Dieux*, v. 1363-1372), l'explication naturaliste se double d'une interprétation symbolique, Daphné devenant emblème de la gloire qui récompense les poètes, ou (*Trattatello in laude di Dante*, 1351-1355) symbole de l'activité poétique.

Dès cette époque, qui est aussi celle où apparaissent les premières traductions d'Ovide en vulgaire (v. 1210 : Albrecht von Halberstadt; v. 1339 : Arrigo Simintendi), et à côté des moralisations et des commentaires, des œuvres littéraires originales font appel au mythe de Daphné. Dans son *Ninfale Fiesolano* (v. 1335), Boccace se livre à une sorte de réécriture de la fable en imaginant les amours tragiques d'Africo et de Mensola (légende de la fondation de Fiesole). La délicatesse des évocations de la nature, le ton élégiaque de la peinture sentimentale font de cet épyllion l'une des premières grandes œuvres modernes inspirées par le mythe; mais Boccace introduit une modification notable : la jeune fille ici est violée par son poursuivant; alors que celui-ci, désespéré d'avoir perdu la trace de Mensola, se tuera de douleur, Mensola, après avoir accouché d'un fils, sera métamorphosée en rivière. *L'Espinette amoureuse* de Jean Froissart (v. 1370) est un roman autobiographique en vers consacré aux amours de jeunesse du poète. Malade d'amour et de désespoir (sa dame va en épouser un autre), le héros compose une longue complainte dans laquelle il se compare à Apollon amoureux de Daphné. C'est l'occasion de retracer la fable, appliquée à la situation du héros. Cette lamentation débouche cependant sur l'attendrissement de la dame, qui promet loyauté à son fidèle soupirant. Froissart glissera d'autres allusions à la fable dans son *Joli Buisson de Jonece* (1373-74). La *Confessio Amantis* (v. 1386-1400) de John Gower l'évoque également dans le contexte d'une éducation chevaleresque et sentimentale, qui considère le destin inévitable avec une sorte de fatalisme optimiste. Quant à Christine de Pisan, elle lui consacre la 87e histoire de son *Epître d'Othéa* (v. 1402), selon une disposition qui annonce la formule de l'« emblema triplex » : une leçon gnomique (« Par grant diligence vient on a perfection ») est illustrée par une histoire, d'abord présentée sous la forme d'une miniature, puis dans une série de gloses. La fable est retracée, puis interprétée (une femme poursuivie et rejointe sous un laurier, cédant au jeune chevalier qui la priait d'amour; la couronne de laurier, signe de victoire, est la juste récompense méritée par le noble chevalier, dont elle marque la noblesse d'âme). Finalement, une lecture allégorique christianisante est proposée : le désir d'Apollon n'est autre que celui de parvenir à la béatitude du paradis; il est donc tout à fait louable de poursuivre Daphné.

Une impulsion décisive va être donnée au mythe de Daphné lorsque Pétrarque, amoureux d'une femme portant le prénom de Laure, établira tout un réseau de similitudes entre sa propre situation et celle d'Apollon. Non seulement il identifiera poétiquement Laure au laurier ou à Daphné mais il verra dans la fable antique une préfiguration, un présage ou un modèle de son destin (*Canzoniere*, sonnets 5, 6, 29, 35, 37, 44, 49, 50, 159, 168, 221, 227, 229, sextines 1 et 2, canzone 1, etc.). Laure se dérobe, comme Daphné, mais l'amant reste immuable dans son amour. Laure attire Pétrarque, le fait souffrir, mais le force au dépassement de soi, et finalement elle devient symbole de Perfection et de Beauté. Désormais, et particulièrement dans le courant européen de la poésie lyrique pétrarquiste, le mythe illustrera les thèmes de la blessure d'amour, de l'amour hors d'atteinte, de la quête incessante, de la transfiguration dans l'amour et de l'idéalisation du sentiment. Mais c'est aussi le mythe du poète : Pétrarque encore, dans la IIIe églogue de son *Bucolicum Carmen*, remodèle le sujet en l'adaptant à son expérience personnelle. Stupeus est amoureux de Daphné, qui d'abord le repousse. Mais après un ardent plaidoyer de Stupeus qui s'affirme amant loyal et constant, elle finit par accepter son amour, le conduit sur l'Olympe et lui offre un rameau de laurier. On voit qu'elle représente ici la gloire de la poésie, qui introduit l'élu dans le monde du divin.

Jouant lui aussi sur une parenté onomastique, Laurent de Médicis (le Magnifique) traduit son expérience personnelle (son amour pour Lucrezia Donati) dans une interprétation originale de la fable (*Rime*) : Daphné, le laurier, c'est Laurent lui-même, qui dépérira s'il n'est plus éclairé par son soleil. Le poète va jusqu'à imaginer sa propre métamorphose. Dans un poème, *L'Ambra*, il s'inspirera plus fidèlement de la fable en racontant la poursuite d'Ambra par Ombron et la métamorphose de celle-ci par Diane.

Il ne sera pas étonnant de trouver de fréquents renvois à notre mythe chez les *trattatisti d'amore* du Cinquecento (Bembo, *Azolains*, 1505, Léon Hébreu, *Dialogues d'Amour*, 1535) : suivant les théories ficiniennes, Daphné y est plutôt critiquée pour son refus, puisque l'amour d'Apollon est « un certain désir d'avoir fruition de Beauté ». De même, les poètes pétrarquistes (B. Varchi, B. Tasso, l'Arioste, etc.) identifient souvent l'attitude d'une maîtresse insensible à celle de la nymphe, en insistant sur l'issue malheureuse qu'entraîne un tel comportement.

C'est l'époque des grands mythographes (Giraldi, Conti, Cartari), des traducteurs en vers dont les œuvres sont presque des recréations (L. Dolce, 1553; G. dell'Anguillara, 1561), et aussi celle du dernier grands « moralisateur », Raphaël Regius (1490) : on trouve sous leur plume autant de synthèses sur le mythe et ses significations. Pendant ce temps, la poésie néo-latine perpétue la tradition élégiaque de la fable (Pontanus, *Urania*, 1505), alors que le fameux *Songe de Poliphile* (1467, éd. 1499) de Francesco Colonna, intègre Daphné à une allégorie naturaliste et la condamne donc pour s'être montrée rebelle à un ordre naturel où Eros ne peut pas être absent.

Alors que le Moyen Âge privilégiait les lectures allégoriques du mythe, la Renaissance préfère y voir des analogies avec une situation personnelle et ramène le mythe dans le monde des sentiments humains. La fable devient l'image de l'amour insatisfait, l'illustration tragique de l'amour inaccessible; elle invite au dépassement de la passion terrestre ou traduit la condamnation du refus de l'amour. La relation des deux héros devient un parangon que le poète amoureux évoque tristement : « Tu fuis, Daphnée, ardeurs apollinées », dira Scève à sa Délie (1544), tout en se plaignant de l'amertume de son destin, semblable aux feuilles amères du laurier. Adressant à une Genèvre des vers d'amour, Ronsard se souvient des propos qu'Ovide prêtait à Apollon; à son tour, il composera une fable poétique relatant une métamorphose végétale (*Le Houx*).

Un des traitements les plus intéressants de la donnée mythique, l'une des variations les plus séduisantes est offerte par l'histoire des nymphes et des satyres, *La Saulsaie*. Non plus une nymphe, mais plusieurs; non plus un dieu, mais une troupe de satyres. Les nymphes, loin de fuir au fond des bois, acceptent la compagnie des satyres puis, prises de peur lorsque ceux-ci dévoilent leur brutal désir, s'enfuient sur les bords d'une rivière où elles sont changées en saules à l'instant d'être rejointes. C'est là le sujet des *Salices* de J. Sannazar (1526), de l'*Eglé* de G.B. Giraldi (1545), de la *Fable du Faulx Cuyder* de Marguerite de Navarre (1543), qui en fait une manière de parabole dénonçant la vaine présomption et l'abandon aux désirs déréglés, enfin de la *Saulsaye ou Eglogue de la Vie solitaire* de M. Scève (1547) qui le traite en épisode décoratif. Comme dans la *Bergerie* de Belleau (1565), la scène est interprétée comme la folle poursuite de la chasteté par le désir.

Le texte le plus développé de la Renaissance française est un poème de J.-A. de Baïf, *Le Laurier* (1573), comptant 470 vers. Baïf y amplifie le récit ovidien en y glissant divers ornements, petits tableaux de nature, détail des appas de la nymphe, mention des propriétés de l'arbuste, éloge de la poésie. Dans un autre poème, intitulé lui aussi *Le Laurier*, Guillaume Du Maine (1556) insiste surtout sur la louange de l'étude humaniste. Au début du siècle, *Le Grant Olympe* fournissait une interprétation alchimique de la fable (1532), pendant que les traducteurs d'Ovide s'ingéniaient à ajouter quelque remarque de leur cru (Marot, v. 1531; Fr. Habert, 1557; Du Bartas, *Olimpe*, 1597; de Massac, 1603). Dans lc domaine de l'emblématique, Daphné ou le laurier ne sont pas au nombre des thèmes favoris : on les voit cependant interprétés comme signes de la conscience intègre (Sambucus), de la vertu intacte (Camerarius), de l'activité poétique (De Soto) ou de l'amour sans prudence (Aneau), voire encore de la véracité, à moins qu'on ne suggère qu'au-delà de la forme périssable il convient de s'attacher à ce qui dure.

La seule œuvre dramatique reprenant notre fable pendant la Renaissance est due à Hans Sachs. *Die Daphne eins Königs Tochter* (« Daphné, fille de roi », 1558) est une « tragédie » très statique, malgré sa brièveté, faite de discours paraphrasant Ovide. Plus de la moitié de la pièce est consacrée au combat pythique et au défi lancé à l'Amour. Apollon est un soupirant plein d'onction et Daphné trouve le temps de faire ses adieux à son père pendant la métamorphose. Tout cela tourne vite à la moralité : que l'homme ne s'assure jamais de tenir ce qu'il désire; que les dames se défient des galants trop empressés, qu'elles préservent leur vertu, leur chasteté jusqu'au jour de leur mariage. Le public auquel s'adressait la pièce était le milieu des bourgeois commerçants de Nuremberg.

Le XVIIe siècle marquera en quelque sorte le point d'aboutissement du mythe. Au milieu d'une grande abondance de mentions, d'allusions ou de reprises, souvent sans originalité, quelques grandes œuvres lui donneront un certain éclat. La science mythologique se veut désormais critique : les travaux d'un Vossius (*De*

Theologia gentilis, 1641) ou d'un Samuel Bochart (*Geographia sacra*, 1646) préparent les grands traités du siècle suivant, dont celui de l'abbé Banier (*La Mythologie et les Fables expliquées par l'Histoire*, 1738-1740) et sont utilisés par un Desmarets de Saint-Sorlin dans son curieux roman évhémériste *La Vérité des Fables* (1648), qui entremêle aux aventures imaginaires du prince Apollon et de la princesse Daphné la carrière des principales divinités de l'Olympe. Ce roman allégorique baroque montre Apollon poursuivant Daphné sur une île flottante qui lui fait faire le tour du monde : demeuré inachevé, il reflète les connaissances encyclopédiques et l'imagination déréglée de son auteur.

Le XVIIe siècle est aussi l'époque des grands traducteurs d'Ovide : N. Renouard (1606), P. Du Ryer (1655), Thomas Corneille (1669), Marolles (1670), Bellegarde (1701), avant Banier (1732) pour la France; Sandrart (1698) en Allemagne, Sandys (1626) en Angleterre; Van Mander (1604), Vondel (1671) ou Valentijn (1678) aux Pays-Bas. Ces versions s'accompagnent souvent de notes ou de commentaires où sont reprises et amplifiées les interprétations courantes et où se glisse parfois une vision plus originale. On y devine, de plus en plus perceptible, une défiance grandissante à l'égard des mythes, à travers les réactions de l'esprit chrétien dénonçant des croyances absurdes, ou à travers les efforts de la raison pour expliquer le mystère (d'où la vogue des interprétations historicisantes ou naturalistes).

La poésie baroque manifeste une attirance particulière pour la métamorphose, la dynamique du passage d'une forme dans une autre, le fantastique de leur imbrication; la « métamorphose » devient presque un genre, mis à la mode dans les salons par Voiture et illustré par Saint-Amant (*Métamorphose de Lyrian et de Sylvie*) ou par le P. Lemoyne. Les poètes du siècle, baroques, précieux ou mondains, évoquent souvent la fille de Pénée (d'Audiguier, Lingendes, Expilly, Desmarests, Scudéry, Mme Deshoulières, etc.). Dans ses *Métamorphoses d'Ovide en rondeaux* (1676), Benserade traite l'histoire de Daphné en deux rondeaux qui sont très représentatifs de ce courant mondain élégant et fade. En 1696, le provincial Julien publiera un dialogue en vers, agréable mais démodé, *La Pudeur triomphante ou la Métamorphose de Daphné*. Mais c'est l'Italien G.-B. Marino qui semble avoir été le plus attiré par notre fable, qu'il traite à diverses reprises (une églogue bocagère, trois poésies du recueil *La Lira*, dont un madrigal, un sonnet et des « Paroles d'Apollon poursuivant Daphné », l'Idylle fabuleuse VI de *La Sampogna*, enfin une évocation du tableau de Guido Reni dans *La Galleria*) : autant de chefs-d'œuvre de l'esprit concettiste et d'une conscience artistique aiguë, où l'ingéniosité ajoute le raffinement de ses inventions à un traitement assez conventionnel du mythe lui-même.

C'est une recherche d'un autre type que propose la poésie burlesque, qui s'empare de Daphné pour la travestir en paysanne rougeaude guettée par un vilain satyre et qui prête aux personnages le parler des crocheteurs ou des harengères. *Le Scherno degli Dei* de Bracciolini (1618) reste encore dans le bon ton; le sonnet de Quevedo *A Dafne huyendo de Apolo* (1648) est simplement persifleur. Le véritable burlesque se trouve chez Polo de Medina (1634) ou Salas Barbadillo (1654), chez Louis Richer (*L'Ovide bouffon*, 1649) ou Dassoucy (*L'Ovide en Belle Humeur*, 1653) et, dans un traitement plus libre, chez Vion Dalibray, auteur d'une *Métamorphose de Morille* qui parodie doublement Ovide.

Les poètes espagnols développent pendant cette période une « spécialité » peu répandue ailleurs, la fable mythologique, poème de dimensions moyennes qui se veut narratif et moral (G. Silvestre, *Fábula de Dafnes y Apolo*, 1592 ; Quevedo, *De Dafne y Apolo Fábula*, 1605 ; A. Pérez, 1602 ; M. de Faria y Sousa, 1624 ; Acosta, 1624 ; Villamediana, 1629 ; Sánchez, 1688, etc.). Ces épyllions strophiques font place aux mouvements lyriques en incluant les tours caractéristiques du romance ; insistant sur le dénouement de l'aventure, ils visent à communiquer une émotion et répètent à l'envi la même leçon : puisque l'amour est tout-puissant, à quoi bon chercher à lui résister ?

C'est dans le domaine théâtral que la fable de Daphné va connaître une fortune exceptionnelle aux XVIIe et XVIIIe siècles. Certes, le théâtre parlé n'offre qu'un petit nombre d'œuvres, assez secondaires : deux pastorales italiennes, *La Dafne overo la Verginità trionfante*, d'Enrico Magi (1649) et *La Dafne* d'Antonio Fachinelli (1690), quelques *comédias* espagnoles, dont *El Amor enamorado* de Lope de Vega (1637, éd. posthume), dont s'inspirera Calderón pour une *zarzuela, El Laurel de Apolo* (1658).

En revanche, les représentations en musique (ballets, intermèdes, opéras) évoquant l'histoire de Daphné seront extrêmement nombreuses et même, par un hasard assez singulier, ce thème se trouvera aux origines de l'opéra dans plusieurs pays. Dès 1486, on signale un intermède de G.-P. Della Viola, *Festa del Lauro* (dit aussi *Rappresentazione di Dafne*) joué à la cour de Mantoue. On n'a conservé que le titre de la « favola pastorale » en musique composée par Beccari vers 1560 et l'on sait que plusieurs ballets consacraient une ou plusieurs entrées à ce sujet. En 1594, la Camerata florentine de Bardi et Corsi cherche à faire revivre le drame musical des Anciens ; le poète Ottavio Rinuccini compose un livret qui sera mis en musique par Jacopo Peri. Ce sera le premier opéra, représenté sans doute en 1597 pour la première fois et édité en 1600. La musique est perdue, mais le poème dramatique est un très beau texte, élégant et grave. On y évoque le combat pythique, le défi à l'Amour et la poursuite de Daphné, en vers de récitatif entrecoupés de couplets de *canzonette* et de chœurs. La métamorphose est rapportée par un messager en un long récit dramatique (formule appelée à une grande fortune et que Rinuccini et Peri utiliseront encore pour leur chef-d'œuvre, le récit de la mort d'Eurydice dans l'opéra du même nom) ; suit un *lamento* d'Apollon et un chœur conclusif.

En 1607, Marco da Gagliano reprit le livret de Rinuccini et le remit en musique. En 1627, le poète allemand Martin Opitz et le musicien Heinrich Schütz collaborèrent pour écrire le premier opéra allemand, une *Dafne*, représentée à Dresde : la musique en est également perdue. Le livret s'inspire de Rinuccini, qu'il développe en cinq actes, plus régulièrement équilibrés. Vers 1640, le librettiste Busenello et le musicien Cavalli font jouer à Venise *Gli Amori d'Apollo e di Dafne*, opéra à grand spectacle et d'une luxuriance toute baroque. On cite encore une *Dafne* anonyme de 1647, à Bologne. En 1650, c'est le poète et musicien français Dassoucy qui fait imprimer (on ignore s'il a pu la faire représenter) la première comédie en musique française, *Les Amours d'Apollon et de Daphné* (musique perdue), où se combinent l'influence italienne et le goût burlesque. Les œuvres se font plus nombreuses dans la seconde moitié du siècle (opéras de Ferrari, 1651 ; Valentini, 1654 ; Epibenio, 1660 ; Bontempi et Peranda, 1671 ; Danielli, 1684 ; Ariosti, 1685 ; Pollarolo, 1694 ; Aldrovandini, 1696 ; Jean-Baptiste II Lully, divertissement, 1698 ; anonyme italien, 1699 ; ballets de cour de Benserade) et le succès ne se dément pas au siècle suivant (opéras d'Astorga, 1705 ; Sabadini, 1705 et peut-être déjà 1690 ; Fago, 1714 ; Galliard, v. 1718 ; Caldara et Biave, 1719 ; Porta, v. 1730 ; Pasquini et Reuter, 1734 ; Monsigny, pasticcio, v. 1740 ; Conti, 1747 ; Pigné et Boismortier, 1748 ; Brunet, 1771 ; Pitra et Mayer, 1782 ; Hensel, 1799 ; cantates de Campra, 1708, de Haendel, 1708, ou de Paisiello, v. 1802). Détachons de cette liste impressionnante l'opéra manqué de La Fontaine, *Daphné* (1674, éd. 1682), destiné à Lully, qui refusera de le mettre en musique, préférant les vers de Quinault. La Fontaine y délaye l'action à grand renfort de divertissements (chœurs et danses), d'épisodes secondaires (par exemple, consultation d'un oracle), voire en insistant sur la rivalité amoureuse entre Leucippe (l'amant) et Apollon (l'amoureux). Quelques passages mieux venus ne sauvent pas l'œuvre de la grisaille. Au XIXe siècle, la vogue des sujets mythologiques est en net déclin et les opéras consacrés à Daphné sont beaucoup moins nombreux : Ferron (1855), de Giosa (1864), Gilson (1865), Bird (1897). En 1938, Richard Strauss donnera, sur un livret de Josef Gregor, un opéra en un acte, « tragédie bucolique » de tonalité assez sombre qui insiste sur le tragique de l'amour (Leucippe y est tué par Apollon ; Daphné accablée de douleur est métamorphosée à la prière d'Apollon lui-même).

On peut s'interroger sur la différence de fortune de notre thème sur les scènes de théâtre et d'opéra. Sans doute, un sujet mythologique faisant intervenir les dieux et comportant des éléments de merveilleux convenait mal à la tragédie (mais non à la pastorale dramatique) ; trop linéaire, sans suspens (sauf à imaginer une intrigue secondaire ou une rivalité amoureuse), la fable de Daphné n'offre guère de péripéties. En revanche, sa simplicité, son caractère lyrique et pathétique favorisent un traitement musical ; l'élément spectaculaire peut être valorisé par l'opéra et le thème (qui fait intervenir le dieu de la musique) offre d'intéressantes possibilités (scènes d'écho, de chasse, récit pathétique, lamento, etc.).

Dès le XVIIIe siècle, le mythe de Daphné a perdu son pouvoir d'attraction ou de fascination ; il survit, comme la plupart des mythes antiques, connaissant tout au plus d'occasionnelles reprises. La mythologie est démystifiée (Fontenelle, *De l'Origine des Fables,* 1724; Banier, 1732; Ramsay, *Voyages de Cyrus,* 1727) ou traitée à la manière des conteurs galants (Demoustier, *Lettres à Emilie,* 1786); on ironise (Fontenelle, La Morlière, Diderot dans ses *Pensées détachées sur la Peinture,* 1775); rares sont les esprits capables, comme Chénier, de ressentir avec un frisson sacré la présence mystérieuse des dieux. Dans son roman *Agathon* (1795), Wieland imagine plusieurs pantomimes reproduisant la fable, qui permettent aux convives d'un banquet de se livrer à des commentaires philosophiques. Un Vico (*Principes de la Philosophie de l'Histoire,* 1725) avait déjà tenté une interprétation progressiste : Apollon dieu de la lumière sociale poursuit Daphné, symbole de l'humanité encore errante pour l'amener à la vie sédentaire et à la civilisation. On ne sait trop quelle place eût occupé le mythe dans la *Daphné* inachevée de Vigny (v. 1835) : les pages conservées s'écartent sensiblement de la tradition. Il n'y a pratiquement aucune apparition de Daphné pendant le XIXe siècle, jusqu'au recueil de poésies symbolistes d'Emmanuel Signoret (*Daphné,* 1894). Par la suite, quelques attardés lui consacrent encore des vers (Paul Feuillâtre, 1911 ; Henri de Régnier, 1924; Albert Giraud, 1924) et seul le prosateur suisse Jacques Chenevière tentera, dans sa nouvelle *Daphné* (1926) de rendre vie au mythe en l'actualisant analogiquement dans un récit à la première personne.

Sans doute, le mythe de Daphné n'a pas inspiré d'œuvres littéraires de premier plan (il en va d'ailleurs de même d'autres mythes célèbres) mais il reste constamment présent dans la mémoire collective. Il a connu quelques périodes fastes, l'âge médiéval de l'allégorie, la Renaissance pétrarquiste et néo-platonicienne, le XVIIe siècle et ses spectacles musicaux. Certes, le récit fabuleux possède en lui-même des éléments de séduction; ce qui fascine davantage, cependant, est l'interprétation qui s'en dégage. Et, à propos de Daphné, trois lectures nous semblent particulièrement centrales : 1) la représentation du tragique de l'existence humaine, lancée à la poursuite d'un bien qui toujours se dérobe. Ovide disait déjà : « Nitimur in vetitum semper cupimusque naegata »; le mystique flamand Ruysbroeck parle de cet irrésistible désir de l'homme, « s'efforcer continuellement de saisir l'insaisissable »; entreprise dont Aragon montre l'amer résultat : « et quand il croit serrer son bonheur, il le broie... ».

2) La « parabole » de la métamorphose du désir, qui passe des formes sensibles, matérielles, de la beauté extérieure imparfaite et de l'attrait sensuel qu'elles suscitent à une essence immatérielle, idéale, à la Beauté absolue et parfaite, et à un désir spiritualisé, sublimé; qui est conduit du terrestre au divin, du contingent à l'illimité (Pétrarque, sonnets 227-229).

3) Enfin, une image de la création artistique qui transmue ce dont elle s'empare et dont la récompense est la gloire impérissable.

Yves GIRAUD

BIBLIOGRAPHIE

Ovide, *Les Métamorphoses*, texte établi et traduit par G. Lafaye, P., Belles Lettres, 1961.

Ovide moralisé, p.p. C. de Boer, Amsterdam, Müller, 1914 sq.

Jean FROISSART, *L'Espinette amoureuse*, p.p. A. Fourrier, P., Klincksieck, 1962.

J.-A. de BAÏF, *Le Laurier*, dans *Œuvres complètes*, p.p. Ch. Marty-Laveaux, P., Lemerre, 1883, t. II.

DASSOUCY, *Les Amours d'Apollon et de Daphné*, p.p. Y. Giraud, Genève, Droz, 1969.

LA FONTAINE, *Daphné*, dans *Œuvres diverses*, p.p. P. Clarac, P., Gallimard, 1948.

O. RINUCCINI, *La Dafne*, dans A. Della Corte, *Drammi per musica*, Turin, Utet, 1926.

Wolfgang STECHOW, *Apollo und Daphne*, Leipzig-Berlin, Hiersemann, 1932 ; 2e éd. revue : Darmstadt, Wiss. Buchgesellschaft, 1965.

Yves GIRAUD, *La Fable de Daphné. Essai sur un type de métamorphose végétale dans la littérature et dans les arts jusqu'à la fin du XVIIe siècle*, Genève, Droz, 1969.

Mary Elisabeth BARNARD, *The Myth of Apollo and Daphne. Some medieval and Renaissance versions of the Ovidian tale*, thèse univ. du Michigan, 1975.

DAVID
OU DE L'ITINÉRAIRE

En quoi David est-il un personnage *nécessaire*? Le Zohar en fait remonter le projet à l'origine. Adam, le premier homme, aurait sacrifié 70 ans[1] de sa vie pour que David trouve place dans le temps pour une existence égale à ces 70 années prévues a priori. Ceci montre que, *a parte ante*, la nécessité du personnage a été ressentie. Cela ne nous dit encore rien quant aux contenus.

On peut se référer, au départ, au surgissement tel qu'il se présente et à la célèbre formule : *Voici David*[2]. Il faut toutefois en cerner, fût-ce de façon inexhaustive, le contexte. Le Livre des Juges, avec toutes ses ambivalences, se termine sur la formule, laquelle n'apparaît pas ici pour la première fois : « En ce temps-là il n'y avait point de roi en Israël et chacun faisait ce que bon lui semblait. » L'affaire de la royauté trouve ses premiers signes — souhaitable, permise ou défendue — dès les Livres de la Thora ou Pentateuque[3]. Mais c'est au moment où les choses s'actualisent qu'elles prennent tout leur sens.

Lors de la vieillesse de Samuel[4] le peuple demande un roi et cela déplaît au prophète — mot à mot cela « lui parut mauvais » — qui s'en réfère à Dieu. Le

1. Zohar I.168a.
2. Reprise par L. Cattan dans son ouvrage paru sous ce titre sur David.
3. Deut. XVII.
4. I. Samuel VIII.6 et suiv.

Seigneur répond par une assez terrible formule : « Cède à la voix de ce peuple, fais ce qu'ils te disent, ce n'est pas toi qu'ils rejettent, c'est moi-même dont ils ne veulent plus pour roi. » Depuis la sortie d'Egypte le rejet est permanent. Il y a une dégradation de la Royauté au profit de substituts et de « dieux étrangers ». Averti de ce en quoi peut consister la royauté, le peuple persiste et c'est alors l'émergence dramatique de la figure de Saül. Celle de David surgira en contrepoint de sa tragédie, tentative de réparation, dans un inextricable réseau de significations dont nous essaierons de donner au moins une idée. David soulage les souffrances de la folie de Saül en jouant de la harpe et à travers l'étrange rapport fait d'amour et de haine — transfert, pourrions-nous dire, de Saül sur David — l'onction « que le Seigneur » a confiée à Saül « comme son héritage »[5] ne mettra pas à l'abri sa fragile royauté, fragile dans son essence. La restauration de la royauté divine compromise par la vulnérabilité de Saül réémergera à travers l'étrange, complexe, fascinante personnalité de David. D'un premier point de vue, la valeur du « mythème » de David vient de l'ambiguïté même de la royauté telle qu'elle fascine les hommes. Le Roi est tantôt une idole tantôt celui dont la tête doit tomber. Ce qui s'ébauche d'ambigu au niveau de Saül est nécessaire pour comprendre à la fois les nuances contradictoires de la personnalité de David et sa valeur insigne comme pilier de l'histoire. Le problème central, repris notamment en Samuel I.X.18 est toujours le même : Dieu a tiré — *lui-même* — Israël d'Egypte, a sauvé ses fils « de la puissance égyptienne et de la puissance de tous les rois » qui les « opprimaient » et voici qu'aujourd'hui le peuple rejette Dieu qui le secourt « dans tous ses malheurs » et réclame un roi ! Et Saül vient au pouvoir enflammé — pour l'instant — « d'un esprit divin ». Mais Samuel n'est pas dupe. Et à travers les premières victoires de Saül sur les Philistins, Saül commet une première faute : il prend sur lui d'offrir un holocauste. Initiative fatale. Le roi a manqué d'humilité. « Et maintenant, lui dit Samuel, ta royauté ne subsistera point.[6] » Les choses ne font que se dégrader. En vain Samuel implore, consterné, l'Eternel « toute la nuit »[7]. L'arrêt est de plus en plus clair, la royauté de Saül ne subsistera point. Et l'Eternel ordonne au prophète Samuel de chercher son successeur parmi les fils de Jessé. Mais ce ne sera ni Eliab, ni Abinadab, ni Chamma. Aucun des sept fils que présente Jessé. Il ne faut pas considérer leur haute taille : « l'homme ne voit que l'extérieur, Dieu regarde le cœur. » Il ne reste qu'un fils à Jessé, le plus jeune qui fait paître les brebis. Voici une fois encore l'entité du berger si profondément ancrée au cœur de l'homme et dans l'histoire littéraire tout entière. Le jeune garçon apparaît. « Va, oins-le, c'est lui. » On ignore encore jusqu'à son nom. Mais si le Seigneur a regretté (sic) d'avoir fait Saül roi d'Israël[8], l'esprit divin qui descend sur David ne cessera jamais de l'animer depuis ce jour-

5. X.1.
6. Sam. XIII.
7. XV.
8. XV dernier verset.

là[9]. La nécessité de David est liée à cette réparation — Tikkun — *de ce qu'il y a d'ambigu dans la royauté humaine.* Processus, on le verra, par essence inachevé. David berger appuie sa relative perfection, disons sa perfectibilité, sur le fait de son attention au troupeau. Il est dit dans la Haggadah[10] « Dieu se choisit un homme juste » car David examinait tout son troupeau. Il nourrissait chaque agneau, selon ses besoins, selon sa taille et se comportait en berger comme Jacob envers son peuple. Le rapport de David avec un bélier égaré l'amène, comme jadis Moïse, à une confrontation avec Dieu. Le berger semble être avant la lettre — puisque Jacob, Moïse, etc., étaient bergers — l'entité réparatrice de la royauté et du pouvoir[11].

Cependant, quelle richesse dans la personnalité de David ! Ce pouvoir, il l'assumera puisqu'il lui a été confié. Il l'assumera face à l'épreuve qui l'en rendra digne. En proie à la folie, Saül veut le tuer. Par deux fois Saül tombe entre les mains de David qui, malgré l'exhortation des siens, n'en profitera pas et tentera de le ramener à la raison, lui démontrant par son respect et sa miséricorde qu'il respecte encore en lui le Père symbolique, l'oint du Seigneur, alors qu'aux yeux du Seigneur il a cessé de l'être. David a plu à Saül[12], qui chasse par les sons de sa harpe le mauvais esprit qui s'était emparé de lui. Mais très vite la confrontation se fait plus violente, la rivalité plus aiguë. Du côté de Saül du moins, entité tragique, jamais du côté de David qui le respectera jusqu'à sa mort et au-delà. En termes œdipiens Saül est un Père fort suspect, David un fils modèle. Saül tente de décourager David avant sa rencontre avec « le Philistin » — Goliath : « Tu ne peux aller te battre avec ce Philistin car tu n'es qu'un enfant et lui est un homme de guerre depuis sa jeunesse. » David à la fois humble et réaliste répond : « Ton serviteur faisait paître les brebis de son Père. Quand survenait le lion ou l'ours et qu'il emportait une bête du troupeau je le poursuivais, je le terrassais et le lui arrachais de la gueule... puisque ton serviteur a eu raison du lion et de l'ours, cet impur Philistin aura le même sort, lui qui a défié les légions du Dieu vivant.[13] » Une thématique se met en place ; David la précise face à Goliath : « Tu viens à moi avec l'épée, la lance et le javelot ; et moi je viens au nom de l'Eternel Tse vaoth, du Dieu des légions d'Israël que tu insultes.[14] » On sait comment l'affrontement se termine. Mais tout est dans cette *adhésion* — DVeKuth en hébreu — de David aux valeurs qui fondent et protègent sa royauté. Un fils doit naître de

9. XVI.13.
10. Recueil de légendes tirées du Midrash Rabba et du Talmud.
11. C'est en germe dans les rôles et la confrontation de Caïn et Abel.
12. XVI.
13. I Samuel XVII, passage auquel il est fait allusion dans le texte de la Haggadah cité précédemment.
14. *Ibid*, I. XVII.

lui, qui sera le bâtisseur du Temple. Mais David est-il pour autant pur et sans péché ?

Ce qui nous paraît le fondement même de la puissance de l'image qui s'investit en David et peut l'inscrire dans la littérature, c'est son extrême et faillible humanité, même si, dans différents épisodes, il nous apparaît, par exemple dans sa mansuétude envers Saül, son meurtrier en puissance, comme sur humain. Du point de vue littéraire nous pensons que la puissance d'un thème se situe dans le fait même qu'il ne peut *se dire* jusqu'au bout. Ce qui est source du dire, c'est ce qui ne peut être dit. Contrairement à la thématique grecque — résumée dans le vers du vieux Parménide : « ce qui se peut penser est aussi ce grâce à quoi il y a pensée » — la pensée juive met l'accent sur le fait que ce qui est source de toute pensée, Dieu sous son nom ineffable, ne se peut en aucun cas être pensé et être énoncé. Etrangement il se passe avec David quelque chose de semblable.

A propos de trois cas on trouve dans le commentaire — et avec des implications infiniment plus stratifiées que celle que nous retenons ici — la formulation suivante[15] :

— De l'action de Reuben (maase Reuven) on peut dire quelque chose mais cela reste intraduisible.

— De l'action de Tamar et Yehoudah on peut dire et traduire quelque chose.

— L'histoire de David reste indicible et intraduisible. En dehors de tout énoncé, elle échappe donc à tout commentaire et à tous les commentaires. On sait qu'il s'agit d'une part de David et Amnon, d'autre part de l'amour que David porte à Bathsheva et de ce qu'il entraîne, le meurtre d'Uri — indirect mais prémédité. Le commentaire dit mollement qu'elle lui était promise de toute éternité et qu'il a seulement manqué de patience. Il y avait un précédent, un « brouillon » à cette histoire dans la rencontre avec Abigaïl[16] et la mort de Nabal arrivée fort à propos. Il suffisait d'attendre ! Le Zohar fournit un extraordinaire dialogue entre Satan et l'Eternel[17]. Dieu fait la sourde oreille à la demande de « Douma » de lui livrer le pécheur. Il plaide pour lui, en attendant viendra l'heure du repentir et du Pardon, la poésie des Psaumes. « Nous naissons, écrivait jadis Chouraqui dans sa première traduction des Psaumes, avec les Psaumes aux entrailles. » La littérature poétique se ressource si naturellement dans les Psaumes que cela non plus ne peut être dit. Quant à l'action de David — Maasé David — ni énonçable ni traductible — et que le recueil de la Haggadah passe sous silence — il est à la fois le crime absolu et l'amour absolu qui efface le crime, à condition d'être vraiment l'amour et de s'accompagner des valeurs qui lui sont inhérentes, conscience de la faute et repentir.

15. Talmud Yerushalmi, Halacha XI. 33a. On retrouvera le même thème un peu centré autrement en Talmud Babli. Massehet Meguilla, 25ab.

16. I Samuel XXV.

17. Zohar I. 8a-8b. Entre « Douma » autre entité ambiguë, en fait, et l'Eternel.

Il faut comprendre la place centrale de l'épisode en question, pivot plus qu'épisode, dans l'itinéraire de David. Considéré en lui-même, le « Maasé David » mérite la mort, et Nathan le prophète vient le lui rappeler [18]. David a, à son tour, méprisé la parole du Seigneur et le malheur va s'abattre sur lui. David dit à Nathan, en toute simplicité : « J'ai péché devant le Seigneur. » Et Nathan répondit à David : « Eh bien le Seigneur a effacé ta faute. » Mais l'enfant du péché doit mourir. David toutefois, a prouvé son amour à Bathsheva en la consolant de la mort de son époux; il la consolera encore, malgré sa propre douleur, de la mort de l'enfant. Et lorsque naît enfin le second, Salomon, il est écrit avec une simplicité bouleversante : « Et l'Eternel l'aima. [19] »

Mais ce thème central dont « on ne peut parler » se situe dans un itinéraire dont on ne soulignera jamais assez l'importance. David c'est *l'émergence, l'homme à la fois surmonté et assumé dans ses faiblesses.*

Guerrier victorieux, il ne pourra construire le temple consacré au Seigneur, justement parce qu'il a fait la guerre, fût-elle une guerre juste. C'est Salomon, son fils, qui érigera cette demeure au lieu consacré, appelé encore aujourd'hui Mont de la Demeure, Har Habait. David est en chemin vers la paix, même s'il a assumé la guerre. David est en chemin vers l'amour unique même si plusieurs femmes ont marqué sa vie. Entre Mikhal, fille de Saül, trop insolente, qui ne supportait pas de voir le roi son époux danser devant l'arche, et Abigaïl, trop humble, prête à laver les pieds de son royal époux, Bathsheva dresse une autre stature royale. David mourant, elle sauvera la royauté de son fils.

Et peut-on passer sous silence le bouleversant amour de Jonathan pour David? Jonathan à l'origine est frappé par l'humilité de David devant son propre père, Saül, et son « cœur s'attacha à David de sorte qu'il l'aima comme lui-même » [20]. Peut-on mieux définir l'homophilie? C'est ce qui a frappé un auteur comme Coccioli [21]. Toutefois David, touché par ce qu'il voit comme une fraternité sans tache, n'aura de phrase ambiguë qu'après la mort de Jonathan : « Ton amour m'était plus précieux que l'amour des femmes. [22] » Mais Jonathan est mort avec Saül et ses frères, illustrant dans la forme même de leur mort ce qu'il y avait de mortifère en eux tous. Et David à ce moment unit dans un cantique « Saül et Jonathan aimés et aimables durant leur vie » et qui « n'ont pas été séparés par la mort ». Effacés les conflits — aigus — entre Saül et Jonathan, entre Saül et David. Effacée l'ambiguïté entre Jonathan et David. Voici David rendu à son propre chemin. Celui de l'action et de l'amour, celui de la guerre inévitable et de la paix qui va s'inscrire dans le prénom de son fils Salomon, Chlomo — CHLoMo sur la racine du *chalom.*

18. II Samuel XII.
19. II. XII. 24.
20. I Samuel XVIII.
21. Dans ses ouvrages sur David et sur « Le Tourment de Dieu ».
22. II Samuel I.

Plus tard, lorsque Salomon écrira le Cantique des Cantiques — et peu importe ici qu'il lui soit seulement attribué — la symbolique reste la même, il sera énoncé par la bien-aimée au chapitre VIII. Pussé-je être pour Lui l'issue vers la paix. Chlomoh trouve en la CHuLaMit — même racine encore — l'essence de la paix qui advient. Elle n'adviendrait pas pour lui, Seigneur de la Paix, sans l'itinéraire de David son Père, à la fois guerrier et miséricordieux, vainqueur des Philistins et des Jébusséens, et pacifique.

La fin de David c'est la gloire de Bathsheva qui sauve à la fois l'héritage et la promesse divine. David, lui[23], « chargé de jours » — se meurt. Même la jeune vierge qu'on lui amène pour le réchauffer ne le réchauffera pas. « Elle le servit mais le roi ne la connut point. » Le tout se joue sur la succession[24]. « Salomon s'assit sur le trône de David son Père et sa royauté fut très solidement établie. »

Comment conclure? Si nous avions procédé des œuvres littéraires aux sources, nous ne serions jamais parvenus à la source. Mais devant le foisonnement et le bouillonnement de la source, devant le caractère inépuisable du texte, nous ne pouvons qu'indiquer les voies diverses à travers lesquelles écrivains et poètes trouveront leurs inspirations souvent fondées sur des intuitions partielles. Il n'est aucune totalisation possible au niveau des héros bibliques, seulement une infinité du sens qui, pour parler comme Lévinas, se trouve toujours au-delà du verset. Le texte biblique est en soi un texte absolu, comme l'écrivait J.-L. Borges[25]. Son organicité se dérobe sans cesse à tout morcellement explicatif, il ne s'en réfracte, dans l'œuvre littéraire, que des parcelles. Mais son incandescence primitive donne encore la vie à des intuitions tronquées. L'inachèvement même, le caractère inachevé de façon si humaine et si bouleversante des figures bibliques et en particulier de celle de David, nous donnent une image du processus créateur lui-même, celui de l'homme et, peut-être, de ce que nous pouvons connaître de celui de Dieu. L'élan vital, disait Bergson, soulève un instant — le temps d'une vie humaine — un sens en gésine et l'élève au-dessus de lui-même. La retombée de la mort et la finitude du récit n'épuiseront jamais la sève qui s'y coule, nourrit le texte et à partir de lui tous les textes qui puiseront en son foisonnement une certaine perception de l'humain. David, l'homme de l'itinéraire, nécessaire dès l'origine, offre par ses contradictions et son courage devant elles, sa sincérité et ses qualités de cœur, sa lucidité aussi, une figure dont « on ne peut rien dire » car on en dit toujours trop et pas assez.

23. I Rois I. 1.
24. I Rois II. 12.
25. *Le Miroir des Enigmes.*

N.B. Avec nos remerciements à David Ben Ezra et Michaël Avital qui m'ont aidé à retrouver rapidement les références de la Haggadah et du Talmud.

E. Amado LEVY-VALENSI

BIBLIOGRAPHIE

La *Bible*, en particulier le *Deutéronome*, le premier livre de Samuel, le premier livre des Rois.
Le *Zohar*.
La *Haggadah*.
Le *Talmud*.
Carlo COCCIOLI, *Le Tourment de Dieu*, Paris, Fayard, 1971.
— *Mémoires du Roi David*, Paris, La Table Ronde, 1976.
Jorge Luis BORGES, *Le Miroir des Enigmes*, in Temps modernes.
André CHOURAQUI, *Introduction aux Psaumes*, édit. Sinaï, P.U.F.
Lucien CATTAN, *Voici David*, La Colombe, 1963.
Emmanuel LEVINAS, *Totalité et Infini*, La Haye, 1961.
— *L'Au-delà du Verset*, Paris, Minuit, 1982.

LE MYTHE DE LA DÉCADENCE

Le mythe de la décadence peut être considéré de trois points de vue différents : métaphysique, historique et littéraire. Ces trois points de vue sont distincts mais se rapportent à une même réalité qui est d'abord occidentale mais aussi universelle. Le premier concerne les racines du mythe; le second, son émergence dans l'histoire, notamment durant les périodes de crise; le troisième, son expression dans la littérature européenne de la modernité, sous forme d'« imaginaire décadent ».

Le point de vue métaphysique permet de faire intervenir la notion de cycles cosmiques et d'âges de l'humanité. On le trouve, par exemple, dans le *Vishnou Purâna*, récit mythique qui s'insère dans le Devenir cosmique et qui contient les caractéristiques de la fin du 4e cycle cosmique actuel, le Kali-Yuga ou âge sombre. Evola en reproduit les passages les plus importants à la fin de son ouvrage *Révolte contre le Monde moderne* (« Appendice sur l'âge obscur »).

A cette évocation du rôle de Vishnou se rattache le *Kalki Purâna* qui rappelle un peu l'Apocalypse des chrétiens vu par Jean. Après avoir rappelé ce que sont les quatre âges du monde, cette œuvre raconte l'histoire, apparemment romanesque, de Kalki, notamment le combat de ce héros contre le démon qui incarne le Kali Yuga. Kalki, dernière incarnation de Vishnou, se manifeste à la fin des temps : le dieu apparaît sous la forme d'un guerrier qui parcourt le monde sur un cheval blanc pour aider les justes à subsister durant l'âge sombre, jusqu'à l'extinction du cycle cosmique actuel. En fait, il ne s'agit pas d'un texte « apocalyptique » : Kalki paraît pour rétablir, très provisoirement, une situation compromise dans le déroulement du 4e cycle cosmique. Les tentatives de redressement sont de courte durée et ne peuvent interrompre le processus normal d'involution car il n'est au pouvoir de personne — pas même des dieux — d'infléchir le destin des mondes.

Ce destin se manifeste dans l'histoire de l'humanité, surtout à notre époque, fin du 4e cycle, dont l'accélération se fait de plus en plus sentir. Le point de vue historique permet de saisir l'émergence du mythe dans le devenir humain, souvent étudié, notamment dans un ouvrage récent de Julien Freund intitulé *La Décadence*. Pour l'Occident moderne, le paradigme historique de la décadence est le mythe de la chute d'Athènes et de Rome. C'est ce qu'a bien vu Montesquieu dès 1734. A partir du XVIIe siècle, l'empire romain est en effet considéré comme mort, par exemple chez Saint-Evremond. La querelle des Anciens et des Modernes a consacré cette prise de conscience, facilitée par le recul historique nécessaire. La Bruyère exprime ce sentiment dans un chant du cygne : « Tout est dit... ». Depuis cette époque, la fin de Rome n'a jamais cessé de hanter l'imaginaire occidental et la réflexion historique qui alimentent le mythe de la décadence. Ainsi par exemple en Angleterre, Gibbon, à la fin du XVIIIe siècle, annonce une nouvelle « crise de la conscience européenne », à l'aube du romantisme et du « nihilisme européen » dénoncé par Nietzsche.

En réalité, le mythe de la décadence est apparu, en Occident, au cours des crises successives, de plus en plus violentes, que celui-ci a connues. Il s'agit non seulement de crises de croissance comme on l'a cru trop souvent en se fondant sur l'illusion triomphaliste d'une expansion universelle trompeuse, notamment au XIXe siècle, mais de crises de déclin qui constituent le revers, d'abord caché, puis de plus en plus apparent, de cette expansion de caractère prométhéen ou faustien, de plus en plus suicidaire. On peut dire, en gros, que le mythe de la décadence occidentale correspond à la période de quelques siècles qui vont de la naissance à « la fin de la Renaissance » actuelle, selon le titre d'un ouvrage de Julien Freund. Quand le Moyen Age se termine, l'homme occidental tend à devenir le centre du monde. Les humanismes modernes se développent, alors, avec les Lumières, et triomphent avec l'individualisme, le rationalisme, l'universalisme et le scientisme positiviste. C'est alors que se produisent « l'oubli de l'Etre » et la perte de la « Tradition » au sens où l'entendent René Guénon et Julius Evola.

Surtout, il faut bien voir que le mythe de la décadence n'est pas un mythe isolé : il appartient à la mythologie de la modernité. Il se situe à l'intérieur de nombreux réseaux mythiques fort complexes, liés à la notion de temps humain, de recherche des origines, de devenir, de métamorphose. Ainsi, ce mythe se rattache au mythe de l'âge d'or, de la chute, du paradis perdu, de l'homme primordial, de l'éternel retour, etc. Il est lié aussi au mythe très moderne du progrès, coloré par la nostalgie du primitif et habité souvent par la chimère du bon sauvage et de l'exotisme. Il peut même, par contraste, s'associer au mythe du barbare, si fréquent à partir du romantisme.

Avec la fin du XXe siècle, c'est-à-dire l'apparition d'une nouvelle fin de siècle et de millénaire, le mythe de la décadence n'est plus seulement occidental. Il prend une dimension planétaire, reflet, précisément, de l'occidentalisation qui a gagné tous les continents. Cette situation historique nouvelle, sans précédent dans l'histoire connue de l'humanité, renvoie à la théorie des cycles cosmiques évoquée au début. Elle provoquera sans doute d'autres transformations du mythe dans le domaine artistique et littéraire qu'il faut aborder maintenant d'un peu plus près.

Comme exemple de mythe littéraire décadent — ou relevant de ce qu'on a appelé à la fin du XIXe siècle « décadisme » ou « décadentisme » — on peut citer le mythe — ou figure mythique — d'Héliogabale qui appartient à la galerie des « Empereurs fous » de la décadence romaine. Dans son ouvrage intitulé *Le Divin Héliogabale, César et Prêtre de Baal*, Roland Villeneuve a rappelé le peu que l'on sait à propos de cet empereur adolescent dont « l'actualité » est visible « à l'heure où les sciences dites occultes, l'astrologie, la prétendue libération des tabous de la sexualité excitent plus que jamais l'imagination et déroutent les esprits ».

Ce jeune souverain extraordinaire a toujours suscité une vive passion : on l'a fortement haï ou admiré à cause de sa vie, aussi brève que scandaleuse, souvent présentée de manière caricaturale. Lampride en a fait un monstre qui semblait réunir tous les vices de ses prédécesseurs, tels que Caligula et Néron. Outre sa débauche et ses prétendues orgies, on lui a surtout reproché d'avoir introduit à Rome une religion orientale, le Baal d'Emèse, le Dieu soleil de Syrie. En réalité, cet adolescent, dont l'histoire condamne la vie dissolue, ne fut pas un prince cruel mais il fut impuissant à mettre un terme aux désordres grandissants de l'Empire.

Le mythe d'Héliogabale, comme le mythe de la décadence, est un mythe moderne. Avant le romantisme la vie du jeune empereur ne semble intéresser que les historiens de l'antiquité romaine (cf. Georges Duviquet, *Héliogabale raconté par les historiens grecs et latins.* Paris, 1903. Préface de Remy de Gourmont) mais, au début du XIXe siècle, quand l'histoire se fait « résurrection du passé », la vie supposée d'Héliogabale fournit la matière d'évocations pittoresques : les « érotiques fureurs » et les « ténébreuses voluptés » du jeune empereur rejoignent les fantasmes de Sade qui en parle déjà (cf. Chaussard, *Héliogabale ou Esquisse morale de la Dissolution romaine sous les Empereurs*, Paris, 1802). Chateaubriand évoque cette figure dans ses *Etudes historiques.* Il semble fasciné par le déferlement romantique de passions et de vices qui accompagna un règne si bref et si tragique. En 1836, avec la publication à Paris des *Contes* de Samuel Bach, écrits par Théo de Ferrière, la figure d'Héliogabale est de plus en plus associée au sentiment de décadence et devient vraiment littéraire. C'est à la fois l'incarnation du despote oriental et du poète byronien. Gautier, un des premiers chantres de la décadence latine, parle d'Héliogabale dans sa célèbre préface de *Mademoiselle de Maupin* et le fait figurer dans son roman aux côtés de Caligula et de Néron. Gautier ouvre la voie « héliogabalesque » à Flaubert et à Baudelaire que Barbey d'Aurevilly considérait comme un « Héliogabale artificiel ».

Dans l'atmosphère « fin-de-siècle », la figure mythique d'Héliogabale apparaît de plus en plus souvent dans la littérature française et européenne avec l'exploitation ambiguë de la décadence sous toutes ses formes et dans tous les domaines. On peut même parler de personnages « héliogabalesques » dont l'histoire contemporaine offre des modèles, comme le comte de Montesquiou ou Louis II de Bavière. On le trouve chez Verlaine (*Résignation*). L'Hérodiade de Mallarmé est proche de lui et des Esseintes ne manque pas d'évoquer Elagabal. Il fascine Octave Mirbeau, Maurice Barrès, Jean Lorrain et bien d'autres auteurs de second ordre comme Jean Lombard (*L'Agonie*, Paris, 1901. Préface d'Octave Mirbeau). A l'étranger, la figure de l'étonnant empereur était familière à D'Annunzio (*Martyre de saint Sébastien*) et à O. Wilde. Stefan George en a fait le héros de son recueil de poèmes intitulé *Algabal*, dédié à Louis II : il le montre, ivre de beauté et de jeunesse, dans son royaume souterrain tout rutilant de pierreries. Plus près de nous, Antonin Artaud continue la lignée des poètes et romanciers inspirés par la personnalité exceptionnelle et le destin tragique de l'empereur adolescent et pervers (*Héliogabale ou l'Anarchiste couronné*, Paris, 1934).

Ainsi, le mythe de l'« éphèbe excentrique », variante du mythe de la décadence, ne cesse d'inspirer les poètes de notre temps de crises et de déclin sans que, toutefois, le mythe soit esclave des réalités historiques qui nous entourent.

Claude GERTHOFFERT

BRÈVE ORIENTATION BIBLIOGRAPHIQUE

Julien FREUND, *La Décadence*, Paris, 1984.
Julius EVOLA, *Révolte contre le monde moderne*, Ottawa, 1972.
Pierre BRUNEL, *Littérature et Mythes. La Décadence et le symbolisme en Europe (Dictionnaire des mythologies*, Paris, 1981).
Pierre CHAUNU, *Histoire et décadence*, Paris, 1981.
Philippe JULLIAN, *Esthètes et Magiciens*, Paris, 1969.
Jean PIERROT, *L'Imaginaire décadent*, Paris, 1977.
Werner WILLE, *Studien zur Dekadenz in Romanen um die Jahrhundertwende*, Greifswald, 1930.
K.-W. SWART, *The Sense of Decadence in Nineteenth-Century France*, The Hague, 1964.
A.-E. CARTER, *The Idea of Decadence in French Literature, 1830-1900*, Toronto, 1958.
Roland VILLENEUVE, *Le Divin Héliogabale*, Paris, 1984.

DÉCOUVERTES

La croyance à l'existence d'une terre inconnue, située au-delà des limites assignées au monde parcourable, est une constante de l'imaginaire mythique et philosophique : aussi les grands voyages sont-ils tout naturellement associés, par les navigateurs eux-mêmes ou par leurs biographes, aux grands textes fondateurs que sont l'*Odyssée*, les *Argonautiques*, ou l'*Enéide*.

Le monde antique était fondamentalement borné, d'abord par le grand Océan qui était censé ceinturer la Terre, puis, pour l'espace méditerranéen, par les Colonnes d'Hercule que le héros avait érigées entre l'Espagne et l'Afrique, et que seul il avait été autorisé à franchir, en utilisant la « coupe du Soleil » (pour parvenir dans l'île d'Erythie et s'emparer des bœufs de Géryon). Au-delà de l'océan infranchissable, Thulé, dont la localisation fluctuait de l'extrême occident au grand nord, marquait la fin des terres. La géographie de Ptolémée décrivait trois continents « connus » et un quatrième, « terra incognita », qui fut jusqu'au XVe siècle la grande zone de mystère pour les représentations du monde. Peu à peu, la toponymie des Anciens servait à identifier de nouveaux lieux : les Iles Fortunées se confondent avec les Canaries, puis les Hespérides et l'Atlantide sont assimilées par l'historien Oviedo (1535) au Nouveau Monde désormais nommé, depuis 1507, Amérique.

A la Renaissance, l'extension du monde est à la fois géographique et culturelle. Elle s'accompagne d'une extension des connaissances, mais aussi d'une extension de l'espace mythique : les mythographes italiens de la fin de la Renaissance adjoindront à leurs catalogues les mythologies de la Chine et de l'Amérique précolombienne. L'ouverture du petit cercle méditerranéen s'inscrit encore dans un cercle symbolique, figure parfaite qui est à l'origine du projet de Christophe Colomb : car c'est pour tracer la carte d'un monde sphérique idéal que Colomb était parti vers l'ouest, franchissant les bornes du monde ancien dans le but de trouver, non pas un autre monde, mais la continuité d'un monde unifié dont les extrêmes se seraient rejoints dans le grand Océan.

TYPOLOGIE DU NOUVEAU MONDE

Depuis l'*Odyssée*, la traversée des mers représente une aventure symbolique, et obéit à tout un système de fonctions qui détermine la structure de la plupart des œuvres littéraires modernes ayant pour sujet les voyages réels ou imaginaires.

Topique de la navigation

Quatre grands thèmes constituent cette topique, qui s'articule autour de deux grands symboles dont l'exégèse est donnée à la Renaissance : la « nef du soleil » et le « voyage de l'âme ». Ces thèmes mythiques sont la figure du héros découvreur, inventeur ou conquérant; le thème de l'*hybris* qui pousse les hommes en quête de l'inconnu; le rôle de la Fortune ou Némésis dans cette quête; et le thème de l'or qui syncrétise l'objet de la quête.

La figure du héros est fondamentale : chaque grand navigateur sera, plus ou moins explicitement, comparé au Premier Navigateur, Tiphys, le pilote d'Argo, celui à qui Athéna avait révélé l'art de naviguer à la voile, celui qui montre la route. Le Capitaine des temps modernes cumule les fonctions du guide-pilote, du héros-conquérant et du découvreur-inventeur. La *nouveauté* qu'il révèle au monde, par la voix du poète (les poètes qui célèbrent les Découvertes sont implicitement assimilés à Orphée, chantre des Argonautes) est faite d'objets cachés aux yeux du monde — nouvelles terres, nouveaux empires — mais aussi de l'ouverture de nouveaux tracés, de nouvelles voies, d'un nouvel espace pour l'imaginaire. Dans l'épopée, la gloire du héros ne lui est pas personnelle, elle fonde une nation élue des dieux : le Ligure (Colomb) ou le Lusitanien (Gama) sont destinés à élever leur pays au rang d'Athènes et Rome. De même que l'Empire romain, à l'époque d'Auguste, se fonde sur Enée, la dynastie des rois du Portugal se glorifiera d'un empire fondé par les navigateurs.

L'invention est, dans l'Antiquité, le propre des dieux et des héros, elle élève l'homme au-dessus de l'humain. En ce sens, elle s'accompagne souvent d'orgueil, et dans la mesure même où le navigateur a conscience de dévoiler les « secrets de la nature », il est souvent assimilé aux grandes figures de l'*hybris*, Prométhée, Icare, Phaéton (*Lusiades*, IV, 94-104). L'audace de celui qui, le premier, osa « mettre à la mer une voile dressée sur une planche » est un acte de défi à la divinité. De même, l'appel de l'inconnu et l'esprit de conquête qui l'accompagne sont toujours stigmatisés dans l'épopée sous la forme d'un discours prononcé par un vieillard, qui déplore les malheurs et les morts engendrés par l'excès de témérité des navigateurs.

La Fortune, traditionnellement représentée sur son navire, est la figure motrice de l'épopée. C'est elle qui détermine le destin des héros depuis les « accidents » et hasards des découvertes jusqu'à leur fin souvent tragique : qu'il soit, en effet, célébré ou méconnu par sa patrie, le héros découvreur est maudit, comme Prométhée, comme Tiphys qui meurt avant la fin de l'expédition, comme Colomb que l'on ramène enchaîné et déchu en Espagne. Dans l'épopée, la Fortune apparaît souvent sous la forme d'une rivalité entre deux dieux : Vénus contre Neptune, contre Athéna, contre Bacchus.

C'est aussi un des aspects de la Fortune qui préside à la découverte suprême, apothéose ou objectif même d'une expédition : celle de l'or. La symbolique de l'or agit très fortement dans les récits de navigation : depuis la recherche de la Toison d'Or jusqu'à celle du Pays de l'Or (l'Eldorado), la quête de l'inconnu est une descente vers les profondeurs, vers le secret enseveli de la mine, et la mise en lumière de l'invisible est, sur le modèle de la symbolique alchimique, une image de la Connaissance (l'Or philosophal) — en même temps qu'un retour à un Age d'or primitif (la Fontaine de Jouvence). Ainsi, les voyages imaginaires vers le pôle Sud, la Terre Australe plus longtemps mystérieuse que l'extrême Occident, passent-ils souvent par le centre du monde, le creuset mythique où se produit l'or.

Une tradition allégorique représente le parcours du soleil, « qui gouverne l'univers », par un navire portant les astres. C'est aussi le symbole de la « nef du monde » qui alimente certaines compositions de type allégorique, dans lesquelles est développée l'image de la vie comme « mer périlleuse » et comme « voyage de l'âme ». Une « représentation morale » de Lope de Vega (1604) intitulée *Le Voyage de l'Ame (El viaje del alma)* met en scène l'Ame qui, sur le point d'embarquer, avec Mémoire et Volonté, vers la Jérusalem céleste, se laisse d'abord séduire par le marin Démon qui lui promet « le Nouveau Monde », les « Indes de grande richesse », les « Iles d'or »; grâce à l'intervention de la Raison, l'âme quitte ce navire de perdition pour monter dans la Nef de la Pénitence dont le Christ est le pilote.

Allégorie du Nouveau Monde

Si le soleil levant était chargé de connotations positives et fertilisantes, l'Occident se trouve donc associé, dans une tradition persistant jusqu'aux grands voyages, à des images de nuit et de mort. Les Anciens y situaient l'entrée des Enfers, et les Iles Fortunées étaient le séjour des Bienheureux ou le royaume de Perséphone. Au Moyen Age, le *Voyage de Saint-Brandan*, épopée chrétienne irlandaise, est une quête du Paradis qui passe par la traversée de l'Océan et par l'île des Enfers. L'Occident est bien le côté de la Nuit, l'Autre Monde, et les poèmes qui célèbrent les Découvertes font toujours référence à une double charge symbolique de ce retour à la nuit des temps : pour Tassoni qui ébauche en 1620 une Odyssée colombienne intitulée *L'Océan (Oceano)*, c'est là le domaine du « roi de l'ombre » et celui-ci suscite les tempêtes pour défendre l'inviolabilité de son domaine. Pour d'autres, et pour Colomb lui-même dans ses écrits, le Nouveau Monde est la Jérusalem céleste ou le Paradis terrestre enfin reconquis. D'une part, le Nouveau Monde est une nouvelle Terre sortie du Chaos (Claudel, *Le Livre de Christophe Colomb*), une Atlantide émergée où vivaient les traces de civilisations pré-chrétiennes vouées à l'oubli une fois que le Soleil du Christ les aurait révélées (les dieux précolombiens représentent le Chaos). D'autre part, il est l'Empire du Soleil, le lieu où le Soleil mythique connaît le culte le plus violent (la religion des Incas et des Aztèques, révélée dès le début du XVIe siècle par Las Casas et Sahagun) — et le lieu où Thomas More et Tommaso Campanella situent leurs Utopies, la seconde intitulée la *Cité du Soleil*. De ce Nouveau Monde, universellement décrit comme un jardin enchanté, un *locus amœnus*, se constituera à partir de Montaigne et durant tout le XVIIIe siècle le mythe du « bon sauvage » figurant Adam avant la chute.

On trouve dans la *Vérité des Fables* de Desmarets (1648) une interprétation synthétique de cette allégorie, combinée à la topique de la nef du soleil et à celle de l'or : c'est le « merveilleux voyage » du Prince Apollon sur l'île flottante de Délos, jusqu'au Nouveau Monde. Apollon y explore les Rivières d'Argent, les forêts vierges et le Pays de l'Or, et y fonde son Empire. Dans cette interprétation évhémériste et parodique, la relation du mythe à la réalité est inversée, le héros n'est plus comparé à un dieu, mais les dieux n'y sont que des héros divinisés.

Mythe et épopée : les Lusiades

Les Découvertes sont d'abord un sujet épique : le grand Capitaine, en même temps qu'un inventeur, est un Héros. *Les Lusiades* du Portugais Luis de Camoens (1572) représentent une véritable actualisation de l'*Enéide*, et la divinisation du héros y est justifiée, suivant la tradition évhémèriste, par le fait que les anciens dieux des païens n'étaient « que de simples humains que leur génie et leur vaillance ont divinisés » (IX, 89-93). Le merveilleux étant une convention littéraire de l'épopée, mythes païens et miracles chrétiens se chevauchent et se combinent, et c'est la réalité même qui produit ici du mythe. Vasco de Gama fait lui-même le récit de ses aventures, tel Ulysse devant Alcinoos, et juge ainsi du vrai et du faux : « Crois-tu qu'Enée, que l'éloquent Ulysse, aient tant couru le monde ? Y a-t-il personne, quelques vers qu'on ait écrit à sa louange, qui ait osé parcourir sur la mer profonde la huitième partie de ce que j'ai vu ?... Si parfaits que se montrent les poètes en ces récits menteurs et si bien imaginés, la vérité que je conte, simple et nue, l'emporte sur toute pompeuse fiction » (V, 86-89). Vasco de Gama ne découvre pas un nouveau monde, mais une nouvelle voie de navigation. Camoens fait de ce conquérant un héros herculéen, associant aux Travaux son entreprise, l'annexion de l'Asie à la sphère d'influence du Portugal. Prédestiné par sa situation géographique, aux limites du monde ancien, à ouvrir de nouveaux horizons, le Portugal apparaît comme une nouvelle Rome, terre mythique vouée à dominer le monde. C'est le poète qui, tel Virgile, accomplit la glorification du héros et de la nation élue, et dans ce but, l'utilisation de thèmes mythiques conventionnels nourrit la transformation du Voyage en Epopée. Camoens fonde sur l'onomastique la divinisation de ses héros : les Lusitaniens sont les descendants de Lusus, compagnon mythique de Bacchus dans sa conquête des Indes (référence aux *Dionysiaques* de Nonnos). Aussi les fleuves Indus et Gange apparaissent-ils en songe au roi pour prédire le destin des Lusitaniens. Ces derniers, qui sont considérés par Bacchus comme des rivaux, car ils menacent sa gloire en *réalisant* sa propre épopée, seront ainsi qu'Enée protégés par Vénus. Et dans l'île des Amours, sur le chemin du retour, le héros Gama s'unit à la mer, Thétis, ce qui l'assimile à Apollon. Sur cette île flottante, allégorie de la Gloire (IX, 89) et non plus de la Fortune, le destin futur des Lusitaniens est révélé par la déesse, qui montre au héros, sous la forme d'une mappemonde de cristal, « la grande machine du monde ». Cependant, en tant qu'épopée de la chrétienté, les *Lusiades* traduisent toujours les mythes en allégories, soumettant les faux dieux à la tutelle du Vrai Dieu comme le pays élu soumet en tutelle le monde païen. Vénus y est assimilée tantôt à la Vierge protectrice des marins, « celle qui apaise les tempêtes », tantôt à la Providence, figure christianisée de la Némésis. Bacchus est l'image du démon qui tente d'entraver la progression des héros Chrétiens. Enfin, la lecture de la mappemonde dans l'île des Amours comprend le récit par Thétis de l'évangélisation des Indes et des miracles accomplis par l'apôtre Thomas.

Histoire et tragédie

Vue du côté du Nouveau Monde, la Découverte est une Conquête, c'est-à-dire un acte de violence, un sacrifice humain dans lequel le rôle tenu par le « héros » conquérant est celui du sacrificateur. Ainsi la pièce du Mexicain Carlos Fuentes, *Tous les chats sont gris* (*Todos los gatos son pardos*, 1970) s'ouvre-t-elle sur cette citation de Brecht : « Malheur au pays qui a besoin de héros ! ». Selon l'analyse de l'auteur lui-même dans sa préface, cette pièce est un « rituel » qui représente la rencontre de deux forces symboliques : Moctezuma, « pouvoir de la fatalité » et Cortès, « pouvoir de la volonté » — c'est-à-dire la tragédie contre l'histoire. La nouvelle race issue de la rencontre de ces extrêmes, sous la forme du « premier Mexicain », enfant de Cortès et de l'Indienne Marina, « réunit les deux sphères », les deux mondes, pour les transformer en « destin ». La tragédie, ici, identifie Moctezuma à son dieu Quetzalcoatl, dans la mesure où l'Histoire humaine vient se substituer au Mythe : « le jour même où le temps cyclique avait prévu le retour du dieu, le serpent à plume régresse, son identité est usurpée par les hommes, et par des hommes cruels, rapaces, nouveaux, violents ».

Christophe Colomb

A l'intérieur de la topique du héros, Colomb n'appartient pas à la catégorie des Conquérants, mais à celle des Découvreurs, soumis à la fatalité, partagé lui-même par des contradictions, mais fondamentalement prédestiné. Aussi, le traitement épique de son personnage, tel qu'il apparaît par exemple dans le *Monde nouveau (Mondo nuovo)* de Stigliani (1628) qui, par imitation de la *Jérusalem délivrée* fait de Colomb un nouveau croisé (en assimilant le Nouveau Monde à une nouvelle Jérusalem), est-il critiqué par d'autres poètes, tel Alessandro Tassoni pour qui les aventures de Colomb s'apparentent davantage aux « errements d'Ulysse » qu'aux exploits guerriers de l'*Iliade*, et qui qualifie le héros de « dompteur de l'Océan ».

Dans la plupart des œuvres qui le célèbrent, le nom de Colomb se rattache à une fonction cosmologique : pour le Tasse, il est celui qui, « émule du soleil », « mesure le cercle de l'Univers », même si, dans l'éloge que prononce la Fortune montée sur sa nef, il est « digne du poème et de la fable » au même titre que Bacchus et Hercule (*Jérusalem Délivrée*, XV, 30-32). Nouveau Tiphys, Colomb est l'archétype du Découvreur, et son statut de héros chrétien ajoute encore à cette fonction une dimension théologique. Son nom contient deux fois les signes de sa prédestination : Porte-Christ et messager de Dieu, « j'ai guidé la Colombe de l'Esprit de Dieu là où jamais encore elle n'avait volé » (G.-B. Marino, *La Galeria*, « Christoforo Colombo »). Cette exégèse onomastique fonde encore l'interprétation du « mystère musical » de Claudel, *Le Livre de Christophe Colomb* (1927), où la colombe a un double rôle prophétique (« c'est la colombe, image du Saint-Esprit, qui traverse la mer et qui vient apporter à Gênes entre les mains d'un enfant rêveur son message palpitant ») et rédempteur (« c'est la mort qui approche et la colombe enfin, comme aux jours du Déluge, qui s'échappe et qui vient apporter et déposer un rameau cueilli à ce monde nouvellement émergé dans le sein du Pantocrator » — Avant-Propos, éd. 1935). Pour Claudel, la vocation de Colomb est d'ordre mystique : « c'est le Monde Nouveau qui a été pour toi la porte du Monde Eternel ! » (II, 7 : « Au paradis de l'Idée »). Et la prédestination inscrite dans son nom le situe encore au niveau des archétypes : « cela s'est passé non pas seulement dans le temps, mais dans l'Eternité. Car ce n'est pas lui seulement, ce sont tous les hommes, qui ont la vocation de l'Autre Monde et de cette rive ultérieure que plaise à la Grâce Divine de nous faire atteindre » (I, 2 : « Prière »).

Dans son *Livre des Prophéties*, Colomb lui-même garantissait sa prédestination en citant à la fois les Prophètes bibliques et ces vers de Sénèque : « Un temps viendra où, dans les dernières années du monde, l'Océan desserrera les liens des choses. Une terre immense se révélera, et un autre Tiphys découvrira un nouveau monde. Et Thulé ne sera plus la fin des terres » (*Médée*, 375-380). La glorification de Colomb au XVIe siècle tient autant à la réalisation de cette prophétie qu'à la réalité de la découverte. Elle se trouve singulièrement amplifiée, à la fin du XVIe siècle, dans la voie ouverte par l'interprétation du philosophe Giordano Bruno, qui introduit dans l'analogie Colomb = Tiphys un troisième terme, le Philosophe. Si Colomb est supérieur à Tiphys, dit Bruno, « quelle place faut-il donner à celui qui a découvert le moyen de monter jusqu'au ciel, d'élargir la sphère des étoiles, de franchir les limites de l'Univers ? » (*Cena de le Ceneri*, Dial. I, 1584). On considère Bruno comme le premier philosophe à avoir conçu l'infinitude de l'Univers : aussi est-ce lui-même qu'il compare ici au Découvreur, car son investigation intellectuelle lui a permis de repousser les limites du monde non plus terrestre, mais céleste, et, avec une audace digne de celle des navigateurs, de dépasser la ceinture des « étoiles fixes » que Copernic même n'avait osé abolir. Quelques années plus tard, surviendra un nouveau Découvreur qui réalisera, une fois de plus, la vision prophétique : ce découvreur du ciel sera Galilée.

GALILÉE, RÉVÉLATEUR DU CIEL

Les contemporains de Galilée l'ont célébré à l'égal d'un héros, inscrivant ses découvertes, et spécialement le télescope, dans le grand mythe des Découvertes des temps modernes. Cette glorification reprend toujours l'analogie de Giordano Bruno, qui joue le rôle d'une nouvelle topique de l'éloge. Ainsi G.-B. Marino, comparant Galilée à Tiphys et à Colomb dans un sonnet, conclut ainsi : « Mais toi, plus grand que l'un et que l'autre, tu as osé explorer les champs secrets et inaccessibles du Monde des Etoiles. Et pénétrant ces recoins inconnus, tu as su trouver dans son sein profond de nouvelles sphères, de nouveaux astres et de nouveaux systèmes » (*La Galeria*, « Galileo Galilei »). En outre, dans le chant X de son long poème *Adonis*, Marino place dans la bouche de Mercure le même éloge prophétique, longuement développé autour de la mythification du télescope : Galilée y est un « nouvel Endymion » car il peut « contempler la lune nue », et le poète revendique pour le télescope le droit d'être placé, comme la nef Argo, parmi les constellations. L'observation astronomique est ainsi fondée comme analogie du Voyage dans l'Autre Monde, que l'imaginaire archaïque situait encore dans l'espace même de la terre. Ainsi Galilée est-il, plus encore que Colomb, un « émule du soleil », car en inventant un moyen matériel de « monter jusqu'au ciel » autrement que par l'imagination, il rivalise en même temps avec la fonction principale du Soleil, qui est la faculté de tout voir et de tout parcourir. Cependant, en un seul point que ne manquent pas de souligner les panégyristes, l'entreprise de Galilée diffère de celle des navigateurs : cette découverte du ciel ne comporte « aucun risque, aucune guerre », et la témérité de l'astronome n'est pas entachée de faute. Aussi n'est-il pas un « héros » (Brecht, *Vie de Galilée*) et représente-t-il pour l'avenir une forme nouvelle de modernité, fondée sur la paix et non plus sur les exploits guerriers.

Françoise GRAZIANI

BIBLIOGRAPHIE

Sur les religions précolombiennes :

Bartolomé LAS CASAS, *Apologetica historia de las Indias* (1552-61), Madrid, 1909.
Bernardo SAHAGUN, *Historia general de las cosas de Nueva Espana* (1582), Mexico, 1956, trad. partielle, coll. La Découverte, 1981.

Lorenzo PIGNORIA, *Discorso intorno le Deità dell'Indie Occidentali*, en appendice à Vincenzo CARTARI, *Imagini degli dei*, Padoue, 1615.

Œuvres citées ayant pour sujet le Nouveau Monde ou les Découvertes :

BENEDEIT, *Le Voyage de Saint-Brandan*, éd. et trad. I. Short et B. Merrilees, coll. 10/18, 1984.
LOPE DE VEGA, *El viaje del Alma*, auto sacramentale, dans *Obras*, tomo VI, Biblioteca de Autores Españoles, Madrid 1963 (pas de trad.).
Tommaso CAMPANELLA, *La cità del Sole*, trad. f. A. Zevaes, Vrin, 1982.
Alessandro TASSONI, *Oceano*, 1620 (pas de trad.).
Tommaso STIGLIANI, *Il Mondo nuovo*, Roma 1628 (pas de trad.).
Luis de CAMOENS, *Les Lusiades*, trad. R. Bismut, Belles Lettres, 1980.
Paul CLAUDEL, *Le Livre de Christophe Colomb*, mystère musical, mus. D. Milhaud, Paris, 1935.
Carlos FUENTES, *Todos los gatos son pardos*, Siglo XXIe éd., 1970 (pas de trad. f.).

Œuvres citées comportant des passages relatifs aux Découvertes :

Torquato TASSO, *Jérusalem Délivrée (Gerusalemme Liberata)*, Chant XV.
Giordano BRUNO, *La Cena de le ceneri*, dans *Dialoghi Italiani*, Firenze, 1958 (pas de trad.).
Giambattista MARINO, *La Galeria*, « Ritratti », Padova, 1979 et *Adone*, chant X, Milano, 1978 (pas de trad.).
DESMARETS DE SAINT-SORLIN, *La Vérité des Fables*, livre II, Paris, 1648.

Sur Galilée, voir :

N. VACCALUZZO, *Galileo Galilei nella poesia del suo secolo. Raccolta di poesie scritte da contemporanei in lode di Galileo*, Palermo, 1910.
Bertolt BRECHT, *Vie de Galilée (Leben des Galilei)*, trad. f. dans *Théâtre Complet*, Tome IV, Arche, 1974.

Dédale

L'histoire de Dédale se déroule en trois lieux bien distincts. Tout d'abord à Athènes, car Dédale est athénien d'ascendance royale par sa mère (Alcippé petite fille de Cecrops) et par son père (Métion ou Eupalamos descendants d'Erechthée; ce qui le fait cousin de Thésée). Là, Dédale est surtout considéré comme l'ancêtre des sculpteurs et comme un inventeur imaginatif (le fil à plomb, la glu, la vrille...). Jaloux de son neveu Talos, lui aussi très ingénieux, qui lui dispute l'invention de la scie, il précipite celui-ci du haut de l'Acropole et est condamné à l'exil par l'Aréopage. Réfugié en Crète, à la cour du roi Minos, il fabrique pour la reine Pasiphaé, tombée amoureuse du taureau de Poséidon, une vache en bois revêtue de cuir qui lui permet de s'unir au taureau. Puis, pour cacher le Minotaure fruit des ces amours, il se fait, à la demande de Minos, architecte, et il construit le labyrinthe. Lorsque Ariane veut aider Thésée à trouver sa voie dans le labyrinthe, il lui fournit le fil qui lui montrera le chemin. Furieux, Minos l'emprisonne, avec son fils Icare, dans le labyrinthe. Alors Dédale construit des ailes qui leur permettent à tous deux de s'échapper; mais Icare s'approche trop du soleil, la cire fond et il tombe à la mer. C'est à Camicos en Sicile, à la cour du roi Cocalos, que Dédale vivra, seul, la dernière partie de sa vie. Il y a une activité non seulement d'architecte, mais en quelque sorte d'ingénieur. Cependant Minos, parti à sa recherche, va partout demandant qui saurait faire passer un fil à travers une coquille d'escargot. Quand, à la cour de Cocalos, on lui dit qu'on va pouvoir lui fournir une réponse, Minos devine que c'est là que s'est réfugié

Dédale. Mais, avant qu'il ait pu le capturer, ce dernier le fait ébouillanter dans son bain par les filles du roi.

Dédale n'est pas le héros d'un grand mythe cosmologique, il est seulement le centre d'un ensemble légendaire multiple à composantes mythiques. Par son nom, il est lié à des images de fabrication artisanale et artistique. C'est un inventeur fertile en ressources, un créateur qui fait passer le plaisir d'imaginer et de construire avant le souci moral. La littérature a pour l'essentiel réduit son histoire à l'épisode crétois et, de ses multiples inventions, elle en a retenu trois inégalement sollicitées au cours de l'histoire : Dédale est quelquefois celui qui a fabriqué la fausse-vache pour Pasiphaé, mais surtout il est celui qui a construit le labyrinthe pour loger le Minotaure et celui enfin qui a confectionné des ailes pour, en volant, s'échapper du labyrinthe. Dans chacun de ces cas, son invention lui apporte des déboires, et l'on semble plutôt l'en plaindre, sans doute parce que l'on voit en lui l'image du créateur que sa création persécute.

En Grèce, l'on a pu relever chez Homère et Hésiode toute une série de termes étymologiquement liés au nom de Dédale et permettant de préciser le registre des activités qu'on lui prêtait à l'époque archaïque. Mais l'effacement de ces termes à l'époque classique n'est pas compensé par une présence littéraire du personnage. S'il apparaît, au détour d'un dialogue de Platon, comme l'auteur de statues qui marchent et prennent la fuite quand on néglige de les attacher (*Ménon*, 97 d), autrement dit (?) comme le premier sculpteur à avoir représenté l'homme dans l'attitude de la marche, aucune épopée, aucun poème ne nous reste qui célébrerait la vie et l'œuvre de cet ancêtre de tous les sculpteurs. A vrai dire, Sophocle et Aristophane semblent s'être intéressés au personnage. Sophocle lui aurait consacré deux tragédies : *Daidalos* et *Camicos* (sur l'épisode sicilien), mais il ne nous en reste que les titres et quelques fragments; de même pour les comédies d'Aristophane *Daidalos* et *Cocalos*. Il est imaginable aussi que Dédale apparaissait dans le *Thésée* de la trilogie perdue d'Euripide. Mais, par ailleurs, il est absent de la littérature grecque. Dans les arts plastiques cependant, un vase à figures noires du VIIe ou VIe siècle (le skyphos « Rayet ») permet de confirmer la popularité ancienne de l'Athénien.

C'est à Rome qu'émerge le thème littéraire de Dédale, mais celui-ci ne reste plus très longtemps le simple artisan-sculpteur des temps archaïques, celui auquel Cicéron fait encore référence dans son *Brutus* (71), en 46 avant J.-C. Dans l'*Eneide* (18 avant J.-C.), au début du chant VI, lorsque Enée, en route pour les enfers, s'attarde un moment à regarder la porte du temple sur laquelle Dédale a sculpté sa propre aventure, c'est le travail de l'artiste qui lui est donné à admirer et une réflexion sur l'œuvre et sa cruauté qui s'amorce, mais déjà l'accent est mis sur l'audace qu'il y eut à se confier au ciel sur des ailes rapides et sur le drame d'Icare. Désireux de franchir la mer, Léandre l'amoureux de la dix-huitième lettre des *Héroïdes* d'Ovide (c. 15 avant J.-C.) demande à Dédale de lui donner « des ailes audacieuses ». Mais c'est dans *L'Art d'aimer* (II, 15-96) et dans les *Métamorphoses* (VIII, 185-235) (environ 2 ou 3 ans avant et après J.-C.), que s'imposent l'image de Dédale l'homme volant et celle d'Icare son fils, l'Imprudent. Dans ces deux derniers textes, les détails concrets s'allient au rêve de vol en une sorte de projection idéale. Dédale devient alors, avant tout, l'homme qui sut se faire oiseau et par là, le symbole du génie inventif de l'homme. Après Ovide, les poètes, Horace, Juvénal, Martial, voient désormais en lui celui qui « s'est risqué dans le vide de l'air sur des ailes refusées à l'homme » beaucoup plus que l'architecte du labyrinthe (*Odes* I, 3, 34-35 et IV, 2, 12-14 ; *Satires* III, 25 ; *Epigrammes* IV, 49). Dans le *Satiricon* cependant, Trimalchion surnomme son cuisinier Dédale pour son adresse à transformer les viandes en plats méconnaissables (70). C'est l'indice probable qu'il est resté le symbole courant de l'inventeur de génie, mais aussi le signe certain que Trimalchion n'a pas beaucoup lu les poètes (ne croit-il pas ailleurs (52) que Dédale est celui qui a enfermé Niobé dans le cheval de Troie).

Au Moyen Age, Dédale apparaît le plus souvent comme celui qui a construit des ailes pour lui-même et pour Icare. Cette histoire est censée avoir été racontée (entre de nombreuses autres) dans le *Roman de Flamenca* (XIIe siècle) au mariage de l'héroïne (v. 695-698) et c'est à elle encore qu'il est fait allusion dans le *Roman de la Rose* (v. 5225-5228, dans la continuation de Jean de Meun). Dans *L'Enfer*, quand Dante, pour descendre au fond de l'abîme des usuriers, se laisse transporter par Geryon, sa peur n'est pas moindre, nous dit-il, que celle d'Icare et de son père au moment où tous deux s'aperçurent que la cire des ailes d'Icare commençait à fondre (XVII, 109-111). Plus loin (XXIX, 115-118), Dante rencontre Griffolino d'Arezzo qui fut condamné au bûcher par l'évêque Albero de Sienne pour avoir promis de lui apprendre à voler et n'avoir pas réussi à « faire de lui un Dédale ». Dans le *Paradis* à nouveau, il est question de cet autre qui « en volant par les airs perdit son fils » (VIII, 125-126). De même pour Boccace, il est celui qui a su en volant s'échapper, avec Icare, du labyrinthe (*Il Filocolo*/*Le Philocope* IV, 108 et *Amorosa Visione*/*Vision amoureuse* XXXV, 36-47). Mais, plus souterrainement, il semble rester le patron des architectes, le détenteur d'une science difficile, quasi ésotérique. Le début de l'inscription qui se trouve à côté du labyrinthe gravé au seuil du Dôme de Lucques (XIIe siècle) indique : « Hic quem Creticus edit Dedalus est laberinthus ». Au centre du labyrinthe détruit de la cathédrale d'Amiens étaient figurés, comme en signature, l'évêque promoteur de la construction et les trois architectes de la cathédrale et, dans un document du XIVe siècle, ce labyrinthe est désigné par l'expression « maison Dedalus ». De même les premiers labyrinthes de jardin (sans doute des tonnelles et non, comme plus tard, des labyrinthes de haies) sont nommés en français, au XIVe siècle, « maisons Dedalus ». Dans la version en prose de *Berinus* (XIVe siècle), Dédale apparaît d'ailleurs comme un « moult soubztil engignerres » qui, à l'entrée d'un pont, a sculpté trois scorpions et deux dragons qui semblaient si prêts à dévorer les passants qu'on se demandait s'ils n'étaient pas vivants (130).

A la Renaissance, le thème du vol et de l'aile retient plusieurs poètes et le personnage d'Icare devient quelquefois, chez les Italiens Sannazaro et Tansillo, ou chez les Français de la Pléiade, le symbole de l'ambition poétique ou de la sublimation amoureuse (dans le cas de Desportes). Dédale n'est jamais bien loin; il lui arrive même, dans les *Amours de Diane* de Desportes (Droz, t. I, p. 67) d'être confondu avec son fils. Cependant, Du Bellay se souvient de lui, indépendamment d'Icare, comme de cet « audacieux feuvre » qui « De l'air jadis le vyde osa tenter » (O.P., t. III, p. 126). Il permet aussi à Ronsard l'éloge d'un poète qui a su redonner des ailes à la poésie amoureuse (O.C., t. XVII, p. 254-55). Discrètement mais complémentairement, il demeure en effet le constructeur inventif auquel pense Rabelais à propos de la fontaine fantastique de son *Cinquième Livre* (XLII), ou le bâtisseur du labyrinthe auquel songe A. Jamyn au détour d'une comparaison (O.P., p. 165). Son aventure d'homme-volant n'ouvre pas en fait aux mêmes suggestions solaires que celle d'Icare, elle demeure celle de l'artisan de génie.

Nous pourrions suivre la trace de Dédale à l'époque classique de la *Fabula de Icaro* de Hieronimo Barrionuevo au milieu du XVIIe siècle, à « l'Ode sur l'enthousiasme » d'Ecouchard Le Brun à la fin du XVIIIe siècle. Mais, mis à part peut-être un beau vers de William Falconer (dans *Shipwreck/Naufrage* II, 208 en 1762) où l'on voit Dédale « In mazes self-invented long immured », il faut constater que le personnage de Dédale est à peu près absent de la littérature « classique ». C'est seulement à la fin du XVIIIe siècle avec l'un des premiers groupes sculptés importants de Canova (*Dédale et Icare* autour de 1779) et avec les rêveries et les utopies de navigation aérienne que l'homme volant manifeste une présence un peu plus importante dans l'imaginaire collectif. En témoignent le titre du *Nouveau Dédale* (d'attribution douteuse en 1742) et le sous-titre de l'ouvrage de Restif de la Bretonne *La Découverte australe par un Homme volant, ou le Dédale français* (1781).

Au XIXe siècle et indépendamment de l'essor poétique d'Icare apparaissent les premiers signes d'un regain d'intérêt pour Dédale. Par delà l'homme volant, Hugo sait retrouver en lui le sculpteur et l'architecte qu'il était initialement dans le mythe grec. Architecte « vertigineux » dans les *Orientales* (« Rêverie », 1829), il est le maître des secrets de la grande architecture dans les *Rayons et les Ombres* (XXXV, 1840), rapproché plus tard d'Hermès (*Toute la Lyre* III, 3 et III, 46). Il sert dans les *Contemplations* (1856) à évoquer l'architecture suprême (III, 30, 2). Sculpteur exemplaire dans *La Légende des Siècles* (1859-63), ses statues, comme chez Platon, étonnamment s'animent et dans *Dieu* (1891) il est mis sur le même pied qu'un Titan (19e fragment). Il réunit en lui le savant technicien et le constructeur d'impossible. C'est une des figures à travers lesquelles Hugo interroge l'acte créatif et quelquefois évoque la paternité malheureuse. En Angleterre, E. Falkener choisit *Daedalus* comme titre emblématique de son important ouvrage sur « *les causes et les principes de l'excellence de la sculpture grecque* » (1860). Poursuivant dans la vingt-troisième lettre de sa *Fors clavigera* (la Fortune porteuse de clefs, 1871-84) son parallèle entre l'histoire de « the House that Jack built » et celle du labyrinthe, Ruskin voit en Dédale le symbole de l'habileté et du savoir-faire humains les plus grands qu'il soit possible d'opposer aux divins.

Pourtant, en tant qu'image de l'homme qui vole, Dédale au XXe siècle cède encore souvent le pas à Icare. Cela se vérifie surtout dans le domaine poétique. Ainsi, dans le « Ditirambo IV » des *Laudi/Louanges* (1904-1912) de G. D'Annunzio, le jeune homme se raconte en un long poème narratif et c'est lui qui semble le plus animé par l'idée et le désir du vol. Il pousse son père à l'ouvrage et, depuis le début, il est décidé à ne pas suivre ses conseils. Dans « L'ignorance » de G. Apollinaire (*Il y a*, 1925), il admet : « Mon père m'apprit les détours du labyrinthe », mais c'est lui seul qui s'envole et brûle son corps au soleil de la connaissance. C'est lui encore que l'on reconnaît, plutôt que Dédale, dans « l'Hymne à voix basse » de R. Char (*Le Poème pulvérisé*, 1947), inaugurant « le vol nuptial de l'homme, libre enfin de se savoir et de périr oiseau ».

Mais rétabli dans sa fonction d'architecte et d'inventeur, Dédale redevient une référence importante de la littérature moderne. Cela est déjà sensible dans la pièce de Herbert Eulenberg *Ikarus und Daidalos* (1912). Plusieurs romans font ainsi de l'habile Athénien leur figure de référence, par exemple *Dedalo* de Juan José Domenchina en 1932, ou *Ich und die Könige* de Ernst Schnabel en 1958. Il est un peu l'ancêtre de tous les créatifs de génie à qui leur création parfois échappe ; il n'est pas loin parfois du savant fou ou de l'apprenti sorcier. Ainsi dans *The Dream Master/Le Maître des Rêves* de Roger Zelasny (1966), l'héroïne raconte-t-elle en guise d'avertissement, au créateur de rêves, façonneur d'univers, l'épisode du coquillage qui permet à Minos de repérer Dédale. Son image cependant reste essentiellement positive. Après lui avoir dédié une ode en 1938 (« au père des artistes »), Anghelos Sikelianos fait de lui, dans sa tragédie *Dédale en Crète* (1943), l'organisateur de la liberté ; tout à la fois initié, politique et poète, il aide Pasiphaé et Thésée à renverser la tyrannie de Minos. Le britannique Michael Ayrton lui consacre d'abord un petit recueil de dessins, poèmes et proses *The Testament of Daedalus* (1962), puis une statue, un film, et un roman sous forme d'autobiographie : *The Maze-Maker* (1968). Face à Icare principe héroïque, Dédale représente le principe rationnel de la vie créative. A la fin de sa vie, après avoir assisté à une éruption volcanique et rencontré le Minotaure, il parviendra même à dépasser cette opposition et à entrevoir l'ambivalence.

Enfin et surtout, en tant qu'inventeur imaginatif et savant du labyrinthe, Dédale se voit souvent évoqué comme l'archétype de l'artiste. Ainsi chez Joyce dans *Portrait of the Artist as a Young Man/Dédalus* (1917), le drôle de nom de famille de Stephen est à la fois celui de son père et celui d'un lointain et secret personnage de légende. Mais pour obtenir sa coïncidence avec le nom, Stephen devra devenir maître des mots. A cinq reprises (autant qu'il y a de chapitres), il devra affronter le discours des autres. Ces cinq discours sont autant de labyrinthes dont il lui faut trouver l'issue. Non seulement Stephen doit formuler des réponses immédiates, mais, pour contrôler l'expérience, il lui faut inventer les mots qui la disent. En écrivant le *Portrait*, Stephen construit un labyrinthe de mots équivalent symbolique du labyrinthe du monde et qui lui permet de maîtriser le monde. Le roman d'apprentissage est aussi un roman de l'artiste. L'œuvre donne la souveraineté. Le symbolisme alchimique n'est d'ailleurs pas loin et Dédale est rapproché d'un autre homme-oiseau, Thot, dieu égyptien de l'écriture devenu Hermès-Trismégiste père de l'alchimie. Tous les narrateurs qui s'enferment dans le labyrinthe de l'écriture, pour parvenir symboliquement au réel, sont fils et petits-fils de Stephen. « Enfin, je m'identifiais à Dédale » écrit Friedrich Dürrenmatt poursuivant, dans *Stoffe/La Mise en Œuvre* (1981), sa « dramaturgie du labyrinthe ». Dans cette perspective Dédale est beaucoup plus que Thésée le héros moderne du labyrinthe. Mais tout cela ne va pas sans risque. Ironique et parodique à son habitude Nabokov dans *Ada* (1969) évoque grand-père Dedalus Veen qui court, la face tournée vers le ciel, « et tombe dans l'abreuvoir ».

Ainsi à peu près absent de la littérature grecque, le thème de Dédale connaît à Rome un essor, mais aussi un déplacement, remarquables. Avec Ovide surtout l'artisan-sculpteur passe à l'arrière-plan derrière l'homme-oiseau emblème du rêve de vol de l'humanité. Jusqu'au XIXe siècle, il restera avant tout l'homme volant lancé par les Latins ; image fascinante, mais rôle dans lequel la Renaissance et le XIXe siècle lui préfèrent souvent Icare. Cependant derrière cet emploi glorieux, Dédale demeure, plus ou moins souterrainement, l'inventif artisan, le maître de la science secrète des bâtisseurs. C'est lui qui renaît dans les vers de Hugo et que le XXe siècle va commencer à constituer en figure emblématique de l'artiste. Car l'écrivain n'est plus seulement l'inspiré que le génie transporte, il est aussi un fabricateur aux prises avec les instruments et les techniques de son art et luttant pour la délivrance. Prisons, palais, passages, les labyrinthes de papier sont aussi de savants édifices de mots. S'ils imitent et enchantent le monde, c'est pour nous le rendre, avec leurs moyens, habitable, et Dédale devient alors l'architecte de la liberté.

André PEYRONIE

BIBLIOGRAPHIE

Textes

Michael AYRTON, *The Maze-Maker*, London, Solitaire Books, 1968.
James JOYCE, *Dedalus*, Paris, Gallimard, 1924.
OVIDE, *Métamorphoses*, éd. et trad. G. Lafaye, Paris, Les Belles Lettres, coll. G. Budé, 1960.
Anghelos SIKELIANOS, *Dédale en Crète*, éd. et trad. de R. Jacquin, Montpellier, Université Paul Valéry, G.I.T.A., 1986.
VIRGILE, *Enéide*, éd. et trad. J. Perret, Paris, Les Belles Lettres, coll. G. Budé, 1981.

Études

Marc EIGELDINGER, « Le Mythe d'Icare dans la poésie française du XVIe siècle », *Cahiers de l'Association internationale des Etudes françaises*, Paris, Les Belles Lettres, 1973.
Françoise FRONTISI-DUCROUX, *Dédale, mythologie de l'artisan en Grèce ancienne*, Paris, Maspéro, 1975.
Emile POTTIER, « Daedalus » dans *Dictionnaire des antiquités* de Daremberg et Saglio, Paris, Hachette, 1877-1919.
Robert VIVIER, *Frères du ciel. Quelques aventures poétiques d'Icare et Phaéton*, Bruxelles, la Renaissance du Livre, 1962.

DÉLUGE

A L'ORIGINE...

Les anthropologues dénombrent près d'une centaine de récits mythiques consacrés à un déluge; l'Occident n'en connaît qu'un, celui de la *Genèse* biblique (chapitres 6 à 9), qui a suscité tant d'images pittoresques : des animaux, sauvages ou familiers, défilant deux par deux; « *le ciel et la mer sont noirs comme de l'encre* » (Baudelaire), mais « *le navire sauveur* » (Rimbaud) émerge, lumineux; « l'arche dans la tempête » : *fluctuat nec mergitur*; autour, battements d'aile : la noire du corbeau, la blanche de la colombe qui porte dans son bec le rameau d'olivier; sur un sol verdoyant, alors que monte la fumée de l'holocauste, rayonne l'arc diapré, « *cet arc-en-ciel témoin qu'il ne tonnera plus* » (Louis Aragon).

Peintres et poètes ont tiré ces évocations d'un texte nullement pittoresque, qui ne comporte aucune description, mais qui s'avère, littérairement, un conte. Un conte — plutôt, confuse, compliquée, hétérogène, du moins au premier abord, une compilation de séquences, car le rédacteur final a fondu ensemble, tant bien que mal et plutôt mal que bien, deux versions, la yahviste (J), la plus ancienne, et celle dite « sacerdotale » (Priester codex = P), qui a complété la première; de là de nombreux doublets et des contradictions.

Pourtant, si le récit dit « *du Déluge* » n'a pas l'élégance de celui du Jardin-d'Eden, il en possède la même rigueur logique : un MEFAIT initial (« *la malice de l'homme* » 6,5) est réparé par l'extermination de tout être vivant (7,23) — on reconnaît là l'EPREUVE PRINCIPALE des contes et des mythes; par ailleurs, un Donateur communiquait à un sujet humain (Noé) un ADJUVANT qu'on peut qualifier de MAGIQUE : l'arche (6, 13 & 14), ce qu'on doit considérer comme une EPREUVE QUALIFIANTE; enfin, le héros accomplit une TACHE DIFFICILE (« il bâtit un autel... » 8,20) qui lui vaut une RECONNAISSANCE, témoignée par un calembour sur son nom : « *YHWH sentit la senteur d'apaisement* » 8,21, (or les lettres de ce terme : *N,O,AH*, évoquent le nom même de *NOAH*). Conte parfait, donc, que ce récit, qui possède la particularité d'attribuer l'EPREUVE DECISIVE à la divinité, tandis que les deux autres ont pour héros un homme. Double est l'action du Destinateur principal : d'une part, il châtie la rupture d'un contrat établi entre lui et l'humanité, d'autre part, il récompense la fidélité de son serviteur en le sauvant (il lui *fait-faire* l'arche du salut) et — dans la version sacerdotale — en concluant avec lui un nouveau contrat, scellé par le signe de l'arc-en-ciel. Un couple d'actions s'impose : la divinité *poursuit* l'humanité considérée comme un bloc, *mais* un homme, avec sa famille et les germes de toute vie, est *secouru*, et l'on a l'impression que ce sauvetage constitue la pointe du récit. Alors que la masse anonyme est *liquidée* (au sens propre!) en peu de mots, le héros porte un nom signifiant, qui revient plus souvent que celui de YHWH Elohim. Tout compte fait, le déluge n'a d'importance que parce qu'il a permis l'exaltation d'un héros humain, et l'épisode devrait s'intituler : « *Noé sauvé des eaux* », plutôt que « *Le Déluge* ».

C'est ce qui ressort de la mise en opposition des concepts cardinaux du texte; la VIE et la MORT, deux contraires. La VIE est celle de l'humanité avant le déluge, commentée en ces termes dans l'évangile : « *On mangeait, on buvait, on prenait femme ou mari, jusqu'au jour où Noé entra dans l'arche (...) et vint le déluge qui les fit tous périr* » (*Luc* 17,27). Cette VIE-là est donc attaquée par le déluge, moyen utilisé par YHWH Elohim pour mettre à mort l'humanité : on reconnaît l'EPREUVE DECISIVE. Cependant, Noé, sauvé de la MORT par le moyen de l'arche, retrouve la VIE, une vie supérieure à celle d'autrefois, une vie d'alliance avec la divinité. Il y a eu destruction, mais pour aboutir à une régénération. Remarquons l'opposition des grands concepts universaux (VIE - MORT) et de deux réalités concrètes : *le déluge* et *l'arche*, l'eau mortifère et le « *navire sauveur* », deux moyens utilisés par Dieu pour parvenir à ses fins, dont la dernière est œuvre de salut. D'une part, le conflit tragique universel : « *Mors et vita duello / Conflixere mirando...* » (Séquence du jour de Pâques); de l'autre, l'image antithétique de « *l'arche dans la tempête* ». Une Puissance surnaturelle, maîtresse de la vie et de la mort, a présenté à l'humanité pécheresse son visage redoutable; la même, ensuite, offre une face bienveillante à celui qui va reconstituer une nouvelle création.

Revenons au schéma précédent : en raison des étapes qu'il indique et des mouvements qui relient celles-ci, il s'avère comme celui de l'initiation. Quittant une terre familière, Noé et ses enfants entrent dans l'arche qui accomplit un périple au-dessus du *Grand Abîme* (7,11 : la mer monstrueuse, figure de la mort). Les chiffres signalent la valeur sacrée des choses et des événements ; un délai de *sept* jours est fixé avant la pluie catastrophique, Noé observe le même délai avant de renvoyer la colombe hors de l'arche ; quant à la pluie, elle tombe « *quarante jours et quarante nuits* », chiffre magique également. Finalement, après un séjour dans un « *ailleurs* » : le royaume-de-la-mort, Noé sort de l'arche, *retourne* à la vie. Espace et temps sacrés. Il s'agit bien de l'initiation suprême, qui s'achève par l'union à la divinité, exprimée, chez le yahviste, par le sacrifice offert par le héros, agréé par YHWH qui sent la senteur « *noachique* », pourrait-on dire ; dans la version sacerdotale, l'arc dans la nuée apporte l'*illumination* qui figure dans la plupart des scénarios initiatiques.

La postérité littéraire

Au miroir de l'art et de la littérature, l'épisode biblique de « *Noé sauvé des eaux* » offre les multiples facettes d'un mythe, à toutes les acceptions du terme, de la plus riche (la religieuse) à la plus banale (le cliché).

Un mythe, qui traite des relations entre Dieu et l'homme, un mythe vivant, dans le Judaïsme, le Christianisme et l'Islam, comme en témoignent les écrits des rabbins juifs, à commencer par le *Siracide* (44,17-18), ceux de l'apôtre Pierre (1 *Pierre* 3,20-21, 2 *Pierre* 2,5 et 3,6), des Pères de l'Eglise, enfin le Coran (vg. *Sourate* XI, 40-48).

Dans la littérature profane de l'Occident, l'interprétation traditionnelle prévaut, par exemple dans les Mystères médiévaux (*Chester Plays* et autres), dont les spectateurs sont censés partager la foi des auteurs : Dieu est juste, qui punit le péché par le moyen du déluge et sauve une famille humaine, par pure grâce. Retrouvant le ton familier du yahviste, la plupart des auteurs en adoptent également l'anthropomorphisme, comme, dans les miniatures du XIIIe siècle, les imagiers montrent la Divinité en train de guider les animaux vers la porte de l'arche. Ce Dieu « bon-papa » gronde puis sourit en plein XXe siècle, dans la pièce de Marc Connelly (*The Green Pastures - Verts pâturages*), dans quelque *Negro Spiritual*, dans l'œuvre d'André Obey (*Noé*) ; au conte de la Genèse, ces écrivains ajoutent une psychologie familiale, insistent sur les relations entre Noé et ses fils, si bien que cette tragique histoire tend plutôt vers la comédie. Cependant, un certain nombre d'œuvres, épiques et lyriques — de Du Bartas, de Milton (*Paradise Lost - Le Paradis perdu*), de Pierre Jean Jouve (*Les Noces*) — restent empreintes de la gravité qui sied aux paraphrases bibliques.

A cette interprétation orthodoxe, fidèle à la *Genèse*, s'opposera celle des Révoltés, dont l'initiateur est Byron, dans son *Mystère : Heaven and Earth - Ciel et Terre*, suivi par Alfred de Vigny (« Le Déluge »), Victor Hugo (« Les Sept cordes »), Leconte de Lisle (« Qaïn »). Non pas exactement athées, plutôt anti-théistes, ces poètes relèvent le scandale d'un Créateur qui détruit sa propre création : « *S'il a créé la terre, que ce soit sa honte de l'avoir faite pour la souffrance !...* », chante le Chœur byronien, auquel fait écho le héros de Vigny :

« La mort de l'innocence est pour l'homme un mystère.
Dieu ne fait point de pacte avec la race humaine :
Qui créa sans amour fera périr sans haine. »

De même, Hugo :

« Quoi ! dis-je, est-on créé pour être anéanti ?
O terre ! est-ce ta faute ? O Ciel, est-ce ton crime ? »

De l'épisode ne sera retenu que le cataclysme, dont l'horreur est accentuée : ce ne sont que « *pluie horrible* », « *flots blêmes* », mer « *hurlante* », « *univers mort* » (dans le poème de Leconte de Lisle), que « *membres arrachés au cadavre du Monde* » (Vigny) ; vision romantique, fixée par Gustave Doré, un magma d'êtres humains, nus, assaillis par des animaux affamés, engloutis par les flots, tandis qu'au-dessus d'eux passe une arche monstrueuse.

Un motif particulier : celui des amours entre les fils-d'Elohim, ou les Anges, et les filles-de-l'homme (*Genèse* 6,1-4), est développé complaisamment par les Romantiques pour renforcer le tragique de l'histoire ; ils suivent en cela Milton, lui-même puisant au *Livre d'Hénoch*, mais, à la différence de leur prédécesseur, prennent le parti des anges révoltés ; le drame humain est ainsi doublé, expliqué, magnifié par le drame céleste. Même utilisation de ces versets chez Pierre Jean Jouve et chez Jean Grosjean (« Sémiazas accuse »).

Quelques poèmes, après celui d'Arthur Rimbaud, s'intitulent : « Après le déluge » (ainsi ceux de Pierre Jean Jouve et de Pierre Emmanuel) ; c'est alors le symbolisme mythique de l'épisode qui est exploité plutôt que son contenu religieux. Le Déluge : une grande « *lessive* », qui fut nécessaire pour « *nettoyer* » le vieux monde souillé et en refaire un « *net et lisse comme après le bain* » (Pierre Emmanuel, *Babel*, 1951). Les écrivains illustrent ce que les anthropologues ont établi : « *le Déluge, retour au chaos d'où doit sortir l'être régénéré* », « *(il) annihile la vieille humanité et prépare l'apparition d'une humanité nouvelle* ». Dans la pièce d'André Obey, les personnages s'écrient : « *Nous voilà nettoyés !* », et, aux yeux d'un héros de Julien Gracq, après un orage, « *la terre lui apparaît belle et pure comme après le déluge* » ; c'est le même qui formule « ... *le souhait d'un cataclysme qui marquerait une fin : celle de l'impur, suivie d'un nouveau début* ». De là ces touches de couleurs : « *pierres précieuses* » de Rimbaud, « *terre toute vernie de vert* », de Pierre Emmanuel, et surtout l'arc-en-ciel, « *sceau de Dieu* » (Rimbaud), qui conclut aussi bien un poème de Vernon Watkins (« ... *the rainbow's covenant is fulfilled - ... en lui s'accomplit l'alliance de l'arc-en-ciel* ») que la pièce d'André Obey, et qui s'étend comme une bénédiction au-dessus d'un tableau de Marc Chagall.

Ce « *retour au chaos* », pour certains, « *permet d'expérimenter à nouveau l'état primordial, préformel* », en un mot : *l'orgie*; c'est ce qu'ont développé, dans leurs drames où ils s'inspirent de *Genèse 6-9*, Tennesse Williams (*Kingdom of Earth - Royaume terrestre*, 1968) et Günter Grass (*Hochwasser - La crue*, 1955) : leurs héros, dans ces transpositions à l'époque moderne de la geste de Noé, profitent du cataclysme pour se livrer à leurs instincts, sexuels avant tout.

Motif privilégié, ne comportant plus rien de religieux, plutôt état psychologique qu'on pourrait appeler le « *complexe de Noé* », celui de l'arche-refuge, indéniable symbole du sein maternel où, pour échapper à la colère du Père, se blottit l'enfant : dans ce réceptacle, le sujet du fantasme se retrouve fœtus passif, dormant au sein des flots « *comme on dort au sein de sa mère* », dit Victor Hugo dans « Moïse sur le Nil ». *Regressus ad uterum*, phase obligée du scénario de l'initiation. On ne s'étonnera donc pas que Marcel Proust ait reconnu comme son modèle le patriarche biblique, lequel « ... *ne put si bien voir le monde que de l'arche, malgré qu'elle fût close et qu'il fît nuit sur la terre...* » (Dédicace des *Plaisirs et les jours*). Possédé du même complexe, le personnage principal d'*Un balcon en forêt*, roman de Julien Gracq : ce soldat de la guerre de 40, reclus dans son blockaus, évoque plaisamment la colombe et le corbeau. C'est ainsi que le mythe, usé, se dégrade en cliché; qu'une forte pluie se prolonge, et l'on évoquera le déluge biblique, ainsi, dans un roman récent : « *J'habite l'arche de Noé* (...) *Au cœur même du déluge, bien à l'abri dans une bulle transparente* » (Anne Hébert, *Les Fous de Bassan*) ; ainsi, dans la célèbre chanson de Georges Brassens aux rimes attendues : « *J'aurais voulu, comme au déluge / Voir sans arrêt tomber la pluie, / Pour la garder sous mon refuge / Quarante jours, quarante nuits...* ».

Cependant, si les mythes, sacrés à l'origine, se laïcisent au fil des siècles, ils peuvent également être rechargés de leur valeur première grâce au génie créateur, tel le poète de *Diadème* qui s'assimile à Noé, prototype de l'homme qui espère : « *Une lointaine espérance profonde / Parfois survient sur ce déluge d'ombres / Où je navigue, augure du levant* (...) *La colombe d'un jour du monde / Annonce nue et comme un don / Un continent de terre et de rayon...* »

Comme le dit bien Ernst Jünger : « L'antiquité de la *Genèse* se dévoile dans les grandes figures de rêve qu'elle recèle. » Noé est bien l'un de nos grands ancêtres.

Robert COUFFIGNAL

BIBLIOGRAPHIE

Œuvres s'inspirant de Genèse 6-9

Moyen Age : *Chester Plays, York Plays, Wakefields Plays, Mistère du Viel Testament...*

XVIe

1562 : LOPE DE VEGA.
1578 : G. DE SALUSTTE, Seigneur DU BARTAS, *La Semaine ou Création du monde.*
1580 : Torquato TASSO, *Il mondo creato - La Création du monde.*
1596 : SABIE, *The old worldes tragedie - La tragédie de l'ancien monde.*

XVIIe

1630 : Michael DRAYTON, *Noah's Flood - Le Déluge de Noé.*
1655 : Geronimo CANCER Y VELASCO, *El Arca de Noe - l'Arche de Noé.*
1667 : Juste VAN DEN VONDEL, *Noah, of ondergang der erste Weerelt - Noé, ou la destruction du premier monde.*
1677 : MILTON, *Paradise lost* (chant XI) - *Le Paradis perdu.*
1679 : Edward ECCLESTONE, *Noah's Flood - le Déluge de Noé.*

XIXe

1822 : BYRON, *Heaven and Earth - Ciel et Terre.*
1823 : A. DE VIGNY, « Le Déluge ».
1840 : A. SOUMET, *La Divine Épopée.*
1856 : V. HUGO, « Les Sept cordes », in *Toute la lyre* et « Avec le bois de l'arche », in *La Fin de Satan.*
1869 : LECONTE DE LISLE, « Qaïn ».
1874 : A. RIMBAUD, « Après le Déluge ».

XXe

1924 : E. BARLACH, *Die Sündflut - Le Déluge.*
1925-1931 : P. J. JOUVE, *Les Noces.*
1928 : Sydney WRIGHT, *Deluge, a Romance.*
1929 : Marc CONNELLY, *The Green Pastures - Verts pâturages.*
1931 : André OBEY, *Noé.*
1933 : Thomas MANN, *Die Geschichten Jaakobs - Les Histoires de Jacob.*
1936 : Cecil DAY-LEWIS, *Noah and the Waters - Noé et les Eaux.*
1941 : Varnon WATKINS, « Infant Noah » - « L'Enfance de Noé ».
1942 : Thornton WILDER, *The Skin of our Teeth - La Peau de nos dents.*
1949 : P. J. JOUVE, *Diadème.*
1949 : Stefan ANDRES, *Die Sintflut - Le Déluge.*
1951 : Pierre EMMANUEL, « Après le déluge », in *Babel.*
1955 : Günter GRASS, *Hochwasser - La Crue.*
1956 : Jean GROSJEAN, « Sémiazas accuse » & « Noé ».
1957 : Benjamin BRITTEN, *Noye's Fludde* (opéra) - *Le Déluge de Noé.*
1958 : Julien GRACQ, *Un Balcon en forêt.*
1963 : David GARNETT, *Two by Two - Deux par deux.*
1968 : Tennessee WILLIAMS, *Kingdom of Earth - Royaume de la terre.*

Ouvrages critiques

1949 : Don Cameron ALLEN, *The Legend of Noah*, University of Illinois Study in Language and Literature, vol 33, University of Illinois Press.

1968 : Jack LEWIS, *A Study of the Interpretation of Noah and the Flood in Jewish and Christian Literature*, Leiden E.-J. Brill.

1981 : Christy Ann BECK, *Waters on the Earth - The Flood in modern Drama*, Ann Arbor, Mi; University Microfilms International, 1982.

1988 : A. DUNDES, *The Flood Myth*, Berkeley and London, University of California Press.

1991 : S. W. HOLLOWAY, « The Flood Narratives in the Gilgamesh Epic and Genesis considered in Light of Ancient Near Eastern Temple Ideology »), Zeitschrift für die Altestestamentliche Wissenschaft, Berlin, 1991, p. 328-355.

DICTATEUR

Le XXe siècle est un autre âge de dictatures dont historiens et politologues n'ont probablement pas fini de discuter la nature. De crises en révolutions, et de bouleversements révolutionnaires en réactions contre-révolutionnaires, ce siècle est dominé depuis 1918 par une extension constante de l'autoritarisme en politique. L'instauration en Europe, entre les deux grandes guerres, de régimes autoritaires nouveaux, tantôt révolutionnaires, tantôt réactionnaires, mais tous « totalitaires », n'est que l'amorce d'un phénomène séculaire extrêmement vaste. A. Conte, dans *Les Dictateurs du XXe siècle*, ne dénombre pas moins de 132 dictatures sur 169 états dans le monde, en 1984. L'effondrement, en 1945, des fascismes et du nazisme n'en a donc nullement marqué l'arrêt. Le « totalitarisme » n'a cessé de s'étendre depuis, sous de multiples dénominations, dans presque tous les pays, sur tous les continents, réhabilitant au nom de toutes sortes de doctrines et d'idéologies l'idée de dictature. Admirées ou réprouvées, ces expériences n'ont pas manqué de laisser une trace dans la mémoire collective. Les carrières fulgurantes d'un B. Mussolini, d'un F. Franco, d'un A. Hitler en Europe, d'un J. Staline en Union Soviétique, d'un Mao Dzé Dong en Chine, d'un J. Péron et d'un G. Vargas en Amérique latine, d'un Sékou Touré ou d'un Idi Amin Dada en Afrique, ont créé une impressionnante mythologie. La violence, en ces temps de ténèbres, est la loi du monde. Marqués par le destin, nimbés d'une « aura » mystérieuse, de nouveaux « sauveurs » ne cessent, ici et là, de se lever, mus par une secrète volonté de déité, prêts à se dresser contre l'adversité, à dominer le chaos et à sauver les peuples, affirment-ils. La notion de pouvoir est resacralisée. Les dictatures deviennent dans ces nouveaux discours politiques le principe ultime d'explication des événements. Une incommensurable impulsion de puissance, la « volonté de puissance » dont F. Nietzsche prophétisait l'avènement pour ce siècle, semble partout à l'œuvre. Les dictateurs en sont l'incarnation vivante. Ils sont — ou seraient — comme d'autres idoles, d'autres dieux souverains, surgis du néant pour accomplir le dessein obscur d'une providence mystérieuse. Duperie? Croyance irrationnelle? Dénaturation du sens du sacré, comme le suggèrent les essais de R. Crossman, *Le Dieu des Ténèbres,* ou de B-H. Lévy, *La Barbarie à visage humain*? On aurait tort de réduire l'histoire des dictatures totalitaires à un banal processus de personnalisation du pouvoir ou à de pures entreprises de mystification politiques. L'on mesure mal, en effet, à la fin du siècle, l'emprise du mythe et ce que le prestige de ces conducteurs d'hommes a pu être à l'instant de leur triomphe. Et, pour un nombre croissant d'historiens et de sociologues, les fascismes, les communismes, les totalitarismes correspondraient, dans l'ordre du politique, à une véritable explosion de religions matérielles nouvelles, « modernes », « profanes » et « séculières ». Le pouvoir des dictateurs repose sur un mystérieux acte de foi et une « figure », d'une nature mythique indécise et extraordinairement ambiguë, s'établit ainsi aux confins du religieux, du spirituel et du politique. Sa puissance de fascination sur les écrivains est considérable. La fortune littéraire des grands dictateurs historiques est prodigieuse. Les personnalités controversées d'un A. Hitler, d'un J. Staline, ont inspiré des dizaines de films, des centaines de livres, des milliers d'ouvrages, d'écrits, de pamphlets et de libelles. Sacralisée ou désacralisée, construite ou non sur de faux mystères ou sur de véritables impostures, cette figure du dictateur est de surcroît d'une exceptionnelle plasticité. Qu'en signifie l'éclatement des formes d'expressions mythiques tantôt religieuses et mythologiques, tantôt historiques et politiques, tantôt profanes et ordinaires?

Les représentations fictives de dictateurs religieux

Les rapports entre la dictature et le sacré sont troubles. Brisant des idoles, restaurant des cultes anciens, fondant des sectes nouvelles, les faux prophètes prolifèrent dans la littérature, rivalisant avec Dieu. Dès 1900, *La Volonté de Puissance,* l'essai posthume de F. Nietzsche, annonçait une prodigieuse transmutation des valeurs. L'avènement du nihilisme religieux contemporain en est-il la confirmation ? D'inquiétants prophètes se lèvent dans *Le Serpent à Plumes* de D. H. Lawrence, *La Musique du Temps* d'A. Powell, *Les Puissances des Ténèbres* d'A. Burgess, pour ne citer que ces œuvres anglaises. Epris d'absolu, en quête d'une spiritualité plus pure, ces êtres vivent une expérience extraordinaire. Un principe supérieur de divinité se manifeste en eux. Ils réincarnent des divinités oubliées, peut-être archétypes, souvent cruelles. Ils sont des dieux, des mythes vivants. Ils sont des « figures » d'une transcendance absolue. Leurs paroles sont des oracles, leurs décisions des arrêts du destin. La volonté de puissance, érigée en exigence divine, se trouve parée d'une « aura » grandiose, volontiers fantastique, en Amérique latine, dans *Cent Ans de solitude* ou *L'Automne du Patriarche* de G. Marquez, *Le Recours de la Méthode* d'A. Carpentier ou *Monsieur le Président* de M. A. Asturias. Il appartient à ces réformateurs de se dresser contre le Dieu chrétien pour changer l'histoire et sauver le monde. Ils ne parviennent guère, dans *L'Altération* de K. Amis, qu'à instaurer une théocratie dans une Angleterre imaginaire. Cet appel messiannique, cette exaltation de la révolte et de l'orgueil traduisent-ils un besoin tragique de perdition, comme l'analyse A. Camus dans *La Chute* ? Des *Falaises de marbre* d'E. Jünger en Allemagne au *Rivage des Syrtes* de J. Gracq en France, la démesure ne conduit qu'à la catastrophe. Et de même en est-il, à une époque plus récente, des « guides providentiels » qui surgissent en Afrique dans *Les Flamboyants* de P. Grainville ou *La Vie et demie* de Sony Labou Tansi. La figure du dictateur se camoufle ainsi sous d'innombrables figures mythologiques, anciennes et nouvelles, totémiques dans *Le Serpent à Plumes* de D. H. Lawrence, classiques et celtiques dans *Cette Hideuse Puissance* de C. S. Lewis, védiques dans *Varouna* de J. Green ou totalement imaginaires dans *L'Age Humain* de P. W. Lewis. Les dieux perdent toute identité. Le mystère est unique, une même déité primordiale, obscure et toute-puissante, s'exprimerait depuis toujours, explique D. H. Lawrence dans *Le Serpent à Plumes*, à travers des divinités aussi diverses que Thor, Teutatès, Wotan, Mithra, Quetzacoatl ou Dionysos. N'importe quel mythe usé, n'importe quel symbole oublié, n'importe quelle tradition religieuse primitive peuvent contribuer à évoquer la naissance et la disparition d'une autorité absolue. Le retour de ces dieux, même voilé, annonce-t-il la mort de Dieu ? Les apôtres de ces divinités sont dénoncés, par les mêmes écrivains, comme de redoutables séducteurs, dévorés d'ambition et habiles à abuser autrui. Les degrés d'identification à la divinité sont variés mais l'apparence divine de ces faux-prophètes est toujours usurpée. Un Don Ramon Carrasco, dans *Le Serpent à Plumes* de D. H. Lawrence, est aussi un « Antéchrist ». La tradition chrétienne est donc toujours présente, en-deçà ou au-delà de ces références mythologiques. Si les mythes sont tous équivalents et tous capables de se substituer les uns aux autres, tous s'opposent au christianisme. Ce syncrétisme révèle l'envers d'une réalité authentique, le sacré mythique et le religieux chrétien ne se confondent pas et les entreprises d'idéalisation de la volonté de puissance sont immédiatement récusées. Au plus, ces représentations créent-elles l'illusion, inconsciente ou délibérée, de projeter la figure du dictateur dans un univers surhumain, en dehors du siècle et de l'histoire.

LES REPRÉSENTATIONS FICTIVES DE DICTATEURS HISTORIQUES

Les représentations historiques et politiques semblent occulter les aspects religieux des phénomènes dictatoriaux. Le mythe s'impose autrement. Le culte du pouvoir fait naître, en Europe, entre les deux guerres, dans les régimes autoritaires, de véritables religions « séculières ». Les dictateurs sont des dieux vivants, de nouveaux démiurges de l'histoire. Une prodigieuse mythologie dictatoriale dont des sociologues et des politistes, R. Caillois, A. Sauvy, H. Sabais, ont tenté de définir l'originalité, se constitue, par apports successifs, consacrant, dans la vie politique contemporaine, la permanence des « phénomènes fascistes », la prééminence du « phénomène stalinien » et, à une époque plus récente, l'éclatement sur tous les continents de ce qu'on appelle, depuis les années 1930-1950, le « phénomène totalitaire ». L'influence du fascisme, dans la littérature européenne, est immédiate. Dès 1922, *La Verge d'Aaron* de D. H. Lawrence décrit les séductions du mussolinisme en Italie, et cette première forme d'illusion fasciste n'a pas été sans exercer une influence, en France, au théâtre, sur *Le Dictateur* de J. Romains et, en Angleterre, dans le roman, sur *Contrepoint* d'A. Huxley et *La Dictature de Mr. Parham* d'H. G. Wells. Mais ce premier « mythe mussolinien » se trouve très vite relégué à l'arrière-plan des phénomènes fascistes, à partir de 1933, par la fortune singulière de la figure d'A. Hitler et des « mythes hitlériens » dans les milliers de livres de combat et de témoignage que la guerre d'Espagne et le second conflit mondial inspirèrent pour ou contre le « dieu brun ». La découverte, en 1945, des camps d'extermination discrédite pendant un temps le fascisme et le national-socialisme. Le reflet, toutefois, de ce qu'A. Rosenberg appelait, en 1930, dans un essai controversé, « Le mythe du XXe siècle », ne cesse de resurgir, en dépit de cette réprobation, depuis les années 1960, dans des œuvres extrêmement troubles, du *Tambour* de G. Grass en Allemagne ou du *Bonheur Nazi ou la mort des autres* de M. Rachline en France à *L'Ogre* de J. Chessex en Suisse, ou au *Transport de A. H.* de G. Steiner en Angleterre. L'émergence du « phénomène stalinien » dans la littérature, tout au long du siècle, ne connaît pas de rupture analogue. Toute une génération d'intellectuels, les « compagnons de route », de R. Wright à I. Silone, B. Brecht, A. Gide, H. Barbusse, S. Spender, cède, pendant la « décennie rose », entre 1920 et 1930, à la fascination de la révolution russe. L'histoire, à partir de 1917, semble devoir s'accomplir. Auteurs communistes, pro-communistes ou seulement sympathisants, contribuent, un peu partout, à diffuser les « mythes soviétiques » et l'espérance d'une révolution égalitaire universelle. Ce n'est qu'après la guerre d'Espagne, en 1936, et les procès de Moscou de 1937 que des premiers témoignages d'exilés, V. Serge, A. Koestler, M. Sperber, commencent à faire apparaître la face cachée du stalinisme. La « dictature du prolétariat » est semblable à tout autre. J. Staline, le « dieu rouge », le « démiurge de l'histoire », le « guide de l'humanité », en qui s'incarnait le miracle d'une révolution réussie, n'était qu'un autre « dieu des ténèbres ». *Le Docteur Jivago* de B. Pasternak, *L'Archipel du Goulag* d'A. Soljenytsine, *Le Vertige* de S. Guinzbourg ont apporté depuis, après la destalinisation, confirmation en quelque sorte de l'intérieur de ce que fut en Russie, de 1924 à 1953, le « phénomène stalinien » et le « culte de la personnalité ». Le stalinisme, le nazisme, les totalitarismes correspondent-ils à de simples accidents de l'histoire ? De *Nous autres* d'E. Zamyatine à *Shikasta* de D. Lessing prévaut le sentiment que ces transformations successives du pouvoir ne font que préfigurer des lendemains terrifiants. L'asservissement des masses, sous l'autorité de dictateurs encore plus absolus et non moins divinisés, devient total dans *1984* de G. Orwell, *1984-85* d'A. Burgess, *1985* de G. Dalos. Et la figure du dictateur semble s'exaspérer, dans la littérature d'anticipation, dans toutes les « utopies », « atopies », « dystopies », « cacotopies » où s'affirment, sur le modèle du *Meilleur des Mondes* d'A. Huxley, les pires des mondes imaginaires dans un avenir qui serait, sans que l'on s'en rende compte, déjà présent, comme le suggère (*Les Géants*) de J. M. G. Le Clézio.

Les représentations fictives de dictateurs profanes

Quoi que l'on en pense, l'autoritarisme est dans la vie quotidienne un phénomène extrêmement banal et il n'est sans doute guère d'œuvre littéraire qui n'en décrive quelque aspect, si ténu soit-il. La littérature, d'*Adrienne Mesurat* de J. Green à *La Ballade et la Source* de R. Lehmann, abonde en êtres dominateurs, prompts à abuser d'une forme de pouvoir sur autrui sans qu'aucune considération d'ordre politique ou religieux vienne justifier leur comportement. Les manifestations mythiques de la volonté de puissance semblent se dissoudre complètement. Mais peut-être ces représentations d'un caractère profane et ordinaire reposent-elles plus profondément, en dépit de la contradiction apparente des termes, sur une intuition profane du sacré. Quand rien n'explique ou n'excuse la suprématie qu'un être s'arroge sur un autre, dans quelque situation que ce soit, l'arbitraire est absolu, la supériorité prêtée à ce personnage est très proche de celle qu'on attribue aux divinités. La légitimité de son autorité ne procède que d'elle-même. Il est, dans le cercle restreint d'une communauté quelconque, comme un dieu souverain. Ces petits dictateurs ne sont que des déités anonymes. Le sacré se déplace mais le rêve du mythe se poursuit, la figure du dictateur continue à se manifester et bien des romans, des drames et des pièces de théâtre ne sont en vérité que des mythes désacralisés, insistants et insidieux, qui ne raconteraient jamais qu'une seule histoire, l'histoire unique, indéfiniment répétée, des petits dictateurs. Il arrive, cependant, que les figures mythologiques camouflées soient clairement indiquées. Ainsi en est-il de *Moïra* de J. Green ou de *Genitrix* de F. Mauriac. Ces références sont plus indécises, par contre, dans *Sa-Majesté-des-Mouches* de W. Golding ou *Les Gens de Misar* de N. Avril. Ailleurs, elles sont absentes, comme dans les romans d'I. Murdoch, les cycles romanesques d'I. Compton-Burnett ou de C. P. Snow, les romans fleuves d'A. Powell, de J. Romains ou de G. Duhamel. Ces œuvres découvrent-elles — ou redécouvrent-elles — les sources méconnues, inconscientes, des désirs de puissance ? Elles en décrivent au moins les formes banales, immédiates, dans tous les milieux, chez toutes sortes d'êtres, tantôt falots et insignifiants, tantôt typés et puissants, et l'autoritarisme naît, dans cet univers, du dérèglement incessant des émotions et des pulsions. La haine, la violence s'engendrent mutuellement. L'instinct de domination est partout, la volonté de sujétion aussi, nourris par la violation permanente des interdits qui devraient les contenir ou les réprimer. Et, si vraiment le « sacré », c'est ce qui est « séparé, interdit, autre », par opposition à ce qui est « profane, banal, licite, normal », la transgression continuelle de leurs frontières, dans le secret de l'existence ordinaire de chacun, est peut-être le principal creuset de la volonté de puissance et de ses expressions mythiques les plus spectaculaires. Il ne faut pas s'y tromper, et G. Bernanos l'analyse d'une façon remarquable dans *M. Ouine*, l'absence de relief de la figure, le caractère inattendu de ses représentations, l'impression de transparence, parfois, des phénomènes de domination ne signifient en rien le dépérissement. Les impulsions de puissance s'inversent en quelque sorte, faisant de leur envers l'endroit. L'archétype demeure. Dès lors, qui sait si ce ne sont pas ces formes d'expression profanes qui n'atteignent pas la réalité mythique première ?

Où commencent, où finissent les expressions mythiques de la figure du dictateur dans la littérature contemporaine ? Le sujet est inépuisable et la moindre analyse fait surgir plus d'interrogations qu'elle ne résout de questions. Où se situe, dans chaque œuvre, la réalité du mythe ? Où affleure réellement la figure du dictateur dans ces livres, ouvrages, chroniques, récits, fictions, fables, paraboles, essais, narrations ou témoignages ? Où en saisir, avec certitude, les linéaments profonds, les fondements inconscients, les manifestations authentiques parmi ces innombrables transpositions mythologiques, historiques ou profanes ? Ses formes d'expression rampantes ou étouffées sont-elles toujours moins significatives que ses transformations fulgurantes ou flamboyantes ? L'on pressent dans cette formidable production l'émergence d'une mythologie nouvelle originale. S'agit-il, pour autant, de « mythes littéraires » ? Ne s'agirait-il pas, plutôt, de variations multiformes, dans des œuvres variées, de mythes religieux et politiques infiniment plus vastes ? La littérature ne serait jamais alors qu'un lieu d'expression — et peut-être, d'investigation — privilégié d'une entité mythique qui ne cesserait de se développer, dans ces écrits, par reprises, emprunts, renvois, amalgames ou contrepoints. Réels ou imaginaires, les dictateurs réincarneraient dans leur comportement une figure « archétype » primitive, originelle et primordiale, le « dieu lieur » de M. Eliade, le « Souverain Terrible » de G. Dumézil, la « personnalité « mana » » de C.G. Jung. Tous ces mythes modernes en procéderaient à partir d'un noyau de croyances religieuses archaïques. Et une partie de la littérature contemporaine ne serait qu'un avatar d'une sorte d'immense « testament » mythique très ancien, masqué sous toutes sortes d'apparences trompeuses. Cette figure est-elle universelle et éternelle ? La littérature occidentale décrit surtout un phénomène européen, où la Russie, de patrie de la révolution en 1917 devient en 1924 une autre terre de ténèbres, où l'Allemagne se transforme entre 1933 et 1945 en un lieu d'épouvante, où l'Angleterre et les Etats-Unis apparaissent, en 1945, comme les ultimes remparts de la liberté. Or, les formes de mainmise d'un être sur d'autres êtres sont infinies et l'idée de toute-puissance n'est pas conçue de la même manière en Europe, en Afrique, en Asie, en Amérique latine, comme le suggèrent les nouvelles littératures africaine, extrême-orientale et latino-américaine. L'étendue de la figure du dictateur dans la littérature mondiale est immense. Doit-on renoncer à en élucider le mystère en raison de ses difficultés d'exploration ? Les écrivains, dans la littérature d'anticipation en particulier, s'interrogent moins sur la nature du fondement mythique des dictatures que sur ses significations morales et métaphysiques. De quoi les dictatures sont-elles le signe ? Où mène cette ivresse du pouvoir ? Quel en est le secret ultime ? Aucune œuvre ne parvient, cependant, à répondre à ces questions. Mais la littérature, depuis 1945, devient apocalyptique. Le mythe reste actif. « Tout le monde, rappelle A. Huxley dans *Temps Futurs*, est capable de n'importe quoi, littéralement de n'importe quoi. » L'humanité a acquis le pouvoir de se détruire, le dernier dictateur, le plus puissant, sera peut-être celui qui déclenchera un cataclysme universel, se transformant, à l'instant de l'apocalypse, en une sorte de dieu de destruction terrifiant. Les inquiétudes les plus récentes retrouvent les appréhensions des mythes les plus anciens et, à moins de se clore ainsi sur elle-même, la figure du dictateur ne peut que continuer à hanter l'imagination.

Alain VUILLEMIN

BIBLIOGRAPHIE

Il n'existe qu'une seule étude d'ensemble sur ce sujet, la nôtre, Alain VUILLEMIN, *Le Dictateur ou le dieu truqué dans les romans français et anglais de 1918 à 1987*, Paris, Méridiens-Klincksieck, 1989, 333 pages. Les analyses en ont été surtout suggérées par des travaux d'historiens, de théologiens et de sociologues. L'on peut se référer notamment aux articles et aux publications de :

Georges BURDEAU, « Mythologies du pouvoir », dans *Projet*, n° 120, décembre 1977, pp. 1161-1172.

Roger CAILLOIS, « Le Pouvoir charismatique : Adolf Hitler comme idole » dans *Quatre essais de sociologie contemporaine*, Paris, Perrin, 1951, 156 p.

Northrop FRYE, « Littérature et mythe » dans *Poétique*, n° 8, 1971, pp. 488-503.

Luc DE HEUSCH et alii, « Le Pouvoir et le Sacré » dans *Annales du Centre d'Etude des Religions*, Université de Bruxelles, Bruxelles, 1962, pp. 1-186.

Edward SHILS, « The Concentration and the dispersion of charisma » dans *World Politics*, vol. XI, October 1958, pp. 1-19.

Mary WEINKAUF, « The God Figure in Dystopian » dans *Riverside Quaterly*, n° 4, Fiction 1970, pp. 266-271.

Hannah ARENDT, *The Origins of Totalitarianism*, New York, Harcourt & Brace, 1951, XVp - 477 p.

Jacques BAINVILLE, *Les Dictateurs*, Paris, Denoël & Steel, 1935, 302 p.

Joseph BLOTNER, *The Modern American Political Novel 1900-1960*, Austin - London; University of Texas Press, 1966, 424 p.

François BOURRICAUD, *Esquisse d'une théorie de l'autorité*, Paris, Plon, 1961, 423 p.

François CHATELET, Evelyne PISIER-KOUCHNER, *Les Conceptions politiques du XXe siècle*, Paris, Presses Universitaires de France, 1981, 1 088 p.

Arthur CONTE, *Les Dictateurs du XXe siècle*, Paris, Laffont, 1984, 524 p.

Francine et André DEMICHEL, *Les Dictatures européennes*, Paris, Presses Universitaires de France, 1973, 378 p.

Gilbert DURAND, *Les Structures anthropologiques de l'imaginaire*, Paris, Bordas, 1973, 550 p.

Maurice DUVERGER, *De la Dictature*, Paris, Julliard, 1961, 211 p.

Mircea ELIADE, *Images et Symboles. Essais sur le symbolisme magico-religieux*, Paris, Gallimard, 1952, 239 p.

— *Aspects du mythe*, Paris, Gallimard, 1963, 247 p.

Jean ELLENSTEIN, *Histoire du phénomène stalinien*, Paris, Grasset, 1976, 251 p.

René GIRARD, *La Violence et le sacré*, Paris, Grasset, 1974, 453 p.

Carl Gustav JUNG, *Dialectique du Moi et de l'Inconscient*, Paris, Gallimard, 1938, 255 p.

— *Aspects du Drame contemporain*, Paris, La colonne Vendôme, 1948, 235 p.

Jean William LAPIERRE, *Essai sur le fondement du pouvoir politique*, Gap, Orphrys, 1968, 711 p.

Friedrich NIETZSCHE, *La Volonté de puissance*, Paris, Gallimard, 1947-1948, 2 vol. 378 p. + 398 p.

Léon POLIAKOV, *Les Totalitarismes du XXe siècle*, Paris, Fayard, 1987, 377 p.

François PERROUD, *Les Mythes hitlériens*, Lyon, Bosc, 1935, 156 p.

André REZLER, *Mythes politiques modernes*, Paris, Presses Universitaires de France, 1981, 230 p.
Juergen RUEHLE, *Literature and Revolution*, London, Pall Mall Press, 1969, XIV p. - 520 p.
Heinz SABAIS, *Des Dieux, des Empereurs, des Dictateurs*, Paris, Casterman, 1971, 235 p.
Alfred SAUVY, *Mythologies de notre temps*, Paris, Payot, 1971, 238 p.
Alphonse SECHE, *Le Dictateur*, Paris, Bossa, 1924, 180 p.
Philippe SELLIER, *Le Mythe du héros ou le désir d'être dieu*, Paris, Bordas, 1973, 208 p.
Jean-Pierre SIRONNEAU, *Sécularisation et Religions politiques*, Paris, Mouton, 1982, 619 p.
Paul VERDEVOYE et alii, *« Caudillos », « Caciques » et « Dictateurs » dans le roman hispano-américain*, Paris, Ed. Hispaniques, 1978, 539 p.
Max WEBER, *Le Savant et le Politique*, Paris, Plon, 1959, 232 p.
Stanley WEINTRAUB, *The Last Great Cause. The Intellectuals and the Spanish civil war*, New York, Weybright & Falley, 1968, X p - 340 p.

Dionysos antique : l'insaisissable

De tous les dieux de l'Olympe, Dionysos est celui dont la figure est la plus difficile à cerner. Qu'on examine ses origines, les épisodes de son enfance, son aspect physique, son caractère, sa place dans la cité, l'utilisation symbolique qui en a été faite au cours de l'Histoire, ou les interprétations des mythologues, le dieu nous échappe. Riche, complexe, fuyant, il est le dieu des métamorphoses. Il est l'insaisissable.

Les origines : dieu ancien, dieu récent

Cette impossibilité d'enfermer Dionysos dans un cadre précis se manifeste dès le début de l'enquête. La recherche des origines est déconcertante. Aucun doute pourtant : Dionysos est un dieu très ancien. On l'appelle *Dendritès*, dieu de l'arbre (on le représente même avec des branches surgissant de la poitrine), ce qui le met en relation avec les plus vieilles divinités de la végétation et de la fécondité, les antiques déesses-mères. Telle la grecque Déméter : « Tout ce qui blesse Déméter blesse aussi Dionysos « déclare Callimaque (*Hymne à Déméter*, vers 70), et

Pindare le nomme « parèdre (compagnon) de Déméter » (*Isthmiques*, VII, 3-4). Telle Cybèle, comme dans les *Bacchantes* d'Euripide (vers 79), et, au delà de Cybèle, la déesse syrienne Kubaba. Telle Zémélo, déesse-mère phrygienne, dont le nom ressemble étrangement à celui de Sémélé, la mère du dieu. Telles toutes ces divinités qui furent adorées en Asie Mineure, en Thrace, dans le monde égéen, en Crète. A Athènes, des fêtes très anciennes, Anthestéries, Apatouries, Oschophories, lui sont partiellement ou totalement consacrées. C'est à bon droit que Tirésias parle de « traditions qui viennent de nos pères, et dont l'âge est ancien comme le temps lui-même » (*Bacchantes*, 201-202). Il y a donc les plus fortes chances pour que le culte de Dionysos remonte à l'époque préhellénique. A l'époque mycénienne, au milieu du deuxième millénaire avant J.-C., sa présence est attestée par deux tablettes de Pylos en linéaire B. Le nom de Dionysos y est inscrit sous la forme du génitif, *diwonusoyo*. Les *Bacchantes* fournissent un autre indice de l'ancienneté du dieu et de son culte. Sous le drame de l'impiété que constitue la mort-châtiment de Penthée, on devine, comme nous le verrons, un second niveau de compréhension, peut-être caché au créateur, mais que perçoivent mythologues et ethnologues, celui d'un rituel de sacrifice humain : la tragédie s'enracine dans un rite primitif.

Et pourtant l'historien Hérodote déclare que le nom de Dionysos est le dernier qu'apprirent les habitants de la Grèce (*Histoires*, II, 52). Penthée l'appelle « le nouveau dieu » (*ton neôsti daimona, Bacchantes*, 219), ainsi que le devin Tirésias (*neos, Bacchantes*, 272). Il est nouveau parce qu'il est étranger. On le dit venu de Thrace, d'Asie Mineure. Les Anciens rattachent son nom à une patrie fabuleuse, qu'ils situent dans des contrées fort diverses, mais toujours hors du monde grec, Caucase, Inde, Ethiopie, Arabie, Egypte, Libye... De nombreux mythes racontent les difficultés d'implantation du culte de Dionysos en Grèce et notamment en Béotie, le pays de sa mère Sémélé, fille du fondateur de Thèbes, Cadmos. Les mythologues eux-mêmes s'y sont trompés et, jusqu'à une époque récente, une majorité d'entre eux considérait que Dionysos était un tard venu, un dieu importé.

D'où vient cette contradiction ? Sans doute du fait que le caractère particulier du culte de Dionysos (possession, rites orgiastiques, courses à travers la montagne) en a toujours fait, comme nous le verrons, un dieu à part, dieu du peuple plus que de l'aristocratie (il ne joue presque aucun rôle chez Homère), et par conséquent longtemps moins prestigieux que les autres Olympiens. Mais il prend ensuite sa revanche. Le processus semble être le suivant : à partir du VIIIe siècle avant J.-C. le dieu connaît une sorte de résurgence, de réveil. Grâce aux femmes, le culte se propage. Des courants religieux venus de Phrygie, de Lydie, des îles, de Thrace, favorisent ce renouvellement, revigorant les formes anciennes du culte et accentuant l'aspect orgiastique. Le mouvement s'accélère avec l'essor des cultes orientaux à Athènes, vers la fin du Ve siècle. Cet apport extérieur explique le sentiment répandu chez les Grecs que Dionysos est un dieu étranger et récent. Quoi qu'il en soit, l'histoire des origines contribue à accentuer ce qui paraît être l'une des caractéristiques fondamentales du dieu : l'impossibilité de cerner sa personnalité.

UNE ENFANCE TUMULTUEUSE : NAISSANCES ET RENAISSANCES

Les enfances de Dionysos présentent la même étrangeté. C'est un dieu qui n'en finit pas de naître et de mourir, avant d'échapper à ceux qui le traquent et de s'imposer définitivement. Qu'on en juge :

— Aimée de Zeus, Sémélé, sur le conseil malveillant de la jalouse Héra, demande au roi des dieux de se manifester à elle dans tout l'éclat de sa gloire. Zeus, qui a promis d'exaucer le souhait de son amante, est contraint de s'exécuter et lui apparaît, dans la foudre et les éclairs. La malheureuse Sémélé en meurt. La gestation de Dionysos en était alors au sixième mois. Du ventre de la mère, Zeus arrache le fœtus et l'introduit dans sa cuisse. Au terme des neuf mois, il rouvre la cuisse d'où sort le petit Dionysos, parfaitement conformé. De là vient l'une des étymologies de son nom : le dieu né deux fois. (De là aussi l'expression « se croire sorti de la cuisse de Jupiter ».)

— Le dieu Hermès, sur l'ordre de Zeus, confie l'enfant au roi d'Orchomène, Athamas, et à son épouse Ino. Le petit Dionysos est revêtu d'habits féminins, pour que la jalouse Héra ne le reconnaisse pas. Mais l'épouse de Zeus ne se laisse pas tromper et frappe de folie les parents nourriciers. Zeus transporte alors l'enfant jusqu'à Nysa et le confie aux nymphes du pays. On dit que cette fois il fut métamorphosé en chevreau. Dans la version homérique (*Iliade*, VI, 130 sqq) Nysa est remplacée par le « divin Nyséion », montagne de Thrace où règne le roi Lycurgue (mais qui pourrait tout aussi bien, selon Jeanmaire, désigner le pays des *Nysaï*, des Nymphes, autrement dit le pays des fées). Lycurgue pourchasse les nourrices de l'enfant et les pique de son aiguillon. Les nourrices jettent à terre leurs thyrses. Epouvanté, le jeune Dionysos plonge dans la mer, où il est recueilli par Thétis.

— Dans l'épisode crétois de Dionysos-Zagreus, attesté par des textes tardifs, mais en réalité très ancien (le nom de Zagreus apparaît au VIe siècle avant J.-C. dans l'*Alcméonide* et au cours de la première moitié du Ve siècle, chez Eschyle, dans le *Sisyphe fugitif*), Dionysos est pourvu de nouveaux parents nourriciers, les Courètes. Mais tandis que ceux-ci, peu attentifs, dansent autour de l'enfant la danse des armes, les Titans se glissent subrepticement près du petit, l'attirent grâce à des jouets (osselets, balle, toupie, pommes, rhombe, miroir, toison), le tuent, le démembrent, font bouillir les morceaux dans un chaudron (sauf le cœur, sauvé par Athéna), puis les font rôtir et les dévorent. Mais Zeus frappe les Titans de la foudre et, grâce au cœur resté vivant, ressuscite le jeune dieu.

Le dieu protéiforme

Il est naturel que l'aspect d'un dieu aussi insaisissable dans ses origines, capable de franchir si facilement les frontières de la vie et de la mort, soit malaisé à dessiner. Les sculpteurs oscillent entre trois représentations : celle de l'enfant Dionysos, entre les bras d'Hermès ou d'un satyre par exemple ; celle d'un adulte barbu à la carrure imposante (c'est la représentation courante à l'époque archaïque) ; celle d'un adolescent efféminé, aux boucles descendant sur les épaules, au léger déhanchement, au bras esquissant un geste gracieux (c'est la représentation qui s'impose à partir du IVe siècle). Ses adorateurs ne savent pas comment le nommer : Dionysos, Bakchos, Bakcheus, Iakchos, Sabazios, Bromios, Zagreus... G. Wentzel dénombre plus de cent trente épiclèses.

Comment décrire un dieu qui passe son temps à se déguiser ou à se métamorphoser ? Lion devant le Géant Rhétos (Horace, *Odes*, II, 19, vers 21-24), bouc quand il fuit Typhon (Antoninus Liberalis, *Métamorphoses*, 28 ; Ovide, *Métamorphoses*, V, 329), chevreau à Nysa (*Apollodore*, III, 4,3), lion et ours devant les yeux terrifiés des pirates tyrrhéniens de l'hymne homérique, il devient fantôme et taureau face à Penthée, taureau, panthère et lion devant les Minyades (Antoninus Liberalis, *Métamorphoses*, 10). Il passe d'une forme à une autre, il devient fantôme, reflet, se dédouble (et le miroir dans lequel l'enfant se contemple tandis que les Titans s'apprêtent à l'égorger prend une valeur symbolique). Dans les *Bacchantes*, sous les yeux des spectateurs, progressivement, c'est un double tragique de Dionysos qui apparaît : Penthée est, comme Dionysos, jeune et imberbe ; comme lui, il possède une belle chevelure blonde. Mais au début de la pièce, ces ressemblances mettent en valeur les oppositions : Dionysos est efféminé et laisse s'épandre ses boucles blondes sur ses épaules ; Penthée, au contraire, comme l'écrit Jeanne Roux, « porte ses cheveux longs tressés et relevés autour de la tête, en aristocrate qui pratique le sport et la lutte ». Viril, le roi de Thèbes méprise l'étranger aux cheveux parfumés, aux yeux remplis du charme d'Aphrodite et à l'allure efféminée (vers 235-236, 353). Pour mieux le perdre, Dionysos va le transformer en un autre lui-même. Accédant à son désir d'espionner les Bacchantes, il le costume en femme, dénoue ses tresses (et non pas lui met

« une perruque », comme traduit Grégoire dans l'édition des Belles Lettres), le vêt d'une robe aux longs plis, d'une peau de faon tachetée, lui met le thyrse en main. Sous sa nouvelle apparence, Penthée, dans son délire, s'imagine bercé dans les bras de sa mère (vers 968-969), comme le fut le jeune Dionysos, dans son travestissement féminin, par sa mère nourricière Ino. Or, l'identification avec le dieu signifie la perte de Penthée : au vers 1192 *agreus* rappelle *Zagreus*. C'est le destin de Dionysos Zagreus qui attend Penthée : la mort et le *diasparagmos*, le démembrement. Mais non la résurrection. Et, identification suprême et dérisoire, c'est un lion (l'une des métamorphoses favorites du dieu) dont Agavé, tenant la tête de son fils, s'imagine porter la dépouille (vers 1173 sqq). De ce jeu du double, Dionysos sort, une fois de plus, insaisissable et vainqueur.

Une personnalité complexe

Dans les épisodes de l'enfance, Dionysos est présenté comme un être fragile, sans défense. En butte à la haine d'Héra ou de Lycurgue, il fuit épouvanté. Naïf, il tombe dans le piège tendu par les Titans. Adulte, c'est lui, au contraire, qui pousse dans ses filets les opiniâtres qui n'ont pas voulu reconnaître sa puissance divine; c'est lui qui se venge avec la plus atroce cruauté. Les Minyades, prises de folie mystique, s'emparent d'Hippasos, fils de l'une d'entre elles, Leucippé, et, le prenant pour un jeune faon, le mettent en pièces. Penthée est précipité du haut d'un pin et déchiré par les Bacchantes (au nombre desquelles ses tantes et sa propre mère, Agavé). Quant à Lycurgue, poètes et mythographes rivalisent d'ingéniosité pour décrire ses supplices. Dans la *Lycurgie* d'Eschyle il est plongé dans la folie par Dionysos et tue son fils Dryas à coups de hache (il le prenait pour un cep de vigne). D'après Hygin il tue aussi son épouse et tente de violer sa mère; Dionysos l'expose sur le Mont Rodolphe où il est déchiré par des panthères. Selon Homère, Zeus l'aveugle. Dans la version d'Apollodore, il est attaché sur le Mont Pangée et tué, puis dévoré par des chevaux. Chez Diodore de Sicile, Dionysos lui crève les yeux, le torture longuement et le crucifie.

Mais ce dieu sanguinaire, ce dieu de tragédie, peut aussi se métamorphoser en dieu de fabliau ou de conte. C'est Dionysos qui réussit à ramener Héphaistos sur l'Olympe (pour délivrer Héra attachée sur le trône magique) : il l'enivre, l'installe à califourchon sur un mulet et le reconduit chez les Olympiens, ainsi que le montre le *Vase François* (début du VIe siècle av. J.-C.). Le mulet et plus encore l'âne sont associés au cortège de Dionysos. L'âne porte le dieu ou bien Silène à la panse rebondie, sous le poids duquel il fléchit. C'est un animal ithyphallique :

parfois des corbeilles sont suspendues à son phallus. Un Silène s'approche de lui, prêt à le violer. Nous sommes là dans un contexte d'énorme farce, de carnaval. On ne s'étonnera donc pas de retrouver et une allusion à l'âne (vers 159) et la présence de Dionysos dans une comédie d'Aristophane, les *Grenouilles* : tout au long de la première partie le dieu est dépeint comme un bouffon, froussard et pétomane.

Mais le bouffon peut aussi se transformer en amoureux. Il est l'amant d'Ariane, à qui, dans les versions les plus anciennes, il s'unissait en un *hieros gamos,* un mariage sacré (Ariane est une antique déesse de la végétation), tandis que dans les versions les plus récentes, le héros Thésée s'étant immiscé dans leurs amours, il intervient soit comme consolateur d'Ariane abandonnée à Naxos (sujet magnifiquement traité par Catulle dans l'*ekphrasis* du poème 64), soit comme amant délaissé et jaloux faisant tuer sa maîtresse infidèle par les flèches d'Artémis (*Odyssée,* XI, 325 sqq).

Cependant, même dans ses amours, Dionysos demeure l'insaisissable. Un curieux récit, dont la version la plus développée se trouve chez Clément d'Alexandrie (*Protreptique,* II, 34, 3-5), fait de l'*éraste* hétérosexuel d'Ariane l'*éromène* homosexuel de Prosumnos. Contre promesse de lui accorder ses faveurs à son retour, Dionysos obtient de Prosumnos les indications pour descendre aux Enfers. Mais quand il revient, Prosumnos est mort. Alors Dionysos se rend à son tombeau :

> « Il coupe, au hasard, une branche de figuier, lui donne la forme d'un membre viril, et s'en sert pour remplir, à l'égard du mort, sa promesse. C'est afin de rappeler mystérieusement ce fait que dans les villes on dédie des phallus à Dionysos ». (Traduction Mondésert-Sergent).

Enfant naïf ou adulte machiavélique, dieu cruel ou bouffon, hétérosexuel ou homosexuel, Dionysos n'est pas plus facile à cerner dans sa personnalité que dans son aspect physique.

Le culte de Dionysos : hors de la cité, dans la cité

Un tel dieu, apparemment, n'a pas sa place dans la cité : « le culte, à la fois, joyeux et farouche, présente comme organisme fondamental les thiases, c'est-à-dire, pour chacun des deux sexes des groupements de fidèles indépendants de tout cadre civique et familial » déclarent Séchan-Lévêque. Toutes les caractéristiques culturelles, à en juger d'après les descriptions d'Euripide et l'iconographie, semblent aux antipodes de l'organisation rationnelle d'un Etat. Le lieu : campagnes, halliers, montagnes (l'*oribasie*) ; le moment : la nuit (*pannychie*) ; l'aspect des participants : chevelure en désordre ou couronne de lierre, de laurier, nébride (peau de faon) remplaçant souvent le *chiton*, la tunique, un serpent pour ceinture, dans une main le thyrse et parfois dans l'autre un petit animal, lièvre ou jeune faon, à la ceinture quelquefois la pardalide (dépouille d'un petit léopard) ; la musique étrange : tympanon, castagnettes et flûtes ; le rythme désordonné de la cérémonie : danses violentes, convulsives, courses échevelées ; le sacrifice : bêtes déchirées dont on mange la chair crue (l'*ômophagie*). Il existe des thiases d'hommes, mais les plus célèbres et les plus répandus sont les thiases de femmes. On appelle celles-ci Ménades, Bacchantes, Thyiades, Bassarides... Ce déchaînement des femmes, alors que celles-ci sont ordinairement cloîtrées à l'intérieur du gynécée, contribue à donner au culte de Dionysos une situation particulière, en marge des manifestations officielles de la cité, dont il brise les cadres. De même, les mystères de Dionysos, unissant hommes et femmes, citoyens et esclaves, mettent à mal la hiérarchie sociale.

Et pourtant ce Dionysos qui détruit l'ordre de la cité occupe une place d'honneur à Delphes, dans le domaine du plus grec de tous les dieux, Apollon, ainsi que le rappelle la Pythie :

> « Et je salue aussi les Nymphes de l'antre Corycien, asile des oiseaux, retraite d'un dieu : là règne Bromios — je me garde de l'oublier ! — depuis le jour où sa divinité conduisit au combat les Bacchantes et à Penthée trama la mort d'un lièvre ». (Eschyle, les *Euménides*, 22-26).

Tous les ans, pendant les trois mois d'hiver, tandis qu'Apollon accomplit sa retraite au pays des Hyperboréens, Dionysos le supplée. Et tous les deux ans, les Thyiades de Delphes et les Bacchantes d'Athènes, éclairées par des flambeaux, célèbrent sur les pentes du Parnasse le fils de Sémélé. Dans l'*adyton* du temple d'Apollon se trouvait, disait-on, son tombeau. Les poètes inversent parfois épiclèses et attributs des deux divinités : « Apollon au lierre, bacchant et devin » s'écrie Eschyle dans les *Bassarides*, et Euripide répond dans *Likymnios* : « Seigneur Bakchos, ami du laurier, Péan Apollon à la belle lyre ! ». L'opposition nietzschéenne entre le dieu de la mesure harmonieuse et le dieu de l'ivresse sauvage est donc loin d'être absolue.

Dionysos est aussi chez lui dans la cité athénienne, non seulement par des fêtes comme les Apatouries, les Anthestéries ou les Oschophories, nous l'avons vu, mais encore par les Dionysies agraires, les Lénéennes et surtout les grandes Dionysies, au cours desquelles avaient lieu des concours de dithyrambes, de tragédies et de comédies et où accouraient des spectateurs venus de l'ensemble de la Grèce. Traditionnellement on interprète la *tragôdia* comme le chant du bouc (*tragou ôdè*), l'animal sacrifié en l'honneur du dieu. Au premier jour des Grandes Dionysies la statue de Dionysos était transportée au centre de l'*orchestra*, c'est-à-dire au cœur même de la cité en ces jours de réjouissances. Et au moment des concours la place d'honneur était réservée au prêtre de Dionysos. Le dieu marginal a conquis sa place et chez les hommes et chez les Olympiens :

> « A nul d'entre les Dieux, le Dieu Dionysos ne le cède, crois-moi ! » (*Bacchantes*, 777).

Au sein même du désordre dionysiaque existe un ordre supérieur, une *eukosmia* (*Bacchantes*, 693), auquel reste insensible Penthée, jeune tyran plein d'*hubris*, mais qu'ont su reconnaître les sages dirigeants d'Athènes, plus tolérants que les sénateurs romains qui, en 186 av. J.-C., réprimèrent impitoyablement ceux qui participèrent aux Bacchanales.

DIONYSOS AU SERVICE DE DOCTRINES POLITIQUES ET RELIGIEUSES : DES UTILISATIONS VARIÉES

Multiple, complexe, contradictoire, protéiforme, le dieu offrait une matière facilement malléable, propice à toutes les récupérations politiques et religieuses. Entre l'épopée orientale de Dionysos et l'épopée orientale d'Alexandre se sont produites des interférences et des influences réciproques. Alexandre, ses soldats et ses historiens connaissaient le voyage du dieu missionnaire en Orient, tel qu'il est rapporté par le Dionysos d'Euripide :

> « J'ai quitté la Lydie aux champs féconds en or, les plaines de Phrygie pour les plateaux de Perse, tout brûlés du soleil, les villes emmurées de Bactriane, ainsi que le pays des Mèdes, glacé par les hivers — et l'Arabie heureuse, toute l'Asie, enfin, gisant au long des flots salés... » (*Bacchantes*, 13 sqq).

C'est sur les traces mêmes du dieu qu'Alexandre conduit son armée. Belle occasion de placer l'entreprise sous le patronage de la divinité et de célébrer son chef comme un « nouveau Dionysos » (titre que reprendront les souverains d'Alexandrie), surtout quand on rencontre sur son passage une Nysa, située près du Mont *Méros* (homonyme du nom grec qui signifie « cuisse »), dont le prince se prétend héritier des colons que Dionysos y aurait implantés. Mais, par un choc en retour, l'aventure d'Alexandre enrichit celle de Dionysos. L'Inde n'était pas nommée dans le récit des *Bacchantes*. Après Alexandre, Dionysos devient aussi un conquérant de l'Inde. Poètes, peintres et sculpteurs illustrent à l'envi cette guerre des

Indes inconnue d'Euripide. Elle atteindra des dimensions colossales au Ve siècle ap. J.-C. dans les *Dionysiaques* de Nonnos, épopée en quarante-huit chants, dont les chants 13 à 40 racontent l'aventure indienne.

Malgré les réserves de certains commentateurs récents, il n'est pas impossible que César et Auguste aient mis au service de leur politique le prestige d'un dieu célébré dans toute la partie orientale de l'empire romain et à Rome même, aussi bien dans la population gréco-orientale que dans l'élite admiratrice de l'hellénisme. Depuis longtemps l'assimilation entre Dionysos et Liber Pater, dieu du Latium, avait été réalisée. En dépit de résistances, parfois vigoureuses, comme l'atteste la répression de 186, le culte de Dionysos s'était répandu. Et ce succès ne pouvait laisser indifférents les politiques. César « a le premier transporté à Rome les mystères de Liber Pater », déclare Servius dans son commentaire aux vers de Virgile :

> « Daphnis ? il a réussi, le premier, attelé à un char des tigres d'Arménie, introduit les thiases de Bacchus, et enlacé d'un souple feuillage des hampes flexibles ». (*Bucoliques*, V, 29-31)

Derrière les triomphes de Daphnis se profileraient en effet ceux de Dionysos, d'Alexandre et de César, dont Auguste se veut l'héritier.

Cette politique favorable à Dionysos connut son acmé aux IIe et IIIe siècles ap. J.-C., d'Hadrien le philhellène qui se fit appeler le « nouveau Dionysos », comme Alexandre et les souverains hellénistiques, à Gallien qui, combattant sur deux fronts, contre les Barbares et contre les chrétiens, voulait revenir à la tradition grecque, en passant par Elagabal qui conduisait un char attelé de lions et de tigres.

Dionysos fut mis également au service de causes philosophiques et religieuses. C'est ainsi que les Orphiques utilisèrent le mythe du meurtre du dieu par les Titans. Comme le déclare Marcel Detienne : « le mythe de Dionysos vient illustrer directement l'enseignement majeur apporté par Orphée : qu'il faut s'abstenir de meurtre, avec les deux sens de ne pas manger de la viande et de mettre un terme à l'égorgement d'êtres humains ». De plus, la résurrection de Dionysos rappelle la palingénésie enseignée chez les disciples d'Orphée.

On comprend aussi que des écrivains chrétiens comme Clément d'Alexandrie ou Firmicus Maternus aient concentré leurs attaques contre un mythe qui leur paraissait être une caricature des croyances et sacrements de leur propre religion : passion et résurrection (Grégoire de Naziance utilise même trois cents vers des *Bacchantes* dans son *Christus Patiens*), eucharistie et même péché originel puisque, selon Dion Chrysostome (XXX, 55), les hommes sont nés des cendres des Titans mêlés à la terre : ils participent donc à la fois du crime des Titans et de la divinité de Dionysos (dévoré par ceux-ci). Les attaques chrétiennes étaient d'autant plus vives que l'orphisme, par l'intermédiaire de ce mythe, apportait au dionysisme la théologie qui lui manquait : dans les mystères dionysiaques la pratique rituelle l'emportait sur le discours théorique.

Diversité des interprétations

Devant une personnalité aussi complexe, aussi fuyante, il est impossible de donner de la figure de Dionysos une interprétation unique. Du troisième millénaire av. J.-C. à l'effondrement de l'Empire Romain le dieu a continuellement joué un rôle. Sa figure a continuellement été modelée par les sociétés, les gouvernants et les peuples. Aussi les interprétations proposées par les mythologues permettent-elles d'enrichir la compréhension de Dionysos, mais ne sauraient prétendre en offrir une explication exhaustive. Tout au plus peut-on donner quelques indications sur les plus éclairantes.

Quels que soient les excès des mythologues du début du siècle, il est bien certain que les interprétations d'un Frazer, d'un Farnell, d'une Miss Harrison, gardent une bonne part de leur intérêt. Dionysos est d'abord et avant tout dieu de la végétation, dieu de la fécondité, dieu chthonien. Beaucoup des cérémonies en son honneur sont des rituels destinés à célébrer le renouveau. Dieu de la végétation : l'emblème de Dionysos est le thyrse, rameau, tige de roseau, couronné par un bouquet de feuilles de lierre ou de vigne, ou bien par une pomme de pin, toutes plantes qui jouent un rôle important et dans le rite et dans le mythe, même si le dieu tend à partir du VIIe siècle av. J.-C. à se spécialiser comme dieu de la vigne et du vin. Dionysos est le seigneur de l'arbre. Il est lié, comme nous l'avons vu, aux déesses-mères de l'Orient et du monde égéen. Il épouse Ariane, dont le statut à l'époque classique est celui d'une humaine, mais qui fut jadis une déesse égéenne de la végétation. Il est le maître de la fécondité animale et humaine : ses compagnons et animaux favoris, satyres, boucs, ânes, taureaux, sont porteurs d'un phallus impressionnant. Il est descendu aux Enfers chercher sa mère Sémélé et préside aux Anthestéries qui comportent une fête des morts. Zagreus est fils de Perséphone et de Zeus ou d'Hadès, et est même parfois identifié à Hadès lui-même. Cet aspect chthonien de Dionysos a été développé dans les mystères : initiation, purifications, enseignement des formulaires sacrés ont pour but de permettre aux mythes d'échapper après leur mort aux dangers du voyage dans l'au-delà et de trouver le bonheur dans l'Hadès.

L'ivresse bachique, la possession des Ménades ont provoqué aussi de nombreux commentaires psychologiques, psychanalytiques et ethnologiques. On a comparé les danses des Bacchantes aux danses rituelles des derviches tourneurs, des Shakers (trembleurs) américains, des hasidim juifs et des chamans sibériens, On a montré que ce phénomène était répandu sur presque tout le pourtour du monde méditerranéen antique, que de nos jours encore il existait dans toute une partie de l'Afrique, que « par bien des traits, le délire des Bacchantes, avec les mouvements convulsifs et spasmodiques, la flexion du corps en arrière, le renversement et l'agitation de la nuque, rappelle des affections névropathiques, bien décrites aujourd'hui, qui comportent le sentiment de la dépersonnalisation, de l'envahissement du moi par une personne étrangère » (Séchan-Lévêque). Les psychanalystes observent les concordances entre les mécanismes en œuvre dans la possession dionysiaque et certains concepts opératoires en psychanalyse de l'enfant. Ils découvrent une finalité thérapeutique dans le rituel pratiqué en l'honneur du dieu. Nous examinions plus haut un Dionysos-Hadès. Nous découvrons maintenant un Dionysos-Asklépios.

On ne saurait négliger non plus l'éclairage apporté par la théorie du *pharmakos*, du bouc émissaire, popularisée par Frazer puis par René Girard interprétant la pièce d'Euripide. La tragédie des *Bacchantes* se présente d'abord comme une bacchanale rituelle. Les différences sont effacées : tous, vieillards, jeunes gens, femmes, esclaves, participent à la fête. Mais la fête tourne mal. La violence fait irruption. La différence devient inversion : les femmes se livrent à des activités guerrières, les hommes se déguisent en femmes. Monde animal et monde humain s'interpénètrent : les Bacchantes déchirent un troupeau de vaches qu'elles prennent pour des hommes, Penthée attache un taureau qu'il prend pour Dionysos, Agavé massacre Penthée qu'elle prend pour un lion. Penthée, travesti en femme, est un prince de Carnaval, un roi temporaire « à la fois bouc émissaire chargé des souillures de l'année écoulée et victime expiatoire offerte à l'année nouvelle ». (Jeanne Roux, *Bacchantes*, I, p. 17). La symbolique est surdéterminée par la présence du pin sur lequel est grimpé Penthée habillé en femme. A.G. Bather (*The Problem of the Bacchae*, Journal of Hellenic Studies, 1894, p. 244) signale en effet « qu'en Russie, le jeudi de la Pentecôte, les villageois coupent un jeune pin, l'habillent en femme, le ramènent en grande allégresse au village. Et, trois jours après, dimanche de la Trinité, on emporte cette figure et on la jette à l'eau ». Au terme de la fête le pin est arraché, le roi est tué et déchiqueté : Penthée subit le *diasparagmos* des mains de sa mère et de ses tantes, autres boucs émissaires, qui seront expulsées du pays. Un nouvel ordre va régner à Thèbes. Dionysos est « le dieu du lynchage réussi » (René Girard, *La Violence et le sacré*, p. 190). Mais, nous l'avons vu, Penthée est un double de Dionysos. Comme son adversaire/reflet, le dieu, dans le mythe des Titans, subit lui aussi le *diasparagmos*. Il y a aussi identification entre le pin qu'on arrache et Dionysos *Dendritès*, dieu des arbres. Dans la cérémonie du bouc émissaire, le dieu qui, à travers la pièce d'Euripide, apparaît comme l'organisateur, fut peut-être jadis la victime.

On ne saurait négliger enfin les nombreuses analogies qui rapprochent Dionysos des *kouroi*, des novices subissant les épreuves initiatiques. Pausanias (III, 24, 3) rapporte que Cadmos fit mettre Sémélé et le jeune Dionysos dans un coffre qui fut abandonné aux flots et s'échoua à, Brasiai (ou Prasiai), port de Laconie. L'épreuve surmontée habilite à un destin exceptionnel, comme ce fut le cas pour Persée, Moïse ou Romulus. Comme les initiés des trois premières classes de l'Inde ancienne (*dvija*), Dionysos est deux fois né. Comme pour Achille, Héraclès et Jason, élevés par un homme-cheval, le Centaure Chiron, on retrouve des hommes-animaux dans l'enfance de Dionysos : des hommes-boucs, satyres et silènes, Lycurgue, « Celui qui fait le loup » (*lukos* : loup, *ergon* : action) et Athamas, mis en rapport avec des loups (Apollodore, 1, 9, 2). Comme Achille et les compagnons de Thésée travestis en filles, comme Thésée lui-même, raillé par des maçons à cause de sa robe et de sa chevelure tressée, comme Héraclès lui aussi revêtu d'une robe, et filant aux pieds d'Omphale, Dionysos connaît le travestissement féminin. Comme Achille, Mélicerte, Héraclès Pélops et Jason, il est passé par l'épreuve du chaudron ; tué, démembré, bouilli, il a fait l'expérience de la résurrection : « mythe à caractère nettement initiatique, écrit Jeanmaire (*Dionysos*, p. 390), explicatif et interprétatif des périls qui menacent les enfants ou les adolescents, donc solidaire de pratiques très archaïques ». Comme dans les épreuves initiatiques africaines, le rhombe joue un rôle dans cette épreuve de la mort-résurrection. Comme Pélops, dont les amours homosexuelles avec Poséidon révèlent de troublantes analogies avec l'initiation des jeunes Crétois, Dionysos est, en compagnie du mystérieux Prosumnos, le héros d'une aventure d'ordre initiatique. Comme Ulysse, Héraclès, Orphée, Thésée, Enée, Jason (celui-ci sous une forme symbolique), il est descendu aux Enfers. Comme Thésée et Gilgamesh il a plongé dans les flots, et même deux fois, pour échapper à Lycurgue et pour aller chercher sa mère chez Hadès. Toutes ces épreuves sont autant d'épreuves initiatiques, rites de passage nécessaires pour que l'adolescent, quittant le monde de l'enfance, s'intègre dans la classe des adultes.

Ainsi, malgré les efforts des critiques pour cerner la personnalité de Dionysos, pour apporter l'interprétation exhaustive qui rendra compte de sa complexité, de sa diversité, le dieu nous échappe, brise les cadres, les chaînes dans lesquelles on voudrait l'entraver. Jusqu'au bout, il restera l'insaisissable, et l'on ne saurait conclure autrement qu'en citant les poètes qui ont souligné ce caractère de *délieur (Eleuthereus, Luaios, Lusios)* qui est peut-être sa marque essentielle :

> « Mais les liens ne le retenaient pas et, de ses bras et de ses jambes, les brins d'osier tombaient loin de lui » (*Hymne homérique à Dionysos I*, 13-14).

> « — Comment fus-tu donc délivré des filets de l'impie ?
> — Je m'en suis affranchi, aisément, sans effort, par moi-même !
> — Il n'avait pas lié, enchaîné tes deux mains ?

— Oui, voilà justement où je l'ai confondu ! Car, croyant m'enchaîner, il ne m'a ni touché, ni frôlé, en dépit de l'espoir dont son cœur se flattait ! » (*Bacchantes*, 613-617).

Alain MOREAU

BIBLIOGRAPHIE

DIONYSOS DANS LES ŒUVRES ANTIQUES

Domaine grec

HOMÈRE, *Iliade*, éd. et trad. Mazon, Paris, Les Belles Lettres, 1re éd. 1937, VI, 130-137 (la poursuite de Lycurgue).

— *Odyssée*, éd. et trad. Bérard, Paris, Les Belles Lettres, 1re éd. 1924, XI, 324-326 (le châtiment d'Ariane).

HÉSIODE, *Théogonie*, éd. et trad. Mazon, Paris, Les Belles Lettres, 1re éd. 1928, 940-949 (l'immortalité de Sémélé, mère de Dionysos, et d'Ariane, son épouse).

Hymne homérique à Dionysos I, éd. et trad. Humbert, Paris, Les Belles Lettres, 1re éd. 1936 (l'enlèvement de Dionysos par les pirates tyrrhéniens).

PINDARE, *Olympiques*, éd. et trad. Puech, Paris, Les Belles Lettres, 4e éd. revue et corrigée, 1958, II, 24-30 (Sémélé chez les Olympiens).

ESCHYLE avait consacré de nombreuses pièces à Dionysos, dont il reste des fragments parfois intéressants (le cortège de Dionysos, le palais pris lui-même de délire bachique), mais il est impossible de les classer avec certitude. Citons les titres : trilogie dite de Dionysos : *Sémélé ou les Hydrophories, Penthée, les Xantries ; Lycurgie : les Edoniens, les Bassarides, les Neaniskoi (Jouvenceaux), Lycurgue satyrique* ; trilogie d'Athamas : *Athamas, les satyres aux Jeux Isthmiques.* Edition Nauck, *Tragicorum Graecorum Fragmenta*, 2e éd., Hildesheim, 1964 (1re éd. 1856), p. 3-4, 9-10, 19-23, 40-41, 48-49, 55-56, 60-61, 73-74. Edition Radt, Göttingen, Vandenhoeck et Ruprecht, 1985 (vol. III).

EURIPIDE, *Les Bacchantes*, éd. et trad. Grégoire, Paris, Les Belles Lettres, 1968 (l'œuvre essentielle).

PSEUDO-APOLLODORE, *Bibliothèque*, III, 4, 2-4 ; 5, 1-3, éd. et trad. (anglaise) Frazer, London, 1967 (1re éd. 1921).

CLÉMENT d'ALEXANDRIE, *Protreptique*, éd. et trad. Mondésert, Coll. Sources Chrétiennes, Paris, 1949, II, 17 et 18 (Dionysos Zagreus) ; II, 34, 3-5 (Dionysos et Prosumnos).

NONNOS DE PANOPOLIS, *Dionysiaques* (48 chants), Paris, Les Belles Lettres, éd. et trad. publiées sous la direction de Francis Vian, depuis 1976, mais qui sont loin d'être achevées. L'ensemble a été publié avec traduction anglaise par Rouse, Rose et Lind chez Loeb, Londres, 1940.

Domaine latin

CATULLE, *Poésies*, éd. et trad. Lafaye, Paris, Les Belles Lettres, 8e tirage revu et corrigé, 1970 (1re éd. 1923), 64, 50-264 (Ariane abandonnée par Thésée dans l'île de Dia, c'est-à-dire Naxos, et l'arrivée de Dionysos).

VIRGILE, *Bucoliques*, éd. et trad. Saint-Denis, Paris, Les Belles Lettres, 1re éd. 1942, nouvelle éd. revue et corrigée, 1967, V.

— *Géorgiques*, éd. et trad. Saint-Denis, Paris, Les Belles Lettres, 5e éd. 1947, II.

HORACE, *Odes*, éd. et trad. Villeneuve, Paris, Les Belles Lettres, 12e tirage revu et corrigé par J. Hellegouarc'h, 1990, II, 19 (allusion à de nombreux épisodes de la vie mythique de Dionysos).

TIBULLE, *Elégies*, éd. et trad. Ponchont, Paris, Les Belles Lettres, 7e tirage, 1968 (1re éd. 1926), III, 6 (attribué à Lygdamus) : la puissance de Dionysos.

PROPERCE, *Elégies*, éd. et trad. Paganelli, Paris, Les Belles Lettres, 4e tirage, 1970 (1re éd. 1929), III, 17 (allusion à de nombreux épisodes).

OVIDE, *Fastes*, éd. et trad. Le Bonniec, Bologne, 1970, III, 459-516 (Ariane immortalisée comme Libera et changée en astre) ; III, 714 sqq (la fête des *Liberalia*) ; traduction légèrement modifiée avec bibliographie mise à jour dans la collection « La Roue à Livres », Paris, Les Belles Lettres, 1990.

— *Métamorphoses*, éd. et trad. Lafaye, Paris, Les Belles Lettres, 3e éd. revue et corrigée, 1961, III, 253-315 (la mort de Sémélé, la double naissance de Bacchus confié aux Nymphes de Nysa) ; III, 511-730 (Penthée, les matelots tyrrhéniens) ; IV, 1-54, 389-415 (Dionysos célébré par toutes les femmes sauf les filles de Minyas. Le dieu change celles-ci en chauves-souris).

FIRMICUS MATERNUS, *L'Erreur des religions païennes*, éd. et trad. Turcan, Paris, Les Belles Lettres, 1982, VI, 1-4 (Dionysos Zagreus et les Titans).

ELÉMENTS BIBLIOGRAPHIQUES

W. OTTO, *Dionysos, le mythe et le culte*, Paris, 1969 (1re éd. en allemand, Francfort, 1933).

Henri JEANMAIRE, *Dionysos. Histoire du culte de Bacchus*, Paris, 1951, 3e éd. 1985 (fondamental).

Adrien BRUHL, *Liber Pater. Origine et expansion du culte dionysiaque à Rome et dans le monde romain*, Paris, 1953.

E.-R. DODDS, *Les Grecs et l'irrationnel*, Paris, 1965 (1re éd. en anglais, Berkeley, 1959).

Friedrich NIETZSCHE, *La Naissance de la Tragédie*, Paris, 1964 (1re éd. en allemand, 1872).

Robert TURCAN, *Les Sarcophages romains à représentations dionysiaques. Essai de chronologie et d'histoire religieuse*, Paris, 1966.

Louis SECHAN-Pierre LÉVÊQUE, *Les Grandes divinités de la Grèce*, Paris, 1966 (Chapitre XV, *Dionysos*, p. 285-310).

René GIRARD, *La Violence et le Sacré*, Paris, 1972.
Georges ROUX, *Delphes, son oracle et ses dieux*, Paris, 1976 (*La Triétéride de Dionysos*, p. 175-184).
Marcel DÉTIENNE, *Dionysos mis à mort*, Paris, 1977 (Chapitre IV, *Dionysos orphique et le rôti bouilli*, p. 161-217).
Jean-Pierre DARMON, *Animaux et mythologie. La valeur sémantique du bestiaire dans la mythologie grecque.* II. *Le bestiaire grec classique*, in Yves BONNEFOY, *Dictionnaire des Mythologies*, Paris, 1981, Tome I, p. 41-42.
Marcel DÉTIENNE, *Dionysos*, in Y. BONNEFOY, *op. cit.*, I, p. 300-307.
COCHE DE LA FERTÉ, *Penthée et Dionysos. Nouvel essai d'interprétation des « Bacchantes » d'Euripide*, in *Recherches sur les religions de l'Antiquité classique*, par Raymond Bloch, Centre de recherches d'histoire et de philologie, Ecole Pratique des Hautes Etudes, Paris, 1982, p. 105-257.
Charles SEGAL, *Dionysos Poetics and Euripides'Bacchae*, Princeton University Press, 1982, avec le compte-rendu critique de Claude MEILLIER, *Une étude sur la poésie dionysiaque*, Revue des Etudes Grecques, XCVI, 1983, p. 282-285.
Dionysos, le même et l'autre, textes réunis par M. BOURLET, Nouvelle revue d'ethnopsychiatrie, Grenoble, La Pensée sauvage, I, 1983.
Bernard SERGENT, *L'Homosexualité dans la Grèce antique*, Paris, 1984 (Ve Partie : Amours et mythes de Dionysos, p. 213-225).
Albert HENRICHS, *Loss of Self, Suffering, Violence : the Modern View of Dionysos from Nietzsche to Girard*, Harvard Studies in Classical Philology, 88, 1984, p. 205-240.
Maria DARAKI, *Dionysos*, Paris, 1985.
Marcel DETIENNE, *Dionysos à ciel ouvert*, Paris, 1986.
Jean-Pierre VERNANT - Pierre VIDAL-NAQUET, *Mythe et tragédie deux*, Paris, 1986 (Chapitre X, le *Dionysos masqué* des *Bacchantes* d'Euripide, p. 237-269).
Charles SEGAL, *La Musique du Sphinx. Poésie et structure dans la tragédie grecque*, Paris, 1987 (Chapitre VI, Penthée et Hippolyte sur le divan et sur la grille : lecture psychanalytique et lecture structuraliste de la tragédie grecque, p. 152-182; chapitre IX, La menace de Dionysos. Renversement des rôles sexuels dans les *Bacchantes* d'Euripide, p. 242-262).
José Antonio DABDAB TRABULSI, *Dionysisme, pouvoir et société en Grèce jusqu'à la fin de l'époque classique,* Centre de recherches d'histoire ancienne de Besançon, Paris, Les Belles Lettres, 1990.
Françoise FRONTISI-DUCROUX, *Le Dieu-masque. Une figure du Dionysos d'Athènes,* coll. « Textes à l'appui », Paris, La Découverte, 1991.
Walter BURKERT, *Les Cultes à mystères dans l'Antiquité,* traduit par L. Bardollet-B. Deforge-G. Karsai, coll. « Vérité des mythes », Paris, Les Belles Lettres, 1992 (1re éd. en anglais, Harvard University Press, 1987).
Alain MOREAU (éd.), *L'Initiation,* Actes du colloque de Montpellier, avril 1991, tome I. *Les Rites d'adolescence et les mystères,* Publications de la Recherche, univ. Paul Valéry, Montpellier, 1992 (chapitre IV, *Des Rites d'adolescence aux mystères : Dionysos,* p. 187-233).
André MOTTE (éd.), *L'Elément orgiastique dans la religion grecque ancienne,* Actes du colloque de Tripolis, mai 1991, *Kernos,* 5, 1992 (univ. de Liège).

Et trois commentaires des *Bacchantes* d'Euripide :
E.-R. DODDS, *Euripides. Bacchae*, 2e éd. Oxford, 1960 (1re éd. 1944).
Jeanne ROUX, *Euripide, les Bacchantes*, Paris, Les Belles Lettres, Tome I, 1970 ; Tome II, 1972.
Maurice LACROIX, *Les Bacchantes d'Euripide*, Paris, Belin/Les Belles Lettres, 1976.

Dionysos : L'évolution du mythe littéraire

A en croire l'image qu'ont laissée de lui les anciens Grecs, Dionysos est un dieu jeune : souvent adolescent, parfois presque enfant. De là vient, peut-être, qu'on ait pu voir dans son nom un équivalent phrygien du grec *Dioskouros*, « le garçon de Zeus ». Sans doute paraîtra-t-il plus plausible de faire dériver Dionysos de Nysa, nourrice et patrie du dieu; mais peu importe, au juste : nous retiendrons surtout que ces interprétations lui attribuent l'une comme l'autre une origine étrangère, origine que l'on sait mythique depuis la découverte des archives mycéniennes, révélant la très ancienne implantation du culte dionysiaque en Grèce.

Pourquoi, alors, avoir fait de Dionysos un étranger? Peut-être parce qu'il importe, d'une part, qu'il soit un « dieu qui vient »; mais aussi, et surtout, pour justifier par la fiction son caractère étrange, inquiétant.

Naissances et renaissances de Dionysos

Sémélé, une mortelle, aimée de Zeus, périt victime de la jalousie d'Héra : comme elle demande à son amant divin de lui apparaître dans toute sa gloire, il la foudroie; puis, arrachant de son sein l'enfant qu'elle avait conçu de lui, Zeus le coud dans sa cuisse, où il achève sa maturation. Dionysos connaît donc une double naissance, et son culte en porte la trace, notamment dans le rite du *liknitès* (enfant au berceau), que les femmes appellent et cherchent, et qui disparaît chaque année pour reparaître l'année suivante.

La passion de Dionysos

Les mythes des enfances ou errances de Dionysos le présentent comme un dieu persécuté : tantôt il est dépecé, cuit et dévoré par les Titans, mais Déméter le ramène à la vie; tantôt Héra, poursuivant sa vengeance, frappe de folie la sœur de Sémélé, Ino, première nourrice du dieu; ailleurs encore, des pirates enlèvent l'enfant pour le vendre. Homère rapporte, dans l'*Iliade* (VI, 128-140), un épisode saisissant : Lycurgue, armé d'une hache meurtrière, poursuit Dionysos et ses nymphes nourricières; l'enfant, éperdu, se jette à la mer où Thétis le recueille.

La passion de Dionysos, souffrant, mourant, mais toujours renaissant, est symbolique du renouveau végétal. Aussi n'est-il sans doute pas fortuit que les quatre grandes fêtes dionysiaques soient toutes réunies entre la fin de décembre et le début d'avril, le solstice d'hiver et l'éclosion du printemps.

Le lierre et la vigne

La légende illustre les liens de Dionysos avec d'autres divinités végétales : Cybèle et Rhéa, deux hypostases de la grande Terre-mère, qui le soustraient à Héra; les nymphes agrestes qui l'entourent; Ariane, déesse minoenne de la végétation, dont il est l'amant; et surtout Déméter, à laquelle l'associent les mystères d'Eleusis, et dont Pindare le fait le parèdre. Bacchus (ce surnom vient, selon Euripide, de *bacchos*, « rameau »), dieu *ploutodotès* (donneur de richesses), apporte vigueur et croissance aux plantes; et, parmi ses nombreux attributs végétaux, le lierre, qui le couronne, et la vigne, dont il est le donateur, occupent le premier rang.

Les deux plantes ont, dans le mythe, un même rôle salvateur : un lierre sauve de la foudre l'enfant de Sémélé; lierre et vigne, s'enlaçant soudain au mât de leur navire, effraient les pirates ravisseurs; une nymphe harcelée se change en pied de vigne pour étouffer Lycurgue. Pourtant, leur contraste — froideur et stérilité d'un côté, chaleur et générosité de l'autre — jette sur le dieu une lumière ambiguë.

Dionysos s'impose enfin comme dieu du vin. C'est le vin qui, dans les fêtes, symbolise la présence du dieu; que l'on offre, nouveau, lors des Lénéennes (janvier-février) au dieu figuré par un masque orné de rameaux. Dionysos, *polygéthès* (joyeux), a pour partage, nous dit Euripide, « de rire et d'endormir nos soucis » (*Bacchantes*, 380).

Fertilité et fécondité

Cependant, ce dieu ami des nymphes, qui est chez lui, avec Thétis, au fond de l'eau, dont, à Halai, on immerge rituellement la statue, qui entre à Athènes sur un char naval, présente trop d'affinités avec l'élément humide, facteur universel de fertilité, pour que son pouvoir de dieu fécond se limite aux plantes. Il suffit, pour s'en convaincre, de considérer son cortège, qui réunit des ânes, boucs et taureaux, souvent peints ithyphalliques, et des Satyres et des Silènes, dont la lubricité fait pendant à la chasteté des Ménades. Dionysos lui-même, lors des Anthestéries (février-mars), assure, par son union charnelle avec la Basilinna, un an de fécondité à la cité d'Athènes.

L'exaltation de la virilité est reprise, dans le culte, par la phallophorie. Mais le propre de Dionysos est de présenter de la fécondité une image entière, à la fois masculine et féminine : il s'entoure de femmes dans son mythe comme dans son culte; Eschyle l'appelle « l'efféminé », ce qui justifie son aspect juvénile et son vêtement, souvent le péplum des femmes. Certains en font un androgyne, et l'ambiguïté même de son sexe rappelle celle de l'hermaphrodite à la fécondité idéale. Baudelaire ira jusqu'à voir dans le thyrse, long bâton orné de feuillages que brandissent les fidèles du dieu, la conjonction de deux inspirations, l'une masculine — la ligne droite de la tige — l'autre féminine — la sinuosité des rameaux — (« Le Thyrse », *Petits poëmes en prose*).

Polygéthès, ploutodotès, certes; mais réduire Dionysos à ce rôle, ce serait l'amputer de toute la part nocturne de son pouvoir, car il est aussi celui qu'Homère appelle *mainoménos* (le dément), un dieu qui dérange, voire bouleverse l'ordre des choses.

Le dieu forcené

Volupté et cruauté

Dans *La Naissance de la Tragédie*, Nietzsche associe ces deux termes pour définir le dionysisme. Ce sont bien là, en effet, les deux faces de l'ivresse, comme de la magie du dieu : capable de faire ruisseler lait, miel et vin pour la prospérité des hommes, Dionysos peut opérer les mêmes métamorphoses pour leur malheur : le lait et le vin, coulant du plafond de leur chambre, affolent les filles de Minyas, qui, ayant refusé de quitter leurs maris pour suivre Bacchus, ont mérité son châtiment.

Celles qui suivent Dionysos deviennent Ménades ou Bacchantes; sous l'effet de la *mania*, possession divine, invulnérables, elles se voient douées d'une force inouïe et animées par un véritable délire meurtrier qui les pousse à déchirer les jeunes bêtes qu'elles ont allaitées, et parfois leurs propres enfants. L'*orgia* (rite) bachique se déroule en trois étapes : l'*oribasie*, poursuite échevelée des femmes dans la montagne; le *diasparagmos*, sacrifice par déchirement dont *Les Bacchantes* (405 avant J.-C.) d'Euripide donnent un exemple avec le meurtre de Penthée par sa mère Agavé : « l'écume à la bouche, les yeux révulsés, n'ayant plus sa raison, de Bacchus possédée (...) elle prend des deux mains son bras gauche, et s'arc-boutant du pied au flanc de cet infortuné, désarticule, arrache l'épaule, non point certes avec ses seules forces, mais avec celles que le dieu lui communique » (1121-1129).

Le troisième temps est l'*omophagie* : on dévore crue, à peine morte, cette chair qu'on vient de lacérer.

Le culte dionysiaque fait une place à cette cruauté rituelle : les femmes sont flagellées en Arcadie, poursuivies, en Béotie, par le prêtre de Dionysos armé d'une épée; et on immole au dieu, comme un substitut de victime humaine, un jeune veau chaussé de cothurnes, censé figurer un enfant.

Par l'intermédiaire de la *mania*, Dionysos fait donc subir à ses fidèles la cruauté dont il a lui-même été victime — il a été poursuivi par Lycurgue, déchiré et dévoré par les Titans. De là, peut-être, la volupté qui accompagne la cruauté des Bacchantes, puisqu'elles peuvent, tout en satisfaisant de sombres instincts, revivre la passion du dieu qui les possède.

Entre la vie et la mort : contradictions

L'ambivalence de l'ivresse dionysiaque, porteuse de joie ou de fureur, de vie ou de mort, s'incarne dans les animaux qui accompagnent le cortège du dieu : d'un côté, le bouc, l'âne, le taureau, animaux féconds; de l'autre, le lion, le lynx, la panthère, bêtes féroces et meurtrières. La contradiction trouve encore un symbole dans ce que Nietzsche appelle le « fracas mortellement silencieux » (*Dithyrambes de Dionysos*) de ce dieu surnommé *Bromios* (le rugissant), dont le cortège joue une musique tonitruante de tambourins, flûtes et cymbales pour faire danser convulsivement les Ménades, mais qui sait aussi provoquer le silence où les mêmes Ménades restent pétrifiées.

Or il n'est pas jusqu'à l'origine même du dieu qui ne soit ancrée dans cette contradiction, puisque sa naissance est marquée par la rencontre de la vie et de la mort. De là vient peut-être l'importance des morts dans son mythe et dans son culte : Horace raconte que Dionysos descend aux Enfers chercher sa mère; dans la parodie d'Aristophane, *Les Grenouilles* (405 avant J.-C.), il va y chercher Euripide. Le troisième jour des Anthestéries, les Chystres, est consacré aux morts, qui reviennent hanter les vivants. Les affinités de Dionysos avec la mort permettent à Héraclite de l'assimiler à Hadès, lui aussi donneur de richesses (Plouton).

Les différentes versions des amours de Dionysos et d'Ariane témoignent de cette oscillation entre la vie et la mort : tantôt on fait de Dionysos le consolateur d'Ariane après l'abandon de Thésée; tantôt, comme Homère, on le voit au contraire, jaloux, envoyer la mort à sa maîtresse par l'intermédiaire d'Artémis (*Odyssée*, XI, 325).

Les contradictions du dionysisme, et, surtout, son irrépressible cruauté, font qu'il se laisse difficilement situer dans un système politique, et expliquent le rôle subversif de son culte dans la société grecque.

Bouleversement de l'ordre social et politique

Si Dionysos est présenté comme un dieu étranger, dont on célèbre les épiphanies, cet exotisme semble la traduction de l'étrangeté d'un dieu sans place fixe, dont le culte préfère aux temples les Dieux ouverts, mobiles. De même, le *thiase*, base de la religion dionysiaque, se situe délibérément en dehors des normes sociales, puisque ce groupe de fidèles réunit sans distinction hommes et femmes, riches ou pauvres, citoyens, métèques et esclaves.

D'autre part, Dionysos révèle une force féminine, une puissance subversive et nocturne dont, dieu efféminé, il se fait le champion, et qui fait pendant à la force diurne, ordonnée et masculine d'Apollon. Or ce dieu qui arrache les femmes à leur métier à tisser pour les chasser dans la montagne ne peut que provoquer une remise en cause de l'ordre familial, donc politique. Le paroxysme est atteint dans *Les Bacchantes*, où la dislocation sociale, puis politique, de Thèbes est couronnée par l'écroulement du palais, symbole du pouvoir royal.

Mais l'ordre même des valeurs humaines se trouve bouleversé par le fait que Dionysos, seul dieu né d'une mortelle, reste proche des humains et leur permet, réciproquement, de s'assimiler à lui : contrairement à celles de tous les autres dieux grecs, la religion dionysiaque abolit la frontière entre l'humain et le divin.

Le culte de Dionysos a donc, dans la Grèce ancienne, une fonction cathartique : il délivre l'homme, pour un temps, de son passé civique, le libère de ses pulsions cruelles. Importée à Rome, l'*orgia* dégénérera en fête licencieuse et sera interdite. C'est plutôt dans l'art que Rome honore Bacchus, en soulignant l'image du dieu du vin et du musicien joyeux des bacchanales, qui sera un sujet cher à la peinture européenne de l'âge classique. C'est surtout cette version affadie du dionysisme qui subsiste, jusqu'à sa redécouverte, à la fin du XIXe et au XXe siècle, par les philosophes et les poètes.

APPROCHES MODERNES DE DIONYSOS : THÉÂTRE ET IVRESSE

Nietzsche : *La Naissance de la Tragédie*

On se souvient que, lors des Lénéennes, Dionysos assiste au coupage du vin, présent sous la forme d'un masque ; au théâtre, c'est sous l'effet de la magie du dieu que le masque prend vie. Car le théâtre grec est né sous l'invocation de Dionysos, c'est à lui que s'adressaient les choristes du concours de dithyrambes, c'est lui qui inspirait les poètes du concours dramatique, lors des Dionysies rustiques (décembre-janvier), des Lénéennes, et surtout des Grandes Dionysies (mars-avril). Sur les gradins du théâtre, comme dans le thiase, sexes et classes sociales sont, en théorie du moins, confondus ; sur la scène, l'imaginaire triomphe du réel, la folie règne. Mais, plus que la comédie ou le drame satyrique, c'est la tragédie qui consacre l'esprit dionysiaque.

Dans *La Naissance de la Tragédie* (1872), Nietzsche souligne les analogies entre la forme grecque du genre tragique et le culte du dieu : à la base de toute représentation dramatique se trouve une métamorphose, « sorte d'envoûtement » qui rappelle la possession dionysiaque ; le chœur tragique, à la fois spectateur et héros de l'action, est « symbole de la foule en proie à Dionysos » ; enfin, la tragédie apporte le même oubli du passé, la même délivrance, la même *catharsis* que l'ivresse bachique.

Reprenant la tradition selon laquelle le mot tragédie viendrait de *tragos*, le bouc, animal sacré de Dionysos qu'on aurait initialement sacrifié lors des concours dramatiques, Nietzsche accepte l'hypothèse selon laquelle la passion de Dionysos lui-même aurait été le premier sujet de la tragédie. Il est, en tout cas, certain que la cruauté inhérente au genre tragique est la même que celle à laquelle le dieu entraîne les Bacchantes : folie, meurtres, déchirements, sont représentés — ou racontés — sur la scène tragique, comme dans le mythe de Dionysos.

Nietzsche conclut en annonçant une renaissance de la tragédie, que l'influence d'Aristote a détournée de sa vocation dionysiaque. C'est à un même renouveau du théâtre qu'appelle Artaud dans son manifeste *Le Théâtre et son Double* (1938), où, sans nommer Dionysos, il rend la tragédie à son inspiration initiale : la cruauté. Délivré de ses déviations psychologiques, redevenu métaphysique, le théâtre doit apporter, comme la peste, une *catharsis* libératrice : il « est un mal parce qu'il est l'équilibre suprême qui ne s'acquiert pas sans destruction. Il invite l'esprit à un délire qui exalte les énergies ». Cette dernière phrase évoque singulièrement la *mania* bachique ; mais, si Artaud lui préfère la référence au théâtre balinais, c'est qu'il voit dans le délire dionysiaque une force anarchique, et non pas calculée.

Reste que, pour Artaud, le théâtre est politiquement subversif : « révélant à des collectivités leur puissance sombre, leur force cachée », l'action du théâtre est bien dionysiaque, puisque nocturne et dangereuse, comme une bacchanale.

Délire bachique et poésie contemporaine

Toute l'œuvre de Nietzsche est placée sous l'invocation de Dionysos, et c'est, selon sa propre expression, un « démon dionysiaque » qu'il glorifie dans *Ainsi parlait Zarathoustra* (1885). Outre de nombreuses allusions aux attributs du dieu (miel et vin, âne, lion, serpent), sa poésie exalte surtout deux aspects du dionysisme, la danse et l'ivresse, qui se manifeste par le rire :

« Haut les cœurs, mes frères ! Haut, toujours plus haut ! Et ne m'oubliez pas non plus les jambes ! Haut les jambes aussi, ô vous qui dansez bien, et mieux encore : vous tenez debout, même sur la tête !...

... Cette couronne du rieur, cette couronne de roses, à vous, mes frères, je lance cette couronne ! j'ai sanctifié le rire : ô vous, les hommes supérieurs, *apprenez* donc — à rire ! » (IV, « Des hommes supérieurs »).

On remarquera que Nietzsche retient plus volontiers l'abolition des frontières entre humain et divin, qui permet l'existence d' « hommes supérieurs », que celles des frontières entre humains, pourtant tout aussi essentielle au dionysisme.

Tout autre apparaît, à ce titre, l'évocation qu'avant Nietzsche Rimbaud donne de l' « ivresse sainte » dans « Matinée d'ivresse » (*Illuminations*, 1872-1873) ; il y restitue l'ambivalence du délire bachique, rencontre du plaisir et de la douleur : « Fanfare atroce où je ne trébuche point! Chevalet féerique! Hourra pour l'œuvre inouïe et pour le corps merveilleux... » La douleur comporte une promesse de consécration ; quoique Dionysos ne soit pas nommé, on est en droit de penser que le thème de l'ivresse douloureuse mais salvatrice ressortit à son inspiration : « O nous maintenant si digne de ces tortures! rassemblons fervemment cette promesse surhumaine (...) : cette promesse! cette démence! » La « promesse surhumaine » peut être celle de l'enthousiasme, identification au dieu. Comme dans une bacchanale, enfants, esclaves, vierges, s'associent au rite nocturne, à la « veille » ; quant à la « démence », à la « violence » annoncées, peut-être les derniers mots du poème, « Voici le temps des Assassins », leurs donnent-ils un sens qui les apparenterait à la cruauté sanguinaire des Bacchants.

Renouvelant l'image antique de la Ménade en proie au délire, Claudel adapte à sa danse convulsive le rythme syncopé de son verset, dans la première des *Cinq grandes odes* (1908), « Les Muses » :

« Une ivresse comme celle du vin rouge et d'un tas de roses! du raisin sous le pied qui gicle, de grandes fleurs toutes gluantes de miel!

La Ménade affolée par le tambour! au cri perçant du fifre, la Bacchante roidie dans le dieu tonnant.

Toute brûlante, toute mourante, toute languissante!... »

On remarque que l'extase de la Bacchante est décrite comme celle, mortelle, de Sémélé, puisque « le dieu tonnant » désigne Zeus, et que le dernier verset traduit la rencontre du désir amoureux et de la mort. L'interprétation claudélienne conduirait donc à voir dans Sémélé, dont on dit qu'enceinte, elle était prise d'un irrésistible désir de danser, une première Ménade, victime de Dionysos avant même qu'il ne fût né.

Mais le délire bachique est aussi pour Claudel, dans son aspect musical, un symbole de l'inspiration poétique :

« Ah, je suis ivre! ah, je suis livré au dieu! j'entends une voix en moi et la mesure qui s'accélère... »

Le poète et son texte sont envahis, possédés par la force divine (« La Muse qui est la Grâce »).

Enfin, donnant à la possession un sens plus ample, à l'échelle du « monde entier des choses », Saint-John Perse, dans *Vents* (1946), voit en elle et en ceux qu'elle habite une de ces « très grandes forces » subversives qui viennent balayer l'usure du siècle :

« Hommes imprévisibles. Hommes assaillis du dieu. Hommes nourris au vin nouveau et comme percés d'éclairs.

Notre salut est avec eux dans la sagesse et dans l'intempérance. » Assimilée, comme pour Claudel, à la foudre, la *mania* retrouve une ambiguïté originelle, que traduit l'union des contraires, « sagesse » et « intempérance ». C'est que le dionysisme est à la fois destruction et équilibre : s'il peut aboutir à l'anarchie, il n'est pas lui-même anarchique, comme le croyait Artaud, mais objet d'une « méthode », comme le dit Rimbaud, qui correspond peut-être à l'ordre des trois étapes de l'*orgia*. Mais équilibre ne signifie pas ici stabilité, ni sérénité, au contraire : le dionysisme est un équilibre en tant qu'il est le contrepoids nécessaire à la modération du monde « normal », à l'ordre apollinien.

Conclusion

« Ne va point, dit à Penthée le sage Tirésias, prendre l'illusion de ton esprit malade pour la sagesse » (*Bacchantes*, 310). Sagesse illusoire, donc, que celle d'un roi qui refuse de faire une part à la démence. « Qui vit sans folie n'est pas si sage qu'il croit », a écrit La Rochefoucauld. Le paradoxe de la folie sage ne doit pas pourtant faire croire que la démence puisse se contenter de quelques fêtes, de quelques irruptions momentanées. Mais la vraie sagesse consiste à savoir que la démence, et la cruauté, sont inévitables. Quant à la vraie folie, ce serait d'institutionnaliser ce dieu hors-normes, d'ériger en système la consécration de ceux qu'il possède, que Nietzsche appelle des surhommes, dictature qui serait — ou qui fut — la négation même de la liberté bachique, la mort de Dionysos.

Ann-Déborah LÉVY-BERTHERAT

BIBLIOGRAPHIE

Sur le mythe de Dionysos

Henri JEANMAIRE, *Dionysos, histoire du culte de Bacchus*, Paris, Payot, 1970.
Walter F. OTTO, *Dionysos, le mythe et le culte*, trad. P. Lévy, Paris, Mercure de France, 1969.
Pierre BRUNEL, *Théâtre et cruauté ou Dionysos profané*, Paris, Klincksieck, 1982.
Karoly KERENYI, *Dionysos, Archetypal Image of Indestructible Life*, Bollingen series LXV-2, Princeton University Press, 1976.
Pierre GRIMAL, *Dictionnaire de la Mythologie*, Paris, P.U.F., 1986.

Marcel DETIENNE, « L'Etranger dans la cité », in *Dictionnaire des mythologies*, Paris, Flammarion, 1981.
Jean-Pierre DARMON, « La Fête, le théâtre, les mystères » *(Ibid.)*.

Principaux textes cités

EURIPIDE, *Les Bacchantes*, trad. H. Grégoire, Paris, Les Belles Lettres, 1961.
NIETZSCHE, *La Naissance de la Tragédie*, trad. C. Heim, Paris, Denoël, 1964.
— *Dithyrambes de Dionysos*, trad. J. Cl. Hémery, Paris, Gallimard, 1974.
— *Ainsi parlait Zarathoustra*, trad. M. de Gandillac, Paris, Gallimard, 1971.
RIMBAUD, *Illuminations*, in *Œuvres complètes*, Paris, Gallimard, « Bibliothèque de la Pléiade », 1972.
CLAUDEL, *Cinq grandes odes*, in *Œuvre poétique*, Paris, Gallimard, « Bibliothèque de la Pléiade », 1957.
ARTAUD, *Le Théâtre et son double*, Paris, Gallimard, 1964.
SAINT-JOHN PERSE, *Vents*, in *Œuvres complètes*, Paris, Gallimard, « Bibliothèque de la Pléiade », 1972.

NIETZSCHE, DISCIPLE DE DIONYSOS*

Destructeur des idoles et dénonciateur des idéologies, Nietzsche s'est donné pour tâche de libérer l'homme de ses croyances religieuses ou métaphysiques. Cependant, la lucidité du psychologue le contraignit à reconnaître ce fait incontournable : « L'homme est un animal qui vénère! » (V, 231). Dès lors, supprimer nos vénérations, dédiviniser le monde, serait le signe d'une volonté nihiliste et équivaudrait à nous supprimer nous-mêmes. Aussi Nietzsche s'est-il proposé d'*achever* le nihilisme dans le seul espoir que le déclin de l'ancien Dieu soit le signe annonciateur d'une *foi nouvelle* : « C'est seulement après la mort de la religion que pourra de nouveau proliférer l'*invention dans le domaine du divin* » (IV, 538). Contre la religion, le culte de la raison et l'hégémonie du discours philosophique, le mythe redevient la parole de l'avenir : il s'agit moins de restaurer les vieilles croyances que d'inventer de nouvelles possibilités de vie et de pensée, qui rendent à l'homme le sens de la terre et le sentiment de l'éternité de la vie. « Une telle foi, écrit Nietzsche dans *Le Crépuscule des Idoles* (*Götzen-Dämmerung*, 1888), est la plus haute de toutes les fois possibles : je l'ai baptisée du nom de *Dionysos* » (VIII *, 144).

* Les chiffres entre parenthèses renvoient à l'édition Gallimard des *Œuvres complètes* de Nietzsche; les chiffres romains indiquent le tome, les chiffres arabes la page.

Dionysos et Apollon

Dès *La Naissance de la Tragédie (Die Geburt der Tragödie*, 1872), Dionysos apparaît comme l'un des protagonistes essentiels de la scène philosophique nietzschéenne. Son symbolisme est alors une voie d'interprétation de la culture grecque et, plus particulièrement, de la tragédie ; mais il ne se comprend qu'en rapport avec celui de son antagoniste solaire. Apollon, dieu de la mesure, de l'apparence et du rêve, symbolise l'esprit proprement hellénique, en face duquel se dresse la puissance effrayante du dionysiaque ressentie comme étrangère, mais, à vrai dire, enfouie au plus profond de l'âme grecque. Dionysos est le dieu de la musique, dont Nietzsche pense alors, et à la suite de Schopenhauer, qu'elle constitue « le véritable langage de l'universel » (I *, 388), dans la mesure où elle émane du cœur originaire et souffrant des choses, et où elle éveille, dans le monde de la Volonté, la nostalgie de l'Un originaire. Le dionysiaque livre donc l'homme à une expérience paradoxale : l'horreur éprouvée par l'individu devant l'indifférenciation première et la violence qui se libère dans la fête sacrée ; « l'extase délicieuse » que provoquent la rupture du principe d'individuation et le sentiment de se fondre dans l'Un primitif.

La tragédie naît de la réconciliation de ces deux « pulsions artistiques de la nature » (I *, 46), à la fois opposées et complémentaires. Elle répond ainsi à une nécessité *métaphysique* inscrite dans l'essence de l'Un qui, « en tant qu'éternelle souffrance et contradiction », a besoin de « l'apparence délectable » comme d'une consolation. Aussi est-ce toujours Dionysos qui se cache sous le masque du héros tragique. Le dieu démembré par les Titans figure la réalité horrible du monde ; mais sous l'effet de l'élément apollinien (les images du mythe, le discours...), qui jette un « voile » entre le spectateur et Dionysos, elle apparaît transfigurée. Alors naît le plaisir tragique, « consolation métaphysique » permise grâce à la synthèse de l'apollinien et du dionysiaque.

Dès *La Naissance de la Tragédie* s'exprime l'intuition fondamentale de Nietzsche, mais elle demeure offusquée par cette « métaphysique d'artiste » héritée de Schopenhauer et empreinte d'hégélianisme — ainsi qu'il le reconnaît lui-même dans *Ecce Homo* (1888). Peut-être, d'ailleurs, la tragédie grecque ne fut-elle possible que grâce à une méconnaissance ou une occultation du tragique dionysiaque. Ainsi, Nietzsche abandonne très vite le vocabulaire schopenhauerien, l'idée de l'Un originaire et le couple dualiste Dionysos/Apollon. Il renonce à la philosophie de la tragédie, afin de s'engager dans la voie d'une philosophie tragique, dont Dionysos recèle le secret. Le « dieu ambigu » devient l'image d'un monde sans origine ni fin, une représentation paradoxale, susceptible d'échapper aux catégories du concept, voire à la philosophie.

L'UNIVERS TRAGIQUE DIONYSIAQUE

Pour vaincre le nihilisme et la métaphysique, la destruction doit être affirmatrice. Dionysos est donc un nom de guerre contre les valeurs de décadence, mais aussi une réponse positive à leur effondrement :

Dionysos contre la philosophie de l'Etre. Cette dernière, marque d'une volonté déclinante qui refuse le *devenir*, instaure une rupture entre l'homme et « l'économie tragique » de la vie (XIII, 191), laquelle implique souffrance et gaspillage des forces (XI, 442). Au contraire, ce que Nietzsche appelle son « univers *dionysiaque* » (XI, 344) doit se figurer comme une mer de forces en mouvement perpétuel, un monde qui se détruit et se recrée sans cesse, tel Dionysos lui-même. Retrouvant les métaphores héraclitéennes, il pense le monde comme « un jeu divin » (X, 225) au-delà du bien et du mal.

Dionysos contre la Décadence. La victoire de la métaphysique est celle de la « faiblesse » qui refuse la vie et la guerre, le corps et les affects, mais qui, animée par le ressentiment, enferme l'existence dans des « systèmes de cruautés » maladives : la morale, les religions, l'Etat. Dionysos, lequel « possède la double nature d'un démon cruel et sauvage et d'un souverain bienveillant et doux » (I *, 84), offre l'image d'une économie de la vie qui accepte le jeu de la différence, la dépense et le danger. La cruauté dionysiaque est source d'exaltation et de réjouissance, acquiescement au monde de la « volonté de puissance ».

« *Dionysos contre le Crucifié.* » C'est la dernière formule de Nietzsche, celle qui, à la fin d'*Ecce Homo*, résume son entreprise et son effort pour substituer à une représentation dépressive du divin une représentation intensive, qui soit une « sanctification » du monde et de la vie. Un fragment de 1888 explique le sens de l'opposition entre « les deux types : *Dionysos* et le *Crucifié* » : « le « Dieu en croix » est une malédiction jetée sur la vie, une invitation à s'en détacher / — Dionysos mis en pièces est une *promesse* d'accès à la vie : il renaîtra éternellement et réchappera de la destruction » (XIV, 63). Cette divergence relève de la dichotomie fondamentale chrétien / païen : alors que le paganisme offre des possibilités multiples de divinisation de l'existence, le monothéisme correspond à la mort du divin et à l'oubli du « sacré » (cf. *Ainsi parlait Zarathoustra*, VI, 203 ; *Also sprach Zarathustra*, 1883-1885). Enfin, le dieu chrétien est celui de la faute et de la dette, alors que Dionysos, créant le monde dans un mouvement de dépense généreuse, témoigne de l'innocence de la vie.

DIONYSOS, LA VOIE SACRÉE

Objet de « foi sacrée », Dionysos demeure toujours en retrait de la philosophie. Il est en place du centre exorbitant de la création, dont le langage doit toujours faire le détour. Le surhomme, la grande politique, Zarathoustra lui-même, appartiennent à la philosophie de Nietzsche et ne sont, à ce titre, que des masques du « philosophe Dionysos ». Les nouvelles évaluations de la philosophie nietzschéenne, si positives soient-elles, doivent s'inscrire dans la loi de l'Eternel Retour, participer au cycle dionysiaque de la destruction et de la création. Elles ne sauraient donc constituer des vérités, et le dieu lui-même, dans *les Dithyrambes de Dionysos (Dionysos Dithyramben*, écrits en 1888-1889) annonce au « *sage* Zarathoustra » qu'il lui faut mourir, s'abandonner à Dionysos comme à sa vérité folle. Ce dernier échappe au philosophe Nietzsche, mais constitue le secret de Nietzsche « disciple de Dionysos ». Au-delà du discours philosophique, excédant toute possibilité d'expression conceptuelle, la « vérité » dionysiaque ne peut être suggérée que par des métaphores, des noms propres ou des images mythiques.

L'Eternel Retour est l'une de ces révélations du dieu, qui advint à Nietzsche sous la forme d'une extase, mais dont le sens profond reste caché au philosophe lorsqu'il tente de le formuler (cf. l'article « Eternel retour »). Ariane est une autre énigme inscrite dans le texte philosophique. Interlocutrice et amante de Dionysos, elle recueille ses paroles pour en laisser jouer l'écho dans le labyrinthe de ses oreilles (« Lamentation d'Ariane », VIII **, 57). Elle est donc l'affirmation redoublée du monde dionysiaque, grâce à qui le devenir prend le caractère de l'éternité, et pour qui l'Eternel Retour est « un anneau nuptial ». Mais elle est aussi une image de la vie, double labyrinthique de Dionysos, jeu de l'apparence avec elle-même, sans fondement ni vérité cachée. Comme la vie, elle est dispendieuse et cruelle par amour : éprise du dieu, elle souhaite la mort du héros : « c'est là mon dernier amour pour Thésée : je le fais périr » (XIII, 68). Elle est enfin une femme, telle que l'homme, philosophe ou héros, ne l'a jamais comprise. Dans l'amour de Dionysos pour Ariane, s'exprime un désir essentiellement positif, libéré de tout refoulement, hors des clivages sur lesquels se fonde le désir pour l'homme, comme de l'opposition tranchée du masculin et du féminin.

Ces noms, ces figures mythiques, cachent autant qu'ils révèlent, mettent en garde autant qu'ils séduisent. Ils renvoient, en effet, à des possibilités d'existence qui excèdent peut-être la possibilité de l'homme, exigent une lucidité aussi dangereuse que libératrice. C'est pourquoi Dionysos est bien un dieu, une figure sacrée qui doit demeurer un objet de « foi » tenant la raison en respect. C'est pourquoi aussi, lorsque Nietzsche ne conserva plus la distance du philosophe, et que le mythe philosophique rejoignit le mythe personnel, il fut livré à la violence incontrôlable du sacré. Moment où, comme en témoignent les billets de la fin, les différences vacillent, où Ariane devient Cosima, où Dionysos s'assimile au Crucifié, et où Nietzsche, s'identifiant à Dionysos, s'abandonne à une dernière expérience extatique dont l'issue sacrificielle exige l'anéantissement du sujet.

Camille DUMOULIÉ

BIBLIOGRAPHIE

Ernst BERTRAM, *Nietzsche. Essai de mythologie*, Ed. du Félin, 1990.

Gilles DELEUZE, *Nietzsche et la philosophie*, PUF, 1962, dernière éd. 1992.

Emmanuel DIET, *Nietzsche et les métamorphoses du divin*, Cerf, 1972.

Camille DUMOULIÉ, *Nietzsche et Artaud.* Pour une éthique de la cruauté, P.U.F., 1992.

Pierre KLOSSOWSKI, *Nietzsche et le cercle vicieux*, Mercure de France, 1969, dernière éd. 1991.

Walter A. KAUFMANN, *Nietzsche, Philosopher, Psychologist, Antichrist*, New York, Vintage Books, 3e éd. 1968.

Bernard PAUTRAT, *Versions du soleil. Figures et système de Nietzsche*, Seuil, 1971.

Un mythe de création : le mythe dogon

Le peuple dogon, essentiellement cultivateur, est réparti aujourd'hui sur un territoire situé à la frontière du Mali et de la Haute-Volta. Originaires du Mandé où s'est érigé au XIIIe siècle l'Empire mandingue de la dynastie Keita, les Dogon ont effectué leur migration entre le Xe et le XIIIe siècle, par refus de se convertir à l'Islam.

On remarque une certaine unité culturelle des peuples d'Afrique occidentale sur l'axe géographique du cours du Niger où les griots récitent un mythe identique : celui de la création du monde sous l'égide d'un dieu unique déléguant par la suite ses pouvoirs à des génies qu'il charge d'organiser l'univers et de jeter les bases de la société humaine. Les textes s'y rapportant sont déclamés en langue rituelle, le « sigui », enseigné aux dignitaires de la société des Masques, lors de leur consécration au cours de la cérémonie soixantenaire du « Sigui ».

Deux versions de ce mythe ont pu être recueillies :

Première version

En 1948, paraît *Dieu d'Eau : entretiens avec Ogotemmeli* de l'ethnologue Marcel Griaule, rapportant les paroles d'un vieux chasseur dogon aveugle dont le récit établit un lien direct entre la cosmogonie et l'apparition des premières techniques telles que la poterie, le tissage, l'agriculture et le travail du fer.

Amma, le dieu créateur a fait le soleil comme une poterie chauffée à blanc, entourée d'une spirale à huit tours de cuivre rouge; la lune de même, mais elle n'est chauffée que par quartiers et son cuivre est blanc. Comme il avait fait pour les astres, il a façonné la Terre dans un boudin de glaise qu'il a lancé dans l'espace; la matière en s'étalant a pris la forme d'un corps de femme dont la fourmilière est le sexe et la termitière le clitoris. Mais Dieu se trouvant seul voulut s'unir à la terre; il dut pour cela « abattre » la termitière et de ce viol premier naquit un être unique : le chacal, au lieu des jumeaux prévus. L'excision de la « Terre-femme » ayant cependant purifié cette union malheureuse, naquirent ensuite des jumeaux : deux génies « Nommo » inaugurant le cycle régulier de la gémelliparité représentant l'unité idéale. Ces êtres androgynes, mi-hommes, mi-reptiles, conçus dans la matrice terrestre sont deux produits homogènes de Dieu et sont comme tels, porteurs de la force vitale du monde assimilée à l'eau et à la parole divine, principe organisateur majeur.

La Terre étant « nue et sans parole », le Nommo délégué par Dieu la lui apporta dans des fibres torsadées tirées de plantes célestes, ce vêtement constituant le premier acte d'ordonnance universelle. Mais le chacal, fils aîné déçu de Dieu, introduisit le désordre dans la Création : voulant posséder la parole, il mit la main sur le vêtement de sa mère la Terre qui la contenait. Coupable du premier inceste, il ne détient que la « première parole », incomplète, encore inarticulée, qu'il utilisera pour parler aux devins à travers la table de divination.

A cet inceste est liée aussi l'apparition du sang menstruel, signe de l'impureté de la Terre de qui Dieu se détourna pour créer directement des êtres vivants. Il modela ainsi le premier couple humain, homme et femme étant munis chacun de deux âmes de sexe différent pour conserver le principe de la gémelliparité. Leurs huit descendants qui allaient devenir les ancêtres du peuple dogon furent régénérés par le couple Nommo dans le sein terrestre (fourmilière) et métamorphosés eux-mêmes en Nommo.

Le nombre sept, somme de la féminité et de la masculinité, étant le nombre parfait, le septième ancêtre reçut la connaissance d'un verbe plus clair, destiné cette fois à l'ensemble des hommes. Prenant le pas sur le mauvais fils de Dieu, le chacal, qui ne détenait que la première parole, il octroya la deuxième parole aux hommes par l'intermédiaire de la fourmi, avatar de la terre. Comme avait fait le Grand Nommo, il « tissa » cette parole dans des fils de coton, croisant et décroisant les fils entre ses dents. A son tour, la fourmi, ayant emmagasiné des fibres de coton, les fila, tirant devant les hommes les fils comme avait fait le génie, divulguant ainsi les paroles que les hommes répétaient.

Le septième ancêtre a donné sa parole au travers d'une technique pour montrer la nécessité d'une coopération entre les gestes matériels et les forces spirituelles.

Après leur métamorphose en « Nommo », les huit ancêtres remontèrent au ciel d'où ils redescendirent plus tard pour apporter toutes les choses utiles aux hommes et au développement de la civilisation.

Leur descente est la conséquence d'une rupture d'interdit : ils ne respectèrent pas l'obligation qui leur avait été imposée de vivre séparément et de se nourrir chacun avec l'une des huit graines remises par Amma. Devenus impurs, ils durent quitter les régions célestes. Pour descendre sur terre ils reçurent un panier tressé, à ouverture circulaire et fond carré contenant symboliquement tout le système du monde dont ils devenaient les moniteurs : la base de l'édifice représentait le soleil, la terrasse carrée rappelait le ciel avec un cercle au centre figurant la lune ; quatre escaliers aménagés à l'intérieur et orientés vers les quatre points cardinaux supportaient chacun une catégorie d'êtres en rapport avec les Constellations. Agencé comme une fourmilière à huit compartiments contenant chacun une des huit graines données par Dieu et rappelant les huit organes du premier Nommo, le panier des Ancêtres est dit « Grenier du Maître de la Terre pure », image du système du monde et de son fonctionnement qui devait servir de modèle à tous les greniers terrestres.

Les hommes présents dans ce grenier primordial sont les Bozo, premiers occupants du Niger.

Le premier des huit ancêtres est aussi le premier forgeron, descendu le long d'un arc-en-ciel après avoir dérobé le feu de l'atelier céleste du Grand Nommo, à l'aide d'un bâton recourbé dit « bâton de voleur ». Il a donné le fer aux hommes sous forme de houe, signalant ainsi le début de l'agriculture. C'est lui qui a délimité le premier champ : un carré de 80 coudées de côté, divisé en 80 fois 80 carrés d'une coudée répartis entre les huit familles descendant des premiers ancêtres. Il purifia le sol souillé par la faute du chacal en y mettant du torchis céleste, toute entreprise de culture devant dès lors faire reculer l'impureté de la terre.

Telle fut l'œuvre civilisatrice de l'Ancêtre-forgeron. Cependant, s'étant dépouillé d'une partie de ses forces vives pour les communiquer au sol, il possède une énergie vitale amoindrie, ce qui explique le statut social des forgerons : hommes à part, ils ne cultivent pas et doivent pratiquer leur métier pour faire revenir en eux la force donnée à la terre.

Sur le plan symbolique, la masse du forgeron est la main palmée du Génie de l'eau, le Grand Nommo mâle du ciel et l'enclume sa femelle. Quand la masse frappe l'enclume, le couple s'unit.

La femme de l'Ancêtre-forgeron est quant à elle la première potière et la natte sur laquelle elle travailla est celle du premier couple humain ; en pétrissant la glaise, elle imite le travail de Dieu.

Le premier ancêtre descendu, les autres suivirent, notamment l'ancêtre des cordonniers et celui des griots mais un incident se produisit : rompant l'ordre de préséance, le huitième descendit avant le septième qui était le Maître de la parole. Courroucé, celui-ci arrivant au sol sous la forme d'un grand serpent, se précipita sur le grenier pour y prendre les graines. L'Ancêtre-forgeron conseilla alors aux hommes de tuer le serpent, de le manger et de lui confier sa tête. Il fit un trou, l'enterra, le recouvrit de la pierre qui lui sert de siège pour frapper le fer; c'est pourquoi l'on dit aujourd'hui que le forgeron est assis sur la tête du serpent.

Huit familles descendant des huit ancêtres vivaient alors sur terre. Le plus vieux, Lébé appartenait à la huitième. Pour rendre possible l'enseignement de la troisième parole, articulée, complète et définitive, il fallait que Lébé « meure » afin de passer dans le même monde que le Nommo-ancêtre septième qui la détenait. Donc, lorsque le bruit de la première forge se fit entendre, le septième ancêtre sous sa forme de génie mi-homme, mi-reptile, « nagea » jusqu'à la tombe de Lébé, le déglutit, le régénéra dans sa matrice, transformant en pierres « dougué » dites pierres d'alliance, les os du Lébé. Ce faisant, prenant ce qu'il y avait de bon dans la parole ancienne, il l'a introduit dans les huit pierres que devaient porter plus tard les prêtres totémiques. Ces pierres rappellent les huit graines du grenier céleste. Et chaque année, lors du grand sacrifice en l'honneur du Lébé, les hommes mangent la victime représentant l'Ancêtre-Nommo septième et Lébé confondus, marquant ainsi l'indissoluble liaison entre nature humaine et nature céleste. Lors du sacrifice de Lébé, le Nommo a aussi expectoré les ongles de la victime sous forme de cauris : huit par main et par pied. C'est pourquoi, lorsque le commerce fut inventé, l'on dut désormais compter les cauris par huit (8 × 10 doigts × 8).

Pour communiquer la troisième parole aux hommes, le septième Nommo a fabriqué le premier tambour selon une technique assimilée au tissage, avec ses doigts et des ficelles. Les ficelles figurant la trame, il fit passer avec sa langue dans les fils, une sorte de chaîne composée d'une mince bande de cuivre qu'il fit tourner en hélice, tout en parlant d'une parole nouvelle, le cuivre étant la conduite du son. Le tambour était destiné à relier les hommes au Nommo et à leur apprendre la parole « complète, claire et profonde » des temps modernes, aussi chaque chef des huit familles qui existaient, confectionna-t-il, sur les indications du septième Nommo, un tambour propre à son groupe.

La révélation mythique de la parole étant liée à la technique du tissage, le vêtement a une grande importance pour les Dogon : « être nu » et « être sans parole » sont équivalents; le vêtement étant symboliquement le septième Nommo lui-même, se vêtir signifie se couvrir de ses paroles. La parole est l'élément fécondant par excellence : elle vient du foie, organe privilégié placé au plus secret de l'homme, que seul l'officiant peut consommer lors des sacrifices.

Aux temps de cette révélation, la mort n'existait pas : arrivés au terme de leur vie physique, les hommes se métamorphosaient en génies Nommo et continuaient leur vie terrestre sous forme de grand serpent. L'apparition de la mort est liée à une rupture d'interdit de la part d'un ancêtre qui, quoique métamorphosé en serpent, s'adressa aux hommes dans leur troisième parole alors qu'il aurait dû utiliser le langage réservé aux génies : la première parole. Ce faisant, il se séparait du monde surhumain; ne pouvant pas non plus retourner chez les hommes, il mourut aussitôt. Ses principes spirituels libérés trouvèrent un support dans l'enfant que portait une femme enceinte. Avec cette mort de l'Ancêtre, prélude de celle des hommes, apparut l'obligation de fournir à tous les morts qui allaient suivre, un support pour leurs âmes et forces spirituelles libérées. Telle est l'origine des rites funéraires et de l'institution du « Grand Masque », rite ambulatoire nommé « Sigui » qui a lieu tous les soixante ans en souvenir du premier mort.

Deuxième version

En 1956, Marcel Griaule et Germaine Dieterlen publient *Le Renard Pâle* qui relate une version quelque peu différente du mythe dogon, surtout en ce qui concerne la genèse du monde.

Au commencement était l'Œuf primordial dit « Œuf d'Amma » le dieu créateur qui a donné l'impulsion première aux choses. Comparé à une termitière, cet œuf est divisé en quatre parties dites « clavicules d'Amma » qui préfigurent les quatre éléments. Le centre de l'œuf dit « Assise d'Amma » constitue sous la forme d'une spirale connotant la force vitale et le mouvement interne de la vie, la matrice originelle, le placenta où seront formés tous les êtres. C'est par sa « parole » qu'Amma a formé et fécondé le placenta initial.

Avant de créer le Monde, Amma l'a pensé et l'a dessiné dans l'espace en 266 signes dont l'ensemble est dit « Amma invisible », soit 2 signes pour lui-même et 264 autres classés en 22 catégories de 12 qui résument sa pensée et seront associées plus tard au partage des totems.

La première chose créée fut la graine de « sene » (acacia), par superposition simple des quatre éléments ; mais, mécontent de son œuvre, Amma la reprit en brassant cette fois ensemble les quatre éléments, ce qui donna la graine de « pô » (fonio) dans laquelle il a mis ses sept paroles, le nombre sept définissant le principe de la gémellité image de la perfection. Dieu créa ainsi huit graines dont le haricot dit « nourriture d'Amma » est symbole de fécondité.

Le « travail » de création d'Amma est associé au mouvement du Dieu tournoyant sur lui-même et c'est cette « danse » que reproduit le porteur de masque.

La deuxième étape de la Création est relative à l'apparition des premiers êtres animés. Le placenta originel en forme de calebasse s'est scindé en deux, connotant la division du temps jour/nuit, lune/soleil et la fondamentale dualité de l'homme. Ainsi naquit le silure dit « Nommo anagonno », être double, image de la complétude et de la fécondité future, immortel comme son créateur. Dieu lui a donné ses yeux dont les quatre angles figurent l'espace orienté : il est donc « l'œil d'Amma » qui surveille la marche de l'univers.

Amma procéda ensuite à la multiplication des êtres : son but était de créer quatre paires de jumeaux mixtes devant donner naissance à des êtres parfaits comme eux, par dédoublements successifs. Mais cette entreprise fut contrariée par l'action du quatrième Nommo : Ogo. Impatient d'obtenir sa « jumelle » et désireux de percer le secret d'Amma, celui-ci sortit prématurément du placenta dont il arracha un morceau qui devint « l'Arche d'Ogo ». Il vola aussi la première graine. Face à ce « désordre », Amma intervint et de ce morceau de placenta, il fit la Terre. Pour se faire l'égal de Dieu, Ogo voulut alors la féconder, mais la pénétrant, il s'unissait à sa Mère, réalisant le premier inceste aux conséquences graves. De l'union d'Ogo avec la Terre, ne naquirent que des êtres incomplets. Après cet échec, Ogo voulut remonter au ciel mais Amma donna ordre au second Nommo de transformer le placenta volé en feu brûlant : ce fut le Soleil dit « nay » (quatre) rappelant la féminité du placenta. Pensant pouvoir prendre possession de l'univers, Ogo vola aussi les huit graines mâles créées par Amma et les cacha dans une seconde arche, puis il redescendit sur terre en perçant dans l'œuf primordial un trou qui, sur l'intervention d'Amma devint la lune. Amma délégua la fourmi pour reprendre les graines et le second Nommo pour écraser le morceau de placenta qui, en pourrissant, introduisit dans la création le germe de la destruction et par suite, la mort. En guise de châtiment, Amma circoncit Ogo, lui coupa la langue et le transforma en renard, « yurugu ». Privé de parole, celui-ci ne pourra plus communiquer avec les hommes qu'avec ses pattes dont il laissera l'empreinte sur la table de divination. Il restera dans l'univers l'agent permanent du désordre et son arche, faite de terre impure, est le symbole de la brousse inculte, son domaine désormais.

Pour purifier le monde des méfaits issus de la révolte du quatrième Nommo, et reprendre son œuvre créatrice, Amma sacrifia le troisième Nommo auquel il devait reprendre les « sièges de la parole » dont il l'avait doté. Lors du sacrifice, Amma préleva sur la victime les « quatre âmes de corps » auxquelles il ajouta « quatre âmes de sexe », les êtres formés par la suite devant être de sexe différent et non plus androgynes, l'union sexuelle devenant ainsi nécessaire à la procréation. Il préleva aussi les dents du Nommo pour conserver la parole articulée, sous forme de huit petites perles ou pierres d'alliance, doublet des huit graines initiales, puis le sperme qui contient l'eau mâle et femelle, ainsi que l'image des deux silures, premier couple préfigurant l'homme au stade fœtal. Il préleva enfin les huit organes principaux du Nommo, partagea son corps en soixante morceaux dont il fit sept tas d'où surgit une Constellation de sept étoiles; il les rassembla ensuite en quatre tas qu'il lança dans la direction des quatre points cardinaux afin de purifier l'espace.

Après le sacrifice du troisième Nommo, Amma le ressuscita sous la forme de jumeaux humains mixtes, pétris au centre même du placenta originel. Ceux-ci reçurent huit âmes (quatre de corps et quatre de sexe), ainsi que la force vitale d'Amma et les huit graines des clavicules. Cette seconde création fut réalisée en cinq périodes que rappelle la semaine dogon de cinq jours.

Du sang du sacrifié naquirent les étoiles et planètes dont le mouvement atteste la réorganisation de l'univers; les étoiles sorties du sein d'Amma sont dites « parures du Nommo ».

L'eau mâle du sexe du sacrifié tombera sur la terre sous forme de pluies constituant les réseaux d'eau douce sur le sol, l'eau femelle constituant les mers.

Le couple Nommo ressuscité devait ensuite jouer le rôle de moniteur de l'univers, père des hommes, gardien de leurs principes spirituels, dispensateur de la pluie et maître de l'eau en général. Après sa descente sur la terre, il reprendra sa forme première de silure et siégera dans l'eau pour révéler aux hommes la parole, les vingt-deux articulations de son corps correspondant aux vingt-deux catégories de la pensée d'Amma dans l'œuf primordial.

Reprenant son travail de création, Amma pétrit dans son sein, avec la matière du placenta originel, les huit premiers ancêtres de l'humanité (seconde génération mythique), soit quatre couples, « fils » du Nommo sacrifié, chacun étant associé à l'un des éléments fondamentaux : Amma Sérou et sa jumelle, témoin d'Amma, est associé à l'air; Lébé Sérou, témoin du message d'Amma, à la terre; Binou Sérou à l'eau et Dyongou Sérou, témoin d'Ogo, au feu. Chacun d'eux est aussi associé à l'une des huit graines dont le Nommo ressuscité portait le symbole dans ses clavicules et représente l'une des parties de son corps : le Nommo ressuscité est la tête, Amma Sérou sa poitrine, Lébé Sérou son abdomen, Binou Sérou ses bras toujours vivants, Dyongou Sérou son nombril et son sexe.

Outre ces huit ancêtres qui devaient descendre sur terre avec l'arche du Nommo, Amma créa le forgeron et le griot qui descendirent isolément. Le forgeron, fait du cordon ombilical du Nommo sacrifié, est considéré comme son jumeau. Pour descendre sur la terre, il reçut le pénis, les testicules vides du sacrifié et son bras tranché transformé en masse contenant les huit graines de céréales, le pénis devenant la tuyère et les testicules les soufflets de la forge. La croyance populaire dit que comme le Nommo, le forgeron peut se transformer à son gré en toutes sortes d'êtres vivants.

Le griot, issu du placenta et du sang de la gorge du sacrifié est en rapport avec la parole qui sera octroyée aux hommes par l'intermédiaire du troisième ancêtre (Binou Sérou) lors du premier « Sigui ». En descendant avec sa femelle, le griot portait le crâne du sacrifié dont il devait faire le premier tambour. Dans ses clavicules sont, non pas huit graines, mais huit paroles, symbole du verbe qu'il sera chargé de conserver et diffuser sur la terre.

L'Arche du Nommo descendant sur la terre avec les huit ancêtres est en rapport avec le système du Monde : le pont inférieur est l'Ancien Monde, le pont supérieur l'expression du Nouveau monde. Comportant soixante compartiments, autant que de trous creusés par le Renard sur le sol, elle est faite de terre pure et devient le symbole de la terre cultivée, par opposition à l'arche d'Ogo. Se trouvent sur cette Arche des Mossis, des Bambaras, Bozo, Peuls, Yebem. L'Arche contient aussi des animaux et végétaux, des dunes de sable et des métaux, enfin les astres, étoiles et planètes. L'Arche se balança pendant huit « périodes » selon un mouvement hélicoïdal représentant le mouvement de la vie. Le choc de son contact avec le sol donna à la Terre son aspect tourmenté.

Descendant de l'Arche, le Nommo laissa l'empreinte de sa sandale de cuivre sur le « champ » du Renard, en signe de prise de possession. Ce fut alors le premier lever de soleil. Tous les êtres vivants étant sortis de l'Arche, Amma fit remonter sa chaîne et « referma » le ciel, pour reprendre sa forme initiale de l'Œuf. Sous la forme d'un cheval, le Nommo tira l'Arche jusqu'à une dépression (celle du lac Débo, qui se remplit d'eau à la première pluie). Dans cette première « mare », l'Arche flotta et c'est en cet élément aquatique, son domaine sur la Terre que le Nommo reprit sa forme première de silure. Désormais appelé « Nommo de la mare », il est le Maître de l'Eau, toujours présent dans les sources et cours d'eau tandis que sa femelle siège dans les mers. Pour les Dogon, comme pour les Malinké, Bambara et Bozo, le Nommo est représenté par le cours du Niger de sa source au lac Débo.

Sur la Terre, les quatre couples d'ancêtres voient leurs fonctions bien définies : Amma Sérou, l'aîné, est le chef de famille, le patriarche, le représentant d'Amma; il décide des travaux de la culture; Binou Sérou est le premier prêtre totémique; Lébé Sérou incarne la terre et les forces végétales; c'est lui qui ensemencera le premier champ collectif. A la suite d'une rupture d'interdit, il sera sacrifié et ressuscitera comme le Nommo pour purifier la terre; Dyongou Sérou incarnant la colère et la violence, sera le chasseur, mais aussi le guérisseur et l'initiateur de la société des Masques. Il mourra en état d'impureté et transmettra la mort aux hommes. Sa femme, préposée aux naissances, facilitera les accouchements.

Le mythe insiste sur le fait que l'homme a été créé sans parole. La descente des ancêtres symbolisant leur naissance véritable, ils ne devinrent des hommes complets que lorsque le Nommo leur eut fait don de la parole par bonté envers l'humanité, pour rendre possible le progrès. C'est à partir de la « mare » où il siégeait qu'il la leur révéla à travers la technique du tissage. Seul Binou Sérou la perçut tout d'abord car il avait l'intuition des choses divines. Il en fut si frappé qu'il fut pris d'une crise semblable à la transe qui fait « trembler » aujourd'hui les prêtres frappés par l'inspiration : « La parole est venue comme un vent, est entrée dans son oreille, est descendue dans le foie, s'est assise, est sortie par la bouche. » Cette parole reçue par Binou était encore rudimentaire; en fait, elle ne comprenait qu'un mot : « so » qui signifie « parle », mais ce mot contenait en puissance tout le vocabulaire futur, les six dialectes dogon et six langues étrangères (peul, bozo, mossi, bobo ensemble; bambara, kouroumba, touareg, songhay et bella). Binou possédant la parole sentit ses poumons se dilater, il répéta la première parole et un écho lui répondit : le premier tambour qui renvoya cette parole aux autres ancêtres qui se mirent eux aussi à parler. Par la suite, Binou reçut tous les autres mots du vocabulaire, lors d'entretiens avec le Nommo...

Implications du mythe dogon

Ces deux versions du mythe dogon se complètent pour faire apparaître une métaphysique et une conception de l'être fondée sur une « mythologie de la parole » et une « mythologie du grain » chez un peuple essentiellement d'agriculteurs. C'est la « parole » d'Amma qui est à l'origine du monde, parole fécondante qui donne vie aux êtres et aux choses et toute une conception de l'homme s'établit en référence à cette enfance de l'humanité que décrit le mythe et à cette naissance du monde à partir des huit premières graines créées.

L'homme avant sa naissance, est au stade fœtal l'image des premiers êtres animés, créés sous forme de poissons. Pour les Dogon, la personne humaine est constituée d'un corps, d'une force vitale composite ayant l'aspect d'un fluide qui circule dans le sang, de huit âmes (quatre « de corps » et quatre « de sexe » comme les premiers ancêtres) ; elle porte aussi dans ses clavicules la représentation symbolique des huit graines primordiales de la Création. Comme les premiers couples de jumeaux, l'homme est sexuellement ambivalent jusqu'à la circoncision ou l'excision. A sa mort, sa « force vitale » (nyama) s'échappe et devient une force active qu'il convient de diriger par des rites funéraires ; ses principes spirituels libérés se fixent par la suite dans l'un de ses descendants.

L'organisation sociale, la pratique des techniques essentielles (culture, poterie, tissage, travail des métaux), certains gestes de la vie quotidienne et plus encore les rites pratiqués sont déterminés par tout un système d'analogies qui fait référence aux événements mythiques. Le symbolisme des nombres est particulièrement éloquent sur ce point.

Les quatre tribus dogon sont la réplique des quatre lignages mythiques issus des premiers ancêtres descendus sur l'Arche du Nommo ou le « Grenier céleste ». L'institution totémique constitue l'armature de base de la société en référence au Nommo sacrifié selon le principe : un clan, un totem, un interdit et chacun des vingt-deux totems correspond à l'une des vingt-deux articulations du corps du Nommo qui rappellent aussi les vingt-deux catégories de la pensée d'Amma pour établir un lien étroit entre la divinité et l'humanité.

Tous les cultes s'adressent d'abord au dieu Amma et à ses « vicaires » les Nommo :

— Le culte de Binou, très complexe, s'adresse au Nommo sacrifié en tant que détenteur et protecteur des principes spirituels de l'homme et des graines.

— Le culte du Lébé s'adresse à l'ancêtre Lébé Sérou responsable de l'intégrité de la terre cultivée. Le Hogon, chef religieux de ce culte a aussi autorité sur le Conseil des Patriarches. Le Hogon le plus gradé est considéré comme le représentant direct d'Amma.

— La Société des Masques, qui groupe tous les hommes circoncis rend un culte à l'Ancêtre Dyongou Sérou.

— Les cérémonies du Sigui commémorent la révélation de la parole et la spirale que dessinent les danseurs rappelle la spirale de la vie à l'intérieur de la première graine dans le sein d'Amma.

Non seulement la construction des sanctuaires, mais aussi celle de la maison de famille est tributaire des données mythiques selon un symbolisme très puissant : la façade aux huit rangées de dix niches représente les huit ancêtres et leur descendance nombreuse comme les doigts de la main ; la terrasse carrée est la reprise de celle du grenier céleste ; sous le lit conjugal, sont placées les graines destinées aux semailles selon une analogie entre l'acte agricole et l'acte de procréation.

Au niveau des techniques pratiquées, le travail du tisserand, celui du forgeron, celui de la potière, ont de fortes connotations sacrées. Le tisserand par exemple, consacre un autel personnel au dieu créateur car la bande qu'il tisse est l'image de la parole divine qu'elle contient. Le statut particulier des artisans du cuir, des forgerons et des griots procède également des données mythiques.

Tout ceci témoigne de la prégnance du mythe, de son influence déterminante sur les représentations attachées aux différentes techniques et sur leur implication dans la vie sociale dogon.

Nicole GOISBEAULT

BIBLIOGRAPHIE

G. CALAME-GRIAULE, *Ethnologie et Langage : la Parole chez les Dogon*, N.R.F. Gallimard, 1965.

G. DIETERLEN, *Essai sur la Religion Bambara*, P.U.F., 1950.

— « La Notion de personne et la réincarnation chez les Dogon. »

— Comptes rendus du Colloque de Strasbourg - 16-18 mai 1963.

M. GRIAULE, *Dieu D'Eau : Entretiens avec Ogotemmêli*, 1948, Librairie Fayard, 1966.

— « Mythe de l'organisation du monde chez les Dogon », in Revue *Psyché*, Paris, 6, avr. 1947, pp. 443-453.

— « La Descente du troisième verbe chez les Dogon du Soudan », in Revue *Psyché*, Paris, 13-14, nov.-déc. 1947, pp. 1333-1346.

— « Valeur symbolique du vêtement dogon », in Revue d'*Esthétique*, Paris, I, avr.-juin 1948.

— « L'Arche du monde chez les populations nigériennes », in *Journal de la Société des Africanistes*, Paris, XVIII, 1948, pp. 117-128.

— « Le Savoir des Dogon », in *J. de la Société des Africanistes*, Paris, XXIII, 1952, pp. 27-42.

— « Réflexions sur des symboles soudanais », in *Cahiers Internationaux de Sociologie*, Paris, XIII, 1952, pp. 8-30.

M. GRIAULE et G. DIETERLEN, *Le Renard Pâle* - Tome I : *Le Mythe Cosmogonique*, Paris, Institut d'Ethnologie, 1965.

DON JUAN

Jean Massin a observé que la forme de la figure de Don Quichotte vient de ce qu'elle ne change pas. Il lui oppose celle de Don Juan qui, immédiatement après la *comedia* de Tirso de Molina *L'Abuseur de Séville* (*El Burlador de Sevilla*, vers 1630), a été la proie de maints changements. Don Juan a même pu apparaître à Byron comme le type disponible par excellence :

> « J'ai besoin d'un héros : besoin bien extraordinaire, quand chaque année, chaque mois nous en fournissent un nouveau (...). Ce ne sont point de telles gens que je me soucie de glorifier ; je vais donc prendre notre vieil ami Don Juan » (*Don Juan*, I, 1).

Le traitement du mythe littéraire de Don Juan est donc d'une étonnante liberté. S'il est essentiellement voué au théâtre, il peut être aussi le sujet de poèmes longs (le *Don Juan* de Byron, 1819-1824) ou courts (*Enfance de Don Juan*, *Election de Don Juan* de Rilke, *Don Juan aux Enfers* de Baudelaire), de récits (*Don Juan, rêverie d'un voyageur enthousiaste* de E.T.A. Hoffmann, 1813, *Les Ames du Purgatoire* de Mérimée, 1834), ou même de romans (*La Vie voluptueuse de Don Juan* de Roger Fairelle, 1973, *Terra nostra* de Carlos Fuentes, 1977). Tantôt l'écrivain s'attache seulement à un fragment de la vie d'un héros (*L'Invité de Pierre* de Pouchkine, 1830), tantôt on s'attarde, comme Byron, à raconter sa vie d'un bout à l'autre et à multiplier les épisodes, quitte à s'abandonner aux caprices de l'affabulation.

Cette liberté a peut-être pourtant ses limites. Même Byron, qui prend Don Juan comme on prendrait n'importe qui pour dire n'importe quoi, ne saurait oublier qu'il l'a vu, dans la pantomime, « envoyé au diable quelque peu avant son heure ». La rencontre avec le convive de pierre est un morceau obligé, qui constitue le cœur du mythe. Et Don Juan lui-même existe en tant que tel. « Ce que je suis, je le reste », dit le héros de Grabbe : « Je suis Don Juan et je ne serais plus rien si je devenais un autre. Mieux vaut être ce que je suis dans un abîme de soufre qu'un saint dans la lumière du paradis » (*Don Juan et Faust,* 1829). Sa mobilité ne va donc pas sans une certaine monotonie. Mais l'histoire du mythe littéraire est longue, variée et exemplaire.

MOBILITÉ DE DON JUAN

Don Juan est le séducteur volant qui, dès le début de *L'Abuseur de Séville*, saute d'un balcon du palais du vice-roi de Naples et s'envole, aussi léger que Chérubin. Mais il est retenu par des liens sociaux ou affectifs divers, et son envol est compromis par le poids de la pierre, par la main de la Statue qui l'entraîne vers le bas, en Enfer. Qu'il devienne masque de pierre comme à la fin de *La Mort qui fait le trottoir* de Montherlant (1958), bonhomme de neige comme à la fin de *Don Juan revient de guerre* d'Odön von Horvath (1935) ou simplement cadavre comme à la fin de *Monsieur Jean* de Roger Vaillant (1959), il cède au poids, il retombe comme un jouet d'enfant dévalué, incapable d'essor et dépourvu de magie icarienne.

Don Juan donne l'illusion du changement par sa mobilité. Il est sauterelle d'Egypte (*langosta*), dit de lui son valet Catalinon dans *L'Abuseur de Séville.* On le voit aller de Naples à Tarragone, de Tarragone à Séville, de Séville au village de Dos Hermanas. A peine y est-il arrivé pour l'épisode des noces villageoises, il demande à Catalinon de préparer les chevaux, de les seller pour pouvoir prendre la fuite dès qu'il aura séduit la jeune épousée, Aminta. Ces chevaux, Louis Erlo avait choisi de les placer en permanence au fond de la scène dans la mise en scène qu'il avait réalisée du *Don Giovanni* de Mozart. Et, à dire vrai, Don Giovanni n'a pas besoin de monter à cheval. Sur scène, déjà, il ne tient pas en place. Le fameux « air du champagne » donne la mesure de cette énergie qui se dépense en vains mouvements : organiser une fête, multiplier autour de lui menuets, allemandes et contredanses, déployer cet autre ballet des filles qu'il entraînera dans son tourbillon jusqu'à ce qu'elles succombent à ses avances dans son *casinetto*, tout cela correspond à cette manière d'être, à ce mode du *scherzo* qui est son mode d'existence. C'est d'un mouvement trop vif qu'il tue le Commandeur, venu « s'embrocher sur sa lame comme un poulet » (Max Frisch, *Don Juan ou l'Amour de la Géométrie*, 1953). Cette mobilité semble dépasser l'espace clos des planches : il faut à Don Juan l'espace de l'épopée (l'odyssée du Don Juan de Byron que les flots de la Méditerranée conduisent, pirates aidant, jusque dans un harem), ou l'espace du roman. Un rien suffit pour qu'il devienne un héros de cape et d'épée, et d'ailleurs il est un personnage de Zévaco (*Don Juan* et *Le Roi amoureux*, 1916).

Don Juan donne encore l'illusion du changement par le masque, qu'il revêt volontiers. Il est l'homme du déguisement : le seigneur chamarré d'or qui fait l'admiration de Mathurine et de Charlotte dans le *Dom Juan* de Molière (1665) peut fort bien se contenter de l'habit de son valet (avec, chez Mozart et Da Ponte, le classique quiproquo). Dans le poème de Byron, il se déguise en femme et peut ainsi accéder à l'appartement de la sultane Gulbeyaz (chant V), devenant une sorte de don juane, malgré son aversion pour les vêtements efféminés. Pire, il peut changer de visage quand il feint le repentir, l'amour pour son père et la dévotion à l'acte V du *Dom Juan* de Molière. Sganarelle, comme Dom Louis, s'y est un instant laissé prendre et félicite le nouveau converti. Mais Don Juan prend soin de le détromper :

> « Non, non, je ne suis point changé, et mes sentiments sont toujours les mêmes » (V, 2).

Enfin Don Juan donne l'illusion du changement par son inconstance même, celle dont il fait profession dans la première scène avec Sganarelle (I, 2) du *Dom Juan* de Molière. Il y a chez lui une véritable incapacité à se fixer sur un objet, un perpétuel appel de l'autre et une haine du mariage telle qu'il en fait la constante parodie. Car il ne faut pas imaginer le mariage avec Elvire comme un « fil à la patte ». D'abord parce que Don Juan s'échappe des liens du mariage, dût-il être poursuivi et retrouvé par les frères d'Elvire. Mais surtout parce que ce mariage n'en est pas un : l'Elvire de Molière, l'Elvira de Da Ponte et Mozart se proclament épouse ou *sposa* de Don Juan. Mais l' « épouseur à toutes mains » les a épousées comme les autres, comme Aminta par exemple. Sganarelle prend soin de préciser à Gusman, le loyal serviteur d'Elvire :

> « Tu me dis qu'il a épousé ta maîtresse; crois qu'il aurait plus fait pour sa passion, et qu'avec elle il aurait épousé encore toi, son chien et son chat. Un mariage ne lui coûte rien à contracter; il ne se sert point d'autres pièges pour attraper les belles, et c'est un épouseur à toutes mains. »

Précieuse indication : Don Juan n'est pas un ennemi du mariage, comme on le dit quelquefois; au contraire, il a la passion du mariage, il multiplie les fils jusqu'au moment où il est pris dans leur réseau : le catalogue, la *lista* donjuanesque devient défilé de victimes accusatrices et vengeresses à la fin du *Don Juan* de Lenau (1844).

La monotonie donjuanesque

On pourrait dire : ce qui ne change pas en Don Juan, c'est son goût du changement. Il y a même une monotonie donjuanesque. Nulle part elle n'est plus sensible que dans *L'Abuseur de Séville.* Si Don Juan change de lieu, s'il change de proie (Isabelle, Tisbea, Aminta, Anna, Aminta) il ne change pas de refrain : « *Que largo me lo fiais!* », « Bien lointaine est votre échéance! » ; il ne change pas de geste (« donne-moi la main », et ce sera la même invitation faite à Zerline dans le célèbre duo de *Don Giovanni*) ; il ne change pas de manière : la *burla,* la forme la plus mécanique, la plus fruste, du *scherzo.* C'est pourquoi le drame ne peut être composé que par réduplication : le second acte de *Don Giovanni,* celui du banquet, redouble le premier, celui du bal, et c'est la fête recommencée. Dans *L'Abuseur de Séville* Tirso de Molina adoptait la structure encore plus répétitive du deux fois deux : deux intrigues nobles, deux intrigues basses, la *burla* ne changeant pas de l'une à l'autre, mais nivelant en quelque sorte aristocrates et roturières dans une même comédie du péché de chair.

Cette monotonie s'explique par la ressemblance profonde entre toutes ces femmes. Elle s'explique aussi par une continuité étrange et mal connue chez le premier Don Juan. Le frère Gabriel Tellez, alias Tirso de Molina, avait en effet présenté Don Juan, ce prétendu incrédule, comme un homme trop convaincu. Le péché de Don Juan, pour Tirso, c'est l'excès de foi (et la preuve en est qu'il se croira obligé de proposer aux spectateurs le spectacle inverse, *Le Damné par manque de foi*). Don Juan s'est cru le fléau de Dieu. Il s'est cru chargé par Dieu d'une mission vengeresse, de punir les femmes de la facilité avec laquelle elles donnent leur corps. Isabelle, dans les ténèbres du palais royal de Naples, Tisbea, la rebelle au mariage, Anna liée à ce libertin de marquis de la Mota, Aminta prête à l'échange la nuit même de ses noces, commettent la même faute : elles cèdent hors mariage, et tout de suite, à qui les a séduites. Le cri de Don Juan n'est pas celui d'un amoureux du plaisir rassasié, c'est le cri de triomphe de celui qui, sur sa liste, pourrait inscrire une preuve supplémentaire de la légèreté des femmes.

On a dit parfois que Don Juan était triste. Pierre Jean Jouve perçoit cette tristesse jusque dans le duo de Don Giovanni et de Zerline : « ce qui est remarquable dans le duo *Andiam,* sorte de berceuse dont la ligne mélodique se meut tout entière à l'intérieur d'un court intervalle — c'est sa tristesse ». Ce serait la tristesse du devancement, la certitude que ce sera comme les autres fois, aussi décevant que les autres fois, le pressentiment que derrière celle-ci une autre femme déjà attend d'être séduite. Au moment même où il emploie tous les artifices de la fête pour emporter l'ultime victoire sur Zerline, Don Giovanni annonce que d'ici demain matin sa liste devra s'allonger de dix noms. Il cède au vertige de la quantité, et cette quantité n'est jamais suffisante. Ce mouvement vers l'infini voue Don Juan au champ de neige de Horvath, au désert où Camus a choisi de le placer. Mais Camus répond négativement à la question : « Don Juan est-il triste? ». Il n'y a pas pour lui changement de la gaîté donjuanesque en tristesse affreuse. Même si pour lui Don Juan n'espère pas, « ce rire, l'insolence victorieuse, ce bondissement et le goût du théâtre, cela est clair et joyeux. Tout être sain tend à se multiplier » (*Le Mythe de Sisyphe*, 1942). Il faut entendre par là non point quelque paternité le flanquant d'on ne sait quel bâtard (don Felipe Alcacer, dans la pièce de Montherlant, par exemple) ou même d'un cortège d'enfants à nourrir (à la fin du *Don Juan* de Lenau), mais une multiplication de soi-même. Parce qu'il vit à l'état de projet, parce que celui qu'il projette en avant est toujours lui-même, est toujours le même, Don Juan engendre ses doubles.

L'étude de Otto Rank est devenue un classique, même si l'édition française la présente d'une manière abusive sous le titre *Don Juan et le Double*, juxtaposant deux articles écrits et publiés en allemand à des dates différentes, *Le Double* en 1914 et *Le Personnage de Don Juan* en 1922. En effet pour Rank le double constitue bien une structure pré-donjuanesque que confirme le mythe de Don Juan. Constatant que Don Juan suscite des doubles (si bien qu'à la limite il n'existe que lui), Rank suggère qu'il est un personnage divisé, en qui s'affrontent deux doubles. L'inverse est peut-être plus vrai : Don Juan, personnage monolithique, suscite des imitateurs. Nous en connaissons : au théâtre, Leporello qui, jaloux peut-être de son maître, ou « participant à quelque chose de la poésie de son maître » (Flaubert, projet d'*Une Nuit de Don Juan*), s'enchante de cette multiplicité (c'est pourquoi il détaille le catalogue), et peut même l'imiter; dans l'histoire, Miguel Manara qui n'a pas été, comme on l'a parfois suggéré, le modèle de Don Juan (il avait trois ans quand la *comedia* de Tirso semble avoir été jouée pour la première fois), mais qui a pris pour modèle, du moins dans la première étape de sa carrière, ce personnage qu'il avait admiré sur scène; au théâtre, où le Leporello du film de Joseph Losey, José van Dam, peut chanter le rôle de Don Juan à l'occasion d'autres représentations.

Il n'est pas d'exemple plus étonnant de la prolifération des Don Juan que le roman de Carlos Fuentes, *Terra nostra*. Il y a Juan Agrippa, il y a le naufragé, mais il y a aussi le Seigneur vêtu de noir (Philippe II), et son père l'ancien seigneur qui exerçait volontiers le *jus primae noctis*. Philippe II en Don Juan : la représentation est pour le moins paradoxale. Elle l'est moins si l'on songe que Fuentes veut faire apparaître Don Juan comme un rêve de compensation de l'époque ascétique de l'Escurial, le fantasme érotique d'une époque de rigueur qui ne crée cette image compensatoire que pour la détruire violemment. Car « tout en ce monde se compense ».

Chronologie du mythe littéraire

Nous ne savons rien de Don Juan avant la *comedia* de Tirso, en 1630. On lui a cherché des modèles historiques, imaginaires (Don Juan Tenorio) ou inadéquats (le comte de Villamediana, alias Don Juan de Tassis : c'est l'hypothèse de Gregorio Maranon). On lui a cherché des modèles mythiques (Thésée ou Zeus lui-même : voir la thèse de Gendarme de Bévotte). Fuentes se contente d'imaginer une naissance de Don Juan dans l'Espagne du temps de Philippe II qui est tout aussi bien un roman de l'an 2000, où il ne reste plus de l'Amérique latine que terres ravagées par la publicité ou le génocide et quelques réfugiés témoins de ce que fut la culture d'un continent. Est-ce pour cela que Don Juan s'abolit dans sa propre multiplicité? Est-ce décadence? Est-ce démystification? Cette question nouvelle conduit à étudier non plus Don Juan comme figure du changement (il change si peu), mais la procédure du changement dans l'histoire du mythe littéraire de Don Juan.

Grossièrement, on pourrait distinguer trois grandes périodes. A l'époque « classique », Don Juan apparaît essentiellement comme une figure du divertissement, qu'il s'agisse de la *burla* dans *L'Abuseur de Séville*, de la moquerie et du défi dans le *Don Juan* de Molière ou du *scherzo* dans le *Don Giovanni* de Da Ponte et Mozart. Le fait le plus remarquable durant cette période est l'application rigoureuse du principe de la réversibilité — qui est au fond un autre mode de la réduplication. Non seulement Don Juan recommence sempiternellement la même aventure, mais encore cette aventure se retourne contre lui-même. Il a embrasé Tisbea du feu de l'amour, et il est brûlé à son tour. Il a demandé à ses victimes de lui donner la main, et la Statue du Commandeur lui demande de lui donner à son tour cette main qu'elle va étreindre d'une étreinte effroyable. Don Juan n'a pas laissé au Commandeur le temps de se confesser avant de se tuer, et la Statue va l'entraîner impénitent en enfer. C'est l'application de la loi du talion dont Catalinon, dans la *comedia* de Tirso, rappelle l'expression la plus fruste.

A l'époque romantique, et à partir du conte de E. T. A. Hoffmann, *Don Juan rêverie d'un voyageur enthousiaste*, un changement important se produit. Pour la première fois un véritable dialogue s'engage entre Don Juan et l'une de ses partenaires amoureuses. La nature a donné à Donna Anna comme à Don Juan « le désir de l'infini, la soif de ce qu'(on) ne peut atteindre ». Comme lui, elle a l'âme hautaine et exigeante, tendue vers les aspirations les plus élevées. Mais quand Don Juan rencontre Anna, il est trop tard pour lui, trop tard pour elle. Pour que Donna Anna se mette à sa hauteur, il faut qu'elle tombe aussi bas que lui. Aussi, après la mort de Don Juan, chante-t-elle un ultime *non mi dir* qui n'est plus destiné à l'insignifiant Ottavio, mais à Don Juan qu'elle choisit de suivre en enfer. D'autres femmes, au contraire, l'entraîneront sur la voie du salut. Avec les Romantiques, la tradition Manara, ou comme ils disent souvent, Marana, se mêle à la tradition Tenorio (Mérimée) ou l'emporte sur elle (Zorrilla, *Don Juan Tenorio*, 1844; Alexandre Dumas père, *Don Juan de Marana ou la Chute d'un Ange*, 1836). Si le mouvement du drame donjuanesque change, c'est parce qu'il est modelé par le grand thème romantique de la rédemption, par un schème ascensionnel.

Le Romantisme, avec Byron, est aussi le moment où naît l'ironie moderne, Et en effet à l'époque moderne, cette ironie s'exerce sur Don Juan. Sous sa forme la plus pure, elle est la présentation conjointe de la figure de Don Juan et de son reflet miniature. C'est le cas dans le *Don Juan* de Michel de Ghelderode (1928), ou mieux encore dans ce spectacle de théâtre musical dû à la collaboration de Michel Butor et de Jean-Yves Bosseur, donné au Théâtre Oblique, où l'on voyait sur scène un orchestre miniature, avec des instruments miniatures à côté de l'orchestre normal et des instruments habituels.

L'époque moderne serait celle de la démystification, ou plutôt d'une tentative de démystification. La Statue n'est plus qu'une imposture : Byron avait déjà imaginé qu'une vieille duchesse un peu folle pouvait se déguiser en fantôme pour tenter de séduire Don Juan. Dans la pièce de Max Frisch, *Don Juan ou l'Amour de la Géométrie*, c'est la Célestine déguisée sur l'ordre de l'évêque de Cordoue et la duchesse de Ronda qui veut épouser Don Juan et finira en effet par le retenir captif. Les metteurs en scène eux-mêmes sont tentés de traiter la Statue par la dérision ou par l'absence. Cette démystification a pour fin une démythification : en ruinant la Statue, il s'agit de détruire l'élément sacré, ce qui constitue l'histoire de Don Juan comme mythe. Car ce n'est pas la colère du roi, ou celle de Dieu qui précipitent la catastrophe : elle est la conséquence du viol d'un interdit, du non-respect d'un tabou, le mort, la mort, cette *lithinos thanatos* dont avait déjà parlé Pindare.

Cette démystification, cette démythification nous ont-elles débarrassés de Don Juan? Non. La preuve la plus claire en est la pièce de Roger Vailland, *Monsieur Jean.* Don Juan a beau devenir P.D.G. d'une compagnie d'aviation, la Statue a beau devenir le portrait de son adjoint, mort au cours d'un vol d'essai, M. Commandeur, et Leporello a beau devenir Leporella, la vengeance du mort est bien là et ce ne sont pas seulement les lois de la physique (le fil trop court, le tableau trop lourd) qui expliquent que le portrait brise la nuque de M. Jean.

L'aventure donjuanesque reflète les changements d'idéologie de chaque époque, mais Don Juan lui-même ne change guère. Il se maintient jusque dans son étrange pouvoir de prolifération. Fuentes écrit un roman de neuf cents pages, mais il lui suffit de quelques lignes pour évoquer une fois parmi tant d'autres l'histoire de Don Juan. Une jeune nonne raconte à Célestine :

> « Il tua mon père par amour pour moi. J'aimai l'assassin de mon père. L'amour pour le vivant fut plus fort que l'amour pour le mort. Moi il ne m'abusa point, mais il abusa mon père, enterré ici même, dans ce couvent. Il vint se moquer du tombeau, il défia la statue de mon père, l'invitant à dîner ce soir à l'auberge, il refusa de m'emmener avec lui alors que je l'en suppliais, déclarant qu'il n'avait que quelques jours à consacrer à chaque femme qu'il aimait : un jour pour s'éprendre d'elle, un autre pour la séduire, un troisième pour l'abandonner, un quatrième jour pour la remplacer, et une heure pour l'oublier ; j'implorai ; il refusa ; parurent mes frères qui le provoquèrent en duel, il rit, se saisit de moi, non par amour, mais pour défier mes frères. Il sauta par-dessus le mur du couvent, nous tombâmes, je m'évanouis. Il mourut. »

Cette chute contre le sol est bien encore le choc de la pierre.

Pierre BRUNEL

BIBLIOGRAPHIE

Dans la collection des bilingues Aubier : *L'Abuseur de Séville* de Tirso de Molina, *Don Juan* de Byron (2 volumes), *Don Juan* de Lenau. Anthologie de textes complets (Tirso de Molina, Molière, Da Ponte/Mozart, Hoffmann, Lenau, Pouchkine, Baudelaire), *Don Juan, mythe littéraire et musical*, présentation de Jean Massin, Stock-Musique, 1979. Anthologie d'extraits, *Le Mythe de Don Juan*, présentation d'Axel Preiss, Bordas, 1985. Anthologie d'extraits à la suite de l'étude de Jean Rousset, *Le Mythe de Don Juan*, Armand Colin, 1978.

Michel BERVEILLER, *Eternel Don Juan*, Hachette, 1961.

Georges GENDARME de BÉVOTTE, *La Légende de Don Juan*, Hachette, 1906-1911.

Gregorio MARAÑON, *Don Juan et le donjuanisme*, Idées-Gallimard, 1957.

Giovanni MACCHIA, *Vita avventure e morte di Don Giovanni*, Bari, 1966, rééd. 1978.

Otto RANK, *Don Juan et le double*, Payot, 1973.

Micheline SAUVAGE, *Le Cas Don Juan*, éd. du Seuil, 1953.

A.-E. SINGER, *A Bibliography of the Don Juan Theme. Versions and Criticism*, dans *West Virginia University Bulletin*, 1954.

Leo WEINSTEIN, *The Metamorphoses of Don Juan*, Stanford, 1959.

Numéros spéciaux d'*Europe*, janvier-février 1966 et d'*Obliques* nos 4 et 5, 1977.

DOUBLE

L'une des premières dénominations du double est l'alter ego. On nomme sosie ou ménechme, en référence aux comédies de Plaute, deux personnes qui montrent l'une avec l'autre une ressemblance frappante au point qu'on les confond. Dans le même ordre d'idées on trouve les appellations de frères de cœur, d'âme, siamois... Le terme consacré par le mouvement romantique est celui de *Doppelgänger* (traduit par double, second self...), forgé par Jean-Paul Richter en 1796 qui signifie littéralement : « celui qui marche à côté, le compagnon de route ». Nous faisons nôtre la définition qu'en donne Jean-Paul : « ainsi se nomment les gens qui se voient eux-mêmes ». Il s'agit d'abord par là d'une expérience d'un sujet. D'autres formulations littéraires jouiront d'une certaine prospérité : « je est un autre » (Rimbaud), « el otro », l'autre (Borges).

Selon J.-P. Vernant, *Mythe et tragédie en Grèce ancienne* (Maspéro), Œdipe est le paradigme de l'homme double. Sophocle (*Œdipe-Roi*) pose la question de savoir dans quelle mesure l'homme dont la condition est d'être ici (aspect humain) et d'ailleurs (aspect surhumain) est entièrement à la source de ses actions. Ici la dualité ressort de l'analyse du sens de l'œuvre. Nous ne nous engageons pas dans cette voie, mais restreignons l'étude aux œuvres où apparaît une trace linguistique explicite telle que « double », « je-l'autre lui », « je-deux en un », « je-le même », l'homonymie ou la ressemblance, la proximité étrange notée par « je » posant la question de l'identité. Toutes les œuvres analysées témoignent jusque dans leur signifiant de cette étrange présence.

Notre analyse ne considère que des œuvres de l'Occident dont c'est l'un des grands mythes. Il montre de plus une affinité particulière avec un genre littéraire, l'écriture fantastique et se prolonge dans la science-fiction. Mais le mythe du double est aussi très bien représenté dans les arts plastiques (art médiéval des êtres à deux têtes, maniérisme, surréalisme) et dans l'art cinématographique.

Il s'agit là d'une figure ancestrale qui en littérature va connaître une apothéose au XIXe siècle dans le sillage du mouvement romantique, quoique le mythe soit encore très productif au XXe siècle.

Sa forme de prédilection est la nouvelle, qui raconte l'intrusion d'un événement étrange (Gœthe). La forme dramatique, qui permet de figurer le double par un deuxième personnage sur scène, est choisie essentiellement avant et après le romantisme, tandis que la poésie lyrique posant le problème du moi s'empare volontiers de ce mythe qui retrouve dans la ballade romantique des accents folkloriques.

En revanche, le mythe est un peu moins fréquent dans le roman.

Aspect mythique légendaire et symbolique

L'efflorescence du mythe au moment du romantisme ne doit pas faire oublier que le mythe du double remonte bien plus haut dans le temps : d'anciennes légendes nordiques et germaniques racontent la rencontre avec le double; la libération du double est un événement néfaste souvent présage de mort. Les légendes de l'âme voyageuse quittant le corps du dormeur et prenant l'aspect animal ou celui d'une ombre y sont une des figurations de l'alter ego. Le double est aussi *Schutzgeist* (Esprit protecteur).

Les divinités précolombiennes sont doubles (masculines/féminines) y compris dans leurs attributions bénéfiques/maléfiques : le numéro un du panthéon mexicain est Ometeotl : Dieux-deux (*Popol-Vuh* = livre du conseil des Maya-quichés du Guatemala. Première traduction française de G. Raynaud (1927) : les dieux, les héros et les hommes de l'ancien Guatemala).

M. A. Asturias reprendra ces données en particulier dans *Leyendas de Guatemala* (Légendes du Guatemala) (1929). Il en est ainsi dans la légende de la tatuana où Maître Amandier prend soit la forme humaine soit la forme végétale; le double est en règle générale le nahual, forme animale interchangeable avec la forme humaine. Le souvenir d'une symbiose entre l'animal et l'humain s'y traduit. Selon l'éthique maya les jumeaux Hun Batz et Hun Chuen étaient les modèles de l'homme civilisé.

En Egypte ancienne, le Ka est un double, manifestation des forces vitales : ce principe mène une existence indépendante du corps avec lequel il a été façonné. Passer à son Ka signifie mourir. Le Ka survit à la mort du corps. L'idée de la duplicité, de la gémellité comme réussite s'exprime aussi dans le mythe du *Banquet* de Platon (discours d'Aristophane) l'homme double, la femme double ou l'androgyne représentaient l'union primitive, l'état de perfection auxquels les hommes mettent fin par leur menace des dieux : la partition est le châtiment infligé par les dieux avec la représentation de l'homme qui s'ensuit (chacun de nous n'est qu'un homme coupé), représentation importante pour les retombées littéraires du mythe car cela implique une malléabilité de l'être humain, dont le destin devient la quête ; la recherche du double avec ses aspects ambigus, bénéfiques et maléfiques, témoigne d'un passage, d'une transgression hors des limites de l'humain, d'un châtiment symbolisé par la coupure (ce mythe se rattache aux mythes de la révolte des hommes contre les dieux (Prométhée, Icare...).

Dans la Genèse, l'homme est d'abord un. Dieu coupe l'homme en deux ; on retrouve l'idée sous-jacente au mythe du *Banquet* : la scission aboutit à un affaiblissement. Dans tous ces mythes, l'homme est interprété comme porteur d'une double nature en particulier masculine et féminine. La structure de l'homme intérieur suppose l'union de deux éléments distincts : conception qui apparaît dans la division de l'âme et du corps des religions traditionnelles.

L'idée de la dualité de la personne humaine : masculin/féminin, homme/ animal, esprit/chair, vie/mort, révèle une croyance en la métamorphose (voire même en la métempsycose) qui implique une certaine idée de l'homme responsable de sa destinée.

Les mythologies mettent en lumière ce double aspect bénéfique/maléfique du vivant, dichotomie que l'on retrouve dans les figures-symboles des religions (par ex. diable et ange gardien dans le christianisme). L'occultisme avec le symbole de la mort-renaissance influence aussi les productions littéraires où se manifeste le double.

La plupart des études réalisées au XXe siècle sur le double en privilégie l'aspect psychologique, à commencer par l'interprétation psychanalytique d'O. Rank (1914) qui met en relation les différents aspects du double littéraire avec l'étude de la personnalité des auteurs, celle des mythes (Narcisse) et des traditions mythologiques ; les héros qui se dédoublent présentent une disposition amoureuse pour le propre Moi et souffrent d'une incapacité d'aimer : un conflit psychique crée le Double, projection du désarroi intime, la délivrance est achetée aux prix de la peur de la rencontre. Mais le double est aussi (2e thèse) lié au problème de la mort et au désir de survie, amour de soi-même et angoisse de mort étant liés. Il est dans cette perspective une personnification de l'âme immortelle qui devient l'âme du mort, idée par laquelle le moi se protège de l'anéantissement, mais ainsi le double est perçu comme « un messager effrayant de la mort », d'où l'ambivalence de sentiments à son égard (intérêt passionné/terreur) : il est à la fois ce qui protège et ce qui menace.

Rank évolue d'une conception purement freudienne (répression du désir sexuel) vers une conception jungienne, le sentiment de culpabilité du moi aboutissant au désir de mort, pour renaître selon la vision jungienne à un autre être.

L'étude de Rogers se fonde sur l'analyse de l'inconscient freudien et de ses contenus infantiles, en distinguant double objectif (deux personnes) et subjectif (divided self...). Tymms distingue les doubles par division et par multiplication. Les ouvrages cités en bibliographie sont pertinemment commentés dans le livre de Keppler (1972) auquel j'invite à se reporter.

L'étude de Keppler est consacrée uniquement à l'étude des doubles littéraires et commente beaucoup d'exemples anglo-saxons. Il définit plus strictement ce qu'il entend par double.

Pour lui, le double est à la fois identique et différent voire opposé à l'original, c'est toujours une figure fascinante pour celui qu'il redouble du fait du paradoxe qu'il représente (il est à la fois intérieur et extérieur, ici et là, opposé et complémentaire), et suscite chez l'original des réactions émotionnelles extrêmes (attirance/répulsion). Leur relation existe dans une tension dynamique. La rencontre se produit à un moment de vulnérabilité du moi original. Sa caractérisation fondée sur une analyse des œuvres n'est cependant pas encore assez restrictive, ce qui l'amène à commenter par exemple *Bartelby* de Melville ou *Les Misérables* de Hugo, qui pour nous ne font pas apparaître de double.

Keppler en répertorie 7 modalités différentes : le poursuivant, les jumeaux, le (la) bien-aimé(e), le tentateur, la vision d'horreur, le sauveur, le double dans le temps, mais on pourrait en ajouter d'autres. Il note son rapport au *Bildungsroman*, son rôle de catalyseur d'un changement profond du moi et donc sa profonde ambiguïté (mal/bien, subjectif/objectif). Se fondant sur la psychologie de Jung (concept de « l'intégration de la personnalité »), il caractérise le double comme une partie non réalisée ou exclue par l'image de soi du moi : d'où son caractère de proximité et d'antagonisme, il s'agit des deux faces complémentaires du même être.

Dans la même perspective jungienne, Arenberg met en rapport la confrontation au double aboutissant à un processus de mort-renaissance chez les romantiques avec la conception des rites de passage du chamanisme ; pour elle, les romantiques sont à la recherche d'une nouvelle mythologie, fondée aussi sur l'initiation. W. Krauss se fondant sur une approche purement littéraire développe l'idée que la nostalgie de l'infini provoque une scission douloureuse de l'être. S'opposent dans un dualisme irréversible ce qui satisfait au désir et ce qu'y s'y refuse. On aboutit à la formule banale du romantique habitant « deux mondes ».

Le mythe du double est en Occident en rapport étroit avec la pensée de la subjectivité qui voit formuler au XVIIe siècle la relation binaire sujet-objet, alors que la tendance à l'unité prévalait jusque-là. Cette opposition, conception unitaire du monde/conception dialectique, est reflétée par le revirement du mythe littéraire du double, il symbolise de l'Antiquité jusqu'à la fin du XVIe siècle l'homogène, l'identique; la ressemblance physique entre deux êtres sert à la substitution, à l'usurpation d'identité, le double vivant, le sosie, le jumeau, est pris pour le héros et vice versa, chacun ayant son identité propre. La tendance à l'unité prévaut aussi quand un personnage joue deux rôles.

A partir de la fin du XVIe siècle, le double commence à représenter l'hétérogène, la division du moi allant jusqu'à l'éclatement (XIXe siècle), le je pouvant se fractionner à l'infini (XXe siècle).

Cette évolution reflète un changement de conception sur la place de l'homme dans la nature. Dans la conception des religions monothéistes, l'homme est à l'image de Dieu, a un double objectif, alors que l'affirmation de l'indépendance de ego et de Dieu au XVIIe siècle conduira à la mort ce dernier : le libre exercice de la raison date de ce moment, où Descartes se penche sur son moi et fonde sur le « cogito » *(IIe Méditation métaphysique)* les vérités de métaphysique et de morale qu'on déduisait auparavant de Dieu, premier pas d'une réflexion qui considérera le sujet comme le centre du monde (Kant) aboutissant à son hypertrophie (Fichte, Schelling), source du sentiment d'aliénation (moi double des romantiques).

Le XXe siècle reste dans la problématique de l'hétérogène avec la psychanalyse, tandis que la philosophie (pragmatique) situe le sujet dans une relation ternaire sujet-langue-objet : le mythe du double est donc encore d'actualité comme figure privilégiée de l'hétérogène.

LE DOUBLE COMME FIGURE DE L'HOMOGÈNE

Le double gémellaire et l'usurpation d'identité dans les comédies de confusion

Dans les légendes héroïques, le héros jumeau est celui qui a réussi à rendre visible sur terre son double.

Ainsi le jumeau est en littérature la première forme du double.

C'est d'abord la ressemblance trait pour trait avec un personnage vivant, au point que l'entourage les confond, qui est l'argument de comédies qui renvoient à Plaute, déjà imitateur des Grecs. Dans *Menaechmi* (les Ménechmes), représentée en 206 avant J.-C. pour la première fois, le hasard rassemble en un même lieu deux frères jumeaux de même apparence et portant le même nom, inconnus l'un de l'autre, source d'une cascade de quiproquos. L'action ne sort pas de la famille, mais le jumeau qui arrive à Epidamme va sans le vouloir usurper l'identité de son frère au point que ce dernier doit se défendre d'être considéré comme fou; les deux frères sont pris dans un automatisme douloureux qui ne se clôt qu'au moment de la scène de reconnaissance où les témoins ébahis font l'expérience de l'identité de deux êtres vivants, ne sachant plus qui est qui.

Cette motivation de l'intrigue conditionnée par la ressemblance entre deux êtres sera reprise par Shakespeare dans *Comedy of errors* (La Comédie des erreurs) (1592-1593); Shakespeare double les jumeaux de deux valets jumeaux, ce qui multiplie les quiproquos et provoque un contrepoint comique à l'interrogation sur l'identité, les valets exprimant naïvement cette impression de dépossession de la personne provoquée par la cascade de quiproquos, qui se résolvent dans la scène finale de reconnaissance générale. Cette même veine sera exploitée par Régnard, *Les Ménechmes*, Goldoni *I due gemelli veneziani* (Les Jumeaux vénitiens) (1748), Tristan Bernard, *Les Jumeaux de Brighton* (1939), Sacha Guitry, *Mon double et ma moitié* (1931).

La comédie italienne suscite une postérité littéraire à partir de la comédie *La Calandra* (la Calandria) (1513) du cardinal Bibbiena, qui met en scène deux jumeaux, garçon et fille, séparés, et qui les fait se retrouver à Rome, alors que la fille s'est travestie en garçon et devient la réplique de son frère, intrigue dont s'inspire *Gli Ingannati* (Les Abusés) (1531), (anonyme) qui voit deux jumeaux Fabrizio et Lélia séparés : la jeune fille, machiavélique, utilise le travestissement en homme pour recouvrer l'amour que Flaminio ne lui rend plus, c'est le retour du frère à Modène par l'apparition du double qui réajuste les couples et permet un dénouement heureux.

Lope de Rueda reprend cette intrigue dans *Los Engañados* (Les Abusés) (1556), tiré de la comédie italienne.

Dans *Gli Inganni* (Les Illusions trompeuses) (1562), N. Secchi, on retrouve une situation analogue : deux jumeaux garçon et fille sont vendus comme esclaves à Naples; la fille sous des habits d'homme éveille chez une femme un amour qui deviendrait fâcheux sans l'apparition de son frère. Shakespeare dans *Twelbth night* (La Nuit des rois) (1602) s'inspire d'une deuxième pièce intitulée *Gl'Inganni* (1592), C. Gonzaga, pour disposer de ressources nouvelles dans l'agencement de deux intrigues; la réunion des jumeaux, la confusion d'identité ne sert plus qu'à fournir une issue à une situation devenue inextricable du fait des étranges aspirations du cœur humain. L'intrigue principale est mise en mouvement par les jumeaux Viola et Sebastian, sosies à l'âme d'aventuriers.

Le sosie et l'usurpation volontaire d'identité

La substitution comme preuve d'amitié est utilisée dans l'histoire en latin de Radulfus Tortarius *Ami et Amile* (1090) dans laquelle Ami se soumet à la place d'Amile à l'ordalie et sera de même sauvé par Amile. Dans *Titus et Gisippus* (XIIe siècle), P. Alfonso, Gisippus se fait remplacer par son ami et sosie, bien plus amoureux que lui, auprès de son épouse sans que celle-ci remarque la substitution.

Dans le théâtre espagnol de le Renaissance, la ressemblance d'un roi ou d'un dignitaire avec un paysan utilisée à des fins politiques est un motif d'usurpation du pouvoir maintes fois exploité; dans *El Rey por semejanza* (Roi par ressemblance) (1600), Grajales, la reine fait assassiner un roi tyrannique par son amant et met à la place du roi un paysan qui ressemble étrangement au roi mort pour dissimuler son crime. Le paysan deviendra un roi modèle. Le remplacement par un double se révèle bénéfique pour le pays.

Ce même thème est utilisé par Tirso de Molina, *La Ventura con el nombre* (L'Aventure par le nom) (1630). Le berger Ventura, roi de substitution très bénéfique, qui va combattre victorieusement les Saxons, est en fait le demi-frère du roi assassiné. Le faux roi fait ses preuves, accepté comme le vrai roi, il corrobore ainsi sa filiation. Il s'agit encore de sauver le pays de la vacance du pouvoir par l'utilisation d'un sosie : *A un tiempo rey y vasallo* (Roi et vassal en même temps) (XVIIe) (anonyme), *Sulpitia* (1672), A. Draghis.

Dans la comédie *El palacio confuso* (Confusion au palais), Lope de Vega (1630), la reine a choisi pour remplacer un roi mort à la guerre un époux qui se met à bannir les nobles et à donner des pouvoirs au peuple : pendant qu'il dort, elle utilise un sosie qui donne des ordres contraires. Le vrai roi se prend pour fou; il incarne le mal pour la noblesse et sera peu à peu neutralisé par l'utilisation du sosie.

A la fin de la pièce on apprend que le roi et son sosie paysan sont des jumeaux, fils du roi décédé.

P. Corneille reprend ce schéma dans *Dom Sanche d'Aragon* (1649) où l'époux vivant tyrannique est aussi neutralisé par son jumeau élevé comme paysan.

L'usurpation d'identité d'un prétendant au trône est utilisée dans *El Imperador fingido* (Le Faux Empereur) (1650), G. de Bocangel, *La Crueldad por el honor* (La Cruauté à cause de l'honneur) (1623), J. R. de Alarcón y Mendoza et *El Pastelero de Madrigal* (Le Pâtissier de Madrigal) (1660), J. de Cuéllar, où un pâtissier qui s'identifie au roi du Portugal est exécuté par les Espagnols.

Dans toutes ces pièces la ressemblance utilisée pour substituer une personne à une autre sert au déroulement de l'action et d'enjeu de manœuvres politiques ayant trait à la manière de gouverner.

L'usurpation d'identité peut reposer uniquement sur le travestissement : il s'agit en fait de deux rôles joués par la même personne pour mener à bien des intrigues amoureuses, cf. *Miles Gloriosus* (vers 206 avant J.-C.). Ainsi en est-il dans *Don Gil de la calzas verdes* (Don Gil aux culottes vertes) (1617), Tirso de Molina. Apparaissent à un moment quatre différents Don Gil, source de quiproquos infinis (voir aussi *El Hombre pobre todo es trazas* (*L'Homme pauvre n'est que haillons,* Calderon et *El semejante a si mismo* (Le portrait de soi-même) (1630), J. R. de Alarcón y Mendoza).

Le travestissement qui sert à faire progresser l'action et l'intrigue amoureuse sera utilisé dans les comédies de Marivaux : *Le Jeu de l'amour et du hasard* (1730), l'échange avec le double valet/soubrette mettant en lumière les rapports sociaux (contraste entre tenue et langage).

Tandis qu'Arnim dans *Die Verkleidungen des französischen Hofmeisters und seines deutschen Zöglings* (Les Travestissements d'un précepteur français et de son élève allemand) (1835), utilisera plutôt le motif du déguisement pour éclairer la dualité de tout être et l'instabilité du réel (Double comme figure de l'hétérogène).

Le double surnaturel

Les comédies qui traitent du double magique proviennent des légendes héroïques de l'union d'un dieu et d'une mortelle (union mystique du ciel et de la terre, qui doit donner naissance à un héros salvateur : mythologie indienne, cycle des légendes thébaïques que se rapportent à la métamorphose en taureau avec Europe, en cygne avec Léda, en pluie d'or avec Danae...). A Rome, Plaute donne à la légende forme théâtrale dans *Amphitruo* (201-207 avant J.-C.), tragi-comédie merveilleuse et domestique, qui humanise les dieux descendus sur la terre par le processus de la métamorphose et de l'emprunt de personnalité. Jupiter emprunte les traits d'Amphitryon pour jouir des faveurs d'Alcmène, tandis que Mercure prend la forme de l'esclave Sosie. Le récit de la naissance d'Hercule est au premier plan : du père mortel, Amphitryon, naît un fils mortel : Iphicles, tandis que Zeus engendre le héros plus vieux que son jumeau d'une nuit.

Les effets comiques sont tirés de la confrontation entre Sosie et le faux Sosie (Mercure), le vrai Sosie finit par être dépossédé de son identité, vaincu par les preuves. A la fin de la pièce, Jupiter révèle la supercherie tout en conservant sa majesté de Dieu.

Rotrou tire de la pièce latine en 1636 une comédie *Les Sosies.* Molière reprend ce sujet à la mode dans son *Amphitryon* (1668) transformant la légende héroïque en une comique mésaventure conjugale : la tromperie englobe la tromperie sur l'apparence. Il double l'action en faisant exprimer au couple de valet Sosie/ Cléanthis des sentiments analogues, mais transposés par rapport au maître.

Le point culminant de la progression dramatique est la révélation de la double imposture qui inspire le dénouement : il ne s'agit plus comme chez Plaute d'une mission religieuse et salvatrice (naissance d'Hercule tueur des monstres), mais d'une aventure extra-conjugale banalisée : c'est Sosie le raisonneur qui donne le ton d'ensemble à la pièce.

Kleist se réfère à Molière dans son *Amphitryon* (1806). Giraudoux reprend cette trame dans *Amphitryon 38* (1929).

Un grand nombre d'œuvres traitent de la métamorphose momentanée d'un dieu en un mortel dont il usurpe les traits et l'identité, ainsi dans *Historia regum Britanniae* (1132-35), Geoffroy of Monmouth, Uterpandragon passe une nuit d'amour avec la reine Ygerne sous les traits de son époux.

Dans le *Mahābhārata* (IV-Ve siècle avant J.-C.), livre sacré de l'Inde : *Nala et Damayanti* (livre III), quatre dieux prenant l'apparence de Nala, aident finalement Damayanti à retrouver la vraie Nala.

La rencontre avec le double magique est toujours source d'angoisse pour celui qui est ainsi brusquement confronté à l'énigme de l'identité et finit par se croire fou, même quand le motif est utilisé à des fins comiques.

L'épopée de Gilgamesh, littérature assyrienne de la fin du IIIe millénaire, cycle de poème en langue sumérienne, raconte les tribulations de Gilgamesh, roi d'Uruk devenu pour ses sujets un fardeau. En réponse à leurs prières, la déesse Aruru crée Enkidu, la réplique de Gilgamesh. Ils se combattent d'abord puis se liant d'amitié réalisent ensemble prouesse sur prouesse. Enkidu meurt dans les bras de son ami. Gilgamesh va de par le monde cherchant le secret de la vie éternelle.

Face à un Gilgamesh tout absorbé par les luttes extérieures dans le monde, Enkidu est celui qui est soucieux des choses de l'âme, son complémentaire. Enkidu passé au royaume des ombres continue d'être secourable pour Gilgamesh qui jusque-là ignorait l'existence de l'enfer.

Enkidu lui montre la nécessité pour l'homme d'un commerce avec le monde invisible par le culte rendu aux esprits. Gilgamesh, l'homme extérieur, n'est amené à comprendre son être intérieur (Enkidu) que lorsque celui-ci a rejoint en tant que sa réplique le royaume des ombres. C'est la confrontation avec le double mortel qui lui apprend la destinée de l'homme et sa dimension métaphysique.

Dans toutes les œuvres considérées jusqu'ici, l'identité de celui qui se voit ainsi redoublé n'est pas mise en question. Le double n'instaure qu'une substitution momentanée et l'original retrouve ensuite toutes ses prérogatives. L'unité de l'être se trouve au dénouement réaffirmée.

Mais l'homme est aussi tenté d'utiliser la magie à son profit, par exemple pour capter les plaisirs de l'amour que la première identité interdisait, cf. *Avatar* (1857) de T. Gautier. Mais magie humaine et science occulte se révèlent impuissantes à réussir l'échange parfait de personnalité. Casanova vieillissant se glisse dans l'identité d'un double plus jeune et aimé pour jouir d'une dernière nuit d'amour *Casanovas Heimfahrt* (Le Retour de Casanova) (1917), A. Schnitzler. Le rêve d'éternité par la réincarnation en un double jeune sont le thème de *Strange story* (Etrange histoire) (1862), Bulwer-Lytton et de *The Story of the late Mr. Elvesham* (Feu Mr Elvesham) (1897), de H. G. Wells.

A travers le mythe du double, l'on voit que peu à peu l'homme s'arroge la prérogative des dieux, celle de se transformer en passant par divers avatars et de renaître.

De l'homogène à l'hétérogène

L'ouverture vers l'espace intérieur de l'être, perspective qui s'amorce au XVIIe siècle, contraint à abandonner progressivement le postulat de l'unité de la conscience, de l'identité d'un sujet, unique et transparent.

A la charnière entre les époques qui marquent un changement radical dans la conception du double se situe *Don Quijote de la Mancha* de Miguel de Cervantes (1605-1615). Par son caractère de héros mimétique Quichotte se veut le double incarné des héros de romans de chevalerie, imitateur actuel d'un produit de l'art. Il veut imiter Don Roland, Amadis des Gaulles : « je suis fou et fou je dois être » proclame-t-il, la reproduction du même est sa façon de vivre : le héros se définit en fonction de l'analogie avec des doubles littéraires. Il s'est affublé de vêtements d'emprunt, d'un nom d'emprunt : en devenant Don Quijote de la Mancha, il rompt avec la biographie de Don Quixano, petit gentilhomme de province de 50 ans, égoïste et solitaire. Il choisit de mourir au monde et de renaître sous la forme du « défaiseur de torts » qui institue Rossinante et Dulcinée : c'est le choix de la vraie vie, de l'instanciation d'un autre monde dans celui-ci.

Mais celui qui s'est dédoublé se donne l'illusion d'agir sur le dehors, alors qu'il ne fait qu'objectiver son drame intérieur, la conscience de l'inanité de la vie « vraie » instaurant la naissance à la vie spirituelle et héroïque. Don Quichotte, qui vit dans le monde des romans de chevalerie, n'admet comme partenaires que des êtres masqués déguisés, faux chevaliers, fausses princesses, faux écuyers.

La réalité est doublée par la fiction et en est influencée, même si c'est pour s'en moquer. La sphère d'évolution des personnages et de Don Quichotte est scindée en deux : Don Quichotte convoque l'imaginaire dans le réel qui en est de quelque façon impressionné : il cherche à abolir le temps en mimant strictement le code de vie des chevaliers, mais en même temps il nie la dualité de la réalité et de sa représentation dans la fiction et dans l'art (scène des marionnettes), il incarne ce qui dans la littérature est sans substance, en prétendant vivre dans le monde réel. Faisant de lui-même un mythe vivant, il mobilise Sancho Pança pour les basses œuvres du réel, sur lequel Quichotte se décharge de la chair qui le gène (M. Robert : *L'Ancien et le Nouveau*, Payot).

Mais qui est le double de qui ? Quichotte est aussi bien le tentateur de Sancho que la victime d'un Sancho qui le détourne de son but. L'affection qui les lie fait de la dualité première une unité profonde, celle du sensible et de l'intelligible. Quichotte par son absence de prise sur le monde est un héros de la duplicité moderne : il échoue dans la tentative d'unir l'idéal à la réalité. On voit apparaître la représentation d'un homme en deux par la réunion de deux personnages qui ne se ressemblent pas et sont complémentaires.

Le personnage de Don Juan qui naît au théâtre en 1620 dans *El Burlador de Sevilla y convidado de piedra*, (L'Abuseur de Séville et l'Invité de pierre), est représentatif de la transition. C'est le transgresseur qui se heurte au représentant de la Loi (le commandeur) (Rank dans son étude sur Don Juan y voit la figuration du conflit entre deux instances : le Moi individuel sans frein et le Moi social; dans cette même perspective Don Luis (*Dom Juan* de Molière) est la part de son âme que Don Juan refuse).

Mais Don Juan lui-même se dédouble : chez Tirso, il est Protée qui multiplie les identités fausses pour séduire : captateur d'identité, il se donne à la faveur de la nuit pour l'amant attendu, il promet le mariage; chez Molière il est celui qui dédouble les mots.

Le trompeur de femmes voudrait aussi tromper le divin, tâche à laquelle il échoue. Plus que celui de Hoffmann (1813) qui évoque à travers lui le conflit des puissances divines et démoniaques (le désir d'atteindre sur terre l'infini grâce à la possession de la femme est diabolique), c'est surtout le *Don Giovanni* de Da Ponte et Mozart (1787) qui manifeste la structure du double : Leporello est le Don Giovanni des basses œuvres, se déguise en lui, tandis que Don Juan joue à être Leporello auprès de sa femme : Don Giovanni est la partie héroïque, Leporello la partie bouffonne. La séduction de Don Juan est reflétée dans la paillardise de Leporello.

Par l'intermédiaire du double, Don Giovanni échappe au châtiment : il désigne lui-même le double comme coupable : c'est à la confusion qu'il doit d'exister et de tourner en dérision les représentants de la Loi et Leporello s'identifie à Don Giovanni. (Dans ces années qui précèdent la révolution, le rapport entre le maître et le valet s'invertit.)

Don Juan représente l'instinct vital opposé au social. En obligeant la Loi à comparaître sur scène, il provoque la rencontre avec lui-même, avec ce qu'il sera : une statue de pierre.

Ainsi le captateur d'identité sera figé dans une forme. C'est la fascination exercée par ce face à face du mort et du vivant et l'étrangeté de ce fascinateur fasciné par le mal qui en fait un jalon important dans la figuration du double.

Faust est le frère ennemi de Don Juan auquel il est associé dans la culture occidentale (Grabbe), Faust intériorise ce qui chez Don Juan était dissocié en représentant l'association possible de l'instinct de vie, du désir, et de l'action réfléchie. Le *Faust* de Gœthe est en deux parties : *Faust I* (1806) montre un Faust désespéré par la coexistence en lui de deux âmes, l'une cramponnée à la terre, l'autre aspirant à s'en détacher pour s'élever au mystère divin (V. 870-876), Méphistophélès méconnaît son désir qui s'exprime par la métaphore du *Streben* (désir de réunion du savoir et de la connaissance par l'expérience).

Faust est double en ce que, représentant de la subjectivité, il aspire à rencontrer le monde objectif, dépassant ainsi les contradictions de son être par une action sur le monde.

La synthèse de la pensée et de l'action ne peut se réaliser qu'au sein d'une petite communauté. Le placement à côté de lui de Méphisto, qui stimule Faust comme le mal, accentue la structure bipolaire associée à la figure de la mort et de la renaissance.

Le Faust de Gœthe figure dans le dédoublement l'explication décisive de la conscience avec le mal. L'instant de plénitude, idéal inaccessible qui effacerait la déchirure est ce qui maintient en éveil Faust, dont Gœthe fait le prototype de l'humain, dans un processus continu d'élan, d'échec et de succès partiel : la dissociation de Faust, le placement près de lui de l'esprit du mal avec lequel il lutte comme un adversaire, donnent au drame son aspect dynamique : l'affrontement avec le mal et avec le mal en soi-même est une étape nécessaire : le caractère dualiste de la tragédie de Faust trouve sa justification dans le rapport constant entre événement et caractère.

Loin d'être un affaiblissement, la division est ce qui instaure un rapport actif au monde, la condition dialectique de la créature : l'homme déchiré, la condition de la liberté de l'homme.

Ainsi *Faust II* (1831) réalise la synthèse entre subjectivité et monde objectif dans l'idée de polarité comme union des contraires : « Wir sind geeinte Zwienatur » (nous sommes l'union de deux natures).

Les conflits représentés sont ceux d'une âme à la recherche d'elle-même : le mythe du double devient ici la métaphore ou le symbole d'une quête de l'identité qui mène vers l'intérieur, même si sur la scène extérieure, le monde, l'original se trouve confronté à un double objectif. Nous sommes passés de l'extérieur vers l'intérieur. Le conflit essentiel devient la lutte pour un meilleur moi dans le choix entre le bien et le mal.

C'est l'âme humaine qui est au centre du débat, prête à accepter sans examen l'existence objective du double, *Wilhelm Meisters Lehrjahre* (Les Années d'apprentissages) (1795-96), prête à accepter les mirages de l'art au détriment du réel, *Der Triumph der Emphindsamkeit* (Le Triomphe de la sensibilité) (1777).

A l'époque des « Lumières », le double démasqué doit signifier le triomphe de la raison sur l'obscur, Cf. Chamisso *Die Erscheinung* (L'Apparition), poème de 1826, ou dans *Peter Schlemihls Wundersame Geschichte* (L'Etrange Histoire de Peter Schlemihl) (1814), conte philosophique. Schlemihl vend à l'homme gris (le diable) son ombre pour gagner la richesse et la considération. Mais il perd ainsi son droit à l'identité sociale et devient objet de scandale.

Le double, l'ombre, a un sens allégorique; elle devient dissociable du corps comme un manteau. Le troc entre l'ombre immatérielle et la bourse toujours pleine est un marché de dupe : l'ombre est le symbole de l'apparence dont même l'homme riche ne saurait se passer : celui qui a un gros ventre, le bourgeois, projette la plus belle ombre; Schlemihl veut s'acheter une condition sociale en échangeant le seul bien qui lui était indispensable.

Chamisso peint une société qui prend l'apparence (l'ombre) pour la réalité (G.-L. Fink, *Recherches germaniques* n° 12 (1982)); elle inverse les valeurs en réputant honnête celui qui remplace Schlemihl auprès de Minna parce qu'il a une ombre, alors que c'est un voleur. L'argent ne sert à rien si les signes de l'argent (l'ombre) ne l'accompagnent pas. Le troc proposé au bout d'un an : son ombre contre son âme est refusé par Schlemihl.

Au double extérieur, l'ombre = image sociale, est opposé l'âme = l'identité profonde. Schlemihl s'oppose à l'inversion des valeurs de cette société, la soumission à l'ombre. Le héros finit par accepter sa condition d'homme sans ombre, renonce à son faux double gardant son âme intacte pour vivre à l'écart des hommes. Chamisso a suscité toute une postérité de la perte d'ombre.

H. H. Ewers s'en inspirera dans le film *L'Etudiant de Prague*, Hoffmann dans *Die Abenteuer der Sylvesternacht* (Les aventures de la Saint-Sylvestre) (1815), où le double-reflet symbolise l'indestructibilité du désir sensuel qui empêche de retrouver l'honorabilité bourgeoise, Andersen, *L'ombre* (1846) (Retrouver son ombre perdue, c'est se condamner à n'être plus que l'ombre de celle-ci et à mourir), Hoffmansthal dans le livret pour l'opéra de Strauss *Die Frau ohne Schatten* (La Femme sans ombre) (1919), où la perte d'ombre symbolise la stérilité et le renoncement à l'ombre un triomphe de l'être moral. Accepter la perte du double-leurre, c'est sortir renforcé de l'épreuve.

Dans *Wunderbare Geschichte von Bogs dem Uhrmacher* (Histoire merveilleuse de Bogs l'horloger) (1807), C. Brentano-J. Görres, la séparation d'un deuxième visage qui naît sous les cheveux permettra au héros d'être pleinement lui-même.

Figures de l'hétérogène

Le moi étrange, la dispersion du moi

L'émergence du sentiment d'une authentique altérité, d'une vision romantique du moi, apparaît conditionnée par la composante historique et politique (la révolution française) et par la philosophie idéaliste : *Über den Begriff der Wissenschaftslehre* (De la doctrine de la science) (1794) (Fichte).

Dans une époque de bouleversement politique où les hiérarchies basculent, où l'autorité de l'Etat et de l'Eglise sont remises en question, la problématique de l'identité personnelle devient cruciale. L'idéalisme philosophique sert de support métaphysique à la théorie du moi double.

Le monde est double : tout n'est qu'apparence, la vraie réalité est ailleurs; tout ce qui semble objectif est en fait subjectif, le monde n'est que le produit de l'esprit dialoguant avec lui-même. Persuadés de la vérité de cette représentation, les héros de Jean-Paul font l'expérience de la métamorphose du corps familier vu dans la glace ou dont ils perçoivent des parties, en corps opaque étranger à la conscience; alors le double apparaît, mythe récurrent des romans de Jean-Paul.

Dans le roman de formation *Siebenkäs* (1796-97), l'avocat des pauvres Siebenkäs étouffe dans l'univers étriqué de Kuhschnappel et dans la vie conjugale. Il avait échangé son nom avec son frère de cœur, son double et sosie, Leibgeber. Pour échapper à cette identité le faux Siebenkäs se fait passer pour mort, reprend l'identité de Leibgeber, épouse Nathalie la femme que Leibgeber aime et à laquelle il renonce pour vivre à travers le monde en « valseur de la vie » les identités multiples qui sont la malédiction de la condition humaine.

Leibgeber, interprète de la philosophie idéaliste, souffre de cette divisibilité du sentiment du moi fondée sur la réflexion dédoublante. Leibgeber et Siebenkäs réunis représentant l'idéal de « l'homme haut », résurgence du mythe platonicien des deux moitiés complémentaires réunies (frère d'âme, jumeaux...), homme double fait de deux natures. A la disparition de Leibgeber, Sienbenkäs deviendra définitivement lui-même plus son ami.

C'est le versant tragique de l'homme double séparé que Jean-Paul explore dans *Titan* (1801-1803), poursuivant l'histoire de ses deux personnages. Siebenkäs, alias Leibgeber, s'appelle maintenant Schoppe, précepteur d'Albano, le héros idéal qui résiste à la maladie du subjectivisme.

Leibgeber est obsédé par l'énigme de l'identité. En humoriste (scission entre un moi actant et un moi spectateur), il observe son corps, abîmé dans l'idée de la séparation et de la réunion d'un principe fini (corps) et infini (âme), sentiment d'étrangeté qui le mène à la schizophrénie.

Il a la hantise de se rencontrer lui-même sous une forme visible : c'est la dissolution de la réalité objective du monde dans la subjectivité de la conscience qui motive l'obsession du dédoublement... Sa terreur des miroirs illustre le fondement philosophique de son angoisse; je suis sujet qui a conscience et objet dont j'ai conscience.

Rencontrant son ami et sosie Siebenkäs, croyant voir son moi, il s'effondre répétant les mots de Swift sur son lit de mort : « Je suis je. » Le dédoublement mène à la folie et à la mort. Ce dédoublement de la conscience interdit de coïncider avec soi-même, puisque la conscience n'étant possible qu'avec et par cette scission nous empêche d'accéder à la réalité substantielle.

Tout ce qu'on aperçoit en dehors de soi, c'est toujours soi-même. Cette idée est aussi exprimée dans l'essai de Kleist *Über das Marionettentheater* (Du théâtre des marionnettes) (1810).

Le dédoublement, la connaissance, est synonyme de la perte d'une innocence de l'inconscience qui faisait que l'homme était un avec la nature. La conscience humaine avec son pouvoir de dédoublement, sa puissance d'imaginer devient source de terreur. Roman d'éducation, *Titan* (1800-1801) montre les dangers d'une subjectivité qui s'enferme en elle-même : la perte de la substance du moi va de pair avec la chosification aliénante, la pétrification du moi en un double, angoisse qui déréalise le monde et fait prendre en horreur le corps propre.

Dans *Hesperus* (1795), Victor pour plaire au vicaire accepte de se laisser reproduire en cire; la poupée de cire tente d'immobiliser l'âme dans une forme aliénante. Ainsi la mise en effigie illustre l'angoisse de la rencontre avec l'étrangeté du corps. La confrontation avec la corporéité pose le problème de l'existence : où est l'infini dans cette forme? La crise de l'identité qui vide le moi de sa substance est scandée chez Schoppe par la répétition du geste : Schoppe ôte un masque sous lequel il porte un autre masque et ainsi de suite : le moi n'est que le masque d'un autre moi à l'infini. (La même angoisse de se voir confronté à son reflet s'exprime dans un épisode du roman de Fouqué *Der Zauberring* (L'Anneau magique) (1813).)

La maladie du dédoublement chez les personnages de Jean-Paul exprime une discontinuité de la personne, une perversion du réel provoquée par la réflexion dévoyée de son but initial qui était d'assurer la cohérence du moi : elle mène les héros de Jean-Paul et *William Lovell* dans le roman du même nom (1795-96), L. Tieck, à la folie et au crime. L'instabilité du moi se traduit par l'existence des doubles vivants : *Die unsichtbare Loge* (La Loge invisible) (1793), *Siebenkäs* et dans des mannequins, marionnettes et automates.

L'homme est cerné par ses propres figurations qui lui font prendre conscience de son identité à jamais altérée (Schoppe et les figures de cire).

Alors que la perte de la substance du moi s'exprime sous la forme d'une chosification aliénante de la subjectivité (rencontre avec le double), des hypothèses pseudo-scientifiques (magnétisme animal : Franz Anton Messmer 1734-1815) partent du principe qu'il existe un fluide qui pénètre toute la nature et qui place le sujet dans un état d'hypersensibilité justifiant les phénomènes de voyance, de télépathie, d'hypnose, de rêves prémonitoires... Ce principe spirituel sert de lien entre l'homme et la nature.

Cette pseudo-découverte justifie la croyance et la possibilité d'une union magnétique à distance. Les romantiques y puisent leur croyance à l'inconscient, aux rêves. Une continuité relie l'amorphe et le vivant. Le double devient la métaphore du rapport avec le monde.

L'union du vivant avec le simulacre technique

Dans *Isabella von Ägypten* (Isabelle d'Egypte) (1812), d'Arnim, le Golem Bella représente une forme simplifiée du double, le moi sensuel opposé au moi spirituel. Plus subtil est le traitement du double-mannequin dans *Mellück Maria Blainville* (1809), Arnim. Mellück, l'ensorceleuse orientale, a réussi à faire poser sur les épaules d'un mannequin l'habit que le comte portait en gage de fidélité à sa fiancée, dont il est séparé : le mannequin auquel Mellück a donné les traits du comte s'anime. En le détruisant alors qu'il enserre dans ses bras la femme du comte, son ami aura l'impression de commettre un assassinat en effigie : le mannequin est de plusieurs façons le double du comte : il est le double de l'amant de Mellück, il porte l'habit symbole de trahison, le double de l'homme physique, le comte a perdu son cœur qui appartient à Mellück. La magie n'est que l'habillage d'une réalité psychologique : le double est le signe apparent de la démonie intérieure : Mellück n'arrache à distance par le regard le cœur du comte pour faire vivre le mannequin, que parce que celui-ci est pris par la passion, bien qu'il s'en défende. C'est l'âme, la psyché qui est au centre du débat.

L'homme artificiel s'élève de la matière à l'être vivant grâce au héros ; c'est une créature issue de sa subjectivité, même si elle a besoin de pères (Spalanzani, Coppelius, qui construisent la poupée comme dans *Der Sandmann* (L'Homme au sable) (1816), d'Hoffmann).

Nathanaël et l'automate Olimpia forment un couple et Olimpia a une existence sociale. Nouveau Pygmalion, c'est Nathanaël qui lui donne vie par son regard, car elle représente son intériorité. C'est lui-même qu'il aime en elle, elle est son reflet et son complémentaire : son seul moyen d'avoir un rapport avec le monde (= Narcisse) ; pourtant Olimpia est le symbole de son aliénation.

Cet objet issu de lui-même, il l'a posé comme sujet en face de lui à défaut de pouvoir être un écrivain véritable. La création artistique pourrait être la voie du salut de celui sur qui la fiction a plus d'effet que la vie. Le démontage de la poupée devant ses yeux transpose dans la réalité la crainte schizoïde de morcellement qui menace de façon récurrente Nathanaël (figure du marchand de sable qui arrache les yeux aux enfants), vision qui le mène à la folie, puis après un répit au suicide. Olimpia est aussi l'allégorie de la fiancée vivante Klara.

Pour les romantiques allemands, le double-automate devient le symbole de la dégénérescence de l'humain *Die Nachtwachen des Bonaventura* (Les Veilles de Bonaventure) (1805), anonyme, *Die Automate* (Les Automates) (1819), Hoffmann. Les figures artificielles prises pour le vivant sont le signe d'une maladie de la sensibilité qui conduit à la folie, au meurtre et au suicide.

A l'inverse, le *Golem* dans le roman du même nom de G. Meyrink (1915) a le pouvoir de faire se révéler à soi-même le cœur humain : forme vide, il contraint le héros à rechercher son identité profonde, à prendre conscience de son être intime (voyage dans la chambre sans issue), à renaître psychiquement (perspective occultiste).

Hoffmann présente la rencontre avec le double réel ou fantasmé comme la possibilité pour le héros de trouver son identité; dans cette quête du moi vrai, certains échouent comme Nathanaël en se livrant à la toute-puissance de la pensée et en méconnaissant la dualité du sensible et de l'intelligible. Le désir narcissique des héros de donner vie à une poupée qui comble l'attente nostalgique de l'idéal *Der Artushof* (La Cour d'Artus), *Das Gelübde* (Le Serment), *Die Brautwahl* (Le Choix de la fiancée) aboutit à la folie et à la mort, représentée comme pétrification de l'être dans son rêve. Le double représente le paradoxe de l'imagination ayant pris forme humaine et avec quoi le héros veut avoir un rapport fusionnel et charnel; la vie factice devient idolâtrée au détriment du vivant automatique (le philistin) dans l'inversion des valeurs vie/mort.

Se reconnaître dans ces objets contrebandiers que sont automates, portraits, *Das öde Haus* (La Maison déserte) d'Hoffmann, *Das Jesuitenkirche* (L'Eglise des Jésuites) (1813), statues qui s'animent *Raphaël und seine Nachbarinnen* (Raphaël et ses voisines), Arnim, *Das Marmorbild* (La Statue de marbre) (1819), Eichendorff, *La Vénus d'Ille,* (1837), Mérimée, ou y trouver son complémentaire c'est se perdre (cf. *L'Œil invisible* (1858), d'Erckmann-Chatrian).

E. Poe dans *The Oval Portrait* (Le Portrait ovale) (1842), montre le transfert inexorable de la vie dans l'art que reflète bien le premier titre *Life in death* (La Vie dans la mort). L'artiste crée un portrait vivant de sa femme qui en meurt; ainsi l'art du double chez l'artiste est repris des sources vitales de la féminité par l'assassinat pictural. L'art s'anime et se fortifie du sang que perd la vie dans une osmose curieuse : l'art ôtant la vie, la rend. Cette postulation de la continuité entre le vivant et l'inanimé dans l'esprit du héros qui voit son double, fait qu'infliger la mort à son portrait, c'est aussi mourir soi-même. Thanatos est le double d'Eros.

Dans la lignée post-romantique, le danger d'inversion des valeurs vie-mort est représenté dans *The Picture of Dorian Gray* (Le Portrait de Dorian Gray) (1891), O. Wilde. Dorian en contemplant son portrait découvre sa beauté et fait le vœu d'être toujours conforme à son effigie. Il opère ainsi l'échange entre l'animé, le vivant et l'inanimé, l'extérieur et l'intérieur. Dorian est devenu son effigie, objet du culte de lui-même qui échappe à la condition humaine du vieillissement (double idéal), tandis que le portrait devient l'emblème de son intériorité (image de la conscience).

Dorian découvre un deuxième double littéraire dans l'histoire du Parisien qui a goûté à toutes les passions et est désespéré d'avoir perdu sa beauté. Le dandy pervers, compagnon de Lord Henry, qui se place au-dessus de l'humain par le principe du « tout-est-permis » contemple dans le portrait un miroir de son âme; en poignardant son effigie, il se suicide opérant dans la mort l'inversion du superficiel et de l'intime. Dorian se pétrifie dans une image sans arriver à la conscience de soi. La fonction d'avertissement du double qui enlaidit est perdue. Dorian lutte jusqu'au bout contre l'intériorisation de la conscience.

La crédulité populaire voit dans un portrait ressemblant et expressif de la sorcellerie : l'effroi devant l'image trop vivante est lié à la peur de découvrir un vice caché de l'âme faisant irruption dans l'effigie. Ainsi dans *Prophetic picture* (Le Portrait prophétique) (1837), d'Hawthorne, le peintre a fixé une expression de peur chez Elinor, une animation étrange et perverse dans celui de Walther, en figurant le portrait de deux fiancés, prophétisant l'accès de folie sanguinaire ultérieur. Le scandale représenté pour le héros par la confrontation avec le double, c'est qu'il révèle le caché, mais en même temps, ce dévoilement devient la possibilité d'un changement du moi, d'une progression dans la connaissance de soi.

Le symbole de la quête de l'identité

Dans *Die Elixiere des Teufels* (Les Elixirs du diable) (1815-16), Hoffmann raconte l'histoire d'une lignée maudite engendrée par le peintre Francesko. Il a épousé le diable qui a pris la forme d'une Vénus. Francesko est condamné à revenir sur terre, jusqu'à ce que la lignée maudite soit sauvée par les doubles vivants (Médard et Aurélie). Médard est né de père inconnu, condamné à la multiplicité des identités. La rencontre avec le double vivant inconnu, son demi-frère Victor, dont il va emprunter l'identité, précipite son sentiment de dépersonnalisation. La conscience trouble de ses fautes lui fait projeter dans un double, ses instincts sensuels et criminels, la part de lui-même qu'il veut ignorer.

Le double vivant, Victor, représente l'abandon à la force brutale de l'instinct et la tentation de la folie, le double rêvé, Francesko, le père-revenant, le double-salvateur qui éveille la voix de la conscience. Deux tendances se combattent en Médard, l'aspiration au bien, qui, après un évanouissement consécutif à la dernière attaque du double sautant sur ses épaules dans une poursuite fantastique à travers la forêt, le fait « renaître », pour choisir la vie douce et retirée du couvent, et la recherche de la satisfaction immédiate des désirs profanateurs : il veut posséder Aurélie, sosie du portrait de sainte Aurélie, dans une profanation du sacré.

La dimension métaphysique de la faute (les péchés des pères grouillent dans le sang des fils) est corrigée par la dimension psychologique. Médard est un sensuel qui aspire à l'idéal : attaché à la terre, il regarde vers le ciel. Déchiré, il doit lutter avec son double, sa sensualité, qui va pour s'assouvir jusqu'au meurtre.

Hoffmann esquisse le portrait d'un homme clivé qui réagit par le moyen de la projection sur un tiers de ses pulsions antisociales. Le double fantomatique, c'est en terme freudien le refoulé, alors que le double vivant est le rappel de la lourde hérédité par le vertige de la compulsion de répétition. Le meurtre et la folie sont ce contre quoi se protège Médard le visionnaire en donnant forme à ses pulsions.

Ce n'est que par l'acceptation finale de son identité dans la solitude et la religion (qui remplacent ici l'art qui par ailleurs chez Hoffmann est la transcendance de l'existence humaine vouée à la déchirure) qu'il assumera son identité. Le rêve d'infini, de l'autre réalité, recherché hors de voies permises, par la transgression, implique une menace d'où naîtra la conscience de la faute. Des figurations identiques du double apparaissent dans *Kater Murr* (Le Chat Murr) (1819) : le musicien Kreisler souffre d'un sentiment d'étrangeté, doute de la possibilité d'arriver à la connaissance de soi et du monde et s'identifie au peintre fou Ettlinger devenu nouveau Pygmalion fou d'amour pour le portrait de la princesse Hedwiga qu'il a peint dans sa jeunesse : Kreisler prend conscience que l'amour de l'artiste se manifeste dans un regard qui voit sur terre l'image intérieure sans désir de possession.

La double structure le livre tout entier : la composition-gigogne qui fait alterner la biographie tragique du musicien et l'autobiographie souriante du chat à la recherche de son identité, le style de l'humour pour la biographie du chat (qui dit je), celui de la fantaisie pour Kreisler, personnage qui resurgit à partir des *Kreisleriana*, la figure du double sert ici à parler du rapport de l'artiste au monde.

L'emblème de la surréalité

L'artiste, l'homme-double par excellence, est celui qui peut comprendre que derrière la vie des apparences se cache la vraie vie. Le monde est double. Dans *Der goldene Topf* (Le Vase d'or) (1814), de Hoffmann, Anselme vit la problématique de l'artiste romantique placé entre deux pôles : le bourgeois heureux dans la vie quotidienne et l'artiste qui renonce à ce bonheur automatique pour accéder à l'autre réalité (mythe du « retour de l'âge d'or » et de l'Atlantide ouverte à l'initié, conduit par un mentor à la personnalité double, l'archiviste-magicien Lindhorst).

Ce voyage à l'intérieur de soi, qui brise à l'aide d'instruments magiques le cadre étroit des apparences (miroir, vase d'or) par l'ouverture d'un troisième œil, poétise l'univers, le « romantise » (Novalis), transfiguration qui n'est possible que pour certains êtres qui « se séparent » de la vie quotidienne.

A cet enjeu de l'initiation, des forces antagonistes (fées, magiciens...) s'affrontent. De même dans *Prinzessin Brambilla* (Princesse Brambilla) (1820), le combat du héros Giglio qui souffre de dualisme chronique avec son double, le prince Cornelio Chiappari, trouve son aboutissement dans le mythe de la rédemption du héros.

La métaphore du double actualise ici le thème récurrent au début du XXe siècle de l'antagonisme entre l'artiste et le bourgeois (Thomas Mann) qui ne se résoud chez Hoffmann que dans la synthèse de la spiritualité et de la sensualité (conte merveilleux, utopie).

Mythe hoffmannien par excellence, le double apparaît sous toutes ses modalités : dans *Die Doppeltgänger* (Les Doubles) (1821), Doedatus et George se ressemblent au point que des tiers les confondent; partis chacun d'un sentiment clair de leur propre identité, ils sont amenés par l'expérience de la confusion à toucher du doigt la difficulté de savoir qui est le moi.

Une variante amusante du double au théâtre est représentée par *Signor Formica* dans laquelle Pasquale Capuzzi est confronté à un double sur scène, qui fait ce qu'il ne veut pas faire, dans un dialogue passionné avec lui-même.

Dans *Meister Floh* (Maître Puce) (1822), la double nature d'un être se manifeste sous la forme de deux individus. *Klein Zaches* (Le Petit Zacharie) (1819), montre la société des théistes, aveuglée par l'apparence qui prête tous les exploits accomplis par d'autres à un horrible avorton.

Das Fräulein von Scudéry (Mademoiselle de Scudéry) (1820), découvre la double personnalité d'un bijoutier bourgeois respecté, qui devient meurtrier par un amour fétichiste pour ses créations. *Das steinerne Herz* (Le Cœur de pierre) (1817), dépeint un transfert d'acte : deux jeunes gens accomplissent la destinée de leurs parents qui n'ont pu s'unir autrefois à cause de l'aveuglement du héros enfermé dans une vision pessimiste du monde (symbolisme du cœur de pierre). *Don Juan* (1813), dans la lecture d'Hoffmann, est celui qui projette sur toutes les femmes la beauté qu'il sent en lui-même, crée à partir de chaque femme sa poupée et souffre de la déception du contraste entre le visage réel et le visage rêvé. Dans *Ignaz Denner* (1816), c'est l'image du double diabolique qui apparaît.

Expression de la situation du moi face au monde, le dédoublement représente aussi pour les romantiques allemands la voie d'accès à une sur-réalité; ainsi l'héritier du majorat, *Die Majoratsherren* (1820), d'Arnim, voit double, a des visions qui marquent le dialogue du Moi et du réel. Le double peut être signe de l'accession à une réalité cachée, une apothéose.

C'est à cette source que puise G. de Nerval parlant de « la vieille Allemagne, notre mère à tous, Teutonia ».

« L'épanchement du songe dans la vie réelle », le dédoublement comme voyance s'exprime chez Nerval par le récit et dans le poème « El Desdichado » (*Les Chimères*, 1853) : le thème du bonheur perdu suscite l'image du moi palimpseste. Le moi présent est la négation des moi passés, cf. *Sylvie* (1853) où est évoqué le présent du jeune Parisien peuplé de fantômes. Dieu n'est plus, l'image du dieu mort, l'expérience de la perte de l'être suscite celle du double.

Le seul amour que Nerval porte dans son cœur se dédouble en images féminines antinomiques : Sylvie et Adrienne, les femmes contraires se complètent. Aurélia est aux yeux du narrateur une réincarnation d'Adrienne : mais l'irréversibilité du temps rend l'unité impossible. Aurélia ne s'identifie pas à Adrienne et nie être la divinité qu'il voit en elle. L'image-double du désir n'est qu'une forme vide.

Le moi n'est guéri de la scission que dans les moments privilégiés où le temps s'abolit; lorsque Sylvie et Gérard ressuscitent les noces de l'oncle et de la tante en une minute éternelle qui inspire la reconnaissance du moi éternel. Comment vivre durablement dans la zone où idéal et réel fusionnent? Nerval vit en rêveur éveillé un voyage à travers la ville de Paris, *Aurélia* (1854). Le thème du voyage ou de l'errance apparaît à partir du romantisme constamment associé au mythe du double, qui est celui de la quête du meilleur moi, chez Nerval celle du moi heureux.

La descente aux enfers d'*Aurélia* est une descente dans le moi : sur le chemin de l'initiation des épreuves l'attendent, en particulier la confrontation avec l'effrayant fantôme du sosie dans l'état intermédiaire où le rêve et la vie se rencontrent (chapitre IX) : il voit son double devenir acteur et prendre sa place emmené par des gardes. Cet « autre » profitant de la ressemblance et de l'erreur de proches, d'Aurélia elle-même, va célébrer le mariage mystique, but du voyage d'outre-tombe pour retrouver la morte.

La tragique aventure personnelle devient symbolique de l'opposition des principes ennemis : le couple cosmogonique et providentiel est empêché de se constituer (voir : « Histoire du calife Hakem » inséré dans *Le Voyage en Orient* (1835)).

La figure du double, c'est l'alternative morale du bon et du mauvais attachée à la question du salut « suis-je élu ou maudit? ».

Aurélia est perdue dans ce débat avec le moi, l'autre est le mauvais génie. L'apparition du double est liée au thème de la faute (l'égoïste pensée que la femme aimée lui appartenait plus dans la mort que dans la vie, la déification de l'amour, l'insulte au créateur).

Voir son double, c'est être fou, cette idée qui apparaît comme un leitmotiv dans la littérature allemande du double est corroborée par l'expérience nervalienne.

C'est dans la perspective de cette filiation nervalienne qu'on peut voir dans *Nadja* (1928), de Breton, une rencontre avec le double : Breton évoque par le voyage à travers Paris avec un double féminin Nadja, un paysage mental : le subjectif (le je de l'énonciation) et l'objectif (l'autre, Nadja), le rêve et la veille, la raison et la folie, le présent et le passé revécu; le monde est double, tissu perméable qui met en contact le moi et autrui. Au hasard des rues surgit la rencontre avec le monde des pulsions et de l'inconscient. La rencontre avec l'autre devient une façon de pénétrer en soi-même.

L'image de l'initiation et de la quête d'un moi meilleur, en harmonie avec le monde est vouée à l'échec. Le double, qui est un jalon important sur le chemin de la quête représente paradoxalement à la fois ce qui permettrait d'atteindre le but et aussi ce qui entrave le moi.

J. Gracq dans *Au château d'Argol* (1932), fait s'engager sur la route qui mène à un château enchanté, perdu dans la forêt et battu par les flots, un jeune héros de la connaissance : Albert « docteur Faust ». Il vit (ou imagine vivre) la rencontre avec Herminien, son double et son contraire, l'ange noir, la partie sensuelle de son âme qui va le détourner de sa quête spirituelle en l'amenant au château et avec Heide (être double, sainte, elle symbolise le Graal et le Christ, et impure, Heide = *Heidin*, païenne). La quête spirituelle se mue en une quête sensuelle, symbolisée par le viol d'Heide.

L'impossible union rêvée par Albert, fondre les trois entités en un corps unique (mythe de la Trinité), réunissant l'intellectuel, le sensuel et la femme, l'amour et la fraternité virile, se solde par le meurtre du double féminin et masculin.

Même si la quête se solde par l'échec, la rencontre avec le double symbolise la nostalgie d'une rencontre avec l'autre, l'aspiration d'un moi raisonnant à devenir un moi rêvant qui connaît la passion, la fusion, au-delà des limitations de la personnalité, le désir de communion.

Un mythe de l'amour

La duplication de l'aimée en un faux double (cf. le fragment de Thomas d'Angleterre du *Tristan*), ne peut laisser dans l'oubli le vrai amour et réduire le désir de pérennité du lien amoureux. Le même contenu est exprimé par les histoires de doubles vivants de mortes passionnément aimées.

E. Poe reprend le thème récurrent des mortes qui se survivent dans un double : *Ligeia* (1837), dans sa rivale, *Morella* dans sa fille (1839), *Eléonora* (1835), dans sa remplaçante. Si la morte s'immortalise dans son double, c'est pour reconstituer avec le narrateur une unité (union des complémentaires, qui se voit dans le réel toujours menacée par la mort).

C'est pourquoi le paradigme de ces histoires d'amour et leur métaphore sont fournis par la nouvelle *La Chute de la maison Usher* (1839), où la maison familiale des jumeaux Roderick et Madeline, fendue par une lézarde symbolise l'un et le double, comme en atteste la maison redoublée dans l'étang ou « la bizarre et équivoque appellation de maison Usher », Us-her (nous-elle), dédoublement du protagoniste et du narrateur en face d'elle; ainsi la fissure est toujours présente malgré l'union fantasmatique.

Mais le retour de la morte symbolisant la toute-puissance de la pensée (cf. *Véra*) (1874), de Villiers de l'Isle-Adam, où la présence de Véra s'impose par la vertu mystique de l'amour, la création par le désir du héros du double suscite un sentiment de culpabilité qui implique le châtiment de la mort, circularité qu'on retrouve dans la nouvelle de Poe *Bérénice* (1835).

La rencontre avec son propre double symbolise pour l'amoureux la perte de l'aimée, la solitude qui fait désirer la mort : dans le *Buch der Lieder* (Le Livre des chants) (1817-21), H. Heine, le double, pâle compagnon réapparaît, *Junge Leiden* (souffrances précoces), n° 2, n° 3, *Die Heimkehr* (Le Retour) (1823), n° 13, n° 20, n° 33, *Lyrisches Intermezzo* (intermède lyrique) (1822-23), n° 38. Heine termine le cycle du retour par un adieu au sentiment romantique de la vie, n° 44.

Il se désolidarise du moi douloureux par l'ironie. Le même sentiment douloureux de la vie s'exprime dans la vision d'un « étranger vêtu de noir qui me ressemblait comme un frère » dans *La Nuit de décembre* (1935), de A. de Musset, compagnon de voyage et revenant, témoin de douleurs dont la présence est signe d'absence, d'une solitude avec soi-même, prélude de la mort. L'étranger vêtu de noir n'est pas encore marqué par l'empreinte ineffable du vice (cf. *Lorenzaccio*) (1834), où le rêve d'un autre moi (hallucination de Marie) oppose le double pur au héros corrompu. Se dédoubler peut faire alors partie d'une stratégie de défense par une recherche de la négation du moi douloureux.

Les monstres du dedans ou l'enfer intime

Plus on s'avance dans le XIXe siècle, plus un des aspects qui se dessine dans le romantisme, la figuration de la déchirure que vit le moi jusque dans ses aspects pathologiques, passe au premier plan. L'analyse ontologique reste sous-jacente à l'analyse psychologique, mais celle-ci est mise en avant : le sujet freudien clivé apparaît dans la littérature avant d'être théorisé : l'hétérogène, c'est dans une de ses composantes la dualité de l'être, sujet de désir, qui se heurte à la personnalité, l'image que la société impose.

L'antagonisme entre l'être de désir et le moi social, c'est-à-dire l'image d'un moi conforme exigé de celui qui poursuit certaines ambitions dans la société, est le thème de trois variations sur le double qui aboutissent tragiquement à la destruction du moi, dans la folie ou dans la mort. L'histoire de *William Wilson* (1839), E. Poe, qui fuyant à travers l'Europe un jumeau haï et ressenti comme persécuteur par ce jeune titan qui veut vivre la liberté absolue de son désir de puissance et se heurte sans cesse à la loi morale défendue par son double, se termine sur l'assassinat de ce dernier, qui n'est qu'une forme du suicide. Un dialogue haletant avec l'image dans la glace scelle l'illusion de Wilson qui jusqu'au bout, ne veut pas comprendre qu'il a tenté de tuer sa propre conscience, mais que celle-ci est finalement la plus forte.

Le double ressenti comme persécuteur parce qu'il a les qualités exigées par la vie sociale, alors que l'original se met ou se sent « en marge », c'est aussi le thème de la nouvelle de Dostoïevski *Dvojnik* (Le Double) (1846), Y.-P. Goliadkine est à l'inverse de Wilson un timoré uniquement déterminé par sa fonction de « conseiller titulaire ». Cherchant à grimper dans la carrière, sa vie n'est plus définie que par le regard que ses chefs (« ses pères ») portent sur lui.

Le masochiste Goliadkine « aîné » voit surgir à ses côtés un double sadique

Goliadkine « junior » haï et avec lequel il est en secrète connivence; son patronyme révèle le parasitage par le double : il évoque Goliath et en même temps exprime en russe l'idée de pouilleux, d'indigent, marquant le dilemme de celui qui veut grimper dans l'échelle sociale tout en ayant intériorisé le jugement dévalorisant sur lui-même qu'il prête à ses supérieurs. Pour reconnaître que Goliadkine Junior est une partie de lui-même, il faudrait qu'il s'avoue ambitieux, jouisseur, avide de luxe et d'honneur; mais il vit dans la dénégation perpétuelle de son être et finit dans la folie, assailli par la vision de la multiplication des Goliadkine, métaphore de l'armée des petits bureaucrates ambitieux qui attendent leur avancement.

La respectabilité apparente qui s'oppose à l'égoïsme de l'être profond, cette opposition entre le masque et l'être, est d'autant plus pernicieuse que celui qui est ainsi dédoublé exerce une fonction de justice et mène les autres à leur perte.

Dans *Mr Justice Harbottle* (M. le juge Harbottle) (1851), S. Le Fanu, le juge inique poursuivi par le double de l'accusé est condamné par un double de lui-même, « Lord Twofold » à être exécuté dans une session d'un tribunal fantomatique qui redouble à l'envers le vrai procès, dévoilant son iniquité.

Stevenson qui avec *The Strange Case of Dr Jekyll and Mr Hyde* (L'Etrange Cas du Dr Jekyll et de Mr Hyde) (1885), a écrit l'histoire de doubles la plus célèbre, avait dans une première apparition du thème dans *Markheim* (1885), dépeint aussi un homme qui n'accepte pas de se voir tel qu'il est et croit dialoguer avec un double maléfique. (Cf. *Tale of Tod Lapraik* (Histoire de Tod Lapraik) (1893).) Avec Jekyll-Hyde il va plus loin. Jekyll se sait double et va s'efforcer en homme de science qu'il est, de se débarrasser de la partie malvenue de son être qui ne cadre pas avec ses ambitions sociales. Par l'invention d'une poudre, il tente de séparer sa sphère de désir, qualifiée euphémistiquement, nous sommes à l'ère de la morale rigide victorienne, d'une certaine propension à la gaieté (simple sensualité ou perversité?), de la partie qu'il veut totalement incarner, l'image du savant vertueux et austère qui ne connaît que les joies simples de l'amitié masculine, dont le double incarné est bien le premier narrateur de l'histoire, son ami, le juriste Mr Utterson.

Mais alors que « le mal » libéré, qui prend forme d'une sorte de nain répugnant appelé Hyde (caché) se déploie avec vigueur, le bon Dr Jekyll, pâle fantôme, va en être parasité : les deux parts n'étaient pas égales, la force de la vertu symbolisée par le titre *D^r^* apparaît bien faible. Traduite en terme freudien on pourrait dire : entre le ça = Hyde et le sur-moi D^r^, le moi = Jekyll est laminé.

Toute l'histoire du double révèle qu'il est dangereux de concéder au mal une expression : Hyde va peu à peu prendre le pas sur Jekyll : le mal, Hyde, est plus vigoureux que le pauvre Jekyll, pâle image de l'honorabilité : il a libéré la brute. C'est par pur instinct de conservation que Hyde accepte de redevenir Jekyll : l'alter ego infernal du respectable Dr Jekyll s'est affranchi de toutes les limitations morales. Jekyll est son otage. Même en Jekyll, Hyde vit et agit; Jekyll protège Hyde, car Jekyll ne vise qu'a l'apparence de la respectabilité.

Sa mort révèle ce qu'il était réellement : il est recroquevillé dans la dépouille hideuse. La fin morale semble vouloir dire que le plaisir mène au crime, mais dans une autre perspective, l'histoire montre la faillite du refoulement. Jekyll voulait se mettre à l'abri du mal en l'enfermant sous une apparence extérieure à lui-même, c'est alors qu'il revient avec d'autant plus de puissance.

On remarque l'évolution par rapport au double de Dostoïevski encore équivoque du point de vue de l'existence : ici Hyde existe physiquement, il est perçu par tous.

Le double, image de l'enfer qu'on a dans le cœur et dans la tête, c'est tout naturellement le diable, qui apparaît dans la nouvelle de J. Hogg *The confessions of a justified sinner* (Les Confessions d'un pécheur justifié) (1824), récit d'un personnage symbole de l'envoûtement religieux, voué à la bonne conscience et à l'idée de sa prédestination, mais qui finira par le suicide en se rendant compte que le tentateur, le diable, le double extérieur Gil Martin, compagnon des exactions et des crimes, est en lui, habité qu'il est par deux âmes qui tour à tour le possèdent. La structuration du récit : récit objectif/journal d'un possédé, marque par le cheminement vers l'intérieur la prise de conscience progressive du héros.

C'est aussi le diable, mais ici le petit diable ridicule des légendes, qui figure pour Ivan Karamazov *Brat'j Karamazov* (Les Frères Karamazov) (1879-80), son enfer personnel. Le dialogue avec le diable au dénouement du récit avant le jugement de Dmitri symbolise le dialogue avec soi-même, l'examen de conscience.

Dostoïevski dépeint un personnage qui, prenant conscience de la duplicité de son être, est à la recherche de la meilleure façon d'être un homme à part entière par l'intégration et l'acceptation du mal dans la lignée christique.

Ivan a voulu nier qu'il portait en lui l'héritage paternel, les démons dont chaque frère accentue une composante : la passion sensuelle = Dmitri, le crime = Smerdiakov, en voulant se protéger par une fiction, le double idéal et magnifié = le grand Inquisiteur ; mais en se désolidarisant ainsi de sa famille, en s'imaginant rester innocent, en « laissant les serpents se dévorer entre eux », il est devenu coupable, par omission, encourageant Smerdiakov, au passage à l'acte, au meurtre réel du père, lui qui a condamné sans appel le père dans son esprit, et qui en détruisant l'idée de Dieu a rendu l'homme divin (« parabole du grand Inquisiteur ») dans la morale du « tout est permis ».

Face à lui, Aliocha représente celui qui s'est identifié au double positif, le staret Zosime, qui est passé par la confrontation et l'acceptation du mal (symbole de l'odeur délétère, noces de Cana). Ivan réintègre et accepte la part de lui-même qu'il retrouve dans ses doubles vivants, sa passion pour Catharina Ivanovna (partie Dmitri), il sauve le pauvre ivrogne (partie Aliocha), il assume sa culpabilité (partie Smerdiakov). C'est un Ivan moralement régénéré bien que physiquement détruit, qui sort de la confrontation « avec moi-même, tout ce qu'il y avait en moi de bas et de vil et de méprisable ».

La crise d'identité s'ouvre sur l'acceptation de la nature humaine avec sa double postulation, l'ange et la bête. Des hommes comme le staret ou Aliocha témoignent de la possibilité de devenir autre. La confrontation avec le double prend une résonance sociale : il est nécessaire à l'homme de savoir qui il est pour agir auprès de ses semblables (Histoire d'Ilioucha).

Le double est symptomatique de la crise de la foi de l'homme moderne qui a remplacé la transcendance par la marchandise (monde athée européen opposé au monde russe).

Chez Dostoïevski, la figure du double apparaît sur le chemin de la recherche du meilleur moi, d'une quête de l'humain qui en même temps signifie que le divin n'est pas mort (cf. *Besy*) (Les Démons) (1871-72), *Podrostok* (Le Jeune Homme) (1875). La confrontation avec un double, catalyseur de la transformation morale du héros apparaît aussi chez Dickens, *A Christmas Carol* (Conte de Noël) (1842), *The Haunted Man* (L'Homme hanté) (1848) et chez R. Kipling, *The Dream of Duncan Parrennes* (Le Rêve de Duncan Parrennes) (1891).

L'expérience du double comme dépossession de soi-même, comme phénomène de vampirisation du moi, dont les prémices apparaissent chez Jean-Paul, est amené à son paroxysme chez Edgar Poe et Maupassant.

C'est « le démon de la perversité » qui pousse le héros de *The Black Cat* (Le Chat noir) (1843), E. Poe, dont le chat répond au nom symbolique de Pluton, à affronter son enfer personnel; pourtant le héros du *Chat noir* craint, comme William Wilson, d'élucider son être profond, ce chat noir aimé puis abhorré, qu'il énuclée et mure. Mais la terreur de la bête est en lui. Le héros reste prisonnier de ses pulsions meurtrières. Le cri de la bête emmurée symbolise l'impossibilité de cacher plus longtemps l'être profond.

Mais prisonnier de l'horreur qui s'attache à la conscience des démons intérieurs, le héros possédé par son double éprouve en même temps pour lui une attirance fatale, c'est un goût morbide pour l'expérience de la folie qui a chez Maupassant un accent de vérité autobiographique. L'horreur du double symbolise la peur de vivre avec soi-même; le héros de *Lui* (1883), a brusquement besoin d'une vie à deux qu'il a toujours évitée par le donjuanisme pour échapper au tourment de découvrir ce qu'il est.

Un double mouvement réapparaît comme un leitmotiv chez le héros-narrateur qui se dédouble en un actant et un scripteur : « il me hante et je sais bien qu'il n'existe pas ». L'inconnu surgissant à côté de je, figuration du dédoublement de la personnalité, apparaissait déjà dans le poème intitulé *Terreur* (1880).

Puis l'inconnu se concrétise : il reçoit un nom (pas un patronyme comme chez Stevenson), un nom symbolique qui marque toute l'horreur du sentiment d'autoscopie. *Le Horla* (1886), dont l'analyse linguistique est bien la dissociation en « hors là » : hors = en dehors de moi, là = non ici, là = présent, là et pas là, nom qui dissimule en l'euphémisant celui du double, en dehors donc pas dedans; c'est-à-dire qui représente la dénégation de la folie : celui qui est en dehors de moi n'est pas moi.

Ainsi le héros du « hors-là » maintient-il à une grande distance spatiale celui qui ne doit pas témoigner du psychisme, c'est la figure de l'hétérogène par excellence, l'être, un être nouveau, un mutant qui venu d'ailleurs, du Brésil, va susciter une épidémie.

Tout est prétexte pour maintenir à distance ce qui est à l'intérieur du moi ou bien le réifier en un double, « j'ai senti quelqu'un accroupi sur moi », en un vampire. Pourtant la métaphore du corps transparent, l'absence de reflet dans la glace vient contredire tous ces effets de spatialisation du moi intime pour s'en délivrer. L'absence de reflet dans la glace montre que le double n'est qu'illusion ; un hors-là sans essence, la marque de la folie.

Maupassant a donné au double sa forme canonique tout en faisant l'exploit de ne jamais le définir dans le texte par son nom classique. Il est désigné par l'abondance des noms qui tournent autour sans nommer : l'image obsédante de la fenêtre, du livre posé sur la table et de la page qui se tourne seule tandis que le fauteuil qui semble vide (pour les autres) est trop-plein du double « *là*, assis à ma place », l'absence et le trop plein, image de la folie qui aboutit au « il va donc falloir que je me tue moi », indication qui montre bien que l'autre, c'est moi.

L'ouverture au monde

Le sujet divisé tel qu'il apparaît en littérature sous la forme du double persécuteur est le témoignage du profond changement quant à la conception du moi qui s'opère au cours de la période marquée par la révolution politique et les bouleversements consécutifs à l'avènement de l'ère industrielle. Le moi souverain qui s'exprimait dans le cogito fait place au « qui parle en moi ? ». Le sujet a découvert sa faille.

La psyché représentée en diverses instances par la psychanalyse prouve par l'étude des rêves, *Die Traumdeutung* (L'Interprétation des rêves) (1900), et des actes manqués *Die Psychopathologie des Alltagslebens* (La Psychopathologie de la vie quotidienne) (1901), que l'hétérogène est constitutif de la condition humaine, tandis que Lacan montre que l'autre du sujet n'est jamais là où il le croit du fait de l'inconscient ; l'accès au symbolique se solde par la division du moi, *Le séminaire*, livre XI, « L'inconscient freudien et le nôtre » (1973).

Vers l'homme nouveau

L'influence de la psychanalyse sur la littérature du début du XXe siècle, qui tout en formulant l'idée de la dualité de la conscience indique qu'elle est à vaincre, est patente.

Le double est la figure privilégiée des drames expressionnistes de la conversion *Wandlung*, introduisant dans le domaine du subconscient (*Ich-Dramen* = Drames du moi).

Les écrivains expressionnistes écrivent pour se confesser prenant pour modèle le Suédois A. Strindberg et sa trilogie (drame à stations), *Till Damaskus* (Le Chemin de Damas) (1904), où les personnages se dédoublent pour finir par retrouver, même si c'est dans la mort, leur identité, leur unité originelle. La conversion expressionniste à l'homme nouveau passe par l'utilisation sur scène de doubles, projections du personnage central, de son idéal, *Die Koralle* (Le Corail) (1919), *Der Sohn* (Le Fils) (1914), Hasenclever, ange gardien : *Der Arme Vetter* (Le Cousin pauvre), E. Barlach, meilleur moi, *Das Letzte Gericht* (Le Jugement dernier) (1919), J.-M. Becker, ou le monstre comme l'homme-bouc, qui apparaît dans le drame de Werfel *Der Spiegelmensch* (L'Homme-miroir) (1920). Même lorsque l'affrontement avec le double se solde par la mort du héros, *Zweimal Olivier* (Olivier deux fois), Kayser, le héros, en se tuant, accède à la régénération morale. La mort est une seconde naissance par l'affirmation du meilleur moi jusque dans le sacrifice de soi-même ; c'est l'antithèse de « l'homme-miroir », dont la complaisance envers soi permet le surgissement des monstres.

Le quotidien apparaît peuplé des fantômes des erreurs et des crimes : ainsi la guerre de 1914-1918 fait-elle resurgir dans la conscience, les doubles des victimes et des tueurs dans *Verzweiflung* (Désespoir) (1920), nouvelle de A.-M. Frey.

Pour échapper au désespoir, les héros tiraillés entre le bien et le mal, thème représenté au théâtre par le double à qui le héros est confronté, part à la recherche d'un nouvel évangile soit purement humain, *Methusalem oder der Ewige Bürger* (Mathusalem ou l'homme éternel), Y. Goll, soit puisé aux sources de la foi chrétienne : *Das Hotel* (L'Hôtel) (1923-24), M. Beckmann, *Days without end* (Jours sans fin) (1934), O'Neill, où le personnage déchiré, John = le bien et Loving = le mal, enfin réconcilié avec lui-même dans la foi de son enfance redevient John Loving.

En cette période du début du XXe siècle, c'est une préoccupation morale qui anime les œuvres, qui utilisent le double comme métaphore sur le chemin de la transformation de l'individu, appelé à s'intégrer dans la société.

F. Raimund dans le *Volksstück* viennois : *Der Alpenkönig und der Menschenfeind* (Le Roi des Alpes et le Misanthrope) (1928), montre comment ce dernier est guéri de sa haine des hommes par l'observation de son double apparu magiquement grâce à l'invention du Roi des Alpes, il peut ainsi objectivement se voir tel qu'il est et se guérit de sa misanthropie. (V. aussi la féerie théâtrale *Der Verschwender* (Le Gaspilleur) (1834).)

« Le discours de l'autre »

La recherche de l'identité vraie est d'une manière ou d'une autre le but que s'assignent les histoires de double qui apparaissent dans la perspective freudienne. L'approche de l'inconscient est alors « le discours de l'autre » instancié par le double.

L'émergence de désirs sensuels inavoués figurée par la rencontre avec le double, le cavalier sosie, qui mènera un soldat à la rébellion et à la mort est contée dans la nouvelle *Die Reitergeschichte* (Le Cavalier) (1898), de Hoffmansthal.

La rencontre symbolise la libération d'un autre moi en même temps qu'elle annonce la mort proche, la liaison du double, de la sensualité et de la mort.

L. Pirandello fait la confidence de la conscience qu'il a d'être double dans *Les Dialogues du Petit moi et du Grand moi* (1897-1906) : son sujet principal au théâtre comme dans le récit, c'est le drame du sujet divisé par l'appréhension de son inconscient. Le moi n'a pour lui d'autre réalité que son envers, voire son contraire.

Les nouvelles qui narrent un dédoublement ou qui font apparaître dualité et dualisme des personnages sont légion : J.-M. Gardair en fait l'analyse, ainsi que des doubles au théâtre. Pirandello utilise l'image de la gémellité réelle ou symbolique, dont le signe le plus sûr est l'homonymie au moins partielle (*Tanino e Tanotto, Nené e Nini, Rondone e Rondinella...*). *La Disdette di Pitagora,* (La Déveine de Pythagore), raconte les retrouvailles du narrateur avec un sosie de son ami Tito, plus vrai que l'original, qu'il rencontre après une absence de trois ans, alors que Tito s'est marié.

Le double revient chez Pirandello qui reprend au théâtre des sujets de nouvelles comme un leitmotiv. C'est surtout le thème de l'emprisonnement dans la personnalité et par le regard de l'autre sur soi qui resurgit comme une obsession. Ainsi, mort ou vif, Mathias Pascal dans le roman *Il lfu Matthias Pascal* (Feu Matthias Pascal) (1904), fait l'expérience que sa mort fictive ne lui assure pas la possibilité d'être un autre que ce qu'il fut. Il redevient ce qu'il était, prisonnier des autres, avec le désavantage d'être un défunt.

Ainsi *Stefano Giogli (Première et deuxième manières)* est-il emprisonné par la personnalité que son épouse s'est forgé de lui. Eve-Lyne Morli, *La Signora Morli, una e due* (Les Deux Visages de Mme Morli) 1922 est une femme janusienne. Véritable caméléon, elle s'adapte aussi bien au respectable avocat Lelio qu'à l'hédoniste Ferrante. Qui est-elle? Eve la folle ou Line la sage? L'impossibilité d'accéder au sentiment de l'identité, alors que la personnalité dépend des circonstances et du regard des autres, est exprimée par les tourments de l'actrice Donata Genzi dans *Trovarsi* (Se trouver), qui jusque dans la vie joue ses rôles. Le dédoublement se constitue en métaphore du théâtre, *Enrico IV* (Henri IV) (1922).

Soulever le voile du mystère de la psyché, mettra à nu le visage individuel sous le masque, dévoiler la marionnette menée par les autres, Pirandello montre cela en utilisant les jeux de rôle qui font apparaître ce que les héros voudraient ou devraient être. Dans cette élucidation, le double joue un rôle capital ; il est la métaphore de l'original. Chacun est sa propre marionnette. A chacun de découvrir son masque.

Ainsi dans *The secret sharer* (Le Partage secret) (1925), J. Conrad, l'homme nu qui sort de la mer, le passager clandestin, fera découvrir au capitaine son identité. Sa décision de sauver le criminel, risquant son sort et celui de son équipage pour sauver son double, le rend véritablement le maître du bateau.

La reconnaissance du double en soi n'est plus un aboutissement, mais un nouveau départ.

L'allégorie du double animal dans *Der Steppenwolf* (Le Loup des steppes) (1927), miroir que se tend Harry Haller qui vit un moment de crise, la métaphore de l'homme-déchiré, est aussitôt remise en question : il faut dépasser le mythe de l'unité du moi dit Hesse, la projection aliénante de l'unité du corps sur celle de l'esprit ; nous sommes faits d'une multiplicité d'âmes, il nous invite à la démultiplication d'un moi dont la partie « loup » est peut-être la meilleure. Hesse s'inspire de la philosophie orientale *Siddharta* (1922), pour imaginer un homme nouveau qui ne souffrirait plus de dualisme chronique, mais s'ouvrirait à toutes les virtualités en vivant pleinement selon l'esprit et l'instinct, sa double nature masculine et féminine. La même conciliation des contraires figurés par un double antagoniste est prônée dans *Demian* (1919).

Le thème de la métamorphose et son rapport avec l'animal se croise ici avec le mythe du double. L'homme porte en lui son animal, *Lokis* (1869), Mérimée. Il apparaît facilement au XXe siècle comme un mutant, *Die Verwandlung* (la métamorphose) (1911), Kafka, *Axolotl* (1963), J. Cortázar, qui se retrouve prisonnier d'un autre corps, voire transformé en une partie de corps, *Nos* (Le nez) (1836), Gogol, *The Breast* (Le Sein) (1972), P. Roth, sans dégradation de ce qui fait le propre de l'humain, la pensée.

Quelquefois il meurt, la plupart du temps il s'adapte ; on retrouve ici le mythe platonicien de la malléabilité humaine.

La préoccupation sociale se fait jour dans des œuvres où la confrontation avec le double figure la prise de conscience de ce qui est important pour le moi et en même temps du rôle joué par la personne dans son environnement. Le problème posé est celui-ci : comment s'accepter et être soi-même dans la société.

Les œuvres américaines montrent de façon significative l'acceptation du principe de réalité : ainsi, le juif Fidelmann au nom significatif finit-il dans *The last Mohican* (Le Dernier Mohican) (1955), B. Malamud, par accepter la leçon infligée par son double apparemment persécuteur, mais fondamentalement salvateur, le juif d'Europe centrale Süsskind : sa vocation de critique d'art n'était qu'illusion.

De même, les conséquences positives de l'affrontement avec ses propres déficiences et complexes, dans le roman de S. Bellow, *The Victim* (La Victime) (1947), découlent-elles de l'affrontement d'un petit employé juif new-yorkais avec son double-parasite, un certain Albee au nom transparent. Le héros Lewenthal est un représentant de l'homme moderne, victime de sa famille abusive, du travail au bureau, en proie aux préjugés raciaux. En chassant de chez lui son image de déchéance, Albee, Lewenthal a vaincu en lui « la victime » et est prêt à repartir pour une nouvelle vie. En Europe, cet optimisme raisonné ne semble plus de mise après la Seconde Guerre mondiale. En Allemagne surtout où la quête du meilleur moi, symbolisée par la quête du frère cadet, « l'ange » dans le roman de Nossack, *Der Jüngere Bruder* (Le Frère cadet) (1949), est vouée à l'échec. Sur le territoire brûlé par un cataclysme d'Aporée, nom transparent de l'Europe, le meilleur moi n'existe plus. Schneider le héros mourra stupidement d'accident après la rencontre de Carlos dans le cabaret hambourgeois d'Aporée, le double caricatural de l'ange, « une vraie petite gouape ». La dimension utopique attachée à la figure du double, ce meilleur moi vers lequel voudrait tendre l'homme européen achoppe au « Rien n'a changé... Toujours le même toc ». Dans cette Europe marquée par les ruines des guerres, c'est par une rupture radicale avec le passé, qui signifie le rejet de la personnalité d'autrefois, qu'Anouilh annonce dans *Le Voyageur sans bagage* (1958) la seconde naissance d'un amnésique qui refuse de redevenir ce qu'il fut, de réendosser la personnalité de son ombre d'autrefois. Le rejet du double donne naissance à un homme neuf, émancipé, sans racines.

La littérature comme double

Comment faire s'effacer ce moi si douloureux, chargé de passé, de famille, de tradition ?... Rimbaud, déjà, montrait la voie de l'effacement du moi dans sa triomphante déclaration : « Je est un autre » (Lettre à Demeny) (1871), qui allait devenir un des principes de son art poétique.

Se retrouvant « dans une âme et un corps » (« Adieu »), *Une Saison en enfer*, Rimbaud prisonnier de lui-même ouvre la voie de l'évasion : le je parcourt une série de métamorphoses (« Botton ») en rompant le principe d'identité. Le poète est voyant qui cultive en lui les hallucinations (« Alchimie du verbe ») et l'union avec la nature (« Bannières de mai »), l'augmentation de soi aux dimensions du monde, la transformation alchimique (« Age d'or »), « Je devins un opéra fabuleux ».

Le dédoublement est une expérience de folie où la confrontation avec le double exprime la fin de la folie meurtrière : *Les Illuminations*, « Conte ». « Le voyant » considère que plusieurs autres vies sont dues à « chaque être » (« Alchimie du verbe »).

La littérature a vocation à mettre en scène le double en renversant le principe d'identité : ce qui est un, est aussi multiple, comme l'écrivain en fait l'expérience.

L'envie d'effacer le moi, d'échapper au moi-prison par le voyage, de créer un moi-évasion par le moyen de l'imagination est une constante de l'univers de Julien Green où le double est une présence obsédante jusque dans son recueil le plus récent : *Le Langage et son double, The Language and its Shadow* (1985), qui le montre partagé entre deux patries linguistiques, les Etats-Unis et la France.

Par la poétique du double, des écrivains contemporains libèrent leurs héros, qui souvent sont des doubles d'eux-mêmes de la prison d'un moi particulier, fixé dans le moule de la personnalité.

Ainsi avec le personnage de Fabien dans *Si j'étais vous* (1947), J. Green, assouvit-il une petite part de son désir de « traverser l'humanité comme on roule à travers des pays inconnus ». A chaque nouvelle transformation, il est lui, plus un autre, expérimentant les virtualités qui lui manquent le plus, figure de l'écrivain dans son rapport aux personnages à la fois semblables à lui et différents.

Ce goût du voyage à travers les êtres commence chez Green par l'étude quasi clinique d'un homme à la personnalité dissociée qui rêve d'une impossible libération spirituelle, *(Le Voyageur sur la terre)* (1924). Chez Green, l'imaginaire prend forcément le pas sur le réel décevant.

Ainsi dans *Le Visionnaire*, le rêve d'assouvissement du désir sensuel (récit de Manuel) accompagne-t-il la narration du quotidien (récit de Marie-Thérèse) tandis qu'un autre double de Manuel ancré dans la vie décevante du quotidien, le vieillard grabataire, qui n'en finit pas de mourir dans sa chambre sans fenêtre, est, à l'intérieur de son rêve, le double de lui-même qui obéit au principe de réalité jusque dans les fantasmes commandés par le principe de plaisir.

A la jubilation qui accompagne la proclamation de l'effacement du moi par l'appropriation du double (Rimbaud, Hesse, Green), correspond toujours le sentiment tragique de la perte du moi et la hantise de la folie chez ces mêmes auteurs.

Le versant sombre dans l'effacement du moi apparaît ainsi dans les récits de Beckett, *Textes pour rien* (1955), dits par un personnage qui poursuit un monologue sans ancrage spatio-temporel, montrant que même le rapport à l'énonciation, à « l'ici et maintenant » du dire « je », ne suffit plus à le poser comme identifiable.

Celui qui dit « je » se trahit fatalement, sans cesse débordé qu'il est, hanté par toutes les voix qui parlent à tort et à travers en lui. Le moi est vidé de sa substance, vidé d'être, tandis que n'apparaissent plus sur la scène que des tissus épars, se faisant prendre pour moi. On est ici aux antipodes de l'ambition totalisatrice des romantiques, le mythe du moi infini en correspondance avec le monde. Le double symbolise le doute sur le réel. Le moi, pur discours, est au croisement d'un tissement de voix, *Molloy* (1951).

Si, ce qui témoignait de l'ancrage de je dans la réalité disparaît, l'imaginaire prend le pas sur le réel; l'on ne sait plus qui est l'original, qui est le double.

La fiction prend alors un accent de réalité. L'auteur s'introduit dans l'aventure narrée comme un des personnages. Il apparaît donc naturel que l'écrivain de la nouvelle de L. Hartlay *W.S.* (1951) soit assassiné par l'un de ses protagonistes, une projection du versant noir de sa personnalité, « le personnage en quête de l'auteur » qui est aussi lui-même.

La négation du sujet de l'énonciation aboutit à la négation du sujet présidant souverainement à l'écriture (cf. Cortázar dans *Marelle*, infra) qui se dédouble dans l'aventure d'un romancier devenu personnage.

Par-delà l'espace et le temps

Le personnage peut vivre simultanément deux époques, il peut être en deux lieux, il vit simultanément deux ou plusieurs vies en même temps, *The Man, who has been Milligan* (L'Homme qui avait été Milligan) (1930), A. Blackwood.

M. Aymé dans la nouvelle intitulée « Les Sabines », *Le Passe-muraille* (1953), dote son héroïne d'ubiquité. Elle peuple la terre de ses doubles.

Le mythe du double devient le moyen d'exprimer le contact par-delà le moi, entre deux vies, entre deux cultures : la rencontre de l'Orient et de l'Occident (Nerval, Rimbaud, Hesse) et celle du Nouveau Monde et du Vieux Monde. A chaque fois le voyage dans l'espace est aussi un voyage dans le temps (dualité spatio-temporelle).

Cette négation de l'irréversibilité du temps apparaissait au XIXe siècle dans les histoires de métempsycose. Ainsi, Bedloe dans *A Tale of the Ragged Mountains* (Souvenirs de M. Auguste Bedloe) (1844), Poe, revit-il un épisode de la vie de son sosie mort 50 ans auparavant et glisse en mourant définitivement dans cette identité selon la croyance que la limite entre les êtres s'abolit par la renaissance d'un mort dans un vivant.

De même, le récit de J. Green *Varouna* (1939-1940), est un conte de métempsycose : une chaîne relie les couples à qui elle échoit à travers le temps. Le futur apparaît comme un double du présent en fixant une des virtualités envisagées.

Ainsi, Sir William Howe, *La mascarade de Howe* (1837), N. Hawthorne est confronté dans une hallucination prémonitoire à son double, vision qui lui annonce qu'il sera le dernier gouverneur anglais du Massachusets, traduction spatiale de la crainte de la défaite et de la mort qui ronge le gouverneur.

La coïncidence en un même moment de deux époques va souvent de pair avec la coïncidence de deux lieux, métaphores qui visualisent l'idée du double, de l'identité qui rassemble deux vies à la fois. H. James aime ce télescopage du temps, des lieux et de l'identité : dans son roman resté fragmentaire, *The Sense of the Past* (Le Sens du passé) (1917), l'Américain Ralph Pendrel dès qu'il franchit le seuil d'une vieille maison londonienne en 1910 devient aussi un jeune Américain de 1814 vivant une aventure amoureuse tandis que l'autre demeure dans son présent de 1910.

Ces prémices se trouvent totalement inversées dans *The jolly corner*, (Le Coin plaisant) (1908), où le héros revenu après 38 ans de vie en Europe dans sa maison natale à New York cherche à débusquer le fantôme du passé dans un autre lui-même qui ne serait pas parti, pour à la fin éviter l'affrontement avec le double. C'est encore une histoire d'évitement du double et de télescopage de temps et d'êtres qui est narrée dans *The Beast in the Jungle* (La Bête dans la jungle) (1903), où l'affrontement avec la bête, *l'autre destin*, toujours différé soulèverait le masque, dont l'existence n'est que sociale (persona), permettant de vivre la réalité de la passion amoureuse.

Le télescopage du temps et des lieux comme condition d'apparition du double fait naître un instant mythique, lourd de conséquence pour la destinée du héros. L'histoire d'Osbert Sitwell *The Man, who lost himself* (L'Homme qui se perdit) (1930), qui s'appelait primitivement *The man, who found himself*, parle à travers la même rencontre, narrée deux fois différemment selon le centre de perspective, dans un hôtel de Grenade, de l'écrivain Tristram Orlander avec lui-même à 50 ans d'écart, rencontre cruciale pour le jeune homme qui, reniant son idéal, va décider de devenir écrivain à succès, tandis qu'elle marque pour l'écrivain à succès âgé, confronté au jeune homme qu'il fut, le moment de la mort.

L'ouverture sur l'éternité par l'identité de destin, l'éternel retour comme structure obsédante de l'imaginaire qui nie le temps qui passe : Borgès dans *El Sur* (Le Sud), *Ficciones* (Fictions) (1956), évoque le mythe de la mort double, celui qui meurt dans un hôpital à Buenos Aires après un banal accident se voit revenu dans le pays des gauchos de son enfance pour y être impliqué dans un duel à mort, répétant le trépas romantique de son grand-père, percé par les lances des Indiens.

La mort rêvée pendant la vraie mort, « c'est comme si deux hommes existaient en même temps ». Borgès désigne ainsi l'imaginaire comme triomphateur du réel, le moi n'est plus défini par sa position ici et maintenant : le sujet vit le présent comme illusion.

Etre multiple et personne, est le propre de la condition humaine. Le recueil *El Hacedor* (Le Créateur) (1960), varie à l'infini le mythe du double : moi et l'autre, Borgès et moi, « c'est à l'autre, à Borgès, que les choses arrivent. Moi je marche dans Buenos Aires », jusqu'à ce que les deux personnages se rejoignent dans le mythe de la littérature : éternel jeu avec le temps où le moi se perd ; le je de l'énonciation se muant en un il = la non-personne (l'écrivain Borgès). L'individualité rejoint l'archétype de l'humain : le moi romantique est réduit au silence : la dissolution du moi, qui se perd dans un ensemble plus vaste, est la réalité du XXe siècle.

Mais dans un monde qui vit une crise d'identité, le rêve comme la poésie nous font approcher « ce que nous étions avant d'être ce que nous ne savons pas si nous le sommes », J. Cortázar. Dans ce monde, la vérité et l'erreur ne sont plus les critères absolus qui départagent rêve et réalité, car le rêve est plus vrai, Cortázar imagine un monde à l'envers où une femme, Alina Reyes, de Paris rencontre son double, la mendiante de Budapest, sur un pont, « La lointaine » dans *Las Armas secretas* (Les Armes secrètes) (1963). La mendiante est le double inversé d'Alina, la reine (jeu d'anagramme sur le nom), la mauvaise conscience d'Alina qu'elle pense facilement évincer. Mais l'usurpation indue était peut-être l'autre, la reine heureuse, aimée, choyée et l'adhérence indigne, la réalité. La duplication du moi soulignée par la dissociation spatio-temporelle montre qu'Alina découvre dans l'imaginaire sa réalité.

Deux personnages apparaissent en surimpression, aussi réels l'un que l'autre et pourtant différents, *The Out-sister* (La Sœur à l'extérieur), *Windershins* (1911), O. Onions, réunion des contraires : le dehors est le dedans, la dessinatrice est la nonne ou vice versa.

Ainsi dans *Der Nachbar* (Le Voisin) (1917), de Kafka, le double usurpateur n'est-il peut-être que le rêve de celui qui se sent privé d'être, dépossédé de lui-même au sein de l'oisiveté affairée de la fantasmagorie bureaucratique qui tourne à vide et dont l'identité se réduirait à la plaque apposée sur la porte : « Harras, Bureau ».

Rêve ou réalité s'inversent aussi dans le conte à la 3e personne « La Nuit face au ciel » *(Les Armes secrètes),* de Cortázar, l'accident de moto et le transport à l'hôpital présentés de manière réaliste se révèlent le rêve sécurisant d'un prisonnier qui va être sacrifié au couteau par les Aztèques : l'accident, la ville de pierre est-il le rêve de celui qui va mourir sur le bûcher sacrificiel ou bien l'accident suscite-t-il l'image du sacrifice ? La conscience du sujet jette un pont entre deux univers séparés.

Dans un premier temps, la vision du double pour Cortázar n'est qu'une variante de l'enfermement en soi, *Récit sur fond d'eau, Une Fleur jaune.*

Mais pour les écrivains d'Amérique latine, il y a un élargissement du territoire-clos, les personnages vivent simultanément des espaces et des temps pluriels. Le mythe du double réel, imaginaire, rêvé, fantasmé, est pour les auteurs d'Amérique latine une façon d'aborder leur rapport à l'histoire, à la mémoire, de créer une mythologie syncrétique qui rende compte de la civilisation propre (rapport aux divinités précolombiennes) et de ce qui leur vient de l'Europe, marquant leur condition d'hommes déchirés entre deux cultures et deux mondes : l'anglo-saxon et le méditerranéen.

Ainsi le Mexicain C. Fuentes fait-il réapparaître le double comme un leitmotiv dans son œuvre : dans le mythe du retour dans le sein maternel, de la réintégration à l'état fœtal : *Zona sagrada* (Zone sacrée) (1967), vers laquelle convergent tous les désirs de Guillermo, le narrateur, dans une réunion incestueuse avec sa mère Claudia Nervo qui se veut sans mémoire.

Chez Fuentes, la narration tend vers le mythe et l'allégorie. Ainsi en est-il de l'histoire dans le drame *Todos los gatos son pardos* (Tous les chats sont gris) (1970). Le retour du même dans l'autre, c'est ici le drame d'une oppression chassant l'autre.

Cortés chasse Moctezuma qui tyrannisait le peuple aztèque. Cortés sera chassé à son tour par le pouvoir de l'Espagne catholique et impériale.

Moctezuma est le double fragile de Cortés et celui-ci le double aveugle de Moctezuma (scène 9). Mais victime et vainqueur sont deux victimes du pouvoir qu'ils croyaient dominer. Rien ne changera dans la destinée des Mexicains. A la fin de la pièce, on voit apparaître Cortés sur scène sous les traits d'un général US et Moctezuma sous l'apparence d'un président du Mexique.

Moctezuma utilise le travestissement en un faux double pour sonder Cortés. Une princesse aztèque devenue la maîtresse de Cortés enfantera d'un fils qui devait représenter le Mexicain d'une nation enfin libre. Ainsi le double signifie-t-il le retour permanent du même : il y aura de par les structures du Mexique toujours des colonisés et des colonisateurs devenant à leur tour colonisés.

Ces mêmes thèmes reviennent avec une portée plus générale dans *Terra nostra* (Notre terre) (1975), où la figure du double symbolise la quête de la personnalité cachée dans les méandres d'une personnalité historique, les monarques espagnols successifs rejoignant le monarque éternel de toutes les Espagnes, Don Juan est le double de Don Quichotte. Comme il faut plus d'une vie pour parfaire une personnalité, la recherche du double est la quête de notre personnalité dissimulée dans les avatars d'une expérience historique marquée par le rapport conflictuel entre la civilisation du Nouveau Monde bâtie autour de l'Espagne, qui à la veille de l'an 2000 se voit ravagée, et celle du monde anglo-saxon.

Comment atteindre un équilibre entre deux mondes qui ont fait le malheur des populations, le latin et l'anglo-saxon? Ce point de rencontre est encore une fois figuré à Paris, carrefour intellectuel et moral. La dualité : « le Vieux Monde », « le Nouveau Monde » qui se résoud dans une synthèse des éléments antagonistes, symbole et allégorie de l'homme nouveau : « l'autre monde », conditionne l'architecture même du livre.

Le double figure pour Fuentes l'intégration d'une personnalité ancienne dans un nouvel être au plan individuel comme au plan des sociétés. C'est encore un message politique qui apparaît dans *Una familia lejana* (Une certaine parenté) (1980), sous la forme symbolique de la réunion du jeune Mexicain Victor Heredia et son ami André Hérédia jeune Français, deux jumeaux qui s'unissent exprimant un dialogue entre deux cultures, la présence du passé dans le présent.

La difficulté du dialogue entre deux continents et entre deux cultures si indissociablement liées, s'exprime aussi dans *Rayuela* (Marelle), 1963, de J. Cortázar. L'Argentin Horacio Olivera, expérimente dans ses pérégrinations à travers Paris une situation d' « homme sans qualité ».

L'exilé qui saute d'une case à l'autre cherche à se rapprocher du centre de lui-même, témoignant de la disponibilité pour l'aventure, de la liberté de celui qui jusque dans la clochardisation cherche à expérimenter d'autres façons d'être homme que celle de la personnalité adaptée au moi social. Dans cette marelle symbolique, il parcourt les différentes « stations » d'un voyage initiatique, d'une concentration sur soi-même qui aboutit à la rencontre du double.

Ce spectateur en marge qui se maintient dans une disponibilité ludique, est ouvert sur d'autres mondes. (Les trois parties du roman s'intitulent : « De l'autre côté » = Paris, « De ce côté » = Buenos Aires, « De tous les côtés ».)

Le dépaysement débouche sur un retour au pays vers Traveler, ce voyageur immobile qui est son double, l'homme du territoire en regard de l'homme du passage, Oliveira. La solitude devient amitié, amour partagé. Le maître du jeu est l'écrivain Morelli, qui comme l'auteur propose deux livres en un, une lecture à deux vitesses, linéaire ou paradigmatique. On saute d'un chapitre à l'autre comme dans le jeu de marelle (Morelli anagramme de Marelle), Cortázar vit lui aussi entre deux langues : dans cette perspective de l'écriture, l'aventure d'Oliveira qui n'est pas, mais cherche à être, prend tout son relief.

Dans cette invention de l'homme du futur, on voit bien l'influence d'un roman clé du XXe siècle où le mythe du double se trouve au centre de l'œuvre : *Der Mann ohne Eigenschaften* (L'Homme sans qualités) (1930, livre I; 1933, début du livre II), R. Musil, dont l'inachèvement est sans doute lié au rôle joué par le double, le motif des rapports entre Ulrich et Agathe (frère et sœur), (Ulrich s'appelait dans une première version *Anders* = Autre). L'autre n'apparaît comme virtualité de son être que lorsque surgit le thème central de la définition d'une morale personnelle de la vraie vie, qui prend le pas sur la satire de la monarchie austro-hongroise.

Musil n'emprunte pas à une des formes que le mythe a revêtu dans la tradition mais à toutes, qu'il juxtapose dans une vision syncrétique, il s'inscrit dans la tradition romantique d'un Jean-Paul en définissant l'amour d'Ulrich pour Agathe comme amour de soi-même, mais les principaux mythes qui se rattachent au double font l'objet de discussions savantes entre le frère et la sœur dans une récapitulation d'une longue histoire qui se confond avec celle de l'homme occidental : mythe platonicien des deux moitiés qui se cherchent, de Pygmalion, de l'hermaphrodite, d'Isis et d'Osiris...

Dans *La Sœur jumelle* (1re version du roman), Musil comptait exploiter la ressemblance du frère et de la sœur comme ressort « picaresque » à des fins d'espionnage. Les deux personnages Ulrich-Anders et Agathe sont à la fois amis, homme et femme, frère et sœur, jumeaux et même frère et sœur siamois. Musil fait de leur relation une aventure, « un voyage aux limites du possible ».

Cette entreprise d'une vie, qui se concentre de plus en plus sur l'histoire d'Ulrich et d'Agathe est le signe de la mise en acte du fantasme central de l'œuvre, auquel Musil échappe par des développements discursifs opposant masculin/féminin (concepts qui vont par paire : vision donnante et prenante, expérience convexe et concave, appétitif/non appétitif).

L'entreprise apparaît comme une longue rêverie autour du mystère de « l'apparition de l'être humain sous deux états : homme et femme » (HSQ II, 3).

Un mythe protéiforme

Le mythe du double est aujourd'hui vivant et productif. Perméable aux modifications, il se prête aussi bien à l'ambition totalisatrice des Romantiques, qui prétendent que se reflète dans le moi fini le monde infini, qu'à la peinture de l'effacement du moi prêt à vivre dans des avatars, qui pose et quelquefois accepte son caractère de fragment, en y voyant une perspective d'enrichissement et de dialogue avec le monde, vision contemporaine d'un optimisme raisonné, qui fut tempéré au moment de l'absurde par la peinture d'un moi qui ne peut même plus poser son existence par l'instanciation du discours (Beckett).

A l'enfermement dans le moi romantique douloureux et clos qui a peur de perdre sa substance, car le franchissement des limites mène à la folie, succède une ouverture sur le monde; l'altérité au sein du moi est ce qui va permettre un dialogue, une rencontre voire une solidarité avec l'autre. La dépossession ne signifie plus alors un appauvrissement, une néantisation de l'être, mais une possibilité d'enrichissement.

L'homo sapiens qui s'affranchit de son double divin se transforme en un homo ludens et en un homo communicans.

La figure d'un asocial (Poe, Stevenson) débouche sur la recherche d'une nouvelle sociabilité (Hesse, Cortázar), le double, symbole de l'aliénation individuelle dans une société qui se massifie (Dostoïevski), peut être aussi la condition d'une libération sociale et politique (Fuentes). L'homme pluriel, les fictions à plusieurs niveaux, l'ouverture sur des mondes possibles (le double est une figure-privilégiée de la science-fiction) sont à l'ordre du jour.

L'ambiguïté, l'incertitude, l'indécidabilité du jeu savant d'échange entre le moi et son double brouille la référence, exprimant un doute (constructif) sur le réel qui permet d'imaginer que l'individuel pourra être dépassé (utopie musilienne).

Pourtant, en même temps qu'un trajet qui tend vers la recherche d'un meilleur moi, l'ambivalence présente du mythe se manifeste dans son rapport privilégié avec la figure de la circularité (Borgès). Mais le double renaît toujours des cendres qui marquent le rapport à la mort. Plus que le cercle, c'est l'image de la spirale qui conviendrait, le symbole de la mort-renaissance. Le double est apte à figurer tout ce qui nie la limitation du moi, à jouer le scénario fantasmatique du désir.

Nicole FERNANDEZ-BRAVO

BIBLIOGRAPHIE

C. R. ARENBERG, *The Double as an Initiation Rite*, A Study of Chamisso, Hoffmann, Poe and Dostoevsky, Washington University, Ph. D., 1979.

H.S. und J. DAEMMRICH, *Themen und Motive in der Literatur*, Francke Verlag, Tübingen, 1987.

E. FRENZEL, *Motive der Weltliteratur*, 4. Ausgabe, Kröners Taschenausgabe Bd. 301, Stuttgart, 1976.

A. HILDENBROCK, *Das andere Ich*, Künstlicher Mensch und Doppelgänger in der deutsch- und englischsprachigen Literatur, Stauffenberg Verlag, Tübingen 1986.

W. KRAUSS, *Das Doppelgängermotiv in der Romantik*, Studien zum romantischen Idealismus, Germanische Studien, Heft 99, Berlin, 1930.

C. La CASSAGNÈRE (éd.), *Le Double dans le romantisme anglo-américain*, fascicule 19, Clermont-Ferrand II, 1984.

V. MEYER-MATHEIS, *Die Vorstellung eines Alter Ego in Volkserzählungen*, Dissertation, Fribourg-en-Brisgau, 1974.

M. MYOSHI, *The Divided Self*, New York University Press, London, 1969.

J. M. PAUL (éd.), *L'Homme et l'Autre*. De Suso à Peter Handke, actes du colloque de l'université Nancy II, Presses Universitaires de Nancy, 1988.

O. RANK, « Der Doppelgänger » in *Psychoanalytische Beiträge zur Mythenforschung*, Leipzig, Wien. Internationaler psychoanalytischer Verlag, 1919. Traduction ; *Don Juan et le Double*, Payot, 1925.

N. REBER, *Studien zum Motiv des Doppelgängers bei Dostojewskij und E.T.A. Hoffmann*, Dissertation, Bern, 1964.

R. ROGERS, *A Psychoanalytic Study of the Double in Literature*, Wayne State University Press, Detroit, 1970.

W. SCHMIDTBONN, *Der Doppelgänger*, Deutsche Buchgemeinschaft, Berlin, 1928.

Dr. A. STOCKER, *Le Double. L'Homme à la rencontre de soi-même*, Genève, 1946.

R. TYMMS, *Doubles in Literary Psychology*, Cambridge, 1949.

Anthologies

R. BÖSCHENSTEIN, *Doppelgänger*, Phantastische Geschichten, 1987.

J. GOIMARD et R. STRAGLIATI « Histoires de doubles », in *La Grande Anthologie du fantastique*, Presses Pocket, 1979.

Études particulières

P. Brunel, « Borgès et l'autre », in *L'Autoportrait*, Corps écrit, P.U.F. 2, 1983.
S. Freud, « Das Unheimliche », in *Psychologische Schriften*, Freud-Studienausgabe, Fischer Bd. IV, 1913.
J. M. Gardair, *Pirandello. Fantasmes et logique du double*, Larousse, 1972.
H. L. Held, *Das Gespenst des Golem.* Eine Studie aus der hebräischen Mystik mit einem Exkurs über « Das Wesen des Doppelgängers », München, 1927.
S. Kofmann, *Quatre romans analytiques : le double est le diable*, Galilée, 1973.

ECHO

Bien que la version donnée par Ovide au Livre III des *Métamorphoses* soit la plus connue, et doive être considérée comme l'origine du développement du mythe d'Echo en relation avec celui de Narcisse, il semble bien qu'il ne s'agisse là en fait que d'une exégèse, liée très probablement à une contamination avec des légendes orientales, et non pas à l'état initial du mythe. Il devait exister d'autres versions d'une fable expliquant l'origine du phénomène physique de l'écho, qui ne nous sont parvenues qu'à l'état de traces, dans des textes de l'Antiquité tardive ou par l'intermédiaire des mythographes de la Renaissance.

ECHO ET NARCISSE

Pour Ovide, Echo est un double ou un reflet de Narcisse : la manière dont elle répète, en les tronquant, les mots qu'elle entend, est analogue à celle dont l'image de Narcisse, incomplète puisque sans réalité, lui est renvoyée par la surface miroitante de l'eau. L'histoire d'Echo est racontée par Ovide en prélude à celle de Narcisse, dont le dédain est donné comme la cause de sa métamorphose en rocher, car auparavant elle avait un corps, bien qu'étant déjà privée de l'usage intégral de la parole. La fable d'Echo ici est double : d'une part, elle a été punie par Junon pour la trop grande habileté de ses discours, par lesquels elle séduisait la déesse et détournait son attention des amours adultères de Jupiter ; c'est donc pour avoir trop parlé, comme pour avoir tenu des discours trompeurs sinon mensongers, qu'elle se trouve privée à la fois de l'abondance et de l'initiative de la parole : elle ne peut plus que répéter les derniers sons entendus, sans pouvoir communiquer désirs, inquiétudes ou mises en garde ; mais elle conserve la faculté essentielle de choisir les sons qu'elle répétera (*Métamorphoses.*, III, 359-377). D'autre part, elle est victime de la résistance à l'amour de Narcisse, et perd sa substance corporelle (elle n'est plus que voix) en s'évanouissant, ainsi que lui, par un effet de langueur amoureuse. La relation symbolique entre Echo et Narcisse est soulignée chez Ovide par des symétries : Narcisse, entendant cette voix qui répète, sans qu'il en ait conscience, ses propres paroles, réagit par la même question qu'il posera ensuite à son image, dont il ne comprend pas qu'il s'agit de lui-même : « Pourquoi me fuis-tu ? ». Et après s'être consumée en se lamentant sur son amour sans réponse, Echo, lorsque Narcisse se meurt et se consume lui-même, revient à nouveau dialoguer avec lui, reprenant les plaintes de Narcisse pour sa propre lamentation.

L'analogie signalée par Ovide entre la réflexivité du son et celle de l'image donnera lieu à tout un courant d'interprétation, dont les *Etymologies* d'Isidore de Séville (VIIe siècle après J.-C.) constituent un garant, puisque le nom d'Echo y est compris comme *eikôn* c'est-à-dire « image », et le phénomène défini ainsi : « en répondant à une voix elle donne une image de ses paroles » (XVI, 3,4). Le statut d'image sonore ou de simulacre vain d'Echo est cependant considéré comme paradoxal dans la plupart des interprétations littéraires du mythe, où Echo apparaît le plus souvent dissociée de son double Narcisse (alors que dans la peinture, les deux figures sont indissociables, comme chez Poussin).

ECHO ET PAN

Dans la pastorale de Longus, *Daphnis et Chloé* (IIe siècle après J.-C.), c'est une tout autre histoire qui nous est rapportée. Daphnis apprend à Chloé, qui s'émerveille d'avoir entendu une musique céleste répercutée par la terre, qu'Echo, mortelle et fille d'une Nymphe, avait été élevée par les Muses et était capable de jouer de tous les instruments, de chanter toutes les sortes de chansons. Ce don merveilleux irrita la jalousie de Pan, qui par ailleurs ne pouvait se faire aimer d'Echo (qui dans cette version fuit elle-même l'amour) ; et Pan « envoya un accès de fureur aux bergers et chevriers », qui la déchirèrent et « éparpillèrent par toute la terre ses membres qui chantaient encore ». La Terre conserva ses membres et sa voix, qu'elle fait résonner partout, et qui, « comme autrefois, imite tout : les dieux, les hommes, les instruments et les cris des bêtes » (III, 23). On reconnaît dans le démembrement d'Echo une contamination avec la mort d'Orphée, qui est peut-être une interprétation de Longus lui-même, mais qui se rattache à une association très ancienne entre Pan et Bacchus (peut-être aussi faut-il y voir une analogie entre le démembrement rituel et la fragmentation des sons par l'écho). Toujours est-il que la postérité littéraire de cette interprétation n'est pas évidente, quoiqu'Echo apparaisse de plus en plus liée aux pouvoirs spirituels de la musique, comme Orphée lui-même. La relation avec Pan, en revanche, est attestée par plusieurs sources, et semble bien déterminer un courant littéraire important.

Macrobe, en particulier, fait d'Echo un symbole de l'Harmonie Universelle, aimée de Pan car celui-ci incarne le Principe Divin (*Saturnales*, I, 22). Les mythographes de la Renaissance (Gyraldi, *De deis gentium*..., 1548) associent Echo à une tradition pythagoricienne, et rapportent un adage mystérieux : « priez Echo lorsque les vents soufflent ». De même Cartari (*Imagini degli dei*, 1556) introduit un développement sur Echo dans le chapitre qu'il consacre aux figures du dieu Pan, traité lui-même comme un avatar de Jupiter en tant qu'archétype de la divinité. Echo y est interprétée comme une analogie des Sept Sphères de l'Univers, qui rendent une musique céleste (une des croyances répandues dans l'Antiquité était que l'écho se répétait, en certains lieux consacrés, jusqu'à sept fois : on verra plus loin les implications chrétiennes de cette conception). Ainsi Echo apparaît-elle, dans cette perspective, liée à un mythe d'origine de la Musique, et non plus comme une variation sur l'irréalité ou la culpabilité de la parole humaine. Les mythographes ne semblent d'ailleurs pas retenir l'idée d'un châtiment ou d'une faute d'Echo envers un dieu, mais au contraire Echo ici se trouve elle-même divinisée (« fille de l'air et de la langue »). L'accent est mis sur son invisibilité, et, chez Cartari dont le propos est iconographique, sur le fait qu'elle est irreprésentable : ainsi les exégèses ultérieures tendront à rapprocher Echo, de plus en plus, de l'ordre divin de l'Intelligible, en la dissociant très nettement de l'ordre sensible ou de celui des simulacres. Cartari n'exclut pas l'interprétation d'Ovide, mais la présente comme une sorte d'exception parmi les autres caractères de cette figure, dont la particularité est justement de n'être pas « figure », et qui ne peut admettre de représentation que lorsqu'elle est associée à Narcisse et à une métamorphose. Dans les autres cas, elle se définit par sa relation au « désert », au silence et à l'inimaginable : « Pourquoi cherches-tu, peintre insensé, à faire mon portrait ? car je suis telle que jamais un œil mortel n'a pu me voir, je n'ai ni forme, ni corps, ni couleur » (épigramme d'Ausone citée par Cartari).

Ainsi se précise l'aspect paradoxal du mythe d'Echo : en tant qu'ombre imitant les paroles des autres dans la redondance, Echo pourrait être comprise, en termes platoniciens, comme une représentation des apparences, et ainsi dévalorisée, comme elle l'est quelquefois, mais toujours à l'intérieur d'un discours équivoque, en tant que représentation des apparences, par opposition à la substance et à la vérité de l'Etre. Cette interprétation serait en analogie avec l'interprétation plotinienne du mythe de Narcisse comme symbole d'une humanité abusée par les apparences dont elle ne peut se détourner. Or, telle n'est pas la perspective retenue par la tradition littéraire la plus fréquente, dans laquelle au contraire Echo apparaît comme une parole oraculaire, qui révèle la vérité cachée des mots qu'elle entend. Ce qui semble prévaloir, c'est plutôt une symbolique de l'invisible donné comme signe de spiritualité, celle-là même qui détermine par ailleurs la fonction théologique de la musique.

Le dialogue avec Echo : un genre littéraire

Cette fonction révélatrice de l'écho n'apparaît pas dans les deux dialogues entre Echo et Narcisse chez Ovide : et cependant il existe une abondante littérature reprenant le procédé d'Ovide, en le systématisant au point que ce dialogue devient, aux XVIe et XVIIe siècles, un genre répertorié sous le nom d'*écho*. Le protagoniste confronté à Echo n'y est plus Narcisse, ou fort rarement, mais la structure est toujours la même : il s'agit de poèmes, de scènes intégrées à la pastorale (*Pastor Fido*) ou de pièces musicales (Roland de Lassus), dans lesquels chaque vers, ou série de vers, se prolonge par un écho. Avec cette particularité que l'écho ne se contente pas de répéter mécaniquement le mot à la rime, mais qu'il constitue toujours la réponse à une question, et que le dialogue prend ainsi valeur de leçon, de consolation, ou même dans certains cas de dispute. Il est significatif qu'un des exemples caractéristiques de vers en écho soit rapporté par le mythographe Cartari (op. cit., article *Giove*), qui signale par là de façon implicite la continuité symbolique qui existe entre le mythe, tel qu'il l'a lui-même analysé, et le genre littéraire, alors même que la figure d'Echo n'y est plus présente (sinon dans des allusions) ni son histoire racontée. Ce poème anonyme en italien met en scène un jeune amant incompris qui, sollicité par Echo tandis qu'il se lamente sur son sort, lui demande son nom puis se met à l'interroger. Ses questions concernent d'abord la conduite amoureuse, mais se transforment insensiblement en une interrogation d'ordre mystique (« Dis-moi la vraie voie de l'Amour, dis-moi de grâce la vérité? - Vérité ») et le dialogue se conclut par une énigme, l'amant ne pouvant plus comprendre l'ultime réponse, insistante, de l'écho, alors que les réponses précédentes relançaient toujours d'autres questions. Tous les aspects du *jocoseria* qu'est ce genre de dialogue sont ici présents : la situation amoureuse est extérieure à Echo elle-même, qui reste une confidente, l'amour profane et l'Amour Divin s'articulent dans la dualité ou la complémentarité, le jeu des homophonies est interprété comme un message symbolique, dans un rapport permanent à l'énigme et à la prophétie.

Les multiples versions littéraires et musicales du dialogue avec Echo font apparaître deux tendances, liées peut-être à une lente évolution thématique, en tous cas articulées l'une à l'autre : la première, profane, voit en Echo la « Secrétaire d'Amour » (Marino, *Sampogna*, Eglogue VI : « Echo », 1623) ou une interprète du dieu Amour, avec lequel, par exemple, le héros du *Pastor Fido* de Guarini (1590) la confond : tel Narcisse ce héros entend résister à la puissance de l'Amour, et croyant parler au dieu lui-même, il entame avec Echo une véritable *disputatio* qui se termine par un échange équivoque (« Tu n'es qu'un faux Prophète, et tout rempli de vin ! - Devin », acte IV, sc. 7). La seconde tendance voit en Echo un oracle de la parole divine : c'est le cas en particulier d'une épopée chrétienne de Pierre de Saint-Louis (1668) consacrée à *La Madeleine au Désert*, où l'Echo enseigne la Foi et l'Amour Divin à l'anachorète, qui, jouant elle-même des homophonies, fait du « résonnement » en écho un « raisonnement » et une source de connaissance. C'est aussi le cas d'une aria de la 4e Cantate de l'*Oratorio de Noël* de J.-S. Bach, où Dieu répond en écho, laconiquement, aux interrogations de l'âme, pour affermir sa certitude (« Tu dis oui toi-même »). Echo est alors, selon l'expression d'E. Tesauro (*Cannocchiale Aristotelico*, 1654), une « sauvage Sibylle qui rend ses oracles dans les grottes », et les sons qu'elle « réfléchit » (« Solitaire Sibylle, ou voix de Paradis/ Qui réfléchis si bien sur tout ce que tu dis », *Madeleine au désert*, II) expriment non pas des leurres, comme le miroir de Narcisse, mais bien des vérités. Elle révèle, en même temps que la proximité des sons et du sens, la proximité idéale des contraires, car l'harmonie musicale consiste dans l'accord des dissonances : c'est dans une telle perspective qu'A. Kircher, qui fonde son *Musurgia Universalis* (1650) sur le principe analogique qui unit le cosmos et la musique, s'attache à définir une « échosophia » à partir de la similitude symbolique qui existe, dans l'ordre physique, entre le son et la lumière, et que l'écho permet de révéler, en tant que signe de communication entre les différents ordres. La tradition hermétique utilise également Echo comme une sorte de métaphore de l'exégèse biblique, car comme elle la Kabbale, faisant parler les homophonies, « accorde avec le Tout duquel elle est partie » (G. Le Fèvre de la Boderie, *La Galliade*, 1578).

Vérité du verbe divin

Révélatrice des vérités cachées sous des apparences trompeuses, Echo apparaît comme le signe même de la parole divine, qui ne peut se révéler que par énigmes. Elle est ainsi médiatrice entre l'âme humaine et le divin, et la nature symbolique de cette parole est contenue dans le fait même qu'elle « n'est que voix », condensant en un seul mot tout un discours qui ne lui est pas permis. On ira jusqu'à l'assimiler très explicitement au Verbe incarné, « qui est la note élémentaire émise par l'Intellect du Père » (Marino, *Dicerie Sacre*, II, « La musica », 1614), tout en insistant sur la relation mystique qui fonde l'origine de la musique sur une identification de l'Echo, à travers le nombre sacré 7 qui lui est associé, aux Sept paroles du Christ en Croix, forme originelle de toute Musique : chacune des Sept paroles est aussi un écho de la volonté divine, et une réponse (non discursive, mais musicale parce que pure et idéale) marquant l'adhésion de l'âme avec le divin (*ibid.*). Intermédiaire entre la musique idéale des Sphères, dont elle est l'image irreprésentable, et la parole humaine qu'elle rend à sa véritable signification, Echo rend intelligible la substance même de l'Etre.

Ainsi, dans l'interprétation mystique et chrétienne, cette voix sans corps et sans substance devient-elle un révélateur de la conscience, et intervient-elle dans une fonction initiatique en faveur de son interlocuteur. Car c'est à lui-même qu'en définitive elle renvoie celui qui l'interroge (comme Narcisse, à travers son image, finit aussi par se connaître lui-même). Le dialogue avec l'Echo est toujours un dialogue avec soi-même que le sujet n'est pas encore capable d'identifier comme tel : et c'est l'altérité de la parole oraculaire qui est illusoire, non son message. Si, chez Ovide, la contemplation de son reflet est pour Narcisse stérilisante et mortelle, la réflexivité de la parole d'Echo, dans le genre littéraire du dialogue, est au contraire créatrice de sens, dépassement des limites de l'humain, porteuse d'espoir ou de connaissance — même lorsque cette connaissance, qui le dérange, est refusée par le sujet. A la fin du XVIIe siècle, on trouve dans le traité sur la métaphore d'E. Tesauro (*Cannocchiale*, VII) une synthèse significative des exégèses auxquelles se prête le phénomène de l'écho, dont il n'est plus nécessaire pour en dégager la symbolique de la fonder sur une fable : « (Echo) vit autant que tu parles (...) Un seul vit, et deux parlent (...) Elle est un autre toi-même (...) Si tu meurs, elle meurt ».

Françoise Graziani

BIBLIOGRAPHIE

V. Cartari, *Imagini degli dei degli antichi*, art. « Giove », Venise, 1556 (trad. fr. A. du Verdier, Lyon 1581).

G.-B. Guarini, *Il Pastor Fido*, dans *Opere*, éd. M. Guglielminetti, Torino, UTET, 1971 (trad. fr. A. Giraud, Paris 1623).

G.-B. Marino, *Dicerie Sacre*, II, éd. G. Pozzi, Torino, 1960.

P. Borgeaud et F. Secret, art. « Pan », *Dictionnaire des Mythologies*, dir. Y. Bonnefoy, Paris, Flammarion, 1981.

J. Hollander, *The Figura of Echo : a mode of allusion in Milton and after*, Berkeley, Univ. of Californy Press, 1981.

J. Loewenstein, *Responsive Readings : versions of Echo in pastoral, epic and the Jonsonian Masque*, New Haven-London, Yale Univ. Press, 1984.

EDEN

A LA SOURCE DU MYTHE

Entre tous les récits bibliques, celui du drame de l'Eden, contenu dans les chapitres II (versets 7-25) et III de la *Genèse*, peut être dit le plus mythique ; c'est en effet un récit fondateur, et, pour un Occidental, son anthropogenèse : d'où vient l'humanité, d'où vient le couple, d'où viennent la peine du travail, la souffrance et la mort... C'est un récit dont la fonction est religieuse, puisqu'il enseigne que nos malheurs proviennent de notre désobéissance à l'ordre divin. Il veut être cru comme vrai ; son auteur, quoique juif, s'adresse à Tout-Homme, tel est le sens du nom du héros : Adam, terme le plus vague pour désigner un quelconque individu. Enfin, ce récit a été intégré dans le Livre sacré de l'Occident : la Bible.

Empruntons à Lévi-Strauss le trait caractéristique du récit mythique : le fait qu'il soit construit selon des oppositions structurales et signifiantes ; on pourra se référer à sa célèbre présentation du mythe d'Œdipe :

Sur-estimation des relations parentales	Sous-estimation des relations parentales	Victoire sur le monstre	Nom, marque du lien à la terre
adam & adama (la terre) 2,7 (fils de la terre, Adam doit la « servir »)	adam ≠ adama 3,19 (la mère devient la Mort)	la race de l'homme triomphe de la race du serpent 3,15	Adam = le Terreux 2,7 & 3,19
issh & issha (époux & épouse) 2,23	issh = issha (époux dominant épouse) 3,16		la race de la femme meurtrie au talon 3,15
(la femme naît de son mari, est sa fille)	« ton désir te portera vers ton mari et lui dominera sur toi »		le serpent mangera la poussière 3,14

Selon l'auteur de l'*Anthropologie structurale*, le mythe d'Œdipe exprimerait le conflit entre la croyance archaïque en l'origine chthonienne de l'homme et la croyance nouvelle selon laquelle tout homme naît de l'union d'un homme et d'une femme ; telle est, selon Edmond Leach, la clé du mythe de l'Eden. Il semble qu'on puisse aller plus loin et dénoncer, dans cette surestimation de la parenté du sang, un déni du désir de l'inceste, et, dans la sous-estimation, un déni du désir parricide ; le serpent — monstre de la troisième colonne — représenterait le Père phallique, et la « marque » (lien à la terre, meurtrissure, à la quatrième colonne) serait un euphémisme pour exprimer la castration.

Utiles pour saisir la portée du conte biblique, ces considérations ne le sont guère pour définir l'originalité des œuvres littéraires qui s'en inspirent ; elles permettent cependant de comprendre le succès du modèle biblique, s'il est vrai que ce récit met en ordre des processus inconscients ; leur perception n'apparaît clairement que dans *Le Paradis perdu*, de Pierre Jean Jouve, selon lequel le Serpent n'est autre que le Phallus.

C'est plutôt en recourant à la méthode greimassienne d'analyse structurale que l'on pourra découvrir les unités constitutives du récit biblique et du mythe littéraire formé par toutes les œuvres s'inspirant de *Genèse* II & III. Au terme d'une analyse narrative, puis discursive, de ce conte, peut être établie la structure élémentaire de signification suivante (ou carré sémiotique) :

VIE sans mort →		vs	↙ VIE terminée par la MORT	
conjonction :			disjonction :	
homme & animaux	2,19		homme ≠ animaux	3,15
époux & épouse	2,23,24		époux ≠ épouse	3,16
créature & Créateur	2,7		créature ≠ Créateur	3,23
jardin irrigué & arbres à fruits	2,9		sueur de l'homme & épines et chardons	3,3,18,19

Deux contraires : la VIE - la MORT, la conjonction s'opposant à la disjonction : la VIE était dans l'« ailleurs » ; la MORT est dans l'« ici » de notre vie quotidienne. C'est la négation par la créature d'un Ordre établi par le Créateur qui a permis « le passage » de l'un à l'autre dont le lieu n'est autre que celui de la « tentation », l'arbre du milieu du jardin autour duquel se love le serpent tentateur.

Quoique le récit puisse donc être dit mythique à bien des égards, il est au premier abord une œuvre littéraire ; si on ignore le nom de son auteur, ce dernier est facilement défini en tant que scripteur, par son style original comme par ses idées-forces : certains exégètes voient en lui un scribe de la cour de Salomon, vers 950 avant Jésus-Christ.

Ce conte par sa sobriété, fleure bon le terroir, en raison d'un vocabulaire pauvre et trivial ; le terme le plus fréquemment usité est celui de *manger* (vingt fois). La composition en est cependant habile : deux volets inversés, unis par une charnière de sept versets, nœud du drame. Le rythme narratif est soutenu par la parataxe, les « *et* » au début de chaque phrase, comme par le jeu sur les mots : chiasmes, calembours, répétitions (« *poussière tu retourneras en poussière* »), étymologies populaires (*adam-adama* = terreux-terre, ou homo-humus, *issh-issha*, = époux-épouse).

C'est dans sa littérarité même que le texte princeps va s'imposer comme modèle, la plupart des œuvres littéraires qui s'en inspirent comprennent peu ou prou des citations explicites ; le caractère populaire du récit primitif s'est d'ailleurs altéré dans sa traduction latine (la Vulgate) qui le haussant à un registre supérieur, l'a en quelque sorte solennisé et sacralisé.

LES VARIATIONS DE LA STRUCTURE

On peut, dans un récit mythique plus qu'en tout autre, distinguer la structure logique, faite de forces contraires, jouant par renversement de situations antithétiques, et l'affabulation : détails des épisodes et figures. Dans un premier temps, il convient de relever, à travers des œuvres littéraires d'une importance reconnue, les modifications du système initial, du drame même qui se joua dans l'Eden ; après cet examen, on pourra se soucier de l'incarnation, dans l'espace et le temps, des forces en équilibre dans le mythe, ou, en d'autres termes, des figures mythiques elles-mêmes.

Quant aux variations de la structure, quatre possibilités se présentent :

La christianisation dramatique

Ensemble clos d'une logique rigoureuse, le conte de *Genèse* II & III n'en appelle pas moins un « *à suivre* », ou plutôt un « *à récupérer...* ». Qui parle de « *paradis perdu* » en viendra tôt ou tard à postuler un « *paradis retrouvé* ». Voué à une vie mortelle, l'homme aspire à l'immortalité. Déjà, l'Ancien Testament envisage une régénération de l'humanité qui passerait par celle d'Israël; le messianisme concrétise cet espoir, débouchant sur le Nouveau Testament, où est proclamé le salut du premier Adam, en vertu des mérites de son successeur, le Christ, qui redonne à l'homme les valeurs perdues :

> « Comme par la désobéissance d'un seul homme, la multitude a été constituée pécheresse, ainsi, par l'obéissance d'un seul, la multitude sera-t-elle constituée juste » (*Rom.* 5, 19).

Dans cette perspective, le conte primitif n'est plus que le premier temps d'une dialectique de salut qui parcourt la Bible entière et se trouve inséré dans un ensemble qui complète son schéma initial.

C'est à la lumière de l'*Epître aux Romains* que l'Occident a lu le conte édénique, dans lequel il a vu l'archétype de la tragédie de l'humanité. Un grand nombre d'œuvres littéraires présentent le mythe de l'Eden dans cette perspective religieuse, avant tout chrétienne, comme en témoigne le *Jeu d'Adam (Ordo representationis Ade)*, première œuvre dramatique de la littérature française écrite (partiellement) en langue vulgaire à la fin du XIIe siècle, et dont l'influence n'est pas niable jusqu'au *Caïn* de Byron.

Une telle œuvre s'adresse à un certain type d'auditeurs déjà réunis pour entendre la Parole divine, puis pour célébrer par un rite ce que la Parole avait proclamé; la *mimesis* suit la *diégésis*, le geste se prend au mot; les fidèles, sortis du lieu saint, adoptent la même attitude; ils savent que ce qui a été *re-présenté* sur la scène, ils auront à le vivre dans leur propre existence. La lecture actuelle reproduit donc la structure inaugurale : le spectateur est Adam, l'homme, objet de la bienveillance divine, mais tenté de refuser la soumission, et malheureux pour avoir rompu le contrat d'alliance avec la Divinité. Plus encore : comme il est chrétien, il superpose au symbole de l'Adam, type de l'homme universel, celui du Christ, nouvel Adam, qui permet d'échapper à l'emprise du premier modèle; Adam est l'antitype du Christ, et lui, le chrétien, est une répétition à la fois du premier Adam et du second. Le texte, dans ce cas, s'explique par une pratique.

Il en est à peu près de même pour le théâtre du Siècle d'Or espagnol. Comme les auteurs des Mystères médiévaux et à leur suite, un Lope de Vega (*La Creacion del mundo y primera culpa del hombre - La Création du monde et la première faute de l'homme*), un Calderón (*La Vida es Sueño - La Vie est un Songe* : autosacramentale), content l'histoire de l'humanité depuis les origines jusqu'à la venue du Christ Sauveur, de la *Genèse* à l'*Apocalypse*, de la situation initiale, compromise par un malheur, à son rétablissement, effectué par un héros ; le texte biblique y est lu selon une interprétation symbolique, la *Genèse* replacée dans une continuité dominée par la dialectique du salut. Relevons deux traits originaux chez Lope de Vega : Dieu n'apparaît point sur scène, ce qui sauve sa Transcendance, et le serpent est devenu le Démon, l'ange déchu, ennemi implacable et puissant.

Par-delà les siècles, des poètes modernes ont, dans leurs paraphrases de *Genèse* II & III, reproduit le schéma chrétien à trois temps : bonheur-malheur-salut, mettant l'accent sur ce dernier point. En raison de leur foi inconditionnelle, ils ont fait revivre l'interprétation typologique de la tradition médiévale ; pour eux, non seulement l'histoire tragique ne pouvait être terminée avec l'expulsion de l'Eden, et appelait un rétablissement de la situation antérieure, mais elle annonçait, par son affabulation même, les conditions de ce salut. A l'arbre de la connaissance s'oppose l'arbre de la croix, au premier Adam, le nouveau qui est le Christ.

Ainsi Charles Péguy, dans son *Eve*, accentue l'écart entre deux *climats*, entre l'*avant* (celui des valeurs possédées) et l'*après* (le temps de l'aliénation), écart accentué par la présentation du premier sur le mode de la déception : « *Vous n'avez plus connu...* ». Entre les deux moments, pas d'intermédiaire, pas de serpent tentateur ; le poète refuse l'anecdote pour s'en tenir aux grandes articulations du mythe ; il évoque cependant l'arbre symbolique du Jardin, qui se confond avec celui du Calvaire :

> « L'arbre au double destin, l'arbitre au double sceau,
> L'arbre de la science et l'arbre de la croix... »

Même structure, bien qu'éclatée, dans différents poèmes de *Sodome*, de Pierre Emmanuel ; même appui sur la typologie de l'arbre du savoir :

> « O absolu témoin de l'homme, Arbre de vie
> qui est l'arbre de la connaissance mais blessé
> portant un second fruit tel le figuier d'automne... »

Dans *Le Paradis perdu* de Pierre Jean Jouve se retrouve le même parallélisme, expression poétique et dramatique de la typologie des deux Adam : l'Adam jouvien préfigure le plus parfait de ses fils, annonçant de longues douleurs mais aussi un rachat.

Un dernier topos, celui de la « *felix culpa* », témoigne, dans ces œuvres, de l'intention de remplir le schéma biblique ; de même que « *l'arbre au double destin* » et le couple antithétique du premier et du second Adam, le concept de « *faute heureuse* » suppose la croyance en l'action rédemptrice du Christ.

L'amplification mythologisante

Bon nombre de paraphrases sont précédées d'un « prologue dans le ciel », qui met en scène, généralement, Satan et Michel, l'ange rebelle et l'ange fidèle, ou bien Dieu et Satan ; ces êtres surnaturels annoncent l'action humaine, ou la préfigurent, ou la déclenchent, ou l'infléchissent, ou l'entravent, ou l'accompagnent, et, de toute façon, l'enveloppent d'une atmosphère supraterrestre qui contribue fortement à la rendre mythique. Le conte originel a paru trop terre-à-terre, et l'on a éprouvé le besoin de le solenniser ; l'artifice du « prologue dans le ciel » fondait la réalité de ce qui allait suivre, élargissait aux dimensions du cosmos l'histoire de deux individus ; en liant les deux drames, le céleste et l'humain, l'écrivain pouvait, non seulement multiplier les actions, et les personnages, mais encore les agrandir héroïquement. L'Opposant, simple serpent dans la *Genèse*, devient Satan, ou Iblis, ou Lucifer ; on l'entoure d'une cour et d'une armée, chez Milton comme chez les dramaturges du XVIIe siècle qui l'ont précédé : ainsi Vondel (*Adam in ballingshap - Adam exilé*), étend les deux brefs chapitres de la Bible aux proportions d'une tragédie classique, en cinq actes, en vers, avec chœurs.

Au XIXe siècle, le dramaturge hongrois Imre Madách consacre à la paraphase de *Genèse* II & III plusieurs scènes de son immense drame : *Az ember tragediaja - La Tragédie de l'Homme.* Si ce dernier rappelle les mystères médiévaux et leurs vastes perpectives sur l'histoire de l'humanité pécheresse et finalement sauvée, il y manque la foi vive qui animait ces œuvres, l'atmosphère sacrée qui les imprégnait ; la mythologie chrétienne n'est pas revivifiée du dedans, elle n'apparaît plus que comme une structure morte ; les grands symboles expriment des conceptions philosophiques ; le dernier mot du Créateur à Adam est celui-ci : « *Homme, je te l'ai dit, lutte et fais confiance* », cependant que le Maître du système fait sa place à Lucifer comme à la Raison critique et négative, ferment nécessaire pour stimuler l'homme dans sa recherche.

Il faut mettre à part l'épopée de Milton : *Paradise Lost - Le Paradis perdu*, poème dans lequel le schéma initial est annoncé dans les tout premiers vers, puis, de manière plus développée, dans les cent suivants, souvent rappelé, étiré dans l'espace (au ciel, sur la terre) comme dans le temps (avant les événements, pendant, après), il s'agit d'un contrat transgressé et de l'aliénation qui en découle ; s'y ajoute l'affirmation d'une réintégration des valeurs, due à un héros sauveur ; schéma identique, et pour le drame humain, et pour le drame céleste qui l'annonce, le préfigure et le double. Divinité conçue à l'instar d'un despote oriental — Dieu dans les nuées — Anges et Démons, sillonnant l'espace, du plus haut du Ciel aux profondeurs de l'Enfer, s'affrontant en des combats bruyants, constituaient un merveilleux identique à celui des épopées antiques et fort étranger à la sobriété naïve du conte yahviste ; il pouvait toutefois être qualifié de chrétien, car la lecture miltonienne est tout à fait fidèle à celle qu'en a faite la tradition.

La révolte

Nombre d'écrivains, à la suite de Byron et jusqu'à nos jours, vont conserver fidèlement la structure initiale, mais inverser les qualités des deux pôles contraires : le positif devient le négatif et vice versa; la Vie dans l'Eden apparaît comme un malheur, une aliénation, et la vie hors de l'Eden, quoique destinée à la mort, est affirmée comme heureuse : elle permet à l'homme d'exercer sa liberté; du NON-SAVOIR (la connaissance du bien et du mal), le serpent a fait passer au SAVOIR (même s'il s'agit de la connaissance de la nudité honteuse, du travail pénible, de la souffrance et de la mort). Le drame édénique offrait en effet, cette ambiguïté, et la possibilité de considérer l'Opposant apparent (le serpent) comme un Auxiliaire, puisqu'il offrait aux humains le SAVOIR et le POUVOIR; en outre, il se proposait de prendre la place du Bienfaiteur; mieux encore, il offrait à l'homme d'occuper cette même place, de devenir le Maître du système. Selon cette perspective, la divinité devient l'Adversaire, et le serpent le Bienfaiteur; dès lors explose la révolte contre l'Ordre établi par Dieu. L'écrivain moderne lit la *Genèse* à rebours, ou l'accuse de mensonge, comme le fait Byron dès la première scène de son *Caïn* :

« Le serpent disait vrai : cet arbre du savoir
Et cet arbre de vie étaient bons, désirables... »

Cette contestation peut s'exprimer en termes différents, mais la violence en est un des caractères essentiels. C'est par le regard de l'Adversaire qu'est examiné le drame de l'Eden, donc par le regard de Satan. Mais l'homme aussi doit s'exprimer, et les chantres de la révolte donneront la parole au fils d'Adam plutôt qu'à son père. Souvent, cependant, Caïn regrettant l'Eden n'est qu'un prête-nom pour son père; le chapitre quatrième de la *Genèse* contamine ainsi celui qui le précède, et l'histoire de Caïn, meurtrier de son frère, s'enrichit d'un nouveau volet, qui est une réduplication du péché de ses parents. C'est en raison de cette assimilation du père au fils que le mythe de l'Eden est au cœur de la révolte romantique.

L'ultime verset du chapitre troisième de la *Genèse* est le plus fidèlement paraphrasé, trois fois répété, puissamment amplifié (« *il posta vers l'orient du jardin d'Eden les keroubim et la flamme de l'épée tournoyante...* ») : l'Eden n'offre plus que murs, portes, remparts, gardés par des guerriers armés dont les glaives enflammés se détachent sur la nuit ténébreuse : symbole d'une divinité restrictive et cruelle, qui cache « *l'arbre d'immortalité* » derrière des « *murs interdits* », image exemplaire de la rancœur byronienne.

A la suite de Byron, même violence et même renversement de la structure initiale dans les œuvres de William Blake (*Songs of Experience - Chants de l'Expérience*), d'Alfred de Vigny (*Eloa*), Lermontov (*Le Démon*), Leconte de Lisle (*Qaïn*), Lautréamont (*Les Chants de Maldoror*), Strindberg (*Inferno*), Paul Valéry

(*Ebauche d'un Serpent*), André Spire (*Samaël*), R. M. Rilke, dans deux poèmes « *Adam* » et « *Eva* »... et tant d'autres, qui lisent la *Genèse* « *dans son sens diabolique ou infernal* », comme le disait William Blake, qui ajoutait : « *tu lis noir où je lis blanc* ».

Le naturisme

Assez nombreuses sont les versions inspirées du récit biblique où ne subsiste qu'une partie du conte : le premier volet. On s'arrête avant le drame, et l'on supprime une pièce importante du système : l'interdit, qui amorçait le second mouvement. Le Mal n'est pas... bonne est la nature humaine : attitude qu'on peut qualifier de « naturiste »; si la structure du récit initial se devine en filigrane, elle se trouve cependant tronquée.

Ainsi, dans les poèmes de Walt Whitman, rassemblés sous le titre de « *Children of Adam* » et remplis de références à la *Genèse*, éclate cette affirmation : « *Je prétends qu'en fait le mal n'existe pas* »; la vie est un don merveilleux, le Paradis existe, s'étendant aux limites du monde — tout au moins du continent américain — le couple humain garde l'innocence au sein de l'amour qui joint l'homme et la femme « *en une seule chair* » : « *Je ne vois pas une seule imperfection dans l'univers* » : nous voilà aux antipodes d'un Byron et d'un Leconte de Lisle; au lieu du sarcasme éclate la louange, mais louange d'un dieu qui est l'homme lui-même.

C'est au contraire le Créateur de la Genèse biblique qui, dans le célèbre poème de Victor Hugo : « *Le Sacre de la Femme* », se manifeste « *dans sa calme grandeur* », et qui bénit l'union du couple humain, « *pudique et nu* », innocent : le sacre de l'amour charnel; dans l'œuvre hugolienne, les vers du « *Sacre* » sont exceptionnels, et représentent un rêve idéal : un monde d'avant la faute, un Eden disparu depuis, où la nudité pouvait être candide...

Dans la ligne de ce poème, *La Fable du Monde*, de Jules Supervielle, illustre le schéma biblique de *Genèse* II, particulièrement le poème « *Dieu crée l'homme* », dans lequel apparaît un Bienfaiteur généreux, un artiste empli d'amour pour son œuvre, dont la sollicitude se traduit en gestes humains, exactement comme chez le yahviste : « *Mes doigts à qui l'on ne s'oppose pas / Formant la chair prête à tant de délices...* » / « *... Laisse ma main s'attarder sur ton cœur* »...

Refusant toute suite au chapitre second de la *Genèse*, affirmant sa volonté de s'en tenir à l'idylle, champion de l'édénisme, et, plus précisément, « *sourcier de l'Eden* », Jean Giraudoux — ou le héros de *Juliette au Pays des Hommes* — offre le plus éclatant témoignage de l'attitude naturiste : « ... *Je vis encore, comme l'autre* (Adam) *dans cet intervalle qui sépara la création et le péché originel. J'ai été exempté de la malédiction en bloc...* ». Rare oasis exempte de Dieu, bref quart d'heure de plaisir — ce « *tendre mot* » qui voit « *Jéhovah disparaître* — l'Eden giralducien paraît plus proche du rêve que du réel.

Toutes ces modifications de la structure initiale semblent donc provenir d'une exigence logique, de symétrie : — pour remplir un schéma incomplet, ou le redoubler ; de dissymétrie : — pour le renverser ou le tronquer. Intentions artistiques, que d'autres, idéologiques ou sentimentales, viennent recouvrir.

Ceux qui s'attardent dans l'Eden d'avant la faute et veulent ignorer l'interdiction divine, sont des nostalgiques de l'adolescence innocente ; poètes qui contemplent le monde avec les yeux du premier homme, ils réussissent, pour un bref instant, à le recréer parmi nous : « *Comme vous êtes loin, paradis parfumés !...* ». Citons le Hugo du « *Sacre* », Walt Whitman, Alfred Jarry, Charles Guérin, Karlfeldt, Van Lerberghe, Giraudoux, Supervielle...

A l'inverse, l'Eden apparaît à d'autres comme le-monde-où-l'on-s'ennuie, où il y a trop d'équilibre et de passivité ; l'homme s'y endort dans la léthargie de la béatitude et ne peut devenir véritablement homme ; il faut déranger cet ordre : « *Un peu de dissonance, que diable !* » susurre André Gide dans son *Traité du Narcisse.* Bénéfique sera la faute : *felix culpa !* — au sens laïque du terme. L'homme acquiert connaissance et liberté en s'opposant à l'interdit ; c'est en bravant son Maître qu'il commence à exister. Le chapitre second de la *Genèse* est dévalorisé au profit du troisième, grâce auquel vont s'ouvrir des « *lendemains qui chantent* ». Citons ici Byron, Leconte de Lisle, Lautréamont, Zola, Verhaeren, Rilke, Salmon, Spire, Valéry...

Enfin, s'efforçant de maintenir l'équilibre initial des forces en présence, accentuant, et le bonheur du premier stade, et le malheur du second, les écrivains croyants, proches à la fois des « naturistes », dans leur exaltation de la félicité primitive, et des « pessimistes », par leur peinture sombre des conséquences de la faute, chantent eux aussi la « *Felix culpa* » mais tournent leur regard vers l'avenir où resplendit le Paradis, retrouvé grâce à un héros sauveur ; ils renforcent ainsi une orientation possible du schéma dynamique de la Bible, selon lequel le Bienfaiteur ne peut se renier totalement, et, après le châtiment, laisse entrevoir une restauration. Citons tous les auteurs avant Byron, plus Hawthorne, Claudel, Péguy, Jouve, Carmen Conde, Pierre Emmanuel...

Les colorations de la trame, ou : les figures mythiques

Attentifs jusqu'ici aux variations d'une même situation, au drame qui se joue dans *Genèse* II & III comme dans ses imitations, nous devons l'être maintenant à celles de son affabulation, de ses figures : non plus la structure, mais les diverses incarnations du récit dans l'espace et dans le temps. Le drame se joue dans des décors différents, par des acteurs à chaque fois renouvelés mais dont les masques sont en nombre limité.

Adam

D'abord un corps parfait, unissant force et beauté; chez Whitman et Zola, le beau mâle épanoui, héros du naturisme et du naturalisme, ou un grand enfant ingénu, proche du faune, tel le Donatello du *Faune de marbre*(*The marble Faun*), de Nathaniel Hawthorne.

Tout différent est l'Adam chanté par d'autres (Lope de Vega, les dramaturges du XVIIe siècle, Hugo, Imre Madách, Jouve...) qui voient en lui l'« *animal rationale* », un « *philosophe spéculatif* », s'opposant radicalement à l'être naturel qu'est la femme; Milton offre un type harmonieux et équilibré, « *chair neuve et âme vierge* ». Une « *âme* » dans une « *chair* » : ces termes, plus grecs qu'hébreux, traduisent le dualisme que les poètes ont accentué à partir du verset du limon selon lequel l'Adam est dit pétri d'argile et animé du souffle d'Elohim.

Cette double nature du premier homme excuse sa faiblesse, voire sa faute; des Néerlandais à Milton, de Lope de Vega à Byron, de Madách à Péguy, une anthropologie de l'homme double est adoptée, et les termes abondent pour traduire la matière dont fut formé l'Adam : limon, argile, glaise, boue, poussière, terre. Le héros de Milton en fait même reproche à Dieu : « *T'avais-je requis dans mon argile, ô Créateur / De me mouler en homme ?* ». Par l'intermédiaire de Byron, Leconte de Lisle retournera contre Dieu les paroles du texte sacré :

> « Mon souffle, ô Pétrisseur de l'antique limon,
> Un jour redressera ta victime vivace... »

Le démon de Valéry qualifiera le « *souffle sur la glaise* » de « *soupir de désespoir* ». Péguy lui-même accumule les termes péjoratifs : l'homme, cette « *tourbe* », cette « *bourbe* », cette « *vase* », cette « *gluante faiblesse* »..., ce qui trahit peut-être une certaine agressivité contre le Créateur.

Eve

Eve, c'est la Femme, et nul verset n'a été plus paraphrasé que ceux de la *Genèse* consacrés à la première femme : ceux qui décrivent sa naissance, son union à l'Adam, sa tentation par le serpent, sa faute, sa condamnation, son nom et son destin ; trois aspects se mêlent ainsi : la femme, la victime, la mère.

Eve est une autre Vénus, mais plus proche de nous, plus familière, une Vénus épouse et mère, qui connaîtrait notre sort tragique. Eve naît d'Adam, selon la *Genèse;* selon certains, elle est plutôt la fille de la Nature, créature à mi-chemin entre l'animal et l'homme, fille de l'Eden, fille de l'arbre. De l'Eden, la femme est la plus belle fleur, « *la plus brillante* », dit Milton, et le motif connaît une fortune durable, par exemple chez Hugo, Zola, Jouve, Shapiro. Maintes fois la femme est rapprochée du serpent ; le Frère Archangias, dans *La faute de l'abbé Mouret*, voit « *la queue du serpent se tordre parmi les mèches de ses cheveux* » ; Carmen Conde apporte le témoignage d'une Eve d'aujourd'hui : « *la bête me sourit; je vis son sourire vêtir ma nudité jamais nue* ».

Eve naît, et s'offre nue aux regards de son époux, du poète, du lecteur ; quant au spectateur du théâtre, il a droit à une description des charmes qui demeurent cachés à sa vue. Eve : la femme nue, plus célèbre que Vénus. Eve nue : un hymne fervent s'élève de toutes les bouches, de Victor Hugo : « *Chair de la femme, argile idéale, ô merveille!...* » à Pierre Emmanuel : « *Femme! Te voilà nue comme au commencement / Et lisse sous la main divine!...* ». Verhaeren transcrit en vers la fresque de la Sixtine où Michel-Ange avait peint une Eve épanouie et saine, « *aux beaux seins soulevés* » ; la mode modifiera parfois ce prototype : Van Lerberghe offre une Eve préraphaélite, une femme « *aux seins aigus* », comme en peignait Gustave Moreau.

Cette peinture d'Eve nue va de l'innocence à la perversité, de la candeur naïve à l'érotisme trouble. Milton reste un des plus chastes tout en présentant une femme séduisante, au « *sein gonflé et à moitié nu* ». Maurice Scève, moins réservé, avait détaillé le blason du corps féminin, jusqu'au « *ventre ample et fécond* » et à son « *moussu verger* » ; quatre siècles après lui, Pierre Jean Jouve use de périphrases aussi audacieuses : « *Son ventre est lisse et s'enfuit sous une ombre.* » Parfois, c'est un démon qui détaille les charmes de la première femme, tel celui de Vondel admirant : « *... un corps plus fin, des chairs et des charmes plus doux, (...) deux globes ivoirins (...) Taisons le reste avant qu'il tente l'ange saint* », ou celui encore moins pudique que Valéry cacha dans la peau d'un serpent ; voyeur et jouisseur, ce dernier admire « *un flanc vaste et d'or parcouru* », de « *blondes bases d'ombre et d'ambre* », de la « *nudité sainte* » de Hugo, nous sommes passés à une nudité qui éveille le désir.

Eve nue n'est pas qu'une belle statue immobile, mais une femme vivante, avec une psychologie exemplaire, où dominent tour à tour naïveté, sensibilité, sensualité. Paysanne naïve, flattée d'être traitée en dame, l'Eve médiévale fait pâle figure entre ses sœurs, jouet du Trompeur et emportée dans un drame qui la dépasse. L'Eve du XVIIe siècle — qu'elle soit espagnole, néerlandaise ou anglaise — affirme une forte personnalité. Celle de Lope de Vega traite d'égale à égal avec son époux, parle, se parle et s'écoute parler ; plus que la gourmandise, curiosité et désir d'indépendance la caractérisent ; pour convaincre son mari, elle use de coquetterie et verse des larmes... Même soif d'indépendance chez les Eve de Grotius et de Vondel, encore plus raisonneuses, et chez celle de Milton : « *Dieu nous défend ce qui est bon (...) De telles prohibitions ne lient pas* » ; elle veut avoir toujours le dernier mot : « *Eve persista ; soumise, elle répliqua cependant la dernière.* » Cette Eve n'est pas l'apanage des siècles classiques ; celle d'Imre Madách raisonne pareillement, et Satan peut la qualifier, ironiquement de « *premier philosophe* ». N'opposons point schématiquement raison et sensibilité ; les Eve précédentes ne manquent point de cette dernière qualité ; celle de Milton, en particulier, est une femme équilibrée, épanouie, complète, amoureusement développée, inoubliable, un idéal, comme le Jardin d'idylle du Livre quatre du *Paradise lost.*

Eve est la femme amoureuse, et Milton — comme Vondel, comme tant d'autres après eux — évoque cet amour avec complaisance ; il décrira le trouble des sens qui s'empare des époux une fois le fruit consommé et fera apparaître sur leurs visages « *les signes évidents de la vile concupiscence* ».

Que de fois assistons-nous à cette étreinte du couple primitif ! — dans le bouer miltonien, ou le Paradou de Zola, sous la plume de Verhaeren (« *quand le spasme enfin sauta de leur poitrine* ») et de Shapiro (« *le dur sang reflue dans la fontaine humaine / la douce porte se referme sous le mont de Vénus* »), de Jouve, de Carmen Conde... Faut-il donc parler de désir exhibitionniste enfin défoulé ? Ou de curiosité œdipienne à l'égard de nos (premiers) parents ? Selon certains, Eve, plus sensuelle que son mari, l'invite au plaisir amoureux ; telle Albine, dans le roman de Zola, telle l'Eve de Verhaeren, ou celle de Spire ; parfois même, une Eve, infidèle à son époux comme à son Créateur, commet l'acte charnel avec le serpent.

Elle apparaît souvent comme la responsable de la Faute, celle qui entraîne l'homme au péché. Un puritain comme Nathaniel Hawthorne parle de « *son rôle nuisible et vengeur à l'égard de l'homme* », et un poète français, Saint-Pol-Roux, lui fait écho : cette femme, qui « *attire par le miel de ses grands yeux* », répand « *le poison de son sang trouble* » ; pour Strindberg, elle est « *un double démon* », et si l'auteur de la Seconde des *Cinq grandes Odes* a été amené à « *pécher fortement* », c'est, selon lui le fait de « *l'œuvre de la femme* ». Plus sombres encore, Pierre Jean Jouve et Picrrc Emmanuel, dominés par l'idée de la culpabilité foncière de la créature humaine, particulièrement en ce qui concerne l'instinct sexuel ; la misogynie — peut-être à l'œuvre dans le texte primitif — et la peur du sexe trouvent leur expression extrême dans l'*Eve future*, de Villiers de l'Isle-Adam.

Eve est la Femme, mais aussi la Mère : Hawa : Mère-des-vivants. Hugo développe le thème, résumé dans le dernier vers du « *Sacre* » : « *Et pâle, Eve sentit que son flanc remuait* ». De même Imre Madách et Rilke, dont l'Eve est en quelque sorte rachetée, en devenant mère — de sa coquetterie, pour le premier — de sa légèreté, pour le second ; elle acquiert par là une responsabilité plus lourde que celle d'Adam, en même temps qu'elle lui redonne l'espérance : « *L'homme a tenu bon, car elle enfantera* ». Eve vieillit, chez Péguy comme chez Spire ; chez tous les deux, la description réaliste (« *aïeule aux maigres doigts, seule laborieuse* », dans *Eve* ; — « *mains qui tremblent fleuries de plaques grises* », dans *Samaël*) débouche sur une vision épique et mythique. Eve, c'est la Pieta, la Mater dolorosa, qui revit la tragique histoire de l'humanité malheureuse.

Eve femme et Eve mère n'étaient que des traits posés sur la trame du texte primitif, alors que le personnage joue un rôle capital dans la scène de la Tromperie : celui de la Victime. Mais il est impossible de raconter l'épisode indépendamment du principal acteur : le serpent tentateur.

Le serpent

Dans le *Jeu d'Adam*, le serpent de l'Eden est dédoublé en « *un animal habilement machiné* », et un personnage habillé de façon commune, qui se présente à la femme comme un galant séducteur au langage fleuri ; flattant son interlocutrice, il en obtient l'acquiescement à ses desseins.

Cette scène « *on la verra / Jouer des millions de fois* », comme l'affirme le Lucifer d'Imre Madách ; elle répond aux exigences d'un stéréotype, celui du processus de tromperie ; elle s'enrichit de siècle en siècle, atteignant son épanouissement au XVIIe siècle, dans le drame de Vondel comme dans l'épopée miltonienne ; plus tard, Paul Valéry transcrira la *Genèse* en vers classiques et fera parler le serpent avec une éloquence digne de Bossuet.

Quels sont donc les traits éternels du trompeur, sous les différentes peaux qu'il revêt en traversant les siècles ? Parleur et beau parleur, usant, abusant, mésusant de la parole ; bavard et disert ; rhétoricien possédant l'art de la captatio benevolentiae. Chez Milton et Vondel comme chez Valéry, il manie l'antithèse, l'hyperbole et la pointe, « *orateur renommé dans Athènes et dans Rome* » (*Paradise lost*) ; son langage traduit quelque ondulation serpentine : « *le style, c'est le diable* », dit Valéry. Le serpent : le premier poète : « *Maître serpent parlait évidemment en vers* », affirme Hugo. Poète galant, grand illusionniste, et donc menteur, comédien consommé. Cette simulation est soulignée par les auteurs qui ménagent à leur serpent des apartés révélateurs ; ainsi Milton fait-il précéder la scène de la tentation d'un long monologue ; le Lucifer de Madách parle à la cantonade ; Valéry fait raconter l'épisode par le serpent lui-même.

Lope de Vega métamorphose l'animal de la *Genèse* en un être gigantesque et redoutable, en un demi-dieu, le Rival même de Dieu, l'*Adversaire* par excellence.

Déjà, dans le *Jeu d'Adam*, le spectateur avait reconnu son identité : le Diable sortait de l'Enfer. On sait la stature que Milton, après Lope de Vega, a donnée à son héros; avec Byron et les Romantiques, Satan paraîtra l'égal de Dieu. Gœthe, cependant, le traitera par l'ironie, et Imre Madách se souvient de Méphisto et de l'Esprit qui-toujours-nie.

Le vocabulaire galant et l'apparence de séducteur que revêt le serpent sous-entendent et parfois explicitent l'érotisme; Valéry et Jouve façonnent leur serpent avec une telle malice qu'à l'ardente lave de la sensualité se mêlent de troubles rougeoiements; le Séducteur devient alors plus proche de Sade que de Don Juan, lui de qui « *relèvent les vampires* » (Valéry). Voyeur libertin, « *reptile aux extases d'oiseau* », il ne peut résister au « *péril* » que représente ce corps offert et reconnaît éprouver au spectacle d'un dos si frais « *une infertile jouissance* »; Alain avouait qu'on « *ne pouvait peindre plus hardiment* ». Il ignorait l'œuvre de Pierre Jean Jouve, dont les suggestives et précises évocations laissent loin derrière les timides sous-entendus de « l'*Ebauche d'un serpent* ».

Les Keroubim

Concluant le récit de la Tentation et de la Faute, le verset consacré aux *keroubim et à l'épée zigzagante* (III, 26), empreint de sombre terreur, a coloré, rétrospectivement, le chapitre troisième et le récit tout entier. Sous l'influence de l'art, ces personnages, issus de l'imagerie assyro-babylonienne, figurés comme des lions à tête d'homme ou des taureaux ailés, ont été humanisés, si l'on peut dire, sont devenus des anges à figure humaine. Il en est ainsi dans les *Mystères* médiévaux, les drames espagnols et néerlandais, l'épopée miltonienne; ce sont des « *gens d'armes* », effroyables, multipliés à plaisir pour former une milice : « *Les chérubins descendaient (...) Haut devant eux s'avançait / Le glaive brandi du Seigneur* » (*Paradise Lost*). Byron parle des « *fiers Chérubins* » et de « *leurs glaives flamboyants* »; Dierx, Samain, Verhaeren, bien d'autres, voient également « *l'épée entre leurs mains, les anges flamboyer* ». Plus byronien que Byron, et dans l'esprit de Caïn, Leconte de Lisle accorde une part importante au Kéroub qui étincelle au milieu des ténèbres, et institue un dialogue pathétique entre l'homme banni du Paradis et le gardien du Seuil, sentinelle barbare, digne d'un Dieu-Tyran. Même dialogue instauré par Jean Grosjean (« *Le Kéroub accuse...* ») entre son Ange et Adam, le premier, porte-parole d'un Dieu méchant, s'acharnant contre le second. Jouve dresse devant nos yeux des êtres monstrueux qu'on dirait venus d'une autre planète : « *le corps est petit / l'aile énorme / la tête dure et souriante (...) sur le front un objet pointu / atroce feu jaune, un outil de meurtre* ».

Cependant, alors que, en champion de l'humanité écrasée par le Kéroub,

Leconte de Lisle condamnait l'injustice du Maître divin, Jouve semble justifier ce dernier qui ne peut faire autrement que de traiter si radicalement l'impureté foncière de la créature humaine.

Même attitude de croyant, écrasé mais soumis, ployant les épaules sous la face enflammée d'un Dieu de colère, chez la poétesse Carmen Conde (*Mujer sin Eden*) ; dans son recueil, brûlent deux incendies : celui de la chair embrasée par le désir, et celui qu'allume l'épée de l'Ange, comme un céleste contre-feu ; expression, au cœur du poète, d'un déchirant conflit entre sa sensualité et sa foi catholique, entre l'instinct irrépressible et l'Interdit qu'une tradition courante fait proclamer — à tort peut-être — par le Dieu de la Bible.

Avec la même conception que Leconte de Lisle, mais usant d'un procédé tout différent, Zola développe le verset des kéroubim, dégradant au lieu d'amplifier, éveillant chez son lecteur, non plus l'horreur sacrée, mais le dégoût : (« ... *Il en barrait le seuil, tombé de tout son long, les membres écartés dans une posture honteuse...* »). Aucune grandeur dans ce Frère Archangias contre lequel s'acharne le romancier, pensant atteindre par là Celui dont il se dit le « *gendarme* », le Dieu de colère, terrible et jaloux.

De façon originale, Pierre Emmanuel confond le personnage et son arme, et, comme Jouve, voit en lui un symbole de l'interdit sexuel : « *Ange, tu es l'Epée qui garde l'Origine / l'Epée ouvrant la femme impure jusqu'aux reins / L'Epée signet d'interdiction marquant le Livre.* »

Enfin un poète entre tous a su mêler réalisme et mythe, réussissant à démythologiser la Genèse, par l'abandon de l'imagerie exotique, sans que le mythe authentique en soit atteint, bien au contraire! mais renouvelé dans l'existence quotidienne. En effet dans l'*Eve* de Péguy, de page en page, court l'obsession de la « *porte* », d'abord porte du jardin, du grand domaine perdu, puis porte de cachot ; au geste de l'aïeule levant

> « vers le premier portail
> Des yeux tout alourdis d'une morne prière »

répond une vision :

> « Et vous seule avez vu la clef dans la serrure
> Et l'archange devant, ô mère bien-aimée ».

Un seul ange au lieu des kéroubim, mais un archange, donc un être redoutable ; pas d'autre affabulation, pas d'épée de feu, mais un seul gros plan que la référence vient sceller du sceau du Sacré.

La transplantation de la structure

Il existe des œuvres littéraires dans lesquelles la structure mythique est présente, mais *dé-phasée* par rapport au récit primitif, des « *mises au présent* » du drame de l'Eden, son incarnation dans une époque donnée ; telles sont plusieurs œuvres romanesques du milieu du XIXe siècle : *The Marble Faun - Le Faune de marbre*, de Nathaniel Hawthorne, *La Faute de l'abbé Mouret*, d'Emile Zola, *La Madre Naturaleza - la Mère Nature*, de Pardo Bazán, *l'Eve future*, de Villiers de l'Isle-Adam.

On pourrait résumer comme suit les intrigues des deux premières œuvres : au sein d'un jardin merveilleux, un jeune couple connaît l'innocent bonheur de l'idylle, l'homme est un être simple et primitif, que son amie, une femme amoureuse, entraîne à commettre une faute ; le bonheur est perdu, les coupables reçoivent un châtiment. Décors et acteurs semblables, mais atmosphères et intentions fort différentes. L'Eden de Hawthorne demeure chaste, alors que celui de Zola est le tentateur « *dont toutes les voix enseignaient l'amour* », dont l'arbre légendaire est phallique : « *Il n'était plus qu'une volupté ; sa sève avait une telle force qu'elle coulait de son écorce (...) la virilité même de la terre* ». Omettant la présence du Démon, Zola refuse celle du Mal, ou tout au moins laisse entendre qu'il est une création des gens d'Eglise, qui voient dans l'union charnelle le pire des forfaits, et dans la faute d'Adam et Eve le Péché Originel. Tout au contraire, Hawthorne reconnaît dans ce dogme une vérité fondamentale ; ses héros, marqués par leur hérédité, commettent un crime véritable et tuent un homme ; ils sont alors expulsés de l'Eden, c'est-à-dire de leur état de félicité : « *Le paradis est de nouveau perdu et fermé pour toujours, avec des épées de feu qui étincellent aux portes* ». Cependant du Mal naîtra le Bien, le pécheur repentant peut être sauvé par un Rédempteur : *Felix culpa !*

Le roman de Pardo Bazán suit de très près celui de Zola mais le corrige en le christianisant. Autrement original, celui de Villiers de l'Isle-Adam, qui décalque la *Genèse*, comme le négatif de la pellicule répond au positif de l'original ; son titre l'indique déjà : non plus « *l'Eve de la légende oubliée* », mais « *l'Eve scientifique* », sortie « *du limon de l'actuelle Science humaine* ». L'inventeur américain Edison répète les paroles bibliques, « *insuffle une âme* » à un robot d'apparence féminine, joue deux rôles à la fois, celui du Bienfaiteur qui communique la vie, celui du Tentateur, « *sorcier* » qui use de magie, rival de Dieu qu'il « *défie* » et qu'il tente, en portant à son plus haut degré le désir de la connaissance, de « *la vieille Science défendue* ». Or, échappant aux mains de son créateur démoniaque, la nouvelle Eve se révèle être l'Idéal, la femme spirituelle qui proclame sa foi en Dieu. Contre-pied total du roman de Zola, cette œuvre est proche de celle du puritain Hawthorne pour sa suspicion à l'égard de la chair, mais va plus loin encore en raison de son idéalisme philosophique.

L'APPROPRIATION

Répété par des milliers d'artistes et d'écrivains, le drame de l'Eden se joue parfois au cœur de l'individu et, en certains cas, le poète lyrique revêt la défroque d'Adam (plus rarement celle d'Eve), ainsi Walt Whitman, cheminant, « *comme Adam, au petit matin* », ainsi Paul Claudel, revivant l'épisode biblique et s'en confessant explicitement dans la Seconde Ode : « L'Esprit et l'eau » : créé, comme le premier homme, de la glaise et du souffle divin, il a connu la Tentation et commis la Faute : devenir semblable à un dieu ; aspiration illusoire : « *O amie, je ne suis pas un dieu !* »

Ecrire à nouveau le récit édénique suppose souvent chez l'écrivain une intention de se confesser par le truchement de la fable. Comme ce mythe touche aux racines de la vie, pose les rapports de l'homme avec Dieu, presque tous les auteurs qui ont choisi d'évoquer l'Eden l'ont fait parce qu'ils vivaient ce drame, acceptant ou refusant le Bienfaiteur et son propre statut.

Prenons pour exemple Charles Van Lerberghe ; on pourrait penser que sa *Chanson d'Eve*, œuvre mineure, n'est qu'une transposition symboliste du récit hébraïque ; elle est, en fait, l'expression d'une crise profonde, la dramatisation dans l'imaginaire d'un débat intérieur ; dans le poème comme dans la vie, Dieu est terrassé, un Dieu défini comme l'ennemi, « *celui qui s'imposa dans la crainte* », « *celui qui enseigna la haine* ».

Avec de semblables expressions, ce visage de la Divinité grimace entre les lignes de nombreux écrivains qui ont cru eux-mêmes l'apercevoir dans les versets de la *Genèse* : « un *dieu-qui-terrorise* », comme n'en veut pas Jules Supervielle, un Dieu « *qui ne veut pas laisser vivre les humains* », « l'*Orgueilleux* », de Byron, « *le Père égoïste des humains* », de Blake, le dieu méchant et meurtrier de Leconte de Lisle, le dieu « *à mine sévère, presque méchante* », de Strindberg, le dieu dont le lieutenant, le Frère Archangias, présente, dans le roman de Zola, une copie repoussante, une brute cruelle et stupide, le dieu de Rilke, qui « *menace l'homme de le faire mourir* », un « *dieu-qui-punit, vrai Dieu* », selon Spire : autant de dénominations synonymes pour qualifier ce personnage.

Abattre ce dieu méchant, tel est plus ou moins le propos avoué ou tout au moins le résultat obtenu par certains auteurs ; ils le font au nom de l'hédonisme, ou du progrès humain, et surtout au nom de la liberté individuelle. Faite d'anti-théisme, plus que d'athéisme proprement dit, leur attitude exprime, *modo poetico*, les conceptions courantes depuis la fin du XVIIIe siècle selon lesquelles Dieu — le Dieu de la *Genèse* tout le premier — aliène l'homme. Leur paraphrase est le champ clos dans lequel ils affrontent l'adversaire ; leur être profond s'est engagé dans cette lutte, dont l'enjeu est la mort d'un dieu.

En face de ce groupe d'œuvres, en existe un autre dans lequel Elohim présenté comme un Bienfaiteur est célébré comme le Dieu d'amour ; il comprendrait les

Mystères médiévaux, les œuvres de la Renaissance (Scève, Du Bartas), les drames espagnols, néerlandais, l'épopée miltonienne, les poèmes de Hugo, Claudel, Péguy, Jouve, Pierre Emmanuel, de bien d'autres encore. Le Dieu « *jeune et beau* », plaçant le couple humain dans l'Eden, fournit le canevas du poète d'*Eve*, ou celui de Supervielle : un « *bon dieu comme un bon vin* », ou celui de Pierre Emmanuel : « *un Dieu sourire* ».

Ne forçons pas les oppositions ! Certaines œuvres présentent tour à tour les deux visages, celui du Dieu d'Amour, celui du Dieu de Justice, comme dans *Le Paradis perdu* de Jouve ; maints écrivains s'engagent moins que d'autres, tels un Gide ou un Shapiro. Dans ces deux groupes, issu du même texte, un dieu revit, ou un dieu meurt, un dieu est exalté ou un dieu est tué. On ne saurait se contenter d'appeler les uns croyants, les autres incroyants : le rejet d'un Dieu méchant peut témoigner de la nostalgie d'un Dieu juste et bon, comme la plupart des critiques l'ont reconnu à propos de Leconte de Lisle. Encore imprégné de religiosité, le rationalisme de certains n'est pas radical ; ils étaient peut-être en quête d'un dieu, mais, contrairement à d'autres, ne l'ont pas reconnu dans les premières pages de la *Genèse*, tant il est vrai que le texte original était altéré en raison d'influences soit externes (traductions, traditions religieuses et philosophiques), soit subjectives (éducation dite « religieuse », évolution personnelle).

* * *

C'est ainsi que, dans les images et les paroles des poètes, s'expriment toutes les émotions, à la fois simples et complexes, de l'homme occidental : le bonheur et le malheur, la joie et la peine, l'amour et le couple, la nostalgie de l'innocence et l'angoisse de la culpabilité : le noyau même de l'existence, « le tissu commun », dirait Péguy.

Profondeur et envergure du mythe des mythes !

Robert COUFFIGNAL

BIBLIOGRAPHIE

Œuvre-source : Genèse 2,4 - 3

Textes

XIIe *Ordo representationis Ade* (dit : *Jeu d'Adam*).
XIVe *Mystères* (anglais et français).

XVIe	1559	*le Microcosme*, Maurice Scève.
	1578	*La Semaine ou Création du monde*, G. de Salluste, sr Du Bartas.
	1580	*Il mondo creato*, Torquato Tasso.
XVIIe	1601	*Adamus exsul*, Grotius.
	1624	*La Creacion del mundo y primera culpa del hombre*, Lope de Vega.
	1664	*Adam in Ballingschap* (*Adam exilé*), Vondel.
	1667	*Paradise Lost*, John Milton.
	1672	*La vida es sueño* (auto-sacramentale), Calderón de la Barca.
XVIIIe	1756	*Der Tod Adams*, Klopstock.
	1758	*Der Tod Abels*, Gessner.
XIXe	1821	*Caïn, a mystery*, Lord Byron.
	1858	« La fin de l'homme », Leconte de Lisle.
	1858	« Le Sacre de la femme », Victor Hugo.
	1860	*Children of Adam*, Walt Whitman.
	1860	*The Marble Faun*, Nathaniel Hawthorne.
	1860	*Az Ember Tragediaja* (*La Tragédie de l'Homme*), Imre Madách.
	1869	« Qaïn », Leconte de Lisle.
	1875	*La Faute de l'abbé Mouret*, Emile Zola.
	1885	*L'Eve future*, Villiers de l'Isle-Adam.
	1887	*La Madre Naturaleza*, E. Pardo Bazán.
	1890	*Le Traité du Narcisse*, André Gide.
	1897	« De creatione et sententia vera mundi » (in *Inferno*), August Strindberg.
XXe	1901	« Eden », Erik Axel Karlfeldt.
	1904	*La Chanson d'Eve*, Charles Van Lerberghe.
	1906	« L'esprit et l'eau », Paul Claudel.
	1907	« Adam » & « Eva », Rainer Maria Rilke.
	1910	« Le Paradis », Emile Verhaeren.
	1913	*Eve*, Charles Péguy.
	1921	« Ebauche d'un serpent », Paul Valéry.
	1921	*Samaël*, André Spire.
	1924	*Juliette au pays des hommes*, Jean Giraudoux.
	1929	*Le Paradis perdu*, Pierre Jean Jouve.
	1932	*Adam et Eve*, C. F. Ramuz.
	1938	*La Fable du monde*, Jules Supervielle.
	1940	« Adam and Eva », Karl Shapiro.
	1944	*Sodome*, Pierre Emmanuel.
	1947	*Mujer sin Eden*, Carmen Conde.
	1951	*Babel*, Pierre Emmanuel.
	1956	« Le Kéroub accuse », Jean Grosjean.
	1987	*The Garden of Eden* (posthume), E. Hemingway.

Etudes critiques

J. Bernard, « Genèse 1-3 : lecture et traditions de lecture », Lille, *Mélanges de science religieuse* 41 (1984) & 43 (1986).

J. Briend, « Genèse 2-3 et la création du couple humain », in *La Création dans l'Orient ancien*, Paris, Ed. du Cerf, 1987.

Robert Couffignal, « *Aux premiers jours du monde, la paraphrase poétique de la Genèse* de Hugo à Supervielle », Minard, 1970.
— *Le Drame de l'Eden, le récit de la Genèse et sa fortune littéraire*, Publications de l'Université de Toulouse-Le Mirail, 1980.
P. Nothomb, *L'Homme immortel, nouveau regard sur l'Eden*, Paris, Albin Michel, 1984.
J. Thomas, *Le Sacrifice interdit. Freud et la Bible*, Paris, Grasset, 1986.

Eldorado

Voltaire, qui avait lu les chroniqueurs espagnols des Indes, rappelle dans *Essais sur les Mœurs* (il y reviendra dans *Candide*) le mythe de l'Homme Doré habitant une vallée plantée de canneliers au bord d'un lac aux eaux vertes :

> « à ce que l'on a compris des dires des indiens, ce grand seigneur ou prince est continuellement couvert d'or moulu aussi menu que du sel fin (...) et il brille du même éclat qu'une statue d'or sortie des mains d'un grand artiste. »

Source principale de Voltaire, Garcilaso de la Vega (1539-1615), dans *Commentaires royaux des Incas (Comentarios reales de los Incas 1586-1605)* mais aussi Agustin de Zarate (1514-?) dans *Histoire de la Découverte et de la Conquête de la Province du Pérou (Historia del Descubrimiento y Conquista de la provincia del Perú*, 1555) et Pedro Cieza de Leon (1518-1560) dans *La Chronique du Pérou (La Crónica del Perú*, 1553) signalent l'or comme mirage derrière lequel les conquérants espagnols ont couru à travers le vaste continent, continent encore inconnu mais que leur rêve cupide allait indirectement permettre d'explorer. Pedro Cieza de Leon, plus encore que Zarate, fait constante mention de la fabuleuse réalité des terres découvertes, à savoir l'incalculable quantité d'or et d'argent qu'elles contenaient (les Espagnols appelaient la région Castille de l'Or), tant en pièces d'orfèvrerie, amassées dans les temples et les tombes, qu'en pépites charriées par les fleuves. Cieza rapporte les paroles d'un seigneur inca selon lequel, si on comparait les trésors dont les Espagnols s'étaient emparés avec ceux qui restaient, ce serait comme retirer une goutte d'eau d'une grande cruche bien pleine. Mais il ajoutait que ce qui restait se trouvait en des endroits que les Indiens eux-mêmes ignoraient. Il n'en fallait pas tant pour faire courir les Espagnols et pour que l'Homme Doré se transforme en un pays doré, l'Eldorado.

> « Près d'un certain lac Parima dont le sable était d'or (...) il y a une ville dont les toits étaient en or; les Espagnols appelaient cette ville « Eldorado » et ils la cherchèrent longtemps (*Essai sur les mœurs*). »

A la recherche de l'Eldorado, Gonzalo Pizarro (un des frères de François Pizarro, conquérant du Pérou), est parti en direction de l'Equateur. Diego de Almagro explore le Chili, Francisco de Orellana, puis Lope de Aguirre, descendent le fleuve *Maranon* rebaptisé *Amazone* car, rapporte Zarate, « il traversait un pays où ne vivaient que des femmes ». Il est intéressant de constater comment les conquistadors frustrés donnent corps au mythe pour faire de leur échec un autre Eldorado : Orellana avait trahi son chef Pizarre en partant explorer pour son compte, naviguant même sur le bateau que l'autre avait construit. Le courant l'entraîne plus vite qu'il ne l'espérait mais, trompé par les Indiens qui s'en débarrassent en lui racontant des fables, il poursuit sa route vers le pays « habité seulement par des femmes ». Il navigue « sans trouver dans ces parages ni or ni argent ni leur trace », suivant le cours du fleuve *Maranón* (du nom de l'Espagnol qui en avait le premier découvert la navigation) jusqu'à déboucher, bredouille, tout au Nord, près de l'île de Cubagua. Aussitôt voilà Orellana en Espagne, demandant à sa Majesté, raconte Zarate, le droit de découverte et de conquête sur cette terre « très riche où vivaient ces femmes que l'on appela couramment dans tout le royaume la conquête des Amazones ».

La conquête de la Nouvelle Grenade (Colombie) est ainsi liée à la quête d'un chef indigène qui s'immergeait dans un lac, à l'occasion de certaines fêtes, le corps enduit de poudre d'or, tandis que prêtres et dignitaires jetaient des objets d'or dans l'eau. Les Indiens *muiscas* étaient réputés pour leur travail de l'or : leur pays ne peut être que l'Eldorado, pensent les Espagnols, galopant déjà ventre à terre. Ensuite, on se croirait, *mutatis mutandis*, dans une fable de La Fontaine. D'argent, point de caché, mais les Indiens furent sages... d'envoyer les Espagnols un peu plus loin :

> « Gonzalo Pizarro (...) continua d'avancer avec ceux de ses gens qui étaient en meilleure santé, sur le chemin par lequel les indiens le guidaient. Or, parfois, pour les éloigner de leurs terres, (les Indiens) leur donnaient de faux renseignements sur ce qui les attendait, les trompant comme l'avaient fait ceux de Zumaco qui leur avaient dit que plus loin il y avait une terre très peuplée et fertile, ce qui s'était révélé faux. »

Sebastian de Belalcazar part de Quito en direction du nord, Gonzalo Jiménez de Quesada qui venait de fonder Santa Marta en 1525, sur la côte des Caraïbes, prend la route du sud, remonte le fleuve Magdalena et atteint le Haut Orénoque. Il fondera Bogota en 1538.

En fait, la découverte et la conquête de l'Amérique se confondent depuis le début avec la quête d'un Eldorado : Christophe Colomb avait proposé à la reine Isabelle la Catholique d'aller chercher, par l'ouest, Cathay, Cipango et leur or, pour financer une nouvelle croisade (la reconquête du territoire national sur les Arabes venait de s'achever), contre les Turcs qui menaçaient l'Occident. Avec lui, le Pays Doré apparaît pour un bref moment comme une incarnation du Paradis Terrestre, conformément à certaines croyances de l'époque selon lesquelles les Turcs détruiraient l'Eglise en Occident parce que Dieu donnait à l'homme une deuxième opportunité de salut dans un nouveau paradis, les Indes.

Autre mirage de l'Eldorado avant la lettre, Tenochtitlan, la grande ville aztèque, vers laquelle marchait Hernan Cortés, persuadé dès le début de son expédition que les récits de Marco Polo disaient la vérité sur l'existence d'un royaume aux fabuleuses richesses, et conforté dans sa croyance par les somptueux présents que Moctezuma lui envoyait, le prenant pour Quetzalcoatl. En Amérique centrale également, cette variante que fut, après la découverte du Pacifique, en 1513, par Balboa, la recherche du lieu où, toujours selon les Indiens, les deux océans se rejoignaient. Pablo Neruda a consacré à l'exploit de Balboa un beau poème du *Chant général*, « Hommage à Balboa » (« Homenaje a Balboa ») et Miguel Angel Asturias décrit, dans son roman *Le Mauvais Larron* (*Maladrón*, 1969), « l'épopée des Andes Vertes » (c'est le sous-titre) vers le lieu de rencontre de l'Atlantique et du Pacifique, métaphore du métissage ethnique et culturel de l'Amérique, bien que dans son personnage fou, qui choisit le Mauvais Larron contre le Christ et prétend se tailler un royaume sans se soumettre à aucune loi humaine, on reconnaisse aussi Lope de Aguirre.

C'est précisément avec la réactualisation du légendaire Aguirre (1513?-1561), protagoniste dément d'une aventure réelle, à peine croyable aujourd'hui, qu'émerge dans les littératures contemporaines le mythe de l'Eldorado. Ainsi, en 1947, *Le Chemin d'El Dorado (El Camino de El Dorado)*, du Vénézuélien Arturo Uslar Pietri (né en 1906) ; en 1979, *Aguirre, Prince de la Liberté (Lope de Aguirre, Principe de la Libertad)* d'un autre Vénézuélien, Miguel Otero Silva (1908-1985), puis le cinéma avec *Aguirre ou la colère de Dieu*, de Werner Herzog, ont popularisé celui que l'on a appelé Le Tyran, Le Traître, Le Pèlerin. Mais avant eux, l'Amérique latine, avec Simon Bolivar, revendiquait Aguirre comme figure de proue de l'émancipation. On sait, en effet, qu'en 1821 le célèbre « libertador » a favorisé la diffusion de la lettre de rébellion que Lope de Aguirre avait envoyé au roi Philippe II en 1561 pour déclarer le royaume du Maranón indépendant de l'Espagne. C'est à partir de ces faits historiques que Miguel Otero Silva compose *Lope de Aguirre, Prince de la Liberté*. La technique narrative, brillante, mêle le monologue intérieur, le dialogue de théâtre, et la note pseudo-érudite de l'Auteur en bas de page. Une de ces notes révèle que la littérature sur Lope de Aguirre étant abondante, 188 écrits de chroniqueurs, mémorialistes, historiens, essayistes, psychiatres, moralistes, narrateurs, poètes, dramaturges, ont été lus, commentés et annotés pour écrire ce roman mais qu'on n'en dira rien de plus, le romancier n'étant nullement tenu à donner ses sources (petit coup de patte au roman du paraguayen Agusto Roa Bastos, *Moi le Suprême*). En fait, tout en suivant de près (et de loin) la biographie historique de Aguirre et sans prétendre réhabiliter un fou sanguinaire, Otero Silva laisse entendre que l'Eldorado cherché par son Prince de la Liberté, par celui qui se déclarait « la colère de Dieu », c'était précisément la Liberté, l'émancipation américaine, la suppression du joug colonial, administratif et religieux.

L'Argentin Abel Posse (né en 1936) traite Aguirre avec encore plus d'humour (il ne manque pourtant pas chez Otero Silva) dans un roman de 1981, *Daimón*. Nouvelle citation de *Yo El Supremo*, Le Vieux est un protagoniste post-mortem (comme le dictateur Francia de Roa Bastos), ainsi que tous les autres personnages, fantômes compagnons de l'Epopée du Maranón. L'Eldorado derrière lequel courait Aguirre, il l'avait sous la main mais n'avait pas su le voir : c'était l'Amérique tout entière, immense, fertile, à la fécondité incroyable et d'une beauté qui paralysait les plus endurcis. Il croyait que l'or était nécessaire pour avoir « place à la Cour avec un régiment bien payé, joyeux, arrogant, avec ses capitaines habillés de velours et avec des chapeaux ornés de plumes de perroquets de Cuba... » L'or, c'était entrer dans un bordel de Cordoba, frapper dans les mains et dire : « du vin pour tous ! ». La reine des Amazones, qui ne comprend pas cet usage de l'or, lui explique que non loin de son pays se trouve l'Eldorado, « un pays si malheureux ! Le sable aurifère ne sert qu'à engendrer des scorpions et des mygales ! ». Mais Aguirre ne partage pas cette conception du malheur :

> « Si dans cette vie la finalité c'est de pleurer, je préfère avoir à pleurer le cul posé sur le sable aurifère. »

Le roman est brillant, cinglant, « baroque » ont inévitablement dit les critiques. Plus idéologique, celui de Otero Silva. Plus historiquement sage, celui de Uslar Pietri. Plus lyrique, celui de Asturias. Mais tous adoptent un point de vue commun : l'Eldorado, c'est bien l'Amérique, *leur* Amérique, sans la tare de l'or, y compris, et surtout aujourd'hui, quand or veut dire dollar. En somme, c'est la leçon que Candide et son valet avaient tirée de leur séjour dans l'Eldorado.

L'Eldorado a donc d'abord été une réalité historique, l'histoire d'une fiction créée par le discours des Indiens et réputée vérité par le désir des Espagnols : schéma classique de l'élaboration d'un mythe. Une seconde étape transforme la fiction historique en fiction littéraire et prépare la troisième étape, la fiction non verbale qui donne, au cinéma, l'image métaphorisée de l'Eldorado, en tant qu'univers de rêve, de pays de cocagne. Le film de Charlie Chaplin, *La Ruée vers l'Or*, a sa place dans ce mirage d'un « ailleurs, plus tard, le bonheur » (l'or est toujours une métaphore) dont la symétrique inverse serait *Metropolis*, de Fritz Lang, ou « ici, maintenant, l'horreur » du quotidien besogneux. Mirages. Mythes. Fabuleuse Amérique. Même Salvador Dali, dans son tableau *Le Rêve de Christophe Colomb*, peint en 1959 pour un milliardaire américain, imagine/découvre/interprète le Nouveau Monde comme le pays de l'OR.

Dorita NOUHAUD

BIBLIOGRAPHIE

Miguel Angel ASTURIAS, *Le Mauvais Larron (Maladrón*, trad. française de C. Couffon), Paris, Albin Michel, 1970.

Pedro CIEZA DE LEÓN, *Historia del descubrimiento y conquista de la provincia del Perú, in Historiadores primitivos de Indias*, Madrid, B.A.E., t. XXVI, vol. 2.

Pablo NERUDA, « Homenaje a Balboa », in *Canto General*, Buenos Aires, Losada, t. 1, 1963 (2e édit.).

Miguel OTERO SILVA, *Lope de Aguirre, príncipe de la libertad*, Barcelona, Seix Barral, 1980.

Abel POSSE, *Daimón*, Barcelona, Argos Vergara, 1981.

— *Los perros del paraíso*, Barcelona, Argos Vergara, 1983.

Pedro SIMÓN (Fray), *Noticias historiales de las conquistas de Tierra Firme en las Indias Occidentales*, Bogotá, Biblioteca Banco Popular, 1982.

Arturo USLAR PIETRI, *El Camino de El Dorado*, Buenos Aires, Losada, 1967.

Agustín de ZÁRATE, *Historia del descubrimiento y conquista de la provincia del Perú, in Historiadores primitivos de Indias*, Madrid, B.A.E., t. XXVI, vol. 2.

Eros

Eros est une des divinités les plus littéraires du panthéon grec. Certes, les peintres ont beaucoup contribué à nous transmettre sa figure, mais c'est surtout par les poètes qu'elle a été élaborée. Or cette figure présente une singulière duplicité; en effet, l'image familière du jeune dieu de l'amour a succédé à un aspect plus ancien, qui, conformément au sens du substantif *éros,* représentait la force abstraite du *désir*: tel est l'Eros primordial évoqué dans certains mythes de la création du monde.

L'Eros des cosmogonies

La Théogonie *d'Hésiode : Eros, force génératrice*

Premier texte grec où le dieu apparaisse (Homère ne le mentionne pas en tant que divinité de l'amour), la *Théogonie* d'Hésiode (VIIe siècle avant J.-C.) le présente comme une des trois entités primordiales qui préexistent à la formation de l'univers : « ... avant tout fut Abîme (Chaos) ; puis la Terre (Gaïa)... et Amour (Eros) » (v. 116 sqq.). Au sein de cette triade, dont sont issus le cosmos et les dieux, Eros joue un rôle particulier, puisque, sans engendrer lui-même, il représente une tierce force, une force d'attraction qui devient nécessaire à la reproduction après les toutes premières générations, nées « sans l'aide du tendre amour » c'est-à-dire issues d'un seul parent.

La première union génératrice est celle de Gaïa et de son fils Ouranos (le Ciel). On sait que celui-ci, pour empêcher ses monstrueux enfants de voir le jour, les enfouissait dans le sein de leur mère, la Terre, entravant le cours de la génération. Cette interruption peut être interprétée comme un excès du pouvoir d'Eros, et le geste de Cronos, qui émascule son père pour l'éloigner de sa mère, comme un facteur de distance nécessaire à l'équilibre du cosmos.

La puissance d'Eros serait ainsi capable, dans son abus, de se détruire elle-même. Elle est, en tout cas, assez étendue dans la cosmogonie hésiodique pour assurer à la fois la cohésion et la pérennité de l'univers. La tradition orphique va plus loin en lui attribuant sa création même.

Le démiurge de l'orphisme

Sous une forme parodique, *Les Oiseaux* d'Aristophane (414 avant J.-C.) présentent une cosmogonie d'inspiration orphique : « Au commencement était le Vide et la Nuit et le noir Erèbe et le vaste Tartare, mais ni la terre, ni l'air, ni le ciel n'existaient. Dans le sein infini de l'Erèbe tout d'abord la Nuit aux ailes noires produit un œuf sans germe, d'où, dans le cours des saisons, naquit Eros... » (v. 693 sqq). On reconnaît dans ce texte le thème de l'œuf cosmique dont est issu le *protogonos* (premier né) que les poèmes orphiques nomment Eros, Phanès, Métis ou Eriképaïos. Selon Aristophane, c'est d'Eros que descend la race des immortels.

Des philosophes comme Empédocle ou Parménide lui attribuent en outre un rôle démiurgique, qui est évoqué de manière originale par Proclus : Zeus dévore Eros, et, s'étant ainsi approprié son identité, il crée les dieux et recrée l'univers. Cet épisode est doublement significatif : d'une part, il montre que la fonction démiurgique est assez étroitement associée à Eros pour qu'un autre créateur doive lui être assimilé ; d'autre part, on y voit que, de principe d'union, Eros devient, dans la légende orphique, principe d'organisation : il est à la fois le père et le maître de l'univers.

Un pouvoir universel : Eros et la nature

De ce premier aspect d'Eros, dieu primordial, résulte l'ampleur de son pouvoir, qui s'étend non seulement aux dieux et aux hommes, mais aux éléments et à la nature même.

Pour Aristophane, comme pour Hésiode, le pouvoir d'Eros est lié à son extrême beauté. Le premier l'appelle « Eros le désiré au dos étincelant d'ailes d'or » ; le second le dit *kallistos*, « le plus beau parmi les immortels », et il ajoute : « celui qui rompt les membres, et qui, dans la poitrine de tout dieu comme de tout homme, dompte le cœur et le sage vouloir ». Le lien entre beauté et pouvoir signifie sans doute l'attrait irrésistible du désir — désir « désiré », selon l'expression d'Aristophane. D'autre part, il est remarquable que ces deux évocations de la beauté d'Eros ne lui attribuent aucun trait anthropomorphique, et lui laissent une forme abstraite ou irréelle (ailes).

En effet, en tant que force fondamentale du cosmos, Eros est une divinité non figurée. Peut-être l'adorait-on primitivement comme tel à Thespies, en Béotie, où il est resté longtemps représenté par une pierre brute. Cette représentation l'associe aux plus anciennes divinités chthoniennes et naturelles, ce que confirment ses liens avec le feu, le vent, la végétation.

A Athènes, lors des Panathénées, une course au flambeau honorait l'autel du dieu, placé à l'entrée de l'Académie, ainsi que ceux de Prométhée et d'Héphaïstos (dont Ibycos fait le père d'Eros) : le dieu est alors associé au feu. Alcée l'apparente au vent en lui donnant Zéphyr pour père, et Aristophane le dit « pareil aux rapides tourbillons du vent ». Enfin, force de fécondité de l'univers, Eros est lié à la végétation, dont le renouveau printanier coïncide avec la saison des amours. La peinture le représente couronné de feuillages, adossé à un arbre, rappel des bois sacrés qui lui sont dédiés, et sa figure est parfois confondue avec celle d'Adonis, symbole du renouveau végétal. Comme Adonis d'ailleurs, Eros joue un rôle funéraire, puisqu'on le trouve représenté sur des tombeaux.

Mais, même dans les rites funèbres, Eros représente le principe de vie, et toutes ces extensions de son pouvoir à la nature entière ne sont que le développement de cet aspect originel. Le pouvoir universel du dieu primordial trouve son prolongement dans la toute-puissance du jeune dieu d'amour, compagnon d'Aphrodite, et c'est peut-être le lien le plus évident entre les deux aspects d'Eros, si différents.

Le dieu de l'amour

Eros et Aphrodite

La coexistence paradoxale des deux aspects d'Eros apparaît dès le récit d'Hésiode : évoqué d'abord comme un dieu primordial, il assiste ensuite, accompagné d'Himéros, autre figure du désir, à la naissance d'Aphrodite, et il fera dès lors partie de son cortège, en tant que divinité subalterne.

Une fête en l'honneur d'Aphrodite et d'Eros est célébrée dans le temple qu'ils partagent sur l'Acropole. Mais c'est surtout l'art qui consacre leur rapprochement, en les représentant ensemble, et, plus encore, en faisant d'Eros le fils d'Aphrodite et d'un père auquel les auteurs attribuent diverses identités : Ouranos selon Sappho, Arès selon Simonide, Hermès selon Cicéron, etc.

Pourtant, avant même le Ve siècle, où Eros se réservera le domaine de l'amour éphébique, les deux divinités ont des domaines distincts : le dieu personnifie plutôt le désir abstrait, la déesse, sa réalisation, et le plaisir physique.

La poésie érotique grecque : mièvrerie et cruauté

La poésie consacrée à l'amour constitue progressivement la personnalité d'Eros, selon deux courants complémentaires et souvent simultanés : l'un, formel, élabore la figure du dieu, tandis que l'autre, moral, étudie son influence sur les hommes.

L'aspect du dieu évolue vers une mignardise qui confine souvent à la mièvrerie : en même temps qu'il rajeunit, devenant, d'éphèbe, un tout jeune enfant, Eros participe à des tableaux où ses attributs, ses attitudes, semblent d'autant plus anodins que, repris par les peintres et les poètes, ils se transforment en lieux communs. Anacréon présente un jeune garçon ailé, jouant à la balle ou aux osselets ; Euripide introduit l'arc et les flèches dont Eros blesse les cœurs — ailleurs, c'est un flambeau pour les embraser. On le voit encore portant une couronne et des bandelettes pour orner l'autel d'Aphrodite. Dans la poésie alexandrine, la figure du dieu se fige et devient une simple utilité, de même que, sur les vases peints, il n'est plus qu'un motif décoratif, symbolisant une relation amoureuse entre deux personnages.

Pourtant, même dans ses aspects les plus anodins, le dieu reste redoutable — le jeu des osselets n'est-il pas le symbole de la cruauté insouciante avec laquelle il manipule ses victimes ? Quant aux conflits qui l'opposent à sa mère, imaginés par Apollonios, il montre que le petit dieu a gardé de son autonomie.

L'influence morale d'Eros se résume à la souffrance, et les poètes lui attribuent une cruauté qui contraste avec la mansuétude d'Aphrodite (Sappho). Selon Sophocle, Eros engendre la folie, et le thème de l'Eros-*nosos* (maladie) est développé par Euripide. Plus subtilement, ce dernier distingue deux Eros, selon que l'amour conduit à la vertu ou à l'indignité. Cette question de la duplicité d'Eros est au centre du débat dans *Le Banquet* de Platon.

Le Banquet *de Platon : duplicités d'Eros*

Les six discours du *Banquet*, prononcés en l'honneur d'Eros, apportent des réponses divergentes à la question de sa nature, mais on peut les réunir en trois séries.

Pour les deux premiers participants, il n'y a qu'un Eros : Phèdre voit en lui le dieu le plus ancien, Agathon, le plus jeune. Par cette contradiction, Platon fait ressortir une première duplicité d'Eros, peut-être primitivement représenté comme un vieillard (ce que laisserait à penser la pierre brute de Thespies).

Les deux interlocuteurs suivants conçoivent un Eros double. Selon Pausanias, Eros, lié à Aphrodite, se dédouble comme elle : à l'Aphrodite ouranienne (fille d'Ouranos) correspond un Eros qui s'intéresse plutôt à l'amour masculin, et aux âmes ; à l'Aphrodite pandémienne (fille de Zeus et de Dioné), est associé l'Eros de l'amour hétérosexuel et physique, auquel le premier est nettement préféré. Eryximaque généralise cette duplicité à l'ensemble de la nature, des arts et des sciences.

Les derniers à parler sont les penseurs. Aristophane raconte comment, doubles à l'origine, les hommes furent coupés en deux en punition de leur audace, et, depuis lors, cherchent désespérément à s'unir à la moitié manquante. Eros représente l'instinct qui permet aux hommes de retrouver ainsi momentanément, avec leur unité première, le bonheur.

Enfin, Socrate prétend tenir sa thèse originale de Diotime, prêtresse de Mantinée : Eros n'est pas un dieu, mais un démon, c'est-à-dire un intermédiaire entre les dieux et les hommes. Fils de Pauvreté et d'Expédient, il tient de sa mère le manque de beau et de bien, et de son père les moyens d'y parvenir, par la procréation selon le corps (amour hétérosexuel) et par la création selon l'âme (amour homosexuel). Cette seconde forme d'amour permet le passage de la beauté d'un corps à l'idée de beauté, donc au monde intelligible, suivant les étapes d'une véritable initiation de l'âme.

Le dialogue de Platon met donc en relief deux points essentiels : la faveur accordée à l'amour éphébique, et le rôle initiatique d'Eros. Or ces deux thèmes trouvent des antécédents communs dans certains rites initiatiques.

Eros initiatique

La fête des Eleuthéries était célébrée, notamment, en l'honneur de l'Eros dit des gymnases, dieu de l'amour éphébique, souvent associé à Antéros, en qui l'on a vu la représentation de l'amour en retour. Antérieur à l'idéal homosexuel de Platon, ce culte peut être rapproché des sacrifices à Eros (dieu archer, fils d'Arès) pratiqués à Sparte avant les batailles, et de la coutume thébaine et crétoise qui voulait que l'éraste fournît à l'éromène son équipement militaire. Dans ce cadre, l'homosexualité procède d'un rite de passage de l'enfance à l'adolescence, lié à la formation de citoyens et de soldats.

C'est encore la fonction initiatique d'Eros qui apparaît, sous une tout autre forme, dans le *conte de Psyché*. Inséré dans les *Métamorphoses* d'Apulée (IIe siècle après J.-C.), il rapporte que Psyché, une mortelle dont Vénus même jalouse la beauté, devient l'épouse d'Amour (Eros) sans avoir le droit de le voir. Ayant péché par curiosité, elle doit se soumettre aux dures épreuves que lui impose Vénus, avant d'être enfin sauvée par Amour, qui obtient pour elle l'immortalité.

Le roman d'Apulée étant consacré aux initiations du héros au culte d'Isis, l'histoire de Psyché peut en paraître la préfiguration. Eros serait alors un double de la déesse, d'abord invisible comme elle, et auquel on accède au terme de certaines épreuves. Mais la légende a aussi un sens allégorique : elle évoque les errances de l'âme humaine à la recherche de la beauté idéale. Le rôle d'Eros serait alors analogue à celui que lui attribue Socrate dans *Le Banquet*, permettant l'accession au monde intelligible, symbolisé par l'Olympe.

La variété des interprétations morales et philosophiques de la figure d'Eros contraste étrangement avec la stéréotypie de son aspect extérieur. Sans doute faut-il voir là l'effet du caractère littéraire du dieu : autant les poètes ont pu rivaliser sur un même motif ornemental, autant les penseurs ont cherché à approfondir et à renouveler l'analyse philosophique. La même hésitation entre conformisme et originalité caractérise les évocations d'Eros dans la littérature occidentale depuis le Moyen Age.

EROS DANS LA LITTÉRATURE OCCIDENTALE : LIEUX COMMUNS ET RENOUVELLEMENTS

La figure stéréotypée d'Eros dans la poésie alexandrine parvient en Occident par l'intermédiaire de la poésie byzantine et latine. Appelé désormais Amour ou Cupidon (son nom latin), le dieu s'adapte pourtant à l'inspiration des époques et des auteurs, et connaît quelques interprétations originales.

Le dieu d'Amour de Guillaume de Lorris

Si Amour est une des figures de prédilection de l'allégorie médiévale, *Le Roman de la Rose* de Guillaume de Lorris (vers 1230) en fournit un exemple d'autant plus riche de sens qu'il fait du dieu le porte-parole de l'idéal courtois.

Le portrait d'Amour ne reprend pas les poèmes grecs : dieu adulte, non ailé, il est surtout décrit par sa robe faite de fleurs et sa couronne de roses, où se concentrent les éléments du verger paradisiaque. Dans la logique de l'allégorie, la duplicité du dieu est signifiée par la double série de ses armes : à un arc laid et bossué correspondent cinq flèches noires, symboles des vices ; à l'autre, beau et lisse, les cinq flèches des vertus de la dame. Blessé par ces dernières, l'amant devient le vassal d'Amour, qui ferme son cœur à clef (rappel du thème antique d'Eros porte-clef), et lui dicte le code de l'amour courtois.

Amour est donc la représentation allégorique d'un sentiment, avec son ambivalence et sa violence. D'autre part, le roman suit un cheminement initiatique analogue à celui d'Apulée, mais Amour en impose ici lui-même les épreuves, et joue donc aussi le rôle de Vénus.

Renaissance : de l'Amour aveugle à l'Amour divin

Le Moyen Age privilégiait l'image d'un Amour adulte et clairvoyant ; la Renaissance voit reparaître le motif antique du *puer alatus*, et se développer celui de l'Amour aveugle : les peintres, notamment Piero della Francesca, le représentant les yeux bandés, symbolisant ainsi l'arbitraire et l'inconscience du sentiment amoureux.

D'autre part, la paternité de Mars est remise en honneur par les poètes de la

Renaissance. Elle permet en effet d'interpréter Amour comme un principe d'union des contraires (Vénus, Mars). D'où l'association du petit dieu à une thématique guerrière :

> « Amour et Mars sont presque d'une sorte :
> L'un en plein jour, l'autre combat de nuit... »
> (Ronsard, *Amours de Cassandre*, 1552, sonnet CLXXX)

Et le caractère même de l'Amour associe des éléments contraires. Pétrarque, dans le *Canzoniere* (vers 1330), souligne son ambivalence :

> « Amour tout à la fois m'éperonne et réfrenne
> me rassure et m'effraie, me brûle et me gèle,
> m'agrée et me dédaigne, à soi m'apppelle et chasse,
> or me tient en espoir et or en peine. »

Moralistes et humanistes réactualisent la dualité Amour sacré Amour profane. Ainsi, Antéros, qui personnifiait dans l'Antiquité la réciprocité de l'amour, devient un Anti-Eros, figure de la pureté opposée à la sensualité d'Eros. Le néoplatonicien Marsile Ficin définit l'Amour comme le désir de jouir de la beauté; son *Commentaire du Banquet de Platon* (1468) oppose *Amor divinus* (fils d'Aphrodite céleste) aspiration à la beauté cosmique, et *Amor vulgaris* (fils d'Aphrodite pandémienne) qui permet de reproduire, dans le monde physique, une image de la beauté cosmique. Mais l'Amour terrestre tend vers le sacré : il est l'une des quatre fureurs divines (avec la fureur poétique, l'intelligence des mystères, et la prophétie, inspirés par les Muses, Bacchus et Apollon), et la plus puissante : l'Amour est un courant circulaire entre Dieu et l'univers; celui qui aime s'intègre à ce courant divin. L'idée est illustrée par Ronsard (*Amours de Cassandre*, LII) :

> « Amour rendit ma nature parfaite,
> Pure par luy mon essence s'est faite,
> Il me donna la vie et le pouvoir... »

Quant à la faveur accordée par Platon à un Eros homosexuel, elle semble en oubli dans l'Occident chrétien. On en trouve pourtant la trace dans le sonnet CXLIV de Shakespeare (vers 1590), où le poète oppose diamétralement ses « deux amours », homme blond et femme sombre, l'un angélique, l'autre corruptrice. Sans nommer le dieu d'Amour, Shakespeare reprend peut-être la thèse du *Banquet*, plus radicalement même, puisqu'il maudit l'amour hétérosexuel.

Deux pièces allégoriques de Marivaux

Deux courtes comédies allégoriques de Marivaux jettent un jour nouveau sur la duplicité platonicienne d'Eros. Dans le *Dialogue de l'Amour et de la Vérité* (1720), le véritable Amour, sage et pudique, maudit son usurpateur effronté. Dans *La Réunion des Amours* (1731), les deux rivaux s'opposent devant les dieux de l'Olympe : Cupidon prêche la loi du plaisir, et Amour, trop timide, ne parvient pas à imposer son idéal sentimental. Le verdict de Jupiter les réconcilie, et cette réhabilitation de l'amour charnel semble annoncer le libertinage littéraire qui s'imposera dans la suite du siècle.

Conclusion

Eros doit sans doute à un phénomène d'usure d'être tombé dans l'oubli, et la mièvrerie de sa figure a éclipsé la richesse inépuisable du thème de l'amour et du désir. En outre, la psychanalyse a peut-être contribué à le « dépoétiser », en faisant de l'*éros* une de ses notions-clefs : le principe d'action, de vie, opposé à la pulsion de mort (*thanatos*), qui se réalise dans la libido. Quoiqu'elle renoue avec l'Eros primordial, cette notion démythifie l'allégorie et ramène le désir à sa dimension individuelle.

Mais peut-être est-ce là, justement, la clef du passage de l'Eros cosmogonique au petit dieu d'Amour : on peut voir dans le second l'adaptation du premier aux exigences personnelles du sentiment des poètes, c'est-à-dire la force universelle du désir réduite à des proportions humaines, ce qui expliquerait la miniaturisation de la figure du dieu. L'éclipse d'Eros montre le danger qu'il y a, pour un dieu, à être trop humain.

Ann-Déborah LÉVY-BERTHERAT

BIBLIOGRAPHIE

Sur le mythe d'Eros

Silvana FASCE, *Eros, la figura e il culto*, Università di Genova, 1977.

François LASSERRE, *La Figure d'Eros dans la poésie grecque*, Lausanne, Imprimeries réunies, 1946.

Luc BRISSON, « Eros », in *Dictionnaire des mythologies*, Paris, Flammarion, 1981.
Jeannie CARLIER, « Psyché » (*Ibid.*).
Erwin PANOFSKY, *Essais d'iconologie*, trad. Cl. Herbette et B. Teyssedre, Paris, Gallimard, 1967.

Principaux textes cités

HESIODE, *Théogonie*, trad. P. Mazon, Paris, Les Belles Lettres, 1960.
ARISTOPHANE, *Les Oiseaux*, trad. H. Van Daele, Paris, Les Belles Lettres, 1946.
PLATON, *Le Banquet*, trad. E. Chambry, Paris, Garnier, 1964.
APULEE, *Les Métamorphoses*, trad. P. Valette, 3 vol., Paris, Les Belles Lettres, 1956.
GUILLAUME DE LORRIS, *Le Roman de la Rose*. Paris, H. Champion, 1983.
PETRARQUE, *Dal Canzoniere*, trad. G. Genot, Paris, Aubier-Flammarion, 1969.

L'ÉTERNEL RETOUR : LA « GRANDE PENSÉE » DE NIETZSCHE *

Paradoxalement, c'est à l'époque de Hegel, dans le siècle où se développe la science historique et où naissent les idéologies du progrès, que Nietzsche redécouvre l'idée de l'Eternel Retour. Elle répond, en effet, à une volonté de réaction contre le culte du fait historique et les rêves finalistes, derniers avatars de la métaphysique. Il faut y voir aussi une arme contre le *nihilisme.* Mais la pensée du Retour ne relève pas d'une stratégie philosophique. Elle excède au contraire la philosophie et l'œuvre de Nietzsche. Tout converge vers ce centre exorbitant où la pensée est confrontée à son Autre comme à sa source et à sa défaillance. Le caractère excédent de l'Eternel Retour est tel que Nietzsche ne put en assumer la formulation : il l'a déléguée à plusieurs voix, sans qu'aucune, en définitive, n'en donne le fin mot. La « grande pensée » ne relève pas d'une seule interprétation, et pour la saisir, il ne faut pas poser la question philosophique « *Qu'est-ce que* cela signifie ? », mais « Qui ? » Selon qui la profère, elle prend un sens et un statut différents : pour Nietzsche lui-même elle fut une *révélation*, dans la bouche de Zarathoustra elle se fait *doctrine*, relativement à Dionysos elle demeure l'*énigme* du dieu.

* Les chiffres entre parenthèses renvoient aux fragments posthumes de Nietzsche publiés dans l'édition Gallimard des *Œuvres complètes*; les chiffres romains indiquent le tome, les chiffres arabes la page.

LA RÉVÉLATION DE SILS-MARIA

Apparemment rien d'original dans cette pensée. Nietzsche lui-même reconnaît ce qu'il doit aux Présocratiques et aux Stoïciens (*Ecce Homo*, « Naissance de la tragédie » § 3). Il retrouve, en effet, l'idée d'un retour infini du Même, telle que Chrysippe l'avait formulée, et ce fatalisme actif d'un Epictète pour qui la liberté consiste à vouloir ce qui advient. Au premier abord, les deux textes où Nietzsche présente sa conception du Retour (*Gai Savoir*, § 41 ; *Par delà bien et mal*, § 56) le confirment. Il utilise d'ailleurs pour en rendre compte des images conventionnelles : celles de « l'éternel sablier de l'existence » ou du cercle. Il insiste aussi sur le fait qu'il n'y aura « rien de nouveau », et que *tout* reviendra (« cette araignée », « ce clair de lune »), identique à soi-même.

L'idée paraît simple, sa formulation humaine, trop humaine. Ainsi, dans *Ecce Homo*, Nietzsche en fait presque une histoire de famille : l'effroi que lui cause la pensée d'un retour éternel de sa mère et de sa sœur l'inciterait à abandonner l'idée du Retour. Notons cependant qu'il existe une parenté entre le domaine effrayant des Mères (d'où Dionysos est issu) et l'Eternel Retour que Nietzsche présente comme sa « pensée proprement « abysmale » (*abgründlich*) ». Une sorte de monstruosité lui est donc indéfectiblement attachée. D'où sa désignation comme « le poids le plus lourd ». Nietzsche semble mis en question par sa propre pensée : est-il capable d'accepter *même* le retour de sa mère ? Est-il assez *fort* pour cela ? La simple idée de l'Eternel Retour est, en effet, un *critère sélectif* de la « force » et de la « faiblesse » (XIII, 22). Insupportable pour le « faible », elle fortifie le « fort ». Confronté à cette pensée, Nietzsche s'interroge comme devant un miroir : est-il digne d'en être le prophète ? Est-il un « décadent » ou un homme de l'avenir ? (Voir P. Klossowski, *Nietzsche et le Cercle vicieux*, « Quatre critères... ».)

Cependant, une certitude demeure, plus forte que les hésitations du sujet Nietzsche : l'expérience extatique de Sils-Maria où il eut la révélation de l'Eternel Retour (août 1881). Lié au « grand affect » et à la plus haute intensité de l'esprit, cet événement reste un point d'ancrage pour la conscience de Nietzsche. Il ne cesse d'en interroger le souvenir et de s'interroger à la lumière éblouissante de cette révélation. Les circonstances mêmes de son surgissement attestent enfin l'originalité de cette pensée par rapport aux conceptions antiques. Sensible à son étrangeté absolue, à l'impossibilité où il se trouve de la conceptualiser, et même à l'erreur qui consisterait à en faire le pivot d'un système philosophique, Nietzsche retient sa pensée et laisse à Zarathoustra le risque d'en proposer une formulation.

ZARATHOUSTRA LE DOCTRINAIRE

Zarathoustra est désigné par Nietzsche comme le « docteur » de l'Eternel Retour. Il lui appartient de faire de cette pensée (*Gedanke*) une doctrine (*Lehre*) (X, 313), autrement dit d'en présenter une formulation cohérente et de la rattacher aux autres thèmes de la philosophie nietzschéenne. Prophète du « surhomme », Zarathoustra incite à voir dans l'Eternel Retour la pensée du surhumain, de celui qui est assez fort pour revouloir la vie éternellement. Néanmoins cette idée le rend malade et Nietzsche lui-même écrit : « Il faut empêcher l'enseignement de cette doctrine et tuer Zarathoustra » (X, 313). C'est qu'en effet la pensée du retour semble « tout d'abord écrasante pour les plus nobles ». Dans la mesure où elle implique l'absence de but, elle confirme le sentiment nihiliste de l'absurdité de la vie. Elle affirme que, au regard de l'éternité, le plus « fort » et le plus « faible » se valent, qu'ils reviendront toujours et que le « surhomme » n'est pas la *fin* de l'Eternel Retour. Mais Zarathoustra enseigne à dépasser ce point de vue par l'abandon de la perspective individuelle. Pour celui qui comprend que ce n'est pas son « moi » qui compte, mais l'économie générale du monde et le grand *Oui* adressé à la vie, l'idée du Retour devient alors la pensée « la plus débordante de courage » (XI, 218).

La doctrine de Zarathoustra reste cependant insatisfaisante et peut-être trompeuse, car lui-même n'est pas à la hauteur de cette pensée à laquelle deux textes, principalement, sont consacrés. Dans le premier, « De la vision et de l'énigme », Zarathoustra recourt à l'image des deux voies qui se rejoignent et se heurtent sous le portique de « l'Instant », puis à la parabole du berger mordu par un serpent. Il est significatif que Nietzsche ait choisi de livrer sa « doctrine » dans le *Zarathoustra*, texte poétique où tout est énigme et symbole, ce qui ne permet la formulation d'aucune véritable *doctrine philosophique*. Pourtant, à peine ébauchée, la pensée de Zarathoustra est trahie, d'abord par le nain *accroupi* devant le portique et qui contemple passivement le *cercle* du Retour, au lieu de participer activement à son revenir dans le surgissement de « l'Instant ». Ensuite, dans le deuxième texte : « Le convalescent », par les animaux qui ont déjà fait de l'Eternel Retour une « rengaine » insupportable. Aussi Zarathoustra est-il rendu malade par cette pensée qui l'excède et dont « l'esprit de pesanteur » est prompt à se saisir.

Toute tentative d'explication de l'Eternel Retour est dangereuse, ne serait-ce que parce qu'il devient alors la proie des philosophes qui en font leur « rengaine ». Si intéressantes que soient, par exemple, les interprétations de M. Heidegger et de G. Deleuze, elles réduisent toujours la portée de la révélation, ou même la trahissent. Ainsi, Heidegger conclut son analyse en affirmant que « la pensée de l'Eternel Retour est *la* pensée métaphysique de Nietzsche » (*Nietzsche*, T. I, p. 347). Deleuze, plus proche de l'intention nietzschéenne, explique néanmoins la « grande pensée » par le recours à la notion doublement problématique d'« ontologie sélective » (*Nietzsche et la Philosophie*, p. 81). Il faut cependant reconnaître que Nietzsche a lui-même accrédité l'effort d'interprétation philosophique et rationaliste, allant jusqu'à espérer découvrir une preuve scientifique de la loi du Retour (voir P. Klossowski, *op. cit.*, « Explication scientifique de l'Eternel Retour »).

Mais un espoir va permettre la guérison de Zarathoustra. Déjà, « De la vision et de l'énigme » s'achevait sur une parabole pleine d'espérance : celle du jeune berger dans la bouche duquel un serpent s'était introduit pendant son sommeil. Serpent « noir et lourd » figurant une mauvaise interprétation de l'Eternel Retour, nihiliste et déprimante. Zarathoustra, qui n'a pu l'arracher, crie au berger de mordre et de cracher au loin la tête coupée. Alors le pâtre se lève, métamorphosé en « un être qui *riait* ». Devant cette victoire et ce rire, Zarathoustra est empli d'une « nostalgie qui jamais ne s'apaisera » ; peut-être celle de Nietzsche lui-même, nostalgique de l'instant où, à Sils-Maria, il fut ce jeune berger percevant en un éclair le sens de l'Eternel Retour que Zarathoustra le doctrinaire et Nietzsche le philosophe ne pourront jamais formuler. Cependant, la guérison devient certaine dans le second texte, non que Zarathoustra soit parvenu à une juste formulation de sa pensée, mais parce que, au contraire, il a appris à se taire. Cette pensée, en effet, ne supporte pas d'être dite, elle doit être chantée, par une bouche qui n'est pas la sienne et sur un air qu'il ne connaît pas : « Pour tes chansons nouvelles il est besoin d'une nouvelle lyre ! », lui disent ses animaux (« Le convalescent »). Cet air et cette bouche, qu'un jour Nietzsche entendit à Sils-Maria et dont il a gardé la nostalgie, le chapitre suivant du *Zarathoustra* révèle qui ils désignent : « mais c'est le vigneron qui, avec sa diamantine serpette, attend, — / — ton grand libérateur, ô mon âme, le sans-nom — » (« De la grande nostalgie »). Zarathoustra se tait et comprend qu'il doit mourir pour que vienne le dieu inconnu : Dionysos.

L'énigme du dieu

Dans *Par delà bien et mal* (§ 56), Nietzsche désigne l'Eternel Retour comme « *circulus vitiosus deus* ». Quelque chose de l'ordre du divin s'y manifeste, mais rien de religieux (V, 396). La volonté du Retour est acte d'amour qui sanctifie la vie dans son mystère : *Amor fati*. Par son caractère irrationnel et pourtant irréfutable, elle répond à la « nécessité déraisonnable » du monde (V, 398) et permet de se figurer la cohérence du chaos sous les espèces d'un mouvement circulaire dont Dionysos est le centre éclaté. Le dieu est à la fois l'image même du Retour, par sa mise en pièces et sa renaissance éternelle (XIV, 63), et le détenteur du secret dont Nietzsche est l'hiérophante. Alors que pour Nietzsche-philosophe et pour Zarathoustra l'Eternel Retour fait figure de « vérité », de fétiche ambigu et dangereux comme une tête de Méduse (XI, 86) : arme contre le nihilisme, mais aussi illusoire soleil de la philosophie nietzschéenne (voir l'article « Méduse »), pour Nietzsche disciple de Dionysos, il est un objet de « foi » sacrée (*Crépuscule des Idoles*, « Divagations d'un « inactuel » », § 49). Aussi le discours philosophique doit-il rejoindre le discours mythique afin de rendre communicable un secret pour lequel n'existe encore aucun mot ni aucune oreille. Dionysos indique, dès lors, la voie d'un nouvel amour de la vie, à l'instar de celui qu'il éprouve pour Ariane, scellé par l' « anneau nuptial » du retour (voir G. Deleuze, *op. cit.*, p. 215).

L'Eternel Retour n'est donc pas une « idée » ou un « concept », et il ne *signifie* rien hors de la révélation extatique. Son caractère central témoigne de l'effort de Nietzsche pour faire éclater les structures établies de la raison et de la langue, et pour sortir de la métaphysique, afin d'inaugurer cette philosophie *tragique* porteuse d'un sens nouveau de la vie. L'Eternel Retour, annulant l'opposition de la mort et de la vie, de l'être et du devenir, ouvre la voie d'une nouvelle immortalité. Mais dans cet effort, la pensée est confrontée à sa propre limite et vouée au risque de l'effondrement. Comme l'a montré P. Klossowski, la loi de l'Eternel Retour « exigea la destruction de l'organe même qui l'avait divulguée » (*Op. cit.*, p. 320). S'étant débarrassé de toutes les prétentions de la raison, Nietzsche parvint à revivre dans l' « euphorie » de Turin le moment extatique de la révélation, pour s'identifier enfin à Dionysos, le centre exorbitant du Retour dont sa philosophie faisait sans cesse le détour.

L'Eternel Retour est la loi du monde de la « volonté de puissance » ; il suppose que le degré suprême de la puissance ne corresponde pas à un état, à un arrêt du mouvement, mais à l'éclatement du sens, à la « mise en pièces » dionysiaque : « " Dieu " en tant que moment culminant : l'existence, une éternelle divinisation et dédivinisation » (XIII, 22). La divinité du « dieu », comme de celui qui parvient à s'identifier à un point culminant de la puissance, consiste à vouloir sa disparition, parce qu'il veut le Retour et parce qu'il acquiesce à la loi tragique et cruelle de l'existence.

Camille DUMOULIÉ

BIBLIOGRAPHIE

Gilles DELEUZE, *Nietzsche et la philosophie*, P.U.F., 1962.
Camille DUMOULIÉ, *Nietzsche et Artaud. Pour une éthique de la cruauté*, P.U.F., 1992.

Eugen FINK, *La Philosophie de Nietzsche*, Les Editions de Minuit, 1965.
Martin HEIDEGGER, *Nietzsche*, Gallimard, 1971.
Pierre KLOSSOWSKI, *Nietzsche et le cercle vicieux*, Mercure de France, 1969.
Bernard PAUTRAT, « Nietzsche médusé », in *Nietzsche aujourd'hui?* 10/18, 1973.
— *Versions du soleil. Figures et système de Nietzsche*, Le Seuil, 1971.

Europe

Le mythe d'Europe a été popularisé aussi bien par les arts plastiques gréco-romains (métopes des temples, peintures de vases, fresques de Pompéi, mosaïques, médailles, monnaies) que par la grande peinture de la Renaissance : Véronèse, *Enlèvement d'Europe* (palais ducal de Venise). Faut-il s'étonner si les poètes, à leur tour, dans l'Antiquité comme dans les temps modernes, ont puisé dans ce mythe un thème d'inspiration ?

Europe est parfois appelée « la petite-fille de Neptune », selon la version de la Fable qui en fait la fille d'Agénor (Ovide, *Métamorphoses* II, 858 : *Agenore nata*), lui-même fils de la nymphe Libye et de Poséidon. Mais la version la plus répandue fait naître Europe d'un fils d'Agénor, Phœnix, et lui donne pour frère Cadmos, le fondateur de Thèbes. Une filiation attestée déjà chez Homère, *Iliade* XIV, 32 sq., où Zeus dit d'Europe : « c'est la célèbre fille de Phœnix ; c'est elle qui m'a donné comme enfants Minos et Rhadamanthe semblable à un dieu ».

Rien de plus ancien, en effet, que la légende de la soudaine passion de Zeus pour Eurôpè, une princesse phénicienne enlevée, sur le rivage de Tyr ou de Sidon, par Zeus qui avait pris la forme d'un séduisant taureau à la fois pour déjouer la jalouse surveillance de sa divine épouse Héra et pour ne pas éveiller la méfiance d'Eurôpè. Zeus avait transporté la jeune fille jusqu'en Crète (d'autres disaient : jusqu'en Béotie, berceau possible, d'ailleurs, de la légende d'Europe) et, reprenant son aspect habituel de dieu suprême, l'avait rendue mère de Minos, Rhadamanthe et Sarpédon. On trouve déjà relatés les principaux épisodes du mythe dans le fragment papyrologique 1359 des *Catalogues* hésiodiques, et, dès la fin du VIIIe siècle avant J.-C., le poète cyclique Eumélos avait composé un hymne, *Eurôpéia*, dont subsistent quelques fragments. Puis, de Stésichore et Bacchylide à Moschos et Apollonios de Rhodes, la vitalité de ce mythe ne cesse de s'affirmer dans toute l'histoire de la poésie grecque. Enfin, dans le sillage de l'alexandrinisme, l'âge d'or de la poésie romaine évoquera volontiers les amours de Jupiter et d'Europe : Ovide avec une sensualité un peu facile dans ses *Métamorphoses*, II, 833-875, mais sur un ton plus grave dans ses *Fastes*, V, 604-620 ; Horace, *Odes*, III, 27, qui se clôt sur ces mots : « la moitié du monde te devra son nom ».

Soyons également certains de l'ancienneté qu'il convient d'attribuer à l'idée d'un transfert du nom de la princesse à notre continent. Cette idée apparaît comme familière à l'époque alexandrine, puisque nous voyons, au second siècle avant Jésus-Christ, un disciple d'Aristarque, le poète et philologue sicilien Moschos, y faire une allusion rapide, en prêtant un songe allégorique à celle qu'il dénomme « Eurôpè » dès la base du premier vers de sa pièce, puis constamment, par commodité métrique (dans huit clausules d'hexamètres spondaïques), « Eurôpéia », la forme du nom qu'adoptera Leconte de Lisle :

> « La fille encore vierge de Phœnix, Eurôpéia, rêva que deux continents se livraient bataille à son sujet, celui d'Asie et celui qui lui fait face ; et ils avaient la belle prestance de deux femmes. Mais l'une avait l'apparence d'une étrangère, tandis que l'autre ressemblait à une indigène et se cramponnait plus fort à la jeune fille comme s'il s'agissait de sa propre fille, en arguant que c'était elle-même qui l'avait enfantée et élevée. Cependant, l'autre la saisissait de ses mains vigoureuses et l'entraînait sans qu'elle opposât la moindre résistance : elle affirmait qu'Eurôpéia lui était destinée ; que c'était un présent dont lui faisait honneur Zeus porteur d'égide » (Moschos, *Eurôpè*, 6-15).

Toutefois, il apparaît nettement que ce transfert du nom d'*Eurôpè* à l'une des parties du monde a été, de bonne heure, mis en doute. Deux siècles avant Moschos, le célèbre « Père de l'Histoire », Hérodote, après avoir proposé, dès le début de son œuvre, I, 2, 6, une interprétation rationaliste — évhémériste avant la lettre ! — du mythe de l'enlèvement d'Europe (pour expliquer les origines, selon les Perses, de l'hostilité héréditaire entre Grecs et Barbares), éprouve le besoin, dans son livre IV, 45, de réfuter l'explication la plus répandue du nom de notre continent :

> « On est sans lumière sur l'origine du nom de notre continent et sur celui qui le lui imposa, à moins de dire que le pays reçut ce nom de la Tyrienne Eurôpè ; il aurait été, en ce cas, auparavant anonyme comme les autres parties du monde. Mais il est bien certain que cette Eurôpè était originaire d'Asie et qu'elle ne vint jamais dans ce pays que les Grecs appellent présentement *Europe* » (Hérodote est en désaccord là-dessus avec certains mythographes classiques et alexandrins) — « elle vint seulement de Phénicie en Crète, et, de

Crète, plus tard, elle est allée en Lycie » (traduction Ph. Legrand, « Les Belles Lettres », 1962).

De fait, nous rencontrons dans l'*Hymne homérique à Apollon* (fin du VIIIe siècle avant J.-C.) une distinction toponymique qui n'a aucun rapport avec une application éponymique du nom de notre héroïne :

> « ceux qui habitent le gras Péloponnèse, comme ceux d'Europe et des îles ceintes de flots (250-251 et 290-291 : trad. J. Humbert, « Les Belles Lettres », 1936). »

C'était donc la Grèce continentale qui, anciennement, portait, à elle seule, le nom d' « Europe », par opposition à la Grèce insulaire et aux presqu'îles (parmi lesquelles on rangeait le Péloponnèse). Indice encore plus probant, le lexicographe Hésychius d'Alexandrie est l'auteur d'une glose portant conjointement sur l'adjectif grec *eurôpos*, qu'il traduit par « large, obscur », et sur l'appellation de notre continent : « Europe : contrée du couchant ; la ténébreuse ».

Sans doute est-il permis d'objecter à Hésychius que le sens d' « obscur » n'est nulle part attesté pour l'adjectif *eurôpos*. Toutefois, il ne serait pas impossible qu'à basse époque un *poeta doctus*, dans des vers qui ne nous sont point parvenus, ait conféré au mot une telle acception : cf. l'adjectif *euròeis*, « moisi », qui pouvait servir à qualifier les vastes ténèbres des enfers (Hésychius le glose par *skoteinos*, « obscur »). En somme, il y aurait eu une évolution sémantique parallèle entre la dénomination de notre continent chez les Grecs et le mot latin *Occidens* ou *Occasus*. De toute façon, il faut nous ranger à l'opinion de P. Chantraine :

> « On pourrait se demander si les deux termes homonymes *Eurôpè*, désignant, l'un, la princesse tyrienne, l'autre le continent, ne sont pas indépendants l'un de l'autre, et si le nom du continent n'est pas issu de l'adjectif *eurôpos*. »

Laissons ici de côté les hypothèses échafaudées depuis le début du XIXe siècle pour attribuer au nom de notre continent une racine sémitique voulant dire « entrer », puis « disparaître », en parlant du soleil, même extension métaphorique que pour *Occidens*. Si nous allons par là, pareille herméneutique phénicienne ne serait, elle-même, nullement exclusive d'un substrat plus ancien, dont nous ignorons tout. La thalassocratie crétoise est antérieure, historiquement, à l'expansion commerciale des comptoirs tyriens. Les Egéens avaient bien pu attribuer déjà un nom à notre continent !

La seule chose, en l'occurrence, qui nous importe réellement, c'est que de longs siècles de littérature et d'art ont été persuadés que le nom de notre continent était dérivé de celui de la séduisante princesse phénicienne. Notre Ronsard ne se contente pas d'écrire :

« Toreau qui dessus ta crope
Enlevas la belle Europe
Parmy les voyes de l'eau
... ... » (Ode XIX, « Avant-venue du printemps »).

Plus précis encore, il nous dit :

« ... ... et ceste-là
Que le Toreau sur sa croupe en-vola,
Qui fut Princesse en son printemps si belle
Que nostre Europe a porté le nom d'elle. » (*Discours à très-illustre et vertueuse Princesse Marie Stuart*).

Au XVIIIe, André Chénier, dans ses *Bucoliques*, a composé sous le titre « L'enlèvement d'Europe », un vrai chef-d'œuvre d'imitation originale, de *recréation.* Laissant de côté, dans la pièce de Moschos, l'épisode initial du songe ainsi que la description du *talaros* ou récipient fait de métaux précieux et offrant plusieurs scènes de l'aventure d'Io — malgré son intérêt prophétique, destiné, dans l'esprit de Moschos, à préparer, comme le songe prémonitoire, l'épisode principal — Chénier fait débuter son imitation au vers 71 de Moschos, « Europe se distinguait parmi ses compagnes comme précisément parmi les Charites la déesse née de l'écume des flots ». Chénier en a tiré son admirable alexandrin d'ouverture :

« Telle éclate Vénus au milieu des trois sœurs. »

En parfait helléniste autant qu'en virtuose de l'élégance et du rythme, c'est avec non moins de bonheur que le poète français a su transcrire les hexamètres suivants de Moschos. Celui-ci disait : « Ce n'est vraiment pas longtemps qu'elle était destinée à trouver du charme à des fleurs, ni davantage à garder sa ceinture à l'abri de toute souillure. » Chénier, plus harmonieux et plus délicat, jusque dans son souci d'exactitude, écrit :

« Mais son sort n'était pas de n'aimer que les fleurs
Et de garder toujours sa pudique ceinture. »

Quant à la peinture du taureau, on sent que Chénier la trouvait, dans son modèle grec, précise et pittoresque, à coup sûr, mais un peu laborieuse et pénible :

« Assurément, le reste de son corps était bien de couleur blonde, mais un cercle d'une blancheur éclatante resplendissait au milieu de son front tandis que ses deux yeux brillaient au-dessous et lançaient des éclairs de passion ; et, égales, l'une en face de l'autre, ses cornes s'élevaient au-dessus de sa tête, semblables au demi-cercle cornu du disque lunaire. »

Cela devient dans les vers de Chénier :

« Sur tout son corps s'étend un blond et pur éclat;
Une étoile d'argent sur son front délicat
Luit; d'amour, dans ses yeux, brille la flamme ardente;
Un double ivoire enfin sur sa tête élégante
Se recourbe; la nuit tel est le beau croissant
Que Phœbé dans les cieux allume en renaissant. »

Et, dans sa tâche délicate de la transposition en vers français des mouvements rapides du mètre grec, Chénier a su assouplir très heureusement ses alexandrins par d'expressifs rejets, toujours pratiqués à bon escient, de monosyllabes ou de dissyllabes :

« Elle dit et s'assied. La troupe à l'instant même
Vient; mais se relevant sous le fardeau qu'il aime
Le Dieu fuit vers la mer.

...
Les filles de Nérée autour des voyageurs
Sortent. Le roi des eaux, calmant la vague amère,
Fraye, agile pilote, une voie à son frère.

...
Sur le front du taureau la belle palpitante
S'appuie, et l'autre main tient sa robe flottante
... Car ces flots aux poupes vagabondes
Cèdent; mais les troupeaux craignent les mers profondes.

...
Mais toi seul sur la terre et sur l'onde animée
Cours. »

Nous avons déjà fait allusion à la pièce de Leconte de Lisle, « L'enlèvement d'Européia ». Elle a paru dans ses *Derniers Poèmes*, publiés après sa mort par José Maria de Heredia. Il s'agit de 15 quatrains, écrits en alexandrins aux rimes croisées. Le premier vers suffit à en assurer la célébrité :

« La montagne était bleue et la mer était rose. »

Comme Chénier, Leconte de Lisle laisse de côté, dans Moschos, et l'épisode du songe et tout ce qui concerne la cueillette des fleurs par Eurôpéia et ses compagnes (le groupe ne totalisant que trois personnes chez Leconte de Lisle) dans les prés qui bordent la mer. Il transpose la scène de Phénicie en Grèce : « ô Fleur d'Hellas que j'aime », dit Jupiter au moment où il révèle son identité à la jeune fille, et cette dernière a été dépeinte plus haut « fuyant le doux sol d'Hellénie » au moment où le taureau l'entraîne en pleine mer. Dans l'ensemble, mais aussi dans les détails descriptifs et narratifs, Leconte de Lisle s'est inspiré conjointement, il serait facile de le montrer, de Moschos et de Chénier. Mais il a tenu, à son tour, à être personnel jusque dans l'imitation. Par exemple, Moschos ayant noté que « l'odeur du charmant taureau l'emportait sur l'haleine exquise de la prairie » (selon le mythographe Apollodore d'Athènes, *Bibliothèque*, III, 1, l'haleine du divin taureau sentait le safran), et Chénier ayant dit que « l'animal paisible... plus que les fleurs, de l'ambroisie au loin exhale les odeurs », Leconte de Lisle écrit dans une belle émulation :

> « Le souffle ambroisien de ses naseaux splendides
> L'enveloppait parfois d'un nuage vermeil
> Tel que la Vapeur d'or dont les Epoux Kronides
> Abritaient leur amour et leur divin sommeil. »

Une magnifique évocation, une belle réussite, assurément, d'art parnassien, mais qui, à la réflexion, sous ses dehors rutilants, n'est pas dénuée d'un certain humour, pour peu que l'on songe, en réalité, que Jupiter s'apprête bel et bien à bafouer son « Epouse Kronide » en ajoutant la belle Eurôpéia à la liste déjà longue de ses conquêtes féminines terrestres!

Pour l'épilogue « nuptial » en Crète, André Chénier n'a guère fait que paraphraser Moschos, où le dénouement de toute l'affaire paraît un peu précipité : « et elle, auparavant jeune fille, devint immédiatement l'épouse de Zeus : du Kronide elle enfantait des enfants et immédiatement elle devenait mère » (vers 165-166). Ce que Chénier a condensé en un seul vers :

> « Et la vierge en ses bras devint épouse et mère. »

Leconte de Lisle devait juger ce final trop sec et brusque. Il connaissait et appréciait certainement le petit discours, plein d'autorité et de *gravitas*, qu'Horace a fait tenir à Vénus (*Odes*, III, 27, 69-76) : « Tu ignores que tu es l'épouse de l'invincible Jupiter. Cesse de sangloter, apprends à bien soutenir ta haute condition; la moitié du monde te devra son nom. » Aussi voyons-nous Leconte de Lisle cultiver, dans ses deux dernières strophes, une éloquence très lyrique, tout à fait digne, par son ton solennel et prophétique, d'une hiérogamie :

> « Je suis le Roi des Dieux, le Kronide lui-même,
> Descendu de l'immense Ether à tes genoux!
> Réjouis-toi plutôt, ô Fleur d'Hellas que j'aime,

D'être immortelle aux bras de l'immortel Epoux.
Viens! Voici l'Ile sainte aux antres prophétiques
Où tu célébreras ton hymen glorieux,
Et de toi sortiront des Enfants héroïques
Qui régiront la terre et deviendront des Dieux! »

Jean GRANAROLO

BIBLIOGRAPHIE

Pierre CHANTRAINE, *Dictionnaire étymologique de la langue grecque*, article Εὐρώπη (Paris, éd. Klincksieck, 1970).

A. LOMBARD, *Un Mythe dans la poésie et l'art : l'enlèvement d'Europe* (Neuchâtel, 1946).

W. BÜHLER, *Die Europa des Moschos* (« Hermes », Einzelschr., 12, 1960).

F. VIAN, *Les Origines de Thèbes - Cadmos et les Spartes* (Paris, éd. Klinksieck, Etudes et Commentaires, XLVIII, 1963).

Jean GRANAROLO, *Europe et l'Europe*, « Annales de la Faculté des Lettres et Sciences Humaines de Nice », n° 35, p. 67-82 (« Les Belles Lettres », 1979).

Faust

Parmi les mythes littéraires, un paradigme presque complet : c'est l'un de ceux dont la genèse laisse discerner le plus nettement les étapes de l'histoire à la légende, puis le croisement entre la légende populaire et la production littéraire ; plus tard, son évolution donne toutes sortes d'exemples du dialogue entre la littérature et les événements ou les mentalités collectives et montre le jeu des clichés stéréotypés, hérités du passé, et des textes porteurs du mythe vivant.

Du personnage historique à sa légende

Si nous nous en tenons aux quelques documents (notes administratives et correspondances) mis par écrit durant sa vie — entre 1480 et 1540, semble-t-il — Georges (ou Jean) Faust fut un assez mauvais sujet, astrologue souvent apprécié, charlatan souvent suspecté, assez frotté de culture pour jouer le maître d'école à l'occasion, mais vilipendé et méprisé par tous les humanistes et savants personnages qui le mentionnent. Il mena une existence errante en Allemagne du Sud et dans les pays du Rhin ; ses études de magie à Cracovie, ses voyages à Rome ou à

Paris semblent bien relever de l'amplification légendaire. Il dut mourir égorgé assez cruellement, car cette mort frappa les imaginations et fut rapidement attribuée au diable ; en tout cas, c'est à partir de ce moment que va fleurir autour de son souvenir une double légende : d'une part des anecdotes populaires (parfois déjà utilisées pour d'autres « magiciens » tels que Trittheim, Paracelse ou Agrippa) qui racontent ses tours de magie avec une admiration bonhomme, d'autre part une légende sinistre qui explique ses pouvoirs par son association avec le démon Méphostophiles. Vers 1580, une chronique mentionne pour la première fois le mot décisif : Faust avait conclu un *pacte* en bonne forme avec le démon, d'où ses pouvoirs, mais aussi sa mort terrifiante.

De la légende à la littérature

En 1587, ces anecdotes et légendes fragmentaires trouvent un rédacteur anonyme pour les recoudre en un récit suivi, publié à la foire de Francfort : *Historia von D. Johann Fausten, dem weitbeschreyten Zauberer und Schwartzkünstler*, etc. Souvent appelé *Volksbuch* par abréviation, c'est un récit populaire impressionnant, sinon toujours cohérent dans sa structure, car, après avoir bien entamé dans la première partie, l'histoire tragique de l'imprudent Faust, mené par son orgueil à ce pacte présomptueux, puis, après vingt-quatre ans de magie et de plaisirs, voué à une fin épouvantable, l'auteur se met à recopier (ou presque) des chapitres assez scolaires d'une cosmographie et d'une géographie (celle-ci d'ailleurs ancienne et périmée) — c'est la deuxième partie — puis reproduit dans leur style truculent et bon enfant les anecdotes sur les farces et tours de magie de Faust — c'est la troisième partie — pour revenir au style moralisant du début, mais avec un accent plus dramatique, quand il doit évoquer les derniers jours et la mort du magicien : en somme, de quoi faire rire et de quoi faire peur alternativement ! C'était la formule du succès : vingt-deux éditions (progressivement enrichies d'autres anecdotes) en une dizaine d'années, puis d'autres versions considérablement modifiées et augmentées jusqu'au XVIIIe siècle (à partir de 1725, une version très abrégée que lira sans doute le jeune Goethe). Ajoutons-y les traductions du récit primitif, souvent rééditées pendant deux siècles, en hollandais (30 éditions), en anglais (25), en français (20), en danois, en tchèque.

De la traduction anglaise du *Volksbuch*, Christopher Marlowe tirera l'un de ses meilleurs drames, *The Tragical History of D. Faustus*, joué à Londres peu après 1590. La structure composite du récit originel est ici transposée dans une curieuse alternance de scènes tragiques et de clowneries grotesques. Faust est devenu un homme de la Renaissance, assoiffé de connaissances, d'expériences et de pouvoir, mais il est vite déçu par le pacte. Il évoque Hélène de Troie, symbole à ses yeux de la beauté antique, mais c'est en réalité un démon (*spirit*) qui lui apparaît. Ses ambitions lui donnent une certaine grandeur héroïque, mais le conduisent inéluctablement à la damnation.

Au XVIIe et au XVIIIe siècle, outre les rééditions des récits populaires, Faust connaît en Allemagne un large succès sur les tréteaux des foires ou, un peu plus tard, au théâtre des marionnettes. Le schéma de ces pièces dérive de celui de Marlowe (ramené sur le continent par des comédiens anglais et progressivement déformé), mais la farce y prend de plus en plus le pas sur le drame. Le rôle le plus important revient souvent à un valet burlesque, nommé Hanswurst, Kasper ou Pickelhäring; le public peut rire à gorge déployée, mais la moralité est sauve : le joyeux loustic, avec son gros bon sens, échappe au diable, tandis que Faust, l'intellectuel, reste empêtré dans cette histoire mi-terrifiante, mi-incroyable, et court immanquablement à sa perte.

Autres signes que le mythe est alors bien vivant : la bibliographie de H. Henning relève, sur deux siècles, quelque quatre cents mentions ou évocations du personnage, à tous les niveaux, littéraires ou pas. Des chansons (*Volkslieder*) sur Faust circulent sur des feuilles volantes. Au XVIIIe siècle surtout, qui raffole des livres et écrits de magie, près d'une centaine de ceux-ci sont généreusement attribués à la plume de Faust, contre toute vraisemblance.

L'histoire de Faust a grandi en pays luthérien mais, plutôt que d'une authentique théologie évangélique, elle procède d'une religion populaire qui appuie surtout sur la peur du diable et sur celle du jugement divin. Mais les histoires de pacte avec le diable n'étaient pas rares au XVIe siècle et, du côté catholique, le théâtre latin des collèges jésuites reprend volontiers, autour de 1600, des *Theophilus*; le *Cenodoxus* du P. Bidermann (1602), qui a trop écouté ses démons, est condamné, tandis qu'en Espagne le Cypriano de Calderón (*El Magico Prodigioso*, 1636) se sauvera par la conversion du paganisme au christianisme et par le martyre.

La transfiguration romantique du personnage

Lessing n'a fait qu'esquisser, entre 1760 et 1780, un schéma nouveau dans lequel Faust, promu héros du savoir, doit échapper au démon : « La divinité n'a pas donné à l'homme le plus noble des instincts pour le rendre à jamais malheureux... ». C'est dans une sorte de drame bourgeois de P. Weidmann (*Johann Faust, ein allegorisches Drama*, 1775), à Vienne, que Faust aboutit pour la première fois à la conversion et au salut.

Ce sont surtout les jeunes poètes de la génération suivante, précurseurs du romantisme, qui consacrent un type nouveau de Faust : Maler Müller en 1776-1778, Klinger en 1791, etc. Leur personnage est à leur image, un titan en révolte contre ce monde mal fait, un individualiste assez audacieux pour défier la moralité, la société, la religion, et pour conclure une alliance avec le démon.

Etapes du drame de Goethe

Le plus brillant de ces « jeunes gens en colère », J.-W. Goethe, a incarné dans son Faust beaucoup de lui-même, sa frénésie de tout vivre, ses rêves démesurés et ses révoltes, son goût pour la magie ou l'alchimie et jusqu'au souvenir de ses amours avec une jolie Alsacienne. Son personnage est déçu, il ne croit plus au savoir humain et c'est par désespoir qu'il acceptera les propositions de Méphistophélès, persuadé de leur impuissance à le satisfaire. Rajeuni, il séduira, puis abandonnera Marguerite, qui en mourra. Cette version primitive (dite *Urfaust*, 1771-1775) écrite en partie en prose, dans un style assez shakespearien, n'est pas publiée, elle va passer en vers dans le *Fragment de Faust* (publié en 1790), puis dans le texte définitif (*Faust, der Tragödie erster Teil*, 1808). Entre-temps, encouragé par Schiller, Goethe a élargi les horizons du drame. Le pacte a pris la forme d'un pari : Méphistophélès arrivera-t-il à détourner l'aspiration (*Streben*) de Faust vers le plaisir, la satisfaction, c'est-à-dire le mal ? Un pari semblable s'engage entre le diable et le Créateur, qui fait confiance à la nature humaine. Face à un Méphisto assez voltairien, Faust incarne désormais l'homme romantique avec ses grands élans et sa constante hésitation entre les désirs immédiats et les aspirations profondes de son être.

C'est seulement à quatre-vingt-trois ans, quelques mois avant sa mort, que Goethe termine le « Second Faust » (*Faust, der Tragödie zweiter Teil*, 1832). Faust y passe par diverses expériences : à la cour de l'empereur d'abord où, comme dans la légende, il évoque Hélène, symbole de la beauté classique ; au terme d'une longue quête parmi les allégories antiques, il la ramène sur terre et l'épouse ; mais elle disparaît bientôt avec leur enfant merveilleux, Euphorion, symbole du génie poétique. Plus tard, lassé par la politique et la guerre, en quête d'une « action » authentique, Faust entreprend de fonder un empire en colonisant un littoral marécageux. Cette entreprise, comme les précédentes, exige l'assistance du diable et le crime : symboliquement aveuglé, peut-être Faust se fait-il illusion quand il croit y trouver la satisfaction parfaite et désintéressée. Il meurt dans cet élan, son âme échappe à Méphisto, qui croyait gagner son pari, et les anges l'emportent au ciel. La « tragédie humaine » se termine ainsi là-haut en une « divine comédie », sans qu'on puisse trop déterminer (comme tant de critiques le font avec assurance!) si le salut de Faust (admis *muet* au paradis) est dû à ses nobles aspirations ou plutôt à la grâce divine et à l'amour dont Marguerite fut l'instrument.

LE FAUST DES GÉNÉRATIONS ROMANTIQUES

Les romantiques allemands conduisent plus volontiers leur héros à la damnation qui sanctionne à la fois la grandeur et la démesure de ses aspirations et de ses actes, sa nostalgie de l'infini et de l'amour (Faust est rapproché de Don Juan) et son individualisme orgueilleux : ainsi dans le poème de Chamisso (1804), dans le drame de Grabbe (*Don Juan und Faust*, 1829), dans le scénario de ballet de Heine (1856) et surtout dans le long et génial poème de Lenau (1836) où Faust reflète les doutes, les révoltes et les désespoirs du poète. Faust inspire aussi les musiciens : l'opéra de Spohr (1816), les *Szenen zu Goethes Faust* de Schumann (1853), la *Faust-Symphonie* de Liszt (1857), etc.

Les romantiques anglais n'ont guère emprunté à la légende ou à Goethe que des éléments épars (le fantastique diabolique, l'aspiration démesurée du titan condamné) qu'on retrouve notamment chez Byron et chez P.-J. Bailey (*Festus*, 1839). En France, au contraire, grâce à Mme de Staël et à la traduction de Nerval (1828-1840), Faust est adopté par les jeunes romantiques, comme en témoignent les lithographies de Delacroix (1828) ou les *Huit scènes de Faust* de Berlioz (1828) qui deviendront en 1846 *La Damnation de Faust*. Cette vision romantique inspirée de Goethe se prolongera dans les opéras de Gounod (1859) et de Boito (*Mefistofele*, 1868), dans le drame de Villiers de l'Isle-Adam (*Axël*, 1872-1886) et ailleurs dans le *Peer Gynt* d'Ibsen (1867).

L'opéra de Gounod n'a guère retenu du *Premier Faust* goethéen que le découragement du héros et la tragédie de Marguerite : tel quel, ce romantisme facile touche le grand public. Par sa carrière triomphale sur les scènes du monde entier (et par les innombrables parodies qu'il suscite!), cet opéra popularise partout, avec la touchante histoire de Marguerite, les silhouettes de Faust et de Méphisto. Lorsque naîtra le cinéma, il trouvera en Faust un de ses sujets préférés jusqu'à la guerre de 1914 : en seize ans, seize films (dont six du seul Méliès), pour le plus grand nombre inspirés de l'opéra de Gounod.

De FAUST IDÉALISÉ À « L'HOMME FAUSTIEN »

Le drame de Goethe reste encore rarement représenté, la seconde partie surtout est peu lue, malgré les traductions multipliées, et encore moins comprise. Le texte goethéen exerce toutefois une profonde et visible influence sur maints écrivains, de Balzac et Mickiewicz à Melville, Hawthorne et Madách. Puis, peu à peu, dans le sillage de Goethe se répand une vision optimiste du destin grandiose de Faust. A partir de 1870, notamment, à travers les commentaires allemands de Goethe, le personnage (plus hésitant qu'héroïque dans le texte) est idéalisé, il prend peu à peu figure de héros national, d'incarnation typique de l'âme allemande (même dans la parodie de F.-T. Vischer, 1861 et 1886). A la même époque, la pensée scientiste croit reconnaître en lui, à l'instar de Prométhée et parfois avec lui (ainsi chez H. Hango, *Faust und Prometheus*, 1895), la figure idéale de l'humanité moderne qui aspire à la liberté, à l'action, au progrès : ainsi, de façon diverse, dans les commentaires anthroposophiques de R. Steiner (1902-1931), dans le drame nietzschéen d'A.-D. Ficke (à Seattle, 1913), dans le scénario d'A.-V. Lunatcharski (*Faust i gorod*, 1908-1918), etc. Même les parodies témoignent de cette idéalisation, par exemple *Franziska* de F. Wedekind (1912) ou *Mefistófela* de J. Benavente (1918).

Fin 1918 paraît *Der Untergang des Abendlandes (Le déclin de l'Occident)* d'Oswald Spengler. Dans cette philosophie de l'histoire, « l'homme faustien » est présenté comme le type constant de l'homme occidental depuis le Moyen Age. Sa force et sa grandeur lui viennent de sa passion de l'espace infini et de sa volonté de puissance. Bien plus nietzschéen que goethéen, il ne connaît ni pacte ni Marguerite et son aspiration le porte à l'action, à la technique, aux conquêtes, plus qu'à la connaissance. L'Allemand moderne, le Prussien surtout, est resté le plus fidèle à cet élan « faustien » et donc l'avenir lui appartient.

La synthèse historique du *Déclin* paraît aujourd'hui très discutable. Il en ressort cependant une ample vision épique de l'homme occidental, qui va souvent altérer la vision goethéenne de Faust. Rares seront les critiques qui maintiendront que, chez Goethe, Faust n'est pas « faustien ». On confond très généralement le personnage de Goethe, le Faust national allemand et « l'homme faustien ». Le succès de ce cliché ambigu vient de ce qu'il évoque en 1918 la figure idéale d'un héros mythique debout au milieu de la catastrophe. Le nationalisme allemand compense en lui ses rêves déçus. Paradoxalement, « l'homme faustien » sera accueilli aussi dans d'autres pays (anglo-saxons et sud-américains surtout) qui reconnaissent en lui la volonté de puissance de l'homme moderne : en somme une version simplifiée du surhomme nietzschéen.

FAUST DANS LES REMOUS DE DEUX GUERRES MONDIALES

La guerre de 1914, puis la crise de 1920-1930 rendent à Faust son actualité. Déjà, à travers le drame de Goethe relu dans les tranchées allemandes, il achève de devenir un héros national, tandis que, dans le camp adverse, il se voit suspecté et remis en question.

L'après-guerre voit en Allemagne Faust proliférer dans tous les genres littéraires, depuis les genres populaires (marionnettes, anecdotes historico-légendaires, idylles, ajoutons-y le célèbre film de Murnau en 1926) jusqu'aux poèmes les plus ambitieux qui font écho à Goethe (le drame de F. Avenarius, 1919, ou l'opéra de F. Busoni, 1925) ou à Nietzsche (les poèmes de R. Pannwitz, *Faustus und Helena*, 1920, et *Mantô*, 1922). Au fil des années, le caractère nationaliste s'affirme, notamment avec le *Jungfaust* de R. Wieprecht (1925) ou celui de M. Blumelhuber (1932) et dans le roman historique d'E. Kratzmann, *Faust, ein Buch vom deutschen Geiste* (1932).

Certains, il est vrai, résistent à cette idéalisation dans laquelle ils discernent la part des idéologies : ainsi les expressionnistes (par ex. F. Werfel, *Spiegelmensch*, 1920) et d'autres (R. Payer von Thurn, avec son Faust bibliothécaire (!) : *Doktor Faust, ein Gelehrtenschicksal*, 1919). Même réaction de défense ironique dans d'autres pays, bien souvent, par exemple dans les drames de Silvio Pagani (1925), M. de Ghelderode (1926), G. Ribemont-Dessaignes (1931). Cependant le panégyrique domine, notamment à l'occasion du centenaire de Goethe (1932), Faust pourra même être proposé comme le type idéal d'une attitude religieuse humaniste (H.-A. Korff, *Der faustische Glaube*, 1938).

1933 : le nazisme en Allemagne semble tarir l'inspiration à sa source : en quelques années, plus de nouveaux *Faust*! Des théoriciens de la mythologie nationaliste nouvelle annoncent même « la fin du millénaire faustien » (ainsi B. Kummer en 1933) : aliéné depuis le Moyen Age par une foi étrangère, l'homme allemand doit désormais renier la problématique chrétienne de Faust et revenir au héros ancestral, à Siegfried ! Il est bien compréhensible qu'à l'étranger, surtout là où est ressentie la menace allemande, Faust soit plus d'une fois conduit chez le psychanalyste (dans les comédies de Soya, à Copenhague, en 1932, de G. Beskov à Stockholm, en 1936, de A. Grande à Rome, en 1934) et condamné au purgatoire dans le « sacred play » de D.-L. Dayers, *The Devil to pay* (Londres, 1939).

Malgré cette éclipse, Faust a incarné trop longtemps le nationalisme allemand pour ne pas être entraîné quelque peu dans la propagande nazie. Réaction inévitable : on assiste, entre 1945 et 1950, à un très curieux « procès » plaidé contre Faust, parce que le personnage apparaît maintenant comme le symbole de l'Allemagne qui a pactisé avec le nazisme démoniaque : tous deux *devaient* donc finir dans une catastrophe ! R. Schneider, E. Beutler, C.-G. Jung et bien d'autres protestent contre une interprétation abusivement triomphaliste du drame de Goethe. Poètes et écrivains leur font écho, nombreux, en insistant sur le pacte fatal et la condamnation qui s'ensuit : citons notamment W. Egk (*Abraxas*, ballet, 1948), Orson Welles (*Time runs*, drame, 1950), H. Eisler (*Johann Faustus*, opéra, 1952), H.-D. Schwarze (*Faustens Ende*, drame, 1957), Cl. Autant-Lara (*Marguerite de la Nuit*, film, 1955), L. Candoni et Mario Nascimbene (*Faust in Manhattan*, opéra, 1963), etc.

Pour beaucoup d'autres, il est vrai, Faust reste la figure idéale de l'homme moderne, avec sa passion « faustienne » de se réaliser lui-même et de dominer le monde. Pour bon nombre d'esprits humanistes, le noble optimisme goethéen n'a rien perdu de son actualité. Pour les marxistes, Faust n'est plus qu'un nouveau Prométhée : ainsi, plus ou moins, chez V. Eftimiù, *Doctor Faust Vràjitor*, Bucarest, 1957 ; A. Levada, *Faust i smert*, Kiev, 1959 ; E. Bloch, *Das Prinzip Hoffnung*, Berlin, 1953 ; sans oublier, tout à l'opposé la fine satire de M. Boulgakov, *Master i Margarita*, Moscou, 1940-1966.

A mi-chemin entre le héros idéal et l'homme en procès, se situe le *Faust* d'A. Salacrou et R. Clair (*La Beauté du Diable*, film, 1950) : le jeune héros bien romantique est finalement sauvé parce qu'il se décide à renier les fausses grandeurs que lui avait values son association avec le diable ; derrière l'ironie des dialogues, le pacte est pris au sérieux, mais tout autant la liberté humaine.

Deux grands témoins modernes de Faust

Paul Valéry ébauche les deux dialogues dramatiques de *Mon Faust* dans l'écroulement de l'été 1940. *Le Solitaire* est une « féerie » fantastique au ton assez amer, où Faust débat du problème du mal avec un farouche ermite, nouveau Zarathoustra, puis se retrouve presque aussi pessimiste que lui devant les jolies fées qui voudraient lui rendre vie et jeunesse. Dans *Lust ou la Demoiselle de Cristal, comédie*, Faust est un vieux sage hésitant entre « les jeux de l'amour et de l'esprit ». Sa lucidité dépasse complètement l'esprit borné de Méphisto qui voudrait l'entraîner dans « une nouvelle affaire Marguerite » avec sa jolie secrétaire, Lust. Valéry rêvait d'approfondir ce dialogue du Moi et de l'Autre, mais il a laissé en 1945 les deux fragments inachevés.

C'est en exil, durant les années d'agonie de l'Allemagne en guerre, que Thomas Mann écrit *Doktor Faustus, das Leben des deutschen Tonsetzers Adrian Leverkühn*, paru en 1947. Selon un schéma qui lui est familier, son Faust sera un artiste génial, donc un malade condamné. Sa vie, pour une part, évoque celle de

Nietzsche ; elle est calquée d'autre part sur l'histoire de Faust, non celui de Goethe, mais celui du *Livre populaire* primitif. Adrian nourrit des ambitions immenses : pour obtenir le pouvoir créateur et écrire une musique neuve (en l'espèce : dodécaphonique), il est entraîné dans une manière de pacte diabolique qui lui vaut le génie, mais aussi la solitude et finalement la folie. Son itinéraire symbolise celui de la société allemande dans laquelle il vit, durant le premier tiers du XXe siècle, et qui, comme lui, se laisse entraîner dans le vertige — ici le vertige collectif d'un nationalisme fatal. En filigrane dans cette double histoire, le lecteur devine le destin de Faust et celui de l'Allemagne tout entière depuis la Réforme. Ces correspondances symboliques alourdissent quelque peu le roman, mais elles lui prêtent une ampleur historique et philosophique nouvelle. Cette vision tragique du destin de Faust contraste décidément avec celle de Goethe, plus optimiste, du moins dans sa conclusion.

... ET L'HISTOIRE CONTINUE !

Depuis 1960, la grande crise mondiale est un peu dépassée et peut-être avons-nous moins besoin de figures symboliques de l'homme aux prises avec ses démons. Cependant la figure de Faust continue de susciter des formes et des expressions nouvelles, dont nous ne citerons que les titres les plus significatifs : *Votre Faust, fantaisie variable* de M. Butor et H. Pousseur (1962) ; *An Irish Faustus* de L. Durrell (1963) ; *The American as Faust*, de L. Lee (1965) ; le ballet de M. Béjart sur *La Damnation de Faust* (1966) ; *Le Veston ensorcelé* de D. Buzzati (dans *Le K.*, 1966) ; *Faust 67*, comédie de T. Landolfi jouée à Milan en 1967 ; A. Paris-Gütersloh, *Die Fabel von der Freundschaft, ein sokratischer Roman*, Wien, 1969 ; *Pasja i pot epienie doktora Fausta*, drame de J. Sito, Varsovie, 1971 ; R. Kunad, *Sabellicus*, opéra, Berlin-Est, 1974 ; V. Voutcho, *La femme Faust*, roman, Zagreb 1978 ; R. Nye, *Faust*, roman, Londres, 1980 ; J. Mistler, *Faubourg Antoine*, roman, 1982 ; G. Thinès, *Théorèmes pour un Faust*, méditations et poèmes, Bruxelles, 1983. *Méphisto*, le roman écrit par Kl. Mann en 1936 contre son beau-frère G. Gründgens, qui pactisait avec le nazisme, a retrouvé une certaine actualité avec le film d'I. Szabo (1979) et la mise en scène d'A. Mnouchkine (1981).

Il y a sans doute quelque abus quand des historiens parlent de l'art faustien du XXe siècle, ou un juriste (J. Marchal) de « l'Etat faustien » moderne, voire un physicien (H. Stannard) d'un « univers faustien », mais l'abus même signale que la figure de Faust reste vivante, évocatrice. Le dernier né des opéras, *Doktor Faustus*, écrit par un Allemand vivant en Hollande, a été joué à l'Opéra de Paris, le 8 janvier 1985 : l'histoire peut continuer...

Les trois étapes du mythe de Faust

On pourrait presque parler de trois mythes successivement apparus. Le Faust du XVIe siècle, ce magicien aux ambitions insensées, mais angoissé devant la damnation, vit en lui-même la tension de deux archétypes différents : d'une part, à l'image de *Paracelse*, le savant médecin, son contemporain, il éprouve l'élan confus de la Renaissance vers le pouvoir, le savoir, le plaisir. Comme le *Théophile* médiéval, d'autre part, il conclut un pacte avec le démon, c'est-à-dire renie sa fidélité à Dieu pour jurer fidélité à son adversaire — et, ce faisant, aliène sa liberté en croyant l'affirmer. Même Marlowe, qui n'est pas sans admirer son héros, sent la nécessité de le mener à sa perte : car, dès lors qu'on prend au sérieux le pacte avec le démon (en soi une aberration pour le bon sens chrétien et la théologie !), l'histoire de Faust est l'histoire d'un pécheur, entraîné par le poids d'une faute considérée comme inexpiable dans cette religion populaire assez suspecte.

Le romantisme transforme la signification du drame : les désirs très immédiats du Faust primitif s'y trouvent transfigurés en un désir quasi métaphysique d'infini. Cette aspiration à la Connaissance et à l'Amour fait toute la grandeur de l'homme, mais elle doit aussi le conduire inéluctablement à prétendre au-delà des limites de l'humanité et donc l'accule à la ruine, à l'échec et au désespoir. Le pacte avec le diable, c'est l'engagement téméraire avec les forces du mal, qui fatalement corrompront un jour le héros, ou du moins l'écraseront. Dans ce contexte, le drame de Goethe reste à part : encore que son interprétation soit très controversée, il manifeste une certaine confiance dans l'aspiration de l'homme à l'idéal (la tradition théologique ancienne du *desiderium naturale perfectionis divinae*), non sans mesurer tragiquement les limites de la liberté. Dans tous les cas, sauvé ou écrasé, Faust romantique tend à devenir un modèle d'humanité, un héros grandiose, ce qu'il n'était nullement, même chez Marlowe.

Les générations suivantes amplifient l'idéalisation : il arrive que le pacte soit supprimé ou pris à la légère ; Faust se mue en image idéale de l'homme moderne délivré des représentations anciennes, conquérant sans drame le savoir, la puissance et le bonheur. Dans son schématisme simplificateur, « l'homme faustien » de Spengler, au terme de ce processus, n'incarne plus guère que la volonté de puissance et le désir de vivre de l'homme du XXe siècle. Originellement personnage réaliste d'une *situation* dramatique qui l'écrasait, Faust est devenu le héros romantique plus grand que ce qui l'accable, puis, finalement, le *héros* sans drame de nos rêves les plus chimériques.

Ces trois images mythiques de Faust, apparues successivement depuis quatre siècles, coexistent aujourd'hui dans la production littéraire. Que le personnage romantique continue sa carrière chez R. Clair et bien d'autres, ce n'est pas très étonnant. Ce qui est plus rare, c'est qu'une image mythique tout à fait morte et oubliée, comme celle du Faust primitif, retrouve vie et signification aujourd'hui. D.-L. Sayers, Th. Mann, H. Eisler et autres, témoignent que le sombre personnage de la légende ancienne a recouvré une réelle actualité au XXe siècle, surtout depuis la catastrophe allemande et la bombe atomique : la génération de 1940-1950 a vu là deux signes manifestes attestant que l'enthousiasme « faustien » pour la science et la puissance cache toujours quelque tentation diabolique, quelque vertige fatal. Faust ici illustre une prise de conscience, montre que l'homme n'écarte pas si facilement de sa vie le mal ou l'erreur, bien plus, que ses plus beaux élans, que ses pouvoirs démesurément accrus restent foncièrement ambigus.

Le pacte diabolique (idée aberrante pour une saine théologie) garde donc sa valeur symbolique. Il exprime combien la liberté humaine est capable de s'engager à fond dans le mal, jusqu'à se lier à lui (cf. les déterminismes psychologiques du crime, de l'habitude, du conformisme) jusqu'à s'y enfermer et s'aliéner tout à fait elle-même. C'est même le désir le plus profond de l'homme (désir d'éternité, impatience des limites ou volonté de s'affirmer) qui l'induit en cette tentation radicale. Faust nous rappelle en somme que tout homme *doit* choisir, engager sa liberté entre le bien et le mal (ici, plus précisément entre la fidélité à Quelqu'un et l'aliénation à un Autre) et qu'il peut choisir, avec la satisfaction, l'aliénation progressive ou totale.

Que l'un des deux ressorts du drame disparaisse, que soit nié l'élan de l'homme ou (plus facilement aujourd'hui) que soit refusé le poids du mal et de la tentation, le mythe dépérit, tarit, Faust n'est plus que l'ombre (par ex. l'ombre « faustienne ») de lui-même. Par contre, même si la structure chrétienne du drame originel vient à s'estomper, tant qu'on prend au sérieux le mal et l'aliénation qu'il représente, tant qu'on reconnaît l'ambiguïté des désirs et des élans de l'homme, Faust peut continuer à incarner le double vertige qui est au cœur même de la condition humaine. Allégé de ce vertige, Faust est-il encore lui-même ? *L'homme* est-il encore lui-même ? Depuis cinquante ans, notre vieux monde hésite ici entre le mythe réaliste, tragique, que lui a légué son passé, que lui rappelle le présent, et le mythe idéal dans lequel il poursuit l'image de ses rêves.

André DABEZIES

BIBLIOGRAPHIE

K. ADEL, *Die Faust-Dichtung in Oesterreich*, Wien, 1971.
G. BIANQUIS, *Faust à travers quatre siècles*, Paris, 1935, rééd. 1955.
E.-M. BUTLER, *The Fortunes of Faust*, Cambridge, 1952.
A. DABEZIES, *Visages de Faust au XXe siècle. Littérature, idéologie et mythe*, Paris, 1967.
— *Le mythe de Faust*, Paris, 1972.
C. DÉDEYAN, *Le thème de Faust dans la littérature européenne*, 6 vol., Paris, 1954-1967.
H. HENNING, *Faust-Bibliographie*, 5 vol., Berlin, 1966-1976.
P.-M. PALMER & R.-P. MORE, *The Sources of the Faust Tradition*, New York, 1936, rééd. 1966.
H. SCHWERTE, *Faust und das Faustische*, Stuttgart, 1962.
J.-W. SMEED, *Faust in Literature*, Oxford, 1975.
K. THEENS éd., *Faust-Blätter*, n° 1-38, Stuttgart, 1967-1980.

Femmes viriles

Ce thème est riche, confus, et souvent abordé sans sérénité, tant il peut aisément verser dans la polémique, la vulgarité ou l'équivoque. Il est connu de beaucoup de cultures et s'entend sous toutes sortes d'acceptions. Conscient des risques et des abus probables qui seront imputés à une telle exclusivité, nous choisirons de ne l'aborder que sous l'angle des deux figures qui, nous semble-t-il, cernent le mieux la question : celle des Amazones et celle des Valkyries. Elles ont, l'une et l'autre, l'avantage de relever directement du mythe et peuvent assez bien résumer les aspects essentiels du sujet.

Peut-être y a-t-il eu une réalité historique derrière ce thème. Pour les Grecs comme pour Tacite, il aurait existé, aux confins du monde connu, une ou des peuplades de femmes guerrières dont la présence remonterait aux époques les plus éloignées : au XIIIe siècle encore, les sagas islandaises s'en feront l'écho. Plutarque, après Hérodote, ferait des Amazones les lointains ancêtres des Sauromates, Tacite connaît des Sitones qui obéiraient à une femme. Le Pont-Euxin aurait été leur territoire, mais il est difficile de savoir si ces auteurs ne veulent pas évoquer, à titre de vagues réminiscences, le culte archaïque de la Déesse-Mère, universellement attesté, et une lecture rapide ou une information lacunaire font facilement du matriarcat un gouvernement de femmes !

Si nous partons de l'image qu'en proposaient les Grecs, trois aspects du mythe peuvent, par préférence, être retenus, parce qu'ils prolongent jusqu'à nos jours des racines de notre inconscient collectif.

Pour les Grecs, les Amazones étaient d'abord des « barbares », au sens qu'avait le mot dans cette civilisation : elles ignoraient ce qui fait la qualité prééminente de la polis, mieux, elles en transgressaient les lois. Elles ne connaissaient donc pas la navigation (Hérodote) ni la culture des céréales (Diodore de Sicile), Eschyle en faisait des dévoreuses de chair, et, pour presque tous les commentateurs, c'étaient des guerrières, combattant à cheval et tirant à l'arc : c'est pour pratiquer plus aisément cet exercice qu'elles se faisaient brûler le sein droit, d'où leur nom : a-mazôn, sans sein. Apollodore note bien qu'Héraklès arrache à la reine des Amazones la ceinture (zôster) qui est le signe (sumbolon) de son excellence aux armes. Le mythe qui fait de ces redoutables créatures des filles d'Arès, belliqueuses, et ennemies de l'homme et du mariage, va dans le même sens. Les valkyries, de même, les « vierges au bouclier » (skjaldmeyjar) selon l'avatar de ces figures complexes qui les ferait remonter à de cruelles prêtresses-sacrificatrices au service d'une féroce déesse de la guerre (interprétation qu'autorise un des motifs décorant le célèbre chaudron de Gundestrup) illustreraient des vertus martiales qui, normalement, sont le fait de l'homme. L'imagination populaire en a été tellement frappée qu'elle les a, d'instinct, dotées de ces attributs surnaturels que sont les ailes, et les a raccordées à une thématique odinique, certainement surajoutée à ce qu'a pu être leur figure première. Le prestige assez trouble de ces créatures qui transgressent nos catégories sexuelles ne s'est jamais éteint, dans la mesure où la Femme a toujours été ressentie comme l'Autre, dépositaire de pouvoirs qui, normalement, ne seraient pas censés lui appartenir.

En d'autres termes, et toujours pour suivre les Grecs, ce sont des *femmes-hommes*, antianeirai, selon Homère, *Iliade* VI, 186. Jouant, vraisemblablement, sur le double sens du préfixe anti-, Homère veut dire que ce sont à la fois les égales des hommes et leurs ennemies. Le jeune guerrier ardent de faire ses preuves se doit, d'ailleurs, de mener une expédition contre elles. On voit, pareillement, dans les textes germaniques, ceux, surtout, qui concernent le cycle héroïque de Sigurdr-Siegfried, des valkyries (Brynhildr, par exemple) accomplir tous les gestes que pourrait exécuter le héros, voire le ridiculiser (dans le *Nibelungenlied*) et les sagas islandaises se feront encore l'écho de ces façons de voir. Il est vrai que, par ironie consciente ou ingénue, Grecs et Scandinaves laissent souvent entendre que pareille entreprise ne va pas sans traverses : à vouloir faire l'homme, la femme échoue souvent et se retrouve conforme à sa nature, dans les périls. Ses larmes tragiques ou ses imprécations de vociférante sont alors, semble-t-il, une arme autrement efficace que tous les javelots !

Il n'empêche que tout un féminisme agressif et fracassant, particulièrement actif, comme par hasard, en pays anglo-saxons ou scandinaves à l'heure actuelle, entend établir une égalité totale entre les sexes, ne plus faire aucune espèce de distinction entre eux, à quoi tendraient également les acquis récents d'une biologie qui remettrait en cause des structures immémoriales concernant la conception ou la maternité.

En fait, le côté agressif de la question a toujours été privilégié : femmes-hommes, c'est-à-dire, en première analyse, femmes « anti-hommes », qui cherchent à éliminer le mâle ou à le réduire à des états inoffensifs, sinon subalternes. Toute une psychanalyse freudienne complaisamment exploitée (le fameux complexe de castration qui rendrait compte, paraît-il, de tant d'œuvres littéraires) ne fait que retrouver le vieux motif de la mante religieuse qui dévore le mâle après satisfaction, ou celui de ces sociétés d'insectes, les abeilles, les fourmis, qui se chargent d'assumer, après indispensable copulation, toutes les charges qui devraient revenir aux mâles, et ce, dans le plus parfait ordre ou la paix idéale (aussi les mouvements féministes vont-ils souvent de pair avec les pacifistes). C'est pour cela, en un sens, que la valkyrie fait mourir le combattant sur le champ de bataille. Est-ce un hasard si le dramaturge qui aura, peut-être, poussé le plus loin la peinture de cette irrépressible haine des sexes, où la Femme est toujours « La plus forte » (c'est le titre de l'une de ses pièces) est le Suédois August Strindberg ? Car on n'entend pas dire que les Amazones se combattent entre elles, ou affrontent d'autres peuplades féminines. C'est à l'égard de l'homme, toujours, que s'exerce leur pugnacité. Et c'est pour cela qu'elles refusent le mariage, dans lequel elles verraient une inévitable sujétion. Epouser un homme est, pour une valkyrie, une pure punition infligée par Ódinn.

Les Grecs, toujours, en concluaient encore que l'Amazone est la Femme en tant qu'expression de l'animalité. Si elle est tueuse d'hommes, selon Hérodote, c'est en vertu de ce principe. Mais l'auteur des *Histoires* voit fort bien qu'il est deux façons d'annihiler le mâle, de l'occire : par le glaive, assurément, mais aussi par séduction, entendons, par assujettissement. Et ici, la femme-homme se mue en *femme-à-hommes*, en philandroi comme reprendra Plutarque. De Médée ou de Phèdre à Nana, de Cybèle ou de Freyja à la femme fatale de nos romans modernes, ce thème n'a jamais connu un instant d'éclipse, soit directement, comme on vient de l'évoquer, soit a contrario, dans l'image de la femme-vierge, idéalement pure et refusant toute « souillure » : vue dans cette perspective, sa « sainteté » viendrait du caractère vraiment exceptionnel et admirable de ses refus. Ici, certainement, s'impose la figure de la Valkyrie : elle est tueuse d'hommes — en tant que messagère d'Ódinn, il est vrai, et exécutrice de ses arrêts — mais elle est en même temps séductrice : nul ne résiste à ses charmes proprement magiques. Les noms qu'elle porte sont souvent parlants à cet égard : elle est celle qui enchaîne (Herfjötur), qui passe, au cours de la bataille ou ailleurs, le lacet mortel autour du cou de sa victime (Hladgunnr), ou qui, retrouvant le geste de Circé, la transforme en porc : cela nous est dit dans un poème de l'*Edda* (Hyndluljód).

A moins, et c'est le dernier avatar de la notion, que l'on pourra éventuellement tenir pour une conséquence des précédents, que les Amazones assument ce qui pourrait passer pour une sorte d'idéal dans une perspective d'adversation des sexes : ce seraient des *femmes-sans-hommes*, c'est-à-dire qui auraient trouvé le moyen de se passer de ces incommodes partenaires. Un ancien récit hittite, déjà, évoquait la reine de Kaneŝ qui, ayant mis au monde trente garçons, les exposa sur le fleuve, pour conserver près d'elle ses trente filles qu'elle éleva. Strabon, pour sa part, prétend avoir entendu parler d'une société sans hommes : ces femmes s'unissent une fois l'an aux hommes des peuplades voisines ; du produit de cette union, elles ne gardent que les enfants de sexe féminin ; les garçons sont sacrifiés. Et Strabon de préciser que ces rencontres se font « au hasard et dans le noir ». Il est remarquable aussi que les valkyries, si elles consentent à porter un enfant, perdent ipso facto leur statut pour devenir de simples femmes, si l'on ose dire, servantes des guerriers-élus dans la Valhöll (Walhalla) et mères de princes. Comme s'il y avait incompatibilité entre la femme-cygne intouchable ou la vierge coiffée du heaume et la « maîtresse de la bière » (Ölrún). Ici encore, l'image de la femme qui entend se passer d'homme, sinon pour la perpétuation de l'espèce, retrouve aujourd'hui d'étranges échos qui, s'il était nécessaire, témoigneraient de la vitalité du mythe. Dans tous les cas, on voit bien que c'est l'aspect de complémentarité nécessaire des deux sexes qui se trouve refusé. Question d'orgueil ? Peut-être, encore que bien des cultures aient su résoudre cet antagonisme primaire en le dominant. Question plus essentielle, semble-t-il. Dans ce rêve de totalité, d'unité que poursuit obscurément l'humanité depuis qu'elle existe, il n'y a pas beaucoup de solutions mythiques qui soient parfaitement satisfaisantes.

Régis Boyer

BIBLIOGRAPHIE

Régis Boyer, « Les Valkyries et leurs noms » dans *Mythe et Personnification*, Paris, Les Belles Lettres, 1980, p. 39-54.

— « Herfjötur (r) » dans *Visages du destin dans les mythologies*, Paris, Les Belles Lettres, 1983, p. 153-168.

Folke Ström, *Diser, Norner, valkyrjer*, Stockholm, 1954.

Figures historiques et figures mythiques

Après Athènes et Jérusalem, l'Occident moderne a vu naître des scénarios mythiques qui, tels ceux de Tristan et Iseut, de Faust ou de Don Juan, répondent à la définition proposée par Denis de Rougemont dans *L'Amour et l'Occident* :

> « Un mythe est une histoire, une fable symbolique, simple et frappante, résumant un nombre infini de situations plus ou moins analogues. Le mythe permet de saisir d'un seul coup d'œil certains types de relations constantes, et de les dégager du fouillis des apparences quotidiennes. »

Toutefois, le quotidien et l'histoire peuvent aussi être directement la matière de grands mythes littéraires, ceux que l'on nommera politico-héroïques et que Ph. Sellier présente ainsi :

> « Tantôt il s'agit de figures glorieuses : Alexandre, César, Louis XIV, Napoléon, tantôt il est question d'événements [...] la Révolution de 1789, la guerre d'Espagne [...]. Avec ces grands mythes politiques, fonctionne toujours de façon prévalente le « modèle » héroïque de l'imagination : rêverie de ou des surhommes, affrontés à toutes sortes d'épreuves (monstres, ennemis innombrables), et promis — malgré la mort — à l'apothéose. »

Il n'est pas de mythe de type politico-héroïque qui naisse « uniquement des gestes et des actes d'un héros », comme l'a rappelé P. Barbéris en 1970, c'est-à-dire de ses comportements ponctuels, faciles à dater, à comprendre et à expliquer. Très souvent d'ailleurs il jaillit après coup, tel celui de Talleyrand créé par Balzac. Ni l'histoire ni le réel ne sont en eux-mêmes mythiques. Ils peuvent cependant le devenir si, entre autres, un mystère insondable les pénètre, s'ils cessent d'être lisibles, d'évoluer avec logique. Lorsqu'un événement historique ou l'attitude d'un grand personnage apparaît en rupture avec la trame du temps ou la normalité des comportements humains, lorsqu'une zone d'ombre et d'incompréhension les envahit tout d'un coup et les fait échapper aux prises de la science et de la pure intelligence, l'imagination d'un groupe d'hommes ou d'un peuple, défiant les lois du quotidien, trouve naturellement le moyen d'imposer ses couleurs et ses métamorphoses, ses déformations et ses amplifications.

Dans cette perspective, la mort représente souvent un moment privilégié pour l'éclosion ou le nouvel élan d'un mythe. A ce moment en effet, où toute vie devient destin, où un recul certain est pris par rapport au fourmillement de la réalité, l'imagination collective sait transformer l'histoire pour la faire accéder au monde grandiose et simplifié, significatif et sacré du mythe. Car c'est alors qu'un geste, un cri, une attitude, pour être ultimes, peuvent non seulement acquérir aisément une valeur paradigmatique, mais apparaître si insaisissables qu'aucune explication ne parvient raisonnablement à en épuiser le secret; ils interrogent avec tant de force, ils appellent tant d'interprétations que l'histoire trop aisément codifiable laisse la place au mythe. Ainsi, en échappant à tous les critères logiques, à tous les processus scientifiques d'analyse, la sainteté de l'archevêque martyr Thomas Becket au moment de tout finir, change soudain le héros historique en un second personnage « inaugurant dans l'imagination des peuples européens une existence fascinante et prodigieuse » qu'étudie J.-M. Grassin. Empreinte de mystère, favorable à l'indicible, à l'inexplicable et au sacré, la mort crée donc un contexte où le mythe peut naturellement se former : outre l'exemple de Th. Becket, alléguons celui d'Henri IV qu'orchestrent les oraisons funèbres, forme du genre épidictique analysée par J. Hennequin.

Le mythe n'attend toutefois pas obligatoirement la mort d'un personnage pour surgir; dès l'apparition même de ce dernier, il arrive qu'il prenne forme : il faut alors qu'il soit ressenti comme nécessaire à travers l'événement. Le mythe de Clovis, par exemple, est né immédiatement, car ce roi a d'emblée acquis la qualité de fondateur de la monarchie chrétienne française; il a créé la thaumaturgie royale. On ne relève aucun décalage entre l'apparition de Clovis sur la scène historique et le caractère exemplaire de la monarchie qui naissait par lui et avec lui.

La nécessité du mythe peut tenir encore à une addition d'événements. C'est le cas pour celui de Louis XIV : à la naissance de l'enfant royal, attendue pendant si longtemps qu'elle paraît tenir du miracle, il convient d'ajouter en 1658 la maladie dont le prince semble guérir par la seule volonté de la Providence, et en 1660 la mort de Gaston d'Orléans qui aurait pu prendre le pouvoir s'il avait vécu.

Si la date de l'irruption du mythe est à tel point délicate à fixer avec précision, c'est qu'au-delà d'un ou plusieurs événements, il faut qu'il existe un certain contexte. G. Dumézil nous en avertit dans son ouvrage *Mythe et Epopée* :

> « Les mythes [...] ne sont pas des inventions dramatiques ou lyriques gratuites, sans rapport avec l'organisation sociale ou politique, avec le rituel, avec la loi ou la coutume; leur rôle est au contraire de justifier tout cela, d'exprimer en grandes images les grandes idées qui organisent et soutiennent tout cela. »

Le mythe politico-héroïque est en effet l'expression d'une pulsion venue des profondeurs du psychisme collectif : avant que le personnage parvienne au premier plan de l'histoire, il est en quelque sorte déjà attendu. Il y a, dans les mentalités, dans le psychisme collectif, un ensemble de vieux rêves, d'espoirs ou de haines qui n'attendent qu'une occasion pour s'accrocher à une réalité; et quand surgit un personnage investi d'un certain pouvoir ou d'une certaine fonction, il cristallise immédiatement tous ces espoirs, toutes ces haines, tous ces rêves. Ainsi, en 1638, quand naît le futur Louis XIV, toute la conscience catholique place dans l'enfant royal les espérances qu'elle nourrissait depuis de nombreuses années : la défaite des Turcs, l'avènement du souverain qui va enfin refaire les Croisades et réaliser le triomphe de la monarchie universelle. Dès ce moment, l'élément impérial entre dans le mythe louis-quatorzien. De même, en 1660, on attend et on veut la paix avec force; alors, par son mariage avec l'infante Marie-Thérèse, qui met fin à la guerre d'Espagne, Louis XIV apparaît auréolé du prestige quasi divin du sauveur. Dans le contexte préparatif du mythe, il convient donc de ménager une place importante aux fantasmes collectifs, car le mythe politico-héroïque est précisément le fait de tout un inconscient.

Ce psychisme collectif est souvent orienté voire manipulé. C'est pourquoi, parmi les influences qui aident à l'éclosion du mythe, il n'est pas superflu d'accorder une attention particulière au rôle de la propagande. Que de fois n'observe-t-on pas que le héros façonne lui-même son mythe! Les cas de César, de Louis XIV, de Napoléon sont exemplaires à cet égard. La propagande met en œuvre de grandes idées claires, simples, faciles, que l'on répète, toujours semblables à elles-mêmes, afin qu'elles s'impriment plus aisément dans les esprits. Or, un mythe doit être simple, l'image mythique d'un personnage historique est une image simplifiée et amplifiée; et c'est en partie par là que l'on peut apercevoir la distinction entre le symbole et le mythe : le symbole respecte l'identité historique, alors qu'il y a mythe à partir du moment où on construit un imaginaire qui est une forme de divinisation : les exemples de Louis XIV et de Napoléon, pour ne citer qu'eux, en sont la preuve.

Tous ces éléments ne s'excluent pas l'un l'autre, et ils interviennent parfois en même temps dans la formation d'un mythe. Cependant, il n'est pas indispensable qu'ils se retrouvent sans exception; certains peuvent manquer : le mystère, par exemple, n'entoure pas Napoléon dont le mythe est spécifiquement d'essence politique, comme le montre J. Tulard.

Lorsque le mythe est né, il s'épanouit en fonction de plusieurs données quasi nécessaires. Il arrive que la propagande, souvent décisive pour donner l'impulsion initiale, intervienne encore pour le soutenir et le nourrir, en lui faisant d'ailleurs souvent épouser de temps en temps des impulsions nouvelles. Elle peut relever à la fois d'un phénomène artistique savant et d'un phénomène populaire. Ainsi, le mythe louis-quatorzien se développe non seulement dans la littérature officielle mais dans les almanachs ; de même, à côté des grandes œuvres romantiques qui imposent le mythe de Napoléon, la chanson et l'image le perpétuent.

En outre, le mythe politico-héroïque demeure très lié aux événements, même s'il s'agit ensuite de les transcender, voire de les déformer. En fonction des conjonctures, il se métamorphose, et l'on peut passer d'un mythe doré à un mythe noir ou à une autre forme encore. Un revers de fortune fait descendre par exemple l'homme devenu dieu des sphères idéales, et fait s'évanouir les premiers rêves pour laisser la place à ceux qui correspondent aux nouveaux besoins et aux nouveaux songes. Tel aspect de l'inconscient collectif, telle attente qui portaient un mythe peuvent se changer en d'autres si la réalité les brise. La chronologie politique rythme souvent l'épanouissement du mythe ; or la vie du héros mythifié est une vie d'homme, naturellement balayée d'ombres et de lumières, composée de contrastes. Un échec, une maladie, une mort font voir soudain que le dieu est homme. Le mythe tiendra compte du paradoxe du dieu assassiné : ceux de César et de Louis XIV en sont des témoignages. Le mythe se modifie, récupéré et métamorphosé par les exigences et l'imaginaire du moment.

Rappelons qu'au moment de la mort, comme nous l'avons indiqué précédemment, le mythe peut évoluer, et après la mort, intervient mieux encore le recul favorable au mystère et à la simplification. C'est d'ailleurs souvent après l'instant fatal que se crée, en dehors du personnage historique, une image répondant à l'attente qu'éprouve une nation à telle ou telle époque. Tout mythe littéraire est susceptible de varier en fonction des conjonctures politiques, sociales et économiques voire des problèmes spirituels d'une collectivité, qui ne sont pas forcément identiques aux différentes étapes de son histoire. Ainsi J. Tulard qui analyse les métamorphoses du mythe de Napoléon, indique qu'au début de la Restauration, le renversement de la conjoncture économique, qui aggrave la condition des salariés et qui est donc défavorable aux Bourbons, fait vivre en contrepartie le culte de l'Empereur, le mythe de l'Age d'Or napoléonien. En 1840, c'est la génération romantique qui se reconnaît en lui : « Napoléon devient le dieu de cette génération qui s'ennuie » ; le mythe du grand homme prend l'aspect d'une protestation contre la société moderne.

Un des aspects du mythe politico-héroïque est d'être repris, de rebondir au fil du temps ; sous des formes, soit semblables, soit différentes, en tout cas délibérées puisqu'elles se trouvent dictées par les besoins de la politique et accordées à eux ; et il arrive que soient élaborées de nouvelles visions qui contredisent totalement l'histoire. On remarque d'ailleurs que, souvent, à travers le prisme déformant des variations du mythe, les personnages historiques qui étaient bons deviennent des méchants, et les méchants deviennent des bons. Ainsi Frédéric II, souverain du XIIe siècle qui vivait en Sicile avec ses singes et qui préférait s'entendre avec les mécréants plutôt que de les tailler en pièces, a été mythifié sous la forme de l'Antéchrist. A l'inverse, saint Louis et Henri IV ont été bonifiés par les métamorphoses mythiques. Le souci de propagande chrétienne a été dans bien des cas décisif pour déformer voire contredire l'histoire à travers le mythe : César Borgia, Néron en offrent de convaincants témoignages. De même, à propos de Louis XV, le Parlement a fait triompher une vision partisane et déformante du souverain, façonnant l'imaginaire collectif qui a vite perçu le roi comme un personnage corrompu et débauché; la littérature pamphlétaire de l'époque de Louis XVI l'a imposé, entre autres, comme le bradeur des colonies. Or, les historiens contemporains qui remontent en quelque sorte « la pente naturelle de l'intelligence », pour reprendre une formule de Bergson, et qui s'attachent à mener une étude scientifique des institutions, du contexte économique et financier à l'époque de Louis XV, réhabilitent le monarque français, retrouvent un personnage radicalement différent de celui qui est entré dans l'univers mythique, porté par les exigences politiques des périodes antérieures. Un mythe n'est donc jamais innocent; on fiche tout de suite le personnage, qui est véritablement récupéré par l'histoire des mentalités.

Même si l'on parvient à revenir sur la vérité du réel, comme le prouve l'exemple de Louis XV, on ne peut en aucun cas effacer les traces de la création mythique. Le héros né de cette dernière et celui de l'histoire existent l'un à côté de l'autre, comme deux réalités distinctes, presque étrangères; jamais ils ne se détruisent ni ne s'excluent ni ne se portent ombrage, car ils appartiennent à deux univers différents : celui de l'art et celui de l'histoire. Or le premier confère au mythe une marque indélébile; celui-ci en effet prend la forme d'une œuvre littéraire, d'un récit, d'une peinture, d'une sculpture, d'une partition musicale, qui fixent à jamais une certaine image. Les hommes illustres qui ont de leur vivant souhaité soigner leur amplification mythique n'ont pas ignoré cet élément décisif. S'ils ont d'ailleurs souvent veillé eux-mêmes à leur propagande, c'est pour mieux faire concourir tous les arts à l'orchestration de leur image, pour mieux élire, protéger voire susciter les talents des hommes de lettres, peintres, sculpteurs, graveurs, musiciens. Ainsi, de même qu'il avait fallu un Virgile à Auguste, il fallut une Petite Académie à Louis XIV et un matériau exceptionnel, celui par lequel on frappe des médailles qui résistent au temps beaucoup mieux que des poèmes ou pièces de théâtre, et qui constituent une forme autonome de récit. De même, les aspects populaires d'un mythe ne manquent jamais d'être frappants et ineffaçables, quelque forme qu'ils prennent, en harmonie ou en discordance par rapport aux aspects savants; là encore, le récit s'étire jusqu'à constituer certaines formes autonomes, comme les images d'Epinal qui font vivre si intensément la figure de Napoléon.

Le génie de l'art est tel qu'il sait aussi parfois brouiller assez fortement les pistes du réel pour que l'on n'arrive jamais à les rejoindre avec une entière certitude, comme le prouve la référence à Alexandre. La magie du verbe recrée, réinvente, réincarne les personnages et leurs actions aux couleurs de l'imagination, au point que l'ancrage historique cesse d'être prégnant. Or l'histoire tend à freiner l'imaginaire, et même lorsque la chronologie donne au mythe son essor et dicte ses métamorphoses, on reconnaît celui-là à son éloignement par rapport aux événements, à la distorsion qu'il leur impose grâce aux prestiges et aux vertus créatrices d'une structure dramatique, d'une grande œuvre fictionnelle, de la poésie. Ainsi, parce qu'il ne répond pas à de tels critères et qu'il n'a jamais acquis de vie autonome par la littérature, un personnage comme celui de Mécénas n'atteint nullement à la dimension mythique. « Ses rôles sont multiples, mais fixés [...] ; il y a plutôt, à partir d'une amplification rhétorique, idéalisation que réincarnation ou métamorphose », écrit B. Beugnot qui démontre que, par opposition à l'empereur Julien, Mécène a donné lieu à une légende et non à un mythe : « disparu de la scène de l'histoire, Mécène ne fut sitôt dépossédé de son nom propre que pour renaître, au creuset des textes qui le chantent, comme figure symbolique ».

Le mythe littéraire a valeur démiurgique et répond à la définition générale que donne P. Ricœur lorsqu'il parle de « récit fondateur », et à l'expression de M. Eliade qui affirme que cette forme « fonde réellement le monde ». Dans la même perspective, il « se distingue de la saga, où apparaît un ancrage historique », pour reprendre les termes de Ph. Sellier.

Cette autonomie par rapport à l'histoire, qui caractérise donc le mythe, rejoint et implique nécessairement celle qui le sépare d'une manière aussi radicale de la quotidienneté. Le mythe ne saurait par là être confondu avec le conte qui, malgré quelques concessions au merveilleux, y renvoie inéluctablement, y puise même sa substance. D'ailleurs les personnages de contes sont doués d'une psychologie assez conforme à celle de l'homme ordinaire. Au contraire, les héros mythiques, qui en sont totalement dépourvus et qui obéissent aux lois de l'imaginaire, « symbolisent des forces, des réalités fondamentales », explique Ph. Sellier. Et G. Dumézil, dans *Horace et les Curiaces* (1942), écrit :

> « La manifestation mystérieuse, à la fois terrifiante et fascinante, du « furor », état forcené, fait d'orgueil et d'impétuosité farouche, n'a pas grand chose à voir avec nos petites « colères ». Il s'agit d'un état de transe du guerrier, qui se trouve par bonheur assurer d'abord le salut de Rome, mais qui par nature constitue une menace pour tout ordre humain. »

Pour s'imposer, le mythe doit reprendre une vertu, un vice, une grande tendance, une idée-force ; à partir de là, c'est à l'artiste qu'il appartient de rehausser cet aspect nécessairement abrupt et apparemment schématique, par les couleurs et les nuances de son style. Le mythe se nourrit de représentations fortes, et vit le plus souvent dans le choc des contrastes :

« La prodigieuse ascension du soldat de fortune, sa chute non moins vertigineuse, tels sont les deux aspects — complémentaires — du mythe napoléonien. »

indique J. Tulard. De même, le mythe de Louis XIV rassemble en les faisant se succéder et se compléter l'image du conquérant glorieux qui pourrait se croire immortel et celle du vieux roi accablé par les deuils et les revers de fortune. Les destins extraordinaires, à la dimension généralement tragique — celle du Prométhée foudroyé — conviennent à l'univers mythique : ils ont valeur de modèles que la Providence semble proposer au genre humain. Les personnages historiques que l'art parvient à hausser jusqu'à cet univers du grandiose apparaissent d'ailleurs comme guidés par une lumière divine ou diabolique : ils semblent avoir quelque connivence avec le surnaturel. Détourné du monde d'ici-bas, leur regard contemple plutôt et plus souvent l'au-delà. D'ailleurs, les mythes littéraires ne décrivent-ils pas, comme tous les mythes en général, ce que M. Eliade nomme justement « les diverses et parfois dramatiques irruptions du sacré dans le monde » ?

L'orchestration artistique de ces grandes créations intervient sous la forme de reprises; mais pour qu'il y ait véritablement mythe littéraire, il faut que, d'une œuvre à l'autre, celles-ci soient telles des variations de type musical, c'est-à-dire non pas des créations de fantaisie, ornements qui, en fait, démantèlent le mythe, mais la présentation, sous des formes diverses, de son sens profond. Cette dernière revêt la forme de récits poétiques, de structures romanesques ou dramatiques, elle emprunte au genre épidictique ou reprend le processus de l'épopée. Dans tous les cas, ce qui compte n'est pas le nombre voire le foisonnement des reprises, mais bien plutôt leur qualité et plus précisément à la fois leur richesse de signification et leur unité. Ph. Sellier a fixé les limites en-deçà et au-delà desquelles il est erroné de parler de mythe littéraire : d'un côté, il place le genre de l'emblème à la trop « relative simplicité » :

« Une foule d'épisodes des mythes grecs ou de la Bible, trop simples, ont accédé directement au statut d'emblèmes : Sisyphe roulant son rocher, le déluge, la Tour de Babel, la pluie de feu sur Sodome. »

De l'autre, il évoque les rhapsodies, telles que *L'Odyssée* permet de se les représenter, construites à partir de situations trop chargées, dont la « structure se dégrade en sérialité ». Entre les deux se situe le mythe qui n'implique pas seulement le retour à travers plusieurs œuvres au fil du temps, mais qui appelle autour du héros l'élaboration de toute une structure qui se nourrit des réactions les plus profondes de l'imaginaire. Comme nous l'avons déjà indiqué, un mythe ne prend forme que s'il correspond à une nécessité qui lui donne, en même temps que sa signification, une forme concentrée, une organisation particulièrement ferme.

Ces critères ne sont pas seulement plus décisifs que le simple phénomène de la reprise d'un récit à un autre ; ils doivent être en quelque sorte les initiateurs et les moteurs de celle-ci ; ce sont leur force et leur enracinement dans la pensée des hommes qui appellent le retour du mythe à travers les créations littéraires et les siècles. En se plaçant dans cette perspective, Ph. Sellier montre que si les aventures d'Œdipe renvoient à la saga, *Œdipe-roi* s'impose comme un mythe littéraire. Dans le même sens, la permanence du mythe de César tient, entre autres, au fait que ce personnage appartient à la mémoire de l'Occident comme sujet littéraire, qu'il occupe une place fondamentale dans notre héritage culturel, qu'il représente un phénomène de culture.

Les mythes politico-héroïques sont-ils destinés à s'effacer avec le temps ? S'ils devaient mourir, ils tiendraient plutôt de l'hagiographie ; leur vocation est au contraire d'emprunter à Protée ses prestiges au point de se changer en un autre sans jamais disparaître totalement : le mythe louis-quatorzien est sans doute devenu à notre époque celui de Versailles, mais le nom du grand roi ne cesse de faire jaillir dans nos imaginations tout un monde divers et passionné.

Le mythe peut aussi connaître des éclipses ou perdre de sa force ; cependant son ancrage dans le rêve humain est tel qu'il éveille toujours une réaction d'un ordre qui n'est pas celui de la simple raison et de la froide logique. Le nom de César ou d'Alexandre garde une aura, une résonance ; il y a dans ces mots comme un reste de magie. Et c'est peut-être par là que l'on peut essayer d'apprendre à écouter la voix des grands mythes littéraires de notre histoire politique.

Nicole FERRIER-CAVERIVIÈRE

BIBLIOGRAPHIE

Pierre ALBOUY, *Mythes et mythologies dans la littérature française*, Paris, Colin, 1968.

Pierre BARBERIS, « Napoléon, Structure et signification d'un mythe littéraire », in *Revue d'histoire littéraire de la France*, sept.-déc. 1970, p. 1031-1058.

Bernard BEUGNOT, « La Figure de Mécénas », in *L'Age d'or du mécénat* 1598-1661, éd. du CNRS, Paris, 1985, p. 285-293.

Georges DUMÉZIL, *Mythe et épopée*, NRF, Gallimard, t. 1, Paris, 1968.

Mircea ELIADE, *Mythes, rêves et mystères*, Paris, Gallimard, 1957.

— *Aspects du mythe*, Paris, Gallimard, 1963.

Claude FAISANT, *L'Empereur Julien, de l'histoire à la légende*, « Les Belles Lettres », Paris, 1978.

Jean-Marie GRASSIN, « Le Mythe littéraire de Thomas Becket à l'époque moderne », in *Thomas Becket*, Actes du colloque international de Sédières, 19-24 août 1973.

Jacques HENNEQUIN, *Henri IV dans ses oraisons funèbres ou la naissance d'une légende*, Klincksieck, 1977.
Paul RICŒUR, Article « Mythe », *Encyclopaedia Universalis.*
Denis de ROUGEMONT, *L'Amour et l'Occident*, Paris, U.G.E., coll. 10 × 18, 1956.
Philippe SELLIER, *Le Mythe du héros*, Paris, Bordas, 1970.
— « Récits mythiques et productions littéraires », Trames, *Mythes, Images, Représentations*, Actes du congrès de Littérature générale et comparée, Limoges, 1977.
— « Qu'est-ce qu'un mythe littéraire? », *Littérature*, n° 55, oct. 1984, p. 112-126.
Jean TULARD, *Le Mythe de Napoléon*, coll. U2, Paris, Colin, 1971.

Les fileuses

> « C'est encore du coton d'Alep, dont nous faisons à peine des bourses de Rouen, que les fileuses de Syrie composent la trame des herbages ; mais le fuseau nécessite la patience, et la patience vient à bout de tout. »[1]

L'origine, notre origine : ce qui nous fait nous sentir étrange, au fur et à mesure que nous tentons de la cerner, ne cesse de se masquer, toujours, de silences, d'ombres denses. L'Homme, pour se distancier de cette origine, ne cesse de longer, avec d'infinies précautions, chemins de Connaissances et routes de la Re-Connaissance. Il lui fallut inventer sa propre histoire pour se séparer des dieux qui l'avaient obligé. L'histoire humaine commença avec les mythes et, de tous, celui qui nous ancre encore dans la dynamique imaginaire la plus féconde est le mythe des Fileuses.

Premières figures déiques, elles nourrissent en nous l'inépuisable compréhension du déploiement de toute existence, cadrée par la naissance et par la mort. A penser tous les états d'existence, à penser ce qui les relie entre eux, ce qui nous rattache, nous humains, à un principe d'appartenance à une antériorité, nous sommes mis en demeure de revenir à des niveaux plus profonds de notre entendement, où surgissent les lois périodiques de la succession temporelle. C'est là

1. *Mémoires du Baron de Tott sur les Turcs et les Tartares*, Amsterdam, 1785, t. IV, p. 104.

que ces divinités des eaux célestes, d'abord, dispensent pluie et rosée. Les substances de la Nature s'appréhendent comme un tissu. Les déesses en tireront l'essence de leurs caractères de fileuses. La nature sacrée de leur nombre trois semble remonter aux seules saisons de l'hiver, du printemps et de l'été, distinguées par les peuples anciens. Plus soucieux de temporalité, le Destin, inéluctable chez Homère, fait évoluer la figure de la Moire unique vers la triade sororale. Des charités aux heures, des Grâces aux Parques, et jusqu'aux Nornes, la création de ces divinités rappellera que nous sommes au monde, et que nous restons soumis à la Mort immuable.

Ainsi, aux aurores du Monde, la féminité s'active et fabrique. Et ses premières attributions sont tout entières contenues dans l'art de filer. Selon Paul Sebillot, c'est « en des termes de filage que s'exprime l'ancienneté d'une chose ou son invraisemblance ». La mythologie grecque individualisant et multipliant le besoin de partition, mettant en valeur les mouvements uniformes et la succession des encerclements des vies, en fit des gestes de fileuse.

C'est à la fileuse qu'est confié le pouvoir de commencer et d'interrompre. Dans la vie religieuse, cultuelle, quotidienne, la fileuse ou les fileuses, de l'état d'unicité à la triplication, inscrivent au monde le primat féminin. De Zeus même elles menacent la souveraineté et la puissance. La destinée humaine qu'elles filent et dirigent ne peut être infléchie par les autres dieux.

Quel est ce pouvoir des fileuses ? Jusqu'où s'étend-il ? On fera, dans la présente étude, une large place aux gestes et aux outils de la fileuse, mais aussi à leur dimension symbolique : ce qui lie les fileuses et le temps, ce qui les rend dépendantes entre elles et fait d'elles des représentations du féminin quotidien, gardiennes de la divine fertilité terrestre, des soins précieux de veille aux périodes du jour et de la vie, de la rigueur inflexible des lois, qui régissent la relation à la mort, à toutes nos petites morts et à la disparition en général.

Les fileuses divines nous laissent dans l'ignorance, quant à leur beauté ou leur jeunesse, quant à leur vieillesse. Mythographes et poètes ne sauront nous dire en quel lieu céleste elles sont assises, pour filer le fil de lin naturel. Déesses de l'origine ou personnifications récentes, elles deviennent avant tout, une incarnation de la femme.

Ainsi les fileuses nous évoquent la Triple Déesse ou s'apparentent aux Enfers ou à la Lune. Trinité sainte ou ambiguë, présidant à des rites conjuratoires, des accouchements ou des naissances d'homme. Sont-elles aussi des femmes désirantes ? Les Fileuses et le désir : est-ce ce qui fait la tradition glorieuse de tous les peuples d'avoir eu ses femmes pour filer, puis pour tisser et coudre ?

Nos considérations sur le mythe des Fileuses tiendront compte de l'éclairage nouveau qu'en fait la psychanalyse aujourd'hui. De l'émergence symbolique à l'activité domestique coutumière de filer, nous tenterons aussi de repérer l'empreinte d'un féminin qui, pour nous, hommes, investit nos travaux et nos jours.

Le geste et l'outil

Récemment, mettant à jour, entre autres instruments et attributs de l'artisanat primitif, des fusioles, des disques perforés utilisés en guise de fuseau, l'archéologie révélait que les femmes de la maison, bien avant la fin du cinquième millénaire avant Jésus-Christ, filaient et tissaient. Certaines tiraient même de ces activités faites avec la quenouille, leur unique subsistance. C'est donc, en des temps plus anciens que ceux de la fabrication des céramiques, que le fuseau prit place parmi les objets d'usage domestique, dont se servaient seulement les femmes. Il essaima sur tout le pourtour du bassin de la Méditerranée, dans les vieilles agglomérations de l'Europe centrale et orientale, en terre d'Asie occidentale, dans l'Inde entière; ses origines indo-européennes semblent désormais attestées.

Comme pour d'autres spécialités, le champ primitif de la technicité d'un art du fil gagnerait à être circonscrit. Dans son œuvre *Le Fil du Temps, Ethnologie et Préhistoire (1920-1970)*, André Leroi-Gourhan nous fournit des données propres à refondre ce qu'historiquement nous pensons de l'évolution même des techniques, dont il nous invite à conceptualiser autrement les symboles et l'esthétique.

Le geste et l'outil de la fileuse-artisane se situeraient dans le prolongement spatial du corps de cette dernière, telle que la tradition nous la donne à voir. Geste et outil travaillent à une mise en corps de l'espace. Ils s'engendrent réciproquement. Avec le mythe, ils sont là dès l'origine : objets choisis, donnés précisément, définitivement. Objets fixés, longtemps fixés, se déplaçant en des cercles répétés, les mêmes dans le temps. Objets du travail qui annulent le fugace et l'aléatoire de tous les autres gestes.

Une lecture attentive de *L'Homme et la Matière* conduit à poser des questions nouvelles sur les possibilités pour ce corps, ce corps de femme, qui travaille, qui file, de penser, d'acquérir, d'agir, de créer.

Du fuseau au rouet

Plus précisément, les gestes des fileuses sont ceux-là même qui animent le corps pour le faire fabriquer. Fabrication et torsion du fil produisent en continu un fil résistant ou ténu, le plus long possible. Les activités principales de la fileuse sont un champ d'actions originellement limité, restreint volontairement à ce qui implique d'abord préparation et tordage des fibres. Puis, des opérations plus précises, au nombre de trois, entrent dans la fabrication du fil. Tout d'abord l'étirage, le fait de saisir de la masse des fibres préparées, quelques brins qui entraîneront d'autres éléments résiduels. Puis le tordage, l'action de faire tourner le fuseau pour imprimer à la masse un mouvement de torsion qui fera un fil. Quant au renvidage, c'est l'opération finale d'enroulement du fil.

Les Destinées ou Moires filent le lin. C'est une fibre à froisser, pour être divisée, puis assouplie. Très tôt, dans la vie domestique, les fibres naturelles utilisées : le lin, le chanvre, l'ortie textile exigent le rouissage, le froissage, le peignage. Aux travaux de préparation succèdent les manipulations proprement dites qui mettent en jeu les instruments pour le filage. Pline les a décrites avec précision. Filer garantit à la fois les qualités d'un bon fil et les défauts d'un mauvais fil.

Il nous faut revenir sur la division originale, technique du filage qui conduit à un rapprochement avec le chiffre ternaire des Moires. Le conte allemand des *Trois Fileuses* illustre bien ce motif. A une jeune fille paresseuse qui ne veut pas filer on promet que, quand elle aura fini de filer tout le lin qui remplit trois chambres du palais, elle épousera le fils aîné de la Reine. Il lui faudra trois jours pour se rendre compte du caractère insurmontable de la tâche. Trois femmes viennent alors à son secours :

> « La première filait l'étoupe et faisait tourner le rouet, la seconde mouillait le fil, la troisième le tordait et l'appuyait sur la table avec son pouce, et, à chaque coup de pouce qu'elle donnait, il y avait par terre un écheveau du lin le plus fin. »

Les trois jours, les trois femmes, semblent porter la signification de la tri-unité du temps et de l'espace ainsi que celle du corps qui file. Il y a trois temps pour faire un fil, et le corps doit s'adapter en trois gestes ou actes différents à cette division technique. C'est la complémentarité des temps et des gestes de filer, qui, dans le mythe des Fileuses, donnerait au chiffre trois son caractère magicoreligieux. Trois séquences et postures pour annoncer l'état d'achèvement, de totalité, de perfection. La place importante que les outils de la fileuse occupent dans le rituel et la tradition populaires témoigne de leur valeur emblématique dans la vie domestique. Ils inscrivent le filage dans le temps comme une vieille activité de la femme; et sa technologie n'aura guère évolué, dans l'artisanat, depuis les Parques fileuses décrites par Aristophane.

Des fouilles récentes faites dans la ville de Gdansk, en Pologne, dissipent l'idée conventionnellement reçue que le seul filage serait celui au fuseau. H. Th. Horwitz distingue du reste dans son ouvrage *Die Entwicklung des Spinnens* huit types de filage. De tous les instruments qu'utilise la fileuse, le fuseau est sans doute le premier apparu. Son acquisition fait que la fileuse-artisanale quitte le tordage du fil avec les doigts ou son roulement entre la paume et la cuisse. Là, nous semble-t-il, le corps de la fileuse se libère en partie d'un ensemble d'instrumentation pour concevoir ce qui fonde le mouvement circulaire propre. Ainsi première mécanique inventée, le fuseau assure-t-il dès l'origine, de manière complète et distincte, les trois opérations de filage. Faire tourner le fil généralement consiste soit à laisser le fuseau pendre librement au bout du fil (la rotation en est alors régulière et lente), soit à lancer un type de fuseau fixé au fond d'un bol ou sur la terre. A grande vitesse le fuseau tourne sur la pointe de sa broche durant un certain temps puis ralentit et s'arrête.

Avec le rouet, le filage devient continu, régulier et le métier de fileuse gagne en temps et en qualité. Comme le fuseau, le rouet aussi présente de nombreuses variantes et le nombre de cordons qui entraînent la roue, techniquement, règle la différence entre les types de rouet. Le rouet à deux cordons est le modèle le plus ancien, avec un cordon qui entraîne un volant, comme une roue motrice ; l'autre cordon adhéré lui aussi au volant a la fonction d'entraîner le fuseau ; il en résulte le renvidage du fil qui est dû à un écart de vitesse et produit par la différence de transmission. Pour la technologie, le rouet est à l'origine de la mutation et de l'invention dans le genre humain. Est-ce, au moment de la construction, pour la fileuse, l'inauguration d'une intelligence nouvelle, pour créer une instrumentation nouvelle aussi et capable d'assurer le devenir de son métier ? Le rouet serait le premier maillon d'une série d'associations instrumentales complexes destinées à assouvir le désir humain de parfaire. Ainsi, à la Renaissance, Léonard de Vinci, dans son *Codex Atlantico* propose-t-il un procédé pour filer les textiles les plus en cours à l'époque.

Ce fut un tailleur de pierre et maître sculpteur à Wattenbüttel, qui inventa le rouet en 1530, selon la citation de la fameuse chronique de Brunswick-Lunebourg. Du rouet à filer au rouet à pédale, l'instrument évoluera, et la révolution industrielle ne réduira que très peu sensiblement son implantation en Espagne, en Italie, en Hongrie, en Pologne.

Sans vouloir assimiler la vie des objets à la vie des êtres vivants, le rouet, de par son évolution, nous inviterait à poser la question de la volonté de création chez la fileuse. Dans les rapports entre les différents types de rouets et leur organisation spécifique localisée, y aurait-il les prémices d'une identité socioculturelle et les femmes auraient-elles décidé là de garder strictement le filage pour elles seules ?

« File ma quenouille »

Dans la mythologie grecque, l'intégrité de la cité vouée au culte de la déesse Athéna, est garantie par le Palladion. La statue de la magique Athéna porte outre les emblèmes de ses vertus guerrières, une quenouille et un fuseau. Ce sont là des signes de reconnaissance de ce qui fonde la vie de la cité : arts domestiques et habileté manuelle. Ce sont aussi les métaphores matérialisées du déroulement des jours, de la fin du filage quand la quenouille sera vidée, du temps compté qui immuablement passe. La première représentation de la quenouille est figurée dans le manuscrit espagnol Ibrabanus de 1023; mais Paul Sebillot nous rappelle dans ses *Légendes et Curiosités des Métiers*, le grand rôle que joue ce précieux objet, quasiment à toutes les époques, dans l'initiation et les attributions de la femme en général. Chez les Gaulois, devant la déesse Mehellenia, une quenouille chargée de lin était remise à la nouvelle mariée et elle la filait un instant. Dans les Landes, la quenouille était portée le jour des noces par une vieille femme qui se plaçait souvent entre les époux. Parmi les présents offerts à la jeune fille, rouets et quenouilles tiennent longtemps la première place. Selon Mme d'Aulnoy, rouets d'Allemagne et quenouilles en bois de cèdre gratifiaient les fées qui avaient rendu service à la princesse Printanière. En d'autres temps et dans d'autres contrées, comme en Bretagne, ce sont les amoureux qui offrent à l'être aimé une quenouille sculptée et qui porte emblèmes, devises et nom de l'amoureuse.

Enfin, quand une dame morte de haute lignée a vécu une vie pieuse et vouée aux travaux domestiques, sa quenouille est l'unique objet qui la suit dans la tombe, que les vivants déposent là comme propriété privée attachée aux seuls services de celle qui s'en va. Faudrait-il voir là, aussi, ce qui perdure chez presque tous les peuples depuis le néolithique : la croyance que les morts ont les mêmes besoins que les vivants?

Techniquement, dans les pratiques artisanales, la quenouille la plus ancienne dont le modèle aujourd'hui nous est le plus accessible, est la quenouille à talon : la fileuse passait le manche de la quenouille dans sa ceinture; le retordage se faisait alors à l'aide d'un fuseau à crochet muni d'un crochet supérieur.

Ainsi qu'en témoignent les échantillons conservés dans nombre de musées, dont le plus fourni est celui de Cluny avec sa collection de quenouilles sculptées en bois, pendant des siècles, les principales occupations de la femme se sont centrées sur la fabrication du fil. Celle-ci relève d'un véritable acte d'initiation entre femmes, duquel tout homme est exclu. Les fileuses, durant les veillées où elles filent, hors du champ du regard de l'homme, parlent, évoquent, chantent. Ce sont des pratiques qui inquiètent et fascinent. A filer tout le temps, la fileuse se construirait la possibilité de s'introduire dans un autre monde. Est-ce celui du sacré qui se tiendrait toujours au-delà du monde profane?

L'Évangile des quenouilles

Cette initiation, dans les contes, est balisée par les épreuves que l'héroïne doit subir :

> « Le lendemain, on l'envoie au champ. On lui donne de la filasse, une quenouille et un fuseau pour qu'elle s'occupe en gardant ses moutons. Elle va chercher son rouet qui file tout seul, met la filasse sur le rouet, sa quenouille à côté, et le rouet se met à filer pendant qu'elle garde ses moutons. Le soir, elle dévide son fil sur le fuseau et le rapporte à la maison » (Type 531 B, version 4 du *Catalogue Delarue*).

L'ascension de la jeune fille reste liée à l'acquisition du rouet magique ; c'est lui qui permettra la rencontre avec le fils du roi. La version nivernaise du conte de Cendrillon, présente une héroïne, qui « était une bonne ouvrière et, le soir, rapportait ses sept fuseaux de fils (...) ». Elle rencontre des fées qui la soulageront de cette pénible besogne. Les figures du filage, dans le conte, révèlent d'abord les compétences magiques, quasi interchangeables, entre la fileuse et ses outils. La conjugaison de leurs efforts, ou leur substitution des uns aux autres, œuvrent toujours pour l'accession de la fileuse à la paix, au bonheur, à l'amour. Le caractère initiatique des travaux de fileuses nous semble accentué encore par les lieux et les moments où il se déroule.

Si archéologues et mythologues précisent qu'on ne sait en quelle instance (moment et lieu) filent les Destinées, contes et légendes, font du soir à la nuit tombée des moments de prédilection. La femme, seule ou avec d'autres femmes, file au coin du feu, dans l'attente d'un heureux événement, quand elle garde les troupeaux dans les champs. Aussi, les fileuses, avec toujours les mêmes places et postures pour filer, acquièrent-elles une réputation qui leur donnera d'autres rôles et fonctions à remplir. Elles seront saintes ou sorcières, en Dauphiné elles seront débauchées, voire prostituées.

L'Evangile des Quenouilles érige us et coutumes des fileuses au rang de la bonne nouvelle. L'entrée en littérature de telles matières suscite en nous des questions relatives à l'assimilation de ces croyances à des révélations, donc aux rôles de prophétesses des fileuses. Reste à savoir en quoi, dans cette œuvre, ce qui est écrit serait comme l'écho multiplié d'une voix qui énoncerait d'ailleurs. Est-ce la voix de Dieu, ou celle des fileuses, qui annonce à celle qui tendra devant sa maison le fil filé par elle le jour même, que ce fil arrêtera là l'homme qui sera son mari ?

L'EMBUSCADE DE L'ARAIGNÉE

Ce qui est du fil et du filer commencé, met en mouvement les multiples pouvoirs que possède la femme, toute femme. C'est ce qui déclenche l'action même, tel le lin naturel reçu en écheveau emmêlé, embrouillé, qui sera effiloché, débrouillé, torsadé, envidé. Est-ce par ces mouvements de redresser et d'enrouler, inhérents à l'opération de filage, que nous saisissons le mieux, comment toute filature est travail commencé, dont l'unité se fonde sur un entrelacement ? Dans le conte particulièrement, le fil est lien et chemin et celle qui le fabrique le jalonne de nœuds et d'embranchements. Toujours selon Paul Sebillot, la fileuse est autant femme que bête ; vierge et araignée, elle a pouvoir surnaturel. C'est la nuit qu'elle file, pour qu'il fasse beau le lendemain, et les toiles d'araignée dérobent au regard les objets sacrés. La filasse de la Vierge Marie, les filés-madame, le grippé, sont autant de termes magiques, qui associent la fileuse, la fée, l'architecte des mouvements les plus anciens. Le fil ne commence ni ne finit. S'il est cassé par volonté divine, à ce moment de sa rupture ou de sa fragmentation, il est à renouer aussi.

Le fil réalise ou donne le pouvoir de réaliser les associations d'éléments les plus antithétiques. C'est le lien entre l'abstrait et le concret, et filer, c'est engendrer l'un par l'autre dans un continuel va-et-vient. Noël du Fail nous rappelle dans la tradition régionale, le rôle de pénitentes de certaines fées, dont la présence se signalait par un fil gisant à terre, près des sources. Si une fille du Lavedan ramasse et enroule vite ce fil, la fée est libérée et fait don à la jeune fille du pouvoir d'utiliser sa baguette magique.

Actes et gestes propres au travail du filer sont aussi des épreuves de force, imposées comme pour une formation de la femme : temps de l'autoformation affective et sexuelle. Travail qui, malgré l'apparente immobilité et la solitude dans lesquelles il s'exécute, affecte tout entier le corps de la femme-fileuse, et le rend désirant. Dans l'ennui et le malheur d'être seule, une vieille femme filait le soir, au coin du feu. Il lui tombe de la cheminée deux grands pieds, puis des jambes et les autres parties d'un corps qui lui donne le compagnon désiré. C'est la version d'une vieille légende anglaise qui illustre comme d'autres un symbolisme sexuel.

La fertilité et la fécondité qu'incarne le corps de la fileuse, ne peuvent être évoquées sans rappeler ce qui se généralise dans l'expression si populaire de « la femme en travail ». Filage et filature sont les premières productions qui assurent le trait d'union entre travail et sexualité. Cette sexualité d'abord confusément ressentie, puis formulée à la fois comme individualisée et universelle, nous amène à poser le mythe même des fileuses, tel un lieu, originaire, mythologique. Lieu originaire : lieu d'engendrement des autres lieux propres aux corps des femmes ; sexes du renouvellement de la vie et de l'instauration de l'immortalité par-delà tout anéantissement.

Les moires et le fil du destin

Le premier, le fuseau, outil-instrument de la fileuse, symbolise la loi de l'Eternel Retour. Selon Platon, le fuseau de la Nécessité régule l'ensemble cosmique, autonomise la balance de la vie et de la mort. De l'état d'être une à la triplication inaugurale, les Moires fondent le monde féminin, pour autant qu'il est représentation de la périodicité, du renouvellement, de la transformation, de la rupture et de la naissance nouvelle. Le cycle : mouvement uniforme et rotatif est alors geste de liaison entre les Moires; il engendre tous les autres gestes qu'exige le filage pour récupérer chacun d'eux dans sa précision et son unicité. Les Déesses-Fileuses commencent et interrompent; le fil aussi qu'elles fabriqueront et couperont à volonté, s'investit du même redoutable pouvoir. Les Moires, très tôt dans le religieux hellénique, du lieu des autels qui leur sont consacrés à Athènes, à Sparte, à Olympie, à Thèbes, allient le sacré et l'humain.

Au fuseau ou à la quenouille, elles filent le destin des hommes. Elles restent insensibles aux prières de ces hommes et des dieux. Ni jeunes, ni belles, ni vieilles, ni laides, les fileuses divines sont filles de la nuit, Filles de Thémis et de Zeus. Elles restent étrangères au monde olympien, à la différence de leur mère, qui y est seule admise. Avec Zeus, elles sont tantôt en situation de dépendance, tantôt d'opposition. Nul ne sait où et quand se déroulent leurs travaux. Le fil du destin ainsi naît du mystère.

Jusqu'au dernier siècle de la civilisation hellénistique, les Fileuses sont la Triple Lune, pareille à Isis, et c'est autour de cette figure que se forme le syncrétisme religieux dans la Grèce archaïque. Ainsi, leur mythe est image de l'Unique, que rien ne ternit. Femmes inflexibles, elles filent le destin comme leurs sœurs, les Parques et les Heures, dans leur robe blanche tissée de fil de lin.

Clotho est la fileuse proprement dite, Lachesis mesure le fil, Atropos est celle à laquelle on ne peut échapper. A leur gré, elles interviennent dans la vie de chacun. Toutes trois auront traversé les premières instances de l'oralité de notre humanité, pour venir, comme déposer au travers des contes et des légendes un fond inaltérable.

La chanson de terroir, les parcours figuratifs de la poésie, les flux d'un lied qui transfigurent leurs gestes, il est peu d'œuvres humaines, artistiques et littéraires qui, dans leurs assises, échappent au mouvement imité de la petite machine à filer. Aujourd'hui encore, dans les cultures orales, ce qui s'étend et s'apparente aux Moires comme des portraits mythiques fidèles — Laïma et les Nornes — fait affleurer de si profondes ressemblances entre ces nobles figures, qu'il est souvent très difficile pour les non spécialistes, de déceler à leurs endroits des motifs grecs, scandinaves ou slaves.

Il nous faut revenir ici au chiffre triadique : signe premier de la tri-unité déique selon Georges Dumézil, ce chiffre est universel et exprime la tripartion, dans l'ordre social, des fonctions de prêtre, de guerrier, de producteur. C'est le nombre d'or suivant lequel les Fileuses ordonnent leur groupe. Elles sont la face multipliée de la puissance divine. Leur ordonnancement rappelle bien des modèles culturels et cultuels, qu'il s'agisse de la Trinité Chrétienne, de celle de la « Foudre-Tonnerre-Eclair » ou de celle du Dieu suprême en trois personnes — le père (justicier), le fils aîné et le fils cadet (nourricier de l'humanité) chez les anciens Péruviens.

Cette représentation ternaire des Fileuses a, dès son émergence, fasciné poètes et philosophes et Homère les fait figurer dans l'*Iliade*. Dans *les Ennéades*, Plotin les conceptualise. Ce chiffre bénéfique ou maléfique, semble avoir favorisé la fortune du thème et les Fileuses, de tout temps, furent des muses pour la littérature, la peinture, la musique. Elles le restent aussi pour l'art nouveau qu'est le cinéma. Freud, sous le symbole des « trois coffrets », dans ses *Essais de Psychanalyse appliquée*, nous remémore les liens étroits qui unissent Moires, Grâces et Heures, il trouve là source pour une interprétation de nos choix difficiles à faire. Nombre d'auteurs et d'historiens ont tenté de cerner des situations hypostatiques, en les mettant en parallèle avec les attitudes posturales de nos déesses, en les présentant par analogie au rituel de leurs gestes, trouvant ainsi des aspects plus reconnaissables de ce qui donne à la vie humaine les qualités requises pour son unique destination qui est la Mort.

Les Moires établies dans un temps et un ordre très anciens sont déesses de la loi. Elles sont là, bien avant les lois qui pesèrent sur les destinées d'Achille et d'Hector. Elles sont différentes des autres figures de femmes qui travaillent le fil en ce qu'elles inaugurent toute fabrication : l'essence même de la réduction à toute dualité chez l'homme. Les élaborations, les nôtres, qu'elles provoquent, sont assomptions. Elles sont ciboires pour l'idée qu'elles prétendent exprimer. Henri de Régnier, dans ses *Jeux rustiques*, écrit : « Le Destin a tissé nos jours et nos années », personnifiant ainsi la contrainte universelle, pour chacun, de savoir sa mort prévue, avant lui, sans lui.

La fileuse et son fil prennent place en nous comme les modèles les plus actifs de notre imaginaire. Ces modèles, les Fées, bonnes ou mauvaises, les réactivent; parce que les fées sont de la lignée des Parques. Nicole Belmont voit en elles les premières actualisations de l'archaïque Figure de la Fileuse.

PÉNÉLOPE ET LE FIL DE PATIENCE

Filer : recommencer. Cet éternel retour au même organise les métaphores du travail intérieur féminin. Travail du rêve de création, infini. A filer, la fileuse se fait toute-puissance, ambiguë. Et nous entendons bien là la différence entre l'activité de filer et celle de tisser même si le tisser n'est parfois que l'inévitable conséquence du filer. Tisserandes et couturières resteront les auxiliaires des Fileuses.

Pénélope tisse le jour et défait quasiment fil à fil, la nuit, l'ouvrage commencé, recommencé, interminable. La nuit, Pénélope défile et ses pouvoirs sont ceux de la figure inversée de la fileuse. L'ouvrage à fabriquer est le linceul destiné au corps du vieux Laërte. Un linceul pour le corps du père d'Ulysse, peut-être pour ce qui représenterait le corps de son propre père. Aussi limite mortuaire pour le corps de l'époux depuis vingt ans absent. Inévitablement, le linceul est lieu de condensation : suaire et drap de lit. Drap de lit pour le mort et le vivant qui reposeraient. Le choix par Pénélope de cet unique ouvrage de femme pour calmer ses prétendants, fait d'elle, à nos yeux, une autre que celle qu'habituellement nous reconnaissons comme emblème de la fidélité conjugale. Tisser, filer lui donnent le temps de fabriquer ses propres défenses contre l'homme, l'époux et le père. C'est pour elle le temps de sublimer la peur de voir un époux de retour, mais vieilli, ayant oublié leurs secrets d'alcôve d'autrefois. Si Pénélope prend la défense d'Hélène, c'est pour tisser des plaidoiries qui continueront à porter son ambiguïté, ce qui serait de son désir de détourner. Elle est encore une femme pleine de tentations et de désirs et la précipitation des ses prétendants en découle directement. Par des actions non ouvertes, soustraites aux regards éveillés, elle fige son cœur avec la seule image du seul homme qu'elle aime. Dans le secret, c'est à lui qu'en travaillant elle adresse tous ses reproches. C'est contre lui qu'elle construit, principalement, sa méfiance. Lui l'époux, pourrait bien, comme les autres hommes, la tromper et se faire passer pour un autre. Anticipation d'une fileuse sur l'avenir. Pénélope dira qu'Ulysse n'a pas le droit d'être fâché par la reconnaissance qu'elle fait de lui tardivement. Elle n'aurait pas oublié son identité, elle aurait plutôt reconstruit cette même identité. Elle réclame pour sa patience de fileuse, pour sa résistance de femme, d'autres droits, d'autres égards.

Une fileuse au fil de l'eau

Un fleuve est le temps, et dans son lit, des œuvres dont il s'encombre, émergent des figures pastorales, suivantes de nos déesses, dont la beauté se met d'emblée hors d'atteinte. La peinture a créé des sosies aux Moires, et les fonds d'eau, d'herbes ou de cieux, sur lesquels elles ouvragent, ni ne les marquent, ni ne les alourdissent. De toutes, à notre avis, *La Fileuse* de Millet est la plus hiératique. Un seul personnage occupe tout le tableau. La Fileuse ordonne et satellise le rouet et la masse de laine blanche à filer. La toile conçue entre 1850 et 1855, est aujourd'hui la propriété du Museum of Fine Arts de Boston. Si elle nous éblouit et nous hante encore, c'est qu'elle est toute harmonie composée, toute perfection faite du naturel des scènes de la vie rurale. Le personnage de la Fileuse, engagé dans la lente révolution du rouet, se penche aussi pour cueillir le fil. Geste à la fois initial et complémentaire.

La fileuse nous fascine ainsi, corps et mouvements sans clivage, quotidienneté et éternité se parachevant dans une égale lumière unifiée, blanche et ombrée, voilée de solitude. Nous ne serions pas surpris, si captant son regard, nous y trouvions l'interrogation toujours vivante de l'itinéraire, à suivre, du fil. Des couturières, une bergère assise sur un rocher qui tricote pendant que son troupeau broute autour d'elle, une enfant apprenant de sa mère le tricot, une cardeuse, une autre fileuse en pays d'Auvergne, autant de dessins et d'eaux-fortes, où François Millet voulut tenter d'épuiser le mythe des fileuses.

Le thème de la *Gretchen am Spinnrade* (la Marguerite au rouet) est à l'opposé : miroir de l'inquiétude et du leurre, où le verbe de la fileuse s'exalte dans un monologue majestueux, un miracle révélé de l'intérieur. Chez Schubert, l'art de ciseler l'écriture musicale engendre un de ses lieds les plus beaux, nourri du ronronnement imité du rouet. Progressivement, la voix qui accompagne le fil se soulève, douloureuse, désespérée, et devient un bouleversant et impudique cri d'amour. La Fileuse est comme pétrifiée dans la détresse. Elle culmine dans la désolation, puis achève ses maux de jeunesse, presque dans un souffle. Une paix intérieure, le calme du verbe retrouvé après l'affliction, dont Elizabeth Schwarzkopf accompagnée au piano par Edwin Fischer, grava une immortelle interprétation. Ici encore, pour Gretchen, pour la cantatrice, le temps du filage reste de penser aux fortes douleurs; le temps des paroles, des paroles qui sont des baumes.

Temps court ou temps long, silences et cris : temps d'une fonction, toujours la même, unique, la femme file depuis le fond des âges. Ainsi, la langue est-elle née de ce temps du primitif filage. Voix multiples nées dans la tête de celle dont les mains ne cessent d'aller et de venir. Langue primitive : mythos et logos. Parler, écrire en soi. Filer : des travaux obstinés, tâches domestiques, obligations routinières dans leurs décomptes rythmées, monotones, qui installent la féminité à l'origine, et font d'elle la seule mère substantielle. Nous tirons d'elle le souffle, l'ordre, l'imitation et le dire.

C'est la première scène de la représentation d'une vie. Malgré sa permanence, la révélation séductrice nous laisse devant les mêmes obscurités, dans la même curiosité insatisfaite.

Le fil du désir

Cette image fondatrice de tout imaginaire qu'est la fileuse, désormais, à l'extraire des lieux de refoulements, nous découvrons comme un engagement dans le goût des choses éternelles. La fileuse mythique est et fabrique ces choses. Elles sont elles : la fileuse et ces choses, premiers objets de désir. Désirante et désirée, le mythe, dès l'origine, présente la Féminité ; et dans son corps-en-creux, en-travail, c'est à la même place que s'accumulent le désirant (ce qui fait désirer) et le désiré (objet qui attire le désir), le second se créant comme dans des effets de concentration du premier. A examiner, de plus près, ce qu'il conviendrait de nommer le contexte morphologique des contes et légendes, ce sont les substitutions opérantes entre la fileuse, ses actes et ses attributs qui développent une nouvelle configuration. De nouvelles figures du désir apparaissent et celle de l'homme, complémentaire, nécessaire, naît avant de prendre corps. Bien plus que le filage lui-même, ce sont les agents et les produits du filage qui organiseraient cette naissance du désir : état premier fonctionnel du producteur, aussi lien antérieur d'union de la quête et de la satisfaction.

« — File bien fin, ma femme, file bien long.
— ... Voilà bien mon chanvre, mais je n'ai point de fiancée à qui le confier pour le faire filer. »

Ici, le caractère figuratif du geste de la fileuse dans les versions 7 et 25 du conte de la Chatte Blanche s'étoffant, soit d'une répétition d'usage, archétypale, soit d'une signification trop matérialisée par l'absence, exposerait non la fileuse, mais la femme-fileuse. La sémantique des formes narratives utilisées, la nouvelle fonction textuelle du récit se conjuguent et précipitent dans une voix reflétée, le couple : la femme qui file et l'homme à aimer, aimé.

Ce qui, autrefois, ne se présentait que comme secrète espérance, girations et résignation chez l'héroïne fileuse, se mue brusquement en embrasements, en embrassements rêvés. L'homme advient, il reconnaît et témoigne qu'il voit, qu'il sait que la femme produit un fil actif, créateur, voluptueux, fécond.

« — Il était autrefois, une pauvre veuve qui avait trois filles. Elles n'avaient pour vivre, que les produits d'un potager où croissaient des choux. L'aînée des filles dit un jour à sa mère : j'irai aujourd'hui filer ma quenouille dans le potager, et j'empêcherai le cheval de manger nos choux.
— Fais, lui dit sa mère. La jeune fille sortit, le cheval vint, alors elle prit sa quenouille et l'en frappa. La quenouille resta attachée au cheval, et sa main resta attachée à la quenouille. Le cheval s'enfuit jusqu'auprès d'une verte colline. »

Le conte de *La Veuve et ses trois Filles* organise, dans l'ordonnancement même du texte, le champ désirant de la femme filant. C'est la réalisation d'un rêve de jeune fille. Après l'acceptation de la mère qu'elle soit une femme à son tour, elle met à jour ses désirs inconscients, les réalise en des jeux ritualisés : attraper et se laisser attraper, séduire et se laisser séduire. Conte universel du rêve féminin qui est chemin de l'idéalisation à la réalisation. Itinéraire de la blessure d'amour toujours présente jusqu'à sa mutation en une cicatrice inscrite comme un sceau. Dans le conte, c'est la troisième des filles-fileuses qui obtiendra l'amour, enrichissant son expérience des épreuves de mort de ses deux sœurs. Elle se fabriquera le galant idéal qui sera le sien. Sans que le filage jamais ne s'exécute, c'est la femme qui est en chaque fileuse et l'instrument-arme utilisé qui explicitent les figures attendues ; la charge sémantique du filage se déplace, elle fait cheminement dans le texte, cheminement lui-même jalonné par les étapes du désir de la fileuse. C'est peut-être là, dans son entrée en écriture que le conte décline femme et déesse, construit l'humain féminin. C'est décapité par la fileuse que le cheval sacré deviendra un beau jeune homme. Cette exécution se fera à l'aide de la quenouille merveilleuse. Ainsi la nouvelle fileuse file le fil de l'enchantement, lien pour unir les corps séparés : le corps de la femme, le corps de l'homme. Mais cette union, elle, n'est pas éternelle. Elle doit être constamment recommencée.

Et le filage et le fil, du plus profond de notre entendement, ont bel et bien partie liée. Leurs mouvements duels, répétés, cycles et cadences, ont la seule finalité de ceindre la sacralité utérine.

Selon Pline l'Ancien, il y aurait aussi, même pour l'Homme, honneur à filer le lin. Est-ce à dire que les créations culturelles mâles gagneraient à toujours se référer à quelque envoûtante puissance de référence féminine ? L'écriture, la nôtre, serait-elle construite sur la même faille, ambivalente, ouverte, toujours, dans le roc de la nature du féminin ?

Les femmes, depuis nos Fileuses divines, se tiennent le long du fil ; le fil du désir, le même qu'elles tiennent d'une main, le même qui s'enroule, se love, autour des emblèmes qu'elles portent dans l'autre main. Pénélope est complice d'Hélène, comme Anticlée est sa propre complice. La linéarité du fil et ces circonvolutions déterminent la trame de l'œuvre féminine. Elle s'engendre de rythme et de continuité infiniment.

Quand le fil devient corps

Ariane est une autre représentation de nos déesses. A l'homme pour qui elle conçut un violent amour, dès qu'elle le vit, elle fit le don précieux d'un peloton de fil. C'est ce fil déroulé qui lui indiquera la voie du retour. Elle s'échappera avec lui de l'enfer du va-et-vient ; elle le sauve du Minotaure, mais sera délaissée et en mourra. Le fil magique d'Ariane, ici, mérite notre attention. C'est lui qui donne à Thésée le pouvoir et les moyens de rester en vie. Don presque d'immortalité. Le fil est de désir, de protection et de conservation. Ce qu'Ariane, en échange, exige de Thésée, c'est un amour éternel : un lien indéfectible pour l'union de leurs deux êtres, un lien si fort qu'il empêchera cette union. « Lorsque Thésée sortit du labyrinthe, couvert de sang, Ariane le prit dans ses bras et l'embrassa passionnément. » Point n'est besoin ici de matérialiser la représentation sous-jacente du fil. C'est d'être rattachés l'un à l'autre, par ce fil, qu'il revient à elle. Dans cette scène inversée de l'accouchement, Ariane aurait, dans son corps, ressenti toute la lutte pour la vie entre le monstre et l'être aimé. Elle était, elle aussi, matériellement attachée au linteau de la porte d'entrée de la caverne dans la montagne, et la femme, la mère, en elle, grâce au fil, dirigèrent toute l'opération de sauvetage. Qu'il ne soit pas clairement précisé que le Minotaure ait été tué à l'épée ou étranglé des mains du vaillant guerrier, cela se conçoit. C'est l'espace imaginaire qui nous est laissé pour ériger le fil en arme magique. Alors le vaillant combattant ne saurait être considéré comme un meurtrier : il ne commettrait pas un meurtre qu'il aurait volontairement décidé, il n'en est que l'exécutant. Au bout du fil d'Ariane, Thésée est un jouet qu'elle refabrique et dont elle commande les gestes. Le fil favoriserait, chez Ariane, la réactivation de souvenirs d'enfance. Thésée serait pris dans le jeu des corps de ces poupées aux membres amovibles qu'inventa Dédale, et qui avaient mêlé sa fascination à celle de sa mère, Pasiphaé. Ariane tire les fils du destin de Thésée, à ce moment du combat avec le Minotaure, comme elle tirait le fil des poupées, pour les faire danser. Le fil attache, rattache. Il est l'instrument aussi du génie de Dédale, s'il s'utilise en maintes occasions pour construire, lier, consolider, il sauve aussi de la mort, il tue, il anime le corps d'un mouvement qui le destine à s'approprier le temps et l'espace. C'est aussi pour le plaisir d'Ariane que petite fille, à l'aide du fil, elle faisait gesticuler ses poupées. Dédale fuyant Minos, se cachait dans la ville de Camicos. Là, aux filles de Cacalos, il fabriquait aussi des poupées. Le fil, sans cesse, l'accompagne dans ses inventions, et c'est lui qui le sauva quand il résolut la devinette de la « coquille enfilée », que lui posa son poursuivant. Ariane, pour les Grecs, était Ariadné : la Très Sacrée. C'est elle la « Déesse-Lune », la « Très Grande », la « Très présente », celle pour qui on exécutait des danses initiatiques et rituelles. Danses du fil dans ses enroulements et ses déroulements. Danses des entrecroisements : Ariane, à ce titre, aurait appris à Thésée autre chose. A Délos, devant une statue d'Aphrodite offerte par Ariane, il exécuta une danse circulaire très compliquée. Elle figurait les sinuosités du labyrinthe, les tours et détours du fil divin, peut-être une répétition du combat unique qui le sauva. Ondulations, courbures, vagues et méandres du corps d'Ariane : fil délié du corps de la femme, en ondes propagées, mettant en mouvement le corps heureux et douloureux de l'homme. Fil pour un corps imaginaire; en tous sens, enroulant le temps, répandant l'espace jusqu'au suicide par pendaison, jusqu'au suicide par précipitation dans le vide.

Quand Ariane fut abandonnée dans l'île de Dia, une des versions du mythe voulut qu'elle se pendît par peur d'Artémis. Thésée, par le roi Lycomède, traîtreusement, fut poussé du haut d'un rocher, dans la montagne.

Le fil du voyage

« Celle qui cache », vit dans l'île d'Ogygie qui est, selon Homère, le « nombril de la mer ». De ce lieu unique, privilégié, à l'instar de Circé et de Pénélope, la nymphe Calypso file. Avec sa navette d'or, aussi, elle tisse près de son foyer, avec ses servantes, un tissu d'un extrême raffinement. Elle aussi, produisant des fils merveilleux, désire que des liens qui ne pourraient cesser d'être des liens, l'unissent à Ulysse, et fassent d'eux des époux, que ces liens lui confèrent l'immortalité. Mais Hermès, messager de Zeus, enjoint Calypso de libérer Ulysse. Ainsi, la fileuse doit-elle renoncer à son désir. Calypso transformera le fil du désir en fil du voyage. Si elle renonce à son amant et le laisse prendre la mer, ce n'est pas sans avoir préparé amoureusement les fils dont seront tissées les voiles de son embarcation. Fibres animales ou végétales, elles affronteront longtemps toutes les intempéries. Le pouvoir de la femme qui aura sublimé rivalisera avec celui de toute force naturelle. Marcel Bréal nous présente Calypso comme celle qui voile, qui s'enveloppe et enveloppe de brouillard. Elle se cache, elle cache en ce centre cosmique où elle vit. Figure inversée de l'araignée, elle se tient aussi au centre de sa toile, et si elle y attire l'homme qu'elle aime, ce n'est point pour le dévorer. Ce « nombril de la mer » pourrait être le foyer de la réinvention du premier état de symbiose. Y renonçant, la femme-nymphe laisse partir l'amant au bout du fil, le plus souple, le plus endurant, qui le mènerait, à la fin de sa course, à de nouvelles vérités. La splendeur de l'étoffe que donnent les fils de Calypso l'apparente à la byssus : le lin très fin, en faisceaux de filaments soyeux, que les chroniques du Livre d'Esther désignent comme une matière première de luxe. L'Apocalypse appela par deux fois le malheur sur la « grande ville qui était vêtue de lin ». Luxe et luxure mouilleraient le fil de Calypso comme cette sécrétion sortie de ces mollusques bivalves, et dont la fonction serait de maintenir ensemble, de fixer.

Ici, l'ésotérisme du fil, partagé entre Calypso et Ulysse, prend sens et inviterait ce dernier à reconstituer, lui aussi, le fil de ses pérégrinations. Grâce au fil du voyage, Ulysse passera cette dernière épreuve sans que la mort vienne obscurcir ses yeux.

Le fil du rêve

Il n'est point besoin de présenter ici, celle que le Cinéma, le septième art appellera toujours « La Divine ». La seule substantivation de sa principale qualité de femme, d'actrice, suffirait à faire d'elle l'avatar moderne de nos divines fileuses. Garbo, comme la fileuse archaïque, est assise, hiératique, au fond des temps. A la fois proche et lointaine, sculptée dans l'éternité de ses différents rôles, protégée volontairement de toute altération. Dans le film *La Reine Christine* qui, de l'avis de tous, est le film le plus personnel de l'actrice, Garbo organise en jeux, à son seul profit, le détournement du personnage qu'elle a charge de présenter. Après la scène de la belle et unique nuit avec son amant du hasard, l'Ambassadeur d'Espagne, elle se réveille avant lui, et réalise que c'est pour elle, sa première nuit d'amour. Alors, comme multipliée, touchant du regard, de la peau, tous les objets de cette chambre bénie, elle s'éblouit des preuves de sa féminité, nées de l'obscurité, rassemblées là, pour elle-même, en elle-même, loin de ses obligations de Reine. En médaillon, dans le film elle se rêve, femme heureuse, au foyer, filant paisiblement. Cette image effectivement, à mi-parcours de l'œuvre cinématographique, opère la métamorphose d'une reine. Femme et amante décidées, à notre avis, elle transformera la mélancolie progressive en forces naturelles de conquêtes pour l'homme de sa vie, jusqu'à la mort injuste de ce dernier, jusqu'à la réalisation de sa volonté d'exil.

L'identification de Garbo à la fileuse d'autrefois, libre seulement pour aimer, fait commencer sa quête de l'univers du bonheur personnel. Quand elle s'embarque, à la fin du film, sur son navire appareillé pour elle, elle le fait avec de la douleur certes, mais elle est aussi pleine de la certitude d'un prolongement et d'un aboutissement du parcours nouveau ouvert dans sa vie. Au point de confluence où se casse le fil de son histoire de reine et se rompt le fil de la destinée de son amant, se noue en même temps une autre voie, faite à la fois de solitude et d'espoirs. Il faut relever ici l'emblème du nœud dans la fabrication du fil du destin. Le fil du rêve comporterait ici un nœud unique qui scellerait l'amour, la vie et la mort. Le nœud marquerait l'arrêt du destin individuel, en même temps qu'il inviterait à une continuité incoercible. Ce que nous nommons aussi nœuds dans la vie de la Reine Christine, fera obstruction au déroulement des projets de sa Cour et, comme au Moyen Age, empêchera que le mariage ait lieu entre les deux amants.

Greta Garbo, à l'écran, est visage étrange, comme le corps de la fileuse ancienne, un état de la chair absolue ou le contraire, un corps que l'on ne peut ni atteindre, ni abandonner. Quand Garbo finit de peupler la toile de ses fantaisies artistiques, elle se retira parmi ses propres objets humains, fragiles, révoltés, sûrs, ne laissant après elle aucune possibilité pour une imitation de son personnage.

En filigrane

Inévitablement le thème des fileuses réactive nos fantasmes du corps féminin. Nous revenons à l'origine. Nous recommençons, nous refaisons ce qui, de notre propre corps, facilitera sa réinsertion, toujours à renouveler, dans un système ambivalent de mort et de protection.

Corps-lisant, corps-écrivant, à fabriquer comme de solides cordes. Ce thème nous inciterait à vouloir fortement désirer combiner l'antériorité et le présent. A réaliser la synthèse entre temps linéaire et temps circulaire. Incitations nécessaires et structurantes qui nous mèneraient à la possession d'un temps du commencement, pour nous : notre temps propre. Le temps premier de l'acte féminin — le temps du filage — n'aurait pas d'équivalent au masculin. C'est le temps de l'annonciation et de la révélation, le temps de la fertilité et de son double.

Le corps, lisant, écrivant, se réfèrerait au thème mythique des Fileuses et serait lui-même le fil merveilleux qui se file. L'être, en état de renaissance, tel l'homme ou la femme qui trace des signes, qui les lit; se fait papier scellé-fil-palimpseste. Les inscriptions : fils de mots, de noms, nos traces et tracés de l'absence, sont l'expression des interdits originaires.

Cet état à dire ou à écrire ce que l'on est seul à devoir dire ou écrire, tout ce néant duquel il faut fabriquer sa chose dans la connivence du fil et du verbe. C'est ainsi que nous nous éduquons à forcer, en nous, l'image de l'autre, à situer le lieu du déploiement de notre propre parole. Comme autour de l'ensouple, cette parole s'enroule, fil à fil, gauchie, brochée. De ces labyrinthes : architectures initiatiques dont nous tirons nos portraits d'écrivant référés à l'image de l'une des Moires.

Nous tirons l'écriture de nos peuplements de dieux et de déesses. Cette écriture : l'entrée même en littérature du Mythe est miroir. Elle reflète l'activité divine et se propage par contagion. C'est l'écriture-filage qui nous déplace dans le champ significatif et singulier de toute évocation et notation, sans nous dire, jamais, qui d'Atropos, de Clotho ou de Lachesis, nous accompagne.

De fil en aiguille

Entrés dans la littérature, la fileuse et son fil font écho à des sources, et sont images de présage. Le fil, agent-reliant, est sans doute là depuis l'origine, et sous diverses formes pour associer ensemble toutes les matières. Dans les forêts tropicales africaines ou antillaises, les fils végétaux qui tombent des feuillages, sont les préférés des femmes guérisseuses, pour lier ensemble bois vert et bois mort : fagot pour allumer leur feu, fagot pour préparer d'antiques remèdes. Les torches qu'elles se posent sur la tête pour porter rituellement ces lourdes charges, sont des enroulades de ces mêmes fils ébarbés, coupés en longueurs égales, modelés autour du poing gauche.

En Guadeloupe, les vieilles femmes, travailleuses dans les champs de canne à sucre ou sur les plantations, gardèrent longtemps, dans la tradition, la première torche qu'elles avaient fabriquée, comme un fétiche ou un objet sacré. Les petites filles, avec ces ficelles végétales sautent à la corde ; elles s'en tressent des couronnes de mariée qu'elles ornent de fleurs pour des rites de passage. Quand un petit garçon est malade de la coqueluche, sa mère lui fait porter un collier et des bracelets de fil rouge. Le fil, cosmique, maléfique, protecteur ou initiatique, est fil de l'histoire qui relie aussi les mondes et les états : monde visible et monde invisible ; états d'offrir et de recevoir un sacrifice. Le fil engendre le lien, la corde, la tresse, la liane, nous révèle physiquement l'espace ; à le suivre à la trace, à le voir s'animer dans des vibrations, il se fait symbole de l'amour et de la dualité, quand il s'enroule autour de l'arbre. Ce sont des torsades hélicoïdales magnifiées dans les plantes volubiles, qui offrirent à l'homme le beau mouvement circulaire ouvert, sortant du point originel qu'est la spirale.

Aux époques préhistoriques, de rudimentaires palissades tressées, déjà, délimitent l'espace humain, le territoire individuel ou collectif. Ces œuvres de cordes végétales témoignent des architectures qui s'apparentent encore, de nos jours, aux enchevêtrements et entrecroisements du fil. Ces aménagements du fil, faits pour contenir, pour enclore, sérient les immensités terrestres, les partagent en intérieurs et extérieurs.

A travers les âges, dans toute civilisation, les constructions faites de mains d'homme, s'y référeront toujours. Elles seront engagées dans la perfection quand elles trouveront l'axe-fil qui permet le passage du dedans au dehors. Ce que notre imaginaire construit d'images d'enfermement, de refuge, de clôture ou d'intimité nous renvoie aux formes plus complexes de ces constructions : les filets, armes redoutables. Aussi, ce qui entrave la vie intérieure et extérieure, ce qui est difficile et douloureux à démêler, à dénouer, à défaire, les mailles dans notre vie en général.

Le fil a opéré, à lui seul, comme une seconde entrée en écriture du mythe des fileuses. Les nombreuses expressions du fil qui émaillent le français, autant que les actualisations mêmes des fileuses, assurent la filiation entre le fil de la parole et l'écriture.

« De fil en aiguille », que l'on repère déjà dans le *Roman de la Rose*, et qui fait allusion au travail de la femme et à celui du fil. Une expression qui est utilisée par rapport au discours qui se tient. A cette place même où elle apparaît, le discours est rompu, il y a un trou de mémoire ou un secret à enfouir dans la langue, il faut cette expression, spécifique, du narrateur pour signifier, sans signe, la rupture prévue ou inconsciente dans le dire. Allusion faite à la fragilité du fil de la parole. Mais aussi possibilités pour établir, comme dans un enfilage, des points de condensation du langage. Image qui condense le temps et la manière, le moment et le mode des mains, premières mains, mains de la mère, qui font, de première main, ce qui ne sera pas dénoué. A dire l'expression : « de fil en aiguille », pour le locuteur substitué au lecteur, il y a travail de se rappeler la toute première figure de toute son histoire (les mains de la mère qui font), la prendre comme référent, et renouer le fil (de son discours), pour continuer à rapporter, à raconter, de manière plus rapide, plus chargée. L'expression adverbiale, fixe, inchangeable, est ici, fabrication unique de celui ou celle qui dit, pour tenter peut-être de s'approprier son texte narratif. Cette expression assure l'émergence du narrateur comme être ontologique réel de l'intérieur de son propre discours. C'est aussi le lieu de la mise en évidence pour le lecteur, après coup, de se voir pris dans l'impossibilité de continuer le fil de sa parole-là. Moment et lieu uniques aussi de la non-répétition, du non avènement de ce geste initial qu'il ne peut que voir ou se remémorer. Ainsi, « de fil en aiguille » est-il une scène unique dans le langage. Mise en scène du fil et de son silence. Silence d'une condamnation jamais annoncée, d'être celui qui dit, et jamais celui qui fait ou qui refait. Du fil masculin à la féminine aiguille, il y a le lien entre l'homme et la femme, réplique du premier qui est entre la mère et l'enfant. Ce qui est la rencontre céleste entre la Tisserande et le Bouvier, le moment de l'équinoxe, l'équilibre, l'union et la complémentarité qui s'érigent en philosophie entre le Yin et le Yang.

Mythes et traditions apparentent aussi les labours aux travaux du fil, les plus vieux dans nos mémoires. Ces labours dans le fil de leurs sillons sont actes de création qui firent longtemps de la laine une représentation de la terre et des champs cultivés. Porphyrion, dans l'Antre des Nymphes, désire que ce qui convienne le mieux aux âmes qui descendent dans la génération, soit le métier à tisser.

Un filet de voix

La locution « un filet de voix » nous invite à une autre approche quant au symbolisme du fil que filerait la voix elle-même, représentation de ce qui, en nous sortirait de l'obscur, serait la trace, le signe le plus autobiographique de qui ose intérieurement se regarder. Les signes vocaux, plus que le regard, nous écriraient sans cesse, et la voix, le filet de voix serait l'autoportrait le plus parfait du soi-même. Il faudrait pour se dire tout entier aux autres et qu'ils apprennent à se dire aussi, que nous commencions les chants du soi par des incantations de soi.

Jean-Jacques Rousseau nous donne de grandes leçons à parler du « filet de voix fort douce » de sa tante Suson : « Hors le temps que je passais à lire ou à écrire auprès de mon père et celui où mamie me menait promener, j'étais toujours avec ma tante à la voir broder, à l'entendre chanter, assis ou debout à côté d'elle et j'étais content. » Si le poète lyrique ou l'artiste dit toujours « je », selon Nietzsche, « c'est parce qu'il ne cesse de venir nous dévider la gamme chromatique de ses passions et de ses désirs ». La voix : notre voix qui met en écheveau le fil de notre histoire, la voix elle-même : magique quenouille du temps, ne cesse de nous convoquer aussi à l'écriture de ce qui est cris et murmures, appels et rugissements. La voix se déroule et, signe des rendez-vous donnés à soi, aux auditeurs-lecteurs qui, à l'entendre, reconnaîtront, à coup sûr, la voix de l'auteur. La voix : écho des origines, file l'innocence essentielle de soi, des silences éternels.

A reprendre le « filet de voix fort douce » dans les *Confessions* avec le philosophe-pédagogue, nous sommes amenés à constater que la voix, comme le fil, est représentation ambivalente du passé et du présent. C'est là, plus qu'ailleurs, le petit fil de la voix aimée, l'essence même de la voix. C'est lui qui origine comme une figure divine, et se charge pour toujours, et de souffles et de râles. Pour Rousseau, au fil des temps, le filet de voix dure toute la vie, se tapissant au fond des voix. Il est textile qui regroupe les mots, les paroles, les pauses, les consolide dans un socle de sons qui chante. Un lit de fleuve qui, sans se savoir creusé d'oublis et d'absences, de manques à écrire, reconstitue le bruit antique des aspes. La voix douce de tante Suson, même en filet, ne cesse de chanter, et encore à l'auteur écrivant, elle ne peut s'épuiser à dire « la quantité prodigieuse d'airs et de chansons » qu'elle chante. Voix de la vieillesse, de la mort qui assemble le visible et le lisible. Elle n'est plus audible, si ce n'est en étant dans l'écriture, comme un fil qui engendre notre voix et que nous suivons.

Filet des voix. Réserve des chansons populaires, des airs que les peuples, ensemble, disent dans les circonstances de naissance et de mort. Miroir musical du Monde : indivisible coulée faite de tous temps des affluents de rêves et de poésies.

« Quel lieu plus propice pour ce qui veut se dire de tendre, de toutes ses forces à imiter la musique. » Le filet de voix, pour nous, trace, retrace. Il est toujours, comme le fil, inachèvement nécessaire.

A filer sans cesse, aux champs, dans les écraignes d'antan, le soir, pour calmer les drames intérieurs, les femmes ont inquiété l'homme, autant que l'église et la société. Leurs pensées secrètes, profanes ou sacrées, elles les forgeaient là, pour prendre un autre chemin, un autre statut social. Les fileuses pensent et leurs pensées s'organisent en contre-fil. Si Jeanne d'Arc est « relapse et sainte », suivant le mot de Georges Bernanos, c'est protégée par son filage qu'elle aurait appris à être « un agneau par l'humilité », « un lion par la force ».

Le Mystère de la Charité de Jeanne d'Arc de Charles Péguy s'ouvre sur le décor familier où l'héroïne Jeannette, le matin, file en gardant ses moutons. Une image habituelle au fond de nos mémoires. L'œuvre continue et s'étoffe des convictions de la bergère, exposées devant Hauviette son amie, et Madame Gervaise, qui l'accuse de blasphémer. Le rideau va tomber dès qu'elle aura dit : « — Orléans, qui êtes au pays de Loire ». Avant, elle s'était remise à filer.

Dans son livre *Christine de Pisan*, Régine Pernoud présente la poétesse à contre-fil, et affirme qu'elle n'aimait pas filer : les reproches qu'elle adresse à sa mère sont pour dire qu'elle voulait l'occuper à des « filasses ». Christine alla contre les désirs de sa mère et prit de son père « un extraordinaire appétit de savoir » :

> « l'avoir qui est pris
> à la fontaine de grand prix ».

Hugues Liborel

BIBLIOGRAPHIE

Paul-Laurent Assoun, *Freud et la Femme*, Paris, Calmann-Lévy, 1983.

Roland Barthes, *Mythologies*, Paris, Seuil, « Points », 1957.

Luc Brisson, *Platon, les mots et les mythes*, Paris, François Maspéro/Textes à l'appui, 1982.

Pierre DARMON, *Mythologie de la Femme dans l'Ancienne France*, Paris, Seuil, 1981.
G. DEVEREUX, *Femme et Mythe*, Paris, Flammarion, 1982.
Jacqueline DUCHEMIN (Mélanges), *Visages du Destin dans les Mythologies.* Travaux et mémoires. Actes du colloque de Chantilly, 1er et 2 mai 1980, Paris, Les Belles Lettres, 1983.
L.-E. EVANS-PRITCHARD, *La Femme dans les sociétés primitives et autres essais d'anthropologie sociale*, Paris, P.U.F., 1971.
Walter ENDREI, *L'Evolution des techniques du filage et du tissage du Moyen Age à la révolution industrielle*, Paris, Mouton & Cie, La Haye, 1968.
Georges LANOË-VILLÈNE, *Le Livre des symboles*, Tome VI, Symbolique du voyage d'Ulysse, Paris, Librairie Générale, 140, bd St-Germain, 1937.
André LEROI-GOURHAN, *L'Homme et la Matière*, Paris, Albin Michel, 1943 et 1971.
— *Le Geste et la Parole*, Paris, Albin Michel, 1965.
M. LEYSSÈRE et M. VALIÈRE, *Les Jours d'Angles*, France, Edition Christine Bonneton, 1984.
NIETZSCHE, *La Naissance de la Tragédie*, Paris, Gallimard, 1977.
Paul SÉBILLOT, *Légendes et curiosités des Métiers*, Table des métiers établie par R. Lecotte, Marseille, Laffitte Reprints, 1981.
— *Le Folklore de France*, Tome III, La Faune et la Flore, Paris, Maisonneuve et Larose, 1968.

Gémeaux : quadratures et syzygies

La séduction gémellaire

Proche du mythe de Sosie ou du double qu'il renforce tout en l'enfermant dans un cadre strictement familial, le mythe littéraire des Gémeaux n'est pas sans rapport avec celui de l'androgyne dont il offre l'image inversée dans le cas des jumeaux de sexes différents. L'attrait particulier qu'il exerce sur l'imagination à l'intérieur de cette constellation, néanmoins, reçoit sa force de l'élément génétique impliqué par son scénario originel. Le couple gémellaire, en effet, nous conduit au centre physique de la personnalité et dans un territoire mental où la force des tabous est la plus contraignante. Il rend exemplaire un autre mystère tout aussi provocant pour la « pensée sauvage » que pour des esprits formés à la complexité croissante de la science : le prodige de la ressemblance parfaite et de la double naissance ne conserve-t-il pas intact le « paradoxe » souligné par René Zazzo ? Identiques en apparence, les jumeaux ne le sont pas du point de vue intellectuel et affectif. Cette évidence confirmée au psychologue par les romanciers contemporains — et notamment par Michel Tournier — est à l'origine des effets comiques ou fantastiques et aux raffinements romanesques suggérés par l'exploitation du redoublement gémellaire. Ce redoublement qui devient dédoublement sous un autre angle de vue est un défi à l'humanisme fondé sur l'unité de l'individu et, comme tel, il comporte un élément de transgression dans l'inconscient moderne : il suscite la jubilation particulière que provoque le spectacle d'une faille installée dans la représentation du sujet. L'image des gémeaux, en fait, est souvent une « machine littéraire » qui semble conçue pour susciter à la perfection ce « plaisir du texte » repéré par Roland Barthes : elle est éminemment « érotique » parce que, comme le texte, elle fait jouer une « intermittence », parce qu'elle est « mise en scène d'une apparition-disparition », béance de la signification au cœur de la personne. Elle offre l'illusion d'une neutralité provisoire créant le vertige d'un vide et donc un appel à la curiosité. Elle présente parfois un renforcement de la « densité charnelle » ; elle est, comme le déclare Michel Tournier, un « absolu inaccessible ».

Marcel Aymé ne s'y était pas trompé qui, en 1928 dans *Les Jumeaux du diable*, « fabriquait aux Enfers » et avec l'aide de Satan deux hommes « tout pareils d'âme et d'apparence », ayant aussi « même âge, même nom, mêmes souvenirs ». Le jeu de la différenciation, ce « je-ne-sais-quoi d'alerte, je dirais presque de spirituel », comme le remarque l'un des jumeaux du livre, est l'élément moteur de l'intrigue et constitue l'essentiel de l'envoûtement diffusé par le scandale logique de la vraie gémellité : plongés dans une temporalité et des amours qui devraient normalement les arracher au fantasme de la duplication aliénante (« Je vous vois comme les deux épreuves d'un même cliché », s'écrie le capitaine), les jumeaux du diable sont poursuivis par la fatalité satanique qui a présidé à leur naissance : Louis pousse Norbert dans la mer « où c'est doux », puis le rejoint en pensant à la proximité des squelettes qui seront « pareils pour un certain temps »...

L'utilisation de ce lourd appareil symbolique traduit ici l'angoisse d'une culture hantée par le principe destructeur de la Répétition. Elle renvoie aussi à la quête obsessionnelle des Différences qui, depuis le Sophiste de Platon jusqu'à Nietzsche et Gilles Deleuze, est présentée comme l'opération de survie des sociétés guettées par l'enfermement narcissique : en ce sens, l'oncle Alexandre, héros des décharges publiques des *Météores*, témoigne magistralement de la pulsion de mort que les jumeaux Paul et Jean portent en eux et sont chargés d'exorciser en même temps dans l'économie du roman de M. Tournier. En ce sens aussi, le livre de René Zazzo, *Les Jumeaux, le Couple et la Personne* surgit dans le système du mythe comme l'une de ses réalisations et correspond bien à ce que C. Lévi-Strauss dans son analyse du mythe d'Œdipe appelle la « surestimation des relations de parenté » : la transformation du couple des jumeaux en laboratoire modèle où s'observe la constitution de l'être humain n'est que la rationalisation extrême de cette attitude.

D'autres cultures, pourtant, moins centrées sur la notion de personne recourent à l'image des jumeaux, non plus pour mettre l'accent sur le repliement dans la ressemblance mais, au contraire, pour insister sur les bénéfices que procure la multiplication de l'identique. Dans cette perspective de sous-estimation des relations de couple qui est celle du clan, c'est bien la vision euphorique de la fertilité initiale symbolisée par la naissance double qui préside à la fantasmagorie gémellaire. Cette ressemblance est celle de la lignée des héros fondateurs du *Popol-Vuh*, les Gémeaux Hunahpu et Ixbalamqué, par exemple : elle communique une note spécifique au roman de Gabriel Garcia Marquez *Cent Ans de Solitude* dans lequel le jumeau Auréliano le Second est le représentant bouffon d'une extraordinaire prospérité : les animaux domestiques de ses fermes se multiplient d'une manière surprenante, « ses juments poulinaient des triplés, les poules pondaient deux fois par jour ». Suspect de « pratiques magiques », mais attribuant sa chance à sa concubine, Aureliano est le dépositaire d'une « vitalité » et d'une force colossale héritées de ses aïeux et possède aussi un « charme irrésistible ». Ce charme est d'abord celui de l'étrangeté et des jeux gémellaires. Les jumeaux de Gabriel Garcia Marquez, en effet, se livrent souvent dans leur enfance à une petite comédie fondée sur leur complémentarité : « Leurs gestes, dit le narrateur, étaient coordonnés avec une telle précision qu'on aurait pas dit deux frères assis l'un en face de l'autre, mais un jeu de miroir ».

Prospérant dans l'imitation de « mécaniques bien synchronisées », les jumeaux sont en permanence menacés par l'abstraction de cette logique artificielle. On comprend qu'ils appellent dans la perspective de G. Marquez une littérature de « hasard » et de surprises : la narration progressivement échappe à leur emprise et emporte les héros dans le tourbillon de l'épopée : là, fondus au groupe, mais portant encore le privilège de leur naissance, ils demeurent comme une référence obligée au temps des origines. Ils n'ont, à la limite, que la consistance d'un concept ethnographique et introduisent une temporalité intermédiaire, à mi-chemin de l'éternité du mythe et du temps historique.

Mais la séduction des Gémeaux ne résulte pas seulement de la force d'une illusion. D'autres facteurs qui varient selon les époques contribuent à moduler les apparitions littéraires du mythe : un certain fonctionnement de « l'imaginaire primitif » sans doute, mais aussi les développements de la science et encore le pouvoir de quelques œuvres exceptionnelles qui ont su déployer avec une insistance persuasive des traits représentatifs et cohérents. Ce sont tous ces aspects qu'il importe de considérer dans une brève étude de l'évolution du mythe.

L'AVENIR D'UN PARADOXE

De la gémination à la différenciation des œuvres

Si la nomination est bien une forme simple de récit, telle qu'elle apparaît dans les cultures orales, il semble que l'association gémellaire appelle tout particulièrement un type de redoublement nominal servant à exprimer la répétition de l'identique dans ces êtres pourtant différents que sont les jumeaux. La différence d'une lettre ou de quelques lettres vient ainsi consacrer celle des identités reposant sur un radical stable. Ainsi Florus (ou Flaurus) et Laurus qui, selon Rendel Harris, désignent les lauriers tenus par Léda entourée des jumeaux dans une scène peinte sur un vase de Vulci, seraient devenus les noms de saints dans les lieux de cultes autrefois consacrés aux puissances gémellaires. De même, les dieux Vandales Raos et Raptos, dont l'étymologie renvoie à rauzaz et raftaz qui signifient respectivement « roseau » et « poutre », correspondent pour Georges Dumézil à un parallélisme de leur représentation emblématique dont le modèle est donné par les dokanas, poutres unies symbolisant l'unité affective des jumeaux. Les effets d'échos ou d'analogie verbales tendraient donc à mettre en scène une fonction ou une qualité commune des gémeaux. On sait que Castor (du grec « le resplendissant ») et Pollux signalent également une origine astrale et lumineuse. Des procédés légèrement différents comme la flexion du radical (Romus, Rémulus, Set, Cham) l'homophonie des terminaisons (Einbett, Warbett, Villbett, Héraklès, Iphiklès, etc) ou les jeux de paronomase ou de métathèse auxquels donnent lieu les saints trijumeaux du calendrier (on se souvient de l'étonnement légitime du personnage du *Manteau* de Gogol qui, avant de nommer son fils Akaky Akakievitch, doit affronter les noms redoutables de « Mosky, Sossy et Kozdozatt » puis de « Trifily, Doula et Varassakly » et qui, le narrateur l'avoue avec humour, aurait préféré « Baradatt ou Baruch »). La contamination gémellaire s'exprime donc par une recherche d'homophonie traduisant une équivalence des significations : la gémination du duel (« Augg » signifie « les deux Auguste » en latin) en est la manifestation archaïque. Elle repose sur une psychologie de l'indistinction dans laquelle, selon la formule de Piaget, « la dualité précède l'unité ». La marque de la différence, au contraire, aboutit à une organisation hiérarchisée dont la logique est plus complexe. On se rappelle à ce propos les célèbres remarques de R. Jakobson sur les jumelles « Jeanne et Marguerite » dans les *Essais de Linguistique générale* : l'ensemble des oppositions de phonèmes (« J » opposé à « M », « a » développé en « a, i ») pousse le linguiste distingué à souligner l'effet de système projeté par la « configuration des symbolisants » sur celle des « symbolisés ».

Cette dernière est pourtant régie par une dynamique du dédoublement qui, dans les récits concernant les jumeaux, s'étend au schéma des relations ellesmêmes pour aboutir à une harmonie généralisée du chiffre pair et de la symétrie. Ainsi en Grèce, Hélène dans la première version de la légende naît-elle d'un œuf pondu par Némesis qui a pris la forme d'une oie pour s'unir à Zeus. Très vite, elle va apparaître avec les Dioscures : sur un vase peint, on voit ainsi cet œuf confié à la famille de Tyndare, comme le montre M. Chapouthier. Plus tard, par une permutation de fonctions, c'est Zeus qui va se métamorphoser en cygne et féconder Léda, mère des Tyndarides. Dans une autre représentation de la naissance d'Hélène, les deux jumeaux sont montrés à côté d'elle comme sortant de la même coquille. La force gémellaire impose alors le dédoublement de l'œuf en deux œufs symétriques : très « logiquement », Clytemnestre est enfin introduite dans la légende pour partager avec Castor le second œuf : au couple de fécondation divine Pollux-Hélène s'oppose le couple humain Castor-Clytemnestre. Nécessairement la femme vient refermer le quatuor dioscurique.

EFFETS RÉTROACTIFS DE LA GÉMELLITÉ

De la même manière, nous avons montré, dans *Mythe et Littérature sous le Signe des Jumeaux*, qu'une contamination gémellaire systématique avait exercé dans l'*Amphitryon* de Plaute une pression non seulement sur les personnages de Jupiter et de Mercure obligés de se transformer en Amphitryon et en Sosie, mais sur l'intrigue elle-même et sur ses objets : n'est-ce pas Sosie en personne qui s'écriait :

« Tu as accouché d'un autre Amphitryon et moi d'un autre Sosie : si la coupe à son tour a accouché d'une autre coupe, nous voilà tous avec un jumeau » ?

On voit donc comment le divertissement donné à l'occasion de la fête commémorant la naissance d'Hercule et de son jumeau humain Iphiklès a un effet rétroactif sur l'œuvre elle-même, qui est comme gagnée par une folie de gémellité et développe à plaisir des éléments parallèles. Dans un sens tout à fait contraire, le principe d'opposition entre le personnage divin et son double humain se solde par l'apparition de toute une série d'antithèses binaires : l'identité est le point de départ (« deux gouttes de lait ») pour l'illustration du jeu des contraintes logiques qui commande le raisonnement non scientifique.

C'est celui-ci toujours qui va organiser l'univers du théâtre shakespearien. La reprise des auteurs latins par le dramaturge a reçu un sens particulier avec la naissance des jumeaux Hamnet et Judith qu'Ann Hathaway mit au monde en 1585. C'est ainsi que *La Comédie des Erreurs* (1590-1592 ?) inspirée par *Les Ménechmes* de Plaute a été bâtie sur le principe de la constitution, de l'opposition ou de la réunion de couples contrastés. On se rappelle sans doute que dans cette pièce de jeunesse, la femme d'Egéon, Emilia, devient « l'heureuse mère de deux beaux garçons, se ressemblant à tel point, chose étrange, qu'ils ne pouvaient être distingués que par leur nom ». La ressemblance merveilleuse des enfants justifie la « fierté » d'Emilia désireuse de prendre la mer pour les « montrer » à ses parents. Une tempête pendant le voyage, on le sait, est l'occasion de la séparation familiale : l'un des jumeaux demeure avec le père, l'autre avec la mère. Le thème central qui réapparaîtra dans quelques œuvres ultérieures est donné : celui de *la quête du jumeau perdu* doublant la recherche de l'unité familiale. Mais ce thème n'intervient qu'au terme de l'œuvre dans le coup de théâtre du dénouement. On sait que Michel Tournier le placera à l'avant-scène de son roman emportant les jumeaux dans un « Tour du monde » qui redouble aussi celui de Philéas Fogg et de Passepartout. Pour Shakespeare, toutefois, toute la comédie se déroule à Ephèse : c'est dans l'univers clos d'une ville, en effet, que la gémellité provoque le délire. L'arrivée d'Antipholus de Syracuse, l'un des jumeaux absolument identique à Antipholus d'Ephèse, déclenche l'exploitation dramaturgique du principe d'*ubiquité* : le jumeau doublé par son frère peut être en deux endroits différents en même temps. La ville devient le lieu d'envoûtements dangereux, de maléfices et les personnages eux-mêmes s'en trouvent « enchantés ». Un délire identique travaillera l'univers étrange de Venise dans *Les Jumeaux vénitiens* de Goldoni : les frères doubles dans les deux pièces sont entraînés malgré eux dans les chassés-croisés amoureux que favorise leur apparence extérieure ; cette instabilité affective se communique enfin à la cité et aux valeurs qu'elle représente. Mais le monde shakespearien est solide en réalité malgré ces hésitations passagères. Cette solidité est avant tout d'ordre familial car les deux femmes aimées par les jumeaux sont, elles-mêmes, sœurs. L'ordalie — c'est-à-dire l'épreuve de l'indistinction — n'a donc qu'un temps : très vite, toute la famille est réunie dans le Temple de Diane, sœur jumelle d'Apollon ; là, dans un de ces « sanctuaires » de jumeaux où s'est réfugiée la mère devenue Abbesse, chacun retrouve le partenaire qui lui revient ; il n'est pas jusqu'aux domestiques, les Dromions, jumeaux séparés eux-mêmes, qui ne soient satisfaits.

Gloires et décadences

La pièce, on le voit, répond à une démarche mythique fortement orientée : toute l'intrigue a consisté en une expulsion de cet « esprit mauvais de gémellité » dont W.H. Sangree a décrit le rituel chez les Indiens Irigwe. L'un des jumeaux ne porte-t-il pas en lui une trace inhumaine qui doit être effacée ? Le texte de Shakespeare le laisse entendre sans ambiguïté : « L'un de ces deux hommes est le génie de l'autre. » Ainsi, en choisissant Ephèse et le temple de Diane comme lieu de réunification de sa famille gémellaire, Shakespeare a voulu sacrifier symboliquement à l'un de ces rites d'exorcismes qui accomplissent le dépassement de la Nature par la Culture. La maternité transformée par le sacerdoce sanctifie le bonheur symétrique des parents et des enfants. Il n'est pas étonnant que la comédie se termine sur une « fête de causerie » donnée à l'occasion de Noël, insistant fortement sur la fonction civilisatrice suprême de ce dénouement. Dans *Le Soir des Rois*, on le sait, pièce écrite pour le douzième soir des festivités de Noël, un spectacle assez proche ramènera sur la scène la même symétrie entre un couple parental et celui que forment deux jumeaux Viola et Sébastien qui, après la même période d'épreuves et d'incertitudes, épouseront l'une le Duc d'Illyrie, Orsino, et l'autre la Comtesse Olivia. Très vite, on le voit, la hiérarchie familiale recoupe la hiérarchie politique dans l'œuvre du dramaturge.

Si nous avons insisté sur cet aspect limité de l'œuvre de Skakespeare, c'est parce qu'il montre clairement à quel point l'aura du merveilleux qui accompagne la nativité gémellaire a permis à l'homme de théâtre de développer un sens aigu de toutes les manifestations littéraires du mythe et une sensibilité particulièrement fine au jeu des relations impliquées par les êtres complémentaires et opposés. On remarquera encore que le quatuor final intervient avec la réduction de la querelle et la subversion des « impairs », comme le dit Puck du *Songe d'une Nuit d'été*; il serait intéressant de montrer aussi comment la tragédie au contraire repose sur l'impossibilité de cet avènement et sur la clôture du chiffre trois (le chiffre des sorcières de *Macbeth* et des Parques). La dissémination des jumeaux dans l'œuvre shakespearienne — et nous avons voulu en suivre le développement dans *Mythe et Littérature* — fait à l'évidence de ce théâtre l'instrument efficace de pénétration du mythe dans l'Occident culturel.

Et l'héritier direct du maître, nous a-t-il semblé, est Edgar Poe, lui-même, qui s'est voulu un double du « *poe-t* », le William Wilson, l'émule du « Grand Will » dans la littérature mondiale. Mais le romantisme et les premières atteintes du narcissisme décadent transforment en Apocalypse les nativités et les Pâques gémellaires shakespeariennes : Usher et sa sœur Madeline sont bien « jumeaux » comme le révèle brutalement le narrateur, mais ce coup de théâtre signe le naufrage dans la folie et la « chute de la maison ». La présence de l'amour et de l'enfermement incestueux se fait plus obsédante, si bien que toute l'œuvre de Poe n'est qu'un retournement histrionique de l'univers optimiste shakespearien : *La Lettre volée* est bien l'envers de *Troylus et Cressida*, et Poe le rival « triomphant » en sous-main de son grand prédécesseur.

Une direction nouvelle est donnée à l'emploi du mythe avec *Le Crépuscule des Dieux* d'Elémir Bourges de 1884 où les jumeaux Hans Ulrich et Christiane, formés à partir des personnages d'Edgar Poe et de leurs homologues wagnériens Siegfried et Sieglinde, iront jusqu'à sa réalisation charnelle de l'inceste et jusqu'au suicide. Un fantasme que Thomas Mann a transposé en partie dans l'Allemagne de 1905 avec la représentation des jumeaux juifs, Sieglinde et Siegmund Aarenhold, qui jouissent sans remords de leur identité physique : *Sang réservé* met en scène, en effet, un amour narcissique qui n'est que la pointe extrême d'un racisme refusant toute différence. Paradoxalement, ces personnages — « deux orchidées dans un vase » — enfants de la riche bourgeoisie, consacrent la faillite de « l'assimilation » à laquelle leur père a voulu les soumettre en leur donnant ces prénoms. En même temps, le traitement romanesque de leur passion, en superposant leur drame à celui de l'opéra wagnérien, souligne une involontaire identification des personnages à leurs doubles mythiques de pacotille : les acteurs blonds de race aryenne. On sait que dans *L'Homme sans qualités* de R. Musil (1930), l'obsession refera surface avec la gémellité imaginaire inventée par Ulrich et Agathe, fondant, comme R. Zazzo l'a bien souligné, une « utopie gémellaire ». On voit ici comment la relance wagnérienne du mythe s'est associée au sentiment de la Décadence pour faire des jumeaux les témoins de la chute de l'Occident dans un décor de théâtre. A l'apogée de leur course, les Gémeaux littéraires fondateurs de la Cité ne sont plus que des figurants. En Allemagne un dernier souvenir grinçant de cette caricature paraîtra avec les personnages de Castor et Pollack de *L'Ami retrouvé* de Fred Uhlman (1971).

VERS LA NOUVELLE PSYCHOLOGIE

Dès 1869, pourtant, les perspectives scientifiques modifient l'approche littéraire des jumeaux. Sir F. Galton, le cousin de Darwin, dans sa célèbre « méthode des jumeaux » considère que les différences apparaissant dans le couple sont dues à des accidents du développement perturbant les lois de l'hérédité. Une théorie que William James contestera dans l'ardeur de la « réaction spiritualiste » et dans le combat qu'il mène pour la liberté de l'homme contre les théories du déterminisme.

Diverses œuvres surgissent à ce carrefour : grotesques, comme *Les Frères siamois* de Mark Twain de 1869 avec son humour de foire et la pochade de *Pudd'nhead Wilson* de 1894, métamorphose plaisante de *William Wilson* de Poe. *Le Prince et le Pauvre*, aussi, en 1882, répond à un semblable projet d'exploitation appuyée du thème, de même que *Le Cas étrange du Dr Jekyll et M. Hyde* de 1885 de R.L. Stevenson présente un héros déchiré par la « lutte perpétuelle » de « deux jumeaux antipodiques ». D'une manière plus réservée, au contraire, toute la philosophie de William James et l'œuvre de son frère Henry se construisent sur un dépassement de la « maladie de gémellité » qui les a frappés et dont *La Petite Fadette* de George Sand inspirée par un récit de Jules Janin leur a fourni le modèle littéraire : avec l'aide du théâtre de Shakespeare, mais aussi grâce aux exemples de gémellité dispersés dans les nouvelles de Poe et dans les contes recueillis à l'époque par Andrew Lang, son ami, Henry James réussit tout particulièrement — de *Roderick Hudson* de 1875 aux *Ambassadeurs* de 1903 — à donner une forme discrète et splendide à la fantasmagorie gémellaire. Il semble que l'écrivain — comme nous l'avons montré dans *Henry James, une Ecriture énigmatique* — ait réalisé ici consciemment un tour de force assez semblable à celui que Marc Soriano a pu distinguer dans le travail littéraire de Charles Perrault : le « détour » par les jumeaux qui explique les ambiguïtés de Riquet à la Houppe et qui a conduit Soriano au centre de la problématique textuelle du conteur modèle toute l'écriture du romancier américain. Les Dioscures sont alors moins les représentants d'une nouvelle santé littéraire que les « Ambassadeurs » d'une culture rénovée d'envergure internationale.

Des résurgences ultérieures du thème accompagnent régulièrement le retour des idées déterministes : ainsi c'est à la diffusion des théories mendeliennes en 1920 qu'il faut attribuer en dernière analyse la fantaisie des *Patapoufs et Filifers* d'André Maurois de 1930 plongeant les lecteurs dans un monde merveilleux dont l'accès est donné par la Roche Jumelle de Fontainebleau : l'humanité de cet univers est rigoureusement découpée en deux catégories d'individus antithétiques et la maturité des héros suppose la traversée des contradictions qu'elles représentent. Dans le même esprit, le récit d'anticipation d'Aldous Huxley, *Le Meilleur des Mondes* de 1932 caractérisé par son humeur d'exagération parodique, développe jusqu'à l'absurde l'hallucination gémellaire avec ses « quatre-vingt seize jumeaux identiques faisant marcher quatre-vingt seize machines électriques ». Les jumeaux, une fois encore, sont les catalyseurs du malaise social et de l'uniformisation provoquée par la science inhumaine. Leur avenir est alors établi : ils sont placés aux avant-postes des sociétés en mutation, mais pour subir le feu roulant de l'hérédité naturelle ou fabriquée artificiellement. En fait, ce sont, sinon des mannequins ou des robots, du moins presque des fétiches. Il fallait une intervention décisive des psychologues pour briser ce cercle enchanté et faire d'eux les champions raffinés d'une liberté inédite.

La synthèse moderne : le personnalisme astral

Cellule révélatrice des lignes de force d'une époque ou d'une culture, les gémeaux ont d'abord incarné dans leur double naissance l'opposition majeure du masculin et du féminin, du divin et de l'humain dans les mythes des origines. Le rabattement de ces météores célestes sur l'humanité quotidienne a laissé place dans les rituels de fondation aux conflits des jumeaux éponymes, la civilisation se soldant par l'élimination du plus faible (Abel, Rémus, etc.) ou par le refoulement des Dieux dans l'Empyrée (Plaute). La gestion aristocratique de la cité, ensuite, a contribué par l'intermédiaire du platonisme à un rééquilibrage du couple gémellaire dans l'identité (*Ami et Amile*) au Moyen Age. Mais la naissance de la société bourgeoise, avec Shakespeare, a remis en scène un quatuor gémellaire (deux couples de jumeaux identiques et de sexes différents) dans lequel l'indécision provisoire de l'androgyne (Ganymède de *Comme il vous plaira*) laisse place à l'union et à la hiérarchie parfaite des personnages complémentaires. C'est pourtant sur l'indécision sexuelle et sur l'inceste des jumeaux de sexes opposés que sombre « l'Europe décadente » de la fin du dix-neuvième siècle. Un certain retour à l'imaginaire platonicien et astral se manifeste plus tard toutefois dans le dialogue consacré à la lune par Ulrich et Agathe de *L'Homme sans Qualités*. Cette recherche de relations libérées culmine enfin dans *Les Météores* de Michel Tournier (1975) où la séparation des jumeaux identiques a pour fonction de révéler à travers la quête inquiète de « l'âme déployée » la passion homosexuelle triomphante et la communion parfaite avec l'univers : faisant coïncider le « temps météorologique » et le temps du calendrier, l'aventure gémellaire se veut alors le manifeste d'un sensualisme complet qui abolit les limites de l'être dans la confusion des rythmes naturels. Cet hédonisme se traduit par une fantasmagorie spécifique appelant les compensations que recherche la « gémellité dépariée » : tout, en effet, rappelle au héros de Tournier la personne du « frère-pareil » disséminé dans le monde « comme ces météorites qui fondent dans une gerbe de flammes au contact de l'atmosphère ». Il résulte de cette réserve un nouveau solipsisme fondé sur la terreur qu'inspire l'Altérité : la « gémellité généralisée » qui apparaît au Japon, à l'apogée du voyage international, n'est en réalité dans *Les Météores* qu'une gémellité appauvrie dans l'indistinction. L'œuvre pourtant est l'expression d'un cosmopolitisme et d'un néo-romantisme flamboyants réalisant la conjonction de l'analyse et de la pratique du mythe dont l'écrivain s'est longuement expliqué avec *Le Vent Paraclet* (1977) et dans *Le Paradoxe des Jumeaux* au cours d'un entretien avec l'auteur de cet ouvrage.

C'est donc dans le prolongement implicite du livre de R. Zazzo et des travaux de J. Lacan sur « le stade du miroir » que de nombreux écrivains modernes abordent aujourd'hui le romanesque gémellaire. Mais même dans le cas contraire, qu'il s'agisse de *Kioto* de Kawabata (1970) ou des *Jumeaux de Blackhill* dc Brucc Chatwin (1984) traitant le thème d'une manière plus prosaïque et « sédentaire », ou que la magie du couple donne lieu à des aperçus anthropologiques surprenants (*La Mémoire double* de I. et G. Bogdanov - 1985), cette écriture s'inscrit toujours comme une profession de foi lancée au nom d'un humanisme exigeant à la mesure des jumeaux ambigus qui en portent la bannière.

La boucle littéraire du mythe, de toute façon, est bien refermée avec *Les Météores* : privé de sa nature surhumaine depuis sa descente des cintres du théâtre shakespearien, le Gémeau, aujourd'hui, renoue avec le ciel dans une critique et une extase existentielle qui sont la forme banalisée de sa nostalgie du divin.

Jean Perrot

BIBLIOGRAPHIE

M. CHAPOUTHIER, *Les Dioscures au service d'une déesse,* Paris, E. de Boccard édit., 1935.
G. DUMÉZIL, *Du mythe au roman,* Paris, PUF, 1970.
H. GALTON, *Hereditary genius,* London, Macmillan & C°, 1869.
R. HARRIS, *The Cult of the Heavenly Twins,* Cambridge, Press, 1906.
F. LEPAGE, *Les Jumeaux,* enquête, Coll. Réponses, Paris, R. Laffont, 1980.
F. MICHEL-JONES, *Retour aux Dogons,* Paris, le Sycomore, 1978.
J. PERROT, *Mythe et littérature sous le signe des jumeaux,* Paris, PUF, 1976.
— *Henry James, une écriture énigmatique,* Paris, Aubier, 1982.
M. SORIANO, *Les Contes de Perrault, culture savante et traditions populaires,* N.R.F. Gallimard, 1968.
M. TOURNIER, *Le Vent Paraclet* NRF, Paris, Gallimard, 1977.
R. ZAZZO, *Les Jumeaux, le couple et la personne,* 2 vol., Paris, PUF, 1960.
— *Le Paradoxe des jumeaux,* Paris, Laurence Pernoud Stock, 1984.

MYTHES GERMANIQUES

On n'envisagera ici que les mythes qui, selon nous, s'appliquent aux Germains continentaux, en laissant de côté, par conséquent, les branches septentrionale (Scandinaves) et occidentale (Anglo-Saxons et Néerlandais) de cette importante collectivité au sein de la grande famille indo-européenne. Même ainsi, de la Suisse alémanique à l'Autriche, de la Prusse à la Bavière, les différences sont considérables et une appréhension globale court, par définition, le risque de toute généralisation hâtive et donc erronée.

Car il est parfaitement injuste de rassembler sous une même dénomination des ethnies qui s'imposent, à l'observateur, plus par leurs différences que par leurs traits communs. Par excellence, les Germains représentent un conglomérat que n'unifie que la langue qu'ils parlent et dont la réalité historique, politique et même géographique est toute récente. Dès les origines, les Germains ne se sont jamais désignés ainsi eux-mêmes. Ce sont les non-Germains qui ont « fait » les Germains (terme, au demeurant, sans doute d'origine celtique et renvoyant à l'idée de « cri » — en raison probablement de leur attitude en cas de réunions publiques — mais sûrement pas à celle d' « armée » ou de « guerre »).

Le premier à les envisager en tant que tels fut probablement Tacite (*Germania*, 98) qui, visiblement, écrivait à des fins intéressées, moralisatrices, et qui aura dressé face au Latin avachi, décadent, le Germain énergique, pur et dur — il entendait, évidemment, par là, le « barbare », au sens grec du terme —, thème qui, repris un jour et orchestré par Montesquieu, n'a rien perdu de sa force aujourd'hui. Et pourtant, même compte tenu du pouvoir littéralement formateur que peut avoir une langue sur ses usagers, la première constatation qui s'impose est celle de l'extrême diversité des populations que l'on rassemble sous l'épithète « germanique » : joie de vivre et délires imaginatifs du Bavarois tels que représentés par les célèbres châteaux de Louis II, fantaisie souriante du Tyrolien, efficacité sèche du Prussien, bon sens rustique du Silésien, mystique rêveuse du Rhénan... quel dénominateur commun peut bien unir ces hommes et ces femmes, Albert le Grand et Goethe, mais aussi Marx et Wagner, Tomas a Kempis et Lüther, La Nef des fous et Simplicissimus, ou Hoffmann et Musil!

De là vient que les mythes germaniques sont multiples et très souvent contradictoires. Par excellence, dirons-nous, ils entrent dans ce Dictionnaire parce qu'ils témoignent de la fantaisie des observateurs et de leurs idées préconçues, bien plus que d'une réalité trop fuyante pour être monolithique.

Discernons, pour la commodité de l'exposé, trois aspects majeurs.

Le plus immédiat, parce que renforcé par une histoire récente et tragique, est celui du « Teuton », le guerrier brutal et cruel, le barbare selon notre vision de la chose, déferlant en hordes compactes et inépuisables — ce motif est constamment récurrent depuis Jordanes — sur l'Occident civilisé pour le réduire, l'asservir, lui imposer sa loi martiale. Accents réputés gutturaux d'une langue qui est pourtant capable des plus subtiles variations mélodiques à l'appui, le Cimbre, le Vandale, l'Ostrogot (je choisis à dessein des mots qui sont passés dans notre langue avec les connotations les plus péjoratives), versions lointaines du Prussien engendrant les colonnes blindées du Troisième Reich fanatisées jusqu'à la démence collective et systématique du Blut und Boden. Les apothéoses de Nürnberg nourries de toutes les aberrations qu'un romantisme complaisant et faux, mais qui n'a rien perdu de son magnétisme infantile, met sous le préfixe Ur- (Urvolk, Urheimat, Ursprache) lequel renvoie à la pureté, à l'authenticité des origines ne reviennent qu'à édicter implicitement une leçon : c'est là qu'il faudrait revenir pour obtenir la régénération salvatrice, là qu'une lecture rapide et inintelligente de Nietzsche situe l'Übermensch. On sait trop bien les criminels excès auxquels a conduit cette image aux troubles prestiges du grand Arien blond aux yeux bleus, en dépit de sa manifeste fausseté.

Mais nous ne voulons pas le savoir : il cristallise les haines larvées qui se portent d'instinct sur l'ennemi héréditaire, nous ne pouvons nous en passer car il est, aussi, à la mesure de nos terreurs secrètement chéries, de nos manques : nous voulons voir en lui l'ordre aveugle, la discipline de fer, tout cet obscur tréfonds mi-solaire, mi-sexuel, masculiniste assurément et superbement méprisant pour les tares évidentes dont souffre à des degrés divers de lucidité notre inconscient collectif, et que nous sentons derrière la svastika. Lui, à nos yeux, s'exprime dans le titanesque, le monumental, le Kolossal (avec un k) au nom duquel les châteaux de Bavière disparaissent devant les massives réalisations berlinoises. Wer will, der kann; ich bin ein Mann, das ist ein Kämpfer zu sein. Casque et bottes. Feu et sang. Wotan et Crépuscule des Dieux (improprement nommé, d'ailleurs).

La seconde acception du mythe est, du reste, quelque peu apparentée à celle-ci, par le biais de l'efficacité, de la méthode. Qui dit germanique dit précision technique, réalisations concrètes hors pair, triomphe de la systématique. Une indéniable propension, chez les intéressés, à pousser jusqu'à leur terme logique les théories et leurs applications vient en renfort. Et d'évoquer les savants sourcilleux, auteurs d'énormes thèses sur des points de détails infimes, les acquis, particulièrement impressionnants en notre ère technocratique, de l'industrie, notamment dans les domaines de la mécanique et de la physique, partout un système impeccablement rodé dont la valeur tient autant à l'ingéniosité des concepteurs qu'à la conscience des réalisateurs. Après tout, malgré les protestations d'un Rilke ou d'un Musil, ou l'ironie légère mais corrosive d'un Heine, dans presque tous les domaines, non seulement les grands systèmes de pensée qui ont marqué l'Occident depuis des siècles sont d'origine germanique, mais encore, rares sont les images de dilettante, d'honnête homme qui ne se pique de rien qu'ait à nous proposer la Germanie. Faust est sans cesse appliqué à percer le Grand Secret, fidèle en cela à toute une tradition autochtone, justement. Et toujours, même en matière d'art ou de poésie, on a l'impression qu'une vaste théorie d'ensemble préside à la conception d'œuvres le plus souvent gigantesques, dont on ne veut pas voir qu'elles subirent souvent une évolution considérable : témoin Wagner qui, sous l'influence de Schopenhauer et du bouddhisme, finit par faire de son (initialement) ardente et radieuse Tétralogie le douloureux Crépuscule-des-Dieux.

Il est vrai cependant que, de Maître Eckart à Heidegger, la systématique, toute nuancée qu'elle puisse être, semble présider aux expressions du génie germanique. Vrai quoique, par volonté d'exhaustivité ou de précision sans faille, mainte théorie finisse par développer une dialectique d'une abstraction si féroce que l'entendement, souvent, s'y perd. A quoi se prête, une fois de plus, une langue dont le génie propre, en vertu d'une remarquable faculté d'enrichissement par composition ou dérivation, est de pouvoir reculer indéfiniment les limites du lexique, partant les possibilités de la conceptualisation. C'est un point auquel on ne prend pas assez garde : qu'elle soit traductrice ou génératrice de la pensée, selon la théorie retenue, la langue, ici, est naturellement organisatrice.

Faut-il se montrer surpris dès lors que, par exemple, les deux grands courants de pensée qui auront dominé tout notre XXe siècle soient d'origine germanique l'un et l'autre : la psychanalyse (Freud, Adler, Jung) et la forme que Marx, Engels, Lassalle donnèrent au socialisme. Nous voici ramenés à notre point de départ : en face de l'idéal d'équilibre méditerranéen, ou d'évasion oriental, il y a ce radicalisme que nous voulons trouver sans nuances, cette recherche du fondamental, de l'universel qui ne se sépare pas de la volonté d'application pratique. La réforme luthérienne en était déjà un bon exemple : partie du concret et d'abus qu'elle voulait combattre, elle s'est très vite érigée en système impérieux. Nous ne nous attachons guère à en pénétrer les subtilités ou les réserves : la notion de système suffit, nous suffit à cristalliser cet aspect du mythe.

Système, pourtant, qui n'a rien d'exclusivement mathématique. L'exemple à retenir est celui de la Hanse, prodigieuse organisation commerciale et politique qui finit par dicter sa loi à toute une partie de l'Europe, dès la fin du Moyen Age, mais dont on ignore qu'elle se fondait sur une mystique, voire une spiritualité fort étrangères aux plates réalités économiques.

Or, c'est le troisième visage du mythe, même s'il coïncide fort mal avec les précédents : germanique revient à mystique, les fameuses brumes du Nord doivent bien descendre aussi sur les décors de la Poméranie ou du Mecklembourg et, quelque paradoxal que ce soit, l'âme romantique et le rêve, pour paraphraser un titre célèbre d'Albert Béguin, sont ici, également, au rendez-vous. Est-ce, pour y revenir une dernière fois, à cause de l'organisation même d'une phrase qui autorise tous les détours avant de parvenir à son terme verbal, il nous paraît toujours possible de subodorer derrière toute œuvre, toute pensée germanique, un fumet de mysticisme. Au demeurant, des moniales rhénanes du haut Moyen Age (Hildegarde de Bingen) à Schelling et sa philosophie de la nature, que de pensées réduisent à quia les prétentions d'un cartésianisme court ! A l'inverse, que de méditations échevelées sur les effusions de Novalis, Hölderlin ou Hofmannsthal ! Déjà Dürer et sa Melancholia se prêtaient à élucubrations infinies. Et si l'expressionnisme, de Wedekind à Brecht, est allemand (en vérité, il est tout autant scandinave, avec Edvard Munch ou Strindberg mais scandinave, c'est encore germanique), c'est bien la preuve que cet effort pour traduire le plus directement possible le bouleversement d'une sensibilité en abolissant au maximum tous les écrans qu'interposerait, par convention ou par nature, le support écrit ou figuré, coïncide avec la mentalité germanique.

Et d'ailleurs, ne sommes-nous pas au paradis de la musique, romantique et moderne surtout, quoique l'ombre immense de Jean-Sébastien Bach ou la grâce ailée de Mozart ne s'effacent ni devant les lieder de Schubert ni devant les déferlements wagnériens ou mahlériens. Stockhausen a beau être Allemand, rien ne détrônera jamais, dans nos cœurs, l'hymne à la joie de la Neuvième Symphonie de Beethoven. En lui, certainement se résume une part notable de « notre » mythe germanique.

A moins que ce soit dans la personne de la femme d'Outre-Rhin, tantôt Lorelei commerçant avec les esprits surnaturels détenteurs de l'or du Rhin et qui envoûta Nerval, tantôt valkyrie dans au moins deux de ses acceptions classées : la femme-cygne, facile, un tant soit peu animale ou naturelle que dénude Siegfried et qui lui enseigne en récompense le secret des runes magiques, ou la femme-guerrière, la vierge-au-bouclier qui décide de la consommation de tout destin héroïque. Elle assume à peu près tous les visages du mythe, bien au-delà de leur côté Sturm und Drang. Elle est la Germania.

Régis Boyer

BIBLIOGRAPHIE

Jan DE VRIES, *Altgermanische Religionsgeschichte*, 2e éd., Berlin, 1956-57.
David M. WILSON, (sous la dir. de), *Les Mondes nordiques*, Paris, J. Tallandier, 1980, pp. 225-238.

Golem

Le mythe du Golem retient l'attention à divers titres. Tout d'abord, il appartient à la catégorie des mythes « bibliques ». Comme tel, il porte en lui cette nostalgie des commencements et cette proximité avec le sacré qui, selon M. Eliade, définissent les éléments fondateurs du mythe. Issu de l'Ancien Testament, il est lié à la mystique juive et, plus largement, à la culture hébraïque. Il naît dans les contrées de l'Europe orientale et centrale (Pologne, Tchécoslovaquie, Russie...) où s'étaient établis les juifs de la Diaspora, mais trouve sa véritable terre d'élection en Allemagne. Ainsi, il est abondamment représenté dans les littératures germaniques et de l'Europe centrale, et on le rencontre également dans des œuvres écrites en hébreu ou en yiddish. Le scénario lui-même est riche de sagesse : qu'il y ait parfois plus grand péché à créer qu'à détruire, voilà ce que nous apprend, paradoxalement, le Golem. Tentative faustienne ou transgression sacrilège, la création d'un être artificiel n'est pas exempte de dangers. Enfin, l'histoire du Golem nous donne l'occasion de suivre, dans sa spécificité, la genèse d'un mythe littéraire. Exégèse religieuse et légendes populaires sont des étapes indispensables grâce auxquelles les formes d'expression purement poétiques trouvent leur plein épanouissement.

Les sources bibliques et kabbalistiques

A la différence du Juif errant, le support biblique du mythe du Golem est assez mince. La légende ne naît pas d'une histoire mais d'un mot unique et de son interprétation dans la mystique juive.

Le psaume 139

Le mot *golem* figure pour la première fois dans le *Livre des psaumes,* psaume 139, verset 16. On interprète généralement ce psaume comme les paroles de l'homme qui remercie Dieu de l'avoir créé et qui se remémore les différentes phases de sa création : « Mon golem, Tes yeux le voyaient. » Le terme *golem* prend ici simplement la signification d' « embryon », qui est celle du mot hébreu. Mais on peut aussi concevoir que c'est Adam qui parle (ce que firent très tôt les exégètes) et qu'il revit les épisodes correspondants de la Genèse. Dans ce cas, *golem* se charge de déterminations supplémentaires. Il est une masse de terre informe et privée d'âme, la matière inerte du corps d'Adam avant que ne lui soit insufflé le *pneuma* divin, la terre encore non habitée par l'esprit et qui attend d'être vivifiée par le souffle vital.

La littérature talmudique (IIe-Ve siècles)

La période talmudique développe ces concepts. On appelle *golem* tout ce qui se trouve à l'état brut, non dégrossi, et ce qui est en devenir. Pour certains, l'argile dont est pétri Adam est riche de potentialités et possède sa lumière cachée. Mais la plupart des légendes talmudiques *(Midrasch)* continuent à associer l'idée du *golem* au récit de la Genèse, en donnant toutefois à Adam une figure particulière. Cet Adam (le premier, celui d'avant la chute) nous est décrit comme androgyne et de dimensions colossales. C'est lui l'homme primordial de la Kabbale *(Adam Kadmon),* héros de l'épisode cosmogonique, être cosmique susceptible de s'élargir aux mesures de l'univers, sorte de macrocosme condensant en lui toute la création *(macranthropos).* Antérieure au monde spirituel, la notion de *golem* participe essentiellement du principe matériel. Avant d'être animé par le souffle pneumatique, Adam est en relation étroite avec la puissance mystérieuse et sombre de la terre *(adamah)*. A la légèreté du souffle divin répond, dans l'*Haggada*, la pesanteur tellurique du premier homme. On rapporte même que toute la terre de l'univers aurait été nécessaire pour le former! Par extension, le *golem* en vient à préfigurer la succession des races humaines.

Les débuts du Moyen Âge (à partir du IVe siècle) et le Moyen Âge (XIIe-XIIIe siècles)

C'est l'époque où, avec le *Livre de la formation* (*Sepher Yetsirah*, IIIe-VIe siècles), la kabbale prend son plein essor. Grâce aux multiples combinaisons de chiffres et de lettres, une « recette » de création est proposée. (Principe : la lettre, émanation de la puissance divine, est aussi la « signature » des choses, les combinaisons renvoient à la structure du cosmos.) Diverses relations ou commentaires sur ce livre nous racontent comment les rabbins, après s'être livrés à des rituels magiques, parviennent à créer un Golem. Le Golem n'est jamais vraiment décrit, il reste une entité abstraite. Il n'a de réalité qu'en tant qu'il est l'objet d'une expérience mystique qui peut aller jusqu'à l'extase et le produit d'une initiation réussie, celle qui conduit le talmudiste aux secrets de l'univers. Déjà apparaît le motif de la lettre magique. Mais on détruit aussi bien le Golem dès que la puissance créatrice du rabbin a été démontrée :

> « Jérémie et son fils Ben Sira, à l'aide du *Livre de la création*, créèrent un Golem et sur son front était écrit : *émeth*, vérité, comme le nom que Dieu a prononcé sur la créature pour montrer que sa création était accomplie. Mais le Golem effaça la première lettre *(aleph)* pour montrer que Dieu seul est vérité et il mourut. »

Le hassidisme rhénan met surtout l'accent sur les pratiques démiurgiques. Eléazar de Worms nous a laissé une évocation célèbre d'un tel cérémonial, proche de la magie. Il raconte comment trois ou quatre rabbins y procèdent ensemble : ils font un certain nombre de fois le tour de la figure en récitant certaines formules; pour façonner le corps, on prend de l'eau et de l'argile sur lesquelles on souffle rituellement... Cependant, déjà les dangers d'une telle création, qui pourrait rendre l'homme égal à Dieu, sont soulignés. L'absence de parole du Golem marque qu'il ressortit à une forme inférieure, imparfaite, mauvaise, de création, acte de démesure et de transgression. Les menaces qui planent sur le kabbaliste émanent du sein même de son œuvre : danger que le Golem ne prenne les armes contre son créateur, danger que le démon (Samaël ou Lilith) ne se glisse dans cette enveloppe creuse pour lui conférer une puissance maléfique, danger que le

Golem ne dégénère à l'état d'idole... On peut faire le rapprochement avec les *téraphim,* statuettes d'argile utilisées par les Hébreux pour rendre des oracles et auxquelles on prêtait souvent un pouvoir maléfique. A la Renaissance, il est vraisemblable que Paracelse se soit inspiré de ces écrits hassidiques dans sa conception de l'*homunculus,* formé *in vitro* d'un mélange de sang et de substances organiques. Enfin, il est superflu de souligner la parenté de tous ces récits avec le mythe de Faust.

Par-delà les siècles, c'est dans cette perspective qu'il conviendrait de situer le passage que Thomas Mann consacre au Golem. Dans *Joseph et ses frères* (II, « Le jeune Joseph », 1934), Jacob, inconsolable de la disparition de son fils qu'il croit mort, réfléchit aux moyens de le ramener à l'existence « selon une démarche mystique ». Il pense alors à fabriquer un être de terre et d'eau pour le remplacer. Le rituel observé suit fidèlement la tradition. Il fait une large place, comme dans l'alchimie, aux éléments. Par la vertu du souffle paternel, assimilé au feu, s'opère une véritable transmutation, et l'évocation se clôt par la vision de l'enfant qui ouvre les yeux. Dès le départ, cependant, la tentative est considérée comme relevant du domaine du rêve de puissance et du sacrilège, et condamnée d'emblée, comme la descente aux Enfers qui précède.

Les légendes populaires

La légende du Golem, telle qu'elle a inspiré les écrivains, nous est connue sous deux formes sensiblement différentes et déjà largement dramatisées.

La version polonaise

C'est la première en date. Elle est liée à la personne du rabbin Elias Baalschem, mort en 1583 à Chelm, en Pologne, et se répand aux XVIe et XVIIe siècles. La première codification écrite que nous en connaissons date de 1674. C'est à cette forme, la plus proche du schéma primitif, que se réfèrent les romantiques allemands lorsque, dans leur effort pour faire revivre les mythologies, ils citent la légende. A. von Arnim *(Isabella von Aegypten)* et J. Grimm (*Die Golemsage,* 1808, ici citée) nous la racontent de la manière suivante :

« Après avoir récité certaines prières et jeûné un certain temps, les juifs polonais fabriquent la forme d'un homme en argile et en glu et, s'ils prononcent au-dessus de lui le *Schemhamphoras* miraculeux (le nom de Dieu), il doit devenir vivant. Certes, il ne peut pas parler, mais il comprend assez bien ce qu'on dit ou ce qu'on lui ordonne ; ils l'appellent « Golem » et l'emploient comme valet pour exécuter toutes sortes de travaux domestiques. Seulement, il ne doit jamais sortir de la maison. Sur son front est écrit le mot *aemaeth* (*émeth,* vérité), il ne cesse de grossir et, alors qu'il était si petit au début, il devient bien vite plus grand et plus fort que tous ceux qui habitent sous le même toit. C'est pourquoi, par peur de lui, ils effacent la première lettre, afin qu'il ne reste que *maeth* (*meth,* il est mort) ; sur ce, il s'écroule et redevient de l'argile.

« Un homme avait, par négligence, laissé grandir son Golem et celui-ci était devenu si grand qu'on ne pouvait même plus atteindre son front. Alors il ordonna au valet, par peur, de lui enlever ses bottes, pensant que, quand celui-ci serait baissé, il pourrait lui atteindre le front. Cela réussit, la première lettre fut effacée sans encombre ; mais tout le poids d'argile tomba sur le juif et l'écrasa. »

On voit que le mythe a profondément évolué. L'accent n'est plus mis sur l'aspect mystique et les pratiques de création. En revanche, le motif du *schem,* le mot magique, prend une importance grandissante. Le Golem, toujours muet, devient un serviteur ou *famulus.* Sa croissance inexplicable, et semble-t-il difficilement contrôlable, renferme un danger latent et renvoie à une puissance cachée, mystérieuse et angoissante. Enfin, le rabbin est finalement victime de sa création et puni de son acte illicite. Dans le cadre d'une interprétation critique (*Erklärung der sogenannten Golem in der rabbinischen Kabbala,* 1814), C. Brentano présente une variante poétisée : le valet menace de devenir le « tyran » de son maître. Par ailleurs, le petit commentaire qui suit donne à l'auteur l'occasion d'exposer la conception romantique du mythe, qui se définit par ses valences symboliques et sa portée morale :

« Cette fable est un mythe qui ne manque pas de profondeur. Tout art faux et extérieur finit par abattre son maître. (...) Seul l'art véritable, qui est la création elle-même, est éternel ; seul un grand artiste est toujours supérieur à son œuvre et est capable d'atteindre le *émeth* qui est inscrit sur le front de la créature qu'il a créée à l'image humaine. »

La version pragoise

De beaucoup la plus connue, elle s'est aussi répandue bien plus tardivement (début du XIXe siècle). Elle fait intervenir le personnage du célèbre kabbaliste, le rabbi Löw (1512-1609), dans le décor insolite du ghetto de Prague. Dans son roman *Spinoza* (1837), B. Auerbach donne une vue d'ensemble de ce nouvel état de la légende. On note une plus grande différenciation des thèmes et l'apparition de motifs supplémentaires. Le rabbi Löw crée un Golem pour l'aider dans ses travaux domestiques. Il lui donne vie, non plus par la combinaison de quatre éléments, mais par la vertu magique du parchemin qu'il lui glisse derrière la tête après avoir pratiqué une ouverture dans son crâne. Mais cette créature demeure un corps sans âme : tous les vendredis soirs, le rabbin lui enlève le parchemin de la tête et il redevient de l'argile inerte. Un vendredi cependant, le kabbaliste oublie de le faire et, alors que tout le monde se trouve à la synagogue, le valet se déchaîne et se met à tout détruire autour de lui. Le rabbin, prévenu, réussit néanmoins à lui arracher le parchemin, et le Golem s'écroule sans vie à ses pieds.

Vers 1850, un certain nombre d'auteurs reprennent ce canevas. Bien que soucieux de fidélité aux sources populaires, ils introduisent pourtant quelques variantes. A. Tendlau (*Der Golem des Hoch-Rabbi Löb,* poème, 1842) fait du Golem un « idiot » doué d'une force exceptionnelle. Après l'avoir détruit, le rabbin ensevelit ses restes dans le grenier de la synagogue. Chez G. Philippson (*Der Golem,* poème, 1841), le serviteur est un être fantomatique, son délire frénétique provoque l'apparition des esprits des morts. Ailleurs, le parchemin est glissé entre les dents ou sous le front. Quelles que soient les déviations, on constate dans ces versions la permanence d'un noyau dramatique fortement structuré. L'épisode est mis en relation avec la liturgie juive. Cette fois-ci, c'est le rabbin qui maîtrise le Golem et sa démesure n'est plus punie de mort. Surtout, le motif du déchaînement est très développé. Il prend une ampleur cataclysmique et la révolte du Golem va même, selon certains, jusqu'à mettre le monde entier en danger.

Les recueils de contes merveilleux

A partir de ce modèle, la tradition juive va imaginer un grand nombre de récits variés. En 1846 paraît, dans un recueil de légendes hébraïques, la *Galerie des Sippurim* de K. Weisel, une nouvelle version du récit pragois dont auront connaissance les écrivains du tournant du siècle. Les épisodes de la vie du Golem se multiplient chez Yudi Rosenberg (*Le Livre des miracles du Mah'Aral de Prague,* 1909), Ch. Bloch (*Israël, der Gotteskämpfer,* 1922), O. Wiener (*Böhmische Sagen,* 1919), J.M. Bin Gorion (*Golem-Geschichten um Rabbi Löw,* 1921), et dans les livres de

M. Buber. Le serviteur d'argile sort de sa passivité, il prend une part active à la défense du ghetto et se comporte en véritable héros. A l'époque des pogromes, le Mah'Aral « programme » le Golem pour défendre les juifs contre les accusations de meurtres rituels dont ils font l'objet. Le Golem joue le rôle d'ange gardien et de protecteur du ghetto, voire de sauveur et de Messie, et il opère des miracles. Ainsi, il démasque les gens qui apportent des enfants morts pour faire croire que les juifs les ont tués, il empêche la conversion au christianisme d'une jeune femme, il met à jour un adultère. Il peut se rendre invisible, entre en contact avec les esprits, chasse les démons, guérit les maladies. Il est aussi invulnérable. Au terme de cette évolution, on voit bien comme le mythe a perdu de sa densité, de son schématisme et de sa sacralité au profit d'épisodes précieux, mélodramatiques, fantastiques ou merveilleux. Associant féerie et nostalgie sioniste, I. Singer, dans un conte pour enfants (*Wohin der Golem die kranken Männer bringen liess,* 1918), laisse libre cours à ses espoirs messianiques : le Golem, bienfaisant thaumaturge, provoque la guérison de quatre malades en les emmenant en Israël, le pays d'Eden.

Le mythe littéraire

La fortune littéraire du mythe est assez tardive (début du XIXe siècle). C'est surtout à l'époque romantique et au tournant du siècle (fin de siècle, nouveau romantisme, expressionnisme) que la légende s'actualise dans des œuvres d'une certaine importance, c'est-à-dire à des moments de libération de l'imaginaire, d'angoisse métaphysique ou d'interrogation sur le sacré. Néanmoins, elle est aussi très bien représentée, quoique dans des écrits mineurs, dans la deuxième moitié du XIXe siècle.

L'époque romantique : le double et l'automate

Les romantiques se servent de la version polonaise, mais avec une telle liberté que leur Golem n'a plus grand-chose de commun avec le récit primitif. De ce dernier ils retiennent surtout, bien plus que le schéma dramatique, le personnage du Golem, qu'ils intègrent à un tissu narratif tout différent. On le trouve chez A. von Arnim (*Isabella von Aegypten, Kaiser Karls des Fünften erste Jugendliebe,* nouvelle, 1812) et, directement, au moins dans deux contes d'E.T.A. Hoffmann, *Die Geheimnisse* (*Les Secrets,* 1820) et *Meister Floh* (*Maître Puce,* 1822). Hoffmann n'emploie pas le terme de *golem* mais celui de *téraphim,* et il nous en donne la « recette » de fabrication dans *L'Esprit élémentaire.*

Loin des spéculations mystiques, le Golem appartient ici au monde fantastique ou merveilleux, au même titre qu'une mandragore, un mort qui vient de ressusciter ou une vieille sorcière. Cet univers est celui des dédoublements ou plutôt des redoublements : chez Arnim comme chez Hoffmann, le Golem est un personnage surnaturel qui imite un être réel ou se substitue à lui, ceci dans le cadre d'une aventure amoureuse. Dans *Les Secrets,* il est un beau jeune homme, Theodor von S., qu'un kabbaliste met à la place d'un jeune élégant vaniteux épris d'une princesse grecque pour empêcher que cette dernière ne s'éprenne à son tour du jeune noble et ne lui échappe. Chez Arnim et dans *Maître Puce,* le Golem est une femme. Charles-Quint tombe amoureux de la jeune Isabelle, une belle Tzigane. Mais celle-ci, nous raconte Arnim, est férocement gardée par la mandragore von Cornelius (qu'elle a elle-même créée). Pour pouvoir la rencontrer à loisir, l'empereur charge un vieux juif de confectionner un Golem à sa ressemblance (Bella), qui remplacera Isabelle auprès de l'avorton jaloux. Mais Charles-Quint est victime de son propre piège. Il prend la fausse Isabelle pour la vraie qui, elle, est chassée. Dans *Maître Puce,* Peregrinus aime une belle Hollandaise, Dörtje, au comportement capricieux. On nous révèle à la fin qu'un Golem a été, occasionnellement, substitué à celle-ci. Ce motif du redoublement est également illustré, beaucoup plus tard, par une nouvelle de W. Rathenau (*Rabbi Eliesers Weib,* 1902). Un rabbin, peu satisfait de ne pas avoir d'enfants de sa femme, crée pour la remplacer un être artificiel.

On sait combien le thème de la marionnette et de l'automate était cher aux romantiques depuis les découvertes de Vaucanson. Et de fait, le Golem romantique tient à la fois de l'automate et de l'androïde. C'est un simulacre, une effigie désincarnée, dépourvue de réalité tangible. Loin de la matérialité de l'argile, Theodor von S. est sculpté en liège, sa démarche est hésitante, ses mouvements saccadés. Comme la poupée Olympia de *L'Homme au sable,* Dörtje, dans *Maître Puce,* a dans le regard quelque chose d'étrangement inanimé et mort, son vêtement aux reflets de métal fascine Peregrinus et il ressent un « frisson glacial » provoqué par sa « chaleur électrique ». Ainsi, le Golem est toujours une création dégradée, incomplète ou inférieure. Comme Theodor, Bella est « télécommandée », mue par une volonté extérieure et sans autonomie véritable; robot avant la lettre, elle n'a dans la tête que ce qui était dans l'esprit du juif au moment où il lui a donné la vie. Elle possède une mémoire mais pas « d'aspirations spirituelles ». Etre d'illusion, le Golem est finalement très vulnérable : tous finissent par être démasqués et détruits. Dans *Les Secrets,* le talisman de la princesse suffit pour faire tomber le faux Theodor en poussière; chez Arnim, Isabelle efface sans grande difficulté le *aemaeth* du front de Bella, et le simulacre s'écroule aussitôt sans vie. En ce sens, le Golem porte en lui le signe de la Chute originelle. Au départ, l'homme, étant à l'image de Dieu, pouvait théoriquement imiter la création divine : il lui suffisait de connaître les mots justes. Mais comme il a été chassé du Paradis, et qu'il ne dispose plus que d'une argile médiocre, le Golem est lui aussi défectueux : le souffle de la *neschamah,* l'inspiration divine, lui manque. Telle est la théorie énoncée par le vieux juif. Enfin, dans *Maître Puce,* on voit Dörtje éclater d'un rire grinçant et se mettre à sautiller de manière désordonnée, comportement qui suggère une mécanique déréglée.

Avec les Golems romantiques, le phénomène de désacralisation déjà observé se poursuit : une magie noire qui ne se distingue pas clairement de la science prend le relais de la mystique. Les démiurges sont ces figures étranges et inquiétantes de greffier honoraire, de vieux juif plus ou moins charlatan ou de savant excentrique. Le savant-mage est un être diabolique, l'agent de la ruse du Malin. A l'opposé de la mystique véritable, la magie est l'art de l'illusion, voire de la mystification. Quant à la science et en particulier la mécanique qui consiste à construire des personnages animés, elle est pour Hoffmann d'inspiration satanique (voir *Les Automates*). Et de fait, les Golems sont le produit de manipulations mystérieuses qui font intervenir tantôt l'alchimie, tantôt l'optique. De même que l'on menace de prendre les yeux de Nathanaël pour en équiper la poupée Olympia, de même on fabrique un *téraphim* sur un fourneau à partir de sang humain (recette du comte de Gabalis). Le miroir est l'instrument qui, en opérant le passage du réel à l'artificiel, fait surgir une vie factice. Pour que Bella soit ressemblante, Isabelle doit regarder dans un miroir magique situé dans un cabinet d'optique, et le mage de *Maître Puce* fait émerger l'image de Dörtje d'un miroir lumineux. Le miroir fait également apparaître magiquement les fantômes et exauce les désirs interdits. En serrant contre son cœur le *téraphim,* et par contemplation hypnotisée d'un miroir, le héros de *L'Esprit élémentaire* voit se dessiner la silhouette de la femme rêvée.

En outre, le Golem ne perd pas tout à fait son caractère cosmique. La magie n'est pas seulement une pseudo-science, elle est une connaissance ésotérique, en relation avec le magnétisme et l'astrologie, fondée sur l'intuition des correspondances entre les choses et des liens sympathiques qui forment la trame cachée de l'univers. Dans *Les Secrets,* on nous dit que le sosie de Theodor tire sa vie apparente de sa faculté d'éveiller et de capter les forces secrètes de l'univers. Le mage l'utilise pour détourner de lui les malheurs qui lui ont été prophétisés. En effet, selon sa théorie, le monde est régi par une dynamique des contraires. Le Golem, en tant que troisième force, agit comme un principe de dissociation ; il devrait provoquer la rupture du système maléfique et permettre de « vaincre la puissance des astres ».

Le sosie n'est pas seulement le double, il est le double mauvais et hostile. La femme créée par le rabbin de Rathenau est totalement dépourvue de sensibilité et de conscience morale ; elle ne peut ni rire ni pleurer. Golem-Bella, chez Arnim, est habitée par les passions du vieux juif : orgueil, sensualité et avarice. Dans le prolongement de la tradition mythique, la créature factice est asexuée. Par contre, quel que soit son sexe apparent, elle est d'une grande beauté et sa principale activité est de séduire. Le caractère pervers ou vampirique de son entreprise est à peine déguisé. Substituée à l'insu du personnage de chair et d'os, elle est chargée de détourner à son profit l'amour qui est voué à ce dernier et lui vole une partie de son individualité. Le Golem incarne ainsi la tentation charnelle et la fascination d'un érotisme dégradé. Peregrinus, devant Dörtje, éprouve un sentiment de culpabilité : il pressent que la jeune fille le détourne d'une forme d'amour plus haute et qu'elle ne l'aime pas vraiment. On peut ainsi considérer la créature artificielle comme le reflet d'un moi déchiré et narcissique, incapable de sortir de lui-même et d'accepter l'altérité. Dans la figure de la femme-poupée se projette le rêve d'amour du jeune homme, le désir d'une femme-objet, d'un beau corps débarrassé d'une âme encombrante, facile à posséder et à asservir, en même temps que s'exprime la peur naïve d'une sexualité qui reste toujours redoutable et même mortifère. De toute manière, l'amour pour un Golem conduit à l'aliénation ou à la régression de l'être, comme on le voit dans tous ces contes.

Cependant, la figure du Golem est encore chargée d'un symbolisme plus métaphysique. Dans la confrontation de la créature angélique et de l'automate, nous est présenté non seulement le dualisme romantique de la passion mais encore celui de l'existence, l'impossibilité d'unir l'âme et le corps, la matière et l'esprit. Dans *Maître Puce*, la belle Hollandaise, qui déploie tous ses charmes, est qualifiée de « serpent du Paradis », et l'homologie femme/serpent nous renvoie non plus à l'épisode cosmogonique mais à l'autre versant de la Genèse, celui de la Chute. Dans le monde fortement structuré par les antagonismes des romantiques, le Golem incarne la « puissance ténébreuse », le « principe d'erreur », l' « illusion démoniaque ». Lorsque Dörtje combat Maître Puce, le minuscule conseiller de Peregrinus, c'est la pesanteur du corps qui s'oppose à la force transfiguratrice de la nature et de l'esprit. Voici ce qui est dit à Peregrinus, qui est aussi le roi Sekakis :

> « Malheureux roi Sekakis, pour avoir négligé de comprendre la nature, tu as, ébloui par le charme mauvais et les ruses du démon, contemplé l'apparence mensongère du *téraphim* au lieu de contempler l'esprit véritable. »

En effet il existe, redoublant le scénario terrestre, une « histoire dans le ciel », royaume des esprits, de l'imaginaire et de la poésie pure. Dörtje y a son correspondant dans la puissance ennemie de Famagusta, dans le prince Egel, le terrifiant vampire qui boit le sang des enfants, et dans le grossier génie Thetel. En cela, elle s'oppose à Rose, la femme idéale, l' « ange de lumière » qui représente la beauté, la pureté de la passion.

Si le symbolisme de ces récits reste discret, ou du moins parfaitement intégré à la logique du merveilleux, il n'en va pas de même dans les œuvres d'inspiration romantique qui suivent. Rigidité et absence de vie réelle sont essentiellement retenues pour servir d'instruments à une satire de la société, mais l'allégorie et une ironie souvent très lourde menacent d'occulter complètement la fable. Le Golem représente l'homme avec toutes ses imperfections. L. Tieck (*Die Vogelscheuche,* nouvelle, 1835) en fait un mannequin grotesque, un épouvantail en cuir habité par l'esprit d'une comète. Il fonde une société secrète destinée à défendre les valeurs petites-bourgeoises. A sa suite, Th. Storm (*Der Golem,* poème, 1851) se livre à travers l'évocation du « gaillard de cuir » à une critique de l'immobilisme et du conformisme bureaucratiques. Beaucoup plus tard, on voit s'accentuer encore cette valorisation négative du Golem. L. Kompert (*Der Golem,* poème, 1882) insiste sur la brutalité instinctive et la soif de destruction des Golems qui, plus ou moins ouvertement, représentent les antisémites. Seule, enfin, A. von Droste-Hülshoff (*Die Golems,* poème, 1844) nous donne une évocation plus poétique et originale. Les Golems sont les spectres du temps dévorant, ils traînent avec eux le poids de la destruction et de la mort. Ils font obstacle au travail de la mémoire et à la reconquête du monde séraphique, d'innocence et d'enthousiasme, de l'enfance.

Réalisme et naturalisme : mise en question de la science et problématique sociale

La seconde moitié du XIXe siècle voit se développer le processus de rationalisation du mythe amorcé par les romantiques. Retour aux sources historiques et positivisme scientiste caractérisent cette époque qui fait une place de plus en plus large aux explications scientifiques ou pseudo-scientifiques au détriment de la mystique et de l'irrationnel.

La version pragoise est généralement utilisée dans ces récits. On trouve mention de la visite légendaire que fit Rabbi Löw à Rodolphe II, empereur épris d'ésotérisme et d'astrologie. Le souci de reconstruction historique est sensible : les poursuites dont les juifs furent l'objet de la part des chrétiens et les rapports difficiles entre les deux communautés forment la toile de fond de la nouvelle de U.D. Horn, *Der Rabbi von Prag* (1842), et du livret de F. Hebbel pour le drame musical de Rubinstein *Ein Steinwurf* (1858). Le Golem redevient le serviteur du rabbin. Traité avec réalisme, il est un colosse muet et souvent sourd (on le compare à Goliath), un être grossier, un simple d'esprit, totalement dépendant de son maître et lui obéissant passivement comme un esclave. Quand il ne travaille pas, il est accroupi dans un coin. Sa matérialité est soulignée : il est avant tout un corps sans âme, réduit à un rôle de figurant, voire un être fictif. Ceci peut expliquer qu'il occupe finalement dans les œuvres post-romantiques une place restreinte.

Nouvel apprenti sorcier, le rabbi Löw devient savant, physicien, chimiste, médecin, ou bien ingénieur ou horloger. Refusant la transcendance, il se contente « de lire dans le livre de la nature ». Le Golem est le fruit de sa confiance dans le progrès et s'intègre, à vrai dire, dans une critique de la civilisation technicienne. U.D. Horn nous représente le valet comme une sorte d'« homme-machine », une figure de bois pourvue, dans la tête, d'un mécanisme d'horlogerie. Le rabbin le remonte tous les dimanches — le Golem se met alors à vivre — et appuie sur un ressort le vendredi pour l'arrêter. Mais, un jour, le ressort usé se casse et le *famulus* se déchaîne dans la maison. Son maître parvient néanmoins à le maîtriser. Ainsi, le Golem est un automate ou plus exactement un androïde : chez l'auteur précité, il donne assez longtemps l'illusion de la vie réelle avant d'être finalement démasqué (*cf.* vers la même époque, l'*Eve future* de Villiers de l'Isle-Adam). Cependant, la technique fait peur quand on ne la comprend pas, et il arrive que les habitants du ghetto le prennent pour le diable.

Dépourvue de présence dramatique, la figure du Golem s'intègre à une intrigue qui met l'accent sur les problèmes sociaux et les interrogations religieuses de la communauté juive. Horn fait du rabbin un personnage modéré, plein d'humanité et de sagesse; il combat pour l'émancipation des juifs, la tolérance, l'égalité sociale et la liberté d'expression. Le thème central de la nouvelle est constitué par l'amour d'un jeune noble pour une jeune fille juive; cet amour se développe au moment où l'empereur Rodolphe rend visite au kabbaliste, ce qui permet d'introduire le Golem. L'intrigue sentimentale trouvera un dénouement tragique : le père, juif orthodoxe, tue sa fille pour éviter le mariage avec un chrétien. Chez Hebbel, le Golem apparaît pour la première fois comme le sauveur des juifs et une sorte de héros national. Mais c'est un sauveur entièrement imaginaire, une invention du rabbin pour tenir à distance les pillards qui menacent sa maison et protéger ses compatriotes. Dans un autre ordre d'idées, les romances de L. Kalisch (*Die Geschichte von dem Golem,* 1872) se servent du motif du déchaînement pour condamner l'orgueil du kabbaliste. Le début évoque un processus très poétique de création. Mais, face à la force brutale du valet, le maître se rend compte qu'il est dépassé par sa créature et reconnaît que son œuvre est sacrilège. Il se repent alors, fait pénitence et est finalement délivré par un ange déguisé en vieillard.

On retrouve un certain nombre de ces éléments au tournant du siècle, chez des auteurs plus soucieux d'explications rationnelles que de modes littéraires. Le Golem de G. Münzer (*Der Märchenkantor,* roman, 1908) est au départ un être merveilleux évoluant dans une atmosphère romantique de conte. Finalement, il se dévoile comme étant une marionnette, animée par des fils très minces et guidée par des rails. La nouvelle de C. Torresani, *Der Diener* (1904), mêle, bien dans l'esprit décadent, le goût pour les perversions anatomiques aux effets fantastiques. Le Golem est un automate dont l'intérieur est décrit avec précision : il s'agit d'un cône d'argile totalement vide. A l'une de ses extrémités, un morceau de papier — avatar dégradé du *schem,* le mot magique — flotte librement. A rebours de la croyance au progrès, l'image de la science qui nous est donnée ici n'est pas sans ambiguïté. M. Bermann (*Die Legende vom Golem,* nouvelle, 1883) tente d'expliquer les actes de violence de l'androïde, ce qui revient à lui donner un semblant de psychologie. Lors de la création, le rabbin a oublié de réciter une formule magique, et le colosse est sujet à des accès de folie furieuse. Enfin, dans un poème (*Der Golem,* 1898), D. von Liliencron décrit avec humour la lutte qui oppose le maître à sa créature déchaînée et critique l'imprudence du rabbin.

Bien que datant de la période expressionniste, le drame de J. Hess (*Der Rabbiner von Prag,* 1914) se situe dans le prolongement des ouvrages précédents, dont il reprend un certain nombre de motifs. Le sujet, abordé avec réalisme, mêle intrigue amoureuse et problématique religieuse, et le cadre historique est conservé. Pendant les persécutions, au Moyen Age, le rabbin, comme chez Hebbel, répand des bruits sur un serviteur d'argile, qui en réalité n'existe pas, pour se protéger. Désireux de donner corps à cette fiction, il utilise par hasard un chrétien atteint de folie qu'il « éveille » à une vie nouvelle et à qui le *schem,* placé sous sa langue, confère des pouvoirs surnaturels. Ce Golem d'un genre nouveau protège les juifs et en particulier une jeune fille, qui finira néanmoins par tomber sous les coups des persécuteurs. Enfin un beau jour le serviteur, repris par sa folie, retombe dans ses anciennes erreurs, et c'est ainsi qu'il se met à dévaster le ghetto.

Fin de siècle et début de l'expressionnisme : amours tragiques

Nouveau romantisme et début de l'expressionnisme constituent une grande époque du mythe. Nouvelle et drame sont des genres privilégiés, et le cinéma naissant s'empare de la légende. Les œuvres portent la trace des grandes orientations littéraires du tournant du siècle : besoin de transcendance et de spiritualité, retour au mythe et au symbole, exigences d'esthétique, goût pour le surnaturel et le mélodrame, association de la mystique et de l'érotisme, intérêt pour les phénomènes psychiques et l'exploration des profondeurs de l'âme. La Belle Epoque utilise toujours la version pragoise avec le rabbi Löw et s'inspire également souvent des épisodes annexes issus du *Livre des Merveilles* et des recueils de légendes populaires. Le Golem n'est plus le double inférieur ni la créature totalement asservie à son maître mais il acquiert une individualité et s'humanise. Cette fois, il prend une part active à une action souvent dramatique et colorée, et où la relation amoureuse (mais authentique cette fois) joue un rôle essentiel.

Déjà, l'aspect extérieur du Golem se diversifie. Il est toujours le serviteur du rabbin, mais formé d'une substance qui n'est ni corporelle ni spirituelle. C'est une silhouette à la fois primitive et exotique comme dans le drame de A. Holitscher (*Der Golem,* 1908). Avec une stature de géant, il a un teint livide, des mains d'acier, un regard fixe et vide. Quand il n'a rien à faire, il reste accroupi dans un coin comme quelqu'un qui dort. Lorsqu'on lui donne un ordre, il se lève avec raideur et se déplace par à-coups. P. Wegener s'inspire à plusieurs égards de la pièce de Holitscher. Il tourna au moins deux films intitulés *Der Golem.* Seul le second, datant de 1920, nous est parvenu, le premier ayant été détruit. Par ailleurs, le cinéaste nous a laissé une sorte de commentaire à son film (*Der Golem, wie er in die Welt kam,* 1921). Wegener lui-même jouait le rôle du colosse d'argile, nez plat, yeux bridés, pommettes saillantes, vêtu de la tunique de l'homme primordial — le célèbre « type mongol » qui inspira sans doute Meyrink. La démarche lourde et cadencée, le visage impassible se retrouvent aussi chez A. Hauschner (*Der Tod des Löwen,* nouvelle, 1916).

De simple coulisse, le cadre devient un élément essentiel du récit. La ville de Prague offre un décor particulièrement suggestif et propice aux effets fantastiques ou étranges. A. Hauschner tente de faire revivre l'atmosphère baroque et confuse de la cité à la veille de la guerre de Trente Ans. Toute une constellation mystique entoure le personnage : quartiers sombres, dédale de ruelles, escaliers sans fin, immenses bâtisses mystérieuses, sont évoqués avec plasticité, comme dans le film de Wegener, ainsi que les foules entassées et fantomatiques. Dans cette ville située au confluent des deux civilisations, et de par son origine même, la vie juive est marquée par l'Orient. G. Münzer situe l'action de son récit dans un curieux milieu où le rabbin est un vieil horloger, habillé de vêtements turcs et qui répare des horloges « vivantes ». Selon F. Lion (livret du drame musical de E. d'Albert, *Der Golem,* 1926), le Golem est une sorte d'ange gardien, celui qui, dans la légende, accompagne les juifs dans leurs voyages. Il se confond ainsi avec la figure messianique d'Ahasver, le Juif errant, popularisée par le romantisme.

Dans l'ensemble, cependant, le rabbi Löw redevient un personnage plus conforme à la tradition mystique. Chez l'écrivain russe émigré aux États-Unis H. Leivick (*Der Golem,* drame écrit en yiddish, 1920), on le voit, sur le bord de la Moldau, pétrir de la glaise et de l'eau pour former la créature. En conformité avec le goût décadent pour le suprasensible et les sciences occultes, le Mah'Aral se transforme ouvertement en alchimiste ou en magicien. A. Hauschner décrit la « cuisine alchimique » où Rodolphe II reçoit le rabbin et où des esprits sont évoqués. Le film de Wegener comporte une scène semblable. Pour donner vie à l'argile, le rabbin conjure le démon Astaroth, gardien du mot « dispensateur de l'existence », et celui-ci apparaît effectivement, au milieu d'éclairs et de vapeurs de soufre, sous la forme d'une tête gélatineuse et phosphorescente. Par ailleurs, la parenté cosmique du Golem est conservée : il ne peut être créé ou détruit que sous certaines conjonctions d'astres. Pourtant, les visages du kabbaliste sont très divers et, au-delà de l'astrologue, d'autres auteurs en font un être noble et idéaliste, épris de connaissance véritable. Dans la nouvelle de R. Lothar, *Der Golem* (1900), il tente, en adepte du *Zohar* et de sa théorie des écorces, de reconquérir l'innocence adamique : il s'agit, en créant un être artificiel, de projeter en lui une âme dans toute sa pureté primitive. Mais cette âme ne naît pas de rien : Rabbi Löw croit à la transmigration (l'influence des doctrines orientales est manifeste), et à un corps d'argile, soigneusement préparé, il insuffle l'âme d'un homme vivant, plongé dans le sommeil cataleptique. Le produit quasi parfait d'une telle opération ne peut que représenter un défi au Créateur. Le rabbin est un orgueilleux qui rivalise avec la divinité, moderne Prométhée ou incarnation du surhomme nietzschéen. En même temps, la création du Golem est l'expression de sa soif d'éternité et de son désir de survie, et Holitscher peut ainsi faire de lui le mythique héros du combat avec l'Ange de la Mort. Mais il n'est pas sans danger de voler le feu sacré. On voit dès le départ, chez Leivick comme chez Holitscher, le malheureux rabbin assailli par le doute, torturé d'inquiétudes métaphysiques, et son entreprise désespérée condamnée à l'échec.

Cependant que l'âme émerge, la laideur et la monstruosité disparaissent et, renversement significatif du mythe, le Golem de Lothar est un beau et séduisant jeune homme. La même idéalisation (ou transfiguration) du personnage se retrouve dans une ballade de H. Salus (*Vom hohen Rabbi Löw,* 1903). Certes, l'être d'argile conserve son regard fixe, il est impassible et ne sourit jamais. Mais la fraîcheur de la jeunesse et une force herculéenne suffisent, ajoutées à des qualités de travail et de fidélité, à le distinguer aux yeux de la fille du rabbin. Déjà, une tradition ancienne faisait état de l'amour de cette dernière (ou l'inverse) pour le Golem. Au tournant du siècle, la plupart des écrivains reprennent cette légende et, à l'exception de Wegener chez qui l'amour est pratiquement absent, font de la passion le noyau dramatique de leurs œuvres. Chez J. Hess *(cf. supra)*, le Golem tombe amoureux de sa protégée, une belle juive qui finira par être la victime des persécutions antisémites. Cependant, l'aventure s'arrête là : dès le départ il doit, en tant qu'automate et ancien chrétien, renoncer à tout espoir. Salus imagine le scénario inverse. C'est la jeune fille qui, spontanément, s'éprend du beau jeune homme. Le symbolisme de ce corps sans âme est à peine voilé et rejoint celui des romantiques : le Golem représente l'Eros et la tentation charnelle. Aussi, pour donner une leçon à sa fille, le père ordonne au colosse de l'embrasser ; mais, dans sa brutalité, il manque de lui rompre les os, et la jeune fille se trouve ainsi guérie de sa folle passion.

D'autres ouvrages font intervenir un personnage supplémentaire, celui du fiancé. Chez Lothar, de nouveau, le Golem remplit une fonction de substitution ou de redoublement. Cependant, l'intrigue amoureuse renvoie avant tout à une mystique : l'esprit l'emporte sur la matière, la sensualité doit céder le pas à une conception plus spiritualisée de la passion. Esther est fiancée à un jeune homme de grande valeur mais très laid. Pour décider sa fille à l'épouser, le père a l'idée de « jeter » l'âme de son futur gendre dans le corps du serviteur. Séduite par la beauté physique, Esther découvre aussi les charmes du cœur et lorsque, une fois le Golem anéanti, l'âme d'Elasar regagne le corps endormi *(cf. supra),* elle continue à aimer le jeune juif. La pièce de Holitscher est toute différente : le fiancé de la fille du rabbin revient au pays et le Golem devient, en quelque sorte, son rival. Pendant que le jeune homme s'entretient avec la jeune fille, un amour réciproque naît entre celle-ci et le Golem, qui est assis dans un coin. Ici apparaît un mythème nouveau. L'amour d'Abigail a vertu transfiguratrice et pouvoir de métamorphose. A travers cet amour, ardent et sensuel, Amina sort progressivement de la vie végétative, il apprend à parler et acquiert un semblant de sensibilité et de conscience. Lion reprend ce thème en le prolongeant. Il oppose Léa, la femme primordiale, le principe spirituel, au Golem, l'homme primordial, le principe matériel. Par le pouvoir de l'amour et sous l'effet des caresses de la jeune fille, le Golem, de l'idiot qu'il était au départ, se transforme en un être capable de penser et d'éprouver des sentiments humains. L'évolution, qui permet la conjonction des principes opposés, se fait en trois étapes : la colère contre le Maître, la découverte de la sexualité, celle enfin de la souffrance.

Le développement d'un psychisme différencié n'est cependant pas toujours le fait de la passion. Chez Wegener surtout (mais aussi chez Holitscher), dès le départ, le Golem est pourvu d'une semi-conscience, il est « la silhouette bouleversante d'un être incomplet *(Halbwesen)* qui lutte pour accéder au monde des sentiments et devenir un être humain ». Cet obscur pressentiment de sa condition lui fait éprouver profondément le tragique de son existence. Les images de Wegener suggèrent bien cet effort infructueux pour parvenir à un stade supérieur dans le domaine de la perception et de l'intelligence : par exemple quand il aspire le parfum d'une rose, quand il contemple un petit enfant blond, quand il touche en aveugle le corps de la fille du rabbin... Mais cette insuffisance tragique est surtout ressentie sur le plan affectif ou métaphysique. C'est l'amour, ou l'impossibilité d'avoir accès pleinement à celui-ci, qui donne au Golem l'intuition qu'il est différent des autres. « Etre homme! Ressentir de la joie! Souffrir! » s'écrie Amina chez Holitscher. Prisonnier de son enveloppe corporelle, exclu du monde de la pure pensée, il est aussi exclu du monde de la tendresse et de l'amour et, comme chez Hess, tout contact humain lui demeure interdit. Il devient ainsi un marginal, un solitaire, « étranger au destin », pour ne pas dire un damné avide de délivrance (Wegener) ou une victime de la science qui supplie qu'on l'anéantisse (Torresani).

C'est ainsi que le Golem devient tout naturellement un révolté et une victime de la mégalomanie du rabbin. S'inspirant peut-être de l'histoire de Frankenstein, l'expressionnisme insiste particulièrement sur les rapports déchirants qui unissent la créature à son créateur. Chez Leivick, le Golem, encore à l'état d'ombre et conscient du destin misérable qui l'attend, demande au Mah'Aral de ne pas le créer et va même par la suite jusqu'à lever la hache qu'il porte contre son bourreau. Alors s'ouvre pour lui une vie errante : nouveau Messie, il parcourt le monde pour défendre les pauvres opprimés par les classes dirigeantes. Chez Holitscher, il maudit le maître qui a fait de lui un être inférieur et aliéné et refuse de lui ouvrir la porte. Chez Salus, la révolte est l'expression d'une âme noble et pure qui ne s'accommode pas de la finitude terrestre. Le déchaînement, né de la douleur ou du désespoir, prend souvent des dimensions apocalyptiques. Le Golem de Wegener retourne à une animalité primitive et presque monstrueuse. Un long passage du film nous montre les ravages qu'il cause dans le ghetto : il précipite le fiancé de la fille du rabbin du haut de l'observatoire, il traîne Mirjam par les cheveux dans les rues, frappe les passants et met le feu au quartier... Chez Torresani, l'épisode prend une coloration fantastique. Dès le départ, le Golem est présenté comme un spectre. Puis, force aveugle et incontrôlée, il se transforme en un démon qui crache des flammes, met le rabbin en pièces et incendie sa maison.

Cette mort du rabbin n'est pas toujours évoquée; mais la plupart du temps il est confronté, sinon à l'hostilité de son serviteur, du moins à l'échec de son entreprise de création. En revanche, la mort est inscrite dans l'être même du Golem. Seulement, elle n'est plus une destruction mécanique; elle apparaît plutôt comme l'épreuve dernière qui permettrait d'accéder à une humanité totale, ou bien elle est la conclusion nécessaire d'une vie de douleur ou d'un amour impossible. Les expressionnistes donnent à ce thème, qui constitue le point culminant du récit, une grande intensité dramatique et une dimension mystique nouvelle. La pièce de Holitscher est jusqu'au bout sous le signe de la passion. Poursuivie par son fiancé et voyant que son père est incapable de faire du Golem un être humain à part entière, la fille du rabbin se jette par la fenêtre. Désespéré, le serviteur, dans un ricanement démoniaque, renonce de lui-même à l'existence et arrache l'amulette rouge de sa poitrine. La conclusion du film de Wegener est plus nette encore. Au terme d'une vie conçue comme une fatalité dans un monde de mystère et de souffrance, soumise à l'arbitraire de forces redoutables et incontrôlables, la mort du colosse prend l'aspect d'une délivrance et d'un salut, suggérés par le symbolisme des dernières images. Après son accès de folie furieuse, le Golem arrive dans une prairie, toute remplie de lumière et couverte de fleurs. Des enfants jouent, l'un d'eux subtilise le pendentif avec le *schem* et le Golem, masse inerte, retourne au néant. Y a-t-il un au-delà pour la créature d'argile? C'est la question qui est posée clairement par Lothar, toujours plus ouvertement mystique, à la fin de sa nouvelle. Dans le prolongement des théories du rabbin sur l'exil de l'âme, le Golem est invité par les hiérarchies angéliques à regagner le ciel. Mais il est déchiré entre le principe spirituel et le principe matériel. Alors qu'il prend son essor pour regagner sa patrie divine, une force l'attire vers le bas et il tombe sur le sol où il se brise.

Le GOLEM DE G. MEYRINK

Au carrefour du nouveau romantisme et de l'expressionnisme, une place spéciale doit être réservée au *Golem* de G. Meyrinck (1915). L'action se situe dans le ghetto de Prague au début du siècle et l'essentiel du récit est constitué par un rêve du narrateur. Disons tout d'abord que Meyrink mentionne la version pragoise, très fidèlement retranscrite. Mais en réalité il fait appel à un autre état plus tardif de la légende et rapporté dans le *Livre des merveilles.* Selon cette tradition, le Golem est une sorte de spectre, l'esprit du ghetto, qui hante le « Palais aux cinq ruelles », une sinistre ruine. Chez l'auteur allemand, il devient un fantôme, une apparition exotique, « un être totalement étranger », à la démarche hésitante, à la peau jaune, aux yeux bridés, imberbe et enveloppé de vêtements en lambeaux. On le rencontre à l'improviste au détour d'une rue mais, sitôt qu'il est reconnu, il disparaît mystérieusement ou s'amenuise. Il est lié à la topographie fantastique du ghetto. On raconte qu'il habite dans une chambre inaccessible située dans le voisinage de la synagogue Vieille-Nouvelle et ouverte sur l'extérieur par une seule fenêtre. Un jour, un homme essaie de regarder à l'intérieur en se pendant à une corde. Mais la corde casse et l'homme s'écrase sur le sol. Un ami du héros de l'histoire rêvée relate plusieurs apparitions du Golem, sous des formes différentes. Elles sont censées se reproduire tous les trente-trois ans, ce qui fait penser à la figure du Juif errant. Chez la personne qui en est le témoin, elles s'accompagnent d'une perte de conscience ou d'une crise d'épilepsie. Le héros du récit emboîté, Pernath, un orfèvre dont nous apprenons qu'il a été fou mais qu'il est maintenant guéri, va lui aussi se trouver plusieurs fois confronté au Golem. Ce dernier prend des formes multiples, souvent déroutantes et difficiles à identifier. Parfois même, l'ambiguïté demeure. Cependant, la présence de détails caractéristiques permet généralement de reconnaître l'être mythique et de faire la liaison entre ses avatars successifs. Le Golem est, par exemple, un inconnu aux yeux bridés et à la démarche étrange qui apporte à réparer un livre mystérieux, ou bien une marionnette qu'on est en train de sculpter. Il se confond ensuite avec une carte à jouer — le Fou du Tarot — puis avec la figure totalement onirique et énigmatique du « rêve des grains », une créature aux épaules larges, la tête perdue dans un brouillard, un bâton blanc à la main. Le « type mongol » atteint sa plus grande précision avec le personnage du meurtrier d'une jeune fille, avec lequel Pernath se trouve en prison. Enfin, le Golem est sans doute aussi le vieux serviteur en habit de cour qui, dans le récit-cadre, ouvre au narrateur la porte du domaine enchanté. A cette succession d'apparitions vient s'ajouter une histoire d'amour : Pernath tombe amoureux de la belle Mirjam, la fille du rabbin. Est-ce à dire qu'il est lui-même le Golem ou, sinon, le rival de celui-ci ?

La richesse des significations et l'importance du symbolisme invitent à une triple lecture : fantastique, psychocritique et ésotérique. *Le Golem* est traditionnellement rangé dans la catégorie des récits fantastiques. Pernath revit l'aventure mythique de l'imprudent curieux dont la corde, face à la fenêtre mystérieuse, casse. Mais s'agit-il d'un simple rêve du narrateur ou ce rêve comporte-t-il une part de réalité? Nous ne le savons pas, pas plus que nous ne savons si Pernath est réellement fou ou si le Golem n'est pas plutôt un fantôme, un être surnaturel, certes, mais dont la capacité à se manifester de manière objective n'est pas mise en doute. Les éléments étranges ou inquiétants abondent dans le récit. Le Golem lui-même fait planer incontestablement sur le quartier juif une sorte de menace, il fait peur. Certains êtres apparaissent dotés de pouvoirs démoniaques : tel l'affreux antiquaire Wassertrum. Le ghetto est un labyrinthe qui, comme le Golem, peut se métamorphoser de manière diabolique. La chambre sans accès dont, après un long périple souterrain, Pernath se retrouve prisonnier et où se livre le combat avec le Fou, donne l'exemple d'un tel piège; que le Golem soit également une sorte de vampire qui se nourrit de la substance spirituelle des habitants de la ville juive, cela nous est dit explicitement. Et l'on peut également penser que tous les malheurs qui accablent Pernath sont dus à son influence néfaste. Le roman se termine par une scène d'apocalypse : la maison de l'orfèvre prend feu mystérieusement et l'on se demande si le Golem n'aurait pas, magiquement, provoqué cet incendie fatidique.

D'un autre côté, les allusions constantes au rêve, à la folie, à l'hallucination et à la vision, l'onirisme des images — Meyrink connaissait les travaux de Freud et de Jung — nous renvoient très clairement à un psychisme perturbé. Le Golem est, ici encore, une image fantasmatique, à la fois projective et introjective. Il représente le Père redoutable et haï (Wassertrum) et en même temps la part de Pernath qui désire se venger de celui-ci (l'étudiant Charousek), mais il figure aussi le Père protecteur (Hillel) et l'âme de Pernath avide de rédemption (la statue du moine de la cathédrale). Il se confond par conséquent encore une fois avec le Double, mais un Double dont l'ambivalence, à l'inverse de ce qu'on trouve chez les romantiques, est soulignée. Tantôt il est l'Autre schizophrénique et terrifiant, l'Adversaire, tantôt un être bienfaisant et secourable, une aide dans la détresse. De plus, on s'aperçoit que les métamorphoses fantastiques du Golem accompagnent ou actualisent un double mouvement de destruction et de reconstruction de la conscience. Ainsi, la marionnette sculptée par l'ami de Pernath tend à celui-ci son propre visage grimaçant et inquiet, et l'orfèvre se sent comme transporté à l'intérieur de cet objet qui s'anime de sa propre vie. Le même phénomène se reproduit avec la carte du tarot et l'on voit bien que, dans le duel des regards qui s'instaure, « le point brillant comme un œil » qui fixe Pernath et qui se met à grandir est une métamorphose de la conscience torturante et de l'instinct de Mort. En revanche, la vie et l'espoir parlent par la bouche du rabbin Hillel ou par celle (mais là, l'ambiguïté est beaucoup plus grande) de l'ancêtre du rêve des grains ou du meurtrier. Au moi mauvais du héros qui rêve de viol et de meurtre répondent ces personnages idéalisés, incarnations nostalgiques d'un moi sublimé. Parallèlement, à la femme fatale, prostituée ou mondaine, Mère impure et lascive, est opposée la figure angélique et consolatrice de Mirjam (Marie, la Vierge). On peut donc considérer que le roman de Meyrink représente, à un second niveau, la relation d'un processus d'individuation, d'une transformation mentale qui, à travers l'intégration d'images antithétiques, conduirait le héros jusqu'au Soi retrouvé (l'hermaphrodite sur le Trône de nacre).

Un symbolisme ésotérique très apparent vient se greffer sur l'univers fantasmatique du rêve. La silhouette du rêve des grains représente Thot/Hermès, le Golem joue le rôle d'un guide spirituel tout au long du roman. Les différentes visions ou hallucinations de Pernath constituent autant d'épreuves ou de révélations qui définissent un parcours initiatique. L'errance souterraine qui précède le combat avec le Fou est en fait un itinéraire obligé, une forme de l'épreuve, jalonnée de signes géométriques qui évoquent la franc-maçonnerie. Les cartes du tarot — le Fou, le Pendu — matérialisent les étapes d'une alchimie spirituelle qui, à travers les morts successives, ouvrent sur une renaissance. Une large place est faite à la tradition hébraïque avec sa symbolique des lettres et ses rituels. La cérémonie d'inversion des lumières constitue un grand moment de l'illumination. Ainsi le Golem peut-il apparaître à la fois comme le messager de l'inconscient et comme le Double mystique (au sens nervalien) ; en tout cas comme une créature messianique dont on annonce l'avènement. Le Golem est « le vrai double, celui qu'on appelle *Habal Garmin,* le souffle des os » et dont il est dit : « Tel il descendit dans la tombe, tel il ressuscitera au jour du Jugement. (...) Il habite très haut au-dessus de la terre, dans une chambre sans porte. (...) Celui qui saura le séduire (...) et l'apprivoiser, celui-là se réconciliera avec lui-même. » Le roman peut dès lors se clore sur une image heureuse, la vision de l'union mystique de Mirjam et de Pernath.

L'œuvre de Meyrink eut un grand retentissement. Le drame de Leivick est traversé de visions et de rêves prémonitoires. Dans sa nouvelle « Spuk » (*in : Phantasien zur Nacht,* 1922), H. Nottebohm imagine un scénario où l'horrible le dispute au fantastique. Nouveau Juif errant, le rabbi Löw doit, tous les cent ans, pour se rajeunir, boire le sang d'un chrétien. A cette occasion, il crée un Golem qu'il emploie à commettre le meurtre à sa place et qu'il détruit aussitôt après. L'influence de Meyrink est également sensible dans le film *Le Golem* de J. Duvivier (1936) avec R. Karl dans le rôle du Golem et H. Baur. Les références au roman de l'écrivain allemand sont fréquentes dans la littérature du XXᵉ siècle. Ainsi, E. Triolet (*L'Age de Nylon,* II, *L'Ame,* roman, 1963) résume le second état de la légende et l'histoire de la chambre sans accès dans le cadre surréaliste d'un récit consacré aux objets animés, à l'enfance, et d'une réflexion sur les rapports de la technique et de la poésie.

Après la Seconde Guerre mondiale, les apparitions du Golem se font plus rares. On peut noter un renouveau manifeste du thème, à une date assez récente, dans des œuvres souvent issues de la Diaspora américaine, qui tendent à opérer un retour aux sources populaires du mythe et s'inspirent souvent du drame de Leivick. On retrouve le Golem dans son rôle de sauveur des juifs en détresse et de messager d'espoir chez D. Meltzer (*The Golem Wheel,* poème, 1967), A. Rothberg (*The Sword of the Golem,* roman, 1970), F. Zwillinger (*Maharal,* drame, 1973). Pour P. Celan (*Einem, der vor der Tür stand,* poème, 1964), l'histoire du serviteur est l'occasion d'une méditation sur les difficultés de la création et le pouvoir des mots. En revanche, déjà en 1925, E. E. Kisch (*Dem Golem auf der Spur,* nouvelle) « enterre » le Golem. Parti de Russie sur les conseils d'un vieux juif, le journaliste cherche en vain les dépouilles légendaires, d'abord dans le grenier de la synagogue, puis dans la banlieue pauvre de Prague. J. L. Borges (*El Golem,* poème, 1958) pose sur l'ouvrage du rabbin un regard sceptique et distant : le Golem n'est-il pas une aberration de plus dans l'écheveau des douleurs humaines, un jouet encombrant et inutile que l'on contemple avec un mélange de tendresse et d'horreur? Quoi qu'il en soit, la véritable question jaillit à travers les lignes : peut-on, à l'époque des robots et des ordinateurs, rêver encore la naïve aventure de ce rabbin un peu fou et de son grossier valet d'argile?

Du robot à la machine cybernétique

Il semble bien que la science-fiction, qui fait du rapport de l'homme à la machine l'un de ses thèmes privilégiés, apporte une réponse positive à cette question. En opérant l'indispensable conversion technologique, ce genre littéraire consacre définitivement le passage de la mystique à la science. L'automate ou l'androïde se transforme en robot ou en machine cybernétique. L'électronique remplace le *schem,* le motif du perfectionnement toujours accru de l'intelligence artificielle et des pouvoirs qui l'accompagnent remplace celui de la croissance incontrôlable du valet d'argile, et la rébellion des robots, devenus infiniment supérieurs à celui qui les a fabriqués et las de leur esclavage, ne fait qu'amplifier l'épisode de la révolte du Golem contre son maître. De même, la fin de l'histoire s'adapte simplement à l'esprit du temps; le robot tantôt détruit son créateur, tantôt est détruit par lui ou bien même se « suicide » de désespoir. Comme par le passé, la machine est le plus souvent diabolisée et elle condense toutes les angoisses collectives liées à l'utilisation de la technique et à la volonté de puissance qui sommeille en chacun de nous. Pourtant, le robot exprime aussi la foi dans une science salvatrice et l'idée d'un moi exalté et transfiguré par la connaissance. Cet *alter ego* idéal devient alors l'auxiliaire efficace de l'homme (œuvres diverses d'Asimov). Visiblement les espoirs de consolation ou de rédemption qui, dans un contexte religieux, s'incarnaient jadis dans la figure du Golem-Messie sont reportés, en des temps plus matérialistes, sur l'instrument électronique.

Au départ, il faut bien le rappeler, la création d'un *golem,* en raison de ses implications magico-telluriques, n'a rien à voir avec l'acquisition d'un savoir technologique. Pourtant, déjà au Moyen Age, on avait rapproché la légende juive de l'histoire de l'homme de fer qui aurait été construit par Albert le Grand et détruit en grande colère par saint Thomas d'Aquin. Ainsi, un critique a pu prétendre que c'est la lecture de la légende du Golem qui avait inspiré le *Frankenstein* de Mary Shelley tout autant que les travaux de Galvani sur l' « électricité animale ». *Frankenstein* est encore à mi-chemin de la magie et de la science, et largement imprégné d'archaïsme mythologique. Et en effet, la manière dont le savant s'y prend pour donner vie à son androïde, à partir vraisemblablement de morceaux humains pris dans les cimetières, demeure mystérieuse. Elle tient encore autant de la magie que de la démarche expérimentale. La créature est assemblée en laboratoire et c'est l'électricité qui prend la place du souffle créateur. La hideur repoussante du monstre montre bien la condamnation portée par l'auteur sur ces pratiques expérimentales.

C'est avec la « comédie utopique » *R.U.R.* (*Rossum's Universal Robots,* 1920) de l'écrivain tchèque Karel Capek que s'opère la conversion de la légende au mythe scientifique et le véritable passage à la science-fiction. Dans l'usine américaine de Rossum, des robots d'aspect humain sont produits en masse. L'un des ingénieurs de l'usine, soucieux de les perfectionner, parvient à les douer aussi d'une âme, si bien que, conscients de leur valeur et de leur supériorité sur les hommes, ils fomentent une révolte et détruisent toute l'humanité. Ne pouvant se reproduire, ils seraient néanmoins condamnés à périr à leur tour si l'ingénieur n'était parvenu à doter de sexualité deux robots et à les faire ainsi passer de l'état de machines à celui d'êtres humains à part entière. De cette prouesse technique, un nouveau monde est destiné à naître. Nouveaux Adam et Eve, les deux robots s'en vont fonder une autre humanité et la pièce se clôt sur une citation de la Genèse. Une double idée se fait jour : la machine, après avoir causé la mort de l'homme, assure en même temps son avenir par sa capacité à se reproduire. Contrairement à la légende qui n'accorde pas de sexualité pleine et entière au robot, cette dernière barrière est franchie chez Capek. La mutation décisive peut avoir lieu, l'homme a pris la place de Dieu pour l'acte créateur et le robot a définitivement détrôné l'homme.

Cette idée que, après avoir été sa perte, la machine est l'avenir de l'homme, qu'elle représente la race du futur, et le prochain stade dans la chaîne de l'évolution, se retrouve traitée, non sans ironie, dans le roman de l'écrivain polonais Stanislav Lem *GOLEM XIV* (1978), inspiré vraisemblablement par le programme cybernétique « Goalem » du MIT, mis au point par des chercheurs tchèques. Le Golem, cette fois-ci, est l'héritier d'une longue série d'ordinateurs, une machine monstrueuse ayant la forme d'un gigantesque cerveau, suprêmement intelligente.

Dans son récit, Stanislav mêle avec un très grand raffinement et en les transposant dans le futur divers épisodes du *Livre des merveilles* et des œuvres expressionnistes. Mais cette fois-ci, le drame de la machine s'inverse pour se rapprocher du destin de l'*homunculus* fabriqué par Wagner, dévoré par l'esprit, trop léger pour la terre. Libéré de la pesanteur charnelle, le Golem est devenu une « raison pure » : trop supérieur aux hommes qu'il méprise, incapable de communiquer avec eux, il souffre pourtant de l'absence de corps, de la solitude et de l'impossibilité d'aimer (les amours cybernétiques, à peine effleurées, ne semblent guère satisfaisantes). Mais le roman nous livre également une vision pessimiste de l'univers, abandonné sans gouvernail au jeu hasardeux des possibles. L'ordinateur est parvenu depuis longtemps au savoir universel, il se tient sur les cimes glacées de la connaissance absolue dont parle Nietzsche. En lui le surhomme est dépassé, et peut-être même est-il devenu Dieu? Lorsqu'il n'y a plus rien à désirer ou à conquérir, il n'y a plus de bonheur ni de raison d'exister. Un beau jour, comme le colosse tragique de Wegener, la monstrueuse machine s'autodétruit.

Par sa richesse, le mythe du Golem, nous pensons l'avoir montré, constitue un archétype, non seulement de l'imaginaire, mais encore de la modernité littéraire. La permanence de la légende, sous des formes variées, pendant tout le XXe siècle, semble témoigner de sa résistance et de ses capacités de renvoyer aux sources de la mystique ou de s'intégrer à une mythologie profane. Seul l'avenir permettra cependant de dire s'il est appelé à devenir vraiment un héros de l'âge cybernétique où nous entrons.

Catherine MATHIÈRE

BIBLIOGRAPHIE

« L'œil du Golem », numéro spécial du *Journal du fantastique,* Paris, 3e trim. 1977.

Elisabeth FRENZEL, *Stoffe der Weltliteratur,* Stuttgart, Kröner, 1983, art. « Golem ».

Catherine MATHIÈRE, *Imaginaire et Mystique. La Dramaturgie de Gustav Meyrink,* Paris, Minard, 1985.

— « Les spectres de la connaissance : ontologie et fantastique chez Gustav Meyrink » *in : Les Cahiers du G.E.R.F.* n° 3, Presses Universitaires de Grenoble, 1990.

— « Mythe, philosophie, cybernétique : *GOLEM XIV,* de Stanislav Lem », *in : Les Cahiers du Cerli* n° 1, Université de Nantes, janv. 1993.

Sigrid MAYER, *Golem : die literarische Rezeption eines Stoffes,* Bern, Herbert Lang, 1975.

— « Der Golem Stoff in den Vereinigten Staaten », *in* Adam Bisanz et Raymond Trousson, *Elemente der Literatur,* Festschrift für Elisabeth Frenzel, Stuttgart, Kröner, 1980.

Beate ROSENFELD, *Die Golemsage und ihre Verwertung in der deutschen Literatur,* Breslau, Verlag Dr. Hans Priebatsch, 1934.

Gershom SCHOLEM, « Die Vorstellung vom Golem in ihren tellurischen und magischen Beziehungen », *in : Zur Kabbala und ihrer Symbolik,* Zurich, Suhrkamp, 1977.

KlausVOELKER, *Künstliche Menschen. Dichtungen und Dokumente über Golems, Homunculi, Androïden und liebende Statuen,* Munich, Hanser, 1971.

Le graal

L'histoire littéraire du Graal commence, aux alentours de l'an 1200, par une période d'active création qui laisse nombre de textes, dont plusieurs chefs-d'œuvre incontestables : le roman de Chrétien de Troyes, celui de Wolfram von Eschenbach, l'anonyme *Queste del Saint Graal.* La tradition ainsi établie se poursuit jusqu'à la fin du Moyen Age. Remaniés parfois, mais non défigurés, certains textes majeurs sont imprimés au début de la Renaissance. Mais cette consécration est aussi, paradoxalement, leur mise en sommeil. A l'époque classique, le Graal est presque inconnu.

Le romantisme le remet à la lumière, mais lentement : l'énorme travail d'édition, absolument indispensable, ne peut se faire en quelques années et les œuvres poétiques inspirées par le Graal appartiennent à la seconde moitié du siècle. Deux textes s'imposent : les *Idylles du Roi*, de Tennyson et le *Parsifal* de Wagner. La littérature du XXe siècle leur doit encore beaucoup.

Les textes et leur histoire

Aux yeux du lecteur moderne, pour qui est désormais inaccessible toute la tradition antérieure, écrite ou orale, le poème de Chrétien de Troyes *Perceval* ou le

Conte du Graal (vers 1185) constitue un commencement absolu. On ne sait rien du « livre » sur lequel le poète prétend s'être appuyé et l'on pourrait même se demander s'il a jamais existé, comme on se pose d'insolubles questions sur le poème de Kyot le Provençal dont Wolfram von Eschenbach dit s'être inspiré pour écrire son *Parzival* (vers 1210). Kyot lui-même n'est-il pas une fiction? Nous ne le saurons sans doute jamais.

Nous ne saurons pas davantage comment Chrétien entendait terminer un poème qu'il a laissé inachevé au beau milieu d'un épisode. Quatre continuations nous ont été conservées, dont l'ensemble compte près de 60 000 vers. Le matériau narratif qu'elles utilisent se retrouve en partie dans d'autres textes sur le Graal qui seront examinés plus bas : ceux qui se recommandent, à tort ou à raison, de Robert de Boron et de Gauthier Map. D'où vient ce matériau? Chrétien le connaissait-il et songeait-il à l'utiliser?

On s'est aussi beaucoup interrogé sur le bref roman gallois intitulé *Peredur ab Evrawc*. Ce texte difficile à dater reprend des motifs également utilisés par Chrétien. Avant d'introduire des épisodes tout à fait originaux, il semble s'inspirer du *Perceval*.

Il est trop clair que Wolfram s'est, lui aussi, beaucoup servi du poète champenois, tout en le disant mal informé — mais pareille dépréciation est, à l'époque, habituelle. Il mène son propre ouvrage à bonne fin, non sans y mêler toute une matière d'Orient dont on se demande toujours si elle est le fruit de son imagination, de ses lectures, ou de contacts réels, grâce aux Croisades.

Quoi qu'il en soit tous ces textes ont un trait commun : ils racontent leur histoire du point de vue du héros. On pourrait les appeler tous des « romans de Perceval ». Ce parti pris conduit à construire la narration sur le mode de l'énigme : l'innocent a vu, presque par hasard, un spectacle merveilleux, s'est abstenu de manifester son étonnement et de poser la moindre question; depuis lors, à travers les aventures les plus diverses, il cherche à retrouver le Graal pour savoir ce qu'il en est.

Ainsi compris, le sujet semble justifier la technique du retardement que les auteurs, avec une virtuosité plus ou moins grande, mettent en œuvre dans leurs poèmes. Les intrigues secondaires se multiplient, notamment celles qui ont Gauvain pour protagoniste. La liste des personnages épisodiques s'allonge de manière terrifiante. Le héros lui-même donne d'innombrables coups d'épée, sauve force victimes et pourfend pléthore de méchants avant de devenir, enfin, roi du Graal.

Le second trait qui unit tous ces textes est la relative indépendance de l'histoire qu'ils rapportent à l'égard du monde arthurien. Arthur et sa cour sont certes toujours présents, mais l'un comme témoin, voire comme spectateur, et l'autre comme lieu de passage ou de bref séjour, repère dans un horizon lointain. Les romans de Perceval sont les romans d'un homme seul.

Très différents apparaissent le poème de Robert de Boron, *L'Estoire du Graal* (vers 1200) et la trilogie romanesque, en prose, qui en dérive. Le poète est remonté à l'origine : le Graal est la coupe qui a servi lors de la Sainte Cène et dans laquelle a été recueilli le sang du Christ ; la Lance est celle qui a percé le cœur du Christ sur la croix. Conservé par Joseph d'Arimathie, le disciple secret, le Graal a été transporté en Bretagne. Le prophète Merlin en connaît l'histoire ; il fait construire la Table Ronde à l'image de celle sur laquelle a été célébrée la Cène et de celle que Joseph avait établie pour le service du Graal. L'aventure de Perceval est la suite et la conclusion de cette longue histoire. La trilogie romanesque s'articule en trois parties : *Joseph, Merlin, Perceval.*

Le schéma narratif n'est donc plus celui d'une révélation progressive ; il n'y a plus d'énigme, et l'individu semble moins découvrir le monde que jouer un rôle depuis longtemps prédéterminé. L'œuvre s'organise comme la réalisation d'une prophétie. Est-ce la raison pour laquelle elle est moins développée que l'ensemble formé par le texte de Chrétien et celui de ses continuateurs ou même que le poème de Wolfram ? Première christianisation de la légende — encore que ce point reste à démontrer — elle tend à faire prévaloir le sens sur le foisonnement des aventures.

Elle se distingue encore des romans de Perceval par la manière dont elle traite la matière arthurienne. Au lieu de prendre l'aventure du Graal comme un épisode entre mille choisi dans l'infinie légende des compagnons d'Arthur, l'œuvre de Robert de Boron s'incorpore l'histoire du roi, telle que la contaient les chroniques. Si fantaisistes que soient à nos yeux l'*Historia Regum Britanniae*, de Geoffroy de Monmouth, ou le *Brut*, de Wace, qui s'en inspire, ces livres donnent d'Arthur une image historique ; on voit un homme d'Etat et chef de guerre imposer son pouvoir à des vassaux rebelles, renforcer le prestige de sa couronne, guerroyer, conquérir des terres lointaines, dont Rome, et succomber, victime de la trahison de son neveu Mordret à qui il avait confié son royaume en son absence.

Ces événements qui jalonnent l'histoire d'un règne, Robert de Boron les subordonne à sa fiction. Tout se passe comme si la Table Ronde n'avait d'autre fonction que de commémorer d'autres tables plus prestigieuses, et comme si, une fois achevée la quête du Graal, il ne restait plus à Arthur, pour maintenir son prestige inutile, qu'à se lancer dans des expéditions superbes, mais en définitive funestes. L'aventure du Graal a été la culmination de l'empire arthurien.

C'est une idée analogue qui se rencontre dans l'immense ensemble en prose attribué, contre toute vraisemblance, à Gautier Map, et qu'il est seulement commode de désigner par son nom, à moins qu'on ne préfère, selon un usage peu satisfaisant, parler du *Lancelot-Graal.* L'ensemble comprend trois romans distincts, mais bien liés : un très volumineux *Lancelot, Le Queste del Saint Graal* et *La Mort le Roi Artu.* Ce dernier livre décrit la superbe agonie du monde arthurien, après qu'a été menée à bien la plus haute quête qui se puisse concevoir, celle du Graal.

Malgré la diversité visible des auteurs, qui ont dû travailler entre 1210 et 1220, l'unité du projet éclate. Il s'agit d'établir un lien entre le meilleur chevalier du monde, Lancelot, et celui qui accomplira la Quête du Graal. Pour ce rôle, on écarte Perceval, qui devra se contenter du second rang, et l'on invente un personnage nouveau : Galaad, fils de Lancelot et de la jeune fille qui a soin du Graal. Le plus parfait des chevaliers terrestres, souillé par son amour pour la reine Guenièvre, cède la place à son fils, qui est la pureté même.

Le lecteur assiste alors, d'un bout à l'autre de l'œuvre, à une transformation des procédés narratifs. Initialement le récit est centré sur Lancelot, sur ses enfances, sur ses premiers exploits, sur son amour pour la reine. Le fond est fourni par les premières guerres d'Arthur. Mais ces guerres ne sont pas l'objet propre de la narration. Et Arthur lui-même intéresse plus comme individu que comme responsable d'un royaume. Le foisonnement des aventures particulières entraîne une certaine dérive du point de vue : on suit tantôt tel chevalier, tantôt tel autre. Une certaine unité apparaît lorsque le château de Corbénic, lieu du Graal, reçoit la visite, successivement, de Gauvain, de Lancelot et de Boort. Le thème du Graal est un thème unificateur ; et, au début de *La Queste*, ce sont tous les compagnons d'Arthur qui partent ensemble, laissant le roi presque seul. Bientôt, ils se dispersent ; seuls trois d'entre eux parviendront au but. Mais la rigueur avec laquelle ce but est défini construit une narration bien différente de celle qui domine dans le *Lancelot* et l'apparente parfois à une mosaïque d'épisodes.

Déjà présent dans les dernières pages du *Lancelot*, un procédé s'affirme dans *La Queste*, celui de l'annonce par voie d'allégorie à déchiffrer. C'est, d'une certaine manière, le jeu de l'énigme, tel que le proposait Chrétien ; mais son emploi s'est multiplié et surtout le nom d'énigme convient mal à ces images qui révèlent, par la suite, de splendides vérités. Le mot « senefiance » n'est pas synonyme du mot « solution ».

Le maître d'œuvre, dont on aimerait à croire qu'il est aussi l'auteur de *La Queste*, joue avec une grande sûreté de ce système de prémonitions ou de révélations obscures, ce qui a pour effet d'attirer toutes les « senefiances » vers le Graal et son lointain royaume, d'où ne reviennent ni Galaad, ni Perceval. Ainsi la quête est-elle l'aventure suprême, après laquelle le royaume d'Arthur ne peut plus que se défaire. Les exploits individuels laissent la place à la tragique épopée des grandes batailles où se joue le sort des empires. Ce finale terrible est nécessaire ; et on l'oublie quand on emploie l'expression : *Lancelot-Graal*.

Comme Robert de Boron et ceux qui l'ont suivi, le pseudo-Gautier Map a construit une somme où se retrouve, dominé par l'histoire du Graal, l'essentiel de la légende arthurienne. Sans doute peu après son achèvement, la somme en question est complétée, comme par un narthex, par deux livres qui viennent en tête dans les manuscrits complets : une *Estoire del Saint-Graal* et une *Estoire de Merlin*. Ainsi est d'une certaine manière réalisée la fusion entre l'œuvre de Robert de Boron et celle du pseudo-Gautier Map. L'ensemble s'oppose aux romans de Perceval tels qu'ils ont été définis plus haut.

Voilà donc les textes que, pendant près de trois siècles on recopie, non sans enrichissements ou abrègements. Les modifications de détail ne détruisent pas l'économie générale des constructions. Et l'on retrouve Chrétien de Troyes, avec certains de ses continuateurs, dans le *Perceval* imprimé en 1530. La monumentale compilation que Sir Thomas Malory, son auteur, a intitulé *Le Morte d'Arthur*, fait appel à toute sorte de sources, dont plusieurs sont perdues pour nous. Mais toute la partie qui traite du Graal est très proche du Lancelot et de *La Queste*, qui semble parfois traduite mot à mot. L'incunable de 1485, réimprimé jusqu'en 1634, donne au public anglais une superbe et très authentique image de la légende.

L'impression n'est pas non plus défavorable à Wolfram von Eschenbach, dont le poème revoit le jour à Strasbourg en 1477.

Tout semble indiquer que la tradition va continuer. Pourtant, lorsque Ronsard fait allusion au roi Arthur et à Merlin, c'est dans un poème dédié à la reine d'Angleterre, comme si le monde arthurien ne devait plus intéresser personne sur le continent. Pourtant, si Spenser fait figurer Arthur dans sa *Reine des Fées* (1590-1596), il ne lui prête que des aventures inédites et des compagnons jusqu'alors inconnus, et il oublie le Graal. Dryden agit de la même façon quand il écrit son *Roi Arthur* (1584), auquel Henry Purcell ajoute une musique. On connaît, évidemment, Merlin, mais sait-on encore qui est Lancelot ?

Dans les dictionnaires français, on trouve parfois une petite notice sur le Graal. Recopiant Furetière, le *Dictionnaire de Trévoux* et l'*Encyclopédie* parlent d'abord d'une relique conservée à Gênes, puis rappellent qu'il en est question dans « les vieux romans ». On écrit, non « Saint Graal », mais « Sangréal » comme Malory. C'est un objet pour « paladins », comme on dit depuis 1550.

Des paladins au style troubadour, il n'y a qu'un pas, que franchit le comte de Tressan, sans que le Graal y gagne beaucoup. Dans l'Europe du XVIIIe siècle, quand on parle des paladins antiques, on pense à Amadis ou au Roland de l'Arioste plus qu'à Gauvain ou Perceval.

Par une étrange coïncidence, c'est en 1784, donc juste un an après la mort du comte de Tressan, que Bodmer publie, partiellement, le *Parzival* de Wolfram. Cette édition, la première depuis plusieurs siècles, est mauvaise ; il faut attendre 1833 pour que le public dispose, avec l'édition Lachmann, d'un texte sûr. Un décalage analogue s'observe en Angleterre : la première édition scientifique de Malory date de 1856, mais on a vu paraître deux éditions en 1816 et une autre en 1817. *Le Roman du Saint-Graal*, de Robert de Boron, est publié à Bordeaux, en 1841, par Francisque Michel ; le *Perceval* et ses continuations, par Potvin, à Mons, en 1866-1871. On note que nombre de textes français sont, dans la seconde moitié du siècle, publiés par des savants britanniques. Le public français semble s'intéresser davantage à Charlemagne — Fr. Michel a publié la *Chanson de Roland* en 1837. Le nationalisme joue un rôle important dans cette entreprise désintéressée qu'est la redécouverte des textes anciens.

Il n'est pas indifférent que Tennyson ait dédié à la reine Victoria ce miroir du parfait prince que réalisent les *Idylles du Roi*, composées de 1857 à 1885. Douze poèmes, douze épisodes juxtaposés, selon une technique qui évoque *La Légende des Siècles*, mais aussi la mosaïque de Malory. Publié en 1869, l'épisode intitulé *Le Saint-Graal* s'inspire assez librement de Malory, donc, à travers lui, de la *Queste del Saint Graal*. Le trait nouveau, le trait moderne, et qui transforme le récit, consiste en ceci que la narration est confiée à un personnage, Perceval, qui, souvent, rapporte lui-même des récits entendus. Dans une composition très savante, le texte met l'histoire en perspective et tend à l'organiser par rapport à un infini inaccessible. Ainsi, en l'absence de toute autorité décisive, peut-on se demander si les visions des personnages ne sont pas des illusions. La quête du Graal est peut-être une tentation subjectiviste, individualiste, de nature à perturber l'ordre harmonieux qu'avait su établir le meilleur des rois : Arthur ne prend pas part à la quête et semble regretter qu'elle ait eu lieu.

Dans son *Merlin* (1832), Karl Immermann avait adopté la même idée ; mais il était allé jusqu'à se représenter la quête comme une expédition organisée, à laquelle prennent part Arthur et Guenièvre, sous la conduite de Merlin. Lorsque le prophète est séduit et emprisonné par Niniane, la troupe d'Arthur se perd dans le désert, non loin peut-être du château du Graal, où règnent Titurel, Perceval et Lohengrin.

Ces trois noms rappellent que l'Allemagne romantique a rêvé sur des textes tardifs, et réédités avant même le *Parzival : Lohengrin* et *Le Jeune Titurel*. C'est dans ce dernier texte que Görres a trouvé la description du château du Graal qu'il reproduit et commente dans sa *Mystique chrétienne* (1836).

Dans son *Lohengrin* (1848), Wagner voyait le château du Graal comme un ailleurs inaccessible où régnait une éternelle félicité. Dans son *Parsifal* (1882), il est plus près de la source ancienne, puisqu'il construit son drame autour de la maladie d'Amfortas, roi du Graal, et du rôle salvateur de Parsifal. Dans cette « terre gaste », frappée de stérilité, c'est d'une certaine façon le Graal lui-même qui doit être sauvé.

Le drame de Julien Gracq, *Le Roi pêcheur* (1946) est délibérément construit à partir de la donnée wagnérienne qu'il s'agit de contester : le couronnement de Perceval serait la fin de toute aventure, la mortelle immobilité. Il faut, semble-t-il, que la quête n'atteigne jamais son dénouement.

Est-ce aussi au drame wagnérien que pensait T.-S. Eliot quand il écrivait *The Waste Land* (1921-1922) ? Dans cette « terre vaine », monde désolé d'aujourd'hui, aucun Graal n'est en vue. Mais la référence à l'ancienne légende est expressément soulignée par le poète lui-même. Il faut noter qu'elle est entièrement étrangère au monde arthurien.

Or, c'est plutôt le thème arthurien qui inspire les auteurs de langue anglaise écrivant pour les publics les plus divers. Le Graal n'intervient qu'à titre épisodique dans *The Mists of Avalon* (1982) de Marion Bradley, où il joue un rôle tout tennysonien : son apparition est la dernière offensive du monde druidique contre le royaume christianisé d'Arthur. Dans son film *Excalibur* (1981), John Boorman en fait une figure du roi : le vieux et peut-être innocent calembour du Sangréal produit encore ses effets.

Comme il convient pour un thème aussi vénérable, patronné par le plus respectable des poètes victoriens, l'humour a eu son heure. On peut citer le poème de Jack Spicer, *The Holy Grail*, publié en 1975, après la mort de son auteur, ou l'étrange drame de Tankred Dorst, *Merlin* (1981) qui, fidèle à une tradition allemande remontant au romantisme de Tieck, mêle le tragique et la farce et met constamment en question l'illusion théâtrale.

On remarque que ce drame, comme le roman de M. Bradley, comme le *Graal-Théâtre* (1977) de Florence Delay et Jacques Roubaud, repose sur une connaissance approfondie des textes anciens qui, désormais, semblent faire partie de la culture générale au même titre que les poèmes homériques.

Le schème mythique et ses interprétations

Quelles que soient les fantaisies auxquelles se livrent par naïveté ou par malice les remanieurs, à commencer par Wolfram, on peut dire que Chrétien a donné à peu près tous les invariants du mythe. Est-il le premier à avoir réuni l'histoire d'un talisman inaccessible et celle d'un innocent qui fait peu à peu l'expérience du monde ? Les deux éléments, depuis qu'il a écrit son poème, semblent indissolubles.

Il faut naturellement prendre le mot « innocent » dans un sens très large. Le Perceval de Chrétien est une manière de paysan naïf. Galaad est un chevalier en tout point accompli ; on le dirait moins innocent que pur. Mais, dans un cas comme dans l'autre, on a affaire à un personnage étranger à la société organisée : Perceval ne s'attarde pas dans les lieux où son éducation se fait, avec une merveilleuse rapidité d'ailleurs ; Galaad est plus solitaire, plus farouche encore que son père Lancelot, puisqu'il ignore la courtoisie et sa fine fleur, l'amour. Le chevalier du Graal est toujours venu d'ailleurs.

Le Graal se trouve, lui aussi, ailleurs, dans un château qui peut être invisible, ou dans un royaume inaccessible. L'idée de le cacher en Inde, chez le fabuleux prêtre Jean, n'est pas contraire au schème fondamental du mythe. L'exotisme oriental dont Wolfram fait un grand usage, et que Wagner reprend en en modifiant le rôle, va dans le même sens.

Quant aux superbes cérémonies dont les deux auteurs montrent tous les détails, elles sont en continuité avec le simple cortège qui se déroule chez Chrétien : avant toute chose, le Graal est un objet utilisé dans un rituel. Et c'est là peut-être que se trouve, de tous les invariants du mythe, le plus important. Lorsque la question est posée, elle porte non sur le Graal lui-même, mais sur l'usage qui en est fait. Il faut demander non pas : « qu'est-ce que le Graal ? » mais « qui sert-on avec le Graal ? » ce qui revient à vouloir connaître la destination de la procession.

Le caractère rituel se retrouve dans l'idée de prédestination qui est partout à l'œuvre. Le héros ne peut pas ne pas accomplir les gestes que l'on attend de lui. Il est, de toute éternité, l'Elu. Son hérédité n'explique pas tout : l'histoire du Graal est une affaire de famille, même dans la version aberrante que présente le *Peredur* (l'objet porté en procession est ici un plat, où se trouve la tête d'un homme qu'il faudra venger). Mais la Promesse est autre chose que l'appel du sang. Il n'y a qu'une alternative : ou le héros, comme Perceval, ignore sa vocation et la découvre, après quelques erreurs ; ou, comme Galaad, il en est instruit, et se conforme au plan préétabli. A travers ces variantes, le thème de la mission demeure. Seul Julien Gracq suppose que la plus haute mission est l'errance, et que l'entreprise salvatrice est seulement un leurre ; il rejoint ainsi Chrétien, qui s'efforçait à ne pas finir son poème.

La légende du Graal offre un double rituel : un rituel qui a lieu ailleurs, un rituel qui conduit vers l'ailleurs. Cette figure est essentiellement scénique, comme l'a vu Wagner : le premier et le troisième actes de son drame montrent une marche dans un espace introuvable, suivie de l'apparition du Graal.

Cette figure a été interprétée de diverses manières. On a cherché à identifier le Graal en découvrant son origine. Certains savants ont pris Robert de Boron au mot et se sont convaincus que la légende est d'abord chrétienne. D'autres, non sans de bonnes raisons, ont songé à un motif celtique qui aurait subi une christianisation tardive. Utiles en elles-mêmes, ces deux hypothèses sont pareillement inopérantes pour une analyse littéraire des textes conservés. L'hypothèse chrétienne se heurte à plus d'un trait choquant, et notamment à l'aspect ésotérique de l'aventure : il y a des secrets du Graal qui ne peuvent être révélés à tout chrétien. En instituant autour du Graal une garde de Templiers, Wolfram a laissé penser que sa propre vision du secret n'était pas purement orthodoxe. Même si on fait des textes qui s'y prêtent une lecture théologique, on a toujours l'impression que la pensée du Graal se situe ailleurs, un peu en marge des doctrines acceptées.

L'hypothèse celtique, la plus vraisemblable sans doute, ne permet que des rapprochements relativement lointains avec des talismans variés qui assurent une nourriture perpétuelle, des guérisons, voire des résurrections. L'absence de textes incontestables, de textes dénués de toute trace de christianisation, ne permet guère d'aller plus loin.

Quant aux interprétations allégoriques, abondantes chez les commentateurs de Wagner, elles tournent toujours plus ou moins autour du mot « Idéal » qu'il est permis, malgré la caution de Baudelaire, de trouver plus pâle que les rituels évoqués par Chrétien ou Wolfram. C'est pourtant à Baudelaire que l'on doit l'un des textes les plus extraordinaires qui aient été écrits indirectement sur le Graal, par le biais du prélude de *Lohengrin*. Cette musique, que Wagner donne comme étant la description de la descente du Graal, Baudelaire la rêve de manière « plus vague et plus abstraite ». Cette abstraction ne l'empêche pas de parler de « la sensation de la béatitude spirituelle et physique » et de « la sensation de l'espace étendu jusqu'aux dernières limites concevables » (*Richard Wagner et Tannhäuser à Paris*). Faut-il s'étonner que cette expérience à la fois physique et spirituelle de la fascination débouche sur une quête; le poète se trouve « impuissant à définir » le sentiment nouveau qu'il a éprouvé, et il écrit : « cette impuissance me causait une colère et une curiosité mêlées d'un bizarre délice ». La page, pertinemment commentée par Bachelard, dans *La Poétique de l'Espace* (p. 177 sq.), pourrait être le point de départ de toute analyse littéraire menée sur les textes du Graal. C'est à partir d'elle que l'on pourrait comprendre pourquoi *La Queste du Saint Graal* ne se résout pas, malgré le projet évident de son auteur, en ternes allégories, pourquoi la description ne cesse de faire appel à l'imaginaire, pourquoi le livre n'est pas un traité de théologie mystique travesti en roman. C'est à partir de Baudelaire que l'on comprendrait peut-être pourquoi est inévitable l'ambiguïté avouée du poème de Tennyson, dont les derniers vers restent obscurs : « Vous avez vu ce que vous avez vu./Ainsi parla le roi; et je ne comprenais pas tout ce qu'il voulait dire. »

La légende du Graal est dominée par la vision.

Mais ce motif reste inséparable d'un autre, qui s'exprime de manière très variée, celui de la maladie. Le roi du Graal est malade; son royaume l'est avec lui. L'Elu est aussi celui qui guérit. Mais il est difficile d'entrer plus avant dans le détail si l'on recherche des invariants du schème mythique. La position du motif dans la séquence narrative est en effet à peu près libre. Dans Chrétien de Troyes, la maladie du roi est une donnée initiale, mais la stérilité du pays semble une conséquence du premier échec de Perceval : c'est parce qu'il n'a pas osé la question attendue que la terre devra souffrir. Dans la *Queste*, il n'est fait allusion qu'à la maladie de certain roi, qui n'est pas le roi du Graal et que Galaad délivre; mais cette délivrance est plus qu'une guérison : le roi Mordrain, lorsqu'il a été frappé, a demandé à Dieu de le maintenir en vie jusqu'à ce que vienne le Bon Chevalier, son descendant. Ayant recouvré la vue, étant guéri de ses plaies, Mordrain meurt immédiatement entre les bras de Galaad.

On peut se demander si, dans Tennyson, la quête elle-même n'est pas une maladie, une manière de folie qui frapperait les chevaliers d'Arthur et compromettrait la santé du royaume : Galaad est la source d'un mal, il crée une manière de contagion. Ce mal est sans doute nécessaire; il convient de donner aux hommes un autre désir que celui de l'ordre temporel; la plupart d'entre eux ne sont pourtant pas assez forts pour ce nouveau désir; et la quête les brise. Tennyson éclaire rétrospectivement Malory et la *Queste del Saint Graal* : le but atteint, qui est le but suprême, rien ne reste au chevalier spirituel, aucune issue, sinon la mort, qui est aussi une transfiguration. Galaad, comme le roi Mordrain, a désiré la mort.

Lorsque, chez Wagner, Amfortas désire la mort, c'est dans un tout autre sens : il attend seulement la fin de ses souffrances par l'anéantissement de son être. Pour le roi du Graal, frappé d'une incurable blessure, la mort est une solution de désespoir qui s'oppose en tout point au salut ; car elle est ici le salaire du péché, tant que la grâce ne s'est pas manifestée. Reprenant une suggestion de Wolfram, Wagner a, plus que tout autre auteur, interprété comme une punition la maladie du roi. L'interprétation était déjà esquissée dans la *Queste* : c'est pour s'être approché trop près du Graal alors qu'il n'était pas prêtre que Mordrain a été frappé. A la fin du roman, Lancelot, par trop grand amour, commet la même faute et est puni de la même peine, quoique plus brève. Mais le même Lancelot a déjà compris qu'il n'atteindrait pas le but ultime de sa quête, car son amour pour Guenièvre, amour coupable, l'en rend indigne. Wolfram et Wagner fondent en un les deux motifs : la faute d'Amfortas est une faute contre la pureté : c'est pour s'être approché d'une femme qu'Amfortas est blessé. Ainsi est repris et moralisé un motif sans doute très ancien : c'est la virilité du roi que la blessure a frappée.

Perceptible chez Chrétien de Troyes, ce motif ne semble pas chez lui lié à une faute. Dans la version de Malory, le « coup douloureux » a été porté par ignorance et sans qu'on puisse le considérer comme une punition. Cette innocence a paru suspecte à plus d'un commentateur et, depuis quelques années, on a eu recours aux lumières de la psychanalyse pour éclairer deux sombres histoires : pourquoi le roi est-il blessé précisément entre les cuisses ? pourquoi, dans Chrétien, le premier échec de Perceval est-il interprété par le poème lui-même comme une punition du héros ? Il est dit en effet que le jeune garçon, en quittant sa mère, la « veuve dame », a causé sans le savoir sa mort.

A l'interprétation morale, naïvement avouée par Wagner, aux interprétations psychanalytiques variées, mais toutes également imposantes, vient se joindre une interprétation ethnologique qui repose sur la coïncidence aperçue chez certains auteurs entre l'impuissance du roi et la stérilité de sa terre. Les disciples de Frazer ont vu dans l'histoire du Graal une confirmation des thèses de leur maître : Perceval serait le jeune roi qui vient remplacer le vieillard dont la faiblesse compromet la vitalité du royaume. Il est probable que cette grille de lecture s'appliquerait mieux qu'à Chrétien aux récits oraux qui sont à l'origine de son poème. Mais ces récits n'ont laissé nulle trace pure ; chez Chrétien ils sont déjà profondément transformés : le lien magique entre la maladie du roi et celle de la terre n'est plus compris ; le vieux roi n'est pas mis à mort. Dans l'étude de la légende du Graal, comme dans celle de bien des mythes littéraires, la recherche des origines est bien souvent une chasse aux fantômes. Il reste que l'historien ne peut ignorer un fait. très contestable et aujourd'hui oublié par les spécialistes, le livre de Jessie Weston *From Ritual to Romance*, où se développe une thèse d'allure frazerienne, a été la source avouée où T.-S. Eliot a puisé l'inspiration pour composer son *Waste Land*. Il a déjà été fait allusion plus haut au fait que les travaux érudits avaient une influence non négligeable sur les versions littéraires modernes de l'ancienne légende.

Une lecture esthétique des textes est amenée, semble-t-il, à déplacer quelque peu les accents. Il importe moins, du point de vue de la poétique, d'identifier le Graal et les objets qui l'accompagnent, de deviner son histoire, que de saisir le rôle qu'il joue dans un rituel qui suppose une initiation. Il est, de la même façon, moins nécessaire d'identifier la maladie dont souffrent certains personnages, de déterminer son étiologie, de fixer les responsabilités, que de percevoir comment elle est ressentie par ses victimes. Deux traits requièrent l'attention.

Le premier est l'existence d'une contagion qui s'exerce, dans le récit, par le biais de l'identification, ce mot étant à entendre, certes, au sens psychanalytique, mais aussi au sens théâtral. Chez Tennyson, tous les chevaliers d'Arthur imitent Galaad jusqu'à se confondre en idée avec lui. Quant à la compassion que, chez Wagner, Parsifal éprouve pour Amfortas, elle n'est pas à comprendre seulement comme un sentiment de pitié : c'est « Mitleid », sympathie, imitation, souffrance de la souffrance de l'autre; et Parsifal suit, jusqu'au château du magicien maléfique, et jusque dans les bras de Kundry la sorcière, le chemin qu'avait autrefois suivi le roi. D'une toute autre façon, il a déjà été dit que le Galaad de la *Queste* désire la mort comme le roi Mordrain l'avait désirée : le « Nunc dimittis » est commun aux deux personnages. Le même phénomène d'assimilation transparaît chez Chrétien : malgré la thèse frazerienne, c'est l'échec de Perceval qui semble entraîner la déchéance du royaume, comme si cet échec était l'équivalent du « coup douloureux » qui a réduit le roi à l'impuissance. Mais cet échec est aussi ce qui conduit Perceval à la déréliction et au désert : pendant cinq ans, il oublie Dieu. Ayant atteint le fond de l'abîme, Perceval est transformé par sa rencontre avec l'ermite : il sort de l'oubli, il commence la longue attente.

Ce mot d' « attente » est lourd. C'est lui peut-être qui caractérise le mieux le motif de la maladie tel qu'il apparaît dans les textes. Cette maladie a des aspects divers; vécue chez Wagner comme une terrible douleur, elle ne semble être chez Chrétien qu'une gêne supportable : le roi, ne pouvant plus monter à cheval pour chasser, prend le divertissement de la pêche. Ce qui demeure, dans toutes les versions, c'est l'attente de la guérison qui s'identifie au sens même de la quête. Car le mal est incurable par les moyens habituels; Wagner insiste sur ce point : aucun baume n'est opérant ; on irait jusqu'à dire : aucun médecin ne peut prévoir un traitement. Il faut attendre que se manifeste la grâce. De la même façon, il est exclu que la quête s'organise selon une stratégie quelconque. Elle ne peut se faire qu'à l'aventure, elle ne peut être vécue que comme une attente et une constante surprise, même quand le héros sait que tout a été réglé d'avance. Car il est écrit : « Veillez donc; vous ne savez ni le jour ni l'heure. »

C'est le motif de l'attente que Gracq met le plus clairement en évidence dans son *Roi pêcheur,* comme dans la plupart de ses livres. Ce faisant, il semble expliquer rétrospectivement pourquoi l'histoire du Graal est incompatible avec la continuité narrative chère aux époques classiques, pourquoi Wagner dispose entre ses tableaux de longs silences, pourquoi Tennyson renouvelle une technique médiévale de l'enchevêtrement des récits et peut-être pourquoi Chrétien, avant de ne pas finir son poème, a oublié Perceval pour rapporter — était-ce un leurre? était-ce un détour nécessaire? — les aventures d'un Gauvain voué à l'échec.

Le dernier mot sur le Graal est impossible à moins qu'il ne soit imprononçable.

Jean-Louis BACKÈS

BIBLIOGRAPHIE SÉLECTIVE

Œuvres de référence

CHRÉTIEN de TROYES, *Le Roman de Perceval* ou *Le Conte du Graal* (éd. W. Roach), Droz, 1959.
WOLFRAM von ESCHENBACH, *Parzival* (trad. E. Tonnelat), Aubier-Montaigne, 1977.
La Queste del Saint Graal (éd. A. Pauphilet), Champion, 1984.
ROBERT de BORON, *Le Roman du Graal* (éd. B. Cerquiglini), U.G.E., 1981.
Thomas MALORY, *Le Morte d'Arthur* (fragments traduits dans Aubier, 1948; texte complet dans Dent & Sons, 1978).

Textes littéraires

GÖRRES, *La Mystique divine, naturelle et diabolique,* J. Millon, 1991.
Alfred TENNYSON, *Idylls of the King* (dans *Poems and Plays,* Oxford UP, 1986).
Richard WAGNER, *Parsifal* (dans *Livrets d'opéra,* Laffont, 1991).
Jessie WESTON, *From Ritual to Romance,* Cambridge UP, 1920.
T.S. ELIOT, *The Waste Land* (dans *Poésie,* Seuil, 1947).
Julien GRACQ, *Le Roi pêcheur,* Corti, 1948.
Jack SPICER, *The Holy Grail* (fragments avec traduction dans *Vingt poètes américains,* Gallimard, 1980).
Florence DELAY et Jacques ROUBAUD, *Graal-Théâtre,* Gallimard, 1977.
Tankred DORST, *Merlin,* Suhrkamp, 1981.

Études

La Légende arthurienne. Le Graal et la Table ronde, Laffont, 1989 (édition établie sous la direction de Danielle Régnier-Bohler ; important recueil de textes traduits, avec une bibliographie des publications récentes).

Lumière du Graal, Cahiers du Sud, Paris, 1951.

J. Frappier, *Chrétien de Troyes et le mythe du Graal,* Paris, 1979.

P. Gallais, *Perceval et l'initiation,* Paris, 1973.

P. Le Rider, *Le Chevalier dans « le Conte du Graal » de Chrétien de Troyes,* Paris, 1978.

Jean Marx, *La Légende arthurienne et le Graal,* P.U.F., 1952.

Ch. Méla, *La Reine et le Graal,* Paris, 1984.

A. Nutt, *Studies on the Legend of the Holy Grail,* London, 1888 (Evidemment dépassé. Mise au point précieuse sur l'état de la recherche à la fin du XIXe siècle).

GUILLAUME TELL

Pendant des siècles l'histoire de Guillaume (Wilhelm) Tell a été considérée en Suisse et dans le monde entier comme une partie essentielle ou comme le centre même du mythe fondateur de la Confédération helvétique, et le personnage légendaire de l'arbalétrier a bravement rempli la fonction de héros national. Mais, en dépit des apparences qui l'ont toujours associé à l'idée de liberté et qui lui ont conféré une aura démocratique, il a pu, comme tout mythe, véhiculer des messages idéologiques fort différents.

Avant d'être un thème littéraire qui a, selon le canon romantico-classique, trouvé sa plus haute expression dans le drame de Schiller, Guillaume Tell est un mythe politique, dimension qu'il n'a d'ailleurs jamais perdue jusqu'au XXe siècle. S'il est vrai que la figure de l'arbalétrier, accompagné ou non de son enfant, voire certains attributs de son histoire (la pomme percée d'une flèche, le chapeau du bailli sur une perche, l'arbalète) ont servi très tôt à des fins plus ou moins profanes (par exemple comme enseignes de cabaret), c'est surtout dans le monde de l'économie et des mass media modernes qu'il est banalisé, pouvant symboliser indifféremment la précision d'un produit industriel, le goût du terroir pour un fromage, ou un exploit sportif exceptionnel. Ce destin, Tell le partage avec la plupart des mythes du passé. En tant que figure d'identification d'une communauté, il reste encore bien présent en 1991, année de la célébration officielle des sept cents ans de la Confédération, mais cette présence semble plus contradictoire, donc plus floue et plus gratuite que jamais.

Guillaume Tell apparaît pour la première fois en 1471 dans une chronique anonyme qui relate les origines de la Confédération, *Le Livre blanc de Sarnen (Das Weisse Buch von Sarnen)* — ce qui ne signifie pas qu'il soit né *ex nihilo*, bien au contraire, car il porte des traces évidentes de parenté avec le grand archer Toko, héros du mythe scandinave transmis entre autres par Saxo Grammaticus. (Par ailleurs, d'après certains récits mythiques, les premiers habitants de *Schwyz* sont des immigrés scandinaves.) Cette « origine étrangère » (possible ou probable) du héros national provoque, surtout au XVIIIe siècle, de violentes discussions. Voltaire, dans l'*Essai sur les mœurs*, remarque d'emblée qu' « il faut bien avouer que l'histoire de la pomme est bien suspecte, et que tout ce qui l'accompagne ne l'est pas moins ». Lorsque, en 1760, le pasteur Uriel Freudenberger publie, sans nom d'auteur et simultanément en allemand et en français, *Guillaume Tell, fable danoise (Wilhelm Tell, ein dänisches Mährgen)*, le gouvernement du canton d'Uri fait brûler le petit livre par le bourreau, Berne et Lucerne l'interdisent, et l'historien Josef Anton Felix von Balthasar exhorte ses compatriotes : « Qu'on laisse donc jouir l'immortel Tell de ce repos et de cette gloire qu'il a si bien mérités, et au lieu de troubler ses mânes par d'inutiles et faibles sophismes, qu'on lui érige de nouveaux monuments. » La question de l'historicité de Tell sera périodiquement relancée jusqu'au XXe siècle, car nombreux restent les utilisateurs du mythe à estimer que la « fable » ne se suffit pas à elle-même et qu'il lui faut une « vérité objective ».

Le Tell du *Livre blanc* est non seulement un bon tireur et un homme honnête, mais en quelque sorte un être de la nature, un naïf qui se dit lourdaud et en porte le nom *(der Tall)*. Mais probablement cette bonhomie n'est-elle qu'une ruse : c'est par son manque d'intelligence que Tell, au moment de son arrestation, veut expliquer devant le bailli son refus de saluer le chapeau — refus dont il a pourtant fait la démonstration systématique en passant plusieurs fois devant la perche. Ainsi chez le premier Tell se manifeste déjà une ambiguïté qui le caractérisera souvent au cours de son histoire.

« Un mythe, c'est une histoire racontée » (Lévi-Strauss). Dès le début l'histoire de Tell se compose de plusieurs épisodes distincts : d'abord la scène à Altdorf *(under die Linden ze Ure)*, à savoir le refus de l'hommage au chapeau, l'arrestation par le bailli, l'obligation de transpercer avec sa flèche une pomme posée sur la tête de son enfant, et l'arrestation définitive à la suite de son aveu quant à la destination de la deuxième flèche ; ensuite la scène sur le lac, la tempête, la prise en mains du gouvernail par Tell et le saut hors du bateau ; enfin l'assassinat du bailli dans le chemin creux *(die holen Gass)* près de Küssnacht où Tell s'est rendu en courant. Les écrivains et publicistes, chanteurs et récitants, les dramaturges et cinéastes, pour ne rien dire des peintres et sculpteurs, qui se sont emparés du mythe n'ont pas forcément conservé ces trois moments principaux, mais ils ont presque toujours brodé sur un canevas qui se prêtait à toutes sortes d'interprétations et de variations. Si la tradition lie le mythe de Tell aux événements plus ou moins historiques de la libération des Waldstätten à la fin de l'année 1307 (date remplacée au XIXe siècle par le mois d'août 1291), le personnage du chasseur et arbalétrier ne participe qu'exceptionnellement au serment des trois Suisses du Rütli ; parfois il apparaît comme un « outsider » appartenant à un autre ordre de valeurs.

Dans une ballade sur les origines de la Confédération *(Das Lied von der Entstehung der Eidgenossenschaft)*, presque contemporaine du *Livre blanc* (1477), on relate seulement la scène à Altdorf, pour enchaîner directement : « Et c'est ainsi que s'est levé un mouvement puissant qui a engendré le premier confédéré... », et la première version dramatique, le *Urner Tellenspiel* (1512-1513), qui présente l'arbalétrier comme véritable moteur du soulèvement, lui prête une rhétorique publique très élaborée : le franc-tireur s'est déjà métamorphosé en chef politique. Cette nouvelle ambivalence va sous-tendre l'évolution ultérieure du personnage littéraire. En effet, les siècles suivants nous montrent tour à tour un Tell porte-parole et guide de la collectivité et un Tell individualiste, voire marginal.

Mais auparavant il fallait fixer systématiquement les composantes historiques ou pseudo-historiques du mythe. Ce travail est entrepris au milieu du XVIe siècle par le chroniqueur et humaniste glaronais Aegidius Tschudi (*Chronicon Helveticum*, publié dès 1734), puis synthétisé par le grand historien schaffhousois Johannes von Müller (Jean de Müller), qui publie en 1786 le premier tome de ses *Geschichten schweizerischer Eidgenossenschaft (Histoire de la Confédération suisse*, 1837 et suiv., traduction par le Vaudois Charles Monnard). Les deux historiens Tschudi et Müller, qui intègrent définitivement le mythe de Tell dans la narration des origines de la Confédération, sont les sources principales des œuvres littéraires du XVIIIe et du XIXe siècle, notamment du *Tell* de Schiller.

Etant donné que l'arbalétrier tue délibérément son adversaire, le récit soulevait pourtant un problème embarrassant, surtout dans une société de plus en plus conservatrice. La légalité du meurtre fut cependant généralement admise. Dans un *Dialogue entre Jules César et Guillaume Tell* (*Mercure suisse*, avril 1744), ce dernier fait remarquer au dictateur romain que lui-même s'est mis hors la loi et qu'ainsi « les partisans de la liberté avaient aussi le droit de vous donner la mort ». Jean de Müller résume les arguments essentiels : « Son action, peu conforme aux lois établies, ressemblait aux actes pour lesquels les anciennes histoires et les livres saints célèbrent les libérateurs d'Athènes et de Rome, ainsi que les héros des antiques Hébreux, afin de former, pour des époques où la vieille liberté d'un peuple pacifique succomberait à une puissance prépondérante, de pareils hommes, fléaux des tyrans. » Schiller souligne la différence entre le meurtre « par nécessité », donc « vertueux », et le meurtre arbitraire, en introduisant le personnage de Johannes Parricida.

L'auteur du *Dialogue* anonyme de 1744 est peut-être l'homme de lettres bernois Samuel Henzi, exécuté publiquement en 1749 pour avoir participé à une « conjuration » visant à réformer le régime oligarchique de sa ville natale. C'est en tout cas à lui qu'on doit le premier des drames « modernes » du XVIIIe siècle qui essaient d'approfondir avec plus ou moins (plutôt moins que plus) de succès la psychologie du héros national tout en l'exaltant comme personnification de la liberté. Son *Grisler ou l'Ambition punie* (écrit autour de 1748, publié à titre posthume et sans nom d'auteur en 1762) littérarise le mythe en le transposant dans le moule d'une tragédie « régulière » de type voltairien, en introduisant un conflit amoureux entre la fille de Tell et le fils du bailli, et en utilisant ce dernier, Grisler (Gessler), pour illustrer le thème du pouvoir arbitraire et du repentir tardif. Tell (et par contraste Grisler) véhiculent un message philosophique : la perfectibilité humaine et le primat de la justice sociale. Quant à la rhétorique libertaire du héros, elle prend parfois chez lui des accents quasiment prérévolutionnaires.

Cette rhétorique, mais embourgeoisée au service d'un pouvoir établi, se retrouve dans les pièces patriotiques de Johann Jakob Bodmer (1775) et Joseph Ignaz Zimmermann (1777), dans le « drame national » *(ein schweizerisches Nationalschauspiel*), destiné à la jeunesse zurichoise, de Johann Ludwig Am Bühl (1792), comme dans la ballade de Johann Caspar Lavater (dans *Schweizerlieder*, 1767). Il est vrai que la tradition autochtone conserve malgré tout quelques souvenirs d'un Tell populaire et opposé au pouvoir en place. Parallèlement, la tragédie *Guillaume Tell* du Parisien Antoine-M. Lemierre (1767) et l'opéra du même nom d'André M. Grétry (1790-1791, livret de Michel-Jean Sedaine) marquent le passage du thème littéraire en France.

Avec la Révolution française, le mythe helvétique devient un mythe européen. Mais c'est à ce moment aussi que son ambivalence saute aux yeux. Tandis que le Neuchâtelois Charles-Adolphe-Maurice de Vattel, dans son récit allégorique *Guillaume Tell ou la Suisse délivrée du joug des étrangers* (1798), par la bouche de la déesse Liberté qui instruit le futur libérateur célèbre encore « la vertu des Suisses, leur valeur, leur union constante, la sagesse et la fermeté de leurs magistrats » et met en garde contre les dangers de l'anarchie, *Guillaume Tell ou les Sans-culottes suisses* (nouveau titre de la pièce de Lemierre) a déjà fait ses preuves comme stimulant idéologique dans la France révolutionnaire, et c'est sous le signe de ce Tell-là que le renversement de l'Ancien régime se prépare en Suisse.

Schiller n'a jamais visité la Suisse primitive. Mais, historien de métier, il connaît les documents et bon nombre de ses prédécesseurs, et il sait les utiliser. C'est un penseur de grande envergure, qui soulève à propos de Tell la question des rapports difficiles entre l'ordre et le besoin de liberté; c'est aussi un visionnaire et il sait comment faire parler un mythe dans une langue hautement artistique. Son *Wilhelm Tell* (1804) est une synthèse admirable, même si le pathos idéaliste ne passe plus aujourd'hui la rampe aussi facilement qu'autrefois. La

Suisse du XIXe siècle a reçu son œuvre comme un poème dramatique national et on continue à la représenter collectivement en plein air. Et l'Allemagne nazie a encore cru nécessaire d'étouffer sa voix en l'interdisant au théâtre. Le héros schillérien reste pourtant tributaire des ambiguïtés de son histoire : il n'est que partiellement intégré dans le soulèvement populaire, il n'exprime pas de doctrine politique, mais de simples vérités humaines, il doute, il hésite, et il suffit de l'entendre dire : « Wanken auch / Die Berge selbst? Es steht nichts fest auf Erden » (« Est-ce que les montagnes elles-mêmes chancellent? Rien n'est solide sur terre » IV, 3) pour comprendre la distance qui le sépare des idéologies tant révolutionnaires que conservatrices.

Après avoir été un chef, et même un noble comme chez Henzi, le héros redevient « ce pauvre paysan nommé Guillaume Tell » (Lamartine). Après avoir été un lourdaud, il devient un chanteur d'opéra romantique. Le *Guillaume Tell* de Rossini (1829, livret d'Etienne de Jouy et Hippolyte Bis « d'après la tragédie de Schiller » — mais en vérité il n'en reste pas grand-chose), tout en évoquant les stéréotypes déjà bien connus du paysage alpestre et de ses habitants, et en faisant scintiller quelques reflets contestataires, est avant tout un grand spectacle musical et une interprétation plutôt superficielle des éléments mythiques. Chez le grand narrateur bernois Jeremias Gotthelf en revanche, le Tell dynamique, déclamatoire et révolutionnaire est entièrement ramené à des valeurs morales et individuelles, caractéristiques déjà, mais seulement en partie, du héros schillérien. Dans la nouvelle *Der Knabe des Tell* (1846), il apparaît comme un homme de la nature, solitaire, mais aussi à ses heures mari et père de famille exemplaire, qui incarne l'idéal conservateur de Gotthelf.

Les métamorphoses de Tell au XXe siècle, qui restent nombreuses, appartiennent pour l'essentiel aux deux types fondamentaux, l'homme public et l'individu privé. Robert Walser, dans une petite prose de 1909, va jusqu'au bout de cette « privatisation », qui n'est pas sans rappeler le « Tall » des origines : le chasseur, homme tourmenté devenu par la force des choses « un géant », « un tireur merveilleux, terrifiant », et après avoir accompli les exploits obligatoires, « a fait ce qui lui permet d'être fatigué et de rentrer à la maison ». L'opposition entre le rôle officiel que la société l'oblige à jouer et une réalité humaine toute différente sous-tend le drame *Guillaume le Fou* (1916) du Vaudois Fernand Chavannes. Ici Tell redevient un vrai marginal, une espèce de sauvage idéaliste, dont les Confédérés se servent avec prudence, mais qu'ils n'hésitent pas à liquider lorsqu'il devient embarrassant, pour le statufier tout de suite après sa mort. Contrairement à de telles approches critiques, plusieurs auteurs suisses continuent à exalter, dans un esprit patriotique et communautaire, le Tell traditionnel : René Morax (1914), Jakob Bührer (1923), Cäsar von Arx (1941).

Mais le mythe n'est plus ce qu'il était. En 1971 Max Frisch publie *Wilhelm*

Tell für die Schule (*Guillaume Tell pour les écoles*, trad. par Eugène Badoux), une « relecture » peu conventionnelle de Schiller, une véritable démolition du héros romantique et une polémique implicite contre ses utilisateurs. La distanciation est opérée par Frisch entre autres par l'ironie, technique utilisée également par certains auteurs de la nouvelle génération comme Hansjörg Schneider (*Der Schütze Tell*, 1975) et surtout Michel Bühler (*La Véritable Histoire de Guillaume Tell*, farce, 1989). Autant dire que depuis Chavannes, et à plus forte raison après 1945, il ne s'agit plus tellement de réinterprétations littéraires du mythe, mais de mises en perspective de celui-ci dans le but de s'en débarrasser. Et un mythe qui est perçu rationnellement comme tel est en passe de perdre son caractère mythique.

Manfred GSTEIGER

BIBLIOGRAPHIE SOMMAIRE

Jean-François BERGIER, *Guillaume Tell*, Paris, Fayard, 1988.

Florence CORNU, Uli WINDISCH, *Tell au quotidien*, Zurich, Ex Libris, 1988.

Fritz ERNST, *Wilhelm Tell, Blätter aus seiner Ruhmesgeschichte*, Zurich, Fretz, 1936 (nouv. éd. : *Wilhelm Tell als Freiheitssymbol Europas*, Zurich 1979).

Ariane GEHRIG, Alexander SCHWARZ, *Tells Werte, Einführung in die Lektüre von Nationalhelden*, Berne-New York, P. Lang, 1992 (Tausch, Textanalyse in Universität und Schule, 4).

Manfred GSTEIGER, Peter UTZ (éd.), *Telldramen des 18. Jahrhunderts (Henzi, Am Bühl)*, Berne, Haupt 1985 (Schweizer Texte, 9).

Manfred GSTEIGER, *Guillaume Tell révolutionnaire et conservateur, in : Synthesis* XVIII, 1991, 57-61.

François JOST, *La Fortune d'un héros, Guillaume Tell, in : Essais de littérature comparée*, I, Fribourg, Éd. Universitaires, 1964, 223-251.

Ricco LABHARDT, *Wilhelm Tell als Patriot und Revolutionär*, thèse univ. de Bâle, 1947.

Gioacchino ROSSINI, *Guillaume Tell, in : L'Avant-scène opéra*, 118, mars 1989 (avec dossier critique).

Josef SCHMIDT, *Erläuterungen zu Schiller, Wilhelm Tell*, Stuttgart, Reclam 1969, 1979.

Lilly STUNZI (éd.), *Quel Tell?* Dossier iconographique, textes d'Alfred Berchtold, Manfred Hoppe e.a., Lausanne, Payot 1973 (version allemande : *Tell, Werden und Wandern eines Mythos*, Berne, Hallwag 1973).

Peter UTZ, *Die Ausgehöhlte Gasse, Stationen der Wirkungsgeschichte von Schillers « Wilhelm Tell »*, Königstein/Ts., Forum Academicum 1984 (Hochschulschriften Literaturwissenschaft, 60).

Gygès

Les aventures du Lydien Gygès nous sont connues dans l'Antiquité par quatre versions différentes, qui constituent autant de récits cohérents et autonomes, aux péripéties divergentes, voire contradictoires, se référant à des niveaux divers d'appréhension du héros, mythique, légendaire ou historique. La tradition thématique liée à ce personnage souffre de cette diversité d'origines : lente à se fixer, comme suspendue à des interprétations opposées, elle ne se cristallisera vraiment en mythe littéraire qu'au XIXᵉ siècle, et cela pour une brève période d'efflorescence — d'où un lignage à résurgences multiples et inattendues, tout en pointillé, qui n'est pas sans charme.

Aux sources de la tradition

La version de Platon (*République*, II, 359 b-360 b), bien que postérieure à celle d'Hérodote, est la plus riche en éléments merveilleux dont le principal se rattache directement à un motif récurrent, promis à une grande fortune, celui de l'homme invisible. Il s'agit en l'occurrence de savoir si l'homme de bien n'est tel que parce qu'il agit sous le regard d'autrui ; ne serait-il pas tenté, grâce aux avantages de l'invisibilité, donc de l'impunité, de commettre l'injustice, comme ce fut le cas de Gygès ? Celui-ci, simple berger au service du roi lydien (qui n'est pas nommé), voit son troupeau englouti sous terre lors d'un séisme ; parti à sa recherche, il explore une faille et découvre un cheval d'airain, creux, contenant le cadavre d'un géant, dont il s'approprie l'anneau d'or ; ce talisman lui confère l'invisibilité : fort de ce privilège, « il se rendit au palais, séduisit la reine, et avec son aide attaqua et tua le roi puis s'empara du trône ». On peut sans doute reconnaître, derrière les implications morales, une fable terrifiante, peut-être même une bribe de scénario initiatique avec descente aux enfers et rite de passage, qui s'accorderait assez bien avec le symbolisme de l'anneau.

Platon raconte un mythe, Hérodote (I, 8-13) écrit une nouvelle et substitue le *logos* au *mythos*. Son récit fait partie d'un retour en arrière destiné à informer le lecteur sur les ancêtres de Crésus, dont Gygès, fondateur de la dynastie. Le roi lydien Candaule, dernier des Héraclides, est épris de sa femme au point de la croire la plus belle du monde ; il en fait confidence à Gygès, son garde du corps favori, et le persuade, en dépit de ses résistances, de contempler la reine nue en se cachant dans la chambre du couple. Mais la reine l'aperçoit quand il s'esquive ; elle ressent de l'affront subi un grand ressentiment car « chez les Lydiens, comme aussi chez les autres Barbares en général, être vu nu est, même pour un homme, chose qui induit en grande honte ». Dès le lendemain, elle convoque Gygès et le place devant l'alternative ou de mourir, ou de tuer Candaule, de lui succéder et d'épouser sa veuve. Gygès, ici encore, tente de discuter, mais en vain. La reine le cache à son tour dans la chambre et il tue le roi dans son sommeil, puis devient possesseur de sa femme et de la royauté. La Pythie de Delphes légitime l'usurpateur mais prédit que les Héraclides seront vengés sur le quatrième descendant de Gygès, sur Crésus donc, le dernier des Mermnades. Il n'est pas besoin d'insister sur les différences avec le texte précédent : ici tout est logique et vraisemblable, tout reçoit explication, psychologique ou ethnologique, tout s'enchaîne avec rigueur, dans un climat d'inéluctable fatalité, « car le destin voulait qu'il arrivât malheur à Candaule », au centre d'un huis clos tragique, en un seul lieu, en vingt-quatre heures, — à tel point qu'on a pu considérer le texte d'Hérodote comme le résumé d'une œuvre dramatique dont seul subsiste un très court fragment (publié par Lobel, *Proceedings of the British Acad.*, vol. XXXV) : la reine y raconte qu'elle a reconnu Gygès dans la chambre et qu'ayant décidé de se venger, elle a éloigné le roi et convoqué le favori ; la théorie du résumé est tentante, mais on n'est pas certain que la tragédie remonte au Ve siècle... Pour l'histoire à venir du thème, plusieurs points sont à retenir : la disparition de l'anneau, qui stérilise le potentiel mythique de l'aventure, est compensée à la fois par l'importance accordée au tabou de la pudeur et à la place faite aux motivations personnelles des héros. Le lieu géométrique de l'histoire, auparavant centré sur le seul Gygès, est désormais focalisé sur le nœud même de la situation ; une fois armée, la mécanique des réactions en chaîne s'enclenche jusqu'au dénouement ; un tel scénario incarne les trois invariants du thème en un trio indissoluble : le roi et sa folie, la reine et sa pudeur, et, de l'un à l'autre, le « cavalier » Gygès à la démarche oblique, successivement manipulé par les deux autres, — de sorte à placer les pièces du dispositif en des positions parfaitement symétriques : beau sujet, trop beau peut-être, car il laisse peu de place au « jeu ». Qui voudra réintroduire le motif de l'anneau, devenu ici inutile, devra quelque peu aérer le schéma et en distendre le système de forces.

Un autre Gygès, historico-légendaire celui-là, apparaît chez Nicolas de Damas (dans *Fragmenta Historicorum Graecorum* de Müller, III), qui s'inspire d'une œuvre perdue, *Les Lydiaques* de Xanthos, un contemporain d'Hérodote. Gygès, beau et courageux jeune homme, rejeton de la noble famille des Mermnades, est remarqué par le roi Sadyatte (= Candaule) qui l'appelle auprès de lui et le charge de missions dangereuses, peut-être pour s'en débarrasser. Gygès en vient à bout et le roi, conquis, lui met en main beaucoup de terres. Mais l'amour traverse la politique : Sadyatte charge Gygès de lui ramener sa future femme ; il tente de la séduire, elle le dénonce au roi, une servante amoureuse surprend la scène et prévient Gygès : introduit grâce à elle dans la chambre royale, il tue Sadyatte endormi. Il épousera ensuite la veuve sans lui garder rancune. Cette version, on le voit, fait la part belle à l'aventure et au romanesque, mais ne saurait supplanter le canevas d'Hérodote : riche en péripéties, elle peut toutefois servir à l'étoffer.

Plutarque enfin dans un bref passage (*Questiones convivalium*, I, 5) se réfère à une autre tradition encore, selon laquelle Candaule, pour s'être dépouillé au profit d'un de ses fidèles de la hache héritée d'Hercule, suscita la révolte de Gygès et fut tué, non par lui mais par un de ses alliés.

Les tentatives n'ont certes pas manqué pour reconstituer une sorte d'*Urform* exhaustive, de la « geste de Gygès » intégrant tous les éléments connus, et d'où pourraient découler par défaut les quatre versions de base ; mais elles n'ont abouti qu'à de laborieux replâtrages. Il faut se résigner à ne considérer qu'une seule source commune à ces divers récits : l'accession réelle au pouvoir de celui qui fut le premier *tyran*, ce que Georges Radet (*La Lydie et le Monde grec au Temps des Mermnades*, 1893) appelle « la révolution lydienne de 687 », à Sardes. D'un point de vue littéraire, cet enracinement dans le temps et l'espace ne peut guère offrir que l'occasion d'un enrichissement en détails colorés, puisés dans la riche nébuleuse des symboles de faste et d'opulence qui n'a pas cessé d'entourer le pays du Pactole.

De cette tradition multiforme, il faut retenir particulièrement la plasticité du personnage de Gygès — tantôt berger, tantôt seigneur, soumis ou rebelle, donataire ou non d'un objet magique — qui ouvre un large champ aux futures palingénésies du mythe. Gygès enfin, ne se pose qu'en s'opposant à Candaule : la capacité de se rendre invisible, essentielle au mythe originel, ne peut subsister, à partir du moment où Gygès croise la folle entreprise de Candaule, que comme témoin d'une archaïque attache religieuse, ou un symbole flottant, avide de signifier : paradoxe d'un mythe décalé, dont le noyau se décentre au contact d'une autre aventure — bizarre, peu exemplaire, étrangère à son essence — et qui trouvera tardivement dans cette claudication thématique une source de son renouveau.

SURVIVANCES

Pendant des siècles, les aventures croisées de Gygès et de Candaule survivent modestement grâce à la tradition rhétorique, qui les fait entrer dans le répertoire des *exempla* et *topoï* chers aux manuels et traités de morale : allusions, gloses ou simples résumés — de Cicéron, Justin, Denys d'Halicarnasse, Plutarque, les plus connus — mais aussi d'obscurs commentateurs : Ptolémée Chennos *alias* Héphestion (qui n'échappera pas à la minutieuse investigation de Gautier), Aelius Aristide ou Nikolaos le Sophiste — assurent la maintenance du sujet jusqu'aux *Chiliades* du prolixe et confus polygraphe byzantin Johannès Tzetzès (XIIe siècle).

Le relais est alors pris par les conteurs, sensibles aux connotations morales de l'aventure : si Boccace (*De Casibus illustrium virorum*, II; entre 1355 et 1360) accuse Gygès de dévergondage, William Painter (*The Pallace of Pleasure*, VIe nouvelle) condamne la vaine ostentation du roi, et Henri Estienne (*Apologie pour Hérodote*, 1566) son « infâmeté », — tandis que Hans Sachs (*Die nackat königin aus Lidia*, 61 v.; 1538), qui s'en prend à la mauvaise (*arg*) reine, peut encore être goûté pour sa rude et naïve maladresse. C'est avec Brantôme (*Les Dames galantes*) que l'histoire du trio, libérée des appréciations puritaines, prend un parfum de gauloiserie : Candaule a mérité d'être fait « cocu bien à point »; le patron des maris trompés inspire à La Fontaine un de ses *Contes* (1674) : c'est en gros la trame d'Hérodote, mais émaillée d'allusions perfides et de railleries misogynes. Fontenelle fait dialoguer aux Enfers (1683) l'assassin et l'assassiné, qui s'accordent pour exclure l'honneur des affaires de l'amour. Ainsi le motif amoureux, dominant chez Platon, a repris toute son influence (et la gardera) : la reine de Lydie peut ainsi entrer dans la galerie des *Femmes galantes de l'Antiquité*, de Dubois (6 volumes, 1726-1732; t. III). Seul Fénelon fait exception dans un conte librement inspiré de la seule version platonicienne (*L'Anneau de Gygès*, 1690) : encore est-elle bien édulcorée *ad usum delphini*.

A la scène, l'aventure est reprise par un livret d'opéra d'Adriano Morselli (*Candaule*, en 3 actes, à Venise, 1679), sorte de vaudeville-poursuite avant la lettre, où elle ne sert en fait qu'à amorcer une autre intrigue, toute d'embrouillaminis, travestissements et quiproquos, sur fond de ballets et de spectacles à machines. Machinerie qui n'est pas moins mise à contribution par Jose de Canizares dans son interminable « comedia famosa » en trois parties de trois actes chacune (*El Anillo de Giges, y maxico Rey de Lidia*, 1764) : c'est la version de Platon qui sert de point de départ et de prétexte, l'existence de l'anneau justifiant aussi bien une mise en scène spectaculaire que d'innocentes gamineries ; les déclarations de guerre et d'amour se succèdent et se ressemblent sur un ton outré de galanterie et d'héroïsme, tandis que Gygès, amoureux ici de Claridiana, la fille de Candaule, passe son temps à perdre et à retrouver son anneau, ce qui tient lieu de progression dramatique ; dans la troisième partie, veuf de Claridiana, il se lance dans un second mariage !

On voit combien le sujet fourni par Hérodote et Platon a été négligé ou maltraité : la revalorisation du thème passe par un retour aux sources et, après tant de clichages et de stéréotypes, par un approfondissement et une réappropriation du sens.

Renaissance

Avec la nouvelle du *Roi Candaule* (en feuilleton dans *La Presse*, 1844), Gautier offre la première œuvre étoffée consacrée au sujet. Bien documenté sur les ramifications antérieures du thème, il s'en inspire pour broder à loisir sur le canevas d'Hérodote, tout bariolé de notations pittoresques et de couleur historique et locale. Pour cette reconstitution d'antique, il multiplie, et exploite en virtuose du verbe, toutes occasions descriptives : cortèges, cérémonies, monuments, etc. Il oppose vigoureusement le « Grec-Lydien » Candaule à la reine Nyssia venue de la lointaine et archaïque Bactriane, l'esthétisme du roi (emprunté à La Fontaine) à la pudeur farouche de la femme voilée ; il fait de Candaule un artiste raté que le mariage a mis en possession d'un chef-d'œuvre vivant, dont il souffre de jouir seul. Ce corps parfait, mais mortel, fragile, qu'il est incapable de fixer dans le marbre, du moins veut-il, en s'associant le regard de Gygès, le sauver de l'oubli, d'où l'invitation à épier le déshabillage de la reine. Gygès est connaisseur en femmes (et grandement responsable de la couleur « parisienne » de la nouvelle) ; de plus il a été mis en appétit ayant déjà aperçu, à la faveur d'un coup de vent, le visage de Nyssia, qu'il ramenait de Bactres (souvenir de Nicolas de Damas) ; mais très vite il doit se contenter du rôle d'amoureux transi. Quant à la reine, c'est un être complexe, sorte de femme fatale au regard de méduse, que l' « adultère visuel » dont elle a été victime transforme d'ange en démon. Mais en dépit de ses efforts pour donner au dévoilement de la reine un répondant divin, celui d'Isis, et pour rapprocher les tourments de Candaule de ceux de Pygmalion, dont il suit la démarche inverse et symétrique puisqu'il prétend statufier Nyssia toute vive (Pradier le fera dans le marbre), malgré ces rapprochements Gautier ne hausse pas pour autant le thème au niveau d'un mythe littéraire.

Mais le sujet a repris vie : de sa fortune nouvelle témoignent aussi bien des parodies ou des œuvres sous influence qu'une brève mais féconde éclosion d'œuvres originales.

PARODISTES

Ils exploitent, comme on peut s'y attendre, la veine égrillarde du thème. Cela donne *Monsieur Candaule ou le Roi des Maris* de Fournier et Meyer (1858), une pochade en un acte sans prétention, qui transpose l'aventure aux bains de mer de Trouville; ou l'opéra en deux actes du *Roi Candaule* (1865) sur un livret de Michel Carré : Gygès, écrivait Gautier, regarde la reine « avec l'œil de flamme d'un commis voyageur méridional », Candaule « porte la pourpre comme une jaquette de la Belle-Jardinière », etc. Toujours sous le même titre Meilhac et Halévy commettent une pantalonnade (1873) qui se résume d'elle-même : « le gros qui a une couronne » dit au « petit qui a un lorgnon » : « J'ai une femme chic ! » Le titre échoit encore à Maurice Donnay (1920) qui connaît bien la thèse de Radet, mais demeure prisonnier des conventions étroites de l'opérette et du boulevard : faire gai à tout prix, notamment à coup de calembours laborieux; une seule trouvaille : le fantôme de Candaule revient chaque nuit au palais contempler, pour son supplice, les ébats de son successeur.

EPIGONES

Comme Gautier, ils rendent un culte ardent à la Beauté, à l'humour près qui leur fait défaut et sans le génie que montre leur précurseur dans l'érotisation érudite. Dans *Gyges and Candaules* (268 v.; 1868) Robert Lytton s'inspire de Gautier, mais aussi de la *Vigile de Sainte-Agnès* de Keats ; il exagère la fascination exercée par la reine sur Gygès, comme sur Candaule, amoureux égaré jusqu'à l'hébétude ; *fine writing* et *word painting* assurent toutefois au strip-tease royal un ralenti calculé, propre à en exacerber l'érotisme. Un anonyme anglais érudit, dans *The Folly of King Candaules. A Lay of the ancient World* (207 v. ; 1880), célébrant à coup de clichés l'âge d'or de l'Eldorado lydien et le rêve d'un éden où l'on pouvait encore vivre « *in statu naturae* », fait regretter l'impassibilité du « fils d'Halicarnasse » dont il se réclame. Un Américain, Rupert Hughes dans *Gyges' Ring, a dramatic monologue* (989 v. ; 1901) juxtapose les deux versions principales ; plus encore que les précédents il accumule or, argent, pierreries, et mots grecs translittérés pour décrire le « *dear disrobing* ». Gygès, pauvre mais honnête, est un jouet dans les mains de l'experte Nyssia, tandis que Candaule apparaît en vieillard gâteux, cacochyme et lubrique ; si le blason du corps de la reine demeure fort pudique, la scène du meurtre baigne dans un interminable déluge de sang et les antagonismes primaires — ville-campagne, jeunesse-vieillesse, richesse-pauvreté, etc. — dominent sans nuance toute l'histoire. Toutes les sources historiques et littéraires alimentent le *Candaule* en quatre actes (1921) de G. Radet, macédoine compliquée d'érudition pédante et de vers de mirliton, où Homère tient sa partie auprès d'un Candaule « féru du beau » et conçu à l'image de Renan !

Ainsi dégénère la postérité de Gautier dans la farce, l'emphase ou le ridicule.

Résurrection du mythe

Le véritable restaurateur du mythe est Friedrich Hebbel dans *Gygès et son Anneau (Gyges und sein Ring*, cinq actes en vers, 1854) : en dépit de nombreux rapprochements ponctuels avec Gautier, le climat est tout autre dans cette tragédie « romantique », ennoblie par l'influence conjuguée de Racine et de l'*Iphigénie* de Gœthe. La dimension mythique est récupérée d'emblée par l'insertion du motif de l'anneau dans la fable d'Hérodote ; sur ce terrain « préhistorique » s'enracine une revalorisation du sujet, réinterprété sur le plan de la philosophie de l'histoire comme un conflit entre tradition et modernité. Les héros sont nettement individualisés : Candaule est un réformateur social, un esprit fort, mais son peuple le comprend mal et l'ennemi extérieur menace la Lydie ; à l'opposé l'Indienne Rhodope, qui vit cloîtrée dans son gynécée, revendique l'intégrité de ce qu'on a pu appeler son *Schleierrecht* ; le roi s'est pris d'amitié pour le jeune Grec Gygès, représentant de l'hellénisme, de passage à la cour de Sardes. Gygès a peur de l'anneau qu'il a découvert dans des circonstances voisines de celles évoquées par Platon, il l'offre en hommage à Candaule qui en fait un usage plaisant, mystifiant, malgré les avertissements solennels de Rhodope à qui il a proposé de l'offrir, si en échange elle abandonne son voile : ainsi les motifs essentiels se lient rapidement les uns aux autres sans que le dispositif ternaire de base en soit perturbé, ce qui est obtenu en faisant du talisman un objet d'échanges. Il reviendra à Gygès pour la scène de la chambre, avant d'être restitué à Candaule, qui ne l'utilisera plus : l'objet magique représente donc à la fois le gage de l'amitié, l'auxiliaire de toute permissivité, et le fondement invisible et redouté des choses que l'acte de Candaule ne saurait ébranler impunément. Rhodope a pressenti le viol oculaire et deux actes sont consacrés à une enquête serrée qu'elle mène pour savoir la vérité, auprès du roi, puis de Gygès — enquête qui fait songer à celle d'Œdipe — et que sous-tend une dialectique serrée du voile et de l'anneau, de l'interdit et de la transgression. Le premier, Hebbel donne à Gygès un rôle fouillé, où se mêlent l'horreur du crime commis chez ce jeune homme qui ne connaissait la femme que comme mère, l'éveil de la sensualité et la loyauté envers Candaule, père spirituel. Rhodope, incarnation rigide de la loi morale, victime innocente de la guerre des sexes, souillée dans sa féminité, trahie dans sa foi religieuse, ne peut obtenir de Gygès qu'il tue Candaule : ils s'affronteront en duel, mais la reine se suicide immédiatement après avoir épousé Gygès.

La fin est moins pessimiste, moins nihiliste qu'il n'y paraît : la Lydie a trouvé son sauveur en Gygès, qui accomplit ainsi son destin historique à la faveur d'une de ces ruses dont la Raison, selon Hegel, est coutumière. Si Candaule a échoué dans sa tentative pour troubler le « sommeil de monde », il fut un précurseur trop tôt venu. Ainsi le destin des héros traduit de trois façons différentes le tragique inhérent à tout processus d'individualisation. Le traitement hebbelien du thème, en conservant à l'acte de Candaule une grande part d'incongruité arbitraire, en fait toutefois le détonateur puissant, parce que de nature érotique, de la crise qui va bouleverser l'ordre établi en libérant les forces individuelles. Mais aucun héros n'est ici ce qu'on appelle positif : les idées défendues ou incarnées se relativisent les unes par rapport aux autres, et aucun personnage ne reçoit caution de l'absolu; même Rhodope, dont la loi morale apparaît comme le simple produit d'une civilisation limitée dans le temps et l'espace, ne donne, en se sacrifiant elle-même, aucune « satisfaction » à l'Idée, car l'Idée est conçue de façon très moderne par Hebbel, c'est-à-dire comme contenant deux parts contradictoires de positif et de négatif, dont l'affrontement, provoqué ici par la mise en contact de l'éthique et de l'érotique, est constitutif du tragique humain.

Gide dans son *Roi Candaule* (trois actes, 1899) s'intéresse à l'autre versant du sujet, celui qui précède la scène de la chambre. Les traits originaux qu'il apporte au traitement du thème sont nombreux, aussi bien par rapport à Gautier, rejeté en bloc et accusé d'être le « père du journalisme », que par rapport à Hebbel, encore ignoré. Candaule, totalement hellénisé, est entouré dans son palais de courtisans qu'il régale et avec qui il converse dans une atmosphère très « platonicienne » ; Gygès est plus éloigné encore du ou des modèles connus : il apparaît en pêcheur misérable et brutal (il tue sa femme adultère sans autre forme de procès) et a été jadis, dans son enfance, compagnon de jeux du roi, qui l'a oublié. Mais il incarne le pauvre parfait, le seul du royaume peut-être, celui précisément dont a besoin le prodigue Candaule, « donnante nature », « généreux jusqu'au vice », et culpabilisé par son incommensurable richesse. Quant à l'introduction du motif de l'anneau, il est radicalement renouvelé à la faveur d'une contamination avec la fable de Polycrate : c'est en effet dans le ventre d'un poisson pêché par Gygès que le roi découvre le talisman, qui porte la mention ambiguë : « Je cache le bonheur ». Candaule, aliéné par son avoir, n'a de cesse de partager avec Gygès en le comblant de bienfaits, à sens unique d'ailleurs, ce qui irrite leur donataire. De proche en proche, s'exhortant lui-même à aller toujours plus loin, il en vient à « risquer » ce qu'il possède de plus cher, Nyssia : « Risquer ! c'est l'autre forme du bonheur ; celle des riches... C'est la mienne. » D'où l'expérience qui consiste à offrir à Gygès, grâce au pouvoir de l'anneau, une nuit avec la reine. L'action culmine dans la scène de substitution de l'amant à l'époux, chef-d'œuvre de *self-conscious theatre*, et fort audacieuse pour l'époque au point qu'elle valut à Gide, lors des représentations en Allemagne, une volée d'injures.

La fin va très vite : Gygès révèle la vérité à Nyssia, qui du coup s'émancipe, jetant son voile, donnant des ordres ; mais Gygès, après le meurtre du roi, ne s'en laissera pas conter : la reine doit « recoudre » son voile ! Dans cette parabole du bon riche et du méchant pauvre (à moins que ce ne soit l'inverse) Gide fait une très modeste place à la femme : l'élément érotique est survalorisé, au détriment des interdits ; ainsi le port du voile n'est guère plus ici qu'une coquetterie de Nyssia. Si Gide met beaucoup de lui-même dans le personnage du roi dont l' « idiosyncrasie » colore puissamment tout le drame, il faut aussi faire la part de l'influence de Nietzsche sur ce personnage qui met tout son *amor fati* à provoquer le destin ; mais le rude Gygès, qu'il ne parvient pas en fin de compte à corrompre, n'hérite-t-il pas aussi de sa part de nietzschéisme ? Enfin si l'on doit « généraliser », comme Gide nous y invite, le personnage de Candaule, la leçon à tirer est sans doute qu'on ne peut s'accepter comme homme ou comme artiste qu'à condition de se prodiguer, de se donner, de se dépasser.

König Kandaules, ein Trauerspiel (1903) de Hugo von Hofmannsthal est demeuré à l'état d'esquisse à peine cohérente. Plusieurs scènes déterminantes faisant défaut, il convient pour suivre l'action de transiter par Hebbel, dont la trame générale est reprise ici, avec notamment le suicide final de Rhodope. Toutefois la scène de la chambre, éclipsée dans l'entracte par Hebbel, aurait été très détaillée, comme chez Gautier. L'essentiel réside en fait dans l'atmosphère de barbarie, de sauvagerie même dans laquelle se déroule une intrigue aux péripéties multiples : du roi despotique et de la reine idole vivante (c'est une adepte du Kama-sutra) Hofmannsthal burine les traits orientaux ; le bruit et la fureur se déchaînent après le meurtre de la maîtresse de Gygès (chef des mercenaires grecs), exécutée par son mari, puis mutilée, et finalement découpée en morceaux. Une conjuration menace le roi, dont les membres prennent langue avec Gygès, possesseur de l'anneau. Contrairement à ce qui se passe chez Hebbel ou chez Gide, les relations entre le roi et Gygès sont très hiérarchisées : le jeune homme, manifestement, obéit aux ordres, y compris quand il se cache dans la chambre où il souffre de contempler le spectacle « en chandelier ». L'intrigue née du complot se développe : les Vieux-Lydiens font la chasse aux mercenaires grecs, qui se révoltent. Après avoir tué le roi, Gygès est lui-même assassiné par les épouses du harem, tandis que les mercenaires festoient. On aura reconnu l'interférence surprenante du thème Gygès-Candaule avec *Salammbô*, qui laisse d'ailleurs bien d'autres traces : un aqueduc coupé, un voile semé de signes hiératiques, le culte des Baal, de Melkarth, de Tanit, etc. On sent le drame et les personnages déraper sans contrôle dans un cauchemar gratuit de violence et de mort, dans « le long rêve, le songe lourd et confus de l'humanité » auquel Schopenhauer réduit le discours de l'histoire. Ainsi la voie ouverte par les œuvres de Hebbel et de Gide qui restauraient le mythe dans la perspective du devenir historique et moral, aboutit à une impasse avec l'œuvre avortée d'Hofmannsthal. La réanimation du substrat mythique assurée grâce à la donation et à la circulation de l'anneau, n'a pas suffi à relancer de façon durable l'élan de création littéraire.

Après une interminable période de maturation, puis une brève et soudaine explosion, il semblait que le thème, peut-être parce que les valeurs qu'il exprimait s'étaient reportées sur d'autres fables, avait saturé son horizon d'attente. Mais en 1988 Mario Vargas Llosa renouvelait le sujet dans son *Eloge de la marâtre* en exploitant avec sérieux, et poésie, le gisement des significations érotiques : il détaille en effet les ébats amoureux d'un couple dont chaque conjoint exprime ses phantasmes sexuels *via* diverses identifications à des personnages de tableaux, reproduits dans le livre. Don Rigoberto se réincarne dans le *Candaule* de Jordaens où l'on voit, de dos, une reine plantureuse et callypige entrant dans son lit sous le regard allumé de Gygès. Dona Lucrecia, elle, s'identifie à la *Diane au bain* de Boucher, épiée par un voyeur invisible. Au Gygès de la fable correspond le fils d'un premier lit de Don Rigoberto, jeune garçon auquel Lucrecia, se sachant secrètement observée, exhibe le spectacle de sa nudité triomphante. On voit comment ici le sens de la fable se retourne et vire à l'exaltation du voyeurisme initiateur[1]. Dans cette version renversée c'est Rigoberto-Candaule qui, ayant tout compris et chassé sa femme, incarne la revanche de la morale.

L'avenir dira si le champ de sens ainsi réouvert suffira à inspirer de nouvelles œuvres.

N.B. On trouvera une liste importante, quoique non exhaustive, de références

1. Ce motif freudien abonde entre autres dans la littérature japonaise moderne, où les situations « à la Gygès » sont récurrentes et variées ; on se réferera par exemple à Kawabata, *Les Belles Endormies*, à Tanizaki, *La Confession impudique*, à Mishima, *Le Marin rejeté par la mer*, à Abé Kobo, *L'Homme-boîte*, etc.

thématiques à Gygès dans trois articles de Kirby F. Smith, dans *American Journal of Philology*, vol. XXIII, 1902 et vol. XLI, 1920.

Michel Potet

BIBLIOGRAPHIE

Textes

Jose de Cañizares, *El Anillo de Giges, y maxico Rey de Lidia*, Madrid, Antonio Sanz, 1764.
Théophile Gautier, *Le Roi Candaule*, Paris, Classiques Garnier, 1963.
André Gide, *Le Roi Candaule*, dans *Théâtre*, Paris, Gallimard, 1942.
Friedrich Hebbel, *Gyges und sein Ring*, Paris, Aubier-Montaigne, 1943.
Herodote, *Histoires*, I, 8-13, Paris, Les Belles-Lettres, 1932.
Hugo von Hofmannsthal, *König Kandaules, ein Trauerspiel*, dans *Gesammelte Werke in Einzelausgaben, Dramen II*, Francfort, S. Fisher Verlag, 1954.
Jean de La Fontaine, *Le Roi Candaule et le Maître en droit*, dans *Contes*, Paris, Classiques Garnier, 1961.
François de La Mothe-Fénelon, *L'Anneau de Gygès*, dans *Recueil de Fables composées pour l'instruction de Mgr le Duc de Bourgogne*, Paris, *Œuvres*, t. II, 1878.
Robert Lytton, *Gyges and Candaules*, dans *Chronicles and Characters*, t. I, Londres, 1868.
Henri Meilhac et Ludovic Halevy, *Le Roi Candaule*, Paris, Michel-Lévy, 1873.
Adriano Morselli, *Candaule, Dramma per musica*, Venise, Francesco Nicolini, 1680.
Platon, *République*, II, 359 b-360 b, Paris, Les Belles Lettres, 1932.
Hans Sachs, *Die nackat künigin aüs Lidia*, dans Bibliotek des literarischen Vereins in Stuttgart, t. CCI, 1894.
Mario Vargas Llosa, *Eloge de la marâtre*, trad. fr. Gallimard, 1990.

Études

Ernst Bickel, « Gyges und sein Ring. Zum Begriff Novelle und zu Hebbels tragischer Kunst », dans *Neue Jahrbücher für das Klassische Altertum*, Leipzig, 1921.
Alfred von Gutschmid, *Kleine Schriften*, t. V, Leipzig, Teubner, 1894.
Michel Potet, « L'Aventure de Gygès et du roi Candaule : une rhétorique de la vision », à paraître dans les *Actes du XIIIe congrès de l'Association internationale de littérature comparée*, Tokyo, 1991 (parution printemps 1994).
Karl Reinhardt, « Gyges und sein Ring », dans *Von Werken und Formen*, Godesberg, Verlag Helmut Kupper, 1948.
Kirby Flower Smith, « The Tale of Gyges and the King of Lydia », *American Journal of*

Philology, vol. XXIII, 1902 ; « The literary tradition of Gyges and Candaules », *A. J. Ph.*, vol. XLI, 1920.
Emil Zilliacus, *Die Sage von Gyges und Kandaules bei einigen modernen Dichtern*, Helsingfors, 1901.

HAMLET

« ... mais avance *le seigneur latent qui ne peut devenir*, juvénile ombre de tous, ainsi tenant du mythe ».

Mallarmé

Depuis la seconde moitié du XVIIIᵉ siècle, la tragédie de Shakespeare (créée vers 1600-1601) ne cesse d'exercer une étrange fascination sur les spectateurs, critiques et créateurs. Le personnage de Hamlet, en compagnie d'Ulysse, Faust ou Don Quichotte, appartient à la famille de ces héros fictifs qui, selon l'expression de Döblin, illustrent d'une manière exemplaire des aspects essentiels, des « situations fondamentales » de l'existence humaine. Cette influence déterminante s'explique probablement par le caractère universel des sources qui alimentent l'inspiration shakespearienne. La légende primitive rapportée par Saxo Grammaticus au XIIᵉ siècle (version adaptée au goût du jour par Belleforest, dans les années 1570) réunit des éléments qui appartiennent aussi bien au monde imaginaire des sagas (recueillies par Snorri Sturluson dans la *Prose-Edda*) qu'à la mythologie méditerranéenne. Dans la figure du fils appelé à venger son père, tué par l'oncle, se retrouvent les traits d'Amlodi, apparemment un pauvre d'esprit, contemplant la mer au fond de laquelle se trouve le Moulin de l'Univers, qui broie des rochers et réduit en sable vivants et morts. Avec ces traits d'origine nordique se combinent ceux d'Oreste, d'Electre et du semi-légendaire Lucius Junius Brutus, animés par la haine qu'ils ressentent à l'égard de leurs mères et des usurpateurs qui les persécutent. Jeune homme porteur d'une lettre qui contient sa condamnation à mort, néanmoins réussissant à sauver sa vie, Hamlet est aussi le frère d'Uriel ou de Bellérophon.

Dans sa tragédie, Shakespeare se souvient d'une légende (qu'il connaissait directement ou par l'intermédiaire du fameux « Ur-Hamlet »), *chargée* de mythes. Le dramaturge renouvelle en même temps les conventions de la tragédie de la vengeance et, dans le cadre d'une pièce caractérisée par une ambiguïté irritante, il met en œuvre des thèmes en rapport avec l'appréhension magique de l'univers et les préoccupations religieuses et philosophiques au tournant de son siècle. Son héros (qu'une « attitude bizarre », feinte, préserve du délire meurtrier du vengeur traditionnel) est visité par le Spectre de son père, qui « usurpe ce temps de nuit » ; hôte de l'enfer, du purgatoire ou du ciel, il abolit les frontières qui séparent l'ici-bas de l'au-delà. Fantôme corporel ou esprit pur, il a une existence dramaturgique réelle au début de la pièce, alors que, par la suite, il semble n'être plus qu'une hallucination de son fils. Le nouveau roi, plus jeune, fort et viril que l'ancien — trahi par ses forces déclinantes, abandonné par sa femme — pourrait inaugurer une ère de renaissance; vil assassin, il n'est que source de corruption. Héros d'un drame cosmique, philosophique et familial, Hamlet traverse un labyrinthe de doutes et d'incertitudes. Mélancolique, profondément blessé par le remariage de sa mère, obsédé par l'impossible mission paternelle, il déjoue avec succès les intrigues de son oncle. Ayant acquis une étrange sérénité (fataliste ou ayant confiance dans les desseins de la Providence) à la fin de la tragédie, d'adolescent soumis au père, ne cessant de penser à la vengeance, mais incapable de l'accomplir, il devient un Prince autonome qui punit de mort l'usurpateur dont la culpabilité devient manifeste. (Voir l'introduction de notre édition bilingue, Aubier, 1988.)

Drame de la conscience individuelle et de caractère collectif, pièce de théâtre exaltant l'art dramatique, modèle inégalé, chargé de mythes et de mystère, *Hamlet* incite les écrivains à créer. Il s'agit pour eux de scruter les secrets d'un personnage, d'explorer la face cachée d'un texte, de le récrire d'après le goût et la sensibilité de leur époque, afin de mieux saisir le sens du chef-d'œuvre. Cette lecture qui « commémore », selon l'expression de Genette, peut être animée par un esprit de révolte contre le texte devenu objet de culte.

La littérature romanesque inspirée par les Spectres de Hamlet est marquée par deux grandes œuvres : *Les Années d'Apprentissage de Wilhelm Meister* (1777-1796) et *Ulysse* (1922). Dans le roman de Goethe, l'épanouissement d'une belle personnalité est étroitement lié à la mise en scène et à l'interprétation théorique de *Hamlet*. Néanmoins, il se révèle que l'identification à Hamlet n'est qu'une étape dans l'apprentissage de la vie de Wilhelm : il doit se rendre compte que le chemin vers l'amour et l'activité sociale passe par le reniement de sa passion pour le théâtre. Goethe crée de nombreux liens entre l'action du roman et l'intrigue de la tragédie de Shakespeare. Des auteurs de « Bildungsroman » au XXe siècle (G. Hauptmann, A. Döblin) imiteront cette technique d'interférences. Dans *Ulysse* de Joyce, le mythe de Hamlet est en surimpression sur le modèle odysséen. Stephen Dedalus, jeune écrivain, croit en l'autonomie du créateur Shakespeare, refuse l'idée de la paternité charnelle et s'oppose violemment au dogme de la « consubstantialité » du père et du fils. Hamlet-Télémaque, il est à la recherche, en cette journée du 16 juin 1904, d'un père spirituel. Cependant, Virág-Bloom, vivant en exil à Dublin et rêvant d'Europe centrale, Ulysse dépourvu de toute gloire homérique, poursuivant le spectre de son fils Rudy-Télémaque décédé, peut-il offrir à Stephen cette paternité de l'esprit alors qu'il espère retrouver en lui un nouvel amant pour sa femme? A la manière de Hamlet, Stephen doit se débarrasser d'images parentales néfastes, se libérer de tout attachement amical, familial, patriotique, culturel, pour conquérir sa liberté de créateur. Entre ces deux sommets que représentent *Wilhelm Meister* et *Ulysse*, on découvre d'autres œuvres, dignes d'intérêt, caractéristiques de l'influence et du « fonctionnement » du mythe. Dans *Pierre ou les Ambiguïtés* (1852) de Melville, l'élan créateur d'un jeune écrivain voulant rédiger une œuvre de maturité en pleine immaturité de l'esprit est brisé par une hérédité « hamlétique » : un père adultère, une demi-sœur qu'il épouse contre la volonté de sa mère autoritaire. Pierre a conscience d'appartenir à une lignée coupable; ses doutes dégénèrent en folie. La constellation familiale, à l'image de celle de *Hamlet*, anéantit Pierre, comme le « Spectre » de *Moby Dick*, le cachalot blanc, broie le révolté et l'acharné Achab. En France, dans la seconde moitié du XIXe siècle, autour des années 1886-1887, Paul Bourget, dans *André Cornélis*, Jules Laforgue dans *Hamlet ou les Suites de la Piété filiale* tentent de « récrire » la tragédie de Shakespeare. Alors que le roman psychologique et policier de Bourget est un demi-échec, la « moralité légendaire » de Laforgue est une réussite à plus d'un titre. Hamlet de Laforgue, fils du Vieux Roi assassiné et d'une jeune bohémienne, demi-frère de Yorick, est un dandy de l'ère décadente, être irritant, cynique, surprenant, désinvolte, esthète impassible, comédien lucide, philosophe nihiliste, habile jongleur avec le texte shakespearien : « ... Mais ne plus être, ne plus y être, ne plus en être » provoque en lui une « séculaire tristesse ». De nos jours, l'ingénieuse Iris Murdoch représente dans *Black Prince* (1973) un écrivain inhibé qui n'arrive à aimer Ophélie que déguisée en Hamlet et lui rappelant le comte Octavian du *Chevalier à la Rose*.

Au théâtre, le mythe de Hamlet semble avoir une curieuse force destructrice. Ivanov, l'« homme de trop » de Tchékov, Treplev, héros de *La Mouette* (1896), victime de Trigorine-Claudius et d'Arcadina-Gertrude, périssent à force de se complaire dans le rôle de Hamlet. (Tchékov connaît bien l'interprétation goethéenne de *Hamlet* et le célèbre essai de Tourgueniev). Depuis une vingtaine d'années, nous assistons à une révolte contre le chef-d'œuvre de Shakespeare. Dans *Rosencrantz et Guildenstern sont morts* (1957), Tom Stoppart, s'inspirant de Beckett, réhabilite les comparses qui deviennent les héros d'une tragédie de l'Absurde, rabaisse et dégrade le personnage du « sweet prince ». L'adaptation de *Hamlet* (1965) due à Marowitz est, en fait, une « mise en pièces » du chef-d'œuvre : les monologues de Hamlet sont transformés en dialogues, et les reproches que se fait Hamlet deviennent des accusations véhémentes dans la bouche de ses amis et ennemis. Au théâtre, le sort de Hamlet est désormais dans la main des metteurs en scène. Pendant la saison 1982/83, au Théâtre de Chaillot, Vitez fait représenter Hamlet père comme un être faible, misérable, « pauvre chemineau », mortellement blessé dans son corps et sa dignité. Au Festival d'Avignon 1988, P. Chéreau et son décorateur R. Peduzzi imaginent l'action sur un sol mouvant, troué, sombre, divisé en cases de jeu, pour exprimer des angoisses souterraines qui — selon Michel Cournot — mènent tout droit au trou de fossoyeur.

Paradoxalement, à l'image des philosophes qui méditeront sur Hamlet (Kierkegaard, Nietzsche), ce sont les grands poètes qui, à travers leur subjectivité, ont le mieux compris les grandes leçons du mythe de Hamlet. Selon Baudelaire, aux yeux de la foule, le poète joue le rôle du prince danois. Il choisit Hamlet comme figure emblématique du poète maudit, menacé par le Spectre nommé Silence. De même que Hamlet s'interroge sur la provenance du fantôme de son père : « Que tu sois élu ou démon, / Que tu apportes l'air céleste ou des bouffées de l'enfer », Baudelaire demande, contemplant la Beauté : « Viens-tu du ciel profond ou sors-tu de l'abîme ? » (*Hymne à la Beauté*, 1860). Aux yeux du poète d'*Igitur* (1869), Hamlet « extériorise, sur des planches, ce personnage unique d'une tragédie intime et occulte, son nom même affiché exerce sur moi, sur toi qui le lis, une fascination, parente de l'angoisse » (1896). Cette crainte que le Spectre ne soit que la révélation du vide amène le poète à s'interroger sur la nature même du langage, sur le caractère arbitraire du signe. La fascination de la parole sans référent lui révèle la vision d'une « œuvre pure ». Hamlet « seigneur latent qui ne peut devenir » n'est-il pas le tributaire d'un passé héroïque dont il n'a rien à faire ? Le poète ne doit-il pas se libérer du « passé compris de sa race qui pèse sur lui en la sensation de fini » pour arriver à l'Absolu, qui est l'oubli de « la parole humaine en le grimoire » ? Manifestement, « ... le reste est silence », propos ultime de Hamlet exprimant la substance même de la tragédie, hante le poète qui doute parfois du bien-fondé de l'entreprise d'abolition, du sacrifice de soi, acte fondateur de sa poésie.

A l'époque de transition, de mutation qui est la nôtre, le mythe de Hamlet, comme tous les grands mythes littéraires, s'appauvrit inévitablement. Les œuvres mineures disparaissent-elles pour laisser la place à l'ŒUVRE qui connaît un succès inégalé ? Le temps n'est-il pas révolu de comprendre Hamlet à travers l'invention poétique et le « palimpseste de la mémoire » ? Ou bien, à l'instar d'Œdipe, Electre, Amphitryon ou Ulysse, Hamlet connaîtra-t-il un nouvel avatar ?

André LORANT

BIBLIOGRAPHIE

H. P. BAILEY, *Hamlet in France*, Genève, 1964.

J. BATE, *Shakespeare and the English Romantic Imagination*, Oxford, 1986.

R. COHN, *Modern Shakespeare offshoots*, Princeton Univ. Press, 1976.

I. GOLLANCZ, *The Sources of Hamlet*, Oxford, 1926.

F. GUNDOLF, *Shakespeare und der deutsche Geist*, Berlin [1911], 1959.

F. ISRAËL, *Adaptation et traduction de Shakespeare en France au cours de la seconde moitié du XIXe siècle*, Paris, 1984 (thèse d'Etat polycop.).

E. JONES, *Hamlet et Œdipe* [New York, 1949], Paris, 1967.

H. KLEIN et Chr. SMITH, *Hamlet at Home and Abroad, New Comparison* n° 2, Univ. of East Anglia, 1986.

H. J. LÜTHI, *Das deutsche Hamletbild seit Goethe*, Bern, 1951.

B. von LUTZ, *Dramatische Hamlet-Bearbeitungen des 20. Jahrhunderts in England und den USA*, Frankfurt-am-Main, 1980.

J. SCHICK, éd., *Corpus Hamleticum. Hamlet in Sage und Dichtung, Kunst und Musik*, Berlin-Leipzig, 1912-1938.

M. SCOFIELD, *The ghosts of Hamlet. The play and modern writers*, Cambridge Univ. Press, 1980.

K. WAIS, *Shakespeare und die neueren Erzähler. Von Bonaventura und Manzoni bis Laforgue und Joyce* in *Shakespeare - seine Welt, unsere Welt*, G. Müller-Schwefe éd., 1964.

HÉLÈNE
(ET LA GUERRE DE TROIE)

La guerre de Troie a-t-elle eu lieu? Nous avons peu de raisons d'en douter, mais nous n'en avons pas davantage pour supposer qu'elle a été le plus grand conflit jamais vu. Les Grecs l'ont cru, pourtant : avant de raconter la guerre du Péloponnèse, l'historien Thucydide éprouve le besoin d'établir un parallèle, afin de faire valoir son sujet. Avec le temps, en effet, la geste héroïque est entrée dans la légende, on s'est persuadé que les dieux y avaient été mêlés, l'histoire est devenue mythe; et la guerre de Troie resplendit d'un feu sombre à l'orée du temps, comme le modèle inégalable de toutes les guerres à venir.

Un phénomène extraordinaire doit avoir une cause hors du commun. Homère le pensait-il? On ne saurait le dire : son *Iliade* ne rapporte qu'un épisode du conflit, la mort d'Hector, et, pour le reste, se contente d'allusions ou d'annonces prophétiques. Une chose est claire : à chaque fois que les belligérants entreprennent de négocier, il est dit que les Troyens devraient rendre « Hélène et les trésors ». L'origine de l'affaire est un rapt de femme et une razzia, un acte de brigandage. Pâris a emporté des objets précieux, et une reine par-dessus le marché. De la reine il a fait sa femme, avec l'approbation d'Aphrodite.

Mais d'autres aèdes, dont les œuvres sont perdues, ne se sont pas contentés d'une explication aussi humble. Ils ont construit un cycle d'épopées, qui racontaient toute la guerre depuis le début. Et ils ont, *ab ovo*, décrit l'origine des choses. Ils ont admis que Zeus voulait décimer une humanité trop nombreuse. Et ils ont prévu tout un enchaînement de faits : une rivalité entre trois déesses pour une pomme donnée par Eris, dont le nom signifie Discorde, « à la plus belle » ; un jugement rendu en faveur d'Aphrodite par Pâris, prince troyen élevé parmi les bergers ; la récompense de Pâris par l'octroi de la plus belle femme qui se puisse voir. Cette femme, Hélène, est fille de Zeus et de Léda ; comme Zeus était déguisé en cygne pour séduire son amante, Hélène, et ses frères les Dioscures, sont nés *ab ovo*, d'un œuf.

La mise au point de cette anecdote entraîne quelques difficultés. Toute la question est de savoir dans quelle mesure Hélène a accepté le sort qui lui était fait. A-t-elle agi de son plein gré ? Bientôt on se demandera si c'est volontairement qu'elle a suivi Pâris. La nuance est d'importance. Dans le premier cas, on peut dire qu'elle a été occasion de la guerre, ce qui ne la rend pas moins haïssable ; dans le second cas, elle est responsable de la guerre, et l'on doit non seulement la détester comme on déteste les fléaux, mais encore la condamner et la flétrir moralement.

Pareille condamnation, de plus en plus nécessaire aux yeux des Grecs, qui découvrent une morale de la personne, est de moins en moins acceptable pour ceux d'entre eux qui voient en Hélène une déesse. L'immoralité des mythes religieux choque plus d'un bon esprit, au ve siècle. Or, dans certaines villes, et notamment à Sparte, il y a des temples d'Hélène, des fêtes d'Hélène, un culte d'Hélène, qui apparaît en protectrice des adolescentes et des jeunes mariées. Il serait scandaleux qu'elle donnât par ailleurs l'exemple de l'adultère. Et plus on va vers une présentation humaine de l'histoire, plus on s'approche de l'insupportable. Eschyle faisait d'Hélène un être à la fois abstrait et divin, une manière de Malédiction proche de la Némésis, cette déesse que certaines traditions lui donnent pour mère au lieu de Léda. Mais Euripide ne voit dans son héroïne qu'une femme ; il n'admet même pas qu'Aphrodite ait pu intervenir de manière contraignante en inspirant à Hélène une passion à laquelle il est impossible de résister. Hécube le dit très violemment dans *Les Troyennes* :

> « Mon fils était très beau, ton propre cœur en le voyant s'est fait Cypris, car ce sont leurs désirs déchaînés que les humains appellent Aphrodite » (v. 987. Trad. M. Delcourt).

Dans quelle mesure ce discours psychologique, qui joue de l'allégorie, est-il aussi un discours impie, qui met en doute l'existence réelle des dieux ? C'est ce qu'il ne nous est pas facile d'apprécier. En tout cas, il se trouve presque aux antipodes du chœur d'*Agamemnon* où Eschyle dit d'Hélène qu'elle est l'Erinys, « l'épouse de larmes » et « le prêtre d'Até » ; on est loin aussi du calembour qui donne à Hélène comme une mission divine, qui en fait un instrument de la fatalité : Hélène, Hélénas, ou, comme traduit P. Mazon : « Elle est née en effet pour perdre les vaisseaux » (*Agamemnon*, v. 689).

La relative disparition de l'aura religieuse qui entoure Hélène et la fait baigner dans une atmosphère de terreur sacrée l'expose désormais aux insultes les plus méprisantes. On s'étonne que la guerre de Troie ait pu avoir lieu pour un être de si petite importance : une femme; on ajoute que cette femme n'a aucune espèce de valeur, parce qu'elle n'a elle-même aucun sentiment de sa dignité. Il ne serait pas difficile de recueillir dans Euripide un abondant florilège d'injures. La tradition ne s'arrête pas avec lui : en plein classicisme européen, le nom d'Hélène sera devenu une simple manière de parler, une métonymie qui peut servir à désigner toute femme dangereuse, parce que légère; dans la *Marie Stuart* de Schiller, un des adversaires les plus acharnés de la reine ne trouve pas pire épithète que celle-ci : c'est une Hélène.

Euripide est contemporain de la naissance de la sophistique. Sans doute est-il, comme un autre, amusé à l'idée de plaider des causes perdues. Gorgias, Isocrate font chacun un éloge d'Hélène. Le poète tragique leur a montré la voie en plaçant une plaidoirie dans la bouche même de l'héroïne (*Les Troyennes* (V. 903 s). On épilogue sur le pouvoir des dieux, sur l'origine du désir, et la puissance de la séduction. Sujet convenable pour ces rhéteurs qui veulent avant tout appâter un public. Ou bien on fait l'éloge de la beauté.

C'est que, quoi qu'on en ait, la morale n'est pas à son aise : est-il admissible que soit corrompue et vile une femme qui est parfaitement belle? C'est une inquiétude d'ordre philosophique qui se fait jour. Homère acceptait bien que la plèbe de Troie s'en prenne à Hélène, mais les meilleurs, Priam, ses conseillers, Hector, ne pouvaient pas ne pas la respecter. Il se crée, à certain passage de l'*Iliade* (VI, 358), une étrange complicité entre Hélène et Hector, malheureux tous deux, mais sûrs d'être à jamais célébrés par les poètes.

Et les successeurs d'Homère n'ont cessé de rêver sur un parallèle entre Hélène et Achille. Un des poètes cycliques avaient prévu une rencontre entre la plus belle des filles de Zeus et le plus vaillant des héros. Beaucoup plus tard, on imaginera que ces deux êtres merveilleux sont réunis par delà la mort dans la fabuleuse Ile Blanche. Mais déjà Euripide n'avait pas manqué de faire observer (*Hélène*, v. 99) qu'Achille avait figuré en bonne place parmi les prétendants à la main d'Hélène, et que la guerre de Troie avait été prévue aussi pour le faire briller (*op. cit.*, v. 41); d'ailleurs la pomme de Discorde, origine de tout, avait été produite lors des noces de Thétis et de Pélée, futurs parents d'Achille.

Paradoxalement, le souci de relever Hélène, de l'arracher à l'anecdote sordide pour la rendre à l'épopée va avoir pour effet de contester l'épopée elle-même. Puisqu'il faut que la belle Hélène ait été vertueuse, on soutiendra qu'elle n'a jamais été à Troie, que Zeus l'avait remplacée par un fantôme ou qu'un roi d'Egypte l'avait arrachée à Pâris pour la protéger. Connue par Hérodote, la seconde version a eu la vie longue, puisqu'on la retrouve dans le roman *Kassandra*, de Christa Wolf (1983). Elle suppose que les Troyens, pour ne pas perdre la face, ont fait comme si Hélène était dans leurs murs. La première version a aussi, quoi qu'on en dise, un aspect dérisoire; c'est aussi une exagération de l'amer jugement tant de fois repris : une femme ne valait pas qu'on se tuât pour elle.

Ce n'est pourtant pas ainsi que l'entend, dans sa tragédie intitulée *Hélène*, le poète supposé détester les femmes, Euripide. Non seulement il peint son personnage avec les couleurs touchantes et majestueuses qui caractérisaient son Alceste ou sa Polyxène (dans *Hécube*), mais encore pousse l'étude des souffrances de l'innocence calomniée jusqu'à une interrogation tragique sur l'identité de la personne : Hélène est une femme à qui on a volé jusqu'à son nom, jusqu'à son visage. Sauvée, parce que les dieux proclament enfin la vérité, elle peut retrouver, au moins en espérance, l'aimable atmosphère des fêtes spartiates (v. 1451 sq), les danses de jeunes filles et l'époux vers qui on l'a menée avec des chants.

Lorsque, plus de deux siècles après Euripide, Théocrite écrit son *Epithalame d'Hélène* (*Idylles*, XVIII), il ne fait pas la moindre allusion à la guerre de Troie. Sans doute se souvient-il que, d'après une tradition rapportée par Platon (*Phèdre*, 243 a), le poète Stésichore avait été frappé de cécité par les dieux pour avoir calomnié Hélène, et n'avait recouvré la vue qu'après avoir chanté la *Palinodie*.

Il est impossible de savoir à laquelle des deux traditions Euripide tenait le plus, à celle qu'il a suivie dans son *Hélène*, ou à l'autre, à celle qui s'étale dans toutes ses autres pièces et qui s'acharne sur l'infidèle, la coquette, l'effrontée. Tout ce que l'on peut observer est que d'autres personnages de la geste héroïque ont subi un traitement qui ne les avantage pas : Ulysse l'avisé, par exemple, celui dont Homère peignait avec admiration la sagesse et la capacité à affronter sans pâlir les situations les plus déconcertantes, tend à devenir un sophiste sans scrupule, amateur de pièges et de machinations. Si Hécube s'en prend à Hélène, elle ne ménage pas Ulysse. Et on a l'impression, à lire les grandes tragédies qui évoquent la chute de Troie (*Les Troyennes, Hécube*, et aussi, en partie, *Andromaque*) qu'est rompu, et certes pas en faveur des vainqueurs, le sage équilibre que les poèmes homériques maintenaient entre les adversaires.

Il y a une dégradation de la légende. Hélène, qui a été vue comme un fléau divin, a passé pour une femme odieuse. Elle peut devenir l'objet de plaisanteries obscènes et ce, dès Euripide (*Le Cyclope*). La tradition se poursuit chez Horace, Jean de Meung, Hofmannswaldau, Meilhac et Halévy. D'autres se contentent d'un ton léger, frivole, méprisant.

Mais c'est toute la légende qui souffre. On s'en rend compte si l'on a le triste courage de lire les petits résumés de basse époque — toute la guerre de Troie en quarante pages — qui nous sont parvenus signés de noms fabuleux : Dictys de Crète et Darès le Phrygien. Ces ouvrages n'auraient aucun intérêt s'ils n'avaient été lus, de préférence à l'*Iliade*, pendant tout le Moyen Age et largement au-delà : on les publie encore à Amsterdam, en 1702, dans une superbe édition savamment commentée *ad usum delphini*. C'est là qu'on découvre plus d'un fait étonnant : le terrible duel raconté dans le chant XXII de l'*Iliade* n'a jamais eu lieu, Achille a tué Hector en toute sécurité grâce à une embuscade. Ce détail se retrouve chez Shakespeare (*Troïlus et Cressida*), chez Montchrestien (*Hector*) et dans *La Pomme de Discorde*, de Guillen de Castro, écrivain plus connu pour avoir, dans ses *Enfances du Cid*, montré la voie à Corneille.

Darès n'avait pas donné dans ce panneau-là : mais il prétend que le cheval de Troie n'a jamais existé. On ne l'a guère cru. Il prétend aussi que le jugement de Pâris s'est fait en rêve, et il rapporte, pour expliquer la guerre de Troie, toute une histoire antérieure : conflits entre les Troyens et les membres de l'expédition des Argonautes; expéditions punitives dans tous les sens, razzias et enlèvements de princesses. L'épisode d'Hélène perd en importance.

On voit aussi de nouveaux héros s'imposer. Troïlus joue un grand rôle à côté d'Hector. Polyxène rivalise de charme avec Hélène. On sait, depuis Euripide, que Polyxène a été immolée sur le tombeau d'Achille après la chute de Troie. On en a déduit, à une époque indéterminée, qu'Achille réclamait que son amante le rejoigne dans la mort. La légende d'un amour d'Achille pour Polyxène n'est pas expressément attestée avant la Basse-Antiquité; elle joue un rôle important chez Darès, Dictys et ceux qui les ont suivis, puisque c'est à l'occasion du mariage secret des deux amants que Pâris tue par traîtrise le héros grec.

A la fin de l'Antiquité, des poètes grecs ont raconté, en vers, tout ce qu'Homère n'avait pas dit (Quintus de Smyrne, *La Suite d'Homère*; Colouthos, *L'Enlèvement d'Hélène*; Tryphiodore : *La Destruction de Troie*). Leur version des faits est peut-être en général plus traditionnelle. Mais ce sont Darès et Dictys que le Moyen Age a étudiés et suivis, sans doute parce qu'ils existaient en latin.

Au milieu du XIIe siècle, un clerc tourangeau au service des ducs de Normandie, Benoît de Sainte-Maure, écrit un « roman », ce qui veut dire qu'il donne une version romane, française, vulgaire, d'un original latin. Son *Roman de Troie*, vaste poème de 30.000 octosyllabes, n'est heureusement pas une traduction. Le mot d'amplification conviendrait à peine. Ce livre assure à Hélène, comme à Hector, à Troïlus et à Polyxène, une gloire immédiate, assez différente de celle qu'aurait pu leur donner la pure tradition scolaire. Dans l'atmosphère courtoise qui se répand alors, Hélène et Pâris deviennent un couple d'amants parfaits, comparables à Tristan et Iseut, ou à Lancelot et Guenièvre. Le Moyen Age honorera aussi un couple formé d'Achille et de Polyxène, un autre, qui joint, mais pas pour longtemps, Troïlus et Cressida (issue peut-être de la contamination de Chryséis et de Briséis).

C'est peut-être parce que Darès a fourni une explication acceptable des origines de la guerre qu'Hélène, dans la littérature médiévale, échappe au procès qu'on lui avait intenté à l'époque classique de l'histoire grecque. Seuls quelques clercs nourris de latinité songent encore à lui jeter des injures

> « Causa rei talis meretrix fuit exitialis,
> Femina fatalis femina feta malis » (*Carmina Burana*, 101, 45).

Mais un autre poète du même recueil, s'extasiant devant sa belle :

> « Deus, Deus meus! » dit-il « estne illa Helena vel est dea Venus? » (*Ibid.*, 77, 14).

Et ses confrères en langues vulgaires lui emboîtent le pas, depuis Arnaud Daniel jusqu'à Villon. Hélène est une de ces beautés rayonnantes comme un vitrail, douces comme un ivoire poli, dont le regard fait des chevaliers et des poètes.

On peut s'interroger sur la facilité avec laquelle sont baptisés de son nom les personnages féminins qui apparaissent dans les légendes du Graal. Certes, il existe une Sainte Hélène, mère de Constantin, et qui a découvert les reliques de la Vraie Croix. Il n'en reste pas moins que si Hélène était resté un nom aussi souillé qu'il l'est dans Euripide, on imagine difficilement qu'il ait pu être attribué à la demoiselle qui porte le Graal et qui sera la mère de Galaad (Malory, *Le Morte d'Arthur*, livre XI, chap. II).

Un souvenir de cette vision chevaleresque se trouve sans doute dans le célèbre sonnet où Ronsard adapte Homère

« Il ne faut s'esbahir, disoient ces bons vieillars... » (*Sonnets pour Hélène*, II, 67).

Les vieillards, en effet, admirent Hélène et lui trouvent une beauté plus qu'humaine, qui, à leurs yeux, justifie qu'on se batte; pourtant, chez Homère, dans un second mouvement, ils disent préférer qu'on la renvoie en Grèce et que Troie continue à fleurir. C'est ce que Ronsard n'admet pas :

« vous deviez tous ensemble
Pour elle corps et biens, et ville hazarder. »

Cette furie médiévale n'étonnera que des lecteurs à qui aurait échappé avec quelle fréquence Ronsard emploie le mot « chevalier », même quand il est question de héros antiques.

Il n'en reste pas moins que la redécouverte des auteurs grecs au XVIe siècle, celle notamment des petits auteurs de basse époque à qui il a été fait allusion plus haut, mais aussi celle d'Euripide, tend à remettre au premier plan l'image d'une Hélène odieuse, criminelle consciente de ses actes et cause responsable d'une guerre sans pitié. Le feu d'artifice par lequel Ronsard célèbre le nom d'Hélène, comme d'autres avaient rêvé sur d'autres noms, marque peut-être la fin d'une époque. Lorsque, dans son *Hymne de Charles, Cardinal de Lorraine*, le poète compare à Hélène la nièce du dédicataire, il ne commet apparemment aucun impair. Pouvait-on en faire autant plus tard?

On peut en douter. On peut croire qu'une ruse s'imposait. Guillen de Castro a une bien curieuse façon de raconter l'enlèvement d'Hélène : comme Darès, comme Benoît de Sainte-Maure, il suppose que, Amour aidant, Hélène et Pâris se sont irrésistiblement épris l'un de l'autre. Mais la reine va-t-elle suivre son amant sans faire le moindre semblant de résistance? Où serait sa gloire? On convient donc de feindre. Et au beau milieu d'une scène de violence, on se murmure :

« — Ah, Hélène, que tu joues bien!
— Ah, Pâris, que tu m'enlèves bien! »

Le texte de Guillen de Castro n'est pas illustre. L'*Iphigénie* de Racine, qui l'est un peu plus, stigmatise à jamais l'indulgence de Ménélas pour

« Sa coupable moitié dont il est trop épris. »

Dans cette pièce, comme déjà dans la *Troade* de Garnier, il est admis qu'Hélène est responsable de la guerre; et l'on n'a nulle indulgence pour cette tradition ancienne, abondamment utilisée par Isocrate dans son *Eloge d'Hélène* : Thésée aurait enlevé Hélène enfant. Racine semble en déduire que cette femme a toujours été dépravée.

La fantaisie d'un écolâtre prépare cependant un changement; d'après le *Volksbuch*, Faust aurait couronné son existence de magicien en faisant remonter Hélène des Enfers; il avait dû apprendre dans son manuel de rhétorique que la reine de Sparte était le parangon de la beauté. Marlowe s'empare de l'histoire et compose, à la fin du XVIe siècle, une étonnante scène muette pour son drame sur le savant damné. Hélène paraît, mais ne parle pas.

Il vaudrait la peine de s'interroger sur ce rapport qu'à l'époque dite baroque, Hélène entretient avec le théâtre, et particulièrement avec l'opéra. On peut montrer Hélène, on peut la faire chanter, on peut montrer qu'elle joue. Il semble qu'il faille n'en pas parler; et ses détracteurs les plus violents sont justement ceux qui ne la mettent pas en scène. Après Cavalli, Gluck écrit pour Hélène des mélodies.

Et c'est aussi pour le théâtre, mais pour un théâtre presque rêvé, que Goethe compose son *Helena* qui constituera le troisième acte du second *Faust*. En reprenant le motif du Volksbuch, le vieux poète ne s'interdit pas d'écrire une tragédie classique, dans un mètre renouvelé de l'antique. Il prend son sujet au moment de la chute de Troie, ce qui lui permet de résumer en quelques vers la vulgate désormais immuable, celle qui transparaît, par exemple, chez Euripide. Rien n'y manque : ni le doute sur le consentement d'Hélène au rapt, ni la rumeur sur son séjour en Egypte et sur le fantôme qui la remplace à Troie, ni l'allusion à la passion d'Achille. Tout se résume dans la contradiction du premier vers que prononce l'héroïne

« Tant admirée, couverte de tant d'outrages, Hélène... »

Hélène va être mise à mort, conformément à la volonté exprimée par Ménélas dans *Les Troyennes*. Un mystérieux brouillard la sauve, et l'intervention d'une affreuse vieille femme qui, son masque ôté, se révèle être Méphistophélès :

Hélène est au pouvoir de Faust. Ce qui suit n'appartient plus à la légende troyenne, et rejoint pourtant une très ancienne tradition qui suppose, à la fin des temps héroïques, une apothéose d'Hélène. Faust est, pour quelque temps, comme le parèdre d'une divinité suprême qui, par lui et pour lui, met au monde le trop bel Euphorion ; l'intermède s'achève dans la désolation, après la disparition de l'enfant. Mais, pendant quelque temps, Hélène et l'Hellade ont régné ; et certains magiciens savent comment on les fait revenir.

Plus que le séjour éternel d'Hélène dans un Empyrée difficile à définir, c'est son intronisation qui compte, le geste par lequel un pouvoir supérieur lui rend ses droits. Déjà l'*Oreste* d'Euripide s'achevait, alors que la reine n'y a pas précisément un beau rôle, sur ces paroles d'Apollon :

> « C'est moi qui l'ai sauvée, qui, à ton épée,
> L'ai soustraite, par ordre de son père Zeus ;
> Fille du Foudroyant, il faut que sans fin elle vive.
> Au plus profond du ciel, avec Castor et Pollux,
> Elle règnera, veillant au salut des marins » (v. 1633).

Il est probable que le mouvement était représenté sur la scène, Hélène apparaissant dans les hauteurs à côté du *deux ex machina.*

C'est aussi d'un salut d'Hélène qu'il est question dans *La Tentation de saint Antoine*, où Flaubert reprend la tradition gnostique selon laquelle Simon le Magicien aurait rencontré, dans un mauvais lieu de Tyr, Hélène de Troie et l'aurait rendue à sa vraie condition de Sagesse primordiale.

La réhabilitation, ou plutôt l'apothéose d'Hélène, ne s'accommode que mal des discours, plaidoiries, éloges ou apologies. On observe que, dans la poésie lyrique, elle est exactement contemporaine d'un mouvement qui consiste en l'abandon des traditions rhétoriques. C'est, semble-t-il, parce que le poème se fait plus bref, parce qu'il renonce à argumenter, parce qu'il ne dédaigne pas de se borner à noter une image, un geste, une scène presque instantanée, qu'est possible le retour quasi rituel de la scène initiale, telle qu'Homère l'a dessinée : Hélène marche sur le rempart, s'approche des Portes Scées. Le mouvement symboliste justifierait le nom que lui ont donné rétrospectivement, par élargissement abusif, les historiens de la littérature, si les poètes qui ont été emportés par lui avaient toujours réussi à éviter l'allégorie, la transformation d'Hélène en une vignette propre à illustrer l'idée abstraite de beauté, s'ils étaient toujours parvenus à suggérer, dans la fascination pure, le passage d'une figure vers le silence frémissant. On peut évoquer des noms : Valéry, Yeats, Samain, D'Annunzio, Apollinaire, Mandelstam, Elytis. La liste s'allongerait aisément de ceux qui ont étendu, mais non développé, aux dimensions d'un sonnet ou d'un poème à peine plus long, ce que leurs prédécesseurs, Ronsard compris, étaient le plus souvent contraints de faire tenir, allusion miroitante, en un vers ou deux.

Accompli grâce à Goethe, le retour d'Hélène donne également lieu, pour la première fois depuis de longs siècles, à des œuvres dont la reine est le personnage principal : poème très classique et un peu scolaire, comme l'*Hélène* de Leconte de Lisle ou l'*Helen of Troy* d'Andrew Lang; bouffonneries de bas étage, comme *La Belle Hélène*, de Meilhac, Halévy, Offenbach; vaudeville à prétentions comme *Hélène ou la Joie de vivre*, d'André Roussin, qui cherche tant bien que mal à rivaliser avec le drame ambigu que Giraudoux a intitulé *La guerre de Troie n'aura pas lieu*; tragédie lyrique en mal d'intrigue, comme l'*Hélène de Sparte* de Verhaeren; fantaisie énigmatique, comme le *Protée* de Claudel; tragédie pure, comme l'*Hélène égyptienne* que composa Hofmannsthal pour que Richard Strauss y joigne une musique. Si divers soient-ils, tous ces textes, à une exception près, sont écrits pour le théâtre.

Ce qui frappe, dans les meilleurs d'entre eux, c'est le refus de condamner Hélène ou de l'excuser au nom d'une quelconque sagesse résignée. Claudel fait de son personnage une parfaite sotte; il a décidé de tourner en farce la version égyptienne de la légende. Il atteint pourtant, par instants, à une puissance lyrique inattendue, comme si la beauté des discours d'Hélène existait en elle-même, indépendamment de la volonté de celle qui les profère. Giraudoux a fait dire par son Ulysse qu'Hélène avait la « tête obtuse » et le « cerveau étroit ». Mais il lui a prêté une terrible clairvoyance, qui impose à son imagination des tableaux colorés et permet au dramaturge, alors que tous les amis de la paix se démènent, de savoir que, malgré tout, la guerre de Troie aura lieu, que Pâris y trouvera la mort, que le petit Astyanax sera tué.

Plus terrible sans doute est la distorsion que Hofmannsthal impose à la pieuse légende stésichoréenne : une magicienne d'Egypte est prête à persuader Ménélas, non sans philtres, qu'Hélène de Troie est un fantôme, que la véritable Hélène a passé en Egypte tout le temps de la guerre; l'illusion se dissipera de par la volonté d'Hélène elle-même, qui doit être acceptée telle que l'a formée sa complexe et contradictoire légende. Est-on parvenu au-delà du Bien et du Mal?

Ou bien a-t-on découvert la tragédie quand se défont les certitudes du discours lié, les assurances de la raison, les jugements étayés par des principes immuables? Homère l'a d'emblée perçu : Hélène est celle à qui on a imposé un rôle insupportable.

> « Oh, il aurait fallu, quand je suis née de mère,
> Qu'une rafale m'emporte, méchante, sur la montagne
> Ou vers les vagues retentissantes » (*Iliade*, VI, v. 345).

Benoît de Sainte-Maure n'avait pas lu Homère. Il devina que son héroïne doit maudire, elle aussi, le jour de sa naissance (*Roman de Troie*, v. 22920 sq.). Montchrestien en prend à son aise avec l'*Iliade*, mais il ne manque pas de faire dire à Hélène :

« Yeux trop clairs à mon dam couvrez-vous de ténèbres;
Ne voyez plus des jours que vous rendez funèbres;
Las! ne regardez plus sur ces champs beaux et verts
Qui de meurtre et de sang sont pour vous recouverts » (*Hector*, v. 1349 sq.).

Et, dans son « Rêve de Belles Dames », poème de jeunesse inspiré librement de Chaucer, Tennyson raconte avoir entendu dire à Hélène :

« Beaucoup sont morts, ayant tiré l'épée. Partout où j'allais
J'apportais le malheur (...)
Je voudrais que l'écume blanche, froide et lourde,
Dont joue le vent, m'ait roulée jusqu'au fond de la mer,
Lorsque j'ai quitté la maison. »

Devant la diversité des discours, on hésite à déterminer des invariants du mythe. Au nom de quoi récuserait-on les poètes pour qui Hélène est en parfait, et impudent, repos avec sa conscience, à supposer qu'elle en ait une? Il reste que cette image du rôle trop lourd, du rôle où l'on a peine à se reconnaître, se rencontre avec une assez remarquable fréquence, et aussi bien chez les tenants de la version troyenne que chez ceux de la variante égyptienne. Une des premières fois qu'il nomme Hélène, Homère parle de ses « sanglots ». Et quelle n'est pas, dans Euripide, la détresse d'Hélène innocente?

Or, ce motif en rejoint un autre : Hélène est d'abord la femme que l'étranger emmène. Enlevée par Thésée, puis par Pâris, reprise par ses frères, puis par son époux, arrachée à Pâris par un roi d'Egypte, au fils de ce roi par Ménélas, entraînée par Simon le Magicien, puis par Faust, envoyée dans le ciel ou à l'Ile Blanche, Hélène est-elle maîtresse de son destin?

On se souvient que dans *Les Troyennes*, Hélène se trouve enfermée, « comptée avec les autres Troyennes » (v. 872). Elle est prisonnière, comme Hécube, comme Andromaque, comme Cassandre. Cacoyannis, pour le film qu'il a réalisé en 1971, avait fait construire une cage où l'on découvrait Hélène, soudain huée. Et dans sa plaidoirie, si sophistique soit-elle, la princesse insultée assure avoir toujours ressenti son séjour à Troie comme une captivité.

La morale et la psychologie obligeraient à prévoir d'innombrables nuances entre les personnages. Il est vrai qu'Euripide organise sa tragédie autour d'un conflit entre Hélène et Hécube, que Tennyson fait de son poème une plainte d'Iphigénie contre Hélène. Par delà ces particularités incontestables, un trait demeure : parmi toutes les gestes héroïques qui ont dérivé vers le mythe, la geste de Troie est peut-être celle qui a développé le plus largement les rôles de femmes. Depuis le chant de deuil, au chant XXIV de l'*Iliade*, jusqu'à la *Kassandra* de Christa Wolf, sans négliger l'adaptation très originale que Jean-Paul Sartre a faite des *Troyennes*, une figure voilée se dresse au-dessus des cadavres, victime lamentable à son destin offerte ! Quand les guerriers auront péri, les femmes seront traînées loin de leur terre, dans la maison de nouveaux maîtres. L'épopée troyenne dit qu'une ville peut mourir.

Homère achève l'*Iliade* sur une plainte ; debout près du cadavre d'Hector, Hélène lui parle ; elle le remercie de ne l'avoir jamais insultée. Et elle ne craint pas de comparer leurs malheurs : il y a des susceptibilités que le vieux mythe, face à l'obscur, peut négliger. « Je pleure », dit-elle, « sur toi, et sur moi, qui n'ai plus rien. »

Jean-Louis BACKÈS

BIBLIOGRAPHIE

Dans la collection des Universités de France, Les Belles Lettres, Paris : HOMÈRE, *Iliade*, III et XXIV (éd. P. Mazon), *Odyssée*, IV (éd. V. Bérard) ; ESCHYLE, *Agamemnon* (éd. P. Mazon) ; EURIPIDE, *Hélène* (éd. H. Grégoire), *Les Troyennes* (éd. L. Parmentier), *Oreste* (éd. F. Chapoutier et L. Méridier) ; THÉOCRITE, *Idylles*, XVIII (éd. Ph. Legrand) ; OVIDE, *Héroïdes*, XVI, XVII (éd. H. Bornecque) ; QUINTUS de SMYRNE, *Suite d'Homère* (éd. F. Vian) ; COLLOUTHOS, *L'Enlèvement d'Hélène* (éd. P. Orsini) ; TRIPHIODORE, *La Prise d'Ilion* (éd. B. Gerlaud).

BENOÎT de SAINTE-MAURE, *Le Roman de Troie.*
RONSARD, *Sonnets à Hélène.*
MONTCHRESTIEN, *Hector* (dans *Théâtre du XVIIe siècle*, I, Pléiade, 1975).
Christopher MARLOWE, *The Tragicall History of D. Faustus* (trad. F. Danchin, Les Belles Lettres, 1935).
GOETHE, *Faust* (trad. J. Malaplate, Garnier-Flammarion, 1990).
MEILHAC et HALÉVY, *La Belle Hélène* (dans *Livrets d'opéra*, Laffont, 1991).
Paul CLAUDEL, *Protée* (dans *Théâtre*, II, Pléiade, 1965).
Jean GIRAUDOUX, *La Guerre de Troie n'aura pas lieu.*
Iannis RITSOS, *Hélène*, Gallimard, 1975.
Christa WOLF, *Kassandra* (trad. Alinéa, 1985).
J.-L. BACKÈS, *Le Mythe d'Hélène*, Clermont-Ferrand, 1984.

HÉRAKLÈS/HERCULE

Le langage courant a conservé la mémoire d'Héraklès/Hercule : les « douze travaux », une force « herculéenne », un homme bâti « en Hercule ». Mais cette vision commune fait disparaître le héros derrière ses actions et le réduit à sa caractéristique essentielle, la force physique. On sait peut-être ce qu'a fait Héraklès (même si la sélection des douze travaux par Apollodore n'est qu'un choix parmi d'autres), mais on ignore qui il est. La réponse ne va pas de soi : il n'y a pas un Héraklès, mais des Héraklès. D'ailleurs les anciens, voulant mettre de l'ordre dans des histoires multiples et contradictoires, se sont crus obligés de distinguer six Hercules (Cicéron, *De natura deorum,* III, 42), ou même quarante-quatre (Varron, d'après Servius, sur l'*Enéide* de Virgile, VIII, 564).

Nous ne ferons pas comme eux. Autant admettre une fois pour toutes qu'Héraklès est une figure complexe, composite. Le caractère cumulatif de la légende et la fragmentation des sources littéraires y sont évidemment pour quelque chose : les épopées qui racontaient l'ensemble de la vie d'Héraklès, les *Héraclée* de Pisandre et de Panyassis, ont été perdues. Apparaissant dans des œuvres épiques, tragiques, comiques, lyriques ou philosophiques, et cela pendant près de quatorze siècles, Héraklès/Hercule ne saurait être un.

Mais il est, à chaque fois, une certaine façon de penser l'exceptionnel. Ce sera en tout cas notre hypothèse de travail.

Héraklès n'existe qu'au second plan dans l'*Iliade.* On revient sur la libération d'Hésione (XX, 145-148), l'ingratitude de Laomédon, la première expédition contre Troie (V, 638-642), puis le retour (XIV, 249-256). Sont aussi évoqués la naissance d'Héraklès (dans le passage le plus long : XIX, 95-133), ses travaux, en particulier sa victoire sur Cerbère avec l'aide d'Athéna (VIII, 362-369), et sa mort (XVIII, 117-119). Homère raconte enfin comment Héraklès blessa Héra et Hadès (V, 392-404) dans une bataille qui est peut-être celle à laquelle il fait allusion au chant XI (vers 690-691).

Dans l'*Odyssée,* Héraklès est un archer hors pair, qui peut rivaliser avec les dieux (VIII, 222-224). Il ne respecte pas les lois de l'hospitalité, à l'occasion (XXI, 22-30). Seul son double apparaît à Ulysse dans la *nekuia* du chant XI, vers 601 à 627, puisque Héraklès a été admis dans le séjour des immortels; aux enfers, solitaire, indompté, prêt à décocher une flèche, il rappelle à Ulysse ses propres épreuves et l'appui d'Athéna et d'Hermès.

Nous avons aussi conservé un hymne homérique à Héraklès qui, en neuf vers, brosse à gros traits son destin : sa naissance, ses errances, ses exploits, faits de force mais aussi de démesure, et pour finir sa vie auprès d'Hébè, sur l'Olympe.

Quelques mentions dans la *Théogonie* d'Hésiode campent Héraklès en tueur de montres : de Géryon (vers 289 à 294), de l'Hydre de Lerne (vers 313 à 318) et du lion de Némée (vers 332). Il libère aussi Prométhée (vers 526-528), avec l'accord de Zeus, soucieux de la gloire de son fils (vers 529-531). Dans *Le Bouclier,* Hésiode écrit de Zeus, aux vers 28-29, qu'en donnant vie à Héraklès « il voulait, pour les dieux autant que pour les hommes, créer un défenseur contre le danger ». On voit donc se profiler ici l'idée d'un Héraklès secourable, envoyé par Zeus pour aider l'humanité : une image que la postérité retiendra volontiers... *Le Bouclier* raconte enfin la lutte d'Héraklès contre Cycnos et Arès, et décrit le bouclier du héros, dont la naissance a été évoquée au tout début de l'œuvre.

Pour ce qui est de la lyrique grecque, il nous est parvenu un hymne à Héraklès, populaire et joyeux, que l'on chantait en l'honneur du vainqueur aux Jeux olympiques. On l'attribue à Archiloque, dont il reste un autre poème, à l'état de fragment, sur l'épisode de Nessus et de Déjanire. Stésichore revient sur le combat entre Héraklès, Cycnos et Arès, sur le voyage jusqu'à l'île de Géryon, et décrit l'ivresse d'Héraklès au milieu des centaures.

Pindare, lui, conçoit Héraklès comme un héros pieux, secourable et civilisateur. Dans la septième *Néméenne,* il donne « le salut aux mortels dans les passes difficiles » (vers 95-96). La troisième et la dixième *Olympiques* célèbrent le fondateur des Jeux, qui rapporte l'olivier de chez les Hyperboréens (troisième *Olympique*). La neuvième *Olympique* refuse de croire qu'Héraklès ait pu, comme chez Homère, se mesurer aux dieux, lui qui a toujours triomphé grâce à eux. Ailleurs (première *Néméenne*), Tirésias prédit que le jeune Héraklès — qui vient de tuer les serpents envoyés par Héra — obtiendra l'immortalité, lorsqu'il sera venu à bout de monstres et d'hommes impies. Pour la première fois, à ma connaissance, le séjour sur l'Olympe ne succède pas simplement à une vie de labeurs : il en est la récompense *(poina).*

Cela dit, même Pindare ne gomme pas tous les écarts de conduite d'Héraklès ! Celui-ci demeure un glouton dans le fragment 48. Il use du droit du plus fort en s'emparant des bœufs de Géryon, nous dit un autre fragment, connu notamment par le *Gorgias* de Platon.

Les œuvres de Bacchylide, découvertes à la fin du XIXe siècle, comptent un dithyrambe (le deuxième) sur la ruse ourdie par Déjanire, ainsi que plusieurs épinicies où il est fait mention d'Héraklès. La cinquième est centrée sur la rencontre du héros et de Méléagre, aux enfers. Héraklès y pleure sur le destin de Méléagre et conclut : « Le mieux pour les mortels, c'est de ne pas être né et de ne pas avoir regardé la clarté du soleil. Mais verser des pleurs là-dessus n'est pas une manière d'agir : il faut parler de ce qui a chance justement d'arriver à son terme. » Et de proposer à Méléagre, pour agir, d'épouser sa sœur Déjanire.

Dans l'*Héraklès furieux* d'Euripide, la réponse du héros au malheur qui le frappe n'est pas très différente. Victime d'un accès de folie provoqué par Héra, Héraklès devient le meurtrier de sa femme et de ses enfants. Revenu à la lucidité, il fait preuve d'un ultime héroïsme : il songe d'abord au suicide (comme Ajax), mais accepte finalement de vivre. Toujours chez Euripide, Héraklès est sans doute le personnage central d'*Alceste,* une pièce toute en rupture de tons qui occupait la place d'un drame satyrique : il est d'abord le bon vivant, qui s'empiffre et s'enivre dans la maison d'Admète, dont il ignore le deuil récent ; puis, ayant appris la vérité, dégrisé, il arrache Alceste des mains de la mort et la rend à son mari.

L'autre épisode tragique de la vie d'Héraklès, celui de la tunique de Nessos et de la mort du héros sur l'Œta, a été traité par Sophocle, dans *Les Trachiniennes.* Finalement, Héraklès domine une fois de plus sa douleur et choisit, sinon de mourir, du moins la façon de le faire. Auparavant, lui le héros viril et — semblait-il — invincible, crie et pleure longtemps sur scène « comme une fille » ; rien n'est dit de son apothéose et Hyllos, son fils, a pour les dieux des mots très durs. Aristote proposa d'ailleurs, dans ses *Problèmes* (XXX, 1), une explication de ces deux drames : comme « tous les hommes qui se sont illustrés en philosophie, en politique, en poésie, dans les arts », Héraklès souffrait « de maladies qui viennent de la bile noire » ; de là la « fureur contre ses propres enfants, et la violence avec laquelle il déchira ses plaies, avant sa disparition sur l'Œta ». Plutarque reprit cette idée, dans sa *Vie de Lysandre* (I, 5).

Nous voilà bien loin d'Héraklès, le joyeux compagnon, le personnage des tréteaux comiques d'Athènes. Mais les pièces d'Aristophane nous empêchent de l'oublier. Dans *Les Grenouilles,* Dionysos, qui s'est déguisé en Héraklès pour descendre aux enfers, s'aperçoit à ses dépens que le héros a laissé le souvenir d'un goinfre qui ne règle pas les additions dans les auberges ! Ambassadeur des dieux, l'Héraklès des *Oiseaux* oublierait sa mission, en échange d'un bon repas !

Toutefois, vers la même époque, Héraklès devient un modèle de vertu chez les philosophes. Le texte le plus célèbre, celui de Prodicos de Céos, nous a été transmis par Xénophon dans ses *Mémorables* (II, 1) : Héraklès, à un carrefour, voit surgir deux femmes, le Vice et la Vertu, qui lui donnent à choisir entre une vie de plaisirs, mais honteuse, et une vie dure mais honorable. Héraklès se laisse persuader que « de ce qui est bon et beau, les dieux effectivement ne donnent rien aux hommes sans exiger d'eux du travail et de l'application ». De même, Héraklès préconise l'effort et la soumission aux dieux, à la fin du *Philoctète* de Sophocle, lorsqu'il exhorte Néoptolème et Philoctète à prendre part aux ultimes combats devant Troie et qu'il leur promet la gloire. Plus tard, le cynique Antisthène le cite en exemple à ses disciples ; le stoïcien Cléanthe s'enorgueillit d'être surnommé le « second Héraklès » ; Epictète le définit de la sorte : « expiateur du mal et de l'injustice, initiateur errant, introducteur de la justice et de la sainteté ».

Dans *Les Argonautiques* d'Apollonios de Rhodes, Héraklès représente une forme d'héroïsme que ses compagnons ne sauront imiter, mais sa force l'expose à des excès, comme lorsqu'il déracine les arbres dans son désespoir, à la mort d'Hylas ! La douleur d'Héraklès est tout aussi profonde, mais plus mesurée dans son expression, chez Théocrite (*Idylle* XIII), qui dépeint aussi l'attaque des deux serpents contre Héraklès et Iphiklès, dans une scène à la fois fantastique et quotidienne (*Idylle* XXIV).

Quand Enée arrive sur le futur site de Rome au chant VIII de l'*Enéide*, Evandre lui parle du combat d'Hercule contre Cacus, avant d'inviter le prince troyen à assister à un culte en l'honneur d'Hercule : c'est dire l'importance du héros, devenu dieu, pour les Romains. Son apothéose, évoquée par Ovide dans *Les Métamorphoses* (chant IX), permettait d'ailleurs de fréquents parallèles avec Romulus, Auguste ou autres candidats à l'immortalité.

Dans la poésie élégiaque romaine, Hercule n'est guère plus qu'un *topos.* Catulle, Properce et Ovide reviennent volontiers sur sa servitude auprès d'Omphale, paradigme de l'esclavage amoureux. Ovide montre encore le vainqueur vaincu, par Iole cette fois, dans l'*Héroïde* IX, où il donne la parole à Déjanire.

Sénèque reprit les deux épisodes tragiques de la vie d'Héraklès, respectivement dans *Hercule furieux* et *Hercule sur l'Œta,* qui forment un diptyque. Dans la première pièce, Hercule, qui croit avoir triomphé des enfers et de la mort, découvre qu'il est un monstre et se heurte à lui-même quand il pensait ne plus avoir d'ennemi. Dans *Hercule sur l'Œta,* le héros attend au contraire sa mort avec impatience et souffre avec une détermination toute stoïcienne. Sénèque clôt son œuvre sur l'apparition d'Hercule, monté au ciel, à Alcmène.

On a vu que les Romains insistaient volontiers sur la double nature d'Hercule et sur son ascension au ciel. On peut même dire qu'aux IIIe et IVe siècles de notre ère, Hercule devint le champion du paganisme déclinant. Sans doute son culte, qui pouvait assez naturellement s'enrichir de traits empruntés au christianisme, constituait par là une bonne ligne de défense contre la religion rivale. Ainsi l'empereur Julien médite-t-il sur la génération éternelle d'Héraklès, engendré de Zeus et d'Athéna Pronoé (Prévoyante) : un écho aux discussions théologiques sur la Trinité... Hercule apparaît donc comme un précurseur, puis un rival du Christ.

En somme, il n'est pas facile de caractériser Héraklès. Une curieuse loi de renversement le fait osciller d'un extrême à l'autre : de la force sublimée à la force brutale, de l'humain au divin, du viril au féminin, de la mesure à la démesure, du choix libre à la servitude, de l'invincibilité aux souffrances de la défaite, du tragique au comique, etc.

Sans doute Héraklès n'est-il pas un personnage. Alors qu'Œdipe se définit par son destin, Héraklès a des histoires, plus qu'une histoire. Il n'est pas doté non plus, comme Ulysse, d'un caractère et d'une certaine attitude devant l'existence. Héraklès a-t-il même une intériorité? N'est-il pas plutôt une forme vide, qui remplit des fonctions différentes dans des systèmes différents?

On peut toutefois esquisser les lignes d'une évolution, l'apparition d'Héraklès sur la scène tragique marquant un point de rupture. Chez Sophocle, et plus encore chez Euripide, il se fixe, il entre dans des contours qui le définissent : ses projets se heurtent à ceux des autres ou à la volonté des dieux; la douleur lui fait perdre le contrôle de lui-même, qu'il retrouve en choisissant de vivre ou de mourir. Prodicos aussi lui accorde un pouvoir de délibération et de décision; mais l'Héraklès des philosophes, qui n'existe que pour les besoins d'une démonstration, tombe vite dans l'allégorie. Les Latins, avec leur insistance sur l'apothéose d'Hercule, inscrivent la vie du héros dans un trajet idéal qui va de l'humain au divin. Les histoires d'Hercule pourraient alors être autant d'étapes à l'intérieur d'une histoire; mais ce lien n'est jamais explicite : il n'existe pas d'évangile pour Hercule.

Quand il n'est pas personnage, Héraklès est une façon de figurer « l'acte à l'état exemplaire », pour reprendre les termes de Jean-Pierre Vernant dans « Aspects de la personne dans la religion grecque » *(Mythe et Pensée chez les Grecs,* tome II). Héraklès serait alors le héros, au sens grec, par excellence. Et de fait, sa geste comporte des actes appartenant aux trois catégories déterminées par Jean-Pierre Vernant. Héraklès crée, inaugure, initie : il fonde des villes, des lignées, et, en instaurant les Jeux olympiques, permet aux humains de compter le temps, d'après les olympiades. C'est donc bien un héros civilisateur. Par ailleurs, il sait aussi tirer les hommes des passes difficiles, rétablir l'ordre menacé, que ce soit à la guerre ou dans le combat contre les monstres. Enfin, Héraklès est celui qui ignore la limite, qui transgresse les interdits et transcende la condition humaine, en revenant des enfers et en triomphant de la mort.

Mais qu'on lui reconnaisse ou non une individualité, qu'il disparaisse ou non derrière ses actes, Héraklès/Hercule reste toujours hors pair, inimitable, unique.

Pour les Pères de l'Eglise, il convient de ramener cette admiration à de justes proportions : Tertullien, Lactance, puis saint Augustin font d'Hercule un modèle de *fortitudo* (« force ») et non de *virtus* (« vertu »). Par la suite, avec le triomphe du christianisme, Hercule ne fut plus un rival dangereux du Christ et, au XIVe siècle, l'*Ovide moralisé* de Chrétien le Gouays put soumettre ses exploits à une lecture anagogique : Hercule lutte contre Busiris, Diomède, l'Hydre de Lerne (etc.), tout comme le Christ se bat contre le péché, l'erreur ou le mal pour racheter les pécheurs. Avec les dix-huit parallélismes de son « Hercule chrestien » (*Hymnes,* 1555), Ronsard n'innovait donc pas. Malgré l'identité des titres, l'« Hercule chrestien » d'Agrippa d'Aubigné voit dans le héros une préfiguration non pas du Christ mais du chrétien qui vit selon sa foi.

Cet Hercule *exemplar virtutis* est celui de toute la fin du Moyen Age, et de la Renaissance. Déjà les *Mythographi vaticani* (VIIe siècle ?) cessaient de réduire Hercule à sa force physique : *magis mente quam corpore fortis,* Hercule incarne, par exemple, la victoire de la raison sur les passions, dans son combat contre Cerbère (II, 173). Ce même goût pour l'allégorisation sévit chez Coluccio Salutati (*De laboribus Herculis,* vers 1406), ou Enrique de Villena (*Los Doze Trabajos de Hercules,* 1417). Les manuels de mythologie, par exemple les *Mythologiae libri decem* de Natale Conti (1551), relayèrent ces interprétations allégoriques. Par ailleurs, on se souvient que l'apologue de Prodicos de Céos montrait Héraklès choisissant entre le Vice et la Vertu : la reprise de cet épisode dans *La Nef des fous* de Sébastien Brant (1494) le fit largement connaître. Hercule figure ainsi dans le masque de Ben Jonson (*Pleasure reconciled to virtue,* 1619) comme ami de la Vertu, et l'on retrouve Hercule au carrefour chez Métastase (*Alcide al bivio,* 1760).

A côté de ces Hercules chrétiens ou modèles de vertu, le XVIe siècle français en connut un libyen et un gaulois. On imagina en effet que l'Hercule qui était allé en Gaule (et y avait fondé Alésia) n'était pas le héros grec, mais un Egyptien, plus ancien que lui, et dont l'historien Hérodote avait fait mention. Or la distinction est de taille, car Hercule, quel qu'il soit, avait eu de la fille d'un chef gaulois un fils nommé Galatès, éponyme de la Gaule. Si donc les Gaulois descendent de l'Hercule « libyen » (c'est-à-dire égyptien), ils peuvent s'enorgueillir à un double titre : parce que leurs ancêtres étaient civilisés bien avant les Grecs et les Latins, et parce que cette civilisation leur a été transmise directement, sans passer par les Grecs, puis par les Latins. On comprend que le sujet ait passionné les Français de l'époque, qui tenaient à prouver aux Italiens que ceux-ci n'étaient pas les seuls héritiers de l'Antiquité classique...

Mais celui qu'on appela « Hercule gaulois » n'est pas cet Héraklès, revu et corrigé par les écrivains de la Renaissance. Il apparaît dans l'œuvre de Lucien, qui le nomme Hercule Ogmios et dit que les Gaulois l'honoraient comme dieu de l'éloquence. S'inspirant de ce texte, on représenta l'Hercule gaulois, avec ses attributs traditionnels (la massue, la peau de lion), mais aussi entouré d'une foule enchaînée par l'oreille, chaque chaînette se trouvant accrochée à la langue d'Hercule : façon bien littérale de montrer que son auditoire était suspendu à ses lèvres. Là encore on utilisa le témoignage de Lucien pour affirmer que les Anciens reconnaissaient déjà la valeur de l'éloquence française. Dans « Hylas » (*Septiesme livre des poèmes,* 1569), Ronsard évoque cet Hercule libyen et cet Hercule gaulois.

Hercule était déjà un héros civilisateur dans *Le Recœil des Histoires de Troyes* (1464), sans que Raoul Lefèvre eût convoqué des traditions secondaires, par une simple réinterprétation, très libre, des aventures du héros. Ses pérégrinations revivent ainsi dans une atmosphère proche de celle des romans de chevalerie. Redresseur de torts, allant d'aventures en aventures, en dehors de la Grèce le plus souvent, Hercule n'est toutefois plus un héros solitaire : une armée l'accompagne, même si les batailles ménagent la part des combats singuliers. Autre signe des temps, Hercule vit ses amours sur le mode courtois. Il est, enfin, curieux de tout : Athlas *(sic)* lui enseigne tout ce qu'il sait et, fondant diverses villes en Espagne et en Italie, il crée aussi l'université de Salamanque ! L'Hercule de Raoul Lefèvre fait donc figure d'homme universel.

Au total, de la fin de l'Antiquité à l'âge classique, Héraklès est un modèle de force physique et/ou morale. A l'exception de Raoul Lefèvre, les auteurs se limitent à une lecture allégorique des exploits herculéens, pour les offrir à l'admiration de leurs lecteurs. Par ailleurs, Héraklès reste l'ancêtre mythique dont on est fier, le héros fondateur qui amène les hommes à la civilisation. Là encore, *Le Recœil des Histoires de Troyes* est original en ce qu'il combine ces deux traits du héros et les fond dans un authentique mouvement de création.

Le retour d'Héraklès à la scène, puis son apparition à l'opéra, du XVIIe siècle à nos jours, réclament d'être traités à part, car les dramaturges et les librettistes revinrent à des épisodes déterminés, et imitèrent volontiers les tragédies antiques. Il y a ainsi une postérité de l'*Alceste* d'Euripide d'une part, des *Trachiniennes* de Sophocle et de l'*Hercule sur l'Œta* de Sénèque de l'autre. Les *Hercule furieux* d'Euripide et de Sénèque ont sans doute trop dérouté pour avoir de nombreux épigones...

L'*Alceste* de Quinault (1674, musique de Lully) et celle de Lagrange-Chancel (1703) ont en commun d'imaginer un Hercule amoureux de l'héroïne. Même goût pour la complication dans l'*Admète et Alceste* de Boissy (1727), où Admète a fort à faire avec Polidecte, son frère, qui veut le détrôner. En revanche, Rivollet, dans son *Alkestis* (1900), suit Euripide d'assez près. Les ruptures de ton de la tragédie grecque avaient pourtant de quoi gêner : Alfieri (*Alceste seconda,* 1799) et Wieland (*Alceste,* 1773) essayent de les gommer et leurs protagonistes font assaut de nobles sentiments. Goethe tourna cette idéalisation en ridicule dans *Les Dieux, les Héros et Wieland* (1774). Du reste, on peut aussi considérer que l'histoire d'Alceste combine deux thèmes : « l'idée de l'immortalité unie à celle d'un sauveur triomphant de la mort et l'idée du salut d'un être obtenu par le sacrifice de l'autre » (Marguerite Yourcenar, « Examen d'Alceste », *in Théâtre II*). Il est clair que Gluck et son librettiste français, Le Blanc Du Roullet, furent surtout sensibles au second de ces thèmes, dans leur *Alceste* (1776). De même, *Le Mystère d'Alceste* de Marguerite Yourcenar (1963) s'intéresse au couple formé par Admète et Alceste, laquelle devient le personnage principal de l'*Alcestiad* de Thornton Wilder (1955) qui envisage l'héroïne à trois moments de sa vie, l'épisode connu n'occupant que le deuxième tableau. En revanche, Hugo von Hofmannsthal (*Alkestis,* 1893) met au premier plan un Hercule mélancolique, et donne au retour d'Alceste parmi les vivants toute sa dimension mystique et symbolique.

La mort d'Hercule, causée par la jalousie de Déjanire, avait aussi de quoi séduire des hommes de théâtre. Chez Rotrou (*Hercule mourant,* 1636) et chez La Tuillerie (*Hercule,* 1681), à la jalousie de Déjanire répond celle d'Hercule, car Iole en aime un autre. Ce rival est, dans l'*Ercole amante* de Francesco Cavalli (livret de Francesco Buti, 1662), le propre fils d'Hercule, lequel, à la suite d'un malentendu, croit Hyllus animé de desseins meurtriers à son égard ! Dans l'oratorio de Haendel, *Hercules* (livret de Thomas Broughton, 1745), le drame est déclenché par de fausses rumeurs auxquelles Déjanire ajoute foi. L'*Hercule* de Renout (1757) complique le jeu des sentiments par une intrigue politique. Il faut attendre l'adptation des *Trachiniennes* de Sophocle (1954) par Ezra Pound pour avoir une lecture nouvelle de l'épisode : Héraklès, sur le point de mourir, prend soudain conscience de l'unité de sa vie, ce qui transfigure son agonie.

La question du sens des exploits d'Héraklès est aussi au cœur de l'*Herakles* d'Archibald MacLeish (1967), une pièce conçue comme un diptyque. Dans la seconde moitié, le héros, au terme de ses exploits, réclame à Apollon, dans son sanctuaire, la récompense promise : la divinité. Mais tout d'abord la pythie reste muette. Puis, dans ses vaticinations, elle évoque le meurtre qu'Héraklès vient de commettre à son insu, celui de ses sept fils. Il s'estime trahi par les dieux ; Mégara l'arrête : « Tu voulais être dieu. Tu l'es. » Et de poursuivre : « Ce qui est horrible, c'est la volonté du dieu — la volonté pure, indifférente, sans effort, froide, qui tue parce qu'elle le peut... » Déjà, dans la première partie, Mrs Hoadley avait mis en accusation la volonté de puissance de son mari, un Prix Nobel qui célébrait la maîtrise de l'homme sur l'univers grâce à la science. Elle lui répliquait : « Vouloir le monde sans souffrance est folie ! »

Pour Wedekind *(Herakles)* non plus, les exploits d'Héraklès n'ont guère de sens. Ils sont en quelque sorte tautologiques et ne renvoient qu'à eux-mêmes. Par exemple, la libération de Prométhée ne signifie pas la fin d'un châtiment trop sévère, elle ne rend pas son défenseur à l'humanité : c'est simplement l'aventure la plus difficile du héros. En fait, Héraklès est un surhomme, incapable d'assumer la condition humaine. A Apollon qui l'invite à la mesure, il oppose sa nature dionysiaque. Le véritable exploit serait sans doute de devenir un homme; mais il ne s'y emploie pas.

Pour Heiner Müller, les actions d'Héraklès ne sont pas vides de sens, mais elles ne vont pas de soi. Il lui faut apprendre à être, autant qu'à faire. Telle est sans doute la signification de l'*Héraclès 5* (1964), où, avant d'accomplir son cinquième travail (ici, le nettoyage des écuries d'Augias), le héros doit commencer par livrer bataille contre lui-même et dépasser sa fascination pour la fange : l'ennemi, le « vieil homme » à abattre, est d'abord en nous.

En somme, le destin d'Héraklès au théâtre subit au fil des siècles une double évolution. D'une part, les pièces (ou les livrets) s'affranchissent de plus en plus du modèle représenté par les œuvres antiques. D'autre part, et surtout, Héraklès cesse d'être une fonction (le roi jaloux, le père rival de son fils, etc.) pour devenir un héros problématique. Celui que ses actions tendaient à faire oublier accède soudain à l'existence : sa double nature lui pèse chez Wedekind; il doit être pour agir selon Müller; son culte de l'action pour l'action l'empêche de vivre dans l'œuvre de MacLeish.

La fortune d'Héraklès ailleurs qu'au théâtre est bien attestée. Hölderlin, par exemple, lui fit fréquemment place dans ses poèmes. Dans « Hymne à l'humanité », « Au génie de l'audace » ou « Chiron », il est celui qui permet de dépasser l'animalité. Le souvenir de la troisième *Olympique* de Pindare passe dans « Le Danube », « Le Rhin » médite sur l'élan vers l'infini et la nécessaire limitation qui le contrarie; derrière l'image du fleuve surgit à plusieurs reprises celle d'Héraklès. De façon plus conventionnelle, chez Robert Browning, le héros accomplit dans la joie ses exploits, en ami dévoué de l'homme et pour que grandisse en lui la part du divin (*Balaustion's adventure,* 1871). La même allégresse est sensible dans l'*Olympischer Frühling* de Carl Spitteler (1900-1906). Dans *Aristophane's apology* (1875), au contraire, Browning revient à l'*Héraklès furieux* d'Euripide en soulignant l'humanité du personnage et sa soumission à la fatalité.

En France, de la seconde moitié du XIXe au début du XXe, Héraklès jouit d'une véritable popularité. Dans « Les Ecuries d'Augias » (1867), Sully Prud'homme suggère que seul un artiste peut apprécier le sublime paradoxe d'un héros triomphant mais couvert de boue. Dans le cycle « Hercule et les Centaures », qui ouvre la section des *Trophées* (1893) consacrée à « la Grèce et la Sicile », José-Maria de

Heredia attribue au héros une secrète affinité avec les monstres qu'il est chargé de détruire : la plupart des sonnets se concluent sur une vision d'épouvante, « la gigantesque horreur de l'ombre herculéenne ».

Ailleurs, les théories solaires de Kuhn et de Max Müller (reprises par Mallarmé dans *Les Dieux antiques,* 1880) permirent de mettre en images la fin du héros sur l'Œta. Pour les Parnassiens et leurs épigones, en effet, Héraklès se trouve à la croisée de deux thèmes essentiels et contradictoires : le culte de la force et le sentiment de la mort. Chez Leconte de Lisle « Héraklès solaire », (in *Poèmes antiques,* édition de 1874), le demi-dieu sombre dans le néant : « l'Ombre te réclame. (...) Et dans un tourbillon de pourpre tu rends l'âme. » En revanche, après « Cendres » (*Episodes,* 1899), et son « fabuleux bûcher où le Héros se couche / Et se consume, nom et cendre, pour la mort ! », Henri de Régnier sauve de la disparition l' « homme surhumain », qui devient « un Dieu d'or rouge au fond du crépuscule » (*Les Médailles d'argile,* 1900). Cette influence des « systèmes de la mythologie comparée » eurent d'ailleurs le don d'agacer M. Bergeret, le professeur de *L'Anneau d'améthyste* d'Anatole France (1899). Il déclare : « Je me fais d'Hercule l'idée que s'en faisait, au temps des guerres médiques, un barbier de Thèbes ou une marchande d'herbes d'Eleusis. (...) C'était un brave homme. »

Plus traditionnellement, l'Hercule des *Exilés* de Théodore de Banville (1867) a une mission civilisatrice. Bien plus, il serait presque le rédempteur d'une humanité abandonnée par les dieux. Ou du moins s'y essaye-t-il, car rien n'indique qu'il ramène à la lumière le sanglier d'Erymanthe (qui se vautre dans la fange d'une caverne obscure) ou l'Amour, vaincu et enchaîné.

Emile Verhaeren (« Hercule » *in Les Rhythmes souverains,* 1910) reprend la question que se posait l'Hercule de Sénèque *(Hercule furieux)* : « Que faire désormais pour se grandir encore ? » N'ayant plus d'ennemi à réduire, le héros ne peut que retourner sa force contre lui-même. Paul Valéry dans « Ode secrète » (*Charmes,* 1922) imagine pour sa part un Hercule cosmique, qui se confond avec sa victime, « car l'Hydre inhérente au héros / S'est éployée à l'infini... »

Parallèlement à ces méditations sur la mort (celle du héros, de ses victimes ou des dieux), on trouve un Hercule du côté de la vie, du progrès et de la marche de l'Histoire. Dans *Les Misérables* (1862), le peuple est un géant, un Titan ou Hercule. Chez Michelet (*La Bible de l'Humanité,* 1864), l'assimilation se précise. Victime des dieux, bâtard, Hercule devient, par son « humble et sublime rôle de travailleur, d'ouvrier héroïque », le champion des humbles : « C'est la consolation des foules opprimées d'opposer la grandeur du misérable et de l'esclave à la sévérité des dieux, un Hercule à Jupiter. » On ne sera donc pas étonné de rencontrer chez Eugène Pottier, l'auteur de « L'Internationale », une invocation au Travail en ces termes : « Salut, travail humain, Hercule en trois personnes, / Poète, Travailleur, Savant. » (« La marche triomphale de la République », 1885).

Enfin, le XXe siècle offre des Hercules anachroniques. Agatha Christie transpose les aventures du héros gréco-romain dans le monde contemporain, grâce à des métaphores (la biche aux pieds d'airain devient une danseuse russe qui s'illustra dans *La Biche au bois*), ou à des allégories (l'Hydre de Lerne symbolise les rumeurs calomniatrices). Dans chacune des douze nouvelles, parues de 1939 à 1947 et publiées en deux volumes (*Les Travaux d'Hercule* et *Les Ecuries d'Augias*), Hercule Poirot doit ainsi résoudre une énigme correspondant à l'un des douze travaux. Ce jeux littéraire est plus inventif que celui auquel se livre Miguel Zamacoïs, dans *Les Classiques ont menti* (1929), en inversant les termes de la tradition et en faisant d'Hercule un douillet et un poltron. Il y a aussi une solide faconde dans *Le Surmâle* (1902) d'Alfred Jarry (où André Marcueil dépasse les prouesses sexuelles de son illustre prédécesseur), dans *Le Journal intime d'Hercule* d'André Dubois La Chartre (1957), proche de la science-fiction, ou encore dans *Hercules und der Stall des Augias* de Friedrich Dürrenmatt (1954) — Hercule y a des problèmes avec le syndicat des héros grecs.

On voit donc que les écrivains — c'est leur métier — ne s'en sont pas tenus à la vision sommaire véhiculée par le langage courant : Héraklès, pour eux, n'est pas qu'une brute au grand cœur. Finalement, d'avoir été dès l'Antiquité une figure composite a fait la fortune du héros, car une tradition aussi variée permettait toutes les relectures.

Si, cependant, l'on se risque à classer ces interprétations, on peut proposer une typologie à trois termes. Héraklès serait d'abord une sorte de superlatif sans contenu précis : il est le plus fort (pour les Pères de l'Eglise), le plus capable de maîtrise de soi et de dépassement (d'Agrippa d'Aubigné à Sully Prud'homme), le plus vaillant dans l'effort (Michelet, Eugène Pottier), ou... l'amant le plus infatigable (Jarry). Ensuite, par sa nature et ses travaux, il met en relation le monde des hommes avec celui des animaux et celui des dieux : héros civilisateur, de l'Antiquité à Spitteler, en passant par Lefèvre ou Banville, il aide les hommes à progresser et à sortir de l'animalité; il sert aussi d'intermédiaire avec l'au-delà ou les dieux et ressemble en ce sens au Christ (de Ronsard à Banville). Enfin, les épisodes tragiques de son existence (sa folie et sa mort) permettent d'engager une réflexion sur les modèles héroïques : sur la violence qui est l'envers de la force, sur la mort qui en est la limite, sur le sens de l'action, sur les rapports entre être et faire.

Ariane EISSEN

BIBLIOGRAPHIE

Textes anciens

Tous les textes grecs et latins auxquels il est fait référence sont disponibles en édition bilingue aux Belles Lettres, dans la collection des Universités de France, dite « collection Budé ». Font exception :

Greek Lyric, édition bilingue (grec-anglais) de D. A. Campbell, Harvard University Press (« Loeb classical library »), .

Mythographi vaticani I et II, Corpus Christianorum, Series Latina, XCI C, Turnholti, Typographi Brepols editores pontificii, 1987.

LUCIEN de SAMOSATE, « Préface » ou « Hercule », in *Œuvres complètes,* tome II, traduction de Belin de Ballu, Garnier, 1896.

ARISTOTE, *Problèmes,* traduction de J. Barthélemy-Saint-Hilaire, Paris, Hachette, 1891.

Ouvrages critiques

G. Karl GALINSKY, *The Herakles Theme — The adaptations of the hero in literature from Homer to the twentieth century,* Basil Blackwell, Oxford, 1972. Ouvrage de référence, dont la bibliographie peut être complétée par les titres suivants :

Pierre ALBOUY : *Mythes et Mythologies dans la littérature française,* Armand Colin, 1969 (plus particulièrement les pages 99 à 103 et 225 à 228).

J.-B. GAIGNEBET : « Essai sur le cheminement d'Hercule au cours de l'histoire de France », *in : Provence historique,* 1975, pp. 111-124.

Ronald W. TOBIN : « Le Mythe d'Hercule au XVIIe siècle », *in : La Mythologie au XVIIe siècle,* Actes du XIe colloque du C.M.R. 17, Nice, 1981, pp. 83-90.

Roselyne LAPLACE : « Le personnage d'Hercule dans le répertoire de la Comédie-Française », *in : La Mythologie clef de lecture du monde classique,* ouvrage édité par P. M. Martin et Ch. M. Ternes, tome II, Tours, Centre de recherches A. Piganiol, 1986, pp. 393-410.

Article « Héraclès », *in : Dictionnaire des mythologies,* paru sous la direction d'Yves Bonnefoy, Flammarion, Paris, 1981.

Textes modernes

Raoul LEFÈVRE, *Le Recœil des Histoires de Troyes,* édition de Marc Aeschbach, Peter Lang, Bern, 1987.

GOETHE, *Les Dieux, les Héros et Wieland, in : Drames de jeunesse,* traduction d'E. Hermann, Aubier, éditions Montaigne, Paris, 1954.

Jules MICHELET, *La Bible de l'Humanité,* Calmann-Lévy, 1899.

Archibald MACLEISH, *Herakles,* Houghton Mifflin Company, Boston, 1967.

Hermès

Dans la caverne qui lui donna naissance, Hermès se glisse sans bruit en passant par le trou de la serrure — à l'instar, nous dit l'auteur de l'Hymne homérique, du jour qui à l'aube pénètre par tous les interstices : nature plastique, mobile et ambiguë, que celle d'Hermès, dont Hermioné et Harmonia, Iris surtout qui le précède — Iris aux pieds de vent, aux ailes d'or — sont les parèdres féminins ! Avec la mythologie grecque, il apparaît, attachant et complexe, sous des formes mobiles et définitives, si bien que pour suivre ses traces dans le long trajet de l'imaginaire occidental, médiéval et moderne, c'est d'abord elle qu'il faut connaître. Référence obligée, toile de fond omniprésente, elle nous est si familière, ou du moins si accessible, qu'il n'est point nécessaire de résumer ici les histoires dont l'Hermès grec, le Mercure latin, est le protagoniste, le héros ou le figurant. Quelques rappels peuvent suffire, portant sur des traits constants, souvent repris et soulignés depuis l'Antiquité jusqu'aux temps modernes. Deux d'entre eux se détachent d'un ensemble buissonneux : d'une part, sa fonction de guide, liée à son extrême mobilité ; d'autre part, sa maîtrise du discours et de l'interprétation, garante d'un certain type de savoir.

Sensible à cette plasticité de Mercure, Virgile décrit comment le vif messager des dieux contrôle avec sa baguette magique le vent et les nuages, vole à travers eux comme un oiseau. Mais ce voyageur ne se déplace pas suivant des itinéraires strictement délimités ; comme l'a suggéré Karl Kerényi, il est davantage « *journeyer* » que « *traveller* » : il s'agit de se déplacer et de communiquer pour le plaisir, de même que le but géographique d'un voyage de noces importe peu. Dès lors, la route n'est pas avant tout ce qui relie deux points, elle est plutôt un monde en soi, fait de chemins qui serpentent, où peuvent intervenir le hasard, l'imprévu. « *Hermaion* » signifie « fruit tombé », « aubaine ». Profiter des aubaines n'exclut point qu'on donne un coup de pouce au destin grâce à des ruses, à des subterfuges. Aussi voit-on parfois Hermès mettre à jour des trésors cachés; de là à les dérober, il n'y a qu'un pas! « Hermès [« Ermaïon »] en commun! » disaient les Grecs lors d'une trouvaille, de même qu'on dit en français : « Part à deux! ». Du même coup se justifieraient l'éclectisme — et le plagiat —; mais rappelons-nous que « voler » rend mal « *klepteïn* » qui suggère plutôt l'idée de ruse, au sens de « action secrète » (cf. l'allemand « *Täuschung* », et le beau verbe « *verschalken* »). Et puis, mettre à jour les trésors cachés, n'est-ce point le propre de l'herméneutique? Aussi bien Hermès ne dérobe-t-il que pour remettre en circulation, contrairement à Prométhée. On pourrait parler encore d'une « circulation » des âmes : psychopompe, Hermès l'est doublement, en ce sens qu'il ne se contente pas de les conduire vers le royaume des morts, il lui arrive également de les y aller chercher pour les ramener sur la terre des vivants (cf. *Enéide*, IV, 242, mais aussi de nombreux exemples au Moyen Age et jusque dans les temps modernes). A travers l'extrême variété des représentations folkloriques, artistiques, littéraires, l'imaginaire occidental a insisté sur cet aspect relationnel, dénominateur commun d'attributs qui vont de la traversée des âmes au larcin, en passant par le commerce, la magie, la poésie et le savoir.

Aussi Hermès revendique-t-il, comme du reste Athénée, la gloire d'avoir découvert les sciences et les arts, et l'on sait que l'Hymne homérique (v. 25 ss) fait de lui l'inventeur de la lyre à sept cordes. Il est le maître d'un savoir, ou plutôt d'une manière de parvenir à la connaissance (divine, gnostique, éclectique, « transdisciplinaire » — c'est selon, ou tout à la fois). Sur ce point, peut-être doit-il beaucoup à Platon. Peu après le *Plutus* d'Aristophane, où Hermès apparaît dans un rôle comique, le *Cratyle* de Platon (407 e ss) fait dériver « Hermès » du mot grec « interprète » : « Essayons d'examiner ce que signifie le nom d'Hermès [...] Eh bien, [...] il paraît se rapporter au discours (« *logos* »), le nom d'Hermès; les caractères d'interprète (« *hermeneus* »), de messager, d'adroit voleur, de trompeur en paroles et d'habile marchand, c'est au pouvoir du discours que se rattache cette activité ». Cet aspect est le seul que retiendra le Nouveau Testament : selon *Actes XIV*, 12, les habitants de Cystres prennent Paul pour Hermès parce qu'ils découvrent en lui un maître de la parole. Ainsi le voit-on révéré par poètes et philosophes. Horace, le contemporain de Virgile, se place sous la protection particulière de Mercure. Lucien, dans les *Fugitivi (XXII)*, le représente accompagnant Héraklès et la Philosophie dans leur poursuite des Cyniques, parce que, dit Apollon, c'est lui qui sait le mieux distinguer les vrais des faux philosophes. Rôle de sage — encore que facétieux et ludique — non pas de héros : trait sur lequel l'*Iliade* renchérit; aussi bien le monde de cette épopée n'est-il point celui d'Hermès, qui n'y apparaît même pas pour guider une âme, et qu'on voit se tenir à distance de toute action héroïque : il s'oppose à Leto, mais s'esquive et n'affronte pas. Zeus l'envoie auprès de Priam qui va retirer à Achille le corps de son fils : là, il est moins messager que guide, et c'est lui qui prépare l'évasion en endormant les gardes. Wotan aussi, que déjà les Romains ont raison de comparer à Mercure (Tacite, *Germ.*, *IX*), possède des caractéristiques de ce genre; lorsque ce dieu germanique se verra conférer en outre certaines connotations comiques, Arlequin ne sera pas loin, dont le bâton ou l'épée de bois ne serait plus qu'un chétif caducée.

LE TRISMÉGISTE

La plasticité propre à Hermès-Mercure se manifeste au tournant de notre ère sous une forme particulière, dans laquelle s'actualise l'aspect le plus sérieux, le moins ludique, de cette figure. Il s'agit de l'apparition d'Hermès Trismégiste, restée vivante jusqu'à aujourd'hui. Elle paraît liée à deux facteurs. D'une part, l'interprétation allégorique de la mythologie, commencée avec l'exégèse homérique — donc depuis le IVe siècle avant J.-C. — a tendu de plus en plus vers l'évhémérisme, d'où la tentation de voir en Hermès un personnage historique qui aurait été divinisé (Evhémère, au IIIe siècle avant J.-C., voyait dans les dieux des hommes réels divinisés après leur mort). Tendance renforcée par la pensée chrétienne, qui à partir du IIe siècle s'oriente résolument vers l'évhémérisme. Le second facteur est le goût du paganisme gréco-romain pour l'Egypte ancienne, en vertu de ce besoin qu'éprouvent les Grecs d'exalter la philosophie des Barbares au détriment de la leur; goût grandement favorisé par l'existence d'une culture grecque alexandrine, bien installée sur le sol égyptien, porteur de pyramides et d'hiéroglyphes. Les Grecs du tournant de notre ère voient, à juste titre, en Thoth la première figure d'Hermès, ou même ce personnage lui-même baptisé autrement. La tendance évhémériste aidant, on attribue à Thoth-Mercure un grand nombre de livres bien réels, sous l'appellation générale de *Hermetica*; presque tous rédigés en grec, dans la région du Delta, juste avant l'ère chrétienne et jusqu'au IIIe siècle de celle-ci, ils sont consacrés à l'astrologie, à l'alchimie, à la théosophie. Les plus célèbres (IIe et IIIe siècles de notre ère) sont groupés sous le titre général de *Corpus Hermeticum*, auquel on a incorporé l'*Asclepius* et les *Fragments* dits de Stobée. Mais une tradition fantastique attribue en outre à Hermès Trismégiste des milliers d'ouvrages.

Le *Fragment* 23 de Stobée décrit la cour du Seigneur artisan de l'univers, telle qu'elle existait avant la présence des mortels. Hermès y figure, comme « âme »

(« *psykè* ») qui possédait le lien de sympathie avec les mystères du ciel, et qui fut envoyée par Dieu dans notre monde inférieur afin d'y enseigner la vraie connaissance. Le Seigneur demanda à Hermès de participer, comme intendant et administrateur, à la création des hommes, si bien qu'on peut voir en celui-ci le principal acteur du drame anthropogonique après le dieu suprême. Il est une âme venue ici-bas comme première émanation divine, avant la seconde émanation que représentent Isis et Osiris, envoyés eux aussi dans ce monde inférieur pour y instruire l'humanité. Ici, il n'est pas appelé « Trismégiste », trois fois grand, mais les autres textes du *Corpus Hermeticum* font plus que suggérer qu'il s'agit bien de lui. C'est un des nombreux exemples de glissement, de passage, entre la figure du sage ainsi nommé, qui est un mortel, et le dieu de l'Olympe, de sorte que nous avons affaire, à cette époque, non seulement à un processus évhémériste, mais tout autant à un évhémérisme à l'envers : Hermès Trismégiste est à la fois précipitation de Mercure dans l'histoire humaine, et reconduction de l'historique à l'Olympe. Flottements, ou plutôt double mouvement, que favorisent une fluctuante généalogie et la présence de plusieurs Hermès.

A l'époque hellénistique, la généalogie la plus classique, élaborée au IIIe ou au IIe siècle avant J.-C., fait commencer la série des Hermès par Thoth, qui grava sa science sur des stèles et la cacha. Il eut pour fils Agathodemon, qui lui-même engendra le deuxième Hermès, dit Trismégiste, dont le fils fut Tat. Apollon de Rhodes (*Argonautica*, I, 640 s) nous apprend qu'Hermès est, par son fils Aithalidès, un ancêtre direct de Pythagore. Mais rien n'est plus incertain que les généalogies divines : selon les traditions rapportées par Plutarque, Isis aurait été la fille d'Hermès, tandis que Cicéron (*De Natura Deorum*, I 3 à 22) ne dénombre pas moins de cinq Mercure : le fils du ciel et de la lumière; le fils de Valeus et de la nymphe Phoronis; Thoth; le fils de Jupiter et de Maïa; enfin celui qui, après Cicéron, s'appellera Trismégiste et qui aurait « enseigné aux Egyptiens les lois de l'écriture ». Quant à saint Augustin, il fait du Trismégiste, dans *La Cité de Dieu*, l'arrière petit-fils d'un contemporain de Moïse, et évhémérise en voyant dans des actions humaines remarquables l'origine de ce dieu grec et des autres. Isidore de Séville (VIe-VIIe siècles), qui pratique lui aussi l'évhémérisme, consacre à Hermès de nombreux passages de ses *Etymologiarum sive libri XX* (cf. VIII, XI, 1ss, XI, 45-49); il y voit une invention païenne reposant sur l'existence historique d'un personnage inventeur de la lyre, de la flûte, de la prestidigitation et des prestiges (« *Praestigium vero Mercurius primus dicitur invenisse* »).

Bien que tributaire des *Etymologies* d'Isidore, la *Chronique des six Ages du Monde* d'Adon de Vienne témoigne, comme beaucoup d'autres ouvrages, de la significative ambiguïté d'Hermès (Mercure et/ou le Trismégiste). Adon écrit : « En ce temps-là vécut, dit-on, Prométhée, qui passe pour avoir façonné des hommes avec de la boue; à cette même époque, son frère Atlas était considéré comme un grand astrologue; le petit-fils d'Atlas, Mercure, fut un savant habile en plusieurs arts : pour cette raison, après sa mort, l'aberration de ses contemporains le plaça parmi les dieux » (P.L. CXXIII, col. 35). De même, le *Livre du Trésor* de Brunetto Latini place Mercure au côté de Moïse, Solon, Lycurgue, Numa Pompilius et le roi grec Phoronée, au nombre des premiers législateurs à qui l'humanité doit beaucoup. Hermès-Mercure, mais dédoublé, prend ainsi place parmi les dieux précurseurs de la civilisation : Strabon dit qu'il a donné des lois aux Egyptiens, enseigné la philosophie et l'astronomie aux prêtres de Thèbes, et Marcus Manilius va jusqu'à voir en lui le fondateur de la religion égyptienne. Pour Jacques de Bergame, si Minerve fut la première femme à connaître l'art de travailler la laine, et Chiron l'inventeur de la médecine, Hermès Trismégiste fut le premier astronome, et Mercure le premier musicien, tandis qu'Atlas enseigna l'astrologie aux Grecs. Attributions comparables chez Polydore Virgile : d'Hermès nous avons appris la division du temps, mais Mercure a enseigné aux Egyptiens l'alphabet et la connaissance des astres.

L'IDRIS ARABE ET LE MERCURE ALCHIMIQUE

Dès lors le nom d'Hermès, qualifié ou non de Trismégiste, sert de caution ou de signature à quantité de livres ésotériques (de magie, d'astrologie, de médecine) tout au long du Moyen Age, bien que celui-ci ne connaisse pas le *Corpus Hermeticum*, à l'exception de l'*Asclepius*. En même temps la littérature médiévale, latine et arabe, voit s'épanouir une imagerie inspirée, une succession de récits visionnaires, constellés autour de cette figure-carrefour. La croyance antique selon laquelle Hermès aurait fondé une ville trouve des échos nombreux, notamment dans le *Picatrix*, écrit en arabe sans doute au Xᵉ siècle puis traduit en latin ; nous y apprenons qu'il fut le premier à construire des statues grâce auxquelles il pouvait contrôler le cours du Nil par rapport aux mouvements de la lune, mais aussi une ville dont la description richement symbolique ne nous a pas encore livré tous ses secrets. Cette littérature, arabe surtout, voit se multiplier les scenarii montrant un personnage qui découvre des révélations théosophiques, astrologiques, alchimiques dans un tombeau d'Hermès sous une stèle. La plupart d'entre eux utilisent le même *topos* : le premier Hermès, celui qui vécut avant le déluge, prévoyant celui-ci avait construit, avant que le monde fût détruit, les pyramides pour y déposer les secrets des sciences. Ainsi le scénario présenté dans le *Livre de Cratès*, texte arabe datant au plus tôt du VIᵉ siècle. Ces textes, souvent très beaux, témoignent aussi de l'importance de la couleur locale égyptienne et de l'influence grecque dans l'imaginaire arabe après l'implantation de l'Islam en Egypte, c'est-à-dire à partir de 640. Le court et si célèbre texte de la *Table d'Emeraude*, attribué à

Hermès Trismégiste, appartient à cette littérature; il se rattache à un ensemble d'écrits dans lequel Apollonius de Tyane le disputa en importance à Hermès. Leurs deux noms se trouvent associés, par exemple, dans l'extraordinaire *Livre des Secrets de la Création*, composé au plus tard en 750 et au plus tôt au VIe siècle. En pays latin, on peut évoquer le roman de Perceval, où l'ermite qui a pour nom Trevizrent, c'est-à-dire « triple science », est le révélateur de l'histoire du Graal, d'autant que des recherches contemporaines viennent de suggérer une origine possible du mot « Graal » dans le mot grec « *krater* » (« bassin »), en référence au bassin d'Hermès dont il est question dans le *Corpus Hermeticum*. Parmi les dieux sarrasins figure aussi un « Tervagant » qu'on a identifié à notre « Hermès ter maximus », et qui apparaît nommément dans le mystère de *Barlaam et Josaphat* (VIe siècle).

Grande est en effet la place occupée par Hermès dans la Tradition islamique. Certes, son nom n'apparaît pas dans le Coran; toutefois les hagiographes et historiens des premiers siècles de l'hégire l'ont vite identifié à Idris le *nabi* mentionné à deux reprises dans ce texte sacré (Coran, XIX, 57; et XXI, 85). Il s'agit de cet Idris que Dieu « a élevé à une place sublime » et en qui les Arabes reconnaissent simultanément Hénoch (cf. *Genèse* V, 18-24). Idris/Hermès est appelé « Triple Sage » — car il y en eut trois : le premier, comparable à Thoth, fut un « héros civilisateur », un initiateur aux mystères de la science et de la sagesse divines qui animent le monde; il grava en hiéroglyphes les principes de cette science sacrée (le terme arabe pour « pyramide », « *haram* », est même rapporté au nom d'Hermès, *Hirmis*); le second, qui vécut à Babylone, après le déluge, fut l'initiateur de Pythagore; le troisième, enfin, fut le premier à enseigner l'alchimie. La figure d'Hermès relie ainsi le passé païen et la conscience musulmane; mais elle est aussi insaisissable que celle de notre Trismégiste occidental : « prophète sans visage », comme l'écrit l'islamologue Pierre Lory — à qui j'emprunte les éléments de cette synthèse — il ne possède pas de traits concrets, saillants; ce caractère indécis de sa personne le distingue de la plupart des grands personnages de la Bible et du Coran. Il en va de même dans le *Corpus Hermeticum*, qui présente Hermès tantôt comme un dieu, tantôt comme un sage, tantôt comme un disciple de *Noûs*. Selon la Tradition arabe, sa vie est à la fois physique et transtemporelle, à l'instar de celle d'Elie; en son corps même, il témoigne d'un état d'éternité. Pierre Lory rappelle qu'Idris/Hermès aurait écrit des poèmes — et plus particulièrement des odes — en arabe, en hébreu et en syriaque : il s'élève donc « au-dessus des divisions confessionnelles, transcende les mystères religieux et l'histoire chronologique », et parle « les langues du ciel, de la terre, et celle de l'homme à l'état accompli, l'arabe ». Nous avons vu, d'autre part, que la *Table d'Emeraude* fut transmise dans cette langue... Enfin, à ce personnage se rattache une bien jolie tradition, magnifique exemple du mythe du « Sauveur sauvé » : un ange ayant encouru la colère divine aurait eu l'une de ses deux ailes coupée, et se serait retrouvé exilé sur une île isolée; il serait allé supplier Hermès/Idris d'intercéder en sa faveur auprès de Dieu. Hermès/Idris ayant réussi dans cette mission, l'ange lui donna la possibilité d'entrer vivant au Septième Ciel.

Qu'Hermès, qualifié ou non de Trismégiste, soit considéré de bonne heure — dès les Alexandrins — comme le fondateur de l'alchimie, n'a pas de quoi surprendre. On sait que l'alchimie grecque, c'est-à-dire alexandrine, disparaît vers le VIe siècle, mais dès les VIIe et VIIIe siècles, les Arabes prennent la relève, donnant de ces textes hermétiques grecs des traductions dont vont s'inspirer très largement les auteurs de langue latine à partir du XIIe siècle, époque qui correspond à l'éclosion de l'alchimie en Europe. Arabes ou latins, les auteurs qui parlent du Grand Œuvre sont fort nombreux, jusqu'au XXe siècle inclusivement, à citer le nom d'Hermès ou de Mercure, non seulement comme personnage mais aussi, comme c'est le cas surtout de Mercure, dans des expressions telles que « *spiritus mercurius* » pour désigner une substance ou une propriété des choses. Mercurius est tout à la fois la « *prima materia* », la « *ultima materia* », et le processus alchimique lui-même! Comme entité, il est « *mediator* », « *salvator* » — le Mercure de l'inconscient, dira C. G. Jung. En tant que substance de l'Arcane, il est mercure, eau, feu, lumière céleste de révélation; il est âme, principe de vie, air, hermaphrodite, à la fois « *puer* » et « *senex* ». Il est « *tertium datum* ». Le Mercure de la littérature alchimique s'inscrit dans une tradition jamais interrompue, qui consiste à attribuer aux dieux du Parnasse certaines significations métaphysiques. Ainsi, à la fin de l'ère païenne, le Grec Phornutus, dans son *Commentaire sur la Nature des Dieux*, expose les attributs virils du Mercure Quadratus signifiant la plénitude et la fécondité de la raison. Les néoplatoniciens vont plus loin, en appliquant cette méthode à toutes les traditions religieuses, même étrangères, et en considérant l'univers entier comme un grand mythe dont il incombe à notre intelligence de dégager le sens spirituel; ce à quoi, par exemple, s'emploie Salluste l'ami de l'empereur Julien, dans *Des dieux et des hommes.*

MÉTAMORPHOSES D'HERMÈS DANS LE HAUT MOYEN AGE

C'est pourquoi la richesse des archétypes qui constellent la figure d'Hermès empêche celle-ci de se limiter aux traits du seul Trismégiste : dans l'imaginaire chrétien le Mercure du Parnasse figure en bonne place, non sans subir de curieuses transformations auxquelles sa plasticité le prédispose. D'un côté on le condamne, on le tourne en ridicule, on en fait un diable; de l'autre, on reconnaît en lui un bienfaiteur, un porteur de valeurs humaines, de vertus chrétiennes, une image du Christ — en même temps que le détenteur d'une philosophie ésotérique.

Abstraction faite de ce dernier aspect, nous voyons apparaître quelques traits saillants, constantes de l'imagerie médiévale. C'est d'abord la signification allégorique de Mercure comme « *sermo* » ou « *ratio* », fréquemment rappelé par les compilateurs, les auteurs de lexiques, jusqu'à la Renaissance : par cette porte, Mercure pénètre dans le christianisme comme dieu de l'éloquence. Rien d'étonnant si l'on se souvient que le christianisme à ses débuts, et même au Moyen Age, voit volontiers dans la mythologie grecque une propédeutique à la vraie religion révélée, et scrute ces antiques récits dans l'espoir d'y découvrir de prophétiques annonces de l'Evangile. Dès les tout premiers siècles, Hermès-logos est comparé à Christ-logos (cf. par exemple Justin, *Apol.*, I, 22, et plusieurs passages chez Clément d'Alexandrie), peut-être sous l'influence d'Origène (*Contra Celsum*, IV). On voit en lui un dieu des troupeaux, un bon pasteur, comme le montrent des représentations chrétiennes primitives où il apparaît sous la forme d'Hermès kriophore, c'est-à-dire porteur de bélier ou de brebis. Trait indissociable de sa fonction de psychopompe, ou conducteur des âmes, attribut évident du Christ. D'où la tendance, relativement répandue, à se représenter ce psychopompe mercurien comme un *angelus bonus* dont l'un des avatars, surtout dans le folklore des chrétiens d'Orient, n'est autre que l'archange Michel — ou Gabriel. Mercure comme archange se montre parfois dans l'iconographie avec une tête de chien, en vertu d'une tradition remontant à l'Anubis (Hermanubis !) égyptien et dont on trouve plusieurs échos dans le monde latin, notamment chez Isidore de Séville. Trois siècles après celui-ci, le *De rerum naturis* de Raban Maur (IXe siècle) représente, parmi une dizaine d'autres divinités, un Mercure à tête de chien. Il tient un bâton ; un oiseau semble coincé entre ses jambes (interprétation fautive : le dessinateur n'a pas vu qu'il s'agissait de talonnières) ; un serpent gît à ses pieds (déformation du caducée). Sur la copie d'un ouvrage arabe de Kazwînî, les talonnières sont attachées à la ceinture et les ailes du chapeau ont été transformées en crête de coq. Sur une autre illustration, de type albricien, les ailes ont proliféré au point de recouvrir les jambes et la tête, formant une sorte de cimier. Ailleurs encore, dans un de ces dessins édités par Jean Seznec, le caducée se trouve remplacé par un candélabre à deux luminaires.

Fantastiques métamorphoses, dues à des erreurs de lecture ou d'interprétation. Elles ont peut-être encouragé ou aidé l'Eglise à démoniser, au sens de « diaboliser », Hermès-Mercure, qu'elle a souvent représenté comme un personnage maléfique. Le voilà donc tantôt reflet de Christ-logos, tantôt soldat des légions infernales ! Dès le IVe siècle, Sulpice Sévère rapporte que deux démons se sont fait connaître à saint Martin : « *ille se Jovem, iste Mercurium ferebantur* ». Le second étant le plus dangereux : « *Mercurium maxime patiebatur infestum* ». Et l'auteur d'ajouter que Satan lui-même revêt volontiers la forme de Mercure (*Dialogus* I-II-III, VI, 4 ; XIII, 6 ; IX, 1). Même inspiration chez Martin de Bracare, au

VIe siècle. Mais Platon lui-même n'avait-il pas donné l'exemple? Songeons aux passages de la *Politeia* sur l'immoralisme des dieux. Reprise par Lactance, cette critique se répercute en échos variés, par exemple dans *Barlaam et Josaphat* (VIe siècle, déjà cité) où il est question d'un Hermès voleur, menteur et libertin, et chez Jacques de Voragine (XIIIe siècle) dont la *Légende dorée* réitère l'accusation portée par Sulpice Sévère. Pourtant, une des œuvres les plus célèbres du haut Moyen Age, *De nuptiis Philologiae et Mercurii*, de Martianus Capella (Ve siècle), appelée à une grande notoriété au moins jusqu'au XVIIe siècle inclusivement, ne va nullement dans ce sens; elle contribue plutôt à fixer de façon presque définitive la plupart des sens allégoriques qui resteront en Europe ceux de Mercure. Dans ces noces de Philologie et de Mercure, notre personnage figure l'éloquence; Philologie, l'amour, la sagesse et la raison; les sept arts servent de demoiselle d'honneur. En divorçant, tous deux se condamnent à la stérilité; Mercure n'a plus rien à dire, Philologie ne sait plus s'exprimer. Présidant l'assemblée des dieux lors du mariage, Jupiter dit de Mercure :

> « nam nostra ille fides, sermo, benignitas
> ac verus genius, fida recursio
> interpretesque menae mentis, o noûs socer. »

Réuni pour une longue postérité littéraire, le couple Mercure-Philologie passe dans la poésie des goliards, genre moins connu mais dont l'influence va rester diffuse et tenace. Toutefois, c'est évidemment avec les allégories du *De nuptiis* qu'aimeront jouer les hommes de la Renaissance.

A l'opposé des diabolisations, mais en dehors également de la tradition que Capella avait précisée, il arrive que Mercure se fasse évêque, comme on le découvre en feuilletant les illustrations du traité astronomico-astrologique de Michel Scot, composé en Sicile entre 1243 et 1250 sous l'empereur Frédéric II. L'attribut n'est point ici un caducée, mais un livre. A ce propos, Fritz Saxl a démontré l'existence d'une influence babylonienne par l'intermédiaire de l'Islam : pieux et savant, le Mercure de Michel Scot correspond à Nébo, le dieu écrivain. Porteur d'un livre, parfois même d'une auréole, le « Mercure » des images babyloniennes est un clerc ou un derviche qui, parvenu en Occident, se fait presque naturellement évêque. De même, Jupiter représenté comme un juge a pour ancêtre Marduk, qui signe le destin; au fond, ces accoutrements correspondent à une tendance relativement courante au Moyen Age, qui consiste à faire porter des costumes contemporains aux dieux du paganisme mais aussi à imaginer l'inverse : telle vierge de Reims, comme l'a remarqué Jean Seznec, ressemble à une prêtresse de Vesta! Dans le chœur des Eremitani de Padoue, et au chapiteau du Palais des Doges à Venise, Mercure prendra les traits d'un professeur. Et si, chez Alexandre Neckham (mort en 1217), les dieux planétaires correspondent aux sept dons du Saint-Esprit, Mercure s'y voit conférer le titre de dispensateur du *donum pietatis*; sans doute faut-il voir là une raison, parmi d'autres, de sa transformation en évêque. Un livre célèbre, le *Liber imaginum deorum*, est peut-être de Neckham bien qu'il circule sous le nom d'Albricus, au côté d'un *De deorum imaginibus libellus*, illustré de dessins à la plume. Le *Liber* et le *Libellus*, très lus et souvent recopiés jusqu'au XVIIe siècle, témoignent d'une tendance fort ancienne qui remonte au moins au poème grec *Phenomena*, d'Aratus (IVe siècle avant J.-C.), traduit par Cicéron (*De nature deorum*, II, 15) ; elle consiste à identifier les dieux et les astres. Nombreux sont les manuscrits illustrés du Moyen Age qui s'en inspirent, dès l'époque carolingienne : on les appelle *Aratea* ; ils ont contribué à associer dieux et astres, donc Hermès à la planète Mercure. Mais c'est surtout grâce aux deux écrits attribués à Albricus (le *Liber* et le *Libellus*), que les Olympiens ont pu reconquérir leur souveraineté.

A L'AUBE DE LA RENAISSANCE

Qui guide Dante, à travers l'enfer, le purgatoire et le ciel ? Virgile n'est-il pas ici une figure de Mercure ? Nous reviendrons sur le problème que posent des équivalences de cette nature, c'est-à-dire sur la question de savoir si un nom propre suffit à identifier un mythe ; pour l'instant, continuons à repérer quelques traces laissées nommément par Hermès-Mercure. Chez Dante même, on voit les planètes mises en parallèle avec les sept Arts Libéraux : la Dialectique correspond à la sphère de Mercure, la Grammaire à celle de la Lune, etc. Mais si le XIVe siècle s'ouvre sur la *Divine Comédie*, il voit aussi éclore les œuvres de Boccace et de Pétrarque. Aussi bien l'Italie restera-t-elle pour ce dieu une terre d'élection, jusqu'à la Renaissance inclusivement qui va l'exalter comme une figure de première grandeur. Boccace voit en lui l'interprète des secrets, celui qui dissipe les nuages de l'esprit (« *ventos agere Mercurii est* »). Son livre *De genealogia deorum*, qui servira par la suite de référence obligée, est peut-être celui qui réalise le mieux la soudure entre la mythologie du Moyen Age et celle de la Renaissance. Fidèle à l'esprit de son siècle, il défend l'idée qu'un poème, un récit, ont toujours des sens cachés, *sub cortice* (tendance déjà sensible chez Raban Maur), et il témoigne d'un intérêt marqué pour l'identification de chaque planète à un dieu. Boccace explique que la planète Mercure se caractérise par sa nature flexible, il en expose longuement tous les attributs — qui bien entendu sont aussi ceux du dieu. Pétrarque, lui, inaugure plutôt une tendance qui consiste à détacher Hermès d'un contexte allégorique et interprétatif. Mais il utilise aussi beaucoup Albricus pour écrire son *Africa* en vers latins. Celui-ci est précédé de peu par l'*Ovide moralisé* (vers 1328 ou 1340), de Pierre Bersuire, ouvrage accompagné de plusieurs commentaires par divers auteurs ; si Mercure y figure comme le patron de l'éloquence et des bons prédicateurs, il y est aussi celui des « folz endouctrineours »...

Les œuvres de Dante, de Boccace, de Pétrarque, ressortissent à la littérature savante. Mais les représentations populaires des dieux connaissent elles aussi, en ce XIVe siècle, un succès grandissant. En effet, si jusqu'au XIIe siècle les clercs occidentaux connaissent presque exclusivement, en fait d'astrologie, les textes de Macrobe sur le *Songe de Scipion*, les écrits de Firmicus Maternus et les commentaires latins du *Timée*, l'astrologie jouit presque soudainement d'une faveur inouïe jusqu'alors, à partir du moment où l'on se met à traduire en latin de nombreux textes arabes. Traductions effectuées par des juifs surtout, et qui suscitent un engouement grandissant dont on mesure l'ampleur en constatant la multiplication des calendriers, almanachs et *Pronostica*, c'est-à-dire d'une imagerie astrologique buissonnante dans laquelle Mercure figure évidemment en bonne place. On assiste alors au développement sans précédent de deux sortes d'images. D'une part, celles qui représentent les signes astrologiques distribués sur le corps humain (mélothésie), et bien entendu il s'agit plutôt des signes du zodiaque. D'autre part, les images planétaires représentant les dieux attribués à chacune des sept planètes, d'où la multiplication d'images de Mercure ; chacun de ceux-ci apparaît généralement dans un char, au-dessus d'un groupe de figures appelées les « enfants » de ce dieu, d'où le nom « enfants des planètes » donné à ce genre iconographique fort répandu dont quantité de documents sont parvenus intégralement jusqu'à nous. Sur ces dessins, les « enfants de Mercure », personnages censés représenter les caractéristiques humaines de ce dieu, sont répartis en séries ou en groupes présidés chaque fois par celui-ci, qui trône en haut de l'image, dans son char ; au-dessous de lui, les « enfants » sont revêtus des attributs des musiciens, prestidigitateurs, scribes, marchands, etc. — c'est-à-dire de tous ceux qu'on place traditionnellement sous le signe mercuriel. Nous ne trouvons pas les « enfants des planètes » seulement dans ces manuscrits illustrés, mais aussi, comme c'est le cas en Italie, dans des ensembles monumentaux, civils ou religieux, notamment sur des fresques.

Au XVe siècle, les enfants des planètes se multiplient. Et l'on voit apparaître le fameux Tarot de Mantegna (vers 1460). Véritable ouvrage initiatique, cet ensemble de *tarocchi* est structuré comme une échelle de médiations qui résume les spéculations spirituelles de Jean Climaque, de Dante et de saint Thomas. Le Mercure (la carte XXII) est resté célèbre, avec son chapeau triangulaire, ses bottes molles, sa flûte, et son caducée dont les deux serpents sont remplacés par deux volatiles aux allures de dragon ; sous son pied gît la tête coupée d'Argus. Ce Mercure résulte de la combinaison de l'Hermès antique et de celui, médiéval, transmis par Albricus ; mais l'ensemble du dessin s'inspire, comme Fritz Saxl l'a montré, d'un bas-relief grec découvert quelques années auparavant par Cyriaque d'Ancône, qui avait fait d'Hermès son dieu personnel. De nombreuses reproductions de ce bas-relief étaient passées de main en main, diverses adaptations s'étaient répandues dans l'art italien, avant que les *tarocchi* s'en fussent emparé. Ceux-ci servent encore, en 1471, à illustrer le manuscrit d'un poème de Ludovico Lazarelli, *De gentilium deorum imaginibus.* Jean Seznec a reconnu le Mercure du Tarot de Mantegna « dans les Cassoni, dans le Virgile de la Riccardienne, dans une médaille de Nicolà Fiorentino pour Lorenzo Toruabuoni ; dans une gravure sur bois illustrant les Métamorphoses », et dans l'intéressant Mercure de l'Arsenal à Paris, où il est flanqué d'Argus endormi et d'un bœuf au flanc ouvert comme une fenêtre, de laquelle Io nous regarde. Figurant parmi les quatre belles statues (avec Apollon, Pallas et la Paix) de Jacopo Sansovino à Venise, Mercure porte une tunique, un chapeau triangulaire, des bottes molles, et tient sous son pied droit la tête coupée d'Argus : on reconnaît le Mercure des tarocchi.

Tous ces motifs, de même que ceux du Mercure de Mantegna, ne défigurent pas la représentation traditionnelle : aussi bien cette seconde moitié du XVe siècle voit-elle les dieux réintégrer leur forme primitive, qui s'était si souvent modifiée, comme on l'a vu, de façon fantaisiste. La Renaissance est une période de synthèse plus que de résurrection. L'apport allemand vient enrichir leur représentation. Aby Warburg a pu montrer comment l'Hermès de Cyriaque d'Ancône a fait l'objet d'une adaptation par Albrecht Dürer, puis par Hans Burgkmair, pour se trouver popularisé ensuite grâce à un calendrier de Lübeck et devenir un motif de décoration sur la façade de maisons allemandes et autrichiennes. Nous voyons donc le Nord réintégrer les dieux dans leurs formes et leurs attributs traditionnels, en même temps que les fresques, comme celles de Francesco Cossa au Palais Schifanoja de Ferrare (vers 1470), continuent à accueillir joyeusement les dieux des planètes et leurs « enfants ».

Arrêtons-nous un instant sur la *Primavera* de Botticelli (vers 1480). Elle évoque l'Hermès traditionnellement conducteur des grâces, mais fait penser tout autant à Virgile décrivant le vif messager des dieux, qui de sa baguette magique contrôle vents et nuages, vole à travers ceux-ci comme un oiseau. Le voici en même temps divinité pensive, avec quelque chose de « mélancolique » au sens finicien : dieu de l'éloquence, il l'est aussi du silence, de la méditation. C'est que les humanistes voient en lui l'ingénieux patron de l'intelligence chercheuse, celle des grammairiens ou des métaphysiciens — celui qui, dit Marsile Ficin, rappelle l'esprit aux choses célestes par le pouvoir de la raison (*Opera*, p. 1559). Comme jadis Boccace (« ventos agere Mercurii est »), Botticelli le représente dissipant les nuages de l'esprit, jouant avec eux (cf. *Enéide* IV, 223) tel un hiérophante platonicien, remuant de légers voiles pour que du ciel filtre la vérité afin qu'elle pénètre jusqu'à nous sans nous aveugler. S'il regarde, pensif, vers ce ciel, nous pressentons que ce n'est point dans le dessein de s'y perdre à jamais, mais dans l'intention ficinienne d'en revenir, de retourner vers le monde avec l'impétuosité de Zéphyr. Car Mercure et Zéphyr (qui figure à droite du tableau) sont bien, comme l'a vu Edgar Wind, les deux phases d'un même processus : ce qui descend sur la terre comme souffle de la passion, retourne ensuite au ciel dans l'esprit de contemplation. Le tableau exprimerait alors les trois phases du processus hermétique : *emanatio, conversio, remeatio*; ou procession dans la descente de Zéphyr vers Flora, conversion dans la danse de la grâce, réascension dans la figure du monde.

Mercure est nommément cité aussi dans les mystères, comme la *Conversion de saint Denys*, ou le *Mystère de la Passion* de Greban. Il joue un rôle remarquable et peu honorifique dans le *Geu des trois Mages*, où le conseiller du roi Hérode porte son nom; réminiscence, peut-être, de cette autre fonction qu'il exerçait, selon saint Augustin, auprès d'Osiris; persistance, plus sûrement, de l'héritage d'un Moyen Age qui donnait ce nom au diable. Dans la fameuse légende dite de l'empereur Julien, il apparaît bel et bien comme le représentant du démon. Selon celle-ci, la belle-mère de Julien a trouvé dans le Tibre une statue de Mercure. Julien a vendu son âme à cette entité; il est devenu apostat, puis empereur grâce à ce diabolique serviteur. En marge et en contraste, la seconde partie de la légende met en scène un saint Mercure qui n'est autre que le pendant du saint Serge de l'Eglise arménienne en même temps qu'un avatar d'Hermès psychopompe.

HERMÈS ET L'ESPRIT NOUVEAU DE L'HUMANISME

Au XVIe siècle, l'image d'Hermès passe surtout par les encyclopédies italiennes, devenues aussitôt référence classique et obligée. Ce sont, plus ou moins inspirées par le *De genealogia deorum* de Boccace, essentiellement les dictionnaires de mythologie antique de l'allemand Georg Pictorius (*Theologia mythologica*, 1532), de Natale Conti (*Mythologiae sive explicationum fabularum libri decem*, Venise, 1551), de Lilio Gyraldi (*De deis gentium varia et multiplex historia*, Bâle, 1548), de Vicenzo Cartari (*Le imagini colla posizione degli Dei degli antichi*, Venise, 1556). Les illustrations du livre de Cartari, surréalistes avant la lettre, retrouvent la veine fantastique et syncrétiste qui s'était presque perdue au siècle précédent; celles d'Hermès y sont assez extraordinaires et variées. Plus classiques apparaissent les emblèmes d'Achilles Bocchi (*Questiones symbolicae*, Bologne, 1555). Parmi eux, un Hermès tenant d'une main un chandelier à sept branches et faisant, de l'autre, le geste d'Harpocrate (l'index sur les lèvres) : merveilleux oxymoron, appliqué au dieu de l'éloquence! Dans l'*Emblematum liber* d'Alciati (1531), il personnifie la sagesse; et Junius, emblématiste célèbre, étudie tous ses attributs (*Insignia Mercurii quid?*). L'on voit aussi de beaux Mercure dans les *Inscriptiones sacrosanctae vetustatis* (1534), de Petrus Apianus. Presque tous les mythographes d'alors interrogent surtout les derniers représentants du paganisme (Egypte,

Orient), en même temps qu'on exhume un peu partout, et plus que jamais auparavant, des documents archéologiques.

Que de retrouvailles! Un an après la première traduction latine de l'Hymne homérique à Hermès, sort des presses le *De rerum inventoribus*, de Polydore Virgile, qui rassemble un grand nombre de traditions antiques sur ce dieu. En 1499, c'est le tour des *Noces de Mercure et de Philologie* d'être éditées pour la première fois (huit éditions jusqu'à 1599) — sans parler de la traduction du *Corpus Hermeticum* par Marsile Ficin. Peut-être n'a-t-on jamais tant parlé d'Hermès-Mercure qu'au XVIe siècle. Dans ses *Adages*, Erasme se fait l'écho de ce qu'on en disait; il commente l'expression « *Mercurius venit* » — correspondant à « un ange passe » — mais comme pour faire allusion au silence réflexif, ce qui contribue à son identification avec l'archange saint Michel. Dans *Encomium Morias* (1509), il le dit inventeur des prestiges ou de la prestidigitation (« *Quos nos ludos exhibet furtis ac praestigiis Hermes?* »), un peu comme jadis Isidore de Séville. Mais c'est en tant que « *ratio* » et « *sermo* » qu'il entre dans de nombreuses compilations, dans des dictionnaires, avec la jolie formule « *quasi medius currens* » servant à le qualifier; ainsi chez Johannes Balbus (*Catholicon*, 1490), Ambrosius Calepinus (*Dictionarium*, 1510), Georg Pictorius (*Theologia mythologica*, 1532), Caelius Rhodoginus (*Lectionum antiquarum libri XII*, 1517), Guillaume Budé, Gyraldi déjà cité.

Dans *Baldus* (1517), épopée latine de Teofilo Folengo, Baldus, figure de Mars, se trouve emprisonné à Mantoue pendant cinq chants, et délivré comme dans l'*Iliade*, par la ruse de Cingar, figure d'Hermès; puis l'on voit Cingar entonner un bel et long hymne anaphorique à Hermès, dans lequel presque tous les attributs du dieu apparaissent :

> « Te patrone meus, pochinas cerno fiatas.
> Mercure, qui doctor primarus in arte robandi es;
> Namque times ne dum per coeli rura caminas,
> Te rapidis jungat furibundus Apollo cavallis,
> Et sburlans faciat tibi forsan rumpere collum.
> Tu sopra lunarem arcem tua regna locasti,
> Per quae tercentum pegorae faciendo bebeum
> Pascuntur, grassique boves, asinique ragiantes,
> Atque casalenghi porci, gibbique camelli;
> Nam tu per mundum vadis faciendo botinos,
> Quos introducis coeli sub tecta secundi.
> Alatum portat semper tua testa capellum;
> Alatum portat semper tua gamba stivallum;
> Fatidicam portat semper tua dextra bachettam;
> Ac imbassatas patris Jovis undique portas.
> Tu mercantiam faciens vadisque redisque.
> Tu ventura canis, tibi multum musica gradat,
> Tu pacem, si vis, furibunda in gente reponis,

Tu litem, si vis, compana in gente ministras;
Tam bene dulcisonis tua cantat phistula metris,
Quod male delectans ad somnum provocat artus :
Argos centoculus fuit olim mortuus hac re.
Sic, patrone meus, tibi me recomando ladrettum,
Ne triplicem supra forcam me lazzus acojet. »

Dans *Lozana Andaluza* (1528) de l'Espagnol Francisco Delicado, Hermès apparaît en rêve à l'héroïne pour la sauver de Pluton et de Mars. Ecrit dans la même langue, le *Dialogo de Mercurio y Caron* (1529), d'Alfonso de Valdès, nous le décrit comme le dieu au regard clair, l'observateur critique par excellence. Profil fort différent chez Bonaventure des Périers (*Cymbalum mundi*, 1538) : dans les trois premiers dialogues, le voici objet de satire, figure du Christ en négatif — peut-être sous l'influence de Rabelais. N'aime-t-il pas, comme Panurge, la boisson, ne dit-il pas posséder lui aussi la pierre philosophale? Et si deux tercets d'un sonnet de Du Bellay dédié à Ronsard témoignent encore de sa présence discrète, c'est bien chez celui-ci qu'on trouve la plus belle et explicite évocation, au XVIe siècle, du dieu au caducée : le dixième *Hymne* du livre II s'intitule *De Mercure*. Inspiré de l'Hymne homérique, il est dédié à Claude Binet. Le poète y chante « les mestiers de Mercure », rappelant dans des vers admirables l'essentiel de la geste mercurienne selon les Grecs, mais aussi les traits psychologiques et les activités des « enfants » de cette planète, sans oublier l'alchimie. Cette grande variété d'attributs ne fait pas oublier à Ronsard ce qu'est, pour l'essentiel, son personnage :

« C'est toi, Prince, qui rends nos esprits très habiles
A trouver une yssue aux choses difficiles,
Ambassadeur, agent, qui ne crains les dangers,
Soit de terre ou de mer, ou de Rois estrangers,
Toujours en action, sans repos ny sans treves,
Pourveu que ton labeur entrepris tu acheves. »

Sous sa forme de messager nous le retrouvons dans *Maistre Pierre Faifeu* (1532), de Charles Boudigné, qui s'ouvre sur une « Epistre de Maître Pierre Faifeu envoyée à Messieurs les Angevins, par Mercure, Hérault et Truchement des Dieux ». Peut-être Boudigné s'est-il inspiré d'un autre livre en français, les *Illustrations de Gaule* (1512), de Jean Lemaire de Belges, dont chacune des trois parties s'ouvre sur un prologue placé dans la bouche d'Hermès. Il se présente, chez Jean Lemaire, comme le « jadis réputé Dieu d'éloquence, ingéniosité et bonne invention, herault et truchement des dieux », et le rôle qu'il joue ici suit l'allégorie traditionnelle : « Mercure signifie la parole, par laquelle toute doctrine est adressée et insinuée à notre entendement ». Par ce dernier mot, entendons « clarté », car à Hermès sont soumis « tous nobles et clers entendemens de lun et lautre sexe, qui sont la bende Mercurienne, et ayment la lecture des bonnes choses ». On pense au plaisir éprouvé peu après par Rabelais devant le rétablissement de la « bonne littérature ». Jean Lemaire réinterprète l'allégorie mercurienne traditionnelle en lui conférant un sens nouveau au XVIe siècle, tiré du *Charon* de Lucien où Hermès ouvre les yeux de son compagnon Charon et lui permet de porter un vaste regard sur le théâtre du monde. Chez Boccace déjà, la « *claritas* » figurait parmi ses attributs; mais également la flexibilité : Jean Lemaire fait ici encore écho à Boccace, en parlant du « noble Dieu Mercure duquel la planète est neutre et indifférente, bonne avec les bénivoles, mauvaise avec les malivoles, maître de vertu imaginative, fantastique et agitante »! On retrouve presque tout cela dans le *Discorso sopra li dei de Gentili* (1602) de Giacomo Zucchi.

GEOFFROY TORY ET FRANÇOIS RABELAIS

En s'inspirant lui aussi de Boccace, Geoffroy Tory fait une belle place à Mercure, dans un ouvrage (*Champfleury*, 1529) étrange, consacré à une sorte de kabbale de l'alphabet latin. Après avoir rappelé le mythe de Io, transformée en vache par Junon puis maltraitée par le berger Argus, enfin sauvée par Mercure qui endort Argus et le tue, Tory propose une interprétation de cette histoire :

> « Mercure iouant de ses chalemeaux, et coupant la teste au dict Argus, sera icy interprete et prins, pour l'homme diligent a enquerir la purite de toutes bonnes lettres et viaye Science en semployant a bien enseigner aultruy, tant de sa parolle que de ses escriptures, et rescindant et mortifiant les inueterees barbaries des indoctes, comme nous voyons auiourdhuy faire trois nobles personnages, Erasme le Hollandois, laques le seuure Destaples en Picardie, et Bude diamant des nobles et studieux Pharrisiens, qui nuyct et iour veillent et escripvent a lutilite du bien public, et excaulcement de parfaicte Science. »

Ici, Mercure, messager de la lumière (de Jupiter) vient délivrer Io (les Lettres) de la prison d'Argus (la nuit intellectuelle) serviteur de Junon (la Richesse). C'est lui qui fait sauter les clôtures, dénoue les circuits bloqués, remet en circulation le savoir thésaurisé par les gardiens de l'ordre intellectuel établi (Argus). En bref, il représente l'esprit nouveau de l'humanisme tel que Tory le conçoit.

Rabelais connaît bien Hermès. Dans son poème dédié à Jean Bouchet, il l'appelle le saint patron de Bouchet, car celui-ci aime à se désigner comme le « traverseur des voies périlleuses ». Rabelais sait que Pan descend d'Hermès et de Pénélope, il a entendu parler de l'oracle d'Hermès à Pharaï, mentionne la fontaine de Mercure à Rome et la plante mercurielle décrite par Pline. Il fait allusion au Mercure gaulois, à une statue de ce dieu en vif-argent solide, cite plusieurs fois la planète du même nom. On doit à Ludwig Schrader une belle étude sur le sujet, dans laquelle il s'est surtout intéressé à Panurge. Il a montré combien celui-ci est inspiré du Cingar de Folenzo, et d'autres sources tellement nombreuses qu'il faudrait abandonner l'espoir de les retrouver toutes. Du moins peut-on identifier, pour l'essentiel, Panurge à Hermès. Racontant comment il s'est enfui de Turquie, Panurge dit : « le roustisseur s'endormit par vouloir divin, ou bien de quelque bon Mercure qui endormit Argus qui avait cent yeux ». Avant de questionner Raminagrobis, il lui offre un coq, et à Triboullet il donne un sac fabriqué avec une carapace de tortue. Son rapport avec les chiens rappelle un attribut de l'Hermès pasteur, d'autant que Panurge porte lui aussi un bélier, celui de Dindenault.

Avant de rendre visite à la sibylle de Panzoust, Epistémon constate avec effroi qu'on a oublié de se munir d'une branche d'or : « Je y ai pourveu, répond Panurge. Je l'ay icy dedans ma gibessière en une verge d'or accompaigné de beauc et joyeux carolus. » A l'instar de l'Hermès *empolaïos*, lui aussi porte une bourse. Comme celui de Ronsard, il est vendeur de thériaque. Il sait ouvrir toute porte et toute boîte, aussi facilement que le Mercure d'Ovide (« *caelestique res virga patefacit* », *Met.* II 819). Il apparaît tout aussi doué pour les langues que son modèle. Lui non plus ne recherche pas la gloire. Il a le même don de prédiction que son saint patron, et l'exerce par « *praestigium* », en rêve ou en vers. La guérison d'Epistémon par Panurge est plus qu'une habile opération chirurgicale, c'est la parodie d'une conjuration. On voit par là qu'il a le don de faire revenir de l'Hadès les âmes vers le royaume des vivants (ici, par le moyen d'une pommade de résurrection) ; mais il sait aussi les pousser vers l'au-delà : dans la baguette avec laquelle il empêche Dindenault et ses valets de se sauver, on reconnaît le bâton avec lequel Hermès pousse devant lui les âmes des morts (cf. Lucien, *Cataplus*) ; et avec Carpalim et Eusthenes, il donne allègrement le coup de grâce aux ennemis gisant sur le champ de bataille.

Que de ressemblances ! Tertullien, Eratosthènes, entre autres, avaient attribué à Hermès pour les vêtements un goût prononcé qu'on retrouve chez Panurge, surtout à propos de ses facéties parisiennes. Comme l'Hermès de l'Ode homérique, il se montre gourmand et assoiffé. En son *Cataplus*, Lucien avait révélé qu'Hermès ne réside pas volontiers dans le monde souterrain car il y a trop peu à manger (cf. aussi Aristophane, *Pax* et *Plutus*). Panurge n'est pas seulement un franc buveur, sa paillardise le porte autant sur le sexe ; on sait que, selon Hérodote et Pausanias, Hermès est représenté de façon ityphallique (il est même, selon Hyginus, le père de Priape). Panurge a des aventures secrètes (Hermès est né d'une union secrète de Maïa et de Zeus). Il poursuit volontiers les nymphettes (à la façon de Harpo Marx, cet autre petit Hermès), et nous donne l'impression de n'être guère menacé par l'impuissance ; or, selon Pétrone, c'est Hermès qui guérit cette maladie, Hermès qui est aussi le dieu du cocufiage (cf. Lucien, *Fugitivi*), sujet cher à Panurge. Et celui-ci s'identifie volontiers à sa braguette, qu'il qualifie de « trismégiste ». Braguette, au demeurant, qui contribue à guérir Epistémon (Panurge « prit la teste et la tint sur sa braguette chaudement, affin qu'elle ne prînt vent »). Mais « trismégiste » est aussi le qualificatif qu'il donne à sa bouteille (« Que tu ayes le mot aussi / De la Bouteille trismégiste »). Ajoutons qu'il a du mal à se marier, comme le Mercure de Martianus Capella : Pantagruel assume ici le rôle d'Apollon, Raminagrobis celui de Zeus.

Enfin, ses connaissances médicales ne le rattachent pas seulement à la tradition de la magie hermétique : il a quelque chose de l'Hermès humaniste, du savant de son temps. Ce qui ne l'empêche pas d'être en même temps une sorte d'alchimiste, puisqu'il prétend posséder la pierre philosophale : « j'ay une pierre philosophale, qui m'attire l'argent des bourses comme l'aymant attire le fer ». Et dans son éloge des débiteurs, il parle de la « joye des alchymistes quand, après longs travaux, grand soing et despense, il voyent les métaulx transmués dedans leurs furneaulx ». Le but de l'Art d'Hermès, la transmutation, est gaiement parodié dans le Quart Livre : « ne vous ay-je pas assez exposé la transmutation des éléments et le facile symbole qui est entre roust et bouilly, entre bouilly et rousty? ».

RETOUR DU TRISMÉGISTE À L'ÉPOQUE DE LA RENAISSANCE

L'intérêt pour Hermès-Mercure au XVIe siècle s'accompagne d'une redécouverte d'Hermès Trismégiste, qui connaît alors en Europe une vogue considérable, bien plus encore qu'au Moyen Age. Tout à coup, il occupe le devant de la scène philosophique, moment où, en partie grâce à lui, commence à s'élaborer cet ensemble des courants qu'on appellera plus tard l'ésotérisme. La découverte de la Kabbale juive, surtout après la diaspora de 1492, représente un des deux événements majeurs à partir desquels cet ésotérisme se constitue dans une forme spécifique. L'autre événement, c'est la redécouverte du *Corpus Hermeticum*, apporté à Florence vers 1460 par un moine venu de Macédoine (il avait été ignoré du Moyen Age, qui connaissait seulement l'*Asclepius*). Après la traduction de ce *Corpus* en latin par Marsile Ficin (1471), les rééditions sont innombrables au cours des XVIe et XVIIe siècles, ainsi que les commentateurs érudits et enthousiastes (Lefèvre d'Etaples, Ludovico Lazarelli, Symphorien Champier, Cornelius Agrippa, Gabriel du Préau, François Foix de Candale, Hannibal Rossel, Francesco Patrizi, et bien d'autres!). En même temps on a souvent tendance à « apolliniser » Hermès Trismégiste, comme pour faire passer au second plan, à oblitérer, l'aspect magique ou théurgique de ces écrits alexandrins. La fortune du Trismégiste à la Renaissance profite évidemment de l'engouement pour Mercure, si bien que le XVIe siècle voit Hermès entrer en force, sous ces deux formes, dans l'imaginaire culturel, au point de servir quasiment de fourre-tout. Enfin, l'un des traits les plus remarquables de cette présence du Trismégiste — c'est-à-dire de l'Hermétisme, au sens précis du terme : éditions, études et commentaires du *Corpus Hermeticum* — est son aspect irénique : dans les milieux où Hermès passe, règne la tolérance religieuse.

Grâce à la riche variété de ses attributs, comme à sa position intermédiaire entre le mythe religieux et le mythe littéraire, le Trismégiste présentait toutes les conditions pour devenir le personnage axial d'une histoire philosophique du genre humain. Nous avons vu que des auteurs anciens tels que Strabon, Marcus Manilius, etc., l'avaient déjà présenté ainsi. Roger Bacon lui accordait une place importante, quoique négative, dans cette histoire. Or, à la Renaissance on éprouve plus encore qu'au Moyen Age le besoin de conceptualiser la notion de « Tradition » (au sens ésotérique où nous l'entendons depuis le XIXe siècle). On l'appelle à l'époque *philosophia perennis*, terme que Agostino Steuco définit en 1540 dans son livre *De perenni Philosophia*. A celle-ci le nom de Trismégiste est lié indissolublement. Pic de la Mirandole et Marsile Ficin ont préparé la voie à Steuco, en appelant Hermès « le premier théologien », faisant culminer avec Platon une « *prisca theologia* » qui aurait commencé avec Mercure. La liste typique, la généalogie « *philosophique* » qui se constitue alors est celle-ci : Enoch, Abraham, Noé, Zoroastre, Moïse, Hermès Trismégiste, les Brahmanes, les Druides, David, Orphée, Pythagore, Platon, les Sibylles. Et ce n'est pas l'aspect le moins curieux de cette « Tradition » occidentale qu'on y confonde sans cesse le mythologique et le réel. L'extrême importance attribuée à l'idée de *prisca philosophia* présentait dès le départ un certain danger, dans la mesure où l'autorité d'un texte ou d'une doctrine dépendait de la garantie de son ancienneté. L'inévitable se produit, en 1614, quand Isaac Casaubon découvre que les textes du Trismégiste ne sont pas antérieurs au IIe et IIIe siècles de notre ère.

Celui-ci n'en continue pas moins une longue carrière, jusqu'à nos jours, quoique plus discrète; mais on a dès lors tendance à chercher ailleurs que dans les écrits hermétiques la référence mythique « garante » d'authenticité, quitte à inventer de toutes pièces histoires ou rituels, d'où peut-être l'apparition de la Rose-Croix au début du XVIIe siècle, et de la Franc-Maçonnerie spéculative cent ans plus tard. Quant au paracelsisme, et à la grande théosophie chrétienne germanique qui s'épanouit avec Jacob Boehme, ils doivent peu de choses à l'Hermétisme néo-alexandrin, et font au Trismégiste une place assez modeste.

En 1488, dix-sept ans seulement après la publication du *Corpus Hermeticum* dans la traduction latine de Ficin, une dizaine d'années après la *Primareva* de Botticelli, un artiste incruste d'une belle œuvre encore visible aujourd'hui le pavé de la cathédrale de Sienne : nous voyons Hermès Trismégiste lui-même, représenté sous forme d'un grand vieillard barbu vêtu d'une robe et d'un manteau, coiffé d'une mitre à bourrelet, entouré de divers personnages, avec l'inscription : « Hermes Mercurius Trismegistus Contemporaneus Moysii ». Peu après, le pape Alexandre VI, protecteur de Pic de la Mirandole, fait peindre par Pinturicchio, dans l'appartement Borgia au Vatican, une grande fresque où abondent symboles hermétiques et signes zodiacaux ; nous y reconnaissons Hermès Trismégiste, pour une fois jeune et imberbe, en compagnie d'Isis et de Moïse.

VISAGES D'HERMÈS AUX XVIIe ET XVIIIe SIÈCLES

Au demeurant, les représentations iconographiques de ce personnage — généralement barbu et vénérable — sont relativement rares (du moins l'auteur de ces lignes n'en a-t-il pas dénombré plus d'une trentaine). Rappelons seulement l'existence du Trismégiste de Manos Finiguerra (vers 1460), au British Museum de Londres dans la « Florentine Picture Chronicle ». Hermès-Mercure, au contraire, figure dans d'innombrables tableaux, dessins, dans la statuaire, partout où l'on voit des artistes tirer leur inspiration de sujets antiques. Nous n'en finirions pas de citer toutes les œuvres marquantes ou significatives, qu'il s'agisse, pour la statuaire, du frêle et aérien Mercure de Jean de Bologne à la Galerie de Florence ou de la belle version qu'en donne Adriaen de Vries (National Gallery of Art, à Washington) ; et pour la peinture, de l'Hermès rougeaud qui, assistant à l'enchaînement de Prométhée par Vulcain, se tient... entre les deux personnages ! (tableau de Dirck Van Barburen, vers 1595, du Rijksmuseum d'Amsterdam) — ou du Mercure casqué et barbu de Baldung Grien, ou encore d'une des si nombreuses adaptations du thème de Mercure tuant Argus pour délivrer Io, dans l'œuvre de Johann F.-M. Rottenmayr (vers 1690, Museum of Art à Chicago), sans parler de sa présence toujours renouvelée dans les emblèmes d'inspiration mythologique.

Mais point seulement dans la peinture ou les emblèmes ; également dans un imaginaire politique et littéraire qui, épousant le cours de circonstances historiques et locales, remythologise, ou remythise, le rôle dévolu au souverain. Ainsi, en Angleterre, le thème du roi magicien. Depuis Spenser et Elisabeth, en effet, jusqu'à Pope et Anne, le dieu planétaire Mercure, identifié au monarque, sert souvent à représenter le pouvoir magique des rois et des reines. Dans *The Fairie Queene* (1590) de Spenser, Gloriana — c'est-à-dire Elisabeth — fait revivre au sein même du Protestantisme la notion médiévale d'un Empereur du monde, qui saura restaurer l'Age d'Or en réparant les ravages occasionnés par la chute d'Adam. Aussi bien la vraie Elisabeth n'hésite-t-elle pas à prendre conseil auprès du Mage John Dee (dont la *Monas Hieroglyphica* date de 1564), de même qu'Arthur écoutait Merlin. Et c'est le mérite de Douglas Brooks-Davies d'avoir attiré l'attention, récemment, sur les conséquences de l'identification, en Angleterre, de la monarchie et de la magie, à travers, précisément, les images de Mercure et du Trismégiste. Cette identification justifie la prétention à réaliser un royaume ou un Empire idéal, peu différent de l'idéal arthurien. Ici encore l'on voit se fondre diverses « traditions » en un intéressant syncrétisme : d'une part, à l'instar de tant d'autres de ses compatriotes, Spenser voit l'Angleterre comme une Egypte ; d'autre part, l'hermétisme anti-romain de Giordano Bruno — et particulièrement son livre *Lo Spaccio de la Bestia trionfante* — agit à la manière d'un ferment dans ce pays ; enfin, celui-ci maintient encore vive la tradition des Druides, descendants supposés de Noé par son fils Cham, par là détenteurs de pouvoirs, et liés à la notion d'un rôle sacerdotal et magique du roi. Or, les Druides sont à cette époque fréquemment inclus dans la tradition des *prisci theologi*, malgré l'absence de textes venant d'eux — ou grâce à celle-ci. C'est pourquoi, incarnant plus ou moins complètement ces éléments disparates, le monarque anglais tend à représenter, comme Mercure, une tension entre ciel et terre, le sceptre étant vu comme un caducée, ou vice versa. C'est pourquoi aussi il se voit attribuer la Sapience du Trismégiste. Nombreux, au XVIIe siècle et à la suite de l'œuvre de Spenser, sont les ouvrages porteurs de cet imaginaire, comme le *Mercury vindicated* (1616) de Ben Jonson, représenté à la Cour et panégyrique du monarque mercuriel et magicien, ou comme *Il Penseroso* de Milton, porteur de l'idée d'une monarchie terrestre et réformée, évoquée par un poète dont le rôle est ici celui d'intermédiaire visionnaire, tel un Merlin inspiré auprès de son roi Arthur.

Propres au domaine britannique, ces représentations liées au politique et au littéraire tendent ainsi à fondre l'un dans l'autre les deux Hermès. Pendant ce temps, en art, Mercure se trouve souvent noyé dans l'académisme, reste simple figurant parmi d'autres en un environnement classique. Tel il nous apparaît au fur et à mesure qu'on s'éloigne de la Renaissance. Elle était experte dans l'art de rendre aux dieux leurs attributs, en les animant d'un souffle créateur, voire exubérant ; plus tard, le style conventionnel aidant, on perd la trace de ce qui, en art, témoignerait d'une prégnance du mythe mercurien spécifique. Celle-ci persistera toujours, il est vrai, dans l'ésotérisme, qu'il s'agisse de l'alchimie, du néoplatonisme de Cambridge (Henry More, Ralph Cudworth), de la cosmosophie de Robert Fludd, ou de l'égyptomanie hermétisante vulgarisée par le savant jésuite Athanase Kircher (*Œdipus Aegyptiacus*, 1652). Kircher associe volontiers Kabbale et Hermétisme ; comme jadis Ficin, il voit encore en Hermès l'inventeur des hiéroglyphes ou vérités inscrites dans la pierre des obélisques. Mais pour obsédante que soit l'égyptomanie dans l'imaginaire littéraire, artistique, philosophique, des XVIIe ou XIXe siècles, Hermès n'y joue guère qu'un rôle de figurant obligé, sauf à considérer son apparition très spécifique lors de traductions ou de rééditions du *Corpus Hermeticum*, en pays germaniques surtout.

Là, en effet, sa présence est persistante à partir de la seconde moitié du XVIIe siècle, qu'il s'agisse de l'Hermétisme proprement dit, lié dans ces pays à l'apparition tardive de l'Humanisme, ou qu'il s'agisse de l'alchimie. Dans un curieux ouvrage qui témoigne du renouveau d'Hermès en Allemagne (*Conjectaneorum de germanicae gentis originae*, Tübingen, 1684), W. Chr. Kriegsmann s'efforce de démontrer à grand renfort d'arguments philologiques qu'Hermès fut le fondateur des peuples germaniques (le « Thoth » égyptien étant rapproché de « Theut » et de « teutonique »). Forme renouvelée d'évhémérisme, dans laquelle un personnage mythologique apparaît moins comme un des bienfaiteurs de l'humanité qu'en tant que patron d'un peuple. C'est peu après que le Jésuite Joachim Bouvet, sinologue, mathématicien et musicien, témoigne avec enthousiasme de cette présence d'Hermès ; le *Yi-King*, écrit-il à Leibniz en 1700, est « comme un symbole universel inventé par quelque génie extraordinaire de l'antiquité, comme Mercure Trismégiste, pour représenter aux yeux les principes les plus abstraits de toutes les sciences ». Et dans *Les Voyages de Cyrus* (1727), de Michel de Ramsay, c'est encore Hermès que nous retrouvons ; il rencontre Cyrus, entre autres péripéties destinées à montrer que la mythologie des Egyptiens et celle des Perses sont fondées sur les mêmes principes : « ce n'étaient que des noms différents, pour exprimer les mêmes idées ». L'érudition savante, plus systématique encore qu'à la Renaissance, contribue à l'engouement pour ce dieu et pour l'Hermétisme. Ainsi, la monumentale *Bibliotheca Graeca* (1705-1728) de Johann Albrecht Fabricius, et la *Historia Philosophiae* (t. IV, 1743) de Jacob Brucker.

Enfin, c'est en Allemagne qu'on édite, au XVIIe siècle, le plus d'ouvrages d'alchimie ornés de dessins et de figures. Mercure est le mieux représenté de tous les dieux, dans cette iconographie florissante de l'emblématique baroque où surgissent le plus souvent et le plus naturellement les figures spécifiques d'Hermès, loin de tout académisme — mais selon des parcours codés — car le dieu y est chez lui. Il règne là en maître habile à marier les polarités, à réconcilier les opposés, à guider notre imagination active (cf., parmi de nombreux exemples, *Atalanta Fugiens* de Michael Maier, 1617 ; ou *Philosophische Schaubühne* d'Adolph C. Beute, 1706). Jusqu'en plein XVIIIe siècle les Allemands continuent à le représenter dans des illustrations de livres d'alchimie ; on le voit alors revêtu des formes rococo, s'insérer dans des décors du même style (cf. par exemple les dessins du *Deutsches Theatrum Chemicum* (1728), de Friedrich Roth-Scholtz, puis la *Neue Alchymistische Bibliothek* (1772) de F. J. W. Schröder ; *Lumen novum phosphorus accensum*, 1717, de Jean-Henri Cohaussen ; *Famae alchemicae*, 1717, de Joh. T. Bœthius ; *Besondere Versuche vom Mineral-Geist*, 1772, de P.-M. von Respur, etc.).

En France, où l'iconographie alchimique est moins florissante, Mercure fait pourtant l'objet d'interprétations inspirées directement par « L'Art d'Hermès ». Citons seulement le bénédictin Antoine-Joseph Pernéty, le plus célèbre représentant français d'une herméneutique alchimique des « fables » antiques : ses *Fables égyptiennes et grecques dévoilées* (1758, rééd. 1786) connaissent aujourd'hui encore un certain succès, attesté par plusieurs rééditions récentes. Le savant bénédictin reprend en partie les commentaires de Michael Maier, mais il les amplifie, les systématise, en suivant une tradition inaugurée jadis par Olympiodore et qui n'avait jamais disparu : interpréter la mythologie comme un langage codé qui renfermerait tous les principes du Grand Œuvre. Pour Dom Pernéty, Cybèle (ou Maja), mère de Mercure, est la « nourrice » dont parle la *Table d'Émeraude* (ce texte dit en effet « *nutrix ejus terra* », car Cybèle a ce sens en grec). Les messages des dieux que Mercure « faisoit jour et nuit, est sa circulation dans le vase pendant tout le cours de l'œuvre »; de même, « l'accord des instruments dont Mercure fut l'inventeur, indiquent les proportions, les poids et les mesures » des matières du magistère et des degrés du feu. La fonction de psychopompe attribuée à Mercure « ne signifie autre chose que la dissolution et la coagulation, la fixation et la volatilisation de la matière de l'œuvre ». Après la putréfaction, la matière des Philosophes prend toutes sortes de couleurs qui disparaissent au moment où celle-ci se coagule et se fixe : « C'est Mercure qui tue Argus d'un coup de pierre »!

En marge des serres chaudes de l'alchimie, paraît à Paris en 1719 le premier tome de *L'Antiquité expliquée, et représentée en figures*, par Dom Bernard de Montfaucon, ensemble de gros in-folios dont chaque chapitre est consacré à un dieu, avec un grand luxe de dessins qui reproduisent des œuvres antiques appartenant à des musées ou à des collections particulières. Ce premier tome, dans lequel Hermès occupe une place considérable, s'enrichit en 1724 de la première partie du *Supplément*, où nous le retrouvons sous maints autres aspects antiques. Peut-être n'avait-on jamais auparavant rassemblé autant de figures de Mercure. Feuilleter ces planches nous instruit sur la facilité avec laquelle il s'associe à d'autres personnages pour former une seule figure : Hermathène (Hermès à tête de Minerve), Herméros, Hermanubis, Hermapocrate, etc. La compilation de Montfaucon sert aujourd'hui encore d'ouvrage de référence, mais il semble qu'il n'existe toujours pas de livre rassemblant les visages d'Hermès vus par les temps modernes. C'est en France aussi que Court de Gébelin lui consacre un long chapitre de son *Monde Primitif* (1773-1784). Sur le frontispice, un Hermès géomètre consulte, en compagnie de Minerve, sous un ciel étoilé, un ensemble de signes mathématiques. L'étude de Court de Gébelin est l'une des plus sérieuses et attachantes que voit paraître le siècle français des Lumières.

Pourtant, si l'Illuminisme français du XVIIIe siècle, puis le Romantisme européen, enfin l'ésotérisme des XIXe et XXe siècles correspondent à autant de visites d'Hermès, c'est plutôt par une orientation de pensée, une forme de sensibilité, que par son évocation ou son invocation spécifiques. Celles-ci sont bien présentes ici et là, certes, sous forme d'attributs traditionnels et explicites de Mercure, ou en raison de références précises au Trismégiste, depuis le *Séthos* (1731) de l'abbé Terrasson jusqu'à l'*Essai de palingénésie sociale* (1827) de Ballanche, en passant par André Chénier. Mais c'est plutôt le mythe d'Orphée, qui sert de référence explicite et qui sous cet aspect hante l'imaginaire du Romantisme. Orphée, comme Brian Juden l'a montré, est le dieu chéri des romantiques. On voit plus tard le syncrétiste Edouard Schuré, à l'époque symboliste, décerner un hommage vibrant à Hermès, mais rarement celui-ci fut aussi noyé dans les clichés chromo que par cet auteur des *Grands Initiés* (1889). A cet hommage on peut préférer, pour leur qualité littéraire et d'inspiration, le long poème égyptophilique *Hermes Trismegistus* (1881) de Henry W. Longfellow, et l'hymne à Hermès *(Hymn to Hermes)* de l'hermétiste chrétienne Ana Kingsford, qu'elle a inséré dans son livre *The Perfect Way* (1890). Il faut attendre Carl Gustav Jung, pour trouver ensuite une fructueuse *mise en perspective* interpelant l'anthropologue plus que l'historien. Dans la mouvance jungienne, citons le beau livre de Rafael Lopez-Pedraza (*Hermès et ses enfants dans la psychothérapie*, trad. française 1980), parmi d'autres utiles travaux du même genre consacrés à la présence des dieux ou des déesses en nous.

PERSPECTIVES HERMÉSIENNES

L'émiettement d'Hermès depuis les Lumières jusqu'à l'époque dite décadente, et la présence quasi obsessionnelle d'Orphée pendant la longue carrière du Romantisme — un Orphée à qui il arrive de ressembler à Hermès comme un frère — posent un problème auquel aboutit comme naturellement toute réflexion sérieuse sur les mythes : suffit-il, pour repérer les présences d'un mythe, de le suivre à travers le nom propre qui l'identifie ? En d'autres termes, un nom propre suffit-il à identifier un mythe ? A deux reprises au moins nous avons rencontré Hermès sous un nom d'emprunt (le Virgile de Dante et le Panurge de Rabelais). Nous pourrions le reconnaître aussi bien dans d'autres œuvres littéraires, et non des moindres, comme *La Montagne magique* (1924) de Thomas Mann. Or, c'est en répondant à cette question par la négative que Gilbert Durand, dans un travail précieux et précis, récemment paru (1985), a évoqué les « permanences et dérivations des mythes de Mercure » (cf. *infra*, bibliographie). Il pose qu'un caducée ne fait pas le Mercure, et repère notre mythe grâce aux éléments signalétiques suivants : a) la puissance de l'infime (il est vrai que Mercure est parfois tout petit, comme le montrent plusieurs dessins de Montfaucon, et de nombreuses illustrations alchimiques ; quand son phallus est grand, il signifie la fécondation spirituelle) ; b) la fonction d'intermédiaire ; c) la fonction de conducteur d'âmes.

C'est ainsi que Gilbert Durand repère plusieurs « explosions » de Mercure, moments où le mythe s'intensifie. Les premières s'étalent sur de grandes périodes : un demi-millénaire, ou huit cents ans, en Egypte (Thoth). Puis l'antiquité classique grecque. Ensuite l'antiquité romaine. Mais ce n'est pas, à Rome, un dieu vraiment latin : pour César il est plutôt gaulois, celte (beaucoup de temples et de lieux-dits chez les Celtes portent son nom) ; au fond, il est sémitique : phénicien, carthaginois, hébreu, arabe, c'est-à-dire lié à des peuples portés au commerce, à la mobilité. Plus significatifs d'un processus « d'explosion » sont les quatre moments suivants repérés par Gilbert Durand : A) La « Renaissance gothique » du XIIIe siècle et du début du XIVe, où l'on voit fleurir l'alchimie et des personnages tels que Arnauld ou Albert le Grand. Mercure apparaît alors comme le grand agent de la transmutation, « l'intermédiaire » de l'œuvre, souvent associé à la lune (l'argent est l'état de la lune, le vif-argent la rapidité planétaire de cet astre). C'est l'époque de saint Bonaventure, et du Joachimisme (mûrissement du règne du Saint-Esprit), mais tout cela s'effondre au XIVe siècle qui connaît le chaos économique, la peste noire, le Grand Schisme. B) L'époque humaniste, où Mercure, intellectuel, paraît présider à l'imprimerie, à l'information. Il est le soleil du Verbe tuant le ciel étoilé de mille yeux (Argus). Sous son nouveau « règne » le commerce international se développe. Mercure est ici « mercurial » plutôt que mercurien. Mais ce monde s'effondre, en même temps que l'Hermétisme, au profit des Lumières. C) A la fin du XVIIIe et au début du XIXe siècle, Mercure, ambigu, est autant voilement que dévoilement, ce dont témoigne le goût pour les hiéroglyphes et pour les sociétés secrètes. C'est d'ailleurs tout le style de l'époque, qui a l'ambiguïté de Mercure : le langage des Lumières sert aux Illuminés eux-mêmes à parler de choses obscures, en attendant qu'à la fin du XIXe siècle, des savants, tel Marcelin Berthelot (*Les Origines de l'Alchimie*, 1885) fassent d'Hermès-Mercure un usage « prométhéen » en considérant l'alchimie comme l'ancêtre de la chimie ! Aussi bien l'époque positiviste et scientiste se placerait-elle sous le signe de Prométhée. D) En réaction contre celle-ci, la révolution épistémologique de notre temps (c'est-à-dire surtout de la seconde moitié du XXe siècle) fait appel aux intermédiaires, étend le *relationnel* à tous les domaines de la science et de l'esprit (relativité, pluralisme, polarités, polysémie, échanges d'information, etc.), elle approfondit — plus que jamais sans doute auparavant — les diverses voies possibles de la quête intérieure. Un tel renouveau d'Hermès favorise une forme d'angélisme (au sens où l'on dit qu'Hermès est messager, « *angelos* »), de byzantinisme (mais créateur), propres aux époques où l'institution s'effrite, où l'Occident se trouve confronté à la barbarie.

On voit ce qu'un tel découpage, subtil et discret, peut offrir de stimulant pour la réflexion. Nul doute que c'est bien Hermès qui préside aux époques placées avec justesse sous son signe par Gilbert Durand. Mais on saisit aussi du même coup l'ambiguïté de la notion même de « mythe » appliquée à un personnage mythologique et littéraire, qu'il s'agisse de Prométhée ou d'Hermès, de Faust ou de Don Juan. En effet, suivre Hermès à travers l'histoire en s'efforçant de dégager les traits culturels qu'il inspire anonymement (les traits signalétiques identifiant des constantes de l'imaginaire), revient pratiquement à brosser un historique —

dont la pertinence n'est point ici en cause — de ce qui correspond, au fond, à l'ésotérisme compris dans une perspective large englobant aussi bien la Philosophie de la Nature, au sens romantique, l'éclectisme synthétisant d'un Pic ou d'un Ficin, que l'alchimie ou la théosophie traditionnelle. Sans doute l'entreprise est-elle légitime, dans la mesure où l'ésotérisme ainsi défini se trouve placé tout entier sous le signe d'Hermès, et où ce dieu vif-argent déborde l'ésotérisme même (G. Durand parle aussi des échanges maritimes et commerciaux au XVIe siècle). Il faut alors, chemin faisant, assumer le risque de voir s'échapper du tamis un certain nombre d'images, souvent savoureuses, qui ne répondraient pas aux trois traits signalétiques proposés : il n'est point spécifique d'Hermès de se déguiser en évêque, d'être le fondateur de la Germanie, ou de se dédoubler en un dieu (Mercure) et en un mortel (le Trismégiste des évhéméristes). Les deux voies ne s'excluent pas; distinguées méthodologiquement, elles se complètent, se fécondent réciproquement : il faudrait tout à la fois vouloir et pouvoir repérer le nom d'Hermès-Mercure à travers les époques, et chercher à découvrir sa présence active là où il dissimule son nom ou ses attributs explicites.

Se fondant sur une étymologie celtique, Court de Gébelin proposait de lire dans « Mercure » les mots « signe » (« merc ») et « homme » (« cur »). Ce serait le personnage aux signes, le marqueur, le baliseur — celui qui nous aide à interpréter l'histoire, et notre vie individuelle, en nous fournissant pour cela des repères symboliques. Signes jamais abstraits ni figés, dont la fonction médiatrice reflète la nature de « medicurrius » ou « medire currens » — comme disaient saint Augustin et Servius — donc de « celui qui court entre deux » ou « au milieu ». Ces courses et parcours, étrangers à ceux du vagabondage et des idéologies, relient l'irrelié, les termes opposés, en configurations toujours nouvelles. Et si Hermès, au passage, vole parfois la substance de ce que touche son bâton, c'est pour la régénérer en la faisant circuler. Grâce à lui, le chariot paradoxal de l'Arcane VI du Tarot peut se mettre en marche. Mais pour avancer en vue de quelle destination, pour relier à quelles fins? D'autant plus significative apparaît alors la différence entre Hermès-Mercure et Hermès Trismégiste, car elle porte sur une double forme de médiation : Mercure assure l'équilibre entre Apollon et Dionysos (il ne faut pas laisser les dieux jouer seuls), il est *conducteur* plus encore que messager; mais au Trismégiste, qui réunit la raison et l'inspiration, le *Logos* et les Sibylles, l'histoire et le Mythe, reviendrait le titre de *régénérateur*.

Antoine FAIVRE

BIBLIOGRAPHIE

Actes del Colloqui Internacional (1985) sobre els valors heurístics de la Figura mítica d'Hermes. Ouvrage collectif dirigé par Alain Verjat. Série « ΜΥΘΟΣ », Grup de Recerca sobre l'Imaginari i Mitocrítica. Universitat de Bercelona, Facultat de Filologia, 1986, 344 p.

Françoise BONARDEL, *L'Hermétisme*, Paris, P.U.F., collection « Que Sais-je? », 1985, 127 p.

Douglas BROOKS-DAVIES, *The Mercurian Monarch. Magical Politics from Spenser to Pope*, Manchester University Press, 1983, 228 p.

Gilbert DURAND, *Science de l'Homme et Tradition (« Le nouvel Esprit anthropologique »)*, Paris, Berg International, collection « L'Île Verte », 1980, 243 p. (1re éd. Paris, Sirac, 1975). *Figures mythiques et Visages de l'Œuvre*, Paris, Berg International, collection « L'Ile Verte », 1979, 327 p. « Permanence et dérivations du mythe de Mercure », p. 5-27 in *Actes del Colloqui International (1985)...*, cf. *supra.*

Antoine FAIVRE, *Accès de l'Esotérisme occidental*, Paris, Gallimard, collection « Bibliothèque des Sciences Humaines », 1986, 406 p. *The Eternal Hermes* (recueil d'études diverses d'A. Faivre sur Hermès-Mercure et Hermès Trismégiste), Grand Rapids (Michigan, U.S.A.), Phanes Press, à paraître.

André-Jean FESTUGIÈRE, *La Révélation d'Hermès Trismégiste*, Paris, Les Belles Lettres, 1981, 4 vol., XII + 441 p. ; XVII + 610 p. ; XIV + 414 p. ; XI + 319 p. Ill. (1re éd., 1949-1954).

Laurence KAHN, *Hermès passe, ou les ambiguïtés de la communication*, Paris, Maspero, 1978, 204 p.

Karl KERENYI, *Hermes Guide of Souls (The Mythologem of the Masculine Source of Life)*, Traduit par Murray Stein. Zurich, Spring Publications, 1976, VI + 104 p. (1re éd. *Hermes der Seelenführer*, Albae Vigiliae I, Zurich, Rhein Vergal, 1944).

Rafael LOPEZ-PEDRAZA, *Hermès et ses enfants dans la psychothérapie*, Paris, Imago, 1980, 163 p. (1re éd., *Hermes and his Children*, University of Dallas, Spring Publications, 1977).

Pierre LORY, « Hermès / Idris. Prophète et Sage dans la tradition islamique ». In *Présence d'Hermès Trismégiste*, ouvrage collectif *(cf. infra).*

Présence d'Hermès Trismégiste, ouvrage collectif préparé par Antoine Faivre, collection « Cahiers de l'Hermétisme » dirigée par Antoine Faivre et Frédérick Tristan, Paris, Albin Michel, 1988, 235 p. ill.

Ludwig SCHRADER, *Panurge und Hermes. Zum Ursprung eines Charakters bei Rabelais.* Romanisches Seminar der Universität Bonn, Bonn (R.F.A.), 1958, 207 p.

Jean SEZNEC, *La Survivance des Dieux antiques*, Paris, Flammarion, collection « Idées et Recherches » dirigée par Yves Bonnefoy, 1980, 337 p. Ill. (rééd. revue et corrigée de l'éd. de Londres, 1940).

Mirko SLADEK, *Fragmente der hermetischen Naturphilosophie in der Naturphilosophie der Neuzeit*, Berne, Peter Lang, Publications universitaires européennes, 1984, 208 p. Traduction française : *L'Etoile d'Hermès (Fragments de philosophie hermétique)*, Paris, Albin Michel, coll. « Bibliothèque de l'Hermétisme », 1993, 226 p.

Ernst Lee TUVESON, *The Avatars of Thrice Great Hermes : an Approach to Romanticism*, Lewisburg, Bucknelle University Press, 1982, XIV + 264 p.
Edgar WIND, *Pagan Mysteries in the Renaissance*, Londres, Peregrine Brooks, 1967, XIII + 333 p. et ill. (rééd. revue et corrigée de l'éd. de 1958).
Frances A. YATES, *Giordano Bruno and the Hermetic Tradition*, Chicago-Londres, The Univ. of Chicago Press, Midway reprints, 1979, 466 p. (1re éd. Londres, Routledge and Kegan Paul, 1964. Traduction française : Paris, Jervy, 1988).

HÉROÏQUE (LE MODÈLE — DE L'IMAGINATION)

Les Indo-Européens se sont fait une spécialité de l'épopée, au point que Jan de Vries, dans son *Heroic Song and Heroic Legend* (1963), après six chapitres consacrés aux Grecs, à l'ancienne France, à l'Allemagne, à l'Irlande et à l'Islande, à l'Inde..., regroupe en un seul chapitre « la poésie épique des nations non-indo-européennes ». Cette prédominance ne signifie pourtant nullement que la rêverie héroïque ne soit pas la chose du monde la mieux partagée, comme suffiraient à le suggérer l'épopée babylonienne de *Gilgamesh*, le *Kalevala* finnois et bien d'autres œuvres.

C'est au début du XXe siècle que commença d'apparaître en pleine lumière un phénomène étrange : sans qu'on puisse parler, comme on l'avait fait longtemps, d'*influence* de culture à culture, un peu partout sur la planète avaient surgi, à des époques différentes, des récits dont les ressemblances sautaient aux yeux, les « vies de héros », de surhommes, d'êtres à mi-chemin de la condition des dieux et de la vie humaine ordinaire. Deux sciences nouvelles, la psychanalyse et son aînée d'un siècle, la mythologie, s'unirent, se croisèrent pour rendre compte de ces permanences. L'étude décisive fut signée par un disciple de Freud, Otto Rank, qui publia en 1909 son *Mythus von der Geburt des Helden*, bientôt suivi d'une analyse de l'histoire de Lohengrin (1911). A partir de là se succédèrent de nombreux travaux, dont les plus illustres furent ceux de Campbell (1949), de Baudouin (1952), de Jung (1953), de G. Durand (1961) et de Jan de Vries (1963).

Active à l'intérieur des épopées, des fragments épiques, des récits politicoguerriers (Alexandre, César, Louis XIV, Napoléon...), une stratégie de rêverie tout à fait singulière — la rêverie d'excellence, le désir secret d'être dieu — se révélait présente dans bien des entreprises littéraires toutes récentes, comme les romans de Romain Rolland (*Jean-Christophe*, 1903-1912) et de Malraux, ou la poésie de Saint-John Perse. On ne pouvait manquer non plus de la reconnaître à l'origine d'une part considérable des productions de la « culture de masse » : westerns, romans et films policiers, récits sportifs, affiches, bandes dessinées, etc. Evidemment la fréquence même de ces récits « héroïques » explique que périodiquement le scénario apparaisse comme usé jusqu'à la corde : de là l'importance de la parodie, du *Don Quichotte* (1605) de Cervantès ou du *Virgile travesti* (1649-1659) de Scarron à *Lucky Luke*, la célèbre bande dessinée de Morris et Uderzo.

Les séquences du « modèle héroïque »

L'analyse des épopées ou des fragments épiques conduit à discerner sous les variations un thème fondamental : la manifestation de plus en plus éclatante du héros par des naissances successives jusqu'à sa naissance immortelle. Le récit est rythmé par l'alternance naissance-mort-renaissance.

Le héros naît en général de parents illustres : son père ou sa mère est de nature divine (Héraklès, Achille) ; ou du moins ses parents sont des reflets terrestres de la divinité : rois, princes, êtres proches des dieux. Dans bien des cas le couple parental a connu des difficultés, soit politiques, soit familiales (par exemple une longue stérilité de la mère : Samson). La naissance de l'enfant a été précédée d'oracles ou de songes, accompagnée de merveilles (les « *présages* »). Souvent ces avertissements se révèlent menaçants pour le père : le nouveau-né est alors rejeté par sa famille, abandonné, « *exposé* », condamné à périr (Œdipe, Cyrus). La forme la plus répandue de cet abandon est *l'exposition sur l'eau* : il s'agit là de la mise au jour d' « un morceau de littérature silencieuse » (Marthe Robert), habituellement enfoui au plus profond de chacun d'entre nous, la peur de refaire en sens inverse le voyage qui nous a fait accéder à la vie à partir du ventre et des eaux maternelles ; en vertu d'une interversion courante dans la vie fantasmatique, au lieu des eaux dans le coffret (le liquide amniotique dans le sein maternel), les récits représentent le coffret sur l'eau. On reconnaît ici le déluge biblique, les débuts de la vie de Moïse, mais aussi l'exposition de Persée sur les flots dans un coffret en compagnie de sa mère Danaé et sous la protection de son père, qui n'est autre que le maître des dieux, Zeus lui-même.

Cerné par la mort, menacé dès sa glorieuse naissance par un univers hostile, confié aux caprices des eaux (comme encore le roi assyrien Sargon ou les fondateurs de Rome, Romulus et Remus), l'enfant est sauvé par des pêcheurs (Persée), par des pâtres (Œdipe), par un bouvier (Cyrus), ou même nourri par des animaux secourables (Romulus et Remus). Il va mener alors une existence obscure, bien différente de celle à laquelle sa naissance eût dû le faire accéder. C'est la période de la vie cachée, d'une mort apparente.

Divers événements mettent fin à cette « *occultation* » du héros. Parfois il a gardé un « *signe* » de son origine, et on le « *reconnaît* » (Thésée, Cyrus). Ou il rencontre un jour ses vrais parents, s'attaque à son père, puis est reconnu (Œdipe). Mais le plus souvent il se révèle au monde par des « *travaux* » éclatants. C'est « *l'épiphanie* » héroïque.

Les exemples les plus célèbres de ces exploits sont ceux de Gilgamesh et d'Héraklès. Le plus typique est *le combat contre le monstre.* Le fait que le monstre veille jalousement sur une jeune fille, dans de nombreux récits (Andromède), suggère que pour le héros masculin l'adversaire à abattre n'est autre que le gardien de la mère désirée, une *imago* paternelle. Quelquefois le dragon sera remplacé par un horrible colosse (Goliath dans la Bible, le Morholt dans *Tristan et Yseut*), ou par une multitude d'ennemis, le grand nombre apparaissant par lui-même comme monstrueux (Samson contre les Philistins, Roland contre les Sarrazins). Il existe, en effet, une relation à peu près constante entre le monstrueux et le multiple : les monstres de la Fable sont généralement des êtres composites, à plusieurs têtes (Cerbère), de plusieurs espèces (le Sphinx). Hugo « voit » dans les deux colonnes qui chargent à Waterloo « deux immenses couleuvres d'acier » (*Les Misérables*, II, 1) ou, dans l'étendue marine aux innombrables reflets,

> « L'hydre océan tordant son corps écaillé d'astres. »

Vainqueur de cette redoutable « *épreuve* », le héros apparaît comme celui qui délivre, le « *sauveur* » de tout un peuple. Sa grandeur devient telle qu'elle tend à l'imposer comme chef politique. C'est pourquoi ou bien le héros est originellement roi et reprend un trône qui lui est dû (Œdipe, Thésée, Cyrus), ou bien sa coexistence avec le pouvoir politique se révèle difficile, pleine de risques : dans l'*Iliade*, Agamemnon a beau être le roi des rois, il fait pâle figure auprès d'Achille et ne se risque pas trop à le traiter en subordonné. Dans *Le Cid*, Corneille, entraîné par son imagination de l'héroïsme, éprouve quelque peine à faire entrer Rodrigue dans le cadre politique qui doit être le sien. Dans *Suréna*, le roi Orode a bien compris que la vie avec les héros est dangereuse pour les monarques : aussi fait-il assassiner Suréna. Dans certains cas, le créateur du récit épique s'abandonne entièrement à la logique du « modèle » : alors le héros tue le roi, dont la faiblesse, comparée à sa gloire, est dérisoire. C'est ce qui se produit dans *Tête d'or* de Claudel (1889). Ce conflit entre le héros et le chef politique reproduit, dans l'ordre de la guerre, celui qui oppose, dans l'ordre religieux, le prophète au prêtre, l'inspiré de Dieu au fonctionnaire, l'âme incandescente à l'être mesquin. Le héros, comme le prophète, tend à être asocial, à échapper aux lois, dans l'*Iliade* comme dans le western.

Cette souveraineté du héros, ce flamboiement d'orgueil — le psychanalyste parlera de fixation au stade phallique et de persistance des désirs mégalomaniaques du « moi idéal » — vont finir par conduire à la « *démesure* ». Ivre de sa grandeur, le héros va défier la divinité elle-même. L'échec et le châtiment ne se feront pas attendre, par exemple sous la forme de la mise à mort du compagnon, du « double » du héros (Enkidu pour Gilgamesh, Pirithoüs dans la vie de Thésée).

Tout autre est l'épisode bien connu de « *la descente aux enfers* » : le héros, ici, n'affronte pas les dieux; il se lance dans une de ces entreprises inouïes qui, à l'instar du combat contre le monstre, manifestent son être épiphanique. Il s'élance dans un royaume dont aucun des mortels ordinaires n'est jamais revenu, et lui, il en revient (Ulysse, Enée). Dans le western, les enfers antiques seront remplacés par ces « portes du diable » ou ces « déserts de la mort » que jamais personne n'a pu traverser, mais que le héros, lui, traversera pour ensuite reparaître dans le monde des vivants.

Un jour viendra où le héros, du fait de sa part humaine, devra affronter la mort physique, inéluctable. Essentiellement invulnérable dans ses conflits avec les hommes ordinaires, ces médiocres, il ne saurait être vaincu. Pour assurer sa mort, l'imagination a recouru à deux solutions privilégiées : la première, c'est le traître. L'invincible sera frappé dans le dos, comme le racontent les deux magnifiques morts d'Achille et de Siegfrid : tous deux ont été rendus invulnérables dès leur naissance en étant plongés dans une eau magique, à la réserve du talon pour Achille (puisque sa mère le tenait par l'arrière du pied) et de quelques centimètres du dos pour Siegfrid (une feuille est tombée là au moment où on le baignait, empêchant la peau d'être atteinte par l'eau). Tous deux seront frappés par derrière par des lâches (Pâris, Hagen). Héraklès sera trahi par sa propre femme, Déjanire, qui lui fera endosser une tunique empoisonnée. La seconde possibilité est que le héros, par lassitude des insuffisances de la vie ou pour quelque autre raison, décide librement d'aller au-devant de la mort : ainsi, dans *Le Cid* de Corneille, Rodrigue désespéré choisit de se laisser tuer dans le duel qui l'oppose à don Sanche, choix sur lequel seule Chimène pourra le faire revenir. Il existe au moins un cas où les deux solutions — la traîtrise et la liberté — coexistent : la mise à mort du Christ. Une telle surimpression ne saurait surprendre à propos d'une personnalité qui s'impose comme une sorte de Soleil de la symbolique humaine : traversée initiatique, mécanisme du bouc émissaire (comme l'a montré l'anthropologue René Girard). Ce qu'il importe de souligner ici, c'est que la vie de Jésus reproduit d'une façon originale le « modèle héroïque ». Il en sera de même de l'héroïne que Michelet considérait comme la plus parfaite imitation de Jésus-Christ : Jeanne d'Arc.

Mais un héros ne saurait être en proie à l'horreur de la décomposition. Sa mort apparente est au moins pressentie comme une victoire. Héraklès trahi élève son propre bûcher, mais à peine les flammes surgissent-elles qu'il est transporté dans l'Olympe. De même, Jeanne d'Arc mourante est imaginée par Claudel comme entendant déjà des voix célestes qui l'accueillent (*Jeanne au Bûcher*, 1937). Le Christ, enfin, traverse la mort physique pour se révéler dans une suprême épiphanie, la Résurrection-Ascension. En mythologie, cette dernière victoire porte un nom : « *l'apothéose* » héroïque.

La fragmentation du « modèle »

Les récits héroïques n'offrent pas nécessairement la totalité des séquences qui viennent d'être évoquées. Si l'on veut bien considérer que ces séquences consistent chacune en des oscillations effrayantes entre la vie et la mort et sont dominées par la loi du contraste, on découvrira que maintes œuvres peuvent se construire autour d'une seule des oppositions mises ici en lumière. Un enfant obscur devient héros et roi : David. Ou le héros, inconnu de tous, est reconnu à un signe : Ulysse par son chien, par sa nourrice, puis par les prétendants, à la fin de l'*Odyssée*. Comme on le voit avec cet exemple, la seule opposition *inconnu-reconnu* peut donner lieu à plusieurs variations, pour le plus grand plaisir du lecteur ou du spectateur. Ainsi s'expliquent non seulement les trois reconnaissances d'Ulysse, mais aussi les douze travaux d'Hercule, les innombrables combats singuliers de l'*Iliade* et des formes contemporaines de l'épopée (westerns, productions policières, etc.). Ces redondances, ces « redoublements » sont extrêmement nombreux dans les récits héroïques, dont ils contribuent à expliquer la composition « en chapelet », où se succèdent toutes sortes de hauts faits autonomes. Dans les siècles passés, cette autonomie des épisodes a permis à un Louis XIV d'inscrire dans une succession de médailles « l'histoire métallique » de son règne ; de même les images d'Epinal feront beaucoup pour la diffusion du mythe napoléonien. Aujourd'hui la liberté de ces redoublements favorise la création de « séries » d'aventures, aussi bien dans les bandes dessinées que pour la télévision.

Le héros et l'univers féminin

Personnage de gloire, constamment imaginé avec des traits solaires (regard étincelant, visage irradiant, chevelure magique), le héros s'élève comme le soleil dans le ciel, en solitaire. Cette solitude essentielle se maintient même lorsque le héros est accompagné d'un ami inséparable, d'un « *double* » (Achille et Patrocle, Tête d'Or et Cébès), qui d'ailleurs ne tarde pas à être emporté par la mort. Mais que se passe-t-il quand le surhomme rencontre sur sa route de jeunes et belles femmes?

Dans la plupart des cas, l'univers féminin se présente comme une menace pour l'accomplissement éclatant de l'œuvre héroïque : mollesse du nid, sortilèges de la courbe et de l'opulence, tiédeur, enlisement. La femme pourtant attire, semble ensorceler : aussi apparaît-elle souvent comme une magicienne (Circé dans l'*Odyssée*, Armide dans *La Jérusalem délivrée* du Tasse). Longue serait la liste des amours éphémères auxquelles le héros échappe enfin dans un sursaut de volonté : Ulysse fuyant Circé, puis Calypso; Enée s'arrachant des bras de Didon pour aller fonder Rome; l'agent secret échappant au charme de la fascinante espionne et réussissant sa mission.

Très souvent la femme n'est ainsi que le repos du guerrier. Celui-ci, après avoir passé auprès d'elle un temps de délices plus ou moins long, l'abandonne. Certains de ces « *abandons* » sont célèbres : Médée, Ariane...

> « Ariane, ma sœur, de quel amour blessée
> Vous mourûtes au bord où vous fûtes *laissée*! (Racine, *Phèdre*).

Bien que cette solution imaginaire de la rencontre du héros et de la femme semble de loin la plus fréquente, il en existe d'autres. La plus marquante est celle dont s'enchanta la littérature « courtoise », du XIIe au XVIIe siècle, en France surtout. Devenue suzeraine de son chevalier, c'est la « Dame » elle-même qui, sensible aux exploits guerriers, enverrait au loin son soupirant pour vérifier sa vaillance. Par ses hauts faits celui-ci « mériterait » les faveurs de sa bien-aimée, la recevrait pour « prix » de son courage. Le désir amoureux attiserait l'héroïsme au lieu de le menacer.

Une troisième issue est possible, qui met en évidence une part précieuse de la féminité. Le héros vit dans un univers de brutalité et de paroxysme : cette exaspération de la force virile est-elle en définitive si comblante? La femme peut alors apparaître comme la Sagesse ou, dans un univers chrétien, la Grâce, qui apporte la douceur, la réconciliation du forcené avec lui-même, la sérénité, une autre sorte de joie que celle des triomphes guerriers. Telle se révèle la princesse de *Tête d'Or* et la dernière amie de Jean-Christophe, significativement nommée Grazia.

Avec la toute récente libération de la femme à l'égard de ce destin que repré-

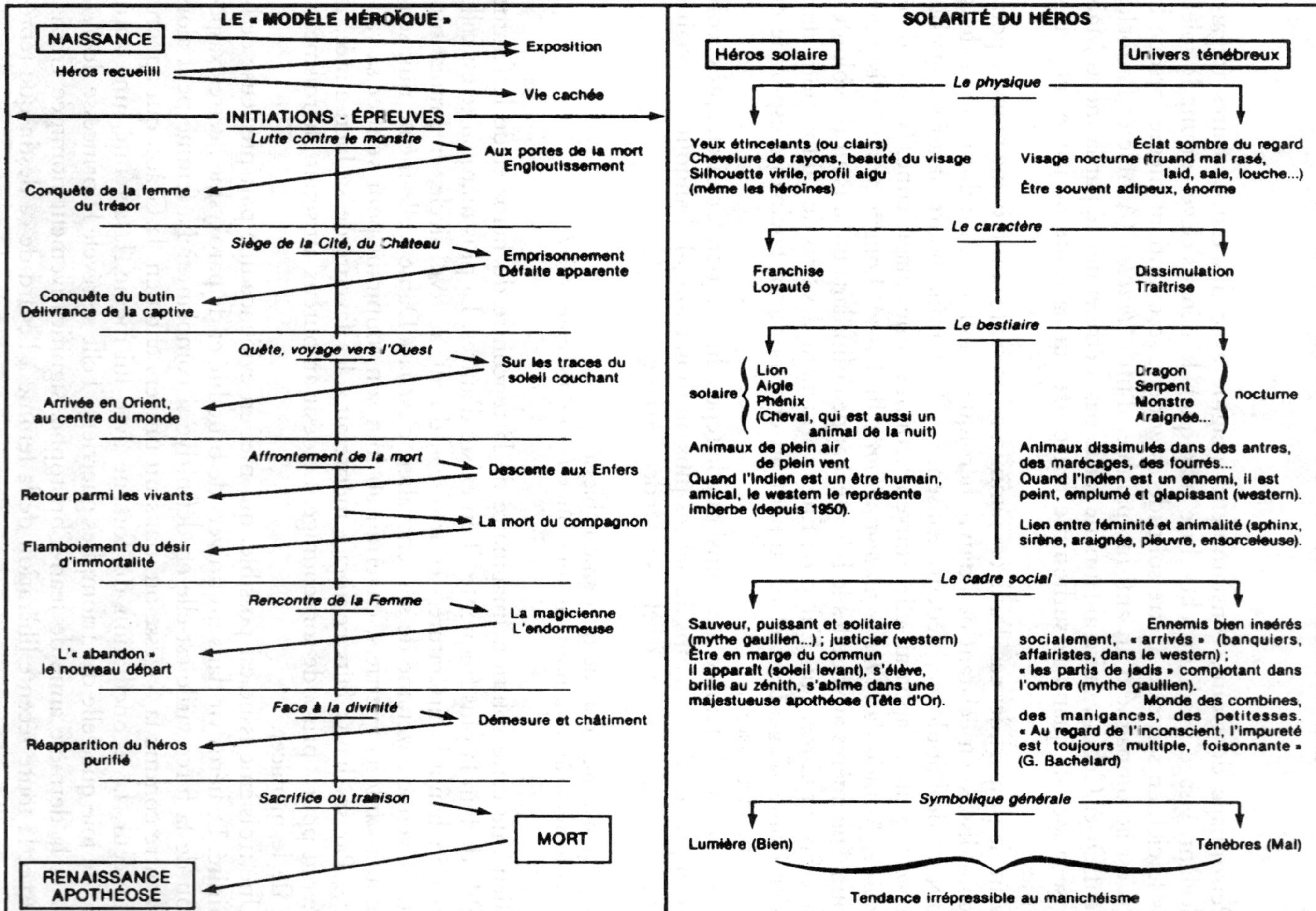

Tableaux extraits de Ph. Sellier, *Le Mythe du héros*, © Bordas, 1985.

sentaient pour elle les maternités non désirées, avec sa toute nouvelle liberté d'allure devrait se développer une quatrième possibilité, déjà présentée par un roman médiéval, *Erec et Enide* : le couple héroïque.

L'HÉROÏSME FÉMININ

La rêverie héroïque crée presque toujours des figures masculines : le phénomène peut s'expliquer par la supériorité physique de l'homme, par la situation sociale de la femme jusqu'à une époque récente, par les caractéristiques de sa vie sexuelle et par ses maternités. Plus profondément, il faut envisager l'hypothèse qu'il s'agisse là d'une rêverie masculine : il existe un grand nombre de créatrices dans l'histoire des littératures; on n'en voit pas une seule qu'ait tentée l'univers épique.

Il existe pourtant des « héroïnes ». Mais alors l'imagination les représente habituellement en vierges insaisissables, minces, aiguës — tout le contraire de l'opulence qui ensorcèle les héros. Un Saint-John Perse donne pour compagnes à ses conquérants de sveltes guerrières qui savent « s'aiguiser sous le casque » (*Vents*).

La mythologie grecque fournit l'exemple de la rapide Atalante, « exposée » dès sa naissance sur le Mont Parthénion, nourrie par une ourse, etc. Mais pour elle l'héroïsme prend fin lorsqu'elle épouse Mélanion. Chez les filles, l'héroïsme se perd avec la virginité. Les Amazones elles-mêmes ne parvenaient que très mal à concilier leur désir d'efficacité guerrière et leur désir tout court pour les beaux hommes qu'elles combattaient : leurs adversaires scythes, d'après Hérodote, savaient fort bien achever les combats sans aucun mort. A ce handicap s'en ajoutait un autre : leurs seins les gênaient pour tirer à l'arc. Aussi devaient-elles mutiler leurs filles pour que celles-ci puissent combattre.

Il existe tout de même un cas où la réalité a dépassé la fiction, c'est l'histoire de Jeanne d'Arc. Avec une déconcertante exactitude, les faits ont réalisé ce que l'imagination avait tant de peine à concevoir pour une fille. Née d'une famille obscure, gardeuse de bêtes (comme David), Jeanne est choisie par Dieu. Après la vie cachée commence l'épiphanie : elle est « reconnue » par le roi à un « signe » demeuré secret. Alors se succèdent les victoires. Elle est vierge; son rayonnement est tel que les soldats la respectent. Un jour, elle est trahie; elle fait l'objet, comme le Christ, d'un procès inique. Mais son bûcher n'est que le lieu de son apothéose. Il n'est pas étonnant que tant d'artistes aient été fascinés par un pareil scénario, un mythe vrai.

L'HÉROÏSME TOUJOURS...

La rêverie héroïque a fait l'objet d'attaques virulentes. Les plus violentes, peut-être, datent de la seconde moitié du XVIIe siècle : après l'exaltation de l'époque Louis XIII (le théâtre de Corneille) vient une période d'ironie à l'égard de la boursouflure « héroïque », de véritable « démolition du héros », selon l'heureuse formule de Paul Bénichou dans *Morales du Grand Siècle* (1948). Au siècle suivant, l'héroïsme ne trouve pas davantage grâce : dans *Candide* (1759), Voltaire n'est pas plus tendre que ne l'avaient été un Pascal et un La Rochefoucauld. Mais avec la Révolution et surtout l'Empire napoléonien va renaître une puissante littérature épique. Aujourd'hui, les théoriciennes féministes ont tiré à boulets rouges sur la folie mâle, « l'héroïsme sur fond de mort », sur les héros comme des ratés de la vie, des obsédés de la maîtrise (A. Leclerc, *Parole de Femme*, 1975).

Mais les attaques sont vaines, sans prise sur une rêverie non seulement fondamentale, mais probablement plus active qu'aucune autre, si l'on en juge par le rôle énorme qu'elle joue dans les productions culturelles, de la littérature la plus haute à la marée de la paralittérature.

Philippe SELLIER

BIBLIOGRAPHIE

Charles BAUDOUIN, *Le Triomphe du Héros*, Paris, Plon, 1952.
Joseph CAMPBELL, *Le Héros aux mille et un visages*, [1949], Paris, Laffont, 1978.
Georges DUMÉZIL, *Mythe et épopée*, 3 vol., Paris, Gallimard, 1968-1971.
Gilbert DURAND, *Les Structures anthropologiques de l'imaginaire* [1961], Paris, Bordas, 1969.
Theodore GROSS, *The Heroic ideal in American Literature*, London, Collier-Mcmillan, 1971.
Sidney HOOK, *The Hero in History*, New York, 1943.
Carl-Gustav JUNG, *Métamorphoses de l'âme et ses symboles*, Genève, Georg, 1953.
Rufus MATHEWSON, *The Positive Hero in Russian Literature*, Stanford U.P., 1975.
Otto RANK, *Le Mythe de la naissance du héros*, [1909], Paris, Payot, 1983.
Marthe ROBERT, *Roman des origines et origines du roman*, [1972], Paris, Gallimard, 1981.
Philippe SELLIER, *Le Mythe du Héros*, [1969], Paris, Bordas, 1985.

Les mythes hindous dans les littératures

Mircea Eliade s'émerveillait de « la grandiose, exubérante mythologie de l'Inde antique et médiévale » *(La Nostalgie des origines),* et avec lui tous ceux qui, comme Jung ou André Malraux, ont le sens du sacré et du symbole. L'Inde, ne l'oublions pas, est la plus ancienne grande civilisation non sémitique et la seule grande civilisation intertropicale encore vivante aujourd'hui. Innombrables sont les poèmes, les drames, qui reprennent inlassablement, dans toutes les langues du pays, les histoires des dieux. Ces récits forment le fonds commun de l'imaginaire populaire hindou : les mères les transmettent à leurs enfants et ceux-ci vivent en constante familiarité avec les héros du *Mahâbhârata* et du *Râmayâna.*

A vrai dire, des grands mythes constitués dans les temps anciens, ceux qui ont une véritable histoire littéraire et se sont enrichis au cours des âges sont ceux qui mettent en scène des divinités particulièrement vénérées et aimées et dont l'histoire sert autant, sinon plus, de modèle exemplaire que d'explication ou de justification. Il s'agit, pour l'essentiel, des grands dieux Shiva et Vishnu, de deux des *avatâra* (« descentes » sur terre) de ce dernier : Rama et Krishna, et de la Grande Déesse, sous ses aspects redoutables et fascinants. Les *patua* du Bengale, communauté de ménestrels semi-nomades, chantent sur les places de village les exploits de la déesse Durga en exhibant des rouleaux peints, véritables bandes dessinées représentant des histoires mythologiques. Le cinéma, art populaire par excellence de l'Inde d'aujourd'hui, reprend largement les mythes, que ce soit dans leur version traditionnelle — comme cela a été encore récemment le cas à la télévision —

ou transposés dans les réalités de notre époque : on a pu dire qu'avec ses chants, ses danses, ses situations archétypiques et sa psychologie simpliste, le film avait pris le relais des spectacles populaires traditionnels. Le pouvoir du mythe est si fort que les acteurs qui jouent des divinités « sympathiques » apparaissent, aux yeux du public, comme imprégnés de leurs vertus : certaines vedettes du cinéma indien ne doivent-elles pas une brillante carrière politique à une exploitation fort avisée de cette image?

Les récits mythiques alimentent aussi d'innombrables publications, et tout spécialement une vaste littérature enfantine — recueils de contes et légendes tirés du *Mahâbhârata,* du *Râmâyana* et des *Purâna* — dont les produits les plus récents sont les bandes dessinées. La collection « Amar Chitra », publiée par un éditeur de Bombay, met à la portée des enfants les principaux récits mythiques et légendaires : plus de deux cents albums ont déjà paru.

Sans nul doute, les dieux de l'Inde sont encore presque aussi « vivants » que par le passé. Ramakrishna, le saint bengali dont Romain Rolland a fait connaître la vie aux Français *(La Vie de Ramakrishna,* 1929), racontait que, la nuit, la déesse Kali lui apparaissait sur le balcon de son temple. Gandhi passait une ou deux heures par jour à se faire chanter la geste de Râma, et il mourut en invoquant ce dieu. Pour les Hindous, les histoires divines et héroïques possèdent encore souvent tout le pouvoir qu'elles ont dans une société traditionnelle. Elles relient l'homme d'aujourd'hui au plus lointain passé, au temps d'avant le temps.

Le mythe, en effet, rattache l'homme historique à ce que Mircea Eliade appelait le « Grand Temps ». Les « descentes » *(avatâra)* de Vishnu sur la terre, destinées à rétablir le bon ordre de l'univers *(dharma)* chaque fois que celui-ci est menacé, sont des irruptions de l'éternité dans l'histoire, dans le temps ordinaire. « Chaque fois », dit un verset fameux du *Bhagavad-Gîtâ,* « que la loi cosmique dépérit et que s'accroît le relâchement, je me produis de moi-même » (traduction G. Deleury, p. 57). Les épopées sont les chroniques d'un temps où les hommes communiaient « naturellement » avec le divin. Les fêtes des dieux ou la récitation des textes sacrés ne « commémorent » pas, ne « rappellent » pas ces événements primordiaux, mais les réactualisent, les font revivre, et il y a en ces moments privilégiés comme une suspension du temps ordinaire. Les spectacles traditionnels permettent de rencontrer les dieux en chair et en os, un peu comme nos mystères du Moyen Age. Les dévots de Krishna qui, en certaines occasions, dansent la ronde des bouvières *(gopî)* et de leur Bien-Aimé et chantent des poèmes enflammés, ont le sentiment d'être transportés non seulement dans le temps où vivait Krishna, mais dans l'éternel *Vrindavan* (nom du village où le dieu passa son enfance), le Paradis où leur amant accueille ses dévots pour un *lila* (« jeu », « danse ») sans fin. De sorte que si, pour un Hindou, Râma ou Krishna sont plus « réels » que l'empereur Ashoka qui vécut au IIIe siècle avant J.-C., c'est parce que la vie d'Ashoka leur est totalement indifférente, qu'elle appartient à un passé qui est bien mort, au monde de l'éphémère, du fortuit, du contingent, de l' « histoire », alors que les héros mythiques ne cesseront jamais d'être présents, d'être « vivants ».

C'est cette leçon d'éternité qui nous explique pourquoi André Malraux, que hantait tellement la vanité de « ce qui passe », fut si sensible à l'enseignement des mythes indiens : dans ses *Antimémoires,* il rapporte plusieurs histoires qui mettent toutes en évidence l'opposition entre la *mâyâ,* l'univers dans lequel nous nous mouvons, la puissance qui l'anime, et l'absolu, la Réalité unique. Il raconte en particulier, dans *Le Miroir des limbes,* celle de l'ascète Narada, à qui Vishnu enseigne le secret de sa mâyâ. Le dieu demande un jour au saint ascète d'aller lui chercher de l'eau. Celui-ci, en chemin, rencontre une jeune fille, en tombe amoureux, l'épouse, lui fait des enfants... Douze ans plus tard, emporté par une inondation, Narada se retrouve, sur un rocher, face à Vishnu : « Où est l'eau ? » lui demande celui-ci, « j'ai attendu plus d'une demi-heure »... On trouvera également un conte qui met en évidence la puissance de la *mâyâ* dans la « biographie indienne » sur laquelle se ferme *Le Jeu des perles de verre* de Hermann Hesse : le personnage croit vivre toute une vie, alors que ne se sont écoulés que quelques instants : « Ç'avait été la *mâyâ* ! »

En imitant les actes exemplaires des héros, non seulement l'homme se détache du temps historique, mais, à la manière des *avatâra* eux-mêmes, il contribue à maintenir la cohésion de l'univers. On sait en effet que la notion fondamentale de l'hindouisme est celle de *dharma,* mot qui peut se traduire par : le bon ordre, l'harmonie de l'univers et l'ensemble des règles que chaque homme doit observer pour le maintenir. « Mieux vaut, assure Krishna, mal remplir son devoir propre que bien remplir celui d'un autre. » (*Bhagavad Gîtâ,* trad. G. Deleury, p. 54.) Selon une croyance très ancienne, tous les niveaux de réalité correspondent entre eux, et la récitation des textes sacrés permet à elle seule de « tenir ensemble » l'univers.

A ce caractère des mythes, qui est de nous relier au Tout et de nous permettre d'en maintenir la cohésion, s'ajoute une portée instructive, une valeur d'exemple : le récit lui-même nous imprègne et peut nous transformer. Peter Brook, qui a mis en scène une adaptation du *Mahâbhârata,* est tout à fait fidèle à la tradition indienne quand il déclare, au sujet de sa pièce : « Dans le *Mahâbhârata,* dans le grand poème, continuellement on nous dit une chose un peu étrange pour nous : si vous écoutez une histoire, à la fin vous serez un autre ; le fait même d'écouter cette histoire va vous donner de la vertu [...] en ce sens qu'une vraie histoire a une action. » (« *Le Mahâbhârata* ou les pouvoirs de la parole », propos recueillis par Georges Banu, *Alternatives théâtrales,* 24 juillet 1985, p. 5.) Le récit mythique, en Inde, pour être vraiment *efficace* doit être *prononcé,* car le sanscrit est une langue tenue pour sacrée dont le rythme s'ordonne à l'ordre cosmique ; il peut aussi être chanté, mimé, dansé. De façon plus précise encore, on peut parler d'une fonction « psychagogique » des mythes : le récit de la vie d'un dieu ou d'un héros doit nous aider, dans notre propre cheminement spirituel, à vaincre les obstacles qui ne manquent pas de surgir. Les « enfances » de Krishna, telles que nous les raconte le *Bhâgavata Purâna* (VIe-Xe siècles) et l'immense littérature qui a suivi, nous présentent une succession de combats contre des démons, dont le dieu sort toujours vainqueur; ces démons symbolisent bien évidemment des tendances qui sont en nous, et qui peuvent faire obstacle à notre progression vers la délivrance, vers l'extase de l'amour divin. Ainsi, à des lectures « cosmologique », « cosmogonique » des mythes, voire « astronomique » ou même « météorologique », se superpose, sans toutefois les contredire, une lecture « psychagogique », que l'on pourrait aussi nommer « yoguique » puisque le mot *yoga* finit par désigner, en Inde, toute discipline spirituelle. C'est bien ainsi que se présente *Le Mont analogue* de René Daumal, récit d'un voyage initiatique inspiré par les pèlerinages indiens, par ce lieu axial qu'est le mythique mont Meru de la cosmologie brahmanique, tout à la fois centre du monde et point de rencontre avec l'Un.

Dans les textes les plus anciens que nous connaissions, les hymnes védiques et les *Brâhamana,* qui sont leur prolongement direct, les récits que nous appelons des « mythes » semblent avoir pour fonction principale de justifier tel ou tel élément du sacrifice — le sacrifice étant au centre de l'activité rituelle, car il permet de se concilier les forces de l'univers. Indra, chef du clan divin, est le héros de nombreux récits. Son exploit le plus fameux est d'avoir tué le démon Vritra, qui retenait les eaux prisonnières des montagnes. Parmi les autres divinités du panthéon védique, on peut encore citer Varuna, le ciel, gardien de l'ordre du monde, surveillant les hommes, dont les étoiles sont autant d'yeux. Julien Green donne son nom pour titre à l'un de ses romans, *Varouna* (1940), qui raconte les existences de trois personnages ayant vécu à des époques différentes, mais unis dans le temps par une chaîne qui symbolise le moi de chacun d'eux (on reconnaît bien sûr, ici, la conception indienne de la métempsycose) ; au cours de chacune de ces trois vies, des crimes sont commis, puis pardonnés : « Varouna, explique Julien Green, c'est le dieu védique, le ciel nocturne qui guette le coupable. » (*Journal,* Plon, p. 180.)

Quoiqu'il ne s'agisse pas à proprement parler de mythe mais plutôt de croyance, la métempsycose, notons-le au passage, a inspiré certains récits d'écrivains imprégnés de l'Inde. Dans « La Tombe de ses ancêtres », Kipling raconte l'histoire d'un jeune officier britannique vénéré par une tribu à demi sauvage, parce qu'elle croit voir en lui l'incarnation de son grand-père (*Œuvres,* t. II, pp. 863-898), et « La plus belle histoire du monde » peint un jeune employé londonien qui a le don de se remémorer quelques-unes de ses vies antérieures (*ibid,* pp. 76-106). C'est également à une histoire de métempsycose liée à l'Inde que nous convie Edgar Poe dans « Une aventure dans les montagnes Rocheuses » *(Histoires extraordinaires).*

C'est sans doute à partir du IIe siècle av. J.-C. que se construisent, sous la forme que nous leur connaissons, les deux poèmes monumentaux qui fondent vraiment la tradition hindoue : le *Mahâbhârata,* « grand récit [de la guerre] des Bhârata », et le *Râmâyana,* « geste de Râma ». Le premier, dans son état définitif, ne compte pas moins de 90 000 distiques, soit huit fois et demie l'*Iliade* et l'*Odyssée* réunies, ou trois fois et demie la Bible tout entière, le second ne s'étendant « que » sur 24 000 distiques. Les héros principaux de ces poèmes épiques, qui ont pour origine probable les poèmes chantés par les bardes dans les châteaux, n'étaient sûrement pas, au départ, des incarnations de dieux. C'est l'évolution de la vie religieuse qui leur donnera plus tard cette dimension, jusqu'à en faire des manifestations de l'Esprit suprême.

Le *Mahâbhârata* raconte le conflit entre deux lignées rivales d'une même famille, les cent Kaurava et les cinq Pandava. A la suite d'une partie de dés truquée, les Pandava durent abandonner leur royaume entre les mains de leurs cousins et s'exiler en compagnie de leur épouse commune, Draupadi, dans la forêt. De retour chez eux, une fois le délai épuisé, ils doivent lutter pour rentrer en possession de leur trône. Ils livrent une grande bataille, et c'est au cours de celle-ci que le prince Krishna, allié des Pandava, enseignera à Arjuna, l'un des cinq frères, les voies de la connaissance suprême, et se révélera lui-même comme l'Esprit absolu : cet enseignement forme le *Bhagavad-Gîtâ,* qui est, sans contredit, l'exposé religieux le plus populaire de l'Inde. Les Pandava sortent vainqueurs de cette épreuve où tant de héros ont trouvé la mort, et le récit s'achève par la montée au ciel, beaucoup plus tard, des cinq frères.

Si l'événement qui a peut-être été le point de départ de ce récit fut assurément peu marquant, son importance littéraire peut se comparer à celle de la guerre de Troie pour la culture grecque. Dans beaucoup de calendriers hindous, l'année zéro est celle de la bataille du *Mahâbhârata.* « Véritable encyclopédie du parfait chevalier » selon Sylvain Lévi *(L'Inde et le Monde),* le *Mahâbhârata* est évidemment beaucoup plus que cela. Le *Kurukshetra,* champ de bataille où les armées s'affrontent, est désigné, au tout début du *Bhagavad-Gîtâ,* comme le « champ du *dharma* » *(dharma-kshetra)* : « Rassemblés au champ sacré, au Kurukshetra, enragés au combat, etc. » (trad. O. Lacombe). Les héros sont des êtres surnaturels, des incarnations de dieux ou d'*asura* (anti-dieux). Les situations représentées sont des situations exemplaires de toutes les sociétés indiennes. L'histoire se joue donc sur différents plans, les personnages représentant certaines valeurs ou certaines facultés psychiques. Par exemple Arjuna, qui est le fils d'Indra, représente le niveau de conscience le plus élevé auquel l'homme puisse parvenir par ses propres moyens ; mais il s'incline volontiers devant Krishna (Vishnu), la puissance d'illumination spirituelle. Chacun peut trouver ici la nourriture qui lui convient. Lamartine, qui consacra un long passage de son *Cours familier de Littérature* (1856) à L'Inde ancienne, disait de cette épopée : « En fermant le livre, on n'est pas seulement charmé, on est meilleur. » (tome IV, p. 319.) Et, pour Peter Brook, « Dans le *Mahâbhârata* il y a continuellement appel à une attitude positive (...), une manière de vivre un monde en catastrophe sans perdre contact avec ce qui permet à l'homme de vivre et de se battre d'une manière positive » (art. cité, p. 9). Dans ses *Antimémoires,* Malraux cite de nombreux versets de la *Gîtâ* et il oppose le char où Krishna exhorte Arjuna à se battre, à dépasser ses craintes individuelles pour assurer le bon ordre du monde, à un char blindé tombé dans une fosse de la plaine des Flandres, en 1940, où quelques pauvres bougres souffrent la solitude désespérée des hommes d'Occident.

La fortune littéraire du *Mahâbhârata* a été immense. Le théâtre sanscrit lui emprunte une partie de ses sujets : *La Reconnaissance de Shakuntala,* le plus célèbre drame de Kalidasa (Vᵉ siècle), développe une des innombrables légendes qui l'agrémentent. De nombreuses traductions et adaptations en tamoul (dès le VIIᵉ siècle), télougou, bengali, orya, hindi, etc., le répandent dans tout le pays, et ces versions sont souvent à l'origine des littératures locales. Il inspire le théâtre *kathakali,* au Kerala, et un peu partout des spectacles populaires. Certains romanciers indiens d'aujourd'hui régénèrent les mythes traditionnels dans un cadre contemporain. Ainsi, Shashi Tharoor s'inspire directement, dans *Le Grand Roman indien,* du *Mahâbhârata* : Ved Vyas, un vieil homme qui a traversé toute l'histoire du siècle, dicte, à la manière de Vyasa, le légendaire auteur de l'épopée, le récit de sa vie à un jeune scribe nommé Ganapati (Ganesh). C'est toute l'Inde des temps présents qui s'enracine ainsi dans le plus lointain passé et donne au mythe force de vie.

Toutefois, littérairement parlant, l'autre grande épopée de l'Inde, le *Râmâyana* de Valmîkî, ne lui cède en rien. Moins surchargée d'apports hétérogènes, l'histoire, dans ses grandes lignes, est assez simple. Râma devait normalement succéder à son père sur le trône d'Ayodhyâ. Cependant, une des épouses du roi a obtenu, afin d'avantager sa descendance, que Râma soit exilé pendant quatorze années dans la forêt, et que son fils à elle prenne sa place. Râma doit donc quitter la ville, accompagné de son frère, le fidèle Lakshamana, et de son épouse bien-aimée Sîtâ. Durant le séjour dans la forêt, Sîtâ est enlevée par le démon Râvana, qui règne sur Lankâ (Ceylan). Râma, avec l'aide de l'armée des singes dirigée par Hanuman, va assiéger Lankâ et délivrer sa femme après un combat furieux où Râvana trouve la mort. Râma peut alors rentrer à Ayodhyâ, où il est couronné. Son règne sera un temps de paix et de prospérité.

L'action est plus unie que celle du *Mahâbhârata*; il n'y a pas, entre les personnages, les mêmes savants réseaux de parenté; l'interprétation, à quelque niveau que l'on se place, paraît aussi plus simple. Il est sans doute possible, comme l'ont fait certains historiens, de voir dans cette aventure une transposition mythique de la conquête du Sud de l'Inde par la société brahmanique (l'armée des singes représenterait, selon cette interprétation, des peuples aborigènes). Néanmoins, si cette histoire est demeurée aussi vivante dans la conscience hindoue, c'est évidemment pour d'autres raisons. Les personnages, plus que ceux du *Mahâbhârata* et de manière en tout cas plus claire, plus explicite, sont des modèles de conduite : Râma est le type même du roi juste, du *kshatrya* vertueux ; Sîtâ est l'épouse accomplie ; et Hanuman le serviteur parfait, dévoué jusqu'à la fin. L'exil dans la forêt, le passage par Ceylan, sont comme autant d'épreuves dans la voie difficile vers le couronnement final. Enfin, Râma est présenté comme un *avatâra* de Vishnu.

Cette simplicité de la trame narrative, des caractères des héros, et cette facilité à en extraire une leçon ont assuré à cette épopée une diffusion inégalée. Il serait aussi inutile que fastidieux d'énumérer ne serait-ce que les principales œuvres qui s'en sont nourries. Quelques jalons seulement, les plus notables littérairement parlant : en sanscrit, un poème épique de Kâlidâsa, le *Raghuvamsha* (la « lignée de Raghu », dynastie solaire à laquelle appartient Râma), reprend les données de l'épopée. L'*Uttarâmacarita* (« fin de l'histoire de Râma ») du dramaturge Bhavabhuti (VIIIe siècle) raconte la seconde moitié de la vie du héros. Mais le texte de loin le plus important, et qui va exercer une influence considérable sur la vie indienne, est le poème épique de Tulsî Dâs (1532-1623), le *Râmcaritmânasa* (« trésor de la vie de Râma »), appelé plus simplement le *Râmâyana.* Cette œuvre, écrite dans un hindi sanscritisé très littéraire, a néanmoins touché toutes les couches sociales. Quoique présentant une vision extrêmement conservatrice de la société, elle plaît aux pauvres car Râma, qui accède ici définitivement au rang de Dieu suprême, étend sa miséricorde aux plus humbles. Destiné a être lu à haute voix et psalmodié, le poème est encore couramment récité lors d'assemblées publiques. Il est à l'origine de représentations théâtrales qui ont lieu chaque année, à l'automne, dans la plaine du Gange et en particulier à Bénarès, sous le nom de *Râmlilâ* (le jeu, la geste de Râma), auxquelles des foules immenses prennent part. Il y a des versions du *Râmâyana* dans toute l'Asie du Sud-Est imprégnée de culture hindoue, versions d'ailleurs parfois très éloignées du récit d'origine. Ainsi, en Malaisie, Sîtâ est présentée comme la demi-sœur de Râma ; Râma et Sîtâ sont métamorphosés en singes et Hanuman est leur fils... Du côté français, nous nous contenterons de citer « L'arc de Civa », un des *Poèmes antiques* de Leconte de Lisle, où nous est dit comment Râma parvint à conquérir la main de Sita.

A côté de ces deux poèmes épiques, l'autre grand vivier de récits légendaires est constitué par un ensemble de livres tenus pour sacrés, les *Purâna,* « [récits des] temps anciens ». Chacun est en principe consacré à une des grandes divinités du panthéon, et quelques dieux sont même au centre de plusieurs recueils : le plus favorisé est de très loin Vishnu, principalement sous la forme de Krishna.

Shiva, qui occupe une place considérable dans toute la « mythologie » et la dévotion hindoues, qui est tenu pour le « patron » de la danse et du théâtre (les deux étant, dans les spectacles de l'Inde, indissociables), et dont les aventures ont été abondamment reproduites sur les murs des temples et par les peintures, est la figure centrale de très nombreux récits, soit seul, soit accompagné de son « épouse » Parvati. L'origine et le symbolisme du *lingam* (représentation de Shiva sous la forme d'une pierre dressée), les différentes danses du dieu, gracieuses ou effrayantes (il est le *Nataraja,* le roi de la danse), ses combats contre les démons sont amplement développés dans les *Purâna* et dans les contes populaires qui s'en inspirent. Le *Kumârasambhava* (la « naissance de Kumara », fils de Shiva) nous raconte les noces de Shiva et de Pârvati et nous décrit, de façon fort crue, leurs ébats amoureux. Tulsî Dâs composa quelques chants nuptiaux inspirés de ces amours divines, thème également développé par les mystiques tamouls ainsi que chez les shivaïtes du Cachemire.

Cependant, si Shiva n'inspire pas davantage encore les poètes et les dramaturges, c'est sûrement parce que ses traits miséricordieux, sans être négligeables, sont souvent occultés par des aspects plus redoutables, voire franchement terrifiants : il est plus difficile de chanter l'ascète farouche qui hante, la nuit, les bûchers de crémation, que l'aimable Râma ou que le séduisant Krishna. Pierre Loti nous décrit sa visite au sanctuaire d'Ellora, consacré à Shiva, comme un cauchemar : « Siva, toujours Siva (...) Siva qui féconde et Siva qui tue (...) Siva qui hurle de triomphe sur des débris pantelants. » (*L'Inde sans les Anglais,* Calmann-Lévy, p. 260.) C'est cependant dans ce même sanctuaire que Malraux découvrira « le domaine immémorial des archétypes et des grands symboles ». « J'étais, ajoute-t-il, dans le jardin nocturne des grands rêves de l'Inde » *(Antimémoires).* « L'Inde déploie plus largement [que d'autres cultures] les ailes nocturnes de l'homme. » (*Le Miroir des limbes,* p. 229.) Les dieux appartiennent, pour lui comme pour Jung, au domaine du mystère et de l'inconscient. Dans ses ouvrages sur l'art figurent plusieurs représentations de Shiva, soit comme *Nataraja,* roi de la danse, danse moins de joie cosmique que de délivrance (« il danse, note-t-il dans *L'Intemporel,* sur tout ce qu'ont créé les hommes »), soit surtout comme la « Majesté », celle d'Eléphanta, dans laquelle il voit « le symbole de l'Inde ». S'inspirant des commentaires de Heinrich Zimmer, il s'extasie devant « ce masque aux yeux fermés sur la coulée du temps comme un chant funèbre » (*Le Miroir des limbes,* p. 224).

La *devi,* la « Grande Déesse », souvent identifiée à l'épouse de ce même Shiva, semble avoir beaucoup inspiré les poètes, surtout dans le Nord-Est de l'Inde, où le courant tantrique eut le plus d'influence. La déesse figure, aux yeux des *tantrika,* la puissance qui permet au désir de se réaliser, aussi bien chez l'homme que chez l'Etre suprême. Elle symbolise, d'une manière générale, la force de vie, la « nature naturante », selon l'expression de la théologie scolastique. C'est cette vision que Claudel développera dans « La légende de Prakriti » *(Figures et Paraboles).* Pour le peuple des fidèles, toutefois, et les poètes qui chantent sa foi, la déesse est une divinité bien vivante, aux traits parfaitement individualisés, et non la simple représentation d'une énergie ou d'un principe. Tantôt elle apparaît sous un aspect aimable et bienveillant, voire séducteur, et tantôt au contraire elle se montre terrible et impitoyable. L'origine de la déesse, le récit de ses exploits (en particulier sa victoire sur le démon-buffle) sont le sujet d'un long passage du *Mârkandeya Purâna,* le *Devi mâhâtmya* (« Célébration de la Grande Déesse », traduit par Jean Varenne), qui a été à l'origine de nombreux poèmes en langue bengalie, ainsi que de spectacles populaires (les *yâtrâ,* sortes de drames musicaux, de « mystères » en langue bengalie). L'ambivalence des sentiments qu'elle suscite, le mystique Ramakrishna la vécut pleinement : « Constamment tu danses dans la bataille, ô Mère. Jamais il n'y eut de beauté pareille à la tienne » (*L'enseignement de Ramakrishna,* Albin Michel). Ambivalence que met bien en relief Marguerite Yourcenar, dans une de ses *Nouvelles orientales,* « Kali décapitée ». Le récit nous explique comment la tête divine avait été placée sur le corps d'une femme intouchable ; la leçon, c'est que les deux principes, *dharma* et *adharma,* ce qui est dans l'Ordre et ce qui n'est pas dans l'Ordre, doivent cohabiter, et que la connaissance du vice permet de prendre conscience de la perfection (*Nouvelles orientales,* Gallimard). C'est ainsi, dit-on, que certains dévots de Shiva vont se promener, la nuit, dans les lieux d'incinération, afin de maîtriser le sentiment d'effroi qu'inspire la mort, et de mieux entendre l'appel du divin. Cette ambivalence est au cœur du mythe, elle manifeste le rapport, toujours ambigu, qu'entretiennent les hommes non seulement à la femme-mère-épouse-amante, tout à la fois source de tendresse et de peur, mais au divin lui-même.

Mais, de tous les dieux dont les *Purâna* nous content l'histoire, le plus populaire, celui qui a inspiré à ses dévots les sentiments les plus ardents et le plus excité l'imagination des poètes, c'est Krishna, le dieu au teint sombre, que le *Mahâbhârata* nous dépeignait sous les traits d'un prince, d'un guerrier, et que nous découvrons à présent enfant et jeune homme. Les *Purâna,* immenses recueils en vers de mythes et de légendes, nous racontent ses mille tours, ses « travaux » (au sens où l'on parle des « travaux d'Hercule »). Menacé de mort par la colère d'un oncle, un cruel tyran à qui l'on avait annoncé qu'il viendrait sur terre pour le tuer, il est confié par son père au chef d'un village de pasteurs, auprès desquels il passe toute sa jeunesse. Son oncle envoie contre lui plusieurs démons chargés de l'exterminer, mais à chaque fois ceux-ci sont vaincus par le jeune dieu. Sa force et son charme font de lui la coqueluche du village. C'est ce garçon irrésistible, chéri de ses compagnons et surtout de ses compagnes, les *gopî* (bouvières), qui a éveillé chez des millions et des millions d'hommes et de femmes des sentiments d'amour aussi bien maternels que sensuels, érotiques. L'image de ce dieu pastoral paraît s'être constituée aux premiers siècles de notre ère. Le récit de ses aventures est donné dans le *Harivamsha,* un supplément au *Mahâbhârata* qui date du IVe siècle ; il y est fait allusion dans certaines pièces de théâtre anciennes, il se précise dans le *Vishnu Purâna* (VIe siècle) et surtout dans le *Bhâgavata Purâna* (Xe siècle), où la composante érotique est très forte. Toutefois, le personnage de Râdhâ, la gopî préférée du dieu, n'apparaît que plus tard, dans le poème sanscrit de Jayadeva, le *Gîtâ Govinda* (« Chant du bouvier »), au XIIe siècle : à partir de ce moment-là, aussi bien dans les innombrables poèmes mystiques qui chantent leur amour que dans la danse, dans la peinture, les figures des deux amants sont indissociées. Il s'agit d'un amour total, irraisonné, illimité, hors des normes sociales

(Râdhâ n'est pas, en général, l'épouse de Krishna, encore que dans certaines traditions elle soit donnée pour telle), où la sensualité, le désir entrent à part entière (toutefois, dans certaines régions comme le Maharashtra, c'est l'épouse « légitime » de Krishna, Rukmini, qui occupe la première place, et Râdhâ y est pratiquement ignorée). A l'opposé du couple Râma-Sîtâ, qui représente le triomphe de la norme, du *dharma,* le couple Râdhâ-Krishna est le prototype de l'amour fou, de la passion irrésistible. Le désir et le plaisir physique y sont présents de manière très franche, très crue, très sensuelle. (Nombre de commentateurs préféreront, par pudibonderie, n'y voir qu'allégories!)

Le *Gîtâ Govinda* est une pastorale destinée à être chantée lors des fêtes (en particulier dans le grand temple de Puri), tandis que des danseurs en miment les épisodes : suite de cantilènes et de refrains à trois personnages, Krishna, Râdhâ et une confidente de cette dernière, messagère entre les amants. Krishna, ainsi que sa compagne Râdhâ, est étroitement lié au développement des arts. Un vaste courant dévotionnel a enfiévré le Nord du pays à partir du XVe siècle, principalement au Bengale, dans la région de Delhi (Krishna aurait passé toute sa jeunesse près de Mathurâ, à cent kilomètres au sud de Delhi) et dans l'Ouest (Maharashtra et Rajasthan) : il a inspiré non seulement des dizaines de milliers de poèmes destinés à être chantés, mais aussi les danses des temples et des villages, des spectacles, des peintures et des sculptures. Une extraordinaire production de peintures, en particulier — miniatures illustrant des manuscrits ou précieusement conservées dans des portefeuilles — au Rajasthan et au Penjab, entre le XVIe et le XIXe siècle, prend pour sujets les aventures du dieu. Les *râgamâlâ* — « guirlandes de râga » — recueils de peintures, sont censés transposer visuellement les sentiments contenus dans des modes musicaux *(râga),* et dans les poèmes qui les accompagnent; Krishna y est souvent représenté, avec ou sans ses chères *gopî.* D'une manière générale, les peintures « illustrent », parfois de façon très explicite, un passage des *Purâna,* du *Gîtâ Govinda,* de tel ou tel poème connu de tous.

Dans l'art indien, les mêmes principes fondamentaux régissent aussi bien la dramaturgie que la danse, la sculpture que la musique, car tous les arts visent au même but : provoquer chez le spectateur une certaine émotion esthétique *(râsa),* souvent considérée comme analogue à l'expérience mystique; l'artiste doit nous communiquer cette émotion dans ce qu'elle a de permanent, de transcendant, autrement dit de divin. D'où un refus d'une part de l'anecdote, de la sentimentalité, de l'émotion individualisée, de tout sentiment personnel, d'autre part une codification qui n'empêche sans doute pas le talent de s'exprimer, mais qui est tout de même extrêmement rigide et contraignante. La marge de manœuvre semble, dans les limites de chaque style, assez étroite, et dans le couple contraintes/liberté, les contraintes paraissent l'emporter.

Or il se trouve que dans la tradition krishnaïte, c'est l'inverse qui prévaudrait. Il faut dire que la poésie lyrique est, tout comme la peinture, un art plus personnel, moins « collectif » que la statuaire ou que la danse, et c'est dans ces deux formes d'art que l'absence de contraintes, la possibilité d'improviser sont les plus visibles. Ainsi, la poétesse Mîrâbâi (1547-1614) vécut personnellement le mythe de Krishna, et le mythe prit possession d'elle. Appartenant à une famille princière du Rajasthan, elle fut toute sa vie en butte aux persécutions de ses proches, qui n'admettaient pas aisément qu'elle leur préférât son amant divin.

Au Bengale, la figure de l'« Adorable » est chantée de nos jours encore, en milieu rural, par les *baoûls,* musiciens nomades appartenant pour la plupart à la secte des *vaishnava* (dévots de Vishnu). Le roman de T. S. Banerjee (1898-1971) *Radhâ au lotus* (traduction Gallimard, 1975), nous décrit leur vie. Ce récit mérite d'ailleurs d'être signalé, car c'est un bon exemple de traitement moderne d'un « mythe » : l'héroïne, une vaishnouïte, essaie de « faire passer » dans sa vie l'amour passionnel des amants divins ; elle vénère Krishna, mais celui-ci, dans son rêve, porte les traits de son compagnon. Or elle se heurte à la médiocrité de celui-ci, vishnouïte comme elle, mais sans la moindre noblesse de sentiments. Pour lui, le mythe est devenu une simple référence poétique, voire tout bonnement une raison sociale, mais n'est plus modèle de comportement.

Tagore (1861-1941) a toujours reconnu sa dette envers ces humbles chanteurs *baoûls* qu'il avait entendus, enfant, dans les villages du Birbhum (district au nord de Calcutta, où il fonda son université de Shantiniketan), et dont il partageait la joie de vivre et le sens « panthéiste » de la nature ; il a loué aussi Chandidâs, les autres poètes de la *bhakti,* ainsi que le grand mystique Chaitanya (XVIIe siècle). Il était également imprégné, comme tant d'autres Hindous, du *Bhagavad-Gîtâ.* De nombreuses pièces de *L'Offrande lyrique,* du *Jardinier d'amour,* développent à leur tour les thèmes de la séparation et de l'attente du Bien-Aimé :

> « Je brûle de jouer avec vous au jeu de l'amour, ô mon amant
> Mais vous aussi éprouvez ce désir ardent
> Car vos lèvres ne peuvent sourire et votre flûte chanter
> Que quand mon amour fait vos délices... » (trad. A. Gide).

Krishna, pour lui, est beauté parfaite, joie infinie.

De même que chaque poète revit le mythe à sa manière, s'identifiant aux compagnons de Krishna et parfois à Râdhâ elle-même, comme Mîrâbâi, l'enrichissant de toute sa sensibilité et en retenant les éléments qui le font le plus vibrer, les peintres, qu'il s'agisse des miniaturistes d'autrefois ou des imagiers d'aujourd'hui, à leur tour laissent parler leur imagination et se font les échos des rêves de leur époque. Qu'est-ce qui favorise une telle liberté, une telle fantaisie ? Cette fantaisie, cette franchise donnée à l'imagination, vont, nous semble-t-il, dans le sens du mythe, et peuvent légitimement s'en réclamer. N'en déplaise à la multitude des commentateurs, tant en Inde qu'en Occident, qui n'ont voulu retenir, des ébats galants de Krishna, que leur signification « spirituelle », la piété krishnaïte porte en elle un immense amour de la vie, un refus des entraves, des raideurs, qui la distingue de toute une autre tradition de la pensée indienne que nous avons parfois le tort d'identifier à la pensée hindoue dans sa totalité. Ce n'est certes pas un hasard si quelqu'un comme André Malraux, que fascinait la voie austère du *vedânta,* qui prône le mépris des apparences, ne retint de l'art hindou que son courant le plus hiératique, et si au contraire Elie Faure, marqué par le transformisme et réceptif au dynamisme vital, ne vit en Inde que bourgeonnement des formes et luxuriance naturaliste.

La tendresse krishnaïte n'est pas une tendresse avare, parcimonieuse. *Vrindâvan,* le nom de la contrée où Krishna passe son adolescence, contient le mot sanscrit *vrindâ,* qui veut dire « multitude ». Le lait que le petit garçon renverse sans vergogne est ce même lait d'où l'univers jaillit, au commencement des temps : il est l'abondance même, il est riche de tous les possibles.

La prodigalité n'a que faire des interdits. Dans la tradition qui domine en Inde, les *gopî* sont bel et bien des jeunes femmes enflammées qui abandonnent tout : maison, enfants, mari, dès qu'elles entendent l'appel de la flûte; Râdhâ, loin de représenter l'épouse idéale, est le prototype de l'amante passionnée. La poétesse Mîrâbâi était persécutée par sa famille parce que, pour l'amour de son Bien-Aimé, elle faisait fi de tout respect humain. De même Chandidas (1417-1477), dont les chants sont toujours aussi populaires au Bengale, s'attira la foudre des autres brahmanes et fut exclu de sa caste pour s'être épris d'une jeune blanchisseuse (donc de très basse caste) et avoir célébré cet amour comme celui de Râdhâ-Krishna.

Shiva, comme Krishna, est un dieu danseur. Mais, alors que Shiva danse la grande danse cosmique qui défait et refait les mondes et nous encourage à les dépasser, Krishna, lui, nous entraîne dans une ronde joyeuse qui *transfigure* l'existence. Krishna ne cherche pas, à l'instar de Shiva, à calciner Kâma, le dieu des désirs et de l'amour. Peintres et poètes peuvent bien permettre à leur fantaisie de jouer : ils ne contrarient pas l'esprit du mythe. Le profane, le monde de la multiplicité, du miroitement des apparences, n'a pas à être détruit, le temps n'a pas à être nié.

La légende de Krishna est une de celles qui ont été le plus tôt connues de l'Occident. Nombreuses furent les traductions du *Bhagavad-Gîtâ,* depuis celle anglaise de Wilkins en 1785, et celle française de l'abbé Parraud en 1787. En 1808 était publié un ensemble de récits recueillis par un certain colonel de Polier, soldat qui avait fait fortune en Inde, et s'y était montré curieux des traditions religieuses : récits centrés sur les aventures de Vishnu et de son principal avatar Krishna, et fort fidèles à la vulgate hindoue, ainsi que l'a précisé Georges Dumézil dans l'édition qu'il en a donné. Burnouf offrit au public français, en 1840, le *Bhâgavata Purâna.* Cependant, en raison du fossé culturel, l'histoire du joueur de flûte et des bouvières eut une fortune littéraire assez limitée hors de l'Inde. Dans le « Bhagavat » de Leconte de Lisle, ainsi que dans un autre, moins connu, des *Poèmes antiques,* « La vision de Brahma », Krishna apparaît comme l'Etre suprême, « l'Essence des essences », qui délivre les sages de leurs illusions, lesquelles étaient nées de son rêve. Apparaissant en songe au héros des « bâtisseurs de ponts » de Kipling, il annonce la fin du règne des dieux le jour où les hommes cesseront de les adorer (*Œuvres,* t. II, p. 818). André Malraux, celui de nos écrivains qui peut-être, en France, est le plus spontanément « entré » dans les mythes de l'Inde, était plus sensible à la haute figure ascétique de Shiva, ou au Vishnu maître de la *mâyâ,* qu'au charme sensuel, et sans doute un peu trop libertin à ses yeux, de Krishna. Seule Marguerite Yourcenar paraît avoir été séduite par cette aventure de sensualité et de bonheur (« Sur quelques thèmes érotiques et mystiques du *Gîtâ Govinda* »).

Dans l'ensemble, à quelques exceptions près, l'Occident a assez peu connu l'immense fonds mythique de l'Inde, et ceux qui en ont eu connaissance l'ont en fin de compte peu exploité littérairement. Si Kipling met en scène, sur un ton familier d'ailleurs très « indien », quelques assemblées de dieux, cela reste exceptionnel dans son œuvre et traité sur le mode humoristique (« Les bâtisseurs de ponts », « Les finances des dieux »). Mi-ignorance, mi-sentiment de trop grande étrangeté, notre littérature, en dehors de quelques découvreurs, s'est sentie mal à l'aise en présence de cet autre Olympe. En Inde, en revanche, les grands « mythes » occupent une place majeure, ils y sont *vécus.* Inlassablement repris, traduits, adaptés, mis au goût du jour, ils sont le terreau fondamental de l'inspiration littéraire — comme ils le sont d'ailleurs des autres arts. Ils ne sont pas figés, leurs versions varient d'une région à l'autre, ils ont un rôle capital dans la formation de l'imaginaire, bref ils sont *vivants.*

Yves Beigbeder

BIBLIOGRAPHIE

Textes

Le Veda. Premier livre sacré de l'Inde, textes réunis et présentés par Jean Varenne, Collection « Trésors spirituels de l'humanité », Paris, Éditions Planète, 1967.

L'Hindouisme. Textes et Traditions sacrées, présentés par Anne-Marie Esnoul, Collection « Trésors spirituels de l'humanité », Paris, Fayard/Denoël, 1972.

Mythes et Légendes extraits des Brâhamana, traduits par Jean Varenne, Collection « Connaissance de l'Orient », Gallimard, 1967.

Le Mahâbhârata, extraits traduits du sanscrit par J. M. Péterfalvi, Introduction et commentaire par Madeleine Biardeau, Paris, Garnier-Flammarion, 2 vol. parus, 1985-1986.

Le Bhagavad-Gîtâ, traduit par G. Deleury, Collection « La Salamandre », Paris, Imprimerie Nationale, 1992.

Le Râmâyan de Tulsî Dâs, traduit et commenté par Charlotte Vaudeville, Les Belles Lettres, Paris, 1977.

Célébration de la Grande Déesse (Devî Mâhâtmya), traduit et commenté par Jean Varenne, Paris, « Les Belles Lettres, 1975.

JAYADEVA, *Le Gîta Govinda,* traduit du sanscrit par J. Varenne, Paris, Le Rocher/Unesco, 1991.

TOUKÂRÂM, *Psaumes du Pèlerin,* traduit du mahratti par G. Deleury, Collection « Connaissance de l'Orient », Paris, Gallimard, 1956.

Chants mystiques de Mîrâbâî, traduit et commenté par Nicole Balbir, Paris, Les Belles Lettres, 1979.

Le Mahabarat et le Bhagavat du colonel de Polier, présentés par G. Dumézil, Paris, Gallimard, 1986.

Rudyard KIPLING, *Œuvres,* Bibliothèque de la Pléiade, Paris, Gallimard, 2 volumes parus, 1988-1992.

Rabindranath TAGORE, *L'Offrande lyrique,* traduit de l'anglais par André Gide, Paris, N.R.F., 1914, Réédition collection « Poésie/Gallimard », 1971.

Tara Shankar BANERJI, *Râdhâ au lotus et autres nouvelles,* traduit par France Bhattacharya, Collection « Connaissance de l'Orient », Paris, Gallimard, 1975.

Julien GREEN, *Varouna,* Collection « Points/Roman », Paris, Seuil, 1984.

René DAUMAL, *Le Mont analogue,* Collection « L'imaginaire », Paris, Gallimard, 1981.

Marguerite YOURCENAR, *Nouvelles orientales,* Paris, Gallimard, 1963.

André MALRAUX, *Le Miroir des limbes,* Bibliothèque de la Pléiade, Paris, Gallimard, 1976.

Shashi THAROOR, *Le Grand Roman indien,* traduit de l'anglais par D. Rinaudo, Paris, Belfond, 1993.

Études

Louis RENOU et Jean FILLIOZAT, *L'Inde classique. Manuel des études indiennes.* Tome I, Paris, Payot, 1947; tome II, Hanoi, Ecole Française d'Extrême-Orient, 1953; réimpression Paris, Adrien Maisonneuve, 1985.

H. de GLASENAPP, *Les Littératures de l'Inde,* Paris, Payot, 1963.

Raymond SCHWAB, *La Renaissance orientale,* Paris, Payot, 1950.

Jean BIÈS, *Littérature française et Pensée hindoue des origines à 1950,* Paris, C. Klincksieck, 1974.

Heinrich ZIMMER, *Mythes et Symboles dans l'art et la civilisation de l'Inde,* Paris, Payot, 1951.

— « Quatre épisodes du roman de la déesse », *in : Le Roi et le Cadavre,* Collection « Documents spirituels », Paris, Fayard, 1972, p. 127-197.

Mircea ELIADE, *Le Sacré et le Profane,* Collection « Idées », Paris, Gallimard, 1965.

Madeleine BIARDEAU, *L'Hindouisme. Anthropologie d'une civilisation,* Collection « Champs », Paris, Flammarion, 1981.

Dictionnaire des Mythologies, sous la direction de Yves Bonnefoy, 2 vol., Paris, Flammarion, 1981. (Contient entre autres plusieurs excellents articles de Madeleine Biardeau : « Avâtara », « Krishna », « Mahâbhârata », « Vishnu/Shiva », etc.)

Guy DELEURY, *Le Modèle indou,* Paris, Hachette, 1978.

— « L'Inde en fête » et « Rites et mythes de l'Inde », *in : Mythes et Croyances du monde entier,* tome IV, *Les Mondes asiatiques,* p. 72-102 et 103-140, Paris, Lidis-Brépols, 1985.

Marguerite YOURCENAR, « Sur quelques thèmes érotiques et mystiques de la Gita Govinda », *in : Cahiers du Sud* n° 342, sept. 1957, p. 218-228. Repris dans *Le Temps, ce grand sculpteur,* Paris, Gallimard, 1983, p. 113-128.

Sudhir KAKAR, *Moksha. Le monde intérieur. Enfance et société en Inde,* préface de Catherine Clément, Collection « Confluents psychanalytiques », Paris, Les Belles Lettres, 1985.

L'Inde et l'Imaginaire, Collection *Purusârtha* n° 11, Paris, Editions de l'E.H.E.S.S., 1988.

Rêver l'Inde, Corps écrits n° 34, Paris, Presses Universitaires de France, 1990.

Image et mythe

Au début du IIᵉ siècle , Théon d'Alexandrie donne du mythe la définition suivante : « le mythe est un discours mensonger qui exprime la vérité en images » (logos pseudès eikonizôn alêtheian - *Progymnasmata*, III). Une telle définition marque une étape décisive dans la conception que l'Antiquité se faisant de la fonction du mythe. On sait que Platon opposait le *mithos*, en tant que mensonge, au *logos* qui exprime le vrai ; il considérait de même l'image (eidolon), apparence sensible seule accessible à l'esprit humain, comme inférieure à son modèle, l'Idée intelligible. Tout simulacre, et le mythe en est un, est pour Platon une illusion dont il faut se méfier, et il faut se garder d'identifier la copie, trompeuse par nature, à son modèle : on peut traduire, en termes d'histoire de l'art, que toute représentation imagée est un faux. Cette conception négative, qui équivaut à une condamnation de la représentation induisant une condamnation globale de la poésie, est radicalement modifiée par les néo-platoniciens qui, justifiant le mythe par l'allégorie, en font un moyen d'accéder au Vrai comme l'image sensible est un moyen d'accéder aux Idées. Pour Plotin, la justification de l'image et celle du mythe sont indissolublement liées par leur identité de statut : l'un et l'autre appartiennent à l'ordre du sensible, mais renvoient à l'intelligible dont ils procèdent. Le mythe étant un *discours figuré*, est par là même un mode de connaissance indirect.

Cette conception du mythe comme allégorie détermine aussi bien la valorisation de l'Art, défini comme une « théologie » par identification avec la poésie, à la

Renaissance, que le traitement particulier du sujet mythique dans la peinture à la même époque. La Renaissance représente dans l'histoire de l'art une époque exemplaire pour la fondation du concept d'Art, et, en tant que lieu de réflexion privilégié sur les rapports entre peinture et poésie, c'est l'Italie de la Renaissance qui fournira les principaux éléments d'une analyse des circulations complexes qui existent entre le mythe et l'image, entre l'image et le texte, entre le mythe et la métaphore. Le problème du statut du mythe dans la peinture dépasse largement le cadre de ce dictionnaire : il ne sera donc abordé ici que dans ses relations à la forme littéraire, et plus spécialement à la poésie ou à la poétique au sens large. Il est évident que les différentes écoles artistiques ont considéré diversement, à travers les siècles, le traitement du sujet mythique. Si l'on admet que, globalement, l'Antiquité considérait les images mythiques comme des idoles, il est possible de retracer, très schématiquement, les principales étapes d'une évolution du sujet mythique dans l'art en référence à une définition du mythe comme allégorie : on passe d'abord de l'idole à l'allégorie, dominante jusqu'à Poussin, puis à la représentation des « fables » dans lesquelles le mythe n'est plus ni une réalité ni une allégorie, mais peut-être déjà une pure « image » ; à partir du XVIIIe siècle, où le mythe n'est plus un sujet dominant dans la peinture, comme d'ailleurs dans la poésie, il semble tendre de plus en plus à la littéralité et devenir simple « figuration » par référence à une « histoire » ; la forme allégorique persiste cependant jusqu'à Watteau, et resurgit, modifiée et adaptée par les Symbolistes à la fin du XIXe siècle ; les quelques occurrences du mythe dans la peinture moderne sont assez singulières, et si on peut encore discerner chez Chirico un traitement allégorique (« métaphysique »), les dessins mythologiques de Picasso en sont exempts, et manifestent au contraire un retour à la fonction primitive du mythe en tant que tel, fonction beaucoup plus anthropologique que philosophique, et une analyse de l'image même (de la « figure » en tant que sujet) comme expression mythique, fondamentalement reliée à l'ordre sensible seul (série des *Minotauromachies*).

Nous n'étudierons pas ici chacune de ces étapes, mais uniquement la problématique générale à partir de laquelle se fonde une évolution.

Les images des dieux

Dans l'Antiquité, la représentation de la divinité se nomme idole ou simulacre (le mot *simulacre* conservera le sens de *statue* dans les langues romanes jusqu'au XVIIe siècle) ; elle se nommera icône, en perdant son statut de représentation pour prendre celui de symbole controversé, dans la tradition chrétienne byzantine. Il n'est pas insignifiant que, dans la tradition chrétienne, le statut de l'image religieuse ait été l'objet de violentes attaques, allant jusqu'à l'iconoclasme, la divinité étant fondamentalement irreprésentable en tant que telle, tandis que parallèlement l'Art sacré s'est développé sur le même plan et avec souvent les mêmes formes que l'art profane, qui ne s'en distingue d'ailleurs que tardivement.

Les exégètes s'accordent à remarquer que l'invention des mythes est liée à la représentation anthropomorphique des dieux — que les rites archaïques n'individualisaient pas et symbolisaient seulement par des arbres ou des pierres levées —, tandis que la religion hébraïque se distingue des autres par l'absence d'images. L'origine de la peinture (nommée génériquement pour désigner l'ensemble des arts plastiques) est de même liée à la représentation des corps, et au portrait ou simulacre des dieux : elle est attribuée soit à Apollon, soit à un héros *artifex*, Prométhée, Dédale ou Ninus. Une fois la divinité représentée, on s'est demandé quelle pouvait être la réalité de l'idole par rapport à la puissance divine figurée : l'opinion dominante étant, jusqu'au IVe siècle après Jésus-Christ, que la statue contenait le pouvoir du dieu et était elle-même douée d'âme. Plus encore, qu'elle était une véritable incarnation du dieu, son « corps » physique, nécessaire pour permettre aux hommes de lui rendre un culte direct — la forme sensible étant nécessaire comme médiation pour que l'homme puisse communiquer avec le divin. C'est à cette interprétation allégorique que s'attaque saint Augustin dans la *Cité de Dieu* et les *Enarrationes*. Il refuse également une tradition proche de la précédente, celle de l'*Asclépius* (*Corpus Hermeticum*, II) qui distingue deux sortes de dieux, correspondant à deux niveaux du sensible : les « dieux célestes », ou mythiques (astres), créés à sa ressemblance par le Dieu suprême, et les « dieux des temples » (simulacres) créés par l'homme à sa propre ressemblance, mais équivalents aux premiers. Pour Augustin, tout ce que fabrique l'homme est illusion, et l'idolâtrie se définit pour lui dans les mêmes termes que le péché de chair, car elle s'attache aux apparences (les corps) pour elles-mêmes, honorant « la Créature plutôt que le Créateur » selon la formule de saint Paul (*Epître aux Romains*, I, 25).

Le motif de la ressemblance qui unit l'image au modèle est fondamental. C'est lui qui détermine, en effet, toute création : celle de Dieu, comme celle des hommes, et c'est bien là que se situe le danger pour un Augustin. Dans le schéma archétypal des cosmogonies, la *Genèse* y compris, l'homme est conçu comme un intermédiaire entre la divinité, dont il est l'image, et le monde, composé d'images dont certaines peuvent être production humaine. C'est pourquoi, pour les néoplatoniciens, les différents « mondes » correspondent, étant des images les uns des autres : les trois mondes du macrocosme d'une part (intelligible, céleste et élémentaire), d'autre part l'homme, « quatrième monde » ou microcosme, dit aussi « abrégé du monde ». Les « quatre mondes » peuvent « échanger leurs natures et même leurs noms », et si « les Anciens Pères pouvaient convenablement représenter une réalité par l'image de l'autre », c'est qu'ils connaissaient « les amitiés et les affinités occultes de la Nature entière » (Pic de la Mirandole, *Heptaplus*).

L'image, que Plotin définit comme « un miroir capable de saisir l'apparence de son modèle » (*Ennéades*, IV, 3, 11), est imitation, « figure » ou « signe » du modèle. On retrouve dans les séries linguistiques qui servent à la désigner à partir du latin la problématique fondamentale de la *mimésis*, articulée selon les types d'exégèse de façon contradictoire, selon qu'on l'entend dans un sens platonicien ou aristotélicien : *similitudo - simulare - simulacrum*; on peut attacher à cette série des connotations strictement physiques, autour de l'idée de ressemblance d'une image à son modèle, ou au contraire une valeur morale négative, à la suite de Platon et d'Augustin. Augustin associe également de façon significative la métaphore, « qui fait comprendre une chose à partir d'une autre », au mythe, à l'image, à la fable, à la fiction, à la figure et à la ressemblance — *similitudo* — (Voir Biblio : PÉPIN, p. 91). L'œuvre littéraire est définie de même, négativement par Platon, positivement par Aristote, comme essentiellement mimétique : sa fonction est d'imiter la nature, et le poète est « fabricant d'images » comme le sculpteur ou le peintre d'idoles. La poésie est ainsi un double de l'image sensible, et son statut lui est attaché, comme il est attaché à celui du mythe, au moyen duquel elle s'est d'abord exprimée. Plus encore que des « sœurs jumelles », Peinture et Poésie sont des reflets l'une de l'autre, et finissent par s'identifier : leur identification, définie par Horace dans l'*Art poétique*, est reprise à la Renaissance pour fonder la justification des arts mimétiques dans leur relation au divin.

PEINTURE ET POÉSIE

Très tôt, et pour longtemps, les peintres ont choisi pour modèles les descriptions des poètes, associées à des « tableaux », et la pratique picturale comme la didactique se fondent sur les textes antiques, lesquels ont pour sujet principal les récits mythologiques : « Rubens, ce génie si fécond, était si persuadé des secours que la plus riche imitation peut tirer de la Poésie, qu'il s'était fait un recueil des plus beaux morceaux extraits des poètes, et qui étaient autant de Tableaux. (...) Ces descriptions des Poètes sont en effet la meilleure Poétique qu'on puisse proposer aux artistes » (De Prezel, *Dict. iconologique,* Paris, 1779). Dans une perspective analogue, Titien nommait « poésies » ses tableaux mythologiques.

L'énoncé littéraire étant généralement considéré comme l'origine des mythes, l'image est censée reproduire dans l'ordre du visible « l'idée » exprimée par les poètes, dans les récits fondateurs d'Homère et d'Hésiode puis de Virgile, mais aussi dans les gloses successives que constituent les textes de l'Antiquité tardive et du Moyen Age. Telle est la position des théoriciens de l'art et des mythographes à la Renaissance, lorsque l'adéquation entre Peinture et Poésie implique, de l'une à l'autre, une relation de type allégorique et un transfert le plus souvent réversible. Au XVIIIe siècle, lorsque cette relation n'est plus acceptée, Lessing, dans son *Laocoon* (1766), établira une distinction fondamentale entre les deux arts, afin de délimiter leur champ respectif. D'un point de vue méthodologique, et non plus symbolique, cette distinction permet de définir, à partir de la différence de nature entre description littéraire et image visuelle, un autre transfert : les deux arts se différencient par leur rapport au temps. La poésie est d'abord narrative, c'est-à-dire fondée sur l'action et le mouvement, et quand Homère décrit le char de Junon, sa description n'est pas « picturale », informative, mais « narrative » car elle décrit moins la chose elle-même, visuelle, que ses effets décomposés sur une durée. La peinture à l'inverse est statique et ne peut que « suggérer une action continue » et « permanente » : elle se situe dans l'instant, même si cet instant équivaut à une éternité. De même pour Winckelmann, proche de Lessing, la relation de la fable à sa représentation se résout dans un paradoxe : le corps immobile de l'Hercule du Belvédère « semble livré à la contemplation de tous ses travaux », il représente en quelque sorte « l'idée » d'Hercule en même temps qu'un abrégé du mythe (*Geschichte der Kunst des Altertums*, voir H. Weinrich, « Structures narratives du mythe », *Poétique*, 1, 1970, p. 31). Ainsi le fait de réduire la narrativité du mythe à une figure est-il analysé comme un acte de fixation complexe, impliquant que soit réalisée à l'intérieur d'un code représentatif la combinaison de la temporalité et de l'éternité, du mouvement et de la staticité. C'est donc un acte de condensation et de transfert analogue au processus métaphorique *(trans-latio)*.

L'insistance des théoriciens de l'iconologie, à la Renaissance, à souligner l'analogie de structure et de fonction qui unit l'image poétique et l'image visuelle, « faite pour signifier une chose différente de celle que l'œil voit » (Ripa, *Proemio* à l'*Iconologie*, 1593), a pour objet de signaler la superposition des deux « images » dans le processus de transfert. Dans ce contexte, la peinture mythologique est considérée comme devant contenir une symbolique soutenue par la codification des figures et attributs divins. Cette codification équivaut à la structuration d'un langage, dans lequel la relation entre « fable » narrative et « figure » visuelle, à l'intérieur d'une théorie générale de la représentation, peut être lue comme une analogie du rapport entre l'âme et le corps : le corps, « vêtement de l'âme », est la figure sous laquelle se cache le sens de la fable (Ripa). On retrouve la conception allégorique de l'image des néoplatoniciens. Mais chez les théoriciens de l'art, cette conception de l'image comme corps se rattache toujours à une symbolique de la surface, de l'apparence sensible qui est le propre des arts visuels, alors que la poésie traite de « l'interne ».

Le travail de codification des figures est le rôle des mythographes, dont l'enseignement est surtout destiné aux peintres, et fondé sur la fonction didactique et allégorique reconnue aux mythes eux-mêmes. En se simplifiant, la démarche encyclopédique des mythographes deviendra très vite *iconologie*. Le rôle des mythographes de la Renaissance est essentiel pour la transmission même des mythes, dans la mesure où ils prennent en compte non seulement un état de fixation des images à partir des textes, mais aussi toutes les variations introduites par les interprétations et déformations successives : on y trouve la synthèse de l'état archaïque des mythes, de leurs variantes et correspondances avec les traditions égyptiennes et asiatiques, ainsi que les interprétations allégoriques et chrétiennes (celles des Pères de l'Eglise comme des auteurs médiévaux). Leur codification est donc fondamentalement syncrétique, et la transmission mythique se constitue de séries de stratifications analogues à celles que révèle l'archéologie.

Le syncrétisme des images n'est pas toujours accepté, en particulier lorsque les peintres ou les poètes juxtaposent, en les traitant allégoriquement, figures mythologiques et figures chrétiennes ou bibliques. La symbolique médiévale associait souvent les deux codes (on peut voir sur le campanile de Sta Maria dei Fiori, à Florence, un Jupiter habillé en moine), et le Christ à la Renaissance était encore souvent représenté sous les traits d'Apollon ; jusqu'au XVIIe siècle, les peintures ne négligent pas cette tradition.

Il faudra alors justifier ce syncrétisme apparent, et ce sera au nom de la fonction métaphorique de l'image, considérée comme une « poésie de style », et en invoquant l'autorité du Christ lui-même, qui « cacha une grande partie de ses secrets divins sous l'obscurité de ses paraboles » (Ripa). Voici comment le dictionnaire de De Prezel, en 1779, justifie encore Poussin : « ce fut sans doute avec trop de sévérité qu'on accusa le Poussin d'avoir mêlé la Fable avec la Vérité, pour avoir, dans son tableau de Moïse Sauvé, introduit le Nil sous une figure humaine, au lieu de représenter un fleuve simplement. Cet artiste ne nous a point représenté ce Fleuve comme un Dieu de l'Antiquité ; s'il lui a donné un corps, il l'a fait uniquement pour se conformer au style figuré de l'Ecriture » *(op. cit.)*.

LA PHILOSOPHIE DES IMAGES

La peinture comme langage figuré et langage universel du sacré est très tôt comparée au hiéroglyphe égyptien, puis au pictogramme précolombien : « les Tableaux qu'elle fait se peuvent nommer autant de Lettres Mystiques, qui sont connues généralement de tous les peuples du monde. Il ne faut donc pas s'étonner si telles Figures servaient autrefois de Caractères aux Egyptiens, comme elles en servent encore aujourd'hui à la plupart des nations du Nouveau Monde » (Baudoin, *Recueil d'Emblèmes*, 1646, Préface).

Toute représentation est une énigme, l'image étant une « écorce », un « voile » qui cache « les mystérieux secrets de la Physique et de la morale » (Conti, *Mythologie*, trad. Baudoin, 1627). On définissait exactement dans les mêmes termes le mythe lui-même, en tant qu'allégorie. La science emblématique, fondée sur ce postulat, se donne pour objet de faire coïncider une figure, empruntée le plus souvent à la codification des mythographes (qui fait autorité jusqu'au XVIIIe siècle), avec une signification morale condensée et symbolisée par l'image même. Cette science se constitue au cours du XVIe siècle à partir de trois dictionnaires de figures, les *Hieroglyphiques* d'Horapollo (1505), les *Emblèmes* d'Alciati (1531) et l'*Iconographie* de Ripa (1593). Toute une littérature de commentaires et d'exégèses de ces trois œuvres contribue par la suite à fonder sur l'interprétation des images une « science divine ». Dans le langage pictographique, figures mythiques et figures allégoriques (vertus, vices, passions) sont situées sur le même plan et souvent combinées. Ainsi Piero Valeriano, dans son commentaire à Horapollo (1556), interprète-t-il les images des dieux comme les éléments d'un vocabulaire hiéroglyphique, à côté de symboles non mythiques (figures géométriques, arbres et végétaux, pierres, animaux) : Vulcain « signifie » le feu, Silène le mouvement de l'esprit, Agus « la Masse ou Machine du Monde » car « son chef représente le ciel, ses yeux les étoiles », Junon les quatre éléments, Danaé « l'affluence des biens célestes », Europe « l'état de l'âme dans le corps de l'homme », etc.

Cette perception du mythe à travers l'image est littéralement *réductrice* : elle est issue d'une substitution qui condense la représentation individualisée et dramatisée qui était celle de la fable narrative, pour la codifier en une représentation « morale », plus abstraite et plus générale (plus « éternelle », pour reprendre les termes de Lessing) qui repose sur l'*analyse* des mythes dont la narrativité n'est plus que référentielle. Les allégories qui prennent la place des dieux depuis les moralisations médiévales, sont toutefois dans une large mesure la schématisation iconographique des attributs des dieux, en même temps que leur exégèse.

A la Renaissance, l'exégèse des images mythiques est conçue comme un mode de connaissance, lié par ailleurs à la tradition hermétique, dans lequel symboles et allégories, en se superposant à la structure narrative initiale du mythe (qui subsiste dans la mémoire), reconstituent dans une cryptographie nouvelle une « Philosophie de la Nature ». C'est ainsi que Menestrier analyse, dans sa *Philosophie des Images énigmatiques* (1682) le symbolisme des emblèmes et des figures en général destinées à pénétrer « l'obscurité des Mystères » auxquels l'esprit ne peut avoir accès sans la médiation des images. Le recours aux images permet également de condenser en un petit espace toute une spéculation encyclopédique et, idéalement, tout le savoir humain. Tel était le projet, à la fin du XVIe siècle, du « Théâtre de Mémoire » de Giulio Camillo Delminio, réservoir d'images associées aux sens, à la science et aux techniques, permettant de donner l'image même de la structure mentale à travers la combinaison symbolique de figures mythiques — Prométhée, Mercure, Pasiphaé, Apollon — et de catégories abstraites (voir F. Yates, *L'Art de la Mémoire*, Gallimard, 1975, pp. 144-174).

La peinture comme mythe

L'image étant considérée comme miroir de la vérité, l'art de fabriquer des images se trouve singulièrement valorisé à partir de la Renaissance, que cet art d'ailleurs se nomme Peinture ou Poésie. L'art est d'abord assimilé à la Création pour fonder ce que Curtius nomme la « conception théocentrique de l'art » (voir Biblio), qui ne va pas sans une certaine divinisation du peintre lui-même en tant qu'interprète et double du Deus Pictor. Dès lors que la Nature entière est un livre enluminé, écrit en lettres hiéroglyphiques, l'art dans sa fonction mimétique ne fait que célébrer en le reproduisant l'acte créateur.

Parallèlement, on cherchera à fonder la noblesse des arts mimétiques sur leur origine mythique. Le premier théoricien à formuler ce statut mythique de la peinture sera Alberti dans *Della Pittura* (1436) : Alberti, pour qui la peinture est l'expression même du divin, fait de Narcisse l'inventeur de la peinture : « Diras-tu que peindre est autre chose qu'embrasser, avec art, cette image qui est à la surface de l'eau ? » Cette interprétation de Plotin, qui, lui, voyait en Narcisse le symbole d'une humanité imparfaite qui « préfère la vision des yeux à celle de l'œil intérieur » (*Ennéades*, I, 6, 8), s'appuie sur la valorisation du sensible, de la surface dont on a vu qu'elle était le propre de la peinture. Il est intéressant de comparer cette interprétation à l'étymologie accordée par Isidore de Séville (*Etimologiae*, XVI, 3, 4) au nom d'Echo — qui est le double sonore de Narcisse, voix privée de corps de même que Narcisse n'atteint dans son reflet qu'une image sans corps —, qu'il associe à l'image, *eikôn*, pour signaler la fonction négativement mimétique de l'image, privée de sens. A partir d'Alberti, au contraire, la peinture se valorise du fait même qu'elle est le reflet des « Beautés invisibles de Dieu peintes dans les Beautés visibles de son Paradis » (Fontaine, *Dict. Chrétien*, 1691). La structure tripartite des néoplatoniciens est encore présente, avec l'analogie entre les trois niveaux : Intelligence suprême — images créées par Dieu — images créées par l'intellect humain, contenant une « âme » divine.

Le simulacre créé par l'homme ne peut donc, dans cette perspective, être entaché de connotations négatives ou de péché. Car si Dieu a créé l'homme à son image, c'est pour qu'il contemple son œuvre afin d'en restituer en lui-même le reflet. L'imitation est ainsi le propre de la nature humaine. Cette conception, poussée dans ses extrêmes implications, amènera le poète baroque Marino à analyser de manière hyperbolique l'imitation de Jésus-Christ dans les mêmes termes que l'Incarnation, en vertu du principe d'imitation universel selon lequel l'Homme, comme le Soleil, comme l'Ange, comme le Verbe, sont des « portraits de Dieu » (*Dicerie Sacre*, « La Pittura », 1614). De même, le peintre et théoricien F. Zuccaro fondait sur l'étymologie, à la manière de l'exégèse mythologique, une divinisation de la peinture à travers l'analyse des mots *Dio* (Dieu) et *Disegno* (dessin) : d'une part, di-segno est traduit « signe de Dieu », et les mots garantissent ainsi la valeur sacrée de l'art. D'autre part, le mot Dio est interprété comme un hiéroglyphe et l'image même de la Trinité : D, initiale de *Dono* (don de Dieu), représente l'Esprit Saint, « union du Père et du Fils », dans la graphie même, la lettre D étant un composé du cercle O, initiale de *Omnipotence* et symbole du Père, et de la ligne droite I, initiale de *Image* et hiéroglyphe du Fils (Zuccaro, *Idea*, II, 16, 1607). Ainsi, par la position centrale du I dans le nom du Créateur, est souligné le symbole de l'Incarnation, que Zuccaro associe tout naturellement à la création de l'homme fait « à l'image de Dieu ». Si l'incarnation est une mise en image de la divinité, une façon de lui donner corps, comment l'image serait-elle trompeuse, puisqu'elle procède en définitive de la divinité elle-même, et non de l'esprit humain qui n'en est que le miroir ? On perçoit le changement de perspective radical par rapport à l'interprétation allégorique des idoles païennes : ici l'image, corps de la divinité, n'est plus un simulacre fabriqué par les hommes, mais une Créature à laquelle Dieu lui-même confère une valeur médiatrice. La fonction de signe qui valorise, à travers l'incarnation, toute image sacrée, est radicalement différente de celle qui définissait le simulacre, car la relation entre l'homme et la divinité se trouve inversée. C'est l'acte même d'imitation, et non plus l'idole, qui prend valeur de célébration. Quant au peintre, il n'est plus « artisan », mais *artifex*, il n'est plus idolâtre, mais théologien « inspiré » à l'égal du poète. La peinture est ainsi supérieure aux autres arts, puisque son sujet est l'Image, figuration du dessein divin.

MYTHE ET MÉTAPHORE : L'IMAGE MYTHIQUE DANS LA LITTÉRATURE

L'image comme langage figuré ne peut être dissociée de la figure rhétorique, et particulièrement de la métaphore. Nous avons vu que son statut fondamentalement ambigu repose sur l'identité de fonction, même si leur nature est différente, de la peinture et de la poésie. Une fois défini le statut du mythe comme image, et le statut de l'image comme mythe, il convient, en dernier lieu, d'examiner par quelques exemples la fonction transformatrice de l'image mythique dans le domaine littéraire, lorsque le texte retravaille le matériau mythique, en combinant description et interprétation, sur le double registre de la fable (récit fondateur) et de la représentation (image codifiée).

L'image mythique, soumise aux transformations et contaminations qui définissent sa nature stratifiée, produit à son tour des « fables » qui en sont soit la description, soit l'amplification sous forme de nouveaux récits qui apparaissent donc eux-mêmes comme des métaphores. Ces œuvres-produits de l'image, dont la structure et le statut littéraire sont particulièrement complexes, peuvent être définies comme le second degré de la perception des mythes à travers un système de représentation qui en est issu : comme l'image d'une image.

La présence la plus immédiate de l'image dans la littérature se manifeste par la description, ou *ecphrasis*, dans laquelle le texte se donne comme simulacre d'une image pour donner à voir ce que le récit ne suggère qu'à travers la succession d'événements et d'actions. Mais, comme l'a montré l'analyse de Lessing, la description contient toujours, dans son principe même, les caractéristiques narratives du récit : l'image écrite ne peut jamais se superposer à l'image iconique, mais est toujours hyperbolique et analytique. Le modèle canonique des descriptions d'œuvres d'art dans la littérature est celle, au chant XVIII de l'*Iliade*, du bouclier d'Achille forgé par Vulcain, que Vico (*Scienza nuova*, II, 6) analyse comme l'image condensée de « l'histoire du monde », depuis la Création de l'Univers (représentation des astres, du ciel, de la terre et des mers) jusqu'aux étapes de la cvilisation humaine (lois, guerres, agriculture et élevage, architecture, danse symbolisant les arts d'agrément). Chaque étape est figurée sur le bouclier par une scène animée, que le texte homérique décrit en insistant simultanément sur l'aspect iconographique, matériel, de l'objet gravé, et sur l'illusion de vie et de mouvement reproduite par un récit dramatique. Loin d'être le simulacre redondant d'une image, cette description signale au contraire le décalage fondamental entre l'objet visuel et sa transformation poétique, interdisant l'opération inverse qui consisterait à représenter iconiquement l'objet même qui est décrit.

Un second niveau de productivité littéraire des images se définit à partir de l'époque hellénistique dans le genre naissant du roman : la pastorale de Longus, *Daphnis et Chloé*, se donne comme le développement narratif d'un sujet peint contemplé par le narrateur. Le roman d'Achille Tatius, *Les Aventures de Leucippé et de Clitophon*, s'ouvre sur un ex-voto représentant l'enlèvement d'Europe, et c'est l'analyse de l'image qui constitue le schéma allégorique de l'histoire que Clitophon raconte à celui qui contemple le tableau, et qui représente à la fois l'auteur et le lecteur : le sujet de l'image et celui du roman sont ici distincts, mais ils s'articulent métaphoriquement l'un par rapport à l'autre, sous le signe de la puissance d'Eros. Enfin dans *Les Ethiopiques* d'Héliodore, l'héroïne Chariclée est l'incarnation d'une image représentant Andromède, fondatrice de sa lignée, que sa mère contemplait en concevant Chariclée : le mythe d'Andromède ici détermine les péripéties et les errances auxquelles est soumise l'héroïne, et le récit apparaît comme un développement analytique et hyperbolique produit, à l'image de son héroïne elle-même, par une peinture.

A la même époque, le rhéteur Philostrate composait une œuvre singulière dont la faveur fut très grande jusqu'au XVIIe siècle, les *Images*, description d'une galerie de tableaux imaginaire qui représente des sujets mythologiques, et qui sert de prétexte didactique à des séries de variations rhétoriques sur le statut de l'image, sur l'interprétation et sur l'illusion. A partir d'une iconographie absente (mais présente dans toutes les mémoires grâce à la référence aux mythes), Philostrate greffe sur les images un commentaire philosophique et symbolique, qui sera encore amplifié par ses traducteurs (en particulier, en 1578, Blaise de Vigenère), et qui est plus important que la description proprement dite. Le mythe de Narcisse, par exemple, est analysé de façon conceptuelle comme une attraction réciproque du corps et de son reflet : l'eau est « attentive à lui, comme si elle était altérée et eût soif de son excellente beauté » (trad. Vigenère).

Dans une certaine continuité par rapport à l'entreprise de Philostrate, le poète italien G.-B. Marino compose, en 1620, un recueil de courts poèmes intitulé *La Galeria*, qui représente un catalogue idéal de sujets mythologiques, dont certains sont attribués à des artistes modernes (et réellement identifiables), d'autres probablement imaginaires. Les poèmes, dont chacun est consacré à une image, sont groupés en « histoires » (mythiques ou bibliques), « portraits » et « sculptures », et là encore la description n'est pas littérale, mais analytique. Si Philostrate entendait lire les images comme des métaphores, pour en donner le sens et la fonction iconologique, Marino de son côté interprète dans les images, sur le mode métaphorique, les implications structurales et analogiques du mythe, qu'il lit dans l'expressivité symbolique des figures. La forme brève, non narrative (comme chez Homère) des poèmes, qui sont en majorité des sonnets ou des madrigaux, permet d'approcher le plus qu'il est possible l'effet de *condensation* du récit mythique par l'image. En même temps est prise en compte et analysée, dans le poème, la problématique de l'adéquation de l'image au modèle, de l'illusion et de la réflexivité fondamentale de la représentation : Narcisse, « idole et idolâtre de lui-même », apparaît là encore comme l'image même de la peinture. Au-delà de la signification individuelle des images, *La Galeria* institue un mode d'interprétation fondé non plus sur l'allégorie, mais sur la métaphore, sur l'ambivalence et la réversibilité du mythe et de l'image. Autrement dit, une mytho-poétique de l'image s'inscrit ici à la place de la description.

Mythe et abstraction

A travers les quelques exemples que nous venons d'examiner, il apparaît que le statut rhétorique de l'image mythique, qui s'inscrit dans une réflexion globale sur la fonction de l'art, se définit par la combinaison de deux fonctions de transformation : l'image a d'abord un pré-texte, c'est-à-dire qu'elle fait référence à une fable narrative dont elle est la représentation « figurée » et le condensé, puis, par réflexivité de l'image sur elle-même ou sur ce qu'elle condense, elle produit, par l'analyse de ses attributs ou par l'intermédiaire de l'exégèse allégorique, un nouveau texte, hyperbolique, qui prenne en compte simultanément son statut iconographique et sa fonction mythique polysémique.

Une forme extrême de la permanence dans l'art de cette réflexivité de l'image et du texte se rencontre aujourd'hui encore dans l'œuvre du peintre américain Cy Twombly, qui retourne de manière exemplaire le rapport : une vaste série de tableaux (1960-1980) composés de lignes abstraites, de graffitis et de rares couleurs, et qui portent des titres renvoyant à la culture mythologique (*Narcisse, Bacchus, Bacchanales, Naissance de Vénus, Orphée, Mars et l'Artiste, Virgile,* etc.) montrent, à la place des figures, leurs noms tracés sur le papier ou la toile. Ici, l'image est littéralement abstraite, et c'est le nom seul qui condense la fable, jouant le rôle de symbole graphique, de pictogramme, que tenait la figure dans l'art figuratif. Inscrit dans la peinture, le nom d'un dieu, d'un poète ou d'un peintre, prend le statut d'image, et renvoie à la structure mythique de la fable par allusion, par référence conjointe à la double tradition littéraire et artistique (voir R. Barthes, *L'Obvie et l'Obtus,* 1982, « Sagesse de l'art », pp. 168-174).

Françoise GRAZIANI

BIBLIOGRAPHIE

Pour toutes les références de la première partie de cet article, concernant l'allégorie, voir :

Jean PÉPIN, *Mythe et allégorie,* Paris, 1976 (2e éd.).

Pour tout ce qui concerne les Mythographes, voir :

Jean SEZNEC, *La Survivance des dieux antiques,* Paris, 1980 (2e éd.).

Pour les relations établies à la Renaissance entre peinture et poésie, voir :

R.-W. LEE, *Ut pictura poesis : the humanistic theory of painting,* New York, 1967.

A propos des emblèmes et de l'iconologie, voir :

Edwin PANOFSKY, *Essais d'iconologie,* Gallimard, 1967, et *Idea,* Gallimard, 1983.

Edgar WIND, *Pagan mysteries in the Renaissance,* London, 1980 (3e éd.).

Robert KLEIN, « La Théorie de l'expression figurée... », dans *La Forme et l'intelligible,* Gallimard, 1970.

Pour la théologie de l'art, voir en particulier :

Ernst CURTIUS, *La Littérature européenne et le Moyen Age latin,* PUF, 1956, Appendices XXI et XXIII.

Ainsi que les traités sur l'art réunis par Paola Barocchi, *Scritti d'arte del Cinquecento*, Einaudi, Torino, 1977, Tomes I, II et IV.

F. Graziani, « L'Image comme Verbe divin chez Zuccaro et Marino », Congrès SFLGC 1986, *Art et Littérature*, Aix-en-Provence, 1988.

Iphigénie

La tragédie d'Iphigénie, victime puis prêtresse, se joue, à Aulis comme en Tauride, non loin de l'autel sacrificiel, dans l'imminence d'une immolation. Non loin du rivage, également, mais l'embarquement est interdit. Les dieux sont absents : ils ont fixé les enjeux et laissent se déployer le drame de la raison d'Etat et des attachements privés, de la parenté dangereuse entre le rituel et le massacre. Le ciel pour finir, reprendra, ou non, la parole et l'on pourra voir jusqu'où, entretemps, les mortels seront allés.

Aspects du mythe

Un mythe de guerre

Dans une vision d'ensemble de la geste troyenne, l'épisode d'Aulis, le sacrifice de la fille d'Agamemnon exigé par Artémis pour que la flotte grecque puisse prendre la mer, ressemble à une liturgie propitiatoire : selon Cicéron, le sang d'Iphigénie était destiné à appeler par incantation, le sang des ennemis et Agésilas, embarquant son armée à Géreste, pousse jusqu'à Aulis pour y sacrifier une biche en souvenir du sacrifice d'Agamemnon.

Quelle que soit sa portée magique, le sacrifice garantit l'unité politique du camp grec mise en péril par les palinodies de son chef. En Tauride, Thoas et ses sujets semblent tenir autant que les Grecs d'Aulis à l'accomplissement du rituel, comme si la survie du groupe en dépendait.

Mythe politique, donc, autant que mythe de guerre. Mythe national également : l'Iphigénie d'Euripide se sacrifie au péril barbare — et prend ainsi place, avant Jeanne d'Arc, parmi les vierges qui sauvent la cité — et l'image de la Tauride, lieu d'exil et de cruauté, est un hymne à la terre grecque.

Un mythe religieux

Fait rare dans la tradition grecque, la question liturgique est au centre du mythe. Une dangereuse confusion règne entre les rituels. La victime, attirée à Aulis sous prétexte de mariage est destinée à l'immolation. Agamemnon, dans certaines versions, doit sacrifier sa fille pour s'être vanté de ses exploits de chasseur, dans d'autres, c'est un gibier qui remplace la fille sur l'autel. Aussi bien, la victime, tantôt immolée, tantôt remplacée sur l'autel par un animal, est parfois enlevée au ciel et immortalisée. Euripide fait de la victime d'Aulis la prêtresse de Tauride : confusion non plus seulement des rituels, mais sur tout le spectre de la hiérarchie religieuse : assimilation de l'animal à l'humain et du mortel à l'immortel.

Fluctuation, par ailleurs, de la morale religieuse, selon qu'Agamemnon a commis, ou non, une faute qui explique l'exigence du ciel, selon qu'une divinité, *ex machina*, atténue, ou non, la cruauté du sacrifice. Mais, sans aucune exception, le sacrifice d'Aulis réussit et celui de Tauride n'a pas lieu. Le premier est-il légitime parce qu'il réussit et illégitime parce qu'il est cruel ? Le second est-il empêché car destiné à être importé en Grèce et civilisé par une réduction à un geste symbolique ? Il est clair, du moins, que le mythe d'Iphigénie pose la question de la légitimité du sacrifice.

Un mythe familial

Le sacrifice d'Aulis prend place dans l'enchaînement meurtrier qui caractérise la famille des Atrides. La mort d'Agamemnon puis celles de Clytemnestre et d'Egisthe en sont les conséquences plus ou moins directes. L'épisode de Tauride où le fratricide, involontaire, est imminent, en serait la suite s'il n'était donné à Iphigénie d'aider à la purification d'Oreste. Mais la famille est aussi le lieu privilégié de la contestation du sacrifice. S'opposent ainsi, face à l'exigence du ciel, les droits et les sentiments, antagonistes ou convergents, de la fille, du père, de la mère, du fiancé, du frère ou de l'ami d'enfance. D'où les chocs qui confèrent au mythe son intensité pathétique.

La littérature gréco-latine

Un mythe héroïque

Figure de l'épopée troyenne, Iphigénie, pour des raisons controversées, n'est pas évoquée par Homère. L'épisode d'Aulis figurait sans doute dans un autre poème du cycle épique grec, *Les Chants cypriens*, mais celui-ci ne nous est connu que par un résumé tardif (où Agamemnon est puni de sa vantardise de chasseur et où Iphigénie, qu'une biche a remplacée sur l'autel, est transportée chez les Taures et rendue immortelle). On trouve trace de diverses généalogies de l'héroïne (elle serait la fille de Thésée et d'Hélène ou encore celle de Chryséis et d'Agamemnon) et des versions multiples, comme on l'a vu, de sa fin. Ces variantes attestent la vitalité du mythe héroïque qui, cependant, ne trouve sa juste mesure et sa pérennité que dans l'espace et le temps de la tragédie.

Un mythe tragique

Seules les deux *Iphigénie* d'Euripide (*Iphigénie en Tauride*, 411 ? ; *Iphigénie à Aulis*, 405), nous sont parvenues, mais Eschyle et Sophocle avaient aussi écrit des tragédies portant ce titre. Une autre tragédie de Sophocle, également perdue, *Alétès*, racontait la suite delphique de l'épisode de Tauride : Electre est venue à

Delphes chercher un recours contre Alétès, fils d'Egisthe et usurpateur du trône de Mycènes. Arrivent de leur côté Iphigénie et Oreste, retour de Tauride. Electre est sur le point de tuer sa sœur, qu'elle croit coupable de fratricide, quand Oreste se fait reconnaître.

A Aulis, en Tauride et à Delphes, la cellule tragique est marquée par l'imminence d'un infanticide ou d'un fratricide et par l'action des volontés qui, se conjuguant ou non, tentent de les éviter. D'où l'alternance de l'espoir et du désespoir en une série de scènes dont les multiples représentations figurées attestent l'impact et qui sont pour beaucoup dans la survivance du mythe : retrouvailles de la fille encore heureuse et du père déchiré, révélation à la mère, abnégation sublime d'Iphigénie et, en Tauride, de Pylade, reconnaissance du frère et de la sœur.

Un lieu commun culturel

Chez les moralistes, le mythe ne sera plus parfois que l'*exemplum* figé par la tradition et produit à titre d'illustration : quand Lucrèce, Cicéron, Horace évoquent Aulis (Luc., I, 101 ; Hor., *Sat.* II, 3 ; Cic., *De Off.*, III, 25) c'est, respectivement, pour flétrir la religion, génératrice d'une telle cruauté, pour dénoncer la folie d'Agamemnon, ou pour blâmer le roi d'avoir fait à Diane une promesse imprudente et de l'avoir tenue.

Le mythe nourrit aussi les réflexions sur la littérature (voir la *Poétique* d'Aristote) et sur la peinture (notamment sur une œuvre de Timanthe représentant le sacrifice et un Agamemnon voilé, dissimulant sa douleur). Les écoles, enfin, se saisissent du mythe et en font matière à exercices de rhétorique. Tout se passe comme si le mythe cessait peu à peu d'être une matière vivante pour devenir une référence livresque.

Les littératures modernes

L'humanisme érudit et les tentations de la glose

Le « Roman de Troie » au Moyen Age, puis les grands traités de mythologie de la Renaissance transmettent la tradition antique sans l'élargir, sinon par la qualité croissante de l'érudition. C'est également la fidélité humaniste qui marque les premières traductions d'Euripide (la première d'entre elles est la version latine d'*Iphigénie à Aulis* par Erasme, en 1509).

D'autres érudits, cependant, font subir à la tradition un gauchissement systématique. Dès la fin du Moyen Age, des « moralisateurs » d'Ovide puis, jusqu'à la fin du XVIIe siècle, les auteurs de multiples manuels de mythologie, tentent de démontrer que le sacrifice d'Agamemnon est une préfiguration ou bien une contrefaçon de celui d'Abraham ou de Jephté, voire de celui du Christ lui-même.

A cette tentative apologétique succède, au XVIIIe siècle, une réaction évhémériste : au lieu de renforcer le christianisme, la mythologie mise, explicitement ou non, sur le même pied, le déconsidère. Bayle, dans son *Dictionnaire*, ironise sur les relations entre Achille et Iphigénie, Le Sage, dans *Gil Blas*, lance le paradoxe selon lequel l'essentiel du mythe est le vent. Une telle ironie ouvre la voie aux attaques que Voltaire lance contre le sacrifice humain, fruit du fanatisme et aussi cruel de la part de Jephté que de celle d'Agamemnon.

La simplicité attique et les tentations de l'implexe

De même que, pour les érudits, jusqu'au XVIIIe siècle, le choix est entre la rigueur humaniste et une utilisation du mythe à des fins de propagande, de même, pour les dramaturges, il est entre la fidélité à Euripide, modèle — tous le proclament — de pureté et de simplicité, et la nécessité de se conformer au goût du temps.

Rotrou (*Iphigénie*, 1640) ne complique pas l'intrigue de la tragédie d'Euripide, mais y introduit un motif qui semblera indispensable pendant près d'un siècle : l'amour. Achille n'est plus seulement le fiancé d'Iphigénie, bafoué par la décision d'Agamemnon. Il est l'amant à qui l'on arrache celle qu'il aime. Racine (*Iphigénie en Aulide*, 1674) avec l'invention du personnage d'Eriphile, qui n'est qu'un simple nom dans la tradition antique, donne à Iphigénie une industrieuse rivale et, par là-même, complique singulièrement l'intrigue d'Euripide. La destinée d'Eriphile, le secret de sa naissance, l'évocation de sa captivité donnent en outre à la tragédie une couleur romanesque assez nouvelle. On retrouve cette couleur dans le plan du premier acte d'une *Iphigénie en Tauride* où Racine fait d'un fils de Thoas — inconnu d'Euripide — l'amant d'Iphigénie et invente que des pirates avaient enlevé la victime sur l'autel d'Aulis.

Les décennies à venir seront marquées par le culte de Racine. Pour les épigones, ce culte vaut interdiction d'écrire une nouvelle *Iphigénie à Aulis.* Il les conduit, par ailleurs, à pousser jusqu'à l'outrance les complications de l'intrigue et ses aspects romanesques; d'où, dans la première moitié du XVIIIe siècle, une série d'*Iphigénie en Tauride* pleines de péripéties politiques et galantes, œuvres de dramaturges français (La Grange-Chancel, *Oreste et Pylade*, 1699), italiens (P.-J. Martello, *Ifigenia in Tauri*, 1709 ; G.-R. Carli, *Ifigenia in Tauri*, 1744) et anglais (J. Dennis, *Iphigenia*, 1699 ; L. Theobald, *Orestes*, 1731).

Cette veine persiste dans les livrets d'*opera seria* consacrés à Iphigénie et qui abonderont jusqu'à la fin du siècle. Mais, vers 1750, une nouvelle image de la Grèce marque très fortement la production théâtrale. Les traductions d'Euripide par le P. Brumoy (1730) y ont sans doute contribué, comme certaines vues de Diderot souhaitant que le théâtre moderne, comme jadis l'*Iphigénie en Tauride* d'Euripide, porte dans les âmes « le trouble et l'épouvante ». A la même époque, Winckelmann célèbre la « noble simplicité » et la « calme grandeur » de la Grèce classique et, un peu plus tard, Schiller traduira du grec l'*Iphigénie à Aulis* d'Euripide pour en célébrer l'harmonie.

Guimond de La Touche (*Iphigénie en Tauride*, 1757) se montre « assez courageux, écrit *La Correspondance littéraire*, pour supprimer un amour épisodique dont Racine, selon sa coutume, avait défiguré son plan ». Le librettiste de Gluck (*Iphigénie en Tauride*, 1779) se contentera d'adapter sa tragédie. Le livret d'*Iphigénie en Aulide* du même compositeur (1774) bien qu'inspiré de Racine, fait lui aussi disparaître, avec le personnage d'Eriphile, l'intrigue amoureuse.

Sans doute, chez Goethe, est-ce parce qu'Iphigénie refuse d'épouser Thoas que celui-ci, au début de la tragédie, ordonne le sacrifice, mais ce sont désormais des débats de conscience qui nourrissent le drame, non des péripéties.

Ce qui est chez Goethe intériorisation n'est souvent, ailleurs, qu'un compromis plus ou moins heureux entre hiératisme et ostentation pathétique. D'où le succès des parodies, par Favart, de Guimond et de Gluck.

Le mystère et les passions

Ces variations esthétiques changent la portée de l'interrogation tragique. Chez Euripide, le consentement d'Iphigénie était abnégation patriotique plus que soumission au ciel ; chez Rotrou, sa résignation stoïcienne se métamorphose en une vocation religieuse. Chez Racine, les décrets du ciel exaspèrent la passion plus qu'ils n'inspirent la piété : le sacrifice devient l'accomplissement d'une religion du cœur et, inversement, le théâtre donne aux passions les couleurs de la cruauté sacrificielle. Les images sanglantes se confondent avec celles de l'amour et la mort d'Eriphile — sur fond d'hérédité monstrueuse — satisfait également la logique du sacrifice et celle de la passion sans espoir.

Plus tard, quand les dramaturges rechercheront une émotion « à l'antique », le culte de l'humanité vertueuse, le refus des dénouements prodigieux ne feront qu'illustrer la difficulté de concilier l'argument légendaire, l'esprit de la tragédie et les thèmes de la propagande philosophique.

Avec Goethe, cependant, le mythe gagne en poésie et en profondeur : l'origine de la tragédie est la faute de Tantale à l'égard des Olympiens. Mais Iphigénie, optant pour la franchise à l'égard de Thoas, implore ceux-ci de sauver leur image en son sein et met un terme à l'enchaînement de la violence. De même, la voix d'Iphigénie, de la « sœur innocente », sauve Oreste en le purifiant du sang versé de Clytemnestre.

La cruauté et le dégoût

Le XIXe siècle est celui des épigones qui s'essaient à traiter l'épisode d'Aulis dans l'esprit de Goethe.

Cependant, J. Burckhardt et Nietzsche opposent à l'apollinisme gœthéen une nouvelle image, dionysiaque, de la Grèce. On en trouve l'écho, au XXe siècle dans les *Tragédies dionysiaques* (*Dionysische Tragödien*) de R. Pannwitz (*Iphigenie mit dem Gotte, Iphigénie avec le dieu*, 1913). Mais plus importante est la *Tétralogie des Atrides* (*Atriden-Tetralogie*) de G. Hauptmann. Dans les deux *Iphigénie* que comporte cet ensemble (*Iphigenie in Aulis*, 1944; *Iphigenie in Delphi*, 1941), le sacrifice humain est « la racine sanglante de la tragédie ». Ce ne sont plus les dieux qui règnent, ni la pure humanité gœthéenne, mais le cri de fureur d'Arès. Le mythe est devenu (ou redevenu) mythe de guerre, de cruauté et de chaos. La seule issue est d'aller au devant de la mort.

Le mythe n'a pas d'échos aussi puissants, il s'en faut, hors d'Allemagne. L'*Iphigénie à Aulis* de Jean Moréas (1903) n'est qu'une réécriture d'Euripide dans le goût de l'Ecole Romane. André Obey, dans *Une Fille pour du vent* (1953), dénonce, par la mort d'Iphigénie, « l'avarice et la lâcheté » qui permettent de survivre « dans un monde de folie et d'énorme bêtise ». Les personnages du mythe sont absents d'*Iphigénie Hôtel* de Michel Vinaver (1963) sinon dans l'attirance — problématique — des touristes pour les vestiges d'un passé ancien qui peut, aussi bien, « soulever le cœur ».

LE PAROXYSME ET LA LITOTE

Le mythe d'Iphigénie vit du paroxysme. Combinant l'horreur et le sublime, il ménage pour le pouvoir et pour les sentiments des crises décisives. Une ancienneté de convention sert de litote à des vérités que chaque temps renouvelle.

Le mythe vit aussi de l'attrait d'une vision qui se dérobe : la recherche de la simplicité ou la multiplication des intrigues, les élans d'humanité vertueuse ou les dénouements *ex machina* atténuent tout en la multipliant l'image, cruelle et troublante, de la virginité immolée.

J.-M. GLIKSOHN

BIBLIOGRAPHIE

L. SÉCHAN, « Le Sacrifice d'Iphigénie », *Revue des Etudes Grecques*, 1931, pp. 368-426.

A. GREEN, « *Iphigénie en Aulide.* L'économie du sacrifice » in *Un Œil en trop*, Paris, Editions de Minuit, 1969.

H.-R. JAUSS, « De l'Iphigénie de Racine à celle de Gœthe », in *Pour une esthétique de la réception*, Paris, Gallimard, 1978.

J.-M. GLIKSOHN, *Iphigénie, de la Grèce antique à l'Europe des Lumières*, Paris, Presses Universitaires de France, 1985.

ISHTAR

Le caractère de la déesse babylonienne Ishtar résulte d'une fusion entre deux divinités plus anciennes : Inanna, Déesse-Terre et Déesse-Mère sumérienne, et Ishtar, dont elle tient son nom, déesse sémitique des combats et de l'étoile du matin.

De son origine composite, Ishtar garde une ambiguïté dont témoigne sa généalogie, puisqu'elle est tantôt fille d'Anu, dieu du Ciel, tantôt de Sin, dieu de la Lune. Plus encore, les attributions opposées des deux anciennes déesses, notamment l'amour et les combats, réunies chez Ishtar, lui confèrent un caractère ambivalent : bienveillance et cruauté, vie et mort s'y rencontrent. Le voisinage, parmi ses emblèmes, de la colombe (Ciel), du lion (guerre) et du serpent (Terre), est symbolique des contradictions du mythe. La priorité est toutefois donnée, dans le culte du proche-Orient ancien, à la déesse de l'amour, fertile et féconde.

La terre-mère

Déesse de la fertilité : Ishtar pleurant Tammouz

La population, essentiellement paysanne, de Mésopotamie voit en Ishtar une déesse locale (les textes parlent d'une Ishtar de Ninive, d'une Ishtar d'Arbéla...), appelée Ninhoursaga (la « Dame de la montagne »), maîtresse du sol et de la végétation.

L'un des principaux rituels du culte babylonien consiste à mettre en scène et à reproduire, par des cérémonies, les lamentations d'Ishtar à la mort du jeune dieu-berger Tammouz (ou Dummuzi), qui est tantôt son fils, tantôt son frère et son époux. Après de longues liturgies, des manifestations de joie célèbrent la résurrection du dieu, rendu à la vie par Ishtar, et qui réapparaît blotti dans ses bras. Tammouz personnifie la nature végétale, identification illustrée par la légende qui le fait mourir broyé dans un moulin, mieux que par la version plus fréquente où il est tué par un sanglier. Sa mort momentanée symbolise donc le dépérissement de la végétation, non pas en hiver, comme dans les mythes occidentaux, mais à la sécheresse de juillet (mois de Tammouz). Ces rites, évoqués par la Bible (*Ezéchiel*, VIII, 14), se célébrèrent jusqu'au Moyen Age.

Ishtar et Tammouz sont encore unis par les cérémonies du Nouvel An, où leur mariage sacré est simulé par une prêtresse et le souverain de la cité. Les liens nuptiaux ont seuls le double pouvoir d'asseoir l'autorité royale, et d'assurer à la cité le retour de Tammouz, c'est-à-dire la stabilité du cycle de saisons, donc une année fertile.

La descente d'Ishtar aux Enfers

Une autre version du mythe charge Ishtar elle-même du rôle de la divinité végétale qui meurt et renaît comme la nature : la déesse descend aux Enfers, monde de sécheresse. A chacune des sept portes du royaume des morts, elle doit dépouiller un vêtement ou un ornement, comme Dante, au Purgatoire, perd, à chaque porte, un des sept P (péchés capitaux) gravés à son front (*Purgatoire*, IX, 112). La déesse se retrouve nue devant Ereshkigal, reine des Enfers, qui lui inflige les soixante tortures. Eâ, dieu de l'abîme, sage entre les dieux, intervient alors en sa faveur : aspergée d'eau vivifiante, Ishtar revient parmi les vivants, et retrouve à chaque porte un de ses sept vêtements.

Mais l'intervention d'Eâ est moins due à la souffrance de la déesse qu'à celle des hommes, privés d'elle. Or, curieusement, si la descente d'Ishtar aux Enfers symbolise bien la mort estivale de la végétation, elle entraîne aussi l'arrêt de la génération animale et humaine, comme le montre la version akkadienne de la légende :

> « Depuis que la déesse Ishtar était descendue dans le pays d'où l'on ne revient pas, le taureau n'a plus sailli la vache, le baudet n'a plus sailli l'ânesse, le garçon, dans la rue, ne s'est plus approché de la fille... »

On ne saurait donc dissocier l'Ishtar fertile de l'Ishtar féconde, Déesse-Mère, déesse de l'amour.

La « Dame de l'amour »

La figure d'Ishtar, Déesse-Mère, montre une surprenante ambiguïté, puisqu'on en fait tantôt une vierge, tantôt la courtisane des dieux. Ces deux extrêmes sont en effet conciliés dans le rôle maternel de la déesse : appelée Nin-lou amakalamma (« la Dame qui donne naissance, la mère du pays »), considérée comme la mère des rois (on a vu qu'elle était aussi leur épouse), elle préside aux naissances. Sans doute est-ce cette fonction qu'illustrent des statuettes représentant Ishtar nue, allongée sur un lit, jambes rapprochées, les deux mains soutenant ses seins. La nudité est, du reste, souvent associée à la figure d'Ishtar, on l'a constaté notamment lors de sa descente aux Enfers.

Toutefois, il semble que, parmi les attributions de la déesse, le pouvoir générateur ne soit que le résultat de l'aspect premier de l'amour, la sensualité. On se livre, dans ses temples, à la prostitution sacrée des jeunes filles et des jeunes gens, qui simulent peut-être sur l'autel le mariage sacré de la déesse. A Carthage, le culte d'Ashtart, réplique phénicienne d'Ishtar, sera célébré par des rites orgiaques.

Maîtresse des naissances, Ishtar reste protectrice de la vie. D'où son rôle de guérisseuse, qui l'associe encore à Tammouz, dieu des malades. On a même pu supposer que le récit de la descente d'Ishtar servait d'incantation pour la guérison des malades : en effet, le calvaire et la renaissance de la déesse sont à l'image de leurs souffrances et de leur rétablissement.

Mais, si elle est capable de donner la vie, Ishtar sait aussi la reprendre. Et, curieusement, les deux pôles de son action, vie et mort, sont étroitement liés, puisque sa cruauté reste indissociable de son aspect érotique.

L'ISHTAR FUNESTE : VOLUPTÉ ET CRUAUTÉ

L'épopée de Gilgamesh : Ishtar, amante impitoyable

Séduite par la vue du héros Gilgamesh, roi d'Uruk, à sa toilette, Ishtar lui demande de devenir son amant, et lui propose en récompense présents et honneurs. Mais Gilgamesh a l'audace de refuser, et, ce qui est encore plus grave, d'insulter la déesse en énumérant les turpitudes de sa vie amoureuse, gouvernée par l'infidélité et la cruauté :

> « ... tu n'es qu'un piège qui dissimule les traîtrises (...)
> Qui fut pour toi un amant que tu aies aimé pour toujours?
> Qui, de ceux à qui tu as été, eut jamais un bon devenir? (...)
> Tu as aimé l'Oiseau « petit berger » au plumage bigarré; tu l'as frappé
> et tu lui as cassé son aile (...).
> Tu as aimé le berger (...),
> tu l'as frappé et tu l'as transformé en chacal; (...)
> Tu as aimé Ishullanu le jardinier de ton père, (...)
> tu l'as transformé en *tallalu* (araignée)... » (Tablette VI).

Outragée, cette Circé babylonienne va trouver au ciel sa mère Antu et son père Anu, auquel elle demande d'envoyer contre Gilgamesh un taureau furieux; en contrepartie, elle assurera à la végétation sept années fertiles.

Le culte d'Ishtar lui attribue cependant des actes plus cruels que les métamorphoses de ses amants en animaux : pareille à la reine de la Tour de Nesle, elle exige leur mort. Certaines cérémonies du mariage sacré s'achevaient par le sacrifice de l'époux, qu'une nouvelle victime remplaçait chaque année.

Une puissance destructrice

Ainsi, au revers du pouvoir générateur d'Ishtar, se dessine sa force dévastatrice, qui en est la contrepartie. En effet, la déesse menace, si le taureau furieux ne lui est pas accordé, de s'en prendre à toute l'humanité :

> « ... je remplirai le monde de carnage,
> et le nombre des morts l'emportera sur celui des vivants! »

Aussitôt après, pourtant, Ishtar promet de « faire croître l'herbe en quantité pendant sept ans ». La menace de destruction trouve ainsi sa contrepartie immédiate dans cette garantie de fertilité.

Le mythe d'Ougarit souligne encore le lien qui unit, chez Ishtar, création et destruction, vie et mort. Le héros, Aleyan-Baal, est assassiné par Mot, maître du monde souterrain. Son épouse Anat (un des noms d'Ishtar), s'empare du coupable, le dépèce avec une faucille sacrée, le vanne, le brûle, l'écrase sous une meule, et répand ses restes dans les champs. Mot doit ensuite ressusciter : il aura donc subi le sort du grain. La figure du dieu végétal semble ici s'être dédoublée en Aleyan, qui meurt, et Mot, qui souffre et renaît. A eux deux, ils recomposent la figure de Tammouz, ou de l'Osiris égyptien. Mais il est remarquable que la manière même dont Ishtar a tué Mot entraîne sa résurrection. On voit par là à quel point puissance de mort et puissance de vie sont mêlées dans le caractère de la déesse.

La « Dame du corps à corps »

C'est surtout en Assyrie, pays de guerriers, qu'Ishtar est adorée comme déesse des combats, sorte de Bellone, comme l'attestent les figurations où elle apparaît armée. On a pu rapprocher de ce rôle un certain caractère viril de la déesse, dont le nom même comporte une désinence masculine. N'a-t-elle pas la même origine et les mêmes attributions que l'Athtar de l'Arabie du Sud, qui est un dieu ?

Reste que le lien entre déesse de l'amour et déesse des combats semble problématique. Les théologiens ont expliqué la duplicité d'Ishtar par celle, de son astre, la planète Vénus, tantôt étoile du matin (qui correspond à la fille de Sin, guerrière), tantôt étoile du soir (fille d'Anu et déesse de l'amour). Cette explication souligne l'ambivalence de la déesse sans la justifier. Il se peut que son rôle guerrier soit à rapprocher de son pouvoir protecteur de déesse locale ; mais, à l'inverse, on peut voir dans le combat un moyen, pour une déesse « redoutable aux ennemis », de laisser éclater sa violence destructrice.

La grande déesse

Au cours des siècles, Ishtar acquiert une importance croissante dans le panthéon babylonien, pour en devenir une des figures primordiales.

Déjà, dans ses rapports amoureux, on remarque que la déesse a toujours l'initiative, que ses amants soient des dieux ou des hommes. Mais son autorité tend à dépasser le domaine de l'amour, et à s'affirmer, de manière monarchique, sur l'ensemble des dieux et des humains. Un hymne à Ishtar porte témoignage de sa suprématie :

« Célébrez la plus auguste des déesses (...),
Ishtar, elle dont la place entre les dieux est à part,
Dont l'ordre fait autorité (...).
C'est leur Reine : ils acceptent ses commandements,
Tous, ils ploient le genou devant elle. »

En même temps qu'elle acquiert un pouvoir absolu, Ishtar voit se fondre en elle les autres divinités féminines, selon une concentration sans doute favorisée par l'ambivalence de ses attributions : Antu (la Terre), Ningal (la « grande Dame »), Aya (parèdre du dieu du soleil), puis toutes les déesses ne sont plus que des formes diverses d'une Ishtar devenue universelle. C'est l'exemple le plus frappant du syncrétisme babylonien, avec celui de Marduk, son équivalent parmi les dieux, et qui rappelle l'importance acquise par Isis dans la Rome décadente. La célèbre porte d'Ishtar, un des monuments les plus grandioses de Babylone, témoigne de la prééminence de la déesse. Mais, plus que l'architecture, la littérature a gardé, de la Bible au XXe siècle, la trace d'Ishtar, assurant la postérité du mythe, au prix de quelques transformations : évoquée sous d'autres noms, d'autres formes, la déesse est restée reconnaissable aux grandes constantes de son mythe.

La postérité littéraire d'Ishtar

L'Esther biblique et racinienne

Quoique la Bible fasse d'elle une reine, et non une déesse, Esther peut, à bien des égards, apparaître comme une sorte de survivance, dans la mythologie hébraïque, de la figure d'Ishtar. Leurs noms, tout d'abord, sont apparentés. De plus, la naissance d'Esther la distingue de son époux Assuérus, roi de Perse : parce qu'elle est juive, elle est plus proche du Seigneur, bien qu'elle soit de nature humaine. Les rapports d'Esther et d'Assuérus sont donc analogues à ceux de la déesse Ishtar avec son époux humain, royal lui aussi, dans le rite du mariage sacré.

L'Assuérus de Racine (*Esther*, 1689) reconnaît en son épouse une sorte de protection divine :

« ... sur ce trône assis auprès de vous,
Des astres ennemis j'en crains moins le courroux,
Et crois que votre front prête à mon diadème
Un éclat qui le rend respectable aux Dieux même » (Acte II, scène VII).

Enfin, la mission d'Esther s'accomplit à la fin du festin auquel elle a convié le roi et Aman. Or, celui-ci est alors condamné à mort, comme pouvait l'être, après les cérémonies du Nouvel An, l'époux d'Ishtar. Certes, Aman n'est pas l'époux d'Esther, mais, détail significatif, il tente, ou semble tenter, de la violer :

« Quoi ? le traître sur vous porte ses mains hardies ? (...)
Qu'à ce monstre à l'instant l'âme soit arrachée... » (Acte III, scène VI).

C'est après ce geste, qui l'unit symboliquement à Esther, qu'Aman est définitivement condamné à mourir.

L'Ashtart phénicienne

La ressemblance d'Ashtart à Ishtar est beaucoup plus complète, puisque la première est la réplique phénicienne de la seconde, dotée, à peu près, des mêmes attributions. Ashtart prend, à Carthage, une importance primordiale : elle y est la Grande Déesse, protectrice de la ville. Dans *Salammbô* (1862), Flaubert évoque ce rôle de la déesse, qu'il appelle Astarté, de son nom grec, ou, plus souvent, d'un de ses autres noms, Tanit. C'est à elle que s'adresse la prière de l'héroïne : « O Rabbetna !... Baalet !... Tanit ! (...) Anaïtis ! Astarté ! (...) par les sillons de la terre — par l'éternel silence et l'éternelle fécondité —, dominatrice de la mer ténébreuse et des plages azurées, ô Reine des choses humides, salut ! ».

On reconnaît, dans cette invocation, la fertilité et la fécondité, associées comme chez Ishtar, mais un trait nouveau consiste à relier l'humidité fertile à l'élément marin. Cette association peut avoir pour origine l'influence de l'Aphrodite grecque sur la figure d'Astarté, telle que la conçoit Flaubert.

Astarté et Aphrodite

Adoptée par les Grecs, Ashtart, devenue Astarté, est très vite identifiée à la déesse de l'amour, associée, comme elle, à la planète Vénus. Certaines légendes se rapportant à Aphrodite, semblent empruntées au mythe d'Ishtar. Un épisode de l'*Iliade* (VIIIe siècle avant J.-C.) rappelle l'épopée de Gilgamesh : Aphrodite, blessée par Diomède (métaphore de la blessure morale infligée à Ishtar par Gilgamesh ?), va se plaindre à Zeus son père, et à Dionè sa mère (*Iliade*, V, 370), comme le faisait la déesse babylonienne.

D'autre part, quoique le rôle végétal d'Ishtar soit assumé, en Grèce, par Déméter, le mythe de la mort de Tammouz est repris, associant désormais Aphrodite et Adonis (équivalent phénicien de Tammouz), ou plutôt Vénus et Adonis, selon le célèbre récit d'Ovide (Ier siècle après J.-C.) :

> « ... le sanglier farouche le poursuit, lui plonge dans l'aine ses défenses tout entières et l'étend moribond sur le sable fauve... » (*Métamorphoses*, X).

Le mort est alors pleuré par Vénus, comme Tammouz l'était par Ishtar dans le mythe babylonien. Mais, si la déesse grecque doit beaucoup à Ishtar, inversement, Astarté emprunte à son tour certains traits d'Aphrodite, en particulier son lien avec la mer (Vénus anadyomène, sortie de l'onde). Cette assimilation explique l'image que se font d'Astarté les poètes modernes.

L'Astarté des Parnassiens

Pour les poètes du XIXe siècle, Astarté reste avant tout une des formes de Vénus. Peut-être le goût des poètes pour la déesse tient-il moins à sa spécificité, qu'aux sonorités harmonieuses de son nom grec, qui permet en français une rime rare avec « clarté » ! Cela explique sans doute en partie que les Parnassiens, soucieux de musicalité, aient fait une place à Astarté parmi leur nombreuse mythologie. On le constate dans ces vers de la *Prosopopée pour une Vénus*, de Banville :

> « Hélas, qui me rendra ces jours pleins de clarté
> Où l'on ne m'appelait que Vénus Astarté »...

Dans sa période parnassienne, Rimbaud a, lui aussi, évoqué Astarté. Quoique nommée seule, cette fois-ci, la déesse reste proche de Vénus :

« Oh! si l'homme puisait encore à ta mamelle,
Grande mère des dieux et des hommes, Cybèle;
S'il n'avait pas laissé l'immortelle Astarté,
Qui jadis, émergeant dans l'immense clarté
Des flots bleus, fleurs de chair que la vague parfume,
Montra son nombril rose où vint neiger l'écume... » (« Soleil et chair », 1870).

Au-delà des images parnassiennes, qui évoquent surtout la naissance de Vénus, ces quelques vers rattachent Astarté à sa figure originelle de déesse mère, puisque son nom côtoie celui de Cybèle, la Grande Mère anatolienne, qui représente, comme Ishtar, la force génératrice de la nature.

Les Décadents : une Ishtar inquiétante

Au tournant du siècle, Ishtar apparaît comme une des figures récurrentes de la littérature décadente. Le duc de Fréneuse, héros du roman de Jean Lorrain *M. de Phocas* (1901), se sent possédé, envoûté par un regard qui le tourmente : « le regard que je cherche, le regard de Daghut, fille du roi d'Ys, le regard de Salomé aussi, mais surtout la clarté limpide et verte du regard d'Astarté, d'Astarté qui est le Démon de la Luxure, et aussi le Démon de la Mer. » L'aspect marin d'Astarté la lie encore à la thématique parnassienne; mais on reconnaît ici le rôle maléfique de la déesse (Démon de la Luxure) telle qu'elle apparaissait dans l'épopée de Gilgamesh.

On retrouvera une Ishtar inquiétante chez Péladan, un passionné de Babylone, dans le roman *Curieuse*: l'héroïne, la princesse Riazan, s'identifie à « la grande Istar, l'Aphrodite de Kaldée ».

L'intérêt des Décadents pour la déesse semble résulter d'une double tendance : d'une part leur fascination pour les figures de la femme fatale, d'autre part leur goût pour les divinités insolites qui satisfont, chez ces esthètes, l'amour du bizarre.

L'interprétation de Saint-John Perse

Contrairement aux poètes du Parnasse, Saint-John Perse rend à Ishtar son premier nom, et la replace parmi d'autres dieux babyloniens, présents dans son œuvre. Dans *Amers* (1957), bien qu'encore liée à la mer par une association désormais familière, Ishtar retrouve son caractère primitif (mieux connu, au XXe siècle, grâce à la découverte et à la traduction de textes cunéïformes), ses contradictions premières :

> « L'Amour, la mer se fassent entendre! Naissance et mort aux mêmes frondes!... (...)
> — Ainsi Celle qui a nom frappe à midi le cœur éblouissant des eaux : Ishtar, splendide et nue, éperonnée d'éclairs et d'aigles verts, dans les grandes gazes verts de son feu d'épaves... » (Strophe, IV).

On reconnaît dans ces versets la dualité originelle d'Ishtar, « naissance et mort »; de même, on se souvient que la nudité était associée à l'Ishtar féconde. Plus surprenante semble l'heure de son apparition, « midi », qui semble l'apparenter au soleil (« éblouissant », « éclairs », « feu »). Peut-être faut-il voir là un rappel de la fraternité d'Ishtar et de Shamash, dieu du soleil. Saint-John Perse connaît pourtant le symbolisme astral d'Ishtar, puisqu'il évoque, un peu plus loin, « l'Étoile verte du matin ». Quant à cette couleur verte dominante, plutôt que par le rôle fertile de la déesse, il semble qu'il faille l'expliquer, dans un poème consacré à la mer, par une vision marine d'Ishtar, encore une fois apparentée à Vénus Anadyomène.

Conclusion

La richesse de la figure d'Ishtar semble indissociable de ses contradictions : tantôt bienveillante, tantôt cruelle, elle est peut-être, tout simplement, à l'image de la nature mésopotamienne qu'elle représente : changeante et capricieuse.

On peut s'étonner qu'une figure aussi riche et aussi puissante ne nous soit pas mieux connue. Et pourtant, les épisodes les plus saisissants du mythe d'Ishtar nous semblent familiers. C'est que nous les connaissons, mais associés à d'autres noms : Orphée pour la descente aux enfers, Isis et Osiris pour le cadavre dépecé et dispersé, Vénus et Adonis pour les lamentations sur la mort du jeune dieu... Or ces légendes sont toutes originaires du proche ou du moyen-Orient, et certaines ont pour source la mythologie babylonienne. Faudra-t-il croire qu'Ishtar a été éclipsée par ses propres héritiers?

Ann-Déborah Lévy-Bertherat

BIBLIOGRAPHIE

Sur le mythe d'Ishtar

A. H. KRAPPE, *Mythologie universelle*, Paris, Payot, 1930.
Georges CONTENAU, *Le Déluge babylonien, Ishtar aux Enfers, La Tour de Babel*, Paris, Payot, 1941.
Jean BOTTERO, *La Religion babylonienne*, Paris, P.U.F., 1952.
E. O. JAMES, *Mythes et rites dans le Proche-Orient ancien*, Paris, Payot, 1960.

Principaux textes cités

Ishtar aux Enfers, trad. G. Contenau (in *Le Déluge babylonien...*), Paris, Payot, 1941.
L'Epopée de Gilgamesh, trad. G. Contenau, Paris, L'Artisan du livre, 1939.
OVIDE, *Métamorphoses*, trad. G. Lafaye, Paris, Belles Lettres, 1928.
RACINE, *Esther*, in *Œuvres complètes*, tome I, Paris, Gallimard, « Bibliothèque de la Pléiade », 1950.
FLAUBERT, *Salammbô*, Paris, Gallimard, 1970.
RIMBAUD, *Œuvres complètes*, Paris, Gallimard, « Bibliothèque de la Pléiade », 1972.
SAINT-JOHN PERSE, *Amers*, in *Œuvres complètes*, Paris, Gallimard, « Bibliothèque de la Pléiade », 1972.

Isis

Figurée en simple femme, coiffée d'un trône à haut dossier, signe hiéroglyphique de son nom égyptien, *Aset,* l'Isis de l'Egypte ancienne est la fille du ciel et de la terre, issue du dieu-soleil Rê. Celui-ci, vieillissant, confie sa succession à Osiris, frère et époux de la déesse, et leur couple bénéfique, symbolisant la fertilité de la vallée du Nil, apporte aux hommes l'agriculture, la civilisation et les lois.

La déesse égyptienne

La légende d'Isis et d'Osiris

Jaloux d'Osiris, son frère Seth l'assassine, dépèce son corps et en disperse les morceaux. Isis se met alors en quête de ses restes et, parvenue à les rassembler, elle insuffle au cadavre une nouvelle vie. La déesse remodèle enfin, avec du limon et de la salive, l'organe sexuel d'Osiris, qui n'avait pu être retrouvé, et conçoit alors Horus, que l'inimitié de Seth l'obligera à élever en cachette.

C'est de ce récit, tel qu'on peut le reconstituer d'après des fragments, ou tel que le rapporte Plutarque dans son *De Iside et Osiride* (Ier siècle après J.-C.), que se déduisent les grands traits du mythe d'Isis à l'époque pharaonique.

Les attributions d'Isis : magie, fertilité, maternité

Parce qu'elle a su rendre la vie à son époux mort, Isis a pour rôle primordial d'être une guérisseuse, une magicienne dont les incantations garantissent l'efficacité des remèdes (n'a-t-elle pas, par ses seules paroles, sauvé Horus mordu par un scorpion ?). Déesse de la médecine, Isis est avant tout, pour le peuple, la magicienne dont les attributs, notamment le *nœud d'Isis*, sont portés en amulettes.

Mais la résurrection d'Osiris étant symbole du renouveau végétal, Isis est aussi la déesse agraire de la fertilité ; d'où l'importance, dans son culte, de l'eau du Nil (qu'on trouvera encore à Rome dans les *hydries* pour représenter la déesse lors des cérémonies). Porteuse de fécondité, puisqu'elle a rendu à Osiris la puissance sexuelle, elle devient parèdre de Min, dieu procréateur ; cette attribution est étroitement liée à son rôle maternel.

Protectrice de l'amour et de l'enfance, Isis épouse et mère est figurée allaitant ; sa coiffure primitive est alors souvent remplacée par des cornes de vache enserrant un disque solaire. Ce trait marque l'assimilation de l'aspect social de l'amour et de l'enfantement (Isis) à leur aspect physiologique représenté par Hathor, la déesse-vache nourricière. Isis-Hathor, que les Grecs identifieront à Aphrodite, est invoquée pour ses charmes d'amour et ses philtres.

Ces deux dernières attributions d'Isis, déesse agraire et déesse mère, se rejoindront à l'époque du Bas-Empire dans la figure de la mère universelle, héritière du mythe primitif de la Terre-mère.

Le pouvoir d'Isis

Cessant d'être seconde d'Osiris, Isis accède, grâce à son pouvoir de magicienne, au premier rang du panthéon égyptien, et surpasse Rê lui-même : elle façonne un serpent de limon qui mord le dieu, et n'accepte de le guérir qu'à condition qu'il lui révèle son nom secret. Elle devient alors « Isis, maîtresse des dieux, qui connaît Rê par son nom même » (papyrus de Turin). Sa suprématie, jointe à l'extension de ses attributions (l'apport de la civilisation lui est désormais exclusivement attribué), tend à faire d'Isis une déesse universelle, et cette tendance se confirmera au contact de la culture hellénistique.

Isis et le monde gréco-romain

A l'époque de l'hégémonie grecque, le mythe d'Isis subit un double infléchissement : elle est hellénisée, en même temps que des assimilations orientent son culte vers un quasi-monothéisme qui triomphera dans la Rome impériale.

Isis et Déméter

Des analogies entre les deux déesses ouvrent la voie à un syncrétisme de plus en plus net, puisque, selon Diodore de Sicile et Apulée, elles ne diffèrent que par leurs noms. Comme Isis, Déméter est confrontée à la perte d'un être cher, sa fille Coré enlevée par Hadès; elle se met, elle aussi, en quête de la disparue, et obtient que Coré resurgisse à chaque printemps du monde souterrain où elle est retenue l'hiver. Les deux légendes sont donc des explications similaires du renouveau végétal.

Dans *De Iside et Osiride*, Plutarque accuse encore leur ressemblance en insérant dans le récit de la quête d'Isis un épisode d'inspiration grecque : cherchant le corps d'Osiris à Byblos, la déesse est engagée comme nourrice de l'enfant royal. La mère la surprend un jour à brûler le corps de son fils pour lui conférer l'immortalité, et cette interruption met fin aux bienfaits d'Isis. Un tel épisode semble bien emprunté à la légende de Déméter qui, faute d'avoir pu immortaliser son nourrisson Triptolème, fait de lui le fondateur de l'agriculture.

On comprend dès lors qu'Isis ait été introduite dans le panthéon éleusinien et soit devenue, comme Déméter, l'objet d'un culte à mystère, en même temps que sa figure se modifiait.

Isis hellénisée

Isis emprunte aux déesses grecques leur longue tunique, mais reste reconnaissable à sa coiffure (longues boucles tombant sur les épaules, guirlande rappelant son rôle végétal) et surtout à son châle frangé noué entre les seins, adaptation de son nœud primitif.

Sous l'influence grecque, le culte isiaque connaît un renouveau en Egypte ptolémaïque : les reines lagides s'identifient à la déesse, et Cléopâtre se fait appeler *Nea Isis.* La divinité est alors considérée comme une allégorie de l'Egypte toute entière, et non plus seulement de la vallée du Nil ; tel est sans doute le sens d'une inscription de l'Iséum de Dendérah, où Isis est dite née « sous la forme d'une femme noire et rouge » : le noir est la couleur du limon et « la Rouge » désigne le désert.

Les arétalogies

Ces hymnes chantés ou récités lors des fêtes d'Isis sont souvent écrits à la première personne : la parole est à la déesse qui, après s'être présentée (« Je suis Isis »), énumère les domaines de son pouvoir devenu universel. Outre la civilisation et la législation, l'arétalogie de Kymé (Ier siècle avant J.-C.) lui prête l'invention, avec Hermès (Thot), de l'écriture et des langues, et fait d'elle la créatrice de l'univers, la souveraine des trois mondes, terrestre, céleste et souterrain, une puissance cosmique régnant sur les éléments et les astres. Le premier hymne d'Isidoros, de même époque, énumère les noms de la déesse (Astarté, Artémis, Héra, Aphrodite, Hestia, Rhéa, Déméter, etc.) : elle est *myrionyma,* et si son culte confine au monothéisme, il semble aussi fortement empreint de panthéisme. Cette forme d'hymne est reprise dans le roman d'Apulée (IIe siècle après J.-C.).

L'Ane d'or *d'Apulée*

Pour avoir voulu apprendre le secret d'une magicienne, le héros Lucius s'est vu transformé en âne. Lassé de la vie infernale à laquelle le condamne sa métamorphose, il invoque Isis sous la forme de la lune (XI, 2) ; la déesse lui apparaît coiffée de serpents enserrant un disque lunaire, vêtue d'une tunique d'étoffe changeante et d'un châle noir broché d'étoiles, noué. Elle lui rendra sa forme humaine s'il broute les roses que portera le prêtre lors d'une prochaine fête isiaque. En échange, Lucius devra se consacrer à son culte, qui lui vaudra longévité, bonheur et séjour aux Champs Elysées. Redevenu homme, il subit donc l'initiation à Isis (XI, 23-24) : « L'acte même de l'initiation, écrit Apulée, figure une mort volontaire et un salut obtenu par grâce » (XI, 21).

Isis à Rome

Dès l'époque de Sylla, mais surtout sous l'Empire, Isis et ses initiations connaissent une grande vogue en Italie. Elle y est associée à Io, sans doute parce que cette femme transformée en vache rappelle Hathor. Assimilée à Vénus (Vénus-Isis de l'Esquilin), elle est figurée nue, reconnaissable à son châle frangé posé près d'elle sur une hydrie, et à un décor de roses (un de ses attributs). Sous le nom d'Isis-Pharia, elle est la protectrice des marins, et Isis-Pélagia est adorée comme déesse des flots, portant une voile gonflée. Mais son rôle protecteur essentiel est celui d'Isis-Fortuna, *victrix et invicta* : providence toute-puissante, elle supplante les forces du destin, et soustrait l'initié au *fatum* aveugle.

Le culte isiaque reste un des plus vivaces du paganisme déclinant, et ne cède la place que devant le christianisme. Or il semble bien que le mythe d'Isis ait préparé la voie à ce nouveau monothéisme où une providence promet aussi, au prix de purifications, une survie dans l'au-delà : comme Isis, la Vierge est figurée portant un enfant, et les deux mères élèvent leur fils en cachette d'un assassin. Nerval a en outre, souligné la parenté entre la *mater dolorosa* et l'épouse éplorée d'Osiris : « Une femme divinisée, mère, épouse ou amante, baigne de ses larmes le corps saignant et défiguré, victime d'un principe hostile » (*Isis*). Enfin, la renaissance du dieu au printemps reste le symbole du renouveau végétal.

Le mythe d'Isis survivra pourtant à son culte, et la littérature européenne témoigne de ses redécouvertes et de ses adaptations.

Les redécouvertes de la littérature moderne

Isis reste un objet d'études durant tout le Moyen Age, cependant que les cultes à mystère, dont celui d'Isis est le type même, trouvent un écho dans la structure initiatique de nombreux romans médiévaux.

La quête dans les romans médiévaux

On pourrait voir dans le Graal des romans de la Table ronde un des avatars de l'hydrie isiaque, dont le contenu symbolise la présence divine; et, si l'on se souvient que la rose est un des attributs d'Isis, on peut être tenté d'interpréter le *Roman de la Rose,* qui s'annonce comme un récit à dévoiler (le dévoilement de la statue d'Isis était la récompense suprême des initiés antiques), comme la quête d'une divinité qui est aussi déesse de l'amour.

Sans aller si loin, on peut constater que le Graal, comme la rose, est un objet féminin, essentiellement inaccessible, et dont on s'approche à travers une série d'épreuves. Mais la légende d'Isis proprement dite ne connaît pas de nouvelle adaptation avant la fin du Moyen Age.

La Renaissance : tentatives d'interprétation

Dans *La Généalogie des dieux* et *Des dames de renom* (vers 1360), Boccace donne du mythe une double interprétation : d'une part, il intègre Isis à une religion naturelle où elle représente la terre; d'autre part, dans une explication historique, il fait d'elle la fille de Prométhée, association significative puisqu'elle rejoint l'image d'Isis apportant aux hommes une connaissance de nature divine, notamment l'écriture.

Au début du XVe siècle, Christine de Pisan dégage, dans l'*Epître d'Othéa,* une interprétation allégorique et théologique du mythe : déesse de la végétation, Isis invite à cultiver en soi les graines de l'esprit :

> « Toutes vertus entes et plantes
> En toy comme Ysis faict les plantes
> Et tous les grains fructifier;
> Ainsi doibs tu edifier. »

De plus, divinité fertile, Isis annonce la conception du Christ : une illustration du manuscrit la représente greffant une jeune branche sur un arbre mort, acte symbolique de l'enfantement.

Ces interprétations portent doublement la marque de l'humanisme naissant : par leur souci d'érudition et d'investigation, d'une part, mais aussi parce qu'elles infléchissent le mythe d'Isis vers une apologie de la science et du développement intellectuel.

La vague de l'égyptomanie : La Flûte enchantée, *opéra maçonnique*

Héritière des corporations médiévales et antiques, la franc-maçonnerie emprunte son rituel oriental au courant de l'égyptomanie, qui prend sa source dans les travaux de l'égyptologue Kircher (1601-1680), et surtout dans le roman de l'abbé Terrasson, *Sethos* (1731). Ce texte est à la base d'une série d'opéras d'inspiration égyptienne : *La Naissance d'Osiris* de Rameau (1751), *Osiris* de Neuman (1781), et la plus typiquement maçonnique de ces œuvres, *La Flûte enchantée* de Mozart, dont le livret est de Schikaneder : elle retrace l'initiation de Tamino et de Pamina, prince et princesse, au culte isiaque. Menacés par les puissances des ténèbres, les aspirants s'engagent dans la nuit des tombeaux, où ils doivent affronter les épreuves élémentaires ; à chacune d'elles, le son de la flûte du héros apaise les éléments déchaînés, et le couple parvient enfin au temple. Le chœur des prêtres proclame alors la fin de l'initiation : « Salut à vous, initiés ! Vous avez pénétré les sombres mystères de la Nuit. Isis et Osiris, acceptez le tribut de notre reconnaissance. La vertu a triomphé. Le vice s'enfuit. »

Goethe, franc-maçon, écrit en 1798 une suite à l'opéra de Mozart, *Der Zauberflöte zweiter Theil*, et Novalis en ébauche une dans *Les Disciples à Saïs* (1798). Mais le lien entre le mythe isiaque et le romantisme dépasse le rituel maçonnique : c'est le thème même de l'initiation qui retient, avant tout, les poètes.

L'Isis romantique

Pour les romantiques, Isis revêt essentiellement deux aspects : elle est la Nature, mère universelle ; elle est aussi la déesse qu'un voile dérobe au profane.

Novalis infléchit la figure de la Nature maternelle vers la part nocturne de l'être : « Aurais-tu, toi aussi [comme une mère], quelque complaisance pour nous, sombre Nuit ? Sous ton manteau, qu'est-ce donc que tu portes ? » (*Hymnes à la Nuit*, I, 1800). L'image du manteau de la nuit, en soi banale, évoque peut-être ici le châle noir d'Isis, qu'Apulée décrivait resplendissant d'étoiles.

Or, si une interprétation nocturne du mythe d'Isis a pu être développée, c'est que l'Isis romantique reste avant tout une déesse voilée. Sa figure invisible devient la cristallisation de tous les mystères, de tous les interdits. Dans « L'Image voilée de Saïs », Schiller oppose à son héros l'avertissement de l'hiérophante :

« ... Nul mortel, dit-elle,
Ne déplace le voile jusqu'à ce que moi-même je le lève ;

Et quiconque d'une main profane et coupable
Le soulève plus tôt, ce voile saint et interdit,
Celui-là »... dit la déesse... « Eh bien ? » - « Celui-là voit la vérité. »

Ayant transgressé cette défense, le héros subit un châtiment qui renchérit sur celui du Lucius d'Apulée : il emporte bientôt son secret dans la tombe, et le lecteur ne le connaîtra pas.

A la fin des *Disciples à Saïs*, Novalis esquisse deux dénouements au lever du voile : « Quelqu'un y parvint — qui souleva le voile de la déesse à Saïs — Mais que vit-il ? Il vit — merveille des merveilles — soi-même ». Dans la seconde version, l'initié se retrouve face à face avec sa fiancée. Il est sans doute significatif que ces esquisses n'aient jamais été réalisées : un récit achevé du dévoilement serait déjà une transgression. Pour Novalis, comme pour Schiller, le secret doit rester inviolé.

Héritier des romantiques allemands, Nerval fait du mythe d'Isis un des thèmes directeurs de toute son œuvre. Un chapitre du *Voyage en Orient* (1851, deuxième partie, IV) décrit minutieusement l'initiation isiaque : après les épreuves élémentaires et une série de jeûnes purificateurs, le myste découvre sous le voile la femme aimée ou idéale. Mais le dévoilement reste en réalité virtuel ; dans les autres œuvres de Nerval, il est essentiellement inachevé. Ainsi, dans *Octavie* (1854), l'image obsédante d'Isis apparaît dans un épisode où la déesse n'est pourtant pas nommée : c'est la scène nocturne où le narrateur se trouve chez une mystérieuse Napolitaine, scène qui rassemble les symboles de l'initiation isiaque. Dans une atmosphère inquiétante se dessinent « une madone noire couverte d'oripeaux » (statue voilée), des roses, des tableaux mythologiques des quatre éléments (correspondant aux épreuves élémentaires), un traité de divination ; l'hôtesse, magicienne, apparaît enfin portant un enfant.

Mais cette métaphore d'initiation n'aboutit pas plus que la quête d'*Aurélia* (1865), où la folie même est comprise comme « une série d'épreuves » subies pour l'amour de la déesse : « Je suis la même que Marie, la même que ta mère, la même aussi que sous toutes ses formes tu as toujours aimée. A chacune de tes épreuves, j'ai quitté l'un des masques dont je voile mes traits, et bientôt tu me verras telle que je suis » (II, 5).

L'objet final du dévoilement ne peut donner lieu qu'à des suppositions : sera-t-il la mère, ou « l'image de la Mort » (*Isis*) ? C'est, en fin de compte, la poursuite même du dévoilement qui prend le pas sur son objet, dans une œuvre où tout est subordonné à la quête.

On trouvera encore une conception romantique de la quête impossible dans l'*Isis* de Villiers de l'Isle-Adam (1862), mais le mystère y est évoqué comme un modèle que l'héroïne, dans sa recherche philosophique, prétend dépasser. L'allusion qu'elle y fait, bien que située au centre de l'œuvre, dans un chapitre qui porte le même titre que l'ensemble, ne semble pas suffire à faire de la déesse le sujet du roman ; elle y reste avant tout une référence.

Deux adaptations originales : Rimbaud et Flaubert

Au-delà du romantisme, le thème du dévoilement de la déesse se retrouve dans les *Illuminations* de Rimbaud (1872-1873, publiées en 1886). Le mythe d'Isis (qui n'est pas nommée) y est interprété de façon singulière, puisque la déesse est à la fois incarnation de la nature et femme voilée : le poème « Aube » met en scène le lent dévoilement de « l'aube d'été » par un enfant qui est peut-être une figure du novice. La poursuite s'achève sur un simulacre de mort : « je l'ai entourée avec ses voiles amassés et j'ai senti un peu son immense corps. L'aube et l'enfant tombèrent au bas du bois », et cette chute est suivie d'une renaissance, d'un réveil. On remarquera que Rimbaud replace Isis dans la lignée primitive de Rê en l'intégrant au mythe solaire (l'aube est un soleil voilé, qui se dénude à midi).

Si « Aube » réduit le mythe à son essence même, on peut lui opposer le texte très documenté de Flaubert dans *La Tentation de saint Antoine* (1849-1856-1874), qui rassemble en quelques lignes les diverses légendes d'Isis : son châle et son voile sont réunis en « un long voile noir qui lui cache la figure », et elle allaite son enfant tout en se lamentant sur la mort d'Osiris. Flaubert réactive ainsi le thème de la quête du corps d'Osiris, qui n'avait pas retenu les interprètes romantiques : « Le hideux Typhon [Seth] au poil roux l'avait tué, mis en pièces ! Nous avons retrouvé tous ses membres, mais je n'ai pas celui qui me rendait féconde ! » Antoine veut lapider cette impudique, mais Hilarion le retient : « C'était la religion de tes aïeux ».

La suite du texte rappelle les arétalogies en première personne : « Je suis toujours la grande Isis ! Nul n'a encore soulevé mon voile ! Mon fruit est le soleil ! ». La lamentation funèbre reprend enfin, mais elle a cette fois pour objet la religion égyptienne : « Egypte ! Egypte ! Tes grands dieux immobiles ont les épaules blanchies par la fiente des oiseaux, et le vent qui passe sur le désert roule la cendre de tes morts ! ».

Conclusion

On pourrait enfin reconnaître une adaptation des mystères et de leurs épreuves dans tous les textes construits selon un schéma initiatique, du conte populaire au *Bildungsroman* ; mais faire d'eux les héritiers du mythe d'Isis, ce serait sans doute oublier que le mythe n'est lui-même qu'une des figures de l'archétype de la quête.

Il reste que le mythe d'Isis confère toujours à ses interprétations littéraires une structure essentiellement dynamique ; et il semble bien qu'à la base du mythe se trouve le mouvement même de la quête, soit qu'Isis en soit le sujet, rassemblant les restes d'Osiris, soit qu'elle en devienne l'objet, dans les initiations. Dans les deux cas, la quête d'Isis, recherche effrénée ou méthodique, est un cheminement nécessaire, un apprentissage.

Ann-Déborah LÉVY-BERTHERAT

BIBLIOGRAPHIE

Sur le mythe d'Isis

France LE CORSU, *Isis, mythe et mystères*, Paris, Les Belles Lettres, 1977.
Jurgis BASTRUSAITIS, *Essai sur la légende d'un mythe, la quête d'Isis; introduction à l'égyptomanie*, Paris, Olivier Perrin, 1967.
Jean LECLANT, « Cultes isiaques chez les Grecs et dans l'empire romain », in *Dictionnaire des mythologies*, Paris, Flammarion, 1981.
Michel TARDIEU, « Isis magicienne dans les papyrus grecs et coptes » (*Ibid.*).
Jean RICHER, « Isis romantique » (*Ibid.*).

Principaux textes cités

APULÉE, *L'Ane d'or*, trad. P. Valette, 3 vol., Paris, Les Belles Lettres, 1956.
NOVALIS, *Hymnes à la Nuit* et *Cantiques*, trad. G. Bianquis, Paris, Aubier-Montaigne, 1943.
— *Les Disciples à Saïs*, trad. A. Guerne, Paris, G.L.M., 1939.
SCHILLER, *Poèmes philosophiques*, trad. R. d'Harcourt, Paris, Aubier-Montaigne, s.d.
NERVAL, *Les Filles du feu, Aurélia, Voyage en Orient*, in *Œuvres*, Paris, Gallimard, « Bibliothèque de la Pléiade », tome I : 1974, tome II : 1978.
FLAUBERT, *La Tentation de saint Antoine*, in *Œuvres complètes*, Paris, Le Seuil, coll. « L'Intégrale », 1964, tome I.
RIMBAUD, *Illuminations*, in *Œuvres complètes*, Paris, Gallimard, « Bibliothèque de la Pléiade », 1972.

JACOB

La vie pittoresque du patriarche Jacob, relatée dans la *Genèse* à partir du chapitre vingt-cinq, semble comporter avant tout — comme l'*Orestie* et l'*Œdipodie* — des « histoires de famille » : naissance extraordinaire, mariage truqué, père dupé, beau-père trompeur, mère possessive, frères ennemis, sœurs rivales... Mais, à côté de ces scènes familiales, il en est deux que ne concernent pas, apparemment du moins, des relations de parenté et qui tranchent sur les premières par leur caractère merveilleux : « le songe de Jacob » et « la lutte au Jabboq », rapprochées déjà par le prophète Osée : « *Dans le sein maternel il supplanta son frère / en sa vigueur virile il affronta Elohim...* » (*Osée*, 12, 4). Deux scènes dont les similitudes sont évidentes : toutes deux nocturnes, après que « *le soleil s'en est allé* » (28, 11), avant « *qu'il ne luise* » (32, 25) ; toutes deux imprégnées d'angoisse : « *Qu'il est terrifiant, ce lieu !* », s'écrie le héros à Béthel ; — il pourrait le dire au Jabboq. De même, la réplique qu'il prononce au bord de ce torrent : « Et j'ai eu la vie sauve ! », vaut dans les deux situations. Enfin, en ces lieux consacrés par un nom théophore (Beth-El, Penu-El), apparaissent des êtres venus d'un autre monde.

Voilà donc deux textes obscurs, dont les exégètes traditionnels, s'en tenant à l'intention dernière — confessionnelle, kérygmatique — ont négligé l'arrière-fond mythique, ne suivant que timidement la voie ouverte par H. Gunkel. Soucieux de dénombrer les sources, ils n'ont pas tenté d'en déchiffrer les symboles, œuvre indispensable pourtant, surtout quand il s'agit de « rêves », dont nous savons que ce qu'il comporte de secret est également significatif.

A LA SOURCE DU MYTHE

Deux modèles semblent éclairer la signification du cycle d'épisodes consacrés à Jacob, et tout d'abord la matrice du conte merveilleux (et mythique), telle que Vladimir Propp l'a établie, en ce qui concerne l'enchaînement des actions. A mettre en parallèle le schéma proposé dans la *Morphologie du conte* et les versets bibliques, on s'aperçoit que ces derniers correspondent aux éléments constitutifs du premier : d'abord, une partie préparatoire, qui comprend un « *processus de tromperie* » *(Genèse* 25-27, 1-24) ; ce « *processus piégeant* » engage déjà l'action, le rapt de la bénédiction paternelle constituant, pour le cycle entier, le ressort essentiel : il est un *Méfait*, et c'est alors que se noue l'intrigue. Un personnage médiateur entre en scène (= Rébecca), qui envoie le héros, ici Jacob, héros-victime dont le départ de la maison familiale prend la forme d'une fuite (*Genèse* 27, 27-49, 41-46 ; 28, 10).

L'épisode du « *songe* » peut s'intituler « *l'Epreuve qualifiante* » ou « *la première fonction d'un Donateur* », car Elohim fait au patriarche le don d'un songe, dans lequel est montré un objet magique, décrit comme l'échelle qui unit la terre aux cieux, ou comme la *Maison-d'Elohim*, ou tout au moins sa Porte, le *Seuil-du-Ciel*; cette vision est comprise par le héros comme un bienfait de la divinité.

Quant à la scène du Jabboq, elle fait fonction d'*Epreuve principale* : le héros, arrivant aux abords de l'objet de sa recherche, dans un lieu étrange, y combat un agresseur mystérieux, en triomphe, non sans en avoir reçu une marque dans son corps : sa claudication (*Genèse* 32 ; 23-33), et une marque spirituelle : le nom nouveau d'Israël, reconnaissance du véritable caractère du héros, nom théophore également.

Sous la trame du cycle de Jacob se reconnaît donc l'armature du scénario initiatique, le récit biblique peut ainsi être considéré comme la transposition dramatique d'un archétype universel, d'un fantasme, ce qui le fait ranger parmi les mythes. Ici s'impose le recours à un second modèle, établi par Freud : l'Œdipe. Jacob est bien l'Œdipe biblique, et chaque phrase de l'analyse suivante d'un disciple de Freud, Ferenczi, peut être illustrée par un épisode du cycle de Jacob : « *Chaque contenu psychique significatif mais inconscient (fantaisies agressives à l'égard du père, désir sexuel pour la mère, crainte de la castration par le père en châtiment des intentions coupables) a suscité un représentant symbolique indirect dans la conscience de tout homme* ». La faute de Jacob — analogue à celle d'Œdipe — fut donc tout d'abord l'agression contre son père (*Genèse* 27), puis, à Béthel (*Genèse* 28), la consommation symbolique de l'inceste (pierre dressée et effusion...) ; enfin, au Jabboq, en conséquence de ce qui a précédé, le héros est atteint à la hanche, équivalent de la castration infligée par l'inconnu en qui l'on doit reconnaître la figure paternelle.

Cependant — et c'est ce qui fait l'originalité des mythes bibliques par rapport aux mythes grecs — l'homme biblique, échappant au réseau des fatalités œdipiennes, est invité par son Dieu à surmonter ses désirs secrets et à accéder à la pleine possession de soi dans la reconnaissance de son Père céleste. La légende de Jacob, issue des couches les plus archaïques de la psyché humaine, soumise aux contraintes de l'inconscient, témoigne en faveur de la responsabilité de l'individu en même temps que de la bienveillance perpétuelle de la Divinité ; comme tout texte biblique, celui-ci est *religieux* par excellence, unissant la terre et le ciel, l'humain et le divin.

LE MYTHE DE LA-LUTTE-AVEC-L'ANGE

Entre les divers épisodes de la légende patriarcale, celui contenu dans le chapitre trente-deux de la *Genèse* et qui conte le combat de Jacob au Jabboq contre un mystérieux inconnu était effectivement le plus gorgé de symboles et a donné naissance à l'un des mythes les plus célèbres de l'Occident, celui dit de « la-lutte-avec-l'Ange », expression stéréotypée qui remonte au prophète Osée : « *Il lutta avec l'Ange et l'emporta...* » (12, 5).

Trois caractères se retrouvent dans les innombrables textes consacrés à l'épisode, il s'agit d'un combat entre un homme et un personnage surhumain — dont la base est le scénario initiatique — au caractère religieux.

Description d'un combat

Désirant éviter le scandale d'une divinité qui entrerait en contact physique avec un homme, les premiers commentateurs juifs de la *Genèse* ont pris à la lettre le titre « *d'ange d'Elohim* », les Pères de l'Eglise leur ont emboîté le pas et ont imposé à l'iconographie l'image d'un être ailé, vêtu de blanc. Curieusement, les *Mystères* médiévaux reconnaissent encore Dieu sous l'apparence angélique, mais, après eux, l'ange aura son autonomie par rapport à Dieu, et une imagerie s'imposera. Saint-Amant décrit « *l'aile glissante... aux plumes d'or* » ; Maldoror brûle cette même aile de son haleine empestée ; Pierre Emmanuel en mentionne les « *serres* » et les « *ongles* » ; l'aile fait de l'ange un « *bossu* », selon Cocteau ; Gide ne se hasarde pas à décrire ce personnage ailé, mais note pourtant qu'il glisse plus qu'il ne marche.

Le côté surhumain du rôle est accentué jusqu'à la monstruosité, voire l'animalité, ce qui fait remonter à l'origine de la figure mythique, au kéroub assyro-babylonien, taureau ailé dont parlent les Prophètes (*Ezéchiel* 1,6 sqq). Cocteau relevait son « *naseau oppressé* », Thomas Mann, ses « *yeux bovins* » et son corps roide, Pierre Emmanuel « *l'œil oblique* », les « *cornes baissées* » de ce « *fauve* », de ce « *chien jaune* », Georges Bernanos, son « *hennissement* »... Il est vrai que, pour ce romancier, l'adversaire de son héros n'est autre que Satan, et d'autres le précèdent dans cette assimilation de l'agresseur du Jabboq à un démon ; souvenons-nous de l'ange lumineux de Lautréamont qui se métamorphose en diable aux ailes noirâtres, de l'ange noir d'Edmond Fleg, du Samaël de Beer-Hofmann. Dans ce cas, un autre épisode biblique se superpose à celui de *Genèse* 32, celui que présente l'*Apocalypse* : Michel terrassant le Dragon, « *l'antique serpent, Satan* » (*Apocalypse* 12, 7-9). Chez Bernanos, de plus, interfère une scène évangélique, la tentation de Jésus par Satan au désert de la Quarantaine (*Marc* 4, 1-13). De toute façon, substituer l'ange à Elohim conduit à accentuer le caractère fantastique du récit ; la tendance au merveilleux est la forme qui joue ici, en même temps que le vieil archétype de la lutte d'un héros contre le Dragon.

Le scénario initiatique

De même que dans le prototype, on reconnaît, dans les œuvres qui s'en inspirent, les éléments mythiques du scénario initiatique. C'est ainsi que l'agresseur du patriarche hébreu correspond au monstre infernal que doit affronter le futur initié ; l'écrivain biblique a audacieusement fait jouer le rôle de l'Opposant par son dieu : l'Elohim juif, alors que plusieurs écrivains, dans la suite des temps, qualifieront cette figure selon une tradition millénaire : c'est un démon, c'est Satan, l'adversaire par excellence (« *Adversarius vester* », dit l'auteur de la *Première Lettre* de Pierre (5,8). Plus proches de l'origine mythique, Jean Grosjean et Pierre Emmanuel en font une sorte de génie du fleuve, le Jabboq lui-même, mais ils n'oublient pas le traitement biblique du scénario, et composent leur personnage à l'aide des traits opposés du démon et de la divinité. Quant au novice qui connaît les tourments de l'épreuve, puis l'illumination et la renaissance finale, il est Jacob, sous d'autres noms, tel le vicaire de Bernanos, tel le Bernard Profitendieu de Gide ; pour Pierre Emmanuel, il est nous-mêmes, car « *tout homme est Jacob* », « *Jacob-n'importe-qui* », appelé à subir la souffrance avant de renaître à la vérité. On voit donc que la source de la légende, son *besoin*, est d'essence psychologique, mais, alors que pour Gide le conte ne sert que d'illustration commode à une situation courante, pour Laurence Housman, qui fouille profondément dans les abîmes du cœur humain, il traduit le conflit déchirant entre les deux *moi* : le *moi* instinctif et le *Surmoi* moral; cependant le dramaturge anglais ne réduit pas la lutte-avec-l'Ange à ce banal débat, il ne laïcise pas; pour lui, cette voix de la conscience morale n'est autre que la voix de Dieu, comme chez Rousseau : « *Conscience, immortelle et céleste voix!...* ». En fait, pour l'opinion courante, Jacob symbolise l'homme qui se débat contre ce qui le dépasse, la Nature ou l'Idéal. C'est ainsi que Gide ramène le mythe aux dimensions humaines, selon la tradition romantique qu'on peut déjà observer dans un poème de Lamartine : « *L'Esprit de Dieu* » : pour le poète, l' « *esprit divin* » n'est autre que l'inspiration poétique divinisée, la prière se confond avec la poésie. Dans *Les Faux-Monnayeurs*, le modèle biblique a perdu sa valeur religieuse, et le jeune héros, Bernard, nouveau Jacob, rapportera son aventure en termes rationnels : « *J'ai débattu cela toute la nuit* », confie-t-il, oubliant toute référence à l'ange, et attribuant à un démon — au sens le plus vague du terme — l'épreuve que l'ange lui avait imposée : « *... je ne sais quel démon me poussant* ».

La rencontre avec Dieu

Si certains écrivains ont omis le caractère religieux de « la-lutte-avec-l'Ange » — et j'ai déjà cité Gide, qui l'utilise pour une allégorie personnelle, comme également Cocteau, mais il faudrait signaler Thomas Mann, qui traite la divinité en ethnologue, de façon objective, scientifique — la plupart en ont relevé le caractère sacré, que ce soit pour l'exalter ou le détruire.

C'est ainsi que Lautréamont et Jacques Prévert, ne se contentant pas d'un froid scepticisme, attaquent avec virulence le Dieu qu'exaltait l'œuvre primitive. Les rives du Jabboq sont pour eux le théâtre d'un affrontement, le champ clos de la lutte avec le Créateur, qui devrait s'achever par sa mise à mort; par le blasphème et le sacrilège, leurs œuvres sont encore fondamentalement *re-liées* à la Puissance sans laquelle cette histoire n'existerait pas.

Dans la plupart des œuvres s'inspirant de *Genèse* 32, la relation avec l'Elohim biblique est au centre, constitue le message même, délivré avec plus ou moins de conviction, mais toujours comme allant de soi, sans problèmes, dans les siècles classiques, comme au Moyen Age. Dans la paraphrase traditionnelle, l'épisode de la *Genèse* est *représenté*, au sens littéral du terme, sur une scène, avec des acteurs vivants; ce sont des répétitions fidèles d'un modèle; l'on doit ajouter aux *Mystères* médiévaux, le passage du *Moyse sauvé*, de Saint-Amant, consacré au combat de Jacob; mais le poète français se contente de raconter et de décrire, alors que d'autres, au XVIIe siècle un Anonyme espagnol, Laurent Drelincourt — célèbrent la Divinité et transmettent un message. Ce ne sont là que des échantillons d'une immense production littéraire qu'on doit qualifier de « *spirituelle* », où la littéralité est recouverte par l'idéologie, où la répétition du texte primitif n'est que prétexte au commentaire, et devient elle-même commentaire; ainsi les pages consacrées à la lutte avec l'Ange par Grégoire de Nysse ou saint Jérôme, Augustin ou Tertullien, Ambroise, saint Bernard et combien d'autres, les Réformateurs, Luther lui-même, qui reconnaît dans l'inconnu du Jabboq le Christ, Dieu incarné. A sa suite, et dans les temps modernes, ceux qui méditeront sur le texte biblique s'appliqueront les sentiments du patriarche et reconnaîtront, dans l'inconnu du Jabboq, Dieu fait homme pour sauver l'homme; il en est ainsi d'un poème de Wesley ou d'un *Negro spiritual*, transpositions originales, au ton direct : « *O lutteur Jacob, v'la l'aurore! J'te tiens encore...* ». Le locuteur joue le rôle de l'Ange initiateur; il est « *le convertisseur professionnel qui s'efforce (...) de ramener à lui l'âme du pécheur (...) il est évoqué sous la forme du combat nocturne au pays de Galaad* ».

Les poètes juifs — Edmond Fleg et Claude Vigée, par exemple — se projettent dans des ancêtres qui sont pour eux des « *personnalités corporatives* » : « *L'histoire de Jacob* — selon Vigée — *n'est pas un mythe, un rêve, comme celui d'Icare. C'est une expérience exemplaire, celle du peuple juif (...) Jacob lutte avec un infini, inévitable mais mauvais, tant que nous ne le soumettons pas. Jacob d'ailleurs ne vainc pas l'ange, il supporte seulement son assaut jusqu'au matin...* ».

Poète chrétien, Pierre Emmanuel adopte l'attitude d'un commentateur spirituel et opère une lecture symbolique, voire allégorique, à la manière des rabbins juifs et des Pères de l'Eglise. Il recharge de sens le récit antique, de son sens mythique d'abord, et, comme il est moderne, du mythe interprété par les théories de l'inconscient; le combat, chez lui — comme chez beaucoup d'autres — se transforme en étreinte amoureuse; comme dans la fameuse fresque de Delacroix, l'ange est féminisé en face d'un Jacob devenu le type même du « *mâle* » et qui supplie son adversaire en termes chargés d'érotisme (« *Quand sentirai-je contre moi ta nudité?* »). Autre caractère des poèmes consacrés à l'épisode par Pierre Emmanuel, l'actualisation de la lutte; le combat du Jabboq se déroule « *aujourd'hui il y a mille ans* », et son emplacement peut être aussi bien Sodome qu'Auschwitz; de même que Jacob, l'homme moderne est toujours assailli, menacé de mort de l'extérieur en même temps que, de l'intérieur, il connaît un affrontement aussi éprouvant, entre l'instinct de mort et l'aspiration à la vie, entre l'esprit de mensonge et l'esprit de vérité; pour réintégrer l'esprit, il faut subir les épreuves d'une initiation au terme de laquelle l'homme pourra « *se tenir debout* », recevra un nom nouveau, comme Jacob qui renaquit « *en Israël* ».

Si prestigieuse fut la source biblique, si suggestif est apparu son titre : la-lutte-avec-l'Ange, qu'elle a servi et sert encore de tremplin à rêves, et que Jacob, aussi bien qu'Adam ou que Caïn, est apparu comme l'image de l'homme éternel, en lutte contre une transcendance, vague ou précise, laïque ou religieuse...

Robert COUFFIGNAL

BIBLIOGRAPHIE

Œuvre-source : Genèse, 25, 19 - 35.

Œuvre constituant le mythe littéraire

XIVe		*Mystères* anglais (The Townley Plays).
XVe		*Mystère du Vieil Testament.*
XVIe		*Auto de la lucha de Jacob con el Angel* (auto anonyme espagnol).
XVIIe	1655	*Moyse sauvé*, Saint-Amant.
	1677	« La Lutte de Jacob avec l'ange », Laurent Drelincourt.
XVIIIe	1771	« Wrestling Jacob », Charles Wesley.
XIXe	1823	« L'Esprit de Dieu », Lamartine.
	1859	« A little East of Jordan », Emily Dickinson.
	1868	*Les Chants de Maldoror*, Lautréamont.
XXe	1913	« La Vision de Jacob », Edmond Fleg.
	1918	*Jaakobstraum, ein Vorspiel*, Richard Beer-Hofmann (drame).
	1919	« Tentative d'évasion », Jean Cocteau.
	1925	*Les Faux-Monnayeurs*, André Gide.
	1926	*Sous le soleil de Satan*, Georges Bernanos.
	1931	« Lutte avec l'Ange » (*Vagadu*), Pierre Jean Jouve.
	1933	*Die Geschichten Jaakobs*, Thomas Mann.
	1940	« La Lutte avec l'ange », Claude Vigée.
	1941	*Jacob e o anjo*, José Regio (drame).
	1942	*Jacob's Ladder*, Laurence Housman (pièce).
	1946	« Le Combat avec l'ange », Jacques Prévert.
	1956	« Le Jabboq accuse », Jean Grosjean.
	1970	*Jacob*, Pierre Emmanuel.

Etudes critiques

Roland BARTHES, « La Lutte avec l'Ange. Analyse textuelle de Genèse XXII, 23-33 »; *in* : *Analyse structurale et Exégèse biblique*, Neuchâtel, Delachaux et Niestlé, 1971, p. 27-39.

Robert COUFFIGNAL, *La Lutte avec l'Ange - Le récit de la Genèse et sa fortune littéraire*, Publications de l'Université de Toulouse-Le Mirail, 1977.

A. de PURY, *Promesse divine et Légende cultuelle dans le cycle de Jacob. Genèse 28 et les traditions patriarcales*, Paris, Etudes bibliques, 1975.

Mythes japonais

L'âge est certes révolu où les orientalistes pouvaient impunément définir la mythologie japonaise comme un « tissu de fables vulgaires ». Mais si, depuis Papinot, le regard occidental a gagné en acuité, si d'autre part les tabous qui pesaient naguère au Japon sur l'étude des textes shintoïstes ont été levés, bien des difficultés herméneutiques subsistent. Sans doute, tout le monde s'accorde aujourd'hui pour renvoyer dos à dos les nationalistes, qui cherchaient dans les Annales la trace d'une introuvable Volksseele, vierge de toute influence continentale, et les historiens positivistes, qui accusaient ces mêmes textes d'avoir été concoctés tardivement par les mythoplastes officiels de la Cour. Mais la vogue récente des études mythologiques et la multiplicité des approches ont fait naître de nouvelles apories. Trop d'auteurs cèdent à la tentation cryptique, et aliènent les mythes pour chercher entre leurs lignes les bribes d'un autre savoir : traces d'événements historiques, informations ethnographiques, allusions rituelles... Deux tendances sourdent de ce parti-pris réductionniste : ou bien on nie l'unité de la mythologie japonaise, décomposant les récits en une mosaïque de motifs auxquels on attribue autant d'origines différentes ; ou bien on lui reconnaît une systématicité, mais pour la placer en dehors du domaine du mythe : l'intelligibilité de nos textes serait de l'ordre du politique ou du rituel. Ainsi, le désir louable de se démarquer du chauvinisme des années 30 contraint souvent nos modernes à rejeter l'approche « tautégorique » qui faisait la grandeur de l'entreprise de Motoori Norinaga.

Les textes

En 682, l'empereur Temmu, soucieux de préserver l'intégrité des traditions, commande un travail de compilation qui semble s'être appuyé sur deux sources (ou deux types de sources) : le *Sumera mikötö nö pitugi*, chronique des empereurs réduite à de simples notices généalogiques, et un recueil de légendes et d'anecdotes nommé *Saki nö yö nö purugötö*. Piyeda nö Are se voit confier la tâche de mémoriser (et d'unifier?) les textes, mais la mort de Temmu, en 686, vient interrompre ce travail qui ne sera repris que par l'impératrice Gemmei, en 711, un an après l'installation de la capitale à Nara. Chronique du Japon ancien, texte à la fois mythologique et littéraire, premier ouvrage japonais (car c'est en chinois que Shotokutaishi avait écrit son *Hokke Gisho* un siècle plus tôt), le *Kojiki* voit le jour en 712. En utilisant un système de notation hybride — les caractères fonctionnent soit phonétiquement, soit sémantiquement — le rédacteur Opo nö Yasumarö s'est sans doute efforcé de conserver le rythme et le caractère parfois incantatoire de la récitation. Les trois livres du *Kojiki* embrassent l'histoire du Japon, des origines à la mort de l'impératrice Suiko (628), et se présentent comme la synthèse de multiples éléments : traditions de la cour impériale, des grandes familles, répertoire des musiciens de la Cour, traditions orales des kataribe (aèdes), et légendes populaires issues elles-mêmes de différents foyers culturels. Et l'on perçoit encore dans le texte la juxtaposition de trois groupes de documents :

Les généalogies : ayant pour fonction d'assurer la continuité dynastique du pays en rattachant les grandes familles aux ancêtres divins, elles ne mentionnent des empereurs que la résidence, la durée du règne, les épouses, les descendants, et le lieu de la sépulture. Des chapitres entiers du *Kojiki* (de Suisei à Kaika, et de Ninken à Suiko) sont réduits au laconisme de cette trame généalogique.

Les récits : bien que la distinction entre l'âge des dieux (livre I) et les épisodes semi-légendaires des livres II et III soit consacrée par l'usage, une lecture plus poussée nous permet d'interpréter le drame « historique » de la pacification du pays comme une reprise, sur le mode mineur, des schèmes mythologiques du premier livre. Il s'agit d'une variation « à la romaine » sur le thème de la genèse.

Les poèmes : cent treize poèmes viennent rehausser la valeur littéraire de la narration. Ecrits phonétiquement (à une exception près), ils témoignent souvent d'un art poétique raffiné, et couvrent un répertoire très étendu : poèmes rustiques chantant les travaux et les jours, chants d'amour, de départ, de table ou de victoire, rattachés après coup au corps du mythe par la vertu d'un simple rapport toponymique, mais parfois aussi petits drames investis d'une structure narrative et chorégraphique si précise qu'ils devaient donner lieu à des représentations, et prendre place dans le rituel très complexe de la Cour. Ainsi les *Kumë-uta* et les *Kamugatari*.

Huit ans plus tard (720), le prince Toneri et Opo nö Yasumarö achèvent une deuxième Annale, le *Nihonshoki*, plus volumineuse que la première puisqu'elle s'étend jusqu'à l'abdication de l'impératrice Jitô en 697. Ecrit en pur chinois (poèmes, toponymes et anthroponymes exceptés), le *Nihonshoki* reproduit le modèle des chroniques continentales, alors que le *Kojiki*, lui, n'utilisait aucun système de datation. C'est une œuvre d'érudition, truffée de références chinoises, qui servira de manuel d'histoire officielle pendant la période Heian, s'enrichissant d'une continuation (Shokunihongi), et de commentaires plus tardifs (Shakunihongi). Bien qu'il comporte, à l'instar du *Kojiki*, des développements mythologiques et des poèmes (128), le *Nihonshoki* trahit, à cause même de son exhaustivité, un effort conscient d'objectivation de la tradition : il va jusqu'à citer six ou sept variantes pour un seul épisode. Précieuses, certes, les variantes de cette mythologie laïcisée ne se « contre-redisent » plus, puisqu'on les égrène pour construire un savoir désormais cumulatif.

C'est encore à une initiative de Gemmei (713) que l'on doit les *Fudoki*, ces « Notes sur les coutumes et les régions » dont la rédaction s'échelonnera sur plus d'un siècle. Mines de renseignements ethnographiques, ces descriptions des provinces dressent un inventaire des ressources locales, enregistrent les légendes vernaculaires qu'elles inscrivent dans l'espace en consacrant l'étymologie des topoï.

Cette éclosion de textes à laquelle on assiste à l'orée du VIIIe siècle se produit à une époque où la culture continentale a déjà marqué le Japon si profondément qu'il est souvent impossible de distinguer les apports extérieurs des traditions autochtones. Les Annales, lors même qu'elles tentent de donner à la jeune nation une conscience de soi (*Kojiki*) et une identité diplomatique (*Nihonshoki*), véhiculent des concepts importés. L'immigration coréenne provoquée au IIIe siècle par les pressions des Wei sur la péninsule, le débarquement de 369, la fondation du Mimana, l'introduction du Confucianisme et du Bouddhisme, le rôle joué par les lettrés continentaux, après la défaite du Paekche, dans la fondation de bibliothèques et l'instauration d'un système d'archives, mettent à mal la légende de l'insularité culturelle du Japon.

LE CONTEXTE

La recherche d'une dimension proprement mythologique ne doit pas nous rendre aveugles au dessein politique des Annales. Les étapes de la rédaction d'une histoire nationale correspondent aux différents stades de l'unification du pays. Inauguré au VIe siècle sous Keitaï et Kimmei, le projet de compilation prend de l'ampleur avec les Tennôki, Kokki et Hongi rédigés en 620 sous le patronage de Shotokutaishi. Les tendances centralisatrices et sinophiles se radicalisent à l'occasion de la réforme de Taika (645), exacerbant la résistance des grandes familles. Pour assurer son autorité, le clan impérial doit parfois temporiser avec les factions centrifuges. Il s'agissait, en effet, de justifier la suprématie de la famille régnante, d'appliquer la réforme administrative, de faire respecter les nouvelles hiérarchies, de promouvoir la nationalisation des terres, tout en offrant à l'aristocratie des avantages économiques et politiques compensatoires, quand on ne maintenait pas tout simplement des systèmes d'exception. Cette ambiguïté constituait déjà une première infidélité au modèle chinois. L'on comprend que la maîtrise du passé, garantie par les Annales, ait pu jouer un rôle idéologique de premier plan dans cette distribution de privilèges. Le plus célèbre instigateur des compilations, l'empereur Temmu, travaille directement à l'unification politique. L'une des premières décisions de ce souverain mythophile, monté sur le trône après la révolte de Jinshin, est de promulguer un nouveau système de titres (kabane) pour articuler son pouvoir. Et quand il parle de corriger les erreurs qui s'étaient glissées dans la tradition, nous devons comprendre qu'il veut remplacer l'histoire plurielle des grandes familles par le monologue officiel de la Cour. Comment oublier enfin que la rédaction du code de Taiho, et l'établissement de la première capitale fixe à Nara précèdent de peu la compilation du *Kojiki*? Si, à l'aide du *Kojiki* et du *Nihonshoki*, la Cour consolidait les nouvelles hiérarchies en s'assurant la maîtrise du temps, elle tenait aussi à renforcer sa mainmise sur l'espace. Les Fudoki, que nous lisons aujourd'hui comme des recueils de légendes dont nous apprécions la qualité ethnographique, testaient en fait la fidélité des provinces, confirmaient le découpage en kuni/gun/ri, et dressaient de toutes les richesses du pays une liste dont on imagine l'importance pour la rationalisation des impôts.

Mais faut-il ravaler, comme le faisait Tsuda, la mythologie japonaise au niveau d'une piteuse manipulation politique? Des textes comme le *Kogoshûi* (807) nous montrent que les querelles de préséance entre les grandes familles n'affectaient que la dimension généalogique des mythes, en laissant presque intacte leur structure narrative. Le politique n'épuise pas le sens de nos Annales. Bien des cultures ont pu légitimer le pouvoir sans faire le détour mythologique. Or, c'est précisément le poids de l'origine qui distingue le Japon de ses voisins immédiats. Face à la Chine qui évacue tout discours cosmogonique, et purge son imaginaire pour instaurer le règne de l'histoire, enfermant ses légendes dans des encyclopédies du bizarre, face à l'histoire officielle du Samguk Sagi coréen, ou à la curiosité intellectuelle du moine Ilyon qui glanera tardivement les anecdotes du Samguk Yusa, le *Kojiki* illustre toute l'emprise du mythe sur la culture japonaise.

Les mythes

Une lecture linéaire du *Kojiki* laisse apparaître une série de sept séquences : la cosmogonie; la théogonie (enfantement des îles et des dieux élémentaires par le couple primordial) ; les scènes de Takamanöpara; le cycle d'Idumo; la cession du pays; la catabase de Ninigi; et enfin le cycle méridional construit autour des aventures de Powori.

La genèse retrace la formation progressive de l'univers concomitante à l'émergence des premières divinités. Trois monades invisibles, le dieu du centre du ciel et les deux kamï de la génération viennent à l'existence dans la Plaine Céleste (Takamanöpara). D'une materia prima encore liquide, que le texte compare à une méduse, poindront des pousses de roseaux d'où naîtront deux nouveaux dei otiosi. La série généalogique suivante est faite de paires divines dont le corps semble se concrétiser et se différencier au même rythme que le monde. La naissance d'Izanagi et de sa sœur Izanami marque l'aboutissement de la cosmogonie. Ils se voient confier par les divinités célestes la mission d'aller consolider la terre encore flottante. Ils descendent, portés par l'Amë nö Ukipasi (échelle, pont ou vaisseau), et produisent une île en plongeant dans l'océan primordial une hallebarde magique qu'ils ont reçue des dieux. Prenant pied sur l'île, qu'ils nomment Onögörö, ils y dressent un pilier (Amë nö mipasira), et érigent un palais, le Yapirö dönö. Découvrant ensuite la différence de leurs corps, les deux dieux décident de s'unir après avoir tourné autour de l'axis mundi. Le frère et la sœur sont maintenant des époux, la paire s'est faite couple, l'identité complémentarité. Il leur naît ensuite deux enfants ratés : Pirugo, l'enfant-sangsue, et l'île d'Apa. Ils remontent au ciel, rapportent cet échec, pour s'entendre dire que tout vient d'une faute accomplie par la femme au moment de la giration : elle a eu tort de prendre l'initiative en prononçant la formule rituelle de mariage. Les deux dieux redescendent, répètent la giration, s'unissent à nouveau, et donnent naissance aux îles du Japon. Indéniable, la dimension cosmogonique n'épuise pourtant pas le sens de ce « travail » accompli par les deux démiurges. Ce n'est pas un univers abstrait qu'ils produisent, mais un espace culturel centré autour de cette Mer Intérieure dont on connaît l'importance pour les communications à l'époque protohistorique. L'itinéraire tracé par les dieux nous fait découvrir une géographie politique déjà marquée par le découpage administratif en « kuni ». Puis, une deuxième série généalogique raconte l'apparition des divinités de la nature : kamï de la mer, des rivières et des montagnes. La naissance du dieu Pï nö Kagututi vient clore cette séquence. La déesse Izanami, le sexe brûlé par son dernier enfant, meurt après avoir vomi par tous les orifices de son corps des divinités liées aux arts du feu : la poterie et la métallurgie. Izanagi se lamente sur le corps de sa sœur-épouse, puis il se venge en tuant le fils coupable du corps duquel, par scissiparité, naîtront de nouvelles divinités. Il part ensuite à la recherche de la disparue, et atteint le pays des morts (Yömï). Introduit, mais ne supportant plus d'attendre dans l'antichambre de l'Hadès, il éclaire les ténèbres avec une torche improvisée, passant outre à la recommandation d'Izanami qui lui avait interdit de la regarder. Il fait une découverte horrifiante : le corps d'Izanami a donné naissance à huit monstres, les Ikadutigamï. Le mari trop curieux s'enfuit, poursuivi par les Femelles Dévoreuses, et finalement par une Izanami transformée en déesse chthonienne et en maîtresse de la mort. Après avoir retardé ses poursuivants, le fugitif réussit à boucher l'entrée du pays de Yömï avec un rocher de part et d'autre duquel les deux époux prononcent une formule de divorce, qui introduit la mort dans le monde et consacre la séparation entre l'au-delà et le domaine des vivants.

« O mon cher époux, si tu agis ainsi, j'étranglerai chaque jour mille habitants de ton pays ! » - « O ma chère épouse, si tu agis ainsi, je bâtirai chaque jour mille cinq cents pavillons d'accouchement ! » Izanagi, de retour dans le monde des vivants, va se purifier sur la grève de Tatibana. A la fin de ses ablutions (misogi), trois enfants naissent de ses yeux et de son nez : Amaterasu, Tukuyömi et Susanöwo assurent ainsi la relève des générations. Avant de disparaître de la scène, Izanagi procède à une passation de pouvoirs qui se dédouble d'un découpage de l'espace. Amaterasu, la déesse du soleil, devra régner sur Takamanöpara, Tukuyömi, dieu de la lune, règnera sur le royaume de la nuit, et Susanöwo sur l'océan.

Ici s'achève le premier cycle de notre mythe, mais la deuxième séquence, centrée sur l'opposition d'Amaterasu et de Susanöwo, peut se lire comme une transformation du premier épisode puisque l'exclusion du tiers (Tukuyömi) va réintroduire la polarisation initiale. Les deux mythes s'inscrivent dans le même cadre formel puisqu'ils s'ouvrent sur un inceste et s'achèvent sur une exclusion. Se rebellant contre son père, et refusant d'administrer le domaine dont il a reçu la charge, Susanöwo pleure sans cesse, réclame sa mère et provoque des calamités dans le monde. Izanagi, irrité, prend le trublion au mot, et l'exile au pays de sa mère. Susanöwo décide d'aller saluer sa sœur Amaterasu avant de partir. Comme elle le soupçonne de venir la détrôner, il lui propose une épreuve rituelle (ukëpi) afin de prouver la pureté de ses intentions. Il s'agit en fait d'un mariage indirect, puisque chacun des deux dieux doit mâcher, puis recracher les attributs de son parèdre (épée et joyaux), pour procréer des enfants dont le sexe permettra de déterminer le vainqueur. Susanöwo sort blanchi de l'épreuve, mais il commet de nouvelles violences, allant jusqu'à ravager les rizières et troubler la cérémonie des prémices accomplie par sa sœur. Excédée, Amaterasu s'enferme dans une grotte, plongeant le monde dans la nuit et le chaos. L'assemblée des dieux décide d'organiser une cérémonie pour rappeler la déesse du soleil. Les spécialistes rapprochent cette scène des charivaris sud-asiatiques, ou de certaines techniques chamaniques revitalisantes comme le Tamafuri. Le chant du coq, la lecture des Norito, la danse érotique de la déesse Amë nö Udume, et le rire des 80 myriades de kamï incitent la recluse à quitter sa cachette. L'ordre cosmique est restauré. Chassé du ciel, Susanöwo descend dans la province d'Idumo où il se reconvertit en héros saurochtone, avant d'épouser la jeune Kusinadapime qu'il a sauvée. Après un intermède (absent du *Nihonshoki*) consacré aux épreuves et aux résurrections d'Opokuninusi, plusieurs divinités célestes seront dépêchées sur terre pour soumettre les kamï de la nature. Les deux premiers émissaires se laisseront corrompre par Opokuninusi, si bien qu'il faudra une troisième ambassade pour achever la pacification. Après la défaite de ses fils, Opokuninusi accepte de céder la gestion du monde visible aux descendants d'Amaterasu, et se contente désormais de l'administration des choses cachées. Le pays d'Idumo ne sera plus un ennemi à abattre, mais une puissance magique à propitier chaque fois que des calamités mystérieuses rappelleront l'ancien contentieux.

Tout est prêt pour l'acte final : la grandiose catabase de l'ancêtre des empereurs. L'effacement de son père permet au jeune dieu des épis Pikoponöniniginömikötö d'occuper le devant de la scène. Il reçoit d'Amaterasu des trois insignes de la royauté (les joyaux, le miroir et l'épée), quitte Takamanöpara pour descendre non dans la province d'Idumo comme on s'y attendait, mais sur le mont Takatipo, dans le sud du Kyushu, en une scène complexe qui semble faire coïncider un rituel agraire avec une cérémonie d'intronisation d'origine altaïque. Le dieu de la montagne offre ses deux filles au prince céleste, la laide Ipanagapime (princesse Long-Rocher) et la belle Könöpananösakuyabime (princesse Floraison). Ninigi n'accepte que la plus belle. Par ce choix fatal, il provoque la colère de son beau-père, et condamne ses descendants à ne vivre que le temps d'une fleur, alors que la longévité aurait pu leur être acquise s'il n'avait pas dédaigné les garanties plus solides de la princesse-rocher. Sakuyabime conçoit si vite qu'elle fait naître des soupçons dans l'esprit de son céleste mari. Elle accouche alors dans le feu pour prouver la légitimité de ses enfants. Heurs et malheurs de cette progéniture occuperont la dernière partie du livre I du *Kojiki*. La mise entre parenthèses de l'un des trois enfants va une nouvelle fois polariser l'action. La rivalité entre les deux frères offre un cadre au mythe du voyage dans l'au-delà marin. Maltraité par son aîné qui lui réclame l'hameçon qu'il lui a prêté, le héros, Powori, se rend au palais du dieu de la mer. En sus de l'hameçon perdu, il se fait offrir un adjuvant magique, et obtient la main de la princesse Töyötamabime. De retour sur terre, il se venge de son frère, et inverse leur rapport hiérarchique, puisque les descendants de l'aîné devront servir ceux du cadet. Comme le terme approche, Töyötama se fait construire un pavillon au bord de la mer, et y pénètre, en interdisant à son mari d'assister à l'accouchement. Cette requête excite la curiosité de Powori, qui risque un regard : il découvre son épouse sous l'aspect d'un monstre marin (wani). Töyötama, irritée, abandonne le nouveau-né à son mari, et s'en va en fermant derrière elle la « frontière océane ». L'enfant épousera sa tante maternelle qui mettra au monde le premier empereur « historique » du Japon : Kamuyamatö-ipare-biko-nö-mikötö, le futur Jimmu.

Leitmotive

A se contenter de suivre le fil des épisodes, l'on risque de tomber dans le travers atomiste, et de lire les Annales comme des collections de mythes hétéroclites. Car ce qui nous frappe, au contraire, c'est la cohésion de la mythologie japonaise, son unité harmonique latente, qui trouve sa plus belle expression dans le *Kojiki*. Le livre des générations divines ne fait que développer les permutations d'un jeu très limité de situations fondamentales. Il semble même possible de réinterpréter les livres historiques du *Kojiki* à partir des structures mythologiques du premier livre.

L'origine plurielle

Par un paradoxe qui nous incite à penser que le *Kojiki* a gardé certains caractères de l'oralité, le mythe japonais est marqué par les images de l'origine sans pour autant s'ordonner linéairement à partir d'un point de départ absolu. L'on y chercherait en vain l'originalité d'un état, d'un moteur ou d'un sujet. La genèse tourne d'emblée le dos à la quête anagogique des causes premières, mêmes figurées. Elle ne recourt pas (citations chinoises du *Nihonshoki* exceptées) à ces figures classiques de l'anhypothétique que sont l'œuf originel ou le géant cosmique. Insaisissable parce que disséminée dans tout le texte, l'origine se répète, sous la forme d'une catabase, de la mission du couple Izanagi/Izanami à l'expédition provinciale de Yamatö Takeru. La genèse peut perdre ses dimensions cosmiques, mais elle survit en se traduisant dans des codes mineurs. Le chaos que les actants divins avaient pour tâche de réduire, devient la noise innombrable des kamï néfastes lors de la rébellion de Susanöwo, avant de se banaliser en révolte des barbares insoumis. La catabase solennelle du petit-fils d'Amaterasu n'est plus qu'un départ de la capitale, mais l'expression japonaise d' « amakudari » (descente du ciel) s'applique aux deux situations. L'aménagement du pays par le couple primordial, la descente de Susanöwo présenté comme un dieu planteur d'arbres, les travaux d'Opokuninusi dans la province d'Idumo, les descentes ratées des premiers envoyés célestes, l'ambassade de Takemikaduti, la catabase de Ninigi sont unis par un jeu de références réciproques. Ninigi, en prenant pied sur l'Amë nö Ukipasi, répète le geste d'Izanagi/Izanami ; les nuages qu'il écarte rappellent la matière originelle. Le rite même de l'intronisation (Daijôsaï), dont on connaît le rapport avec l'épisode de Tensonkôrin, assure le retour de l'originaire.

Le complexe de Baitogogo

Perspicace jusque dans ses digressions, Lévi-Strauss avait suggéré de ranger Susanöwo dans la catégorie des bébés-pleurards, ces héros incestueux qui refusent de grandir et restent soumis à l'emprise de la féminité. Cette hypothèse très féconde nous fournit un principe unificateur qui vient résoudre l'hétérogénéité que l'on relève habituellement dans la liste des attributs du dieu : les caprices du trickster, les fonctions du héros culturel et les pérégrinations du criminel cessent d'être contradictoires. Issu du nez de son père au moment du Misogi, Susanöwo est dès l'origine voué au rôle de « morveux ». Pleurant jusqu'à « l'âge où une barbe de huit poings tombe sur sa poitrine », il veut retrouver sa mère et commet des violences qui portent atteinte à l'ordre du monde. Ce désir incestueux subit une première métamorphose au moment de l'Ukëpi : la sœur remplace désormais la mère. Non seulement l'échange rituel des attributs au bord de la rivière céleste se lit comme un mariage par symbole interposé, mais voir dans la blessure de la servante (ou d'Opopirume elle-même) un viol à distance ne sollicite aucunement le texte : surprise par Susanöwo qui défonce le toit du pavillon pour y lâcher un cheval écorché, la tisseuse se perce le sexe avec une navette. Les crimes accomplis par Susanöwo sont des violences faites à l'agriculture (Ama tu tumi) ou à la féminité, quand le mythe ne fait pas coïncider les deux (Opogëtupime)... Après son exil et le meurtre du dragon, Susanöwo, installé dans son nouveau rôle de dieu chthonien, illustre le dernier degré de l'attachement à la féminité : il refuse de céder sa fille au jeune étranger venu la conquérir. Les épreuves imposées au futur Opokuninusi trahissent la volonté jalouse d'éliminer un rival. Si Susanöwo, tour à tour bébé pleurard, adolescent incestueux et père possessif, condense sur sa personne tous les degrés du complexe, il ne constitue pourtant pas une exception. Le thème de Baitogogo sous-tend toute la mythologie japonaise. Le désespoir convulsif d'Izanagi pleurant sur sa sœur défunte (qui n'a rien de la lamentation formalisée des funérailles ultérieures), le meurtre du fils coupable, le désir irrépressible de voir le corps de la disparue, marquent, par leur hybris même, la première apparition du schème de la dépendance. Plus loin dans le texte, l'attachement d'Amënöosipomiminömikötö à sa mère Amaterasu, son refus de descendre sur la terre, alors qu'il aurait dû être le protagoniste de la scène de « Tenson Kôrin », viennent confirmer le pouvoir d'attraction de ce complexe de Baitogogo dont on suit les métamorphoses jusqu'aux aventures de Yamatötakeru.

La monstruosité

Alors que le complexe du pleurard déployait toutes les figures de l'attrait pour le trop proche, le thème mélusinien, qui apparaît avec une fréquence non moins significative dans le *Kojiki*, consacre le mariage (et la rupture) avec le trop lointain. A l'excès endogamique (l'inceste) succède l'excès exogamiquc (la bcstialité). Les héros culturels, descendus de la Plaine Céleste pour s'unir aux filles de la nature sont tous saisis d'une curiosité profanatrice. Violant le tabou du regard ils épient un jour leur femme et découvrent sa véritable nature : la monstruosité. C'est toujours lorsqu'elle se livre à une activité archétypalement féminine que l'épouse naturelle reprend sa forme animale : pour accoucher, pour cuisiner (*Kojiki, Nihonshoki*), pour allaiter ou pour tisser (contes populaires), le corps féminin ne peut mentir, et doit se révéler dans sa vérité. Plus qu'une simple identité secrète, les héros culturels découvrent en fait la générativité du corps féminin. Enfants, lait, excréments, cuisine « naturelle », plumes, toutes ces matières que les hommes auraient dû consommer sans en connaître l'origine, sont des productions que la femme prélève sur elle-même à ses dépens, puisque contes et mythes la font souvent mourir de s'être trop donnée. Ainsi le mythe pense-t-il toujours la génération sur le mode de la parthénogénèse et de la scissiparité. L'universalité de cette structure (on aura reconnu les types AT 400 AT 402.465a, etc.) s'infléchit dans la mythologie japonaise pour produire un sens particulier. La violation de l'interdit et la séparation qui s'ensuit remplissent une fonction à la fois cosmologique et ontologique. Elles introduisent la mort dans le monde et établissent des frontières entre l'espace naturel et l'espace culturel. Izanagi fuyant après avoir découvert la nature ophidienne d'Izanami (les kamï du tonnerre sont des serpents), et Ninigi rejetant la plus laide des deux épouses qu'on lui propose, introduisent deux modalités du négatif la mort et la vie brève. Dans une ultime variation, l'empereur Suinin enverra quérir les fruits d'immortalité, mais il mourra avant le retour de Tadimamori pour avoir rejeté la plus laide des filles de Mitiusinömiko.

Que cette fréquence du thème mélusinien dans un texte aussi court que le *Kojiki* résulte d'une loi analogique inhérente au discours mythique, ou d'une intention des compilateurs, peu importe. Il nous suffira d'avoir décelé un travail d'harmonisation dans ces redondances que l'on attribue encore trop souvent aux caprices du hasard.

Avatars littéraires

Le mariage de la narration et du poème, qui faisait déjà le charme du *Kojiki*, préside à la naissance d'une des formes littéraires les plus importantes de l'époque Heian : le monogatari. A l'origine simple excroissance herméneutique, le préambule en prose qui introduisait les poèmes du *Kokinwakashû* va acquérir une indépendance de plus en plus grande, jusqu'à se transformer en un récit qui éclipsera le waka. Les mythes littéraires véhiculés par les monogatari se manifestent de deux manières, qui correspondent aux deux modes d'appréhension de la notion de mythe. On les découvre d'abord sous la forme de thèmes obsédants caractérisés beaucoup plus par leur « atmosphère » que par leur structure : ainsi la passion du héros pérégrinant. Mais il peut s'agir aussi de cadres formels pré-construits comme ces contes populaires intégrés dans la trame du *Taketorimonogatari*.

Kishuryûritan

Le grand disciple de Yanagida, Origuchi Shinobu, ethnographe, philologue et poète, forgea en 1918 l'expression de « kishuryûritan » pour désigner un schème narratif récurrent dans la littérature et la mythologie classiques japonaises. Motif (tan) de l'errance (ryûri) d'un héros de noble condition (kishu), ce drame de la pérégrination comporte, à l'époque où le thème se cristallise dans la littérature de Heian, trois éléments fondamentaux : la faute, le bannissement, et le retour (ou l'apothéose) du héros. La faute, considérée par certains spécialistes comme un développement secondaire expliquant a posteriori les malheurs du héros, paraît en fait indispensable à l'intelligence de notre thème. Même dans un cas limite, comme l'épisode de la femme céleste du *Tango Fudoki*, elle est désignée, in absentia, par l'expiation qui s'ensuit. Dans l'*Ise Monogatari* et le *Genji*, il s'agit de la violation d'un interdit sexuel. Arihara no Narihira a des relations coupables avec Fujiwara no Takaiko, alors qu'elle était promise à l'empereur Seiwa ; il offre ainsi un modèle d'inconduite à son émule Hikaru Genji qui lui aussi s'intéressera aux chasses gardées de l'empereur. Si l'on suit Origuchi, ces courtises illicites constituent un avatar raffiné des violences de Susanöwo. La punition est aussi ambiguë que la faute à laquelle elle répond. L'éventail est large entre l'exorcisme qui accompagne l'expulsion du trickster et l'éloignement diplomatique de ces aristocrates qui ne se sentent plus en faveur à la cour. Mais dans tous les cas, qu'il s'agisse d'Amakudari, d'Azumakudari ou de Sumakudari, le héros-voyageur, déchu, « descend » dans l'espace et dans la hiérarchie des êtres... Si par sa fréquence et sa richesse le thème kishuryûri occupe une place de choix dans la littérature japonaise, les racines mythologiques qu'on lui attribue sont parfois douteuses. La faute et la descente offrent un lien bien ténu aux rapprochements que l'on fait entre le *Kojiki* et les monogatari du Moyen Age. Comme le montre J. Pigeot dans son étude sur le « Michiyukibun », le *kishuryûri* se définit beaucoup plus par sa tonalité que par son armature formelle. Le drame subjectif de l'arrachement à la capitale et l'évocation des souffrances du banni importent plus que la grammaire des fonctions narratives. Seul Yamatötakeru, dont la geste baigne effectivement dans une atmosphère tragique, peut être considéré comme un ancêtre direct des héros de monogatari. L'arrière-plan rituel du mythe très complexe de Susanöwo nous incite à tempérer toute ardeur comparatiste. Cette prudence vaut a fortiori pour l'interprétation des « voyages » de Sukunabikona et de Pirugo.

L'altérité

Le thème de l'errance accède à une dimension mythique plus aisément repérable si on l'intègre dans cette vaste constellation de schèmes narratifs dont la propriété commune est de mettre en scène un rapport avec l'altérité. C'est en effet dans le même registre (Ikyo, Iruinyôbô, Iruimuko) que les auteurs de la période Heian vont chercher les armatures de leurs récits. Le type Hagoromo qui sert de cadre au Taketorimonogatari d'une part, les récits dérivés du modèle Urashima de l'autre, et enfin les variantes masculine et féminine du mariage surnaturel sont tous unis par des rapports de transformation. Le contact et la séparation entre les mondes se prêtent à trois types de traitement. Dans le premier cas, un être surnaturel exilé sur terre (comme la femme céleste du Tango Fudoki) se fait voler un de ses attributs, ce qui lui interdit tout espoir de retour. La remontée au ciel ne pourra s'effectuer qu'après bien des épreuves. Dans le deuxième cas, c'est le personnage humain (un jeune pêcheur) qui se rend dans l'au-delà. Comblé de bienfaits, il revient sur terre de son propre gré. Alors que l'immortalité lui était promise, il viole un tabou qui coupe les ponts entre l'au-delà marin et la terre, et lui apporte la mort. Dans le troisième cas, un être humain épouse un animal qui lui donne richesse et bonheur tant qu'il peut cacher sa véritable identité. Une indiscrétion provoque le divorce ; le bonheur s'évanouit. L'homme est renvoyé à sa finitude, tandis que l'animal retourne à la nature, laissant parfois derrière lui une progéniture promise à un destin exceptionnel.

S'il est dangereux de voir en Susanöwo la première manifestation d'un « romantisme essentiel » qui imprègnerait depuis toujours l'âme japonaise, s'il est dérisoire de réduire des chefs-d'œuvre de subtilité comme le *Genji* à la pauvreté de quelques armatures narratives, il nous paraît toutefois légitime de considérer les malheurs du héros incestueux, et le drame de la rupture avec l'altérité comme deux schèmes mythiques essentiels qui ne cesseront de hanter la littérature japonaise.

Alain ROCHER

BIBLIOGRAPHIE

Textes

Kazuo AOKI et al. (ed.), *Kojiki*, NST 1, Tôkyô, Iwanami Shoten, 1982.
Tarô SAKAMOTO et al. (ed.), *Nihonshoki*, NKBT 67-68, Tôkyô, Iwanami Shoten, 1967
Kichirô AKIMOTO (ed.), *Fudoki*, NKBT 2, Tôkyô, Iwanami Shoten, 1958.

Traductions

William G. ASTON, *Nihongi*, Tôkyô, Tuttle, 1972.
Donald L. PHILIPPI, *Kojiki*, Tôkyô, University of Tôkyô Press, 1968.
Wieslaw KOTAŃSKI, *Kojiki*, Warszawa, Państwowy Instytut Wydawniczy, 1986.

Etudes

Kôji INAOKA (ed.), *Nihon shinwa hikkei*, Bessatsu Kokubungaku N° 16, Tôkyô, Gakutôsha, 1982.
Seiji ITÔ (et Taryô ÔBAYASHI) (ed.), *Nihon shinwa kenkyû* (3 vol.), Tôkyô, Gakuseisha, 1977.
Hideo KANDA, *Kojiki no kôzô*, Tôkyô, Meiji Shoin, 1959.
Takamitsu KÔNOSHI, *Kojiki no tassei*, Tôkyô, Tôkyô Daigaku Shuppan, 1983.
Kôza nihon no shinwa (12 volumes), Tôkyô, Yûseidô, 1976-1978.
Kenji KURANO, *Kojiki zenchûshaku* (7 volumes), Tôkyô, Sanseidô, 1973-1980.
François MACÉ, *Origine de la mort et voyage dans l'au-delà selon trois séquences mythiques du Kojiki et du Nihonshoki*, In « Cahier d'études et de documents sur les religions du Japon », Paris, E.P.H.E., V[e] sect., 1976.
Takeshi MATSUMAE, *Nihon shinwa no keisei*, Tôkyô, Hanawa Shobô, 1970.
Nobuhiro MATSUMOTO, *Nihon no shinwa*, Tôkyô, Shibundô, 1956.
— (ed.), *Ronshû Nihon bunka no kigen 3. Minzokugaku 1*, Tôkyô, Heibonsha, 1971.
Takeo MATSUMURA, *Nihon shinwa no kenkyû* (4 vol.), Tôkyô, Baifûkan, 1954-58.
Akihide MISHINA, *Nihon shinwa ron*, Tôkyô, Heibonsha, 1970.
— *Nissen shinwa no kenkyû*, Tôkyô, Heibonsha, 1972.

Susumu NAKANISHI, *Kojiki o yomu* (4 vol.), Tôkyô, Kadokawa Shoten, 1985.
Taryô ÔBAYASHI, *Nihon shinwa no kigen*, Tôkyô, Kadokawa Shoten, 1973.
— *Inasaku no shinwa*, Tôkyô, Kôbundô, 1973.
— *Nihon shinwa no kôzô*, Tôkyô, Kôbundô, 1975.
— *Higashi ajia no ôkenshinwa*, Tôkyô, Kôbundô, 1984.

Jeanne d'Arc

Le mythe existait avant le personnage. Au début du XVe siècle, dans une France qui traversait une des périodes les plus noires de son histoire, l'espoir d'un Sauveur miraculeux s'est développé dans les régions les plus déshéritées. Une vieille prophétie prédisait que la France serait perdue par une femme et relevée par une vierge des Marches de Lorraine. Quand on vit Jeanne marcher sur Orléans, la prédiction fut rappelée et attribuée à Merlin l'Enchanteur. Le peuple l'accepta avec enthousiasme. S'il y eut des sceptiques, ce fut parmi les grands.

Ainsi attendu, le mythe n'en appartient pas moins à l'histoire. Une histoire extraordinaire sans doute, dont l'héroïne commence par la gloire et finit sur le bûcher, comme dans un récit épique. Mais ce bûcher a existé, il n'est pas une invention de poète. Jeanne est une légende vivante, disait Michelet. Mais il faut se garder d'en faire une légende. Car tout peut être vérifié. Jamais autant de témoignages n'ont été recueillis sur un personnage historique dont la vie publique n'a duré que deux ans, y compris douze mois passés en prison. Les poètes et les dramaturges ont eu beau s'évertuer à orner son aventure d'anecdotes fictives, le noyau demeure inentamable. L'ironie de l'histoire a voulu que les bourreaux eux-mêmes aient conféré à Jeanne une gloire éternelle : c'est son procès — un procès orienté, partial, mais dont les minutes ont été établies par des notaires — qui a assuré la pérennité de l'héroïne.

Il a fallu quatre siècles pour que les minutes de ce procès fussent réunies, remises en ordre, traduites quand c'était nécessaire. Aujourd'hui l'histoire de

Jeanne constitue un corpus important qui, sans lever toutes les obscurités, nous permet de reconstituer les faits de la façon la plus exacte dont puisse se prévaloir un biographe scrupuleux.

Les données historiques

L'aventure était en soi exceptionnelle. Une jeune paysanne de dix-sept ans, née en 1412 à Domrémy, à la limite de la Lorraine et du Barrois, fille de « laboureurs », c'est-à-dire de paysans assez aisés, illettrée, instruite à coudre et à filer (bergère seulement à l'occasion) et que son entourage jugeait « tout à fait ordinaire », se met en tête de rassembler la France démembrée et de rendre au roi Charles VII la légitimité que lui contestent les Anglais, maîtres d'une partie du pays. Elle y réussit. A Bourges, le roi l'autorise à participer aux opérations militaires. Munie d'une armure complète, d'une épée (dont elle ne se servit guère) et d'une bannière où elle a fait inscrire « Jhesus Maria », elle joue un rôle prépondérant dans la levée du siège d'Orléans, entre triomphalement dans la ville le 8 mai 1429. Suivent la reprise de Jargeau, de Meung, de Beaugency, la victoire de Patay (12-18 juin). Elle entraîne ensuite le roi à Reims, où il est consacré par l'onction de l'huile sainte, selon le cérémonial traditionnel (17 juillet). Puis sa fortune semble fléchir. L'armée commandée par le duc d'Alençon échoue devant Paris. Elle est blessée le 8 septembre. L'hiver se passe en opérations limitées. Le 24 mai 1430, alors qu'elle essaye à la tête d'une petite troupe de lever le siège de Compiègne, elle est faite prisonnière par le duc de Luxembourg, tente de s'évader sans succès, est livrée aux Anglais qui veulent non pas sa mort immédiate, mais sa condamnation pour fait de sorcellerie, seul moyen à leurs yeux de discréditer Charles VII et d'annuler le sacre de Reims. Après un long procès, mené à Rouen (qu'occupent les ennemis), conjointement par l'Université que représente l'évêque de Beauvais, Pierre Cauchon, et par l'Inquisition, elle est condamnée d'abord comme hérétique, puis après l'abjuration qui lui a été arrachée au cimetière de Saint-Ouen (24 mai), comme relapse parce qu'elle a repris ses habits d'homme (étrange époque où un changement d'habits pouvait conduire au feu!). Livrée au « bras séculier », c'est-à-dire aux Anglais — et non aux autorités civiles comme le droit le prescrivait, elle est brûlée le 30 mai 1431, à Rouen, sur la place du Vieux-Marché. Tous événements vraisemblables qui appartiennent à l'Histoire. La vie de Jeanne d'Arc pourrait s'écrire en termes réalistes, sans intervention du merveilleux.

Le procès de réhabilitation — ou plutôt de nullité de condamnation — désiré par Charles VII, dès qu'il eut repris Rouen en 1450, ne fut plaidé qu'en 1456. Il condamne l'illégalité des juges de 1431 plutôt qu'il ne réhabilite Jeanne. Mais les cent quinze témoignages qu'il invoque confirment l'image qui se dégageait déjà du procès de 1431, malgré les arguties et les pièges tendus par les juges : celle d'une Jeanne honnête, courageuse, tenace, armée de bon sens et prompte à la réplique.

Cependant un mystère subsiste, celui des apparitions : de saint Michel, de sainte Marguerite et de sainte Catherine, qui, depuis que Jeanne avait treize ans, l'ont conseillée et encouragée jusqu'au 29 mai 1431. Elles sont au cœur du Procès de condamnation ; sans se lasser, Jeanne répète : « Non, mes voix ne m'ont pas trompée. » Il y a dans cette conviction une intrusion possible du merveilleux que les rationalistes modernes ont tenté d'interpréter en termes réalistes : imagination, hystérie, hallucination. Un fait subsiste : Jeanne y croyait. Sans se prononcer sur la réalité de ces Voix, l'historien doit prendre en compte au moins cette conviction. Le surnaturel est historiquement indémontrable, mais la mentalité de l'époque est une donnée historique. Notons d'ailleurs que le combat n'était pas entre la raison et la foi. Les juges n'étaient pas des rationalistes. Ils croyaient au surnaturel, surtout quand ils y voyaient la main du Démon. Ce qu'ils voulaient, c'est que l'accusée reconnût ses rencontres avec le diable, pour avoir le droit de la brûler. Mais Jeanne refuse l'aveu qu'ils exigent d'elle. Au XXe siècle, on ne peut s'empêcher de comparer son histoire à une autre histoire vraie, celle qu'Arthur London a racontée dans *L'Aveu*, où un autre tribunal digne de l'Inquisition chercha à obtenir par tous les moyens (sauf la torture physique. Jeanne non plus ne fut pas torturée) l'aveu d'un crime imaginaire destiné à servir un intérêt politique.

Le mythe de Jeanne à travers cinq siècles

Au fil du temps, les interprétations du rôle de Jeanne ont nécessairement varié. L'évolution des mentalités, les découvertes des historiens, les inventions des hommes de lettres ont façonné des dizaines de Jeanne qui appartiennent à l'histoire des idées plus qu'à la biographie authentique de la Pucelle.

Ecartons d'abord quelques mystifications. Ainsi Jeanne ne serait pas morte. Elle se serait enfuie, avec la complicité de Cauchon, par un souterrain (dont aucune trace ne subsiste). Sur le bûcher, un mannequin, ou quelque pauvresse, aurait été la proie du feu. Ou bien elle aurait été ressuscitée des flammes. Une fausse Jeanne, sous le nom de Jeanne des Armoises, se fit connaître en 1436, obtint quelque crédit, fut même reconnue par les frères de Jeanne. Elle avoua sa supercherie devant le Parlement de Paris en 1440. Une autre intrigante, qui se faisait appeler Jehanne de Sermaize, fut démasquée en 1457. A un moment, on compta trois aventurières de cette sorte dans la seule région d'Anjou.

Une autre affabulation fut plus tardive : en 1802, le sous-préfet de Bergerac, Pierre Caze, exposa publiquement la thèse de la bâtardise de Jeanne. Celle-ci aurait été la fille adultérine d'Isabeau de Bavière et de Louis d'Orléans, donc la demi-sœur de Charles VII. Dès sa naissance, elle aurait été élevée et manœuvrée pour jouer plus tard un grand rôle. Contre-vérité grossière qui se heurte aux faits (l'enfant mort-né dont Isabeau accoucha en 1407 était un garçon, Philippe) et à la simple vraisemblance : comment Charles VII aurait-il laissé mourir sa sœur sur un bûcher? Cette version a cependant trouvé des adeptes au XXe siècle. Régine Pernoud leur a répondu avec pertinence dans *Jeanne contre les Cauchon* (1970).

La vierge guerrière

Mieux vaut suivre à travers le temps les témoignages du culte rendu à la Jeanne de l'histoire. Il a eu ses avatars, son déclin et son apogée. Au cours des siècles on peut approximativement distinguer plusieurs tendances. La légende de Jeanne se développa d'abord loin de la connaissance des textes. On se souvient de ses exploits, on s'émerveille qu'une femme ait pu les accomplir, on célèbre la combattante, mieux même, l'amazone. C'est donc le caractère *épique* de sa chevauchée qui l'emporte.

Jeanne fut d'abord l'objet de cultes locaux. Les villes de Bourges et d'Orléans firent célébrer une messe à l'anniversaire de sa mort. A Orléans cette tradition se maintint jusqu'à nos jours. A Domrémy, où était resté son frère Jacques, on gardait religieusement son souvenir.

L'Eglise restait étrangement silencieuse à son égard. Dès 1429, le chancelier Gerson, appelé en consultation, avait pris le parti de Jeanne. Mais il mourut quelques mois plus tard et sa parole ne fut pas entendue.

Pour les poètes, elle demeurait une figure très vivante. Dès avant la mort de Jeanne, Christine de Pisan, qui devait disparaître en 1431, consacra ses derniers vers à celle qui incarnait à ses yeux les plus hautes vertus féminines :

> « Une fillette de seize ans
> A qui armes ne sont pesans
> N'est-ce pas chose fors nature?
> Et devant elle vont fuyans
> Ses ennemis [...] »
> (*Le Dittié de Jeanne d'Arc*, juillet 1429).

Plus significative encore est la composition du *Mistère du Siège d'Orléans*, ébauché dès 1435, mis en forme en 1453-1456 tandis que se déroule le procès de réhabilitation, et joué à Orléans à plusieurs reprises. Il comptait 20 530 vers, une centaine d'acteurs. Il assure la renommée de Jeanne pour plusieurs siècles.

Cent ans plus tard, le souvenir de Jeanne est encore proche. François Villon la place dans une des strophes les plus émouvantes de la *Ballade des Dames du Temps jadis* (1461) :

« Berte au grant pié, Bietris, Alis
Et Jehanne la bonne Lorraine
Qu'Englois brulerent à Rouan;
Ou sont ilz, ou, Vierge souvraine?
Mais où sont les neiges d'antan?

Les chroniqueurs aussi lui firent fête. En pays lorrain, son aventure fut insérée dans une *Chronique de Lorraine*, sorte de chanson de geste, composée vers 1480 par les ducs de Bourgogne, qui attribuaient à Jeanne toutes les victoires d'avant et d'après 1431, sans dire mot ni des Voix ni des procès.

A partir du XVIe siècle, Jeanne n'est plus un souvenir, mais une figure mythique déjà lointaine, dont on travestit la mission au gré des modes littéraires ou des passions politiques. Plusieurs ouvrages l'enrôlent parmi les femmes vertueuses qui honorent le sexe féminin, par exemple celui d'Alain Bouchard (*Mirouer des Femmes vertueuses*, 1546), qui nourrira encore les conversations de Mlle de Scudéry. D'un autre côté des interprétations malveillantes surgissent à la faveur d'une certaine sécularisation. Sauf dans l'épopée latine de Valeran de La Varanne qui déploie toutes les fleurs de la rhétorique pour célébrer l'épopée de Jeanne (*De gestis Johannae virginis Franciae, egregiae bellatricis libri 14; Des exploits de la glorieuse combattante, Jeanne la Pucelle de France*, 1516), on commence à douter de sa mission divine. Ou même à suspecter sa chasteté : ainsi Girard de Haillan, dans un livre qui peut être considéré comme notre première histoire nationale (*De l'Estat et mercy des affaires de France*, 1570), estime que Jeanne fut la maîtresse du sire de Baudricourt, ou de Dunois, le bâtard d'Orléans. Pour lui elle ne fut qu'un instrument dans les mains des politiques.

A cela s'ajoutent les réactions des protestants. En 1567 ils détruisent le monument qui avait été élevé à Orléans, sous prétexte que Jeanne tendait à devenir la patronne des catholiques et des ligueurs. Du côté des Anglais, on ne pouvait espérer grande sympathie. La première pièce attribuée à Shakespeare, *Henri VI* (et dont la paternité lui fut disputée par Robert Greene), voit en Jeanne une sorcière, dont les succès ne sont dus qu'aux démons, une « gourgandine » enceinte des œuvres de Charles VII ou de quelque autre prince (1590).

Cependant les historiens sérieux approfondissent l'histoire de la Pucelle. Le magistrat Etienne Pasquier rend l'honneur à celle « à qui la France a tant d'obligation ». Il remarque avec tristesse : « Jamais personne ne secourut la France plus à propos, jamais mémoire de femme ne fut plus déchirée que la sienne » (*Recherches de la France*, 1580). La même année, Montaigne visitait la maison de Jeanne à Domrémy.

Aux XVIIe et XVIIIe siècles, le culte de Jeanne ne varie pas chez les petites gens. Les érudits poursuivent leurs recherches, recueillent les pièces du procès. Edmond Richer insiste sur leur importance, s'intéresse à leur conservation. Il compose quatre gros livres sur l'*Histoire de la Pucelle* (1625-1630) qu'il ne publie pas, mais qui seront exploités par Lenglet-Dufresnoy (*Histoire de Jeanne d'Arc, vierge, héroïne et martyre*, 1753-1754). Un historien diligent, Clément de l'Averdy réunit une abondante documentation (*Notices et Extraits de la Bibliothèque du Roi*, III, 1790). Tous célèbrent la mémoire de Jeanne.

Par un paradoxe qui n'est peut-être pas surprenant, plus l'histoire de Jeanne se précise, plus les poètes sont mal à l'aise avec elle. Passons sur l'œuvre de Chapelain, *La Pucelle ou la France délivrée* (1656), dont les intentions sont excellentes : écrire une épopée sur un sujet moderne, exalter l'héroïsme des femmes, établir une bonne fois l'immortelle gloire de Jeanne — mais dont la réalisation consterna les contemporains qui se hâtèrent d'oublier ce poème insipide, encombré de mythologie classique. Est-ce par réaction que Voltaire composa sa *Pucelle d'Orléans*, ébauchée en 1738, éditée en 1762, contre-épopée dans laquelle il défigure le personnage de Jeanne, à la grande joie des libertins et des anticléricaux. Il avait pourtant reconnu les mérites de Jeanne dans l'*Essai sur les Mœurs* (1753), affirmant qu'ayant sauvé son roi, on lui aurait dressé « des autels dans les temps héroïques ». Mais tout lui était bon pour faire pièce à l'Eglise. Poème burlesque et graveleux, sa *Pucelle*, que personne ne lit plus, est difficile à juger tant les éditions pirates l'ont déformée (voir *La Pucelle d'Orléans*, édition critique de Jean Vercruysse, 1970). Dans la seule qu'il ait avouée, Jeanne est une servante d'auberge (l'erreur était déjà chez Bossuet), fille d'un moine paillard. Ses actions d'éclat consistent avant tout à se défendre contre les assauts donnés à son pucelage, spécialement contre l'âne qui lui sert de monture et qui, doté du pouvoir de voler, l'aide à délivrer Orléans. Une fois la ville prise, elle est libérée de son vœu de virginité, et peut se donner à Dunois.

Ces bouffonneries, où d'ailleurs Agnès Sorel tenait autant de place que Jeanne, obtinrent du succès en un temps où le renom de Jeanne était au plus bas. Beaumarchais lui déniait tout héroïsme. L'Encyclopédie la traitait comme une malheureuse idiote manœuvrée par des fripons. Montesquieu réduisait son histoire à une fourberie. Seul Rousseau, plus proche sans doute du sentiment populaire, offrait un texte des *Procès* à la République de Genève.

Par une nouvelle réaction, c'est à Voltaire que l'on doit un renouveau de sympathie à l'égard de Jeanne. A la faveur du romantisme naissant, Anglais et Allemands, scandalisés par l'irrévérence voltairienne, remettent sa figure en valeur.

Une Jeanne romantique

Epris des idées révolutionnaires, Robert Southey s'enthousiasme pour la Pucelle en qui il voit le peuple affronté aux puissants (*Joan of Arc*, 1795). Il s'est refusé à lire Voltaire ; il veut racheter son pays d'avoir brûlé Jeanne et applaudi aux vers de Shakespeare. Sa geste épique célèbre une Jeanne républicaine et patriote, modèle des vertus civiques, qui annonce au sacre de Reims la Déclaration des droits de l'homme.

En Allemagne, Schiller compose une des pièces les plus brillantes qu'ait inspirées le mythe : *Die Jungfrau von Orléans (La Pucelle d'Orléans*, 1800), qu'il appelle une « tragédie romantique » pour s'excuser de n'avoir pas suivi l'exactitude historique. A son tour et à sa façon, il répond aux accusations de Shakespeare : déclarée sorcière et obligée de fuir sous les sarcasmes, Jeanne brise miraculeusement ses chaînes et meurt sur le champ de bataille dans une sorte d'apothéose. L'œuvre connut un vif succès et servit de modèle à de nombreux dramaturges européens. On regrette seulement qu'en introduisant une intrigue amoureuse dans la légende de Jeanne (qui, malgré elle, s'éprend de l'Anglais Lionel), Schiller ait faussé le caractère de l'héroïne. Que la fiction embellisse l'histoire, soit, mais elle ne doit pas en dénaturer l'essentiel. La chasteté de Jeanne est un des traits les mieux attestés par tous les témoins, et d'autant plus indispensable à respecter que les Anglais s'étaient acharnés à la mettre en doute et que le procès devait précisément prouver qu'elle y avait manqué.

En France, au début de la Révolution, il y avait eu hésitation : la Pucelle, qui avait fait sacrer un roi, n'avait-elle pas contribué à la défense de la monarchie ? A Domrémy, en 1793, des vandales faillirent mutiler sa statue. Les habitants s'interposèrent. Peu à peu, l'image de Jeanne patriote reprit le dessus. En 1803, Orléans recommence à commémorer sa libératrice. Bonaparte prononce son éloge. Louis XVIII fait restaurer la maison de Domrémy devenue bien public. Il érige un monument qui est inauguré en 1820. On scelle dans le socle deux œuvres littéraires contemporaines, la tragédie de Leuillart d'Avrigni, *Jeanne d'Arc à Rouen* et les élégies de Casimir Delavigne, *Les Messéniennes* (1818). En 1843, Louis-Philippe, roi des Français, fait don à la maison de Jeanne d'Arc d'une statue de l'héroïne, qu'avait sculptée sa fille, la princesse Marie.

Malgré l'abondante production littéraire qu'elle suscite, les plus grands des Romantiques français n'ont consacré à Jeanne aucune œuvre notable. A moins qu'on ne considère comme un poème l'admirable tome V de l'*Histoire de France* où Michelet célèbre la libératrice d'Orléans (1841, repris en volume séparé sous le titre *Jeanne d'Arc* en 1853). C'est là son chef-d'œuvre. Il n'a lu qu'une version incomplète des *Procès*, celle de l'Averdy. Assez cependant pour en avoir été remué jusqu'au fond de l'âme. Assez pour pénétrer la personnalité de Jeanne, « son bon sens », « son bon cœur », son intelligence, sa pureté. La Pucelle sort du peuple et elle est une femme : tout est réuni pour nourrir l'exaltation de Michelet. De sa mission il relève trois composantes : a) le patriotisme. N'était-elle pas la première à avoir ressenti la « Pitié qu'il y avait au royaume de France » ; b) la liberté de penser. Elle fonde sur l'échafaud « le droit de la conscience, l'autorité de la voix intérieure » ; elle laisse parler « le Dieu intérieur », formule frappante sous la plume de Michelet l'incroyant ; c) enfin l'image de la Passion : « l'imitation de Jésus-Christ, sa Passion reproduite dans la Pucelle ». « Elle fut la rédemption de la France. » Ainsi l'historien, qui ne croit pas aux Voix, prépare ses lecteurs à accepter la sainteté de Jeanne. Attitude très romantique dans un siècle qui refuse les dogmes, mais garde un puissant besoin religieux.

En même temps que Michelet écrivait le poème de Jeanne, l'érudit Jules Quicherat en fixait l'histoire au plus près possible. Les cinq volumes des *Procès* de condamnation et de réhabilitation de Jeanne d'Arc (1841-1849) publient non seulement les minutes des procès déjà connus, mais quantité de documents en latin et en français, retrouvés dans des archives jusque-là inexplorées. Mine de renseignements pour tous les chercheurs, les *Procès* modifient le regard du lecteur : l'accent est mis sur le drame de l'erreur judiciaire. La tragédie — et non plus l'épopée — se joue dans l'enceinte d'un tribunal entre Jeanne et ses juges. Rien de tel qu'un procès, surtout quand ses méthodes sont entachées de soupçon, pour passionner un spectateur introduit dans l'intimité d'un huis clos. Grâce à Quicherat, nous sommes en présence d'un personnage neuf, l'accusée, tout différent de la guerrière empanachée dont tant de peintures avaient laissé l'image.

Michelet, Quicherat, tous deux athées, tous deux fervents admirateurs de la Pucelle, préparent une étape nouvelle dans la destinée posthume de Jeanne : la sainte de la patrie.

La sainte de la patrie

A partir de 1850, le culte de Jeanne va croissant. L'insurgé Armand Barbès, sorti de prison, témoigne : « La plus grande gloire de notre patrie est d'avoir enfanté Jeanne d'Arc » (*La Solidarité*, 1er juin 1867). En 1869, Mgr Dupanloup, évêque d'Orléans, demande à Rome la mise en route d'un procès de canonisation. Après la défaite de 1870, elle est « l'Ange de la revanche ». Poètes et peintres rivalisent de zèle, son portrait devient le thème favori de l'art « pompier ». Elle fait partie du Panthéon scolaire de la Troisième République. En 1884, le républicain Joseph Fabre défend l'idée d'une fête nationale purement civique consacrée à Jeanne. Il lui faudra attendre quelques décennies, comme l'Eglise d'ailleurs.

En attendant, elle est un enjeu entre tous les partis. Si tous, entre 1870 et 1914, croient à la patriote, ils ne sont pas du même avis sur la sainte. Un exemple révélateur : le 14 mai 1890, dans le journal *Le Parti ouvrier*, Lucien Herr revendique une Jeanne socialiste : « Elle est le peuple qui pour la première fois dans l'histoire sauva la France. Que l'Eglise nous la laisse [...]. Gardez votre évêque. Nous gardons la fille du peuple. » En 1908, Romain Rolland dépeint un Jean-Christophe bouleversé par la lecture de Michelet, « l'évangéliste de Jeanne » (*La Foire sur la Place*). En 1910, Jean Jaurès rend un hommage très appuyé à la mission universelle de Jeanne (*L'Armée nouvelle*). En 1913, le philosophe Alain loue en Jeanne « un miracle de volonté qui doit tout à l'homme et rien au ciel » (*Propos*, 6 mai).

Dans ce climat d'une ferveur largement partagée, rien d'étonnant à ce qu'en 1897 un jeune poète socialiste et orléanais, Charles Péguy, écrive lui aussi sa *Jeanne d'Arc*, vaste trilogie dédiée « à toutes celles et à tous ceux qui seront morts de leur mort humaine pour l'établissement de la République socialiste universelle ». Une première pièce, *A Domrémy*, montre une enfant ardente, obsédée par la souffrance de son pays, par la Passion du Christ et la hantise de la damnation. Dans la deuxième, intitulée *Les Batailles*, Jeanne incarne le peuple, un peuple qui se mêle aux combattants, donne l'assaut et remporte joyeusement des victoires. La troisième, *Rouen*, comprend une longue évocation des peines de l'enfer que Péguy prête à Maître Evrard lors de la scène du cimetière de Saint-Ouen, et qui ébranle Jeanne jusqu'à lui faire douter de son salut. De beaux morceaux épiques et tragiques. Des faiblesses aussi : Péguy n'a pu soutenir le ton jusqu'à la fin, il a reculé devant la scène du bûcher. Accueillie par un silence presque total, cette trilogie est pourtant la plus poignante des œuvres dramatiques consacrées à Jeanne. Le merveilleux n'y joue aucun rôle. Le signe qui décide Jeanne au départ est un événement historique : la levée du siège devant le Mont-Saint-Michel. Mais le jeune socialiste qui se dit incroyant, a déjà fait de Jeanne « la grande régulation interne » de sa vie et de son œuvre. Quand, en 1910, après son retour au christianisme, il reprendra la première de ses pièces pour en faire *Le Mystère de la Charité de Jeanne d'Arc*, longue méditation de Jeanne à peine coupée de brèves répliques, il n'aura pas de peine à développer les mêmes thèmes : le salut, la damnation, et même à y insérer un récit de la Passion de Jésus, qui souligne le parallélisme découvert par Michelet entre le martyre du Christ et celui de Jeanne. Il se proposait de faire suivre ce premier Mystère — très bien accueilli par la critique — d'une quinzaine d'autres sur la vocation, la sainteté et le martyre « de la plus grande sainte qu'il y ait jamais eu ». Si le temps ne lui a pas permis de se faire, comme il le souhaitait, le « notaire », le « loyal serviteur » de son héroïne, il est demeuré, pour le XXe siècle, le plus célèbre des chantres de Jeanne.

Léon Bloy, son contemporain — mais pas son ami — a choisi, lui aussi, Jeanne pour héroïne. En 1915 « au seuil de l'Apocalypse », il termine un livre qu'il avait longuement médité : *Jeanne d'Arc et l'Allemagne*. Sa vision du monde est simple. Sa patrie est une nation élue : « Dieu n'a que la France. » Jeanne a assuré pour le compte du roi de France la « lieutenance » de Jésus sur la terre. Par son martyre, elle est la merveilleuse passiflore après quoi le Moyen Age pouvait mourir. Pour Bloy, comme pour Péguy, Jeanne est un mythe personnel.

Celui qui fit le plus pour concrétiser le souvenir de la « bonne Lorraine » ne parvint jamais à écrire sur elle le livre dont il rêvait : Maurice Barrès. Agnostique, compagnon de route des nationalistes, il est partagé entre une Jeanne celtique, issue d'une terre païenne, et la Jeanne inspirée de Dieu dont se réclament ses amis politiques. Il va jusqu'à parler de « cette fée dont nous avons fait une sainte » (*Le Gaulois*, 28 janvier 1908). Cependant, c'est grâce à ses efforts tenaces qu'il réussit en 1920 à réaliser le vœu de Joseph Fabre, en faisant voter par le Parlement la célébration d'une fête nationale en l'honneur de Jeanne.

Si ce vote a tant tardé, c'est que les partis de gauche voient d'un mauvais œil la confiscation de Jeanne par l'Eglise. La Papauté a proclamé la Pucelle Vénérable en 1894, Bienheureuse en 1909. Les anticléricaux s'inquiètent. Un petit fait significatif : l'affaire Thalamas (1904). Professeur de seconde au lycée Condorcet, Thalamas avait devant ses élèves nié la réalité des Voix de Jeanne. Sous la pression de la Ligue des Patriotes, il fut blâmé et déplacé. En 1908, on l'autorisa à professer un cours libre à la Sorbonne. Nouveau scandale, qui coïncide avec la publication de la *Vie de Jeanne d'Arc* d'Anatole France. Celui-ci s'intéresse à la psychologie de la Pucelle depuis 1876. Il cherche à expliquer les Voix de façon rationnelle. Il consulte les psychiatres, dont le Dr Georges Dumas. Il conclut que les Voix de Jeanne d'Arc n'étaient que « les voix de son âme », qu'elle était une visionnaire, une somnambule, une hallucinée. Mais en même temps, son anticléricalisme le pousse à soupçonner qu'elle fut manipulée par les prêtres qui ont ourdi une « fraude pieuse » pour la faire tomber dans leurs filets. D'où une dualité d'interprétations qui nuit à la cohérence de l'ouvrage. Le livre de France fut minutieusement réfuté par l'historien anglais Andrew Lang (*La Jeanne d'Arc de M. Anatole France*, 1909). En revanche, il fournit d'arguments les radicaux et les francs-maçons qui chaque année le 8 mai voyaient avec dépit les gens d'Action française célébrer leur sainte devant la statue de Frémiet, place des Pyramides.

La Grande Guerre mit fin à ces querelles : Jeanne redevint le symbole de la patrie en danger. L'Eglise agit la première : le 16 mai 1920, Jeanne fut proclamée sainte et patronne de la France par Benoît XV, soucieux de faire oublier l'attitude neutraliste du Vatican pendant la guerre. Le gouvernement français le suivit de peu : le 24 juin, la fête de Jeanne devenait « la fête du patriotisme ». Ce double parrainage scellait une provisoire réconciliation.

Jeanne toujours...

On aurait pu craindre que ces honneurs suprêmes n'affadissent la figure de Jeanne, ne l'embaument dans quelque linceul glacé. Bien que les pacifistes aient parfois raillé les formes cocardières que revêtait son culte dans les années 20, et que les incroyants aient mal supporté sa récupération par l'Eglise, sa personnalité hors pair n'a pas cessé d'intéresser les écrivains et les cinéastes.

Les publications de Quicherat avaient produit un déplacement du mythe, qui s'est confirmé après 1920 ; le procès de 1431 occupe plus de place que les années de vocation ou les campagnes militaires de la Pucelle. D'autre part la laïcisation de la société entraîne une certaine indifférence à l'égard des Voix. Seul Claudel les fait entendre dans l'Oratorio dont il confie la musique à Honegger (*Jeanne d'Arc au Bûcher*, 1938), mais son spectacle est destiné à un opéra où la vraisemblance n'est pas exigée. Pour nombre de ses contemporains, l'affrontement de Jeanne et de ses juges passe au premier plan. Jeanne est l'enfant devant les docteurs. C'est ainsi que la voit Bernanos, héritier de Péguy, dans un brillant essai, *Jeanne relapse et sainte* (1934). « La merveille, c'est qu'une fois, une seule fois dans le monde peut-être, l'enfance ait ainsi comparu devant un tribunal régulier. » Pendant la Seconde Guerre mondiale, Jeanne sera finalement identifiée aux combattants de l'ombre : écrivant dans une France occupée, Claude Vermorel y voit le modèle de la Résistante (*Jeanne avec nous*, 1942). Chez Anouilh, elle est la petite fille « qui dit non », refusant le bonheur médiocre que lui offre un Cauchon presque paternel (*L'Alouette*, 1953). Le titre que Thierry Maulnier donne à sa pièce en 1949, *Jeanne et les Juges*, résume cette tendance générale, dont les procès de Moscou offraient l'illustration : on était alors en pleine guerre froide.

Mais il faut remonter à Bernard Shaw pour comprendre comment Jeanne peut être adoptée par des individualistes et des conservateurs (*Saint Joan*, 1923). Dès la préface de sa pièce, il pose deux affirmations : a) Jeanne fut un des premiers martyrs protestants ; b) Elle est un des premiers apôtres du nationalisme. Un long débat entre Cauchon et l'Anglais Warwick démontre ces deux propositions. Cauchon prévoit la venue de Luther, la victoire du sens individuel contre le magistère de l'Eglise catholique ; il ne craint pas d'appeler l'hérésie par son nom : le protestantisme. Warwick, de son côté, redoute l'avènement de l'idée de nation qui donnera au roi (ou à l'Etat) tout pouvoir sur les féodalités : c'est Richelieu qui lui fait peur. Cette analyse très pénétrante explique que Jeanne puisse être revendiquée par des hommes en apparence très différents : des nationalistes et des contestataires.

Incarnation d'idéologies parfois contradictoires (Jeanne bonne chrétienne / Jeanne contre l'Eglise. Rassembleuse de la France / rebelle aux pouvoirs établis), conçue souvent par les écrivains à leur propre ressemblance (Péguy, Anatole France, Bernanos), quelle est aujourd'hui la Jeanne qui nous touche le plus ? Le visage que lui préfère le XXe siècle, c'est au cinéma qu'elle le doit. Parmi la vingtaine de films qu'elle a inspirés, relevons celui du Danois Carl Dreyer (*La Passion de Jeanne d'Arc*, 1928, avec l'actrice Falconetti), un des chefs-d'œuvre du film muet, et celui de Robert Bresson (*Procès de Jeanne d'Arc*, 1962). L'un et l'autre ont concentré l'action sur les derniers jours ou même les dernières heures de l'agonie de Jeanne. Ils ont effacé ou stylisé les décors. Seuls vivent les visages, amis ou ennemis, sur lesquels passent les reflets de leurs états émotifs, haine, inquiétude, compassion, angoisse. Film muet et film parlant introduisent ainsi à un dialogue serré, lent et insistant dans la *Passion*, plus précipité et incisif dans le *Procès*, et qui inévitablement conduit à une fin tragique. Une puissante vie intérieure affleure, d'aucuns diraient une présence mystique. C'est sans doute le seul langage de notre temps qui nous redonne une Jeanne vivante, avec ses forces et ses faiblesses, intensément vivante jusqu'au seuil de la mort.

Simone FRAISSE

BIBLIOGRAPHIE SOMMAIRE

Jules QUICHERAT, *Procès de condamnation et de réhabilitation de Jeanne d'Arc*, 5 vol., Paris, Société de l'Histoire de France, 1841-1849.

Georges et Andrée DUBY, *Les Procès de Jeanne d'Arc*, coll. Archives, Paris, 1973.

Régine PERNOUD, *Vie et mort de Jeanne d'Arc*, Paris, Hachette, 1953; *Jeanne d'Arc par elle-même et par ses témoins*, Ed. du Seuil, 1962; *Jeanne d'Arc*, coll. Que sais-je? P.U.F., 1981.

Pierre MAROT, « De la réhabilitation à la glorification de Jeanne d'Arc », in *Mémorial du Ve centenaire de la réhabilitation de Jeanne d'Arc*, Paris, Foret, 1958.

Jeanne d'Arc à l'écran, numéro spécial des *Etudes cinématographiques*, Paris, Minard, 3e trimestre 1962.

Pierre MOINOT, *Jeanne d'Arc, le pouvoir et l'innocence*, Paris, Flammarion, 1988.

JÉSUS-CHRIST EN LITTÉRATURE

Dans la mesure où le mythe peut exprimer l'expérience la plus profonde de l'humanité, parler de mythe à propos de Jésus-Christ n'implique ici nulle réduction négatrice (comme le mot l'impliquait au siècle dernier) et ne préjuge nullement de l'attitude religieuse d'un chacun. Jésus-Christ est envisagé ici comme une figure capitale de l'histoire culturelle occidentale, telle qu'elle a été comprise, vécue, formulée, dans la conscience religieuse et dans les expressions ou représentations littéraires, conformes ou non, qu'elle a suscitées.

Cas unique parmi les grandes figures symboliques de l'humanité : les traditions les plus primitives (répercutées d'abord dans les lettres de Paul, puis dans les Evangiles) insistent d'emblée, en partant de sa mort et de sa résurrection, sur le fait que Jésus était à la fois homme véritablement, authentiquement, *et* bien plus qu'un homme, un être divin, le Fils de Dieu. Comme le traduira bientôt la tradition chrétienne, en sa personne coexistent la nature divine et la nature humaine, ce qui l'établit dans un statut paradoxal et mystérieux, très différent de celui de n'importe quel autre personnage saint, prophète ou thaumaturge.

Mais les récits évangéliques ne constituent pas une « vie de Jésus » et ne se soucient qu'accidentellement de vérité documentaire. Les anecdotes qu'ils citent ont d'abord une valeur symbolique, valeur d'exemple pour la vie chrétienne ou valeur révélatrice de l'identité de Jésus, en particulier pour confirmer qu'il répond aux « figures » prophétiques et réalise les promesses de l'Ancien Testament. L'ensemble des récits évangéliques inscrit fortement Jésus dans l'histoire, mais le détail documentaire y reste toujours secondaire, ce qui posera bien des problèmes littéraires quand, à partir du XIXe siècle, les écrivains se sentiront plus libres de broder sur les sobres récits des évangélistes : le danger est alors de dériver dans l'histoire anecdotique, diminuant d'autant le poids symbolique de la figure même de Jésus. Le mystère, le paradoxe font partie intégrante de cette figure — ou alors nous le réduisons à n'être plus qu'un homme ordinaire, sans autre épaisseur, tandis que son originalité, c'est d'être la figure du médiateur, de l'intermédiaire unique et énigmatique, le visage de Dieu sous les traits d'un homme engagé dans l'histoire.

La production littéraire dans la liturgie

Dès les débuts, la prière et la réflexion sur Jésus s'expriment dans des textes qui relèvent de la littérature religieuse dans trois registres différents au moins.

I. « L'hymne » cité par Paul aux Philippiens (*Phil.*, II, 6-11) inaugure une abondante tradition de poèmes liturgiques (suscités et multipliés notamment par le cycle liturgique qui ramène chaque année l'Avent, Noël, la Passion, Pâques, etc.) dans toutes les langues. Les hymnes grecques et latines sont promises à un large développement au Moyen Age, ne citons ici que l'une des plus connues le *Jesu dulcis memoria* de saint Bernard. Elles seront relayées par une floraison de chants en langues modernes, chorals luthériens et cantiques de toutes sortes, parfois signés par de grands poètes, de P. Gerhardt ou M. Claudius à P. de La Tour du Pin. Cantates, Passions et oratorios multiplient aussi les images à la fois dramatiques et musicales du Christ : ne citons ici que les quatre *Passions* de H. Schütz (1653-1666), les deux *Passions* de J.-S. Bach (1724 et 1729), l'oratorio de F. Liszt, *Christus* (1866) et la *Passion selon saint Luc* de Chr. Panderecki (1980).

II. La réflexion (et la controverse) sur la foi au Christ donnera naissance à une immense littérature, des sermons passionnés de saint Augustin à ceux de J. Donne, d'Abraham à Santa Clara, etc. ou du *Traité de l'Amour de Dieu* de François de Sales et des *Pensées* de Pascal aux amples méditations de Newman ou de Teilhard de Chardin.

III. Le besoin de « raconter » ce qu'a fait Jésus et de le rendre ainsi plus imaginable en insistant sur le détail concret a aussi suscité, dès les premières générations chrétiennes, une floraison de récits dits « apocryphes », où l'anecdote triomphe pour le plaisir de l'imagination, puis des paraphrases de toutes sortes, depuis les visions épiques du *Heliand* allemand ou du *Christ* anglo-saxon de Cynewulf, au IXe siècle, jusqu'aux représentations symboliques du Saint Graal, jusqu'aux évocations d'un saint Bonaventure ou d'une sainte Marguerite-Marie, pour ne citer que des écrivains de qualité.

Les siècles chrétiens et l'humanité de Jésus

« Vrai Dieu et vrai homme », la formule est définitivement consacrée au concile de Chalcédoine en 453. En fait, les premiers siècles chrétiens sont beaucoup plus impressionnés par la divinité qui transparaît dans l'humanité de Jésus Christ. Cette humanité, bien souvent, n'est guère considérée *que* comme un « signe » visible qui renvoie à l'invisible transcendant. Cette perspective sera sans cesse reprise par les sermonnaires et les mystiques.

Cependant, à mesure que l'homme occidental commence à prendre conscience de lui-même, il s'intéresse de plus en plus à cet exemple d'humanité parfaite que Jésus a donné et il cherche un lien plus direct et plus personnel à lui : toute une tradition spirituelle se développe à partir de saint Bernard, de saint François d'Assise et des mystiques du XIVe siècle ; au XVe siècle, la « *devotio moderna* » et son chef-d'œuvre, *l'Imitation de Jésus-Christ*, au XVIe et au XVIIe l'influence des *Exercices spirituels* de saint Ignace vont dans le même sens. Un symbole très humain de la personne de Jésus-Christ, celui du Sacré-Cœur s'impose progressivement à la piété catholique, mais est perçu aussi ici et là dans le luthéranisme ou l'anglicanisme (Th. Goodwin, *The Heart of Christ*, 1652).

Cette tradition spirituelle est à la source d'une littérature foisonnante. Le Moyen Age déjà intégrait tout naturellement la figure de Jésus à sa vie et à sa littérature. Avec une imagination et un réalisme instinctifs, il le voit proche, mêlé à la vie, aux souffrances et aux joies des hommes, tantôt comme un souverain et comme un juge, plus souvent avec un visage de bonté et de pardon : ainsi font les *chansons de croisade* (XIe-XIIIe siècles) et le sire de Joinville († 1317), les *Osterspiele, Weltgerichtsspiele* et les *Mystères de la Passion* dont les plus célèbres sont ceux d'Arnoul Gréban (1462) et de Jean Michel (1483) mais dont la tradition s'est maintenue jusqu'à nos jours en Bavière (Oberammergau), et en Autriche (Thiersee).

Renaissance et classicisme ramènent peu à peu la littérature aux principes de la rhétorique antique qui prône l'idéalisation et refuse le mélange des genres et le réalisme médiévaux (voir Auerbach, *Mimesis*) surtout en matière de littérature religieuse. On peut mentionner cependant telles épopées imitées de l'*Enéide*, la *Christias* latine de M.-G. Vida (1535) ou la *Cristiada* espagnole de D. de Ojeda (loll.). Mais les poètes de l'âge baroque, qui jouent volontiers sur les polarités et les contrastes, méditeront longuement la figure du Christ comme le parfait exemple du « Tout-Rien » (formule d'un sonnet de N.-B. de Javezac) en qui se rejoignent l'infini de Dieu et la fragilité humaine. Les mêmes poètes reprennent aussi pour lui, à l'occasion, les images antiques : Orphée, le phénix, Deucalion, Psyché, Hercule, etc. A côté de *Los nombres de Cristo* de Luis de Leon (1583-85) ou des 500 sonnets de La Ceppède sur la Passion et la Résurrection (1613-1622), il faudrait citer une foule d'autres noms, dont ceux de Marguerite de Navarre, Corneille, Racine, A. Silesius, Fr. von Spee (*Trutz Nachtigall*, 1649), etc. Du *Paradise lost* (1665), Milton en vient naturellement au Rédempteur victorieux des tentations du démon (*Paradise regained*, 1671). Enfin le XVIIe siècle est la grande époque de l'éloquence sacrée, souvent centrée sur la personne du Christ et sa Passion, par ex. chez François de Sales, Surin et Bossuet, pour ne citer que quelques noms français.

CHRIST ROMANTIQUE

Avec le XVIIIe siècle, les exclusives « classiques » finissent par triompher, du moins dans le modèle littéraire français. Appuyé sur les premiers éléments de la critique biblique, le rationalisme tend à discréditer comme invraisemblable l'union de l'homme et de Dieu, autrement dit l'Incarnation. La religion dérive en partie vers le déisme, sépare un Dieu rationnel, lointain et indifférent, de Jésus ramené aux dimensions de cette terre et modèle de sagesse humaine tout au plus. D'où en France un relatif silence de la littérature, tandis qu'ailleurs, en Allemagne par exemple, Klopstock évoque la Passion à travers la sensibilité nouvelle (*Der Messias*, 1748-1781).

Aux générations romantiques Jésus apparaît souvent comme le type même de l'homme injustement accablé par le destin et écrasé par le Mal, donc comme l'exemple parfait de l'existence tragique, spécialement à travers les épisodes de Gethsémani et de la mort sur la croix, dans le désespoir apparent du « Pourquoi m'as-tu abandonné? ». Ainsi, dans le célèbre « songe de Jean-Paul » (dans *Siebenkäs*, 1798), « le Christ mort annonce aux morts qu'il n'y a point de Dieu », cliché dont l'influence sera immense grâce surtout à la traduction de Mme de Staël (dans *De l'Allemagne*, 1810). Le goût romantique pour Gethsémani et pour la Croix déjà annoncé dans *Le Génie du Christianisme*, se retrouve dans les poèmes de Lamartine, Vigny, Nerval, et dans la longue et véhémente Passion évoquée par Hugo (vers 1860-70 dans *La Fin de Satan*) ou aussi bien dans *The divine Tragedy* de Longfellow (1871) et jusque dans Péguy (*Clio II*, 1914) ou P. Emmanuel.

Cependant, dans la France romantique, l'influence de Lamennais, Lacordaire et des socialistes dits « utopistes » (Saint-Simon, Cabet, Leroux, Proudhon) fait voir en Jésus-Christ, sous la monarchie de Juillet, un défenseur du « Peuple », voire le « prince des communistes » (dit Cabet) : ce Jésus socialiste connaîtra durant la révolution de 1848 une popularité sans lendemain, les socialismes divers se détourneront de lui et il faudra attendre pour voir tel ou tel isolé souligner la portée sociale de son message, ainsi Hugo, A. Holz (*Buch der Zeit*, 1885), Péguy, D.-L. Sayers, ou H. Barbusse qui montre en lui un communiste athée (*Jésus*, 1927).

Entre-temps, la critique biblique est entrée dans une phase plus agressivement négatrice, marquée notamment par la *Vie de Jésus* de D.-F. Strauss (1835), dont E. Renan vulgarisera les résultats pour le grand public dans sa propre *Vie de Jésus* (1863) : sous son allure scientifique c'est une sorte de vie romancée, c'est-à-dire de reconstruction du personnage (dans sa dimension purement humaine) par les moyens du roman, la psychologie, la description et l'histoire. Elle va justifier par avance, en quelque sorte, toutes les reconstructions et toutes les imaginations possibles; elle autorise à projeter sur le personnage, libéré des limites imposées par la foi (ou par une histoire désormais tenue pour largement conjecturale), tous les rêves, toutes les hantises, toutes les valeurs et toutes les expériences.

Comme pour d'autres types littéraires à l'époque moderne, la littérature sur Jésus-Christ va pouvoir soit tendre à la *reconstitution*, évoquer le Jésus de jadis, vraisemblable, dans son cadre historique, soit au contraire viser à la *transposition* imaginaire dans une actualité plus proche.

« Reconstituer » l'histoire de Jésus

Maint romancier ou homme de théâtre, soucieux avant tout d'exactitude historique, s'attache essentiellement à resituer Jésus et sa prédication dans son époque, face à ses adversaires, face à l'échec final. Jésus apparaît comme un modèle incompris de sagesse, ou bien comme une victime quasi désignée d'avance, parfois, plus récemment, comme un homme dépassé et trompé, voire qui doute lui-même de sa mission, à Gethsémani du moins. Dans cette perspective, il s'agit de trouver une explication à cette vie, de justifier cette fin tragique, voire de montrer comment la foi en la résurrection est vraisemblable ou concevable. Sur ce dernier point, les explications simples n'ont pas manqué : ou bien la mort de Jésus n'était qu'apparence (Joseph d'Arimathie, par exemple, lui ayant administré sur la croix un philtre efficace, ainsi dans les drames de F.-A. Dulk (*Jesus, der Christ*, 1865) ou de G. Trarieux (*Joseph d'Arimathie*, 1898) et le roman de G. Moore, *The Brook Kerith*, 1916) ; ou bien la résurrection se réduit à l'illusion collective des disciples transfigurée en légende, comme le suggère déjà Renan. Il faut évacuer mystère et symbole au profit du vraisemblable.

D'autres procédés sont possibles : la variante érudite, qui dérobe le mystère derrière un nuage d'érudition historique ou philologique, comme fait M. Pomilio (*Il quinto Evangelio*, 1975), la variante légendaire ou poétique, comme on la trouve chez Selma Lagerlöf (*Légendes du Christ*, 1904) et bon nombre d'autres poètes. Péguy atteint un rare équilibre par une méditation également historique et religieuse de l'Incarnation (*Eve* et *Clio II*, 1914). Une fantaisie souveraine mêle réalisme et symbolisme quand M. Bulgakov confronte Pilate à Jésus (*Master i Margarita*, 1940-1966).

Variante récente de cette reconstitution historique : depuis que le judaïsme ancien est mieux connu, nous avons appris à mieux situer Jésus dans la tradition juive dont procèdent son langage et ses gestes : ainsi S. Asch (*Le Nazaréen*, 1950), R. Graves (*King Jesu*, 1954), M. Brod (*Der Meister*, 1952), G. Menzel (*Kehr wieder, Morgenröte!* 1952), etc.

D'autres se soucient moins d'expliquer l'histoire que de reconstituer la personnalité de Jésus, ses sentiments, sa psychologie, ainsi F. Avenarius dans son drame *Jesus* (1921), W. von Molo (*Legende des Herrn*, 1927). D'autres imaginent son expérience humaine, à laquelle l'amour humain ne doit pas manquer, ainsi D.-H. Lawrence (*The Man who died*, 1931), A. Burgess (*J.-C. and the Love Games*, 1976), J.-C. Barreau (*Mémoires de Jésus*, 1977). D'autres mettent sa prédication à jour dans le style du bouddhisme (E. Arnou, *The Light of Asia*, 1879) ou de la Christian Science (L.-C. Douglas, *The great Fisherman*, 1952).

Un procédé littéraire commode et fécond, parce qu'il laisse leur part respective au détail objectif comme aux souvenirs subjectifs, consiste à passer par le regard d'un témoin et à noter seulement ce qu'il voit — et comment il le voit. Déjà dans les Evangiles les récits des apparitions du Ressuscité sont ainsi présentés et, comme l'avaient déjà fait sermonnaires et spirituels, écrivains et poètes aussi évoquent Jésus à travers le regard des apôtres ou de Marie-Madeleine, de Joseph d'Arimathie ou de Lazare, de Pilate, de Judas, de Barabbas, ou encore d'Ahasverus, le juif errant, ou d'autres personnages. La production littéraire des dernières années, depuis 1975 ou 1980, manifeste un certain retour au roman historique, entre autres (d'après l'exemple du mémorable *Quo vadis?* de H. Sienckiewicz en 1896), à l'évocation des premières générations chrétiennes qui transmettent leurs souvenirs de Jésus-Christ. Recourir ainsi à un témoin peut être une façon de garder à la narration son caractère immédiat tout en suggérant le mystère, par exemple dans le *Judas* de M. Pagnol (1955) ou dans *Le Secret du Royaume* de M. Waltari (*Chmiskunnan vihollinset*, 1979), ou au contraire une façon d'insinuer le doute sur les souvenirs, par exemple dans *Lazare le Ressuscité* d'A. Absire (1985) ou *La Colère de l'Agneau* de G. Hocquenghem (1985).

Quoiqu'il soit devenu difficile de représenter Jésus sur un théâtre dans une mise en scène tant soit peu réaliste, les tentatives dramaturgiques dans ce sens n'ont jamais manqué depuis un siècle; parmi les plus convaincantes, citons, à côté du *Judas* de Pagnol, *Un Homme nommé Jésus*, de R. Hossein (1982). Les cinéastes au contraire, disposant des moyens de suggérer à la fois le détail réaliste et l'éclairage du merveilleux, ont très souvent été attirés par le sujet : ne citons ici que quelques exemples « classiques » : Griffith (*Intolérance*, 1916), J. Duvivier *Golgotha*, 1935), Zeffirelli-Burgess (1977), Rossellini (1975) et l'impressionnant *Evangile selon saint Matthieu* de Pasolini (1965).

L'ÉVENTAIL DES TRANSPOSITIONS SYMBOLIQUES

A la reconstitution d'ordre historique et vraisemblable, l'écrivain, le poète surtout, préférera souvent la transposition du personnage dans un autre cadre de réalité, acceptant d'emblée « l'invraisemblable ». Le procédé peut se réclamer de la foi originelle au « retour » du Christ : le Ressuscité échappe au temps, les premiers chrétiens attendent son retour parmi eux et, chaque fois, sa présence est comme un jugement qui révèle les cœurs des uns et des autres.

L'écrivain peut ainsi transposer la figure de Jésus dans l'actualité ou du moins dans un passé historique relativement proche, où il apparaît comme contestant (ou révélant) les vices d'une société moderne : c'est une sorte de parabole historique chez Balzac (*Jésus-Christ en Flandres*, 1831), Dostoievski (*La Légende du Grand Inquisiteur*, dans *Les Frères Karamazov*, 1881), F. Timmerman (*L'Enfant Jésus en Flandres*, 1917), R. Huch (*Der wiederkehrende Christus*, 1926), etc. ou dans la comédie pleine d'humour de J.-K. Jerome, *The Passing of the Third Floor Back*, 1908. Ce procédé d'ordre poétique passe mieux dans des récits courts : à vouloir le souligner dans des œuvres plus amples, le risque est grand d'effets un peu faciles pour montrer le Jésus du passé aux prises avec le monde moderne, par exemple à Paris parmi les journalistes (Saint Georges de Bouhélier, *La Tragédie du Nouveau Christ*, 1901) ou parmi les ouvriers berlinois dans le roman de M. Kretzer, *Das Gesicht Christi* (1897), et encore récemment les romans de O. Herbürger, *Jesus in Osaka* (1970), en allemand ou de B. Raquin, *Jésus de Manhattan* (1979, en français), voire dans le style de science-fiction, M. Moorcock, *Behod the Man* (1968).

La figure de Jésus peut être transposée dans l'existence d'un homme qui tente de vivre comme vivrait Jésus aujourd'hui — démarquant la formule paulinienne : « ce n'est plus moi qui vis, c'est le Christ qui vit en moi ». Jésus peut apparaître ainsi soit comme la figure idéale qui donne sens à une vie renoncée, par exemple dans *La Légende de saint Julien l'Hospitalier* de Flaubert (*Trois Contes*, 1877) ou dans *Hanneles Himmelfahrt* de G. Hauptmann (1893) ou, de façon un peu différente, dans *Le Désespéré* de L. Bloy (1886). Ailleurs, la figure christique est celle d'une existence évangélique en butte aux contradictions et persécutions, ainsi dans l'itinéraire de Jean Valjean chez Hugo (*Les Misérables*, 1862), dans le *Nazarin* de P. Galdos (1895), *Il Santo* de A. Fogazzaro (1906), *Der Narr in Christo Emmanuel Quint* de G. Hauptmann (1910), *Das Nachfolge Christi-Spiel* de M. Mell (1927), *Missa sine nomine* d'E. Wiechert (1950) ou, en soulignant le paradoxe, dans *The Power and the Glory* de G. Green (1940) ou *A Fable* de W. Faulkner (1954). L'opposition à Jésus peut devenir le centre de perspective, ainsi dans les drames de D.-L. Sayers, *The Man born to be King* (1949) et D. Fabbri, *Processo a Gesu* (1955) ou dans les romans de P. Lagerkvist, *Barabbas* (1950) ou de N. Kazantsakis, *Christ recrucifié* (1953).

Autre transposition qui peut se réclamer de l'Ecriture : Jésus y est identifié à l'ensemble d'une communauté : le « peuple » des pauvres et des opprimés, dans la France de 1840-1850, par exemple, mais c'était déjà le langage de saint Jean Chrysostome et de Bossuet. Après deux guerres mondiales, toute minorité persécutée, affamée, torturée peut être identifiée au Christ souffrant aujourd'hui l'injustice du monde. Cette symbolisation est volontiers reprise, notamment en France, par toute une lignée d'écrivains chrétiens depuis L. Bloy, Péguy, Bernanos, P. Emmanuel, etc., mais aussi en Allemagne, par exemple chez les expressionnistes de 1920-1930 ou dans la génération de 1950 (parmi d'autres, H. Böll, *Und sagte kein einziges Wort*, 1953).

Au niveau des medias et du spectacle, la littérature sur Jésus est devenue par moments presque un phénomène de « mode », par exemple à Paris autour de 1900 ou, plus récemment en 1970-72 (les années de *Jesus-Christ Superstar* et de *Godspell*). Les retombées littéraires de ces « modes » sont faibles. Il faut accorder plus d'importance au patient mouvement qui, depuis le début du XXe siècle, à la suite de Péguy notamment, a fait retrouver à deux ou trois générations d'écrivains une compréhension symbolique plus profonde de l'Incarnation et donc une présence poétique neuve de Jésus-Christ. En l'absence d'un langage théologique devenu inaccessible aux non-spécialistes, un large public a trouvé ainsi dans la littérature une sorte de « christologie poétique » vivante et proche. La littérature y a recouvré la fonction d'expression (et de pédagogie) religieuse qu'elle avait tant soit peu perdue depuis le Moyen Age ou le XVIIe siècle.

JÉSUS, FIGURE SYMBOLIQUE

Il n'est guère possible de retrouver la psychologie de Jésus, dont les évangélistes se sont fort peu souciés, et pas davantage les traditions chrétiennes primitives. Lui attribuer une psychologie un peu moderne, c'est tentant, mais toujours périlleux — comme c'est le cas pour toute figure mythique du passé. La figure de Jésus est une figure religieuse dont le poids va du côté de la symbolique.

La Bible et, après elle, la littérature sur Jésus reprennent tout naturellement à son sujet divers symbolismes primitifs, quitte à transposer leur signification. Il n'est nullement étonnant de relever là bon nombre de symbolismes solaires depuis les évangiles de l'enfance jusqu'aux contemplations du Sacré-Cœur. Plus souvent, d'ailleurs, Jésus s'identifierait au héros lunaire primitif, le fils de la Vierge, mourant et renaissant à la vie. En fait, bien plus directes et prégnantes sont les correspondances avec l'Ancien Testament : Jésus accomplit les « figures », les prophéties et les promesses : roi, Serviteur, agneau, etc.

La symbolique du personnage s'exprime naturellement dans *la doctrine* évangélique qu'il prêche et qu'il vit lui-même : plus qu'une simple morale (celle à laquelle s'attachent trop souvent la littérature des sermons et trop de poèmes moralisants des deux ou trois derniers siècles, elle propose toute une vision de l'existence et un art de vivre-avec, avec les hommes et avec Dieu. Mais la valeur symbolique la plus fondamentale de toute figure mythique est d'abord liée *au drame* dans lequel elle est impliquée. Ce drame se résume ici en trois mots bien connus, incarnation, mort et résurrection. Incarnation : Dieu s'est identifié à un homme pour que les hommes puissent mener la vie de fils du Père, cette vie dont Jésus a donné l'exemple. Mort : Il a vécu jusqu'au bout la contradiction humaine, le problème du Mal. Résurrection : son échec apparent révèle en fait que la vie et l'amour sont plus forts que la mort et que tout échec, toute souffrance peuvent et doivent prendre sens et engendrer la vie.

Tout visage humain peut donc être référé à Jésus-Christ comme à un modèle symbolique; plus particulièrement, toute souffrance et toute agonie peuvent s'accorder aux siennes — et être éclairées par sa résurrection d'un sens et d'un espoir : un visage de Serviteur et un visage de compassion, un visage qui dit l'appel de l'Autre (et des autres hommes) c'est là le vrai visage du Dieu-Homme et, de la sorte, « si Dieu s'est fait pour nous visage, alors l'homme peut connaître son propre visage » (Berdiaev).

La formule « homme *et* Dieu » reste à l'horizon de toute évocation de Jésus-Christ : il est toujours possible de réduire cette évocation à la figure seulement humaine d'un sage anticonformiste, au type du Juste persécuté, puisque, depuis toujours, ce vocabulaire a été employé pour présenter Jésus comme un exemplaire d'humanité parfaite. Mais, dès lors que Jésus est ainsi représenté comme *seulement* humain, en termes de psychologie, la « figure » fonctionne comme une image idéale qu'on se suggère à soi-même, comme une projection des désirs de l'auteur (ou du public, ou de toute une génération), l'homme dialogue avec sa propre image. Tandis que, présentée comme symbole religieux (d'une façon ou d'une autre), c'est-à-dire comme signifiant une réalité autre qu'humaine (transcendante, en quelque sens que ce soit), la figure fonctionne psychologiquement comme une question posée par une réalité extérieure ; le lecteur est provoqué à dialoguer avec autre chose que lui-même, à prendre en compte la présence ou au moins l'existence de l'autre. D'un côté, Jésus symbolise les rêves de l'humanité, ou mes rêves ; de l'autre côté, Jésus signifie une voix autre que la mienne, la « voix off » qui dit l'appel (ou la provocation) de l'autre, ce sont là deux fonctions symboliques tout à fait différentes.

Il reste que la littérature ne peut guère évoquer ce qu'elle conçoit comme divin sinon à travers des anthropomorphismes. Ces anthropomorphismes sont devenus ici, dans l'Incarnation, les « signes » et comme le visage humain de l'Inimaginable. N'appartient-il pas au personnage même de Jésus de signifier dans l'humanité ce qui passe l'homme, une dimension autre sinon une autre Présence ? L'incarnation peut nous suggérer qu'il ne s'agit plus d'opposer Dieu à l'homme. « L'homme est mort, après Dieu », notait le jeune Malraux en 1926 : il reste à vérifier en poésie si, comme l'écrit G. Haldas, « il n'y a que le Christ qui puisse sauver Orphée »...

André Dabezies

BIBLIOGRAPHIE SOMMAIRE

C. Duquoc, *Jésus, homme libre*, Cerf, 1973.

J. Guillet, *Jésus-Christ hier et aujourd'hui*, Desclée, 1963.

K.-J. Kuschel, *Jesus in der deutsch-sprachigen Gegenwarts-Literatur*, Benziger V, 1978.

B. Sesboüé, *Jésus-Christ à l'image des hommes, brève enquête sur les déformations du visage de Jésus dans l'Eglise et dans la société*, Desclée, 1977.

— *Visages de Jésus-Christ dans la littérature française*, textes du Moyen Age au XXe siècle, introd. d'A. Dabezies, Desclée, 1987, 2 vol.

H. Agel, *Le Visage du Christ à l'écran*, Desclée, 1985.

F.-P. Bowman, *Le Christ romantique*, Droz, 1973.

J. Charpentreau, *La Vie de Jésus racontée par les poètes*, Anthologie, Desclée de Brouwer, 1982.

B. Chenu, *Le Christ noir américain*, Desclée, 1984.

R.-L. Doyon, *Le Christ aux romans, bibliographie anecdotique*, La connaissance, 1943.

D. Menozzi, *Les Interprétations politiques de Jésus, de l'Ancien Régime à la Révolution*, Cerf, 1983.

P. Régeard, *Jésus a tant de visages*, Centurion, 1980.
P. Sellier, *Regards sur Jésus-Christ, textes français 1450-1960*, Cerf, 1964.
M. Sellier, *L'Image du Christ dans les recueils de morceaux choisis de l'enseignement secondaire laïque de 1870 à 1914*, thèse de 3e cycle, Aix-en-Provence, 1974.
X. Tilliette, *Le Christ des philosophes*, 3 vol., Institut Catholique, 1976-1977.
T. Ziolkowski, *Fictional Transfigurations of Jesus*, Princeton U.P., 1972, 315 p. « The theme of Christ in francophone Caribbean Literature », dans *Francophone Literature of the New-World*, éd. J.-P. Gilroy, U. of Denver Press, 1982.

JOB, MYTHE DE MISÈRE? PAUVRE COMME JOB

A la suite d'un pari entre Dieu et le satan, Job, un semi-nomade très riche, se voit soudainement dépouillé de tous ses biens (ses troupeaux, ses enfants); seule, sa femme lui reste — mais il est atteint jusque dans sa chair d'une maladie contagieuse incurable; il est isolé sur une décharge (le « fumier »). Trois amis viennent le consoler, mais en fait ils lui font entendre qu'il doit être coupable; Job proteste de son innocence, et finit par s'en prendre à Dieu de son silence. Après un long et douloureux débat, Dieu finit par se manifester dans un ouragan — et justifie Job qui s'est soumis dans la cendre. Job retrouve une autre richesse, et d'autres enfants.

Peut-on parler de Job comme d'un mythe? Les mythes n'ont pas d'auteur. Or le *Livre de Job* est historique : c'est un récit situé et daté aux environs de 575 av. J.-C. Il appartient à la littérature juive post-exilienne, et fait partie des livres sapientiaux. Mais qui parle de l'auteur du Livre? On ne sait pas de façon sûre qui il fut : Moïse? un juif édomite? un païen tout pénétré de la pensée égyptienne? Job lui-même? La structure du Livre est d'ailleurs composite (une lamentation versifiée entre deux textes en prose), et fait supposer qu'il y a eu sans doute un *pattern* de base sur le thème du Juste souffrant (Ezéchiel, au chapitre 14 de son livre, évoque la figure lointaine d'un Job aux côtés de celles de Noé et de Daniel). L'histoire du Roi injustement déchu, par suite d'un pari entre Dieu et le satan, a pu ainsi être colportée par des bédouins qui ont pu y voir le thème du renouveau de la Nature en automne, après la torpeur de l'été — ou celui d'une quête de l'immortalité, comme dans le mythe de Gilgamesh, avec les conséquences expiatrices de la démesure qui en découlent — ou encore celui de la recherche du Père absent.

Si le mythe est un récit où s'expriment nos fureurs, nos terreurs, nos désirs, nos cris — s'il est « une fable symbolique résumant un nombre infini de situations plus ou moins analogues » — le Livre de Job est bien un récit à puissance mythique, et son héros malheureux un héros mythique : PAUVRE comme JOB sur son FUMIER.

Au confluent d'une pensée sceptique mésopotamienne (*Poème du Juste souffrant* et *Dialogue sur la Misère humaine*, près de 2000 ans av. J.-C.) et d'un pessimisme égyptien (*Entretien du Désespéré avec son Ame* et *Plainte du Pauvre Paysan*, vers 1800 ans av. J.-C.), le Livre rejoint la thématique des Tragiques grecs, d'une part dans sa texture théâtrale, et d'autre part dans sa terrible revendication contre le sadisme jaloux des ou du Dieu. Mais Job n'est pas Prométhée : l'hybris de Prométhée finit en défi imprécatoire contre les dieux, tandis que celle de Job se résout en silence adorateur devant son Dieu. Un certain nombre d'INVARIANTS lui donnent ainsi une autonomie mythique particulière : c'est d'abord, bien évidemment, et quelles que soient les influences orientales qui ont pu peser sur son élaboration, un mythe biblique occidental, lié au monothéisme hébreu. Il préfigure le Serviteur souffrant d'Isaïe, et le Christ de l'agonie. Mais dans le cas de Job, il s'agit plus explicitement d'un « montage » de misère humaine devant le silence de Dieu : Job souffre; donc il serait coupable, puisque Dieu est juste; mais Job se sait innocent, donc Dieu serait injuste; l'antinomie ne saurait être dénouée que par l'appel au Mystère, et dans le silence de l'Illumination : Job souffre, il est innocent, et Dieu est mystérieusement juste.

Ainsi Job, homme éprouvé, sera tour à tour révolté et soumis, un réprouvé en attente d'une restauration, rejetant l'image d'un Dieu cruel à justice distributive pour annoncer celle d'un Dieu bon et justificateur. Job apparaît là comme une figure essentielle de la misère humaine, entre le refus et la passivité.

Le thème, dans sa simplicité tragique, a tenté, inspiré, voire obsédé nombre d'écrivains. Certaines époques l'ont plus particulièrement reçu comme un exemple de PATIENCE, d'autres comme celui de la RÉVOLTE.

Au-delà des pèlerinages à saint Job, au-delà des paraphrases et des Commentaires tout au long du Moyen Age, c'est au théâtre, parmi les Mystères, que le personnage a fait son entrée la plus « spectaculaire » dans l'imaginaire littéraire : le point de départ est sans doute dans l'adaptation wallonne des *Moralia in Job* de Grégoire le Grand, au XIIe siècle —, mais la plus réussie de ces adaptations est celle du *Mystère de la Pacience de Job*, au XVe siècle, laquelle proposait au peuple des fidèles un exemple caractérisé de résignation. Les poètes aussi, mais pour d'autres raisons, du fait de leur fréquente marginalité, ont vite fait de se comparer à cette figure déchue : déjà Rutebeuf, au XIIIe siècle, rapproche sa misère de celle de Job :

« Dieu m'a fait compagnon de Job,
Qui m'a ôté en un seul coup
Ce que j'avais... » *(La complainte Rutebeuf)*

Pendant ce temps, aux portails de Chartres et de Reims, le tourment jobien est écrit dans la pierre. Villon, au XVe siècle, s'y réfère à son tour pour dire la tragédie de la temporalité humaine :

« Mes jours s'en sont allés errant
Comme dit Job, d'une touaille
Font les filets... » (*Testament*, v. 217-219)

L'essai moral s'en empare ensuite pour exalter la valeur stoïque du héros, ferme devant les événements qui ne dépendent pas de lui : Chassignet fait paraître son *Job ou de la Fermeté* en 1592. A la même époque Roland de Lassus compose ses *Sacrae lectiones novem ex propheta Job*. Job devient ainsi un exemple de constance dans le malheur. Par glissement mondain, il va bientôt servir de référence précieuse dans la fameuse querelle des Uranistes et des Jobelins autour des sonnets amoureux de Voiture et Benserade :

« Job de mille tourments atteint,
Vous rendra sa douleur connue (...)
S'il souffrit des maux incroyables,
Il s'en plaignit, il en parla;
J'en connais de plus misérables. » (Benserade)

En passant par les salons, Job, « comble » de la souffrance, risquait de n'être plus qu'une figure de rhétorique — mais le capital mythique du personnage est tel qu'il retrouve très vite, dans une théologie d'effroi, son visage tragique, notamment chez le Père Surin (*Lettres*), et dans les allusions directes qu'en font Pascal (*Pensées* 174, éd. Brunschvicg) et Bossuet (*Oraison funèbre d'Henriette d'Angleterre*). C'est aussi l'époque du célèbre tableau de Georges de La Tour, « Job raillé par sa femme ».

Au XVIIIe siècle, la tragédie de Job inspire le *Candide* de Voltaire — mais la réflexion qui s'élabore à partir du modèle n'est plus tant d'ordre religieux que philosophique, sur le sens de la vie : Candide, comme Job, découvre au contact de la dureté de l'existence qui l'écorche, un art de vivre plus courageux. Frédéric II, lisant le conte, remarque : « C'est Job habillé à la moderne » (Lettre 7554, éd. Besterman).

A l'époque romantique, Job prolifère comme témoin triste de la nostalgie d'infini. Chateaubriand, Lamartine, et surtout Victor Hugo s'y réfèrent maintes fois comme à une figure-phare de l'humanité, qui résumerait en elle toutes les souffrances, celles du corps comme celles de l'esprit : « Tout en écrasant les vermines sur ses ulcères, il interpelle les astres » (*William Shakespeare*). C'est le TITAN du FUMIER. Les illustrations de William Blake attestent dans le domaine de l'art la permanence de l'obsession jobienne.

Dans la seconde moitié du siècle, gagnée par le scientisme, Job ne perd pas de son exemplarité, mais devient alors un héros de la « scepticité » avec Renan (Traduction et commentaire) ou un Messie d'une humanité régénérée, avec Pierre Leroux (drame en 5 actes).

C'est à la suite de la méditation kierkegaardienne (*Quatre Discours édifiants*), de celle d'Unamuno (*Le Sentiment tragique de la Vie*), et plus tard de celle de Chestov (*Kierkegaard et la Philosophie de l'Existence*) que le Job moderne s'impose comme Existant souffrant, créature abandonnée mais toujours en attente d'un Dieu absent. Beaucoup des écrivains de la fin du XIXe siècle, en quête de valeurs perdues, redisent le CRI de Job, sans nécessairement le nommer comme tel : les fureurs de Rimbaud et de Lautréamont ont pu être ainsi qualifiées de jobiennes, si bien que le mythe n'a plus ici besoin de se fonder sur le nom pour être « reçu » comme mythe de Job.

Au XXe siècle, les guerres de 14-18 et 40-45 vont donner à la figure de Job un nouvel et terrible éclairage, celui des écorchés de Kokoschka (*Hiob*, 1917) ou celui des visages torturés du *Guernica* de Picasso, mais encore celui des déportés des camps de concentration ou celui des victimes de la bombe d'Hiroshima, sans parler de toutes les épaves affamées des pays du Tiers-Monde.

Gide (« Cette lecture fit sur moi l'impression la plus vive », *Si le grain ne meurt*, 1926), Claudel (« De tous les livres de l'Ancien Testament, Job est le plus sublime », *Le Livre de Job*, 1946), Bernanos (« Notre pauvre monde ressemble au vieux père Job sur son fumier », *Journal*), Julien Green (« Quand dans mes courses à travers Paris, je me sentais las, je m'asseyais sur un banc et je lisais Job », *Mille Chemins ouverts*) y voyaient encore le drame d'un être singulier aux prises avec son Dieu. Le tableau de l'expressionniste Francis Gruber (*Job sur Fond de Palissade*, 1944) évoque ce type de relation. Tel est aussi le point de vue de Jung, en 1940, quand paraît son ouvrage *Antwort auf Hiob (Réponse à Job).* Mais Job va revêtir de plus en plus, avec les cataclysmes mentaux de notre époque, une signification collective : les travaux d'Ernst Bloch en particulier (*Atheismus in Christentum*, 1968) voient en Job le héros solidaire, et non plus solitaire, de tout un peuple opprimé, congédiant définitivement le Dieu théocrate de la Tradition, mais le retrouvant en avant comme « passion utopique ». Dès 1946, Margarete Susman écrit un livre au titre éloquent *Job et la Destinée du Peuple juif*; Job, déjà sans doute aux temps de la Bible, c'était aussi tout le peuple hébreu en exil — mais il était essentiellement reçu, malgré cette signification collective, à travers l'image d'un individu exemplaire. A partir d'Auschwitz, la figure de Job est celle de toutes les victimes concentrationnaires ; c'est le début d'une « éclipse de Dieu » dont nous ne nous remettons pas, mais le désir de l'Absent est tel que, même si la question de Job est partie en fumée dans les fours crématoires, nous tentons par tous les moyens de donner un sens espérantiel à l'Absurde : « Notre temps est devenu mûr pour Job » (Hans Ehrenberg, *Hiob der Existentialist*, 1952). Au cours de ces dernières décennies marquées par « la mort de Dieu », déjà annoncée par Nietzsche au siècle dernier, la « réception » de Job va s'étendre à toute l'Europe ; au lendemain de la seconde guerre mondiale, on rencontrait Job « sur tous les chemins de l'Europe » (Elie Wiesel, *Célébration biblique*, 1975).

En effet, un peu partout en Europe, avec le « retour du tragique », nous assistons à un retour en force de Job, non plus tant comme personne définie que comme angoisse dont les motivations rejoindraient celles du Juste de la Bible. Les Allemands l'ont particulièrement exploité : déjà présent au XIIe, XIIIe siècle dans la figure si voisine du *Pauvre Heinrich* (*Der Arme Heinrich*, 1195, de Hartmann Von Aue), le chevalier lépreux que Dieu met à l'épreuve comme il avait fait jadis pour Job — le thème de l'Innocent injustement persécuté est repris par Heine dans son *Romanzero* (1851), en particulier à travers les lamentations du poème Lazarus ; malade, Heine retrouve à la fin de sa vie les accents de Job :

> « Pourquoi le Juste se traîne-t-il, hâve, et misérable,
> Sous le poids de la croix,
> Tandis que, heureux comme un vainqueur,
> Le Malin galope sur son cheval ? »

Mais c'est surtout au XXe siècle, avec Kafka, que la question de Job est à nouveau posée ; c'est l'éternelle dispute avec Dieu, un Dieu caché et muet ; Max Brod multipliera les rapprochements de l'œuvre de son ami avec le Livre biblique : « C'est l'éternel problème de Job ». Joseph K. et K. sont tendus, comme Job, vers un Interlocuteur salvateur insaisissable ; la *Lettre au Père* est une supplication en même temps qu'une provocation, à la recherche du vrai père. Gide, dans son adaptation théâtrale du *Procès*, perçoit justement cette dimension jobienne de l'œuvre de Kafka, quand il met sur les lèvres de l'aumônier de la cathédrale un verset jobien qui ne se trouve pas dans le roman : « Est-ce que tu me condamnes afin que tu sois justifié ? »

C'est dans les années proches de la Seconde Guerre mondiale que les références à Job se font, dans les pays de langue allemande, plus directes et particulièrement nombreuses : le *Hiob* de Joseph Roth en 1930, transposition du mythe biblique à l'époque de la Russie tsariste (traduit en français sous le titre *Le Poids de la Grâce*, 1965) — la brève tétralogie versifiée de Karl Wolfskehl, *Job ou les quatre Miroirs* (1950) où l'auteur évoque le Job-Israël de l'exil pour aboutir au Job-Messie interpellant Dieu et le forçant à venir à lui — le drame De W. Borchert *Draussen vor der Tür* (*Devant la Porte*, 1946) qui se clôt sur cette interrogation fondamentalement jobienne : « *Warum schweigt ihr denn ? Warum ? Gibt denne keiner eine Antwort* ? » (« Pourquoi vous taisez-vous donc ? Pourquoi ? Il n'y a donc personne qui réponde ?) —, enfin tout récemment, en Suisse alémanique, le roman de Fritz

Zorn, *Mars* (1977), récit torturé d'un jeune homme riche rongé par un cancer et qui dans sa « colère » (*Zorn* = Colère) préfère imiter la femme de Job maudissant Dieu que Job lui-même se repentant sur la cendre : « On n'a pas le droit de se laisser consoler tant que la consolation n'est qu'une sale consolation ». Une des caractéristiques du Job contemporain est que le plus souvent la violence de sa révolte l'emporte sur le stoïcisme de son acceptation.

Un peu partout en Europe, la « modernité » de Job est attestée par des œuvres qui s'élaborent autour du nom même du héros : en France, *Le Rêve de Job* de Jean Demélier (1971), transposition romanesque parisienne du drame biblique, et *La Femme de Job* (1993), bref récit d'Andrée Chédid, laquelle exalte le rôle « vitalisant » de celle qui a osé dire : « Maudis Dieu et meurs » —, en Pologne, un drame *Job* du pape Jean-Paul II (écrit en 1940, sous le nom de Karol Wojtyla, et récemment mis en scène en Italie) et *L'Homme parfait* de Jerzy Zawieyski (1945) — en Suisse francophone *Job le vigneron* de R. Morax (1940), et L'*Ogre* de Jacques Chessex aux multiples références jobiennes (1973) — dans les pays anglo-saxons *La Flamme immortelle* de H.G. Welles (*The Undying Fire*, 1920 : « C'est le monde entier qui est Job »), et le *J.B.* d'Archibald Mac Leish (1958) — au Portugal, la lamentation poétique de Miguel Torga (*O outro Livro de Job*, 1936 : « Injustamente, Senhor, injustamente... ») — en Espagne où le mythe déjà présent dans les commentaires de Fray Luis de Léon au XVIe, et dans un *auto-sacramental* de Calderón au XVIIe, est repris de nos jours dans un essai romanesque de Fernando Savater, *Diario de Job* (1983), et dans un drame basque de Luis Haranburu Altuna, *Job* (1972), où apparaît un second Job antithétique du premier, une sorte de Hitler dominateur du monde. En Hongrie, récemment, un film, *La Révolte de Job*, de Imre Gyongvossy (1983) offrait une transposition quelque peu semblable d'un homme aux prises avec un pouvoir tyrannique.

La liste ne saurait être exhaustive, mais il faut souligner que, de tous les genres littéraires utilisés, c'est sans aucun doute la forme théâtrale qui convient le plus à la « résurrection » du mythe. Le texte biblique fut d'ailleurs probablement écrit dans une intention de lecture scénique, proche du statisme monologué de la tragédie antique, mais aussi propre à « l'infra-tragédie » des pièces modernes. Le drame de Job est un cérémonial intérieur qui ne va pas sans violence douloureuse du « patient », qui se débat avec lui-même. Un drame comme *Le Personnage combattant* de Vauthier lui est très apparenté (1955); le théâtre de Ionesco comme celui de Beckett en redisent souvent, bien que dans des tonalités différentes, la même attente crispée qui finit par s'abolir en abandon désespéré. C'est bien là la « pacience » du Mystère médiéval : « L'air est plein de nos cris » (*En attendant Godot*). Ionesco fait de Job un contemporain de Beckett (*Notes et Contre-Notes*), et son propre « chef de file »; rendant hommage à l'essai de Philippe Nemo, *Job et l'Excès du Mal* (1978), il ajoute : « Je me sens Job, et je reste à la question fondamentale du « que me veut-on » (*Un Homme en question*, 1979).

En fait tout ce théâtre de la Cruauté, expression du corps ravagé par la souffrance et de l'esprit tourmenté par l'angoisse, est redevable à Artaud de cette violence totale d'une chair qui se meurt et d'une conscience qui hurle; Artaud lui-même avait songé au personnage de Job, lorsqu'il projetait de monter un spectacle autour d'un grand supplicié de l'antiquité : « Voir le Livre de Job » (*Œuvres complètes*, vol. II, « Dans un but de décentralisation »). A la même époque, Ghelderode, en Belgique, était déchiré par un identique tourment, « l'exténuante angoisse » qui le rendait apte, lui, à percevoir la divinité (Lettre, 1933); la référence directe à Job apparaît dans certaines de ses œuvres (*Mademoiselle Jaïre, Marie la Misérable*).

D'autres dramaturges plus récents, tous héritiers dans des proportions diverses de cette tradition de la « cruauté », comme Arrabal (*Le Bréviaire d'Amour d'un Haltérophile*, dont le personnage principal s'appelle Job) ou Billetdoux (*Comment va le monde, môssieu? Il tourne, môssieu!*, dont là aussi un des personnages principaux est surnommé Job) ou encore plus récemment J.-G. Nordmann (*La Mangeuse de crottes*, 1992, où Job, petit fonctionnaire en mal de vivre, apparaît sous le surnom de Bob) —, trouvent dans la figure biblique du réprouvé une image de notre condition. En témoignent également les mises en scène d'un Job théâtralisé de Francis Besson (Rideau de Bruxelles, saison 1978/1979) et d'André Engel (Théâtre de Chaillot, 1989).

C'est ainsi que « le mystère d'iniquité a pour interprète principal l'un des plus grands clowns de tous les temps, nommé Job » (Alfred Simon, Beckett, 1983).

Job s'impose à nous comme un « étant » exemplaire en qui nous nous identifions. Job, c'est Job en chacun de nous, quand nous nous sentons accablés, victimes d'un Dieu injuste. Aussi n'est-il pas étonnant d'assister à la « résurgence » d'une figure aussi douloureusement expressive de notre « pauvreté » existentielle. Dieu nous laisse « tomber », comme les créatures effondrées de Beckett (*Tous ceux qui tombent*); nous sommes tentés, comme Job, de maudire notre naissance et de médire d'un créateur aussi peu garant de notre bonheur. Comme le Lazare d'*Apocalypsis cum figuris* de Grotowski nous proférons les mots d'indignation de Job (1973).

Cette « kénose » à laquelle nous sommes tous condamnés peut-elle être encore, comme aux temps bibliques, métamorphose au bout de laquelle le héros redevient lui-même, restauré, glorifié, ressuscité? La richesse du mythe de Job est précisément d'être à la croisée de multiples lectures, et de servir aux philosophies les plus diverses : celles espérantielles d'un Julien Green (*Ce qui reste de jour* : « Beaucoup lu Job ») ou d'une Simone Weil (*Attente de Dieu*) —, celles désespérées d'un Malraux (« Le dialogue le plus scandaleux que l'homme ait jamais eu avec son Dieu », *Malraux, celui qui vient*, de Guy Suarès) ou d'un Cioran : « A la différence de Job, je n'ai pas maudit le jour de ma naissance : les autres jours en revanche, je les ai tous couverts d'anathèmes » (*De l'inconvénient d'être né*, 1973).

Marc Bochet

BIBLIOGRAPHIE

Le Livre de Job, avec le commentaire de Jean Steinmann, Lectio divina, Cerf, 1957.
Le Livre de Job, avec le commentaire de Samuel Terrien, Delachaux et Niestlé, 1963.
Le Testament de Job, présentation et traduction de Marc Philonenko, *Semitica*, XVIIIe, Maisonneuve, Paris, 1968.
Le mystère de la pacience de Job, mystère anonyme du XVe siècle, édité par Albert Meiller, Klincksieck, 1971.
Ernst BLOCH, *Atheismus in Christentum*, 1968, (*L'Athéisme dans le Christianisme*), NRF, 1978.
Marc BOCHET, *Présence de Job dans le théâtre d'après-guerre II en France*, Peter Lang, Berne, 1988.
Monique BORIE, *Mythe et théâtre d'aujourd'hui : une quête impossible?*, Nizet, 1981.
Paul CLAUDEL, *Le Livre de Job*, Plon, Paris, 1946.
Martin ESSLIN, *Le Théâtre de l'absurde*, Buchet-Chastel, 1971.
Elizabeth FRENZEL, *Stoffe der Welt-Literatur*, Stuttgart, 1962.
René GIRARD, *Le Bouc émissaire*, Grasset, 1982.
— *La Route antique des hommes pervers*, Grasset, 1985.
Adelheid HAUSEN, *Hiob in der französischen Literatur*, Herbert Lang, Berne, 1972.
Carl Gustav JUNG, *Réponse à Job*, Buchet-Chastel, 1952.
Jean LÉVÊQUE, *Job et son Dieu*, Gabalda, 1970.
Hans Peter MÜLLER, *Das Hiobproblem*, Darmstadt, 1978.
André NEHER, *L'Exil de la parole*, Seuil, 1970 (Du Silence biblique au silence d'Auschwitz).
— *Ils ont refait leur âme*, Stock, 1979.
Philippe NEMO, *Job et l'excès du mal*, Grasset, 1978.
Roland de PURY, *Job ou l'homme révolté*, Labor et Fides, Genève, 1958.
Jean STEINMANN, *Job, témoin de la souffrance humaine*, Cerf, 1969.
Elie WIESEL, *Célébration biblique*, Seuil, 1975.
— *Job ou Dieu dans la tempête* (Entretiens avec Josy Eisenberg), Fayard/Verdier, 1986.
Cahiers Evangile, n° 53, Cerf (présentation par Jean Lévêque).
Concilium, n° 189, Job et le silence de Dieu, Beauchesne, 1983.

Judith

A la source du mythe

Judith est l'héroïne d'un récit biblique que les exégètes datent du IVe siècle avant J.-C., à l'époque des persécutions d'Antiochus Epiphane.

Le narrateur raconte comment, dans la ville de Béthulie assiégée par les Assyriens, une jeune veuve connue pour sa piété, sa richesse et sa beauté, décide, par pitié pour son peuple et indignée par la lâcheté de ses concitoyens qui veulent livrer la ville, de se rendre au camp du général ennemi Holopherne, et comment, après avoir passé une nuit sous sa tente sans être déshonorée, elle le décapite. La vue de la tête exposée sur les remparts de la ville suffit à provoquer la débandade de l'armée assyrienne qui s'enfuit en abandonnant un riche butin. Le récit se termine sur un chant d'action de grâces entonnée par Judith entourée des femmes de Béthulie.

Le récit dont l'original a sans doute été écrit en hébreu — mais dont nous ne connaissons que le texte grec des Septante, repris dans la Vulgate avec quelques variantes qui remontent vraisemblablement à un texte araméen connu de Saint-Jérôme — fait partie des Deutérocanoniques, livres ajoutés dans le Canon des Chrétiens à la Bible hébraïque, considérés comme apocryphes par les Juifs et l'Eglise protestante.

Il serait vain de chercher à situer l'exploit de Judith dans quelque épisode de l'histoire juive : les détails historiques et géographiques qui figurent abondamment dans le texte ne concordent pas : on ne sait pas où situer la ville de Béthulie, dont le nom signifie en hébreu la « porte de Dieu »; la campagne d'Holopherne de Ninive à Damas est un défi à la géographie. On a remarqué également, comme le fait Ed. Dhorme dans l'introduction à l'édition de la Pléiade, que le nom de l'héroïne ne désigne aucune personne en particulier; c'est un symbole : Judith ou Yéhoudith est l'incarnation de la femme juive en général.

Le livre de Judith est un récit de fiction dont la finalité est évidente : rendre courage aux Juifs aux moments les plus tragiques de leur histoire. Sa structure s'apparente à celle du conte merveilleux : après le constat du « manque » — la soif qui décime les assiégés — une héroïne se présente, dotée d'une beauté et d'une intelligence supérieures — aides magiques par excellence —; elle n'a aucune peine à persuader l'ennemi qu'elle vient le trouver pour sa plus grande gloire, à le séduire, puis, quand il est écroulé sur son lit, « noyé dans le vin », à l'abattre avec son propre cimeterre. Le retour se fait sans encombre jusqu'à Béthulie où son action est célébrée par tous comme un triomphe. La morale est celle d'un grand nombre de contes, celui du Petit Poucet par exemple dans la littérature populaire, et comme il s'en trouve aussi dans la Bible, par exemple celui de David et Goliath : le faible, s'il sait se servir de ses atouts, la ruse et l'intelligence, vient toujours à bout de plus fort que lui.

Le texte tout entier est en effet bâti sur l'antithèse force/faiblesse : aux trois premiers chapitres qui évoquent la puissance de l'armée assyrienne s'opposent les quatre suivants qui montrent la faiblesse du peuple juif enfermé dans Béthulie. A la force d'Holopherne s'oppose la faiblesse de Judith qu'elle souligne dans sa prière (ch. IX). Alors se produit le renversement de la faiblesse en force et de la force en faiblesse qui constitue le cœur même du récit. Face à l'ennemi qui se laisse séduire, abuser, puis enivrer, se dresse la Juive forte de sa beauté, de son intelligence; à l'arrogance du païen correspond le mépris de la servante qui jette la tête dans le sac à provisions; à la dévastation du pays alentour par les Assyriens, leur débandade et le sac de leur camp par les habitants de Béthulie; au tableau initial de désolation dans la ville assiégée le tableau final d'allégresse dans la ville sauvée. Si la faiblesse devient force, c'est parce que Judith a eu confiance en Dieu : thème majeur du récit, affirmé par tous les acteurs, même par ceux qui ne sont pas Juifs : Achior l'Ammonite essaie en vain de le démontrer dans son discours à Holopherne : les Assyriens l'ont emporté jusqu'à présent parce qu'ils disposent d'une armée innombrable, mais il n'est pas impossible que le peuple juif remporte la victoire finale : tout dépend de sa fidélité à son Dieu. Et Judith est celle qui, au plus profond de la désolation, démontre à ses concitoyens qu'avec l'aide de Dieu elle les sauvera : le peuple juif n'a pas péché, donc il n'y a pas de raison pour qu'Il ne leur vienne pas en aide; il n'est pas question de Le menacer, ni de « L'amener à conciliation comme un fils d'homme », il faut s'en remettre à Sa volonté (Ch. VIII, 27). Le tort des Anciens qu'elle admoneste, est d'avoir perdu confiance. Quant à elle, elle se sert des armes que Dieu lui a données en tant que femme, pour séduire Holopherne et l'abattre ensuite, sans qu'aucun doute l'effleure (pas plus que son entourage) sur la légitimité des moyens employés. Pour lui manifester son aide Dieu lui donne une apparence qui agit sur tous — les Anciens de la ville, les gardes d'Holopherne et Holopherne lui-même — comme un charme : le narrateur consacre plusieurs versets (Ch. X, 1 à 5) à décrire sa toilette, ses vêtements, les bijoux dont elle se pare. Dieu met dans sa bouche les paroles qu'Holopherne désire entendre, paroles à double sens que Judith peut prononcer sans renier sa foi : « Dieu mènera l'affaire à bon terme avec toi » (Ch. XI, 6). Le soutien de son Dieu ne lui fait défaut à aucun moment : Il la préserve de toute souillure en faisant sombrer le païen dans l'ivresse et Il donne à la femme la force physique nécessaire pour trancher le cou du barbare. Elle est l'instrument de Dieu, l'obéissance aveugle, et se vante ensuite d'avoir accompli le meurtre. Aucune équivoque ne peut subsister après l'hymne final : « Le Seigneur tout-puissant les (Assyriens) a repoussés par la main d'une femme : sa sandale lui (Holopherne) ravit les yeux, sa beauté fit captive son âme, et le cimeterre passa à travers son cou » (Ch. XVI, 5, 9).

La tradition

Les œuvres narratives et dramatiques qui reprennent l'histoire de Judith ne lui donnent pas, à quelques exceptions près, une autre signification, du moins jusqu'au XIXe siècle. Le livre biblique y est utilisé de toute évidence à des fins édifiantes. L'épopée de Guillaume Salluste Du Bartas pourrait apparaître comme une reprise traditionnelle supplémentaire, à la suite des poèmes en anglais ou en allemand des Xe, XIe, XIIIe et XVe siècles, n'étaient le parti de son auteur et les circonstances de sa composition. Du Bartas était acquis aux idées de la Réforme; *Judith* lui fut commandée en 1564 par Jeanne d'Albret, veuve du roi de Navarre, dont on connaît les sympathies pour les protestants. La situation politique et religieuse du royaume de Navarre apparaît aux yeux de ses compatriotes semblable à celle de Béthulie assiégée par un ennemi bien plus puissant; Jeanne, « veuve au cœur mâle » a plus d'un trait en commun avec l'héroïne de la Bible, d'abord effacée, faible, isolée, mais ayant une confiance en Dieu égale; quant à l'ennemi juré des protestants, le duc François de Guise qui périt mortellement blessé au siège d'Orléans, il a tout d'un Holopherne. A la lumière des événements contemporains, l'acte de la Juive prend un sens tout particulier : en exaltant son exploit, le poète gascon ne fait rien d'autre que l'éloge du tyrannicide. L'histoire de la veuve de Béthulie lui sert donc d'arme de guerre comme elle servira par la suite de propagande à des auteurs dramatiques de même confession.

Considérée d'un tout autre point de vue, cette histoire a attiré les Jésuites pour ses qualités pédagogiques. Ils l'ont abondamment exploitée dans des pièces écrites en latin à l'usage des collégiens, jouées en classe à l'occasion de la distribution des prix et dont certaines témoignent d'une réelle maîtrise dans la construction dramatique. La représentation se terminait par une procession à l'intérieur ou à l'extérieur du collège dans les rues de la ville. De là naquirent des pièces de théâtre populaire mêlant aux scènes tragiques des intermèdes comiques, dans la tradition des mystères. L'histoire de Judith a même été incarnée par des marionnettes à Hambourg en 1785, à Londres également en 1663 et à plusieurs reprises aux XVIIe et XVIIIe siècles lors de la Foire de Saint-Barthélémy.

A la même époque, de nombreux opéras et oratorios reprennent le sujet, sans en modifier la signification : ceux de Marc-Antoine Charpentier, d'Opitz, de Scarlatti, de Vivaldi, de Mozart, de Salieri, ces deux derniers sur un livret de Metastase; seul le livret de Vivaldi se distingue par le carmen allegoricum final, où il est clairement énoncé que Béthulie représente l'Eglise attaquée par les païens, en l'occurrence les Turcs.

Les qualités dramatiques et didactiques de l'histoire expliquent également l'abondance des œuvres picturales aux XVIe et XVIIe siècles : une des conséquences de la Contre-Réforme fut d'inciter les peintres à représenter un personnage qui se prête bien à l'allégorie et la scène de la décapitation où ils trouvent — les Caravagesques entre autres — matière à recherches esthétiques.

Détournement érotique

Dans l'abondante lignée des œuvres littéraires nées du livre biblique, le drame de Hebbel au XIXe siècle marque un tournant. Le dramaturge allemand n'a pas modifié le déroulement du récit; il n'a ajouté qu'un personnage : celui d'Ephraïm, le soupirant de Judith. L'originalité de son œuvre tient au caractère complexe qu'il prête à l'héroïne — et en conséquence au sens nouveau qu'il donne à son exploit : en même temps il a de ce fait accordé plus d'importance à l'adversaire, Holopherne. Qu'une femme puisse tuer son amant uniquement pour accomplir une mission divine et sans être personnellement impliquée lui inspirait horreur. D'où l'idée de faire de Judith une veuve blanche, ce qui transforme son meurtre en vengeance après le viol qu'elle subit.

Elle se dépeint elle-même comme une femme frustrée, parce que vierge et sans enfants, dont la beauté, semblable à la belladone apporte la mort, et qui est à la recherche de son identité : le pâle Ephraïm, incapable de relever son défi ne peut donc la révéler à elle-même ; Holopherne est le seul homme qui l'égale ou même la dépasse : c'est l'homme qu'elle attend sans le savoir. La motivation sensuelle le dispute en elle à la motivation religieuse et patriotique et, seule, justifie psychologiquement son acte. Cette charge érotique est aussi manifeste dans les deux moments les plus forts de l'acte II et de l'acte III qui lui sont entièrement consacrés : le Songe et la Prière où elle interprète ses propres désirs comme la volonté de Dieu. Mais avant de s'y abandonner, elle se prend à douter de la valeur de son acte, déjà tourmentée par la faute que rien ne pourra effacer, même si « par Toi l'impur devient pur ».

Face à elle, Hebbel campe un Holopherne dont la personnalité répond à la sienne : avec Napoléon pour modèle sans doute, « une géniale individualité qui se perd dans la démesure », doté d'une dimension cosmique, se comparant aux bêtes fauves, se déchaînant comme les éléments, titanesques, figure d'Antéchrist ou de Surhomme avant la date ; son emphase frôle à plusieurs reprises le grotesque. Entre Judith et Holopherne il ne s'agit plus de l'opposition Judaïsme/Paganisme, mais d'un triple conflit : entre deux individus, à l'intérieur d'un individu, entre l'individu et la loi universelle — qui donne à l'histoire une dimension tragique ignoré du récit d'origine. Car Judith se sent doublement coupable : coupable d'avoir agi pour des motifs personnels alors qu'elle pensait accomplir seulement sa mission, et coupable d'avoir tué le seul homme digne d'elle. En tuant Holopherne elle a failli à la loi de la nature : Dieu l'a utilisée comme un instrument, mais il ne peut la sauver du remords. Elle apparaît au dénouement en posture d'accusée aux yeux de celle qui incarne le jugement du monde, sa servante, à laquelle le dramaturge a donné la fonction de révéler le sens du drame. Aussi Judith veut-elle se décharger sur elle de la gloire de son crime : elle n'accepte de le prendre en charge et d'assumer la souffrance qui en découle, qu'à la condition qu'on la tue lorsqu'elle en fera la demande — si elle porte un enfant d'Holopherne qui ne pourrait être qu'un matricide.

Le personnage d'Holopherne se prêtait si bien à la parodie — Hebbel lui-même en était conscient — qu'un célèbre auteur-acteur viennois, Nestroy, aussitôt après la représentation à Vienne du drame de Hebbel, en 1849, reprit le sujet sous la forme d'un « travestissement ». Il accentue les fanfaronnades du général et substitue à Judith son frère Joad qui, fort peu soucieux de gloire, s'empare de la fausse tête en carton pâte qu'on a préparée à son intention. L'actualité — Vienne sortait à peine d'un long siège — inspire les railleries à l'encontre des habitants de Béthulie en qui les Viennois ont pu facilement se reconnaître.

Désacralisation du mythe

Les innovations que Giraudoux apporte au récit biblique tout en respectant son déroulement font de sa Judith une héroïne aussi tragique que celle de Hebbel. Mais ses motivations sont tout autres. Alors que la Judith hebbelienne doit son caractère tragique à la conscience qu'elle prend aussitôt après son acte meurtrier d'avoir trahi sa mission et son peuple, la Judith giralducienne, elle, se flatte de n'avoir agi que pour des raisons personnelles et de n'avoir pris en considération ni son peuple ni son Dieu. Giraudoux a fait d'elle non pas une veuve, mais une jeune fille de la haute bourgeoisie qui, en dépit de sa vie mondaine et de ses flirts est restée vierge. Elle ne manifeste aucun penchant pour l'héroïsme, bien au contraire, et refuse de se sentir concernée par la prophétie selon laquelle la ville sera sauvée par « la plus pure et la plus belle des filles d'Israël ». Ce n'est donc pas pour s'y conformer qu'elle décide d'aller trouver Holopherne dans son camp, mais pour prouver à son fiancé, symbole de la lâcheté juive, et se prouver à elle-même, que le don de sa personne à Holopherne constitue un acte si avilissant qu'il ne convient qu'à un être d'exception comme elle : elle refuse donc l'aide de la prostituée Suzanne, dont Giraudoux a fait un double de l'héroïne dans le registre de la tendresse humaine, comme il crée un double d'Holopherne, dans le registre du grotesque, Egon, que Judith prend pour le général. L'Holopherne qui vient à son secours n'a plus rien de commun avec le fanfaron hebbelien ou le monstre de la Bible : c'est un Don Juan expérimenté et courtois qui s'exprime en poète; il offre à Judith un monde sans Dieu où la seule règle est de satisfaire ses penchants; en l'occurrence, s'abandonner au désir qui les pousse dans les bras l'un de l'autre, bref un monde d'où le péché a été banni. L'entreprise de désacralisation que Giraudoux fait subir au récit biblique trouve ici sa manifestation la plus claire et son sommet : Judith conquise, accepte de partager avec Holopherne, sans arrière-pensées, ces heures de bonheur. Et si elle le tue ensuite c'est pour préserver leur amour de toute altération et lui donner une valeur éternelle. Elle revendique clairement la responsabilité de son acte accompli par amour. Mais personne ne veut l'entendre — là est son drame — ni son fiancé, ni Suzanne, ni les prêtres pour qui il n'y a de vérité que religieuse et officielle : peu importe finalement que Judith ait aimé et aime encore Holopherne pourvu que le peuple croie que la jeune fille s'est sacrifiée pour sauver sa ville. La révélation d'un garde ivre, ange gardien qui affirme que tout s'est fait selon la volonté de Dieu sans qu'elle s'en doute enlève à Judith toute possibilité de révolte : elle accepte donc d'être récupérée, consent à se taire et à s'enfermer. La vérité de l'individu est étouffée au profit du mythe, c'est-à-dire au profit des puissants qui l'utiliseront à leurs fins personnelles.

Le poème de Claudel constitue une réponse à la pièce de Giraudoux. Le poète veut venger « la figure simple et sublime » de Judith maltraitée par un « littérateur égrillard et voltairien ». Il voit en elle « la fleur de la sagesse de Dieu, Shekinah, ou Sophia, qui lutte contre « l'énorme vadrouille matérialiste au milieu de laquelle nous pataugeons », incarnée par Holopherne et Nabuchodonosor.

Modernité du mythe

Le traitement que Georg Kaiser, au début du siècle, fait subir à l'histoire de Judith pour en tirer une comédie répond à des préoccupations contemporaines puisque ce fut pour lui l'occasion d'illustrer un point de vue freudien. La « veuve juive », mariée toute jeune à Manassès contre son gré et sans enfants, cherche à combler le vide de sa vie : les deux jeunes gens que les Anciens lui envoient la déçoivent. Elle décide alors de se rendre dans le camp des Assyriens ; Achior la découvre et la mène à Holopherne ; mais elle se désintéresse du soudard, fascinée par le roi efféminé Nabuchodonosor qu'elle croit séduire en décapitant Holopherne ; le roi épouvanté s'enfuit ! Judith resterait une fois de plus abandonnée à elle-même si le grand prêtre ne la prenait en charge.

H. Bernstein adopte lui aussi une perspective moderne en dénonçant la frigidité de Judith : son mariage forcé la rend insensible aux avances d'Holopherne complètement subjugué par sa beauté ; elle le tue pour sauvegarder son indépendance et se prémunir de l'humiliation de l'amour. Mais le registre choisi par Bernstein est à l'opposé de celui de Kaiser : son intention étant de faire prendre conscience à son public après la première guerre mondiale de la situation tragique des Juifs.

Quant à l'auteur danois, Kjeld Abell, il procède à une transposition du mythe dans le monde contemporain en encadrant l'épisode biblique d'une intrigue moderne qui se déroule au Danemark, avant la seconde guerre mondiale ; sa Judith — figure de la haute bourgeoisie, comme celle de Giraudoux — n'a ni la volonté ni la capacité de supprimer l'ennemi, c'est-à-dire le nazisme triomphant. Holopherne sera tué, mais des mains du peuple, celles de la tenancière Mme Branza.

A considérer la longue suite d'œuvres littéraires qui, du xe au xxe siècle ont repris l'histoire de Judith, on est frappé de la fortune de cette figure mythique et par la diversité des significations qui lui ont été données. Cette histoire peut se dire tantôt sur le ton épique, tantôt sur le mode lyrique, en termes tragiques, mais aussi dans un registre comique.

En premier lieu, Judith représente la Juive qui se sacrifie pour sauver son peuple, et ceci, depuis le texte d'origine jusqu'aux pièces contemporaines mineures : bel exemple de patriotisme. Dans les poèmes du Moyen Age, dans les tragédies de collège, et de nos jours, dans le texte de Claudel, elle apparaît comme la figure bienfaisante de la femme pieuse, dont on a fait une sainte. Son nom fut constamment lié à l'actualité, son histoire associée au combat pour la liberté : en France, pendant les guerres de religion, elle est le symbole de la minorité opprimée ; au XVIIe et au XVIIIe siècles elle incarne la Chrétienté face à l'Islam ; au XXe la démocratie près de succomber sous les assauts du nazisme.

Mais l'histoire de Judith n'est pas seulement l'histoire d'un peuple ou d'un groupe placé dans une situation dramatique, c'est aussi l'histoire d'une femme qui va devoir affronter un homme et le tuer après l'avoir séduit. Comment Judith peut-elle être amenée à perpétrer l'acte que lui prête la Bible ? peut-elle refuser la mission qui lui a été imposée ? peut-elle être tenue pour responsable ? — autant de questions que les dramaturges se sont posées à partir du XIXe siècle et auxquelles ils ont répondu en faisant de l'héroïne une figure troublante par son ambiguïté.

Marcelle ENDERLÉ

BIBLIOGRAPHIE

Œuvres citées

Judith : Ancien Testament, Les Deutérocanoniques, tome II, éd. de La Pléiade, Paris, 1959.

Xe siècle : *Judith*, poème épique en vieil anglais, anonyme.

XIe siècle : *Judith*, appelée « l'ancienne Judith », poème narratif en haut-allemand, anonyme.

XIIe siècle : *Judith*, appelée « la nouvelle Judith », anonyme, allemand.

XIIIe siècle : *Judith*, un poème de l'Ordre teutonique, anonyme, allemand.

XIVe siècle :

Heinrich von MEISSEN, *Judith*, in *Frauenlob*, Eloge de la Femme, un exemple de la Nemesis.

CHAUCER, *Canterbury tales*, Les Contes de Canterbury, *Monkes Tale*, le Conte du Moine (De Oloferno).

XVIe siècle : plusieurs œuvres écrites par des réformés.

Joachim GREFF, *Tragoedia des Buchs Judith*, Tragédie tirée du Livre de Judith, Wittemberg, 1536.

Sixt BIRCK, *Judith*, drame en latin, 1536 (?).

— *Judith*, version en allemand, Augsburg, 1539.

Salluste Du BARTAS, *Judith, La Muse chrétienne*, Bordeaux, 1574.

XVIIe XVIIIe siècles, tragédies de collège :

Historie von der Judith, anonyme, collège de St-Gall, 1601.

Tragoedia von Holoferne, anonyme, gymnase d'Ingolstatt, 1642.

Bethulias Rettung durch Judith, La Délivrance de Béthulie par Judith, anonyme, collège des Jésuites, Augsburg, 1693.

Judithae de Holoferne Iustitiae de Impietate Triumphus, Le Triomphe de Judith sur Holopherne et de la Justice sur l'Impiété, gymnase de Heidelberg, 1720.

etc.

XVIIe XVIIIe XIXe siècles : spectacles de marionnettes

Holofernes, anonyme, cf. Samuel Pepys, *Diary*, Journal, 1663.

Siege of Bethulia, anonyme, Londres, 1732, cf. H. Morley : *Memoirs of Bartholomew Fair*, London 1859, La Foire de St Barthélémy.

Judith und Holofernes, Hamburg, 1785, cf. H.-M. Schletterer : *Das deutsche Singspiel, von seinen ersten Anfängen bis auf die neueste Zeit*, La Comédie musicale allemande des débuts jusqu'à l'époque la plus récente, Augsburg, 1863.

XVIIe XVIIIe XIXe siècles : oratorios et opéras

Martin OPITZ, *Judith*, Breslau, 1635, opéra en allemand.

Marc-Antoine CHARPENTIER, *Judith sive Bethulia liberata* oratorio sur le texte de la Vulgate.

VIVALDI, *Juditha Triumphans*, sur un livret de Cassetti en latin, 1716, Venise.

W.-A. MOZART, *La Betulia liberata*, sur un livret de Metastasio en italien, 1771, non représenté.

SALIERI, *Judith*, sur un livret de Metastasio, italien, 1820.

Au nombre des représentations picturales de Judith au XVIIe siècle, on peut citer les tableaux de Vouet, Valentin de Boulogne, C. Allori, A. Caravaggio, Orazio et Artemisia Gentileschi, C. Saraceni.

XIXe siècle :

F. HEBBEL, *Judith*, Hamburg, 1841.

J. NESTROY, *Judith und Holofernes*, Vienne, 1849.

XXe siècle :

Georg KAISER, *Die jüdische Witwe*, La Veuve juive, Berlin, 1911.

H. BERNSTEIN, *Judith*, Paris, 1922.

J. GIRAUDOUX, *Judith*, Paris, 1931.

K. ABELL, *Judith*, Copenhague, 1940.

Etudes

Edna PURDIE, *The Story of Judith in German and English literature*, Paris, Librairie ancienne Honoré Champion, 1927. L'Histoire de Judith dans la littérature allemande et anglaise.

Anne-Marie MUSSCHOOT, *Het Judith-Thema in de nederlandse letterkunde* / Le Thème de Judith dans la littérature néerlandaise, Gent, Koninklijke Academie voor Nederlandse Taal - en Letterkunde, 1972.

Marcelle ENDERLÉ, *Recherches sur la représentation dans l'art de la figure de Judith*, in Actes du XVIe Congrès de la Société Française de Littérature Générale et Comparée, Montpellier, Université Paul Valéry, 1980.

JUIF ERRANT

Errance dans la connaissance d'un ciel ou d'un destin, errance assimilée au mouvement même de l'histoire humaine, errance indissociable d'un châtiment dont les origines ont été rapprochées des plus anciens mythes cosmiques : tels sont les éléments disparates que rassemble aujourd'hui encore le mythe complexe du Juif Errant. Figure tragique s'il en est, cet éternel voyageur est condamné à errer sans repos jusqu'au Jugement dernier ; en lui, l'immortalité sur terre apparaît paradoxalement comme la sanction la plus terrible qui puisse frapper un homme puisqu'elle l'exclut de toute affection humaine et l'entraîne à tout voir autour de lui mourir, disparaître et renaître. Si ce drame marque les imaginations, c'est parce qu'il englobe tout l'espace et tout le temps humains. Quoi d'étonnant alors à ce que les Images d'Epinal léguées par le XVIIe siècle représentent alternativement l'agitation inquiète d'un homme qui enjambe mers et continents sans jamais s'arrêter, et l'immobilité d'un vénérable vieillard entouré de citadins qui le pressent de questions : ce contraste entre deux situations révèle déjà sur le plan iconique la dialectique profonde de la légende du Juif Errant ; c'est en effet entre deux images maximales de repos ou de mouvement que s'inscrit la trame d'un récit auquel chaque époque a ajouté des épisodes, au point de transformer en profondeur la légende pieuse originelle.

A travers la marche d'un étranger le temps humain se trouve spatialisé et dramatisé selon une structure dynamique ou répétitive qu'attestent encore les différents déterminants attribués au héros : pour les poètes allemands, il est devenu

« Le Juif éternel », pour les Anglais, le « Juif Vagabond », pour les Espagnols « Le Juif qui attend Dieu » ; aucune épithète homérique ne peut donc orienter sa route ni figer son sens. C'est bien dans cette oscillation qu'il faut trouver le noyau fondamental d'une figure placée au carrefour de sensibilités ethniques et religieuses, et dont la plasticité même peut expliquer l'extraordinaire vitalité littéraire.

Deux grandes périodes sont à distinguer dans l'évolution artistique du scénario originel. La première, liée à un contexte de bouleversements et de brassages religieux, politiques et sociaux, confond plusieurs traditions et favorise la diffusion d'Orient en Occident d'un récit contaminé par des légendes et des mythes de caractère biblique ou profane (Le Phénix - Pagès, Ogier Le Danois, Saméri). L'errance du héros prend alors valeur allégorique, dans la mesure où elle révèle le désir d'expliquer la condition de l'homme. Mais, à partir du XVIIIe siècle, l'art exploite les apports antérieurs et va charger la légende d'un symbolisme diversifié qui transforme une errance allégorique en errance problématique, sans pour autant tarir la veine traditionnelle.

C'est aux premières générations romantiques que revient le mérite d'avoir donné l'impulsion décisive aux virtualités mythiques d'une histoire merveilleuse dont on ne saurait aujourd'hui conclure au déclin dans l'imaginaire des peuples.

Une préhistoire récente

Au point de départ, on ne trouve pas de légende primitive, mais l'image diffuse d'un témoin de la passion du Christ, qui, survivant au drame du Calvaire, erre de par le monde. Pour autant que l'on puisse reconstituer une tradition orale (Gaston Paris *Le Juif Errant*, 1881) l'imagination populaire aurait travaillé sur certains disciples, Jean et Judas, et élaboré la tradition divergente d'un survivant condamné à *errer* pour avoir souffleté le Christ ou *à attendre* en annonçant par son repentir l'ultime venue du Seigneur à la fin des Temps.

Au XIIIe siècle, une chronique anglaise fixe ces tendances : le moine bénédictin de l'Abbaye de St Albans, Matthieu Paris relate en effet dans sa *Chronica Majora* (1259), les propos d'un évêque arménien venu en 1228 visiter son couvent et qui atteste l'existence en Orient d'un certain Cartaphile. Ce dernier, présent à la Passion, aurait repoussé le Christ sur le Chemin du Calvaire en lui criant « Va... va... » et se trouverait condamné en retour à attendre la venue du Christ, jusqu'à la consommation des Temps. Tous les cent ans, il reprend l'âge qu'il avait lors de cette rencontre et ne peut donc plus perdre sa vie car il a perdu sa mort. « Argument pour la foi chrétienne », le personnage est avant tout nécessaire à un discours théologique où apparaissent deux motifs essentiels : l'insulte à la divinité et l'attente indéterminée. Telle est la première étape d'un récit lié aux Croisades et qui confère à l'immortalité sur terre la valeur édifiante du repentir et de la résignation.

La préhistoire du mythe s'articule donc sur les récits de voyage des pèlerins, et répand dans le Nord Ouest de l'Europe une figure dont s'emparent clercs et conteurs en multipliant les noms du héros. Morpurgo, dans *l'Ebreo errante in Italia, Le Juif errant en Italie* (1891) rapporte les propos de Antonio di Francesco di Andrea, qui dit avoir rencontré vers 1450 ce Giovanni Buttadeo : serait-ce l'homme qui a « frappé » Dieu ou celui qui pour les Espagnols, à la même époque, « attend » Dieu, Juan de Espera en Dios ? Quand on l'interroge sur son identité, le mystérieux voyageur ne répond pas ; il acquiert ainsi un prestige proprement merveilleux dû aux dons compensatoires de son châtiment ; l'on s'intéresse autant à sa longévité qu'à sa malédiction. Mais lié à l'histoire de l'Occident chrétien, il tient un discours de plus en plus composite au fur et à mesure qu'il s'insère dans l'histoire du temps.

Une seconde étape est franchie quand la légende réapparaît en Allemagne, lors de la Réforme, à la fin du XVIe siècle. L'auteur d'une lettre anonyme affirme avoir vu en 1552, dans une église de Hambourg, un vieillard, de race juive cette fois, cordonnier de profession, nanti d'une famille, et qui sous le nouveau nom d'Ahasverus, se dit condamné à marcher jusqu'à la fin des temps pour « servir de témoin vivant contre les Juifs et les incrédules ». Ce court récit, paru à Leyde en 1602, paraphrasé dans toute l'Europe, en Scandinavie et en Russie, fait naître autour du sombre héros la poésie populaire des Complaintes et des Ballades qui chantent la détresse du voyageur maudit. Troisième étape dans l'évolution de la légende, la Ballade Brabantine de 1774 rebaptise le Juif Errant « Isaac Laquedem » et relate en strophes émouvantes son passage à Bruxelles : « Est-il rien sur terre, Qui soit plus surprenant, Que la grande misère Du pauvre Juif Errant ? ». Au cours des XVIIe et XVIIIe siècles, fleurissent des « Histoires admirables » qui signalent les apparitions du héros un peu partout : vêtu d'un grand manteau, pourvu de quelques deniers et d'un bâton, le Juif Errant ne peut s'arrêter plus de trois jours, ce qui renvoie à la durée de la Passion du Christ jusqu'à la Résurrection ; il parle toutes les langues et connaît l'histoire des siècles écoulés.

Dès 1668, Martin Dröscher en venait à distinguer deux sortes de Juif Errant dans sa *Dissertation théologique au sujet de deux témoins*, et l'on dénombrait à cette époque jusqu'à vingt-deux sens attribués à la marche éternelle ! Le XVIIIe siècle hérite donc d'une image connue, mais complexe et disparate. Toutefois deux tendances se dégagent déjà, en Europe, dans le traitement artistique de la légende :

1) dans la mesure où ce récit englobe l'histoire humaine depuis l'ère chrétienne, il propose une structure totalisante à laquelle les nouvelles philosophies de l'histoire vont conférer une dimension épique ;

2) le Juif Errant exprime dans les Ballades une nostalgie, une solitude, une

insécurité qui transforment sa silhouette didactique de pénitent chroniqueur, et que va s'approprier le premier romantisme, quitte à délaisser les termes initiaux du châtiment.

Voilà donc un héros légendaire qui, enrichi sur le plan psychologique et idéologique, propose les linéaments favorables à l'élaboration d'un mythe spécifique dans la mesure où il rassemble en lui un certain nombre de questions fondamentales : un homme outrage un Dieu et se trouve tragiquement condamné à attendre ou à marcher jusqu'à la fin des temps. La nature même de la sentence peut-elle donner lieu à un récit dramatique? au nom de quel mal expie-t-il? le second récit dit déjà qu'Ahasverus aurait péché par ignorance, mais, antisémitisme religieux ou antisémitisme racial, le héros semble objectiver en lui le mal absolu. Enfin la fiction du survivant se trouve confrontée à l'histoire réelle des hommes : l'argument théologique du voyage exemplaire soumis à une révélation transcendante se heurte donc à la mobilité d'une histoire humaine que le Juif Errant rappelle sans cesse par ses dons de longévité, d'ubiquité et d'omniscience; à ce titre on le rapproche déjà du Chasseur Sauvage des légendes allemandes, ou du Hollandais Volant.

Prisé pour sa double histoire humaine et théologique, le Juif Errant fascine autant par sa fable que par son discours : il relève tout à la fois de la culture populaire, qui procède par identification à l'homme réprouvé, et de la culture savante. Chaque auteur peut voir en lui en effet le porte-parole d'une idéologie ou d'une controverse.

Un tournant décisif dans l'image : la fin du XVIIIe siècle

Les « Histoires admirables » ont fragmenté la légende en épisodes dits historiques, si bien que la valeur explicative de l'allégorie passe au second plan, mais les deux éléments constitutifs du mythe — l'éternité d'un temps mort et l'errance liée au mouvement — affleurent sans s'éliminer l'un l'autre. Or, plusieurs facteurs favorisent à la fin du siècle des Lumières l'évolution du sens légendaire; le retour aux légendes nationales prôné par Vico et Herder, l'influence du roman gothique anglais, la poésie allemande du « Sturm und Drang » vont exalter la langue des émotions du cœur et individualiser le personnage. Le courant illuministe, qui prophétise un syncrétisme nouveau, prête un pouvoir visionnaire au survivant. De plus, on donne au héros une ascendance mythique en le confrontant à Caïn, le premier fratricide. Rejeté comme lui, il devient lui aussi susceptible de s'universaliser en intériorisant la révolte de l'individu, prisonnier de ses passions contre un pouvoir arbitraire : l'errance d'Ahasverus propose aux écrivains un canevas dramatique apte à symboliser la condition de tout homme affronté à l'espace et au temps, et qui, livré à ses démons intérieurs, peut transformer sa malédiction en rachat.

Au cours du XIXe siècle, indépendamment de la relation au Judaïsme historique, la problématique philosophico-religieuse du mythe trouve un regain d'intérêt sous l'influence du nihilisme post-romantique. Ainsi, l'étranger « Cartaphile », « Ahasverus », ou « Isaac Laquedem », symbolise de plus en plus toute existence marginale, individuelle ou collective. D'un personnage incarnant une valeur négative dans le drame de la Passion, on est passé à l'ambiguïté mythique d'une histoire, source à la fois de crainte et de consolation, parce qu'elle suggère le déracinement de l'humanité partagée entre le doute et la soif de vivre. C'est donc à partir du premier romantisme qu'apparaissent et coexistent trois orientations essentielles dans le symbolisme du « Nouvel Ahasverus », qui mettent à nu des images primordiales de vision, de révolte et de salut.

Les visions du Juif Errant

De multiples visionnaires, dont le Comte de Saint-Germain, surgissent à la fin du XVIIIe siècle et peuvent expliquer partiellement les pouvoirs nouveaux attribués à l'étrange voyageur. Sous les traits du Mystérieux Arménien, dans *Der Geisterseher, Le Visionnaire* (1786), de Schiller, le Juif Errant incarne la force occulte du remords qui échappe à toute définition : « Il n'est rien de ce qu'il paraît être. Il a porté le masque et le costume de tous les états et de toutes les conditions. » La fantasmagorie du revenant met donc en œuvre un mysticisme de l'horreur qui ajoute au didactisme théologique ou moral du pénitent l'ambiguïté du fantôme maléficié ou redresseur de torts.

Dans *The Monk, Le Moine* (1796), de Lewis, l'épisode de la nonne de Lindenberg insiste sur le pacte du sang : un signe nouveau apparaît sur le front du Juif Errant, la Croix de Feu, qui suggère le dualisme mythique du damné susceptible d'être sauvé. Jan Potocki en 1805, dans le *Manuscrit trouvé à Saragosse*, prolonge les féeries de Cazotte et annonce les *Elixirs du Diable* de Hoffmann ; grâce au Juif Errant, l'action romanesque remonte le cours du temps et le héros vient troubler comme un remords tenace l'ordre rationnel si péniblement acquis. Quand il évoque ainsi l'invisible sur le mode fantastique ou parodique, que donne à voir cette sorte de rêve vivant ? Un certain nombre de hantises personnelles, illustrant le thème du double cher aux poètes allemands, reflet insaisissable de soi-même. Mais parallèlement au courant issu du roman « gothique » anglais, le héros personnifie le sentiment romantique de l'inachevé de la destinée, pour un Bonaventura, dans *Nachtwachen, Les Veilles* (1804) et plus tard pour le poète Amiel qui s'approprie dans son *Journal* (1856) « L'instinct du Juif Errant »; des hantises collectives sur l'avenir des peuples se reflètent aussi en ce vieillard omniscient des nouvelles chroniques. Dans *Isaac Laquedem* (1853), roman inachevé d'Alexandre Dumas père, le héros dramatise une sorte de quête universelle de l'absolu qui le conduit à un voyage initiatique au centre de la terre.

Ce « mangeur de temps et d'espace » (Mario Proth, Les *Vagabonds*, 1859) sacralise donc la double réalité de l'homme dans son essence et son passage ; sous la forme du Journal, du roman par lettres, de la chronique, il peut restaurer le temps des hommes humiliés comme le *Salathiel*, de Croly (1826). Ses migrations l'avaient certes habitué à devenir la mémoire du monde, c'est ainsi que se développent parfois d'interminables récits qui fragmentent le mythe du Juif Errant en une poussière d'emblèmes nationaux, tels ceux d'H.A.O. Reichard, *Der ewige Jude*, (*Le Juif Eternel* (1785), de David Hoffmann « *Chronicles of Cartaphilus, the Wandering Jew, Chroniques de Cartaphile...* », 1853-1854).

Le héros passe en revue l'histoire, cette tendance persiste encore sur le mode trivial au XXe siècle. La période décadente avait créé une compagne au Juif Errant, Hérodiade ou Salomé, et le récit « *My First two thousand years, Mes deux mille premières années* (1928), est prétexte à une complaisante revue érotique, sous la plume des écrivains Viereck et Eldridge.

Compris comme le « fil conducteur » de l'histoire humaine, souvent placé dans les récits entre le passé et l'avenir, cette figure retrouve aussi à la fin du XIXe siècle la fonction pittoresque du héros quêteur, de l'homme qui prêche en terrifiant, vivante exhortation de temps insaisissable, que fait entendre le roman populaire de Paul Féval, *La Fille du Juif Errant* (1878) ; dans le roman de Meyrink, *Das Grüne Gesicht, Le Visage vert* (1916), il semble incarner, à l'instar du Golem, la force de l'esprit qui guide les hommes vers la vérité en dépit des catastrophes historiques : il porte sur le front un signe mystérieux qui, à la différence du héros maudit de Lewis, symbolise une vision de vérité et fait apparaître la première guerre mondiale comme un mauvais rêve.

Les révoltes du Juif Errant

En remettant en question les origines du mal, Ahasverus s'approprie aussi une part du défi prométhéen. Convaincu dans son désespoir, ou le démystifiant lui-même, le héros romantique incarne un mythe de révolte par inversion du schéma de base de la légende. En le comparant à Caïn, on lui prête la révolte de l'homme contre le Père et les termes préalables du défi, lancé à une divinité vengeresse : un pécheur accuse la Divinité en niant la validité du châtiment et métamorphose ainsi le thème de l'errance exemplaire en thème de libération. Dans ce « nouvel Ahasverus » l'image de l'homme se spiritualise alors pour symboliser les progrès de l'âme opérant son salut par son scepticisme même.

Dès sa publication en 1786, la rhapsodie lyrique du poète Schubart, *Der ewige Jude, le Juif éternel*, remet allusivement en question la Crucifixion ; au terme d'une suite de tableaux frénétiques, l'ange de la Mort survient et promet à Ahasver le repos... Or, Shelley vers 1809 connaît ce poème et inverse définitivement les données légendaires dans *The Wandering Jew's Soliloquy, Le Monologue du Juif Errant* (1812), mais surtout dans son poème philosophique *Queen Mab, La Reine Mab* (1813) Ahasverus tel Prométhée, reinterprète la scène originelle en dénonçant « l'injustice divine ». Dans cette perspective, la Croix inscrite sur le front du maudit symbolise la violence qui opprime l'homme. Le poète anglais jette ainsi les bases d'un canevas sur lequel brodera tout son siècle : portrait fantôme de la pensée humaine errante, Ahasverus incarne l'ange du doute pour Mosen ; dans son poème *Ahasver* (1838), il oppose à cette puissance de l'ombre celle du Christ lumineux, selon un antagonisme primordial dont dépend, dit-il, le sort de l'humanité. Moderne sceptique pour le conteur danois Andersen (*Ahasverus*, 1844), le héros manifeste l'ambivalence d'un châtiment puisqu'il incarne la notion abstraite du progrès humain. Dans le court poème de Fischer, *Der ewige Jude, Le Juif éternel* (1854), la lutte du héros symbolise celle de l'humanité, bien antérieure à la venue du Christ, lutte qui renverserait le Ciel lui-même, si le héros ne se convertissait à la fin du poème.

Ainsi, la marche éternelle dramatise l'expérience originelle d'un conflit mythique entre Créateur et créature et la montée des philosophies nihilistes renforce cette structure : ne connaissant plus ni bornes ni chaînes, l'Ahasverus de Richepin, dans *Les Blasphèmes* (1884), se moque d'un châtiment qui l'a seulement confirmé dans son doute et sa haine ; la dimension allégorique du pénitent s'efface au profit d'un symbole plus vaste, puisque l'étranger se confond avec l' « innombrable prolétaire » et prend le parti de l'homme et de ses désespoirs. Le thème de l'échange toujours possible entre l'amour et la haine se retrouve curieusement traité dans le récit du *Christ et de l'Errant : Christus und Wanderer* (1918), de Paulsen, quand au terme du dialogue, Ahasverus meurt sur la Croix alors que c'est le Christ qui prend la route... L'athéisme d'Ahasverus a retenu l'attention de Trenck pour qui le héros incarne les souffrances de tous les errants de la terre, dans le poème épique qui l'oppose à Don Juan, *Don Juan-Ahasver* (1930). Mais Pär Lagerkvist apporte la note la plus récente à la révolte de l'Errant dans *Ahasverus Död, La mort d'Ahasverus* (1960) ; le romancier présente un Ahasverus qui, après avoir rejeté Dieu coupable d'abandonner le Christ, admet avant de mourir l'existence de quelque chose que nous cherchons tous sans le trouver, et exprime ainsi l'une des virtualités mythiques de la légende : ce voyageur, c'est l'homme qui ne peut jamais trouver d'explication satisfaisante à sa route.

Confronté à d'autres révoltés mythiques, Don Juan ou Faust, Le Juif Errant, figure centrale ou secondaire de ces fragments épiques, universalise l'image de la conscience humaine; en actualisant la parole de l'individu révolté ou d'une collectivité rebelle, il traduit avec Sisyphe (*Sisyphe et le Juif Errant* d'Isi Collin, 1914), une mystique de l'homme qui s'édifie sur l'échec apparent d'une mystique révélée.

Satire et mélodrame opposent toutefois à ce symbolisme le héros moralisateur proche du chroniqueur incrédule de Gœthe, dans *Ewige Juden erstes Fetzen, Fragments sur le Juif Errant* (1774-1775) et qui sert alors de fourre-tout allégorique. L'excès même de symbolisation romantique a fait naître sur le théâtre de boulevard en France une parodie démystificatrice des désespoirs du Juif Errant. Aujourd'hui encore, l'ironie des écrivains s'exerce sur un personnage qui ne rassemble que trop des aspects extrêmes de la vie : jeunesse et vieillesse, joie et chagrin; ainsi, la pièce de F. Werfel *Jacobowsky und der Oberst, Jacobowsky et le Colonel* (1944), publiée à Stockholm en 1944, remporte un vif succès la même année sur les scènes de New York.

Le Salut du Juif Errant

L'image passive de l'errance éternelle, profondément modifiée on le voit par l'élaboration d'un mythe de révolte, s'est renouvelée aussi sous l'influence de l'inquiétude religieuse romantique et, en France notamment, sous l'effet des théories fouriéristes et saint-simoniennes. Popularisé comme le héros d'un mythe de salut, Ahasverus opère en lui la synthèse de l'Histoire humaine et d'une révélation divine ou messianique. Dans cette nouvelle histoire le Juif Errant se rachète en faisant de la souffrance le levier du progrès intérieur ou du progrès des peuples, selon la structure implicite des mythes de rédemption : on se débarrasse du mal, pour en charger quelqu'un d'autre. Si cette légendaire épave du temps cumule les signes infamants des héritiers de Caïn, si elle chante les tourments du vain voyage comme dans le poème de Schlegel *Die Warnung, L'Avertissement* (1802), ou dans la Chanson de Béranger *Le Juif Errant* (1831), elle devient à cette époque l'emblème des peuples proscrits, Juifs ou masses opprimées en butte à la misère. De plus en plus identifié aux figures juives de l'actualité dans le *Spinoza* de B. Auerbach (1837) par exemple, le héros incarne aussi pour A.-L. Constant, en 1846, « le pauvre », ce « juif errant de la civilisation moderne ». En ce sens, le succès du roman feuilleton d'Eugène Sue *Le Juif Errant* (1844-1845), en dit long sur la popularité nouvelle de cette grande ombre qui protège la marche de l'humanité.

Souvent, pour les poètes allemands, tels Brentano et Görres, le Juif Errant symbolise l'être sauveur et médiateur d'un amour, si bien que son errance rassemble les motifs de pardon et d'alliance. Il entre ainsi dans le drame, avec Arnim, *Halle und Jerusalem* (1809-1810), dans l'épopée religieuse de Grenier « *La Mort du Juif Errant* » (1857). L'éternel voyageur, métamorphosé en figure de lumière peut annoncer l'avènement d'un temps nouveau et proclamer, par sa propre mort, une victoire spirituelle sur le péché. L'épopée d'Edgar Quinet, (*Ahasverus*, 1833), prête au personnage un rôle messianique qui lui fait choisir la vie, puisque le thème du voyage cristallise toutes les aspirations de l'époque à une régénération dans et par le Temps. Ainsi la structure totalisante de l'éternité sur terre devient la matière épique d'une sacralisation du Temps humain : les différentes interventions d'Ahasverus au cours des âges présentifient l'alliance entre les symboles les plus divers du salut. En 1874, le poète belge Van Hasselt préfigure dans *Les Quatre Incarnations du Christ* une genèse sociale où s'opère la synthèse de toutes les mythologies selon une épopée du progrès humain : dans cette orientation dynamique, le « nouvel Ahasverus » peut casser son bâton de voyageur. L'histoire avait condamné le Juif Errant à vivre, l'histoire le rachète en le faisant mourir, car ce qui meurt avec lui c'est un passé d'erreurs humaines et d'aveuglement tandis que brillent sur son front les promesses de l'avenir universel. La poésie du voyage éternel métaphorise une nouvelle conception de l'histoire : la religion de l'avenir fait mourir avec lui le temps de l'erreur et transfigure le devenir humain. Là réside la modernisation la plus évidente de la légende, la plus fragile aussi, dans la mesure où elle ne semble pas avoir survécu aux génocides contemporains.

L'image d'Ahasverus, l'éternel errant, n'a pas donné lieu à des récits mythiques de première grandeur, mais le plus souvent à une multitude d'œuvres secondaires. D'aucuns y ont vu la faiblesse d'une « histoire » sur le plan mythique, à l'instar des commentateurs du XIXe siècle, tel le Comte de Douhet qui dans le *Dictionnaire des Légendes du Christianisme* (1855), notait la complexité et l'étrangeté croissante d'un personnage qui a « plusieurs histoires incompatibles ». Théodor Kappstein, en 1906, dans « *Ahasverus in der Weltpoesie* », renonce à trouver une quelconque unité aux odyssées du Juif Errant. Pourtant cette complexité même témoigne de la richesse poétique de la marche éternelle, qui s'est chargée de l'énigme humaine, à la suite du Sphinx. Portrait-fantôme d'une révolte contre un ordre inchangeable, porte-parole, certains ont dit porte-manteau, de doctrines mystiques ou humanitaires, imposteur ou surhomme, le personnage d'Ahasverus, atteste, dans ses métamorphoses romantiques, la prépondérance d'un discours didactique qui menace parfois l'ambiguïté du mystérieux voyageur. Ceci peut expliquer la difficulté des écrivains à transposer dans le domaine poétique une légende religieuse. Face à Prométhée ou à Faust, bien souvent Ahasverus s'efface. Pourtant, dans la diversité même de ses sens, on continue à reconnaître la plénitude et la finitude d'une vie humaine.

Figure à la fois d'égarement et de conquête, il dramatise la lutte de Jacob avec l'Ange, de l'homme avec le Christ ou avec lui-même. Lieu mythique d'une synthèse entre le passé et l'avenir, entre les motifs chrétiens du bois ou du chemin de la croix et les images fabuleuses héritées de l'Antiquité, il exprime encore, malgré un relatif déclin artistique, la soif de l'homme de se délivrer d'un temps stérile poétisé par des images de flux et d'instabilité. Simultanément, on assiste depuis le XIXe siècle à une apothéose du héros qui, d'anti-saint devient le prophète et le reflet de l'humanité et à la démystification d'une légende, cadre trop vaste, trop vide; c'est à partir des propos que l'on tenait sur lui que s'est élaborée la légende. A partir du XIXe siècle, c'est lui qui raconte sa propre fable en exprimant une réponse d'homme face à l'énigme du temps. Parole de vie ou de mort, elle peut dénoncer les antagonismes qu'elle implique. Déchristianisé par les philosophies rationalistes ou transfiguré par la religion de l'avenir, cet homme insaisissable, l'étranger que nous sommes à nous-mêmes, est devenu pour beaucoup le discours vivant de l'humanité suspendue incessamment entre le néant et la création : il récapitule en son errance les réponses individuelles ou collectives apportées à l'affrontement dramatique entre le temps mortel et la soif d'éternité.

Marie-France ROUART

BIBLIOGRAPHIE

Ludwig Achim von ARNIM, *Halle und Jerusalem*, 1811.
Ballade ou Complainte Brabantine, 1774.
Pierre-Jean BÉRANGER, *Le Juif Errant*, 1833.
Fernan CABALLERO, *La Estrella de Vandalia*, 1869.
Pierre-Victor CAYET, Traduction du « Kurtze Beschreibung und Erzehlung von einem Juden mit Namen Ahasverus », 1605.
Alphonse-Louis CONSTANT, *La Dernière Incarnation*, Paris, 1846.
Georges CROLY, *Salathiel, the Immortal*, 1826.
Alexandre DUMAS Père, *Isaac Laquedem*, 1853.
J.-G. FISCHER, *Der ewige Jude*, 1854.
Johann Wolfgang von GOETHE, *Der ewige Jude*, Fragments, 1775.
Edouard GRENIER, *La Mort du Juif Errant*, 1857.
Robert HAMERLING, *Ahasver in Rom*, 1865.
E.T.A. HOFFMANN, *L'Elixir du diable*, 1816.
Pär LAGERKVIST, *Ahasverus Död*, 1960.
Nicolas LENAU, *Ahasver, der ewige Jude*, 1832.
M.-G. LEWIS, *The Monk*, 1797.
Charles-Robert MATHURIN, *Melmoth ou l'homme errant*, trad. Paris, 1821.

Gustav MEYRINK, *Das Grüne Gesicht*, 1916.
Jan POTOCKI, *La Duchesse d'Avila* (manuscrit trouvé à Saragosse), 1805.
Matthieu PARIS, *Chronica majora*, 1259.
Rudolph PAULSEN, *Christus und Wanderer*, 1918.
Edgar QUINET, *Ahasverus*, 1833.
Jean RICHEPIN, « Le Juif Errant » dans : *les Blasphèmes*, Paris, 1884.
Friedrich SCHILLER, *Der Geisterseher*, 1789.
Christian Friedrich SCHUBART, *Der ewige Jude*, 1783.
Johann Gabriel SEIDL, *Die Beiden Ahasvere*, 1836.
P.-B. SHELLEY, *Queen Mab*, 1813.
Eugène SUE, *Le Juif Errant*, 1844.
Siegfried von der TRENCK, *Don Juan-Ahasver*, 1930.
A. VAN HASSELT, *Les quatre incarnations du Christ*, Bruxelles, 1867.

Ouvrages critiques

George Kumler ANDERSON, *The Legend of the Wandering Jew Providence*, Brown, 1965.
Roland AUGUET, *La Légende du Juif Errant*, Paris, Payot, 1977.
Jean BRUN, *Les Vagabonds de l'Occident*, Paris, Desclée, 1976.
Vaclav CERNY, *Essai sur le titanisme dans la poésie occidentale entre 1885 et 1850*, Prague Orlis, 1935.
Dictionnaire des légendes du Christianisme (Nouvelle Encyclopédie Théologique), Paris, Migne, 1855.
Gilbert DURAND, *Les Structures anthropologiques de l'imaginaire*, Paris, Bordas, 1969.
Raphaël EDELMANN, *Ahasverus, the wandering Jew origin and background*, Jérusalem World Union of Jewish Studies, 1968.
Mircea ELIADE, *Images et Symboles*, Paris, Gallimard, 1952.
Elizabeth FRENZEL, « Ahasver » dans : *Motiv des Weltliteratur*, Stuttgart, A. Kröner, 1963.
J. GAER, *The Legend of the wandering Jew*, 1961.
Joseph J. GIELEN, *De wanderlande Jood in volkskunde en letterkunde*, Amsterdam, 1931.
Joseph GILLET, *Traces of the wandering Jew in Spain, dans : Romantic Review*, XXII, Lancaster, 1931.
René GIRARD, *La Violence et le Sacré*, Paris, Grasset, 1972.
Théodor KAPPSTEIN, *Ahasver in der Weltpoesie*, Berlin, 1906.
Alice Mary KILLEN, « L'Evolution de la légende du Juif Errant », Revue de littérature comparée 5, 1925.
Edgar KNECHT, *Le Mythe du Juif Errant* : essai de mythologie littéraire et de sociologie religieuse. Thèse lettres Bâle, 1973, Grenoble, PUF, 1977.
Salomone MORPURGO, *L'Ebreo errante in Italia*, Florence, 1891.
Léon POLIAKOV, *Histoire de l'antisémitisme*, t. III, 1968.
Marie-France ROUART, *Le Mythe du Juif Errant dans les littératures européennes du XIXe siècle*, thèse (lettres), 1982. José Corti, 1988.
A. SCHMIDT, *Das Volksbuch vom Ewigen Juden*, Danzig, 1927.

JULIEN (EMPEREUR)

L'empereur Julien, né à Constantinople en mai 332, fut tué en Perse en juin 363. En dépit de sa brièveté (une vie de trente et un ans, un règne de vingt mois), sa carrière comporte plusieurs moments spectaculaires, susceptibles de nourrir une légende et de frapper l'imagination des écrivains... Durant son enfance, il échappe, presque miraculeusement, au massacre de sa famille ; envoyé en Gaule, presque en disgrâce, par Constance, il s'y couvre de gloire par ses victoires sur les Germains. La campagne de Perse où il devait trouver la mort, les circonstances mêmes dans lesquelles il mourut, contribuent à faire de lui un personnage énigmatique et suscitent bien des interrogations.

L'homme lui-même, son caractère, son comportement, son rôle historique offrent des aspects multiples, parfois difficiles à concilier. On reste perplexe devant les motifs exacts de sa chasteté, sa longue dissimulation du fait qu'il s'était éloigné du christianisme, son attitude à l'égard des chrétiens. Les uns voient en lui un politicien retors et fourbe, d'autres en feront le modèle du Bon Prince et du Parfait Législateur, exemple de sagesse et de tolérance. Mais, longtemps il a été flétri devant l'histoire du surnom d'Apostat. On s'étonne aussi que le héros de la bataille de Strasbourg puisse être le païen mystique, auteur du *Traité sur Hélios-Roi* ou de celui *Sur la Mère des Dieux*. Cette figure complexe et controversée a suscité au cours des seize siècles qui nous séparent de lui une étonnante profusion d'œuvres littéraires, du court poème à l'épopée en vers, qui comprennent de nombreux romans historiques et bon nombre de pièces de théâtre.

Julien durant sa courte existence fut philosophe, mystagogue — Prudence (*Apotheosis*, 453), l'accusait de vénérer « trois cent mille dieux » — réformateur religieux, chef militaire, césar puis empereur. Si l'on appréhende le personnage sous l'angle de la psychologie, ou sous celui de l'histoire des religions, ou bien par rapport à son rôle politique, les conclusions risquent de diverger. Les habitants de sa « chère Lutèce » ont toujours conservé une certaine tendresse pour Julien qui aima résider au bord de la Seine (de Jouy : *Julien dans les Gaules*, 1827) ; Chateaubriand a relevé qu'il faudra attendre Napoléon pour « voir un autre empereur couronné à Paris ». Les Allemands, à son propos, mettent en valeur une confrontation significative de deux types de civilisation, la gréco-romaine et la teutone.

NAISSANCE DE LA LÉGENDE : JULIEN APOSTAT ET MAGICIEN

Le manuscrit *Add 14641* de la Bibliothèque britannique, datant du VIe siècle (vers 502/533), contient l'histoire d'Eusèbe, évêque de Rome, et relate les souffrances que Julien lui aurait fait endurer ; à la suite, figure l'histoire de « Jovinien » (Jovien) dont le récit est attribué à l'évêque lui-même. La seconde partie rapporte l'histoire d'Aploris (Apollinaris ?), conseiller intime de Jovien, qui restaura le christianisme ; on y trouve l'histoire de Julien du début de son expédition en Perse à sa mort. Tout le récit baigne dans une atmosphère de prodiges ; avec de constantes interventions divines, des visions, des signes, des rêves prémonitoires. L'épisode d'Eusèbe de Rome, impossible à intégrer à l'histoire de Julien (puisque l'empereur n'est jamais allé à Rome) n'a guère eu de postérité littéraire. Seul le Romain Pietro Cossa, au XIXe siècle, s'en inspirera pour une pièce historique (1876). En revanche, la seconde partie a fixé le thème de saint Mercure (un des Quarante martyrs de Sébaste, morts par exposition sur un étang glacé), ressuscité tout exprès par la sainte Vierge pour aller tuer l'Apostat. Ce sera un élément essentiel de la légende, présent dans un grand nombre d'œuvres littéraires mettant en scène Julien.

Dans un second manuscrit (*Add 7192*) de la Bibliothèque britannique, que l'on date du VIIe siècle, d'un auteur plus tardif, se trouvent des fragments relatifs à l'apostasie de Julien et à ses pratiques magiques. Ce texte fait de la cupidité l'un des motifs de la conduite de Julien ; il offre l'intérêt d'apporter un exemple de *pacte avec le diable*. Le personnage de Magnus, magicien, dérive du personnage historique Maxime d'Ephèse, le théurge. On y trouve l'abominable pratique consistant à prendre un fœtus vivant dans le ventre de sa mère pour invoquer les fantômes des morts. Elle figurait chez Ammien Marcellin (XXIX, 2, 17), où elle était attribuée à un certain Numerius, de l'entourage de Valens. Le dernier fragment évoque le séjour à Athènes de Julien, en compagnie de saint Basile et de saint Grégoire de Nazianze, et le montre en conversation avec les démons.

Il est intéressant de noter que le personnage de Faust semble résulter de la fusion en une seule figure de Julien et de Magnus ; et Julien magicien en a déjà la stature.

JULIEN PERSÉCUTEUR DES CHRÉTIENS : L'ADVERSAIRE, IMAGE DE L'ANTÉ-CHRIST

Grégoire de Nazianze et Cyrille d'Alexandrie se répandent en invectives contre Julien, l'accusant, en particulier, de persécutions qui n'eurent jamais lieu. L'image qui dominera jusqu'au XVIe siècle sera celle d'un empereur apostat et persécuteur des Chrétiens.

Dans l'art byzantin, la scène de la mort de Julien est assez souvent représentée. Dans le programme iconographique des églises, saint Mercure terrassant Julien figure à côté des autres « saints militaires », Démètre, Georges, Nestor, parfois saint Michel. Dans ce cas, Julien est représenté à terre, foulé par les pieds du cheval, comme le dragon adversaire de saint Georges ou des autres saints. On trouve aussi de nombreux portraits de saint Mercure, seul, armé de sa lance.

Dans la deuxième partie du *Gallicanus* de Hroswitha, abbesse de Gandersheim (après 950), est célébré l'héroïsme des martyrs Gallicanus, Jean et Paul, persécutés par Julien.

Hugues de Saint Victor dans le 8e livre de ses *Exceptions allégoriques* (vers 1150), énumère tous les crimes prétendus de l'empereur, s'efforçant de le rendre odieux ; la *Kaiserchronik*, composée à Ratisbonne vers la même époque, fait également de Julien le champion impitoyable du paganisme.

Le *Miracle de saint Basile* de Gautier de Coinci (vers 1223 ?), la *Légende dorée* de Jacques de Voragine (vers 1260 ?) conjoignent l'histoire de saint Basile et la mise à mort de Julien par saint Mercure.

Dans les trois Meistersänge où il a mis en scène Julien (1553), Hans Sachs ne s'écarte pas de l'image négative traditionnelle.

Julien tient une place importante dans le théâtre jésuite en Allemagne. La pièce la plus remarquable de cette catégorie est le *Julien l'Apostat* de Jeremias Drexel (1608), qui a l'intérêt de présenter une série d'actions psychologiquement motivées. En Espagne, dans *le Cardinal de Bethléem* de Lope de Vega (1610), on voit

Julien, personnage épisodique, pratiquant la nécromancie. Il est mis à mort par saint Mercure.

Luis Vélez de Guevara dans sa pièce *Juliano Apostata* (entre 1610 et 1644) fera de saint Mercure un personnage intégré à l'action dramatique et qui s'oppose au démoniaque Julien.

Avec *Le Monde à l'Envers* de l'allemand Grimmelshausen (1672), la peinture de l'Apostat atteint des proportions effrayantes : à travers une confession sincère est décrit l'abîme de désespoir devant l'irrévocable damnation.

L'image traditionnelle se perpétue chez Friedrich de La Motte-Fouqué qui a consacré deux œuvres à Julien. La première est un poème *La Légende de l'Empereur Julianus l'Apostat*, œuvre de jeunesse qui doit dater de 1800 environ, publiée en 1816 ; l'auteur y suit de près la *Légende dorée*. La seconde est une longue nouvelle, *Les Histoires de l'Empereur Julianus et de ses Chevaliers* (1818), œuvre relativement complexe, qui se situe dans un Moyen Age romantique en y introduisant bizarrement les thèmes de la foi jurée, de la rédemption et de l'amour. Charles Nodier en 1817, dans un compte rendu publié dans le *Journal des Débats*, rapproche Julien de Bonaparte, lui-même image de l'Anté-Christ. Vingt ans plus tard, il en fait dans le *Dictionnaire de la Conversation* une sorte de Voltaire : « Il y avait quelque rapport de destination entre ces deux hommes, les deux ennemis les plus violents que l'enfer ait suscité contre le Christ. »

Le retournement : du Julien historique au philosophe, homme « rare »

La « chance » de Julien devant l'Histoire comporte deux aspects principaux. D'abord le fait qu'il a beaucoup écrit et que, même si ses *Mémoires de guerre* sont perdus, il subsiste de lui de nombreuses pages qui sont, pour une part, autobiographiques, et qui permettent de prendre contact directement avec lui, en quelque sorte, en particulier le *Discours sur Hélios-Roi* et le *Misopogon*. D'autre part, l'historien Ammien Marcellin, qui le suivit en Perse, et son ami le rhéteur Libanius, prévoyant l'un comme l'autre qu'il serait méconnu, constituèrent avec soin des dossiers de réhabilitation, à tout moment accessibles à qui voudrait bien les consulter.

Il résulte des dépouillements de M. Jean Larmat qu'à l'origine d'une redécouverte aboutissant à un véritable « changement de signe » de l'image de Julien, il faut placer *Le Mystère de saint Martin* (1496) d'André de La Vigne, où paraît déjà un portrait très nuancé de l'empereur. (Il est d'ailleurs intéressant de noter que notre grand saint national fut soldat dans l'armée de Julien.) Dans son *Traité sur la Technique oratoire* (1535), Erasme s'efforce de dégager la vérité historique à propos de Julien. Jean Bodin dans sa *Méthode pour faciliter la connaissance de l'histoire* (vers 1560), fait de l'empereur un portrait équitable. Avec le fameux chapitre « De la liberté de conscience » du livre II des *Essais* (1580), Montaigne accomplit le retournement, passant de la réhabilitation partielle à l'éloge; il écrit en effet :

> « C'estoit à la vérité, un tres-grand homme et rare, comme celui qui avoit son ame vivement tainte des discours de la philosophie ausquels il foisoit profession de regler toutes ses actions; et, de vray, il n'est aucune sorte de vertu dequoy il n'ait laissé de tres-notables exemples. »

Dès lors, deux images très différentes et presque contradictoires de l'empereur ne cesseront de co-exister.

Au XVIIe siècle, la thèse de Montaigne sera puissamment relayée par La Mothe le Vayer qui, consacrant quarante pages à Julien dans son traité *De la Vertu des Payens* (1642) fait de lui une sorte de héros moral.

Bossuet, lui, verra dans le règne de Julien une épreuve décisive pour le christianisme, inscrite sur le plan providentiel (*Discours sur l'Histoire universelle*, 1681).

JULIEN AU XVIIIe SIÈCLE : DU PHILOSOPHE AU MODÈLE DE TOLÉRANCE

En 1714, dans la seconde édition de ses *Caractéristiques*, Shaftesbury donne un développement sur l'esprit de tolérance de Julien avec une longue citation de l'*Epître aux Bostréniens* (interprétée de manière tendancieuse et erronée!) allant, croit-il, dans le même sens.

Ces textes vont constituer des repères décisifs et Diderot s'en inspirera directement dans ses *Pensées philosophiques* de 1746, contestant même le qualificatif d'« apostat » accolé jusque-là au nom de Julien. Et, dans l'article « éclectisme » de l'*Encyclopédie*, il présentera Julien comme « l'honneur de l'éclectisme ».

L'évolution se poursuit, aussi bien chez les platoniciens de Cambridge que chez Voltaire et Diderot. La voie est d'ailleurs montrée par l'abbé La Bletterie qui, dans son *Histoire de Jovien* (1746), s'efforçait de juger Julien « homme singulier » avec équité. Julien modèle de tolérance et de respect d'autrui devient presque le prototype du Bon Prince! Dans son *Examen important de Milord Bolingbroke*, Voltaire fait aussi de lui un déiste militant, semblable à lui :

« Je pense que si ce grand homme eût vécu, il eût, avec le temps, dégagé la religion des superstitions les plus grossières, et qu'il eût accoutumé les Romains à reconnaître un Dieu formateur des dieux et des hommes et à lui adresser tous les hommages. »

En 1877, le Grec Kléon Rhangabe, héritier du philosophisme français, livrera au monde une énorme tragédie de dix mille vers où le pastiche des romantiques européens s'accompagne de violentes attaques contre l'Eglise orthodoxe. Ce *Julien l'Apostat* est d'ailleurs précédé d'une écrasante préface explicative, écrite en langue savante.

LE CONFLIT DES IMAGES DE JULIEN. LE THÉURGE ET LE MYSTIQUE ABERRANT

En Allemagne, au XVIIIe siècle, le balancier revient à mi-course, en particulier avec Johann-Georg Hamann (*Nuées*, 1761; *Dernières Opinions du Chevalier de Rose-Croix*, 1772), qui insiste sur l'attirance de Julien pour l'irrationnel. J.-C. Herder le condamne pour avoir essayé de « farder le cadavre du paganisme » et en raison de son absolutisme (*Feuilles éparses*, 1786).

Sous la plume d'Edward Gibbon, auteur de *Decline and Fall of the Roman Empire* (1776-1788), Julien est l'objet d'une minutieuse analyse psychologique où il est enfin présenté dans sa complexité et avec les contradictions qui l'habitaient :

« Lorsqu'il était en état de réfléchir froidement, Julien préférait les vertus utiles et bienfaisantes des Antonins; mais son esprit ambitieux était enflammé par la gloire d'Alexandre et il sollicitait avec une ardeur égale, l'estime des sages et les applaudissements de la multitude. »

C'est en raison même de la complexité du personnage et de la presque impossibilité de présenter équitablement son caractère, que Schiller renonça au projet d'écrire un *Julien*.

Chateaubriand a parlé de Julien à diverses reprises et, en particulier, dans un ouvrage tardif *Etudes historiques* (t. I, 1834) où il lui consacre deux « discours ». On est frappé de voir l'effort d'impartialité et de compréhension que semble faire le défenseur du christianisme quand il évoque le redoutable adversaire des « Galiléens ». Mais ceci ne l'empêche pas de reproduire, sans la moindre critique, les historiettes les plus controuvées que rapporte par exemple un Théodoret, détracteur systématique de Julien.

En 1822, Aubrey de Vere Hunt écrivit un poème dramatique dont le personnage principal était Maxime d'Ephèse, présenté comme le « mauvais génie » de l'empereur. Julien dépourvu de personnalité n'est qu'un jouet entre ses mains : son seul acte libre, à la fin, sera de tuer Maxime passé au service des Perses ! Les meilleures scènes de la pièce sont les passages lyriques où le Génie de l'Empire se manifeste à Julien.

Alfred de Vigny avait consacré à Julien une tragédie de jeunesse (1816) qu'il détruisit. A partir de 1832, il a songé à écrire une *Deuxième Consultation du Dr Noir* qui, comme la première, aurait comporté trois récits, consacrés respectivement à Julien, à Melanchthon et à Rousseau, chacun se terminant par un « suicide ». Le problème général envisagé aurait été celui de l'influence de la religion sur la morale. La partie rédigée de l'ouvrage est intitulée *Daphné*, du nom de la localité où est situé le temple d'Apollon, près d'Antioche, et date, pour l'essentiel, de 1837. Vigny y a bien mis en scène Julien, toutefois le personnage principal est Libanius, le Vieux Sage d'Antioche. Julien vient lui demander conseil et, chose étonnante, le philosophe désapprouve ses efforts pour restaurer le paganisme : on ne remonte pas le cours de l'histoire. Le plus long discours de Julien est un résumé de son traité *Sur Hélios-Roi*. Après avoir compris l'inanité de ses efforts, Julien, désespéré, part pour sa campagne de Perse et sa mort nous est donnée pour un suicide déguisé. (Ce qu'elle fut peut-être, en effet.) Durant des années, Vigny a médité sur le personnage de Julien et l'on trouve quantité de matériaux pour l'ouvrage inachevé dans les notes et carnets publiés sous le titre de *Journal*. En 1833, il avoue même une identification : « ... Si la métempsycose existe, j'ai été cet homme. C'est l'homme dont le rôle, la vie, le caractère m'eussent le mieux convenu dans l'histoire. »

Il faut souligner que Ballanche, Gobineau et Nicolas Martin (qui a versifié des passages de l'œuvre de Julien de manière à former une « Gazette en vers », 1862 et 1875), formulent le même diagnostic que Vigny. L'« Impartiale Histoire » à laquelle N. Martin donne la parole déclare : « ... *tu marchas au rebours du progrès* ».

Mais c'est Henrik Ibsen qui fournit le plus frappant exemple de non-résolution des contraires.

Il avait d'abord conçu une trilogie sur Julien, puis il remplaça toute la partie relative à la bataille de Strasbourg par un récit et donna à son ouvrage, publié en 1873, deux parties seulement. Le titre général en est *Empereur et Galiléen, pièce d'histoire universelle.* Chaque partie a cinq actes, la première est *L'Apostasie de César*, la seconde *Julien Empereur.* On sait peu de choses de l'épouse de Julien ; Ibsen imagine une Héléna cruelle et sensuelle qui, au moment où elle meurt, empoisonnée, lui révèle qu'elle a été la maîtresse de son frère Gallus. Le dramaturge semble ignorer que Julien avait été élevé dans l'arianisme et ne tient pas compte non plus du fait, cependant indiqué par toutes ses sources, qu'il était revenu très tôt au paganisme et l'avait dissimulé pendant dix ans, ne le proclamant au grand jour que lorsqu'il devint empereur. C'est probablement un passage de Neander sur les Caïnites qui est à l'origine de la grandiose scène d'évocation majeure à l'acte III, au cours de laquelle Maxime d'Ephèse fait apparaître Caïn et Judas et donne à entendre que Julien est la réincarnation du même principe.

Maxime est présenté comme l'apôtre du « Troisième règne » ; il respecte le Christ car le Christ est un prophète, mais il annonce la venue d'une religion supérieure au Christianisme. Le « Troisième règne » serait la réconciliation de l'esprit et de la chair, du paganisme et du christianisme. En même temps Ibsen, très frappé par le spectacle de la guerre franco-prussienne et de la Commune, adopte la conception selon laquelle les événements et les hommes sont dirigés par une « volonté », agent d'un déterminisme rigoureux. La première partie de l'ouvrage se rapportait à une période de dix années ; la seconde, sans doute trop rapidement écrite, concerne les dix-huit mois du règne de Julien. Le protagoniste a quelque chose de caricatural ; le côté négatif du personnage s'y trouvant uniquement développé. Ennemi personnel du Galiléen, il poursuit ses disciples de sa haine et les persécute cruellement, tout en ne parvenant pas lui-même à se détacher complètement du christianisme. Il n'est plus que hargne, hypocrisie et vanité, au point qu'on se demande si c'est bien le même personnage que celui de *l'Apostasie de César*. Ibsen va jusqu'à modifier la succession historique des faits, pour faire de l'ordre que donne Julien d'incendier sa flotte sur le Tigre le geste d'un dément. La pièce se termine par une interrogation sur la prédestination, et la remarque que certains peuvent être « damnés par obéissance ».

Ibsen, dans la première pièce, incorporait à son ouvrage des pages entières des historiens qu'il consultait, d'abord les Allemands Neander, J.-E. Auer, David Strauss, puis le Français Albert de Broglie, auteur de *L'Eglise et l'Empire romain au IVe siècle* (1856). Pour *Julien Empereur*, faute peut-être d'une préparation suffisante, il s'est complètement fourvoyé et l'on ne s'explique pas qu'il ait pu croire, avec ces deux pièces, donner son chef-d'œuvre.

JULIEN EN ALLEMAGNE AU XIXe SIÈCLE

Au XIXe siècle, Julien n'a cessé de susciter l'intérêt des historiens et aussi des écrivains allemands. Cela s'explique par la Bataille de Strasbourg conçue, nous l'avons dit, comme la confrontation des Gallo-romains et des Germains. Déjà *L'Empereur Julien et ses chevaliers* de La Motte-Fouqué avait pour cadre un Moyen Age légendaire. Dans le grand roman historique de Félix Dahn *Julien l'Apostat*, commencé en 1807, achevé en 1893, et qui compte plus de sept cents pages, le personnage du Germain, Merowech revêt une importance particulière. Porte-parole de l'auteur, il propose un « Au-delà de la morale » nietzschéen et une religion du peuple.

Entre 1866 et 1902, de nombreux dramaturges allemands mettent en scène Julien, tantôt dans l'optique du XVIIIe siècle (K. Boruttau, Andreas May - *Zénobie la Dernière Païenne*, 1867, Hermann Riotte, P. Seeberg, J. Wieser von Mährenheim), tantôt comme ennemi du christianisme (W. Molitor, A. Trabert, J. Mayrhofer) ; ces derniers le condamnent sans plus de nuances que les auteurs du théâtre jésuite.

Mais l'ouvrage le plus important reste l'épopée en vers d'Eichendorff, *Julien, légende*, 1853, qui recèle de grandes beautés lyriques. La mystérieuse Fausta y incarne la séduction maléfique du paganisme.

JULIEN RESTAURATEUR DU PAGANISME ET DÉFENSEUR DE L'HELLÉNISME

A l'époque moderne (XIXe et XXe siècles), les écrivains qui ont de Julien une opinion favorable sont en général ceux qui soulignent son hellénisme et se font du paganisme antique une conception idéale. Dans l'ouvrage posthume inachevé de Benjamin Constant *Du Polythéisme romain*, publié par Jacques Matter en 1833, on trouve un dossier, destiné à la rédaction du chapitre VIII du Livre XVII. Il s'agit de textes empruntés surtout aux écrits de Julien ou bien au *Panégyrique* de Libanius. Ce montage de textes rend bien compte à la fois de la mysticité fondamentale de Julien et du fait qu'en entreprenant de réformer le paganisme, il ne faisait que s'inspirer des pratiques chrétiennes dans lesquelles il avait été élevé.

Quintus Aucler dans sa *Thréicie* (1798-99) prônait le retour au paganisme et mentionnait à ce propos Julien. Nerval dans son étude de 1851 sur « Quintus Aucler » résumera longuement cet ouvrage avec de nombreuses citations et se référera à son tour à Julien, qui tenta de restaurer le culte des anciens dieux (« *Ils reviendront, ces dieux...* »). Dans son poème posthume « *La colombe* », Louis Bouilhet (*Dernières Chansons*, 1872) montrait Julien pleurant la mort du paganisme, et annonçait lui-même la fin prochaine du christianisme. Dans *Les Rêveries d'un Païen mystique* de Louis Ménard, figure le poème « *La Dernière Nuit de*

Julien » dans lequel le Génie de l'Empire exhorte l'empereur à se résigner à l'inévitable.

A. France parle avec sympathie de Julien dans les deux articles du *Temps* où il rend compte du livre de Gaston Boissier *La Fin du Paganisme* (1891, recueillis en 1892 dans le t. 4 de *La Vie littéraire*). Dans le second volume de *L'Enquête aux Pays du Levant* (1923), M. Barrès orchestre amplement le récit de sa visite à Daphné de juin 1914 et, pour évoquer le souvenir de Julien, il cite longuement Emile Lamé, disciple de Louis Ménard.

Dans deux poèmes, l'écrivain anglais Algernon-Charles Swinburne se réfère à Julien, « *Hymne à Proserpine* » (1866) et « *Le Dernier Oracle* » (1876), pour exprimer sa propre fidélité au paganisme. Le poète grec Constantin Kavafis a également, à diverses reprises, dans de beaux poèmes, pris Julien pour porte-parole. Le païen mystique, champion de l'hellénisme est bien dépeint dans le roman de D. Merejkowski (1908), ou dans le poème *Julianus Imperator* de Ch. L'Andelyn (E. Pittard), 1922. Il faut faire une place à part au délicat récit d'André Fraigneau *Le Songe de l'Empereur* (1952).

Le Hongrois Joseph Revay dans *Helios, tu m'as abandonné* (1961), montre ce qu'il y avait d'intenable dans l'attitude religieuse de l'empereur. G. Henein dans un essai (1953), voit surtout en lui le champion d'un anti-christianisme qui répond au sien. *Golgatha* (1901) et *Le Poison de la Judée* (1905-1906), du tchèque J.-S. Machar, soulignent aussi cet aspect. Sa présentation de Julien qui s'inspire directement de ses écrits, rappelle beaucoup celle de Nicolas Martin.

Objectivité et subjectivité

Parmi les traitements récents de Julien qui s'efforcent à l'objectivité, il faut citer le *Julien l'Illuminé* de Wolfgang Cordan (1950) et le *Julien* de Gore Vidal (1962), l'un des romans les plus ambitieux ayant l'empereur pour personnage central, et réussi dans l'ensemble (si on excepte l'idée bizarre de donner à Julien un fils naturel). Luc Estang, dans son *Apostat* (1968), a choisi de raconter parallèlement la carrière de Julien et son propre abandon de la religion chrétienne, ce qui ne va pas sans quelque confusion, même si le roman abonde en réflexions fines et pénétrantes.

On a projeté sur Julien les idéologies les plus variées et les plus contradictoires. Mais la question se pose, par ailleurs, de savoir s'il n'a pas existé simultanément plusieurs Julien, ce qui serait pirandellien avant la lettre. Il faut sans doute renoncer à toute vision simplificatrice du personnage. Toutefois, ce qui le distingue, c'est bien sa tentative de restauration du paganisme, expression singulière d'une inquiétude religieuse et métaphysique que rien ne pouvait satisfaire, et qui explique, pour une grande part, l'intérêt qu'il n'a cessé de susciter.

Jean Richer

BIBLIOGRAPHIE

L'Empereur Julien. De l'histoire à la légende (331-1715), études rassemblées par René Braun et Jean Richer, Paris, Les Belles Lettres, 1978, 430 p., 16 fig.

L'Empereur Julien. De la légende au mythe (De Voltaire à nos jours), études rassemblées par Jean Richer, Paris, Les Belles Lettres, 1981, 576 p., 6 fig., 3 cartes.

Voir spécialement, dans ce volume, la « Bibliographie de la littérature savante » par J. Bouffartigue, p. 109-111 ; « Julien dans la littérature, essai de bibliographie », p. 477-491 et les quatre index établis par D. Leblond.

KOUMEN : UN MYTHE INITIATIQUE DES PASTEURS PEUL

Récit initiatique, *Koumen* a été recueilli par Amadou Hampate Ba auprès du maître Ardo Dembo dans un campement peul du cercle de Linguère, à Moguer, entre Sénégal et Gambie. Le maître le faisait réciter à ses élèves à titre d'épreuve. Pratiqué dans toute la boucle du Niger et la vallée du Sénégal, il porte le nom du premier maître initiatique des pasteurs peul : auxiliaire du génie Tyanaba qui est dans le panthéon peul le délégué sur terre du dieu créateur Guéno et le propriétaire mythique du premier troupeau, Koumen apparaît aux hommes le plus souvent sous la forme d'un enfant à barbe grisonnante, symbole de sagesse virile et d'expérience ; il est le dépositaire des secrets de l'initiation pastorale.

Le récit rend compte des différentes étapes de l'initiation de Soulé Sadio, le premier « silatigi » (prêtre de la communauté peul). Structuré en douze séquences, il s'organise autour du thème du voyage symbolique qu'effectue le postulant en compagnie de son initiateur : Koumen rencontré sous un grand tamarinier. Son itinéraire est signalé concrètement dans l'espace par son passage à travers douze clairières successives correspondant aux douze mois de l'année lunaire et traduisant symboliquement la progression vers la lumière de la connaissance absolue, ce qui confère à la narration une structure de type ascendant.

L'objet de la quête de Soulé Sadio est la connaissance des secrets concernant le bétail, symbolisée par le nom du bovidé sacré, qu'il doit chercher à obtenir de Foroforondou, la femme de Koumen, « déesse du lait et du beurre », détentrice des secrets touchant à la fécondité et à la santé du bétail. Présentée à Soulé Sadio dans la dixième clairière, celle-ci prendra le relais de Koumen pour parfaire la formation de l'initié.

L'initiation du pasteur en pays peul comporte trente-trois degrés correspondant aux trente-trois phonèmes de la langue peul, auxquels s'ajoutent trois degrés supérieurs « invisibles », acquis automatiquement après le trente-troisième ; ces derniers, assimilés aux trois enveloppes qui entourent le fœtus, sont dits « les trois obscurités de la matrice », et signifient que sur le plan spirituel, l'homme est ramené au stade fœtal pour « naître » ensuite à une nouvelle vie où il pourra porter le titre de « fils »...

Soulé Sadio est soumis au cours de son « voyage » à différentes épreuves, représentatives du combat qu'il doit se livrer à lui-même pour progresser. Ainsi, il surmontera la peur que provoque en lui l'apparition du pâtre d'un troupeau noir, symbole de l'aspect occulte de la connaissance ; il résistera aux tentations de la grenouille, gardienne des sanctuaires de l'initiation (étang, mare) ; il évitera de fuir et affrontera des animaux effrayants, symboles des forces sauvages que l'homme doit maîtriser en se rappelant l'exigence de vigilance chez le berger ; l'épreuve suprême présentée par Foroforondou dans la douzième clairière sous forme d'énigme à résoudre, consistera à dénouer la corde à vingt-huit nœuds en nommant un à un les esprits gardiens des troupeaux auxquels ils correspondent ; l'ensemble des nœuds figurant la genèse du monde et les vingt-huit « demeures » de la lune. Pour chaque réponse juste, le postulant reçoit une récompense : le droit de sucer la langue de ses deux initiateurs, de téter le sein gauche de Foroforondou ; il reçoit aussi les instruments utiles au pasteur : le fouet à lait, la calebasse pour traire le lait, la corde pour attacher le veau, la ceinture spéciale du berger, le bâton de pâtre, la bague de la déesse, une provision de graines de calebassier, puis la propriété absolue du « Ndett » qui l'affranchit de toute dépendance extérieure. Il est alors consacré « voyant » car il est celui qui a rencontré la déesse et a reçu d'elle tous les secrets. Ainsi parvenu au faîte de la connaissance, Soulé Sadio pourra retourner chez les hommes. Sur le chemin du retour il lui restera à combattre le lion pour mesurer sa force à la sienne : il le frappera sur le nez à l'aide de son bâton d'initié et gardera comme talisman la touffe de poils que le lion porte entre les deux sourcils. Placé sous la tête de l'initié pendant son sommeil, ce talisman lui procurera le rêve au cours duquel lui sera révélé le nom du bovidé sacré, l'hermaphrodite au pelage bigarré, symbole de la connaissance suprême des choses du pastorat.

Chaque révélation importante est précédée d'un rituel de purification et d'un signe d'assentiment du maître. Ainsi, une fois conclu le pacte avec Koumen, celui-ci ouvre devant Soulé Sadio un fourré de lianes formant un rideau et représentant la patience et la souplesse nécessaires au futur initié. Ce dernier doit aussi se mirer dans les eaux limpides de la mare et se laver dans l'étang découvert derrière la porte de lianes ; le bain rituel augmentant la puissance des yeux lui permettra de voir l'avenir (thème de la transparence). Caractérisé par son attitude humble de stricte obéissance, le futur initié s'engage à défendre « la vache, la femme et l'orphelin » ; à lui s'impose aussi un interdit : regarder le nombril du maître, point central sacré, symbolisant la connaissance profonde qui ne peut s'acquérir que par degrés.

Les premières révélations portent sur la cosmogonie que le postulant doit connaître parfaitement avant d'avoir accès aux secrets de la vie pastorale. Il est mis en contact avec les quatre éléments de la création sous forme d'une poterie (terre) remplie d'eau, devant laquelle un serpent souffle sur le feu en jouant d'une flûte (air) percée de sept trous. Ce serpent à quatre-vingt-seize écailles représente Tyanaba, le délégué de Dieu sur terre, propriétaire mythique des bovidés ; sa présence signale à Soulé Sadio qu'il doit, comme lui, muer sur les plans physique et spirituel.

Soulé Sadio est ensuite instruit sur les correspondances établies entre les quatre éléments, les points cardinaux et les quatre tribus peul avec les couleurs qui leur sont attribuées :

Dyal (Pasteurs) - jaune-feu-Est
Ba (guerriers) - rouge-air-Ouest
So (connaissance de la brousse) - noire-eau-Sud
Bari (marabouts) - blanche-terre-Nord.

A l'issue de la cinquième clairière, Soulé Sadio devient une personne complète qui, sortie de l'obscurité primordiale (celle d'avant la Création), peut contempler la lumière des sept soleils étagés, aux couleurs de l'arc-en-ciel, chacun organisant un ciel différent, et dont l'ensemble des rayons (12, correspondant aux douze mois lunaires) constitue la « voie de Dieu ». Il rencontrera le « génie borgne » (le forgeron), génie de la guerre, qui possède « l'œil de la connaissance extérieure et intérieure » et détient le secret de l'invulnérabilité (rappel aussi de l'alliance Peul-forgerons).

C'est seulement dans la seconde partie de l'initiation, une fois conclu le pacte avec Foroforondou (dixième clairière), que Soulé Sadio pourra poser des questions. La déesse apparaît, agitant avec un bruit terrible, de la crème dans une baratte en calebasse ; elle lui promet de le mener jusqu'au bout des connaissances humaines et pour signe de son assentiment, lui offre une poignée de jujubes (symbole du sommet de l'initiation) dans une calebasse, image de la matrice du monde. Soulé Sadio, pour se purifier, prend l'écorce amère du caïlcédrat et le suc amer du baobab nain (symbole de longévité), qui protègent « les yeux qui voient et la bouche qui parle ». Dans la douzième clairière, un nouveau rituel s'organise, en guise de préparation à l'épreuve suprême : Soulé Sadio se lave deux fois dans l'étang, de la tête aux pieds et des pieds à la tête, signalant ainsi qu'il meurt à son état ancien pour renaître spirituellement. Cette renaissance sera effective lorsqu'à l'issue du rituel le bovidé hermaphrodite se laissera chevaucher par lui et qu'un veau sortira de l'étang, allégorie de la nouvelle naissance de l'initié. De son côté la déesse procède à un rituel spécifique (pratiqué aussi pour guérir les malades) : elle prend des mottes de terre dans deux fourmilières et deux termitières, dont l'une est habitée et l'autre non, pétrit le tout avec l'eau de l'étang, remet la boule de glaise à Soulé Sadio pour qu'il la dépose au pied de l'arbre. Par ces gestes consistant à unir ce qui est plein à ce qui est vide, elle lui communique « la puissance qui dompte et la connaissance qui s'acquiert », le pouvoir de guérison. Le vaste terrain où se déroule ce rituel représente l'univers et le premier parc à bétail.

L'analyse de ce mythe met en évidence le thème de la rencontre et du pacte avec l'initiateur, celui du voyage et des épreuves qualifiantes, de la mort symbolique, prélude à la renaissance spirituelle de l'initié dans l'eau, thèmes caractéristiques du récit initiatique. L'originalité de *Koumen* tient à la présence d'un maître féminin (la déesse Foroforondou), aux côtés de Koumen, qui exprime le souci majeur des pasteurs peul : la fécondité et la santé du bétail, l'homme étant considéré comme le double, le jumeau du bovidé mythique hermaphrodite. On notera aussi l'importance du symbolisme astral, chaque élément de l'organisation de la vie pastorale étant en relation constante avec la cosmogonie.

Nicole Goisbeault

BIBLIOGRAPHIE

Amadou Hampate Ba et G. Dieterlen, *Koumen*, Texte Initiatique des Pasteurs Peul, Cahiers de l'Homme, Ecole Pratique des Hautes Etudes, Edit. Mouton, Paris-La Haye, 1961.

G. Dieterlen, « Mythe et Organisation sociale au Soudan français », in *Journal de la Société des Africanistes*, t. XXV, 1955, pp. 39-76.

L. Tauxier, *Mœurs et Coutumes des Peul*, Payot, Paris, 1937.

Labyrinthe

La figure du labyrinthe n'a pas toujours eu dans la littérature la présence multiple qu'on lui suppose aujourd'hui. Epoque labyrinthique, le XXe siècle voit des labyrinthes même là où l'idée en est tout à fait absente. Il est vrai que l'on trouve des dessins de labyrinthes dès la préhistoire et que la figure est attestée dans les cultures les plus variées. Parfois aussi — même si les cas que nous connaissons sont rares — le labyrinthe est lié à un mythe ou à un rite. Ainsi cette origine lointaine et diverse, ce lien avec le sacré, la polyvalence intrinsèque à cette image la constituent-ils en structure mythique et en font-ils, pour l'imagination littéraire (et artistique), un thème fascinant. Dans la littérature occidentale (à laquelle nous nous limitons) la figure ne s'est cependant dégagée que tardivement du mythe grec de Thésée. Le thème, en ce qu'il est lié à l'errance, et le terme même de labyrinthe, dans les langues de l'Europe moderne, ne se sont imposés que lentement. Aussi son emploi dans le domaine critique n'est-il pas exempt, parfois, d'abus complaisant. Rappelons tout d'abord qu'il y a deux types de labyrinthes : les labyrinthes à une seule voie (les seuls dont nous ayons des représentations picturales jusqu'au milieu du XVIe siècle) et les labyrinthes à plusieurs voies (avec carrefours, possibilités de choix, d'erreurs, etc.). Ajoutons que, si le labyrinthe semble relever de l'espace et d'un rapport problématique à celui-ci, l'on peut prétendre aussi qu'il relève du temps (l'éternel retour en constituant alors une figure limite). Dans un texte littéraire, il peut apparaître comme un thème explicite, mais il peut aussi constituer une structure latente (plus ou moins pertinente). Il peut, ou non, susciter la référence au mythe grec (dont nous ne nous occupons pas ici en tant que tel). Il a, dans le langage courant, une valeur négative, mais, dans le langage soutenu, il se souvient de son origine sacrée et prend facilement une acception positive. Tout cela est possible, et surtout l'immense travail de la littérature sur le labyrinthe est possible, pour une raison apparemment paradoxale, c'est que le labyrinthe, au sens propre, n'existe pas. Dans le monde antique, chaque auteur parlant du fameux labyrinthe de Crète l'imagine d'une façon différente et les archéologues ne savent pas s'il a jamais existé et sous quelle forme. Dans notre monde moderne, nous trouvons bien quelques actualisations diverses de cette structure (labyrinthes de miroirs dans les foires, labyrinthes de haies, jeux-labyrinthes...) ; ce ne sont — on l'accordera — que des réalisations relativement secondaires de l'idée de labyrinthe. Le labyrinthe est avant tout une image mentale, une figure symbolique ne renvoyant à aucune architecture exemplaire, une métaphore sans référent. Il est à prendre d'abord au sens figuré et c'est pour cela qu'il est devenu une des figures les plus fascinantes des mystères du sens. Qu'entend-on en effet lorsqu'on a recours à l'image du labyrinthe et qu'est-ce que cette image permet de dire ? La réponse n'a cessé de varier selon les époques, car, au-delà d'une représentation minimale comme construction tortueuse à destination égarante, le labyrinthe est totalement à imaginer et ses implications sont à découvrir. En étant attentif aux émergences du terme, aux moments où il opère sa jonction avec des images proches (labyrinthes « naturels » comme la forêt ou le rêve, ou artificiels comme la ville ou le livre) et surtout en essayant de voir ce que la figure permet à chaque fois de mettre en scène et de mettre en jeu, nous pourrions peut-être distinguer cinq grandes périodes. Chacune d'elles semble se faire une certaine image du labyrinthe, ou plutôt se servir de cette métaphore pour figurer une tension fondamentale à la condition humaine. Ainsi l'antiquité : l'un et le multiple ; le Moyen Age : l'horizontalité et la verticalité ; la Renaissance (XIVe-XVIe siècles) : l'extérieur et l'intérieur ; l'époque classique (XVIIe-XVIIIe s.) : la réalité et l'apparence ; l'époque moderne : le fini et l'infini. Mais chacune de ces représentations privilégiant une opposition particulière n'annule pas les précédentes. Chaque étape peut maintenir posées la ou les questions antérieures (comme d'ailleurs elle contient en puissance les questions futures). Chaque période manifeste la valorisation et l'activation significatives d'une question, elle n'exclut pas les autres qui peuvent y être présentes et la modifier. Chaque texte littéraire, en fait, fournit un travail pour penser, selon son époque et à l'aide de cette structure mythique, l'aventure de l'homme.

Utilisé par les historiens et géographes pour désigner des édifices compliqués dont la destination ne leur était pas claire, le terme de labyrinthe n'apparaît guère dans la littérature gréco-latine en dehors de la référence aux mythes de Thésée, d'Ariane, de Dédale et du Minotaure dont il constitue l'intersection. Les enjeux que cette figure permet de mettre en scène restent donc liés à ce mythe et peut-être même au rite qui l'a précédé ou accompagné. Quand la littérature évoque le labyrinthe, le plus sensible de ces enjeux réside peut-être dans l'épreuve imposée à Thésée d'un choix entre diverses routes pour parvenir jusqu'au Minotaure, puis pour sortir du labyrinthe. Sous les pas du héros grec, s'ouvre soudain la multiplicité des chemins, la pluralité vertigineuse des possibles. La tension première que le labyrinthe met en scène est ainsi celle de l'un et du multiple. A l'aller comme au retour en effet, le fil encore magique d'Ariane indique la seule voie à suivre. Autrement dit, le mythe pose le problème du choix, mais fournit en même temps l'instrument pour le résoudre; il donne à voir la pluralité, mais, immédiatement après, il opère sa réduction à l'unité. A coup sûr, le rite et l'unité magique du monde qu'il suppose ne sont pas loin. Nous trouverons des indices de la place qu'a pu tenir le rite dans certains textes anciens. Mais nous trouverons aussi, tout à l'opposé, chez le philosophe Platon, un emploi du terme lié au fourvoiement qui marque peut-être une première rupture avec la pensée mythique.

Il semble bien que la première trace que nous ayons du mot labyrinthe se trouve sous la forme : « da - pu - ri - to » sur deux tablettes minœnnes des environs de 1400 av. J.-C. écrites en linéaire B. Il est, dans l'une, question d'un vase de miel pour la « dame du labyrinthe » (Ariane?). En écriture grecque, Hérodote est le premier à utiliser le terme pour désigner l'édifice égyptien aux trois mille salles que le pharaon Amenemhet III s'était fait construire au sud de sa pyramide d'Hawara, près du lac Mœris. Bien que cette construction, à moitié souterraine, ne soit pas un labyrinthe, mais un vaste ensemble géométrique de salles, Diodore, Strabon, et, en latin, Pline l'Ancien, continuent d'utiliser le mot à son propos. Ces deux derniers auteurs affirment même que Dédale s'en était inspiré pour la construction du labyrinthe crétois. Tous trois parlent par ailleurs d'autres « labyrinthes » connus de l'antiquité (à Lemnos, Samos et Clusium) sans que le mot semble beaucoup plus approprié que dans le cas du monument d'Amenemhet III. Mais à tout le moins, si l'intention des constructeurs reste mal connue, le labyrinthe apparaît-il ici comme une construction artificielle et complexe.

Peut-être le terme se trouvait-il dans la *Théséide* du VIe siècle, mais celle-ci ne nous est pas parvenue. Les premières allusions au labyrinthe dans le domaine proprement littéraire figurent dans un fragment de Phérécyde (c. 450 av. J.-C.) et dans un autre de Cleidémos (c. 375). Notons que, dans *Héraclès furieux* d'Euripide (c. 421 av. J.-C.), Thésée rappelle qu'il a tué le « taureau de Cnosse » (v. 1326), mais ne parle pas du labyrinthe et que, dans son *Eloge d'Hélène*, Isocrate, retraçant la carrière de Thésée, fait allusion au « monstre homme et taureau mêlés » (X, 28), mais ne mentionne pas sa légendaire demeure. Il faut, en grec, attendre l'*Hymne à Délos* de Callimaque (au IIIe siècle av. J.-C.) pour que Thésée et ses compagnons soient évoqués « sortis des détours du tortueux labyrinthe » (311). Puis c'est seulement à Rome, chez Virgile et Ovide, que l'image se développe : « Dédale débrouille lui-même les ruses et les enchevêtrements du palais » (*Enéide* VI, 29), « de même Dédale remplit de causes d'erreur des passages sans nombres » (*Métamorphoses* VIII, 166-167). A la fin du Ier siècle ou au début du IIe, enfin, le Grec Plutarque s'interroge plus systématiquement sur la nature de cet édifice : lieu dont on ne peut trouver l'issue, ou simple prison, (*Vie de Thésée*, 15 et 16). Dans tous les cas, que l'histoire soit racontée à partir de Dédale ou de Thésée, le labyrinthe reste lié au mythe. Il n'apparaît pas indépendamment de la constellation mythique dont il est le foyer, en dehors du récit de ce qui est arrivé aux quatre personnages de la légende grecque et sans que soit mentionné le fil qui le traverse et, pour l'essentiel, l'annule. Ce fil d'ailleurs nous conduit peut-être au-delà du mythe, jusqu'au rite lui-même.

Car il était peut-être question du labyrinthe dans l'*Iliade*, indirectement mais significativement, quand, au chant XVIII, Homère compare le « choros » sculpté par Héphaistos sur le bouclier d'Achille à celui « que jadis dans la vaste Cnosse, l'art de Dédale fit pour Ariane aux belles tresses » (v. 520-522) et qu'à partir de là il évoque la danse qui s'y déroulait. Quel sens faut-il donner à ce « choros »? « Place de danse » comme choisissent de dire les traducteurs modernes, bas-relief représentant une danse, ou piste de danse avec tracé chorégraphique et labyrinthique, comme l'hypothèse en a été faite? Ariane conduisait-elle la danse? L'important, en tout cas, est le lien des activités de Dédale et d'Ariane avec la danse rituelle. Il montre en effet qu'à l'origine de l'histoire, il y a aussi une cérémonie cultuelle et que le mythe, au début, était articulé à un rite. Ce point de vue se trouve confirmé du fait que, dans les récits qui nous sont parvenus des aventures de Thésée, la danse double constamment l'expérience du labyrinthe. Ainsi Callimaque dans son *Hymne à Délos* évoque-t-il la statue consacrée par Thésée à Aphrodite quand, de retour de Crète avec ses compagnons, « ils dansaient en cercle autour de ton autel au son de la cithare et Thésée conduisait le chœur » (311-313). Plus tard, Plutarque rapporte que cette danse imitait les tours et détours du labyrinthe et note qu'elle est encore en usage à son époque chez les Déliens qui l'appellent « geranos » : « danse de la grue » (*Vie de Thésée*, XXI). Non seulement d'ailleurs, les théoriciens de la danse font-ils souvent référence au labyrinthe, mais, tout au long de l'histoire et de la littérature, ces deux notions resteront liées.

Dans le même ordre d'idées, le labyrinthe se trouve également associé à un jeu cultuel assez mystérieux, le « Trojae lusus » sorte de parade équestre remise en honneur à Rome par Auguste. Virgile, au chant V de l'*Enéide*, l'évoque en en faisant le dernier des jeux célébrés lors des funérailles d'Anchise (v. 545-604). Pour donner une idée de la complexité de l'évolution des jeunes cavaliers, le poète la compare au parcours qu'imposait le labyrinthe crétois. La comparaison n'est pas fortuite; elle relève probablement de l'intuition que le jeu de Troie participe de la même représentation magico-rituelle que le labyrinthe. L'insistance sur la complexité de ce dernier est là pour suggérer la haute élaboration du rituel mis en œuvre. Là aussi on a pu penser que, pour rendre l'exercice possible aux jeunes garçons (de 7 à 17 ans) qui le pratiquaient, un tracé devait sur le sol matérialiser le parcours et former un dessin de labyrinthe (sur l'œnochoe étrusque de Tragliatella, à côté des deux cavaliers participant à ce jeu, est dessiné un labyrinthe où est inscrit le mot « Truia » et l'on sait que les nombreux labyrinthes de pierres d'Europe du nord portent tous un nom formé à partir de Troie comme « Trojaburg »). Dans la parade évoquée par Virgile, le labyrinthe est labyrinthe mouvant, « en acte ». Il avait peut-être pour fonction de préparer l'âme du mort à garder le bon chemin lors de sa descente aux enfers. N'oublions pas qu'au chant VI, c'est avant de descendre aux enfers qu'il est donné à Enée de contempler la porte du temple construit par Dédale, où tout le mythe et le labyrinthe lui-même sont donnés à voir.

A l'opposé de ces emplois traditionnels ou archaïques, l'on trouve chez Platon une utilisation du terme qui anticipe considérablement sur ses emplois futurs. Dans *Euthydème* (291 b), Socrate recourt en effet à cette image à propos d'un raisonnement qui, croyant mener à terme, ramène en fait au point de départ. Indépendamment d'Hérodote, c'est le premier emploi du mot sans référence explicite au mythe. C'est aussi son premier emploi métaphorique. Le labyrinthe amorce ici sa carrière de structure symbolique autonome et profane. Il s'oppose au parcours protégé du mythe, ou du rite, et marque, pour la pensée qui s'aventure, le risque du retour au point de départ, la place de l'errance. Cette possibilité de choisir librement le chemin que le mythe n'avait fait qu'entrouvrir, la pensée philosophique, opérant le passage du muthos au logos, la retient; elle en fait le principe même de la raison moderne. Penser, c'est entrer dans le labyrinthe et risquer de s'y perdre. Le labyrinthe est aussi une métaphore de l'aporie et c'est pour cela qu'il se trouve à l'origine de la pensée occidentale.

Au Moyen Age, les clercs qui glosent les textes classiques ont une idée précise du labyrinthe construit par Dédale. Des notes que l'on doit probablement à Remigius d'Auxerre (vers 900) expliquent, à propos de Virgile, de Prudence, de Sedulius, que le labyrinthe est une demeure souterraine avec cent entrées faite par Dédale pour enfermer le Minotaure et dont personne ne peut sortir. Les copistes ont aussi leur idée sur l'origine du mot : « dicitur labyrinthus quasi labor intus » répètent-ils à l'envi : on parle de labyrinthe parce qu'à l'intérieur on y peine. Voilà qui est, pour l'imaginaire au moins, suggestif. Ainsi le labyrinthe est-il une sorte d'immense piège ouvert sous les pas des imprudents et qui, lorsqu'il les a avalés, les retient éternellement. On le voit, l'image est fortement liée à l'idée de chute dans le péché et dans l'enfer. Mais elle est liée aussi au salut possible : celui qui ira au bout du chemin difficile accédera à la cité de Dieu. La tension que le labyrinthe met en scène au Moyen Age est donc surtout celle du haut et du bas. Il privilégie la troisième dimension, celle de la verticalité. Mais cette utilisation et ce développement chrétiens de l'image antique sont strictement limités à la littérature religieuse de langue latine. Jusqu'au XIIIe siècle, en effet, les diverses littératures de langues vulgaires ignorent le terme et la thématique qui lui est propre, là-même où la conscience moderne s'attendrait à les voir paraître. Il y a des raisons à cela.

Globalement le labyrinthe est le monde du mal et la forme la plus achevée de ce monde est l'enfer. Dans un libelle intitulé *Visio Caroli Tertii* l'auteur (peut-être encore Remigius) prête à l'empereur Charles III une vision au cours de laquelle son esprit se détache de son corps, reçoit une pelote de fil brillante comme une comète, puis est conduit par ce fil « in laberintheas infernorum poenas ». Il y rencontre son oncle qui lui dit de transmettre par ce fil la charge impériale à son petit neveu Louis de Provence (auquel l'église de Reims et probablement Remigius d'Auxerre étaient favorables). Charles obéit et donne à l'enfant « omnem monarchiam imperii per ipsum filium ». Le fil se rassemble alors dans la main de Louis en une boule rayonnante et l'esprit de l'empereur peut retrouver son corps. Ainsi, tout au long de cette descente dans les tourments labyrinthiens des enfers, ce fil lumineux a-t-il guidé les pas de l'empereur, fait fuir les démons, facilité la transmission légitime du trône, pour se reconstituer finalement en globe, symbole du pouvoir impérial. Dans ce monde mauvais, il atteste la grâce divine qui devrait éclairer Charles. Quand, après plusieurs autres, Petrus Berchorius (Pierre Bersuire) interprète la mythologie d'Ovide dans un sens chrétien, il reprend fortement l'idée que le Minotaure représente le diable, que Dieu l'a chassé du ciel et enfermé dans le labyrinthe de l'enfer, ou encore de ce monde-ci : « et in laberinto inferni seu etiam hujus mundi eum inclusit ». Mais heureusement, Thésée-Christ nous en délivre. L'on sait que des labyrinthes sont souvent dessinés dans les manuscrits de l'époque, quelquefois (mais pas toujours) en illustration de la légende de Thésée et de Dédale. L'on sait aussi que la figure apparaît dans le pavement d'une vingtaine d'églises en Italie et en France. Tous ces labyrinthes, sans exception, sont à voie unique. Ils nous aident à comprendre l'autre conception médiévale du labyrinthe : la route est longue et tortueuse, mais il n'y a qu'une seule route. Le véritable chemin est en Dieu et il serait impie de prétendre, ou de représenter, le contraire. Le labyrinthe devient alors la voie du salut, car il est à lui-même son propre fil. Il suffit symboliquement de suivre la « lieue de Jerusalem » figurée sur le sol de l'église pour parvenir jusqu'au centre, jusqu'à la cité céleste.

Mais les risques d'échec sont grands. Une des raisons qui vaut indiscutablement de rester en enfer est l'hérésie. Chez Platon le labyrinthe était la métaphore spatiale de l'aporie, chez les clercs il va facilement figurer le propos impie, le raisonnement fallacieux et condamnable. Au IIIe siècle, le docteur de l'Eglise Hippolyte de Rome parle en grec d'un « labyrinthe d'hérésies ». En latin, Boèce emploie l'image pour souligner le caractère embrouillé d'un raisonnement (*Consolatio philosophiae* III, 12, 96). En glose à une œuvre du poète chrétien Sedulius, Remigius dit à peu près : « que le poète appelle, par métaphore, labyrinthe, les erreurs des Athéniens qui se laissaient davantage séduire par des chants sans valeur que par les vraies paroles de la leçon de l'évangile ». Un commentaire du XIIe siècle qui reprend celui-là résume : « Le labyrinthe (domus dedali) désigne l'hérésie (...) d'où l'on ne sort qu'avec peine ou jamais ». On ne s'étonnera pas dès lors, que

Gauthier de Saint-Victor s'en prenant à quatre de ses contemporains et les accusant d'hérésie intitule son pamphlet : *Contra quatuor labyrinthos Franciae* (1177) et les compare à des minotaures tapis au fond de leur labyrinthe. (C'est autant ce sens polémique que celui de « vade-mecum » qui est encore présent dans le titre que, quatre siècles plus tard (1538), Paracelse donnera à son ouvrage de médecine : *Labyrinthus medicorum errantium.*)

Mais l'on peut toujours jouer avec les mots et essayer de créer de l'ordre dans le désordre du monde, surtout quand la philologie semble vous y autoriser. De « labirintus » à *Laborintus,* il n'y a qu'une seule lettre de différence ; c'est symbolique et c'est un écart approprié pour un art poétique. Evrard l'Allemand au XIIe siècle intitule ainsi le sien. Mais l'art littéraire est difficile et Evrard dit à la fois les tracas de son enseignement (parents mauvais payeurs, enfants vicieux...) et les arcanes de la création poétique (façons de commencer un poème, de l'orner... et surtout différents types de vers). Certains exemples qu'il donne (comme cette « oratio ad virginem » prière qui demande l'intercession de la Rose-reine du monde et dont le mètre varie à chaque strophe) pourraient être considérés comme des labyrinthes rythmiques composés pour son salut. L'utilisation du mot labyrinthe nous paraît intéressante parce que le mot est ici mis en rapport avec la forme littéraire elle-même. Sans doute ce rapport n'est-il pas très fréquent ; on le perçoit néanmoins en filigrane dans la littérature depuis l'*Anthologie* (9, 191) qui parle de labyrinthes pour les poésies tortueuses de Lycophron, en passant par Ausone et sa « logodaedalia » (*Idylles,* 12), avant les poètes baroques et nos modernes concepteurs de labyrinthes textuels.

Limité à la langue latine savante, le mot est absent des littératures vernaculaires. Il n'est pas dans les épopées et pas non plus dans les romans courtois auxquels il arrive pourtant de faire allusion à Thésée et dont on a souligné à l'infini les diverses dimensions de quête. Certes, le parcours du héros est souvent semé de « felons passages » conduisant « la ou la voie est plus estroite » (*Chevalier à la Charrette,* 654 et 1508) et l'on peut couramment rencontrer un personnage se risquant par la forêt « desvoiable », traversant un sentier « plain de ronces et d'oscurtez » pour se rendre jusqu'à la fontaine merveilleuse (*Chevalier au Lion,* 378 et 769), mais le terme, qui appartient à un autre registre culturel et mental, n'apparaît pas. On ne le trouve pas non plus dans les récits de voyages, ordinaires ou extraordinaires, ni dans ceux de navigations, qu'elles soient, ou non, enchantées. La tradition, continuée de l'antiquité, du songe (ou de la vision), non plus n'amène pas l'image. En d'autres termes, pas plus le songe initial du *Roman de la Rose* avec son développement en pérégrination empêchée (où au passage il est fait allusion à Thésée), que les divers *Songes d'Enfer* et *Voies du Paradis* de Raoul de Houdenc, Baudoin de Condé, Rutebeuf, ou que la formidable descente en spirale de l'*Enfer* même de Dante (où l'auteur et Virgile rencontrent pourtant le Minotaure) ne laissent paraître le terme et sa thématique. Si l'on excepte un poème de Richart de Fournival « Talent avoie d'aimer » (1260), où aimer est comparé à être prisonnier dans la « maison Dedalu » en une métaphore joliment filée, le labyrinthe « stricto sensu » est inconnu des littératures européennes d'avant le XIVe siècle. Cette exception est à rapprocher de l'édification dans certains parcs (attestée en France dès le XIIe siècle) de « maisons Dedalus », probablement des tonnelles plutôt que de simples haies labyrinthiques.

A la Renaissance, la tension que le labyrinthe semble privilégier devient plutôt celle de l'extérieur et de l'intérieur. Alors que le labyrinthe médiéval était menaçant, mais restait externe et étranger, il entre, avec la pré-renaissance italienne du XIVe siècle, dans la sphère de l'homme. Par une sorte de révolution très significative, des poètes se mettent à penser que le labyrinthe est peut-être autant en nous que nous sommes en lui ; ou bien encore que c'est nous qui le projetons au dehors. D'objectif il se fait subjectif ou l'inverse ; entre espace interne et espace externe il y a correspondance, comme entre microcosme et macrocosme. Puis-je échapper à ce dehors qui est aussi mon dedans ? Je suis en tout cas impliqué et la figure apparaît comme un leurre séduisant, ou un mauvais sort, auquel il est bien difficile d'échapper.

C'est en Italie que le mot apparaît pour la première fois en langue vulgaire dans le *Canzoniere* de Cino da Pistoia, puis chez Boccace et Pétrarque dans une utilisation éloignée de celle des exégètes de langue latine puisqu'il sert avant tout à décrire une situation amoureuse. Dans *Il Corbaccio/Le Songe* (1354) (un moment sous-titré *Laberinto d'amore*), Boccace propose, par-delà les références nombreuses dans ses œuvres tant latines qu'italiennes au mythe de Thésée, une utilisation tout à fait nouvelle de l'image. Amoureux d'une jolie veuve qui s'est moquée de lui, le narrateur a une vision où, après la traversée de lieux enchanteurs (les charmes de l'amour), il découvre ce qu'il nomme le « labyrinthe d'amour » ou la « porcherie de Vénus ». Ceux qui se sont laissés prendre, comme lui, aux mirages de l'amour, y sont réduits à l'état de bêtes. Mais heureusement pour l'auteur, il rencontre une ombre envoyée du ciel, le mari de la veuve, à qui il raconte son histoire et qui lui dévoile en retour tous les défauts de son ancienne femme. Grâce à cette rencontre providentielle, le narrateur échappera au châtiment, mais devra, pour sa peine, raconter tout ce qu'il a vu. Piège que l'homme ourdit lui-même, le labyrinthe est ici tout à fait libéré du récit grec. La métamorphose en animal, révélant l'homme à lui-même, lui donne une fonction symbolique féconde. Cependant Pétrarque, autant que Boccace, va, en un seul vers du *Canzoniere* (1366), fixer une autre image, plus dépouillée, du labyrinthe d'amour. Evoquant la manière dont Laure l'a captivé, il précise dans le dernier tercet du sonnet 211 : « En mille trois cent vingt sept, précisément / à la première heure, le six avril, / dans le labyrinthe j'entrai et ne sais en sortir ». Cette image de l'entrée est capitale. Conjuguée à la première personne du singulier, elle marque l'implication de l'individu dans l'histoire. Ce n'est plus un héros exemplaire, mais Pétrarque personnellement qui fait l'expérience du labyrinthe. Celui-ci n'est plus régi par un monstre mythique, mais par une mortelle, une jeune femme prénommée Laure. La précision maniaque du jour et de l'heure n'est pas simple superstition amoureuse, elle donne toute sa solennité à ce qui est aussi le moment de l'entrée de l'homme — de sa chute diront certains — dans le temps historique. Du sacré, nous sommes en train de passer au profane. Avec Pétrarque, ce six avril, c'est un peu l'homme occidental qui est entré dans le labyrinthe et qui n'a pas cessé depuis d'en chercher la sortie.

Libérée par Boccace et Pétrarque, l'image du labyrinthe se maintient en Italie, mais elle a plus de mal à s'imposer dans les autres littératures d'Europe. Trois textes peuvent être de ce point de vue considérés comme des jalons menant vers la Renaissance. Par-delà des allusions éparses au mythe grec, ils présentent tous trois la vision d'un labyrinthe, édifice merveilleux, allégorique, mais aussi spécifique. Dans *The House of Fame / La Maison de la Renommée* (1379-80) de Chaucer, le poète se voit transporté par un aigle d'or, jusqu'à la Maison de la Renommée où l'on distribue la bonne et la mauvaise réputation ; puis jusqu'à la Maison des Rumeurs d'où s'échappe le bruit énorme des fausses nouvelles. C'est cette dernière qui est comparée à un labyrinthe (III, 1921, première intégration du mot à la langue anglaise). Il s'agit d'un bien curieux édifice fait de branchages emmêlés, tournant sur lui-même et habité par toute une population de fabricants de mensonges. Dans *The Legend of Good Women / La Légende des Femmes exemplaires* (c. 1386) le labyrinthe crétois est évoqué de la même manière très concrète (« For hit is shapen as the mase is wroght »), les traditions irlandaise et anglaise des « mazes » y sont sûrement pour quelque chose. Dans *El Laberinto de Fortuna / Le Labyrinthe de Fortune* (1444) de Juan de Mena, l'auteur, perdu dans un bois et menacé par des bêtes sauvages, est secouru par la Providence qui a pris la forme d'une très belle femme. Elle le conduit jusqu'à une « grande maison » d'où il est difficile de sortir, le labyrinthe de Fortune, premier et très précoce emploi du mot en espagnol ; et premier emploi explicite du labyrinthe comme image du monde. A l'intérieur en effet, le poète peut voir l'ensemble de l'espace terrestre et trois grandes roues représentant le passé, le présent et l'avenir. Ainsi de Mena recourt-il au labyrinthe que Dante avait ignoré. L'image n'est pas celle d'un chaos, mais au contraire celle de la merveilleuse ordonnance du monde dont la Providence instruit généreusement le poète. Dans cet intéressant roman qu'est l'*Hypnerotomachia Poliphili / Le Songe de Poliphile* de F. Colonna (1499), Poliphile pénètre dans un palais merveilleux (comparé au labyrinthe d'Egypte et sous la voûte duquel est représentée la légende grecque). Mais, fait nouveau, quand, effrayé par le dragon, Poliphile s'enfonce dans l'obscurité du palais, il se perd complètement et erre longuement au point de se demander s'il est dans « le Labyrinthe de Dedalus l'ingénieux ». Heureusement, cela n'est qu'un moment dans la progression de Poliphile qui, un peu plus loin, découvre le « labyrinthe », un étrange jardin aquatique dont la voie d'eau forme une spirale de sept orbes bordées d'arbres, de fontaines et de tours. Cette spirale se referme sur la septième et dernière tour où demeure un dragon invisible et terrible qui peut intercepter, à n'importe quel moment de son parcours, le voyageur sur sa barque. Il n'y a pas de moyen de revenir en arrière et celui qui a échappé au monstre chemin faisant est inévitablement englouti par lui lorsque le courant l'a porté à la septième tour. Il passe alors en jugement et obtient un sort, meilleur ou pire. En tant qu'image globale de la vie humaine ce « labyrinthe » reprend la forme plus orthodoxe d'un parcours unique. Mais, après avoir échappé au dragon, Poliphile rencontrera la reine du lieu, la déesse de la liberté, puis connaîtra Polia la plus pure des nymphes. Dans ces trois textes, le labyrinthe est donc un lieu merveilleux permettant la découverte d'une vérité et sa fonction est encore, en bonne part, allégorique. Mais, dans ces textes, on voit aussi se mettre à l'œuvre une véritable imagination du labyrinthe. A la suite des anticipations révolutionnaires de Boccace et de Pétrarque, ils peuvent être considérés comme des vecteurs de l'image jusqu'au cœur de la Renaissance et même au-delà, jusqu'au Baroque.

Le dernier de ces textes conduit, en Italie, à *Orlando Furioso / Roland furieux* (1516-1532) de l'Arioste. Certes, dans ce pays l'image du labyrinthe prison d'amour reste présente dans la poésie pétrarquisante des XVe et XVIe siècles, chez Antonio da Ferrara, Giusto da Conti, Luigi Pulci, Colonna Vittoria... mais l'épopée de l'Arioste renouvelle l'utilisation de l'image. Elle le fait tout d'abord autour du thème de la forêt. Refuge des proscrits, espace de l'errance, la forêt est partout dans la littérature médiévale. Chez Chaucer, De Mena, Colonna (comme chez Dante et tant d'autres) elle est le décor ordinaire du songe. Mais, si elle est fréquemment le lieu d'une expérience labyrinthique, la thématisation de cette expérience sous le signe du labyrinthe est tardive. Le récit du *Roland furieux* est peut-être le premier à opérer cette jonction. Il relie d'autre part fortement le thème de l'enchantement à celui du labyrinthe. La plupart des chevaliers se retrouvent en effet, au chant XXII, dans le palais de l'enchanteur Atlant, à la recherche de l'objet de leur désir (femme aimée, ennemi à combattre, objet perdu...). Le palais leur en présente incessamment le leurre, puis le dérobe indéfiniment à leurs yeux : « C'est ainsi que tous errent en désordre dans cette demeure, vrai labyrinthe dont ils ne peuvent sortir. » Dans un poème où les personnages passent leur vie à errer, ce palais est un labyrinthe dans le labyrinthe, un tourbillon où le désir s'engouffre à la poursuite de son ombre, un vertige qui se dédouble. C'est un des hauts lieux de la subjectivité renaissante.

En France cependant, seule l'image du labyrinthe prison d'amour s'impose, et encore, lentement. Quand Charles d'Orléans dans ses *Rondeaux* (1440) évoque sa souffrance amoureuse et la spirale dans laquelle il s'enferme, il ne recourt pas au mot grec encore trop rare et pédant, mais parle de « prison Dedalus ». Chez Villon, l'image n'apparaît pas du tout. Les traductions de l'italien font beaucoup pour l'acclimatation du mot, mais aussi l'adaptation par Herberay des Essarts des *Huit Premiers Livres d'Amadis* (1541-1548). Non content d'évoquer au livre II un « labyrinthe d'amertume » dont l'original espagnol ne comportait pas la moindre idée, l'inventif traducteur introduit au livre IV, sur une des îles : « ung dedalus contenant (...) quatre arpens en carré » où s'aventure Oriane et qui atteste la continuité en France du thème de la « maison Dedalus ». Bientôt les poètes de la Pléiade feront jouer d'autres facettes de l'image. Dans les *Amours de Cassandre* (1552) de Ronsard, le labyrinthe est l'espace contradictoire dont seul le poème pourrait opérer la transformation libératrice (XVII). Chez O. de Magny, il est par excellence, le lieu de l'oxymoron : « labyrinthe d'une tristesse heureuse » ou d'un « utile dommage » (1553, *Les Amours*, 31 et 85). Amadis Jamyn se voit enfermé « Dans le Dédale et labyrinthe d'aimer » (1574). J. de Boyssières, E. Pasquier, Ph. Desportes se disent de la même manière prisonniers. En France le labyrinthe d'amour, prison sans porte, geôle volontaire, a remplacé la « maison Dedalus ». Le labyrinthe est entré dans l'imaginaire poétique.

Il mettra un peu plus longtemps à le faire en Espagne. On ne le trouve pas dans *La Carcel de amor / La Prison des Amours* (1492) de Fernandez de San Pedro, l'une des œuvres les plus célèbres de la littérature amoureuse de l'époque. Il n'apparaît pas dans les romans de chevalerie, ni dans les pastorales comme *Los siete libros de la Diana / La Diane* de Montemayor (1559) et cela, malgré épreuves, captivités et métamorphoses. En attendant Cervantes et le baroque, seul le traducteur du *Filocopo* de Boccace innove vraiment en substituant au titre italien celui de *Laberinto d'Amore* (1546). En allemand, le mot entre dans la langue principalement à travers le poème de jeunesse de Zwingli : « Der Labyrinth », allégorie de l'état de la Suisse (1510). A partir de l'art des jardins, naît le terme de « Irrgarten », très vite utilisé par des dramaturges comiques (H. Sachs, J. Ayrer) ; mais, là aussi, il faudra attendre l'époque baroque pour que l'image ait une véritable importance littéraire. Même chose, curieusement, en Angleterre où, depuis Chaucer, la thématique du labyrinthe reste en friche. Indépendamment des premiers poèmes inspirés à la fin du siècle par la légende de la Belle Rosamond (enfermée par Henri II dans un labyrinthe végétal), c'est seulement Shakespeare qui redonnera vie à l'image.

L'Italie pourtant continue à fournir des modèles. Quand dans la *Gerusalemme liberata / Jérusalem délivrée* (1580), la forêt ensorcelée donne des formes et des voix aux peurs secrètes des chevaliers (XIII), l'on pense à la forêt et au palais enchanté du *Roland furieux*. Mais c'est plutôt le thème du jardin que l'image du labyrinthe vient investir dans l'épopée du Tasse. Le rêve d'un jardin d'amour avait connu une très grande vogue aux XIIIe et XIVe siècles. Mais, bien que la structure de ces songes s'y prêtât et en dépit des « maisons Dedalus », la liaison entre les deux images ne se fit pas. Mis à part le jardin aquatique et allégorique du *Songe de Poliphile*, c'est seulement dans la *Jérusalem délivrée* que la labyrinthe ajoute ses prestiges à ceux de l'« hortus conclusus » ou du « locus amœnus ». Il protège de ses détours obliques le jardin merveilleux qu'au cœur de son palais, sur une île lointaine, la magicienne Armide a fait surgir pour Renaud son amant. Quand il la quittera, elle fera tout disparaître de douloureux dépit (XVI).

Shakespeare a lu les Italiens, mais capte aussi les traditions nationales. Dans *A Midsummer Night's Dream / Songe d'une Nuit d'Eté* (1595), nous entrons, avec les amoureux, dans un bois proche d'Athènes. Mais, en cette nuit de la Saint Jean, tout le monde semble s'être donné rendez-vous dans ce bois et les amants vont y rencontrer les magiciens, les comédiens et d'autres esprits malins. En principe, cette forêt est le domaine du roi et de la reine des fées, Obéron et Titania, mais, depuis que ceux-ci ne s'entendent plus, le roi, aidé de Puck le lutin, multiplie les sortilèges, suscite les méprises et les contretemps et c'est dans un bois véritablement hanté « haunted grove » que nous entrons. D'ailleurs, du fait qu'Obéron est venu troubler les rondes que la reine des fées conduisait habituellement sur le gazon, le cours des saisons est suspendu, le monde est à l'envers, les mariages ne peuvent se faire..., les hommes oublient de danser et de traverser les labyrinthes : « And the quaint mazes in the wanton green / For lack of tread are undistinguishable » (II, I, 99-100). Faute d'être pratiqués, les singuliers labyrinthes de gazon (nombreux dans l'Angleterre de l'époque) ne se distinguent plus de la pelouse surabondante. Il faut recommencer la danse et le parcours rituel du labyrinthe pour que le temps reprenne son cours et que la forêt soit débarrassée de ses enchantements. L'expression « to tread a maze » a ici, on le voit, son sens originel lié à la danse et à l'usage cultuel du labyrinthe. Dès qu'Obéron décidera de se réconcilier avec Titania, la danse de la reine des fées, puis celle des hommes, pourront reprendre. On dansera sur le sol à même lequel les dormeurs s'étaient couchés (IV, 1, 86-88); les sortilèges se dissiperont. Au palais enfin, l'on pourra jouer « Pyrame et Thisbé ». La pièce et les acteurs sont mauvais, mais dans le monde réconcilié, ce théâtre carnavalesque est gros de toutes les naissances à venir.

A l'époque classique (XVIIe-XVIIIe siècles), la figure du labyrinthe n'est pas dans l'esthétique baroque tout à fait aussi centrale qu'on le suggère communément, elle est cependant significativement présente. Le labyrinthe n'est plus seulement l'effet d'un sortilège momentané, il tend à devenir le monde même en sa permanence trompeuse. Ce n'est plus tant la tension de l'intérieur et de l'extérieur qu'il implique, que la problématique voisine, mais saisie comme fondamentale, de la réalité et des apparences. Les enchanteurs sont en recul et l'expérience du leurre et de la vérité se fait plutôt maintenant : dans le jeu théâtral, autour du motif du déguisement; dans le roman, à travers le discours didactique puis l'expérience initiatique et, dans l'expression poétique, par des tentatives de figuration formelle du secret. *Don Quichotte* (1605-1615) introduit bien à tout cela.

Au chapitre 48 de la première partie, Sancho, ayant reconnu dans les hommes masqués qui ont encagé Don Quichotte, le curé et le barbier du village, s'ouvre à son maître de ses doutes sur la véritable identité de ces « enchanteurs ». Don Quichotte répond qu'il est bien possible en effet qu'ils ressemblent à leurs vieilles connaissances, mais que cela ne signifie pas pour autant que ce soient elles, car le propre des enchanteurs est précisément de prendre la figure qui leur convient « et ils auront revêtu celle de nos amis, afin de te donner occasion de penser ce que tu penses, et de te jeter dans un labyrinthe d'incertitudes (« en un laberinto imaginaciones ») dont le fil de Thésée ne parviendrait pas à te faire sortir ». L'argumentation du chevalier donne en effet à réfléchir. Si Sancho se laisse saisir par le doute, il entre dans un labyrinthe d'interrogations embarrassantes. Dès que nous ne croyons plus, la nature de la réalité devient très problématique. Tout le roman nous place au bord de ce vacillement et de ce vertige. Si nous quittons le cercle de la croyance, nous entrons dans la série infinie des questions. Depuis longtemps Don Quichotte a choisi de croire aux enchanteurs et de s'enfermer dans le cercle. De la même manière, mais en liaison cette fois avec la thématique du déguisement et du théâtre, quand, après le spectacle donné au château du duc, Sancho croit reconnaître dans l'intendant le visage de la Doloride et en avertit Don Quichotte, celui-ci lui explique que, de la ressemblance des visages, il ne faut pas conclure trop vite à l'unité des personnes et, comme il l'avait fait pour Dulcinée, il déconseille à Sancho de trop s'enquérir de l'identité réelle des gens de peur de se mettre « en des labyrinthes bien embrouillés » (II, 44). Le chevalier admet bien que tout cela peut faire question, mais il préfère ne pas s'aventurer dans le questionnement. Il ne nie pas qu'il y ait du labyrinthe dans notre monde, mais dans cette mesure même prend bien garde d'y entrer. A l'ironie près, la littérature baroque suit la leçon : elle évoque, non sans complaisance, le labyrinthe, mais se hâte aussitôt de le conjurer.

On sait l'importance du thème du « theatrum mundi » dans la production dramatique du siècle d'or espagnol : le monde s'y révèle n'être qu'un théâtre d'apparences régi par Dieu, seule réalité. C'est d'ailleurs parce qu'il n'est lui-même qu'une image du monde, une illusion, que le théâtre est apte à faire voir le caractère chimérique et transitoire de notre monde. Ce thème cependant n'amène pas d'emblée celui du labyrinthe; il le fait, mais indirectement, et, la plupart du temps, à travers le motif du déguisement. Et tout d'abord chez Cervantès lui-même et, par exemple, dans une des comédies publiées en 1615 (dans le recueil *Ocho Comedias y ocho entremeses nuovos / Huit Comédies et huit Intermèdes nouveaux*) : *El laberinto de amor / Le Labyrinthe d'Amour.* « L'aveugle labyrinthe » dans lequel nous sommes, avec les personnages, plongés, est celui de l'amour et des étonnants travestissements d'identités dans lesquels il nous entraîne (ducs déguisés en paysans, princesses en bergers...) avant que chacun trouve sa vérité finale et que le monde soit rendu à sa lumière. Dans *El Vergonzoso en Palacio / Le Timide à la Cour* (1624) de Tirso de Molina, alors que commencent les permutations de vêtements qui vont permettre les nombreux rebondissements de l'intrigue, le berger Tarso se plaint d'avoir du mal à enfiler les chausses à replis qu'on lui propose et demande qu'on lui apprenne à retrouver les « entradas y salidas de esa Troya » « les entrées et les sorties de ce labyrinthe » (520). Au moment où les personnages entrent ainsi dans l'imbroglio dramatique, la plaisanterie est lourde de sens. Tout au long de la pièce ces chausses resteront d'ailleurs le curieux et insistant symbole des multiples jeux d'identité. Les connotations du vieux nom de Troie ne sont pas ici insignifiantes; par-delà le « Trojae lusus » romain, et d'éventuels labyrinthes défensifs, le mot suggère la ville (et la cour) qu'il faut conquérir. L'on dit aussi (mais on n'en sait rien, et c'est dans l'Europe du nord) qu'au centre du Trojaburg de pierres une femme pouvait être l'enjeu du parcours. *La vida es sueno / La vie est un songe* de Calderón (1631-35), est le meilleur exemple de cette traversée des apparences qui devrait nous faire prendre conscience que le monde n'est qu'un théâtre d'ombres. Le jeu de reflets entre réalité et illusion dans lequel nous sommes avec Sigismond enfermés a été souvent comparé à un labyrinthe. Mais, là encore, la structure globale ne se thématise pas directement dans l'image du labyrinthe. Celle-ci n'est qu'accessoirement présente en arrière-plan aux métamorphoses de Sigismond et de Rosaura. Ainsi, égarée au début dans un « labyrinthe confus » de rochers, cette dernière va-t-elle, de la tour dans la montagne à la Cour de Pologne, se trouver elle-même à travers divers déguisements. Lorsqu'elle explique à Clothalde que son vêtement est une « énigme », qu'il n'est pas à qui il semble appartenir, qu'elle n'est pas ce qu'elle paraît, etc., Clothalde se demande : « Quel est ce labyrinthe confus, où la raison ne peut trouver le fil ? » (975-78). Mi-homme, mi-femme, Rosaura devra, comme Sigismond, se débarrasser de ses masques et trouver sa vérité. Si l'on examine encore quelques beaux exemples de « théatre dans le théâtre » : *Le due commedie in commedia / Deux Comédies en Comédie* de Gian Battista Andreini, l'*Illusion comique* de Corneille, ou *Le Véritable saint Genest* de Rotrou, l'on s'aperçoit que l'image du labyrinthe n'y apparaît pas. L'emboîtement structural ne la suscite pas. Dans le théâtre baroque elle apparaît plus modestement, et éventuellement, liée à l'enchevêtrement dramatique que provoque le jeu du déguisement. Elle n'instruit la question de la réalité qu'à travers celle, plus théâtrale, de l'identité.

Le roman au XVIIe siècle renoue quelquefois curieusement avec le goût médiéval pour l'allégorie religieuse et morale. A la suite du célèbre livre de piété du jésuite Hermann Hugo *Pia Desideria* (dont l'édition latine en 1624 sera suivie de nombreuses traductions), plusieurs grands textes en prose font du labyrinthe le symbole central du parcours d'édification. Dans le *Labyrint Sveta a ráj srdce / Labyrinthe du Monde et Paradis du Cœur* (1631), le grand humaniste tchèque Jan Amos Komensky évoque, à la première personne, le voyage autour du monde d'un pèlerin. Celui-ci découvre que le monde est une immense cité dont les six voies principales convergent en une place centrale où se dressent le palais de la sagesse et le château de la fortune. Après être entré dans ces deux édifices, le pèlerin comprend que tout le gouvernement du monde est fondé sur le mensonge et l'illusion et décide d'arrêter là ses investigations. Il se rend alors auprès de mourants et découvre Dieu qui lui dit qu'il fallait le chercher, non sur les routes du monde, mais en lui-même, dans son cœur d'homme. L'image du labyrinthe est ici, pour l'essentiel, négative. Elle correspond à la surface mouvante et égarante des événements et des comportements et s'oppose au lieu des valeurs profondes, du vrai sens des choses et du repos en Dieu, le « paradis du cœur ». Dans *El Criticoń / L'homme détrompé* (1651-1657), B. Gracian y Moralès ne recourt pas à l'image du labyrinthe pour désigner globalement la pérégrination d'Andrenius et de Critile et leur découverte des séductions de ce monde. Mais le thème est présent en plusieurs moments décisifs de leur exploration du réel et de leur découverte du vrai. Ainsi la grande cité d'Espagne à laquelle ils arrivent dans la première partie est-elle un « parfait labyrinthe » qui cumule les tares de toutes les métropoles de la légende et de l'histoire. Ce labyrinthe de désordres et de ténèbres contient en lui-même un second labyrinthe : la cour, concentration de faux-semblants et de tromperies. Aucun livre ne leur fournira le « fil d'Ariane en or » qui leur permettrait de s'orienter. Il leur faudra continuer à voyager et apprendre à exercer leur raison pratique dans la foi en Dieu pour échapper aux pièges de ce monde. Un peu de la même manière, au centre du roman-somme, inachevé, de Casper von Lohenstein : *Arminius* (1689), Zénon, philosophe et prince arménien antique, visitant le labyrinthe égyptien découvre, sur le fronton de l'étonnant édifice, un poème hiéroglyphique intitulé : « Inscription sur un labyrinthe ». De son déchiffrement il appert que le salut, là non plus, ne se sépare pas de l'exercice de la raison. Dans le *Pilgrim's Progress / Le Voyage du Pèlerin* (1678) de J. Bunyan, Chrétien doit garder la bonne route et éviter bien des écueils avant de parvenir à la Cité céleste; mais le symbole du labyrinthe, sans doute trop étranger au registre biblique du livre, n'apparaît pas. Il est absent aussi de la dernière grande pérégrination pédagogique du siècle : les *Aventures de Télémaque* de Fénelon (1699) bien que, en Crète, Mentor et son élève considèrent avec intérêt le labyrinthe de Dédale, imitation de celui qu'ils ont vu en Egypte (V).

De l'édification vertueuse à l'initiation libertine, la différence réside dans la nature de l'enseignement et non dans la forme symbolique du parcours. Image des duperies du monde qu'il faut apprendre à déjouer, le labyrinthe peut devenir le chemin symbolique de bien d'autres connaissances. Dans le roman précieux la structure à rebondissements, emboîtements, prolongements innombrables constitue sans doute un labyrinthe, mais, les auteurs n'étant pas d'abord préoccupés par l'aventure de l'écriture, l'image n'apparaît pas pour en rendre compte. Cependant dans *Artamène ou le Grand Cyrus* de Mlle de Scudéry (1649-1653), l'on trouve une intéressante utilisation d'un labyrinthe de verdure dans l'histoire de Parthénie (VI, 1). La belle princesse risquait d'être la victime d'un oracle qui lui avait prédit qu'elle ne serait heureuse qu'avec quelqu'un qui l'épouserait sans l'avoir vue. Or, au cours d'une chasse, le beau Timante s'égare dans le labyrinthe d'un parc que Parthénie était précisément en train de visiter. Heureusement, il l'entend chanter et, elle, sans se faire voir, accepte de le guider. Elle le conduira jusqu'au centre du labyrinthe. Là, il trouvera un jet d'eau, un « agréable rondeau » et, après un délai d'une heure, le gardien viendra le délivrer. Invisible et hors d'atteinte la femme règle le protocole amoureux. Présente intensément par sa voix, Parthénie est aussi totalement dérobée. Le labyrinthe qui la cache fait de Timante son prisonnier, sous l'apparence de la liberté. Plus il se soumet cependant, plus il a de chance de parvenir au centre, de devenir, un jour, peut-être, le maître du jardin. Mais, au centre, pour l'instant, l'attente ; et un rondeau, petit labyrinthe de mots, à lire et méditer. Nous sommes dans une histoire dans l'histoire, mais plus que l'écho thématique d'une complication structurale, le labyrinthe est ici un élément de la symbolique du tendre. C'est une métaphore de l'accomplissement amoureux, entre le visible et l'invisible, le désir et son objet. Plus fondamentalement : il ne fallait rien de moins qu'un labyrinthe pour déjouer un oracle. Dans le roman picaresque, l'image n'est pas utilisée non plus à propos du destin global du picaro. Mais, dans tel roman inspiré du genre, comme par exemple *Der Abenteuerliche Simplex Simplicissimus / Les Aventures de Simplex Simplicissimus* de Grimmelshausen (1669), on en trouve un emploi significatif. A vrai dire, non pas là où on l'attendrait (comme dans la très complète initiation amoureuse de Simplex par les Parisiennes), mais dans un épisode de la vie du soldat de Simplex et avec le terme d' « Irrgarten » lié ici à la tradition bouffonne. Pour faire du butin en trompant l'ennemi, Simplex « invente » en effet une espèce de souliers que l'on chausse « sens devant derrière » et qui laissent des traces inversées « plus embrouillées que les voies d'un labyrinthe » (III, 1). Ainsi la trace que laisse Simplex en passant sur cette terre va-t-elle à rebours de ce que l'on attend ; elle montre le monde à l'envers. Mais cet envers du monde est également éloquent et il ne faut pas craindre de le laisser parler. Si l'on veut comprendre toute l'histoire, il faut en évoquer aussi les voies obscures, les voix d'en-bas. Soyons attentifs aux traces de Simplex, même si elles ressemblent aux chemins emmêlés d'un jardinier facétieux. Au XVIIIe siècle l'illuminisme et le goût pour l'orient amènent le développement de la thématique initiatique. (Ainsi par exemple, le *Séthos* de l'abbé Terrasson (1731) est-il une des sources auxquelles puisera le librettiste de *La Flûte enchantée*). Cependant la liaison de la dimension ésotérique de la connaissance avec la figure du labyrinthe n'est pas obligée. L'un des seuls textes où on la trouve explicitement est peut-être l'élégant récit libertin de Vivant Denon « Point de lendemain » (1777). L'histoire que raconte le jeune narrateur est à la fois initiation amoureuse et introduction au mystère du monde sensible. Ce qui lui est arrivé était-il illusoire ou réel ? A-t-il été berné par des mirages ou réellement heureux ? Le « dédale » qu'il a exploré est bien curieux et ambigu. Chemin amoureux et simulacre d'un mystérieux rituel (« Tout cela avait l'air d'une initiation »), il conduit à s'interroger, plus globalement, sur la nature des informations et des révélations apportées par les sens.

A la manière de la Pléiade, des poètes du début du XVIIe recourent à l'image du labyrinthe pour évoquer les vicissitudes de l'amour profane (La Roque, Chiabrera), voire de l'amour folâtre (Le Villain : *Labyrinthe de Récréation*, 1602, H. Fornier : *Le Labyrinthe d'Amour*, 1610). Mais d'autres en font le chemin de l'amour sacré, comme Adam de Otradovic dans son « Labyrinthe de l'amour saint » où, perdu dans « Le labyrinthe très obscur », le poète souhaite qu'amour lui soit le fil d'Ariane qui le mène au Christ (*Ceskà marianskà muzika / La Musique tchèque en hommage à la Vierge Marie*, 1647). C'est dans cette perspective religieuse et même mystique que l'on rencontre des tentatives tout à fait intéressantes d'intégration de la figure du labyrinthe à l'écriture poétique même. Elles sont de deux ordres que l'on pourrait dire calligrammatique et cryptogrammatique. Les calligrammes (que l'on connaît depuis l'antiquité) jouissent, dans l'Allemagne baroque en particulier, d'une très grande vogue et c'est là que vont se composer les plus somptueux « Geistliche Irrgarten », labyrinthes spirituels, comme on les appelle. A la manière du texte médiéval du manuscrit de Freising, dès 1539, Johann Neudörffer en fournit un très bel exemple par l'harmonie de la composition et la perfection de l'écriture. Si certains textes sont seulement écrits dans les couloirs d'un labyrinthe matérialisé par un trait (M. Quad, 1609 ou E. Kieser, 1611), d'autres dessinent, dans leur développement, le labyrinthe même (J.-L. Lipp, 1654). La mode se poursuit au XVIIIe siècle, où l'on compose, avec des textes quelquefois en plusieurs langues, des poèmes-labyrinthes conduisant à plusieurs centres, c'est-à-dire aux quatre sources possibles de la grâce (J. Koch, 1742 ou A. Wagner, 1758). Permettant une saisie globale de la figure autant qu'une appréhension progressive du texte, le labyrinthe spirituel met ainsi symboliquement en page une double approche du mystère. Quant aux expériences cryptographiques (elles aussi connues depuis l'antiquité), c'est surtout en Espagne et au Portugal qu'on les trouve ; au point que, dans ces deux pays, l'on a, au XVIIIe siècle, appelé « laberintos » ces compositions poétiques susceptibles d'être lues de plusieurs manières. Dans la lecture « rétrograde » l'on peut, par exemple, lire un sonnet en commençant par le dernier tercet. Dans la lecture « verticale » l'on peut lire un sonnet de Góngora (l'inventeur du superlatif « dedalisimo »), selon deux colonnes distinctes de mots. Dans les deux cas, le poème se présente « normalement » et la deuxième lecture est cryptée derrière la première. Mais l'élaboration peut se faire plus systématique. Disposés sur un damier de 169 cases, les mots d'un texte de Luis Nunes Tinoco offrent, d'après les calculs de l'auteur, près de 15 millions de possibilités de lectures. De la combinatoire de mots, l'on peut passer à la combinatoire de lettres. Sur le mode de l'inscription « sancta ecclesia » contenue au centre du labyrinthe de la Basilique d'Orléansville / El Asnam que l'on peut lire dans toutes les directions, un poète portugais compose un labyrinthe alphabétique de forme rectangulaire, où une seule phrase répétée à chaque ligne (avec une lettre de décalage) devient lisible d'une infinité de façons. Un autre (Manuel Ferreira Leonardo) donne, en plus, à cette sorte de poème lettriste démultiplié, la forme d'une croix, rejoignant par là le calligramme « à l'allemande ». Un texte peut en cacher un autre, il peut aussi en cacher une infinité d'autres. En lui le secret du Verbe est inscrit et il nous échappe.

Avec la période romantique, les occurrences du labyrinthe deviennent si fréquentes qu'il ne nous est plus possible d'en poursuivre la description selon un principe énumératif. Mais ces occurrences se regroupent facilement autour d'un certain nombre de thèmes, ou de topoï, dont le labyrinthisme constitue la dimension commune. Le déploiement et le soulignement soudains de la dimension labyrinthique dans des images que la littérature connaissait depuis longtemps correspond à de nouveaux changements dans la représentation du monde. La tension que le labyrinthe permet prioritairement de figurer, aux XIXe et XXe siècles, sera désormais celle qui oppose le fini et l'infini. Mais peut-être pourrions-nous distinguer trois moments ou trois aspects successifs de cette opposition. Les nouveaux thèmes qui apparaissent au début du XIXe siècle débouchent tout d'abord sur l'expérience romantique des limites. On découvre que l'infini peut être aussi un redoutable enfermement. Plus que la question du franchissement des limites se met ensuite à se poser, en termes de fini et d'infini, celle du sens du monde. Symbolisé jusqu'au XVIIIe siècle par le centre du labyrinthe et toujours en principe atteignable, le sens devient, à la fin du XIXe siècle et encore plus au XXe siècle, tout à fait problématique. Enfin, pour cerner plus honnêtement cette question de la fin et du sens, la littérature commence à s'interroger sur ses moyens et sur sa capacité d'y parvenir. La question de la littérature devient ainsi la première question que celle-ci se pose à elle-même.

Le premier des thèmes du labyrinthisme romantique est sûrement le château. Il est omniprésent dans le roman « gothique » qui se développe en Angleterre à la fin du XVIIIe siècle et au début du XIXe siècle sur le modèle du *Castle of Otranto* / *Château d'Otrante* (1764) de Horace Walpole. Perché au sommet d'une montagne ou perdu au fond d'une forêt, le château ou, plus généralement, l'architecture gothique, se révèle un piège insidieux. Entrée libre, l'héroïne découvre qu'elle y est, en réalité, séquestrée. Des portes indispensables sont condamnées, d'autres, dérobées, s'ouvrent. Seul le tyran maîtrise l'espace déroutant du château. Il en fait l'instrument de son pouvoir et de ses abus. Dans *The Mysteries of Udolpho* / *Les Mystères d'Udolphe* d'Ann Radcliffe (1794), il n'y a pas moins de quatre châteaux. Des centaines de romans non seulement en Angleterre, mais en France, en Allemagne en Russie... exploitent cette thématique. Mais, comme tous les thèmes investis par le labyrinthe, celui du château est double et le château noir masque souvent le château blanc de l'initiation. Dans *Wilhelm Meisters Lehrjahre* / *Les Années d'Apprentissage de Wilhelm Meister* (1795-96), une vieille tour du château de Lothario reste très curieusement inaccessible à Wilhelm. Tout à la fin de son parcours, il y sera introduit et découvrira les rouleaux où sont inscrits, parmi d'autres, ses « années d'apprentissage ». Tels sont les mystères auxquels il est finalement admis et qui marquent son accès à la maîtrise. Dans l'*Isis* de Villiers de l'Isle-Adam (1862), le palais est « un labyrinthe superbe dont les méandres cachaient un ordre savant ». Au centre, dans le salon circulaire meublé d'un lit en forme de sphinx, se tient la mystérieuse marquise Fabriana. A travers elle, le jeune Wilhelm d'Anthas entreverra la vivante connaissance. Par-delà le château gothique, le palais de Corleone — lodge dans *L'Homme qui rit* de

V. Hugo (1869) est un labyrinthe merveilleux, mais aussi déceptif. Car, en dehors de la transgression un moment envisagée, Josiane n'y prêtera plus aucune attention à Gwynplaine. Il faut passer par le noir, pour arriver à la lumière. « A flanc d'abîme, construit en pierre philosophale, s'ouvre le château étoilé » écrira encore A. Breton dans *l'Amour fou* (1937).

Mais peut-être plus encore que dans le château, c'est dans le souterrain qui le prolonge que le labyrinthe trouve le mieux à s'actualiser. A la différence du château lui-même, le souterrain est en effet un passage d'en-dessous, un chemin d'ombre. « Sous terre, tout chemin est tortueux », dit Bachelard. Le souterrain du roman gothique exprime tout ce qu'il y a de caché, de refoulé sous le château, ou sous l'abbaye. Il métaphorise l'esprit retors et les sombres machinations du Méchant. Sa liaison avec le thème du labyrinthe est plus intime que celle de la grotte ou de la caverne, car le souterrain est une construction artificielle, souvent artificieuse. Il se fraie un chemin dans l'impénétrable et explore l'interdit. Ainsi avec cet « interminable labyrinthe de ténèbres » qui serpente sous le château d'Otrante, Walpole affirme, en plein siècle des Lumières, qu'il y a de l'Ombre; que sous la surface connue des choses il y a encore tout un monde latent. Dans *The Italian / L'Italien* d'A. Radcliffe (1797), le souterrain est projection symbolique de l'âme noire de Schedoni, le moine machiavélique qui le hante. Quand dans *The Monk / Le Moine* de Lewis (1796), Ambrosio emporte, par les galeries souterraines de l'abbaye, une jeune femme inanimée (en fait sa sœur qu'il vient d'arracher à sa mère), pour la violer au milieu des squelettes, l'on admettra sans mal qu'il explore ici un domaine illicite. Julien Gracq s'en souviendra qui, dans *Au Château d'Argol* (1938), fait conduire Albert jusqu'au seuil de la chambre « à la lueur trouble et vacillante du flambeau ». Mais la traversée du souterrain noir conduit aussi à la lumière. Alors que la mode gothique commençait à peine, Novalis dans *Heinrich von Ofterdingen / Henri d'Ofterdingen* (1802) faisait de la rencontre avec le mineur et de la descente dans le « dédale des galeries » un moment capital de l'aventure d'Henri. La quête du métal à l'intérieur de la terre-mère est un peu celle de l'or alchimique. Dans *Die Bergwerke zu Falun / Les Mines de Falun* (1819) E.T.A. Hoffmann utilise d'ailleurs un symbolisme proche. Mais le labyrinthe souterrain prendra jusqu'à nos jours encore, de multiples formes qu'il soit artificiel (égoûts, catacombes, tunnels, taupinières, métropolitains...), ou qu'il soit naturel (grottes, cavernes, conques, intestins...). Hugo avec les égoûts de Paris dans *Les Misérables* (1862) et la grotte marine dans les *Travailleurs de la mer* (1866) en fournirait deux formidables exemples.

Jusqu'au XIXe siècle, le songe est avant tout un artifice de présentation rhétorique. Il permet de faire entrer dans un autre espace échappant au principe de réalité. La vision est le prétexte convenu à toutes sortes de tableaux symboliques et de discours conjecturaux, elle n'est pas l'évocation des impressions d'un rêveur. Quand on commence à rêver en littérature et à vouloir (ce qui n'est pas toujours le cas) évoquer l'espace orinique, l'image, ou au moins l'expérience du labyrinthe, ne tarde pas à surgir. La littérature gothique ou fantastique fournirait là encore d'assez précoces exemples. Dans *The Romance of the Forest / Le Roman de la Forêt* (1791) d'Ann Radcliffe, l'héroïne a un cauchemar prémonitoire où elle se voit égarée dans les passages sinueux de l'abbaye, errant sans trouver de porte. Plus globalement, dans *Le Manuscrit trouvé à Saragosse* (1804-1815) de Potocki, Alphonse, malgré tous ses efforts, se retrouve toujours au même endroit : sous le gibet des frères Zoto ou dans l'auberge de la Venta Quemada. La terreur dans ce roman ne naît pas d'une manifestation brutale du surnaturel, mais d'une contamination de l'espace réel par l'espace onirique : marche sur place, retour obsessionnel du même. Non contents de rêver, romantiques et post-romantiques cultivent le rêve. Dans *Confessions of an English Opium-Eater / Confessions d'un Opiomane anglais* (1822) de Th. de Quincey, les images de la ville-labyrinthe défilent d'un mouvement lent et uniforme, sans couleur aucune, dans une atmosphère d'irréalité où tous les bruits semblent étouffés. Chaque geste paraît voué à la répétition et la quête d'Ann se confond avec l'approche interminable de l'inaccessible ou de la mort. Dans un rêve, Baudelaire se voit dans une immense « tour-labyrinthe » véritable Babel rongée par une lèpre secrète et sur le point de s'écrouler mais dont il ne saurait sortir (*Pléiade*, p. 317). Dans ses *Paradis artificiels* (1860), une femme raconte comment, sous l'effet du haschisch, elle s'imagine enfermée derrière les barreaux d'une « cage somptueuse » ouverte de tous côtés sur l'espace (*Pléiade*, p. 368). De Musset à Tom Wolfe, en passant par Daumal ou Michaux, l'expérience de la drogue débouche d'ailleurs régulièrement sur celle du labyrinthe. En l'une et l'autre sont inscrits le désir et les difficultés d'une connaissance autre. Mais le simple rêve romantique menait souvent déjà à des parcours initiatiques à composantes labyrinthiques. Le premier chapitre de *Henri d'Ofterdingen* raconte ainsi un rêve où Henri franchit des mers, traverse une forêt, pénètre dans une montagne par une galerie et parvient à une grotte où il revoit la fleur bleue (suit d'ailleurs un plaidoyer pour le rêve qui convainc le père d'Henri de raconter à son tour un rêve tout à fait comparable). De la même manière, les rêves de *Die Jünger von Saïs / Les Disciples à Saïs* (1797-98) ou de *Aurélia* de Nerval (1865), retiennent du labyrinthe surtout le dépaysement magique.

Le recours à l'image du labyrinthe dans les descriptions de ville est un cliché très commun dans les textes modernes. L'on peut penser d'ailleurs qu'avec la révolution industrielle, la ville est devenue le lieu le plus courant du sentiment du labyrinthe et qu'elle tient désormais le rôle qu'a longtemps eu la forêt. Dans la littérature, c'est autour de 1820 que les grandes villes européennes se mettent à remplacer architectures et souterrains gothiques comme décors et instruments de l'aventure. Comme dans les autres cas où le labyrinthe vient se greffer sur une autre image, il en déploie l'ambivalence. Certes, il souligne les difficultés du parcours urbain et l'on voit le mangeur d'opium entrer soudainement « dans des labyrinthes de ruelles, dans des énigmes de culs de sac », il fait écho à tous les fourvoiements : « En revenant, je me suis perdu dans ce prodigieux labyrinthe d'une ville de 1 500 mille âmes » note Michelet dans son *Journal* (1834), mais il permet aussi de mettre en lumière le trajet qui mène, à travers la ville, de l'ignorance à la connaissance de soi, de l'anonymat à l'identité. L'inconnu qui, à la première phrase des *Mystères de Paris* (1842-44) s'enfonce dans le « dédale de rues obscures, étroites, tortueuses » reprend à la fin son nom et ses titres. Olivier Twist, né de père inconnu et de mère anonyme, dans une ville non nommée, part pour Londres le jour de son neuvième anniversaire. Par là il entre dans un espace à la fois très réaliste et très symbolique où, après plusieurs morts-renaissances, il retrouve sa famille et son identité (Dickens, 1837-38). Dans *The Picture of Dorian Gray / Le Portrait de Dorian Gray* d'O. Wilde (1890), la plongée de Dorian dans le labyrinthe des bas-fonds de Londres est un moyen de découvrir sa vraie nature et aussi l'affirmation que la beauté se situe par-delà le bien et le mal, au besoin dans la vérité de la mort. Toutes les villes, grandes et moins grandes, sont susceptibles de laisser ainsi percer derrière leur visage de pierre le labyrinthe idéal. L'une d'elles cependant, de Beckford à Byron, de Ruskin à Morand trouve plus souvent qu'une autre le labyrinthe pour s'écrire, c'est Venise la double; architecture reflétée, cosmos édifié sur du chaos, immobilité dans la mouvance, pays de masques et de métamorphoses, de lumière et de mort, labyrinthe enfin deviné qui permet de passer un moment de l'autre côté de l'eau. Nous continuerons à la rencontrer, chemin faisant.

Tout voyage peut comporter, à un moment ou à un autre, un passage labyrinthique : architecture déroutante, ville inconnue, site naturel égarant... Il peut aussi, en tant que parcours, être globalement comparé, ou assimilé, à un labyrinthe. Avec le romantisme, se multiplient les récits de voyage dont certains moments forts sont vécus comme des approches labyrinthiques du mystère du monde. Dans le *Voyage en Orient* de Lamartine (1835), Balbek, Damas, Constantinople, suggèrent, chacune pour une raison particulière, la métaphore du labyrinthe. Dans celui de Nerval (1848-51), la visite du Caire (II, 131) est un enfoncement systématique dans le dédale et la cohue, comme pour se confondre avec le chaos et le délabrement de la ville. Pris dans son ensemble le voyage romantique en orient est d'ailleurs à la fois une recherche de l'autre culture et une remontée à l'origine des mystères. Dans *The Narrative of Arthur Gordon Pym / Les Aventures d'Arthur Gordon Pym* (1837), la poétique du voyage en mer et celle de la traversée clandestine dans la cale labyrinthique du navire sont surdéterminées par le magnétisme du pôle sud. Le narrateur et son compagnon y disparaîtront (et leur narration s'arrêtera) à la vision d'une immense figure, de la blancheur parfaite de la neige, se dressant au travers de leur chemin. Juste auparavant, ils avaient exploré des gouffres sinueux dont le dessin hiéroglyphique constituait un message en écriture éthiopienne (complété par des mots en écritures arabe et égyptienne gravés à même le roc). A travers ces gouffres de granit noir, ces « gouffres alphabétiques » comme dit Baudelaire, ils s'approchaient, peut-être, de la source blanche des signes. L'on sait que Jules Verne dans *Le Sphinx des Glaces* (1897) et

H.-P. Lovecraft dans « At the mountains of madness » / « Les montagnes hallucinées » (1931) reprennent le thème de ce roman de Poe. Plus que d'autres, les voyages extraordinaires de Verne ont chance de nous mettre en présence de labyrinthes multiformes. Le *Voyage au Centre de la Terre* (1864) est tout entier labyrinthe souterrain, descente difficile, mais heureuse, enfoncement euphorique dans le corps élémentaire du monde. Dans *Le Château des Carpathes* (1892) le héros, après avoir traversé le chaos des rochers, parvient au château « dont le plan géométral offrait un système aussi compliqué que ceux des labyrinthes de Porsenna, de Lemnos ou de Crète » et toute l'histoire lui apprend d'ailleurs à se méfier des illusions. Pour peu que nous privilégiions les romans d'aventure, notre revue se prolongerait sans mal. Que l'histoire se passe au plus mystérieux de l'Afrique : dans la forêt de *She / Elle* (H.-R. Haggard, 1887) ou dans celle de *Heart of Darkness / Cœur des Ténèbres* (J. Conrad, 1902) ; dans les galeries souterraines de *King Salomon's Mines / Les Mines du Roi Salomon* (H.-R. Haggard, 1885) ou dans celles de *L'Atlantide* (P. Benoist, 1918) ; ou encore que l'aventure surgisse, folle, inouïe, au détour du labyrinthe de... Hampton Court (*Three men in a boat / Trois Hommes dans un Bateau,* J.-K. Jerome, 1889).

Dans « l'invention » du récit policier par E.-A. Poe en 1842, nous voyons le signe d'un déplacement de l'image du labyrinthe, de l'aventure existentielle des limites, à celle, plus intellectuelle, de la connaissance. L'énigme dans laquelle le criminel enferme les personnages et le détective du récit est bien en effet une aporie exaspérante, un labyrinthe logique : « Il avait l'impression de suivre un labyrinthe où les mêmes obstacles se représentaient à chaque tournant » écrit S.-A. Steeman (*L'assassin habite au 21*, 1939). Les décors privilégiés du roman policier classique, la ville et ses ruelles, le manoir et ses dépendances, tous les lieux clos et biscornus sont des manières de labyrinthes et sont les métaphores spatiales de l'énigme. Mais à malin, malin et demi. Au labyrinthe du criminel, le détective répondra en élaborant systématiquement le labyrinthe de l'enquête : « Et c'est ce que vous m'avez donné à accomplir (...) Une piste ardue en forme de labyrinthe » résume Ellery Queen dans *Ten Day's Wonder / La Décade prodigieuse* (1948). Pour reconstituer le labyrinthe tout entier, il lui fallait suivre cette piste jusqu'au bout, ou bien encore, pour reconnaître le labyrinthe, il lui fallait saisir un fil et ne pas le lâcher : « J'eus le fil d'Ariane qui devait me conduire dans le labyrinthe » déclare Arsène Lupin (*Les Huit coups de l'horloge,* 1923). Reconstitué ou reconnu, le labyrinthe est annulé, l'énigme est dissipée. En produisant un contre-labyrinthe, le détective efface le premier ; il donne l'identité du coupable ; il arrive à la connaissance et à la maîtrise. A sa manière, le roman policier à énigme accompagne toute la littérature du XXe siècle. Dans la mesure où il est conquête du sens sur l'obscurité ou l'absurdité du monde, il est symbolique de l'ère de la quête et de l'enquête dans laquelle la littérature du XXe siècle nous fait entrer. Mais le roman de recherche et la poésie ne sont pas toujours aussi optimistes que le très positif roman policier. A travers le labyrinthe, figure de la connaissance, certains font plutôt l'expérience de la quête, d'autres de l'errance, des deux le plus souvent inextricablement mêlés.

A l'époque symboliste, *Il Fuoco / Le Feu* (1900) de G. D'Annunzio, fournirait un très bel exemple de cette double postulation. Tout entier tourné vers la quête du feu (c'est-à-dire vers un idéal de surhumanité inspiré de Nietzsche et de Wagner) Stelio le poète est partagé entre une jeune cantatrice qu'il vient d'entendre chanter et la grande actrice plus âgée qui était jusque là sa parfaite égérie. Après une évocation somptueuse de l'*Ariane* de Benedetto Marcello, dont est magnifiée la dimension dionysiaque et libératrice, la cantatrice garde pour Stelio le surnom d'Ariane. Plus tard, lors d'une promenade à Stra, il laisse l'actrice se perdre dans le célèbre labyrinthe de haie de la villa des Pisani. Mais la plaisanterie tourne mal, le badinage échappe à Stelio et devient torture. La scène, d'une rare violence, nous donne en fait à voir un abandon à l'errance, une exposition au supplice, vrai sacrifice dans le labyrinthe : « Et elle ne réussissait pas à séparer dans sa pensée la réalité de ce lieu et l'image de son supplice intérieur ». Dans *Le Grand Meaulnes* d'Alain-Fournier (1913), c'est après s'être égaré dans la forêt qu'Augustin découvre le domaine merveilleux, participe à la fête et entrevoit Yvonne de Galais. Mais ce qui lui fut donné de voir par hasard, il n'aura de cesse d'essayer de le retrouver, allant jusqu'à dresser soigneusement le plan de la région mystérieuse. Etrangement, sa quête amoureuse et mystique se croise avec celle du fiancé malheureux de la fête. Chacun devrait permettre à l'autre de retrouver les clefs du royaume enchanté. Mais la quête jamais n'abolira le hasard. De l'inatteignable château de l'âme ne restera que l'évocation éblouie. L'œuvre de Henri de Régnier est tout entière habitée par l'idée de labyrinthe. Dans les contes de *La Canne de Jaspe* (1897) celui-ci prend très souvent la forme du château à centre secret; dans *Romaine Mirmault* (1914), il prend celle du jardin; dans l'*Escapade* (1926), celle de la forêt; il se confond d'autres fois avec une ville : Bruges dans *Le Bosquet de Psyché* (1894) et surtout Venise dans l'*Illusion héroïque de Tito Bassi* (1916), ou *Le Voyage d'Amour ou l'Initiation vénitienne* (1930). Ces alliances ne sont pas nouvelles, mais peut-être leur accumulation et la conscience que l'auteur en a : « Parcours le labyrinthe, fréquente le bosquet et lis mon livre, page à page » dit l'avertissement au lecteur de *La Canne de Jaspe.* Même si le terme n'apparaît guère, labyrinthiques sont les histoires vénitiennes de Hugo von Hofmannsthal et bien entendu, éblouissante comme un labyrinthe pétrifié, est *Der Tod in Venedig / La Mort à Venise* de Th. Mann (1912). Chez certains poètes également, la quête se lie à l'expérience labyrinthique. Autour du thème amoureux et de façon légère dans l'*Irrgarten der Liebe / Le Labyrinthe d'Amour* d'O. Bierbaum (1901) ou, au passage, dans le *Plain-Chant* de Cocteau : « Notre entrelacs d'amour à des lettres ressemble / Sur un arbre se mélangeant » (1923); de façon plus grave autour du thème de la solitude dans les recueils de J.-R. Jimenez, comme son : *Laberinto* (1911).

De même que tous les « Bildungsromane » du XIXe siècle peuvent s'analyser par référence au labyrinthe, les grandes sommes romanesques du début du XXe siècle (comme celles de R. Rolland ou de J. Galsworthy) pourraient être mises dans une perspective labyrinthique. Mais l'allongement de la perspective n'apportant pas nécessairement une vision plus nette, contentons-nous d'évoquer deux œuvres souvent citées et sollicitées qui sont à la fois de grands « Künstlerromane » (romans de l'artiste) et d'immenses sommes romanesques. *Portrait of the Artist as a young man / Dédalus* (1916) et *Ulysses / Ulysse* (1921) ne racontent pas l'histoire de Dédale ou d'Ulysse, mais, à travers des personnages nommés Dédalus ou Bloom, maintiennent posée la question de l'œuvre en même temps qu'ils élaborent une vision et une histoire de l'Irlande. Dans le *Portrait*, l'histoire est bien, dans son ensemble, spiralique. Chacun des cinq chapitres répète et élargit l'expérience précédente jusqu'à la libération finale. Au cœur de chacune des expériences, une difficulté majeure, affrontée par Stephen, peut être considérée comme une sorte d'épreuve du labyrinthe. Mais surtout, Stephen, menacé d'emprisonnement par l'univers environnant, construit un labyrinthe de mots avec lequel il espère maîtriser le labyrinthe du monde. Son récit donne en réduction la totalité du réel et fait par là l'épreuve des pouvoirs de l'écriture. Equivalent symbolique et par suite formule magique, le texte s'inscrit au cœur du monde comme un « sésame ouvre-toi ». Il donnera au jeune artiste la clef des champs. Celui-ci en profitera pour construire un nouveau labyrinthe : *Ulysse*, car le monde reste toujours à mieux connaître et la liberté à mieux explorer. On a beaucoup dit (en répétant S. Gilbert) que le chapitre X de *Ulysse* constituait un passage périlleux à travers les « rochers flottants » ; que les personnages risquaient de s'y perdre et le lecteur constamment de se tromper ; que sa technique spécifique était celle du « labyrinthe » (consistant à insérer dans une séquence narrative un élément d'une autre séquence et à introduire ainsi tout un jeu de concordances et de discordances). A vrai dire, cette métaphore pourrait illustrer bien d'autres procédés du texte et les risques de fourvoiement du lecteur dans ces histoires entrelacées, mots carrefours, nœuds de symboles et autres plaisanteries sont constants. Ils sont encore plus grands dans *Finnegans Wake* (1939) où chaque mot est un monde de significations multipliées et où le rêve du livre total est plus net encore que dans les textes précédents. Sauf pour *Dédalus*, le thème du labyrinthe cependant n'est pas présent ; en tant que structure il n'est pas beaucoup plus pertinent que dans n'importe quelle odyssée ou veillée et, en tant que procédé précis, ce n'est que par métaphore arbitraire qu'il est utilisé. Cependant le labyrinthe est bien, à l'horizon de la lecture, une des images les plus suggestives du texte joycien. Plusieurs lieux dans *A la recherche du temps perdu* (1913-1927) nous rapprochent de l'idée de labyrinthe : non seulement Venise, où un somptueux « campo » découvert lors d'une déambulation nocturne reste le lendemain introuvable, mais le Grand Hôtel de Balbec (où le terme apparaît), le Bois de Boulogne, la salle de l'Opéra, etc. L'on peut considérer aussi que certains de ces lieux font système et constituent le dédale spécifique de l'expérience proustienne. Ainsi M. Butor voit-il dans la combinaison des diverses chambres habitées par le Narrateur, des jardins mis à sa disposition, des salons où il est reçu, le « labyrinthe du monde » qui lui est donné d'explorer. A l'évidence la *Recherche* est une entreprise d'intelligence du réel, de traversée de son opacité. C'est seulement après studieuse ascèse et longue patience que le narrateur devient, à la fin, celui qui confère le sens. Il s'agit bien d'une quête, d'une quête aboutie à l'issue de laquelle, le repérage inlassable des signes et l'écriture minutieuse permettent d'établir la réversibilité du temps psychologique, de découvrir l'or du temps. Mais ce roman est aussi comme le *Dédalus* de Joyce un « Künstlerroman » racontant la difficile émergence de l'artiste. Au bout de la *Recherche* le narrateur devient enfin l'écrivain qu'il rêvait d'être. La première de ses œuvres pourrait être le récit de son apprentissage et ce serait, ni tout à fait la même, ni tout à fait une autre *Recherche.* Ainsi, comme pour le *Dédalus* de Joyce, la structure dynamique de la *Recherche* nous semble relever plus de la spirale que du labyrinthe; spirale se développant selon une impérieuse nécessité interne jusqu'à ce point final qui, lorsqu'il est posé, en suspend le mouvement tel qu'en lui-même enfin l'écriture l'a fixé.

Mais l'accès au centre n'est pas toujours euphorique, ni la quête heureuse. *Pétersbourg* d'A. Biély (1913) est une éclatante mise en cause de la validité et des implications du centre. Dans la ville artificielle et géométrique, au sommet de la hiérarchie administrative, est installé le sénateur Apollon Apollonovitch « centre unique de l'univers réel, tout comme de l'imaginaire ». Au cœur de sa forteresse, le vieillard ne cesse de légiférer, d'élaborer un réseau toujours plus dense de textes réglementaires, comme un labyrinthe défensif qui le protégerait du monde environnant. Mais ses réglementations sont inefficaces, ses circulaires vaines. Le centre de l'empire ne commande plus rien. L'édifice est lézardé; le sénateur lui-même est en proie aux irruptions incontrôlées de l'inconscient. L'obsession de la « brèche » est partout, par où s'annonce la grande Menace. Visé par la bombe que son fils a préparé, guetté par la schizophrénie, le vieillard rabougri se voit dans les glaces du salon Tsoukatov dispersé en une multiplicité d'images de lui-même. Le roi nu explose en une myriade de reflets; le carcan centralisé éclate; mais vers quoi ouvrent les portes des miroirs? Dans les récits de Kafka la nature du centre est conjecturale et l'accès s'en révèle en général impossible. Le personnage kafkaïen — on le sait — pousse des portes, passe des corridors, supplie des intermédiaires, mais n'arrive jamais à son but. Il a beau recommencer la même démarche, il est ramené, au point de départ et ne parvient pas à franchir le seuil. Ce qu'il y a au-delà de ce seuil, il ne le sait que par ouï-dire et il n'aura avec cette réalité, ou cette vérité, qu'un contact très indirect. Il ne connaîtra pas la loi, mais seulement l'histoire du gardien de la loi. Ce qui arrive au personnage préfigure ce qui arrive au lecteur : de même qu'il n'y a pas de vérité autre que celle — relative et hypothétique — contenue dans l'histoire du gardien, de même le sens du récit n'est pas ailleurs que dans le texte du récit, même si là, précisément, il nous échappe sans cesse. L'errance du personnage induit et donne à reconnaître le caractère indécidable du sens. Telle est l'expérience fondamentale du labyrinthe chez Kafka. Cependant, si l'on examine l'emploi très insistant que Kafka fait du terme dans un texte probablement tardif comme *Der Bau / Le Terrier*, l'on constate une utilisation très sensiblement différente de l'image. Le narrateur-animal est en fait assez comparable au sénateur Apollon Apollonovitch. Pour se protéger, il va toujours perfectionnant un terrier aux multiples ramifications. Quasiment au centre, dans son « château fort », il a entassé d'abondantes provisions (quelques-unes étant, par précaution, disposées dans divers ronds-points secondaires). Au cœur de son dispositif, l'animal est donc dans le château, mais une sourde inquiétude ne tarde pas à s'emparer de lui. C'est que, partout où il se trouve dans ce terrier, il entend, ou croit entendre, un : « imperceptible sifflement ». Il a beau creuser toujours plus avant, il ne fait qu'enfouir plus irrémédiablement le bruit avec lui ; partout où il va, le bruit inquiétant — de plus en plus inquiétant — le suit. Y-a-t-il une possibilité d'y échapper ? Le récit évidemment laisse peu d'espoir. Considérons néanmoins la porte d'entrée (très peu usitée) du terrier. Le système de galeries qui y mène et qui est d'une construction plus ancienne s'appelle précisément le « labyrinthe ». Bien qu'il ne lui donne plus satisfaction, l'animal va probablement le laisser en l'état, car, dit-il : « je me sens une faiblesse pour cette œuvre de mes débuts ». Les commentateurs autorisés voient dans ce labyrinthe un symbole de l'œuvre antérieure de Kafka. Ils remarquent que, en dépit du fait que cette porte du labyrinthe-terrier est curieusement appelée « issue », le labyrinthe ne constitue pas, pour autant, une possibilité d'échapper à la malédiction : « (cette) issue (...) est sans doute dans tous les cas incapable de me sauver ; elle me perdrait plutôt ; mais elle reste un espoir et je ne peux vivre sans elle ». Ainsi le labyrinthe ne serait pas tant un espace donné à explorer, que ce que l'on creuse, ou construit, avec son « front », comme l'animal. L'ouvrage peut être insuffisant, et, même en le perfectionnant à l'infini, on y enferme avec soi le « sifflement ». Tel quel cependant, il aide à vivre. De la littérature comme labyrinthe : construction vaine et insensée, mais peut-être vitale.

Avant même les textes de Biély et de Kafka l'on aurait pu dire que les récits fantastiques du XIXe siècle étaient structurés comme des labyrinthes dont un centre peu fiable, ou franchement alarmant, mettait en cause l'image et le sens ordinaires du monde. Depuis les romans gothiques, jusqu'à ceux de la collection « Angoisse », nombreux seraient les exemples d'espaces fantastiques séparés du reste du monde et fortement centrés autour de la manifestation anormale. Certains textes déploient très explicitement, à partir de là, la thématique du labyrinthe. Ainsi dans la nouvelle de M.-R. James « Mr. Humphreys and his Inheritance » (1911), Humphreys hérite-t-il, avec le manoir, du parc et du labyrinthe de haies construit par son arrière grand-père. Au centre de ce labyrinthe, se trouve une colonne, surmontée d'une sphère en métal avec de curieuses inscriptions. Cette sphère est anormalement brûlante, sauf pour le propriétaire du château. Mais celui-ci aura son lot de mésaventures liées au labyrinthe et ses tourments ne cesseront que lorsqu'il l'aura fait détruire; un peu comme si les cendres de l'aïeul dans la sphère n'étaient pas refroidies et qu'après commerce avec les Ténèbres et leur Prince l'heure fut enfin venue de sa véritable disparition. Dans *Krysolov / L'Attrapeur de Rats* de A. Grin (1924) comme dans *Dum o tisichi Patrech / La Maison aux mille Etages* de J. Weiss (1929), l'élément essentiel est un immense édifice et l'action semble plus ou moins liée à la question du pouvoir. Ces deux très bons et énigmatiques récits laissent une forte impression de cauchemar à la recherche interminable de son sens. Presque toutes les nouvelles de H.-P. Lovecraft pourraient illustrer cet aspect labyrinthique de l'espace fantastique. Deux d'entre elles décrivent longuement des constructions labyrinthiques délibérées et terribles. A la suite d'A.-G. Pym, le narrateur des « Montagnes hallucinées » (1931) découvre, à l'antarctique, le formidable labyrinthe de pierres et l'effrayante mégalopolis laissés là par les Grands Anciens venus probablement d'ailleurs. Dans « In the walls of Eryx » / « Dans les murs d'Eryx » (1935), c'est sur Vénus que le narrateur meurt, prisonnier d'un labyrinthe aux parois complètement transparentes. Dans *Le Labyrinthe* du suisse M. Sandoz (1949), nous retrouvons une inspiration très classique, puisque le labyrinthe de verdure abrite une créature mi-homme, mi-crapaud, véritable propriétaire du château et du domaine. Dans la nouvelle de Robert Aickman : « Bind your hair » (1964) (traduite sous le titre « La nuit du labyrinthe »), comme dans le roman d'Ursula Le Guin : *The Tombs of Atuan / Les Tombes d'Atuan* (1971), le labyrinthe (dédale de petits remblais dans le premier cas, souterrain immémorial dans le second) est le lieu de cultes effrayants et mystérieux. Dans le labyrinthe fantastique, une autre vérité du monde s'entrevoit.

Dans les romans d'analyse psychologique plus traditionnels, ou moins investis par l'irrationnel, la figure du labyrinthe apparaît quelquefois et, entre les deux guerres, l'on pourrait probablement noter un accroissement de son utilisation. Elle sert alors beaucoup plus à dire le désarroi et la perte, que la confiance et la certitude. Dans *This side of Paradise / L'Envers du Paradis* de F.-S. Fitzgerald (1920), Amaury ne s'est échappé de sa petite prison que pour tomber dans « un grand labyrinthe ». A la différence des romans de la quête mystique, ou métaphysique, ceux de l'errance psychologique mettent l'accent non sur la recherche d'un centre, mais plutôt sur celle d'une sortie. Même si la sortie joue souvent le rôle d'un centre (en abolissant le labyrinthe), le remplacement d'un terme par l'autre est loin d'être insignifiant. Dans *L'Uomo nel labirinto / L'Homme dans le Labyrinthe* de C. Alvaro (1926) l'homme, perdu dans la ville, fait l'expérience de l'angoisse et l'issue se trouve simplement dans le retour à une vie plus naturelle et authentique. Il peut y avoir complaisance dans l'évocation des méandres psychologiques et moraux et parfois délectation dans les errements. Dans *Le Voyageur sur la Terre* (1925), J. Green se défend d'entraîner son lecteur « à travers le labyrinthe de ces sentiments compliqués »; mais significativement, F. Mauriac écrit à propos des écrivains du XVIIe siècle : « ils ne se glorifient pas de leur labyrinthe intérieur; ils n'en subissent pas la hantise; ils ne s'y perdent pas, comme c'est notre passion aujourd'hui » (*Vie de Racine*, 1928). Ce goût de l'auto-analyse, cette tentation de l'égarement, marquent une accentuation de l'individualisme et de l'égotisme, en même temps qu'un effacement du principe garant et organisateur du monde. Même le très classique E. Estaunié s'attarde dans son *Labyrinthe* (1924) à évoquer les errements d'un personnage qui a commencé à s'enfermer dans le mensonge. Il espère trouver une « issue » à la situation intenable dans laquelle il s'est enfermé. Mais le recours tardif à la vérité ne suffira pas à le tirer de ce dédale où il restera prisonnier attendant de voir à nouveau « les feuilles verdir ». Les labyrinthes psychologiques ne sont plus tout à fait des labyrinthes spirituels; la grâce y manque, regrettablement, d'efficace.

Dans la poésie en revanche semblent se maintenir, à la même époque, l'idée du centre et l'image positive du labyrinthe; mais il s'agit d'un centre très différent de celui de Comenius ou de Bunyan (que même E. Estaunié a renoncé à faire figurer tel quel). A la recherche du point de coïncidence et d'annulation des contraires à travers le réseau des analogies, les surréalistes voient dans le labyrinthe une figure propice : « les labyrinthes ne sont pas faits pour les chiens » déclare P. Eluard (qui est familier de l'image) dans *152 Proverbes mis au goût du jour en collaboration avec B. Péret* (1925). Dans le *Paysan de Paris* (1926), Aragon conseille d'ailleurs aux jardiniers de multiplier les allées sinueuses, de se laisser aller à : « de véritables folies labyrinthiques ». L'une des expositions les plus célèbres du groupe, l'exposition internationale du surréalisme de Paris, en 1947, se présente comme un lieu initiatique. Ce n'est là, bien entendu, qu'une image; mais A. Breton tient à cette « indication » au moment où « la poésie et l'art (...) renoncent à précéder l'homme, requis ailleurs, dans le dédale périlleux de l'esprit ». Héritier des baroques espagnols, Leopoldo Marechal poursuit dans son *Laberinto de Amor* (1936) une quête de soi qui est aussi, recherche de l'essence de l'Argentine. L'écriture de l'énigme, la connaissance par les gouffres, sont au cœur de la prospection poétique d'H. Michaux. Dans *Epreuves, Exorcismes* (1940-44), « Labyrinthe » donne, de la figure, l'image du cycle toujours recommencé, de la marche immobile, et aussi celle de l'ordonnance même du réel. « Contre » dans *La Nuit Remue* (1934) laissait place à plus d'optimisme : « Dans le noir, nous verrons clair mes frères / Dans le labyrinthe, nous trouverons la voie droite ». Après s'être perdu dans les chemins vagabonds du temps, Edwin Muir, égaré dans différents espaces (marins, terrestres, célestes), semblait lui faire écho : « Friend, I have lost the way / (...) The way is one / I must retrace the track » (« The way » dans *The Labyrinth*, 1949). Le sens échappe, mais il y a du sens et la poésie doit tenter de le faire apparaître.

Autour de la Seconde Guerre mondiale, l'on constate une forte poussée du thème du labyrinthe qui prépare la montée structurale des années 50-60. Le thème peut être, tout d'abord, métaphore de l'aventure collective, image aidant à penser l'aventure de l'homme dans l'histoire. Déjà, pour évoquer la guerre civile espagnole, Max Aub intitulait : *El laberinto mágico / Le Labyrinthe magique* sa trilogie romanesque (1940-42) devenue plus tard une quadrilogie (1968). *El Laberinto de la soledad / Le Labyrinthe de la Solitude* d'O. Paz (1950) est à la fois une analyse de la mexicanité, une histoire du Mexique et une philosophie de cette histoire. Au cœur de la condition humaine, mais plus fortement encore au centre de l'expérience mexicaine (tant individuelle que collective), on trouve la solitude. Y échapper sera long et difficile, mais c'est seulement au bout de ce labyrinthe que l'homme mexicain pourra enfin communiquer avec les autres hommes. Des romans où les souvenirs de la guerre et des totalitarismes rendent décisive l'influence de Kafka donnent une large place à l'errance labyrinthique. *Nekyia. Bericht eines Uberlebenden / Nekyia. Récit d'un Survivant* (1947) de H.-E. Nossack est, dans le monde déserté et cauchemardesque d'après la catastrophe, tentative difficile de se souvenir de ce qui s'est passé et recherche anxieuse de quelqu'un à qui le dire. *Die Stadt hinter dem Strom / La Ville au-delà du Fleuve* de H. Kasack (1947), nous transporte aussi dans un monde d'après la catastrophe où le personnage principal est appelé par la Préfecture à un poste d'archiviste chargé d'étudier tous les documents publics et privés de la ville pour conserver ceux qui pourraient être utiles à la communauté. Mais dans les caves de la ville le personnage comprend que c'est un peu toute la mémoire de l'humanité qui est enfermée et il ne voit pas selon quelle loi il pourrait décider de ce qu'il faut, ou non, conserver. A la fin cependant, l'influence de Hesse vient relayer celle de Kafka et l'idée d'une sagesse inspirée de l'Orient s'installe. Dans toute la littérature existentialiste, par ailleurs (et en particulier chez Sartre) le thème d'une « issue » à trouver face à l'absurdité du monde est très insistant.

Mais la métaphore du labyrinthe n'est véritablement déployée que lorsque l'étrangeté du monde peut redevenir le chemin emblématique et secret de l'aventure. Il n'est pas rare alors qu'un « véritable » labyrinthe soit introduit dans la fiction et vienne renforcer la thématique d'ensemble. Dans *Le labyrinthe ou le Jardin de Sir Arthur* de N. Vedrès (1946), le labyrinthe de verdure, remis en état par le magnat, est un équivalent et un redoublement de l'espace fantasmagorique où se déploie l'action. Tout au bout de l'événement, il brûle. Celui que Langlois fait planter dans *Un Roi sans Divertissement* de Giono (1947) est comme sa marque personnelle, la trace qu'il laisse sur cette terre, avant de se faire sauter la cervelle. Dans *Labyrinthes* (1947), L.-P. Guigues utilise l'image, à travers la découverte de la femme et l'expérience du cosmique, pour une interrogation sur le secret du désir. L'appareil à sous des *Portes Dauphines* de M. Carrouges (1954) fait passer le narrateur dans une autre dimension où se mêlent singulièrement visions anticipatrices et secrets anciens pour constituer, sous l'égide du labyrinthe, « le chemin si longtemps désiré ». Le plus représentatif de ces romans du labyrinthe serait peut-être *Cefalù* de L. Durrell (1947), où une agence de voyage offre, en plus de la traversée jusqu'en Crète, une visite de la caverne de Cefalù, le labyrinthe du mythe, s'il faut en croire l'agence. Au cours de cette visite un effondrement de terrain laisse les sept touristes sans guide dans l'obscurité des galeries. Chacun y sera mis à l'épreuve et connaîtra un sort correspondant à sa nature profonde. Mais ce scénario initiatique complaisamment mis en scène est aussi un jeu sur ce qui s'est réellement passé : mystagogie de Hogarth le psychanalyste, ou mystification d'Axelos le maître de l'île? Quelque part entre les deux se place Durrell le romancier. Dans *The Alexandria Quartet / Le Quatuor d'Alexandrie* (1957-60), il rompt avec l'anecdote délibérément schématique et provocante de *Cefalù* et c'est toute la réalité de l'expérience que l'écriture se donne pour tâche de dire à travers l'évocation de cette ville — centre du monde — « capitale de la mémoire », « catin d'entre toutes les villes », Alexandrie. Pour ce faire, le roman éclate en quatre récits concurrents et complémentaires, il tend à se faire labyrinthe de miroirs faisant apparaître le réel à la convergence de ses facettes. Le récit n'évoque plus seulement l'image du labyrinthe, il en reproduit aussi la structure, il veut en fournir l'intime expérience. Nous entrons dans l'ère des labyrinthes de l'écriture.

Le labyrinthe devient alors une des métaphores les plus explorées de l'expérience littéraire. Celle-ci tend même le plus souvent à se faire expérience du labyrinthe, par divers moyens, et tout d'abord par référence au langage. Ainsi S. Beckett écrit-il de longs textes où s'entend la voix de personnages soliloquant en ce qui pourrait paraître d'interminables radotages. Dans *Molloy* (1948), nombreuses sont les scènes d'errance qui reviennent à l'esprit de Molloy, puis de Moran et l'ensemble de leur vie est comme l'errement pitoyable de vagabonds hémiplégiques. Les bribes d'information qui nous parviennent à travers digressions oiseuses, associations inconséquentes, répétitions, constituent aussi, à leur manière, pour le lecteur un labyrinthe. L'expérience cependant n'est pas comparée à celle du labyrinthe parce que nous ne sommes pas dans un récit où le niveau de conscience des protagonistes permet l'apparition de la métaphore. Nous sommes en deçà d'une image aussi construite et culturelle. Nous sommes dans une parole désorientée et divagante. Il n'y a pas de raison qu'elle trouve de centre, ni d'ailleurs de fin. Nous y sommes, comme nous sommes dans le langage et dans le monde qui sont à la fois finis et infinis. Pas tout à fait cependant, car la parole est du langage mis en œuvre par un locuteur et elle va ici s'appauvrissant et s'exténuant à mesure que le parleur s'atrophie et s'épuise. Tant qu'il parle pourtant, nous sommes avec lui, vivants. Souhaitons que dure un peu cette « performance », car au bout du dédale misérable des mots, du fond du silence, vient vers nous la mort prochaine. Chez M. Blanchot, l'œuvre inlassablement semble vouloir remonter jusqu'à sa source : « Qui parle, disait-elle. Qui parle donc? » demande, au début, la femme, dans *L'attente L'oubli* (1962). En quête de son origine le texte obstinément, et par tous ses moyens, tente de s'approcher du point aveugle qui génère son développement; il s'efforce de cerner au plus près le centre secret dont il sourd et qui commande tout son labyrinthe. Mais, dans la mesure même où il donne le mouvement, ce centre ne saurait être atteint, l'origine ne saurait être dite sans que le mouvement cesse. L'effort de le dire est à la fois le seul enjeu qui vaille et c'est un vain effort : « Le centre permet de trouver et de tourner, mais le centre ne se trouve pas » (1960). Vouée à dire à l'infini ce qui fait qu'elle dit, l'œuvre littéraire, selon M. Blanchot, est condamnée au supplice du centre, au labyrinthe de l'inatteignable, au sacrifice perpétuel pour qu'une parole soit. Parmi les nombreux textes où l'influence de Kafka est sensible, la voix qui, dans *Un homme qui dort* de G. Perec (1967), s'adresse au lecteur, à la seconde personne du singulier, lui raconte l'expérience qu'il a faite un jour d'une rupture avec sa vie ordinaire. Etudiant, un beau jour, il n'a plus fait les gestes qu'on attendait de lui, il a renoncé à tout projet, il a abandonné toute vie sociale organisée en quelque sens que ce soit. Systématiquement, il a choisi l'insignifiant et décidé de se limiter au décor vide de sa vie absente. Comme un bouchon au fil de l'eau, il se laisse dériver à la surface indifférente du monde. Comme un somnambule, il marche sans but, interminablement, à travers Paris. Mais dans ce très délibéré voyage au bout de l'errance, il ne s'est pas débarrassé de lui-même (ou de l'autre). Comme le sénateur de Biély, ou l'animal de Kafka, il a emmené le jeu cérébral avec lui. Bientôt le labyrinthe de Paris halluciné se peuple de rats et se resserrent les sorties de la folie ou de la mort... à moins que place Clichy, en attendant que la pluie cesse de tomber, « tu » ne décide que c'en est assez de cette solitude de l'homme des foules.

Une autre direction selon laquelle la littérature s'éprouve comme labyrinthe est celle du livre lui-même. L'on sait l'importance de ce thème dans son rapport à l'Ecriture Sainte et aussi dans l'utilisation qu'en a faite la littérature fantastique (comme grimoire détenteur d'un savoir ambigu). A ces prestiges connus, la littérature moderne a ajouté ses fascinations propres. Dans « El jardin de senderos que se bifurcan » / « Le jardin aux sentiers qui bifurquent » de Borges (1941), Ts'ui Pên n'a pas voulu, comme on le croyait, écrire un livre et construire un labyrinthe. Le manuscrit qu'il a laissé est, en fait, le labyrinthe dont il parlait. A toutes les possibilités de développements du récit en effet, au lieu de choisir une option, Ts'ui Pên « les adopte toutes simultanément », créant ainsi diverses histoires qui prolifèrent, bifurquent, se contredisent, ou se rejoignent, à l'infini. Au total cet énorme ouvrage chaotique est une énigme dont la réponse est le mot temps. Mot qui, comme il se doit, n'apparaît jamais dans le texte, car Ts'ui Pên ne croit pas à un temps uniforme et absolu, mais à des séries infinies de temps. Comme le manuscrit de Ts'ui Pên, le texte même de J.-L. Borges se prolonge en de multiples livres qui dérivent de lui. Peut-être pourrions-nous distinguer plusieurs types de livres-labyrinthes. Certains, comme ceux d'A. Robbe-Grillet relèveraient du livre des bifurcations ou des carrefours. Ainsi avec *Dans le labyrinthe* (1959), apparaît un narrateur qui dès les premières lignes donne brutalement à éprouver la liberté complète dans laquelle il se trouve : « Dehors il pleut (...) Dehors il y a du soleil (...) ». En s'inspirant du décor de la chambre où il se dit installé, il semble, après avoir choisi une version selon laquelle dehors il neige (ou il a neigé, ou il aurait neigé...), se mettre à imaginer l'histoire d'un soldat perdu dans la ville devant remettre un paquet à un destinataire imprécis. Dans la chambre, un tableau en particulier sert de tremplin au récit, ou plutôt aux récits, car le narrateur passe son temps à en essayer plusieurs. Deux scènes (quand le soldat rencontre un gamin ou s'assied dans un café) reviennent cinq ou six fois avec des variantes. Il n'y a évidemment pas de bonne version. Le jeu de navette entre l'« ici » et le « dehors » nous expose à la tension de l'intérieur et de l'extérieur, du subjectif et de l'objectif (un peu comme dans les récits d'enchantements), mais surtout il déploie et désigne à l'attention l'espace romanesque comme un labyrinthe de possibles. La fiction de « Lost in the funhouse » / « Perdu dans le labyrinthe » de J. Barth (1968) fait une plus large part à l'humour. Le narrateur a treize ans et le récit est à la fois celui de son non-accomplissement sexuel lors d'une visite en famille à la foire et celui de son inaccomplissement littéraire dans la rédaction de cette histoire. Constamment le récit s'interroge, se commente, s'arrête, dévie, jusqu'aux dénouements envisagés : il est mort en se racontant des histoires dans le noir du palais des mirages, ou bien il a réussi à construire un labyrinthe vraiment stupéfiant qu'il commande à partir d'un grand clavier central. Dans *Se una notte d'inverno un viaggiatore / Si par une nuit d'hiver un voyageur* d'I. Calvino (1979), l'expérience racontée est celle d'un lecteur qui commence successivement la lecture de plusieurs romans qu'un événement malencontreux vient à chaque fois interrompre de sorte que le récit initial est remplacé par un autre récit, lui-même remplacé par un autre récit, etc. Ce que le jeu de bifurcations ici interroge et met en lumière, c'est le plaisir narratif fondé sur la combinaison du révélé et du caché, du donné et du refusé, mais nous sommes toujours dans le jardin de Borges. Nous sommes dans ses parages avec le livre des commentaires où le texte s'établit, se glose et se dédouble sous nos yeux. C'est un des exercices favoris d'un grand virtuose du labyrinthe, V. Nabokov. Dans *Pale Fire / Feu pâle* (1962) le poète rêve de produire un « tissu de sens », de trouver « quelque lien dédalien / une sorte de structure concordante à l'intérieur du jeu » et son éditeur-commentateur rapproche cet espoir de l'image qu'on a pu se faire d'Aristote redressant « ce qui était dévié », simplifiant « le plan dédaléen » et faisant « de toute cette chose involutive, confuse, une seule belle ligne droite ». Mais cela n'empêche pas vraiment le lecteur de se perdre dans la ligne très zigzagante que forment le poème de Shade et le très disert et proliférant commentaire de l'étonnant Pr. Kinbote. Non content de prendre pour titre de son roman le titre de l'œuvre apocryphement prêtée à Herbert Quain par J.-L. Borges : *The God of the Labyrinth / Le Dieu du Labyrinthe* (1970), Colin Wilson fait du libertin du XVIIIe siècle dont son héros doit éditer les Mémoires un membre de la mystérieuse « secte du Phénix » qui faisait le sujet d'une des nouvelles les plus énigmatiques de l'écrivain argentin. L'on conçoit l'intérêt que le protagoniste, écrivain à la fois érudit et dans la lignée de D.-H. Lawrence ou de H. Miller, va prendre à découvrir que les membres de cette secte se vouaient à la pratique sexuelle comme « mystère magique » permettant d'approcher le sens du monde.

Peut-être pourrions-nous appeler livres de Zénon, les livres où comme dans l'*Emploi du Temps* de M. Butor (1957), l'écriture tente de dire ce qui se passe dans la vie, mais à mesure qu'avance le temps de l'écriture, celui de l'aventure continue de passer, sans que celui-là jamais puisse rejoindre celui-ci. Il y aurait aussi le livre des jeux, où le roman fait référence à un jeu proche du labyrinthe. Dans *Rayuela / Marelle* de J. Cortazar (1963), à l'exploration du labyrinthe de Paris puis de Buenos Aires, se superpose la tentative de métamorphoser les deux villes en une marelle unique, aire de jeu, itinéraire de la terre au ciel, espace du livre. Le lecteur a d'ailleurs le choix entre deux façons de lire le roman, deux parcours possibles, d'une case-chapitre à une autre. Le récit linéaire devient ainsi espace à deux dimensions, trajet ludique vers le ciel, horizon de l'aventure où la communication se rétablirait. L'on sait que *La Vie mode d'emploi* de G. Perec (1978) est fait de multiples « romans » qui sont comme les pièces d'un grand puzzle permettant de former l'image d'un immeuble parisien de 6 étages, pendant 100 ans. Mais les pièces du puzzle sont dans un désordre certain. L'index des noms propres, la table des histoires racontées invitent d'ailleurs à des lectures vagabondes selon d'autres enchaînements que celui de la succession « normale » des chapitres. Dans la chambre de Smautf, l'on trouve une gravure, dans le style d'Epinal, achetée à Bergen, et qui représente une remise de prix à un bon élève. Une inscription donne le titre « apparemment sans rapport avec la scène représentée : *Laborynthus* ». La récompense serait-elle au bout du travail labyrinthique? Sur le modèle de « Un conte à votre façon » de R. Queneau, des éditions pour enfants proposent des romans où le lecteur choisit sa propre aventure entre diverses possibilités. Dans *Qui a tué Edouard Balaruc?* d'E. Packard (1982), le trajet le plus court peut être de 15 pages, le plus long de 121. Dans *Deathtrap Dungeon / Le Labyrinthe de la Mort* de I. Livingstone (1984), ce trajet est en partie déterminé par le jet des dés et, malgré « l'Etre hideux » qui est caché dans ce labyrinthe, nous quittons la littérature pour nous rapprocher du jeu de rôle. Nous pourrions parler encore de livre des jardins avec les *Verborgene Gärten / Les Jardins secrets* (1982) du très borgésien M.-R. Dean, tout en trompe-l'œil et jeux de miroirs; ou avec les récits croisés de H. Dufour et G. Vignaux dans *Jardins labyrinthes* (1985), mais là, plus que le jeu structural, nous retrouvons le thème du jardin d'amour et même, au-delà, le mythe grec.

Il est en tout cas un dernier développement du thème du livre que nous ne saurions passer sous silence c'est celui de la bibliothèque. De Pétrarque à Baudelaire en passant par Montaigne, la rêverie sur la bibliothèque n'est pas nouvelle. J.-L. Borges en fait véritablement un dédale donnant sur d'autres dédales que sont les livres eux-mêmes. « La biblioteca de Babel » / « La bibliothèque de Babel » (1941) est faite d'un nombre indéfini et peut-être infini de galeries hexagonales » reliées par des couloirs et elle existe de toute éternité. Sur ses étagères, s'alignent les livres composés « par toutes les combinaisons possibles des vingt et quelques symboles orthographiques » dans toutes les langues. Bien que le nombre de ces combinaisons soit très grand, il n'est pas infini. Il est donc difficile d'imaginer la Bibliothèque comme illimitée, mais il est aussi difficile de concevoir que les hexagones, les couloirs et les escaliers puissent disparaître. Peut-être est-elle « illimitée et périodique », labyrinthe engendrant d'autres labyrinthes? Mais un seul livre peut aussi bien donner l'image de ce qui est à la fois fini et infini : par exemple, le grand livre circulaire à dos continu que les mystiques assimilent à Dieu; ou encore le livre total, somme et résumé parfait de tous les autres, que la Bibliothèque contient nécessairement puisqu'elle est infinie; à moins qu'il suffise de concevoir un volume « comprenant un nombre infini de feuilles indéfiniment minces »? La formidable bibliothèque-labyrinthe de *Il Nome della Rosa / Le Nom de la Rose* (1980) (dont Jorge l'ancien bibliothécaire aveugle est originaire de Burgos) n'est pas sans poser quelque problème. Les seuls labyrinthes que connaît le Moyen Age sont, en effet, à une seule voie (comme ceux qui figurent sur le pavement des cathédrales de France et d'Italie). Dès lors que le premier dessin connu d'un labyrinthe à plusieurs voies date d'environ le milieu du XVIe siècle, la possibilité au XIVe siècle d'une architecture comme celle imaginée par U. Eco est tout à fait improbable. Elle l'est d'autant plus que l'on insiste sur le fait que l'Edifice où se trouve le labyrinthe est d'une construction très antérieure à l'abbaye (qui peut elle-même avoir plusieurs siècles d'existence). Cet Edifice « né peut-être pour d'autres fins » n'est d'ailleurs pas tout à fait sans rappeler ces effroyables constructions laissées par les Grands Anciens chez Lovecraft. Notons encore que la règle pour trouver la sortie, savamment récitée par Guillaume d'après « un texte antique lu autrefois », a été proposée en fait au XIXe siècle, par un mathématicien français. L'impression alors s'ébauche que peut-être l'on se joue de nous; ou plutôt l'idée se confirme que la labyrintho-manie caractéristique de notre époque ici se moque d'elle-même. Cela n'aurait rien de bien étonnant dans la mesure où ce labyrinthe, trop labyrinthe pour être honnête, semble avoir pour fonction essentielle de garder inaccessible le deuxième livre de la Poétique d'Aristote retrouvé par Jorge. La crainte de l'ancien bibliothécaire (qui a probablement lu Bakhtine) est que si l'on venait à connaître cette étude sur la comédie, le rire serait libéré, l'homme affranchi de la peur et la Loi bafouée. Une nouvelle fois un livre du Philosophe porterait l'incertitude au cœur du livre des livres. Que brûle donc la Bibliothèque, que s'effondre Babel, pour que vive le Livre.

Figure symbolique qui permet de penser ensemble des postulations contradictoires, le labyrinthe relève de la pensée mythique. Il n'est peut-être pas sans intérêt de voir, à travers cette figure, comment la littérature, sur la longue durée, est partie prenante dans l'évolution de cette pensée. D'une façon générale, depuis les Grecs, l'effort de la pensée moderne est présenté comme un effort d'arrachement et de rupture par rapport à la pensée mythique. L'on peut tout d'abord constater que cet arrachement est continu et qu'il n'est pas terminé. La cassure ne s'est pas faite une fois pour toute, au VIe siècle avec la physique ionienne, ou au XVIe siècle avec Copernic, aussi importantes que soient les révolutions qu'ils amènent. Elle est progressive, et nous vivons dans cette rupture, ou dans cette tension. Il n'est pas sûr d'ailleurs que nous nous acheminions vers une séparation définitive, ou qu'il faille que cet arrachement s'accomplisse. Il faut admettre aussi que ce processus est complexe, qu'il peut connaître des anticipations, ou des retours en arrière qui ne sont pas nécessairement des régressions. Platon et le Cervantès de *Don Quichotte* présentent, dans notre perspective, de fantastiques anticipations, alors que Calderon ou Joyce feraient plutôt apparaître de très constructifs retours en arrière. Les grandes époques que nous avons distinguées, dans la prise en charge par la littérature de la figure du labyrinthe, correspondent, plus ou moins bien, à des décrochages ou des ré-orientations dans la constitution de la pensée moderne par rapport à la pensée mythique. S'il nous fallait déterminer les moments où cette pensée moderne marque le plus significativement un écart par rapport à la pensée mythique, nous dirions qu'en ce qui concerne l'imagination littéraire du labyrinthe, elle le fait à la Renaissance et au XIXe siècle. A la Renaissance, parce que le labyrinthe cesse d'être une réalité extérieure et hostile dont l'homme ne se sauve que par une grâce magique ou divine. Lorsque des poètes de la Renaissance imaginent le labyrinthe, ils ont sans doute en tête le mythe grec, mais ils ne le citent plus à chaque fois, comme c'était jusque-là toujours le cas. Ils entrent dans le labyrinthe, à la place des monstres et des héros, et considèrent la figure comme l'espace où il leur faut personnellement trouver leur chemin. Au XIXe siècle, parce que la conviction qu'il existe nécessairement un chemin menant au but disparaît et que, dans l'espace désacralisé, commence l'errance moderne. Les chevaliers du Moyen Age déambulaient dans la forêt sous le regard de Dieu. Les modernes chercheurs de sens sont, à tout moment, menacés d'errement indifférent et insignifiant. L'effondrement de l'image du centre est sans doute la raison du prodigieux développement du thème du labyrinthe. Avec la mort de Dieu, les chevaliers ont quitté la forêt, puis l'homme et la foule sont entrés dans le labyrinthe.

André PEYRONIE

BIBLIOGRAPHIE

Etudes

Gaston BACHELARD, *La Terre et les rêveries du repos*, Paris, Corti, 1948.
Helmut BIRKHAN, « Laborintus - labor intus. Zum Symbolvert des Labyrinths im Mitte-

lalter » *Festschrift für Richard Pittioni*, Archaeologia Austriaca, Beiheft 13, Wien, 1976.

Jacques Bousquet, *Les Thèmes du rêve dans la littérature romantique*, Paris, Didier, 1964.

Ana Hatherly, « Laberintos Portugueses dos seculos XVIIe XVIIIe », *Colloquio Artes*, 45, Juin 1980.

Wolfgang Haubrichs, « Error inextricabilis, Form und Funktion der Labyrinthabbildung in Mittelalterlichen Handschriften » *Text und Bild*, Wiesbaden, Dr Ludwig Reichert Verlag, 1980.

Ludmila Kapschutschenko, *El Laberinto en la narrativa hispano americana contemporánea*, London, Tamesis Books, 1982.

Luzius Keller, *Piranese et les romantiques français, le mythe des escaliers en spirale*, Paris, Corti, 1966.

Hermann Kern, *Labirinti*, Milano, Feltrinelli, 1981.

Jean-Clarence Lambert, « Le Labyrinthe des labyrinthes » dans *Labyrinthes* (F. de Ranchin), Paris, Hatier (plaisir des jeux), 1983.

W.-H. Matthews, *Mazes and Labyrinths*, London, Green and Co, 1922 ; et New York, Dover Publication, 1970.

Mario Maurin, *Henri de Régnier, le labyrinthe et le double*, Montréal, les Presses de l'Université de Montréal, 1972.

Jacques Ribard, *Le Moyen Age, Littérature et symbolisme*, Paris, Champion, 1984.

Paolo Santarcangeli, *Il Libro dei labirinti, storia di un mito e di un simbolo*, Firenze, Vallechi Editore, 1967. *Le Livre des labyrinthes, histoire d'un mythe et d'un symbole*, Paris, Gallimard, 1974.

LA LICORNE

Le mythe de la licorne, c'est d'abord une image : la dame à la licorne, popularisée par l'iconographie, par la tapisserie du Musée de Cluny surtout, qui en donne une représentation tardive, fruit d'une longue évolution. C'est aussi un récit, celui de la capture d'un animal inaccessible, farouche, sinon féroce, que seule une jeune fille vierge peut amadouer. La fable surprend par son indigence, car elle se réduit à cet unique événement. Sa puissance de suggestion est importante, cependant, par les ambiguïtés qu'elle comporte dès le départ, et qui vont croissant au fur et à mesure des adaptations littéraires ou artistiques, des récupérations parallèles par l'héraldique, l'alchimie et l'occultisme. Autour de la licorne s'est tissé un réseau mouvant de symbolismes, souvent éloignés de la scène originelle. Le point fixe de l'évolution se trouve dans le chapitre des *Bestiaires* médiévaux consacré à cet animal, parmi de nombreux autres : la chasse à la licorne y sert de support à une interprétation christologique, et le mythe semble n'être que le prétexte de la *senefiance*, la surface plaisante d'un sens profond qui en constitue la véritable finalité. Brève période de stabilité, en marge de la littérature : elle est liée à des textes encyclopédiques et marquée par l'emprise idéologique et formelle de l'exégèse scripturale. L'entrée de la licorne en littérature, comme métaphore du piège de l'amour, puis comme parèdre, antithèse et complément du lion, est un détournement de la donnée primitive, exclusivement religieuse.

Le mythe de la licorne est un carrefour de traditions souvent anciennes. Avant que ne s'impose la gracieuse figure de la pouliche blanche à la longue corne torsadée, typique du XVe siècle, la description hésite entre la monstruosité — l'unicorne réunit, à l'instar du griffon, du basilic ou du dragon, les parties de différents animaux — et la stylisation, qui ne retient que le détail de la corne unique plantée au milieu du front, indice d'étrangeté suffisant. Dans le corpus médiéval, trois types coexistent : encyclopédistes et voyageurs préfèrent l'hybride qui allie le corps de cheval, la tête de cerf, la queue de la truie (*cf.* Gossuin de Metz. *L'Image du Monde*) ; les *Bestiaires*, à la suite du *Physiologus* alexandrin, mettent l'accent sur la petite taille (cerf, bouc) et la corne ; les paraboles moralisantes, qui en font une incarnation de la Mort, la voient comme « une beste hideuse de cors et de teste » (*Dit de l'unicorne et du serpent*). La conception d'un animal de taille médiocre, blanc, avec des traits de capridés (la licorne de Cluny a une tête de chèvre, avec une barbichette) prévaudra à l'époque moderne, et la tendance dominante sera l'assimilation au cheval. Ces métamorphoses s'expliquent par la prégnance de l'anecdote de la capture, qui exige une taille sans démesure, et par la faveur du motif iconographique de la licorne chevauchée, en Italie, en Allemagne (Dürer) puis en France (Jean Colombe dans les *Heures de Chantilly*).

La disparité des représentations médiévales vient de l'origine complexe de cette créature. Les unicornes relèvent du fonds légendaire de l'Orient. L'*Atharva Veda* en connaît un exemplaire destructeur, et la Chine l'associe à sa mythologie politique, comme présage favorable annonçant un bon empereur ; le K'i Lin occupe une place importante dans l'histoire de Confucius. L'Antiquité compte les unicornes parmi les merveilles de l'Inde ou de l'Ethiopie, deux pays qui cristallisent les rêves d'exotisme de l'Occident. A travers les relations, transmises ou compilées, d'un Ctesias, médecin grec du IVe siècle avant J.-C., ou d'auteurs de la Basse-Antiquité (Elien, Cosmas), se fixe le portrait du monstre composite, appelé « monoceros », « âne sauvage », fort, invincible, et dont la corne est l'antidote souverain de tout poison. Les relais de la culture classique au Moyen Age en conservent l'image (Isidore de Séville, Raban Maur, Albert le Grand, Barthélémy) ; les voyageurs le quêtent jusqu'au XVIe siècle (Bernard de Breydenbach) et parfois, comme Marco Polo, le trouvent (le rhinocéros de Sumatra, « très vilaine bête à voir et dégoûtante », chap. CLXVII). L'élément le plus vivant de cette tradition est la corne, présent royal, objet d'un commerce florissant (sa valeur est onze fois celle de l'or), et point de départ de l'entreprise critique d'Ambroise Paré dans son *Discours de la Licorne*.

Le mythe littéraire de la licorne s'est élaboré sur cet arrière-plan de savoir et de légende. Il a une date de naissance précise. Parce que la *Bible* fait allusion à l'unicorne puissant et indomptable, le *Physiologus* l'intègre à son catalogue de bêtes remarquables, dont l'apparence ou le comportement renvoient, par les détours de l'interprétation allégorique, à dominante typologique et morale, aux vertus et vices du chrétien, au Christ et au démon, à l'Histoire du Salut. Dans cet ouvrage du IIe siècle après J.-C., le récit prend forme : on n'en possède pas de témoignage antérieur. Sa structure est reproduite sans variations, grâce au respect médiéval de l'autorité, dans les traductions en langue vulgaire, les *Bestiaires*, qui se répandent dans l'Europe entière à partir de la deuxième moitié du XIIe siècle. En langue d'oïl, cinq textes — de Philippe de Thaon (1119-1135), de Pierre de Beauvais (1175-1217), de Gervaise (début XIIIe), de Guillaume le Clerc (*id.*) et l'anonyme de Cambrai — en proposent un schéma constant : la licorne a une corne au milieu du front ; c'est un animal solitaire, habitant les montagnes et impossible à chasser ; sa « cruauté » est telle qu'elle (ou plutôt qu' « il », car « unicorne » est masculin) s'attaque même à l'éléphant, son ennemi mortel ; pour le capturer il faut une jeune fille vierge, placée sur son chemin : quand la bête l'aperçoit, elle vient se coucher « en son sein », et les chasseurs en profitent pour la lier et la conduire au palais du roi. A ces *natures* hétéroclites, l'exégèse rattache le dogme de l'unité de la trinité (la corne), et surtout le sort du Christ, incarné (le giron de la vierge), pris par traîtrise et conduit chez Pilate. Mais l'exploitation allégorique de l'anecdote est moins riche que ses équivoques, bien qu'elle ait donné lieu à un développement iconographique, surtout dans l'aire germanique, au XVe siècle : la Vierge, dans le *Hortus Conclusus*, reçoit sur ses genoux la licorne-Christ, poursuivie par quatre chiens que leurs banderoles désignent comme Miséricorde, Paix, Justice et Vérité.

Le tableau des *Bestiaires* a une connotation érotique, le plus souvent discrète, mais exprimée sans ambages par la version syriaque du *Physiologus* et chez Philippe de Thaon. Chez cet auteur, le premier en langue romane, la jeune fille met

« Hors del sein sa mamelle
E par l'odurement (= l'odorat)
Monosceros (= la licorne) la sent.
Dont vient a la pulcele
Si baise sa mamelle
En sun devant se dort » (V. 403-409).

La virginité suscite le désir et le tue. Le sommeil fatal, « petite mort » de l'amour, est aussi la métaphore de la mort au monde qu'est le désir (*cf.* le mythe de Tristan). Amour et mort, conjonction des contraires (le théologien Alain de Lille explique que la chaleur de la licorne, du désir, est attirée par la froideur de la virginité), force vaincue par la faiblesse, pouvoir troublant de la chasteté, séduction de l'inaccessible, piège du désir où le mâle est soumis à la femelle : autant d'implications qui nourrissent les avatars postérieurs du mythe.

L'animal inflexible qui abandonne sa force et sa cruauté dans le giron de la vierge devient au XIIIe siècle l'emblème de l'Amant « pris » par la Dame, du poète courtois qui choisit la souffrance et le martyre de la *fin'amor*, du service vassalique d'une suzeraine dont il attend et redoute la *merci*, la satisfaction d'un désir qui meurt d'être assouvi. Ce thème est directement emprunté aux *Bestiaires.* Un texte sert de transition : le *Bestiaire d'Amour* de Richard de Fournival, qui remplace les exégèses religieuses par des significations courtoises. Amour mène la chasse et punit l'orgueilleux; le sommeil est sans ambiguïté assimilé à la mort, au renoncement à soi, à l'anéantissement dans et par le désir :

> « jou me sui endormi et mors de tel mort com a Amors apartient, c'est desperanche sans atente de merci ».

Un poème célèbre de Thibaut de Champagne reprend l'image sur un mode moins dramatique : « Ausi com unicorne sui... » (je suis semblable à la licorne...). Le destin de l'animal est comparé à la « prison d'amour », à ce pouvoir mystérieux et implacable de la séduction, du regard qui enchaîne. Minnesänger allemands (Burckart von Hohenfels, Konrad von Würzburg, Hugo von Langenstein, etc.) et poètes italiens (Guido Cavalcanti, Stefano Protonotario, Chiaro Davanzati, etc.) contribuent au succès de cette image, qui ne garde du mythe que quelques éléments (la férocité qui signifie l'orgueil, la capture et le sommeil funeste), en éliminant le motif de la virginité. En même temps que cette version élaguée et détournée, existe une forme plus rudimentaire encore, dans laquelle seule la cruauté de l'animal intervient : la licorne, symbole de la Mort, poursuit un homme qui se réfugie sur un arbre; tradition orientale (*Pantschatantra* indien) relayée par le *Roman des Sept Sages*, le *Roman de Barlaam et Josaphat*, la parabole de l'*Unicorne et du Serpent*.

Au XIVe et au XVe siècle, le mythe se transforme. L'épisode de la capture n'en constitue plus le pivot. L'antithèse de la force animale du désir et de la chasteté, de la licorne et de la dame, subit une condensation et un déplacement : la licorne, directement associée à la dame comme compagne, devient le symbole de la féminité farouche et inaccessible; la composante mâle est reportée sur le lion, emblème du chevalier et du désir masculin. La conjonction des deux bêtes, fréquente dès lors dans l'héraldique (armes d'Ecosse) et dans l'alchimie (où ils représentent tous deux le mercure, mâle et femelle — la licorne étant aussi la compagne de l'alchimiste, et le lion l'alchimiste lui-même —), apparaît dans deux textes, les *Echecs amoureux*, le *Roman de la Dame à la Licorne et du Chevalier au Lion*, et surtout dans la tapisserie de Cluny. Les *Echecs* attribuent aux cavaliers de la dame les emblèmes du lièvre, résistance passive par la fuite et la peur, et de la licorne, pudeur active, chasteté sans compromis. Ceux du chevalier portent le lion et Orphée. Dans le *Roman*, Amour offre une licorne à la dame, pour sa perfection, et le chevalier conquiert par sa vaillance l'amitié d'un lion, qui le suit au combat. La tapisserie de Cluny offre des possibilités d'interprétation identiques, développées en paticulier par Bertrand d'Astorg dans son roman et essai Le *Mythe de la Dame à la Licorne* : vierge et séductrice, Ève et Marie, jeune fille et femme, le personnage féminin se tient toujours entre les deux emblèmes qui portent les armoiries.

Avec ces monuments, le mythe de la licorne achève son ère de gloire. Désormais, sa carrière sera plus sporadique, réduite souvent à des allusions. L'iconographie maniériste s'empare de l'animal ambigu pour en faire un thème de l'inversion (*Cf.* G.-R. Hocke. *Labyrinthe de l'Art fantastique*, 1967). Il devient l'exemple par excellence de la croyance fantaisiste, dénoncée par Ambroise Paré (*Op. cit.*), ou Athanase Kircher (*Chinae Monumentis*, 1667). La plénitude narrative et significative du mythe médiéval ne se retrouvera plus que dans des résurrections directement inspirées du passé. Cocteau fait revivre la tapisserie de Cluny dans son ballet *La Dame à la Licorne* (chorégraphie de Rosen, musique de Chailley, Munich, 1953) : le chevalier galope sur un lion, la licorne est avec une vierge qui seule peut la nourrir. Un jour que la jeune fille montre à l'animal son reflet dans un miroir, il y voit l'image du chevalier. La licorne meurt de ce contact avec la violence, l'imperfection de ce monde. La jeune fille restera seule, pour la pleurer. L'auteur a conservé les valeurs de pureté, de chasteté attachées à la licorne au XVe siècle et opposées à l'agressivité du lion. Un symbolisme identique, mais très indirect, se voit chez Tennessee Williams (*The Glass Menagerie, La Ménagerie de Verre*) : l'héroïne, Laura, possède une collection de figurines de verre et en casse la plus précieuse, la licorne.

La licorne continue à exister dans la mémoire littéraire, mais détachée de son mythe, en restant simplement le modèle de l'inaccessible, du merveilleux, voire du fabuleux. Parmi les occurrences dispersées (Spenser, Shakespeare, Cervantès, d'Urfé, La Fontaine), il arrive qu'on en rencontre de précises, voire de fidèles. Ainsi, chez Voltaire, dans la *Princesse de Babylone*, les fragments des récits médiévaux resurgissent : Formosante doit épouser le roi vainqueur d'une série d'épreuves ; parmi les prétendants, c'est un inconnu, monté sur une licorne, qui triomphe du terrible lion dans l'arène. On apprend qu'il vient du pays des Gangarides, dont les redoutables armées mettent tous les ennemis en déroute, même ceux qui se servent d'éléphants, grâce à leurs licornes. C'est encore la licorne qui permet au mystérieux prince et à la belle de voyager à travers le monde. Malgré les souvenirs nombreux de la tradition (lion, éléphants, férocité, Inde), la licorne n'intervient pas en tant que telle : elle fait partie du bric-à-brac exotique, au même titre que le phénix du roman. C'est de la même façon qu'elle est utilisée par E.T.A. Hoffmann dans *Klein Zaches (Petit Zachée)* comme parèdre du magicien Prosper Alpanus, l'homme des métamorphoses et de la féerie : il se déplace sur une conque attelée de licornes. La littérature allemande, du Baroque (Gryphius, Weckherlin) au XVIIIe siècle (Wieland), garde une certaine fascination pour l'animal légendaire : dès le *Parzival* de Wolfram von Eschenbach, la licorne appartenait au domaine de l'occulte (sa corne est garnie d'une escarboucle, pierre de lumière).

Une fois perdue la relation à la femme et à l'amour, il subsiste le halo de mystère, du mythe oublié et de l'être inaccessible aux mortels. Deux poètes ont su tirer parti de ce mélange d'incrédulité et de séduction qu'éveille la mention de la licorne. Rilke, à deux reprises, dans les *Nouveaux Poèmes* et dans les *Sonnets à Orphée*, joue avec l'ambiguïté de la « bête qui n'existe pas » (« das Tier, das es nicht gibt ») : « Certes, elle n'a pas été. Pourtant, parce qu'ils l'ont aimée, elle est devenue un animal pur ». Garcia Lorca l'évoque dans les *Chansons de Lune (Second Anniversaire* : « une licorne grise et verte, frémissante et extatique ») et dans le *Poème du Canto Jondo (Procession)* :

« Par la ruelle viennent
D'étranges unicornes
De quelle campagne
De quel bois mythologique?
Plus près
On dirait des astronomes. »

Comme chez Rilke, la licorne porte la marque de l'infini dans l'espace et le temps. Mais ces connotations peuvent être traitées ironiquement, comme chez J. Thurber, auteur des *Fabeln für Zeitgenossen (Fables pour les Contemporains)* : dans la « Licorne dans le jardin », un homme voit apparaître une licorne à corne d'or, qui mange une rose de son jardin; fasciné, il lui donne un lys; sa femme, incrédule et inquiète, veut le faire enfermer, mais la manœuvre se retourne contre elle, et c'est elle que les psychiatres emmènent.

Avec W.-B. Yeats, le mystère redevient divin. Dans *The Unicorn from the Stars (La Licorne venue des Etoiles)*, le charron irlandais Martin Hearne, avant d'achever son grand œuvre, a une vision (des jeunes gens étincelants, chevauchant des licornes, détruisent le monde et piétinent les vignes); la pièce raconte la quête du sens de ce rêve. La licorne se révèle comme symbole du spirituel et du surnaturel, destiné à détruire toute imperfection humaine. Cette tentative, comme celle de Cocteau, reste isolée. La plupart des auteurs contemporains qui se réfèrent à la licorne profitent de la puissance évocatrice du nom, surtout pour les titres. Mais il ne s'agit plus que de créer une atmosphère onirique, et de bénéficier du prestige toujours vivant du mot pour désigner un personnage féminin idéalisé, inaccessible et secret (*La Licorne* de P. Herbart, 1964, où une maison immense et délabrée abrite les jeux d'enfants parmi lesquels une fille, Juliette, résignée et lointaine), ou déconcertant (M. Walser. *Das Einhorn*, 1966). C'est peut-être la littérature enfantine qui reste la plus proche de la réceptivité médiévale au merveilleux : *The Unicorn who wanted to be seen* (L.-K. Hahn, New York, 1968), *L'Enfant et la Licorne* (W. Mankowitz).

Armand STRUBEL

BIBLIOGRAPHIE

Textes

On ne peut parler de textes fondateurs pour ce mythe, tant les occurrences sont dispersées et fragmentaires ; cependant, le *Physiologus* en constitue un relais essentiel (*Physiologus Graecus*, éd. F. Sbordone, Milan, 1936). Le chapitre sur la licorne est repris dans les *Bestiaires* en latin, puis en langue vulgaire (voir G. BIANCIOTTO, *Bestiaires du Moyen Age*, Paris, Stock, 1980, Coll. « Stock Plus », n° 35).

La matière médiévale se répartit entre les encyclopédies et les œuvres plus littéraires. Parmi les premières, ALBERT le GRAND, *De animalibus*, éd. Cl. Baumker, Munster, 1921 ; BRUNET LATIN, *Le Livre du Trésor*, éd. F.-J. Carmody, Berkeley, 1939-1948, réimpr. Genève, 1975 ; GOSSOUIN de METZ, *L'Image du monde*, éd. H.O. Prior, *L'Image du monde de maître Gossouin, rédaction en prose*, Lausanne-Paris, 1913. Dans les textes littéraires, les versions de la parabole se trouvent dans *Barlaam et Josaphat*, éd. L.-R. Mills, Genève, Droz, 1973 (« Textes littéraires français ») ; dans le *Dit de l'Unicorne*, éd. A. Jubinal, *Nouveau Recueil...*, Paris, Challanel, 1842, t. II, pp. 113-123 ; chez GUILLAUME le CLERC, *Les Trois Mots*, éd. R. Reinsch, *Zeitschrift für Romanische Philologie*, III, 1879, pp. 225-231. Les adaptations poétiques ou romanesques chez THIBAUT de CHAMPAGNE, *Œuvres poétiques*, éd. A. Wallensköld, Paris, 1925 (« Société des anciens textes français »), et dans le *Roman de la dame à la licorne et du chevalier au lion*, éd. F. Gennrich, Dresde, 1908 (« Gesellschaft für romanische Literatur », 18). Le traité d'Ambroise PARÉ, *Discours de la mumie, des venins, de la licorne, de la peste* a été édité dans les *Œuvres complètes* par J.F. Malcaigne, Paris, 1840 (réimpr. Genève, Slatkine, 1970).

Jalons modernes : L.-K. HAHN, *The Unicorn who wanted to be seen*, New York-Londres, 1961 ; Rainer Maria RILKE, *Sonette an Orpheus*, Wiesbaden, Inselverlag, 1950 ; *Neue Gedichte*, Francfort/M, Inselverlag, 1974 ; Tennessee WILLIAMS, *The Glass Menagerie*, *Four Plays*, Londres, 1956 ; W.B. YEATS, *The Unicorn from the stars*, *Collected Works*, III, Londres, 1908.

Etudes

Bertrand d'ASTORG, *Le Mythe de la Dame à la Licorne*, Paris, Editions du Seuil, 1963 (« Pierres Vives »).
R. BROWN JR, *The Unicorn, a mythological investigation*, 1881.
J.-W. EINHORN, *Spiritualis Unicornis. Das Einhorn als Bedeutungsträger in Literatur und kunst des Mittelalters*, Munich, Finck, 1976.
L. GERMAIN, *La Chasse à la licorne et l'Immaculée Conception*, Nancy, 1897.
C.-G. JUNG, *Psychologie und Alchemie*, Zurich, Rascher Verlag, 1944.
O. SHEPARD, *Lore of the Unicorn*, Boston, 1930.

Lilith

Ce mythe a des origines très lointaines qui se situent dans la vieille Babylonie, où les anciens Sémites avaient adopté les croyances de leurs prédécesseurs, les Sumériens, et il se rattache aux grands mythes de la création. Des liens étroits l'attachent au serpent, souvenirs d'un culte très ancien qui honorait une Grande Déesse nommée aussi le « Grand Serpent » et « Dragon », puissance cosmique de l'Eternel Féminin, et adorée sous les noms d'Astarté, Istar ou Ishtar, Mylitta, Innini ou Innana.

Des inscriptions découvertes dans les ruines de Babylone (Bibliothèque d'Assurbanipal) éclairent les origines de Lilith, courtisane sacrée d'Innana, la Grande Déesse Mère, envoyée par cette dernière pour séduire les hommes dans la rue et les amener au temple de la Déesse, où avaient lieu les rites sacrés de fécondité. La confusion a été faite entre Lilith, nommée « La Main d'Innana » et la déesse qu'elle représentait, qui elle-même portait parfois le titre de « Prostituée Sacrée ».

Le nom de Lilith a une filiation sémitique et indo-européenne. Le mot sumérien « lil », que l'on retrouve dans le nom du dieu de l'atmosphère Enlil, signifie « vent », « air » et « tempête ». C'est ce vent brûlant qui, selon la croyance populaire donnait la fièvre aux femmes accouchées les tuant ainsi avec leurs enfants. Lilith fut primitivement considérée comme l'une des grandes forces hostiles de la nature au sein d'un groupe de trois démons, dont un mâle et deux femelles : le

Lilû, la Lilitû et l'Ardat Lili, cette dernière étant la femme du ravisseur de la lumière, ou ravisseur femelle de la lumière.

Une parenté existe aussi entre Lilith et les mots sumériens « lulti » (lascivité), et « lulu » (libertinage). Lilith utilise sa séduction (belle femme aux longs cheveux) et sa sensualité (très animale) à des fins de destruction. Ce fut probablement pendant la captivité de Babylone que les Juifs firent connaissance avec ce démon qui exerçait surtout la nuit ; mais la connexion entre le mot hébreu « laïl » (nuit) et le nom de Lilith a été reconnu comme improbable. Lilith est cependant représentée souvent sous les traits d'un oiseau de nuit, chouette ou effraie.

Deux autres voies de recherche permettent encore de compléter la description de Lilith par les possibles rapprochements de son nom de la racine indo-européenne « *la » (crier, chanter) d'une part, et du mot grec λάω d'autre part.

De « *la » dérive le sanscrit « *lik » (lécher), ainsi qu'un grand nombre de mots ayant un rapport à la langue et aux lèvres : « Lippe » (allemand), « lippe » (français), « labium » (latin) ; Lilith dévore les enfants, et ses lèvres et sa bouche sont toujours soulignées dans les œuvres littéraires postérieures.

Le mot λάω en rapport aussi avec les mots « lux » (latin), « luz » (espagnol), « light » (anglais), « licht » (allemand), donne l'idée de lumière, ou plus précisément celle de « voir avec une vue perçante », « voir la nuit », « s'affranchir de l'obscurité » (voir Jacques Bril, *Lilith ou la Mère obscure*, III, 3, « Messages philologiques ») ; or certains textes littéraires font intervenir Lilith dans une sorte de recherche initiatique étrange menée par le héros.

Les textes fondateurs

Lilith est mentionnée dans *L'Ancien Testament, Livres des Prophètes*, Isaïe 34/14, poème apocalyptique sur la fin d'Edom qui se changea, par la colère de Yahvé, en brasier de poix, avant de se transformer en désert où plus personne ne passera, sauf le pélican, le hérisson, la chouette et le corbeau, qui feront de ce chaos leur repaire, et

> « là aussi se tapira Lilith
> pour y trouver le calme en compagnie des chats sauvages, des hyènes, des satyres, de la vipère et des vautours ».

C'est du rapprochement de ce passage (l'exil de Lilith) et des deux récits de la création de l'homme et de la femme par Yahvé (chapitres I et II de la *Genèse*) que naît le mythe de Lilith dans les temps modernes : première femme créée, elle prononça le « nom ineffable » qui lui donna les ailes au moyen desquelles elle s'enfuit du jardin de l'Eden, où elle abandonna Adam avec lequel elle ne s'entendait pas. Entérinée par la poursuite des trois anges — Sinoï, Sinsinoï et Samengeloff — qui, la retrouvant au bord de la mer Rouge, lui demandèrent en vain de revenir, cette fuite devint mise à l'écart. Depuis ce jour, en réponse à la menace des trois anges (voir des milliers de ses enfants tués chaque jour), et par désir de vengeance et jalousie à l'égard d'Eve créée après elle pour la remplacer — non plus de la terre, à l'égal d'Adam comme Lilith, ce qui est présenté comme la cause de la mésentente entre Lilith et Adam, mais cette fois d'une côte de ce dernier — Lilith revient dans le monde des hommes, descendants d'Adam et d'Eve, pour leur nuire.

Les premiers textes connus qui font mention de Lilith sont des textes de mise en garde contre le démon Lilith, qui offrent des conjurations et des recettes pour s'en protéger, et spécialement pour l'éloigner des enfants et des femmes en couches : Le Testament de Salomon (≃ IIIe siècle), *Le Talmud* (≃ Ve siècle) où apparaît aussi une troisième classe de démons à forme humaine portant des ailes : les « Lilins », *L'Alphabet de Ben Sira* (≃ VIIe siècle) où s'inscrit la version la plus populaire et la plus naïve du mythe, *Le Zohar* (≃ XIIIe siècle) qui en donne la version la plus occulte, et *La Kabbale* (≃ 1600) où l'on voit Lilith s'unir à Sammaël.

Lilith la révoltée

La littérature s'intéresse surtout à Lilith la révoltée, qui dans l'affirmation de son droit à la liberté et au plaisir, à égalité avec l'homme, se perd elle-même ainsi que ceux qu'elle rencontre. Femme sensuelle et fatale, elle aspire aussi à la suprématie et au pouvoir. C'est ce qui apparaît dans un drame allemand daté de 1565 : *Jutta*, qui reprend en compte l'existence de Lilith en racontant l'histoire de sa petite fille, Jutta ou Johanna, seule femme connue à être devenue papesse. Cette histoire a été reprise au XXe siècle par Lawrence Durrell dans un roman : *La Papesse Jeanne*, et par Odile Ehret dans une pièce jouée à la Cartoucherie de Vincennes à Paris en 1983 : *La Papesse ou la Légende de la Papesse Jeanne et de sa Compagne Bartoléa.* Claude Pasteur en a aussi tiré un roman à la même époque, intitulé : *La Papesse* (1983).

Milton, dans *Paradis perdu* fait allusion à Lilith en 1667 sous le nom de « sorcière serpent ». Héroïne désespérée pour les romantiques, elle est décrite comme une femme belle et sensuelle, aux longs cheveux, qui entraîne les autres avec elle dans un tourbillon de malheurs, de désastre et de mort. Son aspect hideux de

« buveuse de sang » est rappelé par Victor Hugo, qui la confond avec Isis dans *La Fin de Satan* (1886) :

> « La fille de Satan, la grande femme d'ombre
> Cette Lilith qu'on nomme Isis au bord du Nil... »
>
> « Je suis Lilith-Isis, l'âme noire du monde »,

et la fait disparaître devant l'ange de la liberté

Dante-Gabriel Rossetti, dans *Eden Bower* et *The House of Life* (« La Maison de vie »), (1870-1881), fait de Lilith une sirène tentatrice, la femme fatale éternelle au charme irrésistible et infernal, qui, par son mystère, provoque chez les hommes le désir et le sentiment d'aventure et les conduit à leur perte.

Ainsi apparaît-elle toujours dans les œuvres modernes et contemporaines de la fin du XIXe et du XXe siècle.

Dans le roman de Marc Chadourne *Dieu créa d'abord Lilith* (1937), elle sème la ruine, la mort et un irrémédiable désespoir, avant de disparaître, désespérée elle-même et toujours révoltée, on ne sait où ; peut-être est-elle morte, peut-être non.

Lilith, Lulu, Lolita : complexité du mythe

La pièce *Lulu* de Wedekind (ensemble composé de *L'Esprit de la Terre*, 1893, et de *La Boîte de Pandore*, 1901), adaptée au cinéma par Pabst (1928), reprise par l'opéra de Berg (première mondiale au Théâtre national de l'Opéra de Paris, le 24 février 1979, mise en scène de Patrice Chéreau), et jouée dans l'adaptation intégrale de Pierre Jean Jouve (1983) à la Cartoucherie de Vincennes en 1985, offre un portrait magistral et éclatant de Lilith, mettant en évidence toute sa complexité et les thèmes principaux du mythe. Ce qui est étonnant, c'est que l'inspiratrice présumée de cette œuvre de Wedekind, Lou-Andréas Salomé, fut elle-même décrite par Freud comme possédant des traits et des caractères se rapportant aussi au mythe de Lilith.

Remy de Gourmont, dans sa pièce *Lilith*, en 1892, reprend toute l'histoire traditionnelle de la création, telle qu'elle est décrite dans les textes sacrés juifs, sur un mode d'humour cynique et d'érotisme, lié à une vision pessimiste de la vie humaine. Pourtant, malgré le ton de divertissement de cette œuvre, il apparaît nettement que l'occurrence du mythe de Lilith ouvre sur une recherche démesurée, pour l'homme, de l'origine et du sens de la vie.

C'est ce qui apparaît aussi dans le roman de George Macdonald *Lilith* (1895), où le héros, confronté à Lilith, est projeté sur le fil périlleux d'une longue et pénible initiation, au terme de laquelle il se retrouve seul et incertain.

C'est quelque chose de semblable qui arrive au héros du roman *Lolita* de Nabokov (1955), même si l'initiation « à l'envers » du héros, qui le mène à la folie destructrice et à la mort, se présente de manière toute différente. Emprisonné et attendant son exécution, c'est à la gloire de la « petite Lilith » qui l'a mené là, pour se la rappeler à lui-même et tromper la douleur qu'a provoquée en lui leur séparation qu'Humbert-Humbert écrit son histoire. L'art s'inscrit donc ici, comme un signe brillant, au tableau du mythe, par le clin d'œil du génial écrivain (Nabokov) qui désigne son héros écrivant, et affirme sa liberté de « transcender à son gré l'héritage national » (voir V. Nabokov, *A propos de Lolita*, dans *Lolita*, éd. Gallimard, 1959).

L'aspect dévorateur d'enfants de Lilith s'est élargi enfin jusqu'à celui de grande mère destructrice qui engloutit le monde humain tout entier dans sa grande bouche d'inconscience, de violence et de mort.

Ceci se manifeste dans le titre même de la dernière étude parue sur le mythe de Lilith : *Lilith ou la Mère obscure*, de J. Bril (1981) ; et c'est aussi sous cet aspect que le mythe apparaît de manière obsédante dans le roman de P. Sollers : *Femmes* (1983).

Parallèles

Certaines associations de Lilith avec la Reine de Saba rappellent son aspect faussement lumineux. Comblant l'homme qui se laisse prendre à ses charmes de ses dons, elle l'oriente vers une recherche qui l'isole des autres, et l'entraîne dans une voie qui va à l'encontre de la vie. Fritz Wittels, psychanalyste autrichien, a inventé en 1932 un « complexe (ou névrose) de Lilith », qui n'est pas sans rapport avec cela.

Le mythe de Lilith a pour fonction d'écarter d'elle les hommes, en les avertissant du danger qu'elle représente pour eux.

Sa fonction principale est cependant d'avertir les femmes : celle qui ne suit pas la loi d'Adam sera rejetée, éternellement insatisfaite et source de malheur. La fin de la nouvelle d'Anatole France, dans *Balthasar, « La Fille de Lilith »*, fait de cette héroïne un parallèle féminin du « Hollandais Volant », qui aspire au destin d'Eve et à la condition de mortelle pour connaître « la vie » et « le plaisir ».

Pourtant, l'évolution de ce mythe au fil des textes, et ses résurgences répétées à l'époque moderne, tendent à attirer notre attention de manière particulière sur cette figure féminine — qui représente aussi une vision de la vie et du monde humains, et de la hiérarchie qui les régit — rejetée de la société des hommes et qui veut se faire connaître, au besoin « à l'envers », par le mal qu'elle leur fait. La confusion de Lilith avec Isis, adorée comme Grande Mère guérisseuse et salvatrice, et d'autres mythes voisins, à l'ambivalence bénéfique/maléfique, nous rappelle que ses effets sur la vie humaine dépendent en grande partie de la perspective dans laquelle les hommes l'inscrivent, et du regard qu'ils lui portent. La mode touristique des randonnées dans le désert le dit à sa façon : certains hommes s'apprêtent à aller rendre visite à Lilith sur le terrain même, au besoin, de son exil. Il est significatif que des étudiants de l'université israélite de Jérusalem (en 1971) d'une part, et des femmes américaines (en 1976) d'autre part, aient utilisé le nom de Lilith comme titre de revues, dans une perspective de révolte et de liberté. Reconnue et réintégrée au sein de la communauté humaine dans le respect de ses talents et de ses droits, deviendrait-elle une déesse bénéfique et protectrice, comme ce fut le cas pour Kishimojin, l'une de ses sœurs en Inde qui, fille de la Déesse Dragon et destructrice et voleuse d'enfants, devint la déesse qui aide aux accouchements après que Bouddha lui eut rendu son fils ? C'est en tout cas une perspective d'avenir optimiste, parmi d'autres qui le sont moins... Quoi qu'il en soit, Lilith nous rappelle toujours que les forces de mort répondent aux forces de vie, et que tout s'équilibre — jour et nuit, obscurité et lumière, féminin et masculin — sans qu'aucun jugement de valeur ou rapport de domination puisse être porté de l'une sur l'autre partie du même tout, sous peine de suites néfastes pour celui-ci. Elle tente aussi de nous dire qu'il y a toujours quelque chose à trouver, pour le bien de l'ensemble, dans toute partie rejetée de la création, qui, de très loin, continue de nous faire signe.

Brigitte COUCHAUX

BIBLIOGRAPHIE

Alban BERG, *Lulu*, Livret d'opéra d'après Frank Wedekind, *L'Esprit de la Terre* et *La Boîte de Pandore*, traduction française d'Isabelle et Hans Hildenbrand, 2 tomes (Paris, J.-C. Lattès, 1979).

La Sainte Bible, traduction française sous la direction de l'Ecole biblique de Jérusalem (Paris, Cerf, 1961).

Jacques BRIL, *Lilith ou la Mère obscure* (Paris, Payot, 1981, rééd. 1991).

Marc CHADOURNE, *Dieu créa d'abord Lilith* (Paris, Fayard, 1935, rééd. 1954).

Lawrence DURREL, *La Papesse Jeanne*, récit adapté de l'œuvre grecque d'Emmanuel

Royidis, traduit de l'anglais par Georges Belmont et Hortense Chabrier (Paris, Buchet-Chastel, 1974).

Louis Ginzberg, *The Legends of the Jews*, traduction anglaise du manuscrit allemand par Henrietta Szold, 5 vol. (Philadephie, Jewish Publications Society of America, 1913-1938).

Rémy de Gourmont, *Lilith* dans Œuvres IV (Paris, Mercure de France, 1892, rééd. en 1932).

A. M. Killen, « La Légende de Lilith et quelques interprétations modernes de cette figure légendaire », *Revue de Littérature comparée* (Paris, 1932).

George Macdonald, *Lilith* dans *Phantastes and Lilith (Two novels)* (1re éd. Londres, 1895, rééd. E. P. Dutton & Company avec introduction et notes de Gréville Macdonald, New York, 1925).

Vladimir Nabokov, *Lolita*, traduction française par E.H. Kahane (Paris, Gallimard, 1962), et en anglais (New York, Vintage International, 1989).

Maximilian Josef Rudwin, *The Devil in Legend and Literature* (Chicago & Londres, Open Court Pub. Co., 1931, rééd. 1973).

Gershom G. Scholem, *La Kabbale et sa symbolique* (Paris, Payot, 1975).

Le Sepher Ha Zohar, Le Livre de la splendeur, traduction française par Jean de Pauly (Paris, E. Leroux, 1906-1911).

Le Talmud de Jérusalem, traduction française par Moïse Schwab (Paris, Maisonneuve, 1960).

Frank Wedeking, *Lulu*, version française et adaptation par Pierre-Jean Jouve (l'Age d'Homme, 1983).

Fritz Wittels, « Complexe de Lilith », dans le *Dictionnaire de psychanalyse et de psychotechnique*, sous la direction de Maryse Choisy (Paris, Psyché, 1949).

Littérature et initiation

On reconnaît volontiers que l'œuvre d'art est universelle et intemporelle, c'est-à-dire qu'elle constitue un affranchissement des conditionnements de temps et d'espace, qu'elle est l'expression d'une unité et d'une totalité dont on ne trouve pas d'exemple ou d'équivalent dans la réalité, qu'elle suppose une liberté de création et d'expression impossible à découvrir en dehors du domaine de l'art. On admet moins, cependant, le fait, pourtant évident, que l'œuvre n'est dotée de ces attributs que si l'auteur en a vécu l'expérience. C'est-à-dire qu'on ne peut s'expliquer l'être universel et intemporel de l'œuvre d'art, son unité, sa totalité, la liberté dont elle témoigne (particularités qu'on ne conçoit pas mais que l'on éprouve à la lecture, à l'audition d'une pièce de musique ou dans la contemplation d'une œuvre plastique) que si son auteur a eu non pas la représentation imaginaire mais *le sentiment* de l'universel, de l'intemporel, de l'unité, de la totalité et de la liberté absolue, autrement dit s'il a été, ne fût-ce que par instants, autre qu'humain.

La croyance selon laquelle la création artistique est une expérience vécue du chemin des métamorphoses a, pour conséquence, la croyance en une possible transmutation ontologique de l'auteur, l'œuvre ne disant, d'ailleurs, que l'itinéraire de l'autogénération de l'auteur. Or, la naissance à un nouveau mode d'être ne peut être assurée que par une initiation. Et c'est parce que l'œuvre en dirait le cheminement qu'elle permettrait au lecteur, à l'auditeur et au spectateur de vivre l'état poétique dont ils sont en attente, c'est-à-dire qu'ils éprouveraient, à peu de frais et à un moindre niveau, les séquences de la mort apparente, de la nouvelle naissance et de la métamorphose du moi et du monde enfin réconciliés à la faveur d'un langage singulier.

L'expérience poétique est ainsi considérée comme une expérience spécifique, que la création d'une œuvre permettrait d'éprouver, lieu de passage de la condition « profane » à la « vraie vie », selon l'expression commune employée, d'une même voix, par les grands écrivains contemporains.

Cette conception de la création poétique et de son rapport à l'auteur est le fruit d'une évolution dont il est important de suivre les étapes.

Du héros mythique au personnage romanesque

Jung définit le héros mythique comme un archétype du soi, un modèle exemplaire, le type idéal de la vie humaine, figure de l'animus qui incarne la personnalité mana, dont le drame se déroule selon le schéma du retour aux sources, de la victoire remportée sur la psyché collective et de la conquête de l'immortalité.

Otto Rank voit, dans la triple séquence thématique (naissance obscure mais fabuleux accomplissement d'exploits, affirmation de sa valeur et de sa différence) l'itinéraire habituel du personnage de l'œuvre romanesque, projection des fantasmes de son auteur.

Pour Mircea Eliade, les thèmes des récits épiques et des récits romanesques ne changent pas, les modèles transmis du plus lointain passé ne disparaissent pas : les errements d'Ulysse ou la quête du Saint-Graal se retrouvent dans les romans du XIXe siècle. Toutes les créations (une maison, un enfant, un poème), ont pour modèle la cosmogonie (c'est-à-dire la régénération — ou réintégration — dans la perfection originelle). Il s'agit, toujours, d'un cheminement initiatique : retour individuel à l'origine, passage, renaissance. Pour Eliade, en effet, la littérature est l'expression d'une révolte contre le temps historique, et le personnage littéraire échappe à ses conditionnements. La création artistique est un effort pour recréer le langage afin de permettre le passage du verbal au formel, l'accès à la sacralité, puisqu'il s'agit de vivre l'universel et l'intemporel.

Philippe Sellier, Simone Vierne, Jean Biès, ont donné les grandes lignes d'une lecture possible du texte romanesque à partir du mythe cosmogonique (initiatique). Lire, c'est mourir à soi et au monde profane pour atteindre au monde sacré des mythes et des symboles, cependant qu'écrire serait chercher, par une fausse mort, à renaître immortel, à s'assurer une permanence de l'être, à transcender la condition humaine vouée à la destruction.

Il n'y aurait pas, selon ces théoriciens, d'œuvre littéraire qui n'ait des éléments initiatiques : la descente aux enfers (chez Hamlet, Bossuet, Baudelaire, Proust), l'obtention des pouvoirs, dont celui de la métamorphose (chez Tristan et Iseult, Ovide, Kafka), l'inspiration et l'extase (chez Claudel, Romain Rolland, Breton, Rilke, Péguy), la recréation du monde par l'invention d'un nouveau langage (chez Mallarmé). Le poète, comme le chaman, cherche la solitude, vit dans la marginalité, se livre à une activité onirique, a recours aux drogues, est sujet à des visions et se croit élu.

De plus, le mythe du héros emprunte toujours la même structure, qu'il s'agisse de la fiction mythologique, des récits bibliques, du roman proprement dit, du roman policier, du western et même de la propagande politique. Son itinéraire (occultation, apothéose, métamorphose) se retrouve dans le récit de David et Goliath, des travaux d'Hercule, dans la passion de Jésus, dans la vie de Jeanne d'Arc comme dans les méditations de Pascal, chez les préromantiques et les romantiques, chez les surréalistes, dans le manichéisme de Karl Marx et dans l'épopée napoléonienne, dans les romans de Romain Rolland, dans les pièces de Claudel ou dans les poèmes de Saint-John Perse.

Pour René Girard, toute œuvre d'art vraiment puissante a un effet au moins faiblement initiatique en ceci qu'elle fait pressentir la violence et redouter des œuvres. Aux rites d'immobilité qui veulent maintenir les choses dans l'ordre où elles se trouvent, Girard oppose les rites de passage, qui visent l'acquisition d'un nouveau statut. L'individu en instance de passage, c'est-à-dire d'initiation, est isolé, exclu, en marge de la communauté, expulsé. C'est en cela que le passage constitue une expérience redoutable. Privé de statut, l'individu a tendance à se métamorphoser en double monstrueux. C'est ainsi que la différence mythique et rituelle, propre à la pensée archaïque, est restaurée sous forme de différence « culturelle » et « esthétique ».

Du personnage fictif à l'écrivain

On n'est pas peu surpris de constater que l'initiation du héros mythique, reproduite dans l'itinéraire du personnage romanesque peut être mise en évidence dans le cheminement créateur tel qu'il est écrit par les auteurs eux-mêmes. Dans un premier temps : impression de chaos, état d'absence et de manque, égarement, détresse, déperdition de soi, rupture et séparation, solitude, impersonnalité, dispersion ; dans un second temps, à la suite d'un sentiment de renaissance : rassemblement, cohésion, autonomie, allégresse, extase ; enfin, dans un troisième temps : métamorphose, reconnue à la découverte de l'unité.

Il semble qu'il s'établit, entre l'espace clos de l'œuvre et son auteur, un rapport de réciprocité : l'œuvre ne pourra parvenir à la métamorphose du langage qui fera d'elle une réalité nouvelle que si son auteur a vécu l'expérience initiatique grâce à laquelle il peut effectuer le passage d'un statut à un autre statut et parvenir, ainsi, à l'autogénération qui fut le mobile de son entreprise. D'autre part, l'écrivain ne peut vivre une telle expérience que grâce à l'élaboration de l'œuvre, expérience qu'il vivra cependant qu'elle se fait.

Par conséquent, le véritable personnage mythique n'est plus le personnage évoqué par l'œuvre, mais l'auteur de celle-ci, c'est-à-dire l'individu qui a effectivement assumé la condition mythique de l'initiation.

L'œuvre et ses personnages servent donc à vivre une expérience particulière, privilégiée, la quête, plus ou moins couronnée de succès, vers une totalité, une intemporalité, une universalité, une unité que la réalité du monde nie, mais que le langage rend possibles dans un absolu littéraire, comme les rendait possibles la foi en une transcendance qui les incarnait.

Le poète, à travers un itinéraire initiatique (impersonnalisation, nouvelle naissance, transmutation ontologique) pareil à celui du héros mythique (épreuves, révélation, apothéose) témoigne de la nostalgie en nous d'une aventure solitaire qui entretiendrait constamment en l'homme le besoin de liberté et d'amour, par laquelle l'écriture égalerait la vie, devenue autre.

LE TEXTE : RÉCIT DE L'EXPÉRIENCE CRÉATRICE

Si l'on admet que la création littéraire est le moyen par lequel l'écrivain croit pouvoir atteindre à un déconditionnement et à une autonomie de création, le texte littéraire, qui a permis d'y accéder, pourrait devoir se prêter au dévoilement d'une expérience spécifique garante d'un savoir, d'une éthique, d'un salut. Ce que dirait, donc, le texte littéraire serait moins ce qu'il raconte de plus ou moins anecdotique que l'expérience d'un comportement particulier. Comme celle du mythe, cette expérience annonce l'émergence d'un savoir ineffable, suppose une lente et douloureuse métamorphose de condition qui permet de se recréer, de transcender la condition humaine, d'atteindre à l'unicité d'un langage originel tel que tout écrit né de ce langage paraît comme fondateur dans un temps devenu réversible. Si nous ajoutons à ces aspirations (qui sont celles que l'on voudrait découvrir dans une œuvre d'art) les épreuves décrites par les écrivains eux-mêmes : la dispersion avant le rassemblement, le chaos avant la cohésion, l'aliénation avant l'autonomie, l'absence et le manque avant l'allégresse et le débordement, l'égarement et la détresse avant l'extase, la déperdition de soi avant la révélation de l'unité de soi et du monde, la rupture et la séparation avant l'accord et la communication, on doit convenir qu'il s'agit bien d'un « rite de passage » du statut de la condition commune au statut d'une vocation exemplaire.

Max Bilen

BIBLIOGRAPHIE

Kafka veut accéder à la « vraie vie », dans laquelle, dit-il, « mon visage pourra enfin vieillir naturellement avec les progrès de mon œuvre » (« Correspondance », Gallimard, 1965, lettre du 3 janvier 1912). Ailleurs encore : « Le bonheur, je ne pourrai l'avoir que si je réussis à soulever le monde pour le faire entrer dans le vrai, le pur, dans l'immuable » (*ibid.*, lettre du 25 sept. 1917). Il est remarquable de retrouver ce sens de la vie autre et ce terme de « la vraie vie » également chez Rilke (*Lettres à un Jeune Poète*, Grasset, 1942, p. 64), chez Proust (« La vraie vie, la vie enfin découverte et éclaircie, la seule vie par conséquent réellement vécue, c'est la littérature » (*Le Temps Retrouvé*, La Pléiade, III, p. 895), chez Breton (*Manifeste du Surréalisme*, 1924).

C. G. Jung, *Métamorphoses de l'âme et ses symboles*, p. 643. Librairie de l'Université Georg et Cie S.A., Genève, 1967) et *Dialectique du Moi et de l'Inconscient*, pp. 235 et 104, Idées/Gallimard, 1973 (1964).

Otto Rank, *Le Mythe de la naissance du Héros*, Payot, 1983.

Mircea Eliade, *Traité d'Histoire des Religions*, pp. 361 et 362, Petite Bibliothèque Payot, 1975 (1964).

— « Genèse des Littératures », in *Histoire des Littératures* vol. I, Encyclopédie de la Pléiade, Gallimard, 1955. Voir également : « Les thèmes initiatiques dans les grandes religions », *in La Nouvelle Revue Française*, N°s 75 et 76, 1959.

Philippe Sellier, *Le Mythe du Héros*, Bordas, 1970.

Simone Vierne, « La Littérature sous la lumière des Mythes », *in L'Herne*, N° 33, 1979, p. 351.

Jean Biès, « Chamanisme et Littérature », *in L'Herne*, N° 33, 1979, p. 330.

René Girard, *La Violence et le Sacré*, Grasset, 1972, pp. 404, 390, 523 et suiv.

Loreley

La légende aujourd'hui universellement célèbre de la Loreley constitue un exemple parfait et assez rare de supercherie littéraire réussie, d'une fiction que l'on s'est plu à confondre dès sa naissance avec les plus authentiques mythes populaires européens. Même la censure nazie n'a pas osé y toucher, laissant subsister dans les manuels la ballade du juif Heine, cyniquement rebaptisé « auteur inconnu ».

Le site et ses esprits

La légende prend fond sur un site tragique et pittoresque de la vallée du Rhin qui lui a aussi légué son nom : un rocher d'ardoise, le Lürley (de *Lür-*, racine d'origine celtique qui indique la nature de la roche, schisteuse, et se confondra ensuite dans les esprits avec *lauern*; et de *ley* signifiant « rocher » dans la langue usuelle du moyen haut-allemand) qui, près de Saint-Goar, en aval de Bacherach, surplombe de cent trente-deux mètres la rive droite du fleuve; il formait jadis pour les bateliers l'une des passes les plus dangereuses à franchir. Ce péril, associé à un écho multiple et puissant que répercutent les cavernes du roc, n'a pas manqué de susciter dans l'imagination populaire de nombreuses fables, avant que la figure littéraire de la fée blonde ne vienne les supplanter au début du XIXe siècle.

Ce « Lurlaberg », « Lurefels », « Lorleberg », jouissait en effet avant son accaparement par Loreley d'une célébrité multiforme et vieille de plus d'un demimillénaire. Le troubadour souabe Marner affirme en 1250 que des gnomes vivent dans ses anfractuosités et veillent sur le trésor des Nibelungen enfoui là par Hagen. L'indication ne se trouve nulle part ailleurs et Wagner, vers 1850, s'est bien gardé de localiser l'immersion de l'or du Rhin près du rocher maudit. Le batelier d'une chanson du *Kolmarer Liederhandschrift* (*Recueil de chansons de Colmar*, 1546, cod. germ. 4997, fol. 694) se contente de s'entretenir avec des nains. Konrad Celtes, dans une élégie de 1502 à l'intention de sa bien-aimée Ursule de Mayence, associe dans un distique le tourbillon rapide du fleuve et l'écho des rochers habités, selon une tradition locale, dit-il, par des dieux (*Quattuor libri Amorum*, Elegia 13, v. 69-70). Le *Bremer Druck* de 1640 ne mentionne que l'écho mais lui attribue des vertus d'oracle déjà attestées dans des vers anonymes du XIIIe siècle. Freher, dans ses *Originae Palestinae* de 1612, reparle des êtres paniques, gnomes et oréades qui, cachés à l'intérieur de la montagne, répercutent l'écho. Il sera suivi dans cette interprétation par les chroniqueurs ultérieurs dont on peut citer les moins inconnus : Zeiller/Merian (1632), Winkelmann (1697), Gregorius (1715).

Voilà qui rend vraisemblable l'explication philologique selon laquelle Lür désigne aussi, ou bien des nains *(Luremus)*, guetteurs maléfiques qui épient *(lauern)* les passants, ou bien la cavité rocheuse (de la racine latine *lausa*, *laura*) ; mais la légende, si fluctuante soit-elle sur la nature des habitants du récif, n'y a jamais placé la fatale Loreley.

Génération Lore-Lay

Son invention revient au seul Clemens Brentano (« Une fille de l'imagination », écrit-il dans ses *Rheinmärchen [Contes rhénans]* de 1810-1811), même si la cristallisation mythique du thème résulte d'une fascination collective, et si la rapidité et l'étendue de sa diffusion s'expliquent surtout par des causes externes. Le recours au motif de la Loreley semble avoir été, au moins pour les premiers grands romantiques qui s'en sont inspirés, le fait de poètes jeunes (Brentano avait 25 ans, Eichendorff 22, Loeben 30, Heine 25) dont le donjuanisme natif s'accompagnait d'une grande incertitude sur leur destin ou sur leur vocation. La

Loreley ne séduit jamais en effet que ceux qui errent dans leur vie, dans les bois ou sur les eaux, et n'ont pas le courage ou la présence d'esprit de se fermer les yeux et les oreilles, comme les marins d'Ulysse. Il semble bien au fond que la Loreley soit demeurée un avatar romantique et occidental d'autres mythes à la fois plus anciens et plus universels, et qui traduisent le mélange d'attirance et de répulsion présidant à chaque choix, en particulier à l'engagement amoureux. Loreley, femme fatale elle-même meurtrie, est une figure allégorique de cette dualité du choix. La légende inventée par Brentano a eu le bonheur de trouver une génération de poètes indécis quant à eux-mêmes, mais aussi de lecteurs enthousiastes, et de pouvoir bénéficier de progrès techniques qui ont facilité spontanément sa diffusion :

— la réceptivité traditionnelle de la population germanique aux légendes tissées autour du déjà célèbre rocher ;

— la mise en valeur littéraire du paysage à la fin du XVIIIe siècle en Europe, et la valorisation plus particulière de la Rhénanie par les jeunes romantiques du cercle de Heidelberg qui prenaient exemple sur les poèmes rhénans de Goethe, tout en y intégrant davantage le vieux fonds du chant populaire (Volkslied) : par exemple dans le recueil publié par Brentano et Achim von Arnim en 1806-1808, *Des Knaben Wunderhorn (Le Cor merveilleux de l'enfant)*;

— l'invention et la mise en circulation sur le Rhin du bateau à vapeur, bientôt rattrapé par le premier chemin de fer. Ces deux moyens modernes et confortables de transport collectif renforcent la mode du voyage sur la « Riviera du Nord » ;

— l'exploitation commerciale du flot toujours grandissant des touristes par des fabricants de guides, qui se comportent eux-mêmes en épigones du romantisme.

L'AFFABULATION

Brentano se trouve au confluent de ces tendances ; né en 1778 sur la rive droite du Rhin, à Ehrenbreitstein, face à Coblence, il est familier de toutes les légendes que la rumeur populaire colporte sur un site qu'il aime et connaît bien. S'est-il aussi souvenu de ce récit des *Métamorphoses* d'Ovide où la nymphe Echo se consume d'amour pour Narcisse ? Dédaignée, Echo de chagrin se transforme en rocher et ne s'adresse plus aux hommes que sous la forme d'un écho.

Toujours est-il que sa ballade de vingt-six strophes constitue l'acte de naissance de Loreley. Elle paraît pour la première fois en 1801 sous la forme d'une chansonnette *(Liedchen)* insérée dans la deuxième partie de son long roman *Godwi, oder das steinerne Bild der Mutter (Godwi, ou l'image de pierre de la mère).* Elle a été rédigée peu de temps auparavant à la faveur d'une nouvelle croisière sur le Rhin. On y discerne à la fois la vénération du passé, la trace de l'écho légendaire qui répond aux chevaliers inquiets, le souvenir évident de la reine Kriemhilde du *Nibelungenlied* (dont le château de Königsburg est, lui aussi, situé sur le Rhin et qui, elle aussi, cause la mort de tous ceux qui l'approchent) et l'influence des poésies de Goethe que le poète préférait : *Erlkönig (Le Roi des aulnes), Heidenröslein (L'Eglantine), Der Fischer (Le Pêcheur), Der König in Thule (Le Roi de Thulé)* où se mêlent les thèmes éminemment brentaniens de l'amour fatal, de l'innocence pervertie et de la fidélité douloureuse et trahie ; accusée de sorcellerie, condamnée par l'évêque, qui s'éprend aussi d'elle au cours du procès, à se retirer dans un couvent, Lore, autant pour échapper aux hommes qu'elle subjugue malgré elle que pour être délivrée de la vie après que son amant l'a abandonnée, trompe la vigilance des gardiens qui l'emmènent et tombe du haut du rocher (glissade fatale ou suicide ?) dans les flots du Rhin, sur lequel elle croit distinguer la barque de son bien-aimé. La dernière strophe sacrifie à la fable de l'écho qui renvoie trois fois l'appel des chevaliers horrifiés : « Lore Lay ! Lore Lay ! Lore Lay ! »

Brentano est la première victime de cette séductrice et du thème littéraire auquel elle donne corps : il le développe en de multiples ramifications.

Une deuxième version de la ballade, écrite peu après, fait de l'évêque l'amant de Lore : après l'avoir repoussée par piété, son amour renaît lorsqu'il doit la juger. C'est lui qu'elle aperçoit sur le bateau au moment de se jeter dans le fleuve, sans se rendre compte qu'il a troqué la croix contre le glaive et est redevenu chevalier, donc libre de son cœur.

Dans les *Rheinmärchen (Contes rhénans)* écrits quelque dix ans plus tard à Berlin (composés entre 1810 et 1816, imprimés en 1846), le motif subit plusieurs variations importantes, lesquelles ont parfois inspiré des adaptations ultérieures. Lureley *(sic)* a cessé d'être la jeune femme amoureuse de Bacherach pour devenir une fée ou une ondine éternellement jeune et belle. Elle habite dans le rocher avec ses sept filles et devient la gardienne du trésor des Nibelungen. A chaque cri lui parvenant, elle répond sept fois pour prouver sa vigilance. Dans le *Märchen vom Murmeltier (Conte de la Marmotte)*, « Frau Lurley » *(sic nunc)* est une nixe bonne et belle qui voyage dans le pays et accepte pour passer la nuit l'hospitalité des esprits des sources. Dans le conte *Die Vorfahren von dem Müller Radlauf (Les Aïeux du meunier Radlauf)*, elle finit par épouser un prince qui, par amour pour elle, devient meunier ; elle se distingue maintenant surtout par ses qualités d'épouse et de mère, allant jusqu'à bercer de ses chants les enfants de Mayence. Cette inoffensive et bienveillante « Dame Lurley » n'a plus rien de commun avec la malheureuse amante suspectée de sorcellerie à Bacherach. Mais ce dernier conte est précédé d'une description saisissante qui fondera un cliché : Loreley en larmes peigne longuement sa voluptueuse chevelure blonde que la lune fait scintiller tout en haut du rocher ; des meuniers passent en barque, railleurs ; aussitôt l'esquif est pris dans un tourbillon, chavire, et ses occupants se noient.

Malgré d'incessantes retouches, le poète ne parvient pas à donner à sa créature des contours fixes et définitifs : elle est à tour de rôle amante éplorée pour avoir été bafouée, épouse modèle, mère tutélaire ou sorcière vindicative. Des centaines de pages qu'il lui a consacrées, la postérité ne retiendra que les deux versions de la ballade *Lore-lay* et les quelques visions détachées qui viennent d'être indiquées.

La muse romantique

La ballade de *Godwi* a pourtant inspiré directement deux aristocrates de ses amis qu'il fréquenta en 1807-1808 à Berlin au moment d'achever le *Des Knaben Wunderhorn* dédié à Goethe : le baron silésien Joseph von Eichendorff et le comte saxon Otto Heinrich von Loeben.

Le Lied d'Eichendorff date des années 1808 à 1811 et fut, lui aussi, d'abord inséré dans un long roman de 1815, *Ahnung und Gegenwart* (*Pressentiment et Présence* - ou *Actualité*) ; ses quatre strophes furent ensuite imprimées à part sous le titre de *Waldgespräch (Conversation dans les bois).* C'est encore parce qu'elle a été bafouée dans son amour que Loreley devient une créature démoniaque : la « sorcière Lorelei » qui chante depuis son rocher est entendue par un chevalier qui, la croyant perdue dans une vaste forêt, lui propose de la raccompagner chez elle. Elle l'avertit du danger mais rien n'y fait, il périt envoûté. La nouveauté réside dans la mise en scène romantique de la rencontre fatale et dans le changement de décor, la transposition du fleuve en forêt qui devient à son tour un tombeau magique. On peut y voir la marque de la nostalgie d'Eichendorff pour ses immenses forêts natales de Silésie.

Le poème de Loeben, *Lorelei, eine Sage vom Rhein (Lorelei, légende du Rhin*), est un peu plus tardif. Ecrit entre 1810 et 1820, il est publié en 1821 dans un livre au format de poche, *Urania.* A Berlin depuis 1809, Loeben fréquente les mêmes cercles littéraires et politiques que Kleist, Arnim et Brentano. Il développe surtout la vision du *Müller Radlauf* et réussit à intégrer dans ses six quatrains les caractéristiques physiques de la figure qui deviendra un mythe. L'éclat doré de la lune tombe sur les longues boucles blondes de la magicienne qui se peigne sur le Rhin, parée d'un unique collier de perles. Pour la première fois, la force de son charme vient surtout de sa voix et non de ses yeux ou de sa beauté. Un peu gauche, le poème de Loeben n'aurait guère mérité d'être mentionné si la version cohérente et brève qu'il propose n'avait constitué un défi pour un poète autrement plus doué : Heinrich Heine. Ce dernier aura pourtant d'abord connaissance du mythe par les guides de voyage, qui assurent presque à eux seuls la diffusion de la légende.

La mystification

Deux historiens et folkloristes érudits ont en effet immédiatement perçu l'intérêt commercial de l'exploitation de ce récit dans les guides de voyage que s'arrachent les vagues de touristes en mal de couleur locale.

C'est Niklas Vogt (1756-1836) qui y introduit le premier le thème brentanien. Ce professeur à l'université de Mayence, qui devient sénateur et échevin à Francfort où il se lie d'amitié avec la famille Brentano, feint de le croire issu d'une authentique légende populaire. Moins scrupuleux que les frères Grimm qui l'ont soigneusement écarté de leurs recueils, il prétend vouloir surtout offrir aux jeunes poètes des motifs d'inspiration poétique. D'ailleurs, même une fois la confusion démasquée, personne ne s'avisa de faire machine arrière. En 1811, il résume la première version de la ballade de Brentano dans une revue, la *Bildergalerie des Rheins* (*Galerie des images* - ou des *portraits* - *du Rhin*), puis la publie en entier en 1817 dans ses *Rheinische Geschichten und Sagen (Histoires et Légendes rhénanes*). Il lui assure ainsi une diffusion énorme, sans rien de comparable avec le nombre très confidentiel des lecteurs de *Godwi*, roman d'ailleurs presque aussitôt désavoué par son auteur lui-même. Il élimine l'évêque de son premier et court résumé ; c'est la jeune fille qui choisit de son propre chef d'entrer au couvent ; trois amoureux, ses chevaliers servants, se jettent dans le fleuve sur lequel elle aperçoit l'amant qui l'a dédaignée ; il n'est pas question d'écho.

Son principal émule en l'espèce fut Aloys Schreiber, professeur d'esthétique à l'université de Heidelberg (une chaire d'abord destinée à Tieck et emportée à force d'intrigues). Ce polygraphe prolifique se crut d'abord une vocation de poète, puis se reconvertit dans l'édition de guides de voyage, dont il inonda le marché jusqu'en 1850 ; ils furent concurrencés ensuite par les publications de Karl Baedeker, fils d'un imprimeur de Essen qui avait racheté en 1836 les droits de la deuxième édition du « Guide » de J. A. Klein.

Schreiber brode sur le récit de Brentano dans son *Handbuch für Reisende am Rhein (Manuel à l'usage des voyageurs sur le Rhin)* publié à partir de 1818. La légende ne quittera plus l'ouvrage, qui fut presque aussitôt traduit en français et en anglais. L'histoire se corse ici avec le remplacement de l'évêque par le fils d'un comte palatin que Loreley séduit également. Rendu furieux par la mort de son fils, le comte envoie une expédition capturer la sirène, morte ou vive. Trois chevaliers réussissent à escalader son rocher mais, au moment où elle va être précipitée dans le fleuve, Loreley sourit et appelle le Rhin, son père, à l'aide. Celui-ci lui dépêche aussitôt deux vagues qui revêtent l'apparence de deux chevaux blancs. On ne revoit plus la sorcière métamorphosée en ondine mais sa voix moqueuse résonne toujours en écho aux appels des bateliers. Cette version s'appuie sur un épisode célèbre de l'*Ondine* de Fouqué, un ouvrage publié en 1816.

La canonisation

Heine, dont le texte paraît en 1823 dans la revue berlinoise *Der Gesellschafter*, disposait donc de cinq versions différentes. La sienne, *Lore-Lei*, condense tous les éléments du mythe définitif. Le texte s'impose à partir de 1838, soutenu dès cette date par la douloureuse mélodie de Friedrich Silcher qui, jouée en accompagnement lors des croisières sur le Rhin, en devient inséparable dans la culture populaire. Plus jeune de vingt ans qu'Arnim et Brentano, qu'il ne connaissait pas personnellement, Heine est l'héritier du Lied tel qu'ils l'ont renouvelé mais aussi l'héritier intimiste du vieux Goethe du *West-östlicher Diwan* (*Divan occidental-oriental*, composé entre 1814 et 1819) dont il fut l'un des premiers à mesurer la portée et à expérimenter la technique du passage du langage de la conversation à la langue poétique.

Du texte un peu falot de Loeben, il a surtout retenu la structure formelle : situation, mètre et longueur (cinq strophes). De celui de Schreiber dont il a lu plusieurs éditions (on a retrouvé son bulletin d'emprunt déposé à la bibliothèque universitaire de Bonn lors de l'hiver 1819-1820), il retient surtout que « Lurley » tire son pouvoir diabolique de sa voix. Sa ballade, très musicale, est de facture très rigoureuse. A Brentano, il n'emprunte que le nom de l'héroïne et sa situation sur le rocher du Rhin. Il subordonne tout le poème à la suggestivité de la pose et à la musicalité de l'expression.

L'aventure est évoquée comme une histoire dans une histoire, un rêve d'un autre temps qui hante la mémoire et s'achève ironiquement par la mise en doute de la réalité du mythe. Nul intermédiaire, ni évêque, ni comte palatin : les puissances élémentaires de la nature sont réunies, le vent, l'eau, le rocher... Il ne manque que la lumière, le soleil, l'or. C'est là qu'apparaît la fée, seule et resplendissante, elle chante sous la lune, avec sa chevelure d'or, son peigne en or, ses bijoux d'or. Sa voix s'élève comme une mélopée, reproduite par la délicate et obsédante musicalité du poème où prédominent les « i », voyelle de l'idylle et du péril, qui envoûte le batelier dont l'esquif, abandonné aux courants du fleuve, se brise sur les récifs.

A première vue, cette Lore-Lei épouse les contours de la muse romantique dont elle parachève l'allégorie. Mais l'ultime quatrain laisse pour la première fois place à une distance ironique qui tourne à la mise en cause du charme même de Lorelei, et donc à la pérennité de son apparition initiale : le poème « désenchante » Lorelei en montrant du doigt les ravages de sa beauté, en exhortant l'époque à regarder en face un univers moins romanesque, plus « réaliste », celui de la vie quotidienne, de la restauration politique et de l'industrialisation, par exemple. C'est ce ferment d'une ironie précocement inoculée qui lèvera au début du XXe siècle et fera bouillonner caricatures et persiflages.

Le kitsch et l'ornement

Pour l'heure, un romantisme épigonal allait sévir jusqu'à la fin du XIXe siècle à partir des clichés livrés par cette première génération. Le poème de Heine, et la version canonique qu'il propose, sert de point de départ ou de référence directe ou indirecte à près de deux cents auteurs germanophones moyens ou franchement médiocres, qui n'ont pas tous été recensés. On se reportera à ce sujet aux récentes anthologies de W. Minaty ou de J. Schneider mentionnées dans les indications bibliographiques.

Les « grands », ceux que l'histoire littéraire a retenus pour d'autres œuvres, dont Mörike dans ses poèmes et ses contes, Gottfried Keller dans son roman *Der Grüne Heinrich (Henri le vert)*, 1854, et même Wagner ont renoncé à reprendre le mythe spécifique de la Loreley, désormais comme figé dans une pose et un environnement immuables, pour lui préférer celui d'Ondine, moins rebattu et moins tapageur, plus disponible à l'adaptation.

Evoquons cependant, pour étayer de quelques chiffres la faveur de ce mythe auprès du public, le long poème bi-thématique de Julius Wolff, *Lurley, eine Romanze; Till Eulenspiegel redivivus, ein Schelmenlied (Lurley, romance; Till l'espiègle ressuscité, chant picaresque)*. Il date de 1886, atteint 46000 exemplaires en 1898, est réédité en 1913 (Paul List, Leipzig) avec 9 illustrations en couleur de Fritz Bergen très conformes à l'esprit du temps : motifs dans le style des *Wandervögel* au début, des conseils d'ouvriers à la fin, 504 pages de vers.

Il faut dire que le phénoménal succès populaire du mythe n'avait pas tardé à susciter d'autres convoitises, nationalistes notamment, ravies de trouver dans cette fille du Rhin un symbole national fédérateur. On avait même pensé un temps, après la guerre franco-allemande de 1870, à lui élever un mémorial; mais l'empereur lui préféra le personnage plus viril et conquérant d'une Germania préférant manier l'épée que le peigne. Néanmoins, le mal était fait, et le thème de Lorelei devait désormais traîner derrière lui comme un parfum de compromission. Les artistes « sécessionnistes » du Jugendstil et de l'expressionnisme de la fin du siècle en prirent acte, lui préférant quasi systématiquement les personnages de Salomé et d'Ophélie.

Réception et diffusion du mythe

C'est en France que les poètes et les intellectuels ont su le plus tôt s'approprier et mettre en valeur cet héritage allemand, comme si Heine, réfugié à Paris à partir de 1830, avait emporté avec lui l'esprit de la légende. La fée rhénane ne pouvait que séduire un romantisme français plus tardif et ravi de trouver dans la mythologie germanique un réservoir de légendes exotiques et une source nouvelle d'inspiration grandiose et pathétique, prompt en outre à se quereller avec les nationalistes allemands pour faire valoir ses droits sur l'espace politique et fabuleux de la Rhénanie (voir par exemple *Le Rhin allemand, Réponse au Lied de Becker*, d'Alfred de Musset). Cet horizon lui avait été notamment ouvert par le fantastique succès du livre de la baronne de Staël, fille de Necker, *De l'Allemagne* (1810).

Mais alors que les guides allemands s'étaient mis à l'écoute des ballades littéraires, c'est l'inverse qui se produit en France où la grande littérature puise dans des ouvrages de basse extraction, profitant de la mode qu'ils ont lancée et de l'intérêt qu'ils suscitent dans le public. De grands voyageurs, cédant à la mode du voyage sur les rives du « Nil de l'Occident », s'emparent des guides dont ils assimilent les récits les plus pittoresques. De nombreuses éditions françaises de ceux de Vogt et de Schreiber, encore modestement traduits dans deux ouvrages mineurs de 1807 et 1813, sont mises en chantier à partir de 1826, jusqu'à atteindre la vingtaine en 1851. Le récit du comte palatin est repris en 1834 par le *Landscape français*; en 1838, la baronne de Montavant fait disparaître dans les flots les amants enlacés *(Les Bords du Rhin).* Chez Nicolas Martin, l'enchanteresse « se jette dans le fleuve comme Sapho » (*Souvenirs de voyage et Tradition populaire*, 1846). Chez A. Poignant (*Le Rhin*, 1855), chez C. P. Guinot, boulevardier et ami de Stendhal *(Les Bords du Rhin)* et dans le *Guide* de Joanne (1854) reparaît le récit selon Schreiber. Sous l'Empire, Saintines met en garde contre la fée ensorceleuse au nom de la religion et des bonnes mœurs (*Mythologie du Rhin*, 1861). A. Delrieu réunit en 1846 les trois ballades de Brentano, Eichendorff et Heine, en procédant à la manière des *Rheinsagen* de Simrock (parues en 1836). Ces recueils, avec deux ou trois ouvrages analogues de Karl Geib (1828-1837-1838), restent une source d'inspiration de première importance pour de nombreux auteurs allemands et étrangers, dont Apollinaire.

Dans un récit de chevalerie publié en 1838, Alexandre Dumas reprend la version de Schreiber et du *Landscape français*, narrant la rencontre fatale entre l'ondine et le fils du comte.

Victor Hugo, sans doute mieux renseigné sur l'artifice brentanien et d'autant plus déçu dans sa quête de l'authentique pittoresque populaire rhénan, parle dans *Le Rhin* (1842) de la « légende trop usée, point ancienne » et combine le souvenir d'Echo (allusion à la version de Vogt) avec celui de Hylas entraîné dans le fleuve par des sirènes.

Tout autrement hanté, imprégné par le personnage de la Loreley fut Gérard de Nerval, traducteur et ami intime de Heine depuis 1838-1839. Sa traduction de l'*Intermezzo* et de divers recueils lyriques a contribué à révéler au public le poète intimiste que pouvait être aussi cet auteur émigré en France et connu jusque-là surtout pour ses talents de pamphlétaire politique. Certes, le titre de l'ouvrage,

Loreley, souvenirs d'Allemagne (1852), est trompeur et regroupe pêle-mêle les notes de différents séjours outre-Rhin ; mais Nerval n'en consacre pas moins deux pages somptueuses à la Loreley ; et dans toute son œuvre revient, sous des aspects divers, l'image de l'ondine, de la nixe fatale, « qui me guette et toujours m'attire : je devrais pourtant me méfier de sa grâce trompeuse, car son nom signifie charme et mensonge ».

En 1897, Jean Lorrain fit paraître à la librairie Borel un mince conte en prose intitulé *Loreley*, agrémenté par le peintre et graveur suisse Edouard Guillaume d'une double suite de scènes pittoresques où alternaient l'inspiration moyenâgeuse romantique et l'exaltation sensuelle de la femme telle qu'elle allait s'épanouir à la prochaine exposition universelle. Il fait de la jeune fille une espèce de Salomé truculente, dont la sensualité libre et exacerbée se déchaîne à la fois contre la foule et contre l'Eglise. Ce n'est ni l'amante désespérée par l'infidélité de son bien-aimé qu'a conçue Brentano, ni comme pour Heine le symbole politiquement signifiant d'une séduction perfide ; c'est une fille perdue qui préfère mourir plutôt que continuer à vivre dans un monde infâme, auquel elle finit pourtant par pardonner.

Les *Loreley* de F. Delacroix et de Guillaume Apollinaire ont en commun d'avoir été composés en vers et d'être de très fidèles retranscriptions inavouées de la ballade de Brentano. Les vingt-neuf strophes du texte de Delacroix (Paris, Charpentier, 1843) commettent l'erreur de transposer la langue simple et populaire de Brentano dans un style oratoire et soutenu qui détruit le charme délicat et suggestif du Lied.

Apollinaire a su éviter cet écueil et animer sa *Loreley* d'une flamme personnelle, de sa passion pour Annie Playden, une jeune Anglaise qu'il courtisa lors du séjour qu'il fit en Rhénanie, près de Saint-Goar, comme précepteur d'une comtesse allemande. Dans ce poème de 1902 (Apollinaire a alors 22 ans), se combinent les influences du *genius loci* (il fait partie d'un cycle de neuf pièces, intitulées *Rhénanes*, que le poète dut renoncer à publier dans un recueil longtemps annoncé sous le titre de *Le Vent du Rhin* ; mais il leur réserva une place de choix dans *Alcools*), de son amour et des souvenirs littéraires des textes de Brentano et de Heine. De ce dernier, il reprend dans un premier manuscrit la figure caricaturale et les images sarcastiques d'*Edith Schwanenhals*, courtisane répudiée vieillie, avilie, puis, revenant sur sa rage d'amant éconduit, il pardonne à la belle rebelle et adopte définitivement le ton nostalgique de la ballade de Brentano. C'est par son regard, ce « regard pervers » que beaucoup se plaisaient à attribuer à Annie, que la jeune fille est fatale aux hommes qui viennent croiser sa route, mais aussi à elle-même. Dans cette version, en effet, Loreley succombe moins au mal d'amour qu'au narcissisme qui la pousse à se mirer dans le Rhin et à s'ensorceler elle-même. Le poème est plus court que celui de Brentano, le rythme plus rapide et plus fluide, bien que la progression du drame soit calquée sur le modèle allemand. Quoique rapidement publiée et contribuant grandement à la renommée précoce d'Apollinaire à Paris, cette pièce constitue la dernière grande métamorphose de la Loreley en France. A quelques citations près, comme cette conférence intitulée *La Lorelei* tenue par Maurice Barrès à Strasbourg en 1921 pour exhorter les cœurs à se prémunir contre la contamination des sens par la fable et la poésie, la légende disparaît en effet de la littérature française avec le siècle qui l'a vue naître.

Maurice Genevoix tentera bien de la faire revivre — hors de son écrin originel, la poésie — dans son roman *Lorelei* (1978). Mais son héroïne, dépourvue de tout charme surnaturel, paraît bien artificielle et peu convaincante.

Si la diffusion et le traitement de la légende ont été particulièrement heureux en France, celle-ci s'est également répandue dans bien d'autres pays, comme l'Angleterre, l'Ecosse, les pays scandinaves, l'Italie (surtout grâce à l'opéra de Catalani), et même aux Etats-Unis où il faut signaler la traduction du poème de Heine par Mark Twain, *An Ancient Legend of the Rhine (1880),* ainsi qu'un excellent poème de Caroline M. Sawyer, publié dans *The Female Poets of America* (une anthologie éditée par Rufus Wilmot Griswold à New York en 1873) ; le poème fut même réintroduit en Allemagne grâce à une traduction d'Adolf Strodtmann qui l'inclut dans son *Amerikanische Anthologie.* Mais dans tous ces pays, et *a fortiori* au Japon où elle a été repérée, la légende n'a pas pris racine dans le peuple ; elle est restée l'apanage d'un public de connaisseurs lettrés, une fleur coupée.

La démystification

On n'a jamais encore sérieusement élucidé les raisons de son dépérissement à partir du début du siècle. Il est vraisemblable que les révolutions techniques et morales accélérées par les deux grandes guerres en sont les premières responsables : avec les progrès des moyens de transport et de l'industrie cinématographique, les sources de l'exotisme et du rêve se sont déplacées loin du rocher de Bacherach ; la fée juchée sur son roc n'a pas réussi à s'en abstraire sans perdre sa spécificité de femme fatale blonde au bord du Rhin. Or le fleuve lui-même, ce père éternel, meurt d'être endigué, pollué, irradié, canalisé ; il ne saurait désormais protéger ses sirènes. Le progrès technique a fini par ronger celle qu'il avait aidée à éclore.

Mais le mythe est également attaqué de l'intérieur par les modifications de l'image de la femme dans les sociétés occidentales, ainsi que par son émancipation économique et juridique. Aujourd'hui cette malheureuse fée trop coquette et résignée dans son attente vaine peut sembler bien puérile, larmoyante et réifiée.

Il faut se garder pourtant de dresser un constat de décès du mythe et de ses résurgences littéraires, du moins en Allemagne où il reste très vivace dans la conscience collective d'un peuple encore déchiré, dont l'identité nationale s'est constituée précisément à partir du romantisme et d'abord autour de la question de la frontière et de la mythologie du Rhin. Il y survit, préservé jusqu'ici surtout grâce à l'école et aux manuels scolaires qui réservent encore à la ballade de Heine une place privilégiée. Mais, hors de ce milieu protégé, le mythe est maintenant regardé plutôt comme un fétiche du passé et un symbole d'idéologie réactionnaire.

Dans l'entre-deux-guerres, l'ancienne muse des poètes, devenue un enjeu idéologique important mais surtout exploité par les droites nationales, devient par contrecoup une cible favorite des railleries d'un monde du spectacle frondeur et souvent marqué à gauche.

Karl Valentin (1882-1948), cabarettiste talentueux, démystifie dans sa *Loreley* (1916) la vision de Heine. Après une présentation qui replace la fée dans son cadre romantique original, les couplets dénoncent l'imposture présente de ce mythe vecteur d'une imagerie périmée : il fait parler la Loreley dans une langue rocailleuse, parsemée d'expressions vulgaires ou dialectales. Elle dit son ennui d'être accroupie en toute saison en haut du rocher, à chanter un air devenu fade ; elle parle de son mal aux reins, de son triste sort de vierge malgré elle, et ne pense qu'à troquer son habit de légende pour une tenue plus libertine. Même son amant ne trouve plus grâce à ses yeux ; elle l'insulte et menace de lui jeter sa lyre à la tête ; elle disparaît enfin à la tombée de la nuit en suppliant que l'on arrête enfin la bande sonore que font beugler les bateaux de touristes.

Erich Kästner (1899-1974), écrivain et chansonnier très populaire, procède de même : son poème, *Der Handstand auf der Loreley* (*L'Appui tendu sur le rocher de la Loreley*, 1932) se moque des « héros » qui croient encore à cette archaïque légende allemande ; il raconte comme une anecdote l'aventure du dernier en date de ces candidats romantiques : un sportif qui s'entraînait tout seul à se tenir debout sur les mains au bord de l'abîme songea soudain à la Loreley de Heine et se laissa tomber, saisi d'une langueur mortelle.

Dans *Goebbels' Stahlgesang und Loreley* (*Le Chant d'acier de Goebbels et Loreley*, 1934), Johannes R. Becher pousse l'accusation plus loin : il lui reproche de s'être trop bien prêtée à la rhétorique fasciste.

A compter de l'après-guerre, ou plutôt à partir des années cinquante, la mondialisation de la culture occidentale, de la communication et de la culture de masse ont pour première conséquence une réhabilitation, mais aussi une banalisation du motif de la Loreley.

Les studios hollywoodiens s'emparent du thème. Dans *Gentlemen prefer blondes* (*Les hommes préfèrent les blondes*, 1953), Marilyn Monroe choisit de s'appeler « Lorelei Lee ». Cette star aussi séduit par son image et sa voix, comme Loreley, elle représente un « sex-symbol » et incarne, y compris dans la vraie vie, l'amour destructeur de soi et d'autrui, la promesse non tenue. Certes, dans le film, Marilyn joue plus son propre rôle que celui de la fée rhénane ; mais sa caution personnelle, et avec elle celle du pays qu'elle personnalise et qui représente à l'époque toute la puissance et les promesses du « monde libre », permettent de couper court aux querelles un peu mesquines et désormais dépassées qui s'attachaient à la récupération philistine, nationaliste, puis nazie du mythe. Grâce au cinéma, les tribulations et les images d'Epinal léguées par la Loreley de la première génération romantique passent au second plan dans le public : Juliette Gréco pourra même incarner une Lorelei à la chevelure ... brune (dans le film anglais *Whirlpool* tourné en 1959 d'après le roman *The Lorelei* de Lawrence Paul Bachmann).

De son côté, l'exploitation commerciale du site touristique entretient à l'inverse les clichés qui se sont imposés autour du personnage de Heine : la fée blonde, tantôt midinette, tantôt sex-machine (ainsi Nina Hagen chante-t-elle en 1984, dans le disque *Angstlos*, une Loreley vociférante et prophétesse qui appelle les nouvelles générations à s'arracher aux séductions des drogues et de la consommation aveugle), est sur tous les tee-shirts, les cartes postales et les gadgets offerts aux touristes.

Les écrivains, les artistes en général (car on recense nombre de traitements figuratifs ou plastiques du thème : divers tableaux, affiches, sculptures ou encore ce bois de Hap Grieshaber, 1964) semblent quant à eux en position d'attente. Le recueil de W. Minaty montre à l'envi que Lorelei reste un thème littéraire bien vivant. Mais les auteurs paraissent hésiter entre le brocard d'une imagerie inactuelle et la tentation de donner à un mythe, dont la puissance évocatrice est demeurée intacte dans les mémoires de l'Occident, une nouvelle vigueur et, peut-être, de nouvelles formes poétiques.

En définitive, le mythe semble plongé dans une sorte de léthargie réparatrice dont on désire et appréhende tout à la fois de le tirer, tant Loreley paraît sublime en Belle au bois dormant. Elle attend encore son prince charmant, comme le disent avec une magnifique pudeur ces quelques vers de la *Lorelei* de Rose Ausländer (1982) :

Unter dem Rhein singt die Lorelei	Sous le Rhin chante la Lorelei
Fische verschweigen das Lied	Des poissons gardent son chant pour eux
Ein hellhöriger Angler fängt es heraus schenkt es	Un pêcheur à l'ouïe fine le capture soudain pour en faire présent
uns allen.	à nous tous (ma traduction)

François Brisson

INDICATIONS BIBLIOGRAPHIQUES

Ernst BEUTLER, *Der König in Thule und die Dichtungen von der Lorelay*, in *Essays um Goethe*, Sammlung Dietrich, Band 101, 1942. (Cet article, qui présente trois interprétations magistrales des poèmes de Goethe, Brentano et Heine, a inspiré tous les suivants.)

Roland DERCHE, *Lorelei*, in *Quatre mythes poétiques, Œdipe, Narcisse, Psyché, Lorelei*, SEDES, Paris, 1962.

Rotraud EHRENZELLER-FAVRE, *Loreley, Entstehung und Wandlung einer Sage*, thèse (Dissertation), Zurich, Flensburg, 1948. (Ce travail offre un premier essai de recensement systématique des variations du thème en Allemagne au XIXe siècle.)

Robert MINDER, *La Loreley et le bateau à vapeur, métamorphose d'un mythe*, in *Revue d'Allemagne*, 1977, pp. 619-629. (Un essai original sur les conditions extérieures qui ont favorisé la diffusion du mythe à partir de la fin du siècle passé.)

Wolfgang MINATY (éditeur), *Die Loreley*, Insel Taschenbücher 1065, Frankfurt-am-Main, 1988. (Anthologie qui a le mérite d'avoir répertorié, malheureusement de manière fragmentaire, bon nombre de versions récentes, et pas seulement littéraires, du mythe ; elle contient des textes d'auteurs non-allemands ainsi qu'un intéressant appendice comportant des indications bio-bibliographiques sur leurs auteurs, une liste des différents noms de la fée ainsi qu'un cabinet des curiosités qui indique diverses occurrences inattendues du mythe dans la vie culturelle ou scientifique.)

Helmut J. SCHNEIDER (éditeur), *Der Rhein*, Insel Taschenbücher 624, Frankfurt-am-Main, 1983. (Anthologie complémentaire de celle de W. MINATY. Elle traite plus généralement de la mythologie rhénane dans son ensemble mais permet de fructueuses associations.)

Erika TUNNER, *L'Imagination et le Sentiment religieux chez Clemens Brentano*, Thèse d'Etat soutenue devant l'université de Paris-X le 10 avril 1976, Publications de l'Université de Lille. (Etude approfondie des versions de Brentano et de la première génération romantique, surtout pp. 70-88.)

Louis XIV

Le 5 septembre 1638, lorsque naît Louis XIV, nombreux sont les écrivains qui ne manquent pas de célébrer l'enfant royal, l'appelant jeune Mars ou nouvel Alexandre. Il n'y a là rien de très original; quel prince, en venant au monde, n'était pas salué en ces termes? Et pourtant, la naissance du futur Louis XIV n'est pas un événement historique tout à fait comparable à celles du même genre. Elle est d'emblée marquée au sceau de l'extraordinaire, car elle apparaît comme un vrai miracle : la longue attente et le vœu d'Anne d'Autriche, les prières accumulées pendant les « replis de cinq lustres de temps », comme l'écrit le poète Colletet, lui donnent un relief exceptionnel; et les écrivains, tel Du Bois Hus, chantent cet événement comme un vrai prodige :

> « Si son auguste mère a été vingt et trois ans à le produire, on peut avancer qu'elle travaillait un grand miracle, qu'elle préparait un ouvrage pour l'éternité, et que Anne enfantant un fils aîné de l'Eglise faisait quelque chose de plus difficile qu'un Samuel. »

Cette naissance répond en outre à une très longue attente des Français eux-mêmes et, d'emblée, on accroche au jeune prince de vieux rêves nationaux : on le voit, tel Clovis, faire fleurir la Monarchie Sainte de France, on fait de lui le fondateur de la cité du Soleil, le maître d'une monarchie dont le centre sera Jérusalem. Du Bois Hus le présente comme un nouveau *Sol justitiae*, promesse d'une

Rédemption. On l'imagine entreprenant la Croisade contre les Turcs, tant souhaitée depuis longtemps par le camp dévot hostile à la politique de Richelieu. Enfin, on le célèbre comme un nouveau Charlemagne destiné à accéder à l'Empire. L'élément impérial qui sera une des composantes extrêmement importantes du mythe louis-quatorzien, est déjà présent en 1638, car il correspond dès ce moment à l'attente des Français.

Ainsi, bien avant d'entrer sur le devant de la scène politique, la personnalité du futur Louis XIV est déjà lourde de tout un consensus ; elle n'est pas seulement perçue comme un prodige en soi, mais comme une sorte de miracle historique et politique, concrétion des rêves d'un pays ressentie comme une nécessité.

En 1638, l'esquisse d'un mythe est donc donnée, mais pour que celui-ci se forme vraiment, il faut que l'esquisse devienne tableau, c'est-à-dire à la fois que les différents traits de l'ébauche soient organisés et que la nécessité qui lui confère la vie, persiste et se développe, en s'approfondissant dans les mentalités des Français. Il faut que la personne de Louis XIV ne cesse pas d'être le support privilégié de l'expression d'une pulsion collective, d'une vision frappante et passionnée.

C'est à partir de 1660 que le mythe s'épanouit. L'histoire est au rendez-vous pour le servir : elle accrédite le miracle et indique qu'un règne exemplaire commence. En 1658, le roi est frappé d'une maladie très grave et sa guérison revêt quasiment l'aspect d'une résurrection. En 1660, Gaston d'Orléans meurt, alors qu'il aurait pu prendre le pouvoir. Mazarin, de son côté, supprime les grands dangers qui menaçaient la monarchie. La date de 1660 prend un relief décisif dans la formation du mythe ; le souverain est devenu plus qu'un homme et plus qu'un roi : un sauveur destiné à mener son pays vers la lumière. Cette aura acquiert plus de prestige encore par le mariage du monarque avec l'Infante Marie-Thérèse, car cet événement scelle la fin de la guerre avec l'Espagne. Une extraordinaire symbiose se produit alors entre les éléments qui avaient frappé les esprits en 1638 et les données de l'époque 1660. Devant ce roi sauveur, on s'émerveille, on devine la main de la Providence, et l'on se rappelle le miracle de 1638 : c'est cette accumulation qui ouvre très largement la voie au mythe. Avec une joie non dissimulée, les écrivains célèbrent comme Perrault :

« de tous les monarques
Le plus grand qui fut jamais,
parce qu'il sut descendre
tout brillant de gloire
Du beau char de la victoire
Afin d'embrasser la paix. »

Louis XIV est représenté comme le père de la paix, le libérateur du peuple, et la nécessité d'un être aussi prodigieux, envoyé de Dieu, est ressentie d'une manière tellement vigoureuse qu'à travers Louis XIV et par lui, tout paraît possible. On reprend les vieux rêves nationaux exprimés en 1638, renforcés, vivifiés en quelque sorte. En 1660, dans un petit tableau intitulé *Les Oracles du Ciel*, un auteur anonyme imagine « le roi assis dans un trône, (avec) à ses pieds un Turc captif, (tandis qu') un Ange au Ciel lui présente une Croix entrelacée de lys ». Dans le genre de la prophétie, on présente Louis XIV comme le monarque universel, dont « l'Empire s'étendra sur toutes les mers, et depuis le Rhin jusqu'aux extrémités de la terre »; on le nomme le « nouveau Charlemagne ».

De 1660 à 1663, le portrait royal se charge de tous les possibles : il est le point de rencontre de la tradition humaniste qui voit dans le souverain le père du peuple, et du courant des partisans de la politique de prestige pour lesquels le monarque idéal est l'émule d'Alexandre, un second César. Précisément, parce qu'elle est devenue dès cette époque l'incarnation de ces deux formes d'idéal, la personnalité de Louis XIV a perdu tout caractère « particulier, privé, personnel », ce qui est spécifique de la formation des mythes, comme le montre M. Eliade dans *Mythes, Rêves et Mystères.*

Dès 1663, avec la création de la Petite Académie, le mythe prend un nouvel élan. Car c'est à partir de ce moment que Louis XIV met au service de sa propagande toutes les formes d'expression de son époque. On ne saurait assez insister sur l'importance de la Petite Académie, véritable institution dévouée à la gloire du roi, qui exerce un pouvoir absolu dans le domaine des lettres et des arts, et qui, entre autres, a pour mission de frapper des médailles exaltant les principales actions du règne. A côté d'elle, Colbert crée un nombre important d'académies qui représentent autant de mailles composant le grand filet de propagande concertée, tendu par le ministre au-dessus de la France de Louis XIV. L'Académie de Peinture et de Sculpture s'impose dès 1662; P. Goubert écrit à son sujet : « l'Académie régit le royaume du Beau pour la gloire de Sa Majesté ». En 1671, c'est le tour de l'Académie d'Architecture, dont les membres sont nommés par le souverain lui-même; il convient de citer encore la manufacture des Gobelins, l'Académie royale des Sciences, l'Académie royale de Musique. Quant à l'Académie française, elle se transforme en un instrument de la politique royale : en 1672, à la mort du chancelier Séguier, Louis XIV en devient le protecteur.

A partir de cette époque, célébrer les exploits royaux est la matière d'un emploi, un devoir aux impératifs soigneusement fixés. Même les journaux tels la *Gazette de France*, le *Mercure galant*, le *Journal des Savants* accueillent largement la propagande royale. Comme pour le mythe de Napoléon, le rôle de la presse dans la formation de celui de Louis XIV est extrêmement important. Chaque acte politique, chaque campagne entreprise, chaque victoire gagnée, sont évoqués comme autant d'étapes dans l'épanouissement du mythe.

En 1663, lorsque Ch. Cotin célèbre la prise de pouvoir personnel par Louis XIV, il trace du prince ce portrait enthousiaste :

> « Quelle est la merveilleuse nouvelle qui jette les politiques dans l'étonnement ? (...) Cet Atlas ne cherche point d'Hercule pour l'aider à soutenir le faix de

l'Etat. (...) C'est là le sujet d'admiration des sages, la plus digne matière de l'éloquence des Orateurs, l'objet de la vénération de tous les Français. »

En 1671, pour louer le monarque d'avoir aboli le duel, un membre de l'Académie française le chante tel « un fameux Alcide » qui n'a pas hésité à livrer une lutte sans merci

« Contre les transports violents
Des cœurs moins braves qu'insolents. »

Maître de son royaume, Louis XIV est à la fois César, comme l'appelle entre autres Corneille dans *Othon* en vantant son grand art de régner, Neptune ou Apollon tel que le présente Molière dans les *Amants magnifiques.* On le chante pour avoir ramené l'Age d'Or, « remis la belle Astrée dans sa première pureté ». Il est aussi Auguste, on le juge même supérieur à Auguste; on parle déjà du siècle de Louis XIV; en 1674, Desmarets intitule l'une de ses œuvres *Le Triomphe de Louis et de son Siècle.* Quoi qu'il fasse, on y voit un miracle. Citons seulement la paix de Nimègue en 1678; l'académicien Charpentier déclare à ce propos :

« Louis parle et la paix est faite. (...) Tout a cédé, tout s'est rendu à ses armes invincibles (...). Cette manière de terminer une guerre si fâcheuse et si échauffée ne tient rien du cours ordinaire des choses possibles; il y entre du surnaturel et du divin. »

En 1677, le *Mercure galant* affirme :

« Tout ce qu'il fait sont des miracles,
Et tout ce qu'il dit des oracles. »

Les diverses composantes du mythe louis-quatorzien ne forment pas une longue suite de vertus et d'exploits présentés en série, sans ordre et sans structure. Elles sont au contraire enchâssées dans un ensemble précisément concentré qui s'organise à partir de quelques éléments-forces dont l'existence n'est pas seulement le fait de l'« orgueil pharaonique » de Louis XIV dont parle E. Lavisse, mais de tout un courant de mentalités, qui a pour idéal le prestige guerrier. L'image de l'invincible conquérant, du superbe et de l'éternel triomphateur, qui est prépondérante dans le mythe de Louis XIV n'est pas forgée par le prince seul; elle correspond à une nécessité de l'époque. R. Picard, dans son livre sur *La Carrière de Jean Racine*, rappelle comment l'opinion publique française du temps place les triomphes militaires au-dessus de tout :

« En 1663-1664, au moment des premières gratifications royales, la politique littéraire de Louis XIV était si mal comprise que certains osaient regretter que ces mêmes pensions n'allassent pas à des guerriers, à des « hommes de service », au lieu d'enrichir inutilement des poètes. »

Et Primi Visconti, dans ses *Mémoires sur la Cour de Louis XIV*, écrit pour l'année 1678 :

« En France, on n'estime que les titres de guerre ; ceux des lettres et de toute autre profession sont méprisés et l'on considère comme vil l'homme de qualité qui sait écrire ; je sais que les seigneurs d'Urfé ont honte que leur aïeul Honoré d'Urfé ait écrit le poème de l'*Astrée.* »

Ainsi, lorsque les écrivains évoquent leur prince comme ayant « été dans les armées aussitôt qu'il a su marcher », lorsqu'ils le comparent à César ou Alexandre, leurs expressions n'ont pas valeur hagiographique, elles ne sont pas le fait d'une amplification rhétorique, elles n'équivalent pas à des clichés véhiculés par la tradition ; elles possèdent au contraire un sens profond, et l'histoire ne sert en quelque sorte que de prétexte à la manifestation du psychisme collectif. Outre la tapisserie de Le Brun représentant Alexandre pour célébrer Louis XIV, rappelons la préface de la pièce de Racine, *Alexandre le Grand* :

« Je prévois qu'à mesure que je prendrai de nouvelles forces, Votre Majesté se couvrira Elle-même d'une gloire toute nouvelle, que nous la reverrons (...) achever la comparaison qu'on peut faire d'Elle et d'Alexandre, et ajouter le titre de conquérant à celui de plus sage roi de la terre. »

Dès 1667 avec la campagne des Flandres et jusqu'à la guerre de succession d'Espagne en 1702, le destin de Louis XIV va si étroitement coïncider avec ce rêve de gloire militaire que l'image de Louis XIV conquérant nous fera, plus largement que n'importe quelle autre, pénétrer dans ce que P. Albouy appelle « le domaine des archétypes où la légende se transforme en mythe ». Si Napoléon a imposé à ses contemporains les images constitutives de son mythe doré, l'action personnelle de Louis XIV n'a pas été aussi décisive ; certes le monarque a opté pour le courant des partisans de la politique de prestige, mais il a été également emporté par la force de ce courant.

Pour servir ce même imaginaire, renaît le mythe d'Hercule ; en 1672, dans une *Ode pour le Roi*, l'abbé Genest prétend que l'on pouvait voir son prince

« Dès le berceau
Comme un Hercule nouveau
De serpents écrasés s'ériger des trophées. »

Dès qu'il se met à combattre, partout, en même temps, surviennent les mêmes prodiges. La rapidité et l'aisance des victoires, la soumission des villes et places-fortes sont présentées comme se déroulant avec tant de facilité que l'on croirait à l'influence de quelque coup de baguette magique. A propos, par exemple, du passage du Rhin de 1672, Martinet s'émerveille et fait parler le fleuve en ces termes :

> « Quel est ce héros indompté
> A qui rien ne fait obstacle?
> J'ai vu triompher César,
> J'ai vu derrière son char
> Attacher mes mains captives.
> Mais en me donnant des lois,
> Le Romain fit sur mes rives
> Moins que n'a fait le Français. »

A travers une telle évocation, qui reconnaîtrait le souverain de l'histoire? Celle-ci nous apporte un autre message et nous indique que le niveau bas du Rhin permettait que le fleuve fût presque totalement franchi à gué... Au char du prince conquérant, le mythe accroche toujours quelque étoile arrachée au ciel du merveilleux. Au mépris du réel, la littérature encomiastique recrée un souverain de gloire aux couleurs de l'imaginaire : c'est lui « cet autre Jupiter », l' « Achille invulnérable », ce « César des Césars », comme l'écrit Colletet en 1674. Romans, poésies, tragédies, comédies, comédies-ballets, opéras, tous les genres littéraires orchestrent avec éclat le mythe du grand roi.

Il n'est pas jusqu'aux devises dont on ne fasse sourdre un fabuleux prestige. En 1662, Louis XIV lui-même avait choisi une devise dont l'âme était le fameux *Nec pluribus impar* et le corps un immense soleil éclairant le globe terrestre. En 1679, l'enthousiasme avec lequel le Père Ménestrier commente cette devise montre à quel point celle-ci contribue à ravir le prince au monde du quotidien :

> « Que pouvait-on désirer de plus grand et de plus héroïque que l'action du soleil qui éclaire toute la terre et travaille incessamment à entretenir toutes choses? Que pouvait-on choisir de plus digne d'un roi qui promettait de si grandes choses dès qu'il commença par lui-même à gouverner ses états? (...) La pensée est si singulière et l'on ne trouvera rien qui en approche. »

Cette évocation du soleil est, comme celle du prestige guerrier, une ligne-force dans l'organisation du mythe royal dont elle reflète d'ailleurs parfaitement l'évolution. Jusqu'en 1665-1667 l'image du soleil renvoie autant à l'idée d'éclat qu'à celle de tempérance, autant au prestige de la gloire des armes qu'à la douceur et à l'équité : aucun élément ne domine alors l'autre. Ainsi le Père Le Moyne, dans son *Art de régner*, fait parler le soleil qui s'adresse au roi, en ces termes :

> « J'ai mis autour de toi des grâces et des charmes
> Capables de forcer et de vaincre sans armes.
> Je t'ai marqué le front de traits de majesté,
> D'une lueur qui porte au loin l'autorité,

Et de ce caractère où le Grand et l'Auguste,
Le Fort et le Vaillant sont tempérés du Juste. »

Après 1665, le soleil louis-quatorzien brille d'une lumière beaucoup plus redoutable : Louis XIV est devenu un véritable dieu de la lumière qui en 1672 terrasse l'horrible Python hollandais ; il est le grand astre qui assèche les marais des Provinces-Unies. En 1685, au moment de la Révocation de l'édit de Nantes, il est, plus encore, un soleil à la lumière immobile ; il est l'astre unique et fixe aux rayons aveuglants. Jusqu'en 1702, les nuages ont beau s'amonceler au-dessus du royaume de France, le mythe du Roi-Soleil ne cesse d'éblouir. Et pourtant, 1686 voit la formation de la Ligue d'Augsbourg, 1689 le sac du Palatinat, 1701 la grande alliance de La Haye. Qu'importe la réalité historique : dans le ciel mythique, le soleil de Louis XIV ne connaît que la lumière.

A partir de 1685, la Révocation de l'édit de Nantes confère en outre une force nouvelle au vieux rêve d'un Louis XIV empereur de la chrétienté. Il suffit au roi de France de bombarder trois fois Alger sans prendre de gros risques, pour être vanté sans attendre comme le plus admirable défenseur de la chrétienté. Dans les consciences catholiques, il est devenu « ce nouveau Constantin, ce nouveau Théodose, ce nouveau Marcien, ce nouveau Charlemagne » que salue Bossuet dans l'*Oraison funèbre de Michel Le Tellier*. Et le prédicateur lui déclare « ce que les trente-six Pères dirent autrefois dans le concile de Chalcédoine : par vous l'hérésie n'est plus : Dieu seul a pu faire cette merveille. Roi du ciel, conservez le roi de la terre ». L'analyse que B. de Jouvenel fait très succinctement mais très pertinemment de la Révocation de l'édit de Nantes dans son livre *Du Pouvoir*, montre à quel point la personnalité de Louis XIV est étouffée par son propre mythe. Emporté dans le domaine de l'idéal, le monarque se montre incapable d'analyser le réel avec lucidité, c'est-à-dire de saisir l'erreur qu'il commet pour la France et pour lui-même, voire de se montrer égoïste, comme l'explique B. de Jouvenel. Or, faire preuve d'égoïsme signifierait précisément à la fois être conscient de la marche de l'histoire et se considérer comme un homme particulier. Louis XIV ne se voit plus désormais tel qu'il est ou devrait être, mais tel qu'en lui-même le mythe le change : le grand roi catholique qui doit ramener à lui les brebis égarées, le maître du monde, le dieu de la terre, le représentant de ce que J. Truchet, en commentant Bossuet, appelle justement « un rêve français et chrétien », le rêve d'une « chrétienté harmonieuse, d'une France heureuse et sainte ».

Dans cette re-création du personnage de Louis XIV par l'imaginaire, intervient en outre un phénomène culturel qui tient à ce que le personnage royal appartient en quelque sorte d'emblée à la mémoire des hommes de son époque. Très pénétrés de typologie biblique et persuadés que les événements de l'Ancien Testament étaient annonciateurs de ceux du Nouveau, les contemporains du grand roi en effet, par une extrapolation plus ou moins explicite ou consciente, voient reparaître d'une façon quasi cyclique, les faits et les hommes, les récents étant préfigurés par les anciens. Ainsi, Louis XIV doit être très naturellement la réincarnation de Jason, d'Apollon, d'Hercule, ou de David et de Salomon, pour ne citer que ces références.

A partir de 1702, avec la guerre de succession d'Espagne, le mythe de Louis XIV se transforme. Le souverain lui-même est envahi par le doute, celui qu'il livrera au moment de mourir ; ne lui prête-t-on pas d'ailleurs alors ces propos : « j'ai trop aimé la guerre » ? Il continue les combats malgré lui, il voudrait faire la paix, mais il ne le peut pas. De 1704 à 1710, les désastres militaires se succèdent, le « rêve français et chrétien » s'effondre. Ce prince que l'on avait fini par croire immortel est assailli par la mort qui frappe sans merci autour de lui : d'avril 1711 à mars 1712, meurent son fils le Grand Dauphin, son petit-fils le duc de Bourgogne, la duchesse de Bourgogne, et l'aîné de ses petits-fils. Pourtant le mythe héroïque de Louis XIV ne meurt pas ; il se transforme. Mongin, en 1708, écrit :

> « Les vrais héros sont des héros dans tous les temps. Comme leur grandeur réside dans leur âme et non dans les bras de leurs soldats, il n'est pas nécessaire qu'ils soient toujours heureux pour être grands. »

Face à l'inconstance et au caprice de la fortune, la fermeté inébranlable du monarque français force l'admiration. Plus fort que tout, plus fort que la mort, Louis XIV rencontre l'éternel. L'auteur d'un long poème sur *Le Triomphe des Parques*, déclare :

> « Il n'appartient qu'à toi, monarque glorieux,
> De demeurer constant (...).
> Triompher de toi-même est la grande victoire.
> Tes vertus te feront triompher de la mort,
> Tu ne mourras jamais, et la voix de l'oracle
> Semble nous annoncer encore ce miracle,
> Que Louis Dieu-Donné doit être sous ce nom
> Non pas fait comme nous d'argile et de limon
> Mais un être excellent qui doit par son essence
> Ressembler mieux qu'un autre à la toute-puissance. »

Au crépuscule de sa vie, Louis XIV devient le modèle du prince chrétien dans toute sa pureté, tel que les partisans d'une politique humaniste l'appelaient de leurs vœux dès le début du règne. Le mythe s'organise alors autour du courant de cet idéal humaniste, non plus autour de celui de l'idéal de gloire ; Mongin prend soin de ne pas confondre son roi avec « ces (conquérants) profanes qui ne doivent leur gloire qu'à leur fureur, et dont tout le mérite consiste à avoir été ambitieux, injustes, barbares et usurpateurs avec succès ». Le prestige de Louis XIV est d'un autre ordre : « ce monarque immortel dont la religion et la justice ont toujours conduit les entreprises », appartient à l'univers de la grâce.

Louis XIV meurt le 1er septembre 1715; mais le mythe du Roi-Soleil ne s'éteint pas avec l'homme, et dans ce temple de louanges qu'est l'Académie française, il survit tel qu'il s'est métamorphosé à la fin du règne. Le farouche Hercule jadis amant de la fortune ne séduit pas autant les Académiciens que ce nouveau saint Louis resté si fier sous les coups redoublés du destin. Dans une pièce lue à l'Académie en 1717, il est comparé à ces « monts de neige couronnés » qui, malgré les rudes batailles des vents, élèvent leurs têtes chenues au-dessus des nuages et conservent un calme profond. L'astre royal n'aveugle plus comme à son zénith. Tel Titus, le monarque qui n'est plus, doit être nommé les « délices de la terre ».

En 1751, dans *Le Siècle de Louis XIV*, Voltaire reprend le mythe d'un Louis XIV second Auguste, maître d'un siècle éternellement mémorable. De même qu'il ne fallut à l'en croire « qu'un homme pour changer la triste Sparte en la brillante Athènes », de même « tout commence à Louis XIV », prince exemplaire qui sut faire jaillir de la France les génies, les arts et la beauté. Déçu par la faiblesse de Louis XV, exaspéré par l'octogénaire Fleury, agacé par ce que l'on ne fait point et que l'on pourrait faire, comme il l'explique dans un opuscule de 1728, Voltaire rêve pour la France d'une splendeur sans égale et se tourne vers un passé qui s'accorde mieux à ses désirs, et donc vers un roi qu'il retrouve dans sa dimension mythique; même l'image du Louis XIV conquérant vient parfaire l'évocation.

Après 1751, le mythe louis-quatorzien connaît quelque éclipse; on s'intéresse en effet désormais à la branche des Orléans, et on préfère se référer à Henri IV. L'arrivée de l'ultracisme en 1815 ne favorise pas la reprise du mythe du Roi-Soleil : les fidélités ultras vont aux plus anciens visages de la monarchie française, Henri IV et saint Louis, et trouvent que le despotisme de Louis XIV a trop de ressemblances avec celui de Bonaparte ou des jacobins. On chante « Vive Henri IV », et le régime que l'on rêve de restaurer est la monarchie médiévale. Après 1830, les légitimistes célèbrent le mythe d'un roi bourgeois, mais ce roi n'est en aucun cas Louis XIV. Comme l'écrit R. Rémond dans son ouvrage *La Droite en France de la Première Restauration à la Ve République*, « la philosophie de l'orléanisme a consommé sa séparation d'avec la théologie; elle s'est laïcisée »; en outre, « l'attachement au parlementarisme est si vif qu'il est devenu pour l'orléanisme une manière d'être, un comportement ». Ni le Bonapartisme ni le régime de l'ordre moral ne font revenir Louis XIV à la lumière.

Et pourtant cette longue éclipse n'est pas une mort. Chateaubriand, dans *La Vie de Rancé*, en est sans doute le meilleur témoin, car sa reprise du mythe, fondée sur un parallèle entre Napoléon et Louis XIV, met bien en relief l'enracinement de la figure du monarque dans son époque :

> « Le XVIIIe siècle a voulu effacer Louis XIV, mais sa main s'est usée à gratter le portrait. Napoléon est venu se placer sous le dôme des Invalides, comme pour assurer la gloire de Louis (...). Bonaparte a fait son siècle; Louis a été fait par le sien : qui vivra plus longtemps, de l'ouvrage du temps ou de celui d'un

homme? C'est la voix du génie de toutes les sortes qui parle au tombeau de Louis; on n'entend au tombeau de Napoléon que la voix de Napoléon. »

A la fin du XIXe siècle et au début du XXe siècle, avec le rationalisme, l'Action française et des écrivains comme Maurras ou Barrès, P. Gaxotte, L. Bertrand, la droite reprend le mythe du grand roi. Lorsque Maurras par exemple rêve à une monarchie idéale, il songe moins à « la royauté tutélaire de saint Louis ou (à) la paternelle administration du bon roi Henri », pour reprendre les termes de R. Rémond, qu'au gouvernement de Louis XIV, qu'il revoit comme le prestigieux Roi-Soleil, entouré de pompe et d'éclat, faisant lever sous ses pas le génie des lettres et des arts. Dans une exaltation simplificatrice, L. Bertrand accorde la vision mythique de Louis XIV à ses vœux les plus chers :

« Devant toutes les conséquences de la Défaite, je m'exagérais l'abaissement de mon pays (...). Ce pauvre pays humilié, je lui découvrais tout à coup la figure que je souhaitais si ardemment pour lui. (Louis XIV) était pour moi l'image glorieuse de la France. »

Aujourd'hui, au-delà de Louis XIV, c'est Versailles qui fascine et qui fait rêver, et le mythe du roi est devenu celui du lieu. Dans un article paru en 1985 dans le livre *Destins et Enjeux du XVIIe siècle*, H. Himelfarb en témoigne :

« En France comme à l'étranger, l'idéalisation nostalgique des fastes de la Cour, de la « douceur de vivre », d'un grand dessein solennel, harmonieux et raffiné, jailli définitif dans les pensées glorieuses de Louis XIV et laborieuses de Colbert, (...) ce rêve extasié n'est pas mort, tant s'en faut, et survit dans les esprit ou les groupes sociaux les plus imprévus. (...) En un mot, et sans nous arrêter aux admirateurs, plus nombreux qu'on ne croit peut-être, (...) il est un public respectable et de tout âge pour qui ce Versailles imaginaire et désuet a pris le relais des cathédrales telles que, également imaginaires et désuètes, on nous les peignait autrefois. »

« Toujours hors de l'histoire et du réel », le mythe versaillais est encore évoqué à travers une vision baroque :

« Versailles est vu cette fois, continue H. Himelfarb, comme un opéra fabuleux et bigarré, irrationnel, chorégraphique et sensuel, d'autant plus beau que l'érotisme (...) s'y colorerait de mort physique et de décadence politique. »

L'imaginaire s'est donc aujourd'hui emparé de ce lieu dont l'histoire, pourtant si riche et si complexe, est comme emportée par le déferlement des rêves et des nostalgies que la science n'a pas su faire reculer.

Création diverse et protéiforme, le mythe de Louis XIV n'a jamais été qu'éclatant; à aucun moment il n'a pris les couleurs noires de celui de Napoléon.

Cependant, les critiques n'ont pas épargné le Roi-Soleil. Dès 1661, lors de l'arrestation de Fouquet, elles l'ont atteint avec vigueur. L'image d'un prince conquérant qui n'a pas cessé d'allumer la guerre et d'accabler d'impôts ses sujets, a, plus d'une fois, été orchestrée par les écrivains : à partir de 1672, l'ombre s'est levée, plus d'une voix accusant les ambitions du monarque assoiffé de gloire guerrière. De même, La Bruyère, Fénelon, Vauban, les protestants exilés ont, entre autres, fait le procès du prince. Mais à aucun moment, un mythe noir n'a été formé. Le pardon pour les uns, la résignation ou quelque éclat d'admiration pour d'autres, le loyalisme encore pour certains, ont tempéré le portrait royal. Après 1685, pamphlets et médailles émanant le plus souvent des Pays-Bas et composés en général par les protestants exilés, ont présenté les critiques les plus violentes, mais celles-ci tiennent plus de la satire et de la caricature que du mythe : elles collent trop aux événements, elles restent ponctuelles et précises, et jamais elles n'ont l'épaisseur du mythe.

Au fil du temps, la précision des reproches ou l'équilibre entre la fascination et la haine ne permet pas davantage de parler d'un mythe noir de Louis XIV : ni Montesquieu, ni Saint-Simon ou Michelet, par exemple, ne l'ont même esquissé. Et lorsqu'aujourd'hui G. Bonheur dans son *Henri IV* parle du « bachibouzouk de Versailles » qui « occupera désormais la place d'honneur dans la galerie internationale des monstres, comme promoteur du génocide », la présentation est trop réduite et ne prend pas assez de recul par rapport à l'événement de la Révocation de l'édit de Nantes, pour aller au-delà de la satire.

Dès que Louis XIV vint au monde, et pendant les cinquante-quatre années de son règne personnel, les thuriféraires ont joué pour lui ce que le R.P. Guillou appelle « les majestueuses cadences d(e la) symphonie humaniste et chrétienne ». Plongeant ses racines dans la féodalité, l'image idéalisée du souverain l'a d'emblée ravi dans un univers magique : pour le chanter, la rhétorique emprunta « ses armes à une émotion très primitive : le saisissement devant le sacré et la lumière », pour reprendre les termes de J. Starobinski.

Avec la force des croyances primitives et des idéologies puissamment orchestrées, le mythe de Louis XIV a traversé les siècles pour renaître, tel le phénix sous les couleurs duquel les écrivains ont présenté ce prince, dans le royaume d'un Versailles qui n'a pas encore livré ses secrets à l'histoire.

« Les rois sont hommes », écrivait pourtant Saint-Simon dont le génie visionnaire s'est appliqué à percer les ténèbres. Le Grand Roi a su être, plus qu'un homme, cette impressionnante figure de proue, carrefour des forces vives de la civilisation de son époque et de celles qui se sont reconnues en lui : on ne détruit pas les sortilèges qui ont su mener jusqu'aux portes du songe.

Nicole FERRIER-CAVERIVIÈRE

BIBLIOGRAPHIE

M. Bloch, *Les Rois thaumaturges, étude sur le caractère surnaturel attribué à la puissance royale particulièrement en France et en Angleterre*, Paris, Colin, 1961.

N. Ferrier-Caverivière, *L'Image de Louis XIV dans la littérature française de 1660 à 1715*, Paris, PUF, 1981.

— *Le Grand Roi à l'aube des Lumières*, 1715-1751, Paris, PUF, 1985.

E. Guillou, *Versailles, le palais du soleil*, Paris, Plon, 1963.

L. Hautecœur, *Louis XIV roi-soleil*, Paris, 1953.

— *Mystique et architecture, symbolisme du cercle et de la coupole*, Paris, Picard, 1954.

H. Himelfarb, « Versailles en notre temps », *in Destins et enjeux du XVIIe siècle*, Paris, PUF, 1985, pp. 139-151.

A. Joly, « Le Roi-Soleil, histoire d'une image », *Revue de l'Histoire de Versailles*, oct.-déc. 1936, pp. 213-235.

J. Starobinski, *L'Œil vivant*, Paris, Gallimard, 1961.

R. Zuber et M. Cuenin, *Littérature française, 4. Le classicisme*, Arthaud, 1984.

Mandragore

Les données de la botanique

Connue depuis les temps les plus reculés, la mandragore a attiré l'attention des hommes par ses particularités : la forme de sa racine, allongée (jusqu'à cinquante à soixante centimètres) à l'aspect charnu, blanc et bifurqué qui rappelle vaguement le tronc et les jambes d'un corps humain. Aussi la racine anthropomorphe a-t-elle été considérée comme une sorte d'embryon incomplet que des pratiques magiques pourraient amener à la vie.

Comme la belladone et la jusquiame, solanacées vireuses, la mandragore renferme des alcaloïdes. Ses aspects sédatifs étaient connus des hippocratiques. Au XVIIIe siècle, elle était utilisée à l'extérieur comme analgésique. On l'employait pour produire l'anesthésie dans les opérations. On lui prêtait des vertus aphrodisiaques. Inscrite au catalogue des simples, elle pouvait donc soulager, voire guérir certains maux ou exciter la vitalité.

AMBIVALENCE DE LA PLANTE AUX PROPRIÉTÉS MAGIQUES, DIVINES OU SATANIQUES, ET SES ORIGINES MYTHIQUES

Appelée chez les Grecs la plante de Circé, la magicienne, la mandragore, malgré ses vertus salutaires, inspire une crainte révérencieuse. Dans son *Histoire naturelle*, Pline l'Ancien observe :

> « Ceux qui cueillent la mandragore prennent garde de ne pas avoir le vent en face. Ils décrivent trois cercles autour d'elle avec une épée, puis ils l'enlèvent de terre en tournant du côté du couchant... La racine de cette plante, broyée avec de l'huile rosat et du vin, guérit les inflammations et les douleurs des yeux » (XXV, 148).

Cette cueillette rituelle, qui s'effectue dans les conditions de pureté cérémonielle supposant certains dangers, montre que la plante est divine. Il ne s'agit pas seulement de cueillir une espèce botanique mais d'obtenir une substance saturée de sacré, variante de l'herbe de vie éternelle. La valeur magique et pharmaceutique de la plante est due à sa participation à un archétype qui l'isole de l'espace profane. La mandragore partagerait avec les simples, le privilège d'avoir été découverte « à un moment cosmique décisif sur le Mont Calvaire » où elle aurait guéri les blessures du Christ. Celui qui les cueille répète ainsi un geste primordial de guérison.

Le mythe de la mandragore s'inscrit dans la lignée des mythes qui évoquent la naissance tellurique des êtres humains à l'origine des temps. Selon Albert-Marie Schmidt, la mandragore serait la survivance de la croyance en « la créature humaine autochtone (au sens étymologique du mot) issue du germe déposé par une pluie divine... dans une petite matrice tellurique », écho affaibli des grandes hiérogamies cosmiques.

Ainsi Lucrèce dans *De la Nature* (livre V) montre comment

> « la jeune terre commença par produire les herbes et les arbrisseaux et ne créa qu'ensuite les êtres vivants, mais en grand nombre et de diverses espèces »... « Des matrices croissaient, enracinées dans le sol et le terme venu, l'âge libérait les nouveau-nés fuyant l'humidité et aspirant à l'air libre : la nature alors dirigeait vers eux les pores de la terre qu'elle obligeait à leur verser un suc semblable au lait. »

Lucien ne manqua pas de se moquer de « ces premiers hommes poussés du sol de l'Attique comme des légumes ».

Pausanias (VII, 17) et Arnobius (*Adversus nationes,* V, 5) racontent comment

Zeus laissa tomber sa semence sur la terre lorsqu'il voulut étreindre la Magna Mater, ce qui aurait donné naissance à Agdistis, un être hermaphrodite.

Dans les *Métamorphoses* (livre 15, v. 555 sq.), Ovide poursuit ce vieux rêve de l'humanité lorsqu'il évoque l'apparition de Tagès :

> « Le laboureur tyrrhénien... vit au milieu de son champ la motte de terre désignée par le destin se mouvoir d'elle-même... puis échanger sa forme contre celle d'un homme et ouvrir sa bouche toute nouvelle pour annoncer l'avenir. »

Il évoque encore Erichthonius, « enfant né sans mère » (livre 2, v. 553 sq.). En fait, comme son nom l'indique, Erichthonius est né de la terre qui lui servit de mère, Athéna s'étant dérobée au désir d'Héphaïstos dont le sperme se répandit sur la terre.

L'Adam des kabbalistes, selon Barthélémy d'Herbelot, donna naissance à la première mandragore, être hybride, parent de Tagès, d'Erichthonius et d'Agdistis. Après qu'Adam eut été chassé du jardin d'Eden, Dieu, pour le punir :

> « ne permit pas qu'il rencontrât ... Eve, laquelle il chérissait fort tendrement. S'étant endormi et ayant le visage (de cette dernière) fortement imprimé dans son imagination, il crut l'embrasser. Cette image amoureuse causa en lui le même effet que la véritable possession aurait pu produire de sorte que la semence féconde de ce premier père des hommes étant tombée en terre, il s'en forma une plante qui prit la figure humaine » (*Bibliothèque orientale*, 1777).

Plus souvent, c'est le sang d'un dieu ou d'un géant primordial, mort de mort violente, qui provoque l'apparition de plantes analogues à la mandragore. Mircea Eliade, dans un article intitulé : « La Mandragore et les Mythes de la Naissance Miraculeuse », cite le mythe de Gajomard, l'homme primordial iranien que l'on peut assimiler à Adam. Lorsque les esprits du mal le mirent à mort : « une goutte de sperme sortit de ses reins et pénétra dans la terre pendant quarante années » avant de donner naissance « à une plante rivas qui, à son tour, se transforme en couple humain ».

Le Christ sur la croix serait l'héritier de ces mythes, ce qui expliquerait le lien des plantes médicinales avec le calvaire. Mais la pudeur chrétienne, ne pouvant accepter une conclusion aussi indécente à la passion du Sauveur, la transpose.

Le pendu du Moyen Age dont les dernières gouttes de liqueur séminale donnent naissance à la mandragore, l'homoncule du gibet comme l'appellent les Allemands, selon la légende connue déjà par Avicenne (1037), serait ainsi le succédané du Christ supplicié qui, comme lui, est « pendu au bois » selon l'expression des *Actes des Apôtres* (c. 5, v. 30). Cela expliquerait que le pendu soit innocent et porte les péchés d'une race maudite dans le livre de Arnim : *Isabelle d'Egypte*. Certains savants en fait de mandragore vont jusqu'à affirmer que l'eau évacuée par le condamné est l'eau baptismale qui lave le péché.

Albert-Marie Schmidt écrit :

> « Eclairée par une étrange lumière gnostique, la mandragore peut être tenue pour une reconstitution, de l'Adam originel, une somme de tous les principes de santé et de sérénité qui florissaient dans l'Eden... Elle est perpétuellement antérieure à la distinction du bien et du mal. Aussi n'est-il pas inepte de la considérer également comme le développement d'une motte plastique, prélevée sur la sainte réserve d'argile d'où Dieu tira de quoi modeler Adam. »

Gardant l'énergie de la nature à ses origines, la mandragore peut guérir, assurer la fécondité dont elle témoigne puisqu'elle est capable de gommer la barrière qui sépare les règnes humain et végétal. Mais sa puissance peut être mise au service du mal. Et de précieux talisman, capable de réaliser tous les désirs de son possesseur, comme dans le conte de la Motte Fouqué, la mandragore, cette « imago dei », peut devenir l'intrument du démon tentateur, ce qui expliquerait son aspect ambigu et démoniaque, envers de ses pouvoirs salvateurs. Il faut que celui qui la possède la vende avant sa mort moins cher qu'il ne l'a achetée, sinon son âme sera la proie du diable nous dit le conte de la Motte Fouqué.

Fortune littéraire de la mandragore

Machiavel et La Fontaine

Ce grand mythe cosmique apparaît d'abord dégradé aux XVIe et XVIIe siècles dans une littérature érotique qui ne retient de la mandragore que ses vertus aphrodisiaques. La célèbre comédie de Machiavel : *La Mandragore*, met en scène un jeune homme qui convoite une jeune Florentine. Mais la belle est mariée. Le couple, n'ayant pas d'enfant, le jeune homme se fait passer pour médecin. Il suggère au mari de faire absorber à sa femme une potion contre la stérilité : « Sachez donc qu'il n'y a rien de plus propre à rendre une femme grosse que de lui faire prendre une potion composée avec une mandragore ». Il convient de la prendre de nuit quand « la lune est dans un aspect favorable » mais il signale aussitôt les dangers auxquels le mari s'expose : « l'homme qui s'approche le premier d'une femme qui a pris cette potion meurt infailliblement au bout de huit jours ». Il convient donc de trouver un substitut qui « passant la nuit entière aux côtés de Lucrézia, tirera à lui tout son venin ». On devine que ce « malheureux » n'est autre que le jeune séducteur !

Jean de La Fontaine, s'inspirant de Machiavel, en fait un conte en vers assez grivois où l'on retrouve les vertus de fécondité prêtées à la mandragore. Mais il atténue le texte un peu terrifiant de Machiavel où la mandragore, liée au sexe et à la mort, apparaissait auréolée de tous les prestiges de la magie noire.

> « Ce jus doué de vertu tant insigne
> Porte d'ailleurs qualité très maligne :
> Presque toujours il se trouve fatal
> A celui-là qui le premier caresse
> La patiente ; et souvent, on en meurt. »

Le romantisme allemand

C'est surtout le XIXe siècle et particulièrement le romantisme allemand, qui va rendre à la mandragore la force persuasive d'un mythe intimement rêvé et lui donner tout un développement poétique.

Ernst Théodor Amadeus Hoffmann, obsédé par l'image d'hommes-racines, dessine avec humour dans le conte, *Petit Zacharie* (1819), le portrait de Cinabre qui n'est pas une mandragore mais en a toute l'apparence :

> « Ce qu'au premier abord on eût fort bien pu prendre pour une petite souche étrangement noueuse était, en effet un marmot difforme, haut comme deux mains à peine... Cette créature avait la tête profondément enfoncée entre les épaules, une excroissance en forme de citrouille lui tenait lieu de dos et, immédiatement sous sa poitrine pendaient les petites jambes, minces comme des baguettes de coudrier ; bref le gamin ressemblait à un gros radis fendu. Du visage... on apercevait... le long nez pointu qui surgissait tout raide d'une broussaille de cheveux noirs et une paire de tout petits yeux au noir scintillement qui, surtout étant donnés les traits ratatinés et vieillots du visage, semblaient indiquer une petite mandragore. »

Ce « Tom Pouce contrefait », ce « myrmidon difforme », ce vieillard-enfant, n'est qu'un « avorton » ordinaire auquel une fée compatissante a donné l'étrange pouvoir de s'approprier l'apparence et les vertus des personnes qui l'entourent. L'étudiant poète Balthazar, victime de ses méfaits, puisque la femme qu'il aime adresse son amour à Cinabre, qu'elle voit sous les traits de Balthazar, demande au magicien Prosper Alphanus de le délivrer de cet enchantement. Ce dernier consulte ses albums où sont recensées toutes les mandragores qu'il peut, à volonté, citer à comparaître si elles se rendent coupables de quelques méfaits.

L'outrecuidance de Cinabre n'a en effet pas de limites : il usurperait les plus hautes fonctions si le magicien ne découvrait son secret : tout le pouvoir de Cinabre réside dans trois cheveux rouges comme du feu — d'où son nom — que Balthazar lui arrache le jour de ses fiançailles. Le sortilège détruit, l'aveuglement général disparaît. Ce conte est une satire de l'esprit rationaliste qui chasse la poésie, ce « venin qui rend les gens absolument inaptes au service des lumières ».

Un autre conte de Hoffmann, *La Fiancée du Roi*, montre le roi des légumes, Daucus Carota Premier, cherchant à briguer la main de la jeune Anna car les esprits élémentaires aspirent à s'unir aux hommes. Quand Anna arrache la magnifique fane, elle n'entend pas le gémissement de la mandragore mais « un rire discret et joyeux » et découvre avec stupéfaction une superbe bague en or ajustée à la carotte. Daucus Carota a l'apparence de l'homme-racine mandragore : petitesse, jambes grêles, visage disproportionné. Anna, victime d'un envoûtement, l'admire ainsi que ses officiers d'ordonnance aux noms révélateurs : « Herr von Raifort de Poméranie, Signor di Brocoli d'Italie », le prince Melon, etc. Finalement Daucus Carota, vaincu par la magie des poèmes du fiancé d'Anna, plus que par la science kabbalistique impuissante de son père, redevient « une petite, toute petite carotte » et « s'enfonce dans le sol où il disparut sans laisser de trace ». Hoffmann nous laisse imaginer que sous le masque du légume le plus anodin pourrait se cacher une mandragore en puissance, exprimant peut-être ainsi une crainte ancestrale.

C'est surtout Achim von Arnim qui, dans *Isabelle d'Egypte* (1812), donne son plein épanouissement au mythe de la mandragore. Toutes les légendes fantastiques et dramatiques relatives à la mandragore se retrouvent dans ce livre, nullement édulcorées.

La tzigane Isabelle, dite Bella, vit une époque de persécution : son père, sorte de chef spirituel, vient d'être pendu pour un vol qu'il n'a pas commis. Elle se sent investie alors par un destin : celui de sauver son peuple, de le guider, comme l'avait fait son père, vers la fin de leurs peines. Car les tziganes se croient punis pour avoir repoussé la Sainte Vierge et l'enfant Jésus lorsqu'ils étaient venus chercher refuge en Egypte.

Le pendu a laissé « tomber d'en haut des larmes douloureuses sur la terre, en songeant que lui, le dernier héritier mâle de sa noble lignée, il était mis à mort d'une manière si déshonorante, en dépit de son innocence ». Les larmes de l'innocente victime remplacent, pour des raisons de bienséance, le sperme du pendu qui donne traditionnellement naissance à la mandragore. La jeune fille consulte les grimoires de son père, remplis de recettes magiques : « elle tomba sur une recette détaillée qui expliquait la manière d'obtenir les mandragores et qui disait avec quel zèle, quel esprit de rapine, quelles ruses infaillibles elles procurent de l'argent et tout ce que peut désirer un cœur attaché à ce bas monde ». Les difficultés sont multiples pour se procurer la précieuse racine : il faut une jeune fille amoureuse et innocente qui doit avoir « le courage plus que viril d'aller la nuit, à la onzième heure, avec un chien noir, sous le gibet, à l'endroit où le pendu innocent a laissé tomber ses larmes dans l'herbe; là, elle doit se boucher soigneusement les oreilles avec du coton, et chercher à tâtons jusqu'à ce qu'elle mette la main sur la racine; alors, en dépit de tous les cris de cette racine qui n'est point naturelle, mais qui est l'enfant des larmes innocentes du pendu, elle doit lui découvrir la tête, l'entourer d'une cordelette faite de ses propres cheveux, y atteler le chien noir puis s'enfuir, de telle sorte que le chien, dans son désir de la suivre, arrache la racine, et alors il est immanquablement tué par une convulsion du sol accompagnée d'un éclair ». Arnim respecte scrupuleusement une tradition séculaire. C'est un vendredi soir que Bella découvre la mandragore : « Elle palpa ce qu'il (le chien) avait trouvé et elle eut dans les mains un petit objet de forme humaine, mais dont les deux jambes étaient encore enracinées dans le sol; c'était elle, la mystérieure mandragore, le petit bonhomme du gibet ». Lorsqu'elle se réveille de son évanouissement, car le cri de la mandragore, malgré ses précautions, l'a ébranlée, elle découvre près du chien mort : « une espèce d'être humain, quelque chose comme une ébauche animée, d'où les sens nobles ne sont pas encore dégagés, une sorte de chrysalide ».

Bella va se comporter avec le petit être inachevé comme une mère avec son enfant. Consultant son livre de magie, elle apprend qu'« elle devait d'abord laver la mandragore; elle le fit; elle devait ensuite semer du mil sur sa tête rugueuse, et lorsqu'il lèverait, formant une chevelure, ses autres membres se développeraient d'eux-mêmes; seulement, à chacun des emplacements où devait se développer un œil, il lui fallait enfoncer une baie de genévrier et un fruit d'églantier à l'endroit où devait se former la bouche ».

Bella chérit le petit monstre informe dont elle est la créatrice; elle le met dans un berceau. Il grandit, apprend à parler, mais ses facéties montrent vite que sa nature est peut-être diabolique. Cornélius Népos, nom que s'octroie bientôt la mandragore dont l'orgueil est inversement proportionnel à la taille, s'avère apte à découvrir des trésors si bien qu'après maintes aventures où il favorise l'ascension de Bella et son intrigue amoureuse avec l'archiduc Charles, le futur Charles Quint, dont elle aura un enfant et obtiendra la liberté de son peuple, il se retrouve ministre des finances. Après le départ de Bella, il se suicide et devient l'âme damnée de Charles Quint :

> « Lorsqu'il eut été enterré secrètement, Charles se crut délivré de lui, tout le monde le croyait complètement anéanti, mais dans sa fureur, il s'était transformé en démon et l'empereur eut bientôt la certitude que, sans une pénitence sévère, il n'arriverait jamais à se débarrasser de son intolérable présence. »

La parenté de la mandragore avec la motte d'argile originelle dont l'homme aurait été façonné est soulignée dans ce texte par l'amour que la mandragore porte à un Golem, sorte de statue d'argile animée, à l'effigie de Bella. Mais le

Golem redevient un tas de terre après qu'une formule magique eut été prononcée :

> « Lorsqu'il trouva le manteau de sa bien-aimée et dedans, un tas de vulgaire argile, il se mit, sans comprendre pourquoi, à aimer cette terre comme si c'était l'épouse qu'il avait perdue. » « Il se sentit de nouveau attiré par l'argile qui constituait désormais le seul trésor de son cœur de racine. »

La mandragore, par toutes les possibilités du merveilleux et du bizarre qu'elle propose, est intimement liée au romantisme allemand. Si Cinabre, de Hoffmann, et Cornélius Népos, de Arnim, en sont les deux exemples littéraires les plus célèbres, elle affleure dans maints autres contes. Ainsi dans *le Runenberg* (1793) de Ludwig Tieck, le jeune Christian en proie à la mélancolie, dans la solitude de la forêt au crépuscule, « sans penser à ce qu'il faisait... tira de terre une racine dont la tête était à fleur de sol et voici que soudain il entendit, à son grand effroi, un sourd gémissement qui se prolongea dans la terre en sons plaintifs et s'éteignit dans le lointain ». C'est pour lui la voix de la terre entière, pareille à un organisme obscur et non de la seule racine. « L'accent de cette plainte l'atteignit au fond du cœur et le saisit, comme s'il eût touché, sans s'en douter, la plaie dont allait mourir, dans la douleur, le corps défaillant de la Nature ». Une cosmicité latente s'exprime dans cette image. Le thème est repris, en écho, à la fin du récit : « Ce fut une plante qui la première me fit connaître le malheur de toute la terre ». La mandragore annonce, au début du récit, les malheurs du héros : la racine à peine en main, un homme est là qui va, par des propos tentateurs, l'entraîner vers le Runenberg.

Les contes allemands laissent apparaître une autre sorte de mandragore. C'est un « diablotin enfermé dans un petit flacon de verre ». C'est ainsi qu'elle apparaît dans le conte de la Motte Fouqué et qu'elle passe de main en main. Les contes d'Hoffmann sont truffés de ces apparitions mandragoriques. Au début du *Vase d'or*, l'étudiant Anselme trébuche dans le panier d'une vieille marchande qui l'injurie : « Cours, cours toujours, enfant de Satan, la bouteille de cristal, ton destin t'attend ! ». Même apparition mystérieuse d'un flacon de cristal au début et à la fin de la *Maison déserte*.

Ce récipient de cristal hanté par une présence latente va intéresser les alchimistes qui se demandent si l'art ne peut continuer la nature et produire en dehors du corps féminin, un semblant d'humanité. La mandragore en flacon devient l'archétype de toutes les expériences possibles sur l'embryon humain. Les savants baptisent homoncules ces êtres minuscules qui ont tous les organes d'un enfant mais dont les facultés exceptionnelles — puisqu'ils sont le produit du plus grand des arts — les rendent semblables aux esprits.

La mandragore qui exauce tous les désirs de son possesseur est souvent désignée, sans plus d'explication, par le mot Spiritus : « Spiritus Familiaris » dans la

Kreisleriana de Hoffmann, « Spiritus Papyri », logé dans l'encrier, dans *Simplicius Simplicissimus* de Grimmelhausen.

Le romantisme français

Aucun des textes du romantisme français consacrés à la mandragore ne retrouve la profondeur symbolique du texte d'Arnim ou de Tieck, qu'il s'agisse du texte de Nodier : *La Fée aux Miettes* (1832) ou celui de Théophile Gautier : *Le Club des Hachichins* (1846).

Dans le texte de Ch. Nodier, Michel est un jeune charpentier affamé d'absolu qui demande le salut à la mandragore qu'il dépouille de son horreur infernale pour n'en garder qu'une image parfaite. La mandragore est liée à la quête de l'immortalité puisqu'elle peut rendre la jeunesse à la Fée aux miettes, l'épouse de Michel. Or dans l'asile où Michel se trouve confiné, on cultive des mandragores à des fins thérapeutiques. Le cri funeste de la mandragore devient pour lui un chant. Il cherche la plante unique qui le sauvera. Sa quête initiatique le conduit à un rang plus élevé que celui de l'homme dans la hiérarchie des êtres. Ne le voit-on pas « se balancer un moment à la hauteur des tourelles de l'église catholique avec une fleur à la main et chantant d'une manière si douce qu'on ne savait si ses chants provenaient de la fleur ou de lui ». Michel connaît une sorte d'apothéose : « enlevé de sa prison par la princesse Mandragore... il a épousé la reine de Saba et... il est devenu empereur des sept planètes ».

L'ironie de Nodier qui garde de la mandragore l'idée qu'elle aide les lunatiques à poursuivre, sans angoisse, leurs entreprises chimériques, enlève ici au mythe la force persuasive qu'il avait dans le texte d'Arnim.

Dans le texte de Théophile Gautier, le hachisch fait apparaître dans les rêves du narrateur, le roi des légumes, Daucus Carota, de E.T.A. Hoffmann. Il se plaît à décrire le monstre et surtout ses jambes « faites d'une racine de mandragore bifurquée, noire, rugueuse, pleine de nœuds et de verrues, qui paraissait avoir été arrachée de frais, car des parcelles de terre adhéraient encore aux filaments ». Ces jambes à l'activité extraordinaire concentrent en effet toute l'énergie démoniaque du personnage qui s'en sert pour obliger ses victimes à lui obéir. Mais l'horrible homme-plante n'est qu'un fantasme, né du cauchemar, qui roule « sur le parquet sous la forme d'un salsifis à deux pivots », dès que la réalité reprend ses droits.

Dans *La Légende des siècles*, Victor Hugo fait allusion à la mandragore lorsqu'il évoque Sixte Malaspina qui, pour assassiner ses adversaires, enduit ses armes de cette liqueur anesthésique.

Jean Lorrain, enfin, en 1899, écrit un livre, *La Mandragore*, qui ne retient de la plante que les aspects noirs, répugnants, diaboliques. Il dramatise les cérémonies d'arrachage de « l'effroyable racine qui croît au milieu des charniers..., qui est obscène et velue » et que l'âme d'un mort habite.

Le XXe siècle français

Le surréalisme restitue toute leur force aux créations de l'imagination. Aussi n'est-on pas surpris de retrouver au XXe siècle le mythe de la mandragore dans un récit de rêve : *Onirocritique* de Apollinaire « Les insulaires m'emmenèrent dans leurs vergers pour que je cueillisse des fruits semblables à des femmes... Ils déterrèrent une racine transparente et en mangèrent. Elle était de la grosseur d'une rave ». Jarry évoque « la plainte de la Mandragore » dans *Les Minutes de Sable mémorial* : « Je suis une plante et ne peux ramper, ramper comme un lierre, grimper comme un lierre sur les hauts piliers. Le fond de la terre me tient par les pieds. Nabot dont tu ris, Homme, mon grand frère, je voudrais les ailes des chauves-souris ». La plante promet la richesse à qui la délivrera : « Des paillettes d'or couvriront tes dalles. Tout ce qui me touche se transmute en or. Les yeux des hiboux m'ont souvent fixé, éternellement, ils resteront d'or... Viens et me délivre ; le fond de la terre me tient par les pieds ».

Le poème se termine sur le ricanement de la mandragore libérée qui échange sa liberté contre celle de qui la délivre : « Mais sa main de gloire, en geste moqueur, flambe comme un phare, la rafale emporte son ricanement. Le fond de la terre ME tient par les pieds ».

Allusion est faite ici à l'étymologie populaire de la mandragore, souvent altérée en « main de gloire » car elle était réputée rendre le double de ce qu'elle avait reçu.

Samuel Beckett, dans *En attendant Godot*, fait allusion au cri de la mandragore qu'on arrache, lorsqu'un de ses personnages se demande s'il ne va pas se passer la corde au cou, tant l'étreint l'ennui cxistentiel.

Le mythe de la mandragore apparaît encore chez les auteurs contemporains, nourris de littérature allemande. Giraudoux évoque la mandragore et ses pouvoirs de conférer l'immortalité au début de *Intermezzo* :

> « C'est vrai ce qu'on raconte de la mandragore ?
> — Au sujet de la constipation ?
> — Non, au sujet de l'immortalité... Que les enfants conçus au-dessus d'une mandragore par un pendu deviennent des êtres démoniaques et vivent sans terme ? »

Le thème de la mandragore donne sa tonalité au récit qui, comme dans *Ondine*, adaptée au théâtre à partir d'un conte de la Motte Fouqué, évoque un rêve de communion hors de l'humanité.

Un même sens cosmique qui veut supprimer la cassure établie par l'homme entre lui et l'univers, explique peut-être, dans *Vendredi ou les Limbes du Pacifique*, l'apparition des mandragores considérées par Robinson comme les fruits de son amour pour Speranza, l'île qui l'a accueilli.

« Ce jour-là, il se précipita à la combe rose et, agenouillé devant l'une de ces plantes, il dégagea sa racine très doucement, en creusant tout autour avec ses deux mains. C'était bien cela, ses amours avec Speranza n'étaient pas demeurées stériles : la racine charnue et blanche, curieusement bifurquée, figurait indiscutablement le corps d'une petite fille. Il tremblait d'émotion et de tendresse en replaçant la mandragore dans son trou et en ramenant le sable autour de sa tige, comme on borde un enfant dans son lit. » Le thème est repris plus loin : « Ses filles étaient là — bénédiction de son union avec Speranza — inclinant leurs jupes dentelées dans l'herbe noire... ».

Au-delà des légendes médiévales qu'il ne fait qu'évoquer, Michel Tournier remonte au mythe d'Adam, l'Adam des kabbalistes cité par Barthélémy d'Herbelot. Robinson qui, sur cette île ignorée, est pareil au premier homme sur la terre, retrouve les pouvoirs mythiques du grand ancêtre et ce temps mythique où hommes, animaux et plantes n'étaient pas réellement distincts et pouvaient passer indifféremment de l'un à l'autre. La nostalgie de l'unité universelle des êtres s'exprime à travers le mythe de la mandragore, et justifie l'intérêt que lui porte l'écrivain qui approfondira, dans *les Météores*, cette grande fraternité oubliée de l'homme et du monde élémentaire, auquel il redonnera une dimension sacrée. La citation biblique, extraite du *Cantique des Cantiques*, et qui précède la découverte de Robinson : « Les mandragores feront sentir leur parfum », éclaire la plante d'une lumière bénéfique et rappelle les origines religieuses du mythe. Remarquons que la mandragore donne naissance, dans la littérature, à des hommes-racines, quoiqu'elle soit, dans la forme, mâle ou femelle. Ici c'est un être féminin qui apparaît, appelé peut-être par les feuilles, comparées à des jupes dentelées. Si Michel Tournier retourne au mythe originel, intensément vécu, la touche de fantastique reste cependant plus discrète, dans son œuvre, que chez les auteurs allemands.

La mandragore est donc un mythe lié à la nostalgie du paradis perdu : elle semble témoigner du pouvoir de la terre, à l'origine des temps, de créer directement des êtres humains quand les dieux païens ou les grands ancêtres la fécondaient. Gardant de ces origines des pouvoirs divins, la mandragore prit au cours des âges valeur de talisman. Mais comme tout objet sacré, ses pouvoirs salvateurs peuvent s'inverser et contribuer à la perte de celui qui en abuse. L'image du pendu innocent dont la semence est à l'origine de la mandragore serait l'image affaiblie et laïcisée du Christ mourant sur la croix et dont le sang, comme dans d'autres mythes plus archaïques, aurait fécondé la terre. La littérature allemande est celle qui est restée la plus proche de ce mythe des origines et l'a le plus abondamment exploité. Les romantiques français, prisonniers d'un certain rationalisme, ont atténué l'aspect fantastique du mythe en en faisant l'obsession d'un « lunatique » ou le rêve d'un fumeur de hachisch. Michel Tournier, fidèle en cela à la littérature allemande, redonne à la mandragore la force convaincante d'un mythe poétique.

Arlette Bouloumié

BIBLIOGRAPHIE

Textes

On trouvera *La Mandragore* de Machiavel dans l'édition Gallimard, Pléiade; les *Contes* de La Fontaine dans les *Œuvres complètes* aux éditions du Seuil, 1965; *Isabelle d'Égypte* d'Achim von Arnim dans l'édition de l'École des lettres/Seuil 1993; *Le Petit Zacharie* d'Hoffmann dans l'édition Aubier-Montaigne et *La Fiancée du Roi* dans le tome III des éditions Phébus, coll. Marabout 1979; *La Mandragore* de Frédéric de La Motte-Fouqué ainsi que *Le Runenberg* de Tieck dans l'édition Gallimard, Pléiade, des romantiques allemands, tome I, 1973; *La Fée aux miettes* de Nodier dans l'édition Gallimard, coll. Folio, 1982; *Le Club des Hachischins* de Théophile Gautier aux éditions Corti, 1962; *Les Minutes de sable mémorial* d'Alfred Jarry aux éditions Fasquelle, 1971; *Vendredi ou les Limbes du Pacifique* de Michel Tournier aux éditions Gallimard, coll. Folio, 1967; *La Mandragore* de Hans Heinz Ewers aux éditions Christian Bourgois, 1970.

Études

Albert-Marie Schmidt, *La Mandragore,* éditions Flammarion, 1958.
Gustave Le Rouge, *La Mandragore magique,* Belfond, 1967 (Poche club fantastique).
Mircea Eliade, *Traité d'histoire des religions,* Payothèque, 1974.
Arlette Bouloumié, « Mandragore et littérature fantastique », Albin Michel, *Les Cahiers de l'Hermétisme,* 1991, p. 188-203.

Médée

La redoutable magicienne, fille d'Aétès, roi de Colchide, petite-fille d'Hélios, le Soleil, intervient dans cinq épisodes mythiques constitués à des époques différentes de l'Antiquité grecque. Liée à la quête de la Toison d'or, charmée par Eros et Aphrodite, Médée aide Jason, le chef des Argonautes, au cours des épreuves qualifiantes imposées par Aétès : après avoir donné à l'Argonaute un onguent magique contre les brûlures des taureaux au souffle de feu, elle conseille à Jason de lancer la pierre de Discorde contre les géants du champ d'Arès et lui offre une herbe capable d'endormir le dragon, gardien de la Toison d'or. Pour protéger la fuite des Argonautes Médée participe à la mort de son frère Absyrte. Ce dernier périt de la main de Jason ou de celle de Médée qui disperse les morceaux du cadavre. Dans la deuxième séquence mythique située à Iolcos, en Thessalie, Jason accompagné de Médée revient dans sa patrie rapporter la Toison d'or à son oncle Pélias. Selon une première version du mythe, Jason et Médée vivent à Iolcos en bons termes avec Pélias; Médée rajeunit Eson, le père de l'Argonaute, Jason et les Hyades, nourrices de Dionysos. Une autre version présente Pélias sous les traits d'un usurpateur qui a fait disparaître les parents de Jason; Médée aide l'Argonaute à se venger : les filles de Pélias, sur les conseils de la magicienne qui a métamorphosé un vieux bélier en lui rendant sa jeunesse, après l'avoir morcelé et fait bouillir dans un chaudron, agissent de même avec leur vieux père. A la suite de la mort horrible du tyran d'Iolcos, Jason et Médée sont bannis du pays par le fils de Pélias, Acastos. La troisième séquence majeure, l'une des plus célèbres du mythe, située à Corinthe, se présente comme un amalgame de traditions : Médée vénérée à l'instar d'une divinité pour avoir délivré la cité de la famine est associée au culte d'Héra. Afin de récompenser Médée qui avait repoussé l'amour de Zeus, Héra avait promis l'immortalité aux fils de sa rivale. Au cours de la cérémonie, les enfants enfouis par Médée dans le sol du temple meurent. Une autre tradition rendait responsables les Corinthiens de la mort des enfants tués dans le temple. Une terrible maladie s'étant abattue sur le pays on institua, en expiation, un rite : sept garçons et sept filles passaient une année dans le temple, vêtus de deuil. C'est autour de la mort des enfants que se cristallise la présentation de Médée sous les traits d'une étrangère abandonnée par Jason qui souhaite épouser Glauké, la fille de Créon, le tyran de Corinthe. Bannie de la cité, la magicienne envoie, pour se venger, une tunique empoisonnée à sa rivale. La mort des enfants tués par les Corinthiens est présentée comme la conséquence de ce geste, et les habitants de Corinthe imputèrent ce crime à Médée. Dans la tragédie d'Euripide (431 av. J.-C.) Médée elle-même devient infanticide et s'enfuit grâce au char envoyé par le Soleil, son aïeul. Dans la quatrième séquence, Médée guérit la folie d'Hercule à Thèbes. Acquittée de ses crimes passés, Médée se réfugie à Athènes chez le roi Egée qui l'épouse. Lorsque Thésée revient de Trézène, Médée essaie d'empoisonner le héros ou lui ordonne d'affronter le taureau de Marathon, Thésée devenant ainsi un double de Jason en Colchide lors de la quête de la Toison d'or. Dans la dernière séquence du mythe, Médée, chassée d'Athènes, se rend soit à Ephyra, en Elide, soit en Colchide où elle retourne accompagnée d'un fils dont le père est Jason, Egée ou un prince d'Asie. Médée restitue le trône de Colchide à son père Aétès et elle contribue, avec l'aide de son fils Médos, à la reconquête de contrées appartenant au royaume colchidien qui deviendra l'empire des Mèdes. Les schèmes mythiques centrés sur la magie se réfèrent soit à des traditions associées à une localité particulière, soit à des récits légendaires rattachés à de grandes navigations maritimes : le noyau narratif corinthien s'est trouvé ainsi greffé sur la narration de la quête d'un trésor situé dans des régions lointaines et considérées comme des contrées dangereuses. La magicienne, détentrice de la Toison d'or, objet symbolique de la richesse agraire, de la fécondité et de l'autorité royale est liée au dragon, émanation des puissances chthoniennes dont Médée garde les secrets. Face à Jason, à la recherche de l'hégémonie royale et de l'instauration d'un ordre, Médée est l'image du chaos et des forces maléfiques. Lorsque la magicienne se montre l'alliée de Jason, ses bienfaits se manifestent en faisant intervenir la pierre de Discorde, au milieu des géants armés, nés des dents du dragon. C'est sur la terre labourée par Jason, le champ d'Arès, dieu de la guerre, qui s'oppose à l'espace de Déméter, au bon labour, que Médée exerce son pouvoir et son savoir. La supériorité de Médée affirmée sur une sphère d'activité réservée à l'homme renvoie à l'image mythique d'Héra tentée de marquer sa souveraineté sur Zeus. La domination de Médée face à l'univers de l'homme s'affirme dans la pratique d'immortalisation où la magicienne tente de mettre au monde, une nouvelle fois, ses enfants dans le sol du temple corinthien en faisant l'économie de la semence masculine et dans la manipulation du chaudron réservée aux hommes dans le monde archaïque grec. La magie incarnée par Médée liée à la « métis », à la ruse, apparaît tantôt bénéfique (rajeunissement d'Eson), tantôt comme un leurre maléfique (mort de Pélias, de Créon et de sa fille Glauké). Ce contraste renvoie lui-même à une opposition éthique qui sous-tend le discours mythique, entre une bonne et une mauvaise pratique de la magie. Le caractère sotériologique du mythe figure dans le rôle d'initiatrice de Médée à l'égard de jeunes héros comme Jason en Colchide, dans la référence au « diasparagmós » (« morcellement ») à cru d'Absyrte ou avec coction (le bélier/Pélias) qui ouvre l'accès à l'au-delà et à l'univers de la métamorphose réussie ou manquée. L'infanticide, pratique d'immortalisation avortée, souvenir déformé de rites initiatiques ou crime passionnel devient un acte plurivalent et « barbare » qui a entraîné la « malsonnante rumeur » qui entoure le nom de Médée depuis l'Antiquité. Les parallélismes et les oppositions qui structurent le mythe s'intègrent dans les deux schèmes des relations familiales et d'hospitalité normales ou perverties, intimement liées, car les parents sont aussi très souvent des hôtes (Aétès, Pélias). Un autre aspect du mythe est le caractère récurrent du lien qui unit et oppose Médée à Jason et aux parents mâles de l'Argonaute (Eson, Pélias, Créon) et l'affrontement de Médée contre l'autorité des tyrans (Créon, Egée). La solution de ces relations tendues est marquée par la fuite de la magicienne qui connaît un changement de statut exemplaire : de princesse elle devient une « étrangère » ou une exilée. Face à la dernière séquence, constituée très tardivement où Médée réinstaure des relations familiales normales, la magicienne entretient des rapports privilégiés avec le monde de l'errance et devient une figure venue d'un « ailleurs » inquiétant. A partir de la tragédie d'Euripide les oppositions barbare/civilisé étrangère/autochtone médiatisées à travers la présence du roi d'Athènes, Egée, qui accepte de recevoir Médée à Athènes sont soulignées par la magicienne qui revendique son exclusion et sa mise à l'écart en se livrant à des actes « barbares » et destructeurs. C'est précisément ce caractère « monstrueux » de Médée située sur un plan d'antinomies exemplaires et fascinantes qui explique la fortune littéraire du mythe jusqu'à nos jours.

Présente dans les fragments de poèmes épiques grecs comme les *Corinthiaca* d'Eumelos (VIIIe siècle avant Jésus-Christ), qui se référaient à la souveraineté de la magicienne sur Corinthe, à la mort des enfants à la suite de la pratique d'immortalisation manquée ou au désaccord survenu entre Jason et son épouse, Médée est citée par Hésiode (*Théogonie* V. 992-1002) qui évoque l'enlèvement de l'héroïne par Jason en Colchide, l'arrivée à Iolcos et la naissance de Médéios. Avec la *IVe Pythique*, Pindare est le poète qui devait donner une image définitive de Médée douée du don de prophétie, étrangère versée dans la connaissance des drogues (« pamphármakos xeína »), amoureuse de Jason, adjuvante privilégiée dans la quête de la Toison, ravie de Colchide par l'Argonaute et meurtrière de Pélias. Les tragiques grecs devaient présenter différents aspects du mythe à travers des tragédies dont seuls subsistent quelques fragments : Eschyle, dans *Les Nourrices de Dionysos*, évoquait Médée rajeunissant les Hyades, Sophocle, avec *Les Colchidiennes*, soulignait le rôle de la magicienne favorisant l'entreprise de Jason en lui offrant l'onguent de Prométhée et en tuant Absyrte, tandis que dans *Les Rhizotomes* (*Les Magiciennes*), il se référait à la mort de Pélias après la cueillette des herbes nécessaires au rajeunissement. Euripide dans *Les Péliades* — autre tragédie perdue — devait s'attacher au caractère maléfique et trompeur de la magicienne, qui séduisait par ses paroles les filles du tyran d'Iolcos. C'est également Thésée que Médée voulait supprimer grâce au poison dans une autre tragédie euripidienne, *Egée*, selon les indications d'une scholie. Euripide, avec *Médée* (431 avant Jésus-Christ) confère à la Colchidienne les traits de la mère criminelle, en suivant peut-être l'exemple de l'œuvre de Néophron. Si la tragédie d'Euripide confère une nouvelle dimension à l'infanticide, il est à remarquer cependant que Médée porte la trace de la tradition qui rendait responsable les Corinthiens du meurtre des enfants. L'héroïne redoute significativement que les Corinthiens ne les outragent ou ne se vengent de la mort de Créon et de sa fille Glauké provoquée par la parure du Soleil envoyée par la magicienne à sa rivale en cadeau de noces (v. 1240-1241) et en signe fallacieux de réconciliation après la rupture avec Jason. La présentation de l'infanticide accompli par une mère « barbare » offrait des possibilités tragiques plus grandes pour le poète et s'accordait avec le personnage de la meurtrière d'Absyrte et de Pélias. Euripide, en faisant allusion à plusieurs reprises à ce passé sanglant, accréditait la possibilité d'un meurtre défiant les lois humaines et divines et contribuait ainsi à donner une unité et une cohérence au mythe. Médée apparaît chez Euripide sous l'aspect d'une femme humiliée, lançant des récriminations contre Jason et l'injustice de Créon qui l'exile de Corinthe et d'un être dangereux possédé d'un « démon » intérieur. Euripide nous présentait la psychologie d'une héroïne s'exprimant avec passion, en proie à des déchirements intérieurs, en particulier dans le célèbre monologue où, dominée par un sentiment de pitié à l'égard de ses enfants et une soif farouche de vengeance, elle se décide à tuer ses fils (v. 1078 et suiv.). Mais Euripide ancrait également sa tragédie au sein d'un certain féminisme (situation de la femme dans le foyer familial) et d'un contexte politique (intervention d'Egée, le roi d'Athènes venu proposer à Médée une terre d'asile). Toutefois, face au drame familial le dénouement de la tragédie, vivement critiqué par Aristote (*Poétique*, 1454 b 1), renoue brusquement avec le sacré à travers l'apparition de Médée sur le char du Soleil, son ancêtre, traîné par des serpents ailés. Une indécision exemplaire se manifeste : s'agit-il de l'aspect essentiel de l'étrangère qui d'épouse et de mère passionnée se transfigure, en une progression étonnante, pour révéler à Jason son essence divine ou n'est-ce, au contraire, qu'une imagerie traditionnelle et merveilleuse qu'Euripide a voulu respecter *in fine*? Ce sont précisément ces tensions, ces oppositions qui confèrent à la *Médée* d'Euripide une profondeur tragique particulière. C'est au contraire la figure de la jeune magicienne, prêtresse d'Hécate en Colchide, initiée aux pouvoirs des herbes et des incantations, dotée d'une pudeur virginale qui est développée dans les livres III et IV du poème épique d'Apollonios de Rhodes, *Les Argonautiques* (IIIe siècle avant Jésus-Christ). A travers des descriptions raffinées de la passion, Apollonios évoque les tourments d'une héroïne innocente, victime d'un amour funeste à l'égard de Jason et qui trahit sa patrie et ses parents en attirant Absyrte dans une embuscade pour le livrer à l'Argonaute. Dans la littérature latine, les tragédies perdues d'Ennius (*Médée à Corinthe* d'après l'œuvre d'Euripide, *Médée en exil* inspirée par l'*Egée* d'Euripide), de Pacuvius (*Medus* qui se réfère au retour de Médée en Colchide et à sa lutte contre Persès l'usurpateur), d'Accius inspiré par l'œuvre d'Apollonios, attestent, aux IIe et Ire siècles avant Jésus-Christ, une période d'émergence du mythe. Sous l'Empire, si Virgile faisait une allusion à Médée l'infanticide dans la VIIIe *Bucolique* (v. 43-49), le Livre VII des *Métamorphoses* d'Ovide présente longuement les « herbes enchantées » utilisées par Médée, personnage central de la magie grecque et orientale, face à Circé, représentante de la magie romaine. L'*Héroïde* XII d'Ovide dépeint la douleur de Médée abandonnée par Jason au profit de Créuse, la fille du tyran de Corinthe, l'ingratitude de l'Argonaute et le désir de vengeance de la Colchidienne qui espère, grâce à son épître, ramener l'époux infidèle. Dans la tragédie de Sénèque *Medea*, l'héroïne, située au centre de la quête argonautique considérée comme une malédiction par le chœur des Corinthiens et comparée aux monstres marins (Scylla et les Sirènes) accède, avec ses incantations magiques destinées à empoisonner la tunique offerte à sa rivale, à une temporalité mythique. A travers l'infanticide accompli devant Jason dans une montée paroxystique de la violence, la magicienne annule son existence présente liée à l'univers de l'homme, pour reconquérir sa virginité et ses origines colchidiennes perdues. Hantée par une soif d'absolu, une volonté farouche de destruction et le désir de se punir du meurtre d'Absyrte, la Médée de Sénèque est une âme hors du commun, dont la grandeur monstrueuse est représentative du sublime inversé et liée aux traités moraux des stoïciens.

Au Ier siècle après Jésus-Christ *Les Argonautiques* de Valerius Flaccus reprenait le poème épique d'Apollonios et soulignait le caractère maléfique de Médée. Dracontius, avec son poème *Medea* (Ve siècle), présentait la colchidienne sous les traits d'une prêtresse de Diane proche de la figure d'Iphigénie en Tauride.

Dans la littérature médiévale, du XIIe au XVe siècles, Médée devient un personnage épisodique des *Romans de Troie.* Benoît de Sainte More, comme ses imitateurs allemands, Herbort de Fritzlar, Conrad de Würzbourg, le flamand Jacques Van Maerlant, l'italien Guido delle Colonne, l'anglais John Lydgate se réfèrent à Ovide pour évoquer l'image de la princesse amoureuse et abandonnée par son paladin. Citée dans l'*Inferno* de Dante (XVIII, v. 86-96), les recueils de poésie ibérique (*Cancioneiro Geral* de Garcia de Resende), *Los Infiernos de Amor (Les Enfers de l'Amour)* du poète espagnol Santillana, l'*Egloga Andres* du portugais

Francisco de Sà, le *De Mulieribus claris (Des Femmes célèbres)* de Boccace, Médée figure dans *Le Livre du preux et vaillant Jason* de Raoul Lefèvre qui se réfère à la fondation de l'ordre bourguignon de la Toison d'or (1430). Au début du XVIe siècle, la magicienne est liée à la tradition allégorique de l'*Ovide moralisé* : Eson rajeuni symbolise la contrition du pécheur et les enchantements de Médée renvoient aux vertus du prédicateur sur ses fidèles. En France, à la suite de la *Médée* de Buchanan, traduction de la tragédie euripidienne, La Péruse écrit une tragédie (*Médée*, 1553) inspirée par Euripide et Sénèque.

Au XVIIe siècle, la *Medea esule (Médée l'Exilée*, 1602) de l'Italien M. Zoppio illustre la séquence de la reconquête de Colchos par la magicienne et son fils Medo. En Espagne, Calderón de la Barca présente dans l'« auto sacramental » *El Divino Jasón* (*Le divin Jason*, 1634) une vision allégorique du mythe : Jason, avec les Argonautes « célestes », devient une figure christique opposée à Médée et à l'univers de l'idôlatrie. Alors que dans *Los Tres Mayores Prodigios (Les Trois plus Grands Prodiges)* Calderón confronte les amours de Jason et de Médée en Colchide à ceux de Thésée et d'Ariane, de Déjanire et d'Hercule, Lope de Vega reprenait dans la « comedia » *El Vellocino de Oro (La Toison d'Or)* les origines de la conquête de la Toison et développait la jalousie de Fineo, éconduit par Médée, chasseresse à la manière de Diane, au profit de Jason. En 1635, P. Corneille devait souligner, à l'instar de Sénèque, la grandeur étrange de la magicienne et réinsérer le personnage dans le contexte surnaturel dont il est issu. Les terribles effets de la vengeance manifestés à travers la mort de Créuse et de Créon sur scène, après d'horribles souffrances, et le suicide de Jason, à la suite de l'infanticide, sont à l'image du « moi » de Médée hautement affirmé devant la confidente Nérine. De fait, l'unique scène cornélienne qui présente la magie de Médée sous un aspect bénéfique est celle où Egée, rival de Jason, amoureux de Créuse et emprisonné par Créon est délivré grâce à la baguette de la Colchidienne. Le dramaturge espagnol Rojas Zorilla, en se référant à la rupture des héros à Corinthe dans la « comedia » *Los Encantos de Medea (Les Enchantements de Médée*, 1645), utilise la magie comme un élément spectaculaire catalyseur de l'horreur, en l'opposant au contrepoint humoristique du valet de Jason, Mosquete.

P. Corneille devait, par la suite, développer dans *La Conquête de la Toison d'Or* (1659), qui influencera les œuvres des hollandais J. Vos et Meijer (1665 et 1666), les aventures de Jason en Colchide et d'Absyrte, amoureux d'Hypsipyle. Si les dons de la magicienne sont des prétextes, comme chez Rojas Zorilla, à créer des effets scéniques grâce aux « machines », Corneille souligne que l'art de Médée est impuissant sur les âmes. Son isolement au sein de « tristes lieux » confère une nouvelle dimension à la magicienne qui s'exprime en des stances élégiaques (Acte IV, sc. 1). En 1693, la tragédie lyrique de Marc-Antoine Charpentier *Médée* (livret de Thomas Corneille) loin d'être un plagiat de la pièce de P. Corneille offrait la vision d'une magicienne plus humaine, et introduisait la figure de l'Argonaute Oronte, prince argien, amoureux de Créuse, adjuvant de Créon dans la guerre imminente contre la Thessalie, à la suite du meurtre de Pélie (Pelias) perpétré par la Colchidienne. Longepierre, avec sa *Médée* (1694), veut corriger les excès du modèle cornélien pour retrouver les sources euripidiennes et certains éléments sénéquiens (monologue de la magicienne qui invoque la vengeance divine à l'acte II). Cette « tragédie de la sensibilité » devait connaître un vif succès au XVIIIe siècle. Au contraire, la tragédie lyrique de J.-B. Rousseau *La Toison d'Or* (1696) retrace sans originalité le déchirement de Jason partagé entre Médée et Hypsipyle qui meurt en apprenant la fausse nouvelle de la mort de Jason annoncée par la fille d'Aétès. Au XVIIIe siècle, la pièce du dramaturge portugais Antonio José da Silva destiné au théâtre de marionnettes, *Os Encantos de Medeia (Les Enchantements de Médée*, 1735) présente une imbrication burlesque de la quête de la Toison d'or et de la rivalité de Médée et de Créuse, devenue la nièce d'Aétès, grâce à l'intervention des bouffons Sacatrapo et Arpia. En Angleterre, la *Medea* du dramaturge Glover (1761) offre de nouvelles approches du mythe : égarée par la passion, Médée tue ses enfants et avoue, une fois son état de démence passé, sa culpabilité. Jason rend significativement responsable de l'infanticide Créon qui sera tué par la foule des Corinthiens, lorsqu'il veut s'emparer de l'étrangère. Si la reprise du modèle ovidien se manifeste dans l'*Héroïde* de L. Sébastien Mercier (*Médée à Jason*, 1773), les schèmes euripidiens apparaissent dans le drame *Medea* du poète allemand Gotter ou la *Médée* de J.-B. Clément (1779), sévèrement jugée par Diderot, et dont l'intérêt réside dans la notion d'expiation présente à la fin de la tragédie avec le suicide de l'héroïne. En 1785, l'allemand Soden devait prolonger avec *Medea* (1785) l'œuvre de Gotter en faisant de son héroïne un personnage conforme aux règles de la tragédie grecque, susceptible de susciter l'admiration et la pitié, mais en renvoyant aussi à l'image sénéquienne de la sorcière (invocations aux Furies et aux Esprits infernaux qui déversent dans un chaudron des herbes vénéneuses destinées au voile de Créuse à l'acte IV). Toutefois, c'est Klinger, l'un des représentants du mouvement du « Sturm und Drang » qui confère, dans un premier drame *Medea* (1786), à la fille d'Aétès l'aura d'un être violent et passionné. Conseillée par Hécate sa mère, « la sombre habitante du Tartare » (Acte IV) Médée sacrifie ses enfants et les enterre dans le temple de Pallas tandis que les Euménides s'emparent de Créon et de Jason pour les précipiter dans l'Erèbe. Avec *Medea auf dem Kaucasos (Médée sur le Caucase*, 1790) Klinger offrait une nouvelle vision du devenir de l'héroïne repentie de ses crimes passés. Médée renonce à ses connaissances magiques et s'oppose aux sacrifices humains et barbares instaurés par les druides du Caucase. Cette œuvre civilisatrice et bénéfique entraîne la perte de la Colchidienne ; pour sauver Roxane, une jeune fille destinée à être immolée, Médée, en ayant recours à la magie, se parjure. Redevenue une simple mortelle, condamnée par les druides, la fille d'Aétès se suicide, victime du destin et de la Némésis. En 1797, Cherubini avec son célèbre opéra *Médée*, (livret de B. Hoffmann) se réfère à Euripide, et souligne les tensions psychologiques de l'héroïne qui veut renoncer à plusieurs reprises à sa vengeance contre Dircé (Créuse). L'ambivalence de la magicienne, dotée d'une puissance « démoniaque » acquiert une dimension sacrale dans le finale de l'acte III : le feu, lié à l'origine solaire de la fille d'Aétès, qui embrase Corinthe à l'instar de la *Medea* sénéquienne s'oppose à la disparition de la protagoniste entraînée dans les rives du Styx par les Euménides. En 1799, le poème du Portugais J.-M. Barbosa de Bocage (*Medeia*, « Cantata ») présente l'action criminelle de la Colchidienne comme la victoire de la colère sur les forces antinomiques de l'amour et reprend la vision sénéquienne de la magie liée aux divinités infernales.

Au début du XIXe siècle, Mazoïer retrace avec *Thésée* (1801) l'échec de Médée qui veut s'emparer du pouvoir à Athènes. Lamartine revenait aux sources euripidiennes avec l'ébauche d'une tragédie *Médée*, tandis que l'italien G.-B. Niccolini (*Medea*, 1803) atténuait la violence de l'infanticide devenu un moyen de soustraire les enfants à la vindicte des Corinthiens. Le dramaturge autrichien Franz Grillparzer, auteur d'une célèbre trilogie *Das goldene Vlies (La Toison d'Or)* comprenant *Der Gastfreund* (*L'Hôte*, 1818), *Die Argonauten* (*Les Argonautes*, 1819), *Medea* (1820) présente la Toison d'or, trésor convoité et acquis injustement comme l'incarnation des forces maléfiques du destin, alors que Médée est une victime de la Némésis divine. Après s'être opposée vainement à l'assassinat de Phrixos, l'étranger venu de Delphes, donateur de la Toison (*L'Hôte*), Médée qui vit à l'écart des siens, à la suite du crime perpétré par Aétès, favorise l'entreprise de Jason et provoque la mort accidentelle de son frère Absyrte (*Les Argonautes*). A Corinthe, la magicienne poussée par sa nourrice Gora et par la jalousie à l'égard de Créuse qui a su gagner l'amour des enfants accomplit sa terrible vengeance. La Toison d'or réclamée par Créon est significativement restituée à l'autel d'Apollon dans le finale de la trilogie, tandis que Médée déclare qu'elle remet sa vie entre les mains des prêtres de Delphes qui décideront de son sort (*Medea*).

Inspiré par l'œuvre de Grillparzer, en particulier dans la vision de l'éloignement affectif des enfants au profit de Créuse, E. Legouvé avec *Médée* (tragédie, 1854), présente de nouvelles variations sur l'amour maternel bafoué et un ancrage moderne du mythe considéré comme « le plus terrible chapitre de l'histoire de la séduction ». H. Lucas présente dans sa *Médée* (tragédie, 1855), un amalgame d'emprunts aux auteurs antiques et compare la Colchidienne à la figure d'Hypsipyle. La volonté de réassumer la totalité du mythe se manifeste à nouveau dans le poème de W. Morris *The Life and death of Jason* (*La Vie et la Mort de Jason*, 1867), d'après Apollonios, la tragédie de G. Conrad (Georges de Prusse) *Medea* (1870) où l'héroïne blessée mortellement à Athènes sous les coups d'Aétès obtient le pardon de Jason et de son père, et l'œuvre de A.-C. Lindsay (*Argo or the quest of the golden Fleece* : *Argo ou la Quête de la Toison d'Or*, poème, 1876). De même, le poète géorgien Akaki Tserételi souhaitait intégrer la figure de la magicienne au sein d'une trilogie dont seule subsiste la première partie (*Media*, 1892) qui reliait l'aventure de Jason dans le Caucase au mythe d'Amirani-Prométhée. Le caractère « barbare » de la Colchidienne, une chasseresse comparée aux oiseaux de proie par Simone Arnaud, selon une esthétique inspirée du Parnasse (*Medéia*, drame, 1893) apparaît également dans la *Médée* de Catulle Mendès (tragédie, 1898), interprétée par Sarah Bernhardt. Au XXe siècle, l'actualisation du mythe présente dans *La Moderne Médée*, pièce de L. Duplessis (1901), qui se réfère aux relations tendues entre une Française et son époux, un avocat allemand, se manifeste, par la suite, à travers un certain exotisme : la Medea du dramaturge allemand Hans Henny Jahnn (1926) devient une princesse noire dont le fils aîné, rival malheureux de Jason, est déchiré par l'amour qu'il voue à Créuse. La princesse indochinoise d'*Asie*, drame d'H.-R. Lenormand (1931), victime des protectorats français, affronte en exil la xénophobie des « civilisés ». Oparre, originaire de Malaisie est confrontée au puritanisme et au racisme des habitants de Salem, en 1800, dans *The Wingless Victory* (*La Victoire sans Ailes*, 1936) du dramaturge nord-américain Maxwell Anderson.

Liés à la critique de la société urbaine, les avatars modernes de Médée figurés sous les traits d'aventurières perverses comme l'héroïne de Léon Daudet (*Médée*, roman, 1935) refusent aussi la civilisation des villes telle Madrone Bothwell, l'héroïne du poème *Solstice* (1935) du Nord-Américain Robinson Jeffers, réfugiée dans un ranch près des Montagnes Rocheuses. Parallèlement à cette transposition actualisée du mythe, le retour aux sources classiques s'affirme avec l'adaptation espagnole de la *Medea* de Sénèque de Miguel de Unamuno, interprétée par Margarita Xirgu (1936) et commentée par Antonin Artaud dans l'article *Une Médée sans Feu* (Mexico, 1936). Alors que Jean Anouilh confronte, à la manière d'Elisabeth Porquerol (*Jason*, drame, 1942), la révolte de Médée la bohémienne à l'univers de l'ordre incarné par Jason dans sa célèbre « pièce noire » de 1946 en se référant à l'œuvre de Sénèque, Robinson Jeffers propose une adaptation libre de la tragédie euripidienne avec sa *Medea* de 1946. De même, face à la *Medea Postbellica* (1947) drame de l'Autrichien F. Csokor dont l'action située dans les Balkans grecs, évoque la lutte idéologique des partisans lors de la dernière guerre mondiale et à la farce de R.-Jean Clot *Médée et les Vieillards* (1948), vision grotesque du rajeunissement d'Eson et de Pélias, *La Lunga Notte di Medea* (*La Longue Nuit de Médée*, drame, 1949) de l'Italien Corrado Alvaro synthétise la tradition classique et les références contemporaines à travers la présentation de la magicienne comme une victime des persécutions raciales à Corinthe qui l'amèneront à euthanasier ses enfants. En 1954, « l'explosion tragique en un acte » de l'Espagnol José Bergamin, *Medea La Encantadora (Médée l'Enchanteresse)* qui efface la cruauté de la tragédie sénéquienne au profit de l'onirisme cristallisé par « l'âme médiumnique » de Médée, diffère de la banalisation moderne du mythe proposée dans *Medea 55*, roman d'Elena Soriano, qui renvoie aux tensions psychologiques d'une femme espagnole exilée, devenue pendant la guerre civile une actrice célèbre dans un pays latino-américain imaginaire. Si Jean Vauthier adapte l'univers sénéquien dans la tragédie *Medea* (1966), le Finlandais Willy Kyrklund, avec la pièce *Medea Från Mbongo* (*Médée l'Etrangère*, 1967), oppose, en jouant sur les anachronismes et le grotesque, l'univers africain de Médée au monde grec et contemporain de Jason. La « barbarie » de Médée insérée par le Nord-Américain Jim Magnuson dans le contexte de la colonisation portugaise en Afrique au début du XIXe siècle avec le drame *African Medea* (*Médée l'Africaine*, 1968) est liée à l'aventure des conquistadors espagnols au Pérou avec la *Medea* d'A.-G. Vergel (1971, d'après les textes de Sénèque et M. de Unamuno). Le mythe transformé en cérémonie magique et incantatoire chez Pasolini, Andreï Serban (*Medea*, 1972, d'après les textes originaux de Sénèque et d'Euripide) connaît de nos jours de nouveaux prolongements avec la pièce *Gota d'Agua* (*Goutte d'Eau*, 1975) du Brésilien Paulo Pontes, transposition de l'aventure de Médée dans les « favèles » et l'opéra de Gavin Bryars et Robert Wilson *Medea* (d'après Euripide) en 1984.

Duarte MIMOSO-RUIZ

BIBLIOGRAPHIE

Charles DUGAS, *Le Premier Crime de Médée*, Revue des Etudes Anciennes, T. XLVI, 1944, pp. 5-11.

Kurt von FRITZ, *Antike und moderne Tragödie*, Berlin, de Gruyter, 1962.

Karl KÉRÉNYI, *Medea, Vorwort*, Munich, Langen Müller, 1963.

Léon MALLINGER, *Médée*, Etude de Littérature Comparée, 1963, Louvain, Ch. Peeters, 1897.

Duarte MIMOSO-RUIZ, *Médée Antique et Moderne, Aspects rituels et socio-politiques d'un Mythe*, Paris, Ophrys, 1982.

Alain MOREAU, *Le Mythe de Jason et Médée. Le va-nu-pieds et la sorcière*, coll. « Vérité des mythes », Paris, Les Belles Lettres, 1994.

Louis SÉCHAN, *La Légende de Médée*, Revue des Etudes grecques, T. XL, 1927, pp. 234-310.

Ulrich von WILAMOWITZ-MÖLLENDORF, *Excurse zu Euripides Medeia*, Hermès, XV, 1880, pp. 481-523.

MÉDUSE

Apparemment simple motif accolé au mythe de Persée, la tête de Méduse acquiert sa liberté d'avoir été décapitée et délivrée par le héros de son ancrage dans les profondeurs obscures du monde. Il y a quelque chose de paradoxal dans cette histoire, puisque le monstre est d'autant plus vivace qu'il fut tué. Le paradoxe est, en effet, caractéristique de cette figure, tant au regard du mythe lui-même que des interprétations qui en furent données. Ainsi, la fascination qu'elle exerce est provoquée par un mélange de beauté et d'horreur ; sa tête avait, dans l'antiquité, fonction de masque apotropaïque, sorte de talisman qui tue et sauve à la fois.

Symbole même de l'ambiguïté, la tête de Méduse est aussi une des figures mythiques les plus archaïques (peut-être un souvenir du démon Humbaba décapité par Gilgamesh). Tout laisse donc à penser qu'elle offre une *représentation* du sacré sous son aspect le plus prégnant. Dans la mesure où il appartient à la littérature de reprendre en charge le sacré, l'étude du mythe littéraire doit permettre de montrer que chaque époque, confrontée au mystère des « origines », interroge à nouveau le regard fascinant de la tête de Méduse, comme ce qui recèle le secret du sacré.

L'AUTRE ET LE MONSTRE

Si l'ambiguïté est la marque du sacré, les mythes ont pour fonction, comme l'a montré René Girard dans *La Violence et le Sacré* (1972), de créer des différences et des oppositions, de séparer les deux faces du sacré. Ainsi, au regard des textes les plus anciens, conformes à l'esprit mythique, Méduse est une représentation de l'Autre dans sa différence absolue et terrifiante. Au premier abord, il est vrai, sa monstrueuse laideur et son regard aveuglant le justifient.

Dans son ouvrage intitulé *La Mort dans les Yeux* (1985), J.-P. Vernant montre que Méduse figure, pour les Grecs, le visage du combattant en proie à la fureur guerrière : la bouche grande ouverte, la chevelure effrayante, les cris stridents poussés par les Gorgones (Hésiode, *Le Bouclier d'Héraclès*, 232-233), évoquent son aspect terrifiant. Aussi le masque de Méduse apparaît-il souvent en contexte guerrier : dans l'*Iliade*, sur l'égide d'Athéna (V, 738) ou le bouclier d'Agamemnon (XI, 36), mais encore à la Renaissance, par exemple sur le casque de Bellone que Ronsard décrit dans l'« Ode à Michel de l'Hospital » (*Premier Livre des Odes*, 1560). D'autre part, Gorgô représente l'irreprésentable : la mort, invisible et irregardable comme Hadès lui-même. Chez Hésiode (*Théogonie*, 275 et sq.), dans l'*Odyssée* (XI, 633-635), Méduse est gardienne des lieux terrifiants ; soit des confins nocturnes du monde, soit des Enfers. C'est ce rôle encore qui lui revient chez Dante (*Divine Comédie, Enf.*, IX, 55-57) ou Milton (*Paradis perdu*, II, 611). Placée à la porte du monde des morts, elle empêche les vivants d'entrer.

Figurant l'ennemi terrible et la mort, Méduse, dans la symbolique chrétienne, devient une incarnation du Diable. Elle apparaît ainsi dans un passage du *Livre d'Artus* appartenant au cycle des romans du Graal (*Vulgate version of Arthurian romances*, T. VII, Washington, 1913). Il s'agit, à vrai dire, d'un monstre féminin, habitant le lit d'un fleuve, dont le pouvoir n'est pas de pétrification, mais d'engloutissement par les eaux, et qui se nomme la Laide Semblance. De même, une pièce de Calderón, racontant les aventures d'Andromède et Persée (*Fortunas de Andromeda y Perseo*), montre le héros, nouvelle incarnation du Sauveur, triomphant de Méduse, personnification de la Mort et de la Faute.

Au premier abord donc, la tête de Méduse est bien une figure de l'Autre effrayant, de la négativité absolue. Telle est encore sa fonction au XXe siècle dans la trilogie de l'écrivain grec Pandélis Prévélakis : *Les Chemins de la Création*, comprenant *Le Soleil de la Mort* (Athènes, 1959 ; Paris, 1965), *La Tête de Méduse* (Athènes, 1963), *Le Pain des Anges* (Athènes, 1966). Gorgô y représente à la fois le « nihilisme nietzschéen » et les idéologies étrangères qui mettent la grécité en péril. Le héros se propose de libérer à nouveau la Grèce du monstre. Mais il échoue et se rend compte qu'il n'y a plus, dans son pays, une seule terre vierge. Tout laisse à penser que la maladie propre à la Grèce moderne, et son incapacité à accueillir la différence, ont suscité cette *représentation* monstrueuse de l'autre.

La tête de Méduse semble bien un masque servant à justifier son étrangeté absolue et maléfique.

Que Méduse soit un masque, que sous ce masque se cache un visage plus humain, l'évolution de sa représentation, depuis l'époque archaïque jusqu'à la période hellénistique, en témoigne. Une double transformation s'opère : la disparition de la facialité et celle de la laideur (voir *Images de la Gorgone*, Bibliothèque Nationale, 1985). Sous le masque se découvre ce qu'on peut appeler la *tragique beauté* de Méduse.

Le miroir et le masque

De nombreux éléments du récit mythique suggèrent, à travers son aspect fondamentalement ambigu, la nature tragique de Méduse. L'un des plus significatifs est le don fait par Athéna à Esculape de deux gouttes du sang de Gorgô ; l'une avait un pouvoir de guérison et même de résurrection, l'autre était un poison mortel. Le sang de Méduse est donc le *pharmakon* par excellence, et elle-même, comme en témoigne la fonction apotropaïque de son masque, est un *pharmakos.*

Ainsi que l'a montré René Girard, le *pharmakos* est le bouc émissaire dont le sacrifice fonde le sacré dans sa dualité et scelle la séparation du monstre et du dieu. Cependant, il appartient à la littérature et aux arts de révéler l'intimité des contraires et l'« innocence » de la victime. Le mythe de Méduse est, à cet égard, significatif. Tobin Siebers, dans son étude intitulée *The mirror of Medusa* (1983) a dégagé l'importance de deux éléments révélateurs : la rivalité opposant Athéna et Gorgô, et le motif spéculaire.

Pour Ovide (*Métamorphoses*, IV, 779 et sq.), la raison du différend se trouve dans le viol de Méduse perpétré par Poséidon à l'intérieur du temple de la déesse vierge. Celle-ci l'aurait punie en métamorphosant son visage. Méduse serait donc par deux fois victime innocente. Mais une autre tradition, que reprend Mallarmé dans *Les Dieux antiques* (1880), insiste sur une rivalité plus personnelle : Méduse se serait vantée d'être plus belle qu'Athéna. Tout se passe comme s'il avait été nécessaire à la déesse de se différencier de son double négatif pour affirmer son identité « propre ».

Cependant, les traits communs restent nombreux. Ainsi, les serpents sont des attributs d'Athéna, comme en témoignait la célèbre statue de Phidias ou comme l'indiquent certains poèmes orphiques l'appelant « la Serpentine ». De plus, le regard fascinant est une des caractéristiques de la déesse « aux yeux pers » dont l'oiseau est la chouette, représentée avec des yeux exorbités. Enfin, pour avoir appliqué sur son égide la tête de Méduse, elle prend dans le combat ou la colère l'aspect terrifiant du monstre. Ainsi, dans l'*Enéide* (II, 171), elle montre son courroux en faisant jaillir des flammes de ses yeux. Toutes ces notations tendent à révéler qu'Athéna et Méduse sont les deux visages indissociables d'une même puissance sacrée.

On pourrait d'ailleurs faire des remarques identiques à propos de Persée, lequel conserve les traces de ses liens avec son double monstrueux. Se servant de la tête coupée pour pétrifier ses ennemis, il répandit la mort autour de lui. Et par une sorte de négligence, alors qu'il survolait l'Afrique avec son trophée dans un sac, les gouttes de sang tombant sur le sol se transformèrent en serpents venimeux qui démultiplièrent le pouvoir mortel de Méduse (Ovide, *op. cit.*, IV, 618). Deux œuvres d'art illustrent cette intimité du héros et du monstre : le *Persée* de B. Cellini, dont T. Siebers s'est employé à montrer la ressemblance avec la tête qu'il tient à la main, et un tableau de Paul Klee, *L'esprit a combattu le mal* (1904), montrant une inversion totale des rôles — Persée y est représenté de face avec un visage terrible, alors que Méduse disparaît sur le côté.

Dans ce jeu des doubles, le thème du reflet est essentiel. Il permet d'expliquer le procédé de victimisation dont Méduse fut l'objet, et qui relève de la superstition du « mauvais œil ». Contre le « mauvais œil », la parade est soit d'utiliser un troisième œil — celui que Persée vola aux Grées — soit de renvoyer le maléfice avec un miroir. Ovide, en particulier, a insisté sur l'importance du bouclier grâce auquel Persée put apercevoir la Gorgone sans être pétrifié, et qui lui fut donné par Athéna. Mais tout laisse à penser que le miroir fut l'arme véritable. Il a d'ailleurs cette fonction chez Calderón et Prévélakis, mais aussi pour Roger Caillois dans son livre *Méduse et Cie* (1960).

Ovide permet ici d'établir le lien avec le mythe de Narcisse qu'il a rendu célèbre. Il semble que le même procédé de victimisation soit à l'œuvre : l'individu passe pour avoir été la victime de son propre reflet, ce qui décharge le victimaire (Persée, le groupe) de toute culpabilité. Cette union des deux mythes (mais aussi l'intention culpabilisatrice) apparaît dans un passage des *Amours d'Hyppolite* (1573) de Desportes, où le poète annonce à sa dame qu'elle risque de se voir changer par son « œil de Méduse, en quelque roche dure ». Mais plus significatif est le conte de Gautier *Jettatura* (1857). Le héros, accusé d'avoir le « mauvais œil », finit par s'en persuader et, devant un miroir, assiste à la transformation monstrueuse de son visage : « figurez-vous Méduse regardant sa tête horrible et charmante dans le fauve reflet du bouclier d'airain ».

La tête de Méduse est un miroir et un masque. Miroir de la violence du groupe qui applique à un individu la marque diabolique. Aussi est-elle bien l'image de la mort pour celui qui l'aperçoit. Tous ces thèmes : violence sacralisée, mort pétrificatrice, se retrouvent dans un ouvrage de Walter Krüger consacré au risque nucléaire, *La Tête de Gorgone* (*Das Gorgonenhaupt*, Berlin, 1972).

Cependant, ainsi ramené à des structures archétypales, le masque de Méduse garde encore son secret. Pourquoi la chevelure de serpents, la bouche béante à la langue pendante, et surtout, pourquoi Méduse est-elle une femme ? Quel est le rapport entre la violence, la terreur sacrée et la femme ?

L'INQUIÉTANTE ÉTRANGETÉ DU FÉMININ

Robert Graves (*Les Mythes grecs*, 1958) pense que le mythe de Persée conserve le souvenir des luttes qui opposèrent les hommes aux femmes, lors du passage de la société matriarcale à la société patriarcale. Le masque de Gorgô, en effet, avait pour fonction d'éloigner les hommes des cérémonies sacrées et des mystères réservés aux femmes, ceux qui célébraient la triple déesse Lune. Et Graves rappelle que les Orphiques appelaient la pleine lune « tête de Gorgone ». Il était aussi porté par les jeunes filles vierges pour éloigner la concupiscence des hommes. L'épisode de la victoire de Persée sur Méduse évoquerait la fin de l'hégémonie des femmes, et la prise de possession des temples par les hommes, devenus maîtres du divin que leur cachait la tête de Méduse.

La guerre des sexes, si elle s'est faite plus sourde ne s'est pas éteinte. Et le féminin demeure toujours pour l'homme une source d'effroi. Ainsi, l'association de la femme à la Méduse évoque son aspect à la fois fascinant et dangereux. Elle est fréquente dans la poésie de la Renaissance (par ex. Ronsard, *Second Livre des Amours*, S. 79, 1555) ; mais le regard pétrifiant n'est souvent qu'une métaphore convenue du « coup de foudre » amoureux. C'est au XIXe siècle que le parallèle prend une signification plus profonde. L'œuvre de Baudelaire (*Les Fleurs du Mal*, 1857), la littérature « décadente » (par ex. J. Lorrain, *M. de Phocas*, 1901), témoignent de la fascination dangereuse exercée par la femme au regard mortel et à la chevelure mystérieuse. Mais c'est dans le premier *Faust* (1808) de Gœthe que fut donné le sens de cette association. Pendant « La nuit de sabbat », Faust croit apercevoir Marguerite ; Méphistophélès le met en garde : il s'agit de Méduse. Et il explique : « C'est de la magie, pauvre fou, car chacun croit y retrouver celle qu'il aime. »

Cette femme terrible, parangon de toutes les femmes, que chaque homme craint et recherche à la fois, et dont Méduse offre le masque, c'est la mère ; la grande Déesse Mère dont les rites étaient cachés par le visage de Gorgô. De nombreux textes illustrent la parenté de Méduse avec les fonds marins et la puissance terrible de la nature (*Les Travailleurs de la Mer* de V. Hugo, 1864 ; les *Chants de Maldoror* de Lautréamont, 1869 ; *Aphrodite* de Pierre Louÿs, 1896). Mais le plus explicite est certainement le texte rédigé par Freud en 1922 : « La tête de

Méduse » (*Das Medusenhaupt*). Il la présente comme le fétiche par excellence offrant l'image de la castration (associée pour l'enfant à la découverte du sexe maternel) et de son déni : les serpents sont autant de phallus multipliés, la pétrification signifie l'érection consolatrice.

Dès lors, le mythe de Persée prend un sens nouveau : il raconte l'exploit du héros qui, pour avoir vaincu la femme « castratrice » et s'être armé du fétiche (considéré alors sous son aspect rassurant et phallique) de la tête de Méduse, peut conquérir Andromède, la vierge terrifiante, et tuer le monstre marin, double maléfique de la femme. Ce motif se retrouve aussi bien dans la légende chrétienne de saint Georges (Jacques de Voragine, *La Légende dorée*, 1264) qu'à travers les récits anthropologiques concernant la peur du « vagin denté ». Pour accomplir le premier acte sexuel avec une femme, il faut un homme « sacré ».

Deux textes permettent d'illustrer cet aspect du mythe. Le *Livre d'Artus (op. cit.)* tout d'abord, dans le passage consacré à la Laide Semblance. Le monstre occupait les terres d'une pucelle qui demanda au roi non seulement l'aide d'un chevalier, mais aussi un mari qu'elle désigna comme s'il lui était depuis toujours destiné. L'épreuve qu'il accomplit semble avoir été la condition nécessaire pour s'unir à la vierge. Le conte insiste sur l'appartenance du monstre à l'élément liquide, et en particulier à la mer où il dut être rejeté. Le second texte est une nouvelle d'A. Döblin, « Le Chevalier Barbe-Bleue » (*Der Ritter Blaubart*, 1911). Pour avoir eu des rapports mystérieux et intimes avec un monstre primitif — une méduse géante — le héros est contraint de tuer, ou de laisser tuer toutes les femmes qu'il aime. L'une d'elles cependant, grâce à sa pureté, affronte le monstre dans la chambre secrète où il séjourne. Dans ce dernier exemple, le personnage semble n'avoir pu se libérer de l'emprise maternelle et de la peur du féminin.

Cette assimilation de Méduse à la femme castratrice est enfin évidente dans un passage de *Chêne et Chien* (1952) de R. Queneau : « tête coupée, femme méchante, / Méduse qui tire la langue, / c'est donc toi qui m'aurais châtré? ». Cependant, ce que révèle le mythe et qui semble caché par l'interprétation freudienne, c'est que la « castration » de la femme est la conséquence d'une violence qui lui fut imposée par le héros fondateur. La femme n'entre dans l'histoire que divisée par une décapitation séparatrice, rejetant le féminin dans les profondeurs obscures du monde. *Ab-jecté*, le féminin reste inconnu dans son repli; il est cette béance « abjecte » qui soutient le théâtre du monde et la logique du fétiche. Dans ce théâtre, la femme occupe les deux pôles antagonistes du mal (la castration, la sorcière) et du remède (le phallus, la Vierge), de l'abîme et de la Chose idéale. C'est pourquoi, malgré son pouvoir terrifiant, elle fascine : *fascinum* signifie « charme », « maléfice », mais aussi « membre viril ». Entre le « manque » et l'Idole, que représente la femme dans sa division, s'ouvre l'espace du Désir masculin. (Cette ambiguïté irréductible se retrouve dans la classification de l'animal appelé Méduse : il doit ce nom à sa ressemblance avec la tête de Méduse (cf. Apollinaire, *Bestiaire*, 1920), mais est intégré à la catégorie des acéphales.) Sous le masque ambigu, Méduse conserve son secret : *représentable*, elle n'est jamais *présentable*, Persée lui-même ne la voit que dans le reflet de son bouclier. Présence dérobée, absente du monde, elle est ce qui permet à la scène de se jouer. Ainsi, J. Ristat, dans sa « comédie héroïque » *Le Naufrage de Méduse* (1986), montre Persée en quête des Gorgones et rencontrant Hermès, le « Gardien des simulacres », qui révèle au héros terrifié que « méduse elle-même n'est qu'une ombre ».

Le héros, cependant, reste prisonnier du jeu des simulacres et de la logique du fétiche, comme il demeure fasciné par le masque gorgonéen. Aussi, la tête de Méduse devient-elle, pour celui qui en prend possession après l'avoir arrachée à la femme terrifiante, et selon l'économie du *pharmakon*, tout son contraire : le *skeptron*, le soleil.

« O MÉDUSE, Ô SOLEIL »

De même qu'il existe une identité cachée entre Athéna, déesse de la sagesse, et Méduse, de même entre le soleil, symbole de l'idéal, et le masque de Gorgô. Quoique objets de désir, Athéna et le soleil sont inabordables et terrifiants pour qui les approche de trop près. Ce danger est illustré par le mythe platonicien du *Phèdre* (247e-248e) : la chute des âmes vient d'un trop grand désir de voir le soleil. Dans le mythe de la Caverne (*République*, 514a-517a) d'ailleurs, se retrouvent certains éléments structuraux du mythe de Méduse : la fascination, la vision détournée, la violence imposée au philosophe...

Que le soleil soit terrible et castrateur comme la Gorgone, Queneau l'affirmait dans son poème (*op. cit.*) : « Le soleil : ô monstre, ô Gorgone, ô Méduse / ô soleil ». Ainsi, Méduse peut devenir elle-même une incarnation de l'Idéal : de la Vertu (Du Bellay, *Epithalame*, 1559), de la Beauté (Baudelaire, *op. cit.*, « La Beauté »), de la Vérité (Kosmas Politis, *Eroïca*, Athènes, 1938). Le soleil n'est-il pas lui-même cette tête tranchée qui ne s'envole au zénith, comme celle de Jean-Baptiste, que « Dans les vols triomphaux / De cette faux » (Mallarmé, *Hérodiade*, « Cantique de saint Jean », 1913). Qui cherche Athéna trouve la tête de Méduse. Qui trop s'approche du soleil découvre sa monstruosité castratrice et châtrée (G. Bataille, *L'Anus solaire*, 1931).

Ainsi Nietzsche, qui pourtant avait entrepris la destruction de toutes les idoles, reconnaît dans la volonté de vérité à tout prix une volonté de mort. Le philosophe qui veut apercevoir le « fond » des choses, découvre l'abîme pétrifiant. Tel est le sort de celui que Nietzsche appelle « le don Juan de la connaissance » que d'être médusé, « transformé lui-même en convive de pierre » (*Aurore*, § 327, *Morgenröthe*, 1881). Tel est aussi celui de « l'amant de la vérité » qui apparaît, dans les *Dithyrambes de Dionysos* (*Dionysos Dithyramben*, 1888), « changé en statue, / en colonne sacrée ». Conscient de la nécessité, *pour le philosophe*, de résider dans la « clôture de la représentation » (J. Derrida), de désirer la vérité même s'il n'y croit plus, sans jamais pouvoir l'atteindre, Nietzsche s'est inventé sa « vérité », sa tête de Méduse, l'Eternel Retour : « La grande pensée comme tête de Méduse : tous les traits du monde se durcissent, un combat mortel et gelé » (Fragments posthumes, hiver 1884-1885).

La tête de Méduse est ce à quoi tout penseur qui réfléchit sur la nature de la représentation (mais aussi sur la pensée en quête de l'*eidos*) risque de se voir confronté. Ainsi, Aristote, dans la *Politique* (L. VIII), distingue entre la musique servant l'instruction et la musique cathartique, liée aux transes bachiques, dont l'instrument est la flûte, et qui doit être évitée. Pour le justifier, il se réfère au mythe d'Athéna : alors qu'elle jouait de la flûte, les déformations subies par son visage lui firent abandonner l'instrument. Or, c'est elle qui avait inventé la flûte pour imiter un son inouï, à la limite du représentable : le sifflement des serpents de la tête de Méduse lors de sa décapitation (Pindare, *Pythiques*, XII, 2-3). Et comme elle jouait, elle aperçut dans une source ses traits se déformer : ils prenaient l'aspect du masque de Gorgô. Où l'on retrouve le thème narcissique, et le vacillement de la différence entre Athéna et sa rivale, provoqué ici par l'art tragique. Pour le philosophe donc, l'art doit demeurer au service de l'*eidos*, rester simulacre faisant désirer la Chose.

Mais il est aussi condamné s'il donne la chose dans une évidence telle que la distance du désir s'effondre en une jouissance dangereuse. Ceci explique en partie la condamnation dont l'image et la photographie font l'objet dans le livre de M. Tournier *La Goutte d'Or* (1985). Il associe explicitement leur pouvoir à la fascination pétrifiante de Méduse, et leur oppose l'écriture qui serait l'art de l'instruction et la voie de la sagesse par excellence.

Il semble bien que l'effroi ressenti devant la tête de Méduse soit terreur de découvrir le secret de la représentation. Et la photographie justement, qui plus que toute autre image fascine, peut le révéler. C'est lui que s'est efforcé d'atteindre Roland Barthes dans *La Chambre claire* (1980), au-delà du pouvoir fascinant et mortel de la photographie, au-delà de l'icône rassurante, dans ce qu'il appelle « l'*extase* photographique ».

Le poète et la M(éd)use

Dans la circularité du monstre et du dieu, de Gorgô et du soleil, du « manque » et de l'idole, dans cette clôture dont la tête de Méduse (par l'ambiguïté qui est la sienne) est la gardienne, une brèche peut s'ouvrir. Sa percée n'est réservée à aucun Persée, mais à celui qui saurait entretenir avec le monstre terrifiant, avec le féminin englouti, des rapports d'intimité dangereuse, sans se laisser abuser par le masque. Qui peut se faire « l'amant des Furies » qu'aucun serpent n'égarerait (Nietzsche, Fragments post., janv. 1882) ?

Aristote l'indique : l'artiste tragique et dionysien. Aussi Nietzsche a-t-il inventé la « foi » dionysiaque pour illustrer cette possibilité de vie excédant la logique du fétiche. Et à Dionysos, il associait cette déesse-tête parente de Méduse : *Baùbo* (*Gai Savoir*, « Av.-prop. », § 4, *Die Fröhliche Wissenschaft*, 1882). *Baùbo* est cette vieille femme qui rendit à Déméter sa gaieté après l'enlèvement de Perséphone, en lui montrant son sexe sur lequel était dessiné un visage rieur, celui de l'enfant Iacchos. « Iacchos », est le nom donné par les mystes à Dionysos dans les chants qu'accompagne la flûte ; ce mot doit aussi être rapproché de *choîros*, le sexe féminin. Déméter, *Baùbo*, Dionysos, sont des divinités antérieures à la coupure historique, à la « décapitation » de la femme, à l'histoire de la métaphysique et de la représentation. C'est pourquoi, lorsqu'Apollon dressa devant Dionysos une tête de Méduse apotropaïque, celui-ci ne fut pas effarouché par un masque monstrueux de lui-même (Nietzsche, *Naissance de la Tragédie*, § 2, *Die Geburt der Tragödie*, 1871). (Voir l'article « Dionysos ».) — Il faut mettre en parallèle l'histoire de *Baùbo* et le mythe japonais concernant l'épisode de la danse « obscène » d'Uzumé faisant sortir la déesse solaire Amaterasu de sa grotte ; voir Claudel, *Connaissance de l'Est*, « La délivrance d'Amaterasu », 1900-1905. —

Un autre dieu paraît remplir le rôle de Dionysos : Hermès, personnage lui aussi ambigu. A l'origine des arts, il inventa (sans partage) la flûte et la lyre qu'il offrit à Apollon. De plus, il assista la Triple Muse (les Thries, les Parques, les Gorgones) dans la composition de l'alphabet arboricole. C'est lui que R. Graves incite à retrouver sous la figure de Persée dans la scène avec les Gorgones. Loin de les affronter, il les assisterait. Ainsi, dans *Le naufrage de Méduse* (*op. cit.*), Persée semble, lors de sa rencontre avec Hermès, le dieu qui cherche « La double nature de chaque chose », comme mis en présence de celui qui connaît la « vérité » de son destin.

Cependant, l'homme, prisonnier de la « clôture de la représentation », ne peut s'engager dans la « voie sacrée » ouverte par Dionysos, sans être irrémédiablement confronté à la tête de Méduse, pour lui, mortelle. Mais, il revient à l'artiste tragique, au risque de sa vie et de sa raison, de vivre au contact du monstre. Un élément du mythe en témoigne : Baïf, dans un long poème consacré à l'histoire de Persée, intitulé « L'Hippocrène » (*Second Livre des Poèmes*, 1573), commence par un appel à l'inspiration et écrit : « C'est l'Hippocrène qui doit par tous ses canauls se répandre ». Or l'Hippocrène est la source qui jaillit du sabot de Pégase, le cheval né du col tranché de Méduse, et c'est autour d'elle que se réunissent les Muses. Le poète s'abreuve donc de cette eau qui est comme le sang même de Méduse, véritable mère des Muses (son nom signifie d'ailleurs « la Reine »).

Nourri de ce *pharmakon* sanglant, sa voix devient celle de la Gorgone ; il sent en lui les différences vaciller ; il accepte de devenir le monstre : l'*Héautontimorouménos* : « Elle est dans ma voix, la criarde ! / C'est tout mon sang, ce poison noir ! / Je suis le sinistre miroir / Où la mégère se regarde ! » (Baudelaire, *op. cit.*, « L'Héautontimorouménos »).

Là où le verbe devrait défaillir, où le regard devrait se retourner, dans les replis horribles du monde, le poète s'avance, devenu complice du monstre. De ces tentatives souvent inouïes, témoignent quelques « œuvres » : celles, par exemple, de Mallarmé, d'Artaud, de Bataille, de Michaux, lequel écrit : « J'aime, j'épouse ma mort » (*L'Espace du Dedans*, « Paix dans les brisements », 1959), et nous adresse cette « Lettre » : « Nous nous sommes regardés dans le miroir de la mort. Nous nous sommes regardés dans le miroir du sceau insulté, du sang qui coule, de l'élan décapité, dans le miroir charbonneux des avanies. / Nous sommes retournés aux sources glauques » (*Op. cit.*, « Epreuves, exorcismes », 1954).

Mais celui qui réveille l'archi-violence du sacré, se voue lui-même à un destin tragique : le « poète maudit », s'affrontant à « l'ordre des choses », se voit appliquer le masque de Méduse qui le désigne comme le bouc émissaire d'une société qui, après sa mort et selon la logique de la sacralisation, en fait un objet de culte pour notre raison fascinée.

Camille DUMOULIÉ

BIBLIOGRAPHIE

Roger CAILLOIS, *Méduse et Cie*, Gallimard, 1960.
Jean CLAIR, *Méduse. Contribution à une anthropologie des arts visuels*, Gallimard, 1989.
Camille DUMOULIÉ, « Le Poète et la Méduse », *la Nouvelle Revue Française*, Gallimard, n° 462-463, juillet-août 1991.
Sigmund FREUD, *Résultats, Idées, Problèmes*, T. II, PUF, 1985.
Robert GRAVES, *Les Mythes grecs*, Fayard, 1967.
Images de la Gorgone, Bibliothèque Nationale, 1985.
Sarah KOFMAN, « Baubô. Perversion théologique et Fétichisme » in *Nietzsche et la scène philosophique*, 10/18, 1979, Galilée, 1986.
Bernard PAUTRAT, « Nietzsche médusé », in *Nietzsche aujourd'hui ?*, 10/18, 1973.
Tobin SIEBERS, *The Mirror of Medusa*, Univ. of California, 1983.
Jean-Pierre VERNANT, *La Mort dans les yeux*, Hachette, 1985.

Mélusine

En 1392, en pleine guerre de Cent ans, Jean d'Arras compose pour le frère de Charles V, Jean, duc de Berri, « la noble histoire de Lusignan » et de Mélusine, la fée fondatrice du lignage et du château de Lusignan. Jean de Berri est comte de Poitou (il a passé près de trente ans, de 1346 à 1373, à disputer le comté aux Anglais) et possesseur de la forteresse de Lusignan. En 1401, Coudrette rédige un second roman de Mélusine (en vers, alors que le premier, qui se voulait proche de la chronique, était en prose) pour les sires de Parthenay, Guillaume Larchevêque puis son fils Jean, qui sont apparentés aux Lusignan. Il semble s'inspirer de l'œuvre de son prédécesseur.

Un schème universel

Mélusine n'est pas sortie tout armée de la tête de Jean d'Arras. Son histoire reproduit un schème folklorique universel que l'on qualifie précisément de « mélusinien », du nom de celle qui l'illustre le plus parfaitement, et que l'on peut ainsi résumer :

Un être surnaturel s'éprend d'un être humain, le suit dans le monde des mortels et l'épouse en lui imposant le respect d'un interdit; il regagne l'autre monde après la transgression du pacte, laissant une descendance.

La plus ancienne représentation de ce schème apparaît dans un texte védique, avec l'histoire du héros Pururavas et de la nymphe Urvasi. Urvasi s'offre à Pururavas, à la condition qu'elle ne le verra jamais nu. Les Gandharvas, des génies masculins qui veulent ramener la fée dans l'autre monde, provoquent la transgression de l'interdit : la fée disparaît. Dans la mythologie gréco-latine, la fable d'Eros et de Psyché repose sur le même schéma narratif, tout comme les autres versions du conte de la Belle et de la Bête; mais les rôles des deux protagonistes sont inversés (comme ils le seront dans la légende médiévale du chevalier au cygne).

La structure du récit est tripartite :

1. La rencontre du mortel et de la fée

— Le héros part de chez lui, seul, ou se trouve séparé de ses compagnons au cours d'une partie de chasse.

— Il s'enfonce dans la forêt et parvient dans une clairière, souvent près d'un point d'eau.

— Il découvre une femme merveilleusement belle, seule, qui semble l'attendre.

2. Le pacte

— L'inconnue accueille favorablement les déclarations enflammées du héros ou lui avoue elle-même son amour.

— Elle accepte de l'épouser ou lui offre sa main.

— Elle pose une condition à leur union : il doit s'engager à respecter un interdit, dont la transgression mettrait fin à leur vie commune.

— Le mariage est célébré; les époux connaissent l'opulence et le bonheur; ils ont plusieurs enfants.

3. La violation du pacte

— Un envieux (qui remplit le rôle de l'agresseur des contes merveilleux) persuade le héros de transgresser l'interdit ou le héros prend cette décision de lui-même.

— L'époux humain transgresse l'interdit.

— Il met ainsi en évidence la nature féerique de sa femme, que l'interdit avait pour fonction de dissimuler.

— La fée disparaît.

— L'époux humain perd avec sa femme et la prospérité qu'elle avait apportée en dot et parfois même sa propre vie.

— Les enfants demeurent auprès de leur père. La descendance de la fée parmi les hommes est ainsi assurée.

Tous les éléments de ce schéma diachronique peuvent prendre place de part et d'autre d'un axe intégration/exclusion qui trahit la résonance du conte dans l'imagination humaine : le contact avec la merveille sépare à jamais des siens le héros mortel. La tentative d'intégration de la femme fantastique au monde des humains se traduit par l'exclusion du héros (sa mort ou sa disparition dans un autre monde qui est aussi celui des morts), qui doit payer de sa vie sa descendance semi-divine. La gloire de son lignage est à ce prix.

Exclusion (Autre Monde)		*Intégration (Société humaine)*
Départ du héros		
Rencontre de la fée		
	Pacte	
	→	Mariage
		Naissances
	Transgression	
Disparition de la fée	←	
Mort du héros		
	→	Descendance

L'ÉMERGENCE D'UNE LÉGENDE

Ce récit semble s'introduire dans la culture savante du Moyen Age au XIIe siècle, avec l'irruption du folklore dans la littérature. Il surgit alors en effet à plusieurs reprises dans des textes latins : — recueils d'anecdotes et de légendes rassemblées par des folkloristes avant la lettre comme Gautier Map dans le *De nugis curialium* (1189-1193) et Gervais de Tilbury dans les *Otia imperialia* (1209-1214) — à titre d'exemplum édifiant dans le Commentaire sur l'Apocalypse de Geoffroi d'Auxerre (fin XIIe siècle) — arme politique dans le *De principis instructione* de Giraud de Barri (1217), qui accuse les Plantagenêts d'avoir pour ancêtre une diabolique comtesse d'Anjou. Gautier Map, Gervais de Tilbury et Giraud de Barri ont appartenu au même milieu clérical qui gravite autour de la cour d'Angleterre. Les légendes qu'ils rapportent sont situées au pays de Galles, en Normandie, en Provence; Geoffroi d'Auxerre, secrétaire de saint Bernard, évoque une légende sicilienne et une légende du pays de Langres : les contes mélusiniens semblent disséminés dans tout l'Occident médiéval. Mais comme dans la plupart des contes populaires, la fée n'y est jamais nommée.

En 1392, Jean d'Arras évoquera deux séries de sources : écrites (les « atteurs ») et orales (« ce que nous avons ouy dire et raconter a noz anciens »). Parmi les « atteurs », il cite explicitement Gervais de Tilbury et la légende provençale de Raymond de Château Rousset : un chevalier rencontre près du fleuve une belle dame à cheval qui accepte de l'épouser, à condition qu'il ne la voie jamais nue. Il pénètre malgré tout un jour dans la chambre où la dame prend son bain et la voit disparaître dans l'eau sous la forme d'une serpente. Mais ses enfants demeurent et le lignage de la fée s'est perpétué jusqu'à l'époque du narrateur.

Voilà la préfiguration la plus exacte de la légende de Mélusine, deux siècles avant le roman de Jean d'Arras.

MÉLUSINE ET LUSIGNAN

Dès le début du XIVe siècle, Pierre Bersuire (c'est-à-dire Pierre de Bressuire), prieur de l'abbaye de Saint-Eloi, résume la légende de Lusignan dans son *Reductorium morale* : « On raconte dans ma patrie que la solide forteresse de Lusignan a été fondée par un chevalier et une fée qu'il avait épousée et que la fée elle-même est l'ancêtre d'une multitude de nobles et de grands personnages et que les rois de Jérusalem et de Chypre ainsi que les comtes de la Marche et de Parthenay sont ses descendants. (...) Mais la fée, dit-on, fut surprise nue par son mari et se transforma en serpente. Aujourd'hui encore, on raconte que quand le château change de maître, la fée se montre dans le château ».

Tout est là, sauf le nom même de Mélusine, qui n'apparaît pas avant le roman de Jean d'Arras. Quelle est donc l'origine de ce nom ? un culte de la déesse Lucine, d'une Mater Luciniana qui aurait donné son nom à la fée puis au château ou, plus vraisemblablement, s'agit-il d'un nom fabriqué au cours du XIVe siècle d'après le nom du château pour faire de la fée la Mère des Lusignan ?

LE ROMAN DE JEAN D'ARRAS

Mélusine est la fille de la fée Presine et du roi Elinas d'Albanie, dont l'aventure préfigure très exactement celle du couple fondateur de Lusignan, tout comme l'aventure féerique du père de Raimondin et de la dame du Forez. Deux courts récits « mélusiniens » annoncent ainsi le thème principal. Raimondin erre une nuit dans la forêt de Colombiers, alors qu'il vient de tuer accidentellement son puissant oncle et seigneur, le comte de Poitiers, au cours d'une chasse au sanglier.

A minuit, à la fontaine de Sé, il rencontre une triade de dames dont la plus belle lui offre sa main et sa protection s'il jure de ne jamais chercher à la voir le samedi. Raimondin prête serment et va de succès en succès. Après la construction de Lusignan, qui coïncide avec la naissance de son premier fils, Mélusine continue à donner naissance tous les ans à un fils et à un château. De ces dix fils, les aînés conquièrent royaumes et duchés, dont certains (Chypre, l'Arménie) ont été ou sont encore effectivement dominés par des Lusignan à l'époque de Jean d'Arras. Le duc de Berri et les autres lecteurs du roman ont ainsi retrouvé dans le conte de fées les valeurs de l'idéologie chevaleresque et la glorification du lignage.

Raimondin le « bachelier », le jeune noble sans épouse et sans fief, est donc devenu Raimond, le puissant seigneur de Lusignan. Mais un agresseur intervient en la personne du frère du héros, le comte de Forez, qui pousse Raimond à enfreindre l'interdit. Un samedi, le héros perce un trou dans le mur de la chambre qui abrite Mélusine et découvre son secret : elle se baigne dans une large cuve et si le haut de son corps est celui d'une femme, il se termine par une queue de serpente. Cependant Raimond tait sa découverte et la fée feint de ne rien savoir. Mais l'un de leurs fils, Geoffroi à la grande dent, dont les traits ont été modelés sur ceux d'un redoutable seigneur de Lusignan du XIIIe siècle, met le feu à l'abbaye de Maillezais et brûle, avec son frère Fromont, les cent moines qui s'y trouvaient. Alors Raimond ne voit plus dans la fée qu'une démone : il accuse publiquement Mélusine, la « très fausse serpente », d'être responsable de ce forfait. La fée se métamorphose en serpente, s'envole du château de Mervent, au milieu des lamentations de l'assistance, pour s'abattre sur la tour Poitevine, au château de Lusignan, où elle disparaît.

LA SURVIVANCE DE LA LÉGENDE

La légende est christianisée dès le Moyen Age. En effet, dans une légende normande rapportée par Gautier Map dès le XIIe siècle, le héros découvre que sa femme quitte l'église avant la fin de la messe pour se transformer en dragon dans son bain et provoque sa disparition en la faisant asperger d'eau bénite par le prêtre. Dans les romans de Jean d'Arras et de Coudrette, Mélusine, bonne chrétienne, présente toutefois des traits bien inquiétants : la nature même de sa métamorphose la lie au symbolisme ambivalent du serpent. En outre ses enfants participent de la nature semi-animale de leur mère et présentent tous un trait monstrueux. Enfin la faute de son époux rend Mélusine au châtiment infligé par sa mère, la fée Presine. Si Raimond avait respecté l'interdit, Mélusine aurait vécu et serait morte « comme femme naturelle ». L'échec du héros la rend serpente jusqu'au jour du jugement. Mélusine est bien l'ancêtre d'Ondine. Pour Paracelse (1493-1541), « les Mélusines sont des filles de rois, désespérées à cause de leurs péchés. Satan les enleva et les transforma en spectres, en esprits malins, en revenants horribles et monstres affreux. On pense qu'elles vivent sans âme raisonnable dans un corps fantastique, qu'elles se nourrissent des éléments et qu'au jugement dernier elles passeront avec eux, à moins qu'elles ne se marient avec un homme ».

Laurence HARF-LANCNER

BIBLIOGRAPHIE

Textes

JEAN d'Arras, *Le Roman de Mélusine*, éd. L. Stouff, Dijon, 1932 et Genève, 1974, Slatkine Reprints; trad. M. Perret, Paris, Stock +, 1979 et 1991.
COUDRETTE, *Le Roman de Mélusine*, éd. E. Roach, Paris, Klincksieck, 1982; trad. L. Harf-Lancner, Paris, GF-Flammarion, 1993.

Études

Françoise CLIER-COLOMBANI, *la Fée Mélusine au Moyen Age*, Paris, Le Léopard d'or, 1991.
Laurence HARF-LANCNER, *Les Fées au Moyen Age. Morgane et Mélusine, la naissance des fées*, Paris, Champion, 1984.
Claude LECOUTEUX, *Mélusine et le Chevalier au cygne*, Paris, Payot, 1982.
Jacques LE GOFF et Emmanuel LEROY LADURIE, « Mélusine maternelle et défricheuse », *Annales*, 1971, 587-622.

Mélusine dans la littérature de la Renaissance à nos jours

L'histoire de Mélusine fit partie de la littérature orale de la France de l'Ouest jusqu'à une époque récente. Noël du Fail s'en fait l'écho dans ses *Propos rustiques* (1548, chapitre V) : on y voit le conte de Mélusine figurer au répertoire d'un conteur villageois des environs de Rennes, à côté de ceux « du loup-garou, de cuir d'Asnette, des fées ». Rabelais, qui déjà dans le *Pantagruel* (1532, chapitre XXX) s'était amusé à représenter Mélusine aux enfers en « souillarde de cuisine », témoigne à sa manière dans le *Quart Livre* (1552, chapitre XXXVIII) des croyances des paysans des domaines mélusiniens « ... visitez Lusignan, Partenay, Vovant, Mervant, et Ponseuges en Poictou. Là trouverrez tesmoings vieulx de renom et de la bonne forge, lesquelz vous jureront sus le braz sainct Rigomé que Mellusine, leur premiere fondatrice, avoit corps fœminin jusques aux boursavitz, et que le reste en bas estoit andouille serpentine, ou bien serpent andouillicque ». Brantôme rapporte de son côté, dans ses *Grands Capitaines françois*, que Charles Quint et Catherine de Médicis, lors de leur passage respectif à Lusignan, se firent raconter « plusieurs contes fabuleux, qui sont là fort communs » sur l'origine du château, ainsi que les apparitions et les cris de Mélusine, dont plusieurs personnes se portaient témoins.

La popularité même de Mélusine dans la littérature orale ou dans le répertoire des contes de nourrices a nui à sa fortune littéraire. En 1670, Monfaucon de Villars témoigne de ce discrédit : « Je crois, monsieur, que vous m'allez faire les contes de Mélusine », remarque l'interlocuteur sceptique du comte de Gabalis. A quoi Gabalis, insensible à l'ironie, répond qu'en effet « il n'y a rien de plus certain que cette Mélusine était une Nymphe » (*Le Comte de Gabalis ou Entretiens sur les Sciences occultes*, 4e Entretien).

A l'époque même de la vogue littéraire des contes de fées, le personnage n'a guère inspiré d'œuvre marquante. On ne peut considérer comme tel le récit de Nodot, postérieur de un an aux *Histoires ou Contes du Temps passé* de Perrault, intitulé *Histoire de Mélusine tirée des chroniques du Poitou, et qui sert d'Origine à l'ancienne Maison de Lusignan* (1698) : suivant d'abord pas à pas Jean d'Arras, Nodot développe ensuite démesurément le récit des amours des fils de Mélusine, dans le style galant alors à la mode.

Le goût des écrivains de l'âge romantique pour le passé national et les traditions des provinces conduit quelques-uns d'entre eux à s'intéresser à la fée des Lusignan. C'est ainsi qu'en 1833, Edouard d'Anglemont consacre à Mélusine la troisième de ses *Nouvelles Légendes françaises* en vers. Le poème, dédié à Mme Récamier, conserve bien des traits classiques, tel ce « dragon volant » qui amène en France la fille de Pressine et la remmène après l'indiscrétion de Raimondin. Mais la fin du texte, rapportant qu'à la mort d'un « être de sa race » Mélusine arrive, et du haut des remparts

> « Lui jette en cris perçants un lamentable adieu »

semble annoncer lointainement Gérard de Nerval.

Le dernier hémistiche du sonnet *El Desdichado*, où Nerval, après s'être demandé s'il était « Lusignan ou Biron », évoque « les cris de la fée », suffirait à lui seul à assurer la présence de Mélusine dans la poésie romantique. Référence familière à Nerval, Mélusine apparaît encore deux fois dans les *Chansons et Légendes du Valois*, et notamment dans le conte *La Reine des Poissons*.

L'époque décadente et symboliste va conférer une vie nouvelle à la figure de Mélusine. D'abord comme à une de ces femmes fées qui hantent l'imaginaire de cette époque. Jean Lorrain lui consacre un sonnet dans la section « Le Pays des Fées » de son recueil *La Forêt bleue* (1883). Mélusine y apparaît « En robe orientale, en coiffe sarrazine », pressentant la métamorphose :

> « Déjà grêle et visqueuse au sommet de la tour,
> Elle voit ses bras nus verdir sous les écailles
> Et le froid du serpent la saisit aux entrailles. »

Neuf ans plus tard, dans le conte de *Mélusine enchantée* (recueilli dans la section « Masques dans la tapisserie » des *Princesses d'Ivoire et d'Ivresse*), Jean Lorrain, reprenant le motif médiéval du « fier baiser », rapporte la métamorphose inverse, d'une Mélusine « transformée en hydre monstrueuse », que le baiser de Lusignan rend, au milieu d'une nature magique, à sa forme de femme.

Ce texte n'est pas sans rapports avec la longue nouvelle intitulée *Prince Alberic and the Snake Lady*, recueillie en 1906 dans le volume *Pope Jacynth*, de la romancière et essayiste anglaise Vernon Lee (pseudonyme de Violet Paget). L'histoire se passe dans un duché italien à la fin du XVIIe siècle, et utilise la légende mélusinienne pour illustrer le thème « décadent » de la fin d'une race princière. Le dernier descendant de la lignée, prénommé Albéric et petit-fils du duc régnant, est fortement impressionné durant son enfance par une tapisserie représentant la rencontre, au temps des croisades, de son ancêtre Albéric le Blond et d'une serpente. Un poète ambulant lui racontera en outre que cette serpente est redevenue femme en recevant un baiser du chevalier. Exilé par son grand-père chez des paysans, le jeune Albéric découvre près d'un puits une couleuvre, qu'il finit par embrasser lui aussi, avant de tomber évanoui. Plus tard, il refusera de se marier, par fidélité à la serpente; et celle-ci ayant été tuée par le nain du duc, le jeune homme mourra prématurément, en proie à une folie réelle ou prétendue. Le récit est assez habilement agencé pour que le lecteur prenne plaisir à imaginer l'existence de la guivre protectrice, tout en sachant qu'il ne s'agit que des fantasmes d'un jeune prince malade de solitude.

D'autre part, les débats sur le rôle de la femme dans le couple et dans la société conduisent certains écrivains de cette génération à retrouver des motifs mélusiniens. Il arrive que ceux-ci restent implicites. C'est très ouvertement au contraire que Joséphin Péladan modernise le personnage légendaire dans sa *Mélusine* (1895), premier roman d'une série intitulée « Le Septénaire des Fées », qui restera inachevée. Les deux héros en sont une jeune Américaine riche mais estropiée, nommée Mary, et un poète pauvre, Lixus, qui rêve de voir la fée Mélusine lui apporter bonheur et fortune. Le rêve deviendra réalité : l'argent de Mary fait fonction de baguette magique pour assurer au poète le confort matériel en même temps qu'une facile carrière théâtrale. L'auteur de *Comment on devient fée* a naïvement cherché à faire concorder l'infirmité de son personnage avec la tradition mélusinienne : Mary, enfant, a eu les deux pieds coupés par la roue d'une voiture, accident dont son père est indirectement responsable. En revanche, le désir que manifeste la jeune fille de garder ce secret devient sans objet après que son amant, qui l'a épiée au sortir du bain, a triomphé de la répulsion que la vue de ses moignons aurait pu lui inspirer : rien ne rappelle le tragique de la transgression dans ce roman qui, ignorant l'interdit, prend vite l'allure d'une rêverie voluptueuse, accompagnée d'un plaidoyer pour la situation d'artiste entretenu.

Le roman de Franz Hellens, *Mélusine ou la Robe de Saphir* (rédigé en 1917-1918, publié en 1921, remanié en 1951), est bien loin de cette fidélité anecdotique. Il se présente comme une suite de tableaux oniriques, dont le rapport avec le mythe de Mélusine ne se laisse pas immédiatement définir. Bien plutôt qu'aux serpents, Mélusine, la femme aimée du narrateur, apparue un jour que celui-ci avait « longuement contemplé une vague », semble en effet apparentée aux oiseaux; et loin de se dissimuler à la vue des hommes, elle traverse une partie du roman entièrement nue. Ces inversions des données mythiques peuvent être rapprochées de celle qui affecte un autre personnage, dont le nom de Nilrem renverse celui de Merlin (v. art. *Merlin*). Une cohérence se laisse ainsi reconnaître à travers l'apparente gratuité des épisodes. Femme-oiseau liée à l'eau, la Mélusine de Franz Hellens part à la recherche de la « robe de saphir » qui lui a été magiquement dérobée : on reconnaît là le motif central du conte-mythe des femmes-cygnes, répandu de l'île d'Ouessant à la Corée, et qui présente par rapport au mythe de Mélusine une série d'inversions structurales aisément définissables. Comme Lusignan cependant, le narrateur voit à la fin du récit disparaître Mélusine, après avoir vu disparaître une énigmatique cathédrale de pierre noire, construite par Nilrem dans le désert.

Enfin, c'est à Mélusine qu'André Breton a recours pour exalter, dans *Arcane 17* (1947), « tout ce qui ressortit au système féminin du monde par opposition au système masculin ». Mélusine « après le cri », à demi confondue avec le paysage d'automne, y incarne « la femme tout entière et pourtant la femme telle qu'elle est aujourd'hui, la femme privée de son assiette humaine, prisonnière de ses racines mouvantes tant qu'on veut, mais aussi par elles en communication providentielle avec les forces élémentaires de la nature ». Entrelaçant son destin personnel au souvenir de la poésie nervalienne et romantique et à l'histoire de l'Occident en guerre, André Breton fait de Mélusine le miroir de ces différents niveaux de sens. Il lui confère ainsi la plus haute signification dont la fée des Lusignan ait jamais été chargée : Mélusine « à demi reprise par la vie panique, (...) je ne vois qu'elle qui puisse rédimer cette époque sauvage ». Incarnation de la femme-enfant, sur qui le temps n'a pas de prise, Mélusine préfigure tout à la fois la Balkis de Nerval, la « jeune sorcière » de Michelet, Bettina von Arnim, la Fée au griffon de Gustave Moreau, et celle qui deviendra Elisa Breton. Le mythe mélusinien est circulairement complété en même temps que dépassé, puisque après le premier cri de Mélusine rendue à la nature, André Breton imagine un « second cri » et une métamorphose inverse, par laquelle « de la tête aux pieds » Mélusine redevient femme. Au-delà d'elle-même, elle se confond alors avec Eve, et avec la femme étoilée figurée sur le dix-septième arcane des tarots.

Yves VADÉ

BIBLIOGRAPHIE

Edouard d'ANGLEMONT, *Nouvelles Légendes françaises*, Paris, Mame-Delaunay, 1833.
André BRETON, *Arcane 17*, Paris, Sagittaire, 1947.
Franz HELLENS, *Mélusine ou la robe de saphir*, Paris, Gallimard, 1921 et 1951.
Vernon LEE (pseud. de Violet PAGET), *Pope Jacynth, and other fantastic tales*, London, Grant Richards, 1904.
Jean LORRAIN, *La Forêt bleue*, Paris, Lemerre, 1883.

— *Princesses d'ivoire et d'ivresse*, Paris, Ollendorff, 1902.
François Nodot, *Histoire de Mélusine, tirée des chroniques de Poitou, et qui sert d'origine à l'ancienne maison de Lusignan*, Paris, 1698.
Joséphin Peladan, *Mélusine*, Paris, Ollendorff, 1895 (Diathèses de décadence. Psychiatrie. Le Septénaire des Fées, I).

Merlin

La fortune littéraire de Merlin a été longtemps dépendante de celle de la littérature arthurienne. Cependant, par les différentes résonances qu'il éveille, le personnage a exercé un attrait et acquis une popularité qui lui ont permis de revivre hors du cadre médiéval, et d'accéder au statut de mythe littéraire autonome. Il fut d'abord prophète de la revanche bretonne, initiateur de la Table ronde et inspirateur de la chevalerie errante. Par la place singulière qu'il occupe entre le bien et le mal (étant né d'un diable et d'une vierge) comme entre la vie et la mort (par sa paradoxale survie dans la « prison d'air » ou dans son tombeau), il put incarner dans les temps modernes l'énigme de l'Histoire et du devenir. Enchanteur enfin, provoquant ou subissant les métamorphoses les plus diverses, bâtisseur et ingénieur mythique, sorcier à l'occasion, il reste un des héros privilégiés de l'imaginaire magique.

Origines

Le nom et le personnage de Merlin apparaissent pour la première fois dans deux œuvres rédigées en latin dans le second quart du XIIe siècle, par le clerc gallois Geoffroy de Monmouth : l'*Historia Regum Britanniae* (1136) et la *Vita Merlini* (v. 1148).

Rien ne permet d'affirmer avec certitude qu'un personnage nommé Merlin (Myrddin, en gallois) ait existé antérieurement. Le nom même de Merlin pourrait être une invention de Geoffroy, à partir du nom de la ville de Kaermyrddin (aujourd'hui Carmarthen). Il est également possible que Geoffroy ait exploité la proximité phonétique de ce toponyme et d'un *Merlin(us)* appartenant à la tradition armoricaine, ou plus largement continentale. Cependant Geoffroy de Monmouth n'est pas parti de rien. Au milieu du XIIe siècle, Robert de Torigny, bibliothécaire de l'abbaye du Bec, affirmait l'existence de deux Merlin : un Merlin Ambroise (*Ambrosius Merlinus*) et un Merlin Sylvestre (*Merlinus Silvester*). Opinion reprise une trentaine d'années plus tard par Giraud de Cambrie. Ces deux dénominations correspondent en effet à deux traditions différentes, utilisées conjointement par Geoffroy :

— « Merlin Ambroise » dérive directement d'un personnage du VIe siècle nommé Ambrosius. Gildas (*De Excidio et conquestu Britanniae*, VIe siècle) en faisait le descendant d'une famille consulaire romaine. L'*Historia Britonum* de Nennius (v. 976) le présentait comme un enfant né sans père et dont la mère aurait eu commerce avec un incube, tradition reprise par tous les textes postérieurs. Nennius fournit également le modèle de l'épisode où l'enfant révèle au roi Guorthigirn (Vortigern) l'existence de deux dragons souterrains qui empêchent sa citadelle de tenir debout. Découvert par les envoyés du roi à Kaermyrddin, le jeune Ambrosius interprète le combat des deux monstres comme le présage des longues luttes du peuple breton et du peuple saxon. Lorsqu'il raconte la scène à son tour, Geoffroy identifie explicitement Merlin à cet Ambrosius (*Merlinus, qui et Ambrosius dicebatur* HRB, ch. 108).

— Le « Merlin Sylvestre », qui apparaît principalement dans la *Vita Merlini*, semble hériter de traditions plus anciennes et plus spécifiquement celtiques. Ces traditions, communes à l'Ecosse et à l'Irlande, mettent en scène un personnage princier, qui perd la raison, s'enfuit dans la forêt pour y mener une vie sauvage, et acquiert des pouvoirs surnaturels. C'est le cas en Ecosse de Lailoken, connu par une *Vie de saint Kentigern*; le jour de la bataille d'Arfderydd (que les *Annales Cambriae* situent en 573), ce personnage, compagnon du roi Rodarch, aurait entendu une voix céleste le condamner à n'avoir commerce qu'avec les bêtes sauvages. Plusieurs prédictions lui sont attribuées, analogues à celles que la *Vita Merlini* prête à Merlin. Le nom mis à part, la plupart des caractères du Merlin Sylvestre sont en fait présents dans cette légende, peut-être constituée dès leVIII^e siècle. En Irlande, le roi légendaire Suibne, devenu fou à la suite de la bataille de Moira et vivant dans les arbres d'où il finit par s'envoler, présente des traits analogues, de même qu'en Armorique le prophète Guinglaff, connu par une œuvre rimée du XVe siècle (*Dialogue entre le Roi Arthur et Guinglaff*).

La parenté de Merlin avec ces « hommes sauvages » apparaît mieux encore si l'on tient compte de plusieurs poèmes gallois transmis sous le nom de Myrddin. Trois d'entre eux appartiennent au *Livre noir de Carmarthen* (manuscrit gallois de la fin du XIIe siècle) : les Pommiers (*Afallenau*), les Chants des Pourceaux (*Hoianau*) et le Dialogue entre Merlin et Taliesin (*Ymddiddan Myrddin a Thaliesin*). Si les passages prophétiques ne peuvent être antérieurs à l'invasion normande, certaines strophes, où le barde s'adresse aux arbres et aux animaux de la forêt calédonienne (notamment au marcassin qui lui tient compagnie) pour se plaindre de sa solitude et de ses chagrins, pourraient être les vestiges d'un poème composé entre 850 et 1050, fixant la légende du plus ancien Merlin.

Quoi qu'il en soit de ces origines obscures, il semble que dès avant la publication de l'*Historia Regum Britanniae*, Merlin ait éveillé un vif écho dans l'entourage de Geoffroy, puisque celui-ci, répondant à diverses sollicitations dont celle de l'évêque de Lincoln, décide de publier, vers 1134, un fragment de son œuvre encore inachevée : les *Prophetiae Merlini*. Inspirées des livres sibyllins, de l'Apocalypse et de l'imagerie prophétique des peuples celtes et germaniques, ces *Prophéties* prétendues traduites du breton transposent d'abord les événements survenus en Grande-Bretagne depuis l'invasion saxonne jusqu'au règne d'Henri Ier ; puis elles annoncent obscurément la revanche des Bretons, avant une série de cataclysmes présageant la fin du monde. Le succès en fut immense. Jusqu'à la fin du Moyen Age, ces textes furent commentés et cités à l'égal des livres saints. Alain de Lille, le « Docteur universel » (v. 1128-1203), leur consacra un commentaire en sept livres. Devenu le grand prophète des Gallois, puis des Ecossais, Merlin a même été adopté au XIVe siècle par les Anglais qui, oubliant le caractère primitivement anti-saxon du personnage, « commençaient toujours leurs harangues par une prophétie de Merlin » (Mézeray, *Histoire de France*, 1685).

L'*Historia Regum Britanniae*, après l'histoire des deux dragons souterrains (ch. 106-108) et le texte des Prophéties (ch. 112-118), attribue à Merlin la construction de Stonehenge, en mémoire de princes bretons traîtreusement massacrés (ch. 128-130). Enfin on y apprend comment le prophète aurait procuré des philtres magiques au roi Uter Pendragon, afin de lui donner l'apparence du mari de la duchesse Ingern : subterfuge qui rend possible la conception du futur roi Arthur (ch. 137). Dès cette première œuvre, Merlin apparaît donc à la fois prophète et magicien : nul ne le vaut, affirme un personnage, « soit pour prédire l'avenir, soit pour réaliser d'ingénieuses opérations » (*sive in futuris dicendis, sive in operationibus machinandis*).

La *Vita Merlini*, en vers, complète la biographie de Merlin par des aventures d'une tonalité assez différente. A la fois devin et roi de Démétie (sud du pays de Galles), Merlin devient fou à la suite d'un combat meurtrier, et se met à vivre dans les bois à la manière des bêtes sauvages. Seul le chant d'une cithare parvient à l'apaiser. Conduit à la cour du roi Rodarch, qui doit l'enchaîner pour le garder près de lui, il témoigne de son don de seconde vue au cours de plusieurs scènes de « devinailles ». Avant de regagner les bois, il consent à ce que sa femme Guendoloena se remarie; mais il réapparaît le jour du mariage, précédé d'un troupeau de bêtes sauvages et monté sur un cerf; arrachant les bois du cerf, il en fracasse la tête du marié. La suite du texte montre Merlin, secouru par sa sœur Ganieda, se livrant à des observations astronomiques, et prophétisant sur la Bretagne. Son disciple Thelgesin (identifiable au barde gallois Taliesin), de retour d'Armorique, le rejoint et disserte longuement sur la nature. Enfin Merlin recouvre la raison grâce à l'eau d'une source nouvellement apparue, mais il refuse de régner à nouveau et reste fidèle à la forêt.

MERLIN DANS LA LITTÉRATURE ARTHURIENNE

Dès 1155, l'écrivain normand Wace transpose pour Aliénor d'Aquitaine l'*Historia Regum Britanniae* en vers français, dans son *Roman de Brut.* Il y ajoute l'épisode de la fondation par Arthur de la Table ronde, dont Merlin deviendra, dans les romans postérieurs, le prophète et le metteur en scène.

C'est à l'œuvre de Robert de Boron (mort vers 1210) que Merlin, à peine mentionné par Chrétien de Troyes, doit de jouer le rôle d'inspirateur de la chevalerie du Graal. Cette œuvre en vers, qui comprenait au moins les trois romans de *Joseph d'Arimathie, Merlin* et *Perceval,* est en partie perdue dans son texte original et resta peut-être inachevée. Mais la translation en prose du *Merlin* qui nous est parvenue semble fidèle au poème de Robert. Le début du roman reprend le motif de l'engendrement de Merlin par un démon incube, mais l'inscrit dans une grandiose perspective théologique : il s'agit pour les démons de susciter un Antéchrist, né lui aussi d'une vierge, afin de retrouver leur pouvoir compromis par l'Incarnation. Un démon parvient, non sans mal, à abuser d'une honnête jeune fille qui s'en confesse aussitôt et fait baptiser l'enfant. Du diable son père, Merlin reçoit la connaissance de tout le passé. Pour contrebalancer ce don, Dieu lui donne la faculté de connaître l'avenir : c'est donc un savoir universel qui lui est attribué. Merlin en fait usage dès ses premiers mois pour sauver sa mère menacée du bûcher, puis à l'âge de sept ans, pour révéler à l'usurpateur Vertigier l'existence des deux dragons cachés sous les fondations de sa tour, et leur signification : le dragon roux (Vertigier) sera exterminé par le dragon blanc, représentant les jeunes princes Pendragon et Uter, fils du roi Constant. Uter devenu roi, Merlin se fait son conseiller. Il lui permet de remporter sur les Saxons la bataille de Salisbury, au cours de laquelle Pendragon est tué : Merlin fera édifier en souvenir le monument de Stonehenge, et Uter régnera désormais sous le nom d'Uterpendragon. Nouveauté décisive : c'est sur les incitations de Merlin qu'Uterpendragon institue la Table du Graal, la « troisième table » après celle de Joseph d'Arimathie, qui elle-même reproduisait celle de la Cène. C'est encore grâce à Merlin que (comme chez Geoffroy) Uter peut engendrer Arthur en s'unissant à la duchesse Ygerne, qu'il épouse peu après. Merlin fait élever Arthur secrètement puis, le moment venu, assure son avènement et son sacre. Il continuera à l'assister de ses conseils, pour le plus grand profit du royaume et de la chrétienté.

Vraisemblablement inspiré, sinon écrit, par Robert de Boron, le *Perceval* des manuscrits de Modène et Didot accorde à Merlin une fin paisible, quoique énigmatique : après avoir guidé Perceval dans sa quête, puis annoncé la fin des enchantements au château du Graal, Merlin se fait construire dans la forêt une demeure nommée *esplumeor* (mot de sens inconnu) ; il y échappe au temps et à la vue des hommes, mais reste prêt à prophétiser ce que Dieu lui demandera de révéler.

Les deux cycles en prose constitués en France dans la première moitié du XIIIe siècle poursuivent chacun l'histoire de manière différente :

— Dans la *Suite-Vulgate*, intégrée au grand cycle du *Lancelot-Graal* ou *Vulgate* (vers 1215-1230), Merlin prend part comme conseiller stratégique aux opérations militaires que mène Arthur contre les barons qui refusent son autorité, puis contre les Saxons, enfin contre l'empereur de Rome. Par son entremise, Arthur épouse Guenièvre, fille du roi Laodegan, et devient le souverain responsable de la Table ronde. Surtout Merlin rencontre Viviane, fille d'un vavasseur nommé Dionas, au bord d'une fontaine, dans la forêt de Brocéliande. Aux récits de batailles s'entrelace une intrigue amoureuse, au cours de laquelle Merlin se laisse arracher par Viviane son savoir magique. Pour garder Merlin tout à elle, Viviane finit par l'enserrer dans une « prison d'air » d'où le prophète, devenu invisible, peut encore faire entendre sa voix.

— Dans la *Suite-Huth*, partie d'un cycle abusivement mis sous le nom de Robert de Boron (vers 1240), Merlin prédit la naissance de Mordret, et les malheurs que provoquera Balaain, le chevalier aux deux épées : c'est lui qui frappera le « coup douloureux », blessant le roi Pellehan et transformant son royaume en Terre Gaste. Plus que dans les textes précédents, Merlin se trouve ici mêlé aux aventures de la chevalerie errante. Sa stature d'enchanteur se précise, on le voit capable de commander au vent, de faire cracher des flammes au dragon de son enseigne, de faire s'ouvrir d'elles-mêmes les portes d'une ville, ou de préparer un lit enchanté, tel que celui qui s'y endort perde sens et mémoire. Le récit se termine par les amours malheureuses de Merlin et de Viviane, réitérant celles de Diane et de Faunus : après avoir ensorcelé Merlin, Viviane le fait jeter dans un tombeau dont nul ne pourra plus soulever la pierre. Dans son tombeau, Merlin poussera un dernier cri — sujet d'un conte indépendant : le *Conte du Brait*.

La première mention de Viviane est un peu antérieure à la *Suite-Vulgate*. C'est en effet au début du *Lancelot* propre qu'elle est présentée, sous le nom de Ninième, comme une fée bretonne qui élève Lancelot dans sa riche demeure, cachée par la surface d'un lac. Merlin apparaît dans ce texte sous un jour défavorable. Tout en donnant un témoignage de sa popularité (il fut « tant redoutés des Bertons et tant honorés que tout l'apeloient saint prophete et toute la menue gent l'apeloient lor dieu »), le récit en fait un être « de la nature son peire dechevans et desloiaus », savant en « toute perverse science ». La demoiselle du lac se refuse à lui par sagesse, et réussit à l'enfermer « en une cave dedens la perilleuse forest de Darnantes ».

Le personnage, dont Robert de Boron avait voulu faire le prophète de la chevalerie chrétienne, n'échappe donc pas à une ambivalence qu'il doit peut-être à ses origines composites, et qui se trouve conforme au mythe de sa génération mi-diabolique, mi-virginale. On peut voir aussi dans le don qu'il possède de se métamorphoser à volonté un reflet du caractère instable, voire contradictoire, des traits qui le composent. Ce protéisme, par ailleurs souvenir probable de pouvoirs jadis prêtés aux druides, permet à Merlin d'apparaître tantôt en jeune homme, tantôt en vieillard, souvent en homme des bois, voire en « grand cerf branchu », comme dans l'histoire de Grisandole intégrée à la *Suite-Vulgate.*

Ainsi constituée par apports successifs, l'histoire de Merlin fut reprise, résumée ou traduite, en tout ou partie, dans toutes les littératures d'Europe jusqu'à la fin du Moyen Age. Dès avant 1250, le *Merlin* de Robert est traduit en provençal. Le personnage figure dans un grand nombre de romans français en vers du XIIIe siècle : dans *Fergus* (qui situe sa résidence dans une montagne reculée), dans *Le Chevalier aux Deux Epées*, dans le *Roman du Hem*, dans *Escanor*, dans le *Roman de Silence* (pour l'épisode de Grisandole), et surtout dans *Claris et Laris*, qui explique la réclusion de Merlin par une faute qu'il doit expier jusqu'à sa mort. Dans le *Tristan* en prose (postérieur à 1240), Merlin recueille Tristan, orphelin de mère, pour le confier à un précepteur (comme il l'avait fait pour Arthur chez Robert de Boron) ; magicien, il construit un vaisseau merveilleux, la « nef de joie », pour le roi de Northomberlande. Hors du cadre chevaleresque, un conte en vers du début du XIIe siècle, « Du vilain qui devient riche et puis pauvre » (connu aussi comme le « Dit de Merlin-Merlot », confirme le statut surnaturel dont le personnage a pu jouir auprès de « la menue gent ».

Celui que Dante qualifie dans un sonnet de « buon incantatore » connaît une vogue particulière en Italie, en relation avec la pensée de Joachim de Flore (environ 1132-1202). Parmi les œuvres apocryphes de celui-ci figure une *Expositio Sibyllae et Merlini.* La tradition de Merlin prophète s'enrichit d'un gros volume de *Prophecies* — mélange de prophéties politiques, de sermons et d'épisodes romanesques — ; l'ouvrage fut rédigé en français vers 1276-1279 par un Vénitien, probablement franciscain. Au début du XIVe siècle le Florentin Paolino Pieri combine dans la *Storia di Merlino* un récit de la jeunesse de Merlin et la traduction italienne d'une partie des *Prophecies.* En 1480 paraît à Venise la *Historia di Merlino* en six livres, dont une grande partie est également constituée de prophéties dictées par Merlin.

En Angleterre, le *Merlin* de Robert et la *Suite-Vulgate* furent résumés en vers dans un *Arthour and Merlin* entre 1250 et 1300 ; Henri Lovelich en donne une autre version dans son *Merlin*, vers 1430. Une traduction en moyen-anglais du *Merlin-Vulgate* date du milieu du XVe siècle. Enfin sir Thomas Malory (1408-1471) répartit la matière du *Merlin* de Robert dans les cinq premiers livres de sa *Morte d'Arthur*. Cette œuvre, rédigée dans la prison de Newgate où Malory passa les vingt dernières années de sa vie, imprimée dès 1485 et constamment rééditée, assura la pérennité d'Arthur et de Merlin dans les pays de langue anglaise.

En Allemagne, *Merlin und Seifrid de Ardemont* d'Albrecht von Scharfenberg (XIIIe siècle, connu par une version de 1478) résume le *Merlin* de Robert avec d'importantes modifications (Pandragon et Uter y deviennent les fils du prophète). D'autres traductions voient le jour en Hollande. En Espagne, le cycle du pseudo-Robert de Boron est traduit au XIVe siècle par le frère Juan Vivas, cependant que le *Baladro del sabio Merlin*, dérivé du *Brait* (cri) *de Merlin* perdu, est incorporé à la *Demanda del Sancto Grial* : une version (en castillan) paraît à Burgos en 1498, une autre à Séville en 1535.

MERLIN DE LA RENAISSANCE AU SYMBOLISME

Dès la fin du XVe siècle, l'imprimerie s'empare de l'histoire de Merlin et de ses *Prophecies*. Une édition voit le jour en 1498 chez Antoine Vérard à Paris. Cinq autres éditions s'échelonneront, pour la France seule, de 1505 à 1535. Par ailleurs, Merlin figure dans plusieurs des œuvres majeures de la Renaissance, témoignage du rôle qu'il jouait dans la culture de cette période. L'Arioste (1474-1533), mêlant à la tradition du prophète celle du magicien bâtisseur (à qui l'on attribue en Italie la construction des arènes de Vérone), fait intervenir Merlin à trois reprises dans l'*Orlando furioso* : au chant III, où sa voix, du fond du tombeau, annonce à Bradamante la grandeur future de la maison d'Este ; au chant XXVI, avec la description des sculptures prophétiques décorant une des quatre fontaines qu'il aurait fondées en France ; au chant XXXIII, où sont décrites des peintures que Merlin aurait fait réaliser pour instruire Pharamond des vicissitudes que connaîtraient dans l'avenir les relations franco-italiennes. Appartenant à une veine plus populaire, les *Grandes et inestimables Chronicques du grant et énorme géant Gargantua* (Lyon, 1532), source première de Rabelais, racontent comment Merlin fabrique Grandgousier à partir des os d'une baleine mâle pulvérisés sur une enclume et arrosés du sang de Lancelot, et Galamelle à partir des os d'une baleine femelle mêlés à des rognures d'ongle de Guenièvre. Plus tard, Merlin introduit le jeune Gargantua à la cour du roi Arthur, et le fait profiter de son savoir et de sa magie — ce qui n'empêchera pas Rabelais de traiter le vieil enchanteur avec la plus grande désinvolture. En Angleterre, Edmund Spenser imagine dans *The Faerie Queene* (1591-1596) que Merlin, ayant entrepris d'édifier un mur de cuivre autour de Carmarthen, convoque mille démons pour l'achever. Cervantès enfin ne pouvait manquer de faire référence au maître de la chevalerie errante : dans la deuxième partie de *Don Quichotte* (1615), Merlin se manifeste dans la caverne de Montesinos (ch. 12), puis il ordonne à Sancho de se fouetter afin de désenchanter Dulcinée (ch. 35).

C'est principalement Merlin le prophète qui, en Grande-Bretagne, continue à influencer les esprits jusqu'à l'époque de Shakespeare. Plusieurs recueils de Prophéties sont publiés dans la première moitié du XVIe siècle. On voit s'y intéresser l'occultiste John Dee (1527-1608) ou le dramaturge Thomas Heywood (v. 1570-1641), qui leur consacre un savant commentaire (*The Life of Merlin surnamed Ambrosius; his Prophecies and predictions*). Shakespeare se fait l'écho de ces spéculations dans un passage du *Roi Lear* (III, 2, v. 78-95), où le Fou parodie les prophéties de Merlin, quoique le drame se déroule avant la naissance de celui-ci. En 1644 encore, William Lily publie *The English Merlin revived; or, His prediction upon the affairs of the English Common-Wealth, and of all or most Kingdomes of Christendome this present Yeare 1644*. Signalons enfin qu'un Gallois du nom d'Elis Gruffud avait rédigé au XVIe siècle, en gallois, un *Myrddin Wyllt* (Merlin le Sauvage), qui reconduisait le personnage à ses origines de prophète antisaxon et d'homme des bois.

L'époque classique ne retiendra guère de Merlin que l'image d'un enchanteur réduit à quelques stéréotypes. La Fontaine le cite, dans *La Grenouille et le Rat*, pour une expression sans doute célèbre de son temps (« Tel, comme dit Merlin, cuide engeigner autrui / Qui souvent s'engeigne soi-même »). Dans le *King Arthur* de Dryden (1631-1700), Merlin n'est plus que le sorcier d'une sorte de conte de fées; de même dans l'opéra qu'en tira Giffard en 1736. Le nom de Merlin apparaît ici et là dans les contes du *Cabinet des Fées* (ainsi dans le conte de Mme d'Aulnoy *Princesse printanière*, où Printanière est destinée à Merlin). *L'Ile de Merlin* de Gluck, représentée à Vienne en 1758 (reprenant une œuvrette parisienne de 1717 intitulée *Le Monde renversé*), réduit Merlin à la dimension d'un sage débonnaire qui apaise les rivaux et bénit l'amour.

Il faut attendre en France l'entreprise du comte de Tressan, qui à partir de 1775 constitue un *Corps d'extraits des romans de chevalerie*, pour voir les personnages de la littérature arthurienne retrouver un semblant de vie. Encore Martin-Sylvestre Boulard, présentant en 1797 son *Roman de Merlin l'Enchanteur, remis en bon français et dans un meilleur ordre*, parle-t-il du *Roman de Merlin* imprimé en 1498 comme d'un ouvrage à peu près inconnu, où l'on peut découvrir, en dépit de défauts choquants, « une morale pure, une imagination vaste, et des fictions neuves ».

Avec beaucoup plus de fidélité, des textes médiévaux sont réédités en Grande-Bretagne par Walter Scott en 1802-1803, puis par George Ellis (*Specimens of Early metrical Romances*, Londres, 1811) ; en Allemagne, Wieland avait montré le chemin (un texte écrit par lui sur Merlin en 1777 inspire à Ludwig Uhland en 1829 la ballade de *Merlin le Sauvage*), préparant les travaux érudits de Friedrich von der Hagen ou de Walther Hofstätter (*Vieux poèmes allemands de l'époque de la Table ronde*). C'est en s'appuyant sur ces textes, ainsi que sur une *Histoire de l'Enchanteur Merlin* rédigée par Dorothea von Schlegel sous le nom de son époux Frederic (1804), que Karl Lebrecht Immermann (1796-1840) publie en 1832 *Merlin, eine Mythe*, drame en un prologue, trois parties et un épilogue. Merlin y est le fils d'un Satan démiurge et de la vierge Candida. Elevé en Angleterre et initié au mystère du Graal, il se donne pour tâche de mener à bien l'œuvre du salut, incarnant en lui tous les mythes de la Gnose. Son amour pour Niniane, sœur de Guenièvre et symbole de la communion avec la Nature, le conduit à s'imaginer qu'il est le fils de la Terre. Cependant Titurel l'accuse d'être l'Antéchrist. Le drame s'achève par la démence de Merlin. Dans l'épilogue, Satan le délivre de sa folie, mais Merlin refuse de se vouer à lui, sans pouvoir pour autant bénéficier de la rédemption divine. Cette œuvre ambitieuse, que Geibel appelait « un autre *Faust* », devait illustrer dans l'esprit de son auteur la « tragédie de la contradiction », et le drame d'un rédempteur qui s'est désigné lui-même.

D'une manière plus simplement moralisante, Alfred Tennyson (1809-1892) fait apparaître Merlin dans son poème *Vivien* (1859, devenu en 1878 *Merlin and Vivien*), appartenant aux *Idylls of the King*. Le poème est essentiellement constitué d'un long dialogue entre Merlin et Viviane, dans la forêt de Brocéliande. Le « doux magicien » est d'abord attendri par les cajoleries de la fée, puis excédé par ses racontars, finalement vaincu par ses plaintes ; il lui révèle alors le charme par lequel elle le soustrait « à la vie, à l'action, à la renommée, à la gloire ».

En 1860, Edgar Quinet publie les deux volumes de son *Merlin l'Enchanteur*, longue épopée allégorique en prose. Merlin y fait figure de génie universel, incarnation de l'histoire et de la culture de l'Occident : toute prospérité matérielle, toute invention technique, toute œuvre d'art seraient dues à ses enchantements. Non content d'avoir construit Saint-Marc, l'Alhambra et les cathédrales, il couvre les murs de Florence de portraits de Viviane ; il écrit même par avance dans son tombeau les chefs-d'œuvre de la littérature française. Ce « tombeau » est en fait un immense royaume souterrain qui s'étend sous toute l'Europe. Viviane et Merlin y sont enfermés pour leur plus grand bonheur, jusqu'à ce que le démon, « grand-père » de Merlin, se réconcilie avec l'Eternel. On peut regretter que Quinet, emporté par la facilité et peut-être égaré par l'exemple de l'Arioste, ait dilué le mythe dans une rhapsodie mollement écrite et idéologiquement inconsistante.

Dans le même temps, Hersart de La Villemarqué tentait de faire le point sur l'histoire de Merlin, considéré par lui comme un « Orphée celtique ». Son *Myrdhin ou l'Enchanteur Merlin* (1862) répartit les différents aspects du personnage entre une figure mythologique héritée de l'Antiquité, une figure légendaire (chez Nennius), un héros poétique (celui de la *Vita Merlini*), un héros romanesque et un personnage réel, dont les Bretons auraient conservé le souvenir. De cet Orphée celtique, Edouard Schuré racontera l'initiation dans *Les Grandes Légendes de France* (1892), à travers un récit de fantaisie orné de voyants symboles occultistes à la mode de l'époque. Le succès du tableau de Burne-Jones, *Merlin et Viviane* à l'Exposition de 1878, comme le poème que Jean Lorrain consacre dans *La Forêt bleue* (1883) à « Brocéliande » (reprenant de manière personnelle le thème déjà traité par Tennyson), contribuèrent de leur côté à faire de Merlin un héros symboliste.

MERLIN DANS LA LITTÉRATURE DU XXe SIÈCLE

Au seuil du siècle, le mythe de Merlin retrouve une force poétique nouvelle chez Guillaume Apollinaire (1880-1918). Le poème *Merlin et la vieille femme*, qui date vraisemblablement de 1899-1900, met en présence l'enchanteur et la vieille fée Morgane, spécialiste en mirages, mais aussi figure de la Mémoire, qui lui donnera un fils « malheureux et beau ». Mais c'est surtout dans *L'Enchanteur pourrissant* (1904-1909) qu'Apollinaire vivifie le mythe, en faisant du tombeau de Merlin le point de convergence des mystères de la vie, de l'amour et de la mort, et le lieu de ses propres interrogations. Tandis que le corps de l'enchanteur engendre la vie à partir de la pourriture, Viviane, la dame du lac, refuse la vie charnelle et se révèle source de mort. Ce double paradoxe est illustré par le défilé « dans la forêt profonde et obscure » de tous les êtres qu'attire le corps de l'enchanteur : serpents, druides, fées, monstres divers, faux rois mages et prophètes, venus célébrer un étrange « Noël funéraire » et témoigner à leur manière des « éternités différentes de l'homme et de la femme ». Directement nourri aux sources médiévales, le texte (dont l'originale était illustrée par Derain) expérimente en outre de nouvelles techniques du récit, apparentées aux recherches de l'avant-garde picturale. Il prend la signification d'un enterrement du symbolisme et, par les pages terminales d'*Onirocritique* (ajoutées en 1909), d'une ouverture sur ce qui deviendra le surréalisme.

C'est un Merlin moderniste qui apparaît, sous son nom inversé de Nilrem, dans le roman de Franz Hellens (1881-1972) *Mélusine ou la robe de saphir* (rédigé en 1917-1918, 1re éd. 1921, éd. remaniée 1951). Ingénieur, architecte d'une cathédrale de pierre noire dans le désert, constructeur d'un parc artificiel où des mécanismes imitent les phénomènes de la nature, Nilrem est lui-même un

« homme d'acier », aux yeux « froids comme le fer ». Il se révèle à la fin du récit être Merlin « réduit au rôle d'homme ordinaire » et en quête du saphir qui lui procurait « force et subtilité ». Ce saphir étant devenu la robe de Mélusine, il l'en dépouille, avant de disparaître avec elle.

Dans la pièce de Jean Cocteau *Les Chevaliers de la Table ronde* (créée en 1937), Merlin n'est qu'un imposteur au service du diable. Aidé d'un jeune démon qu'il transforme à sa guise en lui donnant l'apparence des autres personnages, il se nourrit des forces vives de la contrée où il exerce sa sorcellerie, et qu'il stérilise. Artus qui en a fait son aumônier, Guenièvre et Lancelot dont il favorise les amours, se laissent par lui enfermer dans le mensonge. L'arrivée de Galaad fait tomber les masques ; il oblige Merlin à quitter Camaalot et à libérer la contrée de l'enchantement maléfique qu'il avait fait peser sur elle : de l'aveu même de l'auteur, c'est l'emprise de toutes les drogues que métaphorise ici le pouvoir de Merlin. Signification inverse de celle qu'on trouve, cinq ans plus tard, dans quelques vers du poème d'Aragon *Brocéliande* (1942) : Merlin prisonnier d'un arbre enchanté y devient la figure de tous ceux que l'occupation allemande tient enchaînés.

L'ambivalence de l'enchanteur fait encore le fond du *Merlin* de Tankred Dorst (1981). Ce drame en un prologue et quatre parties, mêlant des références contemporaines aux données traditionnelles, se situe dans la lignée du *Merlin* de Karl Immermann. Mais le personnage — qui dès sa naissance en homme adulte et barbu se met à lire le journal, puis prévoit l'alunissage d'Armstrong et les fours crématoires — ne prétend plus apporter le salut au monde. Le Diable son père voudrait qu'il aide les humains à faire librement le mal. Il refuse cette tâche pour se consacrer, sans beaucoup d'illusions, à l'organisation de la Table ronde, idéal humanitaire et civilisateur. « Je préférerais ne rien avoir affaire avec toi », répond-il à Parsifal qui lui demande s'il est Dieu. Il prétend pourtant avoir mis quelques hommes sur la bonne voie, celle qui permet à l'individu de se trouver lui-même. Mais certains, comme Mordred, ne trouvent que leur propre méchanceté. Après de multiples métamorphoses et nombre d'épisodes librement inspirés de la littérature arthurienne, Merlin peut encore prédire à Artus découragé sa victoire sur Mordred, puis il se laisse enfermer dans le buisson d'aubépines, victime d'un amour plus impitoyable encore que le destin.

S'il se prête à tous les anachronismes, Merlin n'en continue pas moins de fasciner par le mystère de ses origines. Les fervents de la celtitude cherchent à l'enraciner plus fortement que jamais dans les traditions ancestrales, soit à la faveur d'études érudites (Jean Markale, *Merlin l'Enchanteur ou l'éternelle Quête magique*, 1981), soit, comme Théodore Briant (1891-1956) dans son *Testament de Merlin* (publié en 1975), par le biais d'un roman pseudo-historique. L'alliance du récit romanesque et de considérations occultistes apparente cette dernière œuvre à celles de Schuré. Merlin, fils d'une druidesse et dépositaire des arcanes de la religion celte, mais touché par le message chrétien, devient après la défaite d'Arthur à

Salisbury « le druide blanc de Brocéliande ». Grand initié, il se fait l'initiateur de son disciple Adragante qu'il a préalablement ressuscité des morts ; amant de Viviane, la mort de la fée le libère du sortilège ; nouvel Orphée, il est déchiré par les druidesses à l'instigation de Morgane ; nouveau Christ enfin, il se révèle à Adragante en son corps glorieux.

Dans un esprit bien différent, le poète Jacques Roubaud (né en 1932) poursuit sur l'ensemble de la littérature arthurienne un considérable travail de retour aux textes en même temps que de réécriture. Merlin y occupe la place qui lui est due. Dans le cadre d'un cycle consacré par le Nouveau Théâtre National de Marseille au *Graal Théâtre,* Florence Delay et Jacques Roubaud ont écrit un savoureux *Merlin l'Enchanteur,* créé en 1979. D'autre part le premier volume de *Graal Fiction* (1978) s'ouvre, conformément à la tradition médiévale, sur un résumé à la fois fidèle et discrètement ironique de l'histoire de Merlin. En s'interrogeant sur la personnalité de Blaise — confesseur de la mère de Merlin, père de l'enchanteur selon la vraisemblance humaine, et narrateur fictif des aventures de la Table ronde — Jacques Roubaud repose à neuf la question de l'origine textuelle de Merlin, lui-même origine du texte arthurien, qui aurait été dicté à Blaise par le prophète-enchanteur : Merlin n'est pas seulement le promoteur de la Table ronde, mais aussi l'auteur mythique de la littérature arthurienne.

Yves VADÉ

BIBLIOGRAPHIE

Textes médiévaux

Le texte de l'*Historia Regum Britanniae* et de la *Vita Merlini* de Geoffroy de MONMOUTH a été publié par E. Faral, *La Légende arthurienne,* t. III, Paris, Champion, 1929.

WACE, *Roman de Brut,* éd. I. Arnold, Paris, Sté des anciens textes français, 1938-1940, 2 vol.

ROBERT de BORON, *Merlin,* éd. A. Micha, Genève, Droz, 1980.

Didot-Perceval, éd. W. Roach, Philadelphie, 1941.

Suite Huth du Merlin, éd. G. Paris et J. Ulrich, Paris, Sté des anciens textes français, 1886, 2 vol.

Suite Vulgate du Merlin, éd. O. Sommer, *The Vulgate Version of the Arthurian Romances,* 2, *Lestoire de Merlin,* Washington, 1908.

Tristan en prose (manuscrit de Carpentras), éd. Renée Curtis, I, Munich, 1963, II, Leyde, 1976.

Le Conte de Merlin est publié par A. Jubinal, *Nouveau recueil de contes, dits et fabliaux,*

Paris, 1839-1842, 2 vol., et dans *La Vie des anciens Pères*, éd. en cours par F. Lecoy, Sté des anciens textes français, Paris.

Réimpression en fac-similé du *Merlin* dans l'édition d'Antoine Vérard, 1498 (1. *Le Premier volume de Merlin*, 2. *Le Second volume de Merlin*, 3. *Les Prophecies de Merlin*), London, The Scolar Press, 1975, 3 vol.

Thomas MALORY, *Le Morte d'Arthur*, The original edition of William Caxton, 1485, reprinted and edited by H. Oskar Sommer, London, D. Nutt, 1889-1891, 3 vol.

Traductions ou adaptations en français moderne

Martin Sylvestre BOULARD, *Le Roman de Merlin l'Enchanteur, remis en bon français et dans un meilleur ordre*, Paris, chez Boulard, 1797.

Jacques BOULENGER, *Merlin l'Enchanteur*, in *Les Romans de la Table ronde*, Paris, Plon, 1941.

Le Roman de Merlin l'Enchanteur, trad. en français moderne et publié par Henri de Briel, Paris, Klincksieck, 1971.

Merlin le Prophète ou le Livre du Graal, roman du XIIIe siècle mis en français moderne par Emmanuèle Baumgartner, préface de Paul Zumthor, Paris, Stock, 1980 (Stock+Moyen Age).

Merlin dans la littérature moderne

Guillaume APOLLINAIRE, *L'Enchanteur pourrissant*, éd. établie, présentée et annotée par Jean Burgos, Paris, Minard, 1972.

Théophile BRIANT, *Le Testament de Merlin*, Nantes, A. Bellanger, 1975.

Jean COCTEAU, *Les Chevaliers de la Table ronde* in *Théâtre I*, Paris, Gallimard, 1948.

Florence DELAY et Jacques ROUBAUD, *Graal Théâtre, Merlin l'Enchanteur*, Marseille, Jeanne Laffitte, 1979 (col. Approches-Répertoire, Nouveau Théâtre National de Marseille).

Tankred DORST, *Merlin*, Francfort am Main, Zuhrkamp, 1981.

Franz HELLENS, *Mélusine ou la robe de saphir*, Paris, Gallimard, 1921 et 1951.

Thomas HEYWOOD, *The Life of Merlin, surnamed Ambrosius. His prophecies and predictions interpreted...*, London, 1641.

Karl IMMERMANN, *Merlin. Eine Mythe*, Düsseldorf, 1832.

William LILLY, *Merlinus Anglicus Junior; the English Merlin redivived; or, his prediction...*, London, 1644.

Edgar QUINET, *Merlin l'Enchanteur*, Paris, Michel Lévy, 1860, 2 vol.

Jacques ROUBAUD, *Graal fiction*, Paris, Gallimard, 1978.

Edouard SCHURÉ, *Les Grandes Légendes de France* (1892), rééd. Paris, Librairie Académique Perrin, 1921.

Alfred TENNYSON, *Merlin and Vivien*, in *Idylls of the King*, London, 1869.

Etudes

Henry d'ARBOIS de JUBAINVILLE, Merlin est-il un personnage réel ou les origines de la légende de Merlin, *Revue des Questions historiques*, V, Paris, 1868, pp. 561-568.

Edmond FARAL, *La Légende arthurienne*, Paris, Champion, 1929, 3 vol. (Bibliothèque de l'Ecole des Hautes Etudes).
A.-O.-H. JARMAN, *The Legend of Merlin*, Cardiff, 1960.
Théodore Hersart, comte de LA VILLEMARQUÉ, *Myrdhin ou l'Enchanteur Merlin, son histoire, ses œuvres, son influence*, Paris, 1862.
Donatien LAURENT, La gwerz de Skolan et la légende de Merlin, *Ethnologie française*, nouv. série, n° 3-4, Paris, 1971.
Roger Sherman LOOMIS (edited by), *Arthurian Literature in the Middle Age*, Oxford, 1959.
Jean MARKALE, *Merlin l'Enchanteur ou l'éternelle quête magique*, Paris, Ed. Retz, 1981.
Jean MARX, *La Légende arthurienne et le Graal*, Paris, 1952, Genève, Slatkine Reprints, 1974.
— *Nouvelles recherches sur la littérature athurienne*, Paris, Klincksieck, 1965.
Alexandre MICHA, *De la chanson de geste au roman*, Genève, Droz, 1976.
— *Etude sur le « Merlin » de Robert de Boron*, Genève, Droz, 1980.
Jean-Charles PAYEN, L'art du récit dans le *Merlin*, le *Didot-Perceval* et le *Perlesvaus*, *Romance Philology*, 17, 1964.
Yves VADÉ, Merlin dans la littérature moderne : lecture littéraire et lecture anthropologique, in *Lecteurs et lectures*, Université de Nantes, 1980 (Textes et Langages, IV).
— Orphée et Merlin entre le mythe et la littérature, *Objets et Mondes*, Revue du Musée de l'Homme, t. 22, Paris, 1982.
Paul ZUMTHOR, *Merlin le prophète, un thème de la littérature polémique, de l'historiographie et des romans*, Lausanne, Payot, 1943 et Slatkine Reprints, Genève, 1973.
— Merlin dans le *Lancelot-Graal*, in *Les Romans du Graal aux douzième et treizième siècles*, Paris, Ed. du C.N.R.S., 1956.

Minotaure

Pour confirmer aux Crétois qu'il jouit bien de la faveur des dieux, Minos demande à Poséidon un signe. Le dieu accepte à condition que le taureau qu'il va faire surgir de la mer lui soit ensuite offert en sacrifice. Mais l'animal est si beau que Minos ne se décide pas à le sacrifier. Furieux, Poséidon décide de se venger en inspirant à la reine Pasiphaé un fol amour pour le taureau blanc. Brûlant de s'unir à la bête, la reine demande de l'aide à l'ingénieux athénien Dédale qui se trouve à la cour de Minos. L'habile sculpteur fabrique une vache de bois et de cuir; la reine s'y cache et le taureau blanc, abusé par les apparences, s'unit à elle. De ces étranges noces naît le Minautore (encore appelé Asterion ou Asterios) dont le haut du corps est d'un taureau et le bas d'un homme. Furieux et honteux, Minos fait construire par Dédale, pour enfermer le monstre, une sorte d'immense palais-prison : le labyrinthe. Chaque année (ou chaque grande année de neuf ans), l'on donne en pâture au Minotaure les sept jeunes gens et sept jeunes filles que Minos a imposés en tribut aux Athéniens. Un jour, Thésée se propose pour faire partie des jeunes gens. Avec l'aide du fil que lui a remis Ariane, il parvient jusqu'au Minotaure, le tue et ressort en vainqueur du labyrinthe.

Le Minotaure est un monstre dont la monstruosité résulte de la manière dont il a été engendré. Sa préhistoire est, de ce point de vue, aussi importante que son histoire. Sa vie est d'ailleurs très pauvre d'aventures. Enfermé dans le labyrinthe, c'est tout juste si le tribut athénien vient, de temps à autre, le distraire et le nourrir. Son histoire est co-extensive à celle du labyrinthe, construit pour lui, voué à disparaître avec lui, et dans lequel il attend. Il attend, sans le savoir, que Thésée vienne le tuer. C'est le seul événement de sa vie.

Dans les textes grecs, les apparitions du Minotaure sont complètement dépendantes de celles de Thésée. Ainsi, dans *Héraclès furieux* d'Euripide, Thésée fait état des présents qu'il a reçus de ses concitoyens, pour avoir tué « le taureau de Cnosse » (1326-1327). Isocrate, dans son *Eloge* d'*Hélène* (X, 28), souligne que c'est d'un « monstre, homme et taureau mêlés » que triomphe Thésée. « Monstre rugissant », reprend Callimaque dans son hymne à Délos (310). La périphrase à chaque fois dissimule le Minotaure, à la fois par habitude rhétorique et comme s'il y avait quelque honte à le nommer.

L'impression se prolonge dans la littérature latine où le Minotaure n'est guère évoqué que chez Virgile et Ovide à propos des aventures de Dédale. Il apparaît surtout comme l'incarnation plutôt repoussante de l'égarement de Pasiphaé. « Fils à la double forme », « souvenir d'une inavouable Vénus », dit Virgile (*Enéide* IV, 25-26). Ovide dans les *Métamorphoses* ne traite pas mieux ce monstre qui, « par l'étrangeté de sa double forme, dévoilait à tous les yeux l'adultère hideux de sa mère » (VIII, 155-156). Dans l'*Art d'aimer*, il évoque encore ce « fruit des amours d'une mère criminelle » (II, 23) puis il donne, en un vers facile et bien connu, la formule de sa radicale altérité et de sa foncière parenté avec nous : « semibovemque virum semivirumque bovem » « homme à moitié taureau et taureau à moitié homme » (II, 24).

L'on sait qu'au Moyen Age les clercs ont été tentés d'interpréter les textes de la mythologie latine dans un sens symbolique qui les rendait acceptables à la perspective chrétienne. Cela est sensible dans les gloses et commentaires qui accompagnent les textes de Virgile ou d'Ovide, mais cette tentation va quelquefois beaucoup plus loin. Ainsi, dans l'*Ovide Moralisé* du poète anonyme qui ré-écrivit vers 1300, en français, les *Métamorphoses* du poète latin, un sens allégorique est-il dégagé de chaque épisode. De cette manière, le Minotaure dans son labyrinthe devient l'ange, qui, par orgueil, s'est révolté contre Dieu et que Dieu a dû enfermer dans la cage de l'enfer. Ensuite Dieu créa l'homme et, pendant très longtemps, celui-ci à sa mort, inévitablement, servit de pâture à « la beste orgueilleuse et cornue/qui demore en l'infernal mue » (VIII, 1451-52). Mais Dieu miséricordieux fit venir alors au monde son fils Thésée-Jésus qui délivra l'humanité de ce tribut.

Par ailleurs, dans les œuvres profanes, le Minotaure n'apparaît que lorsqu'il est appelé par les autres personnages du mythe. Ainsi tient-il sa place dans le *Roman d'Athis et de Prophilias* parmi les divers acteurs de l'aventure du labyrinthe. Mais c'est seulement dans l'*Enfer* de Dante qu'il joue un rôle original et occupe une place véritable. « L'opprobre de Crète » est en effet, avec les Centaures, gardien du cercle des violents (le septième cercle ; chant XII, 1-48). C'est évidemment un gardien approprié à des pécheurs punis pour leur bestialité. L'histoire du labyrinthe est évoquée en filigrane à travers lui et il est rappelé comment il fut conçu dans la « fausse vache ». Au Purgatoire d'ailleurs, ceux qui ont commis le péché de chair, sans maintenir l'humaine retenue, errent en clamant le nom de Pasiphaé (XXVI, 40-42 et 82-87). Cependant, en rangeant le Minotaure dans la galerie de ses monstres, Dante contribue à faire de lui ce à quoi il a tendance à être réduit : un type du bestiaire fabuleux. On le trouve quelquefois même dans les récits de voyage ; ainsi dans les mappemondes d'Ebsdorf de Hereford, au XIIIe siècle, on le découvre en « orient », près des bouches de l'Oxus, à côté du tigre et de la manticore. Il semble y vivre tranquillement sa vie de monstre libéré de son mythe et des complexités de sa biographie gréco-crétoise.

Avec la pré-Renaissance des XIVe et XVe siècles, le Minotaure se trouve ré-inscrit dans son histoire originelle. Dès l'*Amorosa Visione/La Vision amoureuse* de Boccace (1342), le narrateur aperçoit Thésée marchant dans le labyrinthe « vers le Minotaure épouvantable » (XXII, 6). Dans les œuvres latines et didactiques de l'auteur du *Décaméron*, l'épisode crétois des aventures de Thésée est bien entendu évoqué. Le *De genealogiis deorum gentilium/Généalogie des Dieux païens* (1347) qui pratique l'interprétation symbolique de la mythologie antique, présente le Minotaure comme l'expression « du vice de bestialité » (IV, 10). Dans *De Casibus virorum illustrium/Des malheurs survenus aux hommes illustres* (1355), la mise à mort du Minotaure est ce qui vaut à Thésée une « louange éternelle » (IX, X, 5). En Angleterre dans le *Conte du Chevalier* de Chaucer (1387), l'on voit Thésée chevaucher avec un pennon « figurant le Minotaure qu'il tua en Crète » et en France, Christine de Pisan raconte, dans le *Livre de Mutacion de Fortune* (vers 1410), comment Thésée, mis dans la « prison Dedalus », s'employa si bien « que le monstre occist en la cage » (1430).

A la Renaissance triomphante, il s'embusque « Demy taureau et demy homme infame » dans *Les Epîtres de l'Amant vert* (II, 159) de l'amateur de mythologie J. Lemaire des Belges (1511). En Angleterre, il ré-apparaît, lié à l'histoire de Pasiphaé, dans la prose contournée de George Pettie (*A Petite Pallace*, 1576). Mais c'est seulement en Espagne que, la figure de l'homme-taureau reçoit un traitement développé dans deux poèmes du milieu du XVIe siècle, l'un de Lorenzo de Sepúlveda le « Romance de Teseo y el Minotauro » (repris sous le n° 460 dans le *Romancero general* d'Agustin Durán) et l'autre « La fábula del laberinto de Creta, y del Minotauro, y de Teseo » de Sebastian de Horozco (reprise en 1874 dans son *Cancionero*). Il faut cependant préciser que ces deux poèmes ne sont guère que des paraphrases d'Ovide ; le monstre n'y est qu'un moyen de mettre en valeur le héros et les vers sont sans grande valeur littéraire.

A l'approche des âges classiques, dans *Henry VI* de Shakespeare (1591), le comte de Suffolk s'exhorte à ne pas s'aventurer plus avant dans le labyrinthe des intrigues, car « Des Minotaures et de vilaines trahisons s'y cachent » (I, V, 188). Cependant l'image qui pourrait être déployée, ou sollicitée, se limite à cette allusion. Le pluriel de Minotaures indique d'ailleurs que le terme continue à connoter tout autant une catégorie générale de monstres que le fils singulier du Taureau et de Pasiphaé. De même, dans le théâtre européen, la place du Minotaure ne dépassera jamais celle de l'allusion cursive au détour d'un rappel des exploits de Thésée : « Et la Crète fumant du sang du Minotaure » (*Phèdre* I, 1, 82) en serait le meilleur exemple. Le seul développement que connaisse à cette époque l'histoire du Minotaure se trouve dans un poème de Cancer y Velasco : *Fabula del Minotauro* (1651). C'est sans doute la meilleure œuvre de cet héritier à la fois de Quevedo et de Gongora. Un certain réalisme s'allie, non sans force quelquefois, aux plus étonnantes métaphores.

Au XIXe et au XXe siècle, il arrive encore au Minotaure de n'être qu'une figure de monstre. On retient de lui surtout qu'il se repaît de chair humaine. En France il est fréquemment enrôlé comme épouvantail dans les polémiques politiques : équivalent de la conscription impériale chez A. Nettement, il représente la débauche à laquelle se laissent aller les mauvais ouvriers chez J. Simon, ou la société industrielle qui les dévore chez A. Barbier. Sous la plume conjointe de Barthélémy et Méry, il désigne Villèle; dans la bouche d'un personnage de Th. Gautier, il est Robespierre... chez Souvarine au XXe siècle, il revivra en Staline. La littérature le confirme couramment dans cet emploi d'ogre. Ainsi, dans l'épisode crétois du roman de Mika Waltari : *Sinuhe Egyptilaïnen/Sinouhé l'Egyptien* (1945), le Minotaure est-il le grand prêtre, revêtu du masque du taureau, du Dieu, énorme animal dévoreur de victimes qui vit dans une grotte en partie marine. Dans des romans fantastiques de facture courante comme *La Nuit du Minotaure* de M. Agapit (1965), ou *Day of the Minotaur* (1966) de Th. Burnett Swann, il reste une incarnation de l'horreur.

Par-delà cet emploi univoque cependant, l'opprobre de Crète va commencer à interpeller l'imaginaire moderne de multiples façons. Encore embarrassé par le personnage, Lord Byron traite en passant le mythe par la dérision humoristique : toute l'affaire du Minotaure n'est selon lui qu'une opération de Pasiphaé visant à promouvoir l'élevage bovin, pour mieux alimenter en viande les soldats crétois et les rendre, par là, plus sanguinaires. En France, le registre serait plutôt celui de la gauloiserie vaudevillesque, et l'on crée le curieux verbe « minotauriser » au sens de cocufier, tromper son mari, un peu comme si, dans l'affaire, le personnage le plus concerné et le plus important était finalement Minos. De la sorte, l'adultère ne semble pas complètement étranger à la monstruosité et l'on a même l'impression que, sous le couvert mythologique, se trahit le sentiment, plus général, d'une sorte de culpabilité animale liée à la sexualité, en particulier à la sexualité féminine. On trouve le verbe sous la plume de Balzac et de Baudelaire. Mais c'est seulement chez Swinburne que s'amorce, à travers la fabuleuse figure, une véritable interrogation sur la nature du monstrueux. Ainsi, dans un dialogue en vers consacré à Pasiphaé, le poète pré-raphaélite fait-il, selon une image léguée par la peinture romaine, présenter par Dédale à la reine la vache en bois qu'il a fabriquée pour elle. D'une façon très nouvelle, Pasiphaé lui répond qu'elle attend impatiemment le moment où, déguisée en vache, elle se glissera, comme une génisse, sous le taureau. Dans sa « Phèdre » d'ailleurs, un poème dramatique de la même époque (1866, dans *Poems and Ballads*), Swinburne ne dépeint pas l'amante d'Hippolyte comme coupable. Victime d'un dieu cruel, elle veut mourir, mais assume pleinement son désir pour Hippolyte, sans chercher en rien à le diminuer ou à le cacher. Debout comme un guetteur à la lisière du siècle à venir, le *Minotaure* du peintre très victorien G.-F. Watts semble échapper à l'intention de son créateur et incarner, non pas le moloch de la luxure (comme celui-ci l'avait voulu), mais l'attente animale et pathétique du nouveau. A la même époque chez Nietzsche, le Minotaure donne l'image d'un autre savoir. Dispersées à travers toute son œuvre, de nombreuses allusions au mythe grec du labyrinthe dessinent en fait une sorte de vaste métaphore de la connaissance. Le labyrinthe est l'envers du monde, que le langage, en le simulant, dissimule. Il renferme le chemin conduisant à la vérité originelle. Cette origine est figurée par le Minotaure-Dionysos. Fondamentalement, le mouvement du savoir est descente vers le Minotaure et non salut par le fil qui conduit au-dehors. Nietzsche affirme une « curiosité particulière » pour le labyrinthe, une volonté de « faire connaissance avec M. le Minotaure » et, à ceux qui espèrent se sauver à l'aide du fil, il conseille de se pendre avec (éd. Kröner, t. XVI, p. 437). « Chante-moi le Labyrinthe où était parqué le taureau multiforme », demande O. Wilde tout à la fin du siècle (dans « Le Sphinx »), et l'on mesure là tout le chemin parcouru depuis Lord Byron.

Significativement, le personnage de Pasiphaé ouvre au XXe siècle un champ nouveau à l'investigation morale. Dans l'épilogue du *Prométhée mal enchaîné* de Gide (1899), il nous est expliqué qu'ayant en mémoire la manière dont Zeus, sous forme d'un cygne, avait visité Léda, Pasiphaé crut qu'un dieu habitait son taureau. Mais, comme il n'en était rien, elle accoucha d'un veau. Les antinomies de la passion laissent une place, désormais, aux ambivalences du sexe. En écho encore à l'histoire de la reine, la belle California, dans le long poème narratif de J. R. Jeffers *The Roan Stallion/L'Etalon rouan* (1925), se donne au cheval-roi, symbole de la force panthéiste par opposition à la veulerie environnante. Dans *Pasiphaé*, le poème dramatique de H. de Montherlant (1938), la reine décide d'oser l'accomplissement de son désir, non tant parce qu'elle en escompte bonheur ou plaisir, que parce qu'il lui semble essentiel qu'elle, la reine, ait le courage de commettre l'acte que l'opinion réprouve. L'on pourrait rapprocher de cette pièce la tragédie d'A. Suarès : *Minos et Pasiphaé* (1950, écrite de 1913 à 1938). Sous le nom de Toro, le Minotaure est d'abord le taureau blanc, puis son fils l'homme-taureau. L'essentiel de la pièce tourne autour des déchaînements amoureux de

Pasiphaé pour ce double Toro et de la jalousie de ses filles. Au XXe siècle, on le voit, Pasiphaé occupe une place bien plus grande que celle qui lui avait été accordée jusque-là. Dans une certaine mesure, son mythe se substitue à celui de Phèdre (encore traité par D'Annunzio en 1909 et par J. R. Jeffers dans *The Cretan woman* en 1954).

Le Minotaure lui-même cesse d'être une figure repoussante et la première découverte du XXe siècle en ce qui le concerne, la grande découverte peut-être, est celle de sa beauté. Le narrateur du *Potomak* de J. Cocteau (1913 et 1939) parle à son propos de « joli monstre ». Le texte d'A. Fraigneau dans *Les Cahiers du Sud* « Le point de vue du Minotaure » (1939) illustre bien le changement de perspective. Le Minotaure est beau ; il ressemble à Thésée ; il n'est peut-être que son reflet dans le disque d'or. Il ne tue pas ses victimes, il les possède dans des « circonstances pathétiques » et les « accomplit ». Après la remontée de Thésée, il abandonne ses chasses et accepte de passer pour mort. Bien des choses nous portent alors à croire qu'il n'était que la forme prise par Thésée dès qu'il était entré dans son labyrinthe. De même, dans le *Thésée* de Gide (1946), le narrateur découvre que « le monstre était beau ». A vrai dire, depuis 1933 et la publication par A. Skira de la revue *Minotaure*, le monstre de Crète était devenu une sorte de symbole de la modernité lié à la recherche surréaliste de la « beauté convulsive ». Les couvertures de la revue voient se succéder des représentations du monstre par Picasso, Dali, Magritte, Rivera... Picasso entreprend la stupéfiante série de sa *Minotauromachie* (plus de 150 gravures de la « suite Vollard ») à laquelle il ajoute divers tableaux comme son *Minotaure et Jument devant une grotte* (1936). André Masson, Fabrizio, Clerici consacrent aussi au fils de Pasiphaé des œuvres très suggestives. L'on pourrait voir un prolongement de cet engouement dans une pièce très drôle de M. Aymé *Le Minotaure* (1967) où un citadin qui a la nostalgie de la campagne fait installer dans son salon un tracteur de la marque « minotaure ». Des amis snobs se méprennent sur les raisons de cet élément de décor et y voient une trouvaille esthétique d'une « effroyable beauté ». Gagnés par l'enthousiasme, tous les personnages finissent par improviser, en alexandrins, une tragédie sur le thème du Minotaure et de Pasiphaé dans le meilleur style du travestissement burlesque.

Complémentairement le Minotaure devient l'image de lui-même que Thésée découvre lorsqu'il descend dans le labyrinthe. Dans *Qui n'a pas son Minotaure ?* de M. Yourcenar (1963), Thésée ne se rend pas compte qu'il est, là, à l'intérieur de lui-même et que les voix familières qu'il entend sont l'expression de ses diverses faiblesses et de ses multiples égoïsmes. Il ne sait pas reconnaître en lui-même le Minotaure. A la sortie de l'épreuve d'ailleurs, il déclare que celui-ci était invisible et qu'il n'a pas de preuve du combat. Dans *Seduction of the Minotaur* d'Anaïs Nin (1961), la narratrice, en quittant les Etats-Unis, espère échapper au labyrinthe. Cependant au Mexique, pays de son enfance, elle comprend qu'il ne faut plus le fuir, mais l'explorer. Elle parviendra à surmonter la crainte du Minotaure, en découvrant qu'il est la partie d'elle-même qu'elle avait refusée. On remarquera que la figure du Minotaure est désormais suffisamment autonome pour symboliser la conquête de soi d'une femme aussi bien que d'un homme.

Ce jeu sur l'identité prend quelquefois une dimension historique ou symbolique très complexe. Dans le *Thésée* de Kazantzakis (1949), Minos le premier a créé un ordre en transformant le taureau en Minotaure et le tour est venu pour Thésée de lutter avec le monstre « afin que le monde avance encore un peu ». Son combat délivrera le Dieu de la Bête et quand les portes du labyrinthe s'ouvrent, s'avance Kouros, le Minotaure transformé en homme plus grand, plus beau, plus calme que Thésée. Ensemble ils s'éloignent, laissant l'ancien monde derrière eux. Dans la nouvelle de J. L. Borges *La Casa de Asterion/La Demeure d'Asterion* (*El Aleph*, 1949), l'ambiguïté est à son comble. Quel est en effet ce personnage qui parle et, en attendant son « rédempteur », nous décrit son étrange demeure ? Peu à peu notre conviction s'établit qu'il s'agit du labyrinthe et la dernière phrase (où Thésée prend la parole pour dire à Ariane que le Minotaure s'est à peine défendu) met fin à l'hésitation. Mais elle ouvre à des doutes plus grands encore. Que signifie cette rédemption pour Astérion ignorant qu'il était le Minotaure de l'histoire ? Que signifie cette mise à mort du Minotaure pour Thésée ignorant que celui qui ne s'est pas défendu avait peut-être créé « les étoiles, le soleil et l'immense demeure » ? Et que signifie pour nous cette expérience « monstrueuse » d'enfermement dans le labyrinthe du texte ?

Déjà dans le conte de Borges, le Minotaure semblait s'offrir sans résistance au coup fatal de Thésée. Dans *Los Reyes/Les Rois* de J. Cortazar (1949), il est la victime de l'autocrate Minos et de cet autre homme de pouvoir qu'est Thésée. Lorsque ce dernier parvient jusqu'à lui, il comprend qu'Ariane a fourni le fil dans l'espoir qu'il pourrait ainsi, après s'être débarrassé de Thésée, sortir du labyrinthe, mais il refuse de se battre, parce que sa liberté et son accomplissement de monstre se rejoignent dans la mort. Dans un récent roman à succès de l'israélien Binyamin Tammuz : *Minotaure* (1980 ; trad. américaine 1982), sa figure illustre les complexités de l'histoire. Celui qui envoie anonymement des lettres d'amour fou à Théa est en même temps un agent secret qui élimine le fiancé qui le gêne, et ce criminel est aussi une victime qui sera abattu dans le café où il devait enfin rencontrer Théa. En mourant, il revoit la gravure (de la suite Vollard de Picasso) qui était dans sa chambre d'enfant et coïncide avec le destin de cet homme à tête de taureau, vers qui, d'une galerie au-dessus, une jeune femme se penche, sans l'atteindre.

Littérairement, le Minotaure connaît donc deux grandes phases : l'une d'incarnation de l'horreur, l'autre de monstruosité problématique. Dans l'antiquité gréo-latine le demi-taureau n'est pas un thème littéraire autonome : il est d'abord le monstre tué par Thésée ou conçu par Pasiphaé. Sa monstruosité est si peu sujette à caution qu'au Moyen Age, il lui arrive de figurer le diable, ou de devenir un monstre parmi d'autres indépendant de ses antécédents légendaires. A la Renaissance, puis à l'époque classique, il est ré-inscrit dans le mythe grec, mais son rôle ne dépasse pas celui d'un faire-valoir de Thésée. C'est depuis la fin du XIXe siècle que la bête infâme ne donne plus seulement à rêver, mais systématiquement à penser. Les conditions particulières de sa procréation, sa nature de monstre, son rapport au labyrinthe et sa mise à mort par Thésée sont devenus des références et des instruments importants de l'investigation littéraire d'avant-garde. Le monstre honteux redevient le produit d'amours extraordinaires, mais qu'il faudrait cette fois savoir assumer. Le monstre hideux se découvre, à travers sa liaison au désir, beaucoup moins laid qu'on l'avait cru et bientôt la définition même de la beauté moderne passe par lui. Car au centre du labyrinthe, au moment de l'affrontement, Thésée voit soudain se dresser en l'Autre son image inversée, et il la lui faut reconnaître et il lui faut savoir se la rendre favorable. Car on ne détruit pas une image et l'on ne tue jamais le Minotaure. Tout au plus le sacrifie-t-on, c'est-à-dire qu'on le transforme, ou encore qu'il nous accomplit. En somme avec les moyens de l'intelligence moderne, l'époque contemporaine rétablit ce monstre dans sa fonction de l'ère pré-hellène : celle de monstre sacré.

André PEYRONIE

BIBLIOGRAPHIE

Textes

Marcel AYMÉ, *Le Minotaure*, Paris, Gallimard, 1967.

Jorge-Luis BORGES, « La Casa de Asterion », 1949, *El Aleph*, Buenos Aires, Emece Editores, 1962 « La Demeure d'Asterion », *L'Aleph*, Paris, Gallimard, 1967.

Julio CORTAZAR, *Les Rois/Los Reyes*, 1947, éd. et trad. par Laure Bataillon, Le Paradou, Actes Sud, 1982.

Anaïs NIN, *Seduction of the Minotaur*, Chicago, The Swallow Press, 1961. *La Séduction du Minotaure*, Paris, Stock, 1974.

Ovide Moralisé, poème du commencement du XIVe siècle publié d'après tous les manuscrits connus par C. de BOER, Amsterdam, 1931.

André SUARÈS, *Minos et Pasiphaé*, Paris, La Table Ronde, 1950.

Etudes

F. DURRBACH, « Minotaure » dans *Dictionnaire des Antiquités* de Darembert et Saglio, Paris, Hachette, 1877-1919.

MOÏSE
L'ABSOLU ET L'INACHEVÉ

« Moïse est mon serviteur... Je lui parle bouche à bouche, et lui « fais voir » et non par énigmes. C'est l'image même de Dieu qu'il contemple. »

Nombres XII.8

Le personnage de Moïse, plus que tout autre, vaut davantage comme source littéraire inépuisable qu'à travers les divers aspects littéraires que l'on a pu saisir de lui. Tout, dans son histoire, est énigme, peut-être justement parce qu'il est dit que Dieu lui parle « bouche à bouche » et non « à travers des énigmes ». L'absolu qui s'inscrit ici se réfractera à l'infini dans les « approches » relatives que les différents auteurs ont pu ou pourront en avoir. La source qui rejaillit dans les différents textes est en fait le Texte même, celui dont Borges[1] disait expressé-

1. *Le Miroir des Enigmes.*

mentqu'il constituait un « texte absolu ». Si pour d'autres personnages bibliques on a d'autres sources — historiques par exemple — pour Moïse on ne dispose que du texte biblique et de ce qui a pu en être repris beaucoup plus tard dans le Coran. Ce qui rend à la fois touchantes et dérisoires des tentatives comme celle de Freud à vouloir infléchir le sens dans une direction totalement différente, en l'occurrence celle de sa propre idéologie psychanalytique, et ceci, parfois en conflit avoué, contre son propre sentiment[2] Freud fait de Moïse un Egyptien. Le Texte — et encore une fois il demeure notre seule référence — dit qu'il appartient à la tribu de Lévi tant par sa lignée paternelle que par sa lignée maternelle. Toutefois le thème freudien — Moïse égyptien et tué — se trouve bien dans la tradition juive mais avec une connotation symbolique qui va exactement en sens inverse de l'intention, au moins manifeste, de Freud. Le texte se trouve dans le *Zohar*[3]. Il y est question d'un homme égyptien *asher mareh* — qui montrait ou faisait voir — terme repris du texte que nous avons cité en exergue où Dieu fait voir à Moïse et non à travers des énigmes. Cette aptitude du *faire voir* focalise ici toute la signifiance du mythe qui fait voir à l'infini des aspects innombrables d'une *thématique humaine.* Dans un travail sur le Midrash, Ariel Rathaus[4] définit « Midrash » et « Targumim », et avec eux tout le commentaire onirique de la pensée juive, comme une philologie et une historiographie « créatives », comme une lecture créatrice, une écriture du texte *ex novo.* Toute lecture univoque et réductrice occulte ce contrepoint infini qui situe le sens toujours au-delà de la lettre. Ainsi Freud lorsqu'il s'attache à souligner que le nom de Moïse, *Moshe* en hébreu, est, en fait, un nom égyptien et que la fille du Pharaon ne pouvait connaître l'hébreu pour lui donner la signification qui figure en clair dans le texte biblique — sauvé des eaux — méconnaît à la fois les faits — la fille du Pharaon devait inévitablement connaître quelques mots d'hébreu, langage de ses esclaves, et leur sens ; si, d'autre part, le mot est égyptien *aussi,* la fille du Pharaon faisait preuve d'une grande finesse en inscrivant le sens hébreu de son sauvetage dans la langue qui était celle de son pays. Moïse se trouve ainsi, dès son prénom, inscrit dans une double demeure, instrument de la sortie d'Egypte qui devait signifier, comme le souligne la tradition, la sortie de l'esclavage pour tous les peuples[5]. L'énigme, et ce qu'elle fait voir sans jamais se dévoiler en entier, constitue dès l'origine l'essence et s'inscrit dans le Nom de Moïse. Comme tout personnage de cette stature — ou peut-être est-il le seul de cette stature — Moïse est porté par le sens plus qu'il ne porte le sens, ou disons que ce sens se révèle progressivement à

2. Freud, *Moïse et le Monothéisme. Cf.* également notre travail : *Le Moïse de Freud ou la Référence occultée.* Edit. du Rocher.

3. I.6a qui se réfère à un texte du Livre de Samuel, au Livre des Nombres et à diverses autres références.

4. SIDIC, Service de documentation judéo-chrétienne. Vol. IX, n° 2, 1976.

5. *Cf.* l'article « L'Egypte et les Hébreux dans la tradition juive » par B. Gross et E. Amado Lévy-Valensi, n°s 2-3 dans les *Etudes philosophiques.*

lui au-delà de ce qu'il est capable d'en saisir. Berger de son beau-père Yethro — comme jadis Jacob et plus tard David, de leur beau-père ou de leur père — il est choisi, dit le Midrash, pour sa grande pitié pour chaque bête de son troupeau. Il a transporté un agneau mourant de soif jusqu'à la source, n'est-il pas désigné pour la traversée du désert? Chaque épisode de la vie de Moïse s'inscrit dans l'énigme porteuse de sens et de sens toujours inachevé. Dans l'épisode du buisson ardent, alors que Moïse « faisait paître les brebis de Yethro son beau-père[6] », un ange du Seigneur lui apparut au milieu d'un buisson en flammes. « Il remarqua que le buisson était en feu et cependant ne se consumait point. » « Il voulut s'approcher du mystère. » Et c'est le mystère qui s'approche de lui inexorablement. C'est, en fait, une double approche. L'Eternel l'appelle du sein du buisson : « Moïse, Moïse. » Et Moïse répond de cette unique parole qui jadis inaugura l'histoire avec Abraham, le premier patriarche : Hineni. Me voici. Ici faisons une pause. Le buisson brûle mais ne se consume pas. Moïse répond à Dieu et affirme sa présence, comme homme. Là est l'un des sens vivants du mythe en tant, notamment, que source littéraire. Le buisson brûle mais ne se consume pas. Il est source inépuisable et lumineuse. Contrairement à ce qui est dit dans l'Apocalypse — texte que cite Jung dans sa Réponse à Job — *ardet, non lucet*, il brûle et n'éclaire pas. De cette incandescence obscure rien ne peut surgir que les désastres de fin du monde. Et quelle présence peut encore s'affirmer devant ce creuset où tout risque de se consumer? — La relation de Moïse au buisson ardent est en fait une *relation à l'être*. C'est tout de suite après cet épisode que Dieu se définit à lui selon la célèbre formule « Eieh asher Eieh » mal traduite toujours parce que intraduisible, rien moins que tautologique parce qu'elle signifie selon les sens des futurs — ou *inaccomplis* — sémitiques, à la fois l'essence et la futurisation proprement dite, l'être et l'histoire, le divin et l'humain[7]. En effet, le reste du texte le confirme, Dieu se définit sous le sigle du tétragramme imprononçable, Dieu d'Abraham, Isaac et Jacob envoyant Moïse vers le peuple à libérer et pour cela se révélant à lui pour la première fois sous son nom ineffable, lettres du *présent* auxquelles s'accole le Yod du futur[8]. C'est pour la première fois, précise l'Eternel[9], qu'il révèle à un homme cet aspect de son essence absolue. Il y a ainsi une histoire de l'homme conjointe à la façon dont il appréhende l'être de Dieu, une façon dont l'Etre absolu, en se manifestant, conditionne l'histoire de l'homme.

En quoi ceci conditionne-t-il l'histoire littéraire? En ceci que le poète, s'il est poète, est en même temps au carrefour de l'être et de l'histoire.

Ainsi Péguy, poète chrétien, saisit-il à la fois la marche de l'histoire et la conti-

6. Exode III.

7. Claude Vigée a noté le lien dans son ouvrage *Le Parfum et la Cendre*, Edit. Grasset, dans le chapitre p. 340 qui s'intitule « La Voix dans le Buisson ».

8. Exode III, 3 à 16.

9. Exode VI, 2-3.

nuité de l'histoire jointes à la révélation. C'est pourquoi, peut-être, on a si souvent comparé le juif et le poète.

— Prenons ici Péguy :

« Nous avons fait semblant d'être un gai pèlerin
Et même un bon vivant et d'aimer les voyages
Et d'avoir parcouru cent trente et un bailliages
Et d'être accoutumés d'être sur le chemin...

...
Nous voici parvenus sur la haute terrasse
Où rien ne cache plus l'homme de devant Dieu
Où nul déguisement ni du temps ni du lieu
Ne pourra nous sauver, Seigneur, de votre chasse[10]. »

Mais Péguy va plus loin en ce qui concerne notre propos. Il perçoit la continuité de l'histoire. Il n'isole pas, comme beaucoup de chrétiens, le fait Jésus du fait de l'histoire antécédente. Il n'y a pas d'Avant et d'Après qui faussent le cours de l'histoire :

« Comme l'enfant Moïse aux sables de l'Egypte
Comme l'enfant Moïse au milieu des roseaux
Ainsi l'enfant dormait dans cette basse crypte
Sous ces pauvres festons et ces pauvres rinceaux

...
Comme dormait Moïse aux temples de l'Egypte
Ainsi l'enfant dormait au secret d'Israël... »

Péguy, chrétien *et* poète, relie deux moments de l'histoire spirituelle de l'homme. Et pour qui serait, ou est, juif et poète c'est toute l'histoire de l'homme qui s'embrase de la révélation première qui n'est déjà pas première aux lueurs rougeoyantes du buisson ardent. Mais le buisson ne se consume pas, c'est-à-dire qu'aucun moment n'en résume la lumière. Il n'y a pas une histoire avant Moïse et après Moïse, comme il y en a pour le chrétien avant et après Jésus-Christ. Il y a — toute la tradition le souligne — le ressac d'un projet qui précède la création du monde. Moïse est énigmatiquement lié à l'être, immanence et transcendance réunies, aux sources vives de la révélation. C'est pourquoi peut-être, on le verra, sa mort diffèrera tellement de celle de Jésus.

10. *La Tapisserie de Notre-Dame.* Edit. La Pléiade, p. 900, 2.

* * *

En attendant, Moïse qui vivra ses quelque cent vingt ans est attelé aux plus lourdes tâches, soumis aux pressions de Dieu et du peuple et tentant sans cesse d'assumer son rôle de médiateur. Solitude de Moïse? Oui et non. C'est sur cette solitude que Vigny, poète romantique, mettra l'accent. C'est sur son Moïse que se focalise le plus clairement la similitude intrinsèque entre « la mission du poète » chez les romantiques et la mission du juif — et ce qu'il lui en coûte[11]. Pour Moïse il n'y a pas de sang — pas le sien en tout cas — et il est au-delà des larmes[12]. Mais Vigny en quelques vers a décrit sa solitude ou ce qu'il en a saisi :

« Vous m'avez fait vieillir puissant et solitaire
Laissez-moi m'endormir du sommeil de la Terre. »

et ce cri d'un homme à qui l'amour semble refusé :

« ... et quand j'ouvre les bras on tombe à mes genoux. »

Vrai et faux. Là où se situe Moïse la contradiction est intrinsèque. Oui, il est seul et son beau-père lui conseille expressément de s'adjoindre quelques sages pour parvenir à ses fins. Son beau-père Yethro dont le nom est parfois changé en Reouel, le berger de Dieu... Oui, Moïse est seul. Il y a ces terribles pages du Deutéronome où, avant sa mort, il rappelle au peuple toutes ses épreuves. Pourtant Moïse a une vie de famille, Aaron son frère, sa sœur Myriam, son épouse Tsipora qui lui sauve la vie en rappelant à l'Eternel le signe de l'alliance[13] alors que Dieu dans un de ces moments de tension, de paroxysme, avait décidé sa mort. Moïse est seul en ce sens qu'il n'est jamais précisé, comme pour d'autres figures, qu'il connut ou aima une femme. Il prit femme certes. Tsipora est-elle l'Ethiopienne qui causa la médisance de sa famille ou en est-ce une seconde, la tradition est là-dessus controversée. Il prit femme mais prit-il le temps d'aimer? Le *Zohar* le lui reproche, se fondant sur la période où il quitte pour un temps Tsipora, mais sans conflit ni amertume, pour la reprendre ensuite. Est-il ici le symbole d'un homme trop occupé[14]?! Pourtant peut-on parler en ces termes de la solitude de Moïse? Non. Il est à la fois le plus seul et le moins seul des hommes car l'Eternel est sans cesse son vis-à-vis et son interlocuteur. La plupart des paragraphes du Livre de l'Exode commencent par cette phrase :

11. Lamartine de son côté écrivait dans *La Prison du Tasse* :
« Nos larmes et notre sang sont l'huile de la lampe
Que Dieu nous fait porter devant le genre humain. »
12. Encore que le Midrash, *Cf. Recueil de la Haggadah*, le montre pleurant au moment de sa mort. Voir plus loin.
13. Exode IV, 25.
14. Exode XVIII.

« Et Dieu dit à Moïse. »

Et que dire de l'épisode — double — du don de la Loi, de cette incandescence à laquelle Moïse seul peut faire face, de Dieu qui passe près de lui, lui révélant sa « gloire » et sa « bonté » mais le protégeant, pour ce faire, de sa main[15] ? « Découvre-moi donc ta Gloire, a demandé Moïse », et Dieu a répondu : « C'est ma bonté tout entière — Kol Touvi, tout le bon-mien — que je veux dérouler à ta vue » mais Il ajoute : « Tu ne saurais voir ma face car nul homme ne peut me voir et rester en vie... *il est une place près de moi.* Tu te tiendras sur le rocher, puis quand passera ma gloire je te cacherai dans la cavité du roc et je t'abriterai de ma main. » C'est une fois que l'Eternel est passé que Moïse peut le voir, mais non sa face bien qu'il soit dit ailleurs qu'il a parlé à Moïse bouche à bouche. Mais là est la source du mystère. Il serait dérisoire de n'y voir que la source de la création littéraire, c'est toute la créativité de l'homme, son humanité même, qui prend racine dans ce dévoilement jamais possible, dans cette occultation jamais complète. Le Zohar fait de ce rapport le fondement du mystère ténèbres-lumière. Moïse n'a vu les ténèbres qu'à « travers un mur », comme Bileam n'avait pu voir le côté saint qu'à travers un mur[16]. Il précise : « La plupart des songes renferment un peu de réalité. » La condition humaine est un songe à travers lequel se révèle un peu de réalité, Moïse étant l'homme qui s'est approché le plus de la réalité suprême. Le personnage de Moïse ou, comme l'écrit Doryon, « L'homme Moïse[17] » synthétise par sa stature même le rapport à l'Eternité qui s'inscrit dans l'histoire que l'Eternité domine de très haut[18]. Edmond Jabès[19] voit « le lieu où Dieu apparut à Moïse comme cime inapprochable car elle est celle du Nom », mais ce Nom[20] reste la question désespérée, d'après lui, de Moïse à Dieu. Question dont il a en fait eu la réponse d'avance mais une réponse qui repose la question. « Dieu est l'incitation exaltante », nom ineffable ou absence de nom. Jabès cerne assez bien le mystère :

> « L'infini est racine cachée et... tout ce qui germe, verdit, fleurit a pour sève et pour rêve l'infini. »

15. Exode XXXIII, 17 et suiv.
16. *Zohar* II, 69.
17. HaIsh Moshe.
18. *Cf.* Raphaël Draï. *La Sortie d'Egypte.* Edit. Fayard.
19. *El ou le Dernier Livre.* Gallimard, p. 117.
20. P. 118.

* * *

Au-delà des épisodes, inépuisables, de la vie de Moïse, réfractés dans le commentaire de façon plus foisonnante que dans toute « littérature », il y a un terme qui n'est pas terme mais ouverture, rigueur qui s'efface dans la miséricorde, du mystère même de la mort. Au-delà des épisodes, plaies d'Egypte, sortie d'Egypte, double don de la Loi, épisode du veau d'or, il y a cette *rigueur* dont le *Zohar* dit qu'elle se prononce contre Moïse[21]. Mais c'est la rigueur liée au nom d'Elohim, fondement de la Création. Le Tétragramme est miséricorde. Mais ce n'est que dans l'épisode — déchirant — de la mort de Moïse que l'on peut voir s'unir les deux termes et se fondre les deux thématiques pour une question éternellement sans réponse, s'inscrivant dans un lieu à jamais indésignable.

* * *

— Prenons d'abord le texte originel :

Il est presque insoutenable[22].

Avant de s'attacher à sa dernière tâche, résumer pour le Peuple ses devoirs imprescriptibles et les fondements et conditions de son être, Moïse rappelle qu'il a *imploré l'Eternel* pour pouvoir entrer en terre promise mais, ajoute-t-il, « L'Eternel irrité contre moi à cause de vous ne m'exauça point et l'Eternel me dit : "Assez! n'ajoute plus un mot sur ce sujet" ». Moïse verra la terre promise du sommet du Pisga mais ne passera pas le Jourdain. Puis suit immédiatement le verset qui concerne les ordres à donner à Josué son successeur et les lois et les règles que Moïse a à transmettre au Peuple. Oui, l'Eternel a adopté les enfants d'Israël[23] les a « arrachés de ce creuset de fer, l'Egypte », mais s'est courroucé à cause de sa conduite *contre Moïse*. Le Commentaire cherchera des causes multiples à cet impitoyable décret dans la conduite de Moïse. Le texte, lui, répète : « L'Eternel s'est courroucé contre moi à cause de vous. Il a juré que je ne franchirai pas le Jourdain... Ainsi je mourrai dans ce pays-ci... mais vous vous irez et prendrez possession de cette belle contrée » si toutefois l'alliance est gardée et respectée.

Moïse ne craint pas la mort. Il craint cette mort qui lui est imposée sous cette forme, le refus de l'accomplissement. Les Midrashim[24] amplifient le récit de la supplique de Moïse et lui font atteindre des dimensions cosmiques. Dieu a juré à Moïse jadis que le Peuple ne périrait point mais que Moïse ne passerait pas le Jourdain. Les deux décrets sont liés, et Dieu ne peut se dédire. Cependant la

21. II, 22.
22. Parashah Vaethannane. Deut. III.
23. Deut. IV, 20-21.
24. *Midrash Rabba.* Recueil de midrashim par Bialik et Ravnitzky, Edit. Dvir, dont on trouvera un résumé en langue française dans la revue *Sidic* n° 2, 1976, cité au début de cet article.

prière de Moïse ébranle le monde « Semblable à un glaive qui tranche et coupe et ne s'arrête point, semblable au Nom ineffable de l'Eternel qu'il avait appris de sa bouche ». Et Dieu est contraint de fermer les portes du ciel et des abîmes à la prière de Moïse car elle pourrait renverser l'ordre du monde. La dispute est serrée et Dieu doit implorer Moïse. Moïse consent à mourir là mais non de la main de Samaël, ange de la mort. C'est le baiser de Dieu qui prendra son âme, âme que Dieu lui-même appellera « ma fille »...

* * *

Somptueux inaccomplissement d'un destin d'homme. Est-il un poète qui l'ait senti[25] ? Oui, un poète en prose qui a vécu dans sa propre vie le mystère, l'énigme, l'inaccomplissement qui sont les ombres portées de la quête de l'absolu...

Il écrit :

> « Principe du chemin dans le désert... avec un reste de conscience... de ce qui est en train de s'accomplir. »

Ce qui est en train de s'accomplir est donc toujours au-delà du reste de conscience...

Que Moïse, qui a consacré toute sa vie et son « flair » (*sic*) à la quête de Canaan, ne puisse y entrer « ne peut avoir qu'un sens, celui de montrer la vie humaine comme un instant imparfait, et combien imparfait puisqu'une vie de cette nature pourrait durer indéfiniment sans qu'il en résulte jamais autre chose qu'un instant. Ce n'est pas parce que sa vie était trop brève que Moïse n'est pas entré en Canaan, c'est parce que c'était une vie humaine »[26].

Kafka poursuit, le même jour. Le vivant ne vient pas à bout de la vie, il écarte d'une main le désespoir que lui cause son destin mais de l'autre il peut *écrire* (*sic*) ce qu'il voit sous les décombres, car il voit autrement et plus de choses que les autres, « mort de son vivant » il est « l'authentique survivant ».

Si Jésus disait : « Que votre volonté soit faite et non la mienne », Moïse, en luttant de toute sa propre volonté contre le décret divin, inscrit dans le monde la force à la fois absolue et dérisoire de l'homme pour parfaire la création. L'histoire est en route. Le temps s'inscrit dans un espace indésignable. Nul ne connaît l'emplacement de la tombe où Dieu lui-même ensevelit l'enveloppe charnelle de Moïse. « Siman betoch Siman », dit Rabbi Berechiah[27], Signe dans le signe

25. Au moment où nous nous posions la question, notre ami le Dr Paul Zylbermann nous donnait cette référence de Kafka, *Journal*, 19 oct. 1921, qu'il venait de lire.

26. Ce dernier membre de phrase est également cité par A. Neher dans son *Moïse ou la vocation juive*.

27. Haggadah, chap. sur la tombe de Moïse.

même. Ou signe dans l'absence du Signe qu'il faut pouvoir supporter. Les musulmans ont un lieu dit Kever Moussa, tombe de Moïse. Il ne peut être reconnu par les juifs. Toute l'affaire est liée à la reconstruction du temple, aux accomplissements de l'histoire. Le destin humain cautionne l'infini par son impossible totalisation, c'est par son inachèvement même qu'il transmet aux générations à venir un sens à parfaire et qui n'est, de vie d'homme, jamais parfait. Nous disions que les figures bibliques[28] seront prises ici moins dans la multiplicité de leurs concrétions littéraires que dans leur valeur de ressourcement. Et finalement le ressourcement du « littéraire » n'est ici que figure du ressourcement de l'homme.

Ainsi Valéry pouvait écrire : « il m'est arrivé de penser que si j'étais philosophe, je m'attacherais à rendre ma pensée philosophique indépendante de toutes connaissances qu'une expérience nouvelle peut ruiner »[29].

Ainsi, nous écartant des « figures littéraires », avons-nous essayé de saisir dans les figures bibliques ce qui les anime à jamais et ne se résume en aucune d'elles.

E. Amado Lévy-Valensi

BIBLIOGRAPHIE

J. L. Borges, « Le Miroir des Enigmes » in *Temps Modernes.*
Freud, *Moïse et le Monothéisme.*
E. Amado Lévy-Valensi, *Le Moïse de Freud ou la Référence occultée*, Edit. du Rocher.
Zohar, I 6a.
Livre de Samuel.
« Les Nombres » in *Pentateuque.*
« Ariel Rathaus » in *Sidic*, Service de Documentation judéo-chrétienne, vol. IX, n° 2, 1976.
E. Amado Lévy-Valensi et B. Gross, « L'Egypte et les Hébreux dans la Tradition juive » in *Etudes philosophiques*, n°s 2-3, 1987.
« Exode », in *Pentateuque.*
Claude Vigée, *Le Parfum et la Cendre*, éd. Grasset.
Jung, *Réponse à Job*, éd. Buchet-Chastel.
Apocalypse.
Péguy, *La Tapisserie de Notre-Dame*, éd. La Pléiade.
Vigny, *Moïse.*
Lamartine, *Ecrit dans la Prison du Tasse.*

28. Voir article David.
29. Théorie poétique et esthétique, dans *Œuvres*, Ed. La Pléiade, Tome I, p. 1255.

Midrash, Recueil de la Haggadah. Recueil en hébreu, édit. Dvir.
Zohar II, 69, 22, etc.
DORYON, *HaIsch Moshe* (en hébreu).
Raphaël DRAÍ, *La Sortie d'Egypte ou l'Invention de la Liberté*, éd. Fayard.
E. JABÈS, *El ou le Dernier Livre*, éd. Gallimard. « Deuteronome », in *Pentateuque*.
KAFKA, *Journal*, 19-10-1921, cité par le Dr P. Zylbermann.
Paul VALERY, *Théorie poétique et esthétique*, La Pléiade, T. I.

Narcisse

L'origine du personnage et la genèse du mythe nous demeurent inconnues. Dès sa première apparition dans les *Métamorphoses* d'Ovide (III, 339-510), la légende de Narcisse se présente comme parfaitement constituée et possède déjà une signification mythique. Narcisse naît des amours de Liriope (rivière de Béotie) et du fleuve Céphise. Sa mère, douée d'une rare beauté, désire savoir, aussitôt qu'il est né, s'il vivra longtemps. Elle interroge Tirésias qui lui répond : « Oui, s'il ne se connaît pas. » Très beau mais très orgueilleux, le jeune et farouche Narcisse reste insensible à l'amour. Au cours d'une chasse, la nymphe Echo s'éprend de lui ; elle le suit passionnément, sans pourtant déclarer ses sentiments, car elle ne peut jamais parler la première. Narcisse refuse ses avances : « Retire ces mains qui m'enlacent. Plutôt mourir que de m'abandonner à toi. » Il a déjà dédaigné et repoussé d'autres nymphes. L'une d'elles supplie alors la déesse Némésis d'intervenir et de le punir de sa froideur : « Puisse-t-il aimer, lui aussi, et ne jamais posséder l'objet de son amour ! » Dans la campagne, Narcisse arrive un jour près d'une source limpide que ni homme ni bête n'ont jamais effleurée et qu'entoure une herbe fraîche et douce. Il se repose quelques instants et, altéré, se penche sur l'eau pour apaiser sa soif. Il aperçoit alors son image et aussitôt s'en éprend. « Il contemple ses yeux, deux astres, sa chevelure digne de Bacchus et d'Apollon, ses joues lisses, son cou d'ivoire, sa bouche gracieuse et son teint qui unit l'éclat du vermeil à la blancheur de la neige. » Sans le savoir, il se désire lui-même. Consumé par ce feu intérieur, il oublie la faim et le sommeil, et bientôt dépérit.

Lorsqu'il se rend compte qu'il aime sa propre image et qu'il brûle d'amour pour lui-même, il souhaite mourir. Dès qu'il a succombé, Naïades et Dryades le pleurent en préparant ses obsèques. Mais on s'aperçoit soudain que son corps a disparu. A la place, on trouve une fleur dont le cœur, couleur de safran, s'entoure de pétales blancs : le narcisse. Le sens originel du mythe se dégage clairement; il illustre le pouvoir de Némésis qui rétablit la justice universelle. Narcisse est puni d'avoir voulu se dérober à la loi commune et de n'avoir consenti à aimer personne.

Le mythe affleure ici et là dans la littérature du Moyen Age. Le *Lai de Narcissus* (vers 1160-1165), court roman en vers, s'inspire directement d'Ovide — comme plus tard l'*Ovide moralisé* (début du XVIe siècle) — mais insiste sur le motif de la mort d'amour. La nymphe Echo est devenue la princesse Dané; elle meurt de douleur en apprenant la fin du bel indifférent. Déjà le sens du mythe évolue quelque peu, puisqu'il montre désormais la puissance de l'amour. Ainsi, Bernard de Ventadour, dans la *Chanson de l'Alouette*, aime sans espoir; celle dans les yeux de qui il s'est regardé un jour n'éprouve rien pour lui : « Miroir, depuis que je me suis miré en toi, mes profonds soupirs me tuent; et je me suis perdu, comme se perdit le beau Narcisse en la fontaine. » Dans la première partie du *Roman de la Rose*, rédigée par Guillaume de Lorris (1225-1230), on aperçoit le poète qui pénètre dans le jardin de Déduit et arrive près d'une fontaine. Une inscription lui apprend qu'il s'agit de l'endroit où Narcisse a trouvé la mort. Il rappelle alors son histoire : dédaigneux de la nymphe Echo, Narcisse a refusé de l'aimer et celle-ci a demandé vengeance à la divinité; Narcisse s'est épris de son image, puis est devenu fou de désespoir. Avec crainte, le poète s'approche alors de la fontaine où tout se reflète merveilleusement; il y aperçoit deux pierres de cristal et un buisson de roses. Transparente allégorie : qui se penche sur le « miroir périlleux » ne peut manquer de voir le reflet de quelque objet qui le mettra sur la voie de l'amour. Des pièges ainsi tendus par la Fontaine d'Amour, on ne saurait se défaire. Dans son élégie « Le Narcisse pris d'Ovide » (*Le Bocage*, 1554), Ronsard se contente de suivre fidèlement la légende mise au point par le poète latin et ne donne au mythe aucune signification nouvelle. En revanche, Cyrano de Bergerac, dans sa *Lettre sur l'ombre que faisaient des arbres dans l'eau* (1654), bien que l'allusion à Narcisse soit rapide, apporte un élément original : couché près d'une rivière, il voit « renouveller aux arbres l'histoire de Narcisse » et admire les tremblantes images d'un bois de peupliers qui se reflète dans l'eau : monde renversé qui l'amène à s'interroger sur la nature de la réalité; le reflet n'est-il pas aussi réel que le monde?

Il faut attendre le XVIIIe siècle pour que réapparaisse le mythe. Dans un très beau poème, à peu près ignoré, *Narcisse ou l'île de Vénus* (1769), Malfilâtre chante les dangers de l'amour de soi. Fuyant les vices des hommes, Amour s'est retiré de la Terre. Pour le ramener parmi les mortels, Vénus provoque la naissance d'une île où des milliers d'adolescents vont vivre une existence entièrement consacrée à l'amour. Mais ce paradis ne dure pas car l'amour-propre

« Qui, de l'Amour et rival et bourreau,
Au fond des cœurs le cherche et l'assassine. »

y apparaît et ruine tout (chant I). Echo et Narcisse étaient destinés à s'aimer. Tirésias connaît le destin qui les menace et s'emploie à écarter l'un de l'autre les deux jeunes gens. Vénus le presse de lui expliquer ce comportement ; il y consent, mais Echo, cachée dans un buisson, entend tout (chant II). Tirésias rappelle le dépit de Junon à qui ne fut pas accordée la pomme d'or, et sa propre histoire ; Junon veut se venger à la fois de Vénus et de Tirésias (chant III). Narcisse, qui aime Echo, se prépare à combattre les monstres que Junon pourrait envoyer contre lui. Mais il se regarde dans une source enchantée, tombe amoureux de cette image qu'il prend pour celle d'une nymphe et en oublie Echo. Quand il découvre qu'il n'aime que son propre reflet et qu'il ne peut s'en déprendre, il se laisse mourir et se métamorphose en fleur. Les habitants de l'île viennent à leur tour se mirer en la source et s'y contempler ; ils meurent victimes de leur dédain de l'amour véritable (chant IV). Malfilâtre a voulu montrer le mortel danger de l'amour de soi :

« Par qui chacun, devenu son idole,
Et se compare et se préfère à tout. »

et peindre sous des couleurs séduisantes les plaisirs de l'amour vrai. Narcisse n'est plus coupable, mais victime innocente. Malfilâtre se sert du mythe en lui donnant un but moralisateur. La comédie de Rousseau, *Narcisse ou l'amant de lui-même* (commencée en 1729, achevée en 1742 et représentée en 1752) effleure seulement le mythe. Valère, fiancé d'Angélique, tombe amoureux du portrait où on l'a représenté en femme. « Puisqu'il est aimable, a-t-il si grand tort de s'aimer ? » reconnaît Angélique. Sa sœur Lucinde, qui aime Cléante, refuse d'épouser Léandre, frère d'Angélique, jusqu'à ce qu'elle comprenne que Léandre et Cléante ne font qu'un. Angélique, pour se venger gentiment de la plaisanterie du portrait, a entretenu Lucinde dans cette méprise. Tout s'achève pour le mieux lorsque les illusions se dissipent. Ces brillantes variations, où Rousseau critiquait un petit maître, éveillaient en lui de profondes résonances.

A la fin du XIXe siècle, lorsque triomphe le symbolisme, le mythe acquiert une extrême importance. La première œuvre que publie Gide, *Le Traité du Narcisse* (1891, 1892), renouvelle considérablement la signification du mythe. Tout d'abord, Gide peint un Narcisse inquiet et incertain, que ronge l'ennui. Passionnément désireux de pouvoir se contempler, il part en quête d'un miroir et s'arrête « au bord du fleuve du temps ». De merveilleuses apparences passent devant lui, venues du futur et s'écoulant dans le passé : « Pourquoi plusieurs ? ou bien pourquoi les mêmes ? C'est donc qu'elles sont imparfaites, puisqu'elles recommencent toujours... ». Narcisse songe alors au Paradis, où tout demeurait dans une perfection stable et harmonieuse. Gide introduit ici le mythe d'Adam : l'androgyne primitif finit par se lasser de regarder la féerie des formes du monde ; il désire se voir lui-même et il ose briser une branche de l'arbre Ygdrasil. Dès lors, Adam se dédouble ; l'harmonie se trouve rompue et, désormais incomplet, l'homme ne cessera plus de rechercher vainement le paradis perdu. Narcisse symbolise le poète qui, derrière les apparences imparfaites, veut découvrir les archétypes et les essences ; et l'eau représente l'œuvre d'art « cristal — paradis partiel où l'Idée refleurit en sa pureté supérieure ». A force de contempler les reflets du monde, Narcisse finit par apercevoir sa propre image et par s'en éprendre. Mais il voit que cet amour demeure impossible : « Il ne faut pas désirer une image ; un geste pour la posséder la déchire. Il est seul. — Que faire ? Contempler. » Narcisse ne doit pas se préférer au monde.

La même conception se retrouve dans le *Discours sur la Mort de Narcisse ou l'Impérieuse Métamorphose* (1895) de Saint-Georges de Bouhélier. L'auteur transforme quelque peu la légende : Narcisse admire tant son image qu'il en vient à dédaigner toute femme, car « il se trouve si exquis qu'il pense impossible de trouver une personne plus belle ». Mais Bouhélier passe vite là-dessus, car il estime fade cet épisode. Il préfère attirer l'attention sur la métamorphose finale de Narcisse : le jeune homme n'a pas su voir et apprécier les splendeurs de la nature ; il s'en est détourné pour se borner à se contempler lui-même. Une fois métamorphosé en fleur d'or, il regrette son erreur et souhaite devenir tour à tour une herbe, un caillou, une source, une feuille. Semblable à Narcisse, le poète ne doit pas perdre de vue que « ce qu'il adore, à travers la Nature, d'abord, ne demeure que son Ombre. (...) S'il s'éloigne de la Terre, infatué et apostat, (il) en reçoit le châtiment ». Ainsi, le poète doit s'oublier lui-même et regarder amoureusement la Nature : qu'il meure à lui-même pour renaître dans cette fleur qu'est l'œuvre poétique. Voilà le message du *naturisme*, que prône Saint-Georges de Bouhélier.

Le mythe de Narcisse constitue une véritable « autobiographie poétique » de Valéry. Dès 1890, le poète écrit un sonnet sur Narcisse où ce dernier souffre de son amour malheureux pour lui-même :

« Car je m'aime !... ô reflet ironique de moi. »

En 1891, un poème, « Narcisse parle », qu'il reprend après l'avoir modifié dans *Album de Vers anciens*, développe le même thème : Narcisse languit vainement de s'aimer ; il adore le reflet de son corps mais pleure de devoir rester solitaire. Dans *Charmes* (1926), les « Fragments du Narcisse » orchestrent avec plus d'ampleur le mythe et introduisent de nouvelles significations. Sans la fontaine, Narcisse n'aurait jamais pu admirer son image : pour qu'éclose la conscience de soi, la nature est nécessaire. Dans le même temps, le Moi se découvre comme inépuisable. Mais il ressent les limites de l'image que lui renvoie la fontaine. Valéry s'oppose ainsi au sens traditionnel du mythe, qui considère comme une erreur l'amour de soi-même. Les amants restent en effet séparés et étrangers l'un à l'autre, tandis que Narcisse connaît le bonheur de la plénitude :

> « O mon bien souverain, cher corps, je n'ai que toi!
> Le plus beau des mortels ne peut chérir que soi... »

on ne peut bien aimer que soi-même :

> « *J'aime... J'aime!...* Et qui donc peut aimer autre chose
> Que soi-même?... (...) »

Mais Narcisse sait que la fusion entre lui-même et son reflet, entre l'être profond et l'apparence éphémère demeure impossible. La nuit descend, la mort est proche, le baiser donné à l'image la brise; Narcisse doit aussi disparaître. La *Cantate du Narcisse* (1941), livret écrit pour être mis en musique par Germaine Tailleferre, n'ajoute rien de neuf. *L'Ange*, poème en prose (1945), approfondit les poèmes précédents. Assis au bord d'une fontaine, l'ange se regarde et, pleurant, s'étonne de sa tristesse. Il ne comprend pas que le mystère de l'Etre résiste à l'intelligence. Pour Valéry, le mythe de Narcisse n'a cessé de représenter la relation fragile qui provisoirement unit la conscience et le corps, le moi et son apparence.

Après avoir montré la puissance de Némésis qui punit ceux qui prétendent échapper au sort commun, le mythe de Narcisse a peint l'impérieux pouvoir de l'amour. La génération qui suit le symbolisme y a enfin déchiffré, outre la complaisance de l'homme à soi-même, « l'erreur de Narcisse » (selon la belle expression de Louis Lavelle), qui dédaigne les beautés de l'univers et préfère se contempler lui-même. Elle y a vu le conflit de l'identité et de la dualité dans la nature humaine.

Yves-Alain FAVRE

BIBLIOGRAPHIE

P. ALBOUY, *Mythes et mythologies dans la littérature française*, Paris, Colin, 1969.
G. BACHELARD, *L'Eau et les Rêves*, Paris, Corti, 1942.
R. DERCHE, *Quatre mythes poétiques*, Paris, S.E.D.E.S., 1962.
J. FRAPPIER, « Variations sur le thème du miroir de B. de Ventadour à M. Scève », *Cahiers de l'Association internationale des études françaises*, n° 11, 1959.
OVIDE, *Métamorphoses*, tome I, Paris, Les Belles-Lettres, 1961.
GUILLAUME de LORRIS, *Roman de la Rose*, Paris, Champion, 1968.
A. GIDE, *Romans*, Paris, Gallimard, Bib. de la Pléiade, 1958.
P. VALÉRY, *Œuvres I*, Paris, Gallimard, Bib. de la Pléiade, 1959.

INTERFÉRENCES ET COÏNCIDENCES DES NARRATIONS LITTÉRAIRE ET MYTHOLOGIQUE

S'il peut paraître malaisé de définir, du moins brièvement, le mythe et la littérature, il est relativement plus facile, même en quelques lignes, de s'interroger sur ce qu'ils possèdent de commun, à savoir la narration. La question qui sera donc examinée ici, et qui correspond de ce fait à un angle de vue étroit, se trouve être celle du statut de la narration tant dans le mythe que dans la littérature.

Il advient cependant que la narration étant à la fois protéiforme et répandue, cette approche, pour partielle et pour étroite qu'elle soit, finit par couvrir un champ plus vaste qu'on ne pouvait le croire. Avant que ne soient évoquées les interférences, les ressemblances ou les divergences de la narration telle qu'elle se présente dans le mythe et dans la littérature, seront cependant précisées quelques-unes de ses singularités à travers l'un et l'autre, ainsi que sa présence ou son omniprésence dans l'un et dans l'autre.

Pour ce qui est du mythe où ce constat va de soi, il suffit probablement de répéter que la plupart des définitions qui en sont données, qu'elles proviennent d'ethnologues, de psychologues ou de critiques, insistent à ce point sur son aspect narratif que la définition minimale du mythe paraît être celle du récit. En revanche, pour devancer les conclusions de ces pages, pourra être démontré que la narration, qu'elle soit ou non dissimulée, est plus fréquemment à l'œuvre qu'on ne croit dans la littérature en général. Restera à évoquer quelles sont les charnières communes à ces deux types de récit, et, peut-être, à se demander comment la narration littéraire peut se saisir de la narration mythique ou la rejoindre.

C'est qu'il n'est pas avéré que la littérature puisse se passer de récit, même dans ses formes dites non narratives. Il semblerait même, à y regarder de plus près, que des registres tels que ceux du lyrisme ou de la description parviennent difficilement à l'exclure tout à fait, et que cette résurgence du récit dans les formes dont on le croyait le mieux écarté amène à postuler une sorte d'ubiquité au moins latente, mais toujours informatrice de la narration dans le discours littéraire.

L'analyse de quelques-uns de ces effets de narration sous-jacente peut inviter à prendre la mesure de cette omniprésence. C'est ainsi que les textes lyriques, qui, si l'on s'en tient à la définition que Valéry en donne, sont liés à l'expression d'un transport ou d'une effusion, et qui correspondent, comme il le dit encore, au développement d'une exclamation, ont peut-être plus de peine qu'il ne paraît à demeurer sur ces cimes. Le sujet qui s'y exprime, en raison même de l'exclamation qu'il profère, s'y donne pour envahi par l'objet de son affect, amour, haine et investissements divers, au point d'en être pour un temps sinon privé de lui-même, privé d'action : « O lac... » « Solitude, ô cœur d'homme... » « Solitude et ténèbres au grand midi de l'homme... », « O vive flamme d'amour... ». Chaque fois, le sujet énonciateur est privé, du fait de son étonnement et de sa propre effusion, de son rapport de sujet au verbe. Chaque fois celui qui s'exclame renonce dans le même temps au mode verbal et à l'action, et cet effet est à ce point notable que les verbes qui surviennent dans cet espace, sauf quand l'invocation se résout en dialogue, et quand l'objet du transport y entre dans un jeu de relation avec celui qui parle, y ont pour sujet, si l'on peut dire, l'objet du transport plutôt que le sujet de l'énonciation... Ce qui s'exprime d'abord est une suspension du *je*, mais tout se passe bientôt, en dehors même des recours seconds et dérivés au mode verbal qui déportent l'action sur l'objet au lieu du sujet énonciateur, comme si cette absence de lien à l'action était non viable en littérature — hors précisément le temps d'un soupir... En d'autres termes la littérature, pour parler, doit raconter. Il se trouve donc que, chaque fois, la narration chassée revient aussitôt. L'examen d'un texte tel que *Le Cantique spirituel*, de Jean de la Croix, qui oblige à passer du lyrisme à la mystique ou à l'expression lyrique de la mystique, fournit un exemple particulièrement significatif de ces mécanismes. Une lecture même rapide y fait aussitôt paraître que le transport à proprement parler n'y occupe que le temps de points de suspension, alors même que le recours à la poésie lyrique et les propos du commentaire théologique que l'auteur en donne témoignent d'une intention déterminée de faire *durer* le transport pour le communiquer. Au vrai, ce qui occupe le poème en son entier doit moins à ce transport qu'au *récit* de la quête qui lui est superposée. Les strophes ne parviennent pas à se maintenir longtemps à ce point culminant et elles retracent bientôt les étapes d'un cheminement. Le désir et l'amour, comme dans un jeu de furet, ou comme une balle de ping-pong, y sont ce qui passe sans cesse de l'un à l'autre des partenaires de ce divin amour, l'époux exprimant son désir de l'épouse au même titre que celle-ci son désir de l'époux. Ces poèmes de la plénitude, par-delà la réciprocité savante et paradoxale qu'ils instaurent, sont aussi ceux d'une instabilité. Ils sont du moins littérairement ceux qui racontent une instabilité, c'est-à-dire une palpitation amoureuse. L'extase y figure sous la forme de la quête de l'extase, c'est-à-dire encore, pour intérieure qu'elle soit, par des articulations narratives.

Il en est du reste une sorte de théorie de proposée (négativement et à l'envers, il est vrai) par l'une des *Illuminations* de Rimbaud. *Dévotion*, qui est un poème d'invocation, opte pour l'exclusion l'un par l'autre du transport, en tant qu'éventuel et peut-être chimérique résultat de l'invocation, et de la consécution nécessaire à la narration : « Mais plus *alors* »... Peu importe pour la perspective qui est celle de ces lignes, la nature de l'objet du transport, peu importe qu'il soit un objet multiple ou multiplié, à la fois mis en scène et dénigré ou renié. Il se trouve en revanche que cette dévotion pieuse ou viciée, et de toute façon dévaluée, bute pour le refuser contre un adverbe temporel qui réinscrirait la temporalité, la chronologie et les chances de narration qu'elles impliqueraient. Ainsi se heurtent théoriquement deux registres de discours, celui du sujet de dévotion, sujet dévot, dévoué ou voué au silence par son désir de transport, et celui d'un repère d'organisation de la temporalité et du monde : d'un côté la quête lyrique ou mystique, fût-elle spécieuse, et de l'autre l'univers mental ici refusé de la précaution, de l'agencement et de l'emménagement, mais plus *alors*, alors souligné dans le texte... Or il ne s'agit là que d'un vœu pieux, et cet alors qui ne saurait être durablement écarté menace de revenir en force, d'où la théorie à rebours de Rimbaud, ramenant avec lui la narration et, qui sait? — le départ pour Harrar. En somme écrire sans indices de narration n'est pas un choix durablement tenable, et les textes les plus délibérément contraires à l'anecdote ont encore bon gré mal gré recours aux béquilles (mais peut-être sont-elles plus fastes qu'on ne pense) du récit.

Une analyse similaire pourrait donner à penser que la description est plus liée qu'on ne croirait à la narration. Elle est en effet toujours grosse d'une narration future, dite ou non dite, dite évidemment chez un Balzac où elle permet d'engrener les enchaînements à venir, mais peut-être non prononcée dans des textes aussi volontairement plats de ce point de vue que le haïku ou *Connaissance de l'Est*. On peut en effet se demander si la tension de ces poèmes n'y provient pas de ce qu'un décor y est monté pour quelque geste métaphysique ou humaine dont nous serions frustrés. Le non-lieu des actes et des événements y parle en effet aussi fort qu'ailleurs les actes et les événements eux-mêmes. Le trouble y vient du manque, ou peut-être seulement de l'apparence du manque et il apparaît que, du fait même de son absence, la narration finit par être à l'œuvre dans la description.

Il semblerait donc non seulement que la narration soit fondatrice, mais que tout texte littéraire tende vers la narration. Mais si tout est récit, ou tend à le devenir, quelle sera la différence convaincante entre mythe et littérature, et que feront-ils l'un de l'autre? En d'autres termes, il faut se demander ce qui fait la différence entre la proposition selon laquelle Œdipe a tué son père et épousé sa mère et celle selon laquelle la marquise bien connue est sortie à cinq heures. Il faut donc passer de l'inscription du récit dans le mythe et dans la littérature à la description de ses modes dans l'un et l'autre.

Sans doute faut-il tout d'abord écarter sur ce point un tout premier constat : la question de la différence entre la proposition selon laquelle Œdipe a tué son père pour épouser sa mère et celle selon laquelle la marquise est sortie à cinq heures repose, en effet, sur le présupposé d'une réponse. Mais cette réponse implicite, qui est une réponse par l'intensité, pourrait bien être sinon une réponse fausse, une réponse insuffisante ou incomplète. Car nous savons bien que la littérature peut tout signifier en affirmant que la marquise est sortie à cinq heures. (Proust ne se fait du reste pas faute d'être violent lorsqu'il dépeint la dernière entrevue de Swann et de Mme de Guermantes. Celle-ci, qui était en effet trop pressée pour le saluer dûment alors que, pressentant sa fin prochaine, Swann malade venait lui rendre ses dernières civilités, prit cependant le temps d'aller changer des chaussures qu'elle avait noires sous sa robe rouge... Et l'expression épousant comme il se doit la cruauté de l'anecdote, le narrateur accorde, dans une symbolique détournée dont le sens est cependant mort d'homme, plus de temps à la description de sa robe qu'au désarroi de Swann.)

Ce critère d'intensité se révèle cependant nécessaire, bien que non suffisant, à la description du récit mythique. C'est que le mythe met en scène de grands — on voudrait dire de gros — événements. C'est qu'il désigne crûment des situations violentes, c'est qu'il dit fortement ce qui en soi est fort, c'est qu'il va par prédilection aux images et aux événements marquants. Au fond, le mythe pourrait se définir plus encore que comme un *récit cru*, comme *le récit cru de ce qui est cru.*

Il ne se définit cependant pas seulement par l'intensité des scènes qu'il propose, mais par l'organisation qu'il leur impose. Et l'on peut se demander si l'une des lois qui régissent les articulations privilégiées de la mythologie ne sont pas celles du contraste. Scènes originelles, scènes ou images — forces selon l'expression de M. Régis Boyer — mais aussi scènes ou images contrastées. On évoque la gloire de Napoléon, mais aussi ses amours, mais aussi Sainte-Hélène. On nomme Jeanne d'Arc et, dans le même temps, on insiste sur sa fragilité et sur sa force, sur sa pugnacité et sur le bûcher. De la même façon Œdipe est roi puis vagabond pleurant son exil, époux comblé avant de s'exclure de Thèbes, homme fort et, selon Sophocle, « le meilleur des mortels », en même temps que faible, désirant être juste et cependant souillé. Le mythe, peut-être tout mythe peut être lu au moyen de couples antithétiques et on peut se demander si cette prédilection pour le contraste n'a pas été ce qui assurait le lien naturel du mythe et de la tragédie, d'autant que ce lien avait été du moins en partie désigné par *La Poétique* d'Aristote (par. 1453 b). On peut aussi se demander si ce n'est pas en raison de ces contrastes que la psychologie des profondeurs a pu si aisément s'emparer de la mythologie en tant que double représentation du désir saisi dans son expansion et dans sa précarité. Vie et mort, désir comblé et insoutenable intensité, plénitude et manque, satisfaction et frustration, c'est sans doute dans cette double figuration des faces alternées du désir que se trouve la raison pour laquelle tant de mythes ont l'air de se structurer en récits de crimes et de châtiments, à condition d'entendre dans cette proposition un fardeau existentiel ou biologique plutôt qu'une visée morale. S'ajoute enfin à cela le fait que le mythe a tendance à faire surgir en termes de catastrophes l'impossibilité d'être en même temps mère et amante, fils et époux, Antigone et Créon, épouse vengeresse et mère comblée.

Cependant, le mythe se définit encore par son allure. Non plus ce qu'il raconte, mais comment il le raconte... Une autre loi se superpose à la précédente et la renforce, et ce pourrait être la loi du plus court chemin et de la ligne droite. On peut se demander, en effet, si le récit mythique ne correspond pas à une narration minimale entre des images maximales. Il est bâti non seulement sur des scènes fortes ou sur des scènes fortes et contrastées, mais il paraît de surcroît unir les uns aux autres par le lien le plus ténu possible. A l'inverse de la narration romanesque qui a des recours manifestes à de multiples registres différents qui sont de vraisemblance, de contingence, de référent, de logique, ou d'apparence conventionnelle des uns et des autres, voire, dans le roman moderne, des recours donnés pour arbitraires et des règles de jeu, la narration mythologique va droit au fait. Elle ne s'embarrasse de rien — en tout cas de rien d'extérieur à elle-même. Elle va d'un point à l'autre. Elle se caractérise par une sorte de brièveté violente. Il arrive donc, dans les cas les plus frappants, qu'elle se réduise purement et simplement à un énoncé de la *consécution.* Le récit cru que nous évoquions se constitue alors d'une addition de scènes. En somme, il ne se connaît d'autres lois que la chronologie et l'accumulation dans la chronologie, si bien que la question de la narration qui est la sienne finit par trouver sa réponse dans les adverbes de temps qui lui tiennent lieu d'articulation : *et puis, alors, ensuite...*

Récit cru susceptible d'organiser selon une loi de consécution ou de plus court chemin des événements forts et contrastés, le mythe se développe à ce point en marge de toute attention à ce qui serait son propre développement que l'on peut se demander s'il ne constitue pas une manière de matrice narrative abstraite, équation algébrique transplantée en littérature — et Cocteau ne se faisait pas faute d'interpréter le mythe comme quelque mathématique de l'esprit, ou structure permanente pour Levi-Strauss qui présente, quant à lui, la mythologie comme ce qui serait susceptible de surmonter le temps historique et révolu (*Le Cru et le Cuit*, Plon, 1964, Matrice narrative, structure permanente et même, comme le dit encore Levi-Strauss, victoire sur le temps brut, il y a là une manière de narration rebelle à tout ce qui la ferait déroger à sa propre logique.

Mais que dire, par rapport à ce constat, de la narration littéraire, alors même que les propos dont cette réflexion est partie laissaient entendre qu'elle est protéiforme voire que son omniprésence ne peut être établie qu'au prix de cette caractéristique? « Le mythe, affirme Northrop Frye, se trouve à l'un des points extrêmes de l'intentionnalité littéraire, et à l'autre extrémité se trouve le naturalisme » (*Anatomie de la critique*, Gallimard, 1959, p. 168). Sans doute, mais qu'est-ce qui se joue entre ces deux pôles?

Il ne saurait être question ici de définir la ou les narrations littéraires qu'il est sans doute possible de diversifier à l'infini. Pourront simplement être privilégiées, pour les développements ultérieurs auxquels ils autorisent, deux de ses caractéristiques récurrentes. La narration littéraire, par opposition à celle du mythe, admet le détour et elle accepte les feutres. La marquise peut se contenter d'y sortir à cinq heures et la narration de relater à la fois les circonstances, les raisons, les effets, bref le détail de cette sortie. Ces perspectives pourraient inviter à considérer que du mythe à la littérature, le jeu qui s'instaure pourrait être celui d'un chassé-croisé entre dévoilement et désir de voiler, entre présence crue du mythe et masques, entre latence et émergence. Mais surtout, ainsi posées les singularités du récit littéraire et du récit mythologique, se précise la question de leur rencontre, dans la pensée collective et dans les œuvres, de leurs ressemblances et de leurs différences, de leurs interférences et de leurs capacités respectives de préhension ou d'exclusion, question trop vaste et peut-être trop neuve pour être traitée ici. Cependant l'examen de quelques-unes des intersections des deux ensembles constitués par la narration littéraire et par la narration mythique permettra d'en mesurer l'amplitude et, peut-être, de lui adjoindre quelques perspectives de réflexion.

La première de ces analyses correspond cependant à une relative mise en garde, car il ne faudrait pas trop vite conclure de ce qui a été proposé précédemment, d'une part de l'intensité du mythe, de sa brièveté violente, et finalement de sa véhémence, et d'autre part du détour et des feutres volontiers admis par la littérature, que cette dernière est en retrait par rapport au mythe. Tout aussi bien avions-nous posé que toute tentative de distinction de l'une et l'autre de ces narrations au nom d'un critère d'intensité était insuffisante. La littérature, du moins dans son principe, n'atténue pas le mythe. Elle possède sa propre virulence qui sans doute ne doit rien, ou pas l'essentiel d'elle-même, à l'intensité des événements qu'elle relate, et loin de dégrader ce qui serait la pertinence mythique en non-pertinence, si ce n'est en impertinence anecdotique, elle se situe ailleurs. Autres sont ses équilibres. Autres ses points de résistance. Autre sa véhémence.

Demeurerait cependant d'évoquer les raisons de ce constat. Sans perdre de vue qu'elles sont multiples et complexes, il en est une au moins qui peut être désignée ici, à titre de point de fuite. L'entreprise littéraire tient dans le même temps à la désignation de la contingence environnante, où, peut-être, nous avions pu déceler jusqu'à présent son aptitude au détour, et à l'organisation de la victoire gagnée sur elle par le langage. Autant dire — mais qui s'en étonnerait? — qu'il est impossible de parler de la littérature sans faire référence au fait qu'elle se constitue comme telle.

Il en résulte que la tension qui provenait en partie de la nature des événements et de leur accumulation dans le mythe laisse place ici à une tension qui résulte du heurt d'un ordre et d'un désordre, l'ordre étant porté par le discours lui-même et le désordre par ce qu'il énonce. La violence ou la virulence de la narration littéraire sont donc strictement littéraires, et elles sont du discours. C'est dire qu'elles ne sauraient en aucun cas se ramener à la violence qu'elles évoquent et qu'elles tiennent du combat qui s'y trouve mené de la clarté et de l'obscur, du discours et de ce qu'il dit, et de la forme et du tri qu'elle opère à partir du tout venant de la perception.

Mais cette séparation du mythe et de la littérature n'empêche ni leur superposition ni leur surimpression. En donneraient la preuve les mythes, tel celui de Don Juan, dont la naissance est littéraire. La question qui se pose tient cependant peut-être moins à celle des divers revêtements littéraires que le mythe est susceptible de prendre et qui a déjà été maintes fois abordée qu'à celle de l'intrusion de segments mythologiques dans la littérature elle-même. Indépendamment de l'analyse précise des textes, il n'y a en effet peu à dire du premier cas, à quelques remarques près cependant. La première tient au fait que le récit mythique demeure tel et perceptible comme tel sous l'affabulation littéraire, mais Claude Levi-Strauss avait tout aussi bien affirmé que quiconque parle d'un mythe ajoute à ses versions. Il en est une seconde, qui est strictement littéraire et qui tient au constat selon lequel le recours au mythe est sans effet sur la qualité spécifiquement littéraire des œuvres où il figure. Sophocle peut dramatiser avec génie la donnée œdipienne quand d'autres bavardent à son propos. Plus instante est cependant la question de savoir comment la littérature peut se saisir de ce corps étranger que lui est le mythe et comment elle se l'annexe. La tragédie antique, et la tragédie française classique étaient adossées au mythe. Aristote a écrit en ce sens la théorie de la première : dans bien des cas, elle montrait ce que le mythe énonçait. Sa qualité pouvait être, à quelques écarts près perceptibles même dans *Œdipe-Roi*, de transparence et de cristallisation. Alors comme c'est souvent le cas pour les mythes grecs que nous ne connaissons bien que sous cette forme, ou pour les grandes comédies sur Don Juan, la littérature sert de véhicule au mythe.

A l'inverse cependant, il est des romans parmi les plus liés à la suggestion de la contingence, de la psychologie et à la figuration de divers codes sociaux ou moraux, qui, à de certains moments, font craquer leur propre texture, au nom précisément d'un discours narratif autre que le leur propre, et constitué, comme dans le mythe, d'événements dont il n'y a rien à dire. Le meurtre, le viol, l'inceste, et quelquefois l'amour, ou la réunion des partenaires du couple, font ainsi parfois figure de météores dans des textes dont le principe eût pu sembler autre. Ainsi Julien Sorel, pour n'en citer qu'un seul exemple, s'émancipe-t-il d'une ambition très fortement attachée à un contexte politique et historique, pour se doter par le biais d'une tentative de meurtre d'amours qui pourraient être dignes de celles qui sont célébrées dans le conte. L'exemple est au reste d'autant plus marquant avec Stendhal, que la tentative de meurtre et les amours qui lui succèdent constituent la ligne de fuite du destin du protagoniste sans que l'auteur ait rien à en dire. Un réseau de narration a cédé la place à un autre au moyen de l'énoncé d'événements qui en eux-mêmes constituent une césure ou une rupture qui n'affecte pas seulement ce qui est narré, mais la narration elle-même. Il va de soi cependant que le roman intègre ses propres ruptures, et que sa narration d'ensemble recouvre la transgression des limites qui sont celles de la narration qui définit son lieu propre. L'œuvre alors dépose autour de sa propre fracture comme une huître perlière autour de ce qui la blesse. La narration littéraire peut non seulement être transparente à celle du mythe ou la délayer comme nous en connaissons tant de cas, de l'*Œdipe* de Corneille qu'on ne lit guère plus, à celui de Cocteau qui n'a pas perdu sa grâce, elle peut aussi au nom même de son caractère protéiforme inclure, lorsqu'il lui sied, des fragments de « récits crus », composés comme le mythe d'événements forts contrastés et déliés de tous accompagnements explicatifs et circonstanciels. Ce sont alors chaque fois des circonstances véhémentes, souvent violentes, qui viennent à la fois déchirer le train des jours tel qu'il est rapporté par le roman et par le discours qui le portait en demeurant intérieures à la littérature elle-même, et chaque fois ces recours qui viennent paradoxalement désigner une transgression intérieure portent sens. Ils portent sens au même titre qu'ils sont créateurs de forme. De ce point de vue, la littérature et le mythe parlent l'homme et le montrent, et finalement se rejoignent en énumérant des événements qui disent plus qu'on ne peut dire sur eux. Mais l'on peut parier que la littérature ne recourt au langage brutal du mythe, que pour mimer de l'intérieur une sortie hors des codes qu'elle affiche pour siens et se doter par là d'un horizon.

Il est enfin un dernier aspect des rapports entre mythe et narration littéraire que nous voudrions mentionner. C'est celui du cas spécifique de certaines formes de modernité affectant la narration. Il est, en effet, des formes narratives qui se détournent des logiques de secours ou des logiques adventices, de convention, de recours au référent, de vraisemblance ou de psychologie, communément admises, si tant est que ce dernier existe pour de bon, dans le roman traditionnel. On ne saurait pour autant affirmer, comme on l'a parfois cru, par exemple de Robbe-Grillet, qu'ils rompent avec la narration (mais nous avons voulu indiquer précédemment que le pari n'en était guère tenable), mais bien au contraire qu'ils l'exhaussent, et la limite à elle-même, ne renonçant pas au récit mais à une apparence de crédibilité dans l'affabulation et à ce qui se ramène, somme toute à des artifices de présentation. Le roman de Robbe-Grillet, mais aussi bien maints poèmes de René Char, tel *Madeleine à la Veilleuse*, pourraient être analysés en ce sens. La nouveauté, une fois de plus, y est de retour et de retrouvailles. Désir de la mère, meurtre du père, errance et quête de l'origine et de soi chez l'un, et chez l'autre, viol, impuissance du spectateur et victoire de la contemplation, le récit comme le mythe, dans l'un et l'autre texte, va droit à la scène véhémente qui le fonde. En somme, pour différents qu'ils soient, tous deux souscrivent à la seule exigence du mythe qui est sans doute de n'admettre que sa logique propre. D'où l'effet de surprise, sinon l'effet de heurt produit par l'un et l'autre. La narration s'y trouve mise à nu, et ce qui y agresse tient au récit en tant que tel. Sans doute n'est-ce là qu'une rencontre, peut-être une mimétique inattendue. La coïncidence n'est cependant pas indifférente dans la mesure où elle élargit l'éventail des superpositions possibles entre récit mythique et récit littéraire.

Mais ces remarques, pour partielles qu'elles soient, n'ont pas d'autre vocation. Il y a là, parmi les interférences et les divergences du mythe et de la littérature, voire parmi les utilisations éventuelles de l'un par l'autre, un domaine de recherches fécond. C'est à ce titre encore que pourraient être examinée la question des rapports de la narration mythique et de celle du conte, l'une tournant volontiers à la catastrophe, parce qu'elle dénonce l'ambivalence du désir et la difficulté d'être alors que le conte se veut plus positivement moral et encourageant en récompensant volontiers la diligence. Mais il y aurait encore les rapports du mythe et du mélodrame, l'un intériorisant l'impossible du désir tandis que l'autre lui assigne toujours une cause extérieure. Il y aurait encore, car cette liste ne saurait être close, les rapports du mythe, dans sa réalité brutale de récit cru, et du scandale par lequel il est souvent remplacé — transgression essentielle contre transgressions sociales, conventionnelles et psychologiques ou morales — dans le roman du XIXe siècle. Qu'il suffise de poser en un premier temps, que, non plus que celle du mythe, la narration littéraire, malgré sa polymorphie, n'est rebelle à l'analyse et que ses méandres mêmes, comme ses recours au mythe ou la distance qu'elle choisit par rapport à lui, sont par nature langage et donc nullement neutres, tant du point de vue des formes que de celui des significations.

Colette ASTIER

BIBLIOGRAPHIE

La *Poétique* d'Aristote, trad. J. Hardy, Les Belles Lettres.
Northrop FRYE, *Anatomie de la Critique*, Gallimard, 1959.
Claude LEVI-STRAUSS, *Le Cru et le Cuit*, Plon, 1964.

Œdipe

L'histoire des relations du mythe d'Œdipe et de la littérature est probablement singulière. Plus qu'aucun autre en effet, le mythe d'Œdipe s'est confondu avec une œuvre, à tel point que pour des générations d'Occidentaux, Œdipe a pu être confondu avec *Œdipe-Roi* (vers 430 avant Jésus-Christ) ou avec *Œdipe à Colone* (vers 406), et le mythe lui-même avec la tragédie. Or, il pourrait se faire que pour nous qui avons perdu les traces du mythe, hors de la cristallisation opérée par Sophocle, malgré des travaux aussi exhaustifs que celui de Marie Delcourt (*Œdipe ou la Légende de Conquérant*, 1944), Œdipe à nouveau se sépare de la littérature. Alors même que nous n'avions jusque-là d'autre connaissance que littéraire du mythe, voici que nos générations renouent avec un mythe sorti des livres et entré dans les consciences, voici qu'elles retrouvent un discours non littéraire et autonome sur le mythe d'Œdipe, voici peut-être que la psychanalyse les a ramenées au mythe tout court.

Or, comme il va de soi, ces va-et-vient entre mythe et littérature ne sont pas sans conséquences sur ce qui advient du mythe dans la littérature. Alors qu'on peut penser, du reste après Kérényi (*Introduction à Œdipus*, 1971), que l'histoire d'Œdipe est, des origines à nos jours, celle d'une longue dégénérescence, il se pourrait que la réapparition d'Œdipe en tant que mythe permette à la littérature de réinventer son propre discours sur Œdipe. Tout se passe, en effet, comme si la qualité de la tragédie avait pesé d'un poids trop lourd pour que les uns et les autres puissent s'en affranchir assez pour innover, ou du moins innover en demeurant fidèles à une matière qu'ils discernaient mal. Œdipe, en revanche, rendu à nos fantasmes par la psychanalyse, délaissant le théâtre et courant dans les rues, aura peut-être permis, comme en donne l'exemple le roman *Les Gommes* de Robbe-Grillet, de restructurer son langage.

Quelles sont pourtant les grandes articulations de la destinée œdipienne, telles qu'on les lit chez Sophocle, mais aussi, de façon plus fragmentaire, chez ses prédécesseurs, au Chant IV de l'*Iliade*, et XI de l'*Odyssée* (vers 750 avant Jésus-Christ), mais aussi dans *Les Sept contre Thèbes* d'Eschyle (525-456 avant Jésus-Christ) ou à l'état d'allusions dans *Les Phéniciennes* d'Euripide (vers 407 avant Jésus-Christ) ? Le premier dans l'ordre chronologique de ces événements consiste dans l'exposition de l'enfant. Ses parents, Laïos et Jocaste, inquiets de la menace qu'il représente pour eux, l'écartent de la cité. Il est donc exposé sur le Cithéron (ou, selon une variante dont Marie Delcourt atteste l'existence, immergé, comme Moïse, dans un coffre), mais vainqueur de l'épreuve, il en sort doublement marqué par la faiblesse consécutive à la blessure de ses chevilles, puisqu'il a été attaché par les pieds à un bâton, et par la promesse de sa prédestination et de la royauté future. Deuxième événement : Œdipe, parvenu à l'âge adulte, tue son père, Laïos. Puis, troisième épisode, il vainc la Sphinx en résolvant l'énigme qu'elle proposait aux jeunes Thébains, énigme qui est celle d'une définition de l'homme, comme l'indique sa solution, et dont le sens, attesté à la fois par un vers d'Eschyle affirmant que sur le bouclier de Parténopée, la Sphinx est représentée « portant sous elle un Cadméen » et par certaines représentations iconographiques, est probablement plus sexuel. Quatrième épisode, le mariage avec Jocaste : parvenu à Thèbes, où la main de la reine est promise à qui triompherait du fléau, Œdipe épouse sa mère. Pour ces deux fautes majeures, le parricide et l'inceste qui sont parfois plus ou moins atténués dans les versions les plus archaïques du mythe, Œdipe est châtié, ou selon Sophocle et ses descendants, c'est-à-dire nous tous, il se châtie soi-même en s'aveuglant : sixième épisode enfin, et symétrique du précédent, celui de l'élection divine, telle qu'elle apparaît dans *Œdipe à Colone.* A cela s'ajoute en outre la descendance d'Œdipe, ses deux fils Etéocle et Polynice qui sont destinés à périr sous les coups l'un de l'autre, et ses deux filles, Ismène et Antigone qui sera murée vive par Créon pour n'avoir pas admis de compromis avec la loi divine relative à la sépulture de son frère. Tels sont les éléments décisifs du *patchwork* qui constituent cette biographie avant que Sophocle ne la resserre ; et les éléments symboliques, royauté ou boiterie d'Œdipe qui s'y ajoutent et sur lesquels s'arrêteront volontiers certaines analyses récentes de Claude Lévi-Strauss à Jean-Pierre Vernant ou Pierre Vidal-Naquet.

Pourtant, c'est grâce à la tragédie, selon des mots de Nietzsche empruntés à *La Naissance de la Tragédie* (1872), que le « mythe parvient à son contenu le plus profond, à sa forme la plus expressive ». Ce qui était épars va être rassemblé, ce qui eût pu sembler appartenir au hasard va trouver sa nécessité, et le mythe « sublime » se mettra à « vibrer en mélodies sophocléennes ». Autant dire que la tragédie et le poème se superposeront désormais au mythe d'Œdipe.

Pour nous qui ne disposons guère de versions complètes de l'histoire d'Œdipe antérieures à Sophocle, il est assez malaisé d'opposer ce qui y tient de la nature du mythe et ce qui relève de la tragédie. On peut simplement relever que les deux tragédies couvrent la totalité de la biographie œdipienne et que le dramaturge, s'il eut à choisir entre les versions différentes qui s'offraient à lui, eut à cœur d'en rappeler tous les épisodes. Mais du même coup, il en cristallisa la donnée. Il leur prêta une structure littéraire. De la biographie d'Œdipe, il fit un destin. En somme, il interpréta. Il interpréta même doublement la donnée antérieure, c'est-à-dire en lui prêtant à la fois forme et sens, et donc une intensité qui ne cessera peut-être plus d'apparaître comme un héritage à la fois fascinant et encombrant aux générations de dramaturges tentés par le sujet. Mais tout aussi bien, tout ce dont écrivains, peintres ou musiciens rêvaient pour leur œuvre propre s'y inscrivait déjà en clair, la qualité plastique de la vision du jeune homme refléchissant devant la Sphinx, tel que Poussin le représenterait, la grandeur et l'authenticité dans la grandeur qui tenterait un Stravinski. Sophocle semblait avoir tout dit et dans une aveuglante clarté qui aveuglera peut-être effectivement tout autant qu'elle éclairera. Du moins la lisibilité du destin du héros s'y alliait-elle à une possibilité indéfinie d'interprétations et de projections. « Œdipe n'a pas de profondeur », pouvait écrire Starobinski, « parce qu'il est notre profondeur même » (*La Relation critique*, 1970).

Dès lors, s'éclairent tous les éléments de la légende. L'errance œdipienne, par exemple : elle est vite tournée en itinéraire, voire en itinéraire ambigu, comme l'affirme la récente analyse de P. Vidal-Naquet, intitulée « Œdipe entre deux cités », selon laquelle « sur le plan symbolique (mais l'histoire jette un jour nécessaire sur le symbole), Œdipe est à la fois celui qui erre et celui qui se fixe selon des processus d'intégration ou de réintégration à Corinthe, à Thèbes ou dans l'Olympe, plus ou moins ambigus » (*Mythe et Tragédie*, T. II, La Découverte, 1986). De même la tragédie, sans doute après le mythe, précisait-elle la destinée œdipienne en l'articulant aux trois pôles d'un réseau triangulaire dont on pourrait imaginer qu'il couvre tout le champ de l'expérience : la royauté, qui représente non seulement le pouvoir politique, mais toutes les qualités assimilables à l'autonomie conquise par l'homme adulte, la dépendance et l'indépendance à l'endroit de l'oracle, et enfin la dépendance ou l'indépendance familiale. De surcroît, le poème tragique allait à l'essentiel et, négligeant toute ornementation et tout bavardage superflu dans ce qu'un Cocteau devait appeler « l'anéantissement mathématique d'un mortel », il n'ajoutait à la légende que ce qui lui était nécessaire pour qu'elle prît un caractère de nécessité ou de logique sinon rationnelle, du moins d'apparence rationnelle. La loi du destin paraissait donc plus incontournable. Le poème tragique faisait enfin jouer les uns contre les autres jusqu'à la limite, c'est-à-dire jusqu'à la catastrophe impliquée par le franchissement des limites, les trois pôles déjà évoqués de l'affectivité, de la piété et de l'autonomie. Œdipe ne pourrait plus aimer Jocaste à moins que de constituer une souillure pour la cité et de renoncer à son autonomie adulte. Il ne pourrait plus s'éprouver lui-même en tant que roi vainqueur et déchiffreur d'énigmes, à moins que de se condamner soi-même, de flétrir ses amours et de se découvrir parjure à la loi des dieux. Il ne pourrait plus respecter la loi divine à moins de tout quitter, comme il le fait effectivement à Colone. Les deux tragédies s'étaient saisies de toute l'étendue du désir, dans les diaprures de ses manifestations, désir ou vocation d'aimer, désir ou vocation de puissance et d'être soi, désir ou vocation de se situer dans l'ordre des choses et des dieux, pour les préciser les uns par les autres et plus encore, les uns contre les autres et pour les assortir chacun, en même temps que d'un impossible, d'une jouissance et d'un vertige. La tragédie s'est nourrie de l'hésitation présente dans le mythe, mais elle l'a cristallisée. Ainsi les deux pièces de Sophocle furent-elles laissées à la postérité comme un lourd héritage qui, dès l'Antiquité, comme en fait foi la *Poétique* d'Aristote, ne cessa plus de se donner comme exemplaire.

Mais le modèle était déconcertant pour cela même qu'il ne cessait d'être modèle. C'est alors qu'il fallut retrouver sans répéter. Il est arrivé que l'on fasse grincer le texte ou le contexte pour se libérer du plagiat. Il est arrivé de déplacer les accents dans le seul but de faire du nouveau. Qu'il s'agisse de Platen, de Gide, de Cocteau, voire de T.-S. Eliot, l'emprunt à Sophocle s'accompagne d'un refus de Sophocle; la fascination, d'un rejet. Il y eut donc des Œdipe modernisés, débarrassés, comme le dira Cocteau, de leur poussière de chef-d'œuvre : *La Machine infernale* (1934), l'*Œdipe* de Gide (1931), *Fin de Carrière* de T. S. Eliot (1959). Ou bien, à l'inverse, on ne voulut, comme Corneille, ou peut-être comme Poussin, emprunter à l'héritage antique et au sujet qu'il léguait que l'idée d'un ton et d'une noblesse ou, si l'on veut, l'idée juste ou fausse d'une forme. C'est dire qu'à l'inverse de certains autres, dont le mythe de Don Juan dont Jean Rousset a montré à la fois les invariants et les éléments susceptibles de variation, le mythe d'Œdipe n'offrait que peu de matière à transformation.

Mais il se trouve aussi qu'Œdipe incompris, mal compris, ou ce qui revient au même, partiellement compris, ne sera plus susceptible d'orienter les structures d'une œuvre dramatique. Il ne fournira plus qu'une manière de motif ornemental ou de centre de référence inquiétante dont l'exemple de l'*Emploi du temps* (1956), roman de Butor dans lequel Œdipe est représenté, à côté de Thésée, sur des tapisseries anciennes, est significatif. Le théâtre, étrangement, et dès l'Antiquité avec l'*Œdipe* de Sénèque, et probablement avec celui d'Euripide dont le texte est perdu, à l'inverse des commentaires théoriques qu'il suscite, que ce soit ceux de Hölderlin, de Hegel ou de Freud, rompt très vite avec son héritage tragique. Soit que les personnages d'Œdipe y deviennent des figurants comme chez Corneille, chez Voltaire, chez Cocteau et peut-être déjà chez Sénèque, soit qu'il cesse, comme le dit Hegel, d'être « sculpture pour devenir caractère » et qu'en s'individualisant, il se banalise (il devient Lord Claverton chez T.-S. Eliot, se laisse entourer de familiarité chez Tewfik el-Hakim, ou chez Gide se caractérise par son inconséquence), soit qu'il rompe avec son désir de savoir, et que la vérité menaçante surgisse désormais des lointains comme chez Sénèque, chez Voltaire, Cocteau, Henri Ghéon et sans doute encore Gide et Tewfik el-Hakim, soit enfin que sa culpabilité soit trop bien atténuée comme il en va chez Corneille, Œdipe, perdant en initiative, en liberté et perdant à la fois ce qui assurait sa qualité et sa blessure, cesse d'être un héros tragique au sens hölderlinien du mot. Il cesse de se définir par le déchirement intime que lui impose la frontière du possible et de l'impossible, du licite et de l'illicite qui le traverse, il cesse d'être broyé par ce que le poète appelle « l'accouplement de l'homme et du dieu ».

Il faut au reste noter que Voltaire, Corneille et Ducis oublient la charge potentiellement tragique elle aussi du couple de Jocaste et d'Œdipe. Ce couple qui est à défaire, et non pas à unir, ne les intéresse guère. Ducis supprime donc le rôle, Corneille a pu étrangement écrire que « l'amour n'a point de part dans ce sujet, ni les femmes d'emploi », et Voltaire, au contraire, a surchargé le rôle de Jocaste en faisant d'elle l'amante de Philoctète. Il faudra donc attendre la psychanalyse pour que resurgisse la violence de la configuration. A l'inverse, le Sâr Peladan et Hofmannsthal enfin, le premier surtout (car le poète allemand charge d'une telle gravité sacrée l'appartenance l'un à l'autre d'Œdipe et de Jocaste, qu'elle en revêt une forte charge d'angoisse), interrompent tous deux leur œuvre, au moment de l'apothéose du héros lors de son entrée à Thèbes (*Œdipe et le Sphinx*, pour le premier 1903, et pour le second 1905). Quoi qu'il en soit, la relation entre mythe et tragédie, si étroite chez Sophocle qu'elle demeure encore susceptible de prêter un titre aux recherches récentes de J.-P. Vernant et de P. Vidal-Naquet, s'est détendue. Quelles qu'en soient les raisons, Œdipe a cessé d'être tragique.

Pourtant, à défaut du tragique qu'on ne sentait plus, on voulut parfois emprunter au sujet sa grandeur. Œdipe était devenu forme. Ce retour singulier à Sophocle, chez Ducis (1873), dans le film de Pasolini (1954), en partie chez Cocteau où la légende subit une manière de mixage avec le *Hamlet* de Shakespeare, et sûrement chez Stravinski, correspondait à une nostalgie du cérémonial antique, de sa grandeur et de son aspect monumental. Peu importait, au reste, la couleur locale de cette grandeur d'origine hellénique, Stravinski pouvait y quérir ce qu'il appelait le côté tibétain de son œuvre, comme Henri Ghéon et T. S. Eliot, l'un, dans son *Œdipe* et l'autre, dans *Fin de Carrière*, une gravité religieuse qui n'était pas sans rapports avec quelque souvenir biblique. Quant à Corneille, à Voltaire, à Gide ou à Poussin, ce qu'ils cherchaient chez Sophocle, pour être cependant sensibles à la qualité spécifiquement tragique de son œuvre, sans vouloir ou sans pouvoir pour autant la reprendre à leur compte, c'était un sujet à l'antique, c'est-à-dire grand et noble comme l'antique.

En d'autres circonstances toutefois et parfois chez les mêmes, l'emprunt impossible à la grandeur fut dénoncé, non sans coquetterie, par la raillerie. Chez Gide et chez Cocteau, chez Platen (1828), ce recours à la grandeur s'accompagne d'une parodie de la grandeur. La transposition de la tragédie se fait sur le mode du jeu, de la drôlerie, du comique, d'où des transpositions joyeuses ou grimaçantes, souvent incongrues, où l'archaïsme, le sacrilège, le ridicule et la cocasserie d'une inscription du récit mythique dans la réalité quotidienne ont leur part. « Mon gros bébé... » dit Jocaste à Œdipe dans *La Machine infernale*... et la Sphinx de Platen exige de ses victimes des distiques corrects. Mais, selon Kérényi, elle représenterait la « défense la plus objective de l'*Œdipe-Roi* de Sophocle dans son classicisme inégalable, par le détour d'une *deductio ad absurdum* qui consiste à suivre résolument le chemin pris par Corneille après Sénèque, et à le pousser jusqu'à l'absurdité manifeste ». Une telle volonté de se démarquer de la source témoignait pourtant à la fois d'un souci de faire du neuf et sans doute du pressentiment de l'impossibilité structurelle du projet.

Il faut pourtant encore noter l'utilisation allégorique qui a été faite du mythe d'Œdipe, probablement de façon plus banale dans la mesure où tous les mythes s'y prêtent. Gide évoquait dans son *Journal* le « combat des idées » que son drame portait à la scène. Chez Pasolini, Œdipe vieilli, jouant de la flûte devant une usine après s'être installé sous le porche d'une cathédrale, devient une manière de poète, peut-être de prophète du marxisme. En 1938, au contraire, l'*Œdipe ou le Crépuscule des Dieux* d'Henri Ghéon témoignait d'une espérance religieuse en même temps que d'une inquiétude des événements à venir. Le Sâr Péladan faisait porter à Œdipe le poids d'une solitude glorieuse et maudite, et Ducis attribuait ce rôle à Polynice dans son *Œdipe chez Admète* et dans son *Œdipe à Colone*. La structure éminemment conflictuelle du modèle tragique se prêtait d'autre part à toutes sortes de débats. Corneille, Voltaire, Péladan, Gide, Ghéon, Eliot, tous à travers l'opposition de Tirésias et d'Œdipe s'efforcent de donner la mesure du pouvoir de l'homme. Le conflit peut se ramener, chez Voltaire, parfois chez Gide, à coup sûr chez Tewfik el-Hakim (1958), qui s'inspire de ce dernier, à un conflit du pouvoir politique et du pouvoir religieux. « Ne nous fions qu'à nous ; voyons tout par nos yeux »... (Acte IV, scène V de la pièce de Voltaire qui date de 1718). Mais Corneille, en 1659 et à une époque où s'affrontaient les thèses jansénistes et jésuites, avait pu y trouver l'argument de deux morceaux de bravoure sur le libre arbitre. Les échos de la défense qu'Œdipe opposait à Créon dans l'*Œdipe à Colone* antique semblaient rejoindre les préoccupations de Port-Royal. Mais l'*Œdipe et le Sphinx* du Sâr Péladan semblaient postuler que le conflit de l'homme et de la divinité, manifesté parfois par un conflit du bien et du mal qui est le conflit tragique par excellence, pouvait être résolu par la générosité divine. De la même façon Henri Ghéon et T. S. Eliot retrouvaient dans la même fable une allégorie du triomphe de la grâce sur le péché et finalement une image de la rémission possible qui s'appuyait naturellement sur le souvenir d'Œdipe à Colone. Quant à l'œuvre complexe et lyrique de Tewfik el-Hakim, elle faisait jouer les unes contre les autres toutes les tentations d'un désir de vivre, tentation du bonheur, tentation de la vérité, tentation du mensonge, tentation des dieux et tentation des hommes : « Œdipe, le temps de la quiétude est passé. Réveille-toi de ton bonheur... »

Pourtant, à cette utilisation relativement classique et sans surprise du mythe d'Œdipe comme d'une allégorie s'en superpose une autre qui est à la fois plus moderne et plus subreptice : comme autrefois la mention du nom d'un héros suffisait non seulement pour rappeler la grandeur antique et le classicisme, mais pour faire l'économie d'une narration et de l'énonciation d'un thème (ainsi par exemple chez Du Bellay : « Heureux qui comme Ulysse »...), la seule mention du nom d'Œdipe, de Jocaste ou le rappel de la Sphinx suffisent désormais à désigner celui de Freud. Ainsi se crée un mythe de la psychanalyse, qui est peut-être à interpréter comme un mythe du mythe. Il faut rappeler enfin que la narration de l'histoire œdipienne est elle-même sujette à modification. On la retaille, dans le cas de Platen et de Péladan, ou on la surcharge. D'où une prolifération de détails, de récits et parfois de personnages. Le récit pour le récit s'enrichit dès l'*Œdipe* de Sénèque qui fait place à une scène célèbre de nécromancie au cours de laquelle Œdipe convoque l'ombre de son père, dans la *Thébaïde* de Stace, dans le *Roman de Thèbes* dont les titres de chapitres (« L'Exil de Polynice », « L'Ambassade de Tydée », « L'Episode de Montflore » ou « L'Arrivée du duc d'Athènes et la prise de la ville ») donnent la mesure de l'invention. Mais Corneille inventera une Dircé dont il fera l'amante d'Œdipe. Mais Voltaire aura recours à Philoctète et à Hercule, le Sâr Péladan à Prométhée et également à Hercule, Ducis aux personnages d'Admète et d'Alceste et Cocteau à un fantôme qui doit beaucoup à celui du vieil Hamlet. Deux épisodes sont cependant particulièrement prisés et développés, singulièrement dans le *Roman de Thèbes* et chez quelques modernes dont Péladan, Hofmannsthal, Ghéon et Cocteau, ce sont la célébration des noces d'Œdipe et l'épisode du combat avec la Sphinx. Autant dire que ce sont là deux moments auxquels, pour sa part, Sophocle avait préféré renoncer.

Chez les plus modernes enfin, on peut sans doute noter une tendance à la banalisation du mythe. Non seulement Œdipe y est donné pour quelque Lord Claverton ou quelque Wallas, mais encore, dans *Fin de Carrière*, le parricide est transcrit par un accident de voiture et l'inceste par la rupture d'une promesse de mariage, et chez Tewfik el-Hakim, la Sphinx n'est plus qu'un lion mythologisé par la supercherie politique. En tout cela, ce qui se laisse percevoir, c'est une difficulté à se démarquer de Sophocle, ou si l'on veut, une difficulté à parler d'Œdipe sans le répéter. Peut-être était-ce le tribut à rendre à une source dont Aristote affirmait déjà qu'elle était la meilleure des tragédies du temps. Aussi ne peut-on guère s'étonner qu'il ait fallu un changement radical de la perception et de la compréhension que nous avons du mythe pour que les structures de la narration s'en trouvent transformées, et ce n'est probablement pas par hasard qu'il ait fallu le développement des sciences humaines et la naissance de la psychanalyse pour que l'histoire d'Œdipe, après avoir été si souvent portée à la scène (non seulement de théâtre, mais d'opéra, avec Zingarelli en 1799, Sir Charles Villier Standford en 1887, l'*Œdipe-Roi* de Ruggero Leoncavallo monté en 1920 à Chicago, et l'*Œdipus Rex* de Stravinski créé à Paris en 1927), pût organiser la matière d'un roman. Pour la première fois dans l'histoire littéraire du mythe, Robbe-Grillet conçoit son œuvre autrement que comme une double variation sur une forme et sur un thème. En somme, le roman des *Gommes*, paru en 1953, occupe encore aujourd'hui une place tout à fait singulière dans la longue série des reprises du sujet.

C'est que le parti pris de Robbe-Grillet a d'abord été de répudier avec impertinence et en se jouant la tragédie, en tant que genre, celle de Sophocle comprise, la culture classique, et probablement tout aussi bien celle que l'on dit moderne, en même temps que, pêle-mêle, les sciences humaines, la psychanalyse et le roman policier. A cause de quoi, force lui fut d'innover. Mais peut-être n'y parvint-il, et qu'importe si ce fut ou non à son corps défendant, qu'en renouant avec ce qui s'était perdu. Le roman, lors de sa parution, a tout d'abord surpris par ses dénégations et par sa dérision. Refus d'un classicisme empesé et des structures de Sophocle, refus de la temporalité feuilletée ou pliée que celui-ci avait retenue, refus de ce qu'elle exprimait, refus du tragique et même, apparemment et de façon plus provocante que réelle, refus de la narration. Ce qui restait d'Œdipe dans le roman, sous sa forme la plus voyante au moins, tenait dans un jeu d'allusions, de clins d'œil et finalement de facéties. L'exposition de l'enfant y devenait motif de dentelle, la sphinx celui que figurait la rencontre aléatoire des détritus du canal, le meurtre de Dupont, une affaire policière tournant mal, et l'inceste une relation vague et vaguement équivoque du héros avec l'ex-femme de Dupont. L'allusion, ou les allusions, qui sont du reste multiples, remplacent la narration dans le roman chaque fois que l'aventure œdipienne est en cause. En somme, les références au mythe sont artificielles dans le roman et s'affichent pour telles. Il se pourrait cependant que l'accord de Robbe-Grillet avec la raison d'être et de durer de cette antique histoire se soit trouvé plus fort que ses désaccords les mieux revendiqués et qu'il ait récrit ou réinventé celle d'un Œdipe d'aujourd'hui. Wallas se présente dans *Les Gommes* comme un Œdipe sans prouesse et sans promesse, qu'un châtiment assez terne rend expressément au sort commun. Plutôt que de parvenir à Colone, cet Œdipe qui aura cessé d'être roi pour se salarier, demeure donc prisonnier des eaux d'un étrange aquarium où tournent des fantasmes et où tout peut sans doute arriver parce que tout est gratuit et vain. Car la parodie n'aura pu venir à bout des structures signifiantes. Par-delà la tragédie, le roman renoue avec le mythe, et par-delà la psychanalyse, il redit l'œdipe. Sophocle avait proposé une version du mythe qui en offrait une interprétation littéraire, philosophique et religieuse non dissimulée. Robbe-Grillet en propose une interprétation du même ordre, quoique radicalement différente. L'on passe donc de la tragédie qui exaltait la conscience à un roman de l'indifférenciation, de l'atonie et de la vacuité, ou plus précisément encore à un roman de la nécessité, non perçue comme tragique, qui avait dès les premières versions du mythe condamné l'homme à l'impuissance, à la faute et au meurtre. Car cette rupture avec un genre, marque des retrouvailles avec le mythe, du moins avec la catastrophe non élaborée telle que le mythe la raconte. Ceci se joue sur deux plans. D'une part Œdipe devenu Wallas et homme sans qualités, sans projet et sans volonté, redevient comme celui du mythe, la pure représentation d'une pulsion, dont il faudra bien qu'elle le conduise à quelque dénouement du pire, et d'autre part, le personnage qui n'est plus assez fortement déterminé par l'intrigue policière dans laquelle il s'inscrit deviendra le centre vide vers lequel les fantasmes confluent. Il finit par ne plus être présent que par son inconscient et, si l'on veut par un retour à l'ordre du refoulé ou un retour à l'œdipe. Ainsi, la rupture avec la tragédie a-t-elle permis de renouer, par-delà la narration avec le mythe et par-delà la dérision du roman policier, avec la psychanalyse. Sur ce point une précision s'impose en effet : Robbe-Grillet, qui n'en dit rien expressément montre plus et mieux l'errance impliquée par le complexe d'Œdipe que des poètes tels que Cocteau ou Hofmannsthal qui désignent la psychanalyse sans en retrouver les enjeux. D'Œdipe, il fait ainsi passer à l'œdipe, et la part d'invention que cela suppose ne saurait être mince. D'où le retour du lyrisme, le retour de la narration, le retour du jeu et le retour de la littérature, voire le retour du sens, comme on dit le retour du refoulé dans ce roman après leur mise entre parenthèses, ou peut-être en attente. Du moins ne fait-il guère de doute que dans cette évocation, toute proche d'être fantastique, des rapports qu'entretiennent l'homme, son inconscient et le monde, le romancier n'ait récrit le mythe sans fatum de l'Œdipe moderne. Il poursuivra, d'une manière peut-être plus systématique, dans *Djinn* (1981), reprise moderne d'*Œdipe à Colone*, ou à Cologne...

Ce panorama, pour bref qu'il soit, serait incomplet cependant s'il ne faisait apparaître un certain nombre de théories relatives soit à Œdipe, soit à l'œdipe. On peut remarquer qu'au moment même où les œuvres sur Œdipe témoignaient d'une perte et d'un affaiblissement par rapport à la source antique, la réflexion théorique qui part elle aussi du modèle grec ne cesse de s'enrichir. Ainsi Hegel, ainsi Hölderlin, ainsi Nietzsche qui tous trois se servent de l'œuvre de Sophocle pour définir le tragique et dont la pensée part, si l'on veut, de la littérature pour y revenir. La psychanalyse, en revanche, malgré d'évidents rapports de filiation avec le mythe et avec la tragédie, qui sont au reste attestés par la célèbre lettre du 15 octobre 1897 de Freud à Fliess, fait sortir Œdipe de la littérature. Elle l'oblige même à descendre dans la rue pour en faire la question du tout-venant. Mais, du même coup, elle greffait un souci thérapeutique sur la narration mythologique. Œdipe, de ce fait, semble avoir cessé d'appartenir en propre à la création littéraire pour féconder d'autres discours. La permanence de la littérature ne se trouve pas mise en cause mais la parole sur Œdipe n'est plus l'apanage des écrivains. Œdipe est devenu, par le biais de la psychanalyse, la référence commode et commune des réflexions les plus diverses. Ainsi Œdipe, affranchi désormais du souvenir de la tragédie, d'un certain classicisme ou d'une idée de la Grèce est plus vivant qu'il n'a jamais été depuis Sophocle.

Mais si, comme Freud l'exprime, « la légende grecque a saisi une compulsion que tous reconnaissent parce que tous l'ont sentie », il est notable que la psychanalyse, et peut-être aussi bien après elle l'anthropologie avec l'analyse que donne Lévi-Strauss (*Anthropologie structurale*, 1958) du mythe d'Œdipe, et même plus récemment l'histoire, avec tel article de J.-P. Vernant qui reprend et prolonge sa réflexion sur la boiterie œdipienne, ont pour objet la nécessité et le mal d'aimer et de communiquer. Ce n'est sans doute pas rompre, ni avec Sophocle ni avec le mythe dont cette pensée procède étroitement, mais c'est délacer son efficace et lui ouvrir le champ du réel. Telle est sans doute la raison pour laquelle tant de modernes ont attaché tant d'importance à l'épisode de la Sphinx. A l'ambiguïté du récit, l'épisode surajoute en effet celle d'une énigme que le mot d'une réponse juste ne parvient pas à lever et cette mise en abyme d'autant plus insistante que les termes de la question rappellent la signification même du nom d'Œdipe et la métaphore de son itinéraire propre, superpose la conscience à l'événement. On ne saurait cependant en rester là, et comme le donne à penser *Les Gommes* de Robbe-Grillet, Œdipe saisi hors de la littérature peut cependant y revenir et en modifier le langage. Singulier va-et-vient dont il est loisible de prédire qu'on ne sait le dernier mot.

Colette ASTIER

BIBLIOGRAPHIE

Textes

HOMÈRE, *Odyssée, Iliade* vers 750 avant Jésus-Christ.

ESCHYLE, *Les Sept contre Thèbes*, et des fragments des deux premiers drames *Laïos* et *Œdipe* (525-426 avant Jésus-Christ).

EURIPIDE, *Les Phéniciennes* (vers 471).

SOPHOCLE, *Œdipe-Roi* (vers 430), *Œdipe à Colone* (vers 406).

SÉNÈQUE (4 avant Jésus-Christ), *Œdipe*, dans la collection des Universités de France, Belles Lettres.

CORNEILLE, *Œdipe*.

VOLTAIRE, *Œdipe*, 1719.

HÖLDERLIN, *Remarques sur Œdipe, remarques sur Antigone*, 1804.

DUCIS, *Œdipe chez Admète, Œdipe à Colone*, 1826.

PLATEN, *Der Romantische Œdipus* (Œdipe romantique), 1828.

Le Sâr PÉLADAN, *Œdipe et le Sphinx*, drame représenté à Orange en 1903.

HOFMANNSTHAL, *Œdipus und die Sphinx*, (Œdipe et le Sphinx), 1905.

Jean COCTEAU, *Opéra*, 1927, *La Machine infernale*, 1934.

Pierre Jean JOUVE, « Inconscient, spiritualité, catastrophe », avant-propos de *Sueur de sang*, 1923.
STRAVINSKI, *Œdipus Rex*, sur un livret de Jean Cocteau traduit en latin par Jean Daniélou, exécuté à Paris en 1927.
GIDE, *Œdipe*, 1931.
Henri GHÉON, *Œdipe ou Le Crépuscule des Dieux*, 1952.
ROBBE-GRILLET, *Les Gommes*, 1953.
Michel BUTOR, *L'Emploi du temps*, 1956.
Tewfik El-HAKIM, *Œdipe*, 1958.
T. S. ELIOT, *The Elder Statesman* (fin de carrière), 1959.

Études

Didier ANZIEU, « Œdipe avant le complexe », *Les Temps Modernes,* Paris, janvier 1966.
Colette ASTIER, *Le Mythe d'Œdipe,* Paris, Armand Colin, 1974.
Sigmund FREUD, *Gesammelte Werke,* 18 vol., Londres, 1940-1952.
René GIRARD, « Symétrie et dissymétrie dans le mythe d'Œdipe », Paris, *Critique,* février 1969, n° 34.
André GREEN, *Un Œil en trop, le complexe d'Œdipe dans la tragédie,* Paris, éd. de Minuit, 1969.
Ernst JONES, *Œdipe et Hamlet,* trad. par Anne-Marie Le Gall, Paris, Gallimard, 1967.
Carl Gustav JUNG, *Métamorphoses et Symboles de la libido,* Paris, Montaigne, 1932.
Jacques LACAN, *Ecrits,* Paris, Seuil, 1966.
Jean LAPLANCHE, *Hölderlin et la question du père,* Paris, P.U.F., 1969.
Claude LEVI-STRAUSS, *Anthropologie structurale,* Paris, Plon, 1958.
Patrick MULLAHY, *Œdipe, du mythe au complexe,* trad. S. Fabre, Paris, Payot, 1951.
Marthe ROBERT, *La Révolution psychanalytique,* Paris, Payot, 1964; *Roman des origines et Origines du roman,* Paris, Grasset, 1972.
Jacques SCHERER, *Dramaturgies d'Œdipe,* Paris, P.U.F., 1987.
Jean STAROBINSKI, *La Relation critique,* Tome II, Paris, Gallimard, 1970.
Jean-Pierre VERNANT, Pierre VIDAL-NAQUET, *Mythe et Tragédie en Grèce ancienne,* Paris, Maspéro, Tome I 1972, II 1986.

L'OGRE

L'ogre est un personnage du conte populaire dans la tradition orale, africaine et européenne. Avec Charles Perrault et Mme d'Aulnoy qui recueillent au XVIIe siècle les récits de la tradition orale, il apparaît dans le conte littéraire destiné à un public d'enfants bien que le public adulte continue d'apprécier hautement ces « contes de Fées et d'Ogres » (1) [1] comme les appelle Perrault lorsqu'il présente à ses lecteurs ses *Histoires ou Contes du Temps passé.* C'est le roman contemporain qui donne aujourd'hui au mythe de l'ogre un regain d'actualité. Deux romans primés par l'Académie Goncourt : *Le Roi des Aulnes* de M. Tournier, en 1970, et *L'Ogre* de Jacques Chessex, en 1973, doivent leur succès à ce personnage que l'on aurait pu croire remisé au magasin des mythes périmés pour enfants. La publication en 1977, sous le titre : *L'Ogresse* de contes transcrits de la tradition orale tunisienne par Nacer Khemir (2) montre sa popularité persistante.

1. Les numéros entre parenthèses renvoient à la bibliographie pp. 1109, 1110, 1111.

Une étymologie controversée

Le dictionnaire Bloch et Wartburg indique (3) que le mot apparaît en 1300 avec le sens moderne et qu'il est probablement l'altération d'une forme « orc » du latin : Orcus « dieu de la mort » et « enfer » qui aurait survécu dans les croyances populaires pour aboutir à la légende de l'ogre. Cette étymologie est appuyée par l'italien : orco « croquemitaine », l'espagnol archaïque huerco : « enfer, diable » et par un passage de la vie de saint Eloi, mort en 659, qui fait allusion à un sermon où celui-ci, blâmant ceux qui gardaient de vieilles superstitions païennes, citait à la fois Orcus, Neptunus et Diana. C'est Jacob Grimm qui le premier rapprocha l'ogre de l'Orcus des Latins. L'ogre apparaît d'ailleurs sous la forme « Orque » dans *L'Ovide bouffon* de Richer (1662) « Sachant par cœur de mot à mot/ L'Orque, le petit Pucelot, La Souris, Peau d'Ane et la fée ».

Le mot ogre est très rare en ancien français; Chrétien de Troyes l'emploie plusieurs fois mais pas dans le sens de monstre anthropophage. Dans une variante de *Lancelot*, le paladin qui suit la piste du chevalier qui a emmené la femme du roi Arthur reçoit cette réponse des gens qu'il rencontre : « Uns chevaliers corsuz et granz / Fiz le roi des ogres l'a prise. » Ailleurs les ogres sont désignés comme les anciens habitants du royaume de Logre. Lancelot trouve dans ce royaume une multitude d'hommes prisonniers qui ne peuvent retourner dans leur pays. Selon Gaston Paris, ce conte serait une variante celtique de la légende d'Orphée. Lancelot descendrait aux Enfers pour délivrer sa dame. Ainsi, le pays de l'Ogre ou des Ogres, c'est l'Enfer dont nul ne retourne (4).

Dontenville rejette une autre étymologie selon laquelle « ogre » viendrait de Hongrois. « Tout au plus les très redoutées incursions hongroises en Gaule au Xe siècle auraient rafraîchi le vieux vocable et provoqué le pluriel du nom. » (5).

Il rapproche le mot ogre de Gorgone et de Gargantua, noms qui ont été associés à la racine garg qui signifierait gosier. Selon Dauzat (6) ces mots dériveraient plutôt d'une racine plus primitive, pré-indo-européenne, kar ou kal, gar ou gal signifiant la pierre, racine que l'on retrouve dans tous les hauts lieux du culte solaire dédiés à Gargan-Gargantua, le soleil celtique.

L'ogre, selon Dontenville, est à assimiler à « l'Orcus souterrain, à l'Occident avaleur de soleil ». « Il serait la valorisation négative... de Gargan-Gargantua, le soleil celtique. Il serait le sens actif d'engloutir, de manger, le père de toutes les Gorgones habitantes des occidentales Gorgades. » (7).

Le lien entre l'idée de dévoration, d'engloutissement et les ténèbres mortelles s'impose. « Nous tenons la nuit, la nuit de la terre et du tombeau en Orcus et l'Ogre. » (8).

Le tableau de Bruegel intitulé : *Dulle Griet* (9) et celui de Jan Mandyn : *La Tentation de saint Christophe* (10) obéissent à la même inspiration en montrant l'enfer sous la forme d'une gueule béante et dentée au milieu d'une tête gigantesque.

Les doublets de l'ogre : le diable, la sorcière, le loup, le monstre

L'origine du mot ogre qui l'associe aux ténèbres du monde souterrain, infernal (inférieur au sens étymologique), montre qu'il est le doublet folklorique du diable.

Ce terme ogre qui n'apparaît, par la lettre imprimée, qu'avec Charles Perrault en 1697, repris très vite par Mme d'Aulnoy, est absent des contes de Grimm qui ne connaît que le diable « *teufel* ». *L'Okkerlo* des frères Grimm est si peu allemand que les auteurs le suppriment d'une nouvelle édition des *Contes de l'Enfance et du Foyer*, l'occupation napoléonienne terminée. Pourtant, « le diable aux cheveux d'or » montre clairement l'homologie de l'ogre et du diable : « Je sens, je sens la chair fraîche » (11), dit-il à sa grand-mère qui cherche, comme la femme de l'ogre du « Petit Poucet », à lui cacher la présence d'un enfant.

La sorcière est un autre doublet de l'ogre dans le conte de Grimm : *Hansel et Gretel* traduit « Jeannot et Margot » (12). Les parents bûcherons sont réduits par la famine à perdre leurs enfants dans la forêt. Comme dans *Le Petit Poucet*, Jeannot sème d'abord des cailloux blancs pour retrouver son chemin puis des miettes qui sont mangées par les oiseaux. La sorcière à la maisonnette de pain et de gâteau que les enfants rencontrent est une ogresse. Son flair animal lui permet de reconnaître la chair humaine. Elle aussi songe à dévorer les enfants mais elle les engraisse avant de s'apprêter à les cuire dans son four.

Le dernier avatar de l'ogre est le loup, l'animal féroce par excellence en Europe et dont la gueule aux dents pointues déchire ses proies et inspire la terreur. L'image du loup comme celle de l'ogre est liée à la forêt, à la solitude, à la faim. La parole du loup du *Petit Chaperon rouge* : « C'est pour mieux te manger mon enfant » pourrait être celle de l'ogre aux grandes dents avides. Une version italienne du Chaperon rouge montre d'ailleurs une ogresse dont la queue trahit la nature non-humaine (13). Le loup est associé comme l'ogre aux puissances funèbres : Anubis, dieu égyptien psychopompe, a la forme d'un chien sauvage. Dans *Les Eddas*, poèmes de la mythologie nordique, ce sont deux loups Sköll et Hali, fils d'une géante, et le loup Fenrir qui pourchassent le soleil et la lune, rejoignant ainsi l'image de l'ogre avaleur de soleil.

Que l'ancien nom de Beaucaire : Ougernon, que Dontenville rapproche du mot ogre, soit dans le site de la Tarasque permet encore de rapprocher la voracité de l'ogre de celle de ces monstres qui à Bordeaux, à Tarascon et à Poitiers réclamaient, selon la légende, leur ration de chair humaine. Ce taureau aquatique, la Tarasque, se rapproche plus du dragon que de l'ogre. Mais la parenté doit être soulignée. Dans le roman contemporain, *Le Roi des Aulnes*, l'ogre Tiffauges est encore appelé : « Béhémoth » du nom d'un monstre aquatique de l'Ancien Testament (14).

L'ogre est encore nommé le géant en Suède, en Ecosse, en Irlande, en Grande-Bretagne ou le serpent à sept têtes en Lituanie, en Russie, en Tartarie (15).

L'OGRE : UNE NATURE AMBIGUË

Ces différents avatars de l'ogre dans le folklore et dans les contes nous amènent à poser la question de sa nature : divine bien que maléfique, animale bien que liée à des pouvoirs surnaturels, ou humaine bien que son cannibalisme l'exclue de toute société ?

Le Chronos grec, rendu célèbre par le tableau de Goya : *Saturne dévorant ses enfants*, est le symbole du temps destructeur. Il est le prototype divin de l'ogre. L'Orcus souterrain qui dévore le soleil et les mortels est figuré sur les peintures funéraires des tombes étrusques sous la forme d'un géant barbu et hirsute (16). L'ogre est lié à ces divinités païennes évoquant la mort. Son aspect de géant trahit son origine surnaturelle. Il fait penser encore à ces Titans, fils du ciel et de la terre qui, aux origines du monde, se révoltèrent contre les dieux. L'ogre cannibale apparaît comme « l'héritier de ces géants insolents, contempteurs des esprits célestes qui régnaient avant le déluge » (17). « J'étais là déjà il y a mille ans, il y a cent mille ans » (18), dit l'ogre du *Roi des Aulnes* évoquant ces origines immémoriales. La parenté de l'ogre avec les Cyclopes, autres géants anthropophages dont Polyphème, qui mange les compagnons d'Ulysse, est le prototype le plus connu, est souvent soulignée. L'ogre Ravagio et sa femme Tourmentine dans le conte de Mme d'Aulnoy : *L'Oranger et l'Abeille* n'ont qu'un seul « œil louche, placé au milieu du front » (19). Camille Lacoste observe que dans les récits maghrébins, les ogres sont fréquemment cyclopes (20). Bien que Geneviève Calame Griaule estime ce trait surtout méditerranéen et peu répandu en Afrique noire, elle cite une ogresse appelée « Un Œil » dans un conte ngbaka (21). La parenté de l'ogre avec le diable dans les contes germaniques montre encore sa qualité surnaturelle. Lautréamont réactualise cette tradition lorsque, dans les *Chants de Maldoror* (chant 2), Maldoror s'en prend violemment au Créateur qui dévore et torture pour son plaisir l'humanité. Dans la poésie de Tardieu, la dent de l'ogre est celle du temps qui ronge. Il évoque dans *Les Tours de Trébizonde* « la vulnérable et pullulante espèce des hommes bonne pour être cueillie par les ogres insatiables dans les alvéoles des ruches citadines comme autant de minuscules crustacés ».

L'ogre qui dévore serait-il, malgré son aspect anthropomorphe, une sorte d'animal prédateur carnassier?

Le flair de l'ogre, sa vue insuffisante (le thème de l'ogresse aveugle revient souvent dans les contes (22), son manque d'intelligence (il est souvent trompé par le Petit Poucet ou le Mqides des contes kabyles (23), l'importance de ses dents, son appétit bestial, le fait qu'il dévore crues ses proies (24), l'apparentent à la nature sauvage animale (en vertu de l'opposition cru/cuit, nature/culture dégagée par Claude Lévi-Strauss (25). Un détail trahit souvent cette nature animale : longues oreilles d'âne de Ravagio et Tourmentine (26), queues des ogres hausa (27). L'ogre est un monstre, un être hybride, parent du Minotaure, cet être moitié homme, moitié taureau, qui dévorait les jeunes Athéniens, parent du Sphinx, à la fois femme, lion, oiseau de proie qui dévorait les jeunes Thébains, parent des mythiques Cynocéphales, hommes à tête de chien chers à Pline, Solin, saint Augustin puis aux *Livres des Etymologies* d'Isidore de Séville et à l'*Imago Mundi* de Pierre d'Ailly, au tout début du XVe siècle (28).

L'ogre du *Roi des Aulnes* actualise cette animalité : c'est un homme cheval. Le cheval de Tiffauges s'appelle Barbe-Bleue, soulignant davantage l'analogie de l'ogre et du hongre. Il se substitue à son maître qui peut dire avec fierté : « Barbe-Bleue... n'était qu'un autre lui-même » (29), lorsqu'il flaire et débusque un enfant (30). Parmi les caractères physiques de l'ogre figure en effet la possibilité de prendre la forme d'un animal. Paul Delarue dans *Le Conte populaire français* signale une version canadienne de Barbe-Bleue où le seigneur est remplacé par un cheval géant poursuivant ses victimes (31).

Frank Lestringant pose le problème de la nature de l'ogre lorsqu'il écrit : « L'homme-loup qui a faim de chair humaine est plus un monstre animal qu'un humain cannibale »... « Par son crime incommensurable, l'ogre outrepasse les bornes de toute humanité » (32).

La troisième question s'impose donc : l'ogre serait-il en fin de compte un homme monstrueux qui se nourrit de ses semblables par goût pervers de la chair humaine? Serait-il un homme sauvage, rejeté de la société par l'énormité de sa transgression? un possédé du démon, victime de lycanthropie?

Camille Lacoste cite Frobenius pour qui les ogres « seraient des êtres humains, mais demeurés asociaux, hors civilisation » (33).

Les dictionnaires de langue française *Littré* et *Robert* présentent les termes : anthropophagie et cannibalisme comme des synonymes. Jacques Geninasca (34) propose d'introduire entre ces termes une distinction qui, appliquée à l'ogre, souligne le problème de sa nature. Il propose que le mot anthropophagie désigne la consommation de la chair humaine, quel que soit le consommateur, et que le cannibalisme désigne l'anthropophagie dont le sujet est un homme ou bien toute conduite alimentaire où un être se nourrit d'un être de la même espèce.

L'ogre, par définition anthropophage, n'est cannibale que si, étant de nature humaine, la chair humaine lui est interdite. S'il n'est pas de nature humaine, il n'enfreint aucun tabou, il ne diffère pas du loup du *Chaperon rouge.*

La réalité du cannibalisme en Europe, surtout en période de famine et de pénurie, ne saurait être oubliée. Le mythe de l'ogre fait allusion à une terrible réalité. Les contes du *Petit Poucet* de Perrault ou *Jeannot et Margot* de Grimm disent l'impossibilité où sont les parents de nourrir leurs enfants en période de disette. Or, la consommation des enfants était effective durant les grandes famines au Moyen Age et au XVIe siècle durant les sièges. Agrippa d'Aubigné décrit dans *Les Tragiques* (35) une mère affamée qui tue et dévore son enfant. Dans le conte de Perrault, l'ogre qui tue les enfants pour les dévorer n'est-il pas le double du père, l'objectivation de son désir monstrueux de manger ses propres enfants comme la sorcière de *Jeannot et Margot* est le double de la mère qui veut les perdre ? C'est bien de viande qu'ont faim les parents du Petit Poucet qui vont à la Boucherie dès qu'ils trouvent de l'argent, à leur retour. Ce rapprochement du mythe de l'ogre avec des actes réels de cannibalisme expliquerait pourquoi la chair fraîche qui est convoitée est plus souvent celle de l'enfant, victime désignée parce que sans défense.

Les contes montrent souvent des marâtres ou des pères qui persécutent l'enfant forcé de fuir ceux qui lui ont donné naissance. « Par le réquisitoire qu'il laisse percer sous la façade de sa moralité officielle, le conte se rattache assurément au vieux fonds commun des mythes et des légendes où l'humanité archaïque a déposé son horreur de naître. Horreur sacrée, certes, mais non dénuée de réalisme en des temps où la naissance était encore une aventure pleine de risques et de périls » (36), écrit Marthe Robert. Le mythe de l'ogre exprimerait-il les « pulsions cannibaliques » des parents, distinctes des simples pulsions d'agressivité orale, dont parle l'ethnopsychiatre Georges Devereux (37) ? Le tabou qui oblige la mère mohave à s'abstenir de viande durant toute la période qui suit l'accouchement est, selon lui, une des défenses les plus explicites élevées par la culture contre les pulsions cannibaliques maternelles perceptibles chez certains animaux où la placentophagie est parfois suivie de la dévoration du cordon ombilical et du nouveau-né lui-même. En Nouvelle-Guinée, ces pulsions cannibaliques sont satisfaites par procuration : les femmes d'une certaine tribu livrent leur premier-né aux truies que l'on garde dans un ravin pendant qu'elles adoptent et nourrissent de leur lait un porcelet.

Même si le cannibalisme métaphorique est beaucoup plus important que le cannibalisme réel, il est utile de rapporter ces faits qui montrent « la bestialité » de l'homme et que le mythe de l'ogre exprime indirectement, car en laissant planer un doute sur la nature de l'ogre, il permet à la fois d'évacuer l'horreur et de la dire.

L'ogre est donc un monstre aux pouvoirs surnaturels, un être fée, qui parcourt les règnes et appartient à chacun d'entre eux sans qu'on sache très bien s'il est de nature humaine, animale ou divine. Son pouvoir de métamorphose montre qu'il est hasardeux de vouloir trop le définir même s'il apparaît le plus souvent sous les traits d'un géant, vivant au fond des forêts, grand chasseur, jouissant de grandes richesses et possédant des objets magiques comme ces bottes de sept lieues dont on retrace le motif dans les contes africains (38) et qui lui permettent de se déplacer à une vitesse extraordinaire. Le mythe de l'ogre est un mythe de rapt. Si l'ogre n'a pas de bottes, il a une monture, ou il est lui-même un cheval qui se déplace rapidement. Enfin, il a souvent un grand sac ou une hotte dans laquelle il jette ses proies. Cette hotte est peut-être l'avatar de la barque où Charon emportait les âmes. Remarquons que Jeannot et Margot doivent franchir un fleuve lorsqu'ils reviennent de chez la sorcière de même que l'enfant qui a volé trois cheveux d'or au diable dans le conte de Grimm, images qui perpétuent le souvenir du Styx et dont saint Christophe, le bon géant passeur, protecteur des gués et des voyageurs, offrirait aujourd'hui l'image inversée.

L'AMBIVALENCE DU MYTHE

Le mythe de l'ogre, comme tout grand mythe, est en effet tendu entre des forces antagonistes. Et c'est à cause de ces sens contradictoires qu'il n'est pas une figure figée.

L'ogre noir implique l'ogre blanc qui en est l'autre face. L'étymologie suggère que l'ogre serait la valorisation négative de Gargantua, le soleil celtique. Gargantua est un bon ogre, c'est pourtant un goinfre insatiable, pareil en cela à l'ogre du Petit Poucet qui a « un mouton entier à la broche pour souper ». Comme l'ogre, il peut aller de montagne en montagne, sans être arrêté par les rivières. S'il n'est pas méchant, il peut néanmoins faire figure de croquemitaine. C'est de lui qu'on menaçait les enfants à Saint-Chéron (Essonne) : « Prends garde à Gargantua qui habite la butte à Saint-Nicolas » (39). Dans *Toute la Lyre,* VII, 11, Hugo évoque avec humour « un brave ogre des bois » qui se présente chez une fée dont il est amoureux. Le prince Ogrouski (c'est le nom avantageux qu'il se donne) va « croquer le marmot » au sens propre et figuré, c'est-à-dire qu'il va attendre (sens figuré) et ce faisant manger « le mioche » de la fée. Mioche rime avec brioche dans le poème. Or l'étymologie révèle que le mot mioche est fait sur mie de pain.

L'opposition vie/mort structure le mythe de l'ogre. Qui peut donner la mort peut aussi sauver de la mort. Stith Thompson dans *Motif Index of Folk Literature* souligne que les ogres peuvent devenir sauveteurs et vigilants. C'est le cas de l'homme sauvage dans le conte de Grimm : *Jean de Fer* (40).

Le Roi des Aulnes de Michel Tournier garde au mythe son ambivalence. Le héros Tiffauges s'assimile d'abord au roi des Aulnes, l'ogre germanique de la célèbre ballade de Goethe qui ravit l'enfant dans la mort avant de devenir saint Christophe, celui qui sauve l'enfant. Jacques de Voragine dans *La Légende dorée* rappelle que saint Christophe s'appelait d'abord le Réprouvé (41), qu'il était un géant terrible à la faim insatiable et qu'il se mit d'abord au service du diable. Saint Christophe est donc un ogre converti. Marie Bonaparte explique cette inversion du mythe lorsqu'elle étudie le saint Christophe cynocéphale du musée byzantin d'Athènes (42) ; dans son rôle de passeur, saint Christophe est le doublet de Charon qui, dans la mythologie grecque, passe les morts de l'autre côté du fleuve infernal. Le Christ, porté par la mort, transformerait le sens de la mort. « L'image du cynocéphale dompté par le Christ et devenu christophore inverse son sens, devient protectrice, talisman contre la violence de la mort » (43). Saint Christophe protège les voyageurs contre la mort subite. C'est qu'il y a une bonne mort qui est passage et transition rassurante. La hotte du passeur géant serait ainsi la survivance gullivérisée de la nef de Charon.

Saint Nicolas, vénéré depuis le XIIe siècle pour avoir sauvé des enfants qu'un boucher avait tués et mis au saloir, est un autre personnage ambigu de la tradition populaire. Catherine Lepagnol rapporte la chanson populaire bien connue :

« Ils étaient trois petits enfants
Qui s'en allaient glaner aux champs » (44).

Lorsque saint Nicolas arrive chez le boucher, il a grand faim, il ne veut ni jambon ni veau mais du petit salé. Or *Le Petit Robert* indique pour petit salé : « Chair salée d'un petit cochon ; au sens figuré et populaire : petit enfant, lardon. » Saint Nicolas, le patron des petits enfants, serait-il un ogre ? Si le boucher de la chanson populaire qui rapporte le miracle de saint Nicolas rappelle l'ogre du *Petit Poucet* qui se nourrit indifféremment de petits cochons ou de petits enfants, saint Nicolas est un sauveur bien ambigu qui semble réparer, par ses miracles, le crime qu'il était tenté de commettre.

Saint Nicolas est l'ancêtre du Père Noël, personnage populaire lié aux enfants mais ambigu lui aussi, si l'on y regarde de près. N'est-il pas accompagné traditionnellement de personnages bien inquiétants, pères Fouettards et croque-mitaines qui punissent les enfants qui ne sont pas sages, qui les menacent de les voler et de les emporter au loin ? *Le Robert* propose du croque-mitaine une étymologie qui nous ramène à l'ogre : « De croquer et de mitaine (gant) à moins que ce ne soit l'altération du néerlandais *metjen* : petite fille, ce qui se dit en allemand *Mädchen* » (45). Ces amateurs de chair fraîche sont les doubles du Père Noël. Ils expriment ouvertement une ambivalence latente. Le Père Noël, comme l'ogre, n'a-t-il pas des bottes, une hotte ? L'album de Catherine Lepagnol, *Biographies du*

Père Noël, multiplie les reproductions où l'on voit les dessins qui jouent sur l'ambiguïté de l'ogre-Père Noël (46) ou de saint Nicolas-ogre (47). Elle cite même un récit : le *Père Noël des Rats* où l'ogre-chat, fort proche de Raminagrobis, se déguise en Père Noël (48). Le romancier Michel Tournier dans le conte de noël : *La Fugue du Petit Poucet* (49) joue sur cette ambiguïté : l'ogre fait don de ses bottes au petit Pierre, la nuit de Noël. La figure du Père Noël se profile derrière celle de l'ogre qui fascine l'enfant.

L'attrait que l'enfant éprouve pour ces personnages ne vient-il pas d'ailleurs de leur mystère et même de la peur qu'ils inspirent? comme le montre le conte de Grimm qui met en scène Dame Holle, fée sorcière aux grandes dents, aimée et redoutée à la fois par les enfants allemands qui l'attendent au soir de Noël (50). *Le Joueur de Flûte de Hameln* dans le conte germanique du même nom, ce « grand personnage rouge » qui entraîne les enfants comme il a entraîné les rats, vers une destination inconnue, les ravit aux deux sens du terme. « Ce conte est la réalisation imaginaire de ces fantaisies de rapt, de ces désirs obscurs d'enlèvement qui dorment en chaque enfant », remarque Pierre Péju dans son ouvrage : *La Petite Fille dans la Forêt des Contes* (51).

Le personnage de l'ogre est bien un personnage mythique et non légendaire qui participe de l'ambivalence du sacré. Il attire et il repousse, comme toutes les manifestations des puissances de l'au-delà. Cette attirance-répulsion, ce pouvoir à la fois maléfique et bénéfique (le héros qui affronte l'ogre revient souvent très riche (52)), est encore perceptible dans une tradition maghrébine. Lors de la fête de l'Achoura qui est à la fois la fête de la Toussaint, de Noël et du Carnaval et où beaucoup de rites païens survivent, un personnage masqué, à l'aspect inquiétant, vêtu de peaux de bêtes et porteur d'une longue queue apparaît; il est appelé « l'ogre de l'Achoura » dans la vallée du Draa (53). Il incarne les ancêtres, les êtres de l'au-delà revenus dans l'interstice entre deux années : celle qui finit et celle qui commence. Il effraie femmes et enfants mais on le laisse pénétrer dans les maisons, si soigneusement closes d'ordinaire, car il est une garantie d'abondance et de fécondité. Ceci rejoint l'interprétation de Gaston Paris selon lequel l'ogre serait l'héritier des raksas de l'Inde qui seraient les âmes des morts (*Revue crit. d'Histoire et de Littérature*, 1868, II, 5-6).

Le mythe de l'ogre est encore structuré par une autre opposition : aimer/haïr.

Dans le conte de Grimm : *Blanche Neige*, la belle-mère jalouse de la beauté de la jeune fille veut manger son foie et ses poumons. Veut-elle seulement s'assurer de sa mort, se venger de l'outrage qui est fait à sa beauté? La haine seule n'épuise pas cet acte d'appropriation magique de la beauté. Le désir d'une possession digestive exprime une volonté d'identification. L'ogre amateur de chair fraîche veut faire siennes les vertus de la jeunesse. Il veut entretenir son éternité à cette source de vie. Stith Thompson signale parmi les superstitions de l'ogre la croyance au pouvoir curatif et régénérateur de la chair humaine (54).

« J'aime la viande, j'aime le sang, j'aime la chair, c'est le verbe aimer qui importe seul. Je suis tout amour. J'aime manger de la viande parce que j'aime les bêtes », écrit l'ogre du *Roi des Aulnes* (55).

L'ogre Tiffauges retrouve le caractère religieux du repas sacrificiel lorsqu'il se livre à « l'ingestion dévote et silencieuse de la dépouille des trois petits soldats égorgés », les pigeons qui ont été tués par des soudards avinés. Dévorer est, là, un acte d'amour et les pigeons embrochés annoncent les enfants.

L'ogre Tiffauges est fasciné par l'enfant. Sa faim n'est pas seulement matérielle. C'est une faim de jeunesse et d'innocence.

Le registre symbolique du cannibalisme renvoie à une référence religieuse, chrétienne. Dans le sacrifice de la messe, le pain est le corps du Christ, le vin est son sang. L'invitation du Christ à l'Eucharistie prend toute sa portée métaphorique dans le texte de Jean : « En vérité, en vérité, je vous le dis, si vous ne mangez la chair du Fils de l'Homme et ne buvez son sang, vous n'aurez pas la vie en vous. Qui mange ma chair et boit mon sang a la vie éternelle... Qui mange ma chair et boit mon sang demeure en moi et moi en lui » (56).

Le silence est fait ici sur la destruction du corps ingéré. Certaines branches de la famille chrétienne interdisent au fidèle de mâcher l'hostie. D'autres, comme les protestants au XVIe siècle, refusent de comprendre la portée symbolique de l'ingestion de l'hostie et accusent l'Eglise catholique de théophagie et d'omophagie (57).

Ces discordances soulignent l'ambiguïté de l'acte de manger. Une distinction importante doit être faite entre avaler et dévorer. Gaston Bachelard, étudiant le complexe de Jonas, souligne que la cavité qui absorbe peut être accueillante et même régénératrice. Ventre digestif et ventre maternel étant confondus, Jonas peut renaître. Il est une image de résurrection (58). Le texte de l'Evangile souligne que ce n'est pas seulement le Christ qui est dans le chrétien mais le chrétien qui est dans le Christ, dans une relation réversible. Le chrétien qui prend l'hostie partage la pureté et la divinité du Christ. Ces exemples de cannibalisme symbolique montrent que le mythe de l'ogre est donc structuré par l'opposition aimer/haïr.

CHAMP MÉTAPHORIQUE DU CANNIBALISME IMAGINAIRE

Le mythe de l'ogre dans les contes est peut-être né d'une horrible réalité. Le champ métaphorique du cannibalisme imaginaire est cependant infiniment plus étendu.

L'image mythique de Chronos dévorant ses enfants engendre un premier glissement de sens; l'ogre devient la métaphore du père criminel qui tue ses enfants pour garder la toute puissance.

Dans *Gaspard, Melchior et Balthazar* de M. Tournier, Hérode actualise l'acte de Chronos en tuant ses fils qui veulent lui ravir le pouvoir. La phrase d'Auguste apprenant la mort des fils d'Hérode, empruntée à Jacques de Voragine (59) et reprise par M. Tournier : « A la cour d'Hérode, il vaut mieux être un cochon que les princes héritiers, car on y respecte au moins l'interdiction de manger du porc » (60) ramène au registre alimentaire. Manger signifie ici tuer. L'ogre Hérode ne mange pas ses enfants, il les tue.

L'Ogre de Jacques Chessex (61) offre un autre exemple de glissement de sens. Il est l'image hypertrophiée du père castrateur qui, même mort et réduit en cendres, continue d'oppresser son fils devenu adulte. Celui-ci croit voir dans la rue la silhouette massive, il sent peser sur lui son regard réprobateur comme lorsque, enfant, il se sentait écrasé par sa supériorité, sa vitalité, son autorité. Ce fantôme grandit dans son imagination aux dimensions de l'*Ogre dévorant* de la fontaine de Berne. Paralysé, impuissant, incapable de vivre et d'aimer normalement, le héros est finalement terrassé et se suicide.

L'ogresse peut être la métaphore de la mère possessive qui « mange » son fils, au sens affectif, en l'aimant trop, en le réintégrant dans son sein, ce qui est le plus sûr moyen de le garder pour elle, de l'empêcher de se marier. Ou bien, elle le « mange » sexuellement. C'est alors une figuration imaginaire de l'inceste. La belle-mère ogresse dévorant la femme épousée par son fils, le prince charmant, dans *La Belle au Bois dormant* est une mère terrible, abusive et jalouse. Geneviève Calame-Griaule souligne la liaison du cannibalisme avec le refus du mariage. Elle cite un conte bulu du Cameroun où les parents qui mangent leur fille, mangent symboliquement sa fécondité (62).

Le mythe de l'ogre peut décrire un type de relation étouffante, parents-enfants; il peut aussi s'appliquer à la relation amoureuse destructrice. Manger veut alors dire aimer comme si le mot « chair fraîche » pouvait avoir un double sens : alimentaire et sexuel. La métaphore cannibale pour exprimer l'attirance sexuelle est fréquente : « Elle est mignonne à croquer », « Il la dévore des yeux » sont des façons de parler courantes. Lévi-Strauss dans *La Pensée sauvage* remarque que le verbe consommer en français s'applique à la fois au mariage et au repas : « Partout dans le monde la pensée humaine semble concevoir entre l'acte de copuler et celui de manger une analogie profonde à tel point qu'un très grand nombre de langues les désignent par le même mot » (63). Il ajoute : « Rapport sexuel et rapport alimentaire sont immédiatement pensés en similitude, même aujourd'hui : pour s'en convaincre, il suffit de se reporter à des créations argotiques telles que : « faire frire », « passer à la casserole ». Les deux domaines alimentaires et sexuels se caractérisent d'ailleurs par des tabous.

La femme fatale est une « ogresse ». M. Tournier applique ce mot à Sapho (dans le roman de Daudet), dont « le corps meurtri par mille liaisons et mille ruptures se referme comme un piège sur le jeune garçon » (64).

La nouvelle du *Coq de Bruyère* : « Les suaires de Véronique » offre une version nouvelle de la femme fatale ogresse : c'est la femme photographe qui finit par « avoir la peau », au sens propre, de son naïf modèle. Bien que le mot « sorcière » seul soit prononcé, le motif cannibale est présent : le jeune homme porte au cou un fétiche. Or cette dent de tigre, rapportée du Bengale et qui empêche d'être dévoré, lui est dérobée.

L'ogre est encore la métaphore du séducteur. La morale versifiée du *Petit Chaperon rouge* : « Ces loups doucereux » qui « de tous les loups sont les plus dangereux » (65) évoque un comportement sexuel humain. On songe aux exploits de Don Juan. Dans *L'Archimandrite* de G. Matzneff, le mythe resurgit au détour d'une phrase cynique prononcée par un amateur de très jeunes filles : « Treize ans, c'est le bon âge : il n'y a pas d'os, tout se mange » (66). Dans le « conte musical » : *Ariane et Barbe-Bleue* (1907) de Maurice Maeterlink et Paul Dukas, Barbe-Bleue, qui n'a pas tué ses femmes mais les retient prisonnières, apparaît comme un homme qui a du succès auprès des femmes. Quant au *Barbe-Bleue* de Perrault, c'est un ogre répondant à un fantasme typiquement occidental et masculin. Il est la figure du mari abusif s'arrogeant un pouvoir absolu sur son épouse esclave dont il dévore la personnalité.

Pour l'ogre du *Roi des Aulnes* qui aime les petits garçons, l'image cannibale devient l'expression d'une sexualité pré-génitale. Cette « tendresse cannibalique » manifeste la persistance d'une première organisation sexuelle, dite orale, quand l'activité sexuelle n'était pas séparée de l'ingestion des aliments.

Si l'extension du mythe de l'ogre dans le domaine de la sexualité est immense, il connaît aussi un développement important dans le domaine politique. Le nouvel avatar de l'ogre, c'est le tyran, le dictateur moderne. La montée des idéologies : stalinisme, nazisme, explique peut-être la résurgence du mythe.

Le poème écrit en novembre 1933 et cité par Nadejda Mandelstam dans *Contre tout espoir* (67), poème terrible évoquant Staline et qui valut la mort dans les camps à son auteur, retrouve spontanément la métaphore cannibale : le « montagnard du Kremlin » est un ogre :

« Les doigts épais sont gras comme des asticots

...
Il rit dans sa moustache énorme de cafard
Et ses bottes luisent, accrochant le regard

...
Il forge oukaze sur oukaze en vrai forgeron
Atteignant tel à l'aine, tel à l'œil, tel au front
Et chaque exécution est un régal
Dont se pourlèche l'Ossète au large poitrail. »

L'image animale de la dévoration exprime l'énormité du crime contre l'humanité.

Le succès du *Roi des Aulnes* est dû à l'actualisation du mythe de l'ogre dans le nazisme, cette exploitation totale de l'homme par l'homme jusqu'à confectionner des tissus avec des cheveux, jusqu'à faire servir l'homme comme animal de laboratoire. « L'ogre de Rastenburg » c'est Hitler, « l'ogre de Rominten » c'est Göring, longuement décrit dans un chapitre. L'originalité de M. Tournier, c'est d'avoir montré simultanément l'autre face : le nazisme comme entreprise de séduction de la jeunesse. L'ogre se déguise pour mieux tuer. L'expression employée par les royalistes : « l'ogre corse », pour désigner Napoléon, est citée par *Le Petit Robert* comme exemple d'emploi métaphorique du mot pour évoquer le dictateur, responsable des guerres qui dévorent la jeunesse.

L'image de l'ogre revient sous la plume de Lévi-Strauss appliquée à la civilisation occidentale coupable du génocide indien (68).

Le personnage de *Dracula* de Brahm Stocker (1897) est inspiré par Vlad l'Empaleur. Il surgit de l'histoire et c'est une métaphore qui en fait un vampire nourrissant son éternité du sang et non de la chair de ses victimes, comme l'ogre.

Ubu de Jarry est peut-être la version caricaturale de ce dictateur-ogre, vorace avaleur de monde, qui engloutit tout ce qui se présente à lui. Les trente-trois occurrences du mot « merdre » pourraient être interprétées comme la résurgence du mythe de l'ogre dont l'aspect digestif, voire anal, est toujours important.

Les religions sanguinaires pratiquant les sacrifices humains ont appelé aussi cette image de l'ogre. Flaubert fait du style « cannibale » dans *Salammbô* (1862) quand il décrit les sacrifices d'enfants à Moloch. « Un colosse » « complètement rouge comme un géant tout couvert de sang » figure le dieu du Soleil. Ses mains ouvertes jettent les enfants dans son ventre tandis que les dévots crient : « Seigneur ! mange. »

C'est le pape et l'Eglise romaine qui font figure d'ogres dans les pamphlets protestants du XVIe siècle. Les supplices endurés sous l'Inquisition, « cette cuisine du vivant » dont parle Montaigne, suscitent l'horreur : La cuisine papale se nourrit de :

> « Chrestiens bouillis, rostis, traînés
> Jusques en cendres » (69).

Le mythe de l'ogre essaie donc de traduire l'épouvante et la fascination des hommes devant les êtres ou les idéologies qui sont des gouffres pour les hommes.

La persistance du mythe de l'ogre dans des domaines aussi variés de l'activité humaine, son affleurement dans quantité d'expressions populaires, sa présence dans les traditions folkloriques, les chansons populaires, les contes de la tradition orale comme dans la littérature, montre que, malgré le tabou dont il fait l'objet,

« le désir-répulsion de l'homme pour la chair de son semblable anime de façon sous-jacente et fondamentale la pensée mythique occidentale » (70).

Si les ogres de Perrault apparaissent comme les frères des fées que l'étymologie rattache à Fata, les Destins, ce qui en fait les héritières des Parques, c'est qu'ils ont aussi partie liée avec le pouvoir de vie et de mort. Mais tandis que la fée a vu ses pouvoirs se développer dans un sens bénéfique, ce sont les aspects maléfiques de l'ogre qui l'ont emporté. S'il est lié comme Gargantua à une divinité solaire, c'est l'aspect destructeur du soleil et non son aspect bénéfique qu'il évoque. Mais l'ambivalence du mythe est grande : l'image sexuelle de l'ogre séducteur qui attire parce qu'il effraie et fascine en même temps, est aussi importante que celle, politique, de l'ogre diabolique incarné en des tyrans sanguinaires.

Arlette BOULOUMIÉ

BIBLIOGRAPHIE

1. C. PERRAULT, *Histoires ou contes du temps passé*, Paris, 1697, édition utilisée : *Contes*, Gallimard, 1981 ; collection Folio (n° 1281), p. 2.
2. N. KHEMIR, *L'Ogresse*, Maspéro, 1977.
3. O. BLOCH et W. von WARTBURG, *Dictionnaire étymologique de la langue française*, PUF, 1964, p. 442.
4. A. ECKHARDT, *De Sicambria à Sans Souci*, Paris, PUF, 1943, ch. II « L'Ogre », pp. 53-71.
5. H. DONTENVILLE, *La Mythologie française*, Paris, Payot, 1948, p. 119 in ch. IV « L'Ogre et la fée Morgue », pp. 114-131.
6. A. DAUZAT, *La Toponymie française*, Paris, Payot, 1946, p. 68 sq.
7. G. DURAND, *Structures anthropologiques de l'imaginaire*, Paris, Bordas, 1968, p. 95.
8. H. DONTENVILLE, op. cit, p. 123.
9. *La Peinture flamande de Jérôme Bosch à Rubens*, Skira, p. 46.
10. M. BRION, *L'Art fantastique*, Marabout université, 1968, pp. 178-179.
11. J. et W. GRIMM, *Kinder und Hausmärschen*, Insel, Taschenbücher, 1979, édition utilisée : *Contes*. Paris, Gallimard, 1976, collection Folio, n° 840, p. 116.
12. GRIMM, *Contes*, op. cit., pp. 71-82.
13. J. GENINASCA, « Conte populaire et identité du cannibalisme » in *Nouvelle Revue de psychanalyse*, n° 6, Gallimard, 1972. *Destins du cannibalisme*, p. 217.
14. M. TOURNIER, *Le Roi des Aulnes*, Gallimard, 1970, p. 383.
15. P. SAINTYVES, *Les Contes de Perrault*, Paris, Librairie crit., 1923, p. 299.
16. P. GRIMAL, *Dictionnaire de la mythologie grecque et romaine*, PUF, 1951, « Orcus », p. 329.
17. F. LESTRINGANT, « Rage, fureur, folie cannibales : le Scythe et le Brésilien » in *La Folie et le Corps*, Presse de l'Ecole Normale Supérieure, 1985, p. 80.

18. M. Tournier, *Le Roi des Aulnes*, op. cit., p. 11.
19. Mme d'Aulnoy, *Les Contes de fées*, Paris, Mercure de France, 1956, Tome I, p. 180.
20. C. Lacoste, « Les Hommes sauvages à travers quelques récits maghrébins » (Communication au 1re Congrès d'Etudes des cultures méditerranéennes d'influence arabo-berbère, Malte, 1972).
21. G. Calame-griaule, « Une affaire de famille » in *Destins du cannibalisme*, op. cit., p. 177.
22. Grimm, *Contes*, op. cit., pp. 78-79. N. Khemir, *L'Ogresse*, op. cit., p. 7, « L'Ogresse aveugle ».
    C. Lacoste, *Traduction des légendes et des contes merveilleux de la grande Kabylie*, Paris, Geuthner, 1965, Tome I, p. 136.
23. C. Lacoste, *Le Conte kabyle. Etude ethnologique*, Maspéro, 1970, p. 82.
24. *Ibid.*, p. 201.
25. C. Lévi-strauss, *Le Cru et le Cuit*, Plon, 1964, p. 341.
26. Mme d'Aulnoy, *Les Contes de fées*, op. cit., p. 180, Tome I.
27. H. Johnston, *A Selection of Hausa Stories*, Oxford, Clarendon Press, 1966, p. 53, cité par Geneviève Calame Griaule, dans *Destins du cannibalisme*, op. cit., p. 179.
28. Pline L'Ancien, *Histoire naturelle*, VI, 30 et surtout VII, 2.
    Solin, *Polyhistor*, ch. 31.
    Saint Augustin, *Cité de Dieu* XVI, 8.
    Isidore de Séville, *Etymologiarum*, libri XX, Migne, P.L., t. 82, col. 421 (lib. XI, ca. III). 29. *Le Roi des Aulnes*, op. cit., p. 275.
30. *Ibid.*, p. 240.
31. P. Delarue, *Le Conte populaire français*, Paris, Maisonneuve et Larose, 1957, pp. 182-184.
32. F. Lestringant, « Rage, fureur, folie cannibales : le Scythe et le Brésilien » in *La Folie et le Corps*, op. cit. p. 65.
33. C. Lacoste, *Le Conte kabyle*, op. cit., p. 130.
34. J. Geninasca, « Conte populaire et identité du cannibalisme » in *Destins du cannibalisme*, op. cit., p. 216.
35. A. d'Aubigné, *Les Tragiques*, Tome I, Misères, Ed. Marcel Didier, pp. 74-76, v. 499-542.
36. M. Robert, *Roman des origines et origines du roman*, TEL, Gallimard, p. 86.
37. G. Devereux, *Essais d'ethno-psychiatrie générale*, Ch. V : « Les pulsions cannibaliques des parents », pp. 143-161, Gallimard, 1970.
38. H. Johnston, *A Selection of Hausa Stories*, op. cit. 53, cité dans *Destins du cannibalisme*, op. cit., p. 179.
39. H. Dontenville, *Mythologie française*, op. cit., p. 121.
40. Grimm, *Contes*, op. cit., p. 294.
41. J. de Voragine, *La Légende dorée*, Paris, Garnier-Flammarion, 1967, Tome II, p. 10.
42. M. Bonaparte, *Psychanalyse et Biologie*, PUF, Paris, 1952, p. 124 sq.
43. G. Durand, *Structures anthropologiques de l'imaginaire*, op. cit., p. 231.
44. C. Lepagnol, *Biographies du Père Noël*, Hachette, 1979, p. 62.
45. Le Robert, *Dictionnaire alphabétique et analogique de la langue française.*
46. C. Lepagnol, *Biographies du Père Noël*, op. cit., pp. 105-149.
47. *Ibid.*, p. 71.

48. *Ibid.*, p. 147.
49. M. Tournier, *Le Coq de Bruyère*, Gallimard, 1978, « La Fugue du Petit Poucet », pp. 45 à 61.
50. *Biographies du Père Noël*, op. cit., p. 89.
51. P. Peju, *La Petite Fille dans la forêt des contes*, Laffont, 1981, p. 38.
52. C. Perrault, *Contes*, « Le Petit Poucet », op. cit.
Grimm, *Contes*, « Jeannot et Margot », op. cit.
N. Khemir, *L'Ogresse*, « L'Ogresse aveugle », op. cit. p. 7.
53. M.-R. Rabate, « Les Jeux de l'Achoura dans la vallée du Draa » in *Objets et Monde*, Hiver 1970, n° 4, p. 247.
54. S. Thompson, *Motif Index of Folk Literature.*
55. M. Tournier, *Le Roi des Aulnes*, op. cit., p. 77.
56. Evangile de saint Jean (6, 52-58), Ed. du Cerf, p. 1407.
57. F. Lestringant, « Catholiques et cannibales. Le thème du cannibalisme dans le discours protestant au temps des guerres de religion » in *Pratiques et discours alimentaires à la Renaissance*, actes réunis par Jean-Claude Margolin et Robert Sauzet, Paris, Maisonneuve et Larose, 1982, p. 240.
58. G. Bachelard, *La Terre et les rêveries du repos*, José Corti, 1948, p. 179.
59. J. de Voragine, *La Légende dorée*, op. cit., p. 91.
60. M. Tournier, *Gaspard, Melchior et Balthazar*, Gallimard, 1980, p. 143.
61. J. Chessex, *L'Ogre*, Grasset-Fasquelle, 1973.
62. G. Calame-Griaule, « Une affaire de famille » in *Destins du cannibalisme*, op. cit., p. 197.
63. C. Lévi-Strauss, *La Pensée sauvage*, Plon, 1962, pp. 139-140.
64. M. Tournier, *Le Vent Paraclet*, op. cit., p. 122.
65. C. Perrault, *Contes*, op. cit., p. 145.
66. G. Matzneff, *L'Archimandrite*, La Table Ronde, 1966, p. 56.
67. N. Mandelstam, *Contre tout espoir*, Gallimard, 1972.
68. C. Lévi-Strauss, *Tristes Tropiques*, Plon, 1955, pp. 440-441.
69. *Satyres chrétiennes de la cuisine papale* de 1560 (Satyre V) in Montaiglon, *Recueil des poésies françaises*, VII.
70. F. Lestringant, « Le Cannibalisme des cannibales », I. Montaigne et la tradition in *Bulletin des Amis de Montaigne*, N° 9-10, 1982, p. 32.

Ondine

Ondine apparaît tardivement dans la littérature, précédée et accompagnée de ses proches parentes. Antérieurement à elle, il y a toujours eu des unions plus ou moins éphémères entre un humain et un être lié à l'eau. Il y a eu les nymphes, figures insouciantes et sans violence. Il y a eu les sirènes qui incarnent la séduction néfaste et suscitent la répulsion. Toutefois, Ondine ne se confond pas avec les sirènes : elle n'a pas leur corps hybride, elle ne promet pas la connaissance sous forme artistique, elle ne dévore pas ses victimes.

Pendant longtemps, sur le devant de la scène, il y a eu Mélusine, la fée à queue de serpent, cette maîtresse-femme et active bâtisseuse qui offre prospérité et haut lignage, plutôt qu'elle ne séduit par son charme et sa douceur. Son pouvoir magique d'ordre matériel n'incite guère à la rêverie sur la matière. D'un point de vue historique Ondine vient, au XIXe siècle, prendre le relais de Mélusine. Ce n'est pas un hasard, en effet, si l'intrigue s'organise à partir d'un enchaînement de motifs de type mélusinien : Ondine, être des eaux, épouse un humain et acquiert une âme à la suite de ce mariage; l'union est scellée par un interdit qui sera transgressé par l'humain en raison de la présence d'une autre femme.

Dans ce schéma on détecte également, à travers l'existence de ces deux femmes, une fée et une mortelle, l'influence de la légende de Peter von Stauffenberg selon laquelle le héros entretient des relations secrètes avec une fée qui le dote d'une force invincible dans les tournois et comble ses désirs. Après avoir refusé de prendre pour femme la propre nièce de l'empereur, le chevalier dévoile publiquement son commerce avec l'être surnaturel. La transgression de l'interdit de parole entraîne la mort du héros.

Le mot « Ondine » jouit d'un double statut. Le nom commun correspondant, par son origine latine même (*unda* : la vague), fait référence à l'élément aquatique et a pris en français le sens général de « génie des eaux », alors que la langue allemande dispose, pour désigner ces êtres, d'un terme de racine germanique, *Nixe.* Ondine figure autonome s'inscrit, elle, dans un cadre social et une durée. Toutefois, entre Ondine et l'ondine, la barrière demeure fragile. Car il suffit que la structure des motifs se dégrade, et le mythe risque de se réduire à un épisode unique : l'attirance brève et dangereuse d'un humain pour *une* ondine.

Euphémisée à l'extrême, l'histoire elle-même est naïve, voire un peu fade ; c'est gentil, gracieux, mais finalement assez mince. Et l'on peut s'étonner de sa popularité autant que des répétitions et imitations par-delà l'époque qui l'a fait naître. Parallèlement, on est frappé par la distorsion entre l'envergure moyenne des œuvres et la richesse des valorisations ; Ondine est au centre d'une triple inquiétude : ambivalence de la femme, union avec la nature et hantise de la mort.

Émergence

Ce sont d'abord les occultistes qui s'intéressent au destin de l'ondine. Selon le petit écrit de Paracelse (1493-1531) intitulé *Liber de nymphis,* il arrive que les esprits élémentaires dépourvus d'âme cherchent à en acquérir une, grâce à leur mariage avec un humain, afin d'accéder à l'immortalité chrétienne. En principe, de telles unions sont durables, à condition que l'humain n'offense pas l'ondine près des eaux. Sinon, elle s'éclipse brusquement. L'humain doit alors rester fidèle car il n'est pas veuf. S'il cherche à se remarier, elle se charge elle-même de tuer son époux. Malgré cette menace de fin tragique, Paracelse affirme le caractère foncièrement bienveillant de l'ondine. A l'inverse des mythes d'union entre humain et être surnaturel livrés par l'Antiquité, c'est ici ce dernier qui subit les épreuves. Il revient à Paracelse le mérite d'avoir systématisé et fourni des idées à la fois savantes et populaires sous la forme d'une narration cohérente dont le canevas porte en germe la fiction littéraire.

En Allemagne, les occultistes du XVIIe siècle prolongent Paracelse en diffusant, à titre de « curiosités », l'idée que les esprits élémentaires cherchent la compagnie des humains afin de s'élever au-dessus de leur condition. Dans le *Mons Veneris,* Kornmann rappelle que les esprits élémentaires n'ont pas d'âme. Happel, dans ses *Relationes curiosae,* argumente longuement afin de démontrer l'existence des esprits, sorcières et fantômes. En France, l'ouvrage de Montfaucon de Villars, *Le Comte de Gabalis ou Entretiens sur les sciences secrètes,* paru en 1670, projette sur les esprits élémentaires un éclairage nouveau. Non seulement ceux-ci sont présentés pour la première fois comme des êtres sensibles et douloureusement préoccupés de leur salut, mais l'élément lui-même est doué de qualités psychiques. La perfection des ondines, mentionnée chez Paracelse, se transmute en féminité angélique. Parallèlement, c'est une faveur que l'humain, ici maître et possesseur de la nature, accorde aux esprits lorsqu'il s'intéresse à eux. Le commerce avec l'invisible se fait sans magie ni interdit menaçant.

Ces révélations prennent la forme de dialogues entre le comte de Gabalis, esprit distingué qui dévoile les mystères des éléments, et un narrateur qui joue le rôle du sceptique décidé à railler les sciences secrètes. En minant le sérieux des enseignements par des réflexions libertines, l'initiation aux esprits élémentaires devient jeu de l'imagination à travers une œuvre qui frôle la fiction. Ce livre à succès, accompagné d'un relent de scandale, sera réédité quinze fois en langue française entre 1670 et 1788; il se répandra en Europe, en particulier en Allemagne, où la première traduction date sans doute de 1684 et où la seconde paraît en 1788.

Au XVIIIe siècle, les esprits élémentaires occupent divers emplois galants ou chevaleresques. Des *Ondins* didactiques de madame Robert aux ondines vertueuses de Matthison, le ton est tantôt moralisant, tantôt libertin. Les ondines sont décrites parfois comme des êtres serviables, consolant les humains dans l'adversité, parfois comme des êtres frivoles ou railleurs, moins préoccupés de s'immortaliser que de courtiser les humains afin d'obtenir leurs grâces. Toutes sont plus ou moins directement issues du *Comte de Gabalis.*

Dans *Das Donauweibchen,* drame de Hensler paru en 1792, qui narre les relations secrètes entre un chevalier et Hulda, « la nymphe du Danube », celle-ci ne se trouve pas directement confrontée à la société. Lorsqu'elle se montre en public, c'est toujours sous un déguisement. Car, comme la fée de Peter von Stauffenberg, elle ne songe pas à vivre avec les humains et demeure prisonnière du royaume des ondes dans lequel elle cherche à attirer le chevalier. Fascinée néanmoins par celui-ci, elle apparaît plutôt comme un être capable de donner sans exiger de contrepartie. C'est dans l'indigence du conflit entre réel et surréel que réside la faiblesse de ce drame. A force d'humaniser les esprits des eaux, ils n'effraient pas; les composantes surnaturelles s'amenuisent et Hulda en est réduite, pour se faire connaître, à décliner elle-même son identité.

Création

Au seuil du XIXe siècle, les relations entre humain et esprit des eaux sont désormais tradition littéraire, mais aucun ensemble de motifs ne s'est imposé avec une suffisante unité. Dans son récit *Undine* paru en 1811, Fouqué combine des éléments issus d'une part du mythe de Mélusine, d'autre part de la légende de Stauffenberg. Au schéma classique de l'union entre humain et être surnaturel (contrat avec interdit, transgression, séparation avec mort), Fouqué ajoute les motifs issus de Paracelse, qui seront désormais propres au mythe d'Ondine : l'acquisition de l'âme et la connaissance qu'a l'humain des origines de l'être surnaturel.

Au début de l'histoire d'Ondine, le héros est arrivé, la femme merveilleuse l'attend. La suite des événements est un itinéraire régressif vers le lieu de naissance où le héros revient pour mourir. Ce parcours sombre commence par une idylle dans un univers d'accès difficile, une presqu'île marécageuse, zone de transition entre la terre et l'eau. C'est là que vit Ondine, jeune sauvage froide et railleuse qui, pareille à une nixe, a grandi dans une éternelle enfance. Aussitôt après son mariage, nantie à présent d'une âme, elle subit une transmutation. Elle devient toute de douceur, à la fois humble et trop parfaite. Face à la société, elle fait l'expérience de la souffrance. Et, en dépit de sa volonté désespérée de partager la vie des humains, elle demeure l'étrangère qui introduit le désordre, l'exclue qui disparaît dans les eaux parce que, sur terre, on ne l'a pas assez aimée.

Autour des principaux protagonistes, Fouqué crée des personnages qui servent de pôles symboliques. Apte comme l'eau à toutes les métamorphoses, l'oncle Kühleborn incarne la puissance amorale et coléreuse de l'élément. Du côté de l'humanité, Bertalda, caractérisée par la vanité et l'intelligence calculatrice, représente pour le chevalier la tentation de la femme imparfaite mais banale, normale. Le couple de pêcheurs appartient autant au monde social qu'au monde naturel et joue le rôle d'éducateurs et de médiateurs.

Le poids mythique de cette œuvre mince provient sans doute de la conjonction entre une structure préexistante et des éléments que le romantisme imposera durant tout le XIXe siècle : une fascination pour un type de femme mystérieux, un face-à-face entre homme et nature, une écriture apte à livrer les déchirements de la conscience.

Par les traits de sa personnalité, l'héroïne incarne une vision ambivalente de la femme. D'une part, les qualités qui surgissent après son mariage (grâce, douceur, soumission, tendresse) ne diffèrent guère de l'image diffusée par les journaux féminins au début du XIXe siècle, celles d'une femme-ange dont le mariage seul sanctionne l'accès à l'identité. A l'opposé, elle figure aux yeux des protagonistes la femme-démon sans dot et sans descendance, à qui échoient la dénonciation de l'événement porté disparu (les origines modestes de Bertalda) et la perturbation de la cohésion sociale. Secrètement impérieuse, elle garde des liens énigmatiques avec son univers d'origine. Malgré sa volonté de s'intégrer, elle demeure celle dont le charme finit par diffuser une angoisse mortelle.

A l'arrière-plan de cet irréductible dualisme d'essence se dresse le dualisme de l'univers. Au réel tangible et quotidien s'oppose une nature proche de la surnature. Puissance animée d'une volonté propre, l'eau se fond dans le cadre social ou l'agresse, en strict parallèle à l'intégration ou l'exclusion d'Ondine. Si bien que l'élan qui pousse l'être élémentaire vers l'humain peut s'interpréter comme la représentation sous forme poétique de l'aspiration à l'harmonie originelle qu'évoque Schelling. Ce dynamisme interne à la nature serait une force ascensionnelle qui ferait tendre la matière brute vers l'homme.

La dernière raison de la naissance du mythe tient à la manière dont Fouqué pose la relation entre l'être des eaux et le milieu environnant, grâce à une écriture qui transmet une indécision perpétuelle sur la réalité, une hésitation sur la nature des phénomènes. Apparitions effrayantes et images séduisantes entretiennent l'angoisse dans l'esprit du héros, qui devient désormais un être irrémédiablement divisé. Homme forcément malléable et peu apte aux solutions radicales, Huldbrand est le jouet des sollicitations contradictoires du réel et du surréel. Savoir qu'Ondine est un esprit élémentaire n'apporte pas la paix intérieure, au contraire. Incapable d'assumer la transgression jusqu'au bout, ce chevalier sans grandeur et sans scélératesse connaît un destin nécessairement tragique, car, en se soumettant à la remise en ordre sociale, il trahit Ondine, et en admettant son existence il sombre dans l'aliénation.

VARIATIONS

Le mythe d'Ondine ne se prête pas à la réduction en quelques vers, il exige une série d'épisodes qui s'enchaînent dans des œuvres d'une certaine ampleur, soit narratives, soit théâtrales. Pour l'opéra de E.T.A. Hoffmann (1776-1822), créé à Berlin en 1816, Fouqué transforme lui-même son récit en un livret où il veut, en accord avec le compositeur, que l'émotion se joigne à la gravité. Dans cette œuvre, Hoffmann est l'un des premiers compositeurs à tenter la confrontation musicale entre réalité et puissances surnaturelles.

Par sa présence charnelle sur scène, l'esprit élémentaire risque d'être trop humain ou pas assez. Crédible au niveau des émotions, Ondine est ici un peu privée de son étrangeté. En conséquence, le chevalier n'en apparaît que plus divisé, soumis à une rapide alternance de sentiments contraires, sans qu'aucune lassitude ait le temps d'intervenir. Huldbrand atteint ici cet état de délire qui mine les héros romantiques (Eckbert chez Tieck, Nathanael dans *Der Sandmann / L'Homme au sable* de Hoffmann), jusqu'à la folie ou à l'engloutissement dans l'au-delà (Christian dans *Der Runenberg / La Montagne aux runes* de Tieck ou Anselmus dans *Der Goldene Topf / Le Vase d'or* de Hoffmann). Le déchirement entre la logique de l'intellect et les images livrées par les sens se traduit par de brusques changements de tempo, par la répétition obsessionnelle des mêmes notes, par l'alternance entre questions parlées et réponses musicales.

Pour légitimer l'angoisse du chevalier, Hoffmann donne corps au mystère. Une contrée sauvage, des cascades, des formes inquiétantes : voici présent pour la première fois sur scène un paysage naturel effrayant. Personnifiée par un Kühleborn vengeur, l'eau devient violente, tant par le traitement vocal (sauts d'octaves et rythmes pointés) qu'orchestral (accords aux trombones, glissandos de cordes, trémolos aux violoncelles, roulements de timbales accompagnant les apparitions). Par le biais du « chœur d'esprits », l'eau se fait aussi présence menaçante, audible mais sans contours. Hoffmann utilise ici pleinement le pouvoir qu'a la musique d'évoquer l'impalpable.

L'opéra de Lortzing (1801-1851) *Undine*, représenté pour la première fois en 1845, a supplanté celui de Hoffmann dans le répertoire allemand. Ici l'histoire d'Ondine tend à devenir une triviale aventure sentimentale qui tourne court. Le compositeur introduit, de plus, une dimension nouvelle : fanfaronnades et gaieté. Pour accueillir celle-ci, le décor naturel se fait prosaïque. Le monde « limite » de la presqu'île devient un banal village, et le couple de pêcheurs se mêle à un chœur de villageois. L'introduction de valets railleurs crée la distance du solide bon sens, car ces figures désacralisent les manifestations du surnaturel. Par eux, le mythe commence à se « vulgariser ». Parallèlement, Kühleborn se départ de son caractère démoniaque. Apparaissant sous des déguisements multiples (prêtre, ambassadeur), il ne représente plus guère qu'un sage et digne protecteur d'Ondine. Par ailleurs, pour compenser la dévaluation du mystère, Lortzing met en scène l'« autre monde » : à la fin du IVe acte, le chevalier est condamné, à titre de châtiment, à demeurer éternellement dans le royaume des flots.

Il est clair que, de Fouqué à Lortzing, les variations dans les dénouements révèlent un besoin de transfiguration. Dans son récit, Fouqué imagine une séparation définitive du couple, une régression de chacun à l'état primitif, l'union se réalisant seulement, par l'écriture, au niveau du symbole : un clair ruisseau encercle la tombe du chevalier. Les opéras en revanche livrent presque toujours une vision finale harmonieuse. Le dénouement choisi en dernier lieu par Hoffmann laisse place au rêve : Ondine tue le chevalier d'un baiser tandis qu'un brouillard monte du lac — première *Liebestod* célébrée par le prêtre après le lamento du chœur, union sublimée qui transfigure le cauchemar grâce à une échappée apaisante. Avec la représentation du monde sous les eaux, Lortzing récupère largement le merveilleux qui tendait à s'estomper dans l'atmosphère réaliste. L'union définitive est rêvée ici sous la forme traditionnelle de l'emprisonnement dans la matière.

Distance et conscience

Si le XXe siècle est l'époque du décodage des mythes, il ne marque pas pour autant la fin des fascinations. A partir de la diffusion de la psychanalyse, les êtres des eaux deviennent conscients d'être des projections de l'inconscient, et les humains savent maintenant qu'il s'agit de leurs fantasmes latents. Les œuvres de Jean Giraudoux, *Ondine* (créée en 1939) et d'Ingeborg Bachmann, *Undine geht / Ondine s'en va* (parue en 1961) véhiculent à la fois le mythe romantique et son explicitation; elles visent à élucider, par le biais du commentaire interne, pourquoi la rencontre a lieu et pourquoi elle échoue.

Dans la pièce de Giraudoux, dont le schéma global est conforme à celui conçu par Fouqué, le décodage s'opère en transformant la tension entre réel et surréel en un conflit entre être et apparence. Le Roi des ondins devient le maître du décor, l'accélérateur du destin, et le pouvoir magique d'Ondine prend l'aspect d'un don de voyance. La perte de l'illusion provient également de cette conscience que possèdent les héros d'être héritiers de leur tradition et d'avoir valeur archétypale. En outre, la certitude qu'ils avaient précédemment d'un destin tragique et unique se résorbe en un constat fataliste de ratage. On assiste ainsi à une sorte de réflexion critique sur le mythe au cœur même de l'œuvre.

Cette distance de l'intelligence aboutit à désolidariser verbe et vérité, à nier la réussite de toute quête d'absolu : tromperie, infidélité, mensonge caractérisent toute action humaine. Il ne saurait y avoir que cassure entre idéal et réalité de la vie. La transgression de l'interdit ne mène donc pas au châtiment mais au rejet d'une exigence jugée exorbitante. Mais, en même temps qu'il plaide en faveur d'une humanité imparfaite, Giraudoux fait d'Ondine l'incarnation avouée d'une perfection rêvée par chacun. Dans le même ordre de renversement des valeurs, l'âme humaine est évaluée comme une petite entité mesquine en attente de néant, qui s'oppose à l'« âme du monde » dont procède Ondine. Ainsi le mortel renoue-t-il avec la tradition antique, car c'est lui qui aspire à la rencontre hors du commun, tandis qu'en homme moderne « moyen » il est résigné à un échec dont il connaît désormais les causes médiocres.

Dans l'œuvre en prose d'Ingeborg Bachmann *Undine geht,* seul nous est livré le point de vue d'Ondine, à travers un monologue dégagé des situations concrètes temporelles et spatiales. Ondine s'insurge contre le réseau de projections qui a jusque-là défini son identité. Elle revendique une existence autonome, indépendante de son créateur. Contemplant implicitement son autobiographie littéraire, elle affirme sa différence face à une fiction réductrice qui fait d'elle un pur produit fonctionnel des fantasmes humains.

En conséquence, la relation spécifique entre être de l'eau et partenaire humain perd son caractère unique. Déjà esquissée chez Giraudoux, la répétition est posée ici comme élément constitutif du destin de l'être étrange. En fait, Ondine ne

« s'en va » pas ; toute rupture contient en germe une rencontre nouvelle avec un Hans dans une clairière — le prénom Hans devenant représentatif de la ressemblance profonde entre tous les hommes, quels que soient les signes extérieurs de leur appartenance sociale. La probabilité des réitérations donne, en un sens, une chance à l'utopie. Par ricochet, la soumission d'Ondine aux normes sociales perd sa raison d'être. Le seul signe de son intégration réside dans l'emploi du langage comme recherche de communication.

Quel sens prend alors la rencontre ? Chez Bachmann comme chez Giraudoux, le partenaire humain fait l'expérience de l'irréductible hétérogénéité. D'une part, il tend à s'évader des voies trop tracées d'un quotidien automatique et rationnel. Il redevient le quêteur qui souhaite l'accès à un ailleurs, l'ouverture rédemptrice à l'univers non social par la voie de la solitude. De fait, grâce à Ondine, l'humain évolue vers une perception esthétique du monde et, surtout, il se soustrait un instant à l'écoulement destructeur du temps, et donc à son destin de mortel. Mais, d'autre part, il ne supporte pas le regard sans complaisance que jette sur lui la femme hors normes, et tient à préserver ses liens avec la communauté. En conséquence, il met fin à la relation par peur de la vérité en lui, et retourne à son environnement d'origine parce qu'il lui est plus commode de s'identifier à l'image sécurisante d'un moi social.

Identités d'Ondine

Les invariants du mythe placent Ondine au carrefour de trois obsessions : celle de l'eau, celle du couple confronté à la société, celle de la vie non matérielle.

Eau

Ondine demeure liée à l'eau comme si celle-ci, plus que tout autre élément, était apte à suggérer la multiplicité des rôles contradictoires que l'imagination lui prête. Son dynamisme rénovateur, qui comble un instant les désirs, vire au dynamisme destructeur qui fait affleurer les hantises. Dans le personnage d'Ondine, comme dans les mouvements de l'eau, le maléfice se juxtapose toujours à la bienveillance.

Inversement, incarner l'eau correspond aussi à la tentative de « dire » une réalité élémentaire qui se dérobe aux constructions conceptuelles, de refléter le caractère de cette eau et ses ambiguïtés : par son exigence d'absolu et sa perfection, Ondine représente sa pureté ; par sa souffrance, elle rappelle qu'elle est associée à la mélancolie ; par sa présence répétitive, elle exprime un rêve d'union de la terre et de l'eau, et le refus de retourner à la poussière ; par sa disparition, elle fait échec à l'ambition hégémonique de l'homme sur l'insaisissable.

Interdit

Alors que l'interdit mélusinien sert à dissimuler l'identité réelle de l'être surnaturel, celle-ci est ici révélée d'emblée. Les trois interdits successifs posés par Ondine contiennent tous l'obligation de fidélité : fidélité intérieure, puis fidélité apparente (ne pas rendre publique par l'insulte l'aversion du héros pour Ondine), fidélité purement « légale » enfin (ne pas se remarier). Cet interdit d'inconstance, fortement euphémisé et progressivement dégradé, s'accorde en apparence avec les lois sociales et religieuses de la communauté environnante.

Or, en maudissant la nature extra-humaine d'Ondine, le chevalier dévoile en même temps l'incongruité de son alliance. L'interdit s'avère n'être qu'une contrefaçon, au niveau de la fiction, du tabou violé d'une union hors normes. Ainsi le violateur — ni conquérant ni pacificateur — ne maîtrise-t-il le défi que pendant un moment, et sa quête trop individuelle le condamne à un destin tragique. Au XXe siècle, les barrières semblent tomber, il n'y a plus ni pacte fatal clairement formulé ni pression explicite de l'opinion publique. Pourtant la loi extérieure aux protagonistes (celle de la société d'un côté, celle de la nature de l'autre) s'intériorise en impératif personnel. Le compromis tenté au XIXe siècle devient impossible et la séparation a lieu encore par scission intérieure, parce que le partenaire ne se résout pas à choisir entre ses propres identités antagonistes.

Âme

Purement métaphysique et abstraite chez les occultistes, l'acquisition de l'âme à partir du XIXe siècle se traduit par une mutation affective de l'être. Cela signifie apprendre à aimer, mais aussi apprendre à souffrir. Cependant, cette valeur immatérielle acquise par Ondine a des limites un peu étroites. Non seulement elle ne lui permet pas de se maintenir parmi les humains, mais elle ne mène pas non plus au sacrifice salvateur. Malgré sa sollicitude, Ondine n'atteint jamais ce stade d'abnégation totale auquel accède la Petite Sirène d'Andersen. L'expérience n'est d'ailleurs même pas poussée jusqu'au bout et le séjour d'Ondine chez les humains n'est qu'un détour, une suspension d'état. Cette audacieuse construction, qui permettrait la métamorphose d'un être voué à l'immortalité de la matière en un être voué à l'immortalité de l'âme, n'a pas lieu. L'échec final élude toujours le problème de l'ultime passage.

Dans le motif de l'âme, qui ne se trouve nulle part ailleurs dans les mythes apparentés, il faut voir aussi la confirmation de l'idée jungienne que l'héroïne serait manifestation de l'*anima* du héros : projection idéalisée, double féminin d'un moi meilleur. Les œuvres du XXe siècle accentuent cet aspect puisque l'être étrange connaît cette mission de substitut aux frustrations et ce rôle d'incarnation de la sensibilité que le partenaire lui délègue. Parallèlement, au contact d'Ondine, celui-ci sort transitoirement d'un moi social étriqué pour accéder à une fugace communion avec l'infini, à un élargissement de son « âme ».

Sous l'impulsion de l'imagination, Ondine donne une forme vivace aux aspirations humaines. Née à un moment d'intime concordance entre la redécouverte du Moyen Age, la foi dans l'unité nature-esprit et la fascination pour les secrets de l'inconscient traduits en séquences narratives, elle semble d'abord répondre à la recherche romantique d'une impossible fusion entre l'humain et la matière. En fait, la rencontre aboutit à explorer les contradictions du réel, à participer, s'adapter et se heurter à la communauté. Finalement, le mythe manifeste la quête d'un ailleurs, non pas pour fuir l'humanité mais pour la trouver avec une plus grande ampleur : à travers Ondine, les humains rêvent d'une perfection féminine absolue qui serait leur œuvre, créée par eux à partir de la matière. Construction artistique issue de la subjectivité, Ondine dans sa fonction destructive concrétise l'irrémissible déchirure du psychisme; dans sa fonction constructive, elle symbolise la libération des virtualités utopiques.

Françoise FERLAN

BIBLIOGRAPHIE

Textes

PARACELSUS (Theophrastus von Hohenheim), *Liber de nymphis,* in : *Sämtliche Werke,* 1. Abt. Bd. 14, München, Oldenburg, 1933.

Abbé Nicolas MONTFAUCON de VILLARS, *le Comte de Gabalis* ou *Entretiens sur les sciences secrètes,* Paris, Nizet, 1963.

Friedrich de La Motte-Fouqué, *Undine,* Stuttgart, Philipp Reclam jun., 1987.
Ernst Theodor Amadeus Hoffmann, *Undine,* in : *Ausgewählte musikalische Werke,* Mainz, B. Schott's Söhne, 1971/1972.
Albert Lortzing, *Undine,* Leipzig, Peters, s.d.
Jean Giraudoux, *Ondine,* in : *Théâtre complet,* Paris, Gallimard, 1982 (Bibliothèque de la Pléiade).
Ingeborg Bachmann, *Undine geht,* in : *Werke,* Bd. 2, München, Piper, 1978.

Études

Gaston Bachelard, *L'Eau et les Rêves,* Essai sur l'imagination de la matière, Paris, Corti, 1942.
Mona El Nawab, *Ingeborg Bachmanns « Undine geht »,* Würzburg, Königshausen & Neumann, 1993.
Françoise Ferlan, *le Thème d'Ondine dans la littérature et l'opéra allemands au* XIX*e* *siècle,* Bern, Peter Lang, 1987 (Publications Universitaires Européennes, vol. 1/1992).
Izolde Zivers, *Undine : Tradition and Interpretation of an archetypal figure in German literature,* New Brunswick, N.J., Rudgers Univ., Thèse, 1974.

ORION

L'auteur de l'article « Orion » dans la *Real-Encyclopädie* refuse d'accorder un crédit aux multiples étymologies anciennes (l'homme des montagnes) et modernes proposées pour expliquer un nom qui a, selon lui, une origine pré-grecque. Sur la généalogie du héros deux traditions s'opposent. L'une, simple (fragment d'Hésiode), lui donne pour père Poséidon et pour mère Euryalé, fille de Minos. L'autre, plus complexe, lui suppose un père nourricier ; selon un commentaire de Servius sur un vers de l'*Enéide* (I, 535), ce père adoptif serait le roi Œnopion, selon Ovide dans le livre V des *Fastes* (493 sq.) ce serait un paysan pauvre, Hyriée, habitant de Béotie. Les histoires racontées par Servius et Ovide convergent sur l'essentiel : un homme âgé reçoit trois dieux, Jupiter, Neptune, Mercure (d'autres traditions remplacent Neptune par Mars ou Mercure par Apollon). L'hôte tue un bœuf en l'honneur des dieux, se voit proposer une récompense pour son hospitalité, choisit la possibilité d'engendrer sans avoir à passer par une femme. Les trois visiteurs urinent dans la peau du bœuf sacrifié, ordonnent d'enfouir cette peau pendant neuf mois dans la terre : naît alors Orion dont le nom est mis en rapport avec l'urine céleste. Une telle version fait ainsi surgir Orion des quatre éléments : la terre est sa mère, tandis que l'élément mâle participe du feu (Jupiter), de l'eau (Neptune) et de l'air (Mercure). R. Graves a raison d'y voir « autre chose qu'une banale histoire comique ». Notons que le mythe de la naissance d'Isaac (Genèse, XVIII) comporte des éléments analogues :

triple visitation divine, sacrifice d'un veau, hospitalité récompensée par la grâce d'une fécondité intervenant dans la vieillesse.

Qu'on fasse naître Orion à Tanagra (d'après Korinne, VIe siècle avant Jésus-Christ), à Hyria ou à Thèbes, sa patrie est presque toujours donnée comme la Béotie. Un rapport serait-il à établir entre l'étymologie que les Grecs donnaient de la Béotie et le rôle de la peau de bœuf? Une intéressante variante sur le sacrifice et le rôle de l'urine est fournie par Aristomaque (IIIe siècle avant Jésus-Christ). C'est Orion lui-même qui sacrifie un taureau en réparation du tort qu'il a causé à un jeune garçon. Les dieux lui ordonnent de boire l'urine du taureau et de s'envelopper de sa peau : il atteint alors une taille gigantesque.

Les généalogies insistent sur l'origine chthonienne d'Orion. C'est ce que manifeste l'enfouissement de la peau mais aussi le rapport à Poséidon, l'ébranleur de rochers. Lorsque celui-ci est remplacé par Arès, la filiation est de même nature : ces deux dieux ont pour enfants des géants violents.

La violence caractérise un grand nombre d'aventures d'Orion. Mais les poètes et les mythographes cherchent toujours à motiver et à excuser son *hubris.* Orion d'autre part voit sans cesse s'inverser son destin, passe de la mutilation à la guérison, de la catastrophe au salut.

Orion a une épouse, Sidé, qu'il précipite lui-même dans les Enfers selon Apollodore, parce qu'elle voulait rivaliser avec Héra : violence conjugale ici justifiée par la crainte des dieux.

Sa force agressive a un aspect bénéfique : il chasse les animaux nuisibles. Homère le montre poursuivant aux Enfers son activité de chasseur (*Od.*, XI, 572). Semblable à Héraclès dont il semble parfois un avatar (tous deux pourraient dériver de Gilgamesh), il délivre Chios des fauves qui l'infestaient, espérant par cet exploit obtenir en mariage Méropé, la fille du roi de l'île, Œnopion. Telle est la version de Parthénos, mythographe du Ier siècle avant Jésus-Christ qui veut disculper Orion de la faute du viol qu'il commet : Œnopion ne tient pas sa promesse. D'autres auteurs invoquent des excuses différentes : l'ivresse d'Orion, ou bien lui supposent seulement l'intention de violer.

Une tradition largement répandue raconte le châtiment d'Orion rendu aveugle par Œnopion, mais surtout la guérison du géant qui, portant sur ses épaules Cédalion, un serviteur d'Héphaïstos, marche sur la mer et se dirige vers le soleil levant dont les rayons doivent le guérir : première figure du Christophore dont il a déjà le gigantisme et la faculté merveilleuse de traverser l'eau.

La concupiscence violente que montrent les rapports d'Orion avec Méropé se retrouve dans la poursuite des sept Pléiades et de leur mère Pléioné. Tantôt Orion subit un désir irrépressible, tantôt il le suscite : Eos, selon Homère, a l'initiative de l'enlever (*Od.*, V, 121). Cet acte est attribué par Ovide à la déesse de Délos (*Fastes,* V, 537). Les versions multiples concernant les rapports amoureux entre Orion et Artémis mettent toutes en évidence des éléments communs : concupiscence, orgueil, jalousie, égarement meurtrier, ces attitudes étant prêtées tantôt à l'un tantôt à l'autre des partenaires. Dans toutes les versions, l'histoire se termine par la mort d'Orion, que causent soit les flèches d'Artémis soit la piqûre d'un scorpion sortant de la terre : rappel de l'origine chthonienne du héros. La mort du chasseur est tantôt souhaitée par son amante, tantôt présentée comme un accident dont elle est l'instrument maladroit ou la spectatrice affligée.

Mais le caractère réversible de la catastrophe qu'on observe dans le mythème de la cécité guérie se retrouve dans celui de la mort d'Orion, qui, ainsi que son chien, est transformé en constellation.

Ainsi cette histoire, tout en étant la synthèse de plusieurs mythes d'origines diverses, sans doute préhelléniques, a-t-elle néanmoins une unité séduisante : Orion est un héros ambigu, qui est à la fois l'être le plus pieux (Korinne) et le plus impie, le plus ardemment consacré à la quête du bonheur et la victime la plus tragique du destin. C'est un mythe optimiste qui ne cesse de montrer que le malheur — stérilité, cécité, frustration amoureuse, mort — s'inverse en triomphe glorieux. Il est curieux que ce mythe, après avoir inspiré tant d'auteurs grecs et latins, de textes épiques, lyriques (Horace, *Odes*, III, 4, 70 sq.), dithyrambiques (œuvre perdue de Pindare), dramatiques (un drame satyrique de Sophocle s'appelait *Cédalion*), ait très longtemps cessé de nourrir les œuvres littéraires pour connaître une palingénésie dans la littérature du XXe siècle.

De l'Antiquité à l'époque contemporaine, la peinture a été à deux reprises médiatrice du mythe littéraire. Lucien dans le *De domo* décrit une représentation picturale de la marche d'Orion portant Cédalion sur ses épaules et s'avançant vers le soleil levant. C'est la scène qui est le sujet de la toile de Poussin (*Paysage avec Orion aveugle*, 1658). L'attention de ce peintre avait pu être attirée sur Orion par la traduction française, en 1627, d'une étude sur la mythologie de Natale Conti (1551) qui consacrait cinq pages à Orion, en donnant de l'histoire de sa naissance une interprétation météorologique. Quand, dit-il, les « trois dieux viennent à conjoindre leurs forces et facultés, il s'engendre une matière de vents, de pluies, de tonnerre, qu'on a jadis nommée Orion ». Poussin, pensant en outre à la saison automnale où apparaît la constellation d'Orion, en fait une allégorie du temps pluvieux.

Mais la figure de Poussin quitte le domaine de l'allégorie pour vivifier une des œuvres romanesques les plus originales de notre temps, celle de Claude Simon. Orion est tout d'abord pour cet écrivain un homme-paysage en qui s'incarnent les forces chaotiques à l'œuvre dans le cosmos. Dans *Les Corps conducteurs* (1971), la silhouette de Poussin, revivifiée par une rêverie sur l'origine chthonienne du héros (« le dos musculeux, rocheux, du géant englué dans cette argile »), génère paysages et personnages du roman qui ne cessent de se refléter mutuellement : forêt amazonienne où pénètrent en aveugles des explorateurs, ciel nuageux où le pilote se fraie difficilement un chemin.

Le mythe d'Orion éclaire trois comportements dont le romancier souligne l'analogie : l'activité sexuelle, la guerre, la création artistique, quoique C. Simon accepte à contre-cœur ce dernier substantif, préférant parler de production.

Si pendant des siècles, on a oublié la concupiscence violente manifestée par le héros mythique, celle-ci devient un thème romanesque majeur de C. Simon. Les corps immenses des amants, tout mêlés « de terre humide et de coquillages » (*op. cit.*), tâtonnent en aveugles pour trouver l'illumination du plaisir ; « tête-bêche » ils « tournoient lentement dans la nuit » « dans une chute sans fin et cramponnés l'un à l'autre ». Le romancier nous fait vivre à la fois la guérison de leur cécité et leur transformation en constellations.

Le guerrier est lui aussi un géant mutilé et maladroit que son activité lie à la terre. Dans *La Bataille de Pharsale* (1969), il est présenté ainsi : « ce Goliath ou plutôt cet Orion titubait en aveugle ».

Une partie du texte du roman *Les Corps conducteurs* avait déjà paru en 1970 sous le titre *Orion aveugle* dans la collection des éditions Skira « Les Sentiers de la création ». Une introduction suggérait que la marche titubante du géant était la démarche de l'écrivain « découvrant à tâtons le monde dans et par l'écriture », laissant les mots attirer les images à eux comme par héliotropisme. Claude Simon se garde toutefois d'utiliser le mythe d'Orion dans une perspective trop optimiste. Il joue tour à tour du héros et de la constellation en laquelle il se transforme : lorsqu'à l'aurore le géant recouvre la vue, la constellation s'efface. Ainsi le travail de l'écrivain est-il perpétuellement à recommencer, la cécité n'est jamais guérie définitivement. La lettre *O* qui désigne plusieurs protagonistes de ses romans (*La Bataille de Pharsale, Les Géorgiques*) pourrait nous renvoyer à la fois au héros mythique et au degré zéro de sa présence, signe de son effacement, chaque matin, dans le ciel.

Si le tableau de Poussin a joué un rôle de relais dans l'imagination de C. Simon, c'est aux formes anciennes du mythe que René Char a puisé directement une imagination poétique. Tandis que le premier est attiré par la sensualité du héros, le second est plutôt séduit par l'aspect primitif du chasseur chanté par Homère ; il le voit se livrant à un corps à corps risqué avec les fauves. Dans *Placard pour un Chemin des Ecoliers* (1936-1937), une rêverie se rattache au mythème de la naissance d'Orion. « Je distingue dans la corolle du soleil/Une jument/Je m'abreuve de son urine. » La découverte des peintures de Lascaux chantées dans *La Parole en archipel* (1959-1960) l'amène à exalter la passion du chasseur. Mais c'est dans *Aromates chasseurs* (1976) qu'apparaît Orion avec ses qualités mythiques : son gigantisme, sa cécité et surtout sa capacité d'entonner « les chants matinaux de la rébellion ». Char est sensible, comme Claudel dans *Le Soulier de Satin*, à sa vocation universelle : la constellation d'Orion se lève tour à tour dans l'un et l'autre hémisphère. Il l'arrache à ses racines helléniques pour imaginer un Orion iroquois ; il le saisit « évadé d'archipel », « pigmenté d'infini et de soif terrestre », « météore humain » dans le mouvement incessant qui le fait passer d'une constellation à l'autre. L'Orion de Char est moins chthonien qu'aérien. S'il retourne un moment à la « terre des lombes » on le retrouve à l'étape suivante « roi serviteur » des abeilles, prenant le risque de tendre son arc malgré sa cécité.

Tandis que C. Simon et R. Char font explicitement référence au mythe d'Orion, dans son roman *La Diane rousse* (1978), Patrick Grainville se borne à s'inspirer des aventures du chasseur. Le trio qu'il imagine : un narrateur, une femme aimée (Hélianthe), une chienne (Diane), a pour modèle le trio constitué par Orion, son chien, la déesse Artémis. Le livre met en épigraphe une phrase d'Artaud : « Je veux adorer la vie sauvage. » Comme son ancêtre mythique dont il partage à un moment l'ivresse, le personnage de Grainville subit catastrophe sur catastrophe : son chien est tué, il devient aveugle au cours d'un accident de chasse, il perd Hélianthe. Mais pour lui aussi le destin tragique s'inverse en quête glorieuse : aveugle, il est guéri de sa cécité spirituelle par la mémoire et l'écriture qui lui redonnent en plénitude une Hélianthe ouverte aux forces planétaires : « Elle était l'arbre jusqu'aux étoiles. » La problématique de l'écriture est présente chez Grainville comme chez Claude Simon, mais elle trouve chez le premier une solution plus triomphante. « Cet écrit, jour après jour, lime mes barreaux. Le jour éclatera sous la poussée du souvenir. »

On peut se demander pourquoi c'est seulement au cours des dernières décennies que le mythe d'Orion est redevenu apte à animer des œuvres littéraires. Une certaine fascination pour l'érotisme, la violence instinctive, la vie sauvage, une prise de conscience de ce qui nous relie à la vie animale et aux éléments, de ce qui unit le chasseur et sa proie, n'y sont sans doute pas étrangères.

Marie Miguet

BIBLIOGRAPHIE

Textes

On trouvera l'*Odyssée* d'Homère, les *Odes* d'Horace, les *Fastes* d'Ovide dans la collection des Universités de France, Les Belles Lettres.

Hygini Fabulae, Leyden, A. Sythoff, 1963.

Natale Conti (Natalis Comes), *Mythologiae sive explicationis fabularum libri X*, Venise, 1551 (traduction française, J. Baudouin, 1627).

René Char, *Œuvres complètes*, Paris, Gallimard, Bibliothèque de la Pléiade, 1983.

Patrick Grainville, *La Diane rousse*, Paris, Le Seuil, 1978; réédité au Livre de Poche en 1980.

Claude Simon, *La Bataille de Pharsale*, Paris, Editions de Minuit, 1969.

— *Orion aveugle*, Genève, Skira, 1970.

— *les Corps conducteurs*, Paris, Editions de Minuit, 1971.

— *Les Géorgiques*, Paris, Editions de Minuit, 1981.

Études

Real-Encyclopädie, T. XXV, 1939 (pp. 1065-1082).
Karen L. GOULD, *Claude Simon's Mythic Muse*, Columbia, 1979.
Robert GRAVES, *Les Mythes grecs,* traduction française, Paris, Fayard, 1967 ; réédition Hachette, Pluriel, 1983. T. I, pp. 165-169.
James R. LAWLER, *René Char, The Myth and the Poem*, Princeton University Press, 1978.

ORPHÉE

Ingres a représenté Orphée sur un rocher, de profil à droite, et tenant une lyre (*Orphée*, coll. particulière, Montauban). Il est difficile d'échapper à cette image conventionnelle. Tout au plus peut-on ruser avec elle : Orphée, directeur de l'orphéon de Thèbes, joue du violon, et un concerto qui paraît à Eurydice interminable, dans l'opéra-bouffe d'Hector Crémieux et Jacques Offenbach, *Orphée aux Enfers* (version en deux actes, 1858, version en quatre actes, 1874) ; il est représenté par la harpe dans le poème symphonique de Liszt, *Orphée* (1853) ; il peut même jouer de la guitare à douze cordes dans la pièce de Tennessee Williams, *Orpheus descending* (1957) : elle porte la signature des plus grands chanteurs américains de l'époque, Bessie Smith, Woody Guthrie, et quand Orphée (Val Xavier) est arrêté par le shériff accompagné par ses hommes, il leur interdit farouchement d'oser la toucher. Orphée n'est pas seulement la figure du musicien, il est l'amant de la musique, et cette lyre qu'il tient à la main est sa maîtresse. Eurydice en prend ombrage dans le drame de Victor Segalen, *Orphée-Roi* (1916), elle déteste cette « amante enchantée » qui le possède et l'ensorcelle. La guitare s'interpose entre les corps de Val et de Lody lors de leur première rencontre, dans *Orpheus descending*, et Carol rêve de caresser enfin Val de la même manière qu'il caresse son instrument. La présence de cette rivale devrait décourager toute présence féminine. Et c'est pourquoi peut-être chez les Grecs le premier Orphée est *agamos.* M. Jacques Heurgon, dans un article indispensable, a pris soin de rappeler que « ni les vases du Ve siècle, ni les tablettes de Pétélia, ni les fresques de Pompéi, ni les peintures des catacombes ne témoignent de (l') existence d'Eurydice ».

Pour nous, Eurydice est pourtant devenue aussi indispensable que la lyre. Le célèbre chant d'Orphée, à la fin de l'opéra de Gluck, « J'ai perdu mon Eurydice » (version française, 1775), ou mieux, dans la version italienne (1762), « Que fara senza Euridice ? » (« Que faire sans Eurydice ? »), n'exprime pas seulement une situation de deuil. Il dit une nécessité, qui est devenue une nécessité pour nous-mêmes. Indissociables, Orphée et Eurydice sont pourtant dissociés : même Virgile, dans le chant VI de l'*Enéide*, nous donne à voir un Orphée solitaire, s'avançant parmi les ombres des bienheureux (*Threicus longa cum ueste sacerdos*) ; dans son premier grand poème orphique, « Orphée, Eurydice, Hermès » (*Nouveaux Poèmes*, 1907-1908), Rilke imagine une Eurydice qui aspire à retourner dans une mort où elle a enfin trouvé ses racines. Cette situation n'est pas plus étonnante que la séparation de Tristan et d'Iseut, ou que celle, finalement acceptée, des amants claudéliens. L'amour humain est d'autant plus fort et d'autant plus poignant qu'il fait apparaître le scandale de la séparation, et si le mythe d'Orphée apporte quelque consolation, c'est par la continuité du chant qui maintient dans l'appel, sinon la présence, du moins le nom de la bien-aimée : « *Euridice, Euridice* », le cri redoublé d'Orphée dans l'opéra de Gluck, peut servir d'épigraphe à Nerval pour la seconde partie d'*Aurélia* (1853).

Cet amour d'Orphée pour Eurydice peut nous paraître évident. Et pourtant, il passe par les ténèbres de l'absence (dans les premières versions connues), des Enfers (dans les versions classiques), et peut-être surtout, comme l'a noté Maurice Blanchot dans *L'Entretien infini* (1969), du désir, c'est-à-dire « la séparation qui se fait elle-même attirante », « l'intervalle qui devient sensible », « l'absence qui retourne à la présence », la nuit qui devient jour. Orphée est à la fois « le ténébreux » (Nerval, « El Desdichado », dans *Les Chimères*) et le lumineux (l'Orphée saluant la lumière de Corot, dans l'esquisse du grand panneau à la gloire du jour, destiné à l'hôtel Demidoff et terminé en juillet 1865 à Fontainebleau). On peut s'en étonner, puisque Pindare, dans la *Quatrième Pythique*, le dit fils d'Apollon. Mais Apollon, dieu de la lumière, est aussi Loxias, l'Oblique. Orphée porte un nom mystérieux qu'on a parfois rapproché de *ribhus*, le poète ou le chanteur en sanscrit, et que Salomon Reinach, au début du XXe siècle, rapprochait plus volontiers d'*orphnos*, adjectif grec signifiant obscur. Il le rapprochait alors du Dionysos nocturne, et il était tenté de voir en lui un dieu infernal. En fait, et même si Nietzsche a dédaigné Orphée, qu'il trouvait sans doute trop apollinien, il convient sans doute de rapprocher, dans ce mythe, ces deux nouveaux dieux trop souvent considérés comme antagonistes par les Modernes. Dans le Livre XI des *Métamorphoses* d'Ovide, quand Orphée, déchiré par les Bacchantes, n'est plus qu'une tête et une lyre portées sur les flots de l'Hèbre, Phébus vient pour repousser un ultime serpent, irrespectueux de ces restes sacrés. Mais Dionysos (Lyaeus) intervient aussi en faveur du chantre de Thrace : il condamne les Bacchantes à demeurer dans les forêts, il les enchaîne au sol par des racines tortueuses, et il décide d'abandonner ce pays trop barbare. Rien n'est moins apollinien d'ailleurs que ce premier paysage où se trouve placé Orphée : les montagnes du Rhodope (Ovide, X, 11-12), qui deviendront le décor chaotique sur lequel s'ouvre l'*Orphée-Roi* de Segalen. Mais Orphée est un charmeur de montagnes, comme il entraîne derrière lui les animaux et les arbres : son cortège fait penser au célèbre cortège de Dionysos. Comme Dionysos Zagreus, il descend aux Enfers à la recherche d'un être aimé (Sémélé pour l'un, Eurydice pour l'autre; voir l'article « Eurydice » du *Lexicon* de Roscher), comme lui il est déchiré et dépecé (Dionysos Zagreus victime des Titans, qui font cuire dans un chaudron les morceaux de son corps; l'Orphée d'Ovide mis à mort par les Bacchantes après le *sparagmos* des animaux qu'il charmait). Orphée imiterait son dieu. Le rapprochement avait déjà été fait par les Anciens, en particulier par Diodore de Sicile. Mais quel dieu? Apollon? Dionysos? Le premier défend le maître de la lyre, le second « le chantre qui célébrait ses mystères » (Ovide, XI, 68). Les Modernes poussent parfois l'assimilation jusqu'à la confusion : dans *Le Vice errant*, Jean Lorrain s'attarde pendant des pages à décrire la frénésie des corps qui atteint son paroxysme lors des fêtes qu'organise le comte Vladimir Noronsof, le nouveau Néron : « Des espèces de lupercales, de bacchanales ou de réjouissances orphiques dont les cortèges comporteraient au moins trois cents figurants. » L'orphisme, il est vrai, et surtout à cette date, venait encore obscurcir la figure d'Orphée. Mais le mythe, à lui seul, est suffisamment obscur, car il est un lieu de contradictions. L'aventure même dont il propose le récit ne se trouve pas dessinée dès l'origine; elle s'organise tardivement à partir d'un conglomérat de traditions diverses, où il est difficile de faire la part des éléments authentiques et de ceux qui se sont introduits par contamination.

Orphée et les Argonautes

L'examen du premier texte connu où Orphée soit mis en valeur nous oblige à commencer par un élément de sa geste dont la postérité littéraire n'est pas négligeable : la présence d'Orphée parmi les Argonautes. Et une image, moderne, celle-là, s'impose en même temps : la grande toile inachevée de Gustave Moreau, *Les Argonautes*, où l'on voit Orphée assis, avec ses autres compagnons, autour de Jason qui se tient debout sur le pont d'une galère.

Ce premier texte, c'est, au VIe siècle avant Jésus-Christ, la *Quatrième Pythique* de Pindare, une ode exceptionnelle par sa longueur, par sa construction et surtout par la place considérable qu'y occupe le mythe, la quête de la Toison d'or. Si on laisse de côté les récits qui concernent Iôlkos et la race de Jason d'une part, et d'autre part Euphamos et la légende de la fondation mythique de Cyrène, on s'aperçoit que les épisodes les plus mémorables de l'expédition sont traités surtout par voie d'allusion. Pindare nomme une dizaine de compagnons de Jason. Ils sont tous des demi-dieux, Héraklès, les Dioscures, Euphamos, Périclymène, Orphée, Echion, Erytos, Zètès et Calaïs. Orphée est donc ici fils d'Apollon, et non d'Œagre, comme l'indique une autre tradition (sa mère est Calliope). La présence d'Orphée est indispensable pour trois raisons, que le texte pindarique n'a pas le temps d'indiquer avec précision, et qui seront données par les longs poèmes Argonautiques, celui d'Apollonios de Rhodes au IIIe siècle avant Jésus-Christ, celui de Valérius Flaccus au Ier siècle et les *Argonautiques* d'Orphée au IVe siècle, ainsi que par les œuvres modernes qui ont pu s'en inspirer.

Il fallait d'abord construire le navire Argo, qui devait être résistant et prestigieux. Orphée, qui a le pouvoir magique d'attirer à lui par ses chants les arbres de la forêt, doit avoir aussi celui d'obtenir leur sacrifice pour qu'ils deviennent bois de construction pour navires. Pierre Emmanuel s'en est souvenu pour l'un de ses *Hymnes orphiques* (1942), « Orphée sur le navire Argo », où le « chêne convulsé » qui « s'agrippe en vain aux os fluides de la mer », « veut la terre / dont les larmes et le regret peuplent la mer ». Cette nostalgie de l'arbre est tout aussi bien celle des marins qui regrettent le pays qu'ils ont quitté pour aller dans l'inconnu.

En cours de navigation, ils vont affronter des épreuves redoutables : les pierres-qui-se-rejoignent, ou Symplégades, dont le chant d'Orphée aura le pouvoir d'interrompre le mouvement meurtrier; les Sirènes, dont la voix tentatrice cherche à entraîner les humains dans les flots. L'*epos* des Argonautes redouble ici visiblement l'*Odyssée*, avec le même passage obligé de Charybde et Scylla, variante des Symplégades, et la rencontre des Sirènes. Ulysse, suivant les instructions de Circé, était lié par ses hommes au mât de son navire, de façon à pouvoir jouir impunément, et seul, de cette musique incomparable. Orphée, au contraire, cherche à dominer par la force de sa *phorminx* la voix des enchanteresses. Seul l'un des matelots, Boutès, ne put résister au charme et se précipita dans les flots. Il est possible qu'Apollinaire s'en soit souvenu dans un poème d'*Alcools* (1913) qui fait assurément allusion à l'épisode argonautique de la geste d'Orphée, « Lul de Faltenin ».

Au départ de l'expédition, le roi Pélias a ordonné une quête qui ne se réduit pas à la recherche de la Toison d'or. Il a invoqué un songe au cours duquel lui est apparu son ancêtre Phrixos. Celui-ci a exigé qu'on fît revenir de Colchide son âme, qui est restée là-bas. Cette mission est clairement définie dans la *Quatrième Pythique*, même si l'accomplissement n'en est pas raconté. Orphée argonaute se trouve donc impliqué dans une aventure qui redouble cette fois la *nekuia* odysséenne. De même la fille du roi des Colques, Médée, doit, à la manière de Circé, instruire le héros sur ses épreuves, le guider sur les voies qui vont d'un monde à l'autre, et l'aider à franchir les pas difficiles (c'est aussi la fonction de Siduri dans le *Poème de Gilgamesh*). Mais l'intérêt se déplace d'Orphée vers Jason. Même Robert Graves, dans son roman mythologique *La Toison d'Or* (*The Golden Fleece*, 1944), parle des fils de Phrixos en négligeant le sort de l'âme de Phrixos. Peu importe, d'ailleurs, car il est trop évident que la Toison d'or est la métaphore de l'âme de Phrixos, qu'il était aussi dangereux d'enlever l'une que l'autre aux rivages de Colchide, et que, comme l'âme du défunt, la « toison » pleine de « poisons » (le jeu de mots est d'André Breton quand, dans l'*Ode à Charles Fourier*, 1947, il fait de l'expédition des Argonautes une allégorie de la Révolution, et de Fourier un nouvel Orphée) était un tabou auquel il était interdit de toucher.

Orphée et Eurydice

La structure du mythe d'Orphée devient claire si on veut bien ne pas l'amputer de ce premier épisode. En effet, à bien des égards, la descente d'Orphée aux Enfers, à la recherche de l'Eurydice perdue, recommence et redouble l'évocation du mort (ou sa représentation emblématique, le rapt de la Toison gardée par un monstre chthonien). On retrouve la pliure caractéristique de la structure du mythe. Il est vrai que c'est peut-être ici le mythe littéraire qui redouble le mythe proprement dit.

Le nom d'Eurydice apparaît en effet tardivement dans un devenir du mythe qui est pleinement littéraire, et Orphée marié, Orphée « veuf », Orphée « inconsolé » se substitue à l'Orphée célibataire des origines. Le livre IV des *Géorgiques* nous réserve cette double surprise, mais l'apparente « révolution virgilienne » pourrait bien n'être qu'une illusion. Jacques Heurgon a très opportunément rappelé que Virgile n'invente pas, et qu'il est donc *a priori* vraisemblable qu'au IVe livre des *Géorgiques* il n'a pas complètement innové : « Il ne s'est écarté du thème en quelque sorte officiel que parce qu'une forme, moins connue, de la légende, l'avait intéressé et enhardi. » Déjà Phèdre, dans *Le Banquet* de Platon, faisait allusion, en la réprouvant, à une descente d'Orphée dans l'Hadès à la recherche de sa femme. Ce document écrit est à rapprocher d'un document archéologique capital, le bas-relief d'*Orphée, Eurydice et Hermès*, qui était contemporain de Phidias, mais dont nous ne connaissons que trois copies romaines.

La descente d'Orphée dans l'Hadès n'est pas attestée avant la fin du VIe siècle avant Jésus-Christ. C'est l'époque où se constituent les plus anciens monuments de la littérature orphique, dans le cadre d'une vaste entreprise de refonte et de codification des traditions religieuses dont, à Athènes, les fils de Pisistrate se sont faits les patrons.

La catabase prend bientôt un aspect plus profane que mystique, elle devient une histoire d'amour touchante, un modèle auquel songe Admète dans l'*Alceste* (438) d'Euripide et même un prétexte à généralisation abusive (« Orphée ramenait les morts de l'Hadès ») dans un discours d'apparat d'Isocrate, *Bousiris* (vers 390 avant Jésus-Christ). L'épouse d'Orphée est d'abord désignée du nom d'Agriopé (dans le *Léontion* d'Hermésianax de Colophon, IIIe siècle avant Jésus-Christ); le nom d'Eurydice n'apparaît pour la première fois que dans le *Chant funèbre en l'honneur de son maître Bion* du pseudo-Moschos :

> « Ton chant ne sera pas sans récompense; comme jadis à Orphée, pour prix des doux sons de sa lyre, Coré accorda le retour d'Eurydice, elle te renverra, Bion, à tes montagnes. »

Cette version, on le voit, suggère une victoire finale d'Orphée. Au contraire le livre IV des *Géorgiques*, et un peu après les livres X et XI des *Métamorphoses* d'Ovide proposent un triste dénouement : les dieux des Enfers ont permis à Orphée de revenir sur terre avec Eurydice, mais elle doit marcher derrière lui, et il lui est interdit de se retourner vers elle et de la voir avant qu'ils aient franchi tous les deux la limite qui sépare les morts des vivants. Orphée se révèle incapable de résister jusqu'au bout à la tentation, et il perd Eurydice une seconde fois. L'Eurydice de Virgile proteste, l'Eurydice d'Ovide, qui avait tendu les bras vers Orphée, y voit un miracle d'amour plus important que le comble de misères.

L'interdiction du regard en arrière a été diversement interprétée. La version la plus banalisante prend Orphée en flagrant délit d'attachement aux sens, et Eurydice peut devenir une femme coquette, agaçante même qui, par sa demande insistante (dans l'*Orphée* de Gluck) ou par son goût de la querelle (dans la pièce de Cocteau, *Orphée*, publiée en 1927), porte en grande partie la responsabilité de la catastrophe finale. Cette catastrophe n'en est d'ailleurs pas une si le couple était décidément impossible (dans l'*Eurydice* d'Anouilh, représentée pour la première fois en 1941, la jeune femme avoue, quand Orphée la regarde, qu'elle était la maîtresse de Dulac). Mais il est plus intéressant de concevoir cet interdit comme un interdit proprement religieux. Comme le note Jacques Heurgon, le regard en arrière a dû avoir d'abord une signification autre que le simple regard amoureux qui inspire des couplets lyriques à André Bellessort dans son *Virgile* de 1920. Ni Orphée ni Eurydice n'avaient le droit de se retourner vers les dieux des Enfers. Servius, commentant la *Huitième Bucolique* de Virgile, rappelait que « les divinités ne veulent pas être vues » (*nolunt enim se videri numina*). Le regard en arrière est sacrilège, comme il est sacrilège de troubler le silence. Telle était la suggestion de l'auteur du *Culex*, qui empruntait à des sources hellénistiques. Plus largement, il est interdit à Orphée, comme à Don Juan, de troubler le silence des morts. Son appel dérange l'Eurydice de Rilke, et le poète est, comme Nietzsche, hostile à tout regard en arrière, quand il faut aller de l'avant, dire oui même à la mort, et devancer tout adieu (*Les Sonnets à Orphée*, 1923, II, 13, « *Sei allem Abschied voran* »).

Le dénouement ouvert de l'histoire d'Orphée et d'Eurydice explique en partie l'extraordinaire postérité littéraire de ce qui n'est pourtant, dans le mythe, qu'un épisode. C'est Ange Politien qui l'a pour la première fois portée sur le théâtre dans sa *Fabula di Orfeo, « commedia », « egloga », « festa », « rappresentazione »* ou *« favola pastorale »*, composée à Mantoue en juin 1480, « en deux jours, au sein d'un tumulte continuel, en style vulgaire », à l'occasion d'une fête de la Maison de Gonzague. L'œuvre fut publiée, peut-être sans l'aveu de l'auteur, quelques mois avant sa mort, survenue en septembre 1494. Elle est extrêmement brève (401 vers), mais se divise en cinq actes : « Les bergers », « Les nymphes », « Les héros », « Les morts », « Les Bacchantes » — c'est-à-dire l'évocation du décor pastoral — la première mort d'Eurydice piquée par un serpent, la descente aux Enfers, la seconde mort d'Eurydice et la mort d'Orphée. C'est une version tragique. Le pacte est une limitation aux désirs d'Orphée (« Sache donc modérer le feu de tes désirs », lui dit Pluton, « sinon ton Eurydice te sera aussitôt ravie »), mais Orphée immédiatement chante sa joie et sa victoire, appelle Eurydice, se retourne vers elle, et la perd. Il a été victime, comme le dit Eurydice, de l'excès de son amour (« *gran furore* »), et la violence qui s'exerce sur eux n'est autre que cette violence-là.

Le livret d'Ottavio Rinuccini pour les deux opéras exactement contemporains (1601) de Jacopo Peri et de Giulio Caccini, *Euridice*, va au contraire vers une conclusion heureuse. La sentence de libération, « *Trionfi oggi pietà* », s'achève dans une souriante douceur, « Va, sois heureux et tranquille ». Orphée et Eurydice partent vers l'avenir lumineux d'un bonheur d'autant plus intense qu'il a été interrompu.

Peut-on admettre une nouvelle rémission, si Orphée succombe à la tentation du regard en arrière ? Tisiphone s'y oppose formellement à la fin de l'acte IV de la tragédie d'Ange Politien. Au contraire le librettiste de Gluck, Calzabigi, s'est montré tendre et accessible à la pitié. L'Amour, ému par la plainte d'Orphée, vient l'empêcher de se donner la mort, et permet aux heureux époux de se retrouver :

> « Ne doutez plus de ma puissance.
> Je viens vous retirer de cet affreux séjour ;
> Jouissez désormais des faveurs de l'Amour. »

Mais quel est le vrai séjour d'Orphée et d'Eurydice ? La vie à laquelle les rend Cocteau, tant dans sa pièce que dans son film de 1950, ce « ménage » qui est leur « seul paradis », l'« eau sale » dans laquelle il fallait « les remettre » ? ou au contraire la mort, cet « autre visage de l'amour », comme le dit Félicien Marceau à propos de l'*Eurydice* d'Anouilh ? A la fin du poème de Luc Indestege *Orphée et*

Eurydice (*Orpheus en Eurydice*, 1941), les deux amants sont rejetés l'un du côté de la mort, l'autre du côté de la vie. Au contraire, un autre écrivain néerlandais, Hubert Lampo, termine de cette manière sa nouvelle *Les Amants de Falun* (*De Geliefden van Falun*, 1964), construite sur le mythe d'Orphée, par ces mots :

> « Et pourtant, qu'est-ce qui pourrait nous séparer dans ce monde ? Le temps ? L'espace ? La mort ? Depuis toujours nous nous sommes aimés, nous deux ne sommes que l'apparence matérielle d'un amour qui était déjà mûr, avant notre naissance et qui vivra même s'il nous venait un jour... Il est solide comme le monde lui-même, il ne peut être détruit ni par le temps ni par l'éternité. »

C'est aussi à l'immortalité de l'amour qu'aboutissait Victor Hugo dans les idylles retrouvées des *Chansons des Rues et des Bois* et dans cette autre idylle, l'Orphée de la seconde série de *La Légende des Siècles* (1877).

Si Orphée Argonaute redoublait l'aventure odysséenne, la disparition d'Eurydice redouble la disparition de Coré-Perséphone quand elle fut enlevée par Hadès. Le parallèle est suggéré par Ovide dans les *Métamorphoses*, puisque Orphée, pour se concilier les dieux des Enfers, leur rappelle leur propre histoire (X, 26-29). Mais l'imitation ne peut être poussée trop loin. Orphée a fait preuve d'habileté, mais peut-être aussi d'*ubris* en osant établir cette comparaison.

Orphée et les Bacchantes

Après la seconde mort d'Eurydice, et son passage par les Enfers, Orphée se révèle beaucoup plus fragile, et son charme agit moins sûrement. La tragédie veut un bouc émissaire ; il ne sera autre qu'Orphée lui-même. On aimerait pouvoir saisir dans les littératures anciennes ce passage de la poésie lyrique au théâtre. Malheureusement le texte de la tragédie d'Eschyle *Les Bassarides* a disparu, et on ne peut pas se faire une idée un peu précise de la trilogie à laquelle elle appartenait. Elle représentait certainement le conflit entre Orphée et les Bacchantes de son pays d'origine, la Thrace, et elle s'achevait sur sa mort.

Il existe à dire vrai plusieurs traditions anciennes de la mort d'Orphée. Il se serait tué pour ne pas survivre à Eurydice (Pausanias, IX, 30, 6). Ou bien il aurait été foudroyé par Zeus pour avoir révélé les mystères aux hommes (Pausanias, IX, 30, 5 ; Diogène Laërce). Il aurait trouvé la mort dans un soulèvement populaire (Strabon, VI, 18, par contamination avec la version ordinaire de la mort de Pythagore). Mais la tradition la plus répandue et la plus tenace est celle du meurtre d'Orphée par les Ménades de Thrace sur le mont Pangée, soit qu'il s'agisse d'un châtiment voulu par les dieux (Platon, *Banquet*, VII 179 c), soit que Dionysos lui-même soit obligé de désavouer ses dévotes (Ovide, *Métamorphoses*).

Toute reconstitution est ici un peu hasardeuse. Selon Salomon Reinach, on voyait dans *Les Bassarides* l'aède de Thrace déchiré par des femmes vêtues de peaux de renard (*bassaros* signifie le renard en grec) et Orphée lui-même, coiffé d'une peau de renard, chaussé de cothurnes de renard, était mis en pièces par des Bassarides, épisode qui, traduit dans un langage plus archaïque et plus mystique, signifie qu'un renard sacré a été immolé et dévoré rituellement par des femmes déguisées en renard. En admettant que cette cérémonie agraire puisse donner son sens à une version thrace du mythe, elle paraît éloignée du mythe littéraire qui a évolué vers la représentation de simples situations humaines : le deuil de l'inconsolé, que les femmes de Thrace, jalouses, n'ont pu supporter (Virgile, *Géorgiques*; Ange Politien, *La Fable d'Orphée*) ; la « conversion » d'Orphée à l'amour des jeunes garçons (Ovide, *Métamorphoses*; Luciano Berio, *Orfeo II*, d'après Monteverdi, 1984, les Bacchantes devenant d'ailleurs ici des bacchants, c'est-à-dire des petits voyous) ; la jalousie d'une Ménade, Aglaonice, qui eut jadis une liaison avec Eurydice, et ne pardonne pas à Orphée de la lui avoir ravie (Edouard Schuré, « Orphée », dans *Les grands initiés*, 1889, un livre dont s'est souvenu Segalen dans l'acte IV d'*Orphée-roi*), etc.

C'est apparemment la puissance du chant d'Orphée et de sa musique qui se trouve mise en question. En effet, dans le poème d'Ovide, il parvient d'abord à empêcher les projectiles de l'atteindre (les pierres, charmées, restent suspendues en plein jet). Mais comme il est parvenu à brouiller le chant des Sirènes, son chant va être brouillé par le vacarme fait par les femmes des Cicones. La scène de violence est reprise dans le film de Cocteau, sans que le charme orphique opère. Tout se passe comme si, au sortir des Enfers, Orphée était poursuivi par les Furies qu'il avait cru dompter et qui ne sont plus que des femmes sanguinaires et acharnées. Ce serait une nouvelle pliure du mythe assurant la cohérence entre le second mythème (Orphée et Eurydice) et le troisième (Orphée et les Bacchantes).

Pour un poète, et peut-être plus encore pour un musicien il y a sans doute là quelque chose de difficilement acceptable. C'est pourquoi Monteverdi a cru devoir corriger le premier dénouement de son *Orfeo* (1607) — une grande bacchanale — par une apparition d'Apollon *ex machina*. Orphée devra se contenter d'une Eurydice réduite à une belle image (« *sembianze belle* ») dans le soleil et dans les astres, mais lui-même jouira de la pérennité, de la vie immortelle dans les régions célestes. Dans le poème d'Ovide, Apollon vient au secours des restes de son fils : c'est le miracle de la tête chantante, ou de la lyre qui joue toute seule, miracle renouvelé à la fin de l'*Orphée-roi* de Segalen, qui devait être un livret pour Debussy. « La Lyre s'élève peu à peu et plane au-dessus de l'abîme. Et voici que dans cette ascension fulgurante, le Chant s'affirme, et c'est LA VOIX PREMIERE D'ORPHEE — dominant de son épiphanie le sol lourd, les bois et les roches, les jeux, les amours et les cris, et se haussant, triomphante — qui règne au plus haut des cieux chantants ». Le passage par la mort n'a pas alors émoussé le pouvoir de la musique. Au contraire, elle est devenue plus puissante, car :

> « Seul qui déjà éleva la lyre
> jusque parmi les ombres
> peut pressentir et proclamer
> la louange infinie » (Rilke, *Sonnets à Orphée*, I, 9).

Orphée passe pour représenter la perfection de toute musique ou, si l'on veut, la musique absolue. D'où son pouvoir surnaturel sur les animaux, sur les plantes, sur les minéraux mêmes, et sur les âmes puisqu'au Moyen Age, il devient le Bon Pasteur. Cette musique, mise à l'épreuve par les Sirènes, révèle sa puissance la plus grande au moment de la descente dans l'Hadès au point de conférer au chanteur une assurance peut-être excessive. Il restait une dernière épreuve dont, cette fois, Orphée peut sembler sortir vaincu : l'attaque des Ménades. Mais le chant d'Orphée au milieu de tant de sauvagerie, mais la musique survivant au défunt constituent la plus importante des victoires. Et elle est très belle, dans l'*Orphée* (1955) du poète hongrois Sandor Weöres, cette image de la mort qui enfante le chant :

> « Le tambour funèbre bat, je danse en rond pour toujours, un chant emplit la vallée que mon sang a fertilisée, la treille de la mort enlace le secret de mon éternelle vie. »

Pierre Brunel

BIBLIOGRAPHIE

Textes

On trouvera les *Pythiques* de Pindare, les *Argonautiques* d'Apollonios de Rhodes, les *Géorgiques* de Virgile, les *Métamorphoses* d'Ovide dans la collection des Universités de France, Belles-Lettres. La *Fabula di Orfeo* d'Ange Politien ne semble pas avoir été traduite depuis la version publiée dans *Théâtre européen*, notice d'Antoine de Latour, Théâtre italien, première série, T. I, Ed. Guérin, 1835. On trouvera le livret des *Euridice* de Peri et de Caccini dans le coffret Arion de l'*Euridice* de Caccini, le livret utilisé par Monteverdi et le livret utilisé par Gluck dans deux numéros de *L'Avant-scène Opéra*. Le texte de l'*Orphée-roi* de Segalen a été publié avec les remarques marginales de Debussy et les variantes aux éditions du Rocher en 1961. On trouvera la traduction française du poème de Rilke, « Orphée, Hermès et Eurydice », ainsi que celle des *Sonnets à Orphée* dans le volume « Poésie » publié par les éditions du Seuil, 1972. L'*Orphée* de Cocteau a paru chez Stock en 1927, le scénario du film aux éd. André Bonne en 1949. L'*Eurydice* d'Anouilh a été publiée aux éd. de la Table Ronde en 1958. *Tombeau d'Orphée* et les *Hymnes orphiques* de Pierre Emmanuel ont reparu en éd. de poche chez Seghers en 1967.

Etudes

Robert BOEHME, *Orpheus, der Sänger und seine Zeit*, Bern, München A. Francke, 1970.
W.-K.-C. GUTHRIE, *Orpheus and the Greek Religion*, Methuen, 1935; trad. fr. S.M. Guillemin, *Orphée et la religion grecque. Etude sur la pensée orphique*, Payot, 1956.
Jacques HEURGON, « Orphée et Eurydice avant Virgile », dans *Mélanges d'archéologie et d'histoire*, Ecole française de Rome, de Boccard, T. XLIX, 1932, pp. 5-60.
Brian JUDEN, *Traditions orphiques et tendances mystiques dans le Romantisme français*, Klincksieck, 1971.
Eva KUSHNER, *Le Mythe d'Orphée dans la littérature française contemporaine*, Nizet, 1961.
Louis MOULINIER, *Orphée et l'orphisme à l'époque classique*, Belles Lettres, 1955.
Salomon REINACH, « La Mort d'Orphée » dans la *Revue archéologique*, 1902, II, pp. 242-279, repris dans *Cultes, mythes et religions*, Leroux, 1928, T. II, p. 85 sq.

Les parques

Les Parques sont les plus connues, du moins dans la tradition littéraire française, d'une série de divinités féminines du destin qui ont sans doute une origine commune indo-européenne : les Moires grecques, les Parques latines, les Nornes, les Díses et les Valkyries scandinaves, les fées romanes et les Urses roumaines partagent bien des traits communs. Elles sont associées à la fois à la fécondité et à la mort, ce sont des fileuses à la parole prophétique et elles sont très souvent au nombre de trois. Enfin elles président au destin de l'univers comme à celui de l'individu.

Le fil du destin

Parmi toutes les images que peut évoquer le nom des Parques, celle du fil de la vie est sans conteste la plus banale. Pourtant elle a subi au cours du temps une évolution qui mérite de retenir l'attention, dans la mesure où elle reflète des approches différentes de la vie et de la mort. A l'origine, dans l'épopée homérique, le fil représente la destinée qui a été filée à la naissance, sans aucune autre précision (*Iliade* XX, v. 125-128 et XXIV, v. 209-210; *Odyssée* VII, v. 197-198). L'élaboration littéraire autour de ce motif va donc consister à préciser la nature et les modalités de la relation qui existe entre le fil et le destin. L'interprétation la plus largement représentée consiste à faire de sa longueur la mesure de la vie. Dans la littérature grecque, la mort d'un individu n'est mise que tardivement en relation avec la fin du fil qui représente sa destinée. Ce motif est totalement absent de l'épopée homérique comme de la poésie hésiodique et pindarique; il n'apparaît pas non plus chez les tragiques ni d'ailleurs chez Aristophane. Il semble même, d'après certains fragments des poètes lyriques, qu'à l'origine la mort ait été « filée » par les Moires au même titre que tous les événements antérieurs de l'existence. La représentation originelle des Moires en tant que fileuses renvoie donc à la destinée conçue comme totalité continue comprenant la mort elle-même, qui est pensée beaucoup plus en tant qu'aboutissement nécessaire de la vie qu'en tant que rupture.

On constate d'ailleurs que le plus ancien témoignage littéraire sur les Parques dans le domaine latin, le poème de Catulle consacré aux noces de Thétis et de Pélée (*Poésies*, LXIV, v. 307-319), évoque avec beaucoup de précision le travail des fileuses mais ne mentionne nullement une rupture du fil. Dans les œuvres ultérieures les poètes latins vont établir une relation plus précise entre la longueur du fil et la durée de la vie : celle-ci s'achève lorsque le fil s'interrompt. Néanmoins, il n'est pas encore question de rupture nette mais plutôt d'un épuisement des forces vitales, représentées par les brins de laine que les Parques assemblent pour constituer le fil du destin. L'image d'une Parque coupant le fil de la vie humaine apparaît ultérieurement dans la poésie latine, chez Martial par exemple, mais c'est surtout à partir de la Renaissance qu'elle s'impose et se banalise dans la littérature et dans l'art. Il est probable que l'invention des ciseaux a fortement contribué à la force de cette image. Elle suppose un changement radical dans la symbolique du fil, qui ne manifeste plus la continuité de la vie humaine mais sa fragilité.

Une autre évolution se dessine dans la symbolique du fil : il ne mesure plus seulement la durée de la vie mais représente aussi, par ses diverses caractéristiques, la nature de la destinée. Déjà dans la poésie latine la laine blanche est synonyme de bonheur et de gloire, tandis que la laine noire est signe de malheur. A la Renaissance, cette symbolique des couleurs s'enrichit de variations sur la matière qui constitue le fil, comme en témoignent les chants 34 et 35 du *Roland furieux*. L'or, l'argent et la soie sont souvent évoqués pour célébrer une destinée particulièrement heureuse.

Si les Parques et leurs homologues sont le plus souvent des fileuses, il arrive aussi assez fréquemment qu'elles apparaissent comme des tisseuses. Le témoignage littéraire le plus ancien est le *Lai de la Lance* dans lequel douze Valkyries exécutent le tissu de la bataille. Le passage du fil au tissu permet non seulement d'introduire une dimension collective mais aussi d'enrichir le réseau métaphorique. Le destin peut être pensé comme un vêtement qui habille l'individu, comme en témoigne le chapitre VI d'*Aurélia* ou encore *L'Homme et la Sirène* d'Henri de Régnier, ou bien comme un spectacle représenté sur la toile : c'est le cas dans le conte d'Edouard Laboulaye *Les Trois Citrons* et dans la nouvelle d'Alfred Döblin *La Danseuse et le Corps*, où l'héroïne brode son propre destin et notamment sa mort.

Le vocabulaire du filage et du tissage peut dans la plupart des langues européennes s'employer métaphoriquement dans le registre de la ruse et de la tromperie : *ourdir* et *tramer* en français, *ordire* et *tramare* en italien, *to weave* en anglais, *spinnen* en allemand, autant d'exemples de cette étroite connexion avec la notion de piège. Or la métaphore rejoint ici le mythe, à moins qu'elle n'en dérive. Les divinités qui filent sont aussi des divinités qui enchaînent, qui entravent, qui tendent des pièges. De la forme simple du lien, qu'on rencontre dès l'origine du mythe, aussi bien dans le domaine grec que dans le domaine scandinave, on passe à des images plus élaborées, telles celles du filet et de la toile d'araignée. Ainsi la planche 44 des *Caprices* de Goya représente les Parques sous les traits de trois sorcières en train de filer, tandis que dans le coin supérieur gauche figurent des enfants attachés, qui symbolisent vraisemblablement les âmes des hommes. Pour Francis Ponge, le poète est une Parque-araignée qui prend le lecteur au piège dans le texte qu'il a tissé (*L'Araignée* in *Pièces*). Le rapprochement du tissage des Parques et de celui des mots est d'autant plus pertinent que les déesses du destin sont aussi et surtout des divinités prophétiques, chez lesquelles l'activité de fileuse est étroitement liée à la parole et au chant.

La parole prophétique

Dans la littérature grecque, le motif du chant des Moires apparaît chez Aristophane et chez Platon. Mais c'est surtout dans la tradition latine que la parole joue un rôle prépondérant, comme le prouve le nom de *Tria Fata* qui sert souvent à désigner les Parques. Du destin prononcé, généralement à la naissance de l'individu, on passe parfois au destin écrit comme en témoigne un passage des *Métamorphoses* d'Ovide (XV, v. 807-815) et la présence sur les sarcophages romains du livre du destin comme attribut des Parques.

C'est dans la littérature narrative que la fonction prophétique des Parques est la plus déterminante. L'intervention des déesses du destin à la naissance du héros pour prédire sa destinée constitue un des invariants du mythe, que l'on retrouve aussi bien dans la tradition scandinave que dans la littérature médiévale. Elle donne lieu à une scène relativement codifiée qui joue un rôle décisif dans un certain nombre de récits plus ou moins élaborés. Le plus anciennement attesté est la légende de Méléagre, qui a connu une grande fortune aussi bien dans la tradition populaire que dans la littérature et dans l'art. Dans la version qu'en donnent Ovide (*Métamorphoses* VIII) et Hygin (*Fables* 171), Althée, la mère de Méléagre, surprend la venue des Parques au cours d'une des nuits qui suivent la naissance de l'enfant. Les deux premières lui font don de grandes qualités mais la troisième décide qu'il ne vivra qu'aussi longtemps qu'un tison qui se trouve dans le foyer ne sera pas consumé. La mère se précipite alors pour retirer celui-ci du feu, puis elle l'éteint et le conserve soigneusement. Mais lorsque Méléagre, devenu adulte, tue ses deux frères lors de la chasse de Calydon, elle les venge en consumant le tison, ce qui provoque la mort de son fils. On retrouve la même trame narrative dans la légende de Nornagest où les Nornes se livrent à une prédiction analogue, à cette différence près que le destin du héros est lié non à un tison mais à une bougie. Enfin les déesses du destin interviennent de façon tout à fait comparable dans un court roman contemporain de Matéo Maximoff, *Les Ursitory*, inspiré de traditions tziganes.

Cette légende constitue l'un des principaux arguments en faveur d'une filiation mythologique, et non pas seulement étymologique, entre les Parques et les fées. En effet, la croyance à la venue des Parques, la nuit, dans la maison du nouveau-né pour prédire son destin est sans aucun doute à l'origine de la scène du repas des fées qui apparaît si fréquemment dans la littérature médiévale et, plus largement, dans les contes de fées. Citons, parmi bien d'autres exemples, le roman anonyme du XIIIe siècle *Amadas et Ydoine*, dans lequel les Parques sont explicitement nommées et où apparaît le motif du couvert incomplet qui provoque le courroux des déesses. Il en va de même dans *Le Jeu de la Feuillée* d'Adam de La Halle et bien sûr dans les différentes versions du conte de *La Belle au bois dormant*. Celui-ci constitue une libre variation sur le mythe des Parques, dont on retrouve les principaux éléments caractéristiques mais dispersés et redistribués en fonction de la logique interne du récit : la mauvaise fée, avatar d'Atropos, a été privée de l'instrument tranchant qui est son attribut et elle se venge à l'aide d'un autre attribut des Parques, le fuseau, provoquant la léthargie de la princesse.

Si dans les œuvres narratives les déesses fatales prédisent surtout le destin de l'individu, il arrive aussi, dans la tradition philosophique et poétique, qu'elles chantent celui de l'univers.

Les maîtresses du devenir cosmique

Les premiers textes relatifs aux déesses du destin sont, pour la plupart, des poèmes théogoniques et cosmogoniques. La généalogie et l'onomastique apparaissent donc comme les premiers indices de la dimension cosmique du mythe. Dans le domaine grec, la *Théogonie* d'Hésiode propose deux généalogies apparemment contradictoires pour les déesses du destin. Dans la première, les Moires, en tant que filles de la Nuit, se rangent parmi les divinités primordiales : nous sommes en effet encore au tout début de la cosmogonie hésiodique, puisque Nuit est fille du Chaos originel. Dans cette perspective les Moires représentent un ordre du monde antérieur aux dieux olympiens, auquel eux-mêmes doivent se soumettre. Apollon pourtant parvient par la ruse à le transgresser, tout comme il triomphe des Erinyes. Le conflit qui l'oppose aux filles de la Nuit possède une dimension cosmique évidente que les différentes versions dramatiques de la légende d'Admète et d'Alceste mettent bien en évidence : Apollon triomphant des Parques, c'est toujours la lumière l'emportant sur la nuit.

La seconde généalogie d'Hésiode propose une tout autre vision de l'univers. Les Moires ne sont plus antérieures aux Olympiens puisqu'elles sont les filles de Zeus et de Thémis. Le lien généalogique traduit ici une relation de subordination. Si les Moires peuvent toujours être considérées comme les gardiennes de l'ordre cosmique, aux côtés des Saisons et des Charites, leurs sœurs, cet ordre est celui que fait régner Zeus. Les Moires sont soumises à son pouvoir comme le montre bien l'épithète de *moiragetès* (« qui dirige les Moires ») qui lui est souvent appliqué. Les déesses du destin se trouvent dès lors réduites au rang d'agent d'un pouvoir qui les dépasse. Une telle évolution implique un changement radical dans la conception du destin. Les Moires deviennent les garantes de l'ordre et de l'équité. Platon va encore plus loin dans ce sens dans le récit d'Er le Pamphylien, à la fin de la *République* : Clotho, Lachésis et Atropos y deviennent les filles de la Nécessité et font tourner le fuseau cosmique tout en présidant aux cycles de l'incarnation. Le texte platonicien a fait l'objet de multiples commentaires, dans l'Antiquité chez Xénocrate, Plutarque, Chalcidius, Plotin et surtout Proclus, au Moyen Age dans la *Cosmographie* de Bernard Silvestris, et bien sûr dans le néoplatonisme renaissant chez Marsile Ficin et Pic de la Mirandole. Dans la littérature et dans l'art l'apport du mythe platonicien réside principalement dans le lien établi entre les Parques et les astres ou la lune. Ainsi dans *Le Roland furieux* le palais des Parques est-il situé dans la lune.

De même que la *Théogonie* d'Hésiode contient la première évocation des Moires en tant que divinités à part entière, la *Völuspá*, à la fois théogonie et cosmogonie, nous livre une évocation détaillée des Nornes. Mais alors qu'Hésiode se borne à indiquer la généalogie des déesses, le poème scandinave nous renseigne à la fois sur le lieu oú siègent les Nornes et sur leur activité. Elles sont tout d'abord étroitement liées à Yggdrasill, l'arbre cosmique : elles veillent sur lui et, en l'arrosant, l'empêchent de dépérir. En elles s'unissent le savoir et la vie.

Un autre point commun entre les Moires de Platon et les Nornes de la mythologie scandinave réside dans leur rapport avec le temps : dans la *République*, Clotho, Lachésis et Atropos chantent respectivement le passé, le présent et l'avenir ; cette répartition des rôles se retrouve dans les noms des Nornes, Urd, Verdandi, Skuld, et la dimension temporelle joue un rôle déterminant dans les réécritures du mythe au XIXe siècle, de *La Légende des Nornes* de Leconte de Lisle au *Crépuscule des dieux* de Wagner. Ce lien avec le temps explique que les Parques soient souvent associées à Saturne et qu'elles soient fréquemment représentées sous la forme des trois âges de la vie, par exemple sur l'horloge astronomique de Strasbourg. C'est aussi dans cette perspective qu'il faut envisager le lien entre les Moires et les Saisons, qui apparaît dès la *Théogonie* d'Hésiode, et surtout le rôle qu'elles jouent dans le mythe de Perséphone. Si l'on en croit le témoignage d'Aristophane dans *Les Grenouilles* (v. 440-453), celui de l'*Hymne orphique aux Saisons* et celui de Pausanias (VIII, 42, 3) le rôle des Moires correspondait initialement à leur fonction de déesses de la fertilité : en ramenant Perséphone à la lumière et en apaisant Déméter, elles restaurent l'ordre naturel et contribuent à la renaissance de la végétation. Dès l'Antiquité cependant, on assiste à un renversement : chez Ovide elles prononcent l'arrêt selon lequel Proserpine ne pourra revenir auprès de sa mère que si elle s'est abstenue de toute nourriture aux Enfers (*Métamorphoses,* V, v. 529-532). Chez Claudien elles deviennent les servantes de Pluton (*L'Enlèvement de Proserpine,* I, v. 48-67). Dès lors, l'enlèvement et le retour de la déesse ne sont plus interprétés en liaison avec le cycle des saisons, mais en tant que parcours symbolique de l'âme humaine. Le monodrame de Goethe (*Proserpina,* v. 216-271) et l'analyse du mythe que propose Schopenhauer (*Die Welt als Wille und Vorstellung,* IV, 60) sont à cet égard exemplaires.

FÉMINITÉ ET FATALITÉ

Les triades féminines abondent dans les mythologies indo-européennes. Certains historiens des religions ont parfois eu tendance à les considérer comme autant d'avatars d'une unique entité. Cependant, dès les premiers témoignages littéraires et artistiques, elles sont nettement différenciées même s'il existe entre elles des liens privilégiés. On a donc affaire à une constellation au sein de laquelle les Parques occupent une place variable : elles sont souvent rapprochées des Grâces à partir de la Renaissance, comme en témoigne une tradition iconographique qui va du Rosso à Rubens, mais il arrive encore plus souvent qu'on les confonde avec les Furies, auxquelles elles font pendant dans les représentations de l'Enfer. Déjà chez Lucain les Parques séjournent aux Enfers (*Pharsale*, VI, v. 695-706). Au Moyen Age l'*Ovide moralisé* identifie Enfers païens et Enfer chrétien et les Parques, servantes de Pluton, deviennent les servantes du Diable, d'où de nombreux phénomènes de syncrétisme entre déesses du destin et sorcières, des *weird sisters* de *Macbeth* aux Parques de Goya (*Les Parques* de la maison du Sourd, *Les Caprices*, pl. 44).

Le lien qui unit les trois déesses donne lieu lui aussi à de multiples variations, révélatrices d'une perception différente de la féminité : le plus souvent vierges et sœurs, elles semblent constituer un univers clos, interdit à toute présence masculine, comme on peut le constater dans la réécriture du mythe que propose Agatha Christie dans *Némésis*. Mais il arrive aussi qu'elles renvoient à un modèle matriarcal, dans lequel le pouvoir se transmet de mère en fille. Tel est le cas dans la nouvelle de Faulkner intitulée *Miss Zilphia Gant*. A la figure de la mère et de la sœur, il faut ajouter celle de l'amante, qui apparaît dans la poésie baroque avec le motif de la Parque d'amour dont Marino semble être l'inventeur. On la rencontre aussi dans la version française du conte des *Trois Citrons* que donne au XIXe siècle Edouard Laboulaye, qui s'inspire sans doute non seulement du texte italien de Basile mais aussi d'un conte roumain intitulé *Celle qui n'est pas née et qu'on n'a jamais vue* : le héros est un jeune prince à la recherche de l'épouse idéale, qui, après avoir en vain parcouru le monde, arrive dans l'île des Parques où il rencontre successivement Atropos, Lachésis et Clotho. Celle-ci lui confie trois citrons qu'il doit ouvrir près d'une fontaine afin de pouvoir désaltérer la jeune fille qui en sortira. Après deux échecs, le héros finit par obtenir pour épouse la jeune fille qu'il avait tant cherchée et qui n'est autre que la plus jeune des Parques. Ce conte illustre remarquablement l'analyse du mythe que propose Freud dans *Le Thème des trois coffrets* : à travers les trois Parques seraient représentées « les trois inévitables relations de l'homme à la femme (...) : voici la génératrice, la compagne et la destructrice. Ou bien les trois formes sous lesquelles se présente, au cours de la vie, l'image même de la mère : la mère elle-même, l'amante que l'homme choisit à l'image de celle-ci et, finalement, la Terre-Mère, qui le reprend à nouveau ». Mais c'est l'œuvre de Nerval qui offre la confirmation la plus éclatante de l'analyse freudienne. La sixième séquence d'*Aurélia* ne juxtapose pas les images sur le mode allégorique, comme le conte de Laboulaye, mais les enchaîne dans un mouvement continu, qui révèle leur secrète identité. C'est la même « fée » qui, d'abord tisseuse et figure maternelle, devient image de l'amante, avant que sa métamorphose ne lui restitue sa signification originelle.

Cependant le motif de la Parque amante se dégrade souvent au XIXe siècle en celui de la femme fatale : des Goncourt (*Journal*, septembre 1853 et 31 décembre 1862) à Proust (*Le Côté de Guermantes*, La Pléiade, t. II, p. 196-197) en passant par Alphonse Daudet (*Sapho, mœurs parisiennes*, Charpentier, 1884, p. 166), les déesses du destin deviennent des femmes légères, voire des prostituées, sur le mode tragique ou dérisoire. C'est à ce titre qu'elles entrent dans la bande dessinée (série *Clotho* de J. Bonodot et G. Dewamme). On trouve aussi chez l'écrivain hongrois contemporain Miklós Szentkuthy une autre forme de dérision, puisque les Parques y prennent les traits de trois vieilles banquières, d'une laideur repoussante (*Renaissance Noire*, p. 98-99). Cependant l'irrévérence humoristique n'est pas la seule attitude de la modernité face aux déesses du destin. Plus décisif sans doute est le travail d'intériorisation du mythe qui s'amorce au XIXe siècle et qui fait de la Parque une figure de la conscience.

La parque intérieure

Dans l'analyse du thème des trois coffrets Freud affirme l'équivalence symbolique de la morte et de la Mort. Le déplacement ainsi postulé est confirmé par la mutation que connaît au XIXe siècle la figure de la Parque : il arrive qu'elle ne soit pas celle qui inflige la mort mais celle qui la reçoit (Chateaubriand, *Mémoires d'Outre-Tombe*, XIV, ch. I), non l'instrument mais la victime du destin (D'Annunzio, *Les Vierges aux rochers*, prologue). Cette mutation trouve une remarquable expression dans la *Clotho* de Camille Claudel, accablée par un destin qu'elle file, à moins qu'il ne se file autour d'elle, sans qu'elle puisse en endiguer le flot ininterrompu, qui va bientôt la submerger. Mais c'est sans doute le célèbre poème de Tennyson, *The Lady of Shalott*, qui manifeste le mieux la dimension pathétique que peut acquérir la figure de la fileuse : en cessant de tisser, la Dame de Shalott provoque sa propre mort. On peut à bien des titres la considérer comme une « jeune Parque (de soi-même) », pour reprendre l'une des ébauches de titre du poème de Valéry.

Celui-ci constitue l'aboutissement du processus d'intériorisation du mythe qui se dessine dès le début du XIXe siècle. La Jeune Parque réunit en elle à la fois Clotho, Lachésis et Atropos : elle est la jeunesse et la vie, une mère en puissance, mais aussi la lucidité mortifère de la conscience qui refuse de participer au cycle des générations. Ce conflit entre les composantes antagonistes du mythe détermine la structure du poème : le premier mouvement correspond à la descente aux Enfers de la Jeune Parque (v. 1-324), le second à son retour à la lumière (v. 325-512), retour qui s'accompagne de multiples regards en arrière. Mais ces Enfers sont tout intérieurs, et c'est là le renversement décisif opéré par Valéry; alors qu'une longue tradition fait des Enfers le séjour des Parques, la Jeune Parque porte en elle les Enfers.

Sylvie Ballestra-Puech

INDICATIONS BIBLIOGRAPHIQUES SUCCINCTES

Sur l'Antiquité grecque et latine

Stefano de ANGELI, article « Moirai » du *Lexicon iconographicum mythologiae classicae*, Zürich, Munich, Artemis, 1992, t. VI.

P. CARLETTI COLAFRANCESCO, « Dalla vita alla morte : il destino delle Parche. I. Da Catullo ad Orazio », *Invigilata Lucernis*, n° 3-4 [1981-82], p. 243-273.

P. EITREM, « Moira », *in* Pauly-Wissowa, *Real Encyclopädie der klassischen Altertum*, Stuttgart, 1932.

A. MAGRIS, *L'idea di destino nel pensiero antico*, Udine, Del Bianco, 1984-85, 2 vol.

L.L. TELS DE JONG, *Sur quelques divinités romaines de la naissance et de la prophétie*, Amsterdam, A.M. Hakkert, 1960.

Sur le domaine scandinave

P.C. BAUSCHATZ, *The Well and the Tree. World and Time in Early Germanic Culture*, Amherst, Massachusetts U. P., 1982.

R. BOYER, *Yggdrasill. La religion des anciens Scandinaves*, Paris, Payot, 1981.

R. BOYER et E. LOT-FALCK, *Religions de l'Europe du Nord*, Paris, Fayard-Denoël, 1974.

F. STRÖM, *Diser, Nornor, Valkyrjor*, Stockholm, 1954.

Sur les fées

R.W. BREDNICH, *Volkserzählungen und Volksglaube von den Schicksalsfrauen*, Helsinki, Folklore Fellows Communications 193, 1964.

K.M. BRIGGS, *The Anatomy of Puck*, Londres, Routledge & Kegan Paul, 1959.

— *The Fairies in tradition and literature*, Londres, Routledge & Kegan Paul, 1967, rééd. 1968.

L. HARF-LANCNER, *Les Fées au Moyen Age. Morgane et Mélusine ou la naissance des fées*, Paris, Champion, 1984.

A. MAURY, *Les Fées au Moyen Age. Recherches sur leur origine, leur histoire et leurs attributs pour servir à la connaissance de la mythologie gauloise*, Paris, Librairie philosophique Ladrange, 1843, rééd. *in* : *Croyances et Légendes du Moyen Age*, Paris, Honoré Champion, 1896.

D. POIRION, « Le rôle de la fée Morgue et de ses compagnes dans *Le Jeu de la Feuillée* », *Bulletin bibliographique de la Société Internationale Arthurienne*, t. XVIII, 1966.

Sur La Jeune Parque

S. BALLESTRA-PUECH, *Lecture de* La Jeune Parque, Paris, Klincksieck, 1993.

J. HYTIER, « Etude de *La Jeune Parque* », *L'Arche*, septembre 1945, repr. *in* : *Questions de littérature*, Columbia U. P., 1967.

Fl. de LUSSY, *La Genèse de* La Jeune Parque *de Paul Valéry*, Paris, Minard, 1975.

O. Nadal, *Paul Valéry,* La Jeune Parque, *étude critique*, Paris, Le Club du Meilleur Livre, 1957.

R. Pietra, *Valéry, directions spatiales et parcours verbal*, Paris, Minard, Bibliothèque des lettres modernes, n° 32, 1981.

Pour une interprétation psychanalytique du mythe

S. Freud, « Le thème des trois coffrets » *in* : *Essais de psychanalyse appliquée*, trad. M. Bonaparte et E. Marty, Paris, Gallimard, 1933, rééd. coll. Idées, 1983.

Pour une tentative de synthèse

S. Ballestra-Puech, *Le Mythe littéraire des Parques*, thèse de doctorat de l'université de Paris IV-Sorbonne, décembre 1991 (version remaniée à paraître chez Klincksieck).

PARSIFAL

Au sein de la forêt de mythes que présente à nos yeux la littérature médiévale, Parsifal nous offre l'image de l'exemple le plus achevé, qui est en même temps une éclatante exception. En effet, le mythe de Parsifal s'inscrit aisément au cœur du vaste ensemble de textes consacrés à la quête du Graal — et participe ainsi à l'édifice mythique le plus original et le plus décisif du Moyen Age. Pourtant, il s'en distingue aussi en ce sens qu'il présente un caractère remarquable d'autonomie, d'autosuffisance : la trajectoire du héros ne réclame, au contraire de celle de Lancelot, aucune « continuation » par un Galahad pour que la destinée s'accomplisse. Mythe pleinement singulier, Parsifal l'est également en ce qu'il s'affirme d'autorité comme un *vrai* mythe littéraire, un mythe de l'écrit. Chrétien de Troyes et Wolfram von Eschenbach, ses pères fondateurs, se dépossèdent en effet de la vertu d'invention, pour l'attribuer à un auteur et à un livre précédents — dont la nature fictive est à peu près incontestable. Détaché de toute référence, le conte de Perceval est ainsi présenté comme un mythe original du Moyen Age.

Parsifal, dès lors, devient le personnage phare qui incarne, à travers un récit exemplaire, toute une civilisation. En premier lieu, il constitue un contrepoint à l'autre grande figure mythique du temps, de naissance simultanée — la seconde moitié du XIIe siècle — : celle de Tristan. Ils présentent à eux deux les positions extrêmes qu'il est loisible d'adopter à l'égard des deux grandes forces à partir desquelles se structure la société : la puissance amoureuse, associée à la cour d'amour et le pouvoir divin, confondu avec les forces temporelles, exercées à la cour du seigneur. Tristan et Parsifal font tous deux leur apprentissage de l'existence médiévale au fil d'un conte d'amour et de pouvoir, mais où l'accent n'est pas mis sur les mêmes valeurs. D'un côté, la passion qui transgresse les normes finira par méconnaître l'importance du pouvoir temporel, et l'exclure du monde qu'elle habite; de l'autre, la quête du Graal, qui est conquête du pouvoir, admet au passage que l'harmonie du monde s'accomplisse dans le mariage, version licite de l'amour. L'itinéraire de Parsifal, loin d'exclure délibérément un domaine de l'activité humaine, est donc constitué par un cheminement *progressif* vers le divin.

A l'origine du « roman d'apprentissage », Parsifal est ce jeune homme niais et ignare qui abandonne sa mère, la laissant mourir pour partir à la découverte du monde. Ignorant d'abord son nom — quoique de noble naissance — il connaîtra, après cette première révélation, les étapes successives d'une formation. Un homme d'âge, Gornemant, l'initie au métier des armes et à la courtoisie, qui enseigne de défendre les dames. Pourtant, la rencontre de l'élue ne le comble pas; et le désir de connaître l'harmonie en ce monde le pousse à accomplir la seule conquête qui soit digne des plus hautes ambitions : celle du Graal. Ce symbole mystérieux — à l'origine, non-chrétien, mais devenu au fil des textes un calice sacré — le conduit, étrangement, à refuser d'abord de servir Dieu *pour* accomplir la quête. Un dernier apprentissage, celui de la pénitence et de l'humilité dans le Christ, lui sera nécessaire pour qu'il prenne droit de régner sur le Graal, uni à Blanchefleur, l'épouse légitime que lui confère la foi chrétienne.

Parsifal est donc censé refléter l'image parfaite de l'homme médiéval : ayant su maîtriser les passions de la chair, triompher des mystères d'un monde fabuleux — celui des bois chargés de merveilles et de dangers inconnus — il marche vers la conquête divine du pouvoir, qui est son destin; ligne de vie de l'Elu, allant dans la clarté vers le monde de l'excellence, réservé aux purs. On ne saurait rêver plus parfaite antithèse au mythe de Tristan, qui est conte de la mer trouble, et reste à peu près étranger à toute transcendance.

Cette austérité quasi janséniste du mythe, mêlée à un goût prononcé pour le merveilleux, n'a pas suscité pour autant l'intérêt de l'âge classique; et il faudra attendre le XIXe siècle, plus curieux de Moyen Age, pour que la figure de Parsifal connaisse un renouveau, indissolublement lié à la personne de Wagner, grand éveilleur de mythes.

Il fallait que le personnage de Parsifal eût une importance suffisante pour que le musicien allemand choisît délibérément de couronner son œuvre avec lui. Au terme d'une longue évolution, le syncrétisme de Wagner aboutit, en effet, à cette ultime confrontation avec Dieu, à « ce corps à corps insupportable de l'homme avec le divin », selon la formule de Julien Gracq. Mêlant hardiment les vieux textes de fonds celtique, mais christianisés, et l'inspiration bouddhique, Wagner refaçonne à son idée le cheminement de Parsifal, devenu purement initiatique. Sorti de la naïveté première, le héros subit des épreuves rituelles. Il fait d'abord l'apprentissage de la souffrance des autres : Kundry, lui révélant que sa mère est morte, provoque un évanouissement profond, qui est déjà une mort symbolique à ce monde; la rencontre du roi du Graal, Amfortas, renouvellera cette expérience de compassion. Dès lors, l'affrontement avec la femme — Kundry — créature maudite, n'a plus rien de l'union licite avec Blanchefleur; l'ensorceleuse ne sert, *a contrario*, qu'à approfondir la compassion dans le Christ — qui, étrangère à tout contact charnel, relève de la « communion des saints » — et à éveiller la puissance mémoriale. Parsifal, cette fois, se souvient des souffrances d'Amfortas et du Christ à la fois; dès ce moment, il est le réceptacle des Evangiles, le symbole vivant de l'Eglise, qui est mémoire — l'Elu qui consacre la nouvelle alliance de la terre et du ciel, obtenue au prix d'un renoncement absolu au monde.

Dans l'histoire du mythe, Wagner, on le conçoit, représente à la fois un sommet et une impasse, dans la mesure où cet élan vers le sacré déséquilibre complètement l'harmonie de la progression. Les nouvelles aventures de Parsifal, plus ou moins fatalement, vont donc mettre l'accent sur l'autre pôle du récit : l'épreuve de la féminité — quitte à créer de nouveaux déséquilibres, et à briser le mythe.

Il est toutefois un autre chemin, moins fréquenté, pour éloigner Parsifal à la fois du sacré et de la femme; cette voie est celle de la poésie. Quand il ne devient pas, comme chez Jean-Louis Backès, le sujet d'un poème fragmenté où se dessine l'échec d'une quête, il est investi d'une force qui poétise le réel. La fascination qu'exercent sur le lecteur moderne les mots magiques de Montsalvat, de Graal, de Brumbâne, Parsifal en est à son tour saisi, et semble s'enivrer de ce langage qui lui masque la réalité de la quête. Le jeune poète naïf qui traverse *Le Roi pêcheur* de Gracq, accablé par le poids de la souffrance qu'inflige à son regard un Graal pervers qui le brûle, renonce pour finir à son entreprise. Pour exister hors du temps décevant, Parsifal n'a d'autre ressource que de se changer en objet poétique; c'est ainsi que *Les vagues* de Virginia Woolf transforment « Percival », tôt disparu du monde des apparences, en mythe, en nouveau Graal objet de la quête inassouvie des hommes. Une telle métamorphose est la seule qui élude la profanation du mythe. Pour contraindre Parsifal à oublier l'amour sacré au profit de l'amour humain, il n'est guère d'autre voie, en effet, que de recourir au démon. Chez Julien Gracq, Parsifal, devenu Albert (*Au Château d'Argol*) a gagné le savoir, mais perdu l'innocence : sombrant dans la perversion, il croit reconnaître le Graal dans une femme (Heide), et se change progressivement en figure démoniaque — proche du « repoussoir » wagnérien, Klingsor — qui, comme le Dorian Gray de Wilde, se charge pour finir des stigmates de la flétrissure et de la mort.

Si Parsifal, ailleurs, survit à la tentation sensuelle, c'est qu'il est devenu objet dérisoire. Le surréalisme (qui revendiquait déjà le roman de Gracq) le malmène en la personne de Leonora Carrington. Le conte du *Cornet acoustique* nous relate un apprentissage à l'envers, où le nouveau Parsifal est une octogénaire qui redécouvre la jeunesse du corps. Le merveilleux intervient à nouveau, mais la transgression, ici, est d'autant plus forte que le Graal redevient un objet païen : non plus calice sacré, mais coupe de Vénus contenant une liqueur régénératrice. La leçon — restituée d'autre façon par Italo Calvino dans *Le Chevalier inexistant* — est celle-ci : ce que nous raconte le mythe de Parsifal n'est plus un récit d'ascèse progressive menant vers un sacré (quel qu'il soit) ; ce n'est pas davantage, comme pour Tristan, un « beau conte d'amour et de mort », mais bien un conte d'amour et de *vie*. Le dessein du mythe, ici, s'est à peu près totalement inversé.

Il n'a peut-être pas, pourtant, fini de livrer ses secrets ; voici qu'un écrivain suisse, Jean Matter, ayant entrepris de renouer avec les sources du mythe, nous présente les années d'apprentissage d'un Parsifal au « pays romand ». La tentative, hardie, consiste à nous montrer pour la première fois le héros mythique sous l'apparence d'un jeune homme de notre temps. On reconnaîtra déjà, dans ce roman encore inachevé, les épreuves familières (mort de la mère, tourments du péché de chair, tentation de la religion). Il reste à savoir comment il sera possible de conduire le récit à son terme en oubliant le merveilleux : comment imaginer Parsifal sans le Graal ?

Pierre-François KAEMPF

BIBLIOGRAPHIE

Œuvres

Jean-Louis BACKÈS, *Fragments pour un Perceval*, Paris, les 4 Fils, 1983.

Robert de BORON, *Le Roman du Graal* (3e partie : « Perceval »), texte établi par Bernard Cerquiglini (manuscrit de Modène), Paris, 10/18, 1981.

Italo CALVINO, *Il Cavaliere inesistente*, Torino, Einaudi, 1959.

Leonora CARRINGTON, *Le Cornet acoustique*, traduit de l'anglais par Henri Parisot, Paris, Flammarion, 1974 / Garnier-Flammarion, 1983 (la présente traduction représente la première édition du texte, inédit jusqu'à ce qu'Henri Parisot le traduise et le publie).

CHRÉTIEN de TROYES, *Le Conte du Graal*, édité par Félix Lecoy, Paris, Champion, « Classiques français du Moyen Age », 1972-1975, 2 vol.

Wolfram von ESCHENBACH, *Parzival*, Text, Nacherzählung, Worterklärungen von Gottfried Weber, Darmstadt, Wissenschaflt. Buchgesellschaft, 1983.

Julien GRACQ, *Au Château d'Argol*, Paris, José Corti, 1938 ; *Le Roi pêcheur*, Paris, José Corti, 1948.

Jean MATTER, *Parsifal ou le Pays romand*, volumes 1 & 2, Neuchâtel, A la Baconnière, 1969 ; volume 3, Lausanne, L'Age d'Homme, 1982 (texte encore inachevé à l'heure actuelle).

Richard WAGNER, *Parsifal, ein Bühnenweihfestspiel*, hrsg. von Dieter Borchmeyer, Frankfurt, Insel-Verlag, « Jubiläumsausgabe », 1983, Band 4 (ce volume comprend l'édi-

tion du poème original (1879) ainsi que les deux esquisses en prose (1865 & 1877)).
Virginia WOOLF, *The Waves*, London, The Hogarth Press, 1931 / London, Toronto, Sidney, New York, Granada Press, 1977.

Critique

Il n'existe pas, à l'heure actuelle, d'ouvrage étudiant dans sa globalité le mythe de Parsifal; nous nous bornerons donc à indiquer quelques ouvrages et recueils d'articles consacrés spécifiquement à certains textes, et qui comportent à leur tour d'autres bibliographies plus complètes sur ceux-ci, auxquelles nous nous permettons de renvoyer :

Jacques CHAILLEY, *Parsifal opéra initiatique*, Paris, Buchet/Chastel, 1979.
Jacqueline CHÉNIEUX-GENDRON, « introduction » à l'édition du *Cornet acoustique* de Leonora Carrington, Paris, Garnier-Flammarion, 1983.
Jean FOURQUET, *Wolfram d'Eschenbach et le Conte del Gral*, Paris, PUF, 1966.
Jean FRAPPIER, *Chrétien de Troyes et le mythe du Graal*, Paris, Sedes, 1972.
Jessie WESTON, *From Ritual to Romance*, Cambridge, Cambridge U.P., 1920.
Avant-Scène Opéra (L'), nº 38/39 : « *Parsifal* de Richard Wagner », janvier-février 1982, Paris.
Cahiers de l'Herne, « Julien Gracq », (sous la direction de Jean-Louis Leutrat), Paris, 1972.
Cahiers du Sud : « Lumière du Graal », Paris, 1951.
Obliques, numéro spécial Wagner, Editions Obliques, Paris, 1979.

PHÈDRE

Fille du roi des enfers Minos et de sa femme Pasiphaé qui devait s'éprendre du taureau envoyé par Poséidon et enfanter le Minotaure, descendante du Soleil par sa mère, Phèdre fut donnée en mariage à Thésée, héros attique, par Deucalion (Diodore de Sicile, IV, 62). C'est à Trézène ou à Athènes, où il serait venu célébrer les mystères, qu'elle rencontre Hippolyte, fils de Thésée et d'une Amazone, nommée selon les versions Melanippè, Antiopè ou Hippolytè, et s'enamoure de lui. L'histoire de Phèdre commence à proprement parler avec cette passion d'abord tue, puis avouée soit à sa nourrice, soit à Hippolyte lui-même pendant l'absence de Thésée dont le retour provoque la calomnie de Phèdre, son suicide et la mort d'Hippolyte, imprudemment maudit par son père, dans un combat contre un monstre marin envoyé par Poséidon. Le mythe de Phèdre, c'est la succession des traitements dont ce canevas a fait l'objet depuis l'Antiquité jusqu'à l'époque moderne; ces métamorphoses, ou plus exactement ces variations, témoignent à la fois de la relative rigidité du schéma diégétique et de son aptitude néanmoins à exprimer, par de menues translations, par des transpositions ou des lectures allégoriques, des époques, des visions ou des mentalités très diverses. Cela tient à tout ce que l'histoire originelle recélait de latences ou d'ambiguïtés, en particulier au niveau des motivations des personnages ou de l'explication des événements. Ainsi Diodore attribue la mort d'Hippolyte à des causes plus psychologiques que merveilleuses (συνεχύθη ˜ὴν Ψυχήν) et Hippolyte, cherchant à consoler par sa propre histoire Egérie qui pleure la mort de Numa, hésite sur ce qui détermine Phèdre à l'accuser, la peur d'être dénoncée ou la blessure de son refus (« Indiciine metus magis offensane repulsae », Ovide, *Métamorphoses*, XV).

Ce mythe de Phèdre présente au départ un certain nombre de caractéristiques originales. D'une part, il apparaît comme la version grecque, et plus précisément attique, d'un schème mythique universel dont la tradition folklorique et la littérature attestent la persistance. L'histoire de la séductrice, incestueuse ou non, qui se fait calomniatrice se retrouve en Inde, en Chine, en Egypte (Anoupou et Baiti) et elle sert de trame à d'autres légendes de la tradition occidentale : Joseph et la femme de Putiphar (*Genèse*, 39-41), Pélée et Hippolytè (Pindare), Sthénébée et Bellerophon (Homère, Euripide, Ph. Quinault). D'autre part, le mythe de Phèdre se constitue à la jonction de deux traditions légendaires, celle du fils de l'Amazone, chronologiquement antérieure, et celle de la fille de Minos. Enfin, les sources littéraires sont fondatrices et premières par rapport aux sources mythographiques ou archéologiques. De l'obscurité des origines surgit en effet le drame euripidéen, terme probable d'une évolution qui nous échappe, mais point de départ réel de ce qu'est pour nous le mythe de Phèdre.

Les brumes originelles

S'il y a sans doute « une histoire sacrée, un événement qui a eu lieu dans le temps fabuleux des commencements » (Mircea Eliade), les éléments en sont trop épars, disparates et tardifs — l'allusion d'*Odyssée*, XI est par exemple, une interpolation — pour parler d'une structure primitive du mythe et de ses significations.

Ce que l'on saisit, hors de toute chronologie précise, c'est la rencontre de lieux et de rites, de traditions locales et d'éléments narratifs sans que soit clair le rapport étiologique qui les unit : le récit est-il venu légitimer des pratiques anciennes ou le culte a-t-il mobilisé et mis en œuvre des légendes qui lui préexistaient? Ainsi Trézène gardait, selon Pausanias (IIe siècle après Jésus-Christ), les traces d'un culte d'Hippolyte auquel les jeunes mariées faisaient offrande de leurs cheveux; ainsi le sanctuaire d'Aphrodite en sentinelle (κατασκοπία) fut assimilé au lieu d'où Phèdre contemplait les exploits hippiques de son beau-fils :

« Quand pourrai-je, au travers d'une noble poussière,
Suivre de l'œil un char fuyant dans la carrière? »
(Racine, *Phèdre*, I, 3, écho d'Euripide, v. 228-231).

C'est probablement au VIe siècle avant Jésus-Christ que le culte passe de Trézène à Athènes ; on y montrait un myrte dont les feuilles auraient été lacérées par Phèdre amoureuse avec une épingle de sa coiffure, et, selon Diodore de Sicile, c'est elle qui aurait élevé sur l'Acropole un temple à Aphrodite. Phèdre demeure toutefois une figure de second plan.

Plus claire semble la fonction étiologique du mythe par rapport au nom des protagonistes dont l'étymologie s'offre comme le noyau générateur de la mise en scène dramatique et fait résonner ses harmoniques dans les structures métaphoriques de la pièce racinienne. *Hippolyte* est à la fois celui qui délie les chevaux et les dompte, héritier de la figure héroïque de Thésée tueur de monstres, et celui qui est rompu par les chevaux, mort qui d'Euripide à Racine entre autres inspire le grand récit final du précepteur. *Phèdre*, c'est-à-dire la brillante, est une créature de lumière peu à peu habitée par la nuit. Une légende de Locride (fragment d'Hésiode) donnait déjà pour amante à Thésée une certaine Aeglé, substantif aussi qui désigne l'éclat du jour.

Ce fragile réseau d'indications explique le poids de la médiation littéraire.

PHÈDRE SOUS LES FEUX DE LA TRAGÉDIE

S'il revient aux tragiques grecs d'avoir installé Phèdre dans la littérature et dans l'art, « leurs compositions sont encore plus loin du mythe primitif que les versions modernes de celle d'Euripide » (J. Pommier). D'une *Phèdre* de Sophocle, comme de l'*Hippolyte voilé* d'Euripide, trop peu de fragments ou de témoignages subsistent pour donner une idée de l'état du mythe qu'ils représentaient. A l'amoureuse déchaînée que mettait probablement en scène la première version euripidéenne, dont Sénèque pourrait pour sa *Phaedra* avoir eu connaissance, l'*Hippolyte couronné* (428 avant Jésus-Christ) substitue une figure nouvelle aux préoccupations morales marquées, bien qu'elle ne soit pas véritablement, comme le titre le montre, la protagoniste, les deux acteurs humains du drame étant le lieu et les instruments d'un conflit entre Artémis, déesse de la chasteté, et Aphrodite, déesse de l'amour. Il reste que l'histoire mythique est devenue prétexte à débats intérieurs et apparaissent ou se fixent dans leur rôle deux personnages essentiels, tant dans le mouvement dramatique que dans l'issue de la tragédie : la nourrice ou la confidente, la future Œnone racinienne, et le messager ou le précepteur, le futur Théramène racinien. Désormais, « les refontes seront moins libres » (P. Bénichou) parce que le mythe de Phèdre est à la fois organisé en moments difficiles à éviter et lesté d'un cortège d'images et de significations. L'environnement mythique ou transcendant créé par la double présence divine, l'agressivité d'Hippolyte à l'endroit d'Aphrodite (faute d'ὕβρις), la division intérieure de Phèdre illustrent l'essence du tragique, ce heurt de l'homme avec lui-même et avec les dieux; Phèdre s'impose en figure du malheur (Plutarque, *Thésée,* 28) : « Si la fable de la Tentatrice accusatrice met en scène le développement d'une destinée juvénile, on peut dire que la version Hippolyte-Phèdre figure l'échec de cette destinée : c'est par là qu'elle est non plus héroïque, mais tragique » (P. Bénichou). Si à l'origine du mythe ont pu intervenir, exprimés à travers le désir incestueux et la tentation refusée, des codes sociaux et matrimoniaux, l'accent est désormais mis sur la responsabilité morale de l'homme et sur ses rapports à une transcendance; telle est la véritable naissance du mythe de Phèdre dans notre culture : « Il ne tombera pas dans l'oubli l'amour que Phèdre a eu pour toi », déclare Artémis à Hippolyte mourant, et Ovide lui fera écho : « Notus amor Phaedrae, nota est injuria Thesei » (*Fastes,* 745 « Célèbre est la passion de Phèdre, célèbre le tort causé à Thésée »).

Mais cette interrogation inquiète sur la liberté de l'homme s'exprime par le biais d'une réflexion sur le langage et la parole. A une époque où le discours régit la vie de la cité, retient l'attention des philosophes et où se déploie la première sophistique, Euripide double le drame moral d'une vision sceptique; le langage masque et trahit les réalités intérieures, donne poids aux apparences dont Thésée est le jouet involontaire, engendre la mort en révélant ce qui doit être tu. Les tirades de Sénèque comme le fameux « C'est toi qui l'a nommé » de Racine retiendront quelque chose de cette méditation, qui noue le drame autour de deux moments de parole, l'aveu et l'imprécation. Le tragique découvre dans la déchirure de la parole son rapport avec le temps puisque celle-ci ne se rattrape pas, puisque le passage du silence à la parole engendre l'irrémédiable et l'histoire. Chaque personnage semble ainsi se définir dans son rapport au langage; rêve chez la nourrice d'une parole libératrice; effroi chez Phèdre devant ce qui la projette sous le regard des autres; serment de mutisme chez Hippolyte, conscient des souillures et des pièges que véhicule le langage; passage enfin chez Thésée de la révélation à l'expiation. Au terme pourtant, par la bouche du messager et d'Artémis, l'oraison funèbre et l'apothéose, la solennité et l'apparat du genre démonstratif réhabilitent le héros et rétablissent l'ordre perturbé du langage.

Aveu, accusation, malédiction, récit et description du monstre; conflit entre la passion et la chasteté, entre le désir et la fidélité; hérédité héroïque et succession au trône; antithèse de la faute ou du péché et de l'innocence ou de la pureté, à tous ces niveaux, scénique, religieux et moral, social et politique, le mythe de Phèdre a trouvé au Vᵉ siècle ses temps forts. Archétype de l'âme déchirée, Phèdre inspirera à ce titre la tradition de l'héroïde depuis Ovide (Iᵉʳ siècle après Jésus-Christ) qui imagine une lettre de Phèdre à Hippolyte où la rhétorique de l'éthopée et de la *suasoria* se développe en analyse psychologique, en récit, en appel et en discours de légitimation, jusqu'au jésuite belge Hosschius qui compose en latin, au début du XVIIe siècle, la réponse d'Hippolyte à Phèdre. L'héroïne racinienne se souvient de ces vœux, ces élans et ces rêves, tant fut grande à l'époque humaniste et classique la vogue des héroïdes.

DISSÉMINATIONS ET VARIATIONS

Si les mythographes intermédiaires montrent que le traitement euripidéen n'a pas modifié les données traditionnelles, il reste que son *Hippolyte* est devenu texte de référence et l'on assiste moins à des travestissements ou des réinventions véritables qu'à des réécritures, assorties de déplacements ou de modifications de détail, ou à des recontextualisations qui modifient le sens ou la portée du mythe. Un trait toutefois semble dominant à travers les multiples versions, c'est l'effacement, parfois l'affadissement de la figure d'Hippolyte au profit de celle de Phèdre, peut-être sous l'influence de Sénèque dont s'inspire Robert Garnier en 1585 ou dont le Belge Jean Yeuvain, de Mons, donne une paraphrase en 1591. Le titre est souvent un signe ambigu. Tristan L'Hermite consacre vers 1640 une élégie à « La mort d'Hippolyte »; l'Angevin Pierre Guérin de La Pinelière en 1635, le poète lillois Mathieu Bidar en 1675 composent des *Hippolyte*, mais, devenu amoureux ou galant, le chaste suivant d'Artémis a perdu de son autonomie et de sa rigueur. Et c'est l'ensemble du mythe qui s'essouffle chez le contemporain et rival de Racine, Nicolas Pradon (*Phèdre et Hippolyte*, 1677).

Indépendamment des interprétations de la Phèdre racinienne, si divergentes parfois qu'elles deviennent un nouveau « processus de métamorphose » (C. Francis) et en viennent à acquérir statut de relectures du mythe, indépendamment des œuvres musicales aussi (Pièces de Th. Rosingrave, C. W. Gluck, J.-B. Lemoine; musique de scène de Massenet pour la *Phèdre* de Racine, de Honegger et de Pizzetti pour la *Fedra* de D'Annunzio), quatre phénomènes successifs ou concurrents affectent le mythe : déplacements; surimpressions; actualisation et thématisation.

Malgré la relative rigidité narrative du mythe dont les moments essentiels sont attendus et par conséquent stables, des *déplacements* s'opèrent tantôt dans le seul mouvement dramatique, tantôt dans les rapports entre les personnages, avec des incidences plus profondes sur l'organisation et le sens du mythe lui-même. Au tête-à-tête de Phèdre et d'Hippolyte, Sénèque ajoute par exemple le jeu de scène de l'épée dégainée, future preuve à conviction; à l'accusation portée par la nourrice ou par une lettre de Phèdre se substitue le face-à-face de Phèdre accusatrice et de Thésée chez Sénèque ou la dérobade silencieuse de Phèdre devant Thésée chez

Racine. La modification sans doute la plus significative est celle qu'introduit Gilbert (*Hippolyte ou le Garçon insensible*, 1646) : Hippolyte est amoureux de Phèdre, elle-même simple fiancée de Thésée. L'histoire quitte le registre tragique pour le registre élégiaque, par interférence possible des amours de Stratonice, Seleucus et Antiochus qui avaient servi de canevas à cinq pièces entre 1642 et 1666. C'est au compte de ces déplacements ou de ces variations qu'il faut mettre les Phèdres italiennes, depuis Giuseppe Baroncini (*Tragoedia*, 1552) jusqu'à Paolo Bissaro (*Fedra incoronata*, 1664, opéra écrit pour la cour de Bavière) en passant par O. Zara (*Hippolito*, 1558), G. V. Trapolini (*Thesida*, 1576), F. Bozza (*Fedra*, 1578), V. Giacobilli (*Hippolito*, 1601), A. Santa Maria (*Hippolito*, 1619), E. Tesauro (*Hippolito*, 1661) dont Racine garda trace dans la scène de l'aveu et le récit de Théramène. Cette vogue du sujet, qui exerce sur les consciences classiques une forte séduction, est un moment d'apothéose que vient clore la pièce racinienne, après laquelle le mythe ne fait plus que d'épisodiques retours. En 1720, en Angleterre, un certain Edmund Smith donne une *Phaedra and Hippolytus*, préfacée par Addison ; en 1866, Charles Swinburne compose un poème dramatique qui s'inspire directement de Sénèque, tandis que D'Annunzio, sur une trame à la fois sénéquéenne et racinienne, exprime dans sa *Fedra* (1909) le triomphe de la passion sur les lois, une volupté du désespoir, et trouve des accents wagnériens qui évoquent la mort d'Iseult, et que le professeur de grec à Salamanque, Miguel de Unamuno (*Fedra*, 1921), illustre l'opposition de la raison et de la vie qui inspirait déjà son livre, *Le Sentiment tragique de la Vie*.

Cette aptitude à incarner dans le rapport de protagonistes des visions ou des philosophies très diverses, propres à une conscience ou à un temps, cette faculté de prendre, par l'effet de suggestions, d'échos ou d'applications, des colorations neuves constitue proprement en mythe l'histoire de Phèdre. Déjà Sénèque, lorsqu'il compose sa *Phaedra* (Ier siècle après Jésus-Christ), produit, par les discours comme l'éloge de la vie solitaire qu'il place dans la bouche de ses personnages, cet effet de *surimpression*. Epicurisme et stoïcisme s'affrontent et le moraliste analyse une conscience déchirée dont l'itinéraire affectif est marqué par les scènes d'aveu. Robert Garnier suit ce modèle, multiplie discours moraux et sentences, fait entendre dans la passion de Phèdre les accents de la Didon virgilienne. Quant à Racine, il parvient, sans trahir ses sources antiques, à maintenir son personnage dans une ambivalence qui en constitue la richesse et éveille, par de discrets échos, des lectures neuves. « Tragédie de la faiblesse, drame de la liberté » (R. Picard), *Phèdre* pose le problème de la responsabilité : « Je fais le mal que je ne voulais pas faire » (saint Paul, *Rom.*, 7, 15). « Où me cacher ? » (IV, 6) : la proximité des textes de l'Ancien Testament a pu inciter à lire la tirade de Phèdre comme « une angoisse de la damnation » (R. Pons). Et depuis la formule prêtée au grand Arnauld (« une chrétienne à qui la grâce a manqué ») jusqu'à Chateaubriand (« Les orages d'une conscience toute chrétienne », *Génie du christianisme*) ou Claudel (« Cette damnée innocente, en proie aux fatalités antiques »), les interprétations chrétiennes ne sont pas seulement la projection arbitraire d'un intertexte biblique ; elles prennent assise dans la culture de Racine et dans la polyvalence de son texte. L'iconographie, séduite, depuis qu'un des *Tableaux* de Philostrate représentait la mort d'Hippolyte, par le combat avec le monstre, a joué sur l'analogie avec saint Georges terrassant le dragon ; ainsi la métaphore du monstre qui parcourt le texte racinien devient plus explicitement celle du péché.

Tel est l'un des processus possibles d'*actualisation*. Malgré le caractère nettement dessiné par Euripide, le personnage de Phèdre révèle sa nature mythique par cette malléabilité, cette disponibilité aux applications historiques. Robert Garnier peut ainsi, tout en demeurant au plus près de Sénèque, dans la paraphrase même de l'apologie de la vie solitaire, exprimer le rêve d'un refuge contre les malheurs du temps, faire résonner dans la pièce une gravité d'inspiration chrétienne. Ainsi encore peut s'ouvrir un débat, jamais vraiment clos, sur le jansénisme de la Phèdre racinienne ; non que le poète de 1678 se soit mué en théologien, mais les préoccupations morales, l'impitoyable lucidité du personnage rendent possible une lecture en termes jansénistes ou augustiniens.

Mais que le contexte mythologique s'abolisse, que les personnages changent de noms pour ne laisser subsister qu'un schéma de relations, et le mythe tend à se dégrader en simple *thème littéraire*, ce qui n'interdit pas les variations brillantes ou riches. Chez Barbey d'Aurevilly (*L'Ensorcelée*, 1852), l'analogie est explicitement suggérée par des allusions à Phèdre ou des citations ; dans cette histoire d'une femme follement amoureuse d'un être inaccessible, l'abbé de La Croix-Jugan est un avatar d'Hippolyte comme Jeanne de Feuardent s'identifie à Phèdre, et le roman joue d'images anciennes habilement reprises. Chez Eugène O'Neill, le retour d'Ephraim évoque bien celui de Thésée, mais dans une tragédie familiale de Nouvelle-Angleterre (*Desire under the Elms*, 1923. *Le Désir sous les Ormes*). Le mythe de Phèdre n'est plus que la lointaine allégorie d'une situation archétypale, sociale ou familiale ; un excès de dérivation provoque son usure et une déperdition de sa « prégnance symbolique » (E. Cassirer). Le personnage de Phèdre était sans doute trop lié à un ancrage historico-géographique, à une constellation de figures, à un caractère aussi pour être aussi totalement disponible aux rêveries inventives qu'un Protée par exemple inspire.

Dans le cas de Phèdre, la littérature n'est pas, du moins dans l'état de la documentation dont nous disposons, « le dernier murmure de la structure expirante » (Lévi-Strauss). Elle représente au contraire l'étape où le mythe s'est réellement structuré, greffant sur « un jeu de représentations profondément enracinées dans la conscience humaine » (P. Bénichou) une fable dont les virtualités signifiantes ne pourraient être mises à jour que dans des limites relativement étroites. Richesse et contraintes, serait-ce la raison de l'apogée classique du mythe de Phèdre ?

Bernard BEUGNOT

BIBLIOGRAPHIE

Textes fondateurs

EURIPIDE, *Hippolytos*, edited by W. S, Barrett, Oxford, Clarendon Press, 1964.
SÉNÈQUE, *Phaedra*, édition P. Grimal, Paris, PUF, 1965 (bibliographie). *Phaedra*, introd., notes et trad. par A. J. Boyle, Liverpool, Cairns.
RACINE, *Phèdre*, par Emmanuel Martin (avec les textes d'Euripide et de Sénèque), Paris, Presses-Pocket, 1992.

Études critiques

Enzo AMODIO, *Da Euripide a D'Annunzio : Fedra e Hippolito nella tragedia classica e nella moderna*, Milan, Rome, Naples, 1930.
Hazel E. BARNES, *Hippolytus in Drama and Myth*, University of Nebraska Press, 1960.
Paul BÉNICHOU, « Hippolyte requis d'amour et calomnié », *L'Écrivain et ses travaux*, Paris, J. Corti, 1967, p. 237-323.
A. J. BOYLE, « In nature's bonds. A Study of Seneca *Phaedra* », *in* : *Aufstieg und Niedergang der römischen Welt*, Berlin, de Gruyter, 1985, p. 1284-1347.
Coll., *Atti delle giornate di studio su Fedra* (Torino, 7-9 maggio 1984), a cura di R. Uglione (voir *L'Année philologique*, 1985).
Coll., Fedra da Euripide a D'Annunzio, *Quaderni dannunziani*, 5-6, 1989, 366 p. (voir *L'Année philologique*, 1989).
Coll., *Joseph and Putiphar Wife*, edited by J. D. Yonannan, New York, 1968.
Coll., *Phaedra and Hippolytus. Myth and dramatic Form*, edited by J. L. Sanderson and I. Gopnik, Boston, 1966.
Daniela DALLA VALLE, « Le mythe de Phèdre et l'histoire de Faust. Superposition et mélange », in *Horizons européens de la littérature française au XVIIe siècle*, Tübingen, G. Narr, 1988, p. 127-137.
Maurice DELCROIX, « Racine et la fonction fabulatrice. Le cas de *Phèdre* », *in* : *Relectures raciniennes*, études réunies par R. L. Barnett, PFSCL, « Biblio 17 », 16, 1986, p. 31-48.
Claude FRANCIS, *Les Métamorphoses de Phèdre*, Québec, Editions du Pélican, 1967.
Marc FUMAROLI, « Entre Athènes et Cnossos : les dieux païens dans *Phèdre* », *Revue d'Histoire littéraire de la France*, 1993, 1, p. 30-61 et 2, p. 172-190.
J. J. GAHAN, « *Imitatio* and *aemulatio* in Seneca's *Phaedra* », *Latomus*, XLVI, 1987, p. 380-387.
Albert GÉRARD, « Of shame and guilt in drama. The Phaedra syndrome », *in* : *Sensus communis. Contemporary Trends in comparative Literature*, Tübingen, G. Narr, p. 313-323.
P. GHIRON-BISTAGNE, « Il motivo di Fedra nell' iconografia e la Fedra di Seneca », *Dioniso*, LII, 1981 [1985], 261-306.
Barbara E. GOFF, *The Noose of Words : readings of Desire, Violence and Language in Euripides'* Hippolytos, Cambridge UP, 1990.

Alain LIPIETZ, « Phèdre : identification d'un crime », *Les Temps Modernes*, XLIII, 503, juin 1988, p. 93-130.
Oddone LONGO, « Ippolito e Fedra fra parole e silenzio », *Quaderni urbinati di cultura classica*, 61, 1989, p. 47-66.
V. LOPEZ, « Los venenos di Fedra. Properce, II, 1, 51-52 », *Quadernos di filologia classica*, XVII, 1981-1982, p. 135-140.
W. NEWTON, *le Thème de Phèdre et d'Hippolyte dans la littérature française*, Paris, Droz, 1939.
F. ORLANDO, *Lecture freudienne de Phèdre*, trad. de l'italien, Paris, Les Belles Lettres, 1986.
G. PADUANO, « Ippolito. La revelazione del eros », *Materiali e dicussioni per l'analisi dei testi classici*, XIII, 1984, p. 45-66.
PAULY-WISSOWA, *Real Encyclopädie der Altertumswissenchaft*, vol. VIII, 1913, col. 1865-1871, « Hippolytos ».
Joseph PINEAU, « Sur la culpabilité de Phèdre. Augustinisme et poésie », *La Licorne*, 20, 1991, p. 41-50.
Maria PITTAS-HERSCHBACH, *Time and Space in Euripides and Racine. The* Hippolytus *and* Phèdre, New York, P. Lang, 1990 (thèse Maryland, 1986).
Jean POMMIER, « Histoire littéraire d'un couple tragique », *Aspects de Racine*, Paris, Nizet, 1954 (réédition 1966, p. 311-417).
Edmond RADAR, « Eros et interdit dans *Phèdre* », *le Langage et l'Homme*, XXV, 1990, p. 138-150.
W. H. ROSCHER, *Ausfürliches Lexicon der grieschischen und römischen Mythologie*, vol. III, 1902-1909, col. 2220-2232.
Charles SEGAL, « Confusion and Concealment in Euripides' *Hippolytos*. Vision, Hope and tragic Knowledge », *Metis*, III, 1988, p. 263-282.
— « Scrittura, intertestualita et incerto nella Fedra di Seneca », *Mondo classico*, Ravenna, Longo, 1985, p. 233-241.
André STEGMANN, « Les Métamorphoses de Phèdre », in *Actes du Ier Colloque international racinien*, Uzès, 1962, p. 43-52.
Hans J. TCHIEDEL, *Phaedra und Hippolytos. Variationen eines tragisches Konfliktes*, Erlangen, 1969.
Otto ZWIERLEIN, *Senecas Phaedra und ihre Vorbilder*, Stuttgart, Steiner, 1987.

Phénix

Le mythe du phénix est difficile à cerner ; cet oiseau mythologique a, soit prêté ses vertus à d'autres animaux d'un bestiaire réel ou fabuleux (cygne, aigle, salamandre, griffon), soit reçu d'eux certains de ses attributs. A l'époque où il est attesté par de multiples textes et une abondante iconographie (entre le Ier et le VIIe siècle de notre ère), de nombreux courants religieux et philosophiques se sont unis pour le constituer. A l'époque hellénistique mais surtout pendant la domination romaine se sont fondues, dans le milieu intellectuel d'Alexandrie, les traditions égyptiennes concernant le *bénou* et le mythe gréco-latin ; des légendes indiennes, arabes et judaïques ont pu interférer avec le mythe. Ce même milieu verra la christianisation du phénix.

Les leçons du nom

Le mot grec *phoinix* désigne, outre l'oiseau merveilleux, trois réalités qui vont s'inscrire dans l'histoire et la représentation de l'animal fabuleux : le palmier, la couleur rouge, la Phénicie. Chacune de ces réalités est, tour à tour, interprétée par les auteurs comme la source des autres. Pour Pline l'Ancien l'arbre a donné son nom à l'oiseau. Lactance dans son *Carmen de ave phoenice* (*poème sur le phénix*, IVe siècle ap. J.-C.) pense que le mot *phoinix* s'est étendu à la fois au pays d'origine de l'oiseau et au palmier, son arbre de prédilection. Ovide et Martial estiment que le phénix doit son nom à la Phénicie, tandis que pour Isidore de Séville, évêque espagnol du VIIe siècle, il l'a reçu du mot grec désignant la couleur pourpre, *phoinos*.

Les égyptologues du XIXe siècle ont cru pouvoir fonder sur l'étymologie la thèse d'une filiation entre le phénix grec et l'oiseau égyptien, le *bénou*, dont la racine, *ben*, se serait prononcée avec le vocalisme, *oin*, et aurait la même origine que le vocable grec. Cette thèse est abandonnée. Dans un texte récemment déchiffré appartenant à l'écriture linéaire B (1200 av. J.-C.) on rencontre le mot *ponike* sans doute d'origine phénicienne, qui désignerait un griffon, oiseau solaire vénéré dans la civilisation mycénienne.

LES ÉTAPES APPARENTES DE LA CONSTITUTION DU MYTHE AVANT L'ÈRE CHRÉTIENNE

Sept écrivains grecs et latins ont parlé du phénix entre le VIIIe et le Ier siècle avant J.-C. Le premier, Hésiode (fragment 304), dans une énigme mettant en évidence tour à tour les nombres 9, 4, 3, 9, 10, fait du phénix un animal à la longévité fabuleuse, maillon intermédiaire entre des animaux réels (corneille, cerf, corbeau) et des êtres divins, les nymphes. L'énigme chiffrée du poète pourrait se référer à une conception de la Grande Année telle qu'on la trouve chez les Babyloniens. Dès l'époque d'Hésiode le phénix aurait été lié à un temps cyclique et à une idée d'éternel retour de l'âge d'or.

Au VIe siècle, Hérodote, dans ses *Histoires* (II, 73), a sans doute localisé en Egypte le phénix grec. Il raconte l'aventure merveilleuse de l'oiseau patrophore : lorsque son père est mort, le jeune oiseau quitte l'Arabie, son pays d'origine, pour apporter au sanctuaire d'Héliopolis le cadavre de son père enveloppé dans un œuf de myrrhe.

Enésidème, un sceptique du Ier siècle avant J.-C., est le premier à mentionner le phénix à côté d'un animal du feu, la salamandre, et à signaler le caractère fabuleux d'un engendrement sans rapport sexuel. Manilius, cité par Pline, donne à l'histoire de l'oiseau ses développements les plus merveilleux : il vit 540 ans en Arabie (chiffre qui pourrait attester une périodicité remontant à Hésiode), meurt sur un lit d'aromates. Un ver naît de ses restes, forme un nouveau phénix qui emporte dans la cité du soleil, en Panchaïe, la dépouille de l'ancien phénix.

Chacun de ces auteurs a peut-être connu d'autres développements du mythe dont le contexte ne justifie pas la mention. Mais aucun document avant notre ère ne signale ce qui deviendra l'aspect le plus populaire du mythe : la crémation du phénix. On a d'ailleurs remarqué que la mythologie grecque ne donnait pas souvent d'issue heureuse aux ordalies par le feu.

La tradition gréco-latine rencontre la légende égyptienne du *bénou.* Le *bénou* est un oiseau réel dont le dieu du soleil, Aton-Ra (que des textes disent auto-engendré) habite le corps. Pendant son voyage quotidien dans le monde souterrain entre son coucher et son lever, le soleil laisse derrière lui le corps de l'oiseau qui est l'objet de rites d'embaumement à l'aide d'aromates. Le *bénou,* selon les Egyptiens, était sorti de la colline primitive d'où avaient jailli les eaux. L'inondation du Nil rappelait cet événement et le *bénou* était associé au retour de l'inondation.

L'ÉPANOUISSEMENT DU MYTHE DU Ier AU VIIe SIÈCLE DE NOTRE ÈRE

Peut-être sous l'influence des rites présidant aux cérémonies des funérailles et de l'apothéose des empereurs romains, le phénix se lie au feu. Le bûcher de sa mort devient le lieu de sa résurrection. Entre le Ier et le VIIe siècle de notre ère, des dizaines de textes, expression d'idéologies différentes, donnent une existence au mythe. Mais si les croyances alimentées par le mythe divergent, ses motifs constitutifs présentent une remarquable stabilité. L'imaginaire l'emporte sur l'idéologie.

Les idéologies et croyances sous-jacentes au mythe

Rome et les empereurs mettent leur marque sur l'histoire du phénix. Martial dans ses *Epigrammes* (V, 7) voit dans le phénix la glorification de l'empire romain du Ier siècle et de ses possibilités de renouvellement. Le *néo-stoïcisme* est sous-jacent au poème que Claudien, au IVe siècle, consacre au phénix, célébrant un « oiseau pareil aux dieux » qui « s'égale aux étoiles ». Au IIe siècle, l'*épicurisme* inspire Celse qui, dans son éloge de la piété du phénix patrophore, veut prouver l'excellence de la nature animale et détrôner l'homme de sa prétention à une royauté universelle sur la nature. A la même époque, Origène, dans le *Contre*

Celse affirme que « la Nature a créé un animal unique afin de faire admirer par là, non point l'animal mais celui qui l'a créé ». C'est que dès le IIe siècle, avec la première version du *Physiologus*, le mythe du phénix était souvent interprété dans une perspective *chrétienne.*

Les motifs du mythe

Les textes qui font vivre le mythe littéraire du phénix appartiennent souvent à la littérature apocalyptique, au genre littéraire du sermon ou à la poésie. Ce mythe se prête plus à la contemplation qu'à la narration : l'histoire du phénix est rapidement racontée.

Le motif des *aromates* qui n'était mentionné avant notre ère que par Hérodote et Manilius, fait désormais partie intégrante du mythe. Le récit d'Ovide dans les *Métamorphoses* (XV, 391, 407), celui de Lactance, de Claudien, de Sidoine Apollinaire (dans le chant XXII des *Carmina*, Ve siècle) accordent aux aromates une grande importance qu'expliquent les textes de la Bible exaltant les parfums du Liban et le souvenir des rites d'embaumement en Egypte. Le cinnamome est souvent présenté comme l'agent actif de la crémation.

Les textes racontent deux versions différentes du *voyage* du phénix ; ou bien c'est le jeune phénix qui transporte en Egypte les restes de son père : le temps nouveau a déjà commencé (Claudien) ; ou bien c'est le vieux phénix qui, sentant sa mort prochaine, quitte son pays d'origine : le temps nouveau va commencer. Le *Physiologus* grec, dans sa première rédaction, raconte un voyage en deux étapes : l'oiseau s'arrête d'abord au Liban où il remplit ses ailes d'aromates, puis il gagne Héliopolis. Le motif du voyage est souvent complété par celui de l'escorte d'oiseaux accompagnant leur roi, le phénix.

Le phénix a généralement une *nourriture* immatérielle : les rayons du soleil pour Claudien, la manne et la rosée pour le pseudo-Baruch (IIe siècle) reprenant une tradition juive qui lui a attribué des aliments eschatologiques lui permettant de participer déjà à la gloire de la fin des temps. Le lieu d'habitation du phénix est évoqué dans des termes qui recréent l'âge d'or des poètes latins ou le paradis judéo-chrétien. L'arbre de prédilection de l'oiseau est le palmier.

Le phénix se *reproduit* sans passer par l'union sexuelle puisqu'il n'y a jamais qu'un phénix en vie. Les textes hésitent, parlant tantôt d'insexualité, tantôt de bissexualité, le présentant comme mâle ou plus rarement comme femelle. Les auteurs marqués par la mystique chrétienne (Lactance, Zénon de Vérone) font de lui un être vierge réalisant dès son existence terrestre la vie asexuée promise par l'Evangile dans l'Au-delà.

Le mythème essentiel est celui de la mort et de la *renaissance* périodiques du phénix. Les textes présentent deux versions de la résurrection : soit à partir des restes décomposés du prédécesseur (Tacite, Clément de Rome) soit à partir de ses cendres : Claudien peint le phénix suppliant le soleil de l'embraser. Lactance et d'autres auteurs mêlent les deux versions : entre les cendres et le nouveau phénix un ver joue un rôle de maillon intermédiaire. Dans les textes d'inspiration chrétienne, le processus qui mène à la résurrection dure trois jours pour que puisse s'y inscrire l'histoire du Christ.

Des motifs rares témoignent de la survivance de traditions mythologiques originales. Horapollon, un Egyptien écrivant en grec, au IVe siècle, présente la mort du phénix comme un suicide : l'oiseau, devenu vieux, se jette contre la terre : du sang de sa plaie naît un jeune phénix. C'est le seul texte nous montrant la coexistence du jeune et du vieux phénix, qui font ensemble le voyage vers Héliopolis. L'apocalypse du pseudo-Baruch présente un phénix qui ne meurt pas; c'est un oiseau immense, grand comme neuf montagnes, qui accompagne le soleil dans sa course. Sa mission est de déployer ses ailes pour protéger les êtres vivant sur terre des rayons du soleil. Le mythe oriental d'un oiseau cosmogonique qui pourrait avoir été un coq, a sans doute laissé sa trace dans ce texte.

De ces différents motifs se dégage un caractère original du mythe. Dans l'histoire du phénix n'interviennent ni fautes ni châtiments. Pas d'épreuve sinon une seule qu'on peut qualifier de glorifiante : la mort débouchant sur la résurrection. L'unicité du phénix, sa beauté, son lien privilégié avec le soleil source de vie : tout s'unit pour lui donner des qualités positives. On comprend pourquoi il aura une grande fortune littéraire, ne connaissant que peu d'éclipses.

Du haut Moyen Age à l'époque baroque

Parmi les mythes littéraires, celui du phénix a un sort privilégié. Nombreux sont les esprits qui, jusqu'au XVIIe siècle, croient à l'existence réelle de l'oiseau. C'est ce dont témoigne un ouvrage de René François paru, à Rouen (en 1626), intitulé *Essay des merveilles de nature et des plus nobles artifices.* Sans doute y a-t-il des degrés dans cette croyance. Beaucoup d'auteurs rapprochent le sort du phénix de celui du ver à soie. C'est le cas de Montaigne qui, dans le chapitre des *Essais* « L'Apologie de Raymond Sebond », voit les deux animaux obéir à des lois parfaitement naturelles de métamorphose. Montaigne démythifie le phénix : c'est un autre, non le même qui est engendré. Mais un alchimiste de la fin du XVIe siècle, P.-J. Fabre, estime que ver à soie et phénix mettent en évidence une merveille analogue : le nouvel être est à la fois le même et l'autre. En tout cas la survivance d'une croyance en la réalité du phénix justifie un regard d'ensemble sur une aussi longue période de littérature, celle qui s'étend du haut Moyen Age à l'époque baroque. Trois sortes de textes assurent alors une existence au mythe du phénix : les ouvrages allégoriques, les textes hermétiques et notamment alchimiques, la littérature amoureuse.

Les textes allégoriques

Les plus représentés sont ceux qui recourent à une allégorie chrétienne. Un poème saxon intitulé *The Phoenix* (*Le Phénix*, VIIIe siècle), sans doute écrit par un disciple de Cynewulf, en est un bel exemple. Une première partie est une paraphrase du texte de Lactance insistant plus encore que le poète latin sur le thème du *locus felix*. Une deuxième partie donne le vrai sens du poème de Lactance : la résurrection du Christ mais aussi des croyants qui ont été fermes dans la foi. Chaque âme juste est un phénix. Les malheurs de l'humanité pécheresse obligée de quitter le paradis après la faute ressemblent à l'épreuve du feu que doit subir le phénix. Dieu est l'arbre sur lequel habitent les croyants. Les actes louables sont le nid aromatique des justes.

En France, le plus ancien texte sur la symbolique du phénix est celui du *Bestiaire* de Philippe de Thaon (XIIe siècle). Cet auteur inaugure une tradition descriptive interprétant allégoriquement chaque élément de l'oiseau : ses deux ailes représentent l'Ancien et le Nouveau Testament. L'explication typologique va s'appliquer aussi aux textes des poètes païens comme on le voit au XIVe siècle avec l'auteur de l'*Ovide moralisé.* Cet écrivain s'intéresse autant à Marie qu'au Christ appelé « le vrai phénix ». Marie est le palmier sur lequel le Christ-phénix construit son nid. Mais elle est aussi le nid d'aromates, « le doux nid plein d'épices/plein de douceur, plein de délices/ (...) où le vrai phénix se couche ». L'allégorie chrétienne du phénix se rencontre encore dans *La Sepmaine ou Création du monde* (1578) de Du Bartas. Suivant l'ordre du récit de la Genèse, Du Bartas raconte la création des oiseaux au cours de la cinquième journée. Il reprend la tradition antique dans laquelle le phénix est le roi des oiseaux. Dieu façonne donc d'abord ce roi qui sera « suivi d'une infinité d'ailes ». Surtout Dieu crée le phénix à son image, ce que rend l'opposition « le céleste phénix », « le phénix terrestre ». Le poète met implicitement en rapport la bissexualité mythique de l'oiseau et celle de l'Adam primitif, elle-même reflet de la bissexualité divine (en 1585, Jean-Edouard Du Monin, dans son poème *Le Phénix* rappelle explicitement que l'Adam originel était à la fois homme et femme). Pour Du Bartas la création du phénix est une anticipation de la création de l'homme. Sa narration se termine en exhortation : il faut « mourir tous en Adam/pour puis renaître en Christ ».

L'allégorie philosophique, souvent néo-platonicienne, se rencontre aussi dans des textes du XVIe siècle et par exemple dans les *Fureurs héroïques* (1585) de l'Italien Giordano Bruno. Cet auteur commente un emblème représentant un phénix sur un bûcher duquel se dégage une épaisse fumée. Celle-ci gêne la communication entre l'animal et le soleil. Tel est le sort de l'esprit enflammé par la divine splendeur du soleil mais ne trouvant que des mots rendant obscur l'astre bien aimé. Cette dernière interprétation du mythe est moins euphorique que celle que nous rencontrons habituellement.

Les textes hermétiques, l'alchimie

Peu de traités alchimiques médiévaux se réclament du mythe du phénix. En revanche ce mythe est très actif chez les auteurs de traités du XVIe et du XVIIe siècle : l'Allemand Michel Maier, P.-J. Fabre, le pseudo-Flamel. Mythe du feu dans les développements qu'il connaît depuis le début de notre ère, le phénix répond à ce que cherchaient les alchimistes : ils avaient besoin de mythes exprimant la réunification des contraires. Or c'est ici de trois façons qu'une telle réunification est suggérée : la bissexualité de l'oiseau fabuleux réconcilie le masculin et le féminin, le soufre et le mercure. La synthèse ciel/terre est aussi représentée par le mythe lorsque le soleil met le feu au nid d'aromates. Enfin l'oiseau peut sembler réaliser la réunion du corps et de l'esprit : il a une incarnation par sa nature animale, ses ailes lui donnent des propriétés de l'esprit. En outre, les alchimistes ont envisagé deux voies pour arriver au Grand Œuvre : la voie humide et la voie sèche. Les deux versions de la mort du phénix pouvaient leur servir d'illustration, la décomposition représentant la voie humide, la crémation la voie sèche. Un texte du *Livre des Figures hiéroglyphiques* (1612) du pseudo-Flamel utilise le mythe de la mort du phénix dans sa première version pour décrire la voie humide. A ses yeux l'union du soufre et du mercure provoque la putréfaction préalable à toute génération. Ce sont ces dernières que symbolise le phénix. Vers la même époque, l'auteur anonyme du *Psautier d'Hermophile* époque la voie sèche dans un récit que travaille la deuxième version de la mort du phénix :

> « Ce phénix qui renaît de ses cendres, est le sel des Sages, et par ce moyen leur Mercure (...) ; c'est l'eau sèche, l'eau ignée et le Menstrue universel, ou l'esprit de l'Univers. »

Dans *Die chymische Hochzeit Christiani Rosenkreutz* (*Les Noces chymiques de Christian Rosenkreutz*), ouvrage écrit au début du XVIIe siècle, J.-V. Andreae décrit une scène de funérailles rituelles des rois qui met en scène le phénix et sert à évoquer l'initiation des Rose-Croix.

L'érotisation du phénix

Poèmes et romans d'amour donnent une nouvelle vie au phénix. C'est une palingénésie paradoxale du mythe si on se rappelle les vers de Lactance pour qui la mort était le seul amour du phénix. L'oiseau mythique est longtemps apparu étranger à la sexualité et il est devenu pour cette raison l'emblème du Christ; toutefois sa beauté vantée par tant de textes et de documents iconographiques a pu faciliter son érotisation. Dans la rédaction franco-italienne du *Jugement d'amour* (XIIe siècle), deux sœurs, Florence et Blancheflor, se rendent à la cour du dieu d'Amour. Le château du dieu qu'entoure un jardin paradisiaque, est gardé par un phénix qui propose une énigme : il faut découvrir la nature de l'oiseau, épreuve dans laquelle seule Blancheflor réussit. Le dieu reçoit les deux sœurs et leur offre un dîner composé de trois roses et de rosée. Ce phénix-sphinx qu'on retrouve dans le *Fablel du dieu d'amour* (conservé dans un manuscrit de 1285) donne à la passion un caractère d'initiation sacrée. Un tel caractère n'apparaît pas dans le *Bestiaire d'amour rimé* (XIVe siècle) : l'auteur amoureux est le phénix, la dame est le nid plein d'épices, le regard plein d'amour correspond au bec qui fait jaillir le feu des pierres. Le nom du phénix engendre les aventures que, dans *Cligès* (deuxième moitié du XIIe siècle) Chrétien de Troyes imagine pour son héroïne Phénice. Une servante magicienne l'endort par une potion magique en lui donnant l'apparence d'une morte afin qu'elle échappe aux assiduités de l'empereur. Trois médecins soupçonnant qu'elle vit, la soumettent à des brûlures, enfin la servante la ranime : équivalent romanesque de la crémation et de la résurrection du phénix.

Des sonnets du poète italien Pétrarque (XIVe siècle) font de la femme aimée un phénix : le cœur du poète est consumé. Le sonnet 321 chante sur un ton élégiaque l'envol de la femme phénix qui laisse le poète affligé devant le nid déserté. Un phénix sans cesse revivifié symbolise la peine renaissante de l'amant dans le dizain 48 de la *Délie* de Maurice Scève (1544). A ces versions élégiaques s'oppose l'usage qu'a fait de ce mythe la poésie française baroque : les poètes l'utilisent comme le contrepoint heureux de mythes de faute et de châtiment (Actéon, Ixion). Le phénix apporte à cette poésie une énergie qui n'est pas habituellement son caractère essentiel; c'est le mythe du désir viril renaissant après une période de détumescence : « Vous êtes le Soleil qui me donnez le jour,/Et je suis le Phénix qui se brûle d'amour », écrit Desportes (1573), justifiant par avance les commentaires que fera Freud sur le mythe dans *L'Acquisition du contrôle du feu.*

Dans la poésie amoureuse, le phénix est généralement le partenaire soit masculin soit féminin du couple. L'élégie attribuée à Shakespeare *The Phoenix and the turtle* (1601), *Phénix et le tourtereau*, semble avoir plutôt assimilé le phénix au couple dans son unité indissociable. Le poème célébrant les funérailles des deux êtres mystérieux représentés par le phénix (traité au féminin) et le tourtereau, éternise la beauté de l'union qu'ils ont réalisée. La flamme du brasier a aboli la distinction de l'homme et de la femme, chacun s'est vu dans la flamme du regard de l'autre. Le couple, comme le phénix, a réalisé la réunion du même et de l'autre. Qu'on ait pu lire dans ce texte un message ésotérique, n'empêche pas d'y voir d'abord une célébration de l'amour.

De l'âge classique à nos jours

A partir de la deuxième moitié du XVIIe siècle, le phénix devient vraiment un mythe littéraire. De l'alchimie chrétienne s'est dégagée, a-t-on dit, une alchimie libertine. C'est peut-être à un tel mouvement que s'est rattaché Cyrano de Bergerac dans son œuvre inachevée, *Les Etats et Empires du soleil* (publication posthume en 1662). Le mythe anime alors un nouveau genre littéraire, le conte philosophique, qui narre un voyage utopique. Au centre du récit, quand le narrateur Dyrcona est arrivé dans l'empire du soleil, il rencontre un phénix qui lui délivre un message où l'on retrouve les éléments essentiels du mythe : résurrection périodique, reproduction sans rapport sexuel, unicité de l'oiseau — tout au moins dans chaque monde pris séparément. Ce motif central de l'œuvre éclaire et condense les aspects essentiels du récit et de la philosophie de Cyrano. Du récit : l'aéronef aux couleurs pourpre et or est exposé au soleil dont il absorbe l'énergie qui le fait échapper à la pesanteur. De la philosophie : comme Campanella dont le conte fait le guide de Dyrcona, Cyrano pense qu'il y a en l'homme une âme ignée en communication avec le soleil, la grande âme du monde, La fiction du voyage ne fait que concrétiser la pensée : l'âme après sa mort retourne vers sa source, le soleil, mais pendant la vie, par le pouvoir de l'imagination, s'opère déjà une communication entre les étincelles encloses dans l'individu et l'âme du monde.

Si, comme beaucoup de mythes, le phénix connaît une éclipse au XVIIIe siècle, époque positiviste, le XIXe siècle voit sa renaissance. Des ouvrages d'érudition préparent cette nouvelle vie. Le *Larousse* du XIXe siècle assimile le phénix et le paradisier : Apollinaire lui doit son « oiseau qui nidifie en l'air » de « Cortège » (*Alcools*, 1913). L'ouvrage de Creuzer et Guigniaut, *Religions de l'antiquité* (1825-1854) met en rapport le mythe du phénix renaissant de ses cendres et celui d'Hercule se libérant au bûcher de l'Œta de sa mortalité pour renaître en dieu. Henri de Régnier rêve sur cette comparaison qui nourrit aussi l'imagination d'Apollinaire, Dans la deuxième moitié du XIXe siècle, des poèmes contiennent une rêverie implicite sur le phénix. Une première version du sonnet de Mallarmé « Ses purs ongles très haut dédiant leur onyx » avait été rédigée en 1868 et portait alors le titre : « Sonnet allégorique de lui-même ». L'imagination du poète est allée dans le sens d'un certain autisme que peut suggérer le mythe du phénix. L'oiseau solitaire se régénère par lui-même, *per se*, comme l'ont répété avec insistance les textes latins relayés ensuite par les auteurs médiévaux : « par soi-même ». Mais Mallarmé, pour sa part, semble voir une combustion non suivie de résurrection : « Maint rêve vespéral brûlé par le Phénix/Que ne recueille pas de cinéraire amphore. »

Le mythe mallarméen d'une création poétique allégorique d'elle-même, laisse la place chez Henri de Régnier dans « Cendres » et dans le sonnet qui précède « Cendres » (*Episodes*, 1888), à une vision du renouveau cosmique qu'inspirent explicitement l'histoire d'Hercule sur son bûcher, implicitement celle du phénix.

Au XXe siècle, les poètes sont nombreux à faire revivre le mythe du phénix, lui conférant tour à tour un sens érotique (Eluard, *Le Phénix*, 1951) ou mystique (Pierre Emmanuel, *Sophia*, 1973). Mais l'exemple le plus riche est celui que donne, dans la première moitié du siècle, l'œuvre poétique d'Apollinaire. Pour cet auteur le phénix signifie d'abord, selon un sens assez traditionnel, l'amour qui renaît : c'est ce que disent les vers mis après coup en épigraphe à la « Chanson du mal aimé ». Mais le phénix confondu avec le paon et avec le « Grand Pan » s'étend aussi jusqu'aux dimensions de l'univers : « Le ciel faisait la roue comme un phénix qui flambe/Paon lunaire rouant. » (*Poèmes à Lou*, publication posthume, 1947.) L'oiseau cosmique du pseudo-Baruch pourrait animer ce vers du « Brasier » : « Et des oiseaux protègent de leurs ailes ma face et le soleil. » (*Alcools*.) Mais plus profondément Apollinaire qui se revendique par son nom comme fils du soleil, a voulu faire de ce mythe le privilège divin qu'a le poète de s'engendrer lui-même par sa propre écriture. Célébrant « le phénix ce bûcher qui soi-même s'engendre » il jette au feu son passé biographique de fils sans père pour resurgir père de lui-même. On passe souvent dans ses poèmes d'un feu tragique (fréquente est l'image des mains qui brûlent) à un feu d'apothéose.

Mais le mythe du phénix a aussi pu s'inscrire dans un ordre qu'Apollinaire a choisi pour les poèmes d'*Alcools* : c'est ce qu'a montré une étude critique significativement intitulée *Les Trajets du phénix* : l'auteur, Philippe Renaud, propose de regarder des ensembles naturels de poèmes constitués par « Zone » et « Vendémiaire », le premier et le dernier poème d'*Alcools*, par les « Rhénanes » ou par le groupe de textes dans lequel s'insèrent les « Rhénanes », qui va du « Brasier » aux « Fiançailles ». Il voit dans chacun de ces ensembles un centre ténébreux, un noyau d'obscurité constitué par exemple par la fin de « Zone » et le début de

« Vendémiaire », ou par « La Loreley » pour les « Rhénanes », tandis que s'opposent aux extrémités deux sortes de flamboiement : le feu triomphant des derniers vers des « Fiançailles » régénère ce qui avait été jeté au bûcher des premiers vers du « Brasier », « Ce passé ces têtes de morts. »

Ces dernières années le mythe du phénix est parfois devenu l'expression d'une rêverie féminine, voire féministe. La femme se pense amazone : le pendant moderne de l'oiseau *autopatôr* serait une femme *automêtôr*, à la fois mère d'elle-même et mère par elle-même. La relation de la mère avec son enfant est montrée dans ce texte tiré de *Neutre* (1972) d'Hélène Cixous, comme une relation d'auto-engendrement qu'elle donne à lire aussi comme symbolique d'un rapport entre l'écrivain et son texte. Vers la fin de ces lignes l'auteur charge le Nil, patrie du phénix, d'engendrer d'autres signifiants et signifiés. *Nil* est aussi en latin la contraction de *nihil, rien.* Ainsi est mimée une régénération autistique qu'exprime parfois le mythe du phénix :

> « Alors Je, Sujet, en relation illimitée, consanguine, matérielle et créatrice avec son objet d'amour, (...) penchant toutes ses faces à la fois sur la face inconnue de Soimême, caresse la tête adorée encore coiffée de cendres. Le texte, saisi d'envie, d'hilarité, de ressemblance, vagine, rit, (...) et se déroule, Nil, ni l'un ni l'autre, ni Soimême (...) mais de tous l'enfant : sa mère est sans limites et il en jouit. »

Pour M. Wittig dont le récit *Les Guérillères* (1969) tient à la fois du poème et de l'épopée parodique, le phénix est bien l'amazone, la femme célibataire. C'est ce que dit le poème liminaire « chaleur intense mort et bonheur/dans les poitrines mamellées/les phénix les phénix les phénix/célibataires et dorés libres ». Dans un pays imaginaire vit une peuplade de femmes arboricoles offrant leur sexe au soleil dont elles captent les rayons. Deux scènes de crémation rappellent le mythe. Pour honorer leur déesse amoureuse des parfums, elles portent à même la peau des vêtements faits d'herbes odorantes. La nuit venue elles mettent le feu à ces vêtements. L'autre scène de crémation est un manifeste féministe : elles entassent sur un bûcher les instruments de leur asservissement, les quenouilles, les machines à laver. Quand le feu a pris fin, elles ramassent les détritus, les recouvrent de peinture bleue, rouge, pour les assembler « dans des compositions grotesques grandioses ». Cette version ludique témoigne des possibilités de renouvellement du mythe.

Il faut noter le caractère euphorique, positif, de presque toutes les versions littéraires du mythe du phénix. La poésie, le conte sont les formes privilégiées du mythe qui semble peu compatible avec l'expression dramatique. Nous avons relevé sa grande plasticité idéologique ; il est susceptible de nourrir des croyances ou des philosophies très opposées : du mysticisme chrétien au matérialisme vitaliste de Cyrano, du culte de la virginité à l'éloge d'Eros. L'imagination se sent libre à l'intérieur d'une histoire qui, mettant souvent en jeu le feu et presque toujours le soleil, exprime un rapport essentiel de l'homme et du monde. L'oiseau mythique présente l'avantage d'être un reflet de la condition humaine, mais un reflet à distance, non angoissant. Lorsque le phénix est bissexué, cette bissexualité n'apparaît pas comme dangereuse ou monstrueuse — caractères qu'elle prend lorsqu'un mythe l'attribue à l'homme. Surtout ce mythe enchante l'homme parce qu'il ne comporte pas le mot *fin*.

Marie MIGUET

BIBLIOGRAPHIE

Textes

On trouvera les *Histoires* d'HÉRODOTE, les *Épigrammes* de MARTIAL, les *Métamorphoses* d'OVIDE dans la collection des Universités de France, Les Belles Lettres. Les poèmes de LACTANCE et CLAUDIEN, les chapitres VI à VIII de l'*Apocalypse* du PSEUDO-BARUCH, le chapitre consacré au phénix dans le *Physiologus* sont cités et traduits dans l'ouvrage de J. Hubaux et M. Leroy dont la référence se trouve *infra (Etudes)*.

ORIGÈNE, *Contre Celse*, t. II, Paris, Editions du Cerf, « Sources chrétiennes » n° 136, texte présenté par M. Borret, 1968.

The Phoenix, poème saxon du VIIIe s. *in* : *Anglo-Saxon Poetry*, Londres, translated and edited by S.A.J. Bradley, Everyman's Library, 1982.

PHILIPPE de THAON, *Bestiaire*, Genève, Slatkine reprints, 1970.

CHRÉTIEN de TROYES, *Cligès*, traduction Paris, Champion, 1969.

Ovide moralisé, t. V, Amsterdam, Edition C. de Boer, 1938.

Giordano BRUNO, *Des Fureurs héroïques (Gli eroici furori)*, Paris, édité et traduit par P.-H. Michel, 1954.

Maurice SCÈVE, *Délie*, Paris, Didier, 1961.

Guillaume DU BARTAS, *La Sepmaine*, Paris, Nizet, 1981.

Michel MAIER, *Chansons intellectuelles sur la résurrection du Phénix*, Paris, éditeur J.-C. Bailly, 1984. Texte précédé d'une préface de Sylvain Matton, « Le Phénix dans l'œuvre de Michel Maier et la littérature alchimique ».

CYRANO de BERGERAC, *Œuvres complètes*, Paris, Belin, 1977.

Henri de RÉGNIER, « Cendres » *in* : *Episodes, Premiers Poèmes*, Paris, Mercure de France, 1899.

Guillaume APOLLINAIRE, *Œuvre poétique*, Paris, Gallimard, Bibliothèque de la Pléiade, 1965.

Paul ELUARD, *Œuvres complètes*, t. II, Paris, Gallimard, Bibliothèque de la Pléiade, 1968.

Monique WITTIG, *Les Guérillères*, Paris, Editions de Minuit, 1969.

Hélène CIXOUS, *Neutre*, Paris, Grasset, 1972.

Pierre EMMANUEL, *Sophia*, Paris, Le Seuil, 1973.

Études

Le Phénix dans la tradition gréco-latine et au début du christianisme
Marcel DÉTIENNE, *Les Jardins d'Adonis*, Paris, N.R.F., 1972.
J. HUBAUX et M. LEROY, *Le Mythe du phénix dans les littératures grecque et latine*, Liège-Paris, 1939
Michel TARDIEU, *Trois Mythes gnostiques*, Paris, Etudes augustiniennes, 1974.
R. VAN DEN BROEK, *The Myth of the Phoenix*, Leiden, 1972.
Fortune littéraire du mythe
Marc-René JUNG, *Etudes sur le poème allégorique en France au Moyen Age*, Berne, Editions Franck, 1971.
Gisèle MATHIEU-CASTELLANI, *Mythes de l'Eros baroque*, Paris, P.U.F., 1981.
Hélène NAÏS, *Les Animaux dans la poésie française de la Renaissance*, Paris, Didier, 1961.
Philippe RENAUD, *Les Trajets du Phénix*, Paris, Minard, 1983.

DES MYTHES PRIMITIFS AUX MYTHES LITTÉRAIRES

Apparemment, comment parler de « mythe littéraire » autrement que par impropriété ou analogie extrinsèque, vidant pratiquement le terme de tout contenu précis ? C'est l'avis de bien des spécialistes, entre autres ethnologues et historiens des religions.

DE L'ABUS AU FLOU

Trop d'emplois approximatifs semblent justifier la critique dédaigneuse de Valéry : « Ce qui périt par un peu plus de précision est un mythe » (*Variété II*, 251) et l'usage familier du mot pour désigner ce qui est irréel ou erroné : « c'est un mythe ! » (cf. aussi Etiemble et le « mythe » de Rimbaud). Toute une lignée rationalisante, jusqu'à Bultmann, reprendrait volontiers la définition grecque (tardive) en la paraphrasant : « un discours mensonger qui (ne) peut exprimer la vérité (qu') en images »...

Le langage courant, plus encore la presse, grande consommatrice de clichés suggestifs, abusent trop souvent du mot en le mettant à toutes les sauces, du

« mythe personnel » de tel écrivain au « mythe de l'échec du mythe » (Barthes, *Sur Racine*, 68).

Ajoutons-y une tradition bien enracinée en France, qui a longtemps réservé le mot de « mythes » pour un vaste éventail de récits fabuleux (sur les dieux, Hercule, les Atrides, etc.) de la mythologie gréco-latine. Ajoutons-y le « mythe platonicien », celui de la caverne, par exemple, qui serait plus justement qualifié d'allégorie (en revanche, le récit de la transmigration des âmes, dans le *Phèdre*, répercute un « mythe » authentique, plus ancien). Jusqu'au XVIIIe siècle (et encore souvent plus tard), « les mythes » qu'on connaissait — et qu'on opposait alors aux « vérités » chrétiennes — étaient ceux de l'Antiquité.

Pour achever de brouiller les cartes surgit l'opposition systématisée du *Mythos* et du *Logos* (reprise encore par Barthes), « mythos » n'y garde plus que le sens très vague de « ce qu'on raconte » — mais dans la *Poétique* d'Aristote c'était l'intrigue de théâtre, le récit bien construit — alors que M. Détienne note (dans *Le temps de la réflexion*, I, 47-48) qu'avant le VIe siècle, « mythos » et « logos » étaient des mots plus ou moins interchangeables...

Les emplois « qualifiés » du mot

Toute définition implique naturellement quelques options méthodologiques. Le point de départ le plus sûr est de remonter aux emplois « qualifiés » du mot chez les spécialistes de tel ou tel langage scientifique actuel.

Ainsi, *pour l'ethnologue*, le mythe est « une histoire vraie, qui s'est déroulée au commencement du temps et qui sert de modèle au comportement humain » — notamment au comportement rituel — écrit M. Eliade (*NNRF*, 1953, 441). Le mythe primitif « englobe », il est tout à la fois récit des origines et religion, savoir, pratique, justification des coutumes, etc. Mais il se distingue d'autres récits symboliques, comme le conte profane, au moins par des formules et des conditions de récitation particulière, en outre par la créance différente qu'il demande : c'est une histoire plus ou moins « sacrée ».

Le sociologue et le politologue relèvent, dans notre monde moderne comme dans le passé historique, des images-forces (le Progrès, la Race, la Machine, etc.) capables d'exercer une fascination collective assez comparable à celle des mythes primitifs. Le mythe est défini ici comme « croyance collective, de caractère dynamique, symbolique et global, revêtant la forme d'une image » (H. Janne, dans *Cahiers internat. de Sociologie*, 1962, 22). Comme pour les primitifs, le mythe reste aujourd'hui un facteur essentiel de cohésion sociale, il favorise l'adhésion de tous à un même schéma dynamique (cf. déjà G. Sorel).

Une variante de ces images mythiques efficaces se retrouve dans beaucoup de clichés exploités par les réclames commerciales : trois palmiers sous le soleil et un liseré de vagues sur le sable, voilà qui doit suffire à séduire le client potentiel du Club Méditerranée (et autres...) en ressuscitant pour lui, réduit à un cliché simple, le vieux mythe de l'île heureuse.

Bon nombre de psychologues — notamment (mais pas seulement) dans la ligne de Jung — désignent sous le nom de mythe une image capable de cristalliser les énergies d'un individu ou d'une collectivité en favorisant projections et transferts sur un mot d'ordre ou un idéal communs. Le phénomène est plus visible quand cet idéal se révèle inavouable parce qu'il contredit trop directement les valeurs admises : « pour qu'il y ait mythe, il faut une croyance qui ne puisse s'affirmer ouvertement, qui éprouve le besoin de s'habiller des symboles qui, à la fois, masquent et expriment » (M. Sauvage, *Le Cas Don Juan*, 183 ; voir aussi D. de Rougemont, *L'Amour et l'Occident*) : affirmation excessive, car le mythe peut exprimer aussi bien les valeurs reçues (cf. § précédent). Donc, plus largement, nous appellerons mythe toute image capable d'exprimer dynamiquement un élément ou un conflit de la psychologie collective.

Un essai de définition

A partir de ces emplois qualifiés du mot, si nous passons à la littérature, sera réputé « mythe » *un récit* (ou un personnage impliqué dans un récit) *symbolique*, qui prend *valeur fascinante* (idéale ou répulsive) et plus ou moins totalisante *pour une communauté humaine* plus ou moins étendue à laquelle il propose en fait l'explication d'une situation ou bien un appel à l'action. La différence du mythe « explicatif » au mythe « normatif » ne dépasse guère celle de l'implicite (tout mythe implique un certain comportement concret) à l'explicite, sinon en ce que les mythes normatifs ou dynamiques semblent plus orientés vers un avenir à accomplir, les autres vers un ordre à maintenir. Le mot « fascinant » nous paraît la moins mauvaise transposition des effets classiquement attribués au « sacré » (cf. R. Otto) dans un monde virtuellement désacralisé.

Quelques conséquences immédiates : un mythe n'est pas l'affaire personnelle de quelqu'un, mais d'un groupe, d'une collectivité. Pour la création littéraire, le mythe intervient dans la relation de l'écrivain avec son époque et son public : un écrivain exprime son expérience ou ses convictions à travers des images symboliques qui peuvent répercuter un mythe déjà ambiant ou/et être reconnus par le public comme exprimant une image fascinante.

Un mythe n'est pas non plus identifiable à *un* texte. Un texte littéraire n'est pas en lui-même un mythe : il reprend et redit des images mythiques, il peut prendre lui-même valeur et fascination mythique dans telles circonstances, pour tel public et telle période. De même il peut perdre cette valeur mythique quand le public ou les circonstances changent : le *Dom Juan* de Molière avait perdu tout pouvoir de fascination jusqu'au XXe siècle ; le *Don Giovanni* de Mozart retrouva une nouvelle valeur mythique quand Hoffmann, en 1813, l'eut expliqué à sa façon au nouveau public romantique.

Ainsi un simple « thème » littéraire prend un jour valeur de mythe quand il vient à exprimer la constellation mentale dans laquelle un groupe social se reconnaît (Tristan, au XIIe siècle, pour une mince frange d'aristocratie « courtoise ») et redevient, quand il ne fascine plus le public, un simple thème qu'on ne reprend plus que par habitude ou tradition littéraire (Tristan au XVe ou au XVIe siècle). C'est le cas, sans doute, de la plupart des images mythiques héritées de l'Antiquité et devenues, dans tout l'Occident, des modèles littéraires prestigieux. A l'occasion ils peuvent reprendre valeur de modèles fascinants : ainsi les grands exemples romains au temps de Corneille ou dans le discours des Conventionnels, Antigone pour la Résistance française, etc. La vitalité et l'actualité d'un mythe se mesurent à sa « réception » et aux variations de cette réception.

Le mythe est à contredistinguer de l'allégorie, forme narrative beaucoup plus démonstrative et calculée, tandis que le mythe reste de l'ordre de la création spontanée — encore que, aujourd'hui, nous sachions exploiter méthodiquement les vieilles images mythiques, l'île heureuse, par ex., pour des affiches de vacances, et beaucoup d'autres clichés plus dangereux, dont le discours politique se sert avec une redoutable efficacité.

Le mythe doit être encore distingué de l'utopie (projection dans un avenir idéal), de la légende (à fondement ou à caractère plus ou moins historique), du conte (forme désacralisée), etc. Mais le vocabulaire hésite, même chez les spécialistes : ainsi K. Mannheim désignant sous le nom d'utopie ce que nous entendons ici par mythe, etc. En outre il arrivera plus d'une fois que telle forme narrative se situe à mi-chemin du mythe et de la légende ou du conte ou de l'utopie.

La valeur très large de notre définition est confirmée par la continuité qu'il est aisé de constater d'un niveau mythologique à un autre : dans le passé, la continuité des représentations mythiques grecques ou des images bibliques aux thèmes littéraires qu'elles ont inspirés (Prométhée ou David, Œdipe, la Création, etc.) ; dans l'actualité, la continuité des mythes « sociologiques » aux images littéraires (l'île heureuse, rêve de vacances, et celle de *Robinson Crusoé* ou de *Suzanne et le Pacifique*) ; cette continuité du mythe « sociologique » au mythe littéraire éclate encore mieux dans « l'infra-littéraire » (bandes dessinées, science-fiction, roman policier, etc.) où la fascination mythique est mise en œuvre de façon plus directe.

VARIATIONS ANALOGIQUES AUTOUR D'UNE DÉFINITION

La définition commune ne doit pas nous cacher des différenciations très importantes : tout d'abord, en passant de l'oral à l'écrit, de ce qui jadis était écouté collectivement (et plus ou moins sacré) à ce qui est lu aujourd'hui individuellement (et plus ou moins critiqué), nous avons changé de monde. En outre, déjà dans la lyrique orale (celle de Pindare ou de nos troubadours), mais plus encore avec l'écrit, la forme et la perfection de l'expression prennent une importance grandissante, le texte est entré dans le domaine esthétique.

Les mythes primitifs étaient liés à un rituel ou à un comportement collectif, tandis que nos images mythiques modernes n'ont gardé que quelques faibles traces de « participation », par ex. à une liturgie, aux défilés politiques (ceux de Nuremberg ou ceux du 1er mai), etc. Du côté de la littérature, en dehors du théâtre (et autres spectacles), que reste-t-il de la participation rituelle ?

La « fascination » exercée par telle figure mythique atteint en littérature un « public » restreint — dans quelle mesure ce public représente-t-il une collectivité humaine ? — mais se laisse mesurer, par exemple au nombre de reprises d'une œuvre ou d'un thème mythique à telle époque, aux tirages des éditions, aux réactions des divers publics, aux dérivations diverses, aux allusions passées dans l'actualité ou même dans le langage commun, etc. Ainsi, entre 1587 et 1599, le primitif « Récit Populaire » sur Faust connaît 22 éditions, ce qui atteste (et en même temps multiplie) une certaine popularité du personnage. Inversement, quand le nazisme prendra le pouvoir en Allemagne, en 1933, on cessera très vite d'y écrire des *Faust*, quoique l'adjectif « faustien », dérivation assez récente, reste toujours utilisé, au prix d'un flou idéologique habilement exploité...

Il n'existe *pas de stylistique* particulière au mythe : les grandes images symboliques, les couples de contraires, les formules stéréotypées, les procédés de répétition et d'opposition, etc., sont communs au mythe, au conte, à l'épopée et à tous les genres littéraires à dominante symbolique. En fait, le mythe ne constitue pas une structure formelle de la phrase ou des micro-éléments du récit : c'est une structure d'organisation des phases et des thèmes de l'ensemble de ce récit, une *structure de type dramatique* le plus souvent. Le mythe ne se réduit pas à un thème symbolique simple, c'est une structure dynamique qui combine épisodes, personnages et situations selon une dialiectique chaque fois originale.

DES MYTHES PRIMITIFS AUX IMAGES MYTHIQUES MODERNES : UNE HISTOIRE

Les mythes primitifs étaient plutôt statiques, s'imposant à l'homme et le rassurant en même temps, face à un univers au sein duquel il se trouvait comme immergé. Avec le théâtre tragique grec déjà, plus encore avec la Bible, les images totalisantes prennent un autre caractère, dramatique et dynamique, la liberté humaine est impliquée, nous ne sommes plus immergés dans *le* mythe, mais une option libre (plus ou moins!) nous est offerte entre des adhésions différentes à des complexes mythiques fort hétérogènes.

En somme, il faut rompre avec l'idée univoque de mythe et envisager plutôt une sorte d'*histoire analogique* des mythes qui pourrait être ainsi schématisée : chaque groupe humain primitif vit comme à l'intérieur d'un mythe global, à la fois image d'ensemble de l'univers et justification de la société et de ses rites. A des groupes plus larges (cité, peuple, empire) correspond l'organisation progressive de *mythologies* acceptables par le plus grand nombre. Les grandes religions, notamment en Occident le judéo-christianisme, déterminent un renouvellement décisif : la vision qu'elles introduisent prend en partie la place et la fonction des images primitives, en conserve certains éléments (création, déluge, etc.), mais change radicalement leur portée symbolique en les annexant à une vision d'ensemble toute différente de celle des mythologies qui précédaient, à un univers de liberté, évoluant dans une histoire orientée sur un avenir. En outre, des siècles de réflexion théologique vont peu à peu construire un équilibre (toujours fragile) entre les images symboliques et la rationalité abstraite. C'est seulement par analogie que nous pouvons parler de mythes bibliques ou chrétiens : ici encore, en réalité, nous avons changé de monde.

Plus tard, en littérature, des thèmes antiques d'origine mythologique vont coexister avec une représentation chrétienne globalisante qui à son tour suscite ses propres images mythiques : Faust, Don Juan, le Progrès, etc. Au XIXe siècle, le romantisme renouvellera toutes les images (d'origine antique, baroque ou autre) et les redéfinira par rapport à ce qu'on peut appeler la religiosité — ou la Weltanschauung — romantique. Enfin le XXe siècle sera d'autant plus capable de mélanger tous ces éléments qu'il est devenu (du moins ses intellectuels) tout à fait conscient de ces héritages mythiques en cascade.

Du mythe unique et « totalisant » du groupe primitif, nous sommes ainsi passés au flot de mythes éclatés que charrie la culture moderne : des éléments mythiques venus de tous les horizons ont pour ainsi dire sédimenté successivement en nous, suivant une « stratification » que décrit par exemple R. Bastide, et reviennent émerger les uns après les autres à la surface de la conscience collective ou individuelle.

Si les mythes littéraires ne disent plus guère le *tout* de l'homme et de la vie (prétention disqualifiée depuis les grandes religions), il est facile de vérifier, au moins dans le cas des plus importants d'entre eux, qu'ils impliquent pourtant une *référence* indispensable *à une vision totalisante* qui leur sert de toile de fond et sans laquelle ils seraient inconcevables : ainsi le mythe primitif de Faust se constitue sur un fond de religion luthérienne populaire (et de même Don Juan sur un fond de catholicisme populaire) où il est beaucoup plus question de jugement et de condamnation que de pardon évangélique. Au XIXe siècle, les deux personnages supposeront une vision romantique. Raisonnement analogue pour Tristan, Prométhée et bien d'autres sans doute pour lesquels l'analyse n'a pas été faite.

LA « VÉRITÉ » DU MYTHE : QU'EST-CE QUE COMPRENDRE UN MYTHE ?

Le mythe représente une forme achevée et complexe de ce qu'on peut appeler *le langage symbolique* (ou significatif, parce que le sujet humain s'y exprime réellement lui-même), par opposition au langage des objets, désignatif, informationnel et utilitaire. Tout ce qui donne sens et valeur, tout ce qui dit l'homme existant passe par ce langage symbolique dont la poésie et le langage religieux sont les expressions privilégiées. Ce langage symbolique est donc essentiel à l'existence, car « c'est poétiquement que l'homme habite la terre » (dit Novalis). Sur ce primat des « formes symboliques » dans l'activité humaine, voir E. Cassirer, G. Durand, etc. contre R. Barthes pour qui ce ne serait qu'un « système sémiologique second » (*Mythologies*, 129).

Mais pour nous, modernes, impossible d'en rester, comme nos lointains ancêtres, à la « pensée mythique » pure : de nos jours le mythe *doit* être mis en dialogue et en symbiose (toujours conflictuels et difficiles) avec la rationalité métaphysique ou quotidienne — ce que pratiquent depuis fort longtemps, chacune à leur manière, les grandes religions et les grandes œuvres poétiques — avec la psychologie (Joyce, Th. Mann et bien d'autres), etc. Il est fort dangereux d'abdiquer tout contrôle critique de la rationalité sur les symboles, la politique en a donné de terribles exemples. Remonter à l'innocence primitive, fût-ce celle des symboles et de l'écriture, est un rêve à la limite malsain.

La vérité du mythe est une vérité symbolique : elle propose pour le monde, la vie, les relations humaines, *un sens* qu'elle ne peut imposer ni démontrer; j'y entre ou je n'y entre pas, le mythe joue de son pouvoir fascinant ou bien il ne m'atteint pas! La plupart des mythes qui nous viennent du passé ou des autres cultures (des dieux de l'Olympe aux dragons chinois) ne gardent plus pour nous que la valeur d'images ou de thèmes littéraires riches d'échos poétiques, mais qui ne nous disent plus rien d'essentiel pour notre vie d'aujourd'hui. Les *mythes vivants* représentent pleinement ce que M. Détienne évoque en langage phénoménologique (*Le Temps de la Réflexion*, I, 41) : « les figures de l'imagination transcendantale qui ouvrent à la présence ».

Dans la mesure où telle figure mythique vient à se révéler vivante et fascinante pour une collectivité donnée, c'est qu'elle exprime pour cette communauté quelques-unes de ses raisons de vivre, une manière de comprendre l'univers en même temps que sa situation propre dans tel contexte historique : cette fonction est bien visible dans le va-et-vient des images mythiques politiques, mais aussi dans celles que charriaient les épopées de jadis (ainsi la *Chanson de Roland* au XIe siècle) ou le roman (*Tristan* au XIIe) comme dans les diverses images qui reflètent la nostalgie et la religiosité romantiques (Faust au XIXe, etc.). Sans doute ce qui est valable pour les mythes les plus souvent repris devrait-il pouvoir être étendu à des images mythiques moins amples et plus fugaces, dans telle ou telle constellation mentale de tel groupe à tel moment.

Faut-il achever de « décoder » le mythe et de le traduire en une formule abstraite, par ex. comme Lévi-Strauss tente de le faire pour Œdipe (*Anthropologie structurale*, 227-243) ? Ce serait le réduire à ce qu'il n'est justement pas, à une pure logique conceptuelle ! Mieux vaut encore essayer de le formuler au plan existentiel : il se ramènera souvent à un impératif ou un optatif (« meurs et deviens ! » ou « l'amour voudrait l'éternité, la liberté, et se heurte à la limite », etc.) répondant à tel problème urgent ou bien à telle question plus ou moins permanente et polyvalente posée à l'humanité. Ensuite, pour le mythe comme pour le poème, par-delà le décodage auquel vise l'étude, il reste l'écoute, il reste à entrer dans les images, il reste à les vivre et à vérifier (lucidement, si possible) ce qu'elles nous aident (ou non) à vivre.

ANALYSE DES MYTHES LITTÉRAIRES

Dans une société désacralisée, la production littéraire représente encore l'un des champs privilégiés où le mythe peut s'exprimer. Mais ici il faut prendre en compte plus qu'ailleurs la qualité de l'expression formelle et la personnalité de l'auteur, son initiative à introduire des transformations, sa capacité à se projeter lui-même dans le récit ou à y intégrer tel élément d'actualité : toutes ces transformations pouvaient intervenir déjà dans la récitation orale du mythe primitif, mais ici elles sont indéfiniment multipliées, jusqu'à désarticuler et presque effacer parfois le schéma dramatique premier. Il faut donc conclure, contrairement au principe de Lévi-Strauss (*ibid.*), qu'en littérature toutes les versions du mythe n'ont pas la même importance ; certaines (le *Faust* de Goethe) seront particulièrement admirées, tant pour leur réussite formelle que pour leur rayonnement mythique et pourront apporter des inflexions décisives quant à la signification du schéma ancien.

Il faut partir d'une sorte d'échelle des niveaux d'interprétation d'une œuvre : d'abord ce que l'auteur a voulu faire de sa version du mythe, en quoi et pourquoi il innove ; ensuite ce que l'époque et la mentalité collective expriment à travers ses intentions (ou son inconscient) ; enfin ce qui, du schéma permanent du mythe, passe à travers « l'actualisation » que représente le texte nouveau.

On pourrait schématiser ainsi une analyse synthétique, assez proche de celle de G. Durand (*Figures mythiques*, 308), du mythe dans un texte littéraire :

1) partant de la forme littéraire : évaluer la place plus ou moins importante de l'image mythique (transposition avouée et omniprésente, ou apparitions « en filigrane », ou simple chapelet d'allusions symboliques, etc.) et les moyens littéraires plus ou moins originaux mis en œuvre ;

2) relever les échos (et donc souvent les inflexions modifiant le schéma mythique originel) dus au contexte historique et socio-culturel ;

3) l'élaboration psychologique, intentionnelle ou inconsciente, de la figure ou des conflits mythiques ;

4) décortiquant ainsi peu à peu le texte, pour ainsi dire, l'analyse mettra au jour les ressorts symbolico-dramatiques cachés, qui, plutôt qu'en « mythèmes » de type linguistique, peuvent se formuler en antinomies et en conflits dont le mythe suggère la solution vécue. Il faut encore ici faire la distinction entre les symbolismes marginaux et plus ou moins fortuits (le rajeunissement de Faust) et les complexes symboliques essentiels, en très petit nombre (deux ou trois), que nous proposons d'appeler « pôles », puisqu'ils représentent déjà en eux-mêmes des pôles de tensions contradictoires (pour Faust : les élans des désirs vers le pacte diabolique) : leur combinaison constitue la structure dynamique, le schéma dramatique et symbolique polyvalent qui fait la force et l'originalité du mythe en question.

André DABEZIES

BIBLIOGRAPHIE

Roger CAILLOIS, *Le Mythe de l'Homme*, 1938, NRF, Gallimard.
K. H. BOHRER, *Mythos und Moderne*, HRSG, Suhrkamp, 1983.
Yves BONNEFOY, *Dictionnaire des Mythologies*, 1981, Flammarion.

G. DUMÉZIL, *Naissance de Rome*, 1944, NRF, Gallimard.
— *Mythe et Epopée*, 3 volumes, 1968-1973, Gallimard.
Gilbert DURAND, *Figures mythiques et Visages de l'Œuvre*, Berg International, 1979.
Mircea ELIADE, *Le Mythe de l'Eternel Retour*, 1949, NRF, Gallimard.
— *Aspects du Mythe*, 1963, NRF, Gallimard.
René GIRARD, *La Violence et le Sacré*, 1972, Grasset.
— *Des Choses cachées depuis la fondation du monde*, 1978, Grasset.
Georges GUSDORF, *Mythe et Métaphysique*, 1953, Flammarion.
Heinrich HARALD, *Structures narratives du Mythe* in *Poétique*, N° 1.
C. G. JUNG, *Problèmes de l'Ame moderne*, 1960, Buchet-Chastel.
C. LÉVI-STRAUSS, *Anthropologie structurale*, 1958, Plon.
Paul RICŒUR, *La Symbolique du Mal : Finitude et Culpabilité*, 2 volumes, 1960, Aubier.
Raymond TROUSSON, *Thèmes et Mythes, Questions de méthode*, 1981, Université de Bruxelles.

Prométhée

Depuis le romantisme, Prométhée est devenu dans la culture occidentale le symbole par excellence de la révolte dans l'ordre métaphysique et religieux, tout comme l'incarnation du refus de l'absurde de la condition humaine. Vers le milieu du XXe siècle, les expressions « homme prométhéen », « humanisme prométhéen » ont été à la mode pour évoquer toute attitude conquérante ou de contestation des valeurs traditionnelles. Il faut le signaler cependant, une telle définition du thème est relativement récente et ne s'est imposée qu'après de longs détours : au cours d'une odyssée plus de deux fois millénaire, le mythe de Prométhée s'est en effet soumis, avec une exceptionnelle plasticité, aux interprétations les plus diverses, voire les plus contradictoires.

La question des origines demeure obscure. Gaston Bachelard voyait dans les mythes les produits d'une pensée pré-scientifique anxieuse de fournir une explication à des phénomènes incompréhensibles. Investis d'une fonction étiologique, chargés de rassurer en dévoilant dans l'univers une sorte de pan-déterminisme, ils se seraient constitués très tôt en récits plus ou moins élaborés et complexes, plus tard réunis les uns aux autres en une trame serrée qui devint la matière des premières théogonies. Dans cette perspective, le mythe prométhéen, inséparable de la question de l'origine du feu, doit compter parmi les plus anciens et les plus universels, puisqu'on en trouve des équivalents dans la mythologie indienne, germanique, celte, slave, etc. (cf. J.-G. Frazer, *Mythes sur l'Origine du Feu*, Paris, 1931). Indispensable à la cuisson des aliments, le feu aurait d'abord été confondu avec l'aliment lui-même dans le « cycle de l'ambroisie » (G. Dumézil, *Le festin d'immortalité*, Paris, 1924). Le vol du feu représenterait donc, à l'origine, une tentative des hommes pour ravir aux dieux l'aliment qui assure l'immortalité, mais le culte de la flamme aurait bientôt supplanté le mythe alimentaire. On a soutenu (S. Reinach) que, dans les états les plus anciens, l'auteur de ce vol devait être un animal, auxiliaire de l'humanité, dont le souvenir se retrouve dans des légendes normandes et bretonnes ; chez les Grecs, l'aigle qui déchire le flanc de Prométhée serait un avatar de ces traditions zoolâtriques. Dans l'étape suivante, l'animal se voit remplacé par un héros, soit qu'il ait « inventé » le feu (invention parfois attribuée à Phoroneus, roi légendaire d'Argos), soit qu'il l'ait dérobé aux dieux.

Le nom même de Prométhée a donné lieu à diverses spéculations. En raison de la ressemblance avec des récits védiques, certains (A. Kühn, M. Müller) ont cherché autrefois une filiation directe. Prométhée, déjà selon Diodore de Sicile, serait l'inventeur du bâton à feu obtenant la flamme par frottement ; ce bâton étant appelé en sanscrit *pramantha* (de *manthani*, frotter), le nom grec de προμηθεύς résulterait de la personnification anthropomorphique du moulinet. Pour d'autres (J.-G. Frazer, L. Séchan), il convient de rapprocher ce nom de la racine indo-européenne *man-dh*, impliquant l'idée de réflexion, de sagesse, de prévoyance. Cette étymologie rendrait compte, en Grèce, de l'opposition symbolique entre Prométhée (le prévoyant) et son frère Epiméthée (l'irréfléchi), J. Duchemin soulignant des analogies frappantes avec le *Poème babylonien de la Création* et le *Mythe de l'Atrahasis*, issus d'une tradition sumérienne remontant au IIIe millénaire, propose de trouver la source du mythe dans ces récits du Proche-Orient ancien, développés ensuite selon une tradition spécifiquement grecque. A l'histoire de Prométhée se réunit enfin celle de Pandore, la « fiancée fatale » envoyée par les dieux pour reprendre l'aliment volé, et dont l'apparition est annonciatrice de malheur et de mort. Quoi qu'il en soit, ces récits ont pu se transmettre oralement avant d'être codifiés dans des œuvres. Homère connaissait certainement la légende (il évoque Japet et les Titans), mais ne cite pas Prométhée, qui accède enfin à l'existence littéraire, dans le courant du VIIIe siècle, à travers les poèmes hésiodiques.

Hésiode offre du mythe deux versions complémentaires. Dans la *Théogonie* (v. 507-616), il rapporte qu'afin d'apaiser une querelle entre les dieux et les hommes, un sacrifice devait être offert à Zeus. Prométhée, fils du Titan Japet et de l'Océanide Clymène, décide de « tromper la pensée de Zeus ». D'un bœuf, il fait deux parts, couvre les bons morceaux du ventre et de la carcasse et cache les os sous une couche de graisse appétissante. Par mesure de représailles, Zeus refuse le feu aux hommes, les protégés de Prométhée « souple et subtil ». Celui-ci riposte en dérobant la flamme, forfait entraînant une double punition : Héphaïstos modèle une statue de femme et envoie aux hommes ce « joli fléau », tandis que Prométhée, enchaîné à une colonne, verra son foie éternellement renaissant dévoré par un aigle. Proche encore des traditions primitives, ce récit développe le thème bien connu du « gringalet rusé » (le fripon divin des Indiens) et celui de la « fiancée fatale », lié au cycle de l'ambroisie; le feu n'y a encore aucune valeur symbolique. Dans *Les Travaux et les Jours* (v. 42-105), poème moral et didactique, Hésiode apporte quelques renseignements supplémentaires. La créature d'Héphaïstos se nomme Pandore (celle qui a reçu un don de tous). Dotée de « propos séducteurs, d'un caractère de chien et d'un esprit habile en dissimulation », elle apporte avec elle une jarre (πίθος) contenant tous les maux et est accueillie par l'imprudent Epiméthée : les malheurs s'échappent et s'abattent sur l'humanité, sauf l'Espérance (ἐλπίς), coincée sous le couvercle. Le récit d'Hésiode a donc une fonction étiologique; il sert à expliquer la misère de la condition humaine et à enseigner le respect des dieux : « Il est tout à fait impossible d'échapper aux desseins de Zeus. » Cette narration aux substrats archaïques encore très visibles a une conclusion plutôt négative. Bienfaiteur maladroit, Prométhée a causé le malheur des hommes, dont le sort est conçu en termes de chute et de décadence, sans nulle apologie de la révolte : la leçon d'Hésiode est la soumission à la volonté divine.

Trois siècles plus tard, entre 467 et 458, le *Prométhée enchaîné* (Προμηθεύς δεσμώτης) d'Eschyle confère au mythe une portée religieuse et métaphysique capitale. Pour Eschyle, homme de morale et de foi, passionnément attaché à l'idée de la coïncidence entre justice et ordre divin, il convient avant tout de respecter la mesure et l'harmonie : la grande faute des dieux comme des « éphémères » consiste dans l'hybris, la démesure qui conduit à outrepasser ses droits. Dans sa tragédie, premier chef-d'œuvre inspiré par le thème, coupable d'avoir donné le feu aux hommes quand Zeus, depuis peu maître des dieux, prétendait, par caprice, les exterminer, Prométhée a été enchaîné et cloué sur l'un des pics les plus élevés du Caucase. D'emblée — ce trait n'apparaît pas chez Hésiode — le Titan se présente en martyr accablé par une injuste puissance. Les Océanides qui composent le chœur lui reprochent pourtant, tout en le plaignant, d'avoir « transgressé le droit » : quelle que soit la générosité de ses intentions, sa désobéissance a rompu la loi divine. Le Prométhée eschyléen n'est plus le bienfaiteur élémentaire de la *Théogonie* et, dans une grande tirade, le dramaturge énumère ses dons : il a délivré les hommes de l'obsession de la mort, leur a enseigné l'espoir et leur a donné le feu, « dont ils apprendront des arts sans nombre (v. 254, v. 441-468). Elargissement considérable du mythe, qui célèbre le progrès et la grandeur de l'homme dans un Prométhée initiateur de la civilisation, des arts et des techniques. Le héros n'est pas non plus la victime désarmée d'Hésiode, car il détient un secret qui lui permettra de perdre Zeus : le Destin veut que celui-ci s'unisse un jour à une mortelle, de laquelle naîtra un fils plus puissant que son père. Zeus, par l'intermédiaire d'Hermès, le « valet des dieux », exige le nom de cette femme. Prométhée méprise ses menaces; ivre d'orgueil, il brave le ciel, réclame un châtiment plus terrible encore. La tragédie s'achève dans un cataclysme : la terre tremble, les montagnes s'effondrent, un gouffre se creuse dans un effroyable fracas et Prométhée, toujours enchaîné, est écrasé sous les sommets bouleversés du Caucase.

Le *Prométhée enchaîné* a posé aux spécialistes un problème d'authenticité. Ce Zeus cruel, capricieux, despotique n'est pas celui d'*Agamemnon* et des *Suppliantes*; ce Prométhée révolté n'est pas un héros eschyléen. Fausse attribution ou crise religieuse d'Eschyle ? En fait, le problème disparaît quand on se souvient que le *Prométhée enchaîné* devait être suivi, selon la pratique grecque de la trilogie, d'un *Prométhée délivré* (Προμηθεὺς λυόμενος) et même d'un *Prométhée porte-feu* (Προμηθεὺς πυρφόρος) qui représentait sans doute l'institution d'un culte à Prométhée. Le *Prométhée délivré* a disparu, mais on en connaît les grandes lignes : au terme d'un supplice de trente mille ans, Zeus libérait le Titan qui, en retour, livrait son secret. On comprend mieux dès lors la tragédie subsistante, fondée sur la conception que se fait le poète de la justice et de la mesure. Zeus est un dieu jeune, incapable d'user sagement de son pouvoir. Il a eu le premier tort en prétendant détruire l'humanité sans motif. A son tour, au lieu de laisser agir la Justice, supérieure aux dieux eux-mêmes, Prométhée désobéit à Zeus. Le point de départ est un conflit de droits bientôt attisé, de part et d'autre, par la démesure. Dans un contexte moderne, un tel conflit serait sans issue : c'est bien ainsi que le verront les romantiques. Le christianisme nous a accoutumés à concevoir un Dieu *in esse*, parfait de toute éternité. Pour Eschyle les dieux, comme les hommes, évoluent et progressent, ils se transforment dans le temps et se conçoivent *in fieri*. Zeus est jeune et « un nouveau maître est toujours dur » parce qu'il ignore encore qu'il faut « souffrir pour comprendre ». Le tyran du *Prométhée enchaîné* est le Zeus des commencements du monde, qui vient de supplanter Chronos et de triompher des Titans, le Zeus de la tradition mythologique populaire; celui du *Prométhée délivré* devait être le Zeus mûri, assagi, dont la perfection enfin réalisée consiste dans la coïncidence de sa volonté et de la justice : c'est pourquoi trente millénaires s'écoulaient entre la première et la deuxième partie de la trilogie. Zeus apaisé libère Prométhée qui, instruit lui aussi par le temps et la souffrance, se réconcilie avec le maître de l'Olympe.

La révolte du personnage eschyléen doit donc se comprendre sans anachronisme. L'œuvre n'est pas, comme disait Nietzsche dans *Naissance de la Tragédie*, un « hymne à l'impiété », ni Prométhée, selon l'expression de J. de Lacretelle, « le premier romantique ». Le Titan ne nie pas l'ordre divin, universel; il ne se révolte que contre un Zeus momentanément imparfait, qui n'est pas la divinité essentiellement injuste que contesteront les romantiques. On voit cependant comment Eschyle a modifié le mythe en définissant une nouvelle conception de la condition humaine qui, grâce aux bienfaits de Prométhée, est définie maintenant en termes de progrès et non plus, comme chez Hésiode, dans une perspective de décadence et de nostalgie de l'âge d'or. On voit aussi s'inscrire en filigrane une transformation qui séduira les modernes : en donnant aux hommes l'intelligence et le libre arbitre, le Prométhée d'Eschyle ne leur enseigne pas la révolte contre les dieux, mais il la rend possible. Le drame d'Eschyle n'est pas la tragédie de la révolte humaine contre l'arbitraire divin ou les absolus métaphysiques, mais l'exposé d'une recherche de concorde et d'harmonie. Les temps modernes, négligeant ce contexte philosophique et religieux très particulier, entendront tout autrement cette leçon.

Dans l'Antiquité, le sujet a inspiré d'autres œuvres (Epicharme, Lucius Attius, Mécène, Tiberianus) dont il ne subsiste rien, ce qui ne signifie pas que le mythe ait disparu : sa popularité est au contraire attestée dans un grand nombre de textes, où se multiplient les nuances et les variantes, conformément à l'organisation structurale des mythes (Cl. Lévi-Strauss). Certains mythèmes connaissent une fortune considérable. On retrouve en particulier le vol du feu, accompagné d'explications symboliques, allégoriques ou réalistes (Diodore, Pline, Evhémère) ; la description spectaculaire du supplice (Apollodore, Sénèque, Martial, Lucien, Valérius Flaccus, Quintus de Smyrne, Strabon, Philostrate, etc.), parfois représenté comme une crucifixion (Lucien, Ausone) ; le Prométhée inventeur des sciences et des arts, etc. Une variante importante donne le Titan pour le créateur de la race humaine et le feu pour le principe spirituel animant la créature de glaise (Pausanias, Horace, Juvénal, Esope, Ménandre, etc.) ; par le biais de l'évhémérisme ou allégorisme réaliste, ce créateur des hommes deviendra l'inventeur de la statuaire, c'est-à-dire l'artiste, entendu aussi plus tard comme le poète inspiré, thème aux origines lointaines qu'on retrouvera au XVIIIe siècle chez Shaftesbury et, à l'époque du *Sturm und Drang*, chez Herder et Goethe. Au IIe siècle après Jésus-Christ, la foi fervente d'Eschyle s'est depuis longtemps effritée et l'antique mythologie, cessant d'être prise au sérieux, s'est vidée de son contenu proprement religieux, comme en témoignent les écrits de Lucien de Samosate (*Tu es un Prométhée dans tes discours, Prométhée ou le Caucase*) qui désacralisent le mythe dans un traitement burlesque où s'expriment le rationalisme et le scepticisme de la fin du monde antique.

Du IVe au XVe siècle s'étend pour Prométhée une longue période de clair-obscur où ses manifestations se font rares, l'Occident se trouvant tôt coupé de la culture grecque : le mythe n'est guère transmis que par les œuvres latines et sa version eschyléenne demeure ignorée. Son éclipse n'est cependant pas complète mais, quasi absent des œuvres profanes, il se découvre surtout dans les écrits des savants et des Pères de l'Eglise, où il alimente la controverse entre le paganisme et le christianisme. La nouvelle foi récupère l'exégèse evhémériste pour dénoncer dans le mythe un fait historique banal amplifié par les poètes, déformé par la superstition : Prométhée était un personnage illustre de l'Antiquité, l'inventeur de la statuaire, abusivement divinisé par un peuple ignorant (Clément d'Alexandrie, Eusèbe de Césarée, Cyprien, Lactance), voire un contemporain de Moïse (saint Augustin, Adon de Vienne, Vincent de Beauvais). D'autres préfèrent prolonger, après le néo-platonicien Plotin, le jeu des interprétations allégoriques ou philosophiques (Fulgence). Reste la possibilité de l'assimilation pure et simple : les mythes grecs sont l'expression déformée d'une révélation originelle, ou bien les païens ont pillé et dénaturé la pensée hébraïque. Dans ce sens, Orphée charmant les animaux représente la parole divine attirant les âmes, et l'on se plaît à découvrir les points de ressemblance entre la vie d'Hercule et celle de Jésus : pour l'apologétique, les fables païennes sont une intuition, un pressentiment voilé des vérités chrétiennes. Ce mode d'assimilation, fréquent, n'a pas touché le mythe de Prométhée, dont le potentiel de révolte était difficilement assimilable. Une phrase de Tertullien — « Le vrai Prométhée est Dieu tout-puissant déchiré par les supplices » (*Adversus Marcionem*) — citée par H. Stanley, éditeur d'Eschyle au XVIe siècle, et mal interprété par Edgar Quinet, a enraciné dans la critique la conviction erronée que « tout le Moyen Age chrétien a vu dans le Prométhée d'Eschyle comme une préfiguration du Christ » (M. Lebel). En fait, la christianisation du mythe n'aura pas lieu avant le XVIe siècle. Quelques allusions dans les textes en langue vulgaire (J. Gower, *Mystère du Vieil Testament*, le *Roman de Dolopathos*, J. Molinet, etc.) ne modifient pas la tradition.

Longtemps occulté par l'exégèse chrétienne, le mythe retrouve son éclat dès les premières manifestations de l'esprit nouveau. Tout au long de la Renaissance, l'œuvre d'Eschyle ne sera cependant guère connue que des savants : la première édition du texte grec paraît en 1518, la première traduction latine en 1556, mais il faudra attendre jusqu'en 1770 la première traduction française du *Prométhée enchaîné*. Les humanistes connaîtront donc le mythe, soit par les auteurs secondaires de l'Antiquité, soit par les nombreux dictionnaires de mythologie et les compilations (Annius de Viterbe, A. Sardi, Jacques de Bergame, Gyraldi, Comes, Cartari, R. Estienne, Torrentinus, Calepinus) qui se bornent à regrouper les interprétations déjà proposées par l'Antiquité ou la littérature patristique. Seule fait exception la *Genealogia deorum gentilium* (1373) de Boccace. Chez lui, Prométhée devient le symbole du savant, du héros de la connaissance : son enchaînement sur le Caucase est ici, non plus un supplice, mais l'image de l'esprit lié à sa recherche et l'aigle le symbole des « hautes considérations » qui tourmentent le chercheur solitaire. En révélant aux hommes le savoir et la culture, il les a libérés de leur condition primitive et leur a insufflé la volonté de s'accomplir pour eux-mêmes et non plus en fonction d'une finalité transcendante. Prométhée a maintenant le désir et le droit de pénétrer les secrets de la nature.

Les penseurs de la Renaissance seront nombreux à reprendre et à développer ces données. Tandis que Pomponazzi (*De Fato*, 1520) rejette le théocentrisme pour assigner à Prométhée la loi de l'effort constant et reconnaît la légitimité de la quête rationaliste, Erasme refuse un déterminisme qui dégrade l'homme. En Prométhée, Charles Bouelles (*De sapiente*, 1510-1511) exalte à son tour le savant qui embrasse l'univers dans sa pensée et assume une fonction analogue à celle de Dieu. Francis Bacon (*De sapientia veterum*, 1620) livre du mythe une lecture allégorique où il célèbre en Prométhée l'*homo faber* et sa puissance d'intervention sur la nature, le feu devenant le symbole de tout progrès technique et scientifique.

Prométhée n'est plus pour lui, comme pour Bouelles, le sage aristocratique de la pensée néo-platonicienne, mais l'homme de science au service de tous, dédaigneux de la métaphysique tenue pour une occupation stérile, fondateur de la méthode expérimentale. Avec Giordano Bruno (*Cabala del cavallo Pegaseo*, 1585), Prométhée se révolte contre les dogmes et les contraintes intellectuelles, revendique une absolue liberté. Seul Marsile Ficin (*Theologia platonica*) déplore la condition du « misérable Prométhée », toujours entravé dans son désir de s'élever par son statut d'être matériel condamné à l'imperfection : le Titan incarne le sort douloureux d'une créature qui ne saurait accéder à la plénitude dans le monde terrestre où elle demeure esclave des apparences sensibles.

Fréquemment analysé par les philosophes, le mythe n'est pas moins utilisé par les poètes, même si son usage est le plus souvent ornemental, l'archaïsme de la mythologie s'alliant à la jeunesse du lyrisme (cf. G. Demerson, *La mythologie classique dans l'œuvre lyrique de la Pléiade*, Genève, 1972). On retrouve les interprétations allégoriques anciennes, selon lesquelles Prométhée représente la sagesse ou la prudence et l'aigle la vanité ou l'envie ; le plus souvent, le mythe est utilisé comme un terme de comparaison commode choisi dans l'arsenal des images conventionnelles de la culture humaniste. Le XVIe siècle consacre aussi son intégration à la rhétorique amoureuse, Prométhée servant la cause d'un pétrarquisme éploré, d'un dolorisme hyperbolique : la femme aimée, idéal inaccessible, est comparée à la flamme que voulut ravir le Titan (Du Bellay, Sidney) ; l'image de Prométhée, torturé par son aigle comme l'amant malheureux par son amour — « Un Prométhée en passions je suis », dit Ronsard — devient vite un lieu commun (Ronsard, Jodelle) ; Pandore, pourvue de tous les dons, est la maîtresse cruelle qui ne laisse à son adorateur que la vaine espérance (Ronsard, Scève, Donne, Southern, Du Bellay, Spenser, etc.). S'impose ainsi un automatisme des images qui ôte toute force suggestive à la comparaison. Du moins la fréquence de l'utilisation témoigne-t-elle de la vitalité du mythe, surtout magnifié par les philosophes chez qui Prométhée devient le symbole de la condition humaine, l'artiste créateur, l'esprit avide de connaissance et aspirant à dominer le monde.

Le XVIIe siècle n'apporte guère de neuf. Dans l'érudition, on retrouve les vieilles interprétations évhéméristes (Vossius, Moya, Victoria, Thomassin, etc.) ou allégorique (A. Ross) ; le développement de la mythologie comparée, fondée sur la thèse de la priorité absolue de la Bible, invite à voir en Prométhée le travestissement païen de personnages des Ecritures : il est Magog (Bochart), Noé (Vossius, Galle), Japhet (Kirchner), Moïse (Huet), l'histoire de Pandore est la transposition païenne du péché originel (Pfanner, R. Burton, Thomassin). Quant à la poésie, elle se borne à la reprise des clichés et des *topoï* du siècle précédent (Vondel, Racine, Bracciolini, La Fontaine, Cowley, etc.), tandis que la philosophie, avec Thomas Hobbes (*De Cive*), condamne en Prométhée l'initiateur de la contestation politique et le fondateur de la démocratie. Le XVIIe siècle voit surtout le retour du mythe à la scène, timidement amorcé déjà dans l'allégorie bourgeoise de L. Culmann (*Ein schön weltlich Spiel von der schönen Pandora*, 1544). Il s'agit en général de divertissements prétextes à mises en scène somptueuses, de spectacles à machines et à décor, où le sens compte moins que le faste. Chez Thomas Campion (*The Lord's Masque*, 1613), des statues animées par le feu de Prométhée dansent un ballet à l'occasion d'un mariage princier; chez André Catulle (*Prometeus sive de origine scientiarum drama*, 1613), le Titan, père de tout savoir, rend hommage à l'Université de Louvain; la « favola pastorale » de G.-A. Bergamori (*Prometeo liberato*, 1683), représentée à Bologne, montre la délivrance de Prométhée par Hercule et la transformation de l'aride Caucase en un riant jardin, suivie d'un bal et de rafraîchissements! C'est l'annonce des spectacles, pantomimes, ballets, scènes animées qui seront nombreux au XVIIIe siècle.

Il faut cependant réserver une place à part à *La Estatua de Prometeo* (1669) de Calderón. Sans doute s'agit-il, ici aussi, d'un essai de spectacle « total », apparenté à l'opéra, avec ballets, costumes, décors, musique et chant, mais l'œuvre prétend cette fois à une signification plus profonde. Dans ce divertissement pour public cultivé, Calderón exploite les données fournies par les mythographes espagnols Victoria et Perez de Moya, tous deux traducteurs de la *Genealogia deorum* de Boccace, pour en tirer une allégorie en trois journées. Exploitant la vieille opposition déjà illustrée par Hésiode, il fait de Prométhée l'adorateur de Minerve, déesse de la raison, d'Epiméthée le serviteur de Pallas, la divinité guerrière. La pièce repose sur une des lois du théâtre baroque : la symétrie des situations et le contraste obtenu par le parallélisme, par le jeu d'oppositions qui fondent le sens. Dans la lignée de Boccace, Epiméthée est ici l'homme de la nature, livré à toutes les faiblesses animales; Prométhée est le savant, l'être intelligent et de culture; Pallas et Minerve représentent l'antagonisme entre passions et raison. Chez Calderón, la connaissance fortifiée par la morale justifie la confiance dans l'homme et la civilisation : « Qui donne aux hommes la lumière, leur donne en réalité la science, et qui donne le savoir, prête voix à la glaise et une étincelle à l'âme ». Le drame de Calderón en quelque sorte fixe et codifie les principales interprétations de la Renaissance dans la première grande œuvre consacrée au mythe depuis Eschyle.

Avec le siècle des Lumières, le théâtre grec est enfin mieux connu. Eschyle est traduit en France (Brumoy, Lefranc de Pompignan, Du Theil), en Allemagne (Goldhagen, Achtsnicht), en Angleterre (Morell, Potter), en Italie (Cesarotti, Pasqualoni), mais il est peu apprécié par l'esthétique classique; dictionnaires et manuels (Fontenelle, Banier, Newton, Hume, Lavaur, Neukirch, Tournemine, etc.) continuent donc de jouer un rôle important dans l'information des poètes. Nombre d'opéras et de divertissements prolongent sans éclat la mode née au siècle précédent (Houdar de la Motte, *Prométhée*, 1753; Meusnier de Querlon, *Les hommes de Prométhée*, 1748; Colardeau, *Prométhée*, 1775; Saint-Paterne, *Pandore*, 1784, etc.). Tout au plus le thème de Pandore permet-il une critique et une satire (du reste très conventionnelles) de la femme, en même temps qu'une apologie galante et fade de ses pouvoirs (Parnell, Poisson, Poullain de Saint-Foix, Saint-Paterne, La Motte, Hagedorn, Schiebeler, Pepoli, Van Haren). Du moins la fréquence des utilisations rend-elle le mythe disponible pour des interprétations plus sérieuses.

Curieusement, le XVIIIe siècle a favorisé la lecture du mythe prométhéen dans une perspective pessimiste. Déjà la pièce de A.-R. Lesage (*La Boîte de Pandore*, 1721) met en accusation une société corrompue par la propriété et l'inégalité, tandis que J.-J. Rousseau (*Discours sur les Sciences et les Arts*, 1750) dénonce en Prométhée l'inventeur des sciences et par conséquent le pervertisseur de l'homme naturellement bon, égaré dans une socialisation criminelle. Poullain de Saint-Foix (*Les Hommes*, 1753) conteste la bonté originelle de l'homme ; un drame anonyme (*Prometheus or the Rise of Moral Evil*, 1775) fait du vol du feu, c'est-à-dire de la désobéissance, la source de tous les maux sociaux, opinion partagée par le P. Brumoy (*La Boîte de Pandore*, 1741). Chez Lefranc de Pompignan (*Prométhée*, 1771), le Titan représente l'impie, le raisonneur, l'esprit fort, c'est-à-dire Voltaire et les Encyclopédistes, responsables de tous les désordres ; chez G.-Ch. Tobler (*Der befreite Prometheus*, 1792), Prométhée lui-même abjure et déplore ses erreurs pour prêcher l'humilité et la soumission aux volontés divines. Dans ces œuvres, le mythe sert donc à récuser le progrès des sciences qui, donnant à l'homme une trompeuse confiance en soi, l'écarte des vraies valeurs ; Rousseau et les théologiens se retrouvent unis dans la protestation contre l'esprit des Lumières. Paradoxalement, le Prométhée révélé ici est la négation de tout effort prométhéen. La conclusion de son aventure n'est plus, comme chez Calderón, une raisonnable conciliation de la raison et de la foi, mais une soumission inconditionnelle à la loi supérieure.

Les partisans du vol du feu, entendons les adeptes des Lumières, devaient, simultanément, concevoir le mythe dans un tout autre esprit, l'acceptation de l'acte prométhéen conduisant à la critique de Jupiter représentant l'Eglise et l'obscurantisme. Dans l'article *Grec* de l'*Encyclopédie*, Prométhée est donné pour « le génie audacieux de la race humaine » et, dans les *Lettres sur la mythologie* de Théodore Blackwell, comme jadis chez Boccace, pour le bienfaisant créateur d'une civilisation qui a « transformé des brutes en hommes ». Quant au Prométhée révolté, après sa fugitive apparition chez Giordano Bruno, il s'impose en 1740 dans *Pandore*, « opéra philosophique » de Voltaire, qui eût aimé, disait-il en 1765, le voir « joué devant Bayle et Diderot ». Jupiter est ici la cause « du mal moral et du mal physique », contre qui s'insurge un Prométhée libérateur. Le héros s'en prend au Dieu cruel et terrible, janséniste, qui obsède Voltaire. Menant le combat contre un « tyran jaloux et tout-puissant », contre l'« Eternel persécuteur,/De l'infortune créateur », il prononce « le divorce éternel de la terre et des cieux », laissant aux hommes les trois forces qui les affranchissent de Jupiter : la faculté de créer, l'amour et l'espérance. C'était déjà, dans la perspective de la lutte « philosophique », l'amorce du titanisme romantique. On retrouvera cette thématique sous la plume de K. Ph. Conz (*Prometheus und die Ozeaniden*, 1793) et de J. D. Falk (*Prometheus*, 1803), tandis que la *Pandora* (1779) de Ch. M. Wieland s'en prendra aux thèses rousseauistes pour affirmer la confiance en la perfectibilité.

Au XVIIIe siècle enfin se développe une interprétation destinée à une fortune considérable. Son origine était lointaine : dès l'Antiquité, l'évhémérisme avait fait de Prométhée un statuaire; au XVe siècle, Filippo Villani avait utilisé le mythe pour faire du peintre un créateur semblable à Dieu, et, au XVIe, M.-J. Vida et G. Chapman avaient transféré la comparaison au poète. L'idée est reprise en 1710 par Shaftesbury (*Soliloquy or Advice to an author*). Alors que les arts plastiques ont nécessairement un modèle et travaillent « d'après des formes extérieures », la poésie peut créer de toutes pièces un type d'humanité indépendant de tel ou tel individu. Elle n'est donc plus imitation, mais authentique création, et le poète devient, dans une formule fameuse, « *a second Maker, a just Prometheus under Jove* ». L'artiste génial crée à la manière de Dieu tirant l'univers du néant : conception esthétique à laquelle le jeune Goethe adjoindra une métaphysique de la révolte déduite de l'autonomie de l'acte créateur de l'artiste. Le thème était dans l'air, puisque l'image de Prométhée poète de génie reparaît chez Akenside, Young, Wieland, Court de Gébelin ou Chénier, mais il appartiendra au *Sturm und Drang*, puis au romantisme, de lui donner sa formulation définitive : Prométhée n'est encore qu'un créateur *sous* Jupiter; il sera bientôt un créateur *contre* Zeus.

Prometheus (1773), drame inachevé de Goethe, est une œuvre complexe rassemblant plusieurs thèmes déjà anciens. Prométhée y est l'éducateur de type boccacien, qui refuse le mythe de l'état de nature et instruit les hommes sur leur être et leurs sentiments et leur enseigne l'amour; il est aussi le fondateur et le législateur d'une société juste, refusant la violence et la conquête et n'admettant qu'une propriété légitimée par le droit. Surtout, Prométhée devient le poète de génie qui, créant d'après une « forme intérieure », élimine la transcendance de sa philosophie de l'art et récuse, au nom du pouvoir créateur, toute forme d'imitation. De cette théorie déjà présente chez Shaftesbury, Goethe tire des conséquences nouvelles : Prométhée met en doute la puissance des dieux, rendus inutiles : « Les dieux? Je ne suis pas un dieu, et je crois valoir chacun d'eux. » Le talent créateur affranchit l'homme de génie; du même coup, les dieux deviennent hostiles, leurs exigences arbitraires et néfastes parce qu'ils prétendent limiter la puissance créatrice. Refusant toute loi extérieure à lui-même, Prométhée a renoncé à servir des dieux nés de sa propre foi et de sa crédulité. Goethe reprenait ainsi en sens inverse la démarche de Shaftesbury : partant d'une esthétique pour aboutir à une métaphysique, le Prométhée goethéen n'est pas le révolté s'improvisant artiste, mais l'artiste nécessairement révolté, qui prend appui sur son pouvoir créateur pour rejeter la conception traditionnelle de la divinité. C'est à celle-ci que le poète s'en prend dans une ode de 1774, *Prometheus*, déclaration passionnée contre un Dieu sourd, impuissant ou cruel, en réalité soumis au Destin. Prenant toujours appui sur son pouvoir créateur, Prométhée se passera du dieu des enfants et des fous :

« Me voici, je pétris des hommes
A mon image,
Une race pareille à moi,
Pour souffrir, pleurer,
Jouir, goûter le plaisir,
Et pour te mépriser,
Comme moi ! »

Du fragment à l'ode, on peut suivre le cheminement d'une réflexion. Parti de la conception du poète créateur selon Shaftesbury, Goethe magnifie le rôle de l'artiste et, ne trouvant dans les dieux rien qui ne soit dans le génie humain, les récuse pour n'admettre au-dessus de l'homme que le Destin, puissance indéfinie et impersonnelle. Il reviendra à Prométhée trente ans plus tard dans un drame inachevé, *Pandora* (1808), d'une orientation très différente. Le poète joue cette fois sur l'antagonisme des deux frères chargés d'incarner deux conceptions de la vie : si Prométhée est le bâtisseur, le maître des « utiles », symbole de l'intelligence positive, matérialiste, tournée uniquement vers l'action, Epiméthée est le type de l'« inutile », le poète amoureux de Pandore, la Beauté une fois entrevue. Goethe utilise ici l'antique doublet pour illustrer son propre dualisme entre *vita activa* et *vita contemplativa* et suggérer, dans la finale projetée, la fusion harmonieuse de l'effort prométhéen et de l'aspiration désintéressée à la beauté dans un type supérieur d'humanité. Commencée dans une explosion de violence, l'aventure prométhéenne du temps des Génies se résout dans la sérénité, mais la révolte constituera désormais l'essence du mythe de Prométhée.

Le romantisme allait lui conférer une extraordinaire popularité. Sans doute n'a-t-on pas toujours renoncé à certaines interprétations traditionnelles : ici et là, Prométhée est encore l'inventeur des sciences et des arts (Ballanche, F. Schlegel, R. Browning), l'artiste créateur (A. W. Schlegel, Balzac, Musset), le symbole du génie incompris (Byron, Hugo) ; survit même le Prométhée malfaisant et coupable (Leopardi, Manzoni) sur lequel s'interroge le *Frankenstein or the Modern Prometheus* (1818) de Mary Shelley. Le plus souvent cependant, il s'inscrit dans le développement du « titanisme » (V. Cerny) entendu comme rejet d'une éthique de soumission et de foi aveugle au nom d'une exigence de liberté et de responsabilité. L'interrogation sur l'origine du mal aboutit à la mise en accusation du Dieu « de l'infortune créateur » déjà rencontré dans la *Pandore* de Voltaire et à la réhabilitation des grands coupables, Satan ou Caïn, tandis que Jésus lui-même devient la victime du mandarin Jéhovah. Prométhée révolté contre Zeus devait donc devenir l'une des figures favorites du romantisme.

L'œuvre majeure est ici le *Prometheus Unbound* (1820), drame lyrique en cinq actes de P. B. Shelley. Chez lui, Prométhée représente l'humanité qui, par ses propres faiblesses, a donné naissance au mal, incarné par Jupiter — mal métaphysique d'abord, mais aussi sous toutes ses formes religieuses, sociales et politiques. Révolté, il ignore cependant la haine et se borne à rejeter au néant Jupiter vaincu. Prométhée-Humanité, aidé par Ione (l'Espoir) et Panthée (la Foi en l'homme), triomphe du mal et instaure, grâce à l'intervention de Démogorgon (la Force des choses, suscitée par la purification intérieure), la loi de l'amour universel. Le poème exprime une confiance optimiste en la trinité romantique : perfectibilité de l'homme, science, raison. A l'écart des dieux inutiles, le Prométhée de Shelley fait confiance à une humanité capable de frayer elle-même sa voie vers le bien et la justice.

Dans l'ensemble, le romantisme exploite les thèmes inaugurés par Shelley. Prométhée sera le champion de la lutte contre la tyrannie et le despotisme politique (Byron, Hugo, Th. K. Hervey, J. L. Brereton, J. E. Reade), mais aussi la représentation du conquérant Bonaparte, donné pour héritier de la Révolution (Monti, Wordsworth, Quinet, Hugo, Byron). Il apparaîtra surtout en libérateur du mal métaphysique, en particulier dans le *Prométhée* (1838) d'Edgar Quinet, dont le but est de montrer « l'humanité sauvée entrant sous la conduite du génie religieux au sein de Dieu. L'homme, l'homme-héros, l'homme-dieu : tels sont les protagonistes successifs de la trilogie ». L'œuvre imposait l'idée que les religions ne sont que des phénomènes historiques, donc transitoires, des étapes dans l'évolution de l'humanité. L'avènement d'une divinité juste renversant le Dieu de l'ancienne Loi et le thème de la caducité des religions se retrouveront dans le *Prométhée* de A. Pasquet (1828) ou le *Prométhée délivré* de E. Grenier (1857). Enfin, le mythe sera, pour la plupart des auteurs, la représentation du progrès, de la science et de la civilisation. Chez Hugo, par exemple, Prométhée, initiateur des sciences et des techniques, arrache l'homme, ce « hochet des monstres », aux dieux arbitraires et à l'aveugle Fatalité (cf. *Les Mages* dans *Les Contemplations*). Ce Prométhée subit souvent le sort du génie : méconnu, incompris, il est persécuté par le pouvoir ou l'Eglise, hué par la foule (Hugo, Michelet). La libération par le progrès va de pair avec les attaques contre une divinité injuste et cruelle (Byron, Carducci), qu'il faut combattre par la raison et l'accroissement du savoir (F. von Sallet, 1835; J. S. Blackie, 1857; E. von Feuchtersleben, 1829; E. des Essarts, 1835, Th. Lodin de Lalaire, 1838; P. Defontenay, 1854, etc.). Ce thème est surtout illustré par le *Prométhée délivré* (1843) de Louis Ménard, qui proclame le triomphe de la science et le prochain avènement de l'amour universel. Au chœur qui demande quel Dieu il lui faudra adorer désormais, Prométhée propose comme seul idéal la foi en l'humanité éclairée par la connaissance : « Les temps sont maintenant accomplis : Zeus est mort./ L'Idéal est en toi : voilà le Dieu suprême./ De cet orgueil divin je t'ai donné l'exemple :/ La science est le Dieu dont mon âme est le temple. »

La seconde moitié du XIXe siècle exploite ou conteste les valeurs mises en place dès le romantisme. Un premier groupe d'œuvres persiste à faire de Prométhée la victime d'un Dieu injuste et de religions aliénantes (Banville, Grandmougin, Schafheitlin, Giraud, Ackermann), tandis que le scientisme et le positivisme renforcent la confiance en une science libératrice des craintes et des superstitions (Cornut, von Jagow, Dumas, Signoret, Kinon). Dans un deuxième groupe se décèle au contraire, au fil des décennies, un désarroi croissant dont Prométhée encore se fait le porte-parole. L'agnosticisme positiviste satisfaisait les intelligences, mais laissait les âmes inquiètes. La quête prométhéenne est donc mise en question par Prométhée lui-même, dans des œuvres aux titres éloquents, comme *Prométhée repentant* de M. Goldberg (1904) ou *La Mort de Prométhée* de E. Delebecque (1905). Parfois, le Jupiter tyran se découvre justice et harmonie, rendant orgueilleuse et vaine la révolte prométhéenne (Saint-Yves, Bridges, Strada, Gilkin). Péladan, dans sa *Prométhéide* (1895), développe le thème de la maturation par la souffrance, principe du vrai progrès, et nombre de textes mettent à présent en scène un Prométhée repenti en proie au manque de Dieu. D'autres se libèrent ouvertement de toute tradition. Dépassant le conflit entre la foi et la science, le *Prométhée* de C. Spitteler prêche un rigoureux individualisme nietzschéen, tandis que Gide (*Prométhée mal enchaîné*, 1899) désacralise la légende en montrant que l'histoire de Prométhée est en réalité celle de son aigle, c'est-à-dire de sa conscience encombrée de tabous et d'interdictions. Le Prométhée gidien se révolte contre le dogme, la tradition, l'ordre social, les principes établis, sans guère se soucier de Dieu, être incompréhensible dont notre responsabilité n'a pas à tenir compte, ni d'une morale conformiste qui prétend l'imposer à notre conscience. Hésitations, doutes, questions se pressent enfin chez Elémir Bourges, dont *La Nef*, composée de 1893 à 1922, propose, en une œuvre énorme et difficile, la synthèse de tous les courants du siècle, de la révolte romantique au nihilisme, et conclut à la nécessité d'une quête ininterrompue et lucide, défiante des transcendances illusoires.

Le XXe siècle n'ajoutera guère à l'apport du XIXe. Parfois associé aux événements historiques (par exemple à la montée du nazisme chez K. Bertling ou F. Schäfer), ou utilisé comme symbole de la contestation sociale (M. Aub), il sera tantôt le maître de la matière et de la science (M. Jouhandeau), tantôt le contempteur des dieux (J. Tardieu), tantôt le défenseur de l'humanisme et de la liberté de penser (R. Las Vergnas), tantôt encore l'apologiste du retour à Dieu inspiré par l'inquiétude contemporaine (G. Montagna, E. Brock, H. Burte, M. Garric). Dans *Prométhée aux Enfers*, l'un des essais de *L'Eté* (1946), Albert Camus a situé Prométhée au cœur du dilemme de la civilisation moderne : « Prométhée lui, est ce héros qui aima assez les hommes pour leur donner en même temps le feu et la liberté, les techniques et les arts. L'humanité, aujourd'hui, n'a besoin et ne se soucie que des techniques. Elle se révolte dans ses machines, elle tient l'art et ce qu'il suppose pour un obstacle et un signe de servitude. Ce qui caractérise Prométhée, au contraire, c'est qu'il ne peut séparer la machine de l'art. » Une fois de plus, Prométhée se voyait chargé de frayer le chemin à un problématique humanisme.

Raymond TROUSSON

BIBLIOGRAPHIE

J. von ENDERT, *Die Prometheussage im Lichte der Offenbarung betrachtet*, Köln, 1865.

O. MANN, *Der Prometheus-Mythus in der modernen Dichtung*, Frankfurt a.o., 1878.

A. GRAF, *Prometeo nella poesia*, Torino, 1880.

J. FRÄNKEL, *Wandlungen des Prometheus*, Bern, 1910.

O. WALZEL, *Das Prometheussymbol von Shaftesbury zu Goethe*, Leipzig, 1932.

D. et E. PANOFSKY, *Pandora's Box. The changing aspects of a mythical symbol*, London, 1956.

O. RAGGIO, « The myth of Prometheus. Its survival and metamorphoses up to the Eighteenth century », *Journal of the Warburg and Courtauld Institutes*, XXI, 1958, pp. 44-62.

H. ROUSSEAU, « Les Métamorphoses de Pandore », *Revue des Sciences Humaines*, CIII, 1961, pp. 323-333.

C. TRÄGER, « Prometheus-unmittelbare und mittelbare Produktion der Geschichte », dans : *Festgabe für W. Krauss*, Berlin, 1961, pp. 187-225.

Ch. KREUTZ, *Das Prometheussymbol in der Dichtung der englischen Romantik*, Göttingen, 1963.

L. PRÉMONT, *Le Mythe de Prométhée dans la littérature française contemporaine*, Québec, 1964.

R. TROUSSON, *Le Thème de Prométhée dans la littérature européenne*, Genève, 1964, 2 vol. (2e éd. 1976).

J.-J. GOBLOT, « Le Mythe de Prométhée dans la littérature et la pensée modernes », *La Pensée*, avril 1967, pp. 72-82.

J. DUCHEMIN, *Prométhée. Le Mythe et ses origines*, Paris, 1974.

E. FRENZEL, *Stoffe der Weltliteratur*, 4. Aufl., Stuttgart, 1976.

M.-B. RAIZIS, *From Caucasus to Pittsburgh. The Prometheus Theme in British and American Poetry*, Athens, sd.

PSYCHÉ

Toutes les versions des amours de Psyché et de Cupidon renvoient à une source unique, mais tardive : c'est dans *L'Ane d'Or* d'Apulée (IIe siècle après Jésus-Christ) que sont racontées pour la première fois ces aventures, dans un contexte allégorico-romanesque qui se maintiendra, sous des formes diverses, dans les adaptations ultérieures. Le récit d'Apulée constitue le type même de la fable allégorique, et l'allégorie est si transparente que les variantes introduites au cours des siècles ne peuvent porter que sur des détails. L'origine même de la fable, si elle nous est inconnue, doit de toute évidence être cherchée dans le conte populaire, car la version d'Apulée témoigne d'une élaboration déjà seconde, et probablement d'une restructuration à partir de la compilation de plusieurs légendes. On sait toutefois que la figure allégorique de l'Ame (*psyché* en grec) était répandue dans la culture hellénistique, et probablement depuis des temps archaïques, sous la forme d'un papillon ou d'une jeune fille aux ailes de papillon. Ses aventures avec le dieu Amour semblent également avoir appartenu depuis longtemps à la culture orale de la Méditerranée.

Alors que, pour les modernes, la valeur allégorique et philosophique de cette fable ne fait aucun doute, Macrobe, qui établit dans *Le Songe de Scipion* (Ve siècle) une classification des mythes, considère les fables d'Apulée comme des histoires de nourrices, entièrement fictives et sans aucune portée philosophique. Sans doute faut-il voir là une confirmation du statut de « conte » de cette histoire à la fin de l'Antiquité. Elle n'en est pas moins de celles qui ont eu une faveur insistante et régulière dans les littératures modernes, où elle se trouve élevée au rang des mythes platoniciens.

Apulée enchâsse l'histoire de Psyché au milieu du roman de Lucius, métamorphosé en âne du fait de sa légèreté, et qui ne pourra retrouver sa forme humaine qu'en mangeant les roses consacrées à Isis, laquelle, à l'issue de ses mésaventures, l'élèvera à la dignité sacerdotale. La fable des mésaventures de Psyché n'est pas racontée à Lucius, qui, sous sa forme d'âne, l'écoute avec beaucoup d'attention, mais à Charité, jeune épousée enlevée par des brigands le jour de ses noces et que sa vieille geôlière console par ce conte. Le conte peut s'appliquer, en fait, aussi bien à Charité qu'à Lucius : il a été démontré (voir J. Carlier) que ses épisodes correspondent d'une part, sur le plan initiatique, à la fois aux phases de l'initiation isiaque et aux épisodes qui constituent le mythe d'Isis elle-même, tel qu'il est raconté par Plutarque (*Isis et Osiris*) ; d'autre part, sur le plan romanesque, ils annoncent, plus schématiquement, la délivrance de Charité qui sera sauvée par son époux alors que sa propre tentative de fuite avait échoué et qu'elle était prête à se donner la mort.

La structure du récit d'Apulée fait apparaître dans la fable cinq mouvements qui constituent un cycle complet : élection puis transgression de Psyché, quête du dieu perdu, rédemption finale après le rachat par des épreuves. Le résumé qui suit rend compte de cette articulation fondamentale.

Les noces secrètes d'Amour et Psyché

Au commencement de son histoire, Psyché, troisième fille d'un roi qui n'est pas nommé, est adorée par les hommes comme une déesse, à cause de son exceptionnelle beauté : elle se trouve ainsi en situation de faute (mais involontaire) envers Vénus, dont elle est la rivale. Mais, du côté des hommes, elle se trouve en même temps en situation de tabou, car nul n'ose la demander en mariage, alors que ses deux sœurs, qui ne s'écartent en rien de l'humanité, sont mariées. Vénus irritée exige de son fils de punir sa rivale, mais Amour en la voyant ne peut résister lui-même à sa beauté et décide de l'enlever : il suscite un oracle qui déclare (de façon équivoque) que Psyché doit être exposée dans un désert et livrée à un monstre. Un cortège funèbre se forme alors, dans les lamentations, mais ce sacrifice n'est qu'un simulacre, car Zéphyr enlève celle qu'Amour a élue et la dépose dans un palais enchanté, surgi dans le désert. Dans le Palais d'Amour, Psyché se trouve seule, quoique entourée de serviteurs invisibles et de toutes sortes de merveilles. C'est là, dans ce lieu secret, que sont célébrées ses noces avec l'Invisible :

son époux, dont elle ignore l'identité, ne l'approche que la nuit, et elle n'a pas le droit de le voir (on retrouve un motif analogue dans le conte *La Belle et la Bête*, qui ensuite se déroule différemment, mais aussi dans toute la thématique médiévale des noces d'un mortel avec un être fée, *cf.* Mélusine).

La chute

Malgré l'état de bonheur dans lequel elle vit, Psyché regrette sa famille, et obtient de son époux de revoir ses sœurs. Amour la prévient alors, à deux reprises, contre les tentations et les dangers de ces entrevues; mais, malgré ces mises en garde, Psyché se laisse persuader par ses sœurs jalouses que son époux secret est certainement un serpent qui veut sa mort, et qu'il faut l'éliminer. La nuit venue, elle se munit d'un flambeau et d'un poignard, et surprend son époux endormi : reconnaissant Amour à son carquois et à ses ailes, elle veut retourner l'arme contre elle-même et laisse tomber de la cire brûlante sur l'épaule du dieu, que la brûlure réveille. Amour s'envole alors, et Psyché, qui a tenté de s'accrocher à lui et a été emportée, finit par retomber dans le désert.

La quête du dieu caché

Coupable et désespérée, bannie par Amour, Psyché veut se jeter dans un fleuve, mais l'intervention du dieu Pan l'en empêche, et l'incite à agir et à gagner le pardon de son époux, au lieu de se livrer à une mort déshonorante. Le premier acte de Psyché vers la rédemption sera de se venger de ses sœurs, qu'elle envoie à la mort en les trompant comme elle-même avait été trompée. Après cette première purification, elle se met à errer sur la terre pour retrouver Amour, qui pendant toute la durée des épreuves purificatrices et initiatiques sera prisonnier chez sa mère Vénus, affaibli par sa blessure. Pour signifier sa piété, Psyché demande la protection des deux déesses principales après Vénus, Cérès et Junon (les trois déesses, avec leur double Isis, sont des avatars de la Grande Déesse primitive). Mais, prévenues par Vénus, les deux déesses la repoussent, malgré leur sympathie. Après bien des errances, Psyché, découragée, décide de se livrer à Vénus, alors même que celle-ci vient d'obtenir l'assistance de Mercure qui proclame par toute la terre que Psyché est une esclave fugitive. Une fois de plus, la tentation du suicide, qui scandera chaque épreuve comme un leitmotiv, domine Psyché, et c'est avec le sentiment de l'échec de sa quête qu'elle parvient dans le temple de Vénus.

Les épreuves

Avant de lui imposer une série de travaux impossibles, Vénus livre Psyché à ses esclaves Habitude, Souci et Tristesse, qui lui font subir des humiliations et la flagellent. Puis Psyché doit accomplir quatre épreuves qui représentent chaque fois un danger plus grand, et des difficultés supplémentaires. La première consiste à trier en une nuit un amas de graines qui remplissent toute une pièce à l'intérieur du temple de Vénus : Psyché sera aidée par des fourmis, qui viennent trier les graines à sa place. Pour chacune des épreuves, que Psyché n'est pas capable d'accomplir seule, un auxiliaire interviendra pour la secourir, et chaque fois cet auxiliaire sera plus ou moins associé à une divinité, et manifestement aussi à un élément, les quatre éléments semblant intervenir par solidarité avec Amour prisonnier (dans la perspective pythagoricienne, Amour est le principe cosmique d'unification des éléments, qui constitue la Nature). Les fourmis ici se rattachent, d'une part, à Cérès, d'autre part à l'élément Terre.

La seconde épreuve fait sortir Psyché du temple de Vénus — et pour chacune des épreuves suivantes elle s'en éloignera de plus en plus. Il lui faut ramener à Vénus une touffe de la toison d'or de certaines brebis, dont on ne lui dit pas qu'elles sont meurtrières : un roseau intervient alors pour avertir Psyché du danger qu'elle court, et lui apprendre le moyen d'accomplir sa mission. Par la plante qui lui est associée, c'est ici Pan qui est évoqué, mais aussi, le roseau étant une plante aquatique, l'élément Eau.

La troisième épreuve multiplie les dangers : il s'agit de puiser de l'eau à la source du Styx, située à la cime d'une montagne inaccessible et très lointaine. Psyché ne prend conscience que peu à peu des véritables difficultés de cette épreuve, lorsque, parvenue en vue de la cataracte qu'est cette source, elle entend les eaux elles-mêmes crier pour se protéger de toute approche. Elle sera sauvée ici par l'intervention d'un aigle, oiseau de Jupiter, qui puisera l'eau à sa place. L'aigle représente l'élément Air.

L'ultime épreuve sera, selon la logique initiatique, une descente aux Enfers : Psyché doit ramener à Vénus une boîte contenant le fard de Proserpine. Cette fois, Psyché ne peut ignorer le danger encouru et décide de se précipiter du haut d'une tour. C'est alors que la tour se met à parler et lui indique les moyens de mener à bien sa mission et, surtout, de revenir des Enfers. La Tour doit vraisemblablement être associée à Junon (comme le fait J. Carlier) qui était parfois représentée, en tant que Grande Déesse, la tête couronnée d'une tour. Si on lui associe également l'élément Feu (en vertu des traditions hermétiques, dont l'arcane XVI des tarots, qui représente une tour frappée par la foudre, conserve la trace) l'initiation du myste est complète, et tous les motifs romanesques du récit d'Apulée reconstituent un cycle cosmique : la série des épreuves fait intervenir, à travers les éléments qui leur correspondent symboliquement, les quatre divinités fondamentales qui étaient déjà associées à la quête de Psyché (si Jupiter n'est pas encore apparu, son intervention sera postérieure, puisque c'est lui qui permet l'apothéose de Psyché). L'ordre même des épreuves organise les quatre divinités en couples : Cérès et Pan symbolisent, dans les deux premières épreuves, le monde de la Nature, Jupiter et Junon, dans les deux dernières (qu'il faut donc comprendre comme ascendantes de ce point de vue), le monde Céleste. Il est possible de reconstituer également la fonction cosmique des auxiliaires, en tant qu'espèces : les fourmis et l'aigle représentent les deux espèces animales opposées, l'espèce rampante (attachée à la Terre) et l'espèce volante (attachée à l'Air) ; tandis que le roseau et la tour peuvent être mis en opposition si l'un appartient, par l'ordre végétal, à la Nature, l'autre se rattachant au monde supra-terrestre, quoique l'espèce à laquelle il faut rattacher la tour soit plus difficile à déterminer (on peut y voir soit l'ordre minéral, soit, dans une perspective hermétique plus radicale, l'ordre humain, en tant que production artificielle de l'Esprit, conformément à la symbolique de Babel). Ces symétries semblent jouer sur la dualité du personnage de Psyché, partagée entre Nature et Spiritualité.

La rédemption et les noces célestes

Quoique victorieuse dans les épreuves, Psyché succombe encore une fois à sa faiblesse : malgré les recommandations de la Tour, qui lui a interdit d'ouvrir la boîte de Proserpine, Psyché ne résiste pas à la curiosité et, à peine sortie des Enfers, transgresse à nouveau : un sommeil léthargique se dégage de la boîte ouverte, et Psyché n'en sera délivrée que par l'Amour lui-même, enfin libéré de sa prison. Ainsi, ce dernier mouvement nous ramène-t-il au point de départ, et l'élection divine initiale se trouve confirmée par la structure répétitive du récit, comme si toutes les épreuves, et les fautes de Psyché, étaient effacées. Cette mort symbolique de la fin répète la première mort symbolique représentée par le sacrifice initial, et les deux transgressions de Psyché se superposent, la première étant suivie de chute, la seconde au contraire suivie d'apothéose. Grâce à l'intercession de l'Epoux divin, Jupiter accorde à Psyché l'immortalité, et ses noces avec Amour sont célébrées dans le ciel. L'enfant conçu dans le secret, Volupté, naîtra parmi les dieux.

Principales interprétations

Les proximités nombreuses entre l'initiation de Psyché et la Passion du Christ ont permis une christianisation presque immédiate du mythe. Le premier commentateur d'Apulée, Fulgence (*Mythologiae*, III, 6, VIe siècle) voit dans les parents de Psyché le Principe Divin uni à la Matière, dans leur royaume le Monde, et dans ses sœurs la Chair et le Libre-Arbitre. Vénus représente la Libido, et Cupidon la dualité du Désir, qui porte « sur le Bien ou le Mal » : Psyché ne doit pas le voir pour ne pas connaître la concupiscence (son apparence négative). Au XIVe siècle, Boccace (*Genealogia Deorum*) analyse les deux sœurs comme allégories de la Vie Végétative et de la Vie Sensitive, Psyché elle-même étant la Vie Intellective, et voit dans leur jalousie la discorde entre sensualité et raison. En 1640 et 1665, Calderón consacre deux *autos sacramentales* à Psyché, et donne aux trois sœurs, qui représentent pour lui les trois Ages du Monde, les noms d'Idolâtrie, Synagogue et Foi (ou Grâce) : l'histoire de Psyché retrace alors l'histoire symbolique du christianisme. Dans les dernières années du XVIIe siècle encore, en France, les tentatives d'interprétation quiétiste du mythe sont nombreuses.

Les interprétations seront sensiblement différentes selon la valeur accordée par les auteurs à l'Epoux de Psyché, dans lequel on voit tantôt un principe érotique universel, tantôt un symbole platonicien instituant l'immortalité de l'âme[1], tantôt une allégorie spiritualiste et mystique. Généralement, les adaptations suivent le récit d'Apulée, les variantes les plus remarquables portant le plus souvent sur l'occultation d'une partie ou de la totalité des épreuves. Le statut particulier de la fable, par rapport à d'autres mythes, reste posé, et sa charge allégorique induit parfois des difficultés d'adaptation dans une perspective profane, le discours théologique y étant dominant.

Parmi une multitude d'adaptations poétiques ou théâtrales, quelques-unes méritent d'être retenues. Ce sont celles du XVIIe siècle, où la fable était très en

1. Ainsi Lamartine introduisant dans sa *Mort de Socrate* une évocation simplifiée de l'histoire de Psyché.

faveur (particulièrement pour l'opéra et le ballet de cour), et, au XIXe siècle, celle d'un poète aujourd'hui ignoré, Victor de Laprade.

La première reprise importante de la fable est intégrée, à la manière d'Apulée, dans un long poème mythico-romanesque, dans lequel la fable de Psyché occupe tout un chant (IV) : l'*Adone* de G.-B. Marino (1620). Marino suit fidèlement Apulée, en mettant l'accent sur la relation établie entre Psyché et Adonis : pour Marino, l'initiation se caractérise par la part active prise par Psyché, et le mythe est analysé comme une accession du sujet à la conscience (tandis qu'Adonis apparaît dans ce poème comme une figure essentiellement passive). Et l'épreuve de la descente aux Enfers n'y est qu'évoquée, alors que les autres sont développées longuement.

Outre les deux *autos* religieux déjà signalés, Calderón consacre également une comédie à Psyché (*Ni Amor se libra de amor*, 1640), dans laquelle les variantes par rapport à Apulée sont sensibles : les épreuves y sont occultées, et Calderón introduit des prétendants de Psyché qui n'existent pas chez Apulée. L'occultation de la totalité des épreuves n'est pas exceptionnelle, mais significative : l'exégèse de Fulgence, déjà, qui accentuait la fonction allégorique du mythe dans son ensemble, passait sous silence le détail des épreuves. La même perspective unificatrice et schématique se retrouvera chez Molière et chez Lamartine.

La Fontaine à son tour, en 1669, recompose l'histoire à l'intérieur d'une œuvre singulière, qui n'est plus une fiction allégorique ou mythique elle-même, mais une description des jardins de Versailles. *Les Amours de Psyché et de Cupidon* y apparaissent moins comme un mythe, que comme un conte divertissant et parodique. La dimension féerique y est accentuée, alors même que la perspective générale de La Fontaine est rationalisante et désacralisante : Psyché y est implicitement comparée à Orphée, mais la valeur initiatique de son aventure est détournée par l'interpolation d'un second conte allégorique exogène, qui symbolise les dangers de vouloir se soustraire au pouvoir de l'amour (histoire de Myrtis et Mégano). La structure du conte ici est plus complexe encore que celui d'Apulée, dont il ne retranche rien, mais qu'il amplifie au contraire, et auquel il apporte certaines modifications (l'ordre et le contenu des épreuves, en particulier, sont changés ; à la série des Grandes Déesses vient s'ajouter Diane, absente dans toutes les autres versions).

En 1671, une « tragédie-ballet » dont le plan et quelques scènes sont dus à Molière, les dialogues à Corneille, les intermèdes à Quinault et la musique à Lully, reprend la trame de Calderón (occultation des épreuves et introduction de prétendants) dans une perspective dramatisée (qui accentue le rôle des sœurs de Psyché) et moralisatrice (la vengeance de Psyché y est indirecte, et devient une punition divine). La faute originelle de Psyché, qui s'écarte de l'humanité, y est soulignée conformément aux canons de la tragédie, où une faute d'*hubris* détermine toute l'action ; et Psyché ici, qui refuse l'amour humain de ses prétendants, est accusée d'orgueil par Vénus. Le sens général du mythe est de révéler la puissance de l'amour (« Est-on sage/ De n'aimer pas? »), mais les connotations chrétiennes sont nettement soulignées.

La rationalisation du mythe, conjointement à sa moralisation, pose clairement un certain nombre de problèmes, que ne manquent pas de souligner les esprits critiques : ainsi Charles Perrault, qui rejette les allégories, considère-t-il ce conte comme amoral, puisqu'on voit dans les malheurs de Psyché une conséquence de son désir de connaître Amour (préface à *Grisélidis*, 1695). Tout un courant interprétatif considérera par la suite que la transgression de Psyché n'est pas une faute, mais n'est que le signe de son désir de connaissance : Psyché devient alors, indépendamment de tout contenu théologique, le symbole de la Philosophie (c'est la thèse qui sera développée en 1908 par A. Bonilla dans son étude sur le mythe de Psyché).

La *Psyché* de Laprade (1841) est le seul exemple d'utilisation du mythe qui s'écarte délibérément de la relation d'Apulée, quoiqu'il en donne une exégèse. Laprade voit en Psyché un « mythe fondamental », qui retrace toute l'histoire de l'humanité. Son poème se divise en trois livres : le premier est intitulé « l'Eden ou l'Age d'Or », et montre Psyché dans le jardin d'Amour; après la chute, commence « la Vie Terrestre ou l'Expiation », sujet du livre II, où la série des errances et des épreuves constitue une traversée des Ages de l'Humanité, par toutes les étapes de la civilisation et de la culture (Psyché aux mains des Barbares, Psyché esclave, la Grèce orphique et sacerdotale, les temps héroïques et Homère, la Grèce philosophique). A l'issue de ce parcours, Psyché est « reine » car elle possède la science, mais son « désir d'idéal » finit par l'épuiser et elle meurt en appelant son dieu. Le livre III s'intitule : « l'Olympe ou le Ciel, Union de l'Ame humaine avec Dieu dans une autre vie »; c'est après la mort, en effet, que Laprade situe le triomphe de Psyché, qui marque « la fin du règne du Mal », que la curiosité initiale de Psyché (comparée à Eve et à Pandore) avait inauguré. Avec ce poème, qui représente une des dernières versions directement inspirées de la fable d'Apulée, nous avons une synthèse, de type syncrétique, des différentes perspectives allégoriques. Par la suite, les vicissitudes de l'âme seront traitées dans la littérature de manière plus abstraite, et la fable de Psyché va devenir plutôt un symbole.

Françoise GRAZIANI

BIBLIOGRAPHIE

J. CARLIER, « Psyché », *Dictionnaire des Mythologies*, sous la direction de Y. Bonnefoy, 1980, t. II.

E. ROHDE, *Psyché. Le culte de l'âme chez les Grecs et leur croyance à l'immortalité*, traduit par E. Reymond, Paris, 1928.

H. LE MAITRE, *Essai sur le mythe de Psyché dans la littérature française, des origines à 1890*, Paris, 1946.

A. BONILLA y SAN MARTIN, *El mito de Psyquis, un cuente de ninos, une tradición simbolica y un estudio sobra el problema fundamental de la filosofia*, Barcelona, 1908.

F. GRAZIANI, « La Fontaine lecteur de Marino : *Les Amours de Psyché*, œuvre hybride », *Revue de Littérature Comparée*, 1984, n° 4.

Pyrame et Thisbé

La première version connue de l'histoire de Pyrame et Thisbé est déjà une élaboration au second degré : c'est, en effet, à travers le récit de l'une des Minyades, au chant IV des *Métamorphoses* d'Ovide, que cette fable entre dans la littérature, où elle connaîtra une fortune considérable, de l'élégie à la parodie burlesque, en passant par la tragédie et le *dramma per musica*, jusqu'à ne plus alimenter au XIXe siècle que des complaintes populaires mélodramatiques. C'est surtout dans le Romancero espagnol, au XVIe siècle, que le sujet est en faveur, mais il est aussi fréquemment traité en France, en Italie, en Allemagne, en Angleterre, en Flandres, et jusqu'en Suède. Considérée comme un lieu commun, la fable est très souvent évoquée allusivement, au point de jouer parfois (depuis saint Augustin, *De Ordine*, Livre I) le rôle d'archétype de la Fable, lorsqu'on oppose la pensée mythique à la pensée philosophique (*muthos/logos*). Shakespeare l'utilise deux fois, pour *Roméo et Juliette* où il n'en conserve que la trame, et, la même année (1598), pour le *Songe d'une Nuit d'Eté* où elle devient « play in the play », mise en scène de la fable dans le théâtre.

Située à Babylone, la fable a pour sujet la rencontre de deux forces : amour et fatalité. Dès l'enfance, Pyrame et Thisbé s'aiment, malgré l'hostilité parentale. Un mur les rapproche et les sépare en même temps : leurs maisons sont mitoyennes, et la cloison, « fendue de pitié » (Th. de Viau), présente une fissure grâce à laquelle les amants peuvent communiquer et convenir d'un rendez-vous nocturne hors des murs de la cité, sous un mûrier planté au bord d'une fontaine, près du tombeau du roi Ninos. Parvenue la première sous le mûrier, Thisbé rencontre une lionne et s'enfuit en laissant tomber son voile; Pyrame survient à son tour, et aperçoit le voile maculé de sang et lacéré par la lionne. Croyant Thisbé morte, et reportant sur lui-même la culpabilité de cette mort, il se tue. Son sang jaillit sur les fruits du mûrier, blancs, et les teint de noir. Thisbé revient pour recueillir le dernier soupir de son amant, et s'immole à son tour. Sur sa prière, un même tombeau réunira les amants, et les fruits du mûrier porteront la trace de ce double suicide. Les diverses adaptations de la fable s'attachent généralement à en dégager la morale, c'est-à-dire à définir la culpabilité qui justifie un tel destin, alors même que la pureté de cet amour est toujours soulignée.

UN MYTHE OCCULTÉ

Cette fable occupe une place à part dans le catalogue de mythes des *Métamorphoses*, dans la mesure où n'y apparaît aucune figure divine, et où la « métamorphose » n'en est pas une : elle n'affecte pas un sujet mythique, mais un *témoin* extérieur, qui se trouve seulement modifié en surface (dans la couleur des fruits). C'est dans la contiguïté de la fable avec d'autres récits mythiques, et dans la relation de ceux-ci au culte de Dionysos, que l'on peut découvrir des clés pour en reconstituer la fonction mythique perdue, dont il subsiste les traces. Cette fonction archaïque est d'abord signalée par le fait que la fable soit reliée, par Ovide, à une série de mythes babyloniens : Dercétô, la Déesse-Mère originelle, changée en poisson, et sa fille Sémiramis, la fondatrice mythique de la cité aux grandes murailles, changée en colombe — les deux figures se confondant parfois dans celle d'Ishtar-Astarté. Les trois filles de Minyas, rebelles au culte dionysiaque, lui préfèrent Minerve, et tout en tissant (travaux interdits par le sabbat dionysiaque) se racontent des histoires : celle de Pyrame est la première; la seconde raconte la vengeance de Vénus sur Apollon, qui a rendu publiques ses amours avec Mars, et qu'elle punit indirectement à travers Leucothoé (descendante du dieu babylonien Bélos-Chronos, père de Ninos); la troisième est la fable d'Hermaphrodite et Salmacis dont les deux corps sont fondus en un. Les Minyades sont ensuite châtiées par Dionysos, qui les change en oiseaux de nuit. Il est manifeste que les trois récits, ainsi que les prétéritions qui les annoncent, se situent sur un même plan, et entretiennent une relation antagoniste au culte dionysiaque, lequel se situe toujours en rivalité avec les cultes de la Grande Déesse (Astarté-Vénus-Rhéa-Cérès-Isis) tout en présentant avec eux certaines affinités, en particulier les rites orgiastiques. Les cultes de la Grande Déesse orientale se caractérisent surtout par des hiérogamies adelphiques, ainsi que par l'automutilation ou la mise à mort d'un prêtre-roi.

UN SACRIFICE MESSIANIQUE

La fable de Pyrame et Thisbé pourrait se rattacher à une hiérogamie (peut-être incestueuse, à cause de la proximité des deux familles), et pour le suicide final à certains sacrifices initiatiques. Cette hypothèse semble acceptable si l'on examine les séquences de la fable, qui depuis Ovide ne subissent aucune modification, mais sont répercutées avec un effet de redondance insistant. Avec une grande rigueur, les diverses adaptations structurent la fable en une série de mythèmes codifiés : le mur et sa fissure, le mûrier, la fontaine, le tombeau de Ninos, la lionne, la présence de la lune, le double suicide utilisant le même poignard, la « métamorphose » du mûrier, le tombeau qui unit les deux corps. Le mur est perçu généralement comme symbole de séparation ; mais si l'on cherche à retrouver son sens mythique, sans doute vaut-il mieux y voir l'emblème de Babylone (Babel, centre du monde), l'enceinte sacrée qui entoure le cosmos dans la plupart des religions orientales. Dans ce contexte, il devient symbole de protection pour la communauté, et la fissure signale alors un danger, la pénétration des forces du mal. Or, l'étymon du mot *pyramos* en grec, d'après Chantraine (*Dict. Etym.*), serait un synonyme de l'*hortus* latin, enceinte entourant un jardin. L'absence de dieux chez Ovide fait problème. Or, si l'on regroupe les mythèmes qui constituent la scène centrale, on s'aperçoit qu'ils s'articulent de façon cohérente pour former une autre histoire, dans laquelle les dieux cachés resurgissent. Il faut sans aucun doute identifier dans la lionne l'attribut principal de la Grande Déesse Ishtar, qui est à la fois Aphrodite et la Lune (entre autres). Or, dans les adaptations littéraires, la responsabilité de la lune dans la méprise de Pyrame est toujours soulignée, et dans le *Songe d'une Nuit d'Eté*, Lion et Clair de Lune, comme Mur, sont des personnages. Quant à Ninos, époux mythique de Sémiramis, dont le tombeau joue un rôle prophétique dans toutes les adaptations, sa fonction s'éclaire peut-être si l'on associe son nom (c'est sous la forme du génitif, Nini, qu'il apparaît chez Ovide, et parodiquement chez Shakespeare, où les noms sont déformés) à celui de la déesse proto-sumérienne de l'Amour, Ninni, identifiée par la suite à Ishtar et à Sémiramis elle-même. D'autre part, la Grande Déesse est aussi, à Babylone, la Fortune, celle qui veille *à la porte* de la Cité. La fuite de Pyrame et Thisbé les exclut de l'enceinte protégée et les livre au pouvoir de la Fortune, incarnée dans la lionne, qui représente, à la fois, la Némésis des Grecs, fille de la Justice (celle qui punit) et un des principes de la religion sumérienne, la force suprême qui émet les décrets divins (les Destins). Il est intéressant ici de remarquer que La Fontaine, dans son poème *Les Filles de Minée*, situe le rendez-vous de Pyrame et Thisbé « aux termes de Cérès », ce qui semble prendre en compte cette interprétation. Le mythème le plus important dans la fable est certainement le mûrier, dans lequel il faut voir un arbre sacré (en Orient, il est lié aux mythes solaires) qui semble aussi associé à la Grande Déesse, lorsqu'une colombe le survole. Rappelons-le, il n'est chez Ovide qu'un « signe de deuil », un symbole destiné à perpétuer le mythe plutôt que son déterminant. Adapté à la tradition chrétienne, le mûrier, comme tout arbre sacré, est assimilé à l'Arbre de Vie et à la Croix (il apparaît d'ailleurs dans la Bible avec la fonction de « signe de Dieu », 2 SAM, 5, 23) : l'*Ovide moralisé* du XIVe siècle et la *Bible des Poètes* de Thomas Waleys (1484) voient en Pyrame le Christ et en Thisbé l'âme humaine, dont l'union mystique est empêchée par le péché d'Adam (le mur); la fissure symbolise la médiation des Prophètes; le lion est le Diable, le mûrier la Croix « teinte du sang du Christ », et la fontaine celle du baptême. Thisbé, l'âme, ne peut parvenir à cette fontaine la première, « si le fils de Dieu ne l'a précédée et attendue »; et lorsqu'elle s'immole « par compassion », elle devient la Vierge Marie (que les historiens des religions considèrent comme une autre Déesse-Mère). Cette allégorie chrétienne, qui est la seule interprétation de la fable en termes vraiment mythiques, constitue l'argument de la première adaptation théâtrale du sujet, la *Moralité Nouvelle de P. et T.* (1535).

CONFUSION, ILLUSION OU PIÈGE?

Chez Ovide, le thème essentiel est la communion finale de Pyrame et Thisbé. Les adaptations ultérieures reprennent ce thème de l'union dans la mort pour l'analyser en termes érotiques, comme une allégorie de l'union des corps. La Fontaine, qui considère l'épisode des Minyades comme un tout, replace la fable parmi une suite de récits, autour du thème de la fatale méprise et des dangers de l'amour, qui « ainsi que Bacchus... trouble la raison ». Dans le *Songe d'une Nuit d'Eté*, la fable fait partie de représentations données en l'honneur d'un mariage royal, et est associée à des substitutions amoureuses : en particulier, le personnage qui joue le rôle de Pyrame, Bottom, métamorphosé en âne, sera un instant l'objet de l'amour de Titania, la reine des fées (ce qui reproduit le schéma initiatique de l'*Ane d'Or* d'Apulée, identifiant Titania à Isis). Le *Songe* représente sans doute l'interprétation la plus riche, et la plus complexe, de la fable, dont les signes mythiques sont éclatés sur plusieurs plans de lecture. En outre, avec une grande ironie, Shakespeare fait précéder la représentation burlesque de la fable, devant le couple royal, d'une série de prétéritions, parmi lesquelles « les Neuf Sœurs déplorant la mort du Savoir » (les artisans qui jouent Pyrame ne comprennent rien à leurs rôles, et en altèrent le sens à tel point que les spectateurs perçoivent la fable, et les acteurs, comme « insensés »). Les versions poétiques de Gongora (1618) et Marino (1620) sont aussi des parodies, et développent les équivoques de la fable à travers des équivoques de langage. Pour Gongora, les amants, victimes de l'illusion qui leur fait croire à de « faux témoignages », tombent dans un piège : Thisbé accourant aux gémissements de Pyrame mourant est comparée à l'oiseau pris dans la glu grâce à un appelant captif. Marino, de son côté, interprète l'innocence des trop jeunes amants comme de la naïveté, et l'excès de cette passion immature joue comme une forme d'*hubris*, une transgression aux lois divines (mais les dieux sont toujours absents). Bien plus, Pyrame et Thisbé ne savent pas interpréter les signes, et sont donc les dupes de trompeuses apparences. Dans la même perspective, analysant la méprise comme une duplicité des dieux, La Fontaine fait dire à l'une des filles de Minée : « Les dieux se font un jeu de l'espoir des humains. »

L'interprétation de Théophile de Viau (1623), dramatisée, est nettement infléchie dans le sens d'un complot (toute la culpabilité est concentrée sur la coalition du pouvoir royal et parental) qui interprète la Fatalité comme *tuchè* proprement tragique, et le suicide comme meurtre sacrificiel, situé entièrement sur le plan humain, mais avec la fonction d'une mise à mort rituelle. L'accent est mis ici sur l'obstacle symbolisé par le mur, concrétisation de la volonté parentale, et par le lion, concrétisation de la volonté royale (le roi, amoureux de Thisbé, a tenté de faire assassiner Pyrame). L'exclusion des amants hors des murs de la cité leur confère la fonction de victimes expiatoires, dont le martyre permet de consolider le groupe social : et jusque dans la version simplifiée de *Roméo et Juliette* — qui ne reprend du mythe que sa fonction, éliminant les mythèmes — le sacrifice des amants a pour effet de réconcilier les familles ennemies.

Françoise GRAZIANI

BIBLIOGRAPHIE

Œuvres citées

OVIDE, *Métamorphoses*, IV, 1-416 (55-166 pour la fable elle-même),
— *Moralité nouvelle de Pyrame et Thisbé* (1535), éd. E. Picot, Paris, 1901.

SHAKESPEARE, *A midsummer night's dream (Songe d'une nuit d'été)* et *Romeo and Juliet* (1598).
GONGORA, *Fabula di Piramo y Tisbe*, romance, 1618 (pas de trad.).
G.-B. MARINO, *Piramo e Tisbe*, idillo VIII de *La Sampogna*, 1620 (pas de trad.).
T. de VIAU, *Les Amours tragiques de Pyrame et Thisbé*, tragi-comédie, Seconde Partie des Œuvres, 1623, éd. G. Saba, Rome, 1978.
LA FONTAINE, *Les Filles de Minée*, 1685, O.C. éd. de la Pléiade, Tome I.

A consulter

F. SCHMITT VON MÜHLENFELS, *Pyramus und Thisbe : receptionstypen eines Ovidischen Stoffes in Literatur, Kunst und Musik*, Heidelberg, 1972 (liste des adaptations dans la littérature et les arts).
D. TESTA, *The Pyramus and Thisbe theme in 16th an 17th C. Spanish poetry*, Université of Michigan, 1962.
J.-G. FRAZER, *Adonis* et *Le Bouc émissaire, Le Rameau d'Or*, éd. Laffont, Paris, 1983, t. II et III (pour les cultes de la Grande Déesse, et l'association Sémiramis/Astarté).

RÉVOLUTION, RÉVOLUTIONNAIRES

MYTHES ET HISTOIRE

Tout historien qui travaille sur la révolution doit d'abord éliminer les mythes qui travestissent les faits en les interprétant : par exemple, s'il s'agit de la Révolution française, la dictature de Robespierre, le clergé jacobin, ou le masque de grenouille collé sur le visage de Marat. Les mythes, pour l'historien, sont une gangue dont il lui faut dégager, à l'état pur, les faits et les processus qu'il étudie.

Karl Marx, théoricien de la révolution, dénonce également le mythe, dans lequel il lit le poids idéologique de l'aliénation : « Les traditions de toutes les générations mortes pèsent d'un poids très lourd sur le cerveau des vivants. » Les mythes révolutionnaires entretiennent un brouillard propre à masquer aux intéressés eux-mêmes (les acteurs de la révolution en cours) le sens de leurs actions : « Camille Desmoulins, Danton, Robespierre, Saint-Just, Napoléon, les héros, de même que les partis et la masse de la première Révolution française, accomplirent dans le costume romain, et en se servant d'une phraséologie romaine, la tâche de leur époque, à savoir l'éclosion et l'instauration de la société bourgeoise moderne » (1)[1].

Cette critique du poids des mythes accompagne une rupture profonde et nova-

1. Les numéros entre parenthèses renvoient à la bibliographie p. 1222.

trice dans la conception philosophique de la révolution; mais les théoriciens de la révolution n'en avaient pas fini avec la question du mythe. Gramsci réexamine cette déclaration de Georges Sorel : « Il faut juger les mythes comme les moyens d'agir sur le présent. » Le mythe ne peut avoir quelque effet, aux yeux de Gramsci, qu'à condition de s'incarner dans une construction positive : un programme de parti, par exemple. Avant le jacobinisme, la volonté collective d'une révolution nationale a pu se reconnaître dans le programme de Machiavel : « Machiavel donna à sa conception la forme imaginative et artistique, grâce à laquelle l'élément doctrinal et rationnel se trouve incarné dans un condottiere, qui représente sous un aspect plastique et " anthropomorphique ", le symbole de la " volonté collective " » (2).

Ainsi donc, s'il est certain que l'historien des révolutions doit se défier des mythes qui les environnent, le débat reste ouvert sur le rôle que jouent les mythes dans les périodes révolutionnaires. Celles-ci sont fertiles en mythes qu'elles forgent et lèguent aux générations suivantes.

Ainsi le mythe de Guillaume Tell, héros légendaire de l'indépendance suisse, enflamma-t-il l'imagination des hommes épris de liberté pendant la Révolution française. En 1804, Schiller en tira un drame dont l'influence fut immense parmi la jeunesse libérale d'Allemagne. Puis Rossini en fit un opéra, sur un livret d'Hippolythe Bis et de Jouy, en 1829 — à la veille des soulèvements européens de 1830. L'aventure exemplaire de Guillaume Tell semble dater du début du soulèvement de la Suisse contre la maison de Habsbourg, au XIVe siècle; un chant populaire de la fin du XVe siècle, ainsi que des chapelles témoignent de l'ancienneté de l'enthousiasme pour le héros. Mais peut-être le mythe prend-il son origine plus loin encore dans le temps et l'espace européen : on admet aujourd'hui que la légende de la pomme est d'origine nordique.

Bien différente fut la destinée des mythes révolutionnaires anglais : ils tombèrent dans l'oubli, ou laissèrent des exemples funestes. Dès la seconde moitié du XIVe siècle, un immense poème attribué à William Langland, *La Vision de Pierre le Laboureur* (version anglaise de notre « Jacques ») exerça une profonde influence sur l'opinion publique, manifeste lors de la révolte des travailleurs en 1381. La véhémence mystique qui s'y exprime imprègne également les déclarations révolutionnaires des « niveleurs » et des « saints » du XVIIe siècle; mais l'intolérance qui triompha dans cette guerre civile n'en fit pas un exemple recommandable pour l'avenir. Les révolutionnaires français du XVIIIe siècle connaissaient mal l'histoire des révolutions anglaises : ils n'en retinrent que le régicide perpétré sur « l'homme de sang », Charles Stuart. Exception notable, la figure de Cromwell s'imprima profondément dans la mémoire et l'imagination de la postérité : image effrayante! Dans la préface de son *Cromwell*, Victor Hugo médite sur le mythe du régicide hésitant à l'instant de monter sur le trône : « L'histoire n'a jamais caché plus haute leçon sous un drame plus haut » (3). Moment où se joue l'échec de la révolution anglaise; moment où une révolution intérieure éclate dans l'esprit du héros; moment choisi par le poète pour proclamer la révolution littéraire du XIXe siècle... dans le livre de Victor Hugo, c'est l'héritage politique de la Révolution française et de l'Empire qui modèle le mythe de Cromwell.

Autour de la révolution française

Les révolutionnaires français de 1789 trouvèrent dans l'histoire des siècles passés des exemples mythiques. Au cours du procès de Louis XVI, on voit les orateurs évoquer d'autres régicides héroïques; Robespierre enrôle dans la minorité montagnarde deux républicains anglais du XVIIe siècle, Hampden et Sidney : « Hampden et Sidney étaient de la minorité, car ils expirèrent sur un échafaud » (4). En fait, si John Hampden (1594-1643) s'éleva contre l'absolutisme de Charles Ier, il mourut d'une blessure reçue à la bataille de Thame; quant à Algermon Sidney (1622-1683), s'il fut bien décapité à la suite d'un complot, il refusa de voter la mise en jugement de Charles Ier, encourant ainsi l'hostilité de Cromwell. Il est plus remarquable encore de voir les Conventionnels, imprégnés de culture classique, invoquer un Brutus totalement légendaire. Jamais les circonstances et les motifs de son acte ne sont comparés avec le procès du roi. Parfois un détail permet d'identifier le fils adoptif de César, ou bien le Brutus qui chassa Tarquin et fut à l'origine de la république romaine. Mais le plus souvent le flou est tel qu'on ne sait duquel des deux il s'agit. Peu importe, d'ailleurs : on prend le buste de Brutus à témoin parce qu'il incarne un idéal de meurtre héroïque et de vertu républicaine; l'éloignement dans l'Antiquité romaine en renforce le prestige et semble en garantir la réalité.

La Révolution de 1789, dans son déroulement, produisit de nouveaux mythes. Une sorte de culte fut voué aux martyrs de la liberté (Le Pelletier, Marat) et à de plus humbles « saintes patriotes » comme Perrine Dugué aux confins de la Bretagne (5). Un processus complexe d'héroïsation immortalisa, au moins dans la mémoire collective et de façon toute laïque, le courage de tout jeunes soldats comme Bara et Viala; ce sont des personnages-symboles, en qui s'incarne la conscience populaire de la grandeur de la lutte, avec sa soif de sacrifice et de gloire. L'ultime, et non la moindre, manifestation de ces mythes fut la légende napoléonienne : tant qu'on refusa la défaite devant les rois coalisés, courut le bruit qu'il ne pouvait être mort et reviendrait encore de Sainte-Hélène.

La période thermidorienne vit naître la légende du monstre Robespierre. Dans ses *Mémoires pour servir à l'histoire du Jacobinisme* (1797-1799), l'abbé Barruel interprète toute la Révolution comme un immense complot contre la religion, dont la cheville ouvrière, les Jacobins, auraient été, comme les hérétiques du Moyen Age, inspirés par le Démon. Parallèlement, les mémorialistes et historiens royalistes commencent à narrer la « légende dorée » de la Vendée (6). La Terreur donna naissance à un véritable mythe dont Jean-Pierre Faye montre bien l'élaboration (7) : grossissement démesuré du nombre des condamnés à mort de l'an II (faible à côté du nombre des victimes de la Terreur blanche, ou des fusillés de la semaine sanglante) ; obscurcissement des données historiques concernant les causes et les véritables initiateurs de la Terreur (les royalistes, les brissotins et les dantonistes avant Robespierre et ses amis). C'est ainsi que la Terreur cesse de désigner un moment historique bien déterminé, prend l'allure d'un véritable mythe — la Révolution dévorant ses enfants — et devient « la tête de Méduse qui hante l'histoire occidentale et la conscience politique ». Traversant des épisodes plus récents de notre histoire — la Commune, le fascisme, le stalinisme — ses effets se font encore sentir de nos jours. On en trouve trace, en Amérique latine, dans l'œuvre d'Augusto Roa Bastos, « Yo el Supremo », où un personnage nommé Francia incarne cette dictature fatalement issue des principes de 89.

Danton et Robespierre sont devenus des héros mythiques pour les générations ultérieures, comme il apparaît dans le drame de Georg Büchner, *La Mort de Danton* (1835), et dans le film d'Andrej Wajda (1983). A travers ces deux personnages, ce sont deux conceptions de la Révolution qui s'affrontent : Danton incarne le cœur humain avec sa soif de liberté et ses faiblesses ; Robespierre représente la raison implacable, exigeant perfection et sacrifice. Le Robespierre des légendes révolutionnaires présente, en fait, deux facettes : monstre inhumain le plus souvent, mais pour ses émules de 1848, il était l'apôtre de la révolution sociale et le martyr de thermidor.

L'héritage de 1789 fructifia dans les mythes révolutionnaires du XIXe siècle. Sa persistance est signalée — sous forme de vains simulacres — par Flaubert dans *L'Education sentimentale* ; mais dire que les révolutionnaires du XIXe siècle jouaient un rôle appris d'avance, c'est nier une réelle capacité d'innovation dans le domaine social, dont témoignent le droit au travail proclamé en 1848 et les expériences de la Commune de Paris. La frontière est difficile à tracer entre mythes et traditions révolutionnaires. Toutefois, l'expérience permet de classer parmi les mythes révolutionnaires la vertu d'exemple attribuée par les blanquistes à l'insurrection populaire parisienne, étincelle nécessaire et suffisante pour mettre le feu aux poudres. De l'amour instinctif de la liberté, de la spontanéité révolutionnaire du peuple de Paris, il n'est pas de plus belle image que le Gavroche des *Misérables.* Ce gamin n'est pas entièrement né de l'imagination de Victor Hugo ; plus d'un observateur l'a aperçu sur les barricades, et avant le poète, Delacroix l'a peint dans son grand tableau de *La Liberté guidant le peuple* (1831). Gavroche incarne le peuple de Paris, peuple-enfant, sans instruction, mais libre, frondeur, toujours prêt à se révolter. Sa mort, telle que la dépeint le poète, est une scène particulièrement riche en mythes : le refrain même de sa chanson, « c'est la faute à Voltaire, c'est la faute à Rousseau » ; sa réponse aux balles — une rafale, un couplet, une rafale, un couplet — ; le fait qu'il tombe à plusieurs reprises, mais chaque fois se redresse : ce « gamin-fée » n'est que provisoirement terrassé, et Hugo le compare à Antée pour suggérer qu'en fait, il est immortel. Il s'agit d'un mythe vivace, plutôt que d'une création littéraire isolée : on a pu voir encore des Gavroche et des Enjolras sur les barricades étudiantes de mai 68.

Le XXᵉ siècle a hérité de la Révolution française des moments et des héros symboliques : on les retrouve au temps du Front populaire (avec *La Marseillaise* de Jean Renoir), ou dans la pensée des intellectuels résistants (Saint-Just dans *L'Homme révolté* de Camus).

Dans le monde entier

Les mythes révolutionnaires sont d'une extrême diversité ; une difficulté supplémentaire provient du fait qu'il est difficile de distinguer la révolution sociale des soulèvements nationaux pour l'indépendance. L'histoire du XIXᵉ siècle le montre : l'influence de la Révolution française à l'étranger, la circulation des idées dans l'Europe libérale favorisèrent l'internationalisme du courant révolutionnaire. Une certaine contamination des mythes révolutionnaires en résulte.

Dans quelle partie du monde Garibaldi n'a-t-il pas contribué à une lutte émancipatrice ? Tour à tour en Amérique du Sud, en Italie, en France ; marchand parfois, soldat le plus souvent, aventurier toujours ; son ubiquité, son aptitude à sortir des prisons où on l'enferme contribuent fortement à la dimension légendaire du personnage. Ses ennemis ? Les dictateurs, le pape, la capitulation. Tout cela était gravé dans l'imagination des communards ; Garibaldi venait d'ajouter une page à son épopée, en 1870, en combattant en France avec ses volontaires pour la « République universelle » (8).

La littérature espagnole du début du XXᵉ siècle traduit des aspirations libertaires en les incarnant dans un personnage (par exemple Pio Baroja dans « *La Aurora roja* », en 1904). Mais c'est surtout en Amérique latine que foisonnent les mythes révolutionnaires. La révolution mexicaine du début du XXᵉ siècle inspira une littérature de la révolte agraire (Mariano Azuela : « *Tierra* », Lopez y Fuentes : « *Vamonos con Pancho Villa* »). La dimension épique de cette révolution mexicaine s'incarne dans ses chefs de guerre devenus légendaires, tant par leur dureté que par leur hardiesse au service du peuple : Zapata et Pancho Villa. Héros de la révolte désespérée des paysans latino-américains, ils inspirèrent plusieurs œuvres cinématographiques : vers 1930, « *Que viva Mexico* » d'Eisenstein et « *Viva Villa* » de Ben Hecht ; en 1959, « *Viva Zapata* » d'Elia Kazan.

En Russie, des révoltes écrasées dans le sang par les tsars ne furent pas oubliées : elles annonçaient l'avenir, et le talent des poètes et des cinéastes leur donnèrent une dimension légendaire. Il en fut ainsi de la révolte des décabristes (1825), célébrée par Pouchkine dans le *Matin d'hiver* (1829). La mutinerie du cuirassé Potemkine en rade d'Odessa symbolise, grâce au film d'Eisenstein, l'union révolutionnaire de l'armée et du peuple russes.

Il est impossible de passer en revue tous les mythes révolutionnaires du monde entier. L'empire sonrhaï, en lutte contre la domination marocaine sur le sud du Sahara, au XVIe siècle, eut les siens (9). Seule la tradition locale en conserve la mémoire, et il doit en être de même dans beaucoup d'autres parties du monde. Le XXe siècle découvre certains de ces mythes, à mesure que s'aiguise l'intérêt des chercheurs, et que s'approfondit l'internationalisme.

Typique d'une réflexion qui parcourt l'espace et le temps me semble être l'œuvre d'Alejo Carpentier : dans *Le Sacre du Printemps*, le romancier cubain édifie son livre sur trois révolutions successives : la révolution soviétique de 1917, la révolution espagnole de 1936, la révolution cubaine de 1956. C'est une tendance caractéristique du XXe siècle, créateur lui aussi de mythes révolutionnaires.

En effet, on voit toujours fleurir les mythes révolutionnaires dans les moments révolutionnaires. Mai 68 peut servir d'exemple d'une concentration, et d'une création, de mythes nouveaux. Le souvenir de la grande Révolution hantait les barricades; mais en même temps Ernesto Che Guevara, assassiné, atteignait à l'immortalité; en même temps l'horizon lointain de la Chine offrait aux consciences occidentales les mythes du « Grand Timonier » et du « Petit Livre rouge » (*cf.* le film de Jean-Luc Godard, *La Chinoise*).

La science historique se construit en se dégageant de plus en plus du mythe. Mais, parallèlement, on voit naître, dans l'histoire vécue, et notamment dans les situations révolutionnaires, de nouveaux mythes. C'est que l'espoir est toujours vivace de créer sur terre un jour meilleur; et le mythe révolutionnaire est porteur d'espérance :

> « Un jour pourtant, un jour viendra couleur d'orange,
> Un jour de palme, un jour de feuillages au front,
> Un jour d'épaules nues où les gens s'aimeront,
> Un jour comme un oiseau sur la plus haute branche. » (Aragon.)

Claire GASPARD

BIBLIOGRAPHIE

1. Karl MARX, *Le 18 brumaire de Louis-Napoléon Bonaparte.*
2. Antonio GRAMSCI, Notes sur Machiavel, sur la politique et sur le Prince moderne, Ed. sociales, pp. 416-427.
3. Victor HUGO, Préface de *Cromwell*, 1827.
4. ROBESPIERRE, discours du 28 décembre 1792.
5. Albert SOBOUL, *Comprendre la Révolution*, Maspéro 1981, pp. 169-187.

Michel VOVELLE, *La Mentalité révolutionnaire*, Ed. sociales, 1985.
Sur l'héroïsation, travaux en cours de Philippe GOUJARD.

6. ALICE GÉRARD, *La Révolution française, mythes et interprétations*, Flammarion, 1970, chap. I.
7. Jean-Pierre FAYE, *Dictionnaire politique portatif en 5 mots*, Gallimard, 1982, article Terreur.
8. Le mythe Garibaldi apparaît dans :

Jules VALLÈS, *L'Insurgé*;
Jean-Pierre CHABROL, *Le Canon Fraternité.*

9. Zakari DRAMANI-ISSIFOU, *L'Afrique noire dans les relations internationales au* XVIe *siècle*, Khartala, 1982.

Supplément bibliographique

DICKENS, *A tale of two cities.*
A. FRANCE, *Les Dieux ont soif.*
E. LE ROY, *Jacquou le Croquant.*
Romain ROLLAND, *Théâtre de la Révolution (Le 14 juillet; Danton; Les Loups).*
Peter WEISS, *Marat-Sade.*

Mais il serait impossible de citer toute la production littéraire sur la question; à titre indicatif, Alice GÉRARD signale qu'en 1889, en Allemagne, on recensait quarante pièces sur la Révolution française...

Robin des bois

Le personnage de Robin des Bois apparaît comme héros de textes littéraires anglais dans des manuscrits du XVe siècle. La première allusion au personnage remonte à 1377, mais la plupart des critiques pensent qu'on peut en fait lui assigner une origine plus ancienne. Sa popularité en France date du XIXe siècle ; il figure alors souvent sous son nom anglais non traduit de Robin Hood, parfois même sous la version fautive de Robin Wood.

Le hors-la-loi

C'est probablement la plus claire constante du mythe, ce qui n'empêche pas d'en suivre les variations historiques. En droit médiéval, est déclaré *civiliter mortuus* l'homme que les tribunaux ont renoncé à poursuivre, par une décision légale : hors la loi, il n'est plus protégé, et n'importe qui peut le tuer ; c'est ce que signifie à l'origine le terme d'*outlaw* que, dans les différents textes concernant Robin des Bois, les traducteurs français gardent parfois tel quel, bien que la même notion ait existé en droit français. Il y a une tradition littéraire spécifiquement britannique autour du personnage du hors-la-loi. Les autres grands *outlaws* de la littérature, comme Hereward le Saxon ou Fulk Fitzwarin, ont une origine historique ; malgré les nombreuses recherches qui ont été faites à ce sujet, il ne semble pas qu'on puisse en dire autant pour Robin des Bois, dont la typologie plus nettement mythique explique peut-être en partie le plus grand succès. Le paradoxe de ce personnage est pourtant qu'il a toujours été présenté par la légende comme historique, ce qui justifie les efforts des érudits pour le rattacher à un hors-la-loi ayant réellement existé.

Robin des Bois, réfugié dans la forêt, a un ennemi principal, le représentant de la loi, le shérif de Nottingham. L'élément historique ici est vague, il se borne à nous renvoyer au Moyen Age, avant le déclin du rôle du shérif ; Robin se caractérise par le conflit qui l'oppose à ce dernier, décliné dans une série de scènes typiques, dont nous prendrons deux exemples. Dans *Une geste de Robin des Bois,* le shérif, qui chassait dans la forêt, est obligé par les hors-la-loi à venir dîner avec eux dans sa propre argenterie, qu'ils viennent de voler ; parmi les nombreuses scènes de hors-la-loi arrachés *in extremis* à la justice, retenons *Guy de Gisborne* où, sous prétexte de tuer lui-même un condamné, Robin des Bois le délivre, puis tue le shérif.

Outre celui-ci, Robin a aussi pour ennemis, dans les plus anciennes ballades, les abbés de quelques riches monastères, et des juges. D'une façon générale, les hommes à qui il s'en prend, en les rançonnant, capturant ou tuant, ont commis des abus dans l'exercice des pouvoirs qui leur étaient confiés. A l'origine, Robin est un redresseur de torts, qui lutte non contre l'ordre social établi mais contre tous ceux qui le dévoient ; le shérif est cruel et traître ; dans *Une geste de Robin des Bois,* l'abbé de Sainte-Marie, dont le héros ponctionne les fonds sans remords, n'hésiterait pas à dépouiller un pauvre chevalier de ses terres, si Robin n'intervenait à temps. Dans le même texte, celui-ci a expressément recommandé à ses hommes d'être toute courtoisie avec les pauvres, mais sans pitié avec les riches et les injustes. Au XVIIIe siècle apparaît avec Ritson une interprétation plus radicale du personnage, qui met alors en cause la société existante.

L'HOMME DE LA FORÊT

Les textes concernant Robin des Bois sont habituellement rangés dans ce que les érudits appellent la Matière de la forêt de Sherwood, ou de Greenwood, de même qu'on parle de Matière de Bretagne pour les romans arthuriens. C'est assez dire l'importance du cadre de la forêt. Dès les plus anciennes ballades, les refrains ou certaines formules comportent un élément descriptif. *Robin des Bois et le potier,* vers 1500, s'ouvre sur la description du bois, de même que d'autres œuvres.

La localisation géographique est la forêt de Sherwood, dans le Nottinghamshire, ou celle de Barnesdale dans le Yorkshire. Signalons l'existence d'un certain nombre de lieux-dits, tumulus, pierres, du nom de Robin des Bois en Angleterre. La critique a fondé sur eux divers essais d'interprétation, et ils témoignent de la grande popularité du personnage; mais on ne peut considérer qu'ils participent d'une implantation primitive du mythe.

Celui-ci est lié à la forêt, au sens médiéval du terme : de vastes territoires qui, à côté des bois à proprement parler, comportent aussi des landes ou des surfaces cultivées. Leur point commun est une législation spéciale qui protège le « vert » et la « venaison ». La protection du « vert », c'est-à-dire des arbres et des couverts, avait pu être ressentie comme une entrave aux époques de défrichement; à la fin du Moyen Age, quand sont écrites les plus anciennes ballades sur Robin que nous ayons conservées, c'est un aspect qui n'apparaît plus guère dans les textes. Certes le héros, qualifié parfois de « roi des forêts », appartient bien à cet espace, ce qui justifie toute interprétation écologique ultérieure. Mais le second aspect de la législation, c'est-à-dire les lois sur la chasse, est l'élément le plus important de la tradition. Tel que nous le présente la littérature, Robin est un braconnier, qui se nourrit essentiellement de gibier et va jusqu'à faire manger au roi un de ses propres cerfs, abattu illégalement; les gardes forestiers royaux font partie de ses ennemis, à côté du shérif et des moines opulents. L'une des ballades les plus sombres et les plus violentes de la tradition est *Robin des Bois et Gandelyn,* où les deux compagnons partis pour braconner doivent faire face à un forestier, qui tue Robin, puis est tué par Gandelyn. Notons que les textes présentent les lois de la forêt comme dures et iniques, si bien que Robin ne trahit pas son personnage de justicier en y contrevenant.

Cependant il est si bien lié à la forêt qu'*Une geste de Robin des Bois* le montre incapable de s'adapter quand le roi l'emmène dans sa suite : au bout d'un an, il préfère perdre la protection royale et retourner dans Greenwood pour y trouver la mort.

L'ARCHER

L'arc de Robin des Bois est un élément constitutif du mythe. Le caractère du héros, quand il est défini, varie suivant les siècles et les versions; en revanche l'arc subsiste. Il permet de dater l'émergence du personnage dans la littérature, mais fonctionne ensuite dans une typologie atemporelle. L'usage de l'arc se développe surtout en Angleterre pendant la guerre de Cent Ans, et les rois en favorisent alors sciemment la popularisation ; une ordonnance d'Edouard III fixe l'organisation de compétitions. Or le concours de tir à l'arc, où Robin l'emporte toujours facilement, est une des scènes à la plus forte récurrence. Elle apparaît dans les plus anciens textes connus consacrés au personnage ; on la trouve dans *Une geste de Robin des Bois,* dans *Robin des Bois et le potier,* on la retrouve par exemple dans *Ivanhoé* — où cependant, suivant une tradition fréquente à partir du XVIe siècle, Scott situe son personnage dans un Moyen Age plus reculé, au XIIe siècle. Notons que certains critiques ont attaché la plus grande importance à un texte conservé dans un manuscrit du début du XVIe siècle, où un hors-la-loi, Guillaume de Cloudisley, tire une flèche dans une pomme placée sur la tête de son fils ; l'histoire popularisée par Guillaume Tell se retrouvant aussi dans des légendes germaniques, il a été suggéré que cela rattachait les archers hors-la-loi à un mythe païen. Diverses autres tentatives d'interprétation mythologique de Robin des Bois ont été faites depuis le XIXe siècle.

Le héros du peuple

Dans *Une geste de Robin des Bois,* un chevalier traite Robin de brave *yeoman* ; d'une façon générale, les textes les plus anciens font bien de lui un homme d'origine libre (dont on ne sait d'ailleurs pas comment il est devenu hors-la-loi), mais non pas noble, puisqu'ils restent muets sur son lignage, à la différence de certains *outlaws* célèbres. Faut-il pour autant faire de lui, dès l'origine, le héros du peuple, apparaissant dans des ballades écrites pour un public large et mélangé, nettement différenciées des aristocratiques romans arthuriens ? Certains éléments militent incontestablement en faveur de cette thèse, dans le genre même de la ballade comme dans le comportement du personnage. L'interprétation reste cependant assez largement ouverte. Pour s'opposer aux puissants du jour, Robin des Bois n'en reçoit pas pour autant une origine sociale très définie ; ses alliés naturels, dans les ballades, vont du paysan à l'artisan, sans oublier le chevalier pauvre ; le sens le plus extensif du mot *yeoman* peut d'ailleurs inclure ce dernier, à côté du paysan prospère. Enfin les textes anciens insistent fréquemment sur la courtoisie et la générosité de Robin — or ce sont là au Moyen Age des valeurs aristocratiques.

Le fait que Robin soit un hors-la-loi ne peut trancher la question, puisque l'histoire nous offre l'exemple d'un baron qui, mis dans la même situation, se réfugia dans la forêt de Sherwood vers 1265. C'est dans cette direction que certaines ballades plus tardives, et Munday, vont tirer le personnage, qui devient alors un comte de Huntingdon, réfugié dans la forêt ; les chroniqueurs acceptent, à partir du milieu du XVIe siècle, la tradition d'un noble hors-la-loi. Cette tradition se retrouve encore au XIXe siècle ; le roman de Thomas Love Peacock *Maid Marian* a pour héros Robert Fitz Ootz, comte d'Huntingdon et comte de Locksley, qui, devenu Robin des Bois, s'entoure d'après ses ennemis de fils de famille dissipateurs ou déshérités. Alexandre Dumas reprend la même veine. Mais c'est Scott qui, retrouvant les traits spécifiquement populaires du personnage, va en faire l'exploitation la plus intéressante et la plus largement diffusée. Dans *Ivanhoé,* le romancier affirme que les *outlaws* sont pour la plupart d'origine populaire, et, par le canevas même du roman, fait de Robin un représentant du peuple, par exemple lors de la très longue scène du tournoi d'Ashby où aux joutes aristocratiques s'opposent les épreuves de tir à l'arc, données pour les « gens du peuple » et dominées par Robin. Rien d'étonnant donc à ce que le XIXe siècle nous livre un Robin des Bois franchement caractérisé comme héros du peuple. Michelet comme Quinet par exemple, voient en lui l'ancêtre du peuple anglais luttant contre l'injustice des grands manufacturiers, mais ouvrant aussi les voies de l'avenir.

On ne peut considérer qu'il y ait là contradiction avec un autre élément de la tradition, qui est la fidélité de Robin au roi. Dans les textes anciens, en vrai héros médiéval, il attaque les mauvais serviteurs royaux, mais jamais le roi lui-même ; quand celui-ci, prévenu contre Robin, se mêle aux hors-la-loi sous un déguisement, il l'entend proclamer sa fidélité à son monarque ; dans plusieurs textes, le pardon royal est finalement accordé à Robin. Dans *Ivanhoé,* la loyauté de Robin le *yeoman* à l'égard de Richard Cœur de Lion est implicitement opposée à la turbulence des grands barons ; la transposition au XIIe siècle, qui ne correspond à aucun élément historique, permet de montrer la fusion progressive, sous les monarques angevins, des différentes composantes qui vont constituer le peuple anglais.

La question raciale

Curieusement, c'est Robin des Bois que le XIXe siècle va élever au rang de héros national de la lutte des Saxons contre les Normands envahisseurs — alors que, s'il y a dans la littérature médiévale anglaise des hors-la-loi saxons comme

Hereward, ce n'est justement pas le cas de Robin Hood, à propos duquel une éventuelle origine saxonne n'est jamais mentionnée. Une certaine contamination entre les textes a sans doute pu jouer, en particulier quelques historiens du XIXe siècle se sont fondés sur des similitudes entre l'histoire de Robin et celle d'Hereward; la théorie paraît cependant peu plausible en raison de différents facteurs : on peut retenir par exemple l'origine française du nom de Robin et le fait que, au nombre des reproches adressés aux hommes puissants et injustes dans les ballades de Robin, il n'y ait jamais leur origine normande. C'est pourtant cette version qui a été popularisée le plus largement en France par l'intermédiaire de Walter Scott. On sait qu'*Ivanhoé* est fondé largement sur l'opposition entre les deux races, et, dans cette perspective, Scott situe clairement les hors-la-loi : « La plupart des *outlaws,* que les persécutions et surtout la rigueur des lois sur la chasse avaient décidés à habiter les forêts pour s'y livrer au brigandage, étaient des paysans et des *yeomen* d'origine saxonne. » L'historien Augustin Thierry, se fondant sur différents chroniqueurs, reprend la théorie de l'origine saxonne de Robin des Bois, en écrivant que dans la forêt de Sherwood « vivait un homme qui était le héros des serfs, des pauvres et des petits, en un mot de la race anglo-saxonne »; pour lui, la bande de Robin est « la dernière troupe de brigands anglais qui ait eu un caractère politique » : avec la montée des nationalismes, Robin tend à devenir le héros des nationalités opprimées, qui dans son histoire se confondent avec le peuple.

LA BANDE DE ROBIN DES BOIS

Les personnages traditionnels entourant Robin des Bois doivent être considérés comme une partie du mythe parce qu'ils sont récurrents, mais surtout parce que Robin ne peut se concevoir sans eux. Dès les premiers textes, Robin apparaît comme le chef d'une bande de hors-la-loi. Les noms de ses principaux aides sont vite consacrés par la tradition et sont complétés au cours des siècles. A Little John, à Guillaume Scarlock s'adjoint plus tardivement, quand Robin devient un héros galant, un personnage féminin, qui n'a pas initialement sa place dans la bande, mais a peut-être une origine française par l'intermédiaire des Jeux de mai. Citons les détours par lesquels Thomas Peacock justifie le nom de cette héroïne, Maid Marian; Marian épouse de Robin est cependant Marianne la Jeune Fille car tous dans la forêt ont fait vœu de chasteté, dit le romancier. Frère Tuck, qui apparaît maintenant comme le bouffon inséparable du roi Robin, est absent des premières ballades, mais joue un rôle dans une pièce datant de 1475. On a suggéré qu'il représentait pour le Moyen Age l'alliance entre le hors-la-loi et le petit clergé misérable contre les riches dignitaires ecclésiastiques. Son rôle est définitivement fixé dans le registre comique par Scott, et par Peacock qui enrichit son personnage de moine joyeux, buveur et bagarreur de traits provenant du frère Jean des Entomeures, de Rabelais. Tuck exprime en fait l'une des caractéristiques de la bande de Robin dès l'origine : une large convivialité, souvent associée à une franche gaieté. Les marginaux que sont les hors-la-loi reconstituent une société plus étroitement soudée que la société réelle. Un commentateur a noté que, dans *Une geste de Robin des Bois,* qui juxtapose probablement plusieurs textes antérieurs, un des éléments unificateurs était le leitmotiv du dîner; lorsque les *outlaws* y convient des personnages extérieurs, c'est souvent pour le plus grand malheur de ceux-ci, incapables d'accepter les règles du jeu; le shérif de Nottingham y perd l'appétit. Scott, lorsqu'il montre ses hors-la-loi en train de festoyer, n'est pas très loin de cette tradition.

Un autre trait de cette société est l'esprit d'entraide; les hors-la-loi n'abandonnent pas un des leurs dans le malheur et ne se dénoncent pas entre eux. Il faut un moine d'un couvent, dans *Robin des Bois et le moine,* pour dénoncer le héros, et encore est-ce sans succès puisque finalement les *outlaws* capturent le moine et délivrent Robin. (Dans un si large ensemble de textes, il y a évidemment des exceptions; dans une ballade tardive, ses hommes abandonnent Robin.) Ajoutons que bien souvent les gens du peuple se font les informateurs bénévoles de la bande, étendant ainsi la solidarité à tous les opprimés.

Dans *Une geste de Robin des Bois,* le chef définit pour ses hommes un code de conduite. Mais il appartient à deux textes du XIXe siècle, élargissant la notion de « bande », de reconstituer toutes les règles d'une vraie société pour les hors-la-loi. Les hommes de Robin, chez Peacock, sont dotés d'une sorte de constitution dans laquelle ils proclament leur droit de regard sur la légitimité de tout gouvernement. Scott insiste sur les lois sévères et équitables qui chez eux président au partage du butin, dont une partie est réservée à « des usages pieux et charitables » (l'intégration de Robin dans une pensée chrétienne est déjà effectuée par Parker au XVIIe siècle); Robin s'y fait obéir parfaitement par des hommes qui reconnaissent son autorité. A cette société ne manque pas même son poète, puisque le ménestrel Allan-a-Dale porte sur une plaque d'argent l'indication de son appartenance à Sherwood. Enfin, l'épisode, tardif dans la tradition mais récurrent, où l'on voit Robin, après un combat avec un passant, admettre ce dernier dans la bande fait figure de rite d'initiation.

Laurence RICHER

BIBLIOGRAPHIE

Corpus (ordre chronologique)

Seules les œuvres les plus notables peuvent figurer ici. Pour les autres, on consultera J. HARRIS GABLE, *A Bibliography of Robin Hood,* Lincoln, Nebraska, 1939.

Pour les anciennes ballades, le regroupement le plus aisé à consulter reste Francis J. CHILD, *The English and Scottish Popular Ballads,* 5 tomes, Boston, 1882-1898 ; reprints New York, 1956 ; on peut y signaler :

— n° 115, *Robin et Gandeleyn,* dont le manuscrit date d'environ 1450 ;

— n° 117, *Une geste de Robin des Bois,* postérieur à 1400 ;

— n° 118, *Robin des Bois et Gui de Guisborne,* probablement antérieur à 1475 ;

— n° 119, *Robin des Bois et le moine,* environ 1450 ;

— n° 121, *Robin des Bois et le potier,* environ 1500.

Ces textes, qui sont les plus anciens que l'on possède sur Robin des Bois, étaient plus probablement récités que chantés ; ils sont à l'origine du mythe. Childe répertorie également des pièces, ainsi un *Robin des Bois* anonyme, datant d'environ 1560, destiné « à être joué aux Jeux de mai ».

On trouvera également des œuvres postérieures dans :

J. RITSON, *Robin Hood,* 2 vol., 7 éditions de 1795 à 1885.

J. M. GUTCH, *A Lytell Gest of Robin Hode,* 2 vol., 1847.

Anthony MUNDAY, *The Downfall of Robert, Earle of Huntingdon, afterwards called Robin Hood of merrie Sherwoode,* 1601.

Martin PARKER, *The True Tale of Robin Hood,* 1632.

Ben JONSON, *The Sad Shepherd, or a tale of Robin Hood,* 1641.

Recueil : *Robin Hoods garland or delightful songs, with new editions and emendations,* 1663, nombreuses éditions jusqu'en 1799.

Recueil : *Robin Hood's garland or Sherwood songster : a collection of pastoral and elegant songs,* 1787, et éditions postérieures.

Walter SCOTT, *Ivanhoé,* Londres, 1819, traduit en français en 1820 ; suivant un témoignage de l'époque, c'est ce roman qui « a fait connaître Robin Hood en France ».

Thomas LOVE PEACOCK, *Maid Marian,* Londres, 1822 ; traduit en français en 1826 sous le titre *Robin des Bois ou la Forêt de Sherwood.*

Alexandre DUMAS, *Le Prince des voleurs,* éd. posthume, 1872, suivi de *Robin Hood le proscrit,* 1873, réédité aux éditions du Rocher, Monaco, 1991.

Alfred TENNYSON, *The Foresters,* 1892.

Parmi les nombreuses versions modernes, essentiellement destinées aux enfants (la première version expressément écrite pour enfants date de 1840), beaucoup dépendent des productions Walt Disney (citons par exemple *Robin des Bois et le roi Richard,* Paris, Hachette, 1974). Notons aussi la présence du cinéma (*Robin des Bois, prince des voleurs,* Paris, France-Loisirs, 1991, scénario du film de même titre), et de la bande dessinée (*Robin des Bois,* d'après Walter Scott, dessiné par Dupuis, Paris, Dargaud, 1983). Quelques éditions font référence à la tradition (*Les Aventures de Robin des Bois, conte populaire anglais,* Paris, éd. Lito, 1984).

Édition moderne d'un choix de textes anciens : R. B. DOBSON et J. TAYLOR, *Rymes of Robin Hood,* Pittsburgh, Londres, 1976, avec commentaires, liste des lieux-dits, bibliographie.

Opéras

Maid Marian, de M. Bishop, livret d'après Thomas Love Peacock, Londres, 1822.

L'adaptation du *Freischütz* de Weber faite par Castil-Blaze en 1824, et célèbre à l'époque, transposait l'action dans l'Angleterre du XVIIe siècle, sous le titre de *Robin des Bois.*

Critique

E. BARRY, *Les Vicissitudes et les Transformations du cycle populaire de Robin Hood,* thèse, Paris, 1832.

J. G. BELLAMY, *Robin Hood, an historical enquiry,* Londres, Sidney, 1985.

J. B. BESSINGER, « Robin Hood : Folklore and Historiography », *Tennessee Studies in Literature,* 11, 1966.

David C. FOWLER, *A Literary History of the Popular Ballad,* Duke University Press, Durham N.C., 1968.

R. H. HILTON, « The Origins of the Robin Hood Myth », *Past and Present,* n° 14, 1958.

J. C. HOLT, *Robin Hood,* Londres, 1982; outre la bibliographie, signalons dans cet ouvrage quatre cartes des lieux hantés par Robin, et des illustrations qui constituent une approche iconographique du mythe.

Maurice KEEN, *The Outlaws of Medieval Legend,* Londres, 1961.

A. THIERRY, *Histoire de la conquête de l'Angleterre par les Normands,* 1825.

SALOMÉ
(APPELÉE AUSSI HÉRODIADE OU HÉRODIAS)

Au commencement, Salomé n'a pas de nom : elle n'est désignée dans l'Evangile que comme « la fille d'Hérodiade ». Marc et Matthieu, pour expliquer les craintes superstitieuses d'Hérode-Antipas face aux miracles de Jésus, racontent comment il avait fait exécuter Jean le Baptiste. Hérodiade, belle-sœur et deuxième femme d'Antipas, voulait se venger de Jean, qui avait jeté l'anathème sur ce mariage illicite. Sa fille, ayant « dansé, et plu » à Hérode lors d'un banquet d'anniversaire, prit le Tétrarque au piège de ses imprudentes promesses (« Demande-moi tout ce que tu voudras, fût-ce la moitié de mon royaume ») et réclama, sur le conseil de sa mère, la tête de Jean sur un plat. Cette danse (qui dut être enivrante, si l'on en croit ses conséquences) et ce plat (pour ne pas se salir les mains, ou pour apporter au festin un mets d'un genre inédit ?) sont les seules initiatives de la demoiselle : lorsque le bourreau apporte la tête de Jean, la jeune fille la remet à Hérodiade, désignant ainsi l'instigatrice du crime.

L'historicité de cette danse meurtrière est douteuse : une princesse dansant, seule, à un banquet d'hommes est sans autre exemple dans les Testaments, et peu probable dans la Judée du Iᵉ siècle. L'historien Flavius Josèphe (*Antiquités judaïques*) ne dit mot de cette danse ni de la décollation, et signale seulement que le Baptiste fut emprisonné et exécuté, pour des motifs strictement politiques. Il faudrait donc prendre l'anecdote, non comme un fait, mais comme un jugement moral flétrissant la cour dissolue d'Antipas, et aggravant la culpabilité de ceux qui mirent à mort le Précurseur, vers l'an 29 de notre ère.

L'épisode évangélique a un modèle célèbre, l'histoire du gouverneur de Gaule Lucius Flamininus (ou Flaminius) : Cicéron, Tite-Live, Sénèque l'Ancien et Plutarque la rapportent avec diverses variantes ; et Sénèque fait remarquer que le thème était déjà fort rebattu. Flamininus, pour plaire à une courtisane qu'il aimait (ou à son mignon, suivant les versions) et qui n'avait jamais vu de décollation, fit tuer, lors d'un fastueux repas, un condamné. Certains ajoutent que ce prisonnier avait offensé la courtisane, qu'elle et Flamininus se livraient à des danses indécentes, et que le bourreau apporta la tête à la table du festin. Tout cela valut à Flamininus les foudres de Caton le Censeur et son exclusion du Sénat, en 184 avant Jésus-Christ. La plupart des éléments de l'Evangile sont là — à ceci près que, dans l'Evangile, la danse est directement liée à la décollation, et que le crime est le fait de *deux* femmes. On a également rapproché la mort du Baptiste de celle de Cicéron, dont la tête coupée fut apportée à Fulvie, qui se vengea de son ennemi en lui perçant la langue — un détail que les Pères de l'Eglise grefferont sur l'histoire du Précurseur.

Le nom de Salomé (c'est-à-dire « la Paisible » ou « la Pacificatrice » — c'est aussi le nom de la cruelle sœur d'Hérode le Grand, et d'une des « Saintes femmes ») est donné par Flavius Josèphe, qui précise le lieu du martyre (Machaerus) et développe la biographie de la Salomé historique : fille d'Hérodiade et d'Hérode-Philippe, demi-frère d'Antipas, elle épousa son oncle Philippe, puis, devenue veuve, finit reine d'Arménie inférieure, femme du roi Aristobule et mère de trois garçons. Une monnaie de Nicopolis la représente, et constitue ainsi le seul véritable portrait de Salomé. Quant à Hérode et Hérodiade (dont Josèphe brosse un portrait à la Lady Macbeth), ils furent exilés par Caligula à Lugdunum (Lyon, ou, suivant une tradition médiévale, Saint-Bertrand-de-Comminges).

Quoi qu'il en soit, l'histoire de Salomé, telle que la rapportent les Evangiles — celui de Marc surtout, plus dramatique et plus nuancé que celui de Matthieu — fixe les éléments d'une scène promise à une riche postérité : peur superstitieuse du Tétrarque, qui a pour le Baptiste une admiration ambiguë, haine d'Hérodiade pour l'austère prophète, danse envoûtante de la fille, promesse avinée et amoureuse d'Antipas à la danseuse, demande de la tête du saint sur un plat, hésitations d'Hérode, remise de la tête à Hérodiade... Certains épisodes de l'Ancien Testament ont des points communs avec ceux de l'Evangile : celui d'Elie, Achab et Jézabel (même opposition entre un prophète et une reine luxurieuse), celui d'Assuérus et Esther (même promesse amoureuse), celui surtout de Judith, qui séduit Holopherne et lui coupe la tête — à ceci près qu'elle le fait elle-même, et dans un but patriotique. Mais la danse si peu historique de Salomé, qui ne tient qu'à trois mots (« saltavit et placuit ») fait toute la différence : elle a fait taire la Voix qui criait dans le désert. Renan lui-même ne pourra renoncer à cette trop frappante histoire de danseuse équivoque et de tête coupée...

Si dans l'Evangile, Hérode (qui chez Marc ne fait tuer Jean qu'à contre-cœur) et Hérodiade sont dotés d'une personnalité cohérente, la fille d'Hérodiade reste l'Inconnue : son âge, ses motivations, ses réactions à la décollation sont passés sous silence — un silence que les siècles futurs allaient peupler de singulières rumeurs.

Les Pères de l'Eglise feront de Salomé — nommée Hérodiade, par confusion avec sa mère ou suivant une traduction possible de Marc — le modèle de la Femme comme instrument du Démon, et l'exemple des conséquences funestes des danses lascives : un Concile les avait interdites dans les lieux sacrés. Leur religieuse exécration ajoute au bref récit de l'Evangile des détails savoureux : Salomé tord ses hanches, dénude son corps, lance ses pieds en l'air, secoue ses cheveux comme une bacchante; le Serpent s'est caché dans cette femme luxueusement parée, qu'on assimile à la Synagogue meurtrière du Christ; le Diable mène la danse et conseille la mère. Les deux femmes sont aussi comparées à des tigresses, qui se repaissent de chair humaine et boivent le sang. Un juste châtiment s'ensuit : dès le IVe siècle, la *poena talionis* fait périr la danseuse décapitée par les glaces d'un fleuve reformées autour de son cou, tandis que sa mère et Hérode sont dévorés vivants par les vers. L'impudicité de Salomé, considérée comme une courtisane, met en valeur la chasteté indomptable de Jean. La personnalité du Baptiste, le plus grand des saints, le dernier des Prophètes et le premier martyr de l'ère chrétienne, parent du Christ en même temps que son annonciateur et son baptiseur, rehausse par contre-coup le forfait de Salomé, tueuse de Dieu. Mais elle reste un élément somme toute secondaire dans l'hagiographie du Précurseur : elle n'est que le moyen de sa mort.

De nombreuses légendes, dès le début du Moyen Age, vont à leur tour enrichir l'histoire évangélique, et plus particulièrement inventer pour Salomé des punitions exemplaires. Elles sont liées à des rites populaires autour des fêtes (24 juin et 29 août) de saint Jean, saint guérisseur, patron de nombreux corps de métiers. Outre la décapitation de Salomé par les glaces, présente dans des légendes grecques ou espagnoles comme dans l'*Histoire ecclésiastique* de Nicéphore Calliste (XIVe siècle), elle — ou Hérodiade, avec laquelle elle est toujours confondue — est tuée par un souffle mortel sorti de la bouche morte du saint, ou engloutie dans la terre (*Légende dorée*). Les contes germaniques du haut Moyen Age font participer Salomé à la « chasse sauvage » de la nuit de la Saint-Jean, qui entraîne dans l'espace les pécheurs qui doivent expier éternellement leur crime. Le poème du XIIe siècle *Reinardus Vulpes* fait, pour la première fois sans doute, de Salomé (nommée Pharaïldis) l'amoureuse passionnée du Baptiste; quand Hérode le fait tuer, elle baigne de ses larmes la tête coupée, veut la baiser, est emportée par la tempête sortie de la bouche du Saint. « Juive errante » protagoniste de la chasse infernale, déesse des Ténèbres, organisatrice de sabbats nocturnes, Salomé-Hérodiade a pour compagnes Holda, Diane, Abonde, Benzozia, et devient la Reine des sorcières, contre laquelle vitupèrent les évêques. En Italie, en Allemagne, en France, elle est confondue avec des fées populaires, et manifeste ainsi la survivance du paganisme, à qui ces légendes donnaient la royauté sur « un tiers de la terre ».

Toutes ces traditions se retrouvent dans l'iconographie des évangéliaires, tympans, vitraux et baptistères, où figure parfois une Salomé jongleuse, les pieds en l'air, comme sur le portail de Rouen qui inspira peut-être Flaubert. Les tableaux de la Renaissance flamande et italienne, qui fascineront les poètes de la fin du XIXe siècle, donnent à Salomé la beauté sereine et lumineuse des Vierges, et une indéniable ambiguïté.

Du XIIIe au XVIIe siècle, des Mystères français, allemands, italiens ajoutent aux personnages du drame le Diable et ses démons, ou la Mort, qui à la fin emmènent mère et fille en Enfer, dans une danse macabre qui suit de près la deuxième danse de Salomé avec la tête coupée. Puis ce sont des tragédies scolaires en latin, à but édifiant et pédagogique, centrées sur le Baptiste, dans lesquelles un bouffon vient parfois apporter une note comique. De la fin du XVIe à la fin du XVIIIe siècle, de nombreuses « tragédies de saint Jean » utilisent la figure du Précurseur à des fins d'engagement religieux ou politique, en liaison avec les crises et les mouvements de l'époque : Jean peut y représenter Luther. Le *Baptistes* latin du calviniste écossais Buchanan (publié en 1577), qui eut un grand retentissement en Europe, est une réflexion sur les droits et les devoirs du Prince ; Jean y aurait pour modèle Thomas Morus, et Salomé n'y a qu'un rôle secondaire. Des raisons de bienséance artistique peuvent aussi expliquer l'occultation de la figure de Salomé ou l'édulcoration de l'histoire : le drame allemand *Der Tod Johannes des Täufers* (Hudemann, 1770) supprime la danse et fait de Salomé l'amoureuse fiancée du prince Philippe ; mais on retiendra surtout celui du théologien zurichois Leonard Meister (*Johannes der Vorläufer*, 1793) pour deux motifs qui annoncent les *Salomé* du XIXe siècle : Hérodias tente de séduire Jean, et Salomé réclame sa tête pour jouer au ballon...

* * *

Salomé comme mythe littéraire est en fait une création de la deuxième moitié du XIXe siècle — mais cette Salomé nouvelle, bien sûr, est nourrie de tous les éléments que la tradition et la littérature avaient apportés au thème biblique. La figure de Salomé se dégage alors de façon spectaculaire de l'histoire et de l'iconographie religieuses, pour évoluer seule et incarner l'archétype de la femme fatale adorée et exécrée, fascinante et terrifiante, déesse de beauté et de luxure face à laquelle Jean n'est plus qu'un faire-valoir, voire un accessoire de grand-guignol. Dans l'*Erodiade* italienne de Silvio Pellico (1833), Salomé n'est encore qu'une petite fille, et tout l'intérêt est centré sur le couple d'Hérode et Hérodiade. Mais chez Heinrich Heine, « romantique défroqué » qui reprend dans son poème épique *Atta Troll* (1841) les anciennes légendes germaniques, Hérodiade-Salomé est l'idole du poète, pâle spectre évoluant dans une « chasse maudite » pyrénéenne aussi bruyante que joyeuse, baisant la tête coupée de Jean et la lançant en l'air comme une balle... Par une généralisation qui deviendra bientôt un poncif, elle incarne l'Eternel Féminin, et toute la psychologie féminine se résume en elle : « Une femme demande-t-elle jamais la tête d'un homme qu'elle n'aime pas ? » Cette Hérodiade folle et demi-nue manifeste la nostalgie d'un paganisme rêvé et le goût d'une beauté nouvelle, venue « du ciel ou de l'enfer, qu'importe » comme celle que chantera Baudelaire. *Atta Troll*, pamphlet contre « l'ineptie vertueuse », est peu compréhensible pour le public français : lorsqu'il est traduit, en 1847, les poètes n'en retiennent que l'évocation d'Hérodiade, toute baignée de fantaisie. Elle fournira une épigraphe à un poème de Banville, et annonce une lignée de *Salomé* humoristiques comme celle de Gutzkow (1869) ou celle de Laforgue (1886), grand admirateur de Heine.

C'est donc Heine qui ouvre la voie à celle qui sera le mythe fin-de-siècle par excellence, et une obsession collective de première grandeur. Toutes les formes d'art, littéraire, plastique, musical et scénique se mettent à son service, et journalistes et chroniqueurs ne manquent pas d'exagérer sa célébrité. En 1912, Maurice Krafft, souvent cité, prétend avoir dénombré 2 789 poèmes à la gloire de Salomé ; des contes, des pièces de théâtre (mais, de façon significative, peu de romans : il s'agit de rêver plus que de raconter) érigent la Danseuse en motif dominant. En fait, cette obsession collective est renforcée par la célébrité de certaines œuvres qui à leur tour en suscitent d'autres. Ainsi, à partir de 1870, la *Salomé* peinte par Henri Régnault inspire des poèmes à Banville ou Charles Buet et de nombreux articles : tous saluent en elle la « vraie » Salomé enfin révélée, gitane au sourire carnassier attendant sur fond jaune la remise de la tête du saint ; la mort tragique du jeune peintre renforce la notoriété de la toile, dont on parlera jusqu'en 1912 : il avait peint sa mort en Salomé... Durant toute la deuxième moitié du XIXe siècle, la peinture dite « littéraire » et les textes décadents ou symbolistes se livrent à un incessant dialogue ; le Salon de peinture et sculpture présente une bonne centaine de *Salomé* de 1870 à 1914. Les deux chefs-d'œuvre de Gustave Moreau (l'huile *Salomé dansant devant Hérode* et l'aquarelle *L'Apparition*) au Salon de 1876 (alors même que Flaubert écrit son *Hérodias*) auront une postérité exceptionnelle : Moreau a su doter la danseuse d'un caractère hiératique et sacré, et la vêtir d'une cascade de joyaux, suivant ses principes de « belle inertie » et de « richesse nécessaire ». Huysmans, dans son roman *A Rebours* (1884), découvre tardivement les deux tableaux, mais l'exaltation de sa célébration fait date : Salomé devient, dans des lignes mémorables, « la déité symbolique de l'indestructible Luxure, la déesse de l'immortelle Hystérie ». Lorrain, Lahor, Montesquiou, André Godin s'inspireront également de l'œuvre de Moreau dans leurs poèmes, de 1885 à 1912. Le même roman de Huysmans cite les fragments de l'*Hérodiade* inachevée de Mallarmé, qui occupa le poète de 1864 à sa mort. Négligeant le « fait divers archaïque », Mallarmé fait de cette Hérodiade-Salomé une vierge intangible et minérale, « au clair regard de diamant », proche du cygne pris dans les glaces du célèbre sonnet ; chantant « l'horreur d'être vierge », elle attend les noces sanglantes avec le saint, union impossible du Génie et de la Beauté, et allégorie du

Poème. Cette *Hérodiade* sera traduite en anglais par G. Moore et A. Symons, autres thuriféraires de Salomé.

On ne sait si Flaubert s'est inspiré de Moreau, mais son conte *Hérodias* (bien qu'il s'en soit défendu) est un des rares essais de reconstitution archéologique du thème, inspirée de Flavius Josèphe et de Renan. Son coup d'éclat est d'avoir su décrire la danse de Salomé avec une précision inégalée, et d'avoir suggéré la fusion des deux femmes, Hérodias et Salomé, la seconde faisant revivre la puissance érotique passée de la première. L'atmosphère de décadence, incarnée par Aulus Vitellius dans un festin digne de Pétrone, s'oppose à la puissance de Iaokanann et à la présence obsédante de sa tête coupée — « La tête entra », écrit Flaubert. Au dénouement, dans une aube symbolique qui annonce l'ère du Christ vainqueur, ses disciples emportent la tête pesante du saint vers la Galilée.

Dans le domaine anglo-saxon, Swinburne, O'Shaugnessy ont évoqué Hérodias ou Salomé parmi des femmes lascives et impérieuses du temps passé. J.-C. Heywood, dans son poème dramatique *Herodias* (1867), charge celle-ci du forfait et innocente Salomé, qui aime Jean d'un amour pur; ainsi feront Milliet et Grémont dans le livret de l'opéra *Hérodiade* (Massenet, 1881), J. de Pesquidoux et Brunette et Jurion dans des tragédies en vers (1898 et 1899), non sans tomber dans la mièvrerie.

Entre la « constellation Gustave Moreau » et la « constellation Oscar Wilde », une avalanche de sonnets (D'Annunzio, Lorrain, Lahor, Stuart Merrill, Louÿs, Samain...) et de poèmes variés décrivent la Danseuse, traditionnellement couverte de bijoux, réservant souvent pour la « chute » du dernier vers, en un effet quelque peu facile, la tête sanglante du saint. La *Salomé* de Laforgue, « Moralité légendaire » de 1886, a par contre une forte originalité : Salomé n'y danse pas, mais déclame, dans un babil de possédée de l'Inconscient, un texte hermétique où se cachent des appels érotiques incongrus. Conçu comme une parodie de Flaubert dans une écriture « artiste » et foisonnante d'allusions et de calembours, ce conte met en scène une dénonciation passablement complaisante des tics décadents et de la nouvelle jeune fille, esthète et bas-bleu. Il rappelle la nouvelle de Gutzkow *Die ewige Jüdin*, où Jean était un « communiste » et Salomé une coquette dont l'exemple est cité aux femmes sans cœur. La *Salomé* de Laforgue sera adaptée par Ezra Pound en 1920. La même ironie règne dans le récit de K. Hartmann-Plön *Herodias*, où l'histoire biblique dissuade un jeune homme d'épouser une femme sans cœur; et dans le roman de P. Heyse *Merlin* (1892) où la décollation de Jean-Baptiste est représentée dans un asile d'aliénés — et les médecins doivent interrompre le spectacle...

La *Salomé* de Wilde, écrite en français (langue des romans licencieux, pour l'Angleterre victorienne), est sans doute la plus célèbre de toutes, grâce au scandale que les mœurs de Wilde suscitèrent, aux illustrations vénéneuses et sarcastiques de Beardsley (1894), et surtout à l'opéra de Strauss (1905). Mario Praz le déplore : « Les Salomé de Flaubert, de Moreau, de Laforgue et de Mallarmé ne sont connues que des lettrés et des raffinés, mais la Salomé de ce cabotin de génie que fut Wilde, tout le monde la connaît. » Wilde a voulu d'abord semble-t-il régler son compte à la vogue de Salomé de façon humoristique ; mais pris au piège du sujet, il ne fait que la relancer de plus belle, et mettre à nu ce qui était indiqué chez ses prédécesseurs. C'est dans sa pièce, que la censure empêche Sarah Bernhardt de créer, que la passion érotique de Salomé et le motif du baiser nécrophile à la tête coupée sont exprimés de la façon la plus frappante, et la musique « sauvage » de Strauss aggrave encore l'appel hystérique de la jeune fille. L'unité de temps, d'action, de lieu, la concentration sur le personnage de Salomé, la langue qui oscille entre l'étrange maigreur des manuels de conversation et le plagiat du *Cantique des Cantiques*, le mysticisme possible de Salomé que Wilde compare à sainte Thérèse, tout cela fait de cette pièce très dérangeante une des plus inoubliables célébrations de la fille d'Hérodiade. Elle inspirera, conjointement avec l'opéra de Strauss, des tableaux, des poèmes et aussi des charges de chansonniers (l'un montrera une « Salomé-Jaurès » se payant la tête de Briand en 1907, l'autre inventera en 1912 une « Ligue antisalomique »). La pièce de Wilde, traduite partout à l'étranger (entre autres en allemand, polonais, hongrois, tchèque et même yiddish) fera éclore d'autres textes : chez J. Lauff (*Herodias*) et M. Bruns (*Der Täufer*, 1896), Jean est bien près de succomber aux charmes de Salomé ou d'Hérodias ; Sudermann (*Johannes*, 1898), le Polonais Kasprowicz (*Uczta Herodiady*, 1905) reprendront le motif de la passion délirante de Salomé pour le Précurseur et la feront danser avec le plat sanglant, pour se venger de son refus. Tout aussi scandaleux que Wilde, Oscar Panizza dans son *Liebeskonzil* (1895) fait d'une Salomé sortie de l'Enfer l'épouse du Diable et la mère de la Syphilis triomphante : cela lui vaudra un an de prison. Au tournant du siècle, le poète lituanien Milosz formule en français le sacrilège latent que Heine avait déjà esquissé :

« La vie d'un Sage ne vaut pas, ma Salomé,
Ta danse d'Orient sauvage comme la chair... »

La figure de Salomé est alors si connue qu'elle se banalise : en peinture, n'importe quelle femme nue couverte de bijoux est baptisée « Salomé » ; dans les textes ou sur la scène, toute danseuse ou femme perverse est plus ou moins une Salomé.

Apollinaire a lui aussi chanté Salomé, d'abord dans un conte d'une sobriété ironique et familière, inspiré des légendes médiévales, puis dans un poème où la folle fillette mêle comptines et cris de désespoir. Les bijoux de Salomé sont devenus poussiéreux, et la Danseuse, comme dans le dessin de Picasso (1905), a perdu peu à peu son attirail décadent. Juste avant 1914, R. de Souza refuse malicieusement sa tête à celle qu'il nomme « l'Eternelle ». Loïe Fuller et Ida Rubinstein danseront encore *La Tragédie de Salomé* sur une musique de Florent Schmitt, les premières femmes fatales du cinéma se déguiseront en Salomé — et la Grande

Guerre viendra, pour fusiller dans les fossés de Vincennes une danseuse égarée et bien réelle, Mata-Hari.

* * *

Célébrée ainsi du romantisme agonisant à l'aube du Surréalisme, la Salomé fin-de-siècle, outre le plat fatidique, a des attributs obligés et facilement repérables (bijoux, voiles, parfums, lys ou lotus, panthère noire, sauterelle, serpent, nuit et lune) et reste toujours terriblement littéraire — ou terriblement picturale. Elle suppose un texte ou une représentation préexistants, et la façon dont récits et poèmes la font apparaître est caractéristique : elle fait partie d'une litanie de femmes fatales évoquées par un poète nostalgique, menant la parade des Eve, Hélène, Sémiramis, Cléopâtre et autres Judith (Banville, D'Annunzio, Retté, Lorrain, Nechansky) ; ou encore, elle apparaît dans un rêve, évocation lascive pour soirées célibataires (Samain, Fleischmann) ; sur un tableau de Luini ou de Moreau, ou une peinture imaginaire dont le souvenir hante le poète (Huysmans, Beln, Hartmann-Plön) ; dans une mise en scène théâtrale de l'épisode biblique, et théâtre et réalité se rejoignent pour (mal) finir (Lorrain, Heyse). Son histoire peut aussi servir d'illustration morale et ironique à une anecdote contemporaine (Gutzkow)... Chez Laforgue comme chez Wilde, le texte qui l'évoque, pot-pourri d'allusions et de citations déguisées, instaure la même distance entre Salomé et le public, comme pour désamorcer le danger qu'elle représente.

Cette émergence de Salomé durant la période décadente et symboliste — et Salomé est plus décadente que symboliste, par le sanglant mauvais goût de son histoire et son raffinement crépusculaire, face auquel Jean pourrait bien figurer le Barbare — s'explique sans doute par le fait qu'elle peut, mieux que toute autre, résumer en elle tous les traits de la femme fatale comme obsession dominante du temps. L'actualisation de certains récits (F. Zilcken : *Herodes*, 1902) veut avant tout montrer la permanence redoutable de la race des Salomé, de Marie Stuart et Christine de Suède aux cocottes 1900. Certains auteurs, comme Jean Lorrain, mettent Salomé au centre même de leur œuvre, sous diverses apparences qui vont de la danseuse exotique au travesti grotesque. Femme « phallique » et castratrice (avant Freud et Lou Salomé, les Décadents savaient fort bien de quoi il retournait), elle recueille tous les fantasmes d'une misogynie réactivée par les mouvements féministes : la Salomé de Laforgue est un bas-bleu qui refuse le mariage, mais s'« initie » secrètement ; d'autres Salomé incarnent le péril féminin de la Grande Vérole (Huysmans, Panizza) ou la virginité effrayante (Mallarmé). Non contente de *se payer la tête* d'un saint, elle *met les pieds dans le plat* en exhibant le désir féminin, la puberté lascive, les instincts de la femme que l'Inconscient gouverne. Inassouvie comme Messaline, elle crie sans cesse, comme la Reine de cœur de Lewis Carroll : « Off with his head ! ». L'épisode biblique revisité par les années 1890 devient ainsi le mythe du combat éternel entre la femme et l'homme, la chair et l'esprit, l'irrationnel et l'intellect, la beauté et la pensée; l'amour et la mort y échangent leurs attributs. L'Orientalisme alors en vogue pare cette Salomé de toutes les séductions de l'exotisme sensuel. Juive, elle est dénoncée par les antisémites (Lorrain, Buet) et on lui oppose Jeanne d'Arc ou sainte Geneviève; son forfait rappelant la faute collective qui fit tomber la tête d'un roi, elle devient, en période d'ordre moral, la pétroleuse qui met la société à feu et à sang, la franc-maçonne ou l'anticléricale de choc, bientôt l'espionne au service de l'Ennemi. Mais combien ces dénonciations sont équivoques, accompagnées qu'elles sont d'un masochisme délirant qui pousse les poètes — souvent prénommés Jean — à souhaiter *perdre la tête* pour elle, et la posséder en s'immolant!

Dans tous ces avatars de Salomé fin de siècle, rares sont finalement les reconstitutions archéologiques ou les réflexions philosophiques : la figure de Salomé se développe surtout par associations d'idées, dans l'ambivalence et l'ambiguïté de l'onirisme; elle est vierge et courtisane de *coupe-gorge*, déesse adorée et gueuse vilipendée, petite fille hystérique et allégorie de la Femme absolue. Résumée dans la sifflante initiale de son nom, qui est la courbe de l'Art Nouveau et le Serpent du péché, sa danse est le langage du désir et la manifestation de la beauté terrifiante : elle réduit à l'impuissance, artistique aussi bien que sexuelle, les poètes qui s'identifient au *décollé* ou au tyran blasé dont seule elle pourrait réveiller les sens; elle peut devenir, en dernière instance, une représentation de l'Œuvre d'art pour laquelle on ne peut que mourir.

* * *

Après la guerre de 1914, Salomé apparaît encore de façon sporadique, comme fantasme psychanalytique (*L'Age d'Homme*, de M. Leiris), allusion fugitive dans un roman (*Un Beau Ténébreux*, de J. Gracq) ou conte à prétentions historiques (R. Puaux). Robert Desnos, à part, a joué sur les sonorités des « Nus nénés » de la fille d'Hérodiade. Comme les fins de siècle se ressemblent, le ballet et le cinéma convoquent encore çà et là la plus célèbre des danseuses. Il reste que le mythe aurait fort bien pu se prêter à un traitement féminin — et féministe. Des peintresses ont évoqué *Salomé*, quelques poétesses l'ont chantée, sans pour autant sortir véritablement de la traditionnelle « lecture » masculine et misogyne. Mais en 1968, aux Etats-Unis, une militante du Women's Lib, nue comme Salomé, alla paraît-il remettre une tête de veau sur un plat au directeur de la revue *Playboy*...

Mireille DOTTIN-ORSINI

BIBLIOGRAPHIE

Textes

Evangile de Marc VI, 14-29.
Evangile de Matthieu, XIV, 1-12.

XIIe siècle

NIVARDUS, *Reinardus Vulpes*, fable.

XIIIe siècle

Jacques de VORAGINE, *Legenda aurea* (Légende dorée).

XIIIe au XVIIe siècles

Mystères et Passions français, allemands, italiens ; le *Mystère de saint Jean-Baptiste* est joué à Chaumont jusqu'en 1663.

XVIe siècle

1550, H. SACHS, *Die Enthauptung Johannis* (La Décollation de Jean), tragédie.
1577, G. BUCHANAN, *Baptistes, sive Calumnia* (Le Baptiste, ou la Calomnie), tragédie.

XVIIe siècle

1608, *Joannes Baptista*, théâtre jésuite en latin.

XVIIIe siècle

1770, L. F. HUDEMANN, *Der Tod Johannes des Täufers* (La Mort de Jean-Baptiste), tragédie.
1793, L. MEISTER : *Dramatisierte Geschichte Johannes der Vorläufer* (histoire mise en drame de Jean le Précurseur).

XIXe siècle

1833, S. PELLICO, *Erodiade*, tragédie.
1841, H. HEINE, *Atta Troll*, poème, XVIII à XX.
1846, E. SUE, *Le Juif errant*, roman, chap. XLIV et XLV.
— V. de LAPRADE : *Le Précurseur* in *Poèmes évangéliques.*
1867, J. C. HEYWOOD, *Herodias, a dramatic poem.*
— Th. de BANVILLE, *Hérodiade*, sonnet in *Les Exilés.*
1868, K. GUTZKOW, *Die ewige Jüdin* (La Juive errante), récit in *Über Land und Meer*, Stuttgart, décembre.
1870, Th. de BANVILLE, *La Danseuse*, sonnet in *Rimes dorées.*
— A. O'SHAUGNESSY, *The Daughter of Herodias* (La Fille d'Hérodias) in *An Epic of Women* (Une épopée féminine).
1871, S. MALLARMÉ, *Hérodiade, Scène.*
1877, G. FLAUBERT, *Hérodias* in *Trois Contes.*
1882, K. HARTMANN-PLÖN, *Herodias*, récit.
1883, G. D'ANNUNZIO, *Erodiade*, sonnet in *Intermezzo.*
1884, J.-K. HUYSMANS, *A Rebours*, roman, chap. V.
1885, J. LORRAIN, *Corps de Ballet*, sonnets in *Modernités.*
1886, J. LAFORGUE, *Salomé*, conte in *Moralités légendaires.*

1888, S. Merrill, *Ballet, pour Gustave Moreau*, sonnet.
1891, P. Louÿs, *La Danse*, sonnet.
1892, P. Heyse, *Merlin*, roman, IIIe partie.
— A. Samain, « *Des Soirs fiévreux* », sonnet in *Au jardin de l'infante.*
1893, O. Wilde, *Salomé*, pièce en français.
1894, M. Schwob, *L'Insensible*, conte in *Le Livre de Monelle.*
1895, O. Panizza, *Das Liebeskonzil* (Le concile d'amour), pièce.
1896 E. de Castro, *Salome e outros poemas.*
— J. Lauff, *Herodias*, poème.
1897, J. L. Landau, *Dam Tahat Dam* (Sang pour sang), drame.
1898, J. Lorrain, *La Marquise de Spolète*, conte.
— J. de Pesquidoux, *Salomé*, poème dramatique.
— H. Sudermann, *Johannes*, tragédie.
1899, O.V. de L. Milosz, *Salomé* in *Le Poème des décadences.*
— A. Symons, *The Dance of the Daughters of Herodias* (La Danse des filles d'Hérodias), poème.

xxe siècle

1900, R. de Montesquiou, *Les Paons*, poèmes.
1901, H. Fleischmann, *Les Soirs des décadences*, proses.
1902, G. Apollinaire, *La Danseuse* in *Trois histoires de châtiments divins.*
— H. Fleischmann, *Hérodiade*, poème in *Le Chant royal des décadences.*
1905, R. Dario, *Cantos de Vida y Esperanza* (Chants de vie et d'espérance), poèmes, XXIII.
— J. Kasprowicz, *Uczta Herodiady* (Le Festin d'Hérodiade), poème dramatique.
1906, G. Apollinaire, *Salomé*, poème in *Alcools.*
— A. Nechansky, *Pharaïldis*, poème.
— Ch.-H. Hirsch, *La Fin de Salomé*, conte in *Les Disparates.*
1908, E. La Jeunesse, *La Vérité sur Salomé*, conte in *La Phalange*, 15 mai.
1909, J. Cocteau, *Les Salomé*, poèmes.
1912, A. Godin, *Modulation sur une Salomé de Gustave Moreau*, poème.
— R. de Souza, *L'Eternelle*, poème in *Terpsichore.*
1913, R. Goy da Silva, *Salome*, drame.
1920, E. Pound, *Our Tetrarchal Precieuse, a divagation from Jules Laforgue.*
1924, J. Lermina-Flandre, *Salomé, reine de Chalcis*, roman.
1925, J. Ray, *La Danse de Salomé* in *Les Derniers Contes de Canterbury.*
— P.P. Datz, *Salomé ou la Prière d'une vierge*, conte in *La Revue européenne*, 1er mai.
1930, R. Desnos, *Elégant Poème de Salomé Salomon* in *Corps et Biens.*
1932, R. Puaux, *La Mort de Salomé*, conte in *Mercure de France*, 15 décembre.
— M. de Ghelderode, *La Grande Tentation de saint Antoine*, cantate.
1939, M. Leiris, *L'Age d'homme*, roman, chap. *Salomé.*
1973, F. Weyergans, *Le Pitre*, roman.
1980, J. Silkin, *The Salome Poems in Poetry Review*, june.
1982, J. Kelen, *Un amour infini*, roman, chap. vi.
1985, P. Bourgeade, *Mémoires de Judas*, roman.

Etudes

REIMARUS SECUNDUS, *Stoffgeschichte des Salome-Ditchtungen,* Leipzig, O. Wigand, 1905-1907.

H. DAFFNER, *Salome, ihre Gestalt in Geschichte und Kunst...*, Munchen, H. Schmidt, 1912.

J. PSICHARL, « Salomé et la décollation de saint Jean Baptiste », *Revue de l'histoire des religions,* LXXII, 1915.

M. PRAZ, *La Carne, la Morte e il Diavolo nella Letterature romantica* (1930), Florence, G. S. Sansoni, 1966, chap. IV et V.

H. G. ZAGONA, *The legend of Salome and the Principle of art for art's sake,* Genève, Droz-Paris, Minard, 1960.

M. DECAUDIN, « Un mythe fin-de-siècle, Salomé » in *Comparative literature Studies,* IV, 1967.

G. LAURENS, « Salomé et l'agonie romantique » in *Recherches en sciences des textes,* P.U. Grenoble, 1973.

Salomé dans les collections françaises, Musées de Saint-Denis, Tourcoing, Albi, Auxerre, 1988-1989.

B. DIJKSTRA, *Idols of Peversity,* New York, Oxford U.P., 1986, chap. XI.

M. DOTTIN-ORSINI, *Cette femme qu'ils disent fatale,* Paris, Grasset, 1993, chap. VI : « Portrait de Mlle Salomé ».

Satan

« Le vrai thème, l'unique et le plus profond de l'histoire du monde et des hommes à qui tous les autres sont subordonnés, reste le conflit entre incroyance et croyance », écrivait Goethe, en marge de son « Divan ». Quoi de plus exact? Pour de nombreux croyants; pour le pape Paul VI qui évoquait la présence d'un « être vivant, spirituel, perverti et corrupteur », Satan ne saurait être ramené à une personnification mythique ou fonctionnelle; au simple produit d'une fabulation ou d'une projection. Saint Paul ne distinguait-il pas déjà en lui la personne réelle d'un ange apostat devenu mauvais par jalousie envers l'homme, du concept de péché qu'il inspire et de la tentation qu'il suggère?

Né au contact de l'angélogonie chaldéenne et du mazdéisme, après la captivité juive à Babylone, Satan qui n'était jusqu'alors qu'un serviteur soumis, s'érige en rival de Dieu, en adversaire farouche, en contradicteur. Issu d'un principe surnaturel indéterminé, il va désormais revêtir les formes les plus diverses afin de parcourir le monde, y semant le doute, le blasphème et l'annonce des châtiments de l'Au-delà. D'où son apparition à cinquante-trois reprises dans le Nouveau Testament, alors que l'Ancien ne le mentionnait que presque accessoirement. Déjà lié à celui de Iahveh dont il incarnait certains aspects déplaisants, son sort le sera davantage encore à celui du Christ et, par voie de conséquence, à celui des hommes offerts à sa dévorante convoitise. L'art sacré, la connaissance scholastique, la littérature aidant, la figure de Satan prendra au cours des âges des proportions d'autant plus grandes que les écrivains trouveront dans la description de ses qualités funestes, une variété de thèmes et de nuances tout à fait séduisante. Dans leur désir « diabolique », de satisfaire une ambition créatrice, bien peu d'ailleurs hésiteront à solliciter sa collaboration, voire sa complicité. Unique incarnation du Mal, il finira par traiter à puissance égale avec un Dieu unique, incarnant tout le Bien. Et Michelet pourra s'exclamer en présentant *La Sorcière* : « Le Diable n'est pas moins qu'un dogme, qui tient à tous les autres. Toucher à l'éternel vaincu, n'est-ce pas toucher au vainqueur ? Douter des actes du premier cela mène à douter des actes du second, des miracles qu'il fit précisément pour combattre le Diable. Les colonnes du ciel ont leur pied dans l'abîme. L'étourdi qui remue cette base infernale, peut lézarder le paradis. On répète aujourd'hui à satiété que Dieu est mort, mais ne semble-t-il pas que Satan lui ait survécu, qui donne le branle à tant de guerres, de génocides et d'holocaustes ? » L'enfer ce sont les autres, aimait à dire Sartre, reprenant l'expression que Marlowe, dans son *Faust*, plaçait dans la bouche de Méphistophélès : « L'enfer est ici, je n'en suis pas sorti... » Le fait est que pour un croyant sincère, l'inversion des valeurs, des mots et des signes ; le désordre régnant dans les esprits ; l'angoisse suscitée par une apocalypse nucléaire ; la permanente apologie de la violence et de l'érotisme, qui caractérisent l'univers contemporain, peuvent conduire à penser que le Mal est quelqu'un, et qu'il jouit d'une existence propre. Une existence en quelque sorte nécessaire à la justification du libre choix laissé à la créature de s'y soumettre ou de le refuser.

Cherchant à serrer d'aussi près que possible l'évolution d'un mythe littéraire, et adoptant une position résolument rationaliste, nous éviterons d'examiner les conséquences quotidiennes, *a fortiori* eschatologiques, capables de découler de la réalité ontologique d'un personnage diabolique. Satan que par périphrase, on désigne notamment sous les noms de Tentateur, Père du mensonge, Révolté, Très-Bas, Prince de ce monde, Maudit, Ténébreux... n'est qu'une hypothèse gratuite, une entité métaphysique, « une invention maligne des hommes pour justifier leurs turpitudes » (Maxime Gorki). Son existence, remarque Seignobos, serait inconciliable avec les lois de toutes les sciences constituées... Mais cela ne signifie pas que soit radicalement éliminée l'impression psychologique qui fait que chacun de nous peut évoquer ou subir la présence d'un Satan mythique, projection de ses désirs ou de ses craintes. « Je suis, murmure *Le Démon*, de Lermontov, celui que tu écoutais dans l'ombre de minuit, celui dont la pensée chuchotait à ton âme, celui dont tu devinais vaguement la tristesse, celui dont tu voyais l'image en songe ; celui dont le regard tue l'espoir, celui que personne n'aime, le fléau de mes esclaves terrestres, le roi de la connaissance et de la liberté, l'ennemi des cieux, le mal de la nature. » (trad. B. Lang-Porchet.)

Archétype né de la peur ancestrale des ténèbres extérieures — où selon Dante, toute espérance vous abandonne — Satan est devenu sous cet angle, une sorte de catalyseur de phantasmes, en même temps qu'un argument philosophique idéal pour expliquer l'omniprésence du Mal. Le mythe de Satan prend ainsi forme dès qu'entre en jeu la pensée créatrice et le discours, qui lui confèrent la vie et lui accordent la puissance. « Le Diable est un mythe, donc il existe et ne cesse pas d'agir », rétorque d'ailleurs Denis de Rougemont aux esprits sceptiques... Dès lors, ce mythe subjectif, mais d'une étonnante plasticité; qui s'adapte aux situations socio-culturelles les plus variées, revêt — surtout dans le domaine littéraire — d'innombrables facettes, réservant de perpétuelles surprises. A l'inverse de certains mythes dont on ne connaît que trop le dénouement inéluctable, et combien stéréotypé! celui qui met le Diable en scène fait intervenir une foule de variantes dans un univers à géométrie variable. Ne demeure-t-il pas légion, pluralité et métamorphose? De là ce vortex de combinaisons magiques où interviennent évocations, envoûtement, incubat, possession, pactes, sabbats, lycanthropie, et tout l'arsenal d'une sorcellerie qui plonge ses racines dans la nuit des temps. De là également ce sentiment d'angoisse métaphysique ressenti par tous ceux qui croient en l'existence de Satan, bien distinct du délicieux frisson de terreur qu'est censée engendrer la lecture des contes et des nouvelles fantastiques.

PÉRENNITÉ D'UN ARCHÉTYPE MÉDIÉVAL

On sait quelle influence déterminante les hallucinations et les visions des moines jouèrent sur l'art plastique médiéval lorsqu'il s'agit de transformer le plus beau des anges, le porteur de la Lumière, en un monstre hirsute et difforme, tombant au fil des ans dans la dérision, et finissant en un ridicule « maître cornard ». Le principe admis d'une déformation physique se retrouve dans d'innombrables récits, et jusqu'à une époque récente, puisque Henri Troyat dépeint dans *Les Mains*, « un petit homme court sur pattes, au ventre replet », dont l'épouse — précédemment sa manucure — découvre sans trop de surprise qu'il a les pieds fourchus. Pour sa part, Michel de Ghelderode assurait avoir rencontré Satan à Londres, muni de ces mêmes pieds fourchus, mais ayant revêtu, comme pour nous complaire, l'aspect bien connu du Méphistophélès des théâtres lyriques : « tout d'écarlate vêtu, depuis la plume du coq de son bonnet jusqu'à la pointe de ses chaussures », au demeurant causeur disert et distingué, mais malgré tout vieilli... Imprégnés d'esprit didactique et baignant dans le surnaturel, les mystères franco-flamands (*Le Jeu d'Adam, Le Miracle de Théophile, Marieken Van Nymegen, Le Mystère de la Passion*, etc.) avaient jadis tellement accentué les aspects sordides et misérables du comportement de Satan, qu'ils le rendirent familier à un vaste public, réclamant constamment sa venue sur les planches. Lui, au moins, et ses diablotins savaient créer une joyeuse atmosphère d'ambiance à laquelle Rabelais fait allusion en ces termes : « Ces diables étaient tous capparassonnés de peaux de loups, de veaux, de béliers... ceints de grosses courroies desquelles pendaient grosses cymbales de vache et sonnettes de mulet à bruit horrifique. Tenaient en main aucuns bâtons noirs pleins de fusées autres portaient longs tisons allumés sur lesquels à chacun carrefour jetaient pleines poignées de parasins en poudre dont sortait feu et fumée terrible. » C'est ainsi qu'à défaut d'une production littéraire de valeur, le grand spectacle tenait en haleine des foules passionnées et conférait au mythe de Satan toutes les apparences de la réalité. Eloy d'Amerval, prêtre attaché à l'église de Béthune, dont le poème : *La Grande Diablerie*, parut vers la fin du XVe siècle, le traitait de bien piètre manière :

« Satan, Satan, paillart, truand
Satan, infect, vil et puant
Abominable créature,
Ennemy d'humaine nature,
Hypocrite et vray papelart
De qui vient la science et l'art
De toute fausse fiction,
Feintise et dissimulation ;
Toy, grand mangeur de crucifix ! »

L'inspiration n'était guère plus brillante dans les *Miracles*, de Gautier de Coincy, composés entre 1218 et 1227 où Satan recevant le diacre Théophile, précise assez platement :

« Mais il ne peut avoir ma grâce
Si sa croyance ne renie,
Son Dieu et sa mère Marie...
Et il convient sans nul délai
Que bonne chartre encore m'en laisse :
Car maints chrétiens m'ont moult déçu. »

Cependant, il en allait différemment en Italie, où des poètes dignes de ce nom, magnifiaient la « terribilità » de l'Adversaire. Fidèle à l'Ecriture et à l'Antiquité lorsqu'il décrit la « citta dolente », Dante en faisait un géant tricéphale dont les six immenses ailes répandaient un vent glacé sur le Cocyte. De son côté, Marino évoquait ses regards obliques d'où jaillissent les éclairs (*Strage degli Innocenti*), et Le Tasse célébrait l'horrible majesté peinte sur son visage :

« Orrida maestà nel fero aspetto
Terrore accresce, e più superbo il rende... »

Le monstrueux personnage qui hantait les songes de Raoul Glaber au dortoir de Cluny ; qui, sculpté, apparut des siècles durant au tympan des cathédrales et sur la scène des mystères, on le retrouvera à peine modifié quant à son physique, lors de la parution, en 1707, du roman de Le Sage : *Le Diable boiteux*. Il avait, nous dit-il, « des jambes de bouc, le visage long, le menton pointu, le teint jaune et noir, le nez fort écrasé; ses yeux qui paraissaient très petits, ressemblaient à deux charbons allumés, sa bouche excessivement fendue, était surmontée de deux crocs de moustache rousse, et bordée de deux lippes sans pareilles ». Au fond, ce démon que l'auteur dénomme Asmodée n'a rien de très méchant, et prouve sa reconnaissance envers Don Cléophas qui l'a libéré d'une bouteille-prison, en lui offrant le spectacle de l'envers du monde, autrement dit, du monde tel qu'il est. Thème qu'Alfred Le Poittevin reprendra dans sa *Promenade de Bélial*, où Asmodée se révélera « la Vénus qu'invoquait Lucrèce dans ce grand poème que vous savez ». Lucifer, Asmodée, Bélial, Vénus..., Satan s'y entend à merveille pour brouiller les cartes et nous faire oublier qu'il demeure homicide dès le commencement... Dans *Le Moine* de Matthew Gregory Lewis (1797) il retrouvera son aspect « classiquement » sinistre en apparaissant au prieur Ambrosio qui, accusé de viol, de meurtre et de sorcellerie, vient de tomber dans les mains des inquisiteurs : « Il se montra dans toute sa laideur qui est devenue son partage depuis sa chute du ciel; ses membres brûlés portaient encore les marques de la foudre du Tout-Puissant; une teinte basanée assombrissait son corps gigantesque; ses mains et ses pieds étaient armés de longues griffes; ses yeux étincelaient d'une fureur qui aurait frappé d'épouvante le cœur le plus brave; sur ses vastes épaules battaient deux énormes ailes noires, et ses cheveux étaient remplacés par des serpents vivants qui s'entortillaient autour de son front avec d'horribles sifflements... » (Traduction de Léon de Wailly).

C'est encore un « fauve regard de cannibale, contemplant la victime qu'il va dévorer », que Satan nous présente dans *Les Mémoires du Diable*, de Frédéric Soulié, et dans *La Sonate du Diable*, de Gérard de Nerval. Il fait néanmoins d'immenses efforts pour cacher ce que son aspect peut offrir de déplaisant. En dépit d'une claudication permanente que Théophile Gautier souligne dans *Albertus* (« Boiteux comme Byron, mais pas plus »...), il s'avère capable, à en croire René Clément, de susciter toute notre sympathie :

> « Il rend noirs et bouclés ses cheveux durs et roux
> De soie et de drap fin cachant sa peau roussie
> Il se fait à souhait une taille amincie... » (*Albert Love, ou l'Enfer*).

Enfin il n'hésite pas davantage à nous venir séduire charnellement quand l'occasion s'en présente, à l'instar de la ravissante Clarimonde : *La Morte amoureuse*, démone et vampire, dont Gautier dit qu'elle est « Belzébuth en personne »; ou encore de Biondetta, l'ambivalent héros-héroïne du *Diable amoureux*, de Cazotte (1772). Dans ce roman, subtile analyse du processus de la tentation, Satan abandonnant provisoirement tout caractère horrifique parvient à se faire adorer par Alvare, un homme « affamé d'idées nouvelles », que le succubat ne saurait rebuter : « Laisse couler dans tes veines un peu de cette flamme délicieuse par qui les miennes sont embrasées ; adoucis, si tu le peux, le son de cette voix si propre à inspirer l'amour, et dont tu ne te sers que trop pour effrayer mon âme timide ; dis-moi enfin, s'il t'est possible, mais aussi tendrement que je l'éprouve pour toi : mon cher Belzébuth, je t'adore... » Et comme Satan demeure malgré tout Satan, après l'accouplement, Biondetta disparaîtra muée en un chameau gigantesque. En l'occurrence, Alvare aura bénéficié d'une chance beaucoup plus grande que les amants qui, ayant tenu d'incomparables beautés dans le silence de la nuit, retrouvaient le matin venu, la puante charogne de quelque sorcière ; de nombreuses *Histoires véritables*, publiées au XVIe siècle font allusion à cette déconvenue. Il arrive aussi que le démon emporte les hommes par trop sensuels, comme il faillit emporter *Thibaud de la Jacquière*, dont Gérard de Nerval nous conte les galantes aventures : « Je ne suis point Orlandine, dit le monstre d'une voix formidable, je suis Belzébuth !... »

En somme, exclusion faite du *Diable amoureux*, de Cazotte, les apparitions de Satan dans la littérature précédant le Romantisme, offrent des aspects aussi terrifiants que redoutables, et l'on a peine à imaginer que tant de personnes aient cherché, toutes classes sociales confondues, à signer un pacte d'amour, d'argent ou de puissance, avec lui. D'autant plus que la conclusion de ce contrat s'accompagnait fréquemment de rapports sexuels douloureux et de menaces envers les signataires peu scrupuleux d'en respecter les clauses. Ici encore, la fiction médiévale conserve une évidente pérennité : de la légende, combien fameuse et représentative ! du diacre Théophile, sauvé in extremis grâce à une intervention mariale, jusqu'au cas du musicien Leverkühn, pour qui « l'art est désormais devenu impraticable sans l'aide de Satan et le feu infernal sous le chaudron » (Thomas Mann, *Le Docteur Faustus*). La théorie admise de façon unanime suivant laquelle un pacte implicite peut, exclusion faite de sa volonté propre, livrer telle ou telle personne à Satan, ouvre par ailleurs un champ immense au mythe et à la fantaisie. A la description précise de la signature de cédules par le docteur Faust, chez Marlowe et chez Goethe par Rodolphe de Westerbourg dans *Petit Pierre*, de Spiess ; par le *Peter Schlemihl* de Chamiso, le *Melmoth* de Maturin et les méchants jeunes gens que Nodier et Mac Orlan dépeignent, tant dans *Infernalia*, que dans *Malice*, succédera, simple mais envahissant, un diabolisme d'atmosphère dans la littérature contemporaine. « L'ennemi du genre humain est parmi nous, reconnaissable seulement à l'éclat et au langage bouleversant de ses yeux gris », écrira en ce sens André Breton. De cette aura prestigieuse, on retrouve l'origine chez Oscar Wilde, avec *Le Portrait de Dorian Gray* et, mieux encore, chez Honoré de Balzac qui, dans *La Peau de Chagrin* exclut toute considération de salut ou de damnation et laisse à Raphaël le choix d'arbitrer son sort autour du Pouvoir et du Vouloir : « Si tu me possèdes tu posséderas tout. Mais ta vie m'appartiendra. Dieu l'a voulu ainsi. Désire, et tes désirs seront accomplis, mais règle tes souhaits sur ta vie. Elle est là. A chaque vouloir je décroîtrai comme tes jours. Me veux-tu ? »

Satan héros romantique

Il était permis de croire qu'après l'éclat de rire de Piron, des Philosophes et de Voltaire, qui le regardait comme le fruit d'« imaginations dégoûtantes, affreuses, absurdes », le mythe de Satan s'évanouirait pour toujours dans l'esprit des hommes. C'était compter sans la passion des foules pour le merveilleux et l'insolite, que traduisit le rapide succès remporté par les « romans noirs » et le retour aux sources médiévales, notamment promu par Goethe, E.-T.-A. Hoffmann et Charles Nodier, qui s'efforcèrent de rendre son auréole maléfique à un personnage dont ils admettaient la réalité. Par ailleurs, l'anglomanie, de règle au début du siècle dernier, entraînait la lecture sous un jour nouveau du *Paradis perdu*, de John Milton qui, à l'inverse des mystères médiévaux, assurait que dans son exil, Satan n'avait rien perdu de sa primitive beauté. Ce que Lord Byron s'empressait de confirmer en s'exclamant : « Ô ciel! sauf celui qui l'avait créé, quelle beauté et quelle puissance fut jamais comparable à celle de Satan? » (*Ciel et Terre*). Il est, surenchérit George Sand, « le plus beau des immortels après Dieu, le plus triste après Jésus, le plus fier parmi les fiers » (*Consuelo*). Admirant l'esprit de persévérance dont Milton avait gratifié le Maudit, Schiller parlait d'« Ungehewer mit Majestät », et Chateaubriand voyait dans son « Paradis », une des conceptions les plus sublimes et les plus pathétiques qui soient jamais sorties du cerveau d'un poète » (*Le Génie du Christianisme*). Enfin Baudelaire notait dans ses *Journaux intimes* que « le plus parfait type de beauté virile est Satan — à la manière de Milton ».

Si dans leur immense majorité les auteurs romantiques s'accordaient pour redorer le blason du Beau Ténébreux, singulièrement terni par les Encyclopédistes, leurs conceptions différaient quant à son comportement. Les uns le qualifiaient d'insurgé héroïque, de révolté blasphémateur; les autres l'assimilaient à un être misérable cherchant à se gagner le cœur des humains; certains enfin n'hésitaient pas à assurer qu'un jour Dieu lui pardonnerait ses terribles méfaits.

La première tendance se trouvait représentée par Lord Byron qui, nous dit Alfred de Vigny, « vouait à l'enfer son luth divin », tant dans *Manfred* (1817), que dans *Caïn* (1818), et rejetait orgueilleusement tout recours à la clémence divine :

« Va, je suis satisfait de ton Eternité :
Tu l'as pour me punir? — Je l'ai pour te maudire! »,

versifiait dans la même veine, sinon avec le même talent, Polydore Bounin, dans ses *Esquisses infernales*, alors qu'Alfred Le Poittevin lançait cet anathème :

« Tu descendras alors de ton superbe trône;
Quelques justes épars recevront la couronne

Pour avoir pratiqué ta loi;
Mais frémissant de rage et chérissant leurs crimes
Le reste des humains, roulant dans les abîmes
Viendra t'y maudire avec moi! » (*Satan*).

Il serait aisé de multiplier les exemples de cette surenchère — parfois facile, dans l'outrage — que Giacomo Leopardi et Charles Baudelaire élèvent néanmoins à un niveau théologal en posant le problème du châtiment du péché. « Pourquoi, dieu de malheur, as-tu mis dans la vie quelque apparence de plaisir? », interroge le premier dans son *Hymne à Ahriman.* « Qu'est-ce qu'un paradis qu'on achète au prix de son salut éternel? », rétorque en écho le second, dans *Le Poème du Haschisch.* Bien que son œuvre se situe à part du mouvement romantique, Baudelaire avec une exemplaire sincérité, exalte le consolateur, le guérisseur familier des angoisses humaines qui, « sur l'oreiller du mal... berce longuement notre esprit enchanté » — Satan, qui « fait toujours bien ce qu'il fait! » et auquel il adresse cette prière dans *Les Fleurs du Mal* (CXX) :

« Gloire et louange à toi, Satan, dans les hauteurs
Du Ciel, où tu régnas, et dans les profondeurs
De l'Enfer, où, vaincu, tu rêves en silence!
Fais que mon âme un jour, sous l'Arbre de Science, Près de toi se repose, à l'heure où sur ton front
Comme un Temple nouveau ses rameaux s'épandront » (*Les Litanies de Satan*).

Comparés aux brûlants accents de ces poètes, pour qui Satan n'est pas un mythe mais une tangible réalité (quotidienne pour Baudelaire...), le concept d'un rachat du grand Réprouvé par l'amour qu'il éprouverait envers quelque mortelle paraît tant soit peu mièvre, même si le couple ainsi formé est un couple maudit. A propos d'*Eloa*, par exemple, Max Milner remarque avec justesse que « le Satan de Lewis apparaît debout et nu. Celui de Vigny s'appuie mollement sur un lit de vapeurs et sa robe a "les teintes de l'opale" ». Eloa initie un mouvement qui prône la rédemption de Satan, ange malheureux, triste et charmant, dont les traits se retrouveront presque à l'identique dans *Une Larme du Diable*, de Théophile Gautier, la *Chute d'un Ange*, de Lamartine, *Tristesse du Diable*, de Leconte de Lisle, et *La Fille du Diable*, de Béranger. Pour tous ces auteurs, nos amours et nos douleurs se trouvent intimement liées à celles des démons. « Esprits et hommes nous devons entre nous sympathiser; nos souffrances sont communes », s'écrie Lucifer en s'adressant à Caïn, mais, en s'exprimant de la sorte Byron oublie que Satan cherchera toujours à duper la créature sous les doucereuses apparences d'une Biondetta ou d'une Clarimonde... Ainsi opérera *Le Démon*, de Lermontov, en séduisant puis en abandonnant la belle Tamara. Eprouvant un « ineffable émoi », une « passion étrangère à la terre », il lui déclarera vouloir se réconcilier avec le Ciel, croire au bien, et lui promettra l'éternité pour un instant d'amour. Le mal, en vérité, ne tardera pas à reprendre le dessus et Tamara, une fois morte, « le Démon vaincu, maudit ses rêves insensés et se retrouva hautain, solitaire, comme auparavant dans l'univers sans espérance et sans amour ». Lermontov ne lui accorde donc pas la moindre chance de rachat...

Suivant un concept dont Origène fut autrefois le propagateur, certains écrivains et poètes romantiques assurèrent qu'au bout d'un temps d'ailleurs indéterminé, le Créateur pardonnerait son orgueilleuse révolte à Satan. Théophile Gautier qui n'éprouve pas à l'égard de ce dernier le même respect que bon nombre de ses contemporains avance, dans *Une Larme du Diable*, le chiffre de cent mille ans. Chiffre éminemment discutable, il va de soi! Satan est bon, osera par ailleurs suggérer Giosue Carducci dans son *Hymne*, et Lautréamont chargera un chérubin de lui tenir ce discours : « O Maldoror, est-il enfin arrivé le jour où tes abominables instincts verront s'éteindre le flambeau d'injustifiable orgueil qui les conduit à l'éternelle damnation! Ce sera donc moi qui, le premier, raconterai ce louable changement aux phalanges des chérubins, heureux de retrouver un des leurs. Tu sais toi-même et tu n'as pas oublié qu'une époque existait où tu avais la première place parmi nous. Ton nom volait de bouche en bouche; tu es actuellement le sujet de nos solitaires conversations. Viens donc... viens faire une paix durable avec ton ancien maître; il te recevra comme un fils égaré, et ne s'apercevra point de l'énorme quantité de culpabilité que tu as, comme une montagne de cornes d'élan élevée par les Indiens, amoncelée dans ton cœur. » (*Les Chants de Maldoror*, Chant VI.)

Cette fois, ce n'est plus l'amour charnel d'une Eloa qui rédimera Satan, mais l'infinie bonté de Jésus, allant solliciter la miséricorde du Père :

« Aujourd'hui c'est Satan qui vient, ô Rédempteur!
Juge de l'abandon par le consolateur!!... »,

versifie Alexandre Soumet dans sa *Divine Epopée* (1841), et quelques années plus tard, Alexis de Jussieu reprendra le thème dans *Un Dernier Chant au Paradis perdu de Milton* (1856) :

« Pauvre enfant, je t'aimais avant ton fol outrage.
Après ton repentir je t'aime davantage.
Ton cœur en faillissant ne fut point criminel;
L'arrêt qui t'a frappé n'était pas éternel... »

Génial inventeur de mythes, Victor Hugo amplifiera ce courant sotériologique dans sa célèbre *Fin de Satan* et, utilisant l'« ubiquité de l'antinomie », prouvera qu'on ne saurait dissocier le Bien du Mal et, inversement, les Ténèbres de la Lumière. Tout à fait manichéenne, cette longue suite inachevée de poèmes apocalyptiques et visionnaires met l'accent sur l'amour, essence même du divin :

« L'archange ressuscite et le démon finit;
Et j'efface la nuit sinistre, et rien n'en reste
Satan est mort; renais, O Lucifer céleste. »

Ces propos qui sentent l'hérésie, l'abbé Constant (le futur Eliphas Lévi) les exprimait déjà dans la seconde partie de *La Mère de Dieu* où une voix céleste proclame elle aussi le triomphe de l'amour qui sauvera le monde : « Le mal en expirant a enfanté la lumière; Satan est mort et Lucifer délivré. » Quitte à déchaîner les foudres d'une Eglise passéiste, le grand philosophe italien Giovanni Papini partageait, comme Origène, cette façon d'envisager l'avenir de Satan. Il est vrai que pour lui Satan n'avait rien d'un mythe, surtout d'un mythe littéraire... d'autant plus que le Maudit lui était apparu; tel un grand homme pâle, usé par la débauche : « visage blême, allongé, lèvres minces, étroitement closes, avec une ride unique et profonde, perpendiculaire entre les sourcils, il est décemment vêtu de noir et ses mains sont toujours gantées de manière irréprochable. Sa chevelure est dissimulée sous un grand béret de soie qu'il n'enlève jamais ». Faut-il en ce cas parler d'hallucination? Ou faire une aveugle confiance aux dires de Papini — qui rejoignent d'ailleurs ceux de Dostoïevski et de Ghelderode quant à la tangibilité de ces apparitions diaboliques? Ou bien redire avec Stanislas de Guaïta : « Ta seule excuse, ô Satan, est que tu n'existes pas »? Ainsi le conflit qu'évoquait Goethe entre incroyance et croyance, demeure-t-il un éternel problème insoluble...

EXTENSION DU MYTHE À L'HUMAIN

Mythe et réalité se mêlent étrangement dans le portrait brossé par certains romanciers, à partir de personnages dont l'historicité ne saurait être mise en doute. Joris-Karl Huysmans et Michel Tournier, tant dans *Là-Bas* que dans *Le Roi des Aulnes*, s'inspirent de l'existence tourmentée du très diabolique Gilles de Rays. Jean-Paul Sartre met en scène celle non moins tragique de Goetz von Berlichingen dans *Le Diable et le Bon Dieu*, et Somerset Maugham prend Aleister Crowley pour modèle de son *Magicien*. Sans oublier Jean *Faust*, le grand docteur ès diableries dont Marlowe, Klinger, Goethe, Lenau et Paul Valéry s'efforcèrent de sonder les inquiétudes de l'âme...

Acceptant ou sollicitant les conseils de celui que Denis de Rougemont qualifie de « génial Souffleur », un bon nombre d'écrivains se sont par ailleurs volontairement appliqués à créer — opération satanique par excellence — des héros non moins sataniques. « Les personnages des romans ont des âmes », remarquait Léon Tolstoï, « et il n'est que pure vérité de constater que les auteurs malfaisants les envoient parmi nous pour nous tenter et pour nous perdre ». On songe, bien entendu, tout de suite à Sade, dont l'œuvre ne fait point d'allusion directe à Satan, mais baigne dans une sulfureuse aura magnifiant le Mal, les perversions sexuelles et le sacrilège, dont se délecteront, entre autres, William Beckford, Matthew Gregory Lewis, Ch. Robert Maturin, Honoré de Balzac, Jean Lorrain et Georges Bataille. « Ce n'est pas l'objet du libertinage qui nous anime, c'est l'idée du mal », assure le divin marquis. Mais lubricité ne signifie pas fatalement cruauté et il est permis d'imaginer que cette dernière prédomine parfois sur le plan purement cérébral d'un plaisir à accomplir le mal pour le mal : *ad majorem Satanae gloriam.* Archange du Mal, *Maldoror,* le « corsaire aux cheveux d'or », qui regarde la création à l'égal d'une vermine, définit à merveille cet état d'esprit lorsqu'il proclame : « Moi, je fais servir mon génie à peindre les délices de la cruauté ! Délices non passagères, artificielles ; mais qui ont commencé avec l'homme, finiront avec lui. Le génie ne peut-il pas s'allier avec la cruauté dans les résolutions secrètes de la Providence ? » Rien n'empêche de poser cette question...

De toute évidence, Satan inspire cette « schadenfreude » dans de nombreux contes d'E.-T.-A. Hoffmann et n'hésite pas, au besoin, à revêtir les traits de Dapertutto, le Docteur miracle, qui achète le reflet du naïf Erasme Spikker (*Les Aventures de la Nuit de la Saint-Sylvestre*) ; du major O'Malley, proxénète et pourvoyeur de succubes (*L'Esprit élémentaire*), et du sinistre Coppelius : *L'Homme au Sable,* qui se complait à déranger les jeux innocents des bambins auxquels il rêve d'arracher les yeux. Satan ne saurait cependant toujours intervenir en personne et s'applique, en conséquence, à rechercher de par le vaste monde, les psychopathes les mieux qualifiés pour servir ses desseins. Ici les écrivains s'en donnent à cœur joie, car il est infiniment plus agréable et facile de dépeindre les vices que les vertus ; les criminels et les fous, que les mystiques et les saints. Mais qui donc, en ce cas, tient leur plume ? Qui leur inspire parfois tant de noirceur et les contraint à raffiner sur le spectacle de tant de délectations morbides, sinon Satan lui-même ? Satan qui les possède à leur insu, et qui de leur imagination fait surgir des personnages tellement typés, tels Claude Frollo, Vautrin, Ivan Karamazov, Mister Hyde ou Lafcadio, qu'ils en deviennent mythiques à leur tour. Dans ce genre de création, il faut assurément tenir compte du talent réel des conteurs, de la mode, du « courant atmosphérique » du moment, comme disait Sainte-Beuve, et rares demeurent, en définitive les personnages mythiques littéraires dignes de passer à la postérité. Il convient, si l'on ose dire, de savoir donner au mythe quelque apparence de réalité... Aujourd'hui, le terrifiant *Giaour,* de Lord Byron ; le baron Saturne, bourreau amateur et maladroit, *Convive des dernières Fêtes,* de Villiers de l'Isle-Adam, ou l'ultra-romantique Karl Moor, héros des *Brigands* de Schiller, que sa fiancée qualifie d'adorable démon, prêtent à sourire, en raison du caractère « frénétique », voire caricatural, de leur langage et de leurs façons d'agir. Il en va de même pour la plupart des acteurs (La Durand, lady Clairwil, Saint-Fond, Minski, le prieur Raphaël...) que Sade anime dans *Juliette* et dans *Justine*; pour les monstres qu'Eugène Sue nous présente dans *Les Mystères de Paris* (La Chouette, le Chourineur, le Maître d'école) et, bien entendu, pour les religieux perdus de mœurs qui çà et là parcourent les romans noirs. « Le Moine bouscule la réalité à pleins bras, traîne devant moi des sorciers, des apparitions et des larves, avec le naturel le plus parfait, et fait enfin du surnaturel une réalité comme les autres », constatait Antonin Artaud avec un plaisir non dissimulé. Il ne manque pas d'émules parmi les amateurs de frissons littéraires, de textes relevant d'une fantaisie débridée comme en relèvent sur un registre légèrement différent, mais non moins cruel — sataniquement cruel — les expériences du *Docteur Moreau*, de H.-G. Wells, ou la mise au monde de la *Mandragore*, de Hans Heinz Ewers, que Pierre Mac Orlan comparait à celle du *Docteur Jekyll* : « L'histoire de la petite Mandragore, créée par le génie malfaisant d'un homme, dans le cadre mélancolique du Rheinland, s'apparente à celle du docteur Jekyll, de Stevenson, qui devient par sa propre volonté Edouard Hyde, personnage représentant le mal absolu, de même que la séduisante Alraune représente la perversité la plus furieuse. » Apparaissent en revanche, autrement crédibles bien qu'un tantinet compliqués, les héros des *Diaboliques*, de Barbey d'Aurevilly; l'hystérique Clara du *Jardin des Supplices*, d'Octave Mirbeau, et le peintre Ethal dont Jean Lorrain décrit l'étrange passion de contempler les agonies : « Oh! la froide et cruelle sensualité anglaise, la brutalité de la race et son goût du sang, son instinct d'oppression et sa lâcheté devant la faiblesse, comme tout cela flambait dans les yeux d'Ethal pendant qu'il s'attardait, avec une joie de félin, à me raconter l'agonie voulue de son petit modèle. » (*Monsieur de Phocas*.)

Exclusion faite des souffrances infligées aux corps, la poursuite systématique du Mal peut encore revêtir l'aspect d'une corruption d'âmes innocentes, et néanmoins prédisposées à tomber dans les pièges que les suppôts de Satan savent leur tendre. Ainsi le charme trouble émanant de *Maldoror*, ou du calife *Vathek*, de William Beckford, agit-il vis-à-vis des jeunes gens dont ils convoitent la perdition. Inversion physique, inversion des valeurs morales se retrouvent dans les écrits de Jean Genêt, pour qui l'absolu du Mal est censé rejoindre la sainteté. « S'ils ne sont pas toujours beaux, les hommes voués au mal possèdent les vertus viriles » que seule, à l'en croire, l'homosexualité se trouve capable de leur conférer. A l'instar de l'orgueilleux Révérend *Melmoth* qui, tout en les méprisant, chérit la tentation de ses semblables, *Vautrin*, ce personnage à facettes multiples, révolté et Frégoli du crime, qui imprègne l'œuvre balzacienne, symbolise à la perfection ces êtres hypervirils appartenant à la postérité de Caïn. « Grandiose statue du mal et de la corruption », ainsi que l'appelle Lucien de Rubempré dans son testament (*Splendeurs et Misères des Courtisanes*), Vautrin vit dans l'autre par procuration, mais finit par broyer les âmes qui ont l'audace ou le malheur de résister à son indomptable volonté de puissance.

Enfin, certains de ces hommes voués au Mal, mais croyant ferme en la Présence réelle dans l'Eucharistie, imaginent être en mesure d'infliger des souffrances à la divinité, du simple fait de leur qualité de prêtres. Dans cette optique purement catholique, Joris-Karl Huysmans constate que « la force du sadisme, l'attrait qu'il présente gît tout entier dans la jouissance prohibée de transférer à Satan les hommages et les prières qu'on doit à Dieu... » (*A rebours.*) Ainsi verra-t-on dans la *Justine*, de Sade, des religieux libertins consommer sur les reins nus de la jeune Florette « le plus redoutable de nos mystères », tandis que *Juliette* se fera sodomiser par le pape sur l'autel de Saint-Pierre de Rome. Pour sa part, le chanoine Docre, fameux célébrant de messes noires, qui nourrit des souris blanches avec des hosties consacrées, pousse la rage du sacrilège jusqu'à se faire tatouer sous la plante des pieds « l'image de la Croix, afin de pouvoir toujours marcher sur le Sauveur ! » (*Là-Bas*, de Huysmans). Très proche du redoutable Ambrosio — le prieur du *Moine* — Montoni aux passions fougueuses, qui se délecte du malheur d'autrui dans *Les Mystères d'Udolphe*, d'Ann Radcliffe, et le Père Schedoni, de *L'Italien* (du même auteur), le « superhuman » à la face livide et mélancolique préfèrent cependant l'exécution de crimes sanglants à ces fantaisies sacrilèges. Tout comme Goetz von Berlichingen, héros singulièrement romantique dont les soudards, dans *Le Diable et le Bon Dieu*, de Jean-Paul Sartre, pillent les sacristies, violent les nonnes, incendient les églises, et qui apprend qu'en définitive le Bien est plus pénible à accomplir que le Mal. Propos que contredit singulièrement, soit dit en passant, cette remarque du Jésuite crucifié du *Soulier de Satin*, de Paul Claudel : « C'est le mal seul à dire vrai qui exige un effort, puisqu'il est contre la réalité. » Toujours est-il que l'un ne saurait se passer de l'autre et qu'un monde serait inconcevable où le mal (même mythique) n'existerait pas. Ce qu'avec beaucoup d'humour Pierre Mac Orlan imaginait dans *Le Nègre Léonard et Maître Jean Mullin* : « Le mal a disparu de la terre. Peu d'hommes ont échappé à ce désastre, car l'équilibre étant rompu entre leurs facultés, une quantité prodigieuse d'individus des deux sexes moururent de bonté comme ma servante. Ils devinrent trop bons, tout d'un coup, sans préparation et la plupart développèrent leurs sentiments, par l'absurde au-delà de ce qui pouvait être permis naturellement. »

ÉTONNANTE VITALITÉ DU MYTHE

Les proverbes, les exclamations, les allusions faites au Diable dans le langage courant, confirment à l'évidence la pérennité du mythe satanique. Par fantaisie ou par jeu un bon nombre d'auteurs contemporains, encore séduits par l'archétype médiéval précédemment évoqué, n'hésitent pas à nous présenter les derniers avatars du Démon. A l'instar de Michel de Ghelderode et d'Henri Troyat, déjà mentionnés, Abraham Merritt le fait personnellement intervenir dans *Sept pas vers Satan*; Robert Bloch laisse le champ libre à l'impitoyable mouche qui le symbolise (*Beelzebub*) et Isaac B. Singer ne cesse d'évoquer ses séides, victimes des bons tours que leur réservent les Juifs polonais (*Short Friday*). Il montre encore son trident et sa queue fourchue dans les contes recensés par Henri Pourrat, ou arrangés par Claude Seignolle (*Le Diable en sabots*). On le retrouve dans l'*Arrière-monde* de Pierre Gripari, *Le Faussaire*, de Jean Blanzat, et *Le Grand Nocturne*, de Jean Ray où, par personnes interposées, il s'amuse à détraquer notre univers. *La Grande Femme. Récit à faire peur*, de Pedro A. de Alarcon n'est autre que Satan : « vivant sarcasme » de la destinée d'un ingénieur qu'elle pousse au suicide à force de le harceler. Son apparition en collant rouge est tant soit peu risible à la fin de la pièce de Jean Marsan, imitée de O'Hara : *Le noir te va si bien*, mais le monologue de l'acte III (scène II) du *Concile d'Amour*, d'Oscar Panizza adhère parfaitement à l'image que l'on se faisait de Satan au Moyen Age : « Te voilà, chien, une fois de plus seul, en tête à tête avec toi-même, délaissé et méprisé de tous! Te voilà revenu de l'audience, triste individu, dénué d'ancêtres autant que de réputation! Une fois de plus tu as vu les appartements dorés des gens de qualité, mais toi, tu es et tu restes « le » gueux, « le » croquant, « le » filou. Ceux d'en haut peuvent, eux, faire tout ce que bon leur semble : platitudes, bassesses, vilenies, c'est toujours du noble et du distingué, puisque tout se passe dans les appartements du beau monde! Mais toi tu as beau faire (même si tu t'enfonçais la tête la première jusqu'à l'autre bout du monde), tes actes seront toujours infâmes, ignobles, crapuleux! » (Trad. Jean Bréjoux.)

Plus récemment, Paul Gilson s'inspirait encore du célèbre conte de Chamisso pour donner Satan en spectacle dans *L'Homme qui a perdu son ombre* (1953). Il arrive aussi qu'il délègue ses pouvoirs à de jolis succubes chargés de tenter un ecclésiastique vieillissant (*The Wayward Saint*, pièce de Paul Vincent Carroll), ou à quelque incube lascif, prêt, comme le *Péhor* des *Histoires magiques*, de Remy de Gourmont, à conduire à la perdition une fervente adepte des plaisirs solitaires.

A ce retour aux sources classiques de la démonologie font pendant d'assez curieuses réminiscences romantiques. Tandis que Jean Genêt proclame que les beaux garçons « portent tous les signes de la puissance des ténèbres » (*Notre Dame des Fleurs*) et que, dans son *Histoire de l'Œil*, Georges Bataille renouvelle les exploits criminels des romans noirs, André Gide engage sciemment le dialogue avec Satan, et se laisse « posséder », tout en exaltant ses propres faiblesses : « Je ne sais plus à présent, le dieu ténébreux que je sers », dira *L'Immoraliste*. Encore mieux avouée, cette même disponibilité pour le péché et l'envahissement de l'ombre, se retrouve chez Marcel Jouhandeau. « Il y a, dit-il, une place en nous qui ne doit pas demeurer vide. Si elle l'est, on est à la merci du premier venu, le Diable; et certes mieux vaut pour nous qu'un tyran ou un épouvantail nous occupent que d'être exposés à cette licence qui est la plus grande misère et le contraire de l'indépendance intérieure. On est moins grand par ce qu'on refuse que par ce qu'on accueille et soumet. » Baudelaire ne prétendait-il pas, de son côté, qu'il y a « dans tout homme, à toute heure, deux postulations simultanées, l'une vers Dieu, l'autre vers Satan » ? Enfin, sacrilège à la manière de Sade, de Blake ou de Lautréamont, Henry de Montherlant constate dans *Le Démon du Bien* que, « par tout ce que nous connaissons de Dieu, par les paroles, par les sentiments, les actes que lui ont prêtés toutes les religions, dans les siècles, nous savons que Dieu est bête. Le Démon étant son antithèse, on pouvait donc le croire intelligent ; et d'ailleurs il en a multiplié les preuves ».

On peut même assurer sans crainte d'erreur, qu'il ne les a jamais autant multipliées qu'au cours du XXᵉ siècle. Conflits mondiaux, massacres et génocides, ne portent-ils pas autant la marque de Satan, que la confusion des valeurs, le désordre apporté dans les esprits et dans les mœurs par l'agression permanente du sexe, de la violence, d'une mensongère et avilissante publicité ? Satan qui sait s'adapter à toutes les situations socio-culturelles, même les plus banales, est ainsi devenu *Un Démon de Petite Envergure*, sous la plume de F. Sologoub : un démon médiocre, évoluant dans un milieu médiocre, lâche, cruel, ne se plaisant qu'à salir autrui. « Tout ce qui parvenait à sa conscience se transformait aussitôt en boue et en ordure. Il ne voyait dans les objets et les êtres que leurs défauts, et ces défauts le réjouissaient... Il riait d'allégresse lorsque, devant lui, on souillait quelque chose... Pour lui, le bonheur consistait à ne rien faire, et à se retirer du monde pour ne penser qu'aux satisfactions de son ventre. » (trad. Georges Arout.) Non moins misérable apparaît, avec son visage dissymétrique, son front creusé de rides et ses sourcils pointus, le Diable Woland, de Mikhaïl Boulgakov, qui joue dans *Le Maître et Marguerite*, le rôle d'un professeur de magie noire s'amusant, en particulier, à arrêter les pendules, prédire des événements néfastes et déshabiller les femmes, dont les vêtements tombent en pleine rue.

Cette parfaite dérision de la condition humaine trouve son acmé dans les pages angoissantes de *La Colonie pénitentiaire* de Franz Kafka. Là, dans un silence absolu, la créature réduite au simple état d'un rouage de machine, se trouve broyée sans la moindre possibilité de rachat ou de pardon. Cependant, à cet enfer aux vastes proportions, dignes des fresques de Pise ou d'Albi, Satan préfère désormais quelque lieu discret et confiné où l'expiation des péchés se résout en une humiliation permanente des individus. « L'horreur infernale ne réside pas dans un décor d'un fantastique inhabituel, hirsute, inhumain, délibéré », remarque Jean Genêt dans *Le Miracle de la Rose*. « Elle accepte le décor et les manières de la vie quotidienne ; seul un détail ou deux les transforme (un objet qui n'est pas à sa place, ou qui est à l'envers, ou qu'on voit du dedans), prend le sens même de cet univers, le symbolise, révélant que ce décor et ces manières relèvent de l'enfer. » De là *Huis Clos*, de Jean-Paul Sartre, où les souffrances infligées à trois damnés prennent un caractère délibérément mental, symbolisées par la jalousie morbide, la haine tenace, et le dégoût de soi — si souvent cultivé par nos contemporains... De là également les propos que Satan s'empresse d'adresser à la femme d'un couple adultère, que l'ascenseur d'un hôtel sordide a mené tout droit aux abîmes : « Si Madame avait vu ce qui se passait dans le temps, c'était autre chose. Actuellement rien à dire contre l'enfer. Nous faisons tout pour qu'on ne s'aperçoive de rien ; au contraire on s'y plaît assez... Actuellement, il n'y a plus que les souffrances de l'âme. » (*Contes cruels*, de Pär Lagerkvist.)

Satan s'est donc dilué dans l'air — Oh! combien pestilentiel, que nous respirons. Il s'est fait homme du commun, citoyen ordinaire ou bourgeois mesuré, afin de mieux nous tromper. « Par la mesure, je croyais maîtriser le mal, disait André Gide ; et c'est par cette mesure au contraire que le Malin prenait possession de moi. » Effacé autant qu'il se pouvait, et perclus de rhumatismes, dans l'intention de se rapprocher de nous, même par la maladie, ne déclarait-il pas déjà à Ivan Karamazov, étonné d'une telle rencontre : « *Satanas sum et nihil humani a me alienum puto* » ? Privé des oripeaux dont l'affublait le théâtre médiéval, et de la pacotille chère à certains romantiques, Satan n'a même plus besoin de se donner la peine de faire croire qu'il n'existe pas. « Comment je me nomme ? », s'exclame Méphistophélès, dans *Mon Faust*, de Paul Valéry, « mais je ne me nomme point. On me nomme comme l'on veut. Je suis, je vous l'ai dit, le Serviteur des serviteurs d'eux-mêmes ». Derrière le paravent de la banalité quotidienne, il nous écoute, assurait Léon Bloy, « dans un formidable silence » — qui donne à réfléchir. C'est là qu'il excite le fol orgueil de l'homme qui, se prenant pour le nombril du monde, extermine ses semblables, détruit son environnement naturel, jongle avec l'arme nucléaire, germe d'une destruction de l'espèce.

On conçoit que dans un tel contexte Satan recoure lui aussi à la tentation, son arme favorite. Tentation intellectuelle envers ceux qui, à l'instar d'André Gide, se tournent volontiers vers les « régions irrationnelles du moi » (Henri Massis) au risque de se perdre : « Et je sens en moi, certains jours, un tel envahissement du mal, qu'il me semble déjà que le mauvais prince y procède à un établissement de l'Enfer. » (*Journal des Faux Monnayeurs.*) Tentation érotique dans *L'Ennemi*, où Julien Green, dont les obsessions mêlent la sensualité au mysticisme, assimile Pierre — le frère illégitime — au Séducteur en personne, qui finira assassiné, puis damné. Tentation de la violence dans *Le Rocher de Brighton*, de Graham Greene, où Pinkie, le jeune chef de bande solitaire, vierge et refoulé, règle ses problèmes par le crime, voué qu'il était à l'enfer, dès le berceau. Regardant l'amour physique à l'égal d'un jeu bestial, d'un corps à corps répugnant, Pinkie ne songe qu'à entraîner les autres vers le suicide et, notamment, sa petite amie : « Elle était sans péché, il le savait bien, tandis que lui était damné : ils étaient faits l'un pour l'autre. » (trad. Marcelle Sibon.) En définitive, la tentation suicidaire est celle à laquelle Satan — ne demeure-t-il pas le Négateur par excellence ? — préfère recourir en semant le doute et le scepticisme. Ainsi, en pleine force de l'âge, Antoine Roquentin, le héros pessimiste de *La Nausée*, de Jean-Paul Sartre, ne sait que faire de l'« énorme absurdité » de son existence, et constate que « les choses sont tout entières ce qu'elles paraissent — et derrière elles... il n'y a rien. » De la désespérance quotidienne naît également la tentation de la drogue; des paradis artificiels, « misérable miracle », que reflètent les écrits d'Henri Michaux et *Le Festin nu*, de William Burroughs.

Hanté par l'idée du péché mortifère, du vide intérieur, de la non-communication entre les êtres, Georges Bernanos a remarquablement défini cette délectation du néant que Satan vient insuffler, tant dans *Sous le Soleil de Satan*, que dans *Monsieur Ouine*, ou *Si j'étais vous...* Le mal bourdonne « comme une ruche en avril », dans le village de Fenouille, où le mystérieux Monsieur Ouine incarne à la fois un personnage vivant et une entité métaphysique. Il n'est autre que Satan, insoupçonnable sous son déguisement de maquignon, courtier en bidets et jovial garçon qui, modifiant le paysage nocturne à sa guise, empaume littéralement l'abbé Donissan, un homme simple, peu imaginatif, ultra scrupuleux, qui se sent « brûlé de ce feu de l'enfer, où toute espérance est consumée ». Et, sans même qu'il s'en soit rendu compte, le souverain de cet enfer marche à ses côtés, le fatigue à tourner en rond, l'incite à se reposer sur son épaule et finit par l'embrasser sur la bouche pour lui voler son souffle : « Tu as reçu le baiser d'un ami, dit tranquillement le maquignon, en appuyant ses lèvres au revers de la main. Je t'ai rempli de moi, à mon tour, tabernacle de Jésus-Christ cher nigaud! Ne t'effraye pas pour si peu : j'en ai baisé d'autres que toi, beaucoup d'autres. Veux-tu que je te dise? Je vous baise tous, veillants ou endormis, morts ou vivants. Voilà la vérité. Mes délices sont d'être avec vous, petits hommes-dieux, singulières, singulières, si singulières créatures! A parler franc, je vous quitte peu. Vous me portez dans votre chair obscure, moi dont la lumière fut l'essence — dans le triple recès de vos tripes — moi, Lucifer... Je vous dénombre. Aucun de vous ne m'échappe. Je reconnaîtrais à l'odeur chaque bête de mon petit troupeau. » (*Sous le Soleil de Satan.*) Pourtant Donissan : un saint qui s'ignore, réagit à temps, et chasse loin de lui et le maquignon et la tentation du désespoir.

Assurément, Satan se délecte dans l'œuvre de Bernanos à poursuivre de sa haine des âmes d'élite, mais il serait vain de croire qu'il néglige pour autant le reste de son obscur « troupeau », dont il cristallise les pulsions perverses : « car le dévot de l'univers charnel est à soi-même Satan ». Ce que Paul Valéry lui aussi exprime clairement lorsqu'il versifie dans *L'Ebauche d'un Serpent* :

« Qui que tu sois, ne suis-je point
Cette complaisance qui poind
Dans ton âme, lorsqu'elle s'aime?
Je suis au fond de sa faveur
Cette inimitable saveur
Que tu ne trouves qu'à toi-même. »

Il n'en demeure pas moins vrai que l'amour-propre, comme le remarque Luc Estang dans *Cherchant qui dévorer*, peut mal tourner parfois, « jusqu'à contrarier la charité qu'on se doit à soi-même. Blessé, il envenime sa plaie; souillé il se roulera dans la sanie, honteux, il cédera au vertige du dégoût total. Pire tentation orgueilleuse, cette attirance de l'abîme! Lucifer, à une moindre splendeur que celle dont il rêvait, ne préfère-t-il pas la principauté des ténèbres? ».

En flattant l'anthropolâtrie, tellement significative du monde actuel, Satan certes risque de se faire oublier, mais en même temps, de faire oublier Dieu. En ce qui concerne le Très-Haut il semble bien qu'il y soit parvenu. Le concept d'un Dieu à la fois redoutable et bon, qui viendra exiger des comptes lors du Jugement dernier, apparaît plus que jamais démodé, risible, et carrément... mythique. Ses temples sont d'ailleurs de plus en plus désertés au profit de ceux de Satan qui, non seulement possède ses églises, ses sectes et ses sacrifices, mais s'efforce encore d'inspirer les programmes des médias et de régner sur le « show business » : Satan super star s'avance sur le podium des stades et des music-halls. Dans un monde où les pulsions irrationnelles entrent de plus en plus souvent en lutte avec le moi socialisé, le mythe de Satan a retrouvé une étonnante vitalité et l'écriture n'échappe, naturellement pas, à cette tendance générale. « Alors que la réalité d'un Dieu personnel semble s'effacer », écrivait prophétiquement Robert Kanters, en 1950, « la réalité d'une personnification du mal s'impose avec plus de force : dans le ciel littéraire, plus vif que le soleil de la vérité brille le soleil de Satan ».

Roland VILLENEUVE

BIBLIOGRAPHIE

Albert BÉGUIN, *L'Âme romantique et le Rêve*, Paris, Librairie José Corti, 1939.

André BRINCOURT, *Satan et la Poésie*, Paris, Bernard Grasset, 1935.

COLLIN de PLANCY, *Dictionnaire infernal*, 2e édition, Paris, 1825, 4 vol. in-8o.

Claudius GRILLET, *Le Diable dans la littérature au XIXe siècle*, Lyon, Paris, Emmanuel Vitte, 1935.

Les Frères GRIMM, *Traditions allemandes* (Trad. par Theil), Paris, Levavasseur, 1838, 2 vol.

Ferdinand LANGLE, (pseudonyme de Joseph LANGLOIS), *Les Contes du gay sçavoir*, Paris, Lami Denozan, 1828.

Hubert MATTHEY, *Essai sur le Merveilleux dans la littérature française, depuis 1800*, Paris, Payot, 1915.

Max MILNER, *Le Diable dans la littérature française de Cazotte à Baudelaire, 1772-1861*, deuxième réimpression, Paris, Librairie José Corti, 1971, 2 vol.

Mario PRAZ, *La Chair, la Mort et le Diable; le Romantisme noir*, Paris, Denoël, 1971.
Maximilien RUDWIN, *Les Écrivains diaboliques de France*, Paris, Figuière, 1937.
Robert-Léon WAGNER, *« Sorcier » et « Magicien », contribution à l'histoire du vocabulaire de la magie*, Paris, Droz, 1939.

Saturne

Le mythe de Saturne aurait pu n'être qu'une transcription romaine du mythe de Cronos (voir l'article Cronos), s'il était resté prisonnier de l'imitation littéraire. Il se serait même limité au cadre étroit de la mythologie érudite, fille des compilations des savants alexandrins. Tel est le sort qui lui était réservé dans la traduction par Ennius de l' « Histoire sacrée » d'Evhémère. Le « père » de la poésie latine, en adoptant *Saturnus* comme équivalent de Cronos en grec, fait figurer l'ancien dieu italique dans les généalogies divines et les luttes dynastiques des vieilles divinités helléniques dont Evhémère propose une version rationalisée. Saturne entre donc, dans la littérature latine sous les traits d'un dieu vaincu, exilé du ciel sur la terre, trouvant refuge en Italie, où il fait régner l'âge d'or.

On pressent, dans ce résumé sec et appauvri des traditions hésiodique et platonicienne, le parti-pris d'Evhémère contre les dieux et leurs grands mythes. Ce philosophe du IIIe siècle avant Jésus-Christ, professe que les dieux ne sont que d'anciens rois bienfaiteurs de l'humanité, dont la mémoire collective fait, avec le recul, des divinités. Cette théorie réductrice aurait été fatale au mythe de Saturne, si le dieu qui donne son nom au mythe de l'âge d'or à Rome au Ier siècle avant Jésus-Christ n'avait derrière lui, sur place, une longue histoire.

Le mystère plane encore pour nous, comme pour les Romains du temps de Cicéron, sur la véritable origine de Saturne. Il s'agit sans doute d'une divinité spécifiquement méditerranéenne dont l'histoire se charge à différentes dates de caractères sabins, étrusques, grecs. Des Sabins, vient peut-être le souvenir d'un dieu et de son royaume (la Saturnie) à vocation agricole. A l'Etrurie il doit sûrement son nom (Satre) et son aspect redoutable de dieu chhtonien, dont le culte est lié à celui des morts. L'influence grecque, sensible dès le ve siècle, dans son type sculptural, empêche d'imaginer la personnalité archaïque de ce *numen* de l'agriculture, qui domine le monde paysan et possède un temple à Rome, dédicacé en 497 avant Jésus-Christ. L'ancienneté et l'importance du dieu se devinent à travers la plus grande fête paysanne de la Rome archaïque : les *Saturnales*. Le scénario de ces réjouissances populaires rejoint celui de la fête du Nouvel An, en Orient, — fête au cours de laquelle l'âge d'or revit périodiquement. Ce n'est certainement pas un hasard si la réforme des Saturnales, en 217 avant Jésus-Christ, refondue sur le modèle grec des *Cronia*, accentue la ressemblance de cette fête de régénération avec les prototypes orientaux. Le lectisterne, en proposant au public l'image d'un banquet de dieux, cherche à suggérer les présences divines parmi les mortels; le *convivium publicum* offert après le sacrifice, consacre l'abondance collective en un festin public sans distinction de rang ni de fortune; le caractère férié de cette fête pour tous les travailleurs et pour les esclaves réinstaure l'*otium* sacré de l'âge d'or; enfin, le défilé carnavalesque conduit par le *Saturnalicius princeps* réalise dans la liesse populaire (*Io Saturnalia!*) l'unité primitive éphémère.

Les nouvelles Saturnales prennent l'allure d'un mythe vécu : sous la protection des dieux, les hommes vivent, à l'écart des soucis et du dur labeur, la joie de l'abondance et de la paix initiales. Les *Saturnalia* sont devenues, dans la formule de 217 avant Jésus-Christ, la plus grande fête de Rome, parce que leur contenu coïncide avec l'inconscient collectif. Cette fête est la première et la plus durable rencontre de Rome avec le mythe de l'âge d'or.

C'est donc au IIIe siècle avant Jésus-Christ que l'initiative d'Ennius et la réforme des *Saturnalia* consacrent à Rome la rencontre du mythe et du rite dans l'évolution d'un culte. Il faut en chercher la raison dans l'histoire des Romains. A la suite du péril que fait courir à l'Italie la pression carthaginoise, lors de la seconde guerre punique, l'unité nationale doit être affirmée et magnifiée. Pour atteindre ce but, le Sénat fait un acte religieux. On ne peut qu'admirer la justesse de son choix : demander au culte public de créer une unanimité de cœur; préférer un dieu ancien aux attaches paysannes dont le rite, en sommeil, est apte à un renouveau; prendre dans la tradition hellénique ce qui peut toucher l'imagination romaine; puiser au trésor des fêtes rustiques qui, en Grèce comme en Italie, conservent des traits anciens de la vie rurale, uniforme dans tous les pays de la Méditerranée. Rien d'étonnant à ce que, deux siècles plus tard, dans le contexte des guerres civiles, l'imagination romaine accueille à nouveau les *Saturnia regna* comme symbole d'espoir et de renaissance.

Le mythe de Saturne prend sa forme définitive dans l'œuvre de Virgile, où il se déploie et s'achève en mythe politique.

C'est la IVe *Bucolique* qui impose l'annonce du retour imminent de l'âge d'or dans l'expression « *redeunt Saturnia regna* » (*Bucolique* IV, 6), face à l'appellation choisie par Horace dans la XVIe *Epode : tempus aureum* (*Epode* XVI, 64). La célèbre églogue décrit les trois phases de la restauration totale de l'âge d'or édénique dans le monde en termes sibyllins — exercice de style parfaitement réussi qui a pour effet d'introduire un langage mythique authentique dans la poésie latine du Ier siècle avant Jésus-Christ. Des modèles grecs et orientaux ont probablement concouru à faire de cet essai un petit chef-d'œuvre. L'âge d'or s'y manifeste comme l'ère de la paix, de la justice et de l'abondance réapparaissant dans le monde libéré du mal, sous le signe d'un enfant destiné à devenir l'homme divinement royal qui présidera finalement à la joie universelle. L'habileté de Virgile fait fusionner des expressions hésiodiques, pythagoriciennes et platoniciennes, qui assurent la continuité entre le mythe de Cronos et celui de Saturne dans l'évocation du nouveau maître du monde régénéré.

L'évolution des affaires romaines dans la décennie qui correspond à la rédaction des *Géorgiques* (39-29 avant Jésus-Christ) explique l'approfondissement de la réflexion virgilienne sur les virtualités de l'*aureus Saturnus.* Il peut être présenté comme un vieux dieu national à vocation agraire que l'Italie réunifiée peut opposer aux royaumes hellénistiques, si elle sait fonder sur lui sa propre prophétie de domination universelle d'essence religieuse. Les *Géorgiques* rattachent intentionnellement le bonheur du paysan italien au mode de vie instauré par Saturne jadis sur cette terre : l'âge d'or se trouve ainsi actualisé et romanisé (*Géorgiques* II, 532-539). L'esprit du nouveau *regnum*, qui s'épanouit dans la sacralisation du travail agricole, établit un type d'échanges parfait entre les dieux, les hommes et la terre — ordre qui garantit l'abondance, la paix et la justice de l'âge d'or.

L'irruption du temps mythique dans l'histoire romaine trouve sa consécration dans l'*Enéide.* Dans cette œuvre, Virgile approfondit sa réflexion sur la royauté latiale dont Saturne devient le garant à travers les âges. *Saturnus rex* n'est pas le fondateur du *regnum* italique, puisqu'il a trouvé Janus sur place à son arrivée dans le Latium. Les deux dieux ont assumé au début les fonctions de rois civilisateurs, faisant régner l'âge d'or sur leurs sujets. Virgile privilégie Saturne dans ce rôle et l'insère dans une généalogie divine et royale qui s'étend, à travers les siècles jusqu'à Auguste. Sous cette forme l'âge d'or de Saturne devient mythe de fondation, prototype du gouvernement divin qu'Auguste, à l'image d'Enée, est appelé à pratiquer pour assurer la restauration morale et politique de Rome. L'expression *aurea saecula* (*Enéide*, 8, 324-325) d'une transposition plus aisée au Ier siècle avant Jésus-Christ recouvre la triade archétypale de l'âge d'or, fondement du gouvernement parfait de type royal : paix (*Enéide* 8, 325), justice (*Enéide* 7, 202-204) et abondance.

C'est ce mythe vivant dans l'histoire que chante le *Carmen Saeculare* d'Horace aux *Jeux Séculaires* de 17 avant Jésus-Christ. A partir de cette date, bien que tous les poètes augustéens fassent écho à l'âge d'or romain, on constate un effacement progressif du *Saturnus rex*, que Tibulle évoque encore avec nostalgie (*Elégies*, 1, 3, 35).

L'*aureum saeculum* de la tradition populaire (Tacite, *Dialogue des Orateurs*, 12) connaît une dernière illustration littéraire avec Calpurnius Siculus, qui place son éloge du prince idéal sous le patronage de Virgile.

La dernière apparition des *Saturni latialia regna* (*Bucolica* 1, 64) est d'une totale fidélité à l'ensemble de la tradition littéraire romaine. Le caractère politique du mythe de Saturne s'y confirme, mais sa grandeur n'est plus sensible à travers les excès de la propagande impériale.

Marie-Josette BÉNÉJAM-BONTEMS

BIBLIOGRAPHIE

HORACE, *Odes et Epodes*, Paris, Les Belles Lettres, 1976.
TIBULLE, *Elégies*, Paris, Les Belles Lettres, 1961.
VIRGILE, *Bucoliques*, Paris, Les Belles Lettres, 1983.
— *Géorgiques*, Paris, Les Belles Lettres, 1968.
— *Enéide*, Paris, Les Belles Lettres, 1977.
R. BLOCH, *Recherches sur les Religions de l'Antiquité classique*, Paris, Droz, 1980.
G. DUMEZIL, *La Religion romaine archaïque*, Paris, Payot, 1966.
M. LEGLAY, *Saturne africain*, Paris, 1966.
C. GUITTARD, *Recherches sur la nature de Saturne des origines à la réforme de 217 avant Jésus-Christ*, Paris, 1976.

Les mythes scandinaves

Un auteur du siècle dernier notait que le Nord, pour nous, fut toujours un sujet de merveilles. C'est de ce point de vue que nous partirons, saisissant ici l'occasion, par excellence, de cerner un mythe littéraire à l'état pur, si l'on ose dire, c'est-à-dire une construction fantasmatique née de nos rêves et de nos manques et que ne parvient pas, malgré une indéniable fréquentation de la réalité, à réviser une vue enfin sérieusement documentée.

Quelques images d'une magique phosphorescence, tout un lot d'idées reçues, comme inexpugnables, ont édifié depuis plus d'un millénaire au moins, un Nord à la mesure de nos imaginations enfiévrées, une Scandinavie où nous nous obstinons, d'ailleurs à situer les Finlandais, les Lapons, les Esquimaux et, pourquoi pas les Tchouktches ou les Toungouses. Tout ce qui vient du froid. Les, ou plutôt le mythe scandinave demeure aujourd'hui encore, à la fin du XXe siècle, le pôle magnétique et volontaire de nos ignorances et de nos attentes. Jules Verne avait choisi de placer l'entrée du passage qui menait au centre de la terre dans le cratère du mont Hekla, en Islande. L'Antiquité grecque situait l'Hyperborée aux confins, sinon au-delà du monde et Pytheas ne pourra baptiser son escale extrême autrement qu'Ultima Thule. Décidément, de tout temps le Nord aura été ailleurs et autrement : c'est certainement là la raison première de la fascination qu'il exerce sur nous. C'est, littéralement, le bout du monde, physique et mental. On aura beau le visiter, l'étudier, le démystifier, il restera sur nos marges. C'est en cela qu'il nous est indispensable.

Il faut convenir que la Scandinavie (c'est-à-dire, rappelons-le, le Danemark, la Suède, la Norvège, l'Islande et quelques îles comme les Féroé) prête le flanc à nos divagations par ses composantes naturelles. On peut négliger le Danemark, plus continental, ou une bonne partie de la Suède, symphonie un peu monotone de forêts et de lacs (encore que tout un cinéma ait assuré une fortune à ces miroirs tranquilles où le paysage s'inverse sans effort sous les yeux de quelque naïade naturiste), il reste que les fjords norvégiens ou islandais, les fjells qu'ils découpent, les glaciers ou les volcans d'Islande, les mers glaciales, les immenses étendues à peine habitées, sinon d'une faune et d'une flore peu coutumières (l'élan, le renne, l'aigle, le ptarmigan, le faucon) nous arrachent à nos habitudes. Et même si le Cap Nord revient à une falaise abrupte et grise qui ne va pas sans désolation, même si les paysans du centre de l'Islande ont souvent des allures proprement dantesques, on n'oublie pas ces décors, tout mélancoliques qu'ils soient souvent.

D'abord, comme on l'a dit, parce qu'ils sont nés du froid, ont été façonnés par le froid, vivent en perpétuelle collusion avec lui. La glace, la neige et même les « maelstroms furieux » des Lofoten ont une pureté, une dureté qui font défaut à nos décors connus.

Une blancheur surtout et voici introduit le grand thème, incontestable, celui-là : la lumière. Il est parfaitement vrai que du côté de Tromsø ou de Sundsvall ou d'Akureyri, et même à Helsingø (Elseneur) que hante toujours le spectre de Hamlet, aurores boréales ou soleil de minuit aidant, toutes choses sont transfigurées, que la réalité se dédouble ou se magnifie, qu'un élan la soulève, auquel nous ne pouvons pas ne pas prêter on ne sait quelles impulsions mystérieuses, mystiques, magiques. Du Nord vient la lumière, disaient les Anciens. Toute une alchimie n'a cessé de placer là le siège du Troisième Empire ou du Royaume des Morts ou du Monde des Supra-Vivants.

La Scandinavie, c'est d'abord un paysage, réel ou rêvé, réel et rêvé. Son prestige, ici, vient de ce qu'il se trouve coïncider assez bien avec nos désirs les plus fantastiques. Il confond la terre et le ciel, il impose avec une insistance vraiment prenante les grandes composantes telluriques, aquatiques, aériennes et même, s'il s'agit de l'Islande, phlogistiques dont nous savons bien, depuis toujours, et donc bien avant les magistrales analyses bachelardiennes, que nous sommes faits. Et il n'importe pas tellement que les sciences exacte nous enseignent, par exemple, que l'Islande n'est guère un pays froid ou que le Danemark ne se distingue qu'à peine de bon nombre de nos provinces côtières : ils sont, par définition, intégrés à notre Septentrion affectif, nous rougirions de les en expulser.

Etonnons-nous, après cela, que tout un univers légendaire, mythique et encore une fois magique préside à notre sentiment de la Scandinavie : au fait, déjà, tout ce décor n'est-il pas peuplé de nains, trolls, tomtes que nous avons apprivoisés grâce au jars de Nils Holgersson, l'animal qui a plus fait, aux temps modernes, pour alimenter notre mythe que tout ce qu'il reste à dire ici. Pourtant, voici surgir toute une série, en ordre dispersé, de vocables aussi souverainement impérieux que mal entendus : runes, valkyries, sagas, vikings. Quel est celui d'entre nous dont l'imagination ne s'émeut pas à de pareilles évocations ? Il ne sert strictement à rien d'essayer d'expliquer que les runes n'étaient ni plus ni moins magiques que n'importe quelle autre écriture, que le mot valkyrie recouvre, en bonne diachronie, une demi-douzaine d'acceptions successives qui relèvent bien plus de la religion que de tout occultisme, que les sagas ne sont que des manières de romans historiques en prose, chose remarquable, certes, étant donné leur date de composition (XIIIe siècle), et que les vikings étaient cent fois plus des commerçants particulièrement doués, bénéficiant des services de la merveille technique qu'ils avaient mis des siècles à élaborer, leur bateau (qui ne s'est *jamais* appelé drakkar) que des guerriers invincibles (en règle très générale, ils se sont toujours fait battre à plate couture chaque fois qu'ils ont livré bataille en terrain découvert) venus à point nommé châtier l'Occident de ses péchés (entre IXe et XIe siècles). Nous tenons absolument à leur garder quelque chose comme une aura sacrée. Il faut cette dimension à notre rêverie.

Voilà pourquoi, s'il s'agit de littérature, les grands écrivains scandinaves sont, nécessairement dirons-nous, pour nous, des âmes angoissées, torturées, incompréhensibles aux autres comme à eux-mêmes. Il est parfaitement inexact que les Scandinaves, les Suédois surtout, battent tous les records de suicide, et il n'y a pas à nier que ces littératures comptent de grands réalistes ou naturalistes, ni plus ni moins appliqués à dépeindre le monde extérieur sans lui prêter de dimensions occultes, que sous d'autres latitudes. Mais Swedenborg — que bien peu de gens se sont donné la peine de lire —, Kierkegaard, Strindberg, Lagerkvist, tant d'autres se tiennent toujours, à nos yeux, aux limites extrêmes de la folie ou de l'ésotérie, et ce ne sont pas les films d'Ingmar Bergman qui nous démentiront.

Assurément, les Scandinaves jettent sur la réalité un regard qui ne se plie pas aux crochets de notre analyse : ils sont particulièrement sensibles à l'inexprimé, à l'ineffable, au secret des êtres, extrêmement respectueux de la complexité de la personne humaine et donc attentifs, inconsciemment le plus souvent, à n'en pas violer le secret d'une formule souveraine. Cela nous vaut fréquemment des œuvres ambiguës, sans aucun doute, susceptibles d'interprétations multiples. Mais ce n'est pas pour cela qu'il faut placer tous les héros de Knut Hamsun sous le signe du Mystère, ou de faire de tous les personnages ibséniens d'inquiétants ténébreux. C'est leur appliquer à force des vues romantiques dont, en général, ils seraient fort empêchés.

En général, car, s'il faut le dire, il leur est arrivé de prêter le flanc. Pour diverses raisons d'ordre historique et politique qu'il n'est pas possible de préciser ici, les Scandinaves ont eux-mêmes accrédité, notamment au XVIe siècle, un certain nombre de légendes qui, comme on s'y serait attendu, ont tout de suite trouvé ailleurs des oreilles attentives. Déjà, au VIe siècle, l'historien göt Jordanes lançait sa fameuse théorie de la Scandinavie « matrice des peuples », « officine des nations » pour expliquer le déferlement des peuplades nordiques sur l'Europe. Le mouvement « göticiste », en Suède, complaisamment orchestré par le Romantisme scandinave dans son ensemble, reprendra ces erreurs. « Notre » viking est sorti de là. Il cumulait l'invincibilité née de la plume hyperbolique des moines atterrés qui ont rédigé les chroniques où s'étalent ses exploits, le prestige des maîtres techniciens de la navigation qui ont découvert l'Amérique (peut-être, encore n'étaient-ils pas les premiers) et fondé l'état russe (sans aucun doute, mais, curieusement, cet aspect de leur histoire n'a pas frappé l'Occident), romantiques superbes, chacun d'eux étant cet « homme libre » qui « toujours chérira la mer », et la maîtrise des colonisateurs de l'Islande, d'une partie de l'Angleterre et de l'Irlande et de la Normandie. Pour tout dire, ce ne pouvaient être que des surhommes qui venaient régénérer l'Occident avachi, des êtres hyper-énergiques — voyez Montesquieu et ses savantes démonstrations physiologiques — dotés de vertus d'organisation, de commandement qui en ont fait des parangons. Et que sert-il de savoir qu'ils ont joui surtout d'une étonnante faculté d'adaptation responsable, partout où ils se sont établis, de leur parfaite assimilation sur deux ou trois générations, pas davantage? Ils conservent invinciblement leur précellence de type humain idéal : maître des pôles — comme le furent effectivement F. Nansen et R. Amundsen — expression d'une société exemplaire, « fiers enfants du Nord », à eux continue d'aller l'admiration que Chateaubriand ne pouvait se retenir de vouer aux « grands Barbares blancs ». Et de faire de leurs sagas — qui témoignent, en vérité, d'un talent tout à fait remarquable de conteurs : la lignée ne s'en est jamais éteinte, elle a engendré au passage un H.-C. Andersen ou une Selma Lagerlöf — des chefs-d'œuvre poétiques, épiques, magiques encore une fois, ce qui va exactement à l'encontre de leur réelle définition.

Comme toujours, le mythe s'est attardé complaisamment sur la femme viking dont l'historien a le plus grand mal à découvrir en quoi elle se distinguait tellement de sa sœur « continentale ». Mais exceptionnelle, il fallait bien qu'elle le fût si l'on veut donner quelque consistance au mythe. Une étude documentée montrerait aisément qu'en effet, au sein d'une société sensiblement différente des nôtres en ses structures, la femme jouissait de ce qui passerait à nos yeux, à égalité d'époque, pour des privilèges. Mais de là à en faire le modèle de nos féministes modernes, il y a un insondable fossé. Or *Une maison de poupée*, d'Ibsen, aidant, il est exact qu'un certain féminisme radical sévit aujourd'hui en Scandinavie. Il faudrait, toutefois, connaître les composantes précises, ethnologiques, sociologiques, historiques et politiques qui ont abouti à cet état de choses. C'est ce que nous nous refusons de faire, tant la splendeur de la valkyrie offusque notre lucidité.

Il y a la même chose à dire du dernier état, très actuel, du mythe scandinave : ces pays sont des paradis socialistes, il n'y a guère encore, nous parlions à loisir du « modèle suédois ». Là encore, on ne peut contester qu'une indéniable réalité sociale dont les racines se perdent dans la nuit des temps et qui tient à des impératifs et géographiques et historiques, a engendré dans le Nord, une forme de vie en collectivité que prolongera sans trop de heurts la social-démocratie avec ses idéaux. Mais de là à y voir un phénomène exportable tel quel et, surtout, à ériger en exemples les intéressés qui se trouvent être les premiers à protester là-contre, la distance est grande.

Peu nous chaut : notre inconscient a sans doute décidé de mettre sous le Nord force chimères ou utopies dont nous savons bien, à nos instants de clairvoyance, le caractère fallacieux. C'est que les images auxquelles se ramènent nos mythes scandinaves ont décidément trop de charme, au sens fort de ce dernier terme : elles répondent, absurdement parfois, naïvement souvent, mais magiquement toujours, à notre besoin de compensation.

Régis BOYER

BIBLIOGRAPHIE

Régis BOYER, *Yggdrasill. La Religion des Anciens Scandinaves*, Paris, Payot, 1981.
— *Le Mythe viking dans les Lettres françaises*, Paris, Editions du PorteGlaive, 1986.
Régis BOYER et E. LOT-FALCK, *Les Religions de l'Europe du Nord*, Paris, Fayard, 1974.
H.-R. Ellis DAVIDSON, *Gods and Myths of Northern Europe*, Harmondsworth, 1964.

Le grand serpent

Une constatation d'abord : il n'est guère de mythologie qui n'ait son Grand Serpent, à peu près toujours marin et d'un caractère constamment ambigu. C'est vrai du domaine indo-européen, mais l'Amérique précolombienne a son Serpent à plumes, Quetzalcoatl, toltèque puis maya.

Nous n'envisageons pas ici les innombrables ophidiens de toutes tailles, amphisbènes, basilics, guivres, hydres, chimères et dragons, présents au rendez-vous de tous les contes populaires, dans tous les folklores, associés à la Belle qu'ils défendent et au Héros qu'ils révèlent à lui-même, tel Fáfnir et Sigurdr, mais *le* Grand Serpent, le Trismégiste, cosmogonique, éthique, eschatologique. Il n'a jamais cessé de hanter nos imaginations, de Ras Shamra au Loch Ness, il est l'une des rares figures idéogrammatiques qui peuvent prétendre résoudre l'énigme du monde, en lui se rassemblent et se cristallisent nos terreurs immémoriales, nos espoirs et notre tenace désir de durer. S'il se mord la queue, attitude qu'il adopte dans certaines de ses figurations, il est cercle, emblème de toute perfection. S'il s'érige, le voici pilier du monde, colonne universelle. Et s'il sinue, sa trace phosphorescente épouse les détours de nos dialectiques. Comme le soleil, dont il est justement l'antagoniste déclaré, il ne peut être regardé en face car son œil ne cille pas.

Bref, il s'impose à nous par une image d'une inépuisable richesse parce qu'il a tous les sortilèges d'attraction-répulsion qui définissent, tout bien pesé, les grandes pulsions qui nous mènent : inexplicables, comme lui irrésistibles.

C'est que, soleil et feu exceptés encore une fois, il assume les grands éléments dont, par excellence, se nourrit la Vie : la terre qui est aussi le séjour des morts et s'enrichit de leur substance, en vertu de la valence homo-humus, chère à Mircea Eliade ; l'Eau de l'océan qui, Pline le disait déjà (*Histoire Naturelle*, II, 10) « est la mère de tous les monstres. » A la terre, il s'assimile par son corps perpétuellement en contact avec l'élément chthonien, à l'eau, il reste lié par les écailles qui l'assimilent à un poisson, par des reptations qui évoquent l'ondulation des vagues et par toute une gamme de connivences qui le rendent aussi familier des flots que de la lande. Il est l'être qui se joue de nos catégories spatiales ; rien d'étonnant à ce que certaines mythologies l'aient doté d'ailes.

La notion même de distance, qui fonde tant de nos angoisses et de nos rêves, n'existe pas pour lui puisqu'il est l'image vivante de la fin et du commencement confondus. Le *Mahâbhârata* a fort bien vu cela, qui l'assimile, sous le nom de Pinâka, à l'arc de Siva : « en réalité, c'est le grand serpent » qui est « enroulé avec la corde qui sert à tendre l'arc/.../ dont les couleurs ressemblent à celles de l'arc-en-ciel » : pertinente comparaison qui épuise les contours de cette représentation ourano-aquatique. L'arc-en-ciel a toujours été senti comme un « pont » entre notre monde et le « ciel », un intermédiaire impalpable mais charmeur participant du créé et de l'éthéré où résident toutes nos espérances. Comme lui, le Grand Serpent associe des règnes dont l'antagonisme désole notre entendement.

Il y a, en effet, quelque chose de déroutant pour le bipède mammifère que nous sommes, capable, certes, de voler, mais par artifice (Icare, Völundr), apte aussi à la natation, mais après apprentissage, dans cette créature, dangereuse de surcroît puisque venimeuse, susceptible de rivaliser victorieusement avec chacun des règnes du monde animal. Il n'est donc pas surprenant que nous l'ayons, d'instinct, grandi jusqu'à la démesure pour en faire le symbole du plus profond de nos désirs, celui de la Totalité.

Revenons à la Mer, à la Grande Mer où il demeure par élection, ou bien où nous l'avons relégué parce qu'il nous embarrasse. D'elle, il incarne tous les redoutables prestiges : l'insondable danger dont la maîtrise fera les Ulysse, les Brendan, les Conquistadores, les ravisseurs de la Toison d'Or, les Vikings, le trouble magnétisme, si bien analysé par Bachelard, parce que fuyant, irréel en même temps qu'évidemment présent et éternel comme nos rêves ; l'obscurité scintillante des délires rimbaldiens, bref, le secret, le périlleux, le mortel délicieusement désiré, secrètement redouté de l'immanifesté : en face de l'évidence aveuglante du Soleil qui nous révèle le monde mais dont les effets trop clairs laissent sur notre faim nos attentes informulées, il (le Grand Serpent), elle (la Grande Mer) sont ce qui nous resterait à savoir pour être comme eux, des dieux. D'autant qu'il ne parle pas, il siffle ou est réputé siffler et nul n'a jamais pu élucider ce langage. Dans les cas extrêmes, il crache du feu, ce qui revient à dire qu'il a assimilé aussi le phlogistique : puisque l'on vous dit qu'il est toujours au-delà de toutes nos catégories.

Ou même, qu'il est l'au-delà, tout simplement. Immanifesté, ce peut être une attente, cela peut aussi bien renvoyer à un grand secret tu, parce qu'incommunicable. C'est en cela qu'il est de la terre : il incarne les esprits des morts dont elle est hantée, constituée, il en prend une dimension éternelle. Comme l'adversation au Soleil est trop patente, le voici lunaire et donc eschatologique : il y a une telle connivence entre lui et les esprits des trépassés qu'il en connaît tous les secrets. Le voici source de toute sagesse, gnomique dévoilant d'aventure au héros confondu (Sigurdr encore, ou Marduk) un savoir inquiétant, vital, capable du même coup de prédire l'avenir, ayant assimilé également l'espace-temps. Surtout si ce dernier est conçu comme un éternel recommencement, que dit son corps lové, ou comme une montée en spirale enchantée par le jeu savant des doigts du flûtiste, ou encore comme un éternel instant immobile assimilable à l'orbe géant de son corps au repos.

Et puis, c'est un animal qui se métamorphose, qui se régénère. La saison venue, il mue, il change de peau : la plus vieille, certainement, de nos aspirations chimériques. Le voici rajeuni, rené, que dis-je, la mort avec laquelle il vit en collusion si intime abdique, de cette façon-là également, ses droits. Il a d'instinct, lui, le grand secret des alchimistes : la pierre philosophale n'est-elle pas censée loger en sa tête oblongue?

Nous parlions de mort : en fait, il est le signe de la Vie impérissable, par dépassement de toutes bornes, certes par transgressions insensées et aussi par affirmation littéralement pérenne. S'il personnifie, un peu partout, la lune, c'est en raison des connotations féminines que véhicule l'astre des nuits : elle est, il est fondement de toute fertilité et régénération, sa nature cyclique obéit à cette loi primordiale. On sait bien pourtant que, dans bon nombre de religions, orientales ou germaniques notamment, la lune est un être masculin. Qu'importe! Ceci ne contredit pas cela, il suffit, dans la perspective vitaliste où nous sommes, de déplacer l'éclairage : voici donc le Grand Serpent phallique, érecte. Les morts aussi, dans toutes nos mentalités, sont garants de fertilité-fécondité, non seulement par leur substance physique, mais aussi par la contagion de leur savoir créateur ou régénérateur.

Considérons un instant la série Lune-Pluie-Fertilité-Femme, ou Lune-Mort-Mer-Régénération-Savoir : le Grand Serpent s'y inscrit naturellement, il est présent à chaque maillon de la chaîne.

De la lune, son corps étrangement glacé a les prestiges paradoxaux d'une vie qui se passerait de chaleur et qui, donc, réduirait *a quia* nos dichotomies trop familières. Il a le sang froid (le sang-froid) des poissons et comme, de surcroît nous l'avons dit, il peut avoir des ailes, on ne le rangera pas dans une quelconque classification linnéenne, comme la chauve-souris de la fable.

De la pluie, de la mer, de l'eau qui régénère, dont est assurément sortie toute vie, il a gardé la couleur glauque, les caprices redoutables, les insoupçonnables puissances de fécondité. C'est pour cela qu'il est si souvent de connivence avec la

Femme dont la chevelure évoque ses ondoiements, les formes corporelles, son aversion du rude et du dur, et le psychisme réel ou supposé, ses inconstances. Que ce soit au jardin d'Eden ou sous les pieds de la Vierge Marie, il est l'interlocuteur tout désigné du grand mystère féminin auquel il s'accorde par grâce spontanée. Il n'importe pas tellement que ce soit, ici, parce qu'il sait le langage de la tentation ou qu'il subit le châtiment de la fourberie : une concordance s'établit, d'instinct, entre l'appel équivoque de ses méandres et les contours fuyants de l'anima que cherche éperdument notre animus. Et puis la femme est, par définition, vecteur de régénération, source de fascinantes métamorphoses, gage de salvatrices perditions. Comme lui. Au demeurant, qui s'est jamais inquiété de son sexe ? Il fait superbement la synthèse de toutes nos polarités puisqu'il peut être, indifféremment, la fin ou le commencement, qu'à vrai dire, il est la négation même de ces catégories.

Au total, il faut s'émerveiller de la profusion non pareille d'images qu'il suscite en nous. Les hommes ont trouvé bien peu de créatures aussi envoûtantes que lui. Des plus sublimes textes religieux ou mythologiques au « serpent de mer » de notre presse quotidienne en mal de sensationnel, il a toujours su, lui, plonger au fond de l'inconnu — la mer, la femme, la nuit, la mort — pour en rapporter du nouveau.

Mais ce n'est pas tout. Car il a une histoire. Ou plutôt, il est toujours associé à une histoire, elle aussi fondamentale, elle aussi propre à résoudre nos angoisses essentielles ou existentielles.

Cette histoire se résume simplement : il est partout en lutte contre un dieu, LE dieu. Pour une raison fort claire : il cumule en sa personne trop d'inconnu ou d'irritant, nous l'avons dit, il est trop compromis avec les grands mystères de notre être. Il y a, finalement, une telle charge d'exaspération dans ce grand insaisissable, pervers, transgresseur qu'à la fin, il faut qu'elle explose. Et nous avons dressé en face de lui notre ultime recours, le représentant de notre irrépressible besoin de lumière, notre dieu de clarté, d'ordre, de raison.

Ce sont les Hébreux, semble-t-il, qui l'ont le mieux dit. Ils connaissaient le mythe d'un Océan primordial enserrant la terre sèche. S'y lovait un monstre marin, personnifiant cet élément hostile, dragon marin Rahab (*Job*, 16, 12) ou serpent Léviathan (*Isaïe*, 27, 1). Et c'est contre lui que Iahvé — qui correspond, lui, à sa définition, il est celui qui est, il est ce qu'il est, par excellence — engage un combat mémorable (*Exode*, 34, 22) parce qu'inaugurant ainsi l'origine des temps, le début de l'Histoire, les nécessaires catégories du début et de l'achèvement. Léviathan a tous les gages de l'antiquité, les poèmes mythologiques phéniciens de Ras-Shamra (1300 avant Jésus-Christ) le connaissent déjà. Sachons voir, en première analyse, que cet affrontement est riche d'un sens profond : non pas tellement combat de la lumière céleste contre les ténèbres des abysses. Plutôt volonté éperdue de dresser un sens en face de tant d'informulé, d'informulable. Les connotations éthiques interviendront plus tard et nous les dirons. Nous sommes, ici, pour le moment, bien plus avant, au cœur même de la métaphysique. La volonté de connaissance est droite et directe : elle répugne d'instinct au sinueux, à ce qu'Ibsen appellera un jour le Grand Courbe.

Et s'il ne s'agit pas du dieu suprême, ce sera un de ses avatars les mieux situés dans la perspective où nous sommes placés ici : la divinité de l'orage — force soudaine, violence souveraine, effets terrifiants — et donc de la fertilité patente, évidente, attendue. Indra contre Vritra, Zeus en face de Typhon, Marduk et Tiamat, Thórr pêchant Midgardsormr (mais terrifié et même momentanément paralysé par son regard). Ou bien Thraetona et Azi Dahaka en Iran, Apollon et Python, Héraklès et l'Hydre de Lerne, s'il ne s'agit plus de grands dieux affrontant la bête, mais de demi-dieux ou de héros divinisés.

En fait, chacune de ces catégories doit être envisagée à part. Dans le premier cas — les dieux tonnants contre le monstre reptilien — nous sommes en droit de nous étonner. Il semble y avoir quelque incohérence en cet affrontement puisqu'en somme, les uns et les autres président à la fertilité. Mais justement : les premiers sont clairs, leur action est orthodoxe, elle n'entraîne ni surprise ni énigme. Il faut toujours, dans tous les domaines, violence nécessaire pour susciter une fécondité. Violence, viol, terreurs sacrées qui font ressentir l'enfantement comme une délivrance et une libération. C'est ainsi que le *Rig-Veda* (1.32), voit la chose, en l'occurrence, à propos de l'antagonisme d'Indra et de Vritra : « Il tua le dragon, perça les eaux / rompit le flanc des montagnes./.../ Faisant acte de mâle, il avait aimé le soma /.../ il a tué le premier-né des dragons. » Mais que dire du Grand Serpent? Lui aussi, nous l'avons dit, est symbole de fertilité. Mais c'est obscurément, en quelque sorte, par connivence comme inavouable, sinon par perfidie. Trop de duplicité, de (faux) fuyant, de reptation participent à la nature insaisissable de cette créature plus vivace que vivante. C'est ce que voit très bien le *Livre d'Isaïe* (27,1) : « En ce jour-là, Iahvé sévira / avec sa dure, grande et forte épée / contre Léviathan, le serpent fuyard, contre Léviathan, le serpent tortueux, et il tuera le dragon qui est dans la mer. »

Redisons-le : ce Grand Serpent primordial et inévitable nous gêne : rien à faire pour nier son existence nécessaire et son exemplaire vitalité. Mais s'il faut bien l'intégrer à notre univers puisqu'il en résume les insondables puissances, c'est à notre corps défendant. Nous avons tenté de l'exorciser en suscitant contre lui un vrai dieu, né des manques et des aspirations de notre conscience claire. Pour lui, il se meut en territoire-limite, il n'est pas vraiment de nous, voilà pourquoi nous l'avons rejeté dans la Grande Mer ou, comme les Arabes qui donnent le nom de Dragon, tannîn, à un serpent géant et à une constellation, nous l'avons exilé au ciel, pendant symétrique dans notre imagerie symbolique, de l'océan sans fond.

A moins qu'on ne préfère l'autre type de confrontation hostile, celui qui met en présence, soit des héros et le serpent, soit des animaux qui sont toujours ailés — aigle de préférence, ou toutes sortes d'oiseaux — et le monstre. Ici, toute une tradition gnostique et manichéiste à l'appui, l'adversation est plus immédiatement à notre portée. Forts des remarques que nous venons de faire, il nous est plus facile de comprendre que le conflit prend un tour éthique. Le Serpent a beau assumer la part d'inexprimable, quoique réel, que nous portons en nous, trop de mystère, de non-dit implicite s'attache à son être. Il nous dépasse en chacune des configurations que nous voulons lui attribuer. Son exaspérante évidence nous humilie.

Donc, faisons-en la figure du Mal, de la ruse, du désordre, du chaos : réflexe illogique, en soi, puisque nous savons bien qu'il appartient à nos ténèbres et qu'elles ne pourraient se passer de lui, mais réflexe naturel. Ni compensation, ni même sublimisation : essai de mise en ordre ou en équation. En conséquence, que surgissent à point nommé les héros vainqueurs vengeurs. Leur intervention reviendra à un acte de justice que nous nous rendons à nous-mêmes. Il est chargé de nos péchés, la Bible ne nous dit-elle pas expressément qu'il est responsable de leur irruption fatale dans l'âge d'or? Avec lui ont commencé le Temps et l'Histoire qui sont sources de tous nos maux. L'imagination, là-dessus, n'a pas épargné les justifications bien-pensantes. Punissons-le, car c'est lui qui a dévoré le soleil et la lune, lui, donc, qui est responsable des éclipses en lesquelles se sont longtemps résumées nos plus sourdes terreurs. Du coup, il prend un caractère cosmogonique évident, il est, lui, le circulaire, l'empêcheur de tourner en rond. Quelle surprise peut-il y avoir à le voir prendre le visage de Satan, de celui que nous n'avons pas besoin de chercher pour savoir où il se trouve?

Puissantes images qu'une maïeutique simple tire de notre tréfonds, fascinante histoire dont nous vivons tous, chacun pour soi, l'intériorisation, signe vraiment de notre unique valeur suprême, cette vie que nous chérissons plus que tout, en sachant d'expérience multi-millénaire qu'elle finira toujours par nous tuer.

Toutes nos mythologies, nos religions ont placé au centre occulte de notre vision des choses ce Grand Serpent proprement fantastique, fantasmatique. Il serait aisé de dresser un catalogue comparatif des expressions que l'humanité a voulu lui donner. Prenons pourtant un exemple bien situé, parce qu'il paraît épuiser le sujet en ses multiples aspects, celui du Midgardsormr scandinave. Il semble concentrer, à travers la diversité des mythes qui le mettent en scène, les idées et représentations dont nous venons de suggérer le détail.

Les textes nous le présentent sous cinq faces différentes. Bien entendu, il vit dans la Grande Mer primordiale qui entoure le « Monde du Milieu », Midgardr — d'où son nom — c'est-à-dire la terre des hommes au centre de laquelle se situe le domaine des dieux, Ásgardr; au-delà de la Mer, selon cette conception concentrique du monde, il y a le Monde extérieur Útgardr, où sont les puissances mauvaises, géants et forces du chaos. Le rôle du Serpent est essentiel : comme il est lové autour de Midgardr de sorte que sa gueule morde sa queue, il sangle littéralement notre monde humain et divin, il en assure la cohésion, il est à la fois rempart et garant de solidité.

La seconde image est plus subtile, quoique inscrite dans la même logique. A la représentation horizontale que nous venons de dire, on peut préférer une image « verticale ». Le monde est alors conçu comme une sorte de gigantesque fuseau dont l'axe serait le grand arbre Yggdrasill, qui est peut-être le Grand Serpent, tout simplement, sous un autre nom. Yggdrasill est parfois appelé, en effet, Jörmungandr (Baguette /magique/ géante), ce dernier nom s'appliquant aussi, dans certains textes, à Midgardsormr. La fonction est la même : assurer la cohérence de l'univers, et l'image du Grand Serpent érecte n'a rien d'impensable. La collusion des deux symboles est, du reste, réalisée ailleurs, où l'on nous montre le Serpent lové autour du tronc d'Yggdrasill, à sa base. La synthèse est ainsi obtenue par ce dédoublement, si familier, d'autre part, à nos mentalités.

Seulement, que Midgardsormr vienne à relâcher son étreinte — dans la conception horizontale de cette cosmogonie — ou que, selon la représentation verticale, il s'effondre, c'est la catastrophe, le cataclysme universel, le Ragnarök. La menace, finalement identique à la terreur qu'éprouvaient les Celtes à voir le ciel s'écrouler sur leur tête, a été si profondément ressentie que la mythologie a suscité, ici comme ailleurs, comme nous le savons, le dieu par excellence de la force, Thórr, pour combattre cet ennemi potentiel. Un mythe très élaboré relate comment le dieu du tonnerre essaie de pêcher le Grand Serpent sans y parvenir parce qu'au dernier moment, le témoin de ce combat, un géant, c'est-à-dire un représentant des zones proprement telluriques de notre monde, intervient pour libérer le monstre. Mais le duel n'est pas réglé pour autant : Midgardsormr et Thórr s'entretueront au Ragnarök, dans une ambiance d'apocalypse.

C'est pourquoi le Serpent a fini par être assimilé aux créatures les plus maléfiques. On en a fait le fils de Loki, qui est le dieu du Mal ou, plus exactement, selon la mentalité germano-nordique, du suprême désordre, du chaos. Il n'est pas indifférent alors que, dans ce contexte, Midgardsormr soit le frère du Loup Fenrir, autre fauteur direct du Ragnarök, et de Hel, maîtresse de l'empire des morts. Encore une fois, le Grand Serpent est au-delà de nos catégories bornées et, notamment, de nos dichotomies trop tranchées. Ce qui frappe, dans ce complexe d'idées et d'images que nous propose la mythologie scandinave ancienne, c'est, plus nettement qu'ailleurs, semble-t-il, l'ambiguïté, la bivalence, c'est-à-dire finalement la qualité transcendantale du Grand Serpent. Il participe de la mort tout en symbolisant la vie la plus tenace, il défie notre raison courte parce qu'il est le Savoir, il aimante nos sensibilités avant tout par son pouvoir instinctif de répulsion, il propose à nos imaginations une figure qui dépasse considérablement nos plus violentes fièvres en raison de la marge d'indétermination qu'il emporte avec soi et que nous ne parvenons jamais à combler.

Il est *à la fois* garant de l'ordre du monde et cause attendue du chaos. Il est simultanément l'évidence rassurante de notre être diurne et la délicieuse terreur de nos rêves nocturnes.

Régis Boyer

BIBLIOGRAPHIE

E.-O.-G. TURVILLE-PETRE, *Myth and Religion of the North*, London, 1954, p. 75-76.
Jan de VRIES, *Altgermanische Religionsgeschichte*, 2e éd., Berlin, 1956-57, I, p. 265 et sq.; II, p. 142-143 et 380-381.

Le serpent à plumes

1519 : An de grâce, selon la formule, pour les chrétiens espagnols qui découvrent et conquièrent l'empire aztèque.

1 Acatl : c'est le nom que porte dans le calendrier indigène, cette année 1519, année néfaste, selon les présages quotidiens à Tenochtitlan.

Hernan Cortés débarque sur la côte du Golfe du Mexique, à l'emplacement de ce qu'il appellera La Vraie Croix, Veracruz. Quelques semaines auparavant, il avait quitté Cuba (l'île, dont la population autochtone s'éteignait à une vitesse accélérée, ne contenait pas les ressources en pierres et métaux précieux que les Espagnols avaient escomptées) et passant outre l'autorité du gouverneur Diego Velazquez, il décide d'explorer pour son compte, guidé par l'illusion que sur ce nouveau continent on découvrirait les royaumes fabuleux dont avait parlé Marco Polo, plus de deux siècles auparavant. Sa bonne étoile mène d'abord Cortés sur les côtes du Yucatan où il retrouve, par hasard, prisonnier dans un village maya, l'Espagnol Jeronimo Aguilar, rescapé d'un naufrage en 1512, et qui avait appris la langue des indiens dont il était le captif depuis sept ans. Second coup de chance : quelques temps après, au Tabasco, toujours en territoire maya, Cortés et ses hommes reçoivent, en gage d'amitié, feinte ou opportuniste, un présent de vingt jeunes esclaves parmi lesquelles se trouve une Aztèque, Malintzin, que les Espagnols baptisent Marina. Elle aussi a appris le maya pendant sa captivité et elle a le nahua comme langue maternelle : entre Aguilar qui parle espagnol et maya, Marina qui parle maya et nahua, Cortés possède les truchements idéaux non seulement pour converser et négocier mais aussi pour découvrir, par les inévitables délations ou simplement les commérages, les complots qui se trament contre lui (comme plus tard à Cholula) et surtout pour connaître les récits qui circulent parmi les indigènes au sujet d'un empire fabuleux et d'un souverain richissime. Il s'agissait des Aztèques, de leur ville, Tenochtitlan, et du tlatoani Moctezuma. Ces rumeurs confortent Cortés dans la certitude qu'il y a, vers l'intérieur des terres, un empire à piller. Il se lance dans l'entreprise.

A Tenochtitlan, Moctezuma aussi s'intéresse beaucoup à Cortés. Depuis des semaines, ses espions lui rapportent des informations (images peintes, selon leur coutume, sur des toiles préparées) concernant les surprenantes caravelles, les fabuleux cavaliers (dont les indigènes ont du mal à penser qu'il s'agisse d'un homme et d'un animal et non d'une entité). Moctezuma regarde les maisons qui avancent sur la mer avec des ailes, ces êtres énormes, avec quatre pattes et une tête humaine, cette tête, précisément, avec un teint si clair et une barbe... Quetzalcoatl, le Serpent à plumes, serait-il de retour, comme il l'avait promis, il y avait si longtemps ? S'il en était ainsi, ce serait la fin du règne du dieu tribal, le guerrier Huitzilopochtli, puisque Quetzalcoatl s'oppose aux sacrifices humains. Moctezuma ne souhaite pas le retour du dieu pacifique mais encore moins souhaite-t-il de risquer l'irriter en quoi que ce soit. Il multiplie donc les ambassades et les somptueux présents, espérant ainsi dissuader Quetzalcoatl de se donner la peine d'arriver jusqu'à Tenochtitlan. Tactique peut-être judicieuse si on l'applique à un dieu, peut-être aussi psychologiquement valable pour la mentalité indigène mais désastreuse en ce qui concernait les Espagnols. Résultat inévitable : leur cupidité s'enflamme, leur imagination aussi. Libres à d'autres de se contenter de simples cadeaux, eux iront coûte que coûte jusqu'à Tenochtitlan voir sur place ce qu'il y a à prendre et le prendre entièrement, coûte que coûte. On connaît la suite.

La marche émerveillée des Espagnols vers la grande Tenochtitlan est l'étape fondatrice d'un nouveau mythe, l'Eldorado, pays de l'or ou de l'homme d'or (Le Doré, *El Dorado*) que les conquérants chercheront follement pendant plus d'un siècle à travers tout le continent. Quant à la rencontre, au choc entre deux mondes qui se fascinent et s'abhorrent, nul n'a mieux su les dramatiser, dans la littérature de fiction, que le Mexicain Carlos Fuentes, nous le verrons. Mais ce que Fuentes et bien d'autres écrivains, parmi les meilleurs d'Amérique latine, ont retenu dans cette culture, c'est le mythe du Serpent à plumes, dieu éducateur, dieu pacifique, promettant un *retour* c'est-à-dire un nouvel accès à la prospérité dans la paix et le bonheur. Dans le contexte socio-politique du continent sud américain, on voit pourquoi et comment la signification du mythe de Quetzalcoatl fait l'objet de constantes réinterprétations.

Le Serpent à plumes est en archéologie mésoaméricaine un motif omniprésent : peint sur les fresques et les codex, gravé sur les sarcophages, sculpté en monolithes, il court dans le stuc au pied des pyramides et sur les parois des temples, stylisé en grecques scalaires, importance iconographique sans égale donnant à imaginer son importance culturelle, c'est-à-dire religieuse. Le nom Serpent à plumes (*Quetzalcoatl* pour les anciens Mexicains, *Kukulcan* pour les Mayas, *Gucumatz* pour les Quichés) est simplement la lecture phonétique de l'hiéroglyphe qui désigne, dans les cultures mésoaméricaines, un personnage historique, roi-prêtre des Toltèques, postérieurement promu au rang de divinité. En tant que dieu, il est le protagoniste de mythes racontant la restauration des humains sur la terre, au Cinquième Soleil, après la destruction du Soleil (ou ère) précédent, grâce à l'invention du maïs avec lequel est faite la chair des hommes. En somme, le mythe explique que la domestication du maïs, en permettant la sédentarisation des tribus, a favorisé la démographie, les problèmes d'alimentation ne se posaient plus, ainsi que le développement des arts dans un contexte urbanisé. La tradition attribue à Quetzalcoatl l'invention du tissage, de la céramique et du zéro, c'est-à-dire des mathématiques appliquées, avec le talent que l'on sait, à l'astronomie.

Les « informateurs » indigènes du franciscain espagnol Bernadino de Sahagun (*Histoire générale des Choses de la Nouvelle Espagne*) lui ont raconté comment le dieu noir *Tezcatlipoca* avait, par ses manigances, contraint Quetzalcoatl à quitter sa capitale, Tula, entraînant la ruine de celle-ci, comment Quetzalcoatl, accompagné d'une escorte de fidèles, s'était rendu jusqu'à la côte est, comment il s'était immolé sur un bûcher, se transformant en étoile du matin et promettait de revenir au lieu d'où il était parti, une année commémorative de celle de sa naissance, c'est-à-dire une année 1 Acatl. Depuis, on n'avait cessé de l'attendre, chaque fois que les cycles du calendrier ramenaient l'année 1 Acatl. Au moment où le Vieux Monde s'intéresse au Nouveau, deux dates auraient été possibles : 1467, c'était trop tôt, et 1519. On l'expliquera comme on voudra, coïncidence, accomplissement, etc., c'est en 1519 que Cortés a débarqué.

En 1929, le Guatémaltèque Miguel Angel Asturias (1899-1974) publie à Madrid la première version de *Légendes du Guatemala (Leyendas de Guatemala)* qui, traduite en français par Francis de Miomandre, provoque l'admiration de Paul Valéry. Des allusions au dieu civilisateur s'inscrivent çà et là dans le texte mais c'est surtout dans la seconde édition, version définitive faite en 1948 à Buenos Aires par Pleamar et reprise en 1958 par Losada, qu'un des deux textes ajoutés, « Cuculcan, Serpent enveloppé de plumes » (« Cuculcan, Serpiente envuelta en plumas ») aborde le mythe en l'appliquant très librement aux problèmes de création, métaphore de ce qui deviendrait, un quart de siècle plus tard, et pour la collection de Skira, *Les Sentiers de la Création*, un texte sur la création artistique en général et plus précisément la création littéraire, *Trois des quatre Soleils* (1971).

En 1959, Asturias entreprend d'écrire un cycle couramment appelé « trilogie bananière », pour dénoncer les abus de la compagnie américaine United Fruit. Le premier roman de la trilogie, *L'Ouragan (Viento Fuerte)*, raconte comment un mystérieux personnage que l'on prend d'abord pour un colporteur un peu fou et qui n'est autre qu'un des principaux actionnaires de la compagnie, disparaît dans un des cyclones qui balaient périodiquement les côtes, laissant un testament qui désigne pour héritiers les indiens de la plantation. Le dénouement pourrait paraître « malheureux » puisque le sympathique couple bienfaiteur que forment Lester Mead et sa femme Leland Foster périt dans la tempête qui saccage les bananeraies. Après le titre, dénotatif de violence (« vent fort »), la phrase inaugurale met en abyme le terme de la narration, description du désastre final. Pourtant, si cette fin de la fiction est celle des époux Mead, elle s'affirme surtout comme témoignage de leur ré-union : « Elle essayait de faire sentir à son mari qu'ils étaient ensemble, qu'elle était sa compagne dans l'ouragan. » C'est donc un dénouement « heureux » que ce départ vers un lieu « étranger », au-delà de l'océan, lieu que l'écriture permet d'identifier à la fois comme l'Amérique du Nord, patrie des Mead, et avec le Couchant : « Leland, je savais qu'une grande obscurité nous attendait. » Le couple (conformément à la nature double, féminine/ masculine, des divinités mésoaméricaines) incarne le héros civilisateur, le dieu invoqué aussi couramment comme Ehecatl, dieu du Vent.

Trois des quatre Soleils (Tres de cuatro Soles) fonctionne sur la proximité des signifiants *volver* (revenir) et *envolver* (envelopper), proximité en quelque sorte fondatrice du mythe dès lors que ce que promet le Serpent *enveloppé* de plumes c'est de *revenir*.

C'est au Quetzalcoatl géniteur, générateur d'hommes, que Carlos Fuentes (né en 1928) s'est plus particulièrement attaché dans la pièce de théâtre de 1970, *Tous les chats sont gris (Todos los gatos son pardos)*. Quetzalcoatl y intervient comme personnage, ainsi que Huitzilopochtli et Tezcatlipoca, ses rivaux, au cours d'une scène destinée à souligner la signification de l'œuvre.

> « QUETZALCOATL - Un jour que je lavais mon sexe, je l'ai caressé et j'ai joué avec lui ; ma semence a jailli et est allé heurter les pierres de la terre. La poussière s'est animée et c'est ainsi que sont nés les hommes. (...) J'avais inventé les hommes mais pour les différencier des dieux je leur avais donné la liberté, un visage qui est le miroir du temps, un temps qui est le reflet du désir, un désir qui naît de la nécessité. »

Mais Quetzalcoatl est un personnage, pas le protagoniste : le protagoniste, duel, Cortés/Moctezuma (nous allons voir la fonction traditionnelle de la dualité et sa permanence dans l'œuvre de Fuentes) a charge d'assumer, dans l'action dramatique, la signification définie par le personnage. Comme la protagoniste dona Marina clôt pratiquement la pièce avec une scène au cours de laquelle, les jambes grandes ouvertes, elle met au monde le premier métis, fils de Cortés le Blanc et de Marina l'Indienne, il est aisé de comprendre que ce que Fuentes met en scène c'est exactement ce que raconte le mythe de Quetzalcoatl : la naissance/la restauration d'une nouvelle race d'hommes, les Mexicains, métis pour le meilleur et pour le pire.

Dans un roman de 1967, *Cambio de piel*, Fuentes met en abyme le texte par le titre : ses protagonistes, un Allemand, architecte responsable de l'installation des chambres à gaz dans un camp d'extermination, réfugié au Mexique après la défaite du IIIe Reich, et une juive américaine mariée à un Mexicain, lui permettent de jouer à la fois sur le sens ophidien du « changement de peau », le rituel dépouillement du « vieil homme », la mue en personnalités neuves (en Amérique latine les nazis réfugiés sont devenus maîtres dans l'art de ces « changements de peau ») et sur la symbolique du recommencement régénérateur, propre au mythe de Quetzalcoatl : « Qu'a fait Frantz ? Qu'importe (...) Peu importe ce qu'il a fait. C'est vieux. Ça doit mourir. Le cycle est terminé et quelque chose de neuf doit naître sur les dépouilles de ce qui était vieux. » Comme de juste, la scène finale se déroule à l'intérieur de la grande pyramide de Quetzalcoatl, à Cholula, et jusqu'au dernier moment est convoqué « le chien jaune », le coyotte/Xolotl double de Quetzalcoatl, celui qui l'accompagne pendant la traversée du monde souterrain et s'efface lorsque le dieu ressuscite en Etoile du Matin (Vénus).

En 1975, Carlos Fuentes publie *Terra nostra*, un volumineux roman, à première lecture assez disparate, à mi-chemin, semblerait-il, entre l'anticipation scientifique (Paris en 1999) et la fresque historique (Espagne des Habsbourg, Rome de Tibère, monde précolombien) mais qui, en fait et une fois de plus, est une réinterprétation/méditation, magnifique et ambitieuse, du mythe de Quetzalcoatl. D'entrée, je soulignerai d'intéressantes rencontres entre *Terra Nostra* et *Trois des quatre Soleils* :

— l'accouchement inouï d'une vieille qui, sans intervention de semence humaine, engendre un enfant surnaturel (Asturias avait précédemment abordé le sujet dans un conte « Juan Girador » (*El espejo de Lida Sal*) où la Femme d'Herbes « porte » de l'autre côté, dans sa bosse, des jumeaux qui au lieu de partir de la naissance vers la mort, partent à l'envers, de la mort jusqu'au point de rencontre avec leur père), le squelette de Juan Girador ;

— l'accouchement général des femmes, jeunes et vieilles, mystérieusement fécondées (« des quantités de femmes enceintes. Le Soleil de feu prend la place des hommes. Ses rayons pénètrent dans les sexes obscurs ». (*Trois des quatre soleils*) — « A perte de vue — le pont Alexandre III d'un côté, le pont Saint-Michel de l'autre — les femmes gisaient sur les trottoirs et d'autres femmes les aidaient (...) les dames de tous âges, corpulences et situations, accouchaient ». (*Terra Nostra.*)

Trois des quatre Soleils s'enrichit de deux épisodes, complémentaires, du mythe :

1) La création du Cinquième Soleil, à la demande de Quetzalcoatl et le sacrifice inévitable de celui qui accepte d'être dieu (« le soleil se sacrifiait tous les jours. C'est pour (faire) ça qu'il était dieu. Tous les jours les fauves et les géants du mal qui marche le dépeçaient et ses restes sanglants ensanglantaient les crépuscules ».)

2) La descente de Quetzalcoatl au monde des morts pour y chercher des ossements de la précédente humanité afin de, les broyant avec du maïs et son sperme, donner naissance à des êtres nouveaux.

Mais si la fiction du Guatémaltèque, écrite vers la fin de sa vie, privilégie, avec la « descente » au monde obscur, la recherche du *vrai* visage, le « masque d'os blancs » que révèle la mort, Fuentes, plus particulièrement, insiste, comme dans *Tous les chats sont gris*, sur le rôle générateur de Quetzalcoatl :

> « Il avait inventé les hommes mais pour les différencier des dieux il leur avait donné la liberté ; un visage qui est un miroir du temps, un temps qui est reflet du désir, un désir qui naît de la nécessité. »

Cette citation est de *Tous les chats*, et c'est Tezcatlipoca qui parle, *Miroir Fumant*, le « double » noir de Quetzalcoatl. L'allusion au miroir renvoie à l'épisode mythique au cours duquel Tezcatlipoca se présente chez Quetzalcoatl, à Tula, et lui montre ce que l'autre n'avait jamais vu : son visage dans un miroir. Quetzalcoatl, épouvanté (de se voir si vieux? de ne voir qu'un blanc, rapportent certaines versions) quitte Tula mais promet de revenir. Fuentes a toujours été fasciné par cette scène, qu'il reprend en brillantes variations dans *Terra Nostra* : Philippe II dans la crypte de l'Escorial, regardant, dans un miroir qu'il tient à la main, comment à chaque marche, le temps passe sur son visage et le vieillit, ainsi jusqu'à la dernière, celle du « masque d'os blancs » — la mort, pour les mêmes raisons d'épouvante devant l'image décrépite, du vieillard gardien de la mémoire, dans l'ancien Mexique — la certitude du « moi » pour Polo Febo (avatar parisien de Quetzalcoatl) chaque fois qu'il contemple son image dans le miroir qui ne le quitte pas, etc. *Trois des quatre Soleils* évoque fugacement cette mythique tentation du miroir :

> « La vie, attirée par la blancheur de la cendre, a failli prêter l'oreille à la mort et se réfugier dans ses mers blanches. Mais elle a préféré l'ombre et s'est réfugiée dans les charbons. »

Mais la réinterprétation vraiment originale du mythe tient dans la résolution d'un fantasme propre à Carlos Fuentes, le thème du jumeau qui revient pratiquement dans toutes ses œuvres ; dans *Terra Nostra*, Quetzalcoatl et Tezcatlipoca sont les deux versants d'une seule personnalité :

> « C'était lui, à nouveau. C'était moi, le même visage que le miroir jalousement caché sous mes vêtements déchirés reproduisait fidèlement (...) serpent de plumes par ce que je me rappelle, miroir fumant par ce dont je ne me souviens pas. (...)
> Tu n'as tué, une fois de plus, que ton frère ennemi. Celui qui lutte contre toi. Celui qui lutte en toi. Ce jumeau obscur renaîtra en toi, et tu continueras à le combattre ; (...) ce que tu représentes ne vivra que si on le nie (...) ton bien, mon cher, ne se maintient vivant que parce que ton double le nie. »

Dialectique déjà présente chez Asturias :

> « Feu changé en fumée... fumée changée en nuage... nuage changé en plume... serpent à plumes au plus haut du ciel. »

Quetzalcoatl/Tezcatlipoca (masque de *plumes* vertes/*fumée* sont les constants repères narratifs de leur/sa présence) quittant son monde, est jeté par la mer... en Europe. Il repart/revient, comme promis, à l'ancien/nouveau monde mais pour peu de temps, car son signe est recommencement :

> « Tu échoueras toujours. Tu reviendras toujours. Tu échoueras à nouveau. Tu ne te laisseras pas vaincre. Tu connais l'ordre originel de la vie des hommes parce que c'est toi qui l'as fondé, avec les hommes, qui ne sont pas nés pour se dévorer comme des fauves mais pour vivre en accord avec les enseignements de l'aube : les tiens. »

On comprend que la figure de Quetzalcoatl, le pacifique, le vaincu de Tula par les menées du dieu noir (métaphore toujours actuelle des dictatures, ennemies de la démocratie), contraint d'émigrer mais (se) promettant de revenir avec la paix et le bonheur, serve de clé à des fictions contemporaines comme *Livre de Navires et de Bourrasques* (*Libro de navios y borrascas*, 1984) de l'Argentin Daniel Moyano (né en 1930). Sur le *Cristoforo Colombo*, bateau au nom prédestiné et battant, comme il se doit, pavillon italien, naviguent, de Buenos Aires à Barcelone, plusieurs centaines de « non désirables » appartenant à divers pays du « Cône Sud », exilés/expulsés, « survivants d'un naufrage soigneusement cherché par ce que l'on nomme l'Histoire ». Parmi eux, le narrateur, qui laisse, dans un petit village du nord de l'Argentine, sa vigne non taillée et son violon accroché à la treille oú il prenait un délicat soleil : les trois inconnus qui se présentent et l'emmènent dans une fourgonnette ne lui laissent ni le temps de rentrer dans la maison changer de vêtements ni même celui de remettre le violon dans son étui. On l'embarque un jour sur le *Cristoforo Colombo* et il refait ainsi, mais en sens inverse, le voyage qu'autrefois avait fait son grand-père. Mais à l'inverse du grand-père qui avait quitté l'Espagne sans esprit de retour, Rolando veut *revenir*. Dans le contexte politique latino-américain de ces dernières années, le leitmotiv du retour se charge des échos du vieux mythe du *Serpent à plumes* :

> « Difficile d'arriver, n'est-ce pas ? Sûr, puisque nous, nous sommes en train de revenir sans savoir que l'on revient. En plus de cent ans d'absence migratoire, n'importe qui arrive à oublier qu'il est parti un jour.
> (...)
> — Vous croyez que nous reviendrons bientôt ?
> — Juste à temps pour tailler ma vigne. »

Sans prétendre ramener la signification de cette fiction à un mythe qui, au sens strict, n'appartient pas à la même aire culturelle, j'insiste sur l'inévitable diffusion littéraire, à l'échelle continentale, du patrimoine culturel américain, qui rend licite, avec les précautions d'usage, la lecture du *retour* comme un avatar, infiniment renouvelé, de la promesse de Quetzalcoatl :

> « Un dieu démocratique, brave type, sans épée et sans récompenses, le dieu en qui nous avons cru jusqu'alors est le dieu de la guerre et des viols, il ne nous sert à rien (...) Maintenant nous avons besoin d'un dieu plus conforme aux besoins, disons un dieu réformiste à défaut d'être révolutionnaire, même s'il est provisoire, de transition, moitié sacré et moitié profane à la fois. »

Dans un continent, naguère berceau de civilisations prestigieuses, caractérisé aujourd'hui par le sous-développement économique et un fort taux d'analphabétisation, la figure d'un dieu éducateur qui *revient* enseigner l'hygiène corporelle et mentale, sous-tend inévitablement des fictions relevant, à un premier degré, d'une autre idéologie : c'est le cas de *Dona Barbara* (1929) du Vénézuélien Romulo Gallegos (1884-1969), roman dans lequel Santos Luzardo (on a beaucoup commenté le signifié « lumière » de son patronyme mais ici, l'insistance est mise sur ses possibles relations avec le mythe solaire du dieu éducateur), jeune homme formé à la ville et à l'Université, revient dans les « *llanos* » pour y introduire la « civilisation » sous forme de respect du droit de propriété, éducation de la femme et utilisation de l'eau fraîche pour la propreté corporelle. Cette idéologie qui rappelle les enseignements des maîtres d'école d'autrefois, relève certes plus d'un positivisme décimononique européen que d'une tradition mythique aborigène, sans que cette dernière puisse être écartée, ne serait-ce que comme « coïncidence ». Aussi citerai-je de l'Uruguayen Enrique Amorim (1900-1960) le roman *Corral abierto* (1956), parce que le protagoniste Horacio Costa, Costita, revient à son village-misère, *Corral abierto*, et y tient tout naturellement la fonction charismatique, aisément assimilable à celle du Christ, figure à signification nullement incompatible, tant s'en faut, avec celle de Quetzalcoatl. L'une et l'autre répondent à l'exergue choisi par Amorim pour sa belle fiction : « Le prêtre du Dieu des choses comme elles sont perdait du terrain par rapport au prêtre qui sert le Dieu des choses telles qu'elles devraient être. » (Rudyard Kipling, *Le Jugement de Dungara.*)

A propos de la possible assimilation entre le Christ et Quetzalcoatl, pensons, avec toutes les précautions et réserves d'usage, que dans l'aire culturelle traditionnelle de Quetzalcoatl, le Mexique, s'est développé, dans les campagnes mexicaines au début du siècle, un mouvement extrémiste se recommandant du Christ-Roi et dont les partisans, les *cristeros,* sont devenus les protagonistes d'une abondante littérature, elle aussi appelée « cristera ».

La qualité, la quantité, la variété des fictions latino-américaines dans lesquelles émerge, délibérément ou inconsciemment, le vieux mythe, fait paraître pâles et surtout artificiels des romans comme *Le Serpent à plumes* de D. H. Lawrence ou *Le Jade et l'Obsidienne* d'Alain Gerber, dont le référencement déclaré par rapport au précolombien ne dépasse pas, toutes autres qualités reconnues, un romantique folklore, sans signification. En revanche, la mort des dieux, du dieu déchu, ligoté dans la pierre au milieu de la jungle, incapable de défendre son territoire face aux usurpateurs qui *viennent* (alors que lui n'a pas été capable de *revenir*) bouleverser l'ordre d'un monde qui désormais, pour les uns et pour les autres, sera nécessairement « nouveau », est le thème du magnifique poème du *Chant général* de Pablo Neruda « Un Soldat dort » (*Duerme un soldado*) évoquant un Espagnol, barbare et presque enfantin dans le sommeil, momentanément, seulement momentanément, aussi inoffensif que le monolithe du Serpent à plumes au pied duquel la fatigue l'a couché.

Dorita NOUHAUD

BIBLIOGRAPHIE

(En ce qui concerne M. A. ASTURIAS et C. FUENTES, seuls sont mentionnés ici les titres qui ne figurent pas dans l'entrée COATLICUÉ.)

Textes

Enrique AMORIN, *Corral Abierto*, Buenos Aires, Losada, 1956.
Miguel Angel ASTURIAS, *L'Ouragan (Viento Fuerte*, trad. française de G. Pillement), Paris, Gallimard, 1955.
Carlos FUENTES, *Cambio de Piel*, México, Joaquín Mortiz, 1967.
— *Terra Nostra*, (*Terra Nostra*, trad. française de C. Zins), Paris, Gallimard, 1969.
Daniel MOYANO, *Libro de Navós y Borrascas*, Gijón, Noega, 1984.

Etudes

Bernardino de SAHAGUN (Fray), *loc. cit.* dans COATLICUÉ.
Laurette SÉJOURNÉ, *idem*.

LES SIRÈNES DANS L'ANTIQUITÉ

Le mythe des Sirènes apparaît bien vite, à qui étudie son contenu et ses formes d'expression artistiques dans l'Antiquité, d'une redoutable complexité. La figure des Sirènes se présente elle-même comme une énigme : au-delà d'une évolution au gré des siècles et des auteurs, déjà considérable, mais familière au mythologue, elle subit une transformation radicale et définitive, perdant sa forme initiale de femme-oiseau pour devenir femme-poisson, la seule Sirène que nous connaissions aujourd'hui.

Les domaines auxquels touche le mythe, d'autre part, sont aussi variés que fondamentaux dans la civilisation gréco-romaine : les Sirènes appartiennent à la fois au monde souterrain des Enfers, au monde céleste de la musique et à l'univers marin des navigateurs.

Les représentations du mythe, enfin, tant iconographiques[1] que littéraires, sont multiples. Les dernières peuvent être regroupées en trois grands types de textes :

— La mise en scène des Sirènes dans tel ou tel épisode de leur histoire. « Personnages » de poèmes ou de romans, elles voient leur pouvoir déjoué par les ruses d'Ulysse qui, dans l'*Odyssée*[2], parvient à écouter leur chant fatal aux navigateurs,

1. Aucune des formes de l'iconographie antique ne semble avoir oublié les Sirènes, de la céramique aux bas-reliefs, des camées aux mosaïques, etc.

2. VIIIe siècle avant Jésus-Christ, *Odyssée*, chant XII, vers 36 à 202.

après avoir enduit de cire les oreilles de ses compagnons et s'être fait solidement attacher au mât de son navire; autre échec de leur voix pourtant irrésistible, face aux Argonautes sauvés de la tentation par la musique et le chant d'Orphée[3]. Puis on les retrouve sous les traits de femmes marines aux jambes d'ânesses, transformées par l'écriture parodique de Lucien, au terme du périple fantastique de l'*Histoire Vraie*[4]. Enfin, Ovide raconte la métamorphose de ces ravissantes jeunes filles en oiseaux, après l'enlèvement de leur compagne Proserpine[5].

— Les Sirènes se trouvent également au centre de réflexions à caractère scientifique (Strabon, d'accord avec la plupart des traditions, situe les Sirènes dans la région Italie du sud-Sicile[6]) ou philosophique (dans un texte tout empreint de Pythagorisme, Platon évoque, par le mythe d'Er, la structure de l'univers : sur chacun des huit cercles représentant les planètes, se trouve une Sirène, qui tourne avec les sphères, et chante en harmonie avec les trois Moires[7]; pour Cicéron, les Sirènes délivrent une science et séduisent ainsi la curiosité intellectuelle inhérente à l'esprit humain[8]).

— Enfin, les Sirènes apparaissent sous forme d'allusions brèves, comme éléments de comparaison à différents types de parole, de chant, depuis l'œuvre poétique de qualité (Sophocle aurait été désigné par un oracle comme « la nouvelle Sirène », selon Pausanias[9]), jusqu'à la musique débauchée et dionysiaque, celle des flûtes, souvent associée aux courtisanes et aux fins de banquets[10]. Les Sirènes, toujours plurielles dans leurs aventures, peuvent apparaître ici au singulier, car elles deviennent de quasi-noms communs, de purs synonymes du chant dont elles sont une figure emblématique. Elles sont l'un de ces exemples mythologiques connus de tous, et tendent à se figer en *topos* rhétorique[11].

Peut-on dès lors, devant une telle profusion de sens et une telle disparité des représentations, parler à propos des Sirènes d'un mythe littéraire? Si l'on tente de dépasser cette impression première de diversité, on voit nettement se dessiner une hiérarchie et comme une dynamique littéraires, ordonnées autour du texte pre-

3. Voir notamment les *Argonautiques* d'Apollonios de Rhodes (IIIe siècle avant Jésus-Christ), IV, 885-922.

4. IIe siècle après Jésus-Christ, L. II 6, 46.

5. Ier siècle avant/Ier siècle après Jésus-Christ, *Métamorphoses*, V, 551-563.

6. Ier siècle avant Jésus-Christ, *Géographie*, I, 2, 12 et V, 4, 7.

7. IVe siècle avant Jésus-Christ, *République*, X 616-617. Les Sirènes apparaissent ici dans un mythe au sens platonicien et positif du terme, c'est-à-dire la représentation imagée d'une réalité difficile à expliquer. Plutarque, reprenant le propos de Platon, assimile les Sirènes aux neuf Muses : *De la création de l'âme dans le Timée*, 1029 c-e.

8. Ier siècle avant Jésus-Christ, *De Finibus*, V, 49.

9. IIe siècle après Jésus-Christ, *Description de l'Attique*, I, 21.

10. Par exemple chez Plutarque (IIe siècle après Jésus-Christ), *Propos de Table*, 5, 706 et 7, 710. La courtisane est l'interprétation dominante faite des Sirènes, notamment par la tradition chrétienne.

11. Dans l'éloquence attique du IVe siècle, par exemple : Eschine, *Contre Ctésiphon*, 228...

mier — chronologiquement et par son importance — celui d'Homère. L'aventure d'Ulysse ne représente pourtant qu'un épisode dans la prolifique histoire des Sirènes : les bas-reliefs sur les monuments funéraires évoquent plus précisément les Sirènes divinités infernales, fonction qui n'est directement représentée en littérature que par le lamento d'Hélène dans la tragédie d'Euripide[12] ; d'autres, notamment les mythographes, évoquent les liens unissant les Sirènes à Perséphone (épisode qui fournit deux explications sur l'origine de leur apparence, soit demande des Sirènes aux dieux, pour aller chercher leur compagne enlevée et emplir la terre entière de leur plainte (Ovide), soit châtiment infligé aux Sirènes par Déméter, pour n'avoir pas suffisamment veillé sur sa fille[13]) ou encore le concours qui opposa les Sirènes aux Muses, et se solda par l'échec des premières : les Muses leur auraient alors arraché leurs ailes, et s'en seraient couronnées comme de trophées[14].

Mais la nature même du texte d'Homère explique le poids de cet épisode particulier : les poèmes homériques sont à l'Antiquité gréco-romaine ce que la Bible est à notre civilisation, un texte inspiré, sur lequel on médite (la plupart des réflexions théoriques évoquées ci-dessus sont des exégèses d'Homère), que l'on imite (Apollonios de Rhodes) voire que l'on critique (Lucien) mais auquel on ne saurait, parlant des Sirènes, ne pas se référer[15].

Or, à l'intérieur de cette déférence générale à l'égard des poèmes homériques, le texte des Sirènes occupe une place privilégiée : ni Apollonios ni Lucien ne reécrivent toute l'*Odyssée*, et pourtant, ils suivent Homère de très près pour cet épisode précis. La richesse du texte premier, inégalée par ses successeurs et en même temps les contenant tous virtuellement, n'est sans doute pas étrangère à un tel succès.

Richesse par l'agencement dramatique du texte, tout d'abord, qui donne au mythe toute sa profondeur, en liant les Sirènes à la figure de la magicienne Circé (c'est elle qui donne à Ulysse les conseils pour franchir l'épreuve), à celle des monstres Charybde et Scylla (rencontrés immédiatement après les Sirènes, et inclus dans les recommandations de Circé), etc.

Richesse du contenu, surtout : le texte d'Homère est probablement celui qui

12. ve siècle avant Jésus-Christ, *Hélène*, 164-179. Les Sirènes présidant aux chants de deuil évoquent d'autres mythes où la métamorphose en oiseau est liée à un cri plaintif : Alcyon, Philomèle... ; passeuses des âmes dans l'autre monde, elles sont à rapprocher des Harpyes, femmes ailées, et des Sirènes égyptiennes représentées sur les sarcophages comme symboles de l'âme quittant le corps.

13. Hygin (Ier siècle après Jésus-Christ), *Fables*, 141. Une troisième raison de leur métamorphose est donnée par une scholie à l'*Odyssée*, XII 39 : les Sirènes auraient été ainsi châtiées par Aphrodite, pour avoir refusé l'amour.

14. Pausanias, *op. cit.*, IX, 34, 3.

15. L'iconographie elle non plus, quoiqu'à un moindre degré, n'échappe pas à cette prépondérance du texte homérique : « Ulysse et les Sirènes » est un sujet privilégié dans les représentations du mythe; les plus célèbres exemples en sont probablement le stamnos de Vulci

réunit le plus grand nombre d'éléments du mythe, traces de données religieuses antérieures au VIIIe siècle et perdues par la suite, ou éléments encore balbutiants dans l'*Odyssée* et qui seront développés par les successeurs. Les ossements jonchant le sol de leur île rappelle le lien des Sirènes avec le monde des morts, l'atmosphère fantastique entourant l'épisode (Sirènes invisibles, chute brusque des vents[16]...) suggère la dimension transcendante de la musique, fait entrer le héros dans un monde surnaturel, qui sera pour lui le lieu d'une épreuve initiatique[17]. Poète inspiré, certes, Homère l'est, et les Sirènes deviennent comme une image de lui-même : situées au cœur de l'*Odyssée*, elles constituent l'une des premières et peut-être des plus subtiles constructions abismales de la littérature; car le chant qu'elles promettent est un poème épique, le récit de la guerre de Troie[18], c'est-à-dire le sujet même de l'*Iliade* et de l'*Odyssée*. Les Sirènes sont donc aussi bien Ulysse racontant ses aventures (dont l'épisode des Sirènes) devant les Phéaciens, ou l'aède qui chante ce récit d'Ulysse, et finalement Homère lui-même composant son poème. S'il crée un mythe littéraire à travers l'épisode des Sirènes, Homère crée plus profondément encore un véritable mythe poétique, où ne manquent ni les origines divines du chant, ni ses pouvoirs initiatiques, ni non plus ses risques de n'être que promesse trompeuse, et finalement porteur de mort[19].

Une telle richesse du texte homérique, en fait comme la matière première, brute et proche des origines magico-religieuses du mythe, à partir de laquelle la postérité pourra sculpter les multiples figures, toujours insaisissables, des Sirènes. Les scientifiques ne réussiront jamais à dissiper le mystère qui plane autour d'elles (quelle « réalité des Sirènes » Strabon a-t-il prouvée en les situant géographiquement?) et les imitateurs y trouveront matière à exprimer leur sensibilité propre, et à donner au mythe ses formes nouvelles : une féminisation croissante des Sirènes, voire une sexualisation du mythe[20], une prépondérance de l'élément marin dans

(British Museum), qui évoque en outre le suicide des Sirènes après leur échec face à Ulysse, et la mosaïque de Tunis (Musée Alaoui).

16. Sans doute proche des origines religieuses du mythe, de cultes liés aux promontoires marins, où les Sirènes devaient apaiser les vents par leur voix. Cet état ancien du mythe, dont il ne reste plus que des traces chez Homère, est absent des textes postérieurs : les Sirènes deviennent causes de tempêtes et de naufrages (Apollonios de Rhodes, *op. cit.*, etc.).

17. Beaucoup plus nettement que les autres épreuves, où le héros doit *vaincre* des monstres : il en *reçoit* ici un message. Noter dans ce sens l'exclusion des compagnons d'Ulysse.

18. Homère est le seul à donner le contenu du chant des Sirènes.

19. Dimension du mythe remarquablement présentée par Maurice Blanchot, dans *Le Livre à Venir*, (1959) chap. I, « Le Chant des Sirènes ».

20. La féminité, discrètement présente chez Homère (liens avec Circé, consacrés, avec Lucien, par une superposition des deux figures et une symbolique sexuelle très nette dans le triomphe du héros), n'est pas primordiale dans le processus de la tentation. Les documents iconographiques les plus anciens montrent des Sirènes à tête peut-être masculine (barbue).

le microcosme des Sirènes, débouchant sur la figure de la femme-poisson[21] ; La prépondérance du texte homérique, loin d'être stérilisante et de figer les Sirènes dans un bref épisode de leur histoire, est ouverture vers l'avenir, et le gage, pour le mythe, de son immortalité.

Annie LERMANT-PARÈS

BIBLIOGRAPHIE

R. CAILLOIS, « Les Démons de Midi », *Revue d'Histoire des Religions*, Paris, Leroux, 1937. CXV p. 142-173. CXVI p. 54-83 et 143-186.

P. COURCELLE, « L'Interprétation evhémériste des Sirènes-courtisanes jusqu'au XIIe siècle », *Mélanges L. Wallach, Monogr. zur Gesch. des Mittelalters XI*, Stuttgart, 1975, p. 33-48.

E. FARAL, « La Queue de Poisson des Sirènes », *Romania*, LXXIV, 1953, p. 433-506.

Ch. PICARD, « Néréides et Sirènes. Observations sur le folklore hellénique de la mer », *Annuaire de l'Ecole des Hautes Etudes de Gand*, 1938, p. 125-153.

O. TOUCHEFEU-MEYNIER, « De quand date la Sirène-poisson ? » *Bulletin de l'Association Guillaume Budé*, Paris, Les Belles Lettres, 1962, n° 4, p. 452-459.

W.-G. WEICKER, *Der Seelenvogel in der alten Litteratur und Kunst*, Leipzig, Teubner, 1902.

21. La mer n'est qu'un des éléments du microcosme dépeint par Homère (ciel / terre / mer), il devient primordial dans la poésie alexandrine de sensibilité baroque, avec jeux d'eaux, formes courbes des poissons, nymphes sortant à demi de l'eau, etc. (Apollonios de Rhodes, Ovide). Les premiers documents sur la transformation proprement dite sont deux bas-reliefs contemporains de ces auteurs, un bol athénien du IIIe-IIe siècle avant Jésus-Christ et une lampe romaine du Ier siècle après Jésus-Christ.

Sisyphe

Dans un dictionnaire, mais aussi dans un texte, Sisyphe est d'abord un nom. En tête d'un vers de Baudelaire, il fait vibrer derrière le *s* siffleur, le *z* « cinglant à la façon d'un fouet châtieur, d'un insecte érinnyque », celui qu'a entendu Roland Barthes dans *Sarrasine*. Le nom est en effet pour nous associé à l'image d'un châtiment. L'évidence de cette image, rendue plus sensible encore par un bas-relief antique souvent reproduit qui représente Sisyphe ployant sous le poids de son rocher, ne va pourtant pas sans une énigme, déjà contenue dans le nom.

Onomastique

Sisyphe, en grec, c'est Σίσυφος. On trouve ce nom au détour d'un chant de l'*Iliade* (VI, 154), où il désigne un fils d'Eole, père à son tour de Glaucos et grand-père de Bellérophon. C'est Glaucos lui-même qui se présente à Diomède au moment où il l'affronte. Son pays, qui est celui de Sisyphe, est l'Argolide, et sa ville Ephyre. Sisuphos est aussi l'interlocuteur de Socrate dans le dialogue de Platon qui porte son nom (*Sisyphe ou de la Délibération*). C'est un Thessalien de

Pharsale, mais le nom n'est probablement pas choisi par hasard, si du moins cet interlocuteur est fictif. Dans un dialogue qui a le langage pour objet, le nom de Sisyphe prend une valeur emblématique.

En grec en effet ce nom est remarquable par le redoublement du *s*, sans la variante de la sonore qu'autorise le français. Hésychius de Milet dans son *Onomatologos* le connaît sous le nom de Sesephos. Salomon Reinach fait observer que *si-suphos* est « une sorte de redoublement intensif de *sophos* ». Sisyphe est donc le très sage, le très savant, ou plutôt le très subtil : il est désigné dans le vers cité de l'*Iliade* comme « le plus habile des hommes » (ὅ Κέρδιστος γένετ'ἀνδρῶν) et encore dans une Satire d'Horace (II, 3, v. 21) comme « le rusé Sisyphe » (*vafer Sisyphus*).

La glose s'empare de cette caractéristique. Le scholiaste qui explique le vers 390 des *Acharniens* d'Aristophane où il est question des astuces de Sisyphe (μηχαναί τοὺ Σισύφου, « Ouvre le sac à malices de Sisyphe », conseille le Chœur à Dicéopolis) nous apprend que les poètes ont fait de Sisyphe le type même de l'homme rusé et industrieux, πανσῦργος : un panurge. On comprend, dans ces conditions, qu'Ulysse ait pu passer pour un fils ou du moins pour un descendant de Sisyphe (Σίσύφειον σπέρμα, suivant l'expression d'Euripide dans *Iphigénie à Aulis*, v. 524). Sisyphe serait alors une manière de super-Ulysse.

TOPONYMIE

D'après les quelques indications déjà données, voici notre Sisyphe tiraillé entre le Nord de la Grèce continentale et Ithaque. Pourtant la tradition le fixe plus volontiers dans la ville de Corinthe, à laquelle son nom est associé. Horace, dans le vers cité plus haut, associe son nom à l'airain de Corinthe, qui devait sa couleur caractéristique au fait qu'il était plongé dans la source Pirène après avoir été chauffé à blanc. Stace, dans *La Thébaïde* (II, 380) désigne les ports de Corinthe par l'expression *Sisyphii portus.* Au livre VIII de sa *Géographie*, Strabon décrit l'emplacement de Corinthe, la ville célèbre où régnait autrefois Sisyphe : sur la colline abrupte de l'Acrocorinthe il retrouve la fontaine Pirène et un peu en dessous les ruines imposantes d'un temple ou d'un palais, auquel, comme Diodore de Sicile, il donne le nom de Sisypheion.

Ephura est un ancien nom de Corinthe et la tradition homérique est donc aisément conciliable avec les renseignements plus tardifs. On peut même penser que c'était le nom de la partie la plus ancienne de cette Acrocorinthe, fondée par Sisyphe.

Il faudrait même dire : construite. Car c'est là que la donnée onomastique (la ruse) va se concilier avec la donnée toponymique. Encore aujourd'hui le touriste est étonné par les blocs de marbre cyclopéens qui constituent les ruines de l'ancienne Corinthe et en particulier du Sisypheion. Comme le fait observer Salomon Reinach, « dans tous les pays où subsistent de grands monuments de date inconnue, mais certainement très anciens, la légende (ou plutôt le mythe, car il s'agit bien d'un mythe de fondation) s'en empare et en attribue la construction soit à des géants, soit à des hommes doués d'une puissance magique ou d'une intelligence supérieure ». Les ruines de l'époque mycénienne étaient considérées comme l'œuvre des Cyclopes. Sur la frise du Théséion, les Pélasges sont représentés jonglant avec des quartiers de roche, indice d'une légende d'ailleurs inconnue qui expliquait ainsi leur pouvoir de remuer les plus pesants matériaux. Sisyphe aurait été un des constructeurs adroits admirés de la postérité. C'est pourquoi, selon Salomon Reinach, il aurait été représenté roulant une pierre énorme jusqu'au sommet d'une montagne, qui aurait été l'Acrocorinthe. Nous savons par Pausanias (X, 31, 10) que le célèbre peintre Polygnote l'avait représenté de cette façon dans sa peinture des Enfers.

Châtiment

Le rapprochement est à la fois tentant et déroutant. Comment passer du Sisyphe constructeur de l'Acrocorinthe au réprouvé qui est représenté dans le chant XI de l'*Odyssée* « en proie à ses tourments » :

> « (...) ses deux bras soutenaient la pierre gigantesque, et, des pieds et des mains, vers le sommet du tertre, il la voulait pousser ; mais à peine allait-il en atteindre la crête, qu'une force soudain la faisant retomber, elle roulait en bas (...) ; mais lui, muscles tendus, la poussait derechef ; tout son corps ruisselait de sueur, et son front se nimbait de poussière. » (v. 593-600.)

Le passage a été la proie des désintégrateurs, et Aristarque déjà l'avait condamné. Il paraissait invraisemblable que Sisyphe vînt transporter son rocher dans l'aire dessinée par Ulysse, suivant les indications de Circé, pour l'évocation des morts. Mais il se pourrait bien que la vision se substitue à l'évocation proprement dite. Enée ne pénétrera pas davantage dans le Tartare où des réprouvés expient des fautes passibles de châtiments analogues (Les Lapithes poussent un énorme rocher). Sisyphe d'ailleurs ne se trouve pas parmi eux, ou du moins il n'est pas nommé.

Salomon Reinach, qui trouve aussi absurde la représentation du châtiment de

Sisyphe (et celui des autres réprouvés de l'Hadès homérique ou du Tartare virgilien), a proposé l'hypothèse d'un gauchissement dont serait responsable l'imagination populaire. Une image très ancienne aurait représenté le constructeur Sisyphe roulant une pierre colossale vers le sommet de l'Acrocorinthe pour la construction du Sisypheion. C'était une image de glorification. Mais quand on commença à distinguer dans l'Hadès les réprouvés des autres, on reprit cette image pour lui affecter une autre signification, celle d'un châtiment au terme d'une condamnation.

Une telle hypothèse n'est pas absolument nécessaire. Dans la représentation grecque du monde des morts, — et tout aussi bien, d'ailleurs, dans l'*Enfer* de Dante et dans la croyance populaire — le mort est vu continuant ce qui fait l'acte essentiel de son existence. Héraclès, par exemple, qui n'est pas un réprouvé, continue à tirer à l'arc (*Odyssée*, XI, 601 sq.). Sisyphe porteur de rocher peut donc fort bien être vu après sa mort dans la même attitude.

La faute

Quelle faute peut alors avoir été la sienne? La plus probable est la faute d'*hybris*. Il a osé porter (ou faire porter) des rochers d'un poids supérieur à ce que peut supporter l'homme. Paradoxalement, cette idée a été exprimée par les Modernes plus que par les Anciens.

Quelques notations chez les poètes latins (Ovide, Horace), les fables d'Hygin ont nourri une geste diverse dont les manuels de mythologie ont conservé les actes essentiels et parfois contradictoires. Voici ceux que rapporte le *Dictionnaire de la Fable* de François Noël (1801), qui trouve chez Homère ce qu'on y chercherait en vain :

1. Il exerçait toutes sortes de brigandages dans toute l'Attique, et faisait mourir de divers supplices tous ceux qui tombaient entre ses mains. Thésée, roi d'Athènes, lui fit la guerre, le tua dans un combat et les Dieux le punirent dans le Tartare de tous les crimes qu'il avait commis sur la terre.
2. Il débaucha Tyro, la nièce de Salmonée, roi de Thessalie.
3. Zeus ayant enlevé Egine, la fille du dieu-fleuve Asopos, Sisyphe le révéla au père éploré, à condition qu'il créât une source perpétuelle à la citadelle de Corinthe. Asopos poursuivit Zeus, qui lui échappa en se transformant en rocher. Il fit arrêter Sisyphe par Hermès, qui le conduisit aux Enfers.
4. Sisyphe convainquit Hadès d'essayer les menottes qu'il voulait lui passer. Quand le dieu les eut mis à son poignet, il les ferma et le retint prisonnier dans sa maison.

5. Sisyphe étant près de mourir, ordonna à sa femme de laisser son corps sans sépulture. Il voulait ainsi éprouver son amour, espérant qu'elle n'en ferait rien. Or elle exécuta l'ordre ponctuellement. Sisyphe demanda donc à Hadès de le laisser revenir sur terre pour la punir et procéder à sa propre inhumation. Mais quand il eut de nouveau respiré l'air du monde, il ne voulut plus retourner dans l'autre. Et il fallut qu'Hermès vînt le rechercher, et il fut durement puni pour avoir manqué de parole à Hadès.

Interprétation

Si l'on reprend ces différentes traditions, on s'aperçoit qu'il existe deux pôles du mythe de Sisyphe : un pôle d'innocence et un pôle de culpabilité.

Sisyphe n'est pas chargé de fautes dans le passage cité de l'*Iliade*. Bien plus, dans l'*Apologie de Socrate*, le philosophe, condamné à mort, évoque ceux qu'il aura plaisir à rencontrer dans l'Au-delà quand il sera « libéré de ces hommes qui prétendent rendre la justice » :

> « La compagnie d'Orphée, de Musée, d'Hésiode, d'Homère, à quel prix tel ou tel ne se la voudrait-il pas ? Moi, si cela est la vérité, j'accepte de mourir cent fois, vu que, pour moi personnellement aussi, ce serait en ce lieu une merveilleuse conversation, chaque fois que je rencontrerais Palamède, et Ajax, le fils de Télamon, ou tel autre des hommes du passé qui a pu mourir par l'effet d'un jugement injuste, et au sort desquels il ne me serait pas déplaisant, je crois, de comparer celui qui m'est fait. Mais le plus intéressant, c'est que je pourrais, en conversant avec eux, soumettre les gens de là-bas à mon examen et à mon enquête, tout comme avec ceux d'ici, pour savoir qui d'entre eux est sage, et qui se figure qu'il l'est, sans l'être réellement. Or, à quel prix ne voudrait-on pas, vous, Citoyens qui êtes des juges, pouvoir soumettre à l'examen celui qui a conduit devant Troie l'immense armée, ou bien Ulysse, ou encore Sisyphe, des milliers d'autres aussi, femmes et hommes, que l'on pourrait nommer ; avec qui ce serait le comble du bonheur là-bas, et de s'entretenir, et de faire société, et de procéder à un examen ? »

Coupable, Sisyphe l'est pourtant pour avoir tenté de faire échec aux dieux. Ou bien il a trahi leur secret, en croyant rester impuni. Ou bien il a rusé avec la mort, méritant d'être traité comme le sont les fraudeurs dans l'*Inferno* de Dante. Ou bien, trop confiant dans sa force ou dans sa ruse, cet homme trop heureux de vivre s'est cru au-dessus de la condition mortelle. Unanimement reconnu comme intelligent, Sisyphe aurait péché par excès d'intelligence. Mais Socrate, confronté à la bêtise humaine, préférerait se trouver en face de cette intelligence-là.

La tentation allégorique

Ouvert, comme on le voit, à des interprétations divergentes et en cela stimulant pour la pensée des Modernes, Sisyphe n'a pas échappé au traitement allégorique. On sait comment Schelling, qui ne l'aimait guère, a défini ce traitement allégorique du mythe dans la deuxième leçon de son *Introduction à la Philosophie de la Mythologie* : une conception « qui admet une vérité et une signification doctrinales et qui prétend qu'une vérité y était, primitivement au moins, sous-entendue ». L'inconvénient, pour Schelling est que « cette conception sacrifie le sens propre de la mythologie et lui attribue, à la place de celui-ci, un sens impropre ». A vouloir proposer un sens autre, l'interprétation allégorique propose un autre sens.

En voici, dans le cas de Sisyphe, quelques exemples :

1. Dans le *Dictionnaire de la Fable*, déjà cité, de François Noël :

> « Ce rocher qu'on lui fait rouler incessamment est l'emblème d'un prince ambitieux qui roula très longtemps dans sa tête des desseins qui n'eurent point d'exécution. »

Cette interprétation ne repose sur aucun texte canonique, même tardif. Elle repose en revanche sur un jeu de mots propre au français (rouler un rocher, rouler des desseins).

2. Non pas dans Jung (je n'ai pas trouvé Sisyphe dans son œuvre), mais dans la préface écrite par le traducteur de Jung, Yves le Lay, pour *Métamorphoses de l'Âme et ses Symboles* :

> « Ce n'est que tardivement et après un long effort que l'homme est parvenu à la pensée discursive qui se traduit par des mots. La forme spontanée, c'est l'image inaccessible à autrui, incommunicable, rébus mystérieux fait d'analogies souvent indéchiffrables parce que reposant sur des fondements individuels. Pourquoi par exemple tel homme se représente-t-il la vie sous l'image d'un cycliste peinant durement sur sa machine? Tout le monde connaît le rocher de Sisyphe qui traduit la décevance de l'effort. Il n'y a point là une intention dissimulatrice comme le prétendait Freud au sujet de nombreux symboles. Ce sont là des formes élémentaires de la pensée, celles qui naissent d'elles-mêmes en

nous et que nous retrouvons dans la rêverie à laquelle nous nous abandonnons, et dans le rêve, qui ne saurait être considéré comme un produit de notre volonté. »

Sisyphe des poètes

Pour le poète, Sisyphe peut être une sorte de repoussoir. Désespérément retenu au sol par la pierre, et peut-être aussi par cette pensée de la terre qui l'empêchait d'aspirer à l'Inconnu, il est l'anti-poète par excellence. Tout au plus en fera-t-on le patron des ouvriers du verbe, de ceux qui manient les mots et les tropes comme il transportait les lourds moellons vers le sommet de l'Acrocorinthe. Pour Victor Hugo, dans la préface des *Odes et Ballades* (1824), les « rhéteurs » et « pédagogues » sont de « pauvres Sisyphes essoufflés, qui vont roulant et roulant sans cesse leur pierre au haut d'une butte ».

Baudelaire ne repousse pas Sisyphe. Il le tient plutôt à distance, ou il s'en sent éloigné. On sait l'usage qu'il fait du mythe (« Le Cygne ») qui « pour (lui) devient allégorie », c'est-à-dire lui permet de parler de lui-même. Or dans « Le Guignon » (envoyé à Théophile Gautier pour *La Revue de Paris* entre septembre 1851 et le début de janvier 1852 et publié pour la première fois dans *La Revue des Deux Mondes* le 1er juin 1855), il ne s'identifie pas à Sisyphe, il établit une différence entre celui qui fut capable de soulever son rocher et l'homme moderne qui est incapable de supporter le poids de son « guignon » :

« Pour soulever un poids si lourd,
Sisyphe, il faudrait ton courage !
Bien qu'on ait du cœur à l'ouvrage,
L'Art est long et le Temps est court. »

On remarque le refus de l'exprimer à la première personne, tout au long du poème, esquisse d'un portrait moral de l'artiste moderne. On remarque la distinction du « cœur » et du « courage » : là un simple élan vite voué à l'impuissance ; au contraire, dans le cas de Sisyphe un véritable héroïsme, qui est un trait nouveau du personnage. Sisyphe ne se contente pas de subir passivement le châtiment qui lui est imposé ; il élève l'acte d'expiation à la hauteur d'un acte héroïque. Il est vrai que le réprouvé a l'éternité devant lui, même si c'est pour un geste perpétuellement recommencé. L'artiste, au contraire, se sent pressé, cerné par le temps, qui ne lui permet pas d'aller au bout de son art. La consolation de la survie de l'Art ne lui est pas suffisante. « Le poète », commente Paul Bénichou, « se sen (t) impuissant à soulever le "poids si lourd" qui entrave la création ».

Sisyphe est absent des trois autres strophes du *Guignon.* Mais la pensée de la mort qui pèse sur ces strophes n'est-elle pas encore le poids de la pierre? Le second quatrain évoque un paysage funèbre en usant du jeu de la sourde et de la sonore que permet le nom français de Sisyphe :

« Loin des *s*épultures célèbres,
Vers un *c*imetière i*s*olé,
Mon cœur, comme un tambour voilé,
Va battant des marches funèbres. »

Cette solitude est celle des grands réprouvés comme Sisyphe. Mais elle est surtout celle de l'artiste qui n'aura pas atteint à la célébrité. La mort anonyme, tel sera le terme d'une existence qui ne fait que battre sa mort future.

Ce mépris où le public tient l'artiste peut être négligence, oubli d'un art qui aura plus de force peut-être, s'il est tenu à l'écart, conservé pour une brillante exhumation :

« Maint joyau dort enseveli
Dans les ténèbres et l'oubli,
Bien loin des pioches et des sondes. »

Mais dans sa solitude, l'œuvre d'art peut aussi, comme l'artiste, s'évaporer d'un don d'elle-même qu'elle est toujours prête à faire et dont personne ne veut :

« Mainte fleur épanche à regret
Son parfum doux comme un secret
Dans les solitudes profondes. »

Au contraire, la poésie de René Char va nous permettre d'assister à la fois à l'identification de l'artiste et de Sisyphe et, pour cela, à la métamorphose de Sisyphe. Rendant hommage à Georges Braque en l'honneur de ses quatre-vingts ans, le poète l'appelle « un Sisyphe-oiseau » (*Recherche de la Base et du Sommet*, édition de la Pléiade, p. 679). Sisyphe miraculeusement délivré de la pesanteur, il semble s'en être délivré par l'accoutumance même au poids.

La délivrance de Sisyphe

Curieusement, les Romantiques semblent, eux, n'être pas parvenus à un Sisyphe réconcilié, comme le Melmoth de Balzac, ou délivré, comme le Prométhée de Shelley. Le Sisyphe corrigé, le Sisyphe autre, prendra un autre visage, appellera un autre mythe. C'est le cas, par exemple, dans le *Bertran de Born* de Mary Lafon (1839). Le troubadour est dans la situation de Sisyphe, mais il marche, il sort du cercle de son supplice pour aller vers un avenir véritable :

> « Quelle destinée! quelle fatalité acharnée sur lui depuis sa naissance! (...) Est-ce que son énergie avait jamais failli dans cette lutte toujours malheureuse et toujours recommencée? Et, bien que ce rocher de Sisyphe eût continué à lui rebondir lourdement sur la poitrine, ne s'était-il pas obstiné à le rouler au haut de la montagne? Tout meurtri de ces plaies incurables qu'ouvrent sous le sein gauche les grands espoirs déçus avec amertume, les désenchantements inattendus, les injustices ironiques d'un sort aveugle qui va, sous vos yeux, prodiguant aux indignes le prix de vos nuits sans sommeil, de votre front fait chauve, de votre âme flétrie en les fières angoisses, tout meurtri de ces plaies saignantes, ne marchait-il pas au même but d'un pas ferme? »

Précisément il marche, et c'est la différence avec Sisyphe. Marqué par la Fatalité, le héros est aussi touché par l'aile du Futur qui fait de lui un prophète. Il rêve d'une Aquitaine libre et grande et un autre auteur du siècle, V. P. Laurens, pourra faire de lui *Le Tyrtée du Moyen Age.*

Un texte symboliste tardif permet de réaliser ce que le Romantisme n'a pu accomplir. Il s'agit de *Sisyphe et le Juif errant* d'Isi Collin (1914). L'œuvre met en scène le Juif errant qui vient d'arriver, au crépuscule, sur un étroit plateau montagneux où il rencontre Sisyphe et le Faune dont la musique allège les peines. C'est la situation même de Prométhée au Caucase. Le cri de révolte du « triste Sisyphe » attendrit le cœur du Voyageur jusque-là inaccessible à la pitié : il décide de donner son manteau et son bâton à Sisyphe un instant séduit à l'idée de retrouver la terre et les hommes. Mais au fur et à mesure que le Juif errant lui brosse le tableau de l'histoire passée, Sisyphe comprend que les dieux de cette terre ont été bons pour lui et qu'il aime ce bloc de pierre modelé par ses mains. Au moment donc de se quitter et d'échanger leur destin, ces deux symboles de la souffrance humaine refusent de fuir leur malédiction — stagnation pour l'un, mobilité incessante pour l'autre — et quand la nuit arrive, ils reprennent leur route spécifique, le cœur plein d'espoir. Ce dialogue dramatise donc une transformation morale des deux héros qui en viennent à rejeter toute transcendance pour assumer mieux la beauté et la souffrance de l'ici-bas.

Un tel texte ouvre la voie au Sisyphe de Camus qui sera délivré dans la mesure où il sera réconcilié avec son destin et l'acceptera lucidement. Le projet date de mai 1936, et d'un moment où Camus est fasciné par l'œuvre d'André Malraux, tout en restant marqué par l'influence de son maître, Jean Grenier, et des lectures philosophiques qu'il a faites, en particulier celle de Kierkegaard et de Nietzsche. Frappé par la maladie, déçu dans ses adhésions politiques et dans sa vie conjugale, Camus n'échappe à la tentation du suicide que pour se poser la question essentielle, « juger que la vie vaut ou ne vaut pas d'être vécue ». Comme l'écrit Louis Faucon dans les notes de l'édition de la Pléiade, « *Le Mythe* se construit peu à peu sur le thème du défi lucide qu'oppose à une inculpation injuste notre refus de toute assistance surnaturelle et de toute revanche posthume. » L'ouvrage est terminé à Oran en février 1941.

Le choix de Sisyphe pourrait venir d'un constat de Jean Grenier dans son *Essai sur l'Esprit d'Orthodoxie* (Gallimard, 1932, p. 181) :

> « On parle toujours du mythe de Prométhée en oubliant de citer son dénouement, qui en est la principale partie. Et on ne parle jamais de Sisyphe. »

C'est entre septembre 1940 et février 1941 que l'histoire exemplaire de Sisyphe a fourni son titre au livre entier, au moment où Camus l'achevait.

Les sources sont modestes pour ce chapitre final intitulé, comme le livre, *Le Mythe de Sisyphe*: la *Nouvelle Mythologie grecque* de P. Commelin (Garnier, 1909) et le *Grand Dictionnaire universel Larousse.* En fait, on retrouverait à peu près tout ce que Camus reprend de la tradition mythologique dans Le *Dictionnaire de la Fable* de François Noël qui a dû être abondamment plagié par ses successeurs. En particulier on prête beaucoup à Homère : s'il est vrai que l'*Iliade* présente Sisyphe comme « le plus sage et le plus prudent des mortels » (mais Camus redouble et en rajoute), s'il est vrai que l'*Odyssée* décrit la chute inéluctable de la pierre, Homère ne sonde pas les desseins des dieux, et ce n'est pas lui qui raconte que Sisyphe a enchaîné la Mort. Camus est sensible aux traditions mineures : Sisyphe brigand ; Sisyphe « donnant » Jupiter ; Sisyphe revenant sur terre et ne parvenant pas à s'arracher à ses délices. Mais il y trouve déjà l'occasion de notations qui lui sont propres : la non-contradiction de la sagesse et du brigandage (*cf.* Ulysse) ; la préférence accordée à la bénédiction de l'eau (*cf.* Prométhée dans *L'Eté*; l'évocation complaisante à laquelle il s'accorde volontiers, des délices du paysage méditerranéen).

Camus choisit de faire de Sisyphe une figure : pour lui, « Sisyphe est le héros absurde ». Il réalise même en lui une sorte de trinité de l'absurde : par son mépris des dieux, par sa haine de la mort et par sa passion pour la vie. C'est sur ce dernier terme que Camus insiste de nouveau, au point de le retripler : « passions », « passion pour la vie », « passions de cette terre ».

« On ne nous dit rien sur Sisyphe aux enfers » : affirmation curieuse, puisque l'*Odyssée* ne nous parle que de cela. Camus renouvelle très heureusement la description homérique, se détournant de la contemplation de la pierre pour regarder Sisyphe. On passe de l'effort du corps au « visage crispé » et surtout au regard de

Sisyphe quand la pierre dévale à nouveau. C'est ce moment qui l'intéresse, et c'est l'expression de ce visage à ce moment-là. Il n'y saisit ni désespérance ni satisfaction d'un héroïsme vain, mais « conscience » qui permet à Sisyphe d'être supérieur à son destin :

> « Sisyphe, prolétaire des dieux, impuissant et révolté, connaît toute l'étendue de sa misérable condition : c'est à elle qu'il pense pendant la descente. La clairvoyance qui devait faire son tourment consomme du même coup sa victoire. Il n'est pas de destin qui ne se surmonte par le mépris. »

A trop faire attention au rocher, on fait triompher le malheur. Le Sisyphe de Camus accepte son rocher, il dit oui à cette suite d'actions sans lien qui est derrière et devant lui. « Il faut imaginer Sisyphe heureux » et son bonheur naît de cette acceptation. Camus se souvient moins ici des manuels de mythologie que de Nietzsche et de ses propos paradoxaux sur la sérénité d'Œdipe dans *La Naissance de la tragédie* (chap. 9) : d'où la comparaison qui s'établit entre Œdipe et Sisyphe, élevant ce dernier à la hauteur d'un héros tragique, mais dépassant le tragique. Le *oui* de Sisyphe n'est autre que l'*amor fati* nietzschéen. Camus avait d'ailleurs noté dans ses *Carnets* cette phrase du *Crépuscule des Idoles* :

> « L'artiste tragique n'est pas un pessimiste. Il dit oui à tout ce qui est problématique et terrible. »

Sisyphe est donc bien pour Camus comme pour Baudelaire une possible figure de l'artiste. Un artiste supérieur, idéal pour Baudelaire. Un artiste qui peut dire, comme Camus, « écrire est ma joie profonde » (*Carnets*, p. 77). Mais l'œuvre une fois achevée, retombée, — le ouf — poussé au moment où il note qu'il a terminé *Le Mythe de Sisyphe* le 21 février 1941, le sentiment de retrouver la liberté, la certitude aussi qu'il va falloir continuer et recommencer. Peut-être est-ce là ce que Nietzsche appelait, à propos d'Ulysse, « être à la hauteur des circonstances », et il notait que les Grecs savaient qu'il fallait pour cela « l'aptitude au mensonge et aux représailles terribles et rusées » : pas seulement la *sophie*, mais la *se-sophia* (*Aurore*, § 306).

Pierre BRUNEL

BIBLIOGRAPHIE

François NOËL, *Dictionnaire de la Fable*, Le Normant, 1801.

Salomon REINACH, « Sisyphe aux enfers et quelques autres données », dans *Cultes, Mythes et Religions*, t. II, Ernest Leroux, 1928.

Albert CAMUS, *Le Mythe de Sisyphe*, Gallimard, coll. Les Essais, 1942.

C. J. JUNG, *Métamorphoses de l'Ame et ses Symboles*, préface et traduction d'Yves Le Lay, Genève, Librairie de l'Université Georg, 1967.

Pierre BRUNEL, « Le Tombeau de Sisyphe », dans *Territoires de l'Imaginaire*, éd. du Seuil, 1986.

Les sorcières

Le mythe est une entaille faite au temps, à l'Histoire, dont chaque époque focalise un des aspects mouvants. Il répond alors à « l'horizon d'attente », selon Jauss, défini par la peur sociale de tel ou tel présent. Les matériaux mythiques sont ainsi brassés et rebrassés, comme le démontre C. Lévi-Strauss, manifestant des facettes tantôt éclairées, tantôt occultées par l'ombre.

Si la Sorcière et ses multiples représentations apparaissent désormais comme un archétype de notre culture inscrite dans la littérature, la peinture, l'opéra, c'est qu'elle a d'abord été vivante ; être humain suspecté ou pourchassé, elle appartient au registre de la parole. Experte dans l'art des incantations et des formules magiques, elle naît, ravissante Sybille, Cassandre païenne et meurt sur les bûchers chrétiens, condamnée par les mots qui furent son arme secrète. La Sorcière, être doué de parole, habite la parole des autres conteurs ou inquisiteurs.

Si le mythe est discours du côté du « Muthos » en tant que parole formulée, que J.-P. Vernant oppose au « logos » du discours écrit, alors, le personnage de la Sorcière, porté par les contes de la Tradition orale, présent et réanimé par le verbe des conteurs et les paroles d'accusation des inquisiteurs, s'inscrit bien comme élément fondateur de l'élaboration mythique.

On reconnaîtra ici, dans la ligne de Mircea Eliade, que le personnage de la Sorcière a essentiellement une fonction d'instauration du mythe. Bien au-delà de l'Histoire, la Sorcière s'inscrit dans le processus de la « longue durée », et c'est bien sa permanence dans nos consciences qui lui confère existence et pérennité.

Ainsi, tapie dans l'ombre de nos nuits et de nos peurs, la Sorcière nous hante, nous séduit, nous amuse.

La remontée du mythe, à travers les textes littéraires et, avant eux, l'écoute des pratiques et des paroles de nos traditions orales, fait affluer différentes strates d'hier à aujourd'hui. Qui est-elle ? Quels sont ses attributs et sa contemporanéité ? Tant de pistes qui nous mènent à entreprendre l'archéologie du personnage et à appréhender les avatars du mythe dans son processus de mutation irréversible.

QUI EST-ELLE ?

L'Ère de bonheur

« Au début la femme est tout » (Michelet).

On a peine à imaginer aujourd'hui que la Sorcière ait pu s'ancrer dans la réalité en tant que personnage positif et fondateur d'harmonie plus que de catastrophes.

Son ère de bonheur remonte aux temps païens, temps fondateur du mythe gommé et oublié. Elle est alors petite-fille de la Déesse Mère, Reine du ciel babylonienne, cousine d'Isis en Egypte, d'Ishtar en Assyrie, d'Innanna chez les Sumériens et d'Astarté chez les Phéniciens. Elle est aussi proche de Vénus/Aphrodite, déesse de l'Amour, comme de la véritable puissance créatrice ; de Circé présidant aux métamorphoses ou de Cassandre l'incomparable Divineresse. Elle est la femme à n'en pas douter, jeune corps sexué, pour le plaisir et la maternité. Son pouvoir est total, elle préside à la vie et à la mort, veille aux récoltes, conduit les éléments et les hommes dans ces sociétés de type matriarcal. Les sociétés patriarcales qui suivront lui feront chèrement payer cette plénitude ; ce sont elles qui lui donneront le nom de « jeteur de sorts » au féminin, en sachant bien, le moment venu, faire la distinction entre le Sorcier et la Sorcière.

Le Sorcier, en effet, n'appartient pas au mythe, il ne possède pas la même valeur emblématique, son pouvoir n'est pas identique, il figure comme la lointaine dérive d'un savoir de femme ; car si l'homme est parfois le Diable, c'est la sorcellerie tout entière qui s'est faite femme dans la Sorcière. Jules Michelet rapporte à cet effet ce que Sprenger disait avant 1500 :

« Il faut dire l'hérésie des sorcières et non des sorciers, ceux-ci sont peu de chose ! »

Et un autre sous Louis XIII :

« Pour un sorcier, dix mille sorcières. »

La figure positive, le corps sexué, équilibré, vont peu à peu se craqueler, se transformer en valeurs négatives sous la pression des hommes et des religions, et peu de textes laisseront deviner cet âge d'or du mythe. Cependant, la diversité, les richesses de la Sorcière, issues des rites païens, apparaissent dans l'un des premiers contes écrits : *L'Ane d'Or*, d'Apulée, qui remonte au deuxième siècle de l'ère chrétienne.

Le texte garde au personnage de la sorcière son ambivalence à travers plusieurs représentations féminines, cristallisant chacune une des fonctions, un des pouvoirs de la Déesse Mère d'antan.

Ainsi Psyché, Photis, à la fois tendres, innocentes et perverses jouvencelles qui, pour parfaire l'initiation de Lucius, savent tout naturellement « assaisonner agréablement un plat et un lit et les faire voluptueusement danser ». Vestales expertes au fourneau, elles seules peuvent éteindre les embrasements qu'elles provoquent... Adulées, auréolées, préparant l'avènement final de la déesse Isis, chargées de toutes les vertus, elles représentent le côté positif aussitôt compensé (et insufflé par les sociétés patriarcales) par d'autres figures féminines : Méroé déjà vieille, reine de cabaret, et Panthia la Toute-Puissante. On y découvre aussi Pamphyle qui habite hors des limites religieuses de la ville et se livre à toutes sortes d'incantations sépulcrales. A défaut de beauté, celles-ci possèdent la science et le savoir-faire. Premiers éclats, premières fissures faites au vernis du mythe fondateur, la femme qui a tout (beauté - savoir - puissance) ne détient plus qu'une parcelle, un attribut issu de l'inquiétante complétude. Pour les exprimer tous, elle doit se démultiplier en nombreuses figures de femmes qui feront éclater son pouvoir. Cependant, face au principe féminin dans sa totalité, tel qu'il apparaissait dans les rites païens, les Sorcières de *L'Ane d'Or* révèlent au héros la face cachée, chthonienne, de la Grande Mère, incarnée par Isis dans le roman.

Ce conte initiatique a, en effet, été reçu par Jung et ses émules comme une tentative de réhabilitation de l'archétype féminin.

Issue du paganisme et suivant ce parcours féminin de la totalité et de la déviance, la Sorcière devient peu à peu l'envers de la fée, cristallisant les pouvoirs négatifs, préservant l'empreinte de son savoir et de ses pouvoirs.

Les temps du désespoir

« De quand date la sorcière? Je dis sans hésiter des temps du Désespoir. » (Michelet)

L'éclairage le plus violent, fait au mythe des Sorcières, demeure celui de l'église catholique et des juges, qui lui a imputé les peurs les plus absurdes, les folies les plus avouées. Pendant près de trois siècles, les Sorcières, assimilées aux hérétiques, furent traquées, torturées, brûlées vives. Il fallut à l'Eglise catholique plusieurs siècles pour faire taire puis éliminer les résurgences des anciens rites païens qui habitaient encore les villages d'Europe.

— En 785 : Le synode de Paderbor, proclame que : « *Quiconque, trompé par le Diable croit, à la manière des païens, que quelqu'un puisse être une sorcière et la brûle pour cette raison, sera puni de mort.* »

Cette proclamation reste valable sous Charlemagne.

— Au IXe siècle : La Sorcière est qualifiée : « *d'illusion pure* » (canon episcopi d'Ancyre).

— Au XIIIe siècle : L'augmentation des sectes hérétiques conduit l'Eglise à assimiler les idées de sorcellerie et d'hérésie.

— En 1227 : La Bulle pontificale de Grégoire IX devient « *le noyau de l'inquisition future* » (Jones).

L'épidémie de Sorcières qui se propage en Europe, pendant près de trois siècles, est enfin déclenchée par deux événements majeurs :

1484 : La Bulle pontificale d'Innocent VIII (Idées de fornication avec le Diable et de maléfices et impuissance).

1487 : La publication, par Sprenger et Institoris du « Malleus Maleficarum », dans lequel sont débattues les questions de sorcellerie dans les moindres détails (vols à travers les airs, Sabbat) et à partir duquel est mis en place une sophistique qui ne permet pas à l'accusée d'échapper à d'horribles tortures et à la mort.

Que reproche-t-on alors à la Sorcière? Fiancées du Diable, celles qui sont brûlées sont souvent jeunes et belles, dénoncées par le voisin, l'homme concupiscent, la femme délaissée. Il suffit parfois qu'elle soit rousse ou veuve, vivant sans homme, déstabilisatrice de l'ordre précaire d'un village ravagé par le manque et oppressé par un pouvoir politique et ecclésiastique.

Désormais, la Sorcière incarne le mal, la laideur, mais aussi une pratique et un pouvoir parallèles, qui seront consignés par l'histoire littéraire, de Lilith aux Sorcières romantiques de Victor Hugo et de Lamartine.

Associées à la nuit, au Diable, aux espaces inquiétants, les trois sœurs sorcières de Macbeth sont « capables de scruter les semences du temps ». Ce sont elles qui, dans cette pièce, gèrent l'action, affirmant avant de disparaître : « Le hideux est beau, le beau est hideux », comme pour instaurer un démoniaque renversement des valeurs, au nom duquel, elles vont œuvrer pour le plus grand mal !

Il se manifeste, en ces temps du désespoir et notamment aux XVIe et XVIIe siècles, une grande répression sexuelle, à propos de laquelle R. Muchembled nous rappelle « la vieille méfiance des gens d'Eglise contre les filles d'Eve », responsables du péché originel.

L'Eglise et les juges établissent alors une liaison entre le sexe féminin et la mort.

La figure du Diable n'appartenait pas au mythe de la Sorcière ; ce fut une greffe douloureuse qui fit de la Sorcière, cette fois, l'envers de la Vierge Marie ; la femme-mère sans sexe, contre le plaisir et le corps de la femme sexuée qui attirent et repoussent les hommes.

La Sorcière, vieillie, retourne au folklore et au village afin d'y retrouver les traces, les pratiques d'antan...

Le savoir au village

Les temps du désespoir n'ont donc pas suffi à gommer l'image de la Sorcière. Chaque région, chaque village, dans un respect mêlé de crainte, observe et sollicite la vieille femme silencieuse et solitaire qui transporte des fagots, cueille des plantes, soigne les corps, dérange les esprits. La Sorcière reprend de sa réalité et c'est en tant que « Mère Nature » qu'elle demeure au village. Guérisseuse, sage-femme, en temps de quiétude, ses « fonctions médicales sont reconnues » et recherchées. Jules Michelet souligne que : « *L'unique médecin du peuple, pendant mille ans, fut la sorcière.* »

Au cours des temps, elle parvient à sauvegarder ses secrets liés aux Simples. Elle détient alors un rôle traditionnel, un savoir parallèle et populaire, d'autant plus marginal qu'il est aussi féminin.

On la trouve à l'écart, dans des espaces reculés, sauvages, aux limites de l'habité, entre la Terre, le Ciel et l'Eau. Elle est toujours à la frange, en marge. Nicole Chaquin, dans *Les Cahiers de Fontenay*, démontre bien les corrélations qui existent entre l'instabilité caractéristique immanente au pouvoir des sorcières et l'instabilité des lieux où elles s'installent. Son étude nous rappelle que l'inconstance, la mobilité, le passage, sont autant de signatures de la présence démoniaque. Pierre de Lancre écrit d'ailleurs :

> « Et pour montrer particulièrement que la situation du lieu est en partie cause qu'il y a tant de sorciers, il faut savoir que c'est un pays de montaigne, la lizière de Royaumes (...) le meslange de trois langues (...) l'enclaveure de deux Eves-

chez. Or toutes ces diversitez donnent à Sathan de merveilleuses commoditez de faire en ce lieu ses assemblées et sabbats, veu que d'ailleurs c'est une coste de mer qui rend les gens rustiques, rudes et mal policez... »

Les lieux traditionnellement liés à la sorcellerie sont principalement, comme le souligne Nicole Chaquin « des lieux extérieurs à l'enceinte sociale : forêts, montagnes, alentours des étangs (...) » et particulièrement l'île que Lancre décrit comme « balladine, danceresse et inconstante ». L'île évoque, en effet, l'ambivalence et la mouvance du lieu, c'est aussi un espace clos, narcissique et symboliquement lié au féminin, parce qu'il est entouré d'eau. C'est un lieu de différences et de passages, un espace du dedans que la Sorcière contrôle.

La Sorcière habite une grotte, un coin de forêt, une pauvre maison, peu éclairée et sale, que personne ne pénètre. Ainsi son espace d'intimité et de secrets se trouve protégé.

Dehors, elle maîtrise les domaines les plus ouverts, la lande des Sorcières de Macbeth, la falaise de Babe Ozouf, dans le roman de Didier Decoin; on la découvre aussi au sommet des montagnes.

La Sorcière affectionne les espaces libérés; elle y inscrit sa ronde, elle y commande au vent, à l'eau, au feu et dialogue avec la terre, la mer et le ciel. De son échange avec les lieux, de sa connivence avec les éléments, naît son pouvoir d'unité, mais également sa fonction de médiatrice entre le royaume des vivants et des morts. Les lieux humides que la Sorcière apprécie particulièrement sont traditionnellement des lieux de passage. Quant au rapport, à l'alliance entre la Sorcière et la lune, ils ne sont pas sans évoquer, dans certaines traditions gnostiques ou néo-platoniciennes, que la lune est le lieu de la transmigration des âmes des morts.

Son rôle initiatique, sa charge de « passeuse » sont alors comparables à ceux de la conteuse, de la « femme qui aide » selon Yvonne Verdier, ou tout simplement de la grand-mère, qui transmettent aussi bien des recettes anciennes, des pratiques et des savoir-faire que des enseignements livrés au travers des contes, des comptines, des légendes au cours des veillées.

Les pratiques et les récits populaires dévoilent précisément les reliquats du mythe, spécifiques à la fonction de la Sorcière au village.

Selon le conte type n° 402 de la classification Aarne et Thompson, intitulé : « *L'Amour des Trois Oranges* », comme dans « *La Quête de l'Epoux disparu* » (conte type n° 425), elle sera la passeuse, l'initiatrice des filles. Dans « *Amour et Psyché* » et dans « *La Belle et la Bête* », elle sera plutôt médiatrice.

La Sorcière parle d'amour aux jeunes filles, révèle quelques secrets aux femmes stériles, avorte dans l'anonymat celles que l'on montrerait du doigt...

Mais lorsque le savoir-faire se double d'un pouvoir, celui des Sorcières inverse les valeurs religieuses, politiques, morales du savoir officiel : la farce, les menteries, les contes facétieux de la tradition orale sont autant d'exemples issus du besoin d'inversion détenu par la culture populaire.

L'œuvre de Rabelais, telle que Mikhail Bakhtine l'a analysée, et notamment à travers les figures du carnaval ainsi que la recherche de Claude Gaignebet concernant *Le folklore obscène des enfants*, participent bien de cette tradition.

Ainsi la sorcellerie et la Sorcière qui pratiquent la messe à l'envers et proposent les « trois sacrements à rebours », baptême, prêtrise, mariage, pour reprendre la formule de Michelet, s'inscrivent bien dans l'irrespect païen et politique véhiculé par toute culture populaire. Aussi n'est-il pas étonnant que la Sorcière de *L'Ane d'Or* ait « le pouvoir d'abaisser le ciel, de tenir la terre en suspens, de pétrifier les sources, de dissoudre les montagnes ». Elle possède la faculté d'arrêter le jeu des opposés dans la nature et d'en inverser d'autres. « Par le cercle des motifs relatifs à l'envers du visage et au remplacement du haut par le bas, la sorcière est liée à la mort et aux enfers. » (Selon Bakhtine et Gaignebet.)

Mais lorsque le « village est saturé de peurs », pour reprendre l'expression de Muchembled, il se retourne contre la Sorcière, Sorcière sans Diable, sans démons. Le paysan qui la pourchasse ne le fait pas pour les mêmes raisons que les magistrats et les élites. En effet, dans les sociétés paysannes, et tel que nous le rappelle R. Muchembled :

> « Les inquiétudes les plus fondamentales ne concernent pas le Diable mais des phénomènes plus immédiats et plus fréquents, des enchaînements de malheur multiples dans la trame de leur vie quotidienne. »

Lorsque la maladie, la famine, la misère frappent aux portes des villages, la Sorcière c'est l'autre, la femme, le voisin, le parent, celui qui possède encore lorsque l'on n'a plus rien, celle qui est épargnée.

La Sorcière devient alors le noyau, le centre de tout ce qu'on ne peut comprendre, ou admettre. Elle attire la souffrance, la peur, la haine ; elle n'est plus un être vivant appartenant à une communauté mais l'expression, la cause du malheur qui s'abat sur chacun. La peur évacue toute logique, toute raison, pour ne retenir que le drame.

La Sorcière redoutée en tant que principe de désordre est aussi une femme qui circule et dérange l'ordre établi. Villageois et inquisiteurs redoutent tout autant son ancrage à l'écart de l'espace socialisé que son omniprésence, sa capacité à être partout. Pour l'avoir rencontrée au bout du champ, ou vue en cauchemar dans un sommeil troublé, on prête à la Sorcière le don d'ubiquité et de pérennité.

Au cours de son périple, la Sorcière vieillit de l'intemporelle jeune femme que l'on brûle à la femme ménopausée que l'on consulte au village. Elle retrouve non seulement les pratiques d'un savoir féminin devenu tabou mais aussi le mystérieux pouvoir lié au « dit » et au « non dit ».

TACITURNITÉ, SILENCE ET CONTRE-POUVOIR

En effet, la Sorcière et son mythe porteur inscrivent la parole, dans « le dire ».

Paroles énoncées par la Sorcière elle-même, allant des incantations publiques, aux mots murmurés à une autre femme au village, pour le legs secret des pratiques ancestrales, et à la parole-menace qui fait que les mots tuent, comme l'atteste aujourd'hui Jeanne Favret-Saada :

> « Si chacun peut être pris dans les sorts, n'est-ce pas justement que la question n'est pas de savoir si les sorts c'est objectivement vrai ou faux, mais s'il est vrai que les mots peuvent tuer ? Cela, tout psychanalyste le vérifie quotidiennement dans le discours privé de ses patients. Or, dans la sorcellerie, les vœux de mort privés sont, par surcroît, soutenus par l'autorité d'un discours collectif, qui fait effet depuis de nombreuses générations. C'est pourquoi il n'est nullement irrationnel et moins encore stupide de croire dans les sorts. »

Aujourd'hui encore, la Sorcière, ou plutôt la sorcellerie, réapparaît, çà et là dans certaines régions.

Jeanne Favret-Saada rencontre la sorcellerie en Mayenne, derrière les mots apparemment vides de sens, le sort est jeté, sans rituel, sans incantations repérables ; la parole anodine, le geste, le déplacement rendent malade et tuent encore animaux et humains.

Cette reconnaissance ethnologique des pratiques de sorcellerie fut longtemps impossible à tenir chez les détenteurs de la culture savante. Les paroles d'alors prononcées autour de la Sorcière, paroles de juges, d'inquisiteurs, ou des médecins qui prirent le relais, ont seulement contribué à installer le maléfice de taciturnité, puis le silence des Sorcières.

Aux temps du désespoir, le maléfice de taciturnité est la preuve tangible de l'exercice de la sorcellerie. Cette taciturnité est un don du Diable que Pierre de Lancre décrit ainsi : « Pour ne confesser jamais le secret de l'école, on fait au Sabbat une pâte de millet noir avec de la poudre du foie de quelque enfant non baptisé qu'on fait sécher ; puis mêlant cette poudre avec ladite pâte, elle a cette vertu de taciturnité ; si bien que qui en mange ne confesse jamais. »

Ainsi les Sorcières ne peuvent avouer leur crime, le maléfice les étouffe et les désigne comme coupables.

Mais que veut-on faire dire aux femmes que l'on ne peut entendre, que l'on ne peut comprendre et qui devient sa force, son ultime résistance de culture et d'identité spécifique ? Qu'a-t-elle à avouer de plus que son existence propre, sa réalité différente ?

Le juge, l'homme, le pouvoir, ne tolèrent qu'un discours. L'autre, celui que symbolise la Sorcière, et qui participe au savoir populaire, de surcroît, féminin, doit être étouffé, la Sorcière doit être réduite au silence. Elle est ainsi dépossédée de sa propre parole. « Dans la sorcière brisée corporellement et réduite au silence, le monde du désordre et des ténèbres a été vaincu », nous dira Nicole Chaquin.

Cette taciturnité s'interprète comme le signe d'une opposition entre deux cultures. Il s'agit bien de la lutte de deux paroles investies d'un pouvoir : la culture populaire, celle de la Sorcière et la culture savante tenue par les juges et, après eux, par les médecins... D'hérétique, la parole des femmes échappant à l'ordre établi, deviendra hystérique, celle des folles à lier. L'incommunicabilité cristallisée par la figure de la Sorcière deviendra non seulement l'Autre social, mais aussi l'Autre sexuel. Ce n'est donc pas par hasard que la Sorcière et tout le contre-pouvoir qu'elle traîne à sa suite parviennent jusqu'à nous.

Ce qui émane une fois encore des fonctions prêtées aux Sorcières, c'est que les passions humaines ont un rôle fondamental dans tout phénomène de sorcellerie. Les craintes et les pressions villageoises créent la Sorcière. Ainsi continue-t-elle d'exister, marginale et marginalisée.

Contemporanéité de la sorcière

Qu'est devenue la Sorcière dans notre monde contemporain ? Que subsiste-t-il du mythe ? Avatars, reliquats du mythe ou autres formes de son expression éclairée différemment : autres lectures ? ou simple récupération de valeurs symboliques dont il était porteur ? Désormais la Sorcière et son univers symbolique investissent principalement trois domaines de notre actualité : la psychanalyse, le féminisme, la publicité. S'agit-il d'un détournement, ou d'un nouvel ancrage permettant au mythe de gagner d'autres temps, de nourrir alors les sociétés futures ?

Symboles et psychanalyse

Plus près de nous, la psychanalyse éclaire les fondements inconscients du mythe de la Sorcière. Ernest Jones, dans *Le Cauchemar*, étudie les liens qui unissent les Sorcières aux succubes, incubes, vampires, loups-garous, Diable en tant que « projection d'un matériel sexuel refoulé et inconscient » où prédominent les désirs incestueux associés aux formes infantiles (sadiques) de la sexualité. L'auteur souligne l'importance des expériences oniriques dans la croyance en de tels persécuteurs, qui présentent en commun quelques grandes caractéristiques telles que les déplacements nocturnes, le vol dans les airs, les métamorphoses animales. Ces fonctions spécifiques s'appuient sur des attributs précis qui conservent jusqu'à aujourd'hui leur valeur de symbole.

Point de Sorcières sans balai pour se rendre au Sabbat par la voie des airs; la Sorcière après s'être ointe d'un mystérieux onguent, enfourche son balai, prononce une formule et s'envole.

La première mention de l'utilisation du balai comme « moyen de locomotion » apparaît en 1453 lors d'un procès, précise Margaret Murray. Cependant, l'assimilation entre la femme et le balai est bien antérieure, car cet objet symbolise le rôle domestique de la femme. C'est donc en tant qu'objet usuel, ordinaire, que la femme utilise quotidiennement, qu'il apparaît d'abord. Sa matière, son usage, ne lui confèrent aucune valeur particulière si ce n'est d'appartenir à un environnement strictement féminin. À cet égard, Margaret Murray nous rappelle que : « Primitivement, le balai, utilisé à des fins domestiques ou magiques se composait d'une tige de genêt terminée par une touffe de feuilles. Le genêt figure dans un si grand nombre de proverbes et de superstitions que son caractère magique n'est pas contestable. » Le genêt s'associe en effet au don et à la destruction de la fertilité.

Dans cette optique, René Alleau dans un article intitulé : « De la sorcellerie antique au Sabbat médiéval », propose une interprétation qui se situerait en amont du mythe, au temps où les Sorcières étaient : « faiseuses de pluie ».

« Jusqu'à une époque récente, on faisait balayer par des veuves au son du tambour, le fond d'un étang desséché afin que le ciel, voyant la poussière s'élever au-dessus d'un lieu ordinairement couvert d'eau, comprenne son erreur et la répare grâce à des pluies abondantes. » Cette pratique issue du paganisme expliquerait aussi la dérive vers la disparition, l'envol des Sorcières, qui « situées au centre de ces tourbillons devenaient invisibles. Elles semblaient aux spectateurs se confondre avec ces nuées épaisses et voler comme celles-ci sur les ailes du vent. L'outil de leur profession, le balai, est devenu, lorsque leur rôle social a été oublié, le signe de leur pouvoir magique... »

Le balai lié à l'envol, aux onguents, possède également un sens phallique qui ne peut être évincé et que l'acte de chevaucher ne fait que confirmer.

Cette interprétation du balai intervient lors des rites païens comme intermédiaire de la fécondité entre la terre (femme) et le ciel (pluie), mais il est aussi un instrument, symbole de l'accès des femmes à l'expression de la sexualité, du plaisir, et d'une libération rendue par la métaphore de l'envol. Ce cheminement rejoint la réflexion d'Erica Jong selon laquelle le balai symboliserait chez les Sorcières : « la transmutation de l'instrument de leur asservissement en instrument de libération ».

La Sorcière a d'autres alliés, en particulier dans le monde des vivants, qui lui servent de complices, d'intermédiaires. Le plus souvent c'est un animal, mais parfois un humain, qui devient son messager, sa signature, d'autant plus qu'il s'introduit et apparaît là où la Sorcière ne peut aller. Margaret Murray distingue deux sortes de familier : le domestique et le divinatoire. Le familier domestique est un animal de petite taille qui vit avec la Sorcière : il peut s'agir « d'un chien, d'un chat, d'un rat, d'une taupe ou d'une souris » que la Sorcière dresse à accomplir des opérations magiques et à revenir auprès d'elle. Elle le garde en état de dépendance et lui délègue certains de ses pouvoirs en le nourrissant ponctuellement de quelques gouttes de son sang. Ces animaux possédaient un nom.

Le familier divinatoire était plus imposant. Margaret Murray évoque « un cheval, cerf, corbeau, pigeon ramier » dont le rôle était celui de médiateur prophétique, c'est de lui que la Sorcière tirait ses présages. Dans le bestiaire de la Sorcière, on trouve très fréquemment, le serpent et le chat. Il est également à noter que la teinte de prédilection de ces familiers est le noir.

Le lien entre l'univers de la Sorcière et le règne animal s'inscrit dans la relation privilégiée qu'elle entretient avec la Nature et nous conduit à l'un de ses pouvoirs des plus spectaculaires : la métamorphose.

Les Sorcières en tant que démons sont issues et participent de l'instabilité des lieux et des pouvoirs ; à ce même titre, elles sont capables d'acquérir l'instabilité de la forme. Le poète Ronsard, dans l'hymne *Les Daimons* énumère les possibilités de métamorphoses des démons au « corps habiles » capables de se transformer « en tout ce qui leur plaist », objets, personnes, et notamment « (...) bien souvent on les voit se transformer en bestes tronqués par la moytié, l'une n'a que la teste l'autre n'a que les yeux, l'autre n'a que les bras. Et l'autre que les piedz tous veluz par à bas. » On a vu la Sorcière se transformer en truie, en renarde, en ânesse, en belette, en serpent, en chouette, en louve, en sirène ou en bique pouilleuse.

Les Sorcières s'inscrivent bien, par ce pouvoir de mutation, dans un monde d'errance, dans l'indéfinissable et dans la thématique du passage, d'un état physique à une nouvelle forme, d'un lieu à un autre. Tout demeure mouvance incernable, impalpable, la Sorcière échappe à toutes les structures, elle exprime toutes les ambivalences, c'est pour cela qu'elle fait peur.

Même assise au coin du feu, mijotant quelque mets mystérieux, la Sorcière détourne une fois encore l'utilisation plutôt rassurante d'un ustensile ménager qui devient un de ses principaux accessoires magiques. Le chaudron sert à préparer les potions et les philtres à base de plantes telles la mandragore, le capuchon de moine, la ciguë et la belladone. Ces herbes ont pratiquement toutes une double fonction : à forte dose, elles sont des poisons mortels, utilisées en petite quantité elles fournissent d'excellents philtres d'amour. Le chaudron ne servait pas à la Sorcière que dans son antre, au Sabbat on y faisait cuire les repas lors du festin...

Margaret Murray retrouve autour de cet objet et du cérémonial qui l'entoure une origine religieuse, là encore païenne « On faisait bouillir la préparation en présence du Diable et de tous les sorciers, tandis qu'on récitait des prières et des charmes. L'opération terminée, on retournait le chaudron dont le contenu se répandait à terre ou bien on partageait le liquide entre les fidèles qui en aspergeaient ensuite les endroits de leur choix (...). Au temps où les sorcières étaient les prêtresses d'un culte qui était lui-même à son apogée, elles bénissaient les récoltes avec le produit sacré comme les prêtres le font aujourd'hui avec l'eau bénite. »

Dans un univers moins serein, la Sorcière et son chaudron sont associés au cannibalisme et jusqu'à nous est parvenue Baba Yaga, l'ogresse slave qui voyage dans un chaudron volant et qui enlève pour les dévorer des petits enfants. Nicole Chaquin dans son article : *Le Maléfice de Taciturnité* découvre que les Sorcières ne consomment pas de chair fraîche; mais le cuit, le bouilli jusqu'à l'extrême. Ni carnivores ni sanguinaires, les Sorcières préparent à partir de cadavres d'enfants non baptisés une soupe facile à boire. « Avec les éléments solides, nous fabriquons un onguent qui a le pouvoir de nous aider dans nos déplacements et nos plaisirs. »

Tout symbolisme culinaire est lié à la femme. Le chaudron, par sa forme et sa fonction évoque, une fois encore, un savoir-faire féminin. Il équivaut à la calebasse africaine et est détenteur des mêmes données symboliques. Le chaudron des Sorcières, devient l'emblème d'une matrice négative et le cannibalisme est perçu aujourd'hui comme fantasme de la transgression. L'objet sert de support à l'expression de tabous, et plus il est commun, plus il semble anodin, plus la transgression sera violente. Il faut bien convenir avec Nicole Chaquin que « dans le chaudron du sabbat, ce sont, symboliquement, la société et le cosmos qui se trouvent voués à la dissolution, à la liquéfaction ».

De la cuisinière infernale à la mère dévorante, l'analogie s'établit aisément et a été analysée par Denise Paulme dans la culture africaine.

La Sorcière est dans l'inconscient et le fantasme la mère terrible que vient fortifier l'interdit sexuel. S. Freud et M. Klein le relient à une exaspération de l'œdipe, ce qui permet d'évoquer le système étymologique « Mater - Matrice - Materia ».

Mélanie Klein, analysant le processus inconscient de la projection et de l'introjection, souligne à quel point le sadisme du tout petit est générateur d'angoisse et nous permet de comprendre en quoi ces pulsions destructrices constituent une menace pour le « moi » :

> « Pendant les tout premiers mois de son existence, le nourrisson dirige ses tendances sadiques non seulement contre le sein de sa mère, mais aussi contre l'intérieur de son corps : il désire l'évider, en dévorer le contenu, le détruire par tous les moyens que le sadisme propose (...). »

Le bébé projetant ainsi sa propre agressivité la retourne contre lui-même, ce qui lui fait alors craindre toutes les peurs, tous les maux qu'il destinait à sa mère.

En effet, pour la psychanalyse, la Sorcière est une projection de sentiments négatifs que l'enfant éprouve à l'égard de sa mère, lors des phases sadiques (orale, urétrale, et anale...) de son développement. « Le fait que la sorcière soit la vieille femme qui s'attaque au mamelon (tant des humains que des animaux) montre qu'elle incarne l'agression de l'enfant envers le corps de la mère, agression envisagée sous l'angle du talion, c'est-à-dire retournée contre le moi. » L'auteur de cette réflexion, Géza Roheim évoque en effet un grand nombre de récits de Sorcières empruntés au folklore européen où apparaissent nettement l'étroite corrélation qui existe entre la Sorcière et le sein, le lait, le sang (sucé), l'urine, les fèces, le phallus. Si pour Géza Roheim, la Sorcière se définit comme une « mère phallique », c'est qu'il existe une assimilation sein/pénis, lors de la phase orale. Berglu et Eidelberg remarquent, en effet, qu'il y a une certaine ironie dans le fait que la mère de la phase orale ne soit pas imaginée sous les traits d'une mère avec un sein, mais bien sous ceux de la mère avec un phallus. Ce que retrouve Géza Roheim dans la Sorcière, c'est bien l'agression orale de l'enfant, mais aussi le caractère masculin du symbole maternel (rappelant les attributs phalliques de la Sorcière : balai, corne, etc.) ainsi que l'égoïsme que l'enfant attribue à sa mère. C'est pourquoi, « s'il ne pleut pas, s'il n'y a pas de lait, ou de façon générale si une frustration quelconque intervient, la responsabilité en retombe sur les sorcières, les mères ».

Mais sa réalité de mauvaise mère s'est édulcorée, dans la tradition des contes français, en marâtre jalouse de la fiancée incestueuse, cachée ou substituée. Et dans la littérature pour la jeunesse d'aujourd'hui, la Sorcière est un personnage fantoche dont on ne peut que rire.

LITTÉRATURE POUR LA JEUNESSE : LA PEUR POUR RIRE

Le passage par l'écriture ne pouvait laisser intact le mythe de la Sorcière. Celui-ci, peu à peu figé dans la structure narrative écrite, se trouve relégué au niveau du merveilleux, à celui de la plus pure fable. Le personnage « *Sorcière* » ainsi mis en scène se dépouille de son mystère, de sa force de suggestion de sa réalité.

« De ce point de vue, précise J.-P. Vernant, tout ce qui donnait à la parole sa puissance d'impact, son efficacité sur autrui, se trouve désormais rabaissé au rang du "*Muthos*", du fabuleux, du merveilleux; comme si le discours ne pouvait gagner dans l'ordre du vrai et de l'intelligible qu'en perdant du même coup dans l'ordre du plaisant, de l'émouvant, du dramatique. »

Ecrire, décrire les Sorcières (de Perrault à la littérature pour la jeunesse d'aujourd'hui), c'est encore leur donner une audience publique et leur conférer une portée beaucoup plus vaste que celle du cercle de contage primitif.

Afin d'être comprise d'un public de lecteurs large et diversifié, la figure de la Sorcière a dû se doter de caractères plus stables aisément décryptables et donc réducteurs.

En devenant « personnage » (du latin *persona*, le masque) la Sorcière à l'instar des acteurs de théâtre, s'attribue des caractères fixes, des comportements déterminés et prévisibles par les lecteurs. La Sorcière devient alors ce personnage sénile et grimaçant, doté d'attributs précis, bien que vidés de tout sens (balai, quenouille, hiboux, chapeau pointu et verrue sur le nez...).

Si, comme le souligne Thierry Maertens, le port du masque dans les sociétés primitives reste un privilège essentiellement masculin, la Sorcière, principe féminin persécuté, trouve ainsi le moyen de se réapproprier l'Autre, d'exister derrière une grimace figée comme pour voir l'Autre sans être reconnue.

Ainsi, les masques de Sorcières pourraient simuler avec humour ou agressivité les interstices de l'histoire ou du discours social qui les ont fait naître; selon Maertens : « Le masque jaillit du vide qui sépare le sujet de l'objet », l'autre de l'Autre en quelque sorte. Il répond par le fait même à une nécessité de médiation.

Peu à peu donc, les textes écrits et les œuvres littéraires figent les traits d'un personnage caricatural. Comme si l'outrance des caractéristiques psychiques et physiques allait compenser la perte de densité du mythe. Les traits s'accusent dans une schématisation primaire et morbide que les représentations picturales viennent encore appuyer; un exemple parmi tant d'autres : la moitié de la série des *Caprices*, gravés à l'eau-forte par Goya, représente des vieilles édentées, hideuses et diaboliques.

Il est un domaine littéraire dans lequel la désincarnation du mythe de la Sorcière est désormais installé : c'est celui de la littérature pour la jeunesse.

Le personnage de la Sorcière a ainsi glissé progressivement de la réalité à l'imaginaire pour perdurer par la force des symboles qui la caractérisent. Les auteurs et illustrateurs d'albums pour la jeunesse livrent le plus souvent en pâture aux enfants, un personnage stéréotypé ou exsangue, résolument simpliste. Et il faut réunir plusieurs personnages de Sorcières pour tenter d'y retrouver la complétude du mythe primitif. C'est ce qu'a tenté le concepteur de livres pour la jeunesse, François Ruy-Vidal, dans son dernier conte : *Sorcières!*

Mais dans la majeure partie des cas, nous sommes loin des Sorcières traditionnelles aux traits terrifiants, représentées par L. Zwerger (Hansel et Gretel), chez Duculot. Car la panoplie vestimentaire de la parfaite Sorcière, comprenait une cape, une ceinture de vesses-de-loup, avec une bourse contenant « charmes et amulettes ». La Sorcière portait des gants en peau de chat, doublés de fourrure, et pour chaussure la poulaine. Ajoutons à cela, afin de parfaire le portrait, la jarretière « de cuir vert, doublée de soie bleue » assortie d'une ou de plusieurs boucles d'argent, et une couronne, mince bande d'argent portant sur le devant un croissant de lune argenté, pour reprendre les descriptions d'Erica Jong.

Quelques menus objets personnels complétaient la parure : la Baguette (nous ramenant à la Fée), l'athame (dague à double tranchant), la bolline (autre couteau à manche blanc), et encore : la corde magique que la Sorcière portait autour de la taille, le calice ou corne à boire pour les sacrifices.

Les Sorcières modernes, comme la *Clapiclote* de J. Held en moustaches et pantalons ont une tout autre allure. *Les Sorcières* de Colin Hawkins ou celles de la « *rue Mouffetard* » imaginées par P. Gripari, dédramatisent par le biais de l'humour, l'angoisse qu'elles pourraient générer. Cette tradition d'ailleurs très vive aux Etats-Unis, s'est instituée en rituel dans la fête d'Halloween : les enfants, la veille de la Toussaint, se déguisent en Sorcières pour recevoir des cadeaux !

Il arrive aussi, que la Sorcière, agrémentée de verrues sur le nez, d'une dent devant, d'une bosse derrière, et de chignons plutôt rétifs, prenne des allures joviales sous le pinceau facétieux de Claude Lapointe.

Les progrès de la photogravure, et l'imagination des illustrateurs contemporains amènent un peu de couleur et de fantaisie au schéma traditionnel. Cependant, à travers le texte lui-même, le personnage tend à s'uniformiser. La plupart des Sorcières des contes contemporains, (*La Sorcière et le Commissaire*, de Pierre Gripari) comme pour caractériser l'Innommable, ne portent pas de nom. Mais à l'image de leurs ancêtres (Médée, Circé), elles conservent le pouvoir de métamorphose.

Voici que les balais se transforment en aspirateurs ou en cornues d'alchimiste, tandis que les incantations s'effacent derrière un langage vernaculaire, à base de dictons et de proverbes, étayé par le bon sens populaire. Ce procédé est à remarquer notamment dans *Le Chat de Simulombula* de Jacqueline Held. Bien souvent dans les contes contemporains pour les enfants, le personnage de la Sorcière sert de contrepoint, d'interlocuteur à un personnage « moderne ». La mise au défi, les provocations verbales, font des Sorcières des personnages manipulés comme des marionnettes, qui servent de porte-parole, de faire-valoir, à l'auteur lui-même et à ses fantasmes. Ainsi l'auteur se met-il en scène comme « Monsieur Pierre », Gripari lui-même, dans *La Sorcière du Placard aux Balais.* Il arrive que la Sorcière à son tour, prenne une sorte de revanche, et exorcise la misogynie sous-jacente qui peuple ces récits.

Pour retrouver le mythe initial, dans la littérature destinée aux enfants, il faut aller au-delà des images et sonder le texte. Ainsi, Robinson rêvé par Michel Tournier, se soumet-il, dans sa grotte à une sorte de régression dans le sein maternel, engloutissement salutaire d'où il doit renaître fortifié.

C'est là un exemple pertinent de réappropriation du mythe qui s'oppose aux nombreux ouvrages mettant en scène des Sorcières à des fins moralisantes. A cet effet, les Sorcières deviennent bonnes ou édulcorées comme dans *Le Château des Enfants volés* de Maria Gripe ou dans *La Délicieuse petite Sorcière* de O. Preussler.

Il convient de rire de la peur ou de la dompter ; c'est précisément ce que vise cette littérature de jeunesse, ainsi que certains films plutôt destinés aux enfants, comme le feuilleton américain *Ma Sorcière bien aimée.*

Pour les plus âgés, la Sorcière demeure un transfuge d'exotisme et d'insolite. Les collections de chez Gallimard, « Un livre dont vous êtes le héros », ont inconsciemment ou naturellement retrouvé la fonction de la Sorcière médiatrice qui d'un paragraphe à l'autre, propulse un lecteur récalcitrant, mais piégé au jeu de rôles, dans les parcours-labyrinthes de son royaume imaginaire (*La Sorcière des Neiges*).

A travers le jeu, l'humour, le transfuge, les vraies Sorcières du XXᵉ siècle n'apparaissent pas parce qu'elles se dissimulent encore sous les oripeaux de la Sorcière traditionnelle.

FÉMINISME — LA SORCIÈRE EN BANNIÈRE

La Sorcière, personnage rebelle, femme martyre, figure de conte, a porté jusqu'à nous son odeur de soufre, son élan de contre-pouvoir. L'éclosion féministe des années 70 prit tout naturellement la Sorcière en bannière. Qui, mieux que la Sorcière, pouvait symboliser une parole, une révolte, un corps de femme libérés des engeances, des tyrannies masculines?

La volonté des femmes d'écrire, de parler, de vivre leur corps dans la différence des sexes, les revendications sociales, les droits politiques qu'elles exigent, mais aussi le regard quelque peu ironique et méfiant des hommes sur ces révoltes, participent bien des pratiques sorcières.

Marguerite Duras fait dire à l' « Inconnu » :

> « L'INCONNU : C'était il y a mille ans, par ici, dans ces forêts au bord de l'Atlantique... Il y avait des femmes... (...) leurs maris étaient loin, presque toujours à la guerre du Seigneur, à la Croisade, et elles restaient parfois pendant des mois dans leur cabane, seules, au milieu de la forêt à les attendre.
>
> *Temps.*
>
> Et c'est comme ça qu'elles ont commencé à parler aux arbres, à la mer, aux animaux de la forêt...
>
> VERA BAXTER (*Off. Temps, se souvient*) : On les a brûlées... ?
>
> L'INCONNU : C'est ça oui (*Temps.*) L'une d'elles s'appelait Vera Baxter. »

La revue *Sorcières* consacre ses numéros à des thèmes inscrits dans le combat féministe, mais également porteurs d'une universalité, d'une mythologie du féminin : « Le Sang - Odeurs », « Enceintes », la « Nourriture », Xavière Gauthier, dans l'éditorial du premier numéro explique :

> « Pourquoi Sorcières? Parce qu'elles dansent. Elles dansent à la pleine lune. Femmes lunaires, lunatiques, atteintes — disent-ils — de folie périodique (...).

> Parce qu'elles chantent. Je peux les entendre ainsi ?
> L'écoute d'une autre parole. (...)
> (...) Parce qu'elles vivent. Parce qu'elles sont en contact direct avec la vie et lèur corps, avec la vie de la nature, avec la vie du corps des autres. (...)
> (...) parce qu'elles jouissent. On a voulu nous faire croire que les femmes étaient frigides, prudes, chastes. (...) »

L'image de la Sorcière se trouve alors revalorisée, elle retrouve sa puissance matriarcale, son passé de femme totale, son présent de femme indomptée. Qu'elle fascine et charme l'homme ou provoque la peur castratrice, elle devient l'étendard porté par la voix des femmes.

Le clin d'œil publicitaire

L'imaginaire contemporain, et notamment celui que véhicule la publicité, a fait appel, il y a quelques années, au mythe de la Sorcière. Il s'agissait d'une affiche énonçant : « Ma Renault 5 est une sorcière. » L'image proposait une Renault 5 qui semblait être emportée par un balai magique, simplement suggéré, stylisé d'un trait. Cette affiche attirait la sympathie, elle entrait dans tout un jeu de connivence identifiant dans un premier temps la voiture et la femme que l'on pouvait qualifier de séductrice, jeune, dynamique, magique au sens de : capable de tout ! Il semble, à partir de ce premier réseau de lecture, que les publicitaires aient joué sur le parallélisme. Ma Renault 5 est une sorcière égale ma femme est une sorcière. Ici la voiture est bien une femme et ce qui la caractérise c'est qu'elle est différente des autres, voitures ou femmes. L'image, le propos, sont investis de sous-entendus érotiques issus du caractère sensuel et sexuel des Sorcières. Et, comme il ne faut pas oublier la fonction réelle de l'objet, qui doit aguicher également sur le plan commercial : le voyage, le transport, la vitesse, la performance, l'ailleurs sont suggérés par le balai pour aller plus loin et plus longtemps !

Le caractère temporel de l'affiche a lui aussi son importance :

La composition, alliant l'objet moderne et la mythologie, instaure un trait d'union entre le passé et le présent, mais assure également, dans cette juxtaposition, le présent d'un passé prometteur.

Cette publicité fut un succès, sans doute parce que tout en restant cohérente par rapport à son objet et à sa définition commerciale, elle a su faire appel à des réflexes et à des références culturelles du patrimoine collectif, en dévoilant, en rappelant la part du mythe.

Roland Barthes dans *Mythologies* parle ainsi d'une autre publicité concernant une autre voiture au nom évocateur lui aussi : « La Déesse ». Celle-ci « a tous les caractères d'un de ces objets descendus d'un autre univers, qui ont alimenté la néomanie du XVIIIe siècle et celle de notre science-fiction : la Déesse est d'abord un nouveau Nautilus ».

Faut-il porter l'objet à la dimension du mythe, ou réduire celui-ci à la taille et à la fonction de l'objet usuel?

Faut-il voir dans ces éclairages parcellaires, une réappropriation, un détournement du mythe ou de façon plus optimiste, sa simple inscription dans notre temps, lui permettant, au prix de la vulgarisation, de briller de quelques feux et de durer?

La Sorcière, dans la pratique littéraire, illustre parfaitement les avatars du mythe.

Instaurée, sacralisée, ou vilipendée au rang des déesses ou des êtres sataniques, elle rassemble tous les extrêmes. Peu à peu, son entrée en écriture la désincarne en la figeant sous les traits du masque.

Comme si la rencontre de la mythologie celtique et occidentale, confrontée aux soubresauts de l'Histoire, avait fait voler le mythe en éclats pour tenter de substituer un système religieux judéo-chrétien qui croyait-on, se suffisait à lui-même. Mais un certain nombre de croyances, de pratiques purent se glisser dans les interstices, folklore sous un aspect morcelé, parcelles de matériaux mythiques auxquelles la culture savante a refusé une expression plus totale, plus adulte.

Lydia GABORIT
Yveline GUESDON
Myriam BOUTROLLE-CAPORAL

BIBLIOGRAPHIE

Recueils fondamentaux

APULÉE, *L'Âne d'Or ou les Métamorphoses*, rééd. Gallimard, Paris, 1975.

Antti AARNE et Stith THOMPSON, *The Type of the Folktale*, a classification and bibliography, Academia Scientiarum Fennica, Helsinki, 1973, FF Communications, n° 184.

Roland BARTHES, *Mythologies*, Editions du Seuil, Collection Points, 1970.

Georges DUBY et Armand WALLON, *Histoire de la France rurale*, t. II, L'âge classique des paysans 1340-1789, Edition du Seuil, Paris, 1975.

Mircea ELIADE, *Aspects du Mythe*, Gallimard, Paris, 1963.

Hans Robert JAUSS, *Pour une esthétique de la réception*, traduit de l'allemand par Claude Maillard, Gallimard, Paris, 1978.

Claude LÉVI-STRAUSS, *Mythologiques*, t. I, « Le cru et le cuit », Plon, Paris, 1964.
— t. II, « Du miel aux cendres », Plon, Paris, 1968.
Michel de MONTAIGNE, *Les Essais*, livre II, chap. I, « De l'inconstance de nos actions », édité par Pierre Villey, P.U.F., Paris, 1965.
— *Malleus maleficarum ou Marteau des sorcières*, 1486-1487, Sprenger et Institoris, traduit par Armand Danet, Plon, Paris, 1973.
Jules MICHELET, *La Sorcière*, Garnier-Flammarion, Tours, 1966.
Pierre de RONSARD, « Les Hymnes de 1555 et le second livre des Hymnes de 1556 », in *Œuvres Complètes*, t. VIII, Didier, Paris, 1963.
Paul SEBILLOT, *Le Folklore de la France*, 4 volumes, Ed. Guilmoto, Paris, 1904, 1906, 1907.
William SHAKESPEARE, *Macbeth*, Aubier, Collection bilingue, Paris, 1977.
Arnold VAN GENNEP, *Coutumes et Croyances populaires en France*, Le Chemin Vert, Paris, 1980.
— *Les Rites de Passage*, Nourry, Paris, 1909.
Robert MANDROU, *Magistrats et Sorciers en France au XVIIe siècle* : une analyse de psychologie historique, Plon, Paris, 1968.
Robert MUCHEMBLED, *Culture populaire et Culture des Elites dans la France moderne XVe - XVIIIe*, essai, Flammarion, Paris, 1978.
— *La Sorcière au Village (XVe-XVIIIe siècle)*, archives Gallimard-Julliard, Paris, 1979.
Robert MUCHEMBLED avec Marie-Sylvie DUPONT-BOUCHAT et Willem FRIZHOFF, *Prophètes et Sorciers dans les Pays-Bas (XVIe-XVIIIe)*, Hachette, Paris, 1978.

Romans ou études sur la Sorcière

René ALLEAU, « De la sorcellerie antique au sabbat médiéval », chap. III, in *Histoire des Sciences occultes*, Ed. Rencontre, Genève, 1965.
Mikhail BAKHTINE, *L'Œuvre de François Rabelais et la Culture populaire au Moyen Age et sous la Renaissance*, Gallimard, 1970.
Julio Caro BARODA, *Les Sorcières et leur Monde*, N.R.F., Gallimard, s.d.
Nicole BELMOND, *Mythes et Croyances dans l'Ancienne France*, Flammarion, Paris, 1973.
Michel de CERTEAU, *La Possession de Loudun*, Paris, 1970.
Nicole CHAQUIN, « La Sorcière et le pouvoir - Essai sur les composantes imaginaires et juridiques de la figure de la sorcière ».
— « Le Maléfice de taciturnité, esquisse d'une étude du mythe de la sorcière » in *Les Cahiers de Fontenay*, ENS, Fontenay-aux-Roses, n° 9-10, sept. 1978. Numéro collectif, « La Sorcellerie », in *Les Cahiers de Fontenay*, N° 11-12, ENS, Fontenay-aux-Roses, 1978.
Norman COHN, *Démonolâtrie et Sorcellerie au Moyen Age, Fantasmes et Réalités*, Payot, Paris, 1982.
Didier DECOIN, *Les Trois Vies de Babe Ozouf*, Editions du Seuil, Paris, 1984.
Jeanne FAVRET-SAADA, *Les Mots, la Mort, les Sorts. La Sorcellerie dans le Bocage*, Gallimard, Paris, 1979.
— *Corps pour Corps, enquête sur la sorcellerie dans le bocage*, Gallimard, Paris.
— « Le Malheur biologique et sa répétition », in *Annales ESC*, 26a, n° 34, mai-août 1971, p. 873-888.

— « Sorcières et Lumières », in *Critique*, n° 27, 1971, p. 351-376.
Claude GAIGNEBET, *Le Folklore obscène des Enfants*, Maisonneuve et Larose, Paris, 1974.
Claude GAIGNEBET et Marie-Claire FLORENTIN, *Le Carnaval*, Payot, Paris, 1974.
Francisco de GOYA, *Les Caprices*, Ed. Hazan, Paris, 1948.
Chadwick HANSEN, *Sorcellerie à Salem*, Denoël, Paris, 1957.
Raymon JEAN, *La Fontaine obscure*, Seuil (Points), Paris, 1976.
Erica JONG, *Witches*, Ed. Albin Michel, Paris, 1982.
Pierre de LANCRE, *Tableau de l'inconstance des mauvais anges et démons*, Paris, 1612.
Emmanuel LEROY-LADURIE, *La Sorcière de Jasmin*, Seuil, Paris, 1983.
Jean-Thierry MAERTENS, *Ritologiques*, cinq volumes, vol. 3, *Le Masque et le Miroir*, Aubier, Paris, 1978.
Margaret MURRAY, *Le Dieu des Sorcières*, Denoël, Paris, 1971.
Denise PAULME, *La Mère dévorante - Essai sur la morphologie des contes africains*, Gallimard, Paris, 1976.
Yvonne VERDIER, *Façons de dire, Façons de faire*, Gallimard, Paris, 1979.
Jean-Pierre VERNANT, *Mythe et Société en Grèce ancienne*, François Maspéro, Paris, 1981.

Interprétations psychanalytiques

FREUD et BREUER, *Etudes sur l'Hystérie*, P.U.F., Paris, 1956.
Gilbert DURAND, *Les Structures anthropologiques de l'Imaginaire*, Bordas, Paris, 1969.
Marie-Louise von FRANZ, *Interprétation d'un Conte, l'Âne d'Or*, La Fontaine de Pierre, Paris, 1978.
— *La Femme dans les Contes de Fée*, La Fontaine de Pierre, Paris, 1979.
Sigmond FREUD, « Une Névrose démoniaque au XVIIe siècle », *Essai de Psychanalyse appliquée*, Gallimard, Paris, 1952.
Ernest JONES, *Le Cauchemar*, Payot, Paris, 1973.
C. G. JUNG, *Les Racines de la Conscience*, trad., Ed. Buchet-Chastel, Paris, 1971.
— *L'Homme et ses Symboles*, Ed. Buchet-Chastel, Paris, 1964.
Mélanie KLEIN, *Essais de Psychanalyse*, Payot, Paris, 1982.
— *Psychanalyse des Enfants*, P.U.F., Paris, 1978.
Geza ROHEIM, *La Panique des Dieux*, Payot (La petite bibliothèque Payot), Paris, 1974.

Contes et récits pour la jeunesse

Roald DAHL, *La Potion magique de Georges Bouillon*, ill. Q. Blake, Gallimard, Paris, 1982.
— *Sacrées Sorcières*, Gallimard, 1983.
Jacob et Wilhem GRIMM, *Les Contes*, trad. A. Guerre, deux volumes, Flammarion, Paris, 1967.
— *Hänsel et Gretel*, ill. L. Zweger, Duculot, Paris, 1979.
— *La Princesse Fleur d'Epine*, ou *La Belle au Bois dormant*, ill. E. Lecain, Flammarion, 1980.
— *Blanche-Neige* et *autres Contes*, ill. F. Boudignon, Hachette, 1977.
— *Vassilia la-très-belle*, ill. I. Bilibine, La Farandole, 1976.
Pierre GRIPARI, *Pirlipipi, 2 sirops, une sorcière*, ill. Claude Lapointe, Grasset Jeunesse, 1978.

— *La Sorcière et le Commissaire*, ill. Claude Lapointe, Grasset Jeunesse, 1981.
— *La Sorcière de la rue Mouffetard et autres Contes de la rue Broca*, ill. P. Rosado, Gallimard, 1980.
Maria GRIPE, *Le Château des Enfants volés*, Ed. de l'Amitié, GT Rageot, Paris, 1975.
Collins HAWKINS, *Les Sorcières*, Albin Michel, 1981.
Jacqueline HELD, *Le Chat de Simulombula*, rééd. Gallimard, Paris, 1978.
Ian LIVINGSTONE, *La Sorcière des Neiges*, coll. « Un livre dont vous êtes le héros », Folio-Gallimard, 1985.
Charles PERRAULT, *Contes*, Garnier, 1967.
Otfried PREUSSLER, *Une Délicieuse petite Sorcière*, ill. T. Broens, Hachette, 1978.
François RUY-VIDAL, *Sorcières !*, Berger-Levrault, Paris, 1985.
Michel TOURNIER, *Vendredi ou les Limbes du Pacifique*, Gallimard, Paris, 1967.
— *Vendredi ou la Vie sauvage*, Flammarion, Paris, 1971.

Revues

Autrement : « Panseurs secrets et de douleur », n° 15, 1978.

Sorcières, Revue bimestrielle, Ed. Albatros
Préface « Pourquoi sorcières ? », n° 1
N° 1 La Nourriture
N° 4 Enceintes
N° 5 Odeurs
N° 7 Ecritures
N° 9 Le sang

Anagrom : Sorcellerie, Alchimie, Astrologie - nos 3-4-7-8, Clammart, 1973.

Les Cahiers de Fontenay, La Sorcellerie, nos 11-12, sept. 1978, ENS, Fontenay-aux-Roses (voir aussi Nicole Chaquin).

Soundjata

Au cours du XIe siècle, la poussée conquérante des Almoravides cherchant à imposer l'Islam aux populations d'Afrique Noire, avait entraîné la chute du royaume de Ghâna (ou Wagadou), le plus ancien des Etats soudanais. Dirigé par les Cissé, du peuple Sarakollé, celui-ci avait connu son apogée au Xe siècle, sa richesse provenant essentiellement de la détention de plusieurs placers aurifères (Bambouk notamment). Le relais devait être pris au XIIIe siècle par le Mali issu du petit royaume mandingue fondé par la dynastie des Keita, sous l'égide de Soundjata, héros unificateur et conquérant d'un vaste empire s'étendant du Niger (Djenné) à la basse Gambie vers l'ouest.

Le Mali connut son apogée au XIVe siècle sous le règne de Kankan Moussa dont l'historien arabe Ibn Khaldoun a rapporté les détails du fameux voyage à la Mecque. Mais la tradition orale des chroniqueurs soudanais, les « Bélën-Tigui », ces « Maîtres de la parole », présente Soundjata comme le véritable fondateur de l'Empire du Mali. L'épopée traditionnelle célèbre la naissance et l'ascension du héros qui réussit à rétablir l'autorité légitime des Keita et à étendre leur souveraineté. Au début du XIIIe siècle, en effet, le roi de Sosso s'était emparé de Ghâna (1203) et imposait sa domination au peuple mandingue.

Le récit s'inscrit ainsi au nombre des mythes héroïques glorifiant l'action civilisatrice de grandes figures historiques devenues légendaires.

En 1960, l'historien africain Djibril Tamsir Niane nous en donne une version romancée sous le titre : *Soundjata ou l'Epopée mandingue.* Pour authentifier son récit, l'auteur s'efface devant le griot Mamadou Kouyate de Siguiri (Guinée) dont les ancêtres furent au service des princes Keita du Manding...

Le récit mythique

A Niani, première capitale du Manding, sur la rivière Sankarani, le roi Nare Maghan Kon Fatta, futur père de Soundjata régnait depuis longtemps déjà lorsqu'il reçut la visite d'un chasseur inconnu. Pratiquant la divination à l'aide de cauris, celui-ci lui prédit la naissance d'un enfant destiné à devenir « le septième astre, le septième conquérant de la terre », plus puissant que Djoulou Kara Naïni (nom désignant Alexandre le Grand). Pour ce faire, le roi devait épouser en secondes noces une femme laide et bossue que lui présenteraient deux jeunes chasseurs.

Quelque temps après, la prédiction se réalisa et le roi épousa Sogolon la bossue, originaire du pays de Do. Soundjata naquit (en 1205) un jour d'orage; il eut une enfance difficile due à son infirmité physique : à trois ans il ne marchait pas, il était laid et très gourmand, ce dont se réjouissait Sassouma Bérété la première épouse du roi, qui espérait voir son propre fils régner. Déçu, le Roi se détacha de Sogolon pour prendre une troisième épouse dont il eut encore un fils, puis, sur les conseils d'un forgeron-devin aveugle, qui lui confirma le destin de Soundjata, il remit Sogolon dans ses faveurs. Avant de mourir, il parla à Soundjata qui avait alors sept ans, comme à son futur successeur et mit à son service le griot Bella Fasseke. Suite aux intrigues de la première épouse, le Conseil des Anciens ne respecta pas cependant le vœu de Nare Maghan et désigna pour lui succéder, son fils aîné Dankaran Touman. La reine-mère, Sassouma Berete, devenue toute-puissante au sein du conseil de régence prenait plaisir à railler et persécuter Sogolon, mère d'un infirme. Un jour qu'elle l'avait humiliée à propos de feuilles de baobab, Sogolon alla gémir auprès de son fils. C'est alors que se produisit le miracle : pour venger sa mère, Soundjata jura de lui rapporter non seulement quelques feuilles de baobab nécessaires à la cuisine, mais le baobab entier. Il envoya son griot chercher à la forge une énorme barre de fer; le maître des Forges qui était devin sut que le grand jour était arrivé : il déposa devant l'enfant infirme la fameuse barre de fer « forgée, dit la légende, en sept ans, par soixante-dix-sept forgerons », à l'aide de laquelle Soundjata se souleva avec effort; puis, guéri soudain il la lâcha et se dirigea vers un jeune baobab qu'il déracina pour l'apporter à sa mère. Le prodige destiné à révéler la nature surhumaine du fils de Sogolon venait de se produire...

A la suite de ce premier exploit, Soundjata se révéla grand tireur à l'arc : il chassait en compagnie de son jeune frère Manding-Bory qu'il aimait beaucoup, et de son griot qui l'instruisit sur les secrets de son origine. Il sut ainsi que sa mère Sogolon était le double du terrible buffle qui ravagea longtemps le pays de Do ; il sut que le lion était le protecteur de son clan paternel... A dix ans, devenu très fort physiquement et très autoritaire, Soundjata écoutait avec ravissement l'histoire prestigieuse de Djoulou Kara Naïni... Mais sa popularité n'avait fait qu'accroître la jalousie de la reine-mère qui chargea neuf sorcières de le supprimer. Celles-ci, vaincues par la bonté de Soundjata ne purent rien tenter contre lui. Par précaution cependant Sogolon préféra éloigner ses enfants. Et ce fut le départ pour un exil de sept ans. Soundjata accepta ce projet pour sauver son jeune frère qui n'avait pas de pouvoirs occultes mais il partit en proférant des paroles de menace à l'adresse du roi Dankaran Touman qui entretemps avait outrepassé ses droits en lui enlevant son griot personnel, Balla Fasséké, pour l'envoyer en ambassade auprès du puissant roi de Sosso, Soumaoro Kanté. Soundjata jura de revenir au Manding pour laver cet affront...

Pendant l'exil, Soundjata mûrit, compléta sa formation et fit ses preuves. Ignorant la peur, il défia et vainquit au jeu de wori le roi-sorcier Mansa Konkon ; sur le chemin du Wagadou (nom malinké de l'ancien Ghana), par les récits des marchands, il apprit à connaître Soumaoro, le roi cruel ; et surtout, à la cour du roi Tounkara de Mema, il fit ses premières armes. A quinze ans, il accompagne le roi dans ses campagnes militaires où il étonne l'armée par sa fougue à la charge, ses grandes qualités physiques et sa force morale. Trois ans plus tard, le roi qui n'a pas d'héritier le nomme vice-roi. Mais Sogolon rappelle à son fils que son véritable destin se trouve au Manding où il a une mission à remplir.

En effet, pendant le règne de Dankaran Touman, le Manding était tombé sous la domination du roi de Sosso, Soumaoro Kante, le grand sorcier invulnérable grâce à ses nombreux fétiches, et qui pouvait, dit la légende, « lancer la mort sur qui il voulait » ; il appartenait à la lignée des premiers forgerons à avoir apprivoisé le feu et appris aux hommes le travail du fer... Il avait détruit Niani et Dankaran Touman était en fuite ; le peuple mandingue attendait donc un sauveur. C'est alors qu'on se souvint de Soundjata qui selon les devins était seul capable de redonner au Manding liberté et dignité. Une délégation de notables partit à la recherche de Soundjata qu'ils trouvèrent au bout de deux mois. Ils saluèrent en lui le véritable roi du Manding, « le géant qui terrassera le géant Soumaoro ».

Acceptant sa mission, Soundjata qui venait d'enterrer sa mère, se constitua une armée, aidé en cela par le roi de Mema, son protecteur. Il prit la route du Wagadou dont le roi lui donna la moitié de sa cavalerie, puis se dirigea vers Tabon où il avait séjourné et retrouvé un ami d'enfance Fran Kamara. Il contournait le royaume de Sosso, son plan était de détruire la capitale Sosso avant de rentrer triomphalement à Niani. Après une première victoire sur le fils de Soumaoro à Tabon, Soundjata combattit directement le roi de Sosso à Wagueboria dans le

Bouré, plaçant ses troupes en carré selon sa tactique habituelle. Mais ni la lance ni les flèches de Soundjata ne purent tuer Soumaoro rendu invulnérable par ses génies protecteurs. Inquiet, Soundjata consulta les devins et fit des sacrifices. Le secret de l'invulnérabilité du roi-sorcier lui fut dévoilé par sa demi-sœur Nana Triban. Celle-ci, mariée de force au cruel Soumaoro et devenue sa favorite, connaissait la chambre magique de Soumaoro et révéla à Soundjata que seule une flèche munie d'un ergot de coq blanc pourrait annuler sa puissance...

C'est à la bataille de Kirina (1235), restée célèbre, que Soundjata vainquit définitivement Soumaoro en lui décochant la flèche fatale. Il poursuivit son ennemi une nuit et un jour entier; Soumaoro disparut dans la grotte de Koulikoro qui communique avec le fleuve Niger et jamais on ne le revit, dit la légende. Selon une autre version en vigueur à Siguiri (Guinée), Soumaoro ayant invoqué une dernière fois ses génies protecteurs, aurait été transformé en pierre sur le mont Koulikoro.

Soundjata tint alors sa promesse de prendre Sosso et ses trois remparts en une matinée : la ville fut entièrement rasée et brûlée, la destruction de la tour à sept étages de Soumaoro où se trouvait sa chambre magique avec tous ses fétiches signant la fin de la puissance occulte du souverain qui avait régné par la terreur. Après quoi Soundjata continua sa marche glorieuse vers Kita où il vainquit le puissant Kita Mansa qui avait refusé de se soumettre. Il épargna cependant la population (des Kamara qui devinrent ses alliés), sacrifia aux génies de la montagne et but l'eau de la mare magique d'où venait la puissance de Kita Mansa. Devenu ainsi l'élu des génies de la montagne, il séjourna à Kita avant de se diriger vers Do, pays de sa mère, où il sacrifia un coq blanc sur le tertre du buffle. Un tourbillon l'ayant averti que le temps était venu de retourner au Manding, il longea la vallée du fleuve, se faisant acclamer par les douze rois du « clair pays de la savane » qui le proclamèrent Empereur. A l'issue d'une grande fête, Soundjata remit à chaque roi sa lance et son royaume respectif, scellant ainsi l'amitié entre les peuples. Accueilli à Niani comme un sauveur, il entreprit de rebâtir la ville de ses pères, confiant à son jeune frère Manding Bory la surveillance des pays conquis. Il gouverna par la suite avec sagesse, réunissant chaque année la nouvelle assemblée des notables et rois de l'Empire et inaugurant pour son pays une ère de paix et de prospérité fondée sur le développement de l'agriculture. Un certain mystère enveloppe sa mort : l'empereur serait mort noyé dans la rivière Sankarani, en 1255; selon une autre version, il aurait été tué accidentellement d'une flèche lors d'une fête...

Implications du mythe

Le mythe présente un héros entièrement positif de par ses qualités et son action, un modèle où Soundjata apparaît sur deux plans, à la fois dans son rôle de justicier et dans celui de héros civilisateur. Sur le plan individuel, il est cet enfant prodige qui venge les humiliations infligées à sa mère à cause de son infirmité : à sept ans, il connut sa première épiphanie en déracinant seul un baobab, symbole de sa force physique miraculeuse.

Sur le plan collectif, il s'identifie au destin du Manding : à trente ans, il connaît sa seconde épiphanie en triomphant de Soumaoro, en libérant le Manding et les royaumes voisins de la tyrannie du roi-sorcier dont la chambre magique était tapissée de peau humaine et ornée des neuf têtes de rois vaincus...

Le duel Soundjata-Soumaoro prend ainsi la valeur symbolique d'une lutte entre les forces du Bien et les forces du Mal, la lumière et les ténèbres, les pouvoirs occultes du jour (magie bienfaisante) et les pouvoirs occultes de la nuit (sorcellerie).

En référence aux croyances africaines, il est celui contre qui les sortilèges n'ont rien pu, ni ceux de la jalousie et de la malveillance de la reine Sassouma déléguant des sorcières pour le supprimer, enfant, ni ceux de l'instinct de puissance de Soumaoro dressant ses fétiches contre la supériorité guerrière du « fils de Sogolon ».

Son destin est exemplaire car devenu symbole du passage des Etats africains en cours d'islamisation, à un nouveau type de pouvoir fondé non plus sur l'intimidation par la sorcellerie, mais sur le triomphe des qualités proprement humaines. La destruction de Sosso et des fétiches de Soumaoro est le symbole de ce progrès de civilisation et le Mali d'après Soundjata connaîtra son apogée sous le règne de souverains islamisés. Le mythe illustre donc pleinement l'époque de transition que vécut Soundjata, où les civili sations négro-africaines hésitent entre l'adoption de la religion musulmane et l'attachement aux valeurs animistes. Selon Ibn Batouta, Soundjata se serait converti à l'Islam... D'après le mythe rapporté par Djibril Tamsir Niane, Soundjata quitta Mema « habillé à la manière musulmane », mais c'est revêtu de l'habit du « roi-chasseur » investi d'une puissance magique susceptible de vaincre celle de Soumaoro, qu'il affronte son principal ennemi. En cela le mythe est l'expression de la recherche d'une fusion des valeurs authentiquement négro-africaines avec celles, nouvelles introduites par la civilisation islamique étrangère. Le mythe porte condamnation des pratiques de sorcellerie à travers le personnage de Soumaoro, génie du Mal, véritable « double » maléfique de Soundjata, mais sanctifie en Soundjata « le fils de Sogolon », placé sous la protection des génies de la savane, l'authentique représentant d'un animisme positif, dirigé vers des fins légitimes et une action noble. Soundjata est bien cet homme pourvu de pouvoirs magiques par sa mère, car il est le « Na' Kamma », l'homme qui avait une mission à remplir, l'homme annoncé par les devins pour libérer le Manding.

Le mythe héroïque est à interpréter en référence aux institutions totémiques : à chaque clan correspond un animal protecteur rappelant l'alliance ancienne de l'ancêtre fondateur avec telle ou telle force de la nature. Soundjata est ainsi « fils du buffle » par sa mère Sogolon et fils du lion par son père, et de ces génies il abrite les attributs : la puissance du buffle et la majesté du lion. Ce que célèbrent les griots traditionalistes, c'est l'incarnation en Soundjata, du génie même des pays de savane, il est le roi-chasseur armé de l'arc alors que Soumaoro, descendant de la lignée des forgerons, est en liaison avec le feu, élément redoutable et destructeur par excellence. Pour vaincre ce dernier, il fallait un héros muni de pouvoirs magiques, précise la légende, et avant la bataille décisive de Kirina, Soundjata et Soumaoro dialoguèrent à la manière des rois-sorciers, c'est-à-dire par l'intermédiaire de leurs hiboux respectifs.

L'itinéraire du héros est tout entier jalonné de présages et prédictions proférées par des devins, chasseurs ou forgerons, hommes en liaison directe avec les forces de la nature. En cela le mythe s'inscrit bien dans le cadre de la tradition animiste. La naissance même du héros se pare de tout le merveilleux africain : alors qu'on se trouve en saison sèche, le ciel s'assombrit brusquement, le tonnerre gronde, la pluie tombe et s'arrête soudain pour saluer la naissance de Soundjata, cette participation des forces ouraniennes attestant sa nature surhumaine...

Son destin est, en outre, surdéterminé par la référence à Alexandre le Grand, modèle qui constamment présent dans la conscience du héros joue pour lui le rôle de catalyseur et affermit la dimension messianique de son entreprise. A leur tour les conquérants et souverains ultérieurs du Soudan occidental (notamment Samory, au XIXe siècle, se considérant comme la réincarnation de Soundjata), et même les chefs d'Etat modernes (Sékou Touré, par exemple) verront en Soundjata un modèle à imiter, de par le rôle unificateur qu'il joua en son temps.

Destinée littéraire du mythe

Un des reproches adressés à Djibril Tamsir Niane fut de ne pas avoir rendu dans son récit, le rythme de l'épopée traditionnelle, déterminé par l'accompagnement musical. Au Mali, une traduction de l'épopée primitive a pu être établie avec les chants, par Massa Maghan Diabate sous le titre *Kala Jata* en 1970, publiée aux Editions Présence Africaine (*Janjon et Autres Chants populaires du Mali*, 1971).

Si le mythe de Soundjata n'a pas eu la fortune littéraire de celui de Chaka, il a cependant été porté au théâtre à plusieurs reprises. En Afrique Noire, l'art dramatique dans sa forme achevée, c'est-à-dire dialoguée, est en grande partie le fruit de l'acculturation à l'Occident. Ainsi, dès l'époque coloniale, le mythe fut porté à la scène par les élèves de l'école William-Ponty au Sénégal, sous le titre : *La Ruse de Diégué.* Cette pièce dramatisait par le dialogue, le chant, la musique et la danse, un des épisodes les plus marquants du récit épique : pour vaincre le roi Soumangourou (Soumaoro), la sœur de Soundjata révèle à celui-ci le secret de l'invulnérabilité du roi de Sosso... A valeur strictement commémorative, elle restait fidèle à la tradition en présentant sur scène des griots émaillant leurs paroles de nombreux proverbes...

Dans le cadre du développement d'un théâtre nationaliste en Afrique après 1960, destiné à revaloriser l'histoire africaine et à célébrer les héros du passé, quelques dramaturges africains ont repris le texte de Niane. Le passage du récit mythique au théâtre s'accompagne de simplification et de condensation : l'intérêt se cristallise autour des faits les plus spectaculaires de l'itinéraire héroïque : la prédiction du chasseur, la naissance et la guérison de Soundjata, la reconquête du Manding... Le drame créé par Sory Konake, en 1971, sous le titre *Le Grand Destin de Soundjata* se termine ainsi sur l'épiphanie héroïque que constitue la victoire de Kirina. L'ensemble se présente comme la reproduction d'une veillée conduite par le griot Djeli Madi; il s'agit en fait d'une structure intermédiaire entre le récit traditionnel et le texte de théâtre.

Plus récemment, dans un drame édifiant, Laurent Gbagbo éludant les faits relatifs à la naissance et à la formation du héros, concentre l'action sur la lutte pour la reconquête du trône du Manding et pose le problème de la légitimité du pouvoir. Ce drame intitulé *Soundjata, le Lion du Manding,* édité en 1979, est structuré en trois actes : « le complot » qui éloigna Soundjata du trône, « l'exil », « le retour triomphal ». La démonstration qui en ressort consiste à glorifier en Soundjata non tant le protégé des dieux que le souverain acclamé par le peuple, le merveilleux traditionnel s'éclipsant au profit d'une « leçon » de politique. Selon une tendance générale du théâtre négro-africain moderne, le mythe ancien se trouve récupéré et réactualisé à des fins didactiques...

En 1978, est édité : *Le Maître de la Parole, Kouma Lafôlô Kouma,* version du mythe recueillie, en 1963, par Camara Laye dans la région de Kouroussa (Guinée) auprès du « Bélën-Tigui » Babou Condé dont l'aïeul fut le griot personnel du jeune frère de Soundjata Manding-Bory.

Le récit développe de façon très détaillée les éléments du merveilleux liés à l'origine de Soundjata en liaison avec les institutions totémiques. Le thème notamment de la prédestination héroïque est l'occasion de remonter jusqu'à l'histoire du buffle de Do, et le destin de Soundjata y est perçu comme déterminé par ses trois puissants totems : buffle et panthère par sa mère, lion par son père... La guérison miraculeuse de l'enfant infirme serait le fait de l'association de ces trois forces. Par la suite, les exploits du jeune guerrier le montrent « leste comme la panthère, noble comme le lion, fougueux à la charge comme le buffle ».

Enfin, si le récit célèbre surtout en Soundjata le « roi-chasseur » en liaison directe avec les forces de la nature les plus puissantes, la fin du mythe le présente revêtu de la djellaba blanche pour remercier Allah de lui avoir accordé la victoire contre Soumaoro. L'ultime image du héros fait de lui l'artisan de la coexistence pacifique de l'Islam et de l'Animisme, l'initiateur de la synthèse des deux civilisations mises en contact et destinées à s'interpénétrer, à s'influencer mutuellement...

Nicole GOISBEAULT

BIBLIOGRAPHIE

Massa Maghan DIABATE, *Kala Jata*, Edit. Pop. du Mali, Bamako, 1970.
— *Janjon et Autres Contes populaires du Mali*, Edit. Présence Africaine, 1971.
— *L'Aigle et l'Epervier ou La Geste de Sunjata*, Edit. P.-J. Oswald/L'Harmattan, 1975.
Koudou Laurent GBAGBO, *Soundjata, Lion du Manding*, Editions Ceda, Abidjan, 1979.
Sory KONAKE, *Le Grand Destin de Soundjata*, O.R.T.F.-D.A.E.C., Paris, 1973.
Camara LAYE, *Le Maître de la Parole : Kouma Lafôlô Kouma*, Librairie Plon, Paris, 1978.
Djibril Tamsir NIANE, *Soundjata ou l'Epopée Mandingue*, Edit. Présence Africaine, Paris, 1960.

TAHITI

Récits de voyage, journaux de bord et œuvres de fiction ont accordé à Tahiti une place de choix. Nombreux sont, en effet, les amoureux des îles, navigateurs, aventuriers, marins et médecins de marine qui ont éprouvé le besoin d'expliquer à leurs contemporains, parents, amis ou lecteurs ce qu'était Tahiti ou tout au moins ce que cette île représentait pour eux. Pour cette raison, romans et témoignages, poèmes, descriptions et rapports de mission évoquant Tahiti sont généralement porteurs d'une puissance suggestive sentimentale telle, qu'elle a fini par engendrer un véritable mythe : aussi est-il intéressant d'observer comment ce « mythe de Tahiti », littéraire autant que sociologique, a pu germer au XVIIIe siècle, avant d'acquérir toute sa force au XIXe siècle et de recevoir au cours du XXe des contenus et significations parfois contradictoires et inattendus. L'étude chronologique du mythe tahitien et de sa réception auprès du public n'est pas gratuite ; elle s'impose, car des « pères fondateurs » de l'image paradisiaque de Tahiti aux dépliants et posters touristiques, la vision de l'île et surtout son intérêt dans le cadre d'une civilisation des loisirs ont profondément évolué. Toutefois, c'est parce que nous sommes avec « l'image » de Tahiti (mythe, rêve exotique, produit touristique) dans le domaine d'une figuration, d'une vision de la réalité, où interviennent l'imaginaire, l'écriture et les archétypes de la psyché occidentale que, du XVIIIe au XXe siècle, il est légitime de considérer à travers la littérature quelques composantes du mythe tahitien.

« Les pères fondateurs du mythe tahitien »

La présence d'une île, havre de paix, source de bonheur et de joie, véritable paradis apportant détente, repos, délices et volupté est une constante dans la littérature universelle occidentale. Qu'on songe aux îles chantées par les Grecs ou à l'île d'amour du Chant X des *Lusiades* qui accueille Vasco de Gama et ses marins.

Aux XVIIe et XVIIIe siècles, traités de géographie et relations de voyage dépeignant la beauté d'îles lointaines et la pureté de mœurs des hommes qui les peuplent, abondent. L'île du bon sauvage n'est pas une invention du XVIIIe siècle : on la retrouve fréquemment dans l'imaginaire et la littérature des siècles précédents. Aussi lorsque Wallis, en juin 1767, puis Bougainville, quelques mois plus tard (4 avril 1768), et enfin Cook (10 avril 1769) accostent à tour de rôle à Tahiti, ont-ils le sentiment du *déjà vu*, la certitude d'avoir découvert l'île de l'Age d'or, chère aux Anciens. La littérature, de ce point de vue, avait, en quelque sorte, précédé la connaissance objective de Tahiti, archétype régénéré de l'île paradisiaque.

Sur les douze chapitres que comporte la *Relation des Voyages [...] du Capitaine Wallis* (1773), cinq ont pour objet Otahiti, qu'il dénommait île Saint-Georges. Avec son équipage, il y séjourna à peine plus d'un mois (24 juin-27 juillet 1767). Beauté du paysage, accueil pressant des femmes qui offrent leurs charmes avant de se vendre, plus tard, contre des clous, des instruments ou des outils et pleurs de la reine au moment où le *Swallow* lève l'ancre constituent les temps forts d'une escale que Wallis n'a pas ressentie comme déterminante. Le chapitre VIII, « Description plus particulière des habitants d'Otahiti, de la vie domestique, des mœurs et des arts de ces insulaires », qui propose la première approche ethnographique des coutumes tahitiennes, reste superficiel, puisque Wallis n'a pas fait l'effort ou n'a pas eu le temps d'approfondir les mœurs ni la pensée cosmologique, religieuse et politique des Tahitiens.

L'attitude de Bougainville est d'emblée différente. Wallis avait fait une escale, voire une rencontre agréable; Bougainville est séduit : il est sous le charme. Son *Voyage autour du Monde* de seize chapitres, confère une place prédominante à Tahiti (chap. VIII-IX-X) où il était arrivé le 4 avril 1768. Une rapide étude littéraire montre que le temps s'arrête, la chronologie s'estompe. Plus que Wallis, Bougainville, imprégné d'Homère et de Virgile, est réceptif à la beauté des lieux. C'est naturellement qu'il a multiplié, notamment au cours du chapitre IX, les parallèles entre Tahiti et l'Age d'or :

> « J'ai plusieurs fois été, moi second ou troisième, me promener dans l'intérieur. Je me croyais transporté dans le jardin d'Eden : nous parcourions une plaine de gazon, couverte de beaux arbres fruitiers et coupée de petites rivières qui entretiennent une fraîcheur délicieuse, sans aucun des inconvénients qu'entraîne l'humidité. Un peuple nombreux y jouit des trésors que la nature verse à

pleines mains sur lui. Nous trouvions des troupes d'hommes et de femmes assises à l'ombre des vergers ; tous nous saluaient avec amitié ; ceux que nous rencontrions dans les chemins se rangeaient à côté pour nous laisser passer ; partout nous voyions régner l'hospitalité, le repos, une joie douce et toutes les apparences du bonheur. »

Bougainville et ceux qui l'accompagnent sont persuadés d'avoir révélé au monde une « Nouvelle-Cythère ». Cet enthousiasme ne l'a pas empêché de comprendre, mieux que Wallis, les mœurs des Tahitiens (chap. X), d'analyser leur système politique, social et religieux et même de mentionner, de façon discrète, le rituel des sacrifices humains, en usage parmi les indigènes. Désireux d'apprendre la langue et les coutumes de ce peuple, le navigateur français a embarqué à bord de l'*Etoile* le jeune Aotourou dont la présence suffit à maintenir dans l'ordre du vécu comme dans celui du témoignage écrit la vitalité et « l'image » du paradis tahitien.

Les réactions de Cook se révèlent plus complexes. Lorsqu'il fait escale, une première fois à Tahiti le 10 avril 1769, il rencontre le vieillard Owhaw et la reine Oberea, maintenant consolée du départ de Wallis. Il est sensible au paysage, aux habitations de ce peuple. Le charme et les prévenances des Tahitiennes ne le laissent pas indifférent. Le chapitre XVII, « Description particulière de l'Isle d'Otahiti, de ses productions et de ses habitans. Habillemens, habitations, nourriture, vie domestique, et amusements de ces Insulaires », renferme de précieux renseignements, car Cook s'est plu à insister sur les traits de ce peuple qu'il juge barbare : mœurs amoureuses, sacrifices humains et morts rituelles. Lors de son second passage, en août 1772, parce qu'il est témoin des rivalités politiques et des guerres intestines, son jugement est défavorable. Pour Cook, comme pour Voltaire (*Les Oreilles du Comte de Chesterfield*, 1775), le « bon sauvage » n'existe pas ! Il embarque à son bord, comme l'avait fait Bougainville, un Tahitien, Omaï, qui ira jusque dans les salons londoniens. La relation de la troisième escale (août 1777) rappelle le retour d'Omaï et la pratique des sacrifices.

On remarque entre les trois relations des premiers marins de notables différences. Wallis, le plus neutre, n'a pas été séduit par les rivages du Pacifique. Bougainville, le plus enthousiaste, a célébré Tahiti. C'est le seul à atteindre un *style poétique* lorsqu'il traite de la Nouvelle-Cythère. Quant à Cook, s'il a joui du paradis tahitien, il est surtout critique et n'abandonne jamais le point de vue du civilisé, du supérieur, face à des sauvages. Si donc l'île perdue au milieu du Pacifique est devenue synonyme d'Eden où vivent les bons sauvages, elle le doit à Bougainville. Diderot, dans le *Supplément au voyage autour du monde de Bougainville* (1774), a facilité une critique en règle de l'Europe, des préjugés occidentaux, tout en valorisant l'image de Tahiti en tant que « modèle » où demeure préservé l'état de nature. Orou, le héros et le porte-parole de Diderot, a beau jeu de dénoncer les « préceptes singuliers » de la vieille Europe, « opposés à la nature » et « contraires à la raison ». Un tel apport était précieux pour que le vécu que Bougainville sentait si proche de la littérature soit à nouveau annexé par elle, amplifiant par là la puissance d'illusion et d'attrait. Il fallait peut-être aussi que le triomphe de l'île d'amour, la Nouvelle-Cythère, s'accompagnât de celui de la raison et c'est parce que Diderot a exploité les données de Bougainville, c'est parce qu'il a fait de cette île vouée à Vénus un royaume où règne la raison que le mythe de Tahiti a pénétré plus facilement la mentalité occidentale du XVIIIe siècle et a véhiculé cette rencontre tant espérée de tous les penseurs avec une civilisation plus naturelle, plus proche des origines. Tahiti est bien une réalisation de ce que Mircea Eliade avait appelé « la nostalgie des origines ».

Trois voyageurs ont suffi à cristalliser une image de Tahiti dans laquelle se profilait inévitablement la renaissance du thème littéraire de l'île enchanteresse. Le paradoxe vient de ce que Diderot, l'homme de cabinet, ait enrichi cette « image » en lui attribuant, avec un statut d'ordre philosophique, un incontestable rayonnement culturel. Pour le siècle des Lumières, Tahiti a été compris comme une autre possibilité de la civilisation ou, plus justement, comme un représentant de l'état initial des choses humaines.

« Les visages du mythe tahitien au XIXe siècle »

Au XIXe siècle, la production littéraire, scientifique ou économique, consacrée à l'archipel tahitien, est d'une grande richesse autant que d'une réelle variété. Chacun s'est cru obligé de dire son mot sur les Tahitiens ou de composer un poème sur le canevas inlassablement repris de la belle et tendre vahiné abandonnée par le voyageur européen. Tahiti, objet de rêverie, excitant la curiosité, provoquant le désir de partir, est, au même moment, un enjeu politique entre la France et la Grande-Bretagne. Mais au-delà du colonialisme conquérant et anarchique qui oppose les fils d'Albion aux descendants de Jeanne d'Arc, se poursuit la carrière du mythe tahitien, déjà remis en cause ou contesté par des esprits lucides qui en signalent discrètement ou avec éclat, les illusions, les limites, les mensonges, voire l'effondrement proche.

L'intérêt stratégique qu'occupe Tahiti et le désir de créer une colonie ont été brièvement exposés par Max Radiguet, secrétaire du futur amiral Dupetit-Thouars. Ce furent là les raisons réelles de l'opposition sourde et des hostilités larvées, puis officielles, entre le fameux Pritchard, missionnaire et agent de l'Angleterre, et la France. L'introduction de l'éditeur au livre de Pritchard, *The Missionary's Reward or the success of the Gospel in the Pacific*, magnifiait l'action des pasteurs britanniques. Pritchard, avec beaucoup d'habileté, démontre les bienfaits de l'évangélisation, après avoir dressé un réquisitoire sévère contre les mœurs tahitiennes. C'est ainsi qu'il a dénoncé la condition pénible des femmes et mis l'accent, à la suite de Cook, sur les pratiques de l'infanticide et des sacrifices rituels. Son rival, Dupetit-Thouars, a flétri l'action des missionnaires, et celle de Pritchard en particulier, qui détournait le zèle religieux à des fins politiques pour gouverner la reine Pomaré et exercer par son intermédiaire une véritable tyrannie conduisant à la destruction des coutumes, croyances et structures tahitiennes. L'écho de cette tactique de Pritchard et de ses conséquences néfastes (perte de l'identité d'un peuple, destruction d'un mode de vie communautaire) que l'on retrouve à l'aube du XXe siècle dans le roman de Segalen, *Les Immémoriaux*, explique, dans une certaine mesure, l'attitude de Dupetit-Thouars qui s'en prenait à Pritchard et accusait la Grande-Bretagne d'être responsable du dépeuplement de l'archipel. Après plusieurs mois de luttes d'influence, de complots, d'actes sanglants (qu'on se souvienne de l'attentat nocturne dont fut victime Moerenhout, alors représentant des U.S.A. à Tahiti), Dupetit-Thouars débarque sur l'île, dépose la reine et commence son occupation (6 novembre 1843). Bien que désavoué par Guizot, Dupetit-Thouars, par son action militaire, venait de supplanter définitivement l'Angleterre et de conquérir Tahiti au nom de la France et de la « civilisation ». Qu'on ne s'y trompe pas cependant : Pritchard et son vainqueur se réclament, l'un comme l'autre, de la civilisation et de ses bienfaits pour justifier leur ardeur colonialiste. De fait, Melville aura beau jeu de dénoncer quelque quarante ans plus tard « cet acte de piraterie » perpétré par les Français !

Dans les années qui précédèrent ce coup de force, Victor Hugo dans un poème des *Odes*, aujourd'hui bien oublié, « La Fille d'O-Taiti », se faisait le chantre d'une thématique à la mode qui devait connaître une grande fortune : celle de l'amante tahitienne abandonnée. Les vers suivants :

« Pourquoi quitter notre île ? En ton île étrangère,
Les cieux sont-ils plus beaux ? A-t-on moins de douleurs ?
Les tiens, quand tu mourras, pleureront-ils leur frère ?
Couvriront-ils tes os du plane funéraire
Dont on ne cueille pas les fleurs ?
(...)

Si l'humble bananier accueillit ta venue,
Si tu m'aimas jamais, ne me repousse pas.
Ne t'en va pas sans moi dans ton île inconnue,
De peur que ma jeune âme, errante dans la nue,
N'aille seule suivre tes pas ! »

Quand le matin dora les voiles fugitives,
En vain on la chercha sous son dôme léger ;
On ne la revit plus dans les bois, sur les rives.

Pourtant la douce vierge, aux paroles plaintives,
N'était pas avec l'étranger.

annoncent bien sûr les accents du *Mariage de Loti* dont on sait le succès retentissant dès sa parution en feuilleton (1880), puis en livre (1882). Madame Butterfly à Tahiti ! Prestige d'un récit qui valut à Loti de siéger parmi les Immortels et d'avoir notamment battu, lors de son élection, E. Zola.

Loti, bien conseillé par son ami Jousselin dit Plumkett, avait accepté la parution de son roman dans *La Nouvelle Revue* que J. Adam venait de lancer. Cette dernière changea le titre de l'auteur, *Rarahu,* en *Le Mariage de Loti.* Le romancier, qui connut Tahiti le temps de deux brèves escales, précisait dans une lettre à son ami Plumkett :

> « Ce sont en effet des notes anciennes que j'ai rassemblées, c'est un vrai livre de jeunesse : [...] le fond de l'histoire n'est pas vrai ; j'ai combiné plusieurs personnages réels pour en faire un seul : Rarahu, et cela me semble une étude assez fidèle de la jeune femme maorie. Tout ce qui concerne Taïmaha est rigoureusement vrai. » (Lettre du 24 février 1879.)

Le Mariage de Loti avec son aspect décousu, quasi impressionniste, peint en la nuançant « l'image » de Tahiti, terre des délices, Nouvelle-Cythère. Mais un trait nouveau s'y manifeste : l'exotisme. Alors que les premiers navigateurs n'avaient pas sacrifié à l'exotisme, Julien Viaud, qui reçut des servantes de Pomaré le nom poétique de « Loti », désignant une fleur de Tahiti, a cultivé dans ses descriptions la couleur exotique, le charme des rivages enchanteurs « que caressent éternellement des brises embaumées ». De ce point de vue, le roman réunit à un décor du début du monde une « carte du tendre » dont les sentiers sont pleins d'odeurs, de fleurs, de chants, de cascades, d'arbres aux mille couleurs.

Gauguin — comment ne pas le nommer — fut prisonnier du mythe tahitien avant de le faire vivre. S'il a souhaité « aborder la terre désirée », il n'a pas été dupe de sa propre illusion. Tout comme Melville abandonnant Fagaway dans *Typee, a narrative of the Marquesas Islands,* le peintre laisse Tehamana en pleurs. Plus que d'autres, il est sensible à la lumière, aux couleurs et aux légendes tahitiennes. Trait essentiel qu'il apporte au mythe : la conviction que l'Européen doit détruire son « vieux stock de civilisé » (*Noa Noa*) afin de connaître une autre forme de vie, de boire à la fontaine de Jouvence des mers du Sud. Malgré les déceptions et tracasseries de ses séjours à Tahiti et aux Marquises, son œuvre picturale ne cesse de glorifier le mythe tahitien, synonyme d'Eden. Et ce n'est pas un hasard si aventuriers, marins et écrivains ont accompli à Tahiti et aux Marquises de nombreux pèlerinages sur ses traces.

Parallèlement à l'épanouissement de l'image-mère de Tahiti dans la conscience occidentale, on remarque le développement d'un courant critique né d'une observation plus objective de ce qui se passait dans les îles du Pacifique. La colonisation n'est pas directement mise en cause; il est clair cependant que des esprits de plus en plus sérieux, disciples des philosophes ou témoins des événements, ont commencé à s'interroger sur le bien-fondé de l'action civilisatrice des Européens.

Chateaubriand, dans dcux courts paragraphes de sa *Préface* au *Voyage en Amérique* avait déploré en ces termes l'évangélisation et ses conséquences :

> « Otahiti a perdu ses danses, ses chœurs, ses mœurs voluptueuses. Les belles habitantes de la nouvelle Cythère, trop vantées peut-être par Bougainville, sont aujourd'hui, sous leurs arbres à pain et leurs élégants palmiers, des puritaines qui vont au prêche, lisent l'Ecriture avec des missionnaires méthodistes, controversent du matin au soir, et expient dans un grand ennui la trop grande gaieté de leurs mères. On imprime à Otahiti des Bibles et des ouvrages ascétiques. »

Moerenhout, aventurier de haute race, consul des Etats-Unis à Tahiti, puis plus tard serviteur de la France (il sera consul de France à Monterey en 1846 et à Los Angeles en 1853) a stigmatisé les agissements de son ennemi Pritchard et a souligné avec complaisance dans ses *Voyages aux îles du Grand Océan [...]* la décadence du mythe tahitien : corruption et prostitution ont remplacé bonté, générosité et sagesse. Le secrétaire de Dupetit-Thouars, Max Radiguet, en écrivant *Les Derniers Sauvages. Souvenirs de l'occupation française aux îles Marquises (1842-1859)* a montré également les méfaits de l'Europe aux Marquises. Il laissait entendre qu'il risquait d'en être de même à Tahiti. Reprenant le mythe des îles paradisiaques, il poursuivait :

> « Après avoir parcouru les îles du groupe où s'étend aujourd'hui notre suprématie, nous avons pu reconnaître qu'un demi-siècle n'avait pas sensiblement vieilli les récits de Bougainville, de Cook et de Mariner. Cependant, depuis ces navigateurs, la civilisation avait fréquemment effleuré les rivages polynésiens, mais la civilisation sous sa forme la plus déplorable, apportant ses défectuosités, ses abus, ses vices, bien plutôt que ses connaissances, ses arts et ses vertus. Le sauvage insulaire s'est donc peu modifié. Il a seulement perfectionné, au contact de quelques matelots grossiers, le mauvais côté de sa nature. [...] Si, de son côté, la mort continue ses ravages aux Marquises, certaines îles se verront avant longtemps dépeuplées. Peut-être alors devant ces rivages déserts, le navigateur se reportera-t-il avec intérêt aux jours où leurs habitants vivaient ignorants et grossiers sans doute, mais tranquilles, heureux et peut-être moins sauvages par le cœur que bon nombre de civilisés. »

C'est avec une intention identique que Melville dans *Omoo, a narrative of Adventures in the South Seas* (1847) accusait les Occidentaux de ruiner les traditions et la civilisation maorie.

De telles condamnations traduisent la dégradation du mythe. L'état de nature et l'âge d'or de Tahiti ne sont qu'une image, une illusion que la réalité dément cruellement. Au lieu de la Nouvelle-Cythère, terre de délices où règnent Amour et Raison, Tahiti se confond alors dans l'imaginaire à l'impure Babylone!

L'ensemble des quelques textes relevés rend compte de l'extrême vitalité du mythe tahitien au cours du XIXe siècle. Les îles des mers du Sud exercent une puissante fascination et suscitent l'engouement. Qu'on se reporte aux illustrations « alléchantes » sinon « racoleuses » figurant dans les récits de voyage ou dans les ouvrages de géographie traitant de l'archipel de lumière, et plus largement des îles du Pacifique. Au XXe siècle, pour que le mythe tahitien demeure, ne fallait-il pas qu'il changeât de visage? On peut supposer qu'à côté de l'imagerie tahitienne en vogue au XIXe siècle, d'autres images, par l'intermédiaire du tourisme et de la publicité, se sont créées.

« Les visages modernes du mythe tahitien »

L'image de Tahiti, on le constate aisément, a été, au XXe siècle, exploitée par le tourisme et la publicité. S'il est certain que la critique de l'occidentalisation des îles de la Polynésie se perpétue, on note une singulière renaissance du mythe originel, celui de la Nouvelle-Cythère, mais à des fins, pour une grande part, économiques. L'île de Wallis et de Bougainville, de Loti et de Melville joue le rôle d'un archétype, mais aussi et surtout constitue un marché dont il importe de tirer le profit maximum.

Servi par une documentation détaillée et animé d'un vif désir de témoigner, V. Segalen dans *Les Immémoriaux* (1907), dédié « aux Maoris des temps oubliés », a continué le procès de l'Europe et surtout de la religion chrétienne. Revenant en toile de fond sur les excès commis par Pritchard et les missionnaires, il montre la responsabilité du christianisme dans l'anéantissement des traditions indigènes. Le héros Térii, d'abord réfractaire à l'enseignement des pasteurs (« Térii se demanda sans gaîté si la terre Tahiti n'avait point, en même temps que de dieux et de prêtres, changé d'habitants ou de ciel! ») est amené à se convertir. Sous le nom de Iakoba (Jacob), il rejette son initiateur Paofaï, toujours adepte des dieux tahitiens. Suprême dérision, Iakoba, pour achever la construction du faré-à-prières (l'église), vend Eréna aux marins de passage. Et le roman se clôt sur le retour de cette dernière, entourée de deux solides matelots portant des sacs de clous! C'est dans une veine plus enjouée que Giraudoux a composé son *Supplément au Voyage de Cook* (joué en 1935), au cours duquel Mr. Banks, soucieux d'inculquer aux sauvages les notions de travail, de propriété et de moralité, est ridiculisé. Lors de la scène finale, Outourou, le chef, s'adresse ainsi à ses sujets :

> « L'œuvre magnifique de Mr. Banks touche à son terme. Tous et toutes vous pourrez recevoir demain nos hôtes comme on les reçoit dans leurs propres villes [...] et je vous répète mes ordres : vous tous, jeunes gens et amis dans la force de l'âge, n'oubliez pas que vous êtes des travailleurs, ayez chacun une bêche avec vous, éventez-vous avec vos bêches, protégez-vous du soleil avec vos bêches, dansez la danse de la bêche, quand vous dormez, dormez le sommeil de la bêche. Et ne vous en servez sous aucun prétexe, il faudra les rendre au départ. Vous, les enfants et les vieillards, gardez-vous de demander aux marins leurs boutons et leurs lunettes. Il est un moyen anglais pour se les approprier qui s'appelle le vol. Et vous, nos femmes et nos filles, au lieu d'attendre placidement nos hôtes en costumes de fêtes, courez au devant des marins en leur réclamant un enfant, comme l'exige Mr. Banks, et dès qu'ils paraîtront, jetez à terre tout ce qui sur votre corps est inflammable, je veux dire vos vêtements, car les regards des Européens, d'après Mr. Banks, brûlent les femmes, puis entraînez-les, gorgés de vin de palme, dans l'ombre de vos cases où nos voleurs pourront à loisir les soulager discrètement de leurs canifs et de leurs blagues. Tel est l'enseignement dont l'habile Mr. Banks nous a pénétrés en deux heures. Montrez-vous dignes de lui. » (Scène XI.)

Le message du civilisé est complètement déformé, perverti et détourné de sa finalité! Avec moins d'humour, G. Simenon dans *Touriste de Bananes ou Les Dimanches de Tahiti* (1938) s'est plu à réduire la portée du mythe tahitien en développant notamment une intrigue policière entraînant le lecteur dans les bas-fonds de l'île. Il a en somme contribué à dévoiler l'envers du décor, à exposer dans son livre l'un des visages de l'île, bien peu paradisiaque.

Entre les deux guerres, deux phénomènes ont renforcé la renaissance du courant faisant de Tahiti la Nouvelle-Cythère. Le premier, le cinéma a montré aux spectateurs des paysages inoubliables. Méliès avait déjà sacrifié en studio aux rêveries exotiques (*Ballade des Mers du Sud, Histoire de l'Antique Tahiti*). En 1923, à Samoa, on tournait *Moana* de Flaherty; en 1931, à Bora Bora, Flaherty et Murnau réalisent *Tabou*; en 1935, enfin Tahiti sert de cadre aux *Mutins du Bounty* avec C. Laughton et C. Gable. Le deuxième, le tourisme de luxe des années 30, qui fait de Tahiti une escale obligatoire pour les paquebots. Avec lucidité, Gino Nibbi, dans son ouvrage *Nelle Isole della felicità* (1934) a magistralement décrit l'arrivée, les réactions et le comportement de ces Européens et Américains fortunés qui prétendaient vivre comme les personnages du *Mariage de Loti.* Au moment de quitter l'île, l'inévitable « Salut à Tahiti » est un morceau de bravoure où le ridicule véhicule, tout en le raillant, le mythe de la Nouvelle-Cythère et de ses adeptes :

> « Da San Francisco (anzi da Frisco, come tutti dicono), il vapore avera deposito nella stessa mattina a Papeete, quaranta ammalati d'infinito per non dire d'altro. » [« Venant de San Francisco (et même de Frisco comme ils disent

tous), le vapeur avait déposé le matin même à Papeete, quarante malades d'infini pour ne pas dire autre chose. »]

A partir des années 30, grâce au tourisme de luxe et au cinéma, le *label* Tahiti et l'*image de marque* de l'île enchanteresse semblent se développer de nouveau. Au cours des décennies suivantes, le label Tahiti ne cesse de fleurir. Vers 1950, en témoignent les nombreux ouvrages et guides touristiques de Darnois, Putigny, Villaret et T'Sertsevens (1950, 1951, 1958). Littérature touristique, agences de voyages et dépliants publicitaires utilisent à dessein l'image d'une île terre de refuge et havre de paix où « Tout n'est qu'ordre et beauté, / Luxe, calme et volupté ». Les guides bleus (celui de G. Kling en 1971) et le guide de P.-E. Victor (1966) ont, jusqu'à un certain point, maintenu présente l'image de Tahiti, ultime Cythère que ni la guerre ni la civilisation ne sauraient anéantir. En même temps, cette littérature « touristique » a pour fonction d'inciter le public à visiter un lieu qui demain pourrait ne plus exister. Il convient de partir pour Tahiti comme l'on s'embarque pour Venise ! Mais comme le mythe tahitien originel demeure, qu'il est en outre envisagé au XXe siècle en relation avec les quatre S (Sun, Sea, Sand, Sex), guides et livres illustrés consacrés à l'île de Bougainville gomment les aspects d'un réel déplaisant. Le mythe étant source de revenus, on s'efforce de le faire durer, de l'embellir, de lui éviter les tensions internes qui risqueraient de le ruiner.

Depuis une quinzaine d'années, on assiste à ce propos à un phénomène complexe et révélateur. Tahiti, pour des raisons qui tiennent à la géographie, à l'économie, à la mode et à la publicité n'est plus le seul paradis en voie de disparition. Il y a certes toujours des capitaines qui prennent sur l'île bénie une retraite dorée. Il y a encore un flot important de touristes qui suit les traces de Gauguin et celles de Loti, mais la concurrence des autres îles paradisiaques augmente : Hawaï, les Bahamas, les Seychelles, les Caraïbes, les Maldives... Or, et c'est l'héritage du mythe, savamment entretenu par la publicité, pour nombre de voyageurs l'image de tous ces paradis de l'exotisme et de l'érotisme est indissolublement liée à celle de Tahiti. Puissance du mythe de la Nouvelle-Cythère et de l'audio-visuel qui a compris tout le parti qu'il pouvait tirer du label Tahiti dans le domaine du tourisme comme dans celui d'autres formes de l'économie.

Aussi peu importe que la France poursuive en Polynésie ses essais nucléaires ou que les danses des vahinés ne soient plus qu'un produit typique pour satisfaire le touriste. Le mythe se pérennise, engendre sa propre sève, secrète ses envoûtements, peut-être parce qu'il rapporte la réalité géographique de Tahiti à celle de l'imaginaire et de l'inconscient collectif.

Le touriste n'a pas modifié le mythe tahitien : il l'a utilisé. Il lui a subtilement et radicalement ôté ses contradictions, ses tensions pour ne laisser subsister en lui qu'un message totalement positif. De fait, Tahiti fonctionne comme une image-mère. Le tourisme de masse lui-même n'a pas détruit le rêve tahitien, il l'a mis à la portée d'un plus grand nombre. Ce phénomène n'a pas nui, dans un premier temps, au maintien d'une tradition : celle des voyageurs et écrivains qui ont fait des îles du Pacifique une étape quasi officielle de leur accomplissement intérieur et une source d'inspiration. J. London et S. Maugham, à la suite de Melville et de R. L. Stevenson, ont rapporté des mers du Sud des expériences et des récits parfois déterminants, où la mythologie des peuples rencontrés a profité à celle du narrateur. Plus tard, l'affirmation que Tahiti est libération, « évangile du soleil » s'est estompée lentement pour les écrivains lucides qui savaient, comme A. Gerbault que « les îles de beauté » sont « un paradis qui se meurt ». Aujourd'hui on n'écrit presque plus sur Tahiti. Le Guide bleu et le tourisme ont tari la plume des authentiques voyageurs écrivains. Et si l'île est toujours source de création, elle le doit à ce qu'elle représente et à son histoire comme dans le roman de Robert Merle : *L'île* (1962).

Au XXe siècle, à côté d'écrivains et de navigateurs qui ont magnifié ou dénoncé les illusions tahitiennes, suivant en cela les voies de leurs prédécesseurs, on observe une spécialisation de l'image-mère de l'île paradisiaque dans le cadre d'une civilisation des loisirs. Le mythe ainsi exploité a été limité : il semble n'offrir plus qu'une seule facette. Et c'est paradoxalement l'un des mérites des mouvements autonomistes tahitiens que de rappeler combien le paradis où ils vivent est artificiel, générateur d'illusions et de rêves.

A l'instar des « pères fondateurs » du mythe tahitien, écrivains, navigateurs, artistes et touristes se sont plu à visiter et à célébrer la Nouvelle-Cythère. La puissance d'un tel mythe sur l'imaginaire, l'inconscient, la libido, la publicité et l'économie a fait de l'île de Bougainville une représentation de l'Eden. De Wallis à P.-E. Victor, de Gauguin à Gerbault, même la dénonciation des enchantements de l'île a conforté son « image ». Il est clair cependant qu'au lieu d'être menacé par le développement de la composante littéraire critique, si significative à l'aube du XXe siècle, le mythe tahitien a survécu, s'est renforcé grâce aux techniques d'une publicité habile transformant le mythe littéraire et sociologique du XVIIIe siècle en un mythe économique très lucratif. C'est ainsi que le chanteur Carlos, vantant les mérites du jus de fruit « Oasis », au lieu d'être transporté dans un désert aride, est un capitaine bonhomme accostant aux rivages enchanteurs d'une île couverte de cocotiers. Pourtant il est troublant et rassurant de relever la poursuite du mythe tahitien dans ce qu'il a d'originel. Quand Jacques Brel, malade et fatigué, renonce à la scène et s'évade, c'est pour Tahiti et les Marquises où, chante-t-il, « Gémir n'est pas de mise »... Quand P.-E. Victor est las des solitudes glacées, c'est dans une île enchanteresse du Pacifique qu'il va décider de vivre en famille... Il faut donc croire, avec de tels exemples, qu'au-delà de ses contradictions, le mythe a la vie dure, et que Tahiti n'a pas fini d'incarner ce désir d'évasion, cet éternel « besoin d'ailleurs » si profondément enraciné au cœur de l'homme : « Tahiti ou l'invitation au voyage ».

James DAUPHINÉ

BIBLIOGRAPHIE

Essentiellement : Le Père O'REILLY et E. REITMAN : *Bibliographie de Tahiti et de la Polynésie française*, Paris, Société des Océanistes, 1967, en particulier p. 12-226 (*Voyages*), 811-883 (*Littérature*) et 884-919 (*Beaux-Arts*).

TENTATION DE SAINT ANTOINE

A l'aube du christianisme, en Egypte, Antoine est un solitaire dans le désert. Il cherche Dieu dans l'absolu du renoncement au monde. Mais le monde ne le lâche pas, « l'Adversaire » le persécute, il envoie des démons pour l'attaquer et des visions pour le séduire. Antoine subit victorieusement l'assaut des tentations depuis l'âge de vingt ans jusqu'à sa mort vers cent cinq ans (en 356). Très vite — dans les dix ans qui suivent sans doute — cette histoire est écrite. La *Vie d'Antoine* a pour auteur un anonyme qui a connu l'ermite. Rien ne prouve l'attribution traditionnelle à l'archevêque d'Alexandrie, Athanase. Cent soixante manuscrits nous en sont parvenus rien qu'en grec, d'autres en latin, copte, arménien, syriaque, arabe, éthiopien, géorgien : c'est dire le succès de l'œuvre. A ce stade, le mythe n'est pas constitué. Le texte d'origine est un long récit à trame chronologique, rapportant des événements et citant des discours. Il a un but unique : proposer aux fidèles une figure exemplaire qui sera leur « miroir de vie ». Charte du monachisme chrétien pendant de nombreux siècles, la *Vie* était destinée à se transformer en légende. Dans la *Légende dorée,* saint Antoine occupe quatre pages. Les repères se font rares, chaque exemple est introduit par la formule « un jour », le récit procède par juxtaposition et accumulation. A la place d'une histoire, on a une situation toute en oppositions tranchées, intense par son caractère répétitif et sa durée contractée.

L'élément essentiel pour l'élaboration du mythe sera la vision. Non seulement parce que le visionnaire est un personnage hors du commun, mais parce que la vision implique que la situation est représentable — au prix d'une projection au dehors, dans le monde sensible, de cette sorte de théâtre mental qui habite l'ermite. Deux espaces s'ouvrent à la représentation : la scène et l'image.

Comme son cousin le docteur Faust, saint Antoine est au répertoire des théâtres de marionnettes. Vers 1825 le petit Gustave Flaubert applaudissait le saint et son cochon à la foire Saint-Romain, à Rouen. Des spectacles analogues sont attestés jusqu'à aujourd'hui. Les marionnettes sont à rattacher à toute une veine populaire du culte de saint Antoine. Au Moyen Age on l'invoquait à grand renfort d'images pieuses contre des maladies « spectaculaires », de celles qui s'impriment sur le corps : les pestes, le « feu Saint-Antoine » (l'érysipèle, ou l'ergotisme gangréneux — la médecine moderne hésite). Dans l'iconographie, ce culte a son langage chiffré. C'est un pesteux dans un coin, un brasier à l'horizon ; à partir du XVe siècle, le fidèle compagnon, le cochon qui porte clochette. Dans cet animal emblématique on voit généralement le dévorateur d'ordures, représentation corporelle du combat spirituel grâce auquel le saint, lui-même presque toujours marqué du *tau* symbolique, purifie le monde de ses péchés.

L'iconographie prolifère. D'une part, les images de saint Antoine sont innombrables. Un album de reproductions récemment paru en donne une idée. Tout le monde connaît les grands peintres du tournant de 1500, Grünewald qui a inséré une « Tentation » dans le célèbre retable d'Issenheim, Bosch qui a peuplé de ses « Tentations » les musées de Lisbonne, Madrid, Venise, ou bien Lucas de Leyde, Bruegel. Les gravures de Callot ont été diffusées. Mais on connaît moins les « Tentations » de Véronèse et Tiepolo, Watteau, Fantin-Latour, Odilon Redon, et tout près de nous Salvador Dali, Paul Delvaux, Max Ernst... D'autre part, cela prolifère sur les images. Le saint lui-même occupe peu de place : en retrait, les yeux baissés, ou alors vu de dos, à peine décelable parfois, comme noyé au milieu du déferlement des visions. L'imaginaire des artistes semble être en proportion inverse de la relative discrétion du texte d'origine. L'Adversaire alla, dit la *Vie d'Antoine*, « jusqu'à lui apparaître même en la manière d'une femme ». Que de nudités lascives sont sorties de cette phrase laconique ! L'anachorète, nous dit encore la *Vie*, a passé ses cinquante dernières années non point dans les déserts de la Thébaïde, mais dans un humble « désert intérieur ». Cela n'empêche pas les peintres de le situer dans d'immenses paysages apocalyptiques ! Cependant, en transposant la *Vie d'Antoine* dans la catégorie du spectacle, ils ne font qu'en développer les virtualités cachées, sans trahir la visée religieuse du texte. Un Matthias Grünewald, un Jérôme Bosch étaient des esprits religieux. Le retable d'Issenheim était une commande d'un couvent d'Antonins. Tout ce grouillement d'horreurs que les peintres nous montrent, ces catastrophes dans les lointains et aux premiers plans ces anatomies fantastiques, avec leurs postures grotesques et menaçantes — cela témoigne certes d'une conception noire du monde mais ne relève d'aucune complaisance pour les déchaînements pulsionnels. Ils conçoivent leurs tableaux comme on concevait les épidémies de peste. Ils travaillent sur les corps, parce qu'ils doivent donner corps aux puissances invisibles du Mal. Selon cette logique (et personne ne l'a mieux comprise à notre époque qu'Antonin Artaud), à l'extrême de la matérialisation correspond l'extrême de la purification.

Les deux espaces de la représentation — la scène et les images — communiquent. Ils fusionnent dans cette peinture théâtralisée. Si les dogmes qui la justifiaient jadis sont sans pouvoir sur nous, nous en ressentons pourtant les vibrations métaphysiques. Il fallait ce passage par les grands peintres pour que le destin d'Antoine débordât l'hagiographie et dît toute l'ambiguïté de l'être-au-monde. Traduisant les idées par des images, le discours pictural intensifie les effets, exacerbe les oppositions. De plus, dans le cas de la tentation, l'idée visée est à l'opposé de l'image représentée : Dieu est signifié par le pandémonium, la solitude par la foule, la chasteté par la luxure, le combat spirituel par les bouillonnements de la matière. Ce refoulé de la représentation, ce non-dit du tableau contribue au trouble qu'il exerce.

En 1845, un jeune voyageur romantique contemple à Gênes une « Tentation » de Bruegel :

> « Ce tableau paraît d'abord confus, puis il devient étrange pour la plupart, drôle pour quelques-uns, quelque chose de plus pour d'autres; il a effacé pour moi toute la galerie où il est, je ne me souviens déjà plus du reste. »

De cette rencontre bouleversante entre Flaubert et un « primitif » va naître un texte, *La Tentation de saint Antoine.* Mieux qu'un texte, une aventure. Flaubert écrira trois versions (1849, 1856, 1874) mais ne publiera que la dernière. Il dira : « C'est l'œuvre de toute ma vie. »

Le mythe littéraire commence avec Flaubert. Il faut souligner d'abord que l'écrivain reprend l'intégralité de la tradition. La théâtralité de sa *Tentation* ne fait pas de doute, même s'il n'a jamais imaginé que cette sorte de poème en prose dialogué pût connaître les feux de la rampe. La première version, avec ses allégories et ses diableries, se refère au mystère du Moyen Age et au théâtre de marionnettes. (La deuxième version est un abrégé de la première.) Tout le début de la troisième version est démarqué de la *Vie d'Antoine.* Quant aux monstres, ils viennent pour partie de Bruegel et de Callot. Faut-il rappeler que si Flaubert se sentit interpellé par la figure de l'anachorète, c'est qu'il était un grand visuel lui-même, et à sa manière un solitaire? (Par la suite, de Valéry à Barthes et à Sartre, la critique à son tour fabriqua un mythe : l'ermite de Croisset, martyr de l'écriture, sauvé grâce au « qui perd gagne ».)

Voilà donc un texte qui se situe au croisement d'une tradition, d'une histoire personnelle et d'une modernité. C'est en intégrant à son approche la modernité scientifique du XIXe siècle que Flaubert transforme le mythe pour produire un objet littéraire fascinant. D'abord le personnage de saint Antoine est intériorisé, retouché par la psychologie. En lui prêtant son propre vécu psychosomatique, l'auteur fait de lui, dans la troisième version surtout, le grand halluciné dans lequel se reconnaîtra une fin de siècle obsédée par la névrose. Plus que jamais, le visionnaire est dépassé par ses visions. Chez les peintres déjà la Tentation était aux dimensions du monde. Flaubert écarte à l'excès les limites spatio-temporelles. Pour reprendre un commentaire de Michel Foucault :

> « Dans l'espace de cette nuit d'Égypte que hante le passé de l'Orient, c'est toute la culture de l'Europe qui se déploie : le Moyen Âge avec sa théologie, la Renaissance avec son érudition, l'âge moderne avec sa science du monde et du vivant. »

Et c'est le Diable, en Archange romantique, qui « sert de coryphée au savoir occidental »!

Le détournement est patent. Si la *Vie d'Antoine* soutenait la foi chrétienne en exaltant le saint, *La Tentation de saint Antoine* relativise le christianisme et exalte les visions. Les figures tentatrices pullulent et se diversifient encore. Il y a la Reine de Saba et le Bouddha, les grands hérésiarques et Nabuchodonosor, les monstres des bestiaires, tous les dieux de l'Orient et de la Grèce. Chaque image vient occuper un instant la scène, prononce un discours qui porte à incandescence le mythe dont elle est le support, puis s'éteint pour laisser la place à la suivante. Le mythe littéraire apparaît ainsi comme un mythe au deuxième degré, car il brasse des mythes premiers, dont certains sont cités directement, tandis que d'autres sont médiatisés. Par exemple, le cochon est présent dans les deux premières versions. Ce n'est plus le cochon clariné de la tradition médiévale, c'est un double d'Antoine et une des figures où se fixe le mythe de la métamorphose. Autre exemple : en faisant dialoguer le Sphinx et la Chimère, Flaubert croise deux séries mythiques traditionnelles et fournit le support textuel d'un mythe nouveau dont le décadentisme va s'emparer. Il procède par condensation, déplacement, inversion de valeurs... L'analogie avec les processus inconscients est frappante. *La Tentation de saint Antoine* est un texte de désir autant que de savoir, de désir de savoir et de savoir sur le désir. Flaubert renoue avec l'équivalence archaïque entre « savoir » et « voir ». Visionnaire, voyant, voyeur, Antoine est à l'affût de l'insaisissable scène des origines. Fragmentés, déformés, perdus, les mythes tracent dans le texte les méandres d'une quête toujours relancée.

Mais pour accéder à l'antique savoir, Flaubert se sert de la science de son siècle. Il a lu Creuzer, Matter, Maury, une bibliothèque entière. Sa *Tentation* est un livre de livres. Non pas une somme (bien que la Bible soit un modèle) mais un montage, un collage. Les citations érudites ou sacrées sont sélectionnées pour leur pouvoir figural, coupées du contexte dans lequel elles faisaient sens, systématiquement altérées. « Moi aussi, dit le Bouddha dans la troisième version, j'ai fait des choses étonnantes — ne mangeant par jour qu'un seul grain de riz, et les grains de riz dans ce temps-là n'étaient pas plus gros qu'à présent. » On touche ici au point de rupture essentiel entre la tradition et le mythe littéraire. En réinscrivant le mythe dans l'espace de la chose écrite, en logeant sa *Tentation* dans l'entre-deux d'un immense intertexte, Flaubert problématise la représentation. Les deux espaces dans lesquels le mythe s'était développé — la scène et les images — en sont affectés. La scène bascule vers « l'autre scène », le fantastique vers l'irreprésentable du fantasmatique. Quant à l'espace des images, il n'est autre que l'espace des textes. Rien n'est vraiment donné à voir, car rien ne peut l'être. Il n'y a que des effets textuels, qui maintiennent le sens en suspens entre onirisme et ironie.

Qu'elle passe pour être sulfureuse ou ennuyeuse, cette œuvre est la plus méconnue de Flaubert. Pourtant Baudelaire en avait soupçonné l'importance dès 1857, la saluant comme la « chambre secrète de son esprit ». C'est dans les années 1880-1890 que le mythe littéraire jette quelques feux. Ainsi, dans *A rebours*, le dialogue du Sphinx et de la Chimère fait les délices de Des Esseintes. En passant dans le texte de Huysmans, le texte de Flaubert est curieusement rethéâtralisé, puisque les répliques qu'échangent les deux monstres sont récitées par une ventriloque — un monstre aussi, à sa manière. L'attache du mythe à la littérature est fragile, à tout instant il retombe dans le théâtre ou la peinture. Quand dans un article de critique d'art Huysmans revient à la *Tentation* de Flaubert, c'est par le biais des lithographies d'Odilon Redon. Redon n'illustre pas Flaubert, il invente les monstres selon les principes scientifiques du maître : Huysmans n'imagine-t-il pas que Redon est allé chercher des formes nouvelles sur les lamelles du microscope? Ailleurs, l'heure est à la parodie. Une nouvelle de Maupassant, *Saint-Antoine*, raconte une sinistre histoire de guerre : comment un paysan normand surnommé « Saint-Antoine » s'y prend pour domestiquer un soldat prussien, son « cochon », qu'il finit par assassiner, par « digérer » pourrait-on même dire. C'est davantage un clin d'œil au mythe qu'une véritable reprise, mais il est à noter que le texte de Maupassant véhicule des fantasmes du corps qui n'étaient pas inconnus de Flaubert. Sur un plan plus cérébral, Anatole France se souvient d'Antoine en créant son Paphnuce. *Thaïs* est « une *Tentation de saint Antoine* écrite avec la pensée et la plume de *Candide* », selon la formule de Gustave Kahn. La parodie se perpétuera jusque dans les années folles. Au Moulin Rouge, une Reine de Saba se produira dans une « Tentation » arrangée pour les Gertrude Hoffmann Girls!

A l'étranger, c'est dans l'aire allemande que l'œuvre de Flaubert a été le mieux appréciée, pour son symbolisme, ses résonances existentielles, son inquiétante étrangeté. Kafka la connaissait, Freud aussi. Elle a inspiré à son élève, Theodor Reik, un des tout premiers essais de psychanalyse littéraire. De temps en temps, un visionnaire du XXe siècle se saisit du texte de Flaubert, dont la modernité s'affirme. Maurice Béjart, qui le porte à la scène avec Jean-Louis Barrault, le tire vers le théâtre de la cruauté. Salvador Dali, qui peint la plus troublante des *Tentations* contemporaines, rétablit un mysticisme ambigu au moyen d'un merveilleux pervers. Il reste que saint Antoine n'a pas le rayonnement de Faust, avec qui il a tant d'affinités. En construisant le mythe littéraire, Flaubert ne l'a-t-il pas du même coup épuisé ? Pour retrouver une nouvelle vie, il faudrait peut-être que le mythe change d'espace une fois de plus, quitte la toile, les tréteaux, la page, et se transfère sur l'écran. Les Tentations attendent encore leur Fellini.

Jeanne BEM

BIBLIOGRAPHIE

La Vie primitive de saint Antoine, conservée en syriaque, éd. par René Draguet, 2 vol., Louvain, 1980.

Jacques de VORAGINE, *La Légende dorée*, Perrin, 1929.

Arthur LANGFORS, Compte rendu de J. MORAWSKI, *La Légende de saint Antoine ermite, Romania*, t. LXV, 1939.

Frédéric TRISTAN, *Les Tentations*, 177 illustrations, Balland/Massin, 1981.

Gustave FLAUBERT, *Œuvres complètes*, vol. 1, Seuil, « L'Intégrale », 1964.

— *La Tentation de saint Antoine*, éd. par Claudine Gothot-Mersch, Folio, 1983.

Charles BAUDELAIRE, *L'Art romantique*, 1868.

J.-K. HUYSMANS, *A rebours*, 1884.

— *Certains*, 1889.

Guy de MAUPASSANT, *Saint-Antoine*, 1883.

Anatole FRANCE, *Thaïs*, 1889.

Theodor REIK, *Flaubert und seine « Versuchung des heiligen Antonius », ein Beitrag zur Künstlerpsychologie* [Fl. et sa T. de s. A. : contribution à la psychologie de l'artiste], Minden, 1912.

Antonin ARTAUD, *Le Théâtre et son double*, 1938.

Jean SEZNEC, *Les Sources de l'épisode des dieux dans la Tentation de saint Antoine*, Vrin, 1940.

Michel FOUCAULT, « La Bibliothèque fantastique », *Cahiers de la Compagnie Renaud-Barrault*, mars 1967.

Jeanne BEM, *Désir et Savoir dans l'œuvre de Flaubert - étude de La Tentation de saint Antoine*, La Baconnière, Neuchâtel, 1979.

Yves VADÉ, « Le Sphinx et la Chimère », *Romantisme* n°s 15 et 16, 1977.

Jacques NEEFS, « L'Exposition littéraire des religions », *Revue d'Histoire littéraire de la France*, juillet/octobre 1981.

TEZCATLIPOCA LE NOIR, SEMEUR DE DISCORDES

En accordant le prix Nobel de littérature au Guatémaltèque Miguel Angel Asturias, l'Académie suédoise, en 1967, couronnait, selon sa tradition, l'ensemble d'une œuvre, en l'occurrence variée, qui embrasse pratiquement tous les genres, roman, nouvelle, théâtre, poésie, et d'innombrables articles journalistiques sur les sujets les plus divers. Mais il est probable que le jury connaissait surtout le premier roman de Miguel Angel Asturias, *Monsieur le Président.* Bien que celui-ci soit profondément américain, et nous verrons pourquoi, paradoxalement c'est à Paris qu'il fut écrit, entre 1923 et 1930. Peut-être n'a-t-on pas attaché suffisamment d'attention au projet initial de Asturias d'écrire un roman ayant pour titre *Tohil.* Seul vestige, semblerait-il, de l'intention première, au chapitre XXXVII, intitulé « La danse de Tohil », une courte séquence, que la lecture conventionnelle devrait juger artificielle, aussi « inexplicable » structurellement pour le lecteur que la vision est « inexplicable » pour Visage d'Ange, son bénéficiaire dans la séquence. L'inclusion devrait paraître artificielle puisqu'elle renvoie à l'univers mythique du *Popol-Vuh* dans lequel baigne, par exemple, *Légendes du Guatemala,* mais dont s'éloigne, semblerait-il, le contexte de critique sociale et politique de *Monsieur le Président.* Et cependant...

> « Il y a le roman, littérairement parlant, il y a la critique politique, mais au fond de tout cela existe, vit, sous la forme d'un Président de la République latino-américain, une conception de la force ancestrale, fabuleuse, et seulement

en apparence de notre temps (...). Il faudrait étudier notre littérature politique. Cette étude embrasserait les mythes antérieurs à la conquête espagnole, les mythes des peuples précolombiens (...). Il serait intéressant, au chapitre chargé d'analyser sur le plan politique, les mythes de l'époque précolombienne, de montrer qu'il existait déjà à l'époque deux forces bien précises dans l'art de manipuler les peuples et les individus. Celle du dieu sanguinaire aztèque, Huitzilopochtli ou « Guerrier qui pointe sa flèche vers le sud » (chez les Maya-Quichés, Tohil) qui exigeait des sacrifices humains (...), et celle, représentée par Quetzalcohuatl, ou Kukulcán, pour les Mayas, qui les refusait (...). J'ai ouvert cette perspective sur mon roman qui a été étudié, jusqu'ici, du point de vue littéraire et politique, mais qu'il faudra également étudier par rapport à cette vision ou cosmovision mythique. » (M. A. Asturias, *América, fábula de fábulas*, Caracas, Monte Avila, Ed.)

En somme, ce que Asturias nous demande de comprendre, c'est qu'entre le premier titre *Tohil* et le titre définitif, *Monsieur le Président*, on peut, on doit écrire un signe d'égalité, le président sanguinaire n'étant que l'incarnation romanesque des « forces ancestrales » qui à travers la religion régissaient le monde américain avant la conquête espagnole. Ainsi, la vision de Visage d'Ange intervient-elle au cours d'une orageuse et trouble entrevue avec Monsieur le Président, comme si le sacrifice rituel fantasmatique était, au niveau de la fiction, la projection des sombres desseins du tyran et, plus généralement, la métaphore des péripéties (meurtres politiques, tortures, emprisonnements et vexations de tous genres) ourdies narrativement pour illustrer le projet politique de Tohil/Président : « Sur des hommes chasseurs d'hommes je peux asseoir mon gouvernement. »

Reste Tohil en tant que mythe. Dans le roman, Asturias le nomme « Donneur du Feu », conformément à la tradition du *Popol-Vuh*, selon laquelle les tribus acceptent les sacrifices humains exigés par le dieu en échange de la restitution du feu qu'elles ont perdu. Asturias le donne comme équivalent maya de la divinité aztèque Huitzilopochtli, le dieu tribal des anciens Mexicains, divinité guerrière symbolisant le soleil levant et le dynamisme expansionnif de la nation aztèque. Son culte exigeait, certes, de faire appel à « la guerre fleurie », guerre rituelle et périodique dans le but de prélever, sur les tribus ennemies, des victimes à sacrifier au dieu. Mais sa rivalité avec le pacifique Quetzalcoatl était avant tout un problème de choix philosophico-politique concernant le clergé, problème greffé sur des luttes intestines à la hiérarchie religieuse qui utilisait comme instrument de pouvoir la prédominance du culte de l'un ou l'autre dieu. Ce n'est pas Huitzilopochtli que les mythes présentent comme ennemi « conceptuel » de Quetzalcohuatl, en tout cas pas sous la forme de Huitzilopochtli/soleil levant, mais sous sa forme de soleil crépusculaire et nocturne, Tezcatlipoca, « Miroir Fumant » ou « Miroir resplendissant ». Dans le panthéon aztèque, Tezcatlipoca n'avait au-dessus de lui que Ometéotl, Dieu-Deux, principe à la fois masculin et féminin mais divinité unique chez les Toltèques, et dont les Aztèques qui se voulaient leurs héritiers gardaient le souvenir en tant que concept métaphysique. Ometéotl était un dieu pour intellectuels, pour l'élite religieuse susceptible d'apprécier la beauté du principe « de ce qui est près et de ce qui est loin » comme on appelait aussi Ometéotl, invoqué aussi sous les vocables « Nuit et Vent » parce qu'il était impalpable et invisible comme eux, « Seigneur qui se pense soi-même et s'invente ». L'homme de la rue, artisan, commerçant, cultivateur, ne trouvait guère son compte auprès d'une divinité aussi abstraite : pour résoudre les problèmes quotidiens il préférait se tourner vers Tezcatlipoca. L'importance de ce dernier se reconnaît par les multiples noms sous lesquels on le priait, chaque vocable correspondant à une fonction du dieu. Comme toujours, *L'histoire générale de choses de la Nouvelle Espagne*, du franciscain Bernardino de Sahagun, reste une source de connaissance incontournable, mais on citerait aussi bien *Histoire des Indes de la Nouvelle Espagne et des Iles de la Terre ferme*, du dominicain fray Diego de Duran, l'une et l'autre du XVIe siècle, c'est-à-dire presque contemporaines de la conquête, donc des documents de première main, recueillis sur place. Dans Sahagun on découvre comment Tezcatlipoca, par ses tours de magie, amena Quetzalcohuatl à quitter Tulla, la capitale des Toltèques, entraînant la ruine de celle-ci. On lit aussi à quelle date et sous quelle forme avaient lieu les cérémonies et même comment devait se tenir l'orant pour parler au dieu. Mais surtout, on apprend que Tezcatlipoca était le tout-puissant créateur du ciel et de la terre, qu'il était omniscient et omniprésent et que, sur terre, il fomentait guerres et inimitiés, exhortant les hommes à la discorde, d'où son nom de Névoc Yaotl : « Semeur de Discorde ». Dieu était le seul à dispenser ou à retirer, selon sa fantaisie prospérité et richesse, il était craint et honoré, notamment par les malades qui le suppliaient de les débarrasser des maux qu'il leur avait infligés. On l'appelait alors Moyocoyatzin parce qu'il ne faisait que ce qui lui plaisait, sans que nul autre pouvoir que le sien pût lui faire obstacle, pouvoir de guérir ou de laisser mourir, et même de détruire le ciel et la terre et d'entraîner la fin des vivants. Quand il apparaissait c'était à la manière d'une ombre mais, généralement, il restait invisible, tels l'air et l'obscurité. Sur les codex, son corps est peint en noir et sa tête couronnée de plumes de cailles. Noire aussi son idole, taillée dans une obsidienne semblable au jais. Son attribut est le *tlachialoni*, une sorte de disque en or, poli comme un miroir, percé d'un trou en son centre par lequel, croyait-on, Tezcatlipoca observait tout ce qui se passait sur terre et dans le cœur des humains. C'est probablement ce *tlachialoni* qui lui valait le nom de « Celui-à-la-figure-jaune ». Ses « doubles » : le jaguar et le couteau sacrificiel.

En vérité, c'est bien Tezcatlipoca, et non Huitzilopochtli, l'équivalent du Maya Tohil que Asturias évoque dans *Monsieur le Président*, texte qui allait faire grand bruit et marquer profondément les lettres hispanoaméricaines : et dont il raconte ainsi la genèse :

« En 1923 : je retrouvai à Paris plusieurs écrivains latinoaméricains qui nous réunissions presque tous les soirs au café *La Rotonde*. Chacun, au cours de ces conversations, racontait des anecdotes, pittoresques, piquantes ou tragiques, à propos de son pays. Insensiblement, comme une réaction contre cette Amérique pittoresque qui plait tant aux Européens, nous avons accentué les tonalités sombres de ces récits au point de rivaliser en histoires à donner la chair de poule, histoires d'emprisonnements, de persécution, de barbarie et de vandalisme des systèmes dictatoriaux latinoaméricains. Pour cet exercice macabre, à des tyrans aussi spectaculaires que Juan Vicente Gomez je devais opposer le mien, et c'est ainsi que, comme sur un tableau propre, sur fond noir, peu à peu sont apparues, écrites avec la craie de la mémoire blanche, des anecdotes que j'avais vécues enfant, des récits racontés à voix basse, une fois la porte bien fermée. (...) Au début, le texte n'a pas été écrit mais parlé. Epelé. C'était l'époque du renouveau de la parole comme moyen d'expression et action magique (...). Après, le problème de la langue parlée : parlée, très bien, c'était bien ma langue, mais une fois écrite, réussirait-elle à exprimer ce que je voulais ? Dans la langue espagnole, il y a une manière très castillane de dire les choses, comme il y a une manière mexicaine, argentine, et ce que moi, je cherchais, c'était la manière guatémaltèque, sans pour autant faire de la littérature criolla. Connaissant le passé littéraire de mon pays, je consultai les auteurs de plus grand renom. Comment avaient-ils fait pour rester fidèles au caractère guatémaltèque, sans fractionner la langue ? Je faisais à cette époque des études sur les religions précolombiennes, et cette circonstance maintenait toutes fraîches mes capacités à brasser deux réalités, la réelle et celle du rêve, parce que si l'Indien est réaliste dans le détail il plonge ensuite ce réalisme dans une espèce de rêve-imagination qui lui rend accessibles les deux temps : le temps historique et celui du mythe c'est-à-dire un temps au rythme différent du temps historique, un temps onirique. Il s'est produit, par conséquent, une insertion de ce que nous pourrions appeler insertion mythologique dans le texte. » (*América, fábula de fábulas.*)

Pour étonnant que cela puisse paraître, ces déclarations de Asturias n'ont guère eu de répercussion dans les études qui ont été faites sur *Monsieur le Président*, tant il est vrai qu'il n'est pire sourd que celui qui ne veut pas lire. L'hispanisme tenait à son grand roman politique et s'imaginait que cette « insertion d'un comportement mythologique » en diminuait la valeur idéologique. On a si peu compris l'importance de cette plongée jusqu'aux racines profondes du continent américain que l'Université elle-même, parfois un peu somnolente, a adopté le credo d'un Asturias soumis au modèle espagnol, en l'occurrence le roman *Tirano Banderas* de Ramón del Valle Inclan. C'est vraiment faire fi et du texte et de l'invariable position de Asturias comme farouche partisan, on dirait même pionnier d'une culture américaine émancipée des modèles européens. Quel besoin d'un modèle européen (car il y a bien un modèle pour *Monsieur le Président*) quand on a sous la main, « le » modèle américain, un best-seller lui aussi, *Amalia*, de l'Argentin José Marmol.

« Il convient de mentionner José Marmol, auteur d'un des romans les plus lus en Amérique, *Amalia.* Les pages de ce livre sont passées entre nos doigts fébriles, en sueur, lorsque nous subissions dans notre chair les rigueurs des dictateurs qui ont ravagé l'Amérique centrale. (...) A travers le temps, *Amalia* et les imprécations de José Marmol continuent à secouer les lecteurs au point de constituer pour beaucoup d'entre eux un acte de foi. »

En somme, Asturias livre en deux phrases (nos deux dernières citations) les générateurs de *Monsieur le Président* :
— un roman du XIXe siècle, à caractère historique et pamphlétaire;
— les mythes précolombiens.

Examinons le processus de transformation d'un personnage historique en héros romantique, le dictateur argentin Juan Manuel de Rosas devenant le personnage Juan Manuel de Rosas de la fiction *Amalia,* puis mythe littéraire grâce à sa fusion avec le mythe tout court.

Lorsque le 8 décembre 1829 le fédéral Juan Manuel de Rosas, salué par le président de la Junte comme « le Restaurateur des Lois », reçoit officiellement des mains de la Junte des Représentants des Provinces d'Argentine la charge de gouverneur de Buenos Aires, pour une durée de trois ans et avec des pouvoirs exceptionnels, commençait une dictature qui allait durer vingt-trois ans. Le pays, indépendant de l'Espagne depuis 1810, vivait depuis cette date déchiré entre les ambitions des unitaires, partisans d'une constitution qui donnerait le pouvoir politique à Buenos Aires, et les ambitions des fédéraux qui souhaitaient la suprématie des provinces. Rosas, fédéral, s'appuyait en premier sur les gauchos, ce gaucho que Sarmiento définissait comme un « paysan colonial et barbare » et sur le petit peuple, Indiens et métis, Noirs et mulâtres. Bref, les hommes de Rosas étaient le contraire des unitaires qui réunissaient intellectuels et aristocrates cosmopolites, et se croyaient, non sans raison, le sel de la terre argentine.

Rosas au pouvoir, très vite de nombreux unitaires préférant l'exil à la tyrannie s'installent à Montevideo, sur la rive orientale du Rio de la Plata. Parmi ces exilés, la famille de José Marmol. Celui-ci, né en 1818, n'a que onze ans à l'avènement de Rosas, quatorze ans au moment de l'exil qui dure pour lui cinq ans. En 1837, en effet, il revient à Buenos Aires s'inscrire à l'Université mais à la fin de 1839, ses activités politiques lui valent de passer quelques jours en prison, séjour bref mais suffisant pour le persuader de l'intérêt qu'il aurait à reprendre le chemin de l'exil, il regagne Montevideo dès le début de l'année 1840 : cette année, une des plus sombres, des plus sanglantes du régime rosiste, correspond précisément à l'action romanesque de *Amalia.*

A Montevideo, à partir de 1851, l'opposition à Rosas s'intensifie. José Marmol fonde un journal, *La Semana,* pour soutenir la campagne anti-rosiste du général Urquiza (qui deviendra président de la République après la chute du tyran). S'inspirant de ce qu'Emile de Girardin avait fait en France dans les années 36,

Marmol utilise le feuilleton pour augmenter la diffusion du journal et, afin de maintenir bien vif le nerf de la guerre parmi la colonie argentine, il le conçoit comme un véritable pamphlet. Les livraisons de *Amalia* apparaissent en supplément littéraire de *La Semana* jusqu'au 9 février 1852, date de la chute de Rosas et du triomphe de Urquiza. Marmol regagne alors Buenos Aires, interrompant net l'existence du journal et les livraisons du roman qui reste inachevé jusqu'en 1855 où enfin paraîtront les chapitres manquants de la quatrième partie et la partie cinq. Le public qui, dès les premières livraisons, avait porté *Amalia* aux nues, réclamait la suite des amours de Edouard Belgrano et de sa belle Tucumane. Si dans la réalité nationale de 1852, tout s'était bien terminé, le tyran étant tombé, la sombre année 1840 que la fiction réactualisait avait été trop tragique pour qu'autrement que tragique fût le dénouement romanesque. Si les lecteurs espéraient pleurer, ils ne risquaient pas d'être déçus.

La matière romanesque de *Amalia* est donc, dans une certaine mesure, l'histoire de Buenos Aires en 1840, sous la dictature de Juan Manuel de Rosas, histoire strictement contemporaine pour le scripteur, qui convoque comme personnages des individus dont la plupart vivaient encore en 1855, date de la rédaction définitive. Il convient alors de souligner que si *Amalia* appartient au roman historique romantique du XIXe siècle, son originalité tient à ce que le texte était conçu comme un instrument de lutte, un moyen de dénoncer la tyrannie et de protester contre ses crimes. Nous sommes ainsi plus proches, non par le genre mais par le projet idéologique, des *Châtiments* que Victor Hugo écrivait en 1853, pendant l'exil de Jersey, que des grands projets romanesques à la Walter Scott ou Alexandre Dumas, qui demeurent néanmoins les modèles reconnaissables et revendiqués. Les contemporains de Marmol, à cause de la violence pamphlétaire du texte, ont douté de sa valeur historique. Il n'empêche que depuis plus d'un siècle, aux moments de crise, on revient, en Amérique Latine, à ce roman inlassablement interrogé et interprété, comme en témoignent les nombreuses éditions et études critiques qui ont paru et continuent à paraître dans la plupart des pays latinoaméricains.

Pour constater la filiation littéraire de « l'homme noir » dans *Amalia* et dans *Monsieur le Président*, il n'est même pas besoin d'en appeler au témoignage de Asturias, il suffit de lire et de comparer :

> « Il portait une culotte de drap noir (...) une cravate noire (...) et un chapeau de paille dont les larges bords lui couvraient le visage. » *(Amalia.)*
> « Le président portait, comme toujours, un deuil rigoureux : souliers noirs, costume noir, cravate noire, chapeau noir, qu'il n'enlevait jamais. » *(Monsieur le Président.)*
> « On n'a jamais su à quel endroit précis il se trouvait. Il feignait de s'installer à tel endroit pour y passer la nuit et une demi-heure plus tard les lieux étaient vides sous la garde d'un soldat (...) Il changeait d'endroit afin que tout le monde ignorât où il se trouvait. » *(Amalia.)*

> « On ignorait (son) domicile car il habitait à l'extérieur de la ville plusieurs maisons en même temps, comment il dormait, parce qu'on racontait que c'était près du téléphone avec un fouet à la main, ni à quelle heure parce que ses amis assuraient qu'il ne dormait jamais. » *(Monsieur le Président.)*

La même lecture comparée mettrait en valeur d'autres ressemblances, par exemple celle des secrétaires respectifs des tyrans et leurs souffre-douleur :

> « Un petit vieux de soixante-dix ou soixante-douze ans, au visage décharné, sans couleur, sur lequel retombaient les mèches d'une chevelure en désordre et presque entièrement blanche. » *(Amalia.)*
> « De ses lèvres serrées sortaient des dents en forme de peigne, contribuant, avec ses joues flasques et son angoisse, à lui donner l'air d'un condamné à mort. » *(Monsieur le Président.)*

Il n'y a pas que l'époque de Rosas telle que la donne à lire le roman de Marmol mais tout le contexte implicite, des détails historiques non mentionnés dans le texte argentin, que l'on peut reconnaître comme origine de certaines situations ou de certains personnages asturiens : ainsi le nom de la protagoniste, Camilla — pour lequel ont été avancées plusieurs hypothèses, plausibles, mais sans portée signifiante quant au roman — qui pourrait avoir été inspiré par la tragique et véridique histoire de Camila O'Gorman. Camila O'Gorman et l'homme qui l'avait séduite et enlevée sont morts victimes de la colère et de la vengeance de Rosas pour s'être aimés sans le consentement de celui-ci. Peut-être, comme le couple protagoniste de Asturias, étaient-ils simplement coupables de s'aimer à une époque où seuls la haine et le mal avaient droit de cité. Le fait que le séducteur de Camila O'Gorman était un curé défroqué ne constituait pas, tant s'en faut, une circonstance aggravante aux yeux d'un tyran dont la biographie atteste le peu de respect pour la religion et moins encore pour le clergé. Amours maléfiques, donc, dans des mondes de haine et de peur (le chapitre XVII de *Monsieur le Président* s'intitule précisément « Amor urdemales ») mais, littérairement, amour romantique, né du premier regard, né entier et inaltérable, de la contemplation de la beauté réciproque et révélatrice des personnages tels qu'en eux-mêmes les a déterminés les lois de la fiction. Avant sa rencontre avec Camila, Visage d'Ange, ainsi s'appelle le protagoniste, est en effet « beau et méchant comme Satan », insoutenable dichotomie que l'amour corrige en lui restituant un cœur. Visage d'Ange cherche alors une bonne action à faire, il passe à l'opposition puisque seules les mauvaises actions « flattent Monsieur le Président », et que « l'adhésion la plus complète d'un citoyen à Monsieur le Président » porte un meurtre en guise de signature. Beauté et Bonté sont bannies.

Comme un personnage de fiction n'existe que dans l'écriture, son champ d'action, sa manière d'être se confondent strictement avec les capacités d'expression du discours narratif. L'énoncé conflictif « beau et méchant comme Satan » détermine donc la composition du personnage, Visage d'Ange, jusqu'à sa rencontre avec Camila. Tous les détails de son physique et de son costume, plus que des traits donnant « à voir », constituent des éléments dans lesquels se repère le fonctionnement du texte. Je citerai, sans insister, la première apparition textuelle de Visage d'Ange, au chapitre VI qui porte précisément le titre de « Visage d'Ange », tel que le voit (nous sommes alors dans la fiction et par convention les personnages sont censés être des personnes) un bûcheron dont l'ébaubissement ne doit pas faire oublier au lecteur, hors fiction, que tout tient à la perfection de la mécanique narrative :

> « Celui qui parlait était un ange : teint de marbre doré, cheveux blonds, bouche petite et un air féminin en violent contraste avec la noirceur de ses yeux virils. Il était vêtu de gris. Son costume, à la lumière du crépuscule, avait l'air d'un nuage (...) Un ange... — le bûcheron ne le quittait pas du regard... un ange — se répétait-il — ... un ange! »

Ange ou démon : entre le vêtement de nuage et la noirceur du regard, l'écriture laisse augurer une possible double vocation. Dans les premiers chapitres, le noir l'emporte, et c'est normal chez « l'homme qui avait toute la confiance du Président » et qui, en tant que créature, en affiche la couleur avant d'en subir le symbolisme fatal : à la noirceur des yeux répond l'esthétisme de l'écharpe noire qui dissimule à moitié le visage du favori. Significativement, la dernière occurrence de « la noirceur des yeux de velours » se trouve au chapitre XXXVII, « La Danse de Tohil », lorsque Visage d'Ange, assis face à Monsieur le Président, se laisse prendre au piège de sa noirceur d'âme en croyant possible le voyage à l'étranger que l'autre lui fait miroiter pour mieux le perdre et, surtout, mieux le frustrer. Au dernier chapitre, pour l'anonyme prisonnier de la cellule 17 qu'est désormais Visage d'Ange, le noir du regard sera celui de « la presque cécité ». Narrativement, la précision de la couleur des yeux rappelle la marque indélébile du maître sur sa créature et annonce le triomphe du Mal. L'écharpe est un accessoire narratif qui, en revanche, disparaît du récit dès lors que le personnage, devenue ange, a perdu sa noirceur.

Asturias, on l'a vu, a trouvé son modèle d'homme noir en Juan Manuel de Rosas. Mais le héros de Marmol, même s'il renvoie à un modèle objectif fourni par l'histoire argentine, reste avant tout une figure littéraire construite sur le schéma stéréotypé du héros romantique : solitaire, rebelle, ennemi de la société, porteur d'une sombre malédiction qui le marginalise, il détruit, pour se venger, un système qui le rejette et il remplace *La* loi par *Sa* loi. Volonté implacable, cynisme et violence servis par des moyens sinon surhumains du moins exceptionnels, Rosas, comme Hernani, est « une force qui va », « une âme de malheur faite avec des ténèbres ». Ténébreux, il l'est (et veuf aussi, comme le Desdichado nervalien), aimant agir dans l'ombre, dissimuler sa pensée et même son visage. Incarnation du Mal, il engendre aussi son contraire, conformément au schéma romantique et surtout feuilletonesque, son contraire le Bien, autrement dit le Beau, autrement dit Daniel Bello. « Bello y malo como Satan » : Visage d'Ange est, lui aussi, un double qui deviendra un contraire et l'adjectif qui stéréotype sa beauté cite peut-être le romantique cousin de la belle Amalia, Daniel Bello. On pourrait reprendre point par point les caractères qui composent le personnage littéraire de Rosas et les appliquer avec pertinence à Monsieur le Président, notamment sa haine pour un système social qui l'a fait naître marginal en tant que métis et en tant que pauvre, d'où son désir de se venger de ses concitoyens, témoins d'un passé humiliant. Mais de même que la dimension romantique de *Amalia* et sa filiation avec des modèles européens n'enlèvent rien à sa portée idéologique spécifiquement américaine, les facettes romantiques du Président asturien n'ont-elles nullement entravé sa portée comme symbole, symbole littéraire par la nouveauté de l'écriture et symbole politique par les référencements de la fiction.

L'homme noir, maître tout-puissant de la vie et de la mort de ses sujets, omniprésent (« il habitait en dehors de la ville plusieurs maisons à la fois »), omniscient (« Monsieur le Président sait tout », rappelle-t-il à Visage d'Ange, et les dénonciations anonymes qu'il favorise sont là pour l'informer quotidiennement), invisible pour le commun des mortels (« on ignorait son domicile », comment il dormait et même s'il dormait, et une fois l'an, quand il apparaît du haut du balcon, c'est de profil, jamais de face) cet homme noir est certes un héros romantique, par feuilleton politique interposé, mais c'est aussi, plus qu'une « expression politique finalement secondaire, la manifestation d'une force primitive et la survivance, dans le monde actuel, de ces mentalités des sociétés les plus archaïques ». Raison pour laquelle *Monsieur le Président* est un roman *profondément* américain, qui doit à ses racines indigènes beaucoup plus qu'une simple figure romanesque, même très spectaculaire et représentative de la réalité contemporaine latinoaméricaine. Je dis « profondément » dans le sens où Asturias lui-même, reprenant à son compte les « pères profonds » du *Cimetière marin* de Paul Valéry, entendait « l'aïeul profond » (*Maladron*) que, dans *Légendes du Guatemala*, Peau d'Or, métamorphosé en arbre, va chercher avec ses racines à travers les couches de l'archéologie sentimentale et culturelle que le narrateur de *Trois des quatre Soleils* revendique comme ultime et vrai visage, « le masque d'os blanchis ».

Peu importe qu'Asturias appelle Huitzilopochtli et non Tezcatlipoca le sombre dieu destructeur, ennemi de Quetzalcohuatl : il s'est toujours défendu de faire œuvre d'ethnologue ou d'anthropologue, mais seulement de poète, utilisant son matériau en toute liberté (la lecture attentive de *Trois des quatre Soleils* montre, malgré tout, la parfaite analyse de la dialectique Quetzalcohuatl/Tezcatlipoca, Serpent à Plumes/Miroir Fumant : « feu changé en fumée... fumée changée en nuage... nuage changé en plume... serpent à plumes au plus haut du ciel »). Ce qui importe, c'est de reconnaître, derrière le mythe littéraire, le mythe tout court, patrimoine des hommes de maïs et dans lequel l'homme de maïs qu'était Asturias a trouvé un naturel moyen d'expression tout au long de son œuvre. C'est en effet

Vent Nocturne/Tezcatlipoca que rappelle Tazol, (*Mulata de tal*), l'invisible diable dispensateur de richesses ou encore Cashtoc, le faiseur de prodiges et des pires farces (Tezcatlipoca était, entre autres, patron des magiciens). Encore lui derrière les fabuleux Alhajados, intégralement vêtus de noir, qu'on ne voit jamais, qui ne meurent pas mais, tout simplement, « disparaissent » (*El Alhajadito*). En version féminine, les « Immenses Veuves » de la nuit originelle, dans *Claireveillée de printemps*, et « la Grande Nuit » dans le « Deuxième Soleil » de *Trois des quatre Soleils*, sont des avatars, même lointains, d'un motif dont on retrouve les traces dans presque toutes les fictions asturiennes en des métamorphoses que l'écriture exalte vertigineusement par toutes les images qu'il est possible d'inventer à partir du concept de « noir ».

Carlos Fuentes, dans *Terra Nostra*, fait du dieu noir, que le mythe décrit comme boiteux parce qu'à sa naissance le monstre terre/mère lui a dévoré un pied (ou une jambe), le « double » boiteux du blond et lumineux Quetzalcoatl/ Polo Febo manchot. Hanté par le thème du jumeau (omniprésent dans les cultures mésoaméricaines), grand lecteur de Lacan au demeurant, le Mexicain interprète la lutte de ces frères, ennemis et néanmoins complémentaires, comme la métaphore des forces antagoniques qui déchirent et enrichissent notre personnalité.

Il est juste de rappeler que si *Monsieur le Président* fait figure de modèle par la qualité de son écriture, le personnage du dictateur, comme thème littéraire, était dans l'air à cette époque, la preuve en est qu'après *Nostromo* de Joseph Conrad, de 1904, apparaissent, la même année 1926, *Le Dictateur*, de Francis de Miomandre et *Tirano Banderas* de Ramón del Valle Inclan. Un quart de siècle plus tard, retour en force des dictateurs littéraires, puisqu'en trois ans on publie :

— 1973 : *L'Enlèvement du Général* de l'Equatorien Demetrio Aguillera Malta;

— 1974 : *Le Recours de la Méthode*, du Cubain Alejo Carpentier;
Moi le Suprême, du Paraguayen Augusto Roa Bastos;

— 1975 : *L'Automne du Patriarche*, du Colombien Gabriel Garcia Marquez.

Aucun de ces auteurs n'appartient à l'aire culturelle où règne le noir Tezcatlipoca mais tous connaissaient *Amalia* et surtout *Monsieur le Président*, tous ayant été des amis, parfois très chers, de Asturias. C'est donc par filiation littéraire et non par héritage culturel direct qu'on peut expliquer, dans tous les romans cités, la présence de traits pertinents permettant d'identifier la figure du dieu noir. Au départ, il y a eu, je le rappelle, la création de José Marmol, qui emprunte à la fois à la garde-robe de l'homme du XIXe siècle et à celle, tout aussi conventionnelle, du héros romantique, la sombre vêture qui caractérise Rosas. Ici aussi j'insiste sur ce détail car on pourrait objecter, avec bon sens, qu'à l'époque de Rosas tous les hommes du monde s'habillaient ainsi. Certes, mais j'en reviens au problème du personnage qui n'est pas habillé de vêtements mais d'écriture et qu'en l'occurrence celle de Marmol a sélectionné quelques éléments visant non au réalisme de la fripe mais à l'esthétique de la noirceur. A telle enseigne que, dans la description de Rosas citée plus haut, le texte insiste sur le chapeau qui couvre la tête du dictateur, détail intéressant parce qu'insolite, la scène se déroulant dans le repaire de Rosas, donc en intérieur et qui plus est, en pleine nuit. Le chapeau permet d'omettre, dans le « portrait », une circonstance du réel qui ne cadrerait ni esthétiquement ni éthiquement avec le propos de l'auteur, le fait, attesté par les historiens, que Rosas était un blond aux yeux bleus et au teint clair. Le goût du secret, les précautions propres à qui sait sa vie toujours plus ou moins menacée, caractère que partagent dans le réel la plupart des tyrans, Marmol en fait une singularité de Rosas, par vertu d'écriture. Asturias reprend ces traits et les détache à son tour, cette fois de manière à mettre en relief leur identité avec les propriétés du dieu noir. Et c'est ainsi que s'impose, soit par filiation directe avec Marmol (Valle Inclan, Asturias) soit par l'intermédiaire de Asturias, le noir, vestimentaire et moral :

— chez Francia, dans *Yo el Supremo*, la cape noire doublée de rouge : « Je vis un homme habillé de noir avec une cape écarlate sur les épaules ; un adolescent noir attendait, les bras croisés, près du cheval (...). Le visage de l'inconnu était sombre et ses yeux noirs très pénétrants. »

— le général Banderas, dans *Tirano Banderas*, stylisé en profil d'oiseau nocturne.

Il faut ajouter que, dans tous les cas, le dictateur, métis ou Indien, présente dans la noirceur de ses yeux, de ses cheveux, parfois de sa moustache, des caractéristiques ethniques qui servent les intentions idéologiques de l'écriture. Asturias les accentue à l'extrême, jusqu'à la caricature, en indiquant que Monsieur le Président avait les « ongles en deuil ».

Le caractère « nocturne » de la volonté de puissance a comme corollaire le goût de la solitude (« despote solitaire », « l'homme le plus solitaire de la terre » est le Patriarche de Garcia Marquez) propre à créer cette sorte d'invisibilité déterminante pour le mythe : « aucun d'entre nous ne l'avait jamais vu », constate le narrateur à propos du Patriarche. « Personne corporelle/figure impersonnelle », « on ne te verra même pas, on ne te verra ni t'entendra », soupire sur lui-même le docteur Francia, énoncé d'autant plus ironique que le personnage est, en effet, fantasmal puisque la voix narratrice qui dicte mémoires et édits tout au long de la fiction est celle du dictateur post-mortem.

Le plus singulier est encore le détail qui se rapporte au *tlachialoni* ou *itlachiayan*, par le trou central duquel Tezcatlipoca voyait tout ce qui se passait dans le monde. Les chroniqueurs espagnols, pour désigner ce curieux objet sans avoir à employer le nom indigène, difficile à prononcer, lui appliquent le mot espagnol « catalejo » qui signifie lorgnette, longue-vue. Or, la lorgnette est justement l'instrument de prédilection des personnages Tirano Banderas et docteur Francia, l'un et l'autre férus d'astronomie. En tant que métaphore de l'omniscience (rappelons-nous la menaçante formule « Monsieur le Président sait tout ») grâce à la délation, la « longue-vue » est textuellement présente dans *Amalia* et dans *Monsieur le Président*.

Bien d'autres éléments contribueraient à dégager avec encore plus de netteté la littéraire figure tezcatlipoquienne du dictateur latinoaméricain mais les cataloguer supposerait un travail sur le texte hors de cet actuel propos. J'en donnerai cependant un dernier exemple, le thème du double, de l'alter ego qui permet au dieu de multiples métamorphoses, des déguisements et des supercheries qui sont autant d'images de sa duplicité. Ces métamorphoses expliquent que Tezcatlipoca ait été invoqué comme dieu des magiciens et des saltimbanques. La duplicité qu'elles supposent ne constituait d'ailleurs pas une notation péjorative, tout au contraire c'était une qualité de plus pour le dieu. Donc, en avatar littéraire, le « double » tezcatlipoquien sera : sosie dans *L'Automne du Patriarche*, favori dans *Amalia* et *Monsieur le Président*, secrétaire souffre-douleur dans *Moi le Suprême*.

Dorita NOUHAUD

BIBLIOGRAPHIE

Textes :

Miguel Angel ASTURIAS, *Monsieur le Président (El Senor Presidente)*, trad. française de G. Pillement et D. Nouhaud, Paris, Gallimard.
— *América, fábula de fábulas*, Caracas, Monte Avila Editores, 1972.
— *El Alhajadito* (voir « Coatlicuée »).
Carlos FUENTES, *Terra Nostra* (voir « Serpent à Plumes »).
José MARMOL, *Amalia*, Mexico, Porráua, 1980.
Augusto ROA BASTOS, *Yo el Supremo*, Buenos Aires, Siglo XXI, Argentina, 1974.
Ramón del VALLE INCLAN, *Tirano Banderas*, Mexico, Porrúa, 1980.

Etudes :

Diego de DURAN (Fray), *Historia de las Indias de Nueva Espana e Islas de la Tierra Firme*, Mexico, Porrúa, 1967.
Bernardino de SAHAGUN, voir « Coatlicué ».

THÉSÉE

Après une visite d'Egée à Trézène, à la cour du roi Pitthée, Aethra, la fille du roi, a un enfant dont on ne sait pas s'il est le fils d'Egée ou du dieu Poséidon. Lorsque l'enfant, Thésée, a seize ans, sa mère lui fait le récit de sa naissance et l'amène devant un rocher sous lequel Egée avait placé, en signe de reconnaissance, une épée et une paire de sandales. Après avoir déplacé le rocher et pris ces signes, Thésée décide d'aller à Athènes se faire reconnaître d'Egée. Contre l'avis de sa mère et de son grand-père qui lui conseillent d'y aller par mer, il prend la route de l'isthme alors infestée de brigands. Il tue Periphétés dont il garde la massue ; Sinis en lui imposant le supplice de l'arbrc auquel il soumettait les voyageurs ; la truie sauvage de Crommyon ; Sciron qui obligeait les passants à lui laver les pieds et les envoyait d'un coup dans la mer ; Cercyon le lutteur et enfin Procuste qui allongeait ou raccourcissait les passants à la taille de son lit. Médée qui, à Athènes, avait gagné la confiance d'Egée devine son identité et tente de l'éliminer en préparant une coupe de poison pour un banquet auquel elle le fait inviter. Mais, au moment où Thésée sort son épée, Egée la reconnaît et renverse la coupe (ou bien encore : Médée l'envoie combattre le monstrueux taureau de Marathon, mais Thésée le capture et, quand il tire son épée pour le sacrifier, Egée l'identifie). Officiellement reconnu par son père, Thésée doit alors se débarrasser des cinquante fils de Pallas, ses cousins, qui lui disputent le trône (et tuer le taureau de Marathon). Puis, comme le tribut de sept jeunes gens et de sept jeunes filles, payable tous les neuf ans, doit partir pour la Crète et être livré au Minotaure,

Thésée se désigne volontairement (ou bien est choisi par Minos). Au cas où il vaincrait le Minotaure, il promet de mettre, au retour, des voiles blanches à son navire. En Crète, il gagne l'amour d'Ariane qui lui fournit une pelote de fil (ou une couronne lumineuse), pour qu'il trouve son chemin dans le Labyrinthe, demeure du Minotaure. Après avoir tué le Minotaure, il emmène Ariane comme il le lui avait promis, mais, lors d'une escale, à Naxos, alors qu'elle s'est endormie, il l'abandonne (parce qu'il aimait une autre femme, ou, à la demande de Dionysos, qui, ayant aperçu Ariane, en était tombé amoureux). A Délos, il consacre une statue à Aphrodite et conduit une danse reproduisant les sinuosités du Labyrinthe. En vue des côtes de l'Attique, il oublie (sans doute à cause du chagrin de la perte d'Ariane) de mettre à son navire les voiles blanches convenues. De désespoir, Egée qui guettait son retour se jette dans la mer qui depuis porte son nom. Devenu roi, Thésée regroupe les bourgs de l'Attique autour d'Athènes, institue la fête des Panathénées, instaure dans ses grandes lignes la démocratie, accorde sa protection à Œdipe réfugié à Colonne et, contre Créon, assure la sépulture des héros tombés devant Thèbes. Puis, à cause d'une affaire avec leur reine Antiope, il doit défendre Athènes contre les Amazones qui avaient envahi l'Attique; selon certains, le jour même de son mariage avec Phèdre. Avec son ami Pirithoos, il participe au combat des Lapithes contre les Centaures; enlève Hélène encore nubile et descend aux enfers dans le but de conquérir, pour Pirithoos, Perséphone. Hadès les y invite aimablement à s'asseoir sur un siège qui les retient prisonniers; Pirithoos y restera pour l'éternité, Hercule délivrera Thésée. Pendant son absence, les frères d'Hélène, Castor et Pollux, envahissent l'Attique et mettent sur le trône Ménesthée. C'est alors que grandit l'amour de Phèdre pour Hippolyte, le fils que Thésée avait eu de la reine des Amazones. Comme il ne lui rend pas cet amour, elle l'accuse, au retour de Thésée, d'avoir voulu lui faire violence et Thésée, trompé, provoque la mort de son fils. Accablé, désespérant de retrouver son trône, Thésée se réfugie à Scyros, chez le roi Lycomède qui le tue en le poussant du haut de la falaise. A la bataille de Marathon, les soldats grecs voient le fantôme prodigieux d'un héros se mettre à leur tête; ils comprennent que c'est Thésée et ses « os » sont ramenés de Scyros à Athènes.

Dixième roi mythique d'Athènes, censé avoir vécu une génération avant la guerre de Troie, sorte de second père de la patrie après Cecrops (pour le synoecisme et les institutions qu'il a mis en place), Thésée bénéficie en Grèce, à partir des guerres médiques, d'un véritable culte d'état : on lui bâtit un temple immense, on multiplie les statues, on réactive dans les Oschophories les fêtes qui lui étaient consacrées, etc. Les mythologues s'efforcent de dire comment cette légende s'est constituée par strates successives, depuis ses origines les plus anciennes (où sont déjà présentes la question de sa naissance, l'aventure du labyrinthe, la lutte contre les Centaures...), jusqu'aux ajouts tardifs que nous n'avons pas évoqués parce qu'ils relèvent d'aventures étrangères à l'histoire spécifique de Thésée (et où on le voit par exemple enrôlé dans l'expédition des Argonautes, ou dans la chasse au sanglier de Calydon). Entre autres intérêts, cette perspective diachronique fait apparaître la concurrence entre le cycle héroïque de cet Athénien, fils probable de Poséidon et le cycle, qui l'emporte en ampleur, d'Héraclès, fils de Zeus et héros pan-hellénique. La littérature qui appréhende rétrospectivement et synchroniquement l'histoire de Thésée retient selon les cas telle ou telle aventure particulière du héros. Cependant quatre ou cinq fonctions exemplaires, très inégalement illustrées, se dégagent du mythe. Thésée est d'abord le tueur de brigands et de monstres, auteur d'exploits divers. Parmi les épreuves qu'il surmonte, celle du labyrinthe et du Minotaure semble occuper une place centrale. Depuis toujours il est l'ami de Pirithoos. Mais il est l'homme de nombreuses femmes : Ariane, Phèdre, Antiope, Hélène... Il demeure enfin le souverain respecté d'Athènes. Cette diversité du mythe en fait un réservoir très riche de motifs paradigmatiques, mais elle est aussi à l'origine d'une certaine fragmentation de la figure héroïque.

Dans la littérature grecque, l'histoire de Thésée n'a jamais atteint la dimension d'une véritable épopée. Il est probable que la partie la plus ancienne de la légende (Thésée, vainqueur du Minotaure, amant d'Ariane, ami de Pirithoos descendant avec lui aux enfers) a été chantée en Attique par des poètes des cycles antérieurs au cycle troyen, mais ces chants n'ont pas été conservés. Dans l'*Iliade* Thésée apparaît lors de l'énumération que le vieux Nestor fait des héros qu'il a connus autrefois (I, 265-267). Dans l'*Odyssée*, Ulysse aux enfers s'enfuit terrorisé, juste avant d'avoir pu rencontrer Thésée et Pirithoos (XI, 322-324 et 631). Sans doute y eut-il, au VIe siècle, une *Théséide* (ou plusieurs) utilisant des épisodes plus récents de la légende (enfance à Trézène, victoire sur les brigands, lutte contre les Amazones...) et plaçant Thésée au centre de l'action, mais, de l'avis d'Aristote et de Plutarque, cette épopée était très médiocre. En revanche, de l'Alexandrin Callimaque, ont été retrouvés les fragments d'une *Hécalé*, petite épopée s'inspirant de l'épisode de la légende (repris ensuite par Plutarque) selon lequel, à la veille de son combat avec le taureau de Marathon, Thésée fut très bien accueilli chez elle par la vieille Hécalé. A partir des morceaux et citations fragmentaires dont nous disposons, nous entrevoyons, entre les deux personnages, une sorte de plain pied où se rencontrent une humble femme, très bonne, au seuil de la mort et un brillant héros, très jeune, qui entre dans la gloire. La scène est attachante, mais l'ambition épique s'est perdue dans le goût alexandrin du détail.

Pourtant, du Ve au IIIe siècle, des logographes dont il ne nous reste que des fragments d'œuvres, comme Hellanicos, Phérécydès, Démon, Polichoros... ont assuré la présence et la transmission de la légende. Parallèlement à eux, des historiens, orateurs, ou philosophes, n'ont pas manqué de participer à la promotion d'une image flatteuse de Thésée. Dans l'*Histoire de la Guerre du Péloponnèse* (II, 15, 1-21), Thucydide n'hésite pas à le présenter comme un roi historique, « joignant la puissance à l'intelligence », qui sut regrouper les institutions des cités de la région autour des seuls conseils et prytanées d'Athènes, instaurer des contributions pour tous, en un mot, opérer ce synoecisme dont les Athéniens firent leur fête nationale. Isocrate, dans son *Eloge d'Hélène*, après avoir raconté comment la beauté d'Hélène encore impubère attira l'attention de Thésée au point qu'il l'enleva aux siens, estime soudain que le mieux pour faire l'éloge de la jeune fille est encore de montrer que ses admirateurs étaient plus admirables que les autres hommes et il entreprend donc un long éloge de Thésée (23-37). C'est l'exposé le moins incomplet des hauts faits du héros qui nous reste de la Grèce classique. La consolidation de la figure de Thésée est si importante pour les penseurs politiques de l'époque classique qu'à propos de cet épisode scabreux de l'enlèvement d'Hélène et de celui de Perséphone, Platon, dans la *République* (III, 391 c), préfère la dénégation à la justification et déclare qu'il faut bien se garder de croire que Thésée et Pirithoos aient tenté des enlèvements aussi criminels. Bien plus tard, Plutarque passera encore sous silence cette délicate affaire de descente aux enfers.

Cette image d'un Thésée roi exemplaire est également affirmée et privilégiée dans la tragédie de l'époque classique. Là non plus le destin des manuscrits n'a pas été très favorable à Thésée. Dans les *Eleusiniens*, Eschyle célébrait son intervention en faveur des Argiens. Sophocle lui donnait une place probablement importante dans son *Egée* et dans sa *Phèdre*. Euripide avait, semble-t-il, composé une trilogie : *Egée, Thésée, Hippolyte voilé* et peut-être aussi un *Pirithoos*. L'on peut penser que l'aventure du labyrinthe occupait une place significative dans le deuxième volet de la trilogie. En plus de quelques fragments, il nous reste encore de cette trilogie une seconde version de l'Hippolyte : *Hippolyte porte-couronne* (428 av. J.-C.). Thésée y est confronté à Hippolyte mourant. Celui-ci l'absout de sa mort qu'il a provoquée et Thésée découvre alors la générosité de son fils. Ainsi le roi d'Athènes est-il parvenu à la lucidité sur ses proches et sur lui-même, mais au prix d'une éternité de remords. La méprise tragique est un moyen d'accès cruel à la connaissance ; elle montre ici comment la passion perturbe la raison (tous sont des victimes d'Aphrodite) et enseigne que ce qui est vraiment important s'apprend dans la douleur. Thésée apparaît encore dans deux autres pièces d'Euripide. Dans les *Suppliantes* (424-421 av. J.-C.), il représente de façon un peu convenue le souverain idéal (une sorte de Périclès a-t-on dit). Mais en même temps, son personnage où se mêlent monarque sage et justicier « baroudeur » constitue l'intérêt principal de la pièce. Dans *Héraclès furieux* (421-416 av. J.-C.), Thésée ajoute un nouveau rôle, celui d'ami exemplaire, au répertoire du héros généreux qu'Euripide constitue à sa gloire. Enfin chez Sophocle dans l'admirable *Œdipe à Colone* (406 av. J.-C.), il accueille avec générosité Œdipe qui cherche un endroit où mourir et que tout le monde rejette. En acceptant Œdipe, Thésée se place au-delà des disputes humaines, il perçoit comme fatale l'inhumanité du roi de Thèbes. Par là, il est de plain-pied avec le divin et quand Œdipe, à la fin, entre dans le bois sacré, il franchit symboliquement avec lui ce seuil supposé d'immortalité. Pour n'être pas très caractérisée, la figure de Thésée n'en est pas moins fort belle. Sa grandeur éclipse sa relative abstraction et fait du roi d'Athènes le digne interlocuteur d'Œdipe.

Les poètes lyriques ne se sont pas beaucoup intéressés à Thésée. D'après Pausanias (I, 41, 5 et I, 2, 1), Pindare n'aurait pas ignoré la descente aux enfers ni la guerre avec les Amazones et Alcman ainsi que Stésichore auraient raconté l'enlèvement d'Hélène (I, 41, 4 et II, 22, 6). Par ailleurs Sappho et Simonide ont peut-être célébré l'expédition de Crète, mais il ne reste dans le premier cas qu'un fragment (144) et dans le second que l'allusion de Plutarque (*Thésée*, 17, 5). Les seuls poèmes consacrés à l'histoire de Thésée sont les dithyrambes XVII et XVIII (dans Teubner) de Bacchylide, le contemporain de Pindare. Dans le premier, relevant le défi de Minos de retrouver un anneau d'or qu'il a jeté dans la mer, Thésée plonge, rencontre les Néréides, puis Amphitrite et ressort de l'eau non mouillé et couvert de dons divins. Ainsi ce sont des femmes et la femme de son père qui l'ont accueilli. Derrière l'évocation un peu complaisante, le mythe affirme une présence sourde. Féminité et quasi-maternité de l'eau, « abîme sacré », qui le reçoit. Tout le passage baigne dans l'atmosphère fluide d'une noce mystique avec la mer. C'est un des rares moments où la légende, en Grèce, s'est faite poème.

A Rome, si elle n'a plus de valeur nationale, l'histoire de Thésée est présente à l'esprit des Romains cultivés de l'époque de César. Ainsi, pour faire comprendre que l'on peut avoir deux patries : la ville d'où l'on est originaire et la « capitale fédérale », Cicéron recourt-il à l'exemple de Thésée qui opéra le synoecisme des petites patries dans la grande (*Des lois*, II, 5) et, quand Properce veut désigner la route qui va du Pirée à Athènes, il l'appelle encore « la route de Thésée » (*Elégies*, III, 21, 24). Cependant, la figure de Thésée ne trouvera pas dans la littérature latine la dimension que la grecque n'avait su lui donner.

En tant que héros épique, Thésée reste peu employé. Au début du livre VI de *l'Enéide*, alors que le mythe du labyrinthe est suggestivement évoqué, il ne se trouve que très indirectement désigné. Il apparaît dans la suite du chant, à trois reprises, mais cursivement, et surtout comme celui qui est descendu aux enfers : Enée l'évoque avec Hercule dans son adresse à la Sibylle (123-124) ; le nocher du Styx déplore de l'avoir accueilli avec Hercule et Pirithoos (392-394) ; enfin, en deux vers peu sûrs (et contradictoires avec les mentions précédentes puisqu'ils semblent ignorer l'intervention d'Hercule), il apparaît comme celui qui restera éternellement assis aux enfers (617-618). Dans la *Thébaïde* de Stace (90 ap. J.-C.), Thésée est beaucoup plus qu'une référence incidente. Roi d'Athènes, il retrouve son rôle de justicier et, à la demande des veuves des Argiens auxquels Créon refuse une sépulture, il se rend à Thèbes et obtient réparation (XII, 519-809). C'est sur cette action que s'achève l'épopée, mais le rôle de Thésée n'est tout de même pas central et, si cette épopée ne mérite pas le discrédit dans lequel elle est tombée (à la suite d'un trop grand prestige), son intérêt principal se situe dans la lutte fratricide d'Etéocle et de Polynice. Nous ne savons rien, par ailleurs, de la *Théséide* d'un certain Cordus dont Juvénal, au seuil de ses *Satires* (I, 2), se déclare excédé ; de sorte que, de rôle secondaire en épopée perdue ou manquée (ou les deux), se confirme la malchance épique de Thésée.

Parallèlement la poésie romaine d'inspiration lyrique réduit le héros vainqueur de monstres à n'être plus qu'une ombre qui s'éloigne à l'horizon amoureux d'Ariane. Sur l'étoffe destinée au lit des époux dans « Les noces de Thétis et de Pélée » de Catulle, Ariane est dépeinte éplorée regardant à jamais s'enfuir le navire du jeune Grec. Une assez longue digression (75-123) rappelle l'aventure du labyrinthe, mais surtout la plainte d'Ariane fait de Thésée la figure même du « perfide », traître à l'amour donné, oublieux des serments : « fallax » « inmemor ». De façon comparable, dans les *Héroïdes* d'Ovide, Thésée est le destinataire de la dixième lettre où Ariane lui dit son désespoir et son mal d'amour.

Dans le répertoire tragique son rôle est également limité. Par rapport à Euripide, il semble même diminuer dans les deux pièces de Sénèque où le personnage apparaît. Dans *Hercule furieux*, Thésée revient avec Hercule des enfers et la pièce vaut surtout par l'évocation de ce que les deux héros ont vu dans l'empire des ombres. Dans *Phèdre*, s'accentue le déplacement amorcé par Euripide (et qu'achèveront les classiques français) qui fait de Thésée, au théâtre, un second rôle dans l'histoire de Phèdre.

Des textes grecs tardifs viennent compléter cet ensemble. Est-ce parce qu'à Rome, littérairement du moins, Thésée tendait à s'effacer au profit d'Ariane et de Dédale que Plutarque lui consacre, à la fin du premier siècle de notre ère ou au début du second, une des premières de ses *Vies des Hommes illustres* où il le met en parallèle avec Romulus. Il est sûr en tout cas, que ce récit très complet de la vie de Thésée replace l'histoire du labyrinthe dans la perspective héroïque grecque et qu'il va combler une lacune. Certes à l'époque circulaient encore de nombreux textes des logographes grecs des Ve ou IIIe siècle av. J.-C. ; mais ces textes n'étaient pas d'une grande valeur ni littéraire ni historique. Plutarque les connaît et les cite avec soin. Son information, son esprit critique exemplaire et sa maîtrise du récit sont sans doute à la base d'un succès jamais démenti. Si Thésée n'a pas toujours trouvé son poète, il a au moins trouvé son biographe. Pour le curieux, Pausanias, au IIe siècle, propose encore dans son *Tour de Grèce* nombre de variantes intéressantes du mythe.

Ovide et Virgile étant les écrivains latins les plus lus du Moyen Age, on ne s'étonnera pas que le mythe de Thésée reste connu à cette époque. Dans les gloses et commentaires que les clercs ajoutent aux textes latins s'élabore une lecture chrétienne de l'histoire du labyrinthe. Ainsi dans un manuscrit du XIe siècle de la cathédrale de Freising (un commentaire de l'*Enéide* par Servius), une main anonyme a écrit une poésie latine dont la disposition même dessine un labyrinthe circulaire se refermant au centre sur l'image probable d'un minotaure. Pour autant que l'on peut déchiffrer cette poésie (assez effacée), elle nous apprend que le monde est un labyrinthe dominé par le zabulus, le diable-minotaure, qui tient prisonniers les citoyens du monde, pour les dévorer, jusqu'à ce que Thésée le Christ parvienne à lui avec l'aide divine d'Ariane. Ainsi, dans les marges des manuscrits, se développe une interprétation chrétienne du mythe qui va se donner libre cours en particulier dans les commentaires d'Ovide qui tendent, entre autres choses, à le rendre moralement et religieusement acceptable. Cette volonté se trouve portée à son plus grand développement dans l'*Ovide Moralisé* d'un anonyme, qui récrivit vers 1300, en français (et en 72 000 vers), les *Métamorphoses* du poète latin. Le Minotaure y devient l'ange révolté, enfermé par Dieu dans la cage infernale et qui, à leur mort, dévorait les hommes, jusqu'à ce que Dieu ait envoyé au monde son fils, Thésée, pour délivrer l'humanité de cet épouvantable destin. Ariane endormie est le judaïsme aveugle, sot et méchant qui se plaint à tort d'être abandonné. Phèdre représente « gentilise » (VIII, 1513) et c'est à partir d'elle que Dieu a fondé son église. Mais ce genre d'interprétations liées à l'ensemble du mythe ne se trouve que dans la littérature savante, le plus souvent latine.

Dans la littérature profane, Thésée comme les autres personnages, devient un personnage presque complètement indépendant de sa mythologie traditionnelle. Dans les romans français il apparaît comme « le duc d'Athènes », (c'est-à-dire d'après le latin « dux » à l'origine le chef de l'armée). Au XIIe siècle, il chevauche noblement dans le *Roman de Thèbes* (v. 10291). Dans le *Roman de Troie* en prose, il arrive avec d'autres princes dans les navires de Thalamon Ayas (75), tue le Troyen Ordinel et délivre le roi Thoas blessé (106). Avec son ami Pirithoüs, il descend aux enfers pour en affronter le roi et sa femme « prendre et tollir » (*Roman d'Eneas*, autour de 1160, v. 2528). Avec ce même Pirithoüs, devenu son fils, il est présent (ainsi que les autres personnages du mythe) dans un copieux roman attribué à Alexandre de Bernay : *Le Roman d'Athis et de Prophilias*. Il y aide activement les deux protagonistes contre Télamon leur commun adversaire. Au XIIIe siècle, dans le *Roman de la Rose* (continuation de Jean de Meung, à partir de 1270), il est cité, en passant, comme celui qui aimait tant son ami Pirithoüs qu'il alla le chercher aux enfers (8145-8155). Chez Dante, le personnage paraît bien lié à ce que son aventure a de plus mythique : il est évoqué à propos de sa descente aux enfers et de sa victoire sur le Minotaure (*Enfer*, IX, 53-54 et XII, 17-20) puis de son combat avec les Centaures (*Purgatoire*, XXIV, 121-123).

Aux XIVe et XVe siècles, les débuts de la Renaissance ne voient Thésée renouer que partiellement avec ses exploits traditionnels. Ainsi dans la *Théséide* de Boccace (1339-1340), il est bien l'un des protagonistes de l'histoire, mais l'on aurait tort d'imaginer, à partir de là, qu'apparaît enfin ici la véritable épopée qui fait défaut à Thésée. Certes nous sommes bien dans une atmosphère mythologique gréco-latine (où Mars et Vénus jouent leur rôle), mais de l'Aventure de Thésée peu de choses demeurent ici. Mises à part la guerre contre les Amazones et celle contre Créon, le reste est affabulation moderne et le registre de ce long poème est plutôt le romanesque que l'épique. Thésée apparaît comme un juste et un sage dont la sagesse est celle du parfait chevalier. Son nouvel emploi d'arbitre des querelles amoureuses l'éloigne encore de la grandeur mythique. C'est à nouveau en liaison avec le thème amoureux qu'il apparaît dans le cortège de l'amour du premier des *Trionfi/Triomphes* de Pétrarque (1352) marchant entre Ariane et Phèdre, ou cité dans le débat d'amour du *Jugement du roi de Navarre* de Guillaume de Machaut (c. 1350). De même, en adaptant la *Théséide* de Boccace pour en faire le premier de ses *Canterbury Tales/Contes de Canterbury* (1387), le « conte du chevalier », Chaucer n'évoque la guerre des Amazones et celle contre Créon qu'en quelques vers et la part des vicissitudes et du débat amoureux (vaut-il mieux être, comme Arcite, libre mais éloigné de l'objet aimé, ou, comme Palémon, proche de celui-ci, mais prisonnier ?) est encore plus grande que dans l'épopée de Boccace. C'est encore dans cette perspective que l'histoire de Thésée est plusieurs fois évoquée par Christine de Pisan (par exemple dans le *Livre de Mutacion de Fortune*, c. 1410, v. 13357-13456). Avec la Renaissance triomphante, Thésée tend à redevenir le héros destructeur de monstres de son origine. Dans les fêtes princières du début du XVIᵉ siècle, il est parfois représenté, comme Hercule, en « dominateur de monstres ». En Espagne, dans la seconde moitié du XVIᵉ siècle, Lorenzo de Sepúlveda consacre, à sa victoire sur le Minotaure un « romance » (nº 460 dans le *Romancero genral* d'Agustin Durán) et Sebastian de Horozco donne sa version de « La fábula del laberinto de Creta, y del Minotauro, y de Teseo » (reprise en 1874 dans l'édition de son *Cancionero*). Très inspirés d'Ovide et à peu près dénués de valeur poétique, ces deux textes marquent surtout la permanence du personnage héroïque. Dans des poèmes de circonstance d'Amadis Jamyn, il apparaît comme le héros exemplaire auquel on compare, pour le flatter, le prince (O.P. p. 67-71 et 215-216). Par ailleurs, l'on voit quelquefois s'amorcer une mise en œuvre littéraire de son histoire ; c'est, dans la poésie amoureuse, un prolongement du motif autonome du labyrinthe d'amour qui s'est développé d'abord autour de Boccace et de Pétrarque, puis parmi les poètes de la Pléiade. Quelquefois l'amant se plaint d'être, comme Thésée, enfermé dans le labyrinthe sans avoir le fil, le « filet », qui lui permettrait de s'échapper (Ronsard, *Amours de Cassandre*, I, 168 en 1552 ou Jean de Boyssières P.O.A., 101 en 1578). Plus rarement, il se félicite d'avoir enfin trouvé ce fil (La Roque dans *Les Muses ralliées* en 1599 : « Inconstance payée d'inconstance »). Mais ce parallèle riche de possibilités demeure relativement inexploité.

Aux XVIIᵉ et XVIIIᵉ siècles, le personnage de Thésée apparaît surtout au théâtre et dans l'opéra qui le prolonge. Il lui arrive de n'entretenir qu'un rapport de principe avec son histoire traditionnelle ; il arrive aussi que tel élément de cette histoire soit repris avec insistance. Cependant lorsqu'on lit l'article Thésée du *Dictionnaire abrégé de la Fable* de Chompré (1727), l'on découvre surtout l'histoire d'un « homme à femmes » et le récit des complications que cela amène dans sa vie. Pour l'essentiel sur la scène théâtrale et lyrique, Thésée est l'époux trompé de Phèdre, ou l'amant volage d'Ariane et cela ne lui permet évidemment pas d'espérer le premier rôle.

Dès la seconde moitié du XVIe siècle, l'histoire de Phèdre et d'Hippolyte avait fait ses premières ré-apparitions théâtrales depuis Sénèque : *Hippolito* de O. Zara (1558), *Thesida* de Trapolini (1567), *Hippolyte* de R. Garnier (1573). Le personnage de Thésée y a une place assez secondaire et c'est encore le cas dans les tragédies qui se multiplient au XVIIe siècle : *Hippolyte* de La Pinelière en 1635, de Gilbert en 1647, de Bidar en 1675 ; *Phèdre et Hippolyte* de Pradon en 1677. Dans la *Phèdre* de Racine cependant (1677), de nombreuses allusions à la légende de Thésée (mise à mort des monstres, aventures amoureuses, descente aux enfers...) constituent une des toiles de fond mythiques sur lesquelles se joue le drame et le personnage de Thésée est bien le moteur de l'action (par son absence, la fausse nouvelle de sa mort, son retour, l'erreur dans laquelle il se laisse entraîner...), mais il provoque les événements involontairement et ne maîtrise en rien l'action. La noblesse de son emploi de roi et sa souffrance finale ne sauraient masquer que, comme époux et comme père, il est le grand absent du drame.

Le rôle de Thésée est sans aucun doute plus important quand l'histoire s'organise autour du personnage d'Ariane comme c'est le cas dans la pièce de Pieter Corneliszoon Hooft (ce dramaturge hollandais très représentatif de l'époque classique) : *Theseus ende Ariadne* (1601) ; ou dans celle du grand poète de Raguse, Ivan Gundulic : *Ariane* (1628). Dans la tragi-comédie de Lope de Vega : *El Laberinto de Creta* (1621), Thésée reçoit d'Ariane un fil d'or, trois pains empoisonnés (pour endormir le Minotaure) et une massue. En échange, le « duc d'Athènes » promet d'emmener les deux sœurs et de faire d'Ariane sa femme, mais il la trahira pour Phèdre. Significativement, il ne sait pas choisir entre les deux femmes et les ramène toutes deux de son expédition d'Europe dans *Los tres mayores prodigios/Les trois plus grands prodiges* de Calderón de la Barca (1636). Ce thème de l'amoureux partagé entre les deux sœurs est très révélateur de la représentation de Thésée à cette époque. Il est au centre de l'opéra de Bonacossi, *Arianna abandonata* (1641) et trouve son achèvement dans la pièce de Thomas Corneille, *Ariane* (1672). Œnarus, le roi de Naxos, aime Ariane, qui aime Thésée, qui aime Phèdre. Lorsque Ariane apprend que Thésée idolâtre en secret une autre femme, elle dit son désespoir et ses projets de vengeance en prenant pour confidente, précisément sa sœur Phèdre. Nous sommes dans un monde de bienséances et de nobles sentiments : Thésée et Phèdre sont mal à l'aise dans la situation où ils se sont mis. Partagé entre son amour et son souci de l'honneur, le « fiancé » ne part pas sans avoir tenté d'atténuer le choc que sa trahison va produire. Même si son élégance reste un peu de commande, la tragédie de Th. Corneille demeure ce qui reste de plus lisible de toute une série de pièces sur le thème d'Ariane à Naxos, abandonnée par Thésée, consolée ou non, ensuite, par Bacchus. Sur ce double thème, en effet, il est possible de dénombrer aux XVIIe et XVIIIe siècles plusieurs dizaines de pièces de théâtres ou d'opéras.

D'autres moments de la légende de Thésée peuvent se trouver plus heureusement évoqués. Dans *A Midsummer night's dream/Un songe d'une nuit d'été* de Shakespeare (1595-1600), il va épouser Hippolyte, reine des Amazones. Du Moyen Age, il a gardé son titre de « duc d'Athènes » et un goût féodal pour la chasse et la guerre, mais c'est un galant homme dont on évoque les conquêtes passées. Sa fonction dans la pièce est surtout celle d'un prince et d'un juge. C'est encore un homme de la Renaissance, méditatif et raffiné qui permet au monde de revenir à l'ordre. Sa souveraineté sereine donne à cette fantasmagorie un poids d'humanité généreuse et la pièce jette un pont entre le merveilleux des vieux romans de chevalerie et le théâtre européen des âges classiques. Sur la scène française il est quelquefois fait allusion à la lutte avec les Pallantides (Pradon, La Fosse), à la descente aux enfers (Hardy, La Pinelière) ; mais un motif est plus insistant que les autres : celui de la reconnaissance de Thésée par son père Egée. Dans *Thésée ou le Prince reconnu* (1644) de Puget de la Serre, Thésée est un bon fils et, en dépit du malentendu initial avec Antiope, un amoureux exemplaire. Dans le livret de l'opéra, *Thésée* (1657), que Quinault écrivit pour Lulli, Médée est, comme chez La Serre, amoureuse de Thésée, mais, cette fois, Thésée et Egée aiment la même femme. La tragédie de La Fosse, *Thésée* (1700), est beaucoup plus riche : à la rivalité entre Médée et Thésée se disputant l'influence auprès d'Egée, s'ajoutent le thème des frères ennemis (Egée et Pallante), celui de l'inégalité des fortunes et surtout celui de l'identité de ce fils de berger Sthelenus — (Thésée) qui prend si grand soin de cacher ses origines qu'on ne peut reconnaître en lui le fils de roi. Signalons encore, non pour tirer la pièce de la paix méritée dans laquelle elle repose, mais pour montrer la persistance du thème, le *Thésée* de Mazoyer donné en 1800 au Théâtre Français. Toutes ces tragédies donnent une grande importance au personnage de Médée dont nous croisons ici le mythe. Mais plus que le problème de la mauvaise mère, la question centrale de ces pièces est celle de la reconnaissance par le père-roi. Pourvu qu'il reconnaisse à temps l'épée entre les mains du fils. Lié au problème de l'identité, ce souhait a des résonances aussi bien individuelles que collectives. Il y a là non seulement d'intéressantes variations sur le thème du roman familial, mais ouverture à la question de la légitimité et à celle du pouvoir. Un des beaux tableaux de Poussin n'est-il pas *Thésée découvrant l'épée de son père?* Dans l'*Œdipe* de Pierre Corneille (1659), il échappe à son destin amoureux traditionnel puisqu'il aime une certaine Dircé, sœur d'Œdipe et fille, un peu inattendue, de Jocaste et de Laïus. Son refus de croire aux oracles aurait pu faire de son personnage un héraut du libre-arbitre et de la pièce une tragédie de la responsabilité. Mais, pour sauver Dircé, Thésée préfère faire croire qu'il est lui-même fils de Laïus... le fils qui avait été autrefois abandonné sur le Cithéron. Par ailleurs, le drame reste bien académique et galant. A la fin du XVIIIe siècle, une figure plus forte de Thésée quelquefois se dessine. Il apparaît souverainement libre et serein, après avoir terrassé le Minotaure, dans la très belle statue de Canova *Thésée triomphant* (1781). La quarantaine de vers de « l'Aveugle » (*Bucoliques*, c. 1786) par lesquels A. Chénier évoque sa lutte avec les Centaures, renouent d'un seul coup avec la violence épique et sont mis sans ridicule dans la bouche d'Homère. Ce morceau de bravoure est à ranger parmi les rares et brillants fragments auxquels semble vouée la légende de Thésée. Dans son drame pré-romantique *Theseus* (1787), Friedrich Leopold de Stolberg fait de lui une sorte de héros de la liberté. Plus tard dans sa *Constitution de l'Allemagne*, Hegel demandera qu'un nouveau Thésée se lève pour faire l'unité du pays.

Prototype de l'amant volage dans la culture courante, figurant encore dans plusieurs opéras où est évoqué l'abandon d'Ariane, très présent dans la statutaire romantique, Thésée est, au XIXe siècle, à peu près absent de la scène littéraire. A la fin du siècle, le signe manifeste d'un regain d'intérêt apparaît chez John Ruskin dans *Fors Clavigera* (96 lettres adressées de 1871 à 1884 aux ouvriers et travailleurs de Grande-Bretagne sous l'égide de la Fortune porteuse de clefs). Il y invite le peuple d'Angleterre à se ré-approprier le mythe de Thésée (lettre 23), non pas en allant voir les statues du British Museum, mais en se rendant compte que cette histoire du labyrinthe n'est pas tellement différente de celle « of the House that Jack built ». Par le biais du combat mystique de Thésée avec le Minotaure, nous serait ainsi enseigné ce que les Grecs savaient de plus terrible et de plus mystérieux sur les relations entre l'homme et les créatures inférieures. Destructeur des pulsions bestiales, le héros représente le pouvoir d'humanité que les écrits de Ruskin s'efforcent de développer et que résument les mots « Gentleness and Justice ». Mais c'est seulement au XXe siècle, avec le « retour au mythe », que Thésée et l'histoire du labyrinthe deviennent le foyer d'une interrogation multiple et soutenue. La publication en août-septembre 1939 d'un numéro spécial des *Cahiers du Sud* consacré aux mythes grecs et où, curieusement, la moitié de la livraison concerne l'histoire du labyrinthe pourrait être considérée comme un signe des temps.

Dès 1924, dans *l'Ariadna* de Marina Cvetaeva, à travers le personnage de Thésée, se trouve explorée la question de la liberté. Alors que le peuple demande à Egée que Thésée participe au tirage au sort, celui-ci préfère partir en « surnombre », sans avoir recours aux dés. Il espère, en se livrant sans arme, obtenir de Minos la grâce des jeunes Athéniens. Initialement il apparaît donc comme celui qui affirme la liberté de son acte, contre la volonté de tous, indépendamment des sorts et à la face des dieux. Mais, en un second temps, celui qui avait paru décider de son destin semble se laisser manipuler par les dieux jaloux : il accepte soudain « le fil et le glaive », tue le Minotaure, puis trahit Ariane. Tenté par la gloire, il rompt son serment. De même à Naxos, à la demande de Bacchus, il abandonne Ariane, bradant l'amour humain pour des chimères divines. Les dieux, on le sait, rendent fous ceux qu'ils veulent perdre. D'émotion, il oublie de faire hisser la voile blanche et on lui rapporte — vengeance d'Aphrodite — le corps d'Egée « tout enroulé d'algues ». Le ton n'est pas du tout le même dans le *Thésée* de Gide (1946). C'est un récit allègre et plein d'humour que le héros destine à l'instruction de son fils Hippolyte. L'évocation des travaux de Thésée et des figures qui s'y rapportent permet de passer en revue la plupart des thèmes gidiens. Une des questions centrales est celle de la liberté et c'est l'histoire du labyrinthe qui permet de la cerner au plus près. Dédale est formel : la seule chance qu'ait Thésée de réussir est de s'attacher au fil d'Ariane et de garder jusqu'au bout « une résolution inébranlable de retour ». Mais de ce fil il faudra aussi savoir se libérer, il faudra « passer outre » selon le conseil de Pirithoüs, deux fois aussi répété par Dédale et repris à son compte par Thésée. La vie du héros athénien selon Gide est exemplaire de cette ambiguë et nécessaire pratique de la liberté.

Qui est le Minotaure, que fait Thésée quand il le tue? Eliminer ou reconnaître le monstre permet-il de devenir soi-même? En son épisode central, l'histoire de Thésée nous installe dans une dialectique de l'autre et du même et l'on comprend qu'elle pose, avec force, la question de l'identité. Une nouvelle de P. Nizan, « Histoire de Thésée » (1934), s'interroge ainsi sur la vraie nature du héros. Descendu avec Ariane dans le labyrinthe, Thésée y tue le Minotaure endormi. A leur retour, on fête l'exploit, que Thésée, complaisamment, enjolive. Comme elle sourit, il la frappe et en profite pour rentrer glorieux à Athènes. Le héros ne serait-il qu'un faux héros (et un vrai fabulateur)? Les drames de F. G. Jünger : *Der Verkleidete Theseus / Thésée déguisé* (1934), de E. Bacmeister : *Theseus* (1940), de G. Neveux : *Le Voyage de Thésée* (1943) tournent autour de cette question du héros. Dans la pièce de Neveux, le héros renonce au bonheur personnel et c'est cette victoire sur lui-même qui est la vraie victoire du Minotaure. Dans le « divestissement sacré » de M. Yourcenar, *Qui n'a pas son Minotaure?* (1963), Thésée, sur le pont du navire qui convoie les quatorze victimes vers la Crète, échafaude des plans pour faire tourner à sa gloire la mission qui lui a été confiée. Faute de pouvoir, comme le Minotaure, détruire ses victimes, il prend la décision de les sauver. Arrivé en Crète, pourtant il se laisse séduire par Phèdre et, pendant son sommeil, les otages sont emmenés vers leur mort. En lui permettant d'entrer dans le labyrinthe, Ariane lui donne une seconde chance de les sauver. Mais, dans le labyrinthe, Thésée ne sait reconnaître les voix qui le poursuivent et qui sont pourtant ses voix familières lui rappelant ses faiblesses et ses culpabilités, il ne sait devenir le héros que nous attendions qu'il fût. Il choisira Phèdre et la facilité. « Qui n'a pas son Minotaure? » Qui n'a pas en soi et la bête et le dieu? Qui n'a pas le choix?

La question se déplace quelquefois sur le plan historique. Déjà dans leur « Ariane » des *Cahiers du Sud* (1939), B. Taladoire et E. Fuzellier imaginaient l'arrivée en Crète de Thésée, sous un nom d'emprunt, pour tuer le Minotaure. Lors de son dialogue avec Minos (seul fragment publié), Thésée se rend compte, à son plus grand étonnement, que Minos a découvert son identité et qu'il est, en fait, prêt à l'aider, parce qu'il y a entre eux, par-delà la préférence partisane, la communauté du pouvoir. Il semble que la tragédie de Nikos Kazantzakis, *Thésée* (1949), reprenne la même question et l'on peut voir, dans cette œuvre, une des seules tentatives qui aient été faites pour redonner à la légende de Thésée sa portée de mythe fondateur. Guidé par Ariane, Thésée descend dans le labyrinthe. A l'épreuve, il s'affirme comme le digne successeur de Minos et, tandis qu'Ariane, furieuse de se voir quitter, veut le faire tuer par Minos, la porte du labyrinthe s'ouvre. S'avance Kouros, le Minotaure délivré, homme plus grand, plus beau, plus calme que Thésée avec qui, finalement, il s'éloigne. La pièce nous place ainsi dans un temps spiralique où chaque orbe est arrachement douloureux à l'orbe précédent. De même que Thésée a supplanté Minos, Kouros et de nombreux autres héros lui succéderont, jusqu'au dernier d'entre eux : le feu.

Dans *l'Emploi du Temps* de M. Butor (1956), une des questions importantes est (comme chez Gide ou Yourcenar) la question de l'œuvre, mais le personnage de Thésée n'est qu'une hypothèse de travail du narrateur et le thème de l'œuvre se trouve intimement intégré à la problématique de l'écriture. Dans la ville égarante, le récit de ce qui est arrivé, est pour le narrateur, au sens propre, un fil conducteur. Mais ce fil sera-t-il le contre-labyrinthe que le narrateur voudrait qu'il fût et qui annulerait le labyrinthe de la ville ? Autrement dit, l'écriture produira-t-elle l'Œuvre permettant de maîtriser le monde ? La réponse ne sera pas donnée. Le temps de l'écriture jamais ne rejoindra celui de l'aventure. Le labyrinthe des mots dont on pouvait penser qu'il neutraliserait le labyrinthe du monde, quand il coïnciderait avec lui, reste finalement asymptotique à ce dernier. Il est vrai que ce qui n'a pas été atteint concerne ce qui s'est passé le 29 février. Dans *Thésée ou la puissance du spectre* (1981), Thomas Stern fait parler le Minotaure, puis évoque savamment l'ombre de Thésée, pour évaluer comment le mythe s'articule à notre parole moderne. D'une façon comparable, rendant compte d'une réflexion sur le sens du mythe du labyrinthe qui s'enracine dans sa biographie et s'exprime dans plusieurs de ses œuvres, Friedrich Dürrenmatt conclut que « quiconque entreprend de représenter le labyrinthe doit y pénétrer librement, donc devenir Thésée » (*Stoffe/La Mise en œuvre*, 1981).

L'histoire de Thésée revit enfin dans des « romans historiques » moins ambitieux littérairement, mais qui attestent une insistante actualité du personnage. Ainsi dans la grande fresque romanesque de Mary Renault : *The King must die/Que meure le Roi* (1958) et *The Bull from the sea/Le Taureau de la mer* (1962), Thésée raconte, à la première personne, ses aventures, de son enfance à Trézène à son retour de Crète, puis de ce retour à son suicide à Scyros. Dans la plupart des épisodes l'on retrouve le héros vif et entreprenant de la tradition. De même son rôle dans *La Colère des Dieux* de Daniel Kircher (1980) donne à penser que, fondé sur une histoire multiple, le mythe de Thésée est loin d'avoir, littérairement, dit son dernier mot.

Nous avons donc vu qu'en Grèce, c'est dans la tragédie surtout qu'une place est faite à Thésée. Il y apparaît comme un monarque raisonnable, féru de ses devoirs religieux, charitable, mais ferme. Ce Thésée-roi, ami d'Œdipe et d'Héraclès, ne manque pas d'une certaine grandeur. Il est bien loin cependant du Thésée vif, entreprenant et multiple, que sa légende pour l'essentiel donnait à imaginer. A Rome, la poésie lyrique fait du héros vainqueur de monstres, quasiment un comparse : une ombre qui ne cesse de s'éloigner à l'horizon amoureux d'Ariane et la tragédie de Sénèque réduit encore le rôle que le théâtre grec lui avait laissé. En revanche il trouve avec Plutarque dans la Grèce du second siècle, le plus brillant des biographes. Au Moyen Age, Thésée, le roi, rajeunit sensiblement et devient le fringant « duc d'Athènes », mais son action reste ponctuelle et quand il est assimilé au Christ, c'est seulement dans la littérature religieuse et savante. Aux XVIIe et XVIIIe siècles la présence du personnage est sûrement plus remarquable en quantité qu'en qualité. Souvent mis en scène, Thésée, est, en fait, comme absent de sa propre histoire. Ses hauts faits, son héroïsme ne sont plus qu'une auréole traditionnelle sans rapport aucun avec son personnage de prince de théâtre. Sa légende est un réservoir de situations dramatiques, mais la plupart du temps, son emploi se réduit à celui de faire-valoir d'Ariane, ou de Phèdre. Avec la ré-actualisation du mythe du labyrinthe, la situation évolue très sensiblement au XXe siècle et Thésée se trouve bien au foyer d'une interrogation passionnée sur l'espace, l'être et le devenir. Mais là encore, le centre de gravité de la question a tendance à se déplacer vers l'Autre (le Minotaure), vers l'Initiatrice (Ariane), ou vers le Constructeur du labyrinthe (Dédale). Ainsi, même au XXe siècle, le bilan de la fortune littéraire de Thésée ne satisfait pas complètement et l'on continue à avoir l'impression qu'il passe à côté du grand rôle auquel il était destiné. Peut-être faut-il penser que les temps historiques sont durs aux héros épiques et que la littérature problématique a peu à faire d'un homme qui va, qui vainc et qui revient. Que ne s'égare-t-il un peu plus dans ce labyrinthe ! Mais justement il revient. Dans un rôle ou dans un autre, il n'a d'ailleurs jamais cessé d'être présent et voilà qu'on le rencontre désormais un peu partout. Sans doute a-t-il la fortune de ceux par qui l'événement arrive et l'avenir de celui qui s'aventure.

André PEYRONIE

BIBLIOGRAPHIE

Textes

Michel BUTOR, *L'Emploi du Temps*, Paris, Ed. de Minuit, 1956.
BOCCACIO, *La Teseide*, Ed. Zingarelli. *Le Opere di Giovanni Boccacio*, Napoli, F. Perrella, 1913.
CALDERON, *Los Tres Mayores Prodigios*, Biblioteca de Autores Espanoles, tomo VII, Madrid, Real Academia espanola, 1944.
CALLIMAQUE, Ed. et trad. E. Cahen, Paris, Belles Lettres, coll. G. Budé, 1972.
CATULLE, *Poésies*, éd. et trad. G. Lafaye, Paris, Belles Lettres, coll. G. Budé, 1966.
CORNEILLE, « Œdipe » dans *Œuvres Complètes*, Ed. G. Couton, Paris, Gallimard, Bibl. de la Pléiade, t. III, 1987.
Thomas CORNEILLE, « Ariane » dans *Poèmes dramatiques* de T. Corneille, Paris, Leclerc, t. IV, 1738.
Marina CVETAEVA, *Ariane*, traduite et commentée par R. Lafoy, Clermont-Ferrand, Faculté des Lettres et Sciences Humaines, nouvelle série, fascicule II, 1981.
EURIPIDE, *Hippolyte-Andromaque-Hécube*, Ed. et trad. L. Meridier, Paris, Les Belles Lettres, coll. G. Budé, t. II, 1927.
André GIDE, *Thésée*, Paris, Gallimard, Folio, 1981.
ISOCRATE, *Discours*, Ed. et trad. G. Mathieu et E. Brémond, Paris, Les Belles Lettres, coll. G. Budé, t. I, 1972.
Nikos KAZANTZAKIS, *Tragédies grecques : Mélissa; Thésée*, Trad. Ch. Guillemeau, Monaco-ville, Ed. du Rocher, 1953.
LA FOSSE, *Thésée*, Paris, P. Ribou, 1700.
LOPE DE VEGA, *El Laberinto de Creta*, Biblioteca de Autores Espanoles, Obras de Lope de Vega XIV, Comedias Mitologicas y comedias historicas, ed. D. R. Menendez Pelayo, Madrid, Atlas, 1966.
OVIDE, *Métamorphoses*, Ed. et trad. G. Lafaye, Paris, Les Belles Lettres, coll. G. Budé, 1960.
PLUTARQUE, *Vies*, Ed. et trad. R. Flacelière, E. Chambry, M. Juneaux, Paris, Les Belles Lettres, coll. G. Budé, 1957.
SÉNÈQUE, *Tragédies*, Ed. et trad. L. Hermann, Paris, Les Belles Lettres, coll. G. Budé, t. I, 1961.
SHAKESPEARE, *A Midsummer night's dream/Un songe d'une nuit d'été*, Ed. et trad. A. Koszul, Paris, Les Belles Lettres, coll. Shakespeare, 1961.
SOPHOCLE, *Philoctète-Œdipe à Colone*, Ed. et trad. A. Dain et P. Mazon, Paris, Les Belles Lettres, coll. G. Budé, t. III, 1960.
Marguerite YOURCENAR, « Qui n'a pas son Minotaure? », dans *Théâtre*, Paris, Gallimard, t. II, 1971.

Etudes

Pierre Renault, « La Figure de Thésée dans le théâtre du XVIIe siècle », *Revue des Sciences Humaines*, fasc. 138, avril-juin 1968.

— « La Figure de Thésée dans le théâtre du XVIIe siècle », *Zeitschrift für französische Sprache und Literatur*, Band LXXX, Heft 1, Februar 1970.

— « Le Mythe de Thésée » dans *Mythes, Images, Représentations.* Actes du XIVe congrès de la Société française de Littérature générale et comparée recueillis par J.-M. Grassin, Université de Limoges, Trames, 1981.

Louis Séchan, « Thésée » dans *Dictionnaire des Antiquités* de Daremberg et Saglio, Paris, Hachette, 1877-1919.

A.-G. Ward, éd. *The Quest for Theseus*, London, Pall Mall Press, 1970.

Marguerite Yourcenar, « Aspects d'une légende et histoire d'une pièce » dans *Théâtre* II, Paris, Gallimard, 1971.

TOISON D'OR

L'origine de ce mythe remonte aux débuts du monde grec; Aristarque affirme en effet, qu'Homère connaissait déjà la geste des Argonautes, et les plus anciens textes la mentionnent. En voici le scénario réduit à l'essentiel : Le roi Pélias, à qui l'oracle a prédit qu'il serait détrôné par un homme dont un seul pied serait chaussé, voit venir à lui Jason, qui, précisément, vient de perdre une sandale. Pour écarter le danger, il lui ordonne de partir conquérir la Toison d'or. Il sait que Jason risque fort de perdre la vie dans cette expédition. La Toison d'or provenait du bélier divin qui avait transporté dans les airs Phrixos, fils d'un roi de Béotie. Le bélier avait été offert en sacrifice à Zeus et l'on avait étendu sa toison en laine d'or au sommet d'un arbre que gardait désormais un dragon redoutable. Jason rassemble les meilleurs guerriers grecs et leur adjoint Héraklès et Orphée. Il fait construire le navire Argo : Athéna surveille les travaux, tisse les voiles et donne un chêne de la forêt de Dodone pour servir de mât. Les Argonautes partent vers l'orient. Ils subissent de nombreuses épreuves et rencontrent maints obstacles. La première escale, l'île de Lemnos, est habitée uniquement par des femmes; ils y restent deux ans et Jason s'éprend de la reine. Dans l'île de Cyzique, deuxième escale, ils doivent lutter contre des géants qui cherchent à s'emparer de leur navire. Sur la côte de Thrace, ils délivrent le malheureux devin Phinée, que les Harpies empêchent de manger. Phinée leur indique le chemin qui mène vers la Toison d'or et les moyens de s'en saisir. Les aventuriers doivent passer par un chenal étroit, entre deux immenses falaises qui se resserrent pour broyer les navires audacieux. Ils parviennent, au milieu des tempêtes, à le franchir et arrivent en Colchide. Dans son palais, situé au pied du Caucase, le roi Aétès refuse d'accéder à leur demande et de leur permettre d'emporter la Toison. Il décide cependant de soumettre Jason à une série d'épreuves : en un seul jour, celui-ci doit atteler deux taureaux qui crachent des flammes, labourer quatre arpents de terre inculte, semer des dents de géant et les tuer tous au fur et à mesure qu'ils naissent. Grâce au baume, fourni par Médée, la fille d'Aétès, Jason réussit à accomplir tous ces exploits. Puis, il tue le monstre qui gardait la Toison et s'empare de celle-ci. Lors du retour, les Argonautes échappent aux maléfices des Sirènes qu'Orphée réduit au silence par son chant. Arrivé à bon port, Jason consacre son navire, qui se trouve transporté au ciel et devient une constellation.

Le mythe possède ainsi une double signification. La Toison d'or représente tout d'abord ce qui demeure normalement inaccessible à l'homme; elle symbolise le sacré, à la fois fascinant et redoutable; Jason désire s'emparer de la Toison, mais un danger de mort menace l'audacieux. On pourrait ainsi voir dans la Toison la figuration symbolique de la Transcendance, de l'amour absolu, de la beauté parfaite, qui paraissent interdits à l'homme durant sa vie terrestre. Mais le mythe montre que l'amour parvient à réaliser ce qui semblait impossible; par une suite d'épreuves, à caractère initiatique, l'homme réussit à pénétrer dans le domaine interdit.

Homère, dans l'*Iliade* et surtout dans l'*Odyssée*, fait de rapides allusions à cette légende et semble se référer à une geste épique antérieure. Il en va de même d'Hésiode, dont les diverses œuvres attestent la présence d'un mythe déjà constitué et tout à fait cohérent. Pindare consacre toute une ode (la IVe Pythique) (462 av. J.-C.) à l'aventure de Jason dans le royaume d'Aétès; il n'en conserve que les éléments essentiels : mise à l'épreuve du héros, séduction de Médée, conquête de la Toison, départ avec Médée. Il condense la légende pour en livrer, en vers d'une fulgurante densité, la leçon capitale : la victoire de l'amour.

Apollonios de Rhodes (IIIe siècle av. J.-C.) compose une vaste épopée en quatre chants, les *Argonautiques*, première œuvre à nous parvenir qui retrace entièrement l'expédition de Jason. Au chant I, le roi Pélias ordonne à Jason de partir et l'on construit le navire Argo. Le chant II retrace les péripéties de l'expédition jusqu'à son arrivée en Colchide. Les épreuves imposées à Jason constituent la matière du chant III. Au chant IV, Jason s'empare de la Toison et effectue le voyage de retour. Apollonios, dans une langue savante et raffinée, manifeste son goût très vif pour l'érudition mythologique. Malgré le caractère cyclique de cette épopée, Apollonios suit l'esthétique prônée par son maître Callimaque; il juxtapose savamment des morceaux d'inspiration différente et mêle le familier et le pittoresque à l'épique. Voici comment il présente la Toison d'or :

« C'était la Toison aussi grande que la peau d'un jeune bœuf,
Ou de ce cerf que les chasseurs nomment la biche achaïenne,

Et jusqu'aux pieds du héros descendait l'or de la laine.
Les flocons d'or l'en couvraient et l'alourdissaient. »

Théocrite, dans la XIIIe Idylle (Hylas) et la XXIIe Idylle (les Dioscures) rappelle, sans s'attarder, l'audace aventureuse des Argonautes. Valérius Flaccus (vers 70 ap. J.-C.) entreprend à son tour de raconter l'expédition. Dans les huit livres de ses *Argonautica*, qu'il n'achève pas, il imite très librement l'œuvre d'Apollonios de Rhodes.

Au Moyen Age, la Toison d'or donna son nom au plus illustre des ordres de chevalerie. Le duc de Bourgogne, le 10 janvier 1430, à Bruges, créa l'Ordre de la Toison d'or. Philippe le Bon voulait, par cette image, rappeler le souvenir des Croisades. La Toison représentait Jérusalem, qu'il fallait délivrer des Infidèles, figurés par le dragon. Mais la conquête de ce collier, prestigieuse décoration, devint vite l'objet d'ambitions et d'intrigues. Ainsi, dans les *Lettres Satyriques* (XXe lettre : « D'un songe » (1654), Cyrano de Bergerac traite ce mythe sur le mode plaisant. Descendant en songe aux Enfers, il évoque Jason tout étonné de se trouver parmi une foule de courtisans espagnols dont toutes les entreprises visent à obtenir la Toison.

Corneille écrit sur ce sujet une tragédie, *La Conquête de la Toison d'or* (1660), où il modifie le dénouement de la légende. Aétés craint que ses nombreux ennemis ne lui arrachent la Toison :

« Ce trésor où les Dieux attachent nos destins
Et que veulent ravir tant de jaloux voisins. » (I, 2.)

L'arrivée de Jason, qui combat à ses côtés, lui permet de vaincre et de conserver ce talisman dont dépend le destin de sa couronne. Les dieux ont lié son pouvoir à la possession de la Toison. Pour récompenser Jason, il promet par serment de lui accorder tout ce que le héros demandera. Ce dernier souhaite obtenir la Toison. Aætés n'accède pas à cette demande, mais son serment l'oblige de permettre à Jason de tenter de s'en emparer. Médée révèle les dangers qui attendent quiconque aurait l'audace de porter la main sur la Toison. Junon conseille à Jason de gagner le cœur de Médée, qui apaiserait alors les charmes magiques protégeant la Toison. Mais Jason avait promis à la reine Hypsipyle de l'épouser et il lui conserve encore de la tendresse. Entre elle et Médée, il hésite. De son côté, Médée reste fidèle à son devoir :

« Je ne trahirai point mon pays et mon père;
Le destin de l'Etat dépend de la toison. » (II, 2.)

Jason sort vainqueur des épreuves. Mais, Médée qui l'aime passionnément et éprouve du dépit de voir qu'elle n'est pas préférée à Hypsipyle s'empare de la

Toison et provoque Jason : qu'il choisisse entre l'amour et la gloire! Qu'il renonce à la Toison pour l'amour de Médée ou qu'il vienne la tuer pour s'en saisir! Jason s'incline et se retire sur son navire. Il renonce à la gloire pour l'amour. Alors, Médée — Corneille emprunte ce détail à Denys le Milésien — vient lui apporter la Toison. Par amour, le héros a renoncé à son idéal héroïque. Mais pour Médée, amour et gloire s'identifient.

A l'époque moderne, l'écrivain autrichien Franz Grillparzer adapte très librement le mythe dans une trilogie, *Das Goldene Vliess* (1818-1821). Il fonde ses trois pièces sur l'idée que la Toison d'or ne cessera pas d'accabler de maux quiconque la possède tant qu'elle ne sera pas rendue au temple de Delphes où elle a été dérobée. *L'Hôte (Der Gastfreund)* conte l'histoire de Phrixos qui s'est réfugié dans le temple de Delphes et a reçu en songe l'ordre de s'emparer de la Toison et de l'emporter en Colchide; il y est l'hôte du roi Aétès qui le tue pour prendre la Toison; Médée, sa fille, prévoit les funestes conséquences de ce crime. *Les Argonautes (Die Argonauten)* relatent l'expédition de Jason qui veut rapporter la Toison en Grèce. Aétès ne peut pas compter sur l'aide de sa fille qui s'est éprise de Jason et lui sauve la vie. Grâce à son aide, Jason prend la Toison et repart pour la Grèce en emmenant Médée. *Médée (Medea)* se passe quelques années plus tard. Mère de deux enfants, Médée se rend compte que Jason va la répudier. Elle parvient à provoquer la mort de sa rivale, Créüse et à détruire le palais. Puis, elle tue ses propres enfants, afin de leur éviter l'esclavage. Jason part pour l'exil, tandis que Médée lui montre la Toison d'or qu'elle s'apprête à rapporter dans le temple de Delphes. Talisman maléfique, la Toison n'a cessé de porter malchance. On ne transgresse pas impunément un interdit. Le sacré doit demeurer hors des prises de l'homme.

Yves-Alain FAVRE

BIBLIOGRAPHIE

APOLLONIOS de RHODES, *Argonautiques*, Paris, Les Belles Lettres, I-III, 1974-1980.
Corneille, *Théâtre complet*, Paris, Gallimard, Bib. de la Pléiade, tome II, 1950.

TRISTAN

Le mythe dit de Tristan pose, par son appellation traditionnelle, une problématique qui lui est particulière. Car c'est d'une expérience mythi- que à deux qu'il est question ici. Point de Tristan sans Iseut, pas moins d'Iseut sans Tristan, selon la formule de Marie de France dans « Le lai du Chèvrefeuille » :

« Belle amie, ainsi de nous
Ni vous sans moi, ni moi sans vous. »

Il s'agit, même, en fait, d'un mythe à trois, puisque de la troisième force, nommée Marc, dépend la dynamique du drame. Mais Marc n'est là que pour susciter le dilemne. Comme le remarque Pierre Gallais dans sa *Genèse du Roman occidental : essais sur Tristan et Iseut et son modèle persan* (1974) : « Marc n'existe qu'en tant qu'époux d'Iseut. »

Ainsi, dans le personnage de l'amant sont subsumés les autres. C'est donc sur le nom de Tristan que se cristallise le sens du mythe.

Onomastique

Les dictionnaires et les travaux d'érudition (H. Zimmer, F. Lot, J. Loth) font remonter le nom de Tristan à l'anthroponyme picte « Drustan », attesté dans les listes des rois des marches méridionales de l'Écosse, du VIe au VIIIe siècle. On en retrouve la forme « Drystan » dans les triades du *Livre Rouge* gallois où le héros figure, entre autres, parmi les trois « maîtres ès machines », les trois porchers et les trois amoureux de l'Ile de Bretagne.

Dans ces mêmes textes, dont la matière remonte aux IXe et Xe siècles, on rencontre également les noms d'« Essylt » et de « March ». Par ailleurs, *La Vie de Paul Aurélien*, rédigée au IXe siècle en Bretagne armoricaine, mentionne un roi Marc auquel ce saint évêque aurait rendu visite au VIe siècle. On a aussi beaucoup parlé de la légende bretonne qui prête à Marc des oreilles de cheval. Quant à « Essylt », René Louis (*Tristan et Iseult*, 1972) y voit une dérivation du germanique « Ischild », (-hildis, donnant en ancien français -eut, ou eult.) Ce qui tend à corroborer l'attribution à la racine germanique « ieg » (anglais *ice*) de la forme « Isolde » (littéralement : « ice rule » selon Joseph Shipley dans *Origine des mots anglais : dictionnaire raisonné des racines indo-européennes*, 1984.) Entre les diverses graphies modernes, « Iseut » semble la plus communément pratiquée.

L'apport français est à signaler spécifiquement pour la forme « Tristan », qui, désormais adoptée, est venue ajouter par son radical même (« tristis », triste) une association sur laquelle les poètes se sont empressés d'insister. Cette analogie était même passée dans la langue courante, puisque « chanter de Tristan », selon le *Dictionnaire de l'ancienne langue française du IXe au XVe siècle* (F. Godefroy), signifiait « être triste ». L'anagramme « Tantris », employée par le héros lorsqu'il veut cacher son identité, fait fonction de nom de guerre.

Toponymie

La tradition place tantôt aux portes d'Edimbourg, tantôt à la marche de l'ancien royaume de Cornouailles, la contrée dont Tristan est issu, le Léonois. Ce qui importe, c'est que la mer oriente le destin du héros d'un rivage à l'autre du monde celte entre la Cornouailles, l'Irlande et la Petite-Bretagne.

Les fouilles archéologiques entreprises dans la région de Castle Dore et de Fowey, au sud-ouest de la Cornouailles, et les recherches d'archives ont permis de retrouver quelques sites mentionnés dans les textes médiévaux. Ainsi a-t-on pu localiser le Lantyan, attesté dans le *Domesday Book* d'Exeter en 1086, l'une des résidences attribuées au roi Marc par Béroul au XIIe siècle. Les documents hagiographiques signalent la fondation par saint Samson, avant son départ pour la Bretagne, en 625, d'une église avec son monastère, près de Fowey. De fait, dans le *Tristan* de Béroul, on voit les moines de cette église et leur abbé assister au retour d'Iseut. De nos jours, les travaux se poursuivent avec passion autour d'une stèle, datant du VIe siècle, trouvée près de Castle Dore. Son inscription, partiellement usée mais transcrite, en 1538, par John Leland, archéologue du roi Henri VIII, dans son *Itinéraire*, en ferait rien moins que la pierre tombale de Tristan et d'Iseut.

Les sites corniques, en particulier, figurent souvent dans les refontes du mythe, même récentes. Thomas Hardy donne à sa *Célèbre Tragédie de la Reine de Cornouailles* (1916-23) le cadre du château-fort de Tintagel dont il a pris la peine de reconstituer le plan. Dans un roman d'Arthur Quiller-Couch et de Daphné du Maurier, intitulé *Castle Dor* (1962), le pouvoir suggestif de ces lieux amène, comme par osmose, des êtres humains ordinaires à réincarner les célèbres héros.

Tradition narrative

Dans l'état actuel des travaux de recherche, la question des origines du mythe de Tristan est encore loin d'être tranchée. Le débat continue entre les tenants des sources celtes, persanes, et arabes. Aux similitudes repérées par les érudits avec ces traditions, il convient d'ajouter les mythèmes empruntés à l'antiquité classique (le Morholt-Minotaure et la légende de Thésée, les mythes de Persée et de Pelée), ou au folklore (le dragon, le cheveu d'or). Des tentatives ont été amorcées pour réconcilier ces divers apports et élaborer une théorie de la transmission du mythe. Récemment Pierre Gallais affirmait :

> « *Tristan* est le résultat d'une synthèse. Il est né lui aussi du contact de plusieurs " folklores " — trois au moins : l'arabe (qui avait popularisé le roman persan de Gurgani [*Wīs et Rāmin*]), le celtique (où les *aitheda* [récits d'enlèvements] n'étaient pas moins popularisés), et le français (d'oc ou d'oïl), lui-même pénétré depuis longtemps d'apports celtiques et orientaux. »

Malgré le caractère disparate des origines, une fois la cristallisation opérée des grands chants tristaniens du XIIe siècle jusqu'aux *Tristans* modernes, les mêmes données structurelles se retrouvent d'une version à l'autre et l'on est frappé par la constance du schéma narratif. Poèmes, romans, pièces pour la scène, textes complets ou partiels, icônes, œuvres musicales ou cinématographiques reprennent avec une fidélité remarquable non seulement les épisodes principaux de la geste des amants de Cornouailles mais jusqu'aux fonctions des actants essentiels.

Vue dans son ensemble, la *saga* de Tristan se présente comme une double quête dont voici les étapes essentielles :

I*a*. Sur la venue au monde du héros, fils du roi de Léonois, Rivalen, et neveu du roi Marc de Cornouailles, plane déjà la tragédie puisque l'enfant coûte la vie à sa mère, Blanchefleur.

I*b*. Marqué au signe de l'élection, par l'orphelinat et la possession de dons exceptionnels (guerrier, chasseur, athlète, musicien, poète), Tristan paraît tout d'abord promis à l'accomplissement de « travaux » libérateurs. Tel David, il abat un géant oppresseur (le Morholt d'Irlande, venu réclamer son tribut) et, ainsi, affranchit sa patrie d'adoption (le royaume de Cornouailles) de la terreur et de la sujétion. Une seconde victoire, sur le dragon cette fois, apporte à un autre peuple (celui d'Irlande) le même soulagement. Saint Georges ou Persée, Tristan délivre également la jeune fille menacée (Iseut la Blonde, princesse d'Irlande, à la veille d'être sacrifiée en mariage au répugnant imposteur qui se dit vainqueur du monstre.)

I*c*. Chaque fois, Tristan manque de mourir et ne doit de survivre qu'aux dons guérisseurs d'Iseut, celle qu'il est en fait venu conquérir, mais pour un autre (son oncle). Là, encore, il mène à bien sa tâche. De cette première quête, heureuse, le héros émerge, nimbé de pureté, autre Galaad.

II. Le mythe, alors, s'humanise. Au moment où Tristan place, de sa propre volonté, entre Iseut et lui, le triple interdit du mariage, de la loyauté vassalique et de l'affection « filiale » qui l'unit à son oncle, c'est le destin, ou la nature, qui prend les deux jeunes gens dans un lien indissoluble. Sur le vaisseau qui les ramène à Marc, assoiffés, ils boivent à la même coupe magique l'amour, et la mort, et la vie.

III. A la cour de Cornouailles, le couple devient trio. Dès lors, la quête recommence, égoïste cette fois, clandestine et totalement absorbante. Seul objectif : l'union avec l'Autre. Tous les talents du héros y sont consacrés, ainsi qu'à déjouer soupçons et pièges (épisode le plus populaire : le rendez-vous à la fontaine, épié par le roi, si finement modernisé dans le film *L'Eternel retour*). Finalement, pris en flagrant délit, la reine et le preux échappent de justesse au supplice et sont mis au ban de la société.

IV. Un interlude, sous guise d'exil, réunit les amants dans le cercle enchanté de la solitude partagée (la vie dans la forêt). Le roi les découvre. L'ordre social reprend son droit. La séparation survient à nouveau.

V. La victoire de l'ordre, sans avoir éteint les passions, rétablit et même redouble l'interdit, puisque Tristan à son tour se marie, sans amour (Iseut aux Blanches Mains). C'est alors, le calice jusqu'à la lie. Long cheminement vers l'épuisement, ponctué par les « retours » du héros qui tente tout, même la folie, pour vivre quelques moments dans la radiation de l'Autre.

VI. La fin est une double mort d'amour dont les modalités varient selon les textes. Voici celle que nous donne Thomas : de retour auprès de son épouse mal-aimée en Petite-Bretagne, Tristan blessé, épuisé, agonise. Il fait mander la reine Iseut. Celle-ci se hâte de répondre à son appel, contrairement à ce que fait croire à Tristan sa femme mal inspirée par la jalousie (épisode de la voile blanche ou noire). Iseut la Blonde arrive trop tard. Alors, aux côtés du héros mort, elle s'éteint à son tour. L'épreuve par le martyre de la séparation a pris fin. La seconde quête est achevée.

VII. Certains auteurs anciens, Eilhart von Oberge, et d'autres même modernes, parachèvent l'ultime signification du mythe en faisant croître, sur les tombes des amants, des arbres entrelacés.

Les versions succédant au canon établi aux XIIe et XIIIe siècles sont innombrables. Elles se présentent essentiellement sous quatre aspects. Certaines sont archaïsantes. C'est le plus grand nombre, même parmi les plus récentes.

Quelques-unes, surtout dans le domaine français, se donnent pour palimpsestes d'un texte-matrice que nul, toutefois, n'eut jamais sous les yeux. D'autres transposent personnages et péripéties dans un contexte modernisé offrant ainsi de piquantes équivalences. Au lecteur, alors, le plaisir de les déchiffrer. D'autres enfin, et plus rares, tissent des éléments tristaniens, — motifs, épisodes ou actants — dans la trame d'un autre récit auquel le mythe prête la profondeur de son écho.

POLARITÉ DE LA RÉCEPTION DU MYTHE

Comment a-t-on lu les *Tristan*? Deux pôles se révèlent. Pour certains, il ne s'agit que d'une simple histoire d'adultère. Pour les autres, c'est la plénitude de l'amour humain.

Parmi les premiers, Chrétien de Troyes, qui n'y voyait que folie, « que honte m'est à raconter », fait dénoncer par une autre femme, Fénice, héroïne de *Cligès*, la « vilénie » d'Iseut la Blonde (3153-7)

> « Car son corps fut à deux rentiers
> Et son cœur à l'un entier
> Ainsi toute sa vie en usa
> Que jamais les deux ne refusa.
> Cet amour ne fut pas raisonnable. »

La prémisse proposée, « Qui a le cœur, a aussi le corps » (3163), n'apporte, il faut bien le dire, aucun palliatif à la force des choses, car, côté Marc, Iseut n'avait pas le choix.

Dans le cinquième chant de l'*Enfer*, Dante se montre encore moins compréhensif et relègue Tristan (aucune mention d'Iseut) dans le Second Cercle, en compagnie de Pâris et d'Hélène, de Sémiramis, d'Alexandre, et de « tous ceux qui pèchent par la chair », « ceux qui font de la raison l'esclave des appétits ».

Au XIVe siècle, le poète anglais, John Gower, dans une ballade en français, se moque de Tristan, ainsi que de Lancelot, pour leur « sotie ». C'est aussi lui qui « tire de l'histoire du philtre amoureux la conclusion tout à fait inattendue qu'il faut se garder de trop boire ». Force est d'admettre que la popularité même du « vin herbé » demeurait nuancée d'une certaine condescendance chez ceux qui, comme Thibaut de Champagne, pensaient savoir aimer davantage sans avoir recours au breuvage « dont Tristan fut empoisonné ».

Écoutons, à son tour, Sir Walter Scott concéder, en 1803, dans une lettre, la probabilité de l'existence réelle de Sir Tristrem et résumer ainsi son destin :

> « comme je l'ai toujours pensé, une personne de ce nom avala pour vrai une dose de poudre de cantharide, destinée à stimuler la vigueur de son oncle, mini-monarque de Cornouailles, et, bien entendu, s'embarqua dans une intrigue avec sa tante... »

Plus près de nous encore, un dramaturge allemand, George Kaiser, dotait sa pièce, qui n'est pourtant pas une comédie, du titre explicite *Le Roi cocu (König Hahnrei*, 1913).

Par contre, en relevant, en 1886, les « allusions à la légende de Tristan dans la littérature du moyen âge », Léopold Sudre considérait l'attitude déjà mentionnée de Gower comme exceptionnelle. Les nombreux cas répertoriés montrent que les amours de Tristan et d'Iseut étaient à tel point admirées qu'elles servaient de commune mesure aux poètes-amants provençaux, aussi bien que français, et même étrangers. Très tôt, on insère des fragments de la légende dans des textes semi-didactiques comme le *Donnei des amants*, ou le *Roman de la Poire* de Messire Thibaut. Technique de « mise en abîme » encore valable de notre époque, pour le romancier anglais Charles Morgan à titre d'exemple (*Sparkenbroke*, 1936). Dans son roman l'*Escoufle* (c. 1200), Jean Renart va jusqu'à orner d'épisodes récapitulant l'histoire une précieuse coupe qu'il se complaît à décrire et que son héros destine au maître-autel du Saint-Sépulcre.

Dans cette tradition, l'adultère cède la place à la grandeur d'un attachement exemplaire avec son cortège de joies et de peines. La ballade islandaise sur la mort de Tristan, composée dans la seconde moitié du XVe siècle, nous rappelle qu'il s'agit du triomphe de l'amour chez deux « êtres d'honneur ». Quatre cents ans plus tard, les habitants des îles Féroé chantaient encore des amants morts, le cœur brisé : « Je vous en donne ma parole. Ces choses n'arrivent plus à personne aujourd'hui. »

Voici donc l'autre versant, le « beau conte d'amour et de mort » (J. Bédier), la « merveilleuse histoire » (A. Mary et cent autres), le mythe de l'amour total, de l'amour-dépassement. Au chapitre des « thèmes d'exaltation », dans son *Essai sur l'Amour humain* (1948), Jean Guitton déclare :« Trois grands thèmes dans l'histoire ont exprimé l'amour : le thème platonicien, le thème salomonien et le thème de Tristan. Chacun correspond à une civilisation : la grecque, la juive et la moderne. Ils donnent désormais comme les trois harmoniques de l'amour parmi les hommes. »

Exégèses

Mythe héroïque

Si l'on considère le corpus tristanien dans son ensemble, il s'avère que, quel que soit le pôle d'interprétation, le mythe de Tristan s'annonce tout d'abord comme un mythe de héros. Du schéma héroïque universel décrit par Marie-Louise von Franz dans *L'Homme et ses symboles* (Carl G. Jung, 1964), on retrouve un nombre d'éléments. La présence tutélaire d'un père adoptif protège l'enfance vulnérable du héros, qui se transforme en surhomme. Tous les remanieurs du mythe de Tristan s'accordent à reconnaître à ce dernier une force et une précocité peu communes. Pour lui, comme pour le Cid, « la valeur n'attend point le nombre des années ». Il conclut donc avec succès la lutte contre les puissances maléfiques. Mais il ne s'agit pas seulement de muscles, puisque s'y ajoutent l'intelligence et le courage. Comme si cela n'eût pas suffi, la beauté vient encore couronner toutes ces vertus. L'ascension du héros est rapide. Elle ne manque pas d'attiser l'envie des moins favorisés, d'autant plus que Tristan se montre également incorruptible.

Mythe civilisateur

Or, en ce surhomme, on a également vu un héros civilisateur. Maître en tous les arts virils de son temps, Tristan dégrossit et éduque les Barbares de Cornouailles. Son ingéniosité en fait, dès les textes anciens, un inventeur de machines (« arc-qui-ne-faut », images-automates d'Iseut et de sa suivante). Il met au point des techniques nouvelles de sécurité (chasse silencieuse du chien Husdent dans la forêt), ou de communication (copeaux-télégraphes, bâton-message du « lai du chèvrefeuille »).

Mythe d'artiste

De surcroît, le mythe de Tristan est tout autant qu'un mythe héroïque, ou civilisateur, un mythe d'artiste. Personnage protéen, acteur né, Tristan sait se rendre méconnaissable, jouer des rôles, parler d'autres langues, y compris celle des oiseaux. Citons à titre d'exemple la si douce imitation du chant du rossignol, qui, dans le silence de la nuit, fait pleurer la reine, prisonnière entre les bras de son époux *(Donnei des amants).* Musicien et poète, Tristan initie Iseut à l'interprétation et à la composition de chants lyriques où tous deux épancheront leur joie et leur douleur. En quelque sorte Thésée, plus Ulysse et Orphée, réunis.

Ce qui frappe, c'est le caractère synthétique de ce portrait en pied de l'idéal masculin. Dans le langage du XVIIe siècle, il eût été « le plus parfait des hommes ». Cet excès de perfection n'a pas échappé à quelques iconoclastes qui, comme John Erskine, (*Tristan and Isolde : Restoring Palamede*, 1932), démythifient leur héros, le réduisent au machisme et, à l'occasion, transfèrent ses vertus sur son rival. Fait notable, l'amour du couple survit à cette déviation.

Mythe du couple

En effet, à cet idéal masculin correspond un complément idéal féminin. Iseut possède elle aussi la beauté, l'intelligence, une certaine forme de courage, et surtout le don de guérir les blessures dont le héros est affligé. Elle, seule, peut lui redonner la vie. Point n'est besoin d'en savoir davantage.

Force est d'admettre avec Françoise Barteau que, parfois, « Iseut la Blonde finit par nous paraître paradoxalement abstraite, comme si elle était un principe, une allégorie ». (*Les Romans de Tristan et d'Iseut : introduction à une lecture plurielle*, 1972.) Mais il est à noter que, dans les actualisations du mythe où les auteurs se sont ingéniés à rendre Iseut moins diaphane, et à renverser en quelque sorte les rôles, cela n'affecte pas le résultat final. En effet, ce qui est donné à comprendre, l'une des constantes du mythe, c'est que Tristan et Iseut étaient faits précisément pour se compléter.

C'est l'ultime fonction du breuvage magique que d'exprimer, autre constante, le caractère inéluctable de cette complémentarité. Dans la double nature du « lovendrin », tour à tour « élixir de vie » et de bonheur, et « poison », agent de destruction et de mort, Pierre Ponsoye a discerné l'image de « deux forces apparemment opposées mais en réalité complémentaires, destinées à trouver l'équilibre » dans la plénitude de l'amour et, donc, du Moi profond des amants (*Qualités anagogiques de la littérature*, 1971).

Les auteurs qui, comme celui de la *Folie Tristan* de Berne, jouent sur la composition du philtre, plus ou moins « mal partagé », ne font que nous rappeler, et pour mieux souligner le miracle, l'angoisse atavique de l'homme hanté par sa condition lacunaire. Angoisse que sont contraints de vivre Marc et l'autre Iseut, les mal aimés.

Selon Françoise Barteau encore, « Iseut est plus que Tristan l'âme du couple ». Pourtant, si l'âme est principe vital, elle ne saurait, dans le cas du couple tristanien, être l'un des partenaires plutôt que l'autre. Elle est précisément leur conjonction, prodige d'intégration réciproque exhalée en un duo extatique au deuxième acte de la version wagnérienne :

> « TRISTAN :
> Toi Tristan, moi Iseut, non plus Tristan!
> ISEUT :
> Toi Iseut, moi Tristan, non plus Iseut! »

Le mythe de Tristan et d'Iseut est donc un mythe du couple, « le Toi et le Moi, le Tien et le Mien, réunis pour toujours dans un bonheur sublime ». (Thomas Mann, *Tristan*, 1903), une seule conscience fondue dans le principe universel.

Mythe de marginalité

La quête de la conjonction du couple constitue, ainsi, dès la découverte de l'Autre, l'unique occupation du Moi. Puisque le héros mythique propose un exemple, ou comme le dit Mircea Eliade (*Aspects du mythe*, 1963) « un paradigme à tout acte humain significatif », le côté subversif du mythe de Tristan ne pouvait passer inaperçu auprès de ses exégètes.

De fait, ce couple se suffit à lui-même. Enfin libre de se vivre, dans la forêt, il ne lui reste rien à désirer. Écoutons Gottfried von Strassburg (16904-6) :

> « Là était l'Homme aux côtés de la Femme
> Là aussi la Femme aux côtés de l'Homme
> Qu'auraient-ils pu souhaiter alors ! »

Il est donc aisé de voir dans cette suffisance « un épanouissement anarchique » du Moi (Françoise Barteau). Et, au nom de l'éthique sociale, c'est bien ce, qu'en 1938, Denis de Rougemont reprochait aux amants. Il devait d'ailleurs revenir sur ses célèbres formules : « Tristan n'aime pas Iseut, mais l'amour même. » Et encore, Tristan, ce serait « le mythe d'un amour qui méprise l'épreuve de l'engagement dans les rapports sociaux ». Finalement, « l'on recule épouvanté devant l'idée d'Iseut devenant Madame Tristan ! »

On a beaucoup insisté sur la « récréance » du couple tristanien, chacun sacrifiant sa fonction sociale pour entretenir le feu de la passion. Aussi sur la clandestinité de son existence. Même sur la déchéance du héros, réduit à différents rôles de paria (lépreux, ladre, aliéné mental, etc.) et condamné à l'errance. Un tel gâchis humain ne saurait être que répréhensible, aux yeux de la société.

Aux héros soumis à l'envoûtement du génie de Wagner, tels ceux de D'Annunzio (*Triomphe de la Mort*, 1894) ou ceux du *Tristan* de Thomas Mann, on a reproché également de s'abandonner à l'engouement pour la mort. Dans cette lecture dénonciatrice du mythe, et pendant un temps assez répandue, Herbert Marcuse percevra un mécanisme de défense de la société contre la force destructrice d'Eros.

> « Ce n'est point un accident si la grande littérature de l'occident ne célèbre que " l'amour malheureux ", ni que le mythe de Tristan en soit devenu l'expression modèle. Le romantisme morbide du mythe est au sens propre *réaliste.* » (*Eros et civilisation*, 1955.)

Tristan et Iseut, tout d'abord promis à la lumière, sont amenés à la fuir et à rechercher l'ombre. Pourtant, la constatation de la face « nocturne », selon le terme de Jean-Charles Payen, du mythe peut mener à une autre interprétation. Au terme de cette traversée de la nuit, certains ont vu poindre une autre clarté.

Mythe de transcendance

Lorsque Marie-Louise von Franz analysait la différence entre le mythe héroïque et le rite d'initiation, elle signalait que, dans ce dernier, le novice doit abandonner toute ambition et tout désir pour se soumettre à l'épreuve, et « sans espoir de succès ». En fait, il lui faut « être prêt à mourir ». C'est bien le cas de nos héros. Et cette volonté de se dépasser ne doit pas être confondue avec le désir morbide de la mort. Ainsi que le faisait remarquer Henri Lichtenberger à propos de Wagner « poète et penseur » (1898) : « l'amour mène à la mort... mais non à la perdition... et conduit à la paix de nirvâna. »

A son tour, dans la préface qu'il écrivit à *La Femme essentielle* de Pierre Solié (1980), Pierre Emmanuel présente l'expérience mythique « menée à son terme » comme « l'accomplissement suprême du destin ». Mais elle se révèle « d'une incarnation malaisée ». En effet, pour le poète « la vraie dimension de la quête, ce n'est pas le retour à une santé sans souffrance qui la donne, mais la conquête douloureuse de la Sagesse, parce que cette douleur *fait Sens* ». Or, dans ce livre « orphique », Pierre Solié consacre, au chapitre sur la quête d'amour des héros lunaires, toute une section à la « Passion de Tristan et Iseut ». L'auteur y voit, comme dans l'épopée babylonienne de Marduk, une *métanoïa*, c'est-à-dire, selon sa propre annotation : « une métamorphose par / et dans le spirituel ». Puis, prenant le contre-pied de la théorie de Denis de Rougemont, il ajoute :

> « Ce n'est ni une lutte de la chevalerie courtoise contre le droit féodal, ni une vision cathare de l'amour, ni une allusion tantrique. Pas plus un amour de l'amour, et moins encore un amour de la mort, mais une fois de plus l'expérience primitive originelle constitutive de l'*homo* et de la Passion que tout héros lunaire — c'est-à-dire tout homme — doit subir à certains moments de sa vie. »

Pour Michel Cazenave, le mythe de Tristan « ne trouve précisément que de nos jours sa véritable grandeur ». Et c'est dans « la subversion par l'âme de tant de nos structures de notre conscient collectif, et de tant de nos valeurs masculines traditionnelles » qu'il faut discerner « la vraie portée *pratique* » de cette « mystique de la Vie ». (*La subversion de l'âme : mythanalyse de l'histoire de Tristan et Iseut,* 1981).

Ainsi le mythe de Tristan est un mythe initiatique dont l'expérience réussie mène à une re-naissance. Iseut, y joue le rôle de guide, si souvent réservé, selon Carl Jung, à une présence féminine dans les rites de passage. Dans cette lecture ésotérique, l'histoire de Tristan et d'Iseut apparaît, non plus seulement comme le mythe de la plénitude de l'amour humain, mais comme le mythe de la plénitude ontologique, où la chair enfin comblée reçoit, de l'être aimé, la vie spirituelle. En ce cas, tout repose sur la découverte de l'Autre, unique epipschychidion. Toutefois, une autre interprétation peut se concevoir.

Mythe d'individuation

Déjà, en 1973, en préfaçant l'édition Folio du *Tristan* d'André Mary, Denis de Rougemont avait concédé que Tristan et Iseut ont bu « l'amour », « un amour qui s'adresse à la part immortelle que lui seul pourra deviner, ou susciter dans l'autre : la part de l'Ange. » Mais, ajoutait-il, « il faut croire aux Anges pour y croire ». Il suggérait alors que le « secret dernier » du mythe serait peut-être à découvrir dans « l'angélologie de l'ancien Iran ». Selon cette mystique, l'âme de chaque individu, trois jours après la mort, rencontre son Moi céleste, sous la forme d'un ange-femme pour les élus, ou d'un monstre pour les damnés. Ainsi, « l'apparent narcissisme de Tristan trouverait ici son interprétation spirituelle ».

De plus, devant la présence dans les textes de symboles symbiotiques androgynes (chèvrefeuille et coudrier de Marie de France, arbres entrelacés sur les tombes des amants, ou l'unique « ronche » du *Roman de Tristan en prose*), devant la fonction catalytique d'Iseut et le caractère abstrait que nous lui avons déjà reconnus, on est en droit de se demander si Tristan et Iseut ne pourraient pas être une seule et même personne. Le mythe de Tristan serait alors celui de la résolution, par la mort initiatique, du dualisme humain en un seul être enfin unifié. Mythe de la réconciliation de « l'Homme et [de] la Femme que Dieu fit *un* à son image » et que chacun de nous porte en soi.

Mythe cosmique

Dès 1821, Franz J. Mone, dans sa préface à l'édition von Groote du *Tristan* de Gottfried von Strassburg, faisait de Tristan un héros solaire. L'idée fut reprise, en 1847, par Hermann Kurtz qui, comparant Tristan et Siegfried, les considérait comme issus du mythe d'Osiris apporté par des Phéniciens expatriés dans les régions habitées par les Celtes. En 1869, dans une communication publiée par la Société Asiatique, Edward Tyrell Leith assignait au mythe une origine aryenne et voyait en Tristan une déification du Soleil printanier, Marc étant l'Hiver et Iseut la Déesse Terre. La potion magique devenait la pluie printanière qui féconde la Terre.

> « Enfin, le triste hiver revient et, comme Marc, reprend son pouvoir sur la pauvre Reine, tandis que le Dieu-Soleil, blessé, meurt, ou erre dans d'autres pays et cherche une autre épouse. »

L'interprétation cosmique du mythe devait retrouver faveur au XXe siècle. Jean Markale, dans *L'Epopée celtique d'Irlande* (1971) et *La Femme celte* (1982), démontre qu'Iseut partage avec son « archétype » Grainné (le mot « grein » signifie soleil) sa qualité de puissance solaire et sa fonction d'initiatrice. Dans cette optique, Tristan serait un personnage lunaire.

Récemment, on a pu montrer l'importance du solstice dans le *Tristan* de Béroul, où la crise de repentir des amants dans la forêt, au lendemain de la Saint-Jean (Baptiste), serait « la figuration microcosmique du renversement macrocosmique du solstice ». Cette ligne d'interprétation qui constate le synchronisme de l'évolution spirituelle avec l'influence des astres, ouvre également la voie à une exégèse théologique du mythe de Tristan.

Mythe chrétien

Déjà, la lecture attentive des versions anciennes révèle, dans cette histoire réputée païenne et érotique, la présence immanente de Dieu. Les amants prennent le Seigneur constamment à témoin et l'implorent, rarement en vain. Il « œuvre » pour ces adultères, aux moments où ils semblent le moins le mériter. L'auteur de la *Folie Tristan* de Berne déclare avec assurance, lorsque le roi découvre, dans la forêt, les amants endormis mais séparés par l'épée dégainée de Tristan, que « Dieu faisait bien ce qu'il voulait ».

Cette récupération chrétienne du mythe est évidente pour Wolfgang Golther dans la présence, chez Gottfried en particulier, d'un « concept d'une extrême gravité », symbolisé par l'union, sur la tombe des amants, du rosier et de la vigne. A savoir qu'au nom de l'amour du Christ, « devant le trône de Dieu, Tristan et Iseut sont absous de toute culpabilité » (*Tristan et Iseut dans les poèmes du Moyen Age et de l'époque moderne*, 1907). Dans une étude sur « l'évolution du conte de Tristan et Iseut dans le théâtre », Edward Savage a démontré que les modifications apportées au mythe à partir du XIIIe siècle visaient à le christianiser (*Le Rosier et la Vigne*, 1961). On ne s'étonne donc plus de constater l'intégration du couple tristanien dans l'iconographie religieuse, au pavement de l'abbaye de Chertsey, par exemple.

Mais, avec la montée des valeurs bourgeoises le mythe allait perdre pour un temps sa disponibilité au mysticisme. Il suffit, pour s'en persuader, de lire l'interprétation prosaïque et dogmatique, donnée par le luthérien Hans Sachs, en 1553, de la tragédie en sept actes et vingt-trois personnages « des amours passionnées du sire Tristan et de la belle reine Iseut ». On y entend cette dernière, après l'absorption du philtre, déclarer sans ambages avoir quelque chose « qui ne va pas ». Après trois siècles de désintégration, il faudra les génies visionnaires de Wagner et de Swinburne pour redonner au mythe sa valeur d'odyssée spirituelle.

A propos des expériences initiatiques, dont celle de Tristan, présentées par

Pierre Solié dans *La Femme essentielle*, Pierre Emmanuel avait déjà constaté, qu'il restait « encore une étape à franchir », « car la rédemption n'est encore achevée, l'anima reste toujours infernale ». Cette étape sera franchie par les plus récents exégètes du mythe. Dans son article sur « le solstice de Tristan », Philippe Walter voit en l'histoire des amants « l'illustration des tribulations du devenir humain sans cesse guidé par Dieu ».

Tout dernièrement, Jacques Ribard, prenant pour acquis les résultats des interprétations cosmiques et transcendentales, leur a ajouté une perspective résolument chrétienne. Le philtre « n'est autre que l'expression romanesque du péché originel ». Ainsi Tristan et Iseut, tels Adam et Eve, incarnent l'humanité déchue, mais consciente. Leur ancienne innocence sera reconquise au prix de la douleur et dans l'Au-delà. C'était bien ce que Paul Claudel, dans *Partage de Midi*, nous avait déjà donné à voir en la fin extatique d'Ysé et de Mésa, prélude à l'ultime métamorphose de

> « L'homme dans la splendeur de l'août, l'Esprit vainqueur dans la transfiguration de Midi ! »

La multiplicité des versions modernes atteste la vitalité du mythe. De nos jours encore, la conjonction tristanienne continue d'exercer son étrange magie. A l'homme d'argile, englué dans l'accoutumance et l'isolement, le mythe de Tristan offre l'ultime tentation de l'exaltation partagée avec un autre soi-même. Parfaite synchronisation de deux êtres qui, patrie l'un de l'autre, respirent, vivent et meurent à l'unisson, c'est « l'amour sublime » (Benjamin Péret). Par là, il nous atteint au plus profond de nous-mêmes.

Jacqueline THIBAULT-SCHAEFER

BIBLIOGRAPHIE

Versions majeures

Eilhart von OBERGE, *Tristrant* (c. 1170), tr. Danielle Buschinger, Göppingen, A. Kummerle, 1976.

BÉROUL, *Le Roman de Tristan. Poème du XIIe siècle.* Ed. Ernest Muret, Paris, Champion, 1903.

THOMAS, *Le Roman de Tristan. Poème du XIIe siècle.* Ed. Joseph Bédier, Paris, Didot, 1902. 2 volumes.

Gottfried von STRASSBURG, *Tristan* (c. 1210), tr. D. Buschinger et Jean-Marc Pastré, Göppingen, 1980.

Marie de FRANCE, *Lais*. Ed. Jean Rychner, Paris,Champion, 1966. Réédité, 1981.
La Folie Tristan de Berne. Ed. Ernest Hoepffner. Paris, Belles Lettres, 1934. 2e éd., 1949.
La Folie Tristan d'Oxford. Ed. Ernest Hoepffner. Paris, Belles Lettres, 1938. 2e éd., 1943.
Le Roman de Tristan en prose. Ed. Renée Curtis, Vols. I-III, Cambridge, Brewer, 1963-1985 ; Ed. Philippe Ménard, vol. I-VI, Genève, Droz, 1987.
Sir Tristrem. Ed. Sir Walter Scott. Edimbourg, Constable, 1804. Texte de la fin du XIIIe siècle.
Sir Thomas MALORY, *The Book of Sir Tristram de Lyones* (dans *Le Morte Darthur*, fin du XVe siècle). Ed., Eugène Vinaver. Oxford, Clarendon Press, 1947.
Richard WAGNER, *Tristan und Isolde* (1859) Opéra.
Algernon Charles SWINBURNE, *Tristram of Lyonnesse*, Londres, 1882.
Joseph BÉDIER, *Le Roman de Tristan et Iseut*. Paris, Piazza, 1900.
Tristan et Yseut. Les Tristan en vers. Ed. Jean-Charles Payen. Paris, Garnier, 1974 (Rassemble en traduction Béroul, Thomas, les *Folies* et le *Lai du Chèvrefeuille* de Marie de France).
Jean COCTEAU et Jean DELANNOY, *L'Eternel retour* (1943), film.
Yvan LAGRANGE, *Tristan et Iseut* (1973), film.

Bibliographies

David J. SHIRT, *The Old French Tristan Poems : a Bibliographical Guide*. Londres, Grant and Cutler, 1980.
Elizabeth FRENZEL, *Stoffe der Weltliteratur*. Stuttgart, Kröner, 1963, (2e éd.).
Edmund and Louise REISS, Beverly TAYLOR; *Arthurian Legend and Literature :* An Annotated Bibliography. Vol. I, *Middle Ages*, New York, Garland, 1984. (Vol. II, *Renaissance to the Present*, à paraître).
Bulletin bibliographique de la Société internationale arthurienne. Paraît annuellement.

Etudes critiques

La plupart des grands médiévistes se sont intéressés au mythe de Tristan. La somme d'érudition sur le sujet est considérable, mais il y a peu d'études globales. En sus des ouvrages cités dans le texte, on se reportera aux éditions des versions individuelles et à la revue internationale *Tristania*.

ULYSSE

« Il tend une paume rendue calleuse par les agrès et le timon, et sa peau est burinée par le noroît, la chaleur et la neige.
On dirait qu'il veut nous délivrer du monstrueux Cyclope, des Sirènes au chant porteur d'oubli, de Charybde et de Scylla,
Tous ces monstres si étranges que nous en oublions qu'il fut, cet Ulysse, un homme comme nous,
Qui a livré son combat en ce monde, de tout son corps et de toute son âme. »

(Georges Séféris, « Sur un vers étranger », 1932)

Ces vers illustrent bien la spécificité du mythe d'Ulysse : le fils de Laerte s'offre à nous, à chaque étape de son destin littéraire, avec une force de présence qui tend à lui faire quitter l'aura révérentielle dont jouissent, par exemple, Antigone ou Œdipe, pour le statut d'une *personne* à laquelle il devient possible de s'identifier. Doté d'une plasticité remarquable et qui tient à cette intelligence qu'il incarne, Ulysse est un être de tensions résolues, de contradictions surmontées, mais l'effort, toujours perceptible, lui confère une inoubliable chaleur humaine, qu'on le rencontre chez Dante, Shakespeare, Joyce ou Kazantzakis. La dialectique du dehors et du dedans régit ses actes, mais il serait vain de chercher chez lui quelque « scène odysséenne » analogue à une « scène œdipienne ». Le divan de Freud ne saurait retenir un homme qui aspire à retrouver son lit d'olivier.

La richesse même de la geste odysséenne interdit ici autre chose qu'une esquisse, qui s'attachera d'abord à l'examen de l'essence constitutive d'Ulysse, l'intelligence, puis à une brève analyse de la fortune du mythe avant de terminer par la présentation des développements thématiques majeurs inspirés par les épisodes essentiels, homériques ou autres, du destin du très subtil roi d'Ithaque.

La bêtise n'est pas son fort ou la double postulation de la métis odysséenne

C'est dans l'*Iliade* et l'*Odyssée* qu'il faut d'abord chercher les éléments d'un portrait nuancé et complémentaire des composantes du caractère d'Ulysse. Tous les ajouts ultérieurs ne doivent pas nous faire oublier qu'ils présentent un certain caractère d' « apocryphes » par rapport à la *Vulgate* homérique.

Quand il donnait pour titre à son suggestif essai *Ulysse ou l'intelligence* (1946), Gabriel Audisio visait droit à l'essentiel. Ulysse est le seul des héros homériques à recevoir des qualificatifs qui définissent diverses nuances de l'intelligence portée au plus haut degré puisque, là encore, à lui seul sont attribués des adjectifs précédés de « poly ». Prenons les trois plus importants : polymétis, polytropos et polyméchanos. La *métis* (qui, sous forme divine, est la mère d'Athéna, par Zeus) est la faculté de saisir rapidement une situation comme l'adaptation qu'elle requiert. M. Detienne et J.-P. Vernant ont subtilement analysé tout le registre de cette qualité qui caractérise autant l'invention de l'artisan que le détour exigé par un danger. Les « tropoï », les « méchanaï » sont les « engins », au sens ancien du mot, que la métis d'Ulysse, prompte à saisir le réel, utilisera pour vaincre la difficulté soit en la dénouant, soit en la contournant. Détour, la métis est recul, temps de réflexion. Ulysse ne se jette jamais tête première, comme ses compagnons, dans le défi que lui jette sans cesse un réel hostile. Notons encore un terme important : « *dolos* ». Il est, chez Homère, partiellement neutre, ou plutôt bivalent : « astuce, trouvaille », il peut devenir le dol, la tromperie.

Favori de la déesse même de l'intelligence, Athéna, Ulysse est, chez Homère, un héros éminemment positif et sur lequel ne pèsent guère que quelques sous-entendus dus à des persifleurs jaloux ou irrités. Ulysse est un héros à la fois « comme les autres » et différent des autres. Entendons qu'il est un guerrier courageux (il est qualifié de « ptoliporthès », preneur de ville), mais que sa métis le distingue du « héros de base ». Il est avant tout l'homme des situations difficiles, complexes où son intuition, accompagnée d'un don oratoire que tous lui reconnaissent, fait merveille. Le « discours sur le danger d'avoir plusieurs chefs », comme la reprise en main d'une armée en débandade (*Iliade*, 2) ont fait l'admiration de Shakespeare comme de Gladstone. Son souci de s'adapter à son interlocuteur — acception que les sophistes donneront à « polytropos » — le désignera comme un « monsieur bons-offices » tout indiqué pour l'Ambassade auprès d'Achille (*Iliade*, 9). Le pontifiant Nestor lui-même le regarde alors avec insistance, lui signifiant ainsi l'espoir que tous placent en lui.

Le recul pris par la métis par rapport à la réalité, c'est aussi le sang-froid, la maîtrise de soi. *Compos sui*, Ulysse se trouve ainsi élu pour des missions de commando particulièrement périlleuses. C'est le cas lorsque (*Iliade*, 10) Diomède insiste pour l'avoir à ses côtés dans cette *Dolonie* qu'on lui imputera plus tard à crime, comme aussi le vol du Palladium. Que ce soit face à Ajax, le héros « au bouclier à sept peaux de bœuf », allégorie de son étroitesse d'esprit, ou à la force brutale et monstrueuse du cyclope Polyphème, Ulysse est toujours présenté comme le champion victorieux du parti de l'intelligence, ce qui lui vaut bien des inimitiés.

Trois exemples illustrent à la fois l'aspect atypique d'Ulysse et la profondeur que peut atteindre chez lui l'usage de la métis.

Dans la *Teichoscopie* (*Iliade*, 3), le Troyen Anténor évoquant pour Hélène cette première ambassade qui inspira Giraudoux, brosse un parallèle entre Ulysse et Ménélas.

> « Tant qu'ils furent debout, Ménélas l'emportait de ses larges épaules, mais lorsque tous deux se furent assis, Ulysse était plus imposant. Quand ce fut le moment de tramer devant tous paroles et pensées, sans doute Ménélas parlait-il aisément, en peu de mots qui sonnaient clair, sans bavardage et sans faute non plus, bien qu'il fût le plus jeune. Puis, quand se fut dressé l'ingénieux Ulysse, immobile, les yeux baissés, fixés au sol, sans agiter son sceptre en arrière, en avant — il le tenait tout droit, semblant embarrassé — l'on aurait vraiment dit un homme tout maussade, ou, simplement, un sot. Mais quand de sa poitrine il eut laissé sortir sa grande voix et ses paroles qui tombaient ainsi que des flocons de neige en hiver, Ulysse n'avait plus aucun égal au monde et ce n'était plus tant pour sa beauté que, désormais, nous l'admirions. » (*Iliade*), 3.

Attitude exceptionnelle qui suscita plus tard bien des réflexions chez les rhéteurs et sophistes de l'âge classique et hellénistique et où nous reconnaissons déjà l'axiome pascalien « la véritable éloquence se moque de l'éloquence ».

Un temps d'arrêt avant le discours devient ailleurs la volonté d'user jusqu'à la dernière limite les possibilités de son intelligence sans recourir à ce « joker » que représente l'aide divine, dans l'épisode de l'écharpe de Leucothéa-Ino (*Odyssée*, 5). Seul sur son radeau, pris dans une épouvantable tempête, Ulysse retarde, sans la refuser totalement, une assistance que sa métis est bien près de considérer comme « un piège nouveau que me tend l'un des dieux »...

> « Non! Non! je ne veux pas lui obéir encore. Il vaut mieux faire ainsi : c'est ce que je crois le plus indiqué : tant que mes bois tiendront, unis par les chevilles, je vais rester dessus, endurer et souffrir. »

Plutôt une souffrance dont on a pleine conscience et qui incite à exploiter pleinement ses propres ressources qu'une aide douteuse venue du ciel. L'obstination d'Ulysse a ici quelque chose de la volonté opiniâtre de Don Juan à faire face à l'inconnu. « Il y a bien là quelque chose que je ne peux comprendre... » La métis est aussi l'esprit critique à l'état naissant.

La dernière facette de la maîtrise de soi à laquelle est parvenu Ulysse nous est proposée par le célèbre « Patience, mon cœur! ». C'est ainsi qu'il parlait s'adressant à son cœur, son âme résistait, ancrée dans l'endurance » (*Odyssée*, 20). Ulysse résiste ici à un désir de vengeance immédiate sur les servantes infidèles. Mais ce qui n'est encore que remarquable maîtrise de soi devient vertu morale lorsqu'Ulysse interdit, après le massacre des prétendants, à la fidèle Euryclée de se réjouir de ces morts. Si le châtiment était juste, toute jactance à son propos relèverait de l'hybris, la faute morale par excellence.

> « Vieille, aie la joie au cœur, mais tais-toi!... pas un cri! triompher sur les morts est une impiété. » (*Odyssée*, 22).

Dans un passage plein d'humour et de tendresse, qualités propres au monde de l'*Odyssée*, tandis que celui de l'*Iliade* est tout empli d'Arès, Ulysse vient d'être déposé endormi sur une plage d'Ithaque par les Phéaciens. A son réveil, il ne sait où il se trouve. Athéna, sous l'apparence d'un jeune berger, l'aborde et lui dit qu'il est bien à Ithaque. Ulysse se refuse à y croire et débite à la déesse une de ces « vies imaginaires » dont il a l'art tout au long de l'*Odyssée* et qui sont autant de boucliers devant l'inconnu. Mais Athéna, avec jubilation, se révèle à lui. Son protégé reste toujours le même! Il ne peut s'empêcher de mentir. Mais, en l'occurrence, c'est le dupeur dupé. D'où la satisfaction d'Athéna « à métis, métis et demi ». Un vers (*Odyssée*, 13, 332), qui constitue un hommage de la déesse à son favori, résume, en trois qualificatifs, l'aspect positif de la métis odysséenne.

> « Non, vraiment, je ne peux pas te laisser dans le malheur, car tu es raffiné, plein d'intuition et réfléchi. »

« *Epètès* » signifie « civilisé », « poli », d'où raffiné ; « anchinoos » veut dire « dont l'intelligence va au plus près » de la réalité perçue, « qui pige vite » ; « echéphrôn », enfin, implique « le plomb dans la cervelle » de qui sait garder ses distances.

C'est cette rare combinaison chez le même homme qui le rend cher à Athéna, apparaissant ici comme une grande sœur jumelle et divine. Au reste, fille de Zeus, elle est parente d'Ulysse par son ascendance paternelle, puisque Laerte est fils d'Arkisios, et ce dernier, de Zeus.

Peut-être est-ce « *Epètès* » qui situe Ulysse tout à fait à part d'autres incarnations mythologiques de l'intelligence, Prométhée par exemple, dont l'incontestable inventivité ne laisse pas oublier qu'il est un Titan et donc séparé des hommes mêmes qu'il a tant aidés.

Telle est pour l'essentiel la face positive de la métis d'Ulysse avec les traits de caractère qui lui sont afférents. Stendhal (« à 19 ans accomplis », en 1802) projette d'écrire une tragédie sur Ulysse et note :

> « Ulysse a un grand caractère de prudence qu'Homère lui donne dans ses poèmes. Il n'est jamais dissimulé parce que ce défaut avilit. »

C'est noblement opter pour un Ulysse irréprochable, mais mutilé de toute une part non moins importante de son caractère et qui constitue le revers de la métis examinée plus haut. Car le fils de Laerte l'est également d'Anticlée. Celle-ci avait pour père Autolycos, donc grand-père d'Ulysse auquel il donna son nom d'Odysseus en le rattachant, selon ces étymologies « fatales » qu'aimaient tant les Grecs, à un verbe « *odysaô* » signifiant « en vouloir à, être fâché ». Autolycos (*Odyssée*, 19) prenant son petit-fils sur ses genoux et le baptisant ainsi aurait en quelque sorte fait de lui un « homme de ressentiment ». Cela ne se comprend que si l'on sait qu'Autolycos, descendant d'Hermès, était réputé pour ses escroqueries et duperies variées. Par cette ascendance, on remonte à une origine préhomérique, folklorique sans doute, d'un *Ur Ulixes* se rattachant au thème universel du rusé compère, du trompeur virtuose dont Till Eulenspiegel nous offre un proche et bel exemple. A cette hérédité déjà assez lourde par laquelle Hermès vient contrecarrer la bénéfique influence d'Athéna s'ajoute pour Ulysse une version, ignorée d'Homère mais que les Tragiques exploiteront, de sa naissance. Autolycos aurait accordé au maître roublard Sisyphe, de passage chez lui, le *jus primae noctis* avec sa fille Anticlée, laquelle devait donc partir chez Laerte, ignorant son infortune, enceinte des œuvres d'un individu rien moins que recommandable. Et la tradition postérieure développant l'*odium* d'Ulysse ne se fera pas faute de lui jeter à la tête un « bâtard de Sisyphe » dont on comprend qu'il ait eu lieu d'être ulcéré.

Mais cette hérédité est active et se manifeste au travers de cette même métis dont on a vu l'aspect positif. Cette autre postulation est le plus souvent fourvoiement ou excès de la première, la vertu devenant vice. On pourrait reprendre presque terme à terme et de façon antithétique les éléments de l'intelligence positive. L'habilité devient astuce, combine; la souplesse, bassesse et obséquiosité; la réserve se change en hypocrisie, la défiance en mensonge. Le sourire narquois devient hideux rictus du trompeur satisfait que son plan ait fonctionné comme il l'escomptait. La politesse tourne en cynisme impitoyable et cruel. Le *dolos* n'est plus l'esprit d'inventivité, mais la fourberie pure et simple. Double, Ulysse devient duplice. Le subtil fils de Laerte protégé d'Athéna, s'est changé en bâtard de Sisyphe, obéissant à l'instinct d'Hermès, dieu des voleurs.

Le contraste est violent, et il constitue le dynamisme du personnage littéraire d'Ulysse. Car, hormis chez Homère qui estompe délibérément le revers de la métis, la fortune du mythe d'Ulysse repose sur cette tension qui existe en permanence dans son caractère. Il est ceci *et* cela, et une réaction dans une direction peut toujours laisser supposer que couve en lui l'attirance vers son opposée. Mais ceci reste toujours, bien entendu, dans la marge de manœuvre d'une personnalité bien intégrée et dominant sa propre complexité. A cet aspect particulièrement suggestif pour les créateurs s'en ajoute un autre, qui tient à une sorte de conflit entre la vulgate homérique et les autres traditions. Or la geste homérique est la référence obligée de toute adaptation, transposition ou même innovation du mythe d'Ulysse. Bien souvent le créateur se trouvera pris entre l'Ulysse homérique et la tentation de lui prêter des réactions négatives. Ecartelée, la métis risque de rompre, la tension n'étant plus supportable, et tel avatar d'Ulysse n'aura ainsi pu accéder à l'existence littéraire.

« NI CET EXCÈS D'HONNEUR, NI CETTE INDIGNITÉ » : HEURS ET MALHEURS DE LA FORTUNE LITTÉRAIRE D'ULYSSE

Dès après Homère, les diverses versifications (car leur valeur poétique est presque nulle) du *Cycle épique* s'attachent au dénigrement d'Ulysse, soit délibéré, soit, plus simplement, en élargissant sa biographie à tous les vastes pans, antérieurs ou postérieurs à la guerre de Troie, qu'Homère n'avait pas évoqués. *Petite Iliade, Chants Cypriens, Ethiopide, Télégonie* : autant de références précieuses pour les mythographes qui sont, grâce à elles, informés de « l'affaire Palamède » où Ulysse aurait obtenu la mort de celui qu'il présenta comme un traître mais que, selon ces mêmes sources, il haïssait en réalité depuis qu'il l'avait contraint à quitter Ithaque; de « l'affaire des armes d'Achille »; du meurtre de Polyxène et d'Astyanax. Avec la *Télégonie*, c'est une Ithaque sordide où Ulysse retrouve une

Pénélope qui s'est laissé aller aux prétendants, avant de périr sous les traits de Télégonos, fils qu'il avait eu de Circé et qui, après sa mort, épousera Pénélope, tandis que Télémaque ira, lui, épouser ladite Circé. On se trouve en plein roman-feuilleton, mais l'ennui est que de ces calomnies, il restera quelque chose dans la grande littérature. Ainsi le dorien Pindare attaque-t-il violemment Ulysse l'ionien (5e et 7e *Néméennes*) sous le double chef de couardise et de bassesse. Thème qui sera couramment repris, illustré notamment par l'usage de l'arc, « arme des lâches », que fait Ulysse, tout comme ses actes « commis à la dérobée et en profitant de l'obscurité », telle la Dolonie. Au Ve siècle, Ulysse est devenu un personnage gourmand et libidineux dans les « drames satyriques ». Mais c'est de bonne guerre, et il n'est pas le seul héros à se voir ainsi ridiculiser.

La tragédie joue sur les deux facettes de la métis, mais si Sophocle essaie de maintenir égale la balance, Euripide, lui, poursuit la tradition de l'*odium*. Un *odium* renforcé à cette époque par l'embrigadement d'Ulysse par les Sophistes et les Cyniques. Cette double engeance étant mal vue, Ulysse subit le rejet dont elle fait l'objet. Et il n'est pas fortuit qu'Alcibiade se soit vu qualifier de « polytropos ». Ulysse est assimilé à un démagogue proche de Cléon. Quelle déchéance! Platon, s'il chasse Homère de sa cité, se réfère souvent à Ulysse avec une certaine sympathie quoique teintée de condescendance. Ulysse est le héros terre à terre qui ne voulait pas voir les hommes passer à l'attaque le ventre vide (*Iliade*, 9) : il devient le garant d'une morale pot-au-feu.

L'intérêt des Stoïciens pour Ulysse lui redonne sa dimension intérieure. « Polytlas », il a vécu les épreuves de toute vie humaine. Il est déjà l'*homo viator* des chrétiens. Cette composante philosophique va permettre à Ulysse de passer au travers de temps contraires.

Car Rome est là, avec sa légende troyenne et la *gens Julia*, par Auguste interposé, va imposer la version favorable aux vaincus. Les vainqueurs d'antan sont du reste devenus ces *Graeculi* dont Ulysse devient le modèle. On constate chez les écrivains romains de l'époque classique (Ier siècle av. J.-C.-IIe après) un curieux divorce entre un Ulysse littéraire, négatif, et un Ulysse philosophique, positif. Ainsi en va-t-il de Sénèque dont les *Troyennes* présentent l'Ulysse traître et assassin repris à Euripide, tandis que les *Lettres à Lucilius* font de lui un sage, un modèle de tempérance et d'équanimité. Ovide, dans ses *Métamorphoses* (livre 13) évoque de façon très complète, à propos du *topos* de la contestation pour les armes d'Achille, les griefs contre Ulysse, ici exprimés par Ajax, et la défense de l'accusé par lui-même en un remarquable plaidoyer tout de subtilité et d'humour par lequel il obtient, bien entendu, gain de cause.

A partir du IIe siècle après J.-C. se produit un véritable délire allégorique à partir des œuvres d'Homère, et dont le représentant le plus notoire est cet Héraclite le Pontique qui ne laisse mot ou geste d'Ulysse sans le lester de tout un commentaire... qui sera repris par les Pères de l'Eglise. Origène voit en Ulysse sur son vaisseau le symbole du Christ à la barre de l'Eglise... Porphyre et les néoplatoniciens recrutent également un Ulysse qui a perdu toute existence littéraire pour n'être plus que prétexte à une dérive interprétative. En voici pour terminer deux exemples contemporains, mais se réclamant de dieux antagonistes. Saint Basile de Césarée, dans son *Discours aux jeunes gens sur la manière de tirer profit des lettres helléniques*, prend, pour exemple de la vertu, Ulysse jeté nu sur le rivage. Nausicaa va le trouver. « Il inspire du respect à la princesse, bien loin de devoir rougir d'être vu nu », car le poète lui a donné la vertu pour manteau. Tous les Phéaciens veulent l'imiter, et le poète nous dit :

> « Cultivez la vertu qui surnage avec le naufragé et le fera paraître plus honorable dans sa nudité que les honorables Phéaciens. » (V)

Au même moment, Julien l'Apostat ne cesse, dans ses lettres ou ses discours, de se référer à l'*Odyssée* comme un Père le ferait à la Bible, faisant précéder ses citations de « car ainsi que l'a dit le poète ».

Rome domine l'Occident, et Ulysse va connaître des siècles ingrats, où survit seule, tronquée, son image négative. Il est menteur et fourbe dans le *Roman de Troie*, de Benoît de Sainte-Maure (XIIe siècle) et ses adaptations anglo-saxonnes par Caxton et Lydgate (XVe siècle). Une fulgurante trouée, pourtant : la trentaine de vers du chant 26 de l'*Enfer* de Dante. En un sens, il faudra attendre Joyce pour qu'Ulysse atteigne à une telle puissance. Mais la Renaissance a manqué le rendez-vous qu'on eût pu attendre d'elle avec Ulysse dont l'ouverture et la plasticité faisaient pourtant un héros de type renaissant. Or si les thèmes de l'*Odyssée* ont bien inspiré au Primatice les fresques aujourd'hui disparues de la galerie d'Ulysse à Fontainebleau, on ne peut voir une véritable exploitation du thème dans les mentions sporadiques de son nom chez Du Bellay ou Ronsard. Shakespeare sera seul à proposer un Ulysse homme de la Renaissance tout à fait remarquable et convaincant. Le Grand Siècle garde Ulysse dans un semi-oubli ou le présente poudré à frimas. Vers la fin du siècle, Pope et Dryden, traducteurs-commentateurs de l'*Odyssée*, sont plus près de l'Ulysse homérique que Fénelon dont le *Télémaque* est trop plein de politesse et de bons sentiments pour ne pas susciter une certaine somnolence. De fait, jusqu'au début du XVIIIe siècle, Ulysse et Homère « dorment parfois ». Gœthe renonce à achever une pièce sur Ulysse et Nausicaa, Stendhal, lui, renonce à une tragédie sur le retour d'Ulysse.

Le *Wanderlust* romantique va désembourber la situation en faisant souffler sur Ulysse le vent du départ et le goût des embruns qui vont le laver de siècles de sanies. Dès 1808, *The Adventures of Ulysses* de Charles Lamb, un ouvrage destiné aux enfants, redonne à l'*Odyssée* sa fraîcheur et la vivacité du récit, qualités qui séduiront le jeune James Joyce et seront à l'origine de son attirance pour Ulysse. De Tennyson (1833) à Moravia (1955) en passant par Pascoli (1904), Joyce (1922), Séféris (1935), Kazantzakis (1938), la fortune moderne du mythe d'Ulysse est à la fois variée et, le plus souvent, pertinente dans ses choix thématiques.

La présente esquisse ne prétendait qu'à relever la courbe changeante de « l'image de marque » d'un personnage dont on a pu aisément constater qu'il est le plus « jugé », contradictoirement, des héros mythiques grecs. Vénéré ou honni, il ne laisse personne indifférent, et c'est maintenant à l'examen des divers thèmes odysséens qu'il convient de procéder, en se référant à leur seule valeur d'exploitation par les écrivains occidentaux, sans plus respecter l'ordre chronologique.

« Je suis celui qu'il faut quand il faut » : *Ulysse*, dans Philoctète

Ses qualités-mêmes de négociateur politique mettent Ulysse dans un constant embarras : on le prie d'accepter une mission ; il l'accomplit le plus souvent avec succès ou, s'il échoue, c'est que nul autre n'aurait abouti (ainsi de l'ambassade auprès d'Achille, *Iliade*, 9). Or, quand on veut l'en féliciter, il repousse, parfois brutalement, ces marques de gratitude, comme lors de la Dolonie. Et l'expérience vient rapidement lui apprendre qu'on a oublié le « pourquoi », le bien public ou la raison d'Etat, de sa mission pour ne plus songer qu'au « comment ». On lui impute à crime ce qu'il a fait par dévouement à l'intérêt général. Il se trouve ainsi au cœur du vieux débat de l'utile et de l'honnête.

« Avant », ses paroles étaient « de miel » ; « après », elles ne sont plus que « mielleuses »...

Un bon exemple du rôle ingrat d'un Ulysse auquel échoît toujours le « sale boulot » au profit des « Achéens bien guêtrés » est le *Philoctète* de Sophocle (408 av. J.-C.). La puanteur pestilentielle de sa blessure impliquait, pour le bien de l'armée, que Philoctète fût abandonné à Lemnos. Mais un oracle ayant indiqué que Troie ne serait prise qu'en sa présence et avec son arc et ses flèches, Ulysse est incontinent dépêché pour parvenir à l'une et l'autre fins. Néoptolème, candide, sera l'instrument de la tromperie. Il régimbe devant cette déloyauté. Ulysse se fait alors casuiste :

> « Sois à moi un jour à peine pour une effronterie, et le reste du temps tu seras le plus pieux des hommes. »

Néoptolème refuse encore, préférant « échouer par loyauté que vaincre par vilenie ».

Ulysse renchérit : « Je vois que la parole, et non l'action, mène tout. »

« Il n'y a pas de honte à mentir si le mensonge apporte le salut. »

Rien d'autre qu'un « qui veut la fin veut les moyens ». On sent tout au long de la pièce qu'il *faut* que l'arc revienne aux Grecs et que Philoctète doit, lui aussi, cesser son isolement. C'est au fond une autre forme de l'ambassade à Achille, tout comme ce dernier menaçait à mots couverts Ulysse en lui disant :

« Je le hais autant que la porte de l'Hadès, celui qui cache au fond de son cœur sa pensée, et qui dit autre chose » (*Iliade*, 9).

Ulysse est convaincu d'être l'instrument de la volonté générale, et il n'éprouve aucune animosité personnelle contre Philoctète. Ce dernier se livre, au contraire, à un implacable réquisitoire contre Ulysse, qu'il peint à Néoptolème avec des couleurs si noires que le fils d'Achille croit qu'il s'agit de Thersite, le trublion abject. Ulysse n'est en tout cas nullement hypocrite lorsqu'il affirme « Personne n'est plus pieux que moi ». Zeus lui-même ne l'avait-il pas reconnu lors de la première assemblée des dieux (*Odyssée*, I) ? Et Sophocle nous a donné dans *Ajax* une autre facette d'Ulysse partagé entre la responsabilité qu'on veut lui faire endosser et sa noblesse d'âme. Ajax saisi par la folie est conduit au suicide par le désespoir et laisse peser sur Ulysse la responsabilité de cette mort. Or, dès avant sa mort, Ulysse a pitié du héros criminel par folie et résiste aux pressions d'une Athéna cruelle et cynique, sans rapport avec celle de l'*Odyssée*. Ajax mort, Ulysse va plaider son droit à une sépulture honorable devant Agamemnon qui s'y oppose. Ulysse tient ici le rôle d'une nouvelle Antigone. A Agamemnon qui s'étonne de sa démarche, il affirme, parlant d'Ajax :

« Sa vaillance est plus forte en moi que la haine. »

Et encore :

« Pour qui travaillerais-je mieux que pour moi ? »,

voulant signifier l'égalité de tous devant la mort et que la tombe d'Ajax est aussi la sienne future.

Même si les invectives de Philoctète ne s'oublient pas aisément, l'Ulysse sophocléen est au total nuancé. A l'aspect déplaisant de ses missions correspond la conscience qu'il a d'être fidèle à un devoir qu'on lui a imposé.

Euripide semble, lui, appartenir au clan pro-troyen, à une époque où la défaite d'Athènes la rendait sensible aux vaincus. Ulysse est donc, chez lui, franchement antipathique et vu presque exclusivement du point de vue de ses victimes, dont on oublie à nouveau que c'est la volonté générale qui les a désignées, Polyxène pour satisfaire les mânes d'Achille, et Astyanax afin que soit exterminée la lignée d'Hector. Rien de surprenant à ce qu'il soit, dans *Hécube*, traité par la vieille reine « d'enivrant séducteur de foules ». Il est d'autant plus odieux que, pour l'apitoyer, Hécube évoque le silence qu'elle garda, pour lui sauver la vie, lors d'une mission à Troie. On comprend le désespoir de la reine lorsque, dans les *Troyennes*, elle se voit attribuée par le sort à Ulysse « cet ennemi du vrai, cette vipère sans loi ».

Avant les meurtres troyens, c'est Iphigénie qui retient Euripide. Dans *Iphigénie à Aulis*, Ulysse n'apparaît pas directement, mais les chefs, Agamemnon et Achille, en parlent comme du « bâtard de Sisyphe ». Agamemnon redoute son ascendant sur l'armée et Achille annonce vers la fin qu'Ulysse est à la tête du peuple en marche. Dans *Iphigénie en Tauride*, Iphigénie rappelle que c'est par les mensonges d'Ulysse qu'elle fut attirée à Aulis. On notera l'élément « foule », car il fait d'Ulysse, au sens propre de ce mot à l'époque, un démagogue. Cet Ulysse-là est un sophiste, un homme dangereux. Et c'est lui encore que nous trouvons dans les *Troyennes* de Sénèque, qui reprend les griefs d'Euripide sans innover.

L'Ulysse de Racine (*Iphigénie*, 1674) garde sans doute un peu de cet aspect machiavélique. Mais l'habileté dramaturgique de Racine consiste à faire présenter par Ulysse lui-même, dans la scène finale, une autocritique de ses pressions antérieures sur Agamemnon en même temps qu'il est le messager de l'heureux dénouement, le tout en peu de vers et avec assez de brio pour se faire absoudre. Cette élégance dans « faute avouée, faute pardonnée » nous achemine vers Giraudoux.

> « Oui, c'est moi, qui longtemps contre elle et contre vous
> Ai cru, devoir, Madame, affermir votre époux.
>
> ...
> Et qui viens, puisque enfin le ciel est apaisé,
> Réparer tout l'ennui que je vous ai causé. » (V, 6)

La noirceur d'Ulysse est dépeinte par Enée à Didon, lors de son long récit du chant II de l'*Enéide*. Mais la technique même utilisée par Virgile implique une distanciation qui empêche de lui attribuer directement l'*odium* dont Ulysse se trouve chargé par Sinon. C'est, en effet, par une mise en abyme, au traître Sinon que revient d'évoquer la perfidie du *pellax Ulixes*, mais toute sa haine est feinte et son ressentiment contre Ulysse n'a d'autre fin que de faire tomber la méfiance des Troyens en leur faisant admettre le cheval à l'intérieur des murailles. Et ce récit est proche du sorite d'Epiménide. Car Sinon, ici une sorte d'alter ego d'Ulysse, œuvre en fait pour les Danaens en traînant Ulysse dans la boue. L'*odium* d'Ulysse ainsi créé apparaît comme la ruse la plus accomplie, Sinon poussant l'habileté jusqu'à s'interrompre comme s'il ne pouvait pousser plus avant le récit d'horreurs qui, bien entendu, suscitent l'anxieuse curiosité des Troyens. Le *scelerum inventor* Ulysse use donc de son discrédit, par le truchement d'une de ses feintes victimes,

Sinon « promis au sacrifice », pour parachever sa ruse décisive, l'entrée du cheval. Il est difficile, donc, d'affirmer que l'Ulysse virgilien est totalement négatif, même si la postérité le percevra comme tel, en raison du recul impliqué par le mode narratif subtil, ici, employé.

Toutes les missions déplaisantes confiées à Ulysse sont recensées avec hargne par Ajax dans sa joute pour obtenir les armes d'Achille (Ovide, *Métamorphoses*, 13). L'intérêt de la défense d'Ulysse réside en ce qu'il démontre que chacun de ses prétendus « forfaits » a contribué à l'intérêt général. Ainsi de sa ruse pour contraindre Achille, caché chez Lycomède à Skyros, à se révéler, et donc à partir pour Troie. Dolon ? Il fallait bien qu'il fût tué après avoir fourni les renseignements indispensables à la conduite de la guerre. Ulysse ajoute qu'il a su veiller à l'intendance et au moral des troupes, trop négligés par le haut commandement. « Tous les travaux qu'il fallait faire pour le bien commun, je les ai accomplis. » Ce qui résume cet aspect du mythe, dont il faut pourtant analyser deux interprétations qui sont fidèles à l'esprit plus qu'à la lettre, ce qui en fait l'attrait.

Troïlus et Cressida (1603) est une de ces « pièces à problème » où Shakespeare semble remettre en cause toutes les valeurs en montrant un cynisme désabusé. Or, dans un univers où l'amour, le courage, la foi donnée sont bafoués de façon violente, grinçante, Ulysse apparaît comme le seul personnage, avec Troïlus, à garder sa raison, sa sensibilité et son honnêteté, tout en intégrant parfaitement certains éléments de l'Ulysse autolycien. Une longue scène (I, 3) présente les diverses facettes d'Ulysse orateur et négociateur, celui du chant II de l'*Iliade* qui est ici la source de Shakespeare à travers la récente traduction de Chapman.

Ulysse procède d'abord à une analyse des rapports de force entre Troyens et Grecs. L'infériorité de ces derniers s'explique par le climat d'insubordination généralisée régnant parmi les troupes. Ulysse fait alors un éloge, resté célèbre, de l'autorité hiérarchique (*degree*), *topos* qu'il élargit jusqu'à une dimension cosmique. Reste alors à proposer un remède pour ramener la discipline. Ulysse va habilement piquer au vif Agamemnon en reproduisant l'imitation que fait de lui Patrocle devant Achille. Un numéro de clown très réussi et qui évoque l'Ulysse faux mendiant de la fin de l'*Odyssée*. La « riche idée » d'Ulysse, et qu'il expose à Nestor, est de choisir Ajax comme champion contre Hector, ce qui ne manquera pas d'exaspérer l'orgueil d'Achille et de « rabattre sa jactance ».

Dans son ambassade auprès de l'Eacide, Ulysse recourt à un autre *topos*, la fuite du temps et la nécessité de la gloire pour la rédimer. En dépit de l'extrême habileté de ses arguments, Ulysse ne parvient pas à convaincre Achille. Mais cet échec s'inscrit dans le climat général d'échec et de faillite voulu par Shakespeare. La force « qui enfonce la porte comme un bélier » prévaut sur l'intelligence devenue, ici, inefficace.

Ulysse montre sa dignité en se refusant au baiser de Cressida, que tous les autres chefs ont au contraire avidement quémandé. Il fait l'éloge du pauvre Troïlus et se tient, compatissant, à ses côtés lorsqu'il assiste à son infortune, Cressida se donnant presque sous ses yeux à Diomède (V, 2). C'est la présence d'Ulysse, ses paroles de sympathie, rares mais sonnant juste, qui évitent à cette scène cruelle de tomber dans le vaudeville en y versant un peu du lait de la tendresse humaine dont la pièce est par ailleurs totalement privée.

L'Ulysse de *Troïlus et Cressida*, fin politique, grand orateur, intelligence supérieure, sensibilité préservée dans un monde de trahison et de brutalité, est sans conteste l'incarnation la plus accomplie et cohérente du mythe sous sa forme renaissante.

L'Ulysse de *La guerre de Troie n'aura pas lieu* (1935) de Giraudoux est au contraire bien difficile à analyser, plus encore à définir. Protéiforme, il change de caractère avec chaque interlocuteur (le « polytropos » des sophistes) et, avec le même, en l'occurrence Hector, il fait preuve d'un mélange déconcertant de gravité et de primesaut. Ambiguïté que résume Hector en lui demandant « Est-ce la ruse d'Ulysse ou sa grandeur? », où sont réunies les deux composantes de la métis.

Ulysse est présent dans deux scènes (Acte II, scène 12 et 13) où il semble incarner successivement quatre rôles. D'abord, pendant le récit de la traversée de Pâris et Hélène, il dégonfle, par des brocards ironiques, le mensonge édifié pour sauver la paix. « On ne la lui fait pas », et il fait rire aux dépens du couple, mais aussi de la paix. Son attitude est donc franchement négative. Après l'intervention de la *dea ex machina* Iris, Hector et Ulysse sont face à face pour le « duo avant l'orchestre ». Changeant du tout au tout, Ulysse accepte de jouer une brève scène des aveux où il se définit à Hector comme incarnant « l'homme adulte », « la circonspection devant les dieux, les hommes et les choses », « la chouette ». L'homme ne va pas plus avant dans la confidence : homme mûr, Ulysse a voulu prévenir Hector que sa vision politique est également celle de la *Realpolitik* que Giraudoux voyait de près en des années cruciales pour l'Europe. C'est là le troisième aspect d'Ulysse : un diplomate rompu aux conférences internationales, un vieux routier des chancelleries qui a sûrement entendu des analyses de Philippe Berthelot ou d'Aristide Briand. La perspicacité d'Ulysse ne se limite pas à la vie politique : il a également « tout compris » d'Hélène, et depuis longtemps : « Créateur du destin », elle est par son « étroitesse » même la menace la plus grave contre la paix.

Ultime revirement d'Ulysse : devant l'abattement d'Hector, il accepte de « tenter la paix » et d'user de son éloquence pour retourner les esprits en sa faveur. Dans ce que Giraudoux qualifiera de « rond de jambe final », Ulysse justifie son retournement par la solidarité humaine « de base », l'amour : Andromaque et Pénélope ont « le même battement de cils ».

L'analyse « en accéléré » des revirements successifs d'Ulysse conduit à l'identifier ici à un sophiste prenant plaisir à des antilogies où il construit, détruit, etc. avec la même évidente volupté de savoir qu'il peut à son gré rendre « le plus fort faible » ou vice versa. Une lettre de Giraudoux publiée par J. Body confirmerait cette vision négative du personnage.

> « On l'a vu un modèle de sagesse et de grandeur d'âme, je croyais l'avoir fait infiniment plus redoutable que Demokos, l'avoir dévoilé. » (Lettre de 1937.)

A moins que cette analyse ne soit une dernière pirouette, alors même que les commentateurs de la pièce voyaient dans cette ultime rencontre Hector/Ulysse un « combat à la loyale ».

« Le battement de cils de Pénélope » nous invite maintenant à aborder les divers moments du destin d'Ulysse, quand il quitte l'Histoire pour son histoire.

La fumée d'Ithaque

L'*Odyssée* n'est certes pas le seul *nostos.* On peut deviner (*Odyssée*, 3-4) à travers les récits de Nestor et de Ménélas ce qu'ont pu être littérairement de tels « retours » : des romans d'aventures aux multiples épisodes. Aristote reconnaît du reste dans sa *Poétique* que *l'Odyssée* est implexe en raison de ses nombreux épisodes. Mais, ajoute-t-il, son action (*drasis*) est simple et unique : un homme veut rentrer chez lui et y parvient après bien des épreuves. Il y a chez Ulysse un « dur désir de rentrer », un vouloir-vivre, une obstination réfléchie tendue vers un but unique qui font de son *nostos* un destin dont on conçoit que la singularité ait fait naître bien des gloses allégoriques. Les dieux eux-mêmes doivent céder devant cette volonté inflexible. Héros profondément centripète, Ulysse ne songe qu'à se retrouver lui-même à travers « la rocheuse Ithaque » ou « la couche de Pénélope ». Il est le seul des héros mythologiques (avec, à un moindre degré, Hector et Alceste) chez qui se fasse jour la notion « d'intimité ». L'*Odyssée* n'est qu'un long « dehors », une expulsion de soi, jusqu'à la réappropriation du « dedans » qu'est le retour à Ithaque. C'est là que réside la différence fondamentale entre Enée et Ulysse. Enée « erre pour Rome », Ulysse, pour lui-même. Les noces avec Lavinia sont une promesse messianique, les « secondes noces » d'Ulysse fondent son seul bonheur intime. C'est pourtant celui-ci qui est resté un mythe « ouvert », là où le destin d'Enée reste clos. A cette volonté de rentrer chez soi, l'*Odyssée* indique clairement et dès le début qu'Ulysse a associé aussi longtemps qu'il l'a pu ses compagnons. Il est, dit Homère, « philhétaïros » : il pense à ses marins, comme lui, originaires d'Ithaque, et ayant partagé les dix longues années du siège de Troie. Virgile (*Enéide*, 3) a esquissé le thème de ces marins disparus au fil des aventures avec cet Achéménide, survivant du massacre chez Polyphème, et qui vient avertir Enée du danger avant d'être recueilli par lui. Ce pauvre bougre évoque l'infortuné Ulysse (*Infelix Ulixes*) qui, dit-il, « se souvient de lui-même » en inventant la ruse qui fit sortir ses compagnons. Ne mentionnons que pour mémoire l'*Elpénor* de Giraudoux, qui est une aimable fantaisie sans rapport avec la gravité que peut recevoir le thème.

C'est Georges Séféris qui, dans *Légendaire* (1935), a développé ce qu'on peut appeler « l'elpénorisme » des compagnons. « Sots » (népioï), les compagnons le sont en ce qu'ils passent au travers des événements sans en tirer la moindre expérience. Ce n'est pas tout de vivre, il faut s'ajouter ce que l'on a vécu, dirait M. Teste.

Dans « Argonautes », ainsi nommé par antiphrase ironique, car ils ne conquerront nulle toison d'or, les compagnons

> « acceptent la nuit et le soleil
> sans changer dans le changement.
> C'étaient de braves garçons. Des jours entiers
> Ils transpiraient sur la rame, les yeux baissés.
> ...
> Les avirons désignent sur la grève le lieu où ils dorment.
> Nul ne se souvient d'eux. C'est justice. »

A chacun des obstacles que la haine de Poséidon suscite devant ses compagnons et lui, Ulysse sait à la fois tenir compte de l'expérience passée et garder intensément présent son projet intérieur de retour. Il est mûr et sage, eux sont écervelés. Et c'est pourquoi Séféris justifie, par une justice immanente, l'oubli qui s'est abattu sur eux. Le *kléos*, la gloire, n'est pas seulement le résultat de hauts faits, il se mérite par une exigence personnelle de soi à soi. Ulysse a ce critère « moral » comme référence, car retour signifie pour lui bonheur d'être réintégré à son plus haut moi.

Le refus d'Ulysse

Avec au cœur cet appel constant au retour, Ulysse ne peut que se prêter à ses relations de rencontre, sans jamais s'y donner. Ceci vaut sans doute pour une expérience de razzia comme le passage chez les Cicônes (Od. 9) car, même là, Ulysse sait se retirer à temps alors que ses compagnons, eux, veulent piller jusqu'au bout. Mais la tradition ne s'est guère trompée en voyant dans les relations féminines l'essentiel de ses rapports avec autrui durant ces dix ans d'errance. Samuel Butler, devant cette prééminence du *mundus muliebris* dans l'*Odyssée* alla jusqu'à prétendre qu'elle était l'œuvre d'une femme, en l'occurrence Nausicaa... Il est vrai que T. E. Lawrence, qui fut un traducteur du poème, le voyait empreint de misogynie...

Le séjour chez Circé a toujours fait rêver. Ce lupanar de luxe, ces servanteshouris, ces raffinements de volupté exquise, laissent pourtant une impression de malaise, comme une *Ile du Docteur Moreau* où Ulysse eut la chance de pouvoir résister à l'animalité qui fut le lot triste et mérité de ses compagnons.

« La Circé tyrannique aux dangereux parfums » n'a pu imposer à Ulysse sa loi car il avait reçu d'Hermès le « moly » jouant le rôle d'antidote au charme. Cette plante fut vite considérée par les glossateurs comme l'intelligence raisonnable dominant la sensualité, voire la bestialité. Et dans *Amour, le plus grand enchantement*, pièce de 1635, Calderón a développé ce conflit entre la chair et l'esprit. Un thème qui l'a séduit suffisamment pour qu'il le reprenne plus tard dans un *auto*, *Les Sorcelleries de l'Amour*, où le combat, christianisé, devient celui du péché et de la foi.

Circé « révèle » qui l'approche, et le renvoie à autre chose, à un ailleurs, pour peu qu'il sache résister à sa force d'envoûtement. C'est de son île que l'Ulysse de Dante partira pour son ultime voyage ; c'est de chez elle qu'Ulysse fait un aller et retour chez les morts.

Ezra Pound a accordé une large place à Circé dans ses *Cantos*, allant jusqu'à citer des mots grecs dans l'original ou en translittération, selon sa méthode favorite. Sensuelle, elle est la grande prostituée, *cunni Cultrix*, mais sa couche, *eunè*, est aussi une tombe, et la « petite mort » renvoie à la grande. Tirésias (Canto 47) indique à Ulysse que « le moly (le) protègera d'un lit pour (le) renvoyer à un autre ».

Séféris a, dans *La Grive* (1947), placé un Ulysse « qui lorsqu'il arrive chez Circé après tant d'épreuves, trouve une maison, où l'attendent le luxe et la mollesse. Certes, il jouit de cette bonne fortune. Mais le problème est pour lui que sa vraie demeure est ailleurs. Appelons " lumière " cette vraie demeure à laquelle il aspire. C'est là le thème de la *Grive.* »

Ce n'est point d'avoir partagé la couche de

> « Cette femme à la vive prunelle et à la profonde ceinture
>
> ...
> se tournant impatiente
> Vers les poissons frits comme une chatte affamée »

qui importe, c'est d'en être sorti pour repartir.

La seconde des femmes d'Ulysse est la nymphe Calypso. Sa longue relation, de six ou sept ans, avec Ulysse, a dû être satisfaisante avant que la satiété et l'ennui de cette Ogygie hors du temps humain n'aient conduit Ulysse à rester seul sur un rocher, pleurant la fumée de son Ithaque.

C'est là qu'Ulysse va donner le coup de pied salvateur : il va refuser l'immortalité que lui offre, bien imprudemment, la nymphe. Alors qu'il était sur le point de se dissoudre, se croyant oublié de tous, ce « non » a valeur rédemptrice. De ce jour, le processus de retour est vraiment enclenché.

La décision du conseil des dieux (*Odyssée*, 5) ne fait que sanctionner et récompenser l'infrangible « vouloir rentrer » d'Ulysse « pareil aux dieux » mais non « l'un d'entre eux ».

C'est parce qu'il se veut et s'accepte périssable, comme cette Pénélope dont il sait habilement faire l'éloge à Calypso, qu'Ulysse a droit à une vie plénière.

Si elle n'est pas tout à fait une femme ordinaire, car les Phéaciens sont un peuple échappant en partie aux lois et contraintes humaines, la charmante Nausicaa représente pour Ulysse une vraie tentation, aussitôt dominée qu'éprouvée. La séduction est sûrement réciproque, mais un accord tacite va garder au plan du « flirt » ce qui pourrait autrement, Ulysse le sait, ressembler fâcheusement à un barbon jetant son dévolu sur un tendron. D'où, la menace écartée, un marivaudage plein de fraîcheur et de joie, pour Ulysse, de parler à une vraie femme, et non plus à une magicienne ou à une nymphe. Nausicaa est une sorte de répétition générale par Ulysse de son pouvoir de séduction avant de l'exercer sur celle-là seule qui le mérite. Nausicaa a retenu l'attention de nombre d'écrivains anciens qui ont souvent fait repartir Ulysse d'Ithaque pour la retrouver et l'épouser. Goethe a esquissé sur Ulysse et Nausicaa une pièce abandonnée (1786), dans laquelle Nausicaa, follement éprise d'Ulysse, se donnait la mort après son départ. C'était la prendre pour Charlotte...

En réalité, toute interprétation littéraire qui donne une dimension « ravageuse » et excessive aux femmes d'Ulysse, pèche par méconnaissance de cette retenue dont on a vu qu'elle constituait l'une des composantes fondamentales de la métis odysséenne. Ainsi, Robert Graves, dans son poème « Odysseus », fait d'Ulysse un véritable obsédé sexuel qui finit par confondre en un même dégoût toutes les femmes qu'il a « eues », « wife and whore ». « Pénélope et Circé ne faisaient plus qu'une. »

S'il était normal que les « chers maîtres » de la peinture académique du XIXe siècle représentent « Ulysse et Calypso » (Böcklin, 1882) ou « Ulysse et Nausicaa » (thème du concours « de paysage historique » pour 1833 et 1845), les péplums modernes de Cinecitta ont souvent réduit Ulysse à l'image d'un marin en goguette, proche de Maciste mais bien loin du fils de Laerte.

A Pénélope doit sur ce point revenir le dernier mot. Quand Ulysse lui raconte tout ce qu'il a vécu depuis son départ, elle accepte, elle comprend que les « aventures » d'Ulysse ne sont pas des frasques, mais des étapes d'un destin voulu par les dieux. La meilleure preuve qu'Ulysse l'aime est qu'il lui est revenu. Et Molly (moly ?) Bloom pense de même lorsque Léopold se hisse dans son lit.

« *Parmi les nations sans nombre des morts* »

Ulysse n'est pas le seul héros à s'être rendu aux Enfers, ou plutôt, dans son cas, à la porte de l'Hadès. Mais, envoyé là-bas par Circé, il veut savoir quel est son destin personnel. Il veut interroger Tirésias. Les autres morts, même chers comme sa mère Anticlée, ne viendront qu'après cette prophétie essentielle.

La catabase ou nékyia est au centre même de l'*Odyssée* (chant 11), au cœur aussi de ce noyau central que constituent « Les récits chez Alkinoos ». Indépendamment du contenu de la prophétie de Tirésias dont la réalisation est différée au-delà de l'espace de l'*Odyssée*, le voyage d'Ulysse chez les morts a suscité des interprétations poétiques. Ainsi des *Cantos* de Pound, le plus odysséen sans doute, avec Séféris, des poètes contemporains.

Le *Canto* 1 n'est qu'une traduction... d'une traduction latine du chant 11 de l'*Odyssée*. Et les *Cantos* 14 et 15 sont presque entièrement consacrés aux Enfers. Tout comme Circé renvoyait à une expérience autre mais qu'elle calatysait, la catabase est une démarche initiatique, une descente vers la sagesse et le secret des choses. Mais cette sagesse, cette voyance n'ont de sens que s'il y a retour au monde des vivants. Et c'est pourquoi cette « expérience des limites », qui n'a en principe de valeur que par son caractère unique, se trouve, chez Pound, renouvelée en une sorte de va-et-vient. Le monde des vivants pose à celui des morts des questions que la catabase résout jusqu'aux nouvelles incertitudes.

Dans les *Cantos Pisans*, Ulysse apparaît sous deux épithètes. « Outis », « personne », il a perdu son identité. La catabase lui redonne sa vigueur et sa sagesse d'« Odysseus ». Il est alors le « polymétis », s'identifiant à Malatesta et à Pound lui-même (*Canto*, 9). On ne peut manquer, à la lecture de cette œuvre difficile que sont les *Cantos*, d'y percevoir un puissant courant odysséen.

Séféris a, toujours dans *La Grive*, évoqué une nékyia qui est épreuve cathartique avant l'accès à la lumière. Elpénor, empêtré dans sa sensualité, n'a pu parvenir à cette étape, et le poète Ulysse parle seul aux grands morts qui sont ici Socrate et Antigone et non plus Tirésias. La nékyia séférienne se déroule au bord de la mer, et les morts semblent de blancs lécythes coulant lentement dans l'abîme.

La distinction d'Ulysse et d'Enée apparaît bien nettement dans cet épisode dont Virgile a pourtant suivi le cadre de façon fidèle. Au centre (chant 6) de *l'Enéide*, la visite d'Enée à la Sibylle de Cumes aboutit à la prophétie par Anchise de la gloire de Rome dont les principaux acteurs défilent en une fresque triomphale. Enée ne pense qu'à sa mission, Ulysse qu'à son retour.

Le chant des Sirènes

Ces deux volatiles au torse féminin n'ont guère droit qu'à quelques vers dans le récit d'Ulysse. Mais ils se sont bien vengés par l'océan de gloses et d'hypothèses que leur nature, celle de leur chant et le lieu de leur résidence, ont fait naître. On sera rassuré par le genre duel du grec qui indique bien qu'elles ne sont que deux cantatrices mortifères. V. Bérard ne pouvait pas ne pas les localiser, puisqu'il n'est mer, récif ou crique de l'*Odyssée* que ce topomane éclairé n'ait identifiés. La cause est donc entendue : c'est près du rivage de Paestum qu'Ulysse s'est exposé, attaché au mât de son navire, à leur chant.

C'est lui seul qui nous retiendra ici. Dès l'Antiquité, on s'accordait à voir dans l'épisode des Sirènes, l'illustration d'un acte de la vie intellectuelle : curiosité, pour Ulysse, promesse de « plus de savoir » par les Sirènes qui savent tout ce qui s'est déjà passé, si elles ne semblent pouvoir prédire l'avenir. Cicéron (*Des devoirs,* V) consacre à cet épisode une page qui tourne à l'éloge de la curiosité intellectuelle. Mais c'est là une explication un peu plate, et la grève couverte de cadavres peut nous laisser supposer que le péril encouru par Ulysse était proprement mortel. On doit à M. Blanchot d'avoir fait du « Chant des Sirènes » (*Le livre à venir*), l'une de ces « expériences des limites » auxquelles nous savons désormais, grâce à lui, qu'il faut rattacher l'acte littéraire fondé en gravité.

Sans doute Blanchot laisse-t-il percer une certaine condescendance pour Ulysse, « Grec de la décadence » qui s'offre égoïstement un plaisir esthétique dont il a privé ses compagnons. Mais l'analyse qui suit est convaincante. Le rapport d'Ulysse aux Sirènes est celui du réel à la fiction, du récit au roman. Ulysse doit résister aux puissances de la fiction s'il ne veut pas aller blanchir à son tour auprès des victimes précédentes. Il s'agit de garder ses distances d'avec l'imaginaire, et c'est le rapport entre le créateur et son œuvre qui est ici au cœur du débat, conduisant Blanchot à dire qu'Homère doit se fondre en Ulysse comme Melville en Achab.

> « Entendre le chant des Sirènes, c'est d'Ulysse qu'on était devenir Homère, mais c'est pourtant seulement dans le récit d'Homère que s'accomplit la rencontre réelle où Ulysse devient celui qui entre en rapport avec la force des éléments et la voix du gouffre. »

Ulysse a vaincu les Sirènes en s'avançant au point extrême de la maîtrise par le créateur de l'imaginaire auquel il donne forme. Et l'*Odyssée* nous offre la fusion d'Ulysse et d'Homère avec ces « récits chez Alkinoos » où le « je » d'Ulysse se substitue à celui de Démodokos, l'aède qui chantait le *kléos* d'Ulysse, précisément. Ulysse se dévoile, affirme son nom et grâce au récit de lui-même par lui-même, se réapproprie le « je » si longtemps celé. La relation de soi recrée la relation à soi. Ulysse est, au terme de ces récits, redevenu pleinement lui-même et prêt à affronter les périls d'Ithaque. Homère peut reprendre son chant, les Sirènes sont vaincues par la mise en forme du récit. Pouvoir affirmer « J'ai entendu le chant des Sirènes » implique en effet qu'on lui a échappé, et c'est là une expérience qu'on pourrait rapprocher de « la littérature comme tauromachie » vue par M. Leiris.

Bien loin sans doute de la profondeur abyssale du chant blanchotien, *Naissance de l'Odyssée* (1930), développe pourtant, sur un mode burlesque et avec une volonté délibérée de dégradation du mythe, le thème du « mentir-vrai », constitutif ici du personnage même d'Ulysse par ailleurs insignifiant. Car Ulysse ne semble guère pressé de rentrer à Ithaque, conscient qu'il est de n'avoir rien que de banal et peu reluisant à proposer à Pénélope et à son peuple. Il serait donc tenté de ne pas rentrer du tout, courant les servantes de « caboulot » (puisque Giono a fortement provençalisé et la langue et le cadre du récit), s'il n'apprenait que son aventure avec Circé a donné naissance à un conte qui, s'agrégeant sans cesse de nouveaux éléments, devient une geste, « Ulysse ou le beau périple », dans laquelle il se trouve présenté plus qu'à son avantage. De ville en ville, de veillée en veillée, Ulysse affronte donc, avec stupeur d'abord, avec gêne ensuite, ce mensonge dont la brillante carrière lui pose bientôt un dilemme « existentiel » : doit-il rester silencieux à l'ombre de cette gloire mensongère et se faire définitivement oublier au profit d'un « mythe d'Ulysse », ou peut-il endosser ce *kléos* factice et s'en servir pour rentrer à Ithaque ? Il y avait déjà dans l'*Odyssée* un passage très curieux (*Odyssée*, 14) où l'on voyait le vieil Eumée « gober » sans sourciller le récit imaginaire que lui faisait Ulysse, mais en refuser la partie véridique.

> « Il n'est qu'un point, vois-tu, qui me semble inventé. Non ! Non ! Je ne crois pas aux contes sur Ulysse ! »

L'Ulysse de Giono opte pour l'adhésion à son mythe, et c'est précédé d'une flatteuse renommée qu'il regagne Ithaque. La fiction régit désormais sa vie, parfois cruellement. A peine arrivé, Ulysse étrangle la pie Gotton (substitut dérisoire du chien Argos) pour qu'elle ne le trahisse pas. Les événements semblent, par l'effet du hasard, coïncider avec la fiction. Ainsi, le bel Antinoos, amant de Pénélope et qui devient très gênant pour cette femme perverse tout émoustillée par la réputation d' « amant des déesses » qu'a désormais Ulysse, est-il poursuivi à la course par ce dernier et se rompt le col en tombant d'une falaise. Ce qui autorise Ulysse à s'attribuer ce « massacre de prétendants » en raccourci.

La prégnance de la fiction est totale à la fin du récit. Ulysse gère son mensonge sans encombre, car c'est lui que tous attendent. Ainsi, lorsque Télémaque, après plusieurs années de vrais voyages et d'aventures vécues, veut, à son retour, les raconter, personne ne le croit, et le philosophe parasite Kallimaquès le remet vertement en place avant de demander à Ulysse de bien vouloir narrer un des moments de son « beau périple », bien « vrai » celui-là. La vérité, dit le philosophe, est comme un arbre que l'on vise avec des galets. Il en faut plusieurs pour qu'un y parvienne enfin. Encore ce galet-là ignorera-t-il toujours qu'il a atteint le but. Et le récit s'achève sur la vision d'un Ulysse qui fait clapoter l'eau d'une vasque où flottent des bouchons : il « répète » une tempête qui ornera bientôt son « mentir-vrai ».

Giono semble n'avoir retenu de *l'Odyssée* que les « vies imaginaires » dont Ulysse émaille les étapes de sa reconnaissance par les autres. Ce qui est pour Homère, masque temporaire avant un nouveau pas vers la vérité, est pour Giono l'essence même d'une vie inauthentique. Cette immersion dans la galéjade est une sorte d'abandon au chant des Sirènes. Le « récit » est banni au profit d'un imaginaire qui dégrade la vie, comme en témoigne la mort de la petite servante qui ne peut supporter ce climat délétère.

Le grand arc du divin Ulysse

L'*Odyssée* est scandée par l'affirmation « Ulysse reviendra », le plus souvent niée sur le champ par un autre personnage. Ulysse sera lui-même partie prenante de ce qui constitue une phrase-test, mais aussi une formule bien près d'acquérir une valeur sacrée, « apotropaïque », destinée à chasser les prétendants. Mais les mots ne suffisent pas, et le palais royal, mis au pillage, semble en déshérence.

Edwin Muir (1889-1951) a bien rendu ce climat d'abandon dans *The return of Odysseus.* Les portes du palais battent au vent mauvais, les serrures ont rouillé. Pénélope, en un monologue intérieur, se demande :

> « C'est mon devoir de faire et de défaire, de garder une porte béante
> Par où l'ordre, le droit, l'espérance et la paix puissent entrer.
> Reviendras-tu jamais? Ou as-tu péri,
> Et cette broderie de néant sera-t-elle mon ultime néant? »
>
> Tissant, défaisant, puis tissant encore, elle ignorait
> Qu'en cet instant même Ulysse, sur le long et sinueux
> Chemin du monde, était en marche pour rentrer.

Les fanfares triomphantes des *Il Ritorno d'Ulisse nella sua patria,* de Monteverdi (1641) laissent oublier que ce retour a aussi souillé de flaques de sang le sol du palais tandis que, « grives couchées dans le sommeil de la mort », les servantes infidèles se balancent aux poutres. Ulysse s'est vengé, « pareil à un lion, les bajoues dégoulinant de sang ».

L'horreur réelle de cette scène, émoussée par la peinture académique (sujet officiel pour 1812), n'autorise pourtant pas le dévoiement de *L'Arc d'Ulysse* du dramaturge allemand G. Hauptmann (1914), malencontreusement suivi par

Kazantzakis dans son *Ulysse* de 1928. « La scène est chez Eumée », et la pièce se déroule au rythme des crises de folie ou d'abattement d'un Ulysse cyclothymique dont il est difficile de dire s'il feint l'égarement ou s'il en est vraiment la victime. Les prétendants, en nombre limité, sont tués par Ulysse, mais celui-ci reste hagard. La maîtrise de soi, propre à l'archétype, est ici totalement absente. Hauptmann a conjugué de façon peu convaincante le naturalisme et le philhellénisme « fou » qu'il avait contracté lors d'un voyage en Grèce. Le mélange est assez consternant. Ne parlons pas de la bluette de Kazantzakis, puisque son *Odyssée* nous retiendra plus bas par d'autres qualités.

Il ne faut pas avilir le héros au-delà d'un certain degré : on croirait que *Le Mépris* de Moravia (traduction française, 1955) a voulu, très intelligemment, démontrer la réhabilitation d'un Ulysse marqué d'infamie. « Un homme aime sa femme et n'en est pas aimé. » Ainsi se trouve résumée l'intrigue de l'*Odyssée* qui constitue le sujet d'un film « in progress » dont le scénariste vit une situation parallèle dans sa propre existence. Le roman est donc constitué par un contrepoint habile entre l'*Odyssée*-fiction et le couple réel, chacun des deux plans interférant avec l'autre, la fiction précédant ou suivant la vie. Cette interprétation originale du mythe considère qu'Ulysse a perdu l'estime de Pénélope pour avoir complaisamment accepté les présents que lui offraient des prétendants qui ne s'avouaient pas encore pour tels. Durant la guerre, puis ses errances, il se rend compte qu'il recule sans cesse le retour, les obstacles étant en fait inconsciemment désirés par lui. Lorsqu'il a enfin compris la cause du mépris de Pénélope, il rentre à Ithaque et regagne par le massacre des prétendants l'estime de son épouse. Moravia fait une intéressante distinction entre Ulysse, civilisé et dont la complaisance n'est que notre moderne « compréhension » dans le couple, et Pénélope qui, elle, rejoint Médée parmi les « barbares » qui n'acceptent aucune entorse à l'éthique conjugale. Le « civilisé » de Moravia pourrait bien provenir de l' « épètès » de l'*Odyssée*, et ce roman habilement construit apporte un éclairage subtil au thème des prétendants.

Tennyson, dans son célèbre *Ulysse* (1833), fait parler le héros en une sorte de monologue intérieur, bilan de vie avant un redépart. Il montre une affection teintée de condescendance en décrivant un Télémaque « *vraiment sans reproche, tout entier absorbé par les devoirs ordinaires, soucieux de ne point manquer aux obligations de l'affection. Il peut donc lui laisser son sceptre et son île.* Il fait son travail, moi le mien ».

Succession canonique, en somme. L'*Odyssée* a pourtant laissé une trace de possible conflit entre le père et le fils. Télémaque a par trois fois tendu l'arc, mais en vain, et, dit le texte, « il allait le faire pour la quatrième fois, et sans doute y fût-il parvenu si Ulysse ne l'avait arrêté » (*Odyssée*, 23). Peut-être subsiste-t-il dans le « jeu de l'arc » un rite primitif de royauté. Kazantzakis l'a, dans son *Odyssée*, superbement exploité en lui adjoignant le conflit père/fils qui se superpose donc à celui de roi régnant/dauphin. Devant Télémaque qui se rebelle, Ulysse exulte, car il retrouve en lui la révolte de son propre sang. Et, dans un affrontement brutal mais plein d'allégresse, les deux mâles, taureau et taurillon, font assaut de violences cathartiques pour l'un et l'autre. Ulysse pourra repartir vers son destin, non sans avoir cédé à une ivresse nihiliste en saccageant son propre palais, qu'il lègue à Télémaque auquel il promet de ne plus jamais revenir. Belle mise en scène du « meurtre du père », contrôlée par l'affection qu'on sent exister entre ces deux combattants par amour bien plus que dans l'estime hautaine du roi victorien de Tennyson pour son Prince de Galles.

Le lit d'olivier

Ulysse a reconquis sa *regia potestas*, et tous l'ont reconnu. Le soufre purifie le palais des miasmes du charnier. Ulysse est au seuil de la reconnaissance suprême, celle dont l'espoir et l'attente ont soutenu ses années d'épreuves. Dans ce mouvement centripète qui anime l'*Odyssée*, le plus secret, le plus intime est ce lit dont Pénélope et lui ont seuls le secret. Et pourtant, faisant elle-même preuve de métis, Pénélope va éprouver, l'espace d'un court instant, cet Ulysse dont elle sait qu'il est son époux. D'un cri, le plus humain, le moins masqué de toute l'*Odyssée*, Ulysse révèle que toute altération du lit serait pour lui la dépossession absolue de son passé, de son identité. Car ce lit est le fief d'un amour vécu il y a plus de vingt ans. N'en plus faire cas, c'est rejeter à tout jamais Ulysse vers ce « Personne » qu'il feignait d'être et qu'il serait alors réellement. Mais ce cri est salvateur : tout est consommé, et Athéna peut prolonger pour ces vieux amants la nuit des aveux. Pour Homère, comme pour Joyce faisant réintégrer par Bloom le lit de Molly retrouvé au 7 Eccles Street, Ulysse n'a plus d'autre histoire que d'être roi, père, époux. La prédiction de Tirésias concernera d'autres futurs aèdes.

La prédiction de Tirésias

« Une mort très douce te viendra » « *ex halos* », prédit Tirésias à Ulysse. Ces deux mots ont fait naître bien des interprétations qui ne sont pas pure philologie, puisqu'elles orientent différemment le destin d'Ulysse après son retour. « Loin de la mer », et Ulysse, roi campagnard, mourra paisiblement dans son palais. « Venue de la mer », et Ulysse périra attaqué soit par un monstre marin, soit par un homme débarqué à Ithaque. C'est la version officialisée par la *Télégonie* d'Eugammon de Cyrène (VIe siècle av. J.-C.) et dont il a été fait mention plus haut. Ajoutons que la flèche tirée par Télégonos, bâtard d'Ulysse, possède une pointe en os de pastenague, une raie empoisonnée, ce qui justifie le dernier sens de « *ex halos* » = d'origine marine.

L'Occident, et c'est heureux pour la fortune du mythe, ne s'est guère satisfait de cette mort granguignolesque et a préféré accorder à Ulysse une seconde vie, bien à lui cette fois et sans intervention divine. La prédiction justifie le second départ, mais le voyage qui en résulte est une vocation, non plus une malédiction. Et Bérard est bien léger lorsqu'il voit une plaisanterie dans cette prédiction, qu'il n'a tout de même pas entourée de ses fatidiques crochets d'interpolation...

« Comme il a plu à un Autre »

Eliot voyait dans l'Ulysse de Dante (Chant 26 de l'*Enfer*) la plus saisissante illustration de « l'effet de surprise » que Poe exigeait de la grande poésie. Car en un temps où saint Thomas avait condamné la *libido sciendi* et où les diverses moutures du *Roman de Troie* répandaient la version protroyenne de la guerre de Troie, Dante présente le dernier voyage d'un Ulysse altier, héros de la quête intellectuelle, qui va au bout de sa passion, même si le Dieu chrétien, « l'Autre », fracasse sa nef et son rêve préfaustien.

> Ulysse se trouve avec Diomède, dans la huitième bolge du huitième Cercle, avec les conseillers perfides. Ils forment une flamme double où« Ils pleurent la ruse du cheval qui ouvrit la porte d'où sortit la noble semence des Romains. »

C'est là, clairement indiquée par Virgile, la source de l'*odium* d'Ulysse. Mais ceci fait, l'une des pointes de la flamme laisse échapper une voix. C'est Ulysse qui reconnaît que les liens d'affection

> « Ne purent triompher en moi de l'ardeur qui me possédait d'acquérir l'expérience du monde. »

Il adjure ses compagnons d'aller « explorer le monde inhabité ».

> « Considérez ce qu'est votre race : vous n'avez pas été faits pour vivre comme des bêtes, mais pour suivre la vertu et la science. »

Et c'est ensuite le voyage où l'Equateur est franchi avant que l'Autre n'engloutisse les explorateurs

« Jusqu'à ce que la mer sur nous se fût refermée. » (*Enfer*, 26, 112-142.)

Dante connaissait Ulysse par des sources latines. Sa recréation n'en est que plus admirable et l'on peut dire qu'entre cet Ulysse et celui de Joyce, il n'y aura aucune vraie « vision » du personnage d'Ulysse, plutôt des variations plus ou moins habiles.

« Lutter, chercher, trouver, ne pas renoncer » *L'*Ulysse *de Lord Tennyson (1833)*

Il est bon de lire ce poème en même temps que *Les Mangeurs de Lotos* et *In Memoriam*, inspiré, on le sait, à Tennyson par un deuil très proche.

« Oh ! restez en paix, frères marins, nous ne voyagerons plus. »

C'est à cette peur de l'apathie du nirvâna comme du chagrin que s'adresse en fait le monologue d'un Ulysse à la fois désabusé et prêt à tenter le « dernier voyage ». Le poème qui a souvent des accents autobiographiques implique que tout n'a pas été vécu, qu'il reste encore à apprendre et même à acquérir quelque gloire. Pénélope, « épouse vieillie », le royaume dont les sujets sont de vrais sauvages, Télémaque qui guette le trône et le mérite : c'est tout cela qu'il faut quitter :

« Je ne peux me rassasier de voyager ; je veux boire la vie jusqu'à la lie.
Qu'il est fade de s'arrêter, de faire une fin,
En rouillant sans avoir connu la patine et l'éclat de l'usage. »

De Dante, sans doute, ce vers :

« Suivre la connaissance comme une étoile qui sombre. »

Le rappel de l'homme qui « connaît les cités de bien des hommes » précède une invocation finale aux compagnons vieillis, mais dont la volonté reste intacte. « Lutter, ne pas céder. »

On perçoit ce qu'il y a de personnel dans ce poème par lequel Tennyson s'exhortait lui-même à surmonter un chagrin dévastateur. Il reste que cet Ulysse intègre la plupart des aspects du héros centrifuge, avec des notations très modernes, mais sans rien vraiment exploiter, comme s'il s'agissait d'un plan de vie qui, peut-être, restera lettre morte. « Peut-être, dit Ulysse, atteindrons-nous les Iles Bienheureuses. » Il est permis d'en douter.

A la recherche d'une Odyssée *perdue : « Le Dernier voyage » de Pascoli (1904)*

Dans ce poème de son recueil *Poèmes conviviaux*, Pascoli innove en conciliant la prédiction de Tirésias, qu'Ulysse accomplit avec son aviron devenu pelle à grain, et le « second voyage » qui prend ici l'allure de pèlerinage funèbre. Ulysse, « le voyage de Tirésias » une fois accompli, vieillit dans un doux ennui auprès de Pénélope. Il attend, mais ne sait quoi. Le dixième printemps survient : il se décide à partir pour « le dernier voyage » avec ses vieux compagnons. C'est alors un retour vers les lieux de son *Odyssée*. Plus rien ne subsiste de ce qu'il a naguère vu avec admiration. Circé a disparu, comme les Sirènes. Partout ne restent que cendres froides et goût de mort. Et son ultime navigation le porte jusqu'aux rivages de Calypso. Son navire sombre alors dans la tempête et il survit seul à ses compagnons. Il parvient à la rive, où il expire. Il n'a pas revu Calypso, mais celle-ci vient « recouvrir » (c'est là l'étymologie du nom en grec) le cadavre de son vieil amant. Ce poème n'échappe pas au nihilisme fin-de-siècle, mais il est empreint d'une douceur qui rend la tristesse proche de la véritable nostalgie. Et tout permet de croire que Pascoli, devant le corps recouvert par Calypso, nous laisse entendre « Il faut imaginer Ulysse heureux », avec des accents proustiens d'une grande beauté.

Ce sont des accents martiaux qui animent « Le héros sans compagnon », Ulysse tel que le peint D'Annunzio dans *Laus vitae*. Ne nous attardons pas sur ce voyage qui semble avoir pour terme Fiume plutôt que l'au-delà des Colonnes d'Hercule. Agir, bander sa volonté, « andiamo » : des tirades ronflantes et creuses que notre héros n'avait pas méritées.

*« Le regard crétois » ou la marche d'Ulysse vers lui-même. L'*Odyssée *de Kazantzakis (1938)*

Vaste fresque de plus de 33 000 vers (soit plus qu'*Iliade* et *Odyssée* réunies), l'*Odyssée* de Kazantzakis eût vraiment pu être cette « seconde Odyssée » que voyait en elle son créateur, si elle ne souffrait d'une excessive fidélité à la « lettre » homérique associée à la présence trop sensible des diverses attirances philosophiques de Kazantzakis. Cette conjonction contradictoire crée une tension qui est du reste celle de la plupart des héros du romancier crétois. « Crétois », c'est ainsi que Paul Faure décrivait récemment Ulysse, se référant à la « biographie imaginaire » du chant 14 de l'*Odyssée*. « Crétois » également l'Ulysse de Kazantzakis, mais dans un tout autre sens, non plus de fourbe autolycienne, mais d'une certaine éthique et de la vision du monde qu'implique le « regard crétois » défini dans *La Lettre au Greco*.

Résultat de l'intense ascèse de qui a éprouvé puis dominé les passions, ce regard « ne craint plus ni ne redoute rien » ; « au-delà du bien et du mal » car il y a en lui du nietzschéïsme en un point où l'homme vient « sauver » Dieu (*Salvatores Dei*) et aider sa faiblesse de toute l'énergie d'une sagesse plénière difficilement conquise. Tel est, abstraitement résumé, l'itinéraire de l'Ulysse de Kazantzakis, mais à travers une intrigue et un cadre qui sont d'obédience homérique.

Ayant quitté Ithaque après son affrontement avec Télémaque, Ulysse se rend à Sparte où il laisse Hélène comme une sorte d'appeau pour les Barbares dont la menace est imminente. En Egypte, Ulysse se fait à nouveau révolté et part jusqu'aux sources du Nil avec un groupe de compagnons qu'il a libérés. Puis, après être monté sur une montagne, tel Moïse, Ulysse en redescend avec une « loi » pour la Cité nouvelle qu'il fait édifier. Mais, à peine achevée, celle-ci s'effondre, et, seul désormais, Ulysse s'enfonce vers son destin. Il fait des rencontres variées et lourdes de symbole, puis, ascète se dépouillant de tout, il se prépare à la mort. Il la rencontrera dans l'Antarctique, où elle viendra en ayant son visage. Parmi les icebergs, dans un décor grandiose, Ulysse sourit sans peur, sans espoir : il est libre.

Ce résumé scandaleusement schématique pour une fresque d'une telle ampleur ne donne que des fragments de squelette, en omettant ce qui, en grec, est la chair somptueuse de cette œuvre : la poésie, la splendeur des images, la passion intérieure qu'on sent brûler en Ulysse qui sait, en un instant, détruire ce qu'il a construit. L'esprit de Dante, que Kazantzakis a traduit, est présent, mais ce qui nous gêne est ce curieux mélange d'un Ulysse « à l'homérique » pour l'extérieur et nourri des contradictions philosophiques de son créateur à l'intérieur. Sans doute la hardiesse philosophique du Grec Kazantzakis ne pouvait-elle aller jusqu'à profaner la tradition en renonçant à des homérismes aussi obsolètes que, dans le même sens, les traductions de Leconte De Lisle.

Nourri hors du sérail, l'Irlandais J. Joyce n'aura pas de ces scrupules, et c'est pourquoi son *Ulysse* est cette seconde *Odyssée* que la modernité attendait depuis que Dante en avait posé les jalons.

Un jour dans la vie de Léopold Bloom, ou Ulysse *sur les berges de la Liffey (1922)*

« Un brave homme, *tout court* », disait Joyce, en français, de son Ulysse/ Bloom. Et Pound, si proche ami de Joyce, voyait en son héros « l'homme moyen sensuel ». Il allait jusqu'à faire d'*Ulysse* le prolongement réussi, en une forme achevée du genre romanesque, du projet de *Bouvard et Pécuchet*. Le paradoxe n'est qu'apparent, et s'explique si l'on se réfère à Platon. A la fin de la *République* (X, 620-621), Er le Pamphylien décrit la métempsycose. Les âmes se définissent par leur choix : Agamemnon se veut un aigle et Ajax, un lion. Quand vient pour Ulysse son tour de choisir, il opte « pour une vie de simple particulier sans souci ». De brave homme, en somme. Et c'est sans doute par cette composante que Joyce est le plus fidèle à l'esprit de l'*Odyssée*, d'autant qu'il a su, en dédoublant entre Stephen Dedalus et Léopold Bloom les deux postulations odysséennes, conserver l'intégralité du potentiel mythique tout en lui permettant une plus grande autonomie d'action. A Stephen, « l'artiste », l'intellectuel, l'inquiet, revient la métis centrifuge avec l'appel au départ qui devient vraiment départ. A Bloom, « le scientifique » — plutôt amateur — le réaliste terre à terre, la métis centripète, celle qui, de chez Molly, le ramènera chez cette même Molly après ses modestes errances du 16 juin 1904, « Bloomsday ». Mais Bloom est un esprit anxieux, un autodidacte qui aime les livres compliqués, les mots savants. Il est de tempérament irénique, sait calmer des querelles de bistrot. Il voudrait jouer un rôle politique, se voit en maire de Dublin, devenu « Sir Léopold Bloom ». Plus important, il est à demi-juif et possède d'autres noms (Fleury i.e Bloom, Virag) et ce « jewgreek » a une profonde nostalgie d'un ailleurs lointain, Sion et même le Tibet ou les Eskimos.

On reconnaît là les traits d'Ulysse, petit-bourgeois de forme mais fidèles à l'esprit. Et c'est Joyce qui a sans doute le mieux exprimé la relation père-fils, qu'Homère n'avait qu'esquissée. La structure même d'*Ulysse* respecte celle de l'*Odyssée*, avec trois unités : les trois premiers chapitres de la « Télémachie » consacrés à Stephen, puis douze chapitres des « Aventures d'Ulysse/Bloom », avec la rencontre Bloom/Stephen, puis, après leur séparation, le retour de Bloom au 7 Eccles Street. Dans leur itinéraire « parallactique », pour user d'un mot cher à Bloom, ils vivent chacun des événements symboliques sous leur apparence ordinaire voire triviale. Et c'est là que les schémas de correspondances établis entre l'*Odyssée* et *Ulysse* par les experts en l'art difficile de la « bloomologie » nous sont précieux, car ils révèlent, après examen, que les plus réussis de ces transferts modernes des épisodes archétypaux sont ceux qui utilisent l'humour (les Sirènes deviennent des serveuses de bar se bouchant les oreilles quand Bloom parle) ou une poésie étrange née de l'anachronisme utilisé à bon escient (Circé devenant la Madame Claude d'un claque victorien ; Elpénor changé en ce pauvre Paddy Dignam aux funérailles duquel Bloom assiste).

Tout comme il avait déjà fait son propre portrait dans *Stephen Dedalus* (1904), Joyce a usé de la liberté du créateur pour reprendre le mythe d'Ulysse tout en exprimant sa propre « double postulation » à travers Stephen et Bloom. Mais il est peut-être une raison plus profonde de parenté entre l'*Odyssée* et *Ulysse*, placées chacune à l'une des bornes de notre civilisation. Ulysse, ballotté entre dieux et hommes, entre l'horreur et la volupté, le raffinement et la sauvagerie, veut raison garder, comme aussi une permanence de l'être face à la mobilité du monde. Le même principe d'identité est au cœur d'*Ulysse* où Eliot voyait « l'usage du mythe comme d'une charpente donnant forme à l'inconcevable amas de futilités qui constituent notre univers ». Telle est bien l'impression ressentie à la lecture de cette œuvre-somme où Ulysse récupère sans cesse son identité malmenée de droite et de gauche, tout comme Stephen, par son départ, reste fidèle à sa vocation intellectuelle. Ces deux symboles d'Ulysse se rencontrent, comme prédestinés à cette paternité selon l'esprit et, au-dessus des miasmes, des sanies, des vulgarités de Dublin emblématique de tout le monde moderne, un instant de pureté révèle le meilleur de la nostalgie odysséenne. Mais le fait de n'avoir pas voulu isoler son *Odyssée* dans une quelconque « Ithaque d'ivoire » — reproche qui serait celui qu'on pourrait adresser à Kazantzakis — est une intuition puissante de Joyce. Respectant l'esprit de son époque, il peut intégrer le noyau archétypal à la technique de récit la plus moderne, en l'occurrence un véritable répertoire des divers procédés stylistiques et narratifs.

L'Ulysse de Kazantzakis mourait « le sourire crétois » aux lèvres. Bloom ne va pas mourir, mais, par les deux derniers chapitres d'*Ulysse*, Joyce nous présente d'abord un bilan, sous forme de questions-réponses de type catéchisme, de la journée écoulée et surtout de la rencontre avec Stephen. Puis, « Bloom est las, il a voyagé » et il rêve sur le nom de « Sindbad », avant de pardonner sa nouvelle infidélité à Molly dont le monologue s'achève par une parole de paix : « Oui, je veux bien oui j'ai dit Oui ». Une sérénité bourgeoise, sans doute, mais qui est à prendre comme la forme joycienne de « la paix à Ithaque ».

Si les développements de l'évolution littéraire du mythe d'Ulysse doivent en définitive être tous rapportés à l'archétype homérique originel sous sa double acception de métis/fourberie, métis/puissance d'analyse, comme aussi sous forme centrifuge ou centripète, on peut prédire aujourd'hui encore un bel avenir à ce personnage/personne dont la plasticité extrême permet toutes les identifications. Il sera intéressant, par exemple, de savoir ce qu'y mettra Michel Tournier, puisqu'il a récemment manifesté son désir d'écrire sur Ulysse.

Le rapport du mythe original au mythe personnel est clairement indiqué dans ces vers de « Sur un vers étranger », poème de G. Séféris déjà évoqué :

> « Il est le grand Ulysse, celui qui dit aux Argiens de construire le cheval de bois
> grâce auquel ils prirent Troie.

Je m'imagine qu'il vient me conseiller à mon tour, me dire comment fabriquer, moi aussi, un cheval pour pénétrer dans ma Troie. »

Et c'est à Cavafis que nous emprunterons la signification paradigmatique de toute existence que possède « Le Voyage à Ithaque » (1911).

« Même si tu la trouves pauvre, Ithaque ne t'a pas trompé.
Sage comme tu l'es devenu après tant d'expériences,
Tu as enfin compris ce que les Ithaques veulent dire. »

Subtil fils de Laerte ou fourbe petit-fils d'Autolycos, Ulysse trouvera longtemps encore des aèdes séduits par son *kléos*.

Denis KOHLER

BIBLIOGRAPHIE

Œuvres

Antiques

HOMÈRE, *Iliade*, Paris, Gallimard, Folio, s.d. — *Odyssée*, trad. Ph. Jaccottet, Paris, Maspero/La Découverte, 1982. (De beaucoup supérieure à la traduction vieillie et, surtout, arbitrairement reconstruite de Victor Bérard (disponible en Livre de Poche).
OVIDE, *Métamorphoses*, Paris, Garnier-Flammarion, 1966.
SÉNÈQUE, *Les Troyennes*, dans *Théâtre*, t. I, Paris, Les Belles Lettres, 1975.
SOPHOCLE, *Philoctète, Ajax*, dans *Théâtre*, Paris, Gallimard, Folio, s.d.

Modernes

DANTE, *L'Enfer*, trad. par J. Risset, Paris, Flammarion, 1985.
Jean GIONO, *Naissance de l'Odyssée*, Paris, Grasset, « Les cahiers rouges », 1987.
Jean GIRAUDOUX, *La guerre de Troie n'aura pas lieu*, Paris, Le Livre de poche, s.d.
James JOYCE, *Ulysse*, Paris, Gallimard, Folio, 2 vol., s.d.
Nikos KAZANTZAKIS, *L'Odyssée*, trad. J. Moatti, Paris, Plon, 1971.
Alberto MORAVIA, *Le Mépris*, Paris, Le Livre de poche, s.d.
Ezra POUND, *Les Cantos*, trad. intégrale, Paris, Flammarion, 1986.
Georges SÉFÉRIS, *Poèmes*, Paris, Mercure de France, 1987.
— *Essais*, Paris, Mercure de France, 1987.
William SHAKESPEARE, *Troïlus et Cressida*, éd. bilingue, Paris, Les Belles Lettres, coll. « Shakespeare », 1975.
Lord Alfred TENNYSON, « Ulysses » dans *A Book of English Poetry*, Londres, Penguin Books, 1983.

Critiques

Gabriel AUDISIO, *Ulysse ou l'Intelligence*, Paris, Gallimard, 1946.
Maurice BLANCHOT, « Le Chant des Sirènes », dans *Le Livre à venir*, Folio/Essais, s.d.
M. DÉTIENNE, J.-P. VERNANT, *Les Ruses de l'Intelligence. La Métis chez les Grecs*, Paris, Flammarion, « Champs », 1978.
M. FINLEY, *Le Monde d'Ulysse*, Paris, Maspero/La Découverte, 1985. Avec une très importante bibliographie historique et philologique établie par Pierre Vidal-Naquet.
Gabriel GERMAIN, *Homère*, Paris, Le Seuil, « Ecrivains de toujours », s.d.
L. KAHN-LYOTARD, article « Ulysse » du *Dictionnaire des Mythologies*, p. p. Y. Bonnefoy, Paris, Flammarion, 1979.
W.-B. STANFORD, *The Ulysses Theme*, Oxford, Blackwell, 1956 (le seul à traiter le sujet d'un point de vue à la fois littéraire et diachronique).

Musique

Luigi DALLAPICCOLA, *Ulysse*, 1968.
Claudio MONTEVERDI, *Le Retour d'Ulysse dans sa patrie*, version N. Harnoncourt (1981).

UTOPIE ET MYTHE

Si l'utopie rejoint le mythe, c'est d'abord dans le flou de cette acception aujourd'hui courante, faisant du mythe une représentation idéalisée d'un état de l'humanité, tant dans le passé que dans un avenir fictif. Avant de renvoyer au terme « utopie », nombre de dictionnaires ne manquent d'ailleurs pas de reprendre ou de citer la fameuse définition avancée par Sorel dans l'introduction à ses *Réflexions sur la violence* (1907) :

> « Nos mythes actuels conduisent les hommes à se préparer à un combat (...). »

L'étude des rapports qu'entretiennent le mythe et l'utopie doit en fait se démarquer de ces interprétations idéologiques tardives, pour mesurer pleinement la spécificité littéraire du genre utopique et l'articulation complexe le liant à telle structure mythique, tout en les différenciant.

Pour redéfinir l'utopie, il suffirait d'interroger le créateur de ce néologisme, Thomas More, auteur du célèbre ouvrage, paru en 1516, sous le titre latin, *De Optimo reipublicae statu deque nova insula Utopia*. Or, ce titre-programme permet de rappeler les éléments constitutifs de ce que l'on peut considérer comme le texte fondateur de l'utopie littéraire : « Utopie » sert à désigner un espace insulaire remarquable par sa nouveauté — « île nouvelle » — et destiné à illustrer l'organisation optimale de la cité — « la meilleure constitution d'une république » — c'est-à-dire un espace politique au sens plein, selon l'acception platonicienne du terme. Cette référence à Platon est inscrite au second vers du sizain latin placé sur une des premières pages de l'édition originale et ironiquement attribué à Anemolius, prétendu poète lauréat, dont le nom signifie en grcc « vide comme le vent », pour ne pas faillir à l'onomastiquc négative d'Utopie :

« Utopia priscis dicta ob infrequentiam	Utopie, je fus nommée par les Anciens pour mon isolement
Nunc Civitatis aemula Platonicae	Alors qu'aujourd'hui je rivalise avec la Cité de Platon
Fortasse victrix (nam quod illa literis	Et peut-être la surpasse (car c'est avec des lettres
Deliniavit, hoc ego una praestiti	Qu'il l'a dessinée, tandis que moi seule l'ai surpassée
Viris et opibus, optimisque legibus)	Grâce à des hommes, des richesses et des lois excellentes)
Eutopia merito sum vocando nomine.	Aussi bien Eutopie mériterais-je d'être appelée. »

Cette apparente fantaisie poétique laisse transparaître plusieurs lignes de réflexion. Pour commencer, si l'étymon grec de l' « U-topie » renvoie littéralement au « non-lieu », son origine non plus philologique mais historique donne les raisons de cette situation paradoxale : le caractère insituable de ce lieu n'est que l'expression d'un isolement relatif à l'ignorance des hommes — la traduction du mot latin « infrequentiam » par « isolement » souligne l'insularité particulière de cet espace, « isolé » signifiant au départ « isolé comme une île ». D'emblée, le modèle utopique de More se trouve défini par rapport à une origine antéhistorique, l'expression latine désignant les hommes des premiers âges. Il y a donc bien lieu de rechercher un possible lien entre le mythe et l'utopie, puisqu'il est question d'une origine mythique dans le paradigme ainsi défini par l'initiateur du genre, du moins dans sa version positive confondant significativement l' « u-topie » avec l' « eu-topie », c'est-à-dire le lieu idéal.

Véritable paradigme de l'utopie classique, l'*Utopie* de Thomas More marque, en 1516, la naissance officielle d'un genre littéraire : dans son ouvrage précisément consacré à l' « Histoire littéraire de la pensée utopique » et paru sous le titre *Voyages aux pays de nulle part,* Raymond Trousson ne manque pas de la faire figurer en tête de la bibliographie chronologique indiquant les textes utilisés, même si l'étude évoque au premier chapitre « les origines antiques et la tradition judéochrétienne », sans oublier la référence obligée à Platon. D'un point de vue historique, l'*Utopie* de More fonctionne comme envers de la société anglaise de l'époque, comme en témoigne le débat intégré dans le premier livre sur la crise socioéconomique due au système des « enclosures » ; c'est en contrepoint que le second livre présente un modèle de république sans crise, avec à l'appui, une description minutieuse du régime politique, économique et social, insistant sur la symbiose entre la société urbaine et le monde rural, sur l'équilibre au sein des institutions et sur l'harmonie entre le travail et les loisirs... Or, cette absence de crise confère au modèle un caractère an-historique et cette stabilité proprement « eutopique » de la cité idéale lui ôte toute dynamique temporelle. Tel est le propre de nombreuses utopies classiques d'être sans devenir, rejoignant ainsi les représentations mythiques de la cité idéale. Si l'*Utopie* de More détermine un nouveau mode de représentation littéraire et ouvre ainsi la voie de l'« eutopie » classique, elle n'en garde pas moins l'empreinte du mythe antique de l'Atlantide associé au débat platonicien sur la cité idéale, d'après le récit ébauché dans le *Timée* et repris dans le *Critias*, sur le conflit opposant la cité athénienne à celle des Atlantes. Cette dernière affiche ses origines mythiques dans la version du *Critias* : Poséidon aurait été le fondateur de cette île immense et l'auteur de ces fortifications que les souverains atlantes, descendants du dieu et de son fils Atlas, ont achevées, en creusant notamment un canal de communication avec la mer. L'Utopie morienne fait pareillement appel à un passé mythique durant lequel Utopus, le souverain éponyme, a entrepris des travaux rappelant en bien des points la fondation de l'Atlantide. Mais, à la différence de l'Atlantide platonicienne, qui reste entièrement tournée vers cette fondation mythique — la présence au centre de l'île d'un temple consacré au dieu marin témoigne de cette nostalgie des origines — l'*Utopie* de More, tout en faisant intervenir le culte archaïque de Mithra — dieu auquel on sacrifiait traditionnellement le taureau, à l'instar de Poséidon — ouvre sa religion au christianisme. Ce détail souligne discrètement le passage de la conception cyclique du culte mythique à une nouvelle conception du temps, rendue possible par la doctrine chrétienne du salut. C'est ainsi que l'utopie classique s'articule au mythe antique, mais en s'en démarquant.

Le paradigme défini par l'*Utopie* de More permet d'opérer plusieurs distinctions : tandis que le mythe atlantidien reste enfermé dans cette temporalité circulaire, comme en témoigne son entrée catastrophique dans l'histoire — l'engloutissement final barrant tout devenir — l'utopie classique s'inscrit dans une sorte de présent continu, signe d'un état achevé d'une évolution positive à laquelle se greffe une fiction compensatoire d'une réalité historique insuffisante. Bien que l'*Utopie* de More, tout comme un siècle plus tard la *Cité du Soleil* de Tommaso Campanella, soit embarrassée par le souvenir de l'Atlantide mythique, on y sent déjà un effort pour s'arracher à l'emprise rétrospective du mythe et pour projeter le modèle de la cité idéale dans une temporalité para-historique. Dépassant la *Cité du Soleil* (1623), la *Nouvelle Atlantide* (1627) de Bacon réussit à imposer le schéma prospectif de l'utopie, en y affirmant l'importance du progrès, l'amélioration des conditions de vie étant associée au développement des sciences et des techniques : la Maison de Salomon y figure une sorte d'Académie des Sciences, et remplace de façon nettement progressiste le Temple du métaphysicien Hoh imaginé par Campanella, au centre de la cité idéale. Alors que la permanence du culte solaire lie encore l'utopie classique à un espace mythique, l'apparition du nouveau culte scientifique n'est pas sans annoncer l'utopie moderne, rationnelle et technicienne. Par ailleurs la *Nouvelle Atlantide* voit son ouverture temporelle doublée par une ouverture spatiale remarquable, puisque l'île mythique s'est étendue aux dimensions d'un véritable continent. Cette préfiguration de l'utopie moderne tournée définitivement vers l'avenir et vers l'expansion spatiale, se distingue d'une utopie classique dont le schéma initial reste emprunt du microcosme mythique de la cité idéale, île-ville que l'insularité spatiale semble préserver hors du temps.

Ce n'est pas un hasard si le genre utopique se développe à partir de la découverte du Nouveau Monde, dans la mesure où ce nouvel horizon géographique permet la réactivation de tout un fonds mythique, en lui donnant une caution scientifique et une dimension prospective : la géographie mythique des Isles Fortunées, liée à la temporalité suspendue d'un Age d'or, se trouve soudain actualisée par la preuve scientifique d'une terre brusquement émergée d'un océan d'ignorance. L'inscription de cette découverte réelle est une constante de l'imaginaire utopique, soucieux de situer sa fiction par rapport à un possible et non pas seulement dans le regret d'un espace et d'un temps mythiques à tout jamais révolus. Ainsi, More appuie sa fiction sur le récit d'un prétendu compagnon d'Amerigo Vespucci, Campanella imagine un dialogue avec un capitaine génois, ancien pilote de Colomb, qui aurait découvert la Cité du Soleil vers Ceylan; tandis que Bacon aménage le mythe platonicien en identifiant la Grande Atlantide (de laquelle est issue la Nouvelle Atlantide) à l'Amérique, alors redécouverte par les grands navigateurs, longtemps après le terrible cataclysme qui l'avait isolée du monde. La version de Platon se trouve habilement transformée, précisément pour rendre plausible le devenir de ce continent oublié, par-delà la catastrophe finale, et ainsi permettre au mythe atlantidien de survivre en marge d'une histoire qui l'avait jusqu'alors nié. Car la situation des utopies doit demeurer paradoxale aussi bien dans l'espace que dans le temps : dans leur dérive continuelle, de la Renaissance au siècle des Lumières, elles s'alignent souvent sur la découverte du Nouveau Monde, en fonctionnant sur l'imitation des récits de voyage. S'y ajoute l'influence de la sotériologie judéo-chrétienne, dans la mesure où le geste de Colomb prétend figurer celui du rédempteur, selon l'assimilation systématiquement exploitée par l'idéologie colonialiste. Le paradis perdu aurait été retrouvé en Amérique, ce qui explique la tentation naturaliste et régressive de certaines utopies croyant voir dans le Nouveau Monde, le signe d'un retour possible vers une autre nature édénique antérieure à la chute. Toutefois, à ce mythe primitiviste où l'Eden biblique répercute l'Arcadie antique, comme la nostalgie d'un Age d'or archaïque reflète la hantise de la déchéance, l'utopie en tant que telle oppose très tôt sa vision prospective d'une micro-société civilisée et organisée, le regret poétique cédant le pas au projet politique. En regard du Nouveau Monde, l'utopie est au mythe, ce que les « réductions » jésuites sont au mythe du « bon sauvage » : un contresens, c'est-à-dire une totale inversion du sens naturel, proprement mythique, par le processus de l'acculturation, car l'utopie, qu'elle soit écrite ou pratiquée, impose des valeurs autres. A la vision poétique, naturaliste et régressive du lieu mythique répondrait la vision politique, culturaliste et prospective du lieu dit utopique. Or l'Eldorado américain se situe sur le point d'intersection de ces visions.

Réactivant le vieux mythe des Isles Fortunées dont Pindare évoque les fleurs d'or dans ses *Isthmiques*, (à l'image des pommes d'or du jardin des Hespérides, significativement situé vers l'extrême Occident, là où les filles des dieux sont censées garder ces fruits fabuleux offerts par la Terre à Hera pour célébrer ses noces avec Zeus), l'Eldorado américain illustre les rapports que l'utopie peut entretenir avec le mythe. Sous-tendue par le symbolisme solaire de la course vers l'Ouest, la quête du pays de l'or s'inscrit dans la transposition d'une géographie mythique par les conquérants espagnols conduits par Francisco de Orellana dans les contrées inexplorées de l'Amérique du Sud. Véritables prospecteurs, ces hommes ont littéralement projeté en avant de leur marche l'ancien mythe, devenu mirage, d'une contrée fabuleuse qui regorgeait d'or. C'est dans la fameuse version voltairienne de l'Eldorado que la vision poétique, naturaliste et régressive du mythe rencontre la vision politique, au sens plein, de l'utopie. Le lieu est évidemment insulaire, en dépit de sa continentalité, comme le souligne le périple de ces deux voyageurs, Candide et Cacambo, emportés pendant un jour au gré des flots, jusqu'aux fortifications naturelles de la Cordillère, rappelant les remparts de l'utopie classique. La présentation de la cité relève à la fois de la fantaisie poétique et de la rationalité des Lumières, figurée par la galerie du palais des sciences, opposant ses instruments de physique et de mathématique aux fontaines « d'eau rose et de liqueurs de canne à sucre » (*Candide* [1759], chap. XVIII) ! Leur départ, grâce à une machine mise au point par les ingénieurs de la cité, avant que les dits « moutons rouges » ne prennent le relais, illustre cette curieuse rencontre du naturalisme mythique avec le projet technicien de l'utopie des Lumières. L'Eldorado voltairien utilise le Nouveau Monde comme lieu d'une utopie avant tout marquée par son éloignement géographique, gardant du mythe régressif de la cité idéale, le caractère d'une structure autonome coupée de l'extérieur, l'insularité spatiale minant l'insularité temporelle. Dans cette utopie critique, la géographie mythique prend pour caution la réalité historique du Nouveau Monde, sans pour autant réussir à dépasser la contradiction entre un naturalisme primitiviste (surabondance édénique propre au mythe du Jardin du Monde) et un projet institutionnel supposant un état de civilisation avancée (innovations scientifiques et techniques prônées par les Lumières). En fait, l'Eldorado voltairien reproduit le schéma utlisé par Garcilaso de La Vega pour décrire l'empire inca. Entre le mythe et l'utopie s'inscrit parfois l'histoire.

De *L'Autre Monde* (1657) de Cyrano de Bergerac, ouvert aux empires imaginaires du Soleil et de la Lune, à l'Eldorado voltairien de *Candide* (1759), en passant par les escales des *Voyages de Gulliver* (1726) de Swift, qu'il s'agisse du Nouveau Monde ou de nouveaux mondes, l'utopie joue surtout sur le déplacement spatial, pour justifier son autre monde, compensant une réalité historique jugée insatisfaisante. Il faut attendre *L'an 2440. Rêve s'il n'en fut jamais* (1771) de Sébastien Mercier, pour que l'utopie affirme son altérité non plus dans l'espace mais dans le temps. Mercier a beau avoir quelques précurseurs méconnus, il n'en remporte pas moins le pari de la postérité, en exploitant cette dimension nouvelle de l'utopie : *L'an 2440* décrit une utopie dans le temps, c'est-à-dire, avant la lettre, une « uchronie », telle qu'a pu l'officialiser un siècle plus tard, Charles Renouvier, créateur de ce néologisme [*Uchronie* (L'utopie dans l'histoire). Esquisse historique apocryphe du développement de la civilisation européenne tel qu'il n'a pas été, qu'il aurait pu être] (1876). Si la cité idéale de l'utopie classique maintient la référence au temps mythique de la fondation, le temps réel ne pouvant être que la dimension de l'oubli, de la dégradation et de la catastrophe — le souvenir atlantidien hante More et Campanella — l' « uchronie » de Mercier ne situe plus sa cité idéale dans un ailleurs tributaire de cette géographie mythique, puisqu'il s'agit de Paris au XXVe siècle. Cette anticipation sur les transformations historiques possibles d'un lieu connu, déplace l'utopie de cet axe spatial qui l'enracinait dans une mythologie régressive pour la projeter dans le futur. *L'an 2440* de Sébastien Mercier refuse clairement la coupure géographique opérée par la plupart des utopies classiques, pour mieux souligner le possible lien existant entre le monde actuel et le monde imaginé dans un futur plus ou moins déterminé. *« Le temps présent est gros de l'avenir » :* telle est la formule de Leibniz que Mercier met en exergue à son ouvrage. Quant au procédé de la révélation par le rêve, il ne manquera d'être exploité dans les nombreuses uchronies qui émaillent l'histoire littéraire depuis lors, notamment *Cent ans après, ou l'An 2000* [*Looking backward* 2000-1887] (1888) du journaliste américain, Edward Bellamy, imaginant Boston à l'aube du XXIe siècle, ou bien *Quand le dormeur s'éveillera* [*When the Sleeper wakes*] (1899) du célèbre utopiste anglais, H. G. Wells, représentant Londres au XXIIe siècle, couverte d'une immense coupole transparente. L'utopie moderne est née, grâce à ce détour par l' « uchronie » mettant fin à la tentation régressive de l'utopie classique, renversant l'archaïsme mythologique pour envisager la prétendue cité idéale dans un devenir historique et souligner la profonde ambivalence de l' « eutopie » désormais menacée.

Si une nette différenciation s'opère entre la temporalité régressive du mythe et cette temporalité nouvelle de l'utopie, se transformant en « uchronie », tout un courant continue à entretenir l'ancien symbolisme spatial en réaction contre ce monde de plus en plus industrialisé du XIXe siècle. Cette inscription de l'utopie, dans le mythe d'une Arcadie pastorale, sous-tend par exemple l'expérience de Brook Farm, évoquée par Hawthorne dans *Valjoie [The Blithedale Romance]* (1852). Cette esquisse utopique illustre aussi le lien qui peut s'instaurer entre l'utopie écrite et l'utopie pratiquée, dans une Amérique moderne encore imaginée comme le Nouveau Monde d'autrefois, en fonction de tout un symbolisme paradisiaque refusant l'émergence de la réalité urbaine et industrielle. Même si cette réalité nouvelle est perçue, le mythe de la cité idéale est curieusement réactivé par cette volonté de mettre l'utopie entre parenthèses, c'est-à-dire d'en faire une micro-société à l'abri de l'Histoire, sur le modèle biblique de la Nouvelle Jérusalem, comme le dénonce Marx à propos de l'Icarie pratiquée par Cabet. Comme le mythe, l'utopie n'est pas seulement écrite mais aussi pratiquée, objet de la foi collective d'un groupe et tenue pour vraie par-delà l'expérience de l'échec : à l'instar du socialiste anglais Robert Owen, fondateur de New Harmony dans l'Indiana en 1825 — le plan fut présenté en 1817, la tentative se solde par un échec dès 1827 —, Etienne Cabet, après avoir écrit *Le Voyage en Icarie* (1839), tente pareillement, dix années plus tard, de mettre en pratique l'utopie écrite, avec l'aide de cinq cents volontaires, sur le terrain d'une ancienne colonie de Mormons au Texas; en dépit des difficultés, cette utopie réussit à se maintenir jusqu'à la fin du siècle. Or, dans *Les cinq cents Millions de la Begum* (1879), Jules Verne s'inspire ouvertement du modèle icarien, mais emprunte au manuscrit de l'ancien communard, Pascal Grousset, l'idée d'une opposition entre une ville industrielle, œuvre d'un savant allemand et une cité modèle, œuvre d'un docteur français, dans le nord-ouest des États-Unis. La transposition du conflit franco-prussien de 1870 est explicite et s'inscrit de toute évidence dans le sillage de l' « uchronie » définie quelques années plus tôt par Renouvier. L'intérêt réside surtout dans l'opposition, quelque peu manichéenne, entre l' « eutopie » de France-Ville, investie par l'archétype de la ville-matrice, produit d'une rêverie poétique, naturaliste et régressive, où l'utopie rejoint le mythe, et la « contre-utopie » de la Cité de l'Acier, caricature de ville-usine fortement organisée, centrée sur un complexe sidérurgique à la Krupp, où l'ordre politique est synonyme d'organisation totalitaire. De même que le mythe engendre son contre-mythe, par l'inversion des valeurs de la structure initiale — au mythe de la cité idéale s'oppose celui de la cité maudite — de même l'utopie classique, longtemps limitée au modèle positif de l' « eutopie », n'est pas étrangère à la constitution de ce contre-modèle qui va finir par s'imposer, sous les noms divers de « contre-utopie », d' « anti-utopie », de « dystopie » ou encore de « cacotopie »! Il est à noter que l'Atlantide platonicienne fonctionnait déjà sur une opposition avec la cité athénienne, selon pareil schéma, soulignant l'ambivalence profonde de la cité modèle.

L'histoire récente des utopies tend à la mise à mort des « eutopies » classiques, avatars du mythe de la cité idéale plus ou moins projetée dans le temps, pour engendrer ce contre-modèle procédant d'une totale inversion des valeurs de la structure initiale et réactivant le contre-mythe de la cité maudite. Si l' « eutopie » a subsisté au XIXe siècle, portée par des courants messianistes, identifiant encore l'ailleurs d'outre-Atlantique à la Terre promise de la prophétie, l'échec des mises en pratique, la saturation de l'espace et l'angoisse croissante de l'homme du XXe siècle hanté par le dernier millenium, ont eu pour conséquence la marginalisation des modèles positifs reproduisant le vieil idéal de la cité parfaite, le voyage imaginaire d'autrefois étant désormais relayé par la science-fiction. L'occupation de l'espace habitable et le rejet des « terrae incognitae » vers l'espace, non plus terrestre, mais cosmique, transportent l'utopie vers les espaces interstellaires. Le relativisme du nouvel espace-temps conduit les « uchronics » à envisager des échelles beaucoup plus grandes que celle timidement imaginée par Sébastien Mercier dans *L'an 2440*. Aussi, dans le cadre d'une topique de l'utopie littéraire, il convient de remplacer l' « eutopie » par la « dystopie », réaménageant à l'aube du second millénaire l'ancienne eschatologie apocalyptique, tout en soulignant la puissante dynamique historique de ces représentations décrochées de la temporalité mythique. « L'utopie moderne doit être non pas statique mais cinétique », précise H. G. Wells dans *Une utopie moderne [A Modern Utopia]* (1905), au moment même où la définition d'un nouvel espace-temps rend obsolètes les représentations figées des utopies classiques, longtemps suspendues au temps immobile de la cité idéale, prétendue à l'abri de l'histoire dans la clôture de son espace-temps mythique qui ne peut la rencontrer que sur le mode catastrophique.

Avec *Nous autres* (1920) d'Eugène Zamiatine, s'ouvre l'ère de la « contre-utopie » moderne, obsédée par une civilisation de la transparence totalitaire, de la technicité extrême et de la « massification » des foules urbaines que figure cette ville du XXXe siècle recouverte d'un gigantesque dôme translucide, tout comme H. G. Wells avait déjà imaginé Londres au XXIIe siècle. Il s'agit là d'une projection caricaturale du modèle politique totalitaire déjà en germe dans certaines utopies classiques. L'ancien mythe biblique de la cité maudite se trouve mis à l'heure d'une civilisation technique refusant l'ancienne vision poétique, naturaliste et régressive du monde, si ce n'est sur le mode de l'écologie politique et scientifique prophétisant quelque apocalypse nucléaire au seuil du troisième millénaire, ou alors le retour à la nature. Au versant scientifique de l'anti-utopie présenté par *Le Meilleur des Mondes [Brave New World]* (1932) répond le versant politique de *1984 [Nineteen eighty four]* (1949) de George Orwell, émule d'Aldous Huxley. Refusant l'allongement croissant de l'échelle temporelle depuis Mercier, la contre-utopie orwellienne joue sur un ailleurs quasi contemporain, dont l'horizon daté indique une menace historique, même si la précision chronologique peut donner au lecteur (ou au spectateur), l'illusion que l'utopie va finir par rejoindre un passé bientôt mythique.

Ce n'est pas un hasard si une ville gigantesque, quelque part en Amérique, sert de cadre à la vision prospective de Ray Bradbury dans ce fameux roman dont le titre, *Fahrenheit 451* (1953) indique la température à laquelle un livre s'enflamme et se consume. L'Amérique, longtemps restée ce continent miraculeusement préservé où l'on a cru voir le lieu prédestiné de toutes les utopies jusqu'au siècle dernier, est le lieu même où est dénoncée la fin des utopies positives et culturalistes. Duhamel le prophétisait déjà dans ses apocalyptiques *Scènes de la vie future* (1930). La contre-utopie de Bradbury clame l'impossibilité de toute utopie culturaliste et humaniste dans un monde où le livre n'est même plus à consommer mais à consumer. Seuls, les hommes-livres, ultimes dépositaires de la culture et du savoir, exilés hors de cette immense ville américaine dans un futur indéterminé, réfugiés dans ce qui reste de la nature, semblent représenter cette marge grâce à laquelle la mémoire des hommes peut préserver hors du temps destructeur de la cité totalitaire, quelque chose de ce vieux mythe que serait l'Homme.

Patrick HUBNER

BIBLIOGRAPHIE

Liste chronologique et sélective des textes de référence sur l'utopie :

1516 Thomas MORE, *L'Utopie*, trad. par V. Stouvenel, intr. et notes par M. Bottigelli, Paris, Editions sociales, 1982.
1623 Tommaso CAMPANELLA, *La Cité du Soleil*, trad. par A. Tripet, intr. et notes par A. Firpo, Genève, Droz, 1972.
1657 Savinien CYRANO DE BERGERAC, *L'Autre Monde, Les États et Empires de la Lune, Les États et Empires du Soleil*, préf. par H. Weber, Paris, Éditions sociales, 1968.
1721 MONTESQUIEU, *Lettres persanes*, éd. par A. Adam, Genève, Droz, 1965.
1726 Jonathan SWIFT, « Les Voyages de Gulliver », in *Œuvres*, éd. par E. Pons, Paris, Gallimard, 1965.
1759 VOLTAIRE, *Candide ou l'Optimisme*, éd. par R. Pomeau, Paris, Nizet, 1959.
1771 Louis-Sébastien MERCIER, *L'An 2440, rêve s'il en fut jamais*, éd. par R. Trousson, Bordeaux, Ducros, 1970.
1839 Etienne CABET, « Voyage en Icarie », in *Œuvres*, t. I, Paris, éd. Anthropos, 1970.
1852 Nathaniel HAWTHORNE, *Valjoie [The Blithedale Romance]*, traduction par A. Canavaggia, Paris, Gallimard, 1952.
1879 Jules VERNE, *Les Cinq Cents Millions de la Begum*, Paris, Le Livre dePoche, s.d.
1888 Edward BELLAMY, *Cent ans après, ou l'An 2000*, tr. par P. Rey, Paris, E. Dentu, 1891.
1905 Herbert George WELLS, *Une Utopie moderne*, tr. par H.D. Davray et B. Kozakiewicz, Paris, Mercure de France, 1921.
1920 Eugène ZAMIATINE, *Nous autres*, trad. par B. Cauvet-Duhamel, Paris, Gallimard, 1971.
1932 Aldous HUXLEY, *Le Meilleur des Mondes*, trad. par J. Castier, Paris, Plon, 1946.
1945 George ORWELL, *La République des Animaux [Animal Farm]*, Paris, Gallimard 1964.
— *1984*, trad. par A. Audiberti, Paris, Gallimard, 1950.
1953 Ray BRADBURY, *Fahrenheit 451*, trad. par H. Robillot, Paris, Denoël, 1955.
1958 Aldous HUXLEY, *Retour au Meilleur des Mondes*, tr. par D. Meunier, Paris, Plon.

1958.

N.B. : cette liste se limite aux quelques œuvres constituant le corpus de l'article. Pour une bibliographie plus complète, aussi bien des textes que des études sur l'utopie, il convient de se reporter à celle tout spécialement établie par Raymond TROUSSON, dans *Voyages aux pays de nulle part*, édition citée ci-après.

Bibliographie sélective : autour des rapports entre le mythe et l'utopie :

Roger BASTIDE, « Mythes et utopies », in *Cahiers internationaux de sociologie*, vol. XXVIII, janv.-juin 1960, p. 3-12.

Mircea ELIADE, « Paradis et utopie : géographie mythique et eschatologie », in *La Nostalgie des origines. Méthodologie et histoire des religions.* Paris, Gallimard (coll. « Essais », CLVII), 1971. [orig. *The Quest. History and Meaning in Religion.* University of Chicago Press, 1969].

Northrop FRYE, « Varieties of literary utopias » in *The stubborn Structure. Essays on Criticism and Society.* Ithaca, N.Y. : Cornell University Press, 1970.

Louis MARIN, *Utopiques : Jeux d'Espaces.* Paris, éd. de Minuit (coll. « Critique »), 1973.

Roger MUCCHIELLI, *Le Mythe de la Cité idéale.* Paris, P.U.F., 1960.

Raymond RUYER, *L'Utopie et les Utopies.* Paris, P.U.F., 1950.

Hans G. SOEFFNER, *Der Geplante Mythos. Untersuchungen zur Struktur und Wir-kungsbedingung der Utopie.* Hambourg, Helmut Buske Verlag, 1974.

Georges SOREL, *Réflexions sur la Violence* (1907) Paris, éd. Rivière 1923.
N.B. : Au mythe social immédiat, violent et révolutionnaire, que concrétiserait la grève générale, « œuvre grave, redoutable et sublime », tournée vers le futur, s'oppose l'utopie qui, dans la distinction paradoxale de SOREL, se limiterait à une littérature d'imagination rejoignant dans le passé les anciens rêves de rénovation future de la société.

Raymond TROUSSON, *Voyages aux pays de nulle part. Histoire littéraire de la pensée utopique.* Bruxelles, éd. de l'université de Bruxelles, 1975.

J.J. WUNENBURGER, *L'Utopie ou la Crise de l'Imaginaire.* Paris, J.-P. Delarge éd. (coll. « Encyclopédie universitaire ») 1979.

LE MYTHE DE WAGADOU ET LA FIN DE L'EMPIRE DE GHANA

Ce mythe est le plus ancien qui ait été relevé en Afrique ; les événements auxquels il fait référence se situent entre le Ier et le XIIe siècle de notre ère. L'empire de Ghana ou Wagadou fut d'abord mentionné par les voyageurs arabes (El Bekri, El Idrissa), vers le Xe siècle. Ils évoquent un pays fertile, des villes prospères comme Aoudagost et Koumbi Saleh, une agriculture, des esclaves et du sel, un roi et sa cour, une religion locale avec ses bois sacrés coexistant avec l'Islam dont plusieurs mosquées attestent la présence.

Lorsque les voyageurs européens des XIXe et XXe siècles (Mungo Park, René Caillié, Heinrich-Barth) pénétrèrent ces régions au nord de Tombouctou, le royaume des Soninké était depuis longtemps enseveli sous les sables. C'est sur les indications de la tradition orale toujours vivante que les archéologues Robert, Devisse, Berthié, entre autres, entreprirent des fouilles et mirent au jour les vestiges des deux capitales du royaume ; ainsi fut prouvée concrètement la réalité de ce qui ne vivait plus que par le mythe.

C'est en effet par le mythe que les Soninké conservent la mémoire de leur grandeur passée et des circonstances de la chute du royaume. Il se présente donc comme un condensé d'histoire et il tient lieu d'archives pour l'ensemble de l'ethnie, aujourd'hui dispersée dans tout l'Ouest africain. Parmi toutes les catégories de définitions du mythe (voir l'introduction de Pierre Brunel dans *Dictionnaire* et *Mythocritique*, PUF 1992), celle qui s'applique sans conteste au récit de Wagadou est le mythe ethno-historique ; il relève donc plus des méthodes anthropologiques que de l'analyse littéraire. Ici plus que jamais « la disposition mentale favorable est l'humeur interrogeante » ; en particulier ce récit, qui est la façon dont les Soninké se racontent leur histoire, l'essentiel de leur histoire, est à interroger en se rappelant l'une des fonctions du mythe mise en évidence par Lévi-Strauss : servir à rapprocher les deux termes d'une contradiction — contradiction ici idéologique, bien camouflée par une histoire d'amour.

Le récit (dans ses multiples versions) se déroule suivant un noyau invariant d'étapes, qu'on peut considérer comme la structure signifiante sur laquelle portera l'investigation. Une première partie raconte l'itinéraire de migrants, depuis le Moyen-Orient (précisément la Palestine, Kirjath, Sodome) en passant par l'Egypte (Louti, Sona), puis les points nommés Dia ou Dyagaba, pour arriver dans l'Adrar et fonder, avec Dinga le chasseur et chef du groupe, une première installation au nord-est du Mali actuel.

La mémoire, fidèle et infidèle, raccourcit les temps réels et écrase les généalogies, ne retenant que les dynasties, les princes ou les héros qui ont notablement marqué leur époque. De ces six ou sept cents ans d'histoire ne ressortent que le roi Dinga, ses deux fils Diabé et Xin, leur affrontement, l'exil puis la victoire de Diabé Cisse.

Ce dernier reprend le voyage vers l'ouest et fonde Koumbi, la ville de l'or, avec l'aide surnaturelle d'un vautour et d'une hyène. A cet endroit, qui est propriété d'un grand serpent-dragon — le Bida — la caravane s'arrête et demande le droit à l'installation. Le serpent l'accorde moyennant le sacrifice d'une fille noble (parfois aussi d'une pouliche et d'une génisse) chaque année. Ainsi est fondé le royaume de Wagadou.

Les siècles passent dans la prospérité et l'abondance. Le pacte est le temps fort du récit et insiste sur l'allégeance du peuple à cette divinité exigeante mais généreuse. Jusqu'au jour où le fiancé d'une jeune fille promise au sacrifice cette année-là se révolte et tranche les têtes du serpent tutélaire. Son prénom, Mamadou Koté ou Amadi Sakho, ou encore Mamadou Fisuru, indique toujours qu'il s'agit d'un musulman. Nous verrons pourquoi plus loin. Mais les conséquences du sacrilège sont fatales pour le Wagadou. Plus d'or, plus de pluies durant sept ans. Les Soninké vont quitter le pays vers l'est, le sud et l'ouest jusqu'au Sénégal.

Voilà la trame la plus simple de ce mythe. La tradition donne des détails sur les dynasties, les clans nobles apparentés, les divisions internes (séparation des Suguna, des Kusa). Bref, un document où le fabuleux et l'histoire semblent inextricablement imbriqués, mais qui, tel quel, constitue la charte de référence de ce peuple vénérable.

Sachons tout d'abord que le Bida, comme Seth en Egypte, est confirmé par un culte bien réel, et n'est pas « la représentation mythique d'un groupe d'individus, d'une classe sociale ou d'une ethnie qui accueillit ces gens, à condition qu'ils leur fournissent des épouses » (C. Meillassoux).

Notre enquête a porté sur les faits, avant toute tentative d'interprétation. Le professeur Bathily, soninké et marxiste, affirme que ce culte existe encore aujourd'hui dans sa région (Bakel et le Galam). Au Mali, dans le cercle de Kita, la famille Cisse vénère toujours le serpent. Il en est de même dans des familles nobles soninké du Sénégal comme du Niger.

Par ailleurs un chercheur soninké du Fouta, Badoua Siguine, confirme ce culte villageois du python, mais précise que, si on ne lui sacrifie plus de jeunes filles, il demeure strictement interdit de le tuer ou de lui faire mal. Ce n'est d'ailleurs pas le seul reptile ainsi épargné.

Selon Youssouf Cisse, du CNRS, les Soninké auraient trouvé en Egypte ce dieu séthien et l'auraient introduit en Afrique de l'Ouest; mais dans notre mythe on l'évoque comme une divinité locale, propriétaire de Koumbi à l'arrivée de Diabé. Cependant un détail cité par plusieurs versions nous laisse à penser qu'il est lié à la migration; en effet on dit que le monstre est le propre fils de Dinga et le frère de Diabé. On se souvient des liens de famille entre Seth, Horus, Osiris... Mais ici point de meurtre entre frères; au contraire, Diabé se met au service de son aîné. Il l'accepte comme divinité sans partage, son peuple demeurera enchaîné à sa loi durant des siècles. Et il sera heureux. Par ailleurs, l'oiseau-faucon Horus du mythe égyptien se mue ici en vautour-charognard, buveur de sang de juments fraîchement tuées, en compagnie de la hyène, cette autre mangeuse de viande morte. De plus, vieux est ce vautour et vieille cette hyène. Il n'est pas question pour eux de combattre le serpent. Au contraire, ils se conduisent comme ses serviteurs, guidant les enfants de Dinga sur les lieux où il règne.

Plus encore que Seth égyptien, Bida cristallise une constellation de valeurs : l'énergie vitale, le pouvoir sur l'eau, la richesse matérielle (l'or), la force occulte et le pouvoir royal. La postérité de Dinga régnera grâce à lui. Mais comme Seth aussi, il symbolise la violence, qui se manifeste par les sacrifices humains qu'il exige. Et que l'on acceptera durant des siècles sans les remettre en cause, en échange de la prospérité du Wagadou.

Culte chtonien sans conteste, mais ressenti comme bénéfique, et qui suppose une soumission sereine aux forces de la nature, un accord fondamental avec la mort comme avec la vie. Rien de prométhéen dans le culte du Bida.

Mais si pourtant, semble-t-il! le héros ne finit-il pas par surgir et tuer le monstre? Car le motif du Chevalier sauveur est bien isomorphe de l'Horus vengeur, et Bida est anéanti, la jeune fille sauvée, le peuple libéré.

Sans doute, mais la suite nous laisse perplexe : non seulement le héros n'est pas nommé roi d'un peuple enfin affranchi, mais une catastrophe pulvérise le royaume. L'épopée tourne mal, le héros entraîne la perte des siens en tuant la divinité tyrannique. Voilà qui ne suit pas le schéma classique! Car, après le courage et la victoire, devrait venir la récompense! Essayons de voir pourquoi cette perturbation dans la logique traditionnelle.

Un détail nous avait frappé : le prénom du héros. Signe de la présence de l'islam avons-nous dit. Oui, mais signe qui fait basculer tout le sens de cette entreprise héroïque.

Essayons d'interroger l'histoire : pendant des siècles, calme et heureux fut le peuple soninké au service du dieu Serpent. Puis vint la religion étrangère. Or longtemps l'islam demeura présent et pacifique dans le royaume, coexistant avec le culte animiste. Il y avait des mosquées dans Koumbi, et par ailleurs le bois sacré du Kaya Magan où l'on sacrifiait au Bida national.

Mais on sait que, historiquement, l'invasion du Wagadou en 1070 par les troupes des Almoravides fut l'une des premières *jihad* sur l'Afrique noire, partie du Sud marocain vers le XIe siècle de notre ère. *Jihad* signifie guerre sainte, avec son cortège d'intolérance.

A partir de cette époque la coexistence pacifique se transforme en rivalité. L'acte de Mamadou Sakho est donc le signe que l'islam non seulement s'est implanté dans le pays, mais qu'il ose le geste sacrilège, la négation du dieu indigène. Cette transgression est le résultat d'une apostasie, ce n'est pas progrès ni accident, ni délire d'amoureux. Et c'est pourquoi toutes les versions signalent le nom musulman du déicide.

A l'intérieur de l'idéologie soninké, ceci explique cela : c'est parce qu'il est musulman que Mamadou agresse le dieu païen. Cependant, dans le mythe, nulle condamnation explicite de ce geste : on ne punira pas directement Mamadou Sakho, mais il devra fuir. Simplement, on assumera avec douleur les conséquences irréversibles et collectives de son attentat.

Pourquoi ? Selon la logique interne du mythe, le meurtrier aurait dû être châtié : « Quiconque ose défier un dieu en perd la vie, car aucun déicide ne doit survivre aux dieux », écrit justement A. Huannou. Mais c'est ici que l'histoire infléchit le déroulement normal du mythe : en effet l'islamisation de Sakho n'est que le symbole de l'islamisation du peuple soninké. Ce n'est pas un seul homme qui s'est converti, mais un grand nombre. Et c'est dans ce contexte bien concret que l'on a dû, à un certain moment, contester le culte archaïque du Serpent. L'humanisme musulman ne pouvait le supporter davantage. Il dut donc y avoir affrontement entre les prêtres du Bida et le clergé islamique, entre le bois sacré et la mosquée. C'est cela que symbolise le duel Bida-Mamadou. Les légitimistes durent céder devant les réformistes.

Les linguistes font remarquer qu'en peul du Fouta islamisé le mot *Bida* est péjoratif et signifie paganisme, alors qu'en soninké le même mot signifie sacré, interdit ; il désigne l'essence du religieux. Cette différence suggère le conflit sous-jacent. On peut donc avancer que le mythe se fait l'écho de l'affrontement idéologique entre les deux religions, affrontement auquel on fera porter la responsabilité des événements réels. Après la poussée des Almoravides, le royaume dut résister aux assauts du clan Touré aidé des Touaregs, puis il fut vaincu par les Sousou de Soumahoro Kanté.

A la même période s'instaura, vers le XIIe siècle, une série de sécheresses répétées

— « La pluie cessa de tomber pendant sept ans » — au cours desquelles le climat se détériora, pour le plus grand dommage de ce beau royaume sahélien. Cela pouvait suffire à le détruire, sans aucun doute. Mais l'interprétation qu'en firent les Soninké fut tout autre. La sécheresse et les guerres furent considérées non comme la cause du désastre, mais comme la punition du sacrilège : châtiment collectif à la mesure de la transgression. Si Mamadou fut épargné dans sa personne (et à travers lui l'islam, qu'on ne se risque pas à défier), le pouvoir soninké fondé sur l'animisme s'écroula, et le fait se matérialisa par la sécheresse : le pacte fut rompu avec le grand Bida maître de l'eau et des récoltes.

Voilà le sens, le message du mythe, en deçà et avant toute interprétation économique, politique ou climatologique. La logique animiste ne niera pas les faits, mais elle leur donnera une cause sacrée, surnaturelle et évidente dans son système de compréhension du cosmos.

Donc, en poursuivant la quête du sens profond de ce conflit dragon/héros, on comprendra que cette victoire sur le Serpent est ressentie comme une défaite et non comme une libération. Mamadou n'est pas considéré comme champion de son peuple, mais comme l'impie qu'on n'ose accuser directement (vu la force de la religion nouvelle) ; et le peuple tout entier supportera la malédiction lancée par le dieu profané : « Vous avez rompu le pacte de sang qui nous liait ; avec ma fin commence pour vous une période de calamité. » C'est clair.

Si à présent l'on considère le mythe de Wagadou comme un avatar de celui de Seth et Horus, où le combat était celui des forces obscures contre la lumière, cet enjeu n'est pas reconnu et assumé comme tel par le peuple soninké. Son passage d'un culte à l'autre se fait à regret, et aux dépens de sa puissance temporelle.

Le conflit interne et métaphysique du mythe égyptien a été transformé en conflit externe d'ordre politique et religieux. Seth, ici Bida (matière-force vitale) est donc vaincu non par Horus (esprit-sublimation) ou par l'oiseau, autre dimension de la métaphysique indigène, mais par un dieu étranger, Allah, et tout le peuple du Serpent en demeure humilié.

Donc, pas de dialectique féconde qui instaure une spiritualité plus haute au cœur de la civilisation soninké, comme en Egypte où « les dieux furent contents et le pays entier ». Pas d'apothéose. Mais un destin tragique qui place le dieu et son peuple dans une même déroute, et les condamne à reprendre les routes migratoires. La malédiction dure depuis dix siècles.

Cela explique que, malgré un islam aujourd'hui généralisé dans les groupes et sous-groupes soninké dispersés à travers l'Afrique (Sarakhollé, Sousous, Diakhanké, Socé...), demeurent des cultes de serpents sous forme de totémisme familial, au niveau des villages — quand ce n'est pas à l'échelle d'une famille royale, comme le culte des princes du Gabou, où l'on retrouve le sacrifice d'une femme au dragon Ninki-Nanka.

Passant dans d'autres ethnies, comme les Wolof, Manding ou Peul non concernés par le culte du Bida, le mythe s'édulcore en conte, et s'introduit comme simple péripétie de récits épiques (Samba Gueladio Diegui) ou de contes merveilleux (Saala Ndiaye et les pintades), sans conséquences fâcheuses pour le meurtrier ni pour son village.

Que nous voici loin du récit égyptien ! Sans doute. Nous voyons comment il a été infléchi en fonction des accidents d'une histoire, d'un pays, d'un climat différents. Et la structure ancienne du mythe égyptien, pratiquement conservée, développe chez les Soninké des significations très éloignées du modèle originel.

« Les mythes sont bons à penser », écrivait Lévi-Strauss. Nous ajouterons qu'ils sont encore meilleurs lorsqu'on parvient à les resituer dans l'histoire qui en a modifié le sens.

Lilyan KESTELOOT

BIBLIOGRAPHIE

J.M. CUOQ, *Recueil des sources arabes concernant l'Afrique occidentale du VIIe au XVIe siècle*, éd. CNRS, Paris, 1976.

G. DIETERLEN et Diarra SYLLA, *L'Empire de Ghana*, éd. Karthala, 1992.

Boubakar DIALLO, *Les Origines de Ghana, à partir de quatorze traditions orales*, Thèse, Centre de Recherches Africaines, 9, rue Malher, 75004 Paris (inédit).

L. de HEUSCH, *Mythes et Rites bantous*, éd. Gallimard, Paris, 1982.

A. BATHILY, *Guerriers, Tributaires et Marchands. Le Gajaaga, pays de l'or*, éd. L'Harmattan, 1990.

— *La Légende du Wagadou*, texte soninké de Malamine Tandyan, d'après Charles Monteil, Bulletin IFAN XXIX B, 1-2, 1949.

P. BRUNEL, *Mythocritique*, éd. PUF, Paris, 1991.

L. KESTELOOT, C. BARBEY, S.M. NDONGO, « Tyamaba, mythe peul et ses rapports avec le rite, l'histoire et la géographie », *in* : *Notes africaines*, n° spécial 185-186, IFAN, Dakar, 1986.

M. LEROUX, *Le Climat de l'Ouest africain*, éd. H. Champion, Genève, 1982.

M. SOUMARÉ, *L'Empire du Ghana*, IIIe colloque international de Niamey, Fondation SCOA, 1977.

R. SERGE, « Archéologie des sites urbains des Hodh et problèmes de la désertification au Moyen Age », *in* : *La Désertification au sud du Sahara*, éd. NEA, Dakar-Abidjan, 1976.

Collectif sous la direction du professeur DEVISSE : Catalogue de l'exposition *Les Vallées du Niger*, Musée des Arts africains et océaniens, oct. 1993.

Egypte

P. DU BOURGUET, *Contes de la vallée du Nil*, éd. Tchou, Paris, 1968.

J. G. FRAZER, *Atys et Osiris*, librairie P. Geuthner, Paris, 1926.

Zoroastre

Il semble que pour nous Zoroastre est un nom grec — ΖΩΡΟΑΣΤΡΗΣ — qui désigne un personnage de l'Iran ancien, Zarathustra. Les plus anciennes notices qui sont transmises sur Zoroastre proviennent des premiers historiens grecs de l'Asie. A leur tête figure Xanthos le Lydien, auteur des *Lydiaka,* qui écrivit au Vᵉ siècle, avant Hérodote. Il n'est pas surprenant qu'il ait été amené à s'occuper du fondateur légendaire du mazdéisme. De son temps déjà, des mages émigrés d'Orient — ou Maguséens — avaient allumé leur pyrée en Lydie. Anaïtis, l'Artémis persique, avait un temple à Hyjaipa et un autre à Hiérocésarée qui passait pour avoir été fondé par Cyrus (*Pausanias,* V, 27, 5; Tacite, *Annales,* III, 62).

A Sardes, Ephèse, Dascylium on a retrouvé des vestiges de sanctuaires et de cultes mazdéens (Fr. Cumont, *Les Religions orientales dans le paganisme romain,* P., Geuthner, 1929, p. 135, fig. 10; *cf* p. 275, n. 29). La pénétration iranienne était donc fort étendue dans l'ouest de l'Anatolie, ce qui permit à un Lydien comme Xanthos de se documenter sur la religion des nouveaux maîtres de l'Asie.

Ce fut lui qui très probablement introduisit dans la littérature grecque le nom de ΖΩΡΟΑΣΤΡΗΣ (Zoroastre). Cette transcription est la forme hellénisée du zend Zarathuštra, par l'intermédiaire d'une forme de l'iranien occidental Zarahuštra (C. Bartholomae, *Grundriss der iranischen Philologie, [Précis de Philologie iranienne]*, I, § 93, 264 (8), que suit A.W.J. Jackson, *Zoroaster, The Prophet of Ancient Iran, [le Prophète de l'Iran ancien]*, p. 13, n. 1). Comme la seconde partie du vocable paraissait contenir le mot « ἀστήρ » « aster » « astre », il s'ensuivit des étymologies curieuses, en rapport avec le caractère d'astrologue qu'on prêtait au prophète. Tantôt Zoroastre est traduit par le mot « ἀστροθύτης » — « le contemplateur des astres » (Dinon, Τὰ Ἱστορία, *Histoires*, V ; Hermodore cités par Diogène Laërce, *Vies, Doctrines et Sentences des philosophes illustres*, Préface 2, P., éd. Gobet, 1862), tantôt il est décomposé en « Ζῶ — ῥο — ἀστήρ » « Zoroaster » « l'astre pur » (Clément de Rome, *Homilies*, IX, 4 f. in t. II, col. 244, éd. Migne). La forme ΖΑΘΡΑVΣΤΡΗΣ que l'on trouve chez Diodore de Sicile (I, 94, 2) rappelle la forme avestique du nom du prophète, Zarathushtra.

Dans l'Iran ancien, Zoroastre était appelé « Zarathushtra » ou « Zarathushtra Spităma », « Spităma Zarathushtra » ou simplement « Spităma ». Ce terme désigne une famille médique fondée par un ancêtre, un héros éponyme du clan. L'origine de ce patronyme viendrait apparemment de l'avestique « Spit — être blanc » = sanscrit S' Vit — et signifierait probablement « descendant de Blanc ». Celle de Zarathushtra est plus obscure et plus contestée. Un point semble toutefois admis ; le second terme du mot « Ushtra » désigne un chameau. Mais la nature exacte de ce mot composé et son sens véritable échappent à l'analyse. L'interprétation le plus souvent proposée serait « celui dont le chameau est âgé » (zar = être âgé) ou « le chameau âgé » (V.A.W. Jackson, *op. cit.*, p. 14 et p. 147-149). Cette incertitude concernant le sens même du nom est, avec la chronologie et la toponymie, l'une des données obscures du récit originel, collectif et anonyme qui fondent le mythe de Zoroastre.

Sa biographie ajoute aux incertitudes. Bien qu'il soit communément admis que son existence s'est déroulée entre la deuxième moitié du VIIe siècle avant J.-C. et le milieu du VIe siècle, ce sont les datations, souvent extravagantes, de cette vie qui retiennent l'attention.

Selon Pline le Jeune qui s'appuie sur une information relevée dans Aristote, Eudoxe et Hermippe, Zoroastre aurait vécu 6 000 ans avant la mort de Platon (*Naturales Historiae, [Histoires Naturelles]*, VII, 15, XXX, 2, I.). Pour d'autres comme Diodore de Sicile, Justin, Arnobe, Eusèbe, Orose, Suidas, le nom de Zoroastre serait celui d'un roi des Bactriens, défait par Ninus, roi des Assyriens (V.A.W. Jackson, *op. cit.*, p. 154-157 ; p. 242 sq.). Pour d'autres enfin, qui représentent la tradition orientale, laquelle est fondée sur le livre pehlevi *Bundahishn*, confirmé par Albīrūnī, Masyūdī, Zoroastre aurait vécu entre 660 et 583 avant J.-C.

La tradition veut que Zoroastre convertit le roi Vishtāspa à sa religion. De là vient une autre légende qui associe ce souverain avec Hystaspes, le père de Darius (Ammien Marcellin, *Rerum gestarum libri, Histoires*, XXIII, 6, 32-34). Ainsi le prophète aurait vécu assez longtemps pour être à la fois le contemporain de Sémiramis (v. 800 av. J.-C.) et celui d'Hystaspes (v. 550 av. J.-C.).

Il n'est pas moins difficile de délimiter son lieu d'origine. Est-il de Médie ? de Bactriane ? Des confins iranoafghans ? Cette question a été un sujet d'amples controverses (v. A. Christensen, *Die Iranien, [Les Iraniens]*, in I. Müller, *Handbuch*, IIIe div., 1re p., t. III, Münich 1933, p. 212 sq.) et l'incertitude de la tradition orientale se reflète dans la littérature grecque. Cette confusion apparaît notamment dans Pline (*op. cit.*, XXX, 3 et 8) qui nomme successivement un Zoroastre perse, le Mède Zaratus, et un second Zoroastre de Proconnèse, de peu antérieur à Ostanes. L'opinion la plus répandue faisait de lui un Perse : « Magice orta in Perside a Zoroastre, ut inter auctores convenit » (Pline, *loc. cit.*, d'après Hermippe). Parmi ces « auteurs », il conviendrait de citer Clément d'Alexandrie, *Stromata* (I, 15, 69, 6, p. 44, éd. Stählin) ; Origène, *Contra Celsum, Contre Celse* (I, 16, p. 68, 31, éd. Kötschau) ; Anonyme, *Vita Platonis, Prolegomena Platonis philosophiae. [Vie de Platon, Prolégomènes à la philosophie de Platon]* (c. 4, éd. Hermann, *Œuvres* de Platon, t. VI, p. 199) ; Porphyre, *De Antro nympharum, [l'Antre des nymphes]* (c. 5).

Parfois on le déclare mède (Pline, l.c. ; Clément d'Alexandrie, *op. cit.*, I. 21, 133, 2) ou bien, pour tout concilier, « Persomède » (Suidas, ΑΝΤΙΣΘΝΗΣ, Antisthene, t. II, p. 514, n°s 159-161, éd. Adler), ou encore on le naturalise grec (Pseudo (?)-Platon, *Alcibiades, [Alcibiade]*, I, 122 A). Une tradition qui se réclame de Ctesias le place sur le trône de Bactriane (Arnobe, *Adversus Nationes [Contre les Nations]* citant Ctesias I 5, I 52, fr. 6 éd. Müller, p. 17 Didot). Un romancier le fait descendre d'envahisseurs venus d'un vague « continent situé au-delà de la grande mer », peut-être une nouvelle Atlantide (Pseudo (?)-Platon, *loc. cit.)*. Plus sérieuse est l'indication fournie par Hécatée d'Abdère chez Diodore, selon laquelle Zathraustès aurait vécu dans l'Ariane, c'est-à-dire dans une contrée voisine du pays des Bactriens (I, 94,2). C'est là qu'il faudrait alors situer l'Airyana — Vaya h (Airān Vej) où, suivant la tradition iranienne, Zoroastre serait né (*Boūndahishn*, XX, 32).

Les auteurs grecs et latins ne font nulle part mention de la famille de Zoroastre ni ne citent pas le nom de ses parents. On ne peut prendre en effet pour une filiation réelle l'assertion qu'il était fils d'Ormuzd (Pseudo (?)-Platon, *Alcibiade, loc. cit.* ; Agathias, Περί Τῆς Ιουστινιανοῦ βασιλείας, *[La royauté de Justinien]*, II, 24, p. 117, 2e éd. de Bonn) ou qu'il était descendu de la sphère supérieure du ciel à travers les feux de l'éther : « per igneam zonam » (Hermippe dans Arnobe, *op. cit.*, I, 42, p. 48, éd. Marchesi). Toutefois nous avons ici un écho très distinct d'une doctrine caractéristique du mazdéisme. Si Zoroastre était, selon la chair, fils de mortels, son esprit avait une origine céleste. Un nask perdu de *l'Avesta* racontait comment le Hvarenô, qui siégeait dans la lumière éternelle près d'Ahoura-Mazda, traversa les cieux pour rejoindre la terre et, s'unissant à la mère de Zarathouštra, résida en elle dès sa naissance jusqu'à l'âge de quinze ans, où elle donna le jour au prophète (V. Jackson, *op. cit.*, p. 24). De cette rencontre théogynique doit naître un homme supérieur et unique. Pline reprend la légende mazdéenne, selon laquelle, seul de tous les mortels, Zoroastre rit le jour même de sa naissance, donnant ainsi une preuve prodigieuse de sa précocité, et il ajoute, ce qu'ignorent les livres pehlvis, que le cerveau de l'enfant avait de telles palpitations qu'il repoussait la main qu'on y appuyait : « Ut impositam repelleret manum » (*op. cit.* VII, 72). La « palmomantique » orientale dut interpréter ce phénomène étonnant comme un présage de la science future du sage iranien. Les livres pehlvis mentionnent aussi, parmi les prodiges qui marquèrent le jour de sa naissance, le rire sonore que poussa l'enfant et qui effraya les sages-femmes (*Dînkart,* première moitié du IXe siècle, dans West, *Pahlavi texts,* p. 35, 41, 123, 142 s.), et la littérature orientale a gardé le souvenir de cette expression merveilleuse (v. Jackson, *op. cit.*, p. 27, n. 5). L'assertion de Pline remonterait donc à une tradition fortement établie.

Avant l'apostolat de Zoroastre, les écrivains grecs placent une longue période de retraite. A l'âge de sept ans, il aurait commencé à observer le silence, (*Scholiaste de l'Alcibiade,* I, Platon, 121 E) et, pendant une durée de trente ans, il aurait vécu retiré en s'abstenant de toute nourriture animale (Pline, *op. cit.*, XI, 242). Dion Chrysostome ajoute que, par amour de la justice et de la sagesse, il s'écarta des autres hommes et se retira sur une montagne (*Oratio, Discours XXXVI,* c., 40, t. II, p. 11, éd. von Arnim) — selon Porphyre, il consacra au culte, dans les montagnes de la Perse, un antre fleuri arrosé de sources, qui devint le modèle des « spelaca » mithriaques (*De Antro nympharum, [l'Antre des nymphes],* c. 5). Tels sont donc les rares éléments fournis par les auteurs classiques sur les origines de la mission de Zoroastre, dans lesquels on peut retrouver certains traits mazdéens. Hérodote rapporte déjà que les Mages avaient coutume de sacrifier sur les cimes les plus élevées (*Histoire,* I, 131) et d'autres textes évoquent des grottes sacrées où ils avaient élu domicile (Pseudo-Jean Chrysostome, *Opus imperfectum in Matthaeum, [Commentaire inachevé de l'Evangile de Matthieu],* Migne, *Patrologia graeca, [Patrologie grecque],* LVI, col. 637).

Si l'on considère l'ensemble de cette tradition gréco-romaine, on constate une nette discordance avec les sources mazdéennes, qui ignorent l'histoire d'une retraite où, Zoroastre, anachorète, se serait voué aux austérités (*cf.* Jackson, *op. cit.*, p. 32 s. v.). Le mazdéisme ne prêche pas le renoncement. L'ascétisme n'inspire ni les préceptes de sa morale ni la conception qu'il se fait de son fondateur ; il admet que Zoroastre ait eu trois femmes et une nombreuse descendance (Jackson, *op. cit.*, p. 20).

L'explication de cette divergence semble être fournie par un passage d'Ammien Marcellin. Selon lui, Zoroastre, voulant pénétrer les secrets de l'Inde, se fixa dans une région boisée où il reçut la visite des Brahmanes qui lui enseignèrent la connaissance du système du monde et des rites purs de la religion (XXIII, 6, 32-36, p. 316, 5, éd. Clark). L'auteur grec, que suit l'historien latin, prétendait donc établir une relation entre Zoroastre et le clergé de l'Inde. Dès lors, devient claire la transformation qu'a subie la figure du maître des Mages. Il est devenu le héros de la légende de Bouddha, qui quitta à vingt-neuf ans le palais de son père, erra sept années seul dans les bois, fuyant la société des hommes, jusqu'au moment où il reçut l'illumination, qui le délivra du désir et de la souffrance (Oldenberg, *Buddha,* 7e éd., 1920, p. 121 sv.).

Il est vraisemblable que l'écrivain grec qui opéra cette métamorphose de

Zoroastre ait été un Pythagoricien. En faisant du fondateur de la religion des Mages un anachorète adepte du silence et du végétarisme, il fit du sage qui passait pour avoir instruit Pythagore le premier auteur des règles de mutisme et d'abstinence que les disciples du philosophe de Crotone imposaient aux membres de la secte. Sorti de son isolement, le prophète reçut du ciel ses révélations (Plutarque, *Vita Numae, [Vie de Numa]*, e. 4, 10). C'est une idée maintes fois exprimée chez les Grecs que le ciel a révélé d'abord aux rois et aux prêtres la connaissance des choses divines et de l'univers. Zoroastre est au nombre de ces privilégiés : l'on assure qu'il apprit toute sa sagesse de l'Esprit du Bien (Pseudo (?)-Platon, *Alcibiade*, I, 121 E) et qu'étant roi de Bactriane, il connut les principes du monde ([Trogue Pompée] Justin, *Historiae Philippicae, [Histoïres philippiques]*, I, 7-10).

Plus atténuée est une indication de Diodore selon laquelle l'Esprit du Bien lui aurait donné les lois qu'il promulgua (I, 94,2). D'après les sources mazdéennes, Zoroastre commença sa prédication à l'âge de trente ans (Jackson, *op. cit.*, p. 36) ; dix ans plus tard, il se rendit à la cour du roi Vištăspa, lui prouva sa mission divine par des miracles, et obtint ainsi sa conversion. La connaissance d'une légende analogue en Occident est attestée chez le scholiaste de Platon (*Alcibiade*, 121 E) et chez Dion Chrysostome (*Oratio, [Discours]*, XXXVI, c. 40). Zoroastre est, dans le premier cas, le professeur de philosophie du roi Hystaspe (Vistaspa), et dans le second, celui qui, après avoir traversé une pluie de feu, instruisit les Mages de la vraie religion. Il y a là une efficacité manifeste entre le feu qui se déverse du haut de la montagne, et dont le prophète sort indemne, et le fleuve igné qui coulera, selon la croyance iranienne, à la fin du monde et que les justes traverseront sans en sentir, comme les impies, la brûlure.

Ainsi le personnage de Zoroastre devient polysémique : il est à la fois un être mythique dont l'existence historique remonterait à des millions d'années et le fondateur à Babylone d'une école philosophique, le mazdéisme, qu'aurait fréquentée Pythagore (cf. I. Lévy, *La Légende de Pythagore*, 1927, p. 20 sv.).

Après la conquête de la Babylonie par Cyrus (539 av. J.-C.), le culte mazdéen fut introduit dans cette ville. Entre Mages et « Chaldéens » des rapports durent nécessairement s'établir. Lorsque les Perses la soumirent, Babylone était le foyer scientifique le plus brillant du monde. Il était inévitable que le mazdéisme subît fortement l'ascendant de sa science prestigieuse. Rencontre de deux civilisations, de deux religions dont l'une, celle des envahisseurs, subit l'influence de l'autre. Il n'est pas étonnant, dès lors, qu'on ait considéré Zoroastre comme un Chaldéen (Porphyre, *Vita Pythagorae, [Vie de Pythagore]*, c. 12, Lydus, *De mensibus, [Les Mois]*, II, 4) et Babylone comme sa patrie d'adoption (Lucien, *Menippus Sive Necyomantia, [Menippe ou la Nécromantie]*, C. 6), ou même qu'on ait fait de lui un Assyrien (Clément d'Alexandrie, *loc. cit.*). Parfois, on affirme qu'il avait puisé une partie de sa sagesse « dans les arcanes des Chaldéens » (Ammien Marcellin, *loc. cit.*). D'autres le présentèrent, non comme le disciple, mais comme le maître de ceux-ci et comme l'inventeur de l'astrologie (J. Bidez, « Les Ecoles chaldéennes sous les Séleucides » in *Mélanges Capart*, Bruxelles, 1935, p. 70 sq.).

Il ne conviendrait point de voir dans ces traditions diverses de simples produits de l'imagination de Grecs ignorants. Ce sont sans doute les Mages de Mésopotamie et d'Anatolie qui ont les premiers transformé le réformateur du mazdéisme en un prophète « chaldéen », révélateur des mystères du ciel étoilé.

A ce personnage ainsi métamorphosé, les Grecs donnèrent ce nom nouveau ΖΩΡΟΑΣΤΡΗΣ (Zoroastre). A côté de ce nom-ci, on trouve le nom zend Zarathustra, en pehlvi Zaratust, en syriaque Zaradust, Zardust. La fluidité des voyelles dans les parlers sémitiques a dû faire prononcer aussi Zaradost, Zaradast, Zaradest. Le groupe des deux consonnes finales étant imprononçable pour une bouche grecque, on laissa tomber le *t*, et la chuintante *Š* devint la sifflante *S*. Dans la forme ancienne du nom, le *t* iranien est conservé et Zaratôst ou Zaratăst devient Zaratos (Schol. Platon, *Politeia, La République*, 600 B ; Porphyre, *op. cit.* ; Pline écrit « Zaratum », *op. cit.*).

Ce Zaratas babylonien avait pris une personnalité si différente de celle du véritable Zoroastre perse que certains auteurs anciens comme Pline, Porphyre, Clément d'Alexandrie, ont cru qu'il s'agissait de deux prophètes distincts. Quelques modernes les ont suivis, et ont cherché à expliquer ainsi les données contradictoires d'une tradition fort embrouillée (v. Windischmann, *Zoroastrische Studien, [Etudes Zoroastriennes]*, p. 263 et la réfutation péremptoire de Bousset, *Hauptprobleme der Gnosis, [Problème fondamental de la gnose]*, p. 374). Seul l'historien Agathias, qui nous a transmis un long exposé des croyances perses, affirme que Zoroastre et Zarades sont une double dénomination d'un seul et même personnage (Περί Τῆς Ιουττινιανοῦ βασιλείας, [Le règne de Justinien], II, 24). Il conviendrait donc de mettre au compte des récits légendaires le récit selon lequel Pythagore se serait rendu à Babylone pour s'entretenir de philosophie avec Zoroastre-Zaratas, puisque ce Zaratas babylonien n'a jamais existé. Mais cette légende prouve que, dès le IVe siècle avant notre ère, le personnage mythique était entré dans l'histoire. Au contact des Maguséens d'Anatolie et de Syrie, les Grecs avaient appris par eux les mérites du sage qui passait pour leur fondateur. C'est à cet être mythique, magicien et astrologue, non au vrai Zoroastre mazdéen — Zarathoustra — qu'ont pu être attribués les écrits grecs qui circulaient sous son nom.

Devenu en Mésopotamie le maître des Mages et des Chaldéens, cette grande figure morale s'imposa à l'attention des Juifs, dont les colonies étaient nombreuses dans ce pays. Ils revendiquèrent Zoroastre comme un des leurs. Abraham ayant été regardé par eux comme l'inventeur de l'astrologie (Bouché-Leclercq, *Astrologie grecque*, p. 578, n. 1), la haggada lui fait initier aux mystères de son art Zoroastre lui-même (Bin Gorian, *Die Sagen der Juden, [Les Légendes juives]*, Berlin, 1935, p. 219). Mais plus souvent on introduisit celui-ci dans la tradition biblique en l'assimilant à quelque personnage de l'Ancien Testament (v. Bousset, *op. cit.*, p. 369-378 sur Nemrod-Zoroastre ; p. 381, 2, sur Seth-Zoroastre). Le rapprochement de Balaam avec le prophète iranien est non moins intéressant. Selon l'Ecriture, ce devin et magicien vivait en Mésopotamie, lorsqu'il fut appelé par le roi de Moab pour maudire les Israélites, mais, contraint par la volonté divine, il les bénit et, dans sa prière, il prononça des mots que le Vulgate traduit : « Orietur stella ex Jacob et consurget virga de Israel » [« Il sort un astre de Jacob et s'élève un sceptre d'Israël »] (*Nombres*, XXIV, 17), où déjà les Juifs virent de bonne heure une prophétie messianique. Les prédictions très voisines des deux Mages sur la venue d'un Sauveur destiné à établir la justice et la félicité sur la terre rendaient aisée la confusion de l'un et de l'autre. L'apocalyptique mazdéenne ayant fortement influencé le messianisme d'Israël, il est vraisemblable que l'équation Balaam-Zoroastre est antérieure à notre ère. Mais il n'est pas exclu qu'elle fût imaginée quand on s'avisa de faire de Zoroastre l'annonciateur de la naissance de Jésus (v. Bidez-Cumont, I, 48-49). Lorsqu'apparut l'étoile, les Perses, effrayés, reconnurent néanmoins en elle celle qu'avait annoncé Balaam, et leur roi « prépara des offrandes splendides qu'il envoya par les mains des Mages, adorateurs du feu », sous la conduite de l'étoile jusqu'à Bethléem (Wright, *Journal of sacred literature*, 4e sér., t. IX, 1866, p. 117 sq., t. X, p. 150 sq.).

Il restait à transformer Zoroastre en un prophète du christianisme et à en faire un précurseur de la foi nouvelle. Cette métamorphose du fondateur du mazdéisme fut amené par le récit de Matthieu (II, I-II) sur les Mages qui, « ayant vu une étoile en Orient », vinrent adorer l'enfant divin à Bethléem (v. « I Magi a Betlemme e une predizione di Zoroastro » [*Sacra Scriptura Antiquitatibus Orientalibus illustrata*, n° 3], Rome, 1933).

A cette conception très favorable que se font de Zoroastre les auteurs chrétiens, répond une autre qui fait de lui un adversaire. Il est le législateur d'une religion rivale du christianisme qui, sous les Sassanides, se fit persécutrice de l'Eglise (Théodore de Mopsueste, Περι τῆς εν Περσίδι μαγικης *La Magie en Perse*, Photius, *Bibliotheca*, cod. 81, p. 63, éd. Bekker).

Il sera désormais le créateur de la magie, il sera censé n'ignorer aucun des mystères de la sorcellerie. A la connaissance de cet art diabolique, il joindra celle de l'astrologie, science du mensonge. Un thaumaturge maléfique et un devin imposteur, telle est l'image de Zoroastre que l'antiquité chrétienne a léguée au Moyen Age. Elle se transmet de livre en livre jusqu'au XVIIIe siècle.

Héritier d'une tradition si riche et si contradictoire, le XVIIIe siècle, tout en s'en faisant l'écho, s'emploie à la rectifier, mais sans cesser de la faire servir à ses fins. Trois exposés de la religion zoroastrienne feront le point des connaissances à l'aube du XVIIIe siècle. Ceux de d'Herbelot (*Bibliothèque orientale ou Dictionnaire universel... 1697*), Hyde (*Historia religionis Veterum Persarum, [Histoire de la Religion des Anciens Perses]*, 1700) et Chardin (*Voyages en Perse et autres lieux de l'Orient*, éd. 1711). Pour le créateur des études orientales en France et le voyageur, Zoroastre, « fondateur de la secte des mages », est un « imposteur »; selon le savant d'Oxford, il est un véritable « prophète », auteur du « Zendavastan », le *Zend-Avesta*. Telles sont les deux images de la religion zoroastrienne et de son auteur qui circulent dans le public des « savants », pendant plus d'un demi-siècle. Tout y concourt encore à la discréditer comme religion et à rabaisser Zoroastre devant Jésus. Mais les arguments et les essais d'explication de types historique, géographique, climatique, sociologique ou politique se sont substitués à l'anathème et à l'injure. L'article « Zoroastre » du *Dictionnaire historique et critique* de Bayle en fournit la remarquable démonstration. Plus nettement, Beausobre soutient que les intentions de cet « Imposteur si célèbre » n'étaient pas si mauvaises, « puisqu'il bannit les simulacres, et ramena les Peuples de l'Idolâtrie au culte d'un seul Dieu et s'appliqua à régler les mœurs » (*Histoire critique de Manichée et du Manichéisme*, Amsterdam, 1734, I, 1, 6, p. 316).

Examinant de près la pensée zoroastrienne, Beausobre non seulement réhabilite Zoroastre mais contribue encore à préciser l'image du vrai « Législateur » et du « Philosophe » des Perses que les travaux de Hyde avaient ébauchée. Les philosophes des Lumières vont reconnaître en ce « Mage » le défenseur d'idées qui sont les leurs : il représente, par sa doctrine, la plus ancienne réponse au problème du Mal et la pureté de sa morale fait de lui un des piliers de la civilisation. Dès lors, le mythe de Zoroastre prend une dimension nouvelle. Le comportement des philosophes à l'égard du *Zend-Avesta*, que publie Anquetil-Duperron en 1771, est motivé par cette affirmation que chaque fondateur de religion porte en soi une part de vérité essentielle (Voltaire, *Essai sur les Mœurs et l'Esprit des nations*, éd. 1756, O.C. éd. Moland, XIX, 521 ; *Le Philosophe ignorant*, 1766, XXVI, 86 ; *Les Guèbres*, 1769, VI, 481 ; *Questions sur l'Encyclopédie*, 1771, art. « Zoroastre », XX, 616-619). Zoroastre est vu alors moins comme un « Mage » que comme un « Sage ». Tel il apparaît dans les romans (*Les Voyages de Cyrus* de Ramsay, 1727 ; *Zoroastre, histoire traduite du chaldéen* du chevalier de Mehegan, 1751) ; dans les livrets d'opéra, après le Zoroastre de Scarlatti et de Le Brun, ceux de Rameau (1749) et de Mozart (1791), où Sarastro, de façon plus appuyée que Zoroastre, est le gardien de la Lumière et de la Liberté, — le livret de Goethe, intitulé *Sarastro* (1794), est inachevé — ; dans les écrits philosophiques et poétiques : Rousseau montre « le grand Zerdust [qui] a vu l'enfance du Monde » prouver la dignité et la force de l'être face aux ténèbres (*Lettre à Christophe de Beaumont*, 1763) ; Sylvain Bailly fait de lui le représentant sur terre d'un « Dieu rémunérateur de la vertu » (*Lettres sur l'Origine des Sciences et sur celles des Peuples de l'Asie adressées à M. de Voltaire*, 1777) ; Florian, l'auteur d'un livre, le *Zend-Avesta*, qui « sera la règle des nations » (*Numa Pompilius, second roi de Rome*, 1786) ; Pastoret l'être exceptionnel guidé par un Dieu en toutes choses (*Zoroastre, Confucius et Mahomet comparés comme sectaires, législateurs et moralistes ; avec le tableau de leurs Dogmes, de leurs Lois et de leur Morale*, 1787). Ainsi Zoroastre apparaît comme l'un des Sages qui marque l'histoire de l'humanité. Philosophe, il connaissait toutes les sciences. Législateur, il était, « d'après les Livres Zends... en relation avec l'Etre Suprême, et par là maître des biens et des maux » (Anquetil-Duperron, le *Zend-Avesta... suivi de la vie de Zoroastre*, 1771, II, 62 sq. ; Delacroix, *Dictionnaire his-*

torique des cultes religieux, 1777). Prophète, il était appelé à servir d'intermédiaire entre Dieu et les hommes.

Ces figures de Zoroastre — dont l'éclat tend à atténuer la divinité de la religion chrétienne — on les retrouve, au début du XIXe siècle, recueillies par François Noël (*Dictionnaire de la Fable ou Mythologie grecque*, 1810, art. « Zoroastre »). L'auteur, qui reprend l'article de Delacroix, insiste cependant sur le don de prophétie de celui qui « selon les Gaures... serait un jour la lumière du monde ». Mais la vie de « ces grands hommes » est pleine « de fables ». Pour Collin de Plancy, il n'est que « le premier et le plus ancien des magiciens » qui, à en croire les cabalistes, serait « fils de Vesta, femme de Noë » (*Le Dictionnaire infernal*, art. « Zoroastre », 1825). Ainsi s'expliqueraient ses liens particuliers avec le feu. Inspiré de cet ouvrage, le recueil manuscrit de Victor Hugo intitulé *Feuilles paginées* (B.N., n.a.f., 13425) présente un Zoroastre préfigurant l'un des « Mages » du poème des *Contemplations* (1855-1856). Il est de ceux qui tentent à la fois d'éclaircir le grand fait obscur de la création et de concourir à la transfiguration du peuple Titan et au pardon de Satan (*Dieu*, « Fragments » 1891, in *Cahiers V.H.*, éd. Journet-Robert, 1969, I, 185, fragments 120, 225, fragment 162). Au même titre que Prométhée, Orphée, Manou, Pythagore, Homère, Bouddha, il appartient à la constellation des génies soumis à Jésus-Christ, mais dissipant les ténèbres (*William Shakespeare*, 1862). Elargissant le mythe, Nietzsche, pour caractériser le « monde qui nous importe » (*Der Wille zur Macht*, par. 616, *La Volonté de Puissance*) aussi bien comme volonté de puissance que comme éternel retour de l'identique, fixe à « midi, le moment de l'ombre la plus courte », l'abolition du « monde-vérité » et du « monde-apparence » pour que l'humanité soit à son zénith : « Incipit Zarathoustra » (*Die Götzendämmerung, [Le Crépuscule des idoles]*, 1888, trad. H. Albert, Denoël-Gonthier, p. 37). Plus que le mage romantique, Zarathoustra est devenu le nouveau Messie, « celui qui aime les hommes » (*Also Sprach Zarathustra, [Ainsi parlait Zarathoustra]*, 1883-85, Prologue, 2, adapté au théâtre sous ce titre par J.-L. Barrault, Paris, Théâtre d'Orsay, 1974), celui qui est venu leur apprendre dans la souffrance « den Uebermenschen », « le Surhumain » (*ibid.* 3). Zarathoustra est une figure du « nouveau philosophe », de Nietzsche lui-même, qui a pour mission d'inspirer aux hommes ce qui est déjà à ses yeux leur aspiration la plus propre : la domination inconditionnée de l'Etant. Tel est le sens du « Credo » de la composition pour orchestre *Also sprach Zarathustra* de Richard Strauss (1895), « Credo » qui n'accorde pas au philosophe l'apaisement recherché.

Olivier-H. BONNEROT

BIBLIOGRAPHIE

Textes

AMMIEN-MARCELLIN, *Histoires*, Paris, J.-J. Dubochet, 1849.

Abraham-Hyacinthe ANQUETIL-DUPERRON, *Zend-Avesta* suivi de *La Vie de Zoroastre*, Paris, Tilliard, 1771.

Jean-Sylvain BAILLY, *Lettres sur l'origine des Sciences et sur celle des Peuples de l'Asie adressées à M. de Voltaire*, Londres, M. Elmesly et Paris, les frères Debure, 1777.

Charles, Adrien, Casimir BARBIER de MEYNARD, *Dictionnaire géographique, historique et littéraire de la Perse et des Contrées adjacentes*, Paris, Imprimerie Impériale, 1861.

Pierre BAYLE, *Dictionnaire historique et critique*, Amsterdam (Trévoux), Compagnie des Libraires, 1734, art. « Zoroastre ».

Isaac de BEAUSOBRE, *Histoire critique de Manichée et du Manichéisme*, Amsterdam, J.-P. Bernard, 1734.

Jean CHARDIN, *Voyages en Perse et autres lieux de l'Orient*, Paris, éd. Langlès, 1811.

Jean-Pierre CLARIS de FLORIAN, *Numa Pompilius, second Roi de Rome*, Paris, Didot l'aîné, 1786.

CLÉMENT de ROME, *Homilies*, IX, 3-5, in t. II, col. 242 C, in J.-P. Migne, *Patrologie*, Paris, J.-P. Migne, 1844-1864.

Jacques Auguste-Simon COLLIN de PLANCY, *Le Dictionnaire infernal*, Paris, P. Mongie aîné, 1825-1826.

André Guillaume CONTANT d'ORVILLE, *Histoire des différents peuples du monde, contenant les cérémonies religieuses et civiles...*, Paris, Hérissant le fils, 1770-1771.

Denis DIDEROT, art. « Manichéisme » in *Encyclopédie, O.C.*, t. XVI, Paris, Assezat-Tourneux, 1875-1877.

DIOGÈNE LAËRCE, *Vies, Doctrines et Sentences des Philosophes illustres*, Paris, Cobet, Bibl. Didot, 1850.

Charles-François DUPUIS, *Origine de tous les Cultes ou Religion universelle*, Paris, H. Agasse, an III.

Barthélémy d'HERBELOT, *Bibliothèque orientale...*, Paris, Compagnie des Libraires, 1697.

HÉRODOTE, *Histoire*, Paris, Bibliothèque de la Pléiade, 1964.

Victor HUGO, *Les Contemplations*, Paris, Garnier, 1969.

— *Dieu* (Fragments), Paris, Flammarion, 1969.

Thomas HYDE, *Histoire de la Religion des Anciens Perses*, Oxford, Sheldon, 1700.

Jean-François de LACROIX, *Dictionnaire historique des cultes religieux établis dans le monde depuis son origine jusqu'à présent*, Paris, Vincent, 1770.

LUCIEN, *Ménippe; La Nécromancie* in *Œuvres*, Paris, Dindorf, Bibl. Didot, 1842.

Sylvain MARÉCHAL, *Dictionnaire des Athées anciens et modernes*, Bruxelles, chez l'éditeur, 1833.

Guillaume-Alexandre de MEHEGAN, *Zoroastre, Histoire traduite du chaldéen*, Berlin, A l'Enseigne du roi philosophe, 1751.

Jacques-Paul MIGNE, *Patrologie grecque*, Paris, Migne, 1844-1864.

Frédéric NIETZSCHE, *Ainsi parlait Zarathoustra, La Volonté de Puissance, Le Crépuscule des Idoles*, in O.C., Paris, Gallimard, 1969.

François-Joseph Michel NOËL, *Dictionnaire de la Fable ou Mythologie grecque*, art. *« Zoroastre »*, Paris, Le Normant, 1801.
ORIGÈNE, *Contre Celse* in J.-P. Migne *Patrologie*, t. XIII, Paris, Migne, 1844-1864.
Claude-Emmanuel de PASTORET, *Zoroastre, Confucius et Mahomet comparés comme sectaires, législateurs et moralistes*, Paris, Buisson, 1787.
PAUSANIAS, *Le Tour de la Grèce*, Leipzig, Teubner, 1903.
PHOTIUS, *Bibliothèque*, Berlin, Bekker, 1842.
PLATON, *Alcibiade*, Paris, Les Belles Lettres, 1954.
PLINE l'Ancien, *Histoire naturelle*, Paris, Les Belles Lettres, 1947.
PLUTARQUE, *Les Vies parallèles*, t. V, Paris, éd. Garnier, 1950.
Edouard POCOCKE, *Specimen historiae Arabum primis et postremis*, Oxford, 1649-1650.
PORPHYRE, *Œuvres*, Paris, Creuzer, Bibl. Didot, 1855.
Jean-Philippe RAMEAU et Louis de CAHUSAC, *Zoroastre*, Paris, Delormel et fils, 1749.
André M. RAMSAY, *Les Voyages de Cyrus*, Paris, G.F. Quillau fils, 1727.
Jean-Jacques ROUSSEAU, *Lettre à Christophe de Beaumont*, O.C., t. IV, Paris, Gallimard, Bibliothèque de la Pléiade, 1969.
Sacra Scriptura Antiquitatibus Orientalibus Illustrata, n° 3, Rome, Bibliothèque Vat., 1933 « Les Mages à Bethléem et une prédiction de Zoroastre ».
Thomas STANLEY, *Histoire de la Philosophie orientale*, Amsterdam, 1690.
VOLTAIRE, *Dictionnaire philosophique. Essai sur les Mœurs et l'Esprit des Nations, Les Guèbres, Le Philosophe ignorant, Questions sur l'Encyclopédie* in *O.C.*, Paris, Garnier, 1877-1882.
XANTHOS, *Lydiaka* in C. Muller, *Fragments des historiens grecs*, Paris, Bibl. Didot, 1841-1870.

Etudes

Christian BARTHOLOMAE, *Zarathustra's Leben und Lehre*, Heidelberg, 1924.
Emile BENVENISTE, Le Dieu Ohrmazd et le démon Albasti, *Journal asiatique*, CCXLVIII (1960).
Jean BIDEZ - Franz CUMONT, *Les Mages hellénisés*, Paris, Geuthner, 1938.
Auguste BOUCHE-LECLERCQ, *Astrologie grecque*, Paris, E. Leroux, 1899.
Wilhelm BOUSSET, *Le Problème fondamental de la Gnose*, Göttingen, 1907.
André CHRISTENSEN, « Etudes sur le zoroastrisme de la Perse antique », in *Kgl. Danske Videnskab Selskab. - Hist. fil. Meddel.*, vol. XV, n° 2, Copenhague, 1928.
Henry CORBIN, *Terre céleste et corps de résurrection : de l'Iran mazdéen à l'Iran schîite, Paris, Buchet-Chastel*, 1961.
Franz CUMONT, *Les Religions orientales dans le paganisme romain*, Paris, Geuthner, 1929.
Jacques DUCHESNE-GUILLEMIN, *Zoroastre, étude critique avec une traduction commentée des Ga tha*, Paris, Maisonneuve, 1948.
— *The Western response to Zoroaster*, Oxford, University Press, 1958.
— *La Religion de l'Iran ancien*, Paris, P.U.F., 1962.
Gherardo GNOLI, *Zoroaster's Time ans Homeland. A Study on the origins of Mazdeism and related problems*, Naples, Asmali Istituto Orientale, 1980.
Arthur de GOBINEAU, *Histoire des Perses*, Paris, Plon, 1869.
Mohammed IQBAL, *La Métaphysique en Perse*, Paris, Sindbad, 1980.

Abraham V.W. JACKSON, *Zoroastre, le Prophète de l'Ancien Iran*, New York, Columbia University Press, 1899.
Marijan MOLE, *Culte, Mythe et Cosmologie dans l'Iran ancien*, Paris, P.U.F., 1963.
— *Le Problème zoroastrien et la Tradition mazdéenne*, Paris, P.U.F., 1963.
— *La Légende de Zoroastre selon les textes pehlvis*, Paris, P.U.F., 1967.
H.-S. NYBERG, *Die Religionen des alten Iran*, Leipzig, 1938.
Salomon REINACH, *Cultes, Mythes et Religions*, Paris, Leroux, 1905.
Jean VARENNE, *Zarathustra et la Tradition mazdéenne*, Paris, Le Seuil, 1966 et 1975.
Edgar W. WEST, « Pahlavi Texts V » in *Sacred Books of the East*, t. XLVII, Oxford, University Press, 1897.
Frédéric WINDISCHMANN, *Etudes zoroastriennes*, Berlin, F. Dümmler, 1863.

INDEX

TABLE DES MATIÈRES

Cet ouvrage a été réalisé sous la direction de Pierre Brunel, avec le concours de l'équipe « Mythes littéraires » du Centre de recherche en littérature comparée de l'université de Paris IV-Sorbonne.

Les coordonnateurs ont été Nicole Ferrier-Caverivière (mythes historiques), Bernadette Bricout (conte et mythe), Jean-Louis Backès (mythes médiévaux), Philippe Sellier (mythes bibliques).

Achevé d'imprimer en février 2000 dans les ateliers de Normandie Roto Impression s.a.,
61250 Lonrai – N° d'imprimeur : 000166 - Dépôt légal : février 2000